BOUQUINS

Collection fondée par Guy Schoeller
et dirigée par Daniel Rondeau

OUVRAGE PUBLIÉ AVEC LE CONCOURS DE
LA FONDATION CHARLES-DE-GAULLE ET DE
LA FONDATION DE LA RÉSISTANCE

DICTIONNAIRE
DE GAULLE

Sous la direction de

CLAIRE ANDRIEU
professeure des universités en histoire
contemporaine à Sciences Po Paris

PHILIPPE BRAUD
professeur des universités à Sciences Po Paris
et spécialiste de sociologie politique

GUILLAUME PIKETTY
directeur de recherche au
Centre d'histoire de Sciences Po Paris

Coordination

SOPHIE MASSE-QUIEF
professeur agrégée d'histoire
et doctorante à Sciences Po Paris

ROBERT LAFFONT

ISBN : 2-221-10280-0

Dépôt légal : novembre 2006 – N° d'éditeur : 47713/03

DIRECTION

CLAIRE ANDRIEU
professeure des universités en histoire contemporaine
à l'Institut d'études politiques de Paris

PHILIPPE BRAUD
professeur des universités en science politique
à l'Institut d'études politiques de Paris

GUILLAUME PIKETTY
directeur de recherche
au Centre d'histoire de Sciences Po Paris

COORDINATION

SOPHIE MASSE-QUIEF
professeur agrégée d'histoire, doctorante à Sciences Po Paris

CONSEIL SCIENTIFIQUE

MAURICE AGULHON
professeur honoraire en histoire contemporaine, Collège de France

JEAN-JACQUES BECKER
professeur émérite des universités en histoire contemporaine, université Paris X

SERGE BERSTEIN
professeur émérite des universités en histoire contemporaine,
Institut d'études politiques de Paris

HERRICK CHAPMAN
Associate Professor of History and French Studies, New York University

JEAN-LOUIS CRÉMIEUX-BRILHAC
directeur honoraire de la Documentation française, historien

ROBERT FRANK
professeur des universités en histoire contemporaine, université Paris I

UN HOMME, UNE ÉPOQUE, UN DICTIONNAIRE

par Claire Andrieu, Philippe Braud et Guillaume Piketty

« *Dictionnaire*. En dire : N'est fait que pour les ignorants [1]. » À sa manière ironique et savoureuse, Gustave Flaubert lance un défi à cet ouvrage. Serait-il inutile pour des lecteurs déjà instruits de l'importante littérature disponible sur de Gaulle ? Se réduirait-il à un médiocre *digest* pour des contemporains distraits ou incultes ? Peut-être pas ! Car cette entreprise s'est donné des ambitions élevées, concernant aussi bien la forme que le fond.

Et d'abord, assumons pleinement le format dictionnaire. Erckmann-Chatrian vantait en 1870 « ce bel ordre alphabétique où chacun trouve ce qu'il lui plaît de chercher, selon ses besoins ou son état [2] ». Aujourd'hui, combien plus profitable encore apparaît l'intérêt de ce mode d'exposition qui correspond à une évolution profonde des habitudes de lecture. Non que nos contemporains aient renoncé à se plonger dans des ouvrages de facture classique mais c'est un fait que l'interférence d'autres sources de connaissances, comme la télévision ou Internet, a favorisé le développement parallèle d'une lecture plus éclatée. Le système des entrées permet, à l'utilisateur d'un dictionnaire de ce type, de rechercher directement l'information qu'il recherche, de « zapper » sans réticence d'un thème à un autre en fonction de ses dispositions d'esprit du moment. Mais cette architecture qui privilégie résolument l'ordre alphabétique ne signifie aucune concession sur la qualité scientifique de l'ouvrage. Bien au contraire. La multiplicité des entrées (près de mille) a facilité la mobilisation, pour un travail commun, d'un grand nombre de spécialistes qui se trouvent réunis ici pour la première fois. Plus de trois cents auteurs, universitaires et chercheurs réputés, relevant de disciplines

---

1. « Le Dictionnaire des idées reçues » [œuvre inachevée], dans Gustave Flaubert, *Œuvres complètes*, Paris, Gallimard, 1975, t. II, p. 1006.
2. Erckmann-Chatrian, *Histoire d'un paysan*, Paris, Hetzel, 1870, t. I, p. 208 [1re édition 1868, rééd. Colmar, J.D. Bentzinger, 1988].

aussi différentes que l'histoire, la sociologie, la psychologie, la science politique et le droit constitutionnel, apportent à cet ouvrage l'inestimable contribution de leurs savoirs spécialisés. Y contribuent également des journalistes, écrivains ou témoins. Ces connaissances et ces analyses ajoutées les unes aux autres forment une somme qui peut prétendre à l'originalité. Sans doute, le format contraignant des articles – dont la longueur a dû être soigneusement calibrée – exige-t-il des développements concis ; mais il a également pour avantage d'inciter à se focaliser sur l'essentiel. Un système de renvois, à la fin de chaque entrée, permet d'ailleurs au lecteur d'étendre sa recherche lorsque ses attentes se révèlent plus larges.

Pourquoi de Gaulle ? Et pourquoi maintenant ? La réponse à la première question est assez facile. Il est peu d'hommes d'État qui, comme lui, aient réussi à marquer leur siècle dans la mémoire des générations ultérieures. Les enquêtes par sondages, conduites depuis sa disparition, montrent qu'il est reconnu par une très grande majorité de Français comme une figure éminente de l'histoire nationale, située, d'après Jérôme Jaffré, « à la hauteur de Charlemagne et de Napoléon, loin devant Clemenceau, Louis XIV, Jeanne d'Arc et Saint Louis ». Une telle consécration nous confronte à une énigme. A-t-on oublié que, de son vivant, il fut vivement contesté à chaque étape de son existence ? L'officier, hautain et solitaire, a irrité beaucoup de ses pairs ; l'homme du 18 juin 1940 sera condamné à mort pour haute trahison avant d'être accusé, plus tard, d'avoir confisqué à son profit la Résistance et de mettre en péril les institutions de la République ; enfin, le retour au pouvoir en 1958, sur fond d'insurrection algéroise, a provoqué une levée de boucliers à gauche contre le « fossoyeur des libertés » avant de susciter, un peu plus tard à droite, une farouche opposition contre le « bradeur de l'Algérie française ». Comment cet homme qui a dû affronter des adversaires si divers et qui a rencontré, chez certains, tant de haines ou de ressentiments a-t-il pu s'imposer comme une référence aujourd'hui quasi consensuelle, même si les projections positives des uns et des autres s'appuient sur des dimensions fort différentes de son action politique ou de son personnage ? La multiplication des angles de vues adoptée dans ce Dictionnaire permet sans doute de mieux répondre à ces interrogations.

Mais pourquoi s'y consacrer maintenant ? Notons d'abord l'absence de tout rendez-vous commémoratif. Dans un pays où la célébration d'anniversaires est une passion nationale, cela peut sembler insolite. Mais cette prise de distance permet aussi d'échapper à l'encombrement éditorial qui caractérise les rencontres convenues, avec leur lot d'ouvrages hagiographiques ou polémiques qui parasitent aisément une juste appréciation des choses. La sérénité est également confortée par les quelques décennies qui se sont écoulées depuis la disparition de Charles de Gaulle en 1970. Les passions les plus brûlantes se sont apaisées avec le temps, mais celui-ci n'a pas encore enfoui la « mémoire vive » qui protège contre les dangers de l'académisme. Grâce à cette distance optimale, ont pu travailler ensemble au même ouvrage et trouver une certaine unité de ton des spécialistes que leurs inclinations politiques personnelles auraient pu séparer, il y a peu d'années encore ; grâce à elle, également, des témoins, voire des collaborateurs du Général ou de ses adversaires ont pu apporter leur contribution nourrie par une expérience directe. Il est permis de s'en féliciter hautement.

La liste alphabétique des entrées pourrait faire penser qu'aucune vision d'ensemble n'a présidé à leur établissement. Il n'en est rien. Elles s'inscrivent en fait dans un plan qui vise à une véritable exhaustivité. Bien entendu l'œuvre politique du Général, de 1940 à 1969, justifie l'existence d'un très grand nombre d'articles qui traitent du chef de la France libre, du président du Gouvernement provisoire, du fondateur du RPF, du fondateur puis du président de la Ve République. Mais il ne s'agit pas de refaire une histoire de la Résistance ou une analyse juridique des nouvelles institutions mises en place en 1958. L'angle retenu est toujours la part que de Gaulle prend dans l'événement et les réactions qu'en retour son action suscite. À cette masse importante d'entrées, s'ajoutent celles qui traitent de l'officier qu'il fut avant 1940. Cela suppose d'évoquer aussi bien sa carrière professionnelle que ses conceptions militaires et les débats que celles-ci ont provoqués dans l'entre-deux-guerres. Mais ce Dictionnaire entend ne pas négliger non plus l'homme de Gaulle, parce que les traits de sa personnalité, son style de vie, ses goûts littéraires, ses modes de relation avec autrui constituent un élément essentiel de la fascination (positive ou négative) qu'il a exercée sur ses contemporains. Certaines entrées pourront paraître futiles : « Champagne », « Cigares », ou insolites : « *Canard enchaîné* », « Humour », « Moi », ou impertinentes : « Doute de soi », « Naufrage » ; en réalité elles trouvent leur sens dans le souci d'éclairer, chacune à sa manière, la psychologie de Charles de Gaulle et, par là, une part essentielle de son charisme. De là aussi l'attention portée au style littéraire et oratoire du Général, à son œuvre écrite aussi bien qu'à ses discours et messages. S'ajoutant à ces entrées thématiques, plus de trois cent cinquante entrées biographiques traitent des relations que de Gaulle a entretenues avec ses contemporains : sa famille et ses amis, ses camarades et ses supérieurs à l'armée, plus tard ses compagnons et collaborateurs, les personnalités politiques françaises et les chefs d'État étrangers, ainsi que nombre de journalistes, écrivains, artistes appartenant aux milieux les plus divers. Enfin, l'ouvrage prolonge son regard jusqu'à aujourd'hui avec les articles qui analysent l'héritage politique de De Gaulle et la place qu'il a conquise dans la mémoire de nos contemporains.

L'apport de ce Dictionnaire ne se situe pas seulement au niveau de sa méthode d'exposition. Les études réalisées par les différents spécialistes permettent d'abord d'offrir au lecteur les derniers développements autorisés par le recours aux sources les plus récentes. Par ailleurs, il s'en dégage des conclusions qui ne sont pas dénuées d'enseignements. Si éclatés que soient les regards portés sur l'homme et sur son œuvre, si divers les angles de vues retenus, un regard neuf émerge sur le personnage. Manifestement, Charles de Gaulle ne se laisse pas enfermer dans des qualifications simplistes. Il se révèle à la fois porté par les rêves les plus chimériques et arc-bouté au plus solide pragmatisme. Profondément homme de son temps par ses combats, son action, ses convictions politiques, il vit également, et bien davantage encore, ailleurs, dans une Histoire qui ne s'écrit qu'avec une majuscule. Sa conception mystique de la politique n'exclut jamais une propension à la *Realpolitik* que ses adversaires pouvaient qualifier de cynique. Chez lui, le langage châtié des écrits et des discours n'exclut pas en privé l'humour, la gouaille et même la verdeur. Sa froideur légendaire est, de toute évidence, le masque protecteur d'une grande sensibilité. On ne peut donc « expliquer » de Gaulle sans avoir toujours présente à l'esprit cette tension formidablement féconde, entre des polarités contraires, qui traverse entièrement sa personne et son œuvre. Il faut porter attention aux effets de l'âge pour mieux discerner cette dynamique. L'élève des jésuites, le jeune officier et ses premiers écrits laissent mieux percevoir ce qui sera plus tard efficacement masqué dans l'homme d'État accompli, mais réapparaîtra dans les moments de mélancolie ou d'abandon. De Gaulle a souvent démontré un courage, un esprit de décision, une fermeté d'âme exceptionnels. Et pourtant, il est permis de s'interroger : cet homme fort était-il fragile ? Loin de réduire la grandeur de son destin hors pair, la question lui ajoute une part supplémentaire d'humanité.

À travers Charles de Gaulle, ce Dictionnaire parle aussi abondamment de son siècle. La société française a beaucoup évolué entre 1890, l'année de sa naissance, et 1970, celle de sa disparition. Il en est de même de la société internationale qui voit se transformer les rapports de force entre puissances : de l'affrontement des nations européennes en 1914 à la montée du nazisme puis à l'émergence de deux superpuissances, États-Unis et URSS, sur fond de guerre froide. Par deux fois de Gaulle accède au pouvoir et l'exerce, dans des conditions certes tout à fait différentes mais qui ne manquent pas de résonner d'une période à l'autre. Cette circonstance particulière permet d'approfondir à la fois notre compréhension de l'homme d'État et notre compréhension du politique. De Gaulle en 1940 n'a pas d'expérience réelle du gouvernement. Avec la renaissance des partis et la mise en place d'une assemblée consultative puis constituante, on le voit roder son nouveau rôle de chef de l'exécutif entre 1943 et 1945. Il est clair que cette expérience influence la manière dont il se comporte ensuite face à l'Assemblée qui l'investit le 1er juin 1958 et, plus encore, celle dont il interprète le fonctionnement des nouvelles institutions représentatives. Confronté au putsch des généraux, en 1961, il tire parti de son expérience des événements de novembre-décembre 1942 à Alger. Bref, la comparaison des deux périodes est une occasion précieuse de voir s'affirmer le savoir-faire d'un homme d'État. Mais elle nous instruit aussi sur les mécanismes fondamentaux de la vie politique. Comment se construit une légitimité ? Les voies et moyens en sont bien différents entre 1940-1944 et 1958-1962. Comment s'acquiert une image politique forte ? La capacité d'un acteur à poser des gestes symboliques efficaces, à utiliser le potentiel des médias pour tenter de maîtriser les représentations de son action, est, en effet, une ressource d'importance majeure. Enfin, quels sont les obstacles à surmonter, les pièges à éviter pour atteindre les objectifs que l'on s'est fixés ? Les succès éclatants de 1944, de 1958 ou de 1962 (référendum d'octobre) sont éminemment instructifs mais aussi les erreurs de communication de 1965 (campagne du 1er tour de l'élection présidentielle) ou de mai 1968 (référendum reporté). De Gaulle n'est-il grand que dans les crises ? Cette question classique trouve des réponses dans les différentes analyses qui étudient son comportement en juin 1940, en juin 1944, en janvier 1946, en mai 1968 et dans les épisodes les plus tendus du conflit algérien. Chaque fois que de Gaulle pouvait maîtriser, grâce à sa formation, sa réflexion géopolitique, son sens aigu de l'histoire longue, les grilles d'analyse pertinentes des situations, il s'est révélé à la hauteur de son personnage. En revanche, mai 1968, crise sociale et crise de culture, semble l'avoir pris de court, en dépit du brillant mais éphémère rétablissement du 30 mai. Sans doute y eut-il aussi, chez cet homme hanté par « le naufrage » de la vieillesse, un effet d'âge, perceptible d'ailleurs plusieurs années auparavant.

On l'aura compris, ce Dictionnaire a l'ambition d'être davantage qu'une somme des connaissances les plus récentes sur une figure majeure de l'histoire de la France ; il se veut porteur d'une réflexion inédite sur de Gaulle et sur son siècle.

AVIS AU LECTEUR

L'ordre chronologique a primé sur l'ordre alphabétique pour le classement des entrées : discours, manifestations, plans, pouvoirs exceptionnels, traités et voyages.

Un certain nombre d'outils peuvent compléter la recherche alphabétique propre au format du Dictionnaire. Le lecteur trouvera en fin d'ouvrage des repères biographiques, une liste des gouvernements du général de Gaulle et une bibliographie synoptique, ainsi qu'un index des noms de personnes, un index des auteurs du Dictionnaire et une liste des entrées. À la fin de chaque article se trouvent des indications bibliographiques et une rubrique « Voir aussi ».

Cette dernière est composée d'entrées connexes qui permettent d'approfondir la lecture. Les titres des entrées y figurent de façon abrégée, amputés des éventuelles parenthèses contenues dans les intitulés complets. L'abréviation peut même ne comporter qu'un seul mot, renvoyant alors à toutes les entrées qui commencent par ce mot. Ne visant pas l'exhaustivité, la liste de renvois donne la priorité aux articles thématiques.

Les sources d'où sont extraites les citations de De Gaulle sont indiquées entre crochets quand elles ne sont pas explicites dans le texte de l'article. Leurs abréviations sont les suivantes : *DM : Discours et messages* ; *FA : La France et son armée* ; *FE : Le Fil de l'épée* ; *LNC : Lettres, notes et carnets* ; *ME : Mémoires d'espoir* ; *MG : Mémoires de guerre* ; *VAM : Vers l'armée de métier.*

L'index des noms de personnes recense :

Les contemporains de Charles de Gaulle cités en tant qu'acteurs de l'histoire, et non comme source d'analyses.

Les écrivains et artistes dont le lien avec de Gaulle est avéré, c'est-à-dire s'il les mentionne dans ses discours, ses propos informels ou ses écrits, ou si leur œuvre est présente dans l'une de ses demeures successives (tableaux, bibliothèque).

Les membres de la famille de Charles de Gaulle, quelle que soit l'époque à laquelle ils ont vécu.

Le général de Gaulle n'est pas indexé puisqu'il figurerait à chaque page.

A comme Aristote et Alexandre

« La véritable école du Commandement est donc la culture générale. Pas un illustre capitaine qui n'eût le goût et le sentiment du patrimoine de l'esprit humain. Au fond des victoires d'Alexandre, on retrouve toujours Aristote. »

De Gaulle, *Vers l'armée de métier*, 1934.

ABBAS, Ferhat (1899-1985). – En 1970, dans ses *Mémoires d'espoir*, de Gaulle relate sa rencontre avec Ferhat Abbas, à Alger, durant la Seconde Guerre mondiale. Abbas lui avait exposé son projet politique, suscitant l'intérêt amusé du Général : « De la future République algérienne, telle que vous la concevez, vous vous voyez, sans doute, le président ? » Et le Général de nous montrer un Ferhat Abbas plein d'admiration pour le grand homme : « Je ne puis rien souhaiter de mieux que de me trouver un jour auprès de vous, au nom de l'Algérie, pour accompagner la France ! » De nouveau, en 1956, mais avec l'accord des dirigeants du Front de libération nationale, Ferhat Abbas cherche à rencontrer le Général. Bien que retiré des affaires, celui-ci constitue un interlocuteur valable face aux responsables français dont il rencontre toujours l'incompréhension. Cependant dans les Mémoires d'Abbas, *Autopsie d'une guerre*, on ne sentira pas à l'égard du Général le bel enthousiasme des années 1943-1944.

Ce que de Gaulle omet de rappeler, c'est le sort réservé au projet politique de l'auteur du Manifeste du peuple algérien, rendu public en février 1943 et qui rejetait définitivement la « politique d'assimilation ». Abbas l'avait abord présenté aux autorités de Vichy, puis à de Gaulle après son arrivée, au mois de juin 1943. Mais le texte finit aux oubliettes et Ferhat Abbas est même mis en résidence surveillée durant deux mois à la fin de l'été. Plus tard, l'association des Amis du Manifeste et de la Liberté, créée en mars 1944 et dont il est le secrétaire général, est dissoute au moment de la grande répression de mai 1945. Abbas et ses proches sont emprisonnés. C'est l'échec d'une étape essentielle du mouvement nationaliste algérien. En 1946, Ferhat Abbas fonde l'Union démocratique du manifeste algérien, qu'il dirige. Dans son journal, la *République algérienne*, il est fort peu question de De Gaulle, bien davantage des socialistes qui toujours le déçoivent, et de Pierre Mendès France qui représente pour les colonisés le véritable espoir d'une politique nouvelle. Abbas a toujours intégré les Français d'Algérie dans son projet de république algérienne mais il attribue l'échec de celui-ci à leur incapacité à renoncer à leurs privilèges. De Gaulle pourrait être celui qui saurait leur imposer cette évolution. Plus tard, cette opinion est également partagée par la direction du FLN.

Rallié au FLN durant l'été 1955, Ferhat Abbas devient en septembre 1958 président du Gouvernement provisoire de la république algérienne (GPRA) auquel il donne une image internationale de modération. Il veut rencontrer le chef de l'État qui s'y refuse tant que durent les combats. Il faut plusieurs tentatives aux deux parties pour s'accorder sur le choix de leurs négociateurs. Après l'échec de la rencontre préliminaire de Melun, en juin 1960, le FLN subit à l'été 1961 une grave crise interne qui aboutit à la marginalisation de Ferhat Abbas et de ses amis réputés plus « politiques ». Un courant radical, plus proche de l'Armée de libération nationale, s'impose. C'est à ce nouveau GPRA que de Gaulle aura désormais affaire. Après l'indépendance, Ferhat Abbas devient président de l'Assemblée. Il démissionne toutefois en 1963 pour protester contre l'instauration du parti unique par Ahmed Ben Bella. Exclu du parti, placé en résidence surveillée, il est libéré en 1965 et se retire de la vie politique. Malika RAHAL

• *Voir aussi :* Algérie (guerre d') ; FLN ; Melun

Bibl. : Ferhat Abbas, *Autopsie d'une guerre. L'Aurore*, Paris, Garnier, 1980 • Benjamin Stora, et Zakya Daoud, *Ferhat Abbas, une utopie algérienne*, Paris, Denoël, 1995.

ACCORDS DU 7 AOÛT 1940. – Les accords du 7 août 1940 sont le fruit de la première bataille diplomatique menée par Charles de Gaulle à la suite de sa reconnaissance personnelle par Winston Churchill comme « chef des Français libres » le 28 juin 1940. Ils consistent en un échange de lettres entre Churchill et de Gaulle, avec un mémorandum annexé. Ce dernier énonce le statut des FFL (Forces françaises libres) : elles ne constituent pas une légion dans l'armée britannique mais une force spécifiquement française dont de Gaulle est le commandant suprême et dont il fixe la discipline, l'avancement, les affectations. Prises en charge par les Britanniques, les dépenses des FFL sont des avances remboursables. Par ailleurs, l'homme du 18 Juin a le droit de former une administration civile, et dans l'échange de lettres public Churchill s'engage à restaurer la grandeur et l'indépendance de la France à l'issue du conflit. Ces garanties qui équivalent à doter la France libre d'attributs de la souveraineté nationale ont cependant des limites de fait. Les FFL dépendent de la Grande-Bretagne pour leur armement et leur entretien, leurs dépenses sont contrôlées par elle, leur emploi décidé, en dernier ressort, par le haut commandement britannique. Surtout, dans une lettre secrète, Churchill précise que son engagement envers la restauration de la grandeur et l'indépendance de la France ne concerne pas les frontières territoriales.

La rédaction et la négociation de ces accords, confiées par de Gaulle à René Cassin, ont bien entendu été orientées et étroitement contrôlées par le Général. Selon le témoignage de Cassin, de Gaulle lui demande le 29 juin de rédiger un texte guidé par une idée simple : « Nous sommes la France » et, le jour même, envoie une note à Edward Spears considérant comme acquise la garantie anglaise de l'intégrité territoriale de la France et de son empire. Dans le texte du projet de Cassin, il ajoute aux missions des FFL celle de défendre les territoires sous mandat français. Au long du mois que durent les négociations, il ne cesse d'inciter son négociateur (parfois assisté de René Pleven, Pierre Denis, dit *Rauzan*, ou l'amiral Muselier) à la fermeté. À la fin des discussions, il intervient personnellement – en vain – pour modifier une clause mettant en jeu la souveraineté française, sur l'utilisation par les Britanniques des marins et bâtiments de commerce français. D'un autre côté, de Gaulle renonce facilement à obtenir un traité (concevable seulement entre gouvernements) et accepte de conclure en renvoyant de nombreuses questions non résolues à des accords ultérieurs et en cédant sur certains points. Ainsi, face au refus de Churchill de toute garantie territoriale, sa lettre formule simplement l'espoir que la position britannique changera à l'avenir.

Au final, l'attitude de De Gaulle confirme le sens ultime qu'il donne à la France libre : représenter la France, même s'il ne le proclamera qu'à l'automne, dans le manifeste du 27 octobre 1940, après le choix de la collaboration par Pétain. En même temps, l'homme du 18 Juin fait preuve d'un pragmatisme peu conforme à l'intransigeance qu'il montrera dans d'autres occasions. Cela tient surtout au caractère pratique et provisoire des accords du 7 août. Au même moment, de Gaulle et Churchill préparent déjà l'opération sur Dakar qui doit transformer la France libre en un pouvoir doté d'une assise territoriale. La qualité des relations entre les deux hommes, alors à son sommet, joue sans doute également ; significativement, les *Mémoires de guerre* de De Gaulle donnent à tort comme lieu de signature des accords les Chequers, résidence de campagne de Churchill, où il est régulièrement invité en cet été 1940. Enfin, côté français, les souvenirs de Cassin insistent sur le travail collectif qu'ont constitué l'élaboration puis la négociation du texte, comme pour souligner qu'entre les premiers Français libres l'accord d'où devait sortir un pouvoir français reposant principalement sur Charles de Gaulle ne fut pas dicté par lui, mais résulta plutôt d'une communauté d'objectifs remarquable entre des hommes qui ne se connaissaient que depuis quelques jours. Bruno LEROUX

• *Voir aussi* : Alliés ; Dakar ; FFL ; France libre

Bibl. : René Cassin, *Les Hommes partis de rien*, Paris, Plon, 1976 • Jean-Louis Crémieux-Brilhac, *La France libre : de l'appel du 18 Juin à la Libération*, Paris, Gallimard, 1996.

ACCORDS FRANCO-SOVIÉTIQUES (1966). – Désireux de redonner à la France un rôle de premier plan sur la scène internationale et de favoriser l'essor d'un dialogue Est-Ouest dans lequel il voit un instrument précieux pour en finir avec la guerre froide, le général de Gaulle s'efforce de promouvoir un rapprochement avec l'URSS au moment où l'État soviétique, sous la houlette de Leonid Brejnev, fait lui aussi le choix d'une ouverture à l'Occident. Ce rapprochement se concrétise lors du voyage accompli en URSS par le président français du 20 juin au 1er juillet 1966. Faste et cordialité sont au rendez-vous : le général de Gaulle est le premier chef d'État étranger invité à visiter la base spatiale de Baïkonour où il assiste au lancement d'un satellite, et il est encore le premier chef d'État occidental à prononcer une allocution en direct – donc sans censure – à la télévision soviétique. Lors de ce voyage, trois textes clés sont élaborés.

Signée le 30 juin 1966, la « déclaration commune » met en avant les grands points de convergence politique entre les deux pays, qui se déclarent favorables à une normalisation des relations entre États européens. Attachés à « un règlement sur la base des accords de Genève de 1954, excluant toute intervention étrangère » pour mettre un terme au conflit du Vietnam, ils se disent désireux de promouvoir la cause du désarmement. La déclaration fixe un cadre nouveau de dialogue – les deux pays s'engagent à se consulter de manière régulière sur les questions internationales – sans toutefois imposer de périodicité à cette consultation, et elle établit une ligne de communication directe entre le Kremlin et l'Élysée. Enfin, pour favoriser l'essor des échanges économiques et commerciaux, elle annonce la création prochaine d'une commission mixte.

À cette déclaration générale s'ajoutent deux conventions. L'« accord de coopération scientifique, technique et économique » définit dans son article 2 les formes que devra revêtir la coopération, énonce les secteurs qu'elle devra embrasser et instaure dans son article 4 une commission mixte, la « Grande Commission », qui, chargée de promouvoir les opérations de coopération, devra se réunir alternativement à Paris et à Moscou au moins une fois par an. L'accord sur « la coopération pour l'étude et l'exploration de l'espace à des fins pacifiques », conclu pour dix ans, fixe, lui, un ambitieux programme de travail touchant l'étude de l'espace, la météorologie spatiale et l'étude des télécommunications par l'intermédiaire des satellites artificiels. L'espace devient donc le fleuron emblématique de la collaboration scientifique bilatérale.

Enfin, la déclaration signée le 8 décembre 1966 lors du séjour en France d'Alexis Kossyguine prolonge encore ces accords : une chambre de commerce bilatérale est créée et l'on institue une « Petite Commission » qui, structurée en groupes de travail mixtes, devra assurer le suivi concret des opérations de coopération.

En quelques mois à peine, c'est donc un dispositif de dialogue alors sans équivalent dans les relations Est-Ouest qui a été mis en place. Désormais, l'heure est à « la détente, à l'entente et à la coopération » et à des relations franco-soviétiques « amicales et fécondes » comme le souligne de Gaulle dans son allocution télévisée du 31 décembre 1966.

Marie-Pierre Rey

• *Voir aussi* : Détente-Entente-Coopération ; Politique étrangère ; Traité franco-soviétique ; URSS

Bibl. : Institut Charles-de-Gaulle, *De Gaulle en son siècle*, t. 4, *La Sécurité et l'indépendance de la France*, Paris, Plon-La Documentation française, 1992 • Marie-Pierre Rey, *La Tentation du rapprochement, France et URSS à l'heure de la détente, 1964-1974*, Paris, Publications de la Sorbonne, 1991 • Maurice Vaïsse (dir.), *De Gaulle et la Russie*, Paris, Éditions du CNRS, 2006.

ACTION IMMÉDIATE. – La question de l'action immédiate – la lutte armée en métropole – se pose au cours de l'été 1941 lorsque ont lieu les premiers attentats communistes contre des officiers allemands et les exécutions d'otages en représailles. Le 23 octobre 1941, à la radio de Londres, de Gaulle condamne les fusilleurs d'otages, puis énonce un principe : « La guerre des Français doit être conduite par ceux qui en ont la charge, c'est-à-dire par moi-même et par le Comité national. » Il donne enfin comme « consigne » de « ne pas tuer d'Allemands » pour éviter les représailles. Dans son ordre de mission militaire à Jean Moulin du 5 novembre 1941, de Gaulle signifie que les actions doivent être déclenchées par Londres et rester ponctuelles avant le Débarquement. Les instructions du Bureau central de renseignements et d'action (BCRA) en charge des relations avec la Résistance intérieure ne sortiront guère de ce cadre.

Cependant, les positions du Général ne se résument pas à cette logique de guerre. Pour lui, le conflit revêt une dimension révolutionnaire, et le peuple français a une place à tenir. À la radio de Londres, le 18 avril 1942, exhortant les Français à lutter contre Vichy et l'occupant, il lance la formule, souvent reprise par les partisans de l'action immédiate : « La libération nationale ne peut être séparée de l'insurrection nationale. » L'émotion suscitée par le Service du travail obligatoire (STO) en Allemagne l'incite à réclamer l'armement de la Résistance dans une lettre adressée à Churchill le 10 mars 1943 : « L'insurrection générale en France serait le seul moyen susceptible d'empêcher le départ progressif de la partie la plus active de la population. » Propos au conditionnel, aussitôt tempéré – logique de guerre oblige – par le constat de l'impossibilité pratique d'y donner suite en dehors d'une vaste opération combinée avec les Alliés, ce dont Churchill se réjouira vivement. Dans le contexte de la montée des réfractaires au maquis et de la constitution du Conseil national de la Résistance, de Gaulle donne finalement raison aux mouvements de résistance qui proclament, contre Jean Moulin et le général Delestraint, la nécessité de l'action immédiate. Sa nouvelle « instruction personnelle et secrète » du 21 mai 1943 à ce dernier rompt provisoirement avec les ordres précédents : « Le principe de la nécessité des actions immédiates est admis », et donne aux groupes francs et aux maquis la liberté de décider de ces actions. Par la suite, de Gaulle ne s'intéresse plus que de très loin aux formes de l'action en France. Laissant longtemps sans instructions les successeurs de Moulin, il abandonne le contrôle de l'action militaire aux mouvements. Prix à payer, au printemps 1943, pour gagner leur soutien dans sa lutte contre le général Giraud ? Sentiment d'impuissance face à leur conquête du pouvoir au détriment de ses propres délégués ? Relative indifférence pour le front de l'intérieur ? Si, après octobre 1943, de Gaulle renonce à la terminologie révolutionnaire, son lyrisme reprend le dessus quand il s'adresse aux Français le 6 juin 1944 : « Pour les fils de France, où qu'ils soient, quels qu'ils soient, le devoir simple et sacré est de combattre par tous les moyens dont ils disposent. »

L'originalité de la position du Général tient à ce qu'elle obéit à une double logique. La logique de guerre, qui s'exprime à travers les instructions du BCRA, lui fait préférer l'attentisme et la soumission de l'action armée de la Résistance aux plans alliés et à son propre commandement. La logique politique le conduit à exalter une participation active du peuple français à sa libération, comme signe de son redressement, de son rejet de Vichy et de son ralliement à la France libre, devenue combattante. François MARCOT

• *Voir aussi* : Débarquement ; FFI ; Insurrection nationale ; Maquis ; Résistance intérieure

Bibl. : Daniel Cordier, *Jean Moulin : la république des catacombes*, Paris, Gallimard, 1999 • Jean-Louis Crémieux-Brilhac, *La France libre : de l'appel du 18 Juin à la Libération*, Paris, Gallimard, 1996 • François Marcot, « Les enjeux de la lutte armée », dans François Marcot (dir.), *Dictionnaire historique de la Résistance*, Paris, Robert Laffont, coll. « Bouquins », 2006.

ADENAUER, Konrad (1876-1967). – Né à Cologne, juriste de formation, Konrad Adenauer joue un rôle important sous la République de Weimar, en tant que maire de Cologne de 1917 à 1933 et président du *Staatsrat* de Prusse de 1921 à 1933, date de sa destitution par les nazis. Rhénan, il se méfie du pouvoir central prussien et cultive l'idée d'un rapprochement avec la France en dépit du contexte conflictuel de l'entre-deux-guerres. Réinstallé comme maire de Cologne en mai 1945, il entre en conflit avec le gouvernement militaire britannique au point d'être de nouveau destitué. Cependant, le centralisme de la zone britannique, qui contraste avec la décentralisation en vigueur dans les zones américaine et surtout française, favorise son ascension, ainsi que la tradition du catholicisme rhénan et du parti du centre d'avant 1933. À ces facteurs s'ajoute son aptitude à s'assurer, dans un jeu tactique subtil, le soutien des ailes opposées, libérale et socialisante, de la nouvelle formation chrétienne-démocrate. Au début de 1946, il devient président de la CDU (Christliche Demokratische Union Deutschlands) de la zone britannique et, en 1948-1949, président du Conseil parlementaire appelé à élaborer la loi fondamentale de la République fédérale d'Allemagne (RFA). De 1949 à 1963, Adenauer est le premier chancelier de la RFA. Il est aussi ministre des Affaires étrangères de 1951 à 1955, enfin président de la CDU depuis 1950, date de sa fondation sur le plan fédéral, jusqu'en 1966. Le programme du chancelier est largement celui du parti, dont l'organisation ne se structure qu'à partir du déclin de son chef charismatique et emblématique, autant admiré que critiqué pour son style quelque peu autoritaire.

La coopération franco-allemande. Pour Adenauer, la coopération franco-allemande est une clé d'ancrage de la RFA dans l'alliance occidentale. Ses Mémoires témoignent du « grand espoir » qu'il a mis dans les discours que de Gaulle a prononcés en zone française en octobre 1945. Réciproquement, celui-ci a attiré l'attention du général Koenig, dès le 29 octobre 1945, sur l'attitude d'Adenauer à l'égard de la France. Le plan Schuman, auquel ce dernier adhéra immédiatement le 9 mai 1950, et qui correspondait à ses propres conceptions industrielles des années 1920, fut pour lui un instrument de reconstruction des relations franco-allemandes, et un moyen d'affirmer le retour d'une Allemagne pacifique sur la scène internationale. Adenauer ressentit amèrement l'échec de la Communauté européenne de défense en août 1954. Il eut connaissance du rôle joué à cette occasion par le Général. Cette même année, les accords de Paris entérinèrent la quasi-souveraineté de la RFA, en conservant les droits des Alliés occidentaux « sur l'Allemagne dans son ensemble et sur Berlin » – disposition sans laquelle l'écroulement de la République démocratique allemande et l'unification allemande n'auraient pas pu prendre en 1989-1990 la forme que l'on connaît –, et en ouvrant la voie à la solution du différend sarrois en 1955-1956. Ces accords inaugurèrent une coopération franco-allemande plus étroite. Le retour au pouvoir de De Gaulle sembla y mettre fin en coupant immédiatement court au volet nucléaire de la coopération militaire franco-germano-italienne proposée en 1957 par Paris en réponse aux incertitudes planant sur la stratégie américaine.

Dans ce contexte, Adenauer est frappé par l'accueil que de Gaulle lui réserve à Colombey-les-Deux-Églises en septembre 1958, au point de sous-estimer peut-être les objectifs divergents et les tensions à venir au sein de cette relation interpersonnelle exceptionnelle. À ce moment, dans l'esprit de De Gaulle, la carte franco-allemande complète la carte transatlantique. Son but est de donner à l'Europe une position politique et militaire forte vis-à-vis des deux superpuissances mais surtout de renforcer la place de la France dans la direction de l'OTAN et d'arriver à une construction européenne fondée sur la coopération entre les États. Adenauer, quant à lui, d'accord avec le principe du rôle moteur de la France et de l'Allemagne dans l'intégration européenne, vise l'accomplissement de la Communauté économique européenne et l'inclusion de la Grande-Bretagne ; il n'envisage pas d'abandonner la relation privilégiée de son pays avec son principal allié d'outre-Atlantique.

Les deux hommes se rencontrent quinze fois entre 1958 et 1963, échangent une quarantaine de lettres et conversent plus de cent heures, seuls ou accompagnés de leurs ministres. Adenauer, aux dires d'Hans-Peter Schwarz, est « le premier et le seul Allemand avec lequel [de Gaulle entre] dans un échange spirituel direct et intensif ». Ainsi les relations personnelles contribuent-elles à l'extension des structures de consultation qu'entérine le traité de l'Élysée en 1963. Cependant, ces relations sont d'abord mises à l'épreuve par la guerre d'Algérie. Bonn ne peut accepter les attentats commis contre le FLN (Front de libération nationale) par les services secrets français sur son territoire. La RFA ne souhaite pas non plus rompre tout contact avec ceux qui, après l'indépendance, vont prendre le pouvoir à Alger, alors même que ceux-ci sont déjà l'objet des attentions de Berlin-Est. Politique intra-allemande, franco-allemande, transatlantique et tiers-mondiste sont étroitement liées pour l'Allemagne.

Une « union politique » franco-allemande. En 1962, l'échec de sa politique concernant à la fois l'OTAN et la construction européenne amène de Gaulle à une stratégie hautement symbolique. Il reçoit le chancelier à Paris en juillet avec tous les égards réservés à un chef d'État et s'investit pleinement dans un voyage retentissant en Allemagne en septembre. Il y propose plusieurs fois une « union politique » franco-allemande « afin d'agir ensemble », « source commune de force, d'influence et d'action », mais sans la définir plus précisément. Ce terme ne rencontre guère d'enthousiasme au sein de la classe politique allemande, et pas seulement auprès des « atlantistes » traditionnellement sceptiques à l'égard d'une orientation trop unilatérale vers Paris. L'autorité d'Adenauer n'est plus à son apogée. Tout en se déclarant d'accord sur certains points avec de Gaulle dans des entretiens confidentiels, partageant par exemple son scepticisme à l'égard de la vocation européenne des Britanniques, le chancelier hésite néanmoins tout au long de l'année 1962 à formaliser les relations franco-allemandes dans le sens que le Général suggère. La solution se rapprochant le plus nettement d'une « union politique » est finalement imposée au dernier moment pour des raisons purement formelles par le ministère des Affaires étrangères allemand. L'*Auswärtiges Amt* considère que la solution prônée par Adenauer, à savoir un échange de lettres, n'est pas suffisante au regard du droit international et qu'il faut conclure un traité soumis à ratification. Si de Gaulle semble ainsi avoir gain de cause, il est néanmoins débouté de deux façons : le traité de l'Élysée codifie les formes de coopération étroite développées depuis 1955, mais ne constitue pas une « union politique » des deux pays. Et en ratifiant le traité avec un préambule unilatéral affirmant la priorité des relations avec les États-Unis, le Bundestag le vide aux yeux du Général de l'essentiel de sa substance. Constatant les multiples réticences allemandes de l'hiver 1962-1963, de Gaulle avait vu venir ce revers.

L'œuvre franco-allemande d'Adenauer et de De Gaulle a donné à une coopération qui s'était développée depuis 1945 dans un contexte très difficile la symbolique indispensable à son implantation en profondeur dans les décennies suivantes. Elle a aussi apporté la codification durable d'un cadre déjà largement forgé depuis les accords de Paris. Compte tenu des crises qui allaient suivre, la principale réalisation immédiate issue du traité de l'Élysée fut la création de l'Office franco-allemand pour la jeunesse. Mais le cadre mis en place devait constituer à long terme un instrument fort utile pour sortir des crises quand la volonté politique s'y prêtait, ou pour les éviter, comme ce fut le cas après l'unification allemande de 1990, alors que cette dernière a entraîné de multiples charges, notamment financières, pour les alliés européens. Helmut Schmidt et Valéry Giscard d'Estaing se servirent de ce cadre pour relancer l'intégration européenne après 1975, mais ce sont surtout François Mitterrand et Helmut Kohl qui firent entrer dans le quotidien franco-allemand les dispositifs entérinés par de Gaulle et Adenauer. L'image caricaturale d'un de Gaulle menant une pure politique de revanche en 1945 constitue la base du mythe de son revirement total en 1963. En réalité, dès la fin de la guerre, de Gaulle avait exprimé des vues permettant plus d'ouverture à long terme, afin de garantir véritablement la sécurité de la France. Rainer HUDEMANN

• *Voir aussi :* Allemagne ; Europe ; Grandval, Gilbert ; Traité de l'Élysée ; Zone française d'occupation

Bibl. : Ulrich Lappenküper, *Die deutsch französischen Beziehungen 1949-1963. Von der « Erbfeindschaft » zur « Entente élémentaire »*, Munich, Oldenbourg, 2 vol., 2001 • Hélène Miard-Delacroix et Rainer Hudemann (dir.), *Wandel und Integration. Deutsch-französische Annäherungen der fünfziger Jahre – Mutations et intégration. Les rapprochements franco-allemands dans les années cinquante*, Munich, Oldenbourg, 2005 • Hans-Peter Schwarz, *Adenauer*, Stuttgart, Deutsche Verlags-Anstalt, 2 vol., 1986 et 1991 • Georges-Henri Soutou, *L'Alliance incertaine. Les rapports politico-stratégiques franco-allemands, 1954-1996*, Paris, Fayard, 1996.

AGRICOLES (loi d'orientation et loi complémentaire). – « La loi d'orientation de l'agriculture française a pour but, dans le cadre de la politique économique et sociale, d'établir la parité entre l'agriculture et les autres activités économiques [...]. Cette politique sera mise en œuvre avec la collaboration des organisations professionnelles agricoles. »

La loi votée le 5 août 1960 constitue, sans doute, le point d'aboutissement d'une demande d'État de la part d'une catégorie déstabilisée par la croissance et la modernisation accélérées des années 1950. Mais elle rompt résolument avec les stratégies et les objectifs antérieurs des agriculteurs. La demande est portée, désormais, par une génération de « paysans techniciens » qui a appris à intégrer son aspiration au changement dans une perspective beaucoup plus globale, avec une conception entrepreneuriale de la profession. La réussite du Centre national des jeunes agriculteurs (CNJA) de Michel Debatisse est d'avoir su articuler les deux sentiments contradictoires du monde paysan : le désir de normalisation et la fierté de l'indépendance, avec une conception dynamique de l'avenir agricole, intégrant la modernisation technique et l'agrandissement foncier par une acceptation raisonnée de l'exode. C'est pourquoi l'idéologie professionnelle de ces paysans, compatible avec le plan Rueff-Armand sur les « obstacles à l'expansion », a pu devenir politique et séduire les jeunes technocrates de l'Élysée et Matignon : Antoine Dupont-Fauville, Jean Méo, Jean-Marie Dauzier, empressés de transformer en texte de loi le programme d'action des « intellectuels » de l'agriculture.

La loi complémentaire mise en œuvre deux ans plus tard par le ministère Pisani traduit de la même façon les attentes de l'aile marchante et impatiente du secteur en renforçant la loi d'orientation, voire en allant au-delà (droit de préemption accordé aux Sociétés d'aménagement foncier et d'établissement rural, ou SAFER). En 1960 comme en 1962, les jeunes syndicalistes agricoles auront montré leur efficacité en assimilant les nouveaux rapports de force, défavorables au Parlement, favorables au contraire aux experts. Pour bien des soutiens du nouveau régime, il est patent qu'en cette occasion la « technique » a vaincu la « politique ». Ces agriculteurs techniciens synthétisent les « acteurs pleinement éclairés et entièrement consentants » dont la participation, selon François Perroux, doit assurer la pleine réussite du IVe Plan. Ils pratiquent « l'esprit de la coopération nationale dans leurs rapports avec les hommes responsables de l'intérêt public » que le général de Gaulle propose en exemple à la nation dans sa conférence de presse du 19 avril 1963.

Cette complicité entre l'État gaulliste et les agriculteurs techniciens fut parfois conflictuelle (urnes brûlées, occupations de préfecture). Mais les protagonistes de ces deux lois fondamentales avaient en commun d'être, à différents degrés, des acteurs partiellement en déviance : de Gaulle, un militaire de droite qui brisait les notables ; Pisani, un marginal au sein du gaullisme ; les jeunes agriculteurs, d'authentiques paysans mais qui admettaient l'exode rural. Bernard BRUNETEAU

• *Voir aussi :* Manifestations paysannes ; Pisani, Edgard ; Syndicats agricoles

Bibl. : Geneviève Bastid-Burdeau, *La Genèse de l'initiative législative. Un cas : l'agriculture, 1958-1969*, Paris, PUF, 1973 • Bernard Bruneteau, *Les Paysans dans l'État. Le gaullisme et le syndicalisme agricole sous la Ve République*, Paris, L'Harmattan, 1994 • Michel Debatisse, *La Révolution silencieuse. Le combat des paysans*, Paris, Calmann-Lévy, 1963.

AGRICULTEURS. – Le général de Gaulle s'intéresse beaucoup plus qu'on ne le croit habituellement aux problèmes agricoles et même aux agriculteurs, mais avec une nuance : « N'oubliez jamais que vous n'êtes pas le ministre des agriculteurs, mais le ministre de l'Agriculture française », dira-t-il à Edgard Pisani, nommé ministre. Quelle sera la réponse des paysans face à cette attitude ? En fait, ils seront à l'origine de bien des crises traversées par le régime.

L'arrivée du Général en 1958 inaugure les plus mauvais rapports entre le pouvoir et les agriculteurs. Pour beaucoup d'entre eux, la fin de la IVe République a été sinon l'âge d'or, du moins une période favorable. La loi Laborde du 18 mars 1957 avait indexé le prix du lait et les décrets Gaillard (ministre des Finances) du 18 septembre avaient étendu cette indexation à tous les prix agricoles. De sorte que, lorsque arrive le plan Pinay-Rueff du 28 décembre qui supprime toute indexation, c'est un joli tollé dans la profession. *L'Information agricole* (*IA*), journal de la Fédération nationale des syndicats d'exploitants agricoles (FNSEA) titre en très gros caractères : « La déportation volontaire du paysan, planifiée par les ordonnances », avec ce sous-titre : « Le syndicalisme agricole dénonce la politique qui fait supporter l'effort principal de redressement aux paysans et aux ouvriers » (12 janvier 1959).

En ce qui concerne la popularité du général de Gaulle, elle est à géométrie variable. En effet, en avril 1959, 74 % des cultivateurs se disent très ou plutôt satisfaits de sa présence au pouvoir, mais ce chiffre tombe à 70 % en octobre de la même année et 58 % en janvier 1960, soit une chute de seize points en neuf mois dont l'ampleur ne se retrouve dans aucune autre catégorie professionnelle. À titre de comparaison, sa popularité baisse de onze points chez les retraités, de sept points chez les ouvriers et de cinq chez les employés, tandis qu'elle augmente de onze points chez les cadres et professions libérales (sondages du troisième trimestre 1960). L'année 1960 s'ouvre donc sous d'assez mauvais auspices.

Face à une certaine baisse des prix, la FNSEA réclame une « charte agricole ». Elle organise des mobilisations largement suivies dans toute la France. On peut lire dans son journal : « Faut-il encore que le sang coule pour qu'ils comprennent ? » « Ils », c'est-à-dire les politiques dans leur ensemble et le gouvernement. Et quand le Général répond non à la demande des agriculteurs d'une réunion extraordinaire du Parlement, au printemps 1960, puis accepte un décret qui ne rétablit que partiellement et de façon compliquée l'indexation, les dirigeants de la Fédération se fâchent. Ils vont en appeler directement au président de la République dans un long message concluant ainsi : « Nous ne pouvons terminer cette lettre sans vous dire notre angoisse au moment où, placés dans une situation dramatique, les agriculteurs pourraient se laisser entraîner dans le désespoir » (*IA*, mars 1960). Une menace ? un appel au « sauveur » ?

Le Général répondra un peu plus tard : « J'ai donc vu les agriculteurs, disons le président, le secrétaire général et l'adjoint de la FNSEA. Nous ne nous sommes pas appris grand-chose. Leur exposé est réaliste dans l'ensemble. Il n'a pas été question de fixer les prix. Il a surtout été question de ma part, et presque aussi de la leur, des structures. Ils conviennent de la nécessité d'une restructuration de l'agriculture. C'est sain et raisonnable. [...] L'idée d'arroser tout le monde et d'augmenter les prix est une idée de démagogues ; ils en sont convenus » (propos rapportés par Alain Peyrefitte).

Un sondage, réalisé du 21 mai au 19 septembre 1962, montre bien que la politique menée n'est guère approuvée. À la question relative à l'action du gouvernement, 4 % des agriculteurs répondent en avoir une « bonne opinion », 33 % une opinion « moyenne » mais 38 % une « mauvaise » et 14 % une « très mauvaise ». Remarquons que les sondeurs ont prudemment évité la « très bonne opinion » et que plus d'un agriculteur sur deux émet une opinion négative, et cela quelle que soit sa spécialité : 3 % seulement de bonne opinion pour les viticulteurs, 3 % également pour les éleveurs, etc. (sondages de 1966, n°s 3 et 4).

Dans les années 1960, les agriculteurs sont encore très « européens ». Ils espèrent de vastes débouchés propres à permettre d'écouler les surplus. Edgard Pisani lui-même est fort actif en ce sens. Le pire arrive le 30 juin 1965, quand Maurice Couve de Murville, ministre des Affaires étrangères, annonce à Bruxelles qu'il va pratiquer la politique de la « chaise vide » prônée par le Général. La FNSEA n'est pas contente. Dans la perspective de l'élection présidentielle du 5 décembre, elle déclare : « Les agriculteurs, dans un tel vote, effectuent leur choix en tant que citoyens et non pas seulement en fonction de considérations professionnelles, mais ils devront prendre leurs responsabilités en ayant parfaitement conscience du fait qu'il serait de leur part parfaitement incohérent de demander à leurs responsables syndicaux de combattre une politique qu'ils auraient paru approuver par leur vote » (*IA*, octobre 1965). Gérard de Caffarelli, son président, se défend pourtant d'avoir donné des consignes électorales. « La récente prise de position du Conseil national de la FNSEA a provoqué maints commentaires étonnés, quand ils n'étaient pas vengeurs [...]. Certains ont déployé des trésors d'ingéniosité pour découvrir dans le texte [...] des interprétations compliquées ou des arrière-pensées machiavéliques » (*IA*, novembre 1965). Il n'empêche, le mot d'ordre est suffisamment clair et ce sera la mise en ballottage du Général imputée largement à la « défection » d'un million et demi d'agriculteurs. Dans l'ensemble, la guerre d'Algérie les a peu touchés, ce sont les problèmes professionnels qui constituent l'explication de ce comportement.

La coupe est pleine. Edgard Pisani doit s'en aller et c'est l'arrivée d'Edgar Faure, bien accueilli par les agriculteurs : « Un homme qui a un tel passé et auquel on prédit un tel avenir ne peut pas s'être embarqué sans avoir d'assurances et il est condamné à faire leur fortune s'il veut faire la sienne », écrit François-Henri de Virieu dans *La Fin d'une agriculture*, paru en 1967 chez Calmann-Lévy. Edgar Faure est le troisième ancien président du Conseil à accepter de venir ou revenir rue de Varenne à la suite de Jules Méline en 1915 et d'André Tardieu en 1931. Et de fait, les mesures prises amorcent une certaine détente. Pourtant, de Gaulle, amoureux d'une France paysanne ancestrale mais partisan d'une agriculture moderne et productiviste, ne rencontre guère que des interlocuteurs critiques, en dehors des sympathisants du Centre national des jeunes agriculteurs (CNJA). Les agriculteurs sont désabusés, défavorables ou sceptiques. C'est pourquoi, en 1968, leur vote se portera davantage en faveur de Georges Pompidou que du Général, comme le relève Jérôme Jaffré en 1963 dans son intervention au colloque : *La présidence de la République de Georges Pompidou. Exercice du pouvoir et pratique des institutions.*

Isabel Boussard

• *Voir aussi* : Faure, Edgar ; Manifestations paysannes ; Pisani, Edgard ; Syndicats agricoles

Bibl. : Isabel Boussard, « Le général de Gaulle et les agriculteurs », dans Marc Sadoun, Jean-François Sirinelli et Robert Vandenbussche (dir.), *La Politique sociale du général de Gaulle*, Villeneuve d'Ascq, Centre d'histoire de la région du Nord, coll. « Histoire et littérature régionales », 1990 • Bernard Bruneteau, *Les Paysans dans l'État. Le gaullisme et le syndicalisme agricole sous la Ve République*, Paris, L'Harmattan, 1994 • Pierre Coulomb (dir.), *Les Agriculteurs et la Politique*, Paris, PFNSP, 1990.

AGRICULTURE. – Dans ses *Mémoires d'espoir*, le général de Gaulle s'est volontiers inscrit dans la plus pure tradition agrarienne, avouant regarder avec tendresse « ce pays des villages immuables, des églises anciennes, des familles solides, de l'éternel retour des labours, des semailles et des moissons ». Mais dans le même temps, il a fait de l'agriculture le champ d'application de son volontarisme modernisateur, affirmant haut et fort que « pour la première fois et moyennant un effort proportionné au problème, la République prend réellement en charge, en attendant d'en tirer profit, la conduite de l'agriculture française vers son destin des temps nouveaux ». Cette appropriation de la modernisation agricole, destinée à un solide avenir dans le légendaire gaulliste, ne doit pas voiler le fait que la politique inaugurée par la loi d'orientation du 5 août 1960 constitue la dernière étape d'un processus amorcé dès l'immédiat après-guerre. C'est alors, en effet, que l'agriculture est destinée dans le discours des planificateurs à devenir un secteur comme un autre dans le cadre de ce que Jean Chombart de Lauwe a appelé « une politique insouciante d'expansion de l'agriculture ».

La modernisation s'impose dans les têtes comme dans les faits avec la motorisation des exploitations, le productivisme des pouvoirs publics, la première ébauche d'organisation des marchés (Société interprofessionnelle du bétail et des viandes – SIBEV –, Interlait en 1953-1954). Des hommes comme Pierre Pflimlin ou Pierre Mendès France ont déjà donné une ambition nouvelle à l'agriculture française. Mais si, à la fin de la IVe République, tout pousse à ne plus voir dans le secteur agricole un « obstacle » à l'expansion globale de l'économie, les normes retenues par une majorité de dirigeants syndicaux et politiques privilégient encore le maintien d'une paysannerie forte et nombreuse (25 % de la population active dans les années 1950). C'est un objectif qu'une politique de soutien des prix agricoles est censée permettre. Ainsi la décision de l'indexation est-elle prise en septembre 1957. Tout l'intérêt historique de la décennie gaullienne réside dans le fait qu'elle représente un moment décisif dans l'aménagement d'un nouveau rapport entre l'agriculture et la société, ce dont le livre d'Henri Mendras, *La Fin des paysans*, a donné en 1967 un si juste écho. Si une quelconque « prouesse » du Général et de son équipe doit donc être recherchée en ce domaine, elle se situe dans leur capacité à adapter définitivement le référentiel de la politique agricole (exploitations viables, exode encouragé pour les moins aptes et les plus âgés) au référentiel global de la société française (croissance, Europe). C'est la « révolution silencieuse » des nouveaux acteurs des campagnes (Michel Debatisse et son Centre national des jeunes agriculteurs, ou CNJA). Les deux bornes témoins de l'action du gouvernement du général de Gaulle en matière agricole émergent alors : consécration d'une nouvelle élite agricole, porteuse d'un modèle de développement spécifique, et ambition de faire de la Politique agricole commune (PAC) née en janvier 1962 l'un des instruments permettant au pays d'« épouser son siècle ».

Ce qui, aux yeux de la technocratie gaulliste, fait la force de la génération Debatisse, issue majoritairement de l'Action catholique rurale, c'est qu'elle a su intégrer ses aspirations propres (définition d'un paysan modèle à la fois moyen et moderniste) dans un projet plus vaste, l'adaptation des structures de l'agriculture aux nécessités de l'expansion industrielle. On comprend pourquoi les conseillers de Michel Debré firent leur le programme du CNJA pour le traduire en 1960 en une loi d'orientation complétée deux ans plus tard. Comme le déclare alors Edgard Pisani, l'agriculture doit être « moderne et paysanne ». On en conserve une définition familiale (l'exploitation à deux unités de travailleur-homme) ; on confirme le caractère civil et non commercial de son activité ; enfin l'aide de l'État est promise à tous ceux qui font l'effort de se rapprocher de l'optimum de viabilité. Il est clair, du côté du Général comme du côté des agriculteurs marqués par les enseignements de la Jeunesse agricole catholique (JAC), qu'en valorisant une structure familiale et moderniste, soucieuse de parité avec les couches moyennes urbaines, on peut espérer sauvegarder une certaine identité paysanne au sein même d'un processus de modernisation vu parfois en termes d'uniformisation et de prolétarisation.

Si l'optimisme est de mise en ce début des années 1960, c'est que l'Europe du Marché commun est conçue comme le viatique d'un modèle de développement tout à la fois humaniste et productiviste. De Gaulle et son gouvernement jouèrent un rôle essentiel dans le lancement de la PAC, que le traité de Rome ne garantissait pas absolument, parce qu'ils y voyaient une chance pour la France de devenir la grande puissance agricole européenne capable de mobiliser ses partenaires pour négocier, à égalité avec les États-Unis, le partage du marché mondial. L'importance géopolitique du projet agricole était telle que le chef de l'État alla dans ce domaine au-delà de la simple coopération pour s'engager dans une stratégie d'intégration en alliance avec la Commission européenne. Deux autres raisons militaient en ce sens : d'un côté, on pensait qu'avec la Communauté économique européenne le marché dicterait sa loi aux agriculteurs en hâtant la restructuration engagée en 1960 ; de l'autre, que l'Europe, avec son marché protégé de deux cents millions de consommateurs (préférence communautaire), réglerait le problème des débouchés pour une agriculture en état de surproduction chronique. Cette Europe agricole à la française se mit donc en place dans le cadre de ce que l'on a pu appeler une « stratégie d'intégration nationaliste » que le conflit avec la commission Walter Hallstein, lors de la crise dite de la « chaise vide » en 1965, ne rendit que plus visible. Elle accoucherait au fil des années d'un État providence agricole surdimensionné, promis à la réforme à partir des années 1980.

Dans l'entreprise gaullienne de modernisation, la révolution rurale initiée par les jeunes agriculteurs et la PAC voulue par les technocrates avaient eu l'immense mérite de « résoudre sans drame ce problème gigantesque et éminemment national » [*ME*]. Bernard Bruneteau

• *Voir aussi* : Faure, Edgar ; Manifestations paysannes ; Pisani, Edgard ; Syndicats agricoles

Bibl. : Bernard Bruneteau, *Les Paysans dans l'État. Le gaullisme et le syndicalisme agricole sous la Ve République*, Paris, L'Harmattan, 1994. • Jean Chombard de Lauwe, *L'Aventure agricole de la France de 1945 à nos jours*, Paris, PUF, 1979 • François-Henri de Virieu, *La Fin d'une agriculture*, Paris, Calmann-Lévy, 1967.

AIDES DE CAMP : témoignage de François Flohic. – Devenu homme d'État avec la France libre, puis chef de l'État en 1959, le général de Gaulle conserve les habitudes et l'organisation militaires de rigueur dans un état-major.

Le fonctionnement de l'Élysée repose sur quatre directions, assistées du minimum de personnes ayant chacune leur secteur propre. Au secrétariat général et aux conseillers techniques, les affaires de la France ; au cabinet et aux chargés de mission, les affaires des Français ; à l'état-major particulier, les Armées ; aux Affaires africaines et malgaches, les territoires correspondants. Les trois aides de camp sont intégrés dans l'organigramme. Parmi les huit officiers qui se sont succédé à ce poste entre 1959 et 1969, Gaston de Bonneval et moi-même sommes restés le plus longtemps en fonction. Placés statutairement sous le commandement du chef de l'état-major particulier, les aides de camp sont mis pour emploi à la disposition du directeur de cabinet. Mais en fait, le général de Gaulle les considère comme étant directement sous ses ordres. Un jour qu'il me demande de convoquer un camarade alors que celui-ci s'est rendu chez lui en province, le général de Gaulle me précise fermement : « Vous êtes mes aides de camp, c'est à moi que vous devez demander la permission de vous absenter. » Le Général tient à avoir toujours son aide de camp au plus près de lui, que ce soit à l'Élysée ou en déplacement officiel ou privé, assuré qu'il est de son dévouement et de son absolue discrétion. Les aides de camp occupent le bureau contigu au sien, prêts à répondre à toute demande inopinée. Les rapports sont de chef à subordonnés.

Il n'en va pas de même à Colombey, où le Général nous traite avec courtoisie, plutôt comme des hôtes, sauf dans le bureau de la tour où les rapports redeviennent tacitement ceux de l'Élysée. À Colombey toujours, où l'atmosphère est détendue, il lui arrive de recueillir les sentiments de son aide de camp, plus rarement à l'Élysée, sauf dans les périodes dramatiques. L'aide de camp de service organise et commande les déplacements privés du chef de l'État. Si les multiples attentats préparés contre lui n'ont pu aboutir, c'est notamment parce que l'aide de camp était seul à déterminer les trajets. En voyage officiel, l'aide de camp fait exécuter à son président le programme que celui-ci a fixé par avance, lui permettant de se concentrer sur les allocutions qu'il doit prononcer. La nuit, l'aide de camp est logé dans une chambre proche de ses appartements. Ce n'est donc pas pour le décorum que le Général a toujours un « képi » ou une « casquette » auprès de lui. En 1968, le déplacement à Baden-Baden a été monté et exécuté sans que quiconque en soit informé. La « disparition » du Général a été le fait de l'aide de camp. En 1969, j'ai eu l'honneur de partager son exil volontaire et temporaire en république d'Irlande. J'en conserve un souvenir poignant, heureux toutefois d'avoir rempli mon contrat auprès de lui jusqu'au bout, et d'avoir recueilli les sentiments de Mme de Gaulle sur les aides de camp : elle les aimait bien car elle savait qu'ils prenaient soin de son mari. Comment n'aurions-nous pas veillé sur notre grand homme, lui qui nous avait rendu l'honneur et la liberté, et dont le capital était inestimable pour la France ?

François FLOHIC

• *Voir aussi :* Baden-Baden ; Entourages ; Irlande ; Sécurité ; Vie quotidienne à l'Élysée

AILLERET, Charles (1907-1968). – Polytechnicien et artilleur, Charles Ailleret occupe jusqu'en 1940 des postes techniques ou à l'état-major. En août 1940, capitaine, il est détaché auprès de la commission franco-italienne d'armistice ; en décembre 1942, il rejoint l'Organisation de résistance de l'armée (ORA) dont il devient le commandant pour la zone nord. Il est arrêté le 14 juin 1944 et déporté à Buchenwald. Libéré, il est attaché militaire à Moscou (septembre 1945), sert ensuite à l'état-major de l'armée de terre (1946) puis commande la 43e demi-brigade de parachutistes (1947). Après avoir été affecté au *Supreme Headquarters Allied Powers Europe* (SHAPE) de janvier à décembre 1951, il prend le commandement des « armes spéciales » de l'armée de terre. Passionné par les liens entre stratégie et technique, il trouve à ce poste sa vocation : la promotion de l'atome militaire à laquelle il va employer son intelligence et son énergie comme en témoignent ses innombrables conférences et articles de 1952 à 1958.

Nommé commandant interarmées des armes spéciales le 10 juin 1958, le général Ailleret dirige les préparatifs qui aboutissent à l'explosion de la première bombe atomique française à Reggane. Le 15 juin 1960, il prend le commandement de la zone du Nord-Est constantinois. À son poste, ce gaulliste fidèle s'oppose à la tentative de putsch d'avril 1961. Nommé commandant supérieur interarmées en Algérie le 13 juin 1961, il fait appliquer la loi, toute la loi, pour maintenir l'ordre, et livre un combat sans merci à l'OAS. C'est lui qui, le 19 mars 1962, donne l'ordre de cesser le feu à l'armée française. Le 16 juillet 1962, le général de Gaulle le nomme chef d'état-major général de la Défense nationale.

Dans ces fonctions, Ailleret est constamment soutenu par de Gaulle en raison d'un sens éminent de la répartition des tâches : au président le politique, au chef d'état-major la mise en œuvre technique. Les deux hommes partagent également une haute idée de la condition militaire. Enfin, le chef de l'État sait pouvoir compter sur la détermination sans faille de son chef d'état-major pour briser toutes les résistances au sein de l'armée.

Ailleret organise le retrait de la France du commandement intégré de l'OTAN (1966) et la prise de distance vis-à-vis de la stratégie otanienne de riposte graduée. L'importance de l'Alliance atlantique demeure cependant reconnue, comme en attestent les accords Ailleret-Lemnitzer de 1967 pour la coopération militaire entre la France et l'alliance en cas de conflit en Centre-Europe. La réflexion stratégique d'Ailleret trouve son point d'orgue avec son fameux article « Défense orientée ou défense tous azimuts ? » de décembre 1967 dans lequel il expose que la dissuasion nucléaire française ne vise aucun ennemi désigné, et doit donc se dégager un peu plus des liens transatlantiques. De Gaulle s'est borné à introduire d'infimes modifications au texte final, tant l'esprit qui préside à cette inflexion stratégique procède de sa propre pensée. Le général Ailleret disparaît quelques mois plus tard dans un accident d'avion.

François Géré

• *Voir aussi* : Armée ; Bombe atomique ; Civile et militaire (autorités) ; Défense nationale ; Nucléaire (dissuasion) ; OTAN

Bibl. : Charles Ailleret, *L'Aventure atomique française*, Paris, Grasset, 1968 • Id., *Général du contingent*, Paris, Grasset, 1998.

ALGER (pétaudière d') . – « Le 14 juillet, c'est Alger, capitale de l'Empire et de la France combattante, qui offrit la démonstration de la renaissance de l'État et de l'unité nationale recouvrée. La traditionnelle prise d'armes revêtait le caractère d'une espèce de résurrection. » Ainsi Charles de Gaulle résuma-t-il dans ses Mémoires le basculement d'Alger du pétainisme au gaullisme. Mais pour lui, Alger n'était qu'une étape : Brazzaville avait été la capitale de la France libre, Alger celle de l'union recouvrée, Paris serait celle de la France restaurée.

En juin 1940, la Ville blanche incarne un possible espoir de résistance de l'Empire sous les ordres du général Noguès, commandant en chef en Afrique du Nord. De Gaulle ne s'y trompe pas qui, les 19 et 24 juin, en appelle à ce dernier puis aux « terres françaises d'outre-mer ». Sans succès. Noguès rentre dans le rang et fait censurer l'appel du 18 Juin. Le drame de Mers el-Kébir, très exploité par la presse et les autorités contre le gouvernement anglais et de Gaulle, ne freine pourtant pas les ralliements individuels aux FFL (Forces françaises libres). En septembre, le général Weygand est nommé par Vichy délégué général en Afrique française et s'installe à Alger. Jusqu'à son rappel en novembre 1941, il imposera une obéissance absolue à l'armée d'Afrique, mettra en œuvre le programme de la Révolution nationale et luttera contre la dissidence. Son successeur Juin suit la même voie.

Très tôt, Anglais puis Américains font d'Alger et de l'Afrique du Nord un poste d'observation où ils implantent leurs réseaux. Début 1941, le consul Robert Murphy est envoyé par le président Roosevelt dans la Ville blanche. Il s'appuiera sur un groupe très structuré de résistants de toutes origines politiques dont l'objectif est de faire rentrer l'Afrique du Nord dans la guerre. Au cours de l'été et l'automne 1942, alors que la perspective du débarquement en Afrique du Nord se précise, de Gaulle est systématiquement tenu à l'écart des préparatifs. En effet, les Alliés ont désigné le général Giraud pour être le chef militaire français des conjurés. Une fois débarqués, les Américains choisissent cependant de traiter avec l'amiral Darlan, plus haute autorité présente à Alger mais chantre, depuis deux ans et demi, de la collaboration avec l'Allemagne. L'assassinat de l'amiral, le 24 décembre 1942, ne met pas fin à l'imbroglio politique. Le général Giraud est alors imposé comme « commandant en chef civil et militaire » par des Américains aux yeux desquels il est une alternative au communisme et au gaullisme. Giraud choisit de maintenir la législation de Vichy. Dès lors, Alger devient le théâtre d'intrigues, une véritable « pétaudière ».

Il faudra près de cinq mois de manœuvres et de négociations pour qu'un accord intervienne entre Giraud et de Gaulle. Le 30 mai 1943, celui-ci entre dans Alger, fort du soutien de la Résistance intérieure et sous les ovations des Algérois mobilisés par les hommes de René Capitant. Dans le climat de tension créé par la nomination par Giraud de l'amiral Muselier au Maintien de l'ordre et d'André Labarthe à l'Information, les gaullistes du mouvement Combat et les soldats du général Leclerc, en permission depuis la fin des combats de Tunisie, se mobilisent pour prévenir toute action hostile. Le 3 juin, un texte rédigé et lu par de Gaulle annonce la formation du CFLN (Comité français de la Libération nationale). L'homme du 18 Juin, qui s'impose déjà comme le patron de la nouvelle instance pourtant bicéphale, installe ses bureaux sur les hauteurs d'Alger, à la villa des Glycines, et sa résidence privée à la villa des Oliviers où sa femme et ses filles le rejoignent.

En moins de quatre mois, de Gaulle affirme sa prééminence et achève de révéler ses qualités d'homme d'État. Il dispose de la majorité des voix au CFLN, dont le secrétariat a été confié à des fidèles. Le 4 août, de retour de Washington, Giraud doit abandonner la présidence civile du CFLN et se contenter du commandement des forces militaires unifiées. En octobre, il renonce à la coprésidence du CFLN. Alger devient alors la capitale de l'État républicain restauré. Le 3 novembre 1943, l'Assemblée consultative provisoire (ACP) se réunit pour la première fois. Le 9 novembre, de Gaulle fait entrer au CFLN des représentants de la Résistance intérieure et des partis politiques. En avril 1944, ce sera le tour des communistes. La législation de Vichy est abolie. Le programme de réformes politiques, économiques et sociales qui sera mis en œuvre dans la France libérée est progressivement élaboré, ainsi que les principales mesures de la future épuration. L'Algérie participe grandement à l'effort de guerre avec la mobilisation de près de 400 000 soldats que de Gaulle qualifie d'« épée de la France ». La vie culturelle renaît avec la réouverture de l'université d'Alger et la nomination de René Capitant au commissariat à l'Instruction publique. La revue *Fontaine* de Max-Pol Fouchet, les éditions Charlot, qui publient *L'Armée des ombres* de Joseph Kessel, et la création de la collection « Les Cinq Continents » par Philippe Soupault sont l'illustration d'un véritable bouillonnement intellectuel. Tenu à l'écart pour giraudisme, Antoine de Saint-Exupéry ne peut publier mais intervient avec André Gide sur Radio France qui est revenue de son vichysme. Georges Gorse, chargé de mission au cabinet du général de Gaulle, en réalise parfois l'éditorial et transmet les orientations politiques.

Alors que se concrétise la restauration de l'État, des fêlures apparaissent toutefois. Alger est le foyer de la contestation nationaliste dont le fer de lance est le docteur Ferhat Abbas, auteur du *Manifeste algérien* remis à Eisenhower en février 1943 et qui exige l'autonomie politique. Les réformes politiques d'août 1943 et de mars 1944 ne suffisent pas. Conscient du malaise, de Gaulle adresse le 14 août 1944 la directive suivante au général Henry Martin juste avant sa nomination à la tête du 19e CA : « Il s'agit d'empêcher que l'Afrique du Nord ne glisse entre nos doigts pendant que nous libérons la France. » Les émeutes de Sétif du 8 au 12 mai 1945 confirment ses craintes. Pourtant, en juillet 1945, pour la première fois, la majorité municipale issue des urnes à Alger est la liste « démocratique et antifasciste » du général Tubert qui rassemble socialistes et communistes. Mais cet élan démocratique ne dure pas.

Christine Levisse-Touzé

• *Voir aussi* : Assemblée consultative ; CFLN ; Corse ; Débarquement en Afrique du Nord ; France libre ; Sétif

Bibl. : Jacques Cantier, *Alger 1940-1962. Une ville en guerres*, Paris, Autrement, 1999 • Jean-Charles Jauffret (dir.), *La Guerre d'Algérie par les documents*, t. I, *L'Avertissement 1943-1946*, SHAT, 1990 • Christine Levisse-Touzé, *L'Afrique du Nord dans la guerre 1939-1945*, Paris, Albin Michel, 1998.

ALGÉRIE (appelés en). – Engagée en Algérie, l'armée compte une moyenne d'effectifs constants de plus de 400 000 hommes de la fin de 1956 à 1961. L'essentiel provient des ressources du contingent. Aux 1 200 000 appelés s'ajoutent 260 000 rappelés (réservistes ayant déjà effectué leur service) de 1955 et de 1956 dont les manifestations de mauvaise humeur sont restées célèbres, et enfin 26 000 officiers de réserve. En 1955, la « rébellion » ne cessant de s'étendre, la durée d'incorporation passe de dix-huit à vingt-quatre mois, puis de vingt-sept, vingt-huit voire trente à trente-trois mois pour certains sous-officiers sans contrat. Cette décision de prolonger le temps d'incorporation est capitale pour comprendre la chute de la IVe République, qui n'est pas regrettée par les appelés. Ils ont le sentiment qu'on leur vole leur jeunesse par un prolongement indéfini d'un service en Algérie dont ils ne comprennent pas les enjeux.

En mai 1958, le retour au pouvoir de Charles de Gaulle suscite un immense espoir. Pour les uns, le « Je vous ai compris » du 4 juin au Forum d'Alger est la promesse d'une Algérie fraternelle et française. Mais pour la plupart, c'est l'espoir d'un prompt rembarquement pour la métropole, quelle que soit la solution trouvée. Du point de vue de l'ami Bidasse, devenu un « gus » pendant la guerre d'Algérie, ce qui importe c'est bien la « quille ». Après le référendum constitutionnel du 28 septembre 1958, qui étonne certains par la caricature de consultation électorale qu'ils constatent dans le bled, les appelés rechignent à rester encore en Algérie. Les troupes engagées dans le plan Challe vivent cependant l'emballement de la victoire.

Le tournant politique de la guerre d'Algérie marqué par le discours du 16 septembre 1959 du général de Gaulle montre la voie de l'autodétermination, mais le contingent a du mal à saisir les choix proposés aux Algériens. L'incompréhension graduelle entre la troupe et nombre de cadres d'active favorables à l'Algérie française s'accentue. Reconstituée en 1958, ébranlée en septembre 1959, l'unité de l'armée n'est plus qu'un mythe. Fondée sur une adhésion consentie, la discipline s'en ressent d'autant plus que les départements algériens donnent le spectacle de la division lors de l'épisode des barricades d'Alger, en janvier 1960, qui fait craindre une menace de guerre civile et conduit à un prolongement du conflit. Il s'ensuit une incompréhension de plus en plus forte envers les Français d'Algérie. Le contingent devient en majorité gaulliste après les barricades. Lors du putsch d'avril 1961, les positions sont tranchées, et seuls de rares régiments suivent leur chef de corps dans l'aventure. La réaction du contingent et l'attentisme opportuniste des cadres expliquent ce « putsch édredon ». Le discours du 23 avril du général de Gaulle réveille les loyalismes... L'apathie ou la sournoise critique cèdent le pas à la révolte ouverte contre le « quarteron de généraux ». On sait quel rôle jouent à cette occasion les postes à transistor, tandis que fleurissent les croix de Lorraine.

Par la suite, au moment où l'Algérie commence à basculer dans l'anarchie, sur fond de lutte franco-française, plus que jamais le soldat-citoyen attend de « Charlot-la-Quille » un prompt retour en métropole confirmé par la signature des accords d'Évian. Il a pour les derniers instants un sentiment de compassion envers les Français d'Algérie et les harkis abandonnés. Dans leur ensemble, les appelés ont fait leur devoir dans un conflit subi et remercient le Général d'avoir pris la responsabilité de refermer « la boîte à scorpions ».

Jean-Charles Jauffret

• *Voir aussi* : Armée ; Barricades ; Jeunesse ; Putsch des généraux ; Radio et télévision ; Torture

Bibl. : Jean-Charles Jauffret, *Soldats en Algérie, 1954-1962 : expériences contrastées des hommes du contingent*, Paris, Autrement, 2000.

ALGÉRIE (guerre d'). – Les relations entre Charles de Gaulle et l'Algérie sont complexes. Il n'a jamais véritablement aimé les départements algériens, en raison notamment de leur passé vichyste. Toutefois, dès son installation à Alger comme chef du Comité français de la Libération nationale, il tente une première série de réformes fraternelles (discours de Constantine du 12 décembre 1943 et ordonnance du 7 mars 1944 accordant la citoyenneté à 60 000 musulmans). Lors de l'insurrection du Nord-Constantinois, le 8 mai 1945, premier acte du conflit algérien, il n'a pas de responsabilité directe dans la sévère répression, même si, en 1944, il a clairement exposé sa mission au général Henry Martin, chef du 19e corps d'armée : conserver l'Algérie à tout prix. Le discours d'Alger du 12 octobre 1947, peu après le vote du statut de l'Algérie, montre que le chef du RPF rejette toute idée de séparation entre l'Algérie et la France. La fin de la guerre d'Indochine, l'humiliation de Suez et l'extension de la guerre d'Algérie le font peu à peu évoluer. Son retour au pouvoir est dû à l'échec de la IVe République dont les gouvernements, tels Ponce

Pilate, se sont déchargés de leurs responsabilités sur les militaires, sans qu'une solution ait pu être trouvée.

En mai 1958, l'homme privé semble peu convaincu des chances de l'Algérie française, mais l'homme d'État tente une dernière fois, au nom de la France, de jouer la carte de l'assimilation. D'où le « Je vous ai compris » du 4 juin, à Alger, et le « Vive l'Algérie française » deux jours plus tard, à Mostaganem, devant une foule à majorité musulmane qui comprend que le retour du Général aux affaires se traduit par la fin de l'inégalité devant la carte d'électeur. Le 3 octobre 1958, s'adressant aux « Algériens, Algériennes », de Gaulle lance à Constantine le célèbre programme de modernisation de l'Algérie. Le 23 octobre, il offre « la paix des braves » aux combattants de l'Armée de libération nationale (ALN). Tout en rétablissant peu à peu l'autorité de l'État, il donne mission à l'armée de l'emporter sur le terrain. Il songe sans doute déjà à négocier en position de force grâce aux succès du plan Challe, mais sans le dire clairement dans ses « tournées des popotes » en Algérie (août 1959 et mars 1960), d'où l'ambiguïté et, plus tard, le profond ressentiment de nombre de cadres d'active à son égard.

Le 16 septembre 1959, le chef de l'État prononce son discours sur l'autodétermination, véritable tournant politique de la guerre d'Algérie. Trois choix sont possibles pour mettre fin au conflit : la francisation (ou intégration), l'association (ou liens fédéraux avec la métropole), la sécession (marche vers l'indépendance). En fait, retrouvant certains accents de sa vieille préférence en matière de gestion coloniale, c'est bien la deuxième solution qu'il choisit, mais à une époque où la Communauté vit ses derniers jours (indépendance du Mali le 4 avril 1960). Les activistes de l'Algérie française, à Alger, interprètent la nouvelle orientation comme une politique d'abandon, mais échouent, lors de la semaine des Barricades du 24 janvier au 1er février 1960, dans leur volonté de recommencer un 13 mai 1958. De plus en plus isolé sur le plan diplomatique, de Gaulle tente une première négociation, d'abord avec la résistance intérieure (affaire Si Salah), puis avec le FLN (échec des pourparlers de Melun) en juin 1960, tandis que l'opposition à la guerre ne cesse de grandir en métropole (Manifeste des 121 en septembre 1960). Le 4 novembre, le chef de l'État dépasse le simple cadre de l'association et propose une voie fédérale aux liens très lâches : il reprend la formule de « l'Algérie algérienne » déjà employée le 5 septembre et évoque la « République algérienne » qui « existera un jour ». Cela paraît insuffisant à un FLN qui redresse la tête lors des sanglantes manifestations de décembre à Alger, précédant de peu la résolution 1514 de l'ONU reconnaissant le droit à l'indépendance de l'Algérie.

Le référendum sur l'autodétermination du 8 janvier 1961, donnant un « oui franc et massif » en métropole (75 % des suffrages exprimés) et 69 % en Algérie, est gros du passage de la séparation de corps au divorce. Le 16 janvier, le FLN répond officiellement à l'offre française de négociations. Le 11 avril, de Gaulle évoque un « État algérien associé » et déclare qu'il envisage l'indépendance « d'un cœur parfaitement tranquille ». Ce que ne peuvent admettre les plus fervents partisans de l'Algérie française dans les rangs de l'armée, convaincus que l'on brade leur victoire militaire. Le putsch des généraux qui suit, le 22 avril, échoue en quatre jours. Le discours du général de Gaulle, le 23, qui condamne le « quarteron de généraux en retraite », reçoit le soutien de la métropole et du contingent en Algérie.

Tandis que se déroulent les négociations d'Évian, une nouvelle étape vers l'abandon est franchie avec le discours dans lequel de Gaulle, le 2 octobre 1961, annonce la reconnaissance d'un « État algérien souverain et indépendant ». Au moment où la France acquiert l'arme nucléaire, l'expérimente au Sahara et s'assure l'accès aux hydrocarbures qui s'y trouvent, le sort des Français d'Algérie et des harkis passe au second plan. Les accords d'Évian, le 18 mars 1962, prévoient leur protection mais ces clauses ne seront pas appliquées. Les attentats de l'OAS et le non-respect de la parole donnée par le FLN précipitent dans le sang et l'anarchie les derniers mois de la présence française en Algérie.

Jean-Charles JAUFFRET

• *Voir aussi* : Attentats ; Barricades ; Évian ; FLN ; Harkis ; Manifestations liées à la guerre d'Algérie ; OAS ; ONU et question algérienne ; Orateur in praesentia ; Pieds-noirs ; Putsch des généraux ; Torture ; Voyage(s) en Algérie

Bibl. : Raphaëlle Branche, *La Guerre d'Algérie, une histoire apaisée ?*, Paris, Le Seuil, 2004 • Jean-Charles Jauffret et Maurice Vaïsse, *Militaires et guérilla dans la guerre d'Algérie*, Bruxelles, Complexe, 2001.

ALGÉRIE COLONIALE. – C'est un discours churchillien que prononce le général de Gaulle sur la place de la Brèche à Constantine, le 12 décembre 1943. La guerre et ses épreuves ont ici ses premiers mots. Il dirige depuis Alger un « gouvernement de guerre ». Il ne promet pas « du sang et des larmes », mais plus « d'efforts et de sacrifices », alors que « le combat et le redressement de la France s'accomplissent dans des conditions particulièrement cruelles ». L'Allemagne « nous oppose toujours une résistance acharnée ». L'« équilibre » entre les deux camps n'est pas « rompu ». Chacun sait pourtant que l'ennemi a subi un échec stratégique sur le front de l'Est, à Stalingrad, le 2 février 1943. En Afrique du Nord aussi, la situation a bien changé, treize mois après le débarquement allié. Le 8 mai, Tunis a été reprise aux Allemands. Le 10 juillet, les Alliés ont débarqué en Sicile. Mais pour de Gaulle, rien n'est fait tant que la bataille de France n'a pas commencé.

Ce discours est en tout point gaullien. « Redressement » et « renouveau » sont les maîtres mots de la séquence suivante. Ils visent tous les domaines : « institutions, activité économique, conditions de vie, rapports avec les autres peuples, développement de son empire ». Pour l'heure, toutefois, seul le dernier thème est à l'ordre du jour, avec une spécification à l'adresse des peuples d'Afrique du Nord, et de l'Algérie en particulier. La formule à première vue anodine amorce en fait la partie la plus longue d'un discours resté dans l'Histoire à ce titre, associé à son lieu d'énonciation – toutes choses égales, comme celui de Bayeux. L'homme du 18 Juin ne le disait-il pas dès son discours de fondation ? : « La France n'est pas seule [...] elle a un vaste empire derrière elle. » Pétain en était convaincu tout autant, sans en tirer les mêmes conséquences. Le Général s'adresse non seulement « à la nation française », et implicitement aux Alliés, mais aussi aux « vaillantes populations dont le sort est lié à son sort », sans oublier les « colons, dont le labeur acharné fit jaillir du pays les richesses de la nature ».

« Une fidélité [...] qui l'oblige. Oui, l'oblige ». À Constantine, de Gaulle se sent assez fort pour définir une orientation générale, donner une impulsion nouvelle, établir un principe d'équilibre répondant à ses yeux aux défis du moment, et aux enjeux de la situation nouvelle, sachant bien que rien ne sera jamais plus comme avant. Depuis un an, l'Afrique du Nord est une base militaire américaine. Depuis un an, les partis nationalistes des trois pays redressent la tête. Pour le Général, l'Afrique du Nord est le territoire où commencent à s'épanouir la force renaissante et l'espérance immortelle de la France, où « reparaissent ses Libertés ». Le 12 décembre, toutefois, le chef du Comité français de la Libération nationale (CFLN) évoque moins le futur de l'Empire que le devenir du Maghreb, et surtout, pour la première fois, le présent de l'Algérie ainsi que les réformes qui la concernent à très court terme. Il prend bien soin de distinguer « les trois départements de l'Algérie française » des protectorats voisins. Pour ces derniers, il reste vague, et se contente de vouloir associer davantage les élites de la société locale, non pas au gouvernement de leur pays mais au simple développement de ce dernier. Pour l'Algérie, en revanche, les résolutions sont d'un autre ordre, et bien plus précises. Mais si le dispositif diffère, l'esprit qui va des prémisses aux conclusions est le même. Là encore, la résurrection est une refondation, en termes typiquement gaulliens : devoir, honneur, fidélité. Les mots « colonisation » et « indigènes » ne sont pas prononcés. Les nations qui « se sont, depuis l'âge des grandes découvertes, associé d'autres peuples et d'autres races » ont « des devoirs plus vastes encore » que « l'obligation d'instaurer au-dedans d'elles-mêmes un juste équilibre entre tous [leurs] enfants ». Des devoirs, et pas seulement des responsabilités. Les peuples protégés ayant « fait crédit à la France », la « nation tutélaire » doit remplir son devoir. Le propos est rien moins que lénifiant. En cette veille de Noël 1943, de Gaulle sait mieux que personne que dans les unités du général Juin, à l'offensive en Italie, la majorité des effectifs est constituée de tirailleurs algériens, de tabors marocains, de soldats africains. Les Constantinois, et les Maghrébins, le savent aussi. Ainsi auront été prodiguées à la France, par l'ensemble de populations, les « preuves de leur fidélité », au plus fort de sa détresse. Dès lors, « fidélité oblige ». Elle oblige « notamment à l'égard des musulmans de l'Afrique du Nord ». Le verbe est répété par deux fois. L'émotion du tribun n'est pas feinte. On peut contester le diagnostic, les conclusions qu'il en tire, les décisions qu'il retient, non la sincérité d'une vision qui dans son esprit sous-tend un grand dessein. La conclusion s'impose d'elle-même : « Il appartient à la France de faire honneur à son contrat. » Honneur n'est pas un mot convenu. Le vieux principe du droit bourgeois se soutient d'une valeur aristocratique. Fidélité oblige, noblesse oblige. La phrase résonne à la fois comme une promesse, et une injonction. Elle s'accorde à l'idée que de Gaulle se fait de son pays et à l'image de lui qu'il prête aux autres. « La France, c'est-à-dire l'évangile de la fraternité des races, de l'égalité des chances. » On ne peut pas mieux prendre à rebours l'idéologie raciste d'une bonne partie des petits blancs qui l'écoutent. Mais d'un autre côté, le Général conditionne la liberté proclamée au « maintien vigilant de l'ordre ». Il s'adresse cette fois aux partisans de Ferhat Abbas, également présents place de la Brèche.

Aux uns et aux autres, il fixe, au nom du CFLN, les principes et les limites de la nouvelle donne politique. Représentation élargie des « Français musulmans » dans les assemblées, accès plus ouvert de ces derniers aux « postes administratifs », et surtout attribution de la citoyenneté plénière à plusieurs dizaines de milliers d'entre eux, telles sont les résolutions qu'il leur présente. Le Général affiche aussi une orientation sociale généreuse, sinon une politique économique précise. Son gouvernement, dit-il, veut « s'attacher à l'amélioration absolue et relative des conditions de vie des masses algériennes ». Formule audacieuse, que les commentateurs ont généralement oubliée. Réaliste, son auteur précise que c'est là une « œuvre de longue haleine », mais il affirme sa résolution à s'y attaquer dès maintenant par des mesures qu'il fera bientôt connaître. Audelà, c'est la situation historique d'ensemble qui est convoquée, et la nature même de cette guerre qui est définie. On sait la propension du Général à passer de l'intendance à la grande histoire. L'enjeu de cette guerre n'est rien d'autre que la « condition humaine ».

« Le maintien vigilant de l'ordre ». De Gaulle ne connaît rien au Maghreb, où il est arrivé le 30 mai 1943, sans expérience de la région. Il est préoccupé par le « maintien vigilant de l'ordre », sur lequel il compte pour « assurer à tous la liberté ». Mais quel ordre ? Et assuré par qui ? Comme le notait Charles-André Julien, les techniciens formant l'entourage de Giraud et de De Gaulle « n'ont rien oublié ni rien appris ». Le général Catroux, il est vrai très tôt rallié au Général, proclame que « l'ère des dominations coloniales » est révolue, mais lui aussi fait la guerre, et s'oppose à toute mesure importante, qualifiée de « prématurée ». Devenu gouverneur d'Algérie en juin 1943, il refuse de prendre le Manifeste du peuple algérien et son additif comme base de travail, et fait assigner Ferhat Abbas pendant deux mois pour avoir boycotté les délégations financières, une institution d'un autre âge. Dans les trois pays du Maghreb, l'ordre est et reste entre les mains d'une oligarchie européenne qui ne veut rien lâcher, et qu'aucun des trois peuples n'est prêt à supporter plus longtemps, alors que la puissance et le prestige de la « nation tutélaire » se sont effondrés deux fois, face à Hitler d'abord, en 1940, puis face à la toute-puissance américaine, en 1942. Cette oligarchie s'est lourdement compromise avec Vichy. C'est le moment de changer de cap. De Gaulle croit vraiment ouvrir et conduire ce changement en décembre 1943. Il n'en sera rien. Les promesses d'une association moins étriquée pour les uns (Tunisie, Maroc), d'un accès à la pleine citoyenneté pour une poignée d'autres (Algérie), sont jugées insupportables par l'establishment créole, et dépassées par les nationalistes. *Istiqlal* (« indépendance », en arabe) est le mot magique du temps. Le parti nationaliste marocain en fait son label, quinze jours après la promesse gaullienne du 12 décembre. Le Parti du peuple algérien (PPA) de Hadj Messali également. À Constantine, de Gaulle ne propose aux élites algériennes que les modestes mesures que le gouvernement de Front populaire n'avait pas eu le courage d'imposer à l'oligarchie coloniale. Du moins fait-il ce qu'il dit. L'ordonnance du 7 mars 1944, trois mois plus tard, ouvre le collège électoral à tous les Algériens âgés de vingt et un ans, élargit la proportion des élus musulmans dans les assemblées aux deux cinquièmes de l'effectif total et améliore les conditions d'accès à la fonction publique. Surtout, elle abroge toutes les dispositions d'exception, contre lesquelles les Algériens se battaient depuis le début du siècle. Le changement n'est pas mince. Mais la mesure la plus spectaculaire, à savoir l'attribution de la pleine citoyenneté avec maintien du statut personnel pour environ soixante mille personnes, qui eût enthousiasmé Ferhat Abbas en 1937, est tenue à présent pour inopérante, voire ridicule, par l'ensemble de l'opposition algérienne. Celle-ci ne voit même pas que l'ordonnance prévoit d'autres pas en avant substantiels. La réponse à l'ordonnance du 7 mars est donnée une semaine plus tard, le 14 mars, avec la création des Amis du Manifeste et de la Liberté (AML), qui se proposent « de rendre familière l'idée d'une nation algérienne et désirable la constitution en Algérie d'une république autonome fédérée à une République française rénovée, anticoloniale et anti-impérialiste ». La formule n'est pas avancée par un groupuscule gauchiste. Elle conjugue les forces des anciens élus, des ulémas et d'un PPA clandestin en plein renouveau. Dans les mois qui suivent, les AML, nouveau mouvement de masse, dépasseront en profondeur l'ancien Congrès musulman, en se réclamant d'une tout autre plateforme. En huit ans, on passe de l'assimilation à la fédération. Ni de Gaulle ni le CFLN ne sont prêts à cautionner une telle avancée. Plus on se rapproche de la fin de la guerre, plus s'aiguise le conflit entre l'exigence d'ordre des uns et la soif de liberté des autres. L'homme du 18 Juin lui-même donnera son aval à la répression sans mesure du soulèvement du 8 mai 1945. Pourtant, il avait vu juste à sa manière, le soulèvement de Sétif renvoyant sans contredit à la condition coloniale comme dimension tragique de la condition humaine. Omar CARLIER

• *Voir aussi* : Arabe (politique) ; Décolonisation ; Droits de l'homme ; Empire ; Race ; Sétif

Bibl. : Omar Carlier, *Entre nation et Jihad : histoire sociale des radicalismes algériens*, Paris, FNSP, 1995.

ALGÉRIE INDÉPENDANTE. – *Voir* BEN BELLA, Ahmed ; BOUMÉDIÈNE, Houari ; ÉVIAN (accords d') ; FLN.

ALLEMAGNE. – Le rapport de De Gaulle à l'Allemagne, comme celui des Allemands à de Gaulle, est très paradoxal. D'un côté, dans la première moitié du XXe siècle, de Gaulle a incarné une politique étrangère vigilante et impitoyable d'affirmation de la France face à un Reich allemand trop puissant. De l'autre, entre 1958 et 1963, il a, avec Konrad Adenauer, mené une politique de réconciliation avec l'Allemagne et fait de l'étroite coopération, et même de l'« axe Paris-Bonn » (Maurice Vaïsse), le pivot et la pierre angulaire d'une nouvelle politique européenne de la France. Certes, il a échoué à court terme, mais ce projet et cette vision des choses continuent à avoir une forte influence encore aujourd'hui – y compris en Allemagne.

Connaissance de l'Allemagne et des Allemands. Tôt dans sa jeunesse, Charles de Gaulle a fixé son attention sur l'Allemagne. Il apprit l'allemand comme première langue étrangère au lycée et passa en 1908 des vacances, qu'il trouva agréables, dans une famille allemande à Riedern, au pays de Bade. Officier en captivité en 1916-1918, il s'échappa et fut rattrapé cinq fois ; son contact avec de simples Allemands fut une expérience mitigée mais pas totalement négative. Cette captivité lui donna aussi l'occasion de lire des journaux allemands et d'étudier des livres comme l'ouvrage du général de Bernhardi, *L'Allemagne et la prochaine guerre*, publié en 1911, qui l'impressionna fortement. Dans le premier livre qu'il rédigea lui-même, *La Discorde chez l'ennemi*, publié en 1924, l'analyse qu'il fit des erreurs de la politique intérieure et extérieure de l'Allemagne pendant la Première Guerre mondiale révèle une bonne connaissance des faits. Des conférences et des essais de ces années témoignent de l'intérêt très fort qu'il portait à l'Allemagne contemporaine. Les mois qu'il passa ensuite de l'automne 1927 à l'été 1929 comme commandant de bataillon des troupes françaises d'occupation à Trèves ne semblent pas avoir enrichi son image de l'Allemagne. Par la suite et jusqu'en 1940, il continua à lire régulièrement et avec attention la presse allemande ainsi que, bien entendu, des revues et journaux militaires. À partir de 1940, il eut manifestement accès aux informations de source diplomatique, militaire, d'experts économiques et financiers ainsi que des services secrets. Mais il est frappant que cet homme que l'Allemagne fascinait attendît d'avoir atteint l'âge de soixante-huit ans pour établir un premier contact direct avec une personnalité politique dirigeante allemande – en invitant Adenauer le 14 septembre 1958 à Colombey-les-Deux-Églises. On ne saurait ainsi surestimer l'importance de l'échange intellectuel avec Adenauer, dont de Gaulle dit qu'il fut « de tous les Allemands, le plus capable et le plus désireux d'engager son pays sur la route et aux côtés de la France ». Entre 1958 et 1963, les deux hommes se rencontrèrent quinze fois, ils passèrent plus de cent heures en entretien et échangèrent une quarantaine de lettres, pour la plupart très substantielles. Ce qui impressionna aussi fortement de Gaulle, ce fut la rencontre avec la foule enthousiaste des Allemands qui l'accueillirent fascinés lors de son voyage officiel en Allemagne en septembre 1962 et qui firent naître chez lui, momentanément, des espoirs exagérés. Lors des rencontres franco-allemandes régulières après le départ de Konrad Adenauer, comme dans les audiences qu'il accorda à des hommes politiques ouest-allemands de la majorité et de l'opposition, il resta en relation suivie mais distante avec le monde politique ouest-allemand. Toute la chaleur des émotions s'était envolée en cette année difficile que fut 1963. Et pourtant s'impose l'impression qu'il n'a jamais aussi bien connu et compris la République fédérale, alors agitée par des forces contraires, que pendant cette phase ultime, ces années 1963 à 1969 où, face à l'Allemagne, les déceptions l'emportèrent.

1914-1945 : hostilité et combat. Dans son jugement et ses sentiments à l'égard de l'Allemagne, de Gaulle, issu d'une famille au patriotisme fervent, a été marqué très tôt par son milieu. Lycéen à la maturité politique précoce, il grandit dans le climat de *nationalist revival* (Eugen Weber) sensible depuis le début du siècle en France et dans le déclenchement duquel le danger allemand joua un rôle de catalyseur puissant. À partir du moment où débuta sa carrière d'officier en 1909, de Gaulle fut également marqué par le milieu de l'armée. L'expérience de la guerre renforça son hostilité fondamentale à l'égard de l'Allemagne, une hostilité combative et vigilante. Il trouva le traité de Versailles plutôt trop magnanime que trop dur. Pendant toutes les années de l'entre-deux-guerres, de Gaulle fit partie du courant qui tenait pour nécessaire une politique française de sécurité dure et sans faille : séparation de la rive gauche du Rhin du reste de l'Allemagne, conservation de gages, maintien inconditionnel de la supériorité militaire de la France, grand scepticisme face à la politique d'entente d'Aristide Briand et inquiétude constante – et fondée, comme le montrera la suite – face au désir de revanche d'une Allemagne demeurée potentiellement plus puissante. Comme une grande partie de l'opinion française de l'époque, de Gaulle était convaincu que le problème allemand résultait en première ligne de la position dominante occupée par la Prusse militariste dans le Reich allemand. On a certes souligné que sa première image de l'Allemagne a été marquée par un vrai respect pour les performances des Allemands en matière militaire et d'organisation, pour le progrès de leur technique et de l'économie ainsi qu'à l'égard de la discipline et de l'esprit de sacrifice prusso-allemands. Mais c'est précisément parce que l'ennemi était aussi moderne et dynamique que, pour ce défenseur passionné des intérêts nationaux de sécurité, il était indispensable et urgent de l'affaiblir le plus possible. Lorsque le danger allemand fut de nouveau manifeste après 1933, de Gaulle fut de ceux qui estimèrent nécessaire de revenir à une stratégie d'encerclement en s'alliant avec la Russie bolchevique – quelles que fussent les oppositions idéologiques. Son appel du 18 juin 1940 où il exhorta les Français à résister sans faille jusqu'à la victoire finale, de même que la politique qu'il mena en tant que chef de la France libre se situent dans une parfaite continuité par rapport à cette ligne inconditionnelle d'affirmation nationale.

1944-1948 : une stratégie de domination. Lorsque la victoire totale sur l'Allemagne se dessina à l'horizon, de Gaulle était décidé à ne répéter sous aucun prétexte les erreurs de 1919 et de l'entre-deux-guerres. Il fallait que cette Allemagne, que l'on venait de vaincre mais qui demeurait en son être belliciste et démesurée, soit une fois pour toutes éliminée comme grande puissance. En simplifiant, on peut décrire la politique de De Gaulle à l'égard de l'Allemagne par les points suivants : « Plus de Reich centralisé ! », donc dissolution du Reich créé par Bismarck, avec, si possible, un retour à des Länder autonomes et traditionnels qui pourraient se rassembler dans une confédération comme avant 1866 ; séparation définitive de la rive gauche du Rhin sans recourir toutefois à une annexion par la France ; statut spécial pour la Ruhr avec un contrôle international et participation importante de la France à ce contrôle ; approbation de l'annexion durable, par la Pologne, des territoires prussiens situés à l'est de la ligne Oder-Neisse afin d'obtenir par ce biais un affaiblissement de l'élément prussien en Allemagne ; reprise de la tradition d'alliance avec la Russie, serrant l'Allemagne dans une pince (que Staline accordât alors plus d'importance à la coopération avec les États-Unis et la Grande-Bretagne qu'avec la France affaiblie – à tel point que le traité franco-soviétique de 1944 devait demeurer un simple « monument » – fut l'une des plus grandes déceptions de De Gaulle) ; méfiance à l'égard des puissances anglo-saxonnes potentiellement prêtes à remettre la carte allemande dans le jeu ; incorporation économique et stratégique de Länder autonomes de l'Allemagne de l'Ouest et du Sud dans un système d'organisation des États continentaux de l'Europe occidentale pouvant également servir de contrepoids à l'Union soviétique. Ce projet de « géopolitique à la française », pour reprendre les propos de Georges-Henri Soutou, échoua pour trois raisons : d'abord la France était trop faible, ensuite la guerre froide contraignit Paris à opter pour le bloc occidental, enfin les zones occidentales d'occupation d'où naquit la République fédérale en 1949 devinrent indispensables pour prendre part à la reconstruction de l'Europe et pour former un glacis face au bloc oriental. Lorsqu'en 1947-1948, dans la crainte d'une invasion soviétique, de Gaulle opposa le RPF (Rassemblement du peuple français) à une prise de pouvoir par les communistes, l'intégration du potentiel ouest-allemand était dans la logique de ce retournement qu'il opéra avec réticence. Le plan Schuman ne lui inspira pas confiance et il combattit la CED (Communauté européenne de défense) avec acharnement, en particulier parce qu'elle menaçait de faire disparaître l'armée française dans ses structures supranationales.

1958-1963 : bâtir l'Europe sur l'axe Paris-Bonn en collaboration avec Adenauer. On ne peut comprendre la toute nouvelle politique de De Gaulle à l'égard de l'Allemagne entre les années 1958 et 1963 que si on la considère comme l'expression d'une Realpolitik très caractéristique de De Gaulle. Parce qu'il n'était pas seulement un nationaliste brûlant et un volontariste, mais aussi un réaliste, il savait s'adapter aux nouvelles situations. En 1958-1959, il improvisa une nouvelle construction accordant une place privilégiée à la République fédérale et se caractérisant par les traits suivants : l'idée d'un bloc continental ouest-européen prenait une forme plus nette avec les projets d'union politique ; la République fédérale d'Allemagne, économiquement forte mais exposée et moralement encore couverte d'opprobre, se vit attribuer dans l'Europe des Six le rôle d'un *junior partner* qui serait d'autant plus apprécié qu'il serait disposé à adopter le modèle d'une « Europe européenne » sous direction française ; de Gaulle considérait la réunification de l'Allemagne comme « le destin normal du peuple allemand » à long terme et il l'acceptait, à la seule condition toutefois que la frontière occidentale de la Pologne restât « une affaire réglée » et que l'Allemagne réunifiée ne se détachât pas de ses liens européens ; il entendait conserver l'Alliance atlantique, mais si Washington et Londres ne devaient pas se montrer disposés à mettre en place un directoire à trois au niveau mondial ni à accepter une réforme de l'OTAN donnant à l'Europe les moyens de faire entendre plus fortement sa voix, alors de Gaulle était décidé à relâcher ces liens en espérant entraîner avec lui l'Allemagne fédérale ; il souhaitait certes mettre en place le marché commun qu'il avait hérité de la IVe République, mais seulement si trois conditions étaient remplies : si l'agriculture était intégrée au projet, si, jusqu'à nouvel ordre, la Grande-Bretagne n'en était pas membre et si on n'envisageait pas d'étendre la supranationalité au-delà du domaine économique ; tant que l'Union soviétique mènerait une politique d'expansion, il était résolu à lui opposer une résistance sans faille, en particulier dans la question de Berlin ; mais à long terme il souhaitait jouer la carte de la politique de détente – ce qui voulait dire aussi qu'il était prêt à revenir à la stratégie d'un contrôle franco-soviétique de l'Allemagne pour le cas où la République fédérale ne se déferait pas plus nettement de ses liens de dépendance avec l'Amérique. Dans ces années agitées que furent 1958 à 1963, il espéra gagner l'Allemagne fédérale à sa cause. Cette nouvelle politique culmina avec les visites officielles triomphales de Konrad Adenauer en France au mois de juillet 1962 et de De Gaulle en Allemagne en septembre, ainsi qu'avec le traité de l'Élysée du 22 janvier 1963 qui prévoit des consultations régulières des gouvernements et une coopération dans les domaines de la politique, de la culture et de la défense. Les mots clés de cette phase furent : réconciliation, coopération et même amitié. Mais ce projet échoua, à cause des États-Unis et de l'Angleterre, mais aussi à cause de la République fédérale lorsque Adenauer dut quitter ses fonctions en 1963 et que ses successeurs ne furent disposés à renoncer ni aux liens étroits avec les États-Unis et l'OTAN, ni à l'adhésion de la Grande-Bretagne à la CEE.

1963-1969 : désenchantement et ambiguïté. Cette dernière phase de la politique de De Gaulle à l'égard de l'Allemagne présente quatre caractéristiques majeures : une profonde déception face à la classe politique de Bonn ; ce qui n'empêcha pas de Gaulle de toujours refuser avec mépris de reconnaître la RDA, tout en mettant de plus en plus en avant l'exigence que Bonn ne devait en aucun cas approcher de près ou de loin le cercle des puissances nucléaires ; la priorité accordée à l'affranchissement de l'hégémonie américaine ; la tentative de jouer « la carte soviétique » tout en établissant des relations privilégiées avec la « Pologne millénaire » et avec la Roumanie en invoquant leur évolution nationale spécifique. Mais la position dominante de l'URSS dans le bloc soviétique fit échouer ces percées contradictoires. Désormais, dans la perspective de De Gaulle, la République fédérale n'était plus le partenaire privilégié mais seulement un pion sur un jeu d'échecs, un pion problématique et inspirant la méfiance dans un jeu où la France cherchait à occuper un rang mondial et à combattre l'impérialisme des États-Unis. Lorsqu'en 1969 Kissinger demanda à de Gaulle comment, dans sa nouvelle vision de l'Europe – qui était en fait une nouvelle version du concert européen du XIXe siècle – on pourrait empêcher que l'Allemagne ait une influence dominante, la réponse du Général fut brève : « Par la guerre. »

L'image de De Gaulle en République fédérale d'Allemagne. Jusqu'au rapprochement entre Adenauer et de Gaulle, ce dernier était largement considéré en Allemagne comme un représentant d'un nationalisme rétrograde et ouvert aux avances soviétiques, d'un nationalisme dont l'Allemagne fédérale n'avait rien à espérer de bon. Après le retour de De Gaulle au pouvoir, l'opinion allemande se divisa en trois groupes : les regroupements plutôt conservateurs que l'on appellera plus tard les « gaullistes » (Konrad Adenauer, Franz Josef Strauss), qui, par mauvaise humeur à l'égard des États-Unis, étaient prêts à s'engager dans une coopération étroite avec lui et à considérer favorablement l'idée d'une « Europe troisième force » ; les « atlantistes » (le chancelier Erhard, le ministre des Affaires étrangères Gerhard Schröder, ainsi que des hommes politiques influents au FDP et au SPD), qui plaidaient pour une adhésion britannique et considéraient que la protection américaine était irremplaçable ; les chrétiens-démocrates à orientation plus supranationale (von Brentano, aux Affaires étrangères jusqu'en 1961 puis chef du groupe parlementaire CDU-CSU, de même que Kurt-Georg Kiesinger, qui fut chancelier de 1966 à 1969, et Rainer Barzel, qui présida le groupe parlementaire CDU-CSU à partir de 1966). Entre 1963 et 1969 en tout cas, il y avait une majorité croissante de responsables politiques allemands qui rejetaient la politique de De Gaulle à l'égard de l'Europe et de l'OTAN. Les sondages montraient que l'opinion allemande n'en avait pas une appréciation uniforme. En septembre 1968, à la question « Avez-vous l'impression que de Gaulle est un ami de l'Allemagne ? », 17 % des personnes interrogées répondirent « oui », 29 % « non », 41 % « en partie oui, en partie non » et 13 % restaient sans opinion. L'image de De Gaulle a commencé à se transformer après son départ. Aujourd'hui, l'on ne se souvient au fond plus que du fait qu'il a réconcilié la France avec l'Allemagne et fondé le partenariat privilégié entre les deux pays.

Hans-Peter SCHWARZ,
traduit par Hélène MIARD-DELACROIX

• *Voir aussi :* Capitulations allemande et japonaise ; Grande Guerre ; Politique étrangère ; Traité de l'Élysée ; Voyages en Allemagne ; Zone française d'occupation

Bibl. : Ulrich Lappenküper, *Die deutsch-französischen Beziehungen, 1949-1963*, Munich, R. Oldenbourg, t. 2, 2001 • Maurice Vaïsse, *La Grandeur, politique étrangère du général de Gaulle, 1958-1969*, Paris, Fayard, 1998 • Knut Linsel, *Charles de Gaulle und Deutschland, 1914-1969*, Sigmaringen, 1998 • Hans-Peter Schwarz, *Adenauer : der Aufstieg, 1876-1952 ; Adenauer : der Staatsmann, 1952-1967*, Stuttgart, Deutsche Verlags-Anstalt, 1986-1991.

ALLIANCE DÉMOCRATIQUE (après 1945). – Fondée en 1901, l'Alliance démocratique (AD) est l'un des principaux partis sous la IIIe République. Laïque et libérale, elle se situe alors au centre droit. En juillet 1940, les parlementaires de l'Alliance démocratique ont très majoritairement voté les pleins pouvoirs au maréchal Pétain. À la Libération, les alliancistes se divisent en trois courants : les collaborationnistes qui sont au ban de la politique ; les vichystes autour de Marcel Ventenat, ancien conseiller général, et de Pierre-Étienne Flandin, qui est alors emprisonné en tant qu'ancien chef du gouvernement de Vichy ; enfin les résistants avec Joseph Laniel qui représente l'AD au Conseil national de la Résistance (CNR), Louis Jacquinot, qui a rallié la France libre en 1943 et qui est membre du Gouvernement provisoire de la République française, et, bientôt, Paul Reynaud de retour d'Allemagne. Ces derniers constituent le « Groupement des résistants de l'Alliance » qui, en 1944-1945, entend monopoliser la notoriété passée du parti et parler en son nom. Toutefois, anciens antimunichois dans leur grande majorité, ils avaient fait scission de l'AD en 1938. C'est pourquoi Ventenat, qui avait maintenu un semblant de vie au « vieux parti » sous l'Occupation, rejoint bientôt par Flandin, Jean Chamant et Antoine Pinay, les désigne comme les « dissidents ». La plupart de ces derniers rallient le Parti républicain de la liberté (PRL). Le groupe flandiniste peut alors s'approprier l'« authentique Alliance », en avril 1946. Il veut la situer – vue utopique – au centre. Les uns et les autres sont des « libéraux », anticommunistes et conservateurs. Mais, tandis que les résistants conservent une forme de fidélité à de Gaulle, les flandinistes ne cessent de stigmatiser les initiatives du chef du gouvernement jusqu'à sa démission en janvier 1946, puis gardent une réserve critique à l'égard du Rassemblement du peuple français (RPF), interdisant la double appartenance. L'antigaullisme des membres de l'Alliance démocratique, désormais flandiniste, se fonde sur ces reproches appelés à devenir classiques : l'entrée des communistes au gouvernement, qui prouverait que de Gaulle demeure – antienne du temps de guerre – le complice de Moscou ; les nationalisations et le « dirigisme » économique et social, qui sont jugés liberticides et sources de gâchis financier ; la déclaration de Brazzaville, qui serait à l'origine des troubles survenus outre-mer ; l'inéligibilité des parlementaires ayant voté les pouvoirs au maréchal Pétain, qui démontrerait l'antidémocratisme du Général et l'emprise du « résistantialisme » ; le désir enfin d'un pouvoir personnel qui heurte ces tenants du régime parlementaire.

La rupture de 1946 perdure. Jacquinot finit par rallier l'Union pour la nouvelle République (UNR) après avoir été inscrit aux Indépendants (CNI), tandis que Chamant, passé aussi par le Centre national des indépendants et paysans, reste « modéré ». Quant à l'Alliance démocratique, muée en cercle à partir de 1958, elle disparaît en 1978. Rosemonde Sanson

• *Voir aussi* : CNI ; Partis politiques ; PRL

Bibl. : François Audigier, « L'impossible retour politique de l'Alliance démocratique », et Rosemonde Sanson, « L'Alliance démocratique en 1947-1948 : doctrine et programme », dans Gilles Richard et Jacqueline Sainclivier, *La Recomposition des droites en France à la Libération 1944-1945*, Rennes, PUR, 2004 • Rosemonde Sanson, « L'Alliance démocratique », dans Jean-François Sirinelli, *Dictionnaire historique de la vie politique française au xxe siècle*, Paris, PUF, 1995.

ALLIED MILITARY GOVERNMENT OF OCCUPIED TERRITORIES. – *Voir* AMGOT.

ALLIÉS (reconnaissance diplomatique). – Le 28 juin 1940, le gouvernement britannique reconnaît de Gaulle comme « le chef de tous les Français libres, où qu'ils se trouvent, qui se rallient à lui pour la défense de la cause alliée ». Le 7 août, Winston Churchill prend l'engagement qu'au terme du conflit la France sera rétablie dans son indépendance et dans sa grandeur.

Américains et Soviétiques sont alors neutres. De Gaulle est à leurs yeux « l'homme des Anglais ». L'Union soviétique change d'attitude lorsque son territoire est envahi par la Wehrmacht. Dès le 24 juin 1941, de Gaulle prend l'initiative : « Le peuple français, fait-il savoir à l'ambassadeur soviétique à Londres, est avec les Russes contre l'Allemagne. Nous souhaitons, en conséquence, organiser avec Moscou des relations militaires. » Le 26 septembre 1941, l'Union soviétique reconnaît la France libre dans les mêmes termes que la Grande-Bretagne. Désormais accrédité auprès de De Gaulle, l'ambassadeur soviétique quitte Vichy.

Les Américains sont plus réticents. L'ambassadeur William Leahy est présent à Vichy jusqu'en avril 1942. Le président Roosevelt est convaincu que les Français de France ne soutiennent pas de Gaulle, que celui-ci nourrit des ambitions dictatoriales et qu'il faut laisser les Français choisir leurs dirigeants une fois qu'ils seront libérés. Mais, comme les colonies françaises ralliées à de Gaulle apportent un concours décisif à la cause alliée, Roosevelt consent, le 11 novembre 1941, à faire bénéficier la France libre du prêt-bail par l'intermédiaire de la Grande-Bretagne.

Le Comité français de la Libération nationale (CFLN), coprésidé par le général Giraud et le général de Gaulle, est créé le 3 juin 1943 à Alger. La reconnaissance diplomatique tarde à venir : Washington est de plus en plus méfiant à l'endroit de

De Gaulle. Ni les Britanniques ni les Soviétiques ne souhaitent prendre des initiatives qui ne seraient pas acceptables pour les Américains. Mais Churchill insiste pour que la question soit réglée rapidement. À la conférence de Québec, Roosevelt et lui débattent, une fois encore, du problème français. Le 26 août 1943, les deux gouvernements « accueillent avec plaisir l'instauration du Comité français de la Libération nationale », reconnaissent que le CFLN administre les territoires libérés sous son autorité et ajoutent que « cette déclaration ne constitue pas la reconnaissance d'un gouvernement de la France ou de l'Empire français par le gouvernement des États-Unis ». La dernière réserve n'est pas mentionnée dans le document britannique. Les Soviétiques sont plus ouverts : ils reconnaissent le CFLN « comme représentant les intérêts d'État de la République française ». Vingt-trois autres pays prennent une décision semblable.

Le dernier épisode date de 1944. À la veille du débarquement en Normandie, le général de Gaulle a transformé le CFLN en Gouvernement provisoire de la République française (GPRF). À Washington, l'état d'esprit n'a guère évolué. Toutefois, après que de Gaulle y a été reçu le 11 juillet 1944, « les États-Unis reconnaissent que le CFLN est qualifié pour exercer l'administration de la France ».

Au début de septembre, le GPRF s'installe à Paris. Jefferson Caffery est désigné pour représenter les États-Unis auprès de « l'autorité française *de facto* ». Au sein du gouvernement américain, des voix s'élèvent, des mémorandums circulent pour faire céder Roosevelt. Le 19 septembre, le président des États-Unis répond à son secrétaire d'État : « Il est prématuré de reconnaître le gouvernement français. » Cédant finalement aux pressions des siens et à celles des Britanniques, ainsi qu'aux mises en garde soulignant que plus les États-Unis tardent à reconnaître le GPRF, plus l'influence des communistes s'accroît, Washington reconnaît le GPRF *de jure* le 23 octobre 1944. Les Britanniques et les Soviétiques suivent l'exemple. Le général de Gaulle commente, deux jours plus tard : « Le gouvernement français est satisfait qu'on veuille bien l'appeler par son nom » [*DM*].

André KASPI

• *Voir aussi* : CFLN ; Comité national français ; France libre ; GPRF

Bibl. : Jean-Louis Crémieux-Brilhac, *La France libre : de l'appel du 18 Juin à la Libération*, Paris, Gallimard, 1996.

AMÉNAGEMENT DU TERRITOIRE. – Lorsque de Gaulle revient au pouvoir en 1958, un certain nombre de choix qui engagent durablement l'avenir ont déjà été accomplis en matière d'aménagement du territoire. Ils ne seront jamais remis en cause jusqu'au milieu des années 1970 mais, au contraire, amplifiés. On peut les résumer ainsi : planification conduite par l'État depuis Paris, croissance urbaine multipolaire plutôt que développement équilibré du territoire, priorité à l'habitat collectif, très grandes infrastructures industrielles et de transports.

Un héritage ancien. Ces idées remontent à l'entre-deux-guerres et à la complexe fascination des jeunes intellectuels pour Lénine et la planification soviétique, pour le New Deal de Roosevelt mais aussi pour les réalisations techniques du fascisme mussolinien, voire du national-socialisme. Par comparaison avec une France qui ne bouge guère (quelques beaux barrages, quelques HBM – habitations bon marché – et cités-jardins sympathiques, tout au plus), les spectaculaires réalisations de l'URSS, des États-Unis, de l'Italie et de l'Allemagne font rêver. Ces idées sont exprimées pour la première fois de manière cohérente dans la revue *Plans* que dirige Philippe Lamour en 1931-1932. Il s'agit d'un hymne au progrès et à la modernité auquel participent notamment Le Corbusier, Fernand Léger, André Cayatte et Marc Honneger. Rédigée en 1933 par Le Corbusier, la charte d'Athènes paraîtra en 1941, anonymement mais avec une préface enthousiaste de Jean Giraudoux. Ses principes prônent la géométrie et le béton brut de décoffrage, proscrivent l'alignement des maisons le long des rues et toute adaptation à l'environnement, à l'histoire et à la culture des usagers. Ce document passionne les architectes et les décideurs politiques au pouvoir, par exemple Raoul Dautry et Eugène Claudius-Petit. C'est le programme qui servira en 1945, au moment de la reconstruction, dans de nombreuses villes comme Le Havre, Boulogne, Brest, Lorient, Saint-Nazaire et Maubeuge, mais aussi, dans les années 1950, pour les programmes urbains de Le Corbusier qu'il baptise « Cités radieuses », à Briey, Rezé, Firminy et Marseille. La table rase due à la guerre devient, dès les années 1950 et pour un quart de siècle, le principe essentiel d'aménagement ; on le qualifiera bientôt de « rénovation urbaine ». Appliquée dans certains îlots insalubres de grandes villes, elle n'est jamais que la poursuite des méthodes du baron Haussmann.

En 1945, une direction de l'Aménagement du territoire avait été créée au sein du ministère de la Reconstruction. C'est elle qui imagina, en harmonie avec le Commissariat au Plan créé par Jean Monnet, les premières décentralisations industrielles (Citroën à Rennes, les avions Caravelle à Toulouse), la poursuite des grands travaux hydroélectriques timidement amorcés avant guerre de même que quelques grandes compagnies d'aménagement agricole fondées, à l'instar de la *Tennessee Valley Authority*, sur la maîtrise de l'eau. En 1955, et à l'initiative de Philippe Lamour qui la dirige, Pierre Mendès France fonde la Compagnie nationale d'aménagement du Bas-Rhône-Languedoc. Elle achemine l'eau du Rhône sur la Costière du Gard grâce à la station de pompage de Pichegu inaugurée par de Gaulle puis par Khrouchtchev en 1960. Elle servira de modèle au canal de Provence dont l'eau descend depuis le barrage de Serre-Ponçon jusqu'à la plaine du Comtat, ou encore à la Société de mise en valeur de la Corse (SOMIVAC) qui a permis l'installation dans la plaine orientale de nombreux pieds-noirs rapatriés entre 1960 et 1962.

Une impulsion nouvelle. Le retour au pouvoir du général de Gaulle marque une accélération des grands travaux entamés sous la IVe République. La volonté politique et la croissance économique le permettent. Dès 1959, Michel Debré, Premier ministre, réunit les ministres concernés par les questions d'aménagement et crée, l'année suivante, le CIAT (Comité interministériel d'aménagement du territoire), instance qui existe encore en 2006 mais qui a perdu beaucoup de sa force de proposition depuis la décentralisation de 1982. À cette époque, le titre de l'essai publié par Jean-François Gravier en 1947, *Paris et le désert français*, demeure pleinement d'actualité. Tout se décide depuis la capitale. L'État gaullien, soucieux de grandeur, choisit quelques opérations spectaculaires et coûteuses. Certaines ont connu un succès durable : l'aéronautique, puis l'aérospatiale à Toulouse, le complexe nucléaire dans la basse vallée du Rhône ou encore l'équipement touristique des Alpes du Nord (« Plan neige »). D'autres se sont révélées très vite obsolètes, comme les tardives installations sur l'eau de la sidérurgie à Dunkerque et Fos-sur-mer.

La Délégation à l'aménagement du territoire et à l'action régionale (DATAR) est fondée en 1963. Rattachée directement au Premier ministre, elle est formée d'une équipe restreinte de jeunes chargés de mission placés sous la responsabilité d'un délégué dont le premier fut Olivier Guichard, qui jouissait de la confiance de l'Élysée et de Matignon. Les ministres lui demandaient audience, ce qui ne fut plus jamais le cas après lui. L'action de la DATAR s'appuie sur un Conseil national d'aménagement du territoire présidé par Philippe Lamour qui assure la continuité avec la IVe République. La politique menée dans les années 1960 consiste en tout premier lieu à freiner la croissance démographique et économique de la région parisienne, sans pour autant diminuer le rôle de l'État. Pour répondre à cet objectif, huit métropoles dites d'« équilibre » sont créées en 1966, certaines pluricéphales : Lille-Roubaix-Tourcoing, Nancy-Metz, Strasbourg, Lyon-Grenoble-Saint-Étienne, Marseille-Aix, Toulouse, Bordeaux, Nantes-Saint-Nazaire. Ces agglomérations bénéficient d'aides financières substantielles mais, jusqu'à une date récente, jouent vis-à-vis de leur territoire régional un peu le même rôle que Paris vis-à-vis de la France. Elles concentrent population et activités sans bénéficier aux villes moyennes et aux campagnes. C'est seulement après 1975 qu'une politique de développement des villes moyennes sera effectivement mise en place.

On peut regretter que l'architecture de cette politique n'ait pas été pensée dans son ensemble. Cela aurait permis de hiérarchiser les fonctions et d'éviter de doter plus tard des villes de taille restreinte d'équipements exagérément coûteux et, au fond, nuisibles aux usagers : aéroports, antennes universitaires, voire universités de plein exercice, maisons de la culture géantes, etc. Il faut dire que les prévisions démographiques étaient alors totalement irréalistes : 80 millions d'habitants en France à la fin du XXe siècle dont 14 millions en Île-de-France, et plusieurs métropoles millionnaires. L'État imagine donc de créer des Zones à urbaniser en priorité (ZUP) qui sont à l'origine des quelque 170 grands ensembles où se trouvent concentrées en 2006 les populations défavorisées, en particulier les immigrés de première génération et les chômeurs. Les villes nouvelles, au nombre de neuf, dont cinq en Île-de-France créées par Paul Delouvrier, avaient pour objectif de compenser les inconvénients de ces cités-dortoirs par des implantations d'emplois et de services de qualité. Les résultats n'ont pas toujours été à la hauteur des ambitions initiales.

Dans le même temps, c'est sous la présidence du général de Gaulle que s'est instaurée une politique efficace de mise en valeur du patrimoine : parcs naturels à partir de la loi de 1960 (La Vanoise et Port-Cros en 1963), secteurs sauvegardés (loi Malraux de 1964), gestion forestière à la fois protectrice et rentable sous l'égide de l'Office national des forêts, etc. Quant aux décentralisations industrielles, elles sont intervenues beaucoup trop tard. Les pays du sud de l'Europe, puis les dragons de l'Asie ont fait échouer ces tentatives coûteuses, à quelques exceptions près. Restent quelques grands choix stratégiques qui se sont révélés judicieux, notamment l'énergie nucléaire, le TGV, le réseau autoroutier (malgré tout tardif et à péage), l'aéronautique et l'aérospatiale à Toulouse et la plate-forme de haute technologie du sud-ouest de l'Île-de-France.

Si la réforme régionale semblait avoir gagné du terrain à la fin de la IVe République (comités d'expansion créés en 1954, programmes d'action régionale en 1955, mise en place de 22 régions de programme en 1956), le jacobinisme l'emporte de 1958 à 1969. Pourtant, après la tourmente de 1968, de Gaulle décide de proposer aux Français de donner plus de poids aux régions et, parallèlement, de diminuer celui du Sénat. Le référendum est un échec. Il faudra attendre les lois Defferre de 1982-1983 pour que la régionalisation et la décentralisation fassent un nouveau pas en avant, mais leur progression demeure lente dans la France du début du XXIe siècle. Au fond, de Gaulle s'intéressait à une France un peu abstraite, à son unité et à son rayonnement international. Il n'avait sans doute pas assez le sens du territoire et les réalités locales lui apparaissaient médiocres, peut-être parce qu'il n'avait jamais été un élu local.

Jean-Robert PITTE

• *Voir aussi* : État (réforme de l') ; GPRF (œuvre intérieure et outre-mer du) ; Plans ; Rénovation

Bibl. : Pierre Deyon et Armand Frémont, *La France et son aménagement du territoire (1945-2015)*, Paris, LGDJ-Dexia, 2000 • Fondation Charles-de-Gaulle et Association Georges-Pompidou, *L'Aménagement du territoire. 1958-1974*, Paris, L'Harmattan, 1999 • Jean-Robert Pitte, *Philippe Lamour (1903-1992), père de l'aménagement du territoire*, Paris, Fayard, 2002.

AMENDEMENT VALLON. – *Voir* VALLON (amendement).

AMÉRIQUE LATINE. – *Voir* BERNANOS, Georges ; CUBA ; DISCOURS DE MEXICO (19 mars 1964) ; RÉPUBLIQUE ; SOUSTELLE, Jacques ; STATUES ET MONUMENTS À L'ÉTRANGER.

AMGOT (*Allied Military Government of Occupied Territories*). – Le problème de l'administration des régions ennemies occupées par les armées anglo-américaines se pose dès le début de 1942, c'est-à-dire bien avant que les Alliés aient conquis la moindre parcelle de territoire ennemi. En juillet 1942, le secrétaire à la Guerre américain Henry Stimson fait ouvrir un centre de formation d'officiers des affaires civiles à Charlottesville, en Virginie. C'est là qu'en l'espace de deux mois, des militaires américains sont initiés aux subtilités de la langue française et à l'art de devenir préfets – d'où le sobriquet de « *Sixty Days' Marvels* » (« Merveilles des soixante jours ») dont on ne tarde pas à les affubler. Stimson avait expérimenté la formule un demi-siècle plus tôt aux Philippines, et pensait que ce qui était bon pour les Philippins devait l'être aussi pour les Français. En fait, c'est en Afrique du Nord libérée que dix-sept officiers de l'AMGOT seront d'abord envoyés au début de 1943, le président Roosevelt ne faisant pas la différence entre libération et occupation. Mais le commandant en chef sur place, Dwight D. Eisenhower, prévoit de grosses difficultés si les Américains se mêlent d'administrer l'Algérie et le Maroc à la place des Français – à supposer qu'ils en aient les capacités. « C'était un groupe d'hommes admirables, écrira son conseiller politique Robert Murphy, mais qui ignoraient tout des exigences de la situation. Un ou deux parlaient français, aucun ne parlait arabe. On leur donna finalement d'autres affectations. » Les Américains auront effectivement recours à l'AMGOT après l'armistice italien du 3 septembre 1943, leurs officiers entrant en fonctions dans les territoires italiens occupés, où une monnaie d'occupation sera mise en circulation.

Instruit par cet exemple, le général de Gaulle fait élaborer dès le 7 septembre 1943 un projet d'accord entre le Comité français de la Libération nationale (CFLN) et les gouvernements alliés, tendant à « préciser les modalités de la coopération, du jour où les forces alliées débarqueraient en France, entre ces troupes d'une part et les autorités et la population française d'autre part ». Ce projet distingue la zone de combat et la zone militarisée, placées sous l'autorité militaire alliée, et la zone de l'intérieur, où s'exercera celle du CFLN, celui-ci émettant en outre la monnaie spéciale utilisée par les soldats alliés. Le projet est remis aux autorités américaines, qui s'abstiennent de répondre. C'est qu'au même moment le président Roosevelt a signé de son côté un projet d'administration pour la France, qui donne toute autorité au commandant suprême allié sur l'ensemble des territoires français libérés et lui ordonne de « ne donner la préférence à aucun groupe politique qui collaborerait avec les Alliés ». En outre, la monnaie utilisée par les soldats sera imprimée aux États-Unis et distribuée par l'administration américaine, car accepter que le CFLN émette de la monnaie en France reviendrait à le reconnaître *de facto* comme gouvernement provisoire. Du reste, le président Roosevelt écrit au secrétaire d'État Cordell Hull le 26 novembre au sujet de la France : « Je suis de plus en plus enclin à penser que l'occupation, lorsqu'elle se fera, aura un caractère purement militaire. »

Bien entendu, le plan américain est inadmissible pour le général de Gaulle, qui fait de l'absence de tout accord d'administration civile avec les gouvernements alliés et de l'émission de « fausse monnaie » un *casus belli* diplomatique à la veille du Débarquement. Si, en définitive, l'AMGOT ne s'applique pas en France, c'est parce que Churchill et Eden y sont opposés, parce que le général Eisenhower, commandant suprême des forces alliées, ne veut pas reconnaître en France d'autre autorité que celle du général de Gaulle, et enfin parce que ce dernier devance l'AMGOT en plaçant d'emblée ses hommes à la tête de l'administration civile dans les territoires libérés. Quelques centaines d'officiers de l'AMGOT erreront un temps dans la campagne normande, jusqu'à ce que le général Eisenhower les fasse rappeler, exactement comme en Afrique du Nord dix-huit mois plus tôt.

François Kersaudy

• *Voir aussi* : CFLN ; Débarquement en Normandie ; États-Unis ; GPRF ; Libération

Bibl. : Alfred D. Chandler, *The Papers of D. D. Eisenhower*, Baltimore, Johns Hopkins, vol. 4, 1970 • François Coulet, *Vertu des temps difficiles*, Paris, Plon, 1967 • André Kaspi, *La Libération de la France*, Paris, Perrin, 1995.

AMITIÉS PERSONNELLES. – S'il n'est jamais l'homme des familiarités et des amitiés ordinaires, de Gaulle est surtout l'homme des fidélités. Dans son entourage immédiat, on peut distinguer trois cercles : le premier, essentiel, est celui que constitue la famille, le deuxième est celui des collaborateurs avec lesquels, à la faveur du temps, le Général noue des relations empreintes de confiance et d'amitié, le troisième est celui des compagnons qui traversent les épreuves et les années, et bien souvent ces relations sont liées à l'univers militaire ou aux faits de guerre. Ces trois cercles entoureront de Gaulle toute sa vie, de Londres à Colombey en passant par l'Élysée : la famille est le creuset primordial, les collaborateurs servent étroitement l'homme de pouvoir et sont, à ce titre, témoins de son intimité ; les compagnons sont souvent des hommes d'armes, rencontrés dès les années de formation, et l'amitié emprunte alors la forme de la fraternité virile, nouée sur le mode des pactes anciens.

Le tutoiement, par exemple, n'est pas de ces facilités auxquelles recourait le Général : c'est pourtant en le tutoyant, et ce malgré les nuages qui assombrirent ensuite leur relation, qu'il s'adressait au maréchal Juin, issu de la même promotion de Saint-Cyr que lui. Le maréchal eut beau s'opposer à la politique algérienne du Général, celui-ci ne lui retira jamais son amitié, lui rendant visite durant sa maladie, veillant au protocole de ses funérailles nationales et l'accompagnant jusqu'à sa sépulture des Invalides, au nom d'une complicité que le temps et la politique n'avaient finalement pas entamée. Pareils liens d'estime l'unirent aussi au général Catroux et à l'amiral Thierry d'Argenlieu, et c'est toujours à la lumière de la mort que s'éprouve la force de ces amitiés d'exception. Le chagrin et l'irréparable de la perte se disent alors comme au moment de la disparition de Mauriac, du fidèle René Capitant et, bien sûr, du général Leclerc. Mais l'amitié chez de Gaulle peut aussi demeurer profondément mystérieuse comme celle qui l'unit à Malraux, tour à tour qualifié d'« ami génial » et d'« incomparable témoin », amitié plus singulière encore que les précédentes parce que reposant sur une immense différence, mais prenant aussi la forme du pacte fervent et de la parole à jamais donnée, de la fidélité et de la fascination, valeurs essentielles aux yeux de De Gaulle. Philippe Le Guillou

• *Voir aussi* : Déjeuners privés à l'Élysée ; Entourages ; Humour ; Loisirs ; Vie quotidienne à l'Élysée

Bibl. : Jean-Paul Ollivier, *l'ABCdaire de Gaulle*, Paris, Flammarion, 2001 • Guy Sabatier et Philippe Ragueneau, *Le Dictionnaire du gaullisme*, Paris, Albin Michel, 1994.

AMNISTIES. – L'amnistie possède une vertu abrasive propre à rassembler les Français. C'est donc, pour de Gaulle, homme du rassemblement et de l'unité nationale, une mesure utile. Cependant, les deux expériences auxquelles il s'est trouvé confronté montrent qu'il n'a pas, sur la question, un point de vue dogmatique mais qu'il la soumet à des objectifs supérieurs.

Il n'est plus au pouvoir quand s'ouvrent les discussions sur l'amnistie de la collaboration mais il y participe de loin en loin, dans la logique du débat sur l'épuration dont il a été l'un des principaux acteurs. Très tôt il a plaidé pour une épuration raisonnée qui n'ampute pas les forces vives d'une France appelée à se reconstruire pour redevenir une grande puissance. C'est dans cette logique qu'il se montre ouvert, dès 1948, à des mesures « de clémence à l'égard de ceux qui se sont trompés de bonne foi », tout en soulignant que « rien ne saurait justifier ce qui fut la politique du régime et des hommes de Vichy ». Le régime de Vichy souffre, à ses yeux, d'une tare originelle et indélébile : la collaboration avec l'ennemi, l'abdication de la pensée nationale entre les mains de l'occupant. La stigmatisation de la trahison reste le cœur du discours gaullien mais l'attitude plus que nuancée du Général face à l'épuration explique que certains de ses proches aient pu se laisser aller, dans le contexte national de lutte contre le régime et contre le communisme, et dans le contexte international de guerre froide, à la rencontre des ennemis de la veille pour affronter ceux du lendemain.

De retour au pouvoir en 1958, il est confronté à la question de l'amnistie de la guerre d'Algérie et veille à ce qu'elle ne soit pas trop rapidement accordée aux partisans de l'Algérie française ni aux membres de l'Organisation de l'armée secrète (OAS). La question se pose dès les accords d'Évian puisque les négociateurs algériens en ont fait le préalable à tout accord. Les deux décrets publiés le 22 mars 1962, complétés par cinq ordonnances au mois d'avril, sont surprenants sur le plan juridique puisque ce sont des textes gouvernementaux adoptés sans débat parlementaire alors que la tradition républicaine réserve l'amnistie à la loi. Cette anomalie, qui s'explique par la législation d'exception mise en place pour régler la question algérienne, permet d'éluder un débat devant les Chambres qui n'aurait pas manqué d'être vif puisque ces textes, s'ils accordent l'amnistie aux Algériens, concernent aussi les « faits commis dans le cadre des opérations de maintien de l'ordre », y compris la torture. La rapidité avec laquelle de Gaulle tourne la page de la torture trouve son origine dans la volonté du Général d'adoucir les rapports entre l'État et l'armée au moment où celle-ci, secouée par le putsch et la naissance de l'OAS, a le sentiment de se faire voler sa victoire. On peut lire cette mesure comme une reculade du pouvoir civil. On peut aussi l'analyser comme l'effet de la mauvaise conscience des dirigeants français face aux dramatiques conditions de la décolonisation de l'Algérie. Il s'agit de jeter au plus vite un voile pudique sur des pratiques contraires aux valeurs républicaines. Ces premières mesures adoptées, de Gaulle se montre longtemps réticent à l'élargissement de l'amnistie. Il est sourd à la campagne de l'extrême droite qui rencontre pourtant quelque écho dans sa majorité. Il estime qu'il est possible d'envisager, avec le temps, une amnistie des militants de l'indépendance algérienne (les membres du réseau Jeanson en bénéficient en 1964) ainsi que des auteurs d'infractions « relevant de la lutte contre l'insurrection » ; mais il n'est pas question d'accorder une amnistie aux auteurs de la « subversion », ceux qui se sont dressés contre l'autorité de l'État. L'amnistie est ainsi distillée avec prudence et il faudra trois textes pour l'accorder pleinement sur le plan pénal : les lois du 23 décembre 1964, du 17 juin 1966 et du 31 mai 1968. L'amnistie totale n'a été possible que dans le contexte de la « grande peur de Mai » alors que, pressé de se constituer une majorité solide après la dissolution, de Gaulle engage Robert Poujade à négocier avec Jean-Louis Tixier-Vignancour les voix de l'extrême droite contre la libération du général Salan.

L'amnistie de la guerre d'Algérie fait apparaître, plus que tout autre, la mainmise du pouvoir exécutif sur la procédure. Sans doute, à partir de 1964, est-elle accordée par la loi, conformément à la tradition juridique française, mais les textes sont toujours ceux du gouvernement, adoptés à son rythme. Les amendements parlementaires sont rejetés et les débats écourtés par la procédure du vote bloqué. La grâce amnistiante, qui permet de n'accorder l'amnistie qu'aux personnes bénéficiant d'une mesure particulière, mais transfère le pouvoir d'amnistie au président de la République, occupe une place de choix dans ce dispositif. Un tiers des personnes poursuivies pour des faits en rapport avec les « événements d'Algérie » doivent leur amnistie à un décret présidentiel. Cet usage de la clémence s'inscrit dans la logique des institutions voulues par de Gaulle. Guide et arbitre de la nation, il s'est fixé comme objectif de sortir, une fois de plus, la France de la crise. Il juge certainement l'amnistie nécessaire puisque la France doit se débarrasser de son passé colonial pour construire un avenir de grandeur. Mais il entend concilier les nécessités de l'oubli avec la sauvegarde du régime et rester maître de la réconciliation au nom de la protection d'une République qu'il s'agit de restaurer. Il se présente une nouvelle fois comme le défenseur de l'ordre face à la menace de décomposition des institutions. Il est constamment attentif à ce que ne soit pas remise en cause l'œuvre accomplie : la réduction d'une « grave subversion militaire » associée à une « sinistre entreprise terroriste ». Pour engager la France dans une nouvelle phase de construction, il fallait, selon lui, que la « mer soit calme ». Il lui revenait, en bon pilote, de maintenir le cap au plus loin des tempêtes.

Stéphane GACON

• *Voir aussi* : Épuration ; Grâce ; Justice ; OAS

Bibl. : Stéphane Gacon, *L'Amnistie. De la Commune à la guerre d'Algérie*, Paris, Le Seuil, 2001.

ANFA (conférence d'). – Depuis le début du mois de décembre 1942, Churchill et Roosevelt envisageaient la tenue d'une conférence à trois avec Staline, afin de prendre d'importantes décisions stratégiques. Staline ayant fait savoir qu'il ne pouvait quitter l'URSS, Roosevelt et Churchill conviennent qu'une conférence anglo-américaine s'impose malgré tout : d'une part entre chefs d'état-major, afin de décider de la suite des opérations une fois la Tunisie libérée, d'autre part entre dirigeants politiques, pour régler les problèmes de l'administration civile en Afrique du Nord. Ayant éliminé tour à tour l'Alaska, l'Islande, les Bermudes et le Soudan comme lieu de la rencontre, on s'accorde finalement sur le Maroc, où le général Eisenhower a trouvé un site approprié à Anfa, dans la banlieue résidentielle de Casablanca.

La colline d'Anfa a été entièrement réquisitionnée par l'armée américaine. Les états-majors anglais et américains se réunissent à partir du 13 janvier 1943 dans un hôtel moderne au sommet de la colline, tandis que le président, le Premier Ministre et leur entourage, arrivés le lendemain, séjournent en contrebas, dans de luxueuses villas entourées de jardins. Les chefs d'état-major finissent par s'accorder sur la stratégie à suivre : après la conquête de la Tunisie, on débarquera en Sicile, tandis qu'un état-major spécial élaborera en Grande-Bretagne les plans de l'offensive finale en Europe (« Round-up », bientôt rebaptisée « Overlord »). Quant à l'ordre du jour des discussions politiques entre Roosevelt et Churchill, il leur est pratiquement imposé par leurs opinions publiques respectives : les accords passés deux mois plus tôt avec l'amiral Darlan, collaborateur notoire, l'installation à Alger après son assassinat du général Giraud en tant que « commandant en chef civil et militaire », enfin l'ostracisme persistant imposé au général de Gaulle en Afrique du Nord ont suscité aux États-Unis comme en Grande-Bretagne une vague d'indignation sans précédent, à laquelle Churchill et Roosevelt ne peuvent rester indifférents. D'où l'idée d'orchestrer une réconciliation publique entre de Gaulle et Giraud, et de les amener à former ensemble un comité provisoire pour l'administration de l'Afrique du Nord. Ce comité aux pouvoirs strictement limités, dirigé par le général Giraud et ses adjoints de Gaulle et Joseph Georges, serait, bien sûr, entièrement subordonné à l'autorité du général Eisenhower, commandant en chef allié en Afrique du Nord. Roosevelt et Churchill auront ainsi réglé un épineux problème, imposé leur autorité et calmé leurs opinions publiques. Il ne reste plus qu'à convoquer de Gaulle et Giraud à Anfa, ce qui est fait au matin du 16 janvier.

Mais rien ne se passe comme prévu : le général de Gaulle commence par refuser tout net cette invitation à se rendre en territoire français pour négocier avec Giraud sous l'égide des Anglo-Américains ; après quoi le général Giraud arrive à Anfa et rencontre le président Roosevelt, qui cache mal sa déception : Giraud, militaire intrépide, fait preuve d'une consternante inaptitude en matière politique. Lorsque, enfin, de Gaulle consent à venir à Casablanca, où il atterrit au matin du 22 janvier, il refuse toute subordination à Giraud, tout arrangement dicté par les Alliés, tout comité provisoire dépourvu d'autorité, toute unification qui aboutirait à laisser en place des hommes de Vichy, et enfin toute construction politique qui ne dénoncerait pas l'armistice et le régime de Vichy. Ce qu'il préconise, en revanche, c'est la formation à Alger d'un comité de guerre avec pleins pouvoirs, dirigé par lui-même, avec Giraud comme commandant des forces armées. Cette solution, inacceptable pour Giraud, l'est tout autant pour Roosevelt, qui tient à écarter de Gaulle de tout pouvoir réel en Afrique du Nord. C'est pourtant au soir du 22 janvier qu'aura lieu la toute première rencontre entre Roosevelt et de Gaulle, dont ce dernier sortira fort satisfait : « J'ai rencontré aujourd'hui un grand homme d'État. Je crois que nous nous sommes bien entendus et compris. »

Le charme du président a manifestement

opéré, mais cela ne saurait cacher le fait qu'aucune entente concrète n'est possible à ce stade entre de Gaulle et Giraud. Pourtant, Churchill et Roosevelt, tenant absolument à pacifier leurs opinions publiques respectives, obtiennent au dernier jour de la conférence que les deux généraux signent un communiqué commun et se serrent la main devant les photographes. Roosevelt reviendra du Maroc persuadé d'avoir « manœuvré » le général de Gaulle. Mais le communiqué signé par ce dernier et Giraud comportait une disposition apparemment insignifiante : tous deux ont accepté l'établissement de liaisons permanentes entre Londres et Alger. Or, c'est précisément la mission de la France combattante à Alger, dirigée par le général Catroux, qui va préparer l'arrivée du général de Gaulle quatre mois plus tard – et faire échouer la manœuvre du président Roosevelt. François KERSAUDY

• *Voir aussi* : Alger ; Débarquement en Afrique du Nord ; France libre ; Opinion publique américaine ; Opinion publique britannique

Bibl. : André Beziat, *Franklin Roosevelt et la France*, Paris, L'Harmattan, 1997 • François Kersaudy, *De Gaulle et Roosevelt, le duel au sommet*, Paris, Perrin, 2004 • Robert E. Sherwood, *The White House Papers of Harry L. Hopkins*, Londres, Eyre et Spottiswoode, vol. 2, 1949.

ANGLETERRE. – De Gaulle a suivi la pratique habituelle des Français qui consiste à citer l'Angleterre pour se référer à la Grande-Bretagne, avec tout ce que cela comporte comme évocations d'une rivalité historique entre deux nations qui ont défini leur identité, dans une mesure non négligeable, au cours d'affrontements d'allure fréquemment guerrière. Il n'était pas prédisposé à l'anglophilie par sa culture familiale ni par son expérience militaire antérieure à la Seconde Guerre mondiale. Cependant, dans sa relation décisive avec Winston Churchill, à partir des années 1940-1945, il fut moins anglophobe que Churchill n'était francophile. La nécessité, bien davantage que le choix, a obligé le Général à faire de la Grande-Bretagne la base à partir de laquelle il pourrait continuer à déployer le drapeau de la volonté française de poursuivre le combat, malgré la défaite militaire de la France sur le continent. Churchill avait plaidé avec chaleur en 1936, pour contrer la menace hitlérienne, en faveur de l'alliance de « la flotte de Nelson avec les armées de Napoléon ». En dépit d'amères récriminations causées par des divergences d'intérêts nationaux – qu'exacerbaient les frictions personnelles entre ces deux personnifications, éminentes et dominatrices, de leurs nations engagées dans le conflit – de Gaulle et Churchill, en tant que dirigeants du temps de guerre, éprouvèrent une immense admiration l'un pour l'autre. Ils étaient uniquement prédisposés à gouverner leur pays respectif à un moment critique de leur histoire ; aucun n'était naturellement enclin à coopérer avec son homologue.

Une collaboration étroite imposée par les circonstances. Avant que la catastrophe de 1940 contraigne un de Gaulle quasi solitaire à se tourner vers Churchill, dans lequel il reconnaissait un camarade de combat intransigeant, ses souvenirs d'enfant (Fachoda et une rivalité coloniale persistante), la conviction que les Britanniques n'avaient pas fourni à la France un soutien militaire suffisant durant la Première Guerre mondiale ni assez de soutien diplomatique entre les deux guerres, le fait qu'il parlait allemand et non anglais, enfin une méfiance stéréotypée de « la perfide Albion » constituaient son inclination naturelle, davantage qu'une quelconque chaleur en faveur de cette réconciliation avec l'ennemi historique mise en œuvre par l'Entente cordiale. Dans un discours de novembre 1941, à Oxford, il rappelait, en l'approuvant, l'assertion péremptoire de Thiers selon laquelle l'insularité de la Grande-Bretagne offrait une complète explication de tout ce qui était en train de se passer aujourd'hui et de tout ce qui pourrait survenir dans le futur dans les relations franco-britanniques.

Aussi fut-ce seulement une tentative désespérée de maintenir la France en guerre qui, à la mi-juin 1940, conduisit de Gaulle à se faire l'avocat d'une Union franco-britannique improvisée à Londres par un petit nombre d'officiels britanniques et de Français, dont Jean Monnet. Churchill persuada le Cabinet britannique, réticent, de la nécessité de ce geste imaginatif et il est supposé avoir dit à de Gaulle : « Si vous le voulez, vous serez notre commandant en chef ». Ce dernier aurait alors téléphoné au secrétaire diplomatique de Paul Reynaud : « Dites à Paul Reynaud que s'il le souhaite, il peut être Premier ministre de France et de Grande-Bretagne dans un Cabinet de guerre ». Placé devant cette alternative d'une union précipitée avec la Grande-Bretagne ou d'un armistice avec l'Allemagne, le Conseil des ministres français suivit Pétain dans son refus méprisant du « mariage avec un cadavre ». La démission de Reynaud, qui de toute façon, n'était pas Clemenceau et manquait du prestige du maréchal Pétain, s'ensuivit rapidement.

N'étant plus membre du gouvernement, de Gaulle revint immédiatement à Londres. Le 27 juin au soir, Churchill lui dit : « Vous êtes tout seul ! Eh bien ! Je vous reconnais donc tout seul ! » En fait, avec le soutien britannique, de Gaulle n'était plus isolé. Il n'oubliera jamais qu'il n'aurait pas pu même commencer à rompre avec la logique de la défaite, pour entreprendre la restauration d'une France indépendante, redevenue puissance mondiale, sans cette assistance-là au moment de sa faiblesse maximale. Cependant, c'est précisément cette combinaison de faiblesse et d'ambition qui requérait de lui un comportement d'allié obstiné et implacable, source de conflits futurs. Et cela, en dépit de la promesse de Churchill : « La cause des Français nous sera toujours chère et, si nous gagnons la guerre, nous rétablirons la France dans toute sa puissance et sa gloire ». Pour sa part, de Gaulle était déterminé à ce que, prérequis d'une estime de soi retrouvée, la France puisse être perçue comme l'auteur de son propre rétablissement.

L'aide la plus immédiate que Churchill pouvait donner à de Gaulle était de lui permettre de parler aux Français grâce à la BBC. Presque inconnu, celui-ci n'a pas seulement été capable d'établir et de maintenir un contact avec ses compatriotes (les estimations mêmes de Vichy dénombraient, en 1941, 300 000 auditeurs réguliers de ses émissions radiodiffusées, dix fois plus en 1942) : à travers les émissions françaises de la BBC, notamment « Les Français parlent aux Français » – de Gaulle parlant lui-même en moyenne trois fois par mois –, l'espoir d'une libération finale était entretenu et promu l'esprit de la résistance. Le Général perfectionna son utilisation de ce moyen de communication à tel point que celui-ci devint un puissant instrument de gouvernement lorsqu'il revint au pouvoir en 1958 – utilisé notamment lors de l'insurrection militaire à Alger. Cependant, en 1942-1943, il fut parfois interdit de radio par le gouvernement britannique, par exemple au moment du soutien de Churchill à l'amiral Darlan en Afrique du Nord, ce qui renforça sa conviction d'une subordination des Britanniques aux États-Unis.

Dans ses *Mémoires de guerre*, de Gaulle exprima son étonnement d'être ainsi parvenu à faire preuve d'autant d'indépendance à partir d'une position désespérément faible, tandis que Churchill avait quant à lui réduit l'indépendance de son pays vis-à-vis des États-Unis, en dépit d'une position relativement forte moralement, militairement et politiquement, et alors qu'il était soutenu par un peuple uni et qu'il disposait d'un territoire préservé ainsi que d'un vaste empire. De Gaulle dit à Churchill en 1942 : « L'Angleterre appartient à l'Europe. Cependant, vous laissez l'Amérique prendre la direction du conflit » [*MG*]. La vieille rivalité coloniale, notamment en ce qui concerne les zones d'influence au Moyen-Orient, conduisit à des échanges pleins d'acrimonie, même si, antérieurement, de Gaulle s'était lucidement et courageusement refusé à critiquer les Britanniques pour l'attaque navale sur une partie de la flotte française basée à Mers el-Kébir. Il savait que si la Grande-Bretagne avait été envahie en 1940, la défaite de la France aurait été définitive. En 1943, pourtant, il fit avertir son rival, le général Giraud, que, par sa subordination aux États-Unis, alliés mais étrangers, il préparait la mise sous tutelle de la France. Un tel état d'esprit requérait toute l'habileté diplomatique du particulièrement francophile ministre britannique des Affaires étrangères, Anthony Eden, pour empêcher que les chocs entre Churchill et de Gaulle échappent à tout contrôle. Dans cette tâche, Eden était assisté par Duff Cooper qui remplaça Harold Macmillan comme ministre résident à Alger, et, plus largement, par l'ensemble du Foreign Office. De Gaulle bénéficiait également du soutien de l'opinion publique britannique qui respectait son courage. Cette admiration résista aux deux rejets de la candidature britannique à l'entrée dans la Communauté économique européenne, dans les années 1960.

Choisir entre l'Europe et les États-Unis. La victoire de 1945 marque un sommet dans l'amitié franco-britannique : la Grande-Bretagne accepte de partager avec la France sa zone d'occupation en Allemagne et soutient son entrée au Conseil de sécurité des Nations unies. Battu aux élections générales de juillet 1945, Churchill prononça à Zurich un discours capital dans lequel il se faisait le champion des États-Unis d'Europe fondés sur « un partenariat franco-allemand, seule façon pour la France de retrouver le leadership moral de l'Europe ». Cependant, la Grande-Bretagne n'en ferait pas partie. De Gaulle en était donc venu à la conclusion, vers 1949, qu'en dépit du traité franco-anglais de Dunkerque signé en 1947, un contrepoids européen à la puissance des États-Unis et de l'URSS ne pourrait être construit avec une Angleterre réticente. Aussi, comme le prévoyait Churchill, se tourna-t-il vers l'Allemagne. Bien qu'il rejetât les aspirations supranationales, de Gaulle vit ses vues renforcées par le développement de l'intégration européenne dans les années 1950 et par cette bizarrerie d'un soutien de la Grande-Bretagne à une armée européenne (CED) dont, pourtant, elle s'excluait. Le fiasco franco-britannique de Suez en 1956, quand les Français se sentirent abandonnés par l'Angleterre à cause de la pression américaine, confirma simplement de Gaulle dans sa conviction qu'on ne pouvait pas faire confiance aux « Anglo-Saxons ». L'épisode de Suez n'enterra pas seulement le vieux projet nourri par Anthony Eden de faire revivre le scénario de juin 1940 d'une union entre la France et la Grande-Bretagne, projet dont Guy Mollet, anglophile convaincu, s'était lui aussi fait l'avocat. Il eut pour autre conséquence que, lorsque de Gaulle revint au pouvoir en 1958, la demande tardive du gouvernement Macmillan de se joindre à la Communauté économique européenne (CEE) fut unilatéralement et avec une rude condescendance rejetée comme prématurée en dépit des positions favorables de tous les autres États membres. Selon ce qu'Alain Peyrefitte rapporte des propos que lui a tenus de Gaulle, l'Europe devait rendre la France capable de redevenir ce qu'elle n'avait plus été depuis Waterloo : la première en Europe et au-delà.

De Gaulle bloqua l'entrée de la Grande-Bretagne par une clôture brutale des négociations liminaires, après un certain nombre de discussions non concluantes avec le Premier Ministre Harold Macmillan. Le gouvernement britannique avait cru que l'accord de novembre 1962 admettant la France à participer au développement de l'avion Concorde aiderait à obtenir le soutien de De Gaulle à l'entrée de la Grande-Bretagne dans la CEE. Alors que, pour s'y opposer, celui-ci avançait divers prétextes liés à la Politique agricole commune ou à la défense nucléaire, le mobile longuement mûri était en fait plus fondamental : c'était la conviction que la Grande-Bretagne était trop insulaire et trop dépendante des États-Unis pour être un partenaire fiable dans une « Europe européenne » qui avait été sous une influence française prédominante depuis 1950 et devait le demeurer. Si la Grande-Bretagne était admise dans la Communauté européenne sans renoncer à ses relations spéciales avec les États-Unis et le Commonwealth, il y avait un sérieux risque que cette Communauté devienne une « Europe atlantique ». Comme l'écrivit Harold Macmillan au président Kennedy, en janvier 1961, et ainsi que le rapporte Alistair Horne dans sa biographie de Harold Macmillan : « Tant que la suprématie "anglo-saxonne" continuera, il [de Gaulle] ne traitera pas la Grande-Bretagne comme un pays européen mais comme un partenaire junior de l'Amérique. » De plus, de Gaulle suspectait Macmillan, qui avait été son interlocuteur en 1943 à Alger, de vouloir adopter la traditionnelle politique de son pays qui consiste à « diviser pour régner », particulièrement si l'entrée de la Grande-Bretagne dans la CEE était suivie par celle d'autres États – ce qui devait d'ailleurs se produire plus tard avec les conséquences que redoutait le Général. Le reproche formulé en 1958 par Harold Macmillan selon lequel de Gaulle était en train d'établir un « Blocus continental » était une évocation malheureuse des guerres napoléoniennes mais le Général lui-même n'était pas exempt de ressentiment historique. Quand Paul Reynaud lui écrivit une longue lettre de protestation contre le traitement réservé à un vieil allié, il reçut une réponse. L'enveloppe était vide mais, au dos, de la main de De Gaulle, étaient écrits ces mots : « En cas d'absence, faire suivre à Azincourt (Somme) ou à Waterloo (Belgique). »

En novembre 1967, de Gaulle, une fois encore, rejeta la candidature britannique à la CEE présentée par le Premier Ministre, Harold Wilson, mais s'était résigné à l'inéluctable : « La Grande-Bretagne rejoindra le Marché commun, mais je ne serai plus là pour le voir. » Cela arriva très rapidement après le référendum français de 1972, et, l'année suivante, un traité fut signé par le président Georges Pompidou et le Premier Ministre Edward Heath pour construire le tunnel sous la Manche, un projet évoqué à plusieurs reprises depuis le début du XIXe siècle, notamment en France. La curieuse affaire Soames, en février 1969 (ainsi qualifiée d'après le nom de l'interlocuteur de De Gaulle, qui était ambassadeur britannique à Paris et gendre de Churchill), indique qu'après le choc des événements de 1968, de Gaulle s'était préparé à envisager un changement fondamental dans le fonctionnement de la CEE, allant dans le sens d'un marché de libre-échange, fondé sur une coopération politique intergouvernementale. Après avoir jusqu'ici favorisé une Europe de style britannique sans la Grande-Bretagne, il semblait vouloir partager une direction collégiale avec cette dernière et l'Allemagne, encouragé en cela par son ministre des Affaires étrangères, Michel Debré, qui y voyait une façon d'empêcher la CEE d'évoluer dans une direction fédéraliste. Soupçonnant un piège, le gouvernement d'Harold Wilson révéla ce ballon d'essai, informel et confidentiel, aux autres membres de la CEE, ce qui mit fin de manière acrimonieuse à cette tentative de rapprochement. Ce fut au successeur de De Gaulle, Georges Pompidou, qu'il revint de restaurer des relations amicales entre la Grande-Bretagne et la France et de faciliter l'entrée des Britanniques dans une Communauté européenne non supranationale, et même plus interbureaucratique qu'intergouvernementale.

De Gaulle éprouvait une admiration de raison mais pas d'affection pour la Grande-Bretagne. Comme il le déclara dans un discours au parlement britannique, le 7 avril 1960 : « Sûrs de vous-mêmes, sans presque en avoir l'air, vous pratiquez dans la liberté un régime solide et stable. » Il faisait de son mieux, justement, pour établir, dans la Ve République, de telles institutions politiques, fortes et stables, dont la France avait jusqu'alors manqué. Cependant la Grande-Bretagne ne souhaitait pas s'engager irrévocablement dans le choix de plus d'Europe au prix de moins d'Amérique. Aussi de Gaulle en revint-il à la pratique de confondre Britanniques et Américains sous le label mythique des « Anglo-Saxons », envisagé comme le condensé de l'anti-France à l'étranger, cherchant à plier son pays à leur hégémonie mondiale. Il s'efforçait de faire de la Communauté européenne un contrepoids adverse, fondé sur un leadership « franco-saxon » – c'est-à-dire franco-allemand. Cependant, jusqu'à sa réunification l'Allemagne restera engagée dans un atlantisme qui frustrait l'ambition de De Gaulle. Le résultat fut que le Général se montra seulement capable de différer l'impact de forces qui échappaient à son contrôle, alors qu'il les avait anticipées de façon réaliste.

Jack HAYWARD

• *Voir aussi* : Churchill, Winston Spencer ; Europe ; Politique étrangère ; Union franco-britannique

Bibl. : « De Gaulle et la Grande-Bretagne », *Espoir*, n° 43, juin 1983 • Institut Charles-de-

Gaulle, *De Gaulle en son siècle*, t. 5, chap. IV, Paris, Plon-La Documentation française, 1992 • François Kersaudy, *De Gaulle et Churchill. La mésentente cordiale*, Paris, Perrin, 2001.

ANGLETERRE (rejets de la candidature de l'). – À deux reprises, en 1963 et en 1967, au cours de conférences de presse théâtrales, le général de Gaulle a opposé son veto à l'entrée de la Grande-Bretagne dans le Marché commun. Cette opposition avait déjà fait couler beaucoup d'encre quand furent publiés, sous la direction de Maurice Vaïsse, entre 1997 et 2000, les cinq volumes des *Documents diplomatiques français* portant sur les années cruciales (*DDF 1961-1963*). Ces documents permettent de porter un jugement assez définitif sur cet épisode fort controversé. Beaucoup y voyaient, à l'époque, le fruit d'une certaine amertume accumulée contre les « Anglo-Saxons » par le Général pendant la Seconde Guerre mondiale. En particulier, l'interlocuteur de De Gaulle lors de la première négociation de 1962-1963 était le Premier Ministre Harold Macmillan. En tant que représentant britannique à Alger après le débarquement américain de novembre 1942, il avait, au départ, pris le parti de Giraud contre de Gaulle. D'autres commentateurs ont insisté sur des problèmes techniques, telles les concessions qu'auraient dû consentir les Six sur la politique agricole commune qui se négociait en parallèle au même moment. L'avenir du Commonwealth fut souvent cité comme un obstacle infranchissable. Au moins un auteur – britannique en l'occurrence, Piers Ludlow – a insisté sur la maladresse de l'équipe de négociation britannique menée par Edward Heath, alors que les membres de celle-ci, dans divers Mémoires, ont insisté, au contraire, sur le progrès trop favorable, aux yeux de Paris, des négociations elles-mêmes. Bien des analystes ont évoqué le sommet anglo-américain de Nassau (décembre 1962) lors duquel les Britanniques ont accepté la coopération nucléaire étroite avec les États-Unis en adoptant le missile *Polaris*. Ce fut la goutte d'eau qui a fait déborder le vase gaullien. Trop peu d'observateurs contemporains y ont décelé, en revanche, un élément pourtant capital du calcul gaullien : la difficulté pour les Britanniques, au début des années 1960, de comprendre, encore moins de partager, la conception gaullienne d'une hypothétique « Europe de la défense ». En réalité, la décision présidentielle fut composée d'éléments puisés dans plusieurs de ces raisonnements.

L'achoppement sur la politique de défense. Pendant les négociations de Bruxelles sur la candidature britannique, du 8 novembre 1961 au 29 janvier 1963, plusieurs notes émanant du Quai d'Orsay ont mis l'accent sur les dossiers techniques fort épineux (tarifs sur le zinc et l'aluminium ; agriculture ; futurs rapports de la Grande-Bretagne avec les États de l'Association européenne de libre-échange [AELE] ; problème des importations agricoles en provenance de la Nouvelle-Zélande ; problèmes institutionnels ; mouvement des capitaux ; avenir de la Grèce, etc.). La France avait intérêt à faire retarder aussi longtemps que possible les négociations, sur l'aboutissement desquelles elle souhaitait aussi, par ailleurs, laisser planer plutôt l'incertitude. Laisser entendre prématurément un accord de principe aurait eu pour conséquence paradoxale d'encourager les Belges et les Néerlandais, fédéralistes, qui étaient prêts, dans une Europe à participation britannique, à abandonner des pans entiers de souveraineté. Annoncer trop tôt un refus risquait, par contre, de faire éclater les pourparlers parallèles menés par Christian Fouchet, qui entendaient justement rétablir des éléments de souveraineté nationale déjà « perdus ». Ainsi les complexités « techniques » servaient-elles de prétexte pour noyer le poisson politique qui, lui, fut la véritable cause de l'achoppement de la candidature britannique.

Macmillan, d'entrée de jeu, l'a bien compris. Dans des conversations informelles avec les ambassadeurs français à Londres (Jean Chauvel suivi, en mai 1962, de Geoffroy de Courcel), le Premier Ministre britannique essayait de faire miroiter la coopération nucléaire entre Londres et Paris, laissant entendre qu'il partageait la vision gaullienne d'une Europe comme force de rééquilibrage face aux États-Unis. De Gaulle, quant à lui, restait sceptique, plutôt pour des raisons de logique nucléaire (le feu atomique ne saurait se partager) que par méfiance face à un éventuel « revirement atlantiste » d'Albion – perfide ou pas. Lors de leur entretien au château de Champs, le 2 juin 1962, Macmillan et de Gaulle ont longuement évoqué ensemble le dossier de la défense et de la sécurité, notamment nucléaire. Le Premier Ministre est allé très loin dans sa tentative de persuader son interlocuteur du sérieux des intentions européennes de la Grande-Bretagne dans le domaine de la défense, évoquant la perspective d'une alliance anglo-franco-allemande capable, en tant que partenaires autonomes des États-Unis, de négocier la détente avec l'Union soviétique. Le Général fut visiblement impressionné et aurait félicité son collègue sur l'évolution prœuropéenne de sa pensée. Alain Peyrefitte confirme le flottement momentané de l'attitude de De Gaulle qui aurait apparemment cru, un court instant, à la perspective d'une Europe puissance codirigée par les trois « grands » du Vieux Continent. Les *DDF* font même état, lors de la séance élargie aux ministres des Affaires étrangères le 3 juin, d'une proposition formulée par de Gaulle d'entamer des discussions avec la Grande-Bretagne sur la coopération militaire. Mais le président n'y croyait pas réellement, qui, l'après-midi même, exprimait ses doutes sur la capacité des trois grands européens de s'entendre sur la donne stratégique. Macmillan rentrait de Champs, comme l'avaient souhaité les officiels du Quai d'Orsay, dans l'incertitude la plus totale quant au véritable état d'esprit du Général.

Peut-être, en juin 1962, de Gaulle se sentait-il toujours trop vulnérable politiquement pour trancher d'un coup ce nœud gordien. Luttant toujours contre l'OAS (Organisation armée secrète) qui faillit l'assassiner au Petit-Clamart en août, bataillant encore sur le plan institutionnel, perdant la majorité parlementaire à cette occasion, le président a bien d'autres soucis pendant l'été et l'automne 1962. Il ne cesse pourtant, au fil des semaines après la réunion de Champs, de réfléchir au défi britannique. Plus il y pense, moins il est convaincu par les propos de Macmillan. Pour l'en convaincre, il aurait fallu au Premier Ministre britannique au moins un discours prœuropéen soutenu et consistant en direction de son homologue français. Pourtant, ce fut plutôt le contraire qui se produisit. La position de l'hôte du 10 Downing Street est triplement affaiblie au cours de ce même été. Non seulement de plus en plus de conservateurs prennent la défense du Commonwealth, mais le parti travailliste finit par se prononcer contre l'entrée de la Grande-Bretagne. Vint alors, le 9 novembre 1962, le coup de grâce provoqué par la décision de John F. Kennedy de mettre fin au programme de coopération anglo-américaine en matière de missiles *Skybolt* – compromettant, du coup, l'avenir même d'une dissuasion nucléaire britannique indépendante, et affaiblissant la position politique de Macmillan. Un mois plus tard survint la réunion ultime entre de Gaulle et Macmillan.

La réunion de Rambouillet (15-16 décembre 1962) offre à Macmillan une dernière occasion de montrer patte blanche européenne au Général. En vérité, d'après Alain Peyrefitte, de Gaulle avait déjà décidé de mettre le holà à la candidature britannique. L'attitude fort ambivalente du Premier Ministre britannique le conforte dans son choix. Macmillan a beau se plaindre des Américains auprès de son hôte, le rassurer sur sa vision d'une Europe unie qui jouerait les intermédiaires entre les deux superpuissances, évoquer la perspective d'un couple franco-britannique capable de faire aboutir les négociations Fouchet (alors embourbées) et de faire triompher l'Europe « politique ». Rien n'y fait. De Gaulle y oppose ses propres arguments. La Grande-Bretagne n'est pas prête à aborder ce revirement ; le serait-elle que les conséquences d'une Europe à participation britannique, loin de renforcer la position française, ne manqueraient pas de l'affaiblir. Qui pourrait croire, demanda le Général, à une politique de sécurité commune entre, d'une part, les Six et, d'autre part, la Grande-Bretagne, la Norvège et le Danemark ? Le président laissa entendre qu'il désespérait enfin du plan

Fouchet et que – par là même – la candidature britannique était d'autant plus irrecevable. Macmillan s'en alla profondément déçu, et s'envola le lendemain pour Nassau où il se jeta allègrement dans les bras de Kennedy. De Gaulle confia alors à Alain Peyrefitte qu'il allait, dans sa conférence de presse prévu pour le 14 janvier, « vider » la question britannique.

« Seule, évidemment, l'Angleterre peut répondre ». Ainsi en fut-il. Dans sa réponse-fleuve à la question : « Pourriez-vous dire explicitement la position de la France face à l'entrée de l'Angleterre dans le Marché commun ? », de Gaulle évoqua de nouveau tous les obstacles à l'accession de la Grande-Bretagne au club des Six : « Comment faire pour que l'Angleterre, telle qu'elle vit, telle qu'elle produit, telle qu'elle échange, soit incorporée au Marché commun tel qu'il a été conçu et tel qu'il fonctionne ? » La question, estima-t-il, ne se posait pas aux Six : « Seule, évidemment, l'Angleterre peut répondre. » Et sans jamais prononcer le mot « non » qu'on lui attribue si souvent, le Général s'en tira en formulant aimablement l'espoir que « l'évolution propre à la Grande-Bretagne et l'évolution de l'univers portent les Anglais vers le continent », auquel cas, « ce sera un grand honneur pour [...] mon ami M. Harold Macmillan et pour son gouvernement, d'avoir discerné cela d'aussi bonne heure, d'avoir eu assez de courage politique pour le proclamer et d'avoir fait faire les premiers pas à leur pays qui, un jour peut-être, le conduira à s'amarrer au continent ». Les négociations sur la première candidature britannique furent interrompues deux semaines plus tard.

Le 2 mai 1967, le Premier Ministre travailliste Harold Wilson lançait, essentiellement par opportunisme politique, une seconde candidature britannique. Cette fois-ci, il ne fallut au général de Gaulle que deux semaines pour donner sa réponse. Elle fut identique à celle du 14 janvier 1963, bien qu'habillée de phrases différentes – aussi lyriques que dévastatrices. Les Britanniques n'ayant, apparemment, pas encore compris, il lui fallait répéter une troisième fois, le 27 novembre, son message : si, un jour, les Britanniques veulent vraiment devenir des Européens, la France les accueillera avec joie. En attendant, elle fera l'Europe avec les Européens. Jolyon HOWORTH

• *Voir aussi* : Angleterre ; Conférence de presse du 14 janvier 1963 ; Europe ; Plan Fouchet

Bibl. : Piers Ludlow, *Dealing with Britain*, Cambridge, Cambridge University Press, 1997 • Alain Peyrefitte, *C'était de Gaulle*, Paris, Fayard, t. 1, 1994 • Maurice Vaïsse (dir.), *DDF, Documents diplomatiques français, 1961-1963*, Paris, Imprimerie nationale, 5 vol., 1997-2000.

ANTIGAULLISTES. – Sous ce vocable, on entendra tous ceux, personnes physiques, groupements ou mouvements, qui se sont opposés au général de Gaulle, à ses conceptions philosophiques et politiques, aux institutions qu'il a élaborées, à l'action qu'il a menée. Or loin d'être un ensemble doctrinal rigide, le gaullisme est essentiellement un pragmatisme au service de quelques principes clés : primauté de la nation française, nécessité de son indépendance, souci de sa grandeur. Pour ce faire, un État fort, gouverné par un chef incontesté qui exerce son autorité selon les critères du commandement militaire, doit assurer la paix civile à l'intérieur, l'indépendance et le rang de la France à l'extérieur. Ont donc été ou sont devenus antigaullistes tous ceux qui, de 1940 à 1969, se sont opposés, en tout ou partie, à ces prémisses et à leur mise en œuvre. Comme l'aurait dit le Général, ce n'est donc pas « le vide, mais le trop-plein » qui caractérise l'ensemble de ses adversaires.

Dès lors, trouver une clé d'interprétation à cette somme hétéroclite de dissensions accumulées au fil du temps relève de la gageure tant elles sont diverses et d'intensité variable. On la recherchera cependant du côté des familles politiques. Sans doute de Gaulle récusait-il la dimension droite-gauche de l'espace politique, mais il semble possible, sans trop caricaturer, d'opposer antigaullistes de droite et antigaullistes de gauche, même si, parfois, des points d'accord ont pu être trouvés entre eux et lui. Venant de mondes et d'idéologies différents, leur opposition à de Gaulle se fonde sur des motifs nettement distincts. Synthèse entre le nationalisme populaire d'ouverture, le catholicisme social et le « non-conformisme » des années 1930, le gaullisme s'apparente aux idéologies de la droite. Cela explique à la fois pourquoi des hommes de cette famille politique vont le rejoindre tandis que d'autres vont l'accuser de trahir les valeurs de son milieu d'origine. Pour ces derniers, de Gaulle est un traître, un diviseur, un fourrier du communisme, un bradeur d'empire. À l'inverse, son nationalisme, son moi exacerbé, son goût de l'État fort, son culte du chef légitimé par l'assentiment populaire, font douter la gauche de son républicanisme. Derrière le « libérateur de la France », elle voit se dresser le spectre du bonapartisme, de la dictature, sinon même du fascisme. Deux versions opposées de l'antigaullisme que la création de la Vᵉ République et sa dérive présidentialiste n'ont fait que renforcer.

Christian Bidégaray

• *Voir aussi* : Dessins et caricatures ; Dessins outrés ; Intellectuels ; Légende noire ; Presse

Bibl. : Serge Berstein, *Histoire du gaullisme*, Paris, Perrin, 2002 • Institut Charles-de-Gaulle, *De Gaulle en son siècle*, t. 2, *La République*, Paris, Plon-La Documentation française, 1992 • Pierre Viansson-Ponté, *Histoire de la République gaullienne*, Paris, Fayard, 2 vol., 1970.

ANTIGAULLISTES DE DROITE. – Au premier rang figurent les tenants du gouvernement de Vichy. Pour eux, de Gaulle a bafoué les valeurs d'ordre et d'autorité qui fondent le métier militaire en s'attaquant par le verbe et par les armes au maréchal Pétain. Aussi sera-t-il condamné à mort pour « trahison, intelligence avec l'ennemi et désertion en pays étranger ». Ferment de dissidence, il a brisé l'unité française ; il est un traître à la patrie, un homme de la juiverie, un cryptocommuniste. Pour Charles Maurras et les siens, il s'est vendu aux Britanniques qui, depuis Mers el-Kébir, sont « l'ennemi numéro 1 bis ». Pour d'autres (de Weygand à Darlan), il est un imposteur qui cherche à faire oublier le « bouclier Pétain », lequel, avec l'armistice, a permis que s'organise une résistance souterraine à l'ennemi. Bientôt, l'éclatement du duumvirat Giraud-de Gaulle imposé par les Américains au lendemain de leur débarquement en Afrique du Nord (1942), puis la marginalisation des giraudistes viennent encore grossir le nombre de ceux qui l'accusent d'être un fourrier du communisme. Mais c'est la condamnation à mort du maréchal Pétain en août 1945 et l'épuration du personnel de Vichy qui creusent un fossé infranchissable entre ces hommes et de Gaulle. Ils vont le poursuivre de leur haine et de leur rancœur : par la plume (Alfred Fabre Luce, Henri de Kérillis, Jacques Laurent), le verbe (Mᵉ Jacques Isorni, Mᵉ Jean-Louis Tixier-Vignancour), ou l'action politique (création de partis et de journaux qui défendent Vichy, plus tard candidature Tixier-Vignancour à l'élection présidentielle de 1965). Si, à la Libération, certains milieux de droite ont approuvé l'opposition du Général au projet de Constitution, ainsi que son discours de Bayeux et sa démission, ils ont dû vite abandonner tout espoir de réhabilitation du Maréchal et de son régime. Le Centre national des indépendants et des indépendants paysans se crée en 1949 et regroupe un certain nombre des rescapés de Vichy. Il dispute au Général une même clientèle électorale et contribue à sa marginalisation avec la loi sur les apparentements de 1951, faite pour limiter le succès du RPF et du PCF, puis avec l'arrivée au pouvoir du leader indépendant Antoine Pinay en 1952.

La naissance de la Vᵉ République plonge les droites dans l'embarras. Henri Dorgères, l'ancien leader des « chemises vertes », vote l'investiture du Général alors que Mᵉ Isorni déclare : « Le défenseur de Louis XVI ne peut voter pour Robespierre. » Quant à Jean-Louis Tixier-Vignancour, il refuse d'octroyer les pleins pouvoirs à celui-là même qui l'avait fait déclarer inéligible pour les avoir accordés au maréchal Pétain en 1940. Mais plusieurs hommes de droite, convaincus que de Gaulle est le seul à pouvoir apporter une solution au conflit algérien, lui apporteront leur soutien. Ils vont pourtant s'éloigner de lui quand il opte pour l'autodétermination puis s'achemine peu à peu vers l'indépendance de l'Algérie. Ainsi s'expliquent les barricades, le putsch des généraux, la création

tion de l'OAS et les tentatives d'assassinat de la « Grande Zohra » à Pont-sur-Seine et au Petit-Clamart. À tous ces nostalgiques de l'Algérie française se joignent les innombrables « pieds-noirs » qui estiment, encore aujourd'hui, que de Gaulle leur a menti et les a froidement abandonnés en ne leur laissant d'autres choix que la « valise ou le cercueil ». S'y ajoutent tous ces militaires qui s'étaient engagés auprès des populations d'Algérie et croyaient aux vertus de l'intégration et au maintien de l'Algérie française. Outre le « quarteron de généraux en retraite » (Challe, Salan, Jouhaud, Zeller), ce sont surtout les colonels marqués par l'expérience indochinoise et l'action psychologique (Joseph Broizat, Antoine Argoud, Charles Lacheroy, Yves Godard, Roland Vaudrey, etc.) qui se sont dressés contre la « trahison » du chef de l'État. Comme le commandant Hélie de Saint Marc, nombre de ces officiers invoqueront pour leur défense l'honneur bafoué de l'armée, le non-respect de la parole donnée, l'interdiction de porter secours à leurs frères d'armes harkis massacrés sous leurs yeux. Ainsi Jean Bastien-Thiry justifiera-t-il l'attentat du Petit-Clamart par son désir d'arrêter le « génocide gaulliste des Français musulmans ». Plus tard, une fois l'armée purgée de ses éléments rebelles, un malaise perdurera dans ses rangs quand le Général décidera de retirer la France de l'OTAN et de développer la force de frappe nucléaire française. Portant atteinte à leurs yeux à l'unité de l'Occident, ces décisions leur semblent coûteuses pour la nation et militairement peu crédibles. Des parlementaires se sont alors fait l'écho de toutes ces inquiétudes et de ces mécontentements.

Droite parlementaire et notables se sont en effet souvent opposés au Général. Sans doute, en 1958, est-ce un CNI, René Coty, qui fait appel « au plus illustre des Français ». Paul Reynaud et Antoine Pinay se rallient à de Gaulle, qui prend « le sage de Saint-Chamond » comme ministre des Finances. Mais, graduellement, cette droite parlementaire va s'éloigner du chef de l'État. Roger Duchet et plusieurs « indépendants » s'insurgent contre la politique d'autodétermination avant que la révocation d'Antoine Pinay, en 1960, ne conduise d'autres notables à entrer dans l'opposition. Évitant de censurer le gouvernement tant que l'affaire algérienne n'est pas résolue, ils se contentent de faire connaître leur désapprobation par des votes significatifs. Et quand se tient le référendum sur les accords d'Évian, quelques dizaines d'entre eux appellent à voter « non ». Ils sont plus nombreux encore à reprendre leur liberté de parole pour dénoncer les dérives présidentialistes du régime. Aussi décident-ils d'en découdre quand de Gaulle propose de faire élire le président de la République au suffrage universel direct. Faute de pouvoir le renverser, ils censurent le gouvernement Pompidou. Dirigeant du CNI, Paul Reynaud sera le premier à apposer sa signature sur la motion, votée par 109 députés CNI sur 121. Au Sénat, dont le président Gaston Monnerville accuse le chef de l'État de « forfaiture », ils combattent la politique économique et monétaire du gouvernement. Les foucades du Général les irritent : antiatlantisme, rupture avec Israël, invocation du « Québec libre ». Son projet d'instaurer la participation des travailleurs aux bénéfices des entreprises inquiète le patronat et les milieux d'affaires, tandis que l'initiative tendant à créer un Sénat économique qui neutraliserait les sénateurs politiques leur déplaît souverainement. Aussi le « non » au référendum de 1969 sur la régionalisation et la réforme du Sénat leur donne-t-il l'occasion de renverser leur adversaire, sans courir de risque puisque Georges Pompidou s'est déclaré prêt à prendre la relève.

Certains de ces adversaires de droite se sont révélés au sein même du MRP (Mouvement républicain populaire), longtemps présenté comme le parti de la fidélité à de Gaulle. Catholiques, ses membres ont participé à la Résistance mais des divergences idéologiques les opposent à lui. Primauté de la nation, hostilité aux partis pour de Gaulle, reconnaissance des communautés naturelles, adhésion à des ensembles plus larges comme l'Europe pour les MRP. Dès 1946, des divergences apparaissent : pouvoirs à accorder à l'Assemblée constituante, conceptions constitutionnelles. Mais surtout, quoique prétendant honorer la double fidélité au Général et au tripartisme (alliance entre le PCF, la SFIO et le MRP), le MRP a préféré sauver sa participation au pouvoir plutôt que de se rallier au discours de Bayeux. Un contentieux se crée ainsi entre de Gaulle et Georges Bidault, naguère président du CNR (Conseil national de la Résistance). Pourtant, le 14 mai 1958, Bidault adjure le Général d'accepter de revenir au pouvoir « pour le salut de la patrie en péril », et Pierre Pflimlin, appuyé par son parti, devient ministre d'État du gouvernement de Gaulle. Cependant, si les ministres MRP ont fini par démissionner du gouvernement à cause du dénigrement de l'intégration européenne (sarcasmes contre le « volapük »), c'est sur un autre terrain que s'opère la rupture avec Georges Bidault. Chantre de l'Algérie française, il était passé de l'opposition légale au soutien du terrorisme de l'OAS.

Christian Bidégaray

• *Voir aussi* : Collaboration ; Épuration ; Extrême droite ; Hussards ; OAS

Bibl. : Christian Bidégaray et Paul Isoart (dir.), *Les Droites et le général de Gaulle*, Paris, Economica, 1991.

ANTIGAULLISTES DE GAUCHE. – De Gaulle est avant tout un homme de droite pour la plupart des hommes de gauche. Pendant la guerre, communistes et socialistes éprouvent de nombreux doutes et réticences à son égard. À leurs yeux, l'entourage du Général, composé de factieux, de maurrassiens, de cléricaux, d'anciens cagoulards, est une sorte de Vichy en réduction dont il n'est pas exclu qu'à terme il se réconcilie avec le Maréchal. De plus, les idées du Général, son culte du chef, son goût exacerbé du commandement, son mépris des partis font douter de son attachement à la démocratie et à la République. Si, à partir de 1942, le parti communiste prend contact avec lui et qu'il lui répond, c'est qu'ils ont, l'un et l'autre, un certain nombre d'objectifs communs, chacun éprouvant le besoin de renforcer sa légitimité. Toutefois, chacun voulant imposer son hégémonie aux mouvements de résistance puis à la France libérée, le parti communiste et de Gaulle devaient nécessairement s'affronter. Forcés de s'incliner à la Libération, les communistes s'opposent plus tard au Général sur le choix des postes ministériels qu'ils revendiquent, sur les pouvoirs de l'Assemblée constituante, sur les institutions et la nature même du régime. Enfin, quand est créé le RPF, le parti communiste accuse de Gaulle de n'être ni démocrate ni républicain mais de se faire le défenseur de la bourgeoisie et du capitalisme. Aussi jusqu'en 1958 le qualifiera-t-il de fasciste ou d'apprenti dictateur au service du grand capital.

Plus nuancée dans la forme, la critique de la gauche modérée ne diffère guère sur le fond. C'est seulement en 1942 que Léon Blum convainc ses camarades socialistes de se rallier à de Gaulle. Pour lui, seul le Général est capable d'unifier les mouvements de Résistance et de mener à la victoire quoiqu'il émette de fortes réserves quant à son attachement à la démocratie. Cette méfiance va s'intensifier à la Libération et tourner à l'affrontement sur la question des pouvoirs de l'Assemblée constituante puis sur les futures institutions. Monocamérisme, gouvernement d'assemblée, contrat de législature sont aux antipodes du discours de Bayeux que Blum rejette, dans un article du *Populaire,* et que Vincent Auriol neutralise par une intervention à l'Assemblée constituante. En 1947, les socialistes, et Vincent Auriol devenu président de la République, considèrent le RPF, créé la même année, comme un mouvement factieux regroupant des fascistes, des nostalgiques de Vichy et des factieux de toute sorte. Aussi, quand le raz de marée gaulliste aux élections municipales incite le Général à dénier toute légitimité à l'Assemblée nationale et à demander sa dissolution ainsi qu'une modification de la loi électorale, la gauche croit entendre le slogan du général Boulanger : « Dissolution, élection, révision. » Et quand, en 1951, de Gaulle déclare que les gaullistes arrivés deuxièmes aux élections législatives devront former le gouvernement avec tous ceux qui voudront l'aider, c'est à nouveau le spectre du boulangisme et du bonapartisme qui se dresse. La SFIO y répond en créant la Troisième force, regroupement de partis politiques allant des Indépendants à la SFIO. Elle dispose d'une majorité parlementaire grâce à la loi sur les apparentements qui a permis de marginaliser les formations antisystème (RPF et PCF). Mais l'effondrement de la IVe République et les événements du 13 Mai vont bientôt poser la question gaulliste en d'autres termes.

Après avoir hésité et tenté d'obtenir des garanties, Vincent Auriol et Guy Mollet se rallient à de Gaulle. Guy Mollet entre au gouvernement le 1er juin 1958, entraînant avec lui le ralliement de nombreux socialistes. Mais la pratique gaullienne va très vite s'éloigner de leur conception parlementaire des institutions et les amener à dénoncer le « pouvoir personnel ». Vincent Auriol invoque ce motif pour démissionner du Conseil constitutionnel en 1960. Cependant, tant que le Général tente de résoudre la question algérienne et de défendre la place de la France entre les deux Grands, la gauche modérée évite de le gêner. Il n'en va pas de même pour les communistes, qui voient dans le 13 Mai un coup de force fasciste. Le PCF reprendra fréquemment cette analyse jusqu'en 1962, tout en évitant d'entraver la marche à l'indépendance de l'Algérie ou les ouvertures diplomatiques françaises en direction de l'URSS.

Toutefois, quand de Gaulle décide de faire élire le président de la République au suffrage universel direct, gauche modérée et gauche communiste entrent en guerre, la première au sein du « cartel des non », réunion de tous les partis à l'exception des communistes et des gaullistes. C'est l'échec. Jusqu'à la démission du Général, le 27 avril 1969, la gauche modérée ne cessera de l'accuser d'exercer un pouvoir personnel et d'ignorer les réalités du pays. Quant aux communistes, désarçonnés par l'acceptation progressive du présidentialisme par les Français, ils délaissent l'accusation de fascisme pour celle de « pouvoir personnel » avant d'adopter une explication dogmatique : la Ve République est le régime du capital et des monopoles.

Cependant, une place à part doit être réservée à deux antigaullistes particuliers : Pierre Mendès France et François Mitterrand, emblématiques de deux sensibilités antigaullistes de gauche. Malgré leurs divergences quant à la nécessité d'une politique de rigueur à la Libération, de Gaulle et Mendès France sont restés liés par une mutuelle estime jusqu'en 1958. Mais les conditions du retour au pouvoir du Général, puis sa pratique présidentialiste des institutions font de Pierre Mendès France, fortement attaché à un parlementarisme rationalisé, un antigaulliste de principe. Il refuse de voter l'investiture du gouvernement de Gaulle puis s'érige en censeur sévère des dérives du pouvoir personnel avant que la décision de faire élire le président au suffrage universel ne le dresse définitivement contre l'homme du 18 Juin. En pleine crise de mai 1968, Pierre Mendès France semble vouloir surfer sur la vague de contestation étudiante et syndicale. Mais, sans l'avoir prévenu, François Mitterrand le compromet dans une opération aventureuse lorsqu'il annonce à la presse qu'il faut constituer un gouvernement provisoire dont Mendès France serait Premier ministre, tandis que lui se présenterait à l'élection présidentielle. Solution calamiteuse pour son auteur et qui marginalise définitivement Pierre Mendès France. Lorsque de Gaulle démissionne puis meurt le 9 novembre 1970, Mendès France, constant dans son opposition de principe, conclut dans *Le Monde* : « La Ve République ne peut être jugée autrement que comme une période de régression [...] le système conçu et modelé pour et par un homme ne durera pas. »

Quoique partant de prémisses identiques, tel n'a pas été le diagnostic de François Mitterrand. Sans doute la gauche a-t-elle connu des antigaullistes aussi virulents comme les intellectuels proches du PSU (Parti socialiste unifié) ou des hommes d'extrême gauche, tel Jean-Paul Sartre qui, dans *L'Express,* a poursuivi de Gaulle de sa vindicte puis couvert de son prestige la fondation de la Gauche prolétarienne et son journal *La Cause du peuple*, sans être autrement inquiété car « on n'emprisonne pas Voltaire ». Pour eux, de Gaulle est tout simplement le rempart d'un ordre social que l'on croit pouvoir renverser. Mais dans le cas de François Mitterrand, l'hostilité est d'une autre nature. On pourrait s'étonner de le voir figurer parmi les antigaullistes de gauche vu ses origines, sa formation, son passage à Vichy et ses relations amicales et prolongées avec certains acteurs de cette époque. Si son cheminement peut sembler tortueux, son opposition à de Gaulle paraît au contraire limpide et constante. Mitterrand, homme de la IVe République dont il partage les succès et les déboires (affaire des fuites), est devenu le plus représentatif de cette gauche viscéralement antigaulliste, sur fond d'antibonapartisme. Le 13 Mai lui donne l'occasion d'affirmer immédiatement son rejet du coup de force des factieux « qui entendent instaurer une dictature fasciste, l'arbitraire et la revanche ». Il n'aura de cesse, par la suite, de dénoncer « le pouvoir personnel » et les violations de la règle constitutionnelle par le chef de l'État. Ainsi s'affirme-t-il comme le procureur le plus vindicatif d'un régime qu'il qualifie en 1964 de « coup d'État permanent », une dictature dans laquelle la Constitution est constamment bafouée par son gardien. Dès lors, truffant ses discours de références au coup d'État du 2 Décembre et au régime de Napoléon III, rien n'échappe à ses critiques : les dérives institutionnelles, la captation du pouvoir par le président, la politique diplomatique, la politique africaine, la politique intérieure, la force de frappe, l'éducation, la justice, l'administration, etc.

Pourtant, lui qui assimilait le régime présidentiel à l'autoritarisme franquiste ou salazariste a compris tout le bénéfice qu'il pourrait tirer de l'élection présidentielle. Profitant de l'échec de la candidature Defferre, il se présente à l'élection de 1965 comme un antigaulliste résolu – ce qui lui vaut le soutien du parti communiste – et contribue à la mise en ballottage de De Gaulle. Leader de la FGDS (Fédération de la gauche démocrate et socialiste), il joue alors au contre-président et s'oppose systématiquement à sa politique. Près de l'emporter aux élections législatives de 1967, il ruine tous ses efforts par sa démarche imprudente en mai 1968, lorsqu'il croit prématurément à la vacance du pouvoir. Pourtant, lorsqu'il sera élu en 1981, lui qui dénonçait avec force la déviation présidentialiste des institutions en exploitera toutes les virtualités, posant ainsi la question du ralliement plus ou moins complet aux institutions créées par de Gaulle.

Christian Bidégaray

• *Voir aussi* : Constitutionnelles (pratiques contestées) ; Intellectuels ; Légende noire ; Manifestations

ANTIGAULLISTES RALLIÉS. – Paradoxe du temps qui passe, la sévérité des jugements portés à l'encontre du général de Gaulle s'est peu à peu adoucie. Certains ne se sont ralliés qu'occasionnellement et non sans réserves comme Hubert Beuve-Méry, directeur du *Monde*. De même Raymond Aron n'a-t-il été gaulliste qu'à contretemps. À Londres auprès du Général, sa liberté d'esprit lui vaut d'être taxé d'antigaullisme. Membre du RPF dès sa fondation en 1947, il se coupe de tous les intellectuels de son temps. Et quand de Gaulle revient au pouvoir, Aron lui reproche de ne pas aller assez vite vers l'indépendance de l'Algérie pour laquelle il s'était prononcé dès 1957. Il écrit un « Adieu au gaullisme », en 1961, qui le brouille avec son chef. De même critique-t-il la politique extérieure de la Ve République et dénonce-t-il la déclaration du Général sur le peuple juif, « peuple d'élite, sûr de lui-même et dominateur ». Mais quand vient mai 1968, il soutient le Général et s'engage fortement à son côté. Son ralliement n'était donc qu'occasionnel et exigeait lucidité et liberté de critique. Cette attitude de compréhension réservée semble avoir été partagée ultérieurement par un certain nombre de biographes comme Jean Lacouture ou Max Gallo et par des intellectuels peut-être déçus du mitterrandisme comme Bernard Henri-Lévy (*L'Idéologie française*), Régis Debray (*À demain de Gaulle*) ou André Glucksman (*De Gaulle où es-tu ?*).

Plus surprenant est le ralliement à la Ve République de ceux qui en dénonçaient les dérives présidentialistes. Longtemps allié du Général dont il fut souvent ministre, Valéry Giscard d'Estaing, de « cactus » en « oui mais », a contribué à la démission du Général en 1969, après avoir dénoncé « l'exercice solitaire du pouvoir » et fait campagne pour le « non ». Devenu président, il a pourtant exercé toutes les prérogatives du présidentialisme, au point de contraindre Jacques Chirac à la démission. Seule la faiblesse numérique des giscardiens face aux chiraquiens au sein de la majorité a pu freiner sa toute-puissance présidentielle.

Mais, naturellement, le rallié le plus paradoxal reste François Mitterrand. « Les institutions étaient dangereuses avant moi, elles le redeviendront après », déclare-t-il aux Français dans ses vœux de 1982. Thaumaturge, sa seule personne pouvait-elle suffire à purger la Vᵉ République des vices dénoncés dans *Le Coup d'État permanent* ? Ceux qui l'ont cru ont vite déchanté. À peine élu, il fait de son programme électoral la charte de l'action gouvernementale puis de sa majorité législative. Il affirme d'emblée la supériorité hiérarchique du président sur le Premier ministre, qui accepte de jouer le rôle de « fusible » naguère si critiqué. Malgré les « Lui c'est lui, moi c'est moi ! » de Laurent Fabius, les Premiers ministres auront bien du mal à s'affirmer. Pierre Mauroy, Michel Rocard et Édith Cresson, comme Michel Debré, Georges Pompidou ou Jacques Chaban-Delmas, subiront à leur tour l'épreuve de la révocation-démission. Appuyé sur une majorité docile, le président Mitterrand décide et gouverne. En 1982, il la force à accepter l'amnistie des généraux du putsch d'Alger. En 1984, s'immisçant dans les compétences du Parlement, il fait retirer le projet de loi Savary sur les rapports entre l'État et l'enseignement privé. Il s'ingère dans le détail de l'action gouvernementale (impôt sur la fortune, pyramide du Louvre, etc.). Bref, quand il dispose d'une majorité solide il exerce un « présidentialisme absolu ». Autrefois contempteur du domaine réservé et de la force de frappe, il déclare : « La politique de défense, c'est moi », et se substitue au Premier ministre pour décider de la conduite de la première guerre du Golfe. Devant la cohabitation qui s'annonce en 1986, il change le mode de scrutin, facilitant la percée du Front national et embarassant la droite. Prévoyant, il nomme Robert Badinter président d'un Conseil constitutionnel qu'il accusait naguère d'être « aux ordres ». Lui qui dénonçait en 1962 l'inconstitutionnalité d'une révision de la Constitution par référendum (au titre de l'article 11 qui autorise le président de la République à soumettre certains projets de loi au référendum), il la trouve acceptable en 1988 sous réserve de quelques précautions. Confronté à la cohabitation, il s'oppose à la nomination de Jean Lecanuet et de François Léotard comme ministres de Jacques Chirac et, ne pouvant user sans risque de ses pouvoirs propres (référendum, dissolution, article 16), il défend pied à pied ses pouvoirs partagés, réactivant la notion gaullienne de domaine réservé. Comme de Gaulle, qui s'appuyait sur le peuple contre le Parlement entre 1958 et 1962, il prend à témoin l'opinion dans ses mises en garde contre la majorité parlementaire. Ainsi, aucun des instruments du présidentialisme gaullien ne semble lui avoir manqué. Seule différence avec le fondateur de la Vᵉ République, mais de taille, il ne démissionne pas quand les élections législatives donnent la majorité à la droite en 1986 et 1993, car il ne s'estime pas concerné. « La Constitution n'était pas faite pour moi, mais je m'en accommode », a-t-il déclaré. On ne pouvait mieux dire !

En définitive, si aucune formation politique ne semble pouvoir revendiquer le monopole du gaullisme, nombreux sont ceux qui en invoquent le patronage. Mais telle est la force des « conventions de la Constitution » de la Vᵉ République et de ses combinatoires institutionnelles, que les adversaires les plus résolus du Général en sont venus à revêtir le costume tissé dans la toile de Bayeux. Christian BIDÉGARAY

• *Voir aussi* : Constitutionnelles (pratiques contestées) ; Intellectuels ; Président de la République

ANTISÉMITISME. – Les termes « antisémite » et « antisémitisme » apparaissent en Allemagne à partir de 1879. En français, le mot « antisémitisme » est attesté en 1886, année de la parution de la bible des antisémites, *La France juive* d'Édouard Drumont. Il désigne la forme de racisme qui est dirigée contre les juifs. Non que ce racisme soit nouveau à la fin du XIXᵉ siècle, mais le développement scientifique a favorisé l'essor de pseudo-sciences, notamment l'anthropologie raciale, qui prétendait fonder scientifiquement la hiérarchie des races dans le monde. Charles de Gaulle est donc né au moment d'un regain des préjugés hostiles aux juifs. Par ailleurs, issu d'une famille « monarchiste de regret » et profondément catholique, il ne pouvait ignorer l'antijudaïsme traditionnel de cette religion. La question se pose de la prégnance chez lui de cet héritage culturel, mais aussi de son jugement sur les politiques antisémites mises en œuvre de son temps.

Sous la IIIe République, l'usage même du terme « juif » revêtait des sens variables selon les contextes. Opposé au mot « israélite » qui désignait ordinairement l'appartenance religieuse – seul fait social reconnu par l'assimilationnisme républicain –, il pouvait désigner de manière neutre une communauté ethnoculturelle, mais il était aussi le vocable privilégié de l'antisémitisme raciste.

La rupture radicale causée dans l'histoire par le génocide des juifs oblige à une contextualisation chronologique précise, les mots n'ayant pas le même poids de part et d'autre de cet événement.

« Nos faiblesses et nos erreurs ». De Gaulle était enfant au moment de l'affaire Dreyfus, mais il avait seize ans lors de la réhabilitation du capitaine. Dans ses Mémoires, il cite l'Affaire parmi les fautes de la France : « Rien ne m'attristait plus profondément que nos faiblesses et nos erreurs révélées à mon enfance par les visages et les propos. » Bien que la preuve matérielle fasse défaut, de nombreux indices convergent pour confirmer que sa famille ne fut pas antidreyfusarde. Ce qui, rapporté aux préjugés du milieu considéré, signifie un engagement fort. Les traces d'antisémitisme culturel dont on dispose actuellement sous la plume de De Gaulle ne sont pas nombreuses. Elles sont au nombre de deux. La première est datée de 1919. Alors détaché auprès de l'armée polonaise renaissante, il conçoit la présence française comme chargée, « le cas échéant, de refouler les Bolcheviks ou de contribuer à calmer les Boches ». Dans une lettre à sa mère, qui respire l'agacement et l'exaspération du nouvel expatrié, il stigmatise les juifs de Varsovie, « détestés à mort de toutes les classes de la société, tous enrichis par la guerre dont ils ont profité sur le dos des Russes, des Boches, et des Polonais, et assez disposés à une révolution sociale où ils recueilleraient beaucoup d'argent en échange de quelques mauvais coups » [*LNC*]. Pleine aussi de jugements stéréotypés sur les Polonais en général, cette lettre est à replacer dans le vocabulaire de son temps. Au même moment, en 1920, un dreyfusard notoire, Clemenceau, faisait rééditer *Au pied du Sinaï*, livre de reportage et de fiction qu'il avait publié en 1898 lors de l'affaire Dreyfus. Tout en s'opposant au préjugé antisémite, l'ouvrage donnait néanmoins des juifs de Galicie une description repoussante qu'on trouverait aujourd'hui mieux placée sous la plume d'un antisémite.

Lorsqu'en 1919, dans l'intimité d'un dialogue filial, Charles de Gaulle cède en privé à une forme d'antisémitisme culturel, il s'exprime à un moment où le préjugé est à son étiage : la Grande Guerre, l'Union sacrée et la fraternité des tranchées ont soudé la nation. Le mouvement d'humeur de l'épistolier n'est pas un écho de la vie publique. À l'inverse, lorsque le préjugé reprend vigueur et s'exprime sur la place publique dans les années 1930, de Gaulle l'ignore manifestement. Dans *La France et son armée*, paru en 1938, il décrit le « lamentable procès » fait au capitaine Dreyfus – « Vraisemblance de l'erreur judiciaire, qu'étaient les faux, inconséquences, abus, commis par l'accusation » –, et fréquente assidûment le salon du colonel Mayer, l'un des anciens acteurs de la campagne dreyfusarde.

« La révolte de la conscience française ». Arrive l'occupation de la France par un régime totalitaire antisémite secondé par une dictature française également antisémite. Le refus du chef de la France libre est aussi catégorique qu'immédiat. Dès août 1940, à Londres, de Gaulle rencontre Albert Cohen qui représente le Congrès juif mondial. Il lui confirme dans une lettre qui sera publiée aux États-Unis et en Angleterre que « lorsque la France aura recouvré ses libertés, assurant ainsi le libre jeu de ses institutions démocratiques traditionnelles, tous les citoyens français – quelle que soit la religion à laquelle ils appartiennent, devront jouir d'une juste égalité des droits ». Publiant le manifeste de Brazzaville en octobre 1940, il confirme le respect par la France libre des lois de la République. Il renouvelle son engagement à l'égard des juifs en 1941, à l'occasion de la célébration par l'American Jewish Committee du cent cinquantenaire de l'émancipation des juifs de France, rappelant dans un communiqué que sont « nuls et non avenus les changements apportés à la Constitution et aux lois françaises par le soi-disant gouvernement de Vichy ». En 1942, il adresse à plusieurs reprises des messages de soutien à des comités juifs américains, par exemple au Comité pour une armée juive auprès duquel il exprime « la révolte de la conscience française devant les mesures imposées par l'ennemi et ses complices » [*LNC*]. Lorsque les Alliés se décident à dénoncer solennellement les crimes spécifiquement commis contre les Juifs, la France libre s'associe à la démarche et cosigne la déclaration alliée du 17 décembre 1942 qui stigmatise la « politique bestiale d'extermination de sang-froid » et annonce que ces crimes ne resteront pas impunis. À Alger, en octobre 1943, chef de gouvernement d'un territoire libéré, de Gaulle rétablit le décret Crémieux que Vichy avait abrogé et qui accordait aux juifs d'Algérie la nationalité française. L'ordonnance du 9 août 1944 relative au rétablissement de la légalité républicaine sur le territoire continental constate expressément « la nullité de tous les actes qui établissent ou appliquent une discrimination quelconque fondée sur la qualité de juif ». À la Libération, enfin, René Cassin que de Gaulle a nommé vice-président du Conseil d'État veille à l'efficacité des mesures de restitution des biens.

On peut s'étonner aujourd'hui que les paroles du chef de la France libre n'aient pas été à la hauteur de ses engagements écrits et de ses actes. L'inverse est plus courant. Dans les allocutions qu'il prononce à la BBC, de Gaulle ne dénonce pas directement les antisémitismes d'État nazi et vichyste. La politique antijuive est aussi absente de ses discours, pour la dénoncer, qu'elle l'est de ceux de Pétain ou de Laval pour la justifier et la mettre en œuvre. À plusieurs reprises, de Gaulle montre pourtant qu'il a perçu l'enjeu de la Seconde Guerre mondiale, qui est « une guerre des hommes », et non une « guerre des États, non plus même une guerre des peuples » [*DM*, 25 novembre 1941]. « C'est par là, dit-il, que la guerre actuelle a pour enjeu la vie ou la mort de la civilisation occidentale. » Ces mots pèsent lourd et dépassent la seule détermination patriotique. Pourquoi, alors, n'a-t-il pas dénoncé les déportations et l'extermination des juifs au micro de la BBC ? La censure que les Alliés imposaient sur ce sujet l'en a-t-il empêché ? Son silence est-il celui de Churchill et de Roosevelt ? Il ne s'était pas privé de contourner la censure, cependant, en octobre 1940 par exemple, en allant proclamer la continuité de la République française à Brazzaville. À quelle hauteur au-dessus de son siècle ne se serait-il pas hissé s'il avait dénoncé de toute la force de son verbe les déportations et les massacres dont il était informé ?

« Un peuple d'élite, sûr de lui-même et dominateur ». En mai 1945, de Gaulle est éprouvé par la pleine révélation de ces « crimes qui font honte au genre humain » et qui assombrissent la victoire du 8 mai [*DM*]. Visitant Auschwitz en septembre 1967, il paraît accablé, désemparé même. Deux mois plus tard, le 27 novembre, interrogé dans une conférence de presse sur la situation nouvelle créée au Moyen-Orient par la guerre des Six-Jours et la victoire d'Israël, il brosse à grands traits, en trois phrases empreintes de rhétorique classique, « dix-neuf siècles » d'histoire des juifs. La fresque déroule « l'immense souvenir du Testament, nourri par une magnifique liturgie », « la commisération qu'inspirait leur antique malheur et que poétisait, chez nous, la légende du Juif errant », « les abominables persécutions qu'ils avaient subies pendant la Deuxième Guerre mondiale », et, « depuis qu'ils avaient retrouvé une patrie, [...] leurs travaux constructifs et le courage de leurs soldats ». Mais le tableau inclut aussi une qualification des juifs qui choque de nombreux auditeurs : « un peuple d'élite, sûr de lui-même et dominateur ». Raymond Aron s'insurge douloureusement dans *De Gaulle, Israël et les Juifs*, en 1968 : à ses yeux, l'usage du mot « peuple » fait des juifs des « suspects » en attendant « que s'élève l'accusation de double allégeance » à la France et à Israël ; quant aux épithètes « sûr de lui-même et dominateur », « un homme d'État s'abaisse lui-même lorsqu'il recourt à un pareil procédé, celui des stéréotypes nationaux, des préjugés raciaux ». De Gaulle « a sciemment, volontairement, ouvert une nouvelle période de l'histoire juive et peut-être de l'antisémitisme. [...] Pas le temps du mépris : le temps du soupçon ». Aron n'accuse pas le Général d'antisémitisme, mais « de lui rendre des titres, sinon de noblesse, du moins de légitimité ». Le scandale tenait à la position de chef de l'État de De Gaulle, qui donnait autorité à ses propos et les rendait discriminatoires, mais aussi au télescopage de son discours avec le souvenir de la France libre. Dans son ensemble à la fois élogieux et critique, le tableau à prétention historique de novembre 1967 était surtout anachronique. Il empruntait directement à la psychologie des peuples – un mode d'analyse en honneur au début du XXe siècle. Prisonnier de ce cadre de pensée désuet, de Gaulle tint un langage qui, concernant les juifs et émis après le génocide, était devenu doublement irrecevable. Surpris par l'émotion suscitée, il tâcha de réparer le tort causé en recevant le grand rabbin Kaplan lors de la cérémonie des vœux de 1968. La conférence de presse de 1967 a eu un double impact. Elle a donné un tour brutal au revirement opéré par la politique française à l'égard d'Israël à l'occasion de la guerre des Six-Jours. Elle a aussi accéléré la construction de l'identité juive en France, selon un processus qui avait commencé auparavant et qui s'inscrivait dans le développement général des particularismes identitaires.

Dans l'histoire de l'antisémitisme, le général de Gaulle demeure, par son action en 1940-1945, le symbole de la France qui a refusé la victoire de l'antisémitisme d'État.

Claire ANDRIEU

• *Voir aussi* : Auschwitz ; Hitler, Adolf ; Israël ; Race ; Six-Jours

Bibl. : Claire Andrieu, en collaboration avec Cécile Omnès *et al.*, *La Spoliation financière*, Paris, Mission d'étude sur la spoliation des Juifs de France, La Documentation française, 2000 • *Charles de Gaulle, la jeunesse et la guerre, 1890-1920*, Colloque international organisé par la Fondation Charles-de-Gaulle, Paris, Plon, 2001 • Patrick Weil, « Histoire et mémoire des discriminations en matière de nationalité française », *Vingtième Siècle*, nº 84, octobre-décembre 2004.

APPEL DU 18 JUIN 1940. – Sous-secrétaire d'État au ministère de la Défense nationale et de la Guerre, le général de Gaulle se rend à Londres le 9 juin pour tenter de convaincre Winston Churchill de renvoyer en France le corps expéditionnaire britannique embarqué à Dunkerque et une partie de la Royal Air Force (RAF). Il y retourne le 16 juin pour réclamer des avions et des bateaux de transport. Ce jour-là, il persuade Churchill de lancer le projet d'union franco-britannique conçu par Jean Monnet. De retour à Bordeaux, il apprend la démission de Paul Reynaud, après que le projet d'union a été repoussé, et la formation imminente d'un nouveau gouvernement par le maréchal Pétain. Décidé à refuser la défaite, il s'envole pour l'Angleterre, le 17 juin au matin. Il parvient à Londres vers 12 h 30. Reçu par Churchill au 10, Downing Street en début d'après-midi, il sollicite l'autorisation de s'adresser aux Français *via* la BBC. Jusque-là homme de l'écrit plus que du verbe, de Gaulle a saisi l'importance essentielle de l'arme radiophonique ; en outre, s'exprimer au micro le met sur un pied d'égalité avec le gouvernement légal. Favorablement impressionné par leurs entrevues des 9, 11, 13 et 16 juin, le Premier Ministre lui donne son accord sans hésiter.

La journée du 18 juin est consacrée à la mise au point de l'appel. Informé du projet lors de sa réunion de la mi-journée, tenue en l'absence de Churchill, le cabinet britannique estime qu'il n'est « pas souhaitable » que le général de Gaulle « parle pour l'instant à la radio, tant que subsist[e] la possibilité que le gouvernement français agisse conformément aux intérêts de l'alliance ». En effet, la veille, Pétain a fait demander aux dirigeants allemands les conditions d'un éventuel armistice, celles-ci ne sont pas encore connues, ni donc la décision finale du gouvernement français. Au cours de l'après-midi, fort de l'assentiment de Churchill, Edward Spears arrache leur accord aux membres du cabinet, qu'il consulte un à un. Mais ceux-ci exigent que de Gaulle renonce aux deux phrases initiales de son texte : « Les chefs qui, depuis de longues années, sont à la tête des armées françaises, ont formé un gouvernement. Ce gouvernement, alléguant la défaite de nos armées, s'est mis en rapport avec l'ennemi pour cesser le combat. » Le Général obtempère et leur substitue, comme le montre Jean-Louis Crémieux-Brilhac : « Le gouvernement français a demandé à l'ennemi à quelles conditions pourrait cesser le combat. Il a déclaré que, si ces conditions étaient contraires à l'honneur, la lutte devait continuer. » Vers 18 heures, il enregistre son appel. Celui-ci est diffusé quelque quatre heures plus tard.

Genèse et interprétation. C'est fort d'une réflexion bien antérieure et de son expérience que de Gaulle parle ainsi à la BBC. Publiée en 1924 dans *La Discorde chez l'ennemi*, sa description de la « stupeur morale » qui saisit le gouvernement et les armées de l'Allemagne au cours de l'été 1918 et « annihila d'un seul coup les qualités de guerre du peuple allemand » renvoie étrangement à la situation française de mai-juin 1940. La description qu'il donne de « l'homme de caractère » dans la *Revue militaire française* en 1930, puis dans *Le Fil de l'épée* en 1932, sonne comme une annonce de son attitude en juin 1940. Encore fallait-il en avoir les capacités, et la volonté. La fréquentation de certains cénacles intellectuels, à commencer par celui d'Émile Mayer, l'a conforté dans sa conviction que face aux événements, seules les intelligences libres de principes *a priori*, voire de préjugés, et capables d'improviser, sont à même de décider puis d'agir. Au temps du Secrétariat général du Conseil supérieur de la Défense nationale, il a pu mesurer les insuffisances en la matière de certaines des plus hautes autorités de l'armée et de l'État, qu'il retrouve face à lui en juin 1940. Tout récemment, à Montcornet, Crécy-sur-Serre et Abbeville, il a constaté la justesse de ses théories militaires. Le 21 mai, dans le cadre d'une émission de radio locale intitulée « Le quart d'heure du soldat », il a, déjà, lancé un appel : « En l'air et sur la terre, l'engin mécanique [...] est l'élément principal de la force. L'ennemi a remporté sur nous un avantage initial. Pourquoi ? Uniquement parce qu'il a, plus tôt et plus complètement que nous, mis à profit cette vérité [...]. Eh bien, nos succès de demain et notre victoire – oui ! notre victoire – nous viendront un jour de nos divisions cuirassées et de notre aviation d'attaque. » Dans la lettre qu'il a adressée à Paul Reynaud, le 3 juin, pour l'adjurer de le faire entrer dans son gouvernement, il a affirmé sa conviction d'être l'homme de la situation, de toutes les situations : « Le pays sent qu'il faut nous renouveler d'urgence. Il saluerait avec espoir l'avènement d'un homme nouveau, de l'homme de la guerre nouvelle. [...] Sortez du conformisme, des situations “acquises”, des influences d'académie. » Enfin, dans la nuit du 13 au 14 juin, Georges Mandel a lancé un véritable « appel à l'appel » – pour reprendre l'expression de Jean Lacouture – au sous-secrétaire d'État de Gaulle : ce dernier, tenté de démissionner du gouvernement, se laisse convaincre d'y rester.

Dactylographié par Élisabeth de Miribel, l'appel du 18 Juin est un texte bref, mais ciselé. Il s'ouvre sur le constat des carences techniques de l'armée française et des erreurs tactiques commises par ses chefs : « Ce sont les chars, les avions, la tactique des Allemands qui ont surpris nos chefs au point de les amener là où ils en sont aujourd'hui. » Mais, affirme de Gaulle, « l'espérance » ne doit pas disparaître parce que la défaite n'est pas définitive. Car « les mêmes moyens qui nous ont vaincus peuvent faire venir un jour la victoire ». Car, clame-t-il à trois reprises, la France « n'est pas seule » puisqu'elle dispose d'un « vaste Empire », que l'Empire britannique poursuit le combat et que « l'immense industrie des États-Unis » peut être utilisée « sans limites ». Car, enfin, « cette guerre n'est pas tranchée par la bataille de France. Cette guerre est une guerre mondiale ». Et le Général de proclamer : « Il y a, dans l'univers, tous les moyens pour écraser un jour nos ennemis. Foudroyés aujourd'hui par la force mécanique, nous pourrons vaincre dans l'avenir par une force mécanique supérieure. Le destin du monde est là. » Il conclut par un appel au ralliement et, le mot est d'importance, à la résistance : « Moi, général de Gaulle, actuellement à Londres, j'invite les officiers et les soldats français qui se trouvent en territoire britannique ou qui viendraient à s'y trouver, [...] j'invite les ingénieurs et les ouvriers spécialistes des industries d'armement qui se trouvent en territoire britannique ou qui viendraient à s'y trouver à se mettre en rapport avec moi. Quoi qu'il arrive, la flamme de la résistance française ne doit pas s'éteindre et ne s'éteindra pas. »

L'appel du 18 juin 1940 procède d'une décision personnelle. Mais c'est bien parce qu'il a fait partie du gouvernement Reynaud que le jeune général de brigade à titre temporaire, presque inconnu, dispose d'une certaine autorité pour le lancer. Le message gaullien est autant, sinon plus, un appel à la raison que l'acte de foi d'un indéfectible patriote. Pétri d'histoire, Charles de Gaulle se projette dans la longue durée, bien au-delà du désastre de juin 1940. Il évalue dans une perspective mondiale l'ensemble des facteurs constitutifs de la situation française. Adepte du culte de l'énergie et convaincu de la grandeur inaltérable de la France, il se révolte contre l'ordre apparent des choses, contre le renoncement et pour sauver l'honneur de son pays. Son appel est d'abord d'essence militaire. Officiellement au moins, il n'a pas l'intention de créer une alternative au gouvernement de Bordeaux, mais seulement de rallier les bonnes volontés pour entretenir « la flamme de la résistance ».

Conséquences. Avec le recul, l'appel du 18 juin apparaît comme un événement politique majeur. Non qu'il ait été entendu, le jour même, par une majorité de Français, ni qu'il ait déclenché sur-le-champ une mobilisation collective organisée. Toutefois, prolongé sur la durée de la guerre par les discours et l'action du chef de la France libre, l'Appel a pris peu à peu la force symbolique des commencements, la dimension mythique que confère l'instant de l'innovation radicale. Sur le moment, cependant, les suites de l'Appel ne sont pas simples pour de Gaulle. Tout laisse à penser que le discours du 19 juin qui figure dans les *Discours et messages* n'a pas été diffusé. Durant les jours qui suivent, aussi bien le Foreign Office que le Général prennent contact avec certains des hauts responsables de l'Empire français dans l'espoir de les voir rallier le camp de la lutte. Ce n'est que le 22 juin, une fois les conditions d'armistice connues, que de Gaulle retrouve le micro de la BBC. L'évolution de la situation et la fin de non-recevoir opposée par les proconsuls le conduisent à durcir le ton et à entrer en rébellion. Dans l'intervalle, bien que, le 19 juin, la radio britannique ait repassé quatre fois l'appel lancé la veille et que la presse anglaise en ait diffusé le texte, dans sa version originelle, notons-le, les ralliements ont été très peu nombreux à Londres. En France, même si certains quotidiens des régions non encore envahies ont cité le texte de l'appel du 18 Juin, celui-ci sera davantage connu par le bouche-à-oreille et, aussi, par la publicité que lui feront les services de Vichy et les journaux de France occupée pour stigmatiser son auteur.

Pourtant, l'Appel est fondateur. Il l'est d'abord pour son auteur. Officier contestataire connu pour ses idées et son ton iconoclastes, celui-ci devient un rebelle. Par son refus de la défaite et de l'abdication, il achève de se construire. Sa capacité à oser malgré la solitude et le dénuement le conforte dans l'idée qu'il lui faut, et qu'il peut, « gagner les sommets et n'en descendre jamais plus » [*MG*]. Si de nombreux mois, et autant d'épreuves, lui seront encore nécessaires pour devenir de Gaulle, il y a clairement, pour lui, un avant et un après-18 juin 1940. En tranchant de terribles débats intérieurs et en lançant son appel, il s'exhausse et change de dimension. Lui-même ne s'y est pas trompé, comme il l'a écrit dans ses *Mémoires de guerre* : « À mesure que s'envolaient les mots irrévocables, je sentais en moi-même se terminer une vie, celle que j'avais menée dans le cadre d'une France solide et d'une indivisible armée. À quarante-neuf ans, j'entrais dans l'aventure, comme un homme que le destin jetait hors de toutes les séries. » Le de Gaulle des tempêtes, joueur et parieur formidable, maître ès intransigeances, naît le 18 juin 1940.

Fondateur, l'Appel l'est également pour la France libre. Le 18 juin, en effet, le général de Gaulle lance le premier mouvement de résistance organisée hors de métropole. En outre, il convainc Churchill de sa détermination et crée les conditions des futurs reconnaissance et soutien britanniques. De façon implicite, l'appel du 18 Juin est également l'acte de naissance du gaullisme politique. En juin 1940, Charles de Gaulle refuse la déliquescence de l'État et l'écroulement de la République. Comme le prouvent ses commentaires à chaud, ses démarches vis-à-vis du gouvernement britannique et des proconsuls de l'Empire français, ainsi que ses autres discours de juin, il est décidé à fonder un pouvoir capable de faire la guerre et de parler au nom de la France. Le 18 juin 1940, de Gaulle franchit la première étape de son accession au statut d'homme d'État. Enfin, l'Appel est fondateur pour les Français. Cette allocution radiophonique est la première d'une longue série prononcée par une « voix » qui ne s'incarnera que quatre années plus tard mais qui, dans l'intervalle, sera devenue le symbole de la poursuite du combat et de l'honneur retrouvé.

Postérité. Avec le temps, la portée de l'appel du 18 juin 1940 ne cesse de croître, dans la réalité aussi bien que dans les représentations qui en sont construites. C'est parce qu'il a prononcé « les mots irrévocables » que Charles de Gaulle tient bon par la suite, fidèle à la ligne qu'il s'est fixée pour la France. Mais il entend également promouvoir son appel, faisant de celui-ci un élément important de la constitution du « mythe de Gaulle ». Chaque 18 juin de guerre est l'occasion d'une célébration anniversaire. En 1941, au Caire, le Général rappelle : « Le 17 juin 1940 disparaissait à Bordeaux le dernier Gouvernement régulier de la France. [...] Le lendemain naissait la France libre. » Un an plus tard, à l'Albert Hall de Londres, devant une assistance saisie, il conclut son discours par ces mots : « Oui ! depuis deux années, la vague n'a cessé de battre en brèche la France qui combat. [...] Mais, invinciblement, la France combattante émerge de l'océan. [...] Unis pour combattre, [...] nous irons jusqu'au bout de la libération nationale. » Le 18 juin 1943, à Alger, il célèbre l'union mais insiste sur l'antériorité de l'Appel et de la « croix de Lorraine » qui, trois ans plus tôt, seule, a incarné « la guerre dans l'indépendance, la volonté de demeurer libres, la fidélité aux engagements de la France ». L'année suivante, il rappelle aux membres de l'Assemblée consultative provisoire (ACP) que l'anniversaire du 18 juin symbolise « le rassemblement national pour la guerre et pour la grandeur », et affirme : « Si l'appel du 18 juin 1940 a revêtu sa signification, c'est simplement parce que la nation française a jugé bon de l'écouter et d'y répondre, c'est parce que, malgré ses malheurs, l'honneur, la victoire, la liberté, demeuraient au fond de son instinctive volonté. [...] Mais, [...] puisqu'il est démontré [...] que c'est bien dans les voies indiquées il y a quatre ans que le pays entend accomplir sa libération et sa rénovation, il appartient à tous ceux qui le servent, et d'abord à son Gouvernement, d'être fidèles à ses intentions. » En 1945, l'anniversaire du 18 juin donne lieu à deux jours de célébrations, dont le défilé de la victoire, à Paris. Par la suite, de Gaulle participera à chacune des commémorations annuelles. En 1954, paraît le premier tome des *Mémoires de guerre*, intitulé *L'Appel*. Par le récit qu'il donne de son geste, par les documents qu'il publie alors, le Général en profite pour fixer une *doxa* que les historiens mettront plusieurs décennies à amodier. Régulièrement, il évoque la « légitimité nationale » qu'à ses yeux il incarne depuis juin 1940. En 1970 enfin, dans les premières pages de ses *Mémoires d'espoir*, il rappelle : « Le 18 juin 1940, répondant à l'appel de la patrie éternelle privée de tout autre recours pour sauver son honneur et son âme, de Gaulle, seul, presque inconnu, avait dû assumer la France. »

Pour les Français libres et les résistants, de Gaulle s'est véritablement placé « hors de toutes les séries » en lançant l'appel du 18 Juin. De très nombreux exemples l'attestent. À commencer par celui du général d'armée Georges Catroux qui, à la fin de l'été 1940, se met à la disposition du chef de la France libre. Quant au texte de l'appel lui-même, il devient un « lieu de mémoire ». Songeons aux mots de Pierre Brossolette s'adressant à ses compatriotes au micro de la BBC, le 22 septembre 1942 : « Le texte que vous devriez tous savoir par cœur, le texte qui, à la fin tragique de juin 1940, nous a tous rappelés de l'abîme. » Ou encore, du même Brossolette et toujours à la BBC, le 18 juin 1943 : « Français, saluez le 18 juin. C'est le jour où la France, qu'on voulait chasser de l'histoire par la trahison, y est rentrée par l'épopée. » C'est fort de son geste de juin 1940 que de Gaulle parvient à s'imposer au reste de la Résistance extérieure. Vis-à-vis de la Résistance intérieure, le phénomène se produit également. Lentement mais sûrement, l'Appel mobilise et en vient à fonder la légitimité d'une entreprise gaullienne à laquelle les uns et les autres finissent par se rallier. Aux yeux des Français, enfin, et quoi qu'il en ait, de Gaulle devient « l'homme du 18 Juin ». L'Appel demeure inséparable de la geste de son auteur. Homme du refus et de la rupture, Charles de Gaulle devient alors une incarnation du recours, et son geste le symbole de la clairvoyance et de l'honneur, du courage et de l'espérance, auquel est attachée « la plus grande gloire du monde, celle des hommes qui n'ont pas cédé » [*DM*]. Guillaume PIKETTY

• *Voir aussi* : BBC ; Caractère ; Commémorations du 18 Juin ; France libre ; Gaullisme ; Providentiel (homme) ; Mémoires de guerre ; Orateur in absentia ; Rupture

Bibl. : Jean-Louis Crémieux-Brilhac, *La France libre : de l'appel du 18 Juin à la Libération*, Paris, Gallimard, 1996 (rééd. « Folio », 2001) • Jean Lacouture, *De Gaulle*, t. 1, *Le Rebelle*, Paris, Le Seuil, 1984 • Éric Roussel, *Charles de Gaulle*, Paris, Gallimard, 2002.

ARABE (politique). – L'initiation de Charles de Gaulle au monde arabe date de l'avant-guerre, et de son séjour de deux ans comme chef de bataillon commandant les 2e et 3e bureaux de l'état-major à Beyrouth (1929-1931). Entre 1940 et 1945, il doit consacrer une partie de son attention non seulement au Levant, mais aussi à l'Afrique du Nord. Attaché à restituer à la France libérée l'intégralité de ses possessions d'outre-mer, il n'en est pas moins conscient de la nécessité de tenir compte d'évolutions inévitables. La reconnaissance de l'indépendance des mandats syriens et libanais en 1941, l'attribution à environ 60 000 Algériens musulmans de la citoyenneté française dans le statut personnel musulman en 1944 et les bons rapports noués avec le sultan du Maroc Mohammed Ben Youssef témoignent de sa volonté de sortir de l'immobilisme. En revanche, les tentatives pour remettre en cause brutalement l'ordre français sont durement réprimées, comme en témoigne l'écrasement des émeutes du 8 mai 1945 en Algérie. Comment aurait évolué cette politique si le Général avait gardé le pouvoir après janvier 1946 ? Il est impossible de le dire. De la IVe République, c'est surtout la paralysie institutionnelle qu'il condamne, car elle lui paraît vouer à l'échec tous les efforts. Si l'on peut penser que, plus que jamais, il est conscient des changements nécessaires, il se garde de se lier par un programme. De la guerre, le Général a conservé une grande méfiance envers les Britanniques et les Américains, auxquels il reproche leur propension à édifier le monde nouveau sur la liquidation des possessions françaises. Il a également gardé une grande amertume de la manière humiliante dont les Anglais ont empêché l'armée de réprimer les émeutes syriennes de mai 1945, en lui imposant de rentrer dans ses casernes. En revanche, il ne paraît pas s'être intéressé particulièrement aux mentalités locales. Sa conception de la nation, très opératoire pour l'Europe, l'est beaucoup moins pour des pays où les communautés et les cultures se mêlent, et qu'il a qualifiés lui-même de « terre compliquée ». Bien que l'opinion arabe l'ait souvent rapproché de Nasser, il ne paraît pas qu'il ait noué avec un chef d'État arabe des relations d'estime comparables à celles qu'il a pu entretenir avec l'Israélien David Ben Gourion.

Quand il revient au pouvoir en 1958, la politique arabe de la France est dominée par deux questions. La première est la poursuite et l'approfondissement de l'effort soutenu par l'armée en Algérie. Cet effort est lourd, par son coût humain et financier, par son coût politique aussi. La seconde question est la dégradation des positions de la France dans le monde arabe. Celui-ci est très attaché à l'indépendance de l'Algérie. En outre, depuis l'expédition de Suez de 1956, la France apparaît comme militairement très liée à Israël. Mais de Gaulle est avant tout attentif à restaurer le « rang » de la France face aux grandes puissances, et singulièrement aux États-Unis. Dès son arrivée au pouvoir, la question du Levant semble manifester l'impuissance française : en juillet 1958, des troupes américaines débarquent à Beyrouth, tandis que des contingents britanniques sont envoyés en Jordanie. Cette opération, présentée comme une application de la « doctrine Eisenhower » qui postule une assistance directe aux États du Proche-Orient menacés par une agression communiste, est destinée en fait à riposter au coup d'État survenu en Irak. Celui-ci a mis fin à la monarchie hachémite pro-occidentale au profit d'officiers nationalistes favorables aux idées nassériennes. De Gaulle reproche à cette intervention d'avoir été menée sans concertation préalable avec Paris, alors que, un mois plus tôt, il avait demandé au secrétaire d'État Foster Dulles de consulter ses alliés en cas de crise. Le procédé paraît d'autant moins admissible que la logistique américaine a utilisé des bases de l'OTAN situées en territoire français. Le 17 septembre, un mémorandum relatif à l'OTAN est adressé au président Eisenhower et au Premier ministre Macmillan. Le Général souligne que « ce qui se passe, par exemple, au Moyen-Orient et en Afrique » intéresse directement l'Europe. Il demande à être associé aux décisions, mais se heurte à un refus courtois. Tout ceci achève de le convaincre qu'il est impossible de mener une politique réellement et partout solidaire dans le cadre de l'alliance atlantique, et qu'il faut donc prendre du champ par rapport à celle-ci. Finir la guerre d'Algérie, restaurer les positions françaises au Proche-Orient, tels paraissent être les principes d'action qui vont, pendant dix ans, guider la politique de la Ve République à l'égard du monde arabe.

Le Maghreb. Très vite, le général de Gaulle renonce à la politique dite d'intégration qui visait au maintien de la souveraineté française en Algérie. Il juge irréaliste de prétendre conserver dans la République, contre leur gré, des populations ayant une culture, un niveau de vie, une démographie différents, au prix d'efforts et de sacrifices de moins en moins bien supportés par la métropole. En juillet 1962, l'indépendance de l'Algérie fait suite à celle des colonies d'Afrique noire, intervenues entre juin et novembre 1960. Il paraît alors possible de donner vie au concept de coopération destiné à permettre à la France de maintenir une influence compatible avec l'indépendance et la dignité des peuples dont de Gaulle, débarrassé du « boulet algérien », entend désormais se faire le héraut.

L'Algérie paraît destinée à devenir l'exemple d'une coopération réussie. De 1962 à 1969, elle reçoit 22 % de l'aide accordée par la France aux pays du tiers-monde. Le gouvernement français s'est bien gardé de prendre parti dans les conflits internes qui divisent le FLN au moment même de l'indépendance, pas plus qu'il ne condamne les orientations socialistes du régime après la prise du pouvoir par Ahmed Ben Bella. Loin de chercher à faire respecter à la lettre les accords d'Évian, il se montre d'une singulière indulgence à l'égard des initiatives unilatérales des Algériens qui les vident à peu près totalement de leur contenu. La spoliation des biens français interdit par exemple le retour des pieds-noirs. Paris reste impavide devant ceux qui dénoncent l'arrivée croissante de coopérants des pays de l'Est, l'achat de matériels, les facilités navales ou aériennes accordées aux Soviétiques. Il est vrai que ces derniers avantages restent très limités. En revanche, le gouvernement français réussit à sauvegarder ce qui lui paraît l'essentiel. Il s'agit d'abord de l'exploitation des hydrocarbures algériens par des compagnies françaises qui en retirent des bénéfices matériels, mais aussi une expérience et un savoir-faire comparables à ceux des Anglo-Saxons. Le pétrole (encore plus du quart de l'approvisionnement français en 1970) continue à être payé en francs, économie de devises jugée utile et défi à l'hégémonie du dollar. L'utilisation des centres sahariens d'essais nucléaires et de missiles balistiques se prolonge jusqu'en 1966-1967, dans les délais prévus pour que les installations des Landes, du Pacifique et de Guyane puissent prendre le relais. La base navale de Mers el-Kébir est évacuée en 1968. Des stagiaires algériens sont reçus dans les écoles militaires. Rien ne peut faire, cependant, que les relations franco-algériennes puissent prendre un cours normal, étant donné les traumatismes engendrés par sept ans d'impitoyable guerre.

Avec un contentieux moins lourd, les relations franco-marocaines et tunisiennes connaissent une évolution assez proche. L'affaire de Bizerte, violente riposte armée contre la tentative du président Bourguiba d'anticiper la récupération de la base par un coup de force (juillet 1961), n'a pas de suite très graves. La base est évacuée comme promis deux ans plus tard. Paris accepte de négocier la remise aux Tunisiens et aux Marocains des terres détenues par des propriétaires français, mesure rendue inévitable par l'exemple algérien. En revanche, le général de Gaulle, qui avait entretenu des relations d'estime avec la dynastie alaouite, est choqué par la manière dont les autorités marocaines, en mai 1965, ont fait disparaître Mehdi Ben Barka, leader de la gauche marocaine, un des chefs de file du tiers-mondisme. Cette opération menée en territoire français par les services secrets marocains, aux ordres du général Oufkir, et conclue par un assassinat, lui paraît une insulte aux règles du droit international. Les complicités françaises dont ont bénéficié les Marocains ne sont pas pour apaiser son courroux. Les ambassadeurs sont rappelés, la coopération militaire et économique suspendue pour deux ans. Les relations ne seront renouées que sous Georges Pompidou, en juin 1969.

Le Proche-Orient. La fin de la guerre d'Algérie rend possible un réchauffement des relations avec les pays arabes du Proche-Orient. Le Quai d'Orsay, et tout d'abord son chef, le ministre des Affaires étrangères Maurice Couve de Murville, qui fut notamment ambassadeur au Caire, est convaincu de l'intérêt de cette politique. Le Général, qui en est également persuadé, n'oublie pas cependant que tous ces gouvernements « se sont très mal conduits à notre égard », et juge que la France ne doit pas se mettre en position de demandeur. Quoi qu'il en soit, Syrie, Jordanie et Arabie Saoudite renouent des relations diplomatiques dès 1962, suivies de l'Irak en 1963 et de l'Égypte en 1964. Les chefs d'État du Moyen-Orient se succèdent à Paris, le plus remarqué étant le maréchal Amer, chef de l'État égyptien (octobre 1965). Un an plus tard, André Malraux, ministre des Affaires culturelles, se rend au Caire en visite officielle. Des établissements religieux ou laïcs rouvrent, des compagnies françaises reparaissent. Là encore, Paris est bien décidé à ranimer la vieille tradition de présence française.

Les Arabes sont également très attentifs aux relations entre Paris et Tel-Aviv. Dès son arrivée au pouvoir, de Gaulle a entendu mettre fin à la coopération des états-majors et des services de renseignements, ainsi qu'à la coopération en matière nucléaire établie à la suite de l'affaire de Suez et approfondie dans les années suivantes. Il n'en a pas moins caractérisé en 1961 Israël comme « notre ami et notre allié ». Mais il refuse en 1963 de signer avec cet État un traité d'alliance qui, dans l'esprit du Premier ministre Ben Gourion, doit constituer une réponse à la constitution d'une fédération entre Égypte, Syrie et Irak (avril 1963). Malgré tout, les relations restent bonnes. La France demeure le fournisseur privilégié d'Israël pour les matériels militaires : l'exportation d'avions Mirage III, dont la première commande remonte à 1959, est poursuivie sans discontinuer ; en avril 1966 encore est signé un contrat portant sur cinquante appareils. Le gouvernement ferme les yeux sur les livraisons de matériels sensibles par des firmes privées : une usine de séparation isotopique est livrée par Saint-Gobain ; des techniciens de Dassault collaborent à la mise au point du missile sol-sol *Jéricho*. Dans ces conditions, la position française dans la guerre des Six Jours apparaît comme une rupture. Lorsque la crise s'ouvre, avec la décision de Nasser d'interdire l'entrée du golfe d'Akaba aux navires à destination du port israélien d'Eilat, le gouvernement français prêche la modération, et suggère la tenue d'une conférence au sommet entre les quatre Grands. Compte tenu de la supériorité militaire d'Israël, il ne croit guère que celui-ci puisse être menacé d'être rayé de la carte par ses voisins. Il redoute, en revanche, que l'ouverture des hostilités dans la région ne soit le détonateur d'un embrasement mondial. Le 2 juin 1967, un communiqué de Paris condamne d'avance tout État qui prendrait l'initiative du conflit. L'embargo est mis sur tous les matériels militaires à destination du Proche-Orient. Cette position d'apparente neutralité vise à dissuader une attaque des Israéliens, très dépendants, à l'inverse des Arabes, des fournitures de matériels français, et très tentés par des opérations préventives. Mais l'embargo ne peut être gênant que dans le cas d'un conflit long, d'autant que des livraisons ont encore été effectuées le 29 mai. Aussi est-on fondé à penser qu'il a d'abord pour objet de marquer la détermination française. L'offensive israélienne du 5 juin, qui souligne le peu de cas accordé aux mises en garde françaises, entraîne la nette condamnation d'un acte dénoncé comme une agression. La fin de l'embargo sur les avions est subordonnée à l'évacuation de la totalité des territoires occupés, en application de la résolution 242 de l'Assemblée générale de l'ONU (22 novembre 1967). Cette résolution, d'initiative britannique mais votée à l'unanimité, va désormais constituer, pour le général de Gaulle, la base de tout règlement : il s'y référera encore, par exemple, dans son message aux Français du 1er janvier 1969. Mais de Gaulle a été plus loin lors de sa conférence de presse du 27 novembre 1967 dans laquelle il se rapproche très nettement des positions arabes sur la question palestinienne. Il émet des réserves sur les conditions de l'installation de l'État juif en Palestine ; il dénonce un expansionnisme dont les débuts seraient à trouver dans la campagne du Sinaï de 1956 ; il qualifie le peuple juif, dans une formule sans doute plus admirative qu'hostile, mais malgré tout très ambiguë et qui touchera douloureusement nombre de ses admirateurs, juifs ou non, de « peuple d'élite, sûr de lui-même et dominateur ». Dans la même déclaration, la coopération avec le monde arabe est présentée comme « la base fondamentale de notre politique extérieure ».

Ce véritable retournement de la politique française se confirme par la suite. En décembre 1968, des commandos héliportés israéliens détruisent des avions civils libanais sur l'aéroport de Beyrouth. De Gaulle refuse d'accepter l'argument de Tel-Aviv selon lequel il ne s'agit que de légitimes représailles destinées à répondre à l'attaque d'un avion d'El-Al par un commando palestinien sur l'aéroport d'Athènes. Pour lui, il s'agit d'une agression contre le Liban, pays ami, qui demeure le pivot du rayonnement culturel français au Proche-Orient, à l'aide de matériels français, à un moment où son gouvernement s'efforce de prendre l'initiative de nouvelles négociations à quatre. C'est la rupture définitive. En janvier 1969, l'embargo, qui avait été assoupli, est intégralement rétabli. Les marchés d'armes arabes commencent à remplacer le débouché israélien. Yasser Arafat, leader de l'organisation palestinienne El-Fath, et bientôt chef de l'OLP, serait entré en relations avec le Général au printemps 1968.

Cette politique, pourtant, ne peut permettre à la France de peser vraiment sur les grandes affaires. Les États-Unis, présents dans la région depuis la Seconde Guerre mondiale, ont succédé à la Grande-

Bretagne au Moyen-Orient depuis le début de la guerre froide. Ils s'appuient sur un énorme potentiel aéronaval en Méditerranée et dans l'océan Indien. Ils sont liés à la fois à Israël, où leurs fournitures en matériels de guerre se substituent après 1967 aux matériels français, et aux puissances pétrolières, Iran, Émirats, Arabie Saoudite, avec lesquelles leurs liens économiques et militaires sont étroits. Ils sont indispensables à la défense du flanc sud des pays de l'alliance atlantique. L'URSS, par ses accords privilégiés avec l'Égypte, la Syrie et l'Irak, bientôt avec la Libye, dispose d'un poids apparemment croissant. Cependant, l'avenir n'est pas totalement fermé aux initiatives françaises. Le 16 janvier 1969, Paris suggère une conférence entre les représentants des quatre membres permanents du Conseil de sécurité sur le conflit israélo-arabe. Écartées par le président Johnson, ces propositions sont acceptées par son successeur, Nixon, et soutenues par les Soviétiques, ainsi que par la plupart des États arabes. Les négociations se poursuivent sans succès jusqu'en 1971, date à laquelle elles sont abandonnées.

Essai de bilan. Certes, bien des aspects de la politique gaullienne ont appelé des réserves. Aujourd'hui, alors qu'on peut mesurer vraiment combien les conditions de la fin de la guerre d'Algérie pèsent sur la mémoire des Français, on peut regretter la « Realpolitik » qui a présidé à la fin de ce conflit, où l'attitude gaullienne a pu passer pour de l'indifférence. Par ailleurs, le gouvernement français, en dépit de son affirmation du droit des peuples à disposer d'eux-mêmes, paraît peu se soucier de démocratie à l'intérieur du monde arabe ; la coopération telle qu'il la conçoit vise plus au maintien des intérêts politiques et économiques français qu'à une émancipation véritable de peuples dont on est en droit de se demander s'il ne les considérait pas seulement du regard froid des hommes d'État attachés au « grand jeu » de la géopolitique. Du moins ces initiatives, fondées avant tout sur la souveraineté des États, ont-elles eu l'avantage de restaurer ou d'établir avec le monde arabe des liens faisant abstraction, ne fût-ce qu'en apparence, de l'épisode impérial. La popularité du Général a contribué à restaurer largement l'image de la France dans la région. Ses initiatives au Moyen-Orient, en particulier, ont posé les fondements des politiques suivies plus tard par l'Union européenne. Il a légué à ses successeurs, dans ce domaine comme dans d'autres, une situation largement améliorée par rapport à celle de 1958. Si sa politique est sans doute dépassée aujourd'hui, elle n'a guère été remplacée. Jacques Frémeaux

• *Voir aussi* : Algérie (guerre d') ; Israël ; Palestine ; Six-Jours

Bibl. : Jacques Frémeaux, *La France et l'Islam depuis 1789*, Paris, PUF, 1991 • Id., *Le Monde arabe et la sécurité de la France (1958-1991)*, Paris, PUF, 1995.

ARAGON, Louis (1897-1982). – Le 30 octobre 1943 à Alger, à l'occasion du 100e anniversaire de l'Alliance française, de Gaulle prononce un discours en hommage à la Résistance intellectuelle. Il y évoque notamment Aragon : « Comment ne pas sentir la déchirante qualité de ces poèmes qu'aujourd'hui toute la France récite en secret. Ainsi des vers d'Aragon :

Qu'importe que je meure avant que se [dessine
Le visage sacré, s'il doit renaître un jour ? [...]
Ma patrie est la faim, la misère et l'amour. »

Ces vers sont les derniers de « Plus belle que les larmes », poème des *Yeux d'Elsa*, publié en Suisse puis en Angleterre en 1942. De Gaulle cite ensuite les vers d'Édith Thomas et de Pierre Emmanuel, mais sous le pseudonyme qu'ils ont pris pour le recueil clandestin *L'Honneur des poètes*. Qu'Aragon, écrivain communiste connu et entré en clandestinité, fondateur et animateur du Comité national des écrivains de zone sud, soit cité par son nom n'était pas sans risque pour l'intéressé. Celui-ci a confié à Michel Apel-Muller qu'en septembre 1944, lors d'une cérémonie à l'hôtel de ville de Lyon, il s'en serait étonné auprès du Général et que celui-ci lui aurait répondu qu'il pensait que ses amis prendraient soin de sa sécurité.

En septembre 1944, Aragon s'adresse à de Gaulle au micro de Radio Alpes-Grenoble, puis dans des articles de *Ce soir* afin que Maurice Thorez, condamné comme déserteur, puisse rentrer en France. « Et je voudrais que le général de Gaulle, à qui je m'adresse ici respectueusement, m'entendît : la France ne sera pour moi tout à fait libérée que le jour où, la dernière trace allemande lavée sur notre sol, j'aurai droit de serrer la main à Maurice Thorez, à Paris. » Des poèmes d'Aragon, ainsi que ceux des autres poètes résistants, sont lus lors de la soirée de gala organisée au Théâtre-Français le 27 octobre 1944, sous la présidence de De Gaulle. Par ailleurs, une lettre du Général datée du 15 mars 1945 et remerciant Aragon de l'envoi de ses poèmes est reproduite en fac-similé dans le n° 29 de *Faites entrer l'infini* : « Vous avez été l'une des voix de la France blessée. » Au moment d'unir la Résistance intérieure sous son autorité, le chef de la France combattante avait bien perçu le rôle d'une poésie ancrée dans l'ancienne tradition française et qui trouvait écho chez un grand nombre de Français. Enfin, souhaitant qu'en dépit des défaillances de certains de ses membres pendant la guerre l'Académie française demeure l'instance suprême des lettres, le chef du GPRF manifesta le désir d'y voir entrer notamment Georges Bernanos, Paul Claudel, Paul Eluard, André Gide, André Malraux, Jacques Maritain et Louis Aragon. Passée la période de la Libération, il n'y a plus de points de rencontre entre le général de Gaulle et l'écrivain communiste, devenu l'un des responsables de la politique du Parti à l'égard des intellectuels. Membre du Comité central du PCF, Aragon s'engage au lendemain de Mai 68 dans la campagne pour les élections législatives. Le 10 juin, lors d'un meeting communiste au Palais des Sports, il prononce un discours polémique, intitulé « Le Général de division ». Nicole RACINE

• *Voir aussi* : Bibliothèque personnelle ; Culture ; Intellectuels ; PCF ; Résistance intérieure

Bibl. : John Bennett, *Aragon, Londres et la France libre*, Paris, L'Harmattan, 1998 • *Faites entrer l'infini*, n° 25, juin 1998, et n° 28, décembre 1999 • « Louis Aragon et Elsa Triolet en Résistance, novembre 1942-septembre 1944 », *Annales Louis Aragon et Elsa Triolet*, n° 6, 2004.

ARGENLIEU, Georges Thierry de. – *Voir* THIERRY D'ARGENLIEU.

ARGENT. – Le général de Gaulle ne cachait pas son aversion pour le monde des possédants. Son désintéressement personnel forçait le respect de tous, partisans ou adversaires. Lui-même évoque parfois, en souvenir de Jeanne d'Arc, « l'honneur d'être pauvre ». Élu président, il renonce à quitter l'Élysée, où il se sent mal à l'aise, pour le château de Vincennes, comme il l'aurait souhaité : défense de l'argent public oblige, les travaux auraient coûté trop cher ! Jusqu'à la fin de sa vie, il multiplie les gestes à valeur de symbole, refusant au lendemain du référendum de 1969 de toucher la retraite d'ancien chef de l'État, conservant à La Boisserie le train de vie le plus simple, exigeant de payer comme n'importe quel particulier tous les frais de son voyage de 1970 en Espagne.

Parmi les « féodalités » que de Gaulle dit vouloir combattre, ce sont les féodalités de l'argent qu'il place au premier rang. Les déshonneurs de la Collaboration s'expliquent pour une large part, à ses yeux, par l'égoïsme des classes fortunées : avec Pétain, « les bonnes affaires allaient pouvoir reprendre » ; « les possédants sont possédés par ce qu'ils possèdent » et prêts à vendre l'âme de la France. Dans la société prospère des années 1960, « la bourgeoisie d'argent, qui lit *Le Figaro* », ne mérite pas plus d'indulgence que la bourgeoisie intellectuelle, qui lit *Le Monde* et vote systématiquement à gauche, et il attribue à la conjonction de toutes les « rancunes » la victoire du non en avril 1969. Certains privilèges plus ponctuels, comme ceux des « fonctionnaires internationaux, qui se font grassement payer à ne rien faire, sans verser d'impôts », ont le don d'irriter le Général. Mais le mal est plus étendu : « Tout le monde en veut plus, toujours plus », déclare-t-il au Conseil des ministres le 6 mars 1963, et le laxisme ambiant – « Les individus comme l'État ont l'argent facile » – risque de favoriser dangereusement l'âpreté des revendications syndicales, leur caractère systématique et irresponsable. D'où la réaction très négative du général de Gaulle, à contre-sens de l'opinion, lors de la grande grève des mineurs du printemps 1963 : « Le salaire des mineurs va coûter très cher aux contribuables [...]. Des sous ! encore des sous ! Ils en sont tous là, qu'ils soient ministres ou qu'ils soient mineurs... »

C'est donc un devoir de résister jour après jour, au nom de l'intérêt général, à la pression des revendications abusives. D'emblée, la Constitution de 1958 pose des garde-fous en retirant aux parlementaires l'initiative des dépenses publiques. Le plan de redressement de décembre 1958 n'hésite pas à braver l'impopularité, par exemple en supprimant la retraite des anciens combattants (quitte à accepter des concessions lorsque les circonstances le permettent, ou l'imposent). À l'été 1962, face à la détresse des rapatriés d'Algérie (qu'il appelle les « repliés »), de Gaulle intervient d'abord pour freiner résolument la mise en place du processus d'indemnisation : « Ne nous précipitons pas pour les arroser ! Plus nous les arroserons, plus il y aura d'anarchie », dit-il le 8 août 1962. Même les dépenses nucléaires et spatiales, prioritaires entre toutes à ses yeux, doivent tenir compte de nos possibilités financières limitées. Prétendre concurrencer seuls les deux supergrands dans la course à l'espace ne serait pas réaliste, puisque « nous ne sommes plus un mastodonte », et le Général, à contrecœur, pour des raisons de partage des coûts, se résigne à une coopération européenne en matière de fusées. Il s'inquiète des coûts énormes de Concorde, ce « gobe-millions ». Mais il est bien clair, dès lors que « notre indépendance nationale et notre grandeur » sont en jeu, que le volontarisme doit avoir le dernier mot sur les considérations financières. Il s'exclame ainsi, le 27 juin 1962 : « Pas question d'étaler [la construction de l'usine atomique de Pierrelatte] ! La défense de la France n'attend pas ! » « Des finances, il y en a toujours quand on veut agir », comme il le formule le 30 avril 1963.

Les questions d'argent, en somme, relèvent d'une approche pragmatique, et de Gaulle les a toujours abordées sans complexe. L'éditeur Marcel Jullian évoque « un notaire du XIXe siècle discutant avec soin ses contrats [d'édition] » : mais tous les droits sont versés à la Fondation Anne-de-Gaulle. Le financement de la télévision par les recettes de la publicité n'a, en soi, rien de choquant aux yeux du Général. Il renâcle en revanche à l'idée d'une prise en charge de la contraception par la Sécurité sociale (« Nous n'allons quand même pas leur rembourser la bagatelle ! »). En mai 1968, au plus fort de l'émeute, il insiste pour qu'on « donne de la gnôle aux policiers » – c'est-à-dire qu'on leur accorde des primes à la hauteur des services rendus. Dans un registre différent, de Gaulle évoque avec une pointe de cynisme les « dividendes » de sa politique d'ouverture vers Moscou. Au terme de la guerre d'Algérie, à l'heure douloureuse des bilans, il constate avec lucidité : « La paix s'achète, quand on n'a pas su éviter la guerre », et il tente de se persuader que ce divorce – qu'il aurait voulu « sans pension alimentaire » – reste avantageux pour la France : « C'est une bonne affaire de les émanciper. [...] *Bye bye*, vous nous coûtez trop cher ! » Jean-Charles ASSELAIN

• *Voir aussi* : Économie et finances

Bibl. : Jean Lacouture, *De Gaulle*, Paris, Le Seuil, 3 vol., 1984-1986 • Alain Peyrefitte, *C'était de Gaulle*, Paris, Fayard, 3 vol., 1994-2000 • Guy Sabatier, *La Doctrine gaulliste*, Paris, Economica, 1997.

ARGOUD, Antoine (1917-2004). – Antigaulliste de principe et non de circonstance, Antoine Argoud n'a jamais fait mystère de sa haine envers l'homme du 18 Juin. Le général de Lattre de Tassigny, qui l'a remarqué au temps de la 1re armée française, prend cet officier de carrière polytechnicien à son état-major particulier en 1947. Spécialiste reconnu des chars, Argoud effectue un passage, en 1954, au cabinet de Jacques Chevallier, le secrétaire d'État à la Guerre.

En 1956, il débarque en Algérie. En 1960, le colonel Argoud est au cœur du dispositif insurrectionnel qui conduit aux barricades d'Alger. Un an plus tard, il est la cheville ouvrière du putsch des généraux. Convaincu que seul un gouvernement extérieur peut disposer de la largeur de vue suffisante pour continuer le combat,

Argoud crée avec deux autres activistes en exil, Joseph Ortiz et Charles Lacheroy, une troisième branche de l'OAS (Organisation armée secrète). Mais l'Espagne de Franco en 1961 n'a rien à voir avec l'Angleterre de Churchill en 1940... et le programme corporatiste de l'OAS d'Espagne beaucoup avec celui de Vichy. En outre, Madrid se sert des activistes pour obtenir des concessions de Paris sur la question des républicains espagnols exilés en France. Incapable de saisir ce double jeu, Argoud a la surprise d'être interné aux Canaries par les autorités espagnoles. Il peut finalement se réfugier en Allemagne.

Le 20 mai 1962, il crée avec Pierre Sergent, le chef de l'OAS-métropole, Jacques Soustelle et Georges Bidault le CNR-OAS (Conseil national de la Résistance, puis de la Révolution). Le 24 février 1963, une équipe de la Sécurité militaire l'enlève à Munich et le ramène en France où il est condamné à la détention à perpétuité. Amnistié en juin 1968, installé à Darney, dans les Vosges, il se reconvertit dans la graphologie et meurt en juin 2004. Ses Mémoires accordent une large place aux deux « impostures » gaullistes : l'action du Général pendant la Seconde Guerre mondiale, puis sa politique algérienne en 1958-1962. Pétain y est présenté comme un « martyr » et de Gaulle comme un ambitieux sans scrupules, responsable d'une grande partie des malheurs de la France.

Rémi Kauffer

• *Voir aussi :* Algérie (guerre d') ; Amnisties ; Antigaullistes de droite ; OAS ; Pieds-noirs

Bibl. : Antoine Argoud, *La Décadence, l'imposture et la tragédie*, Paris, Fayard, 1974.

ARMAND, Louis (1905-1971). – Polytechnicien, ingénieur du corps des Mines, Louis Armand a fait l'essentiel de sa carrière dans les chemins de fer, d'abord au PLM, puis à la SNCF, où il sera sous l'Occupation l'un des organisateurs de la Résistance. Après guerre, il préside aux destinées de la SNCF jusqu'en 1958, avant de devenir président d'Euratom (janvier 1958-février 1959), puis des Houillères de Lorraine. Son amitié avec Jacques Rueff lui vaut d'être appelé à coprésider en 1960 le Comité pour l'élimination des obstacles à l'expansion économique – une coprésidence qu'il évoquait avec humour, en toute modestie quant à son rôle personnel (« Rueff, c'est bien simple : lorsqu'il écrit des choses populaires, il les signe Jacques Rueff ; lorsqu'il écrit des choses impopulaires, il signe Armand Rueff »). En réalité, les recommandations du Comité Rueff-Armand de 1960 ne comportaient pas de sacrifices comparables à ceux du plan Rueff de 1958, mais il formulait un diagnostic assez acéré – notamment sur les privilèges acquis, qualifiés d'« attentat contre la jeunesse » – pour en faire rejeter la publication intégrale. Il conduira seulement à quelques mesures favorables à la concurrence, mais de portée limitée.

Au cours des années 1960, Armand s'éloigne du pouvoir gaulliste, en particulier au sujet de l'Europe. Il est même question, au printemps 1965, de sa candidature à l'élection présidentielle contre de Gaulle : il renonce, faute de soutiens suffisants. Au lendemain du retrait de la candidature Defferre en février 1965, le Général lui-même évoquait, non sans condescendance, la candidature « d'un Louis Armand quelconque » : il devra subir la candidature de Lecanuet – et le ballottage.

Jean-Charles Asselain

• *Voir aussi :* Économie et finances ; Hauts fonctionnaires

Bibl. : Institut Charles-de-Gaulle, *1958, la faillite ou le miracle. Le plan de Gaulle-Rueff*, Paris, Economica, 1986.

ARME BLINDÉE. – Dans les années 1930, en France, l'arme blindée n'est pas une arme autonome. Elle ne le deviendra qu'à partir du 1er décembre 1942, à Alger, sous le nom d'« arme blindée cavalerie ». Dans l'entre-deux-guerres, les chars proprement dits, issus de l'artillerie d'assaut de 1914-1918, ont été intégrés à l'infanterie en 1920. La cavalerie, de son côté, met sur pied des unités d'automitrailleuses dont les fleurons, les automitrailleuses de combat (AMC), sont de véritables chars. Ces errements provoquent de vives controverses entre ceux qui, comme le général Estienne – le « père des chars » – et le colonel de Gaulle, préconisent l'emploi en masse de chars indépendants dans le cadre d'une guerre de mouvement, et les conservateurs tenants d'une défense statique qui a fait ses preuves au cours de la Grande Guerre et dans laquelle les chars sont voués à l'accompagnement de l'infanterie.

Croisé du moteur combattant. Dans ses *Mémoires de guerre*, le général de Gaulle écrit avoir « mis à profit les courants d'idées déclenchés à travers le monde par l'apparition du moteur combattant ». En effet, le colonel Fuller et le journaliste Liddell Hart en Grande-Bretagne, Guderian en Allemagne et le général autrichien Ludwig Ritter von Eimannsberger croyaient en la prééminence de l'arme blindée dans la guerre moderne. De Gaulle a eu des précurseurs comme il aura des partisans et des adversaires, toutefois s'il n'est pas un innovateur absolu, il est un penseur clairvoyant à la remarquable capacité de synthèse et à la force de conviction peu commune qui en feront un véritable croisé du moteur combattant.

Son amitié avec le lieutenant-colonel Lucien Nachin, rédacteur en chef du *Journal des enfants de troupe*, et avec Émile Mayer, dans le salon duquel ses idées sur la primauté de la force mécanique sont prises au sérieux, conforte ses certitudes. C'est dans son ouvrage *Vers l'armée de métier*, publié en 1934 alors qu'il sert au Secrétariat général du Conseil supérieur de la Défense nationale, qu'il développe le mieux sa vision de la guerre future, une guerre des blindés. Pourtant, n'ayant jamais servi dans les chars, il n'est ni un praticien du « char métal », ni un technicien. Dans un style sobre et précis, il propose la création d'un corps cuirassé autonome – « cuirassé » étant, à l'époque, le terme souvent usité pour « blindé » – qui viendrait s'ajouter aux grandes unités mobilisées. Ce corps comprendrait six divisions cuirassées et une division de reconnaissance. Un tel groupement de 100 000 hommes et de 3 000 chars, servi par des équipages de professionnels, serait susceptible d'intervenir rapidement partout en Europe. Cet « instrument de manœuvre répressif et préventif » – à la fois force de frappe et force de dissuasion si l'on se réfère à la pensée militaire gaullienne – serait propre, sans doute, dans les années 1930, à tuer dans l'œuf toute velléité de résurgence du militarisme allemand. Le groupement pourrait en effet s'engager sur un front de 50 kilomètres et serait capable de progresser d'au moins autant au cours d'une journée de combat. Pour l'auteur, le moteur, s'il est cuirassé, possède une telle puissance de feu et de choc que le rythme du combat s'aligne sur celui de l'avancée des chars. Ce corps cuirassé permettrait que s'ouvre « le chemin des grandes victoires, celles qui, par leurs effets profonds et rapidement étendus, provoquent chez l'ennemi un ébranlement général, comme la rupture d'un pilier fait, quelquefois, crouler la cathédrale ». Ces quelques lignes prémonitoires résument les succès obtenus par les grandes unités allemandes en 1940 et alliées en 1944-1945. Toutefois, l'arme blindée est un tout dans lequel la coopération interarmes est essentielle, la qualité des communications radiotéléphoniques primordiale et l'appui de l'aviation nécessaire. Charles de Gaulle le souligne mais ne développe pas le sujet du binôme char-avion. En 1934, les guerres d'Espagne et de Pologne n'ont pas encore eu lieu. Il faudra attendre pour tirer des enseignements de l'appui des troupes au sol par l'aviation d'assaut.

Prêcher dans le désert. Les écrits du colonel de Gaulle retinrent l'attention de Guderian en Allemagne et de Toukhatchevski en URSS. En France, la doctrine d'emploi des chars étant fixée, le haut commandement s'en tint au *statu quo*. Les enseignements erronés tirés de la guerre d'Espagne le confortèrent dans la qualité du système français. Certains considérèrent en effet que certaines anticipations concernant les chars s'étaient dissipées au souffle du canon. La préface que le maréchal Pétain a signée en 1939 pour le livre du général Chauvineau, *Une invasion est-elle encore possible ?* – question à laquelle l'auteur concluait par la négative –, montre que le Maréchal partageait, pour l'essentiel, cet avis. Pourtant le général Weygand, chef d'état-major de l'armée de 1931 à 1935, réussit à activer la motorisation de l'armée et à favoriser les efforts du général Flavigny, directeur de la cavalerie qui préparait la création des divisions légères mécaniques (DLM) ; celles-ci, sous les ordres du général Prioux, se distinguèrent en Belgique lors de l'invasion allemande. Les généraux Buat, Hering, Billotte et surtout Delestraint et Doumenc partageaient, dans une certaine mesure, les vues du colonel de Gaulle. N'étant pas décideurs et faisant pour certains partie du sérail, ils n'intervinrent pas d'une façon qui eût pu les compromettre en faveur du bouillant colonel. Cependant, le général Billotte, ami du général Gamelin, arriva à faire activer la mise sur pied des divisions cuirassées de réserve (DCR).

Le 15 mars 1935, Paul Reynaud, ainsi qu'il l'avait promis au lieutenant-colonel de Gaulle, défendit à la Chambre des députés le projet de création d'un corps cuirassé. Selon lui, il s'agissait d'une solution pour pallier les classes creuses consécutives à la natalité insuffisante de 1914-1918, sujet à l'ordre du jour. Le projet fut repoussé à une large majorité. Peu soucieux de voir se constituer une armée de prétoriens cuirassés, Léon Blum fit partie des tenants du refus. Pour apaiser les craintes, le général Maurin, ministre de la Guerre, souligna qu'après avoir dépensé des milliards pour établir une barrière fortifiée, il était « exclu d'aller en avant de celle-ci à on ne sait quelle aventure ». Ainsi confortée, l'orientation stratégique défensive de la France faisait un sort au corps cuirassé d'intervention qui ferait cruellement défaut dès 1936 au moment de la remilitarisation de la Rhénanie par Hitler. Cette même année, de Gaulle fut reçu par Léon Blum devenu entre-temps président du Conseil. Sans plus de succès.

Fondées sur les enseignements qu'il tirait de la guerre de Pologne, les deux dernières tentatives du colonel de Gaulle, commandant des chars de la 5e armée, échouèrent également. En effet, les propositions contenues dans sa note du 11 novembre 1939 sur les modifications à apporter aux règlements compte tenu du mode d'action des grandes unités mécaniques, qu'il envoya au commandement, et celles du mémorandum du 26 janvier 1940 qu'il adressa aux quatre-vingts principales personnalités du gouvernement, du commandement et de la politique, furent ignorées ou rejetées. On a su toutefois, depuis, que ce texte a contribué, tardivement et sans fracas, à faire que certaines écailles tombent des yeux.

De la théorie à la pratique. Si l'armée cuirassée ne fut jamais créée, les idées avancées par Estienne puis développées et défendues par de Gaulle firent leur chemin. Il fut décidé de créer trois divisions cuirassées qui ne virent le jour, successivement, qu'au cours de la « drôle de guerre ». Elles n'étaient que l'ombre des grandes unités blindées proposées et, face à la Wehrmacht, volèrent en éclats en combattant courageusement. Une quatrième, créée en catastrophe le 15 mai, dans les prés de Montcornet alors que tout était joué, fut confiée au colonel de Gaulle. En 1937-1939, celui-ci avait retenu l'attention du haut commandement en mettant ses théories en pratique alors qu'il commandait le 507e régiment de chars de combat (RCC), à Metz, sous les ordres du général Delestraint. Il avait obtenu un rendement technique et opérationnel excellent d'un ensemble mécanisé, et y avait gagné le surnom de « Colonel Motor ».

Mais c'est à la tête de la 4e DCR, du 15 mai au 5 juin 1940, qu'il passa vraiment du « char papier » au « char métal ». Il démontra ce qu'aurait pu être l'arme cuirassée de 1940. L'engagement, dans des conditions difficiles, d'une seule division de ce type, pourtant amoindrie, sous les ordres d'un chef compétent, exigeant et convaincu, annonçait l'arme blindée de la Libération et justifiait les caractéristiques qu'il lui attribuait, en 1934 : « un terrible système mécanique de feu, de choc, de vitesse et de camouflage ».

Gérard SAINT-MARTIN

• *Voir aussi* : Guerre ; Mémorandum (26 janvier 1940) ; Moncornet, Crécy-sur-Serre, Abbeville ; Réseaux de sociabilité ; Vers l'armée de métier

Bibl. : Charles de Gaulle, *Vers l'armée de métier*, Paris, Berger-Levrault, 1934 • Fondation Charles-de-Gaulle, *Charles de Gaulle 1920-1940, du militaire au politique*, Paris, Plon, 2004 • Gérard Saint-Martin, *L'Arme blindée française*, Paris, Economica, 2 vol., 1998-2000.

ARMÉE (éthique de l'). – Dans *Le Fil de l'épée*, de Gaulle met l'accent sur le caractère hors norme de la condition militaire. Dès qu'il prend les armes, « le soldat est soumis à la règle ; elle ne le quitte plus ». C'est la loi de la « perpétuelle contrainte. Les droits de vivre où il leur plaît, de dire ce qu'ils pensent [...] ils les ont bénévolement perdus. [...] Ces hommes ne disposent pas de leur vie [...] ». « Cette destination de misère, cette vocation de sacrifice » ne peuvent être poursuivies sans un code des valeurs, une morale de l'action, une éthique. Discipline et obéissance sont les notions de base de toute organisation militaire. « Pour commander, écrit de Gaulle, il faut avoir l'autorité. » On ne l'obtient que par la discipline, sorte de « contrat passé entre chefs et subordonnés : l'obéissance est due par ceux-ci à ceux-là ». Mais cette obéissance ne peut être passive, elle ne doit pas brider les initiatives. Elle exige que le chef « ait prise sur les âmes de ses subordonnés », leur imprimant d'autant plus sa marque que les conventions d'obéissance s'affaiblissent dans le monde contemporain, affirme-t-il en 1932. Le prestige personnel du chef devient « le ressort du commandement ». De Gaulle évacue le risque du dévoiement de cette autorité personnelle qui pourrait mener aux aventures, car l'armée est désintéressée et a le culte de l'intérêt général : servir pour servir – jusqu'au sacrifice – l'État, la Nation, la Patrie, la République. Il y faut de l'abnégation, du courage, du dévouement, de la solidarité, de la « *vertu*, au sens latin du mot » : en bref, l'esprit militaire dont la plus haute expression est le sens de l'honneur fondé sur le dévouement à la Patrie.

Mais cette société militaire si élitiste, à la fois serve et porteuse de gloire, n'est que l'instrument de l'État qui définit ses pouvoirs et ses modes d'action. Elle doit être consciente que « là est sa servitude capitale qui atteint le plus haut degré de tragique quand mal orientée, mal engagée par un régime sans capacité, elle se trouve frappée de la foudre [...]. Et si le désastre balaie le gouvernement... Ah ! qu'alors Dieu garde le soldat de prendre à sa charge le renoncement national. Au contraire, qu'il veuille l'aider à sortir de sa nature première, à servir de guide au peuple, de recours à l'État pour la lutte, le salut, la grandeur ». Extraordinaire prémonition !

Que dit de Gaulle, le 19 juin 1940, s'adressant de Londres aux soldats ? « Devant la liquéfaction d'un gouvernement tombé sous la servitude ennemie, moi, général de Gaulle, soldat et chef français, j'ai conscience de parler au nom de la France. » Il réagit en soldat, au nom de l'honneur de la France et de celui des armes : le chemin de l'honneur est celui du combat. À cet appel à l'honneur, source de la résistance et de l'espérance, il est vain d'opposer le devoir d'obéissance au gouvernement. Pierre Messmer cite ainsi le Général : « L'argument d'obéissance aux ordres d'une autorité disqualifiée et asservie ne peut plus, ne doit plus compter devant l'obligation sacrée de lutter pour le salut de la France. » « Honneur et Patrie », le leitmotiv qui ouvre toutes les émissions de la France libre à la BBC, martèle les deux termes les plus forts de l'éthique au nom de laquelle les FFL (Forces françaises libres) empruntent le chemin de l'honneur.

Des soldats se sont opposés à la politique du chef de l'État ; d'autres, impliqués dans la rude lutte contre le terrorisme, ont utilisé des moyens que la morale réprouve. Les événements menant au 13 mai 1958 ont montré que l'armée d'Algérie faisait pression sur le pouvoir politique. Dans sa conférence de presse du 19 mai, de Gaulle, prêt à assumer le pouvoir, prévient au détour d'une phrase : l'armée est l'instrument de l'État et « il convient qu'elle le demeure ». Il ajoute, narquois : « Encore faut-il qu'il y ait un État. » Une fois mis en place l'État fort défini par la Constitution de 1958, certains officiers refusent de comprendre que le président de la République n'inaugure plus les chrysanthèmes, mais définit la politique qu'il fait appliquer avec rigueur, quels que soient les états d'âme des exécutants. En décembre 1960, au cours de son ultime tournée des popotes, conscient de l'accueil que lui réservent les officiers, il espère néanmoins en leur obéissance, car s'ils ne donnent pas l'exemple, leur dit-il, « ce serait un scandale épouvantable qui aurait des conséquences désastreuses pour notre avenir ».

Le scandale arrive avec le putsch d'Alger dans la nuit du 21 au 22 avril 1961. Le surlendemain, le général de Gaulle apparaît à la télévision : « Voici l'État bafoué, la Nation défiée [...] et par qui ? Hélas ! Hélas ! par des hommes dont c'était le devoir, l'honneur, la raison d'être, de servir et d'obéir. » L'autorité du chef de l'État, la force du verbe diffusée par tous les transistors, maintiennent l'armée dans l'obéissance. Sept mois plus tard, à Strasbourg, de Gaulle tient à rappeler devant plusieurs milliers d'officiers où est le devoir : « Dès lors que l'État et la Nation ont choisi leur chemin, le devoir militaire est tracé une fois pour toutes. Hors de ses règles, il n'y a que des soldats perdus. »

Concernant les méthodes de guerre, de Gaulle est intervenu de manière moins fracassante, mais son action a été continue à partir de son retour au pouvoir. Dès le 20 août 1958, il reconstitue la Commission de sauvegarde du droit et des libertés publiques, mise en sommeil en 1957. Elle est chargée d'enquêter sur les atteintes aux droits de l'homme et aux libertés individuelles et obtient désormais l'accès à toutes les archives et aux centres de détention. De Gaulle reçoit son président, Maurice Patin, lit ses synthèses, lui défère les affaires dont il est saisi et provoque des enquêtes sur des sévices et tortures. Par ailleurs, la création, à partir de 1960, de 14 tribunaux militaires en Algérie permet d'obtenir des jugements plus rapides et plus proches des justiciables. Si la nature du conflit rend très difficile le maintien scrupuleux de la légalité, la diminution des pratiques illégales est confirmée en 1961. La fin ne devra plus justifier les moyens.

Une fois terminée la guerre d'Algérie, qui a éprouvé les consciences de nombreux soldats, de Gaulle ordonne la refonte du règlement de discipline générale qui date de 1933, afin de tenir compte de l'évolution des sociétés et des enseignements des derniers conflits. Daté du 1er octobre 1966, le nouveau règlement nuance le principe d'obéissance. La discipline reste la force principale des armées ; mais si elle prescrit l'exécution littérale des ordres, elle requiert aussi l'initiative fondée sur la compétence professionnelle. Si le chef doit obtenir une obéissance totale, il ne peut toutefois ordonner à ses subordonnés d'accomplir des actes qui engageraient leur responsabilité pénale. Le droit d'en appeler d'un ordre illégal est réglementé. L'article 34 liste tous les actes interdits aux combattants en cas de guerre classique ou de conflit du type de la guerre d'Algérie, notamment la torture et les exécutions sans jugement. Jean DELMAS

• *Voir aussi :* Appel du 18 juin 1940 ; Civile et militaire (autorités) ; Fil de l'épée (Le) ; Torture

Bibl. : Maurice Faivre, *Conflits d'autorité durant la guerre d'Algérie*, Paris, L'Harmattan, 2004 • Pierre Messmer, *Les Écrits militaires du général de Gaulle*, Paris, PUF, 1985.

ARMÉES DE LA LIBÉRATION. – Les armées de la Libération sont des forces composites issues de fusions successives entre les Forces françaises libres (FFL), l'armée d'Afrique et les forces paramilitaires de la Résistance intérieure. Malgré ces différences d'origine, le général de Gaulle a su, par l'intermédiaire des chefs militaires, réaliser l'unification au service de l'objectif commun : la libération du territoire et la participation à la victoire finale contre l'Allemagne. Comment cette unification a-t-elle été possible ? Deux étapes essentielles marquent la constitution de l'armée nouvelle : la fusion entre les unités de la France libre et l'armée d'Afrique en 1943 d'une part, et l'amalgame réalisé sur le territoire français avec les unités des Forces françaises de l'intérieur (FFI) en 1944 et 1945 d'autre part.

FFL et armée d'Afrique. Les accords d'Anfa (13-24 janvier 1943) posent les bases du réarmement de l'armée d'Afrique : huit divisions d'infanterie, trois divisions blindées, une force aérienne de 500 chasseurs, 300 bombardiers et 200 appareils de transport. Peu après, une force navale de 250 000 tonnes, issue de l'apport des forces d'Afrique, d'Alexandrie et des Antilles, est reconstituée et réarmée. De toute évidence, les Français libres ne peuvent rivaliser en nombre avec aucune de ces forces. C'est pourquoi de Gaulle souhaite engager les FFL systématiquement afin de ne pas laisser l'armée d'Afrique représenter seule la France dans la future campagne de libération du territoire national. Pendant la campagne de Tunisie, les 60 000 Français issus de l'armée d'Afrique sont pour la plupart rattachés au 19e corps d'armée américain, alors que les 2 500 FFL de la force L de Leclerc sont intégrées à la 8e armée britannique. Ils sont tardivement rejoints par la 1re division française libre (DFL) commandée par le général de Larminat qui aligne deux brigades de 2 500 hommes environ aux ordres des colonels Lelong et Brosset. Cette difficile campagne, où pour la première fois Français libres et anciennes forces vichystes se retrouvent sur le même front et dans le même camp, ne débouche pas sur la fusion. Entre les deux camps, l'hostilité est grande et les incidents sont fréquents. Au moment de la mobilisation de l'Afrique du Nord, les FFL ouvrent leurs propres bureaux de recrutement et attirent les exclus politiques de la Révolution nationale ainsi que les militaires qui ont cherché à favoriser le débarquement allié de 1942. La véritable fusion entre les deux branches ne commence qu'avec la création du Comité français de la Libération nationale (CFLN) sous la coprésidence de Giraud et de Gaulle. Ce dernier décide de dissoudre symboliquement les Forces françaises libres et de proclamer, le 3 août 1943, l'unification de l'armée sous le commandement du général Giraud. Auprès du chef d'état-major général de chaque armée est placé un chef gaulliste chargé de représenter les intérêts des FFL. Cette tâche est confiée aux généraux Koenig pour l'armée de terre et Valin pour l'armée de l'air, à l'amiral Auboyneau pour la marine. Les glorieuses unités FFL sont préservées tout en intégrant de nombreux militaires venus d'autres horizons. À l'inverse, des Français libres sont affectés au sein des unités issues de l'armée d'Afrique. L'un et l'autre processus imposent l'oubli – du moins formel – des dissensions politiques et la concentration sur les combats à venir. Dans certaines unités, le fait d'évoquer les combats fratricides de Syrie, par exemple, est puni d'arrêts de rigueur. À la fin de l'année 1943, les forces françaises combattantes, pour les trois armées confondues, peuvent être évaluées à 700 000 hommes environ ; 190 000 provenant de l'armée d'Afrique et des personnels rayés des cadres par suite de l'armistice. La mobilisation en Afrique du Nord amène 407 000 hommes ; le reste est constitué par les évadés d'Espagne à hauteur de 20 000 hommes environ, par les forces d'Afrique-Occidentale française pour 60 000 hommes et par les FFL présents en Afrique du Nord, soit 20 000 hommes. Les femmes de dix-huit à quarante-cinq ans ont été autorisées à s'engager et constituent des formations d'auxiliaires féminines auprès de chaque grande unité.

Malgré cette unification de fait, de Gaulle doit faire face à une réticence marquée de la part des chefs militaires alliés comme du général Giraud. Le 10 juillet 1943, le débarquement de Sicile s'effectue sans le concours des forces armées françaises et le CFLN n'est pas associé à la capitulation italienne. En outre, du 2 septembre au 3 octobre 1943, le général Giraud organise la libération de la Corse en liaison avec la Résistance de l'île sans en informer le général de Gaulle. Ces événements contribuent à redistribuer les pouvoirs au sein du CFLN. Par le décret du 6 novembre 1943, de Gaulle réaffirme son rôle de chef suprême des armées françaises en devenant seul président du CFLN et responsable de la Défense nationale. Le général Giraud doit se contenter du rôle de commandant en chef.

Le Corps expéditionnaire français (CEF) en Italie est constitué dès décembre 1943 lorsque le réarmement américain permet d'envoyer au combat quatre divisions modernes. Avec le renfort de la 1re DFL du général Brosset, ces divisions forment une armée de 120 000 hommes environ composée à 54 % de Maghrébins. Placé sous le commandement du général Juin, et rattaché à la 5e armée américaine, le CEF joue un rôle essentiel dans la campagne d'Italie, spécialement dans le secteur du mont Cassin. Le choix du général Juin témoigne bien de la volonté du général de Gaulle de s'associer les chefs militaires les plus compétents, même s'ils ont occupé d'importants postes au service de l'État français. De Gaulle sait que ni son nom ni le mouvement de la France libre ne sont populaires au sein de l'armée d'Afrique, mais il veille à ne pas désorganiser son encadrement pour ne pas nuire à son efficacité militaire. La reconstitution de l'armée française contribue ainsi à renforcer sa légitimité aux yeux des Alliés. Le signe le plus probant de cette reconnaissance est la participation de la 2e division blindée du général Leclerc à la bataille de Normandie. Intégrée au 15e corps d'armée américain, celle-ci débarque à Utah Beach le 1er août 1944 avant de participer à la libération de Paris. À travers Leclerc, la branche militaire de la France libre incarne la continuité d'une armée française qui n'a jamais cessé le combat.

L'amalgame avec les FFI. Le 1er août, le CEF est retiré d'Italie pour constituer l'armée B (qui deviendra 1re armée française le 25 septembre 1944) commandée par le général de Lattre de Tassigny. Ce dernier est à même de réaliser l'amalgame entre l'armée d'Afrique et les unités issues de la Résistance. Il a fait partie du haut commandement de l'armée de l'armistice et dispose donc de la confiance de l'armée traditionnelle, tout en ayant montré son esprit de résistance en refusant d'obéir aux ordres de Vichy au moment de l'invasion de la zone libre. À Douera, en Algérie, au début de l'année 1944, il a créé une école des cadres pour les militaires appelés à prendre les premiers contacts avec les maquis. Intégrée à la 7e armée américaine, l'armée B débarque en Provence le 16 août 1944 puis commence l'offensive victorieuse qui la conduira en Autriche et justifiera son nom de « Rhin et Danube ».

Même si les chefs communistes comme Pierre Villon veulent faire des combattants de la Résistance la base d'une armée nouvelle, force est de constater qu'au moment du débarquement ils sont loin de présenter la même unité. En février 1944 sont créées les Forces françaises de l'intérieur (FFI) qui rassembleront à des degrés divers les unités de l'Armée secrète (AS), des Francs-tireurs et partisans (FTP) communistes et de l'Organisation de résistance de l'armée (ORA) giraudiste. Les FFI sont placés sous la double autorité d'un chef d'état-major nommé par de Gaulle (général Koenig, à Londres) et du comité d'action militaire (Comac issu de la Résistance intérieure, à Paris). De Gaulle n'accorde qu'une mission d'inspection au Comac alors qu'il revendique un rôle de commandement. Évalués à près de 100 000 hommes en juillet 1944, les FFI participent à la libération de vastes parties du territoire. Ils sont au nombre de 400 000 environ en octobre. De Gaulle cherche à éviter que tout ou partie de cette force serve d'appui à un éventuel contre-pouvoir communiste et décide ainsi l'intégration des FFI dans les unités existantes. C'est l'opération d'amalgame qui s'accompagne d'une suppression autoritaire des structures militaires placées sous l'égide du Comac. Cette intégration des FFI s'effectue principalement au sein de trois armées : la 1re armée du général de Lattre, l'armée des Alpes commandée par le général Doyen et les forces de l'Atlantique dirigées par le général de Larminat. L'appel au volontariat et la mobilisation partielle en métropole font encore gonfler les effectifs. Au total, au moment de la victoire, la France peut aligner une armée de 1 470 000 hommes environ. Celle-ci est insuffisamment organisée, mal équipée et mal entraînée – seulement 250 000 hommes participent réellement aux combats contre l'Allemagne –, cependant de Gaulle a réussi un formidable défi : imposer son autorité à des militaires qui lui étaient *a priori* hostiles et, surtout, réunifier peu à peu des forces hétérogènes et antagonistes. Claude D'ABZAC-EPEZY

• *Voir aussi :* Division française libre ; FFI ; FFL ; Leclerc ; Ordre républicain

Bibl. : Christian Bachelier, « La nouvelle armée française », dans Jean-Pierre Azéma et François Bédarida (dir.), *La France des années noires*, Paris, Le Seuil, t. 2, 1993, p. 219-240 • André Corvisier (dir.), *Histoire militaire de la France*, Paris, PUF, t. 4, 1994 • Paul Gaujac, *L'Armée de la victoire*, Paris, Lavauzelle, 1984.

ARMISTICE (1940). – Les Français demeurés maréchalistes continuaient, à la Libération, de croire en quelque secrète connivence entre le Maréchal et le Général. Pétain lui-même déclara lors de son procès qu'il avait « préparé les voies à la Libération », en protégeant les Français. La thèse fut reprise à l'envi, même par certains gaullistes, notamment Rémy qui écrivit en 1950 que de Gaulle était l'épée, Pétain le bouclier. Des « vies parallèles » imaginaient, à propos de Montoire par exemple, des accords secrets anesthésiants.

C'est pourtant dès l'armistice qu'est fondée l'opposition entre le régime de Vichy et la France libre. Certes Pétain et de Gaulle avaient été nourris également de nationalisme, mais c'est bien l'interprétation totalement divergente qu'ils donnèrent de la crise de juin 1940, du bien-fondé ou non de l'armistice – cette convention politique qui lie un État à un autre État et interdit toute continuation de la guerre –, qui exclut toute hypothèse de rapprochement.

L'armistice, dont Pétain a fait la demande le 17 juin 1940, conclu entre l'Allemagne, l'Italie et une France qui gardait en théorie sa souveraineté, entrait en vigueur le 25 juin. Sur les 24 articles que comportait « la convention d'armistice », « valable jusqu'à la conclusion de la paix », une dizaine neutralisait logiquement le potentiel militaire français : les troupes, à l'exception de celles nécessaires au maintien de l'ordre, la flotte de haute mer placée sous le contrôle de l'Allemagne et de l'Italie, l'aviation, le matériel de guerre. Les clauses économiques faisaient du paiement de l'entretien des troupes d'occupation allemandes un véritable tribut. Des clauses plus politiques établissaient une ligne de démarcation entre une zone nord occupée et une zone sud où siégeait un gouvernement d'apparence autonome, mais dont les services administratifs en zone nord devraient « collaborer » avec les autorités allemandes. Enfin les prisonniers de guerre, véritables otages politiques, demeureraient captifs « jusqu'à la conclusion de la paix ».

Pourquoi pareille hâte à accepter des conditions draconiennes ? Sans doute fallait-il mettre fin à la déroute, en même temps qu'à l'hémorragie de l'exode. Mais la note que Pétain rédige le 13 juin, alors qu'il est vice-président du Conseil, révélait d'autres soucis. Il soulignait : « Le renouveau français, il faut l'attendre, bien plus de l'âme de notre pays [...] plutôt que d'une reconquête de notre territoire par les canons alliés. » Fustigeant ensuite « l'esprit de jouissance », Pétain confirmait le 25 juin : « C'est à un redressement moral et intellectuel que, d'abord, je vous convie », puisqu'un « ordre nouveau commence ». Cette instrumentalisation de la défaite autorisait la chasse à l'Anti-France, l'exclusion de plusieurs catégories de citoyens. Et Vichy, au nom de l'armistice, refusait définitivement toute participation à un conflit qui devenait planétaire.

De Gaulle récusa immédiatement le postulat pétainiste : en nationaliste conséquent, il refusa d'intervertir, malgré les insuffisances de la IIIe République, l'ordre des priorités. Il fallait mobiliser contre l'ennemi extérieur, l'Allemand, l'occupant, et non s'empêtrer dans une révolution culturelle en désignant de surcroît de mauvais Français. C'est dire qu'il tint immédiatement l'armistice pour nul et non avenu.

L'ex-sous-secrétaire d'État à la Défense nationale et à la Guerre avait tenté de mettre en œuvre « un réduit breton », ainsi que des transferts de troupes en Afrique du Nord. Envoyé à Londres par Reynaud, il avait même le 16 juin, à l'instigation de Jean Monnet, persuadé Churchill de lancer le projet, malheureusement refusé par le Cabinet français, d'une « union franco-britannique » avec citoyenneté et gouvernements communs. Il rejoignait Londres dès le 17 juin. Pétain, qui avait été son chef, ne lui inspirait aucune confiance. Il fit si bien le siège des responsables anglais que Churchill l'imposa à ses ministres. Le gouvernement britannique le reconnut, le 28 juin, comme chef des Français libres, lui confirmant l'accès à la BBC.

Un seul des discours de De Gaulle, celui du 30 juillet 1940, évoque la capitulation, qui, d'ordre strictement militaire, aurait laissé toute latitude d'action à un gouvernement légal qui aurait voulu continuer la lutte. Elle était défendue par une partie des ministres, mais elle aurait mal protégé l'Empire. Tandis que le terme « Armistice », toujours avec une majuscule, est systématique dans les discours tout au long du mois de juin 1940, encore fréquent durant l'été, voire l'automne de 1940 ; ce « crime » s'attire des qualificatifs – de Gaulle les adore – : « déshonorant », car la France s'était engagée par l'accord franco-britannique du 28 mars 1940 à ne pas déposer les armes de manière unilatérale ; « abominable », puisque « la France et les Français sont, pieds et mains liés, livrés à l'ennemi ». Le responsable du désastre militaire et politique est nommément désigné, et lui seul : « Le Maréchal Pétain porte la terrible responsabilité d'avoir sollicité et accepté les abominables armistices », est-il dit le 16 août 1940 ; et ce « vieillard qui se soigne à Vichy » devient le « Père-la-défaite de Vichy » [*DM*].

C'est ce refus de l'armistice qui autorise le jeune rebelle à affirmer, dès le 19 juin, à la stupéfaction des Britanniques et des Français à Londres : « Moi, Général de Gaulle, soldat et chef français, j'ai conscience de parler au nom de la France. » À la tête de la France libre, de Gaulle tirera sa légitimité d'être le chef de la France toujours en guerre. Sans doute la passe est-elle incommode, mais dans ce qu'il pressent comme « une guerre mondiale », la France reste maîtresse d'un vaste Empire et n'est pas seule, grâce à la ténacité du Royaume-Uni. Il ordonnait donc, le 2 juillet 1940, à tous les Français de « continuer le combat par tous les moyens possibles, actifs ou passifs », ceux de la Résistance.

Le « crime de l'armistice » disparaît progressivement des discours du Général. Pourtant de Gaulle prévient, le 8 août 1943 : « Clemenceau disait : "le pays doit connaître qu'il est défendu". Nous disons "le pays, un jour, devra connaître qu'il est vengé". » Au temps de l'épuration judiciaire, l'ordonnance du 26 août 1944 stipula que tombaient sous le coup de poursuite les actes délictueux commis entre le 16 juin 1940, donc quand fut formé le gouvernement qui demanda l'armistice, et le 25 août 1944, visant « les autorités *de facto* » qui s'étaient succédé. Quant à l'armistice, il devenait illégal : la France non seulement avait continué juridiquement à être en guerre avec l'Allemagne, mais elle l'avait été également dans les faits.

Jean-Pierre AZÉMA

• *Voir aussi :* Appel du 18 juin 1940 ; Armée ; Collaboration ; France libre ; Montoire

Bibl. : Jean-Pierre Azéma, *1940 l'année terrible*, Paris, Le Seuil, 1990 • Jean-Louis Crémieux-Brilhac, *Les Français de l'an 40*, Paris, Gallimard, t. 1, 1990 • Id., *La France libre : de l'appel du 18 Juin à la Libération*, Paris, Gallimard, 1996.

ARON, Raymond (1905-1983). – À plusieurs reprises, le parcours de Raymond Aron croisa la route du général de Gaulle. À chaque fois, cependant, la convergence possible se solda par un rendez-vous manqué. Un tel constat intrigue d'autant plus que la première de ces rencontres avortées fut londonienne. Le 23 juin 1940, en effet, le sergent Aron embarque pour l'Angleterre, décision statistiquement exceptionnelle au sein de l'Université française. À Londres, il rejoint l'équipe du périodique *La France libre*. Ses chroniques y sont vite prisées, mais pas forcément des gaullistes : un de ses articles, notamment, s'interroge en août 1943 sur « l'ombre des Bonaparte ». Même replacé dans le contexte des relations fort complexes entre les différentes tendances parmi les Français exilés à Londres, un tel texte, dont le titre résume bien la teneur, augure mal des relations futures entre Aron et de Gaulle. Il s'explique par la culture républicaine de l'ancien normalien socialisant mais aussi par l'évolution vers le libéralisme politique qui s'était alors amorcée chez lui. Pourtant, quelques années plus tard, c'est le même intellectuel libéral qui rejoint le RPF. Il y reste au moins six ans, c'est-à-dire pendant la durée de vie effective de l'organisation gaulliste. Mais celle-ci lui apparaît avant tout le plus ferme rempart contre le communisme, au cœur de la guerre froide. À aucun moment l'adhésion ne signifie allégeance.

C'est donc en homme libre de toute attache avec le gaullisme que Raymond Aron doit commenter les phases suivantes de la geste gaulliste. Avant 1958, il s'est prononcé pour l'indépendance de l'Algérie ou, plus précisément, en a démontré le caractère selon lui inéluctable. Il s'agace, de ce fait, de ce qu'il considère comme des atermoiements et s'attire alors ce jugement définitif du général de Gaulle : « Il n'a jamais été vraiment gaulliste. » *Stricto sensu*, l'observation est fondée. Même si Aron appelle à voter « oui » aux référendums de 1958 et de 1962, il resta à distance tout au long des années 1960, jugeant la politique extérieure à l'aune de ce qui reste à ses yeux la question majeure : la lutte contre le communisme. Le combat gaullien pour l'indépendance nationale ne peut donc qu'apparaître secondaire, voire pernicieux car affaiblissant le camp occidental. Cela étant, c'est sur un autre registre, la politique du président vis-à-vis d'Israël, qu'a lieu, après 1967, une véritable fracture. Certes, l'année suivante, lors de la crise de mai, de Gaulle et Aron se trouvent associés dans les anathèmes lancés par Jean-Paul Sartre (« Il faut, maintenant que la France entière a vu de Gaulle tout nu, que les étudiants puissent regarder Raymond Aron tout nu »), mais encourir les mêmes foudres sartriennes ne suffit pas à lier ou à renouer des destinées politiques. Celles de Raymond Aron et du général de Gaulle se sont frôlées sans que s'enclenchent jamais entre les deux hommes des affinités électives.

Jean-François Sirinelli

• *Voir aussi :* France libre (La) ; Intellectuels ; Israël

Bibl. : Raymond Aron, *Mémoires*, Paris, Julliard, 1983 • Nicolas Baverez, *Raymond Aron*, Paris, Flammarion, 1993 • Jean-François Sirinelli, *Deux intellectuels dans le siècle : Sartre et Aron*, Paris, Fayard, 1995.

ARTICLE 16. – Le traumatisme de 1940 était inoubliable. À propos d'Albert Lebrun, chef de l'État alors en fonction, de Gaulle avait écrit qu'il ne lui avait manqué que deux choses : « Qu'il fût un chef et qu'il y eût un État ! » La Constitution ne pouvait garantir les qualités du premier, mais elle pouvait au moins restaurer l'autorité du second. C'est l'objet de cet article 16. Ses conditions de mise en œuvre sont laissées à l'appréciation du chef de l'État, tenu seulement à une consultation officielle, donc publique, du Premier ministre, des présidents des Assemblées et, surtout, du Conseil constitutionnel, laquelle suffit sans doute à prémunir contre les abus. Et si surviennent des circonstances exceptionnelles définies en termes délibérément imprécis – il est sage de ne pas trop circonscrire l'imprévisible –, le président de la République est en mesure de se saisir d'autant de pouvoirs que nécessaire pour en user dans un but exclusif : rendre aux pouvoirs publics constitutionnels, au plus vite, les moyens d'accomplir leur mission.

Les adversaires ont dénoncé la dictature possible, incontrôlée ; raillé une disposition qui n'eût certes pas suffi à Lebrun pour s'opposer aux chars de Guderian. À y regarder de plus près, la dénonciation est excessive (les avis du Conseil constitutionnel, les pouvoirs du Parlement en session de droit, le poids de l'opinion sont autant de garde-fous dont on aurait tort de sous-estimer l'importance), et la raillerie malvenue (à défaut de faire échec à l'occupation du territoire, en 1940, l'article 16 eût permis à un président décidé de replier outre-mer la légitimité républicaine, de ranger la marine et l'armée de l'air aux côtés des Alliés, d'épargner à la France la honte de Vichy, le sabordage de la flotte, toutes choses qui eussent sensiblement modifié la physionomie du conflit).

Après tout, la seule fois où cet article a été activé, le 23 avril 1961, le verbe du général de Gaulle a produit des effets foudroyants, mais il les a dus, au moins en partie, au fait qu'il s'agissait d'un verbe armé par la Constitution, d'un dispositif que celle-ci avait explicitement aménagé, d'un responsable dont tous les ordres conjuguaient visiblement, et sans contestation possible, légalité et légitimité. Lorsque le Général s'est adressé aux Français, et d'abord aux soldats, ses propos ne contenaient pas seulement les objurgations du plus haut responsable de la nation, ils contenaient aussi des ordres, que l'article 16 le qualifiait à donner, et auxquels on a pu obéir sans se poser davantage de questions.

Certes, le texte pourrait être amélioré. En particulier, le Conseil constitutionnel devrait recevoir la capacité, par exemple sur saisine parlementaire, de constater que les conditions de mise en œuvre ont cessé d'être réunies, ce qui suffirait à écarter le risque d'une prolongation abusive ou dangereuse. Même cette précaution, bienvenue, ne viserait qu'à rassurer les plus anxieux, ceux qui n'ont pas compris que l'assurance la plus efficace contre un recours aberrant à cet article réside dans la force de la démocratie elle-même, qui fait qu'aucun président n'aurait l'idée d'un tel abus, que s'il s'en trouvait un néanmoins, il aurait bien du mal à être suivi par quiconque, même au sein de l'appareil d'État, et que seuls peuvent trouver des raisons d'être inquiets ceux qui veulent se faire peur.

Lorsque, néanmoins, cet article sort aujourd'hui de l'oubli, c'est – sans doute par la force de l'habitude – pour demander sa suppression. Elle serait inutile et dangereuse. Inutile car plus de quatre décennies ont déjà démontré l'innocuité du dispositif, que l'on peut donc laisser où il est. Dangereuse car l'avenir est susceptible et il n'aime pas qu'on l'insulte ; si peu plausibles que paraissent aujourd'hui des circonstances exceptionnelles au sens de cet article, on se trouverait fort bien qu'il demeure disponible si, par extraordinaire, elles venaient à se présenter malgré tout.

Guy CARCASSONNE

• *Voir aussi* : Constitutionnelles (conceptions) ; Pouvoirs exceptionnels ; Pouvoirs spéciaux

Bibl. : Guy Carcassonne, *La Constitution*, Paris, Le Seuil, 2005.

ASCENDANCE FAMILIALE. – Dans une de ses dernières lettres, datée du jour même de sa mort, Charles de Gaulle remercie l'un de ses cousins par alliance de lui avoir adressé « la généalogie de toute notre famille Maillot. Il m'est doux, lui confie-t-il, de vérifier qu'il y eut chez nous – morts ou vivants – des trésors de courage, de valeur et de fidélité à la religion et à la Patrie ». Le Général ne s'est jamais vraiment passionné pour l'histoire de ses ancêtres, mais il se plaisait parfois à souligner les mérites et les particularités du milieu dont il était issu. Dans ses *Mémoires de guerre*, il rend hommage à l'exemple de ferveur patriotique et de piété religieuse hérité de ses parents. En visite à Quimper, en 1969, il cite dans son discours quelques vers en langue gaélique de son oncle Charles. Et au Premier Ministre d'Irlande qui l'accueille peu après son départ du pouvoir, il se déclare heureux de séjourner dans le pays de ses « ancêtres maternels », les Mac Cartan.

Tout à la fois soldat, légiste et écrivain, Charles de Gaulle synthétise à lui seul les emplois successifs de son ascendance paternelle, dynastie de la petite noblesse longtemps vouée au métier des armes avant de se consacrer au service de l'État puis à la littérature et à l'enseignement. D'idées foncièrement conservatrices, cette famille se montre plus attachée à ses valeurs que préoccupée de son rang, au point, affirme Philippe de Gaulle, de n'avoir « jamais prétendu transmettre aucun titre nobiliaire ». Les aïeux du Général n'en cultivent pas moins avec assiduité la mémoire de leur lignée, comme en témoignent les recherches minutieuses entreprises par son grand-père, Julien-Philippe de Gaulle, et achevées par son père pour identifier leurs origines.

De souche normande puis bourguignonne, les de Gaulle, dont on trouve trace à partir du XIIIe siècle, se signalent avant tout par leurs faits d'armes. Ainsi de Richard de Gaulle (ou « de Gaule », l'orthographe du nom varie selon les registres jusqu'à la fin du XVIIIe siècle), doté d'un fief par Philippe Auguste, et surtout du chevalier messire Jean de Gaulle qui, allié aux Armagnac, s'illustre à la tête d'un millier d'archers d'élite contre les Anglais à Azincourt, en 1415, puis en tenant tête à Vire aux troupes d'Henry V. Contraint à la capitulation, ses biens du pays de Caux confisqués, il s'exile en Bourgogne, région où foisonnent, ainsi qu'en Champagne, jusqu'au XVIIe siècle, les ancêtres présumés de Charles de Gaulle. Ils font le plus souvent fonction d'écuyers ou de capitaines, mais on dénombre aussi parmi eux quelques greffiers, notaires, recteurs d'hôpital, négociants, apothicaires, fabricants de perruques ou religieux.

Après l'anoblissement de François de Gaulle, en 1604, la famille est dominée par les gens de robe. Le premier, Nicolas de Gaulle, est conseiller du roi au parlement de Bourgogne sous le règne d'Henri IV. Fils d'un juge-consul de Châlons-sur-Marne, Jean-Baptiste de Gaulle est nommé en 1752 procureur au parlement de Paris puis à la première présidence du Conseil du Roi. Si l'on en croit Philippe de Gaulle, c'est avec ce lointain aïeul au franc-parler et au courage affirmés que le Général se reconnaissait le plus de similitudes. En 1781, son fils aîné, Jean-Baptiste Philippe, prononce son serment d'avocat. Mais sa carrière, et à travers elle l'ascension d'une dynastie devenue assez aisée et influente, est brisée net par la Révolution. Bien que proche des idées nouvelles, il est arrêté sous la Convention et ne doit sa survie qu'à la chute de Robespierre. Son père ayant été ruiné par les assignats, Jean-Baptiste Philippe doit faire face à de telles difficultés matérielles qu'il finit par renoncer au barreau pour intégrer, sous l'Empire, les postes militaires de la Grande Armée. À sa mort, il laisse à son héritier, Julien-Philippe, une situation financière si délabrée que ce dernier, qui gagne modestement sa vie entre une étude d'avoué et des cours à l'École des chartes, ne parviendra jamais à la redresser.

Grand-père du Général, Julien-Philippe de Gaulle inaugure en quelque sorte le cycle littéraire de l'histoire familiale. L'essentiel de sa vie, ce « bénédictin laïque » – selon l'expression d'Olivier Guichard – la consacre, outre ses activités professionnelles, à des travaux d'érudition exaltant la tradition catholique et légitimiste de l'histoire nationale. On lui doit, entre autres, une monumentale *Histoire de Paris et de ses environs*, préfacée par Charles Nodier, une *Vie de Saint Louis* en deux volumes et de multiples contributions à des revues savantes. En 1835, il épouse la fille d'un contrôleur des Tabacs de la région lilloise, Joséphine Maillot, qui s'adonne elle aussi à l'écriture, mais à un tout autre rythme. Joséphine de Gaulle signera, en un demi-siècle, plus de quatre-vingts ouvrages à tonalité morale et religieuse, célébrant les vertus traditionnelles et provinciales. Directrice du *Correspondant des familles*, elle défend avec la même ardeur la cause des déshérités et entretient à ce sujet une relation épistolaire inattendue avec Jules Vallès. Disposant de peu de moyens, Joséphine et Julien-Philippe de Gaulle mènent une vie d'errance, au point d'avoir occupé, relève Éric Roussel, « pas moins de vingt-sept domiciles » en presque soixante ans d'existence commune. À l'exception de leur deuxième fils, Henri, la progéniture de ce couple un peu bohème n'est guère moins insolite. L'aîné, Charles, infirme de naissance, et Jules, son frère cadet, tous deux fonctionnaires à la préfecture de la Seine, se distinguent, l'un par son culte de la poésie celtique – on le surnomme en Bretagne « le barde de Gaulle » –, l'autre par sa passion pour l'étude des abeilles, dont il est devenu un spécialiste reconnu. Aucun d'eux n'ayant eu d'enfant, seul le mariage d'Henri de Gaulle avec sa cousine Jeanne Maillot, en 1886, permet au nom de De Gaulle d'être préservé.

La lignée maternelle de Charles de Gaulle, plus classique en apparence, compte aussi quelques personnalités originales. Entrepreneurs de travaux publics sous Louis XIV, les Maillot ont d'abord fait fortune en édifiant les fortifications de Vauban avant de se reconvertir dans l'industrie textile. Jules Maillot, l'autre grand-père du Général, s'est spécialisé avec succès dans la confection des dentelles. C'est à son union avec Julie Delannoy que la famille doit ses origines irlandaises. Réputée d'un rigorisme intraitable, son épouse descend en ligne directe d'une vieille famille d'Ulster, les Mac Cartan, présumée apparentée à la famille royale d'Irlande, voire à saint Patrick lui-même. Les Maillot ont en outre des attaches allemandes, l'un des leurs ayant fait alliance, au début du XIXe siècle, avec une famille badoise, les Kolb. Le grand-oncle de Charles de Gaulle, Charles Kolb-Bernard, fervent catholique et monarchiste comme la plupart des siens, a fondé à Lille la Société de Saint-Vincent-de-Paul avant d'être élu député du Nord au début de la IIIe République, premier homme politique de l'ascendance gaullienne.

Issu de cet amalgame entre un milieu de petite noblesse sur le déclin et une dynastie bourgeoise fortunée, l'homme du 18 Juin n'a jamais invoqué aucune appartenance sociale. Il se reconnaissait seulement dans ce qui, pour lui, faisait avant tout l'identité des siens : leur commun héritage moral et spirituel. Jean-Luc BARRÉ

• *Voir aussi :* Catholique (foi) ; Famille ; Formation scolaire et intellectuelle ; Lille

Bibl. : Philippe de Gaulle, *Mémoires accessoires. 1, 1921-1946*, Paris, Plon, 1997 • Jean Lacouture, *De Gaulle*, t. 1, *Le Rebelle*, Paris, Le Seuil, 1984 • Éric Roussel, *Charles de Gaulle*, Paris, Gallimard, 2002.

ASSEMBLÉE CONSULTATIVE PROVISOIRE. – Le 3 novembre 1943 se tient à Alger, en présence des deux coprésidents du CFLN (Comité français de la Libération nationale), la séance inaugurale de l'Assemblée consultative provisoire (ACP). Dans le discours prononcé à cette occasion, le général de Gaulle annonce pour la fin de la guerre la tenue d'élections générales, « seule voie par où doive un jour s'exprimer la souveraineté du peuple ». Toutefois, le CFLN, revendiquant « la possibilité de présenter parmi les grandes nations les solutions que la France estime indispensable de voir apporter au règlement de cette guerre et à l'organisation du monde qui la suivra », la nouvelle assemblée est appelée à lui prêter l'appui et le concours nécessaires. « Cette réunion n'est ni plus ni moins qu'un début de résurrection des institutions représentatives françaises », conclut de Gaulle.

Composition et rôle. L'idée de créer un organisme représentatif de la Résistance était apparue à Londres avec l'ordonnance du 24 septembre 1941 qui organisait les pouvoirs publics de la France libre et prévoyait la constitution ultérieure d'une assemblée consultative. Le projet ressurgit en 1943 lors de la formation du CFLN. L'ACP est créée par l'ordonnance du 17 septembre 1943 adoptée par le nouveau pouvoir sur rapport d'André Philip, commissaire à l'Intérieur. Les délégués de la Résistance métropolitaine, nommés par le CNR (Conseil national de la Résistance), détiennent près de la moitié des sièges – 40 sur 87, puis, après l'élargissement du 16 décembre 1943, 49 sur 103. Ils désignent pour siéger à leurs côtés des membres de la Résistance extramétropolitaine – douze puis vingt et un. Vingt parlementaires représentent les chambres de 1939 et douze conseillers généraux les territoires libérés. Lorsque sont abordées les questions budgétaires, douze membres des assemblées financières nord-africaines sont également admis. La présence d'élus manifeste une volonté de continuité avec la tradition républicaine. La prépondérance accordée aux représentants de la Résistance, investis de la légitimité issue du refus de la défaite, traduit un besoin de renouveau souligné par la relative jeunesse des délégués. Le centre de gravité de l'assemblée se situe à gauche, ce qui explique les réticences à son égard des milieux politiques algérois qui avaient fait bon accueil à la Révolution nationale de Vichy.

L'ACP n'est ni législative ni souveraine. Le CFLN est libre de lui soumettre les projets sur lesquels il souhaite un avis et n'est obligé de la consulter que sur le budget ou sur les emprunts importants. Un décret du 29 avril 1944 ajoute que le CFLN demande en principe l'avis de l'ACP préalablement à l'adoption de toute législation touchant au statut des libertés individuelles, à l'organisation des pouvoirs publics et à la structure économique et sociale du pays.

L'ACP à l'œuvre. Dans ces limites, l'ACP, installée sous les fresques et les mosaïques du palais Carnot où siégeait avant guerre l'oligarchie locale des assemblées algériennes, va s'efforcer d'exercer la plénitude de ses attributions. Son président, le député socialiste Félix Gouin, sait imposer dans les débats le respect des traditions parlementaires. L'assemblée tire partie de la possibilité d'inscrire à son ordre du jour, à la demande des deux tiers de ses membres, les questions d'intérêt national ou de demander à un commissaire un exposé verbal sur un problème déterminé. Ces questions sont suivies d'un débat, toujours respectueux à l'égard du chef du CFLN, mais parfois critique à l'égard des autres commissaires. L'ACP apparaît donc comme une tribune libre qui s'attache à travers ses soixante-quatre séances algéroises à l'examen de nombreuses questions. Elle appelle ainsi l'attention sur l'aide militaire à apporter à la Résistance intérieure. « La Résistance française n'a pas d'armes et elle veut se battre ! » déclare à sa tribune Gilbert Védy, *Médéric*, quelques semaines avant sa mort héroïque.

Les discussions à l'ACP préparent également les grandes réformes de la Libération. Épuration des collaborateurs, instauration d'une véritable démocratie sociale contribuant à l'amélioration des conditions de vie matérielle et à la dignité des travailleurs, libération de la presse, définition d'une nouvelle politique de la jeunesse, évolution vers une communauté française plus fraternelle dans les colonies, telles sont les priorités des délégués. Des nuances sont visibles entre le « socialisme humaniste », dont se réclame, derrière André Hauriou, une partie des résistants métropolitains, et l'inspiration marxiste des délégués communistes. Le maintien des anciennes structures partisanes fait également débat, les parlementaires ne cachant pas leurs réticences face à la refondation totale de la vie politique à laquelle aspirent certains résistants. La proposition d'accorder aux femmes le droit de vote dès les premières élections de l'après-guerre, défendue par le délégué communiste Fernand Grenier, suscite également quelques discussions : elle est finalement approuvée par 51 voix contre 16.

Selon les termes de l'ordonnance du 21 avril 1944 sur l'organisation des pouvoirs à la Libération, l'assemblée se transportera en France en même temps que le CFLN. Les élections restant impossibles avant la fin des hostilités et le retour des prisonniers de guerre et des déportés, c'est une assemblée élargie qui s'installe le 7 novembre 1944 au Palais du Luxembourg – de Gaulle entendait réserver le Palais-Bourbon à l'assemblée élue, mais a été convaincu par son ministre Jules Jeanneney d'éviter aux délégués l'humiliation d'une relégation à la Maison de la chimie. La nouvelle ACP compte désormais 248 membres : 176 résistants, 60 anciens parlementaires, 12 conseillers généraux d'outre-mer. Les divers courants de la Résistance ayant échoué à s'entendre, c'est Félix Gouin qui en conserve la présidence. « C'est en plein combat et par un immense effort qu'il nous faut renaître et nous renouveler », affirme de Gaulle lors de la séance inaugurale du 9 novembre. Toutefois, les conditions de cette renaissance ne vont pas sans susciter des tensions entre l'assemblée et le chef du GPRF (Gouvernement provisoire de la République française). L'accord existe toujours sur la volonté d'affirmer la voix de la France dans le concert des nations victorieuses : le débat de politique étrangère du 21 décembre 1944 dans lequel le chef du gouvernement rend compte de la conclusion du pacte franco-soviétique en témoigne. Il existe aussi sur le principe de réformes de structure appelées à développer le rôle de l'État. Toutefois, l'ACP se plaint à plusieurs reprises de ne pas avoir été consultée sur certains points importants et juge trop restrictive l'interprétation de ses attributions par le pouvoir exécutif. De nombreuses frictions surgissent également sur la question de l'épuration et surtout sur celle des institutions politiques. Ces tensions culminent durant l'été 1945, au moment de la préparation des consultations électorales du 21 octobre 1945 qui doivent amener les Français à élire la première assemblée de l'après-guerre et à préciser par référendum les attributions qu'ils entendent lui accorder. De Gaulle, qui souhaite que l'assemblée soit constituante et que ses pouvoirs soient limités, est durement pris à parti lors des séances des 27 et 28 juillet 1945. Les nostalgiques de la IIIe République dénoncent la dérive plébiscitaire et l'aspiration au pouvoir personnel. Socialistes et communistes estiment que la nouvelle assemblée représentant le peuple souverain ne doit connaître aucune limitation de pouvoir. Le chef du GPRF voit dans ces positions la confirmation de la renaissance de l'emprise des partis politiques soucieux d'affaiblir l'exécutif pour en revenir aux travers du parlementarisme d'avant guerre. Interpellé par un délégué radical qui évoque le précédent du prince-président de 1851 il s'indigne : « La République ? J'ai ramassé son drapeau, ses lois et jusqu'à son nom ! »

Destinée à faire entendre la voix du pays occupé et à manifester la continuité de la démocratie française, l'ACP a donc été lors de sa création une tribune capable de manifester devant les représentants de la diplomatie et de la presse alliées l'importance de la reconnaissance du général de Gaulle comme seul chef politique légitime de la France en guerre. La longue ovation par laquelle les délégués de l'ACP ont salué, le 18 juin 1944, le retour à Alger de Charles de Gaulle, après sa visite des premiers territoires français libérés, a manifesté cette adhésion massive. Le retour en métropole et le primat des questions constitutionnelles en ont fait par la suite un des théâtres de la rupture entre le chef du GPRF et le personnel politique de l'après-guerre. Ainsi s'explique la condescendance avec laquelle de Gaulle évoqua dans ses Mémoires la deuxième mouture de l'ACP qu'il dit avoir conçue comme un « exutoire » au bouillonnement des ambitions renaissantes des « "politiques", qu'ils le fussent naguère ou qu'ils le soient devenus ».

Jacques Cantier

• *Voir aussi :* Alger ; CFLN ; GPRF ; Légalité républicaine ; Libération

Bibl. : Serge Berstein et Michel Winock, *La République recommencée. De 1914 à nos jours*, Paris, Le Seuil, 2004 • René Cerf-Ferrière, *L'Assemblée consultative vue de mon banc, novembre 1943-juillet 1944*, Paris, Éditeurs français réunis, 1974 • Fondation Charles-de-Gaulle, *Le Rétablissement de la légalité républicaine (1944)*, Actes du colloque des 6, 7 et 8 octobre 1994, Bruxelles, Complexe, 1996.

ASSEMBLÉE NATIONALE. – Du discours de Bayeux aux conférences de presse des années 1960, la vision que le général de Gaulle s'est construite de l'Assemblée nationale n'a pas varié. Certes, la Chambre basse représente la nation, vote les lois, contrôle le gouvernement qui est responsable devant elle, mais elle ne peut prétendre être l'organe suprême des institutions, encore moins le pouvoir dont les autres pouvoirs procèdent. Le Parlement est le lieu où interviennent les partis et se trouve donc frappé d'une faiblesse constitutive qui est celle d'un pouvoir caractérisé moins par son origine démocratique que par l'importance des rivalités de clientèles, l'affrontement des factions qui y règnent. Au Parlement, les groupes politiques ne seront reconnus qu'en 1910 par le règlement de la Chambre et la discipline de vote sera très lente à s'y imposer. À l'inverse, le siège de l'État, où se définit l'intérêt général, c'est l'exécutif et ses prolongements : l'administration civile et militaire.

La Chambre des députés de la IIIe République a gravé une fois pour toutes dans la vision institutionnelle de Charles de Gaulle l'image d'une représentation politique que la rivalité permanente entre les partis rend incapable de dégager spontanément le sens de l'intérêt national. Au lieu d'éclairer et de soutenir le gouvernement, elle dresse devant lui des embûches permanentes. Face à elle, le pouvoir exécutif responsable de l'État et, ce qui en découle, de l'intérêt général n'a jamais pu s'imposer.

Une Chambre aux compétences encadrées. Aussi le discours de Bayeux, en 1946, avait-il fixé d'entrée des limites à ce que devait être le pouvoir de la Chambre basse au sein des institutions : une séparation stricte des pouvoirs cantonnant l'Assemblée dans son domaine législatif et de contrôle, ainsi que dans la définition de l'orientation générale qui se dégage des élections. Face à elle doit exister un gouvernement émanant exclusivement du chef de l'État mais responsable devant elle. Au sommet un président de la République garant de l'intérêt général et détenteur des pouvoirs suprêmes en temps de crise. Le discours de Bayeux cantonnait également le pouvoir de l'Assemblée par le bicamérisme, la seconde chambre devant représenter les territoires et les forces vives et tempérant une assemblée dont « le premier mouvement ne comporte pas nécessairement une clairvoyance et une sérénité entières ».

En 1958, le constituant de Gaulle accentuera cette conception restrictive. C'est pourtant de l'Assemblée nationale qu'il obtient à la fois l'investiture pour diriger le dernier gouvernement de la IVe République et les pleins pouvoirs pour rédiger le projet de nouvelle Constitution. Acceptant « d'entourer de bonne grâce les derniers instants de la dernière Assemblée du régime », il accomplira même le minimum nécessaire pour respecter les formes du parlementarisme. L'Assemblée nationale de la nouvelle Constitution sera réduite aux acquêts du discours de Bayeux. Flanquée d'un Sénat sur lequel le gouvernement peut s'appuyer contre elle si nécessaire, elle se voit pilotée dans son travail législatif par la maîtrise gouvernementale de la procédure, et enfermée dans son domaine législatif par l'instauration du Conseil constitutionnel. Cet organe, plus politique que juridique du fait de son recrutement, veille à ce qu'elle n'outrepasse pas ses pouvoirs. Charles de Gaulle a fait en sorte de pouvoir « de par son seul gré » dissoudre à tout moment l'Assemblée et saisir directement le peuple de projets de loi référendaire.

La pratique gaullienne des institutions ne fera que conforter cette marginalisation. Pendant ses deux mandats, la séparation des pouvoirs est strictement appliquée. Aucun des gouvernements des années 1958-1969 ne demandera de vote de confiance à l'Assemblée au lendemain de sa constitution : ne dispose-t-il pas de la plénitude de ses prérogatives dès sa nomination par le président de la République ? Outre l'usage par Michel Debré de tout l'arsenal du « parlementarisme rationalisé » pour freiner toute autonomie législative dès 1959, le Général n'hésite pas à intervenir directement pour cantonner l'Assemblée dans ses limites. Le 18 mars 1960, il refuse de convoquer la Chambre en session extraordinaire alors que 287 députés le lui ont demandé. Dans la lettre qu'il adresse au président de l'Assemblée nationale, Jacques Chaban-Delmas, sa philosophie du régime parlementaire est résumée ainsi : les parlementaires ne sont pas les représentants des groupes d'intérêts, en l'occurrence le lobby agricole, car cela est contraire « au caractère de nos nouvelles institutions » et même à la règle constitutionnelle qui prohibe « tout mandat impératif ». Par ailleurs, les débats parlementaires ont des « limites raisonnées » qui rendent la convocation de sessions extraordinaires « exceptionnelle ». Quant au travail législatif, qui constitue l'essentiel de l'activité parlementaire, il est avant tout tributaire des projets de loi gouvernementaux dans la mesure où les propositions de loi parlementaires sont limitées par les dispositions de l'article 40 de la Constitution qui leur interdit de diminuer les ressources publiques ou d'aggraver les charges publiques.

Une Chambre abaissée ? En 1961, de Gaulle recourt aux pleins pouvoirs de l'article 16 pour combattre le putsch militaire du 22 avril à Alger. C'est seulement le 29 septembre que cette utilisation s'achève alors que le putsch s'est effondré dès le 25 avril. Durant ce laps de temps, le Parlement est réuni de plein droit mais de Gaulle refuse qu'il débatte d'autres sujets que ceux liés à l'article 16 alors même qu'aucune décision n'a été prise dans le cadre de ce dispositif depuis le 17 juin. En 1962 se produit le choc frontal à l'occasion de la révision constitutionnelle sur l'élection présidentielle où l'article 11 de la Constitution est utilisé aux lieu et place de l'article 89. L'Assemblée vote le 4 octobre une motion de censure contre le gouvernement de Georges Pompidou accusé d'avoir proposé au président de la République un projet violant la Constitution puisqu'il exclut le Parlement de la procédure de révision. Ce sera la seule motion de censure adoptée sous la Ve République ; elle sera immédiatement suivie d'une dissolution. Au-delà de l'inconstitutionnalité de la procédure de révision choisie, c'est la création d'un organe élu directement par le peuple, disposant d'une légitimité rivale de l'Assemblée, qui est reprochée au projet, comme le traduit la tonalité générale des débats sur la censure. Les élections législatives de novembre qui suivent la victoire au référendum traduisent une mutation profonde du régime. Au terme de ce double affrontement, de Gaulle a définitivement réduit à merci les partisans du parlementarisme traditionnel dont la plupart des dirigeants n'ont pas été réélus. Surtout, à l'occasion de la campagne électorale, le chef de l'État est intervenu pour demander aux électeurs une majorité parlementaire qui le soutienne. Le présidentialisme majoritaire est ainsi introduit par de Gaulle lui-même, qui souhaite que la majorité qui s'est dégagée en sa faveur lors du référendum « s'affermisse et s'agrandisse, et d'abord, au Parlement ». Il en ira de même à la veille des législatives de mars 1967. Et comme la majorité qui s'en dégage est très étroite, le recours aux ordonnances permettra au gouvernement d'agir sans grand souci d'une négociation avec les élus.

La vision gaullienne des institutions ne varie pas, tout au long de sa présidence. La preuve en sera fournie lors de la crise de mai 1968. Face aux mouvements sociaux et à la contestation étudiante, la réponse spontanée du président de la République est encore le recours au référendum, c'est-à-dire l'appel direct au peuple. Mais cette fois, l'initiative se heurte à l'indifférence générale ; il faudra la menace de démission de Georges Pompidou pour qu'il se rallie à la dissolution de l'Assemblée. En dépit du raz-de-marée électoral qui a conduit à l'élection d'une « Chambre introuvable », de Gaulle recourt de nouveau, quelques mois plus tard, à l'appel au peuple, ce qui entraînera son départ après le référendum négatif du 27 avril 1969.

Malgré l'adaptation de De Gaulle aux implications politiques de sa conception présidentialiste, c'est-à-dire la nécessité pour le président et son gouvernement de disposer d'une majorité à l'Assemblée, aucune conséquence institutionnelle ou doctrinale n'en sera tirée. L'Assemblée nationale reste considérée comme un organe secondaire. Si la présence d'une majorité gaulliste fait disparaître les anciennes polémiques contre les partis parlementaires, de Gaulle ne tire aucune conclusion des mutations à l'œuvre à partir de l'élection présidentielle de 1965 pour définir un rôle nouveau du Parlement. La révision constitutionnelle du printemps 1969 aurait conduit à la liquidation du Sénat mais rien n'était esquissé sur le renforcement indirect des pouvoirs de l'Assemblée qui aurait pu en découler.

Hugues PORTELLI

• *Voir aussi* : Constitutionnelles (conceptions) ; Crise constitutionnelle de 1962 ; Discours de Bayeux ; Partis politiques ; Sénat

Bibl. : Association française des constitutionnalistes, *Le Bicamérisme*, Paris, Economica-Presses universitaires d'Aix-Marseille, 1997 • Pierre Avril, *Le Régime politique de la Ve République*, Paris, LGDJ, 1975 • Hugues Portelli, *Droit constitutionnel*, Paris, Dalloz, 2003 (1re éd., 1996).

ASSOCIATION CAPITAL-TRAVAIL. – L'association capital-travail est le thème social emblématique du gaullisme. Cette vision réformatrice de l'entreprise qui désigne une troisième voie entre le libéralisme et le collectivisme, qu'elle renvoie dos à dos, fut l'un des slogans majeurs du Rassemblement du peuple français (RPF) en 1947. Juste après la réforme des institutions, elle révélait la volonté du chef de la France libre de prôner un changement global de régime. À ce titre, l'aspiration à « un ordre social nouveau » qu'elle matérialise est constitutive de la mutation du gaullisme de Résistance en gaullisme politique. Inscrite dans le droit-fil des réformes sociales entreprises à la Libération, elle prétend viser rien moins que la transformation de la condition salariale. Réponse gaullienne aux méfaits de la « mécanisation générale » des sociétés en laquelle le Général voyait la source des tentations totalitaires et l'une des causes de la Seconde Guerre mondiale, l'association capital-travail est instrumentalisée pour contrecarrer les desseins du Parti communiste dans le contexte nouveau de la guerre froide. Sa destinée en sera durablement affectée.

Entre le capitalisme et le collectivisme. Comme doctrine, l'association capital-travail se réfère au socialisme utopique français. Impressionné dans son adolescence par le célèbre mot d'ordre de Louis Blanc : « Plus de salariés, des associés ! », de Gaulle regrette dans ses écrits d'avant guerre, notamment dans *La France et son armée*, que l'aile marchante du mouvement social, dédaignant Fourier, Proudhon et Le Play, s'enrôle sous la bannière de Marx. Cet héritage doctrinal auquel s'ajoute la marque du christianisme social sera explicité dans deux importantes brochures du RPF. Le jour même de la création du mouvement, le 7 avril 1947, le Général déclare, à Strasbourg, que la solution de la lutte des classes ne se trouve ni dans l'abaissement des uns, ni dans la servitude de tous, mais dans « l'association digne et féconde de ceux qui mettent en commun, à l'intérieur d'une même entreprise, soit leur travail, soit leur technique, soit leurs biens ». Le grand coup d'envoi a lieu le 4 janvier 1948, à Saint-Étienne, où de Gaulle développe longuement ses idées sur l'association, synthétisant toute l'analyse qui le guide en la matière. À partir de ce discours, l'association capital-travail devient la clé de voûte de la doctrine économique et sociale d'un RPF désormais doté d'une branche militante spécifiquement mobilisée sur la question salariale : l'Action ouvrière. De Gaulle en confie assez rapidement la direction à des hommes marqués à gauche comme Manuel Bridier, issu du Parti communiste et futur cofondateur du Parti socialiste unifié (PSU), Yvon Morandat, responsable CFTC, Louis Vallon, ancien syndicaliste venu à la politique par la SFIO. De ce dernier, comme de René Capitant, ses plus proches conseillers, de Gaulle adopte les thèses jusqu'à en reprendre certaines formules, mot pour mot.

L'économie moderne qu'il envisage se présente comme « une organisation où chacun serait un sociétaire en même temps qu'un employé ». Dans le cadre d'une économie de marché maintenue, cela signifie que les travailleurs doivent être reconnus comme partenaires à part entière, être associés à la vie de l'entreprise et participer aux bénéfices qu'ils contribuent à créer. Pour y parvenir, la méthode imaginée est celle d'un « contrat d'association » dont la fonction est de déterminer concrètement, pour chaque entreprise, quelle est la quote-part de copropriété attribuée au travail. La doctrine de l'association capital-travail conteste la notion de plus-value capitaliste, cristallisée dans l'accumulation du capital, rejoignant en cela l'analyse marxiste de la « valeur travail ». Mais la réforme gaulliste parie sur les effets d'un mécanisme progressif, la composition du capital de l'entreprise étant amenée à changer à mesure que croît la part détenue par les travailleurs. Le statut du salarié serait peu à peu modifié pour se rapprocher de celui de « partenaire » ou d'« associé » ; ainsi s'esquisserait une solution hybride entre le capitalisme ordinaire et le modèle coopératif. Cependant, le principe d'autorité dans l'entreprise n'est pas remis en cause. Il est simplement fondé sur une base plus juste, pour lui conférer une plus forte légitimité. Louis Vallon résume cet objectif en une formule lapidaire : « Décapitaliser l'entreprise sans la décapiter. » Si de Gaulle ne reprend pas à son compte le terme de « cogestion », adopté par certains de ses compagnons, il vise néanmoins un changement de la condition morale du salarié qui fasse de lui un responsable au lieu d'un simple instrument. En langage moderne, c'est la question de la citoyenneté dans l'entreprise qui est posée. « Les ouvriers associés seront de véritables citoyens », peut-on lire dans la presse du RPF.

Mise en place d'un projet. Afin de disposer de propositions concrètes en prévision de son retour au pouvoir, de Gaulle nomme dès 1947 une commission d'étude sur l'association capital-travail avec pour mission de rédiger une proposition de loi. La première ébauche date du 15 décembre 1947. Les plus radicaux défendront l'introduction d'un droit de contrôle des travailleurs sur la gestion, garantie d'une juste répartition du produit social. En 1949 est évoquée la création d'un conseil des sociétaires, équivalant à l'assemblée des actionnaires, dans lequel voteraient tous les employés de l'entreprise ; idée ambitieuse qui ne sera que partiellement reprise dans la rédaction finale sous la forme d'un conseil d'exploitation au sein duquel se côtoieraient les diverses composantes de l'entreprise : représentants du capital et représentants de chacune des catégories de personnels (ingénieurs et cadres supérieurs, agents de maîtrise, techniciens et assimilés, employés, ouvriers). Ce conseil aurait pour mission de permettre aux parties de suivre la marche de l'entreprise et d'étudier les meilleurs moyens de la rendre prospère. Pour mettre en œuvre l'association, l'option retenue est celle d'une « faculté » (encouragée par des exonérations fiscales) et non d'une « obligation ». S'y ajoute la souplesse d'une démarche contractuelle adaptée à chaque type d'entreprise. Le contrat d'association est établi, dans le cadre de chaque entreprise, entre la direction, les représentants du capital et les représentants du personnel. Il prévoit un intéressement à la production, à la productivité et aux économies, ainsi qu'une participation aux bénéfices. Les formules à envisager dépendent du genre d'activités, de l'importance et de la structure de l'entreprise.

La correspondance très suivie entre le président de la commission et de Gaulle montre que ce dernier n'hésite pas à questionner ni à donner son avis sur certains points. L'intervention du chef du RPF sera même déterminante dans les toutes dernières étapes et il lui arrivera de présider lui-même certaines réunions. Sa part dans la rédaction de l'exposé des motifs est donc loin d'être négligeable. Autant de signes qui traduisent l'importance que Charles de Gaulle accorde à l'aboutissement de ces travaux. Un an avant l'échéance électorale des législatives, le RPF dispose d'un texte officiel diffusé à la presse, le 15 mars 1950 : le « Projet de loi relatif aux contrats d'association capital-travail ».

Résistances intérieures et extérieures. Ce projet se heurtera à deux types d'opposition. Au sein du mouvement gaulliste tout d'abord, l'âpreté des débats qui se déroulent dans les conseils nationaux ou lors des assises nationales du RPF trahit l'existence d'adversaires farouches, aux premiers rangs desquels figurent beaucoup de membres du monde des affaires. Plus subtilement mais plus efficacement se met en place un processus de réduction de la portée du projet, manœuvre qui se renouvellera en 1966-1967 avec l'amendement Vallon. À l'extérieur du mouvement, le patronat manifeste de vives réprobations devant toute aspiration associationniste. « On ne combat pas les soviets en créant d'autres soviets », fera-t-il savoir aux dirigeants du RPF, les invitant à renoncer jusqu'au partage des bénéfices. Passé les grandes grèves de 1947, le Conseil national du patronat français (CNPF) cesse de percevoir en de Gaulle l'ultime rempart contre la subversion et retire son soutien au RPF. Quant aux forces de gauche, méfiantes par principe envers un militaire, jalouses de leur électorat, elles rejettent ce qu'elles perçoivent comme une forme de « collaboration de classes ». Léon Boutbien, président socialiste de la commission parlementaire, saisie en décembre 1952 d'une proposition déposée par Louis Vallon, la combattra violemment. Mais le groupe parlementaire RPF, lui non plus, ne s'est pas particulièrement illustré en sa faveur.

Charles de Gaulle ne renonce pas pour autant. Un texte, très édulcoré, qui reprend les dispositions les moins controversées du projet de 1950, sera promulgué par ordonnance le 7 janvier 1959. Il rend légal un système qui demeure facultatif et sera rarement adopté. Comme plus tard la participation en 1967 et 1968, l'association capital-travail aura accumulé les déconvenues et demeurera, aux yeux du Général, l'épine douloureuse d'une œuvre inachevée.

Patrick Guiol

• *Voir aussi* : Participation ; RPF

Bibl. : *Espoir*, n° 17, numéro spécial « L'association capital-travail (1947-1955) », décembre 1976 • Patrick Guiol, « L'objectif social du RPF : l'Action ouvrière et l'association capital-travail dans la stratégie de conquête du pouvoir », dans *De Gaulle et le RPF (1947-1955)*, Paris, Armand Colin, 1998 • Id., *L'Impasse sociale du gaullisme, le RPF et l'Action ouvrière*, Paris, PFNSP, 1985.

ASSOCIATION NATIONALE POUR LE SOUTIEN DE L'ACTION DU GÉNÉRAL DE GAULLE – Née le 28 mai 1958, l'Association nationale pour le soutien de l'action du général de Gaulle remplace celle fondée trois jours plus tôt « pour l'appel au général de Gaulle dans le respect de la légalité républicaine ». De Gaulle a souhaité la création de cette association, mise sur pied par deux proches, Pierre Lefranc et Jacques Foccart, au siège du Rassemblement du peuple français (RPF), 5, rue de Solférino.

L'Association présente pour de Gaulle l'intérêt de lui être directement reliée et dévouée, en dehors des partis gaullistes. À l'automne 1958, elle est la seule des organisations gaullistes qui refuse d'entrer dans l'Union pour la nouvelle République (UNR). Si elle conserve son identité, au 5, rue de Solférino, sous la direction de Pierre

Lefranc à partir de 1966, sa puissance d'action s'amenuise vite avec un effondrement de ses effectifs et de ses finances.

Au temps de la présidence de De Gaulle, l'Association agit aux côtés des partis gaullistes. Son action principale consiste pour Jacques Foccart à être « une espèce de conscience gaulliste » ainsi qu'un « bouclier » pour le chef de l'État, afin, explique ce dernier, qu'il puisse « défendre et expliquer sa politique ». Elle joue un rôle discret dans la sélection des candidats gaullistes pour les élections législatives – surtout en 1958 et 1967 –, mais très actif lors des campagnes électorales des référendums, un rôle essentiel en 1965 car elle est chargée par de Gaulle de sa campagne présidentielle.

L'Association a apporté au Général le soutien des gaullistes les plus réticents à un engagement partisan mais attachés à un lien direct et personnel avec lui. Elle incarne une des formes les plus originales et les plus durables de l'engagement gaulliste. En 1969, elle choisit – en accord avec de Gaulle – de ne pas participer à la campagne électorale présidentielle. À la mort du Général, elle change de nom et se mobilise désormais « pour la fidélité à la mémoire du général de Gaulle », s'éloignant de plus en plus des partis gaullistes.

Bernard LACHAISE

• *Voir aussi* : Clubs de la mouvance gaulliste ; SAC ; UJP

Bibl. : Bernard Lachaise, « De l'Association nationale pour l'appel au général de Gaulle dans le respect de la légalité républicaine à l'Association nationale pour la fidélité à la mémoire du général de Gaulle », dans Claire Andrieu, Gilles Le Béguec et Danielle Tartakowsky (dir.), *Associations et champ politique. La loi de 1901 à l'épreuve du siècle*, Paris, Publications de la Sorbonne, 2001.

ASTIER DE LA VIGERIE, Emmanuel d' (1900-1969). – Né à Paris d'une vieille lignée aristocratique, cadet de huit enfants, Emmanuel d'Astier de La Vigerie est reçu à l'École navale en 1918. Il démissionne de la marine dès 1927. Ce dilettante doué s'essaie à la littérature, fait paraître deux romans, puis devient journaliste, publiant dans *Marianne* et dans *1935*, où il signe quelques articles imprégnés d'antisémitisme. Sa collaboration à *Vu*, l'hebdomadaire de Lucien Vogel, entamée en juillet 1935, amorce une première inflexion : le chroniqueur mondain prend graduellement la mesure de la gravité de la situation internationale. Mais c'est la défaite de 1940 qui va le transfigurer.

Démobilisé à Marseille le 11 juillet 1940, d'Astier a tout de suite l'idée d'entreprendre quelque chose. Il approche son frère François, Joseph Kessel, Édouard Corniglion-Molinier, André Malraux. Seul Corniglion-Molinier donne suite. Les deux amis créent le groupe La dernière colonne, qui n'est qu'une coquille vide. En novembre 1940 à Clermont-Ferrand, où est repliée l'université de Strasbourg, l'aventure prend vraiment corps. Emmanuel d'Astier y rencontre Lucie Aubrac, Jean Cavaillès et Georges Zérapha. D'accord pour lutter contre l'occupant, ils exècrent également Vichy. Ils décident de fabriquer des papillons et des tracts.

Les débuts sont rudes. Fin février 1941, le collage de papillons attaquant *Gringoire* dans plusieurs villes de la zone sud est un fiasco à cause de l'arrestation à Nîmes de jeunes gens hâtivement enrôlés. Sous le coup d'un mandat d'arrêt, d'Astier plonge dans la clandestinité. Le groupe songe alors à publier un journal. Le premier numéro de *Libération* paraît en juillet 1941. D'Astier a l'idée de prendre contact avec Daniel Mayer, animateur du Comité d'action socialiste en zone sud, puis avec Léon Jouhaux, secrétaire général de la CGT. Tous deux acceptent d'aider le nouveau mouvement Libération à qui le concours de nombreux militants aguerris ouvre des perspectives inespérées.

L'arrivée en novembre 1941 d'un émissaire du général de Gaulle, Léon Morandat, *Yvon*, libère les mouvements de leurs soucis financiers et établit un lien avec la France libre. Elle renforce aussi la position de Libération et de son chef : syndicaliste CFTC avant guerre, Morandat entre au comité directeur du mouvement. Tout cela traduit un net ancrage à gauche, important dans l'optique de la rivalité avec le mouvement Libération nationale dirigé par Henri Frenay. Ainsi s'explique que d'Astier soit volontairement absent de la réunion au cours de laquelle, à Grenoble, à l'automne 1941, la fusion de Libération nationale et de Liberté crée Combat. Ainsi s'explique aussi que d'Astier intrigue pour être le premier responsable de zone sud à partir pour Londres en mai 1942. Il y est reçu par le général de Gaulle qu'il surnomme « le Symbole », manière distanciée de souligner que le chef de la France libre est bel et bien l'incarnation des idéaux de la Résistance. Il fait suffisamment impression sur de Gaulle pour que celui-ci le dépêche aux États-Unis pour tenter (en vain) de raccommoder la porcelaine franco-américaine. Alternant dès lors séjours en France et voyages à Londres, Emmanuel d'Astier quitte définitivement la France pour devenir en novembre 1943 commissaire à l'Intérieur du CFLN (Comité français de la Libération nationale). À ce poste clé, il plaide avec quelque succès auprès de Churchill en janvier 1944 pour que la Résistance intérieure reçoive des armes, et fait en sorte que les organes de la Résistance unifiée aient leur mot à dire dans la nomination des autorités, l'heure de la Libération venue.

Congédié du gouvernement en septembre 1944 mais fort de son prestige de fondateur de mouvement et de Compagnon de la Libération (distinction décernée également à ses frères François et Henri), d'Astier préconise en vain la fusion avec le Front national lors du congrès du MLN de janvier 1945 (réunion de mouvements de résistance créée en janvier 1944, homonyme du mouvement cité plus haut). Dans *Sept Jours*, paru en 1945, il jette un regard critique sur le général de Gaulle : « Il n'aime pas les hommes : il aime leur histoire, surtout celle de la France, dont il agit un chapitre qu'il semble écrire au fur et à mesure dans sa tête, comme un Michelet passionné. » Il est vrai qu'à cette date, d'Astier s'inscrit dans la mouvance communiste.

Élu député d'Ille-et-Vilaine en octobre 1945 avec le soutien du PCF, il siège au Parlement jusqu'en 1958. En 1957, le prix Lénine de la paix est décerné à ce compagnon de route qui a témoigné contre Kravchenko en 1949. Battu aux élections législatives de novembre 1958, il retrouve l'écriture, publiant en 1965, dans la collection « Trente journées qui ont fait la France », *De la chute à la libération de Paris*, où il développe le thème du divorce apparu au grand jour en 1944 entre le général de Gaulle et les résistants de l'intérieur. Parallèlement, il dirige *Libération*, qui dépend financièrement depuis 1948 du parti communiste, mais il doit jeter l'éponge en novembre 1964. Ayant rompu discrètement avec le PCF, il soutient de Gaulle à l'élection présidentielle de 1965. De mars 1965 jusqu'en 1969, il a une tribune à la télévision avec *Le Quart d'heure* d'Emmanuel d'Astier où son franc-parler peut se donner libre cours en raison de l'affection que le général de Gaulle porte à ce compagnon indocile, imprévisible, mais, au bout du compte et à sa manière, fidèle. En 1966, il lance le mensuel *L'Événement* où l'épaulent Bernard Kouchner, Michel-Antoine Burnier et Pierre Viansson-Ponté. Aux législatives de 1967, il appuie des candidats UNR. S'il ne reste pas insensible aux sirènes de mai 1968, il se prononce, en vue du second tour de la présidentielle de 1969, pour Georges Pompidou dont il ne verra pas la victoire puisqu'il meurt trois jours avant le second tour, le 12 juin. Le texte du télégramme adressé le 15 juin par le général de Gaulle à sa veuve va au-delà de l'hommage convenu : « La mort d'Emmanuel d'Astier de La Vigerie m'attriste profondément. Il fut dans le combat de la France l'un de mes plus courageux et efficaces compagnons. Il était resté mon ami. En lui disparaît un grand talent et un cœur généreux. »

Laurent Douzou

• *Voir aussi* : BCRA ; CFLN ; Déclaration aux mouvements de Résistance ; Ordre de la Libération ; Résistance intérieure

Bibl. : Emmanuel d'Astier, *Les Grands*, Paris, Gallimard, 1961 • Francis Crémieux, *Entretiens avec Emmanuel d'Astier*, Paris, Belfond, 1966 • Jean-Pierre Tuquoi, *Emmanuel d'Astier. La plume et l'épée*, Paris, Arléa, 1987.

ATTENTAT DU PETIT-CLAMART. – *Voir* PETIT-CLAMART.

ATTENTATS (et projets d'). – La fonction de souverain ou de président est un métier à haut risque. Elle attire le ressentiment et la haine pour les motifs les plus divers. Le difficile processus de décolonisation de l'Algérie a fait naître des groupes d'adversaires de De Gaulle décidés à tout pour le faire échouer et forts du soutien d'une partie minoritaire mais agissante de l'armée. Les tentatives n'ont pas cessé, de 1960 à 1965.

L'échec de la semaine des Barricades d'Alger (24 janvier-2 février 1960) provoque le passage en Espagne de la plupart des responsables civils et militaires opposés à l'indépendance de l'Algérie. La pratique des attentats, restée jusque-là le quasi-apanage des villes algériennes, est importée en métropole. En juillet 1961, le colonel Godard écrit que l'objectif numéro un est « la grande Zohra » – surnom donné à de Gaulle –, qui deviendra plus tard le « plan Z ». Les colonels dissidents et leurs supporters considèrent la mort de De Gaulle comme la condition de la conservation de l'Algérie française. Le chef de l'État devient la cible de dizaines de complots dont le but unique est de le tuer.

Le premier attentat parvenu à la réalisation sur le terrain manque de justesse son but le 8 septembre 1961 à Pont-sur-Seine. Une puissante bombe enterrée sous un tas de sable au bord de la route explose au passage de la voiture qui emmène le Général à Colombey pour le week-end. La voiture est endommagée mais les passagers sont indemnes, et de Gaulle, impassible, continue son voyage dans un autre véhicule. En quelques jours, les auteurs sont presque tous arrêtés, mais l'organisateur demeure inconnu. Ce revers ne décourage pas les autres candidats.

L'échec du putsch des généraux à Alger (22-25 avril 1961) entraîne de nouveaux plans. Le 17 mai, le général de Gaulle entame un voyage dans le Centre par le train. Plusieurs attentats ont été préparés sur le parcours. La vigilance des services de police en empêche la réalisation. Quelques jours plus tard, un commando venu d'Alger arrive à Paris pour abattre de Gaulle dans la cour de l'Élysée, lors de la réception du président de Mauritanie, Moktar Ould Daddah, le 23 mai. Le commando devait s'installer le soir du 22 au premier étage de l'immeuble situé dans l'axe de la porte monumentale de l'Élysée. D'une fenêtre, un tireur d'élite muni d'un fusil à lunette aurait eu dans sa ligne de mire le Général debout, immobile pendant plus d'une minute sur le perron, au moment où il accueillait son hôte. Le tireur ne pouvait le manquer. Cette « opération Chamois » était imparable, mais le commando fut arrêté vingt-quatre heures après son arrivée à Paris, et son matériel saisi : le fusil à lunette, plusieurs pistolets de gros calibre, un bazooka et trois roquettes qui devaient être tirées dans la cour et dans le carrefour de l'avenue Marigny afin de permettre la fuite du commando qui aurait profité de la confusion. Le mois suivant, au cours du voyage du Général en Franche-Comté (14-17 juin), ont lieu plusieurs tentatives. La plus dangereuse devait avoir lieu pendant le discours qu'il devait prononcer à Vesoul. Les arrestations effectuées le matin même provoquent la fuite des organisateurs. Plusieurs autres attentats prévus au cours de ce voyage échouent : un tireur d'élite venu d'Alger installé dans la galerie supérieure de la cathédrale de Besançon devait abattre le Général pendant la cérémonie ; une portion de route devait être « piégée ».

L'Algérie étant devenue indépendante le 1er juillet, la défense de l'Algérie française ne constitue plus une motivation. La haine et la volonté de vengeance prennent le relais. Le 8 juillet, les sept membres d'un « commando Delta » récemment arrivé d'Algérie pour abattre le Général pendant la revue du 14 Juillet sont arrêtés à Paris. Le 22 août, c'est l'attentat du Petit-Clamart, le seul avec celui de Pont-sur-Seine qui ait été mené jusqu'à la réalisation sur le terrain. Les projets ne continuent pas moins à fleurir : il y a chaque semaine au moins un projet nouveau. Plusieurs sont empêchés *in extremis*. De Gaulle devant visiter l'École militaire le 15 février 1963, une nouvelle « opération Chamois » est organisée. L'un des participants à l'attentat du Petit-Clamart encore en liberté, Georges Watin, doit être introduit dans un bâtiment de l'école et abattre le Général avec un fusil à lunette. Les complices sont arrêtés la veille. Le 20, un autre commando, dont le chef avait assassiné le commandant Kubaziack l'année précédente pour le punir d'avoir refusé de se joindre aux putschistes d'Alger, est arrêté avec un armement lourd et plusieurs plans de nouveaux attentats.

L'année 1963 achevée, les projets continuent à mûrir. Le 15 août 1964, une bombe placée au mémorial du Mont-Faron, qui devait exploser au passage du Général venu célébrer l'anniversaire du débarquement de Provence, demeure inerte : l'homme chargé de déclencher l'explosion n'a pu pénétrer dans l'enceinte du Mémorial. Un projet compliqué organisé pour le déplacement de De Gaulle à Strasbourg le 22 novembre échoue également. Pour le voyage que le Général devait effectuer en Vendée, un groupe de la fraction OAS d'Espagne a prévu plusieurs plans. Le déplacement ayant été plusieurs fois repoussé, il est enfin annoncé pour le 19 mai 1965. L'homme chargé depuis novembre de tuer de Gaulle au cours de ce voyage est l'organisateur de l'attentat du Mont-Faron, Gilles Buscia, évadé de la prison de Fresnes. Il avait disparu sans laisser de trace mais est arrêté à Marseille le 8 avril. Le 15 mai, six de ses correspondants sont arrêtés, quatre jours avant le voyage. Le 21, l'engin explosif est découvert, caché près de Salon-de-Provence. Les arrestations opérées juste à temps l'ont rendu inutile. Le voyage en Vendée se déroule sans incident et le Général rentre à Paris le soir du 23 mai 1965. Ce fut le dernier attentat organisé par l'OAS contre sa personne. Jacques DELARUE

• *Voir aussi* : Algérie (guerre d') ; Barbouzes ; Juridictions d'exception ; OAS ; Petit-Clamart ; Sécurité

Bibl. : Jacques Delarue, *OAS contre de Gaulle*, Paris, Fayard, 1994.

ATTLEE, Clement (1883-1967). – Officier d'infanterie durant la Grande Guerre, Clement Attlee a combattu aux Dardanelles, en Mésopotamie et en France, et a été blessé deux fois. Leader du parti travailliste de 1935 à 1955, il participe durant la Seconde Guerre mondiale au gouvernement britannique de coalition dirigé par Winston Churchill. Il est Premier ministre adjoint entre 1942 et 1945, et Premier ministre après sa victoire sur le parti tory de Churchill, de 1945 à 1951. Taciturne et imperturbable, très efficace dans l'art de coordonner l'action du Cabinet, Attlee est un socialiste non marxiste, et combine réalisme et sens pratique en politique étrangère.

Attlee a souvent rencontré le chef de la France libre. Cherchant à accroître l'influence de son parti dans le gouvernement Churchill, au détriment des conservateurs, et subissant la pression de l'aile gauche du Labour, il n'eut pas immédiatement confiance en un mouvement français libre qu'il jugeait peu démocratique et manquant de soutiens socialistes. Les assurances données par de Gaulle et l'efficacité croissante de la France libre vinrent à bout de ces réticences. Après la conclusion de l'accord anglo-américain avec l'amiral Darlan, fin 1942, en Afrique du Nord, Attlee et la majorité du Labour accentuèrent leur soutien à de Gaulle comme leader de la France.

Outre ses responsabilités sur le *home-front*, Attlee s'occupe d'affaires extérieures. Il lui arrive d'exercer les fonctions de secrétaire aux Dominions ou de diriger les comités de planification pour l'après-guerre. En l'absence de Churchill, il préside les réunions du Cabinet et du Conseil de défense. Son influence est importante en raison de sa position de leader politique. Le plus souvent, il soutient le ministre des Affaires étrangères Anthony Eden contre Churchill, lorsque celui-ci s'oppose à de Gaulle. En janvier 1942, Attlee et le Cabinet appuient la décision gaullienne d'administrer Saint-Pierre-et-Miquelon récemment libéré ; en mai 1943, Eden et lui bloquent la tentative de Churchill d'éliminer politiquement de Gaulle avant qu'il ne parte pour l'Afrique du Nord ; avant le débarquement en Normandie, ils persuadent le Premier ministre et les Américains de réduire les bombardements sur la France afin de ne pas fragiliser la position du Comité français de la Libération nationale (CFLN) aux yeux des Français ; en juin, ils convainquent enfin Churchill d'autoriser de Gaulle à visiter la zone française libérée. Pour l'après-guerre, les principaux objectifs d'Attlee sont de créer l'ONU, de maintenir le Commonwealth, de s'assurer que les États-Unis continueront à s'impliquer en Europe, de rester en bons termes avec Washington et Moscou et, à partir de 1944, de mettre au point un accord sur la défense de l'Europe de l'Ouest auquel participerait la France.

Attlee n'a exercé les fonctions de Premier ministre que durant six mois avant la démission de De Gaulle en 1946, et a laissé une grande latitude d'action à son ministre des Affaires étrangères, Ernest Bevin, y compris sur les sujets concernant la France. Au retour du général de Gaulle, il avait renoncé à toute activité politique. Il gardait le souvenir d'un chef de la France libre difficile et coléreux, mais déterminé à rétablir la puissance et la grandeur de la France. Jerry Brookshire

• *Voir aussi* : Angleterre ; Churchill, Winston ; France libre ; GPRF ; Saint-Pierre-et-Miquelon

Bibl. : Philip Michael Helt Bell, *France and Britain, 1940-1994 : the Long Separation*, Londres, Longman, 1997 • Trevor D. Burridge, *Clement Attlee : a Political Biography*, Londres, Jonathan Cape, 1985 • John Wilson Young, « The Foreign Office and the departure of General de Gaulle, June 1945-January 1946 », *Historical Journal*, 25, 1, 1982, p. 209-216.

AUBE (L'). – Journal inspiré par les idées de Marc Sangnier et du Sillon, *L'Aube* a été fondé en 1932 et dirigé avant la guerre par Francisque Gay et Georges Hourdin. Si Charles de Gaulle n'a probablement pas rencontré Gay avant la Seconde Guerre mondiale, il a noué des liens de sympathie avec des hommes acquis aux idées défendues par *L'Aube*, ainsi qu'avec certains de ses collaborateurs. Son ami André Lecomte, membre de la Jeune République, écrivait occasionnellement dans le journal. Le 11 octobre 1933, ce dernier vint proposer au comité de rédaction de *L'Aube* un projet d'enquête auprès de diverses personnalités sur la question de savoir s'il fallait préférer, en matière militaire, la conscription à l'armée de métier. Curieusement, le journal s'était jusque-là peu intéressé aux questions militaires. Il n'avait pas encore pris pleinement conscience du danger hitlérien et préférait apporter tous ses soins, en matière de politique étrangère, à l'analyse des relations diplomatiques. Malgré tout, le projet fut accepté.

L'enquête eut lieu à la fin de l'année 1933. Pour sa construction, André Lecomte se fit aider par deux amis, un jeune républicain comme lui, Philippe Serre, et un officier qu'il désigna au comité comme « un de nos plus grands techniciens ». Il s'agissait en fait du commandant puis lieutenant-colonel de Gaulle. Si l'idée de l'enquête venait de Lecomte, l'aide qu'apporta de Gaulle fut essentielle. Après avoir dressé le plan de l'enquête, il clôtura la série d'interviews par sa réponse personnelle, évidemment anonyme. Le style comme le contenu ne peuvent cependant laisser de doute sur la plume qui a tracé cette réponse : « Parce que notre frontière est ce qu'elle est, que nos voisins sont ce qu'ils sont, que nous avons l'empire que vous savez, que nous nous trouvons bon gré mal gré liés à d'autres peuples eux aussi bien déterminés, je pense que le régime de la nation armée nous est actuellement indispensable, mais qu'il ne nous suffit pas. »

Sans écarter l'armée de conscription, l'auteur de la note se dit partisan des armées de métier, puis se demande si elles peuvent être dangereuses pour la démocratie. Il ne le croit pas. Le pouvoir réel, pense-t-il en effet, repose sur d'autres fondements : « N'est-ce pas d'ailleurs un préjugé de croire qu'un pouvoir solide ait jamais succombé par le seul fait de ses soldats ? Les institutions s'effondrent quand elles cessent d'être accordées avec les nécessités de l'époque, et par suite avec les mœurs. Alors sans doute la force les balaie, car telle est sa destination, mais la composition des troupes a peu d'importance en l'espèce. C'est une affaire de consentement général. » De telles pensées ne sont pas seulement le fait d'un « technicien », elles s'élargissent au politique, à un politique puisant ses principes aux « leçons de l'histoire » qu'il perçoit non comme une série de faits anecdotiques ou étroitement contemporains, mais sur le long terme.

De Gaulle livre ainsi un peu de sa philosophie politique qui fait reposer les institutions et leur solidité sur le consentement populaire. Sa collaboration à l'enquête de Lecomte démontre une nouvelle fois son souci de se trouver un auditoire dans des milieux politiques divers. Ici, avec évidence, dans la postérité du Sillon. Les interviews réunies par l'enquête ne trouvèrent guère d'échos. Continuant de s'intéresser aux conversations internationales dont il espérait le renforcement de la paix, le public de *L'Aube* négligeait l'importance que pouvait revêtir la structure de l'armée. Le journal aborda ensuite très peu le sujet, préoccupé qu'il était, de façon constante, par les questions religieuses, sociales et diplomatiques.

Françoise MAYEUR

• *Voir aussi* : MRP ; Réseaux de sociabilité ; Temps présent ; Vers l'armée de métier

Bibl. : Jean Lacouture, *De Gaulle,* t. 1, *Le Rebelle,* Paris, Le Seuil, 1984 • Françoise Mayeur, *« L'Aube » : étude d'un journal d'opinion (1932-1940),* Paris, Armand Colin, 1966.

AUBOYNEAU, Philippe (1899-1961). – Né à Constantinople, Philippe Auboyneau entre à l'École navale en 1917 et participe quelques mois à la Première Guerre mondiale avant de poursuivre une brillante carrière d'officier de marine. Capitaine de frégate breveté d'état-major à la déclaration de guerre de 1939, il est d'abord officier de liaison auprès des forces navales britanniques avant d'être affecté à la force X d'Alexandrie. Le 3 juillet 1940, il prend une part importante dans les difficiles négociations entre l'amiral Cunningham et l'amiral Godfroy, qui aboutissent au *gentlemen agrement* évitant à la flotte d'Alexandrie le sort de celle de Mers el-Kébir. Alors que toute la marine française, y compris celle internée dans les ports britanniques, est fidèle à Vichy, il est l'un des très rares à choisir de se rallier au général de Gaulle.

Après un voyage de près d'un mois, il débarque à Londres le 19 septembre 1940 et s'engage dans les Forces navales françaises libres (FNFL). Étant, après l'amiral Muselier, le plus ancien des officiers de marine ralliés à de Gaulle, il reçoit immédiatement le commandement de la première division de contre-torpilleurs FNFL engagée auprès de la Royal Navy dans la bataille de l'Atlantique. Il est promu capitaine de vaisseau en novembre 1941 et prend part, aux côtés de la flotte australienne, à la lutte contre les Japonais. Lorsque éclate la très grave crise qui oppose de Gaulle à l'amiral Muselier, Auboyneau apparaît comme le seul officier capable de prendre la tête des FNFL. De Gaulle vante à Anthony Eden les mérites de cet homme jeune et bon marin, bien mieux qualifié que Muselier sur le plan moral pour commander la marine de la France libre. Rappelé en urgence, Auboyneau arrive à Londres le 27 avril 1942. Il est nommé contre-amiral à titre temporaire et commandant en chef des FNFL. À la différence de son prédécesseur, Auboyneau ne fait guère parler de lui à ce poste. Il reste discret et efficace. Au début de l'année 1943, lorsque s'opère la fusion entre la flotte d'Afrique du Nord et les FNFL, le jeune contre-amiral Auboyneau rejoint Alger et accepte de devenir l'adjoint de l'amiral Lemonnier, chef d'état-major général de la marine. Le 1er août 1944, il prend le commandement de la 3e division de croiseurs qui participe au débarquement de Provence. Il est fait Compagnon de la Libération le 26 septembre 1945.

Après la guerre, il est nommé aux plus hauts postes de commandement maritime : en Indochine d'abord, de 1947 à 1954, puis en Algérie, en 1955. Début mai 1958, avec les généraux Jouhaud et Salan, il fait partie des chefs militaires qui refusent le programme réformiste que Pierre Pflimlin propose pour l'Algérie. Il contribue ainsi au retour au pouvoir du général de Gaulle. Il ne connaît pourtant pas l'issue de la guerre d'Algérie : il quitte le service actif en décembre 1960 et meurt deux mois plus tard. Ses obsèques sont célébrées en l'église Saint-Louis-des-Invalides en présence du général de Gaulle.

Claude D'ABZAC-EPEZY

• *Voir aussi* : Comité national français ; Débarquement en Provence ; Marine ; Retour de 1958

Bibl. : Émile Chaline et Pierre Santarelli, *Historique des Forces navales françaises libres,* Paris, SHM, t. 3, 1998.

AUDIOVISUELLES (interventions). – Le général de Gaulle est un homme de l'écrit. La rédaction de ses Mémoires en témoigne. Pourtant, les réminiscences les plus ancrées dans l'inconscient collectif sont celles de son allocution radiodiffusée du 18 juin 1940 et de ses apparitions à la télévision dans des circonstances parfois dramatiques, comme en 1961 et en 1968. Comment se fait-il que le personnage ait pu si bien « passer le tube cathodique » ? S'il est impossible d'expliquer pourquoi un homme politique est télégénique, en revanche il n'est pas exclu de recenser les différents paramètres qui peuvent constituer un début d'explication.

Lors de ses interventions, il est apparu seul. L'absence d'intermédiaire, sauf celui, épisodique, de Michel Droit lors du ballottage de 1965, permettait d'établir un contact direct entre le chef de l'État et les citoyens. Ses interventions télévisées ne répondaient pas à un souci d'apparition quotidienne à la télévision. Les allocutions bilans étaient prévues tous les six mois, et les autres ne constituaient que des réactions à des événements d'une exceptionnelle gravité. La règle de « l'intervalle de communication », développée par l'école américaine de Palo Alto, reste fondamentale pour la bonne utilisation de la télévision quand on est au pouvoir. Bien évidemment, le général de Gaulle l'utilisa d'instinct.

Par ailleurs, de tous les présidents de la République, de Gaulle est celui dont la richesse de vocabulaire est la plus grande. On est là en présence d'un facteur *a priori* négatif. En effet, lors d'une allocution à la télévision, le public auquel on s'adresse est hétérogène et son vocabulaire de tous les jours souvent pauvre. La distorsion entre le vocabulaire du locuteur et celui des auditeurs est, normalement, un obstacle naturel à la bonne compréhension du message.

Pour remédier à cette difficulté, de Gaulle utilise trois procédés : les mots rares, les métaphores et la tautologie. Les phrases bien construites peuvent atténuer les effets d'un vocabulaire excessivement riche. Souvent, le recours aux mots rares ou aux expressions désuètes facilite la compréhension d'une idée ; la reprise ultérieure du terme employé peut devenir un mot courant. Qui ne se souvient de : cahin-caha, tohu-bohu, pagaille, chienlit, boîte à chagrin, tracassin, quarteron, volapük et autres machins... Le recours aux métaphores est aussi une caractéristique du discours gaullien télévisé, les images verbales renforçant les images non verbales. Ainsi, à propos de l'indépendance nationale, le 27 avril 1965 : « Aussi grande que soit la coupe que l'on nous tend du dehors, nous préférons boire dans notre verre tout en trinquant aux alentours. » Et pour parler du progrès : « La maîtresse de maison, la ménagère, veut avoir un réfrigérateur, elle veut avoir une machine à laver, et même si c'est possible, une auto ; cela c'est le mouvement. Et, en même temps, elle ne veut pas que son mari s'en aille bambocher de toutes parts, que les garçons mettent les pieds sur la table et que les filles ne rentrent pas à la nuit : ça c'est l'ordre. La ménagère veut le progrès, mais elle ne veut pas la pagaille, eh bien ! c'est vrai aussi pour la France. Il faut le progrès, il ne faut pas la pagaille. » On notera également les métaphores maritimes très nombreuses, pour traduire en général l'évolution de la France : « Nous voguons à pleines voiles vers les buts que nous nous sommes fixés... » Il utilise aussi la tautologie, qui, dans un texte écrit, avoue plutôt une faiblesse de l'expression mais, à la télévision, permet à chaque Français de combler les vides sémantiques : « La France est la France », ce « peuple que nous sommes au siècle et dans le monde où nous sommes » ou encore : « L'Europe c'est l'Europe. »

De Gaulle recourt également au procédé qui consiste à utiliser une abondance de termes excessifs pour répéter une idée déplaisante et faire partager son dégoût aux téléspectateurs. Ainsi, à propos de la IVe République, aligne-t-il les adjectifs : dérisoire, fallacieux, impuissant, stérile, scandaleux, etc., les substantifs : abandon, combinaison, insécurité, instabilité, pagaille, renoncements, etc., les verbes : abdiquer, gaspiller, paralyser, s'incliner, s'effondrer, etc. Que reste-t-il du régime de la IVe après une telle avalanche ?

Dans ses discours télévisés, et malgré ce qui a pu être largement répandu par la suite, de Gaulle n'a jamais parlé de lui à la troisième personne, à une exception près. L'utilisation du « je » est toujours restée dans des limites raisonnables par rapport à ce qu'ont pratiqué d'autres présidents de la République, notamment François Mitterrand qui réussira, dans une intervention télévisée, à employer le « je » toutes les sept secondes. Chez de Gaulle, ce pronom personnel était souvent accompagné d'un « vous » qui permettait d'établir un lien direct avec le téléspectateur : « Je vous demande de voter ; je vous demande de lutter ; je vous demande de faire... » Autre élément courant chez lui, l'utilisation du « nous ». Là encore, contrairement à ce que beaucoup ont écrit, ce n'est pas du tout un « nous » de majesté. De Gaulle ne l'a pratiquement jamais utilisé. Le « nous » gaullien est la contraction du je + nous. De Gaulle s'associait aux téléspectateurs : « Nous avons bien travaillé... Nous avons progressé... Nous avons eu de bons résultats... »

À partir de la structure pronominale des discours, les allocutions radiotélévisées de De Gaulle peuvent être classées en deux catégories : les discours-appels et les discours-bilans. Les premiers sont très caractéristiques d'un type d'allocutions où l'on retrouve étroitement associés le chef de l'État et les citoyens. Les seconds interviennent à des dates fixées à l'avance, en respectant la « ponctuation de la communication ». De Gaulle y dressait une sorte d'état de la France qui n'était autre que l'action commune menée par lui avec les Français. Ce « nous » associatif que certains linguistes ont qualifié de primitif concrétisait cette volonté de coopération étroite entre gouvernants et gouvernés.

Ainsi les allocutions du général de Gaulle ont-elles présenté des caractéristiques qui ont auréolé ses interventions télévisées de vertus qu'elles ont perdues depuis.

Jean-Marie COTTERET

• *Voir aussi :* Communication ; Discours (typologie des) ; Orateur ; Radio et télévision

Bibl. : Jean-Marie Cotteret et René Moreau, *Le Vocabulaire du général de Gaulle*, Paris, Armand Colin, 1969.

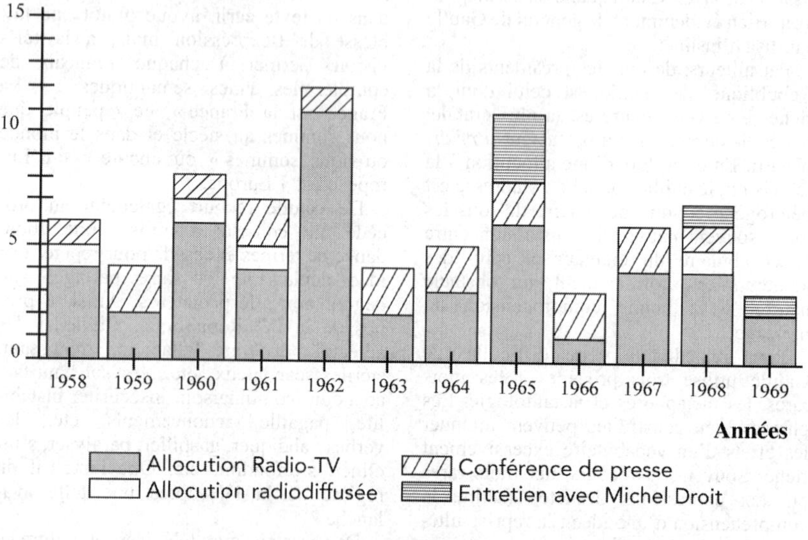

LES INTERVENTIONS RADIOTÉLÉVISÉES DU GÉNÉRAL DE GAULLE DE 1958 À 1969

AURIOL, Vincent (1884-1966). – Admirateur de Jaurès, député SFIO de la circonscription de Muret (Haute-Garonne) de 1914 à 1939, Vincent Auriol est ministre du Front populaire en 1936. Le 10 juillet 1940, ce républicain passionné fait partie des quatre-vingts parlementaires qui refusent de voter les pleins pouvoirs au maréchal Pétain. Arrêté et emprisonné comme plusieurs anciens ministres du Front populaire, il découvre l'existence de l'appel du 18 juin pendant son incarcération. À peine libéré, il entre dans la clandestinité et parvient à Londres à l'automne 1943. Il devient l'un des collaborateurs du général de Gaulle pour lequel il prépare plusieurs ordonnances adoptées en 1944. Dans *Hier, demain*, sorte de mémoire de guerre et de programme politique, qu'il publie en 1945, il explique qu'il est devenu gaulliste en 1940 comme on devient combattant et dédie son livre « au général de Gaulle et à ses premiers compagnons ».

À la Libération, Auriol passe de la dévotion pour celui qui a sauvé « la vraie France » à une relation amicale mais sceptique. Devenu président de l'Assemblée constituante, il éprouve des doutes devant les choix gouvernementaux de De Gaulle ainsi que devant sa raideur à l'égard des communistes. Il comprend mal la démission de janvier 1946 et plus mal encore le discours de Bayeux. Le divorce vient peu après, quand le Général crée le RPF (Rassemblement du peuple français). Premier président de la IVe République, Auriol voit alors en de Gaulle un factieux, chef d'une petite armée anticommuniste, réactionnaire et proaméricain, qui aspire à la dictature. Il veut lui barrer la route, même si, au pire des grèves de 1947 orchestrées par le PCF, il songe que cet autoritariste vaudrait mieux qu'un gouvernement à la botte de Moscou. Redoutant une guerre civile, Auriol manœuvre avec ses amis pour créer une troisième voie. Durant toute la durée de son mandat, il ne rencontre plus de Gaulle, ni officiellement ni officieusement, car le Général refuse toutes ses invitations. Auriol éprouve le sentiment que ce dernier lui en veut d'être à l'Élysée.

Après le 13 mai 1958, de Gaulle prend contact avec l'ancien président de la République. Auriol accepte de se rendre à Colombey. « Cet homme est pour la République avec des conceptions différentes des nôtres », déclare-t-il peu après, contribuant par ses propos à convaincre la majorité des parlementaires socialistes de soutenir le retour du Général au pouvoir et le changement de régime qu'il propose.

Selon les termes de la nouvelle Constitution, Auriol est membre de droit du Conseil constitutionnel. Revenant vite à son ancienne défiance, il refuse de prêter serment et provoque une petite polémique. Par la suite, campant sur sa position d'opposant, il critique la primauté nouvelle de l'exécutif et la présidentialisation du régime, contraires à ses yeux au véritable esprit démocratique, celui qui fait des partis les médiateurs de la volonté nationale et du Parlement le lieu de confrontation des opinions, d'où émergent des compromis conformes à l'intérêt général.

Fabrice D'ALMEIDA

• *Voir aussi* : Antigaullistes de gauche ; Élysée ; GPRF ; Retour de 1958 ; SFIO

Bibl. : Vincent Auriol, *Hier, demain*, Paris, Charlot, 1945 • Id., *Journal du septennat 1947-1954*, Paris, Armand Colin, 7 vol., 1970, et pour l'année 1950, Paris, Tallandier, 2004 • Éric Ghebali, *Vincent Auriol : le président citoyen 1884-1966*, Paris, Grasset, 1998.

AUSCHWITZ. – Le 9 septembre 1967, le général de Gaulle se rendit en Pologne. Sur la route qui le menait de Cracovie en Silésie, il s'arrêta au musée d'État d'Auschwitz-Birkenau et y passa une heure. Cette visite, qui n'a guère laissé de marque publique, est rarement évoquée. Il est vrai que les *Mémoires d'espoir* n'ont pas été achevés. Une seule trace : l'inscription sur le livre d'or du musée.

Si l'on suit le récit de son aide de camp Jean d'Escrienne, la visite fut typique de l'époque. Le président de la République parcourut les salles du musée aménagé dans les bâtiments en briques du camp principal, Auschwitz, et se rendit au camp de Birkenau. Il s'inclina devant la petite stèle à la mémoire des « patriotes français » érigée dans le camp des femmes, déposa une gerbe, et se recueillit devant le monument international inauguré en avril de la même année à la mémoire de quatre millions de victimes de vingt-six nationalités, comme l'indiquait alors une inscription doublement fautive. Ce n'était pas quatre, mais un million, et rien ne disait que pratiquement tous étaient des Juifs.

Ce que furent alors ses pensées, nous n'en savons rien. Peut-être songea-t-il à sa nièce, Geneviève, et à son internement à Ravensbrück. Eut-il la perception, après les turbulences liées à la guerre des Six-Jours, qu'Auschwitz n'était pas un camp de concentration comme le Struthof, et que Birkenau fut le lieu principal du génocide des Juifs ? Le mot « juif » ne figure pas dans les pages de Jean d'Escrienne qui décrit l'accablement de toute la délégation, le trouble du Général au moment de signer le livre d'or : « Il était là assis, dehors, à une petite table sur laquelle on avait posé le livre ouvert à une page blanche. Il mit ses lunettes, prit son stylo et resta de longues secondes indécis et silencieux avant d'écrire. Debout, à sa droite, tout près de lui, je le vis enfin écrire, au tiers de la page, sur deux lignes : "Quelle tristesse !... Quelle pitié", puis il resta, à nouveau, sans trouver ses mots plusieurs longs instants ; enfin, revenant au-dessus de ce qu'il venait d'écrire, avant "Quelle tristesse", il traça deux autres mots : "Quel dégoût", ajouta un point d'exclamation puis s'abîma à nouveau, un grand moment, dans ses pensées ; enfin, comme s'il ne savait vraiment comment en finir, après "Quel dégoût, quelle tristesse, quelle pitié", il écrivit encore : "Quelle espérance humaine !" Se rendant compte évidemment que cette exclamation ne convenait guère à la circonstance, il pensa en atténuer la portée en la faisant précéder, après encore de longues secondes de réflexion, de ces trois mots : "Et malgré tout." Il mit un point d'exclamation après "espérance humaine", signa et data. » Cette dernière expression reste opaque. « L'espérance humaine » est-elle une façon d'englober les morts d'Auschwitz dans ceux de la Résistance, comme le fit largement la mémoire collective jusqu'aux années 1970 ? Est-ce une allusion à la construction de l'Europe et à la pacification des rapports entre la France et l'Allemagne ? Une simple formule pour éviter le désespoir ? Nous ne le saurons probablement jamais.

Annette Wieviorka

• *Voir aussi :* Antisémitisme ; Déportés ; Hitler, Adolf ; Pologne ; Race

Bibl. : Jean d'Escrienne, *De Gaulle de loin et de près*, Paris, Plon, 1978 • Annette Wieviorka, *Auschwitz, soixante ans après*, Paris, Robert Laffont, 2005.

AUTORITÉ. – La réflexion sur l'autorité est précoce chez le général de Gaulle. Elle est perceptible dès l'époque où, prisonnier en Allemagne, il peut observer, dans les dernières semaines de la guerre, les ravages de « la discorde chez l'ennemi » ; elle prend de l'ampleur dans ses conférences à l'École de guerre en 1927 et, quelques années plus tard, nourrit une grande partie de son *Fil de l'épée*. C'est encore un thème récurrent de *La France et son armée* qui exalte les grands chefs de guerre mais n'ignore pas les responsables politiques qui ont su imposer leur vision de l'intérêt supérieur du pays. Cependant, jusqu'à 1940, l'autorité est envisagée sous un angle essentiellement psychologique, comme un attribut majeur de l'« homme de caractère ». Pourtant, on voit poindre déjà, fût-ce de façon discrète, ce qui deviendra bientôt la perspective dominante : une vision proprement politique de l'autorité. Celle de l'État, celle des responsables du destin national. Dès lors, de Gaulle ne pouvait pas ne pas se trouver confronté à la conception républicaine de l'exercice du pouvoir qui puise ses sources dans les combats du XIXe siècle contre l'autoritarisme de type bonapartiste ou césarien.

L'autorité chez l'homme de caractère. De Gaulle est d'abord un militaire et, dans ce milieu bien particulier, la réflexion sur l'autorité a toujours tenu une place importante. Une vision sommaire, mais fort répandue encore de son temps, insiste sur la seule discipline : celle qu'on est en droit d'exiger de ses subordonnés du seul fait qu'ils sont subordonnés. Mais le monde militaire n'ignore pas que certains chefs ont eu la réputation flatteuse d'être des « meneurs d'hommes » et que bien des succès éclatants ont pu être rapportés à ce précieux talent, celui d'Alexandre le Grand ou de César, celui de Turenne, de Condé ou de Napoléon. De Gaulle va s'efforcer d'approfondir ce mystère de l'autorité qui ne repose pas seulement sur le simple devoir d'obéissance des subordonnés. Son approche, de type fondamentalement psychologique, n'est pas étrangère au climat des lendemains de la victoire, qui a vu la France s'enthousiasmer pour « le génie » de ses chefs militaires : les maréchaux Joffre, Pétain et Foch. Pourtant, de Gaulle développe une analyse de l'autorité chez l'« homme de caractère » qui s'affranchit discrètement de ces illustres modèles et dessine, de toute évidence, un autoportrait.

« L'homme qui commande, à quelque échelon qu'il soit placé, doit se fier pour être suivi moins à son élévation qu'à sa valeur », écrit-il dans *Le Fil de l'épée*. L'autorité de l'officier, qui est « d'une qualité suprême », ne saurait se fonder uniquement sur le grade et la rigueur de la discipline ; elle suppose des vertus personnelles, d'ordre intellectuel et moral. Sans doute une authentique compétence professionnelle est-elle requise mais aussi une vaste culture qui développe l'esprit de synthèse et confère une lucidité supérieure dans l'analyse des situations. Et, par-dessus tout, « le prestige » auquel l'auteur du *Fil de l'épée* consacre un chapitre entier. « Fluide d'autorité dont on ne peut discerner au juste en quoi il consiste », il est la marque singulière de l'homme de caractère. On gagne en autorité si l'on sait « parler net », si l'on a le courage de refuser des ordres absurdes et celui de prendre des initiatives fondées ; bref, si l'on a la volonté d'assumer pleinement ses responsabilités. Cette autorité n'est pas de type démagogique. D'abord parce qu'elle ne se soucie pas de flatter ; au contraire, elle exige, elle fait appel à l'esprit de sacrifice. Ensuite parce que « le prestige ne peut aller sans mystère car on révère peu ce que l'on connaît trop bien ». À la différence du politicien qui recherche la familiarité avec les masses et se répand en discours prolixes, le véritable chef est économe de sa parole qu'il sait peser et polir. En prenant soin de ne pas la dissiper en vaines harangues, il lui conserve une force de persuasion supérieure. Cependant, c'est l'action couronnée de succès qui consacre la véritable autorité du chef, quand elle révèle un guide efficace, capable de préserver les intérêts supérieurs du groupe dont il est responsable. La victoire peut-elle se refuser à ceux qui ont su mobiliser autour d'eux non seulement des ressources matérielles mais aussi l'enthousiasme et l'abnégation de ceux qui les suivent ?

Cette conception de l'autorité emprunte nombre de traits à cet idéal militaire qu'ont illustré le maréchal Lyautey ou Ernest Psichari. Une certaine forme d'humanisme se glisse dans ce refus de réduire l'officier à un pur technicien de la guerre. Avec son insistance, qui rappelle le philosophe Schopenhauer, sur la « force intérieure » du chef qu'isolent le poids de ses responsabilités mais aussi sa supériorité de vues sur le vulgaire, de Gaulle se situe aussi dans la mouvance stoïcienne et aristocratique d'Alfred de Vigny. Enfin, sa conception du prestige n'est pas sans évoquer l'analyse wébérienne de l'autorité charismatique. Une autorité qui tient aux caractéristiques personnelles du chef, à ses qualités de meneur et de guide, aux effets d'entraînement de son action tout entière.

L'autorité dans l'arène politique. Témoin acide et anxieux de l'impuissance des derniers gouvernements de la IIIe République, de Gaulle affronte en juin 1940 la débâcle pure et simple de l'État. Où est l'autorité du président du Conseil, Paul Reynaud, incapable d'imposer ses vues à ses ministres ? Où est la légitimité du maréchal Pétain, qui, rompant avec son allié de la veille, demande l'armistice et s'engage bientôt avec l'ennemi dans la voie de la collaboration ? De Gaulle a déjà les outils de sa critique : les chefs sous l'autorité desquels il se disait prêt à se ranger pour continuer la lutte ont failli au regard des critères qui font les véritables guides des temps difficiles. Mais sur quoi fonder sa propre autorité, lui qui n'est, à Londres, qu'un général de brigade fort peu entouré, du moins dans les premiers mois de ce long combat qui commence ?

Son autorité, il la puise d'abord dans la seule certitude d'avoir raison, et d'avoir eu raison avant les autres. Conviction de grande importance personnelle mais de valeur politique à peu près nulle. Sans doute quelques poignées d'hommes et de femmes vont-elles immédiatement se rallier à « l'homme de caractère », sensibles à ce « prestige » du chef qu'il a su si bien décrire huit ans auparavant, mais la construction d'une autorité politique doit emprunter d'autres voies. C'est d'abord le modèle d'autorité charismatique qui s'impose. La figure de De Gaulle, incarnation de l'intérêt national, garant de l'avenir de la patrie, émerge progressivement de ses émissions radiodiffusées, comme une voix étrange, lointaine et immatérielle. Quasi inconnu jusqu'alors, de Gaulle n'a ni identité précise ni visage familier pour la plupart de ses auditeurs. Ce vide suscite d'autant mieux les projections émotionnelles de ceux qui refusent l'humiliation de la défaite, la honte de la collaboration et, bientôt, les souffrances de l'oppression. D'où, par contrecoup, l'émerveillement et la liesse populaires lorsque les foules découvrent enfin l'être de chair qui déploie le 14 juin 1944 sa haute silhouette à Bayeux, puis sur les Champs-Élysées, le 25 août. C'est la rencontre physique d'un peuple avec son mythe.

De Gaulle a toujours gardé une inclination pour ce type d'autorité charismatique, comme en témoigne cette étonnante référence du 29 janvier 1960, en pleine tempête algéroise, à « la légitimité nationale que j'incarne depuis vingt ans ». Mais elle ne pouvait pas ne pas faire grincer les dents. Pour la tradition démocratique, la seule autorité politique authentique se puise dans l'approbation des électeurs, périodiquement renouvelée. La tradition républicaine est plus soupçonneuse encore, qui voit dans le soutien populaire à un homme d'État, exprimé par le suffrage universel direct, la promesse d'une renaissance bonapartiste, sinon fasciste. C'est pourquoi de Gaulle comprend très vite la nécessité d'institutionnaliser son autorité. Pendant l'Occupation, ce sera d'abord grâce au truchement d'institutions consultatives dont il s'attache à élargir la représentativité. Ainsi même les partis politiques seront-ils invités à siéger au Conseil national de la Résistance puis à l'Assemblée consultative d'Alger. Ce sera surtout la promesse solennelle, énoncée dès le 27 octobre 1940 à Brazzaville, de « rendre compte de tous ses actes aux représentants de la nation française » lorsque la République pourra être rétablie sur l'ensemble du territoire. Mais, à ses yeux, la tâche de restauration d'une autorité de l'État pleinement légitime et pleinement efficace ne pouvait être menée qu'en mettant en place de nouvelles institutions. Après l'échec de 1946, ce sera la Constitution de 1958 telle qu'il la commente le 31 janvier 1964 : « Il doit être entendu que l'autorité indivisible de l'État est confiée tout entière au président par le peuple qui l'a élu, qu'il n'en existe aucune autre [...] qui ne soit conférée et maintenue par lui. » Ainsi doit, idéalement, s'opérer la rencontre de l'élu du peuple avec l'homme de caractère, la fusion de l'autorité légale rationnelle avec l'autorité charismatique.

Philippe Braud

• *Voir aussi* : Bonapartisme ; Caractère ; Foule ; Légitimité ; Président de la République

Bibl. : Lucien Jaume, « Les vertus du commandement selon de Gaulle », dans *Cités*, n° 6, 2001 • Jean-Pierre Machelon, « L'Autorité », dans Vincent Duclert et Christophe Prochasson, *Dictionnaire critique de la République*, Paris, Flammarion, 2002.

jusqu'à la Libération son officier traitant. « l'honorable correspondant Joséphine », comme celui-ci la surnomme dans le livre qu'il lui a consacré, ne fut pas, précise-t-il, « un agent de renseignements proprement dit », mais un relais efficace, grâce à son prestige international, pour les services gaullistes opérant notamment en Afrique du Nord et au Moyen-Orient. Elle organisa et anima, en outre, des tournées de propagande destinées à récolter des subsides en faveur de la Résistance. Présent à l'un des spectacles qu'elle donna à Alger en 1943, de Gaulle vint la remercier à l'entracte de « tous ses efforts » déjà accomplis en faveur de la France libre et lui fit remettre par son officier d'ordonnance une petite croix de Lorraine en or.

En octobre 1944, Joséphine Baker débarqua à Marseille sous l'uniforme des Forces féminines de l'armée de l'air. Après une série de récitals dans la région en faveur des populations sinistrées, elle suivit avec ses musiciens la progression de la 1re armée française. À Berlin, elle représenta la France lors de la soirée célébrant la victoire qui réunit des artistes des quatre nations signataires de l'acte de cessation des hostilités.

Restée passionnément gaulliste, Joséphine Baker manifesta jusqu'au bout son soutien au Général. « Je sais, lui écrivit ce dernier en juin 1969, combien me sont fidèles – et depuis tant d'années ! – les sentiments dont vos messages m'ont apporté l'expression. » Jean-Luc BARRÉ

• *Voir aussi* : France libre ; Services spéciaux

Bibl. : Jacques Abtey, *La Guerre secrète de Joséphine Baker*, Paris-La Havane, Éditions Siboney, 1948.

BALLOTTAGE (1965). – *Voir* DOUTE DE SOI ; ÉLECTION PRÉSIDENTIELLE DE 1965 ; POPULARITÉ (dans les sondages d'opinion) ; PRÉSIDENT DE LA RÉPUBLIQUE.

BARBEROT, Roger (1915-2002). – Né à Cherbourg, Roger Barberot entre à l'École navale en 1936 et devient, comme son père, officier de marine. Doté d'un esprit libre, volontiers polémiste, d'un humour vif et d'un anticonformisme qui s'accorde assez mal avec le cadre rigide de la « Royale », l'enseigne de vaisseau Barberot se trouve sur le croiseur *Tourville*, à Alexandrie, en juin 1940. Mis aux arrêts de rigueur pour avoir affiché à bord un appel à poursuivre la lutte, il s'évade en plongeant dans la rade d'Alexandrie et rejoint, début juillet 1940, les FFL (Forces françaises libres) au Caire.

Tour à tour chef de section de troupes coloniales en Libye (1940), puis officier de Légion en Syrie, à Bir-Hakeim et en Tunisie (1941-1943) et enfin commandant de l'escadron blindé des fusiliers marins de la 1re DFL (Division française libre) en Italie et en France (1944-1945), Roger Barberot est de tous les combats. Figure de la France libre, Compagnon de la Libération, il reçoit en Italie, des mains du général de Gaulle, la première Légion d'honneur de la 1re DFL. Onze fois cité, il est en 1945 le plus décoré des marins français.

Désorienté par le départ du Général en 1946, il est enthousiasmé par son discours à Bruneval le 30 mars 1947. Il quitte alors la marine pour s'engager dans l'aventure du RPF dans laquelle il voit la continuité de l'épopée de la France libre. Soldat devenu militant, permanent du RPF, il est chargé, avec Pierre de Bénouville, Bernard Dupérier, François Goussault et le colonel Schneider, des affaires de Défense nationale. En homme de terrain, il participe également à l'organisation des déplacements en province du Général ; c'est à cette époque qu'il le côtoie le plus.

Après l'échec du RPF, le colonel Barberot se fait rappeler en 1956 pour servir en Algérie, sous les ordres du général de Bollardière, son ancien chef à la Légion. Suivant ce dernier, il prend position contre l'action gouvernementale et l'usage de la torture en Algérie et est démobilisé en avril 1957.

Gaulliste de gauche, il appartient au comité directeur du Centre de la réforme républicaine (CRR) et milite activement pour le retour au pouvoir du Général à qui il tente de rallier des personnalités comme Pierre Mendès France. Plus militant que politique, c'est dans la conquête du pouvoir que s'exprime le mieux son caractère bouillant.

Après 1958, membre de l'UDT (Union démocratique du travail), il est minoritaire dans le mouvement gaulliste. Déçu par l'orthodoxie de l'UNR qu'incarne selon lui Jacques Soustelle et en dépit de sa fidélité – critique – au Général, il se détourne de la politique. Il obtient le poste d'ambassadeur de France en République centrafricaine puis en Uruguay (décembre 1960-mars 1968). En 1967, il accepte de se présenter aux élections législatives dans la difficile 3e circonscription de l'Essonne. Sans succès.

Directeur général du Bureau pour le développement de la production agricole de 1968 à 1973, puis administrateur du Territoire des terres australes et antarctiques françaises, Roger Barberot termine sa carrière en 1980.

Vladimir TROUPLIN

• *Voir aussi* : Division française libre ; Marine ; Ordre de la Libération ; Torture ; UDT

Bibl. : Roger Barberot, *Malaventure en Algérie avec le général Pâris de Bollardière*, Paris, Plon, 1957 • Id., *À bras le cœur*, Paris, Robert Laffont, 1972.

BARBOUZES. – « Qui ne sait que plus tard, pour s'informer de ce que tramaient en Algérie et en métropole les organisations subversives, le service d'ordre a employé des éléments clandestins ? » Ce 21 février 1966, en pleine conférence de presse élyséenne consacrée à l'affaire Ben Barka, le général de Gaulle admet publiquement l'existence des « polices parallèles » anti-OAS (Organisation armée secrète). Une grande première, même si le chef de l'État minimise leurs activités, qu'il réduit à un simple travail de renseignements.

Jusqu'à la période finale de la guerre d'Algérie, le sobriquet « barbouze » désignait des agents des services secrets extérieurs opérant sous une identité de circonstance – la « fausse barbe ». La lutte contre l'OAS va lui donner un sens tout autre : celui de parties prenantes d'une guerre civile franco-française larvée mais meurtrière.

Au dernier trimestre 1961, les forces de l'ordre semblent débordées en Algérie. Bras armé de l'OAS, les commandos Delta de Roger Degueldre assassinent méthodiquement policiers, fonctionnaires et officiers loyalistes. Un sort analogue attend les hommes de la division des « Missions et Recherches » de la Sécurité militaire (SM), petit noyau de gaullistes fidèles, souvent anciens Français libres, lancés aux trousses des officiers OAS. L'obsession du ministre de l'Intérieur, Roger Frey, et de son « monsieur anti-OAS », Alexandre Sanguinetti, est d'éviter qu'insécurité et terreur traversent la Méditerranée. En métropole, les plasticages commencent, certes, à devenir monnaie courante, mais pas les crimes de sang. L'idée s'impose alors de recruter des « éléments irréguliers », gangsters ou vieux baroudeurs gaullistes, et de les charger de missions spéciales en Algérie. En suppléant la police et la gendarmerie sans être tenus, comme elles, aux procédures légales, ces hommes pourront éliminer froidement les cibles activistes qu'on leur désignera.

À la demande de la SM, un ancien parachutiste de la France libre, Louis Soliveau, et un truand lyonnais ex-résistant, Jean Augé, partent pour l'Algérie début octobre 1961. Augé assassine sur ordre deux officiers pro-OAS du Service de documentation extérieure et de contre-espionnage (SDECE). Entre autres faits, cette liquidation physique éclaire la réaction ultérieure du fort peu gaulliste colonel Paillole, président de l'Association des anciens des services spéciaux de la Défense nationale : « Ce serait la mort des Services spéciaux que de les laisser confondre avec tant d'organes ténébreux, qui n'ont de commun avec eux qu'un sobriquet dérisoire. » Celui de « barbouzes » justement...

Le projet de contre-terrorisme officieux en croise un autre : l'autodéfense des petits groupes gaullistes d'Algérie. Littéralement assiégés par les commandos OAS, les hommes du Mouvement pour la coopération (MPC) du journaliste de la radio-télévision Lucien Bitterlin et les durs de la branche algérienne de l'Association, pour le soutien à l'action du général de Gaulle conduits par un vieux baroudeur, André Goulay, ont en effet déjà noué d'étroits contacts avec le colonel Roger André, dit *Laurent*, chef de la division des Missions et Recherches en Afrique du Nord et partisan de la manière forte, ainsi qu'avec le délégué général en Algérie, Jean Morin, qui finance d'ailleurs une grande partie de leurs activités. En novembre 1961, comme convenu entre Goulay et le colonel André, le MPC passe au contre-terrorisme, plastiquant plusieurs cafés considérés comme des bases de l'OAS.

La lutte contre l'OAS s'organise autour de trois pôles rivaux dont les actions s'entremêlent : le ministère de l'Intérieur (Roger Frey ; Alexandre Sanguinetti ; Michel Hacq, le directeur de la Police judiciaire) ; les éléments loyalistes de la DST et des Renseignements généraux bientôt groupés au sein du Bureau de liaison ; le préfet de police de Paris Maurice Papon ; le ministère de la Défense (Pierre Messmer ; Xavier Deniau ; le général Feuvrier, patron de la Sécurité militaire et ancien des Forces aériennes françaises libres ; les gendarmes du colonel Debrosse et du capitaine Lacoste) ; et les « réseaux » de Jacques Foccart, où se distinguent des hommes comme Marcel Chaumien. Les « barbouzes » naissent au confluent de ces trois mouvances autour de Dominique Ponchardier dit *Bibi Fricotin*, ancien résistant puis chef du service d'ordre du RPF (dont l'ex-numéro 2, Claude Dumont, est passé, lui, avec armes et bagages du côté de l'OAS) et de Pierre Lemarchand, résistant et avocat. Un spécialiste des arts martiaux, le franco-vietnamien Jim Alcheik, sélectionne les recrues dans sa salle parisienne. Les « barbouzes », dont certains sont des politiques (l'ancien des Brigades internationales Hettore Lobianco) et d'autres de simples mercenaires, s'installent dans plusieurs villas algéroises, en liaison avec le MPC. S'ils parviennent à porter quelques coups à l'OAS (assassinat de Camille Petitjean, numéro 2 du Bureau central de renseignements de l'organisation), ils sont vite l'objet d'attaques de style quasi militaire de la part de Degueldre, qui a fait d'eux ses bêtes noires. Les pertes subies conduisent à s'interroger. S'est-on servi de ces hommes pour « fixer » en Algérie les éléments activistes durs et éviter ainsi qu'ils n'interviennent en métropole ? Les a-t-on délibérément sacrifiés de façon à détourner l'attention de l'OAS du travail des forces de l'ordre ? Le fait est que les « barbouzes » laisseront une trace profonde dans l'imaginaire collectif qui les confond volontiers avec les officiers de la SM auteurs de l'enlèvement du colonel OAS Argoud, avec les éléments policiers impliqués, en marge des services secrets français et marocains, dans l'enlèvement de Mehdi Ben Barka, ou avec les militants du SAC (Service d'action civique). Tous sont désignés pêle-mêle sous le vocable général de « barbouzes gaullistes ».

Rémi KAUFFER

• *Voir aussi* : Attentats ; OAS ; SAC ; Sécurité ; Services spéciaux

Bibl. : Lucien Bitterlin, *Nous étions tous des terroristes*, Paris, Éditions du Témoignage chrétien, 1983 • Yves Courrière, *La Guerre d'Algérie*, t. 2, *1957-1962*, Paris, Fayard, 2001 • Rémi Kauffer, *OAS, histoire d'une guerre franco-française*, Paris, Le Seuil, 2002.

BARRÈS, Maurice (1862-1923). – Philippe Barrès, le fils du grand écrivain, est l'auteur de la première biographie consacrée au général de Gaulle. Dans cet ouvrage publié à Montréal en 1941, il prête au leader de la France libre, en des termes qui auraient pu être ceux de l'auteur des *Déracinés* (1897), une connaissance « intime » de la France. « Il la sent comme on la sent quand on est un fils de cette petite noblesse ou de cette bourgeoisie provinciales qui sont placées comme le ciment de notre pays entre les classes dites privilégiées et la masse de la population. » L'ouvrage est dédié « à la mémoire de mon père, Maurice Barrès, qui connut l'invasion allemande deux fois, en 1870 et en 1914, et qui ne désespéra jamais de notre pays, ni de la liberté des esprits dans le monde ».

Charles de Gaulle fut dès sa jeunesse un lecteur de Maurice Barrès. Plus tard, il souscrivit à l'édition de ses œuvres complètes. Il prit des notes dans les *Cahiers*. Barrès fait partie de ses références, au même titre que Charles Péguy ou, à un moindre degré, Charles Maurras. La manière dont l'influence de Barrès s'exerce sur de Gaulle doit donc être envisagée en relation avec celle de ces auteurs, qu'elle renforce ou corrige. Barrès, comme Péguy et à la différence de Maurras, représente une des composantes du climat « fin de siècle » qui marqua la formation intellectuelle de De Gaulle : celle qui juge le rationalisme trop étroit et cherche la jonction avec des forces profondes, dans une position qui fait consciemment rejouer la tension entre la discipline classique et l'énergie romantique. Il y a quelque chose de barrésien dans la manière dont Charles de Gaulle analyse les événements en y cherchant un jeu de forces permanentes, et dans l'importance qu'il donne à la question nationale.

Pour ce qui concerne le rapport avec la République, les influences de Barrès et de Péguy contrebalancent celle de Charles Maurras. À la différence du théoricien de l'Action française, Barrès estimait qu'il fallait prendre la France telle qu'elle était, avec l'héritage de la Révolution et de l'Empire. Il ne visait pas à une restauration monarchique. Barrès comme Péguy sont à la fois républicains et antiparlementaires. Mais autant Péguy oscille entre des tendances libertaires et autoritaires, autant Barrès est plus « situé » politiquement : il est élu député boulangiste en 1889.

On connaît les liens qui unissent le bonapartisme et le boulangisme. La trace de l'œuvre barrésienne dans la pensée gaullienne s'exprime aussi dans la composante bonapartiste du gaullisme, décelée dès le temps de la France libre par Raymond Aron. Les jeunes héros des *Déracinés* se retrouvaient aux Invalides pour s'engager à « césariser », c'est-à-dire à reprendre à leur compte la leçon d'énergie donnée par l'Empereur. Barrès fut constamment à la recherche du grand homme capable de prendre en charge l'unité de la France. Son nationalisme est plus large et plus fédérateur que celui de Maurras. On trouve dans son œuvre à la fois le nationalisme le plus étroit, un nationalisme de repli, traquant l'ennemi intérieur et extérieur, et un nationalisme plus ouvert. Cette tension entre le national et l'universel marque toute sa pensée. Elle s'exprime dans la citation faite par son fils dans la biographie de De Gaulle déjà citée, et qui date de 1916 : « Chaque Français se fait une idée très claire du rôle de la France. La France existe pour qu'il y ait moins de misère dans le monde. C'est pour cela qu'elle est guerrière. » Le grand homme exprime l'être national et en défend les intérêts, en même temps qu'il est potentiellement l'héritier d'un messianisme national à la charnière du particulier et de l'universel. On peut se demander si Barrès n'occupe pas un lieu géométrique entre Péguy et Maurras, en raison de cette forme de monarchisme démocratique qu'est le bonapartisme, mais aussi de par cette ouverture, limitée mais présente, à l'universalisme, en dépit du particularisme de la « terre » et des « morts ».

Si Barrès a séduit ses lecteurs, ce n'est pas seulement par son nationalisme, c'est même parfois avant celui-ci et malgré lui. Il y a chez lui une tension permanente entre un penchant au nihilisme, au désespoir, à l'égotisme, à la fascination pour la mort, et la volonté de se rattacher à une collectivité durable, de s'enraciner, de trouver un sens et une orientation. Et l'envie de surmonter cette tension par l'action, par la dignité, par l'édification de son personnage et la prise au sérieux de celui-ci. Un peu de ce mélange entre implication et recul, entre conviction et ironie, se retrouve chez de Gaulle. En décembre 1954, le Général remercie Jean-Marie Domenach de lui avoir adressé son *Barrès par lui-même*. Barrès « n'a pas fini de [l]'enchanter » : « Vous faites très bien voir et sentir cette espèce de déchirement de l'âme, si l'on veut de désespoir, qui m'ont toujours entraîné dans Barrès, qu'il a habillés d'une splendide désinvolture, mais dont je ne crois pas que l'effet doive s'éteindre parce que la décadence ne se confondra pas toujours avec la médiocrité » [*LNC*]. Jérôme Grondeux

• *Voir aussi* : Bonapartisme ; Doute de soi ; France (idée de la) ; Nationalisme ; République

Bibl. : Claire Bompaire-Évesque, « Barrès à la recherche du grand homme », dans *L'Écrivain et le grand homme. Travaux de littérature publiés par l'ADIREL*, Genève, Droz, 18, 2005, p. 337-353 • Alain Larcan, *De Gaulle inventaire. La culture, l'esprit, la foi*, Paris, Bartillat, 2003 • Henri-Louis Miéville, *La Pensée de Maurice Barrès*, Paris, Éditions de la Nouvelle Critique, 1934.

BARRÈS, Philippe (1896-1975). – Charles de Gaulle ne pouvait espérer caution intellectuelle plus emblématique, dès la création de la France libre, que celle du propre fils de l'auteur de *La Colline inspirée*. À une époque où « tant de grands noms des lettres françaises hésitent à se décider ou ne peuvent le faire », comme il le lui écrira en décembre 1941, l'approbation immédiate de Philippe Barrès est d'autant plus précieuse que l'ancien rédacteur en chef du *Matin* fait partie, aux États-Unis, des quelques réfugiés français militant ouvertement en sa faveur.

En réalité, ce journaliste influent n'a pas attendu l'appel du 18 Juin pour se reconnaître dans l'action et la pensée de Charles de Gaulle. Avant guerre, Philippe Barrès comptait déjà parmi les rares hommes de presse à approuver ses thèses. C'est dans l'entourage du Führer qu'il affirmera plus tard avoir entendu vanter ses idées pour la première fois. En mai 1940, la vision du colonel de Gaulle « impavide » au milieu du désastre, « calme, si calme, vêtu comme son mécanicien d'une veste de cuir sans insigne », achève de lui révéler l'ampleur et la singularité du personnage.

Dès l'année suivante, Philippe Barrès manifeste son soutien sans réserve au rebelle de Londres en lui consacrant une biographie, la première du genre, publiée aux États-Unis fin 1941 et bientôt traduite dans la plupart des pays alliés. Ce portrait avant tout sentimental a d'abord pour vocation de propager le mythe naissant de l'homme du 18 Juin. De Gaulle ne l'interprète pas autrement, qui, remerciant son auteur du « beau livre » qu'il lui a envoyé, se contente par ailleurs de prendre acte, comme d'un fait acquis, du « personnage que vous avez choisi pour sujet »... Lorsqu'il reçoit le premier exemplaire de l'édition française, en février 1942, le Général se refuse de nouveau à commenter « ce que vous dites de moi-même », mais consent cette fois à lui dire « un mot du fond qui m'a paru profondément juste, nécessaire et émouvant ». À partir de cette date, Philippe Barrès collabore activement, à New York, à *Pour la victoire*. Sachant la rédaction partagée à son encontre, de Gaulle apprécie l'appui sans réserve du fils de Maurice Barrès.

Le Général le retrouve à ses côtés, avec la même ferveur, lors de la création du RPF. Devenu le rédacteur en chef de *Paris-Presse*, le journaliste lui apporte là encore un concours déterminant, alors que la presse nationale accueille avec méfiance sa nouvelle entreprise politique. Durant l'été 1953, l'échec du mouvement étant consommé, Barrès est du petit nombre de ses compagnons que de Gaulle reçoit à La Boisserie pour en tirer les conséquences.

Mais la dévotion de ce gaulliste originel ne résiste pas à l'épreuve algérienne. Son désaccord avec le nouveau chef de l'État est d'autant plus irréversible que cette guerre se solde pour lui par la perte au combat de son fils Claude, en mai 1959. Les condoléances du Général, saluant ce que « l'exemple de Claude Barrès apporte à notre pays de douloureuse et noble fierté », ne suffiront pas à réconcilier les deux hommes.

Jean-Luc Barré

• *Voir aussi* : Opinion publique américaine ; Ouvrages biographiques

Bibl. : Philippe Barrès, *Charles de Gaulle*, New York, Brentano's, 1941 • Alain Larcan, *De Gaulle inventaire*, Paris, Bartillat, 2003.

BARRICADES (semaine des). – Le 16 septembre 1959, le général de Gaulle a reconnu le principe de l'autodétermination pour décider l'avenir de l'Algérie. La fin de l'année 1959 est marquée par un infléchissement de la politique algérienne de la France. Le pouvoir entame une reprise en main discrète des affaires militaires en Algérie, toujours confiées pour l'heure au général Challe. Pendant ce temps, à Alger, des alliances se sont nouées entre certains officiers de l'état-major du général Massu (les colonels Argoud et Broizat), le colonel Gardes du 5e Bureau de l'état-major interarmes, et des mouvements « ultras », partisans du maintien de l'Algérie française.

Au début de l'année 1960, le général Massu, commandant du corps d'armée d'Alger, a confié, dans un entretien à la *Süddeutsche Zeitung* publié le 18 janvier, son désarroi devant les orientations politique de la France en Algérie. Évoquant le sentiment des militaires, il a précisé :

« L'armée a la force. Elle ne l'a pas montrée jusqu'à présent. L'occasion ne s'en est pas présentée, mais, dans une certaine situation, l'armée établirait son pouvoir. » À propos du général de Gaulle, il a ajouté : « Nous ne comprenons plus sa politique. L'armée ne pouvait s'attendre à une telle attitude de sa part. » La réponse du pouvoir politique est rapide : Massu est rappelé à Paris. En dépit d'un démenti publié par ce dernier, de Gaulle estime qu'« il ne doit pas retourner à Alger ». Or la population européenne de la ville adule Massu, l'homme qui a brisé la vague d'attentats en 1957 et l'homme du 13 mai 1958. Dans une lettre à son ministre Pierre Guillaumat, le 21 janvier, de Gaulle estime que sa décision pourra provoquer « des remous locaux », qui devraient être « limités et circonstanciels. Mais l'abaissement de l'État et le consentement de De Gaulle seraient, eux, irréparables ». Doit-on penser, comme certains commentateurs d'alors, que le Général recherchait l'épreuve de force algéroise et le rappel de Massu pour débarrasser l'Algérie des hommes du 13 mai 1958 hostiles à sa politique ? Toujours est-il que la population algéroise réagit vivement au rappel à Paris du général Massu et l'affrontement avec le pouvoir gaulliste va durer une semaine.

Un appel à la grève générale est lancé par les ultras. Il est suivi d'une manifestation de soutien au général Massu, le 24 janvier, qui dégénère en franche opposition au pouvoir. Des barricades sont dressées au centre d'Alger, la foule européenne organise sa résistance aux forces de l'ordre, chargées de dégager le plateau des Glières. Parmi les manifestants, on compte de nombreux membres des Unités territoriales, ces Européens réservistes utilisés ponctuellement par l'armée comme milices supplétives. Les barricades délimitent un camp retranché qui organise son autodéfense et provoque l'autorité suprême. Les gendarmes, employés pour les réduire, se heurtent à une forte résistance jusqu'à ce qu'une rafale de fusil-mitrailleur provoque le drame : le premier soir, on relève 20 morts sur le pavé d'Alger.

Pour de Gaulle, il s'agit d'une « insurrection » qui doit absolument être châtiée, comme il l'écrit dans une lettre à Michel Debré du 25 janvier 1960. Le Délégué général du gouvernement, Paul Delouvrier, a dû quitter Alger et se mettre à l'abri, mais il appelle les Algérois à soutenir le général de Gaulle. L'attitude des parachutistes témoigne d'un flottement certain puisque des fraternisations ont lieu de part et d'autre des barricades et que la 10e division parachutiste refuse d'utiliser ses armes contre les Unités territoriales. Arrivé en urgence à Alger, Michel Debré constate une situation délétère. Devant le pourrissement de la situation, de Gaulle décide d'intervenir à la télévision. Il apparaît en uniforme pour demander le soutien des Français et rappeler à l'armée son devoir d'obéissance. La 10e division parachutiste est retirée d'Alger et, finalement, au bout d'une semaine, les barricades sont levées après la reddition négociée de certains de leurs chefs dont le leader étudiant Pierre Lagaillarde.

Les conséquences de cette semaine des Barricades sur la politique française en Algérie sont importantes. De Gaulle procède à un remaniement ministériel : Jacques Soustelle quitte le gouvernement et Pierre Guillaumat le ministère des Armées. Il opère aussi d'importants changements de personnel au sein du commandement militaire et s'engage très nettement dans une reprise en main de l'armée dont il n'est plus question de tolérer la moindre intrusion dans le domaine politique. Les Unités territoriales et le 5e Bureau sont dissous tandis que le général Challe lui-même est remplacé par le général Crépin en avril. Au début de mars, de Gaulle se rend en Algérie où il évoque une « Algérie algérienne ». Pour les partisans de l'Algérie française, cette semaine des barricades aura consacré leur éclatante rupture avec de Gaulle. Avec le temps, cette hostilité déclarée conduira certains à franchir le pas de la clandestinité et de l'opposition armée au pouvoir gaulliste. Raphaëlle BRANCHE

• *Voir aussi :* Algérie (guerre d') ; OAS ; Pieds-noirs

Bibl. : Merry et Serge Bromberger, Georgette Elgey et Jean-François Chauvel, *Barricades et colonels*, Paris, Fayard, 1960 • Michael Kettle, *De Gaulle and Algeria, 1940-1960. From Mers* *el Kebir to the Algiers Barricades*, Londres, Quartet Books, 1993 • Guy Pervillé, « Du triomphe à l'abandon », dans Jean-Jacques Jordi et Guy Pervillé (dir.), *Alger 1940-1962. Une ville en guerres*, Paris, Autrement, 1999.

BASTIEN-THIRY, Jean-Marie. – *Voir* ANTIGAULLISTES DE DROITE ; ATTENTATS (et projets d') ; OAS ; PETIT-CLAMART.

BAUMEL, Jacques (1918-2006). – De la Résistance à la fin du Rassemblement du peuple français (RPR), Jacques Baumel participe à toute l'histoire du gaullisme, avec deux temps forts aux côtés de Charles de Gaulle : le RPF et l'UNR (Union pour la nouvelle République). En 1939, étudiant en médecine, il est mobilisé comme médecin auxiliaire. Il tente vainement de rejoindre la France libre en 1940 mais entre très vite dans la Résistance intérieure, au sein du mouvement Combat. Il devient en mars 1943 le premier secrétaire général des Mouvements unis de Résistance (MUR). Son beau parcours de résistant lui vaut d'entrer dans la confrérie suprême du gaullisme de guerre, celle des Compagnons de la Libération. En outre, délégué à l'Assemblée consultative provisoire depuis octobre 1944, secrétaire général du Mouvement de Libération nationale, il est en juin 1945 un des fondateurs de l'Union démocratique et socialiste de la Résistance (UDSR), dont il devient le secrétaire général. Élu en 1945 et en juin 1946, il préside encore le groupe parlementaire UDSR au sein de la seconde Assemblée constituante mais perd son siège de député en novembre 1946, à la tête d'une liste du Rassemblement des gauches républicaines (RGR).

En contact avec de Gaulle depuis la fin de la guerre, Baumel, avec Jacques Soustelle et le colonel Rémy, est associé à la genèse du RPF dès décembre 1946, avec pour mission de mobiliser les résistants de l'intérieur – il peut se présenter comme « un des dix fondateurs » du RPF. Il y devient secrétaire adjoint à l'organisation et commence « une vie de fou menée sous la férule de Soustelle ». Il est également un des treize compagnons appelés à siéger dès sa formation en 1947 au comité exécutif et appartient au cercle restreint qui entoure le président du RPF durant ce qu'il appelle « l'exil intérieur ». Jacques Baumel s'occupe du journal *L'Étincelle*, puis de l'Action professionnelle et sociale (APS), en 1947-1948, avant d'être nommé délégué général pour la région parisienne en 1950. Il est un des premiers, en janvier 1948, à attirer l'attention du général de Gaulle sur l'amorce d'un « déclin » du Rassemblement. En 1951, et malgré la demande du général de Gaulle, il refuse de se présenter aux élections législatives. De la même façon, il reste à l'écart des républicains sociaux.

Sous la Ve République, Baumel est un des grands notables gaullistes cumulant plusieurs responsabilités et mandats sur de longues périodes : secrétaire général adjoint de l'UNR de 1958 à 1962, puis secrétaire général de 1962 à 1967 ; sénateur de la Seine en 1959, puis député des Hauts-de-Seine en 1967, siège qu'il conserve jusqu'en 2002, date à laquelle il ne se représente pas. En plus de son mandat de député, il est conseiller général dans les Hauts-de-Seine (1967-1988). Après la mort de De Gaulle, il est en outre président du conseil général (1970-1973 et 1976-1982) et maire de Rueil-Malmaison (1971-2004). Il n'a pas été ministre de De Gaulle, mais il est secrétaire d'État dans le gouvernement Chaban-Delmas (1969-1982). L'essentiel de son compagnonnage gaulliste reste le temps du RPF où il est, selon ses termes, « un témoin privilégié » de l'action du général de Gaulle, et ces dix ans (1958-1968) « vécus au premier rang d'un combat de tous les instants au côté du dernier des grands Français ».

Bernard LACHAISE

• *Voir aussi* : Presse gaulliste ; Résistance intérieure ; RPF ; UDSR ; UNR

Bibl. : Jacques Baumel, *Résister. Histoire secrète des années d'occupation*, Paris, Albin Michel, 1999 • Id., *De Gaulle. L'exil intérieur*, Paris, Albin Michel, 2001 • Jean Charlot, *Le Gaullisme d'opposition, 1946-1958*, Paris, Fayard, 1983.

BAUMGARTNER, Wilfrid. – *Voir* BLOCH-LAINÉ, François ; MINISTRES, sociologie des (1958-1969) ; NOUVEAU FRANC ; RUEFF, Jacques.

BAYEUX, 14 juin 1944. – Huit jours après le débarquement allié en Normandie, le général de Gaulle, chef du GPRF (Gouvernement provisoire de la République française), est sur la plage de Courseulles. Il gagne Bayeux et les villes alentour. Au retour, un communiqué fait le point : « Le chef du gouvernement a traversé la Manche à bord du contre-torpilleur français *La Combattante*, qui s'est particulièrement distingué au cours des opérations de débarquement [...]. Ayant pris pied sur le sol métropolitain, le général de Gaulle s'est arrêté tout d'abord au quartier général du général Montgomery [...]. Puis le chef du gouvernement a gagné Bayeux, où il a été reçu par M. François Coulet, commissaire de la République pour la Normandie, et le colonel de Chevigné commandant les subdivisions libérées de la 3e région militaire, entourés du sous-préfet, du maire et de la municipalité de Bayeux. Le général de Gaulle a traversé la ville à pied au milieu de l'émotion générale et de l'enthousiasme indescriptible de la population, bouleversée par son arrivée inattendue [...]. Le chef du gouvernement a partout laissé les premières instructions relatives à la reprise de la vie administrative, au ravitaillement et aux secours » [*MG*].

Quatre ans de combat pour la continuité de la souveraineté française culminaient dans ce triomphe d'ordre gouvernemental. Rien ne manque au protocole républicain : venue sur un bateau français ; salut aux Alliés ; accueil par les autorités civiles et militaires arrivées avec lui et dépêchées en avant-garde ; salut au maire et aux élus locaux, et réception de l'évêque, des autorités locales et des dirigeants de la Résistance. Puisque la France a un gouvernement reconnu par son peuple, les projets américains d'administration directe avec introduction d'une monnaie spéciale deviennent sans objet : « La preuve est faite : [...] le peuple français a montré à qui il s'en remet du devoir de le conduire » [*MG*]. Mais la prise de parole du 14 juin 1944 est un discours de guerre : « Notre cri maintenant, comme toujours, est le cri du combat. [...] Je vous promets que nous continuerons la guerre jusqu'à ce que la souveraineté de chaque pouce de terre soit rétablie. » Et d'entonner *La Marseillaise*. Plus tard, il résume : « Pour la première fois depuis quatre affreuses années, cette foule française entend un chef français dire devant elle que l'ennemi est l'ennemi [...] » [*MG*]. De sorte que l'accueil des villes détruites de « ce petit morceau de France » aura « dissipé les ombres ».

En 1946, deux ans après son débarquement, il revient dire le passé comme les exigences d'une continuité à bâtir : « C'est ici [à Bayeux] que sur le sol des ancêtres réapparut l'État, l'État légitime parce qu'il reposait sur l'intérêt et le sentiment de la nation. » Odile RUDELLE

• *Voir aussi* : AMGOT ; Débarquement en Normandie ; Discours de Bayeux ; Légitimité ; Libération ; République

Bibl. : Antoine Béthouart (général), *Cinq années d'espérance, Mémoires de guerre, 1939-1945*, Paris, Plon, 1968 • François Coulet, *Vertus des temps difficiles*, Paris, Plon, 1967 • Fondation Charles-de-Gaulle, *De Gaulle et la Libération*, Bruxelles, Complexe, 2004.

BBC. – Du souvenir des témoins de la Seconde Guerre mondiale à l'image sublimée par le cinéma d'après-guerre, la BBC est devenue un mythe. Pendant cinq ans, de 1940 à 1944, la radio de Londres fut la voix de la liberté, de la vérité et de l'espoir. Elle fut aussi la tribune du général de Gaulle et de l'appel du 18 juin.

Officiellement créée le 18 octobre 1922, la *British Broadcasting Corporation* fut d'abord une société privée. Le 1er janvier 1927, elle devint une « corporation publique » dont la mission tenait en trois mots : éduquer, informer et divertir. À l'aube du second conflit mondial, elle fut chargée d'une nouvelle mission : informer le plus objectivement possible les autres nations face aux voix dangereuses des radios fascistes. En décembre 1939, elle diffusait des émissions dans le monde entier, offrant aux auditeurs des bulletins de nouvelles et des causeries sur la situation internationale. Avec la défaite de la France, le Premier Ministre Winston Churchill décida d'ouvrir les micros de la radio anglaise aux exilés politiques à Londres. Le 18 juin 1940, en soirée, le général de Gaulle s'adressa aux Français *via* la BBC. Le lendemain, une nouvelle émission intitulée « Ici la France » fut présentée, de 20 h 30 à 20 h 45, par le reporter Jean Masson. Rappelé en France après la signature de l'armistice, il fut remplacé le 24 juin par Pierre Bourdan, qui prit la responsabilité de l'émission, bientôt programmée de 20 h 30 à 21 h.

Convaincus, comme de Gaulle, que la radio serait le seul lien avec les peuples opprimés, les Anglais décidèrent de placer une équipe totalement française aux commandes du programme. Le 7 juillet, Michel Saint-Denis, alias Jacques Duchesne, forma son équipe, qui comprenait notamment les gaullistes Jean Marin et Maurice Van Moppès. D'autres venaient d'horizons divers, comme Pierre Bourdan, Jean Oberlé, Jacques Borel, Pierre Lefèvre, Geneviève Brissot et André Gillois, ou encore Pierre Dac qui arriva à l'automne 1943. Ce petit groupe commença ses émissions le 14 juillet 1940, sous le nom « Les Français parlent aux Français ». Il prenait l'antenne après le bulletin de nouvelles de 20 h 15 et l'émission du général de Gaulle. Créée le 17 juillet sous le nom « Honneur et Patrie », cette dernière était diffusée chaque jour de 20 h 25 à 20 h 30. Maurice Schumann en était le porte-parole officiel. Pour l'une et l'autre équipe, les règles étaient les mêmes : informer en disant la vérité, redonner confiance, insuffler l'espoir.

Dans l'arsenal déployé contre l'Axe, la BBC constitua une arme de guerre redoutable. En 1944, elle totalisait six heures de programmation quotidienne. Pour obtenir l'adhésion auditive, puis active, des individus, et les rallier en prévision du jour J, elle développa une propagande et une programmation radiophoniques inventives. Sans recourir à de longs développements, mais en martelant les mots qui servaient ses idées, en usant de formules concises, de sketches, de slogans courts, faciles à retenir et savamment répétés, en informant massivement les auditeurs par des reportages et des chroniques, en jouant sur l'émotion et le sentiment patriotique, elle fut le catalyseur d'une mobilisation humaine d'esprit et de corps sans précédent. Le général de Gaulle perçut d'emblée le potentiel de la BBC dans la lutte qu'il entendait conduire contre l'occupant et contre Vichy. À l'automne 1940, informé de la croissance exponentielle de l'écoute des programmes français de Londres et de l'état de l'opinion publique en France, il décida de lancer des appels à la résistance civile. Le 1er janvier 1941, il demanda aux Français de faire le vide dans les rues des villes et villages de France, de 14 à 15 heures en zone libre et de 15 à 16 heures en zone occupée. Le résultat fut encourageant. Il déboucha sur d'autres mots d'ordre lancés ponctuellement, comme la campagne des V, l'appel à un garde-à-vous national de cinq minutes le 31 octobre 1941 ou, plus rituellement, l'organisation de manifestations les 1er mai, 14 juillet et 11 novembre.

Véritable instrument de pouvoir dans la guerre contre les puissances nazie et fasciste, la BBC constitua aussi un enjeu au sein du camp allié et engendra d'inévitables conflits. Si de Gaulle s'est toujours défendu d'avoir subi un contrôle des Anglais, il dut se plier à la censure en vigueur au sein de la radio de Londres. La France libre était complètement autonome dans le choix des sujets et des hommes qui intervenaient à l'antenne. Toutefois, à l'image des « Français parlent aux Français », les hommes de l'émission « Honneur et Patrie » devaient soumettre leurs textes huit heures avant diffusion et obtenir un visa officiel. Cette contrainte poussa le général de Gaulle à développer le poste de Radio-Brazzaville qui lui servit de porte-voix dans les périodes de tension extrême avec les Alliés. Ce fut par exemple le cas après le débarquement anglo-américain en Afrique du Nord, du 8 novembre 1942, et la venue au pouvoir de l'amiral Darlan. Décidé à exprimer son point de vue sur la BBC, de Gaulle fut progressivement mis à l'écart du micro. L'assassinat de Darlan mit fin à la crise et ouvrit la voie à la réconciliation. Le 28 décembre 1942, la France combattante retrouva sa place sur les antennes anglaises.

Ainsi, d'incidents en réconciliations, la maîtrise de la radio fut un enjeu permanent entre les Alliés et un objectif prioritaire pour le Général. Conscient que pour nombre de Français « la BBC, c'était de Gaulle ! », il ne cessa, pendant quatre ans, de réclamer une uniformité de ton et un contrôle commun des deux programmes français de Radio-Londres, « Les Français parlent aux Français » et « Honneur et Patrie ». À l'aube du jour J, son vœu fut exaucé. D'une guerre des mots à une guerre d'action, des slogans humoristiques aux messages codés, la BBC fut un catalyseur de résistance exceptionnel. Elle marqua les auditeurs français, qui lui conservèrent un attachement indéfectible et se rappelèrent longtemps les voix des messagers de la liberté. Aurélie LUNEAU

• *Voir aussi :* Appel du 18 juin 1940 ; Discours ; Honneur et Patrie ; Information ; Orateur in absentia

Bibl. : Jean-Louis Crémieux-Brilhac, *La France libre : de l'appel du 18 juin à la Libération*, Paris, Gallimard, 1996 • Hélène Eck (dir.), *La Guerre des ondes. Histoire des radios publiques de langue française pendant la Deuxième Guerre mondiale*, Paris, Armand Colin, CRPLF, 1985 • Aurélie Luneau, *Radio-Londres : les voix de la liberté (1940-1944)*, Paris, Perrin, 2005.

BCRA (Bureau central de renseignements et d'action). – Le BCRA est le nom sous lequel les services secrets de la France libre sont restés inscrits dans les mémoires. En juillet 1940, de Gaulle met sur pied un état-major, dont le 2e Bureau, chargé de la collecte de renseignements et confié à *Passy*, devient Service de renseignements (SR) en avril 1941, Bureau central de renseignements et d'action militaire (BCRAM) en janvier 1942 et BCRA en juin 1942. En novembre 1943, le BCRAL (Londres) et le BCRAA (Alger) constituent les deux bases d'exécution de la Direction générale des Services spéciaux (DGSS) qui assurera après quelques mois la mainmise des gaullistes sur les services spéciaux giraudistes. Le service de *Passy* coopère avec l'*Intelligence Service* (IS) et le *Special Operations Executive* (SOE) britanniques, qui lui fournissent les moyens matériels pour former les agents qu'il recrute, les envoyer en France et assurer le contact avec eux, grâce aux transmissions et aux opérations aériennes et maritimes. Tout au long de la guerre, il constitue le trait d'union entre les résistances intérieure et extérieure.

De Gaulle manifeste d'abord peu d'intérêt pour le service de *Passy*, tout en veillant à en conserver le contrôle direct, que convoite l'amiral Émile Muselier. Dans les premiers temps, le Général limite son travail au renseignement. À partir de l'été 1941, le SR envoie néanmoins des agents d'action pour assurer la liaison avec des groupes résistants. De Gaulle s'évertue alors à le cantonner dans des fonctions purement militaires mais, au printemps 1942, constatant l'échec du Commissariat national à l'Intérieur (CNI), il se résout à confier au BCRA la mise en œuvre des missions politiques en France. Contraint de faire flèche de tout bois après le débarquement en Afrique du Nord, il confie des missions autant politiques que militaires aux quatre principaux responsables du BCRA (*Passy*, Pierre Brossolette, André Manuel et André Pélabon).

Administration essentielle de la France libre, le BCRA aide de Gaulle à atteindre certains de ses principaux objectifs. Tout d'abord, il maintient la France dans la guerre aux côtés des Alliés, grâce à ses très efficaces réseaux de renseignements (Confrérie Notre-Dame [CND], Phratrie, etc.) et à ses efforts pour organiser et diriger les forces paramilitaires de la Résistance. Dans le même temps, il bataille contre les services alliés pour défendre le principe de la souveraineté française en revendiquant tout à la fois le monopole de l'action clandestine en France, la possibilité d'agir de manière autonome et une véritable coopération, sur un pied d'égalité, avec l'*Intelligence Service*, le *Special Operations Executive* puis l'*Office of Strategic Services* (OSS). Par ailleurs, les agents dont le BCRA organise les missions s'appliquent à faire prévaloir le principe gaullien d'une soumission des résistants à l'autorité d'un État qui se reconstitue à Londres puis à Alger. Enfin, en France comme dans ces deux villes, le BCRA lutte sans réserves, surtout à partir de novembre 1942, avec l'entrée en scène de Giraud, pour imposer de Gaulle comme le seul maître de l'action en France : il contribue ainsi à en faire le chef du pays au lendemain de la Libération.

Sébastien ALBERTELLI

• *Voir aussi* : Commissariat national à l'Intérieur ; Délégation générale ; France libre ; Passy ; Services spéciaux

Bibl. : Sébastien Albertelli, *Le BCRA, les services secrets du général de Gaulle, 1940-1944*, thèse d'histoire en cours sous la direction de Jean-Pierre Azéma, IEP de Paris • Jean-Louis Crémieux-Brilhac, *La France Libre : de l'appel du 18 Juin à la Libération*, Paris, Gallimard, 1996. • Colonel *Passy, Mémoires du chef des services secrets de la France libre*, Paris, Odile Jacob, 2000 (1re édition 1947 et 1951).

BEATLES. – La scène se passe à l'Élysée en 1963, lors d'un déjeuner qui réunit, autour du président de la République et de madame de Gaulle, Joseph Kessel, nouvellement élu à l'Académie française, et Pierre Lazareff. Une dizaine d'autres invités sont présents, dont Roger Stéphane, familier des lieux. « La voix du Général, raconte le journaliste, s'imposa dans un de ces silences qui émaillent ce genre de cérémonie : "Je ne les connais pas personnellement, disait-il à sa voisine de droite [Mme Kessel], mais j'ai pour eux beaucoup d'admiration." Si éloigné que je fusse du chef de l'État, poursuit Stéphane, je l'interrogeai néanmoins sur les bénéficiaires de cette admiration. La réponse tomba devant une table médusée : "Les Beatles." »

Le Général avait le goût, on le sait, de déconcerter son auditoire à coup de répliques ou de formules à l'emporte-pièce. Mais la provocation était souvent chez lui une façon détournée de traduire une idée ou un sentiment. S'il aimait la musique – « cette sublime entremetteuse », comme il l'appelle dans ses carnets de jeunesse –, c'était tout au plus celle des opéras et des grandes symphonies, avec une prédilection particulière pour les opérettes, *La Belle Hélène*, *Dédé* ou *Les Mousquetaires au couvent*, qu'il aimait à fredonner en marchant ou en se rasant. De même qu'il disait admirer Gilbert Bécaud, Yves Montand ou Édith Piaf parce qu'ils « faisaient honneur à la France » et « faisaient partie de la vie des Français », sans doute admirait-il chez les Beatles une forme de création dans laquelle toute une époque se reconnaissait et qui exprimait l'âme d'une génération. Ce n'était pas chez lui, on s'en doute, une question de goût personnel, mais l'appréciation, plutôt, d'un fait culturel d'autant plus estimable à ses yeux qu'il procédait de quelque chose d'universel.

Jean-Luc BARRÉ

• *Voir aussi* : Culture ; Déjeuners privés à l'Élysée ; Loisirs

Bibl. : Roger Stéphane, *Tout est bien*, Paris, Quai Voltaire, 1989.

BEAUFORT, Guy Groult de (1904-1981). – Né à Vendôme, Guy Groult de Beaufort sert dans la cavalerie. En 1941, il est commandant dans l'armée d'armistice. En avril 1942, à Vichy, il est nommé à l'état-major de l'amiral Darlan, commandant en chef des armées. Sous les ordres du général Revers, il est adjoint au sous-chef de la section terre et fait partie des officiers qui organisent la Résistance dans l'armée. Il se heurte à l'incrédulité de Darlan lorsqu'il lui annonce l'imminence du débarquement allié en Afrique du Nord. Ses deux frères sont de longue date en rapport avec Londres. L'un deux, Alain, chef des opérations aériennes, sera fusillé en 1944 par la Gestapo.

Le 11 novembre 1942, Guy de Beaufort gagne Alger où il rejoint l'état-major de l'amiral. Le 12 décembre, Darlan le dépêche avec l'accord du général Eisenhower auprès du général Catroux, son ancien chef au Maroc, de passage à Gibraltar. Beaufort doit informer Catroux de la situation à Alger telle que la voient l'amiral Darlan et le général Bergeret. Aux yeux de ces derniers, le général de Gaulle ignorerait tout de la réalité algéroise et n'aurait pas compris que Darlan reste indispensable pour maintenir la paix intérieure en Afrique du Nord, car il fournit aux responsables civils et militaires une garantie de légalité. Après l'assassinat de Darlan, Beaufort se rapprochera de De Gaulle, de préférence au général Giraud, et entretiendra avec lui des rapports personnels.

Lors du débarquement de Provence, Guy Groult de Beaufort commande le 4e chasseurs d'Afrique. Après la Seconde Guerre mondiale, il poursuit sa carrière dans l'arme blindée. En 1957, il est adjoint au général Ély, chef d'État-Major général des forces armées. Avec le général Petit, il pousse ce dernier à faciliter le retour au pouvoir du général de Gaulle. Chef de l'état-major particulier du chef de l'État lorsque de Gaulle prend ses fonctions de président de la République en janvier 1959, il ne cache pas son désaccord avec la politique algérienne du Général, notamment lors de l'affaire des Barricades en janvier 1960.

En mars 1960, le général Groult de Beaufort quitte ses fonctions à l'Élysée. Il est nommé directeur de l'enseignement militaire supérieur, du Centre des hautes études militaires et de l'Institut des hautes études de défense nationale. Sans qu'il puisse l'ignorer, l'École militaire est le lieu de rencontre des officiers supérieurs organisateurs du putsch d'avril 1961, autour notamment du colonel Lacheroy, directeur du cours des officiers de réserve d'état-major. En mai 1961, après l'échec du putsch, le général Groult de Beaufort est mis en disponibilité à sa demande.

Jean PLANCHAIS

• *Voir aussi* : Alger ; Algérie (guerre d') ; Armée ; ORA

Bibl. : Arnaud de Chanterac, *L'Assassinat de Darlan*, Paris, Perrin, 1995 • Hervé Coutau-Bégarie et Claude Huan, *Darlan*, Paris, Fayard, 1989 • Henri Lerner, *Catroux*, Paris, Albin Michel, 1990.

BEAUFRE, André (1902-1975). – Reçu à Saint-Cyr en 1921, André Beaufre y suit les cours d'histoire du capitaine de Gaulle. Après avoir combattu lors de la guerre du Rif puis étudié à Sciences Po, il est nommé à l'état-major de l'armée de terre (1935) où la lecture des écrits de De Gaulle et de Liddell-Hart le convainc de l'importance stratégique de la force blindée mécanisée. Après la défaite, le capitaine Beaufre sert à l'état-major de la Délégation générale en Afrique du Nord (AFN) que commande le général Weygand. Au printemps 1941, à la suite de contacts avec des émissaires américains, il contribue à l'élaboration d'une évaluation détaillée du soutien américain nécessaire pour appuyer les forces françaises en cas d'attaque allemande contre l'AFN. Arrêté et emprisonné en mai, il est libéré en novembre 1941. Un an plus tard, il revient à Alger avec le général Giraud et devient responsable des affaires militaires dans son cabinet. Il est nommé ensuite, fin 1943, auprès du général de Lattre de Tassigny.

Chef des opérations à l'état-major de la 1re armée française, Beaufre commande par la suite la 2e division d'infanterie mécanisée, mettant en pratique les idées de Liddell-Hart sur la défense de l'Europe par des moyens nucléaires tactiques. En 1955, il commande une zone opérationnelle en Algérie. À la tête des forces françaises lors de l'opération sur Suez, il est de ces vainqueurs qui connaissent l'amertume des défaites politiques. Chef d'état-major adjoint du *Supreme Headquarters Allied Powers Europe* (SHAPE) en 1958, il est, en 1960, représentant de la France au groupe permanent de l'OTAN à Washington.

En 1962, de Gaulle nomme le général Ailleret chef d'état-major général de la Défense nationale. Beaufre quitte alors le service actif et crée l'Institut français d'études stratégiques. Centre d'études auquel collaborent quelques-uns des plus brillants cerveaux français, cet institut est le lieu d'une réflexion féconde sur la dissuasion nucléaire. Devenu un grand écrivain militaire, fort de son expérience de terrain et parfaitement au fait des raisonnements gaulliens, Beaufre publie des études fondamentales centrées sur la distinction entre dissuasion et action. À ses yeux, en neutralisant la menace d'un adversaire nucléaire, la dissuasion constitue une manœuvre stratégique qui permet de retrouver des degrés de liberté et rend possible l'action militaire, tout en lui imposant des limites. Ici intervient un problème épineux : la dissuasion peut-elle être multilatérale ? Cette idée a été rejetée par de Gaulle, tout entier attaché à la stricte équation entre souveraineté et liberté de décision quant à l'emploi du feu nucléaire. Or, s'il ne rejoint jamais Raymond Aron dans la critique acerbe de l'autonomie nucléaire française, Beaufre accepte implicitement l'idée d'un lien nucléaire organique avec les États-Unis. Par la suite, la distance avec de Gaulle ne cesse d'augmenter. Beaufre soutient, en consultant libre, les États-Unis dans leur effort au Vietnam. De son côté, de Gaulle suit la voie politique d'une France souveraine, maîtresse de son destin. Désormais les deux hommes vivent dans des mondes différents et dans des ordres séparés. François GÉRÉ

• *Voir aussi* : Arme blindée ; Bombe atomique ; Défense nationale ; États-Unis ; Nucléaire (dissuasion)

Bibl. : André Beaufre, *Introduction à la stratégie*, Paris, Armand Colin, 1963 • Id., *Dissuasion et stratégie*, Paris, Armand Colin, 1964 • Id., *Le Drame de 1940*, Paris, Plon, 1965 • Id., *Mémoires 1920-1940-1945*, Paris, Presses de la Cité, 1965.

BELGIQUE. – Ce petit pays que de Gaulle connaît depuis l'époque de ses études secondaires a entretenu avec lui des relations paradoxales. La piètre qualité des relations bilatérales à la veille de la Seconde Guerre mondiale (dont rend compte en partie un article longtemps inédit du lieutenant-colonel de Gaulle écrit en 1936), la défaite de 1940 puis les choix politiques qui ont suivi ont créé, à Londres, un climat de défiance réciproque. En outre, les agissements de représentants de la France libre en Afrique centrale et les contacts de certains de ses agents avec des partisans d'un rattachement de la Wallonie à la France n'ont pas peu contribué au climat de méfiance. Le congrès wallon de 1945 confirme d'ailleurs l'existence d'un courant « rattachiste ». Encouragé par l'ambassade de France à Bruxelles, il s'exprime notamment par le biais du journal *Le Gaulois* qu'elle subventionne.

Adulé, moins toutefois que Churchill, par une importante partie de l'opinion publique, à tout le moins en Wallonie et à Bruxelles, comme l'illustre sa visite dans la capitale du royaume en octobre 1945, le Général continue en revanche de faire l'objet de la méfiance des décideurs politiques. Son retour aux affaires, en 1958, ouvre une décennie de relations difficiles. Terre d'accueil de nombreux opposants à la présence française en Algérie, regrettant le peu de solidarité manifestée à l'occasion de la crise congolaise de 1960, proche de Londres et de Washington tout en poursuivant l'objectif d'une Europe intégrée, la Belgique renoue avec la relation ambiguë qu'elle a souvent entretenue avec son grand voisin. Cela étant, de Gaulle et les grandes lignes de sa politique occupent une grande place dans l'univers des Belges francophones grâce à la réception des émissions de la radiotélévision française qui joue un rôle important. Journaux télévisés et conférences de presse entrent dans les foyers et font du Général une figure du quotidien. Pour le meilleur et pour le pire, puisque des sondages d'opinion indiquent l'existence d'un clivage très net entre ses admirateurs inconditionnels et ses contempteurs qui voient en lui celui qui rêve de « transformer l'Europe en une vaste caserne dont il serait le chef ».

Sa fière exaltation de la souveraineté nationale et de la francophonie, la glorification de la grandeur de la France font mouche auprès de ceux qui considèrent celle-ci comme leur seconde patrie. À cet égard, l'accentuation de la crise communautaire en Belgique au fil des années 1960 conduit à l'encouragement de la tendance centrifuge de certains milieux wallons. À Bruxelles, la crainte est grande d'entendre un jour le Général répéter son discours québécois et s'écrier, à Liège cette fois : « Vive la Wallonie libre ! » Pourtant, il ne place pas celle-ci sur le même pied que le Québec, même si, en 1945, il déclarait déjà « que le jour où la Wallonie, par la voix de ses représentants légitimes, ou de préférence par référendum, déciderait d'être rattachée à la France, nous leur ouvririons les bras de grand cœur ». Michel DUMOULIN

• *Voir aussi* : Duvieusart, Jean ; Francophonie ; Harmel, Pierre ; Pierlot, Hubert ; Spaak, Paul-Henri

Bibl. : *De Gaulle, la Belgique et la France libre*, Actes de la journée d'étude du 20 juin 1990, Bruxelles, Centre de recherches et d'études historiques de la Seconde Guerre mondiale, 1991 • Philippe Raxhon, *Histoire du Congrès wallon d'octobre 1945. Un avenir politique pour la Wallonie*, Charleroi, Institut Jules-Destrée, 1995 • Jean Van Welkenhuyzen, « Le problème belge vu par Charles de Gaulle », *Revue générale*, [Bruxelles], novembre 1983, p. 33-49.

BEN BARKA, Mehdi. – *Voir* BARBOUZES ; CONFÉRENCE DE PRESSE DU 21 FÉVRIER 1966 ; HASSAN II ; POLICES (unification des) ; SERVICES SPÉCIAUX.

BEN BELLA, Ahmed (né en 1916). – « Cet homme-là ne nous veut pas de mal » : tel est le mot prêté à de Gaulle au sujet de Ben Bella à l'issue de l'entrevue surprise ménagée entre les deux chefs d'État par leur diplomatie respective, au château de Champs, près de Meaux, deux ans après la signature des accords d'Évian (13 mars 1964). Réellement prononcé ou relevant de la légende, le mot dit bien le bon contact entre les deux hommes et fait contraste avec le choc des « ego » survenu entre le Général et Habib Bourguiba ou Ahmed Sékou Touré. Il confirme et conforte aussi la solidité de l'accord entre les deux pays et les deux gouvernements malgré la violence et la profondeur du conflit passé ainsi que l'importance du contentieux en cours.

De Gaulle ne connaît pas personnellement son vis-à-vis, bien qu'il l'ait peut-être décoré de sa main sur le front italien, au printemps 1944. Mais il estime cet ancien adjudant de l'armée française, décoré de la croix de guerre en 1940, puis héros de Cassino, où il reçut la médaille militaire. Ultime chef de l'OS (Organisation spéciale, matrice du futur Front de libération nationale), arrêté et condamné en 1950, évadé deux ans plus tard puis réfugié au Caire, responsable militaire de la troïka extérieure du FLN, kidnappé par les autorités françaises dans l'avion du Sultan en octobre 1956, incarcéré à la Santé, Ben Bella est libéré au lendemain des accords d'Évian, le 19 mars 1962. De Gaulle, au nom sans doute de la Realpolitik, n'hésite pas à l'aider discrètement dans la course au pouvoir de l'été 1962, par l'entremise de son premier ambassadeur à Alger, Jean-Marcel Jeanneney. Devenu président de la République algérienne démocratique et populaire en septembre 1963, par ailleurs allié et ami de Nasser, Ben Bella ne manque pas de légitimité pour la majorité de ses compatriotes, ni de soutien au sein du bloc FLN-ALN (Armée de libération nationale) en dépit des luttes fratricides qui ont affecté la lutte commune. Tout cela compte éminemment pour de Gaulle, soucieux de rencontrer un interlocuteur valable, à première vue représentatif et durable, avec qui trouver un langage et des intérêts communs.

Comme l'immense majorité de son peuple, le président algérien voit en de Gaulle le patriote qui a refusé la défaite, résisté à la déferlante allemande, défié le gouvernement de Vichy et redressé son pays. Surtout, rares sont ceux qui ne lui savent pas gré d'avoir dompté les colons irrédents, maté les généraux factieux, vaincu l'OAS et donné aux ci-devant indigènes le droit de décider souverainement de leur sort, sans insulter l'avenir. Et puis, son indépendance envers les « deux Grands », à défaut de neutralité affichée entre « les deux camps », est intéressante aux yeux d'une diplomatie algérienne soucieuse de capitaliser le prestige de sa révolution sur la scène internationale.

En fait, les conditions d'une bonne entente sont réunies, malgré l'ampleur de traumatismes appelés à durer. Elles dépassent les deux hommes et sont susceptibles de leur survivre. Si la direction politique algérienne est bien décidée à bousculer les accords d'Évian, elle ne cherche donc nullement à rompre. Ni les décrets de mars 1963 sur les biens vacants, qui mettent les biens immobiliers des Européens sous le contrôle de l'État algérien, ni les nationalisations ultérieures de diverses sociétés, banques et assurances ne remettront en cause le partenariat stratégique esquissé après Évian, et confirmé par un simple échange oral au château de Champs. Nucléaire, pétrole, agriculture d'un côté, aide financière, coopération technique, émigration de l'autre, diplomatie en phase sur plusieurs points, surtout après la reconnaissance de la Chine par de Gaulle, tout cela s'inscrit dans une évolution favorable, qui ne sera remise en question que six ans après la chute de Ben Bella. Toutefois, de Gaulle ne réagit pas, au moins publiquement, au renversement du président algérien en juin 1965 par son ministre de la défense Houari Boumédiène. Il laisse les Algériens jouer leur partie entre eux. Il est vrai qu'il ne rencontrera pas l'ombrageux successeur. Omar CARLIER

• *Voir aussi* : Algérie (guerre d') ; Armées de la libération ; Évian (accords d') FLN

BENEŠ, Edvard (1884-1948). – À la différence de De Gaulle, le Tchécoslovaque Edvard Beneš est en 1940 un personnage politiquement expérimenté et connu internationalement. Sous l'autorité de son maître Thomas G. Masaryk, il a été l'artisan de l'indépendance tchécoslovaque lors de son séjour à Paris (1915-1918). Inamovible ministre des Affaires étrangères de son pays (1918-1935), il s'est taillé une réputation de négociateur qui lui avait valu à la Société des Nations (SDN) le poste de président en 1920, puis de membre du Conseil (1923-1927). En décembre 1935, il a succédé à Masaryk comme président de la République. En septembre 1938, lors de la crise des Allemands des Sudètes, il a été impuissant face aux accords de Munich qui ont liquidé la Tchécoslovaquie démocratique avec l'accord de la France, pourtant alliée. Via Paris il a gagné Londres, et il y a créé le 9 juillet 1940 un Comité national tchécoslovaque, préfiguration du gouvernement en exil.

C'est là que l'homme du 18 Juin fait sa connaissance grâce à René Cassin, un ancien de la SDN. En 1938, dans une lettre à son épouse, de Gaulle s'est élevé contre le sort réservé aux Tchécoslovaques. Les rencontres renouvelées avec Beneš lui inspirent cette appréciation positive : « Les entretiens avec Beneš consistaient en de hautes leçons historiques et politiques qu'il professait longuement sans que fût jamais lassé ni l'auditeur ni le maître » [*MG*]. La communauté de vues et le combat partagé contre le nazisme les rapprochent. Néanmoins, subsiste un point douloureux pour le francophile Beneš : les accords de Munich. Le 17 juillet 1942, de Gaulle adresse à ce dernier un télégramme affirmant : « Le peuple de France reste fidèle à son alliance pour la nation tchécoslovaque, est résolu à unir ses efforts aux siens pour contribuer à la défaite de l'ennemi implacable de nos deux pays pour l'organisation d'une Europe libérée du péril allemand et pour l'avenir de notre civilisation. » Deux mois après Churchill, il déclare dans une note du 29 septembre 1942 – quatre ans jour pour jour après la fatale conférence – les accords de Munich « nuls et non avenus ». Cela, *ab initio*, c'est-à-dire dès leur origine en septembre 1938, à la différence des Anglais qui tinrent ces accords iniques pour caduques seulement à compter de l'invasion allemande de la Bohême-Moravie le 15 mars 1939. Cette bienveillance de De Gaulle créa une durable sympathie et une concertation politique, manifestée par une rencontre à Alger le 2 janvier 1944. Selon d'autres considérations géopolitiques, Beneš effectua le voyage de Moscou en décembre 1943, de Gaulle l'y suivit en décembre 1944. L'un comme l'autre pressentaient le rôle éminent que jouerait l'URSS de Staline dans l'Europe d'après guerre. Avec son ministre des Affaires étrangères Jan Masaryk, le président Beneš s'évertua à maintenir l'idéal démocratique. Le coup de Prague y mit un terme en février 1948. Il mourut en septembre de la même année. Alain SOUBIGOU

• *Voir aussi* : Haakon VII ; Pierlot, Hubert ; Sikorski, Wladyslaw ; Wilhelmine Ire

Bibl. : Edvard Beneš, *Munich*, Paris, Stock, 1969 • *The Fall and Rise of a Nation : Czechoslovakia 1938-1941* (introduction de Milan Hauner), New York, Boulder, 2004 • Antonın Klimek et Zbynek Zeman, *The Life of Edvard Beneš, 1884-1948*, Oxford, Oxford University Press, 1997.

BEN GOURION, David (1886-1973). – « Voici et revoici David Ben Gourion ! D'emblée, j'ai pour ce lutteur et ce champion courageux beaucoup de sympathique considération. Sa personne symbolise Israël qu'il gouverne après avoir dirigé sa fondation et son combat » [*ME*].

« Taillé, à n'en pas douter, dans un marbre exceptionnel, le général de Gaulle est le plus grand homme d'État européen. [...] Sa volonté de fer va de pair avec une dévotion absolue à un seul but : la grandeur de la France. Ce n'est pas l'un de ces chefs d'État qui se laissent ballotter par le flot des événements ; au contraire, il les suscite. Et l'histoire de la France contemporaine est, sans conteste, le fait de De Gaulle. »

Ces témoignages croisés du président de la Ve République et du premier chef du gouvernement israélien attestent la grande estime réciproque qu'ils se portaient, une estime fondée sur la conscience très nette du rôle exceptionnel qu'ils jouèrent dans le destin politique de leurs pays respectifs. De Gaulle et Ben Gourion furent des combattants qui, dans des situations historiques difficiles, parvinrent à incarner l'idée de souveraineté nationale puis à lui redonner corps.

David Gruen – le vrai nom de Ben Gourion qui n'adoptera ce patronyme hébraïque qu'après son installation en Palestine en 1906 – est né à Plonsk, une bourgade juive (*shtetl*) de Pologne. Il est de la même génération que le Général, mais, pour le reste, les différences l'emportent largement sur les ressemblances. Différence de milieux d'abord : Ben Gourion vient d'une famille imprégnée de judaïsme, mais d'un judaïsme gagné par les Lumières et profondément marqué par le sionisme. Différence de formation ensuite : si Ben Gourion reçoit une éducation de base dans une école juive traditionnelle, partiellement modernisée, il est avant tout un autodidacte qui forgera sa culture par des lectures incessantes. Différence d'imprégnation idéologique également : Ben Gourion, emporté par l'atmosphère révolutionnaire qui règne en Russie, est influencé par les idées socialistes, qu'il approche toutefois de façon pragmatique et non dogmatique. Différence, enfin, dans le rapport au politique : Ben Gourion est un militant politique infatigable qui œuvre sans répit à l'unification du mouvement ouvrier en Palestine, objectif atteint en 1930, ce qui lui permettra de s'imposer, cinq ans plus tard, à la tête de l'Agence juive, le quasi-gouvernement des Juifs de Palestine.

Pourtant, par-delà d'indéniables différences, deux éléments permettent de rapprocher le parcours des deux hommes. D'abord, une méthode : le volontarisme politique. Grâce à une détermination sans faille, l'un et l'autre sont parvenus, dans des circonstances dramatiques, à redonner à leurs peuples vaincus leur pleine place dans l'Histoire. Ensuite, une conviction : la primauté absolue de la dimension nationale qui ne peut se réaliser pleinement que par l'entremise de l'État. De Gaulle et Ben Gourion ont su porter leurs nations respectives alors qu'elles étaient défaites, ils ont su (re)fonder l'État comme cadre naturel de leur développement.

Ces deux hommes, convaincus d'être investis d'une mission nationale, ne se rencontreront qu'à deux reprises, en 1960 et 1961, à une époque où les deux pays sont encore politiquement proches. Au cours du déjeuner officiel de 1961, de Gaulle lève son verre à « Israël, notre ami et notre allié », une formule forte qui témoigne d'une chaleur particulière envers Ben Gourion et la nation qu'il représente. Cette cordialité n'implique pas que de Gaulle soit disposé à forger une véritable alliance stratégique avec Israël. Il écarte ainsi fermement la demande d'accord militaire que Ben Gourion, inquiet de l'union fédérale entre l'Égypte, l'Irak et la Syrie, lui soumet peu de temps avant de quitter définitivement son poste de Premier ministre en juin 1963. Dans l'après-guerre d'Algérie, de Gaulle entend renouer avec le monde arabe, ce qui interdit toute entente trop exclusive avec l'État hébreu. Pour autant, les relations de tous ordres (économiques, technologiques, culturelles, militaires) entre la France et Israël demeurent suivies. Rétrospectivement, toutefois, après la rupture de 1967, de Gaulle offre de la période antérieure une lecture toute personnelle. Ainsi, dans ses *Mémoires d'espoir*, il assure que Ben Gourion lui aurait révélé, en juin 1960, avoir « l'intention d'étendre les frontières [d'Israël] dès que s'offrirait l'occasion ». Le Premier ministre israélien affirme haut et fort le contraire. Il écrit au Général, en décembre 1967, une longue lettre dans laquelle il retrace l'épopée du sionisme, soulignant au passage combien il a été choqué par les « expressions surprenantes, dures et blessantes » employées lors de la conférence de presse du 27 novembre. Ben Gourion revient également sur sa première rencontre avec de Gaulle en 1960 au cours de laquelle il affirme avoir dit qu'Israël disposait, à l'intérieur des lignes d'armistice de 1949, d'assez d'espace pour accueillir des millions de

Juifs supplémentaires et n'avait nullement l'intention de s'agrandir. Corroborée par d'autres témoins, la version de Ben Gourion paraît davantage crédible, ce qui laisserait supposer que de Gaulle relit le passé à la lumière du présent – la conquête par Israël de la Cisjordanie, de Gaza, du Sinaï et du Golan en juin 1967 –, soulignant ainsi une sorte de permanence de l'expansionnisme israélien qui n'existait pas en réalité. Pareille réinterprétation a profondément heurté Ben Gourion puisqu'il prit la peine d'écrire une nouvelle fois au Général en novembre 1970 pour rétablir les faits tout en soulignant à son adresse sa « profonde estime pour l'entreprise historique qui a sauvé la France ». Cette missive n'est jamais parvenue à son destinataire qui venait de mourir à La Boisserie.

Alain DIECKHOFF

• *Voir aussi :* Israël ; Palestine ; Six-Jours

Bibl. : Avraham Avi-Haï, *Ben Gourion, bâtisseur d'État*, Paris, Albin Michel, 1988 • Michael Bar-Zohar, *Ben Gourion. Le prophète armé*, Paris, Fayard, 1966 • David Ben Gourion, *Du rêve à la réalité*, Paris, Stock, 1986.

BÉNOUVILLE, Pierre (1914-2002). – Alors que tout le destinait à se détourner du gaullisme politique de l'après-guerre, Pierre Bénouville, dit Pierre, ou Guillain, ou Pierre Guillain de Bénouville, incarna longtemps la figure d'un « baron » gaulliste.

Né à Amsterdam dans une famille royaliste et profondément catholique, Pierre Bénouville rompt avec l'Action française après le 6 février 1934 pour militer au sein de la Cagoule. Devenu journaliste, il publie son premier livre en 1936. Fait prisonnier en juin 1940, il s'évade et rejoint la zone sud. À Nice, il est rédacteur en chef du journal pétainiste *L'Alerte*. Début 1941, il passe en Afrique du Nord avec un groupe d'officiers décidés à se battre aux côtés des Alliés. Arrêté en mars, il est interné à Alger puis à Toulon. À sa libération, il entre au réseau Carte qui dépend du *Special Operations Executive* (SOE) – l'un des neuf services secrets utilisés par les Britanniques pendant la guerre – et manifeste un antigaullisme sans faille. Début décembre 1942, il rejoint le mouvement Combat, dont il devient le responsable des relations extérieures. À ce titre, il assure le lien entre les Mouvements unis de résistance (MUR) et la Délégation de la Résistance en Suisse, créée par Henri Frenay en février 1943 pour faire pièce à la Délégation générale de la France combattante auprès de la Résistance intérieure mise sur pied et dirigée par Jean Moulin. À cette époque, comme Frenay, Bénouville ne considère de Gaulle que comme un symbole et récuse son autorité.

Mais il ne résiste pas au mouvement général de l'opinion en faveur du gaullisme. Dans une longue note (février 1944) à l'intention d'Allen Dulles, le patron de l'*Office of Strategic Services* (OSS) l'organisation secrète américaine de renseignement et d'action pour l'Europe, il explique que « la Résistance, à l'origine, n'a rien à voir avec ce qu'on appelle le Gaullisme », mais que le général de Gaulle, s'il n'en fut pas l'artisan, en fut « indiscutablement le principe ». Il reproche aux Américains de n'avoir pas compris plus tôt que le « gaullisme » est devenu un projet de société et une « volonté de révolution », alors que Giraud apparaît comme le « sauveur » de Vichy : « Le général de Gaulle, pour avoir inlassablement répété à haute et intelligible voix, dans les fracas dantesques de la débâcle, des principes qui valent à nos yeux mieux que la vie et sans lesquels la vie demeure lettre morte, s'est emparé légitimement pour nos cœurs français du pouvoir légitime. Qui oserait, contre notre volonté passionnée, lui dénier des droits que consacre chaque jour le meilleur sang de France ? »

Fin 1945, il publie ses souvenirs de Résistance qu'il intitule *Le Sacrifice du matin* et signe « Guillain de Bénouville ». La couverture de l'ouvrage est barrée d'une large croix de Lorraine et l'auteur y apparaît comme un gaulliste de la première heure, ce qui à l'évidence est mensonger. Compagnon de la Libération, Bénouville participe à la fondation du RPF dont il est membre du conseil de direction. Député gaulliste quasi inamovible sous les IVe et Ve Républiques, administrateur de sociétés, éditeur et directeur de journaux, il poursuit jusqu'à sa mort une carrière d'homme d'influence entre l'industrie et la politique.

Robert Belot

• *Voir aussi* : Gaullistes ; Légende noire ; Résistance intérieure ; RPF

Bibl. : Jacques Baumel, *Résister*, Paris, Albin Michel, 1999 • Robert Belot, *De la Résistance à l'Europe*, Paris, Le Seuil, 2003 • Guillain de Bénouville, *Le Sacrifice du matin*, Paris, Robert Laffont, 1983 (1re éd., Genève, La Palatine, 1945).

BERGSON, Henri (1859-1941). – Henri Bergson représente dans l'itinéraire de Charles de Gaulle l'influence intellectuelle la plus prestigieuse, même si elle n'est pas à proprement parler spécifique. Malgré l'éclipse de sa pensée dans les années 1950, Bergson a représenté la gloire de la philosophie française, du moins dans sa version spiritualiste, de la fin du XIXe siècle jusqu'à la Seconde Guerre mondiale. Parmi les milieux cléricaux et conservateurs dans lesquels de Gaulle a grandi, il constituait une référence inévitable. L'élève de l'Immaculée Conception a sans doute rencontré son nom comme sa pensée à l'occasion de sa classe de philosophie. Au surplus, la tradition familiale jouait, car, d'après de Gaulle lui-même, son père, Henri de Gaulle, admirait le philosophe. Il semble également que le futur général l'ait rencontré personnellement, comme il l'a confié à un journaliste américain, Cyrus Sulzberger. L'hypothèse la plus probable est qu'il se soit trouvé mêlé à l'assistance du Collège de France où Bergson enseignait avec un succès considérable. En revanche, l'hypothèse parfois avancée selon laquelle Bergson aurait été un ami de la famille de Gaulle semble bien être une fantaisie à laquelle les biographes modernes du Général n'accordent plus crédit.

De Gaulle a laissé quelques indications sur les aspects du bergsonisme qui l'ont marqué. Au centre, il y a le problème de l'action et de l'intelligence. C'est ce qui motive la référence à Bergson au début du *Fil de l'épée,* et, bien des années plus tard, dans l'entretien avec Cyrus Sulzberger auquel il déclare qu'« un homme intelligent ne devient pas automatiquement un homme d'action ». La remarque est brève, et elle tire de Bergson une interprétation psychologisante qui ne dépasse pas forcément le « bergsonisme diffus » auquel Jean Touchard tend à réduire l'influence du philosophe sur le futur président de la République. En fait, la référence la plus importante à Bergson n'est peut-être pas là où de Gaulle la situe consciemment. Certes, *Le Fil de l'épée* rappelle fort bien la conception bergsonienne d'un réel mouvant, où la situation, toujours neuve, désarme les prétentions à la rationalisation, suspectée de routine, de l'intelligence discursive. Mais il confond l'intuition – autre thème majeur de la philosophie de Bergson – avec un amalgame d'intelligence et d'instinct, l'intelligence méthodique venant élaborer le matériau brut fourni par l'instinct. L'idée, chère à Bergson, que l'intuition oriente l'intelligence au lieu de lui fournir une base est étrangère à de Gaulle qui commet un faux sens, voire un contresens sur la pensée du philosophe.

Il est significatif que de Gaulle n'ait pas choisi le lieu commun le plus éculé à propos du bergsonisme pour soutenir son propos. Rien en effet sur « l'élan vital » qui a tant fasciné les pensées réactionnaires, et qu'on a tant reproché à Bergson. Cette absence qui contraste avec le fait que le thème était un des mieux reçus du bergsonisme, notamment à droite du spectre politique, est probablement ce qu'il y a de plus révélateur. Bergson n'est pas seulement, et peut-être pas principalement, le philosophe du dépassement par l'élan vital du rationalisme et du mécanisme. Il est surtout celui qui a voulu déborder le clivage entre eux. L'élan vital bergsonien n'est pas une sorte de source irrationnelle où s'alimenterait le refus de la raison moderne, mais bien la volonté de donner, selon une formule célèbre, un « supplément d'âme » à un monde technicien dont il reconnaît la force irrésistible. Or, on trouve ce même mélange chez de Gaulle, penseur de l'arme mécanisée mais aussi de la force impétueuse de l'offensive, et, une fois président, voix d'un mythe national romantique enraciné dans le passé et développeur des forces industrielles engagées vers l'avenir. L'originalité profonde de De

Gaulle a certainement été de représenter à la fois une geste épique de la France – cette « certaine idée » qui constitue dans le gaullisme un très remarquable équivalent de l'intuition bergsonienne –, mais aussi une pratique soucieuse de développement technique et économique. Le chef de guerre le dit dans ses *Mémoires de guerre* lorsqu'il constate que « la machine dominait l'ordre guerrier », il ajoute que « la qualité de ceux qui avaient à mettre en œuvre les machines de guerre devenait un élément essentiel ». Le président n'aura pas d'autre position, encourageant l'exploit technique dans sa grandeur comme dans ses retombées pragmatiquement économiques. Pragmatisme et épopée : il n'est pas exagéré de voir dans l'œuvre de De Gaulle une version politique de l'exigence bergsonienne de faire de ce monde de machines un monde où s'exprime le souffle de l'esprit, collectif et individuel.

Thierry LETERRE

• *Voir aussi :* Blondel, Maurice ; Fil de l'épée (Le) ; Formation scolaire et intellectuelle ; Héritage spirituel ; Pragmatisme ; Rénovation

Bibl. : Henri Bergson, *Œuvres*, Paris, PUF, 2001 • Éric Roussel, *Charles de Gaulle*, Paris, Gallimard, 2002 • Jean Touchard, *Le Gaullisme, 1940-1969*, Paris, Le Seuil, 1978.

BERNANOS, Georges (1888-1948). – Trois dates ont rapproché Georges Bernanos et Charles de Gaulle : 1897, 1940 et 1945. À l'automne 1897, tous deux sont élèves des pères jésuites, au collège de l'Immaculée-Conception, 391, rue de Vaugirard, à Paris : Georges est externe en sixième ; Charles, interne en cinquième. En juillet 1938, Bernanos quitte la France avec sa famille à destination de l'Amérique du Sud. Il réside au Brésil de septembre 1938 à juin 1945.

C'est au Palacio Hotel de Belo Horizonte qu'il entend, ému jusqu'aux larmes, l'appel du 18 juin 1940 et décide d'y répondre. Invalide depuis son grave accident de motocyclette de juillet 1933, il ne peut combattre par les armes, mais il s'engage dans la Résistance par la parole et l'écriture. Il soutient avec conviction et passion le Général, en suscitant la création de comités de la France libre en Amérique du Sud, en diffusant des messages sur les ondes (Radio Brazzaville et BBC) et en publiant des articles dans des journaux de Rio de Janeiro. Son retour en France, en juin 1945, est en grande partie provoqué par un télégramme du 25 septembre 1944 et un câble le 16 février 1945 du cabinet du général de Gaulle : « Bernanos, votre place est parmi nous. » À Paris, il est reçu à plusieurs reprises (juillet, automne, décembre 1945) par le Général, mais la teneur de leurs conversations n'a pas donné lieu à un texte écrit. On sait seulement que Bernanos n'accepta aucun poste officiel pour conserver sa liberté de parole. D'où ce mot empreint d'humour attribué au Général et relaté par Marcel Jullian : « Celui-là, je n'ai jamais pu l'atteler. »

Si Charles de Gaulle tenait Bernanos pour l'un des meilleurs romanciers des années 1930, s'il considérait le *Journal d'un curé de campagne* comme l'œuvre la plus forte de la littérature française, Bernanos voyait dans le Général, au lendemain du 18 Juin, « l'homme prédestiné » en révolte contre l'armistice, un « soldat légendaire », « le chef et le symbole de l'Honneur français », comme il l'écrivait dans *La Marseillaise* en juillet 1943. Une vision du monde d'inspiration chrétienne rapproche les deux hommes, qui se font une idée héroïque de la vocation spirituelle de la France : apporter au monde la liberté et l'espérance. Tous deux plaident dans leur œuvre pour le refus du mensonge et des compromissions, la fidélité à l'honneur, la volonté en temps de guerre de résister à l'ennemi, quel qu'en soit le prix.

Mais, au cours des années 1945-1948, marquées par une intense activité journalistique, l'admiration éprouvée pour le chef de la France libre se nuance de réserves. Bernanos rêvait d'une France « en marche » vers une révolution spirituelle sous la conduite du Général. Or, celui-ci donne la primauté aux nationalisations, à une réforme constitutionnelle et à une restauration de l'État dans un pays surtout soucieux de survivre. Dans six « Messages imaginaires », publiés sous le titre « Le Général vous parle » dans *L'Intransigeant*, entre mars et mai 1948, il fait dire, le 6 mai, au Général ce qu'il voudrait entendre de sa bouche : « Avant de restaurer l'État, il importe que je restaure la nation. » Michel Estève

• *Voir aussi :* Catholique (foi) ; Intellectuels ; Nation

Bibl. : Vincent Berkelmans, « Les voix libres ne meurent pas. De Gaulle et Bernanos », *Les Cahiers de l'Herne*, n° 21, « Charles de Gaulle », 1973, p. 25-36 • Jean-Loup Bernanos, *Georges Bernanos à la merci des passants*, Paris, Plon, 1986 • Philippe Berthet, « Bernanos et de Gaulle », *Espoir*, n° 72, septembre 1990, p. 19-21 • Michel Verdant, « La mystique de De Gaulle et de Bernanos », *Espoir*, n° 113, décembre 1997, p. 43-46.

BERTHOIN, Jean-Marie, Yves, Pierre (1895-1979). – Né à Enghien-les-Bains, engagé volontaire pendant la Première Guerre mondiale, Jean Berthoin mène une carrière de haut fonctionnaire sous la IIIe République, puis une carrière politique, au sein du parti radical, sous les IVe et Ve Républiques. Sa participation à la Résistance et les compétences qu'il a acquises en matière d'éducation nationale sont vraisemblablement à l'origine de sa nomination dans le gouvernement du général de Gaulle de 1958.

Il entame une carrière préfectorale en 1919 comme chef adjoint du cabinet du préfet de l'Aisne et devient préfet en 1932. Secrétaire général du ministère de l'Intérieur en 1938, il démissionne en 1940. Il est alors nommé trésorier-payeur général, fonction qu'il exerce tout en participant à la Résistance. Il est membre du comité départemental de libération de l'Isère en 1944.

Il entreprend une carrière politique en 1948, comme sénateur radical de l'Isère. Éphémère secrétaire d'État à l'Intérieur en 1950, il devient plus durablement ministre de l'Éducation nationale dans les cabinets de Pierre Mendès France de juin 1954 à février 1955, et d'Edgar Faure de février 1955 à février 1956. C'est là qu'il conçoit des projets de réforme qu'il ne réussit pas à faire aboutir.

Appelé au gouvernement de Gaulle en 1958 et nommé à la tête du ministère de l'Éducation nationale, il trouve l'occasion de réaliser la réforme de l'école dont il a défini les contours en 1955. C'est la première fois depuis la Libération qu'un tel processus de démocratisation reçoit un commencement d'application. La réforme prolonge la scolarité obligatoire jusqu'à seize ans – avec une entrée en vigueur en 1967 –, instaure un cycle d'orientation de deux ans en second degré avec un tronc commun d'un semestre, et transforme les cours complémentaires en collèges d'enseignement général (CEG), les centres d'apprentissage en collège d'enseignement technique (CET). Enfin, la réforme allège l'organisation du baccalauréat de l'enseignement secondaire en prévoyant une session de contrôle et non plus une seconde session au mois de septembre. Une circulaire du 21 octobre 1958 crée des « groupes d'observation dispersés » qui organisent des classes de second degré long avec latin auprès de certains cours complémentaires. Cette circulaire à visée démocratique restera imparfaitement appliquée. Le décret du 29 décembre 1958 créant la Commission académique de la carte scolaire donne plus de souplesse au fonctionnement du système éducatif. En revanche, Jean Berthoin échoue dans sa tentative de résoudre la question scolaire : il aurait voulu attribuer, par voie d'ordonnance, une subvention globale à l'enseignement privé. Il rencontre là l'opposition résolue de De Gaulle qui souhaite une solution davantage respectueuse des droits de l'État.

Ministre de l'Intérieur dans le gouvernement de Michel Debré, il en démissionne en mai 1959 pour retrouver son siège de sénateur de l'Isère. Sénateur jusqu'en 1974, il décède en 1979. Bruno Poucet

• *Voir aussi :* Éducation nationale ; Enseignement privé ; Parti radical

Bibl. : René Bargeton, *Dictionnaire biographique des préfets, septembre 1870-mai 1982*, Paris, Archives nationales, 1994 • Jean Ferrez, *Au service de la démocratisation, souvenirs du ministère de l'Éducation nationale, 1943-1983*, Paris, INRP, 2004 • Bruno Poucet, « L'enseignement catholique français et la loi Debré », dans id., *La Loi Debré, paradoxes de l'État éducateur ?*, Amiens, CRDP, 2001.

BÉTHOUART, Marie-Émile (1889-1982). – Béthouart est admis à Saint-Cyr en 1909, en même temps que le futur maréchal Juin, son aîné, et de Gaulle, son cadet. Dans cette promotion « Fez » dont Juin sort major, Béthouart garde le souvenir de la « prodigieuse mémoire » de son immense cadet. Pendant trente ans, leurs carrières ne se rencontrent pas. La guerre les réunit brièvement, les sépare avant de les unir dans une victorieuse reconquête.

Après l'armistice, Béthouart et de Gaulle, tous deux généraux à titre temporaire, se retrouvent à Londres. Retour de Norvège, Béthouart peut s'enorgueillir d'avoir repris aux Allemands le port de Narvik, vaine victoire... Responsable de 7 000 combattants qui veulent rentrer en France, il explique à de Gaulle qu'il a accepté l'offre britannique de les transporter au Maroc, où il espère pouvoir reprendre le combat. De Gaulle le détrompe, sans le faire changer d'avis. Toutefois, Béthouart l'autorise à recruter des volontaires parmi ses hommes. La quête est maigre. Au Maroc, alors qu'il est aux ordres du général Noguès, Béthouart adhère, en été 1942, aux initiatives de ceux qui veulent faciliter un éventuel débarquement américain en Afrique du Nord. À défaut de le neutraliser, il se charge de persuader son chef de ne pas donner l'ordre de tirer contre les Américains. Le 8 novembre 1942, il échoue dans cette tâche puis est emprisonné, traduit devant une cour martiale, et finalement expulsé par Noguès. Mal accueilli à Alger, il est envoyé en prétendue mission à Gibraltar d'où il écrit à de Gaulle. La réponse est immédiate : « Tu es de ceux sur lesquels je compte. » Mais Béthouart s'éloigne, envoyé par le général Giraud aux États-Unis pour diriger la mission chargée du réarmement de l'armée d'Afrique. Il y reste dix mois, non sans déplorer la présence rivale d'une délégation de la France combattante et se dit « écartelé ».

De Gaulle, devenu seul président du CFLN (Comité français de la Libération nationale), le rappelle à Alger et le choisit pour être son collaborateur le plus proche, comme chef d'état-major de la défense nationale (CEMDN). Pendant six mois, Béthouart ne le quitte pas, l'accompagnant chez Winston Churchill, chez le président Roosevelt, à Bayeux. « J'ai vu de près, écrira Béthouart, fonctionner son extraordinaire mécanisme intellectuel au service d'une volonté implacable. » Et de Gaulle évoquera, non sans humour, la difficile mission de son ami : « En dehors des aspérités que comportait mon propre contact, ces fonctions étaient difficiles tant en raison de leur complexité que du fait qu'elles touchaient aux susceptibilités des gouvernements et états-majors alliés, à celles des ministres et hauts échelons français. Béthouart s'en acquitta au mieux. » Le 12 août 1944, Béthouart cède son poste au général Juin, de retour d'Italie, pour prendre le commandement du 1er corps de l'armée B. Il le mène victorieusement jusqu'au Brenner. De Gaulle l'a bien jugé : « Il ne laissait rien au hasard. Il était l'homme des plans conçus méthodiquement et poursuivait d'une humeur égale. Cela lui valait la confiance de ses subordonnés et aussi quelquefois l'impatience de son supérieur. »

De Gaulle le maintient à la tête des forces françaises d'occupation en Autriche et le nomme haut-commissaire de France. Béthouart exerce ces fonctions jusqu'en 1950 avec une volonté d'apaisement et de réconciliation conforme, écrit-il, aux instructions reçues du Général. Jusqu'à sa mort, Béthouart écrit des livres, défend la CED (Communauté européenne de défense) – « cette colossale fumisterie », lui rétorque de Gaulle en 1953 –, est sénateur des Français à l'étranger. Fidèle à sa promotion de Saint-Cyr, il en assure le secrétariat à la mort du titulaire. « Cela te revient et je t'en remercie. Crois mon cher Béthouart à ma fidèle amitié », lui écrit Charles de Gaulle, le 4 décembre 1968. Peut-être le dernier message adressé à celui dont il fit un Compagnon de la Libération, malgré leur éloignement en 1940.

Jean Delmas

• *Voir aussi* : Amitiés personnelles ; Armées de la Libération ; CED ; Ordre de la Libération

Bibl. : Marie-Émile Béthouart, *Cinq années d'espérance*, Paris, Plon, 1968.

BEUVE-MÉRY, Hubert (1902-1989). – L'histoire commence au cours de l'hiver de 1944-1945. De Gaulle juge indispensable, *Le Temps* s'étant abîmé dans la collaboration, que resurgisse un quotidien influent reprenant la place laissée vide et propre à porter les thèmes de la diplomatie française, mais libre de l'emprise des grandes entreprises qui avaient barre sur son prédécesseur.

Hubert Beuve-Méry est choisi par le chef du Gouvernement provisoire et son cabinet, avec deux autres personnalités, René Courtin et Christian Funck-Brentano, que son labeur et son tempérament vigoureux vont bientôt marginaliser. Professeur de droit promu par les chemins de la démocratie chrétienne, correspondant du *Temps* à Prague dans les années 1930, Beuve-Méry s'est fait connaître en démissionnant du journal au moment de Munich. Après 1940, il est passé par l'École d'Uriage, qui a rêvé un temps d'une révolution morale issue de la défaite, puis il a rejoint la Résistance.

De Gaulle, au temps du RPF, constate avec dépit que *Le Monde* ne le soutient pas. Mais quand éclate en 1951 la crise qui oppose Beuve-Méry à Courtin et au MRP englué dans la guerre d'Indochine, c'est le Général qui lui sauve la mise en faisant (ou laissant) voter Funck-Brentano pour lui : Beuve-Méry n'aimait pas trop qu'on rappelât le fait. De Gaulle, surmontant son irritation du côté de la politique intérieure, ne désapprouvait pas la politique, défendue par le journal, de non-alignement par rapport aux deux blocs.

Après le 13 mai 1958, lors du référendum fondateur du 28 septembre, Beuve-Méry donne à de Gaulle un « oui conditionnel et provisoire ». Huit jours plus tôt, il lui a rendu visite à Matignon. Le Général revient aux débuts de la IVe République : « Quand vous avez pris un chemin différent, j'ai su que vous n'étiez pas des miens. Peut-être d'ailleurs n'en avez-vous jamais été... » Jusqu'à la paix en Algérie, le directeur du *Monde* soutient pourtant – avec prudence – la politique du chef de l'État. Mais dès l'issue assurée, il prend ses distances. Commence alors un étrange dialogue, dans les cimes. Chaque fois que de Gaulle s'exprime par la voie des ondes, Beuve-Méry lui réplique, en première page et en caractères gras, en signant son commentaire de son pseudonyme hautain : « Sirius ». Lui-même probe, fier et austère, il condamne cette « poursuite effrénée de la grandeur et de la puissance » où de Gaulle lui paraît se perdre. Quant au Général, qui se garde de toute pression sur le journal, il se contente d'ironiser, lors d'un de leurs rares tête-à-tête : « Vous êtes comme Méphisto... Mais oui, quand Mephisto dit à Faust : *Ich bin der Geist, der stets verneint...* » (« Je suis l'esprit qui toujours nie ») – Beuve-Méry s'affirme alors comme censeur d'une politique étrangère qui est pourtant proche de celle dont il s'était fait, sous la IVe, le champion solitaire.

Après les événements de 68, qui heurtent le directeur du *Monde*, décalé par rapport à sa rédaction, celui-ci se met un peu en retrait. Et quand de Gaulle disparaît, il écrit dans le *Times* de Londres : « Après tout, Louis XIV et Napoléon, quels que fussent leurs titres de gloire, ont laissé la France exsangue, ruinée, mutilée. Charles de Gaulle n'aurait pas trop à se plaindre de cette orgueilleuse comparaison. »

Jean-Noël JEANNENEY

• *Voir aussi* : Fauvet, Jacques ; Journalistes ; Monde (Le) ; Presse ; Viansson-Ponté, Pierre

Bibl. : Hubert Beuve-Méry, *Onze ans de règne, 1958-1969*, Paris, Flammarion, 1974 • Laurent Greilsamer, *Hubert Beuve-Méry (1902-1989)*, Paris, Fayard, 1990 • Jean-Noël Jeanneney et Jacques Julliard, *« Le Monde » de Beuve-Méry ou le Métier d'Alceste*, Paris, Le Seuil, 1979.

BEVIN, Ernest (1881-1951). – Fils naturel d'une mère très pauvre qui mourut quand il avait huit ans, le jeune Bevin dut gagner sa vie dès qu'il eut quitté l'école à onze ans, et finit par devenir camionneur. Baptiste pratiquant jusqu'à vingt-cinq ans, il adhéra au mouvement travailliste et devint très vite un leader écouté, grâce à son habileté de négociateur. En 1922, il persuada dix-huit syndicats de camionneurs et de travailleurs peu qualifiés de former une seule fédération (la *Transport and General Workers Union*), qui fut, pendant trois quarts de siècle, la plus importante du *Trade Union Congress* (TUC) et dont il resta le secrétaire général jusqu'à la guerre.

Après la « trahison » du Premier Ministre travailliste, Ramsay MacDonald, qui, en 1931, forma un cabinet d'union nationale contre l'avis de son propre parti, Bevin en vint à prôner une politique économique proche des thèses de Keynes et conclut une alliance durable avec le nouveau leader travailliste, élu en 1935, Clement Attlee. En même temps, dès l'accession de Hitler au pouvoir, il ne cessa de s'opposer violemment à la politique d'apaisement et aux pacifistes de son parti qui combattaient le réarmement. Aussi, quand Winston Churchill forma son gouvernement de guerre, en mai 1940, demanda-t-il à Bevin d'en faire partie, bien que ce dernier, à presque soixante ans, s'apprêtât à prendre sa retraite et ne fût pas membre de la Chambre des communes. Ce choix fut un coup de maître. Bevin mobilisa une main-d'œuvre nombreuse, notamment dans les industries d'armement, tout en obtenant des syndicats une certaine modération salariale. Ainsi, avec Attlee (Premier Ministre adjoint à partir de 1942) et John Anderson (ancien haut fonctionnaire et seul conservateur important du groupe), il fut en charge de ce qu'on appelait le *home-front*. Leur réussite joua un rôle non négligeable dans la victoire électorale travailliste, en juillet 1945.

Avec de Gaulle, il eut peu de contacts directs. Mais, au sein du cabinet de guerre, il plaida longtemps, comme Anthony Eden et Harold Macmillan, pour la reconnaissance du CFLN (Comité français de la Libération nationale) puis du GPRF (Gouvernement provisoire de la République française) comme gouvernement provisoire de la France, reconnaissance qui n'était toujours pas intervenue, rappelons-le, au moment du débarquement en Normandie, du fait de l'opposition du président Roosevelt. Et, lors du différend sur l'AMGOT (*Allied Military Government of Occupied Territories*), lorsque Churchill prononça la fameuse formule : « Chaque fois qu'il nous faudra choisir entre l'Europe et le grand large, nous serons toujours pour le grand large. Chaque fois qu'il me faudra choisir entre vous et Roosevelt, je choisirai toujours Roosevelt », Bevin fit aussitôt savoir à de Gaulle que celui-ci parlait pour son propre compte, pas au nom du cabinet.

Après la guerre, Attlee le chargea de diriger la diplomatie britannique bien qu'il n'eût aucunement le profil de l'emploi. Il y réussit plutôt bien. Comme l'aile gauche de son parti, il rêva, dans les premiers mois, d'une alliance européenne de « troisième force », entre les deux Grands, concluant en 1947 avec la France le traité de Dunkerque, qui ressuscitait l'Entente cordiale. Mais, très vite, il estima que ce qui était important pour la sécurité de son pays était le maintien de forces américaines importantes sur le territoire européen. Et sa priorité fut alors de négocier avec les États-Unis le pacte de l'Atlantique Nord (1949) que dénonça ardemment de Gaulle. Jacques LERUEZ

• *Voir aussi* : Angleterre

Bibl. : Alan Bullock, *The Life and Times of Aneurin Bevin*, Londres, Heinemann, 3e éd., 1983 • Jean Lacouture, *De Gaulle*, t. 1, *Le Rebelle*, Paris, Le Seuil, 1984 • Francis Williams, *Ernest Bevin*, Londres, Hutchinson, 1952.

BEYROUTH. – Le 18 octobre 1929, le commandant de Gaulle reçoit la notification de son affectation à Beyrouth, à l'état-major du général commandant les troupes du Levant où il sera en charge des 2e et 3e Bureaux (renseignement et opérations). Le 12 novembre 1929, la famille de Gaulle arrive au Liban. Elle s'installe au premier étage d'un immeuble situé au 268, rue Tadmor, dans le Caracol Druze à Beyrouth. Durant deux années, de Gaulle multiplie missions et tournées. Il prononce trois conférences sur l'histoire de l'armée française au Cercle des officiers de Beyrouth ; se fait remarquer par une mémorable allocution délivrée le 3 juillet 1931 à l'occasion de la distribution des prix de fin d'année chez les Jésuites, à l'université Saint-Joseph de Beyrouth. Avec le chef de bataillon Yvon, il rédige *L'Histoire des troupes du Levant* retraçant les opérations militaires menées de 1916 à 1930. Édité en août 1931 par l'Imprimerie nationale, cet ouvrage fait partie des 21 volumes sur *Les Armées françaises d'outre-mer*. Enfin, en juin 1930 et juin 1931, il publie dans la *Revue militaire française* deux articles remarqués, « Du prestige » et « Du caractère », qui seront bientôt repris dans *Le Fil de l'épée*. Décrit à tort par certains biographes comme une période grise, ce premier séjour au Liban lui permet de connaître une vie de famille paisible, de se former au contact d'officiers remarquables, de se familiariser avec le contexte proche-oriental et de découvrir les intrigues britanniques dans la région.

Dès l'automne 1940, le général de Gaulle manifeste son souci de soustraire le Levant à l'influence du régime de Vichy et aux menaces nazies. À l'aube du 8 juin 1941, des avions arborant la croix de Lorraine lâchent des tracts sur la Syrie et le Liban, qui contiennent notamment une déclaration de reconnaissance de l'indépendance des deux pays. Désireux d'asseoir l'autorité de la France libre, de Gaulle arrive au Liban le vendredi 25 juillet 1941. Le 27, il est à Beyrouth où une foule enthousiaste l'accueille, qui voit en lui le représentant de la « tendre mère » et l'initiateur de l'indépendance. Le 24 novembre, le général Catroux et le président Alfred Naccache échangent des lettres relatives à l'indépendance. Le 28, toutefois, de Gaulle notifie au secrétariat général de la Société des Nations qu'indépendance et souveraineté libanaises comportent des limitations imposées par les exigences de la guerre et n'affectent pas « la situation juridique telle qu'elle résulte du mandat, cette situation ne pouvant être modifiée qu'après la guerre ». Les ennuis commencent en février 1942, quand sir Edward Spears est nommé ministre plénipotentiaire de Grande-Bretagne auprès des gouvernements libanais et syrien. En août et septembre 1942, le général de Gaulle séjourne à Beyrouth où les intrigues anglaises se multiplient, pour écrira-t-il, « reprendre en main les hommes et les choses [...], marquer dans les faits et dans les esprits la prépondérance de la France » [*MG*] au Liban et en Syrie. En septembre 1943, le chef du parti indépendantiste Destour, cheikh Béchara el-Khoury, candidat des Britanniques, est élu président de la République libanaise. Nommé à la présidence du Conseil, Riyad el-Solh réclame aussitôt l'indépendance entière pour son pays. Le 11 novembre, ils sont incarcérés à Rachaya, mesure qui provoque la colère des Libanais et les protestations des Britanniques. Le 22 novembre, après deux mois de crise liée à l'intransigeance initiale du Comité français de la Libération nationale (CFLN), celui-ci accepte le rétablissement du gouvernement libanais et décide d'ouvrir avec la Syrie et le Liban les négociations nécessaires à la mise en harmonie du mandat de la France et du régime d'indépendance promis en 1941. Après une série d'incidents militaires et diplomatiques, un accord final sur l'évacuation des troupes françaises intervient enfin le 23 mars 1946, au Quai d'Orsay. Le 31 décembre suivant, l'évacuation s'achève, mettant un terme à un quart de siècle de présence française au Liban.

Vingt ans plus tard, devenu président de la République, de Gaulle reçoit à Paris le président libanais Charles Hélou. Il salue alors le Liban, « nation indépendante, prospère et cultivée ». Le 28 décembre 1968, un commando israélien attaque l'aéroport international de Beyrouth. Le Général condamne le raid, affiche publiquement son mécontentement à l'égard de l'ambassadeur israélien en France, décrète un embargo sur les armes destinées à Israël et annonce son intention de soutenir le Liban en cas d'agression extérieure. Cette décision est accueillie avec soulagement à Beyrouth, ville que de Gaulle ne reverra pas mais qui est restée fidèle à la mémoire de celui en qui elle a longtemps vu son protecteur. Alexandre NAJJAR

• *Voir aussi* : Levant ; Liban

Bibl. : Jean-Louis Crémieux-Brilhac, *La France libre : de l'appel du 18 Juin à la Libération*, Paris, Gallimard, 1996 • Jean Gaulmier, *Le Voyage du général de Gaulle en Syrie et au Liban*, Beyrouth, S.1, 1943, rééd. 1990 • Alexandre Najjar, *De Gaulle et le Liban*, Beyrouth, Terre du Liban, 2 vol., 2002 et 2004.

BIBLIOTHÈQUE PERSONNELLE. – « Le plus beau métier du monde, c'est d'être bibliothécaire... Une bibliothèque municipale dans une petite ville de Bretagne, à Pontivy... Quel bonheur ! » Il n'est pas rare chez de Gaulle qu'une boutade exprime plus sûrement le fond de sa pensée qu'un texte patiemment mûri et médité. Celle-ci, lancée de but en blanc à son aide de camp, François Coulet, en marchant dans une rue de Londres au temps de la France libre, suffirait à révéler ce qui fut une des passions profondes et permanentes de sa vie.

L'amour des livres. Sans être expressément bibliophile, le Général a toujours été un amoureux des livres, prompt à s'isoler le soir dans la bibliothèque de l'Élysée ou à se retrancher tous les après-midi dans celle de Colombey, entouré de la multitude de textes qu'on lui adressait ou qu'il avait personnellement acquis au fil des années. « Il lisait environ trois livres par semaine, même en pleine activité, dès qu'il en avait le temps, témoigne Philippe de Gaulle [...]. D'abord, il parcourait rapidement l'œuvre choisie en commençant par la dédicace s'il y en avait une, l'avant-propos ou la préface, et le dernier chapitre ou la conclusion, pour voir si sa lecture en valait la peine. Si la plupart des ouvrages n'étaient que consultés, l'un d'eux pouvait être lu dans la journée. » Et plus rares, il va sans dire, ont été les livres appelés à figurer durablement dans sa bibliothèque privée à côté des *Mémoires d'outre-tombe* inlassablement repris toute sa vie, des œuvres complètes de Corneille, Racine ou Vauvenargues, de celles de Bergson, de Péguy ou de Barrès, des recueils de Mallarmé, Verlaine et Lamartine ou des romans de Mauriac et de Bernanos. Un choix dont le classicisme participe pourtant d'une culture plus éclectique qu'il n'y paraît chez un lecteur qui se plaît aussi bien à déclamer les vers d'Edmond Rostand qu'à fredonner les chansons de Béranger et de Jean-Baptiste Clément, et qui s'intéresse à l'œuvre d'un Henry Bordeaux et d'un Pierre Benoit comme à celle d'un Roger Vailland ou d'un Jean-Marie Le Clézio.

Premier autorisé à en établir l'inventaire, Alain Larcan souligne que la bibliothèque gaullienne ne constitue à proprement parler ni une bibliothèque familiale complète – les œuvres de ses aïeux, notamment celles, pourtant prolifiques, de sa grand-mère Joséphine de Gaulle, s'y trouvent assez peu représentées – ni la bibliothèque d'« un officier intellectuel » soucieux de collectionner les grands classiques de l'art militaire nécessaires à ses propres travaux, mais un ensemble reflétant d'abord ses propres « goûts et affinités littéraires et historiques ». En procédant à notre tour, en juillet 2005, au même recensement, c'est avant tout à la bibliothèque d'un écrivain que nous avons eu le sentiment d'être confronté. Un écrivain dont les lectures incessantes ont non seulement accompagné et nourri le travail personnel, mais aussi contribué à entretenir les relations nouées dès l'avant-guerre avec quelques poètes et romanciers de son temps.

L'Histoire. On ne saurait s'étonner de la place considérable réservée aux livres d'histoire dans le bureau du Général. La plupart d'entre eux ont naturellement un lien étroit avec sa propre aventure politique. Hormis quelques biographies de grandes figures historiques – dont le *Napoléon* de Louis Madelin et celui de Jacques Godechot, *La Vie de Disraëli* d'André Maurois ou divers volumes de la collection « Génies et réalités » consacrés entre autres à Mazarin, Talleyrand et Jules César –, des textes de référence tels *Le Précis d'histoire de France* de Michelet et les *Histoire de France* de Guizot et de Bainville, les *Mémoires* du cardinal de Retz, de Saint-Simon, de Richelieu mais aussi de D'Artagnan ou de la duchesse d'Abrantès, ce sont d'abord des livres relatifs à la période contemporaine qui peuplent sa bibliothèque de travail.

Il faut noter, en dépit de la bibliographie abondante dont il a personnellement fait l'objet, le nombre assez restreint d'ouvrages le concernant directement, comme si une poignée d'entre eux avait seule trouvé grâce à ses yeux. Parmi ces quelques rescapés : la première édition du *Charles de Gaulle* de Philippe Barrès, publié aux États-Unis fin 1941 et adressé à l'exilé de Londres avec une dédicace des plus modestes – « Veuillez accepter, mon Général, ces pages imparfaites comme expression des vœux et du dévouement d'un Français » –, le *Charles de Gaulle, général de France* de son ami Lucien Nachin (1944), le *De Gaulle entre deux mondes* de Paul-Marie de La Gorce et, plus inattendu, le *De Gaulle parle (1962-1966)* d'André Passeron, document qui n'inspira pourtant au fondateur de la Ve République que cette brève annotation manuscrite sur la page de garde : « Je l'ai vu. »

Pairs, compagnons et adversaires. Plus manifeste est l'intérêt que de Gaulle semble avoir porté aux témoignages de ses anciens compagnons d'armes : ceux notamment de Jacques Soustelle (y compris son virulent *De Londres à Alger*), du colonel *Rémy*, de François Coulet, du colonel *Passy*, de l'amiral d'Argenlieu, des maréchaux Juin et de Lattre, du général de Larminat, mêlés entre autres au *Mémorial des Cadets de la France libre*, aux *Historiques de la 3e DIA* et *de la 1re DFL*, et à quelques biographies dont celle consacrée à Jean Moulin par sa sœur Laure et adressée par cette dernière au « sauveur et restaurateur de la patrie, homme exceptionnel, soutien fidèle de son délégué dans la métropole ». Apparaissent également en bonne place les écrits de ses principaux partenaires étrangers, amis ou adversaires : l'édition française des *Mémoires* de Winston Churchill, les souvenirs de Montgomery, de Patton et d'Eisenhower, mais aussi *La Guerre sans haine* du maréchal Rommel présentée par Liddell Hart, le *Journal politique* de Ciano, la *Correspondance secrète de Staline* et les neuf volumes des *Archives secrètes de la Wilhelmstrasse*, lesquels voisinent avec des envois plus tardifs comme ceux des *Mémoires* de Konrad Adenauer ou d'un recueil des discours de John F. Kennedy... Plus rares en revanche sont les ouvrages de responsables politiques français encore présents dans la bibliothèque de Colombey, mais on sait que celle-ci a longtemps abrité les Mémoires de Raymond Poincaré, d'Édouard Herriot, de Jules Moch ou de Vincent Auriol.

Parce qu'elle avait vocation à alimenter à tout instant la réflexion d'un écrivain et chef d'État aussi attentif aux évolutions du monde qu'habité par l'histoire des grandes civilisations, cette bibliothèque renferme en outre un ensemble éloquent de manuels en tous genres, du *Grand Larousse encyclopédique* aux *Dictionnaire des sciences* et *Dictionnaire universel des Lettres*, des livres d'art sur l'Inde, Rome, *L'Esthétique de la pensée grecque*, les œuvres d'Hippocrate, sans compter, bien sûr, une édition reliée de la Bible en quatre volumes...

Littérature. Mais le plus saisissant reste la place accordée, dans le bureau le salon-fumoir de La Boisserie, à la littérature romanesque, poétique et théâtrale. Une telle prédilection n'a certes rien de fortuit chez un personnage qui s'est d'abord inventé à travers l'écriture et toujours attaché à cultiver avec la plupart de ses pairs une connivence particulière. On n'en est pas moins impressionné, en explorant le contenu de sa bibliothèque, par tant d'attention portée à la création littéraire sous toutes ses formes ou presque. Si l'on n'est guère surpris de voir figurer dans la demeure de Charles de Gaulle les grands chefs-d'œuvre de l'Antiquité – l'*Iliade*, l'*Odyssée*, *La Vie des hommes illustres* de Plutarque aussi bien que les œuvres de Sophocle et de Virgile – et ceux du Moyen Âge comme du Grand Siècle et des époques suivantes – des *Chroniques* de Froissart et de Joinville aux œuvres complètes de Montaigne, de Shakespeare, de Mme de Sévigné, de Voltaire, d'Hugo et de Balzac –, on s'attend moins en revanche à trouver chez lui une telle disparité d'ouvrages du côté des « modernes ».

Hasard des lectures ou confrontation délibérée, les pièces de Paul Claudel et de Jean Giraudoux côtoient ici sans vergogne celles de Courteline et de Marcel Achard, les romans de Pierre Boulle et d'Henri Troyat, ceux de Marcel Arland, d'Albert Camus et de Marguerite Yourcenar, comme les recueils de Fernand Gregh, ceux de Marie Noël, de Jules Supervielle et de Paul Valéry. Plus étonnant encore quant au mélange des genres, le voisinage entre deux poètes aussi dissemblables que Pierre Jean Jouve et Jean Cocteau. Si le premier n'a jamais fait mystère de sa dévotion à l'égard de l'homme du 18 Juin, « haut exemple de vision et de courage » auquel il n'a pas laissé de manifester, dans la dédicace de chacun de ses livres, sa « respectueuse affection », on ignorait en revanche que le second fût attaché à Charles de Gaulle au point de lui faire parvenir en 1962 son *Requiem* en des termes aussi empressés :

« Mon Général, j'ose à peine vous envoyer ce livre, mais il m'est impossible de m'exprimer sans m'adresser à vous, avec mon respect et ma reconnaissance... »

Les gaullistes plus traditionnels – de Jean Dutourd, Maurice Druon, Joseph Kessel à Pierre Emmanuel et Romain Gary – occupent naturellement une place prépondérante dans la bibliothèque de Colombey. Parmi eux, le plus lu et admiré reste de loin François Mauriac, auteur entre autres d'un *De Gaulle* adressé au chef de l'État en 1964 en témoignage de son « très respectueux et indéfectible attachement ». Seules les œuvres d'André Malraux ne figurent pas (ou plus) sur les rayonnages de Colombey, en dehors des *Chênes qu'on abat* sobrement dédicacé à Yvonne de Gaulle. Faut-il y voir, chez le Général, la confirmation d'une appréciation plus mesurée à l'égard du romancier et de l'essayiste que de « l'ami génial » ?

Contrastant avec la présence imposante des livres de Maurice Barrès – *Les Grands Problèmes du Rhin* et *Les Familles spirituelles de la France*, notamment –, les absences les plus frappantes sont celles des deux écrivains majeurs du XXe siècle : Marcel Proust et Louis-Ferdinand Céline. Absences qui ne doivent rien, sans doute, contrairement à quelques autres, aux aléas des déménagements et qui suffiraient à indiquer que les goûts littéraires de Charles de Gaulle, en dépit d'une curiosité sans tabou, n'échappaient pas à un certain conformisme. De même le sent-on assez peu enclin à s'intéresser aux auteurs étrangers contemporains, en dehors de Kipling, de Greene, d'Hemingway ou de Buzzati, comme si, pour ce lecteur épris d'universalité, la création littéraire demeurait avant tout l'apanage du pays de Corneille, de Montesquieu et de Chateaubriand.

Jean-Luc BARRÉ

• *Voir aussi* : Dédicaces ; Épigraphes ; Formation ; La Boisserie ; Loisirs

Bibl. : Alain Larcan, *De Gaulle inventaire*, Paris, Bartillat, 2003 • Philippe de Gaulle, *De Gaulle mon père*, t. 1 et 2, Paris, Plon, 2003-2004.

BIDAULT, Georges (1899-1983). – Issu d'une famille de la petite bourgeoisie catholique, Georges Bidault, comme de Gaulle, a été l'élève des Jésuites. En 1925 il est reçu à l'agrégation d'histoire. Il enseigne en province, puis à Paris au lycée Louis-le-Grand. Étudiant, il a milité activement à l'Association catholique de la jeunesse de France (ACJF) dont il fut vice-président. Il devient ensuite l'un des espoirs d'une démocratie chrétienne qui se cherche. Journaliste de talent, il se fait connaître à partir de 1934 comme éditorialiste de *L'Aube*. Il ne cesse de pourfendre l'Action française et de dénoncer fascisme et nazisme. En 1938, il prend parti dans *L'Aube* contre les accords de Munich.

La Résistance. Bidault participe à l'ultime phase de la campagne de France au cours de laquelle il est fait prisonnier. Au début de sa captivité, il entend parler de De Gaulle. « Sans presque rien savoir de lui, écrira-t-il, j'étais de son bord. » Libéré au bout d'un an, il s'enquiert des possibilités de résistance, soit à Paris, soit à Londres. Finalement, ce sera Lyon. Il y obtient un poste de professeur, ne voulant pas enseigner en zone occupée. Devenu un dirigeant du mouvement Combat, il est en contact étroit avec Jean Moulin, délégué du général de Gaulle. En avril 1942, celui-ci le place à la tête du premier organe commun à toute la Résistance, le BIP (Bureau d'information et de presse). Après le débarquement anglo-américain de novembre 1942, Bidault envoie plusieurs messages à Londres pour dénoncer au nom de la Résistance la continuation de Vichy en Afrique du Nord : nul doute que de Gaulle apprécie cette prise de position. Il collabore en outre à la création du Conseil national de la Résistance (CNR) ; en devient naturellement membre. C'est lui qui rédige – en accord avec Moulin – la motion lue le 27 mai 1943 à la première réunion du Conseil par laquelle celui-ci, récusant le giraudisme, exige la formation d'un gouvernement provisoire dirigé par l'homme du 18 Juin : texte essentiel dans la lutte que le Général mène alors contre Giraud et les Américains. Au lendemain de l'arrestation de Jean Moulin (21 juin 1943), Claude Bouchinet-Serreulles, qui vient d'arriver de Londres pour seconder ce dernier, demande à Bidault d'assurer la succession. De Gaulle ne se manifestant pas, Bouchinet-Serreulles prend sur lui d'accepter que les membres du CNR choisissent eux-même leur président, et Bidault est désigné au début de septembre 1943. Il passe alors à la clandestinité et pendant un an travaille en étroite collaboration avec les divers délégués envoyés par de Gaulle. Comme le répètent les rapports de l'un d'eux, Jacques Bingen, il est « très gouvernemental ».

Bidault fait connaissance avec de Gaulle au soir du 25 août 1944. L'accueillant au nom du CNR dans Paris libéré, il lui demande vainement de proclamer la République depuis l'Hôtel de Ville. Une partie du Conseil est irritée par la conduite à son égard du président du Gouvernement provisoire (GPRF). Bidault s'emploie à calmer le jeu. Au début de septembre, le gouvernement se transporte d'Alger à Paris. De Gaulle le remanie ; Bidault y entre comme ministre des Affaires étrangères. Ce choix surprend. En tout cas, Bidault ne va pas tarder à considérer le ministère comme son apanage. Sur l'essentiel il approuve les grandes orientations du Général, mais avec le temps les relations se dégradent. Intellectuel, ancien président du CNR, fondateur à la Libération et chef du grand parti qu'est le Mouvement républicain populaire, Bidault ne supporte pas d'être traité cavalièrement par de Gaulle. À la veille de sa démission, celui-ci revient sur une question qui l'oppose à son ministre : l'affaire du Levant où le Général estime que Bidault, suivant les conseils de son administration, se montre d'une complaisance coupable à l'égard des Britanniques.

Le MRP. Le 20 janvier 1946, de Gaulle démissionne. Réputé « parti de la fidélité », le MRP doit-il suivre le Général qui ne lui a laissé aucune consigne ? Bidault plaide avec succès pour le maintien de son mouvement au sein du gouvernement. Lui-même reste au Quai d'Orsay. Libéré de la tutelle gaullienne, il n'en poursuit pas moins la politique étrangère menée depuis la Libération. Ce n'est donc pas sur ces questions, mais sur le problème constitutionnel, que la rupture va être consommée. Devenu chef du gouvernement, Bidault refuse en effet que son parti se batte pour le projet institutionnel présenté par de Gaulle à Bayeux et tente vainement – en lui envoyant des émissaires – de convertir le Général à ce qui va devenir la Constitution de la IVe République. En avril 1947, de Gaulle crée le Rassemblement du peuple français (RPF). Nouvelle « trahison » de Bidault et de ses amis : craignant que le MRP ne perde sa personnalité, ses dirigeants interdisent d'emblée la double appartenance. En privé, de Gaulle ne cesse dès lors d'accabler les républicains populaires et singulièrement leur chef de file. En public, fustigeant le « système », il dénonce aussi certaines inflexions de la politique extérieure suivie par Bidault et notamment l'évolution de sa politique allemande au printemps 1948. Président ou vice-président du Conseil, ministre des Affaires étrangères, ministre de la Défense : Bidault, comme leader du MRP, participe jusqu'en 1954 à la plupart des gouvernements. Il profite des périodes où il n'est plus aux affaires pour se lancer dans des tentatives de rapprochement. Ainsi en 1952, sous le ministère Pinay, fait-il parvenir au Général un mémorandum sur la politique étrangère et, à la fin de l'année, le rencontre-t-il secrètement. Ces bonnes manières, connues des députés gaullistes, ne sont pas sans rapport avec son retour au Quai d'Orsay en janvier 1953.

Il entame les négociations avec le Viet-Minh, mais la chute de Diên Biên Phu, en mai 1954, a raison de sa carrière ministérielle. Le gouvernement Laniel est renversé le 12 juin. À la fin du régime, il apparaît marginalisé, même au sein de son propre parti où on ne le suit plus dans sa défense passionnée de l'Empire colonial.

L'Algérie française. Depuis des mois, Bidault confie à ses proches que la IVe République ne tiendra pas et pronostique le retour au pouvoir de l'ancien chef de la France libre. Lors de la crise de mai 1958, il est le premier des hommes du « système » à se rallier. Dès le 14 mai il écrit en ce sens au Général. Une semaine après, il officialise sa position dans un article dans l'hebdomadaire *Carrefour*. Il n'est toutefois pas récompensé d'avoir précédé les caciques du régime sur le chemin de Canossa : de Gaulle ne lui confie aucun ministère dans le gouvernement qu'il forme. Partisan de la nouvelle Constitution, Bidault, après avoir rencontré le Général, fait campagne aussi en Algérie en faveur du « oui ». Candidat aux législatives de novembre 1958, comme tant d'autres il associe alors défense de l'Algérie française et soutien à de Gaulle. Réélu, il prend ses distances avec le MRP. Président d'un parti qu'il vient de créer, la DCF (Démocratie chrétienne de France), il siège parmi les non-inscrits. Depuis des mois, il s'inquiète des ambiguïtés algériennes de De Gaulle. Le 10 juin 1959, il commet un vibrant plaidoyer pour l'Algérie française devant une Assemblée nationale qui lui fait un ultime triomphe.

Le 16 septembre 1959, quelques jours après avoir personnellement décoré Bidault, de Gaulle prononce sa fameuse allocution sur l'autodétermination de l'Algérie. Malgré les prudences et les équivoques du texte, Bidault fustige l'orientation annoncée. La rupture avec le Général est consommée. Dès le 19 septembre, avec Roger Duchet, il fonde le Rassemblement pour l'Algérie française et, tout en critiquant la politique de De Gaulle, ménage au début la personne du Général. L'évolution suivie par ce dernier confirmant ses craintes, il devient de plus en plus véhément. L'Algérie lui est désormais fermée, il ne peut militer qu'en France. Avec Jacques Soustelle, il est un des principaux animateurs du Comité de Vincennes qui tente de réunir les opposants de droite à la politique algérienne du chef de l'État. En décembre 1961, le Comité est dissous par le gouvernement ; en mars 1962 Bidault passe à l'étranger. À la tête d'un nouveau et parodique Conseil national de la Résistance, il mène un combat désespéré contre de Gaulle, passant d'un pays à l'autre au gré des sécurités offertes. Au printemps 1963 il doit finalement se réfugier au Brésil. De son exil il poursuit la lutte contre le Général dans deux livres : *D'une résistance à l'autre* et *Le Point*. Dans ce dernier ouvrage, qui paraît en 1968, il fustige de Gaulle pour « le crime algérien », les tribunaux d'exception, la pratique autoritaire de la Constitution et une politique étrangère dont la nocivité, selon lui, est à la mesure du soutien que lui accorde le parti communiste : dans ce domaine Bidault dénonce l'antiaméricanisme, « le renversement des alliances » et « le coup de frein à la construction européenne ». En 1967 il s'était installé en Belgique. À la suite des événements de mai 1968, amnistié, il regagne la France où il tente vainement de reprendre sa place dans le combat politique. Jacques DALLOZ

• *Voir aussi* : CNR ; GPRF (œuvre extérieure du) ; Intellectuels ; MRP ; OAS

Bibl. : Georges Bidault, *D'une résistance à l'autre (1940-1965)*, Paris, Les Presses du siècle, 1965 • Jacques Dalloz, *Georges Bidault, biographie politique*, Paris, L'Harmattan, 1993 • Id., « Georges Bidault, de l'Europe communautaire à l'Algérie française », *Historiens et géographes*, n° 361, mars-avril 1998.

BILLOTTE, Pierre (1906-1992). – Pierre Billotte est le fils du général Gaston Billotte, tué en mai 1940 à la tête du 1er groupe d'armées. Saint-cyrien de 1926, breveté de l'École de guerre à vingt-sept ans, capitaine en 1935, il commande en mai 1940 une compagnie de chars lourds de la 3e DCR. Avec elle, il reprend et tient Stonne face au régiment Grossdeutschland. Fait prisonnier en juin, il s'évade le 31 janvier 1941 d'un oflag poméranien en direction de l'Union soviétique. Il y est interné aux camps de regroupement de Kozielsk et de Griazoviets.

Enfin libéré, c'est à la tête d'un détachement de 185 évadés français, volontaires pour les FFL (Forces françaises libres), qu'il rejoint l'Angleterre *via* Arkhangelsk en septembre 1941. De Gaulle l'affecte à son état-major particulier, à peine créé, dont il devient le chef au printemps 1942. Il jouit de la confiance du Général. Il joue un rôle militaire clé, supervisant le BCRA (Bureau central de renseignements et d'action), présidant aux réunions d'octobre 1942 qui conduisent à la création de l'Armée secrète, assurant les liaisons avec l'état-major britannique, prônant l'intransigeance face au président Roosevelt. À

Alger, il est colonel, secrétaire du Comité militaire puis du Comité de défense nationale du CFLN (Comité français de la Libération nationale) et membre du comité d'action en France (Comidac). Il dirige la mise au point des instructions sur le rôle militaire de la Résistance dans la phase de libération.

En juillet 1944, il obtient de De Gaulle de prendre le commandement d'un des trois groupements tactiques de la 2e DB. Il se distingue à la bataille de Falaise. Lors de la libération de Paris, il atteint le premier, le 25 août 1944, le cœur de la capitale et adresse de la préfecture de police un ultimatum au général von Choltitz, gouverneur du *Gross Paris*, que l'un de ses sous-groupements lui ramène prisonnier.

Ce succès lui vaut, dès septembre, d'être promu général et chargé de former une division composée de FFI (Forces françaises de l'intérieur) et de FTP (Francs-tireurs et partisans) parisiens qu'il conduira au combat. Couvert de lauriers, il devient en décembre 1945 chef d'état-major adjoint de la Défense nationale, puis, en 1946, général de division et chef de la délégation française auprès du Comité d'état-major des Nations unies. À ce titre, il prend part aux premières négociations du Pacte atlantique.

En désaccord à ce sujet avec le gouvernement, il démissionne en 1950 pour entrer en politique. Élu député de la Côte-d'Or, il est, en 1952, l'un des 27 députés RPF qui se rallient au gouvernement Pinay, entraînant une scission qui en fait un des dirigeants de l'Alliance des républicains sociaux. D'octobre 1955 à janvier 1956, il est ministre de la Défense.

Il rentre en grâce en 1959 auprès de De Gaulle, mais le veto de Michel Debré l'écarte du poste de délégué général en Algérie. S'il est, de 1962 à 1978, député et bientôt maire de Créteil, dont il fait une ville nouvelle, sa carrière gouvernementale se limite au poste de ministre d'État chargé des Départements et Territoires d'outre-mer (janvier 1966-mai 1968). Parus en 1972, les *Mémoires de guerre* de cette personnalité puissante, aux débuts éclatants, sont précieux, bien qu'inégalement fiables.

Jean-Louis CRÉMIEUX-BRILHAC

• *Voir aussi* : Armées de la Libération ; BCRA ; CFLN ; Leclerc ; Républicains sociaux

Bibl. : Pierre Billotte, *Le Temps des armes*, Paris, Plon, 1972 • Jean-Louis Crémieux-Brilhac, *La France libre : de l'appel du 18 Juin à la Libération*, Paris, Gallimard, 1996 • Id., *Prisonniers de la liberté*, Paris, Gallimard, 2003.

BILLOUX, François (1903-1978). – Né à Saint-Roman-La-Motte (Loire), François Billoux est issu d'une famille paysanne de petits métayers vignerons. Son père, socialisant, le fit adhérer aux Jeunesses socialistes dès 1917. François Billoux suivit une scolarité post-élémentaire primaire jusqu'en 1918. Il appartient à la génération fondamentale du PCF, celle des cadres thoréziens issus des classes populaires, qui, des années 1920 aux années 1960, façonneront le PCF et l'animeront. Après avoir été employé, il devient en 1923 permanent du PCF. D'abord affecté au mouvement de la Jeunesse communiste, il accède aussi au comité exécutif de l'Internationale des jeunes, faisant fréquemment le voyage de Moscou. À partir de 1934, sa carrière politique est liée à la région marseillaise dont il devient le secrétaire régional, et à Marseille où il est élu député en 1936. Entré au Bureau politique du PCF en janvier 1936, il est commissaire inspecteur des Brigades internationales en Espagne en 1937. Accusé après le pacte germano-soviétique d'août 1939 de constitution illégale d'un « groupe ouvrier et paysan », il est déchu de son mandat de député le 20 janvier 1940.

Condamné à cinq ans de prison et incarcéré à la maison d'arrêt du Puy-en-Velay, il écrit une lettre au maréchal Pétain le 19 décembre 1940 où il accuse les chefs politiques et militaires des derniers gouvernements de la IIIe République et demande à témoigner au procès de Riom. Ses positions sont alors celles du mouvement communiste international. En mars 1941, il est transféré à la centrale de Maison-Carrée, près d'Alger. Il est libéré en février 1943 après une entrevue avec le général Giraud et, en novembre de la même année, devient délégué à l'Assemblée consultative. Il sera un des négociateurs de la participation communiste au CFLN (Comité français de la Libération nationale) où il entre le 4 avril 1944 en qualité de commissaire d'État ; selon de Gaulle, il s'y montre « habile et capable » [*MG*]. Celui-ci avait perçu les dissensions internes aux communistes d'Alger et décidé de s'appuyer sur « [la tendance] des manœuvriers qui vise à pénétrer l'État en collaborant avec d'autres et d'abord avec moi-même, l'inspirateur de cette tactique étant Maurice Thorez toujours à Moscou et qui adjure qu'on lui permette de revenir » [*MG*], tendance à laquelle, selon de Gaulle, appartenait Billoux. Bien qu'il fît à Alger le 17 août 1944, au cours d'une session plénière de la délégation du Comité central à Alger, un rapport sévère pour de Gaulle, il sera, de retour en métropole, nommé commissaire aux Territoires occupés (fin août 1944) puis, à partir du 10 septembre, ministre de la Santé publique. Il s'engagea alors résolument dans « la bataille de la production » et devint ministre de l'Économie nationale le 21 novembre 1945. Il sera ensuite ministre de la Reconstruction et de l'Urbanisme dans les gouvernements Félix Gouin et Georges Bidault (26 janvier 1946-22 janvier 1947). Ministre de la Défense nationale dans le cabinet Ramadier le 22 janvier 1947, il est relevé de ses fonctions avec les autres ministres communistes le 4 mai. Sa carrière à Marseille et dans les instances dirigeantes du PCF reprend alors. Il sera député des Bouches-du-Rhône à partir de 1945 jusqu'à sa mort, à Menton, en 1978. Bernard PUDAL

• *Voir aussi* : CFLN ; Humanité clandestine (L') ; PCF

Bibl. : François Billoux, *Quand nous étions ministres*, Paris, Éditions sociales, 1972 • Stéphane Courtois, *Le PCF dans la guerre*, Paris, Ramsay, 1980.

BINGEN, Jacques (1908-1944). – Né à Paris dans une famille juive d'origine italienne, Jacques Bingen mène une vie « somme toute facile », selon ses propres termes, jusqu'à la guerre. Ingénieur civil des Mines, diplômé de Sciences-Po, beau-frère d'André Citroën, il est, à sa mobilisation en 1939, directeur de la Société française de gérance et d'armement et membre du comité central des Armateurs de France. Affecté auprès d'une unité d'élite du corps expéditionnaire britannique, la 51e division écossaise, blessé le 12 juin 1940 à Saint-Valery-en-Caux, décoré de la croix de guerre, il ne peut se résigner à vivre dans un pays asservi et s'embarque à bord d'un caboteur à La Rochelle pour « combattre Hitler jusqu'à sa fin », comme il l'écrit aux autorités britanniques le 6 juillet. Par Casablanca et Gibraltar, il gagne l'Angleterre où il arrive dix jours plus tard. À cet armateur, le général de Gaulle demande de superviser les services de la marine marchande de la France libre. Mais Bingen est venu pour se battre et, en juin 1942, il est affecté sur sa demande au BCRA (Bureau central de renseignements et d'action), dont il dirige la section NM (non militaire).

Cette position fait de lui un fin connaisseur de la France combattante. Il se lie d'amitié avec Jean Moulin, lors du second séjour de ce dernier à Londres, et brûle de venir le seconder en France. Lorsque, dans la nuit du 15 au 16 août 1943, son vœu est enfin exaucé, Jean Moulin est déjà mort sous la torture. Tour à tour délégué du CFLN (Comité français de la Libération nationale) pour la zone sud, délégué général par intérim avant de coiffer à nouveau la zone sud, il est arrêté en mai 1944 à Clermont-Ferrand et se suicide en croquant sa pilule de cyanure.

Jacques Bingen fut honoré par la mémoire gaulliste. La croix de la Libération, qui lui fut décernée de son vivant, était accompagnée d'une lettre manuscrite du général de Gaulle du 31 mars 1944 : « Je suis très heureux de vous faire apporter la croix de la Libération qui vous a été décernée et que vous méritez si bien ! Plus que jamais, je vous tiens pour un "Compagnon" avec tous les prolongements que comportent le mot et la chose. » En 1945, un navire reçut son nom. Un timbre fut frappé à son effigie en avril 1958 dans la collection « Héros de la Résistance ». Les lettres qu'il écrivit, au seuil de sa mission en août 1943 et un mois avant sa mort, alors qu'il se savait en danger, constituent un témoignage exceptionnel sur les sentiments et le vécu résistants. Celle du 14 août, destinée à ses amis, lève un coin du voile sur son admiration pour le général de Gaulle et sur les craintes que lui inspirait son caractère exigeant : « Je prie qu'on dise au général de Gaulle toute l'admiration que, peu à peu, j'ai acquise pour lui. Il a été l'émanation même de la France pendant ces dures années. Je le supplie de conserver sa noblesse et sa pureté mais de ne pas oublier après la radieuse victoire que, si la France est une grande dame, les Français seront très fatigués. Il faudra qu'il ait pour eux, non seulement beaucoup d'ambition, mais aussi beaucoup d'indulgente tendresse... » Laurent DOUZOU

• *Voir aussi* : BCRA ; CFLN ; Délégation nationale

Bibl. : Claude Bouchinet-Serreulles, *Nous étions faits pour être libres*, Paris, Grasset, 2000 • « Cahier Jacques Bingen, Compagnon de la Libération, 1908-1944 », *Espoir*, n° 48, octobre 1984.

BIOGRAPHIES. – *Voir* OUVRAGES BIOGRAPHIQUES.

BIR HAKEIM. – À la mi-janvier 1942, la 1re brigade française libre (BFL) est engagée en Libye, dans les rangs de la 8e armée. Cette participation a été arrachée par de Gaulle au général Auchinleck. Or, le 20 janvier, une nouvelle offensive du maréchal Rommel contraint les forces britanniques à reculer pour s'organiser défensivement sur une position s'étendant depuis la mer jusqu'à Bir Hakeim, carrefour de pistes dans le désert ; la 1re BFL est chargée « d'occuper, organiser et défendre le point fort de Bir Hakeim, même après encerclement ». Jusqu'au 10 juin, la brigade, aux ordres du général Kœnig, mène un combat d'une intensité croissante lorsque les forces de Rommel débordent par le sud tout le dispositif britannique et s'acharnent à faire tomber son extrémité, le môle de Bir Hakeim qui menace leurs communications.

Pendant ces cinq mois qui marquent le premier affrontement entre FFL (Forces françaises libres) et forces allemandes, de Gaulle et la France libre traversent une période très difficile marquée par des conflits internes et par une grave crise franco-britannique. L'épisode le plus sérieux éclate quand, le 5 mai, de Gaulle apprend par une agence de presse le débarquement de forces britanniques à Diégo-Suarez. Après un mois de vaines protestations, le Général menace : « S'il devait arriver qu'à Madagascar, en Syrie ou ailleurs, la France dût, par le fait de ses alliés, perdre quoi que ce fût de ce qui lui appartient, notre coopération directe avec la Grande-Bretagne et, éventuellement les États-Unis, n'aurait plus de justification. » Ce message est adressé à Winston Churchill le 6 juin. Depuis le 3, la 1re BFL, encerclée, soutient un véritable siège, refusant toute reddition. De Londres, de Gaulle n'en perçoit que des péripéties, non sans angoisse. Le 10 juin, il est enfin reçu par Churchill... qui le félicite pour le courage des Français de Bir Hakeim. De Gaulle télégraphie à Kœnig : « Sachez et dites à vos troupes que toute la France vous regarde et que vous êtes son orgueil. »

Kœnig reçut-il le message avant de tenter une sortie en force dans la nuit du 10 au 11 juin ? Si 980 hommes sont perdus dans le désert ou faits prisonniers, 2 619 réussissent à rejoindre les forces britanniques. Apprenant la réussite de la sortie, de Gaulle s'enferme dans son bureau : « Je suis seul, Oh ! cœur battant d'émotion, sanglots d'orgueil, larmes de joie. » Que le mémorialiste avoue une telle émotion est révélateur de tout ce que Bir Hakeim apporta à la cause de la France libre si malmenée par ses alliés. Victoire défensive, certes, mais signant le retour victorieux de l'armée française au plus fort de la bataille. Victoire psychologique et morale au retentissement international : « À Bir Hakeim [...] le monde a reconnu la France », dit de Gaulle le 18 juin 1942. Deux jours plus tard, il souligne que « nos camarades de l'armée dite d'armistice et des forces d'Afrique du Nord ont été fort impressionnés ». C'est un élément « qui facilitera le regroupement ultérieur des forces dont dispose encore la nation ». Ce n'était pas la moindre des conséquences de Bir Hakeim : aider à l'unité de la future armée.

Jean DELMAS

• *Voir aussi* : Chef des armées ; Division française libre ; FFL ; Koufra

Bibl. : Jean-Noël Vincent, *Les Forces françaises libres en Afrique 1940-1943*, Vincennes, SHAT, 1983.

BIZERTE (crise de). – Le 15 octobre 1963, la base navale de Bizerte est abandonnée par les forces françaises. Ce départ était prévu de longue date. Pourtant, en juillet 1961, Bizerte avait été le lieu d'un affrontement armé qui a coûté la vie à des centaines de soldats tunisiens – selon les auteurs, les chiffres vont de 900 à 2 000. Comment l'expliquer ? Les enjeux stratégiques n'étaient pas négligeables : avec Mers el-Kébir et Toulon, Bizerte contrôle le détroit de Sicile, point de passage obligé entre la Méditerranée orientale et la Méditerranée occidentale. Elle dispose d'un arsenal, de chantiers navals, d'aéroports. Les avantages du site, de la rade de deux kilomètres de diamètre et de neuf à douze mètres de profondeur, ont été utilisés dès le XIXe siècle. En novembre 1942, en réponse au débarquement anglo-américain au Maroc et en Algérie, l'armée allemande avait pris possession des lieux avec l'accord du gouvernement de Vichy. Par la suite, le dispositif avait été détruit à 90 % par les bombardements alliés. Après la guerre, la base est rapidement remise en état.

Mais dans les années 1960, l'importance de Bizerte n'est plus la même. L'arme atomique diminue son rôle, comme de Gaulle l'explique à Habib Bourguiba en février 1961 : « De toute façon, cela ne durera plus longtemps. Il est vrai que, dans la situation actuelle de tension internationale, où l'OTAN ne couvre pas la Tunisie et où celle-ci entend rester neutre, la France ne saurait laisser à la merci d'un coup de main hostile cette base dont l'emplacement, au milieu de la Méditerranée, peut être d'une très grande importance stratégique. Mais nous sommes, comme vous le savez, en train de nous doter d'un armement atomique. Dès que nous aurons des bombes, les conditions de notre sécurité changeront du tout au tout. En particulier, nous aurons de quoi nous garantir de ce qui pourrait éventuellement advenir à Bizerte quand nous en serons partis. Vous pouvez donc être assuré que nous nous en retirerons dans un délai de l'ordre d'une année » [*ME*]. De Gaulle rappellera ce point de vue en Conseil des ministres, le 25 juillet 1962. Mais la base a été aussi un moyen de menacer le FLN, et certains scénarios envisageaient de s'en servir, hypothèse extrême.

Quant à la Tunisie, elle oscille entre négociation et conflit, exigence d'une évacuation immédiate et temporisation. En janvier-février 1960, un combat est évité, les Tunisiens n'osant s'y risquer. L'invitation de Bourguiba à Rambouillet le 27 février 1961 semble ouvrir la perspective d'une évolution pacifique. Il n'en est rien. L'échec des premiers pourparlers d'Évian en mai-juin 1961 incite-t-il le Tunisien à se raidir ? Ou bien, à l'approche du dénouement algérien, veut-il « son » affrontement ? L'allongement de l'aire de roulement de l'aéroport lui fournit l'occasion de se poser en agressé. La Tunisie envoie des troupes et des volontaires et menace d'attaquer. De Gaulle voit dans cette offensive une atteinte à son honneur : « L'étranger, naguère accoutumé à voir le gouvernement de la France perpétuellement affaibli par l'esprit général d'abandon, incline volontiers à croire que de Gaulle, battu en brèche à son tour, ne saurait tenir lui non plus une position de fermeté. Sans doute est-ce dans cette illusion que le président Bourguiba se risque à exiger soudain, par une note comminatoire du 6 juillet, que la France retire immédiatement ses forces de Bizerte et accepte de rectifier la frontière entre le Sahara et le Sud tunisien... Je n'admets pas qu'on manque à la France. C'est pourquoi notre riposte militaire est rude et rapide » [*ME*]. La suite est connue : défaite militaire cuisante pour la Tunisie, rupture des relations diplomatiques et isolement politique de la France à l'ONU. L'Assemblée générale, par un vote de 66 voix contre 30 abstentions, dont celles de la Grande-Bretagne et des États-Unis – Kennedy ne pouvant s'engager davantage dans le climat de tension Est-Ouest –, condamne Paris et exige l'abandon de la base. La Ligue arabe de même. Habib Bourguiba y rentre en grâce, et participe, en septembre, à la conférence de Belgrade où s'organise le mouvement des non-alignés.

Un an après, les relations franco-tunisiennes sont rétablies. Pourquoi en est-on arrivé là ? Peut-être l'ouverture de nouvelles archives éclairera-t-elle les possibilités de compromis inutilisées. Mais il est certain que le caractère des deux hommes et la guerre en Algérie ont été pour beaucoup dans la crise. Claude LIAUZU

• *Voir aussi* : Algérie (guerre d') ; Arabe (politique) ; Bourguiba, Habib ; ONU

Bibl. : Nicole Grimaud, « La crise de Bizerte », *Revue d'histoire diplomatique*, n° 3-4, 1996 • Frédéric Médard, « Les projets d'interventions militaires en Tunisie et au Maroc », *Historiens et Géographes*, n° 388, octobre 2004.

BLOCH-LAINÉ, François (1912-2002). – Inspecteur des Finances en 1936, François Bloch-Lainé a suivi un cursus classique (doctorat en droit, diplôme de l'École libre des sciences politiques). Pendant la guerre, son père, banquier, ancien inspecteur des Finances, est menacé par les lois et ordonnances antisémites. François Bloch-Lainé travaille à la direction de la Comptabilité publique et prend contact, par l'intermédiaire de René Courtin, avec un groupe de travail « branché sur le Comité général d'études (CGE) » en 1943. En mars 1944, il est rattaché à la Délégation générale afin de recueillir des fonds pour elle. Membre du cabinet d'Emmanuel Mönick, secrétaire général des Finances à la Libération, il appartient au Comité de Libération monté par Robert Lacoste au ministère des Finances et, à ce titre, participe à l'épuration, d'ailleurs légère, des hauts fonctionnaires du ministère et des organismes financiers publics. Il n'a guère l'occasion de côtoyer le général de Gaulle avant la démission de celui-ci en janvier 1946. Après une mission d'attaché financier en Chine, puis de conseiller financier en Indochine, il est directeur du Trésor de 1947 à 1953, puis directeur général de la Caisse des dépôts de 1953 à 1967, avant d'occuper la présidence du Crédit Lyonnais entre 1967 et 1974.

Lorsque le Général revient au pouvoir en mai 1958, il sollicite en vain François Bloch-Lainé – avant de s'adresser à Wilfrid Baumgartner puis, *in fine* à Antoine Pinay – pour occuper le poste de ministre des Finances. Plus libéral en matière algérienne et plus européen que de Gaulle, Bloch-Lainé préfère refuser. Plus généralement, il conçoit sa « profession » de haut fonctionnaire comme devant impliquer une double abstention : celle de la carrière politique – il renonce à devenir parlementaire en 1946, malgré sa proximité avec le MRP (Mouvement républicain populaire) et alors qu'il dirige le cabinet de Robert Schuman – et celle des affaires privées – il refuse de devenir banquier en 1954. Une seconde fois, en 1961, le Général sonde sans succès Bloch-Lainé, afin de voir si celui-ci pourrait succéder à Wilfrid Baumgartner. Il s'en explique dans *Profession : fonctionnaire* : « Comme fonctionnaire, je serais, malgré mes préférences, tout dévoué à son autorité [celle du Général] légitime, quels qu'en fussent les ordres ; comme ministre, je m'exposerais à un constant inconfort moral. » Dès lors, une certaine distance sépare les deux hommes, malgré de périodiques rencontres. Les sympathies de François Bloch-Lainé pour le Club Jean-Moulin dont il avoue ne pas avoir été un membre actif, pour *L'Express,* ou pour les réflexions sur la planification démocratique ne viennent cependant pas démentir une loyauté sur l'essentiel en qualité de directeur général de la Caisse des dépôts. Au début d'octobre 1966, à l'occasion du 150e anniversaire de l'établissement, le général de Gaulle rend un hommage public à la Caisse – « À mesure que les conditions du siècle nous amènent sans renier l'esprit d'entreprise, à pratiquer un dirigisme grandissant [...] » – et à son principal responsable avec lequel, faisant allusion à *Pour une réforme de l'entreprise,* il croit déceler des convergences, en indiquant qu'il était « symbolique que le directeur général soit précisément l'apôtre de la réforme de l'entreprise sur la base de l'association ». Michel MARGAIRAZ

• *Voir aussi :* Club Jean Moulin ; Économie et finances ; Hauts fonctionnaires ; Rénovation

Bibl. : François Bloch-Lainé, *Profession : fonctionnaire. Entretiens avec Françoise Carrière,* Paris, Le Seuil, 1976 • François Bloch-Lainé et Jean Bouvier, *La France restaurée. 1944-1954.*

Dialogue sur les choix d'une modernisation, Paris, Fayard, 1986 • Michel Margairaz (dir.), *François Bloch-Lainé, fonctionnaire, financier, citoyen. Regards d'historien(ne)s sur la vie et la carrière de François Bloch-Lainé*, Paris, Comité pour l'histoire économique et financière de la France, 2005.

BLONDEL, Maurice (1861-1949). – Maurice Blondel n'est pas le plus souvent cité parmi les références du général de Gaulle. Toutefois, ce philosophe catholique, auteur d'une thèse sur *L'Action* soutenue en 1893, a marqué les cercles catholiques en un sens « moderniste ». Il appartient à coup sûr aux lectures du jeune officier. Mais la résonance est peut-être plus profonde qu'une rencontre de jeunesse : on peut dire que le goût pour l'« action » de De Gaulle possède une dimension intellectuelle. Ce n'est pas d'un tempérament de casse-cou qu'il s'agit, mais plutôt d'un art de vivre et d'un art politique réfléchi. Tel est bien l'enseignement principal de Blondel : l'action n'est pas simplement l'effet d'un être dans le monde, mais l'expression même de cet être, sa réalisation la plus complète. L'action est donc le miroir d'un agir continu qui ne constitue pas seulement ce que nous faisons, mais institue ce que nous sommes. « Toutes les ressources de l'être et du penser doivent finalement concourir à l'action, s'achever ou se ruiner en elle et par elle. » Pour Blondel, au plus profond, l'agir unit l'être à la pensée.

Si l'on considère la carrière de De Gaulle, on ne peut manquer de voir l'analogie. Le colonel et son engagement dans la bataille de France, le général et la geste de 1940, l'homme politique face à la conquête du pouvoir à la fin des années 1950 sont tout un. Il y a la volonté chez de Gaulle d'être ce qu'il fait, et d'être fait par son action. Même son activité littéraire, passé les écrits de jeunesse, témoigne d'un souci d'unité entre la réflexion et l'action. Écrire – un livre, une Constitution, un discours, et même une note –, c'est encore agir.

Il n'y aurait là sans doute que le motif d'une rencontre fortuite, si la réflexion de Blondel n'avait illustré, parmi d'autres mais plus brillamment que la plupart, une stratégie de contestation d'un républicanisme de gauche, radical pour l'essentiel, reposant sur un rationalisme faisant de l'action un sous-produit de la raison. Ainsi l'action s'offre comme un regard critique sur la démocratie française. L'opposition directe entre l'agir et le penser menait à la contestation de la République, sur la droite du spectre politique. Leur réconciliation, comme le voulait Blondel, autorisait une autre conception de la République.

Thierry LETERRE

• *Voir aussi* : Bergson, Henri ; Formation scolaire et intellectuelle ; Œuvre écrite ; République

Bibl. : Maurice Blondel, *L'Action, essai d'une critique de la vie et d'une science de la pratique*, Paris, F. Alcan, 1893, dans *Œuvres complètes*, Paris, PUF, 1995.

BLUM, Léon (1872-1950). – Il est difficile d'imaginer un itinéraire plus opposé à celui du général de Gaulle que celui de Léon Blum. Né dans une famille juive d'origine alsacienne de petite bourgeoisie commerçante, sa brillante intelligence et un goût prononcé pour l'activité littéraire font de lui un éphémère élève de l'École normale supérieure – dont il est exclu au bout d'un an pour avoir échoué à sa licence de lettres –, puis un auditeur au Conseil d'État.

Il mène alors parallèlement une carrière de juriste et de critique littéraire, puis dramatique jusqu'en 1914. En 1905, il adhère au parti socialiste SFIO sous l'influence de Lucien Herr et de Jean Jaurès. Devenu chef de cabinet de Marcel Sembat durant la guerre, il entre activement en politique. Élu député en 1919, principal opposant à l'adhésion des socialistes au bolchevisme lors du congrès de Tours, il devient en 1920 le dirigeant parlementaire de la SFIO, définissant la stratégie et la ligne de son parti. En 1936, la victoire électorale du Front populaire fait de lui le premier président du Conseil socialiste de l'histoire française. Son œuvre sera marquée par des mesures destinées à modifier la condition ouvrière comme l'octroi de deux semaines de congés payés ou la loi de quarante heures. Renversé en juin 1937, il joue cependant jusqu'à la guerre un rôle politique majeur.

Premiers contacts avec de Gaulle. Léon Blum entend pour la première fois parler de Charles de Gaulle par le colonel Émile Mayer, père de sa cousine par alliance Cécile Grünebaum-Ballin. Toutefois, la parution en 1934 de *Vers l'armée de métier* provoque une immédiate hostilité du principal responsable du parti socialiste. Outre la méfiance instinctive de l'homme de gauche, ardent dreyfusard, envers un officier naturellement soupçonné de tiédeur envers la République, s'ajoute la crainte de voir le corps de professionnels de l'armée motorisée préconisé par de Gaulle constituer une armée de prétoriens prête à jeter bas le régime, à l'appel d'un des dirigeants de l'armée ayant partie liée avec les « ligues factieuses ». Toutefois, Léon Blum, devenu président du Conseil, accepte, sur les instances d'Émile Mayer, de recevoir le colonel de Gaulle en octobre 1936. À cette date, investi de la responsabilité suprême, sa pensée a évolué. La remilitarisation de la Rhénanie, la guerre d'Espagne l'ont convaincu que les États fascistes constituent un véritable danger pour le pays qui ne saurait trouver dans la sécurité collective une protection efficace. Il a accepté un gros effort budgétaire en faveur du réarmement. Aussi prête-t-il une oreille attentive aux idées de Charles de Gaulle, paraît convaincu par son argumentation en faveur d'une stratégie plus offensive que la doctrine de l'état-major, mais se déclare impuissant à infléchir les vues de celui-ci, soutenues par Édouard Daladier, vice-président du Conseil et ministre de la Défense nationale.

Les contacts directs entre de Gaulle et Blum avant la guerre s'arrêtent là. En janvier 1940, les deux hommes se rencontrent chez Paul Reynaud. Quelques jours plus tard, Blum fait partie des destinataires du mémoire que de Gaulle envoie à quatre-vingts personnalités politiques et militaires françaises. Rappelé du front à Paris par Reynaud en mars 1940, le colonel assiste à la présentation du gouvernement devant la Chambre des députés. Spectacle consternant où seul Léon Blum qui n'est pas membre du nouveau ministère fait preuve d'« élévation » [*MG*] et prend en compte le danger couru par la patrie, la nécessité d'un effort national et le concours du monde libre, face aux représentants des groupes qui n'ont en tête que leurs prétentions et leurs rancœurs.

Léon Blum et le gaullisme de guerre. La défaite de 1940 fait de Blum un bouc émissaire. Abandonné par son parti, arrêté le 15 septembre 1940 par le gouvernement de Vichy, transporté de prison en prison, il est mis en jugement au procès de Riom où comparaissent entre février et avril 1942 les principaux dirigeants de la IIIe République. Du fond de ses prisons, il préconise sans relâche la résistance à Vichy et à l'Allemagne et, à partir de mai 1942, va inspirer la renaissance d'un parti socialiste clandestin et le ralliement des socialistes à de Gaulle. La chose n'a rien d'évident car, autour de Louis Lévy, Georges Gombault et Pierre Comert, les socialistes de Londres qui ont fondé le journal *France* – et dont certains ont été des proches de Blum – se montrent méfiants voire hostiles au chef de la France libre. Il est vrai que d'autres de ses amis, tels André Philip et Georges Boris, sont des compagnons du Général. C'est en leur faveur que Blum tranche, recommandant bientôt à Félix Gouin, son délégué à Londres, de faire confiance à la droiture et à la loyauté de De Gaulle et à ses vues rénovatrices pour l'après-guerre.

Le 3 mai 1942, dans une lettre confiée au député socialiste Édouard Froment partant pour Londres, Blum préconise, lors de la libération du territoire, la mise en place immédiate d'un gouvernement républicain constitué autour du général de Gaulle, comprenant des représentants de la « République résistante » et de la continuité de la légalité républicaine, qui fera jouer le suffrage universel. Il confirme ses vues le 15 août dans une lettre portée à Londres par Daniel Mayer, considérant que le « gouvernement de fait constitué autour du général de Gaulle », qui « personnifie » la volonté nationale d'indépendance et de liberté, n'a nul besoin d'une investiture légale.

En novembre 1942, à la demande du général de Gaulle, il adresse une note à Franklin Roosevelt et à Winston Churchill pour se porter caution des vues démocratiques du Général et du fait que l'unité des Français est réalisée autour de lui, au moment où les Américains tentent de lui opposer l'amiral Darlan en Afrique du Nord libérée. Mais en même temps, il adresse à de Gaulle une lettre dans laquelle il aborde avec franchise le contentieux entre les socialistes et l'entourage du Général, évoquant la méfiance de ce dernier envers le Front populaire et affirmant qu'il ne saurait exister de démocratie sans partis. Lettre à laquelle de Gaulle répond en février 1943 en lui donnant des apaisements et en évoquant la constitution d'un « comité national » comprenant des représentants des partis et des organisations de résistance. Blum envoie une dernière lettre à de Gaulle le 15 mars 1943. Il lui reproche de n'avoir rien fait pour écarter les préventions contre la reconstitution du parti socialiste – l'hostilité aux partis lui paraissant de même nature à Vichy et chez les gaullistes –, le met en garde contre l'illusion que les organisations de Résistance pourraient remplacer les partis politiques à la Libération et lui représente le danger constitué par le parti communiste, dont le statut au sein de la Résistance s'est trouvé conforté alors que les socialistes, dispersés entre les divers mouvements, sont écartés de toute reconnaissance officielle. Le transfert en captivité en Allemagne de Léon Blum le 31 mars 1943 interrompt les relations avec le chef de la France combattante.

Le refus du gaullisme politique. Au lendemain de son retour d'Allemagne, à la mi-mai 1945, Blum rencontre le général de Gaulle qui lui offre un ministère d'État. Alléguant son état de santé et son souci de convaincre les socialistes d'accepter l'unité nationale, il décline l'offre, et comme il tente d'adoucir son refus par des paroles aimables placées sur le registre sentimental, il s'attire une réplique glaciale frappée au coin de la *Realpolitik*. Il renonce en fait à tout rôle politique dirigeant et le fait savoir à de Gaulle qui lui propose sa succession en janvier 1946. Son ambition majeure est alors la rénovation du socialisme qu'il entend conduire vers une conception humaniste dépassant la seule orthodoxie marxiste, tâche dans laquelle il échouera d'ailleurs face au poids des traditions et des habitudes. Il accepte quelques missions d'intérêt national au service de la IVe République naissante, une mission à Washington au printemps 1946 pour obtenir l'aide économique américaine ou la présidence du Conseil en décembre en attendant la mise en place des institutions nouvelles.

Le dernier combat de Léon Blum sera celui d'une opposition sans concession au gaullisme politique après le discours de Bayeux et le succès du RPF aux élections municipales de 1947. Tout en conservant son estime pour la personne du Général qu'il juge incapable de sentiments bas ou intéressés, Blum dénonce avec force les conceptions institutionnelles exprimées par celui-ci, y voyant la marque du pouvoir personnel, des relents de bonapartisme et de boulangisme inacceptables pour un « républicain » qui ne peut concevoir le régime indépendamment de la prédominance du parlementarisme. Lorsqu'en novembre 1947 Léon Blum est appelé à dénouer la crise ministérielle provoquée par la chute du gouvernement Ramadier, il lance l'idée d'une « Troisième force » appelée à sauver le régime en luttant contre les deux dangers qui le menacent et qu'il place sur le même plan, le communisme et le gaullisme. Assimilation qui choque bien des députés : il lui manquera neuf voix pour être investi par l'Assemblée nationale.

Un moment réunies pour le salut de la patrie menacée, les routes de Blum et de De Gaulle apparaissent au final profondément divergentes. Serge BERSTEIN

• *Voir aussi* : Antigaullistes de gauche ; Antisémitisme ; GPRF ; SFIO

Bibl. : Serge Berstein, *Histoire du gaullisme*, Paris, Perrin, coll. « Tempus », 2002 • Id., *Léon Blum*, Paris, Fayard, 2006 • Ilan Greilsammer, *Léon Blum*, Paris, Flammarion, 1996.

BOGOMOLOV, Aleksandr Efremovitch (1900-1968). – Aleksandr Bogomolov entre aux Affaires étrangères en juin 1939 lors du renouvellement complet du personnel diplomatique qui suit les purges et le remplacement de Maksim Litvinov par Viatcheslav Molotov. Connaissant l'allemand, il a enseigné le matérialisme historique dans les années 1930 avant d'obtenir un doctorat de philosophie en 1938. Comme la plupart de ceux qui deviennent diplomates à la même époque que lui, il connaît une carrière fulgurante. Après une formation rapide au poste de directeur de département, et après avoir acquis des rudiments de français, il part pour la première fois à l'étranger en novembre 1940 comme conseiller d'ambassade et chargé d'affaires à Vichy. Ses entretiens avec Pierre Laval lui apprennent la prudence et la réserve que ses interlocuteurs lui reconnaîtront tous par la suite. Il est promu ambassadeur le 28 mars 1941. Après l'attaque allemande contre l'URSS et la rupture des relations entre Vichy et Moscou le 29 juin, il est expulsé du territoire français.

Nommé en septembre représentant auprès des gouvernements alliés à Londres, il entre alors en contact avec le Comité national français (CNF). Organisée par Maurice Dejean, sa première rencontre avec le général de Gaulle date du 25 novembre. Ce dernier le décrit comme un homme sur ses gardes, « d'un seul bloc », tout en lui reconnaissant de l'humour, une réelle culture et une grande capacité d'adaptation. Il compte parmi les visiteurs les plus assidus du Général et est son principal interlocuteur soviétique, prenant avec calme ses questions les plus inattendues – c'est à lui que de Gaulle demande, le 6 juin 1942, si l'URSS accepterait de le recevoir lui et son armée sur le territoire soviétique en cas de rupture avec l'Angleterre. En marxiste-léniniste, Bogomolov considère certes le Général comme un impérialiste qui a peur de la révolution en France et qui « rêve de la grandeur passée de l'Empire » comme il l'écrit dans une lettre à Molotov le 15 octobre 1942. Cependant, il le croit utile à la politique de l'URSS et le préfère au général Giraud. En novembre 1943, Bogomolov devient le représentant de Moscou auprès du Comité français de la Libération nationale (CFLN).

Même si sa marge de manœuvre dans le système stalinien est étroite, Bogomolov a appuyé auprès de Molotov la reconnaissance du CFLN puis du Gouvernement provisoire de la République française par l'URSS. Il contribue par son action à l'envoi de la fameuse escadrille *Normandie-Niémen* mais se heurte dès mars 1944 au Général sur la question du gouvernement polonais en exil. En décembre, il accompagne de Gaulle à Moscou et fait partie du « chœur obstiné des diplomates » qui met la France en difficulté dans les négociations de l'alliance. De 1944 à 1950, il est ministre adjoint des Affaires étrangères, avant de finir sa carrière comme ambassadeur à Prague (1952-1954) puis à Rome (1954-1957). Sabine DULLIN

• *Voir aussi* : Alliés ; GPRF (œuvre extérieure du) ; URSS

Bibl. : Alexandre Bogomolov, « À mon poste diplomatique pendant les années de guerre », *La Vie internationale*, 1961, n° 6, p. 79-89 • François Lévêque, *Les Relations franco-soviétiques pendant la Seconde Guerre mondiale : de la défaite à l'alliance (1939-1945). Essai historique d'après les archives du Quai d'Orsay*, université de Paris-I, thèse de doctorat sous la direction de René Girault, 1992 • *Sovetsko-frantsuzskie otnoshenia vo vremia Velikoj Otechestvennoj Vojny, 1941-1945*, Moscou, Politizdat, 2 vol., 1983.

BOISSIEU, Alain de (1914-2006). – Né à Chartres dans une vieille famille aristocratique, Alain de Boissieu est reçu à Saint-Cyr en octobre 1936. Sous-lieutenant de cavalerie, il s'illustre à la tête d'un peloton antichars lors de la campagne de France. Fait prisonnier le 12 juin, il prend connaissance de l'appel du général de Gaulle lors de son transfert en Belgique. Le 28 mars 1941, il s'évade de son oflag de Poméranie et gagne l'URSS où il est de nouveau interné. Libéré par les Soviétiques après l'opération « Barbarossa », il rejoint l'Angleterre et s'engage dans les Forces françaises libres. Il sert d'abord à l'état-major du général de Gaulle puis prend part à l'opération de Dieppe, en août 1942. Il rejoint ensuite le bataillon de marche n° 2 – BM 2 – (1942), puis la force L de Leclerc et enfin la 2e DB où il commande l'escadron de protection. Blessé dans l'Orne, il se distingue lors des combats de la forêt d'Écouves puis à Paris. Compagnon de la Libération, le commandant de

Boissieu épouse Élisabeth de Gaulle le 3 janvier 1946.

Après la guerre, Alain de Boissieu alterne présence dans les états-majors parisiens et commandements au Cameroun (1947-1949) puis à Dakar (1952-1953). Breveté d'état-major en 1955, il prend le commandement du 4e régiment de chasseurs en juin 1956, dans le Constantinois. Colonel en septembre 1958, il est directeur du cabinet militaire du Délégué général Paul Delouvrier, où il retrouve son cousin, le colonel Georges de Boissieu, chef d'état-major et fervent partisan de l'Algérie française, qui sera arrêté au lendemain du putsch d'avril 1961. En octobre 1959, Alain de Boissieu est chef d'état-major de l'Inspection générale de l'arme blindée. Promu général de brigade, il commande l'École spéciale militaire de Saint-Cyr (1964-1967), puis la 7e division mécanisée à Mulhouse avant d'être nommé Inspecteur de l'arme blindée et membre du Conseil supérieur de la guerre (1969-1971). Général d'armée en mai 1971, il atteint le sommet de la hiérarchie militaire au poste de chef d'état-major de l'armée de terre (1971-1975).

Gendre et confident du général de Gaulle – sa fille se prénomme Anne, en hommage à la fille défunte du Général –, ami de l'amiral Philippe de Gaulle, Alain de Boissieu fait partie de l'étroit cercle des intimes. Présent dans la DS présidentielle lors de l'attentat du Petit-Clamart, il joue de nouveau un rôle aussi discret qu'essentiel en mai 1968. Commandant la division de Mulhouse, il est convoqué à l'Élysée par le Général le 28 mai au soir pour préparer le départ vers les garnisons de l'Est. Toutefois, le 29, à la suite de divers contretemps matériels, il se retrouve bloqué à Colombey et ne peut prévenir le général Massu.

Sourcilleux gardien du souvenir gaullien, Alain de Boissieu provoque un tollé à gauche, en mai 1981, en préférant démissionner de sa charge de grand chancelier de l'ordre de la Légion d'honneur plutôt que d'avoir à remettre le cordon de grand-croix au président François Mitterrand. En septembre 2002, le général de Boissieu est nommé chancelier de l'ordre de la Libération. Jean-François Muracciole

• *Voir aussi* : FFL ; Gaulle, Élisabeth de ; Militaires ; Ordre de la Libération

Bibl. : Alain de Boissieu, *Pour combattre avec de Gaulle*, Paris, Plon, 1981 • Jean-Louis Crémieux-Brilhac, *Prisonniers de la liberté*, Paris, Gallimard, 2003 • Jean-François Muracciole, *Les Français libres, une aventure humaine*, thèse d'habilitation à diriger des recherches, novembre 2005, université Montpellier-III.

BOISSON, Pierre (1894-1948). – Né à Saint-Launeuc, dans les Côtes-du-Nord, Pierre Boisson est grièvement blessé lors de la Grande Guerre et amputé en dessous du genou. Il est décoré de la Légion d'honneur en 1917. Sorti de l'École coloniale en 1920, il est haut-commissaire au Cameroun en 1936 et, en 1939, gouverneur général de l'Afrique-Équatoriale française (A-ÉF), l'un des plus hauts postes coloniaux.

En juin 1940, il s'oppose au général de Gaulle. Quelques jours après la défaite de la France et la signature de l'armistice, il est contacté par Richard Brunot, gouverneur du Cameroun, et Félix Éboué, gouverneur du Tchad. Ces derniers lui demandent de maintenir l'A-ÉF dans la guerre contre les Allemands. Le 27 juin, de Gaulle établit le contact avec lui afin qu'il l'aide à rallier l'Empire à la lutte contre l'Allemagne. Boisson préfère obéir aux ordres d'Albert Rivière, ministre des Colonies, et reste loyal au gouvernement du maréchal Pétain. Il est ainsi promu au poste nouvellement créé de haut-commissaire de l'Afrique française, avec sous son contrôle tant l'A-ÉF que l'Afrique-Occidentale française (A-OF). En juillet 1940, également gouverneur général de l'A-OF, il s'installe à Dakar.

Boisson y mène une campagne acharnée contre les fonctionnaires coloniaux gaullistes. Il dénonce violemment le « traître » Éboué lorsque ce dernier rallie le Tchad au général de Gaulle. Il crée une police spéciale pour traquer les sympathisants gaullistes et fonde une branche de l'association des anciens combattants créée par Vichy, la Légion française des combattants, qui organise de nombreuses manifestations en l'honneur de Pétain. L'acte qui sera le plus vivement reproché à Boisson est, les 23 et 24 septembre 1940, de faire ouvrir le feu contre la flotte anglo-française venue avec de Gaulle rallier l'A-OF à la cause alliée. D'un commun accord, l'amiral britannique et de Gaulle décident de se retirer. C'est une humiliation que le Général n'oubliera pas.

Après l'invasion de l'Afrique du Nord par les Alliés, Boisson tente de changer de camp. Il signe un accord avec le général Eisenhower donnant aux États-Unis l'accès aux ports et aux aérodromes de l'A-OF. Il espère ainsi se placer sous la protection des Américains et se protéger des représailles gaullistes. Une fois formé le Comité français de la Libération nationale (CFLN), il démissionne de son poste, le 23 juin 1943. En décembre, il est arrêté à Alger par les autorités du CFLN. Après un premier procès sur place, il est transféré à Fresnes à l'automne 1944 et relâché en novembre 1945 pour raisons de santé. Sa comparution devant la Haute Cour de justice est reportée grâce à ses avocats qui déclarent que Boisson n'a jamais trahi la France ni aidé les Allemands mais qu'il a aidé les Américains et qu'il est la victime d'une vendetta gaulliste. Après la démission du général de Gaulle de la présidence du GPRF en 1946, il n'y avait plus d'urgence à juger l'homme qui avait mené la défense de Dakar. Malade, sa réputation ruinée, Boisson meurt avant l'ouverture de son procès. William HITCHCOCK

• *Voir aussi* : Collaboration ; Dakar ; Empire ; Épuration ; Ralliement des colonies

Bibl. : Catherine Akpo-Vaché, *L'A-OF et la Seconde Guerre mondiale*, Paris, Karthala, 1996 • William Hitchcock, « Pierre Boisson, French West Africa, and the Postwar épuration : A Case from the Aix Files », *French Historical Studies*, vol. 24, n° 2), printemps 2001, p. 305-341.

BOLLARDIÈRE, Jacques Pâris de (1907-1986). – Issu d'une lignée bretonne, catholique et militaire, Jacques de Bollardière naît à Châteaubriant. Saint-cyrien, profondément croyant, il choisit, après diverses affectations, la Légion étrangère en 1935. En Angleterre en juin 1940, il s'engage immédiatement dans les FFL (Forces françaises libres). Avec la 13e demi-brigade de Légion étrangère, il combat brillamment au Gabon (1940), en Érythrée et en Syrie (1941). Décoré de la croix de la Libération par le général de Gaulle, il est grièvement blessé à El Alamein en octobre 1942. À sa demande, il est parachuté en France au printemps 1944 pour commander un maquis dans les Ardennes. En avril 1945, il commande le 3e régiment de chasseurs parachutistes en Hollande.

À la tête d'un bataillon parachutiste puis des troupes aéroportées, il fait deux séjours en Indochine entre 1946 et 1953 avant d'enseigner à l'École de guerre. En juillet 1956, il commande deux brigades de rappelés près d'Alger. Plus jeune général de l'armée française, il tente de rétablir, dans son secteur, la confiance avec la population. Dès le début de la bataille d'Alger, il s'oppose à la torture. Refusant d'obéir à ce sujet aux ordres du général Massu, il demande à être relevé de son poste en mars 1957. Quelques jours plus tard, il soutient publiquement son ancien subordonné en Algérie, Jean-Jacques Servan-Schreiber, auquel ses articles dans *L'Express* ont valu une inculpation pour atteinte au moral de l'armée. Le général de Gaulle lui marque alors son estime en le recevant rue de Solférino. Désavoué par ses pairs, le général de Bollardière est condamné à soixante jours d'arrêt de forteresse. Jusqu'en 1960, il reçoit des affectations sans intérêt au Cameroun puis à Coblence. N'ayant pu obtenir un nouveau commandement en Algérie, il démissionne lors du putsch d'Alger. Il s'en explique au cours d'une dernière entrevue avec de Gaulle à l'Élysée.

Retiré en Bretagne, devenu militant de la non-violence, il prend activement position dans les années 1970 contre les essais nucléaires et consacre ainsi sa rupture avec l'armée. Vladimir TROUPLIN

• *Voir aussi :* Barberot, Roger ; FFL ; Torture

Bibl. : Roger Barberot, *Malaventure en Algérie avec le général Pâris de Bollardière*, Paris, Plon, 1957 • Jacques Bollardière (Pâris de), *Bataille d'Alger, Bataille de l'Homme*, Paris-Bruges, Desclée de Brouwer, 1972 • Jean Toulat, *Un combat pour l'Homme. Le général de Bollardière*, Paris, Éditions du Centurion, 1987.

BOMBE ATOMIQUE. – Les premières recherches sur les applications militaires de l'atome avaient été suivies avec attention par les gaullistes, qui craignaient que cette technologie prometteuse devienne un monopole anglo-saxon. Le Général s'intéressait personnellement à ce domaine. En 1944, les scientifiques français travaillant dans ce domaine l'avaient rencontré pour l'informer des programmes en cours. La création du Commissariat à l'énergie atomique (CEA) en octobre 1945 ménageait la possibilité d'une option nucléaire militaire. Sous la IVe République, les gaullistes faisaient partie des plus ardents défenseurs d'une bombe française ; le Général lui-même faisait savoir qu'il était favorable à ce que la France se dote de l'arme nucléaire. Le 11 avril 1958, le président du Conseil Félix Gaillard avait donné l'ordre de préparer un essai nucléaire pour 1960. Mais sans de Gaulle, la France aurait pu demeurer une puissance nucléaire « virtuelle ». C'est en effet sous la Ve République que le pays consentira l'effort nécessaire à l'édification d'une force nucléaire opérationnelle crédible. L'autre apport du général de Gaulle sera d'inscrire le programme nucléaire français dans le cadre d'une politique d'indépendance nationale.

De Gaulle était d'abord préoccupé de la sécurité du pays face à la menace soviétique. Il avait également hérité de la guerre une profonde méfiance vis-à-vis des États-Unis. Pour lui, la protection américaine de l'Europe n'avait pas de sens. Un pays ne défendait que ses intérêts nationaux, et l'arme nucléaire changeait la nature des alliances, d'autant plus que le territoire américain était maintenant vulnérable. Il s'agissait également d'assurer la pleine souveraineté de la France. Si celle-ci restait dépendante des États-Unis pour sa sécurité, elle ne pourrait pas avoir une politique étrangère autonome. Le raisonnement était le même que pour le commandement militaire intégré de l'OTAN, dont le retrait français était le corollaire logique de l'édification d'une force nucléaire autonome. De Gaulle estimait, au demeurant, que la crédibilité de la force nucléaire exigeait que la politique militaire française fût pleinement indépendante, et perçue comme telle par l'adversaire.

Il voyait aussi l'arme nucléaire comme un moyen de redonner à la France son statut de grande puissance. Il souhaitait en particulier la placer sur un pied d'égalité avec le Royaume-Uni et les États-Unis au sein de l'OTAN. Au départ, les États-Unis étaient prêts à contribuer à l'effort nucléaire français à condition que la force soit intégrée dans l'OTAN. De Gaulle ne refusait pas l'aide américaine mais voulait conserver la maîtrise totale des futures armes françaises, ce qui l'amènera notamment à refuser la proposition de John F. Kennedy d'une « force multilatérale ». Le malentendu fut donc total.

Pour de Gaulle, il était également inacceptable que la France ne possède pas les armes les plus puissantes de l'époque. Enfin, il était probablement conscient du fait que la Bombe l'aiderait en outre à consolider son pouvoir sur le pays. Entièrement entre les mains de l'autorité politique, l'arme nucléaire allait réduire le poids de l'armée dans l'appareil d'État. On peut même dire que la réforme de 1962 a été en partie enfantée par la Bombe. L'élection du président de la République au suffrage universel est une conséquence logique de la maîtrise par le chef de l'État du pouvoir de recourir à l'arme nucléaire. Il est donc juste de dire avec Jean Lacouture que « le feu nucléaire est consubstantiel au gaullisme d'État ».

La mise en place d'une force de dissuasion indépendante rencontra de nombreux obstacles politiques en France : notamment, au Parlement, l'opposition de la gauche et du centre droit, et, dans le débat public, celle du courant de pensée « atlantiste » pour lequel une force française indépendante ne serait pas crédible et constituerait un facteur de division. C'est donc pour assurer la pérennité du programme nucléaire que de Gaulle mit en place le mécanisme des lois de programmation militaire. En 1969, lorsqu'il quitte le pouvoir, la France est dotée d'une capacité nucléaire encore modeste, mais, l'année précédente, elle vient de tester la bombe à hydrogène, et les programmes de missiles et de sous-marins qui donneront toute sa crédibilité à la dissuasion française ont été lancés. Bruno TERTRAIS

• *Voir aussi* : Civile et militaire (autorités) ; Grandeur et rang ; Guerre ; Militaires (lois de programme) ; Nucléaire (dissuasion)

Bibl. : Université de Franche-Comté et Institut Charles-de-Gaulle, *L'Aventure de la bombe. De Gaulle et la dissuasion nucléaire, 1958-1969*, Paris, Plon, 1985 • Bruno Tertrais « "Destruction Assurée". The Origins and Development of French Nuclear Strategy, 1945-1981 » dans Henry D. Sokolski (dir.), *Getting MAD : Nuclear Mutual Assured Destruction, its Origins and Practice*, Carlisle, Strategic Studies Institute, 2004.

BONAPARTE, Napoléon (1769-1821). – Que le bonapartisme soit accolé au gaullisme – pour la prise du pouvoir ou son abandon en solitaire –, que Napoléon soit dans le panthéon personnel de Charles de Gaulle (aux côtés de Bismarck et de Péguy !), que l'Empereur soit cité dans l'ensemble de l'œuvre littéraire de De Gaulle, tous ces signes bien réels ne traduisent pas l'intérêt distancié que de Gaulle a manifesté pour le personnage. Général doté d'un indéniable génie, dans la stratégie comme dans la conduite des hommes, possédant un charisme dont il savait se servir auprès des soldats les plus humbles pour leur insuffler fierté personnelle et ardeur combative, Bonaparte a su en outre créer les « masses de granit » sur lesquelles il a rebâti la France après les affrontements de la période révolutionnaire. Il a provoqué la réconciliation forcée des ennemis de la veille, et les a obligés à clore la guerre civile et à intégrer son armée.

Pourtant, dans l'œuvre de De Gaulle, la description favorable de Napoléon est loin de l'emporter sur la critique. Général aventurier, Napoléon ne se soucie pas assez de la défense du territoire national. L'invasion de 1815 en est la conséquence. Militaire entré en politique, il fait mieux que Hoche, trop velléitaire malgré ses qualités d'homme, mais il ne réussit pas à maintenir l'écart entre les deux domaines. Il les confond, renouant avec les erreurs antérieures de Dumouriez, et n'engage pas le pays dans une stabilisation durable. Innovateur tactique, il ne peut adapter sa ligne de commandement quand les combats changent la conduite de la guerre et que l'armée française doit articuler plusieurs fronts et plusieurs groupes d'armée indépendants. Les maréchaux d'Empire n'ont pas été préparés à la nouvelle configuration, le grand homme a voulu tout contrôler, il a entraîné la défaite de tous. La leçon tirée par de Gaulle est sévère : le talent, indispensable à l'homme d'État, n'a pas été à la hauteur du génie. Grand rassembleur de peuples, Napoléon n'a pas su non plus garder la confiance des populations et des nations qui s'étaient ralliées à lui et à la France. Il perd peu à peu leur soutien au moment où, à l'inverse, les alliés européens regroupent leurs forces. Par ses outrances, Napoléon a conduit la France au désastre. Le constat est sans appel et suffisamment répété pour qu'aucune ambiguïté ne subsiste.

Le pays s'est écarté de lui en 1813-1814 devant les épreuves inutiles et sans doute surtout devant la défaite humiliante. Mais, et c'est là la réflexion la plus originale qui traverse l'œuvre de Charles de Gaulle, si le césarisme est refusé, force est de relever que les Français n'ont pas cessé de se retrouver autour de la mémoire de l'Empereur. Le prestige et le mythe sont intacts, liés à la destinée nationale, parce que Napoléon a su faire « rêver » le pays. Il est ainsi une incarnation du destin de la France, et rien mieux que l'Arc de Triomphe, place Charles-de-Gaulle, haut lieu de l'unité nouée dans la gloire entre le sol et le peuple, ne permet de comprendre son rôle central dans l'Histoire nationale.

Jean-Clément MARTIN

• *Voir aussi* : Carnot, Lazare ; France et son armée (La) ; Histoire ; Révolution française

Bibl. : Maurice Agulhon, *De Gaulle, histoire, symbole, mythe*, Paris, Plon, 2000 • Jacques Godechot, « De Gaulle, historien de la Révolution et de l'Empire », *Annales historiques de la Révolution française*, 53 (2), 1981, p. 199-218 • Yves Lavoinne, « De Gaulle en révolution du militaire au politique : 18 juin 1940-8 mai 1945 », dans Institut Charles-de-Gaulle, *De Gaulle en son siècle*, Paris, Plon-La Documentation française, t. 2, 1992, p. 69-77.

BONAPARTISME. – L'approche généalogique qui inscrit le gaullisme dans une postérité, celle du « bonapartisme », et le général de Gaulle dans une descendance, celle du Premier et du Second Empire, est complexe à démêler car elle est présente dans deux domaines distincts et relevant de surcroît de registres d'essences différentes, politique et polémique dans un cas, scientifique et heuristique dans l'autre. Épithète peu flatteuse, voire invective, sur son versant polémique, elle ne se veut qu'un terme neutre sur le versant heuristique. En même temps, il a pu y avoir, à certains moments, perméabilité entre les deux registres, celui de l'anathème invoquant la caution de la science.

Ce versant scientifique s'articule autour de l'ouvrage majeur de René Rémond, publié en 1954 : *La Droite en France de 1815 à nos jours, continuité et diversité d'une tradition politique*. Le titre passa au pluriel dans l'édition de 1963 car, dès 1954, son auteur recensait trois grands rameaux qui, loin de refléter un jugement idéologique, étaient le fruit d'une mise en contexte historique. L'analyse de René Rémond est bien connue : après la secousse tectonique de 1789, la question qui prime tout au long du XIXe siècle est bien celle du régime à donner à la France, et, fort logiquement, les sensibilités politiques qui se sont dégagées au fil de ces décennies ont cristallisé sur les différentes réponses possibles à une telle question. Les trois rameaux incarnent ainsi chacun un choix institutionnel, monarchie d'Ancien Régime pour les « légitimistes », monarchie constitutionnelle pour les « orléanistes », recherche d'une synthèse entre autorité et expression populaire pour le « bonapartisme », renvoyant d'abord au Second Empire.

Si le XIXe siècle a enfanté plusieurs sensibilités politiques de droite, qu'en est-il du siècle suivant, analysé à travers la même grille ? La thèse proposée par René Rémond était bien celle d'une continuité, le gaullisme constituant après 1945 le nouvel avatar de la droite bonapartiste. En même temps, les rameaux décrits n'étaient pas présentés comme se perpétuant sous leur forme originelle mais comme étant, au contraire, soumis à de profondes métamorphoses. Bien plus, pour ce qui est du troisième rameau et de son éventuel prolongement gaulliste, l'écho des analyses de René Rémond a varié en fonction du moment où la question était posée. Ainsi, cette question du rapport bonapartisme-gaullisme ne fut guère contestée sur le plan scientifique au moment de la sortie en 1954 de la première édition de l'ouvrage de René Rémond. Le RPF venait alors d'être mis en sommeil, et ce caractère apparemment éphémère du gaullisme partisan accréditait bien la vision de celui-ci comme résurgence d'un courant plus ancien, dont l'une des caractéristiques était précisément le caractère intermittent.

La question, pourtant, se reposa rapidement, à l'occasion de la deuxième édition du livre, en 1963. Le gaullisme triomphant, doublement légitimé par l'onction populaire en 1958 et 1962, paraissait alors devoir faire souche, notamment en tant que « parti majoritaire » né du fonctionnement des nouvelles institutions. La thèse de la résurgence d'un courant enfoui et intermittent s'en trouvait amoindrie. Sont à cet égard révélatrices les réserves de François Goguel, rendant compte de cette nouvelle édition dans la livraison de la *Revue française de science politique* d'avril 1964 et portant notamment le fer sur cette assimilation bonapartisme-gaullisme. C'est, du reste, le moment où d'autres analyses mettent en avant la thèse du gaullisme comme courant modernisateur – thèse défendue par François Goguel – ou insistent sur l'essence nationaliste du courant gaulliste – analyse en particulier de Jean Touchard. À quoi René Rémond a pu répondre que le bonapartisme par lui défini puisait son identité historique dans sa capacité à incarner la nation et à promouvoir le progrès économique.

Cela étant, la difficulté de l'usage du terme « bonapartiste » pour caractériser le gaullisme ne tient pas seulement à ces débats historiographiques ni au fait – non tranché – de savoir si l'essence gaulliste a précédé son existence : si, pour les uns, le général de Gaulle a été le sourcier d'une nappe déjà existante, pour d'autres le gaullisme est un courant historique très largement né de la secousse tectonique de la guerre. Cette difficulté d'usage tient aussi, en fait, à une autre forme d'utilisation du terme, plus directement politique, chargée pour cette raison d'une teneur polémique et ayant ainsi parasité à plusieurs reprises l'usage scientifique et heuristique. C'est, en effet, sur un tout autre registre, celui du combat politique, que nous retrouvons l'étiquette bonapartiste accolée au général de Gaulle. La culture républicaine ne pouvait que suggérer des comparaisons – et, par là même une suspicion quasi instinctive – entre ce militaire, de surcroît excellent tribun, et « l'ombre des Bonaparte ». Ce titre d'un article publié à Londres, en 1943, dans *La France libre*, par Raymond Aron est révélateur de cette souche républicaine à laquelle le général de Gaulle fut confronté dès la période de la Seconde Guerre mondiale. Et si, globalement, ce dernier réussit alors à rassurer ceux de ses interlocuteurs qui avaient émis ce type de crainte, le contexte de la IVe République raviva les attaques ou les soupçons en ce sens.

Dans ces attaques, le registre précis a pu varier. Le terme « bonapartiste » a été utilisé, mais aussi, plus prosaïquement, le général Boulanger a parfois été mis en avant. Si les origines militaires de Charles de Gaulle ont encouragé une telle comparaison, nous retrouvons aussi, plus largement, la culture républicaine : pour celle-ci, Boulanger à la fin des années 1880 renouait avec le courant plébiscitaire combattu et abattu moins de deux décennies plus tôt. Les conditions du retour au pouvoir de De Gaulle en 1958 puis, en 1962, le débat sur l'élection du président au suffrage universel réactivèrent les accusations. Dans *Le Coup d'État permanent*, François Mitterrand mit ainsi en lumière l'action de Georges Clemenceau qui contribua à dénouer l'« entreprise boulangiste ».

Directement ou par Boulanger interposé, l'accusation de bonapartisme a ainsi perduré, et la République gaullienne a été parfois explicitement rapprochée, par certains de ses adversaires, du Second Empire. En revanche, après le départ du général de Gaulle de la présidence, une telle accusation a perdu progressivement une partie de sa vigueur. Le centenaire de la naissance du général de Gaulle, à une date où celui-ci était déjà mort depuis vingt ans et où le gaullisme avait perdu la magistrature suprême depuis 1974, a contribué à dépassionner le débat. Les contributions des historiens aux grands colloques de 1990 ont alors proposé un autre angle d'attaque possible, qui prenait indirectement acte, mais pour la désamorcer, de l'accusation pour les institutions de la Ve République d'être d'essence plébiscitaire dans leur genèse et de ne pas mettre à l'abri de dérives autoritaires dans leur fonctionnement. Ainsi Pierre Nora, par exemple, considéra-t-il alors que le « rôle historique » du général de Gaulle avait été « l'acculturation en profondeur de la droite à l'idée républicaine », tandis que Maurice Agulhon voyait au même moment en de Gaulle un « républicain *autrement* ». De telles analyses étaient révélatrices : plus qu'un danger pour la République, de Gaulle avait scellé définitivement le pacte républicain. Le gaullisme n'était plus considéré comme un élément perturbateur de l'écosystème républicain mais comme une pièce constitutive de la vie politique française contemporaine. Avec, comme pour tout rouage, la probabilité, ensuite, de l'altération ou de la rouille.

Jean-François SIRINELLI

• *Voir aussi* : Antigaullistes de gauche ; Coup d'État ; Gambetta, Léon ; Légende noire

Bibl. : *De Gaulle en son siècle*, t. 1, *Dans la mémoire des hommes et des peuples*, Paris, Plon-La Documentation française, 1991 • René Rémond, *Les Droites en France*, Paris, Aubier, 1982 • Id., *Les Droites aujourd'hui*, Paris, Éditions Audibert, 2005.

BONNIER DE LA CHAPELLE, Fernand (1922-1942). – Fils d'un journaliste de *La Dépêche algérienne*, Fernand Bonnier de La Chapelle fait ses études au lycée Stanislas et devient étudiant à Alger. Gaulliste de cœur, il tente de rejoindre la France libre à Londres, tout en manifestant respect et admiration pour le maréchal Pétain. Membre des Chantiers de la jeunesse entre juillet 1941 et juillet 1942, il participe au soulèvement d'Alger, le 8 novembre 1942, lors du débarquement anglo-américain. Le jeune homme est alors scandalisé par l'accord passé entre les Américains et l'amiral Darlan, lequel symbolise la politique de collaboration avec l'Allemagne. Son désir d'action le pousse à s'engager dans le Corps franc d'Afrique, fondé à la fin du mois de novembre 1942 par le général de Monsabert et formé de jeunes gaullistes qui refusent de servir dans l'armée d'Afrique restée fidèle à Vichy. Il est chargé d'assurer la liaison entre cette organisation et Henri d'Astier de La Vigerie, monarchiste, membre du « groupe des Cinq » qui conspire pour rallier l'Afrique du Nord aux Américains.

Avec deux camarades, Bonnier de La Chapelle élabore le projet d'assassiner Darlan. Le sort le désigne comme l'exécutant. Le 24 décembre 1942, se faisant passer pour un certain Morand, il est introduit au siège du Haut-Commissariat à Alger. Lorsque Darlan, accompagné de son chef d'état-major, le commandant Hourcade, arrive à la porte de son bureau, il le blesse de deux coups de pistolet. Il est aussitôt arrêté. L'amiral meurt une demi-heure plus tard à l'hôpital. Après un simulacre d'enquête mené par le général Giraud, successeur de Darlan, Bonnier de La Chapelle est jugé le jour de Noël par un tribunal militaire hâtivement constitué, condamné à mort et fusillé à l'aube du 26 décembre. Jusqu'au dernier moment, il croit à sa délivrance par ses « amis ».

L'action de Bonnier de La Chapelle a fait l'objet de nombreuses controverses sur ses éventuels commanditaires. Tour à tour, Giraud, de Gaulle, les services secrets américains et britanniques ont été mis en cause. L'historiographie la plus récente privilégie la piste du complot monarchiste. Bonnier de La Chapelle détenait, lors de son arrestation, 2 000 dollars remis par Henri d'Astier de La Vigerie. L'arme du crime lui avait été fournie par l'abbé Cordier. Enfin, la disparition de Darlan, pour les partisans du comte de Paris, aurait ouvert la voie au prince, perspective que les Américains excluaient absolument.

Il semble désormais acquis que de Gaulle a tout ignoré de ce qui se tramait à Alger. Néanmoins, il n'hésitera pas à qualifier le geste de Bonnier de La Chapelle d'« exécution » et reprochera vertement à Giraud, en mai 1943, le fait que le jeune homme avait été condamné sans pouvoir se défendre. Le 21 décembre 1945, la chambre de révision de la cour d'appel d'Alger annule la condamnation de 1942 et réhabilite la mémoire de Bonnier de La Chapelle, estimant qu'il a agi « dans l'intérêt de la libération de la France ». En 1953, il est décoré à titre posthume de la croix de guerre et de la médaille militaire. Une croix de Lorraine est gravée sur sa tombe.

Philippe Castermans

• *Voir aussi* : Alger ; Darlan, François ; Giraud, Henri

Bibl. : Jean-Louis Crémieux-Brilhac, *La France libre de l'appel du 18 Juin à la Libération*, Paris, Gallimard, 1996 • Christine Levisse-Touzé, *L'Afrique du Nord dans la guerre 1939-1945*, Paris, Albin Michel, 1998 • Henri Michel, *François Darlan*, Paris, Hachette, 1993.

BORIS, Georges (1888-1960). – Venu se mettre au service du général de Gaulle dès le 19 juin 1940, Georges Boris est, avec René Cassin, la personnalité de gauche la plus marquante de la France libre initiale. Issu d'une famille juive de Lorraine engagée dans le commerce international, il s'est distingué dans les années 1920 comme analyste économique, précocement keynésien. De 1927 à la guerre, il a fondé et dirigé l'hebdomadaire *La Lumière* où il a mené campagne contre l'hitlérisme. Appelé par Léon Blum à diriger son cabinet aux Finances en 1938, il a corédigé son programme d'économie de guerre. Socialiste antimunichois, il s'est engagé à cinquante et un ans pour la durée de la guerre.

Rescapé de Dunkerque, devenu Français libre, il refuse en août 1940 la rédaction en chef du quotidien *France* et préfère exercer des fonctions de presse, même modestes, au quartier général puis, à partir de février 1941, la tâche d'officier de liaison auprès de la BBC. Bien que n'appartenant pas au premier cercle gaullien, il est pour de Gaulle un conseiller occasionnel discret et sûr. L'analyse de la situation de la France libre qu'il fait parvenir à Léon Blum en juin 1942 contribue au ralliement du leader socialiste.

En juillet 1942, il devient conseiller politique du commissaire à l'Intérieur André Philip, nouvellement arrivé à Londres. Son rôle, méconnu, y devient capital en juin 1943. Responsable des services de l'Intérieur à Londres, alors que le CFLN (Comité français de la Libération nationale) siège à Alger mais que l'Angleterre reste la base des liaisons avec la Résistance, nommé en janvier 1944 délégué civil du Comité d'action en France (Comidac), il tient les fils londoniens après l'arrestation de Jean Moulin, devient le principal correspondant politique de la Délégation générale clandestine, influe sur les nominations, obtient que le CFLN accroisse le financement de la Résistance, et inspire jusqu'à la Libération la propagande radiophonique vers la France.

En septembre 1944, Pierre Mendès France en fait son directeur de cabinet au ministère de l'Économie. Avec lui, Boris prône une politique d'austérité et crée le Bureau du plan pour lequel il militait déjà à Londres. Mais de Gaulle lui préfère Jean Monnet pour le commissariat du Plan. Conseiller d'État en service extraordinaire à partir d'avril 1945, il est, de 1947 à 1957, chef adjoint de la délégation française au Conseil économique et social des Nations unies et délégué permanent à la Commission économique pour l'Europe à Genève. En 1954-1955, cet homme d'influence est l'autorité première du cabinet de Mendès France dont il est devenu l'intime conseiller.

En mai 1958, de Gaulle l'appelle à Colombey pour tenter, à travers lui, de se concilier Mendès France. Mais Boris suit avec déchirement ce dernier dans une opposition radicale. Il consacre les deux dernières années de sa vie à tenter de définir le programme d'un socialisme renouvelé dans le *Courrier de la République* – la lettre mensuelle créée en 1959 par Mendès France et dont il est largement l'inspirateur –, sans perdre totalement l'espoir que de Gaulle puisse, après le drame algérien, contribuer, écrit-il, « au rétablissement d'institutions démocratiques. Inguérissable amour et fragile espérance ». Averti de sa mort imminente au terme d'une longue maladie, de Gaulle lui écrit d'une plume fraternelle : « Alors, Georges Boris, vous allez nous quitter ? »

Jean-Louis Crémieux-Brilhac

• *Voir aussi* : BBC ; Comité national français ; Délégation générale ; Mendès France, Pierre

Bibl. : Georges Boris, *Servir la République*, Textes et témoignages, présentation de Pierre Mendès France, Paris, Julliard, 1963 • Jean-Louis Crémieux-Brilhac, *La France libre : de l'appel du 18 Juin à la Libération*, Paris, Gallimard, 1996 • Marie-France Toinet, *Georges Boris, un socialiste humaniste*, thèse pour le doctorat de recherche, Paris, FNSP, 1969, multigraphié.

BOSSUET, Jacques Bénigne (1627-1704). – François Mauriac, dans son bloc-notes du 11 octobre 1954, met en avant une filiation stylistique entre Bossuet et Charles de Gaulle qui a souvent été relevée. Mais cette influence de Bossuet sur l'écrivain et l'orateur de Gaulle – goût de la période ample, science du rythme, notamment ternaire, utilisation rhétorique des figures de style, harmonie de la phrase – n'est sans doute pas que littéraire : elle touche plus radicalement à la pensée politique et à la croyance même.

Prononçant le 7 avril 1927 une conférence à l'École de guerre sur le rôle du chef, de Gaulle y développe sa conception du grand homme que l'Histoire révèle : « Face à l'événement, c'est en soi-même que recourt l'homme de caractère. » À un auditeur frappé par l'aspect nietzschéen du discours, le général Hering, directeur de l'École, répond par la question : « Est-ce Nietzsche ou Bossuet ? » Et il rappelle un texte qui a pris une grande place dans la formation reçue, chez les Jésuites, par le jeune Charles de Gaulle : l'*Oraison funèbre du prince de Condé*. Plus largement, la conception providentialiste de l'Histoire que développe Bossuet, notamment dans son *Discours sur l'Histoire universelle* – qui, dans *Le Fil de l'épée*, est donné, avec celui de Descartes, comme un des deux textes fondamentaux du XVIIe siècle –, trouve son exact écho dans l'idée que, selon de Gaulle, il faut « tout rapporter à une Providence ». Les termes mêmes de Bossuet dans la conclusion – « Ce long enchaînement des causes particulières, qui font et défont les empires, dépend des ordres secrets de la Providence » –, inspirent la formulation que de Gaulle donne à plusieurs reprises du sens de l'Histoire. L'analyse développée dans *La France et son armée* – « Cette conjonction de forces obscures que les Anciens eussent nommées destin, Bossuet arrêt divin, Darwin loi de l'espèce » –, est reprise quasi dans les mêmes termes dans le discours du 18 juin 1943 à Alger : « La conjonction de forces supérieures que les anciens appelaient "Destin", Bossuet "Providence", Darwin "loi de l'espèce" [...] préside aux grands événements. »

Le héros providentiel, chargé d'une mission divine, dont Condé est l'illustration aux yeux de Bossuet, montre la voie à un de Gaulle chargé « devant le vide effrayant du renoncement général » d'une « mission [...] claire et terrible ». Cette mission, envisagée comme proprement sacrée, est d'autant plus en harmonie profonde avec la pensée de Bossuet qu'il partage avec lui non seulement la même foi, mais aussi le même humanisme chrétien, et la même idée, développée dans le *Sermon sur les devoirs des rois*, que l'action politique s'inspire d'une transcendance et que le chef suprême incarne un ordre qui le dépasse. Jean Serroy

• *Voir aussi :* Bibliothèque personnelle ; Caractère ; Formation scolaire et intellectuelle ; Œuvre écrite ; Providentiel (homme)

Bibl. : Michel Brisacier, *La Foi du Général*, Paris, Nouvelle Cité, 1998 • Alain Larcan, *De Gaulle inventaire. La culture, l'esprit, la foi*, Paris, Bartillat, 2003.

BOUCHINET-SERREULLES, Claude (1912-2000). – « Mon cher ami, Vous avez bien servi, vous servez bien, vous servirez bien et je vous aime bien. Cordialement. » Ce message du général de Gaulle, le capitaine Bouchinet – *Serreulles* dans la Résistance – le reçut avant son départ pour la France occupée, le 15 mai 1943, comme un ultime encouragement. Né à Paris, diplômé de l'École libre des sciences politiques, il avait été officier d'ordonnance du Général du 26 juillet 1940 à la fin de l'année 1942. Avec Geoffroy Chodron de Courcel et François Coulet, il avait alors donné la preuve de son efficacité et de ses talents diplomatiques aussi bien au sein de la France libre que dans les relations avec les Alliés.

Envoyé en France pour seconder Jean Moulin, Bouchinet-*Serreulles* parvint en France le 16 juin 1943. Après le drame de Caluire le 21 juin, il assuma l'intérim de délégué général du CFLN (Comité français de la Libération nationale), obtint la présidence du Comité central des mouvements de résistance (CCMR) et soutint la candidature de Georges Bidault à la tête du CNR (Conseil national de la Résistance). Au cours de l'automne, en butte aux manœuvres du colonel *Passy*, à Londres et à Alger, et de Pierre Brossolette, en France, il veilla à ce que les institutions mises en place clandestinement préservent l'autorité du pouvoir central tout en laissant leur place aux comités de libération, et contribua à la mise en place du Comité d'action contre la déportation et du Comité des désignations.

Commissaire de la République en mission à la Libération, il supervisa l'installation de ses collègues de Clermont-Ferrand, Bordeaux et Limoges. Il fit une analyse pertinente de la libération du sud de la France, reprise partiellement dans les annexes des *Mémoires de guerre* du Général : « Dans l'ensemble, la Libération s'est effectuée de façon heureuse. D'instinct, les masses populaires font confiance au gouvernement du général de Gaulle [...] dans cette conjoncture, il apparaît que le gouvernement, malgré la faiblesse de ses moyens, peut tout. [...] Jamais autorité sur le seul nom de son détenteur et, quant au reste, inconnue, n'a joui d'un plus ample crédit. » Directeur du cabinet du ministre de l'Intérieur, Adrien Tixier, Bouchinet-*Serreulles* mena personnellement les enquêtes sur les conditions dans lesquelles certains condamnés à mort avaient été exécutés malgré les grâces signées par le général de Gaulle : « La tâche (des responsables) est ingrate [...] mais ils "grignotent" de façon efficace les adversaires de l'ordre. [...] Quiconque arriverait avec l'intention de lancer une offensive de grand style créerait aussitôt l'irréparable. »

Chef de service au ministère des Affaires étrangères jusqu'en 1948, directeur à l'Organisation européenne de coopération économique (OECE) jusqu'en 1951, ce fils d'industriel, gaulliste de gauche, présida et administra diverses sociétés et fut, au sein du groupe Amaury, directeur général du *Parisien libéré* de 1978 à 1982. Jusqu'à sa mort, Claude Bouchinet-*Serreulles* a été membre du conseil de l'ordre de la Libération et de l'Institut Charles-de-Gaulle. Charles-Louis FOULON

• *Voir aussi* : CNR ; Délégation générale ; Épuration ; France libre ; Libération ; Ordre de la Libération

Bibl. : Claude Bouchinet-Serreulles, *Nous étions faits pour être libres*, Paris, Grasset, 2000 • Charles-Louis Foulon, « La Résistance et le pouvoir de l'État dans la France libérée », dans Fondation Charles-de-Gaulle, *Le Rétablissement de la légalité républicaine*, Bruxelles, Complexe, 1996 • Id., « Les commissaires de la République », dans François Marcot (dir.), *Dictionnaire historique de la Résistance*, Paris, Robert Laffont, coll. « Bouquins », 2006.

BOULIN, Robert (1920-1979). – Né en Gironde, Robert Boulin poursuit des études d'avocat et s'inscrit au barreau de Libourne en 1946. Il s'engage au RPF dès 1947 et en installe une antenne dans sa ville et son canton. Orateur départemental du parti, il participe aux meetings de la campagne des cantonales de mars 1949. Après les événements d'Alger, il crée entre le 15 et le 20 mai 1958 un Comité de salut public à Libourne. Ces états de service gaullistes lui valent d'être investi par l'UNR pour les législatives de 1958. Élu député de la Gironde, il sera constamment réélu dans la même circonscription jusqu'à sa disparition en 1979. En novembre 1959, il accède au comité central de l'UNR. Il est reconduit dans cette fonction en mars 1961.

Devenu une figure du mouvement gaulliste, Robert Boulin entre pour la première fois au gouvernement en août 1961 comme secrétaire d'État aux Rapatriés. Il conserve ce poste difficile dans le premier gouvernement Pompidou (avril 1962). À la lecture des comptes rendus des Conseils des ministres de l'époque tels que les présente Alain Peyrefitte, il semble que Boulin n'ait pas pris la pleine mesure du drame des pieds-noirs et des harkis et qu'il ait influencé de Gaulle dans sa sous-estimation du problème. Après avoir entendu le rapport du secrétaire d'État le 30 mai 1962, le chef d'État se confie à Peyrefitte en ces termes : « Dites bien tout ce qu'a dit Boulin ! [...] Il n'y a pas d'exode, contrairement à ce que disent votre presse, votre radio, votre télévision ! [...] Ce n'est pas une catastrophe nationale, c'est une petite épreuve. » Par la suite, Robert Boulin persiste à voir dans les exilés des « vacanciers », avant d'expliquer l'ampleur de l'exode des « repliés » – pour reprendre le terme du Général – par les « pressions de l'OAS ».

Lors de la réflexion constitutionnelle de l'automne 1962, Robert Boulin préconise un mandat présidentiel limité à cinq ans. Il change d'attribution en septembre 1962 et devient secrétaire d'État au Budget, fonction qu'il conservera jusqu'en avril 1967. Cet infatigable homme de dossiers y acquiert une réputation de spécialiste en économie. Au printemps 1967, Pompidou lui confie le secrétariat à l'Économie et aux Finances. Après la crise de Mai 68, Boulin obtient enfin un ministère, celui de la Fonction publique. Maurice Couve de Murville le déplace à l'Agriculture et pour sa part, Jacques Chaban-Delmas lui confie la Santé publique et la Sécurité sociale.

Jusqu'à sa disparition, à propos de laquelle des zones d'ombre existent encore, le 30 octobre 1979, Robert Boulin reste membre du gouvernement, passant des relations avec le Parlement à l'Économie en mars 1977. Mis à l'écart au sein du RPR par le trio Pierre Juillet-Marie-France Garaud-Charles Pasqua, ce gaulliste de la première heure s'entend bien avec le président Giscard d'Estaing. Pour diviser le Rassemblement dans la perspective de la présidentielle de 1981 et préparer les ralliements du second tour, ce dernier semble avoir pensé à Robert Boulin pour Matignon en 1979. François AUDIGIER

• *Voir aussi* : Gaullistes ; Harkis ; UNR.

Bibl. : Bertrand Boulin, *Ma vérité sur mon père*, Paris, Stock, 1980 • Bernard Lachaise, *Le Gaullisme dans le Sud-Ouest au temps du RPF*, Bordeaux, Fédération historique du Sud-Ouest, 1997 • Alain Peyrefitte, *C'était de Gaulle*, Paris, Fayard, 2000.

BOULLOCHE, André (1915-1978). – Né à Paris, reçu à l'École polytechnique à dix-neuf ans, puis à l'École nationale des ponts et chaussées (promotion 1939), André Boulloche est également licencié en droit en 1941. Il commence une carrière d'ingénieur des Ponts et Chaussées à Soissons et rejoint la Résistance dès la fin de 1940.

Ayant réussi à gagner Londres en 1943, il est volontaire pour une mission en France. Il y arrive comme délégué militaire régional (DMR) pour la région de Paris. Dénoncé, il est déporté à Auschwitz en avril 1944, puis à Buchenwald et Flossenburg. Ses parents et son frère, déportés à leur tour en mesure de représailles, ne reviendront pas. Libéré en avril 1945, il retrouve ses fonctions au sein de l'administration des Ponts et Chaussées. Il est fait Compagnon de la Libération par le général de Gaulle.

Entré au Parti socialiste en 1946, Boulloche devient directeur de cabinet de Paul Ramadier, président du Conseil (1947) puis ministre de la Défense (1948-1949). Il retourne ensuite à son administration, avant de devenir, en 1957, directeur de cabinet du président du Conseil Maurice Bourgès-Maunoury, qu'il a connu dans la Résistance.

En juin 1958, André Boulloche fait partie des quatre ministres socialistes du gouvernement de Gaulle. Il est délégué à la présidence du Conseil, chargé de réfléchir à la réforme administrative et à la réforme des marchés de l'État et des collectivités territoriales. En 1959, il est l'un des sept hauts fonctionnaires qui exercent, sur l'insistance personnelle de De Gaulle, des fonctions gouvernementales. Nommé ministre de l'Éducation nationale en janvier 1959, il démissionne en décembre, malgré les efforts de De Gaulle pour le persuader de rester. Mais Boulloche est en désaccord avec l'orientation ultime prise par le projet de loi sur les rapports entre l'État et les établissements d'enseignement privé. En outre, l'écart se creuse entre le parti socialiste et le gouvernement.

L'essentiel de l'action d'André Boulloche en tant que ministre de l'Éducation nationale est certes attaché à la défense de la laïcité et à la résolution de la question scolaire, mais on ne saurait négliger l'importance qu'il a accordée à la gestion quotidienne et à sa volonté de réformer une administration extrêmement cloisonnée. Il a développé également l'enseignement supérieur et a veillé à l'augmentation du budget de son ministère pour faire face à l'arrivée massive d'élèves dans les classes.

Après trois années passées comme conseiller d'État en service extraordinaire de 1960 à 1963, André Boulloche entreprend une carrière politique. Il s'inscrit clairement dans l'opposition au gaullisme de gouvernement, et, en rupture avec Guy Mollet, il contribue à la création du nouveau parti socialiste aux côtés d'Alain Savary. Élu maire de Monbtéliard en 1965 puis député du Doubs en 1967, il exerce des responsabilités au sein du parti socialiste. Il conserve ces activités jusqu'à sa mort accidentelle, survenue en 1978.

Bruno POUCET

• *Voir aussi* : Déportés ; Éducation nationale ; Enseignement privé ; Hauts fonctionnaires

Bibl. : Bruno Poucet, « La loi Debré et le caractère propre ou comment intégrer l'école catholique à la modernité éducative ? », *Recherche socialiste*, décembre 1983, n° 25, p. 67-81 • Id., « André Boulloche, ministre de l'Éducation nationale », *Recherche socialiste*, décembre 2000, n° 13, p. 59-70 • Id., « André Boulloche », dans Claude Pennetier (dir.), *Le Maitron, Dictionnaire biographique du mouvement ouvrier et du mouvement social de 1939 à nos jours*, Paris, Éditions de l'Atelier, 2006.

BOUMÉDIÈNE, Mohamed Brahim Boukharrouba, dit Houari (1932-1978). – Houari Boumédiène, nom de guerre de Mohamed Brahim Boukharrouba (« l'homme au caroubier »), est né à Héliopolis, près de Guelma, en Algérie, dans une famille de paysans pauvres, de père arabe et de mère kabyle. Dès l'insurrection du 1er novembre 1954, déclenchée par le FLN, il interrompt ses études et s'engage dans la lutte. En janvier 1960, il devient chef d'état-major de l'Armée de libération nationale (ALN) dont il fera une force organisée, face aux troupes de la France.

Après l'indépendance, le 5 juillet 1962, il est nommé ministre de la Défense par le président Ahmed Ben Bella. Président qu'il destitue trois ans plus tard. Le 19 juin 1965, il forme un Conseil de la Révolution et préside le pays, animé par trois passions : édifier un État centralisé, assurer sa grandeur et son développement, lui faire jouer un rôle sur la scène régionale et internationale.

De Gaulle veut préserver l'avenir de la coopération malgré les passions suscitées par le conflit des deux côtés de la Méditerranée ; il déclare avoir de la considération pour le chef du nouveau régime. D'ailleurs, vers la fin de la guerre, quand un de ses collaborateurs avait établi et commenté une liste des chefs de l'ALN, écrivant devant « Boumédiène » : « Obscur colonel qui ne semble pas voué à un grand avenir », le Général avait ajouté qu'il pensait exactement le contraire. L'homme du 18 juin 1940 avait compris les motivations de celui qui était devenu l'homme du 19 juin 1965. En 1967, il l'invite à Paris pour une visite de travail mais Boumediène décline l'offre, car il souhaite une visite d'État, avec cortège sur les Champs-Élysées et dépôt de gerbe à l'Arc de Triomphe. Un tel cérémonial est toutefois prématuré compte tenu des blessures non encore cicatrisées. Georges Pompidou renouvellera l'invitation, mais la nationalisation des hydrocarbures par le gouvernement algérien (février 1971) entraînera l'ajournement du projet. Finalement, c'est Valéry Giscard d'Estaing qui fera la visite d'État en Algérie, en 1975, à l'invitation de Boumédiène.

Néanmoins de Gaulle et ce dernier communiquaient à travers leurs ambassadeurs et Boumédiène avait dit son « admiration pour ce visionnaire, rénovateur de la politique arabe de la France ». Dans son message de condoléances, à la mort du Général, il écrit : « Je m'incline devant le patriote exceptionnel [qui] su concevoir dans une vision noble et généreuse [...] l'avenir des peuples algérien et français ».

Paul Balta

• *Voir aussi* : Algérie (guerre d') ; FLN

BOURDEAU DE FONTENAY, Henri (1900-1969). – Avocat à l'origine, Henri Bourdeau de Fontenay est devenu « l'exemple vivant du bon serviteur de l'État, passionné et désintéressé ». En achevant par ses mots son portrait, Michel Debré songeait probablement plus à l'œuvre du premier directeur (1946-1962) de l'École nationale d'administration (ENA), qu'à celle du commissaire de la République de la Libération. La création de l'ENA, pour être gaullienne, n'en était pas moins, selon les mots mêmes du général de Gaulle, « sortie tout armée du cerveau et des travaux de [son] conseiller Michel Debré ».

Né à Chartres, fils d'officier, Bourdeau de Fontenay s'engage en 1917 et fait la campagne de Syrie en 1919. À partir de 1928, il est inscrit au barreau de Paris. Il est mobilisé en 1939 comme capitaine de réserve. Devenu l'un des principaux dirigeants du mouvement Ceux de la Résistance en zone nord, il siège au comité parisien de la Libération. Émile Laffon, le principal artisan des désignations des commissaires de la République, rejoint Michel Debré dans l'idée que Bourdeau de Fontenay, « maigre, passionné, éloquent, avec un goût naturel pour l'autorité et le panache », peut incarner l'État. Désigné comme commissaire clandestin de la région de Rouen sous le pseudonyme de *Seguin*, il le devient officiellement par décret du 29 août 1944. Entre-temps, il a bien failli faire les frais d'une méprise. Un autre commissaire de la République a également été nommé pour la Normandie : François Coulet. Brièvement pris pour un imposteur, Bourdeau de Fontenay manque d'être exécuté, car Alexandre Parodi a échoué à faire changer le titre de Coulet en délégué provisoire à l'administration des territoires libérés jusqu'à la mise en place des commissaires désignés. Revenus de leur erreur, les résistants comprennent que François Coulet n'est que le commissaire de la tête de pont alliée en Basse-Normandie.

À partir de l'automne 1944, Henri Bourdeau de Fontenay veille à l'équité des ravitaillements et s'emploie aux reconstructions, avec le concours sans réserve des communistes. De l'épuration, il dira en 1949 : « Nous avons raté notre répression. Trop brutale ou inexistante, elle fut beaucoup trop prolongée. » Le 16 décembre 1944, son rapport au GPRF (Gouvernement provisoire de la République française) consigne déjà : « Le Normand comprend difficilement qu'on puisse être inquiété pour avoir voulu "gagner trop d'argent". » C'est l'éthique du service public qu'il magnifie à la tête de l'ENA. L'École est inaugurée le 15 décembre 1945 par le président du GPRF dans la perspective de « rendre rationnels et homogènes le recrutement et la formation des principaux serviteurs de l'État ».

Charles-Louis Foulon

• *Voir aussi* : Épuration ; GPRF ; Hauts fonctionnaires ; Libération ; Ordre républicain

Bibl. : Michel Debré, *Trois Républiques pour une France. Mémoires*, Paris, Albin Michel, t. I, 1984 • Charles-Louis Foulon, « La Résistance et la légalité à la Libération », dans *Itinéraires. Études en l'honneur de Léo Hamon*, Paris, Economica, 1982 • Id., « La réincarnation de l'État en 1944, commissaires de la République et voyages de Charles de Gaulle », *Historiens et Géographes*, n° 357, printemps 1997.

BOURDET, Claude (1909-1996). – Dans *L'Aventure incertaine*, son livre consacré à la Résistance, Claude Bourdet dit avoir accueilli l'appel du 18 juin 1940 sans « reconnaissance éperdue [...] pour un officier plus clairvoyant que les autres ». Mots distanciés, presque d'indifférence, mais cette appréciation est altérée par trente ans d'antigaullisme résolu. De fait, l'antipathie que Bourdet va bientôt développer pour de Gaulle n'est ni immédiate ni instinctive. Il précise, dans ces pages, qu'au départ la considération pour un officier dégradé, condamné à mort et déchu de sa nationalité par Vichy s'imposait. De Gaulle était un « chef et un symbole ». Cette posture illustre la première position de Bourdet et de la Résistance vis-à-vis de l'homme de Londres. Dès 1942, toutefois, le respect se mue en méfiance : de Gaulle se sert de la Résistance plus qu'il ne la considère ; il ne l'aide pas dans son combat militaire et méprise sa « tâche politique ». Jugement porté depuis le terrain car Bourdet, alias *Lorrain*, dirigeant de Combat et du journal éponyme, cofonde les Mouvements unis de la résistance, dirige le NAP (Noyautage des administrations publiques) et siège au Conseil national de la Résistance.

Le jeune homme, fils du dramaturge Édouard Bourdet et de Catherine Pozzi, a été élevé dans un milieu grand bourgeois marqué par l'influence de l'Action française et par la tradition du catholicisme social ; mais il a pris très tôt un virage à gauche, influencé par les courants chrétiens progressistes et le personnalisme. Déporté, Bourdet rentre en France en avril 1945. Promu vice-président de l'Assemblée consultative provisoire, il reproche à de Gaulle d'avoir étouffé la flamme de l'unité résistante, « restauré » plutôt que « révolutionné » le régime... Cette critique marque une radicalisation croissante qu'alimente l'orientation toujours plus anticapitaliste et antimilitariste de son discours.

Éditorialiste à *Combat* à partir de juin 1947, Bourdet n'épargne plus de Gaulle. Si l'on excepte la parenthèse du front anti-CED de 1953-1954, réunissant une coalition bigarrée, des communistes aux gaullistes en passant par la Nouvelle Gauche, Bourdet ne cessera de professer un antigaullisme opiniâtre. Cette opposition quasi systématique prend sa pleine mesure dans *France Observateur*, qu'il cofonde en avril 1950 et dont il est le principal éditorialiste jusqu'en 1961. Ainsi le retour de De Gaulle en mai 1958 est-il l'occasion de développer une vision hypercritique : de Gaulle et les siens, colonialistes « hantés par leur anticommunisme », n'ont jamais cherché à pacifier la République. Le Général se démarque assurément du reste de la droite sur l'Algérie, mais ses intentions sont floues ; sa prise du pouvoir s'appuie sur les forces les plus réactionnaires et sur les ultras de l'armée. De Gaulle n'est en définitive ni démocrate ni républicain de cœur, c'est le fossoyeur de la République. Le sauveur de 1940 n'est plus : « Qu'il retourne à ses champs et à ses Mémoires, qu'il nous laisse rétablir l'image ancienne et honorable du temps où il nous était fidèle » (*France Observateur*, 29 mai 1958).

Tant au PSU qu'à *Témoignage chrétien*, après son départ de « *l'Obs* », et à *L'Action*, qu'il fonde en 1964, ce farouche opposant au Général ne se dément pas. Dans la lutte pour l'indépendance algérienne ou dans la mobilisation antinucléaire naissante, Bourdet, jusqu'à 1969, fait de l'antigaullisme une des grandes batailles de sa vie. Une posture déterminée et, cependant, une faille : souvent, avec un regret non feint et même à l'heure des plus dures batailles contre de Gaulle, le journaliste dit, clairement ou implicitement, sa considération pour l'homme du 18 Juin dont il n'aura donc jamais vraiment fait le deuil.

Philippe TÉTART

• *Voir aussi :* Antigaullistes ; France Observateur ; Presse ; PSU

Bibl. : Claude Bourdet, *L'Aventure incertaine. De la Résistance à la Révolution*, Paris, Éditions du Félin, 1998 • Gilles Morin, « Claude Bourdet », dans Michel Winock et Jacques Julliard (dir.), *Dictionnaire des intellectuels français. Les personnes, les lieux, les moments*, Paris, Le Seuil, 1996 • Philippe Tétart, *Histoire politique et culturelle de* France Observateur, *1950-1964. Aux origines du* Nouvel Observateur, Paris, L'Harmattan, 2001.

BOURGES, Yvon (né en 1921). – Surnommé le « Briscard de la coloniale » et « Bourges l'Africain » pour son rôle sur ce continent, Yvon Bourges est né à Pau. Diplômé de la faculté de droit de Rennes, il entre dans la fonction publique dès 1944, comme chef de cabinet du préfet de la Somme. Sa carrière sera africaine de 1948 à 1960 : il est successivement directeur de cabinet du haut-commissaire de la République en Afrique-Équatoriale française (A-ÉF) puis en Afrique-Occidentale française (A-OF), avant de devenir en 1956 gouverneur de la Haute-Volta, et haut-commissaire de la République en A-ÉF de 1958 à 1961.

Yvon Bourges avait, en 1953 à Dakar, retrouvé Charles de Gaulle, alors en pleine traversée du désert, et l'avait accompagné à Saint-Louis du Sénégal puis à Niamey. Il l'accueillera le 24 août 1958, à Brazzaville, en compagnie de Fulbert Youlou lorsque le chef du gouvernement, en pleine tournée africaine, promet l'indépendance au Congo. Le Général apprécie la gestion et la loyauté de ce grand commis de l'État. Il sera donc directeur du cabinet de Roger Frey, alors ministre de l'Intérieur (1961-1962), puis trois fois secrétaire d'État : chargé successivement de la Recherche scientifique (1965-1966), de l'Information (1966-1967), de la Coopération (1967-1972). Le 20 février 1962, quatre mois avant l'indépendance de l'Algérie, le Général le reçoit à l'Élysée car il envisage de le nommer haut-commissaire. Yvon Bourges estime toutefois, depuis l'indépendance du Ghana (1957) et du Nigeria (1960), que la décolonisation a été trop rapide. Il pose aussi cette question : « À Alger, en juin 1958, quand vous avez proclamé la France de Dunkerque à Tamanrasset, pensiez-vous déjà à l'indépendance de l'Algérie ? » Réponse : « L'Algérie française nous aurait obligés à partager notre PIB avec les Algériens pour leur donner les mêmes chances de développement qu'à nous. Or, nous n'avions pas les moyens de faire à la fois l'Europe et l'Algérie française. » Le poste sera donc attribué à Christian Fouchet.

En 1968, au Tchad, le Nord islamisé fait sécession sous la conduite du Front de libération nationale (FROLINA), créé en 1966. Se fondant sur les accords de coopération et de défense conclus en 1960, la France propose au président Tombalbaye, élu en 1962, un « Programme de redressement » soutenu par un budget de 6 750 000 francs, qualifié de « recolonisation » par ses adversaires. Charles de Gaulle envoie son secrétaire d'État à N'Djamena, en mars 1969, pour mettre en œuvre ce « Programme » sur le triple plan militaire, administratif et financier.

Après la démission du Général, en avril 1969, Yvon Bourges demeure à son poste jusqu'en 1972. Georges Pompidou lui confiera un ministère du Commerce et de l'Artisanat et Valéry Giscard d'Estaing fera de lui son ministre de la Défense, de 1975 à 1980. Par ailleurs, Yvon Bourges sera longtemps une figure majeure de la vie politique en Ille-et-Vilaine, en tant que maire de Dinard, sénateur et président du conseil général. Il a publié un essai sur les ambitions que devrait avoir l'Europe dans une vision gaullienne.

Paul BALTA

• *Voir aussi :* Communauté franco-africaine ; Coopération ; Décolonisation ; Voyages en Afrique noire

Bibl. : Yvon Bourges, *L'Europe, notre destin*, Paris, Hachette, 1999.

BOURGUIBA, Habib ben Ali (1903-2000). – Habib Bourguiba et Charles de Gaulle ne se sont rencontrés qu'une fois et n'étaient guère faits pour s'entendre. Le chef de la France libre n'a pas apprécié que le leader tunisien ait été libéré, en 1942, par l'Italie fasciste, de l'enfermement auquel il avait été condamné après les émeutes de 1938 à Tunis. Il n'a guère apprécié non plus les interventions américaines en sa faveur. Il est certain qu'à l'époque, Rome n'a jamais caché son désir de revanche contre la mainmise de Paris sur la Régence en 1881. Habib Bourguiba a essayé de gérer cette situation habilement, en accordant le minimum de témoignages de gratitude à son libérateur inquiétant et intéressé. Mais, pour les gaullistes et les communistes, les nationalistes du monde arabe – du Maghreb en particulier – sont suspects d'affinités avec les Allemands et Rome. Le général Giraud avait destitué le bey de Tunis, Moncef, en mai 1943, sous prétexte de complicité avec l'Axe, mais surtout parce que le bey avait tenté d'utiliser la défaite française pour agrandir son territoire. Hitler s'était refusé à enlever les colonies à Vichy pour préserver la collaboration et avait cantonné les appétits du Duce en Tunisie, que l'Axe n'occupera qu'après le débarquement allié en Afrique du Nord.

Des rapports « bons et médiocres à la fois ». Habib Bourguiba a-t-il été l'homme de Mussolini ? Il n'a été l'homme que de lui-même. Issu d'une famille venue de la petite bourgeoisie sahélienne ruinée, il s'est fait seul. Il est un produit du collège Sadiki, établissement créé par le grand ministre réformateur Kheyredine sous le règne de Sadok Bey en 1875, pour former des élites associant culture moderne française et culture arabo-musulmane. Ce collège est devenu le vivier du nationalisme tunisien. Grâce aux sacrifices financiers de son frère aîné, Bourguiba, parfaitement trilingue (en arabe dialectal, arabe littéraire, français), poursuit ses études à la Sorbonne et à l'École libre des sciences politiques. Aussi son rôle favori est-il celui du despote éclairé. Il est l'un des rares chefs d'État arabes qui ne soient pas passés par les académies militaires ou les guerres de libération : ce n'est pas un soldat. Celui qui récite par cœur des vers de Victor Hugo a le plus souvent penché du côté de la gauche française. Dès son retour à Tunis, après l'achèvement de ses études d'avocat, c'est avec les membres de la Ligue des droits de l'homme et de la SFIO qu'il a noué des relations, orageuses souvent, mais suivies. Peu à peu, il a réussi à convaincre cette gauche, qui œuvre sincèrement à une colonisation de progrès, de son attachement aux valeurs occidentales et de sa volonté de les insuffler dans son pays. Éclairé certes, mais despote, et de tempérament autoritaire comme le Général. Il a forgé l'instrument de son pouvoir avec le Néo-Destour, créé en 1934 sur le modèle des partis communistes et fascistes ainsi que sur celui de la confrérie religieuse, groupe de croyants réunis sous l'autorité d'un chef dont le pouvoir charismatique exige une obéissance totale. Bourguiba, appelé « le Combattant suprême », sera bientôt Sidi Raïs (« la tête », « le chef »).

Quand de Gaulle voit en lui un politicien radical-socialiste, il voit la facette française du personnage, qui n'est pas sans parenté avec celle de l'Algérien Ferhat Abbas. On ne serait pas surpris que le Général lui ait préféré, tout compte fait, Ahmed Ben Bella qui a combattu au sein des troupes françaises en 1940 et dans la campagne d'Italie. C'est avec Charles-André Julien et Pierre Mendès France que Bourguiba a établi des rapports privilégiés à Paris. Mendès France, en rompant avec la politique de répression dans son discours de Carthage en 1954, a su contrer le lobby colonial et proposer une évolution progressive vers l'indépendance. En évitant le pire – c'est-à-dire un conflit armé et une radicalisation au profit du nationalisme arabe –, il a proposé une décolonisation relativement « douce », par étapes, qui converge avec la démarche de Bourguiba. Pour que le processus fonctionne, ce dernier doit être au-dessus de tout soupçon de compromission avec la France et l'Occident. Deux ans après, la Tunisie est indépendante et Habib Bourguiba président du nouvel État.

Mais la guerre d'Algérie rend impossibles des relations normales avec la France. Les déceptions dues à la IVe République amènent Bourguiba à contacter de Gaulle et à souhaiter publiquement son retour. Lecteur assidu des *Mémoires de guerre*, il apprécie son ouverture envers les mouvements d'émancipation et est fasciné par le grand homme. Il n'en reste pas moins que la Ve République a également hérité d'une série de contentieux délicats : domaines coloniaux, relations économiques entre les deux pays, délimitation des frontières, guerre d'Algérie, Bizerte. Rien que de très banal, au demeurant, dans un contexte de décolonisation. Aussi a-t-on du mal à croire que ces tensions aient pu aller jusqu'à friser Clochemerle. Mais une péripétie est instructive. En 1960, la municipalité de La Marsa, banlieue résidentielle de Tunis, décide d'élargir une rue aux dépens du jardin de la résidence de l'ambassadeur de France. L'ambassadeur est rappelé à Paris et l'ambassade de Tunisie est l'objet de représailles sous la forme d'intenses travaux contre son mur... D'où le gel des relations pendant un an ! Plus sérieusement, le jeune État n'a pas les moyens d'indemniser les propriétaires fonciers étrangers, et l'acuité de la question agraire, la portée symbolique de la maîtrise du sol lui imposent de confisquer des centaines de milliers d'hectares. En 1963, 400 000 hectares sont transférés par accord entre les deux gouvernements contre une indemnité d'un million de dinars. Mais en 1964, le jour anniversaire du traité du Bardo, Bourguiba décide une nationalisation totale et unilatérale des terres coloniales. Les autres enjeux économiques n'ont pas une importance vitale. À la différence de ses voisins, la Tunisie n'offre qu'un intérêt minime, en dehors des gisements de phosphates, beaucoup moins rentables qu'au début du siècle et concurrencés par ceux du Maroc et de l'URSS.

Aussi Bourguiba tient-il à agrandir ses territoires du Sud jusqu'à la borne 233, qui se trouve dans la zone pétrolière algérienne. Il n'en est pas question pour de Gaulle, qui veut préserver les avantages acquis par la France et ne pas mécontenter le Gouvernement provisoire de la République algérienne (GPRA). Les frontières sahariennes du Maghreb ont été tracées par les puissances coloniales, la France surtout, l'Italie et l'Espagne, en fonction de considérations où les appartenances des populations n'ont guère compté, ni les souhaits des États quand ils existaient, comme en Tunisie et au Maroc.

De Sakhiet à Bizerte. Surtout, les rebondissements du conflit algérien enveniment de manière cyclique les rapports entre le Maroc, la Tunisie et la France. L'arraisonnement de l'avion transportant Ben Bella et les chefs du FLN le 26 octobre 1956 entre Rabat et Tunis en est une illustration. Le territoire tunisien lui-même est dans la zone des combats. L'armée française y conserve des bases, et l'Armée de libération nationale (ALN) y dispose de sanctuaires (10 000 hommes en 1958, 20 000 début 1962). Les incursions répétées en Algérie des combattants de l'ALN à partir de la Tunisie suscitent la création de la « ligne Morice », barrière électrifiée. Le « droit de poursuite » est appliqué systématiquement par l'armée française, dont le bombardement le 8 février 1958 de Sakhiet-Sidi-Youssef – après un affrontement où trois soldats français sont faits prisonniers – est l'exemple le plus connu. Bilan : 80 morts, dont de nombreux enfants. Habib Bourguiba dépêche l'ambassadeur de Tunisie auprès du général de Gaulle à Colombey et en appelle à « la conscience de la France ».

Dans l'immédiat, les conséquences sont graves : rupture des relations diplomatiques et dépôt d'une plainte au Conseil de sécurité de l'ONU, exigence de l'évacuation de toutes les places occupées par l'armée française, dont Bizerte. Les officiers activistes d'Algérie préparent une riposte d'envergure et envisagent d'occuper le pays ! Le retour de De Gaulle apporte un apaisement, bien que son message à Bourguiba ait paru « sec » par comparaison à celui adressé au roi Mohammed V. Dès juin 1958, un accord avec le Maroc et la Tunisie règle le départ des troupes françaises, sauf à Bizerte. La création du GPRA, aussitôt reconnu par Tunis en septembre 1958, est un accroc aux bonnes relations. Mais chacun sait que Bourguiba conseille la modération aux Algériens.

Il est certain que les deux chefs d'État disposent de peu de marges de manœuvre, Bourguiba subit les pressions de ceux qui l'accusent d'être un partisan de l'Occident. En 1961, son rival Salah ben Youssef appelle de son exil à un soulèvement : « L'heure a sonné de nous débarrasser de la tyrannie de Bourguiba qui dirige le peuple par le fer et le feu et le jette dans l'abîme de l'hérésie et du libertinage [...]. Il est l'ami des infidèles et leur instrument. Aussi, est-il du devoir du peuple d'élever la voix en ayant même recours à la violence si le gouvernement despotique, débauché et athée le prive de moyens d'expression. » Nasser, tout particulièrement, soutient l'exilé qui se pose en champion de l'arabisme. De même, le FLN ne cache pas ses préférences. Comme de Gaulle, le Raïs a échappé à plusieurs attentats. Salah ben Youssef, lui, sera assassiné en août 1961. Le chef du nouvel État doit donc marquer son intransigeance aux yeux de son peuple et des leaders arabes.

Les relations personnelles et les caractères des deux hommes ont pesé lourd. Rien de comparable dans les *Mémoires d'espoir* avec le passage chaleureux et élogieux concernant Mohammed V. Pour de Gaulle, Habib Bourguiba « n'est pas un mauvais homme, ce n'est pas un sot. Il fait partie de l'Occident. Nos rapports avec lui sont bons et médiocres à la fois ». Le chef de l'État tunisien n'apprécie pas toujours les ambassadeurs nommés par la France et considère tel d'entre eux comme « un antiarabe ». Sur ce point, le lecteur de Maurras qu'est de Gaulle n'est pas non plus au-dessus de tout soupçon. Et la susceptibilité de Bourguiba est aussi grande que celle de De Gaulle. Son caractère s'adapte mal au secret auquel le chef de l'État français est attaché. Il est très sensible aux vexations, quand « Bibi », son fils, ambassadeur à Paris en 1960, se voit refuser toute audience. Aussi doit-on lire de l'amour déçu quand il affirme au *Der Kurrier* le 24 juin 1959 : « De Gaulle propose à l'Algérie exactement ce que Hitler avait proposé à la France, la prospérité mais pas la liberté. » On n'a pas de mal à imaginer la réaction de l'intéressé.

Quand il est – enfin ! – invité à Rambouillet en janvier 1961, Bourguiba ne contient pas sa joie, et s'imagine dans le rôle de porte-parole du Maghreb pour un rapprochement avec la France. Le grand homme d'un trop petit pays rêvait de rencontrer le grand homme d'un grand pays. Il s'empresse de répandre la nouvelle de l'entrevue que son interlocuteur voulait garder discrète. Irritation à Paris. On loge cependant Bourguiba dans la tour François-Ier, comme Eisenhower et Khrouchtchev. Lors de la rencontre, où l'un parle d'abondance, l'autre reste sur ses positions. C'est une journée des dupes. Le 28 juillet 1961, pendant le règlement de la crise de Bizerte, de Gaulle confie à Adlaï Stevenson, délégué des États-Unis à l'ONU : « La passion de Monsieur Bourguiba est d'être une vedette. Il a pu briller lorsque la Tunisie se vit accorder l'indépendance par la France. Maintenant, il essaie de prendre le mouvement algérien sous sa coupe [...]. Pour garder la vedette, il attaque la France à Bizerte. » Mais il s'est trompé de République, tranche de Gaulle avec une dureté qui frappe. Alain Peyrefitte évoque ainsi la réaction du président : « Bourguiba a cru que j'étais en position de faiblesse [...]. Il s'est cru autorisé à lancer ses troupes contre Bizerte. [...] et nous avons écrabouillé son armée. Il faut que le monde sache que l'armée française, c'est quelque chose. Si l'on s'attaque à elle, dès lors qu'elle est bien commandée, bien équipée, et qu'elle n'hésite pas devant son devoir, eh bien tant pis pour l'agresseur ! Il n'avait qu'à ne pas s'y frotter ! Alors, elle a fait son devoir. Bourguiba se le tiendra pour dit. Il ne recommencera pas de sitôt, croyez-moi, et personne, de longtemps, ne cherchera à l'imiter, malgré tous les pleurnichards soi-disant français qui se sont déchaînés à cette occasion. Il faut toujours penser au coup d'après. »

Après Bizerte, les relations subiront des hauts et des bas en raison des nationalisations des terres des colons. Les interventions de Jean Rous, Léopold Sédar Senghor et de l'entourage de De Gaulle n'y pourront rien. Ce qui reste de positif est la présence culturelle française, représentée par mille quatre cents enseignants. Les deux chefs d'État se retrouvent aux obsèques de Kennedy. De Gaulle laisse passer Bourguiba devant lui, par respect pour son ancienneté dans les fonctions de chef d'État. Mais le leader arabe le plus occidentalisé, le plus proche de l'Occident, qui a lancé l'idée de francophonie avec Léopold Sédar Senghor, aura été celui que de Gaulle a le plus durement traité en termes militaires et politiques.

Claude Liauzu

• *Voir aussi :* Algérie (guerre d') ; Arabe (politique) ; Bizerte ; Décolonisation

Bibl. : Sophie Bessis et Souhayr Belhassen, *Bourguiba*, Paris, Jeune Afrique Livres, 2 vol., 1988-1989 • Michel Camau et Vincent Geisser (dir.), *Habib Bourguiba. La trace et l'héritage*, Paris, Karthala, 2004 • Maurice Vaïsse et Chantal Morelle, « Les relations franco-tunisiennes (juin 1958-mars 1962 »), *Revue d'histoire diplomatique*, n° 3-4, 1996, p. 341-380.

BRANDT, Willy (1913-1992). – Les relations entre Willy Brandt et Charles de Gaulle ont été paradoxales. Dans ses *Mémoires*, l'ancien résistant au nazisme, chancelier de la République fédérale d'Allemagne dans la première moitié des années 1970, a consacré un chapitre au général de Gaulle mais aucun à Jean Monnet. Cela peut paraître étonnant car il a toujours été partisan de la construction d'une Europe fédérale et a partagé l'atlantisme de Monnet. Les deux hommes étaient d'ailleurs si proches que Brandt fut le seul homme politique européen que Monnet avoua admirer. Pourtant, au soir de sa vie, l'ancien chancelier développa longuement les raisons de sa propre admiration pour « Charles le Grand ». À ses yeux, celui-ci avait été le premier à comprendre que la coupure de l'Europe par le rideau de fer n'était que provisoire. Il sut également gré à de Gaulle d'avoir toujours réfléchi en termes de « grande Europe ».

Willy Brandt avait grandi dans la tradition patriote du parti social-démocrate qui nourrissait le rêve d'une nation démocratique allemande. Il ne renonça jamais à cette idée, jusqu'à son ralliement en 1989, contre les jeunes générations de son parti, à la politique de réunification de Helmut Kohl. Dès ses premiers entretiens avec le général de Gaulle – 10 juin 1959, 24 avril 1963, 2 juin 1965 –, il fut impressionné par la manière dont le président français envisageait avec tranquillité la perspective de la réunification. Le 12 juillet 1967, de Gaulle déclara même en présence de Brandt : « Nous préférons [...] la réunification allemande à la domination américaine. » Il est vrai que le Général y mettait des conditions : reconnaissance de la ligne Oder-Neisse ; renonciation à l'armement nucléaire ; adhésion à une « Europe européenne ». Sur les deux premiers points, Brandt pouvait suivre de Gaulle. En revanche, ministre des Affaires étrangères entre 1966 et 1969, il s'opposa toujours à ce que les liens transatlantiques fussent distendus. Surtout, il plaida inlassablement pour l'entrée de la Grande-Bretagne dans le Marché commun. Ses relations avec de Gaulle connurent un point bas lorsqu'un soir de février 1968 il s'oublia devant une chope de bière et dénonça le « vieil homme assoiffé de pouvoir » qui, à Paris, empêchait l'Europe de se faire. De Gaulle décida d'ignorer les dépêches de presse mais les relations entre les deux hommes ne s'en remirent pas. C'est après le départ du général de Gaulle que Willy Brandt, devenu chancelier fin 1969, reprit le flambeau de la détente, en se réclamant ouvertement des principes qui avaient présidé à la politique étrangère française entre 1966 et 1969.

En faisant à la fin de sa vie l'éloge de De Gaulle, Brandt rendit compte de ce qui les avait unis : la capacité à envisager un avenir à l'Europe ravagée par les guerres. Il ne faut cependant pas oublier ce qui les séparait : socialiste, Brandt mettait au-dessus de la nation les attachements trans- et supranationaux : l'Europe fédérale, l'alliance atlantique, la communauté de valeurs occidentale.

Édouard Husson

• *Voir aussi :* Allemagne ; Europe ; Politique étrangère

Bibl. : Willy Brandt, *Mémoires*, Paris, Albin Michel, 1996 • Horst Möller et Maurice Vaïsse (dir.), *Willy Brandt und Frankreich*, Munich, Oldenbourg, 2005.

BRASILLACH, Robert (1909-1945). – Les historiens se sont beaucoup interrogés sur les raisons qui incitèrent le général de Gaulle à refuser la grâce de Robert Brasillach, le 5 février 1945, malgré les appels à la clémence de nombreux écrivains dont Paul Valéry, Paul Claudel, Jean Cocteau, Albert Camus et surtout François Mauriac qui venait d'obtenir celle d'Henri Béraud. Concession politique à ceux qui exigeaient alors une épuration sans merci ? Volonté de châtier pour l'exemple un des intellectuels les plus impliqués dans la collaboration, « le seul », parmi les « écrivains notoires » qui venaient d'être condamnés à mort, à avoir, selon l'auteur des *Mémoires de guerre*, « servi directement et passionnément l'ennemi » ? Mais la « trahison contre l'esprit » que de Gaulle invoquait en privé à ce moment-là ne suffit sans doute pas à expliquer sa décision de faire exécuter la sentence prononcée contre l'animateur de *Je suis partout*, le 19 janvier 1945, au terme d'un procès expéditif.

Si l'on en croit les témoignages successifs de Louis Vallon et de Louis Jouvet qui l'interrogèrent tous deux à ce sujet, c'est la découverte dans le dossier de l'accusé d'une photographie montrant ce dernier revêtu de l'uniforme allemand qui aurait définitivement convaincu le Général, supposé hésitant jusque-là, de rejeter la grâce de Brasillach. Mais cette thèse paraît d'autant plus fragile qu'elle résulterait, selon d'autres sources, d'une confusion avec le leader du Parti populaire français Jacques Doriot, devenu, lui, un authentique officier de la Waffen SS.

Une note relative à l'« affaire Brasillach » que nous avons retrouvée dans le fonds de Gaulle déposé aux Archives nationales conduit aujourd'hui à envisager une autre explication. Dans cette note, qui dresse la liste des charges pesant sur l'écrivain, Brasillach est présenté comme « un des responsables de l'assassinat de Mandel ». On connaît la haine avec laquelle Brasillach a poursuivi Paul Reynaud, Léon Blum et Georges Mandel dans son journal *Je suis partout*, appelant régulièrement à leur mise à mort, sous l'Occupation. L'écrivain réclamait le « poteau » pour le « traître Mandel », cible en outre, comme Léon Blum, de son antisémitisme nazi. Or on sait l'estime et le respect que de Gaulle éprouvait à l'égard de l'ancien chef de cabinet de Clemenceau. À ses yeux, la responsabilité de l'intellectuel dans cette affaire ne pouvait que justifier une sanction exemplaire. Jean-Luc Barré

• *Voir aussi* : Antisémitisme ; Collaboration ; Épuration ; Grâce ; Intellectuels

Bibl. : Archives du général de Gaulle • Jean Lacouture, *De Gaulle*, t. 2, *Le Politique*, Paris, Plon, 1985. • Alice Yeager Kaplan, *Intelligence avec l'ennemi : le procès Brasillach*, Paris, Gallimard, 2001.

BRAZZAVILLE (capitale et mythe de). – La capitale du Congo français, puis de l'Afrique-Équatoriale française (A-ÉF), enfin du Congo, est une ville lourdement chargée de symboles et de mythes, dont le plus puissant fut et reste le mythe gaullien, synthèse des événements des années 1940 et d'autres moments fondateurs.

Le premier moment est dominé par la figure de Pierre Savorgnan de Brazza, que l'imagerie coloniale héritée de la IIIe République avait figée comme l'incarnation d'une colonisation exemplaire, douce, humaniste, exprimant le génie civilisateur français. Au lieu de chercher à l'assujettir, celui-ci n'avait-il pas su gagner l'amitié du « roi Makoko » et signer avec lui, en 1880, le fameux traité, ratifié solennellement par le parlement français, qui cédait la souveraineté de son territoire à la France ? Une fois la colonisation installée et de graves accusations lancées contre les compagnies concessionnaires, celui-ci n'est-il pas revenu au Congo pour juger, au nom des valeurs républicaines, du bien-fondé de ces accusations, mission dont il ne s'acquitta en 1904-1905 que pour mourir sur la route du retour ?

« L'étrange défaite » de 1940 ouvrit la page la plus glorieuse de l'histoire de Brazzaville et de l'A-ÉF, dont l'image était gravement ternie par les terribles révélations de René Maran, André Gide, Albert Londres et Marcel Homet. C'est alors que Félix Éboué, originaire de la Guyane, descendant d'esclaves, gouverneur noir du Tchad, l'un des tout premiers hauts fonctionnaires à rallier la France libre, fut nommé gouverneur général de l'A-ÉF par le général de Gaulle. Dans une Afrique colonisée où le racisme restait l'attitude dominante des colons et des administrations, cette nomination ajouta un nouveau sédiment au capital mémoriel français de la capitale de l'A-ÉF, avec une tonalité républicaine et universaliste. Contrairement à ce qui s'était passé pendant la Première Guerre mondiale, qui avait vu fleurir les recrutements autoritaires, les jeunes Africains furent nombreux à s'engager volontairement dans les rangs de la France libre, conscients, selon leurs propres témoignages, que l'enjeu du conflit ne concernait pas seulement l'Europe, mais aussi tous les territoires occupés par les peuples considérés comme « inférieurs » par le fascisme hitlérien et mussolinien. Ce fut le général de Gaulle lui-même qui, en ouvrant la conférence de Brazzaville le 30 janvier 1944, souligna le rôle crucial de la capitale congolaise, « refuge de notre honneur et de notre indépendance [...] qui restera l'exemple du plus méritoire effort français ».

Mais les années de guerre se révélèrent aussi une période de domination très dure pour les Africains. L'effort de guerre signifia pour eux un alourdissement des sacrifices et des privations. Si Félix Éboué inaugura en 1942 la « nouvelle politique indigène », dont s'inspira en 1944 la conférence de Brazzaville, il organisa également une répression systématique des mouvements de dissidence. La principale victime en fut André Grenard Matsoua, fondateur de l'Association amicale des originaires de l'A-ÉF, citoyen français arrêté pour sa critique sévère du régime colonial, et jugé en tant qu'« indigène ». Mort en prison en 1942, il fut immédiatement érigé en martyr pour devenir l'expression des frustrations mal contenues des indigènes de l'A-ÉF et la référence la plus durable du nationalisme congolais.

Répondant aux sollicitations contradictoires des coloniaux et des populations locales, soigneusement tenues à l'écart, mais habiles à faire entendre leur voix par des pétitions et des manifestations, la conférence de Brazzaville de 1944 se cantonna dans une très grande ambiguïté. Le premier à vouloir en sortir fut le général de Gaulle, dont la conférence de presse du 25 octobre 1944 donna une interprétation inédite de ces assises, en contradiction totale avec la déclaration finale de Brazzaville : « La politique française consiste à mener chacun de ces peuples [africains] à un développement qui lui permette de s'administrer et, plus tard, de se gouverner lui-même. » Mais ces propos restaient encore ambigus : ces innovations se réclamaient toujours de l'« œuvre » française accomplie outre-mer et de cet « immortel génie » qui avait précisément servi de justification au colonialisme ; en outre, elles n'allaient guère plus loin que la position officielle des Britanniques, fixée exactement dans les mêmes termes dès 1865, dans une fameuse résolution de la Chambre des communes.

En fait, ce furent les Africains qui créditèrent la conférence de Brazzaville d'un contenu, voire d'un « esprit » qui n'avaient pas été les siens. D'aucuns virent dans les premières lois émancipatrices de 1946 – abolition du travail forcé, suppression de l'indigénat – un résultat de cette conférence, alors qu'elles venaient de l'initiative d'élus africains tels Félix Houphouët-Boigny et Lamine Guèye, absents de Brazzaville. Ce fut en 1958 que le mythe se cristallisa, lors du long voyage d'explication de la nouvelle Constitution entrepris par le général de Gaulle, d'Antanarivo (Tananarive) à Dakar. Partout, il fut accueilli comme « l'homme de Brazzaville ». Nul ne l'a aussi bien dit que Barthélemy Boganda, président du grand conseil de l'A-ÉF, désireux de souligner « la reconnaissance et l'admiration du peuple aéfien » : « Car, pour nous, de Gaulle, c'est la France. Et, dans l'immense dette de reconnaissance que l'Afrique a vis-à-vis de la France, une grande part revient à celui qui, en même temps qu'il combattait pour libérer la patrie de l'occupation étrangère, réunissait la conférence de Brazzaville pour nous libérer du pacte colonial. »

Devenu indépendant, le Congo n'a cessé de réactiver le mythe de Brazzaville. Les trois journées d'émeutes d'août 1963 qui chassèrent l'abbé Fulbert Youlou du pouvoir furent baptisées « les Trois Glorieuses » non pas pour copier la révolution parisienne de juillet 1830, mais en référence aux trois journées d'août 1940 au cours desquelles les Français libres arrachèrent Brazzaville aux pétainistes. Au sortir d'une longue série d'affrontements armés, l'année 2006 voit Brazzaville accueillir en grande pompe les cendres de Pierre Savorgnan de Brazza et des membres de sa famille dans un fastueux mausolée construit à cet effet, au moment où la France renonce à proclamer le « caractère positif » de la colonisation : saisissant retour du passé dans la capitale d'une ancienne colonie, dont les deux lieux de mémoire les plus visibles et les deux sites touristiques les plus fréquentés seront désormais la « case de Gaulle », résidence de l'ambassadeur de France, et le mausolée Brazza. Elikia M'Bokolo

• *Voir aussi* : Communauté franco-africaine ; Décolonisation ; Ralliement des colonies ; Voyages en Afrique noire

Bibl. : Charles-Robert Ageron et Marc Michel (dir.), *L'Afrique noire française, l'heure des indépendances*, Paris, Éditions du CNRS, 1992.

BRAZZAVILLE (conférence de). – Réunie du 30 janvier au 8 février 1944 dans la capitale de l'Afrique-Équatoriale française (A-ÉF), la « Conférence africaine française » est l'un des épisodes les plus paradoxaux de l'histoire coloniale française. Réservée exclusivement aux hauts fonctionnaires coloniaux d'Afrique noire et de Madagascar, aux représentants des intérêts économiques et des missions ainsi qu'à quelques membres de l'Assemblée consultative provisoire, elle est devenue une référence pour une partie des Africains. Si la figure du général de Gaulle y apparaît centrale, les décisions doivent beaucoup aux idées et aux propositions de trois hommes clés : Félix Éboué, le gouverneur général de l'A-ÉF, Henri Laurentie, secrétaire général de l'Afrique combattante, et René Pleven, commissaire aux Colonies du Comité français de la Libération nationale, qui présida les travaux. La création du CFLN à Alger, le ralliement tardif de l'A-OF à la France libre, le poids de plus en plus lourd de l'effort de guerre et la « fidélité magnifique » des peuples africains vantée par le Général imposaient une clarification des positions de la France libre quant à l'avenir des colonies africaines. En même temps, il fallait répondre aux intentions réelles ou supposées des Américains, attentifs à brandir l'étendard du droit universel des peuples à disposer d'eux-mêmes. Le général de Gaulle n'avait-il pas pris soin, dès 1942, dans un discours à l'Albert Hall de Londres, de présenter « l'Empire » comme « un élément essentiel à l'avenir et nécessaire à la grandeur de la nation », de mettre en garde contre « toute atteinte à sa souveraineté dans l'Empire » et de souligner enfin que la France combattante « s'en tenait fermement, et pour le compte de la nation, à l'intégrité impériale » ?

Ce fut donc la continuité de l'entreprise coloniale que la conférence tint à souligner, jusque dans la typographie des recommandations, en déclarant qu'elle « a cru devoir poser le principe ci-après : les fins de l'œuvre accomplie par la France dans les colonies *écartent toute idée d'autonomie, toute possibilité d'évolution hors du bloc français de l'empire : la constitution éventuelle, même lointaine, de self-governments dans les colonies est à écarter* ». Mais, en ouvrant la conférence, de Gaulle avait aussi insisté sur le fait qu'« il n'y aurait aucun progrès qui soit un progrès, si les hommes, sur leur terre natale, n'en profitaient pas, moralement et matériellement, s'ils ne pouvaient pas s'élever peu à peu jusqu'au point où ils seront capables de participer chez eux à la gestion de leurs propres affaires ». L'idée de « participation », déjà inscrite dans « la nouvelle politique indigène » inaugurée par Félix Éboué en 1942, fut la principale innovation et la plus grande promesse de Brazzaville. Concrètement, les réformes juridiques et sociales promises restèrent en deçà des attentes de la population, surtout à Brazzaville, où la mort suspecte en prison d'André Grenard Matsoua, aussitôt élevé au rang de martyr, avait poussé ses partisans à revendiquer la liberté dès 1942.

Elikia M'Bokolo

• *Voir aussi* : Décolonisation ; Empire ; GPRF (œuvre intérieure et outre-mer du) ; Ralliement des colonies

Bibl. : *La Conférence africaine française*, Brazzaville, Éditions du Baobab, s.d. [1944] • Prosser Gifford et William Roger Louis (éd.), *The Transfer of Power in Africa. Decolonization, 1940-1960*, New Haven, Yale University Press, 1982 • Elikia M'Bokolo et Philippe Sainteny, *Afrique. Une histoire sonore, 1960-2000*, Paris, Frémeaux (INA-RFI), 2001.

BRAZZAVILLE (manifeste de). – « Il n'existe plus de gouvernement proprement français. En effet, l'organisme sis à Vichy et qui prétend porter ce nom est inconstitutionnel et soumis à l'envahisseur [...]. Il faut donc qu'un pouvoir nouveau assume la charge de diriger l'effort français dans la guerre. » Telle est la substance du manifeste lancé de Brazzaville par le général de Gaulle le 27 octobre 1940, trois jours après la rencontre entre Pétain et Hitler à Montoire. Ce manifeste accompagne deux ordonnances du même jour, l'une qui organise les pouvoirs publics durant la guerre et institue le Conseil de défense de l'Empire, l'autre qui en désigne les membres. Il est complété le 16 novembre par une déclaration organique, à nouveau émise de Brazzaville, qui livre la doctrine juridique de la France libre.

Ces textes concrétisent les convictions affichées par de Gaulle depuis l'appel du 18 Juin. Condamnation du gouvernement Pétain, nécessité d'un pouvoir nouveau qui « assume la France » : ces éléments constituent d'emblée le socle du combat gaullien pour la légitimité. Dès le 23 juin, au lendemain de la signature de l'armistice franco-allemand à Rethondes, de Gaulle projetait depuis Londres de créer un Comité national français. Le 28 juin, à peine investi de la qualité de chef des Français libres par le gouvernement de Sa Très Gracieuse Majesté, il se situait encore sur un registre clairement politique en déclarant prendre sous son autorité tous les Français se trouvant en territoire britannique. Il manquait alors à ces ambitions une terre française. Le ralliement de diverses parties de l'empire – notamment en septembre l'Afrique-Équatoriale française, à l'exception du Gabon – apporta au Général cette base territoriale. En ce sens, le manifeste de Brazzaville consacre officiellement le passage de ce qui n'était qu'un mouvement, les Français libres, à une organisation de nature étatique : la France libre.

L'ordonnance n° 1 du 27 octobre 1940, émise par de Gaulle « au nom du peuple français », institue un Conseil de défense de l'Empire ayant pour mission de « maintenir la fidélité à la France, de veiller à la sécurité extérieure et intérieure, de diriger l'activité économique et de soutenir la cohérence morale des populations des territoires de l'Empire ». Son rôle est toutefois simplement consultatif. Les décisions sont le seul fait du chef des Français libres sous forme d'ordonnances. C'est à lui, par ailleurs, qu'il incombe de nommer des directeurs de service pour exercer les « pouvoirs administratifs » normalement dévolus aux ministres. Le Conseil, aux termes de l'ordonnance n° 2, comprend, sous la présidence de De Gaulle, les gouverneurs des groupes de territoires Edgard de Larminat, Félix Éboué, Philippe Leclerc, Henri Sautot, des chefs militaires : le général Catroux, l'amiral Muselier, et des notabilités du mouvement : Georges Thierry d'Argenlieu, René Cassin, Ibrahim Cissé. Ses membres, dispersés, seront rarement consultés par le Général. Cette prise de pouvoir audacieuse frappait surtout par le style : « Nous, général de Gaulle, chef des Français libres, ordonnons. » Elle ne manqua pas d'embarrasser la diplomatie britannique dans les relations qu'elle tentait encore de nouer avec Vichy. Invité par Churchill à regagner Londres, de Gaulle, loin de plier, va franchir un pas de plus avec la déclaration organique du 16 novembre.

Fondée sur un solide argumentaire juridique dû à un maître des requêtes, Pierre Tissier, la déclaration conteste tout caractère constitutionnel à la loi de révision du 10 juillet 1940 donnant « tous pouvoirs au gouvernement de la République, sous l'autorité et la signature du maréchal Pétain, à l'effet de promulguer par un ou plusieurs actes une nouvelle Constitution de l'État français ». Critique du moment tout d'abord : « Le fait d'avoir provoqué et réalisé une révision de la Constitution dans un moment de désarroi et même de panique du Parlement et de l'opinion suffisait, à lui seul, à ôter à cette révision le caractère de liberté, de cohérence et de sécurité sans lequel un tel acte, essentiel pour l'État et la nation, ne peut avoir la même valeur constitutionnelle. » Sur le fond, la critique gaullienne avance deux arguments. D'une part, le chef des Français libres estime que, « loin de réaliser l'objectif essentiel de sa fonction », l'Assemblée nationale a abdiqué une compétence qui lui était propre, en se bornant à « prendre la décision, aussi inconstitutionnelle qu'insensée, de confier à un tiers un véritable blanc-seing à l'effet d'élaborer et d'appliquer lui-même une nouvelle Constitution ». D'autre part, la ratification populaire de la Constitution, prévue par la loi du 10 juillet, devait rester lettre morte. De fait, dès l'été 1940 se met en place un pouvoir constituant imprévu, celui des actes constitutionnels du maréchal Pétain, qui sont autant d'atteintes à la forme républicaine du gouvernement, pourtant intangible selon la loi constitutionnelle de 1884. En conséquence, le verdict est sans appel. Les actes de Vichy sont frappés d'invalidité originelle. La Constitution de 1875 demeure en vigueur. Dans l'immédiat, la conjoncture requiert une « autorité centrale provisoire » qui ne peut être établie, « pour des raisons de force majeure, dans les conditions prévues par la lettre des lois ». Singulière articulation entre fidélité aux lois de la République et statut d'exception du chef des Français libres. Mais le Général s'engage sans équivoque à « répondre de ses actes devant les représentants de la nation, dès que ceux-ci auront la possibilité d'exercer librement et normalement leur mandat ».

Par-delà les tensions que suscitent ces prétentions, entre le gouvernement britannique et de Gaulle, il est clair que celui-ci, lorsqu'il rentre à Londres le 17 novembre, ne peut plus faire figure de simple instrument de la Grande-Bretagne. Il a imposé son style. L'argumentaire sur le rétablissement de la légalité républicaine est d'ores et déjà fourni. De même, la synthèse, si caractéristique du style du Général sa vie politique durant, entre exercice personnel de l'autorité et responsabilité devant le peuple constitue, dès l'automne 1940, la charte de son action. Marcel MORABITO

• *Voir aussi* : Alliés ; Comité national français ; France libre

Bibl. : Jean-Louis Crémieux-Brilhac, *La France libre : de l'appel du 18 Juin à la Libération*, Paris, Gallimard, 1996.

BREJNEV, Leonid (1906-1982). – Né dans une famille ouvrière russe d'Ukraine, Leonid Brejnev rejoint les Jeunesses communistes à l'âge de seize ans et adhère au Parti huit ans plus tard. Tout en exerçant des fonctions d'ingénieur métallurgiste, il fait rapidement carrière au sein du PC ukrainien et, en 1939, occupe le poste de secrétaire pour la région de Dnipropetrovsk. Commissaire politique de l'Armée rouge en Ukraine durant la Seconde Guerre mondiale, il côtoie Khrouchtchev qui, alors premier secrétaire du PC ukrainien, favorise bientôt son ascension : en 1952, Brejnev entre conjointement au secrétariat du comité central du PCUS et au Praesidium, avant de devenir en 1955 premier secrétaire du PC de la république du Kazakhstan. En octobre 1964, au lendemain de l'éviction de Khrouchtchev à laquelle il prend une part active, il devient premier secrétaire du PCUS.

Partageant son pouvoir avec Alexis Kossyguine et Nicolaï Podgorny, Leonid Brejnev se montre, du moins jusqu'à la fin des années 1960, soucieux de respecter le fonctionnement collégial du Parti. Sur le plan intérieur, il donne dès 1966 un coup d'arrêt à la libéralisation khrouchtchévienne et lance la lutte contre la dissidence, tandis que sur le plan extérieur il se fait le chantre de l'ouverture à l'Occident et de la détente. C'est dans ce contexte qu'il établit peu à peu avec le général de Gaulle des relations de confiance fondées sur un même souci de promouvoir la sécurité en Europe, une même volonté de subordonner la réunification allemande au maintien des frontières européennes et une même hostilité à la politique menée par les États-Unis au Vietnam.

En juin 1966, le voyage en URSS du président français concrétise ce rapprochement et un an plus tard, en 1967, la guerre des Six Jours, sur laquelle la France et l'URSS ont adopté des positions voisines, constitue un nouveau sujet d'accord. Mais, progressivement, la confiance mutuelle s'émousse : l'influence croissante de l'URSS dans l'Algérie indépendante irrite le général de Gaulle tandis que la diplomatie gaullienne qui encourage les démocraties populaires à prendre leurs distances par rapport à Moscou se heurte à l'hostilité viscérale de Brejnev. En 1968, la tragédie du printemps de Prague contribue à une nouvelle dégradation des relations bilatérales, car en affirmant par la force son attachement à l'intangibilité du bloc communiste et en donnant son aval personnel à la répression, c'est bien le rêve gaullien d'une Europe pacifiée qui s'étendrait de l'Atlantique à l'Oural que Leonid Brejnev anéantit en quelques semaines à peine. Dès lors, les contacts politiques au sommet se raréfient et ce n'est qu'en 1971, sous la présidence de Georges Pompidou, que Leonid Brejnev accomplira son premier voyage officiel en France.

Marie-Pierre Rey

• *Voir aussi :* Accords franco-soviétiques ; Détente-Entente-Coopération ; Politique étrangère ; URSS

Bibl. : Archie Brown (ed.), *The Soviet Union : A Biographical Dictionary*, Oxford, Oxford University Press, 1991 • Marie-Pierre Rey, *La Tentation du rapprochement, France et URSS à l'heure de la détente, 1964-1974*, Paris, Publications de la Sorbonne, 1991 • Maurice Vaïsse (dir.), *De Gaulle et la Russie*, Paris, Éditions du CNRS, 2006.

BRISSON, Pierre (1896-1964). – Petit-fils d'un journaliste et du fondateur de l'université des Annales, fils d'Adolphe Brisson critique théâtral au *Temps*, il débute dans le journalisme en reprenant la chronique de son père. Il entre au *Figaro* en 1934, au moment de la réforme du journal qui suit le décès de François Coty, l'homme d'affaires qui en avait pris le contrôle en 1922. Il en devient directeur en 1936. Entouré d'une prestigieuse équipe d'écrivains, « PB » entend redonner « sa plume » au quotidien.

Le 3 novembre 1938, Pierre Brisson rencontre le colonel de Gaulle pour la première fois. Celui-ci cherche à alerter le monde politique et la presse sur la faiblesse des conceptions stratégiques officielles. Si le biographe de Pierre Brisson souligne que le journaliste fut impressionné par la personnalité du militaire, celui du Général laisse entendre que le directeur du *Figaro* lui parut mieux informé des ressorts de la tragédie classique que de la stratégie. Évadé de son camp de prisonniers, Pierre Brisson parvient à rejoindre *Le Figaro* réfugié à Lyon. Il saborde le journal après l'invasion de la zone sud. Il maintient le contact avec son équipe et obtient une nouvelle autorisation de publication dès août 1944. Poursuivant ses activités littéraires, il envoie en janvier 1945 *Les Deux Visages de Racine* au général de Gaulle. Celui-ci le remercie de rendre encore plus « actuelle » cette œuvre littéraire. En 1950, Pierre Brisson devient P-DG de la société fermière d'édition du *Figaro*. La justice a confirmé que c'est à son équipe et à lui-même que revient l'autorisation de publication délivrée à la Libération, déboutant la veuve de François Coty qui détient la majorité du capital.

Après 1958, les éditoriaux du directeur du *Figaro* sont marqués par une forme de méfiance : « Ce n'est jamais par chaleur d'âme [...] qu'on ira vers lui, mais par un drame des circonstances qui le désignent et font de lui l'emblème et le gardien d'un espoir ou d'une foi », écrit-il le 4 janvier 1961 ; ou, après l'attentat du Petit-Clamart : « Puisse-t-il, en recevant avec les nôtres, les vœux et les hommages d'un immense public, comprendre que ce qui subsiste en nous est moins une adhésion qu'une espérance. »

Après avoir appelé à voter blanc au référendum d'octobre 1962, Pierre Brisson exprime, jusqu'au dernier article qu'il consacre au Général, le 5 août 1964, les doutes d'un républicain libéral sur le pouvoir personnel. Ces réserves l'éloignent de son ami François Mauriac. Le *De Gaulle* de celui-ci paraît en 1964, quelques semaines avant la mort de Pierre Brisson. L'exemplaire retrouvé dans le bureau de ce dernier porte la dédicace suivante : « À Pierre Brisson, qui n'aime pas beaucoup le personnage, mais qui sait et qui mesure ce qu'il a fait pour la patrie et pour chacun de nous, depuis trente ans. De tout cœur. »

Claire Blandin

• *Voir aussi* : Figaro (Le) ; Intellectuels ; Journalistes ; Presse

Bibl. : Jean-François Brisson, *Fils de quelqu'un*, Paris, Fallois, 1990 • Pierre Brisson, *Autretemps*, Paris, Gallimard, 1949 • André Lang, *Pierre Brisson le journaliste, l'écrivain, l'homme*, Paris, Calmann-Lévy, 1967.

BRITISH BROADCASTING CORPORATION. – *Voir* BBC.

BROGLIE, Jean de (1921-1976). – Après avoir participé à la Résistance et à la libération de Paris, puis s'être engagé dans l'armée, Jean de Broglie entre au Conseil d'État en 1946. Il entame sa carrière politique en 1947 en rejoignant le RPF (Rassemblement du peuple français). En 1951, il est élu conseiller général de Rugles (Eure) mais demeure candidat malheureux aux élections législatives sous la bannière du RPF. Il quitte la formation gaulliste en 1952. C'est sous l'étiquette du CNI (Centre national des indépendants) qu'il se présente sans succès aux législatives de 1956 avant d'être élu en 1958 dans la première circonscription de l'Eure (Évreux). En 1962, il bat Pierre Mendès France dans la troisième circonscription du même département (Louviers).

Lorsque le CNI décide l'affrontement avec le général de Gaulle, Jean de Broglie affirme sa solidarité avec le chef de l'État. D'abord en matière de politique algérienne. Ainsi défend-il au sein de son parti le discours du 16 septembre 1959 sur l'autodétermination en Algérie. Cela lui vaut de devenir, le 21 août 1961, secrétaire d'État chargé du Sahara, des TOM et des DOM. Surtout, il est l'un des trois signataires des accords d'Évian organisant l'indépendance de l'Algérie en mars 1962. Secrétaire d'État chargé de la fonction publique entre avril et novembre 1962, il refuse, comme le demande son parti, de démissionner du gouvernement et soutient le refus du général de Gaulle d'envisager la perspective d'une Europe intégrée. Enfin, à l'automne 1962, il est favorable au principe de l'élection du président de la République au suffrage universel.

Secrétaire d'État, d'abord aux Affaires étrangères puis à la Fonction publique (novembre 1962-avril 1967), c'est donc tout naturellement qu'il participe à la création de la Fédération des républicains indépendants en juin 1966 puis au développement des RI (Républicains indépendants) sous la direction de Valéry Giscard d'Estaing. En 1967, 1968 et 1973, il est réélu député à Évreux sous cette étiquette. De plus, il appartient aux instances dirigeantes du parti avec, au départ, des fonctions importantes (secrétaire général, responsable de l'action doctrinale). Pourtant, en 1969, il se sépare de Valéry Giscard d'Estaing en se prononçant pour le « oui » lors du référendum portant sur la réforme des régions et du Sénat.

En dépit du soutien qu'il apporte au président des RI lors de l'élection présidentielle de 1974, Jean de Broglie s'éloigne de sa formation politique. Depuis 1973, les relations se sont tendues entre les deux hommes, et Valéry Giscard d'Estaing a réussi à empêcher l'accession du député de l'Eure à la présidence de la commission des finances de l'Assemblée nationale. Le député de l'Eure assiste le 5 décembre 1976 à la création du Rassemblement pour la République (RPR) et semble vouloir se rapprocher à nouveau du gaullisme. Il n'en aura pas le temps puisqu'il est assassiné le 24 décembre. Colette YSMAL

• *Voir aussi* : CNI ; Évian (accords d') ; RI

BROSSET, Diego (1898-1944). – Né dans une famille de magistrats lyonnais, Diego Brosset s'engage le 7 septembre 1916 et termine la Grande Guerre avec le grade de sergent et quatre citations. Sorti sous-lieutenant de l'École militaire de Saint-Maixent en 1921, il sert quasiment sans interruption, entre 1922 et 1937, dans les confins sahariens. Breveté de l'École supérieure de guerre à l'été 1939, il est affecté en novembre à l'état-major du corps d'armée colonial. Très sceptique sur les dispositions adoptées par des chefs dont il écrit dans ses carnets qu'ils « ne sont dignes que d'être battus », il obtient d'être désigné pour la mission militaire française en Colombie en avril 1940.

C'est de Bogotá que le chef de bataillon Brosset assiste, accablé, à l'écroulement de la France. Le 23 juin, les conditions d'armistice parviennent à la mission militaire. Le 26, Brosset entend le général de Gaulle condamner, au micro de la BBC, l'armistice ainsi que les perspectives tracées par le maréchal Pétain, et appeler au relèvement de la France « dans la liberté » et « dans la victoire » [*DM*]. Le lendemain, il écrit à l'homme du 18 Juin : « Je veux du moins faire le geste de me "compromettre" en me mettant, moralement, à votre disposition, non sans espoir de réussir [...] à m'y mettre d'une façon plus effective. » Le 17 juillet, de Gaulle lui répond par télégramme : « Serais heureux vous avoir d'urgence à mon état-major. » Finalement parvenu à Londres le 14 janvier 1941, Brosset rencontre le Général le soir même. Sur ce dernier, il écrit à sa femme : « Étant entendu qu'on lui reconnaît deux qualités [...] : l'intelligence qui sait prévoir et le caractère qui sait oser, plus une expérience indéniable [...], on peut faire le point de quelques défauts. [...] On pourrait en résumer l'essentiel en disant que ses qualités deviennent des défauts sur un terrain qui ne lui est pas familier : décision trop nette, assurance trop grande dans le domaine mouvant de l'opinion d'une part et des choses coloniales de l'autre. Ces défauts peuvent s'être accrus dans l'isolement. » Par la suite, comme en témoignent ses carnets, Brosset parviendra toujours à allier fidélité indéfectible et lucidité critique à l'égard de l'homme du 18 Juin.

D'abord affecté à l'état-major particulier de De Gaulle, Diego Brosset prend le commandement de celui du général Catroux à Beyrouth, en juillet 1941. Au mois d'octobre, le colonel Brosset commande les forces françaises de l'Est syrien. Le 19 août 1942, il y reçoit de Gaulle pour une brève visite qui lui inspire ce commentaire : « Aimable et autoritaire avec toujours ce quelque chose d'excessif qui lui vient d'être un illuminé. Il dépasse la réalité du moment avec un curieux mélange de réalisme et de prophétisme. » Le 23 décembre 1942, Brosset obtient d'être nommé à la tête de la 2e brigade française libre (BFL), avec laquelle il se distingue en Tunisie en mai 1943.

Promu général de brigade le 26 juin, Diego Brosset prend le commandement de la 1re division française libre (DFL) le 8 août. Le 10 novembre, il expose à de Gaulle, à Alger, au nom des officiers et soldats de sa division, les craintes des vieux Français libres « de voir les mêmes reprendre, avec des méthodes peu différentes, la queue de la poêle », et leur souhait que les combattants de la première heure jouent un rôle politique à la Libération. Fin avril 1944, la DFL rejoint le corps expéditionnaire français en Italie. Du Liri jusqu'en Toscane, en passant par les faubourgs de Rome, Brosset s'impose comme un remarquable commandant de division. Le 30 juin, ce « combattant digne de la légende » [*MG*] reçoit la croix de la Libération des mains du général de Gaulle.

Le 16 août, Diego Brosset débarque en Provence. À la tête de la 1re DFL, il participe à la prise de Hyères et de Toulon. Promu général de division, il entre dans Lyon le 3 septembre et prend part à la libération d'Autun puis à la bataille des Vosges. Le 22 octobre, il reçoit la visite du chef du GPRF. Le 20 novembre 1944, il se tue au volant de sa Jeep à Champagney, en Haute-Saône ; le 26, le général de Gaulle adresse ces mots aux combattants de la DFL : « Le général Brosset était mon bon compagnon, mon ami. Jamais je n'eus de lui que des preuves indéfiniment prodigues d'ardeur, de désintéressement, de confiance. Il était de la noble et chère phalange qui s'était, dans les premiers jours, groupée autour de moi [...]. Ses derniers regards furent ceux d'un vainqueur [...]. Il est tombé sur le sol reconquis par vous sous son commandement ; c'est ainsi, je le sais, qu'il souhaitait mourir. »

Guillaume Piketty

• *Voir aussi :* Discours du 26 juin 1940 ; Division française libre ; FFL ; France libre ; Ordre de la Libération

Bibl. : Guillaume Piketty, *Les Français des années noires* (titre provisoire), à paraître dans la collection « Bouquins » avec l'intégralité des carnets de guerre de Diego Brosset • Geneviève Salkin, *Général Diego Brosset. De Buenos Aires à Champagney via l'Afrique et la France libre*, Paris, Economica, 1999.

BROSSOLETTE, Pierre (1903-1944). – Fils d'un professeur républicain et laïque intransigeant, Pierre Brossolette entre cacique à l'École normale supérieure en 1922. Agrégé d'histoire en 1925, il devient journaliste et s'impose comme un spécialiste de la politique internationale. S'il est immédiatement et farouchement hostile au fascisme puis au nazisme, il lui faut dix ans pour renoncer définitivement aux idéaux briandistes. Franc-maçon, membre de la Ligue des droits de l'homme et de la Ligue internationale contre l'antisémitisme (LICA), un temps proche des Jeunes Turcs du parti radical, il rejoint la SFIO au printemps 1930. De 1932 à 1939, malgré ses échecs électoraux de 1934 et 1936, il milite à la tête de la fédération socialiste de l'Aube. Antimunichois, il plaide à partir de l'automne 1938 pour la résistance coûte que coûte aux entreprises nazie et fasciste. Mobilisé comme officier de réserve, il vit la débâcle de l'intérieur, mais parvient à échapper à la captivité.

Même s'il n'a pas entendu l'appel du 18 Juin et ne sait rien de la France libre, Brossolette est convaincu, dès le début de l'été 1940, que la France se trouve plongée dans une « guerre de Trente Ans ». Persuadé du caractère mondial de la lutte pour la liberté, patriote et antinazi, très hostile au régime de Vichy, il entre en résistance par l'intermédiaire du groupe du musée de l'Homme début mars 1941. Après la chute de cette organisation, il a des contacts avec le Comité d'action socialiste (CAS) de zone occupée et avec le mouvement Libération-Nord. En novembre, désireux d'agir concrètement et d'avoir un contact avec Londres, il entre dans le réseau Confrérie Notre-Dame (CND) du colonel Rémy. Le 1er décembre, à Paris, il signe son acte d'engagement dans les Forces françaises libres (FFL), et durant l'hiver, par le truchement de la CND, transmet à la France libre plusieurs rapports sur l'état de l'opinion et de la classe politique françaises, ainsi que sur la Résistance naissante. Il y expose son souhait de rallier cette dernière et, à terme, les Français, au « gaullisme », qu'il considère comme le bouclier de la démocratie et de la République. Par ailleurs, il donne la liaison avec Londres aux mouvements Organisation civile et militaire (OCM) et Libération-Nord, et noue des contacts en zone libre avec les mouvements Combat et Libération-Sud, ainsi qu'avec le groupe Pierre Bertaux.

Au cœur de la France libre. Très vite, Brossolette manifeste le désir d'aller à Londres pour rencontrer les Français libres. La qualité de ses rapports plaide en sa faveur. Fin avril 1942, il est en Angleterre. Au cours du mois de mai, il a plusieurs entretiens avec le général de Gaulle et en sort convaincu que celui-ci est bien l'homme de la situation, que seul le mouvement gaulliste permettra la libération puis la rénovation de la France, et qu'il convient d'unifier la Résistance derrière le Général. Non content de plaider avec succès pour la réforme des services secrets français libres, Pierre Brossolette convainc de Gaulle de faire venir à Londres des personnalités françaises représentatives afin d'accroître sa légitimité aux yeux des Français émigrés et des Alliés. Du 3 juin au 13 septembre 1942, il effectue sa première mission en France, au cours de laquelle, notamment, il favorise le départ pour Londres des socialistes André Philip et Louis Vallon, puis de l'ancien député du Parti social français (PSF) et bras droit du colonel de La Rocque, Charles Vallin.

Intellectuel brillant et charismatique, fort de son expérience politique, de sa connaissance de la France occupée et de son aura de pionnier de la Résistance, Brossolette s'impose, au cours de l'automne 1942, parmi les décideurs de la France combattante. Le 1er octobre, sous le nom de « Bourgat », il devient l'un des adjoints du colonel Passy à la tête du Bureau central de renseignements et d'action (BCRA) ; le 17, avec Jean Moulin, il est le premier responsable de la Résistance intérieure élevé à la dignité de Compagnon de la Libération ; enfin, le 28, il est nommé membre du conseil de l'ordre. L'une et l'autre distinctions témoignent indiscutablement de la haute considération que de Gaulle lui porte.

Engagement et lucidité. En outre, Pierre Brossolette développe une activité de propagandiste et d'homme politique. Il dénonce Vichy et la collaboration, se fait le chantre du combat résistant et se signale par sa réflexion sur les réformes qui devront être entreprises dans la France libérée. Surtout, il s'engage publiquement en faveur de De Gaulle, avec lequel, à cette époque, il a des entretiens réguliers. Le 22 septembre 1942, au micro de la BBC, il invite les Français à dépasser leurs vieilles divisions pour s'unir en résistance et derrière le Général : « Je vous dis à tous, à vous tous qu'a soulevés d'un même souffle le geste du 18 juin 1940 : "Français, ne craignez rien, l'homme est à la mesure du geste, et ce n'est pas lui qui vous décevra lorsque, à la tête des chars de l'armée de la délivrance, au jour poignant de la victoire, il sera porté tout au long des Champs-Élysées, dans le murmure étouffé des longs sanglots de joie des femmes, par la rafale sans fin de vos acclamations." » Dans le même temps, ulcéré par la levée de boucliers que provoque parmi les Français émigrés l'arrivée de Charles Vallin, il plaide avec passion pour un renouvellement radical de la vie politique française à la Libération, qui transcenderait les anciens clivages partisans et trouverait son inspiration dans le gaullisme de guerre et dans la Résistance. Le 27 septembre, il publie dans *La Marseillaise* un article rageur dans lequel, tout en réaffirmant ses convictions socialistes, il appelle à une « rénovation nationale » sous l'égide de l'homme du 18 Juin et des forces résistantes. Plus que l'acte de naissance d'un hypothétique gaullisme partisan, cet article est la réaction d'un homme politique qui ne renie rien de son socialisme mais qui, tenaillé par le souvenir cuisant de 1940 et porté par son engagement dans la Résistance, aspire à l'édification d'une France nouvelle.

Toutefois, les premières désillusions surviennent vite. La décision rapidement prise par de Gaulle d'éloigner Vallin désole Brossolette. Début novembre, celui-ci fait flèche de tout bois pour qu'une délégation de la France combattante, dont il ferait partie, soit envoyée à Alger. Sans succès. Surtout, le général de Gaulle n'est pas exempt de défauts à ses yeux. En témoignent les critiques qu'il n'hésite pas à formuler publiquement. En témoigne surtout la lettre qu'il lui adresse le 2 novembre 1942 : « [...] il entre dans votre système de nier la critique, d'en nier la valeur, d'en nier la réalité même. [...] Il y a des sujets sur lesquels vous ne tolérez aucune contradiction, aucun débat même. [...] Vous en arrivez ainsi à la situation [...] où vous ne rencontrez plus qu'assentiment flatteur. Mais vous savez aussi bien que moi où cette voie a mené d'autres que vous dans l'histoire, et où elle risque de vous mener vous-même. » Loyal malgré tout, Pierre Brossolette continue à s'engager publiquement en faveur du Général. Dans le numéro de *La Marseillaise* du 6 décembre, par exemple, il plaide avec passion pour le chef de la France combattante et contre « tout ce que représentent un Laval, un Darlan, un Pétain ».

Du 27 janvier au 16 avril 1943, devenu « Brumaire », Brossolette repart en mission en France. Il se fait l'ardent avocat de la France combattante et de son chef auprès des résistants, et publie notamment un « Hommage au général de Gaulle » dans le journal clandestin *Résistance* daté du 2 mars 1943. Surtout, avec le colonel Passy et l'agent du *Special Operations Executive* (SOE) Forest Yeo-Thomas, il convainc les cinq plus importantes organisations résistantes de la zone nord de coordonner leurs activités civiles et paramilitaires, sous l'égide de la France combattante. Le résultat n'est pas mince, même s'il a fallu, pour l'atteindre, ignorer les instructions gaulliennes du 21 février qui prescrivaient de former directement un Conseil de la Résistance unique pour toute la France et comportant, outre les mouvements, des partis politiques et des syndicats.

La roche Tarpéienne. Le printemps et l'été qui suivent sont en trompe-l'œil pour Pierre Brossolette. Il demeure très influent au BCRA. Du 29 mai au 27 juillet, il remplace Maurice Schumann au micro de la BBC. Le 18 juin, il prononce à l'Albert Hall de Londres un vibrant « Hommage aux morts de la France combattante ». Mais il n'est jamais question qu'il accompagne ou rejoigne de Gaulle à Alger. Surtout, après la tragédie de Caluire, il échoue à se faire nommer par le Général pour succéder à Moulin. Entre autres raisons, le souvenir de la volée de bois vert de novembre 1942 et celui de la désobéissance du début 1943 ont très certainement pesé. Comme la conviction que cet esprit frondeur était décidément incontrôlable.

Début septembre, Brossolette arrache à de Gaulle l'autorisation de repartir en France pour, notamment, installer dans ses fonctions le nouveau délégué général du Comité français de la Libération nationale (CFLN), Émile Bollaert. À partir du 19 septembre, avec Yeo-Thomas, il déploie une activité intense au plan civil comme au plan paramilitaire. Ce faisant, il interprète librement les instructions de Londres et d'Alger, et s'oppose au président du CNR ainsi qu'aux autres représentants du CFLN. Il profite de sa mission pour préparer la Libération avec ceux de ses camarades socialistes de l'Aube qui ont rejoint la Résistance. Rappelé à Londres avec Bollaert, il refuse de partir en novembre, puis échoue dans ses tentatives de décembre 1943 et janvier 1944. Dans la nuit du 2 au 3 février, Bollaert et lui tentent de quitter la Bretagne par mer. Arrêtés le 3 février au soir, ils sont incarcérés à Quimper puis à Rennes. Identifié le 16 mars, transféré à Paris le 19 au soir, atrocement torturé, Brossolette se suicide le 22 mars pour ne pas parler.

Résistant de la première heure devenu l'un des principaux artisans de l'union de la Résistance sous l'autorité gaullienne, Pierre Brossolette connaît un destin posthume contrasté. Pendant près de vingt années, il s'impose dans les mémoires françaises comme l'une des grandes figures de l'armée des ombres. Mais, en décembre 1964, les cendres de Jean Moulin entrent au Panthéon. Implicitement annoncé dans les *Mémoires de guerre*, le choix du général de Gaulle en faveur de Moulin contribue à rejeter le souvenir de Brossolette dans l'ombre.

Guillaume Piketty

• *Voir aussi* : BBC ; BCRA ; France libre ; Ordre de la Libération ; Résistance intérieure

Bibl. : Pierre Brossolette, *Résistance (1927-1943)*, textes rassemblés et présentés par Guillaume Piketty, Paris, Odile Jacob, 1998 • Jean-Louis Crémieux-Brilhac, *La France libre : de l'appel du 18 Juin à la Libération*, Paris, Gallimard, 1996 ; rééd. coll. « Folio » • Guillaume Piketty, *Pierre Brossolette, un héros de la Résistance*, Paris, Odile Jacob, 1998.

BROUILLET, René (1905-1992). – « Vous avez un saint auprès de vous », dit un jour un de ses interlocuteurs au général de Gaulle, qui n'en disconvint pas. Il s'agissait de René Brouillet, alors directeur du cabinet du président de la République, et qui allait bientôt être nommé ambassadeur de France en Autriche puis auprès du Vatican. Il allait rester dix ans à Rome, jusqu'en 1974, sous la présidence de Charles de Gaulle puis celle de son camarade de khâgne Georges Pompidou. Celui-ci lui devait sa carrière. C'est en effet par l'entremise de René Brouillet, alors adjoint de Gaston Palewski, directeur du cabinet du Général, qu'en 1945 le professeur de lettres avait été associé à l'équipe de la rue Saint-Dominique.

La carrière de ce fils d'instituteur semble dans un premier temps erratique. Brillant normalien, il échoue par deux fois à l'agrégation d'histoire, s'intéresse à l'économie en fréquentant à la fois le Centre polytechnicien d'études économiques (plus connu sous le nom de X-Crise), dont il devient secrétaire général, et la Cour des comptes, où il entre en 1939. Il opte alors pour l'action publique en devenant membre du cabinet de Jules Jeanneney, dernier président du Sénat de la IIIe République. Sous Vichy, il est chef du service juridique du secrétaire d'État à la Production industrielle jusqu'en 1942, puis il réintègre la Cour des comptes. Il rejoint la Résistance en devenant le collaborateur de Georges Bidault, successeur de Jean Moulin à la présidence du CNR (Conseil national de la Résistance). À la Libération, rue Saint-Dominique, il suit les questions d'ordre politique, en étant notamment chargé des contacts avec les commissaires de la République. Après janvier 1946, il opte pour la diplomatie. Jusqu'en 1950, il est secrétaire général du gouvernement tunisien, conseiller d'ambassade à Berne puis, après un passage en 1953 au cabinet de son ancien patron de Résistance Bidault, premier conseiller de l'ambassadeur de France auprès du Saint-Siège, Wladimir d'Ormesson : il y côtoie alors l'homme fort de la Curie, le cardinal Montini, futur Paul VI.

En juin 1958, le général de Gaulle l'appelle à ses côtés à Matignon, en le chargeant du poste on ne peut plus exposé de secrétaire général pour les Affaires algériennes. Il est un véritable « ministre de l'Algérie » sans le titre, les attributions de ce portefeuille étant juridiquement transférées au président du Conseil. À l'Élysée, il élargit son champ d'attributions. Nommé directeur du cabinet du président de la République, « il s'occupe des relations avec la nation », selon Étienne Burin des Roziers. Autrement dit, il fait de la politique telle que la conçoit le Général : sans mandat et sans maroquin, cet homme tout de courtoisie, de dialogue et de discrétion exerce une influence considérable. Plus tard, en tant qu'ambassadeur de France auprès du Saint-Siège, il ne décourage pas les pressions de certains prélats en faveur de la grâce de Paul Touvier, finalement accordée par Georges Pompidou en 1971.

Après son retour à Paris, il fut pendant neuf ans membre du Conseil constitutionnel, entra en 1987 à l'Académie des sciences morales et politiques, et mourut grand-croix de nombreux ordres français et étrangers. Marc Olivier Baruch

• *Voir aussi* : CNR ; Diplomates ; Église et cultes ; Hauts fonctionnaires (1940-1945) ; Vatican

Bibl. : Roger Etchégaray, *Notice sur la vie et les travaux de René Brouillet (1909-1992)*, Paris, Académie des sciences morales et politiques, séance du 20 décembre 1994 • Gilbert Pilleul (dir.), *L'Entourage et de Gaulle*, Paris, Plon, coll. « Espoir », 1979 • René Rémond (dir.), *Paul Touvier et l'Église*, Paris, Fayard, 1992.

BUIS, Georges (1912-1998). – La carrière de Georges Buis est en dents de scie. Compagnon de la Libération pour son ralliement de 1941 et ses hauts faits d'armes en 1944, Buis est aussi un intellectuel aux idées novatrices qui le marginalisent parfois dans l'armée.

Depuis 1938 au Levant, le lieutenant Buis a découvert la société libanaise et s'est convaincu qu'il fallait renoncer à toute administration directe. Hostile à l'armistice, il s'évade en barque vers la Palestine le 15 mai 1941 alors que se prépare l'expédition franco-anglaise en Syrie. Au Caire, de Gaulle interroge l'évadé : « Vont-ils nous tirer dessus ? – Certainement. » Effectivement, le 8 juin, les forces vichystes de Syrie accueillent à coups de canon le lieutenant Buis qui précède, en parlementaire, une brigade australienne. Affecté en juillet 1941 au cabinet du général Catroux, Buis est en contact permanent avec de Gaulle pendant le mois durant lequel celui-ci séjourne à Beyrouth. Buis le découvre : « Jamais de relâchement, de facilité, de complicité. L'homme seul, tendu, sans concession. » D'octobre 1943 à 1946, Buis combat sous les ordres du général Leclerc, d'abord à la 2e DB puis en Indochine. Muté au Maroc, directeur de l'information, ses rapports orageux avec la presse française du Maroc provoquent probablement son départ. On l'envoie quatre ans à Téhéran pour se faire oublier.

Avant de rejoindre l'Algérie en mars 1958, le colonel Buis rend visite à de Gaulle qui lui confie que s'il était au pouvoir, la question algérienne, si mal conduite, trouverait sa solution. Chargé d'un secteur difficile, le Hodna-Ouest, Buis donne la priorité à la destruction des bandes et interdit, après le 13 Mai, la participation des militaires au comité de salut public local, comme s'il anticipait une décision ultérieure de De Gaulle revenu aux affaires. Pour lui, le rôle de l'armée, strictement militaire, est de fournir au chef de l'État une bonne carte de guerre avant toute négociation, ce qu'il fait dans le Hodna. Mais quelle solution politique ensuite ? De Gaulle en discute avec Buis en inspectant son secteur en hélicoptère, peu avant le discours sur l'autodétermination qu'approuvera le colonel : « J'étais dans ma voie. J'avais gagné sur le terrain et mon option politique était celle de De Gaulle. »

Après les accords d'Évian, Buis est

désigné personnellement par le Général pour le poste très exposé de directeur du cabinet militaire du haut-commissaire à Alger pendant la période menant du cessez-le-feu à l'indépendance. Trois mois dramatiques durant lesquels tout s'effondre. C'est une mission impossible : « Personne ne pouvait imaginer la folie de ces derniers mois. » Promu général en 1963, Buis est nommé par de Gaulle, en 1968, à la direction du Centre des hautes études militaires (CHEM). Cet intellectuel y est à sa place pour discuter des concepts. Il est régulièrement convoqué à l'Élysée quand de Gaulle s'interroge sur les évolutions de la stratégie nucléaire. Le général de corps d'armée Buis quitte le service actif en 1972. Jean DELMAS

• *Voir aussi* : Algérie (guerre d') ; Beyrouth ; Civile et militaire (autorités) ; Leclerc ; Nucléaire

Bibl. : Georges Buis, *Les Fanfares perdues*, Paris, Le Seuil, 1975 • Id., *La Grotte*, Paris, Le Seuil, 1988 • Colloque Georges Buis, *Georges Buis, le combat, l'écriture*, Paris, Mémoire d'homme, 2003.

BUREAU CENTRAL DE RENSEIGNEMENTS ET D'ACTION. – *Voir* BCRA.

BURIN DES ROZIERS, Étienne (né en 1913). – Durant près de trente années, Étienne Burin des Roziers fit partie du premier cercle des fidèles de l'entourage gaullien, avec Geoffroy Chodron de Courcel, Gaston Palewski ou, dans un autre ordre, René Capitant et André Malraux. Comme l'a noté Jean Lacouture, le Général ne tint pas rigueur à ceux d'entre eux qui étaient fonctionnaires de métier de ne pas l'avoir suivi dans l'aventure du RPF. À ses yeux, les qualités professionnelles attendues des très hauts serviteurs de l'État à qui il demandait de le rejoindre comptaient plus que leur positionnement politique : le service de la chose publique l'emportait toujours sur l'engagement partisan, fût-ce aux côtés du général de Gaulle.

Étienne Burin des Roziers fut de toutes les époques, et même au-delà, puisque sa carrière diplomatique culmina sous la présidence de Georges Pompidou et que son exceptionnelle longévité en fait un des derniers porteurs de la mémoire et de l'idéologie du gaullisme d'État. Né au sein d'une très ancienne famille de noblesse auvergnate, il suivit la filière royale conduisant avant guerre au service de l'État, l'École libre des sciences politiques, tout en étudiant le droit à Paris et l'économie politique à Oxford. Attaché d'ambassade aux États-Unis, il rallia la France libre en avril 1942 et entra au cabinet militaire du général Catroux, puis devint en 1943 officier d'ordonnance du général de Gaulle. À Alger, puis à Paris au sein du cabinet du chef du Gouvernement provisoire, il suivit les questions diplomatiques. Après le départ du général de Gaulle, il mena tout naturellement une carrière au sein du ministère des Affaires étrangères : sous-directeur de la Sarre de 1948 à 1950, représentant de la France au sein de diverses instances internationales, il fut, au premier semestre de 1953, membre du cabinet du président du Conseil René Mayer, puis occupa à l'étranger des postes délicats comme chef de mission diplomatique en Yougoslavie (1954) et au Maroc (1955). Il fut pressenti pour être directeur de cabinet du général Catroux à Alger (février 1956).

Il était ambassadeur de France en Pologne depuis l'été 1958 lorsque le général de Gaulle l'appela, en janvier 1962, à la fonction clé de secrétaire général de la présidence de la République, laissée vacante par la nomination de Geoffroy de Courcel comme ambassadeur à Londres. Jusqu'en juillet 1967 il assuma ces fonctions, qu'il décrivit lui-même comme étant celles d'un chef d'état-major, chargé de « veiller à la marche des affaires de l'État ». La modestie de l'expression reflète bien l'alliage efficacité-discrétion que le premier président de la Ve République attendait de ses collaborateurs. Compte tenu de l'importance des dossiers traités en direct par l'Élysée en 1962 et dans une moindre mesure par la suite, lorsque se construit *de facto* le « domaine réservé », il est difficile de considérer que l'intéressé, comme il le revendique, n'occupe dans l'État qu'un rôle « effacé ». Le secrétaire général fait en effet fonctionner l'État : il siège au Conseil des ministres, dont il prépare les ordres du jour et les relevés de décisions, tient à jour les dossiers du chef de l'État, lui transmet en les commentant des notes sur les sujets du jour, bases de la décision présidentielle. Il s'agit moins de suivi lointain que de transmission de l'autorité, et on sait que celle émanant du général de Gaulle ne se laissait que rarement contourner.

Ambassadeur à Rome en 1967, Étienne Burin des Roziers fut nommé par Georges Pompidou représentant permanent de la France auprès des Communautés européennes de 1972 (date de l'entrée de la Grande-Bretagne) à 1975, et termina sa carrière comme conseiller d'État.

Marc Olivier BARUCH

• *Voir aussi* : Diplomates ; Entourages ; GPRF (œuvre extérieure du) ; Hauts fonctionnaires

Bibl. : Association Georges-Pompidou, *Un politique : Georges Pompidou*, Paris, PUF, 2001 • Étienne Burin des Roziers, *Retour aux sources. 1962, l'année décisive*, Paris, Plon, 1985.

BURON, Robert (1910-1972). – Né à Paris, d'un père médecin devenu imprimeur et d'une mère convertie, Robert Buron est élevé comme de Gaulle dans un milieu catholique. Élève au lycée Henri-IV, il fréquente d'abord les cercles de l'Action française mais, dès l'âge de dix-huit ans, il s'intéresse aux œuvres de Jacques Maritain et d'Emmanuel Mounier qu'il découvre à l'occasion d'une longue maladie. Ayant adhéré en 1938 aux Jeunesses démocrates populaires, il s'engage dans la Résistance en participant au « groupe de la rue de Lille » d'Émilien Amaury, où il retrouve notamment Louis Terrenoire. Diffuseur de *Témoignage chrétien*, il s'investit, de septembre 1943 à mai 1944, dans la publication des *Cahiers du travaillisme français*. Ses titres de résistant lui valent d'être nommé, à la libération de Paris, administrateur général de la nouvelle radiodiffusion française tandis qu'il crée, avec Émilien Amaury, l'hebdomadaire *Carrefour*.

Membre du comité directeur du MRP dès sa naissance, il adhère aux projets économiques et sociaux du nouveau parti appelant de ses vœux l'avènement d'un travaillisme « à la française ». Avec le soutien de l'abbé Seigneur, animateur des Semaines sociales, et du docteur Faligant, oncle de son épouse, il se fait élire député MRP de la Mayenne dès 1945, où, avec l'appui du journal *Ouest-France*, il est réélu jusqu'en 1962. En juin 1958, le général de Gaulle l'a nommé ministre des Transports et du Tourisme. Il doit son entrée dans ce gouvernement à sa qualité de dirigeant influent du MRP mais aussi à son image libérale en matière coloniale. Sous la IVe République, il avait accepté de devenir ministre de la France d'outre-mer dans le gouvernement Mendès France, encourant, pour cette raison, les foudres de son parti. Plus tard, il avait approuvé en 1957 la loi-cadre Defferre qui conférait une plus large autonomie aux territoires d'outre-mer, et dénoncé « un colonialisme périmé ».

C'est en effet la question algérienne qui lui donnera une place marquante dans le dispositif politique français. Brièvement arrêté par les généraux putschistes en avril 1961, il est inclus par le général de Gaulle dans l'équipe des négociateurs, conduite par Louis Joxe, lors de la phase décisive des pourparlers avec le Front de libération nationale (FLN) qui s'ouvre aux Rousses en février 1962 et se clôt à Évian le 18 mars. Mais Robert Buron sera solidaire des ministres MRP qui quittent le gouvernement Pompidou le 15 mai 1962 pour protester contre les propos du président de la République tenus sur l'Europe lors de sa conférence de presse. De Gaulle s'en montrera surpris, lui reprochant dans ses Mémoires de s'être incliné devant la volonté de son parti d'entrer « dans la coalition adverse », qui sera celle du cartel des « non ». Désormais sur le chemin de l'opposition, Robert Buron finira par adhérer au nouveau parti socialiste à Épinay en 1971 avant de mourir à Paris, l'année suivante.

Bruno BÉTHOUART

• *Voir aussi* : Conférence de presse du 15 mai 1962 ; MRP

Bibl. : Robert Buron, *La Mayenne et moi, ou De la démocratie chrétienne au socialisme*, Paris, Cana, 1978 • Marcel Launay, *Robert Buron*, Paris, Beauchesne, 1993.

C comme Courage

« Soldats tombés dans les déserts, les montagnes ou les plaines, marins noyés que bercent pour toujours les vagues de l'océan, aviateurs précipités du ciel pour être brisés sur la terre, combattants de la Résistance tués au maquis et aux poteaux d'exécution, vous tous, qui à votre dernier souffle avez mêlé le nom de la France, c'est vous qui avez exalté les courages, sanctifié l'effort, cimenté les résolutions. »

De Gaulle, Discours du 15 mai 1945, *Discours et messages.*

CABINETS. – *Voir* ENTOURAGES.

CAMUS, Albert (1913-1960). – André Malraux fut un inconditionnel de Charles de Gaulle, Jean-Paul Sartre, toujours un critique féroce. Opposant, Albert Camus fluctua dans ses appréciations. En décembre 1943, membre de la rédaction du *Combat* clandestin, il affirme après avoir salué l'homme du refus : « Nous ne voulons plus d'un système politique qui met l'exécutif à la merci de quelques politiciens de métier. » Le 30 septembre 1944, dans le quotidien qui paraît enfin au grand jour, Camus s'ébroue : « Nous ne sommes pas obligés d'approuver constamment le Général de Gaulle. » Oscillations graphiques ou fantaisie d'un typographe, l'éditorialiste écrit parfois « le général », parfois « le Général ». Celui-ci n'a pas une légitimité permanente pour Camus qui se sent proche, « avec les déceptions que cela comporte », du parti socialiste. De Gaulle lit Camus, ses romans et essais. Aucune trace néanmoins de l'écrivain dans ses propres écrits.

L'homme de lettres et l'homme d'État se méfient des communistes. Devant Simone de Beauvoir, en novembre 1945, Camus défend de Gaulle qui « a tout de même une autre gueule que M. Jacques Duclos ». Avec Pascal Pia, directeur de *Combat*, il redoute surtout les militaires en politique. Après la fondation du RPF, ce dernier rallie le gaullisme. *Combat* n'a pas été créé, dit Camus, « pour être le journal d'un parti ». Le 5 mars 1958, après René Cassin et avant Louis Terrenoire, de Gaulle reçoit Albert Camus dans son bureau de la rue de Solférino. L'écrivain note : « Je parle des risques de troubles si l'Algérie est perdue [et] de la fureur des Français d'Algérie. » De Gaulle coupe : « J'ai soixante-sept ans et je n'ai jamais vu un Français tuer d'autres Français. Sauf moi. » À sa femme Francine, Camus rapporte qu'il a interrogé le Général sur l'avenir des « petites gens d'Algérie ». « Ils demanderont des indemnités », répondit de Gaulle. Camus fut effaré par le « cynisme » de son interlocuteur. Évoquant l'attribution de la nationalité française à tous les Algériens, il s'attira cette réplique dans le style gaullien gouailleur : « Et nous aurions cinquante bougnoules à la Chambre ? Grave, le Général prédit à l'écrivain que « personne ne le rappellera au pouvoir ». À son ami Charles Poncet, Camus confie alors : « De ce côté-là, il n'y a guère d'espoir. » En juin, devant Janine et

Michel Gallimard, il se reconnaît une certaine fascination pour « la stature et le tour d'esprit » d'un de Gaulle revenu aux affaires. L'année suivante, il plaide la cause de Louis Lecoin, avocat militant des objecteurs de conscience. Il envoie aussi au président de la République des demandes de grâce pour des Algériens condamnés à mort. L'Élysée se contente de transmettre aux ministres de la Justice et de la Défense.

Les deux hommes ont en commun une admiration pour Malraux, un goût du beau langage, un faible pour le subjonctif. Les séparent le trop classique clivage gauche-droite et Dieu. À Camus, de Gaulle préfère de loin le personnage et les œuvres de Mauriac. Rapports courtois, distants, et un rien barbelés. Olivier TODD

• *Voir aussi :* Algérie (guerre d') ; Bibliothèque personnelle ; Culture ; Intellectuels ; Pieds-noirs

Bibl. : Albert Camus, *Œuvres complètes*, t. 1, *1931-1944*, et t. 2, *1944-1948*, Paris, Gallimard, coll. « La Pléiade », 2006 • Herbert R. Lottman, *Albert Camus*, Paris, Le Seuil, 1978 • Olivier Todd, *Albert Camus, une vie*, Paris, Gallimard, 1996.

CANARD ENCHAÎNÉ (Le). – Les relations entre la rédaction du *Canard enchaîné* et de Gaulle furent, d'emblée, marquées par l'ambivalence. La première apparition du Général y date du 13 septembre 1944 : un écho de la « Mare aux canards » assure qu'il « n'a absolument rien d'un plaisantin. D'aucuns affirment même qu'ils ne l'ont jamais vu rire ». Identifié par la rédaction comme un homme de droite, de Gaulle était, en même temps, admiré pour son action durant la guerre, sa fermeté à l'égard des Alliés, ses initiatives « révolutionnaires » comme la nationalisation de Renault. Le journal se prononça contre le projet gaullien d'un exécutif fort mais regretta son départ, en janvier 1946. À cette occasion, Pierre Bénard, alors rédacteur en chef, écrivit que de Gaulle « était un homme fier, honnête, énergique et distant. [...] malheureusement, il était tellement au-dessus de la nappe nauséabonde où s'engloutissaient les hommes et il avait tellement l'habitude de regarder le ciel plutôt que les médiocres réalités de la terre que tous perdirent confiance ».

Sa « traversée du désert » ne lui rendit pas la confiance des hommes du *Canard enchaîné*. Si la rédaction partageait nombre des critiques adressées par le Général aux hommes et aux institutions de la IVe République, elle redoutait son aspiration au pouvoir personnel et les forces sur lesquelles il s'appuyait. Pour elle, le Rassemblement du peuple français ne fut jamais qu'un rassemblement hétéroclite de pétainistes nostalgiques, de profiteurs et d'affairistes, de partisans de l'alliance du sabre et du goupillon. Selon le *Canard*, ce sont ces mêmes forces, augmentées des fanatiques de l'Algérie française, qui le portèrent au pouvoir le 13 mai 1958 à la faveur d'un « coup d'État *newlook* », entachant du même coup, et à jamais, la légitimité du nouveau régime. Pour autant, et malgré les saisies qui le frappèrent durant cette période, le *Canard* ne ménagea pas son soutien à la politique algérienne du Général, dès lors qu'elle lui sembla aller dans le sens d'une négociation politique qui ne refusait pas la perspective de l'indépendance. Comme l'écrivit Robert Tréno, nouveau rédacteur en chef, en octobre 1958 : « Ce sabre est en train d'accomplir un prodige [...]. C'est un monde, avouez-le, qu'un général, même en retraite, se mette à faire le boulot du chef du parti socialiste, que dis-je ? à réparer les dégâts causés par celui-ci. » Mais Tréno se dit incapable de choisir entre le « oui » et le « non » au référendum de janvier 1961 sur l'autodétermination. Il préconise également l'abstention, le 8 avril 1962, sur les accords d'Évian, alors que son éditorialiste-vedette, Morvan Lebesque, appelle à voter « oui ». Selon le rédacteur en chef du *Canard*, il s'agit, pour de Gaulle, d'une « comédie qui consiste à exploiter la paix dans une intention connue de lui seul ».

Tréno, comme l'ensemble des journalistes du *Canard*, fit campagne pour le « non » aux référendums du 28 septembre 1958 sur la Constitution de la Ve République et du 28 octobre 1962 sur l'élection du président au suffrage universel. À leurs yeux, cette Constitution et la procédure du référendum (plébiscite déguisé) consacraient le pouvoir personnel du Général au détriment des autres pouvoirs, et ce au mépris de la tradition républicaine. Par ailleurs, l'antimilitarisme foncier du *Canard* ne pouvait s'accommoder de la présence d'un général, qui plus est en uniforme, à la tête du pays.

Au-delà des institutions, la pratique gaullienne du pouvoir, selon la rédaction du *Canard*, engageait le pays sur la voie de la dictature. Institutions méprisées et bafouées, Parlement traité avec désinvolture, décisions prises sans concertation, ministres choisis et révoqués sans véritable contrôle parlementaire, médias bâillonnés, opposants poursuivis pour « offense au chef de l'État », tout cela faisait de la Ve une République en trompe l'œil. D'où ces nombreuses représentations du Général qui étaient autant de comparaisons désobligeantes, voire injurieuses, avec Louis-Philippe, Napoléon III, Boulanger et même Pétain, Franco ou Hitler. Le parallèle le plus célèbre est bien sûr celui qui rapprocha de Gaulle de Louis XIV. « La Cour » fut créée par le rédacteur Ribaud (Roger Fressoz) et le dessinateur Moisan le 21 septembre 1960. Elle occupa presque sans interruption le haut de la page 3 jusqu'en juin 1969. Même si de Gaulle s'agaçait des fuites dont bénéficiait le *Canard*, il semble qu'il ait lu assidûment cette chronique. Il aurait eu coutume d'ouvrir le journal en disant : « Voyons ce que dit de moi ce volatile ! », ce même volatile que le Général avait d'abord classé parmi les journaux « sous la coupe des communistes » à la Libération avant de rectifier, devant les protestations de Tréno, et d'en faire un journal « où les communistes détenaient une large part dans la rédaction » [*MG*].

Entre 1959 et 1969, le *Canard* publia chaque année plus de cent dessins sur de Gaulle (cent cinquante entre 1962 et 1965). Le Général y était toujours représenté en situation de majesté, environné de courtisans et de laquais, ce qui n'excluait pas le ridicule. Ces chiffres sont un indice de la personnalisation du pouvoir sous la Ve République. Jusqu'en 1958, en effet, la figure du président était très peu présente dans les colonnes du *Canard*, à l'inverse de celle des principaux ténors du Parlement. Le *Canard* s'adapte à ce changement politique et institutionnel qu'il désapprouve par ailleurs. Le Palais-Bourbon a cessé d'être le principal pourvoyeur d'informations, au profit des ministères et des administrations. L'hebdomadaire satirique tire de ces nouvelles sources la matière d'un journalisme d'investigation qui ne dit pas encore son nom. Il lance des campagnes retentissantes contre les « barbouzes », impliqués notamment dans l'enlèvement de Mehdi Ben Barka, en 1965, et contre le « gaullisme immobilier », cet affairisme à l'origine de scandales politico-financiers, dont celui du Comptoir national du logement en 1961, première grosse affaire lancée par *Le Canard enchaîné*.

Le *Canard* des années 1960 n'évoqua jamais la modernisation de l'appareil productif, la forte croissance, les excédents commerciaux, le redressement financier et monétaire. En revanche, beaucoup d'articles portèrent sur les inégalités, le retard du développement, les avantages concédés aux « grands intérêts », le caprice « dangereux et coûteux » de la force de frappe. La politique de grandeur était rapportée aux difficultés quotidiennes et le *Canard* développa le thème de la société bloquée. De sorte que les événements de mai 68 apparurent à sa rédaction comme la sanction naturelle d'une politique injuste, et le châtiment normal du coup de force du 13 mai 1958. Le *Canard* s'engagea vigoureusement aux côtés des manifestants et des grévistes, se désola du « triomphe de la peur » aux élections de juin avant d'appeler à voter « non » au référendum d'avril 1969 et de se réjouir du départ de De Gaulle. Néanmoins, le 11 novembre 1970, deux jours après la mort du Général, l'hommage perce sous la critique dans la dernière chronique d'André Ribaud, devenu entretemps directeur du *Canard enchaîné* : « Il avait vécu pour gouverner l'État et l'avait gouverné sans frein pendant longtemps. Depuis que l'État s'était dérobé à lui, il ne faisait, en réalité, que survivre. Le 9 novembre, par un triste soir d'automne, le Roi se retira soudainement d'un monde qui s'était déjà, lentement, retiré de lui. »

Laurent MARTIN

• *Voir aussi* : Dessins outrés ; Journalistes ; Moisan, Roland ; Presse

Bibl. : Laurent Martin, Le Canard enchaîné *ou les Fortunes de la vertu*, Paris, Flammarion, 2001.

CAPITANT, René (1901-1970). – Fils du juriste Henri Capitant, docteur et agrégé de droit public, René Capitant est nommé en 1930 à la faculté de droit de Strasbourg. Membre du Comité de vigilance des intellectuels antifascistes (CVIA) en 1934, il ne cesse d'alerter ses étudiants sur le péril nazi. Après sa démobilisation à l'été 1940, il suit le repli de l'université de Strasbourg à Clermont-Ferrand où il fonde un noyau de résistance qui s'agrège au mouvement Liberté de ses collègues François de Menthon et Pierre-Henri Teitgen. Muté à l'université d'Alger en février 1941, il se lie avec José Aboulker et Louis Joxe, et fonde la branche locale de Combat qu'il fait évoluer vers le gaullisme. Il participe à la tentative d'insurrection du 8 novembre 1942, puis, sous Giraud, encourage la propagande gaulliste en Algérie. Commissaire à l'Éducation nationale au sein du Comité français de la Libération nationale puis ministre de l'Éducation nationale du Gouvernement provisoire de la République française (novembre 1943-novembre 1945), il abroge la législation de Vichy touchant l'Université et installe des commissions d'études (Durry à Alger, Langevin-Wallon à Paris) dont le programme de démocratisation de l'enseignement secondaire sera appliqué au début de la Ve République (loi Berthoin de 1959, loi Fouchet de 1963).

René Capitant est élu député du Bas-Rhin à l'Assemblée constituante de 1945, puis député de Paris en novembre 1946. Cette même année, il fonde avec Louis Vallon l'Union gaulliste. Il n'accède au conseil national du RPF qu'au moment où celui-ci décline (1952), certainement en raison de ses inclinations de gauche. En 1956, il prend publiquement position contre l'usage de la torture en Algérie. Parallèlement, sa carrière le conduit à enseigner à la faculté de droit de Paris (1951), puis à diriger la Maison de la France à Tokyo (1957-1960). De retour en France, il rejoint l'Union démocratique du travail (UDT) que Louis Vallon, Gilbert Grandval et Léo Hamon ont fondée en avril 1959. Il est élu député UNR-UDT de la Seine en 1962 (réélu en 1967 et 1968) et préside la commission des lois à l'Assemblée de 1962 à 1968. En plaidant en faveur de la « participation », avatar du vieux rêve de l'association capital-travail, Capitant séduit le Général mais s'oppose rudement à Georges Pompidou. Le « gaullisme de gauche » ne débouche que sur l'« amendement Vallon » de 1965 et la modeste ordonnance sur l'intéressement des salariés d'août 1967. En mai 1968, Capitant est prêt à voter la censure contre Pompidou dont il estime qu'il a fait huer de Gaulle dans la rue. Nommé ministre de la Justice le 31 mai 1968, il est confirmé dans ses fonctions dans le cabinet Couve de Murville. L'affrontement entre Capitant et Pompidou atteint son paroxysme à la fin de 1968, le second reprochant au premier d'avoir, par sa passivité, laissé se développer l'odieuse calomnie de l'affaire Markovitch. René Capitant démissionne en avril 1969 aussitôt après le retrait du Général. Jean-François MURACCIOLE

• *Voir aussi :* Alger ; Éducation nationale ; GPRF (œuvre intérieure et outre-mer du) ; Participation ; UDT

Bibl. : Jean Lacouture, De *Gaulle*, Paris, Le Seuil, t. 2 et 3, 1985 et 1986 • Christine Levisse-Touzé, *L'Afrique du Nord dans la guerre 1939-1945*, Paris, Albin Michel, 1998 • François Marcot (dir.), *Dictionnaire historique de la Résistance*, Paris, Robert Laffont, coll. « Bouquins », 2006.

CAPITULATIONS ALLEMANDE ET JAPONAISE. – Absent aux négociations qui avaient mené à l'armistice de 1943 en Italie, de Gaulle avait conclu que nos alliés seraient demain d'accord pour « tenter d'arrêter, sans la France, le destin de l'Europe ». Être présent lors de la capitulation de l'Allemagne et participer à son occupation est un des objectifs prioritaires du Général, qui ne peut être atteint que grâce à l'action des forces françaises. Leur participation à la libération de la France et l'accueil réservé à de Gaulle par la population française ont enfin convaincu Roosevelt de reconnaître le Gouvernement provisoire de la République française le 23 octobre

1944. De ce fait, la France est invitée à participer à la Commission consultative qui, depuis un an à Londres, étudie, dans la perspective d'une capitulation, toutes les questions relatives à l'Allemagne. Puis, à Yalta, Churchill obtient pour la France une zone d'occupation en Allemagne, sous réserve, exige Staline, que cette zone soit prélevée sur les zones anglo-saxonnes. De Gaulle estime que, plutôt que d'attendre le bon vouloir des Alliés pour délimiter cette zone, mieux vaut la tailler à coups d'épée. C'est la mission de la 1re armée française après la fin de la bataille d'Alsace. De Gaulle a convenu avec de Lattre de l'importance de tenir Stuttgart, porte ouverte vers le Danube, la Bavière, l'Autriche. Encore faut-il franchir le Rhin. On connaît l'impatience de De Gaulle aiguillonnant de Lattre. Le Rhin franchi, fin mars 1945, ce dernier, tout en enveloppant la Forêt-Noire, s'empare de Stuttgart et s'y maintient, obéissant à l'ordre de tenir la ville et tout le territoire occupé jusqu'à la délimitation de la zone française. Le 8 mai 1945, la 1re armée est arrivée au Brenner.

Après la première reddition partielle d'armées allemandes le 2 mai en Italie, de Gaulle désigne de Lattre pour signer au nom de la France l'acte de capitulation qui ne saurait tarder. Mais tout se précipite, par la volonté d'Eisenhower qui refuse aux premiers envoyés de l'amiral Doenitz une reddition limitée aux armées allemandes de l'Ouest. Le 7 mai à 2 heures, à son grand quartier général de Reims, il impose au général Jodl la signature d'un acte de reddition inconditionnelle et simultanée au Commandement des forces alliées et au Haut commandement soviétique. C'est un texte très court, spécifiquement militaire à la différence de celui qu'avait préparé la Commission consultative. Assistent à la signature, présidée par le général Bedell Smith, chef d'état-major d'Eisenhower, le général Susloparov, chef de la mission militaire soviétique en France, et un général français qui n'est pas de Lattre mais Sevez, sous-chef d'état major de la Défense nationale. Il semble qu'il ait été invité par Eisenhower. Il en a rendu compte à de Gaulle qui l'a autorisé à signer en tant que témoin. Ce dernier paraît avoir pris son parti de cette improvisation car, le même jour, il explique à de Lattre que son rang de général d'armée ne lui permettait pas d'assister à une réunion présidée par un chef d'état-major, et il le console : « À tout prendre, il est mieux d'être le vainqueur que le signataire. » Il se ravise en apprenant que Staline, furieux de cette signature en catimini, exige une signature solennelle à Berlin. Un nouveau message y envoie de Lattre signer comme témoin. Le récit de cette journée du 8 mai et de la nuit du 8 au 9 est bien connu : indignation du général de Lattre constatant l'absence d'un emblème français ; confection hâtive et maladroite d'un drapeau tricolore ; contestation de la présence du Français comme signataire puisque le maréchal Tedder signe au nom des armées alliées de l'Ouest – contestation finalement résolue par Joukov qui admet la signature de De Lattre comme celle de l'Américain Spaatz, à titre de témoins. De Lattre a finalement sa place à la table de la signature que découvre avec un haut-le-corps le maréchal Keitel : « Un Français, il ne manquait plus que cela ! »

Le mémorialiste de Gaulle conclut que Keitel soulignait ainsi « le tour de force qui aboutit pour la France et son armée à un pareil redressement ». Le 8 mai à 15 heures, à la radio, de Gaulle annonce : « Voici la Victoire, c'est la Victoire des Nations unies, c'est la Victoire de la France... Le commandement français était présent et partie à l'acte de capitulation. » Mais dans l'ordre du jour aux armées, il ajoute : « Vous avez encore à vaincre, côte à côte, avec nos alliés, l'ennemi japonais qui opprime notre Indochine et prétend dominer l'Asie. »

La guerre continue en Extrême-Orient, mais depuis le coup de force japonais du 9 mars 1945, les forces françaises en sont absentes. Certes un corps léger d'intervention se met en place à Ceylan ; certes le 25 mai le général Juin propose au général Marshall de mettre à sa disposition un corps expéditionnaire pour participer aux opérations du Pacifique – dès le 7 juin, le général Leclerc en est chargé –, mais rien ne presse car l'état-major combiné, faute de tonnage, n'envisage pas l'emploi de ce corps avant le printemps 1946.

Hiroshima et Nagasaki bouleversent ces prévisions. Le 15 août, l'empereur du Japon fait annoncer que son gouvernement a accepté les conditions de la déclaration de Postdam. Aussitôt de Gaulle modifie la mission du corps expéditionnaire qu'il charge de rétablir la souveraineté française en Indochine. Leclerc apprend à Candy (Ceylan) que de Gaulle l'a désigné comme représentant français invité par le gouvernement américain à participer à la cérémonie de capitulation. Il signe donc sur le *Missouri*, en présence de Mac Arthur : « Les conditions d'armistice avaient été arrêtées à Washington, je n'ai donc pu que les enregistrer », rendra-t-il compte.

C'était le 2 septembre 1945. Le même jour à Hanoï, Hô Chi Minh proclamait l'indépendance de la République démocratique du Vietnam. Jean DELMAS

• *Voir aussi* : Bombe atomique ; GPRF ; Libération

Bibl. : Gilbert Bodinier, *La Guerre d'Indochine*, t. 1, *Le Retour de la France en Indochine, 1945-1954*, Vincennes, SHAT, 1987 • Maurice Vaïsse (dir.), *8 mai 1945, la victoire en Europe. Actes du colloque international de Reims (1985)*, Bruxelles, Complexe, 1994.

CAPTIVITÉ. – Le capitaine de Gaulle est blessé et fait prisonnier le 2 mars 1916, dans les premiers jours de l'offensive de Verdun, devant le village de Douaumont. Soigné à l'hôpital de Mayence, il est ensuite interné dans différents camps d'officiers, forteresses disciplinaires et prisons militaires, tous lieux d'internement qui jalonnent les transferts faisant suite à ses tentatives d'évasion : Osnabrück en Westphalie, Neisse en Silésie, Sczuczyn en Lituanie, le fort IX d'Ingolstadt en Bavière, puis Rosenberg, Wülzburg, Passau et Magdeburg. Créée en 1926, la médaille des évadés lui sera décernée en 1927.

Les conférences qu'il donne à ses compagnons de captivité lui permettent de synthétiser sa réflexion sur la guerre – il analyse avec lucidité la mise en place de la guerre totale –, et de donner de manière dissimulée des conseils à ses camarades sur la préparation des évasions. Pour lui, l'honneur, valeur première à la guerre, ne peut s'exprimer chez le prisonnier que par l'évasion. Ses cinq tentatives avortées, sans compter celles qu'il prépare et qui échouent avant terme, montrent la mission qu'il s'est fixée : rejoindre la première ligne et reprendre le combat.

Au cours de la guerre, le traitement des prisonniers de guerre évolue. D'abord considérés comme quantité négligeable par leurs États respectifs, les captifs sont peu à peu pris en compte par leurs gouvernements, car, depuis leurs camps, la plupart d'entre eux continuent à se battre à leur manière. La conduite d'évadé perpétuel qui est celle de De Gaulle en est une illustration. Par ailleurs, les organisations humanitaires, et avant tout le Comité international de la Croix-Rouge, gardien de la convention de Genève, apportent leur aide. Mais le Comité doit pour cela persuader les prisonniers et leurs familles qu'ils sont désormais une catégorie à part et sont devenus neutres. Or les convaincre qu'ils ont des droits et des devoirs non en tant qu'Allemands ou Français mais en tant que prisonniers n'est pas chose facile. À aucun moment de Gaulle ne cesse de penser selon sa ligne nationale et patriotique. S'il accepte le minimum des règles de l'ordre humanitaire qui lui permettent d'être fiché pour correspondre et recevoir des colis, il n'imagine pas qu'elles lui imposent d'être neutre dans le conflit.

De retour en France après deux ans et demi d'absence, parti de Douaumont dans la « catastrophe qui pour [lui] a terminé la campagne », il fait son rapport. Ce temps qui l'a écarté du combat et de la victoire restera celui d'une intense blessure intime, ainsi qu'il l'écrit à sa mère : « À l'immense joie que j'éprouve avec vous des événements, se mêle il est vrai pour moi, plus amer que jamais, le regret indescriptible de n'y avoir pas pris une meilleure part. Il me semble qu'au long de ma vie – qu'elle doive être courte ou prolongée – ce regret ne me quittera plus [...]. N'avoir pu assister à cette Victoire, les armes à la main, c'est pour moi un chagrin qui ne s'éteindra qu'avec ma vie. »

Annette BECKER

• *Voir aussi* : Douaumont ; Grande Guerre ; Soldat

Bibl. : *De Gaulle soldat, 1914-1918*, catalogue de l'exposition, Historial de la Grande Guerre/ Institut Charles-de-Gaulle, 1999 • Annette Becker, *Oubliés de la Grande Guerre. Humanitaire et culture de guerre, populations occupées, déportés civils, prisonniers de guerre*, Paris, Noêsis, 1998.

« CARACTÈRE ». – « Face à l'événement, c'est à soi-même que recourt l'homme de caractère. Son mouvement est d'imposer à l'action sa marque, de la prendre à son compte, d'en faire son affaire. Et loin de s'abriter sous la hiérarchie, de se cacher dans les textes, de se couvrir des comptes rendus, le voilà qui se dresse, se campe et fait front. Non qu'il veuille ignorer les ordres ou négliger les conseils, mais il a la passion de vouloir, la jalousie de décider. Non qu'il soit inconscient du risque ou dédaigneux des conséquences, mais il les mesure de bonne foi et les accepte sans ruse. Bien mieux, il embrasse l'action avec l'orgueil du maître, car s'il s'en mêle, elle est à lui ; jouissant du succès pourvu qu'il lui soit dû et lors même qu'il n'en tire pas profit, supportant tout le poids du revers non sans quelque amère satisfaction. Bref, lutteur qui trouve au-dedans son ardeur et son point d'appui, joueur qui cherche moins le gain que la réussite et paie ses dettes de son propre argent, l'homme de caractère confère à l'action la noblesse ; sans lui morne tâche d'esclave, grâce à lui jeu divin du héros » [*FE*].

Charles DE GAULLE

• *Voir aussi* : Appel du 18 juin 1940 ; Autorité ; Fil de l'épée (Le)

Bibl. : « Du caractère », dans Charles de Gaulle, *Le Fil de l'épée et autres écrits*, Paris, Plon, 1990, p. 163-175.

CARAVELLE. – Premier avion de ligne français à réaction, la Caravelle vola pour la première fois à Toulouse le 27 mai 1955. De son vrai nom SE 210, fabriqué par la Société nationale de constructions aéronautiques du Sud-Est (qui deviendra Sud-Aviation, puis Snias et Aérospatiale, puis Airbus France), l'avion pouvait transporter, dans sa première version commerciale, soixante-quatre passagers à 700 km/h. Certaines de ses innovations (réacteurs accolés au fuselage, servocommandes hydrauliques, atterrissage entièrement automatique) étaient révolutionnaires pour l'époque et furent adoptées ensuite par nombre d'autres constructeurs étrangers. Deux cent quatre-vingt-deux appareils en tout furent construits, dont les derniers volèrent jusqu'en 1996.

En 1963, l'Élysée acquit une Caravelle aménagée spécialement pour le président, peinte aux couleurs de la République française, qui transporta souvent le général de Gaulle. Cet appareil, qui porte le n° 141, est actuellement en cours de restauration au musée aéronautique du Bourget.

Jean-Claude PERRIER

• *Voir aussi* : Concorde ; DS Citroën

CARLTON GARDENS. – *Voir* FRANCE LIBRE ; VIE QUOTIDIENNE À LONDRES.

CARNOT, Lazare (1753-1823). – La période révolutionnaire est l'objet d'une attention soutenue, quoique changeante au fil du temps, dans l'œuvre de Charles de Gaulle. Avant la Seconde Guerre mondiale, le professeur à Saint-Cyr puis à l'École supérieure de guerre comme l'auteur de *La France et son armée* (1938) y trouve l'occasion d'une réflexion sur la défense nationale et sur l'invention de formes de guerre. Pendant la guerre, la Révolution sert d'exemple de rassemblement et d'utopie républicaine. Ensuite, sa mémoire s'estompe au profit de la nécessité d'unir la nation. Si beaucoup de héros révolutionnaires sont présents dans le livre de 1938, peu demeurent ensuite. Carnot devient le personnage clé de l'époque, plus que d'autres, comme Hoche, pourtant fort de sa jeunesse, de son prestige et de ses qualités. Carnot, militaire, accepte des fonctions politiques pour sauver la nation, sans confondre les luttes politiques et les nécessités de la défense. Membre du Comité de salut public, il soutient les généraux sans les guider ni les condamner, il accepte le rôle des masses mais en maintenant la discipline. Il réussit ainsi à dépasser le disparate des troupes au profit de l'unité. De son poste, en rivalité avec Saint-Just ou les sans-culottes, il veille au bon ordre de l'intendance. Homme venu par hasard à de hautes fonctions, il naît dans l'action, acquérant le charisme « situationnel » donné à ceux que la confrontation avec les grands défis révèle à eux-mêmes et aux autres.

L'homme Carnot disparaît derrière cette image à laquelle font écho le fantassin Fricasse et les soldats de l'an II décorant le salon de La Boisserie. Toute une conception de la Révolution se lit ici. Elle est intégrée dans l'histoire de la nation « gauloise » qu'est la France, désobéissante et innovante, attachée à son sol, hostile à tous les extrémistes, les fauteurs de guerre civile et ceux qui pactisent avec l'étranger – fussent-ils défenseurs de l'ancienne monarchie ! Mais toute une conception de l'engagement personnel se donne aussi à voir. Carnot fait preuve des qualités indispensables à tout sauveur de la nation : le sens des responsabilités fondé sur des connaissances sans failles, l'attention aux mesures particulières comme aux vues générales, le souci de l'encadrement respectueux des individus sans faiblesse ni compromission, le désintéressement de l'action et le mépris des querelles fratricides. Faut-il créditer pour autant Charles de Gaulle d'une connaissance sans faute de l'histoire ? L'évolution de l'acteur politique n'est pas évoquée, sauf à l'opposer à l'action de Napoléon pour souligner que celui-ci se défiait des promotions républicaines réalisées sous Carnot. Plus que de l'histoire de la Révolution, Charles de Gaulle était surtout connaisseur de l'histoire nationale de la Révolution léguée par le premier centenaire. Il en avait retenu avec Carnot l'élan national refusant tous les germes des divisions fratricides. Leçon qui aura marqué certainement son itinéraire ultérieur. Jean-Clément MARTIN

• *Voir aussi :* France et son armée (La) ; Histoire ; Révolution française

Bibl. : Claire Andrieu, « Charles de Gaulle, héritier de la Révolution française », dans Institut Charles-de-Gaulles, *De Gaulle en son siècle*, Paris, Plon-La Documentation française, 1990, t. 2, p. 43-68 • Henri Lerner, « Le général de Gaulle et la Révolution française », *Espoir*, 1989, n° 68, p. 9-14 • V. S. Poskonin, « Charles de Gaulle et la Grande Révolution », *Vestnik Moskovskogo Universiteta*, Série 8 histoire (3), 1990, p. 29-42 (en russe) • Id. « Die grosse französische Revolution im Lichte der gaullistischen Publizistik », *Jahrbuch für Geschichte*, 1990, 39, p. 381-401.

CARRIÈRE MILITAIRE. – La carrière militaire de Charles de Gaulle commence le 7 octobre 1909 lorsqu'il signe un engagement volontaire de quatre ans après avoir été reçu 119e sur 221 au concours d'entrée à l'École spéciale militaire de Saint-Cyr (ESM). La sélection s'est effectuée parmi environ 800 candidats.

Mêlant volonté de républicanisation de l'armée et exigence de connaissance de la vie du soldat en corps de troupe, la loi du 21 mars 1905 impose aux futurs saint-cyriens d'accomplir une année de service militaire dans un régiment. Charles de Gaulle choisit de servir dans l'infanterie au sein du 33e régiment d'infanterie (RI) d'Arras. Promu caporal le 16 avril 1910, il reçoit de son commandant d'unité un surnom qui fera date, celui de « Connétable ». Il est promu sergent le 27 septembre puis aspirant le 14 octobre 1910. Il rejoint alors Saint-Cyr avec le titre d'élève officier. Le 12 juillet 1911, à la fin de sa première année de scolarité, et conformément aux traditions de l'ESM, sa promotion reçoit son nom de baptême : « Promotion Fez ». Charles de Gaulle termine cette première année classé 45e. Il choisit de poursuivre sa scolarité en optant pour l'infanterie. Sa formation à Saint-Cyr s'achève le 3 août 1912. Il est classé 13e. Promu sous-lieutenant, il choisit de servir à nouveau au 33e RI que commande depuis presque dix-huit mois le colonel Philippe Pétain. Le 1er octobre 1913, il est promu au grade de lieutenant.

La Grande Guerre. Lors de l'offensive allemande de 1914, le 33e RI est engagé dans des contre-attaques sur la Meuse, à Dinant. Le 15 août, la section du lieutenant de Gaulle est décimée. Il est lui-même blessé par balle au genou droit. Évacué vers Charleroi, il est opéré à Paris, puis à nouveau évacué vers Lyon. Après une période de rééducation à Cognac, il repart pour le front le 15 octobre. À la tête de la 7e compagnie qu'il commande dorénavant, il découvre en Champagne la guerre de tranchées. En décembre, il est nommé par son chef de corps officier adjoint du régiment ; le 18 janvier 1915, il est cité à l'ordre de la division pour avoir « exécuté une série de reconnaissances des positions ennemies dans des conditions périlleuses ». Promu capitaine à titre temporaire le 10 février 1915, il est un mois plus tard blessé à la main gauche par un éclat d'obus puis nommé capitaine à titre définitif le 3 septembre 1915. Les pertes en officiers sont telles qu'il reçoit en novembre le commandement par intérim du 3e bataillon du régiment.

Lorsque les Allemands déclenchent leur offensive sur Verdun le 21 février 1916, le 33e RI fait partie des premiers régiments mis en route pour renforcer la région fortifiée. Le 1er mars, le capitaine de Gaulle est en ligne avec sa compagnie. Le 2 mars, celle-ci est engagée avec tout le 3e bataillon dans le secteur de Douaumont. À l'issue des combats, de Gaulle est porté disparu. Blessé à la cuisse gauche d'un coup de baïonnette, il a en fait été capturé par les Allemands. En dépit de cinq tentatives d'évasion, il demeure prisonnier jusqu'à la fin de la guerre – en octobre 1927, il sera décoré de la médaille des Évadés. Sa conduite à Douaumont lui vaut d'être cité à l'ordre de l'armée : « Commandant de compagnie réputé pour sa haute valeur intellectuelle et morale. Alors que son bataillon, subissant un effroyable bombardement, était décimé et que les Allemands atteignaient sa compagnie de tous côtés, a enlevé ses hommes dans un assaut furieux et un corps à corps farouche, seule solution qu'il jugeait compatible avec son sentiment d'Honneur Militaire. Officier hors pair à tous égards. » Cette citation, parue au *Journal officiel* du 7 mai 1916, après avoir été rédigée à l'état-major de la 2e armée, est revue, amendée et signée par son chef le général Pétain. Elle contribuera, deux ans plus tard, à sa promotion comme chevalier de la Légion d'honneur.

En Pologne. De retour en France, le capitaine de Gaulle retrouve son ancien régiment dont il est immédiatement détaché pour suivre, à Saint-Maixent, le « cours des commandants de compagnies » (CICC), du 5 janvier au 18 mars 1919. Dans sa notation du 23 février, le colonel Augier, qui commande le CICC, le considère comme un « officier particulièrement doué à tous points de vue ». Dès la fin du stage, de Gaulle obtient un détachement auprès de l'armée polonaise créée en France en 1917 (détachement du 17 avril 1919 au 31 janvier 1921). En Pologne, il est instructeur à l'école militaire de Rembertow jusqu'à l'éclatement de la guerre polono-bolchevique au printemps de 1920. Maintenu dans l'inaction pesante imposée par le gouvernement français, il est affecté au Groupe d'armées polonais du Sud puis du Centre en juillet 1920, alors que les forces bolcheviques marchent vers Varsovie. Il y sert comme officier du 3e Bureau (bureau des opérations) et n'hésite pas à se rendre en première ligne afin de « s'y documenter avec précision » sur les forces bolcheviques. Il est une nouvelle fois cité à l'ordre de l'armée le 13 janvier 1921. Il termine son séjour polonais au cabinet du général Niessel, chef de la Mission militaire française en Pologne.

À son retour, il est affecté à l'ESM de Saint-Cyr comme professeur adjoint d'histoire. En plus de son activité d'enseignement au profit des élèves officiers, il prépare le concours d'entrée à l'École supérieure de guerre (ESG), qu'il réussit en 1922, classé 33e sur 129. En septembre 1924, à l'issue de sa scolarité, il est affecté comme stagiaire au 4e Bureau de l'armée du Rhin à Mayence. Il quitte l'Allemagne le 1er juillet 1925 pour rejoindre l'état-major particulier du maréchal Pétain, vice-président du Conseil supérieur de la guerre, et, après avoir prononcé en 1926, sur ordre de ce dernier, une série de trois conférences à l'ESG, est promu chef de bataillon le 25 septembre 1927.

Au Secrétariat général du Conseil supérieur de la Défense nationale. Il prend peu après le commandement du 19e bataillon de chasseurs à Trèves, qu'il ne quitte qu'à sa dissolution, le 9 octobre 1929, pour rejoindre Beyrouth. Au Levant, il cumule, au sein de l'état-major, les fonctions de chef du 2e Bureau (renseignement) et du 3e Bureau (opérations). À son départ, en novembre 1931, son chef, le général de

Bigault du Granrut, le présente comme un « beau soldat, [qui] sera un beau chef qu'il y a intérêt pour le bien de son arme et de toute l'armée à pousser rapidement aux hautes situations où il donnera sa pleine mesure et ne décevra pas ». Rentré en France, le chef de bataillon de Gaulle est affecté au Secrétariat général du Conseil supérieur de la Défense nationale alors qu'il espérait être nommé à l'ESG. Brillamment noté, il est promu lieutenant-colonel le 25 décembre 1933 sans changement d'affectation. Il suit en 1937 le cours du Centre des hautes études militaires (CHEM) puis est muté au 507ᵉ régiment de chars de combat (RCC). Il prend le commandement de ce régiment par intérim en juin puis de plein droit en septembre. À Noël il est colonel.

La Seconde Guerre mondiale. Du 2 septembre 1939 au début du mois de mai 1940, le colonel de Gaulle commande les chars de la 5ᵉ armée. Le 12 mai, il prend le commandement de la 4ᵉ division cuirassée de réserve (DCR) qui est engagée, le 17 mai, à Montcornet. Une nouvelle fois engagé deux jours plus tard, il doit faire battre en retraite au-delà de l'Aisne le 20. Le 28 mai, il est avec sa division devant Abbeville où il combat pendant trois jours jusqu'à ce qu'une division britannique le relève. Cette série de trois engagements majeurs lui vaut une citation élogieuse à l'ordre de l'armée.

Le 1ᵉʳ juin 1940, le colonel de Gaulle est nommé général à titre temporaire. Le 22, une décision ministérielle signée du général Colson annule cette nomination au prétexte que le général de Gaulle se trouve en « situation d'absence illégale » en Grande-Bretagne, qu'il « refuse de rejoindre le territoire français » et a, ce faisant, commis une « faute grave ». Le lendemain 23 juin, le « colonel d'infanterie breveté d'état-major de Gaulle » est « admis d'office à faire valoir ses droits à la retraite par mesure de discipline ». Six mois plus tard, après que les décrets du 8 décembre 1940 eurent « déclaré déchus de la nationalité française » les généraux Catroux, Legentilhomme, le colonel de Larminat et « monsieur » Charles de Gaulle, ces derniers perdent, en vertu de la loi du 19 mai 1834, de façon « totale et définitive », leurs grades ainsi que « les droits et prérogatives attachés audits grades ». En ce qui le concerne, le général de Gaulle est rayé des « contrôles de l'armée » de façon rétroactive à partir du 2 août 1940, date à laquelle il a été condamné par contumace à « la peine de mort, à la dégradation militaire et à la confiscation de ses biens ». Cette dernière décision sera annulée par la cour d'appel de Riom le 11 janvier 1945.

Au début de 1946, plusieurs décrets prévoyant pour le général de Gaulle une série de nominations rétroactives aux grades de général de brigade à titre définitif, puis de général de division, de corps d'armée et d'armée ainsi qu'un décret spécial le maintenant « dans la 1ʳᵉ section du cadre de l'état-major général de l'armée » sont préparés. Mais l'ancien chef de la France libre s'y oppose. Jusqu'en 1951, il continue de figurer sur la liste d'ancienneté des officiers généraux de l'armée d'active. Cette pratique cesse, à sa demande, à la fin de 1952. Frédéric GUELTON

• *Voir aussi :* Condamnation à mort de De Gaulle ; Conférencier et professeur ; École supérieure de guerre ; Grande Guerre ; Pologne ; Secrétariat général du Conseil supérieur de la Défense nationale

Bibl. : Institut Charles-de-Gaulle, *Chronologie de la vie du général de Gaulle*, Paris, Plon, 1974 • Éric Roussel, *Charles de Gaulle*, Paris, Gallimard, 2002.

CARTEL DES « NON ». – *Voir* CRISE CONSTITUTIONNELLE DE 1962 ; DISCOURS DU 20 SEPTEMBRE 1962 ; MONNERVILLE, Gaston ; RÉFÉRENDUM DU 28 OCTOBRE 1962.

CASABLANCA (conférence de). – *Voir* ANFA (conférence d').

CASSIN, René (1880-1976). – L'appel du 18 juin rencontra un faible écho parmi les notables de la République. De Gaulle n'a pas manqué de le noter. « Quelques-uns, pourtant, furent tout de suite à mes côtés et apportèrent aux devoirs qu'ils assumaient à l'improviste une ardeur et une activité grâce auxquelles, en dépit de tout, le navire prit et tint la mer. Le professeur Cassin était mon collaborateur – combien précieux – pour tous les actes et documents sur lesquels s'établissait, à partir de rien, notre structure intérieure et extérieure » [*MG*]. Alors âgé de soixante ans, grand mutilé de la guerre de 1914-1918, président de l'Union fédérale des anciens combattants (UFAC) et ancien délégué de la France à la Société des Nations et au Bureau international du travail, René Cassin avait eu connaissance, le 19 juin, de l'appel du général de Gaulle : « Cette nouvelle me frappa comme un trait de lumière. » Le 23 juin, le professeur de droit embarque à Saint-Jean-de-Luz. Le 29, il rencontre de Gaulle qui lui demande sur-le-champ de rédiger ce qui deviendra l'accord franco-britannique du 7 août. À la question de Cassin sur le statut des « Français libres » – légion française dans l'armée britannique ou alliés de plein exercice ? –, de Gaulle répond : « Nous sommes la France. »

Membre du Conseil de défense de l'Empire français créé le 27 octobre 1940, Cassin sera le gardien vigilant du respect des formes républicaines et des libertés publiques. Au sein du Comité national français (CNF) créé en septembre 1941, il est chargé de la justice et de l'éducation. Il fait inscrire dans le texte fondateur du CNF le principe de l'Assemblée consultative qui se réunira à Alger en 1943. Après la formation du Comité français de la Libération nationale (CFLN), il préside la commission de réforme de l'État et, surtout, dirige le « comité juridique » qui joue le rôle du Conseil d'État dans sa partie consultative. Il est étroitement associé à la préparation des nombreuses ordonnances qui organisent le rétablissement de la légalité républicaine. À son retour en France, le 28 août 1944, René Cassin découvre que plus de vingt membres de sa famille sont morts en déportation. Président de l'Alliance israélite universelle en exil pendant la guerre, il demeurera à ce poste jusqu'à son décès.

En novembre 1944, de Gaulle le nomme vice-président du Conseil d'État, c'est-à-dire président effectif de cette institution. Il y exerce, pendant seize années, une magistrature d'influence qui va bien au-delà de l'organisme lui-même. Il joue un rôle décisif dans la rédaction et l'adoption par l'ONU de la Déclaration universelle des droits de l'homme, qui est proclamée à Paris le 10 décembre 1948. En 1958, lors du retour au pouvoir du général de Gaulle, il soutient celui-ci. Président du Comité consultatif provisoire qui met en forme le projet de Constitution, il défend le texte devant le Conseil d'État. Peu à peu, cependant, naissent des tensions. Cassin s'oppose au choix de la voie référendaire pour la réforme constitutionnelle de 1962, et souffre de ce que le président s'oppose à la ratification par la France de la Convention européenne des droits de l'homme et des libertés fondamentales. En 1959, il devient vice-président de la Cour européenne. La position de De Gaulle vis-à-vis d'Israël au moment de la guerre des Six-Jours est une autre source de conflit. Il n'y aura cependant pas rupture, en raison des liens extraordinaires nés entre les deux hommes et parce que Cassin se souvient que dans les pires moments, entre 1940 et 1944, le général de Gaulle n'a pas renoncé. En 1968, René Cassin reçoit le prix Nobel de la paix et crée à Strasbourg l'Institut international des droits de l'homme. Il meurt en 1976. Sa dépouille mortelle est transférée au Panthéon en 1987.

Bernard Ducamin

• *Voir aussi :* Comité national français ; Conseil d'État ; Droit ; Israël ; Légalité républicaine

Bibl. : Marc Agi, *René Cassin : prix Nobel de la paix, 1880-1976, père de la Déclaration universelle des droits de l'homme*, Paris, Perrin, 1998 • René Cassin, *Les Hommes partis de rien : le réveil de la France abattue, 1940-1941*, Paris, Plon, 1974 • Gérard Israël, *René Cassin*, Paris, Desclée de Brouwer, 1990.

CASTEX, Raoul (1878-1968). – Dès le début de sa carrière, Raoul Castex se signale par des travaux historiques. Dans l'entre-deux-guerres, il se situe à la pointe du renouveau de la pensée navale française par les cours qu'il dispense à l'École de guerre navale, dont il assurera par deux fois le commandement, et par ses nombreux écrits, qui culminent avec les cinq tomes des *Théories stratégiques* parus entre 1929 et 1935. À la différence des autres auteurs français de l'époque, il se signale par une perspective très large, à la fois stratégique et géopolitique, qui essaie de raisonner à l'échelle des océans et du monde. Le colonel de Gaulle le lit alors, et subit son influence. L'absence de notes connues ne permet pas de mesurer précisément l'étendue de cette influence, mais elle a certainement été considérable et a contribué à donner au chef de la France libre la vision mondiale qui fera défaut aux chefs politiques et militaires français de 1940.

Nommé commandant en chef des forces maritimes du Nord en août 1939, l'amiral Castex est relevé de son commandement et mis à la retraite en novembre en raison de sa rivalité avec l'amiral Darlan. Lucide, il avait prévu le risque d'une percée allemande et voulait constituer un camp retranché autour de Dunkerque. Partisan de la continuation de la lutte en juin 1940, il justifiera cette position dans ses écrits d'après guerre qui formeront le sixième tome des *Théories stratégiques*. Extrêmement réservé, dès l'abord, vis-à-vis du régime de Vichy, il suit de très près les opérations militaires de la Seconde Guerre mondiale, ainsi que les évolutions techniques et stratégiques qui en découlent. Après la guerre, il reprend ses collaborations aux revues militaires et prononce régulièrement des conférences, notamment à l'École supérieure de guerre. Le 14 juillet 1959, il est élevé à la dignité de grand-croix de la Légion d'honneur. Le général de Gaulle lui écrit à cette occasion : « Je n'oublie pas ce que ma propre formation a dû à ce que j'ai connu et lu de vous et de vos leçons en fait de stratégie, non plus qu'à l'exemple que vous avez donné par vos services. » Hervé COUTAU-BÉGARIE

• *Voir aussi :* Bibliothèque personnelle ; Formation scolaire et intellectuelle ; Guerre ; Marine ; Secrétariat général du Conseil supérieur de la Défense nationale

Bibl. : Raoul Castex, *Théories stratégiques*, édition établie par Hervé Coutau-Bégarie, Paris, Institut de Stratégie comparée-Economica, 7 vol., 1996-1997 • Hervé Coutau-Bégarie, *Castex le stratège inconnu*, Paris, Economica, 1985.

CATHOLIQUE (foi). – On a peu parlé de la foi du Général. Les rares études qu'elle a suscitées l'abordent, c'est le cas de celles de Jean-Marie Paupert, comme une « foi d'apparence », plus souvent, ainsi de celles d'Émile Poulat, comme une « foi d'intériorité » sans effet sur ses choix politiques. L'analyse mérite sans doute d'être réévaluée. Il apparaît de plus en plus clairement aujourd'hui que le fondateur de la Ve République ne fut pas l'homme de cette simple religion d'observances rituelles propre au « catholicisme bourgeois ». Formé dans le « catholicisme intégral », il prit aussi au sérieux, sans pour autant s'inféoder à la puissance ecclésiale, ce que le père de Lubac appelait les « aspects sociaux du dogme ».

La foi privée de De Gaulle ne fait guère débat. Ses écrits, comme ses pratiques, le révèlent priant tout au long de sa vie, rapportant chaque chose ici-bas à la grâce de Dieu, dans l'attente du Royaume qui le verra retrouver Anne, sa « fille tant aimée ». Cette fidélité s'enracine dans une ascendance familiale. Sa mère, Jeanne Maillot, est, au sens de Gabriel Le Bras, une « dévote » ; de la messe quotidienne au salut dominical, les exercices qu'elle s'impose vont bien au-delà des seules obligations canoniques. Habitée, selon la formule des *Mémoires*, par « la passion intransigeante qu'elle porte à sa piété religieuse », elle ne laissera pas indemnes ses cinq enfants : ils recevront d'elle les principes stricts d'une religion qui n'admet pas le doute. Son père, Henri de Gaulle, est plus souple sans doute. Cet « homme de pensée, de culture et de tradition » n'est cependant pas moins que sa femme intégré à l'univers catholique. L'« adhérence » religieuse s'exprime, chez lui aussi, par la pratique fréquente des sacrements. Au cours des années 1900-1910, il assure de surcroît le service de la messe à l'église parisienne de Saint-Thomas-d'Aquin. Sa profession même est une manière de vocation. C'est pour défendre l'enseignement jésuite, menacé par le décret de 1880, qu'il devient professeur (puis préfet des études) au collège de l'Immaculée-Conception où il a été élève, avant de créer en 1907, en accord avec la Compagnie de Jésus, une institution « sécularisée » à la pédagogie toute ignatienne, l'école Fontanes.

Nourrie à cette source homogène, la foi de Charles de Gaulle s'actualise dans une trajectoire personnelle. L'enfant passe toute sa scolarité à l'abri des maisons catholiques : le primaire à l'école Saint-Thomas-d'Aquin, le secondaire au collège de l'Immaculée-Conception. En 1907-1908, il rejoint en Belgique le collège du Sacré-Cœur d'Antoing où ses maîtres jésuites, chassés par la législation combiste, se sont réfugiés. Partout, on le voit très pieux : il suit la messe chaque jour, et les vêpres le dimanche. À l'Immaculée-Conception, il devient cérémoniaire et responsable d'une congrégation de la Sainte Vierge. Les vacances n'interrompent pas ses dévotions : l'été, il est volontiers à Lourdes où il se fait, à la fin des années 1900, hospitalier au service des malades. L'adulte n'oubliera pas les promesses de l'enfance. De l'entrée à Saint-Cyr jusqu'à la retraite à Colombey, de Gaulle maintiendra sans aucune rupture une présence assidue aux offices (même pendant les voyages présidentiels), qu'il confortera par des récollections régulières au monastère du mont Sainte-Odile. Attaché aux écoles confessionnelles qui l'ont formé, c'est à elles logiquement qu'il confiera, en accord avec son épouse issue de la même « bourgeoisie de tradition », l'éducation de ses enfants, Philippe et Élisabeth.

La foi privée a-t-elle des prolongements publics ? C'était une évidence pour Henri de Gaulle. Devenu, dans l'obéissance à Léon XIII, « républicain de raison », il n'en est pas moins demeuré catholique social, ou « intégral ». Charles ne rompt pas avec la tradition paternelle. En témoignent tout d'abord ses engagements militants qui l'installent dans la constellation du catholicisme social, même si, malgré l'amitié qui lie son oncle à l'un de ses fondateurs, il semble qu'il n'ait jamais fréquenté les Semaines sociales. Avant la Première Guerre mondiale, ce « jeune homme d'aujourd'hui », lecteur d'Ernest Psichari et de Charles Péguy, se trouve auprès des jésuites de Mouvaux, dans les sessions d'études qu'ils organisent sur la pensée politique de l'Église. Lors des années 1920-1930, il fréquente le mouvement « populariste » dont le projet est de « refaire la République » sur des bases chrétiennes : il écrit dans *L'Aube*, aux côtés de Francisque Gay et Georges Bidault, et adhère aux Amis de *Temps présent*, qui succède à *Sept* en 1937. L'entrée dans la Seconde Guerre mondiale n'efface pas cette solidarité démocrate-chrétienne. Rejoint à Londres par de nombreux militants du Parti démocrate populaire et de la Jeune République, il soutient avec une détermination qui la fait vite apparaître comme l'organe officiel de la France libre la revue qu'ils se donnent : *Volontaires pour la Cité chrétienne*, animée par Maurice Schumann. C'est ce parcours que résume cette confidence faite en 1945 aux députés MRP : « Vous savez bien que, moi aussi, je suis un chrétien social. »

Les convictions de De Gaulle (qui inspirent en grande partie sa politique) ne sont pas moins significatives. Certes, le fondateur de la Ve République n'est pas un doctrinaire : l'art du gouvernement, à ses yeux, consiste à apporter « des réponses concrètes à des problèmes concrets ». Il reste que ces réponses sont fortement inspirées par la doctrine sociale de l'Église. Il en reprend les refus. Les papes dénoncent le « capitalisme manchestérien » ; lui aussi, et en usant du même lexique. S'il « uniformise les existences », le libéralisme économique réduit les travailleurs de surcroît à n'être que « des instruments et non des participants ». Pour le magistère romain, la « solution collectiviste » est un « remède pire que le mal ». Pour de Gaulle également, qui l'appréhende à son tour comme un régime de division, d'oppression, de misère. Cette communauté de refus aurait pu ne pas déboucher sur une communauté de projets. Il n'en a rien été. Au plan interne, le Général souhaite, comme l'Église, redonner à la société l'organicité dont l'a privée la « barbarie » moderne, ce qui explique son souci de défendre l'institution familiale, de promouvoir la participation, de « restituer aux intérêts spirituels la primauté qui leur revient ». Au plan international, la convergence n'est pas moins grande. Elle prend corps, contre la logique des blocs, autour de l'exigence de solidarité : solidarité entre l'Est et l'Ouest, entre le Nord et le Sud, dans le respect des indépendances nationales. Le discours de Paul VI à l'ONU en 1965 provoque de sa part cette réaction : « J'aurais pu dire exactement la même chose. »

Cet enracinement catholique permet de comprendre pourquoi, lors des élections sous la IVe et plus encore sous la Ve République, les fidèles se sont si massivement rangés à ses côtés ; pourquoi des dirigeants démocrates-chrétiens de première importance, comme Edmond Michelet, Louis Terrenoire ou Marcel Prélot, lui ont donné leur soutien ; pourquoi les papes eux-mêmes lui ont toujours globalement accordé leur appui, hormis un article critique de *l'Osservatore Romano* en 1951 contre son « transformisme de droite ». Faut-il de là faire du Général un catholique asservi aux intérêts ecclésiaux ? Nullement. Bien qu'inspiré par le christianisme, il n'entendait pas que le politique abdique son autonomie, et se ferme aux autres composantes de la culture nationale.

Philippe Portier

• *Voir aussi* : Ascendance familiale ; Église et cultes ; Funérailles ; Gaulle, François de ;

Bibl. : Michel Brisacier, *La Foi du Général*, Paris, Nouvelle Cité, 1998 • Jean-Marie Mayeur, *Catholicisme social et Démocratie chrétienne. Principes romains et expériences françaises*, Paris, Le Cerf, 1986 • Philippe Portier, « Le général de Gaulle et le catholicisme. Pour une autre interprétation de la pensée gaullienne », *Revue historique*, n° 602, avril-juin 1997, p. 533-562.

CATROUX, Georges (1877-1969). – Entre tous les compagnons du général de Gaulle, le général Catroux tient une place particulière. Il la doit à son geste du 16 septembre 1940, à Fort-Lamy, lorsqu'il inclina ses cinq étoiles devant celles d'un cadet qu'il avait connu dans l'infortune de la captivité, à Ingolstadt, et qui, investi à ses yeux d'un pouvoir qui ne se hiérarchisait pas, était devenu la France.

Né à Limoges dans une famille de tradition militaire, Catroux embrasse la carrière coloniale qui le conduit successivement en Arabie, en Algérie, au Levant et au Maroc, où il s'illustre particulièrement à la tête de la région de Marrakech. Inspiré par l'exemple de son maître le maréchal Lyautey, il adhère très vite et très tôt aux théories libérales en matière de décolonisation. En juillet 1939, il est tiré de sa retraite par Georges Mandel et prend la tête du gouvernement général de l'Indochine. Seul et quasiment désarmé, il doit composer avec les exigences du Japon. En juillet 1940, il est destitué par le gouvernement de Vichy qui sait bien ne pas pouvoir compter sur lui. Le 17 septembre 1940, il est à Londres. Il refuse la proposition faite par Winston Churchill de prendre la place de De Gaulle, alors en route vers Dakar.

Nommé membre du Conseil de défense de l'Empire le 27 octobre 1940, le général Catroux se rend au Caire. À partir de la mi-novembre, il y prépare l'intervention militaire conjointe de la France libre et de l'Angleterre au Levant. En juin 1941, il est commandant en chef et délégué général de la France libre au Moyen-Orient. Après la campagne de Syrie, et sans tenir compte de leurs divergences au moment des négociations sur les accords de Saint-Jean-d'Acre, de Gaulle le nomme haut-commissaire de la France libre au Levant. À Beyrouth et à Damas, Catroux met en place des gouvernements avec lesquels il entreprend de négocier les modalités d'indépendances qu'il a choisi de proclamer, mais qu'il reste à faire entrer en vigueur. Durant un an et demi, malgré la faiblesse de ses moyens, il lutte pied à pied tant avec les nationalistes qu'avec les Anglais engagés dans les intrigues ourdies par le général Spears et ses *political officers*, pour sauvegarder le peu qui peut subsister des prérogatives françaises au Levant.

Au long du printemps 1943, il est chargé du remembrement des territoires d'outre-mer et occupe les fonctions de gouverneur général de l'Algérie. Il s'emploie à rapprocher les positions du général de Gaulle et du général Giraud, qui a été autrefois son compagnon au Maroc. Sans rien renier de sa fidélité à de Gaulle, il mène la négociation dans un style très personnel, parfois fort éloigné de celui du chef de la France libre. Il participe aux négociations qui débouchent sur la formation du CFLN (Comité français de la Libération nationale), dont il devient membre le 3 juin

1943. Après avoir assumé une mission temporaire au Liban, où il règle la crise de novembre 1943, il est nommé à la tête du gouvernement général de l'Algérie. Il jette les bases d'une politique d'intégration par le biais de l'ordonnance du 7 mars 1944, jugée dépassée par les nationalistes, mais qui lui vaut une solide impopularité au sein de la population d'origine européenne.

Spécialiste des missions difficiles, ce grand soldat sait le plus souvent faire preuve de hautes qualités d'administrateur et de politique. Il est l'une des rares personnalités de la France libre capables de tenir tête à de Gaulle dont il s'efforce à plusieurs reprises de modérer l'intransigeance quand elle lui paraît préjudiciable à la cause qu'ils entendent tous deux servir. Capable de fermeté, indépendant d'esprit, il sait également faire des concessions. Trop parfois, au gré de l'homme du 18 Juin, dont il arrive qu'il se démarque en estimant que « la sagesse eût exigé plus de circonspection ». Aussi leurs relations sont-elles parfois tendues, sans que leur unité de vue sur l'essentiel s'en trouve compromise.

Au lendemain de la Libération, le général Catroux est nommé ambassadeur à Moscou. Jusqu'en 1948, il a tout le loisir d'y observer la vanité du pacte franco-soviétique. Après avoir adhéré au RPF par fidélité gaulliste, il en démissionne en 1952 pour protester contre des orientations coloniales trop conservatrices à son gré. Il désapprouve la déposition du sultan du Maroc, le 20 août 1953. Il préside la commission d'enquête sur le désastre de Diên Biên Phu. Sa réputation de libéralisme en matière coloniale lui vaut d'être envoyé par Edgar Faure à Antsirabé (Madagascar) en 1955 afin de négocier l'indépendance avec le sultan du Maroc. Un an plus tard, Guy Mollet le nomme ministre résident en Algérie pour tenter de désamorcer la crise. Démissionné dans des conditions dramatiques par un président du Conseil qui le sacrifie à la colère des Européens, il a l'élégance de ne pas dénoncer la reculade du pouvoir. Après 1958, il se rallie à la Ve République. Grand chancelier de la Légion d'honneur depuis 1954, il remet le cordon de grand-croix au général de Gaulle devenu président de la République. À cette occasion, celui-ci lui écrit : « De tout ce que vous futes et demeurez à mon égard, de tout ce que vous avez fait, dit et démontré depuis que nos destins sont associés devant la France et à son service, je vous remercie... » Catroux préside le Haut Tribunal militaire appelé à juger les auteurs du putsch militaire d'avril 1961.

À sa mort en 1969, Charles de Gaulle lui rend ce dernier hommage : « Il a conduit avec beaucoup de dignité et de distinction le jeu de la France et, s'il m'arrive de penser que son désir de séduire et son penchant à la négociation ne répondaient pas toujours au genre d'esquive qui lui était imposé, s'il tarda à discerner en ses profondeurs la malveillance du dessein britannique, je ne laissais jamais de reconnaître ses grands mérites et ses immenses qualités. » Georges Catroux est Compagnon de la Libération. Henri LERNER

• *Voir aussi* : CFLN ; Décolonisation ; Empire ; FFL ; Levant

Bibl. : *Catroux, Français libre*, numéro spécial de la revue *Espoir*, n° 57, 1986 • Georges Catroux, *Dans la bataille de Méditerranée*, Paris, Julliard, 1949 • Henri Lerner, *Catroux*, Paris, Albin Michel, 1990.

CAUNES, Georges de (1919-2004). – La carrière de ce journaliste, animateur de radio et de télévision parmi les plus populaires des années 1960, en même temps que gaulliste affirmé, permet d'éclairer un aspect de la personnalité du général de Gaull en même temps que sa relation avec les journalistes. Né à Toulouse, licencié en droit, Georges de Caunes est gaulliste dès 1940. Il découvre son futur héros alors qu'il est jeune soldat, écœuré par la capitulation. Il n'entend pas l'appel du 18 Juin mais, après la débâcle, perçoit le Général comme un « Robin des Bois qui seul, à l'aide d'un porte-voix, s'efforce depuis Londres de rassembler les hommes de passion qui ont vingt ans et les hommes de réflexion qui en ont quarante [...]. Entre la triste histoire et la légende, entre Pétain et de Gaulle, le choix me paraît évident [...]. Je me range du côté du contestataire, du révolté, du rebelle, de l'excommunié ». Il ne gagne pas Londres comme il en rêve mais connaît brièvement le maquis avant d'être recruté par la radio publique à la Libération. En 1949, il est aussi de l'équipe des fondateurs du journal télévisé.

Après 1958, sa carrière est servie par sa réputation. En 1963, pour le nouveau journal télévisé lancé par Alain Peyrefitte, ministre de l'Information, on cherche des professionnels « de confiance ». Les gaullistes avoués ont le vent en poupe. Georges de Caunes, que ses aventures d'explorateur ont rendu très populaire, devient donc un de ses présentateurs attitrés. Il pense que la télévision doit plaire à son public et qu'il faut savoir éclairer les catastrophes d'un sourire. Cette vision ne pouvait que convenir au Général qui exprima maintes fois sa détestation pour le pessimisme de l'information télévisée. « La télévision est la Voix de la France » – le mot fameux et très gaullien de Georges Pompidou en 1972 ne déplut jamais à Georges de Caunes. En 1965, ce gaulliste est flatté de voir François Mitterrand lui demander de l'interroger avant le second tour de l'élection présidentielle, comme Michel Droit le fit pour le Général. Dans les urnes, il vote gaulliste comme toujours. Aux élections législatives de juin 1968, Jacques Foccart en personne le convoque à l'Élysée pour lui demander d'être candidat : « Le Général vous aime bien. Réfléchissez. » Il refuse cette « promotion » assez banale en ce temps. À la mort du Général, sur l'antenne de RTL qu'il a rejoint en 1966, il prononce au petit matin un vibrant éloge à l'heure où, dit-il, il n'y a plus le risque « d'être traité de courtisan ». Après 1975 et jusqu'à 1979, il continue sa carrière comme chef du service des sports de TF1.

Ce gaulliste de cœur et de réputation ne rencontra qu'une seule fois son grand homme, en 1956, quand il tournait comme acteur dans un documentaire sur Tahiti où de Gaulle se rendit alors en compagnie de quelques fidèles. Il aura ce mot : « Je n'éprouve pas le besoin de lui dire que je suis un de ses fidèles. Quelle importance que je sois gaulliste. L'important est qu'il soit de Gaulle. » Jérôme BOURDON

• *Voir aussi :* Information ; Radio et télévision

Bibl. : Georges de Caunes, *Ma part des choses*, Paris, Le Pré aux clercs, 1990.

CDR (Comités de défense de la République). – Les Comités de défense de la République naissent à la fin de la première semaine du mois de mai 1968, à l'initiative des responsables du Service d'action civique (SAC) soucieux d'épauler les forces de l'ordre dans leur combat contre l'agitation gauchiste et de donner la parole à cette France profonde qui refuse la « chienlit ». Le 7 mai, Charles Pasqua, Jacques Belle (directeur de cabinet de Robert Poujade) et Pierre Lefranc lancent les CDR. De Gaulle accepte que l'organisation s'installe au 5 de la rue de Solférino où elle partage les locaux avec le SAC et l'Association nationale. Jacques Godfrain lance la campagne d'adhésion et, rapidement, avec l'aide financière de Matignon, les CDR apportent un soutien logistique et moral au régime ébranlé. Informé par Jacques Foccart, de Gaulle trouve du réconfort dans ce sursaut militant.

Développés sur une double base professionnelle et géographique, les CDR comptent dix mille adhérents dès la fin du mois de mai. Ils jouent un rôle clé dans l'organisation de la manifestation des Champs-Élysées, puis participent aux législatives de juin 1968 en assurant notamment la tenue du meeting parisien du 20 juin où André Malraux présente les récents événements comme « une crise de société ». Cette réussite permet à Foccart d'arracher le maintien des comités à un de Gaulle soucieux de mettre un terme à cette « agitation ». Pour le conseiller, les CDR constituent un instrument de combat contre la « subversion », toujours active à ses yeux.

À la rentrée 1968, en collaboration avec le SAC et l'UNI (Union nationale interuniversitaire), les CDR s'engagent dans une propagande de tonalité conservatrice (notamment *via* leur journal, *Citoyen*) qui leur vaut l'hostilité du réformiste Edgar Faure. Estimant que la participation dans l'Université est la solution à l'agitation des campus, de Gaulle déplore cette rigidité idéologique. À la mi-novembre, Foccart renonce à remplacer Pierre Lefranc à la tête de l'association nationale (il a suggéré à de Gaulle les noms de Léon Noël, Jean Cédille et Fernand Gambiez) mais ne lui laisse qu'un poste honorifique et s'appuie sur un ancien cadet de la France libre, Yves Lancien, nommé secrétaire général. Le 9 avril 1969, de Gaulle refuse de recevoir Lefranc et critique les excès militants d'une organisation qu'il perçoit comme extrémiste. Les CDR participent pourtant activement à la campagne référendaire du printemps 1969. À la fin de l'année, Lefranc se retire des CDR : il ne se reconnaît plus dans les comités qui, selon lui, ont renié leur esprit d'origine pour s'engager sur le terrain électoral. Dirigés par Lancien, les CDR secondent l'UDR sur le terrain idéologique et militant jusqu'à leur intégration dans le RPR fin 1976.

François AUDIGIER

• *Voir aussi* : Association nationale ; Manifestation du 30 mai 1968 ; SAC

Bibl. : François Audigier, *Histoire du SAC, la part d'ombre du gaullisme*, Paris, Stock, 2003 • Jacques Foccart, *Journal de l'Élysée*, t. 2, *Le Général en mai (1968-1969)*, Paris, Fayard-Jeune Afrique, 1998 • Pierre Lefranc, *Avec qui vous savez*, Paris, Plon, 1979.

CEAUSESCU, Nicolae (1918-1989). – Né dans une famille de paysans roumains, Nicolae Ceausescu s'inscrit dès son jeune âge au parti communiste, illégal à l'époque. Il est incarcéré plusieurs fois et passe la période de 1940 à 1944 en détention, se liant ainsi avec les futurs dirigeants. Le fait que ces hommes aient choisi de risquer la prison pour leurs idéaux inspirera du respect au général de Gaulle. En 1948, après la prise de pouvoir par les communistes, Ceausescu est nommé vice-ministre, puis secrétaire au comité central du Parti communiste roumain en 1954. La notoriété lui vient avec la mort de Gheorgiu-Dej, en mars 1965. Il lui succède comme premier secrétaire du Parti.

En juillet 1964, la visite à Paris d'Ion Gheorghe Maurer, président du Conseil roumain, éveille chez le Général l'espoir de voir émerger, en accord avec sa propre vision de la détente, une Roumanie autonome. Nicolae Ceausescu, alors un inconnu pour de Gaulle, poursuit la politique d'émancipation roumaine. Il brise la discipline du bloc oriental en établissant des relations diplomatiques avec Bonn en janvier 1967. Mais les services du Général s'expriment sur Ceausescu d'une façon nettement moins favorable que sur Ion Gheorghe Maurer. L'ambassadeur français à Bucarest décrit en avril 1967 l'« accueil glacial » qu'il a reçu chez le dirigeant du Parti, puis la froideur soudain transformée lorsqu'il a évoqué la possibilité de la visite prestigieuse du Général.

De Gaulle perçoit sa visite en Roumanie, du 14 au 18 mai 1968, comme une réponse à l'initiative antérieure d'Ion Gheorghe Maurer. Toutefois, respectant le protocole, il s'entretient principalement avec Nicolae Ceausescu qui est devenu le chef de l'État en décembre 1967. Le président français appuie clairement la politique de souveraineté nationale affichée par Ceausescu. Il l'encourage à se dégager davantage de l'hégémonie soviétique, l'invite à visiter officiellement la France et assure, peut-être avec une dose d'ironie : « Nous vous prenons comme vous êtes. » En revanche, les discours publics du Général ne comportent aucune parole flatteuse à l'adresse du régime roumain. Ils contiennent même des allusions précises aux souffrances du peuple.

Nicolae Ceausescu se sert de la rencontre franco-roumaine pour imposer son autorité. Sur le plan international, les honneurs qu'il a reçus le rendent fréquentable. Le 21 août 1968, il ose condamner l'action militaire soviétique contre la Tchécoslovaquie, ce qui lui confère une certaine stature. Cependant, il n'utilise pas sa nouvelle renommée, ni la notion d'indépendance nationale, dans le sens désiré par le général de Gaulle, son « modèle politique ». Au contraire, il maintient secrètement d'étroits contacts avec le Kremlin et mène en Roumanie une politique stalinienne. Lorsque Nicolae Ceausescu sera fusillé, le jour de Noël 1989, son peuple célébrera la mort de « l'Antéchrist ».

Benedikt SCHÖNBORN

• *Voir aussi* : Détente-Entente-Coopération ; Politique étrangère ; Roumanie ; URSS

Bibl. : Pierre du Bois, *Ceausescu au pouvoir : enquête sur une ascension*, Chêne-Bourg/Genève, Georg, 2004 • Catherine Durandin, *Nicolae Ceausescu : vérités et mensonges d'un roi communiste*, Paris, Albin Michel, 1990 •

Sanda Stolojan, *Avec de Gaulle en Roumanie*, Paris, L'Herne, 1991.

CED (Communauté européenne de défense). – En juillet 1950, à la suite du déclenchement de la guerre de Corée, les États-Unis ne peuvent assurer à la fois la défense de l'Europe et mener la guerre en Asie. Le secrétaire d'État Dean Acheson exige que les Européens prennent en charge leur propre défense, faute de quoi il fera procéder au réarmement de l'Allemagne. En France, cette perspective est extrêmement impopulaire. Jean Monnet, qui est alors en train de négocier le futur traité sur la Communauté européenne du charbon et de l'acier (CECA), conçoit un projet de Communauté européenne de défense qui respecte les intérêts américains sans attiser les craintes françaises. Le but est de créer une armée européenne intégrée dans laquelle les différents pays verseraient des unités. Sous la responsabilité d'un ministre de la Défense européen, l'ensemble serait dirigé par un état-major, lui aussi européen, intégré au commandement interallié de l'OTAN. Le président du Conseil René Pleven reprend à son compte l'idée de Jean Monnet et présente son plan de CED le 24 octobre 1950. Ce « plan Pleven » est d'abord mal accueilli par les partenaires de l'OTAN, mais de longues manœuvres diplomatiques aboutissent à la signature par les six membres de la CECA, le 27 mai 1952, du Traité de Paris. Il reste à le faire ratifier par les parlements nationaux. Dans les cinq pays partenaires, cette ratification s'effectue sans difficultés majeures, mais les choses se déroulent différemment en France, car les communistes et le RPF sont profondément hostiles au traité.

Contre le principe de la CED. On peut considérer que le général de Gaulle et les gaullistes ont joué un rôle essentiel dans le combat contre la CED et qu'ils peuvent être largement tenus pour responsables de son échec. De Gaulle n'est pourtant pas, à l'origine, opposé à une défense européenne. De 1947 à 1951, alors qu'il cherche à alerter l'opinion sur le danger soviétique et sur le niveau dérisoire de préparation de l'armée française, il considère que la seule solution est de réarmer massivement la France et de favoriser l'unité européenne. Au comité exécutif du RPF, une commission de défense nationale placée sous la direction du général Guillain de Bénouville élabore des projets en ce sens. Toutefois, lorsque les Américains entament le réarmement de l'Europe avec la création de l'OTAN, de Gaulle exprime ses premières craintes de voir se diluer l'armée française dans une « machinerie apatride ». En octobre 1950, il ne réagit pas immédiatement au projet de CED. Il n'y fait qu'une allusion voilée à Lille, le 11 décembre, préconisant un accord direct entre la France et l'Allemagne, et rejetant les plans « chimériques et dilatoires ». Le combat du Général contre la CED commence réellement à Nîmes le 7 janvier 1951. Il ironise alors en parlant de « Babel militaire » et propose une unification du haut commandement, comme dans un système d'alliances classique. Son opposition au plan Pleven est profonde, viscérale : il y voit d'abord une atteinte à la souveraineté française, mais aussi une mise en cause de l'identité de l'armée, attribut régalien qui lui tient particulièrement à cœur. Ses arguments relèvent aussi de considérations de politique internationale. Il ne peut admettre que soit constituée une armée européenne alors que la fédération qui devrait en disposer n'existe pas, ce qui aboutit à la logique absurde, selon lui, de sacrifier les armées nationales pour constituer une force qui sera mise à disposition des États-Unis sous le commandement suprême d'un chef américain. Ces thèmes sont développés dans tous ses grands discours : le 4 novembre 1951 à Saint-Mandé, le 25 mars à Nancy, le 21 décembre devant les journalistes ou le 23 février 1952 au Vélodrome d'Hiver, où il associe ses critiques de la CED à celles de l'OTAN. Le 10 mars 1952, lors d'une conférence de presse, il n'hésite pas à qualifier l'armée européenne de « monstruosité ». Cette campagne n'empêche pas la signature du traité.

Échec à la ratification. Commence alors la bataille à propos de la ratification par le

Parlement. Au Conseil de la République, Michel Debré se fait le porte-parole de l'opposition gaulliste. À l'Assemblée nationale, le RPF, avec ses 120 députés, peut largement peser sur les débats parlementaires. Bien que certains aient pris très vite des libertés par rapport à la ligne prescrite par le général de Gaulle (27 députés acceptent de soutenir le gouvernement Pinay en mars 1952), l'hostilité au traité reste constante, y compris parmi ceux qui choisissent d'appuyer l'équipe au pouvoir. Aussi les députés RPF jouent-ils un rôle essentiel dans le blocage du processus de ratification de la CED. Les gouvernements savent que s'ils sortent le dossier, les gaullistes leur feront immédiatement défaut, ce qui aboutira à une crise ministérielle. Antoine Pinay refuse ainsi de soumettre le traité à ratification mais il est finalement renversé par le MRP à cause de cette attitude dilatoire. René Mayer arrive au pouvoir en janvier 1953, dépose le projet devant l'Assemblée mais les gaullistes s'arrangent pour que le dossier soit enterré en commission puis font renverser le président du Conseil lorsqu'il insiste pour que la CED soit enfin examinée. À chacune des étapes de ce long combat contre la ratification, le général de Gaulle poursuit ses attaques : le 23 février 1953, devant les journalistes, il démolit pièce à pièce le traité. Le 12 novembre, il s'attaque à Jean Monnet présenté comme « l'inspirateur » du projet. Il défend le maréchal Juin, contraint de démissionner de son poste de vice-président du Conseil supérieur des forces armées et de conseiller militaire du gouvernement pour avoir proposé en public une alternative au traité de CED. Il prône à cette occasion une sorte de devoir de désobéissance, allant jusqu'à affirmer que « la discipline militaire doit être exigée et au besoin imposée, mais du seul côté et pour le seul service de l'indépendance nationale ».

Cependant l'opposition des gaullistes à une Europe de la défense n'est pas aussi tranchée que les discours et les formules assassines du Général pourraient le laisser croire : les archives du RPF montrent que dix-huit membres de la commission n° 6 du RPF, chargée des problèmes de défense, ont une vision bien plus nuancée sur le dossier de la CED, et que le Général lui-même, en privé, partage leur point de vue. Le 27 décembre 1952, le général Billotte présente une synthèse des travaux de sa commission et propose une communauté politique et militaire européenne fondée sur le réarmement immédiat et massif de l'Allemagne et une harmonisation de l'armement afin d'associer facilement les différentes armées nationales. Celles-ci seraient placées sous une autorité militaire commune : le commandant en chef des forces du secteur Centre du théâtre européen, lui-même sous l'autorité d'un conseil confédéral intégré disposant d'un état-major. Le 6 février 1953, les personnalités les plus importantes du RPF discutent de ce texte sous la présidence du général de Gaulle. Tous sont d'accord sur les grandes lignes du projet Billotte mais sont divisés sur l'opportunité de faire connaître précisément leurs contre-propositions. Le RPF n'a-t-il pas intérêt à être uniquement négatif afin de fragiliser ses adversaires politiques ? Les propositions gaullistes ne risquent-elles pas d'être récupérées par le gouvernement à son seul bénéfice ? Finalement, il est décidé de continuer à tirer le meilleur parti politique d'une opposition frontale, sans insister sur le projet alternatif.

En août 1954, Pierre Mendès France décide enfin de soumettre le traité à ratification tout en refusant d'engager la responsabilité de son gouvernement. Celui-ci comprend des ministres gaullistes, dont le général Koenig, ministre de la Défense, qui donnent leur démission pour ne pas se sentir engagés par la décision du président du Conseil. Le 30 août, 67 députés gaullistes (républicains-sociaux) sur 73 votent contre le texte avec tous les députés communistes, la moitié des socialistes, la moitié des radicaux et un tiers des indépendants, ce qui entraîne son rejet. Trois jours auparavant, de Gaulle a félicité Pierre Mendès France pour avoir osé clore cette interminable querelle. Le rejet de la CED peut d'autant moins être considéré comme une victoire totale du gaullisme que, parmi les gaullistes, l'apparente unanimité anti-CED cache des divergences et des malentendus. Quelques fidèles de la première heure, à commencer par René Pleven lui-même ou encore le général de Larminat, ont pris fait et cause pour l'armée européenne. La position du général de Gaulle a sans doute éloigné une partie de ses troupes pour ramener vers lui des « souverainistes » et des conservateurs dont certains avaient été antigaullistes pendant la guerre. Le combat contre la CED oriente donc le gaullisme vers une nouvelle voie et provoque le ralliement de ceux qui, à l'instar de Michel Debré, sont avant tout des déçus de la IVe République.

Claude D'ABZAC-EPEZY

• *Voir aussi* : Europe ; Marché commun ; Politique étrangère

Bibl. : Claude d'Abzac-Epezy, « Le RPF et les questions de défense », dans *De Gaulle et le RPF 1947-1955*, Paris, Armand Colin, 1998, p. 569-584 • Serge Berstein, « Le général de Gaulle, le RPF et la CED », *Espoir*, n° 87, 1992, p. 16-27 • Éric Duhamel, « CED », dans Jean-François Sirinelli (dir.), *Dictionnaire historique de la vie politique française au XXe siècle*, Paris, PUF, 1995, p. 137-141.

CÉLINE, Louis-Ferdinand Destouches, dit (1894-1961). – Auteur d'écrits violemment antisémites publiés avant la guerre (*Bagatelles pour un massacre*, en 1937 ; *L'École des cadavres*, en 1938), Céline, sous l'Occupation, fréquente les milieux de la collaboration. Il fait paraître en 1941 un troisième pamphlet antisémite, *Les Beaux Draps*, et publie de nombreux articles et entretiens dans la presse collaborationniste parisienne. Dans ce dernier pamphlet, il s'emporte contre les Français qu'il trouve trop « de gaullistes » (« de gaulliste » et « gaulliste » étaient également employés au début de l'Occupation) et pas assez « anti-juifs » : « Tous les Français sont de gaullistes à de rares loustiques exceptions. De Gaulle ! Ils se pâment. » Et, plus loin : « Le peuple, il est pas anti-juif, il est pas judéophage, il veut bouffer que du bourgeois [...] ». Englobant de Gaulle dans son antisémitisme obsessionnel, Céline imagine le ministère dont « rêvent » les Français de 1941 : de Gaulle président du Conseil, Reynaud à la Guerre, Anthony Eden aux Affaires étrangères, Mandel à l'Intérieur, « n'importe quel juif » à la Marine.

Réfugié en Allemagne en 1944, puis au Danemark où il est emprisonné pendant dix-huit mois, il souhaite, en 1946, le retour de De Gaulle qui vient de démissionner. Il espère le voir mettre fin à l'épuration. Ainsi écrit-il le 6 août à Albert Paraz : « C'est pire qu'en 89. Tu as raison, l'épuration est devenue un jeu de surenchère électorale. À qui se montrera le plus patriote, à qui fera le plus fusiller. Et je ne vois guère de Thermidor possible, sauf par une dictature de Gaulle, bien improbable. » Cela ne l'empêche pas de conserver son verbe injurieux, comme dans *Foudres et Flèches*, publié en 1949, dont le tirage était limité à 1 000 exemplaires, plus « 20 exemplaires hors commerce réservés à l'auteur et un exemplaire sur papier boucherie en l'honneur du général de Gaulle ». La même année, télescopant l'épuration et la Terreur, et prêtant fictivement à cette dernière un racisme inversé à l'égard des aryens, il écrit à un ami : « Montandon me racontait qu'en 89 on a guillotiné quelques "prévenus" pour le seul fait qu'ils étaient minces, dolichocéphales à yeux bleus. Cela représentait pour le populo, des aristocrates [...]. Mais je crois pas que de Gaulle ait les yeux bleus, cela le sauvera par les temps qui viennent. Non, "je n'en suis pas", qu'il pourra dire. » En 1950, Céline est condamné à un an de prison et à la dégradation nationale pour faits de collaboration. Amnistié en 1951, il revient en France, mais le jugement d'amnistie est cassé à la fin de l'année. En 1957, il se prend de nouveau à souhaiter le retour de De Gaulle, dans l'espoir d'être définitivement amnistié. Dans « Vive l'amnistie, Monsieur ! », un article publié dans *Rivarol* en juillet 1957, il s'exclame : « Ferdinand, je me dis, classe 12 et né à Courbevoie ! mutilé 75 pour 100, médaillé bien avant de Gaulle [...]. Que le grand Sauveur passe président ! [...]. Il n'a pas beaucoup souffert de l'Occupation, il peut pas être trop aigri... Puisqu'il est Charles, il aurait pu imiter l'autre, le V, rentrant à Paris, rassurant la France... »

François GIBAULT

• *Voir aussi* : Amnisties ; Antisémitisme ; Brasillach, Robert ; Intellectuels ; Race

Bibl. : Jean-Pierre Dauphin et Pascal Fouché (textes réunis par), préface de François Gibault, *Cahiers Céline*, 7, « Céline et l'actualité, 1933-1961 », 1986 • Annick Duraffour, « Céline, un antijuif fanatique », *dans* Pierre-André Taguieff (dir.), *L'Antisémitisme de plume, 1940-1944* Paris, Berg international, 1999 • François Gibault, *Céline*, Paris, Mercure de France, 3 vol., 1977, 1985, 2000.

CENSURE (sous la Ve République). – Quoique le terme désigne rigoureusement le seul exercice d'un contrôle *préalable* des œuvres de l'esprit, on entendra ici par « censure » tout acte ayant pour objet ou pour effet de porter atteinte à la libre communication des pensées et des opinions. La réponse faite à Michel Droit entre les deux tours de l'élection présidentielle de 1965 offre une expression condensée de cette ambiguïté comme de l'attitude du général de Gaulle sur la question : « La liberté de la presse, est-ce qu'elle n'existe pas ? Presque toute la presse m'est hostile et je ne l'en empêche pas ! [...] Le 1er juin 1958 [...] j'ai rétabli la liberté de la presse que le régime des partis, les jours d'avant, parce qu'il mourait de peur, avait supprimée. J'ai supprimé la censure, je ne l'ai jamais rétablie ! Voilà la réalité » [*DM*]. Or, l'arrêté du 25 mai 1958 portant institution d'un contrôle préventif de la presse et des publications n'a pas été formellement abrogé. De surcroît, la guerre d'Algérie a donné lieu, y compris sous la Ve République, à de très nombreuses interdictions et saisies : entre 1958 et 1962, note Benjamin Stora, « près de 14 % de la production d'ouvrages consacrés à la guerre d'Algérie se retrouvent censurés ». Après comme avant le retour aux affaires du Général, les textes applicables sont sollicités à l'extrême, voire détournés, pour tenter d'intimider les éditeurs ou de les placer dans une situation financière difficile, notamment par la pratique de saisies arbitraires. Dans ce contexte, la décision du 27 avril 1961 relative à certains écrits, prise en application de l'article 16, qui permet d'interdire les publications apportant un appui à une entreprise de subversion, apparaît presque anodine.

L'acquiescement, sans enthousiasme particulier, à la liberté de la presse comme partie intégrante de l'héritage républicain est indiqué avec netteté dans la réponse à Michel Droit : le Général relève qu'il a quelque mérite à être libéral en cette occurrence, dès lors qu'il tient les journalistes pour systématiquement hostiles à son action à la tête de la France et au régime qu'il a mis en place. De fait, il s'en tint généralement à une attitude stoïcienne face aux attaques des journaux. Mais parfois, sa réaction fut tout autre : le délit d'offense au président de la République prévu à l'article 26 de la loi de 1881 sera fréquemment invoqué à l'encontre d'auteurs ayant fait preuve d'irrévérence envers lui. Même si les poursuites sont décidées par le ministère public, il est difficile de penser que l'accord de l'Élysée n'a pas été obtenu avant toute initiative. Or, l'utilisation de cette infraction pose un double problème : d'une part celui de l'application d'un texte destiné à protéger un chef de l'État neutre à un président qui prend la direction suprême de l'exécutif et, d'autre part, celui de la définition des propos incriminés. La Cour de cassation conclura au maintien en vigueur du texte et ira jusqu'à admettre que tombent sous le coup de ses dispositions non seulement des propos diffamatoires, mais encore ceux de nature à blesser la délicatesse du président. De fait, c'est sous de Gaulle que cette infraction connaîtra son extension maximale, situation ainsi dénoncée, après coup, par un magistrat : « La notion d'offense enflait, débordait, se boursouflait. L'État se servait du pouvoir judiciaire pour [...] briser l'opposition et la contestation. » Excessive, cette critique n'en indique pas moins le danger que ce délit de presse constitue pour la liberté d'expression. On en voudra pour preuve la condamnation de Mme Julliard et d'Alfred Fabre-Luce à une amende et à la destruction des volumes publiés de *Haute Cour*.

C'est que l'autorité de l'État est ici en cause, aux yeux du Général, dans la personne de son chef. À chaque fois qu'il estimera être en présence de propos susceptibles de porter atteinte aux institutions essentielles de la République, il n'hésitera pas à recourir – ou envisager de recourir – à la voie pénale. À Gaston Palewski, président du Conseil constitutionnel, qui s'était ému d'en voir les membres traités de garçons de course du Général, il écrit avoir fait rechercher la possibilité de poursuites mais en vient à cette conclusion : « Il semble que cette voie n'aboutirait pas avec certitude et rapidité à une sanction exemplaire. Elle risquerait donc de donner une audience inutile à ces déclarations » [*LNC*]. L'incrimination, par une ordonnance du 23 décembre 1958, des propos jetant le discrédit sur une décision de justice ou des commentaires constituant des pressions sur la marche de la justice va dans le même sens. On peut rapprocher de cette attitude le refus exprimé à Jean-Paul Sartre de voir se tenir en France les audiences du « tribunal Russell » qui se proposait de « juger » les responsabilités américaines durant la guerre du Vietnam : le souci de ne pas abriter d'activités hostiles à un État étranger (condamnation de la programmation par le Théâtre national populaire de la *Passion du général Franco*) s'accompagne de celui de ne pas voir usurper les fonctions juridictionnelles.

Et les bonnes mœurs ? Le sentiment de Jean-Jacques Pauvert, particulièrement averti en la matière, est que de Gaulle s'en désintéressait. Affirmation cependant précédée d'une autre, évidemment invérifiable, attribuant à la pudibonderie de Mme de Gaulle (qu'André Ribaud, dans « La Cour », sa chronique au *Canard enchaîné*, nommait « Mme de Maintenant ») une influence sur l'attribution par la même ordonnance, au nom de la protection de la jeunesse, d'un important pouvoir d'interdiction au ministre de l'Intérieur. Lorsque certains députés s'émurent de la programmation des *Paravents* de Jean Genet au Théâtre de France, la défense par André Malraux de la liberté d'expression fut, en revanche, sans faille (débat du 26 octobre 1966), sans qu'il paraisse que l'Élysée fût intervenu dans un sens ou dans un autre.

Enfin, est-il besoin de rappeler la conception instrumentale que se faisait de Gaulle de la radio-télévision ? Il y voyait le seul moyen dont il disposait pour répondre aux critiques de la presse : « La presse est contre moi, la télévision est à moi », aurait-il dit à Alain Peyrefitte, qui rapporte aussi le refus farouche du Général de s'inspirer en la matière du libéralisme anglo-saxon et sa volonté de renforcer encore l'autorité de l'État, « la seule autorité qui a qualité pour faire prévaloir le bien public ».

Patrick WACHSMANN

• *Voir aussi :* Information ; Journalistes ; Presse ; Radio et télévision

Bibl. : André Giresse, *Seule la vérité blesse*, Paris, Plon, 1987 • Arlette Heymann, *Les Libertés publiques et la guerre d'Algérie*, Paris, LGDJ, 1972 • Jean-Jacques Pauvert, *Nouveaux (et moins nouveaux) visages de la censure*, Paris, Les Belles Lettres, 1994.

CENTRE NATIONAL DES INDÉPENDANTS. – *Voir* CNI.

CENTRE NATIONAL DES JEUNES AGRICULTEURS. – *Voir* SYNDICATS AGRICOLES.

CENTRISTES. – Dans un pays qui, comme la France, a une longue tradition de culture de conflit, les centristes ont un espace politique limité entre la droite et la gauche. Entendue au sens strict, la famille politique « centriste » est née aux lendemains de la crise de 1962 qui a opposé de Gaulle au « cartel des non ». À cette époque, les partis politiques attachés à un parlementarisme strict avaient fait alliance pour combattre la révision constitutionnelle proposée par le chef de l'État. Ce cartel très large, qui n'était pas sans rappeler le gouvernement de la Troisième force sous la IVe République, entre 1947 et 1951, réunissait les socialistes, les radicaux, le MRP (Mouvement républicain populaire) et les Indépendants paysans. Leur échec au référendum d'octobre, puis aux élections législatives de novembre, provoque une recomposition politique. Le MRP crée en 1963 un Comité d'étude et de liaison des démocrates français qui envisage un rapprochement entre radicaux, démocrates-chrétiens, indépendants et socialistes réformistes. Ce sera la tentative de grande Fédération autour de la candidature de Gaston Defferre à l'élection présidentielle de 1965. Après son échec, les socialistes s'engagent dans un processus d'union de la gauche, rejoints par une fraction des radicaux. Au contraire, le MRP, la majorité des radicaux avec Maurice Faure et les élus modérés qui ont rompu avec le jusqu'au-boutisme des partisans de l'Algérie française au sein du CNIP (Centre national des indépendants et paysans) se retrouvent derrière la candidature de Jean Lecanuet. Avec 15,7 % des suffrages exprimés, le maire de Rouen obtient la mise en ballottage de De Gaulle. Fort de ce relatif succès, l'ancien dirigeant du MRP est l'artisan principal du projet de Centre démocrate dont la naissance officielle se situe en février 1966. Le nouveau parti s'affirme « social et européen », se situe dans l'opposition à la majorité présidentielle mais demeure hostile à une alliance électorale avec les communistes.

Les centristes vont bénéficier, à partir des élections de 1967, d'un renfort précieux. Valéry Giscard d'Estaing, qui avait constitué le groupe des républicains indépendants, dissidence du CNI (Centre national des indépendants) ralliée à de Gaulle en 1962, entre dans une semi-opposition. Ce sera son fameux « oui, mais ». Lui aussi se dit « libéral, social et européen ». Dès lors, les convergences vont progressivement s'accentuer, d'autant plus que Giscard d'Estaing, devenu le leader incontesté des libéraux, prônera le « non » au référendum d'avril 1969. Après le départ du Général, libéraux et centristes sont encore dans des camps opposés, les premiers soutenant Georges Pompidou et les seconds Alain Poher lors de l'élection présidentielle de 1969. Mais, en 1974, les conditions sont réunies pour un soutien des centristes à la candidature de Valéry Giscard d'Estaing, et, en 1978, ceux-ci accepteront de constituer une composante de l'UDF (Union pour la démocratie française) aux côtés des libéraux giscardiens.

Sylvie GUILLAUME

• *Voir aussi* : CNI ; MRP ; Parti radical ; Partis politiques ; RI

Bibl. : Sylvie Guillaume (dir.), *Le Centrisme en France aux XIXe et XXe siècles, un échec ?*, Bordeaux, MSHA, 2005 • Danièle Zéraffa-Dray, « Centre, centrisme » et « Centre démocrate », dans Jean-François Sirinelli (dir), *Dictionnaire historique de la vie politique française au XXe siècle*, Paris, PUF, 2003 p. 191-197.

CÉRÉMONIES ET DIPLOMATIE (en France et à l'étranger). – La photographie a fait le tour du monde. Le général de Gaulle, en képi et uniforme, présentant ses condoléances à Richard Nixon lors des obsèques du général Eisenhower à Washington, le 30 mars 1969. Comme pour mieux dire l'hommage au vieux compagnon d'armes qu'il avait lui-même décoré de l'ordre de la Libération. C'est dans cette même tenue qu'à l'hôtel de ville de Montréal, le 24 juillet 1967, il avait prononcé son fameux « Vive le Québec libre ! » ; dans cette tenue encore qu'il se rendit au stade de Phnom Penh le 2 septembre 1966, accompagné du prince Norodom Sihanouk, pour prononcer son discours condamnant l'intervention américaine au Vietnam. À croire que le cliché se relie ici à un concept qui en fixe l'usage : celle d'une dignité d'État dont il devient l'emblème. Mieux : l'effigie. Ce terme, d'origine latine, contracte les notions de *figura* (la figure) et de *fictio* (la fiction). L'effigie est faite pour éblouir mais aussi pour réciter une histoire. En l'occurrence elle vise à redonner corps à une légitimité historique, celle de l'homme du 18 Juin. S'il reste toujours difficile de dire l'effet produit par ces poses d'État, on aurait donc tort d'y voir une simple notification décorative. Ces poses sont celles qui lient un homme à un régime, une figure à des institutions, un visage à une communauté politique.

Les poses de la grandeur. Certes, les représentations cérémonielles du chef de l'État sont multiples. Sur la scène diplomatique, de Gaulle peut aussi revêtir les habits protocolaires jusqu'à porter le collier de grand maître de l'ordre de la Libération (attribut qui s'inspirait de celui de l'ordre royal de Saint-Michel). L'homme peut également recevoir ses hôtes de marque en queue-de-pie ou tenue bourgeoise comme ce fut plus fréquemment le cas. Ainsi pour Leonid Brejnev à l'ambassade de France à Moscou le 26 juin 1966 ou pour le couple Kennedy en mai 1961. Il n'empêche. À chaque fois, le même problème se pose : représenter ce pouvoir qui, au-delà du corps mortel du président, atteste la présence de l'État. C'est bien la fonction de l'apparat diplomatique tel que le concevait de Gaulle. Veiller à ce que la puissance soit bien représentée au cours des innombrables cérémonies qui accompagnent l'action diplomatique, c'est d'abord s'attacher à ce que l'État fasse bonne figure.

Pour le « Connétable », si les temps ne sont plus au sceptre fleurdelisé ou au manteau royal, encore moins à la cuirasse ornée de rinceaux et fleurons, le souverain demeure revêtu d'une *dignitas*, c'est-à-dire d'un ensemble de marques d'État qui proclament sa grandeur sans égale ; bref, qui assurent, comme auraient dit les légistes du roi, qu'il « n'a pas de compagnon en sa majesté ». Représenter l'État, dans les cérémonies diplomatiques, c'est prolonger par des dehors choisis (port de tête, usage de la hauteur, tenue vestimentaire) un caractère censé engager « une certaine idée de la France ».

Une anecdote en témoigne : lorsqu'il s'est agi d'accueillir le chancelier Konrad Adenauer, le 22 janvier 1962, pour la signature du traité franco-allemand d'entente et de coopération qui officialisait le rapprochement entre les deux « ennemis héréditaires », le Général fut pris d'une hésitation. Fallait-il, dans la voiture qui amenait les deux hommes à l'Élysée, accorder les règles du protocole au statut ou, au contraire, laisser la droite à son invité ? Il finit par céder cette préséance : Adenauer étant son aîné de quatorze ans, de Gaulle pouvait s'autoriser cette marque de déférence. Une attention courtoise, conclue elle-même par la célèbre accolade entre les deux hommes qui devait tant frapper les esprits, dix-huit ans après la guerre.

La république gaullienne ne s'est pas soustraite à l'impératif de majesté. Pour développer l'universalisme de l'État-nation, elle s'est prêtée à l'exhortation. Des mises en scène qui reposent toutes sur une conviction : celle qui veut que l'assemblage des signes puisse conférer aux idées un empire qu'elles n'ont pas par elles-mêmes. Plus encore : se substituer à une présence impossible. Le crédit de l'institution présidentielle doit beaucoup à cet article de foi. Lors des cérémonies diplomatiques, le président de la République s'y réfère sans cesse. Le protocole lui assure, il est vrai, une position privilégiée. Surplombant la pyramide des préséances, la fonction présidentielle impose sa supériorité à tout autre pouvoir, d'ordre administratif ou politique. Elle incarne ce que de Gaulle appelait les « intérêts supérieurs de l'État ». Rangs et préséances contribuent ici à entretenir une muette coercition. Plus encore : à ouvrir une créance à laquelle seules des marques ostentatoires de respect peuvent répondre.

Mais cette image en majesté n'est pas du goût de tous. Rencontrant de Gaulle dans son bureau, au plus fort de la crise des missiles de Cuba en octobre 1961, le chef du Département d'État, Dean Acheson, en rapporte l'expérience. Au moment de le quitter, le président lui glissa en anglais : « Il me serait agréable que tous les contacts à venir sur le sujet soient conduits par vous. » Un satisfecit qui interloqua son interlocuteur. « C'était un grand compliment du genre de ces mots gentils que Louis XIV pouvait adresser à un ambassadeur du sultan de Turquie. » À croire que pour gouverner les conduites et les sentiments, la République n'avait d'autre solution que de reconduire un trouble cérémonial : celui de la pose monarchique, vite dénoncée par ses opposants comme une forme de pouvoir personnel.

Les sommets de l'État. De Gaulle ne transigera pas sur cette conviction. Pour s'exercer, le pouvoir doit être en position de hauteur. D'où l'expression, difficilement traduisible, des « sommets de l'État ». En ce haut lieu où les formes disent la grandeur du pouvoir se découvre le visage de l'institution, de l'institution faite homme. Le code diplomatique ne pouvait qu'en porter le sceau. L'exhibition de la « figure présidentielle », dans les cérémonies publiques, est à la fois panoramique et réifiante, solennelle et souveraine. C'est que le président de la République est, désormais, le seul à détenir et à déléguer l'autorité de l'État, une autorité présentée comme « indivisible » dans une conférence de presse du 31 janvier 1964.

La hauteur ne rend pas compte d'un simple choix esthétique, encore moins d'un trait culturel. Elle résulte d'un travail de sacralisation opéré à travers un jeu emboîté de mises en scène : celui justement qui gouverne la *persona ficta* au cœur de la représentation de l'État. Lors d'une allocution radiodiffusée le 28 décembre 1958, l'homme en drape son destin : « Guide de la France et chef de l'État républicain, j'exercerai le pouvoir suprême dans toute l'étendue qu'il comporte désormais. » Une proclamation très vite mise en œuvre par les petites mains du protocole.

Juillet 1959, Madagascar accueille le chef de l'État français ainsi que les présidents des républiques africaines pour une session du conseil exécutif de la Communauté. Tout étonné, un journaliste de *Paris Match* en fait la découverte : dans la salle où doivent se tenir les séances du conseil, le fauteuil attribué au général de Gaulle, président de la Communauté, a des accoudoirs chromés. Mieux : il a été surélevé de quelques centimètres par rapport aux autres sièges. Une prise de hauteur qui consacre une revendication hiérarchique, qui l'expose aux yeux de tous, obligeant chacun à se reconnaître subordonné. Dans ses *Mémoires d'espoir*, il l'avoue lui-même : ce voyage avait une valeur essentielle. « Là aussi, là surtout, il me faut voir et entendre, me faire entendre et me faire voir. » À Dakar, en 1958, placée sous un dais et surélevée, la tribune est au centre de l'esplanade, véritable piédestal de ses retrouvailles avec l'Afrique de la reconquête. À Brazzaville, le 23 août 1958, après avoir pris la tête du cortège, à sa descente d'avion, debout dans la voiture présidentielle, celui qu'on appelle « le grand chef » vient recevoir les clefs de la ville, sur les marches de la mairie de Potopoto.

Ambulatoire, la souveraineté ne perd pas ses droits. Au contraire, elle devient la dimension privilégiée des voyages officiels. Une souveraineté conçue ici comme l'entendaient les hommes du Grand Siècle : habitée par une plénitude de puissance, celle dont parlait Cardin Le Bret en évoquant une force « sans tutelle ni limitation de temps ». Les honneurs dont le chef de l'État est gratifié – revues, prises d'armes, escortes, saluts et salves d'artillerie –, toutes ces marques de déférence qu'il suscite contribuent à faire du chef de l'État une institution à part, à la fois séparée, distinguée, élevée ; en somme une institution « sacralisée » au sens que donnait Durkheim à ce terme. D'ailleurs, pendant longtemps, cette forme de majesté s'est accompagnée de protections juridiques tout à fait spécifiques. D'où la vigueur avec laquelle de Gaulle recourut à l'article 86 du code pénal réprimant les « offenses au chef de l'État ». Aussi ne s'étonne-t-on pas des caricatures de presse qui le comparaient à la figure solaire de Louis XIV portraiturée par Charles Le Brun – *Allégorie à la Gloire de Louis XIV*.

Si le corps allégorique du roi a laissé place à celui de la nation, s'il s'est effacé devant l'unité proclamée du peuple souverain, la *persona ficta* de l'État reste, quant à elle, comme intemporelle. Une présence qui imprime ses caractéristiques à l'ensemble des manifestations où se trouve impliquée la figure du souverain. Même les simples déplacements en province ont des allures de ballet diplomatique. Un article du décret de juin 1907 relatif aux préséances et repris en 1958 accorde au président de la République des honneurs calqués sur ceux reconnus autrefois à l'empereur. Sur le plan civil, les préfets et sous-préfets le reçoivent lorsqu'il se déplace, en venant à sa rencontre à la limite du département ou de l'arrondissement ; lorsque le président entre dans une commune, les cloches sonnent à la volée (une disposition tombée en désuétude mais qui ne sera supprimée qu'en 1989) ; lors des réceptions organisées à l'hôtel de préfecture, il est prévu que le président reçoive, dans l'ordre protocolaire, tous les corps constitués du département ; enfin, lorsqu'il a séjourné dans une commune, les autorités qui l'ont reçu le saluent à son départ. De plus, des honneurs militaires comme des prérogatives d'escorte lui sont réservés.

Un cérémonial politique. Le cérémonial diplomatique fixe et ordonne une démonstration politique ; il doit exercer des effets, offrir des avantages, corroborer des positions. Ce fut le cas en août et septembre 1956, durant le tour du monde que l'« opposant » de Gaulle effectue, accompagné de plusieurs collaborateurs. Il est salué avec les honneurs dus à un chef d'État au Gabon, aux Antilles, à Tahiti, aux Nouvelles-Hébrides, en Nouvelle-Calédonie. Bien entendu, dans les cérémonies, les anciens combattants de la France libre se trouvent au premier rang. Lorsque de Gaulle, président de la République, reçoit ses hôtes étrangers, rien non plus n'est laissé au hasard. Du « pavillon d'honneur » de l'aéroport français à l'hôtel de Marigny où descendent en général les chefs d'État, tout se succède avec la rigueur d'une géométrie solennelle : protocole, presse, sécurité, transmissions, entretiens, décorations, échange de cadeaux. Tout est soumis à une ostentation légale et rationnelle. C'est que le cérémonial ne se contente pas d'exprimer l'importance de telle ou telle fonction, il la constitue. Et, de fait, cette importance n'est souvent pas autre chose que la solennité à laquelle cette représentation permet de faire croire.

Rang, séance, déférence : c'est avec ces attendus que sont organisés les visites, parcours et réceptions officielles. Jusqu'au rituel de la conférence de presse avec son parterre de ministres en rangs d'oignons, ses questions suscitées et ses déclamations savamment orchestrées. C'est avec ces mêmes références au rang qu'il considère les rapports entre États lorsqu'il catalogue les nations : les « grandes » nations opposées aux « moyennes » et aux « petites ». Une façon de montrer la « vocation » exemplaire de la France, que le chef de l'État a justement pour mission d'incarner. Sans doute cette « vocation », sans cesse exaltée, n'a plus le sens qui était la sienne au XIXe siècle. « La magistrature de la France, confie-t-il à Alain Peyrefitte, est morale. En Afrique, en Asie, en Amérique du Sud, notre pays est le symbole de l'unité de races, des droits de l'homme et de la dignité des nations. La France représente quelque chose d'essentiel. Elle avait exagérément décliné depuis un siècle. Elle doit reprendre sa place. » Un rang pour lequel rien dans l'apparat ne doit être négligé. Comme si dans chaque forme cérémonielle gisait une force insoupçonnée.

Anodines les marques d'honneur par lesquelles la diplomatie française prétend reconnaître et distinguer ? Sans valeur, ces médailles en forme de croix portées par un simple ruban de couleur ? Tout au contraire. Si la décoration atteste la grandeur d'un acte qui a valu récompense, elle exprime aussi celle de celui qui la délivre. En 1963, de Gaulle réforme le système des honneurs nationaux. L'idée est de pouvoir les dispenser plus largement aux ambassadeurs ou aux entourages des chefs d'État en visite à Paris. C'est l'occasion de battre en brèche les préventions des parlementaires qui avaient limité leur attribution aux seuls « grades » de la Légion d'honneur, et sous le signe de la réciprocité. Or, les décorations permettent de distinguer au double sens du terme : à la fois récompenser par la remise d'un insigne de dignité et rendre visibles les différences entre services ou fonctions publiques. À ce titre, elles sont une technique de gouvernement.

En matière cérémonielle, la laïcité de l'État républicain impose à de Gaulle un cercle de prescriptions qui lui fait taire ses sentiments profonds. Le chef de l'État est condamné à s'entourer de prestiges plus discrets que sous l'Ancien Régime. Catholique pratiquant, sans doute avec René Coty le seul chef d'État dans ce cas depuis Mac-Mahon, de Gaulle ne dérogera pas. René Roudaut, son collaborateur à l'Élysée, le rappelle : le président de la République ne fit exception que le 8 juillet 1962, en se ralliant à l'idée d'une messe solennelle à la cathédrale de Reims pour sceller la réconciliation franco-allemande. Il proposera au chancelier allemand Konrad Adenauer d'« unir leurs prières » pour souligner « la part divine de ce fait historique ».

À l'évidence, le cérémonial diplomatique participe d'une véritable science des positions hiérarchiques de pouvoir. Si la distinction en forme le ressort fondamental, l'ordre en constitue le vocabulaire privilégié. Son objectif ? Déterminer la hiérarchie des rapports des États entre eux et des citoyens avec l'État. Empêcher, plus précisément, que la chaîne de ces rapports ne vienne à se rompre, ou que les règles qui en cimentent l'harmonie ne soient enfreintes. C'est dans ce cadre de pensée que le général de Gaulle a placé la « mission » de redonner sa place à la nation. En s'attachant à un point de vue à partir duquel il pouvait prétendre ne plus exister qu'à travers son action au service de l'État. Sans doute est-ce la raison pour laquelle ce code diplomatique paraît tourné vers un versant secret du pouvoir. Parce qu'il donne une forme publique à des relations de force et qu'en retour la force s'y transfigure en un majestueux maniérisme d'État.

Olivier IHL

• *Voir aussi* : Grandeur et rang ; Politique étrangère ; Réceptions présidentielles ; Voyages officiels

Bibl. : Anne-Sophie Claeys, « La symbolique de la hauteur dans les voyages du général de Gaulle en Afrique noire, 1958-1959 », dans Jean-William Dereymez, Olivier Ihl et Gérard Sabatier (dir.), *Un cérémonial politique. Les voyages officiels des chefs d'État*, Paris, L'Harmattan, 1998 • Olivier Ihl, « Les rangs du pouvoir. Régimes de préséances et bureaucratie d'État dans la France des XIXe et XXe siècles », dans Yves Deloye, Claudine Haroche et Olivier Ihl (dir.), *Le Protocole ou la mise en forme de l'ordre politique*, Paris, L'Harmattan, 1996 • Éric Roussel, *Charles de Gaulle*, Paris, Gallimard, 2002.

CFDT (Confédération française démocratique du travail). – Selon Eugène Descamps qui fut l'artisan de la déconfessionnalisation de la CFTC (Confédération française des travailleurs chrétiens) et de la création de la CFDT en 1964, le Général aurait été « assez navré » de cette évolution. Plusieurs raisons contribuent à expliquer cette réaction. Pour de Gaulle, le syndicalisme chrétien est un courant qui appartient au patrimoine national, dont il partage bien des valeurs et qui a formé des hommes qu'il estime, d'Yvon Morandat à Paul Bacon. Il comprend mal la nécessité de sa disparition. Sur le plan politique, la laïcisation de la centrale va de pair avec une opposition croissante au gouvernement et au chef de l'État. À la veille de l'élection présidentielle de 1965, la CFDT demande aux travailleurs de manifester leur refus de la « reconduction du régime gaulliste », en votant pour Lecanuet ou Mitterrand. Le décalage avec la base est patent : la majorité des salariés qu'elle influence accorde toujours sa confiance au Général.

Mais la jeune CFDT s'affirme en durcissant son image. Elle propose l'unité d'action à la CGT dès 1966 et cette mobilisation prend un tour politique, surtout après la promulgation des ordonnances sur la Sécurité sociale en 1967. La participation n'est pour elle qu'un leurre. Elle affiche sa proximité avec la FGDS (Fédération de la gauche démocrate et socialiste) tout en participant aux efforts de rénovation idéologique de la nouvelle gauche. En mai 1968, son soutien aux étudiants, son engagement dans la grève et la radicalité de ses mots d'ordre la situent parmi les adversaires les plus déterminés du pouvoir, lequel, de son côté, la juge irresponsable. Le 29 mai, confronté à la disparition du chef de l'État et face à la pression communiste, Descamps en appelle à Pierre Mendès France. Celui-ci, tel de Gaulle en 1944, réunirait dans son gouvernement provisoire partis de gauche et forces nouvelles, étudiantes et ouvrières. Le retour du Général le 30 met brutalement fin au rêve. Impuissante, la CFDT ne peut que dénoncer le « chantage » à la « peur » et à la « dictature ». Le dernier acte du conflit est sans surprise. Au référendum d'avril 1969, la CFDT appelle à dire « non » à de Gaulle en dénonçant la philosophie « corporatiste » du projet comme la démarche « plébiscitaire » de celui qui l'incarne.

Frank GEORGI

• *Voir aussi* : CFTC ; CGC ; CGT ; CGT-FO ; Syndicats

Bibl. : Frank Georgi, *L'Invention de la CFDT, 1957-1970. Syndicalisme, catholicisme et politique dans la France de l'expansion*, Paris, Éditions de l'Atelier-Éditions du CNRS, 1995 • Id., *Eugène Descamps. Chrétien et syndicaliste*, Paris, Éditions de l'Atelier, 1997 • Marc Sadoun, Jean-François Sirinelli et Robert Vandenbussche (dir.), *La Politique sociale du général de Gaulle*, Villeneuve d'Ascq, Centre d'histoire de la région du Nord et de l'Europe du Nord-Ouest, 1990.

CFLN (Comité français de la Libération nationale). – La création du Comité français de la Libération nationale le 3 juin

1943 est le résultat de l'union entre deux pouvoirs jusqu'alors distincts : celui du Comité national français, présidé par le général de Gaulle à Londres, et celui exercé à Alger par le général Giraud, d'abord en qualité de haut-commissaire résidant en Afrique française à partir du 26 décembre 1942, à la suite de l'assassinat de l'amiral Darlan, puis en qualité de commandant en chef civil et militaire à compter du 5 février 1943.

L'histoire du CFLN, souvent présentée comme celle d'une rivalité entre ces deux personnalités, est surtout celle d'une opposition de fond quant à l'objectif à atteindre, militaire pour Giraud, politique pour de Gaulle. Tendu vers un seul but, la victoire, Giraud ne se préoccupe guère de l'administration de la France libérée, dans laquelle il ne voit qu'une affaire de maintien de l'ordre. On comprend que cette attitude qui n'hypothéquait en rien l'avenir ait parfaitement convenu à Roosevelt, à qui elle laissait toute latitude diplomatique. De Gaulle, au contraire, fait clairement de son engagement un combat pour la refondation d'un État républicain et pour l'affirmation de la souveraineté nationale face aux autres puissances, d'autant que la France combattante qu'il incarne a été tenue à l'écart du débarquement allié en Afrique du Nord. Réaliser ce projet implique à ses yeux, d'une part, l'institution d'un pouvoir central unique, d'autre part la nécessaire subordination du militaire au politique. Telle est la ligne dont il ne se départira pas.

Dès le 25 décembre 1942, de Gaulle propose à Giraud une rencontre afin d'étudier les moyens de constituer une autorité centrale provisoire regroupant les forces et les territoires susceptibles de lutter pour le salut de la France. Ce pouvoir doit avoir « pour lois les lois de la République », précise-t-il le 2 janvier suivant dans sa déclaration de Londres, prenant ainsi l'opinion à témoin. Là est bien la question essentielle pour le chef de la France combattante. Or, la première rencontre entre les deux hommes, qui a lieu du 22 au 24 janvier à Anfa, dans le cadre de la conférence anglo-américaine, ne lève pas toute ambiguïté à cet égard. Les intentions de Giraud n'apparaissent pas nettement tranchées. Si bien que le Comité national français publie le 21 février un mémorandum dans lequel il demande aux autorités d'Afrique du Nord de dénoncer l'armistice, d'annuler la législation de Vichy, de restaurer les libertés républicaines et d'accepter la constitution d'un pouvoir central provisoire dont seraient exclus les hommes qui ont pris part à la capitulation ou à la collaboration. Giraud cède le 14 mars en admettant publiquement que « la législation postérieure au 22 juin 1940 [...] est dénuée de valeur légale ».

Un obstacle politique important est levé. Il reste cependant à déterminer les modalités de l'union – la formule du duumvirat est acceptée en avril – comme le lieu d'une rencontre entre les deux généraux. « En plein jour et en pleine dignité », à Alger, somme de Gaulle, dont l'intransigeance fait frôler la rupture. Giraud cède à nouveau. Il est vrai que, s'il a le soutien de l'armée d'Afrique, de Gaulle a celui de la France. Cet appui, symbolisé par l'annonce de la création le 15 mai du Conseil national de la Résistance, réunissant mouvements, partis et syndicats grâce à la puissante action mobilisatrice de Jean Moulin, lui donne un atout majeur à l'aube de la conférence d'Alger qui s'ouvre le 31 mai. Le premier objectif de la France combattante est atteint.

L'ordonnance du 3 juin 1943, cosignée par les deux généraux, institue un pouvoir central unique, le CFLN, assumant l'autorité sur les territoires et forces terrestres, navales et aériennes relevant jusqu'alors du Comité national français ou bien du commandement en chef civil et militaire. Le nouveau comité exercera ses fonctions jusqu'à ce que l'état de libération du territoire permette la formation, conformément aux lois de la République, d'un gouvernement provisoire auquel il remettra ses pouvoirs. Un décret du même jour prévoit que ce comité sera présidé alternativement par les généraux de Gaulle et Giraud, tous deux exerçant conjointement les attributions de la présidence.

Avec le CFLN se met en place une autorité collégiale exerçant des prérogatives qui, dans le cadre du Comité national français, relevaient encore du seul général de Gaulle. Cette dépersonnalisation du pouvoir en termes institutionnels ne saurait pour autant signifier l'affaiblissement politique de celui-ci. Pour preuve, le rapport de force s'exprime dès le 5 juin en sa faveur, lorsque le CFLN double ses effectifs en passant de sept à quatorze membres. Outre le général Catroux et Joseph Georges, commissaires d'État, René Massigli aux Affaires étrangères, André Philip à l'Intérieur et Jean Monnet à l'Armement, le Comité compte désormais trois nouvelles recrues proposées par Giraud : Jules Abadie à la Justice, Maurice Couve de Murville aux Finances, René Mayer aux Transports, et quatre proposées par de Gaulle : René Pleven aux Colonies, André Diethelm à l'Économie, Adrien Tixier au Travail et Henri Bonnet à l'Information. Les gaullistes détiennent clairement les portefeuilles auxquels la conjoncture confère un caractère stratégique. Il est temps pour de Gaulle, selon l'expression qu'il retient dans ses *Mémoires*, d'engager « la deuxième manche ».

À vrai dire, la partie est déjà entamée. Lors de sa séance inaugurale du 27 mai, le Conseil national de la Résistance avait adopté à l'unanimité une motion visant à confier le commandement militaire à Giraud et les intérêts de la nation à de Gaulle. Fort de ce soutien, ce dernier demande au comité, quelques jours seulement après sa formation, le 8 juin, de reconnaître une incompatibilité entre les fonctions de commandant en chef effectif et de président. Ainsi s'ouvre le compte à rebours qui mène à la fin d'une éphémère dyarchie à la tête du CFLN.

Le 22 juin, refusant d'obtempérer aux pressions anglaises et américaines, le CFLN met en place un comité militaire permanent présidé par de Gaulle. C'est une affirmation nette de la souveraineté nationale et la première atteinte aux prérogatives de Giraud. Celui-ci commet l'erreur de s'absenter en juillet pour se rendre aux États-Unis, au Canada puis en Angleterre, laissant de Gaulle gouverner seul. Deux décrets du 4 août viennent consacrer cet état de fait. Le premier substitue à la présidence alternée du comité des présidences spécialisées : Giraud se voit confier les affaires concernant la défense nationale, les autres secteurs et la politique nationale relevant de De Gaulle. Le second prévoit que le CFLN assure la direction de la guerre et dispose de l'ensemble des forces. Il précise en outre que Giraud est assisté d'un commissaire adjoint à la défense nationale. Le commandement militaire est donc encadré. Dans ce contexte, la dyarchie ne pouvait se pérenniser.

Prenant prétexte du manque de maîtrise politique du commandant en chef dans la libération de la Corse, en septembre, de Gaulle réclame ouvertement la suppression de la présidence bicéphale. Si le CFLN ne le suit pas encore sur ce terrain, il entérine néanmoins par décret, le 2 octobre, une nouvelle réduction des pouvoirs de Giraud en établissant l'incompatibilité, que de Gaulle appelait dès le départ de ses vœux, entre le commandement en chef effectif des forces en opération et la présidence du comité. Il est vrai que la mise en place, par ordonnance du 17 septembre, de l'Assemblée consultative provisoire prévue dès le 24 septembre 1941, où près de la moitié des représentants sont issus des mouvements de résistance, renforce le militantisme de la France combattante et, en conséquence, la position de son chef. Le dernier acte se joue en novembre. Le 6, le comité décide de modifier sa composition en permettant, d'une part, l'entrée des représentants des principales tendances politiques et des mouvements de résistance, en tranchant d'autre part définitivement pour une séparation nette entre commandement militaire et pouvoir politique. Il donne mandat au président chargé de l'action gouvernementale de procéder au remaniement. C'est chose faite avec le décret du 9 novembre 1943, sous la seule signature de De Gaulle, qui, tout en portant le comité à dix-sept membres, consacre l'exclusion de Giraud.

À la fin de l'année 1943, malgré la prudence qui continue de caractériser les autorités américaines comme anglaises, le CFLN bénéficie d'une large reconnaissance internationale. Son activité est marquée par un effort de renouvellement des procédures, le secrétariat général du comité jouant en l'espèce un rôle essentiel. Surtout, il s'appuie sur une Assemblée qui, quoique consultative, ne se cantonne nullement dans de la figuration, comme l'atteste la qualité de ses débats qui force alors le respect du Foreign Office. C'est dans le cadre de cette étape vers le rétablissement du régime représentatif que le chef de la France libre, puis combattante, fait son apprentissage d'homme d'État, contraint qu'il est de composer avec les exigences d'une conjoncture événementielle et humaine. Marcel MORABITO

• *Voir aussi :* Alliés ; Brazzaville (manifeste de) ; Comité national français ; France libre

Bibl. : Jean-Louis Crémieux-Brilhac, *La France libre : de l'appel du 18 Juin à la Libération*, Paris, Gallimard, 1996.

CFTC (Confédération française des travailleurs chrétiens). – Si le catholicisme social fait partie de son horizon intellectuel, Charles de Gaulle apparaît fort éloigné du syndicalisme ouvrier en 1940. Tôt, cependant, il en saisit l'importance. C'est un syndicaliste chrétien, Léon Morandat, *Yvon* dans la résistance, qu'il charge dès 1941 de sonder la résistance ouvrière en zone sud. À l'origine, le ralliement des syndicalistes chrétiens résistants à la France libre ne va pas de soi. Le premier d'entre eux, Gaston Tessier, qui s'est dit « gaulliste dès le début », n'a pas caché ses réticences à l'égard d'un militaire entré en politique. Mais au sein du mouvement Libération-Nord, il considère que le réalisme impose de se ranger derrière lui. Progressivement, l'ensemble de la Résistance syndicale chrétienne reconnaît de Gaulle comme son « chef ». La CFTC a un représentant au Conseil national de la Résistance (Gaston Tessier) et à Londres (Marcel Poimbœuf). Seuls, depuis les États-Unis, Paul Vignaux et Joseph Botton refusent, au nom de l'autonomie ouvrière et de la tradition républicaine, l'allégeance à un homme soupçonné de vouloir instaurer un « pouvoir personnel ».

Proche du MRP à la Libération, la CFTC apparaît comme une alliée politique pour de Gaulle. Mais cette configuration ne résiste pas à son départ du pouvoir. La création du RPF (Rassemblement du peuple français) ouvre une période d'hostilité réciproque. Si le Rassemblement encourage ses membres à militer à la CFTC, il en condamne la direction qu'il juge inféodée au MRP (Mouvement républicain populaire), ainsi que la minorité « progressiste » qui serait l'instrument des « séparatistes » staliniens. En face, les dirigeants CFTC considèrent avec inquiétude l'activisme du RPF. Quant à la minorité inspirée par Vignaux (« Reconstruction »), elle voit dans le « gaullisme politique » un avatar du bonapartisme.

La question perd de son actualité avec la mise en sommeil du RPF. Elle ressurgit brutalement le 13 mai 1958. Un réflexe de défense républicaine rassemble tous les courants de la CFTC, mais la base ne suit guère. Par l'intermédiaire de Morandat, les gaullistes cherchent à rassurer les dirigeants chrétiens. Si Reconstruction est radicalement hostile au nouveau régime, la confédération reste nuancée. En 1962, le secrétaire général, Eugène Descamps, considère même que le « pouvoir personnel » a seul permis de résoudre la crise algérienne. Mais cette alliance objective, malgré la sympathie de Descamps pour de Gaulle et les gaullistes de gauche, ne résiste pas à la fin du conflit. La CFTC porte un « jugement défavorable » sur le référendum constitutionnel de 1962. Elle dénonce la politique économique et sociale du gouvernement. La grève des mineurs de 1963 consacre la rupture. L'homme de la Libération et de la décolonisation, constate Descamps, n'est pas celui de la « justice sociale ». Pour de Gaulle, les « féodalités » syndicales doivent s'effacer devant l'intérêt de la nation et les syndicalistes chrétiens – « des enfants de chœur qui ont bu les burettes », selon le mot rapporté par Alain Peyrefitte – font le jeu des communistes. En réalité, à la veille de sa déconfessionnalisation, la CFTC entend favoriser l'émergence d'une gauche démocratique et place un temps ses espoirs dans la candidature Defferre à la présidentielle de 1965.

En 1964, le rejet de la politisation comme l'attachement à la référence chrétienne fondent le refus, par 10 % des militants, de la transformation de la CFTC en CFDT. La création d'une petite « CFTC maintenue » pose la question de sa reconnaissance officielle. Le ministre Gilbert Grandval n'y est pas favorable, mais le président de la République encourage ses dirigeants. En 1966, le gouvernement lui accorde la « représentativité ». Seul soutien ouvrier à la politique gaullienne de participation, elle prône la modération en 1968. En revanche, l'année suivante, elle voit dans le projet de réforme du Sénat une confusion dangereuse des responsabilités syndicales et politiques. Elle ne soutient donc pas le Général dans son ultime combat.

Frank GEORGI

• *Voir aussi* : CFDT ; MRP ; Participation ; Syndicats

Bibl. : Michel Branciard, *Histoire de la CFDT. Soixante-dix ans d'action syndicale*, Paris, La Découverte, 1990 • Frank Georgi, *Eugène Descamps. Chrétien et syndicaliste*, Paris, Éditions de l'Atelier, 1997 • Carole Saudejaud, *Le Syndicalisme chrétien sous l'Occupation*, Paris, Perrin, 1999.

CGC (Confédération générale des cadres). – Dès sa création en octobre 1944, la Confédération générale des cadres s'oppose au général de Gaulle sur des points fondamentaux. Le 12 septembre 1944, dans Paris à peine libéré, de Gaulle dit sa volonté de donner la primauté à l'intérêt général sur les coalitions d'intérêts particuliers, et de conférer à l'État un rôle essentiel dans la conduite des affaires économiques et sociales. La CGC y voit une lourde bévue. Pour elle, ainsi qu'elle l'expose dans *Le Creuset* de septembre puis du 15 octobre 1945, l'État n'est pas seulement une immense bureaucratie composée de « fonctionnaires par nature improductifs », mais « il veut se substituer aux corporations dont il n'a ni la compétence, ni l'esprit de suite ». Pour de Gaulle, le rôle de l'État s'appuie sur divers leviers, dont les nationalisations et la planification. Pour la CGC, les nationalisations présentent une tare éminente : celle de s'exempter du « souci final de la production » au nom de préoccupations politiques ou réglementaires. Quant à la planification, que de Gaulle qualifie en 1961 d'« ardente obligation », elle donne lieu, notamment dans les années 1960, à d'importants débats au sein de la CGC. Une minorité du syndicat pense qu'elle constitue un réel outil économique, tandis que la direction, menée par André Malterre de 1955 à 1975, exprime parfois à ce sujet de vives réserves. Les rapports sont souvent tendus entre de Gaulle et certains dirigeants de la CGC. André Malterre participe ainsi au « colloque de Vincennes » organisé en 1960 par les partisans de l'Algérie française. Plus tard, certains rapprochements par défaut plutôt que sur le terrain des idées ont lieu en mai 1968. Alors, la CGC dénonce dans *Le Creuset* du 18 mai 1968 « des manifestations décidées par des syndicats sous influence politique ». Plus tard, d'autres convergences apparaissent entre l'organisation des cadres et le parti gaulliste. Mais celles-ci restent secondaires, comparées à l'opposition radicale des conceptions de l'intérêt. D'un côté, l'attachement à un intérêt catégoriel et corporatiste ; de l'autre, le refus de toute coalition d'intérêts au nom de l'intérêt général. Guy GROUX

• *Voir aussi* : Dirigisme ; GPRF (œuvre intérieure et outre-mer du) ; Mai 68 ; Participation ; Rénovation

Bibl. : Luc Boltanski, *Les Cadres. La formation d'un groupe social*, Paris, Éditions de Minuit, 1982 • Marc Descotes et Jean-Louis Robert (dir.), *Clefs pour une histoire du syndicalisme-cadre*, Paris, Éditions ouvrières, 1984 • André Malterre, *La Confédération générale des cadres : la révolte des mal aimés*, Paris, Épi, 1972.

CGT (Confédération générale du travail). – Le général de Gaulle sait le rôle que la CGT a tenu lors des grèves de 1936 et dans la Résistance. Aussi charge-t-il Jean Moulin de l'introduire dans le Conseil national de la Résistance (CNR) ; son chargé de mission contribue à la réunion au sein de la centrale, en 1943, des réformistes et des révolutionnaires.

Une fois réunifiée, la CGT prend place au CNR et siège à l'Assemblée consultative d'Alger. Après avoir appelé à l'insurrection en août 1944, elle appuie les grandes réformes de la Libération qui comportent quatre volets. Tout d'abord, l'abolition par le Gouvernement provisoire de la Charte du travail établie par Vichy et la restauration de la liberté syndicale. Ensuite, l'adoption des dispositions qui permettent la représentation des salariés dans l'entreprise : délégués du personnel et comités d'entreprise pour le secteur privé, commissions administratives paritaires et comités techniques paritaires pour la fonction publique désormais dotée d'un statut élaboré principalement par un cégétiste, Jacques Pruja. En troisième lieu, la nationalisation par de Gaulle des Houillères du Nord et du Pas-de-Calais, de Renault, de Gnome et Rhône, d'Air France, de la Banque de France, des banques de dépôt. Enfin, la création du régime général de la Sécurité sociale dont la cheville ouvrière du dernier projet est Ambroise Croizat, à la fois ministre et dirigeant de la CGT.

Le plus grand désaccord entre le Général et la CGT survient le 1er septembre 1945 lorsque de Gaulle refuse de recevoir la délégation des gauches conduite par Léon Jouhaux. Le chef du Gouvernement provisoire fait savoir au secrétaire général de la CGT qu'il ne saurait discuter avec des syndicalistes la préparation des prochaines élections législatives. Son refus s'appuie sur la loi de 1884 qui énonce le principe de spécialité des organisations professionnelles vouées à l'étude et à la défense des intérêts matériels et moraux des salariés.

Après sa traversée du désert, Charles de Gaulle retrouve la CGT dressée contre son pouvoir personnel. Tout comme le Parti communiste, la centrale analyse l'accession au pouvoir de l'ancien chef du RPF comme une menace fasciste. Cependant, devant l'engagement en faveur de l'indépendance de l'Algérie, elle modifie son appréciation. En son sein, Pierre Le Brun va plus loin. Le secrétaire confédéral approuve la politique extérieure du Général et souhaite que toute l'organisation en fasse autant en adoptant à son égard une attitude constructive. Il est écarté de la direction confédérale en 1966. Dans la conduite des grèves de mai-juin 1968, il a souvent été avancé que la CGT, à l'instar du PCF, aurait ménagé le pouvoir gaulliste. Embarrassée par la surenchère gauchiste et l'absence d'entente entre la Fédération de la gauche démocrate et socialiste (FGDS) et le Parti communiste, la centrale a cherché lors des négociations de Grenelle à tirer parti de l'amplification du mouvement social ; non sans succès au regard des promesses arrachées à Georges Pompidou. Si de Gaulle l'emporte lors des élections législatives de juin 1968, c'est pour chuter sur le référendum de 1969 que la CGT a vigoureusement condamné.

René Mouriaux

• *Voir aussi* : PCF ; Sociale (politique) ; Syndicats ouvriers

Bibl. : Michel Dreyfus, *Histoire de la CGT*, Bruxelles, Complexe, 1995 • René Mouriaux, *La CGT*, Paris, Le Seuil, 1982 • Claude Willard, *La France ouvrière*, t. 2, *De 1920 à 1968*, Paris, Éditions de l'Atelier, 1995.

CGT-FO (Confédération générale du travail-Force ouvrière). – En 1958, la CGT-FO, née d'une scission de la CGT en 1947, demeurait marquée par les conditions de sa naissance. Minoritaire dans le monde syndical, elle avait fait de l'anticommunisme un principe d'identité, unissant les diverses sensibilités qui se partageaient l'organisation : de l'extrême gauche trotskiste à la droite, ses cadres étant pour la plupart proches de la SFIO. Tout en cultivant son indépendance, FO avait accompagné les gouvernements de Troisième force (alliance politique pouvant réunir des partis allant des indépendants à la SFIO) sous la IVe République. Elle avait évolué au rythme de l'opinion française depuis 1954, lorsque commence ce que l'on allait appeler la guerre d'Algérie.

Dans la crise du 13 Mai, FO et son secrétaire général Robert Bothereau ont éprouvé une double crainte : celle d'un coup d'État militaire, mais, tout autant, celle d'un rapprochement contraint avec le parti communiste sous la forme d'un nouveau Front populaire. La centrale syndicale avait manifesté son soutien au gouvernement de Pierre Pflimlin et exprimé ses réticences envers le général de Gaulle. Partageant l'analyse de la majorité de la SFIO rangée derrière Guy Mollet, elle demandait que le retour au pouvoir du Général se fît dans des formes légales. Elle n'appela pas à participer à la manifestation républicaine du 28 mai, même si l'union départementale FO de la région parisienne était présente. Elle fut soulagée par l'investiture du 1er juin et accueillit favorablement le « oui » au référendum d'octobre.

L'installation de la Ve République ne changera pas l'équilibre politique de la confédération. La tentative de constituer une « tendance gaulliste » échoue rapidement, ses deux animateurs, Raymond Le Bourre et André Lafond, défenseurs de l'Algérie française, sont écartés dès 1959. Robert Bothereau continue de manifester sa sympathie aux tentatives de Troisième force critiques de la politique du Général. Il participe, en janvier 1962, à la rencontre de l'Alma entre des personnalités politiques tels que Guy Mollet, Antoine Pinay, Maurice Faure et des syndicalistes comme Michel Debatisse responsable du CNJA ou Georges Levard de la CFTC. Mais, la « Grande Fédération » de Gaston Defferre, en 1965, trop proche du MRP, et plus encore, la FGDS de François Mitterrand et le rapprochement avec les communistes, éloignent davantage la CGT-FO de la politique. Celle-ci ne donne aucune consigne de vote ni au référendum d'octobre 1962 ni aux scrutins de 1965 et 1967.

La Ve République gaulliste amènera en revanche FO à définir une politique syndicale plus originale. Privée de ses relais parlementaires traditionnels, elle privilégie de plus en plus la liberté contractuelle en refusant toutes les formes d'intégration. Elle s'oppose ainsi aux tentations de politique des revenus, après le rapport Massé de février 1964, au principe de l'intéressement, à l'idée d'une association capital-travail. Ce tournant est renforcé avec l'arrivée au secrétariat général d'André Bergeron au congrès de 1963. Plus en phase avec Georges Pompidou, qui penche vers plus de libéralisme économique, André Bergeron a des relations régulières avec le gouvernement ainsi qu'avec le patronat. Le pacte d'unité d'action CGT-CFDT de janvier 1966 conforte FO dans son réformisme. En 1967, elle accepte le principe du paritarisme défini par les ordonnances sur la Sécurité sociale et prend la direction de la Caisse nationale d'assurance-maladie. Contractualisme et paritarisme composent la doctrine d'un syndicat qui veut être un « contre-poids » mais refuse de partager des responsabilités au sein de l'État ou de l'entreprise.

En mai 1968, FO est emportée par le mouvement, malgré les réticences de nombre de ses dirigeants. Elle participe aux grèves et à la manifestation unitaire du 13 mai mais plaide tout au long de la crise pour une solution négociée. À Grenelle, le 25 mai, André Bergeron défend particulièrement les revendications salariales, notamment une forte hausse du SMIC. FO laisse à ses adhérents leur liberté de vote aux élections législatives de juin. En revanche, la confédération, dans toutes ses composantes, marquera une ferme opposition au référendum d'avril 1969 dans la mesure où la réforme du Sénat proposée prévoyait un rôle délibératif des syndicats dans la nouvelle assemblée. Hostile à toute intégration dans l'État, elle appellera à un « non » explicite pour la première fois de son histoire.

Ainsi, FO, de 1958 à 1969, s'est-elle trouvée le plus souvent « à côté » du gaullisme, si l'on excepte la crise de mai 1958. Elle allait être beaucoup plus à l'aise dans la décennie suivante qui verra l'essor de la politique contractuelle.

Alain Bergounioux

• *Voir aussi* : Participation ; Retour de 1958 ; Sociale (politique) ; Syndicats ouvriers

Bibl. : Alain Bergounioux, *Force ouvrière*, Paris, Le Seuil, 1975 • Jean-Louis Validire, *André Bergeron. Une Force ouvrière*, Paris, Plon, 1984.

CHABAN-DELMAS, Jacques (1915-2000). – Né à Paris d'un père ingénieur, Jacques Delmas est diplômé de Sciences Po en 1938 et entame un DES de droit public et d'économie politique tout en effectuant son service militaire. Il sort major de sa promotion d'élèves officiers de réserve. À l'entrée en guerre, il est mobilisé au 75e bataillon alpin près de Nice. Si le sous-lieutenant Jacques Delmas n'entend pas l'appel du 18 Juin, il n'envisage pas moins de gagner l'Angleterre dès le mois d'août, et prend contact avec la Résistance en décembre 1940.

Dans la Résistance. À partir de juin 1941, il fait du renseignement au sein du secrétariat d'État à la Production industrielle. Par l'intermédiaire du mouvement Organisation civile et militaire (OCM), il informe les services secrets de la France libre. Devenu inspecteur des Finances en mars 1943, il dispose d'une carte tricolore qui lui sert de couverture pour son activité clandestine. À la fin de l'été, il rejoint la délégation militaire du Comité français de la Libération nationale (CFLN), et, à partir d'octobre, devenu « Chaban », il est adjoint au délégué militaire national (DMN), puis DMN par intérim. En avril, le colonel Ely, envoyé sur le continent pour le relever, préconise finalement de le confirmer dans son poste, ce qui est fait en mai. Sa nomination en juin 1944 au grade de général de brigade lui permet d'entrer dans la grande geste de la libération de Paris. À la fois représentant du GPRF (Gouvernement provisoire de la République française) et combattant de l'intérieur, il s'évertue à concilier les gaullistes et les communistes qui s'affrontent, au sein du Comité d'action militaire (Comac), pour le contrôle des FFI (Forces françaises de l'intérieur). Grâce à un sens inné du compromis, le nouveau DMN mise sur plusieurs tableaux, interprétant parfois avec beaucoup d'audace les ordres du général Koenig. Champion du double jeu, il exerce déjà un rôle très « politique » dans la Résistance. Bras séculier d'un général de Gaulle invisible, il se charge d'incarner la reconstruction de l'État au cœur du combat militaire.

« Chaban-Delmas se tenait au centre de tout, consignera le Général dans ses *Mémoires de guerre*. Perspicace et habile, ayant seul les moyens de communiquer avec l'extérieur, il contrôlerait les propositions et, moyennant de longues et rudes palabres, contiendrait les impulsions du Conseil [national de la Résistance] et des comités. » Sa tâche principale consiste à tout mettre en œuvre pour préserver l'unité de la Résistance jusqu'à l'arrivée du chef de la France libre. À force de persuasion, Chaban finit par vaincre les réticences du général Leclerc et obtient à l'arraché que le chef FFI de la région parisienne, Henri Rol-Tanguy, soit associé à la signature de l'acte de reddition du général von Choltitz, gouverneur de Paris. En cette même journée du 25 août 1944, Leclerc le présente à de Gaulle qui n'en croit pas ses yeux d'avoir nommé général un homme d'allure si juvénile. Après la libération de Paris, Jacques Chaban-Delmas sert au cabinet du ministre de la Guerre, André Diethelm. Démobilisé le 1er août 1945, il devient secrétaire général du secrétariat d'État à l'Information et travaille sous les ordres de Jacques Soustelle, puis d'André Malraux. Le 7 août, il est fait Compagnon de la Libération par le général de Gaulle. En février 1946, Félix Gouin ayant succédé à de Gaulle à la tête du GPRF, Malraux cède la place à Gaston Defferre. Jugeant iniques les mesures préconisées par son nouveau ministre en matière de dévolution des biens des entreprises de presse, Chaban-Delmas démissionne de son poste de secrétaire général.

Une carrière politique sous la IVe République. Inspecteur des Finances, général de brigade, Compagnon de la Libération, cet homme de trente et un ans affiche un palmarès qui l'incite à se lancer dans l'arène électorale. Élu député de la Gironde en novembre 1946 sous le double patronage d'Édouard Herriot et du solitaire de Colombey, il devient maire de Bordeaux en octobre 1947. Alors qu'il souhaitait initialement conduire la liste RPF (Rassemblement du peuple français) à la victoire et laisser à un autre le soin d'exercer la fonction de premier magistrat, de Gaulle le persuade de demeurer à la mairie de Bordeaux. Rarement l'identification d'un homme à une ville aura été poussée aussi loin, au point d'en oublier les origines : celles d'un parachutage réussi. S'il finira par incarner l'archétype du professionnel de la politique, il faut aussi rappeler qu'il est venu à la vie publique, dans un élan très gaullien, pour faire la guerre aux politiciens de profession. Cheval de Troie du radicalisme en Gironde selon les intégristes du RPF, c'est lui qui donnera, et maintiendra au gré des fluctuations nationales, une existence électorale au parti gaulliste. À partir de 1947, il se partage entre sa mairie, le Palais-Bourbon, la place de Valois et la rue de Solférino. Mais en 1951, le parti radical finit par interdire la double appartenance. Chaban invente alors une figure subtile : en mars 1951, il se met en congé du parti. Compagnon trop fidèle pour abandonner le gaullisme, il est aussi politicien trop avisé pour ne pas savoir toujours garder deux fers au feu. Aux législatives de juin 1951, il obtient du Général l'autorisation exceptionnelle de procéder à des apparentements. La tactique s'avère payante puisqu'elle se conclut par l'élection de sept chabanistes sur dix sièges en Gironde. « Ouvert aux contacts, éclectique quant aux idées, flexible dans les procédés [...] son adresse va de pair avec son mérite sans estomper sa rectitude », note de Gaulle [*ME*].

Chaban a beau appartenir à la confrérie suprême du gaullisme de guerre et jouir de l'affection du Général, son statut de parlementaire lui interdit, par principe, tout poste dirigeant à la tête du RPF. C'est seulement à compter du 6 juillet 1951, donc à une date où le « mouvement populaire » achève de se confondre avec les partis politiques classiques, qu'il est appelé au conseil de direction du mouvement. Après la mise en sommeil du RPF, en mai 1953, les rescapés du groupe parlementaire fondent l'Union des républicains d'action sociale dont il prend la présidence. En juin 1954, il accepte, pour la première fois, un portefeuille dans le cabinet de Pierre Mendès France mais refuse de participer au gouvernement de son successeur Edgar Faure. En décembre de la même année, au nom de l'aile gauche du Centre national des républicains sociaux, il participe à la fondation du Front républicain aux côtés de Guy Mollet pour la SFIO (Section française de l'Internationale ouvrière), François Mitterrand pour l'UDSR (Union démocratique et socialiste de la Résistance), et Pierre Mendès France pour le parti radical. Les législatives de 1956 se soldent par un désastre pour les républicains sociaux, excepté pour Chaban qui reste le mieux élu des députés gaullistes, avec sept fois plus de suffrages que la moyenne nationale. Ministre d'État dans le cabinet formé par Guy Mollet, il justifiera ultérieurement sa présence dans un tel attelage par son souhait de convertir le leader socialiste aux vertus de la bombe atomique. La création d'une force de dissuasion nucléaire se trouve également au cœur de ses fonctions de ministre de la Défense nationale dans le gouvernement formé, en novembre 1957, par son ami radical Félix Gaillard.

Un baron de la Ve République. Grâce à « l'antenne » officieuse du ministère de la Défense créée à Alger, Chaban joue un rôle décisif dans les opérations destinées à précipiter le retour au pouvoir du Général. Il y envoie Léon Delbecque qui coorganisera les manifestations algéroises des 26 avril et 13 mai 1958. En le maintenant sur place en dépit des plaintes réitérées du général Salan et du ministre résident Robert Lacoste, Chaban a bel et bien protégé un agitateur gaulliste. S'il était demeuré hors du gouvernement de Félix Gaillard, il n'y aurait pas eu d'antenne à Alger pour tirer, le moment venu, les marrons du feu, c'est-à-dire canaliser puis orienter les membres du Comité de salut public vers la solution de Gaulle. En outre, il a exercé une influence déterminante dans le ralliement du personnel politique républicain à l'homme du 18 Juin.

Il ne participe pas au dernier cabinet de la IVe présidé par le Général. Baron du nouveau régime, il est l'un des treize membres fondateurs de l'UNR (Union pour la nouvelle République). Menacé sur sa droite aux législatives de 1958, Chaban voit sa position consolidée par de Gaulle qui le nomme commandeur de la Légion d'honneur à titre militaire avant de se rendre à Bordeaux pour lui témoigner publiquement son estime. Sa victoire est couronnée par son élection au « perchoir », c'est-à-dire la présidence de l'Assemblée nationale. C'est quatre à quatre, observent immédiatement les journalistes, que le sportif Chaban grimpe les marches de l'escalier conduisant au fauteuil présidentiel. Durant onze ans, sans renier sa fidélité à de Gaulle, il n'en défend pas moins les prérogatives d'un Parlement « rationalisé » face à un exécutif restauré et, en 1961, il exprime des réticences sur l'utilisation prolongée de l'article 16.

En juin 1969, Georges Pompidou lui confie Matignon pour incarner le diptyque de sa campagne : fidélité et renouveau. Chaban, qui rêve d'écrire la page sociale du gaullisme avec son projet de Nouvelle Société, se heurte à de fortes résistances au sein de sa propre majorité. Candidat gaulliste à l'élection présidentielle de 1974, il est sans conteste trahi par Jacques Chirac mais, surtout, battu par Valéry Giscard d'Estaing. Le « duc d'Aquitaine » retrouve alors ses nombreux mandats locaux ainsi que son « perchoir » de 1978 à 1981 puis de 1986 à 1988. En 1995, il abandonne son fauteuil de maire à Alain Juppé. Ainsi donc, pendant près d'un demi-siècle, Chaban aura campé aux premières loges de la scène politique française, même si son destin n'aura finalement pas été à la hauteur de ses ambitions ni de ses talents.

Patrick Troude-Chastenet

• *Voir aussi* : Assemblée nationale ; Gaullistes ; GPRF

Bibl. : Patrick et Philippe Chastenet, *Chaban*, Paris, Le Seuil, 1991 • Patrick Troude-Chastenet, « Jacques Chaban-Delmas et le RPF », dans *De Gaulle et le RPF (1947-1955)*, Paris, Armand Colin, 1998, p. 125-142 • Id., « La première élection de Jacques Chaban-Delmas », *Annales du Midi*, t. 110, n° 223, juillet-septembre 1998, p. 381-403.

CHAISE VIDE (politique de la). – La crise débute par une banale affaire de budgets agricoles. Le Conseil des ministres européen avait décidé qu'au plus tard le 30 juin 1965 une décision sur le financement de la politique agricole commune (PAC) serait prise. Chargée de faire des propositions, la Commission de la Communauté économique européenne (CEE) lui avait remis un rapport traitant de trois sujets : le financement de la PAC, la création de ressources propres pour la Communauté et le renforcement des pouvoirs du parlement européen. Son président, Walter Hallstein, que de Gaulle détestait, avait commis la maladresse d'exposer ses conclusions devant l'Assemblée de Strasbourg, qui les avaient endossées, avant de les soumettre au Conseil des ministres. La marge de manœuvre des gouvernements en avait été réduite, et la Commission avait perdu son rôle de conciliateur.

Lors des négociations du 30 juin 1965, les désaccords techniques sont peu significatifs. Seule la question des ressources propres de la Communauté peut, à moyen terme, susciter des problèmes d'équilibre entre les États et la Commission. Pourtant, Maurice Couve de Murville interrompt les négociations. Le lendemain, le général de Gaulle confie à Alain Peyrefitte : « Il n'y aura plus de session du Marché commun [...]. Notre chaise restera vide, toute réunion sera sans valeur. » Pendant six mois, la chaise de la France restera inoccupée.

Certains ont pensé que la prise en compte des intérêts agricoles français avait poussé le Général à l'intransigeance. Or, le véritable enjeu de la crise est la règle de la majorité dont il est prévu qu'elle devienne la pratique normale au sein de la CEE dès 1966. Le 9 septembre 1965, de Gaulle indique qu'à ses yeux, le fait que la France puisse être mise en minorité par « quelque aréopage technocratique, apatride et irresponsable » n'est pas acceptable car contraire à sa conception de la souveraineté française.

Adopté le 29 janvier 1966, le « compromis de Luxembourg » préserve la souveraineté nationale tout en ouvrant la voie à une plus grande coopération communautaire. Ainsi, l'hypothèque d'une éventuelle supranationalité est officiellement levée. Le 21 février 1966, de Gaulle triomphe : « On est sorti ouvertement de cette espèce de fiction suivant laquelle l'organisation économique de l'Europe devrait procéder d'une autre instance que celle des États, avec leurs pouvoirs et leurs responsabilités. [...] Il fallait que la question politique fût tranchée. [...] L'application imminente de la règle dite "de la majorité" et l'extension corrélative des pouvoirs de la Commission menaçaient de remplacer cette pratique raisonnable par une usurpation permanente de souveraineté. »

Vis-à-vis de la CEE ou de l'Europe, les choix du Général furent dictés par sa conception de l'identité et de la souveraineté française. C'est ce qu'il écrivit à Raymond Aron le 9 décembre 1963 : « Au fond, tout :"Europe", "Communauté atlantique", "OTAN", "Armements", etc., se ramène à une seule et même querelle : oui ou non la France doit-elle être la France ? »

Jean-Yves Haine

• *Voir aussi* : Agriculture ; Europe ; France (idée de la) ; Grandeur et rang ; Marché commun

Bibl. : Andrew Moravcsik, « Le grain et la grandeur : les origines économiques de la politique européenne du général de Gaulle », *Revue française de science politique*, vol. 49, août-octobre 1999, et vol. 50, février 2000, • Alain Peyrefitte, *C'était de Gaulle*, Paris, Fayard, t. 2, 1997.

CHALLE, Maurice (1905-1979). – Saint-cyrien né au Pontet, dans le Vaucluse, Maurice Challe choisit l'aviation en 1925. Engagé dans la Résistance en novembre 1942, il dirige le réseau Villon du Service de renseignements Air. Général d'armée aérienne en 1956, il donne son accord, le 8 février 1958, pour le bombardement de Sakhiet-Sidi-Youssef en Tunisie. Lors de la crise de mai 1958, il attire l'attention des politiques sur le mécontentement de l'armée, ce qui lui vaut d'être « éloigné » à Brest sur ordre du ministre de la Défense du dernier cabinet Pflimlin. Il retrouve ses fonctions à l'arrivée au pouvoir du général de Gaulle. En septembre 1958, il est nommé adjoint interarmées au général Salan, commandant en chef des forces en Algérie. Il lui succède le 16 décembre suivant.

Prenant en écharpe le territoire algérien d'ouest en est, le plan Challe met en place un véritable rouleau compresseur militaire qui bénéficie du verrouillage des frontières. À la fin de 1959, environ 55 % du potentiel des maquis intérieurs sont détruits. Après le discours du général de Gaulle sur l'autodétermination le 16 septembre 1959, Challe poursuit malgré tout la « francisation » de l'Algérie. Lors de la semaine des Barricades d'Alger, en janvier 1960, il s'installe à la base de Réghaïa afin d'isoler l'insurrection et après avoir tenté d'empêcher la mutation du général Massu en métropole. En avril 1960, devenu gênant pour la nouvelle politique algérienne du chef de l'État, il est nommé commandant des forces Centre-Europe de l'OTAN. Mis en cause lors du procès des barricades d'Alger, peu après le référendum sur l'autodétermination de l'Algérie en janvier 1961, le général Challe demande sa retraite anticipée et est mis en disponibilité.

Pressé par les colonels qui ont fait le 13 mai 1958, Challe se lance dans l'aventure du putsch. Atlantiste, il espère que les États-Unis aideront la France à conserver l'Algérie française si elle renonce à l'arme nucléaire. Il refuse de voir annuler la victoire militaire remportée sur l'Armée de libération nationale. Au nom de l'honneur de l'armée et du refus d'amener le drapeau dans le dernier bastion de l'Empire, il espère rallier l'ensemble des chefs de corps, tout en se démarquant d'encombrants activistes pieds-noirs. Il quitte précipitamment Paris et se lance, le 21 avril au soir, dans le pronunciamiento, en compagnie des généraux Zeller et Jouhaud bientôt rejoints par le général Salan, et avec l'appui d'unités parachutistes. Dans une proclamation radiodiffusée à l'armée, il fait le serment de garder l'Algérie, sans vouloir attaquer la métropole. La « fronde militaire » échoue rapidement. Le général Challe est destitué le 24 avril, et, pour éviter un affrontement (« L'armée ne tire pas sur l'armée »), il se constitue prisonnier dans la nuit du 25 au 26.

Aux côtés du général Zeller, il est traduit en mai 1961 devant le Haut Tribunal militaire et condamné à quinze ans de réclusion. Il est gracié par le général de Gaulle en décembre 1966 et amnistié en 1968. Il fonde à Paris une compagnie d'affrètement maritime, la Société européenne de transports. Lors de ses obsèques, et conformément à ses vœux, les honneurs militaires ne lui sont pas rendus.

Jean-Charles Jauffret

• *Voir aussi* : Algérie (guerre d') ; Bourguiba, Habib ; Grâce ; Putsch des généraux

Bibl. : Maurice Challe, *Notre révolte*, Paris, Presses de la Cité, 1968.

CHAMFORT, Sébastien-Roch Nicolas, dit (1741-1794). – Charles de Gaulle n'était pas fait pour apprécier particulièrement Chamfort. D'abord parce qu'il porte un regard constamment critique sur le

XVIIIe siècle. Dans *Le Fil de l'épée*, après avoir tressé longuement les louanges du Grand Siècle, il relève sèchement que « le siècle suivant vit naître et grandir le flot d'idées et de sentiments qui devait emporter nos institutions ». La vie de Chamfort, largement liée à la légèreté des salons et de la Cour, que lui-même fustige tout en s'en accommodant parfaitement, n'a rien qui puisse particulièrement séduire le rigoureux adepte d'une vie soumise aux plus hautes valeurs et dévouée aux grands intérêts. À quoi s'ajoute le fait que la philosophie qui se dégage des *Maximes et Pensées* et des *Caractères et Anecdotes* est plus volontiers épicurienne que stoïcienne.

Pour autant, de Gaulle manifeste pour le petit maître des Lumières une dilection qui ne se dément pas. Il le lit durant sa période de captivité et y trouve des formules qui le séduisent. Le 18 juin 1942, lors de la réunion à l'Albert Hall pour le second anniversaire de l'appel, il cite Chamfort en l'aménageant quelque peu : « Les raisonnables ont duré, les passionnés ont vécu » [*LNC*], la pensée originale étant : « Les passions font *vivre* l'homme ; la sagesse le fait seulement *durer* » (*Maximes et Pensées*). Y revenant dans ses *Mémoires de guerre*, il en fournit d'ailleurs comme une glose : « Citant le mot de Chamfort [...], j'évoque les deux années que la France libre vient de parcourir : "Nous avons beaucoup vécu, car nous sommes des passionnés." Mais nous aussi, nous avons duré. Ah ! que nous sommes raisonnables ! » ; exégèse qu'approfondit encore le message qu'il adresse deux ans plus tard, le 18 juin 1944, à ses compagnons : « Le 18 juin, c'est le cœur qui avait raison ! Quelques-uns, ce jour-là, ont écouté leur cœur. C'étaient donc les vrais raisonnables » [*LNC*].

Le mot de Chamfort porte donc, d'une certaine manière, le sens profond de l'appel. Cela seul suffirait à donner à l'écrivain une place de choix dans la bibliothèque imaginaire du Général. Mais il y a plus : l'ironie, l'esprit volontiers caustique, une forme de pessimisme et de regard sans illusion porté sur la nature humaine, mais aussi le goût de la formule balancée, du style resserré qui fait mouche, tout cela plaît au familier de l'homme de discours. De Gaulle cite souvent Chamfort : des formules les plus légères (à Londres : « Toute Anglaise a deux bras gauches ») aux plus assassines (« Quand les sots sortent de la place, soit qu'ils aient été ministres ou premiers commis, ils conservent une morgue ou une importance ridicule » (*Maximes et Pensées*) ou aux plus en accord avec ses idées profondes : « Quiconque n'a pas de caractère n'est pas un homme : c'est une chose. » Il ira même jusqu'à prêter par deux fois à celui-ci une pensée qui est, en fait, de Rivarol : « Il y a deux vérités qu'il ne faut jamais séparer en ce monde : que la souveraineté réside dans le peuple, que le peuple ne doit jamais l'exercer. »

Jean SERROY

• *Voir aussi* : Bibliothèque personnelle ; Formation scolaire et intellectuelle ; Histoire

Bibl. : Jacques Chocheyras, « De Gaulle et les maximes : La Rochefoucauld », dans Jean Serroy, *De Gaulle et les écrivains*, Grenoble, Presses universitaires de Grenoble, 1991 • Alain Larcan, *De Gaulle inventaire. La culture, l'esprit, la foi*, Paris, Bartillat, 2003.

CHAMPAGNE. – Bien qu'en s'installant à Colombey il ait élu la Champagne comme lieu de résidence privée, le général de Gaulle n'est qu'un consommateur très occasionnel du vin universel. Au-delà des difficultés financières que son épouse a du mal à pallier, le Général est indifférent à toute forme de luxe. La règle de l'ermitage champenois s'applique aussi dans ce domaine. La frugalité du Général est connue : au-delà des biscottes du petit déjeuner croquées avec ponctualité avant 8 heures du matin, les repas constituent une formalité encastrée dans le continuum des « affaires courantes », rue Saint-Dominique comme à l'hôtel La Pérouse, à La Boisserie comme à l'Élysée. Rituel fonctionnel consenti pour trois quarts d'heure, la restauration du Général ne laisse place qu'aux mets les plus traditionnels de la cuisine française, du bœuf miroton au lapin aux pruneaux en passant par la potée champenoise, dans leur double aspect gustatif et identitaire. En accompagnement, le vin, de Bourgogne généralement, ne manque pas. Le Général veille à ce que les verres soient remplis.

Dans ces conditions, le champagne n'occupe à la table familiale qu'une place marginale, il est exclusivement réservé aux jours de fête et aux hôtes de marque. Au grand dam des maisons marnaises prestigieuses, de Gaulle accorde sa préférence au champagne Drappier, dans sa version extra-dry. D'abord parce que cette petite maison auboise, qui champagnise dans les années 1960 moins de 100 000 bouteilles par an, est située à une quinzaine de kilomètres de Colombey ; ensuite parce que l'un de ses aides de camp, le colonel de Bonneval, s'approvisionne depuis des lustres dans cette maison, à 7,65 francs la bouteille en 1965. En fait, il importe surtout à de Gaulle de consacrer par son choix le terroir de cette Champagne austère qu'il voit depuis son bureau d'angle à La Boisserie et qui l'inspire comme le microcosme de la patrie tout entière.

Le Général confirme à l'occasion sa complète méconnaissance des crus et des rites. Lors de sa première visite officielle en Champagne comme chef de l'État, les 23 et 24 avril 1963, il se prend les pieds, au cœur du vignoble sparnacien, dans les fils d'attache des ceps des vignes de Champillon. Des chapelets de vignerons en costume traditionnel l'y attendent, à côté d'un mathusalem bardé de rubans tricolores. Pour autant, il célèbre sur place « toutes les catégories qui s'occupent de notre champagne [...] quelque chose d'unique, qui nous appartient [et] qui est maintenant consacré ». Mais c'est essentiellement à l'Élysée que le champagne, servi à sa demande dans les carafes de la cristallerie auboise de Bayel, se trouve nationalisé : l'intendant Hennequin y règne sur des stocks incompressibles de Ruinart, de Veuve-Clicquot, de Cristal-Roederer et de Bollinger. Trésor national, le champagne hisse alors les mondanités parmi les outils de la politique française.

Rémy HANDOURTZEL

• *Voir aussi* : Cigares ; Gastronomie ; Manzoni, Honorine ; Réceptions présidentielles ; Vie quotidienne

Bibl. : Charles de Gaulle, allocution dans *Bulletin trimestriel du Comité interprofessionnel des vins de Champagne*, 2e trimestre 1963 • Jean Lacouture, *De Gaulle*, t. 2, *Le Politique (1944-1959)*, Paris, Le Seuil, 1985 • Nicolas de Rabaudy, « Charles de Gaulle et le champagne », *La Revue du champagne*, n° 2, décembre 1980.

CHAMPS-ÉLYSÉES. – Le 18 juin 1940, le général de Gaulle oppose sa légitimité à la légalité récusée du maréchal Pétain. Dès le 11 novembre puis lors de chacune des fêtes nationales, devenues patriotiques, il invite régulièrement, depuis Londres, les Français à se réunir dans les espaces et les temps convenus de la souveraineté nationale doublement bafouée. Le 24 juin 1940, Hitler a remonté les Champs-Élysées pour laver l'affront du 14 juillet 1919. Le 11 novembre, le Général invite les Parisiens à fleurir la statue de Clemenceau, sur ladite avenue, puis à gagner l'Arc de Triomphe, ainsi profané. Ce symbole de la souveraineté nationale depuis novembre 1920 abrite, de ce fait, la première expression publique de la résistance parisienne. Il est fleuri par des passants lors de chaque fête patriotique malgré les risques.

Le 26 août 1944, le Général choisit tout naturellement d'affirmer sa souveraineté devenue légale sur cette « chaussée triomphale » : « je ranime la flamme. Depuis le 14 juin 1940, nul n'avait pu le faire qu'en présence de l'envahisseur ». Il descend ensuite l'avenue des Champs-Élysées, « que l'armée triomphante suivit il y a vingt ans », où Clemenceau, qu'il « salue en passant, à l'air de s'élancer pour venir à [ses] cotés », et qui, « quatre fois en l'espace de deux vies », subit « l'outrage des envahisseurs défilant derrière d'odieuses fanfares ». Immergé dans « la mer », il renoue ainsi le fil interrompu d'une histoire glorieuse tout en restaurant les prérogatives de l'État.

Le Général, qui tient cet espace pour consubstantiel de la souveraineté, l'abandonne après son départ du gouvernement, exception faite de sa remontée motorisée de l'avenue de la Grande-Armée, le 19 mai 1954, après Diên Biên Phu – dans l'attente d'une double reconquête, exprimée le 1er mai 1951 : « Quand le peuple aura parlé, je lui donnerai rendez-vous pour inaugurer l'entreprise. Où donc ? Mais aux Champs-Élysées. » Le 13 mai 1958, le général Salan répond, en écho lointain, depuis Alger : « Nous remonterons tous ensemble les Champs-Élysées. » Le général de Gaulle, précédé par ses partisans les 13 et 14 mai, les réinvestit après sa victoire en attendant, toutefois, ces circonstances convenues et légitimes que sont les 18 Juin et 14 Juillet. À cette occasion, les actualités cinématographiques Gaumont rediffusent par deux fois, le fait est exceptionnel, les images d'août 1944. Certains des partisans de De Gaulle s'y retrouvent en 1959 pour l'anniversaire des 13 Mai et 18 Juin. D'autres y défilent, le 13 mai 1968, à l'appel du ministre des Anciens combattants, après la « profanation » de l'extrême gauche, puis, avec une ampleur sans pareille, le 30 mai. L'espace et la dramaturgie visent à renouer avec le cortège du 26 août 1944 quand la manifestation est pourtant plus complexe. Cet espace patriotique incarnant « une certaine idée de la France », au regard du Général, cristallise ainsi certains des moments tournants de son parcours politique. Son nom est attribué à la place de l'Étoile au lendemain de sa disparition, par arrêté municipal du 13 novembre 1970.

Danielle TARTAKOWSKY

• *Voir aussi* : Commémorations ; Libération ; Manifestation du 30 mai 1968 ; Manifestations de 1940 à 1944 ; Symboles

Bibl. : Danielle Tartakowsky, *Les Manifestations de rue en France : 1918-1968*, Paris, Publications de la Sorbonne, 1997.

CHARBONNEL, Jean (né en 1927). – Jean Charbonnel effectue de brillantes études à l'École normale supérieure dont il sort agrégé d'histoire, puis à l'École nationale d'administration (ENA). « Intéressé, ému, enthousiasmé » par de Gaulle dès 1940, il adhère au RPF en 1947 et, malgré le renfort de Robert Poujade en 1948, se sent un peu seul, rue d'Ulm, dans le militantisme gaulliste. Le choix est définitif : « Une seule référence n'a jamais varié au long de mon trajet : c'est celle du gaullisme. »

Militant de l'Union pour la nouvelle République (UNR) en région parisienne au début de la Ve République, membre d'un cabinet ministériel depuis 1959, Jean Charbonnel franchit une nouvelle étape en 1962 et se présente aux élections législatives en Corrèze, dans la 2e circonscription de Brive, dont sa famille est originaire. Il est élu et c'est le début d'une belle carrière corrézienne, comme député (en discontinu, réélu en 1968, 1973, 1986 et 1988), conseiller général (1964-1988) et maire de Brive (1966-1995). Il prend la tête des « jeunes loups » – Jacques Chirac, Pierre Mazeaud, Jean-Pierre Dannaud – qui, avec le soutien très actif de l'Élysée et de Georges Pompidou, se lancent à la conquête du Limousin et du Quercy au cœur des années 1960.

Fort d'un compagnonnage ancien et de ses premiers succès électoraux sur une terre peu favorable au gaullisme, Jean Charbonnel est appelé par de Gaulle au gouvernement où il entre le 6 janvier 1966 comme secrétaire d'État aux Affaires étrangères, en charge de la coopération. Plus tard, sous Pompidou, il devient ministre du Développement industriel et scientifique (1972-1974).

Mais la place de Jean Charbonnel dans l'histoire du gaullisme au temps du Général ne se limite pas aux fonctions de militant, d'élu et de membre du gouvernement. Elle se situe aussi à la fois à la gauche et au sommet du mouvement gaulliste. Entré au secrétariat national de l'UNR-UDT (UNR-Union démocratique du travail) en 1967, Jean Charbonnel exerce, avec André Fanton, Jean Taittinger et René Tomasini, la direction collégiale du mouvement gaulliste entre le 1er juin 1967 et le 19 janvier 1968, avant de devenir, entre 1968 et 1971, un des dirigeants de l'UDR. Jean Charbonnel se situe depuis toujours « à la gauche du Général », selon le beau titre de ses Mémoires. Élu sous la bannière UNR-UDT en 1962, sa fidélité au gaullisme de gauche ne se dément pas. Elle passe par la création et la direction du club Nouvelle Frontière (1972), par des rapports difficiles puis une prise de distance avec le Rassemblement pour la République (RPR) de Jacques Chirac à compter de 1976, enfin par la création de la Fédération des républicains de progrès. Elle se traduit par la publication de plusieurs ouvrages, *L'Aventure de la fidélité* (1976), *De Gaulle au présent* (1990), *Le Gaullisme en questions* (2002), dans lesquels l'agrégé d'histoire réfléchit sur de Gaulle et le gaullisme, se montre parfois sévère pour les « héritiers » du général de Gaulle et en appelle à l'action, « pour le renouveau du gaullisme », au nom d'une double conviction, la possibilité de dépasser la bipolarisation droite-gauche et la nécessité de réaliser un gaullisme social. Bernard LACHAISE

• *Voir aussi* : Clubs de la mouvance gaulliste ; Coopération ; RPF ; UDR ; UDT

Bibl. : Jean Charbonnel, *À la gauche du Général*, Paris, Plon, 1996.

CHATEAUBRIAND, François René de (1768-1848). – Dès son jeune âge, Charles de Gaulle fut habité par l'écriture presque autant que par les armes. Trop soucieux d'agir pour avoir véritablement balancé entre les deux, il ne sépara cependant jamais, tout au long de sa vie, l'action de l'écriture. Le 12 décembre 1944, dans le premier numéro du *Monde*, Émile Henriot intitule sa chronique littéraire : « De Gaulle et ses témoins ». Il s'en explique ainsi : « Est-ce réduire un grand chef de guerre que de dire que le général de Gaulle, homme d'action, est aussi un remarquable écrivain ? [...] Un général qui lit Montaigne, Descartes, Nietzsche, et qui peut citer, en épigraphe, dans son livre, Épictète, Hegel ou La Rochefoucauld, n'est pas un soldat ordinaire. Philosophe, non pour discuter des systèmes, mais pour dominer les questions et agir. Et bon écrivain, de surcroît, non pour le plaisir élégant de bien dire, mais par le goût inné de dire bien, net et clair, ce que son esprit a pesé, et qui exige d'être entendu. »

Le goût de l'écriture est alimenté chez de Gaulle par la fréquentation des grands écrivains. Aux formateurs de sa pensée s'ajoutent les écrivains de son temps à qui il manifestera par écrit son attention et ses encouragements, et dont il référera toujours le talent à ce qu'ils apportent à la France. Émile Henriot ne cite pas Chateaubriand. Alain Larcan note que « ce n'est que lorsque parurent les *Mémoires* du Général que l'on reconnut bien une certaine parenté avec les *Mémoires d'outre-tombe* ». Le livre d'or du château de Combourg recèle un précieux témoignage. Il s'agit d'une lettre écrite le 6 août 1949 par le Général à la comtesse de Durfort, née Sybille de Chateaubriand, en remerciement de son accueil : « Laissez-moi aussi vous remercier de m'avoir donné l'occasion de voir les lieux où put éclore le génie de votre arrière-grand-oncle et d'entendre de vous-même de si intéressantes et émouvantes précisions. Me voilà, grâce à vous, plus profondément marqué par Chateaubriand dont l'œuvre et la mémoire me hantaient déjà, depuis quarante-huit ans ! » La visite avait eu lieu en juin précédent, en réponse à une invitation de la comtesse de Durfort transmise par Léon Noël, à l'occasion d'un voyage du Général en pays malouin. Celui-ci était accompagné de son épouse, du commandant de Bonneval et de Gaston Palewski. L'indication fournie par cette lettre est édifiante. À l'en croire, le jeune Charles de Gaulle avait découvert Chateaubriand à l'âge de onze ans. Il est vraisemblable qu'il y avait été incité par la lecture de la *Vie de Chateaubriand* écrite par sa grand-mère paternelle, Joséphine Maillot.

Selon Claude Guy, au moment de la visite à Combourg, le Général vient de relire les *Mémoires d'outre-tombe*. La scène se situe à Colombey le 24 octobre 1947, à l'occasion d'une visite d'André Malraux et du général de Bénouville. À l'heure du thé, le Général évoque Chateaubriand : « L'an dernier, j'ai relu lentement les *Mémoires d'outre-tombe* que quelqu'un [...] m'avait donné pour mon anniversaire. C'est une œuvre prodigieuse... Il pose sur l'avenir un regard profond... En fait, il a presque tout vu... y compris les bolcheviks... [...] Et puis, *je sens comme lui* : essentiellement, voyez-vous, Chateaubriand est un désespéré... mais son désespoir est plein de... (il se reprend) jusque dans ce désespoir, il fait face. Jusque dans ce désespoir, il se redresse de toute sa taille... » Là-dessus, Malraux avance une objection : « Seulement, mon général, *c'est un si grand comédien...* » À quoi le Général, visiblement surpris, répond : « Non, je ne vois pas...

Non, ça, franchement, cela ne me choque pas. »

De son côté, Léon Noël rapporte avec précision une première conversation avec le Général au sujet de l'Enchanteur, le 26 mai 1948. Même ton que dans les propos rapportés par Claude Guy. De Gaulle dit à son interlocuteur : « C'est un désespéré », s'empressant d'ajouter : « On le comprend, il avait prévu l'avenir. » Il est permis de penser que le Général exprimait sa propre angoisse et parlait pour lui-même. Les propos les plus apparemment pessimistes ont toujours coexisté, chez lui, avec un refus obstiné de renoncer, comme s'il ne cherchait qu'à s'éprouver lui-même. C'est ce même jour que Léon Noël transmit au Général l'invitation à Combourg : « Il accepta, raconte Léon Noël, et il me parut que cette évocation de l'Enchanteur le passionnait. Il me cita aussitôt ce passage du discours prononcé par lui à la Chambre des pairs, le 3 avril 1816 : “Quant à moi, Messieurs, je dois sans doute au sang français qui coule dans mes veines cette impatience que j'éprouve quand, pour déterminer mon suffrage, on me parle des opinions placées hors ma patrie ; et si l'Europe civilisée voulait m'imposer la Charte, j'irai vivre à Constantinople.” [...] Sans doute ce texte est-il de ceux qui figurent dans le simple cahier – que j'ai vu à Colombey – où de Gaulle, qui jouissait d'une mémoire le dispensant de prendre des notes, comptait quelques rares extraits de ses lectures. » Léon Noël relate que neuf ans plus tard, le 18 juin 1957, alors qu'il lui remettait un ouvrage de Marie-Jeanne Dury consacré à la vieillesse de Chateaubriand, le Général lui exprima tout à trac son admiration pour la note consacrée en 1828 à la question d'Orient et, précisant sa pensée, lui dit : « Chateaubriand aurait pu être un grand ministre. Je le crois aussi et je l'explique non point seulement par son intelligence aiguë, mais son par son sens et sa connaissance de l'Histoire, et par son souci de la grandeur nationale. J'observe également combien il est rare qu'un grand artiste possède des dons politiques à ce degré. » Il ressort de ces conversations que l'admiration du Général pour Chateaubriand n'allait pas seulement à l'écrivain dont il admirait la langue et le style, mais au penseur et à l'homme d'État.

Le 2 février 1969, à Quimper, le général de Gaulle, prononçant sa dernière grande allocution officielle, y célèbre la gloire d'une Bretagne du temps où « Chateaubriand portait jusqu'à la cime la gloire émouvante de nos lettres ». Surtout, il semble qu'on ne sache lequel des deux s'exprime lorsque Chateaubriand écrit : « Je respecte l'opinion de l'Europe, mais elle ne sera jamais une autorité pour moi, en ce qui touche les intérêts particuliers de mon pays ; je suis trop français pour oublier un moment ce que je dois à l'indépendance de la France. » Cette jalousie supérieure, qui exclut toute compromission, ne donne-t-elle pas une grande force ?

Le dernier volume des *Lettres, notes et carnets* comporte un nombre important de références à Chateaubriand, dont le nom y devient à ce point familier qu'il est abrégé en « Ch. ». Vingt-deux fois cité, la référence à Chateaubriand appartient toujours au domaine de la méditation sur soi-même. Ainsi : « La politique fait des solitaires comme la religion fait des anachorètes. » Ou encore : « Qui se plaît aux souvenirs conserve des espérances. » Et puis, à la toute fin : « L'époque où nous entrons est le chemin de halage par lequel des générations fatalement condamnées tirent l'ancien monde vers un monde inconnu. »

Le 10 mai 1969, le Général et Mme de Gaulle s'envolent pour l'Irlande. « *Ici,* notera le Général le 16 mai, *c'est le repos, le calme absolu.* » S'il a quitté le pouvoir, c'est volontairement. L'écriture le hante à nouveau ; il veut écrire l'histoire de son retour aux affaires, et de ce qu'il y a fait ; il pense avoir donné un sens à des institutions qui n'ont de réalité qu'au service d'une grande politique. Il m'avait dit un jour : « Comme nous ne sommes plus une grande puissance, si nous n'avons pas une grande politique, nous ne serons plus rien. » C'est encore Chateaubriand qui va l'aider, comme en témoigne Philippe de Gaulle dans ses entretiens avec Michel Tauriac : « Ce n'est pas l'œuvre de Las Cases, l'ancien secrétaire de Napoléon, pour lequel il avait d'ailleurs la plus grande estime, que mon père avait emportée avec lui en Irlande, mais les *Mémoires d'outre-tombe* de Chateaubriand. Il avait, comme cela a été dit maintes fois, de l'admiration pour ce monument de la littérature française et tenait à s'en imprégner au moment où il était en train d'écrire ses propres *Mémoires*, ce qu'il faisait chaque matin, réservant l'après-midi à la promenade. » Philippe de SAINT ROBERT

• *Voir aussi* : Bibliothèque personnelle ; Mélancolie ; Mémoires de guerre ; Naufrage ; Style écrit

Bibl. : Claude Guy, *En écoutant de Gaulle. Journal 1946-1949*, Paris, Grasset, 1996 • Alain Larcan, *De Gaulle inventaire. La culture, l'esprit, la foi*, Paris, Bartillat, 2003 • Léon Noël, *Comprendre de Gaulle*, Paris, Plon, 1972 • Philippe de Saint Robert, *De Gaulle et ses témoins*, Paris, Bartillat, 1999.

CHAUVEL, Jean (1897-1979). – Né à Paris, Jean Chauvel étudie le droit et réussit le concours des Affaires étrangères en 1921. En 1938, il est sous-directeur d'Asie au Quai d'Orsay. Il reste à son poste après juin 1940, à Paris puis à Vichy. En novembre 1942, il démissionne lors de l'occupation de la zone sud de la France. Il retourne à Paris où il groupe autour de lui des agents du ministère, formant le « bureau d'études Chauvel », qui rédige des notes transmises à Vichy comme à Alger. En mars 1944, il part pour Alger où il devient secrétaire général du commissariat aux Affaires étrangères. De retour à Paris, il occupe ce même poste au Quai d'Orsay jusqu'en février 1949.

Comme secrétaire général, il est sous l'autorité indirecte du général de Gaulle. Il le juge peu commode avec ses subordonnés et ses alliés. Après la Libération, partisan d'un rapprochement franco-britannique, il se heurte parfois aux positions de De Gaulle. L'alliance ne se conclura qu'en 1947. Quand de Gaulle revient au pouvoir en 1958, Chauvel est ambassadeur de France à Londres depuis 1955. Il y demeure jusqu'en mars 1962, avant de devenir conseiller diplomatique du gouvernement et représentant français à l'Union de l'Europe occidentale. Il prend sa retraite en 1963.

Patriote et grand commis de l'État, Jean Chauvel est assez éloigné de De Gaulle. Il ne s'est rallié à la France libre ni en 1940 ni en novembre 1942. Il n'a rejoint Alger qu'au printemps 1944 et n'est pas de ceux qui ont été éblouis ou conquis par le Général. Dans *Commentaire*, il porte des appréciations nuancées et pas toujours indulgentes sur le de Gaulle de 1944-1946. Diplomate et négociateur plutôt discret, ami des Anglais, il réprouve les réticences gaulliennes face à ces derniers, ainsi que la méthode du fait accompli. Il ne semble pas non plus avoir été enthousiasmé par le retour de De Gaulle en 1958, tout en continuant à servir fidèlement la diplomatie française. Dans ses Mémoires, pour les années 1959-1962, il montre un chef de l'État d'un abord aimable, attentif à ce qu'on lui dit, mais qui prend les décisions seul et qui infléchit la Constitution de 1958 dans un sens nettement présidentiel. D'après Chauvel, de Gaulle se serait rapidement convaincu que ce n'était pas des Anglais qu'il pouvait attendre un renforcement de la puissance française et aurait dès lors cherché d'autres voies, vers l'Allemagne et vers l'Europe, sans que son partenaire Harold Macmillan comprenne tout de suite cette orientation.

Raphaële ULRICH-PIER

• *Voir aussi* : Diplomates ; Hauts fonctionnaires ; Politique étrangère

Bibl. : Jean Baillou (dir.), *Les Affaires étrangères et le corps diplomatique français*, t. 2, *1870-1980*, Paris, Éditions du CNRS, 1984 • Jean Chauvel, *Commentaire*, t. 1, *De Vienne à Alger, 1938-1944*, t. 2, *D'Alger à Berne, 1944-1952*, t. 3, *De Berne à Paris, 1952-1962*, Paris, Fayard, 1971, 1972 et 1973.

CHEF DES ARMÉES (1940-1943). – « Moi, général de Gaulle, actuellement à Londres », « Moi, général de Gaulle, soldat et chef français... ». C'est en tant que chef militaire que de Gaulle appelle les 18 et 19 juin 1940 à poursuivre la lutte. L'accord franco-britannique du 7 août 1940 règle l'organisation et l'utilisation de la force de volontaires en constitution. Il précise que le général de Gaulle en est le commandant suprême, qu'il accepte les directives générales du commandement britannique et qu'il pourra déléguer le commandement de tout ou partie de ses forces à un officier britannique. Devenu, en octobre 1940, président du Conseil de défense de l'Empire chargé de la conduite générale de la guerre, puis en septembre 1941 président du Comité national disposant de commissaires nationaux à la Guerre, à la Marine et à l'Air, de Gaulle, chef politique et chef des FFL (Forces françaises libres), reste très attaché à cette dernière fonction. En 1942, quand les affaires d'Afrique du Nord accaparent son attention, il délègue à son adjoint opérationnel, le général Astier de Villatte, partie de ses fonctions de commandant en chef, tout en se réservant les opérations, les attributions de commandement, les créations ou dissolutions d'unités.

Une seule fois il participe à l'opération qu'il a ordonnée, pour se saisir de Dakar – c'est l'opération « Menace », en septembre 1940. Ensuite, de Londres ou de Brazzaville, il s'efforce de construire l'outil militaire qui doit réapparaître sur le champ de bataille. Mais il gère d'abord une situation de pénurie qu'améliore le ralliement de l'Afrique-Équatoriale française (A-ÉF). Comme il n'est pas possible de mettre sur pied une division, de Gaulle met à la disposition du commandement britannique du Moyen-Orient de petites unités : dès le 6 septembre 1940, le 1er bataillon d'infanterie de marine participe au sein de la 7e DB à la défense de l'Égypte contre l'offensive italienne. En décembre, de Gaulle obtient du général Wavell l'engagement en Érythrée de la brigade française d'Orient. Le 3 octobre 1941, il demande à Winston Churchill que les FFL participent à l'offensive anglaise en Libye, détaillant l'état des forces pouvant s'engager en Cyrénaïque ou depuis le Tchad. Le général Auchinleck décline d'abord la proposition. De Gaulle se réserve alors d'agir seul depuis le Tchad, mais le général Catroux réussit à obtenir la mise à disposition de la 8e armée de la 1re brigade française libre que Kœnig conduit à Bir Hakeim.

De Gaulle a toujours voulu la création d'un front franco-italien autonome. Dès qu'il nomme le colonel Leclerc commandant militaire du Tchad, il l'oriente vers les oasis de Koufra et du Fezzan. Koufra est une initiative purement française. Les opérations contre le Fezzan, fonction des progrès de la 8e armée vers l'ouest, nécessitent une concertation, mais de Gaulle se réserve le déclenchement de l'attaque. « Vous ne relèverez que de moi », précise-t-il à Leclerc après lui avoir fixé ses objectifs et ses axes d'exploitation. Mais quand Leclerc, maître du Fezzan, rejoint Tripoli, de Gaulle le met à la disposition du général Montgomery « pour la bataille ». Luimême reste commandant en chef des FFL jusqu'à leur fusion avec l'armée d'Afrique le 3 août 1943. Jean DELMAS

• *Voir aussi* : Bir Hakeim ; Comité national français ; FFL ; Koufra ; Levant

Bibl. : Jean-Noël Vincent, *Les Forces françaises libres en Afrique 1940-1943*, Vincennes, SHAT, 1983.

CHENOT, Bernard (1909-1995). – Bernard Chenot est un pur produit de l'École libre des sciences politiques, dont il sort major en 1930, et du Conseil d'État, deux maisons auxquelles il se sentira lié toute sa vie. De 1932 à la guerre, il fréquente sans interruption des cabinets ministériels, indépendamment de leur couleur politique. Sous le Front populaire, chef de cabinet de Cécile Brunschvicg, l'une des trois femmes membres du gouvernement Blum, il suit notamment le dossier de la place des femmes dans la fonction publique. Conseiller juridique d'Anatole de Monzie, il hérite du poste de délégué général au Tourisme, qu'il garde jusqu'en 1942, époque à laquelle il choisit de réintégrer le Conseil d'État.

À la Libération, il est secrétaire général des Houillères du Nord, dans un climat politique et social tendu, jusqu'à leur nationalisation – qu'il désapprouve. Il se spécialisera dans l'étude de l'organisation économique de l'État, qu'il enseignera des décennies durant à Sciences Po, y compris lorsqu'il occupera, entre 1951 et 1958, les fonctions de secrétaire général du Conseil économique et social.

C'est ce dernier poste qu'il quitte lorsque le général de Gaulle, désireux de marquer la rupture avec les combinaisons politiques jusqu'alors en vigueur sous la

IVe République, peuple son gouvernement de juin 1958 de techniciens. Chargé de la Santé publique – poste qu'il conserve dans le gouvernement Debré jusqu'en août 1961 –, Bernard Chenot profite du train d'ordonnances de la fin de 1958 et de la stabilité ministérielle qui le maintient plus de trois ans en fonctions pour modifier le statut des hôpitaux (il crée les centres hospitalo-universitaires) et réformer les études médicales, en s'appuyant sur les acquis de la commission présidée par le professeur Robert Debré. Son passage au ministère de la Justice, jusqu'à avril 1962, est plus délicat, et lui-même avoue s'être surtout perçu comme le ministre des prisons, où cohabitent alors FLN et OAS. L'arrivée de Georges Pompidou au pouvoir libère un poste au Conseil constitutionnel et lui offre une porte de sortie, passerelle vers le monde des affaires : en 1964, et pour sept ans, il dirige de grandes compagnies d'assurances, avant de retrouver le Conseil d'État dont il est vice-président jusqu'en 1978.

Cet homme, qui déclarait n'avoir pour idéologie que le service public, présida quantité d'institutions publiques, parapubliques ou privées, dont l'énumération est révélatrice de la place de la haute fonction publique dans notre pays : Cité universitaire, Commission nationale de l'informatique et des libertés, Fédération française des sociétés d'assurances, Institut français des sciences administratives, conseil de surveillance de la société Synthélabo. Élu à l'Académie des sciences morales et politiques en 1976, il en devint le secrétaire perpétuel en 1978. Il a laissé un intéressant ouvrage sur le métier de ministre, où fusent parfois, entre deux analyses d'une réelle pertinence sur le fonctionnement de l'administration française, des remarques plus personnelles sur le général de Gaulle, sa haute conception de l'État, son art de gouverner, son ingratitude aussi.

Marc Olivier BARUCH

• *Voir aussi* : Conseil constitutionnel ; Hauts fonctionnaires (1958-1969) ; Justice ; Ministres ; Santé (politique de)

Bibl. : Bernard Chenot, *Être ministre*, Paris, Plon, 1967 • Id., *Se souvenir du général de Gaulle*, Paris, Académie des sciences morales et politiques, séance du 21 novembre 1994 • Alice Saunier-Seïté, *Notice sur la vie et les travaux de Bernard Chenot (1909-1995)*, Paris, Académie des sciences morales et politiques, séance du 19 novembre 1996.

CHEVIGNÉ, Pierre de (1909-2004). – Né à Toulon et fils d'officier de marine, Pierre de Chevigné sort de Saint-Cyr en 1929. En 1934, il quitte la carrière militaire pour gérer les affaires familiales en Orient. Mobilisé en septembre 1939, il est grièvement blessé lors de la défense de Rethel puis évacué par train sanitaire sur l'hôpital de Dax qu'il quitte aussitôt parce qu'il refuse d'abandonner les armes. Il gagne ensuite Saint-Jean-de-Luz où, le 24 juin 1940, il réussit à prendre place à bord d'un navire anglais. Arrivé à Plymouth, il est informé qu'un général français est en train de constituer une « légion française volontaire ». Il se présente à de Gaulle. À la vue de ses pansements, celui-ci lui demande crûment s'il est encore bon à quelque chose. En septembre, remis de ses blessures, Chevigné est envoyé au Moyen-Orient pour commander le 1er bataillon d'infanterie de marine puis la 1re demi-brigade coloniale. Lors de la campagne du Levant, il galvanise ses hommes que la perspective d'affronter des troupes vichystes dans un combat fratricide bouleverse. Après l'armistice de Saint-Jean-d'Acre, le général Catroux, haut-commissaire de la France libre au Levant, fait de lui son directeur de cabinet tout en lui confiant les services spéciaux.

En mai 1942, le colonel de Chevigné est dépêché à Washington par de Gaulle, avec la consigne d'être intransigeant à la tête de la mission militaire de la France libre. Alliant distinction et franc-parler, il réussit la prouesse de ne pas encore envenimer les relations de la France libre avec les Américains. En juillet 1943, il joue un rôle essentiel dans le ralliement des Antilles. Contrairement à son souhait de reprendre le combat dans les rangs de la 1re DFL (Division française libre), Chevigné est nommé par de Gaulle chef d'état-major des forces françaises en Grande-Bretagne sous les ordres du général Koenig. À partir de la mi-juin 1944, il assume le commandement militaire des régions libérées et supervise l'installation des pouvoirs publics de façon à asseoir l'autorité du chef du GPRF (Gouvernement provisoire de la République française). À Paris, il est à l'avant-garde qui parvient au ministère de la Guerre, siège du gouvernement provisoire. En octobre 1945, la croix de la Libération récompense ce pionnier de la France libre.

Après la guerre, Chévigné reprend la mairie d'Abitain, berceau familial, dans les Pyrénées-Atlantiques. De 1945 à 1958, il est député MRP (Mouvement républicain populaire) des Basses-Pyrénées. Haut-commissaire de la République française à Madagascar, il supervise la pacification puis la reconstruction et la réorganisation de l'île pendant les années 1948-1949. Spécialiste des questions militaires, il est secrétaire d'État à la Guerre (1951-1954) puis ministre de la Défense nationale (1958). Il vote l'investiture du général de Gaulle. Il achève sa carrière politique comme président du conseil général des Pyrénées-Atlantiques de 1964 à 1976.

Christine LEVISSE-TOUZÉ

• *Voir aussi* : FFL ; GPRF ; Levant ; Ordre républicain ; Ralliement des colonies

Bibl. : www.ordredelaliberation.fr • Jean-François Muracciole, *Les Français libres, une aventure humaine*, thèse d'habilitation à diriger des recherches, Montpellier-III, novembre 2005, • Jean-Christophe Notin, *1061 Compagnons, histoire des Compagnons de la Libération*, Paris, Perrin, 2000.

CHIANG KAI-SHEK (1887-1975).. – Au moins en apparence, une relation élective s'est nouée entre de Gaulle et Chiang Kai-shek. Bien que le mouvement gaulliste n'eût pas été soutenu par le gouvernement de Chongqing, Chiang Kai-shek félicita personnellement de Gaulle au lendemain de la libération de Paris : « pendant quatre ans, nous avons suivi avec une sympathie et une admiration profondes la bataille dans laquelle les Français se sont engagés sous votre brillante direction. La délivrance de votre vénérable capitale de l'occupation nazie, prélude à la libération complète de votre patrie, est la récompense bien méritée de vos nobles efforts ».

Quelques mois après le retour au pouvoir du général de Gaulle, en 1958, et ainsi que le rapporte *Le Monde* du 7 octobre, le maréchal Chiang Kai-shek, toujours à la tête de la République de Chine mais réfugié à Taiwan depuis 1949, pria le correspondant de l'Agence France-Presse à Taipei « de faire savoir à la France la profonde sympathie qu'il nourrit pour elle et l'"immense estime" dans laquelle il tient le général de Gaulle ». Surtout, l'estime mutuelle entre les deux chefs d'État fut rappelée à plusieurs reprises tandis que se nouaient des relations diplomatiques entre la France et la Chine populaire, prélude à la rupture entre Paris et Taipei. Jacques Guillermaz restitue ainsi la teneur des propos du maréchal lorsque celui-ci reçut l'envoyé spécial du général de Gaulle, Zinovi Pechkoff, à Taipei en 1964 : « Chiang Kai-shek remarque que, bien que n'ayant jamais rencontré personnellement le général de Gaulle, il a toujours eu avec lui des relations profondément amicales. Tous deux sont à peu près de la même génération tandis que leurs pays ont connu beaucoup de crises et d'épreuves. Autre point commun de leurs personnalités, malgré la différence des cultures, la dignité dans la conduite des affaires de leurs États. » De son côté, le Général gratifia le maréchal de remarques élogieuses lors de sa conférence de presse du 31 janvier 1964 consacrée, en partie, à l'établissement de relations diplomatiques avec Pékin : « Le maréchal Tchang Kai-shek, à la valeur, au patriotisme, à la hauteur d'âme de qui j'ai le devoir de rendre hommage, certain qu'un jour l'Histoire et le peuple chinois ne manqueront pas d'en faire autant. »

Françoise MENGIN

• *Voir aussi* : Chine

CHINE. – Les rapports que le général de Gaulle entretint avec la Chine se résument essentiellement à sa décision de reconnaître le régime de Pékin en 1964. Érigée en véritable mythe, elle place, aujourd'hui encore, les relations franco-chinoises sous la figure tutélaire du Général. Mais hormis l'épisode de 1964, la Chine occupe une place marginale dans la vie, la pensée et l'action politique du général de Gaulle.

L'échec de la France libre en Chine. Les mentions de la Chine dans les *Mémoires de guerre* de De Gaulle sont fort parcimonieuses. De fait, son activité à la tête de la Résistance reçut fort peu d'échos en Chine. Si l'appel du 18 Juin a été connu, les représentants du Général, Georges Égal à Shanghai, Georges Béchamp puis André Guibaut à Chongqing, tentèrent sans grand succès de rallier des Français et d'organiser leur départ pour Londres. Leur action resta longtemps clandestine du fait des relations officielles maintenues avec Vichy par le gouvernement de Chiang Kai-shek. De même, face à la montée des tensions dans le Pacifique, la décision prise par de Gaulle d'envoyer auprès du gouvernement de Chongqing un représentant officiel ne reçut pas l'accueil escompté. Son choix s'était porté sur le juriste Jean Escarra, familier du gouvernement chinois pour en avoir été le conseiller. Celui-ci avait été chargé d'une double mission : obtenir la reconnaissance officielle du Comité national français et étudier les « mesures propres à assurer un jour à la France la récupération de l'Indochine et de l'ensemble de sa position et de son prestige en Extrême-Orient ». Or, Escarra ne fut reçu ni par Chiang Kai-shek ni par son ministre des Affaires étrangères, mais seulement par le secrétaire général du parti, le Guomindang. Surtout, l'accord secret, conclu le 22 janvier 1942, écartait toute reconnaissance officielle de la France libre qualifiée de simple « mouvement politique » et la délégation qu'elle était autorisée à ouvrir à Chongqing devait demeurer secrète et limitée à quatre personnes, même si elle sera légèrement étoffée au cours des mois suivants. Pour Jacques Guillermaz, alors attaché militaire au consulat de France à Chongqing, et dont les sympathies étaient déjà ouvertement gaullistes, le rôle de la délégation fut « d'abord peu important, les rapports franco-chinois étant essentiellement centrés sur la situation des concessions françaises en Chine occupée et sur l'Indochine, dont les problèmes échappaient totalement à l'autorité et même à la connaissance du comité de Londres ». Bien que limitée, une activité de renseignement, confiée à la branche « Chine » du Service de renseignements d'Extrême-Orient, fut le principal terrain de coopération entre la Chine libre et la France combattante.

Il faut attendre le 1er août 1943 pour que Chongqing rompe ses relations diplomatiques avec Vichy. Pour autant, le gouvernement de Chiang Kai-shek ne reconnut pas aussitôt le CFLN (Comité français de Libération nationale), se bornant simplement, le 27 août, à « prendre note » de l'existence du Comité d'Alger créé le 3 juin. Or, la mission militaire française de De Gaulle à Chongqing avait été substantiellement renforcée par l'envoi au début du mois de juillet du général Zinovi Pechkoff, fils adoptif de Maxime Gorki. Comme le rapporte Guillermaz, les Chinois « n'osèrent pas le traiter avec désinvolture comme ils l'auraient peut-être fait avec une personnalité moins marquée, compte tenu de la faiblesse de notre situation diplomatique ». Cependant, profitant de la vacance de toute relation officielle avec un quelconque gouvernement français, le gouvernement de Chongqing s'empara, sur le territoire sous son contrôle, de tous les biens français dont le chemin de fer Tonkin-Yunnan.

Surtout, l'action gaulliste en Chine allait être affectée par la rivalité des deux coprésidents du CFLN, le général Giraud n'hésitant pas à envoyer à Chongqing, à la fin de l'été 1943, sa propre mission dirigée par le commandant Meynier, aussitôt mise à la disposition du commandement américain en Chine. Cette initiative et la situation qui en découlait sur le terrain devaient conduire les généraux Pechkoff et Guillermaz à se rendre à Alger pour s'en entretenir avec le CFLN. Si les officiers de la mission Meynier seront finalement réintégrés à la mission militaire française de Chine, de Gaulle put bénéficier, à cette occasion, d'informations de première main, d'autant que Guillermaz était en poste en Chine depuis 1937.

Force est donc de reconnaître le retard avec lequel s'est imposé le mouvement gaulliste en Chine. Certes, au cours de l'année 1944, le gouvernement de Chongqing restitua progressivement à leurs propriétaires les principaux biens saisis, tandis que Chiang Kai-shek félicita personnellement de Gaulle au lendemain de la libération de Paris. Mais la République de Chine attendit prudemment que les États-Unis aient reconnu le GPRF (Gouvernement provisoire de la République française) pour le faire à son tour le 23 octobre 1944.

Malgré l'officialisation des rapports entre les deux pays – le général Pechkoff est élevé au rang d'ambassadeur –, le président du GPRF ne pourra en tirer profit du fait de la situation chaotique qui règne alors en Chine. En témoignent ses propos amers : « L'occupation du Tonkin, ainsi que celle d'une partie de l'Annam et du Laos, par l'armée chinoise du général Lou-Han présente les pires inconvénients. [...] le gouvernement de Tchoung-King ne cesse de nous prodiguer des assurances de bon vouloir. [...] Mais, quelles que soient les intentions, voire les prescriptions, du pouvoir central, le fait est que Lou-Han s'installe en maître au Tonkin. »

Des rendez-vous manqués. À part l'épisode de la reconnaissance de la République populaire de Chine en 1964, la Chine tient peu de place dans la vie du général de Gaulle. Il ne s'y est jamais rendu et a très rarement rencontré ses ressortissants, hormis une mission militaire conduite par le général Yang Chieh à Alger au début de février 1944, et une rencontre avec T. V. Soong, président de l'exécutif et ministre des Affaires étrangères de la République de Chine, à Washington puis à Paris, respectivement en août et septembre 1945. Cependant, de Gaulle et Chiang Kai-shek se sont témoignés, à titre personnel, une estime réciproque. Avec Mao Zedong, de Gaulle entretient un rapport inverse, non pas personnel mais politique. Aucune rencontre, aucun échange ; le nom de Mao est simplement évoqué dans les Mémoires du Général. Lors de la conférence de presse du 31 janvier 1964, de Gaulle n'hésitera pas à qualifier le régime maoïste de dictature, tout en précisant qu'en nouant « à son tour, et après maintes nations libres, des relations officielles avec cet État, comme elle l'a fait avec d'autres qui subissent un régime analogue, la France reconnaît simplement le monde tel qu'il est ». Mais une fois retiré du pouvoir, de Gaulle manifesta le désir de rencontrer le dirigeant communiste chinois. Jean Lacouture rapporte qu'en 1970, à l'évocation d'un possible voyage en Chine, le général de Gaulle « avoue à sa nièce : "Ce serait pour moi un rêve que d'aller en Chine..." », la seule condition pour l'entreprendre étant « l'assurance d'être reçu par Mao ». Un projet sans lendemain puisque le Général meurt deux mois plus tard. On peut spéculer sans fin sur ce rendez-vous manqué, notamment si l'on pense à la comparaison faite par Henry Kissinger lorsqu'il décrit Mao : « Je n'ai jamais rencontré personne, à l'exception peut-être de Charles de Gaulle, qui distillât une telle forme de volonté concentrée. »

Signe du prestige dont jouit déjà de Gaulle en Chine, les drapeaux sont mis en berne place Tiananmen le lendemain de sa mort, alors que le pays vient tout juste de sortir de la Révolution culturelle et qu'il est en proie aux violentes luttes de factions. Depuis lors, le Général n'a pas quitté le panthéon des dirigeants étrangers et la traduction chinoise de ses Mémoires figure en bonne place dans les bibliothèques universitaires comme dans les librairies des grandes métropoles. Plus généralement, l'évocation admirative de « Dai Gaole » fait partie des stéréotypes dont procède l'image de la France en Chine. Dai Gaole : une transcription choisie pour respecter l'euphonie du nom du général et qui, à la suite du patronyme Dai – « soutenir », « honorer » –, fait succéder deux autres caractères associant la hauteur et l'éminence à la joie et au contentement.

Enfin, bien que la Chine ait occupé une place modeste dans la pensée du Général, les quelques réflexions qu'il a nourries à son endroit conjuguent calculs géostratégiques, envolées lyriques et prescience certaine de la Chine dite des réformes. Tout en formant le projet d'officialiser les relations franco-chinoises, il exprime clairement la nécessité de contenir « les ambitions de la Chine » ; d'où le soutien qu'il rappelle avoir donné au pandit Nehru lors de ses visites en France en 1960 et 1963 : « Champions de l'équilibre, nous avons les meilleures raisons de souhaiter que, face à la Chine, l'Hindoustan affirme sa consistance. » Mais au cours de sa conférence de presse du 31 janvier 1964, c'est vers « la Chine de toujours » qu'il se tourne : « Un grand peuple, le plus nombreux de la terre ; une race où la capacité patiente, laborieuse, industrieuse, des individus a, depuis des millénaires, péniblement compensé son défaut collectif de méthode et de cohésion et construit une très particulière et très profonde civilisation ; [...] un État plus ancien que l'Histoire, constamment résolu à l'indépendance, s'efforçant sans relâche à la centralisation, replié d'instinct sur lui-même et dédaigneux des étrangers, mais conscient et orgueilleux d'une immuable pérennité, telle est la Chine de toujours. » En même temps, de Gaulle pressentait très clairement le rôle de la Chine dans la montée en puissance de ce qu'il est convenu d'appeler aujourd'hui l'Asie-Pacifique. Se remémorant son passage à San Francisco en 1960, il note : « Que sera-ce pour cette Amérique du Pacifique le jour où l'immense marché chinois s'ouvrira à des échanges ! » Françoise MENGIN

• *Voir aussi* : Alliés ; Chiang Kai-shek ; Chine ; Indochine ; Politique étrangère

Bibl. : Christophe Babinet, « L'action du général de Gaulle en Indochine à partir de la Chine », dans Institut Charles-de-Gaulle (dir.), *Le Général de Gaulle et l'Indochine 1940-1946*, Paris, Plon, 1982, p. 37-45 • Jacques Guillermaz, *Une vie pour la Chine : Mémoires (1937-1989)*, Paris, Robert Laffont, 1989 • Françoise Mengin, « La politique chinoise de la France : Du mythe de la relation privilégiée au syndrome de la normalisation », *Critique internationale*, n° 12, juillet 2001, p. 89-110.

CHINE (reconnaissance de la République populaire de). – Avant même son retour au pouvoir, le général de Gaulle aurait déjà pris position en faveur d'une officialisation des rapports Paris-Pékin. Dans ses Mémoires, Edgar Faure rapporte en effet que le Général avait accueilli favorablement les thèses qu'il présentait dans son ouvrage *Le Serpent et la Tortue*, rédigé au lendemain de son voyage de 1957 en Chine. En 1958, toutefois, l'hypothèque algérienne empêche toute initiative en ce sens en raison du soutien apporté par le gouvernement de Mao Zedong au FLN (Front de libération nationale). Mais, les accords d'Évian conclus, la reconnaissance de la République populaire de Chine (RPC) s'inscrit aussitôt dans le cadre de la politique d'indépendance nationale poursuivie par le Général.

L'établissement de relations diplomatiques avec Pékin. La première étape de la normalisation est préparée par Edgar Faure envoyé, à titre officieux, à Pékin en octobre 1963 afin d'ouvrir les futures négociations. C'est à Berne que celles-ci sont conduites secrètement par Jacques de Beaumarchais, alors directeur de cabinet de Maurice Couve de Murville. Le 27 janvier 1964, un communiqué conjoint du Quai d'Orsay et du ministère chinois des Affaires étrangères annonce l'établissement de relations diplomatiques entre la France et la RPC.

Au-delà de l'initiative elle-même, la procédure suivie porte l'empreinte du général de Gaulle : elle répond très clairement à son dessein de ne pas prendre parti dans le contentieux sino-chinois et, en particulier, de ne pas reconnaître la souveraineté de la Chine populaire sur Taiwan. Ses instructions à Jacques de Beaumarchais sont éloquentes à cet égard : « De part et d'autre il ne peut être question de poser des conditions. » Plus précisément, s'agissant des rapports entre la France et la République de Chine réfugiée à Taiwan, et de l'admission de la RPC à l'ONU : « Si votre interlocuteur vous parle de ces problèmes, vous rappellerez bien entendu le principe de départ de votre discussion, c'est-à-dire qu'il s'agit d'aboutir à un accord sans conditions ni préalables. » Quant aux relations Paris-Taipei, de Gaulle précise : « Si le gouvernement de la République de Chine rompt avec la France lorsque celle-ci aura établi des relations avec Pékin, il appartiendra au gouvernement français de prendre sa décision en conséquence. »

La formulation du communiqué du 27 janvier 1964 reflète cette mesure, les deux gouvernements ne procédant pas à une déclaration de reconnaissance mutuelle mais seulement à l'établissement de relations diplomatiques. L'absence de déclaration expresse de reconnaissance n'est pas le moindre des paradoxes de la normalisation franco-chinoise dans la mesure où l'effectivité du gouvernement de la RPC constitue le fondement de la décision. Mais si les éléments de fait du régime communiste chinois sont indéniables, de Gaulle en déduit simplement la nécessité de normaliser les rapports. Il s'en expliquera lors de sa conférence de presse du 31 janvier 1964 : « Du fait que depuis quinze ans, la Chine presque tout entière est rassemblée sous un gouvernement qui lui applique sa loi et, qu'au-dehors, elle se manifeste comme une puissance souveraine et indépendante, la France se trouvait disposée à nouer avec Pékin des relations régulières. [...] Le poids de l'évidence et celui de la raison grandissant jour après jour, la République française a jugé, pour sa part, le moment venu de placer ses rapports avec la République populaire de Chine sur un plan normal, autrement dit diplomatique. »

La rupture avec Taipei. Une même circonspection vaut avec Taipei. Datée du 15 janvier 1964, la lettre adressée au maréchal Chiang Kai-shek par le général de Gaulle – et presque entièrement rédigée de sa main comme le précisent les éditeurs des *Lettres, Notes et Carnets* – fait pendant à la position adoptée avec les autorités communistes. D'une part, il n'est question que de l'établissement de relations diplomatiques entre la France et la RPC à l'exclusion de tout développement sur la division de la Chine et sur le statut de Taiwan et, d'autre part, la missive n'appelle aucune réponse : « Dans l'esprit de franchise et de confiance qui a toujours existé entre nous et que, pour ma part, je désire vivement maintenir, je dois vous dire qu'il est en effet exact que, dans un avenir proche, mon gouvernement entrera en relation diplomatique avec le gouvernement établi à Pékin. Je ne dissimule pas que l'annonce que je vous en fais ne manquera sans doute pas de décevoir votre attente. Mais la situation qui s'est créée et confirmée en Chine continentale n'a pas répondu aux prévisions que l'on avait pu envisager dans le passé. [...] Après mûre réflexion, il m'a donc paru qu'il n'était plus possible de différer la décision dont je tiens à vous faire part. Celle-ci ne présage naturellement pas de l'avenir de la Chine dont on peut garder l'espoir qu'il sera différent de ce qu'est le présent. » Aucune réponse n'était davantage attendue de la mission à Taipei du général Pechkoff, chargé de porter cette lettre au maréchal Chiang Kai-shek. En dépêchant à Taiwan le fils de Maxime Gorki, son ancien ambassadeur en Chine libre, le général de Gaulle voulait seulement marquer les égards qu'il avait pour le président de la République de Chine. Si Pechkoff a longuement été reçu par le maréchal les 19 et 20 janvier 1964, il s'est refusé non seulement à justifier la décision française, mais aussi à orienter la réaction de Taipei comme le rapporte Jacques Guillermaz présent à ses côtés : « Le général Pechkoff ne répondra que par des expressions de courtoisie, vides de tout contenu politique. Il ne lui appartenait pas en effet d'entrer en discussion pour justifier une décision qu'il savait irrévocable. Il était venu apporter au maréchal Chiang Kai-shek le dernier salut d'un autre soldat dont l'intérêt d'État allait le séparer. Messager muet, il ressentait, et moi comme lui, le caractère ingrat et pénible de sa démarche. »

Pourtant, la possibilité de maintenir des relations avec Taipei avait été explicitement envisagée par le général de Gaulle comme en témoigne ses instructions à Jacques de Beaumarchais : « Tout ce que nous pouvons dire est que nous souhaitons conserver au moins un consulat à Formose pour la défense de nos intérêts. » Mais Taipei mit fin à l'équivoque entretenue par Paris lorsque, le 1er février 1964, le gouvernement nationaliste prit l'initiative d'une cessation des relations diplomatiques avec la France à compter du 10 février 1964.

La construction d'un mythe. Pour mesurée qu'elle ait été, la politique chinoise du général de Gaulle a, par la suite, fait l'objet d'une véritable mythification. La geste de 1964 procède d'une double reconstruction. Tout d'abord, nonobstant l'impératif gaullien de la singularité française, la France n'a pas été le premier pays occidental à reconnaître la Chine populaire – le Royaume-Uni, entre autres, l'avait fait dès 1950. De Gaulle l'avait lui-même rappelé dans sa conférence de presse, soulignant que, « après maintes nations libres », la France officialisait à son tour ses rapports avec la RPC. Pourtant, les déclarations contraires sont innombrables. En mai 1997, le ministre des Affaires étrangères, Hervé de Charrette, insistait sur « la décision historique – et visionnaire – du général de Gaulle d'être le premier chef d'État occidental à reconnaître, en 1964, la République populaire de Chine ». Et du fait de sa supposée antériorité, cette décision aurait contribué à sortir la Chine populaire de son isolement. C'est ainsi qu'on peut lire sous la plume d'Alain Peyrefitte : « Nous avons obtenu que la Chine prenne la place de Taiwan à l'ONU et que, les uns après les autres, tous les pays occidentaux nous suivent. » Or la normalisation franco-chinoise n'a exercé aucune influence sur la reconnaissance de la RPC, au niveau bilatéral comme au niveau multilatéral. Si quelques États membres de l'OTAN, l'Italie notamment, ont été tentés de suivre l'exemple de la France, leur solidarité avec l'allié américain les en a rapidement dissuadés. Ce sont les signes précurseurs d'une normalisation sino-américaine au tout début des années 1970 qui ont déterminé la quasi-totalité des chancelleries à se tourner vers la RPC et, le 25 octobre 1971, une majorité simple se dégageait à l'Assemblée générale de l'ONU pour permettre le remplacement de la République de Chine par la République populaire de Chine.

Ensuite, en ce qui concerne les termes de la normalisation de 1964, il a été admis, sur un mode implicite d'abord, puis sur un mode explicite, que Paris avait reconnu la souveraineté de la Chine populaire sur Taiwan. Les écrits d'Alain Peyrefitte, entre autres, abondent en ce sens. De manière plus officielle, le communiqué du Quai d'Orsay du 27 septembre 1991 autorisant les industriels français à entreprendre des négociations pour vendre des coques de frégates à Taiwan précise : « La France réaffirme les termes de la déclaration conjointe franco-chinoise de janvier 1964 selon laquelle le gouvernement de la République populaire de Chine est le seul gouvernement légal de la Chine. » Et, engageant plus encore la France, le communiqué conjoint du 12 janvier 1994 stipule que la « partie française a confirmé que le gouvernement français reconnaît le gouvernement de la République populaire de Chine comme l'unique gouvernement légal de la Chine, et Taiwan comme une partie intégrante du territoire chinois ». Or, de Gaulle avait insisté pour que le communiqué de 1964 restât silencieux sur ce point. Et si singularité française il y avait, c'était bien dans la négociation de cet accord « sans conditions ni préalables » qu'aucune autre chancellerie n'est parvenue, par la suite, à obtenir.

Françoise Mengin

• *Voir aussi* : Chiang Kai-shek ; Politique étrangère ; Pragmatisme

Bibl. : Jacques Guillermaz, *Une vie pour la Chine, Mémoires 1937-1989*, Paris, Robert Laffont, 1989 • Françoise Mengin, « La politique chinoise de la France : Du mythe de la relation privilégiée au syndrome de la normalisation », *Critique internationale*, n° 12, juillet 2001, p. 89-110.

CHIRAC, Jacques (né en 1932). – L'ascendance familiale de Jacques Chirac est corrézienne et républicaine. Ses grands-pères sont tous deux directeurs d'école. L'un d'eux, laïque et dreyfusard, marié à une institutrice, est correspondant du journal radical *La Dépêche de Toulouse*. La famille suit une ascension sociale classique sous la IIIe République : lui-même naît dans la bourgeoisie parisienne. Étudiant à l'Institut d'études politiques de Paris, il prend quelque temps des positions de rupture, vendant *L'Humanité* et signant en 1950 l'Appel de Stockholm pour la paix, qui est soutenu par le parti communiste. Reçu à l'École nationale d'administration (ENA) en 1954, il épouse en 1956 Bernadette Chodron de Courcel. Celle-ci est la nièce de Geoffroy de Courcel, ancien chef de cabinet du général de Gaulle à Londres et secrétaire général de la présidence de la République à partir de 1959.

Nommé auditeur à la Cour des comptes

à sa sortie de l'ENA en 1959, Jacques Chirac s'engage rapidement dans l'action politique. Il représente assez bien le nouveau type d'hommes politiques technocrates qui va devenir caractéristique de la Ve République, à droite comme à gauche. En 1962, il est nommé chargé de mission auprès du secrétariat général du gouvernement, puis au cabinet du Premier ministre. C'est là qu'il fait la connaissance de Georges Pompidou dont il devient l'un des hommes de confiance et qui demeurera son inspirateur, alors que le Général n'était, selon Alain Peyrefitte, que « le maître de son maître ». Conseiller général de Corrèze, il emporte un siège de député en mars 1967 en faisant tomber un bastion communiste. À cette occasion, il n'hésite pas à solliciter le vieux leader radical Henri Queuille, fort peu gaulliste, mais subjugué par l'audace de ce jeune homme de trente-cinq ans.

Presque immédiatement, Jacques Chirac obtient en avril 1967 son premier poste ministériel comme secrétaire d'État aux Affaires sociales, chargé de l'emploi. La suite de sa carrière est connue : éminence grise de Pompidou en Mai 68 et principal négociateur des accords de Grenelle ; ministre de l'Agriculture en juillet 1972 ; « faiseur de rois » au bénéfice de Valéry Giscard d'Estaing lors de l'élection présidentielle de 1974, et Premier ministre ; maire de Paris en 1977, fonction dont il fait un tremplin pour le pouvoir national ; candidat malheureux aux présidentielles de 1981 et 1988 ; Premier ministre de la « cohabitation » en 1986-1988 ; élu président en 1995, réélu massivement en 2002 par rejet du candidat d'extrême droite arrivé par surprise au deuxième tour.

Jacques Chirac est-il « gaulliste » ? Sous une étiquette en usage depuis bientôt soixante ans, quel contenu placer ? S'agit-il d'un lien avec la personne disparue en 1970 ? Jacques Chirac a évidemment connu de Gaulle de près. Le 27 mai 1968, il fut félicité par le président, en Conseil des ministres, pour la négociation de Grenelle. Mais il n'occupait pas un poste majeur. Il n'est pas un gaulliste « historique » : son âge – huit ans en 1940 – le lui interdit. Parfois, Jacques Chirac date son gaullisme de 1958, parfois il le juge immémorial comme il l'écrit dans *La France pour tous*, en 1995. C'est dans son imaginaire politique qu'il faut chercher de Gaulle. La place qu'y tient ce dernier est certainement la plus haute. L'analyse des discours de Jacques Chirac à connotation historique montre que l'homme qu'il célèbre est celui du 18 Juin, de la Résistance et de l'union nationale. Du de Gaulle politicien d'après 1946, du RPF (Rassemblement du peuple français) en particulier, presque aucune trace. Du président de la République, nulle mention. Le gaullisme « historique » de Jacques Chirac est d'ordre idéel. Il est unanimiste. Devant le cercueil d'André Malraux, au Panthéon en 1996, Jacques Chirac rend hommage au « gaullisme tel que le voulait le Général, ni de droite ni de gauche, mais de France ». La figure de De Gaulle tient la place de l'idéal mythique de la nation rassemblée. De Gaulle : son tenant-lieu de France.

Reste qu'il existe un gaullisme inséré dans la compétition politique. Comment Jacques Chirac s'y situe-t-il, notamment au travers de trois thèmes majeurs : indépendance nationale ; primauté de l'exécutif ; discours social ? La première référence est forte : de l'« appel de Cochin » de décembre 1978 dénonçant le « parti de l'étranger » au refus de suivre les États-Unis dans la seconde guerre du Golfe ; des relations en permanence difficiles avec les Anglo-Saxons au maintien d'une politique arabe active ; de la reprise des essais nucléaires en 1995 à l'importance donnée à la loi de programmation militaire après 2002. Pourtant, le soutien finalement accordé à l'approfondissement de l'intégration européenne constitue une anomalie dans la série. La deuxième dimension de l'analyse, concernant l'usage de l'exécutif, est également diversement colorée. D'une part, la prééminence présidentielle est fortement soulignée dans le discours, et dans les faits après 1995, vis-à-vis des Premiers ministres comme de certains ministres qui se voient rappelés à l'ordre – « je décide, il exécute », en juillet 2004, à l'intention du ministre de l'Intérieur. D'autre part, l'acceptation de la cohabitation, en 1986 comme en 1995, n'est pas conforme aux conceptions du général de Gaulle, pas plus que le fait de rester à la tête de l'État après le rejet d'un référendum, en 2005. La troisième référence, la dimension sociale, est plus encore sujette à variations. Si Jacques Chirac peut se donner un visage « libéral », voire « thatchérien », comme en 1986, il montre aussi, à l'occasion, un visage social. Élu, par exemple, en 1995 sur le thème de la « fracture sociale », il a insisté en juillet 1997 sur un modèle français imprécis mais qui interdit « la remise en cause des garanties et des acquis sociaux ».

On peut ironiser sur un gaullisme à géométrie variable, qui admet des configurations auxquelles le Général se serait opposé. Certains répondront que la pensée gaullienne fut, elle aussi, sujette à adaptation, que de Gaulle a, par exemple, tenu dans les années 1950 un discours colonialiste avant de conduire l'Algérie à l'indépendance, pragmatisme d'ailleurs souligné par Jacques Chirac lui-même dans *La France pour tous*. Cependant, le pragmatisme de De Gaulle s'apprécie par rapport à l'exigence impérieuse qui le hantait : la grandeur de la nation. Il se mesure à l'art qu'il avait de la mettre en scène et à la capacité qu'il avait d'y soumettre sa politique. Cet arrière-monde conceptuel interdit de qualifier de Gaulle d'opportuniste. L'adjectif conviendrait mieux à Jacques Chirac, chez qui le paramètre électoral constitue une préoccupation première. Sa culture politique le rapproche de la culture radicale-socialiste de celui qui l'a porté sur les fonts baptismaux de la députation.

Jean-François Tanguy

• *Voir aussi :* Gaullisme ; Gaullistes ; Héritage politique ; Parti radical ; Pragmatisme

Bibl. : Bernard Billaud, *D'un Chirac l'autre*, Paris, De Fallois, 2005 • Damon Mayaffre, *Paroles de président. Jacques Chirac (1995-2003) et le discours présidentiel sous la Ve République*, Paris, Honoré Champion, 2004 • Jean-François Tanguy, « Le discours "chiraquien" sur l'histoire », dans Claire Andrieu, Marie-Claire Lavabre et Danielle Tartakowsky (dir.), *Politiques du passé. Usages politiques du passé dans la France contemporaine*, Aix-en-Provence, Publications de l'université de Provence, 2006.

CHURCHILL, Winston Spencer (1874-1965). – Né au château de Blenheim, dans l'Oxfordshire, Winston Spencer Churchill est le fils de lord Randolph Churchill, descendant du duc de Marlborough et étoile montante du parti conservateur. Négligé par ses parents, le jeune Winston est mis en pension dans une série d'écoles privées, où il sera un élève réticent. Passionné par le métier des armes, il entre dès dix-huit ans à l'école de cavalerie de Sandhurst, dont il sort sous-lieutenant deux ans plus tard. Après cela, il est à Cuba en 1895, en Inde l'année suivante, au Soudan en 1898 et en Afrique du Sud en 1899. Partout, le sous-lieutenant, puis lieutenant Churchill se fait remarquer pour son zèle, sa pugnacité, son audace... et son impertinence. Car cet officier intrépide se double d'un correspondant de presse à la dent dure. Fort de ses faits d'armes et de plume, il se fait élire en 1900 député conservateur d'Oldham. Politicien atypique, il passe en 1904 dans les rangs du parti libéral, après quoi il sera successivement vice-ministre des Colonies, ministre du Commerce, de l'Intérieur, et enfin de la Marine à partir de 1911. À tous ces postes, il fait preuve d'une inventivité, d'une éloquence, d'une capacité de travail et d'un esprit d'organisation tout à fait exceptionnels. Lorsque éclate la Grande Guerre, son énergie et sa pugnacité se donnent libre cours : modernisateur de la flotte, créateur de l'aéronavale et des services de cryptographie, il sera également le promoteur du tank, le héros de la défense d'Anvers et le concepteur de l'opération des Dardanelles. Toutefois, rendu responsable de l'échec de cette dernière en mai 1915, il est contraint de démissionner de l'Amirauté et part combattre sur le front de France. Lieutenant-colonel commandant un bataillon dans les tranchées de Flandre, ce quadragénaire hyperactif se fait à nouveau remarquer par son endurance, sa bravoure, son ingéniosité... et une chance parfaitement anormale. À l'été de 1917, le nouveau Premier Ministre Lloyd George le nomme au ministère des Armements. Churchill y accomplira des prodiges et sera véritablement le Carnot de la Grande Guerre, fournissant aux Britanniques et aux Américains les armes de la victoire finale.

La paix revenue, ce député-ministre-vétéran se voit confier tour à tour les portefeuilles de la Guerre, de l'Air et des Colonies. En 1924, ayant rejoint les rangs conservateurs, il devient ministre des Finances, mais doit retourner dans l'opposition après la défaite des tories en 1929. Après cela, ses prises de position sur l'Inde, le libre-échange et le socialisme en font un opposant à l'intérieur de son propre parti. L'arrivée au pouvoir de Hitler en 1933 ne fera qu'accentuer cette tendance ; Churchill dénonce avec éloquence les crimes du nazisme, les dangers du réarmement allemand et l'ineptie du désarmement britannique. Critiqué par tous les partis, isolé au Parlement, dénoncé comme alarmiste par la presse, il n'en reste pas moins un détracteur résolu de la politique d'apaisement et l'avocat solitaire d'un réarmement accéléré. Il faudra attendre l'invasion de la Tchécoslovaquie et de la Pologne pour que l'opinion exige son retour au gouvernement. Rappelé le 3 septembre 1939 au poste de ministre de la Marine qu'il occupait un quart de siècle auparavant, l'illustre vétéran va y déployer autant d'énergie qu'en 1914, mais sans plus de succès, car ses collègues répugnent à toute initiative guerrière d'envergure. Pourtant, lorsque les réactions politiques aux désastres de la campagne de Norvège contraignent Chamberlain à démissionner le 10 mai 1940, Churchill accède enfin au pouvoir suprême. Entré en fonctions le jour même de l'attaque allemande à l'Ouest, ce lutteur de soixante-cinq ans entreprend de transformer les îles Britanniques en forteresse, harangue les ouvriers, aiguillonne les militaires, tyrannise les ministres, terrorise les fonctionnaires, galvanise les populations et se rend en France à cinq reprises pour encourager le gouvernement de Paul Reynaud à poursuivre la lutte.

Lune de miel. En France, Churchill trouve Gamelin, Pétain, Weygand, Georges, Daladier, Lebrun et même Reynaud profondément affectés par les revers militaires et déjà résignés à la défaite. Pourtant, ce n'est pas le cas du nouveau sous-secrétaire d'État à la Défense nationale et à la Guerre Charles de Gaulle, que Churchill rencontre le 9 juin à Londres, le 11 à Briare et le 13 à Tours. Ce général calme et résolu est partisan de poursuivre le combat, en France si possible, à l'étranger si nécessaire. Une complicité s'instaure donc entre les deux hommes pour combattre le défaitisme au sein du gouvernement français ; ils iront jusqu'à promouvoir ensemble un projet d'union franco-britannique, par laquelle les deux pays décideraient la fusion de leurs pouvoirs publics et la mise en commun de leurs ressources. Ce sera insuffisant pour empêcher la démission de Paul Reynaud, l'arrivée au pouvoir du maréchal Pétain et la capitulation de la France, mais Churchill et de Gaulle ont du moins appris à se connaître et à s'apprécier. Lorsque le Général décide, au soir du 16 juin 1940, de traverser la Manche pour continuer la lutte, il a parfaitement évalué la capacité de résistance de Winston Churchill : « L'impression que j'en ressentis m'affermit dans ma conviction que la Grande-Bretagne, conduite par un pareil lutteur, ne fléchirait certainement pas. » Et il ajoutera : « Naufragé de la désolation sur les rivages de l'Angleterre, qu'aurais-je pu faire sans son concours ? Il me le donna tout de suite » [*MG*].

En effet, Churchill va tendre à de Gaulle une main ferme et secourable. C'est que le Premier Ministre, en propagandiste de génie, estime avoir trouvé là un moyen d'amortir le choc provoqué en Grande-Bretagne par la capitulation française. En présentant à son pays cet homme qui a une stature, un nom, une réputation, une volonté, un programme et une voix, il va imposer une fiction : la France n'a pas disparu du camp allié, puisqu'elle poursuit la lutte en la personne du général de Gaulle. Grâce à la faveur de Churchill, qui est tout-puissant en Grande-Bretagne à l'été de 1940, de Gaulle va pouvoir installer son quartier général à Londres, s'adresser à la France par la voie des ondes, recruter des hommes parmi les vainqueurs de Narvik et les vaincus de Dunkerque, constituer l'embryon des forces navales et aériennes de la

France libre et organiser les premiers ralliements en Afrique-Équatoriale française. Le 28 juin, Churchill reconnaît même le général de Gaulle comme « chef de tous les Français libres, où qu'ils puissent être, qui se rallient à lui pour soutenir la cause alliée » – une reconnaissance hautement personnelle, d'où découlera tout le reste... Durant les premiers mois, l'entente est exemplaire : de Gaulle est reçu fréquemment à Downing Street ou aux Chequers (résidence de campagne du Premier Ministre), et les deux hommes découvrent qu'ils ont un patriotisme, un désintéressement et une vision de l'Histoire très similaires. Leur partenariat résistera même aux premières tempêtes, comme la canonnade de Mers el-Kébir ou l'échec de Dakar, et leur amitié en sortira même renforcée.

Orages et influence américaine. Les relations se gâtent progressivement au cours de l'année 1941. C'est que de Gaulle considère que son mouvement représente la France, et entend donc traiter d'égal à égal avec ses alliés. Or, la dépendance matérielle presque complète de la France libre vis-à-vis de l'Angleterre et les fréquentes ingérences de Churchill dans des affaires purement françaises semblent démentir en permanence cette prétention, et le Général en conçoit une rancœur certaine. Par ailleurs, le Foreign Office et le Premier Ministre lui-même gardent des contacts avec Vichy au cours de l'hiver 1940-1941, et le général de Gaulle finit par en prendre ombrage. Enfin, le chef de la France libre, qui s'est toujours méfié de la politique coloniale de la Grande-Bretagne, soupçonne celle-ci de vouloir mettre la main sur certaines parties de l'Empire français à la faveur du conflit en cours. À l'été de 1941, les maladresses des militaires britanniques lors de l'attaque de la Syrie et du Liban, suivies du désastreux armistice de Saint-Jean-d'Acre, ne font que renforcer ses soupçons à cet égard, et provoquent la première grande crise avec Churchill : à la suite de plusieurs déclarations vengeresses du général de Gaulle à la presse et à la radio, l'entrevue de Gaulle-Churchill du 12 septembre à Downing Street se terminera bien après avoir très mal commencé.

La Syrie et le Liban resteront une pomme de discorde entre les deux hommes jusqu'à la fin de la guerre – et même au-delà. Pourtant, on peut penser que les conséquences en seraient restées très limitées si un autre élément n'était intervenu dès la fin de 1941 pour compliquer leurs relations : l'entrée en guerre des États-Unis. Pour le président Roosevelt, en effet, de Gaulle n'est qu'« un général français parmi d'autres », et depuis la désastreuse campagne de France, il n'a plus guère de respect pour les Français en général, et pour les généraux français en particulier. Vu de Washington, ce général-là apparaît comme une créature des Anglais, il a échoué à Dakar et on dit même qu'il a des tendances fascistes. Enfin, son hostilité à l'égard de Vichy et son intention déclarée de reconquérir l'Empire français contrecarrent les projets du président, qui entend traiter avec Vichy pour maintenir la flotte française hors de portée des Allemands, tout en mettant la main sur certaines parties de l'Empire français à la faveur de l'abaissement de la France. Roosevelt et son secrétaire d'État Cordell Hull vont donc exercer une très forte pression sur Churchill pour qu'il rompe avec de Gaulle, ou à tout le moins pour qu'il l'oblige à se subordonner à quelque autre personnalité française plus docile envers Washington.

Cette pression est très efficace, à la fois parce que la Grande-Bretagne a besoin de l'aide américaine pour continuer la guerre et parce que Churchill veut amener les Américains à suivre sa stratégie d'ensemble en Europe comme en Afrique. Il est donc tout disposé à faire au président Roosevelt quelques concessions au détriment du général de Gaulle, et accepte de tenir les Français libres à l'écart du débarquement à Madagascar en mai 1942 et en Afrique du Nord sept mois plus tard. Il soutient également la politique américaine visant à installer l'amiral Darlan, puis le général Giraud au pouvoir en Afrique du Nord. Il recommande enfin à son gouvernement de céder aux instances de Roosevelt, qui lui demande en mai 1943 de rompre avec le général de Gaulle. Mais il se heurte à un refus catégorique de son propre cabinet de guerre, car le général de

Gaulle jouit désormais d'un très grand prestige en France occupée, où la Résistance a déclaré ne reconnaître personne d'autre, et en Grande-Bretagne, où le Parlement, la presse, l'opinion publique, les partis politiques, les gouvernements en exil et même le roi George VI soutiennent le chef des Français libres. Les ministres britanniques persuadent donc Churchill que toute rupture avec de Gaulle provoquerait la dissolution de la France combattante et une crise politique majeure en Grande-Bretagne. Le Premier Ministre de Sa Très Gracieuse Majesté doit dès lors s'abstenir de toute intervention lorsque de Gaulle prend l'avantage sur son rival Giraud en Afrique du Nord, puis lorsqu'il installe sa propre administration en France libérée.

Les rudes affrontements entre les deux hommes, notamment à la veille du débarquement de Normandie, ont laissé bien des traces, et il faudra l'intervention de très nombreux intermédiaires comme Anthony Eden, Alfred Duff Cooper, René Massigli et Georges Bidault pour qu'une réconciliation publique puisse être organisée à Paris le 11 novembre 1944. Ce jour-là, de Gaulle et Churchill descendent ensemble les Champs-Élysées sous les vivats de la foule, avant de se rendre au ministère de la Guerre pour s'entretenir des grandes questions politiques de l'heure. De Gaulle a besoin du concours britannique pour achever la libération de la France et participer à l'offensive finale contre l'Allemagne. Churchill, utilement éclairé par son ministre des Affaires étrangères Eden, a besoin d'une forte armée française dans l'après-guerre pour contenir à la fois l'Allemagne et l'Union soviétique. C'est ce qui explique qu'à Yalta, en février 1945, Churchill et Eden aient expressément insisté auprès de Roosevelt et de Staline pour que soient accordés à la France une zone d'occupation en Allemagne et un siège au Conseil de sécurité des Nations unies. La fin de la guerre en Europe est suivie d'un nouvel affrontement franco-britannique au sujet de la Syrie, et de Gaulle sera outré de n'être pas invité à la conférence de Potsdam. Mais le 25 juillet 1945, au beau milieu de cette conférence, Churchill, désavoué par les électeurs britanniques, doit quitter le pouvoir. Le 20 janvier 1946, de Gaulle démissionne et se retire à Colombey-les-Deux-Églises.

Le « grand artiste d'une grande Histoire » [*MG*]. Durant leurs traversées du désert respectives, les deux hommes entretiennent une correspondance régulière ; il y est question de l'Europe, de la menace soviétique, mais aussi du dernier conflit, puisque tous deux ont entrepris d'écrire leurs Mémoires de guerre. Churchill revient au pouvoir en 1951, mais il a soixante-dix-sept ans, et après trois ans et demi d'une glorieuse figuration, il va s'effacer pour laisser la place à son *alter ego*, Anthony Eden. À l'été de 1958, les contrecoups de l'affaire algérienne ramènent de Gaulle au pouvoir. L'une de ses premières initiatives sera d'inviter à Paris son vieux compagnon de guerre. Le 6 novembre 1958, au cours d'une émouvante cérémonie, de Gaulle remet solennellement à Churchill la croix de la Libération, en prononçant ces paroles : « Je tiens à ce que sir Winston Churchill sache ceci : la cérémonie d'aujourd'hui signifie que la France sait ce qu'elle lui doit. » Au cours des années qui suivent, sir Winston, devenu le premier gaulliste d'Angleterre, suit avec intérêt et admiration les efforts du président de Gaulle pour tirer son pays de l'ornière du conflit algérien. Le Général, lui, ne manque jamais de prendre des nouvelles de l'illustre retraité de Chartwell, qui vient fréquemment séjourner sur la Côte d'Azur. Il se rend à ses obsèques après avoir écrit à la reine Elizabeth : « Dans ce grand drame, il fut le plus grand. »

François KERSAUDY

• *Voir aussi* : Anfa ; Angleterre ; GPRF ; Ordre de la Libération ; Saint-Jean-d'Acre ; Union franco-britannique

Bibl. : Winston S. Churchill, *The Second World War*, Londres, Pimlico, 2002 (1re édition, Londres, Cassel, 1948) • Jean-Louis Crémieux-Brilhac, *La France libre : de l'appel du 18 Juin à la Libération*, Paris, Gallimard, 1996 • François Kersaudy, *De Gaulle et Churchill, la mésentente cordiale*, Paris, Perrin, 2001.

CIGARES. – Grand consommateur de cigarettes, le général de Gaulle cessa une première fois de fumer avant la Seconde

Guerre mondiale. Mais il recommença en septembre 1939. Il semble que ce soit lors de son exil à Londres qu'il se soit mis à fumer le havane. Plusieurs témoins de l'époque, dont Claude Guy, se souviennent de lui abrégeant déjeuner ou dîner, dans son impatience d'allumer son cigare, instant vécu comme « un moment de détente nécessaire » accompagnant le café. D'après Guy, de Gaulle fumait des coronas, module moyen qui, contrairement au churchill (!), n'exige pas qu'on lui consacre trop de temps. C'est le cigare idéal d'un homme d'action, en mouvement, conscient qu'il travaille pour l'Histoire, et non d'un contemplatif. Deux photos seulement existent d'un de Gaulle au cigare. L'une, prise à Londres, non datée, montre le Général, les yeux à demi fermés, savourant le cigare qu'il tient fièrement et fermement en bouche. Elle était la propriété de Roger Thérond, ancien patron de *Paris-Match*. L'autre a été prise en 1944, à la sortie de la mairie de Bayeux libéré par les Alliés. De Gaulle tient son cigare allumé de la main gauche.

C'est en novembre 1947 que de Gaulle cessa définitivement de fumer, expliquant : « Je recommencerai de fumer s'il y a la guerre ! » Il ne recommença donc point. D'aucuns y virent un rapport avec la mort de Leclerc, ce que le Général démentit. Il regretta néanmoins les havanes jusqu'à sa mort. « On ne se console jamais de ne plus fumer », confia-t-il à certains de ses proches. Amateur de cigares lui-même, le général de Boissieu a raconté qu'à La Boisserie, son beau-père l'invitait à allumer son *puro* afin qu'il pût en respirer les effluves. Sur la table du salon, une boîte de cigares, que de Gaulle semble avoir systématiquement proposée à ses hôtes. Ainsi du journaliste Michel Droit, venu l'interviewer dans les années 1960, et qui lui avoua n'avoir jamais fumé. Ou encore du politologue François Goguel, reçu à La Boisserie le 5 novembre 1969. De Gaulle lui offrit : « un havane de dimension impressionnante, bagué de tricolore et à son nom », et, avec son humour coutumier, lança : « C'est Castro qui me les envoie. » Puis, de préciser qu'avant le *lider maximo*, Fulgencio Batista l'approvisionnait déjà lorsqu'il était à Londres : « Les dictateurs passent, la fumée reste... »

Jean-Claude Perrier

• *Voir aussi* : Champagne ; Déjeuners privés à l'Élysée ; Gastronomie ; Loisirs ; Vie quotidienne à l'Élysée

Bibl. : François Blin, « De Gaulle et les plaisirs secrets du havane », *L'Amateur de cigare*, n° 11, mars 1997, p. 32-33 • Claude Guy, *En écoutant de Gaulle, Journal 1946-1949*, Paris, Grasset, 1996.

CIVILE ET MILITAIRE (autorités). – « Ils iront deux par deux, Tant que le monde ira, pas à pas, côte à côte. » Cette citation de Musset ouvre le dernier chapitre du *Fil de l'épée*, intitulé « Le politique et le soldat ». Dans cette comparaison entre le premier qui « porte au loin une vue trouble » et le second « qui voit clair, mais de près », de Gaulle décrit leur dépendance réciproque, mais très variable selon les circonstances et les personnalités. « Certes, la conduite de la guerre appartient à l'homme d'État ; les opérations sont le fait du militaire, mais où chacun doit-il s'arrêter ? » Il paraît impossible de régler par une loi les frontières de leur action respective, conclut le chef de bataillon de Gaulle.

Après le 18 juin 1940, le général de Gaulle est d'abord un chef militaire, commandant la force de volontaires reconnue par les Anglais. Mais en créant en octobre et en présidant un Conseil de défense chargé de la conduite de la guerre, il assume une fonction traditionnellement gouvernementale, tout en restant commandant en chef des FFL (Forces françaises libres) jusqu'à la réunification de l'armée. La création d'un Comité français de la Libération nationale (CFLN) bicéphale entraîne une organisation boiteuse de commandement : un des coprésidents, le général Giraud, devient commandant en chef de l'armée réunifiée et prépare l'intervention en Corse sans en avertir son collègue. De Gaulle s'insurge : « L'indépendance du commandement militaire vis-à-vis de l'organe de direction est formellement contraire à nos constitutions séculaires et à nos lois en vigueur. » Devenu seul président du CFLN le 3 octobre 1943, de Gaulle signe le même jour un décret revenant à une situation plus classique : le commandant en chef voit ses attributions réglées par la loi de 1938 sur l'organisation de la nation en temps de guerre. Ce retour à la loi de 1938 n'est toutefois que provisoire. La globalisation de la guerre totale implique que la défense et la stratégie soient désormais du ressort du chef de l'État.

Aussi les différentes organisations de la défense inspirées par de Gaulle jusqu'à son départ en janvier 1946 marquent-elles une nette subordination du militaire au gouvernement. En avril 1944, le président du CFLN prend les fonctions attribuées en 1938 au généralissime. Il est le chef des armées assisté d'un Conseil de défense nationale. Par décret du 4 janvier 1946, la direction générale de la Défense, ses objectifs, les alliances sont du ressort du gouvernement ainsi que la conduite de la guerre et sa préparation ; le chef du gouvernement est seul chargé de l'exécution. Pendant la traversée du désert, cet héritage ne résiste pas à l'instabilité gouvernementale de la IVe République et, en Algérie, l'armée, lancée dans une action politico-militaire, définit ses buts de guerre en l'absence de directives précises. Le 13 mai 1958, le commandant en chef, le général Salan, reçoit même d'un gouvernement démissionnaire les pouvoirs civils exercés par le ministre résident.

Après son retour au pouvoir, de Gaulle définit en quelques années les responsabilités dans le domaine de la défense et remet l'armée dans le droit chemin de l'obéissance. Chef de l'État, le Général est, selon la Constitution de 1958, « le garant de l'indépendance nationale et de l'intégrité du territoire ». La prééminence du pouvoir politique sur le commandement militaire est affirmée par l'ordonnance de janvier 1959 et ses décrets d'application de juillet 1962. Le président de la République, chef des armées, réunit et préside les Conseils de défense qui assurent la direction d'ensemble de la Défense nationale et, le cas échéant, la conduite de la guerre. Son élection au suffrage universel donne au chef de l'État une nouvelle autorité. Et, phase ultime, l'existence d'un armement nucléaire donne au président de la République la redoutable responsabilité d'être le seul juge de son emploi. C'est un pouvoir qui ne peut se partager.

Simultanément, de Gaulle s'efforce de reprendre en main l'armée en la dépolitisant et en la rappelant à l'obéissance quand elle s'insurge contre sa politique algérienne. Les officiers qui font partie des comités de salut public créés en mai 1958 sont priés de les quitter en octobre. Salan est rappelé à Paris en décembre et remplacé à Alger par un responsable civil, Paul Delouvrier, et un commandant en chef, le général Challe, décision redonnant la prépondérance au premier. En janvier 1960, Jacques Massu est relevé de son commandement pour avoir livré ses états d'âme à un journaliste allemand. Enfin, quand quelques généraux et colonels défient de Gaulle depuis Alger, au nom de l'Algérie française, son autorité fonctionnelle et son prestige personnel sont tels qu'il suffit qu'il parle à la télévision et à la radio pour que l'entreprise capote. L'armée obéit, souvent le cœur chaviré par la conclusion de l'affaire algérienne, mais fait sa mue quand de Gaulle lui impose la nouvelle doctrine militaire liée à l'atome.

En 1932, le chef de bataillon de Gaulle estimait impossible de régler par une loi la question des attributions respectives du chef politique et du chef militaire. En 1972, Michel Debré, alors ministre de la Défense et ancien Premier ministre du Général, fait publier un livre blanc qui explique pourquoi le président de la République détient le pouvoir de décision et le contrôle de l'engagement des armées en cas de guerre : « C'est qu'il n'est plus concevable aujourd'hui que le gouvernement s'en remette à un généralissime de la conduite de la guerre : les frontières de la guerre et de la paix s'estompent ; en même temps, la manœuvre militaire et le maniement politique des crises se confondent. Il y a là un phénomène universel dans le monde moderne qui est celui de l'atome et aussi celui de l'information instantanée qui donne à l'événement – en le dramatisant parfois – une interprétation immédiate. » Le politique et le militaire marchaient-ils, en 1932, « pas à pas, côte à côte » ? Sous la Ve République de Charles de Gaulle, l'un, le politique, marche devant et, loin derrière, l'autre suit. Jean DELMAS

• *Voir aussi* : Algérie (guerre d') ; Armée ; Carrière militaire ; CFLN ; Militaires

Bibl. : Claude Carré, *Histoire du ministère de la Défense*, Paris, Lavauzelle, 2001.

CLAUDEL, Paul (1868-1955). – Paul Claudel est une éminente figure du gaullisme littéraire, moins connue pourtant qu'André Malraux ou François Mauriac. En juin 1940, il gagne Alger avec l'espoir de s'y rendre utile. À son retour chez lui à Brangues, il pèse « le passif » et « l'actif » de l'événement. Il savoure la déroute des caciques radicaux-socialistes et francs-maçons ainsi que l'abolition des lois anticléricales, écrit même un poème au Maréchal. Néanmoins, le passif l'emporte, qui tient à l'Occupation, à la rupture avec l'Angleterre, aux conditions de l'armistice. Prenant le contre-pied de la doctrine officielle, il refuse d'imputer la défaite à la République et souligne la lourde responsabilité du commandement. Son commentaire des entretiens de Montoire est clair : « On cède tout. » Dès l'automne 1940, il passe dans une opposition de plus en plus résolue et les partisans de l'ordre nouveau le cataloguent comme anglo-gaulliste. Ancien diplomate de haut rang, il partage en 1940-1941 l'analyse géostratégique de De Gaulle sur l'aspect mondial de la guerre.

Pour Claudel, l'homme du 18 Juin, auquel il dédie une ode en 1944, est le porte-parole d'une communauté nationale dont seuls sont exclus les traîtres. Il célèbre sa « volonté » et lui sait gré de contrarier les entreprises du parti communiste. Le Général le fait nommer au conseil national du RPF, mais Claudel garde sa liberté de jugement et ne publie aucun texte dans *Le Rassemblement*. Libéral en économie, il a regretté les nationalisations de 1945. Il est favorable à l'Alliance atlantique et se refuse à tout antiaméricanisme. Aux élections législatives de 1951, comme de Gaulle n'est plus qu'un chef de parti, il donne sa voix au MRP (Mouvement républicain populaire).

De Gaulle et Claudel partagent un même sens de l'État qu'ils veulent actif, efficace. Le second a écrit : « L'État commande et l'initiative individuelle exécute. » Ces deux pragmatiques se montrent sévères à l'égard de la partitocratie. La IVe République et ses présidents du Conseil impuissants suscitent cet appel de Claudel : « Vivement un chef ! » Son double souci de la compétence et de l'économique l'apparente à ces technocrates dont, plus tard, la Ve République fera des ministres et des experts. Mais son patriotisme n'exclut pas une forte conscience européenne. Surtout, sa politique fait la part plus belle encore à sa foi qu'à la nation. Le sort fait à l'Église, la liberté des croyants commandent ses choix. En se posant comme gaulliste, conservateur-libéral, europhile et atlantiste, le poète catholique concentre toutes les variantes, parfois dissonantes, du politiquement incorrect.

Le 26 février 1955, de Gaulle écrit à Mme Paul Claudel : « En retirant de ce monde le génie de Paul Claudel, Dieu y a laissé son œuvre et je crois bien que c'est pour toujours. » Il ajoute aussitôt : « Quant à moi, je n'oublierai pas le réconfort que sa grande âme m'a plusieurs fois et avec quel éclat ! témoigné dans ce que j'ai eu à faire pour une cause qu'il comprenait et qu'il approuvait. » Le Général éprouvait aussi une vive admiration pour son œuvre. Le 21 octobre 1959, il tint à assister en personne à la première de *Tête d'or* et fit de même, quatre ans plus tard, lors de la reprise du *Soulier de satin*.

Jeanyves GUÉRIN

• *Voir aussi* : Bibliothèque personnelle ; Intellectuels

Bibl. : Gérald Antoine, *Paul Claudel, ou l'Enfer du génie*, Paris, Robert Laffont, 1988 • *Paul Claudel*, Paris, L'Herne, 1997.

CLAVEL, Maurice (1920-1979). – Le 23 août 1944, de Gaulle vient d'arriver à Chartres, dernière étape symbolique avant son entrée dans Paris, quand il avise le jeune chef résistant qui a assuré avec succès la coordination en Eure-et-Loir des différents réseaux clandestins : « C'est vous, *Sinclair* ? Meilleur travail depuis la Bretagne ! – Mon général, allons prier à Notre-Dame de Chartres », lui lance alors, la voix haletante d'émotion, ce « commandant » de vingt-quatre ans, aux allures de guérillero mystique, qui s'entend répondre : « Allons prier à Notre-Dame de France ! » Telle a été la première rencontre entre Charles de Gaulle et Maurice Clavel.

Après s'être cherché un temps du côté de Jacques Doriot puis des maurrassiens vichyssois, Clavel a très vite rejoint l'un des principaux mouvements de la zone nord, l'Organisation civile et militaire (OCM), et à travers lui la seule famille d'esprit à laquelle il appartiendra jamais : celle des Français libres. Monarchiste en quête de révolution et idéaliste en attente de révélation, ce jeune intellectuel effervescent, impropre à s'inféoder à quiconque, va reconnaître en de Gaulle moins un véritable inspirateur que la figure historique répondant le mieux à ses propres idéaux. Un rebelle plus que jamais en charge à ses yeux, depuis leur rendez-vous de Chartres, d'un « certain rapport entre Dieu et la France », et auquel il vouera jusqu'au bout une vénération exigeante.

Après avoir pris ses distances avec le fondateur du RPF, Maurice Clavel est, en mai 1957, l'un des tout premiers à signer dans la presse un « appel au général de Gaulle » – selon le titre même de son article de *Combat* – pour extirper la France du bourbier africain et lui restituer une autorité politique. Convaincu dès cette époque que la décolonisation passe par le retour au pouvoir de l'homme de Colombey, il milite en sa faveur au sein de la mouvance gaulliste la plus à gauche, apportant au Général, jusqu'au règlement de la question algérienne, une de ses plus sûres cautions intellectuelles. Mais à dater de l'affaire Ben Barka, le décalage ne va cesser de croître entre l'idée que l'écrivain se fait de De Gaulle et le jugement que lui inspire son action.

En janvier 1966, la « disparition » du leader marocain l'incite à se désolidariser si radicalement d'« un pouvoir gaulliste malade de l'esprit gaulliste » que le Général, lui-même ulcéré par une affaire en laquelle il ne voit « rien que de vulgaire et de subalterne », se montre presque affecté par tant d'incompréhension venant de l'un de ses disciples les plus estimés. « J'ai lu l'article de Maurice Clavel, écrit-il dans une note publiée après sa mort dans le cinquième volume de ses *Lettres, Notes et Carnets*. Il bat complètement la campagne. Croit-il que je suis le général de Gaulle pour les "gaullistes" ? Croit-il que je le suis pour Maurice Clavel et à son gré ? Non, je tâche de l'être pour la France. À cet égard je prétends savoir mieux que personne (gaullistes et Maurice Clavel compris) ce que je dois faire et comment je dois le faire pour la servir à sa mesure. Et le reste m'est, non toujours indifférent, mais toujours sans poids et sans effet » Mais c'est sous une forme plus intime et personnelle que le chef de l'État se manifeste, un mois plus tard, auprès de son contempteur, lui rappelant que, si comme lui « il n'adore que Dieu », ils ont aussi en commun d'aimer « surtout la France ». « Et puis, ajoute-t-il, je vous aime et c'est pourquoi je ressens votre éloignement. Si vous voulez, revenez me voir. Nous "causerons". » On connaît peu d'exemples chez de Gaulle d'amitié manifestée avec si peu de réserve...

Mai 68 marque une étape essentielle dans leur relation, en dépit du désaccord apparent qui les sépare de nouveau. Mêlé de près aux émeutes étudiantes, Clavel voit en elles un événement d'essence purement gaulliste, où la volonté de rupture se conjugue avec l'esprit de résistance. Et personne n'est plus légitime à ses yeux que Charles de Gaulle pour symboliser une deuxième fois, après l'épopée de la France libre, une mystique de nature révolutionnaire contre les tenants de l'ordre conservateur et matérialiste incarné selon lui par Georges Pompidou. Devenu le héraut d'une sorte de gaullisme maoïste, Clavel en appelle alors à une révolution culturelle conduite par le Général à la manière du Grand Timonier, convaincu comme de Gaulle que « la seule politique qui vaille est celle des mouvements profonds des peuples ».

Que le vieux chef de l'État, pris de court par une révolte qu'il interprète dans un sens plus prosaïque, se soit ou non reconnu, à ce moment-là, dans une telle vision – on n'a pas trace d'un véritable échange entre eux à ce sujet –, il reste que jamais depuis la Libération la connivence politique et spirituelle scellée entre le connétable de France et l'insurgé de Chartres n'aura revêtu une signification aussi forte et singulière.

Jean-Luc BARRÉ

• *Voir aussi* : Intellectuels

Bibl. : Jean Lacouture, *De Gaulle*, t. 3, *Le Souverain*, Paris, Le Seuil 1986 • Alain Larcan, *De Gaulle inventaire*, Paris, Bartillat, 2003.

CLEMENCEAU, Georges (1841-1929). – Comme Georges Clemenceau, au premier regard, paraît loin de Charles de Gaulle ! Voyez la formation de ce bleu de Vendée, rétif à toutes les religions. Voyez sa méfiance, après l'affaire Dreyfus, envers cette armée qui paraissait à de Gaulle, aspirant à y entrer, « l'une des plus grandes choses du monde ». Voyez sa vieillesse, dans les années 1920, indifférente à la postérité et continuant passionnément à se mêler du présent : Saint-Vincent-sur-Jard est à bonne distance de Colombey-les-Deux-Églises où le Général sculpta sa statue...

Et pourtant... De Gaulle a été toute sa vie sensible à l'image du « Tigre » dont il avait passionnément suivi, captif en Allemagne, l'action au gouvernement. Il ne le rencontre pas seulement du côté de son patriotisme exclusif, il salue sa formidable vitalité, sa détermination, son courage. Lisant une biographie due à Georges Lecomte, il s'incline, dans un carnet, en mai 1920, devant « la grande, l'irrésistible force du Clemenceau de 17-18-19 », concluant : « Il fut la France. »

Quelques années plus tard, dans *La France et son armée*, il écrit : « Poincaré fut la raison de la France. Clemenceau en fut la fureur. Il fallait, pour qu'on s'en remît à ce lutteur effréné, que la crise atteignît le degré où tout ménagement est exclu. Lui se trouve de plain-pied avec les pires événements. "Rien que la guerre !" Voilà qui lui va bien. Sur les traîtres de fait ou d'intention, sur l'Allemagne, sur la Maison d'Autriche il se rue pour les déchirer. Certes, sa passion frappe, parfois, à l'aveugle. La France en paiera l'excès. Mais, dans le moment elle reçoit, de cet impulsif farouche, la farouche impulsion qu'exigent les derniers combats. »

À mesure qu'à Londres de Gaulle s'affirme républicain et démocrate, il est porté à honorer Clemenceau (tandis que Vichy prescrit de retirer des bibliothèques publiques certains livres de celui-ci). Le 11 novembre 1941, à la BBC, il l'interpelle : « Au fond de votre tombe vendéenne, Clemenceau, vous ne dormez pas » ; il interpelle le « Vieux Tigre », le « président », le « Père la Victoire ». « De votre temps, nous avions des canons qui hachaient les rangs allemands, des chefs que rien n'abattait et une caponnière à Vincennes pour faire justice de la trahison... »

Sur la couverture du livre de Georges Wormser, *La République de Clemenceau*, est une photo du Général, au côté de Churchill, qui marche droit, au rond-point des Champs-Élysées, dans la froidure de l'hiver, vers la statue du « Tigre » (aujourd'hui rejointe par les leurs...) : c'est le 11 novembre 1944 et Paris est libéré. L'hommage est réitéré par de Gaulle, sur la tombe de Vendée, le 12 mai 1946. Clemenceau, dans son livre du grand âge consacré à Démosthène et publié en 1926, évoquait l'opposition de l'orateur patriote de la Grèce antique et de son adversaire Eschine, réagissant différemment à la menace de Philippe II le Macédonien. Il songeait assurément à Joseph Caillaux en face de lui-même, mais pour nous, lecteurs actuels, c'est irrésistiblement l'évocation de De Gaulle en face de Pétain : « L'un tendant toutes ses énergies vers un idéal [...] dont la réalisation dépend des faiblesses mêmes avec lesquelles il a dû composer, l'autre, agent insigne de toutes les défaillances où quiconque peut marquer d'un verbalisme glorieux le plus bas des hontes acceptées. »

Jean-Noël JEANNENEY

• *Voir aussi* : Commémorations ; France et son armée (La) ; Grande Guerre ; Histoire ; Symboles

Bibl. : Jean-Noël Jeanneney, *Clemenceau, portrait d'un homme libre*, Paris, Mengès, 2005.

CLOSTERMANN, Pierre (1921-2006). – Né au Brésil d'un père alsacien diplomate et d'une mère lorraine, Pierre Clostermann est titulaire d'un brevet de pilotage à seize ans. Au début de la guerre, il suit les cours du California Institute of Technology. En octobre 1941, suivant l'exemple de son père qui est l'un des rares membres de la Carrière à avoir rejoint de Gaulle, il s'engage dans les Forces françaises libres. À peine arrivé à Londres, il est convoqué par le Général : « La France aura besoin de fils comme vous après la victoire, je dis bien la victoire, car on gagnera ! » Affecté au groupe de chasse *Alsace* du commandant René Mouchotte, il remporte sa première victoire le 27 juillet 1943. Transféré ensuite au squadron 607 de la RAF, il brille par ses qualités de chasseur sur Spitfire. En avril 1944, il devient l'un des trois Français *squadron leader* de la RAF – squadron 122. À la tête de cette escadrille équipée de Tempest, il se distingue en mai 1945 dans l'attaque de la base de Grossembrode au Danemark où il abat et endommage 8 appareils ennemis. Il termine la guerre avec le grade de capitaine, titulaire de 420 missions de guerre et de 33 victoires homologuées (plus 5 probables), sans compter la destruction au sol de dizaines d'engins en tous genres. Considéré comme le premier « as » français de la guerre devant Jean-Louis Tulasne de l'escadrille *Normandie-Niémen*, il est Compagnon de la Libération et titulaire de la *Distinguished Flying Cross* britannique.

Après la guerre, Pierre Clostermann exerce le métier d'ingénieur et se lance dans les affaires. Il fonde et dirige (1970) Reims-Aviation et siège dans divers conseils d'administration de sociétés liées à l'aéronautique (Cessna Aircraft, Dassault). Ce touche-à-tout est également un écrivain à succès. Son récit de guerre, *Le Grand Cirque*, est un best-seller vendu à plus de 3 millions d'exemplaires en 40 langues. Il se rengage en Algérie en tant que lieutenant-colonel de l'armée de l'air – il effectue 450 heures de vol en 1956 et 1957. Parallèlement, Clostermann mène une brillante carrière politique sous la bannière du gaullisme. Député du Bas-Rhin en 1946, il est élu dans la Marne en 1951 sous l'étiquette RPF, puis dans la Seine (1956-1958). En 1958, quoique député radical mendésiste, il appelle à voter l'investiture de De Gaulle. Sous la Ve République, il est député UNR de la Seine-et-Oise/Yvelines de 1962 à 1969 ; à l'Assemblée, vice-président de la commission de la Défense nationale (1963-1969). En 1969, le départ du général de Gaulle le conduit à démissionner de tous ses mandats politiques.

Homme de fidélité, plus Français libre que gaulliste, Pierre Clostermann, à l'image de Romain Gary, autre aviateur *Free French*, n'était pas un homme d'appareil, ce qui l'a peut-être empêché de devenir ministre. Tout autant que ses « coups de gueule » à l'Assemblée, son franc-parler était légendaire. Dans *Le Grand Cirque*, il a ainsi décrit les profonds liens d'estime et de connivence qui, malgré les combats impitoyables, unissaient pilotes alliés et allemands.

Jean-François MURACCIOLE

• *Voir aussi* : Armistice ; FFL ; Légitimité

Bibl. : Pierre Clostermann, *Le Grand Cirque*, Paris, J'ai lu, 2002 (1re éd., 1948) • Jean-François Muracciole, *Les Français libres, une aventure humaine*, thèse d'habilitation à diriger des recherches, novembre 2005, université de Montpellier-III.

CLUB JEAN MOULIN. – Le 25 septembre 1963, à Orange, le général de Gaulle s'exprime ainsi : « Je sais bien que la politique présente les choses à sa façon. Mais de cela le général de Gaulle ne s'est jamais beaucoup occupé. L'essentiel pour lui, ce n'est pas ce que peut penser le comité Gustave, le comité Théodule ou le comité Hippolyte. L'essentiel pour le général de Gaulle, président de la République française, c'est ce qui est utile au peuple français, ce que sent, ce que veut le peuple français. » Sur le moment, il paraît désigner par ces termes le banquet des Mille qui vient de se tenir et qui a réuni les leaders de l'opposition dans la perspective de l'élection présidentielle de 1965. Le soir même, cependant, interrogé par Alain Peyrefitte, il répond qu'il pensait « par exemple, au club Jean Moulin ou à la franc-maçonnerie ». Il continue : « Ce sont des féodalités qui se dressent contre l'État. S'appeler Jean-Moulin, ça ne manque pas de culot, alors que Jean Moulin a été un de mes compagnons les plus fidèles, peut-être le plus précieux. Ce comité Anatole est une façon pour des hauts fonctionnaires de fournir gratuitement des heures supplémentaires. » Joints à l'allocution publique, ces propos de table témoignent de l'irritation du président de la République envers une forme d'activité politique qui se pose en intermédiaire entre lui et le peuple. Mais l'humour contenu dans le choix de prénoms aussi désuets que cocasses, et donc inoffensifs, tempère la critique.

Le club fut-il un opposant à de Gaulle ? La réponse n'est pas si nette que le laisse entendre Alain Peyrefitte. L'embryon de club qui se crée en mai 1958 est bien hostile au retour de De Gaulle, en qui il voit un fasciste. Animant la petite équipe, Daniel Cordier est l'ancien secrétaire de Jean Moulin dans la clandestinité. À l'origine forme de résistance à ce qu'il perçoit comme un coup d'État, le groupe se transforme rapidement en une sorte de club anglais, plus proche de la société de pensée que du parti politique. Il prend durant l'été le nom de club Jean Moulin. Une minorité active de ses dirigeants est issue de la Résistance. Rédigée alors, la « charte » du club cite en exemple le refus opposé par le préfet Moulin à des officiers de la Wehrmacht qui tentaient, le 17 juin 1940, de lui faire signer un texte à connotation raciste et infamant pour l'armée française. Le club se peuple alors d'une élite parisienne dont les éléments moteurs viennent de la haute fonction publique (Stéphane Hessel, Étienne Hirsch, Olivier Chevrillon, Georges Ripert) ou de l'université (Georges Vedel, Michel Crozier). Venu des mouvances mendésiste et chrétienne de gauche, Jean-Moulin puise son dynamisme dans la révolte des consciences suscitée par la guerre d'Algérie, le fondement colonialiste de celle-ci et les violations des droits de l'homme qui l'accompagnent. À partir du moment où de Gaulle s'engage, par son discours du 16 septembre 1959, sur la voie de l'autodétermination de l'Algérie, le club devient un allié objectif du président. La position de certains de ses membres à l'intérieur de l'État et jusqu'à l'Élysée, ajoutée à l'existence d'un réseau de relations issu de la Résistance qui facilite l'accès à de Gaulle ou à plusieurs de ses ministres, lui permet de peser dans le sens d'une politique libérale en Algérie. Des clubistes préparent le jour, dans l'État, les documents sur lesquels s'appuieront les négociations d'Évian. Le soir, ils en résument la teneur dans des articles que le club rend publics en son nom collectif.

Si le club a appelé à voter « non » au référendum constitutionnel de 1958, il fut presque le seul groupe de gauche à se prononcer, au printemps 1961, pour une forme de régime présidentiel. Mais, partagé sur la politique de De Gaulle, il ne put fixer une position commune lors du référendum de 1962 sur l'élection du président de la République au suffrage universel. Dès la réforme acquise, il tenta de promouvoir une candidature qui regroupât, ainsi qu'il l'avait écrit dès 1958, « les forces de mouvement ». Il suscita l'initiative de Gaston Defferre et la soutint jusqu'au bout, c'est-à-dire jusqu'au renoncement de celui-ci en juin 1965. Lorsque de Gaulle ironisa sur le « comité Théodule », la candidature de « M. X » (le nom de Defferre ne fut pas rendu public aussitôt) venait d'être annoncée par *L'Express*. Le regroupement envisagé sur son nom, allant de la SFIO au MRP en passant par le parti radical et la Convention des institutions républicaines (CIR), échoua. Les clivages traditionnels que le club avait espéré surmonter au nom de la modernité demeurèrent. Au second tour de la présidentielle de décembre 1965, le club soutint, au prix de vives tensions internes, la candidature de François Mitterrand. Il adhéra en 1966 à la Fédération de la gauche démocrate et socialiste (FGDS) et entra, de ce fait, dans l'opposition.

Mais il avait perdu le dynamisme des origines : dans le contexte d'exception des années 1958-1962, sa position de club non partisan lui avait permis de faire efficacement de la politique autrement. Il était alors « contre » de Gaulle au sens où le contrefort empêche la nef de tomber d'un côté, étayant de ses modestes moyens la politique de paix en Algérie et, dans une moindre mesure, la réforme de la Constitution. Par la suite, le club fut « contre » de Gaulle au sens usuel. Son statut d'association de citoyens ne lui permit plus de trouver sa place dans un jeu de relations désormais dominé par les partis politiques.

Claire ANDRIEU

• *Voir aussi :* Algérie (guerre d') ; Hauts fonctionnaires ; Intellectuels ; Référendum du 28 septembre 1958 ; Référendum du 28 octobre 1962

Bibl. : Claire Andrieu, *Pour l'amour de la République. Le Club Jean Moulin*, Paris, Fayard, 2002 • Alain Peyrefitte, *C'était de Gaulle*, Paris, Éditions de Fallois/Fayard, t. 2,1997.

CLUB NOUVELLE FRONTIÈRE. – De tous les clubs de la mouvance gaulliste, le club Nouvelle Frontière est celui qui présente le plus grand nombre de traits communs avec les clubs de réflexion de la gauche de gouvernement, avec le club Jean Moulin en particulier. Nouvelle Frontière est créé en mars 1968, sur une initiative de Jean Charbonnel, ancien député de la Corrèze et ancien secrétaire d'État à la Coopération, alors membre de la direction de l'UNR-UDT (Union pour la nouvelle République-Union démocratique du travail). En novembre 1967, Charbonnel a soumis le projet au Premier ministre Georges Pompidou. Son idée est de créer « un club de réflexion politique d'un haut niveau intellectuel », « rattaché au Mouvement » avec toute « la souplesse désirable » afin d'éviter le « reproche de politisation ». Charbonnel propose de choisir le nom de « Nouvelle Frontière », par référence à John F. Kennedy. *Nouvelle Frontière* est aussi le titre de la revue d'idées que Jacques Baumel tente de faire vivre dans le cadre de l'UNR-UDT depuis 1963. Paul-Marie de La Gorce, alors conseiller technique au cabinet de Christian Fouchet, est le premier président du club (1968-1972). Le secrétaire général est Jean Castarède, énarque, collaborateur d'Alain Peyrefitte puis d'Olivier Guichard, et la trésorière, Rose de Laval, qui dirige la revue *Nouvelle Frontière*. Des groupes de travail sont rapidement mis en place, en particulier celui animé par Roger Stéphane et Xavier Larère sur l'introduction de la publicité à l'ORTF. En octobre 1968, la rentrée politique est marquée par l'organisation d'un colloque consacré aux « Conséquences de la crise de Mai sur la vie politique en France ». Puis le club s'implique dans l'affaire de la réforme régionale et dans la préparation de la campagne du référendum du printemps 1969. Ce travail débouche sur la publication, chez Grasset, d'un ouvrage collectif intitulé *Le Dossier du 27 avril*.

Au club, le groupe dominant est celui des hauts fonctionnaires, membres ou anciens membres, pour la plupart, de cabinets ministériels – par exemple, Marc Bonnefous, collaborateur d'Yves Guéna ; Paul Creyssel, collaborateur de Louis Joxe puis de Jean-Marcel Jeanneney ; Jacques Perrillat, proche d'Olivier Guichard. Ils voisinent avec des intellectuels, universitaires – tel le sociologue François Bourricaud –, essayistes – Joseph Rovan, proche d'Edmond Michelet– ou journalistes – Serge Maffert de *France-Soir,* Jean-Michel Royer de *Notre République* et l'inclassable Roger Stéphane, venu, comme Paul-Marie de La Gorce, de *France-Observateur*. Le club a également attiré quelques jeunes, issus le plus souvent des rangs de l'UJP (Union des jeunes pour le progrès), le meilleur exemple étant celui de Jean-Louis Bourlanges.

Du point de vue politique, Nouvelle Frontière est un lieu de rencontres entre différentes familles d'esprit gaullistes. L'image de marque du club est celle de la fermeté en matière de politique étrangère et des options réformatrices en matière de politique intérieure. Il serait toutefois excessif de considérer Nouvelle Frontière comme une organisation gaulliste de gauche qui aurait cultivé sa spécificité idéologique et politique par rapport à l'UD-V^{e} (Union des démocrates pour la Ve République).

Gilles LE BÉGUEC

• *Voir aussi :* Hauts fonctionnaires ; Intellectuels ; Journalistes ; Presse gaulliste ; Gouvernements du général de Gaulle, p. 1191.

Bibl. : Jean Charbonnel, *À la gauche du Général*, Paris, Plon, 1996 • Club Nouvelle Frontière, *Le Dossier du 27 avril*, Paris, Grasset, 1969.

CLUBS DE LA MOUVANCE GAULLISTE. – La famille gaulliste ne constitue pas un terrain favorable au développement des clubs durant la période 1959-1969. À quelques exceptions près – la principale étant celle du club Nouvelle Frontière –, ces structures ont une existence éphémère et des activités relativement confidentielles. Ces clubs voient le jour sur les marges de la majorité présidentielle. Certains sont d'inspiration franchement gaulliste et situés sur le flanc gauche de la mouvance, comme Démocratie directe d'Edmond-Ferdinand Joncret et Jacques Trorial, ou le groupe dit des 29. D'autres sont extérieurs à la famille gaulliste *stricto sensu*. Les relations que ces derniers entretiennent avec la majorité présidentielle et avec l'entreprise gaulliste elle-même sont souvent placées sous le signe de la complexité, voire de l'ambiguïté. Ainsi, le groupe Patrie et Progrès a poursuivi ses propres objectifs, même si de fervents gaullistes comme Philippe Rossillon ont été à sa tête, et s'il a multiplié les contacts avec certains dirigeants de la majorité. Le club Hommes et Citoyens, lancé par Edgard Pisani lors de son passage au ministère de l'Équipement, a d'abord été un instrument politique au service d'un allié qui, incommode, finira par rompre lors des événements de mai 1968. Les clubs Perspectives et Réalités, créés en 1965 par un Valéry Giscard d'Estaing déjà décidé à jouer sa carte personnelle, entrent également dans cette catégorie.

Les années 1966-1967 voient naître une floraison de clubs. Ils témoignent de l'effort de réorganisation rendu nécessaire par la mise en ballottage du général de Gaulle en 1965, et par la préparation de la campagne pour les législatives de 1967. Au niveau partisan, cet effort débouche sur la transformation par élargissement, en novembre 1967, de l'UNR-UDT (Union pour la nouvelle République-Union démocratique du travail) en UD-V^e^ (Union des démocrates pour la Ve République). À côté du parti, des initiatives de gaullistes de gauche se multiplient. En octobre 1966, la Convention de la gauche Ve République naît du rapprochement d'un mouvement structuré (le Front du progrès) et d'un ensemble de clubs créés ou réactivés pour l'occasion (le club Jules Vallès, l'association Nouveau Régime, les clubs Ve République). Après la création de l'Union des jeunes pour le progrès (UJP) en 1965, des équipes de jeunes cadres militants émergent, aux côtés ou en dehors de l'UJP. Ils se réunissent notamment au cercle Gaullisme et Prospective de Michel Cazenave ou au club Jeune France de Jean-Claude Fortiut, constitués l'un et l'autre en 1967. Certains dirigeants gaullistes ont pris conscience du rôle joué par les clubs dans le réveil de la gauche non communiste. En ce sens, cette floraison est une réplique, voire une imitation. La Convention de la gauche Ve République s'inspire de la Convention des institutions républicaines de François Mitterrand. Surtout, beaucoup rêvent alors d'un « club Jean Moulin du gaullisme ». La référence est explicite dans le cas de Gaullisme et Prospective. Avec quelques nuances, Nouvelle Frontière nourrit une ambition de même nature.

Gilles Le Béguec

• *Voir aussi* : Club Jean Moulin ; Club Nouvelle Frontière

Bibl. : François Audigier, *Génération gaulliste : l'Union des jeunes pour le progrès, une école de formation politique (1965-1975)*, Nancy, Presses universitaires de Nancy, 2005 • Jérémie Bianco, *Les Rapports entre les partis politiques et les clubs en France, 1962-1967*, mémoire de DEA sous la direction de Serge Berstein, IEP Paris, 1999 • Janine Mossuz, *Les Clubs et la vie politique en France*, Paris, Armand Colin, 1970.

CNI (Centre national des indépendants). – Le Centre national des indépendants est créé en janvier 1949 par Roger Duchet, maire de Beaune, après que le général de Gaulle eut fondé le Rassemblement du peuple français (RPF) en 1947. À la différence de ce dernier qui se réclame de l'héritage de la Résistance et s'oppose au régime des partis de la IVe République, le CNI regroupe des formations de droite qui sont en recomposition à la suite du discrédit qui les frappe après la guerre. Le 15 février 1951, le CNI devient le Centre national des indépendants et paysans (CNIP, mais dans la pratique le « P » est souvent omis) avec l'apport des groupes paysans. Grâce à la loi sur les apparentements, il a 97 élus en 1951. En 1952, 27 députés RPF votent l'investiture d'Antoine Pinay malgré l'opposition du général de Gaulle ; ils rejoignent les rangs du CNIP. Deux présidents du Conseil, Antoine Pinay et Joseph Laniel, et un président de la République, René Coty, sont issus de ce parti, ainsi que de nombreux ministres. En 1953, le général de Gaulle décide de mettre en sommeil le RPF, tandis que de son côté Roger Duchet échoue à faire du CNIP, qui représente la droite libérale, un grand parti sur le modèle du parti conservateur britannique. Le CNIP se divise sur la Communauté européenne de défense et surtout sur les guerres coloniales. Presque tout semble l'opposer au RPF sous la IVe République : le RPF est le parti d'un homme qui veut rassembler autour de sa personne et de ses idées, le CNIP est un parti de notables ; le RPF s'oppose aux institutions et aux politiques de la IVe République, le CNIP s'en accommode.

Au début de la Ve République, le CNI bénéficie de son soutien au général de Gaulle – il a voté dans sa grande majorité en faveur du Général le 1er juin 1958 –, même si, à côté de lui, l'Union pour la nouvelle République (UNR) créée en 1958 réussit une percée électorale. Antoine Pinay est nommé ministre des Finances. Le CNI constitue le deuxième groupe parlementaire. Les relations entre les modérés et les gaullistes vont toutefois se détériorer. Le CNI, majoritairement favorable à l'Algérie française, n'accepte pas la politique algérienne du général de Gaulle. Lors du putsch d'Alger, il est le seul parti à ne pas lui apporter son soutien. Il est en outre très attaché au libéralisme économique et émet de fortes réserves à l'égard du « dirigisme » gaulliste. Il accueille donc avec soulagement le départ d'Antoine Pinay du gouvernement Debré en janvier 1960, s'engage dans le « cartel des non », et s'oppose à l'élection du président de la République au suffrage universel proposée par référendum. Ce choix politique déclenche une grave crise. D'abord parce qu'une partie des députés CNI, sous la conduite de Valéry Giscard d'Estaing, choisissent de soutenir de Gaulle et appellent à voter « oui ». Et surtout parce qu'aux élections législatives de 1962 leurs électeurs rejoignent massivement les rangs gaullistes : le CNI ne recueille plus que 9,6 % des suffrages contre 22,1 % en 1958. Le CNI s'enfonce dans une longue crise qui le transforme en groupuscule.

Sylvie Guillaume

• *Voir aussi* : Alliance démocratique ; Partis politiques ; PRL ; RI

Bibl. : Sylvie Guillaume, « Les rapports entre le RPF et le Centre national des Indépendants et Paysans, CNIP », dans Fondation Charles-de-Gaulle-Bordeaux III, *De Gaulle et le Rassemblement du peuple français, 1947-1955*, Paris, Armand Colin, 1998, p. 612-619 • Id., « Le cartel des NON », dans « Changer de République ? 1962-2004 », *Parlements*, hors-série 2004, p. 45-63 • Gilles Richard, *Le Centre national des Indépendants et Paysans de 1948 à 1962, ou l'échec de l'union des droites françaises dans le parti des modérés*, Villeneuve-d'Ascq, Presses universitaires du Septentrion, 2000.

CNJA (Centre national des jeunes agriculteurs). – *Voir* SYNDICATS AGRICOLES.

CNR (Conseil national de la Résistance). – Le Conseil de la Résistance – il s'adjoignit le qualificatif « national » à l'automne 1943 – est l'une des institutions centrales de l'« État clandestin ». Réuni pour la première fois à Paris le 27 mai 1943 sous la présidence de Jean Moulin, délégué du général de Gaulle, il rassemblait seize autre membres : huit représentants des mouvements de résistance (pour la zone nord : Ceux de la Libération, Ceux de la Résistance, Front national, Libération-Nord, Organisation civile et militaire ; pour la zone sud : Combat, Franc-Tireur, Libération-Sud), six délégués de partis politiques, selon un éventail allant de l'extrême gauche à la droite (parti communiste, parti socialiste, parti radical-socialiste, parti démocrate-populaire, Alliance démocratique, Fédération républicaine), et, enfin, les deux confédérations syndicales (la CGT récemment réunifiée et la CFTC). Après l'arrestation de Jean Moulin, le CNR désigna Georges Bidault pour le remplacer. Le texte fondateur définissait le Conseil comme « embryon de la représentation nationale », mais, compte tenu des contraintes propres à la clandestinité, il joua un rôle qui ne pouvait correspondre aux catégories usuelles du droit constitutionnel. Selon les questions traitées, il exerça des fonctions qui relevaient du Parlement, du pouvoir exécutif ou d'une administration centrale, et, dans chaque domaine, son autorité réelle se trouva limitée à la fois par la présence en France de la Délégation générale du Comité français de la Libération nationale (CFLN) et par les conditions pratiques de la clandestinité qui réduisaient son influence et son rayon d'action. Le CNR reste cependant un symbole unique en Europe de l'union nationale dans la Résistance. Il était l'image résistante de la France occupée. Il a réussi en outre, au terme de longues négociations, à mettre au point un Programme d'action de la Résistance, signé à l'unanimité en mars 1944. Le Programme du CNR prolongea le symbole de l'union au-delà de la Libération et contribua à fonder la politique de profondes réformes menée par le Gouvernement provisoire de la République française (GPRF) jusqu'en 1946. Après la libération de la capitale, cependant, face à la légitimité du GPRF et en raison de la reformation, à Paris, en novembre, de l'Assemblée consultative provisoire, l'autorité du CNR déclina rapidement.

La création du Conseil correspond à une étape de l'unification de la Résistance. Comme pour l'ensemble du processus, elle fut accélérée par la nécessité de contrer le modèle vichyste de libération que les Alliés tentaient d'imposer en Afrique du Nord. Dans ses *Mémoires de guerre*, de Gaulle écrit : « À Moulin, qui avait longuement préparé les voies, je prescrivis de former, sans plus attendre, le Conseil national de la Résistance [...]. » Le chef de la France combattante s'impliqua en effet directement en rédigeant en février 1943 les instructions destinées à Jean Moulin. En précisant dans ses *Mémoires* que ce dernier avait « longuement préparé les voies », il passe un peu rapidement, cependant, sur la naissance, dans la France occupée, de l'idée d'un « Conseil politique de la Résistance ». Le projet en était apparu au début de 1942 et avait suscité de nombreux échanges au cours desquels les socialistes, et Léon Blum en personne, avaient joué un rôle actif. Il aurait peut-être abouti de toute façon, même sans le rôle catalyseur du chef de la France combattante et de son représentant. Quoi qu'il en soit, le but fut atteint, et cela à un moment crucial pour de Gaulle dont les Américains contestaient alors la légitimité en lui opposant Giraud. Dans sa première déclaration, le CNR manifesta de manière éclatante le soutien de la Résistance à de Gaulle et à la France combattante : « La voix de cette France écrasée, mais grondante et assurée, écrit de Gaulle, couvrait, soudain, le chuchotement des intrigues et les palabres des combinaisons. J'en fus à l'instant même plus fort, tandis que Washington et Londres mesuraient sans plaisir, mais non sans lucidité, la portée de l'événement » [*MG*].

Après la libération de Paris, le CNR trouve difficilement sa place. Dès le 25 août, il y a divergence de vues avec de Gaulle sur la nécessité de reproclamer la République à l'Hôtel de Ville. Le 26 août, les membres du Conseil défilent sur les Champs-Élysées aux côtés du chef du GPRF, mais le lundi 28, reçu par ce dernier, le bureau du CNR s'entend dire qu'il « n'a plus de raison d'être en tant qu'organe d'action » [*MG*]. Le ton sévère que prend de Gaulle dans ses *Mémoires de guerre* pour relater cette entrevue, mettant en cause « les arrière-pensées de certains quant à la direction de l'État », paraît aller au-delà des propos effectivement échangés. Il insiste : « [...] il en est qui s'en tiennent encore au projet de constituer, à côté et en dehors de [De Gaulle], une autorité autonome, d'ériger le Conseil en organisme permanent contrôlant le gouvernement, de confier au "Comac" [Comité d'action du CNR] les formations militaires de la Résistance, d'extraire de celles-ci des milices dites "patriotiques" qui agiront pour le compte du "peuple" entendu dans un certain sens. » Cette description de la menace d'un double pouvoir fait écho au passage, quelques pages plus haut, où de Gaulle imagine une prise de pouvoir par les communistes sous le couvert d'une sorte de Commune de Paris dont lui-même aurait été la marionnette. Inspirée par le déclenchement de la guerre froide et par le sort fait à Beneš lors du coup de Prague, cette relecture des événements grossit certains des éléments de la situation d'alors. En effet, dès les premiers jours de la Libération, de Gaulle avait proposé au CNR de contribuer aux nouvelles nominations de délégués à l'Assemblée consultative provisoire qui allait s'installer à Paris, et invité trois de ses membres, dont le communiste Pierre Villon, à faire partie du GPRF. Villon refusa, de même que Louis Saillant qui représentait la CGT, mais Georges Bidault devint ministre des Affaires étrangères. De Gaulle avait en outre examiné avec le Conseil les modalités d'une réunion solennelle organisée au palais de Chaillot, où le gouvernement serait l'invité du CNR. Cette « manifestation grandiose » – selon les termes de *L'Année politique* – eut lieu le 12 septembre 1944. De Gaulle y prononça un important discours de politique générale. Après avoir adressé « au Conseil national de la Résistance les remerciements du gouvernement et du pays tout entier », il s'engagea sur une politique de « rénovation » qui, en matière économique et sociale, convergeait avec les principes du programme du CNR. Par la suite, subventionné par le gouvernement, le CNR chercha sa place, s'efforçant d'entretenir un réseau de relations avec les Comités départementaux de la Libération (CDL). Les élections municipales du printemps 1945 puis les élections cantonales de septembre achevèrent de lui faire perdre sa légitimité. Il cessa alors ses activités.

Si les *Mémoires de guerre* reconnaissent pleinement au CNR un rôle décisif dans l'affirmation de la Résistance comme fait national et dans la reconnaissance internationale de celle-ci, ils donnent de son action lors de la Libération une image influencée par le contexte de la guerre froide. Sur ce dernier point, on pourrait au contraire défendre la thèse que cet organisme pluraliste a exercé une influence positive sur la transition démocratique à conduire en 1944-1945.

Claire ANDRIEU

• *Voir aussi :* Discours du 14 juillet 1943 ; Discours de l'Hôtel de Ville ; GPRF (œuvre intérieure et outre-mer du) ; RPF

Bibl. : Claire Andrieu, « Conseil national de la Résistance », « Programme de la Résistance », « La Résistance dans le siècle », dans François Marcot (dir.), *Dictionnaire historique de la Résistance*, Paris, Robert Laffont, 2006 • Id., « Le CNR et les logiques de l'insurrection résistante », dans Fondation Charles-de-Gaulle, *De Gaulle et la Libération*, présentation par Maurice Vaïsse, Bruxelles, Complexe, 2004 • Jean-Louis Crémieux-Brilhac, *La France libre. De l'appel du 18 Juin à la Libération*, Paris, Gallimard, 1996.

COCTEAU, Jean (1889-1963). – Le lendemain de la mort de Jean Cocteau, le 11 octobre 1963, trois hommes ont la surprise de recevoir une lettre du poète. Deux d'entre eux, Pablo Picasso et Paul Morand, sont de ses familiers de longue date. Le troisième n'a jamais figuré parmi les relations connues de l'auteur de *Plain-Chant*. Il s'agit de Charles de Gaulle, lequel révélera peu après au successeur de Cocteau à l'Académie française, Jacques Rueff, le contenu de ce message posthume : « Mon Général, je vais mourir et je vous aime... » Un tel envoi marquait en fait l'aboutissement d'un échange personnel dont la publication des *Lettres, Notes et Carnets* a permis depuis lors d'éprouver la singulière intensité.

Cocteau était pourtant loin d'être un gaulliste de la première heure et son comportement pour le moins oscillant sous l'Occupation aurait dû suffire à le rendre suspect aux yeux de l'homme du 18 Juin. Mais de Gaulle savait passer outre à ce genre de préventions dès lors qu'un écrivain ne s'était pas compromis avec l'ennemi de manière irréparable. Manifestement sensible au génie de Jean Cocteau – un « génie aux applications si diverses », dira-t-il à sa mort –, il ne reste pas indifférent aux témoignages fréquents de sollicitude et d'admiration que lui adresse, dans les dernières années de sa vie, un poète au rayonnement encore sans égal.

Entre autres dons particuliers, Cocteau possédait celui de savoir identifier au premier regard les êtres hors du commun. Lorsqu'il découvre le Général à Paris, en août 1944, sa fascination pour le personnage est immédiate : « De Gaulle est très grand, très mince, note-t-il dans son journal, tout chez lui se voit : le nez, les yeux, les oreilles, les gestes. C'est une vedette, un grand format. Cela ne fait aucun doute. » Chez cet « homme de calme et de colère », il va jusqu'à reconnaître un « poète actif ».

De son côté, l'appelant « mon cher maître » dans leur correspondance privée, le Général se montre très attentionné à son égard. Il se soucie de sa santé, le réconforte à la mort d'un de ses proches. Il prend soin surtout de manifester à un créateur qu'il sait aussi célèbre que décrié l'intérêt qu'il porte à chacune de ses œuvres. « J'étais avec vous dans la beauté du *Testament d'Orphée*, lui écrit-il en 1961, dans la juste fierté que ce film vous donne. » Mais peu d'hommages étaient de nature à toucher Cocteau autant que le message qu'il reçut de l'Élysée en juillet 1962 : « Que je lise *L'Impromptu du Palais-Royal*, tellement "Comédie-Française", ou *Le Cordon ombilical* où vous paraissez si personnel, frémissant, susceptible, ou le *Requiem* – un projecteur qui promène son feu zigzaguant sur les images – je découvre, une fois de plus, Jean Cocteau. Voilà bien cette bouillonnante poésie, cette extraordinaire agilité de la pensée à travers les images, cette étonnante virtuosité des phrases, que tous vous connaissent, que beaucoup admirent, que certains jalousent. Bref, de quoi vous plaindriez-vous ? »

Jean-Luc Barré

• *Voir aussi* : Intellectuels

Bibl. : Jean Cocteau, *Journal, 1942-1945*, Paris, Gallimard, 1989.

COHEN, Albert (1895-1981). – « La nécessité première de mes livres a été de dire mon amour pour le peuple juif, sa grandeur » : la célèbre phrase d'Albert Cohen s'applique aussi bien à ses romans, de *Solal* à *Belle du Seigneur*, qu'à son activité au sein du mouvement sioniste. Né à Corfou, Cohen fait ses premiers pas dans le sionisme grâce à une double rencontre. En 1917, il fait la connaissance à Genève du Français André Spire, qui proclamait : « L'assimilation, c'est la mort, le sionisme, c'est la vie ! » Spire lui fait rencontrer Chaïm Weizmann, qui lui confie une première mission diplomatique. Surtout, le président de l'Organisation sioniste mondiale subventionne le projet de *Revue juive* dont Cohen veut faire le « centre intellectuel d'Israël renaissant ». Cohen dirige la revue, publiée par la NRF. Weizmann est membre du comité de rédaction, aux côtés d'Albert Einstein, Sigmund Freud, Léon Zadoc-Kahn, Charles Gide. En 1939, Cohen revoit Weizmann, qui en fait son représentant personnel à Paris. Il devient en outre conseiller politique de l'Agence juive pour la Palestine.

En 1940, à Londres, l'Agence juive charge Cohen d'une mission de liaison et de représentation avec les gouvernements en exil. À partir du 16 juillet 1940, il rencontre les représentants de la France libre, puis, le 9 août, le général de Gaulle en personne. Celui-ci expose son analyse du « problème juif ». Analyse fort simple au demeurant, puisque pour lui la question « se pose plus ou moins régulièrement à chaque période de malaise économique et social, lorsque la majorité, cherchant à la fois une explication et un responsable hors d'elle, est trop heureuse de trouver la cause de ses malheurs dans une minorité sans défense et dissemblable ». Analyse qui est aussi celle de Cohen. Dans son rapport à l'Exécutif sioniste, l'écrivain-diplomate note : « Du sionisme, le Général m'a parlé avec une sympathie qui ne m'a pas paru conventionnelle. [...] Le Général s'est trouvé amené à me dire ceci, que je répète à peu près textuellement : après la guerre, il est possible que je sois en mesure de vous être utile en ce qui concerne la question juive et celle du Foyer national juif. En tel cas je serais prêt à vous donner mon appui. Je n'oublie pas les services qu'on me rend. »

Très tôt s'instaure une dialectique de l'échange entre la France libre et l'Agence juive. La première attend principalement des sionistes qu'ils l'aident à se faire mieux connaître aux États-Unis, de l'opinion publique comme du gouvernement. De son côté, l'Agence juive cherche à déterminer en quoi la France libre peut l'aider à éviter que la Syrie ne tombe dans les mains de l'Axe. En juin 1941, lors de l'intervention des Britanniques et des Français libres en Syrie et au Liban, le Palmach, qui venait d'être créé comme force régulière de la colonie juive, est associé à l'offensive. Après 1948, Albert Cohen se voit proposer le poste d'ambassadeur d'Israël en France. Il décline l'offre, se rangeant à l'avis de son ami Paul-Henri Spaak : « Il est beaucoup d'ambassadeurs possibles pour Israël ; il n'est au monde qu'un écrivain Albert Cohen. »

Antoine COPPOLANI

• *Voir aussi* : Antisémitisme ; Ben Gourion, David ; Intellectuels ; Israël ; Opinion publique américaine

Bibl. : http://atelieralbertcohen.org • Antoine Coppolani, « *Pro Causa Judaïca* : Albert Cohen et l'Agence juive pour la Palestine en 1939 », dans Dominique Avon et Michel Fourcade (dir.), *Mélanges offerts à Gérard Cholvy, Montpellier*, Publications de l'université de Montpellier-III, 2003, p. 189-201 • Catherine Nicault, « Albert Cohen, diplomate et politique », *Les Nouveaux Cahiers*, hiver 1995-1996, nº 123, p. 31-37.

COHN-BENDIT, Daniel (né en 1945). – Le général de Gaulle et Daniel Cohn-Bendit ne se sont jamais rencontrés, mais ils sont deux protagonistes de Mai 68, incarnant l'un le pouvoir, l'autre sa contestation. À partir de 1967, l'agitation endémique à l'université de Nanterre vise diverses cibles : l'autorité universitaire, la politique américaine au Vietnam, le pouvoir en France, mais elle ne s'attaque pas à la personne de De Gaulle. À la tête du Mouvement du 22 mars (1968), Cohn-Bendit s'impose comme l'un des leaders de Mai 68, bousculant les forces politiques traditionnelles. Le mot d'ordre « Dix ans ça suffit », lancé lors de la manifestation du 13 mai qui réunit syndicats ouvriers et étudiants, lui est attribué.

Cohn-Bendit est l'objet de l'attention du pouvoir et le miroir de ses hésitations. En janvier 1968, après un incident verbal qui l'a opposé à François Missoffe, ministre de la Jeunesse et des Sports, venu visiter le nouveau campus de Nanterre, il risque l'expulsion du territoire car il est de nationalité allemande. Alain Peyrefitte, ministre de l'Éducation nationale, la réclame, mais son collègue ne voit que « peccadille » dans le comportement de l'étudiant et accepte les excuses qui lui sont adressées. En mars, Peyrefitte réitère et s'adresse au ministre de l'Intérieur, Christian Fouchet – « Nous n'aurons pas la paix tant que ce Cohn-Bendit restera en France [...], il faut absolument l'expulser » –, sans plus de succès. Peyrefitte prépare alors la comparution de six étudiants, dont « Dany le rouge », devant une commission de discipline universitaire, en vue de rendre possible son expulsion. Les événements balaient la commission. Entre-temps, Georges Pompidou, Premier ministre, a hésité : le 26 avril, il a songé à expulser Cohn-Bendit, mais lorsque ce dernier est interpellé le lendemain par la police, il refuse d'incarcérer « un étudiant qui a fait un canular ». De Gaulle lui-même est incertain : à Peyrefitte qui en mars avait prôné la répression, il avait objecté : « Vous croyez ? Ces gamins, ces rigolos ? » Le 5 mai, et derechef le 8 mai, il interroge son ministre : « Mais enfin, ce Cohn-Bendit, qu'est-ce qu'il veut ? », comme si le jeune révolutionnaire anarchiste et rigolard incarnait à lui seul ce que le Général a appelé « le caractère insaisissable » de Mai 68.

Vient ensuite la fermeté, exigée par de Gaulle. Pour avoir le 20 mai déclaré à Amsterdam que le drapeau français devait être déchiré et transformé en drapeau rouge, Cohn-Bendit fait l'objet d'un arrêté d'interdiction du territoire. D'où une manifestation au cri de : « Nous sommes tous des juifs allemands », qui répond également à sa qualification d'« anarchiste allemand » par Georges Marchais, secrétaire général du PCF. Le 28 mai, rentré clandestinement en France, il reparaît en pleine Sorbonne occupée, jubilant d'avoir bafoué l'autorité de l'État. Là, ou presque, s'arrête son rôle en 1968. Après les manifestations dénonçant les élections législatives annoncées, conspué par certains à la manifestation gaulliste du 30 mai (« Cohn-Bendit à Dachau ! »), il gagne clandestinement l'Allemagne et ne prend plus part aux événements. L'arrêté d'expulsion ne sera annulé qu'en 1978. Cohn-Bendit ne fut donc pas un nouveau David terrassant un de Gaulle campé en Goliath : il n'en avait pas la prétention ; il avait plutôt celle de rouvrir la page d'une révolution antiautoritaire. Installé en Allemagne à partir de juin 1968, Cohn-Bendit adhérera au parti des Verts en 1984 et sera élu au Parlement européen en 1994.

Alain Monchablon

• *Voir aussi* : Éducation nationale ; Jeunesse ; Mai 68 ; Naufrage

Bibl. : Daniel Cohn-Bendit, *Le Grand Bazar*, Paris, Belfond, 1973 • Fondation Charles-de-Gaulle, *Charles de Gaulle et la jeunesse*, Paris, Plon, 2005 • Alain Peyrefitte, *C'était de Gaulle*, Paris, Éditions de Fallois-Fayard, 2000.

COLLABORATION. – Pour le général de Gaulle, les « infâmes négociations » de Montoire marquent un changement de degré, non de nature, dans l'évolution du régime de Vichy. Le choix de la collaboration avec l'ennemi est à ses yeux la suite logique du premier renoncement, celui du 17 juin 1940, lorsque le gouvernement du maréchal Pétain, refusant de continuer la lutte depuis l'Afrique du Nord, opte pour l'armistice plutôt que pour la capitulation. Il offre aussi une première confirmation de la justesse de la stratégie gaullienne. Tandis que l'Angleterre, dont le général Weygand annonçait au début de l'été 1940 qu'elle serait « plumée comme une volaille », a pu écarter le risque d'invasion allemande, l'échec anglo-gaulliste devant Dakar persuade Hitler que Pétain n'hésite pas à faire parler les armes pour empêcher la « dissidence » de continuer à s'emparer de l'Empire. On est loin de la connivence secrète entre le glaive de Gaulle et le bouclier Pétain, thèse dont les inépuisables avatars continuent encore aujourd'hui à bercer les chimères des pétainistes non repentis – ceux-là mêmes qu'en 1953 le de Gaulle mémorialiste raillait déjà comme « les amants inconsolables de la défaite et de la collaboration ».

Le fossé se creuse encore plus au printemps 1941, avec l'accentuation de la collaboration politique, économique et industrielle voulue par le gouvernement Darlan. La France libre la condamne vivement, notamment dans les éditoriaux de Maurice Schumann (« Honneur et Patrie ») sur la BBC. Le choix du mot, issu d'un discours du maréchal Pétain du 30 octobre 1940 – « J'entre aujourd'hui dans la voie de la collaboration. C'est moi seul que l'Histoire jugera » –, s'avère au demeurant malheureux pour l'État français en fournissant aux porte-parole du gaullisme (à commencer par le Général lui-même) une arme sémantique efficace, Vichy étant facile à désigner par la périphrase : « l'ennemi et ses collaborateurs ». Effectivement dangereuses pour les Alliés, les tentatives de collaboration, qui sont à l'origine des fratricides combats de Syrie entre soldats français fidèles à Vichy et troupes gaullistes, conduisent de Gaulle à une violence verbale accrue contre l'État français et son chef. Le 18 mai 1941, depuis Brazzaville, il dénonce le cynisme de Hitler dans sa tentative d'entraîner la France à prendre les armes contre son ancien allié et fustige « les débris du prestige de quelques grands personnages que leur déchéance voue à la servitude », allusion transparente à Pétain, qualifié quelques mois plus tard, le 23 octobre, après les exécutions d'otages de l'automne, de « Père la Défaite ». C'est d'ailleurs lorsqu'il évoque dans ses Mémoires le procès de Pétain devant la Haute Cour que de Gaulle souligne le plus nettement la causalité quasi déterministe entre armistice (« la source empoisonnée ») et collaboration. Ceux qui, alors qu'ils étaient gardiens du « trésor de la souveraineté française qui depuis quatorze siècles n'avait pas été livré », n'avaient pas hésité à « soumettre l'État à la discrétion du Reich », ne pouvaient qu'être entraînés de déchéance en déchéance sur la voie de l'asservissement et de la trahison, jusqu'à la chute finale. Caractéristique de cette dernière, la Milice de Joseph Darnand, avatar ultime d'une collaboration policière poussée à l'extrême. Le dernier ministre de la Police de Vichy avait grade d'officier SS, et avait prêté serment à Hitler. Vite jugé et vite exécuté, Darnand eut pourtant droit dans les *Mémoires de guerre* à un bref éloge funèbre, qui sonne comme la condamnation par excellence de la collaboration : « Rien, mieux que la conduite de ce grand dévoyé de l'action, ne démontrait la forfaiture d'un régime qui avait détourné de la patrie des hommes faits pour la servir. »

Inséparable de la personne et du prestige de Pétain – qu'eût été la collaboration si elle n'avait été prônée que par un Laval, et *a fortiori* par un Doriot ? –, le choix de la négociation poussée avec le vainqueur, afin de s'assurer ses bonnes grâces dans le futur bloc continental germano-centré, a pour objectif immédiat de soulager le fardeau imposé à la France occupée : prisonniers de guerre, ligne de démarcation, frais d'occupation pèsent lourdement sur l'économie et sur le moral du pays. Mais, comme le note dès le départ le chef de la France libre, le prix à payer est hors de proportion avec la minceur des gains réalisés – et quand bien même le serait-il, l'honneur impose de ne pas abandonner ses alliés, interdit de livrer à Hitler les réfugiés allemands qui ont vu en la France une terre d'asile, s'oppose à ce que les usines françaises participent à l'effort de guerre allemand.

Autour de l'enjeu de la collaboration, ce sont véritablement trois visions du monde qui se répondent. Vision stratégique : au « réalisme » vichyssois – la France a été battue, l'Angleterre le sera, l'Allemagne est durablement maîtresse du continent européen –, de Gaulle, dès le 18 juin 1940, oppose sa conception d'un conflit d'emblée pensé comme planétaire. Vision politique, qui dénie à l'« autorité de fait se disant gouvernement de l'État français » toute légitimité pour conduire les réformes, certes jugées indispensables, qui devront permettre de recréer l'autorité dans l'État. Vision idéologique enfin, car on ne peut négliger le fait que l'ennemi, celui-là même que la collaboration entend transformer en partenaire, est non seulement allemand, mais nazi. Assez vite, la geste de la France libre, purement patriotique au départ, devient aussi un combat pour les valeurs républicaines ; de Gaulle s'en trouvera conforté en 1943, lors de la passe d'armes face au général Giraud.

Mais, plus encore, ce sont deux conceptions du devoir, et spécialement du devoir militaire, qui s'affrontent : à l'honneur de l'obéissance sans faille prônée par Vichy, de Gaulle oppose le vice premier de l'armistice qui obligeait tout soldat – ce fut son propre cas, et il dit un jour à Malraux combien l'acte fut difficile, déchirant même – à désobéir pour servir, à refuser allégeance au vainqueur de Verdun pour ne pas se faire le complice de Hitler.

Marc Olivier Baruch

• *Voir aussi* : Antigaullistes de droite ; Armistice ; Épuration ; Montoire

Bibl. : Raymond Aron, *Chroniques de guerre : « La France libre », 1940-1945*, Paris, Gallimard, 1990 • Stanley Hoffmann, « La collaboration », dans Stanley Hoffmann, *Essais sur la France : déclin ou renouveau ?*, Paris, Le Seuil, 1974, p. 41-66 • Julian Jackson, *La France sous l'Occupation : 1940-1944*, Paris, Flammarion, 2004.

COLOMBEY-LES-DEUX-ÉGLISES. – Ce village de Haute-Marne (arrondissement de Saint-Dizier, canton de Juzennecourt), peuplé aujourd'hui d'environ mille habitants, est situé sur la nationale 19 (Paris-Belfort), 14 km après Bar-sur-Aube et 40 km avant Chaumont, la préfecture. Région toute rurale, boisée, austère, c'est un plateau élevé et ondulé qui sépare les hautes vallées de l'Aube et de la Marne, à plus de 600 m d'altitude.

Ni les de Gaulle ni les Vendroux n'y avaient d'attaches familiales. C'est en 1934 que de Gaulle, alors commandant, y acheta une grande maison isolée dans un parc, pour en faire un domicile familial tranquille (au foyer, il y avait une fillette gravement handicapée), et aussi son port d'attache, entre Paris et le vaste monde. Le lieu sera connu, et de plus en plus mémorisé, sa notoriété facile devant bien quelque chose à ce nom bizarre (Deux-Églises), bien entendu séculaire.

De Gaulle y allait en voiture par la RN 19 puis, au temps de la présidence, par la voie des airs, de l'aéroport militaire de Villacoublay à celui de Saint-Dizier, l'automobile ne servant plus que pour relier Paris à Villacoublay (d'où le passage au Petit-Clamart) puis de Saint-Dizier à Colombey. De nos jours, précisément depuis la mort du Général, le Colombey des De Gaulle se compose de trois lieux dont la distinction – même topographique – est frappante.

La maison, donc, appelée La Boisserie, un peu à l'écart du village. Le village aggloméré, avec en son centre l'église et (chose rare) le cimetière jouxtant l'église. Enfin la colline, aussi à l'écart de l'agglomération, plus élevée, dominant l'ensemble du plateau, ce qui la fit choisir pour l'érection de la croix de Lorraine visible à des kilomètres à la ronde. Le « Mémorial », en cours de construction aujourd'hui, est sur la pente de la même colline et lui est en quelque sorte associé. Ce n'est pas un quatrième lieu de mémoire. De là un nouveau chemin conduira à La Boisserie. Laquelle est toujours possédée et occupée par la famille de Gaulle, sauf une partie, ouverte à la visite publique, comportant les anciens lieux de travail du Général et formant comme un petit musée.

Le cimetière contient les tombes. Classique et presque banale, celle du Général (et de son épouse depuis 1980) s'orne d'une croix (chrétienne) et d'une épitaphe dont frappe la simplicité « Charles de Gaulle 1890-1970 » ; frappante d'autant plus que la tombe voisine, celle de la malheureuse enfant, affiche la même simplicité de formule et jusqu'aux mêmes caractères : « Anne de Gaulle 1928-1948 ». Humilité chrétienne que ce choix émouvant, mais quel contraste aussi que celui de cette simplicité avec le triomphalisme de l'édifice profane (la croix de Lorraine), mortuaire à sa façon, édifié sur la colline voisine ! Avant de le décrire, on ne peut s'empêcher de reconnaître dans ce contraste entre humilité et solennité la distinction, si souvent remarquée par les témoins et les colporteurs d'anecdotes, du comportement du Général : l'homme de famille et de maison est naturellement aimable, parfois bonhomme ; mais l'homme quand il est en rôle ou en position de symbole, chef de la France libre ou président chef de l'État, affiche tout au contraire hauteur, rigueur et sévérité. Impérative est la distinction du public et du privé !

La croix de la colline, préparée au ministère des Anciens Combattants, a été érigée dès 1972. Elle est cette fois « de Lorraine », de grande hauteur et de ligne sobre, bien dominante dans le paysage, tandis qu'une plus discrète base de pierre horizontale porte les inscriptions, très gaulliennes : « Il y a un pacte plusieurs fois séculaire entre la grandeur de la France et la liberté du monde » et « une seule querelle qui vaille, celle de l'homme ». C'est bien là, hors du cimetière, comme un second monument à de Gaulle que cette croix qui porte ses paroles et qui s'érige en un lieu rustique qui ne fut jamais un lieu de bataille et dont le seul titre à la notoriété est donc d'être près de « son » village.

On peut lire ce monument comme un signe d'honneur démesuré pour l'homme public. Peut-être aussi peut-on le lire autrement. Après tout, le général de Gaulle chef de guerre aurait pu être enseveli aux Invalides, comme Vauban, Napoléon ou Foch. Et, défenseur de la République et membre de la coalition qui élimina Hitler, pourquoi pas au Panthéon avec Jean Moulin et René Cassin ?

Mais de Gaulle historien, de Gaulle penseur, était assez lucide pour savoir que la France contemporaine comprenait irréductiblement deux camps, deux « familles spirituelles », et donc avec elles deux principaux lieux de vénération (oserait-on dire... « deux Églises » ?), les Invalides et le Panthéon. Les Invalides, véritable « panthéon » de la droite, et le Panthéon vrais « invalides » de la gauche ; en se faisant mettre ailleurs, il les réunissait idéalement puisqu'il refusait de choisir entre eux. Cela coïnciderait assez bien avec tout ce qu'il nous a dit de son idée de la France.

Maurice AGULHON

• *Voir aussi* : Croix de Lorraine ; La Boisserie ; Lille ; Solférino (5, rue de) ; Statues et monuments en France ; Traversée du désert

Bibl. : Maurice Agulhon, *De Gaulle, histoire, symbole, mythe*, Paris, Plon, 2000, rééd., Paris, Hachette, coll. « Pluriel », 2001 • Jean Lacouture, *De Gaulle*, t. 1, *Le Rebelle*, Paris, Le Seuil, 1984.

COLONIES. – *Voir* ALGÉRIE COLONIALE ; DÉCOLONISATION ; EMPIRE (colonial) ; RALLIEMENT DES COLONIES ; SOMALIS, Côte française des.

COMITÉ DE DÉFENSE DE LA RÉPUBLIQUE. – *Voir* CDR.

COMITÉ FRANÇAIS DE LA LIBÉRATION NATIONALE. – *Voir* CFLN.

COMITÉ NATIONAL FRANÇAIS. – La création du Comité national français, le 24 septembre 1941, à Londres, vient renforcer les premiers jalons posés par le manifeste de Brazzaville à l'automne 1940. Parmi les motifs avancés par l'ordonnance n° 16 du chef des Français libres portant organisation nouvelle des pouvoirs publics, la fidélité aux lois de la République, violées par « un régime imposé par la violence et la trahison », demeure une constante. En outre, il convient désormais de prendre en compte l'importance croissante des territoires et des forces ralliés à la France libre. Un secrétariat permanent du Conseil de défense de l'Empire avait été institué le 29 janvier 1941, ainsi que des organes de gestion courante : un comité militaire et une conférence administrative, instance délibérative qui se réunissait régulièrement autour du général de Gaulle ou, en son absence, sous la présidence alternative du professeur Cassin et de l'amiral Muselier. Ces structures méritaient d'être étoffées. Bien que l'idée d'un comité national ne fût en rien étrangère à de Gaulle – il l'avait évoquée dès juin 1940 –, c'est une crise ouverte par l'amiral Muselier qui devait en rendre la formation pressante.

Personnalité de premier plan de la marine française, l'amiral Émile Muselier avait été arrêté le 2 janvier 1941 par la police britannique au motif de trahison. Accusation que de Gaulle s'était immédiatement employé à combattre et qui se révéla infondée. L'amiral s'est-il senti insuffisamment défendu ? Il reste qu'il choisit de se faire le porte-parole des opposants au Général, de ceux qui, notables de l'émigration, lui reprochaient de ne pas se cantonner dans l'action militaire, critiquaient son style « monarchique », lui reprochaient encore sa brutalité envers la Grande-Bretagne dans le traitement diplomatique du Proche-Orient. Le jugement que porte de Gaulle à leur égard n'a rien perdu de sa sévérité : « Pour moi, dans le drame national, la politique devait être l'action au service d'une idée forte et simple. Mais eux, poursuivant les mêmes chimères qu'ils caressaient depuis toujours, n'acceptaient pas qu'elle fût autre chose qu'une chorégraphie d'attitudes et de combinaisons, menée par un ballet de figurants professionnels, d'où ne devaient sortir jamais qu'articles, discours, exhibitions de tribuns et répartition de places » [*MG*].

Dès mars 1941, Muselier propose de créer un comité de coordination que lui-même présiderait et qui serait placé sous le patronage du chef des Français libres. En septembre, au retour de De Gaulle du Levant, il précise son projet en plaidant pour la création d'un comité exécutif de la France libre dont il serait le président en exercice, le Général y étant invité à titre de président d'honneur. La composition du comité faisait la part belle aux opposants de ce dernier qui ne pouvait donc guère s'accommoder d'une telle proposition. Depuis son quartier général de Carlton Gardens, il ne lâche rien, tant sur la composition du comité que sur sa présidence. Le conflit s'envenime au point que Muselier agite une menace de sécession de la marine. Un arbitrage britannique est rendu nécessaire pour sortir de la crise. Le Premier Ministre Churchill, tout en espérant qu'un comité tempérera de Gaulle, se range à ses positions. Seule concession du Général, le Comité national français, formé le 24 septembre, compte parmi ses membres l'amiral Muselier, à la Marine. Pour le reste, il répartit les portefeuilles entre ses fidèles – Économie, Finances et Colonies : René Pleven ; Affaires étrangères : Maurice Dejean ; Guerre : général Paul Legentilhomme ; Justice et Instruction publique : René Cassin ; Intérieur, Travail et Information : André Diethelm ; Air : général Martial Valin ; sans département : contre-amiral Georges Thierry d'Argenlieu.

L'ordonnance n° 16 institue un véritable gouvernement dont le rôle, contrairement au Conseil de défense de l'Empire qui subsiste, n'est nullement consultatif. Le Comité national est appelé à fixer collectivement la politique qu'il convient de mener. Les dispositions de nature législative font l'objet d'ordonnances délibérées en son sein. Il en va de même pour les traités et conventions internationales, l'entrée en vigueur de ces textes étant subordonnée à leur ratification par ordonnance du Comité national. « Le nombre et la dimension des problèmes, explique le Général dans ses *Mémoires de guerre*, exigeaient qu'avant de décider fussent confrontés points de vue et compétences. » De plus, ajoute-t-il, « la forme collégiale étant, pour tous les États, celle du pouvoir, nous aiderions à nous faire reconnaître en l'adoptant pour nous-mêmes ». Quoi qu'il en soit, le chef des Français libres conserve une place prééminente. Il préside le Comité national. Il en fixe non seulement la composition, mais aussi l'organisation. Les commissaires nationaux sont responsables devant lui. Il exerce le pouvoir réglementaire par décrets. Il accrédite les représentants diplomatiques des puissances étrangères et désigne les représentants de la France libre à l'étranger. Sa position de chef du gouvernement est d'autant plus forte qu'il n'existe aucun contrepoids à son autorité. L'ordonnance n° 16 prévoit certes qu'il sera pourvu ultérieurement « à la constitution d'une Assemblée consultative, destinée à fournir au Comité national une expression aussi large que possible de l'opinion nationale », mais celle-ci ne verra le jour qu'en 1943.

Dans l'immédiat, Churchill doit renoncer à l'espoir de noyer le Général dans un comité. Aussi la reconnaissance du Comité national français par le gouvernement britannique est-elle nuancée. Le comité est bien considéré comme représentant tous les Français libres, où qu'ils soient, mais son organisation juridique ne fait pas l'objet d'une approbation officielle. Les gouvernements en exil à Londres, ainsi que la Nouvelle-Zélande et l'Union sud-africaine, adoptent une position analogue. Quant à l'Union soviétique, qui vient récemment de rompre avec Vichy, elle ajoute une promesse d'aide.

Par-delà le jeu diplomatique, la période ouverte par la création du Comité national français se caractérise essentiellement par une évolution doctrinale du Général. Une fois l'organisation de la France libre consolidée, l'heure est à la découverte de la Résistance intérieure. D'où un souci de syncrétisme que dicte la recherche de l'unité des mouvements de résistance ; d'où aussi la nécessité pour de Gaulle de se projeter au-delà de la libération, ce qu'il fait en se plaçant sur le terrain de la démocratie. Cette orientation est nettement perceptible dès l'automne 1941. Le 15 novembre, le chef des Français libres s'engage à ce que la libération « ait comme aboutissement, pour chacun des Français, une condition telle qu'il soit possible de vivre, de penser, de travailler, d'agir, dans la dignité et dans la sécurité. [...] Notre volonté est de demeurer fidèles aux principes démocratiques que nos ancêtres ont tirés du génie de notre race et qui sont l'enjeu de cette guerre pour la vie et la mort ». La déclaration aux mouvements de résistance, adoptée en Comité national et publiée en France dans les journaux clandestins le 23 juin 1942, constitue l'expression achevée de ce credo : « Un régime, moral, social, politique, économique, a abdiqué dans la défaite, après s'être lui-même paralysé dans la licence. Un autre, sorti d'une criminelle capitulation, s'exalte en pouvoir personnel. Le peuple français les condamne tous les deux. Tandis qu'il s'unit pour la victoire, il s'assemble pour une révolution. »

C'est le prélude à la dernière étape de l'évolution institutionnelle de la France libre, son changement d'appellation, le 14 juillet 1942, en France « combattante », jonction de la France libre et de la France captive, « qui lutte contre l'envahisseur et l'autorité usurpée d'un pseudo-gouvernement fonctionnant sous le contrôle de l'ennemi ». En reconnaissant le Comité national français comme organe directeur de la France combattante, l'Angleterre et les États-Unis plaçaient le général de Gaulle en position de leader de la Résistance.

Marcel MORABITO

• *Voir aussi* : Brazzaville (manifeste de) ; CFLN ; France libre ; Peuple ; République

Bibl. : Jean-Louis Crémieux-Brilhac, *La France libre : de l'appel du 18 Juin à la Libération*, Paris, Gallimard, 1996.

COMMÉMORATIONS DE CHARLES DE GAULLE. – La commémoration, d'après Jean-Noël Jeanneney, « n'est pas un acte scientifique, c'est un acte affectif ou civique nourri d'une symbolique forte ». Celle du général de Gaulle revêt néanmoins des visages multiples. Des cérémonies nationales aux hommages locaux –

stèles, baptême d'une rue, d'un musée, d'un aéroport ou d'une écluse –, la liste en serait longue et fastidieuse. Plusieurs catégories peuvent néanmoins être distinguées. Un premier critère est l'identité des organisateurs : associations et groupes, français ou étrangers (hommage de Pierre Mauroy le 18 juin 1980, messe anniversaire du 9 novembre 1971 à Papeete, délégations étrangères à Colombey...). On citera plus particulièrement le rôle de la Fondation Charles-de-Gaulle, associée parfois aux pouvoirs publics, comme en 1990 pour le centenaire de la naissance, en 1994 et 2004, anniversaires de la Libération, en 1995 – vingt-cinquième anniversaire de la disparition du Général et cinquantenaire de la fin de la guerre. Un second critère est la date et l'événement retenus pour la commémoration. Si l'appel du 18 Juin et la mort de Charles de Gaulle sont célébrés chaque année – celle-ci est commémorée par une messe aux Invalides –, d'autres événements locaux, nationaux ou internationaux sont l'occasion d'un hommage exceptionnel. Ce sont notamment l'anniversaire du discours de Brazzaville en 1994, celui du traité de l'Élysée signé avec l'Allemagne en 2003 ou celui de la reconnaissance de la République populaire de Chine en 2004. La commémoration peut même prendre la forme d'un hommage intemporel, soit parce qu'elle ne repose sur aucune date précise (célébration des relations franco-russes), soit parce qu'elle devient au contraire un geste rituel, reconduit chaque année (messe d'hommage). Enfin, la forme des célébrations varie : de la plaque commémorative (traité franco-allemand) aux défilés grandioses (sur les Champs-Élysées en 1994), en passant par des expositions (notamment à l'étranger) et des publications (colloques et témoignages).

L'évolution des hommages (1970-2005). Si l'absence de certains événements est remarquable, tels le retour au pouvoir de mai 1958 et l'indépendance algérienne, le 18 Juin et la mort du Général sont les deux dates phares des célébrations. Pendant les années 1970, elles sont dominées par les associations gaullistes et l'esprit de pèlerinage. Le 18 juin, Georges Pompidou puis Jacques Chirac, Premier ministre, se rendent au musée de l'Ordre de la Libération ; l'anniversaire de la mort du Général donne lieu à des messes (à Colombey, à Notre-Dame, aux Invalides) et à des dépôts de gerbes sur les monuments aux morts. Après 1981, François Mitterrand continuera de faire fleurir la tombe de Colombey. Relayée par les médias en 1975 et marquée par une volonté de solennité en 1980 – l'Institut de France organise un hommage en Sorbonne et la Ville de Paris propose une animation au Trocadéro –, la célébration devient plus grandiose et plus œcuménique dans la décennie suivante : festivités de l'année 1990, spectacle-hommage du 26 août 1994, anniversaire du discours de Brazzaville le 30 janvier 1994, croix de Lorraine géante érigée aux Invalides le 9 novembre 1995. Alors que le pèlerinage de Colombey s'étiole jusqu'à disparaître en 1999, à la demande de l'amiral de Gaulle, les cérémonies des années 2000 commémorent toujours la Seconde Guerre mondiale mais aussi l'homme d'État à travers sa politique étrangère.

L'organisation de la commémoration de 1990. De toutes les célébrations nationales, celle de 1990 est sans conteste la plus grandiose. À l'occasion du triple anniversaire de la naissance du Général (1890), de l'appel du 18 Juin (1940) et de sa disparition en 1970, elle rassemble chercheurs, citoyens et partisans pour évoquer le souvenir de l'homme tout entier. La Commission du centenaire, gérée conjointement par l'Institut Charles-de-Gaulle et par l'État, patronne diverses manifestations : la frappe d'une médaille, l'apposition d'une plaque sous l'Arc de Triomphe, l'édition d'un timbre, la diffusion de l'appel sur la place de la Concorde et l'organisation d'un colloque. Celui-ci, placé sous l'égide de Bernard Tricot, réunit universitaires, politiques, témoins, journalistes, écrivains et scientifiques. Il rassemble plus d'un millier de participants pendant six jours au siège de l'Unesco. Les six tomes des actes s'intitulent *Dans la mémoire des hommes et des peuples*, *La République*, *Moderniser la France*, *La Sécurité et l'indépendance de* *la France*, *L'Europe* et *Liberté et dignité des peuples*. À ces publications s'ajoute celle du sondage commandé par l'Institut Charles-de-Gaulle à la SOFRES, qui permet d'analyser les perceptions des Français. Outre ces actions commémoratives nationales, l'année 1990 voit paraître plus d'une centaine d'ouvrages consacrés au Général et quelques pamphlets. Plusieurs autres colloques sont organisés, une vingtaine d'éditions spéciales des quotidiens et hebdomadaires, une cinquantaine d'émissions radio ou télédiffusées ainsi que de nombreux monuments et hommages rendus par les municipalités et différentes institutions françaises. De Gaulle est présent partout en 1990, de l'école (concours de bandes dessinées pour les CM2, sujet du brevet...) aux salles de spectacle. Ce matériau foisonnant dessine l'image embellie d'un homme et de son action, non sans poser la question de l'héritage. Elle incite aussi à une réflexion sur la contextualisation de cette commémoration mobilisatrice.

La construction d'une icône. Charles de Gaulle suscite incontestablement le consensus en 1990. Les Français revendiquent l'appartenance du héros à leur patrimoine national et rejettent à ce titre toute tentative de récupération politique. Ils le désignent comme un exemple, un symbole, une légende : il a quitté le monde de la politique au profit d'une canonisation historique. Les *Mémoires* du Général aidant, les discours des fidèles sur le destin, la prédestination, la capacité prophétique de Charles de Gaulle confèrent même un caractère quasi sacré à ce mythe. Dans les sondages, cette adhésion massive concerne essentiellement le comportement du Général pendant la guerre, son rôle dans la mise en place des institutions de la Ve République et sa politique de défense. Elle s'accompagne d'une connaissance très faible du détail de l'œuvre gaullienne – les mesures prises à la Libération ou le thème de la participation sont à peu près ignorés. Globalement, les années gaulliennes apparaissent comme un âge d'or et le Général est célébré à la fois pour le caractère décisif de son action et pour sa qualité de sage, porteur d'un message d'équilibre. Cependant, certains éditoriaux, ainsi que les hommes politiques qui se réclament du gaullisme, insistent sur les brimades infligées au Général. L'image souvent choisie du voyage en Irlande le dépeint comme la victime de l'ingratitude des Français. Son œuvre littéraire fait également l'objet d'une réhabilitation complète, suscitant colloques et hommages. Le mythe évoque donc la figure du héros en partie incompris.

Que ce soit dans les sondages ou à travers les témoignages et les éditoriaux, des dissensions persistent, même si elles concernent des thèmes ciblés. Si en 1990 de nombreux hommes et femmes autrefois hostiles au Général ont désormais une image positive de l'homme du 18 Juin – ils s'en justifient longuement (par exemple dans la rubrique « Où j'en suis avec de Gaulle » du colloque) –, des sujets comme l'évocation du RPF (Rassemblement du peuple français), l'utilisation des médias, son conservatisme social, son style autoritaire peu soucieux des parlementaires ou des syndicats restent l'apanage d'intellectuels de gauche qui revendiquent une distance malgré l'admiration posthume. Certaines contestations affleurent, qu'il s'agisse de la guerre d'Algérie, des propos du Général sur le peuple juif ou de sa perception de mai 1968. La production commémorative soulève les quelques interrogations qui continuent à marquer des clivages, écho d'une position réputée « inclassable » : de Gaulle était-il un vrai Européen ? Était-il archaïque ou visionnaire ? Était-il un authentique républicain ? Sur ce dernier point, le verdict, résolument positif, est issu d'analyses qui renouvellent les approches et dévoilent toutes les nuances du terme « républicain », d'autant que la pratique institutionnelle postérieure à Charles de Gaulle a modifié bien des perceptions. Dans de nombreux domaines, le Général est réévalué à la lumière des années 1970 et 1980 ; le mythe se nourrit aussi de comparaisons avec ses successeurs à l'Élysée. En ce sens, François Mitterrand pâtit de la confrontation, mais il bénéficie des retombées positives de cette commémoration, qui révèlent un héritage assumé.

Une commémoration collective est aussi un dialogue entre les choix du présent et ceux du passé. En 1990, le souvenir nostalgique de la grandeur gaullienne prend du relief face aux interrogations d'une société morose, en quête d'identité et d'autorité. D'où la tendance permanente des commémorations à tenter de faire revivre un Général dont l'héritage majeur serait de permettre un dépassement des impasses ou des divisions qui minent la gauche comme la droite. Charles de Gaulle est alors identifié à un style de comportement plus qu'à une force politique, à une morale du refus et de la liberté. Convoqué et revendiqué nationalement, de Gaulle l'est aussi localement. Maires et députés de tous bords célèbrent les liens entre l'homme et leur région : Alain Carignon à Grenoble et Pierre Mauroy à Lille en sont deux exemples particulièrement frappants.

De Gaulle est donc devenu pour ses concitoyens une référence intergénérationnelle et le plus souvent apolitique, porteuse d'un capital de confiance qui rejaillit positivement sur ceux qui l'invoquent.

Sophie MASSE-QUIEF

• *Voir aussi* : Popularité ; Providentiel (homme)

Bibl. : Institut Charles-de-Gaulle, *De Gaulle en son siècle*, Paris, Plon-La Documentation française, 1992 • Jean-Noël Jeanneney, *La République a besoin d'histoire*, Paris, Le Seuil, 2000 • Sophie Masse, *L'Image du général de Gaulle auprès des Français en 1990*, mémoire de maîtrise dirigé par Robert Vandenbusche, université Charles-de-Gaulle-Lille III, 1997.

COMMÉMORATIONS DU 18 JUIN. – Le 18 juin 1945, au Mont-Valérien, où les Allemands ont exécuté nombre de résistants durant la Seconde Guerre mondiale, le général de Gaulle préside une cérémonie en l'honneur des Français massacrés et fusillés. Le 11 novembre suivant, à l'issue d'une cérémonie solennelle, 15 corps de Français libres et de résistants y sont déposés dans une crypte provisoire créée là où le Gouvernement provisoire de la République française a décidé d'ériger un monument à la mémoire des Français tombés durant la Seconde Guerre mondiale. Après la démission du Général en janvier 1946, seuls le MRP et la SFIO se réclament de la vision gaulliste de la commémoration. Le 18 juin 1946, le gouvernement présidé par Félix Gouin commémore l'Appel en organisant un défilé militaire sur l'esplanade des Invalides et en assistant à la cérémonie du flambeau à l'Arc de Triomphe. De son côté, de Gaulle ranime la flamme au Mont-Valérien. Par la suite, chaque 18 juin, le Général présidera la cérémonie du Mont-Valérien organisée par la chancellerie de l'ordre de la Libération.

En 1947, après l'éviction des ministres communistes du gouvernement et la création du RPF, la commémoration a lieu dans un contexte délicat. La cérémonie organisée par le gouvernement est maintenue, mais de Gaulle, invité, refuse d'y participer. Par la suite, en raison notamment de l'existence du RPF, le malaise des partis qui vont constituer la Troisième force (alliance politique pouvant réunir des partis allant des indépendants à la SFIO) sera patent. Les autorités sont présentes en matinée à l'Arc de Triomphe, mais pas à la cérémonie du Mont-Valérien. Le 18 juin 1949, la tension est vive avec d'une part l'inauguration, à l'initiative de la majorité RPF du conseil municipal de Paris, et sous la présidence du général de Gaulle, de l'avenue du Général-Leclerc, et d'autre part la contre-manifestation convoquée par les communistes. Dans les années qui suivent, l'écho de la commémoration s'affaiblit tandis que la célébration du Mont-Valérien se transforme en une sorte de « cérémonie de famille » gaulliste à laquelle le Général participe chaque année.

Le retour au pouvoir du général de Gaulle redonne du lustre à la commémoration du 18 Juin. Pour la première fois depuis 1945, il préside la cérémonie de la flamme à l'Arc de Triomphe avant de se rendre au Mont-Valérien. À l'automne 1958, il fait réactiver le projet de mémorial de la France combattante ; en 1960, la célébration du vingtième anniversaire de l'Appel est marquée par l'inauguration dudit mémorial. L'anniversaire du 18 Juin est ensuite solennellement célébré chaque année. Dans l'intervalle, dès les premières années de la IVe République, se posant en rival de De Gaulle en termes de mémoire résistante, le parti communiste a vu ressurgir les questions sur son attitude en 1939-1940. Aussi a-t-il tenté de mettre en place sa propre commémoration, en opposant à l'appel du 18 Juin un tract signé en 1940 par Maurice Thorez et Jacques Duclos et popularisé sous le nom d'« Appel du 10 juillet ». Mais la tentative a fait long feu.

En juin 1969, le président Pompidou, qui ne peut se prévaloir d'un passé résistant, fait savoir qu'il se rendra au Mont-Valérien à titre privé – pour sa part, le général de Gaulle se trouve en Irlande. À partir du 18 juin 1970, Pompidou ranime la flamme au Mont-Valérien, mais il faudra attendre 1973 pour qu'à la demande du chancelier de l'ordre de la libération il pénètre ès qualités dans la crypte où, jusque-là, seul le Général, maître de l'Ordre, entrait. Ses successeurs prennent officiellement en charge la commémoration du 18 juin 1940 : en 1980, Valéry Giscard d'Estaing donne un certain éclat au quarantième anniversaire. Pour sa part, François Mitterrand s'en tient au strict rituel : présidence de la cérémonie du Mont-Valérien et recueillement dans la crypte des martyrs. Marquée par les cérémonies du triple anniversaire (centenaire de la naissance de Charles de Gaulle, vingtième anniversaire de sa mort, cinquantième anniversaire de l'appel du 18 Juin), l'année 1990 consacre la « nationalisation » de la commémoration du 18 juin 1940. Il est remarquable que de son vivant de Gaulle n'ait pas tenté de faire du 18 Juin une journée nationale : c'est un décret de mars 2006 qui crée la « journée nationale commémorative de l'appel historique du général de Gaulle à refuser la défaite et à poursuivre le combat contre l'ennemi ». Nicole Racine

• *Voir aussi* : Appel du 18 juin 1940 ; Mémoire de la Résistance ; PCF ; Symboles

Bibl. : Gérard Namer, *Batailles pour la mémoire. La commémoration en France de 1945 à nos jours*, Paris, L'Harmattan, 1987 • Nicole Racine-Furlaud, « Mémoire du 18 juin 1940 », dans Institut Charles-de-Gaulle, *De Gaulle et son siècle*, t. 1, *Dans la mémoire des hommes et des peuples*, Paris, Plon-La Documentation française, 1991.

COMMERÇANTS ET ARTISANS. – De 1958 à 1969, les relations entre la boutique et le gaullisme, reflétées par les sondages, sont passées de l'idylle à la rupture.

Le Général y a d'abord trouvé ses plus forts soutiens. En août 1958, 83 % des commerçants et artisans lui font confiance pour établir une nouvelle Constitution, 78 % pour faire la paix en Algérie ; 60 % souhaitent qu'il reste au pouvoir « le plus longtemps possible » (contre, respectivement, 73, 68 et 46 % des Français). Dans ce milieu épris d'ordre, il incarne l'autorité de l'État. Son image d'homme intègre, au-dessus des partis, séduit une catégorie méfiante à l'égard de la classe politique, dont Pierre Poujade, quelques années plus tôt, avait su exploiter l'antiparlementarisme. Sept sur dix votent « oui » lors du référendum du 28 octobre 1962 ; plus des deux tiers lui apportent encore leur suffrage au second tour de l'élection présidentielle de 1965. Parallèlement, le score du parti gaulliste, dans cette catégorie, passe de 23 % aux législatives de 1958 à 36 % en 1962 et à 45 % en 1967, pour atteindre le niveau record de 53 % en 1968. Toutefois, si ces chiffres sont supérieurs à la moyenne nationale, les écarts, qui ne sont plus que de deux ou trois points, sont sans commune mesure avec les écarts constatés lors des scrutins de crise : référendum d'octobre 1962 : neuf points de plus ; second tour de 1965 : douze points ; législatives de juin 1968 : douze points de plus également. Ce soutien s'inscrit dans la logique d'un vote majoritairement favorable à la droite ; les travailleurs indépendants se sentent menacés par une gauche qui défend les droits des salariés et l'intervention de la puissance publique dans la vie économique et sociale.

Mais l'état de grâce aura une fin. En 1968-1969, c'est au tour des petits commerçants et artisans de descendre dans la rue. L'entrée en application de la loi sur l'assurance-maladie obligatoire des travailleurs non salariés non agricoles, pourtant votée le 12 juillet 1966 avec l'approbation de leurs confédérations représentatives, en constitue le détonateur. Le système mis en place paraît coûteux et injuste aux intéressés. Après les accords de Grenelle (1968), les petits patrons ont eu le sentiment d'avoir été oubliés. Ils exigent la parité de statut social et fiscal avec les salariés, un nouveau régime d'assurance-maladie, la libération des prix et un coup d'arrêt à l'expansion des grandes surfaces. Paradoxalement, cette crise résulte, pour partie, de mesures prises au temps des bonnes relations entre les petits patrons et de Gaulle. C'est la circulaire Fontanet qui a rétabli en 1960 la libre concurrence et permis le développement du discount en France ; c'est la législation sur l'urbanisme commercial qui a installé les grandes surfaces aux portes des villes ; ce sont les diverses mesures de stabilisation et de contrôle des prix qui ont réduit les marges de la boutique.

C'est dans une atmosphère contestataire qu'intervient le référendum du 27 avril 1969. Le CID-UNATI (Confédération intersyndicale de défense et Union nationale d'action des travailleurs indépendants) tout comme la CGPME (Confédération générale du patronat des petites et moyennes entreprises) se mobilisent contre de Gaulle. Pour la première fois, les patrons de l'industrie et du commerce sont moins nombreux que la moyenne des Français à soutenir le Général. Le gaullisme a perdu le soutien de la boutique. Cette contestation à retardement s'enracine dans la politique même de modernisation de la Ve République. Elle mettra dix ans à s'éteindre. Nonna MAYER

• *Voir aussi* : Poujade, Pierre

Bibl. : François Gresle, *Indépendants et petits patrons. Pérennité et transformations d'une classe sociale*, Lille-Paris, Champion, 1980 • Nonna Mayer, *La Boutique contre la gauche*, Paris, PFNSP, 1986 • *Sondages*, revue de l'IFOP, années 1958-1969.

COMMISSARIAT NATIONAL À L'INTÉRIEUR. – L'existence d'un commissariat à l'Intérieur au sein d'un mouvement en exil, paradoxale à première vue, exprime pleinement la dimension politique du gaullisme de guerre. À l'origine, de Gaulle organise ses services selon une logique militaire autour de quatre bureaux d'état-major, mais cette structure révèle vite son inadéquation à l'ambition gouvernementale de la France libre. Aussi, le 29 janvier 1941, quatre directions civiles sont créées : celle des Affaires administratives et financières, dirigée par le colonel Antoine, celle des Affaires extérieures et économiques, qui échoit à René Pleven, celle des Territoires non libérés, de Gaston Palewski, et enfin celle de l'Information, avec à sa tête Jean Massip. En mars 1941, ces deux derniers services sont regroupés en une « direction politique » confiée à Maurice Dejean, et le 24 septembre, lors de la formation du Comité national français (CNF), apparaît un commissariat national à l'Intérieur, au Travail et à l'Information, confié à André Diethelm : l'ancienne « direction politique » en forme le noyau tout en se transformant en une « direction des territoires envahis », formule saisissante qui traduit la volonté de dénier toute légitimité à Vichy et d'exercer une action politique en France.

Le commissariat national à l'Intérieur doit prendre en charge les relations avec la France. Mais l'existence du Bureau central de renseignements et d'action militaire (BCRAM) ruine cette prétention. Non seulement le BCRAM dispose du monopole du renseignement militaire, mais son poids politique et bureaucratique est écrasant. Le Commissariat doit alors se consacrer au recueil de l'information politique en provenance de France par des missions ou grâce à des synthèses sur l'évolution de l'opinion française. Mais ce partage des tâches entre « militaire » et « politique », imposé par de Gaulle, ne résiste pas à la réalité de l'action clandestine. Passy en prend acte au printemps 1942 en créant au sein du BCRAM de nouvelles sections (Études et coordination, Documentation et diffusion) qui ne sont rien d'autre que des sections politiques déguisées et donc placées en concurrence directe avec le commissariat à l'Intérieur.

Une clarification organique et politique est alors entreprise, qui est notamment inspirée par Pierre Brossolette et André Philip. En juillet 1942, le BCRAM se transforme en BCRA, tandis qu'une section « non militaire » (NM) est créée en son sein et confiée à Louis Vallon. Par ailleurs, l'Intérieur et le Travail, d'une part, et l'Information, d'autre part, sont séparés et respectivement confiés à André Philip et Jacques Soustelle. Il paraît essentiel de souligner dans cette affaire, par-delà les changements d'organigramme, la profonde modification de la conception de la lutte clandestine : à l'approche militaire très orthodoxe de 1940 succède une vision plus complexe qui admet l'imbrication du politique et du militaire.

À partir de l'automne 1942, le commissariat à l'Intérieur joue un rôle croissant dans l'élaboration de la propagande vers la France, accueille les responsables résistants de passage à Londres et s'efforce de peser sur l'action politique en métropole. Toutefois, une rivalité de pouvoir ne tarde pas à s'établir entre le Commissariat, qui dispose en théorie de l'autorité nominale sur l'activité politique du BCRA, et la section NM de ce dernier. Lors de la création du Comité français de la Libération nationale (CFLN) en juin 1943, l'Intérieur demeure entre les mains de Philip. Ainsi, et c'est essentiel, de Gaulle conserve la haute main sur l'action en France. Le 9 novembre 1943, Emmanuel d'Astier de La Vigerie remplace André Philip à la tête du commissariat à l'Intérieur. S'il n'obtient pas la tutelle sur la Délégation générale du CFLN en France, d'Astier parvient à progressivement rééquilibrer les forces entre les services secrets et le commissariat à l'Intérieur. Sous sa houlette, ce dernier s'efforce, à Londres comme à Alger, de contribuer à la préparation de la prise du pouvoir à la Libération, tout en poursuivant ses activités d'études et de propagande à destination de la France. Le Commissariat cesse son activité en septembre 1944 lorsque d'Astier passe le témoin à Adrien Tixier, ministre de l'Intérieur.

Jean-François MURACCIOLE

• *Voir aussi* : BCRA ; CFLN ; Civile et militaire (autorités) ; France libre ; Information

Bibl. : Jean-Louis Crémieux-Brilhac, *La France libre : de l'appel du 18 Juin à la Libération*, Paris, Gallimard, 1996 • François Marcot (dir.), *Dictionnaire historique de la Résistance*, Paris, Robert Laffont, coll. « Bouquins », 2006 • Jean-François Muracciole, *Les Français libres, une aventure humaine*, thèse d'habilitation à diriger des recherches, novembre 2005, université de Montpellier III.

COMMUNAUTÉ ÉCONOMIQUE EUROPÉENNE. – *Voir* EUROPE ; MARCHÉ COMMUN (naissance du).

COMMUNAUTÉ EUROPÉENNE DE DÉFENSE. – *Voir* CED.

COMMUNAUTÉ FRANCO-AFRICAINE (naissance de la). – À l'Union française créée en 1946, qui avait été un échec, se substitue en 1958 la Communauté. En dépit de son caractère éphémère, elle a nourri « les jugements les plus contradictoires » sur la politique africaine de De Gaulle, qui y voyait l'instrument de rénovation des rapports de la France avec ses colonies. La mise en place de la Communauté s'inscrit en effet dans un contexte marqué par l'affirmation des aspirations à l'indépendance des peuples colonisés, dans un environnement international de plus en plus favorable au principe d'émancipation des peuples. Au plan institutionnel, la Communauté s'inscrit dans le prolongement de la loi-cadre du 23 juin 1956 (dite « loi Defferre ») qui vise à renforcer l'autonomie interne des territoires. C'est d'ailleurs cette dernière qui avait ouvert véritablement la voie à l'indépendance, imprimant son empreinte sur les structures politiques de l'Afrique francophone bien plus profondément que ne le fera la Communauté.

L'annonce par le Général de la redéfinition des rapports franco-africains intervient le 13 juin 1958, lors d'une allocution prononcée au retour de son voyage si controversé en Algérie. Cet objectif sera au cœur de l'élaboration de la Constitution de la Ve République dont de Gaulle pense qu'elle doit pouvoir s'adapter aux évolutions des territoires d'outre-mer. Cinq leaders africains siègent au Comité consultatif constitutionnel, dont Léopold Sédar Senghor et Félix Houphouët-Boigny qui, en tant que ministre d'État, y exerce une forte influence. Le Général suit de près la mise au point du projet de Constitution. Celui-ci écartera les options fédérale et confédérale, au bénéfice de l'idée de communauté. Plus souple, celle-ci autorise des dispositions qui laissent aux territoires le choix du mode d'association avec la France, organisent la transformation du statut d'État membre ainsi que l'accès possible à l'indépendance.

Ce projet est cependant loin de faire l'unanimité parmi les Africains. À ceux qui, tel Senghor, prônent un fédéralisme interafricain prenant appui sur les ensembles coloniaux que représentent l'Afrique-Occidentale française (A-OF) et l'Afrique-Équatoriale française (A-ÉF) s'opposent en effet ceux qui, avec Houphouët-Boigny, plaident pour une fédération directe avec la France sans échelon intermédiaire. Conscient de la situation, le Général annonce au Comité consultatif qu'il interprétera tout vote négatif sur le référendum constitutionnel dans les territoires d'outre-mer comme un choix en faveur de l'indépendance immédiate. Et c'est dans cet esprit qu'il entame donc son périple africain de 1958, dont l'objectif est de susciter l'adhésion au nouveau projet.

Les institutions de la Communauté dessinent les contours d'un fédéralisme flou au sein duquel la France constitue un État souverain et indépendant alors que les autres membres sont seulement autonomes. Ses compétences sont étendues (politique extérieure, défense, monnaie, justice, etc.). Le président de la République française est le président de la Communauté. Il est élu par un collège formé des Assemblées de tous les États de la Communauté. Les Premiers ministres des États et les ministres chargés des affaires communes en forment le Conseil exécutif. Une Cour suprême veille au respect de ces institutions.

Nonobstant les vaines tentatives du général de Gaulle pour en assurer la pérennité, la Communauté demeurera un projet mort-né, en dépit de plusieurs réunions de son Conseil exécutif, en grande partie parce que la loyauté des leaders africains allait moins à ses institutions qu'à celui qui les incarnait. Un coup fatal à terme leur sera d'ailleurs porté par le leader guinéen, Sékou Touré, qui fait voter « non » au référendum constitutionnel du 28 septembre 1958. La victoire du « oui » dans les autres territoires est trompeuse, car la Communauté, minée par le désir d'indépendance, vit déjà ses dernières heures.

René OTAYEK

• *Voir aussi* : Coopération ; Décolonisation ; Francophonie ; Union française ; Voyages en Afrique noire

Bibl. : Robert Bourgi, *Le Général de Gaulle et l'Afrique noire (1940-1969)*, Paris-Dakar, LGDJ-NEA, 1980 • IEP Bordeaux-CEAN, *La Politique africaine du général de Gaulle (1958-1969)*, Paris, A. Pedone, 1980 • Don Shipley White, *Black Africa and de Gaulle : From the French Empire to Independence*, University Park, Pennsylvania State University, 1979.

COMMUNAUTÉ FRANCO-AFRICAINE (vie et dissolution de la). – La Communauté a été une construction constitutionnelle éphémère. Mais, du moins, dans sa courte existence, a-t-elle permis d'organiser dans un esprit de coopération l'émancipation des territoires d'outre-mer qui y avaient adhéré. Telle qu'elle avait été organisée dans la Constitution de 1958, elle correspondait pourtant à une grande ambition. Il s'agissait rien moins que de réunir dans un grand ensemble institutionnel la République française et ses anciennes colonies d'Afrique subsaharienne ainsi que Madagascar, en vue d'associer désormais leur destin sur la base du principe de la libre détermination. On sait que seule la Guinée prit le risque de la rupture. Quant aux autres territoires d'outremer, ayant tous approuvé la Constitution du 4 octobre 1958, ils purent exercer leur droit d'option entre le maintien du statu quo et l'adhésion à la Communauté. La plupart choisirent cette seconde option. Aussi lorsque, le 21 décembre 1958, le général de Gaulle est élu président de la Communauté par le collège électoral prévu à l'article 6 de la Constitution française, il peut constater avec satisfaction que les grands électeurs des nouveaux États membres ont voté massivement en sa faveur. À cette date, tout laisse à penser que la Communauté n'est pas mal partie.

Bien partie même, mais pour une courte vie quoique ce fut une vie intense. Et c'est certainement grâce au patronage actif du général de Gaulle qu'elle doit d'avoir été très conviviale. Devenu président de la Communauté, celui-ci prend très à cœur cette responsabilité. Il tient d'abord à garder des contacts personnels avec les chefs de gouvernement des États membres. Il les reçoit souvent individuellement à l'Élysée. C'est l'occasion pour lui de les conseiller et de les encourager. Il s'efforce de faire du Conseil exécutif, qui réunit tous les chefs de gouvernement, un forum de concertation et une instance efficace de décision. Il tient à ouvrir lui-même au palais du Luxembourg la première séance du Sénat de la Communauté dont il espère qu'il permettra de promouvoir des relations d'amitié pour tout ce qui concerne les affaires communes.

Le rodage semble réussi lorsque, fin septembre 1959, le gouvernement de la Fédération du Mali – composée du Sénégal et de l'ex-Soudan français – demande le transfert des compétences devant déboucher sur une indépendance sans rupture des liens de solidarité avec la France. Or, créant la surprise, non seulement de Gaulle n'y fait pas obstacle, mais il incite même le président de Madagascar, Philibert Tsiranana, à suivre cet exemple. Au cours d'un dernier conseil exécutif tenu à Saint-Louis-du-Sénégal le 12 décembre, puis devant l'Assemblée législative de la Fédération du Mali, le lendemain à Dakar, il confirme solennellement que la France accepte la transformation d'une communauté institutionnelle en une communauté contractuelle. Ce n'est pas sans nostalgie cependant, puisqu'en quittant ses interlocuteurs africains, il leur lance : « Restez avec nous ! Il se fait tard ! La nuit descend sur le monde. »

Pour maintenir dans la Communauté la Fédération du Mali après son accession à l'indépendance, il fut décidé, de manière très pragmatique, non pas de réécrire le Titre XII de la Constitution du 4 octobre 1958, mais de le compléter. La loi constitutionnelle du 4 juin 1960, sans abroger aucune disposition du texte existant, lui ajoutait trois nouveaux alinéas. Ils permettaient à un État devenu indépendant de rester dans la Communauté et, inversement, à un État déjà indépendant d'y adhérer. Ainsi, moins de deux ans après l'élaboration du projet de Communauté adopté le 28 septembre 1958, le Général reprenait à son compte l'option confédérale qu'il avait refusée alors, au grand dam de Léopold Senghor mais avec le soutien de Félix Houphouët-Boigny. Et comme la réforme de juin 1960 avait été votée au Sénat de la Communauté par presque tous les élus africains, de Gaulle espérait que tous les États membres demanderaient tout à la fois leur indépendance et leur adhésion à la Communauté rénovée.

Ce scénario optimiste tourna court. Paradoxalement, ce fut un chef de gouvernement particulièrement proche du Général qui le fit échouer. Félix Houphouët-Boigny, peu désireux d'apparaître en retrait devant la montée des nationalismes en Afrique, considérait que la réforme sonnait le glas de l'option fédérale dont il avait été en 1958 le partisan le plus convaincu. Il décida que la Côte-d'Ivoire prendrait son indépendance et sortirait de la Communauté. Il entraîna dans son sillage les autres États du Conseil de l'entente : Dahomey (Bénin), Haute-Volta (Burkina Faso) et Niger. Pour de Gaulle, ce fut une déception et Jean Foyer écrit même que cette réaction fit l'effet d'un coup de tonnerre tant elle était inattendue. Surmontant son amertume, de Gaulle jugea, de manière réaliste, que la Communauté rénovée risquait d'être un ferment de division. Il ne chercha plus à donner vie à cette communauté contractuelle, dont les institutions avaient été esquissées. Pour lui, la solution la plus claire et la plus digne était de reconnaître sans réserve le droit des États membres à l'indépendance, tout en les aidant à se consolider, mais seulement si leur gouvernement en exprimait expressément le souhait. C'était nettement l'abandon de la politique de la mise en demeure dont la Guinée avait fait les frais en 1958. Désormais, c'était par la diplomatie bilatérale que la France allait tisser des liens de coopération avec chacun des nouveaux États.

La Communauté ainsi disloquée, le Titre XII de la Constitution de 1958 n'avait plus de raison d'être. Pourtant, parce qu'il gardait pour lui une valeur symbolique, le Général ne se résigna pas à le faire abroger. Ce fut seulement à l'occasion de la révision constitutionnelle de 1993, rendue nécessaire par l'approfondissement des liens européens de la France, que la décision fut prise d'alléger la Constitution de ses dispositions devenues inutiles. Ainsi passa inaperçu l'émondage du bois mort qu'était devenu le Titre XII.

Gérard CONAC

• *Voir aussi* : Coopération ; Décolonisation ; Sékou Touré, Ahmed

Bibl. : Gérard Conac, « La rédaction du Titre XII de la Constitution », dans Didier Maus, Louis Favoreu et Jean-Luc Parodi (dir.), *L'Écriture de la Constitution de 1958*, Paris, Economica-PUAM, 1992 • Jean Foyer, « La genèse des quinze États souverains », dans *L'État africain à l'aube du IIIe millénaire*, Paris, Economica, 2006 • Alain Plantey, « Le général de Gaulle et l'Afrique », *ibid.*

COMMUNICATION (échecs de la). – Dès son époque, le général de Gaulle a été considéré comme un grand communicateur, maître du verbe et de l'image dont ses adversaires mêmes notaient la « télégénie ». Il a cependant connu des échecs, d'autant plus faciles à identifier qu'ils ont été assez rares. De surcroît, ils ont été perçus comme tels et le plus souvent immédiatement tant ils contrastaient avec l'aisance et l'efficacité de la présence gaullienne – alors qu'en communication la notion d'échec se déduit souvent, de façon rétrospective, de ce qu'on croit être les conséquences d'un acte de communication. L'élection perdue est imputée par exemple au débat télévisuel qui la précédait.

Les échecs patentés du Général concernent tous un seul média, la télévision. Le premier est aussi le plus intéressant. Il s'agit de sa première allocution télévisée, également radiodiffusée comme elles le seront toutes, le 13 juin 1958. Le Général, chaussé de lunettes, lit son texte sans regarder la caméra. Mais lors de la deuxième, le 27, le pli est pris, il s'adresse au téléspectateur sans lunettes et dit avec talent un texte appris par cœur qui se termine par un vibrant appel au peuple. Marcel Bleustein-Blanchet, Philippe Ragueneau, Pierre Sabbagh, les conseilleurs réels ou autoproclamés en communication sont nombreux à s'attribuer cette métamorphose. Le Général avait les ressources nécessaires, mémoire et talent d'acteur. Il lui fallait simplement apprendre les contraintes d'un nouveau média, ce qu'il fit mieux et plus vite que les hommes politiques de sa génération.

Tant qu'il reste seul dans l'arène, il maîtrise la télévision sans peine. Les choses se compliquent en 1965, au premier tour de l'élection présidentielle. De Gaulle manifeste une remarquable réticence à entrer en campagne. Jusqu'à la quatrième semaine de novembre, il décourage ministres et supporters d'entrer dans la mêlée et de répondre aux arguments adverses. Sous le feu d'opposants très actifs, ce silence a valeur d'échec. Des sondages révèlent au Général qu'il sous-estime ses adversaires. Cédant aux pressions de ses collaborateurs, il se décide enfin le 26 novembre à intervenir mais n'utilise qu'une partie des deux heures que la loi électorale accorde à chaque candidat. La première allocution est diffusée le 30 novembre, cinq jours seulement avant le premier tour. Elle aggrave la situation. Selon Jacques Foccart, la bande diffusée n'était pas la prise finale. Le président apparaît vieux, pâle, fatigué. Il parle en position de surplomb, comme un chef d'État étranger à la joute, et non comme un candidat. Branle-bas de combat à l'ORTF et dans l'entourage. Le 3 décembre, la deuxième allocution, meilleure techniquement, est aussi peu convaincante politiquement. L'échec a été mesuré notamment grâce au travail de Jean Charlot, qui montre que les possesseurs d'un poste de télévision, au cours de la campagne qui précéda le premier tour, furent relativement plus nombreux que les non-possesseurs à déserter le vote de Gaulle et à se rallier à Jean Lecanuet.

Après la mise en ballottage, il faudra, là encore, tout un travail de persuasion – notamment de la part de Jacques Foccart et Alain Peyrefitte – pour que de Gaulle accepte le jeu de l'entretien « libre », en fait soigneusement préparé et enregistré, avec un vieux complice, Michel Droit. Il rétablit la situation. L'impression de spontanéité, les saillies, la drôlerie font merveille, et l'échec du premier tour est vite oublié. Mais l'épisode de 1965 apparaît comme le signe annonciateur d'une difficulté qui se reproduira. Dans une télévision qui, lentement, adopte les dispositifs du face-à-face (du « duel » à l'américaine), du « face à la presse », la communication altière du plus illustre des Français n'est plus appropriée.

Le cas de mai 1968 est intéressant à cet égard. Il est difficile de mesurer, dans le déclenchement des événements de Mai, la part des difficultés de communication du régime. Ce facteur n'est généralement pas pris en compte dans les analyses de la crise, mais il a très certainement joué un rôle. Comme la presse se montrait sinon hostile, du moins critique, le Général avait choisi pour la radiotélévision la voie d'un étroit contrôle, dont l'artisan principal fut son ministre de l'Information de 1962 à 1965, Alain Peyrefitte. Les journaux télévisés régionaux partout mis en place s'illustraient par leur tiédeur autant que par leur soumission, tandis que les journaux nationaux étaient soumis à la tutelle d'un service d'information interministérielle centralisé, voulu par le Général. Pendant la crise, celui-ci échoue à convaincre lors d'une première allocution télévisée, le 24 mai 1968, alors qu'il s'essaie d'interpréter le besoin de changement et demande au peuple, par référendum, un « mandat pour la rénovation ». La situation s'en trouve aggravée. Après la dramatisation, volontaire ou non, provoquée par sa « disparition » du 29 mai, l'allocution du 30 constitue un choc qui renverse la situation. Le Général a choisi délibérément la seule radio pour intensifier l'effet dramatique et parvient à mobiliser ses partisans. Du point de vue de la communication, c'est comme un retour à 1940, la voix d'un recours en temps de crise, circonstance favorable par excellence au Général.

L'échec du référendum de 1969 a-t-il été aussi un échec de la communication ? L'usure du pouvoir est aussi l'usure d'un personnage qui a su s'adapter à la télévision dans un contexte régalien, mais qui, à l'heure de la communication concurrentielle entre candidats et bientôt entre chaînes, apparaît comme deux fois vieilli, par l'âge et par le style. Le contenu peu mobilisateur du référendum joue aussi sa part. Le 25 avril, le Général enregistre son appel à voter « oui », diffusé à 20 heures. Il parle sans conviction. Sent-il déjà venir un échec souhaité autant que redouté ? De l'avis de ses collaborateurs et de ses proches dont Louis Joxe, il a été « très mauvais », il avait l'air « désabusé ». Il évoque son départ mais sans la passion qu'on lui connaît : « Si je suis désavoué par une majorité d'entre vous [...], ma tâche actuelle de chef de l'État deviendrait évidemment impossible et je cesserai aussitôt d'exercer mes fonctions. » Cette évocation ne joue plus son rôle mobilisateur avec un Georges Pompidou qui s'est mis en position de candidat. Le 28 avril, l'AFP diffuse le communiqué qui fait directement écho à la déclaration du 25 : « Je cesse d'exercer mes fonctions de président de la République. Cette décision prend effet aujourd'hui à midi. »

L'échec de 1969 rejaillit rétrospectivement sur toute l'histoire des rapports du Général et des médias. Le culte de la distance, le goût d'une politique étrangère qui passionnait peu ses concitoyens, le mépris profond pour les journalistes (non dénué de fascination), est-ce tout cela qui fut payé en 1969 ? La télévision évoluait vers un style plus familier, plus conforme à l'esprit de la démocratie médiatique qui s'installait insensiblement, dès les années 1960, mais n'était déjà plus la démocratie référendaire telle que la concevait le général de Gaulle. Jérôme Bourdon

• *Voir aussi* : Audiovisuelles (interventions) ; Entretiens avec Michel Droit ; Orateur ; Radio et télévision

Bibl. : Jérôme Bourdon, *Haute Fidélité. Pouvoir et Télévision 1935-1994*, Paris, Le Seuil, 1994 • John Chalaby, *The De Gaulle Presidency and the Media. Statism and Public Communications*, Londres, Palgrave, 2002 • Jean Charlot (dir.), « Les forces politiques en France », *Revue française de science politique*, 1970, 16, 1, p. 161-202.

COMMUNIQUÉ (usage du). – Le communiqué est un genre très particulier dans le répertoire communicationnel du général de Gaulle. Si l'on exclut les communiqués techniques émanant du ministère de l'Information ou des porte-parole, ceux qui portent sa marque personnelle sont assez rares. Sous le style sec, on reconnaît la patte de l'auteur, le souci de la grandeur et du dialogue direct avec la nation, marqué notamment par l'usage de la première personne du singulier.

Les communiqués sont surtout utilisés avant 1958. Privé pour l'essentiel de l'accès aux ondes depuis le discours de Bruneval le 30 mars 1947, de Gaulle en fait plusieurs fois usage pour mettre fin à des rumeurs sur le rôle qu'il jouerait dans telle crise de régime, ou sur les intentions qu'on lui prête. Ainsi le 12 septembre 1957 : « Quand le général de Gaulle croit utile de faire connaître à l'opinion ce qu'il pense, on sait qu'il le fait lui-même et publiquement. » Ces démentis sont bien sûr très repris par la presse. De même, lorsqu'il s'agit du comportement des membres du RPF (Rassemblement du peuple français) qui le déçoivent plusieurs fois, de Gaulle exprime sa déception ou sa désapprobation par de sèches mises au point, par exemple le 12 avril 1950 sur un propos du colonel Rémy présentant le maréchal Pétain et de Gaulle comme l'« épée » et le « bouclier ». Il parle en chef, sinon déjà en président.

Après 1958, les communiqués sont plus exceptionnels. Les deux plus fameux annoncent l'accession au pouvoir et le départ. Ainsi le 27 mai 1958 : « J'ai entamé hier le processus régulier nécessaire à l'établissement d'un gouvernement républicain capable d'assurer l'unité et l'indépendance du pays... » Celui du 28 avril 1969 est le plus bref : « Je cesse d'exercer mes fonctions de président de la République. Cette décision prend effet aujourd'hui à midi. » Dans l'intervalle, de rares communiqués paraissent qui sont toujours des mises au point à des moments critiques. Lors de la crise monétaire de l'automne 1968, tout le monde attend une dévaluation. C'est un communiqué qui apporte, le 23 novembre, un cinglant démenti : « Le président de la République fait connaître qu'à la suite du Conseil du 23 novembre la décision a été prise : la parité du franc est maintenue. » Le 20 janvier 1969, pour répliquer à Georges Pompidou qui vient d'annoncer son intérêt pour la présidence de la République, le Général affirme qu'il a « le devoir et l'intention » de mener son mandat à terme.

« Roulement de tambour », « coup de tonnerre », ces métaphores de Jean Lacouture résument assez bien le ton gaullien du communiqué. Pour l'essentiel, la communication est dévolue à d'autres dispositifs : la conférence de presse qui permet l'explication à loisir devant une presse séduite sinon soumise, et le contact direct avec le peuple, par le biais de l'allocution devant la foule réelle ou à la radiotélévision.

Jérôme Bourdon

• *Voir aussi :* Discours (typologie des)

COMMUNIQUÉ DU 7 AOÛT 1949. – Le 5 mai 1949, le Conseil de l'Europe est créé par le traité de Londres, signé par dix États d'Europe de l'Ouest. Au début d'août, le Conseil tient sa première session. C'est à l'occasion de ces débats que le général de Gaulle rédige le communiqué publié à l'issue d'un conseil de direction du RPF (Rassemblement du peuple français), le 7 août 1949.

De Gaulle dresse un tableau sombre de la conjoncture internationale : « Pendant que l'Occident demeure dans sa confusion, l'Union soviétique s'avance, détruisant tous les obstacles et organisant peu à peu, en dépit d'échecs partiels, l'ensemble de l'Europe orientale en une communauté économique et stratégique. » La création en janvier 1949 du Conseil d'assistance économique mutuelle (CAEM ou Comecon) est une nouvelle étape de la montée en puissance de l'Union soviétique. C'est aussi à ce moment que l'URSS réussit sa première explosion atomique. Face à la menace, le RPF réaffirme que « l'unité de l'Europe libre [est] nécessaire et urgente ». De Gaulle rappelle sa première déclaration de mars 1944 sur les possibilités d'un « groupement occidental », puis sa prise de position, en septembre 1945, en faveur d'un « ensemble économique » formé à partir de « l'Europe occidentale ». Mais, après son départ, dit-il, « la subordination de la politique extérieure [de la France] commençait ».

Il condamne l'acceptation empressée par la France du plan Marshall en juin 1947 et regrette le silence à l'égard de l'attitude soviétique qui refuse à ses satellites le droit d'y adhérer. « L'œuvre de construction de l'Europe » ne s'est concrétisée que « sur la base irréelle et étriquée du traité de Dunkerque », ou par le pacte de Bruxelles, en 1948, qui n'a donné le jour à « rien qui ressemblât à une fédération ! ». Et, depuis, de Gaulle ne voit dans la création de divers conseils et comités qu'une « série de fictions plus ou moins décoratives entre lesquelles s'éparpillent et se perdent les possibilités constructives ». Il situe parmi ces dernières l'Organisation économique de coopération européenne (OECE) créée en 1948 dans le cadre du plan Marshall. Concernant le Conseil de l'Europe, de Gaulle estime que cette assemblée, consultative, ne « comporte aucune réalité politique puisqu'elle n'a aucun pouvoir de décision ». « Pour que l'unité européenne devienne une réalité vivante », il propose d'organiser « un référendum au suffrage universel [...] par lequel les peuples eux-mêmes décideront d'abord de s'unir, et donneront ensuite à un organisme constituant, formé des délégations de toutes les nations, le mandat d'organiser la Confédération européenne ». Une nouvelle consultation populaire ratifiera ensuite « les institutions confédérales ».

Lors de la première session du Conseil de l'Europe, en 1949, des voix se sont élevées pour souhaiter l'octroi à l'assemblée de pouvoirs plus étendus. La conquête d'une plus grande autonomie sera l'objet d'un long combat pour les parlementaires de Strasbourg, mais elle ne s'opérera pas dans le cadre confédéral conçu par de Gaulle. La pensée européenne du Général présente en définitive une assez grande continuité. Il envisage, dès Alger, la constitution d'un ensemble confédéré, et il revient à cette notion en 1949 et en 1960.

Élisabeth DU RÉAU

• *Voir aussi* : Europe ; Marché commun

Bibl. : Élisabeth du Réau, *L'Idée d'Europe au XXe siècle*, Bruxelles, Complexe, 2001 • Pierre Gerbet, *Le Relèvement, 1944-1949*, Paris, Imprimerie nationale, 1991.

COMMUNIQUÉ DU 12 SEPTEMBRE 1957. – Après le 13 mai 1958, Charles de Gaulle semblait le meilleur espoir d'une solution française au problème algérien pour tous ceux qui n'étaient pas des antigaullistes farouches, qu'ils fussent nostalgiques de Vichy ou membres de l'extrême droite. Tout le passé de l'homme du 18 Juin semblait garantir sa fidélité à l'Algérie française. Chef du Comité français de la Libération nationale et du Gouvernement provisoire de la République française, il avait fait d'Alger la capitale de la France libre, repoussé le Manifeste du peuple algérien, de Ferhat Abbas, décidé une politique d'intégration par l'ordonnance du 7 mars 1944 et couvert la répression de mai 1945. Chef du RPF (Rassemblement du peuple français), il avait condamné en août 1947 le projet gouvernemental de statut de l'Algérie, préconisant le maintien absolu de la souveraineté française et d'un équilibre entre deux collèges représentant séparément et paritairement les deux communautés, française et musulmane. Le 30 juin 1955, il avait demandé dans sa dernière conférence de presse « l'intégration de l'Algérie dans une communauté plus large que la France ». Et il avait tenu à visiter en mars 1957 les découvertes pétrolières du Sahara, « grande chance de notre pays ».

Pourtant, depuis 1954, il avait confié son pessimisme sur l'avenir de l'ordre colonial et de la souveraineté française en Algérie à de nombreux visiteurs, notamment à Edmond Michelet en février 1955 et Louis Terrenoire en mai de la même année. Dans sa conférence de presse du 30 juin 1955, il avait exprimé la nécessité de « substituer partout l'association à la domination », et prophétisé l'échec de la politique algérienne de la IVe République, quelle que fût la valeur des hommes qui l'appliqueraient – comme le gouverneur général Jacques Soustelle, ancien leader du RPF. Le 12 septembre 1957, son cabinet avait démenti toutes les rumeurs qui couraient sur ses intentions, en indiquant qu'il les ferait connaître lui-même le moment venu : « Les propos attribués parfois dans la presse au général de Gaulle par certains de ses visiteurs, à la suite de conversations occasionnelles et fragmentaires, n'engagent que ceux qui les lui prêtent. »

Convaincu par le gaulliste Jacques Soustelle que le pessimisme du Général tenait uniquement à l'impuissance du régime, le directeur de *L'Écho d'Alger*, Alain de Sérigny, lui lancera un appel public le 11 mai 1958 : « Parlez, parlez vite, mon général, vos paroles seront une action ! » Appelé à se prononcer après le 13 Mai par le général Massu et par Léon Delbecque, de Gaulle, dans ses déclarations des 15 et 19 mai, se retranchera dans le rôle de l'arbitre qui refuse de faire connaître sa décision avant de pouvoir l'imposer. Affectant d'ignorer ceux qui s'activeraient pour le ramener au pouvoir, il entretiendra le mystère sur ses intentions afin de préserver sa liberté d'action.

Guy PERVILLÉ

• *Voir aussi* : Conférence de presse du 30 juin 1955 ; Retour de 1958 ; Sétif

COMMUNIQUÉ DU 15 MAI 1958. – Après l'arraisonnement en octobre 1956 d'un avion marocain transportant les chefs historiques de la rébellion algérienne, le bombardement du village tunisien de Sakhiet-Sidi-Youssef, en février 1958, aggrave la déliquescence de l'État et emporte les frêles institutions de la IVe République. Le gouvernement Gaillard est renversé, le 15 avril, pour avoir accepté les « bons offices », c'est-à-dire la médiation anglo-américaine en vue de la reprise des relations diplomatiques avec la Tunisie. Afin de prévenir un processus d'internationalisation du conflit, un Diên Biên Phu diplomatique selon Robert Lacoste, le recours à « l'arbitre de chez nous », comme l'appelle François Mauriac, prend consistance. La crise ministérielle se mue en crise institutionnelle lorsque Pierre Pflimlin se présente à l'investiture de l'Assemblée nationale, le 13 mai. Redoutant qu'il n'engage des pourparlers avec le FLN, l'armée suscite ce jour-là une manifestation à Alger afin de s'opposer au vote de la confiance. La foule s'empare du gouvernement général tandis que le général Salan prend la tête d'un comité de salut public. À l'annonce du coup d'État militaire, le gouvernement Pflimlin, massivement investi dans la nuit du 13 au 14 mai, délègue sur-le-champ les pouvoirs civils et militaires en Algérie au général Salan, entérinant ainsi la rupture de la légalité républicaine.

L'abdication du pouvoir légal devant le pouvoir insurrectionnel entraîne la réaction du général de Gaulle : conscient des dangers de guerre civile, à la suite d'une menace d'intervention militaire en métropole, il décide de rompre le silence dans lequel il s'était réfugié depuis trois ans. Le 15 mai, en fin de matinée, le général Salan harangue la foule algéroise et lance un « Vive de Gaulle ! ». Spontané ou provoqué, peu importe, cet appel donne le ton. Ce même jour dans l'après-midi, de Gaulle adresse depuis Colombey-les-Deux-Églises une déclaration à la presse, ainsi rédigée : « La dégradation de l'État entraîne infailliblement l'éloignement des peuples associés, le trouble dans l'armée au combat, la dislocation nationale, la perte de l'indépendance. Depuis douze ans, la France, aux prises avec des problèmes trop rudes pour le régime des partis, est engagée dans ce processus désastreux. Naguère, le pays dans ses profondeurs m'a fait confiance pour le conduire tout entier jusqu'à son salut. Aujourd'hui, devant les épreuves qui montent de nouveau vers lui, qu'il sache que je me tiens prêt à assumer les pouvoirs de la République. »

De la concision de ce texte, mis au service d'une ambition pour la France, que faut-il inférer ? On y retrouve les références gaulliennes obligées : la dégradation de l'État, la condamnation renouvelée du régime des partis, l'évocation de son propre rôle historique. Sur le fond : un nouvel appel qui n'est pas sans analogie avec celui du 18 juin 1940, pour briser le processus désastreux dans lequel la France est engagée. Mais une annonce surprenante, provocante et, plus encore, inquiétante, puisque le Général se déclare prêt à assumer les pouvoirs de la République alors que ceux-ci sont alors exercés par le gouvernement Pflimlin qui vient d'être investi par la représentation nationale. Le communiqué du 15 mai se présenterait-il, en définitive, comme une invitation à l'illégalité ? C'est pour dissiper cette dangereuse ambiguïté que le Général tiendra, à Paris, le 19 mai, une conférence de presse destinée à balayer la crainte d'une dictature.

Jean GICQUEL

• *Voir aussi* : Conférence de presse du 19 mai 1958 ; Coup d'État ; Retour de 1958

Bibl. : Jacques Chapsal, *La Vie politique sous la Ve République*, Paris, PUF, 1984 • Guy Pervillé, « 13 mai 1958 », dans Jean-François Sirinelli (dir.), *Dictionnaire historique de la vie politique française au xxe siècle*, Paris, PUF, 2003 (1re éd. 1995) • André Siegfried, *De la IVe à la Ve République*, Paris, Grasset, 1958.

COMMUNIQUÉ DU 28 AVRIL 1969. – « Je cesse d'exercer mes fonctions de président de la République. Cette décision prend effet aujourd'hui à midi. » Ce texte laconique, diffusé le 28 avril 1969 dès 0 h 10, revêt le caractère d'un acte d'abdication.

À qui d'ailleurs le général de Gaulle aurait-il dû remettre sa démission ? Au président du Sénat, chargé par la Constitution d'assurer son intérim ? Mais Alain Poher était un personnage consulaire de la IVe République. Au président du Conseil constitutionnel ? Mais celui-ci ne procède pas de la légitimité démocratique. Tel un monarque, le premier président de la Ve République a préféré abdiquer, laissant à la classe politique, avec laquelle il « n'avait plus rien à faire », le soin d'appliquer la Constitution.

La décision du 28 avril 1969 est la réaction immédiate du Général au « non » formulé par 53 % des suffrages exprimés lors du référendum organisé la veille sur le projet de régionalisation et de réforme du Sénat. À plusieurs reprises, les électrices et les électeurs avaient été prévenus de la personnalisation de l'enjeu bien que celui-ci pût paraître démesuré par rapport à l'ampleur limitée de la réforme. Le vendredi précédent, le chef de l'État leur avait une dernière fois déclaré : « Françaises, Français, vous à qui j'ai si souvent parlé de la France, sachez que votre réponse dimanche va engager mon destin. Si je suis désavoué par une majorité d'entre vous [...], ma tâche actuelle de chef de l'État deviendra évidemment impossible et je cesserai aussitôt d'exercer mes fonctions. »

Alors pourquoi cette détermination ? De Gaulle attachait-il tant de prix à la décentralisation dont il avait proclamé la nécessité peu avant Mai 1968, ou à la réforme du Sénat, prévue dès le discours de Bayeux, mais différée en 1962 comme en 1958 ? S'agissait-il d'une décision dûment mûrie destinée à tirer tardivement la leçon des événements de mai 1968 que n'avaient pas purgée à ses yeux les élections législatives du 23 juin voulues par Georges Pompidou ?

Il ne servirait à rien d'épiloguer. Le Général savait que la candidature de son ancien Premier ministre, prématurément annoncée à Rome, assurerait à sa manière la continuité du régime. Observons plutôt les conséquences institutionnelles de cette « sortie de l'Histoire ». D'abord, le communiqué du 28 avril 1969 consacre la pratique, déjà exercée avec succès en 1958 et en 1962, du référendum-plébiscite. Même si les successeurs de De Gaulle ont cherché à l'éradiquer en annonçant leur maintien à l'Élysée quel que soit le résultat de la consultation, ils ne sont pas parvenus à introduire dans les mœurs le « référendum à la suisse ».

Notons aussi que, malgré la dramatisation de l'événement, l'abdication du Général n'empêchera pas la bonne tenue de l'intérim présidentiel ; mais son successeur, Georges Pompidou, doit être crédité de l'enracinement du régime. Cela permettra à la Ve République de franchir ultérieurement d'autres obstacles, parmi lesquels sept alternances politiques et trois cohabitations. Observons enfin que, sauf pendant ces trois périodes, la présidentialisation de la Ve République l'a emporté sur le recours au parlementarisme rationalisé.

Jean-Louis QUERMONNE

• *Voir aussi* : État (réforme de l') ; Référendum du 27 avril 1969 ; Régionalisation

Bibl. : Dominique Chagnollaud et Jean-Louis Quermonne, *La Ve République*, t. 1, *Le Régime politique*, Paris, Flammarion, 2000 • François Goguel, « Les deux départs du général de Gaulle », *L'Histoire*, n° 11, avril 1969, p. 130 *sq.* • Institut d'études politiques de Grenoble, *La*

Réforme régionale et le référendum du 27 avril 1969, Paris, Cujas, 1970.

CONCORDE. – L'idée d'un avion civil supersonique intéresse plusieurs pays dans les années 1960, à commencer par les deux Grands, États-Unis et URSS. Mach 1, la vitesse de franchissement du « mur du son », est de 1 062 km/h. Pour des pays de taille moyenne, comme la France ou la Grande-Bretagne, l'accès à cet horizon apparemment prometteur suppose une collaboration technologique et industrielle. Les Français disposent d'excellents atouts, avec une industrie aéronautique concentrée qui a montré, avec la Caravelle, qu'elle est capable d'être présente dans un champ très compétitif. Les Britanniques sont d'excellents motoristes. Après de longues tractations entre les représentants des deux pays, Geoffroy de Courcel, ambassadeur de France, et Julian Amery, ministre britannique de l'Aviation, l'accord est signé à Londres, le 29 novembre 1962. Les Anglais construiront les moteurs et 40 % de la cellule ; les Français le reste de la cellule, la voilure et le système d'éjection des moteurs. Le 14 janvier 1963, en même temps qu'il fait connaître le refus de la France à l'entrée de la Grande-Bretagne dans le Marché commun, le général de Gaulle prononce le nom du nouvel avion : le Concorde... avec un *e* final. Les Anglais s'en tiennent au Concord, sans *e*. Cette lettre muette fera beaucoup parler d'elle. Fin 1964, le nouveau gouvernement de Harold Wilson déclare qu'il a l'intention d'abandonner le projet Concord, deux fois plus coûteux que prévu. La fermeté des Français, prêts à recourir aux tribunaux, fait revenir Londres au respect de l'accord. La coopération technique entre les équipes des deux nations est une réussite et la barrière des langues est surmontée. Fin 1967 a lieu la première présentation du projet. C'est à ce moment qu'est résolue la question orthographique. Le ministre britannique de la Technologie, sir Anthony Wedgwood Benn, déclare : « Cette situation étant devenue insupportable, j'ai décidé de la régler moi-même : le Concord britannique s'écrira avec un *e*, car cette petite lettre représente pour nous beaucoup de choses. Elle signifie : excellence, England, Europe et entente. » La presse populaire britannique ajoutera : « *e* comme Élysée »...

Le 2 mars 1969, à Toulouse-Blagnac, le Concorde 001 décolle pour la première fois avec à son bord le pilote André Turcat, pour un vol encore modeste puisqu'il ne dépasse pas 460 km/h. La période « gaullienne » de l'histoire du Concorde s'achève sur cet envol symbolique retransmis en direct à la télévision. Trois mois plus tard, le Tupolev 144 (« Concordski » selon la presse occidentale, car les ressemblances sont nombreuses) dépasse Mach 1, volant la vedette au modèle franco-britannique. Mais le Concorde n'a pas fini de faire parler de lui, par ses performances techniques (il atteint Mach 2 le 4 novembre 1970), ses déboires aux États-Unis, son coût (les deux chocs pétroliers l'ont aggravé), sa fin programmée. Il relève aujourd'hui du mythe et de la grande aventure technologique.

Alain BELTRAN

• *Voir aussi* : Angleterre (rejets de la candidature de l') ; Caravelle ; Industrie

CONDAMNATION À MORT DE DE GAULLE. – Sous l'autorité du gouvernement de Vichy, les tribunaux militaires permanents (TMP) siégeant en métropole et dans l'Empire ont condamné à mort pour trahison un certain nombre de civils et de militaires de tous grades. Ceux qui avaient rallié la France libre le furent par contumace. Ce fut le cas, par exemple, des généraux Catroux et Legentilhomme, de Charles Luizet, officier des Affaires indigènes, ou de Raymond Pognon, administrateur de sociétés et ancien conseiller général de Nouvelle-Calédonie. Auraient-ils été exécutés s'ils étaient tombés aux mains des tribunaux ? Auraient-ils connu le sort de Sidiki Boubakari, marmiton et cordonnier, agent de la France libre en Côte-d'Ivoire, qui fut condamné à mort par le TMP de Dakar et exécuté en 1942 ? Un décret du général de Gaulle fit Boubakari compagnon de la Libération en novembre 1944.

Quoique précoce, car datée du 2 août 1940, la condamnation à mort du chef des

Français libres ne fut pas immédiate, malgré la hâte du gouvernement du maréchal Pétain à sanctionner sa rébellion. Les procédures engagées contre de Gaulle commencent dès le 20 juin, par l'envoi d'un télégramme à Londres lui intimant l'ordre de revenir en France. Le 22, le ministre de la Guerre annule sa promotion de général de brigade à titre temporaire. Le 23, le président Lebrun met le « colonel » de Gaulle à la retraite d'office. Trois jours plus tard, les généraux chargés de composer le TMP de Toulouse sont désignés et priés de venir siéger « en tenue de campagne et casque ». De Gaulle est inculpé de « refus d'obéissance » et de « provocation de militaires à la désobéissance » en raison de ses appels radiodiffusés. En dépit de l'empressement du gouvernement, le jugement de condamnation, prononcé le 4 juillet, reste laconique, voire élogieux lorsqu'il décrit les états de service du « général » de Gaulle. Les juges agissent comme en service commandé, sans manifester de zèle. Ils condamnent l'accusé à quatre ans d'emprisonnement et 100 francs d'amende. Le commissaire du gouvernement se pourvoit aussitôt en cassation, mais le pourvoi est rejeté.

Ce sont d'autres chefs d'accusation, présentés cette fois au TMP de Clermont-Ferrand, qui permettent, un mois plus tard, de condamner de Gaulle à la peine capitale. Il est alors accusé de « trahison », d'« atteinte à la sûreté extérieure de l'État », et de « désertion à l'étranger, en temps de guerre, sur un territoire en état de guerre et de siège ». Le 2 août, le jugement le reconnaît coupable d'avoir « entretenu des intelligences avec une puissance étrangère, en l'espèce l'Angleterre », « provoqué des militaires et des marins à passer au service d'une puissance étrangère », « exposé des Français à subir des représailles, notamment en prononçant des allocutions radiodiffusées de nature à persuader les ennemis que les clauses de l'armistice n'étaient pas ou ne seraient pas observées », « déserté à l'étranger en temps de guerre sur un territoire en état de guerre et de siège ». En revanche, les juges répondent « non » à la question de savoir si de Gaulle a voulu « engager [l'Angleterre] à entreprendre des hostilités contre la France ». Il est finalement condamné, à la majorité de cinq voix sur sept, à la peine de mort, à la dégradation militaire et à la confiscation de ses biens.

Parmi les juges figuraient les généraux La Porte du Theil et La Laurencie, futurs représentants du gouvernement de Vichy, l'un comme commissaire général des Chantiers de jeunesse, et l'autre comme délégué général du gouvernement français dans les territoires occupés (DGTO). Le général Frère, celui-là même qui avait cité de Gaulle, le 30 mai 1940, à l'ordre de l'armée, avec attribution de la croix de guerre, présidait le tribunal ; fondateur de l'Organisation de résistance de l'armée (ORA) en 1943, il sera arrêté en juin de la même année et mourra au Struthof en 1944, après avoir confié qu'il avait été l'un des deux juges à s'être opposé à la condamnation de De Gaulle.

Claire ANDRIEU

• *Voir aussi* : Armistice ; Attentats ; Collaboration ; Déchéance de la nationalité de De Gaulle ; ORA

Bibl. : *En ce temps-là de Gaulle*, « Documents », n°s 106/10 et 107/11, s.d.
Internet : www.ordredelaliberation.fr.

CONFÉDÉRATION FRANÇAISE DES TRAVAILLEURS CHRÉTIENS. – *Voir* CFTC.

CONFÉDÉRATION FRANÇAISE ET DÉMOCRATIQUE DU TRAVAIL. – *Voir* CFDT.

CONFÉDÉRATION GÉNÉRALE DES CADRES. – *Voir* CGC.

CONFÉDÉRATION GÉNÉRALE DU TRAVAIL. – *Voir* CGT.

CONFÉDÉRATION GÉNÉRALE DU TRAVAIL-FORCE OUVRIÈRE. – *Voir* CGT-FO.

CONFÉRENCE DE PRESSE DU 9 FÉVRIER 1943. – Le 9 février 1943, le général de Gaulle tient à Londres la troisième conférence de presse de sa carrière.

Il y évoque « les graves affaires actuellement en cours et qui concernent la France ». Depuis le débarquement anglo-américain, la situation politique en Afrique du Nord est particulièrement embrouillée. Les Américains y soutiennent le général Giraud, nommé « commandant en chef civil et militaire », qui maintient en vigueur la législation vichyste. À la mi-janvier, à la conférence d'Anfa, le président Roosevelt et Winston Churchill ont tenté de résoudre le problème de l'unité française en convoquant Giraud et de Gaulle. Les deux généraux ont signé un communiqué vague et sans grande portée. Il est prévu que le général Catroux viendra à Alger pour représenter de Gaulle et que Giraud enverra une mission de liaison à Londres.

Le 9 février, de Gaulle rend compte à la presse de son bref séjour au Maroc. Face à la « construction politique » constituée en Afrique du Nord, il réaffirme que les pouvoirs français ont « besoin d'une base qui soit légitime ». Cette base, « c'est la République », qu'il invoque à huit reprises dans la conférence. L'autre, qui n'est qu'« un semblant de légitimité, c'est la base coupable et détestée de Vichy ». Dans les territoires français qui ont été libérés, « les lois de la République » seront rétablies, avec les libertés, « c'est-à-dire la liberté de la presse, la liberté personnelle, la liberté de réunion, la liberté d'opinion ». Voilà des mots qui soulignent, auprès de l'opinion britannique et américaine, que Giraud, obsédé par le seul réarmement des troupes françaises, n'a rien fait à Alger pour éliminer le régime vichyste ni même pour écarter les hommes de Vichy. D'ailleurs, les journalistes venus de Grande-Bretagne et des États-Unis pour « couvrir » la conférence d'Anfa ont découvert qu'au Maroc comme en Algérie des prisonniers politiques – « 15 000 dossiers », déclare de Gaulle – sont détenus dans des « camps de concentration », même si, le 5 février, 27 députés communistes enfermés à la prison de Maison Carrée, à Alger, ont été libérés.

Pour de Gaulle, il ne s'agit pas d'une rivalité de généraux qui se disputeraient la direction de l'effort de guerre français. « Les déclarations d'hommes publics étrangers » sont trompeuses. « Il s'agit de l'union de l'Empire, qui appartient à la France, pour la libération de la France et pour les buts que la France a choisis. » Dans cette perspective, la démarche de Roosevelt ne mènera nulle part. Quant à la doctrine américaine des « autorités locales » qui administrent leur territoire en attendant que les Français tiennent des élections libres, elle n'est pas acceptable. Les élus français qui sont actuellement libres peuvent former un Conseil national consultatif et de ce conseil sortira un pouvoir central provisoire.

Autant dire qu'entre les conceptions vaguement politiques et surtout militaires de Giraud et les analyses de De Gaulle, le fossé ressemble à un abîme. André Kaspi

• *Voir aussi :* Alger ; AMGOT ; Anfa ; Déclaration aux mouvements de résistance ; République

Bibl. : André Kaspi, *La Mission de Jean Monnet à Alger : mars-octobre 1943*, Paris, Éditions Richelieu, 1971.

CONFÉRENCE DE PRESSE DU 25 FÉVRIER 1953. – Le traité instituant la CED (Communauté européenne de défense) a été signé à Paris le 27 mai 1952 entre la France, l'Allemagne, l'Italie et les pays du Benelux. L'année 1953 est celle de la ratification par les différents pays, le Parlement allemand devant être le premier à se saisir de la question au mois de mars. Le 25 février, dans une conférence de presse, le général de Gaulle se livre à une critique radicale des dispositions du traité.

Le qualificatif même d'armée « européenne » lui paraît « fallacieux » à plusieurs égards : « Pour qu'il y ait l'armée européenne, c'est-à-dire l'armée de l'Europe, il faut d'abord que l'Europe existe, en tant qu'entité politique, économique, financière, administrative, et, par-dessus tout, morale [...]. » Il faudrait en outre que l'Europe dispose de son armée. Or le traité la « remet [...] au commandement en chef américain en Europe » dans le cadre du Pacte atlantique. Il faudrait aussi, poursuit le Général, que l'ensemble des États européens y participent, et non les Six seulement, et que ses compétences s'étendent à la totalité des forces navales et aériennes, ainsi qu'aux territoires d'outre-mer. Par ailleurs, les institutions prévues par le texte – Commissariat, Conseil, Assemblée, Cour –, assez proches de celles de la Communauté européenne du charbon et de l'acier (CECA), sont inadéquates. De Gaulle souligne enfin le danger allemand : « On comprend pourquoi, parmi les Six, c'est le chancelier du Reich qui tienne le plus à l'armée dite européenne. Il en tire en effet non seulement l'égalité des droits, mais encore la probabilité de l'hégémonie militaire allemande [...]. » « Il est évident, conclut le Général, que de pareilles institutions, édifiées dans l'arbitraire, sans aucune base populaire, sans crédit, sans justification, ne pèseront pas lourd en face du commandement en chef qui mènera les batailles et que soutiendra de tout son poids un gouvernement demeuré, lui, plus fort et plus national que jamais, le gouvernement américain. » C'est, pour de Gaulle, d'une véritable « abdication » qu'il s'agit.

Face à la menace soviétique, comment organiser la défense des « peuples libres de l'Europe » ? C'est sur la base des nations et des États qu'il faut construire. « Au lieu d'une fusion intolérable et impraticable, pratiquons l'association [...] commençons par faire l'alliance des États libres de l'Europe. » De Gaulle préconise la constitution d'une alliance de type classique avec un exécutif intergouvernemental (Conseil des chefs de gouvernement réuni de manière organique et périodique) et un état-major combiné. Les relations avec les États-Unis seraient réglées dans le cadre de la coopération. C'est sur la base de cette alliance que pourrait s'organiser ensuite une confédération, mais constituée sur une base populaire et démocratique. Ainsi reprend-il les propos déjà tenus en 1949. Cette prise de position ne surprend pas les partisans du traité qui ont déjà noté l'opposition de De Gaulle à la CECA. Les travaux historiques ont montré depuis qu'au sein de l'armée certains de ses arguments rencontraient un accueil favorable. Un rapport confidentiel concernant l'un des articles du traité sur la CED, l'article 107, montrait qu'il rendait inexécutable le programme secret du Commissariat à l'énergie atomique (CEA). Le traité aurait exclu la France d'une possible appartenance au club des « puissances nucléaires ».

Après l'échec de la CED, la création de l'Union européenne occidentale (UEO) en octobre 1954 fut plus conforme aux vues du Général, puisque le pacte de Bruxelles, élargi et rénové, mettait en place un système intergouvernemental.

Élisabeth du Réau

• *Voir aussi* : CED ; Europe ; RPF

Bibl. : Jean Doise et Maurice Vaïsse, *Diplomatie et outil militaire*, Paris, Imprimerie nationale, 1987 • Élisabeth du Réau, *L'Idée d'Europe au XXe siècle*, Bruxelles, Complexe, 2001.

CONFÉRENCE DE PRESSE DU 19 MAI 1958. – « Croit-on qu'à soixante-sept ans je vais commencer une carrière de dictateur ? » : par cette formule d'anthologie, passée à la postérité, le général de Gaulle résume son dessein lors de sa conférence de presse tenue à l'hôtel d'Orsay à Paris. Au terme d'une déclaration qui est un chef-d'œuvre de communication, il s'évertue avec habileté à dissiper l'inquiétude, née de sa déclaration du 15 mai, concernant la procédure relative à son retour au pouvoir. « Nous avons souffert moins de ce qu'elle dit que de ce qu'elle ne dit pas », avait constaté Guy Mollet. Tout en se montrant apaisant vis-à-vis du leader de la gauche socialiste, le Général ne désavoue pas pour autant l'armée et se révèle déterminé dans son entreprise. « Je prends devant la presse le ton du maître de l'heure », confessera-t-il dans ses *Mémoires d'espoir*. Entre le fil de l'épée et le fil de la légalité, il choisit ce dernier, dans le cadre d'une procédure exceptionnelle écartant les rites habituels de l'investiture.

« Le moment m'a semblé venu où il pourrait m'être possible d'être utile encore une fois directement à la France », déclare le Général dans son propos liminaire, avant de répondre aux questions des journalistes. Utile pourquoi ? L'orateur avance trois raisons. Le passé, tout d'abord : « naguère certaines choses ont été accomplies, [...] les Français le savent bien [...], ce capital moral pourrait [...] avoir son poids dans la politique. » L'incapacité du régime exclusif des partis, ensuite, qui « n'a pas résolu, ne résout pas, ne résoudra pas les énormes problèmes auxquels nous sommes confrontés ». Sa personne, enfin – « parce que je suis un homme seul, que je ne me confonds avec aucun parti, avec aucune organisation, [...] je suis un homme qui n'appartient à personne et qui appartient à tout le monde ». Utile comment ? Question cruciale, mais réponse laconique : « Eh bien ! si le peuple le veut, comme dans la précédente grande crise nationale, à la tête du gouvernement de la République française. »

Quand le soliloque cède le pas au dialogue, la première interrogation jaillit sur ce thème central : comment assumer les pouvoirs de la République ? Les pouvoirs de la République, répond le Général, quand on les assume, ce ne peut être que ceux qu'elle-même aura délégués. Foin donc du procès d'intention ! Admirable, il poursuit : « La République ! Il fut un temps où elle était reniée, trahie par les partis eux-mêmes. Alors, moi, j'ai redressé ses armes, ses lois, son nom. » C'est le moment, pour l'orateur, d'opposer l'immense tâche de rénovation accomplie par son gouvernement entre 1940 et 1946 et celle des partis qui « comme les émigrés d'autrefois qui n'avaient rien oublié ni rien appris » ont adopté « une Constitution mauvaise, malgré moi et contre moi ». Bref, ombres et lumière, le contraste entre les « sauveurs professionnels de la République » et l'homme du destin français.

S'agissant des événements d'Algérie, il s'exclame : « on ne crie pas "Vive de Gaulle !" quand on n'est pas avec la Nation ». D'où l'absolution accordée à l'armée « qui a jugé de son devoir d'empêcher que le désordre s'établisse. Elle l'a fait et elle a bien fait. [...] Je comprends donc très bien l'attitude et l'action du commandement militaire en Algérie ». En réponse aux questions sur la procédure de son investiture, soulevées par Guy Mollet, le Général se fait réaliste : « quand les événements parlent très fort et qu'on est d'accord sur le fond, les procédures comportent une flexibilité considérable ». Il annonce que, le cas échéant, il fera connaître sa réponse à qui de droit. Prenant congé des journalistes, il conclut : « À présent, je vais rentrer dans mon village et m'y tiendrai à la disposition du pays. » Après l'opération sédition, l'opération séduction, dira ultérieurement un député communiste ! Les apaisements donnés à la SFIO étant jugés acceptables par ses dirigeants, la voie d'accès au pouvoir est désormais dégagée.

Jean Gicquel

• *Voir aussi* : Communiqué du 15 mai 1958 ; Coup d'État ; Retour de 1958

Bibl. : Jacques Chapsal, *La Vie politique sous la Ve République*, Paris, PUF, 1984 • Guy Pervillé, « 13 mai 1958 », dans Jean-François Sirinelli (dir.), *Dictionnaire historique de la vie politique française au xxe siècle*, Paris, PUF, 2003 (1re éd. 1995) • André Siegfried, *De la IVe à la Ve République*, Paris, Grasset, 1958.

CONFÉRENCE DE PRESSE DU 5 SEPTEMBRE 1961. – *Voir* AGRICULTURE ; ALGÉRIE (guerre d') ; ALLEMAGNE ; BIZERTE (crise de) ; MELUN (pourparlers de) ; ORATEUR IN PRAESENTIA.

CONFÉRENCE DE PRESSE DU 15 MAI 1962. – Cette conférence de presse est une des plus célèbres de celles que le général de Gaulle a consacrées aux questions internationales et européennes et sa postérité lui est venue, notamment, des formules sarcastiques lancées à cette occasion par le Général. Elle survient au lendemain du rejet, le 17 avril, de la dernière mouture du projet d'Union politique confédérale (dit « plan Fouchet ») proposé par la France aux six membres de la Communauté européenne. Provoqué surtout par l'opposition de la Belgique et des Pays-Bas, le rejet est motivé par deux arguments *de facto* contradictoires : l'absence de dimension supranationale (mise à l'écart de la Commission) et l'exclusion du Royaume-Uni.

Dans sa conférence de presse, Charles de Gaulle rappelle sa conviction « qu'à l'heure qu'il est, il ne peut pas y avoir d'autre Europe que celle des États ». Ce n'est d'ailleurs qu'à une telle Europe que pourrait adhérer le Royaume-Uni. L'Europe des États ne correspond pas simplement à la nature profonde des peuples qui la composent, et de leur culture : « Dante,

Goethe et Chateaubriand appartiennent à toute l'Europe dans la mesure même où ils étaient respectivement et éminemment italien, allemand et français. » Elle correspond aussi à une nécessité : même les décisions à caractère économique prises par les Six sont de nature politique ; elles sont donc de la compétence des États et doivent correspondre à leurs intérêts bien compris. Cette conception confédérale implique non seulement la subordination de la Commission, mais également le refus de tout « parlement européen » qui pourrait, à la majorité, prendre des décisions allant à l'encontre de la volonté de tel ou tel État.

De Gaulle ajoute que, dans le contexte actuel, tout dépassement des États au profit d'une entité fédérale ne pourrait se réaliser que dans un ensemble plus vaste, plaçant les États européens sous hégémonie : « Il y aurait peut-être un fédérateur, mais il ne serait pas européen. » Allusion aux projets américains de John Kennedy d'intégrer Europe de l'Ouest et Amérique du Nord dans une Communauté atlantique qui étendrait en fait les compétences militaires de l'Alliance atlantique aux domaines de la production et des échanges. Le président de la République laisse entendre que la fin de la guerre d'Algérie, qui immobilisait l'essentiel de l'armée française hors d'Europe, et le développement de l'arme nucléaire conduiront à « renationaliser » la défense et donc à revoir les modalités de participation de la France à l'organisation militaire de l'Alliance atlantique.

De tels propos, survenant au lendemain de la composition du nouveau gouvernement, constitué le 25 avril autour de Georges Pompidou qui remplace Michel Debré, ne pouvaient rester sans effet. Les démocrates-chrétiens du MRP (Mouvement républicain populaire), fondamentalement européens et atlantistes, n'avaient pas accepté sans réticence de demeurer au gouvernement, et même d'accroître leur participation ; ils démissionnent le lendemain, contraignant Georges Pompidou à un remaniement ministériel qui réduit sa majorité à la seule alliance des gaullistes et des indépendants. Même si la double victoire référendaire et législative de l'automne fait oublier la crise du printemps 1962, celle-ci annonce la future candidature de Jean Lecanuet à l'élection présidentielle.

Hugues Portelli

• *Voir aussi* : Angleterre ; Europe ; « Europe des patries » ; MRP

CONFÉRENCE DE PRESSE DU 14 JANVIER 1963. – Le 14 janvier 1963, près de huit cents personnes (journalistes et invités) sont rassemblées dans la salle des fêtes de l'Élysée pour entendre le président de la République se prononcer, comme il le fait deux ou trois fois par an, selon un cérémonial immuable, sur les grands sujets du moment, notamment, ce jour-là, sur la demande britannique d'adhésion au Marché commun, déposée auprès des Six, il y a à peine dix-huit mois. Après une évocation grandiose de la Grande-Bretagne en guerre, il insiste sur son particularisme (« insulaire, maritime, liée par ses échanges [...] aux pays les plus divers », ayant « une activité essentiellement industrielle et commerciale [...] des habitudes et des traditions très marquées, très originales », discours tout pétri d'André Siegfried). Prenant prétexte de l'échec récent des négociations entre les Six et Londres et, il faut bien le dire, du peu d'enthousiasme de l'opinion britannique, il estime que l'entrée du Royaume-Uni dans la Communauté provoquerait un trop grand bouleversement, une perte d'identité pour la construction « proprement européenne » qui lui est chère, c'est-à-dire sans interférence des États-Unis. Cette adhésion ne lui paraît donc pas souhaitable dans l'immédiat, même si, ajoute-t-il par diplomatie, elle n'est pas exclue dans un avenir lointain.

Cette déclaration est perçue par les Britanniques, élites et médias confondus, mais aussi par les milieux anglophiles en France, comme un veto, l'inadmissible rebuffade adressée à un pays que le Général aurait dû respecter entre tous. Malgré leur mécontentement, les partenaires de la France n'ont pas d'autre choix que de se résigner à l'interruption *sine die* des négociations. Comment en est-on arrivé là ? Après l'échec de la CED (Communauté européenne de défense) en 1954 et la relance de Messine (1956), les traités de Rome, créant la CEE et l'Euratom, sont entrés en vigueur le 1er janvier 1958. Contrarié de voir réussir une coopération européenne continentale sur laquelle il a peu d'influence, le gouvernement britannique a d'abord suscité la création de l'Association européenne de libre-échange (AELE) qui, très vite, ne fait pas le poids face à la CEE ; en effet, la croissance des Six est très vive dès les premières années et contraste avec les difficultés et les retards économiques qui accablent le Royaume-Uni. D'où la volte-face du 31 juillet 1961. Harold Macmillan, Premier Ministre depuis quatre ans, annonce aux Communes qu'il est prêt à « explorer les conditions d'une adhésion britannique ». Les tractations sérieuses ne commencent qu'au printemps 1962. Malgré les apparences d'une négociation multilatérale entre les Six et Londres, elles sont dominées par la recherche d'un accord bilatéral franco-britannique, avec trois rencontres de Gaulle-Macmillan : à Birch Grove, le 25 novembre 1961, au château de Champs, les 2-3 juin 1962, à Rambouillet le 15 décembre 1962. Quoique les deux hommes se connaissent bien et s'estiment, ni l'un ni l'autre n'est prêt à faire les concessions attendues. Après les accords anglo-américains de Nassau (fin décembre 1962), qui, selon de Gaulle, enterrent l'indépendance de la force de frappe nucléaire britannique, la cause est définitivement entendue. Jacques LERUEZ

• *Voir aussi :* Angleterre ; Macmillan, Harold ; Marché commun

Bibl. : Anthony Deighton, « La Grande-Bretagne et la communauté économique européenne », *Histoire, économie et société*, n° 1, 1994, 13e année, p. 113-130 • Jean Lacouture, *De Gaulle*, t. 3, *Le Souverain*, Paris, Le Seuil, 1986 • Françoise de la Serre, « De Gaulle et la candidature britannique aux communautés européennes », *Histoire, économie et société*, n° 1, 1994, 13e année, p. 131-142.

CONFÉRENCE DE PRESSE DU 31 JANVIER 1964. – La conférence de presse du 31 janvier 1964 se situe à un moment où de Gaulle, fort du succès de sa réforme constitutionnelle d'octobre 1962, vient également de marquer des points sur le plan européen et international. Les questions abordées sont donc en relation avec l'heureuse conclusion d'un accord européen sur la politique agricole, de même qu'avec la récente reconnaissance de la Chine populaire. Mais l'importance politique de cette conférence de presse tient surtout au fait qu'elle forme le troisième volet du triptyque constitutionnel du Général, après le discours de Bayeux et celui du 4 septembre 1958. Elle livre, a posteriori, les clés d'une interprétation de la Ve République qui en éclaire la pratique coutumière.

De Gaulle entend surtout justifier les choix constitutionnels opérés. « Une Constitution, proclame-t-il, c'est un esprit, des institutions, une pratique... » Or, l'esprit de la Constitution nouvelle consiste « à faire en sorte que le pouvoir ne soit plus la chose des partisans mais qu'il procède directement du peuple ». Et de préciser que, dès 1958, « c'est ce qui fut réalisé au vu et au su de tout le monde, [...] ce qui a été simplement précisé par le dernier référendum ».

La répartition des pouvoirs prévue par la Constitution a été respectée. Sans doute le Général concède-t-il que, concurremment avec le texte, il y a la pratique qui, pour une part, tient aux hommes en place. Mais « pour ce qui est du chef de l'État », ne devait-on pas s'y attendre ? Puisque les institutions nouvelles sont les mieux adaptées « aux exigences de l'époque autant qu'à la nature du peuple français », il convient de récuser les propositions de changement constitutionnel mises en avant. C'est d'abord le « gouvernement de législature » défendu par Paul Reynaud. Le Général observe que la dissolution automatique de l'Assemblée, en cas de censure du gouvernement, ne serait jamais appliquée du fait du « savoir-faire » des partis. C'est aussi le « régime présidentiel » que certains opposants, « faisant contre mauvaise fortune bon cœur », font profession d'accepter. Or, si celui-ci a pu, jusqu'à présent, « fonctionner cahin-caha aux États-Unis », c'est grâce à la situation particulière de ce pays où les deux grands partis ne sont divisés sur rien d'essentiel.

« Parce que la France est ce qu'elle est », il ne faut pas que le président soit élu « simultanément avec les députés », ce qui condamne le quinquennat, ni non plus que « le président et le Premier ministre soient un seul et même homme ». Mais comment éviter l'impression d'une dyarchie au sommet ? De Gaulle répond en affirmant avec une exceptionnelle vigueur la suprématie du chef de l'État. « Il doit évidemment être entendu que l'autorité indivisible de l'État est confiée tout entière au président par le peuple qui l'a élu, qu'il n'en existe aucune autre, ni ministérielle, ni civile, ni militaire, ni judiciaire qui ne soit conférée et maintenue par lui, enfin qu'il lui appartient d'ajuster le domaine suprême qui lui est propre avec ceux dont il attribue la gestion à d'autres. » Cette lecture de la Constitution provoquera l'effarement des journalistes et la protestation d'une large part de la classe politique, notamment parmi ceux qui avaient conclu avec l'ancien chef de la France libre le compromis d'octobre 1958.

Jean-Louis QUERMONNE

• *Voir aussi* : Constitutionnelles

Bibl. : Georges Burdeau, « La conception du pouvoir dans la Constitution française du 4 octobre 1958 », *Revue française de science politique*, 1959, t. 1, p. 87 *sq.* • Jean Massot, *Chef de l'État et chef du gouvernement. Dyarchie et hiérarchie*, Paris, La Documentation française, 1993 • Jean-Louis Quermonne, « La notion de pouvoir d'État et le pouvoir présidentiel sous la Vᵉ République », *Mélanges Léo Hamon*, Paris, Economica, 1982, p. 549 *sq.*

CONFÉRENCE DE PRESSE DU 9 SEPTEMBRE 1965. – Toute conférence de presse du Général est un mélange subtilement dosé d'exercice de style, de vision historique planétaire, de définition d'une politique et d'autosatisfaction : c'est la performance d'un grand acteur, dans les deux sens du terme, montrant la voie à la France et faisant comme si le monde devait tôt ou tard ressembler à ses prévisions. Celle du 9 septembre 1965 peut passer pour un modèle du genre. Le Général y traite de l'économie, du Marché commun, de la politique étrangère de la France et des institutions.

Sur l'économie, il affirme : « Nous avons choisi de vivre désormais en état de concurrence », et notre objectif principal est donc de rendre notre appareil de production « décidément compétitif ». Cela « exige un vaste effort d'investissement » de l'État et des entreprises, notamment dans la recherche, les communications et la formation. Belle clairvoyance il y a près de quarante ans !

La crise du Marché commun est imputable à ceux qui ne respectent pas la souveraineté des États et ne tiennent pas leurs engagements sur le financement de la politique agricole. La France refuse de se laisser forcer la main et se retire des négociations jusqu'à ce que ses partenaires respectent leurs engagements et abandonnent l'idée de prendre des décisions à la majorité. Ce n'est que dans ce cas qu'il peut être « concevable et désirable que la grande entreprise de la Communauté puisse être remise un jour en chantier ».

La politique étrangère de la France repose en effet sur deux grands principes. Le premier est « de nous tenir en dehors de toute inféodation » : si des alliances sont nécessaires, on doit veiller à ce que l'intégration dans telle ou telle organisation « ne nous prive pas de notre libre arbitre ». Le second principe est celui de la coopération dont la France se veut « un champion » et qu'elle met inlassablement en pratique avec les pays en voie de développement, comme avec les pays de l'Est. Sans se priver de rêver à la coopération (qui n'a « actuellement aucune chance de voir le jour ») des cinq membres permanents du Conseil de sécurité, détenteurs de l'arme atomique, et seuls en mesure de faire en sorte que l'ONU « devienne le cadre où serait considérée la mise en valeur de toute la terre ».

La question des institutions, à quelques mois de l'élection présidentielle de décembre 1965, permet au Général de souligner les deux traits majeurs de la république nouvelle : l'avènement du peuple comme source directe du pouvoir du chef de l'État et l'attribution à celui-ci du devoir et des moyens de « tracer la conduite de la nation ». Cette combinaison a permis la stabilité et l'efficacité du gouvernement, l'apparition d'une majorité stable et efficace au Parlement, enfin la mobilisation des moyens de l'État. « Avant trois mois, le pays dira s'il entend revoir les pratiques du passé ou s'il veut que le régime nouveau assure demain comme

aujourd'hui la conduite de la vie nationale. »
Alain LANCELOT

• *Voir aussi :* Chaise vide ; Constitutionnelles (conceptions) ; Économie et finances ; Orateur in praesentia ; Politique étrangère

CONFÉRENCE DE PRESSE DU 21 FÉVRIER 1966. – La conférence de presse du 21 février 1966 est la première du second mandat du général de Gaulle. Ce dernier consacre la première partie de son exposé à l'analyse qu'il tire du scrutin présidentiel des 5 et 19 décembre 1965. Davantage que le fait du ballottage, il choisit, sans surprise, d'en retenir les 45 % de voix qui se sont portées sur son nom au premier tour et les presque 55 % du second tour : il juge qu'elles ont « confirmé en [sa] personne la République nouvelle » et approuvé sa politique étrangère, qu'il qualifie de politique « de progrès, d'indépendance et de paix ». Est ensuite évoquée l'affaire Ben Barka, qui alimente la chronique depuis quelques semaines et a conduit à une montée de tension avec Rabat à la suite de la révélation du rôle du gouvernement marocain et de l'implication personnelle du ministre de l'Intérieur Oufkir dans l'enlèvement de l'opposant sur le territoire français. Le Général balaie à cet égard toute idée d'implication même indirecte du régime dans une affaire qui, souligne-t-il, « n'a rien eu que de vulgaire et de subalterne ». Enfin, la conférence de presse se conclut par un retour sur la crise européenne dite de la « chaise vide », qui a pris fin avec le « compromis de Luxembourg » le 29 janvier, et par une brève évocation du conflit vietnamien, alors en pleine escalade, à propos duquel de Gaulle ne ménage plus ses critiques à l'encontre de la politique américaine.

Mais cette conférence de presse restera surtout à la postérité du fait de la question de l'OTAN, à laquelle le Général consacre un important développement. Revenant sur l'analyse qui est la sienne depuis des années concernant l'inadéquation de l'organisation de la défense occidentale tant au nouveau contexte stratégique qu'aux nouvelles ambitions d'une France désormais puissance nucléaire à part entière, de Gaulle annonce que « sans revenir sur son adhésion à l'Alliance atlantique » qui n'est pas en cause, la France compte, d'ici à 1969 (date à laquelle se posera la question du renouvellement du Pacte atlantique), « continuer à modifier » les conditions de sa participation à l'organisation militaire intégrée afin de rétablir au bout du compte « une situation normale de souveraineté », non sans ajouter qu'il s'agit « non point du tout d'une rupture, mais d'une adaptation ». Cette déclaration, sans doute délibérément floue quant aux échéances, devait renforcer l'effet de surprise de l'annonce effective du « retrait » français quelques jours plus tard. C'est en effet le 7 mars 1966 que le général de Gaulle notifie sa décision au président américain Lyndon B. Johnson, une décision dont les modalités seront détaillées dans les mémorandums adressés par le gouvernement français aux autres gouvernements de l'Alliance les 11 et 29 mars, ouvrant ainsi une crise sérieuse au sein de cette dernière.

Frédéric BOZO

• *Voir aussi :* Chaise vide ; Élection présidentielle de 1965 ; États-Unis ; OTAN

Bibl. : Frédéric Bozo, « Chronique d'une décision annoncée : le retrait de l'organisation militaire intégrée », dans Maurice Vaïsse, Pierre Mélandri et Frédéric Bozo, *La France et l'OTAN, 1949-1996*, Bruxelles, Complexe, 1996 • Id., *Two Strategies for Europe : De Gaulle, the United States and the Atlantic Alliance*, Lanham, Rowman et Littlefield, 2001 (version française parue chez Plon en 1996) • Pierre Viansson-Ponté, *Histoire de la république gaullienne*, Paris, Robert Laffont, 1998.

CONFÉRENCE DE PRESSE DU 27 NOVEMBRE 1967. – *Voir* ANGLETERRE (rejets de la candidature de l') ; ANTISÉMITISME ; ISRAËL ; SIX-JOURS ; TIM (Lejzor Mitelberg, dit).

CONFÉRENCE DE PRESSE DU 9 SEPTEMBRE 1968. – Cette conférence de presse, la dernière du général de Gaulle, se déroule dans une atmosphère délicate. Sur le plan international, l'invasion en août de la Tchécoslovaquie par l'Union soviétique vient de porter une rude atteinte à la politique française de détente entre les blocs. Sur le plan interne, les séquelles du mois de mai 1968 sont là, sévères : crise financière et monétaire, morosité économique, malaise universitaire. Certes, les élections de juin ont envoyé à l'Assemblée nationale une large majorité gaulliste, mais c'est le Premier ministre, Georges Pompidou, qui en a été le principal artisan. Or, le 10 juillet suivant, il a été remplacé par Maurice Couve de Murville.

De Gaulle cherche à reprendre la main après l'ébranlement subi. Dans cette conférence, il élude plusieurs questions de politique internationale, parfois avec désinvolture, sauf la sécession du Biafra (province du Nigeria) et, surtout, l'invasion de la Tchécoslovaquie jugée à l'aune d'une politique de détente « momentanément contrariée ». L'essentiel est manifestement ailleurs. De Gaulle va donner, ce jour-là, sa première interprétation publique des événements de mai. Se félicitant de ce que l'État ait tenu bon dans la tempête « face aux totalitaires », il met en avant le rôle de son appel du 30 mai dans le redressement final et se montre d'une grande discrétion sur l'action de son Premier ministre de l'époque, Georges Pompidou, qu'il ne cite pas à ce stade. Mais un journaliste demande les raisons de son départ de Matignon. De Gaulle commence par rappeler le rôle – subordonné – du Premier ministre sous la Ve République, « aux prises avec la conjoncture ». Georges Pompidou dont le nom est enfin prononcé, en même temps que celui de son prédécesseur Michel Debré, se voit décerner un éloge mesuré, pour « son exemplaire et salutaire solidité », qui se clôt néanmoins sur l'invitation « à se préparer à tout mandat qu'un jour la nation pourrait lui confier ». Intronisation d'un dauphin présomptif ou constat réaliste par le Général d'une situation qui commence à échapper à son contrôle ?

Cette conférence de presse est aussi le coup d'envoi d'un autre processus qui se révélera fatal : un projet de référendum sur un programme de réforme sociale profonde. Il s'agit d'une relance de la participation, thème emblématique du gaullisme depuis l'origine. De Gaulle a tiré des événements de mai 1968 la conclusion qu'il existe une demande de meilleure expression des forces économiques et sociales dans l'entreprise, dans l'Université mais aussi dans l'organisation de l'État. Suit un plaidoyer pour la régionalisation, mais aussi l'annonce, plus risquée, d'une réforme du Sénat qui deviendrait « organiquement consultatif ». De Gaulle reconnaît que cette transformation « ne laisse pas de chagriner quelques esprits [...] attachés aux souvenirs de la IIIe République ». Hélas ! l'erreur d'appréciation sur les résistances à venir est, ici, flagrante. Et la marche au référendum d'avril 1969, inaugurée par cette déclaration, se révélera une lente descente vers l'abîme. Philippe Braud

• *Voir aussi :* Naufrage ; Participation ; Premier ministre ; Référendum du 27 avril 1969

Bibl. : Dominique Chagnollaud et Jean-Louis Quermonne, *La Ve République*, Paris, Flammarion, t. 3, 2000.

CONFÉRENCIER ET PROFESSEUR. – Dès le début de sa carrière militaire, Charles de Gaulle fait preuve des plus grands talents de pédagogue et de conférencier. En Pologne, à l'École spéciale militaire de Saint-Cyr (ESM) en 1921, à l'École supérieure de guerre (ESG) en 1925, au Centre des hautes études militaires (CHEM) en 1936, comme dans quelques autres cénacles civils, ses conférences ne laissent personne indifférent.

Même si celles-ci, en particulier celles prononcées à l'ESM et à l'ESG, n'ont été que de façon indirecte l'ébauche et le banc d'essai des nombreux écrits qui ont mieux retenu l'attention des biographes, on y retrouve dès l'origine les thèmes qu'il va défendre avec continuité : le difficile équilibre entre un dogmatisme inhérent à tout enseignement et le pragmatisme qu'imposent les circonstances, à la guerre plus que dans n'importe quelle autre action humaine, la nécessité de recruter et de former des chefs aptes à la synthèse, la conduite de la guerre, les principes du commandement et la répartition des responsabilités entre gouvernement et commandement, etc.

Ces analyses reprennent les réflexions, historiques et techniques qu'il a déjà exprimées dans des conférences plus anciennes, en particulier à Ingolstadt, et qui préfiguraient déjà ses conceptions en matière d'organisation de la défense nationale.

En 1936, il est de plus chargé de cours au CHEM. En octobre, il y prononce une conférence au cours de laquelle il peut faire connaître ses conceptions au sujet d'une nouvelle organisation de la défense, et en particulier les problèmes que pose la préparation d'une mobilisation générale, sujet austère s'il en est, objet de ses travaux et de ses réflexions. L'année suivante, en tant que stagiaire, il est conduit à présenter, une nouvelle fois, le projet de loi qui deviendra la loi de 1938 sur l'organisation de la nation pour le temps de guerre.

Mais, autant que le fond, c'est la forme des interventions et le talent qui sont restés dans les mémoires des auditeurs. Sachant jouer de sa silhouette et de sa voix, il retient l'attention sur les sujets les plus abstraits par sa conviction, son sens du théâtre et une certaine mise en scène.

Il est, comme l'écrira vingt ans après son ami le colonel Nachin, non probablement sans quelque exagération, « un professeur-né », qui « a son auditoire en main » ; il vante « l'autorité qui se dégage de sa personne [...], son élocution parfaite et la sobriété discrète de ses gestes », lui qui sait utiliser toutes les « ficelles » de l'art oratoire adapté à un public spécifique. Il parle sans regarder ses notes. « Homme de théâtre », « conférencier brillant [...] qui savait détendre l'auditoire de temps à autre, par un bon mot inattendu, à l'emporte-pièce », il est un « visionnaire » qui savait se montrer « cinéaste », qui « martèle d'une voix solennelle ».

En l'imaginant dans les amphithéâtres, on voit déjà poindre le « communicant » futur dont l'Histoire gardera la mémoire. Sa voix grave, peut-être la même que celle qui caractérisera ses conférences de presse et discours futurs, impressionne déjà.

Claude Carré

• *Voir aussi :* Captivité ; École de guerre ; Grande Guerre

Bibl. : Claude Carré, « Professeur et conférencier », dans Fondation Charles-de-Gaulle, *Charles de Gaulle, 1920-1940, du militaire au politique*, Paris, Plon, coll. « Espoir », 2004 • Lieutenant-colonel Lucien Nachin, *Charles de Gaulle, général de France*, Paris, Éditions Colbert, 1944.

CONSEIL CONSTITUTIONNEL. – Mis en place le 6 mars 1959, le Conseil constitutionnel veille à la régularité des élections législatives et des référendums ainsi qu'au respect de la constitutionnalité des lois. Il rompt ainsi avec l'idée, héritée de la Révolution, de la souveraineté illimitée des représentants du peuple. Le général de Gaulle mit à sa tête un fidèle, Léon Noël, alors âgé de soixante et onze ans. La presse trouva trois faiblesses aux premières nominations au Conseil. Les neuf membres étaient à la fois trop âgés, trop marqués politiquement – qu'ils aient été nommés par Charles de Gaulle, Jacques Chaban-Delmas ou Gaston Monnerville – et, surtout, perçus comme incompétents. Si les deux premiers reproches méritent d'être relativisés, l'absence de connaissances en droit public de la quasi-totalité d'entre eux était en effet patente. Cette lacune permit, en fait, au juriste très gaulliste qu'était le président du Conseil constitutionnel d'imposer aisément à ses collègues la vision du chef de l'État, pour qui l'institution devait définir les frontières de la compétence des assemblées, en luttant contre les « déviations » du régime parlementaire. Faire respecter la distinction constitutionnelle des matières législatives et réglementaires (article 34) devait permettre l'installation d'un « parlementarisme rationalisé ». Le Général n'avait-il pas confié à Léon Noël, peu après son arrivée au Palais-Royal : « En somme, la Constitution c'est moi » ? Reconnaître une compétence plus large au Conseil, comme le réclamait l'ancien président de la République et membre de droit Vincent Auriol, jusqu'à son retentissant départ en mai 1960, aurait abouti à des décisions désavouant parfois l'action du gouvernement.

La détermination du Général à régler les événements d'Algérie fit ressentir au Conseil l'acuité du conflit entre le droit et la raison d'État. Sur instruction de l'Élysée, Léon Noël fit entériner, en avril 1959, des élections de députés entachées, en Algérie, de graves irrégularités. Surtout, bridé par l'étroitesse de ses compétences, le Conseil ne souleva pas la question de la constitutionnalité, discutable, du référendum du 8 janvier 1961, relatif à l'autodétermination de l'Algérie, et de celui du 8 avril 1962 sur les accords d'Évian, ou encore le problème du maintien en vigueur de l'article 16 plusieurs mois après le putsch d'Alger en 1961. Aux états d'âme des membres du Conseil, il était toujours possible d'opposer la loi constitutionnelle de juin 1958 en vertu de laquelle « seul le suffrage universel est la source du pouvoir ».

En proposant par voie référendaire, le 20 septembre 1962, l'élection au suffrage universel du président de la République, de Gaulle touchait, cette fois, au fonctionnement des institutions républicaines. Prévenu de toutes parts que le recours au référendum était jugé anticonstitutionnel par beaucoup – il écartait l'article 89 de la Constitution au profit de l'article 11 –, le Général paria sur la docilité du Conseil. Bien que ses compétences se limitassent à rendre un avis sur l'organisation de la consultation, à contrôler son déroulement, et à proclamer ses résultats, le Conseil, estimant sa responsabilité morale engagée, osa formuler un avis négatif, mais confidentiel, sur la procédure choisie. Les multiples pressions que de Gaulle avait laissé le soin d'orchestrer au Premier ministre Georges Pompidou n'avaient pas porté. Le président Noël, non sans mal, convainquit cependant ses collègues d'examiner les décrets organisant le référendum. Tout risque de scandale était donc écarté. Après la victoire du « oui » le 28 octobre 1962, la recevabilité du recours de Gaston Monnerville contre la constitutionnalité de la loi référendaire ne fut défendue que par René Cassin, Louis Pasteur Vallery-Radot, René Coty et Vincent Auriol revenu siéger.

Aussi respectueuse et discrète qu'avait été l'opposition du Conseil, de Gaulle ne la lui pardonna pas. Léon Noël et ses collègues estimèrent qu'il avait été délibérément mis en sommeil : les saisines s'espacèrent sans que ses trois premières années de jurisprudence suffisent à l'expliquer. Cette léthargie fut accompagnée d'un comportement officiel à l'égard du Conseil ostensiblement désinvolte, voire de petites brimades personnelles. Le Général cessa d'organiser à l'Élysée le déjeuner annuel en l'honneur du Conseil. Très révélateur fut également le remplacement, à l'été 1964, d'un conseiller démissionnaire : de Gaulle choisit de nommer André Deschamps, soit le seul de tous les conseillers d'État qui avait, en octobre 1962, admis la régularité constitutionnelle du référendum. Le président Noël notait dans son carnet : « Politiquement, c'est d'ailleurs une erreur que de ne vouloir [...] faire entrer que des hommes "sûrs", c'est-à-dire présentant pour le régime toute garantie. »

Entre 1959 et 1965, de Gaulle continua de traiter Léon Noël comme l'un de ses conseillers et confidents, comme il le faisait depuis 1947 ; il nomma, en 1962, à Matignon Georges Pompidou qui était membre du Conseil constitutionnel ; il appela, la même année à l'Élysée, comme conseiller technique, le secrétaire général du Conseil, Jacques Boitreaud. Ce faisant, le Général ne cessa d'entretenir une confuse proximité entre l'exécutif et la haute juridiction. En 1965, il remplaça Léon Noël, au terme normal de son mandat, par un autre fidèle, mais cette fois sans formation juridique aucune : Gaston Palewski. Celui-ci reconnut plus tard qu'il ne fut qu'un « béni-oui-oui » face à celui qui se considérait comme « l'auteur » de la Constitution, donc le mieux à même de l'interpréter. Si Gaston Palewski se permit cet aveu dans ses Mémoires, c'est qu'il fut en 1971, l'ombre tutélaire du père de la Constitution disparue, le président sous lequel le Conseil constitutionnel intégra dans le bloc de constitutionnalité le préambule de la Constitution de 1946. Le Conseil cessait ainsi d'être un simple instrument de surveillance du législatif par l'exécutif et devenait le protecteur des libertés fondamentales de chaque citoyen.

Yves Beauvois

• *Voir aussi* : Constitutionnelles (pratiques contestées) ; Droit ; Référendum (usage du)

Bibl. : Yves Beauvois, *Léon Noël, de Laval à de Gaulle via Pétain (1888-1987)*, Lille, Presses universitaires du Septentrion, 2001 • François Luchaire, *Le Conseil constitutionnel*, t. 1, Paris, Economica, 1997 • Didier Maus, Louis Favoreu et Jean-Luc Parodi (dir.), *L'Écriture de la Constitution de 1958*, Paris, Economica-PUAM, 1992.

CONSEIL D'ÉTAT. – Le général de Gaulle a longtemps et souvent rendu hommage au Conseil d'État. Du fait de sa fonction consultative et de son rôle juridictionnel, celui-ci devait, à ses yeux, tout naturellement soutenir son action au service de l'État. Dans son entourage le plus proche, les conseillers d'État ont toujours été nombreux. Lorsque le Général est à la tête du GPRF (Gouvernement provisoire de la République française), les relations sont particulièrement étroites. La nomination, le 22 novembre 1944, de René Cassin comme vice-président du Conseil favorise la proximité des points de vue, en raison des liens exceptionnels qui unissent les deux hommes depuis 1940. En revanche, à partir de 1960 et surtout au cours de l'année 1962, les rapports se dégradent sévèrement. Le Général verra dans cette institution, à laquelle il reproche son ingratitude, un lieu d'opposition systématique ; ce qui le conduira à porter des jugements sévères sur l'ensemble du corps et certains de ses membres.

Au cours de la première période, le Général se félicite du « loyalisme » du Conseil. La présidence de René Cassin, du temps du GPRF, est avant tout consensuelle et le Conseil d'État ne manifeste aucune opposition sur des questions politiques aussi importantes que la création de la Commission d'épuration ou encore la mise en place, par l'ordonnance du 18 novembre 1944, de la Haute Cour de justice chargée de juger les principaux dignitaires de Vichy. Sous l'influence de René Cassin, en étroite association avec de Gaulle, une réforme adoptée le 31 juillet 1945 renforce l'association du Conseil d'État à l'action du gouvernement. Désormais, celui-ci est obligatoirement consulté sur tous les projets de loi ; une commission permanente est mise en place qui intervient sur les projets urgents. Cette dernière solution, presque toujours retenue, facilite les échanges de points de vue dans un climat qui se veut plus « confidentiel ». En outre, le Conseil d'État est désormais directement rattaché à la présidence du Conseil. Les instructions du 5 décembre 1945, signées par de Gaulle, fixent avec précision les conditions de l'indépendance de la juridiction administrative et le rôle de la Chancellerie dans la gestion quotidienne de la haute juridiction. De Gaulle s'y montre soucieux de la valorisation des rémunérations, de la modernisation des outils de travail et de la diversification des recrutements. Le Conseil d'État ne peut donc que se féliciter de l'attitude du chef du GPRF à son égard.

Le retour au pouvoir du Général en juin 1958 ouvre, dans un premier temps, une période qui continue de se caractériser par une collaboration sans nuages. Le Conseil donne un avis favorable à l'économie d'ensemble du nouveau texte constitutionnel. En outre, pour la première fois dans l'histoire politique française, la reconnaissance des compétences consultatives du Conseil d'État est inscrite dans la Constitution. Cette réforme doit beaucoup à son vice-président René Cassin et à Michel Debré, mais elle a reçu l'approbation du général de Gaulle. Par ailleurs, dans les trois premières années de la Ve République, l'exercice du pouvoir emprunte largement à des procédures dérogatoires, et cela avec l'acquiescement du Conseil. Les pouvoirs spéciaux exercés à partir de février 1960 par voie d'ordonnances ne soulèvent pas de réticences de sa part, ni les pouvoirs exceptionnels exercés en vertu de la loi référendaire du 14 janvier 1961 sur la mise en œuvre de l'autodétermination de l'Algérie. Pourtant, ces relations vont se détériorer en 1960 et surtout en 1962.

Le 29 septembre 1960, René Cassin quitte la vice-présidence du Conseil d'État au profit d'Alexandre Parodi, « consacré par les grands services qu'il a rendus à la République quand le danger était au plus fort » *[ME]*. En novembre de la même année, les relations entre de Gaulle et le Conseil se dégradent à propos d'un épisode particulier. Au lendemain du discours de De Gaulle du 4 novembre 1960, André Jacomet, secrétaire général de l'administration en Algérie, affiche son désaccord avec la politique algérienne du chef de l'État en rendant publique sa démission. Maître des requêtes, il est immédiatement révoqué par le Général, le 12 novembre 1960. Cette décision, qui vise à faire obstacle à un mouvement d'opposition en chaîne, suscite une vive émotion au sein du Conseil. En dehors de la période de

Vichy, il n'y avait jamais eu de révocation disciplinaire d'un membre du Conseil d'État. La désapprobation se fait entendre par la voix de l'Association des membres du Conseil qui, unanimement, fait état de son soutien à l'intéressé.

Après ce premier incident, la détérioration des relations prend une tournure plus grave, au cours de l'année 1962, parce qu'elle révèle une opposition déterminée à l'utilisation par le chef de l'État de certains de ses pouvoirs. Opposition qui suscite, en retour, une critique très violente de la part du président de la République.

La première crise est consécutive à l'avis négatif rendu à la quasi-unanimité par l'assemblée générale du Conseil d'État le 1er octobre 1962, sur le projet de révision constitutionnelle relatif à l'élection au suffrage universel direct du président de la République. Les critiques du Conseil mettent en cause le recours à l'article 11 qui fait jouer la procédure référendaire, alors que la procédure de révision de la Constitution, spécifiquement définie dans l'article 89, impose le recours au Parlement. De Gaulle invoque l'esprit du texte constitutionnel et le principe de la souveraineté populaire (article 2). Plus grave encore, aux yeux du chef de l'État, est la divulgation dans la presse de la teneur de l'avis, avant même que le vice-président Alexandre Parodi ne le lui ait communiqué. Dans le climat politique de l'époque, alors que les principales forces politiques invoquent à grands cris le risque de dictature, de Gaulle voit dans cette publication une trahison. « À toutes ces oppositions, écrira-t-il plus tard, le Conseil d'État rappelle avec fracas qu'il joint la sienne » *[ME]*. Il estime que la Haute Assemblée a procédé non à une appréciation juridique mais à une intervention politique. Sans doute la publicité donnée à cet avis a-t-elle été faite au mépris des traditions et des obligations du Conseil. Le président de la République décide de ne tenir aucun compte de l'avis et le Conseil des ministres adopte le projet le 2 octobre 1962. Cette divergence d'interprétation, quant au recours à l'article 11 comme mode de révision de la Constitution, rebondira en 1969. Le Conseil d'État réitère alors son hostilité au référendum sur la régionalisation et la réforme du Sénat mais, cette fois, le texte de l'avis sera publié.

La crise ouverte le 1er octobre 1962 atteint quelques jours plus tard son paroxysme avec l'arrêt Canal en date du 19 octobre. Dans cette affaire, l'Assemblée du contentieux annule l'ordonnance du 1er juin 1962 instituant la Cour militaire de justice qui venait de prononcer des condamnations à mort de responsables de l'OAS (Organisation armée secrète). Or l'ordonnance avait été prise en application des pouvoirs d'ordre législatif ou réglementaire conférés par la loi référendaire du 13 avril 1962, elle-même issue du référendum du 8 avril sur l'indépendance de l'Algérie. Après avoir qualifié cette ordonnance d'acte administratif, le Conseil d'État, contrairement aux conclusions du commissaire du gouvernement Jacques Chardeau, se reconnaît compétent pour en vérifier la légalité et, faisant référence aux principes généraux du droit, il déclare le texte contraire aux « droits et garanties essentielles de la défense ». Pour de Gaulle, ce dispositif juridique constituait un point essentiel dans sa politique algérienne en matière de rétablissement de l'ordre et de l'autorité de l'État. Cette décision rendue en pleine campagne référendaire est alors violemment critiquée par le chef de l'État qui y voit une « usurpation de pouvoir » et, de ce fait, tiendra « pour nulle et non avenue la décision du Conseil ». On peut admettre que la position de la haute juridiction, dans l'affaire Canal, était audacieuse ; en effet, auparavant il ne s'était opposé ni à la création du Haut Tribunal militaire ni à la mise en œuvre de pouvoirs spéciaux au titre de lois d'urgence ou de l'article 16 – arrêt Rubin de Servens du 2 mars 1962. La crise s'aggrave encore avec le refus du Général de voir réintégrer, contrairement à une tradition bien établie, quatre membres du Conseil battus lors des élections de novembre 1962. Cette attitude soulèvera un large mouvement de solidarité avec les intéressés.

Donnant l'impression de vouloir mettre au pas le Conseil, de Gaulle annonce alors une réforme profonde de l'institution. Mais son projet suscite de vives critiques, y compris dans les cercles les plus proches du pouvoir. Finalement, les tensions iront en s'apaisant et les choix retenus seront bien accueillis par le Conseil lui-même, ainsi le décret du 30 juillet 1963 rapprochant les formations consultatives et contentieuses. Des relations plus normales gouverneront désormais les rapports entre la Haute Assemblée et les gouvernements du Général jusqu'à son départ en avril 1969.

Jacqueline MONTAIN-DOMENACH

• *Voir aussi :* Constitutionnelles (pratiques contestées) ; Crise constitutionnelle de 1962 ; Droit ; Juridictions d'exception ; Référendum (usage du)

Bibl. : Conseil d'État, *Histoire du Conseil d'État. 1799-1974*, Paris, Éditions du CNRS, 1974 • Bernard Ducamin, « Le Conseil d'État et la Cour des comptes », dans *De Gaulle et le service de l'État*, Paris, Plon, 1977 • Jean-Paul Negrin, *Le Conseil d'État et la vie publique en France depuis 1958*, Paris, PUF, 1968.

CONSEIL ÉCONOMIQUE ET SOCIAL. – Influencé par la culture d'une partie du catholicisme social français, Charles de Gaulle a toujours été attentif à la question de la représentation des corps intermédiaires dans le système politique républicain. Sa vision des institutions politiques est ainsi marquée par une réflexion d'une continuité sur la forme que doit revêtir une deuxième chambre représentant réellement l'ensemble de la société. Dans son discours de Bayeux, le 16 juin 1946, il explique clairement sa vision du bicamérisme : « Tout nous conduit donc à instituer une deuxième chambre dont, pour l'essentiel, nos conseils généraux et municipaux éliront les membres. » Mais, ajoute-t-il : « Il sera normal d'y introduire, d'autre part, des représentants, des organisations économiques, familiales, intellectuelles, pour que se fasse entendre, au-dedans même de l'État, la voix des grandes activités du pays. » En créant un Conseil économique et social à pouvoir purement consultatif, et distinct du Conseil de la République, l'article 25 de la Constitution de 1946 tourne le dos à cette conception d'une deuxième chambre politique, à composition mixte.

Lors de la préparation de la Constitution de la Ve République, sa volonté de reprendre ce projet se heurte à l'opposition affirmée des ministres d'État de son gouvernement (en particulier Guy Mollet et Pierre Pfimlin) et aux réticences de Michel Debré. La Ve République connaît donc un Sénat et un Conseil économique et social distincts, le second peu différent de son homologue de la IVe République. Malgré son attention au thème de la participation, le général de Gaulle ne semble pas entretenir de relations soutenues avec l'institution présidée par Émile Roche de 1954 à 1974. Cependant, dès 1963, il envisage de réformer le CES et le Sénat. Après des tentatives avortées (commission Vallon), cette intention se concrétise dans le projet de référendum élaboré à l'automne 1968 qui associe la réforme de la deuxième Chambre et une autre réforme de grande envergure touchant la régionalisation. Le projet, alors porté par Jean-Marcel Jeanneney, prévoit la mise en place d'élections professionnelles et la désignation de représentants universitaires dans ce nouveau « Sénat économique et social ». Ce texte consacre l'idée d'une seconde Chambre consultative.

La réforme est très mal accueillie. Elle est vue par les sénateurs comme une « vengeance » (le conflit avait été très vif avec le président du Sénat Gaston Monnerville en 1962) ; une partie de la gauche dénonce une tentation corporatiste assimilant le projet aux expériences du gouvernement du maréchal Pétain et les syndicats ouvriers craignent d'être trop associés aux décisions politiques avec la fusion des deux assemblées. Bien sûr, le résultat du scrutin du 27 avril 1969 ne s'explique pas seulement par un vote sur la question posée mais il est intéressant de noter que le résultat négatif a figé pour longtemps ces deux assemblées dans un équilibre constitutionnel certainement éloigné de la vision gaullienne des institutions républicaines.

Alain CHATRIOT

• *Voir aussi :* Constitutionnelles (conceptions) ; Discours de Bayeux ; Participation ; Référendum du 27 avril 1969 ; Sénat

Bibl. : Alain Chatriot, « L'impossible réforme du Conseil économique et social (1962-1974) », dans Alain Beltran et Gilles Le Béguec (dir.), *Action et pensée sociales chez Georges Pompidou*, Paris, PUF-Association Georges-Pompidou, 2004, p. 225-239 • Jean-Louis Debré, *Les Idées constitutionnelles du général de Gaulle*, Paris, LGDJ, 1974 • Françoise Decaumont (dir.), *Le Discours de Bayeux. Hier et aujourd'hui*, Aix-en-Provence, Paris, Presses universitaires d'Aix-Marseille-Economica-Institut Charles-de-Gaulle-Association française des constitutionnalistes, 1991.

CONSEIL NATIONAL DE LA RÉSISTANCE. – *Voir* CNR.

CONSTANTINE (plan de). – Lors de son second voyage en Algérie après son retour au pouvoir, de Gaulle annonce solennellement le 3 octobre 1958, dans la capitale de l'Est algérien, le lancement d'un vaste plan de développement économique et social. Établi sur la base d'un rapport du conseiller d'État Roland Maspétiol, cet ambitieux programme vise à réduire de façon substantielle, en cinq ans, les inégalités sociales entre Européens et Musulmans. Ces derniers en seront donc les bénéficiaires directs. Sur le plan de l'habitat, 210 000 logements doivent être construits dont 53 000 à Alger ; 400 000 emplois sont à créer, grâce notamment au développement de l'industrie lourde et de la prospection pétrolière ; 250 000 hectares de terre seront attribués à des agriculteurs musulmans. Par ailleurs, l'objectif est de scolariser en trois ans deux tiers des filles et des garçons, et l'ensemble d'entre eux deux ans plus tard. Enfin, de façon assez spectaculaire, est affichée la volonté de réserver aux musulmans 10 % des emplois dans l'administration métropolitaine, l'armée, la magistrature, l'enseignement et les services. Une vigoureuse « discrimination positive » avant la lettre !

Le plan de Constantine s'intègre dans la politique algérienne du Général qui précède le tournant majeur du 16 septembre 1959 et l'autodétermination. Dans cette première période, de Gaulle espère encore maintenir l'Algérie dans une étroite mouvance française. En 1958, le FLN traverse une grave crise, à la fois militaire et politique. Le Général cherche à dissocier des nationalistes les masses musulmanes encore attentistes en leur montrant les avantages du maintien des liens avec la métropole. Au contraire, après 1959, il est décidé à ouvrir des négociations sur le fond avec le FLN, estimant avec réalisme que la création d'un État algérien est, à terme, inévitable. Cette césure explique pourquoi la mise en œuvre du Plan, vigoureusement entamée la première année sous l'égide du Délégué général Paul Delouvrier, se poursuivra à un rythme progressivement ralenti. C'est ainsi qu'en matière de logements les programmes ne seront réalisés au moment de l'indépendance qu'à environ 25 % des prévisions. Un tel fardeau était-il d'ailleurs supportable pour l'économie française ? Il n'en demeure pas moins qu'en ces années qui précèdent la rupture de 1962, l'effort de développement économique consenti aura dépassé de très loin tout ce qui avait jusque-là été réalisé. Quant à l'effort de promotion scolaire et universitaire, il aboutit à mettre en place un modèle d'enseignement qui survivra à l'indépendance. Ce faisant, il aura paradoxalement contribué à la fracture sensible qui opposera, plus tard, d'un côté les Algériens « francisants », de l'autre les « arabisants » issus d'un système d'enseignement différent ; une donnée importante pour comprendre les tensions au sein de l'Algérie contemporaine. Quant aux fonctionnaires musulmans promus, si beaucoup se sont placés au service du nouvel État, nombre d'entre eux ont préféré demeurer en France et poursuivre, tant bien que mal, une carrière entamée dans un contexte politique désormais caduc.

Philippe BRAUD

• *Voir aussi* : Algérie (guerre d') ; Algérie coloniale ; Delouvrier, Paul ; Voyages en Algérie (octobre-décembre 1958)

Bibl. : Jacques Frémeaux, *La France et l'Algérie en guerre*, Paris, Economica, t. 2, 2002.

CONSTITUTION (élaboration de la). – Sans le général de Gaulle, la Constitution du 4 octobre 1958 n'aurait jamais existé. Peut-on pour autant considérer, comme l'ont fait maints commentateurs et critiques, qu'il s'agit d'une Constitution rédigée par le général de Gaulle dans le prolongement du discours de Bayeux du 16 juin 1946, pour lui-même, et insusceptible de répondre aux besoins permanents de la France ? La réalité est plus complexe, ainsi qu'en témoigne le déroulement du processus. En trois mois, entre le 3 juin, date de l'adoption de la loi constitutionnelle permettant l'élaboration de la nouvelle Constitution, et le 4 septembre, jour de la présentation du nouveau texte, place de la République, le général de Gaulle va présider, en stratège, à la rédaction de la nouvelle Constitution et faire preuve d'un grand sens tactique pour ne pas se laisser détourner de l'essentiel.

L'originalité de la procédure. Dès le 3 juin est adoptée la loi qui modifie l'article 90 de la Constitution de 1946 relatif au mode de révision de la loi fondamentale. Raymond Janot, conseiller technique chargé des problèmes constitutionnels au cabinet du général de Gaulle, a rappelé dans quelles circonstances ce texte a été adopté après qu'un projet, en date du 1er juin, eut été remanié de façon que les « cinq principes directeurs » qui encadraient la révision projetée figurent dans le dispositif même de la loi. Ces principes compatibles avec la pensée constitutionnelle gaullienne affirment notamment que le pouvoir législatif et le pouvoir exécutif doivent émaner l'un et l'autre du suffrage universel, direct ou indirect, et qu'ils doivent être effectivement séparés, chacun exerçant pour sa part et sous sa responsabilité la plénitude de ses attributions. De Gaulle met alors en place à Matignon et préside un « comité interministériel » où siègent les quatre ministres d'État, Guy Mollet, Pierre Pflimlin, Félix Houphouët-Boigny et Louis Jacquinot, le ministre de la Justice Michel Debré ainsi que le vice-président du Conseil d'État René Cassin, et deux collaborateurs du Général : Raymond Janot et son directeur de cabinet Georges Pompidou. Lors de la première réunion, le 13 juin, de Gaulle rappelle que la séparation des pouvoirs est au cœur de la question constitutionnelle. S'il est parfois difficile de trouver des traces explicites de la manière dont il a tenu la plume (sauf aux articles 5 et 16) ou corrigé celle des autres, ses interventions personnelles jalonnent de manière décisive toutes les semaines de l'été 1958. Les réunions tenues autour de lui à Matignon les 23 et 30 juin, les 7, 8, 9 et 10 juillet, témoignent, au moins en termes d'emploi du temps, de l'importance que le président du Conseil attache à la rédaction du projet constitutionnel. Parallèlement, Michel Debré préside un groupe d'experts qui se réunit place Vendôme. Les souvenirs des uns et des autres témoignent des allers-retours entre ces deux instances. Selon la volonté expresse du Général, les documents écrits sont rares. Cependant dès le 12 juin, devant ses collaborateurs, Michel Debré considérait que certains points étaient d'ores et déjà acquis. Parmi ceux-ci, le fait que le chef de l'État serait la source de l'autorité gouvernementale et qu'il disposerait de pouvoirs propres. De Gaulle a tenu à ce que certains pouvoirs du président de la République soient désormais dispensés du contreseing (nomination du Premier ministre, possibilité de recourir au référendum, dissolution de l'Assemblée nationale, article 16, droit de message, relations avec le Conseil constitutionnel), ce qui n'a guère soulevé de difficultés.

Impatient que les choses avancent plus vite, de Gaulle demande aux principaux rédacteurs de la Constitution de se retirer, selon sa propre expression, « dans une Thébaïde ». C'est ainsi qu'entre le 10 et le 15 juillet un groupe de travail restreint se réunit au château de La Celle-Saint-Cloud, là même où avait eu lieu la discrète rencontre entre Pierre Pflimlin et Charles de Gaulle dans la nuit du 26 au 27 mai. Le premier projet complet de Constitution est alors mis au point. Deux longues réunions du conseil de cabinet présidé par de Gaulle, les 23 et 25 juillet, permettent aux membres du gouvernement de faire connaître leurs avis, d'amender le texte présenté, et au Général d'arrêter les dernières formules. Connu sous le nom de « Cahier rouge », le texte est alors transmis, le 29 juillet, au Comité consultatif constitutionnel. Celui-ci est composé de 39 membres : 16 membres de l'Assemblée nationale, 10 membres du Conseil de la République et 13 personnalités choisies par le gouvernement. Tous les partis y sont représentés sauf les communistes. Dans une courte intervention, de Gaulle résume l'essentiel du projet avant d'évoquer en conclusion « le salut de la République et le service du pays ». Il reviendra devant le Comité consultatif constitutionnel le 8 août après-midi, pour une séance de travail qui, entre 15 h 15 et 16 h 45, constitue une étape capitale du processus. C'est dans ce cadre que le Général concède que le président de la République ne peut pas révoquer le Premier ministre, qu'il insiste sur l'importance du futur article 16 et que, à propos des relations entre la métropole, l'Afrique et Madagascar, il souligne que dans ces territoires le référendum aura valeur de consultation sur l'indépendance et sur leur décision d'entrer ou non dans ce qui va devenir la Communauté.

À la suite des travaux du Comité consultatif constitutionnel, un conseil interministériel se réunit le 19 août. Il arrête le projet qui, après un nouveau conseil de cabinet, le 20, sera transmis dès le lendemain au Conseil d'État. Si le général de Gaulle n'est pas physiquement présent devant la Haute Assemblée, Michel Debré, dans son grand discours du 27 août, et à l'instar de nombreux orateurs, se réfère abondamment à son rôle. Une ultime réunion du groupe de Matignon, le 1er septembre, précède, sous la présidence de René Coty, le long Conseil des ministres du 3 septembre et la présentation solennelle au public le lendemain. Le discours prononcé par de Gaulle, le 4 septembre 1958, place de la République, marque la fin de la phase discrète de l'élaboration de la Constitution. Le projet est désormais connu. Il sera envoyé à tous les électeurs en vue du référendum du 28 septembre et largement discuté dans la presse et dans les formations politiques.

L'apport personnel du Général. De Gaulle a toujours cherché à bien distinguer l'essentiel et l'accessoire, présentant peut-être certaines idées en sachant qu'elles n'auraient guère de chances de prospérer. De manière quelque peu paradoxale, l'article le plus caractéristique de la pensée constitutionnelle du Général n'a pas franchi l'étape de la mi-juin. Dans l'article 1er d'un avant-projet présenté par Michel Debré, probablement inspiré par d'antérieures conversations avec le général de Gaulle, se trouvaient trois alinéas qui reflètent parfaitement la pensée du président du Conseil et la pratique future du président de la République : « Le Président de la République est responsable du maintien de l'indépendance de la Nation et de l'intégrité de son territoire » ; « Assisté du Gouvernement, il définit l'orientation générale de la politique intérieure et extérieure du pays et en assure la continuité » ; « Il prend les initiatives nécessaires pour que les pouvoirs publics puissent remplir leurs missions respectives dans l'intérêt de la nation et le respect de la présente Constitution. »

Face à la réserve, pour ne pas dire l'hostilité de certains ministres d'État à la formule « assisté du Gouvernement... », de Gaulle n'insiste pas. Le tacticien l'emporte. Les alinéas 1 et 3 de ce projet deviendront, dans un ordre inverse, le cœur de l'article 5. Quant à l'alinéa 2, débarrassé du lien entre gouvernement et président de la République, il évolue vers la superbe formule de l'article 20 : « Le Gouvernement détermine et conduit la politique de la Nation. » De là naîtront beaucoup d'ambiguïtés, peut-être aussi la souplesse nécessaire, en particulier lors des cohabitations ultérieures.

Ce qui est dit devant le Comité consultatif constitutionnel le 8 août pour tenter de convaincre les parlementaires présents, et en premier lieu Paul Reynaud, de la nature parlementaire du futur régime confirme le pragmatisme de la démarche. Les corrections manuscrites effectuées par de Gaulle sur le compte-rendu ronéotypé de son audition du 8 août expriment tout à la fois l'extrême importance qu'il attache aux textes et la dynamique exégétique qu'il accorde aux mots. Il ajoute, dans la version définitive, que le Premier ministre est responsable devant le Parlement, et non pas devant le chef de l'État, « en ce qui concerne la conjoncture politique » ; on en déduit *a contrario* que le Premier ministre est responsable devant le Président pour ce qui concerne le long terme. Ce qui n'avait pas été dit devant le Comité consultatif constitutionnel sera écrit, mais évidemment moins remarqué que ce qui a été prononcé. On y trouve en quelque sorte l'anticipation de la conférence de presse du 31 janvier 1964.

L'un des exemples les plus caractéristiques de la capacité du Général à s'adapter à la situation concerne le futur Sénat. Reprenant une idée déjà énoncée à Bayeux, il évoque, dès le 13 juin, la perspective d'un Sénat à trois sections ; la première issue des collectivités locales ; la deuxième représentant le monde économique et social ; la troisième émanant de l'outre-mer. Cette proposition, très caractéristique du réformisme constitutionnel des années 1930, sera reprise (l'outre-mer mise à part) en 1969. En juin 1958, elle est vite écartée sous la pression conjuguée des ministres d'État et même de Michel Debré, au profit d'un Sénat classique qui représente les collectivités territoriales, d'un Conseil économique et social et d'un Sénat de la Communauté dont l'instauration est fortement soutenue par Gaston Monnerville, les uns et les autres ne devinant pas alors que son existence sera éphémère.

Dans le domaine si compliqué des relations entre Parlement et gouvernement, le général de Gaulle s'en remet très largement à l'expérience de Michel Debré, à celle des ministres d'État Guy Mollet, Pierre Pflimlin, Louis Jacquinot et à leurs entourages, c'est-à-dire ceux qui ont vécu comme présidents du Conseil, ministres ou collaborateurs des responsables gouvernementaux l'instabilité et les difficultés du travail parlementaire de la IVe République. Si, au détour de telle ou telle réponse, le 8 août, le général de Gaulle insiste sur certains aspects techniques du futur article 49 (mise en œuvre de la responsabilité gouvernementale), c'est toujours pour réaffirmer l'idée selon laquelle le gouvernement procède du président de la République. Si le général de Gaulle est le père de l'article 8 (nomination du Premier ministre et du gouvernement), il n'est pas celui de l'article 49, alinéa 3 (relatif à la mise en jeu de la responsabilité politique du gouvernement), qui est dû à l'expérience de Guy Mollet et de Pierre Pflimlin.

C'est dans sa volonté d'instituer un gouvernement véritablement autonome et responsable qu'il faut resituer son attachement profond à l'incompatibilité entre la fonction gouvernementale et le mandat parlementaire. Sur ce point, le général de Gaulle ne transigera pas, même si la pratique montrera que le détachement des ministres à l'égard de leur circonscription est loin d'être une réalité. Dès le 13 juin 1958, il affirme que les membres du gouvernement ne doivent pas demeurer parlementaires ; il le rappellera dans son discours du 4 septembre.

Dans le domaine des relations entre la métropole et l'outre-mer, de Gaulle fera également preuve de pragmatisme. Si ses idées d'origine tournent pour l'essentiel autour de la Fédération, il admettra volontiers l'expression de « Communauté », acceptant que, dans le texte soumis au référendum, coexistent en quelque sorte deux Constitutions : celle de la République et celle de la Communauté (Titre XII de la Constitution).

Rédigeant, dans le calme retrouvé de La Boisserie, le premier chapitre du *Renouveau* [*ME*], le général de Gaulle se penchera sur le travail accompli pendant les quelques semaines de l'été 1958 : « Ce qui est écrit, fût-ce sur un parchemin, ne vaut que par l'application. Une fois votée la Constitution nouvelle, il restera à la mettre en pratique, de telle sorte qu'elle soit marquée, en fait, par l'autorité et l'efficacité qu'elle va comporter en droit. Ce combat, là aussi, sera le mien. » Le tacticien et le stratège vont de nouveau se retrouver, notamment lorsque la guerre d'Algérie terminée les circonstances de l'attentat du Petit-Clamart permettront de parachever l'institution présidentielle et de mettre ainsi un point final à la contribution du général de Gaulle à l'écriture de la Constitution de la Ve République.

Didier Maus

• *Voir aussi* : Constitutionnelles (pratiques contestées) ; Discours de Bayeux ; Dissolution ; Domaine réservé ; Ordonnances ; Pouvoirs exceptionnels ; Président de la République ; Référendum (usage du)

Bibl. : Comité national chargé de la publication des travaux préparatoires des institutions de la

Ve République, *Documents pour servir à l'histoire de l'élaboration de la Constitution du 4 octobre 1958*, Paris, La Documentation française, 4 vol., 1987-2001 • Didier Maus, Louis Favoreu et Jean-Luc Parodi (dir.), *L'Écriture de la Constitution de 1958*, Paris, Economica, Aix-en-Provence, PUAM, 1992 • Didier Maus et Olivier Passelecq (dir.), *Témoignages sur l'écriture de la Constitution de 1958*, Paris, La Documentation française, 1997.

CONSTITUTIONNEL, débat (1945). – Lorsque la question constitutionnelle émerge sur la scène publique en juin 1945, après la capitulation allemande, la nécessité d'un renouveau est vivement ressentie. Pour beaucoup, en effet, les carences du parlementarisme absolu sont responsables de l'effondrement de 1940. Pérenniser la république suppose donc un renforcement de l'organe exécutif. Nombre de projets de la Résistance se sont d'ailleurs prononcés en ce sens. Pourtant, au moment des choix décisifs, tant le souvenir de Vichy que la reprise du jeu des partis hypothèquent une véritable émancipation de l'exécutif.

Le général de Gaulle lui-même semble hésiter. À l'occasion d'une conférence de presse, le 2 juin, il évoque trois possibilités : ou bien faire élire séparément une Chambre et un Sénat, puis les réunir à Versailles en une Assemblée nationale qui modifierait, ou non, la Constitution de 1875 ; ou bien considérer que cette Constitution est morte et procéder à l'élection d'une Constituante omnipotente ; ou, enfin, consulter le pays sur une organisation des pouvoirs à laquelle la Constituante devrait se conformer. L'éventualité d'un retour à la IIIe République surprend. L'ordonnance du 21 avril 1944 n'avait-elle pas prévu en son article 1er, inspiré par la plume de Vincent Auriol – à en croire le futur président de la IVe République –, la convocation d'une Assemblée nationale constituante ?

Quoi qu'il en soit, la réaction des partis est immédiate. Pour divisés qu'ils soient entre la création d'une Constituante souveraine – position des communistes et des socialistes – et le retour aux institutions de 1875 – revendication des radicaux –, tous condamnent la perspective d'un appel au peuple. « Rien ne montrait plus clairement, confie de Gaulle dans ses *Mémoires de guerre*, à quelle déformation du sens démocratique menait l'esprit des partis. Pour eux, la République devait être leur propriété et le peuple n'existait, en tant que souverain, que pour déléguer ses droits et jusqu'à son libre arbitre aux hommes qu'ils lui désignaient. »

Limiter les pouvoirs de la future Constituante ? C'est seulement le 7 juillet que le Général saisit le gouvernement d'un projet d'ordonnance établi en collaboration avec son ministre d'État Jules Jeanneney. Malgré la diversité des affiliations partisanes, le Conseil des ministres l'adopte le 9 à l'unanimité. Dans un message radiodiffusé du 12, de Gaulle, en sa qualité de président du GPRF (Gouvernement provisoire de la République française), informe le peuple de la teneur du projet, que le gouvernement rend public le surlendemain. Deux questions seront posées au corps électoral : souhaite-t-il que la nouvelle Assemblée à élire soit constituante ? En cas de réponse affirmative, approuve-t-il que les pouvoirs publics soient, jusqu'à la mise en vigueur de la nouvelle Constitution, organisés conformément au projet de loi ci-joint ? Selon ce projet, la future Constituante serait privée de l'initiative des lois, pouvant seulement amender les projets du gouvernement. Celui-ci serait uniquement tenu de la saisir des projets autorisant la ratification de traités ou modifiant la structure économique ou sociale du pays. Elle voterait par ailleurs le budget, mais sans avoir l'initiative des dépenses. Le projet limite d'autre part le pouvoir constituant de l'Assemblée, en fixant tout d'abord un terme à ses travaux : sept mois à compter de sa première réunion, en soumettant ensuite son œuvre au verdict du peuple souverain. Enfin, hormis l'élection du président du futur gouvernement par l'Assemblée, rien n'est prévu quant à ses pouvoirs de contrôle du gouvernement. Certes, une réponse négative à la première question laisse ouverte la possibilité d'un retour aux institutions de la IIIe République, mais le degré de précision du projet de loi organisant les travaux de l'éventuelle Constituante atteste que les scrupules juridiques ne sont plus pour le Général un obstacle sur la voie du renouveau.

L'Assemblée consultative provisoire, dont les faibles pouvoirs ne favorisent guère la sérénité, est saisie du texte gouvernemental le 16 juillet 1945. Sa réaction est vive, d'autant plus que, le 21 à Brest, de Gaulle a pris publiquement position contre un retour à 1875 et en faveur d'une Constituante aux prérogatives limitées. D'emblée, la commission de réforme de l'État et de législation, présidée par un radical, l'éminent juriste Paul Bastid, rejette le texte gouvernemental en lui opposant la question préalable. C'est dans ce contexte tendu que l'Assemblée consultative provisoire débat, du 27 au 29 juillet, en séance plénière. Le Général intervient à cinq reprises dans la discussion. Jamais il ne répond directement aux représentants communistes, dont la critique est pourtant virulente, comme l'attestent les propos de Georges Cogniot ou de Jacques Duclos. En revanche, il estime nécessaire, outre une intervention générale lors de la dernière séance, de prendre la parole pour répondre à des parlementaires radicaux et socialistes. Il est vrai que le registre est différent. Rejeter la procédure constitutionnelle prévue par les lois de 1875, à laquelle on sait les radicaux attachés, soulève quelques objections juridiques qu'il importe de compenser par un engagement politique. Quant aux socialistes, ils se placent désormais sur un terrain plus constructif en se montrant plus ouverts à l'idée d'un référendum, ce qui pousse logiquement le Général à prêter une oreille attentive à leurs inquiétudes.

L'hostilité des partis. Les radicaux sont les premiers à s'exprimer en la personne de Marcel Plaisant dès le 27 juillet. Au nom de la commission de réforme de l'État et de législation, dont il est le rapporteur, il condamne l'absence de responsabilité ministérielle, s'indigne de la limitation des pouvoirs de l'Assemblée, n'hésite pas enfin à assimiler le référendum aux plébiscites napoléoniens. La réponse du président du GPRF est à la hauteur de l'attaque : « Il y a là un abus de termes contre lequel la dignité du gouvernement de la République a le droit de s'élever formellement... Ce gouvernement-ci, Messieurs, qui dirige la nation, qui l'a dirigée dans son effort pour la guerre, qui a relevé la République, son drapeau, ses lois et jusqu'à son nom. Ce gouvernement prend aujourd'hui, conformément à ses promesses et à son devoir sacré, les dispositions nécessaires pour rendre la parole au peuple, faire désigner une Assemblée qui élira le chef du futur gouvernement, devant lequel ce gouvernement-ci s'efface d'avance... Je demande un peu d'équité. » À Laurent Bonnevay, que son plaidoyer en faveur de la procédure constitutionnelle de 1875 amène à assimiler « Constituante souveraine » et « gouvernement omnipotent », y voyant les dangers conjugués de l'« aventure », de la « dictature » et de l'« absolutisme », de Gaulle rappelle que l'organisation transitoire qu'il préconise relève avant tout d'une recherche d'équilibre.

Le 28 juillet, face au socialiste Gaston Defferre, partisan avec la gauche d'une Constituante qui ne souffre aucune entrave dans l'exercice de ses fonctions et devant qui le gouvernement soit responsable, il argumente : « On parle beaucoup de Constituante souveraine. Mais c'est un terme mal choisi. Il n'y a qu'un seul souverain : le peuple. Une assemblée souveraine, dans quelle mesure l'est-elle ? Dans la mesure où le peuple lui en a donné les pouvoirs. Un point, c'est tout. » Il se montre en revanche ouvert sur la question de la responsabilité, n'excluant pas que le gouvernement, une fois constitué par son président, doive obtenir un vote de confiance explicite de l'Assemblée : « Aucun gouvernement, et en particulier celui-là, ne pourrait, me semble-t-il, se refuser à une formalité pareille. » Il reste qu'il faut en finir avec l'instabilité ministérielle : « Nous avons eu 102 ministères de 1875 à 1940, pendant que l'Angleterre en avait 20 et que les États-Unis avaient 14 présidents. » Cet état permanent de crise est la cause de l'« effrayante facilité » avec laquelle s'est produit l'« évanouissement de 1940 ».

Ce thème de la stabilité ministérielle est également un des points forts du discours que de Gaulle prononce à la tribune de l'Assemblée le 29 juillet. Son intervention est articulée autour de trois axes. Le président du GPRF revient tout d'abord sur les institutions de 1875 qui ne répondent plus aux nécessités de l'époque quant à l'organisation, au fonctionnement et aux rapports entre pouvoirs exécutif et législatif. « Voilà pourquoi les sérieux scrupules juridiques, qui ont pu dans mon esprit militer parfois en faveur d'une remise en place du système de juin 1940, se sont effacés devant des certitudes politiques, morales et nationales et j'ajoute, comme tout à l'heure le président de la commission de la France d'outre-mer [il s'agit de Gaston Monnerville qui vient de rappeler l'engagement du Général, à la conférence de Brazzaville de janvier-février 1944, en faveur d'une représentation plus juste des populations d'outre-mer dans les assemblées futures], devant des considérations relatives à la communauté française. » Il exprime ensuite à nouveau son opposition à une Constituante souveraine pour s'en tenir au projet du gouvernement, seule institution en mesure de prendre l'initiative vis-à-vis de la nation. Il conclut enfin sur l'indispensable stabilité ministérielle « sans laquelle il serait désormais inutile de parler de gouvernement ». « La responsabilité du pouvoir exécutif doit être entière, mais elle ne doit pas pouvoir être invoquée à chaque instant. »

C'est précisément dans le but de résoudre cette délicate équation que Vincent Auriol et Claude Bourdet proposent un contre-projet en fin de discussion. Tout en restaurant la plénitude de la compétence législative de l'Assemblée, celui-ci limite aux questions essentielles la responsabilité du gouvernement, dont la démission ne serait obligatoire qu'après le vote distinct d'une motion de censure à la majorité absolue des membres de l'Assemblée. Tout en rappelant sa volonté de fixer un terme aux travaux de l'Assemblée, point sur lequel le contre-projet reste muet, de Gaulle marque clairement son intérêt pour ce texte qui « mérite de la part du gouvernement une considération complète tout à la fois dans son esprit et dans son économie ». Cette proposition, qui ne devait pas connaître devant l'Assemblée consultative provisoire un meilleur accueil que le projet du GPRF, allait néanmoins être retenue par le gouvernement dans l'ordonnance du 17 août 1945 organisant la consultation du peuple français par voie de référendum.

Marcel Morabito

• *Voir aussi* : Constitutionnelles (conceptions) ; Démission de 1946 ; Discours de Bayeux ; GPRF ; Référendum du 21 octobre 1945

Bibl. : Jean Lacouture, *De Gaulle*, t. 2, *Le Politique*, Paris, Le Seuil, 1985.

CONSTITUTIONNELLES (conceptions). – Même en matière institutionnelle, le gaullisme n'a pas créé d'idéologie. Et les conceptions constitutionnelles du général de Gaulle ont été largement tributaires des circonstances historiques dans lesquelles il s'est trouvé placé. Sans doute les préférences monarchiques de son entourage familial l'ont-elles prédisposé au respect de l'autorité. Mais c'est sa profession militaire, respectueuse de la République établie, et les difficultés rencontrées par les gouvernements dans la conduite de la guerre de 1914-1918 qui l'ont conduit davantage à souhaiter une réforme des institutions. Sa présence au sein du secrétariat général de la Défense nationale, de 1932 à 1937, ne fera que conforter sa conviction en ce sens. « Témoin réservé, mais passionné, des affaires publiques, écrit-il dans ses *Mémoires de guerre*, j'assistai à la répétition continuelle du même scénario. À peine en fonctions, le président du Conseil était aux prises avec d'innombrables exigences, critiques et surenchères que son activité s'employait à dérouler sans pouvoir les maîtriser. Le Parlement, loin de le soutenir, ne lui offrait qu'embûches et défections. Ses ministres étaient des rivaux. » Mais la défaite et l'armistice de juin 1940 jouèrent un rôle décisif et justifieront, à ses yeux, les appels lancés en vain au cours des années 1930 par différents hommes politiques en faveur de la « réforme de l'État ». Car le service de l'État sera la clé de voûte d'une pensée qui cherchera désormais à ordonner les institutions en vue d'en assurer l'efficacité et la continuité. Une philosophie qui va à l'encontre du « régime des partis », auquel le général de Gaulle imputera l'incapacité des IIIe et IVe Républiques à surmonter la menace allemande, l'hégémonie américaine et les crises de décolonisation.

Ces circonstances expliquent, mieux qu'une influence maurrassienne ou démocrate-chrétienne, une attitude qui ne se démentira pas de 1940 à 1959, même si elle aura été infléchie dans un sens républicain par le contact de la Résistance, et dans un sens autoritaire par la conjoncture internationale. L'État et son pouvoir sont donc au centre des idées constitutionnelles du général de Gaulle. Ce dont témoigne le premier acte qu'il accomplit à la libération de Paris en août 1944, dès lors qu'au lieu de se rendre d'emblée à l'Hôtel de Ville pour proclamer la république, il se dirige vers le ministère de la Guerre, rue Saint-Dominique : « Rien n'y manque, écrit-il, excepté l'État. Aussi, je m'y suis d'abord installé. » Il n'est donc pas étonnant que, dans la continuité du discours de Bayeux prononcé en 1946, le « trait essentiel de la Constitution de 1958 » ait résidé « dans le rétablissement de l'État au rang des forces animatrices de la vie politique », comme l'écrit Georges Burdeau.

Consacrer un réel pouvoir d'arbitrage du chef de l'État. L'on en trouvera la trace tant dans les discours, notamment ceux de Bayeux et d'Épinal, que dans la Constitution de 1958 et plus encore dans la pratique de la Ve République. Le texte qui reflète le mieux la conception constitutionnelle du général de Gaulle est en effet l'article 5 de la loi fondamentale qui, avant même d'évoquer le rôle du Parlement, définit celui du président de la République. Il « veille au respect de la Constitution. Il assure, par son arbitrage, le fonctionnement régulier des pouvoirs publics ainsi que la continuité de l'État. Il est le garant de l'indépendance nationale, de l'intégrité du territoire, du respect des accords de Communauté et des traités ». Or le mot « arbitrage », contrairement à ce que les hommes politiques de la IVe République ont pu croire sur le moment, ne s'entend pas, aux yeux de De Gaulle, au sens de l'arbitre sportif qui siffle le début et la fin de la partie, mais du pouvoir d'État, c'est-à-dire régalien, qui inspirera le comportement personnel du premier président de la Ve République. D'autres dispositions constitutionnelles permettront une interprétation en ce sens. Ainsi en sera-t-il du droit de dissolution de l'Assemblée nationale, dispensé de contreseing, du recours au référendum, de la nomination aux emplois civils et militaires, de la présidence du Conseil des ministres, de l'approbation des projets de lois, décrets ou ordonnances, de la direction des armées ou de la mise en œuvre de l'article 16, sans compter la nomination et la révocation du Premier ministre. En fait, pendant quatre années, de 1958 à 1962, les circonstances de la guerre d'Algérie se prêteront à cette interprétation, infléchissant la pratique du régime dans un sens présidentiel. Et lorsque l'on en verra la fin, au lieu de revenir vers un régime parlementaire proche du texte initial, de Gaulle entendra légitimer cette pratique en demandant aux Françaises et aux Français, par voie de référendum, d'élire le chef de l'État au suffrage universel.

Certes, la Constitution de la Ve République contient aussi une série de mesures, inspirées par Michel Debré et le Conseil d'État, relevant du « parlementarisme rationalisé ». Leur mise en œuvre aurait permis une interprétation parlementaire efficace du régime qui s'appliquera d'ailleurs plus tard en période de cohabitation. Mais, sans les récuser, ces mesures ne répondront pas directement aux préoccupations du général de Gaulle telles qu'il les exprimera dans sa célèbre conférence de presse du 31 janvier 1964. Pour lui, il aura toujours été « évidemment entendu que l'autorité indivisible de l'État est confiée tout entière au président par le peuple qui l'a élu, qu'il n'en existe aucune autre, ni ministérielle, ni civile, ni militaire, ni judiciaire, qui ne soit conférée et maintenue par lui, enfin qu'il lui appartient d'ajuster le domaine suprême qui lui est propre avec ceux dont il attribue la gestion à d'autres ».

Est-ce à dire que le général de Gaulle ait été un adepte du régime présidentiel à l'américaine ? Certainement pas, « en raison, déclare-t-il le 31 janvier 1964, des modalités d'une campagne électorale très inféodée au régime des partis d'une part, trop carnavalesque d'autre part ». Ce qui sera l'une des explications de la solution retenue en 1958 en faveur de l'élection du chef de l'État par de grands électeurs. D'ailleurs, de Gaulle est conscient de la tradition parlementaire qui règne en France comme en Europe ; d'où le choix raisonné de maintenir sous la Ve République le septennat présidentiel. Mais, hostile à la dérive du parlementarisme vers le régime d'assemblée, il entendra recourir à la séparation des pouvoirs pour protéger le gouvernement. Et dès le discours de Bayeux en 1946, il proclamera, sans jamais revenir sur cette exigence, que « c'est donc du chef de l'État, placé au-dessus des partis, [...] que doit procéder le pouvoir exécutif », qualifié pour la première fois en 1958 dans une Constitution française, en son titre III, de « gouvernement ».

Maintenir les partis à distance. Hélas, la première expérience de l'élection du président de la Ve République, en 1965, le décevra, dans la mesure précisément où les partis, même encore affaiblis, sauront récupérer à leur profit le jeu des candidatures. D'où, entre les deux tours de scrutin, ce morceau d'anthologie livré oralement au journaliste Michel Droit quand, après avoir rappelé que la Constitution de 1958 a été faite pour que l'État ne fût pas à la discrétion des partis, il s'exclame : « Mais si, malgré l'enveloppe, malgré les termes, malgré l'esprit de ce qui a été voté en 1958, les partis se réemparent des institutions de la République, de l'État, alors, évidemment, rien ne vaut plus ! On a fait des confessionnaux, c'est pour tâcher de repousser le diable ! Mais si le diable est dans le confessionnal, cela change tout. Or ce qui est en train d'être essayé, c'est, par le détour de l'élection du président de la République au suffrage universel, de remettre l'État à la discrétion des partis. Car comment peut marcher la Constitution de 1958, et comment marche-t-elle, et marche-t-elle très bien, depuis sept ans ? Elle marche grâce à un chef d'État qui n'appartient pas aux partis [...], qui est là pour le pays ; qui a été désigné, sans doute par les événements mais qui, en outre, répond à quelque chose qui est commun à tous les Français, par-dessus les partis, et qui est leur intérêt commun, leur intérêt national. » Et le général de Gaulle d'ajouter le 15 décembre 1965 : « La France, c'est tout à la fois, c'est tous les Français. Ce n'est pas la gauche, la France ! Ce n'est pas la droite, la France ! » Et de préciser le 17 décembre, pour conclure : « Car il n'y a pas de textes constitutionnels, fussent-ils interprétés suivant l'occurrence, ni de déclarations habilement balancées, ni de promesses gratuitement distribuées, qui puissent faire qu'en France un chef de l'État en soit véritablement un s'il procède, non point de la confiance profonde de la nation, mais d'un arrangement momentané entre professionnels de l'astuce. »

Ce ton gouailleur exprime finalement le fond de sa pensée, à savoir que le service de l'État doit pouvoir toujours l'emporter sur les intérêts des partis. Non pas que ceux-ci doivent disparaître : la Constitution de 1958, en son article 4, est la première à reconnaître leur existence. Mais s'ils concourent à l'expression du suffrage et trouvent leur place au sein du Parlement, l'incompatibilité des fonctions gouvernementales et du mandat parlementaire admise dès le discours d'Épinal par de Gaulle doit protéger le gouvernement de la France de leurs « jeux et délices ». En fin de compte, pour le premier président de la Ve République, « une Constitution, c'est un esprit, des institutions, une pratique. Pour ce qui est de la nôtre, ajoute-t-il, son esprit procède de la nécessité d'assurer aux pouvoirs publics l'efficacité, la stabilité et la responsabilité dont ils manquaient organiquement sous la IIIe et sous la IVe République ». Cette phrase, qui ouvre la conférence de presse du 31 janvier 1964, livre, en fin de compte, l'obsession historique du général de Gaulle, qui, plus que toute référence théorique ou idéologique, rend compte de sa conception constitutionnelle.

Restent deux aspects complémentaires que cette exigence ne peut laisser sous silence. Le premier concerne l'outre-mer. Ici a semblé s'exercer, comme en matière de référendum, l'influence de René Capitant. À l'Union française, instituée par la IVe République, mais bien mal en point en 1958, la Ve République fait succéder la Communauté, selon une terminologie qui serait due à Michel Debré. Mais, loin de former un ensemble réellement fédératif où l'Algérie aurait pu trouver « une place de choix » si l'indépendance n'était devenue inéluctable, elle jouera en réalité le rôle d'une structure de transition permettant d'assurer la décolonisation pacifique des territoires d'Afrique noire et de Madagascar. Quant au Sénat, une évolution s'est dessinée qui a rejoint finalement, dans la pensée du général de Gaulle, l'idée initiale présentée dans le discours de Bayeux. Alors que dans l'esprit du Général, en 1958, il devait servir de contre-pouvoir aux éventuels excès de l'Assemblée nationale et jouer un rôle de soutien au gouvernement, la crise de 1962 et l'accusation par le président Gaston Monnerville de forfaiture adressée au Premier ministre, Georges Pompidou, le convainquirent que sa fonction réelle était de servir de réceptacle aux rescapés de la IVe République. D'où le projet constitutionnel de 1969 tendant à fusionner le Grand Conseil des collectivités territoriales de France avec le Conseil économique et social. Faut-il voir là un reste d'influence de l'un des thèmes propres à la démocratie chrétienne ? Ce serait beaucoup s'avancer. D'autant plus qu'à l'époque l'idée ne séduit pas les tenants de ce qui avait été le MRP (Mouvement républicain populaire). Elle se rapprochait davantage du mirage entretenu par les gaullistes de gauche en faveur de l'« association capital-travail ». Mais elle heurta de plein fouet les élus locaux, qui jouèrent un rôle décisif dans l'échec du référendum de 1969 et le départ du Général.

Revenons à l'essentiel, l'autorité du chef de l'État. Dans l'esprit de De Gaulle, elle reposa à l'origine de la Ve République moins sur l'investiture des grands électeurs que sur ce qu'il appela, le 29 janvier 1960, en réagissant à la télévision contre le « putsch des généraux » d'Alger, « la légitimité nationale que j'incarne depuis vingt ans », c'est-à-dire celle qu'il entendait tirer de l'appel du 18 juin 1940. Or celle-ci ne pouvait se prolonger indéfiniment, ni, surtout, valoir pour ses successeurs. D'où le recours au suffrage universel en 1962 pour l'élection du président de la République. Or, comment cette élection aurait-elle pu, sauf en ce qui le concerne, se passer de la médiation des partis politiques ? Là, sans doute, réside le talon d'Achille du projet constitutionnel du général de Gaulle, selon lequel, « pour accomplir leur tâche, l'État et la République doivent avoir une tête et une continuité ». À moins de recourir à l'hérédité monarchique, la compétition des partis se prête mal à l'assurer dans un pays où la bipolarisation elle-même des forces politiques ne conduit pas au bipartisme, ce qu'illustre l'augmentation croissante, de scrutin en scrutin, du nombre de candidats à l'élection présidentielle.

Par conséquent, si, pour de Gaulle, le pouvoir d'État devait prendre sa source dans « la nation tout entière », la politisation progressive de son élection, confirmée par l'adoption du quinquennat, devait rendre de plus en plus difficile la mise en œuvre effective de cette vision constitutionnelle. À tel point que, face à cette exception française par rapport aux régimes parlementaires de type primo-ministériel que pratiquent la plupart des États membres de l'Union européenne, l'on se demande aujourd'hui si les idées constitutionnelles du général de Gaulle n'étaient pas faites davantage pour les temps de crise que pour les temps ordinaires. Reste que la présence de véritables hommes (ou femmes) d'État dans un pays comme la France demeure, aujourd'hui comme hier, une condition nécessaire pour mener à bien les mutations de la société française. Car ce qui valait naguère à l'occasion de la guerre mondiale et, un peu plus tard, pour la décolonisation vaut de nos jours pour la construction de l'Europe.

Jean-Louis QUERMONNE

• *Voir aussi* : Conférence de presse du 31 janvier 1964 ; Discours de Bayeux ; Partis politiques ; Président de la République ; République

Bibl. : Pierre Avril, *Le Régime politique de la Ve République*, Paris, LGDJ, 1975 • Dominique Chagnollaud et Jean-Louis Quermonne, *La Ve République*, t. 1, *Le Régime politique*, Paris, Flammarion, 2000 • Jean-Louis Debré, *Les*

Idées constitutionnelles du général de Gaulle, Paris, LGDJ, 1975.

CONSTITUTIONNELLES (pratiques contestées). – Consensuelle. Telle se présente la Constitution de 1958 adoptée par plus de 80 % des électeurs. Pourtant, son application a nourri de nombreuses contestations dont la plus importante se situe en 1962, à propos de l'élection populaire du chef de l'État. Mais il ne pouvait en être autrement s'il est vrai qu'une constitution est « un esprit, des institutions, une pratique », selon l'opinion du Général exprimée au cours de sa conférence de presse du 31 janvier 1964. « Ce qui est écrit, affirmera-t-il ultérieurement, fût-ce sur un parchemin, ne vaut que par l'application » [*ME*]. Nouveaux rapports juridiques, nouveaux rapports de force politiques, nouvelle pédagogie institutionnelle, autant de considérations qu'il importe d'avoir présentes à l'esprit au moment d'envisager la pratique de la Constitution. À prendre la mesure des choses, les jugements de valeur ne sont pas, en vérité, aussi simples à énoncer qu'il y paraît de prime abord.

Interprétation et interprète. L'interprétation s'avère malaisée, pour des raisons juridiques et politiques. La Constitution a été élaborée par le gouvernement du général de Gaulle, selon une procédure dérogatoire à la tradition républicaine qui s'identifie à la réunion d'une assemblée constituante. Cette différence de situation se révèle déterminante pour le juriste ; il ne peut recourir aux débats parlementaires préparatoires pour lever une ambiguïté ou apprécier un silence. Il faut aussi garder présent à l'esprit que cette Constitution, liée à la guerre d'Algérie, se présente, en 1958, comme une constitution d'attente, un compromis. Il est aisé d'affirmer que la véritable naissance de la Ve République date de 1962. Il s'ensuit que la Constitution a été volontairement écrite, en divers passages, d'une manière vague, sinon confuse. À preuve, le caractère nébuleux des dispositions de l'article 11 relatif au référendum. Il est également superflu de vouloir préciser les termes de l'article 16, rédigé de manière volontairement imprécise ou, plus exactement, à fin de raison d'État.

Quel est l'interprète autorisé de la Constitution ? Ce rôle insigne incombe au président de la République qui, en vertu de l'article 5, « veille au respect de la Constitution. Il assure, par son arbitrage, le fonctionnement régulier des pouvoirs publics ainsi que la continuité de l'État ». Que l'arbitre se double d'un capitaine, en sa qualité de gouvernant et chef de la majorité parlementaire, qu'il soit ainsi juge et partie n'a pas eu pour effet d'écarter son rôle d'interprète. À cet instant s'impose la réflexion rétrospective du Général : « Les institutions nouvelles sont en place. Du sommet de l'État, comment vais-je les façonner ? Dans une large mesure, il m'appartient de le faire » [*ME*].

Mais *quid* du Conseil constitutionnel, regardé lui aussi comme le gardien de la Constitution ? En dehors de sa mission juridictionnelle de juge de la constitutionnalité de la loi – article 61 de la Constitution –, il ne dispose pas du pouvoir d'interpréter la Constitution en cas de litige entre les pouvoirs publics. Le Conseil constitutionnel cultiva longtemps une discrétion extrême et ne s'éveilla à la vie qu'après le départ du Général. Quant au Conseil d'État, il est évident qu'une réponse identique s'imposerait. En tant qu'organe consultatif, et d'après l'article 39, il n'émet que des avis ; en tant que juge, il se déclare incompétent en matière constitutionnelle (théorie des « actes de gouvernement »).

Les questions litigieuses. Trois différends importants sont à recenser : en mars 1960, le Général s'oppose à la convocation du Parlement en session extraordinaire ; en avril 1961, il refuse à ce dernier l'exercice de ses attributions en période d'application de l'article 16 ; enfin, en septembre 1962, pour modifier la Constitution, il retient la procédure référendaire prévue à l'article 11, de préférence à l'article 89 spécialement consacré aux procédures de révision.

Hors les cas dans lesquels le Parlement se réunit de plein droit, « les sessions extraordinaires sont ouvertes et closes par décret du président de la République » dispose l'article 30 de la Constitution. En mars 1960, la majorité des députés se prononce pour la réunion du Parlement sur un ordre du jour déterminé comprenant l'examen de propositions de loi destinées à remédier au malaise du monde agricole. Le président de l'Assemblée nationale, Jacques Chaban-Delmas, adresse le 17 mars une lettre en ce sens au chef de l'État. Le lendemain, celui-ci refuse la convocation. Il aurait pu dire que la forme de l'indicatif, dans un texte juridique, n'est pas impérative. Après avoir rappelé, de manière péremptoire, son rôle dans l'élaboration de la Constitution, le Général met en avant, successivement, le fait que les demandes parlementaires résultent des démarches pressantes des organisations professionnelles, ce qui appelle implicitement la condamnation d'un mandat impératif (article 27 de la Constitution) ; que lesdites propositions sont irrecevables d'un point de vue financier (article 40) et que, de toute façon, le gouvernement prépare, en la matière, des projets pour la prochaine session. Le refus du Général provoqua la protestation de Vincent Auriol, membre de droit du Conseil constitutionnel, qui décida de ne plus y siéger. L'opposition parlementaire déposa en vain une motion de censure, le 5 mai suivant. Il est à noter que le précédent gaullien ferait jurisprudence, plus tard, lors des périodes de cohabitation.

Autre moment de crispation institutionnelle : l'utilisation des pouvoirs exceptionnels de l'article 16 de la Constitution, en réplique au putsch d'Alger, en avril 1961. À la suite d'une concomitance entre la « réunion de plein droit » du Parlement, prévue en cette circonstance, et sa session ordinaire, le chef de l'État adresse le 25 avril un message aux assemblées destiné à opérer des clarifications. La mise en œuvre de l'article 16 ne saurait modifier, dit-il, les activités du Parlement : exercice du pouvoir législatif et contrôle. Les rapports entre le gouvernement et le Parlement doivent fonctionner dans les conditions normales « pour autant qu'il ne s'agisse pas des mesures prises ou à prendre en vertu de l'article 16 ». Quelques mois plus tard, par lettre adressée au Premier ministre Michel Debré, le 31 août, le chef de l'État dénonce la réunion exceptionnelle du Sénat et de l'Assemblée nationale des 5 et 12 septembre suivants, consacrée aux questions agricoles et rendue possible sous couvert du texte littéral de l'article 16 (réunion de droit). Le président s'oppose à ce que la réunion annoncée du Parlement ait un aboutissement législatif puisqu'on n'est pas dans une période de « session ordinaire ». L'opposition réagit sur-le-champ en déposant une motion de censure. Jacques Chaban-Delmas la déclare irrecevable. Au nom du parallélisme des procédures, il estime en effet que dès lors que les travaux du Parlement ne peuvent avoir un aboutissement législatif en dehors des sessions normales, la responsabilité du gouvernement ne peut pas, non plus, être engagée ni mise en cause. L'arbitre suprême ayant tranché, les pouvoirs publics obtempèrent, conformément à la logique institutionnelle et politique.

Au lendemain de l'attentat du Petit-Clamart du 22 août 1962, le Général innove au point de provoquer un véritable maelström juridico-politique. Il annonce, le 20 septembre, sa détermination de soumettre directement au peuple, par la voie référendaire de l'article 11 de la Constitution, un projet de révision tendant à faire élire le président de la République au suffrage universel direct. Parce qu'il écarte la procédure parlementaire de l'article 89, inséré au titre XVI – « De la révision » –, le chef de l'État est accusé par le président du Sénat, Gaston Monnerville, de « violation délibérée [...] outrageante de la Constitution », et le Premier ministre de « forfaiture ». Une motion de censure est déposée à l'Assemblée nationale le 2 octobre au motif que le président de la République viole la Constitution dont il est le gardien. Elle est adoptée trois jours plus tard et le gouvernement Pompidou renversé, dans une ambiance héroïque de légitime défense de la République, comme en 1877. « Pour nous républicains, s'exclame Paul Reynaud, la France est ici et non ailleurs. [...] Aussi Monsieur le Premier ministre, allez dire à l'Élysée que cette assemblée n'est pas assez dégénérée pour renier la

République ! » Pierre Sudreau, ministre de l'Éducation nationale, démissionne. À l'unisson, le Conseil d'État et même le docile Conseil constitutionnel rendent un avis négatif à la quasi-unanimité de leurs membres ; les juristes, dans leur grande majorité, s'opposent à leur tour au choix présidentiel.

Pour soutenir son analyse, le Général enrôle l'article 3 de la Constitution, aux termes duquel la souveraineté nationale appartient au peuple qui l'exerce par ses représentants et par la voie du référendum. Il se livre ensuite à l'exégèse de l'article 11 : « Le président de la République [...] peut soumettre au référendum tout projet de loi [le projet de révision emprunte cette forme] portant sur l'organisation des pouvoirs publics », ce qui, dans son esprit englobe évidemment le mode d'élection du président. À y réfléchir, l'organisation n'est-elle pas l'un des objets poursuivis par toute constitution ? Un argument qu'il devait du reste solliciter le 10 avril 1969, plaidant à nouveau le recours à l'article 11.

Conformément à l'article 50 de la Constitution, le Premier ministre présente le 5 octobre sa démission au chef de l'État, qui le charge d'expédier les affaires courantes. Interprétant largement ses pouvoirs, le chef de l'État l'acceptera seulement le 28 novembre, à l'issue des élections législatives. Le 28 octobre, la révision constitutionnelle est approuvée par 62,2 % des suffrages et, reconnaissance suprême, le Conseil constitutionnel se déclare incompétent le 6 novembre à l'égard de ces lois, adoptées directement par le peuple, qui « constituent l'expression directe de la souveraineté nationale ». La procédure concurrente de révision de la Constitution choisie par le Général est consacrée et la loi promulguée, le même jour. De ce fait, le peuple souverain a vidé la querelle. Dans un entretien à la revue *Pouvoirs* en 1988, François Mitterrand ralliera cette thèse. Il a appartenu au Conseil constitutionnel de clore cette querelle désormais dépassée : le pouvoir constituant est souverain, il lui est loisible d'abroger, de modifier ou de compléter des dispositions de valeur constitutionnelle dans la forme qu'il estime appropriée. Tout est dit sur le binôme inédit des articles 11 et 89, réunis dorénavant dans la même considération ! Jean Gicquel

• *Voir aussi* : Antigaullistes ralliés ; Conseil constitutionnel ; Conseil d'État ; Crise constitutionnelle de 1962 ; Pouvoirs exceptionnels

Bibl. : Pierre Avril, *Le Régime politique de la Ve République*, Paris, LGDJ, 1979 • Jacques Chapsal, *La Vie politique sous la Ve République*, Paris, PUF, 1984 • Jean Gicquel, *Essai sur la pratique de la Ve République*, Paris, LGDJ, 1977 (1re éd. 1968).

CONTRACEPTION (loi Neuwirth, 1967). – Jusqu'en 1967, la contraception a été régie en France par la loi de 1920 qui interdisait toute information ainsi que la vente ou la distribution de contraceptifs (à l'exception du préservatif). Sa légalisation a nécessité un long combat dont l'une des dates marquantes aura été la création en 1956, par le Dr Lagroua-Weill-Hallé, de La Maternité heureuse, association qui allait fournir à ses membres informations et moyens d'éviter les grossesses non souhaitées – et devenir en 1960 le Mouvement français pour le planning familial. Dès 1956, des partis de gauche déposent des propositions de loi pour obtenir une modification du texte de 1920, mais ils se heurtent à la droite, à l'Église et, bientôt, à l'ordre des médecins. Le 31 décembre 1962, dans ses vœux à la télévision, le général de Gaulle souhaite à la France cent millions d'habitants.

Cependant, en 1965, avec la première élection présidentielle au suffrage universel, la contraception devient un thème de campagne électorale, à l'initiative de François Mitterrand qui, le 24 octobre, se prononce pour sa légalisation. Cela oblige les autres candidats – à l'exception de De Gaulle – à donner leur avis. Néanmoins, le 27 octobre, le ministre des Affaires sociales annonce la création, sur cette question, d'une commission de spécialistes qui rendra un rapport très nuancé en mars 1966. En avril, les socialistes déposent une nouvelle proposition de loi. Et le 18 mai 1966, c'est au tour du député UNR Lucien Neuwirth d'en déposer une ; il s'est employé à convaincre de Gaulle de ne pas y faire obstacle. Une commission parlementaire est alors créée. Neuwirth revient à la charge le 12 avril 1967 avec une nouvelle proposition à laquelle s'adjoignent des propositions de gauche. Le débat s'ouvre à l'Assemblée nationale le 1er juillet 1967. Il se terminera par la promulgation de la loi du 28 décembre 1967, dite loi Neuwirth, qui autorise les moyens modernes de contraception. Au cours du débat s'affrontent trois tendances. La première est représentée par des parlementaires de droite opposés à toute légalisation, pour des raisons démographiques, médicales, religieuses ou morales (on craint de voir la femme devenir « un objet de volupté stérile »). La deuxième tendance est celle des parlementaires de droite et du centre favorables à la légalisation pour réduire les avortements clandestins et parce que la loi est quotidiennement bafouée. La troisième est celle de la gauche, unanimement favorable à l'idée de libéralisation. Il n'y a pas eu de décompte des voix, le vote ayant eu lieu à main levée à la demande de Lucien Neuwirth, qui souhaitait obtenir les soutiens de parlementaires de droite peu désireux de voir leur nom inscrit au *Journal officiel*. Il faudra attendre 1972 pour que tous les décrets d'application soient pris, la majorité en place n'ayant pas souhaité se montrer trop zélée. Janine MOSSUZ-LAVAU

• *Voir aussi :* Femmes ; Neuwirth, Lucien ; Sociale (politique)

Bibl. : Sylvie Chaperon, *Les Années Beauvoir. 1945-1970*, Paris, Fayard, 2000 • Janine Mossuz-Lavau, *Les Lois de l'amour. Les politiques de la sexualité en France (1950-2002)*, Paris, Payot et Rivages, 2002.

COOPER, Alfred Duff. – *Voir* DUFF COOPER.

COOPÉRATION. – À son retour au pouvoir en 1958, de Gaulle prend acte des évolutions en cours, notamment à la suite de la loi-cadre Defferre de 1956 (qui vise à renforcer l'autonomie interne des territoires), dans les territoires d'outre-mer français d'Afrique noire et de Madagascar. Mais le titre XII de la Constitution du 4 octobre 1958, relatif à la Communauté, répond aussi aux principes et objectifs fondamentaux du Général depuis la fin de la Seconde Guerre mondiale : maintenir l'influence et les intérêts français dans ces territoires, qui deviennent des États, tout en laissant à chacun le soin de se gouverner pour ce qui est de ses affaires intérieures. De sorte que la France demeure bien évidemment le chef d'orchestre incontesté et unique d'un ensemble conçu pour durer.

Ce qui eût peut-être été possible à la Libération ne l'est plus au début des années 1960. Le mouvement général de décolonisation et la guerre d'Algérie ont rapidement raison d'une construction qui paraît appartenir à un autre âge. En 1960, à la demande de nombreux chefs d'État africains qui souhaitent mettre fin aux limitations de souveraineté consenties par leur pays, de Gaulle doit finalement tourner la page de la Communauté, non sans regret probablement. Cependant, la cascade des indépendances en Afrique noire ne marque pas une rupture profonde avec la France. Au contraire, la politique de coopération qui se met progressivement en place, et dont les justifications théoriques *a posteriori* sont précisées par les rapports des commissions Pignon (1961-1962) et Jeanneney (1963-1964), s'inscrit parfaitement dans la logique et les pratiques précédentes ; à ceci près que ces gouvernements jouissent désormais de la souveraineté internationale. La coopération constitue en fait un ensemble de formules empiriques d'aide et d'assistance, surtout bilatérale, nées de la conjonction des besoins africains et de la volonté gaullienne de maintenir la sphère d'influence traditionnelle de la France sur cette partie du monde.

La continuité est telle qu'une de ses justifications – l'aide au développement – s'appuie en partie sur la vieille idée de « mission civilisatrice », chère au processus colonial. Le Général l'assume pleinement comme il l'affirme le 5 septembre 1960 : « Ce n'est pas, bien entendu, que je renie en quoi que ce soit l'œuvre colonisatrice qui a été accomplie par l'Occident européen, et en particulier par la France. Je considère plus que jamais que cette œuvre fut belle, fut grande et fut féconde, et ce n'est pas sans ironie que, de temps en temps, j'assiste aux fureurs antifrançaises de certains qui, aujourd'hui, n'ont guère d'importance et d'audience qu'en vertu de ce qu'ils ont puisé dans le trésor de la France. » Certes, le terme de « mission civilisatrice » passe de mode dans les années 1960. Il n'empêche que, depuis la création de l'Union française en 1946, les notions de mise en valeur et de développement se sont trouvées plus que jamais au centre du discours de justification des liens établis par la France avec ses territoires d'outre-mer. Au cours des années 1950, les bureaux de la rue Oudinot (ministère de la France d'outre-mer) mettaient déjà en avant l'exemplarité du modèle français de développement fondé sur l'Union (union économique, monétaire et douanière, garantie des cours des matières premières, investissements publics importants). Aussi, pour résoudre la question du sous-développement qui se pose avec encore plus d'acuité une fois le préalable de l'indépendance levé, la France doit-elle concentrer ses efforts sur un secteur donné, imposé par la géographie, l'histoire et l'économie. Une telle problématique régionale de développement assisté justifie parfaitement le maintien des « liens privilégiés » entre la France et certains pays africains, quel qu'en soit le cadre : Union française, puis Communauté franco-africaine, puis coopération. Développement des pays aidés et maintien d'une certaine influence politique, économique et culturelle de la France sont donc indissociables dans la politique gaullienne. Compte tenu de son empirisme, cette politique de « coopération contractuelle et régulière », suivant la formule du Général, se transforme progressivement tant dans l'espace (elle va déborder du « pré carré africain » traditionnel) que dans sa nature. La coopération des premiers temps, héritée des indépendances, était avant tout une coopération de substitution, destinée à pallier les graves carences des nouveaux États en personnels et en moyens ; elle évolue au cours des années 1960, et ce encore plus sous la présidence de Georges Pompidou, vers la notion de partenariat franco-africain.

Les structures institutionnelles françaises et la pratique africaine demeurent, par contre, bien établies. Au sommet, le Général, qui suit de très près ces questions, donne les grandes orientations et tranche, si nécessaire, les points de détail problématiques. Directement et uniquement subordonné à lui, le secrétariat général de la Communauté puis des Affaires africaines et malgaches se charge de faire appliquer les instructions présidentielles, de Gaulle laissant à Jacques Foccart une grande latitude de gestion au quotidien. Le secrétariat général acquiert ainsi une « forte influence » au détriment, et au grand dam, des ministères de la Coopération et des Affaires étrangères. Cette prépondérance de fait se fonde bien évidemment sur l'appui décisif du Général à cette formule ainsi que sur le type de rapports franco-africains mis en place, au lendemain des indépendances, dans lesquels les liens personnels entre dirigeants jouent un rôle fondamental. Les anciens territoires d'Afrique noire se trouvent de la sorte pris dans les mailles serrées du filet de la coopération qui touche tous les domaines : politique, militaire, économique, monétaire et culturel. L'assistance française s'efforce de stabiliser ces jeunes États tout en assurant à la France une position dominante, par le biais du soutien apporté à des gouvernants il est vrai très demandeurs.

Frédéric TURPIN

• *Voir aussi* : Communauté franco-africaine ; Décolonisation ; Francophonie ; Union française

Bibl. : Jacques Foccart, *Journal de l'Élysée*, Paris, Fayard-Jeune Afrique, t. 1 et 2, 1998 • IEP Bordeaux-CEAN, *La Politique africaine du général de Gaulle (1958-1969)*, Paris, A. Pedone, 1980 • Frédéric Turpin, « Le Rassemblement du peuple français et l'outre-mer », *Cahiers de la Fondation Charles-de-Gaulle*, n° 13, 2004.

COOPÉRATION (ministère de la). – La politique de coopération du général de Gaulle en Afrique francophone s'inscrit dans une remarquable continuité institutionnelle. Après que la loi-cadre du 23 juin 1956 eut attribué aux territoires d'outre-mer une personnalité juridique et des compétences élargies, la Communauté instituée par le titre XII de la Constitution de 1958 les transforma en États autonomes. Dès 1959 les premiers accords de coopération furent conclus, avant même l'accès des États à l'indépendance. Après la rénovation de la Communauté par la révision constitutionnelle du 4 juin 1960 qui permettait l'accès des États à l'indépendance, les accords de coopération se multiplièrent : accords politiques (politique étrangère, représentation diplomatique et consulaire), accords de coopération culturelle, assistance technique, accords économiques, accords techniques, accords de défense et/ou d'assistance militaire technique. Les engagements militaires français ont été prolongés en Mauritanie en 1961, au Cameroun et au Gabon jusqu'en 1964, au Tchad jusqu'en 1964 puis, de nouveau, à partir de 1968 ; ils ont pris de l'ampleur dans la phase postgaulliste. Certains accords avaient un caractère multilatéral – zone franc, organismes régionaux en matière de transport aérien, accords quadripartites de défense.

Initialement la coordination de la coopération fut confiée au Premier ministre. Mais l'impulsion politique relevait de la présidence de la République par le truchement du secrétariat général pour la Communauté (qui fit long feu) puis pour les Affaires africaines et malgaches. C'est la traduction de ce que l'on a (improprement) appelé « le domaine réservé ». Les titulaires furent Raymond Janot jusqu'en 1960 puis Jacques Foccart jusqu'en 1974. Un décret du 10 juin 1961 porta création du ministère de la Coopération. La question principale était la suivante : serait-il autonome ou rattaché au ministère des Affaires étrangères ? Or la base administrative du nouveau ministère était faite de personnels et de services de l'ex-France d'outre-mer. Après les conclusions du rapport Jeanneney (1963) qui prônait la seconde solution, mais avec un temps de retard, le ministère de la Coopération fut transformé, par le décret du 8 janvier 1966, en secrétariat d'État aux Affaires étrangères chargé de la Coopération. Cependant, il existait au Quai d'Orsay une direction des Affaires africaines et malgaches. En 1969, la création d'une direction générale des Relations culturelles, scientifiques et techniques tendit à réduire encore la consistance du secrétariat d'État. De plus, la stabilité du ministre des Affaires étrangères, Maurice Couve de Murville, contrastait avec l'instabilité des titulaires de la Coopération. Par ailleurs, d'autres ministères détenaient des compétences techniques ou spécialisées, dont le ministère de l'Économie et des Finances – tutelle du Fonds d'aide et de coopération (FAC) et de la Caisse centrale de coopération économique –, le ministère de l'Agriculture, le ministère des Transports et, bien sûr, le ministère de la Défense. Après le départ du général de Gaulle, le ministère de la Coopération fut reconstitué en 1974 par Valéry Giscard d'Estaing pour faire contrepoids à la suppression du secrétariat général pour les Affaires africaines et malgaches et répondre aux préférences exprimées par les chefs d'État africains. Une solution identique fut arrêtée en 1983 par François Mitterrand après la démission de Jean-Pierre Cot, ministre délégué chargé de la Coopération et du Développement.

L'aide publique française a été l'instrument financier de la coopération par le jeu du FAC et de la Caisse centrale de coopération économique, pourvoyeuse de prêts. Si les dons prédominent, l'aide bilatérale a un caractère lié en ce sens qu'elle est assortie d'une obligation d'achats, encore que ce caractère découle aussi des mécanismes de la zone franc, de la place des entreprises françaises et de la langue des usages commerciaux. Il faut souligner que, parallèlement, une coopération multilatérale est instaurée, avec le soutien de la France, par les dispositions du traité de la CEE relatives à l'association institutionnelle puis les conventions de Yaoundé de 1963 et 1969 qui combinaient une aide financière (Fonds européen de développement) et des relations commerciales préférentielles.

La doctrine de la coopération a été exprimée par le rapport Jeanneney et, surtout, par de Gaulle lui-même, qui a joué habilement sur l'aspiration des pays africains au non-alignement et forgé une thématique faite d'idéalisme (générosité, génie de la France) et de réalisme (intérêts mutuels, stabilité politique et territoriale des nouveaux États, transferts techniques et culturels propres à assurer leur modernisation). Le discours sur la coopération et les pratiques induites ont assuré, dans la continuité, la mort et la transfiguration d'un système hérité de l'ère coloniale, tout en prolongeant l'influence française auprès des États partenaires, au sein de l'ONU et dans le jeu bipolarisé des relations internationales. Jean-Claude GAUTRON

• *Voir aussi* : Communauté franco-africaine ; Détente-Entente-Coopération ; Francophonie ; Union française

Bibl. : Jean-Claude Gautron, « La politique d'aide et de coopération de la France en Afrique francophone », dans Institut Charles-de-Gaulle, *De Gaulle en son siècle*, t. 6, *Liberté et dignité des peuples*, Paris, Plon-La Documentation française, 1992 • Brigitte Nouaille-Degorce, « Les structures et les moyens de la politique de coopération avec les États africains et malgache de 1958 à 1969 », dans *La Politique africaine du général de Gaulle (1958-1969)*, Paris, A. Pedone, 1981.

CORÉE (guerre de). – Au sortir de la Seconde Guerre mondiale, le regard gaullien se tourne peu, ou pas du tout, vers la Corée, divisée en deux zones d'occupation. Il est vrai que cette péninsule ne constitue pas un secteur stratégique pour la présence française en Asie. La vocation mondiale de la puissance de la France passe alors, aux yeux du général de Gaulle, par le maintien de son « balcon sur le Pacifique » : l'Indochine. La question coréenne, avant le début de la guerre de 1950, n'est donc analysée qu'en fonction de l'évolution de la situation en Indochine.

L'invasion de la Corée du Sud par les forces nord-coréennes, qui débute le 25 juin 1950, ne fait que confirmer la thèse gaullienne selon laquelle l'agression communiste est en marche et qu'un troisième conflit mondial est imminent. Le 10 juillet 1950, le Général voit dans les événements de Corée « un signal d'alarme qui retentit à travers le monde ». Le danger est bien réel, en particulier pour la France, car « l'entreprise communiste en Corée vise en dernier ressort à préparer l'action en Europe ». Il analyse donc les guerres d'Indochine et de Corée – dont il souligne l'identité de combat – comme des diversions ayant pour but d'affaiblir au maximum les défenses de l'Europe, qui reste, bien sûr, prioritaire. De Gaulle réclame en conséquence, le 17 août 1950, un véritable réarmement de la France et du monde libre afin de se préparer à « la tempête qui approche ».

Au cours des premiers mois du conflit, le Général et ses compagnons du RPF (Rassemblement du peuple français) se placent résolument dans une optique de lutte à outrance contre le rouleau compresseur soviétique et ce, dans une ligne alors très proche de celle des États-Unis. L'entrée en lice des Chinois en Corée ne fait d'ailleurs qu'accentuer cette tendance. Pendant des années, le schéma ne varie guère, même lorsque le front se stabilise et que s'engagent des pourparlers d'armistice. Si la France doit faire les efforts nécessaires pour assurer toutes les charges qui lui incombent en Asie, elle doit aussi, et surtout, solidement organiser sa défense en Europe qui est plus que jamais menacée, la IVe République étant jugée incapable de susciter le moindre sursaut national.

L'année 1953 voit toutefois l'amorce d'un changement : le discours gaullien se veut certes encore très alarmiste, mais au danger communiste s'ajoute de plus en plus celui du jeu souvent antifrançais des Américains. Aussi les signes d'un certain « dégel » de la part de Moscou sont-ils accueillis avec quelque intérêt. L'armistice en Corée de juillet 1953 est salué positivement par le Général et ses compagnons. Mais pour eux, la paix comme la guerre étant indivisibles, toute tentative d'entente avec le bloc communiste doit être globale. Il s'agit bien évidemment d'éviter à la France de devenir l'oubliée de la détente naissante à l'heure précisément où le Général voit en celle-ci la possibilité de retrouver sur la scène internationale une voix plus indépendante tout en demeurant dans le cadre intangible de la solidarité du monde libre. Frédéric TURPIN

• *Voir aussi* : Indochine ; RPF

Bibl. : Frédéric Turpin, *De Gaulle, les gaullistes et l'Indochine. 1940-1956*, Paris, Les Indes savantes, 2005.

CORNEILLE, Pierre (1606-1684). – La formation classique que reçoit le jeune Charles de Gaulle, sous la forte influence de son père Henri, professeur de lettres, et sous celle des Jésuites dont il est l'élève, ménage tout naturellement une large place à Corneille. Les grandes tragédies cornéliennes sont donc lues très tôt, et l'exaltation dont elles sont porteuses est bien faite pour nourrir les rêves de grandeur du jeune garçon. Cette forte imprégnation classique et le système de valeurs dont l'œuvre cornélienne est porteuse l'amènent à solliciter Corneille dans des moments forts de son destin personnel. À Londres, le 11 novembre 1942, lors de la réunion organisée à l'Albert Hall quelques jours après le débarquement allié en Afrique du Nord, alors que les Américains et les Anglais ont choisi de traiter avec l'amiral Darlan, il exprime le plus profond de sa pensée en évoquant avec Corneille « la honte de mourir sans avoir combattu ». Cet appel aux vertus du combat et de l'honneur est d'autant plus en situation que, tiré du récit de Rodrigue relatant le combat contre les Maures dans *Le Cid*, il établit un discret parallèle entre l'aventure de la France libre et celle de Rodrigue : « Nous partîmes cinq cents, [...] nous nous vîmes trois mille en arrivant au port. »

Plus tard, en butte aux manœuvres diverses de comités politiques hostiles, c'est à Corneille encore qu'il pense, citant cette fois *Cinna* : « Pour m'apaiser à leur égard, quand leurs rancœurs dépassent la mesure, je me répète comme Corneille le fait dire à Octave : "Rentre en toi-même, Octave, et cesse de te plaindre, / Quoi, tu veux qu'on t'épargne et n'as rien épargné ! » [*LNC*]. De fait, le rapport de De Gaulle à Corneille est fort et profond. Non seulement le Général s'appuie sur une morale du devoir et de l'honneur, mais aussi sur une conception politique qui s'articule autour de la grandeur de l'État, à qui tout doit être soumis. Le premier Corneille des années 1630-1640, celui qu'il connaît le mieux, exalte la politique du cardinal de Richelieu à travers les épreuves que surmontent Rodrigue, Horace ou Polyeucte, sacrifiant tout à une exigence qui les dépasse. « Le salut de l'État, affirme comme en écho l'auteur des *Mémoires de guerre*, doit l'emporter sur tous les sentiments. » L'homme privé préfère Racine, mais l'homme de la grandeur politique trouve son identification parfaite dans le héros cornélien, ce qu'avait bien senti François Mauriac qui voyait en lui un personnage de Corneille. Jean Serroy

• *Voir aussi* : Bibliothèque personnelle ; Formation scolaire et intellectuelle

Bibl. : R. P. Bruckberger, « Un héros cornélien », *Études gaulliennes*, 1976, 4 • Alain Larcan, *De Gaulle inventaire. La culture, l'esprit, la foi*, Paris, Bartillat, 2003 • Jean Serroy, « De Gaulle et la tragédie : Corneille », dans Jean Serroy (dir.), *De Gaulle et les écrivains*, Grenoble, Presses universitaires de Grenoble, 1991.

CORNUT-GENTILLE, Bernard (1909-1992). – Né à Brest, licencié en droit et en lettres et diplômé de sciences politiques, Bernard Cornut-Gentille entre dans l'administration préfectorale en 1935 comme chef adjoint, puis directeur de cabinet du préfet de Loir-et-Cher. Sous-préfet en 1939, mobilisé, il est fait prisonnier en 1940 mais s'évade et retrouve l'administration préfectorale. Il en démissionne en 1943 et rejoint le mouvement de résistance Organisation civile et militaire. Un temps adjoint d'Émile Bollaert, éphémère délégué général du Comité français de la Libération nationale en France, il participe aux combats pour la libération de Rennes. Il est préfet d'Ille-et-Vilaine en août 1944, puis de la Somme et du Bas-Rhin. En 1947, il dirige les affaires départementales et communales au ministère de l'Intérieur ; de 1948 à 1951, il est haut-commissaire de la République en Afrique-Équatoriale française avant de devenir gouverneur général de l'Afrique-Occidentale française. En 1956, il est ministre plénipotentiaire hors classe, représentant permanent de la France au Conseil de sécurité et chef de la mission permanente près les Nations unies, et nommé ambassadeur de France en Argentine à la fin de l'année.

En 1958, le général de Gaulle le nomme ministre de la France d'outre-mer, secteur qui connaît de profondes réformes auxquelles Cornut-Gentille semble avoir été assez largement étranger. Celui-ci prend néanmoins les dispositions nécessaires au maintien des territoires du Pacifique dans la République en les empêchant de rejoindre la Communauté. Il est encore ministre des Postes et Télécommunications dans le gouvernement de Michel Debré, mais ses positions en faveur de l'Algérie française provoquent son départ, le 5 février 1960.

Homme de « fidélité au général de Gaulle », comme il le proclamait dans sa profession de foi lors des élections législatives de 1958, il s'éloigna progressivement du gaullisme. Élu plusieurs fois député (en 1958, 1962, 1967 et 1973), il n'appartint à aucun groupe. Ses professions de foi témoignent du caractère particulier de son engagement politique. Il était celui qui « répudie les méthodes des partis » (1962), « qui n'appartient à personne » sauf à ses électeurs (1967), qui se dresse contre un « gouvernement omnipotent [et] une majorité domestiquée [qui] maltraitent les Français » (1973). Vis-à-vis de cette majorité, il alla « de déception en déception » (1973) et se replia sur sa circonscription – la 5e des Alpes-Maritimes, Cannes-Antibes – en s'intéressant aux problèmes locaux. Sa base électorale fut Cannes, dont il fut conseiller général de 1963 à 1976 et maire de 1959 à 1968, date à laquelle un désaccord avec son conseil municipal le contraignit à démissionner. Il fut réélu maire en 1971 et 1977. Désavoué aux élections législatives de 1978, il démissionna de nouveau. En 1981, il fut battu aux législatives et le Conseil constitutionnel rejeta son recours. Il ne conserva qu'une année un siège de conseiller municipal d'opposition acquis en 1983. Malade, il se retira de la vie politique. Jean-Marc REGNAULT

• *Voir aussi* : Hauts fonctionnaires (1940-1945) ; Ministres

Bibl. : Jean Lacouture, *De Gaulle*, t. 3, *Le Souverain*, Paris, Le Seuil, 1986.

CORRESPONDANCES. – *Voir* LETTRES, NOTES ET CARNETS ; LOISIRS ; ŒUVRE ÉCRITE.

***CORRESPONDANT* (*Le*)**. – Pendant ses trente-deux mois de captivité en Allemagne, de mars 1916 à novembre 1918, le capitaine de Gaulle a noté ses lectures dans un *Carnet* publié en 1980. C'est donc seulement dix ans après sa mort, et par le biais de celui-ci, que les Français ont connu le très petit milieu des catholiques libéraux auquel appartint la famille de Gaulle. Favorables aux principes de 1789, ils forment une minorité qui bouscule le clivage traditionnel créé par la Révolution dans la société politique française. Attachés à des règles constitutionnelles remettant à des procédures le règlement des conflits, ces catholiques intègrent de par leur foi une vision de l'Histoire dans laquelle l'erreur peut être corrigée comme on se repent du mal : on est loin ici de la lumière succédant à l'obscurité, notion familière des conceptions linéaires et progressistes de l'humanité. Ici l'humanité chute, se redresse et accède au salut, alternativement. Ce que l'histoire du *Correspondant* auquel est abonné Henri de Gaulle va illustrer.

Le Correspondant est une revue, créée en 1829 par Louis de Carné, refondée en 1840 avec Montalembert et en 1855 avec Albert de Broglie, et qui disparaîtra en 1933, année où, à la suite de deux articles de Robert d'Harcourt, critique d'un Vatican qui a signé un concordat avec la dictature fasciste et se prépare à en signer un autre avec la dictature nazie, elle se saborde, informant ses lecteurs que le service de leur abonnement sera assuré par la revue *Études*.

Le Correspondant est légitimiste : à ses yeux sont légitimes en effet la Charte de 1814, les lois constitutionnelles de 1875 et la République victorieuse de 1918. Favorable à la République de 1848 qui constitutionnalise le suffrage universel et la liberté de l'enseignement, il a été hostile au coup d'État du 2 décembre 1851 qui rétablit le despotisme impérial. Sa brillante opposition fonde sa réputation et inaugure dès lors une réflexion qui aboutira à l'acceptation en 1870 de la République de fait, puis au vote des lois constitutionnelles de 1875, dont le journal se voudra la mémoire par opposition à la crise qui a consolidé l'interprétation exclusivement parlementaire du régime, en 1877. Si *Le Correspondant* va se fourvoyer dans le camp de ceux qui croient au complot juif et à la culpabilité du capitaine Dreyfus, le marquis de Vogüé et le comte d'Haussonville, héritiers des fondateurs, vont piloter le retour aux sources : la séparation de l'Église et de l'État, en 1905, et le verdict de la Cour de cassation réhabilitant Dreyfus, en 1906, sont acceptés. En 1908, la rupture avec *L'Action française* est officialisée ; en 1910, un nouveau chroniqueur politique, Bernard de Lacombe, chartiste et biographe de Catherine de Médicis et de Talleyrand, se montre favorable à la loi de trois ans et à la représentation proportionnelle qui permettrait aux catholiques de revenir aux affaires, dans un combat mené aux côtés de Raymond Poincaré, Aristide Briand, Abel Ferry et Jean Jaurès. Charles de Gaulle, qui a alors vingt ans, a pu voir dans cette convergence l'espoir d'une nouvelle génération, au point que, pendant sa captivité, il va s'intéresser aux antécédents libéraux du *Correspondant.* Et ses notes de citer en désordre Falloux, Tocqueville, Montalembert, Guizot, Lamartine, ainsi que Henri Cochin, ce député d'un département, le Nord, où les familles de Gaulle et Maillot avaient noué leurs alliances.

Odile RUDELLE

• *Voir aussi* : Catholique (foi) ; Église et cultes ; Formation scolaire et intellectuelle ; Gaulle, Henri de ; Révolution française

Bibl. : Louis de Carné, *Souvenirs de ma jeunesse au temps de la Restauration*, Paris, Didier, 1872 • Fondation Charles-de-Gaulle, *De Gaulle, la jeunesse et la guerre*, Paris, Plon, 2001 • Sœur Marie Caroline Gimpl, *The Correspondant and the Founding of the French Third Republic*, Washington, Catholic University of America Press, 1959 • Odile Rudelle, « Albert de Broglie et *Le Correspondant* », dans Lucien Jaume (dir.), *Coppet, creuset de l'esprit libéral : les idées politiques et constitutionnelles du groupe de Madame de Staël*, Paris, Economica, Aix-en-Provence, Presses universitaires d'Aix-en-Provence, 2000.

CORSE. – Par deux fois, la Corse fut un théâtre d'opérations important dans la trajectoire politique du général de Gaulle.

En 1943, « ce pays de maquis ardemment attaché à la France » [*MG*] est en pleine ébullition. Quand, au mois de septembre, le maréchal Badoglio signe au nom de l'Italie un armistice avec les Alliés, le moment est venu d'opérer un débarquement de troupes françaises. Si le général Giraud et de Gaulle, coprésidents du CFLN (Comité français de la Libération nationale), sont d'accord sur ce point, en revanche, le second reproche vigoureusement au premier d'avoir, à plusieurs reprises, agi à son insu, notamment d'avoir fait armer des maquisards sans l'informer, ce qui a des implications politiques. Il s'agit en effet de savoir qui exercera, au nom de la France, le pouvoir dans l'île libérée. « Les communistes, utilisant la Résistance, installaient des municipalités de leur choix » [*MG*]. De Gaulle réussit néanmoins à s'imposer grâce à un voyage triomphal effectué du 8 au 11 octobre 1943. Et le préfet qu'il avait fait nommer par le CFLN, Charles Luizet, pourra finalement exercer à Ajaccio, sans difficultés, les pouvoirs de la République. Les circonstances de la libération de la Corse auront plusieurs conséquences. De Gaulle va arguer des maladresses politiques commises par Giraud pour l'éliminer du CFLN. Surtout, les tâches d'administration de ce département libéré lui permettent de mesurer les difficultés qui l'attendent, à une échelle infiniment plus large, pour imposer son autorité lorsque sera libéré le territoire métropolitain. Les Alliés ont cherché à utiliser Giraud contre lui ; demain, ils tenteront de dresser d'autres obstacles. Sur le terrain, les maquis communistes ont été en position d'exercer un pouvoir de fait dont seule sa popularité en Corse lui a permis de triompher. Un processus analogue jouera en sa faveur après le débarquement en Normandie. Et ce n'est sans doute pas un hasard si Charles Luizet, nommé à Ajaccio, deviendra ensuite le premier préfet de Paris libéré.

La Corse s'invite une seconde fois dans l'histoire du Général, en mai 1958. Après l'émeute qui, le 13, a balayé les pouvoirs réguliers à Alger, des comités de salut public où siègent des militaires à côté des « ultras » défient l'autorité du nouveau gouvernement de Pierre Pflimlin. Dès le 15 mai, le général Salan réclame l'arrivée au pouvoir de De Gaulle. À Paris, la situation politique s'alourdit de jour en jour. Comment ramener l'armée à l'obéissance ? Comment parer la menace d'un parachutage de troupes en métropole ? Cette éventualité, qui fait craindre le déclenchement d'une guerre civile, semble brusquement prendre corps lorsque le 24 mai, à l'instigation d'émissaires d'Alger, est déclenchée l'opération Résurrection et que des comités de salut public s'imposent à Bastia et Ajaccio. Qui plus est, les forces de l'ordre envoyées de Marseille se sont volontairement laissé désarmer. La rumeur d'une irruption imminente de troupes venues d'Algérie, dans la nuit du 27, n'en prend que plus de crédit. Les événements de Corse auront donc joué un rôle non négligeable dans l'accélération du processus qui aboutit finalement, le 1er juin, à l'investiture de De Gaulle par l'Assemblée nationale.

Philippe BRAUD

• *Voir aussi* : Coup d'État ; Libération ; Retour de 1958

COSTE-FLORET, Paul (1911-1979). – Professeur de droit et démocrate-chrétien, Paul Coste-Floret a joué un rôle clé dans les institutions de la IVe et de la Ve République. Il hérite de son père avocat un fort ancrage dans la région de Montpellier, le goût du droit et le dévouement à la cause démocrate-chrétienne. Agrégé de droit civil en 1937 alors qu'il est entré au conseil national du Parti démocrate populaire un an plus tôt, il est professeur en Algérie à la déclaration de guerre. Résistant, il noue une amitié durable avec René Capitant qui arrive à Alger en février 1941 pour organiser le mouvement de résistance Combat outre-mer. Ensemble, les deux hommes préparent l'arrivée du général de Gaulle à Alger le 30 mai 1943. D'abord chargé de mission au commissariat à l'Intérieur d'André Philip, Coste-Floret est ensuite directeur de cabinet du commissaire à la Justice François de Menthon. Il joue un rôle capital dans la rédaction de plusieurs ordonnances. Il suit Menthon à Paris, place Vendôme, puis comme procureur adjoint au Tribunal international de Nuremberg, d'octobre 1945 à janvier 1946. Parallèlement, il entame une brillante carrière parlementaire, comme député de l'Hérault (1945-1967). Entre 1947 et 1954, il occupe cinq fauteuils ministériels, en particulier à l'Outre-mer, du 24 novembre 1947 au 5 octobre 1949.

Très attaché au Mouvement républicain populaire (MRP) auquel il appartient de sa fondation à son effacement, Coste-Floret incarne la politique institutionnelle des démocrates-chrétiens. Rapporteur du second projet constitutionnel en 1946, il n'a de cesse d'améliorer un texte qu'il sait imparfait et qu'il refuse de considérer comme sien. Il a auparavant exposé ses idées constitutionnelles dans un article publié dans *Combat* le 7 août 1943, qui n'est pas sans présenter des similitudes avec le discours de Bayeux. De 1950 à 1958, il combat pour une révision de la Constitution et dépose en janvier 1957 un rapport qui constitue l'une des sources de la Constitution de la Ve République, aussi bien pour la question de confiance, la motion de censure et la dissolution que pour le vote personnel. Désigné par l'Assemblée nationale, en 1958, pour appartenir au Comité consultatif constitutionnel (CCC), il approuve le projet tout en critiquant le bicéphalisme : il aurait préféré un choix net de régime, parlementaire ou présidentiel.

Coste-Floret approuve en outre la réforme du 8 novembre 1962 mais non la procédure de son adoption, et dépose sur le bureau de l'Assemblée en juin 1963 une proposition de loi « tendant à établir un véritable régime présidentiel », régime devenu « pour la République française un cadre indispensable à l'épanouissement d'une démocratie moderne ». Il partage alors les analyses de Georges Vedel et de Maurice Duverger, et s'oppose à René Capitant. Cela ne l'empêche pas d'interpeller Georges Pompidou lors du débat du 24 avril 1964 sur la faiblesse du pouvoir du Premier ministre à la suite de la conférence du général de Gaulle du 31 janvier précédent. Désigné par le président du Sénat, il succède à René Cassin au Conseil constitutionnel en 1971, où il siégera jusqu'à sa mort.

Laurent DUCERF

• *Voir aussi* : CFLN ; Constitution ; Constitutionnelles (conceptions) ; Discours de Bayeux ; MRP

Bibl. : Pierre Avril, « Le MRP et les institutions », dans « Regards sur le Mouvement républicain populaire » (colloque du 10 décembre 1996), *France-Forum*, nº 316, 1997, p. 21-25 • Marie-

Françoise Furet, *Paul et Alfred Coste-Floret : deux jumeaux et trois républiques, 1911-1990*, Nîmes, Lacour, 2001 • Pierre Letamendia, *Le Mouvement républicain populaire. Histoire d'un grand parti français*, Paris, Beauchesne, 1995.

COT, Pierre (1895-1977). – Né à Grenoble dans une famille de la petite bourgeoisie, engagé volontaire en 1914, Pierre Cot se distingue pendant la Grande Guerre. Devenu avocat et agrégé de droit, il échoue aux élections législatives de 1924, rejoint le parti radical et est élu député de la Savoie en 1928. Chef de file des « Jeunes Turcs », secrétaire d'État aux Affaires étrangères en décembre 1932, il est ministre de l'Air de février 1933 à février 1934 puis de juin 1936 à janvier 1938, période durant laquelle il nationalise les industries aéronautiques. Profondément pacifiste mais antifasciste convaincu, il a une conscience aiguë du péril hitlérien. Là se trouve l'origine de son activisme en faveur du pacte franco-soviétique, des plans de réarmement qu'il lance et de sa position interventionniste pendant la guerre d'Espagne.

Décidé à poursuivre la lutte, Pierre Cot gagne Londres le 17 juin 1940. Il y rencontre le général de Gaulle. Celui-ci rappellera son offre de service en une formule peu amène : « M. Pierre Cot, bouleversé par les événements, m'adjurait de l'utiliser à n'importe quelle tâche, "même à balayer l'escalier". Mais il était trop voyant pour que cela fût désirable » [*MG*]. Le Général ne pouvait que se réjouir du ralliement du député. Mais il devait aussi tenir compte de l'hostilité d'une partie de son entourage envers le ministre du Front populaire. En août 1940, Cot part pour les États-Unis investi d'une mission officieuse de propagande en faveur de la France libre. Publiquement au moins, de Gaulle et lui restent dans les meilleurs termes. Officieusement, leur relation est plus complexe, en raison, principalement, de la nature ambivalente des sentiments de Cot à l'égard du Général. Si l'ancien parlementaire est prêt à reconnaître en de Gaulle un chef militaire, il lui dénie toute capacité politique et considère même qu'il représente un danger potentiel. Pour lui, de Gaulle reste néanmoins l'homme de la situation face à l'amiral Darlan puis au général Giraud. À mesure que la libération approche, Cot, qui est devenu marxiste, se montre de plus en plus critique à l'encontre du chef du CFLN (Comité français de la Libération nationale).

Pourtant, de Gaulle lui confie une mission en URSS (mars-juillet 1944). D'abord politique, celle-ci est finalement limitée aux aspects techniques de la reconstruction. Déçu, Cot manifeste publiquement son exaspération. C'est désormais la conception d'un de Gaulle fasciste ou néo-fasciste qui prévaut chez lui. Il y reste fidèle sous la IVe République, comme député progressiste et compagnon de route du PCF. En juin 1958, il s'oppose au retour au pouvoir du Général et perd son siège de député en novembre. En 1961, à Moscou, il n'hésite pas à affirmer que la France vit sous un régime de « dictature semi-militaire ». En 1965, il fait campagne pour François Mitterrand. Élu député de Paris en 1967, il est pour de Gaulle et le gouvernement Pompidou un adversaire à l'éloquence redoutable jusqu'à l'échéance électorale de juin 1968. À cette date, le gaullisme triomphant est, comme en 1958, fatal à sa carrière politique nationale.

Sabine Jansen

• *Voir aussi :* Antigaullistes de gauche ; France libre ; GPRF (œuvre extérieure du) ; Légende noire ; Parti radical ; URSS

Bibl. : Sabine Jansen, *Pierre Cot. Un antifasciste radical*, Paris, Fayard, 2002.

COTY, René (1882-1962). – René Coty s'inscrit à vingt ans au barreau du Havre, sa ville natale, et devient bientôt conseiller municipal, dans l'orbite du député-maire Jules Siegfried. Sa vaillance pendant la Grande Guerre lui vaut la croix de guerre. Élu député du Havre en 1923, il représente cette circonscription au Parlement jusqu'en 1940. Affilié à l'Alliance démocratique, il se définit comme « modéré » et « modérateur ». Si son expérience gouvernementale est brève – il est sous-secrétaire d'État dans l'éphémère cabinet Steeg en 1930 –, il se montre un parlementaire actif. Soucieux de voir renforcer l'autorité gouvernementale, il participe à la commission de la réforme de l'État en 1934-1935, mais le débat tourne court.

Coty vote les pleins pouvoirs au maréchal Pétain, le 10 juillet 1940, mais refuse, l'année suivante, d'être nommé maire du Havre. Avec quelques sénateurs opposés à Vichy, voire résistants, il élabore une réforme constitutionnelle en vue de la transition, que le groupe tente de faire connaître à Alger. Relevé de son inéligibilité à la Libération, inéligibilité due à une ordonnance d'Alger qui frappe tous les parlementaires ayant voté les pleins pouvoirs à Pétain, il siège dans les assemblées constituantes avec les Indépendants et se prononce contre les deux projets constitutionnels. Lors de l'élection présidentielle de 1953, il laisse les Indépendants présenter sa candidature au dixième tour. Il obtient la majorité absolue avec l'apport des voix gaullistes au treizième tour.

Dès sa prise de fonctions, dans son message au Parlement, il déclare sa « reconnaissance » et celle de la patrie « au chef de la France libre ». Au cours d'une présidence tourmentée – tourmente liée à l'instabilité gouvernementale avec huit présidents du Conseil, la défaite en Indochine, le début de la guerre d'Algérie –, il fait maintes fois référence au « libérateur ». Coty, comme de Gaulle, perçoit les défauts et l'impuissance de la IVe République. Il déplore le jeu des partis, croit au bicamérisme réel et au droit de dissolution mais reste adepte du régime parlementaire. Il n'est pas étonnant que le Général lui apparaisse comme le seul recours en mai 1958.

Dès le 5 mai il établit un contact indirect avec de Gaulle. La crise du 13 mai précipite les décisions. Deux jours plus tard, de Gaulle se dit prêt à « assumer les pouvoirs de la République ». Cependant, le président Coty se veut le garant de la légalité républicaine et entend garder, en apparence, l'initiative des événements – l'emploi du « je » dans son message au Parlement l'atteste. Le 29 mai il s'adresse aux parlementaires : « Dans le péril de la Patrie et de la République, je me suis tourné vers le plus illustre des Français, vers celui qui [...] refusa la dictature pour rétablir la République. [...] En conséquence, je demande au général de Gaulle de bien vouloir conférer avec le chef de l'État et d'examiner avec lui ce qui, dans le cadre de la légalité républicaine, est immédiatement nécessaire à un gouvernement de Salut national et ce qui pourra, à échéance plus ou moins proche, être fait ensuite pour une réforme profonde de nos institutions. » En réalité, de Gaulle impose ses conditions mais concède « à ce vieux et bon Français [...] depuis longtemps incorporé aux rites et coutumes en usage » [*ME*] d'être investi par l'Assemblée nationale le 1er juin 1958. Jusqu'au 8 janvier 1959, Coty assure la transition constitutionnelle en restant à son poste sans entraver les initiatives du chef du gouvernement. Ce jour-là, il remet les pouvoirs au « premier des Français [qui] est désormais le premier en France ». Le nouveau président lui aurait dit, en guise d'adieu : « Au revoir, monsieur Coty. »

Coty garde néanmoins son indépendance. Membre de droit du Conseil constitutionnel, il critique la réforme de 1962. Il meurt quelques semaines plus tard, le 22 novembre 1962. « Président René Coty, pour toujours votre sommeil est celui d'un juste et le respect du peuple français entoure votre mémoire » : ainsi s'exprimera de Gaulle au Havre lors des funérailles.

René Coty fut l'homme d'une pensée : la réforme de l'État pour des pouvoirs plus équilibrés. La Constitution de la Ve République a répondu à plusieurs de ses attentes, mais elle les a aussi outrepassées (référendum, article 16). Incontestablement, ce « modéré » a joué un rôle de modérateur, faisant abstraction de lui-même pour sauvegarder l'unité nationale et œuvrant pour le passage, sans révolution, de la IVe à la Ve République.

Rosemonde Sanson

• *Voir aussi* : Alliance démocratique ; CNI ; Retour de 1958

Bibl. : Francis de Baecque, *René Coty tel qu'en lui-même, Nancy, Éditions STH, 1991* • *Jean-Paul Brunet, Gaston Monnerville. Le républicain qui défia de Gaulle, Paris, Albin Michel, 1997* • *Odile Rudelle, Mai 1958, de Gaulle et la République, Paris, Plon, 1988.*

COULET, François (1906-1984). – « Si je me rends en France, mercredi, comme je le pense, j'emmènerai Coulet avec moi et le laisserai sur place où il se débrouillera. » En mettant en pratique, à Bayeux, le 14 juin 1944, ces mots d'un message au GPRF (Gouvernement provisoire de la République française), le général de Gaulle marque sa grande confiance à François Coulet qui fut son chef de cabinet en 1941-1942.

Né à Montpellier, fils de recteur d'académie et protestant, François Coulet entre dans la carrière diplomatique en 1936. Après la défaite, il s'engage dans les FFL (Forces françaises libres) qu'il perçoit comme une cohorte rassemblée par « un sentiment d'indiscipline supérieure ». Commandant l'infanterie parachutiste des FFL, il devient secrétaire général de la préfecture en Corse, en septembre 1943. Il y voit le PCF à l'œuvre, à travers le Front national. Nommé directeur au commissariat à l'Intérieur à Alger, le 24 novembre 1943, il est chargé de la préparation de la libération et devient l'un des hauts fonctionnaires les plus informés de la politique de souveraineté du GPRF.

Commissaire de la République à Bayeux, dans la tête de pont libérée il met en pratique ce que le juriste Pierre Laroque a annoncé aux auditeurs de la BBC, le 3 juin 1944 : « Il n'est pratiquement pas de mesure qui ne puisse être prise en cas de nécessité par le commissaire régional de la République. » Coulet bénéficie de la compréhension des autorités britanniques et de l'adhésion des populations. Le haut commandement allié accepte ses initiatives, modérées en matière d'épuration et efficaces en matière de ravitaillement. Les Américains apprécient aussi son rôle dans l'aménagement des hôpitaux de campagne et acceptent de limiter l'usage des billets de banque imprimés aux États-Unis. Parce qu'il a su s'opposer aux demandes incompatibles avec le plein exercice de la souveraineté française et avec les nécessités économiques et sociales du moment, François Coulet est nommé, le 13 septembre 1944, délégué aux relations interalliées auprès du ministre des Affaires étrangères. À ce titre, il supervise l'aide aux troupes américaines, pour un montant de 868 millions de dollars en fournitures et services divers, compensation partielle des 2 294 millions de dollars reçus par les forces armées françaises de novembre 1941 à septembre 1945.

Après avoir été directeur d'Europe au Quai d'Orsay en 1946-1947, puis ambassadeur de France en Iran et en Yougoslavie de 1950 à 1955, François Coulet s'engage comme lieutenant-colonel en 1956. Affecté en Algérie en tant que chef des commandos parachutistes de l'air, il y devient directeur des affaires politiques en 1960. Lorsqu'il prend la présidence de la Sofirad (Société financière de radiodiffusion), le général de Gaulle lui dédicace, le 4 avril 1962, une seconde photographie. Ce mot n'est plus le témoignage affectueux signé par le président du RPF (Rassemblement du peuple français) sur une première photographie, le 17 septembre 1947, mais il porte toujours : « À François Coulet, mon bon compagnon, mon ami. » À sa mort, ses amis saluent dans *Le Monde* « une vie consacrée à la défense et à l'illustration de la France libre sous l'impulsion essentielle du général de Gaulle ».

Charles-Louis FOULON

• *Voir aussi :* Bayeux, 14 juin 1944 ; Diplomates ; FFL ; Hauts fonctionnaires ; Libération

Bibl. : François Coulet, *Vertu des temps difficiles*, Paris, Plon, 1967 • Charles-Louis Foulon, *Le Pouvoir en province à la Libération*, Paris, PFSNP, 1975 • Id., « La préparation civile de la libération de la France (juillet 1940-juin 1944) », *Espoir*, nº 95, janvier 1994.

COUP D'ÉTAT. – L'expression « coup d'État » n'était pas péjorative au temps de l'ancienne monarchie. Elle l'est devenue, dans l'histoire de France, après que la république issue de la Révolution française, et fonctionnant selon des règles à peu près libérales, ait été abolie *manu militari* au profit de dictatures, elles, carrément antilibérales.

Nos coups d'État typiques sont le 18 brumaire an VIII au profit de Napoléon Bonaparte, futur Napoléon Ier, et le 2 décembre 1851 au profit de Louis Napoléon Bonaparte, futur Napoléon III. Ce dernier surtout a mauvaise réputation. On a pu écrire que le souvenir du coup d'État, fonctionnant en véritable repoussoir, a contribué essentiellement à définir la république en France sous la forme consacrée par la IIIe de la série : libertés, démocratie électorale, primat du Parlement, méfiance à l'égard du pouvoir exécutif et à l'égard du « grand homme » – modèle politique tenu pour incontournable.

Définir, comme on l'a fait très tôt, le 13 mai 1958, choc originel des institutions actuelles, comme un « coup d'État », c'était ranger de Gaulle dans la catégorie des Bonaparte. Comme, de nos jours, la science politique mettait, en raison de quelques importantes analogies, le gaullisme théorique dans la famille conceptuelle du « bonapartisme » (primat de l'exécutif, méfiance à l'égard des partis, appui direct du pouvoir sur le peuple en masse, etc.), la cause paraissait entendue, la Ve République ne serait plus républicaine mais néo-monarchique, et les péripéties de son fonctionnement pourraient être tenues non seulement comme les suites logiques d'un coup d'État initial, mais comme un « coup d'État permanent ». Formule qui eut quelque succès, on le sait.

Du 2 Décembre (1851) au 13 Mai (1958), la différence aurait dû pourtant sauter aux yeux autant et plus que l'analogie. L'hiver 1851 a vu dans l'exécution du Coup (l'armée au Palais-Bourbon) et dans l'écrasement des tentatives de résistance à Paris et en province comme un véritable bain de sang ; l'expression de Terreur blanche y serait largement aussi méritée qu'elle le fut au temps de Louis XVIII. Une Constitution autoritaire sortit de l'Élysée en quelques jours et fut plébiscitée dans le mois, etc. L'année 1958, au contraire, n'eut rien de sanguinaire en France, ni même d'autoritaire. Et moins encore de précipité ! Une fois survenus, du 13 mai au 1er juin, les changements que nous allons voir, un comité de parlementaires, et les ministres, devaient mettre des semaines à fabriquer une constitution, la presse à la discuter, et les quatre cinquièmes du peuple à l'approuver au référendum du 28 septembre 1958. Les mœurs, vraiment, avaient changé avec le siècle. Mais voyons d'abord ce qui s'était passé.

Après un mois de crise ministérielle à Paris, le 13 mai, un gouvernement s'était formé enfin, dirigé par le MRP Pierre Pflimlin, qui passait pour un « libéral », susceptible de chercher un jour une solution négociée à la crise algérienne. Fureur de l'armée, fureur des colons, fureur de la droite métropolitaine, c'est ce sentiment qu'exprime, contre Pflimlin, le Comité de salut public qui se forme à Alger avec le général Salan.

En ce 13 mai 1958, l'illégalité majeure est donc venue d'Alger. C'est moins un « coup d'État » (le coup d'État classique vient plutôt du pouvoir en place que de son opposition) qu'une dissidence, ou un putsch. Avec aussi des affidés en métropole, appartenant aux réseaux gaullistes, mais dont on n'est pas sûr que de Gaulle fût au courant du détail de leurs agissements.

Contre le coup d'Alger, le gouvernement et la classe politique presque entière annoncent qu'on va résister. Un gouvernement d'union se forme pour défendre la Loi, et la République. C'est alors, le 15 mai, que paraît la retentissante initiative personnelle de De Gaulle : annoncer non pas son ralliement aux Algériens ni son soutien au gouvernement, mais se poser en médiateur seul capable de dénouer cette crise nationale. L'orthodoxie républicaine eût exigé que de Gaulle se ralliât à Pflimlin pour aider à ramener l'ordre outre-mer. En proposant une tierce solution politique au seul appel de son nom (« appel », mot plus gaullien que « coup »), il manquait sûrement à cette orthodoxie.

Mais il lançait un double mouvement d'opinion et de manœuvre qui devait réussir sans violences majeures et aboutir à de nouvelles institutions. Pour la première fois dans notre histoire, une nouvelle république arrivait en place non pas à la suite d'un renversement de monarchie, mais par succession un peu bousculée d'une république antérieure. Il semble bien que la majeure partie de l'opinion en métropole, ainsi qu'une appréciable fraction des politiciens modérés, ait accepté l'idée que seul de Gaulle avec son prestige et avec son habileté pourrait résoudre le problème algérien, à la limite de quelque façon que ce soit, et que cela valait bien quelques accrocs aux institutions. Il n'y aura donc pas de « résistance au coup d'État », sinon verbale ou symbolique.

C'est le 17 mai que les hommes du général Salan aggravent leur cas en envoyant leurs commandos prendre le contrôle de la Corse, et de Gaulle le sien en envoyant son fidèle Jacques Soustelle au contact avec Alger.

Mais les négociations se multiplient plus ou moins discrètement entre Colombey et Paris. Le président de la République René Coty finit par évoquer la possibilité pour la France de faire appel « au plus illustre de ses fils ». Le 27 mai, reprenant la parole, de Gaulle fait savoir qu'il « entame le processus ». Alors, le 28, le gouvernement démissionne, les députés républicains descendent dans la rue pour un platonique défilé de protestation, tout s'arrange. De Gaulle accepte d'aller à l'Assemblée nationale le 1er juin pour être élu président du Conseil. Il l'est en effet par 329 voix contre 224, sans qu'aucun de ces élus ait jamais dit qu'il eût cédé à la force (comme on a pu le dire pour le vote du 10 juillet 1940).

S'ouvre alors un long été de travail. Les « constituants » de gauche, résignés à l'hégémonie gaulliste, mais voulant sauver les apparences, crurent devoir écarter le spectre du bonapartisme en écartant de la Constitution l'élection du président au suffrage universel, qui eût trop ressemblé à décembre 1851. On fabriqua un système bâtard de suffrage restreint qui, le 21 décembre 1958, mit de Gaulle à la tête de l'État. Maurice AGULHON

• *Voir aussi* : Bonapartisme ; Conférence de presse du 19 mai 1958 ; Corse ; Manifestation du 28 mai 1958 ; Retour de 1958

Bibl. : Maurice Agulhon, *Coup d'État et République*, Paris, Presses de la FNSP, 1997 • Jean Lacouture, *De Gaulle*, t. 2, *Le Politique*, Paris, Le Seuil, 1985.

COURCEL, Geoffroy Chodron de (1912-1992). – Né à Tours, fils d'officier et petit-fils d'ambassadeur, docteur en droit et diplômé de Sciences Po, Geoffroy Chodron de Courcel choisit comme son aïeul la diplomatie. Attaché d'ambassade à Varsovie (1937-1938), il est en poste à Athènes lorsqu'il est mobilisé à l'état-major du général Mittelhauser, commandant en chef en Méditerranée orientale. Parvenu en France pour une permission début mai 1940, il est désigné, le 7 juin, comme officier d'ordonnance du général de Gaulle. Témoin des vains efforts de son chef en vue de la poursuite du combat, il l'accompagne à Londres le 17 juin. C'est lui qui déchiffre le texte de l'appel du 18 Juin avant de le confier à son amie Élisabeth de Miribel, qui le dactylographie. Geoffroy Chodron de Courcel est le premier officier à s'engager dans les FFL (Forces françaises libres), le 18 juin 1940. Jusqu'en août 1941, il est un très proche collaborateur du général de Gaulle qui décrira son rôle en ces termes : « (il) faisait auprès de moi fonction de chef de cabinet, d'aide de camp, d'interprète et, souvent, de bon conseiller » [*MG*].

Mais Courcel veut se battre. En décembre 1941, il est affecté au groupe de reconnaissance des spahis marocains employé par les Britanniques en Libye. À la tête du 3e escadron du 1er régiment de marche de spahis marocains, il se distingue à la bataille d'El-Alamein (24 octobre 1942) puis lors des combats de Tunisie. Son allure et son calme impressionnent ses hommes à qui il fait écouter en plein désert l'émission *Les Français parlent aux Français*. Mais de Gaulle bat le rappel de ses fidèles à Alger. Le 8 juillet 1943, Geoffroy de Courcel est fait Compagnon de la Libération. Le 13, il est nommé directeur adjoint du cabinet du Général. Le 14 juin 1944, il pose le pied sur le sol de France dans les pas du chef avec lequel il s'est envolé pour Londres quatre ans plus tôt. Il reste alors en Normandie pour aider François Coulet, commissaire de la République. Le 26 août, il participe au défilé sur les Champs-Élysées. Il est ensuite, jusqu'en avril 1945, commissaire de la République chargé des services d'Alsace-Lorraine au ministère de l'Intérieur.

Revenu à la vie civile, il reprend sa carrière diplomatique. Il est notamment premier conseiller à Rome (1947-1950), directeur d'Afrique-Levant (1953), secrétaire général permanent de la Défense nationale (1955), représentant permanent de la France au conseil de l'OTAN (1958). En 1959, le général de Gaulle le nomme au poste clé de secrétaire général de la présidence de la République. Ambassadeur extraordinaire et plénipotentiaire à Londres à partir de 1962, Geoffroy de Courcel est élevé à la dignité d'ambassadeur de France en 1965. En 1973, il est secrétaire général du Quai d'Orsay. Fidèle parmi les fidèles, il est élu président de l'Institut Charles-de-Gaulle en 1984.

Christine LEVISSE-TOUZÉ

• *Voir aussi :* Appel du 18 juin 1940 ; Diplomates ; Entourages ; FFL ; Fondations et Institut Charles-de-Gaulle ; Hauts fonctionnaires

Bibl. : www.ordredelaliberation.fr • Jean-Christophe Notin, *1061 Compagnons, histoire des Compagnons de la Libération*, Paris, Perrin, 2000 • Daniel Rondeau et Roger Stéphane, *Des hommes libres. La France libre par ceux qui l'ont faite*, Paris, Grasset, 1997.

COUVE DE MURVILLE, Maurice (1907-1999). – Né à Reims, fils d'un magistrat protestant, Maurice Couve de Murville devient inspecteur des Finances en 1932. Haut fonctionnaire de Vichy dont il dirige les finances extérieures et les changes, il fait défection après le débarquement américain en Afrique du Nord de novembre 1942. Il gagne Alger par la filière espagnole et se met au service du général Giraud. Commissaire aux Finances du Comité français de la Libération nationale, il se rapproche vite de De Gaulle. Il a pris la mesure du personnage et du rôle politique que le Général pourra jouer dans la France de l'après-guerre. Nommé ambassadeur du Gouvernement provisoire de la République française auprès du gouvernement italien en février 1945, il fait ses premiers pas dans le monde diplomatique.

Responsable des affaires politiques au ministère des Affaires étrangères, il participe à des conférences internationales avant d'être nommé ambassadeur en Égypte de 1950 à 1954. Fin 1954, après l'échec de la Communauté européenne de défense, que Maurice Couve de Murville a prévu et souhaité, Pierre Mendès France le choisit pour représenter la France à l'OTAN. En poste à Washington, Couve de Murville quitte les États-Unis après avoir critiqué l'expédition de Suez. Nommé à Bonn, il y reste jusqu'au retour du Général qu'il n'a cessé de revoir incognito depuis janvier 1946. Plutôt que de confier le Quai d'Orsay à des hommes tels que Louis Joxe, René Massigli ou Alexandre Parodi, de Gaulle se tourne vers Maurice Couve de Murville. Peu féru de politique intérieure, ce spécialiste de l'économie qui connaît bien le monde arabe, a la confiance des Américains et entretient d'excellentes relations avec Konrad Adenauer lui semble l'homme de la situation.

Pendant dix ans, Maurice Couve de Murville met en œuvre la politique extérieure gaullienne tout en accompagnant le chef de l'État à l'étranger. Il a pour tâche le règlement des contentieux coloniaux et la consolidation de la puissance française dans sa zone d'influence. Partisan dès le début de l'indépendance algérienne, il s'occupe peu de cette affaire réservée au Général. Il laisse aussi l'essentiel des questions africaines à Jacques Foccart pour se concentrer sur les autres dossiers, rétablissant par exemple de bonnes relations entre la France et le monde arabe.

Il travaille encore à l'affirmation de la souveraineté nationale par le rejet de l'impérialisme des deux Grands dans le respect de la solidarité atlantique. Par conviction ou fidélité, il défend les positions parfois délicates du Général : refus d'accepter la Grande-Bretagne dans la Communauté, sortie du cadre militaire de l'OTAN, critique de l'impérialisme américain (contre le dollar et l'intervention en Asie du Sud-Est).

Enfin, il veille à l'intégration de la France dans l'Europe et au rapprochement avec l'Allemagne. Liant politique étrangère et intérêts économiques, il comprend, comme le Général, que l'abaissement des barrières douanières dans l'Europe des Six provoquerait la modernisation d'une économie française sclérosée. Après l'échec du plan Fouchet, il renforce la construction européenne et veille à faire profiter son pays du Marché commun. En 1965, les fondements sont assez solides pour engager le bras de fer sur la question du financement de l'agriculture. Le rapport de force dure jusqu'au compromis de Luxembourg. Couve de Murville travaille aussi au rapprochement entre la France et l'Allemagne.

De façon générale, il s'efforce d'atténuer les aspérités de la politique extérieure gaullienne, soigne les relations avec les États-Unis lors des crises (Cuba, Berlin), explique aux partenaires européens en juin 1965 les raisons de la « chaise vide » et équilibre les propos du Général à l'égard d'Israël lors de la guerre des Six Jours.

De Gaulle nourrit une grande estime pour ce ministre aux capacités d'analyse et de synthèse exceptionnelles, aussi à l'aise en économie qu'en diplomatie, excellent négociateur. Austère, distingué mais souriant, Maurice Couve de Murville fait passer le service de l'État avant sa vie privée. En plus des Conseils des ministres le mercredi, les deux hommes se voient chaque vendredi en fin de journée pour travailler sur les principaux dossiers. En février 1967, de Gaulle parle au ministre d'une prochaine nomination à Matignon. Il sait l'homme capable, loyal et désintéressé. Mais cette promotion suppose l'onction du suffrage universel. Or, Couve de Murville est battu à Paris. En mai 1968, le chef de l'État rencontre ce dernier plus souvent que d'habitude. Le 31 mai, il le nomme ministre de l'Économie et des Finances. Élu député de Paris en juin, Couve de Murville est à nouveau un postulant plausible pour Matignon. Sa nomination n'est pourtant pas évidente pour de Gaulle tant le contexte a changé par rapport à 1967. Faut-il conserver Pompidou qui a les faveurs d'une Assemblée conservatrice ? Faire du nouveau avec le jeune Robert Galley ? Le président opte pour Maurice Couve de Murville, sexagénaire discret dont le flegme britannique semble en décalage avec la bourrasque de mai.

Confronté aux difficultés financières de la rentrée, contesté par la majorité UDR pour la réforme Edgar Faure (loi sur l'Université), Maurice Couve de Murville rencontre des difficultés. Obligé de soutenir un projet de régionalisation et de réforme du Sénat auquel il ne croit pas, il s'acquitte pourtant de sa tâche et s'investit personnellement dans la campagne référendaire. Après la victoire du « non », il conserve ses fonctions jusqu'à la fin de la campagne présidentielle. Battu en octobre 1969 lors d'une législative partielle dans les Yvelines par Michel Rocard, il réintègre l'inspection générale des Finances.

Maurice Couve de Murville est le ministre auquel de Gaulle a le plus écrit, surtout après son départ des affaires en 1969. Devenu gaulliste sur le tard, il reste fidèle au Général jusqu'au bout et fait partie des proches qui ont le droit de se rendre librement à La Boisserie. En mai 1969, il affrète un avion du GLAM pour permettre le voyage en Irlande du Général. Ayant appris le décès de ce dernier, il est un des premiers à se rendre à Colombey. Élu député du VIIIe arrondissement de Paris en 1973, il le reste jusqu'en 1986 avant de rejoindre le Sénat. François AUDIGIER

• *Voir aussi :* Diplomates ; Hauts fonctionnaires ; Politique étrangère

Bibl. : Arthur Conte, *Les Premiers Ministres de la Ve République*, Paris, Le Pré-aux-Clercs, 1986 • Maurice Couve de Murville, *Le Monde en face*, Paris, Plon, 1989 • Maurice Vaïsse, *La Grandeur, politique étrangère du général de Gaulle, 1958-1969*, Paris, Fayard, 1998.

CRÉPIN, Jean (1908-1996). – Né à Bernaville, dans la Somme, Jean Crépin est polytechnicien, officier d'artillerie coloniale. Austère, d'une grande acuité intellectuelle, il s'engage dans la France libre et est fait Compagnon de la Libération. Au nombre des adjoints de Leclerc au Cameroun et au Tchad, il fait les campagnes du Fezzan et de Tripolitaine, continue au sein de la 2e DB et s'illustre lors de la libération de Strasbourg (citation à l'ordre de l'armée). En 1945, il suit Leclerc en Indochine où il reste jusqu'en 1949. Général de brigade en 1950, il devient en 1959 l'adjoint du général Gambiez qui dirige alors le corps d'armée d'Oran. Le 23 janvier 1960, lors de la semaine des Barricades, il succède au général Massu à la tête du corps d'armée d'Alger : très ferme, il sait préserver l'obéissance de l'armée en ne l'obligeant pas à tirer sur les émeutiers. Le 1er février, il obtient la reddition des derniers insurgés.

En avril 1960, il remplace le général Challe comme commandant en chef en Algérie avec le titre supplémentaire de commandant en chef de la zone Méditerranée-Algérie-Sahara. Sa tâche est de terminer les grandes opérations du plan Challe tout en renforçant l'étanchéité des barrages aux frontières. Dans ses messages à l'armée, il exalte la « stricte discipline », sans référence politique. Néanmoins, au nom de l'unité de l'armée qui ne pourrait se déjuger, il retarde jusqu'au 30 novembre la diffusion de la circulaire du 20 mai 1960, signée par le Premier ministre Michel Debré, sur l'interdiction de la torture et de toute arrestation arbitraire, ainsi que l'instruction du 18 juillet 1960, de même nature, signée par le ministre des Armées Pierre Messmer. Au lendemain du discours du général de Gaulle du 4 novembre 1960 sur la possibilité d'une « République algérienne », il cache de moins en moins ses sympathies en faveur de l'Algérie française. Il demeure cependant fidèle au pouvoir civil. En janvier 1961, il donne des ordres pour que le « oui » l'emporte lors du référendum sur l'autodétermination de l'Algérie, mais la faible participation électorale (59 % contre 76 % en métropole) déçoit l'Élysée. Un mois plus tard, il est remplacé par le général Gambiez et devient commandant en chef des troupes françaises en Allemagne. En 1963, il est à la tête des forces de l'OTAN du Centre-Europe.

Passé au cadre de réserve, il dirige en 1967 la Société nationale de construction aéronautique Nord-Aviation, tout en assumant la vice-présidence du conseil de perfectionnement de l'École polytechnique.

Jean-Charles JAUFFRET

• *Voir aussi* : Algérie (guerre d') ; Barricades ; Leclerc ; Torture

CRISE CONSTITUTIONNELLE DE 1962. – Le 12 septembre 1962 éclate une crise constitutionnelle qui va constituer l'épreuve de vérité pour le jeune régime de la Ve République. L'annonce en Conseil des ministres par le général de Gaulle de sa décision de réviser la Constitution par voie de référendum afin de faire élire au suffrage universel le président de la République ouvre une bataille politique et constitutionnelle qui s'achève avec la victoire des gaullistes aux élections législatives de novembre.

La crise politique était programmée avec la fin de la guerre d'Algérie. Le référendum sur l'autodétermination de l'Algérie a été approuvé massivement le 8 avril 1962. Il marque la fin de la trêve de quatre ans entre la classe politique traditionnelle et le Général. Celui-ci prend l'initiative de tourner la page en changeant de gouvernement le 14 avril. Un non-parlementaire, Georges Pompidou, succède à Michel Debré. Mais la classe politique fait de même : après la conférence de presse du 15 mai sur l'Europe, le gouvernement a perdu ses ministres MRP (Mouvement républicain populaire), il est en sursis. Attaqué sur sa politique européenne et sur sa politique militaire – trois recours successifs à l'article 49.3 ont été nécessaires en juin pour imposer les crédits de l'arme nucléaire –, il n'a plus de majorité à l'Assemblée malgré le départ des 67 députés algériens (il a été mis fin à leur mandat par ordonnance présidentielle le lendemain de l'indépendance).

Un affrontement prémédité. Le général de Gaulle a choisi la manœuvre pour affronter ses adversaires : un référendum sur le fondement de l'article 11 de la Constitution, suivi d'élections législatives anticipées. Le prétexte à la dissolution : une motion de censure que ne manquerait pas de voter l'Assemblée nationale. Le peuple serait appelé à trancher le conflit en deux temps : référendum puis élections. Reste à choisir le terrain de la bataille. Dans une note du 10 juillet 1962, au lendemain de la guérilla parlementaire sur le nucléaire, Charles de Gaulle songe à un affrontement politique à propos de la dissuasion nucléaire et il envisage même une date unique pour un référendum sur ce sujet et le premier tour des législatives : le 26 août [*LNC*]. Mais l'attentat manqué du Petit-Clamart du 22 août le convainc de porter le fer sur les institutions en imposant l'élection directe du chef de l'État.

Le principe de l'élection directe du président par le peuple avait déjà été évoqué lors de la conférence de presse du 11 avril 1961, de Gaulle soulignant que le collège électoral de notables utilisé pour l'élection présidentielle « répondrait mal pour celui qui aura à [lui] succéder au caractère de mandat populaire et national qui convient à la fonction » et que lui-même détient de l'Histoire. « L'élection par la nation au suffrage universel » permettrait de « renforcer l'équation personnelle » de ses successeurs. Le général de Gaulle était resté évasif sur le moment de la réforme (opérée par lui-même s'il en a « le temps et la possibilité ») et sur sa procédure (les partis traditionnels majoritaires au Parlement y étant fondamentalement hostiles).

Le choc sur l'opinion de l'attentat manqué, les menaces persistantes qui pèsent sur sa personne le convainquent de faire d'une pierre deux coups : attaquer frontalement la vieille classe politique pour s'en débarrasser et consolider le régime en donnant aux successeurs du Général la légitimité démocratique nécessaire pour utiliser pleinement leurs pouvoirs. Le choix du référendum fondé sur l'article 11 de la Constitution s'impose à lui. Pourtant, la procédure normale, constitutionnelle, de révision est l'article 89, article unique du Titre XIV de la Constitution intitulé « De la révision » ; mais elle implique l'approbation préalable et en termes identiques du texte de révision par les deux Chambres, ce qui aboutirait à un rejet certain, les adversaires du projet étant très largement majoritaires à l'Assemblée et au Sénat. Certes, le président peut toujours dissoudre l'Assemblée pour tenter d'y conquérir la majorité, mais il se heurtera à l'opposition incontournable du Sénat qui, lui, ne peut être dissous. Paradoxe : le Sénat, qui apparaît ici comme le bastion de l'opposition au président, avait, au contraire, été conçu par les constituants de 1958 comme un allié du chef de l'État contre les empiètements de la Chambre basse ; un peu à la manière du scénario de 1875 qui ménageait cette alliance entre le président de la République et un Sénat conservateur dans lequel siégeaient 75 inamovibles.

La procédure de l'article 11, qui prévoit que le président est saisi par le gouvernement d'une proposition de loi référendaire portant sur « l'organisation des pouvoirs publics », lui épargne le vote par le Parlement et lui permet de saisir directement le corps électoral. En faisant ce choix, Charles de Gaulle s'attire les foudres des parlementaires et des juristes, quasi unanimes à considérer la procédure choisie inconstitutionnelle. Le Conseil constitutionnel, qui doit être saisi pour avis, rend un avis négatif qui ne sera pas rendu public et le Conseil d'État fait de même à l'unanimité moins une voix. Le concert critique des constitutionnalistes n'est troublé que par les justifications du professeur Pierre Lampué et celles des juristes gaullistes. Les critiques reposent toutes sur les mêmes arguments : la Constitution dispose d'un titre consacré à la révision (le Titre XIV) qui ne prévoit dans son article unique qu'une seule procédure. Les lois « relatives à l'organisation des pouvoirs publics » visées par l'article 11 ne peuvent donc inclure celles constitutionnelles : il ne peut s'agir que de lois ordinaires (électorales par exemple), voire de lois organiques.

Le fond et la forme. De Gaulle balaie ces arguments lors de son allocution radiotélévisée du 20 septembre en arguant du libellé volontairement général de l'article 11 : « l'organisation des pouvoirs publics » est l'objet même de la Constitution (la loi constitutionnelle du 25 février 1875 s'intitulait ainsi), ce qui inclut la révision constitutionnelle dans le champ du référendum. Celui-ci doit être lu à la lumière de l'article 3 de la même Constitution qui déclare : « La souveraineté nationale appartient au peuple qui l'exerce par ses représentants et par la voie du référendum. » Ainsi sont mis en parallèle deux types de procédures qui valent pour la loi ordinaire comme pour la loi constitutionnelle. En appelant aux débats préparatoires à l'élaboration de la Constitution, à sa qualité de principal rédacteur du texte et, par là, le mieux placé pour l'interpréter, de Gaulle dénie à ses adversaires toute légitimité pour le contredire et s'appuie davantage sur l'« esprit » de la Constitution que sur le détail de son libellé. Au-delà, l'argument selon lequel le pouvoir constituant reconnu au peuple français depuis 1945 ne peut être bridé par des organes qui n'émanent pas du suffrage universel direct (le Sénat) sera constamment utilisé par ses partisans.

Pour les adversaires du général de Gaulle, l'argument de l'inconstitutionnalité de la procédure, de la violation délibérée de la Constitution, est d'autant plus souvent mis en avant que l'élection directe du président rencontre un large assentiment dans l'opinion. Les attaques des parlementaires se déchaînent contre de Gaulle et surtout contre le Premier ministre, encore inconnu du public, qui est censé, selon l'article 11, avoir « proposé » la révision au président de la République – en fait le projet de loi constitutionnelle ne mentionnera même pas dans ses visas qu'il a été pris « sur proposition du gouvernement », preuve s'il en fût du caractère très présidentiel de la décision. Gaston Monnerville, président du Sénat, qualifie, lors du congrès du parti radical des 29 et 30 septembre 1962, de « forfaiture » l'attitude du Premier ministre, et tous les partis, excepté le mouvement gaulliste, dénonçant le « plébiscite », en appellent à la défense de la République, synonyme ici de démocratie parlementaire.

Au-delà du débat constitutionnel, c'est bien une opposition radicale sur la nature du régime qui met aux prises Charles de Gaulle, qui entend donner par une révision votée par le peuple contre les parlementaires une légitimité populaire à celui qui est « le chef de l'État et le guide de la France », et le personnel politique parlementaire pour qui, d'après Paul Reynaud, « la France est représentée au Parlement et non ailleurs ».

Deux conceptions des institutions, deux prétentions incompatibles à la légitimité s'opposent, comme le traduit le débat sur la motion de censure des 4-5 octobre à l'Assemblée. Il survient dès le lendemain de la rentrée parlementaire alors que le président de la République a avisé les deux Chambres du prochain référendum par un message. Tous les groupes, exceptés les gaullistes, ont signé la motion de censure contre le gouvernement, accusé d'avoir été complice d'une violation de la Constitution, même si personne n'est dupe de l'auteur réel du projet de révision. Votée massivement par 280 voix sur 482, elle entraîne la dissolution immédiate de l'Assemblée. Le peuple souverain est ainsi amené à trancher le conflit en deux temps ainsi que Charles de Gaulle l'avait imaginé dès juillet : d'abord sur le fond, en imposant la vision des institutions d'un des protagonistes ; puis sur le plan politique, en donnant au vainqueur du référendum une majorité de gouvernement.

La campagne référendaire porte à la fois sur la question institutionnelle et sur le sort politique du chef de l'État. Si le général de Gaulle n'a aucune difficulté à faire comprendre aux électeurs qu'ils auront à décider si leur président sera élu par eux-mêmes (4 octobre), les partisans du « non » doivent expliquer au simple citoyen que la Constitution a été violée parce qu'on voulait lui donner directement la parole, ce qui n'est pas spontanément convaincant. De surcroît, de Gaulle a joint, selon son habitude, la question de confiance au référendum, avertissant qu'en cas de victoire du « non » il démissionnerait immédiatement pour le plus grand plaisir « des anciens partis afin de rétablir leur régime de malheur, et des factieux [l'OAS] pour se lancer dans la subversion ».

La victoire du Général. Le double enjeu du vote conduit le 28 octobre à une large victoire du « oui » (62,25 % des suffrages exprimés) même si l'importance inhabituelle, quoique relative, de l'abstention (23,03 %) réduit le « oui » à une simple majorité relative des inscrits (46,66 %). La bataille constitutionnelle est donc gagnée par le président de la République et l'inflexion présidentialiste du régime confortée pour l'après-de Gaulle. Le président du Sénat, vaincu, se lance dans une ultime escarmouche en saisissant le Conseil constitutionnel sur la base de l'article 61 de la Constitution. Celui-ci permet au président du Sénat (ainsi qu'au président de la République, au président de l'Assemblée nationale et au Premier ministre) de déférer au Conseil les lois avant leur promulgation afin de contrôler leur conformité à la Constitution. Dans sa décision du 6 novembre 1962, le Conseil se déclare incompétent au motif que la Constitution et la loi organique du 7 novembre 1958 lui attribuent compétence « uniquement pour les lois votées par le Parlement et non point celles qui, adoptées par le peuple à la suite d'un référendum, constituent l'expression directe de la souveraineté nationale ».

Il est remarquable que le Conseil, où les gaullistes de stricte obédience sont alors en majorité absolue, s'autodéfinisse de façon restrictive comme « un organe régulateur de l'activité des pouvoirs publics » qui ne détient que des « compétences d'attribution » et qui ne se situe pas au même niveau que celui de l'« expression directe de la souveraineté nationale ». Cette lecture limitative de ses pouvoirs le conduit à se déclarer incompétent et lui évite de se prononcer sur la délicate question de la constitutionnalité de la loi votée le 28 octobre. Ainsi le président de la République, après avoir imposé une interprétation extensive de l'article 11 pour y inclure la révision constitutionnelle, aura pu bénéficier, grâce au Conseil constitutionnel, d'une interprétation restrictive de l'article 61 pour parvenir à ses fins.

Il ne lui reste plus qu'à se débarrasser de la classe politique parlementaire affaiblie par l'échec référendaire. Ce sera chose faite les 18 et 23 novembre avec les élections législatives. Pour ces élections, de Gaulle demande aux électeurs de confirmer le vote référendaire en lui donnant « une large majorité de rénovation politique ». Cette majorité est obtenue grâce au mode de scrutin majoritaire qui transforme les 36 % des suffrages du premier tour (et les 43,64 % du tour décisif) en 55 % des sièges. Quatre ans après les débuts de la Ve République, le présidentialisme majoritaire est né, le référendum du 28 octobre ayant eu, sur les législatives anticipées de novembre, le même effet mobilisateur que les futures présidentielles – de 1981, 1988 ou 2002.

Si de Gaulle avait anticipé la manœuvre qui conduisit à la victoire totale de 1962 et s'il avait l'intention d'introduire le moment venu l'élection présidentielle au suffrage universel direct, il ne semble pas qu'il ait envisagé les effets politiques et institutionnels de cette double victoire. Au moment où la primauté du chef de l'État est constitutionnellement garantie et le texte de la Constitution mis en harmonie avec la pratique réelle des institutions depuis 1958, l'enfermement du président dans sa majorité commence. La classe politique parlementaire livrera un combat d'arrière-garde au lendemain du référendum qu'elle gagne le 27 avril 1969 sur un président affaibli, mais l'événement survient alors que l'essentiel du personnel politique s'est rallié à la lecture du régime que le général de Gaulle a imposée avec l'aide du corps électoral à l'automne 1962. C'est à ce moment, en effet, que tous ceux que hantait l'après-gaullisme ont compris que l'élection présidentielle serait désormais le nouveau temps fort de la vie politique française.

Quant aux controverses constitutionnelles soulevées par le recours à l'article 11 pour réviser la Constitution, elles ne cesseront pas de sitôt. L'usage de cette procédure en avril 1969 pour le référendum sur le Sénat et les régions fait réapparaître les mêmes clivages. Il faudra attendre le départ du pouvoir du Général pour que cesse cette pratique, aucun de ses successeurs n'avalisant cette procédure parallèle de révision. Le Conseil d'État persistera dans ses critiques, comme le montre l'arrêt Sarran du 30 octobre 1998. Quant au Conseil constitutionnel, qui ne répugne plus désormais à contrôler les opérations préalables au référendum, son émancipation progressive ne l'a cependant pas conduit à modifier, en matière référendaire, sa jurisprudence de 1962.

Hugues PORTELLI

• *Voir aussi* : Constitutionnelles (conceptions) ; Constitutionnelles (pratiques contestées) ; Discours du 20 septembre 1962 ; Héritage politique ; Légitimité ; Partis politiques ; Référendum (usage du) ; Référendum du 28 octobre 1962

Bibl. : Étienne Burin des Roziers, *Retour aux sources*, Paris, Plon, 1986 • François Goguel (dir.), *Le Référendum d'octobre et les élections de novembre 1962*, Paris, Armand Colin, coll. « Cahiers de la FNSP », 1965.

CRISE SOCIALE DE 1967. – C'est dans un climat de morosité sociale et politique qu'ont eu lieu les élections législatives de mars 1967. Comme la majorité a été reconduite de justesse et doit compter avec le « oui mais... » des giscardiens, cette situation politique incertaine contribue à alimenter ou durcir les conflits du travail. Des grèves, souvent longues et difficiles à résoudre, rythment le premier semestre : celles des marins pêcheurs et des dockers de Marseille, tout d'abord, puis, quand celles-ci se terminent, celles des sidérurgistes et mineurs de Lorraine. C'est surtout le conflit emblématique des usines de textiles Rhodiacéta à Besançon et Lyon qui fait apparaître au premier plan des luttes ce que certains appellent désormais la « nouvelle classe ouvrière », celle des ingénieurs, cadres et techniciens, extension de la classe ouvrière traditionnelle. Les centrales syndicales ont lancé un premier mot d'ordre de grève générale, le 1er février, assez diversement suivi, mais la seconde journée d'action du 17 mai est un succès, favorisé par la mobilisation contre « les ordonnances » et le projet de réforme de la Sécurité sociale.

De Gaulle interprète ces difficultés comme la conséquence naturelle des profondes mutations économiques que connaît la France. En effet, déclare-t-il dans sa conférence de presse du 16 mai, « si tout le monde est pour le progrès, en pratique cela ne va pas sans soulever chez beaucoup de l'aigreur et de l'inquiétude ». De fait apparaissent clairement à cette époque les premiers effets de la progressive ouverture des frontières au sein de la Communauté économique européenne : fragilisation des industries peu compétitives (charbon et textiles), restructurations tendant à créer des groupes industriels ou bancaires beaucoup plus puissants, recul de la petite entreprise. La classe ouvrière traditionnelle entame son déclin relatif mais mène des combats défensifs souvent vigoureux qui font écho à la fameuse grève des mineurs de 1963. Le pouvoir gaulliste en est quelque peu ébranlé, d'autant que la politique du Premier ministre, Georges Pompidou, adopte clairement une stratégie d'adaptation à l'économie de marché qui heurte les habitudes de pensée de beaucoup d'acteurs économiques et sociaux.

Cette crise est néanmoins paradoxale. L'inquiétude naît de ce que la croissance économique ralentit tandis qu'augmente le chômage. Mais les chiffres de l'époque feront ultérieurement rêver quand arrivera, dans les années 1980, le vrai ralentissement. En décembre 1967, le taux de croissance se situe encore au-dessus de 4 % et le nombre de demandes d'emploi non satisfaites demeure inférieur à 240 000. Surtout peut-être, la fin de l'année ramène le retour au calme et rien, ou presque, n'annonce dans « cette France qui s'ennuie » la prodigieuse éruption de mai 1968, conjonction d'une crise culturelle dans la jeunesse et d'une crise sociale dans le monde du salariat.

Philippe Braud

• *Voir aussi* : Élections législatives de 1967 ; Manifestation du 17 mai 1967 ; Ordonnances de 1967 ; Ouvriers ; Viansson-Ponté, Pierre

Bibl. : Marc Sadoun, Jean-François Sirinelli et Robert Vandenbussche (dir.), *La Politique sociale du général de Gaulle*, Lille, université Charles-de-Gaulle-Lille III, 1989.

***CROIX* (La)**. – Issu d'un milieu catholique et conservateur, le jeune de Gaulle n'a sans doute pas manqué d'être en contact avec le quotidien des Assomptionnistes dont la montée en puissance date de ses années de formation intellectuelle et religieuse. Mais son père était abonné à *L'Action française*. Jeune officier, le futur chef de la France libre préfère la lecture des *Cahiers de la Quinzaine* fondés par Charles Péguy. Dans les années 1930, de Gaulle, en dehors de ses contributions à la presse militaire spécialisée, réserve ses quelques articles au journal démocrate-chrétien *L'Aube*. Lors de sa nomination dans le gouvernement Reynaud en juin 1940, *La Croix*, comme l'essentiel de la presse, se montre très élogieuse à l'égard de ce général quasi inconnu du grand public.

Continuant à paraître sous l'Occupation, *La Croix* ne parle de la France libre qu'au travers de propos allusifs ou hostiles. La critique des gaullistes, qualifiés de « déserteurs », « mercenaires » ou « traîtres » – ce dernier terme étant particulièrement appliqué à de Gaulle –, est dans l'ensemble plus rare, moins fournie mais tout aussi haineuse que celle visant les Anglais.

Cependant, la position des principaux rédacteurs du journal, soumis à la censure, semble moins tranchée ou plus ambiguë.

À la Libération, comme tous les journaux qui ont été publiés sous l'Occupation, *La Croix* n'est pas autorisée à reparaître. Toutefois, au terme d'une longue instruction, le quotidien catholique peut, le 16 janvier 1945, reprendre sa publication en conservant son titre. De Gaulle fait preuve à son égard d'une grande mansuétude, comme il le souligne dans ses *Mémoires de guerre* : « Pour *La Croix*, qui s'était quelque peu prolongée dans la zone sud après l'arrivée des Allemands, mais dont nombre de rédacteurs participaient à la Résistance, je prononçai le "*nihil obstat*". » Ce traitement, sans équivalent dans la presse française, peut s'expliquer en partie par l'action de Jean Letourneau, alors directeur de la presse au ministère de l'Information, qui avait été éditorialiste à *La Croix*, sous le pseudonyme de Jean Caret, entre 1938 et 1940.

Les relations entre de Gaulle et *La Croix* oscillent, par la suite, entre méfiance et relative hostilité. Penchant pour le MRP, le journal de la rue Bayard est plutôt défavorable au RPF ; en octobre 1949, de Gaulle se désabonne du quotidien catholique et du *Monde*. *La Croix* apporte le plus souvent un soutien au cas par cas à la politique du Général. En 1958, elle lui fait grief d'avoir utilisé les événements d'Alger pour revenir au pouvoir. La politique algérienne fait aussi l'objet de critiques, notamment la question de la torture. Après 1962, *La Croix* se détache de De Gaulle sur la question européenne. Lors de la campagne présidentielle de 1965, elle ouvre ses colonnes à des articles aussi bien favorables qu'hostiles au Général, ce qui vaudra en 1967 au père Wenger, directeur de la rédaction de 1957 à 1969, cette remarque acide : « *La Croix* n'est pas toujours ce qu'elle devrait être... ce qu'on aimerait qu'elle soit. »

Philippe CASTERMANS

• *Voir aussi* : Catholique (foi) ; MRP ; Presse

Bibl. : Institut Charles-de-Gaulle, *De Gaulle en son siècle*, t. 1, *Dans la mémoire des hommes et des peuples*, Paris, Plon-La Documentation française, 1991 • René Rémond et Émile Poulat (dir.), *Cent ans d'histoire de* La Croix, Paris, Le Centurion, 1988.

CROIX DE LORRAINE. – Si le régime de Vichy avait repris le drapeau blanc, le tricolore aurait suffi à Londres ! Mais l'État français ayant soigneusement conservé le drapeau national, et les hommes de De Gaulle le dressant en face comme drapeau du combat patriotique et de la République maintenue, les trois couleurs étaient donc disputées entre les deux camps. Il fallait bien que surgisse un signe distinctif. C'est dans ce rôle que l'image d'une croix de Lorraine est passée d'une lointaine origine chrétienne et régionale au symbole de la France combattante au cœur du XXe siècle. L'initiative est venue du vice-amiral Muselier, le premier officier de marine à avoir gagné Londres dès l'été 1940. Il était lorrain par son père. Il devait, comme on sait, entrer bientôt en violent conflit avec de Gaulle. Celui-ci crut devoir l'en punir en attribuant, à tort selon les historiens les plus qualifiés, le choix de cet emblème à Georges Thierry d'Argenlieu, son successeur à la tête de notre embryon de flotte de guerre.

Mais le choix avait été maintenu parce qu'il était bon. Quel nom de pays est plus évocateur de France combattante que celui de la Lorraine, de Jeanne d'Arc à Raymond Poincaré, en passant par le maréchal Ney et par le Phalsbourg d'Erckmann et Chatrian ? Et quel insigne est plus facile à mémoriser, et bientôt à dessiner clandestinement, furtivement, sur quelque surface propice, trois coups tout simples d'un bâton de craie, un vertical et deux en travers ? Car dès qu'il y aura des résistants à l'intérieur, sans même que ceux-ci soient organisés, la croix de Lorraine sera par eux, spontanément semble-t-il, adoptée comme emblème. La croix de Lorraine n'est donc pas seulement outre-mer (France libre, France combattante) peinte sur le blanc des drapeaux, elle est appelée à proliférer en graphismes simplifiés, en graffitis comme nous venons de voir, ou en en-tête de journaux clandestins ronéotypés, dans tous les recoins de la France intérieure où la Résistance pénétrera peu à peu.

C'est en raison de ce succès qu'elle deviendra avec le temps le symbole général de la Résistance et de toutes ses formes de lutte et de tous ses lieux de combat, et ensuite de souvenirs. C'est une gigantesque croix de Lorraine qui orne ou plutôt qui modèle la façade de l'édifice du Mont-Valérien. Et c'est elle qu'on trouve presque toujours sur les monuments aux morts ou plaques commémoratives de la Seconde Guerre mondiale lorsqu'on veut spécifier leur combat en les distinguant de la multitude hélas trop familière des monuments de la Grande Guerre, celle de 1914-1918.

La croix de Lorraine, c'est 1940-1945. Dire cela, c'est dire que la croix de Lorraine symbolise d'abord et avant tout le camp national, de Londres, bientôt d'Alger, et de la clandestinité, plutôt que la politique et à plus forte raison que la personne du Général – le temps de cette confusion n'était pas venu –, car de Gaulle n'a nullement songé, d'abord, à faire de la croix de Lorraine un symbole de politique intérieure, ou de bataille idéologique. Il a, au contraire, voulu garder dans son camp les symboles républicains persistants... Marianne comprise. On ne comprendrait pas sans cela l'initiative bizarre du comité de Londres de doter les Français libres d'Angleterre d'un timbre-poste traditionnel comme s'il y avait beaucoup de courrier en circulation. Il fallait, il est vrai, doter la France libre d'un maximum de symboles d'État, pour montrer son indépendance théorique par rapport aux services de l'État britannique, hôte et allié mais distinct. Mais on n'oubliait pas qu'au même moment, dans la France occupée, sur le timbre-poste (et quel signe d'État plus familier et plus répandu que le timbre-poste ?), la tête de femme à bonnet phrygien était remplacée par le visage du maréchal Pétain. Exactement comme, dès le lendemain du coup d'État du 2 décembre 1851, sur le timbre-poste alors à peine instauré, la tête de la République, au type Cérès, avait fait place à celle du prince-président. Le de Gaulle de Londres donc, pour contrer symboliquement la quasi-monarchie de Vichy, choisit un timbre-poste à allégorie féminine de la République. Et c'est encore une femme à bonnet phrygien, celle de Gandon, qu'il viendra choisir officiellement comme timbre-image de la République de 1944, celle qu'il ramenait à Paris.

C'est avec les péripéties ultérieures, dans les années 1945-1958, et leur aboutissement lointain en fondation de la Ve République, que les choses devaient changer, et que la croix de Lorraine, sans cesser d'être le symbole éminent des batailles de 1940-1945, devait être mobilisée en politique intérieure et se traduire en « gaullisme » autant – ou plus ? – qu'en « patriotisme ».

Autre signe que l'on connaît trop peu, et que l'on ne voit guère (mais les symboles n'ont pas besoin d'être très répandus pour donner aux citoyens conscients leur message significatif), tout président de la République voit frapper à la Monnaie une médaille commémorative de son élection. De Jules Grévy à René Coty sans exception (autre que Pétain bien entendu), tous les présidents firent graver au revers de leur propre effigie une tête de femme (coiffée ou non du bonnet, en pied ou en buste, grave ou sereine, mais femme toujours, en tant que la République). Le de Gaulle de 1958 opta pour... une croix de Lorraine.

Logique des luttes d'images : de 1940 à 1945, pour contrer la quasi-monarchie de Pétain, la symbolique gaulliste était, si on peut dire, « mariannophile ». En 1958, pour contrer la République quatrième, méprisée, elle devient « mariannophobe ». Du même coup, il obligeait ses successeurs à l'alternative soit de restaurer la République en médaille, soit de garder la croix de Lorraine. Pompidou n'osa ni l'un ni l'autre choix, et inaugura la tradition toujours présente d'un symbole neuf et significatif pour chaque titulaire de la plus haute fonction.

Faut-il ajouter, pour saluer la fin de cette histoire, que la croix de Lorraine érigée après 1970 à Colombey-les-Deux-Églises est d'évidence un monument gaulliste puisque, le site n'étant ni un « lieu de mémoire » ancien, ni un champ de bataille récent, la croix bâtie dans « son village » ne peut être que sienne.

Maurice AGULHON

• *Voir aussi* : Colombey-les-Deux-Églises ; France (idée de la) ; Mémoires de guerre ; Symboles

Bibl. : Maurice Agulhon, *Les Métamorphoses de Marianne*, Paris, Flammarion, 2001 • Serge Barcellini et Annette Wieviorka, *Passant, souviens-toi ! Les lieux du souvenir de la Seconde Guerre mondiale*, Paris, Plon, 1995.

CUBA (crise de). – En octobre 1962, durant les treize jours que dure la crise des missiles de Cuba, les deux supergrands se retrouvent directement face à face, et le monde manque de basculer dans le cauchemar nucléaire. Aux yeux de John F. Kennedy, l'installation des missiles est une provocation délibérée de Moscou. À de multiples reprises, les Soviétiques avaient affirmé qu'ils n'entendaient pas nucléariser Cuba. Le président américain est d'autant plus furieux qu'en septembre il s'est engagé publiquement à ne pas tolérer la présence de missiles, et qu'il a explicitement mis en garde l'URSS.

Pour comprendre le rôle des Européens dans cette crise essentiellement bipolaire, il faut en revenir au contexte des relations américano-soviétiques et au théâtre privilégié de la guerre froide, Berlin. Depuis 1958, l'URSS menace de signer un traité de paix avec l'Allemagne de l'Est. Le réarmement conventionnel et le redressement économique de l'Allemagne de l'Ouest sont perçus par Moscou comme une remise en cause du *statu quo* en Europe. Après d'infructueuses tentatives de conciliation, Nikita Khrouchtchev a lancé plusieurs ultimatums, en novembre 1958 puis au sommet de Vienne de juin 1961. Pour sa part, l'administration Kennedy est en train de réévaluer les conditions de son engagement nucléaire en Europe, en y introduisant notamment la notion de flexibilité. Très vite, à la Maison Blanche, le parallèle entre Cuba et Berlin est dressé et les options possibles en cas de mouvement soviétique sur l'ancienne capitale allemande étudiées. Aux yeux du président américain, frapper et envahir Cuba risque de provoquer des représailles soviétiques en Europe, notamment contre Berlin, ce qui ne lui laisserait pas d'autre choix que de déclencher le feu nucléaire pour défendre les alliés des États-Unis. D'un autre côté, l'inaction signifierait la fin de la crédibilité du soutien américain en Europe. Le président choisit donc l'option du blocus de Cuba.

C'est dans ce cadre qu'il faut apprécier les échanges de l'administration Kennedy avec ses alliés européens. Il n'y a pas de consultation formelle lors de la première semaine de la crise. À dire vrai, personne n'est mis dans la confidence avant l'annonce du blocus. En France, on interprète cette absence de concertation comme un signe supplémentaire du déséquilibre de l'Alliance atlantique, voire de l'unilatéralisme américain. C'est oublier que tant que Kennedy n'a pas déterminé la marche à suivre, le secret est impératif. Le 22 octobre, les alliés des États-Unis reçoivent une lettre et la copie du prochain discours du président américain. Les premiers officiellement informés sont les Britanniques, douze heures avant l'allocution télévisée de Kennedy. Les Français et les Allemands suivent, quatre heures après Londres. L'ambassadeur américain à Paris n'étant pas encore accrédité, et l'ambassadeur à Bonn se trouvant en vacances, l'ancien secrétaire d'État Dean Acheson et une équipe de la CIA sont envoyés dans les capitales européennes et auprès du conseil de l'OTAN.

Le 22 octobre à 17 heures, heure française, Acheson s'entretient avec de Gaulle. Après l'avoir écouté, ce dernier constate que l'émissaire américain est venu l'informer et non le consulter. Il ne juge pas nécessaire de se pencher sur les cartes et preuves photographiques que lui présente Dean Acheson : « Laissez vos documents : je n'en ai que faire. La parole d'un président des États-Unis me suffit. » Il approuve la politique de fermeté de Kennedy. Selon certains témoins, de Gaulle ne croit pas à la guerre nucléaire, mais affirme que si, malgré tout, un tel conflit venait à éclater, la France se trouverait aux côtés de ses alliés conformément aux obligations souscrites par elle dans le Pacte atlantique. Par la suite, le Général étudiera quand même les cartes et les photos présentées par les officiels de la CIA sur l'état respectif des forces à Cuba. Fondé sur une réaction d'abord instinctive, le soutien gaullien est donc sans équivoque, tout comme sa fermeté à l'égard des Soviétiques. Avec Konrad Adenauer, Charles de Gaulle est sur une ligne plus dure, au départ, que celle du Premier ministre britannique, Harold Macmillan, qui ne croit pas que Berlin vaille une troisième guerre mondiale, nucléaire de surcroît.

Toutefois, la position du président français est plus conjoncturelle et circonstanciée qu'on pourrait le croire. Tout d'abord, de Gaulle entérine un fait accompli américain, le blocus, mesure prudente et conservatrice qui répond à un fait accompli soviétique. Ensuite, depuis 1958 et notamment au travers des vicissitudes de la crise berlinoise, le Général s'est montré inflexible vis-à-vis de Moscou, et donc bien plus « faucon » que certains membres de l'administration américaine. Au moment de la crise cubaine, il salue la fermeté enfin affirmée par les États-Unis face à l'URSS. Par ailleurs, s'il sait que toute critique serait un cadeau pour Moscou, de Gaulle a bien conscience du rôle marginal de la France dans ce qu'il appellera la crise « des Caraïbes ». Comme il le confie à Adenauer le 16 octobre, cette crise est à ses yeux un sujet strictement américain. Son soutien se limite donc au domaine stratégique réservé des États-Unis, et il approuve une mesure liée à la défense des intérêts nationaux américains. Après avoir analysé le rapport des forces et les situations stratégiques respectives, il a conclu que les Européens sont bien plus des spectateurs que des acteurs dans cette confrontation et il ne se fait aucune illusion sur la capacité de la France à influer sur les événements. Ainsi qu'il le dit au secrétaire d'État Dean Rusk, le 12 décembre : « Le concours de la France ne pouvait être, et pour cause, que très peu de chose. Nous ne pouvions pas et nous ne voulions pas nous mêler du règlement de l'affaire. » À plusieurs reprises, il regrettera l'absence des consultations qu'il avait sans succès réclamées en 1958. La résolution de la crise confirme à ses yeux la primauté des rapports soviéto-américains, même lorsqu'il s'agit de la défense de l'Europe. Par la suite, il arguera de la crise de Cuba pour plaider une coopération plus poussée entre gouvernements européens, en particulier entre la France et l'Allemagne.

Jean-Yves Haine

• *Voir aussi* : États-Unis ; Nucléaire (dissuasion) ; OTAN ; Politique étrangère ; URSS

Bibl. : Jean-Yves Haine, *Les États-Unis ont-ils besoin d'alliés*, Paris, Payot, 2004 • Phillip Zelikow et May Ernest, *The Kennedy Tapes, Inside the White House During the Cuban Missile Crisis*, Cambridge, Harvard University Press, 1997.

CULTURE. – Si le jeune Charles de Gaulle apparaît à ses camarades de Saint-Cyr et de l'École supérieure de guerre comme un « intellectuel », et si la publication de ses Mémoires diffuse auprès du grand public l'image d'un homme de belle plume, son personnage d'homme d'État n'est pas spontanément associé, sous la Ve République, à l'aventure de la politique culturelle française. Un décalage existe entre la manière dont sa culture personnelle a pu influencer ses choix, au long de son existence, et son implication relativement limitée dans la politique culturelle française après son retour aux affaires.

Fils d'enseignant, le jeune Charles a été élevé de manière très classique. La littérature occupe une place de choix dans sa formation intellectuelle. Dès l'enfance, il lit et apprécie les grands de la littérature française et, simultanément, développe son goût et sa connaissance de l'histoire nationale. Sa correspondance et ses rencontres reflètent ces préférences. La place singulière d'André Malraux, « l'ami génial, fervent des hautes destinées », est à comprendre à cette aune. D'une manière générale, de Gaulle est toujours resté discret sur ses goûts artistiques et s'il s'entretenait avec certains créateurs, ces rencontres ne débouchaient ni sur des commandes publiques ni sur des faveurs susceptibles d'entretenir un phénomène de cour. L'image de garnison, alors associée à l'Élysée, en constitue une bonne illustration, notamment par contraste avec ses successeurs.

Cela étant rappelé, c'est pourtant avec le

précieux concours de De Gaulle, devenu président de la République, que la politique culturelle française peut prendre un élan nouveau. Ce sera notamment grâce à l'institutionnalisation du ministère des Affaires culturelles en 1959. Le général de Gaulle est intervenu personnellement pour trouver un portefeuille ministériel à André Malraux, entré au gouvernement comme ministre sans portefeuille le 1er juin 1958, et devenu, après un bref passage à l'Information, ministre délégué à la présidence du Conseil, avec notamment pour mission le « rayonnement de la culture française ». Reprenant la suggestion de son directeur de cabinet, Georges Pompidou, de Gaulle intervient auprès du Premier ministre, Michel Debré, pour que celui-ci « garde Malraux » en lui « taillant un ministère par regroupement de services » qui pourrait s'appeler « Affaires culturelles ». Cette innovation institutionnelle influencera, peu ou prou, les modèles de politique culturelle de nos partenaires européens. En France, elle s'avérera décisive pour reconfigurer l'action de l'État dans le domaine culturel.

S'il est donc indéniable que cette création doit beaucoup au calcul amical (et politique) de De Gaulle, les succès remportés par André Malraux pour obtenir la marge de manœuvre nécessaire à ses projets culturels sont également fort redevables aux relations singulières qu'il maintient constamment avec le Général. Comme ministre, Malraux s'entretient régulièrement avec lui des « affaires culturelles » de la France, directement et souvent sans témoins. Ceux qui ont assisté à ces conversations ont confié avoir peiné à identifier ce qui concernait réellement les missions concrètes du ministère dans les propos tenus par le ministre ; mais de Gaulle suivait les grands projets patrimoniaux. Il semble donc que le Général se soit fort bien accommodé des ambitions culturelles de Malraux, sans que ce soutien se concrétise d'ailleurs en interventions directes pour soutenir les arbitrages budgétaires.

La pérennité d'André Malraux à son poste de ministre d'État, ministre des Affaires culturelles, jusqu'à 1969 assure au Général, même par délégation, une contribution significative à l'institutionnalisation de la politique culturelle française. L'érection de la culture en catégorie d'action administrative opérée sous l'égide d'André Malraux s'inscrit pour une bonne part dans une vision partagée avec de Gaulle : que la culture serve le rang et la grandeur de la France aux yeux des Français comme dans le concert des nations. Les éléments de « rupture » présents dans la politique du ministre Malraux n'ont pas semblé au président de Gaulle de nature à contrarier le résultat qui lui semblait essentiel.

David ALCAUD

• *Voir aussi :* Culture (maisons de la) ; Intellectuels ; Malraux, André

Bibl. : Jean-Pierre Rioux et Jean-François Sirinelli, *Histoire culturelle de la France*, t. 4, *Le XXe siècle*, Paris, Le Seuil, 1998 • Philippe Urfalino, *L'Invention de la politique culturelle*, Paris, Hachette, 2004.

CULTURE (maisons de la). – Les maisons de la culture (MDC), qu'André Malraux présentera comme des « cathédrales », sont les symboles du projet culturel d'une époque et un héritage, somme toute difficile, en matière de démocratisation culturelle. Dès mars 1959, le ministre évoque les futures « maisons de la culture » au festival de Cannes et, la même année, déclare à l'Assemblée nationale qu'il est nécessaire qu'il y ait une maison de la culture dans chaque département français afin que « n'importe quel enfant de seize ans, si pauvre soit-il, puisse avoir un véritable contact avec un patrimoine national et avec la gloire de l'esprit de l'humanité ». En mars 1961, la Commission de l'équipement culturel et du patrimoine artistique du IVe Plan retient en quatre ans la création de vingt maisons de la culture et Émile-Jean Biasini, au ministère des Affaires culturelles, en fait sa priorité.

Les premières réalisations sont liées à des opportunités, en raison d'un budget très limité. Ce sera le cas au Havre en 1961, à Bourges en 1963, où se déplace le général de Gaulle, ou encore dans le XXe arrondissement de Paris au Théâtre de l'Est parisien. Le premier établissement du genre construit *ad hoc*, en qualité de maison de la culture, l'est à Amiens ; l'inauguration a lieu en 1966. L'État prend à sa charge la moitié des coûts de construction et les maisons deviennent la propriété de la commune. Le statut associatif défini par la loi de 1901 est privilégié en raison de sa souplesse et du principe de financement caractéristique des MDC : l'État fournit 50 % de la subvention globale et les collectivités locales partenaires les 50 % complémentaires. L'établissement bénéficie enfin de la recette des spectacles.

Dans le contexte de mai 1968, les maisons de la culture cristallisent le malaise culturel et traversent une « crise », de l'aveu même d'André Malraux, qui, à l'Assemblée nationale, invite à les « réformer » et non à les « détruire ». Elles sont souvent accusées à la fois par les étudiants et les « jeunes » de servir le pouvoir en place et dénoncées par des édiles locaux qui refusent la « politisation » et les logiques « gauchistes » qu'elles favoriseraient. Certaines maisons sont affaiblies par des dissensions majeures comme à Caen ou à Chalon, d'autres disparaissent – ainsi à Nevers, Firminy, Thonon –, en raison des crises budgétaires que toutes doivent progressivement affronter. Elles incarnent à plus d'un titre les difficultés rencontrées par les politiques culturelles de ces dernières décennies : fragilité de la création culturelle au regard de ses modes de financement, faible réussite en matière de démocratisation des publics, limites de la médiation culturelle.

Certaines maisons ont préféré changer de nom et d'image, tandis que d'autres se sont adaptées aux reconfigurations : recul de l'action de l'État, action culturelle menée par les collectivités locales au profit d'autres structures. Les maisons n'ont plus le monopole qu'elles détenaient à l'origine : ni en termes d'équipements ni en termes d'ambitions. Il n'est pas dit qu'André Malraux et de Gaulle n'y auraient pas vu une dynamique culturelle positive.

David ALCAUD

• *Voir aussi* : Malraux, André ; Vilar, Jean

Bibl. : Augustin Girard, *Les Affaires culturelles au temps d'André Malraux, 1959-1969,* Paris, Comité d'histoire du ministère de la Culture - La Documentation française, 1990.

D comme Droite

« Ce n'est pas la gauche, la France ! Ce n'est pas la droite, la France ! »

De Gaulle, Entretien avec Michel Droit du 15 décembre 1965, *Discours et messages*.

DAKAR. – Fin août 1940, l'Afrique-Équatoriale française (A-ÉF) et le Cameroun rallient la France libre. Le 2 septembre, c'est au tour de l'Océanie française. Pour obtenir le ralliement de l'Afrique-Occidentale française (A-OF), le général de Gaulle souhaite infiltrer de petites équipes à partir de la Guinée afin de préparer le retournement des responsables locaux. Cependant, soucieux d'éviter que la *Home Fleet* ne s'éloigne trop longtemps des îles britanniques, Winston Churchill impose l'idée d'une opération directe sur Dakar. Le 23 septembre 1940, une importante flotte britannique, renforcée d'unités néerlandaises et transportant 2 400 Français libres et 4 000 Britanniques, se présente devant Dakar. Du côté vichyste, il n'est pas question de reculer. Gouverneur général de l'A-OF, Pierre Boisson dispose de forces importantes : une garnison d'environ 10 000 hommes et, surtout, une partie de la flotte (dont le cuirassé *Richelieu*) que Pierre Laval envisage d'employer à une reconquête de l'A-ÉF. Chez les marins français au service de Vichy, encore sous le choc de Mers el-Kébir, l'envie d'en découdre avec les Britanniques est forte.

De Gaulle tente d'abord d'obtenir pacifiquement le ralliement. Le 23 septembre, tandis que des tracts sont déversés sur Dakar, une délégation conduite par Georges Thierry d'Argenlieu est débarquée pour remettre une lettre invitant Boisson à se rallier. En vain. Alors qu'ils se retirent, Thierry d'Argenlieu et ses hommes sont mitraillés. Infiltré depuis la Gambie pour rallier des sympathisants, Claude Hettier de Boislambert est fait prisonnier. Dans la brume tropicale, un combat confus s'engage alors entre les deux flottes. Le soir du 23, de Gaulle veut renoncer afin de limiter l'effusion de sang entre Français. Mais l'amiral Cunningham insiste encore le 24 – une tentative de débarquement échoue à Rufisque –, avant de se retirer.

Plusieurs témoins ont souligné la profonde dépression qu'a connue alors le général de Gaulle à bord du *Westernland*, certains évoquant même des tentations suicidaires. De fait, l'échec est dramatique pour le Général. Violemment attaqué aux Communes, Churchill est ébranlé dans sa confiance et envisage de se tourner vers le général Weygand pour rallier le reste de l'Empire. Aux États-Unis, l'administration Roosevelt est renforcée dans son idée de jouer la carte Pétain. En France, la propagande vichyste a beau jeu de présenter de Gaulle en mercenaire sanguinaire à la solde des Anglais. Surtout, la perspective d'un ralliement général de l'Empire à la France libre s'effondre. On peut imaginer ce qu'aurait été le poids dans la guerre d'un mouvement français libre disposant dès 1940 des ressources humaines (12 millions d'habitants), militaires (35 000 hommes), stratégiques (base de Dakar, routes aériennes) et économiques de l'A-OF.

Toutefois, passé le premier abattement, de Gaulle réagit. Le 27 octobre, à Brazzaville, il fonde le Conseil de défense de l'Empire. Le 16 novembre, alors que le Gabon a été conquis les armes à la main contre Vichy, il signe la Déclaration organique définissant plus précisément les fondements juridiques et doctrinaux de la France libre. Jean-François MURACCIOLE

• *Voir aussi :* Chef des armées ; Doute de soi ; FFL ; Ralliement des colonies

Bibl. : Catherine Akpo-Vaché, *L'AOF et la Seconde Guerre mondiale : la vie politique, septembre 1939-octobre 1945*, Paris, Karthala, 1996 • Jean-Louis Crémieux-Brilhac, *La France libre : de l'appel du 18 Juin à la Libération*, Paris, Gallimard, 1996.

DALADIER, Édouard (1884-1970). – Originaire du Vaucluse, Édouard Daladier est agrégé d'histoire. Ancien combattant de Verdun, il est élu député à la Chambre bleu horizon, en novembre 1919. Constamment réélu dans l'entre-deux-guerres, il siège au sein du groupe radical et radical-socialiste. Dix-huit fois ministre entre 1924 et 1940, il occupe le ministère de la Guerre en 1925, 1932-1933, 1933-1934 et, sans discontinuer, de juin 1936, dans le gouvernement Blum, jusqu'au 18 mai 1940. Il est en outre président du Conseil en 1933, en 1934, et d'avril 1938 à mai 1940.

Le premier gouvernement Daladier coïncide avec la montée en puissance de l'Allemagne nazie. Le président du Conseil français choisit une ligne dure à la Conférence du désarmement qui s'est ouverte à Genève l'année précédente, conférence que quitte Hitler en octobre 1933. Daladier, qui a déjà fait adopter plusieurs mesures favorables au réarmement français, ne réussit pas à imposer ses vues en matière financière. Il est temporairement évincé. Deux ans plus tard, lors la victoire du Front populaire, il est de retour au ministère de la Défense nationale. Préoccupé par les démonstrations de force de l'Allemagne, avec, notamment, la remilitarisation de la Rhénanie, il met en place un important plan de réarmement. Mais ce programme est conçu dans l'esprit défensif de la doctrine officielle ; il a l'approbation du général Gamelin, chef d'état-major de la Défense nationale, et ne prend pas en compte les propositions que le général de Gaulle a émises sur la force blindée dans *Vers l'armée de métier*, paru en 1934. À Munich, en 1938, Daladier cède à l'ultimatum de Hitler. C'est cependant le point de départ d'un redéploiement diplomatique, Paris espérant convaincre Londres d'entrer dans un véritable système d'alliances et de participer à une politique plus audacieuse de réarmement, notamment dans le domaine aéronautique. Le sursaut est tardif. En septembre 1939, les deux États désormais alliés ne sont pas prêts. La drôle de guerre montre les faiblesses de la coalition franco-britannique.

En mars 1940, Daladier est remplacé par Paul Reynaud à la présidence du Conseil. Reynaud soutient les thèses de De Gaulle, mais il est trop tard. Édouard Daladier est d'ailleurs maintenu à la Défense nationale et n'est écarté de ce poste que le 18 mai, alors que la débâcle s'amorce. Le 5 juin 1940, il quitte définitivement le gouvernement alors que de Gaulle y entre comme sous-secrétaire à la Défense nationale et à la Guerre. Le 18 juin, ce dernier s'envole pour Londres ; le 20, Daladier embarque sur le *Massilia* pour l'Afrique du Nord, avec vingt-six autres parlementaires. Il est ensuite arrêté par le gouvernement de Vichy et inculpé comme responsable de la défaite, mais le procès de Riom tourne court. Au printemps 1943, il est emmené en Allemagne, d'où il est libéré par la capitulation du 8 mai 1945.

Après la guerre, Édouard Daladier siège de nouveau au Palais-Bourbon. Il y est président des « gauches républicaines ». En 1954, il s'oppose comme de Gaulle à la ratification du traité sur la CED (Communauté européenne de défense), mais les convergences s'arrêtent là. La carrière politique de Daladier prend fin avec les élections législatives de 1958 qui constituent un succès pour les députés gaullistes et précèdent l'entrée de De Gaulle à l'Élysée. De nouveau, Daladier s'éclipse quand de Gaulle entre en scène.

Élisabeth du Réau

• *Voir aussi* : CED ; Parti radical ; Secrétaire d'État

Bibl. : Élisabeth du Réau, « De Gaulle et les choix de défense nationale des gouvernements de Front populaire », *Espoir*, n° 71, juin 1990 • Id., *Édouard Daladier*, Paris, Fayard, 1993 • Paul-Marie de La Gorce, *De Gaulle*, Paris, Perrin, 2000.

DANIEL-ROPS, Henri Petiot, dit (1901-1965). – Charles de Gaulle n'est encore, à quarante-cinq ans, qu'un officier estimé par quelques initiés, quand Daniel-Rops, écrivain célèbre depuis la publication d'un livre très remarqué, *Le Monde sans âme*, fait sa connaissance à l'automne 1935 chez leur ami commun Émile Mayer. Aussitôt subjugué par le personnage, Daniel-Rops est plus encore impressionné par l'auteur du *Fil de l'épée*. « Il m'avait paru rare, confiera-t-il un jour, de trouver tant de puissance à faire naître l'image alliée à tant de bonheur à formuler la pensée. » Deux ans plus tard, chargé par les éditions Plon de créer une collection, « Présences », qui vise à exprimer l'actualité de la pensée dans les domaines littéraire, politique et philosophique, il sollicite aussitôt le colonel de Gaulle pour un livre traitant du métier de soldat.

En attente d'affectation, de Gaulle accepte dans un premier temps d'écrire un texte qui s'intitulera *L'Homme sous les armes*, sur le modèle de *Servitude et grandeur militaires*. Il signe en janvier 1937 un contrat en ce sens. Nommé au mois de juillet suivant à la tête du 507e régiment de chars basé à Metz, il est contraint de se raviser, estimant que ses nouvelles fonctions ne lui laissent plus de temps pour se consacrer à un projet d'ordre littéraire. À défaut de l'ouvrage promis, de Gaulle propose alors à Daniel-Rops de lui confier un manuscrit conservé dans ses tiroirs depuis plusieurs années : une histoire de l'armée française que lui a jadis commandée le maréchal Pétain. Convaincu que cet ouvrage ne saurait désormais appartenir qu'à celui qui l'a rédigé, de Gaulle, encouragé par l'accueil immédiatement favorable de Daniel-Rops, signe au printemps 1938 un second contrat sans se préoccuper d'avertir le Maréchal – ce qu'il ne fait qu'une fois les épreuves corrigées.

Daniel-Rops est directement impliqué dans le vif incident qui s'ensuit. Après une période de « négociations confuses dans le détail desquelles, se rappellera-t-il, le colonel de Gaulle ne jugea pas utile de mettre ni l'éditeur ni moi-même », il est soumis aux pressions de l'entourage du Maréchal pour empêcher toute publication. Il tient bon, non sans faire part de « l'inquiétude de certains chez Plon » à l'impérieux auteur de *La France et son armée*, qui, altier, lui répond par téléphone, depuis Metz : « Ça vibrionne autour du Maréchal. Mais ne vous tourmentez pas, je le verrai et tout s'arrangera. » Pour finir, de Gaulle décide de faire paraître son texte comme prévu, fort du soutien méritant de Daniel-Rops...

Auteur d'une volumineuse histoire de l'Église et biographe de Charles Péguy, Daniel-Rops compte aussi parmi les écrivains catholiques que Charles de Gaulle a lus et appréciés, ainsi qu'en témoigne leur correspondance ultérieure. En 1963, le Général le remercie d'avoir « admirablement mis en lumière », dans *Combat pour Dieu*, « la grande victoire spirituelle » à laquelle le concile Vatican II « prépare » la chrétienté, après avoir salué son *Église des Révolutions*, deux ans auparavant, comme « une œuvre qu'il fallait beaucoup d'audace pour écrire ». À sa mort, il rappellera « quelle amitié – éprouvée dans les pires moments » l'unissait de longue date à son ancien éditeur.

Jean-Luc Barré

• *Voir aussi* : Éditeurs ; Goguel, François ; Intellectuels ; Jullian, Marcel ; Orengo, Charles

Bibl. : Jean Lacouture, *De Gaulle*, t. 1, *Le Rebelle*, Paris, Le Seuil, 1984 • Alain Larcan, *De Gaulle inventaire*, Paris, Bartillat, 2003 • Jean-Raymond Tournoux, *Pétain et de Gaulle*, Paris, Plon, 1964.

DARLAN, François (1881-1942). – François Darlan connaît une carrière régulière et rapide, due à la fois à ses qualités et à la protection de Georges Leygues. Proche des milieux radicaux, il devient chef d'état-major général de la marine le 1er janvier 1937 et contribue de manière décisive à la reconstitution de la flotte. Durant la « drôle de guerre » et la campagne de 1940, il commande les forces maritimes avec énergie, puis se rallie à l'idée d'un armistice après avoir obtenu l'assurance que la flotte ne serait pas livrée. Jusqu'alors partisan convaincu de l'alliance avec la Grande-Bretagne, il devient férocement anglophobe après l'attaque de Mers el-Kébir. Chef d'une flotte qui constitue l'un des rares atouts de Vichy, partisan d'une ligne médiane entre le général Weygand et Pierre Laval, Darlan prend progressivement de l'importance à Vichy et devient vice-président du Conseil en février 1941. Le 6 mai suivant, s'engageant résolument dans la voie de la collaboration avec le Reich, il signe les accords de Paris qui permettent l'installation de bases allemandes dans l'Empire français. Cinq jours plus tard, il rencontre Hitler à Berchtesgaden. L'attaque britannique au Levant et les pressions diverses qu'il subit mettent en échec sa politique. Les accords de Paris ne seront finalement pas appliqués. De plus en plus suspect aux yeux des Allemands, Darlan quitte le gouvernement en avril 1942 mais devient commandant en chef des forces militaires. Il entame alors un rapprochement discret avec les Américains. Présent à Alger en novembre 1942, il négocie un armistice avec ces derniers et met en place un haut-commissariat de l'Afrique française qui rentre en guerre aux côtés des Alliés, tout en continuant à tenir la France combattante à l'écart. Le 24 décembre, il est assassiné par Fernand Bonnier de La Chapelle.

Darlan n'avait au départ aucun sentiment particulier à l'encontre du général de Gaulle, qu'il ne connaissait pas et n'avait pas lu. Après l'armistice, il le considère comme un dissident et un instrument aux mains des Britanniques. Il ne prendra que lentement conscience du développement du mouvement gaulliste. À partir de l'entrée en guerre de l'Union soviétique, il tend à voir dans la France libre et dans son chef un relais des communistes. Il manifeste en outre une grande animosité à l'égard des « dissidents » qui sont à ses yeux les complices des multiples attaques britanniques contre la marine et l'Empire français. Lorsqu'il commence à envisager l'éventualité d'un ralliement aux Américains, il prend grand soin de refuser tout contact tant avec les Britanniques qu'avec les gaullistes. Durant les deux mois de son proconsulat en Afrique du Nord, il maintient la législation vichyste, interdit la propagande gaulliste et fait pourchasser les sympathisants de la France libre. Par un étonnant renversement de perspective, il va jusqu'à vouloir faire de De Gaulle un réactionnaire en se fondant même sur son nom d'apparence nobiliaire. En retour, la France libre fait tout ce qui est en son pouvoir pour déstabiliser le haut-commissaire et l'éliminer du jeu politique, tant par la propagande que par l'action souterraine en Afrique du Nord où elle dispose de réseaux multiples. Le général François d'Astier de la Vigerie, qui vient de rallier la France combattante, déclare à de Gaulle : « Tout le monde en France est unanime sur les deux points suivants : Darlan est un traître qui doit être liquidé ; Giraud a le devoir de se rallier à la France combattante » [*LNC*]. Le général d'Astier de la Vigerie se rend à Alger pour établir des contacts avec la Résistance locale, mais Darlan obtient des Américains son départ.

L'éventuelle implication de gaullistes dans le complot qui aboutit à l'assassinat de l'amiral continue à faire l'objet de débats. Bonnier de La Chapelle a été encouragé et armé par un groupe royaliste autour du comte de Paris. Mais ce groupe était infiltré et manipulé par des agents gaullistes, notamment Henri d'Astier de La Vigerie, frère du général et conseiller intime du prince. De Gaulle était personnellement tenu informé des événements d'Alger, mais la quasi-totalité des très nombreux messages (plus de 2 000) échangés entre Alger et Londres en novembre-décembre 1942 ont disparu des archives. Il est donc impossible, dans l'état actuel de la recherche historique, de préciser le degré de connaissance et de responsabilité des gaullistes dans l'assassinat de l'amiral Darlan. On ne peut indiquer qu'un indice, assez troublant : au lendemain de l'assassinat, le général Eisenhower ordonne une enquête qui aboutit à l'expulsion d'Afrique du Nord des responsables du *Special Operations Executive* britannique. Il adresse un rapport à Washington qui n'a pas encore été retrouvé. À la suite de ce rapport, le président Roosevelt annule l'invitation qui avait été faite au général de Gaulle de se rendre en visite officielle aux États-Unis – celui-ci devra attendre 1944 pour y être enfin reçu. Seule l'ouverture d'archives britanniques (notamment les messages entre Alger et Londres ; il ne faut pas compter sur les archives des services secrets) ou américaines (notamment le rapport d'Eisenhower) pourrait apporter des éléments nouveaux.

Dans ses Mémoires, le général de Gaulle s'est exprimé en termes mesurés sur l'amiral Darlan. Il lui a principalement reproché d'avoir voulu faire passer « sa marine » avant la France.

Hervé Coutau-Bégarie

• *Voir aussi* : Armistice ; Collaboration ; Légende noire ; Marine

Bibl. : Hervé Coutau-Bégarie et Claude Huan, *Darlan*, Paris, Fayard, 1989 • Id., *Lettres et notes de l'amiral Darlan*, Paris, Economica, 1992.

DAUTRY, Raoul (1880-1951). – Né à Montluçon dans une famille modeste, Raoul Dautry entre à l'École polytechnique en 1900. À sa sortie, il intègre la compagnie des Chemins de fer du Nord. C'est un admirateur du *Rôle social de l'officier dans le service universel*, publié par le capitaine Lyautey en 1891, qui se révèle dans l'effort de guerre en perfectionnant les communications des forces alliées par chemin de fer. En août 1918, Clemenceau le décore de la Légion d'honneur. Dans l'entre-deux-guerres, il s'impose comme ingénieur et dirigeant de compagnies de chemins de fer et devient administrateur de la SNCF à sa création, en 1937. À la veille de la guerre, il est en outre président ou administrateur de plusieurs sociétés industrielles ou de transport – il défend une forme d'« apolitisme technique » – et, de septembre 1939 au 16 juin 1940, à la tête du nouveau ministère de l'Armement. Dautry œuvre notamment au sauvetage des stocks d'eau lourde (oxyde de deutérium) et à leur transfert de Norvège en France, puis en Angleterre. Il voit une véritable chance dans la nomination de De Gaulle au gouvernement, le 5 juin. Il a approuvé l'argumentaire exposé par celui-ci dans son mémorandum de janvier 1940 : la guerre réclame l'emploi massif des moyens mécaniques. Dautry et de Gaulle se rencontrent.

Opposé à l'armistice, l'ancien ministre de l'Armement quitte Bordeaux le 16 juin 1940 pour se retirer dans sa propriété provençale de Lourmarin. À deux reprises, en 1943, la France combattante tente de le convaincre de venir à Londres, puis à Alger. Il refuse, tout en réaffirmant son soutien à la cause des Français libres. En juin 1944, il fait savoir au Conseil national de la Résistance qu'il est prêt à assumer les fonctions de président du Secours national, et, aussi, à mettre au service du Gouvernement provisoire de la République française son expérience de la reconstruction acquise dans les régions libérées après 1918.

Les offres de service de Dautry sont acceptées. Au début du mois d'août 1944, il reçoit mission de diriger le Secours national : par ses convictions de « technicien apolitique », il doit être en mesure de gérer la continuité de ce Secours national rebaptisé Secours social français puis Entraide française. À l'automne, le général de Gaulle lui offre encore de prendre la tête d'un ministère de la Reconstruction immobilière. En spécialiste, Dautry rappelle que le destin des grandes nations ne peut se forger sans programme d'équipement, sans une vue large dépassant la question des décombres. Le 16 novembre 1944, l'ancien ministre de la IIIe République devient ministre de la Reconstruction et de l'Urbanisme. En outre, fort des analyses produites par les atomistes français, Dautry défend directement, le 13 mars 1945, auprès du général de Gaulle, l'idée de créer un important centre de recherches nucléaires. Le 3 janvier 1946, de Gaulle le nomme administrateur général, délégué du gouvernement au Commissariat à l'énergie atomique (CEA). Après la démission du Général, Dautry remet ses responsabilités de ministre au communiste François Billoux qui condamne en bloc sa politique. Il conserve ses fonctions au CEA.

Rémi Baudoui

• *Voir aussi* : Bombe atomique ; GPRF (œuvre intérieure et outre-mer du) ; Recherche

Bibl. : Rémi Baudoui, *Raoul Dautry, 1880-1951, le technocrate de la République*, Paris, Balland, 1992.

DB (2e). – *Voir* LECLERC (Philippe de Hauteclocque, dit).

DÉBARQUEMENT EN AFRIQUE DU NORD (8 novembre 1942). – Le dimanche 8 novembre 1942, tôt dans la matinée, le lieutenant-colonel Billotte fait réveiller le général de Gaulle pour lui annoncer le débarquement anglo-américain en Afrique du Nord, au Maroc et en Algérie. Selon Pierre Billotte, la première réaction du chef de la France combattante est rageuse : « Eh bien, j'espère que ces gens de Vichy vont les jeter à la mer. On ne pénètre pas en France par effraction ! » Mais de Gaulle se ressaisit vite. Invité à déjeuner par Winston Churchill, il discute d'égal à égal avec le Premier Ministre britannique et fait preuve d'autant de sérénité que de hauteur de vue. Le soir même, au micro de la BBC, il adjure les Français d'Afrique du Nord de se joindre aux Alliés « sans réserve » avant de lancer : « Ne vous souciez pas des noms, ni des formules. Une seule chose compte : le salut de la patrie ! Tous ceux qui ont le courage de se remettre debout, malgré l'ennemi et la trahison, sont d'avance approuvés, accueillis, acclamés par tous les Français combattants. Méprisez les cris des traîtres qui voudraient vous persuader que nos alliés veulent prendre pour eux notre Empire. Allons ! Voici le grand moment ! Voici l'heure du bon sens et du courage. Partout l'ennemi chancelle et fléchit. Français de l'Afrique du Nord ! que par vous nous rentrions en ligne, d'un bout à l'autre de la Méditerranée, et voilà la guerre gagnée grâce à la France ! » Ton et propos sont sans ambiguïté. Pourtant, en quelques heures, la situation de la France combattante et de son chef s'est singulièrement compliquée.

Première opération d'envergure lancée par les Alliés pour reprendre l'initiative à l'Ouest, après une longue période de succès ininterrompus des puissances de l'Axe, et pour ouvrir le second front réclamé par Staline, le débarquement en Afrique du Nord a été décidé par les Américains et les Anglais le 24 juillet 1942. Le 14 août, le général Eisenhower a été désigné pour en prendre le commandement. Le général de Gaulle a été tenu à l'écart des préparatifs tant les préventions de Franklin Roosevelt sont grandes à son égard. Désignée sous le nom de code *Torch*, l'opération a été montée en liaison avec les composantes non gaullistes de la Résistance. Celles-ci rassemblent des civils et des militaires de toutes convictions sous la direction de Jacques Lemaigre-Dubreuil, patron des huileries Lesieur et ancien de la Cagoule, d'Henri d'Astier de La Vigerie, monarchiste, du colonel Germain Jousse du 19e corps d'armée à Alger et, à la tête de 400 jeunes, José Aboulker, juif, antifasciste et gaulliste. Mais le groupe gaulliste Combat de René Capitant ne sera prévenu que le 6 novembre, ce qui ne l'empêchera pas d'apporter son concours aux conjurés. Les modalités de la coopération ont été fixées le 23 octobre à la réunion secrète de Cherchell, en présence du général Clark, l'adjoint d'Eisenhower. L'opération est un succès à Alger où Aboulker et ses jeunes font prisonniers le général Juin, commandant en chef en Afrique du Nord, et l'amiral Darlan, chef de l'ensemble des forces armées vichystes, venu à Alger rendre visite à son fils malade. Le 8 novembre en fin d'après-midi, Juin et Darlan signent un armistice avec les Américains. Mais à Oran et au Maroc, les résistants ne peuvent empêcher les combats entre les contingents alliés et les troupes françaises d'Afrique du Nord, qui, en trois jours, font 1 827 morts et 2 717 blessés. De leur côté, les forces de l'Axe envoient des renforts en Tunisie dont elles décident de faire un tremplin pour la reconquête de l'Algérie et du Maroc. Choisi pour prendre le commandement des troupes françaises une fois le débarquement opéré, le général Giraud décide de passer par le PC d'Eisenhower, à Gibraltar, plutôt que de se rendre directement à Alger. Il ne joue donc pas le rôle prévu.

Dès le 9 novembre, de Gaulle veut envoyer une mission d'information à Alger. Mais il doit en passer par les fourches Caudines des Américains. Or, tout à leur logique, ceux-ci traitent le 13 novembre avec Darlan, le plus haut responsable sur place, seul capable à leurs yeux de rallier l'armée d'Afrique. Cette nouvelle donne crée un imbroglio politique qui révulse le chef de la France combattante, les responsables de la Résistance en France et les opinions publiques alliées. Le tollé est tel que, le 17 novembre, Roosevelt devra qualifier le recours à Darlan d'« expédient temporaire ». Fragilisé, de Gaulle l'est indiscutablement, et avec lui l'entreprise de la France combattante. Un moment, il envisage une intervention des FFL (Forces françaises libres) dans les territoires d'Afrique occidentale encore aux mains de Vichy. Lors de la réunion des Français de Grande-Bretagne à l'Albert Hall le 11 novembre, il rappelle que « le ciment de l'unité française, c'est le sang des Français qui n'ont jamais, eux, tenu compte de l'Armistice » et que « le centre autour duquel se refait l'unité française, c'est la France qui combat », avant d'en appeler au rassemblement dans la foi républicaine. Le lendemain, il prévient le Département d'État de l'impossibilité de tout accord entre la France combattante et le « haut-commissaire d'Afrique du Nord ». De leur côté, les organisations de la Résistance demandent que « les destins de l'Afrique du Nord française libérée soient, au plus tôt, remis entre les mains du général de Gaulle ». En raison de la censure américaine, seuls Radio Brazzaville et les postes de Douala et Beyrouth diffusent ce message. Très vite, cependant, de Gaulle réalise que l'effondrement du mythe du double jeu du gouvernement de Vichy, qui a fait tirer sur les Alliés, ouvre de nouveaux horizons à la France combattante. Le processus est lancé qui, de péripéties en rebondissements, de Paris à Londres puis Alger, en passant par Anfa, verra le rassemblement des forces de la Résistance intérieure derrière de Gaulle, puis la formation, en juin 1943, du CFLN (Comité français de la Libération nationale). Christine Levisse-Touzé

• *Voir aussi* : Alger ; CFLN ; Chef des armées ; France libre

Bibl. : Jean-Louis Crémieux-Brilhac, *La France libre : de l'appel du 18 juin à la Libération*, Paris, Gallimard, 1996, rééd. 2001 • Christine Levisse-Touzé, *L'Afrique du Nord dans la guerre 1939-1945*, Paris, Albin Michel, 1998 • Jean-François Muracciole, *Les Français libres, une aventure humaine*, thèse d'habilitation à diriger des recherches, Montpellier-III novembre 2005.

DÉBARQUEMENT EN NORMANDIE (6 juin 1944). – Délibérément exclu par les Alliés du plan et des opérations du débarquement, de Gaulle, arrivé en Normandie après quatre ans d'exil, réussit pourtant à compenser cette humiliation par une victoire politique.

Dès 1941, malgré l'opposition des responsables de la marine et les réticences d'une opinion traumatisée par Pearl Harbor, Roosevelt faisait un choix stratégique : puisque le Reich était l'ennemi le plus dangereux, l'effort principal des forces américaines porterait sur le continent européen. En 1943, un premier projet de tête de pont sur les côtes françaises fut reporté pour des raisons logistiques. Et contre les avis américains, Churchill, hanté par les fantômes de la bataille de la Somme, convaincu que la survie de l'Empire passait par le contrôle de la Méditerranée, que le sort de l'Europe libérée se jouerait dans les Balkans, imposait une stratégie périphérique : la conquête de l'Afrique du Nord, de la Sicile, de l'Italie. Il fallut que Staline, lors de la conférence tripartite de Téhéran du 28 novembre au 1er décembre 1943, soupçonnant toujours les Anglo-Saxons de visées machiavéliques et désirant desserrer la pression qu'exerçait la Wehrmacht à l'est, exige l'ouverture d'un second front. Roosevelt en prit son parti : l'année 1944 serait celle de l'opération « Overlord » (le « Suzerain »), le débarquement sur les côtes normandes.

À l'époque, de Gaulle, libéré de sa collégialité avec Giraud, se trouvait conforté par la réunion d'une Assemblée consultative et l'unification des corps d'armée.

Reste qu'il pouvait d'autant moins peser sur les décisions des trois Grands qu'il se heurtait à l'hostilité de Roosevelt qui considérait que la France n'était plus une grande puissance et qui avait soutenu Giraud. Le président des États-Unis voyait en de Gaulle une diva insupportable, un dictateur potentiel, qui de surcroît entendait contrarier le jeu américain. Au choc des intérêts nationaux s'ajoutaient les divergences des cultures politiques. Pour l'Américain, parler au nom de la France éternelle ne donnait à cet homme que personne n'avait élu, qui n'avait ni territoire ni capitale, rien de cette légitimité que fonde le droit. Bien plus, Churchill, qui déjà ferraillait avec la France libre à propos des territoires coloniaux, excluait que de Gaulle puisse le brouiller avec Roosevelt dont il avait tant besoin. Il fut donc décidé, sous le prétexte de se protéger des bavardages des Français, qu'on ne mettrait le gouvernement d'Alger au courant du débarquement qu'en dernière limite.

Début juin 1944, de Gaulle fut invité par Churchill à rejoindre Londres dans son avion personnel, pour être « l'hôte du gouvernement de Sa Majesté ». Le 4 juin, il rencontrait le Premier Ministre, puis Eisenhower. À l'issue de ces entretiens, si l'on en croit la rumeur, Churchill aurait donné l'ordre de remettre de Gaulle dans un avion pour Alger « enchaîné si nécessaire », tandis qu'Eisenhower souhaitait « qu'il aille au diable ». C'est que le président du Gouvernement provisoire de la République française entendait être traité en allié à part entière, alors que ses interlocuteurs pour des raisons politiques ne voulaient ou ne pouvaient l'accepter.

La rencontre entre Churchill et de Gaulle opposait deux monstres sacrés. De Gaulle refusa catégoriquement l'introduction d'une « fausse monnaie » par les Américains, la mise en place de l'AMGOT comme en Italie – libérée certes, mais de fait occupée par les Anglo-Saxons ; et s'il acceptait le principe d'une rencontre avec Roosevelt, il la repoussait à plus tard. Ce qui déclencha l'ire de Churchill : « Nous allons libérer l'Europe, mais c'est parce que les Américains sont avec nous pour le faire. Car sachez-le ! Chaque fois qu'il nous faudra choisir entre l'Europe et le grand large, nous serons toujours pour le grand large. Chaque fois qu'il me faudra choisir entre vous et Roosevelt, je choisirait Roosevelt. » De Gaulle se souviendra de cette profession de foi atlantiste, maintenue par presque tous les cabinets du Royaume-Uni.

Avec Eisenhower, la discussion, menée entre guerriers, fut d'abord plus sereine. De Gaulle approuva le plan, donna quelques conseils. Mais lorsque le patron d'« Overlord » annonça qu'il lancerait une proclamation à tous les peuples occupés de l'Europe de l'Ouest, et que les Français, comme les autres, auraient à « obéir aux ordres », la réaction fut sèche : « Vous, une proclamation au peuple français ? De quel droit ? » Encore de Gaulle ignorait-il que l'appel était déjà imprimé pour être tiré à 40 millions d'exemplaires.

Dédaignant de « gémir dans les antichambres », comme il le dira dans ses Mémoires, il se retira sous sa tente, en l'occurrence à l'hôtel, refusant de parler immédiatement après Eisenhower. Son appel, huit heures plus tard, résulta de longues négociations. L'attaque était très gaullienne : « La bataille suprême est engagée ! Après tant de combats, de fureurs, de douleurs, voici venu le choc décisif, le choc tant espéré. Bien entendu, c'est la bataille de France, c'est la bataille de la France. » Rien à voir avec les frileuses mises en garde de Vichy adjurant les Français de ne pas s'engager. Il invitait à ne suivre que les consignes des « chefs français » qualifiés par le seul gouvernement français, et concluait solennellement : « Derrière le nuage si lourd de notre sang et de nos larmes, voici que reparaît le soleil de notre grandeur. »

Après avoir déjoué d'ultimes manœuvres de Churchill prétendant lui interdire de venir en France, de Gaulle débarqua le 14 juin entre Graye-sur-Mer et Courseulles. Restait à savoir quel accueil lui réserverait la portion de Normandie libérée. Celui à qui, quatre ans plus tôt, l'appel du 18 Juin avait donné une légitimité originelle, revenait en France doté d'une légitimité institutionnelle, en chef du Gouvernement provisoire de la République française. C'est à Bayeux qu'il conquit la légitimation populaire qui lui manquait encore. Aux pages de ses Mémoires relatant de façon trop lyrique ce premier rendez-vous, on préférera le témoignage de François Coulet, commissaire de la République pour la Normandie libérée : « L'accueil fut sans réticence et plein d'enthousiasme, chaleureux et sympathique, mais nullement délirant. » Politiquement, c'était suffisant. Jean-Pierre AZÉMA

• *Voir aussi* : AMGOT ; Bayeux, 14 juin 1944 ; Coulet, François ; Libération

Bibl. : Jean-Pierre Azéma, Robert O. Paxton et Philippe Burrin, *6 juin 1944*, Paris, Perrin, 2004 • Jean-Louis Crémieux-Brilhac, *La France libre : de l'appel du 18 Juin à la Libération*, Paris, Gallimard, 1996 • David Eisenhower, *Eisenhower at War, 1943-1945*, New York, Random House, 1986.

DÉBARQUEMENT EN PROVENCE (15 août 1944). – La mémoire nationale réserve une place singulière au débarquement des Alliés en Provence. Celui-ci se trouve écrasé par l'ampleur et les enjeux de l'opération « Overlord » : la libération de Paris éclipse celle de Marseille comme la marche de la 2e DB éclipse celle de l'armée B (nommée ensuite 1re armée française). Mais dans ses *Mémoires de guerre*, de Gaulle, très concis sur la journée du 6 juin – dans laquelle, il est vrai, seuls 177 bérets verts français étaient engagés –, est plus disert sur les opérations provençales. Mieux, en 1964, président de la République, il règle encore les comptes de sa mise à l'écart du débarquement en Normandie, en boycottant les cérémonies de commémoration du vingtième anniversaire. Il y délègue Jean Sainteny, ministre des Anciens Combattants (qui fait l'éloge de la Résistance, et plus encore de la clairvoyance du chef de la France libre), et il envoie à Vannes le ministre des Armées, Pierre Messmer, célébrer la mémoire des commandos français parachutés en Bretagne. Mais il se réserve le soin, le 15 août, de commémorer, à terre et sur mer, le débarquement de l'armée B, cette opération « Dragoon » dans laquelle la France a tenu son rang, au moins lors des combats.

Car les Français furent associés au débarquement de Provence, mais seulement associés. De Gaulle n'a pas tort d'écrire dans ses Mémoires que « jamais les Anglo-Saxons ne consentirent à nous traiter comme des alliés véritables. Jamais ils ne nous consultèrent, de gouvernement à gouvernement, sur aucune de leurs dispositions. Par politique ou par commodité, ils cherchaient à utiliser les forces françaises pour les buts qu'eux-mêmes avaient fixés, comme si ces forces leur appartenaient et en alléguant qu'ils contribuaient à les armer ».

En août 1943, Américains et Anglais envisageaient une double « invasion » – c'était le terme couramment utilisé aussi bien par les Allemands que par les Anglo-Saxons. Mais au sud de la France, on ne prévoyait qu'une opération d'appui à « Overlord ». C'est à la conférence de Téhéran que Staline imposa que l'opération baptisée « Anvil » (en français : « enclume ») devienne l'un des éléments d'une gigantesque prise en tenaille des forces allemandes. Churchill, inquiet de la progression de l'armée Rouge, préconisait une marche rapide sur Vienne à travers les Balkans et bataillait pour passer du report de ce second débarquement à son annulation. Roosevelt voulait ménager Staline et, en vue d'un quatrième mandat, éviter d'immobiliser les « boys » dans les Balkans. Les arguments d'Eisenhower étaient militaires : il redoutait que ses armées ne s'empêtrent dans les Balkans, comme elles l'avaient fait en Italie. « Anvil » lui permettrait de protéger le flanc droit de son dispositif et de prendre Marseille, une base logistique indispensable. Le 2 juillet, on décida que le débarquement, baptisé pour des raisons de sécurité « Dragoon », serait déclenché le 15 août, avec le maximum de forces.

Voilà qui convenait au chef de la France libre, depuis longtemps favorable à l'ouverture d'un second front sur les côtes de France. Les forces françaises, que Giraud avait eu ordre de reconstituer avec du matériel américain et qui étaient à pied d'œuvre en Tunisie puis en Italie, devraient être utilisées au maximum pour que la France soit présente à la victoire. C'est ce que de Gaulle répéta à Eisenhower, qui justement avait besoin de troupes, lors d'une rencontre plutôt cordiale, à Alger, le 30 décembre 1943. Mais il se montra très sourcilleux sur les modalités du commandement des Français qui n'étaient évidemment pas des supplétifs. Il décida même, en juin 1944, de prélever 4 divisions engagées en Italie pour grossir le corps expéditionnaire français sur les côtes de Provence.

À la différence d'« Overlord », l'opération « Anvil-Dragoon » fut donc préparée en collaboration avec les Français, notamment à l'École normale de La Bouzaréa. On avait préféré les plages de Provence, malgré leurs abords escarpés, parce que les navires pourraient approcher, alors qu'ils auraient dû demeurer à plus de 20 milles de celles du Languedoc par ailleurs infestées de mines. L'état-major allié avait conçu une opération amphibie classique : parachutage préalable d'une division aéroportée, commandos pour détruire les batteries côtières, puis des vagues d'assaut. Si l'opération était placée sous le commandement de trois chefs anglo-saxons, si les 500 navires de guerre comme les 2 000 avions étaient dans leur quasi-totalité américains ou anglais, si la division aéroportée était américaine et la première vague d'assaut composée de soldats américains et canadiens, les deux tiers des forces terrestres engagées (7 divisions) étaient français. C'était Jean de Lattre de Tassigny, un très bon tacticien qui s'était naguère illustré en s'insurgeant contre Vichy lors de l'invasion de la zone sud par la Wehrmacht le 11 novembre 1942, qui commandait cette « armée B », comptant dans ses rangs de nombreux Sénégalais, Marocains, Algériens, Tunisiens, que la France oublierait un peu vite.

La maîtrise du ciel, l'allant des troupes, le soutien de la Résistance tant urbaine que celle des maquis, l'impossibilité enfin pour les Allemands d'obtenir des renforts firent qu'en moins de trois jours une tête de pont solidement établie ouvrait la voie à une marche rapide : Toulon était libérée le 27 août, Marseille le 28. Le chef du Gouvernement provisoire de la République française, quant à lui, avait entre-temps quitté Alger pour surveiller ce qu'il allait advenir de Paris. Jean-Pierre AZÉMA

• *Voir aussi* : Alliés ; Armées de la Libération ; Libération

Bibl. : Jean-Pierre Azéma, Robert O. Paxton et Philippe Burrin, *6 juin 1944*, Paris, Perrin, 2004 • André Kaspi, *La Libération de la France*, Paris, Perrin, 1995 • Jacques Robichon, *Le Débarquement de Provence : 15 août 1944*, Paris, Presses de la Cité, 1982.

DEBRÉ (loi). – *Voir* ENSEIGNEMENT PRIVÉ (loi Debré de 1959).

DEBRÉ, Michel (1912-1997). – S'il est un homme politique qui incarne la fidélité au général de Gaulle et à un gaullisme intransigeant, c'est incontestablement Michel Debré dont toute la vie publique est marquée au coin de l'aventure gaulliste.

Le baptême de la Résistance. Docteur en droit, diplômé de Sciences Po, Michel Debré entre en 1934 comme auditeur au Conseil d'État. En 1938, il est appelé au cabinet de Paul Reynaud. À partir de cet observatoire privilégié, il assiste au déclin de la IIIe République qui le marque durablement. Fait prisonnier en juin 1940, il s'évade en septembre et retrouve le Conseil d'État à Royat, en zone libre. D'avril à octobre 1941, il est chargé de mission à la Résidence générale au Maroc.

Perdant peu à peu toute illusion sur le régime de Vichy, il s'engage dans la Résistance. Il rédige avec Emmanuel Monick un projet de réforme de l'État marqué par le souhait d'un exécutif fort, exercé par un président de la République, monarque républicain élu pour dix ans. Fin février 1943, Debré s'engage dans le mouvement Ceux de la Résistance. En avril, il entre au Comité général d'études (CGE). Au cours de l'été, il prend la tête de la commission des désignations administratives. Il joue un rôle clé dans le choix des commissaires de la République, préfets et secrétaires généraux qui prendront en charge l'administration de la France à la Libération. À partir du 10 août 1944, il est commissaire de la République à Angers. En avril 1945, il entre au cabinet du général de Gaulle où il est chargé de l'élaboration de la réforme administrative, créant en particulier l'École nationale d'administration (ENA). La démission de De Gaulle en janvier 1946 et la création de la IVe République auront pour effet de faire de Debré un gaulliste passionnément attaché à la personne du Général comme à la signification de son action, et un adversaire non moins passionné de la nouvelle République qui reproduit à ses yeux les tares de la IIIe.

Le défenseur inlassable du gaullisme politique. Résolu à entrer en politique pour y faire triompher les conceptions du Général, il adhère au parti radical sur les conseils de celui-ci, qui voit dans cette formation un creuset d'hommes ayant le sens de l'État. Mais Michel Debré échoue à conquérir un mandat de député en Indre-et-Loire. Chargé de mission, puis secrétaire général au secrétariat aux Affaires allemandes et autrichiennes, il préconise la constitution de la Sarre en entité autonome liée économiquement à la France.

En 1947, par fidélité à de Gaulle, il adhère au RPF (Rassemblement du peuple français), profitant de la possibilité d'une double appartenance avec le parti radical. Situation qui lui vaut d'être élu en 1950 au Conseil de la République par les électeurs sénatoriaux d'Indre-et-Loire. Il confortera son implantation locale en se faisant élire conseiller général d'Indre-et-Loire en 1951, puis maire d'Amboise en 1966. De la tribune parlementaire qu'il trouve au Palais du Luxembourg, Michel Debré se fait le procureur passionné des insuffisances et des dysfonctionnements de la IVe République et l'apôtre inlassable du retour au pouvoir du général de Gaulle, seul susceptible à ses yeux de remédier aux maux dont souffre le pays. Il révèle à cette occasion un remarquable talent de pamphlétaire, publiant en 1957 un ouvrage qui pourfend une IVe République détestée, *Ces princes qui nous gouvernent*, et fondant la même année un périodique, *Le Courrier de la colère*, dans lequel il se fait l'avocat intransigeant de l'Algérie française et appelle à la constitution d'un gouvernement de salut public pour parvenir à ce résultat. Il observe avec attention les soubresauts de la IVe République agonisante afin de canaliser une crise éventuelle vers le retour au pouvoir du Général. Il est parfois accusé de collusion avec les activistes de l'Algérie française, voire avec des comploteurs.

Le bras droit de Charles de Gaulle. Revenu au pouvoir, de Gaulle appelle auprès de lui comme garde des Sceaux Michel Debré, dont les compétences juridiques et la fidélité sans faille constituent des garanties à ses yeux, d'autant qu'il le charge de la tâche essentielle d'être le maître d'œuvre de la rédaction du projet de constitution. À la tête d'une équipe de juristes, Debré va réussir en huit semaines à élaborer un texte qui tient compte des vues du Général et de celles de ses ministres d'État, Pierre Pflimlin et Guy Mollet, et, dans une assez faible mesure, des observations du Comité consultatif constitutionnel. À ses yeux, ce texte, approuvé par référendum le 28 septembre 1958, établit un régime de parlementarisme rationalisé dans lequel le chef de l'État esquisse les axes majeurs de la politique à suivre et confie au Premier ministre, appuyé sur sa majorité parlementaire, le soin de définir et de conduire la politique de la nation.

En nommant Michel Debré Premier ministre le 9 janvier 1959, le général de Gaulle semble avaliser cette conception en invitant le rédacteur de la Constitution à mettre en pratique le texte qu'il a élaboré. Il appartient en fait à Michel Debré de définir par jurisprudence le contenu d'une fonction qu'il est le premier à occuper. Or la tâche va s'avérer d'autant plus difficile que la Constitution ne trace pas une frontière très nette entre les compétences du chef de l'État et celles du Premier ministre et que le prestige et le caractère volontaire de Charles de Gaulle vont conduire celui-ci à considérer qu'il est le véritable chef du gouvernement, en charge de l'essentiel, le Premier ministre n'étant que son second, affecté à la gestion des « contingences ». Conception que ne partage en aucune manière Michel Debré, qui estime qu'il est tout à la fois le chef de la majorité parlementaire, celui du parti gaulliste, l'UNR

(Union pour la nouvelle République) – et le Général ne conteste aucune de ces attributions –, et celui du gouvernement – sur ce point, le désaccord est patent. Il en résulte une lutte à fleurets mouchetés pour tracer les limites de leurs fonctions respectives, qui s'achève toujours par la victoire du Général, Michel Debré considérant de Gaulle comme indispensable au salut de la nation et adhérant de tout son être à la défense intraitable de la souveraineté nationale dont le président a fait le cœur même de son combat. L'impératif politique apparaît donc comme prioritaire dans les choix de Debré et l'emporte en dernière analyse sur ses conceptions constitutionnelles, le faisant adhérer à contrecœur, et par patriotisme, à la présidentialisation du régime.

Pour autant, il entend être informé de toutes les intentions du président et donner son avis sur tout. Il multiplie les conseils, les mises en garde, voire les admonestations au chef de l'État. Si bien qu'on assiste au paradoxe d'un président, adepte de la Realpolitik, acceptant par réalisme des accommodements ou des aménagements de forme pour mieux défendre l'essentiel, alors que son Premier ministre ne cesse de l'aiguillonner dans la voie de l'intransigeance et de la fermeté au nom d'un gaullisme idéal dont il se fait le chantre et auquel il invite le Général à se conformer. Si l'entente entre les deux hommes est généralement la règle, Michel Debré fait figure d'intégriste du gaullisme, se posant la question sacrilège de savoir s'il est possible d'être plus gaulliste que de Gaulle. S'il est un domaine où se dessine une faille entre le Premier ministre et le président, c'est incontestablement celui de l'Algérie. En 1958, Michel Debré peut considérer qu'il est sur la même ligne que de Gaulle, celle du maintien de la souveraineté française outre-Méditerranée. S'il ne croit guère à la solution de l'intégration, il pense que la pacification du pays et la promotion musulmane sont de nature à préserver les liens entre la métropole et les départements d'Algérie. Aussi se montre-t-il un auxiliaire zélé de la politique du chef de l'État, veillant à ramener l'armée à l'obéissance, à maintenir l'ordre par une répression sans faille en métropole et en Algérie, même au prix d'une restriction des libertés fondamentales, à contrôler l'information. Toutefois, le maintien de la France en Algérie n'a pas la même portée pour Debré et pour de Gaulle. Quand le premier considère la présence française en Algérie et dans l'Empire comme indispensable à la réalisation d'une grande ambition nationale sans laquelle il n'est d'autre issue que le déclin ou l'abandon de l'identité française dans la construction européenne, le second n'y voit qu'une modalité parmi d'autres de la grandeur française à l'échelle planétaire et bientôt, devant les résistances de tous ordres qu'elle suscite, une hypothèque à lever pour redonner au pays une marge de manœuvre internationale. De la proclamation de l'autodétermination à l'automne 1959 aux accords d'Évian de mars 1962, le fossé ne cesse de se creuser entre les deux hommes sur cette question, Debré se voyant finalement en avril 1961 dessaisi de toute initiative dans l'affaire algérienne dont le Général se réserve la gestion. Le Premier ministre assistera, impuissant, à l'abandon progressif par de Gaulle de la politique de maintien qu'il préconisait.

Pour autant, l'œuvre de Michel Debré Premier ministre ne se réduit nullement à son double échec sur l'évolution présidentielle du régime et sur la défense de l'Algérie française. De janvier 1959 à avril 1962, il gouverne une France qui connaît une des mutations les plus rapides et les plus profondes de son histoire. Le pays enregistre les premiers effets de la grande croissance. Les Français connaissent une véritable révolution de leur vie quotidienne. La société subit des mutations structurelles qui voient l'amenuisement du poids des petites exploitations agricoles, industrielles et commerciales et l'explosion du salariat. La jeunesse, issue de la poussée démographique du baby-boom, occupe une place nouvelle dans la société. Dans ce contexte de transformations brutales qui entraînent tensions, mécontentements, poussées revendicatives, manifestations parfois violentes, et alors que le Général se contente d'arbitrer d'éventuels conflits, c'est bien le Premier ministre qui est à la barre. Il doit tout à la fois opérer de difficiles arbitrages, apaiser les conflits tout en procédant à l'indispensable modernisation du pays. Debré présidera à l'expansion industrielle, à la restructuration de l'agriculture, au développement de l'immigration nécessitée par les besoins en main-d'œuvre, à la modernisation du système d'enseignement pour y accueillir des contingents croissants d'élèves et d'étudiants, à la création d'un système de promotion sociale. L'œuvre est considérable et modifie en profondeur le visage de la France issue de la Seconde Guerre mondiale.

Le temps de l'amertume. Si l'ampleur de la tâche est à l'origine d'une incontestable fatigue du Premier ministre, si les déceptions liées à l'affaire algérienne ont conduit plusieurs fois Debré à envisager sa démission, si, pour sa part, de Gaulle éprouve une lassitude qu'il dissimule mal devant les récriminations de son Premier ministre, ce n'est pas sans amertume que, le 14 avril 1962, celui-ci accède à la demande du Général de lui voir abandonner ses fonctions. À l'origine de cette décision, il faut sans doute voir moins les désaccords sur l'issue de la guerre d'Algérie que les réserves de Michel Debré devant la présidentialisation croissante du régime. Là où il préconisait une dissolution qui aurait reconduit à l'Assemblée nationale une majorité gaulliste dans la foulée du référendum victorieux sur les accords d'Évian, le président préfère un changement de Premier ministre et l'ouverture d'une crise avec les nostalgiques du régime parlementaire.

Battu en Indre-et-Loire aux élections de novembre 1962, Michel Debré se fait élire en 1963 député de la Réunion où il se crée une véritable forteresse électorale. Il accorde désormais une importance primordiale au développement de l'île, son influence politique lui donnant les moyens d'y accomplir une œuvre économique, sociale et culturelle importante. Il ne renonce pas, cependant, à jouer un rôle dans la vie politique nationale. Toujours très proche du général de Gaulle avec qui il multiplie les entretiens, il reste le « fidèle entre les fidèles », lui apportant son soutien sans faille à l'élection présidentielle de décembre 1965 et ne désespérant pas de retrouver le poste de Premier ministre dans lequel il estime que son œuvre est à achever. En dépit de ses pressantes invites, Charles de Gaulle ne songe nullement à ramener son incommode collaborateur au premier rang de la vie politique, préférant pour ce poste un homme dont il estime la surface politique personnelle moindre comme Georges Pompidou ou un haut fonctionnaire à l'image de Maurice Couve de Murville.

Pour autant, Michel Debré reçoit le prix de sa fidélité en accédant à des ministères clés. En 1966, il devient ministre de l'Économie et des Finances dans le gouvernement de Georges Pompidou. Toutefois, déplorant le laxisme supposé de celui-ci durant la crise de mai 1968, considérant que les accords de Grenelle, auxquels il n'a pas été invité à participer, remettent en cause le redressement économique et financier qu'il s'efforce de réaliser à la tête de son ministère, il donne sa démission le 25 mai 1968. Cette tension avec Pompidou ne l'empêche pas de figurer au premier rang de la manifestation du 30 mai 1968. En juillet suivant, Michel Debré est ministre des Affaires étrangères du gouvernement Couve de Murville. Mais il se console mal de n'avoir pas été rappelé à l'Hôtel Matignon et il observe d'un œil critique la politique intérieure et la tentative du général de Gaulle de relancer l'action gouvernementale autour du thème de la participation. Homme d'ordre, il est révolté par l'anarchie qui saisit le monde universitaire et se montre très hostile à la loi d'orientation universitaire d'Edgar Faure qui lui paraît institutionnaliser le désordre là où il aurait souhaité un rétablissement musclé de l'autorité professorale. Enfin, il reste sceptique devant la réforme régionale et la réforme du Sénat préparée par Jean-Marcel Jeanneney et juge la campagne référendaire sur ce projet complexe mal engagée avec des objectifs peu clairs. Pour autant, il s'engage en faveur du « oui » avec son énergie habituelle, faisant passer la fidélité au Général avant toutes ses réserves. Si la réponse négative des Français ne le surprend pas, le retrait du pouvoir de Charles de Gaulle constitue pour lui une douloureuse épreuve.

Après la démission du général de Gaulle, Michel Debré va incarner l'orthodoxie gaulliste dans une France et dans un monde dont les transformations et les nouveaux enjeux rendent les conceptions du Général assez peu opératoires. Élu président de la République, Georges Pompidou le fait entrer comme ministre d'État, ministre de la Défense nationale dans le gouvernement de Jacques Chaban-Delmas (1969-1972), puis dans le premier gouvernement de Pierre Messmer, de juillet 1972 à avril 1973, et sa présence vaut brevet de continuité pour un président de la République qui se réclame du gaullisme malgré la froideur que lui manifeste l'entourage du Général. Écarté du second gouvernement Messmer, ulcéré par l'échec à l'élection présidentielle de Jacques Chaban-Delmas en 1974, Michel Debré fait désormais figure de Cassandre du gaullisme et d'opposant amer et résolu au nouveau personnel politique. Il rejette la politique trop libérale et européenne à ses yeux de Valéry Giscard d'Estaing, considère le tour nouveau donné au gaullisme par Jacques Chirac comme s'éloignant de l'héritage du Général et ne trouve que matière à critique dans les options prises par le pouvoir. En 1981, il se présente au premier tour de l'élection présidentielle à la fois contre Valéry Giscard d'Estaing et contre Jacques Chirac, candidat du RPR, dont il est cependant membre. Son échec sans appel – 1,65 % des suffrages exprimés – marque la fin de sa carrière politique et témoigne du fait que les idées dont il a été le défenseur passionné ne trouvent plus guère d'écho dans l'opinion. Serge Berstein

• *Voir aussi :* Algérie (guerre d') ; Constitution ; GPRF (œuvre intérieure et outre-mer du) ; Hauts fonctionnaires ; Premier ministre

Bibl. : Serge Berstein, Pierre Milza et Jean-François Sirinelli (dir.), *Michel Debré Premier ministre 1959-1962*, Paris, PUF, 2005 • Michel Debré, *Trois républiques pour une France, Mémoires*, Paris, Albin Michel, 4 vol.,1984-1993 • Id., *Entretiens avec le général de Gaulle 1961-1969*, Paris, Albin Michel, 1993.

DEBRÉ, Robert (1882-1978). – Robert Debré a joué un rôle majeur dans la modernisation de la pratique, de l'enseignement et de la recherche médicales. Descendant d'une famille de rabbins originaires d'Alsace, il est agrégé et médecin des Hôpitaux de Paris en 1920, puis, en 1940, titulaire de la chaire de clinique médicale à l'hôpital des Enfants-Malades.

Il formule ses premières réflexions sur la réforme hospitalo-universitaire pendant la Résistance. À la fin de 1943, il est vice-président du Comité médical de la Résistance (CMR), organisme de coordination créé au mois de septembre, et président du Front national des médecins. Dans ce cadre, il rédige et fait adopter un rapport intitulé « Organisation de la profession médicale et réforme de l'enseignement de la médecine », qui est envoyé au CFLN (Comité français de la Libération nationale) à Alger en 1944. De nombreuses recommandations reçurent une application par la suite, telles la création du ministère de la Population, celle de l'Institut national d'études démographiques, de l'Institut national d'hygiène – qui, créé en 1941, sera placé sous la présidence de Robert Debré en 1946 –, la lutte contre plusieurs fléaux sociaux, et surtout la réforme hospitalo-universitaire. Robert Debré ne pouvait manquer de penser à ces perspectives lorsqu'il rencontra pour la première fois le général de Gaulle à l'Hôtel de Brienne le 28 août 1944.

Il fallut cependant attendre 1956 pour que Robert Debré réussît à convaincre plusieurs dirigeants de la IVe République d'entreprendre une réflexion sur l'avenir de la médecine française. Un arrêté interministériel confie alors à un comité la mission de mettre au point un projet de réforme. Chef incontesté de l'école française de pédiatrie, Robert Debré reçoit la présidence du comité. En mai 1958, à la veille de l'investiture de De Gaulle, le projet de loi inspiré de ses travaux rend publics les principaux éléments de la réforme. Celle-ci est adoptée et mise en œuvre sous le gouvernement de Gaulle, en vertu de trois ordonnances et d'un décret en date des 11 et 30 décembre 1958. Elle crée des centres hospitalo-universitaires (CHU) et le temps plein hospitalo-universitaire.

Face à l'aspect misérable et vétuste des

hôpitaux, le premier principe est d'ordre social : l'égalité de tous les Français devant la maladie, par des hôpitaux rénovés et convenablement équipés. Le second principe est d'ordre médical et tend à ce que la médecine française soit l'une des premières du monde, à travers l'organisation de la carrière des médecins à temps plein. À ces deux idées de base vient s'ajouter pour l'hôpital une mission nouvelle, celle de l'enseignement au lit des malades. Enfin, devenu universitaire, l'hôpital devient le lieu d'une science exigeante, donc de la recherche. Séduit par l'ampleur de cette vision d'avenir, de Gaulle demande à Michel Debré, fils de Robert, devenu Premier ministre, d'assurer la mise en œuvre de la réforme. Réunissant ainsi les ambitions de Robert Debré et de Charles de Gaulle, cette œuvre fut le début d'une révolution hospitalière qui fonde aujourd'hui encore la médecine française.

Patrice Debré

• *Voir aussi* : Santé (politique de)

Bibl. : Michel Debré, *Gouverner. Mémoires 1958-1962*, Paris, Albin Michel, 1988 • Robert Debré, *L'Honneur de vivre*, Poitiers, Hermann et Stock, 1974 • Alain Larcan et Jean-François Lemaire (dir.), *De Gaulle et la médecine*, Paris, Synthélabo, 1995.

DEBÛ-BRIDEL, Jacques (1902-1993). – Fils et petit-fils de pasteur, licencié en droit et diplômé de l'École libre des sciences politiques, Jacques Debû-Bridel se partage entre les lettres et le journalisme. Heurté par l'anticléricalisme et le conservatisme social du parti radical, il entre en politique sous le signe du nationalisme hérité de Barrès et adhère à la Ligue des patriotes. Il collabore à *L'Éclair* d'Émile Buré, écrit dans *L'Avenir*, *Comœdia* et *L'Ordre.* Il se fait remarquer par Louis Marin et par Henri Franklin-Bouillon qui le charge d'organiser les jeunesses de son Union pour la nation. Collaborateur d'André Tardieu de 1931 à 1934, il le décrira après coup comme celui qui aurait pu empêcher la faillite des institutions et la déchéance de l'État. Chargé de mission dans plusieurs cabinets ministériels, fonctionnaire au ministère de la Marine, il vit de l'intérieur la crise de la IIIe République. Il publie des essais littéraires et des romans, dont l'un lui vaut le prix Interallié en 1935. En septembre 1939, il est mobilisé dans l'infanterie coloniale. Chef de cabinet du ministre de la Marine marchande dans le gouvernement Reynaud, il rejoint son corps d'affectation le 10 mai 1940 et participe à la bataille de France. Après sa démobilisation, il s'engage très vite en résistance au sein du mouvement Organisation civile et militaire.

Par le truchement de Jean Paulhan, il est un des premiers adhérents du Comité national des écrivains (CNE). Sous le pseudonyme d'Argonne, il donne aux Éditions de Minuit une étude intitulée *Angleterre (d'Alcuin à Huxley).* Désigné par Marin pour représenter la Fédération républicaine au Conseil national de la Résistance (CNR), il participe à la première réunion du CNR le 27 mai 1943. Partisan de l'action commune avec les communistes, il entre au Front national (FN). À la Libération, il siège à l'Assemblée consultative provisoire où il est membre de la commission de la Défense nationale et de l'Information. Il préside en outre le comité directeur du CNE et fait partie du Comité national d'épuration des gens de lettres, auteurs et compositeurs institué en mai 1945. Directeur du journal *Front national* qu'il a créé le 22 août 1944, il est évincé de cette publication puis du comité directeur du CNE en raison de son désaccord avec la politique du FN.

En novembre 1946, il est candidat aux élections législatives sur une liste d'Union gaulliste qui n'a aucun élu. Il adhère au RPF dès sa création en 1947 et devient vice-président du comité directeur de la Seine. Il siège au conseil municipal de Paris ainsi qu'au conseil général de la Seine ; est élu en novembre 1948 au Conseil de la République où il est membre de la commission des Finances et de la commission de la Presse, est réélu en mai 1952 mais ne se représente pas en juin 1958. Au nombre des personnalités tutélaires du « gaullisme de gauche », il adhère en 1960 à l'Union démocratique du travail et devient directeur de l'hebdomadaire *Notre République*. Il ne reniera jamais sa fidélité à Charles de Gaulle qui incarne à ses yeux l'homme d'État patriote et visionnaire, contestataire de l'ordre social établi et qui a compris les aspirations « révolutionnaires » de la Résistance. Nicole RACINE

• *Voir aussi :* Assemblée consultative provisoire ; Épuration ; Intellectuels ; Résistance intérieure ; UDT

Bibl. : Jacques Debû-Bridel, *Les Partis contre Charles de Gaulle*, Paris, A. Somogy, 1948 • Id., *De Gaulle contestataire*, Paris, Plon, 1970 • Id., *De Gaulle et le CNR*, Paris, France-Empire, 1978.

DECHARTRE, Philippe (né en 1919). – Né au Tonkin, Jean Duprat-Geneau prend le pseudonyme de Philippe Dechartre pendant la Résistance et devient, à partir de 1958, l'une des figures du gaullisme de gauche. Issu d'une famille bourgeoise très radicale-socialiste, il est, en 1940, jeune officier à l'École d'application de l'artillerie de Fontainebleau. Fait prisonnier, il est envoyé en Allemagne au stalag disciplinaire de Fallingbostel où il rencontre Michel Cailleau, dit « Vergennes », un neveu du général de Gaulle dont il favorise l'évasion. Évadé lui-même, il participe à la création d'un « Mouvement de résistance des prisonniers de guerre et déportés », devenant le chef de la zone nord en 1943. Arrêté à Paris par la Gestapo, il est incarcéré à Fresnes et condamné à mort. Délivré sur ordre de De Gaulle par un commando organisé depuis Londres, il rejoint Alger en 1944 et rencontre le Général le 17 juin, à la villa des Oliviers. Il devient délégué général des prisonniers de guerre, déportés de la Résistance et déportés du travail auprès du Gouvernement provisoire de la République, et siège à l'Assemblée consultative.

En 1946, Dechartre renoue avec ses racines radicales-socialistes et collabore avec Pierre Mendès France jusqu'au 13 mai 1958. Il contribue alors à la première vague des gaullistes de gauche de la Ve République dont beaucoup, comme lui, sont issus du mendésisme. Huit ans plus tard, et à l'invitation de De Gaulle, il devient le secrétaire général « à poigne » des gaullistes de gauche jusqu'à leur absorption, en octobre 1966, par l'UNR, au grand dam de René Capitant. Il deviendra, à ce titre, membre du Comité central des démocrates pour la Ve République en décembre 1967. Son rôle ne consiste pas à tirer le gaullisme vers la gauche mais à faire en sorte que des hommes issus d'une culture de gauche « entrent dans l'humanisme gaullien ». À ses détracteurs au sein de l'UNR, de Gaulle aurait répliqué : « Mais laissez-le, j'ai besoin d'un aiguillon ! »

Candidat à la députation à La Rochelle en 1967, il est élu un an plus tard à la faveur de la dissolution de Mai 68. Perçu comme l'homme de Pompidou par le courant Capitant-Vallon, il s'en défend. Partisan de l'influence interne, en conformité avec son idéal du rassemblement, Philippe Dechartre représente cette branche de la gauche gaulliste qui a choisi de toujours composer avec la formation majoritaire. En 1968, il est secrétaire d'État à l'Équipement, aux Travaux publics et au Logement sous Georges Pompidou (du 31 mai au 10 juillet 1968), puis auprès du ministre du Travail, de l'Emploi et de la Population, sous Maurice Couve de Murville (du 12 juillet 1968 au 20 juin 1969). Sa carrière politique se poursuit après 1969 : brièvement comme ministre dans le gouvernement Chaban-Delmas, puis comme fondateur du Mouvement pour le socialisme par la participation (MSP), modernisé en Mouvement pour une société de participation, jusqu'à sa dissolution en 1994. Il soutiendra toutes les candidatures de Jacques Chirac à l'élection présidentielle mais aussi celles de François Mitterrand aux seconds tours de 1981 et 1988.

Patrick GUIOL

• *Voir aussi :* Participation ; UDT

DÉCHÉANCE DE LA NATIONALITÉ DE DE GAULLE. – La déchéance ou perte légale de la nationalité fut inscrite dans le droit de la nationalité en 1915, dans le contexte exceptionnel de la Grande Guerre. La loi sur la nationalité de 1927, d'inspiration très libérale, en maintint la possibilité pour les actes contraires à la sûreté intérieure ou extérieure de l'État, ou pour la non-obéissance aux lois sur le recrutement. Dans l'esprit de ce texte, les déchéances devaient rester exceptionnelles et ne pouvaient porter que sur les naturalisations datant de moins de dix ans. Entre 1928 et 1939, pendant que 261 000 adultes recevaient la nationalité française, seize en furent déchus. L'usage fait par le gouvernement de Vichy de ce concept fut tout autre : en signant, le 23 juillet 1940, la « loi relative à la déchéance de la nationalité à l'égard des Français qui ont quitté la France » entre le 10 mai et le 30 juin 1940, le maréchal Pétain s'inscrivait dans la tradition dictatoriale, voire totalitaire, des privations collectives de droits civils et politiques. On en trouve des précédents dans l'histoire de France avec la révocation de l'édit de Nantes en 1685 promulguée à l'encontre des protestants, et la loi sur les émigrés de 1793 qui prononce leur « mort civile ». Plus proche dans le siècle, le décret bolchevique qui fait des émigrés russes des apatrides, la loi nazie de 1933 qui inspira directement le texte de Vichy, ou encore celle de 1941 qui prive de la nationalité allemande tous les juifs qui ont quitté le territoire du Reich, puisent à la même école antilibérale. Pour le gouvernement du Maréchal, la loi du 23 juillet 1940 complétait celle du 22 portant sur la révision des naturalisations intervenues depuis 1927, qui allait entraîner quelque 15 000 dénaturalisations entre 1940 et 1944.

Par décret du 8 décembre 1940, « M. de Gaulle » fut rétroactivement déchu de la nationalité française à compter du 2 août, date de sa condamnation à mort avec confiscation des biens et dégradation militaire (d'où le « M. » pour « monsieur » à la place du grade) par le Tribunal militaire permanent. Les archives de la Commission d'examen des cas de déchéance de la nationalité n'ont pas été retrouvées à ce jour. Néanmoins, la liste des 446 déchus de 1940-1944 fait apparaître l'esprit dans lequel la loi a été appliquée : on y trouve essentiellement les ralliés notoires de la France libre, comme, par exemple, Pierre Brossolette, René Cassin, Pierre Mendès France, le capitaine de Hauteclocque, les généraux Catroux et Legentilhomme. Mais la liste comprend aussi des opposants politiques comme Pierre Cot ou Henri de Kerillis, des personnalités qui ont fui le nazisme, comme le baron Édouard de Rothschild, ou d'autres, peu nombreuses, qui ont quitté le Maréchal tardivement, comme le général Giraud.

La loi sur la déchéance de la nationalité comportait une deuxième peine pour les ostracisés : la confiscation de leurs biens, dont la mise en œuvre se heurta toutefois à deux difficultés, l'une d'ordre juridique, à moins qu'elle ne fût politique, et l'autre liée aux relations avec les Allemands.

Dans le cas du général de Gaulle, deux textes étaient applicables puisqu'il avait déjà été condamné à la confiscation de ses biens par le tribunal militaire. Le droit applicable aux condamnés pour trahison reposait sur l'article 38 du code pénal. Le texte prévoyait que dans les cas d'indivision des biens, le partage devait être effectué avant la liquidation, afin que celle-ci ne porte que sur les biens propres du condamné. Or Charles de Gaulle n'avait pas de biens propres. Il vivait de sa solde, ses seuls biens appartenaient à l'indivision matrimoniale ainsi qu'à l'indivision successorale due au décès de sa mère, survenu en juillet 1940. Or, dans sa hâte à promulguer la loi d'exception sur la déchéance de la nationalité, le gouvernement de Vichy n'avait pas prévu le cas d'indivision. À la fin de 1941, le général Dentz qui avait combattu au Liban les Anglais et les Français libres, signalait à l'amiral Darlan, alors vice-président du Conseil, que les meubles de « M. de Gaulle » étaient déposés dans un garde-meubles à Paris, et demandait qu'ils soient vendus. La direction des Domaines lui répondit que l'application du code pénal avait pour effet d'accorder aux descendants du condamné à mort par contumace « un traitement plus favorable qu'aux héritiers des simples fugitifs qui n'ont pas commis de crime contre la Sûreté extérieure de l'État ». Les « inconvénients de cette situation » n'avaient pas échappé à l'Administration : ce fut l'objet de la loi du 19 janvier 1942. À l'automne 1942, donc, les deux indivisions concernant de Gaulle furent dissoutes par le tribunal civil. Par la suite, la procédure suivit lentement son cours. En

1943, la tournure prise par les événements suscitait certainement des interrogations dans l'Administration. Au mois d'août 1943, conformément à la loi, pour procéder à la mainlevée du séquestre visant une petite propriété des parents de De Gaulle, l'Administration convoqua celui-ci avec ses frères et sœur à la mairie de Santes, près de Lille. Les agents de l'Enregistrement, des Domaines et du Timbre attendirent patiemment la venue de « M. de Gaulle », et, le délai de grâce expiré, se retirèrent sans donner suite. La mainlevée ne fut finalement prononcée qu'après la Libération.

Mais une autre raison explique le gel de la procédure de liquidation des biens du général de Gaulle. Elle tient au régime des « biens ennemis » tels que définis par l'ordonnance allemande de mai 1940, par laquelle l'occupant plaçait sous son séquestre les biens des étrangers de nationalité « ennemie » ou des Français résidant dans un pays « ennemi ». Le ministère des Finances tenta d'ignorer cette disposition pour ce qui concernait les déchus et entreprit d'aliéner certains de leurs biens. Mais la pression de l'administration militaire allemande s'exerça de manière croissante, et d'abord sur les biens des déchus considérés comme juifs, qu'elle avait commencé de s'approprier. En 1943, le *Militärbefehlshaber* rappela aux Finances qu'elles n'étaient pas autorisées à vendre les biens des déchus résidant en pays « ennemi » et obtint la liste de ceux-ci, sur laquelle figurait le général de Gaulle. En mars 1944, enfin, les Allemands exigèrent que leur soit communiqué l'inventaire des biens complets des déchus, y compris les biens en indivision ou dépendant des communautés matrimoniales dissoutes. Finalement, lors de la Libération, les biens du chef du GPRF se trouvaient donc gérés par l'administration française pour le compte du séquestre allemand.

L'application de la loi sur la déchéance de la nationalité à l'égard des Français qui avaient quitté la France illustre assez bien une des caractéristiques du gouvernement de Vichy, à la fois déterminé à poursuivre une politique d'exclusion et entravé dans certaines de ses décisions par la concurrence de l'occupant. À Alger, le général Giraud, commandant en chef français civil et militaire, l'abrogea par une ordonnance du 18 avril 1943. Quant à de Gaulle, pour qui la République n'avait pas cessé d'exister, il ne considérait pas qu'il eût jamais perdu la nationalité française.

Claire ANDRIEU

• *Voir aussi* : Argent ; Collaboration ; Condamnation à mort de De Gaulle ; Hauts fonctionnaires (1940-1945)

Bibl. : Archives du Service des archives économiques et financières (SAEF) et du Service historique de la défense (SHD) • Patrick Weil, *Qu'est-ce qu'un Français ? Histoire de la nationalité française depuis la Révolution*, Paris, Grasset, 2002.

DÉCLARATION AUX MOUVEMENTS DE RÉSISTANCE. – Au début de 1942, le ralliement des organisations de résistance à la France libre s'amorce tout juste, du bout des lèvres. La première mention positive du général de Gaulle dans le journal clandestin *Libération* date de janvier. En mars, c'est au tour de *Combat* et de *Franc-Tireur*. Aussi certains responsables résistants songent-ils à un geste politique fort de De Gaulle qui permettrait d'accélérer les choses. Parmi eux, Christian Pineau, cégétiste de tendance socialiste avant la Seconde Guerre mondiale et fondateur du mouvement Libération-Nord. Parvenu à Londres fin mars, Pineau finit, à force de discussions, par convaincre le chef de la France libre d'écrire un texte susceptible de rassurer les résistants de l'intérieur sur ses intentions politiques. Jusque-là en effet, l'homme du 18 Juin a évité de se prononcer sur un programme précis pour l'après-guerre. Par son manifeste de Brazzaville du 27 octobre 1940, il a pris « l'engagement solennel de rendre compte de [ses] actes aux représentants du peuple français, dès qu'il lui aura été possible d'en désigner librement » [*DM*]. En d'autres termes, il a affirmé sa volonté de respecter les principes républicains. De surcroît, dans son discours aux Français de Grande-Bretagne du 15 novembre 1941, il a réaffirmé sa fidélité aux « principes démocratiques ». Il a également plaidé pour l'instauration d'une République sociale en s'engageant à ce que l'effort de libération ait « comme aboutissement, pour chacun des Français, une condition telle qu'il lui soit possible de vivre, de penser, de travailler, d'agir, dans la dignité et dans la sécurité ». Mais l'immense majorité des Français de métropole n'a pas connaissance de ces textes. En outre, à cette époque encore, le chef de la France libre n'est pas enclin à entrer en pourparlers avec les organisations de la Résistance intérieure.

La rédaction du manifeste est entrecoupée d'entretiens avec Christian Pineau, Henry Hauck et Adrien Tixier. De cette négociation pied à pied, qui voit le Général passer du refus de toute idée de déclaration à l'acceptation réticente puis pointilleuse, ressort un texte dont chaque mot a été pesé au trébuchet. Selon le témoignage de Christian Pineau, le général de Gaulle était encore loin de percevoir les attentes politiques des résistants, et cette discussion a accéléré sa prise de conscience. Dans sa déclaration, le Général commence par condamner la IIIe République, régime « moral, social, politique, économique [qui] a abdiqué dans la défaite, après s'être lui-même paralysé dans la licence », et le régime de Vichy, « sorti d'une criminelle capitulation, [qui] s'exalte en pouvoir personnel ». Après avoir affirmé que les Français s'assemblent pour une « révolution », de Gaulle expose ce que sont à ses yeux les « buts de guerre du peuple français ». Il convient « que tout ce qui appartient à la nation française revienne en sa possession » et que la souveraineté nationale comme les « libertés intérieures » soient pleinement rétablies. Après la libération du territoire, une « Assemblée nationale » sera élue, qui « décidera souverainement des destinées du pays ». Dans ce paragraphe, soulignons-le, le chef de la France libre s'engage explicitement en faveur de l'attribution du droit de vote aux femmes. Après avoir affirmé que le « système de coalition des intérêts particuliers » doit être éliminé, de Gaulle élève conjointement la « sécurité nationale » et la « sécurité sociale » au rang de « buts impératifs ». Il en appelle ensuite à l'abolition de l'« organisation mécanique des masses humaines » réalisée par le nazisme, et affirme : « Nous voulons [...] que, dans un puissant renouveau des ressources de la nation et de l'Empire par une technique dirigée, l'idéal séculaire français de liberté, d'égalité, de fraternité soit désormais mis en pratique chez nous, de telle sorte que chacun soit libre de sa pensée, de ses croyances, de ses actions, que chacun ait, au départ de son activité sociale, des chances égales à celles de tous les autres, que chacun soit respecté par tous et aidé s'il en a besoin. » Au plan international, le Général déclare que la guerre doit avoir « pour conséquence une organisation du monde établissant, d'une manière durable, la solidarité et l'aide mutuelle des nations dans tous les domaines », dans le cadre d'un « système international » rénové où la France occupera la « place éminente qui lui est assignée par sa valeur et par son génie ». Et de conclure : « Il faut que le droit des gens à disposer d'eux-mêmes, la justice et la liberté gagnent cette guerre, en fait comme en droit, au profit de chaque homme, comme au profit de chaque État. »

Le 28 avril, Pineau repart pour la France porteur de cette déclaration du Général aux mouvements de résistance. Secrètement communiquée aux gouvernements alliés qu'elle impressionne favorablement, celle-ci paraît dans le numéro de *Libération* (zone libre) du 3 juin. *Combat*, *Franc-Tireur*, *Résistance* et *Libération* (zone occupée) la reproduisent à leur tour. Elle est diffusée le 23 juin par Radio-Brazzaville et la radio de Beyrouth. Le 24, Maurice Schumann en lit des extraits à la BBC, au cours de l'émission « Honneur et patrie ». L'opération de communication politique est d'autant plus réussie qu'elle semble répondre directement au discours prononcé par Pierre Laval, le 22, dans lequel le chef du gouvernement de Vichy a affirmé son souhait de voir l'Allemagne remporter la victoire. Dans *Le Populaire* clandestin daté du 15 juillet, les socialistes résistants commentent des extraits de la déclaration. Celle-ci reçoit la caution de Léon Blum, Jules Jeanneney et Georges Mandel. Toutefois, le rejet égal de la IIIe République et de Vichy choque certains républicains.

Étape importante dans la définition du gaullisme de guerre, cette déclaration est une invite au dialogue lancée par le général de Gaulle aux organisations de la Résistance intérieure, qui la reçoivent comme telle. Elle joue un rôle clé dans le processus d'union et de politisation républicaines de la Résistance française sous la bannière gaullienne. Elle fait partie, enfin, du corpus de textes duquel découlera, à terme, le programme de réformes mis en œuvre dans la France libérée. Guillaume PIKETTY

• *Voir aussi* : France libre ; Gaullisme ; Pineau, Christian ; République ; Résistance intérieure

Bibl. : Jean-Louis Crémieux-Brilhac, *Ici Londres : les voix de la liberté, 1940-1944*, t. 2, *Le Monde en feu. 8 décembre 1941-7 novembre 1942*, Paris, La Documentation française, 1975 • Id., *La France libre : de l'appel du 18 Juin à la Libération*, Paris, Gallimard, 1996 ; rééd. coll. « Folio » • Christian Pineau, *La Simple Vérité*, Paris, Éditions Phallanx, 1960.

DÉCOLONISATION. – Durant la Seconde Guerre mondiale, de Gaulle s'est considéré comme investi de la mission de restituer à la nation l'intégralité du patrimoine impérial tel qu'il se présentait en 1939, et à cet égard l'année 1945 marque bien ce souci de conservation. La répression violente de l'insurrection algérienne du 8 mai et le débarquement des premières troupes en Indochine en septembre soulignent le désir de ne pas accepter les sécessions. Mais en même temps, le Général s'est affirmé comme soucieux de rénover profondément les rapports entre les peuples de l'Empire. Si son départ l'empêche de préciser ses projets, il paraît clair que ceux-ci visent à faire de l'Union française une « organisation de forme fédérative », ainsi qu'il le proclame lors du discours de Bayeux.

Écarté du pouvoir, ses positions ne se modifient pas, mais perdent quelque peu en lisibilité. Il dénonce, parfois injustement, l'incapacité de la IVe République. Celle-ci s'avère selon lui trop faible pour mener une politique qui consolide véritablement les liens entre la métropole et l'outre-mer. Seul un régime fort serait, là comme ailleurs, capable d'opérer les réformes indispensables. Lorsque de Gaulle revient aux affaires, il trouve une situation profondément transformée. L'Indochine est perdue. La Tunisie et le Maroc sont des États indépendants. En Afrique noire, l'application de la loi-cadre de 1956 institue, sans le dire trop ouvertement, de véritables gouvernements locaux. La guerre fait rage en Algérie. Le vieux chef reste fidèle à ses conceptions fédérales, qui lui semblent pouvoir préserver, autant que possible, le rang et les intérêts de la France, dans le respect des aspirations des peuples d'outre-mer. La Constitution de 1958 instaure une Communauté entre la métropole et ses anciennes possessions à qui est expressément accordée l'autonomie interne. Le droit à l'indépendance est inscrit dans le texte. Pour manifester que l'adhésion est librement consentie, celle-ci est subordonnée à la réponse positive de chaque territoire au référendum constitutionnel du 28 septembre 1958. La France conserve une position prépondérante dans le nouvel ensemble, puisque le président de la République est de droit président de la Communauté et que la gestion des affaires communes revient aux ministres français. La formule paraît permettre une évolution de l'Algérie, qui pourrait passer, sans rompre ses liens avec la France, du statut peu réaliste de départements français à celui d'État autonome, et recevrait « une place de choix » (13 juillet 1958).

La consultation des Français et des peuples d'outre-mer le 28 septembre 1958 est un succès, auquel a contribué la tournée africaine du Général. L'accord de l'Algérie et de l'Afrique noire est unanime, avec l'exception de la Guinée. Cette solution, cependant, apparaît comme temporaire. Les nouveaux États africains aspirent à l'indépendance totale, à l'imitation de celle qu'obtiennent les colonies britanniques. En septembre 1959, le président Léopold Sédar Senghor informe Paris de la demande d'indépendance de la fédération du Mali. L'exemple est suivi par Madagascar en décembre de la même année. Les autres États africains, qui jugent ne pouvoir rester en arrière, les imitent en juin et en juillet 1960. Les tentatives de maintien d'une Communauté dite « rénovée » restent à l'état d'esquisse et celle-ci cesse pratiquement d'exister en 1961. En mai de la même année, le secrétariat à la Communauté est devenu ministère de la Coopération. L'intransigeance du FLN algérien, avec lequel de Gaulle s'est résigné à traiter en avril 1961, mais qui rejette toute solution d'association, achève d'ôter tout intérêt à l'organisation communautaire.

De Gaulle ne paraît pas avoir été surpris par l'évolution, même s'il ne l'accueille pas sans nostalgie. Il a estimé impossible de s'opposer par la force aux aspirations des peuples d'outre-mer, qui reçoivent l'appui non seulement de la plupart des pays du tiers-monde, de l'URSS et de ses satellites, mais aussi des partenaires occidentaux de la France. La décolonisation lui paraît conforme aux intérêts bien compris de la France elle-même. « C'est un fait : la décolonisation est notre intérêt, et par conséquent notre politique », proclame-t-il dans sa conférence de presse du 11 avril 1961. Il n'est pas question pour lui de renier « une œuvre qui fut grande, qui fut belle et qui fut féconde », mais il juge que l'avenir de la France est dans le développement de son économie, dans l'acquisition des instruments militaires et diplomatiques de son indépendance et dans l'établissement de liens d'échange avec les pays sous-développés. Il ne faut plus s'accrocher à des dominations « coûteuses, sanglantes, et sans issue ». C'est dans cet esprit qu'il impose à la majorité de l'armée et aux Français d'Algérie une indépendance algérienne que l'opinion métropolitaine accueille avec soulagement, sans en mesurer les drames.

Les rapports sont alors réaménagés selon d'autres principes, qui sont ceux de la coopération. Celle-ci doit être désormais la « grande ambition » de la France. Ces préoccupations s'expriment notamment dans le rapport Jeanneney de juillet 1963. Une série d'accords monétaires, financiers, économiques et militaires consolident les liens avec les États d'Afrique noire, dont les relations avec la présidence de la République sont assurées directement par un secrétariat spécial, dirigé par le fidèle Jacques Foccart. Une coopération économique et culturelle coûteuse est maintenue avec l'Algérie. Des perspectives s'ouvrent vers le monde arabe, l'Amérique du Sud ou l'Asie, où s'impose l'image d'une France émancipatrice, volontiers frondeuse à l'encontre des deux grands impérialismes. Ces ouvertures font oublier des prises de positions plus discutées, comme les encouragements donnés aux sécessionnistes du Katanga lors de la crise congolaise de 1960, ou de la guerre du Biafra à partir de 1967, ou encore les ventes d'armes à l'Afrique du Sud de l'apartheid.

Par ailleurs, toutes les possessions de l'ancien Empire ne sont pas abandonnées. Le statut départemental reconnu à la Martinique, à la Guadeloupe, à la Réunion et à la Guyane depuis 1946 n'est pas modifié. Djibouti (devenu Territoire des Afars et des Issas en 1967) et les Comores, qui n'avaient pas opté en 1958 pour le statut d'État de la Communauté, conservent le statut de territoires d'outre-mer, de même que la Polynésie et la Nouvelle-Calédonie. La possession de ces deux derniers pays assure à la France des positions stratégiques importantes (atoll de Mururoa pour les expériences atomiques, base spatiale de Kourou en Guyane), ainsi qu'un vaste domaine maritime exclusif. Au total, de Gaulle, décolonisateur indiscutable, s'est efforcé de ménager l'essentiel du patrimoine hérité de la IIIe République : des intérêts économiques et culturels, et le mythe d'une France généreuse et émancipatrice. Jacques Frémeaux

• *Voir aussi :* Algérie (guerre d') ; Arabe (politique) ; Brazzaville (conférence de) ; Communauté franco-africaine ; Coopération ; Voyages en Afrique noire

DÉDICACES. – Seuls deux ouvrages de Charles de Gaulle comportent une dédicace. *Vers l'armée de métier* (1934) est dédié « À L'ARMÉE FRANÇAISE, pour servir à sa foi, à sa force, à sa gloire ». Le groupement ternaire est l'un des tics de l'écrivain. Chacun des trois termes rassemblés ici est significatif. La foi, comme d'autres vocables du registre religieux, est constamment utilisée par de Gaulle quand il s'agit de la patrie. En 1934, faire référence à la force n'a rien de prétentieux. L'armée française n'a-t-elle pas triomphé en 1918 de la force allemande ? En 1934 encore, on la regarde comme la première d'Europe. Quant à la gloire, elle transcende succès et revers. Au lendemain des désastres de 1870-1871, le jeune Charles voyait déjà dans notre armée « la plus grande chose du monde » [*MG*].

La dédicace sur laquelle s'ouvre *La France et son armée* (1938) est ainsi libellée : « À MONSIEUR LE MARÉCHAL PÉTAIN qui a bien voulu au cours des années 1925-1927 m'aider de ses conseils pour la préparation des chapitres II à V de ce volume (Ancien Régime, Révolution, Napoléon, D'un désastre à l'autre) J'adresse l'hommage de ma reconnaissance. » Une telle dédicace dut paraître normale aux lecteurs de 1938, si l'on excepte quelques initiés de l'état-major et du monde politique. On sait à présent que ce texte est l'épilogue d'une longue querelle que l'on qualifierait de littéraire si l'un des acteurs, Philippe Pétain, ne se contentait le plus souvent de signer tandis que l'autre, Charles de Gaulle, se jugeait un écrivain véritable. Cette dédicace fut l'enjeu d'une ultime discussion entre de Gaulle et Pétain, ce dernier n'étant pas satisfait de la rédaction de la première édition : « À Monsieur le Maréchal Pétain Qui a voulu que ce livre fût écrit, Qui dirigea de ses conseils la rédaction des cinq premiers chapitres, Et grâce à qui les deux derniers sont l'histoire de notre victoire. » Ayant obtenu satisfaction à propos de la publication du livre, de Gaulle adopta une nouvelle rédaction dès le deuxième tirage. Il reprenait intégralement un texte approuvé par Pétain quelques semaines plus tôt. C'est le texte, désormais définitif, qu'aujourd'hui chacun peut lire. Marius-François GUYARD

• *Voir aussi :* Œuvre écrite

Bibl. : Jean Lacouture, *De Gaulle*, t. 1, *Le Rebelle*, Paris, Le Seuil, 1984 • Alain Larcan, *De Gaulle inventaire, la culture, l'esprit, la foi*, Paris, Bartillat, 2003.

DÉFENSE NATIONALE (organisation de la). – Le général de Gaulle a souvent dit son aversion pour les solutions institutionnelles, prétendument définitives, à l'organisation de la défense nationale. Il a pourtant apporté en ce domaine une contribution majeure et durable.

Profondément influencé par la Première Guerre mondiale, de Gaulle précise ses idées au cours de la Seconde, et commence à les mettre en œuvre. À ses yeux, le caractère mondial et total des opérations militaires transforme la stratégie et altère l'organisation de la défense nationale. Par son ampleur et par les ressources qu'elle mobilise, la guerre nouvelle complexifie tellement les enjeux qu'il est nécessaire de regrouper les organisations et d'unifier l'action. Au cours des années 1944-1946, puis à partir de 1958, de Gaulle privilégie trois impératifs : l'élargissement de la sphère de compétence de l'autorité politique ; l'affirmation et le renforcement parallèle du rôle des conseillers militaires ; l'unification des départements ministériels comme du commandement.

Entre 1944 et 1946, contrairement à une interprétation commune, ce n'est pas la primauté du pouvoir politique sur les chefs militaires qu'affirme Charles de Gaulle. Celle-ci existait auparavant, au moins dans les textes. Ce qu'il impose et consacre, c'est l'élargissement du rôle militaire des dirigeants politiques et de leur sphère de compétence en matière stratégique. Le politique englobe une part toujours croissante du militaire, mais cet élargissement donne simultanément aux conseillers militaires une importance accrue. Devant les bouleversements de la guerre, encore accentués en 1945 par le fait nucléaire, la division du travail entre responsables politiques et militaires lui paraît inadéquate. L'élargissement de la sphère du pouvoir politique est affirmé par l'ordonnance du 4 avril 1944 et, plus nettement encore, par le décret du 4 janvier 1946. Les attributions antérieurement dévolues par la loi de juillet 1938 au généralissime sont confiées à l'autorité politique : le président du CFLN (Comité français de la Libération nationale) devient chef des armées. Cela n'implique aucun effacement des militaires. Pour l'assister dans sa tâche, le président dispose du chef d'état-major de la Défense nationale dont la fonction devient si éminente que, lorsque le général Juin est titulaire du poste en août 1944, il devient difficile de discerner ce qui, dans les décisions, relève de l'un ou de l'autre. Le décret du 4 janvier 1946 portant organisation de la Défense nationale confirme le rôle majeur des deux fonctions : celle, politique, de président du GPRF (Gouvernement provisoire de la République française) et celle, militaire, de chef d'état-major de la Défense nationale. Enfin, troisième aspect de la conception gaullienne, le même décret souligne l'importance de l'unité aussi bien dans la préparation des forces armées, dès le temps de paix, que dans leur emploi. Un ministère unique devra y pourvoir et, sur un même théâtre d'opérations, les forces seront placées sous un seul commandement.

La Constitution de 1958 et l'ordonnance du 7 janvier 1959 portant organisation générale de la Défense, puis une série de décrets et d'arrêtés pris entre 1961 et 1964 transforment l'organisation de la défense nationale conformément aux idées de Charles de Gaulle. L'élargissement de la sphère de compétence de l'autorité politique en matière militaire est confirmé et même amplifié avec le décret du 14 janvier 1964 relatif aux forces aériennes stratégiques qui prévoit que l'ordre d'engagement de ces forces est donné par le président de la République (art. 5). Toutefois, c'est la pratique, davantage que les textes, qui donne progressivement, entre 1958 et 1962, le rôle décisif au président de la République, et non au Premier ministre. Parallèlement, le rôle de conseiller militaire joué par le chef d'état-major des armées devient, à partir de sa création en 1962, d'autant plus fondamental que les chefs d'état-major seront des personnalités éminentes (les généraux Ailleret de 1962 à 1968 puis Fourquet de 1968 à 1971). L'autorité du chef d'état-major des armées s'impose progressivement aux chefs d'état-major de chaque armée mais de Gaulle écarte toute idée de subordination de ces derniers à l'administration. Enfin, les vingt-trois décrets qui réorganisent le ministère de la Défense en avril 1961 confirment l'unification de la préparation, de la gestion comme de l'emploi des armées. Outre l'importance du chef d'état-major des armées, le rétablissement de la fonction de secrétaire général pour l'administration et la création de la délégation ministérielle pour l'armement vont dans le sens d'une plus grande unité d'action au sein du ministère de la Défense. Cette réforme sera complétée par le rôle dévolu au Centre d'études et de prospective et au Service d'information.

De Gaulle, qui avait une conception bien précise de l'organisation de la défense nationale, aura réussi à la mettre en œuvre de manière systématique avant de quitter le pouvoir.

Pascal VENNESSON

• *Voir aussi* : Civile et militaire (autorités) ; Grandeur et rang ; Guerre ; Militaires

Bibl. : Claude Carré, *Histoire du ministère de la Défense et des départements ministériels militaires*, Paris, Charles Lavauzelle-CEHD, 2001 • Bernard Chantebout, *La Défense nationale*, Paris, PUF, 1972 • Jean Delmas, « De Gaulle, la Défense nationale et les forces armées : projets (1944-janvier 1946) », *Espoir*, n° 137, décembre 2003, p. 65-73.

DEFFERRE, Gaston (1910-1986). – Gaston Defferre rencontre pour la première fois le général de Gaulle en octobre 1943 à Alger. Socialiste, résistant, dirigeant du réseau Brutus en métropole, il a fait le voyage de Londres et d'Alger pour défendre la cause des mouvements de résistance à dominante socialiste du sud-est de la France. Ceux-ci veulent être représentés dans l'organigramme de la Résistance clandestine. Face à l'opposition des mouvements déjà intégrés, rassemblés dans les Mouvements unis de résistance (MUR), et à l'influence croissante des communistes, Defferre demande l'arbitrage d'Alger. Effectuée entre deux lunes, sa mission sera couronnée de succès. À Alger, il refuse de siéger à l'Assemblée consultative, et, après avoir recommandé Pierre Mendès France aux Finances pour le gouvernement en préparation, il rejoint Marseille où, assuré de devenir président de la délégation municipale de la ville, il participe aux combats de la Libération. Le 15 septembre 1944, il y accueille le Général : nul commentaire, cependant, sur le jeune maire dans les *Mémoires de guerre*, qui donnent de Marseille l'image d'une ville en proie à un désordre inquiétant.

Après la démission de De Gaulle en janvier 1946, le gaulliste de la Résistance devient un opposant au gaullisme politique de la IVe République. Cela ne l'empêche pas d'évoquer l'héritage du gaullisme de la

Résistance lorsque, ministre de la France d'outre-mer en 1956, il situe sa loi-cadre pour les colonies d'Afrique noire dans la lignée du discours de Brazzaville. La question coloniale joue un rôle central dans les relations entre Defferre et de Gaulle. Si le député-maire vote contre l'investiture de De Gaulle le 1er juin 1958, il vote « oui » au référendum du 28 septembre 1958. Outre la pression de la base socialiste des Bouches-du-Rhône, pétrie d'anticommunisme, la conviction que de Gaulle négociera en Algérie et le jugement positif qu'il porte sur la politique africaine du président du Conseil, qu'il situe dans la lignée de la loi-cadre, contribuent à ce ralliement aux institutions. Dès lors, si Defferre est avec la SFIO dans l'opposition, il soutient de Gaulle en matière coloniale et l'accueille à Marseille en octobre 1958 et novembre 1961. Mais dans des entretiens souvent tendus avec le chef de l'État, il ne cache pas ses désaccords sur la lenteur du règlement du conflit algérien, ni son amertume, en tant que maire, devant un appui jugé insuffisant.

La fin de la guerre d'Algérie marque le passage à l'opposition ouverte. Après l'échec du « cartel des non », Defferre accepte le régime pour mieux combattre le gaullisme et structurer l'opposition : en décembre 1963, il est « Monsieur X », candidat à l'élection présidentielle de 1965. Tandis que de Gaulle répond par l'indifférence à cette candidature précoce, Defferre s'oppose maladroitement à l'homme d'exception qu'il admire. Son entreprise est taxée à gauche de « gaullisme sans de Gaulle ». Il se retire en juin 1965 après l'échec de sa tactique de « troisième force » incluant MRP, radicaux et socialistes, et soutient la candidature de François Mitterrand. En 1969, il se prononce avec la gauche pour le « non » au référendum et se présente sans succès à la présidentielle qui suit. Il retrouve des fonctions ministérielles de 1981 à 1986, sous la présidence de François Mitterrand.

Anne-Laure OLLIVIER

• *Voir aussi* : Club Jean Moulin ; Communauté franco-africaine (naissance de la) ; Décolonisation ; Express (L') ; SFIO

Bibl. : Jean-Marie Guillon, « Les socialistes en résistance. Un comportement politique », dans Laurent Douzou *et al.*, *La Résistance et les Français. Villes, centres et logiques de décision*, Paris, CNRS-IHTP, 1996 • Georges Marion, *Gaston Defferre*, Paris, Albin Michel, 1989 • Antoine Olivesi, « Gaston Defferre », dans Jean Maitron (dir.), *Dictionnaire biographique du mouvement ouvrier français*, Paris, Éditions ouvrières, 1985.

DE GAULLE, MON PÈRE. – Raymond Aron, dans *Dimensions de la conscience historique*, soulignait comment l'historien arrive à la science « en soumettant sa personnalité aux rigueurs de la critique et aux scrupules de la preuve ». La tâche de l'historien se complique singulièrement lorsque son analyse porte sur un personnage qui se prête à la légende et qui, de son vivant, s'est efforcé d'en forger les mythes et épopées. Dans ce vaste et complexe travail de reconstruction de la personnalité et de l'action de Charles de Gaulle, manquait l'album de famille autorisé, l'évocation affectueuse et attentive du Général au milieu des siens, une intimité qu'il avait toujours jalousement préservée. Les deux tomes de *De Gaulle, mon père*, fruits des entretiens de l'amiral Philippe de Gaulle et du journaliste Michel Tauriac, apportent légitimement ce chaînon manquant.

Toutefois, ce genre d'exercice qui relève le plus souvent de la piété filiale, ne conduit pas toujours au triomphe éditorial qu'a connu *De Gaulle, mon père* : plusieurs centaines de milliers d'exemplaires vendus. Il est vrai que le nom « de Gaulle » constitue assurément un fort argument de vente, d'autant que l'amiral en a lui-même assuré la promotion dans des émissions de télévision très populaires. Mais un tel succès, souligne Pierre Nora, trouve probablement sa source principale dans « une époque de nostalgie et de médiocrité ». Nombre de Français ne regardent-ils pas de Gaulle, et l'empreinte qu'il a laissée sur l'histoire de France, selon le schéma classique du temps révolu transformé en « belle époque » ? Dans le cas présent, celle de la « Grandeur ». En outre, ce de Gaulle intime ne répond-il pas à une tendance de fond de la société française pour le *people* ?

Mais le succès de *De Gaulle, mon père* tient probablement aussi à la vision même qui est donnée de Charles de Gaulle. Cette image est bien peu conforme à la légende vulgarisée du vivant même du Général ainsi d'ailleurs qu'aux nombreux travaux des historiens. Pierre Nora accuse en ce sens l'amiral d'avoir « pétainisé de Gaulle » tandis que Jean Lacouture relève combien « du personnage que l'on croyait éminemment tricolore, toute trace de rouge est ici effacée ». Pis, « à la dénaturation profonde du personnage central » s'ajoute l'évocation de personnalités – comme par exemple Léon Blum, Pierre Mendès France ou encore François Mauriac – en des termes qui relèvent du dénigrement et du règlement de comptes. Éric Roussel souligne combien l'amiral a cherché à « figer son père dans des thèses qui ne résistent plus à l'examen » au regard des différentes sources d'archives aujourd'hui disponibles. Le fils du Général oppose ainsi aux historiens sa propre légitimité, fondée sur sa proximité avec son père, et donc, à ses yeux, seule véritable source d'interprétation d'un personnage appartenant à la légende et qui doit y demeurer. La méthode est singulière et assurément bien peu conforme à la rigueur de la méthode historique telle qu'entre autres personnes Raymond Aron la définissait.

Frédéric TURPIN

• *Voir aussi* : Gaulle, Philippe de

Bibl. : Philippe de Gaulle, *De Gaulle, mon père*, Entretiens avec Michel Tauriac, Paris, Plon, 2 vol., 2003-2004 • Pierre Nora, Jean Lacouture et Éric Roussel, « Qui était Charles de Gaulle ? », *Le Débat*, n° 134, mars-avril 2005 • Éric Roussel, « Philippe de Gaulle, retour au mythe », *Commentaires*, n° 105, printemps 2004.

DEJEAN, Maurice Ernest Napoléon (1899-1982). – Né à Clichy, licencié ès lettres, Maurice Dejean est conseiller pour les affaires allemandes au ministère de la Guerre, puis, dans les années 1930, correspondant du Service de renseignements (SR) au service de presse de l'ambassade de France à Berlin. À son retour en France en septembre 1939, il est nommé chef de cabinet d'Édouard Daladier puis de Paul Reynaud. Il rencontre le général de Gaulle, alors sous-secrétaire d'État à la Guerre. Après la démission de Reynaud, il obtient une mission à Tanger. Le 16 juillet 1940, de Gaulle lui fait savoir qu'il l'attend. Il est l'un des premiers diplomates à rallier le Général, et arrive à Londres le 31 janvier 1941. Son ardent patriotisme et son hostilité au maréchal Pétain frappent le colonel Passy. Son ascension est rapide, tant les hommes manquent autour du Général. Directeur des affaires politiques de la France libre, adjoint de René Pleven à la Direction des affaires extérieures, il est complimenté par de Gaulle le 20 mai. Lors de la création du Comité national français (CNF), il devient commissaire national aux Affaires étrangères.

Après l'attaque allemande du 22 juin 1941, Dejean est le principal conseiller du Général sur l'URSS et s'active pour la reconnaissance du CNF par Moscou. Pour Aleksandr Bogomolov, il est un « personnage mythique du Quai d'Orsay, partisan d'une alliance stable avec Moscou ». En accord avec le Général sur la politique russe, Dejean ne le suit pas dans son intransigeance à l'égard des Britanniques. De Gaulle lui reproche ses compromis lors des négociations autour des mandats français de Syrie et du Liban : « Nous ne grandirons pas en nous abaissant », lui écrit-il dans un télégramme du 5 septembre 1942. Dejean démissionne le 17 octobre et prend de la distance. Il refuse le poste de délégué de la France combattante à Moscou que de Gaulle lui propose. S'interrogeant dans ses notes sur les capacités politiques et l'autocratisme du Général, il se rapproche des cercles giraudistes. Il reprend cependant du service à partir d'août 1943 comme ministre plénipotentiaire auprès des gouvernements alliés à Londres.

Après la Libération, il devient directeur général chargé des Affaires politiques du Quai d'Orsay et participe à ce titre au voyage du Général à Moscou. Il est persuadé de rapporter une « belle et bonne alliance » sans voir que de Gaulle n'a pas été en mesure de négocier d'égal à égal avec Staline. Dès cette époque, sa personnalité a été contestée : « médiocre et sans relief », comme le dit Pierre Brossolette à

André Philip le 30 mai 1942, « grand profiteur », pour Pierre Mendès France (22 septembre 1943). En novembre 1945, il accède au rang d'ambassadeur et part à Prague. Partisan d'un traité franco-tchèque, il n'est pas suivi par le Quai d'Orsay. Le coup de Prague met un point final à son rêve d'une France pont entre l'Est et l'Ouest. Après divers postes, il est nommé ambassadeur à Moscou en 1955.

De Gaulle à son arrivée au pouvoir le maintient à ce poste. Favorable à un rapprochement franco-soviétique fondé sur l'intérêt national, Dejean est l'homme de la situation. Cependant, malgré son expérience, il tombe, « nature généreuse à tous égards » selon Henri Froment-Meurice, dans un piège amoureux tendu par le KGB. En septembre 1963, les révélations du transfuge Krotkov conduisent au rappel de l'ambassadeur, que de Gaulle aurait accueilli en février 1964 d'un : « Alors Dejean, on couche ? » Cette affaire met un point final à sa carrière. À la retraite, il reste un partisan de l'amitié avec la Russie, présidant la Société franco-soviétique de coopération industrielle et France-URSS.

La personnalité et l'action de Dejean témoignent des ambiguïtés possibles de la *Realpolitik* gaulliste. Artisan du rapprochement, « décidé à plaire », il a souvent été décrit comme un ambassadeur sous influence ou un diplomate aveuglé. Conscient du poids géopolitique de la Russie après guerre, il a sous-estimé son expansionnisme idéologique et n'a pas pris en compte, à l'inverse de René Massigli, la montée en puissance des États-Unis en Europe. Marqué par les échecs de l'entre-deux-guerres, il est resté convaincu de la prééminence du danger allemand sur le péril soviétique.

Sabine DULLIN

• *Voir aussi* : Alliés ; Diplomates ; Politique étrangère ; URSS

Bibl. : Jean-Baptiste Duroselle, « Une création ex nihilo : le ministère des Affaires étrangères du général de Gaulle (1940-1942) », *Relations internationales*, n° 31, 1982, p. 313-332 • Thomas Gomart, *Double détente. Les relations franco-soviétiques de 1958 à 1964*, Paris, Publications de la Sorbonne, 2003 • Thibaut Liénart, *Maurice Dejean : diplomate de la France libre*, université de Paris-I, mémoire de maîtrise sous la direction de René Girault, 1993.

DÉJEUNERS PRIVÉS À L'ÉLYSÉE : témoignage. – Répondant inlassablement à son besoin de contacts, le général de Gaulle souhaitait rencontrer des personnalités dans un cadre moins solennel que son vaste bureau. C'est ainsi qu'il nous a demandé d'organiser des déjeuners privés où seraient conviés quelques notabilités aux activités les plus diverses. « Plus que les Grâces, moins que les Muses », nous avait-il indiqué pour le nombre des invités. Ces repas de dix à douze couverts, auxquels assistaient également un ou deux collaborateurs et un aide de camp, se déroulèrent d'abord dans la salle à manger exiguë de l'appartement privé, ensuite au rez-de-chaussée, dans une belle pièce donnant sur la roseraie, qui avait été le bureau de l'un de ses prédécesseurs. Nous formulions des suggestions et le Général effectuait son choix, ajoutant tel ou tel qu'il désirait rencontrer. Les privilégiés pouvaient être des académiciens, des chefs de grandes entreprises, des hauts fonctionnaires, des artistes...

Les couples invités, intimidés quel que soit leur rang, se voyaient reçus à l'heure précise – 13 heures – dans le salon où les attendaient le Général et Mme de Gaulle ; la courtoisie de l'accueil était extrême et la glace en était petit à petit rompue. On buvait un verre de muscat avec quelques gâteaux salés, et l'aide de camp plaçait les convives à table. Les menus s'avéraient très classiques, les vins toujours excellents et le service rapide. Le Général n'aimait pas rester longtemps à table, mais c'est lui naturellement qui menait la conversation, faisait parler ses hôtes et s'adressait souvent à leurs épouses. Certes, les propos pouvaient porter sur des sujets sérieux, mais rarement sur des questions politiques. Alors, dans cette atmosphère apparemment détendue, pouvaient se révéler certains traits de caractère. Je me souviens particulièrement d'un échange sur la poésie, à l'occasion duquel l'un des présents, voulant briller, se fit piéger par le Général qui récita quelques vers en laissant patauger l'interlocuteur prétendant les connaître, pour lui avouer enfin qu'ils étaient de lui. L'on gagnait ensuite le salon pour la cérémonie du café. Le Général passait lui-même les cigares et, après quelques compliments aux dames, pouvait prendre à part l'un ou l'autre. Le temps passait vite et chacun aurait souhaité qu'il durât plus. Vers les 14 h 30, l'aide de camp faisait comprendre au plus prestigieux des présents que le moment était venu de donner le signal du départ. En faisant abstraction du décor et des maîtres d'hôtel, on aurait pu se croire à un classique déjeuner en ville chez un notable.

Nul doute que dans l'euphorie de ce semblant d'intimité, le Général ait entendu des remarques qui pouvaient lui permettre d'apprécier ses hôtes, complétant ainsi son tableau de la société française.

Pierre LEFRANC

• *Voir aussi* : Cigares ; Colombey-les-Deux-Églises ; Gastronomie ; La Boisserie ; Vie quotidienne à l'Élysée.

DELBECQUE, Léon (1919-1991). – Léon Delbecque est l'homme qui a pensé le 13 mai 1958 comme une révolution. Il en incarne les illusions puisque, partisan du régime présidentiel et de l'Algérie française, héros du Forum d'Alger, puis député du Nord en novembre 1958, il refuse l'autodétermination de 1959. Il s'inscrit au groupe Unité de la République avec Georges Bidault, et au Comité de Vincennes de Jacques Soustelle auquel il restera fidèle. Exclu de l'UNR (Union pour la nouvelle République) en 1961, il est battu aux élections de novembre 1962 et retourne à la vie professionnelle.

Né et mort à Tourcoing, il était de ce Nord particulièrement marqué par la guerre. Entré à l'usine à quatorze ans, mobilisé à vingt, deux fois blessé, il est versé dans l'armée d'armistice. Membre du réseau Buckmaster dans la Résistance, il y noue des liens qui seront précieux pour peupler l'Union gaulliste de 1946 et le RPF (Rassemblement du peuple français) de 1947. En 1956, le rappel des officiers de réserve l'envoie en Algérie où il découvre une armée humiliée par Diên Biên Phu, des Européens exaspérés et des musulmans fidèles au souvenir du général de Gaulle. Alors que la vaine attente de 1947-1948 l'avait désespéré, il juge cette fois que la conjoncture redevient favorable et en prévient le Général. Ministre de la Défense nationale en novembre, Jacques Chaban-Delmas le prend à son cabinet où il le charge, notamment, de l'Action psychologique. Le ministre l'envoie à Alger ouvrir une « antenne ». Ateliers et conférences s'y succèdent avec des anciens combattants européens et même musulmans, fédérés dans un « Comité de vigilance ». Il retourne chez le Général et entend qu'en cas de grave crise on lui répondrait. Cependant, exaspéré par son activisme, le ministre résident en Algérie, Robert Lacoste, obtient son expulsion. Comme le gouvernement de Félix Gaillard tombe le 15 avril, il organise, avant de partir, la grande manifestation du 26 avril pour un « gouvernement de salut public, seul capable de sauver l'Algérie française ». Il dira plus tard que « le 13 Mai a commencé là ».

Rentré à Paris, il sonne l'alerte sur la gravité des prochains jours, d'autant que le FLN (Front de libération nationale) annonce l'exécution de trois prisonniers français. Il repart clandestinement à Alger, participe au télégramme des généraux disant leur inquiétude au président de la République le 9 mai, quitte Alger et y revient pour assister, le 13 mai, à la prise du Gouvernement général par les étudiants de Pierre Lagaillarde. Aidé de Lucien Neuwirth, il s'impose, se fait élire vice-président du Comité de salut public et, le 15 mai, pousse le général Salan à crier : « Vive de Gaulle ! » Par la voix de son chef et pour sauvegarder son unité, l'armée se rallie à cet appel. Pourtant, menacé d'être arrêté, il craint le pire : il participe aux messages radio qui affolent Paris, au débarquement corse et à la préparation de l'opération Résurrection qui, trois fois décommandée, devait convaincre les politiques de la détermination de l'armée. Quand le président René Coty fait appel au Général, il revient à Paris. Aussitôt « chambré », il n'a pas le droit de voir de Gaulle. Pour lui, les déceptions commencent.

Odile RUDELLE

• *Voir aussi* : Algérie (guerre d') ; Corse ; Manifestation du 13 mai 1958 ; OAS ; Retour de 1958

Bibl. : Fondation Charles-de-Gaulle, *De Gaulle et le RPF*, Paris, Armand Colin, 1998 • Odile Rudelle, *Mai 1958, De Gaulle et la République*, Paris, Plon, 1988.

DÉLÉGATION GÉNÉRALE. – L'expression « Délégation générale » (DG) date de l'automne 1943 et désigne les personnes déléguées par le CFLN (Comité français de la Libération nationale) auprès de la Résistance et les services qu'elles contrôlent. La DG est l'héritière de l'équipe constituée en 1942 autour de Jean Moulin, après que de Gaulle a nommé celui-ci délégué du Comité national français en zone sud. Moulin met sur pied un secrétariat, des services civils (Bureau d'information et de presse, ou BIP, et Comité des experts, futur Comité général d'études, ou CGE) et chapeaute des équipes militaires (agents de liaison du Bureau central de renseignements et d'action, le BCRA, auprès des mouvements, services d'opérations et de transmissions). Fin mars 1943, il transfère la DG de Lyon à Paris. Son rôle est d'assurer l'interface entre l'autorité centrale, de Londres puis d'Alger, et les responsables de la Résistance intérieure. Il s'applique à faire prévaloir en France la volonté du général de Gaulle de rebâtir un État à l'autorité duquel les résistants seraient soumis. Dans le même temps, il ne cesse de réclamer à de Gaulle – avec un succès relatif – les moyens financiers et humains nécessaires pour soutenir et encadrer la Résistance.

Après l'arrestation de Moulin le 21 juin 1943, le BCRA décentralise son organisation militaire, mais la centralisation perdure dans le domaine politique, la DG assurant la liaison avec les mouvements, partis et syndicats, eux-mêmes centralisés. Sur le terrain, l'intérim est assuré par Claude Bouchinet-*Serreulles* tout juste arrivé de Londres, rejoint en août par Jacques Bingen, délégué pour la zone sud. Les deux hommes, dont les contacts avec Londres restent souvent erratiques, doivent composer avec une poussée d'autonomie de la Résistance. De Gaulle laisse se prolonger l'intérim à la tête de la DG : c'est seulement le 1er septembre qu'il désigne Émile Bollaert.

Le 25 septembre 1943, le secrétariat de la DG est capturé par les Allemands. Pierre Brossolette et Forest Yeo-Thomas dénoncent la désinvolture de *Serreulles* et Bingen en matière de sécurité, et les font mettre en quarantaine par le BCRA, au risque d'asphyxier la DG. De Gaulle veut trancher et rappelle à Londres *Serreulles*, Brossolette et Bollaert, mais ces deux derniers sont arrêtés. Bingen assure l'intérim jusqu'à la nomination d'Alexandre Parodi, fin mars 1944. La zone nord est alors confiée à Roland Pré, et Bingen est relégué en zone sud, où il est capturé et se suicide en mai 1944. Il est remplacé par Jacques Baumel puis Jacques Maillet.

Émanation du pouvoir central, la DG devient un organisme collégial, civil et militaire, soumis aux contraintes du travail clandestin. Ses membres sont une poignée : le délégué général, les délégués civils (Francis-Louis Closon, Roland Pré, Émile Laffon, Jacques Maillet, Léon Morandat, etc.) et le délégué militaire national (Maurice Bourgès-Maunoury, puis Jacques *Chaban*-Delmas). Souvent privée de contact avec Alger, la DG n'en fait pas moins prévaloir les idées du général de Gaulle au moment de la Libération : elle met en place les cadres d'un État clandestin, sur les plans civil (préfets, Comités départementaux de libération) et militaire (intégration des Francs-tireurs et partisans et de l'Organisation de résistance de l'armée aux FFI), qui permettent d'éviter à la fois une vacance du pouvoir et une prise de pouvoir révolutionnaire.

Sébastien ALBERTELLI

• *Voir aussi* : BCRA ; CFLN ; FFI ; France libre ; Résistance intérieure

Bibl. : Sébastien Albertelli, *Le BCRA, les services secrets du général de Gaulle, 1940-1944*, thèse d'histoire en cours sous la direction de Jean-Pierre Azéma, IEP de Paris • Daniel Cordier, *Jean Moulin. La République des catacombes*, Paris, Gallimard, 1998 • René Hostache, *Le Conseil national de la Résistance. Les institutions de la clandestinité*, Paris, PUF, 1958.

DELESTRAINT, Charles (1879-1945). – Originaire de Biache-Saint-Vaast, dans le Pas-de-Calais, saint-cyrien, capitaine en 1914, Charles Delestraint est fait prisonnier en décembre. À sa sortie de l'École de guerre, il voue sa carrière à l'arme blindée. En 1936, il est nommé à la tête de la 3e brigade de chars. De septembre 1937 à mars 1939, de Gaulle, qui commande le 507e régiment de chars de combat à Metz, est son subordonné. Delestraint le note comme un « officier de tout premier ordre à qui le plus bel avenir est réservé » et noue avec lui une vraie connivence intellectuelle, le recevant fréquemment à son domicile pour parler tactique et questions d'actualité. Fin mai 1940, Delestraint commande le groupement de divisions dont dépend la 4e division cuirassée de De Gaulle. Partisan convaincu du « corps cuirassé », il aurait souhaité que ses divisions soient lancées simultanément contre Abbeville, et non successivement. Après l'échec, c'est à lui que pense de Gaulle pour conseiller le Grand Quartier général sur l'emploi des chars lorsqu'il se déclare prêt à prendre lui-même la tête d'un corps de trois divisions cuirassées.

Après l'armistice, retraité à Bourg-en-Bresse, il regroupe les « anciens des chars » au sein d'amicales et les incite à garder l'espoir en la revanche. En février 1942, Vichy le rappelle à l'ordre pour ses critiques contre le maréchal Pétain et son gouvernement. En août, il est contacté par le mouvement Combat, puis par Jean Moulin, pour commander l'Armée secrète (AS). Il ne demande qu'un message de confirmation de De Gaulle (« De Charles à Charles : d'accord ») pour se mettre aux ordres de son ancien subordonné et se lancer, à soixante-trois ans, dans l'action clandestine.

Chargé d'appliquer les consignes de Londres – séparation de l'AS des mouvements, pas d'action immédiate avant le débarquement allié en France –, Delestraint se heurte rapidement à Henri Frenay, le chef de Combat. Vrai « père » de l'AS, celui-ci réclame le droit pour les mouvements de diriger une lutte armée qui, selon lui, ne peut être différée dans un contexte bouleversé par l'invasion de la zone sud et la naissance des maquis. De Gaulle donne d'abord raison à Delestraint, dont il étend le commandement à la zone nord lors de son séjour à Londres (février-mars 1943). Mais deux mois après, par son instruction du 21 mai, il prend acte de l'importance grandissante de formations pratiquant les « actions immédiates » (maquis, groupes francs), liées aux mouvements et dont le commandement ne peut être que décentralisé. Delestraint ne dirigera toutes ces forces qu'après le débarquement à venir, sa mission étant restreinte auparavant à celle d'un « général inspecteur ».

On ne saura jamais le rôle qu'aurait pu jouer dans cette nouvelle configuration celui auquel de Gaulle avait écrit le 22 octobre 1942 : « Nous referons l'armée française. » Le 9 juin 1943, Delestraint est arrêté à Paris. Déporté au Struthof, puis à Dachau, il est abattu par les SS quelques jours avant la libération du camp en avril 1945. Il sera fait Compagnon de la Libération à titre posthume.

Bruno Leroux

• *Voir aussi* : Action immédiate ; Arme blindée ; Délégation générale ; Réseaux de sociabilité ; Résistance intérieure

Bibl. : François-Yves Guillin, *Le Général Delestraint : premier chef de l'Armée secrète*, Paris, Plon, 1995 • Jean-François Perrette, *Le Général Delestraint*, Paris, Presses de la Cité, 1972.

DELOUVRIER, Paul (1914-1995). – Né dans les Vosges, d'un père banquier, Paul Delouvrier mène des études de droit et passe par l'École libre des sciences politiques dont il n'apprécie guère d'ailleurs le libéralisme économique qui y domine, notamment au sein de l'« écurie » qui prépare à l'inspection des Finances. Après sa démobilisation, il entre en 1941 à l'Inspection mais ne signe pas le serment de fidélité au maréchal Pétain. Stagiaire à Uriage en 1942, il entre dans la Résistance et organise un maquis qui accueillera à Fontainebleau le général de Gaulle en 1944. Très marqué par la défaite – une « défaite intellectuelle », dira-t-il –, il constitue l'une des figures les plus notables de la génération des hauts fonctionnaires technocrates qui veulent redresser la France à la Libération. Épris d'action administrative, il prend ses distances avec la politique et refusera en 1947 d'entrer au RPF et d'en créer la section parisienne.

En octobre 1944, il entre au cabinet

d'Aimé Lepercq où il rencontre Jean Monnet, qui le « débauchera » pour mettre en place la toute nouvelle administration du commissariat général au Plan en 1946. Plus que de Gaulle, c'est Monnet qu'il considère comme son « grand homme ». En novembre 1947, il est directeur du cabinet de René Mayer et occupe divers postes jusqu'à ce qu'il rejoigne à nouveau Monnet qui lui confie la division des finances à la CECA (Communauté européenne du charbon et de l'acier) où il commence à réfléchir à l'aménagement du territoire.

Sa carrière l'amène à croiser de nouveau le général de Gaulle lorsqu'en novembre 1958 il part trois semaines en Algérie comme expert afin d'étudier les chances du développement économique que doit impulser le Plan de Constantine. Il est ensuite nommé délégué général du gouvernement par de Gaulle et chargé de rétablir l'administration civile, mais demande son rappel en métropole en novembre 1960, après le discours sur « l'Algérie algérienne ». Ses rapports avec le Général restent francs mais marqués d'incompréhension mutuelle. En août 1961, à l'initiative de Pierre Racine, il est nommé délégué général du district de Paris, après avoir refusé le poste de ministre de l'Éducation nationale que lui proposait Michel Debré. Il demande carte blanche à ce dernier pour constituer son équipe et lancer une vaste série d'opérations d'expertise à la base du nouveau schéma directeur de la région parisienne. Très indépendant, Paul Delouvrier pourra compter sur le soutien du général de Gaulle afin de contrer, à partir de 1962, les fortes réticences de Georges Pompidou qui défend les élus locaux inquiets de ces projets, ou encore celles d'Olivier Guichard qui dirige la DATAR (Délégation à l'aménagement du territoire et à l'action régionale). En août 1966, il est nommé préfet de la région parisienne. Ne se sentant plus suffisamment soutenu, il quitte ses fonctions en février 1969 pour devenir président du conseil d'administration d'EDF. Il prend sa retraite en 1983.

Luc Rouban

• *Voir aussi* : Constantine ; Hauts fonctionnaires

Bibl. : Roselyne Chenu, *Paul Delouvrier ou la Passion d'agir : entretiens*, Paris, Le Seuil, 1994 • Alessandro Giacone, *Paul Delouvrier : un demi-siècle au service de la France et de l'Europe*, Paris, Descartes, 2005 • Sébastien Laurent et Jean-Eudes Roullier (dir.), *Paul Delouvrier, un grand commis de l'État*, Paris, PFNSP, 2005.

DÉMISSION DE 1946. – Le 22 janvier 1946, Félix Gouin, président de l'Assemblée nationale constituante, lit devant les députés la lettre de démission de Charles de Gaulle, président du GPRF (Gouvernement provisoire de la République française) élu à l'unanimité le 13 novembre 1945. Le ton de la lettre est noble : la France tient son rang sur le Rhin et dans l'organisation internationale du monde, la représentation nationale est réunie et les partis politiques mis en mesure d'exercer leurs responsabilités. Malgré épreuves et souffrances pour le peuple français, l'activité reprend et la transition réussie permet le retrait du chef du gouvernement. Félix Gouin répond sur le même ton : l'Assemblée, qui aurait souhaité que le « grand Français qui s'était levé aux jours sombres de l'armistice » continue sa tâche, lui exprime gratitude et reconnaissance.

Derrière ce décor de majesté, cette démission fut le grand échec de la Libération : celui du Général, comme des députés. Le premier, car il espérait être rappelé à bref délai et les seconds qui, exigeant le contrôle immédiat du gouvernement par les parlementaires, n'imaginaient pas que cette soumission engendrerait une IVe République incapable de mener la décolonisation. L'incompréhension réciproque éloignera les meilleurs soutiens politiques du temps de guerre, tels les socialistes Léon Blum ou Vincent Auriol ou des démocrates-chrétiens comme François de Menthon dont de Gaulle avait espéré l'aide pour établir un État où la « séparation des pouvoirs » aurait rendu possible un gouvernement « juste et fort ».

Siégeant au palais du Luxembourg, l'Assemblée consultative fut le premier théâtre du conflit. Ainsi, le 29 juin 1945, la discussion du budget de la Défense est-elle l'occasion d'un vote cherchant à rendre le ministre des Finances « personnellement responsable » du non-dépassement des crédits alloués. Consultative, l'Assemblée était pourtant dépourvue de pouvoir de cette nature. À défaut, elle cherche à orienter l'avenir. Le 29 juillet, consultée sur les modalités d'une transition constitutionnelle confiée au référendum, elle adopte deux motions : l'une refusant le principe du référendum constitutionnel, et l'autre sur « la nécessité de la responsabilité ministérielle immédiate et absolue devant les élus du peuple ».

Le général de Gaulle avait toujours déclaré qu'il rendrait compte au peuple français ou à ses représentants du mandat exceptionnel que les événements lui avaient confié. Restait à choisir les procédures pour, comme il l'exprimait le 15 novembre 1941, « rendre la parole au peuple » [*DM*]. Un mois après la victoire, le 2 juin, il émet trois hypothèses : maintien des lois de 1875, élection d'une Constituante ou consultation par référendum [*DM*]. Le parti communiste et le parti radical, en particulier Paul Bastid, président de la commission des lois de la Consultative et très attaché au Sénat, refusent le référendum tandis que le parti socialiste et les mouvements de Résistance expriment des réserves. Et de Gaulle d'expliquer le 12 juillet à la radio qu'en raison de la « table rase » des événements de 1940, le gouvernement se prépare à combiner référendum et élections. Après un salut au « régime constitutionnel de la IIIe République », de Gaulle propose deux référendums délibératifs : les lois de 1875 doivent-elles être abolies ? Si « oui », les pouvoirs de l'Assemblée constituante élue le même jour doivent-ils être prédéfinis ? Un deuxième « oui » ouvrirait un délai de sept mois, au terme duquel le peuple serait appelé à juger de la future Constitution, tandis que le « non » serait l'abandon à « la dictature » du « corps omnipotent » d'une Assemblée aux pouvoirs illimités.

Depuis la convocation des États généraux, depuis la rédaction par Talleyrand de l'article 6 de la Déclaration des droits de l'homme mettant à égalité le vote des citoyens et celui des représentants, rien de tel n'avait existé. Le gouvernement espérait l'élection d'une Convention qui, à l'image de celle de Philadelphie en 1787, l'aurait investi d'une confiance limitée aux sept mois de la rédaction constitutionnelle. Mais le 29 juillet, on l'a vu, l'Assemblée consultative rejeta ce projet par 210 voix contre 19. Conformément à la tradition exclusivement représentative, la Consultative souhaitait le retour des assemblées souveraines de 1789, 1848 ou 1871. Vincent Auriol et Claude Bourdet, l'un venu d'Alger, l'autre rentré de déportation, tentent une médiation : si le gouvernement accepte la responsabilité ministérielle, les socialistes accepteront, avec Gaston Defferre, le référendum. L'Assemblée refuse ce compromis que le Général accepte car, pour lui, l'essentiel était l'introduction du référendum avec le délai de sept mois pour revenir devant le peuple. Les résultats sont impressionnants : le 21 octobre, un premier « oui », voté à 96 % des exprimés, signe la mort des lois de 1875 avec, ce même jour, l'élection d'une Constituante. Voté à 66 % des suffrages, le deuxième « oui » donnait l'assurance d'un retour devant le peuple après sept mois. Ces chiffres se révéleront un leurre puisque les proportions ne se retrouvent pas chez les élus, où 305 députés communistes, socialistes et apparentés font face aux 281 parlementaires qui, additionnant radicaux, UDSR (Union démocratique et socialiste de la Résistance), paysans, MRP (Mouvement républicain populaire) et autres indépendants tel René Coty, auraient formé le groupe dont le Général aurait eu besoin. Et encore ! Puisque, meurtris d'être en troisième position électorale, les socialistes ne veulent plus se couper du parti communiste et que, pour rester fidèle à l'esprit de la Résistance, le MRP ne veut plus se désolidariser de la SFIO (Section française de l'Internationale ouvrière).

Cela n'empêche pas le général de Gaulle, « ayant bien mérité de la patrie », d'être élu, à l'unanimité de l'Assemblée nationale constituante, président du GPRF le 13 novembre 1945. Il explique à la radio que la représentation nationale devait accepter la composition d'un gouvernement fort de sa « cohésion » et de son « indépendance », et que les vingt-neuf semaines de travail de l'Assemblée consacrées au budget, aux réformes promises par la Résistance et à la rédaction constitutionnelle seraient « l'épreuve décisive du régime représentatif ». On sait ce qu'il en fut : le parti communiste tenta d'imposer ses hommes dans les ministères régaliens ; les socialistes voulurent diminuer de 20 % les crédits de la Défense, et François de Menthon refusa l'audition du chef de gouvernement par la commission des lois chargée de la rédaction de la Constitution, au motif qu'il n'était pas un « constituant » [*MG*]. Enfin, le 16 janvier 1946, Édouard Herriot, qui avait accepté de déjeuner avec Pierre Laval en août 1944, reprocha à de Gaulle d'avoir régularisé les citations à l'ordre de la Légion d'honneur de soldats de Vichy morts en Afrique du Nord.

« Avant d'accomplir les gestes décisifs », le Général va se reposer une semaine dans le Midi et décide de « quitter la barre... sans s'en prendre à personne, sans accepter aucune sorte de fonction, de dignité ou de retraite » [*MG*]. Convoqués au ministère de la Guerre, les ministres s'entendent dire : « Le régime exclusif des partis a reparu. Je le réprouve. Mais, à moins d'établir par la force une dictature dont je ne veux pas et qui, sans doute, tournerait mal, je n'ai pas les moyens d'empêcher cette expérience. Il me faut donc me retirer » [*MG*]. Ayant voulu « quitter les choses avant qu'elles ne le quittent » et ménager le « recours » qu'il pense être [*DM*], il part en silence, au risque de créer la surprise chez les non-initiés.

Le MRP ressentit ce départ comme un abandon de poste. Élu comme « parti de la fidélité », il se sent alors affranchi. Les 53 % de « non » du référendum constitutionnel du 5 mai 1946, qui, au simple citoyen qu'est devenu de Gaulle, paraissent un socle suffisant pour lancer un appel constitutionnel, ne feront pas plus changer d'avis le MRP que les socialistes. Et lorsque, à Bayeux, le 16 juin, le Général prononce un discours constitutionnel qui peut s'entendre comme un appel aux socialistes de gouvernement, il est récusé tant par Léon Blum et Vincent Auriol que par Georges Bidault, devenu président du Conseil. Dans le feu de l'événement, qui aura compris qu'en 1946, tout comme en 1958, l'homme du 18 Juin n'avait voulu autre chose que réconcilier 1789 et 1792, l'esprit constitutionnel et un patriotisme de volontaires de la nation, seul capable de rendre à l'État la stabilité, l'autorité et l'indépendance sans lesquelles il n'y a plus de continuité ? Odile RUDELLE

• *Voir aussi* : Constitutionnel, débat ; GPRF ; Partis politiques ; Référendum du 21 octobre 1945 ; République

Bibl. : Claude Guy, *En écoutant de Gaulle, Journal 1946-1949*, préface de Jean Mauriac, Paris, Grasset, 1996 • Odile Rudelle, « Patriotisme constitutionnel et domaine indivis des Français », dans Fondation Charles-de-Gaulle, *Le Discours d'Épinal, Rebâtir la République*, Paris, Economica, 1996 • Id., « Le gaullisme, la gauche et les institutions », dans Jean-Jacques Becker et Gilles Candar (dir.), *Histoire des gauches*, Paris, La Découverte, t. 2, 2004.

DÉMISSION DE 1969. – *Voir* COMMUNIQUÉ DU 28 AVRIL 1969 ; RÉFÉRENDUM DU 27 AVRIL 1969 ; RUPTURE.

DENTZ, Henri Fernand (1881-1945). – Né à Roanne, Henri Dentz est le fils d'un Alsacien qui a quitté sa région natale en 1871 pour ne pas devenir allemand. Sorti premier de sa promotion à Saint-Cyr en 1903, il est affecté au 4e régiment de zouaves à Tunis avant d'intégrer l'École supérieure de guerre en 1908. Pendant la Première Guerre mondiale, il sert comme officier d'état-major. Après guerre, il est affecté dans des missions à l'étranger : Tchécoslovaquie, Turquie, Rhénanie. De 1920 à 1923, au moment de la révolte du djebel Druze, il est chef des services de renseignements en Syrie. Général de brigade en 1934, puis général de division en 1937, il occupe d'importants postes dont celui de sous-chef d'état-major de l'armée, sous l'autorité du général Gamelin. Au moment de la deuxième offensive allemande de juin 1940, le général Weygand le fait nommer gouverneur militaire de Paris contre l'avis de De Gaulle, alors sous-secrétaire d'État du gouvernement Reynaud, qui lui aurait préféré de Lattre. Au lendemain de la défaite, Dentz reçoit le commandement de la 15e Région militaire de l'armée de l'armistice.

Fin 1940, le maréchal Pétain nomme le

général Dentz, connu pour son loyalisme sans faille, au double poste de haut-commissaire et de commandant en chef des troupes de Syrie. Sa principale mission est de maintenir le territoire qui lui est confié hors d'atteinte des ambitions anglaises et gaullistes. Tout en menant une politique violemment antigaulliste, il n'hésite pas à se montrer assez modéré sur le plan diplomatique et maintient de bonnes relations avec le Royaume-Uni. Il parvient ainsi à résoudre la crise du ravitaillement et à préserver une situation de neutralité et de relative stabilité qui convient aux Anglais mais irrite profondément le général de Gaulle. Aussi, celui-ci saisit l'occasion de la révolte de Rachid Ali en Irak et de l'envoi de renforts allemands transitant par les bases de Syrie pour réclamer à Churchill une opération sur les territoires sous mandat français. Dentz répond énergiquement à l'offensive lancée le 8 juin 1941 par les troupes du Commonwealth dirigées par les généraux Wavell et Wilson avec l'appui des 7 000 Français libres du général Legentilhomme. Il va même jusqu'à demander des renforts à l'Allemagne, qui lui sont partiellement accordés. La campagne fratricide fait 1 106 morts du côté vichyste et 800 du côté gaulliste. Après l'armistice de Saint-Jean-d'Acre, Dentz reste à la tête de ses troupes jusqu'à leur embarquement pour l'Afrique du Nord. Sur 25 000 hommes de l'armée du Levant, seuls 127 officiers et 6 000 sous-officiers et soldats se joignent à la France libre. De retour en France, Dentz, atteint par la limite d'âge, n'occupe pas d'autre fonction importante à Vichy. À la Libération, il est traduit devant la Haute Cour et condamné à mort le 20 avril 1945. Sa peine est commuée en réclusion le 24 octobre, mais il meurt d'épuisement à la prison de Fresnes le 13 décembre suivant.

Claude D'ABZAC-EPEZY

• *Voir aussi* : Collaboration ; Épuration ; Levant ; Saint-Jean-d'Acre ; Secrétaire d'État (sous-)

Bibl. : Maurice Albord, *L'Armée française et les États du Levant, 1936-1946*, Paris, Éditions du CNRS, 2000 • André Laffargue, *Le Général Dentz*, Paris, Les Îles d'Or, 1954 • Géo London, *L'Amiral Esteva et le général Dentz devant la Haute Cour de justice*, Lyon, Roger Bonnefon, 1945.

DÉPORTÉS. – Le sort des déportés de France vers les camps de concentration nazis est l'objet d'une attention limitée de la part de la France libre. Ils sont alors inclus dans la masse des Français qui se trouvent en Allemagne : prisonniers de guerre, déportés au sens actuel, requis du Service du travail obligatoire (STO). À l'époque, le terme « déporté » ne vise que les victimes du STO. À Alger, de Gaulle nomme Henri Frenay à la tête du Commissariat général aux Prisonniers, Déportés et Réfugiés, créé le 9 novembre 1943. Dans l'ignorance où le Comité français de la Libération nationale se trouve du régime concentrationnaire, aucune mesure n'est prise pour s'occuper spécifiquement, à leur retour, des survivants des camps de concentration. Au printemps 1945, le général de Gaulle reçoit de la part d'Himmler une proposition de négociations séparées. Il la laisse sans réponse. Le chef de la Gestapo accompagne sa démarche de l'autorisation donnée à la Croix-Rouge internationale de distribuer des vivres aux déportés. Le chef du Gouvernement provisoire fait envoyer des camions de ravitaillement qui partent de Suisse pour rejoindre certains camps et les colonnes de déportés jetés sur les routes dans les « marches de la mort ». La nièce du Général, Geneviève, a été arrêtée comme résistante et déportée en janvier 1944 au camp de Ravensbrück. Au cours de négociations menées *in extremis* par la Croix-Rouge internationale en faveur des déportés, elle est extraite d'Allemagne le 20 avril 1945. Elle rejoint Paris où de Gaulle l'accueille dans son foyer. Il est ainsi directement informé de l'horreur des camps.

« Partout, les vainqueurs recueillent des groupes de prisonniers alliés qui se sont libérés eux-mêmes. Ici ou là, stupéfaits d'horreur et d'indignation, ils découvrent les survivants et les charniers des camps de déportation. » C'est par ces simples et – presque – seules phrases que de Gaulle, dans ses *Mémoires de guerre*, évoque la révélation de l'horreur concentrationnaire, citant aussi, un peu plus loin, les « crimes qui font honte au genre humain ». Durant les années qui suivent, il ne commente pas la tragédie nazie ni l'extermination des Juifs d'Europe, même si, par des gestes symboliques, il montre régulièrement son estime pour les résistants survivants de la déportation. En mai 1945, il accueille dans son bureau une dizaine de grands résistants tout juste revenus de déportation, dont Claude Bourdet, Edmond Michelet, Christian Pineau et Pierre Sudreau. Il s'agit de placer à des postes de confiance ces hommes qui n'avaient pas été présents en France à la libération de Paris. De Gaulle s'occupe personnellement des déportés en y désignant le grand hôtel Lutetia, comme centre d'accueil. Il prend également l'initiative, contre l'avis de Frenay, de faire accueillir en France les enfants de Buchenwald, c'est-à-dire les enfants et adolescents juifs survivants des camps de la mort et libérés dans ce camp. Sur les mille enfants, quatre cent vingt-six arrivent en France par un train spécial affrété en juin 1945. En septembre 1967, de Gaulle se rend à Auschwitz.

Dans la mise en place de la mémoire gaulliste de la Seconde Guerre mondiale, les déportés résistants occupent une place importante. L'ordonnance du 3 mars 1945 leur applique, comme aux autres membres de la Résistance, le régime des pensions militaires fondées sur le décès ou l'invalidité. Lors de la grande cérémonie du 11 novembre 1945, entre l'Arc de Triomphe et le Mont-Valérien destiné à devenir le mémorial de la France combattante, quinze cercueils sont honorés, dont deux contiennent les corps de résistants exécutés en Allemagne, un homme et une femme. En 1960, une urne contenant les cendres de déportés inconnus sera placée au centre de la crypte du mémorial du Mont-Valérien. Au sein de l'Assemblée nationale, en 1958, dix-neuf députés gaullistes sont des survivants des camps. Les gouvernements de Gaulle comptent de nombreux déportés, comme André Boulloche, Edmond Michelet, Pierre Sudreau ou Louis Terrenoire. Même s'il n'a pas lui-même donné l'impulsion à la construction des mémoriaux de la déportation, le Général présida, au cours de cérémonies imposantes, à l'inauguration de plusieurs grands monuments nationaux : celui du Mont-Valérien, le 18 juin 1960, du Struthof, en juillet de la même année, et de l'île de la Cité, en avril 1962. Jean-Marc DREYFUS

• *Voir aussi :* Auschwitz ; Commémorations du 18 juin 1940 ; Droits de l'homme

Bibl. : Jean-Marc Dreyfus, *Ami, si tu tombes... Les déportés résistants, des camps au souvenir, 1945-2005*, Paris, Perrin, 2005 • Geneviève de Gaulle-Anthonioz, *La Traversée de la nuit*, Paris, Le Seuil, 1998 • Pieter Lagrou, *Mémoires patriotiques et occupation nazie. Résistants, requis et déportés en Europe occidentale, 1945-1965*, Bruxelles, Complexe, 2003.

DÉROULÈDE, Paul (1846-1914). – Prisonnier en 1870, Paul Déroulède réussit ce que Charles de Gaulle tenta tant de fois en vain entre 1916 et 1918 : s'évader pour reprendre le combat. Il est l'auteur des *Chants du soldat* (1872-1875), qui expriment le patriotisme de la Revanche et connaissent un grand succès dans la France humiliée. En 1882, il fonde la Ligue des patriotes. Il s'engage aux côtés du général Boulanger de 1887 à 1889 et devient député boulangiste en 1889-1892. Il redevient député en 1898, au cœur de la campagne antidreyfusarde à laquelle il participe. En 1899, il tente, lors des obsèques du président Félix Faure, d'entraîner vers l'Élysée le régiment du général Roget ; il est arrêté et condamné à dix ans de bannissement pour complot contre la sûreté de l'État. À partir de 1901, il se prononce pour une république plébiscitaire, avec un chef de l'État élu au suffrage universel. Amnistié, il rentre en France en 1905.

Peu avant la Grande Guerre, Charles de Gaulle le rencontre. Il le cite, vers 1913, dans une conférence qu'il donne sur le patriotisme : « Celui qui n'aime pas sa mère plus que les autres mères et sa patrie plus que les autres patries n'aime ni sa mère, ni sa patrie » [*LNC*]. Les idées de Déroulède ont sans nul doute influencé de Gaulle, qui a été sensible à sa valorisation du soldat, présente aussi chez Charles Péguy. Mais plus profondément, on peut établir par le biais de Déroulède, comme de Maurice Barrès, une certaine continuité entre boulangisme et gaullisme. Il suffit de se pencher sur ce passage de *Vers l'armée de métier* (1934) où Charles de Gaulle inscrit le boulangisme dans une tradition de recours au soldat et à l'autorité qu'il estime indispensable à la France : « Tout ce qu'il y a de fâcheux dans le territoire, d'absurde dans la politique, d'infirme dans le caractère, elle n'a, pour le compenser en dernier ressort, que l'art guerrier, l'habileté des troupes, la douleur des soldats. » C'est cette « dure loi, qui sans cesse contredit notre idéalisme et nos mœurs d'indépendants, donne à notre existence nationale une physionomie curieusement tourmentée, contraint Mazarin, dédaigneux des soldats, à créer la grande armée royale, mène Saint-Just à la stratégie, Gambetta au ministère de la Guerre, Rochefort au boulangisme et réserve à Clemenceau, comme fin de carrière, l'enthousiasme des généraux ».

Jérôme Grondeux

• *Voir aussi* : Bibliothèque personnelle ; Bonapartisme ; Formation scolaire et intellectuelle ; Soldat

Bibl. : Bertrand Joly, *Déroulède, l'inventeur du nationalisme*, Paris, Perrin, 1998 • Alain Larcan, *De Gaulle inventaire. La culture, l'esprit, la foi*, Paris, Bartillat, 2003.

DÉSARMEMENT. – Contrairement à une légende tenace, de Gaulle n'a jamais marqué d'hostilité au désarmement dès lors que des mesures de vérification efficaces permettraient de garantir le respect des engagements pris et que la réduction des forces armées ne mettrait pas en cause les grands équilibres sur lesquels repose l'organisation de la paix et de la sécurité internationales. Dans les années 1930, le colonel de Gaulle avait proposé la création d'une armée de métier et fait valoir que l'adoption universelle de ce modèle était le seul moyen de « réaliser un jour à la fois une limitation contractuelle des armements et éventuellement une action commune au service d'une politique de sécurité collective ». Enfin, si de Gaulle a été informé dès le mois de juillet 1944 par trois savants français du « travail d'apocalypse » effectué sous la conduite des États-Unis pour fabriquer l'arme atomique et a manifesté clairement l'intention d'en doter la France en créant le Commissariat à l'énergie atomique (CEA), il n'a pas été impliqué dans les négociations en vue du désarmement qui se sont ouvertes dans le cadre des Nations unies en 1946.

Lorsque de Gaulle revient au pouvoir en 1958, les pourparlers sur le désarmement sont dans l'impasse et on assiste à une inflexion de la diplomatie des grandes puissances qui tendait à privilégier l'adoption de mesures de confiance et de stabilisation au détriment de la recherche d'une limitation générale, équilibrée et contrôlée des armements. Les États-Unis avaient notamment argué de l'impossibilité de garantir par des méthodes fiables l'élimination des armes nucléaires pour mettre entre parenthèses les plans de désarmement général et complet alors que la France maintenait la visée originelle et proposait d'ajuster les objectifs du désarmement aux possibilités réelles du contrôle. Selon le délégué français aux conférences du désarmement, Jules Moch, il était encore possible de vérifier la réduction, voire la destruction des vecteurs de l'arme nucléaire et, en 1959, il proposa, avec l'accord du Général, de faire peser les principales contraintes sur les « fusées, les avions stratégiques et les navires qui peuvent porter des bombes nucléaires sur tous les points du globe ».

Des mesures qui allaient dans ce sens furent discutées dans le cadre de la conférence du comité des Dix à Genève en 1960, mais elles se heurtèrent à des objections majeures de la part des Anglo-Saxons ainsi qu'aux réticences soviétiques. En fait, l'échec de la conférence au sommet de Paris du 16 mai 1960 avait sonné le glas du désarmement et ouvert une ère nouvelle, celle de la maîtrise des armements (*arms control*) par laquelle les deux protagonistes nucléaires ont tenté de stabiliser l'équilibre sur lequel reposait la dissuasion réciproque sans renoncer pour autant à la course quantitative et qualitative aux armements. De Gaulle, qui avait décidé de doter la France d'une capacité nucléaire militaire et de surmonter la division du monde en deux blocs antagonistes, ne pouvait évidemment pas s'associer à une entreprise qui contredisait ouvertement son grand dessein de politique étrangère. La politique de la « chaise vide » pratiquée par la France à la conférence du comité des Dix-Huit à Genève à partir de 1962 s'explique à la fois par le scepticisme du chef de l'État quant aux chances d'un désarmement nucléaire authentique et par son souci de garder les mains libres pour mener à son terme la réalisation d'une Force nucléaire stratégique (FNS).

Le refus d'occuper le siège qui lui était réservé n'a pas empêché la France de participer aux efforts en vue d'une réglementation internationale des armements et elle a signé deux traités visant à soustraire certains espaces à la compétition militaire : le traité sur l'Antarctique du 1er décembre 1959 et le traité sur l'espace extra-atmosphérique du 27 janvier 1967. En revanche, elle n'a pas signé le traité sur la non-prolifération des armes nucléaires (TNP), mais elle s'est comportée exactement comme les États parties tout en affirmant qu'on ne pouvait enrayer le mal en imposant l'abstinence nucléaire aux pays dépourvus sans agir simultanément en faveur d'un désarmement nucléaire effectif. Aussi de Gaulle a-t-il prôné sans relâche la tenue d'une conférence des cinq puissances nucléaires, les seules qui auraient été en mesure selon lui de faire avancer la solution du problème. Mais ses appels restèrent sans écho et n'avaient aucune chance d'être pris en considération eu égard à l'hétérogénéité des points de vue des puissances directement concernées.

La réponse du gouvernement français au mémorandum soviétique du 1er juillet 1968, rendue publique le 27 septembre suivant, reflète le dernier état de la pensée du Général en matière de désarmement et définit les principes dont s'est inspirée la diplomatie française jusqu'à son départ en avril 1969. La priorité est toujours accordée au désarmement nucléaire, mais on souligne que la sécurité mondiale implique un parallélisme entre le désarmement nucléaire et la réduction équilibrée des armes de type classique. En outre, les négociations ne sauraient aboutir que s'il y a au départ une volonté commune d'accepter un contrôle strict sur l'exécution des décisions prises. Enfin, tout progrès vers un désarmement réel ne peut se concevoir sans une égale volonté de tous les États de promouvoir une véritable détente et de trouver une solution rapide aux conflits en cours ou qui menacent d'éclater. Cette dernière considération a été déterminante quant aux orientations futures des négociations sur le désarmement en Europe, puisque c'est l'idée gaullienne d'une zone s'étendant de l'Atlantique à l'Oural qui sera retenue pour la mise en œuvre du traité sur la réduction des forces conventionnelles en Europe signé à Paris, le 19 novembre 1990. Jean Klein

• *Voir aussi* : Bombe atomique ; Guerre ; Militaires (lois de programme) ; Nucléaire(s) ; Politique étrangère

Bibl. : Jean Klein, « Désarmement ou *arms control* : la position française sous la Ve République », *Études internationales*, vol. III, n° 3, septembre 1972, p. 356-389 • Université de Franche-Comté et Institut Charles-de-Gaulle, *L'Aventure de la bombe. De Gaulle et la dissuasion nucléaire 1958-1969*, Paris, Plon, 1985 • « Le général de Gaulle et la politique de défense », *Espoir*, n° 93, septembre 1993.

DESSINS ET CARICATURES. – L'iconographie gaullienne s'articule autour de plusieurs axes récurrents apparus dès la « naissance médiatique » du Général, au début des années 1940. Le début de cette décennie est marqué par un antigaullisme âpre mais pluriel. Si le Général est moins présent dans les dessins des années 1950, il devient une référence inlassablement sollicitée au cours des années 1960, tandis qu'une nouvelle génération de dessinateurs dresse avec ironie la chronique d'une décennie riche en événements. Devenu président, de Gaulle imprègne la vie politique française. Ainsi, pendant près de trente ans, les dessinateurs de presse ont-ils contribué à forger une véritable mythologie gaullienne.

Du « Général Micro » à l'homme de pouvoir. Les premiers dessins sur Charles de Gaulle datent du début des années 1940. Se met alors progressivement en place une iconographie fondamentalement antigaulliste nourrie des réactions au défi fondateur que représente l'appel du 18 juin 1940. Très vite, les dessinateurs attaquent un « Général Micro » dont le visage apparaît pour la première fois en novembre 1941 sur une affiche antisémite illustrée par Franchot et réalisée pour l'Institut d'études des questions juives dirigé par Sézille. La puissance du verbe gaullien, son éloquence et son lyrisme resteront des motifs courants des caricatures. De Gaulle est l'homme de l'appel et le gaullisme saura s'approprier par la suite ce mythe fondateur. Pour l'heure, l'utilisation du motif radiophonique par la presse collaborationniste révèle aussi des enjeux politiques et stratégiques : il s'agit de discréditer le Général en le montrant isolé, éloigné des Français, à la solde des Anglais, personnifiant une « anti-France » qui menace l'unité de l'État si chère à Vichy. L'expédition de Dakar en septembre 1940 puis la campagne de Syrie en juin 1941 permettent aux caricaturistes de diffuser l'image d'un gaullisme meurtrier travaillant au profit des Britanniques : de Gaulle fait verser le sang français sur ordre de la Grande-Bretagne. Un dessin paru le 12 juin 1941 dans *La Gerbe* montre John Bull et de Gaulle tenant tous les deux un poignard au-dessus de tombes ; la légende signale : « L'or anglais, c'est le sang des autres. » Le thème du bradeur d'empire, stipendié par la Grande-Bretagne, devient vite un poncif : toujours dans *La Gerbe,* le 7 mai 1942, le caricaturiste Charlet met en scène le Général à côté d'un coffre-fort rempli de livres sterling lisant la liste des colonies françaises « passées à la dissidence », c'est-à-dire vendues à la Grande-Bretagne. Quinze ans plus tard, le contexte de la guerre d'Algérie permettra de décliner à nouveau ce thème : pour certains partisans de l'Algérie française, anciens sympathisants de Pétain, de Gaulle sape les fondements de l'empire et brade l'Algérie.

Pour la presse de la collaboration, le micro de Radio-Londres, voix de l'étranger, permet donc d'exploiter le motif du chef d'une « anti-France » dominée par les intérêts des trusts et du capitalisme juifs. Les dessins qui composent ce corpus sont répétitifs et réducteurs : derrière le micro, point central des compositions, s'agitent frénétiquement des Juifs, reconnaissables par leur physionomie et l'étoile de David. Ils encerclent le Général, homme sans visage ni patrie. Cette image d'un de Gaulle « enjuivé » est teintée de connotations économiques, politiques, raciales, alors que l'antisémitisme devient une des bases légales du régime avec les Statuts d'octobre 1940 et juin 1941. Ainsi dans *Le Cri du peuple*, le 11 mai 1941, une caricature montre-t-elle un Français libre déclarant devant le micro de la BBC : « Auchourt'hui, 11 mai, nous allons zélébrer notre crante zainte nazionale, Cheanne t'Arc. » Cette iconographie abonde à la fin de l'année 1941 puis en 1943-1944 ; il s'agit de contester la légitimité de la France libre au moment où le Général et la Résistance gagnent en crédibilité et que l'Axe subit des échecs répétés. Philosémite, vendu aux Anglais, le Général concentre les visages de l'ennemi.

À partir de 1943, il devient pour la presse de Vichy le jouet du communisme. Dans *Le Franciste*, une caricature montre un communiste disant à un camarade : « T'en fais pas, les bourgeois gaullistes sont avec nous. » Charlet, dans *La Gerbe*, développe l'image d'un de Gaulle sympathisant avec « l'homme au couteau entre les dents » ou contribuant aux ravages d'une brute bolchevique. Cette iconographie est l'occasion de ridiculiser de Gaulle en jouant du contraste entre son dandysme et la bestialité des chefs communistes. À partir de 1943, toujours, l'antagonisme entre les généraux Giraud et de Gaulle offre une nouvelle occasion de rabaisser les ambitions du gaullisme : les caricaturistes donnent le spectacle d'une ridicule querelle de généraux. Bogislas, dans un dessin paru le 14 août 1943 dans *Révolution nationale*, raille les chamailleries des deux officiers félons sous l'œil narquois des dirigeants russe, britannique et américain.

Malgré la pluralité de cette iconographie, de Gaulle reste un personnage marginal, cantonné aux dessins collaborationnistes qui l'attaquent désormais nommément. Pour nombre de Français, il n'est qu'une voix lointaine, dont la figure reste peu individualisée. Autre fait remarquable, on note une réelle ignorance de sa physionomie. Les caricaturistes ne s'entendent pas sur son grade : est-il général de brigade ou de division comme le suggère le dessinateur du *Pilori*, Mosdyc, qui lui attribue trois étoiles ? Ils exploitent l'ignorance des lecteurs qui ne connaissent de lui que son intonation grave et emphatique ; à l'instar de Ralph Soupault, le 4 octobre 1941 dans *Je suis partout*, ils donnent l'image d'un fringant officier issu de l'aristocratie, maniéré et fat, symbole d'une France décadente, qui ne peut incarner les valeurs de la « Révolution nationale ». Plus tard, son titre militaire et son nom à particule seront également exploités, pendant la guerre froide, par la presse communiste qui fera du Général un réactionnaire capitaliste défavorable aux intérêts des Français. Pour les communistes, cet antigaullisme axiologique se placera dans le cadre d'une traditionnelle lutte des classes, le gaullisme représentant un pilier de la réaction bourgeoise. Il sera d'autant plus fort qu'il s'intégrera dans une lutte pour la mémoire de la Résistance, le Parti communiste français se présentant comme le porte-parole légitime de la Résistance intérieure.

À partir de 1947, le chef fondateur du RPF est incorporé par le PCF dans la mémoire noire de l'Occupation. En luttant contre un gaullisme « fascisé », le parti poursuit la lutte contre les ligues des années 1930 et contre Vichy. Apprenti dictateur, de Gaulle est assimilé à des personnages historiques marqués d'une forte empreinte négative : le colonel de La Rocque, Pétain ou Hitler. Dans les dessins, la croix de Lorraine est mise en parallèle avec la croix gammée. Chabrol, le 19 février 1945 dans *France nouvelle*, rend compte de cette assimilation : la silhouette du Général, vêtu du drapeau américain, est incluse dans une croix de Lorraine dont les deux branches inférieures sont remplacées par les profils de Pétain et Mussolini. De tels parallèles pèsent lourd : en mai 1968, Willem représentera encore, à la une de *L'Enragé*, un Général trop vieux qui ne tient debout qu'appuyé sur des béquilles en forme de S tandis que les jeunes révolutionnaires scandent « CRS = SS ».

Le retour au pouvoir du Général, en mai 1958, inaugure une période féconde pour les dessinateurs de presse. L'homme providentiel revenu aux affaires va d'abord figurer, sous leur crayon mordant, comme le père de la nation, le législateur qui donne une Constitution à la France et façonne le pays. L'apparition du couple Marianne-de Gaulle illustre la nouvelle ère. République faite femme, Marianne symbolise l'attachement moral aux institutions auprès d'un de Gaulle partisan d'un exécutif fort. Enfant pure et innocente, Marianne reçoit les conseils avisés d'un père bienveillant. Sous le crayon des thuriféraires du Général, cette présence féminine vise à élargir le soutien populaire au nouveau régime. À l'instar de la croix de Lorraine, de la figure de Jeanne d'Arc, également associée au Général, elle éveille des réminiscences historiques et légitime le nouveau pouvoir. De Gaulle entre ainsi au panthéon des héros populaires français. Mais pour d'autres dessinateurs hostiles comme Siné ou Jean Effel, Marianne évoque la figure rebelle de la Vierge rouge du XIXe siècle, violée ou infantilisée par les hommes de pouvoir. Ces images entrent en résonance avec un contexte politique troublé : la guerre d'Algérie, la crise de mai 1968, puis une contestation de plus en plus vive du régime gaulliste.

La guerre d'Algérie marque une rupture dans une iconographie qui, jusque-là, avait évité la calomnie. Le couple formé par le président et Marianne disparaît à mesure que se multiplient les références au pouvoir oppressif de l'armée. Siné est l'un des plus virulents mais les dessinateurs français ne sont pas les seuls à dénoncer l'absurdité de cette guerre. Le caricaturiste allemand Lang propose en 1959 une composition intitulée « Une année algérienne sans fin » qui parodie Napoléon Bonaparte au pont d'Arcole peint par David. Si la première vignette reprend la pose glorieuse du jeune militaire portant fièrement l'étendard, la seconde met en scène de Gaulle au milieu du désert, drapeau en berne, face à un crâne. Les caricatures reflètent l'éventail des différentes tendances qui partagent alors l'opinion.

L'homme de pouvoir dans le jeu politique international. Chef d'État déterminé, de Gaulle n'a laissé personne indifférent.

Durant les années 1960, les occasions furent nombreuses où le président souligna le rôle à part qu'il entendait faire jouer à la France dans le jeu politique international. Cette vision va être un motif fréquent de raillerie, tout comme la très grande estime qu'il avait de lui-même et de sa fonction.

Certains dénoncent d'abord la militarisation excessive du régime, le contrôle de l'information. L'armée est fréquemment associée à la figure et à l'action du président que, très tôt, les dessinateurs du *Canard enchaîné* comparent à un dictateur, lui faisant prendre les traits de Franco, Salazar ou Hitler. Les dessins des années 1960 puisent dans un corpus iconographique né après le discours de Bayeux et la fondation du RPF ; ils accompagnent la montée en puissance d'un nouvel antigaullisme en dénonçant une similitude entre les principes gaulliens et le bonapartisme. Ils usent de comparaisons historiques volontairement outrageantes : de Gaulle est placé dans le panthéon maudit de la mémoire républicaine qui ranime les vieux fantômes des pères de la IIIe République. Pour des hommes encore éduqués dans le souvenir du second Empire, le référendum rappelle le plébiscite prisé par Napoléon III et la lecture de la nouvelle Constitution est perçue par beaucoup comme une dérive monarchique. Si la comparaison avec l'homme du 2 décembre 1851 est la plus fréquente, l'assimilation avec le général Boulanger devient aussi un classique. Et comme la Constitution de 1958 renforce les pouvoirs du président de la République, celui-ci devient la cible préférée des dessinateurs, à la place des chefs de parti.

Le président s'attire toutes les flèches. Il est gratifié d'une généalogie touffue, passant par Jules César, Jeanne d'Arc, Louis XIV, Napoléon, le père Ubu, etc. Série créée au *Canard enchaîné* le 21 novembre 1960 par André Ribaud et Moisan, « La Cour » stigmatise le pouvoir personnel du Général et impose l'image d'un Bourbon souverain. En avril 1962, Moisan installe dans les intérieurs d'un salon versaillais de Gaulle et Paul Reynaud, ce dernier symbole d'une classe politique issue de la IIIe et de la IVe République qui accepte mal la prééminence présidentielle. « Parlons net, monsieur Paul Reynaud, qu'est-ce qui vous permet de dire que la France est gouvernée par un roi ? » interroge de Gaulle, assis sur un trône trop petit pour lui. À l'étranger, le dessinateur américain David Levine le représente raide et impérieux, tel un menhir érigé en solitaire sur les falaises bretonnes. Dans d'autres compositions, il le figure comme un monarque ridicule, poudré, lecteur de Mademoiselle de Scudéry. Il symbolise alors une Histoire figée dans son glorieux passé.

Autre point de discorde : la politique extérieure et de défense du général de Gaulle. Le programme nucléaire a fourni à beaucoup de dessinateurs de presse de nouveaux motifs pour moquer le président français. L'explosion de la première bombe au Sahara est l'occasion d'une levée de boucliers dans la presse internationale. Le caricaturiste néerlandais Opland offre aux lecteurs le spectacle de « l'aurore française » : au lieu du glorieux chant du coq, un pitoyable gallinacé éructe laborieusement un champignon atomique. La construction de la Communauté économique européenne et le jeu de la France au sein de l'Union offrent un nouveau sujet aux dessinateurs. La vision gaulliste de l'Europe, les veto opposés à l'entrée de la Grande-Bretagne cristallisent les attaques. À la réplique de Harold Macmillan disant à propos du président français : « *He says Europe but he means France* » répond une caricature du dessinateur Abu où un de Gaulle jardinier arrose la fleur d'un « idéal européen » inspiré de sa propre vision de l'Europe : la petite pousse prend les traits du Général (*The Observer*, 20 janvier 1965). Les liens entre la France et l'Allemagne font l'objet de toutes les attentions. Une partie de la presse stigmatise ce rapprochement. Des caricatures montrent le Général face à un militaire nazi, à Montoire, allusion à la rencontre entre Pétain et Hitler. Chaque visite de Konrad Adenauer à Colombey-les-Deux-Églises sert de prétexte pour railler de Gaulle : dans une perception très manichéenne, il apparaît une nouvelle fois au service de l'étranger tandis que les chrétiens-démocrates sont assimilés aux partisans de Hitler. En 1967, à la suite de la conférence de presse dans laquelle de Gaulle évoque les relations israélo-arabes et qualifie les Juifs de « peuple d'élite, sûr de lui-même et dominateur », Tim réplique en montrant un déporté posant triomphalement le pied sur un barbelé de camp.

L'action de De Gaulle en direction du tiers-monde alimente d'autres thèmes. La chronique des multiples voyages du président est scrupuleusement commentée par les dessinateurs qui se rient des « petites phrases » prononcées lors de ses discours. Ces dessins expriment un état de l'opinion vis-à-vis de la vision gaullienne de la France dans le monde mais sont également l'occasion de réactiver l'image du libérateur.

Un homme symbole au cœur de l'Histoire. Les représentations de Charles de Gaulle dans la presse éclairent un pan important de sa personnalité et de la vie politique française puisque les Français ont été appelés à se positionner par rapport à lui. Présent sur la scène politique pendant un tiers de siècle, de Gaulle de son vivant a composé son rôle pour devenir un symbole fort de l'identité française. Son apparition en tant que personnage politique coïncide avec l'avènement des médias de masse : son mythe est né avec la radio et s'est confirmé avec la télévision. Quant aux dessinateurs de presse, ils ont souvent rebondi sur les interventions médiatiques d'un homme dont le discours regorgeait de figures de style et d'images se référant à des valeurs symboliques. Les dessinateurs se sont ainsi faits, bien malgré eux, les relais des mots prononcés par cet amateur de conférences de presse. Les emblèmes qui lui sont associés – de l'uniforme à la DS noire décapotable, de Colombey aux salons élyséens – sont des éléments indispensables à la construction de la légende gaullienne. À la mort du président, les dessinateurs revoient leurs thématiques mais, surtout, c'est l'image du pouvoir qui a changé. De Gaulle a inauguré une phase de personnification du pouvoir inédite et ses successeurs ne rempliront jamais la place qu'il occupa dans les dessins de presse pendant près de trente ans, dont onze passés à la tête de l'État. Ces dessins auront contribué à le rendre familier, plus proche des Français, et à mettre en lumière les séquences fortes de sa présidence ainsi que sa place dans l'histoire de France, la place de la France dans l'Histoire. Après sa mort, son absence dans les dessins de presse se fit d'autant plus remarquer qu'il avait été le sujet principal des caricaturistes, nous invitant ainsi à nous interroger sur l'héritage du gaullisme. Scylla MOREL

• *Voir aussi* : Antigaullistes ; Dessins outrés ; Presse

Bibl. : Christian Delporte, *Les Crayons de la propagande*, Paris, Éditions du CNRS, 1993 • Laurent Gervereau (dir.), *De de Gaulle à Mitterrand : 30 ans de dessins d'actualité en France*, Nanterre, Musée d'histoire contemporaine-BDIC, 1989 • Jean-Claude Simoën (textes et dessins réunis par), *De Gaulle à travers la caricature internationale*, Paris, Le Livre de Poche, 1973.

DESSINS OUTRÉS. – Les années 1960 voient se développer une forme de dessins hostiles au pouvoir d'une violence exceptionnelle, qui échappe au registre habituel du journalisme satirique. « Bal tragique à Colombey – 1 mort ». La une de l'hebdomadaire *Hara-Kiri* du 16 novembre 1970, en forme de faire-part de décès, entrechoque deux événements sur le mode de la provocation : la disparition du général de Gaulle et la tragédie du dancing de Saint-Laurent-du-Pont, qui a fait 125 morts. Le ministre de l'Intérieur, Raymond Marcellin, fait saisir le journal, aussitôt interdit : les Éditions du Square, société gérante de *Hara-Kiri*, répliquent en créant un supplément à leur mensuel : *Charlie*. Le premier numéro de *Charlie-Hebdo* paraît le 23 novembre, avec les signatures de ceux qui animaient *Hara-Kiri* : Georges Bernier (alias professeur Choron) son vrai créateur, François Cavanna, Delfeil de Ton, et l'équipe des dessinateurs, Cabu, Fournier, Gébé, Jean-Marc Reiser, Willem, Georges Wolinski. L'interdiction de *Hara-Kiri* clôt l'histoire de l'iconoclaste hebdomadaire « bête et méchant » (comme l'indique sa manchette), commencée le 4 février 1960 et ponctuée de poursuites pour outrage aux bonnes mœurs. *Hara-Kiri* n'est pas un journal politique mais une publication qui affirme chaque semaine son refus de « la France du Général » dominée, selon elle, par une morale rétrograde qui entrave les libertés. *Hara-Kiri* veut rejeter tous les tabous, à commencer par les tabous sexuels, s'en prend à l'Église, à l'armée, à la police, à la justice, aux institutions, cultivant un humour corrosif qui frappe et dérange. Une nouvelle génération de dessinateurs, lassée par le conformisme des caricatures de ses aînés, y forge ses premières armes.

Lancé en décembre 1962 par le dessinateur Siné, *Siné-Massacre*, avec, notamment, Paul Avoine et Jacques Cardon, reprend la tradition de *L'Assiette au beurre*, hebdomadaire anarchiste entièrement illustré du début du siècle. La couverture du nº 1 donne le ton : bouche largement ouverte, le Général s'apprête à avaler un boulet explosif dont la mèche est allumée. Au total, neuf numéros, interdits l'un après l'autre. En avril 1963, Siné renonce. Il récidive en 1968. Le 24 mai paraît *L'Enragé*. Sans texte, le journal accueille, outre Siné lui-même, principal contributeur, de jeunes maîtres du crayon comme Cardon, Loup, Roland Topor. La couverture du nº 2, en forme de faire-part frappé d'une croix de Lorraine, titre : « Crève Général ». Celle du numéro 4, signée Willem, figure de Gaulle en uniforme : amputé des deux jambes, il tente péniblement de se traîner, prenant appui sur des béquilles en « S », formant le sigle « SS ». À noter aussi le nº 3 du 10 juin 1968, consacré aux « gaullistes » avec, en couverture, des toilettes « à la turque » munies d'une bouche d'évacuation aux contours de croix de Lorraine. *L'Enragé*, d'une extrême virulence à l'égard de la police, du clergé, de l'armée, disparaît en novembre 1968, au bout de 12 numéros. Jamais depuis, même au temps du premier *Charlie-Hebdo* (1970-1981), le dessin hostile au pouvoir n'a atteint ce degré de violence. Christian DELPORTE

• *Voir aussi* : Antigaullistes ; Censure ; Dessins et caricatures ; Légende noire ; Orateur inumbrante vespera

DÉTENTE-ENTENTE-COOPÉRATION. – Lors d'un voyage à Moscou, le général de Gaulle déclarait le 20 juin 1966 : « [La France] voudrait que le charme malfaisant soit rompu et que, tout au moins pour ce qui la concerne, se déclenche avec les États européens dits "de l'Est" la mise en œuvre de rapports nouveaux visant à la détente, à l'entente et à la coopération. » Ce triptyque – détente, entente et coopération – s'inscrit dans le cadre d'une conception de la grandeur où la France apparaît hantée par le risque du déclin. Pour de Gaulle, il convient désormais de pérenniser la présence mondiale du pays autrement que par les moyens traditionnels de la puissance. Un tel dessein suppose de ne pas aliéner l'indépendance et la souveraineté de l'État, tout en maintenant son rang. Mais cet objectif ne peut se concevoir sans une remise en cause de l'ordre bipolaire – la guerre froide américano-soviétique – qui régit alors les relations internationales. Il y aurait là matière à accroître l'autorité morale de la France dans le monde, d'autant plus que de Gaulle propose une solution crédible : la mise en œuvre d'un multilatéralisme tous azimuts. Cette déclaration renvoie à son refus d'entériner la bipolarité à travers laquelle il conteste les « deux hégémonies » (16 avril 1964), convenues « entre les deux grands rivaux » (28 octobre 1966) qui entravent la diplomatie française. Il déplore que les autres États aient pour seul horizon le choix entre « l'obédience soviétique et l'hégémonie américaine » (9 février 1967). Dans cette vision gaullienne d'une troisième voie favorable aux non-alignés, les relations entre les deux superpuissances ne devraient pas contraindre le système international. La France devrait empêcher toute confrontation entre les États-Unis et l'URSS, comme elle devrait prévenir la formation d'un condominium américano-soviétique qui s'exercerait nécessairement au détriment des Européens. À cet effet, il exalte le principe d'indépendance nationale qui doit prévaloir, à l'Est comme à l'Ouest.

Le refus des blocs. S'agissant du bloc occidental, de Gaulle refuse toute intégration atlantique et sa politique de franc-tireur se traduit par une contestation, souvent frontale, de la suprématie américaine. Au plan militaire, il initie une force de frappe indépendante (1960) car il estime que la doctrine américaine de la riposte graduée qui prévaut au sein de l'OTAN n'est pas conforme aux intérêts français et européens. Il souligne combien, dans cette organisation « complexe et pléthorique », les Américains assurent les commandements les plus importants (sept sur treize), tandis que la France n'en assume qu'un seul. Or, comme la sécurité fait partie intégrante de l'identité nationale et de la légitimation du pouvoir d'État, « il faut que la défense de la France soit française ».

En mars 1966, la France se retire donc de l'OTAN, tout en restant membre de l'Alliance atlantique. Elle affiche son désaccord avec les États-Unis, ce qui renforce sa crédibilité auprès de l'Union soviétique ; le but étant de démontrer aux autres nations qu'elle s'affranchit du partage du monde décidé à Yalta. De même, en juin 1966, manifeste-t-elle de plus en plus ouvertement sa condamnation de la politique américaine au Vietnam comme elle l'avait auparavant désapprouvée au Congo. De Gaulle critique la politique américaine fondée sur le *containment* (endiguement) et le *roll-back* (refoulement) du communisme, qui, en Europe, emprunte les formes d'un carcan diplomatico-stratégique. Le seul moyen de régler le problème de la sécurité de ce continent serait de mettre un terme à sa division. Un tel projet passe par un développement et un renforcement des relations bilatérales entre tous les États « de l'Atlantique à l'Oural ». Ainsi, pour obtenir la réunification de l'Allemagne, préconise-t-il la recherche d'une solution politique par un dialogue avec l'Est, plutôt que le renforcement militaire et politique du camp occidental. En d'autres termes, il invite à dépasser l'affrontement Est-Ouest et la « menace soviétique », même s'il ne cesse de rappeler l'existence d'un « système totalitaire » dans « l'empire soviétique ». Cette orientation diplomatique lui paraît alors pertinente car l'URSS, compte tenu de sa rivalité avec la Chine – reconnue par de Gaulle dès 1964 –, sera conduite à resserrer ses liens avec l'Europe occidentale, à condition que cette dernière ne soit pas inféodée aux États-Unis.

Cette analyse rencontre un écho favorable aussi bien en Europe de l'Est qu'en Union soviétique. Dès 1964, la France multiplie les accords de coopération technique et culturelle avec l'URSS. Les visites mutuelles de haut rang se succèdent de 1964 à 1966. Enfin, les deux pays témoignent de vues convergentes sur nombre de dossiers : l'application des accords de Genève (1954) pour mettre fin à la guerre du Vietnam, la neutralisation du Cambodge et du Laos ou encore la nécessité de modifier la politique des Nations unies pour que cette organisation exprime mieux à l'avenir les intérêts de tous les membres du Conseil de sécurité. Est ainsi clairement remis en question le droit des États-Unis à se substituer à leurs alliés dans leurs relations avec l'autre superpuissance.

De Gaulle privilégie les échanges d'État à État, à rebours de la diplomatie de bloc à bloc. Partout, il façonne l'image d'une France appelée à jouer un rôle mondial unique, d'une France en mesure d'éroder la domination des deux Grands. En montrant la spécificité de l'intérêt national français, il pense pouvoir encourager les autres États à affirmer le leur. Par la méthode intergouvernementale et le renforcement des liens bilatéraux, il ambitionne d'édifier un multilatéralisme archétypal. Cette configuration inédite pourrait servir ensuite de référence aux autres États européens, mais aussi à ceux de l'Amérique latine, de l'Asie du Sud-Est ainsi qu'aux pays arabes.

Un nouveau dessein pour l'Europe. Sur le continent européen, il entend faire contrepoids aux deux superpuissances en agrégeant progressivement tous les États afin que puisse se construire une Europe qui transcenderait le clivage Est-Ouest. Il plaide donc pour une « Europe rassemblée », une « Europe unie », une « Europe européenne » (23 juillet 1964), « autrement dit indépendante, puissante et influente au sein du monde de la liberté » (22 novembre 1964). Naturellement, cette diplomatie suppose d'encourager le polycentrisme à l'intérieur même du bloc soviétique. Pour desserrer l'emprise de

Moscou sur son glacis européen, il multiplie par conséquent les accords bilatéraux et développe les échanges commerciaux avec les pays de l'Est. Pour ce faire, son ministre des Affaires étrangères, Maurice Couve de Murville, effectue avec succès une tournée dans leurs capitales. Seules l'Albanie et la République démocratique allemande ne participent pas à ce mouvement. Promoteur d'une « politique des mains libres », de Gaulle travaille au dégel des démocraties populaires en pratiquant une diplomatie personnelle et directe. Au cours de ses visites, il se pose en chef charismatique prônant inlassablement l'indépendance nationale de toutes les nations. Dès le 28 octobre 1966, il précise : « Nul n'ignore [...] que nous sommes en train de renouveler profondément et positivement nos rapports avec la Pologne, la Roumanie, la Yougoslavie, la Tchécoslovaquie, la Bulgarie, la Hongrie. Entre tous ces peuples et le nôtre, aujourd'hui, la guerre froide apparaît comme dérisoire tandis que s'organise une grandissante et amicale coopération. » En septembre 1967, il se rend en Pologne puis en Roumanie où il plaide en 1968 pour « l'union de l'Europe » et la rupture des blocs. Ce dernier pays se montre le plus réceptif. Il existe en effet de fortes similitudes entre la France et la Roumanie car toutes deux cherchent alors à conquérir une plus grande autonomie à l'intérieur de leurs alliances respectives.

La mission de la France telle que le Général la conçoit consiste à offrir un grand dessein pour l'Europe qui imposerait son leadership sans infliger sa domination. Cette prétention à faire de la France le moteur politique de la CEE, voire de l'Europe tout entière, définit alors sa diplomatie. Qu'est-elle advenue après son départ ? Alors qu'il est encore au pouvoir, le coup de Prague (1968) semble sonner comme un désaveu. Inébranlable, de Gaulle déclare pourtant le 9 septembre 1968 que « l'évolution se poursuivra inéluctablement ». Mais en définitive, c'est l'Ostpolitk de Willy Brandt qui prendra le relais du triptyque « détente, entente, coopération ». Pour autant, les successeurs du président continueront d'appliquer cette ligne, moyennant quelques reformulations partielles, tandis que la détente empruntera une autre voie – celle de la perestroïka et de la glasnost – avant l'implosion et la disparition du bloc soviétique. Si la fin de la guerre froide a perturbé la diplomatie française, l'orientation multilatérale constitue plus que jamais sa caractéristique majeure. Elle reflète toujours le souci d'équilibrer l'*hegemon* américain et de se poser en puissance globale. Encore aujourd'hui, la France œuvre à la défense d'un multilatéralisme gaullien. Josepha LAROCHE

• *Voir aussi* : Coopération ; Europe ; Grandeur et rang ; Politique étrangère ; Relations internationales

Bibl. : Philip G. Cerny, *Une politique de grandeur : aspects idéologiques de la politique extérieure de De Gaulle*, Paris, Flammarion, 1980 • Edmond Jouve, *Le Général de Gaulle et la construction de l'Europe (1940-1966)*, Paris, LGDJ, 1967 • Maurice Vaïsse, *La Grandeur, politique étrangère du général de Gaulle*, Paris, Fayard, 1998.

DÉVALUATION. – *Voir* ÉCONOMIE ET FINANCES ; FRANC ; NOUVEAU FRANC.

DFL (1re). – *Voir* DIVISION FRANÇAISE LIBRE.

DIENESCH, Marie-Madeleine (1914-1998). – « J'aime la bataille, mais plus encore convaincre. » Cette phrase de Marie-Madeleine Dienesch, résume la personnalité de cette femme politique, née au Caire, issue de la démocratie chrétienne, qui fut députée de 1945 à 1978 sans interruption et qui exerça des fonctions ministérielles du fait de son ralliement au général de Gaulle en 1958. Agrégée de lettres, professeur au collège de jeunes filles de Saint-Brieuc pendant l'Occupation, Marie-Madeleine Dienesch participe à la Résistance au sein du mouvement Libération-Nord. Bien qu'elle ait appartenu au Parti démocrate populaire et milité à la CFTC avant la guerre, sa carrière politique ne commence véritablement qu'en 1945 dans les rangs du Mouvement républicain populaire (MRP). Elle est, sous la IVe République, l'inexpugnable députée MRP des Côtes-du-Nord, et la première femme secrétaire du bureau de l'Assemblée

(1945). Fondatrice du Syndicat général de l'Éducation nationale dans ce même département, elle se spécialise au Palais-Bourbon dans les questions relatives à l'enseignement. Elle est membre du comité directeur du MRP jusqu'en 1958.

En juin 1958, elle vote l'investiture du général de Gaulle. Elle conserve son mandat de députée sous la Vᵉ République et exerce les fonctions de vice-président de l'Assemblée en 1958-1959. Elle est également la première femme à présider la commission des Affaires culturelles, familiales et sociales en 1967-1968. En 1965, elle refuse de soutenir le candidat du Centre démocrate, Jean Lecanuet, à l'élection présidentielle, lui préférant de Gaulle, comme Maurice Schumann et une dizaine de députés démocrates-chrétiens. En 1967, elle fonde avec ces derniers le groupement des démocrates Cinquième se réclamant d'un certain gaullisme social. Elle le préside pendant dix ans (1967-1976). Elle rompt alors définitivement avec le Centre démocrate et rejoint le groupe de l'Union des démocrates pour la République (UDR) en 1968. Son expérience et son gaullisme, « irréprochable » selon Michel Debré dans ses *Mémoires*, expliquent sa nomination au poste de secrétaire d'État à l'Éducation nationale dans le quatrième gouvernement Pompidou, le 31 mai 1968. Elle conserve le titre de secrétaire d'État pendant six ans, de mai 1968 à mai 1974, successivement chargée des Affaires sociales dans le gouvernement Couve de Murville (1968-1969), de l'Action sociale et de la Réadaptation dans le cabinet Chaban-Delmas (1969-1972), puis secrétaire d'État auprès du ministre de la Santé publique et de la Sécurité sociale dans les cabinets de Pierre Messmer (1972-1974). Sa longévité ministérielle tient sans doute à cette remarque de Pompidou : « Au moins, avec Dienesch, on n'a pas d'histoire. » Mais sa carrière ne s'achève pas avec la fin de ses responsabilités gouvernementales, puisqu'elle est élue aux législatives de 1973 et de 1978 et qu'elle s'apparente au groupe RPR. De 1975 à 1978, elle est ambassadeur au Luxembourg, avant d'être élue députée européenne en 1979. Elle quitte la vie politique en 1981. Sabrina HUBAC

• *Voir aussi* : Centristes ; CFTC ; MRP ; Sociale (politique) ; UD Vᵉ ; UDR

Bibl. : Christian Bougeard, « Marie-Madeleine Dienesch : une carrière politique féminine méconnue », *Clio, Histoires, Femmes et Sociétés*, nᵒ 8, 1998, p. 235-249.

DIETHELM, André (1896-1954). – Né à Bourg-en-Bresse d'une famille alsacienne qui a choisi la France en 1871, André Diethelm est reçu à l'École normale supérieure (section lettres) en juin 1914. Après la Grande Guerre qu'il termine comme capitaine, il entre en 1920 à l'inspection des Finances. Il effectue de délicates missions extérieures à Belgrade et en Indochine, puis dirige les services financiers des usines Renault, avant d'officier dans les assurances, à l'Urbaine. En 1938, le nouveau ministre des Colonies, Georges Mandel, le choisit comme directeur de cabinet. À l'instar de son patron, Diethelm prône la fermeté à l'égard de l'Allemagne nazie. La défaite, vécue au cœur du pouvoir entre Paris et Bordeaux, l'ulcère.

C'est au cours d'une entrevue nocturne et secrète avec Mandel, le 13 juin 1940, qu'il rencontre pour la première fois le général de Gaulle. Cet ancien combattant de 14-18, couvert de citations, ne se résigne pas à l'occupation allemande. Grâce à d'anciens camarades de promotion de l'Inspection, il se fait nommer par Vichy à Lisbonne à la tête d'une mission financière. De là, il rejoint de Gaulle à Londres en août 1941. Fin septembre, il est nommé commissaire national à l'Intérieur, à l'Information et au Travail au sein du nouveau Comité national français. À ce titre, il s'occupe du volet politique de l'action clandestine en France. Bon organisateur, discret, et fidèle à toute épreuve, notamment dans l'affaire Muselier, il gagne rapidement la confiance du Général. Mais ce grand commis n'est pas assez « politique » et doit par ailleurs compter avec le Bureau central de renseignements et d'action du colonel *Passy*. En juillet 1942, il est remplacé par le socialiste André Philip. Il dirige alors le commissariat aux Finances puis le commissariat à la Production et au Commerce. Dans la lutte pour le pouvoir entre Giraud et de Gaulle, il apporte un soutien indéfectible au chef de la France libre.

En avril 1944, le Général lui confie le commissariat (bientôt ministère) de la Guerre. Sa mission consiste à réorganiser l'armée de terre afin qu'elle prenne part aux combats de la Libération. À partir d'août, il effectue de nombreux voyages en province, le plus souvent aux côtés du Général, afin d'asseoir le rétablissement de la légalité républicaine. Il doit, en outre, faire face au délicat problème de l'intégration des FFI. Il participe ensuite à l'élaboration de la nouvelle armée française voulue par de Gaulle.

Député des Vosges à la première Constituante, Diethelm ne se représente pas en juin 1946 par fidélité au Général, qui fait appel à lui lorsqu'il lance le Rassemblement du peuple français au printemps 1947. Membre de son conseil de direction, il en devient une des principales figures, entamant une carrière parlementaire sous la bannière gaulliste. En juillet 1953, gravement malade, il doit se retirer de la vie politique au moment où il est mis en cause dans l'affaire du trafic de piastres. La commission d'enquête parlementaire établit finalement qu'il n'a pas transféré de piastres pour son compte personnel mais seulement pour son parti.

Le 14 janvier 1954, ses obsèques sont célébrées en la chapelle Saint-Louis des Invalides. La veille, de Gaulle, vêtu de son uniforme, fait rarissime à l'époque, était revenu spécialement de Colombey pour saluer une dernière fois son ancien compagnon. Frédéric TURPIN

• *Voir aussi* : Hauts fonctionnaires

Bibl. : Frédéric Turpin, *André Diethelm (1896-1954) : de Georges Mandel à Charles de Gaulle*, Paris, Les Indes savantes, 2004.

DIPLOMATES (1958-1969). – Dans l'histoire de la diplomatie française, le général de Gaulle symbolise tout à la fois celui qui a mis un terme à la suprématie du Quai d'Orsay dans la conduite de la politique étrangère et le président de la Ve République qui a témoigné le plus de respect pour la fonction de diplomate. Sous la IIIe République, le secrétaire général du ministère des Affaires étrangères était un responsable de tout premier plan. Des personnages tels que Philippe Berthelot et Alexis Léger ne se contentaient pas de diriger leur administration. Ils inspiraient, pour le meilleur ou pour le pire, la politique étrangère de la France. La IVe République a, en partie, perpétué cet état de fait. Avec le retour de De Gaulle au pouvoir, en 1958, les diplomates sont mis au service direct d'un pouvoir politique porteur d'une vision du monde et d'un projet politique personnels. De Gaulle orchestre lui-même la politique étrangère, secondé par un brillant interprète, Maurice Couve de Murville. Il prend toutes les grandes décisions qui marqueront la politique étrangère et de défense de sa présidence. Le ministre lui-même est choisi non plus en fonction de calculs politiques reflétant les équilibres entre grands partis politiques, mais pour ses liens d'allégeance personnelle avec le président.

Mais le fondateur de la Ve République ne peut être considéré comme la seule source de ce bouleversement. Son arrivée au pouvoir coïncide avec la multiplication des ministères techniques qui développent leurs propres services internationaux et conduisent leur politique étrangère sans toujours se soucier de l'avis du Quai d'Orsay. Se met ainsi en place, dans certains domaines, une « diplomatie sans diplomates ». Nombre de délégations françaises à des conférences internationales ne comprennent aucun représentant du ministère des Affaires étrangères. La concurrence sévère des médias dans la collecte de l'information amoindrit également le rôle exclusif que jouaient les ambassades dans ce domaine.

Ce tableau doit pourtant être nuancé. Même amoindris, les diplomates restent des auxiliaires indispensables. Le transfert du centre de gravité du pouvoir du « Quai » à l'Élysée n'efface pas le ministre ni son administration. Le ministère des Affaires étrangères reste un des principaux instruments de préparation et de mise en œuvre de la politique étrangère. Il est le seul capable d'avoir une vision transversale des enjeux internationaux, d'y réfléchir en termes globaux. Les rôles d'information et d'évaluation qui étaient ceux des ambassades ont changé de nature mais ils ne sont pas pour autant dévalués. Un gouvernement ne peut réagir sur la foi d'une simple dépêche d'agence. Il lui faut la confirmation de son représentant, assortie d'analyses et de recommandations opérationnelles. Enfin, dans les pays où la liberté de la presse est limitée, voire inexistante, le poste diplomatique joue un rôle d'information quasi exclusif.

De Gaulle a réduit le rôle du ministère des Affaires étrangères mais en même temps il fut, de tous les présidents de la Ve République, celui qui a fait de son ministre le meilleur usage, celui d'un collaborateur privilégié, investi d'une autorité considérable, informé de tout et notamment des échanges personnels du président avec les autres chefs d'État ou de gouvernements. De Gaulle manifeste une considération aux ambassadeurs qu'aucun de ses successeurs ne leur témoignera jamais. Il les reçoit avant leur départ en poste et leur donne ses instructions. L'ambassadeur devient l'émissaire personnel du président, investi d'une charge qu'il a reçue de la plus haute autorité de l'État. Samy COHEN

• *Voir aussi* : Cérémonies et diplomatie ; Hauts fonctionnaires (1958-1969) ; Politique étrangère ; Traités

Bibl. : Jean Baillou, *Les Affaires étrangères et le corps diplomatique*, Paris, Éditions du CNRS, 1984 • Samy Cohen (dir.), *Les Diplomates. Négocier dans un monde chaotique*, Paris, Autrement, 2002 • François Seydoux de Clausonne, *Le Métier de diplomate*, Paris, France-Empire, 1980.

DIPLOMATIQUE (style). – L'existence d'un style diplomatique propre au général de Gaulle ne fait guère de doute. Il a si bien marqué les esprits qu'il est aujourd'hui ce qui subsiste de plus vivant d'une politique dont les ressorts et les péripéties commencent à se fondre dans les lointains du passé. Il a suffi, par exemple, qu'en retentisse comme un écho dans les accents d'un discours au Conseil de sécurité de l'ONU pour que chacun, aussitôt, le reconnaisse. Cela ne veut pas dire qu'à l'époque, ni depuis, il ait été unanimement apprécié. Au contraire, il n'a cessé d'être loué par les uns et dénigré par les autres. Mais, alors que certains ont admiré le style et blâmé le contenu de la politique du Général, d'autres, à l'inverse, ne lui ont donné raison sur le fond que pour mieux lui donner tort sur la forme. Dommage, disent les premiers, que de Gaulle ait mis tant de panache au service d'une vision dépassée de l'Histoire. Dommage, accusent les seconds, qu'ayant si souvent vu juste il ait tout gâché par son arrogance : que n'a-t-il été moins intransigeant, moins abrupt, moins cassant ! Avec moins d'éclat et plus de modestie, sa diplomatie n'eût été que plus efficace. Sans doute ne faut-il pas être dupe de ces jugements faussement équilibrés. Cette dichotomie de la forme et du fond n'est souvent qu'un hypocrite alibi. Il n'en reste pas moins que la distinction entre style et substance est bien réelle chez de Gaulle. Il n'y a qu'un style diplomatique du Général, mais il n'y a pas qu'une politique. Au minimum, il faut en compter deux. Jusqu'en 1963, le Général inscrit sa politique dans le cadre européen et atlantique de l'affrontement Est-Ouest. Après cette date, l'hypothèque algérienne étant levée, il vise à surmonter l'opposition des blocs et à élargir les horizons de son action aux dimensions de la planète. La première période tourne autour de l'axe franco-allemand, la seconde est planétaire. La politique change de direction, non de style. Voilà qui autorise à traiter de ce dernier comme d'un sujet distinct.

Parler franchement. La première chose qui frappe dans le style du Général, c'est la franchise. Les diplomaties, à l'ordinaire, parce qu'elles craignent le démenti de l'événement ou la contradiction des opposants, préfèrent s'envelopper de vague et s'environnent de précautions. Elles avancent masquées d'hypocrisie ou de prudence. Rien de tel chez le Général. Ses résolutions une fois prises s'expriment dans un langage direct d'où le flou, les à-peu-près, les circonlocutions sont exclus. S'il dit oui, comme à Dean Acheson venu lui montrer les clichés des missiles soviétiques installés à Cuba, c'est sans marchandage ni restrictions mentales. Et s'il dit non, comme souvent, c'est sans ambages et sans équivoque. Qu'il s'agisse d'opposer son veto à la candidature anglaise à intégrer le Marché commun, de récuser la force nucléaire multilatérale proposée par Kennedy ou de refuser le chantage de nos partenaires à propos du règlement financier de la Politique agricole commune (PAC), sont toujours frappantes la vigueur et la netteté du trait. Ce qui donne au verbe du Général son relief anguleux, ce qui le fait retentir en coups de tonnerre (« Vive le Québec libre ! », discours de Phnom Penh), ce pour quoi il a souvent fait scandale, c'est qu'il ignore les frilosités feutrées auxquelles les médiocres voudraient réduire le langage de la diplomatie. De Gaulle est aussi insensible aux menaces qu'aux pressions du conformisme ambiant. Il ose dire ce que les autres préfèrent penser tout bas, et mettre sur la place publique ce qu'on aime mieux chuchoter derrière les portes capitonnées des chancelleries.

Il répugne aux grossièretés du mensonge et les petites tromperies lui font horreur. Ce qu'il proclame en public, il l'a, depuis longtemps, confié en privé à ses interlocuteurs. Ainsi en est-il de sa résolution de retirer la France de l'intégration atlantique, ou de sa conviction que l'Amérique devrait quitter le Vietnam, ou encore de son intention de reconnaître la Chine de Mao. Ce n'est pas qu'il hésite à jouer de la surprise ; mais s'il en joue, c'est moins à coups de dissimulations qu'à force de dire ce qu'il pense et de faire ce qu'il dit. Si de Gaulle dédaigne la ruse, ce n'est pas pour verser dans le cynisme de ceux qui ne parlent qu'armés de gros bâtons. Certes, il a doté la France de l'arme nucléaire, mais force est de constater que, tout général qu'il était, il n'a que bien peu fait parler la poudre. En dehors de l'affaire algérienne, il n'a fait ouvrir le feu qu'une fois à Bizerte attaquée par les Tunisiens. Partout ailleurs, il a eu recours aux moyens de la politique et n'a voulu tirer sa force que du droit et de la négociation. Délaissant ultimatum et diktat, il n'a pas cherché à imposer à d'autres sa volonté, mais s'est évertué à éviter de subir celle des autres. Toujours, il a veillé à rester dans les limites de son bon droit et à n'exiger des autres que ce à quoi il était prêt à s'astreindre lui-même. Quand il dit non à l'Angleterre ou déclenche la crise de la « chaise vide », ce n'est pas pour imposer une domination, mais pour faire éclater la vérité d'une situation ou éclairer la nécessité d'un choix. S'il place chacun devant ses responsabilités, il a d'abord accepté de prendre les siennes.

Raisonner, anticiper, expliquer. Il y a des franchises, pourtant, qui ne font qu'exprimer l'impulsivité des sentiments, la spontanéité des émotions ou la naïveté des illusions ; pas celle de De Gaulle. D'ardentes passions l'habitent, mais il en est le maître. Il suffit de lire en parallèle *C'était de Gaulle* d'Alain Peyrefitte et les *Discours et messages*. D'un côté, cueillies à chaud, les impressions brutes, les réactions immédiates dans ce qu'elles ont souvent d'excessif ; de l'autre, ce qu'est devenue cette brûlante matière première quand elle est passée par le filtre de la réflexion. L'homme de Gaulle peut bien se laisser aller à des écarts de langage ou à de subites fureurs ; le chef de l'État, quand il parle au nom de la France, n'obéit qu'aux rudes exigences de la froide raison. La rigueur de la pensée répond de la franchise du discours. De Gaulle fait des coups d'éclat, pas des coups de tête. Ses grandes initiatives ne sont jamais improvisées, même quand elles le paraissent. Il en a choisi le moment, préparé l'échéance, calculé les conséquences. Ainsi du retrait des structures intégrées de l'OTAN qui, longuement médité et plusieurs fois annoncé, n'intervient qu'au printemps 1966, quand les choses sont mûres à l'intérieur comme à l'extérieur. Les modalités, d'ailleurs, font l'objet de négociations comme pour bien montrer que la raideur du procédé n'empêche ni les ménagements ni la souplesse dans l'exécution.

Ce savoir-faire est celui des grandes diplomaties et n'a rien d'exceptionnel. Ce qui est propre à celle du Général et qui, à vrai dire, est presque unique, est son souci d'un savoir-faire qui va bien au-delà de la simple mise en scène ou d'une méthode publicitaire. Aucune autre politique ne s'est autant astreinte au devoir de s'expliquer ; aucune ne s'est plus délibérément soumise au tribunal de la raison, ni exposée plus à découvert au jugement de l'Histoire. De Gaulle est de ces rares hommes pour qui la politique étrangère n'est pas d'abord affaire de moyens, ni même de volonté, mais de réflexion et d'intelligence ; pour qui elle est pensée avant d'être action. C'est pourquoi dans la diplomatie gaullienne l'explication ne se sépare pas de la décision. Elle fait corps avec elle pour lui donner sens et profondeur. Elle l'inscrit, en effet, au point précis où se croisent deux cohérences, l'une qui insère la décision dans le contexte d'un certain état du monde, l'autre qui la relie à la longue mémoire de l'intérêt national. L'événement ponctuel prend ainsi sa pleine dimension universelle et historique.

La passion de la vérité, voilà en définitive la clé du style de la diplomatie gaullienne. Elle en nourrit la franchise et en inspire la rigueur de pensée ; elle en fait un exemple de courage et une leçon d'intelligence. C'est elle, enfin, qui, en lui faisant prendre le risque de se déployer en pleine lumière, l'empêche de rien faire dont elle ait à rougir. Car, pour être sans peur, ne se doit-elle pas d'être sans reproche ? De là, sans doute, cet air de grandeur qui y reste attaché en dépit du temps qui passe.

Gabriel Robin

• *Voir aussi* : Cérémonies et diplomatie ; Diplomates ; Grandeur et rang ; Politique étrangère ; Réceptions présidentielles

Bibl. : Maurice Couve de Murville, *Une politique étrangère. 1958-1969*, Paris, Plon, 1971 • Jean Lacouture, *De Gaulle*, t. 3, *Le Souverain 1959-1970*, Paris, Le Seuil, 1986 • Paul-Marie de La Gorce, *De Gaulle*, Paris, Perrin, 1999.

DIRIGISME. – Le 1er mai 1944, à Alger, le général de Gaulle déclare : « Il ne peut y avoir demain pour nous de prospérité, ni même d'indépendance si l'économie française n'est pas fortement dirigée. » Dirigisme, contrôle public, étatisation : ces termes, aujourd'hui décriés, font l'objet d'un large consensus à la Libération. Dans son discours de Lille, le 1er octobre 1944, il explique que, pour remettre en marche l'économie française, « il n'y a pas d'autre moyen que ce qu'on appelle l'économie dirigée. Nous voulons que ce soit l'État qui conduise au profit de tous l'effort économique de la nation tout entière ». Le 2 mars 1945, à l'Assemblée consultative, il affirme encore : « L'État doit détenir les leviers de commande [...] désormais, c'est le rôle de l'État d'assurer lui-même la mise en valeur des grandes sources d'énergie [...] ainsi que des principaux moyens de transport [...], d'amener lui-même la principale production métallurgique au niveau indispensable. C'est son rôle de disposer du crédit, afin [...] d'empêcher que les groupements d'intérêts particuliers puissent contrarier l'intérêt général. » Bien plus tard, dans le contexte très différent des années 1960, le Général reste convaincu que l'État doit « concevoir et diriger, [...] guider l'économie, pousser aux investissements ». Lors d'une conférence de presse en 1967, il précise : « Nous rejetons absolument le "laisser faire, laisser passer", et nous voulons qu'en notre siècle, ce soit la République qui conduise la marche économique de la France. »

Sans mettre en cause l'initiative privée ni le principe de libre entreprise, de Gaulle ne cachait pas sa méfiance envers les intérêts catégoriels, les « féodalités », les « coalitions », les monopoles avides de profits abusifs. Plus souvent encore, il dénonce les carences de l'esprit d'entreprise – « Ils veulent le profit sans le risque » –, les défaillances des industriels français et leur manque de souci des intérêts de la France. Voilà qui mène tout droit à la catastrophe : la prise de contrôle par des intérêts étrangers sur des secteurs d'avenir de l'industrie française (informatique, télécommunications), qui déclenche les fameuses colères du Général. Dans ces conditions, les pouvoirs publics n'ont pas le choix : « Il faut que l'État s'en mêle [...] en France, il n'y a pas de grands projets, si ce n'est pas l'État qui en prend l'initiative » ; c'est la seule chance d'échapper au pire, car sinon on va « finir dans les mains des Américains ».

Du supersonique Concorde au procédé Secam de télévision en couleur, les « grands projets » sont demeurés le témoignage le plus visible et le plus concret du volontarisme gaullien. Mais, selon une vision plus globale, c'est à la planification incitative qu'il appartient de frayer une troisième voie entre le capitalisme libéral et le collectivisme. L'État doit « intervenir chaque fois que c'est nécessaire », et ancrer son action dans le Plan : « Rien ne compte plus que le Plan. [...] Le Plan nous permet de nous tirer toujours d'affaire [...]. À toute revendication, nous pouvons répondre : "Impossible, le Plan ne le prévoit pas." Il faut créer une mystique du Plan. [...] Ainsi rien d'imprévu ne devrait arriver... », dit-il le 16 janvier 1963. Car l'instrument de mobilisation économique qu'est d'abord le Plan devrait – idéalement – pouvoir être mis aussi au service du maintien des équilibres, dans le cadre d'une concertation sociale permanente. Mais les efforts pour instaurer une « politique des revenus », ainsi qu'une « planification des flux éducatifs » – considérées comme des prolongements naturels du Plan et devenues vers 1968 des objectifs prioritaires du régime – devaient se heurter à des résistances d'une force inattendue et donner lieu aux plus cruelles désillusions.

Jean-Charles ASSELAIN

• *Voir aussi* : Économie et finances ; Industrie ; Plans ; Rénovation

Bibl. : Éric Kocher-Marbœuf, *Le Patricien et le Général : Jean-Marcel Jeanneney et Charles de Gaulle*, Paris, CHEFF, 2003 • Alain Peyrefitte, *C'était de Gaulle*, Paris, Fayard, 3 vol., 1994-2000 • Guy Sabatier, *La Doctrine gaulliste*, Paris, Economica, 1997.

DISCORDE CHEZ L'ENNEMI (La). – Premier livre de Charles de Gaulle, *La Discorde chez l'ennemi*, publié en 1924, analyse la défaite de l'Allemagne en 1914-1918. Est d'abord étudiée la désobéissance du général von Kluck dont découla, en septembre 1914, la victoire française de la Marne. Kluck ne fit pourtant qu'exploiter la décentralisation du commandement promue par Moltke l'Ancien, méthode qui avait favorisé la victoire de la Prusse en 1866 et ne l'avait pas empêchée en 1870 : preuve qu'« à la guerre, à part quelques principes essentiels, il n'y a pas de système universel, mais seulement des circonstances et des personnalités ». La deuxième étape porte sur la déclaration de guerre sous-marine illimitée de janvier 1917 : imposée au chancelier Bethmann-Hollweg par les généraux et amiraux, elle dressa les États-Unis contre le Reich au moment même où la révolution russe et l'épuisement des troupes alliées pouvaient lui laisser espérer une paix de compromis. De Gaulle montre ensuite en quoi l'opposition entre le chef d'état-major allemand Falkenhayn et son homologue autrichien Hötzendorf nuisit à la stratégie des Empires centraux. La quatrième étude retrace la genèse de la dictature militaire de Ludendorff. La cinquième concerne la fin de la guerre : au printemps 1918, les Allemands remportèrent des victoires tactiquement brillantes, mais dépourvues de perspectives stratégiques et politiques ; quand vinrent les revers de l'été, ils sombrèrent dans une dépression proportionnelle à l'enthousiasme délirant des mois précédents.

Si de Gaulle s'appuie sur une documentation solide, complétée par les observations personnelles qu'il put faire lors de sa captivité de 1916-1918, l'Histoire est pour lui matière à philosopher sur la guerre et le pouvoir. Ses conclusions rejoignent celles de Clausewitz en ce qu'elles rejettent tout dogmatisme stratégique – la première étude impliquant à cet égard une critique feutrée des tendances alors dominantes à l'École de guerre – et plaident pour la nécessaire subordination du militaire au politique. Mais s'y ajoute une condamnation éthique et esthétique de l'*hubris* militaire allemande, que de Gaulle rattache à tort ou à raison au mythe du Surhomme. À cet idéal nietzschéen, il oppose l'« ordre classique », avec son « sens de l'équilibre, des possibles, de la mesure », illustré par le jardin à la française : nul élément n'y écrase les autres, chacun d'entre eux sert au contraire la « magnifique harmonie » de l'ensemble. Pourtant, le culte de la grandeur que de Gaulle partageait avec Nietzsche n'est pas absent de ce texte. Le jardin ici évoqué fait en effet penser à Versailles, donc dessine en creux la figure de l'homme d'exception (français), antithèse du pseudo-Surhomme (allemand) : celle d'un nouveau Louis XIV conciliant le militaire et le politique, dont la passion imposerait les formes de la raison à la matière première des événements contingents. En quoi *La Discorde chez l'ennemi* constitue une autobiographie rêvée par anticipation. Martin MOTTE

• *Voir aussi* : Caractère ; Civile et militaire (autorités) ; Grande Guerre ; Œuvre écrite ; Style écrit

DISCOURS (typologie des). – Dans l'édition, chez Plon, des *Discours et messages*, les interventions publiques du général de Gaulle occupent près de 2 600 pages. Et pourtant n'y figurent pas le texte de ses conférences antérieures à 1940 ni la trace d'allocutions improvisées en cours de route, lors de ses nombreux voyages, en France ou à l'étranger. On peut donc distinguer :

Les discours à la radio. Ce sont eux qui ont imposé de Gaulle comme la voix de la Résistance, une voix grave aux intonations solennelles, aux sonorités étrangement envoûtantes. Ces discours sont pour l'essentiel prononcés à la BBC (près de 70 entre le 18 juin 1940 et le 27 mai 1943, sans oublier une petite dizaine lue par un tiers). De Gaulle s'est également exprimé sur les ondes de Radio-Brazzaville (13 fois entre le 26 octobre 1940 et le 18 juin 1943) ou, épisodiquement, sur celles d'autres territoires français libérés. Ce seront ensuite Radio-Alger puis Paris qui accueilleront ses allocutions au fur et à mesure de la libération du territoire. Interdit d'antenne sous la IVe République, il ne reprendra pas la parole derrière un micro de radio, sauf au début de son premier septennat, notamment en Algérie, et, plus tard, avec son célèbre discours du 30 mai 1968.

Les allocutions télévisées. De Gaulle les a inaugurées le 13 juin 1958. Lisant ce jour-là son texte avec d'épaisses lunettes à monture noire, il comprend vite qu'il doit perfectionner son style pour imposer son image comme il a su imposer sa voix. Il y réussira largement. Le plus souvent dans le cadre solennel de la Salle des fêtes de l'Élysée, assis à un bureau, en civil – sauf le 29 janvier 1960 et le 23 avril 1961 –, il prononce d'une manière vivante des discours soigneusement élaborés, appris par cœur. Certaines allocutions ont un caractère rituel comme les vœux de nouvel an adressés à la nation, mais la grande majorité correspond à des rendez-vous périodiques avec le peuple, aux fins d'expliquer, et justifier, la politique menée. Certaines de ces allocutions à la télévision ont été des actes politiques décisifs.

Les conférences de presse. Rares sous l'Occupation – 4 en quatre ans –, elles s'affirment en 1945 – il en donne 4. Entre 1947 et 1953, elles se succèdent au rythme moyen de 2 par an pour se raréfier ensuite, avant de devenir, sous la Ve République, un rituel décisif de la communication politique du chef de l'État. Elles sont télévisées après 1958 et s'imposent, pour la plupart, comme de vrais événements médiatiques. Le chef de l'État, ayant à sa droite ses ministres, aime à déployer devant un large parterre de journalistes une verve parfois ravageuse. Le rythme en est biannuel sauf en 1962 et 1968 (une seule).

Les discours publics. Ils relèvent de trois catégories selon qu'ils sont prononcés dans une enceinte parlementaire, devant un parterre choisi de notabilités ou devant un auditoire populaire. Les premiers sont peu nombreux et concernent surtout la période 1944-1945 (à l'Assemblée consultative puis à la Constituante) ou encore des allocutions solennelles devant des parlementaires étrangers (Parlement britannique, puis Congrès américain en 1960). Les seconds incluent les toasts et allocutions protocolaires prononcés à l'occasion de multiples visites officielles, mais aussi des discours, parfois importants, devant des diplomates, des aréopages militaires ou des représentants de la presse étrangère. Les derniers sont de beaucoup les plus nombreux. Après les deux discours de l'Albert Hall, à Londres, de Gaulle les inaugure en terre française sur le Forum d'Alger le 14 juillet 1943, avant la grande harangue parisienne du 25 août 1944. Ce sont ces discours face au peuple qui portent le mieux la marque du style gaullien qui s'épanouit dans le rapport direct avec la foule. Prononcés en France, en outre-mer ou à l'étranger, ils attestent de réels talents oratoires et seront souvent de grands succès médiatiques et politiques.

Philippe BRAUD

• *Voir aussi* : Audiovisuelles (interventions) ; BBC ; Orateur ; Voyages

DISCOURS DU 18 JUIN 1940. – *Voir* APPEL DU 18 JUIN 1940.

DISCOURS DU 26 JUIN 1940. – Le 21 juin 1940, dans la clairière de Rethondes, l'Allemagne nazie signifie à la France les très rudes conditions d'un éventuel armistice. Celui-ci est conclu dès le lendemain. Le 24, c'est au tour de l'armistice franco-italien. L'un et l'autre accords entrent en vigueur le 25 juin. Le jour même, le maréchal Pétain s'emploie à justifier sa politique dans un discours radiodiffusé. Il admet la sévérité des conditions acceptées par la France, mais affirme que l'honneur est sauf. Le 26 juin, le général de Gaulle lui répond. Pour la première fois depuis son départ pour l'Angleterre, il s'adresse nommément à celui qui fut son mentor : « Hier, j'ai entendu votre voix que je connais bien [...]. Monsieur le Maréchal, dans ces heures de honte et de colère pour la Patrie, il faut qu'une voix vous réponde. Ce soir, cette voix sera la mienne. »

Revenant tout d'abord sur l'« infériorité militaire » de la France, le Général rappelle qu'elle « tenait à un système militaire mauvais » fondé sur « une armée purement défensive » et privée de « force mécanique ». Vient alors la critique, sans appel : « Vous qui avez présidé à notre organisation militaire après la guerre de 1914-1918, vous qui fûtes généralissime jusqu'en 1932, vous qui fûtes ministre de la Guerre en 1935, vous qui étiez la plus haute personnalité militaire de notre pays, avez-vous jamais soutenu, demandé, exigé la réforme indispensable de ce système mauvais ? »

De Gaulle reproche ensuite à Pétain de s'être laissé berner en croyant que l'armistice serait « honorable pour la France ». Or, les conséquences en sont terribles : « les deux tiers du territoire livrés à l'occupation de l'ennemi, et de quel ennemi ! », une armée réduite à presque rien, des prisonniers de guerre maintenus en captivité, des matériels militaires livrés à l'adversaire, « la Patrie, le Gouvernement, vous-même, réduits à la servitude ». Et ce, alors même que la résistance pouvait se poursuivre dans l'Empire, avec l'aide des Alliés. Et le Général de conclure, assassin : « Ah ! pour obtenir et pour accepter un pareil acte d'asservissement, on n'avait pas besoin de vous, Monsieur le Maréchal, on n'avait pas besoin du vainqueur de Verdun ; n'importe qui aurait suffi. »

Enfin, de Gaulle bat en brèche le projet pétainiste pour la France : « Et c'est du même ton [...] que vous conviez la France livrée, la France pillée, la France asservie, à reprendre son labeur, à se refaire, à se relever. Mais dans quelle atmosphère, par quels moyens, au nom de quoi, voulez-vous qu'elle se relève sous la botte allemande et l'escarpin italien ? » Car, affirme l'homme du 18 Juin, la France ne se relèvera que « dans la liberté » et par une victoire à laquelle ses armes, « reforgées au loin, mais bien aiguisées », auront contribué.

Au repli sur l'Hexagone, au retour vers le passé, au projet chimérique de rénovation sous le joug prônés par Pétain, de Gaulle répond ouverture au monde, confiance en l'avenir et renouvellement dans la liberté retrouvée. En quelques phrases, l'opposition entre les deux démarches est affirmée. Elle demeurera irréductible. Guillaume PIKETTY

• *Voir aussi* : Appel du 18 juin 1940 ; Armistice ; France libre ; Rupture

Bibl. : Jean-Luc Barré, *Devenir de Gaulle, 1939-1943*, Paris, Perrin, 2003 • Jean-Louis Crémieux-Brilhac, *La France libre : de l'appel du 18 Juin à la Libération*, Paris, Gallimard, 1996 (rééd. coll. « Folio », 2001).

DISCOURS DU 15 NOVEMBRE 1941. – Dans l'immense salle de concert londonienne de l'Albert Hall dont on a dû garnir les gradins élevés de militaires des FFL (Forces françaises libres), le général de Gaulle, debout devant une haie de drapeaux, prononce, pour la deuxième fois à l'invitation de l'Association des Français de Grande-Bretagne, le discours-profession de foi de la France libre. Le rituel de ces grand-messes londoniennes se renouvellera les 18 juin et 11 novembre 1942.

Le discours du 15 novembre 1941, étape marquante dans l'histoire de la France libre, amorce ce que certains appelleront son « virage démocratique ». Moins de deux mois plus tôt, le 24 septembre, de Gaulle a constitué un Comité national français qui coiffe le mouvement militaire de 1940 d'une structure politique, embryon de gouvernement qui se veut le gérant des intérêts français dans le monde et le représentant de la nation résistante. Le 15 novembre, il esquisse, en réponse à la question « Que veut la France libre ? », l'amorce d'un programme jumelant aux buts de guerre certaines premières visées pour l'après-Libération.

L'article 1er de ce programme est évidemment de faire la guerre jusqu'à une victoire qui restaure la France dans son intégrité et sa grandeur et assure sa sécurité. Son article 2 est de rendre la parole au peuple français, car « il n'y a pas le moindre doute que, de la crise terrible qu'elle traverse, sortira, pour la nation française, un vaste renouvellement ». S'il stigmatise en termes sans précédent le maréchal Pétain, qualifié de « Père la Défaite », et « l'affreuse tyrannie des maîtres esclaves de l'ennemi », il condamne incidemment aussi « les abus anarchiques d'un régime en décadence » et « ses gouvernements d'apparence ».

Quant aux bases des futures institutions françaises, il n'hésite pas à les définir par la conjonction des trois devises qui sont, dit-il, celles des Français libres : Honneur et Patrie, Liberté-Égalité-Fraternité et Libération, ce dernier terme impliquant la libération du territoire et le « châtiment de l'ennemi », mais ayant également « comme aboutissement, pour chacun des Français, une condition telle qu'il lui soit possible de vivre, de penser, de travailler, d'agir dans la dignité et dans la sécurité ».

Dans la marche prudente qui conduit de Gaulle du militaire au politique, le discours du 15 novembre 1941 rompt avec l'apolitisme initial en se réclamant de la devise Liberté-Égalité-Fraternité, écartée depuis juin 1940 au profit de la seule devise des drapeaux, Honneur et Patrie. L'innovation inaugure la démarche qui fera de la France combattante la championne d'un renouveau démocratique de la France libérée et qu'explicitera la Déclaration aux mouvements de résistance remise à Christian Pineau en avril 1942, charte qui favorisera le ralliement à de Gaulle des mouvements de résistance et du Parti socialiste clandestin.

Jean-Louis Crémieux-Brilhac

• *Voir aussi* : Comité national français ; Déclaration aux mouvements de résistance ; Orateur in absentia

Bibl. : Jean-Louis Crémieux-Brilhac, *La France libre : de l'appel du 18 Juin à la Libération*, Paris, Gallimard, 1996.

DISCOURS DU 1er AVRIL 1942. – *Voir* RÉVOLUTION FRANÇAISE.

DISCOURS DU 11 NOVEMBRE 1942. – Quand il prend la parole le 11 novembre 1942 à 17 heures pour prononcer devant les Français de Grande-Bretagne un discours rituel programmé de longue date, de Gaulle affronte la plus dramatique des crises. Tenu à l'écart du débarquement anglo-américain en Algérie et au Maroc le 8 novembre, il a néanmoins appelé à la radio les Français d'Afrique du Nord à se lever tous pour aider « nos alliés ». Ce 11 novembre, il vient d'apprendre que l'amiral Darlan, dauphin de Pétain, présent à Alger et apparemment maître de l'armée française d'Afrique, a ordonné à celle-ci, après trois jours de combat, un cessez-le-feu étendu à toute l'Afrique du Nord. Derrière le succès anglo-américain, il pressent la collusion alliée avec les hiérarques vichyssois, la négation de toute souveraineté française et le désir de le marginaliser.

Dominant de haut la conjoncture, sans un reproche envers ses alliés, il énonce les refus et les exigences de la France, d'une France qui, dans la phase nouvelle de la guerre, se retrouve en plein centre de l'action et qui, grandie par sa résistance, s'est reconnue, dit-il, dans la France combattante et attend « d'elle seule [...] la direction de son combat ».

En son nom, il s'oppose à l'éventuelle neutralisation d'aucun morceau de France ou d'Empire. Il craint une opération semblable à celle de mai 1942 sur Madagascar, où les Britanniques ont offert aux autorités vichyssoises de rester en place moyennant la neutralisation de l'île. Il dit non au morcellement du domaine français et des forces françaises : « Nous n'admettrions pas que quiconque vienne diviser l'effort de guerre de la patrie par aucune de ces entreprises dites parallèles, c'est-à-dire séparées... » Si puissantes que soient les « mille forces centrifuges qui s'exercent », le devoir est de reconstituer morceau par morceau « la France, c'est-à-dire une seule nation, un seul territoire, un seul Empire, une seule loi ». L'appel de clairon qui conclut son discours en résume le sens : « Un seul combat pour une seule patrie. »

Indifférent à la disproportion des forces, il affirme que ce rassemblement doit se faire dans la France combattante, car « le ciment de l'unité française, c'est le sang des Français qui n'ont jamais, eux, tenu compte de l'armistice, de ceux qui [...] n'ont pas voulu connaître, suivant le vers de Corneille, la honte de mourir sans avoir combattu ». L'évocation qui suit des morts de la France libre et des morts de la Résistance est un des sommets de l'éloquence gaullienne.

Au devoir de « restauration complète de l'intégrité et de l'unité nationales » il ajoute celui de « rétablir intégralement toutes les libertés françaises et faire observer les lois de la République ». En refusant d'avance l'expédient temporaire Darlan et le maintien en Afrique d'un Vichy *bis*, de Gaulle relève ce qu'il tient pour un défi à la France. Son refus intransigeant lui vaudra l'appui de la Résistance dans une bataille politique de sept mois, menée contre le général Giraud et les Alliés, jusqu'à la formation du CFLN (Comité français de la Libération nationale) aux conditions qu'il aura fixées.

Jean-Louis CRÉMIEUX-BRILHAC

• *Voir aussi* : Alger ; ANFA ; CFLN ; Orateur in absentia

Bibl. : Jean-Louis Crémieux-Brilhac, *La France libre : de l'appel du 18 juin à la Libération*, Paris, Gallimard, 1996 • Christine Levisse-Touzé, *L'Afrique du Nord dans la guerre 1939-1945*, Paris, Albin Michel, 1998.

DISCOURS DU 14 JUILLET 1943. – S'il y eut un jour de gloire dans le travail de Sisyphe que fut la reconstitution, dans la guerre et malgré l'occupation du territoire, d'une France libre et républicaine, ce fut bien lors du 14 juillet 1943, le premier 14 Juillet depuis 1939 qui pût être célébré dans le complet respect des formes et des traditions de la République. Sur la place du forum à Alger, de Gaulle, coprésident du Comité français de la Libération nationale (CFLN), prononce, *de facto*, son premier discours de chef d'État. Le contenu n'en est pas fondamentalement nouveau, mais il constitue une synthèse des positions qu'il a prises jusque-là et auxquelles il se tiendra jusqu'en 1946. Ce n'est plus la voix de Londres, mais le de Gaulle de la Libération qui s'incarne devant des milliers de personnes et mène avec succès une opération de communication politique.

Dans ses Mémoires, il insiste sur « l'espèce de résurrection » dont cette journée fut le symbole : « Le 14 juillet, c'est Alger, capitale de l'Empire et de la France Combattante, qui offrit la démonstration de la renaissance de l'État et de l'unité nationale recouvrée. » Le contraste est vif avec les allocutions des 14 juillet précédents. Il avait salué le 14 juillet 1940 sur les ondes britanniques, ayant « ramassé le tronçon du glaive », et n'ayant à offrir qu'« un jour de deuil pour la Patrie », qui devait être « en même temps une journée de sourde espérance » [*DM*]. Le 14 juillet suivant, un communiqué se terminait par ces mots d'une France libre souffrant dans la solitude de l'effort : « Au bout de nos peines, il y a la plus grande gloire du monde, celle des hommes qui n'ont pas cédé » [*DM*]. La brève allocution de 1942 résonnait au contraire de la joie des premières victoires, de l'« orgueil » rendu à la France par les troupes de Bir Hakeim, et de l'allant donné par les consignes d'action adressées dans ce message, pour la journée du 14, aux Français de la zone dite « non occupée ».

Le discours du 14 juillet 1943 est d'une tout autre ampleur. Il vient au terme d'une évolution du discours gaullien vers la gauche. Entamé à l'automne 1941, cet infléchissement s'est accentué avec le débarquement en Afrique du Nord, en réaction à la mise à la tête de l'administration française, par les Américains, de l'amiral Darlan qui avait dirigé le gouvernement de Vichy, puis du général Giraud qui avait maintenu la législation vichyste pendant plusieurs mois. En outre, ce discours est le premier que de Gaulle prononce sur la place publique, en territoire français libéré et en présence d'une « foule innombrable » [*MG*]. Il consacre la légitimité du CFLN, et singulièrement celle de De Gaulle qui tire aussi parti, de toute la force de son éloquence, de l'absence du général Giraud alors en voyage aux États-Unis. C'est un discours éminemment politique, qui, en ce jour anniversaire de la Révolution française, martèle le thème de la souveraineté nationale à l'intérieur comme à l'extérieur. Dans ces quatre pages, les phrases n'ont presque qu'un seul sujet : « le peuple » ; « la souveraineté française », « la France », « la nation », « la France nouvelle », « la grande nation », ces différentes façons de désigner le peuple prennent place tour à tour à l'attaque des paragraphes. Il s'agit d'une déclaration d'indépendance vis-à-vis des Alliés, et d'une proclamation démocratique présentée au peuple.

De Gaulle ne ménage pas les Alliés qui, depuis leur débarquement en Afrique du Nord, ont entrepris d'empêcher la France combattante d'y imposer son autorité. Il ironise sur ces « théoriciens, prétendument réalistes [qui] ont pu concevoir que, pour les Français et les Français seulement, l'effort de guerre de la nation était susceptible d'exister en dehors de la politique et de la morale nationales. Nous déclarons à ces réalistes, ajoute-t-il, qu'ils ignorent la réalité ». De Gaulle a raconté qu'à l'issue du discours, le représentant des États-Unis, Robert Murphy, « vint lui faire son compliment : “Quelle foule énorme !” me dit-il. “Ce sont là, lui répondis-je, les 10 pour 100 de gaullistes que vous aviez comptés à Alger” » [*MG*].

Dans ses *Mémoires de guerre*, de Gaulle néglige le caractère programmatique de son discours. Il déclare pourtant dans celui-ci que « la France a d'avance choisi un chemin nouveau », qu'elle « voudra que ses gouvernants gouvernent », et il prononce même le nom de la République nouvelle, la « Quatrième République Française ». Outre la réforme constitutionnelle, il annonce des réformes sociales, dont la « sécurité sociale », et pose le principe des nationalisations. C'est sur ces prémisses de démocratie économique et sociale qu'il lance cette formule fameuse, imprégnée de symbolique révolutionnaire : « S'il existe encore des bastilles, qu'elles s'apprêtent de bon gré à ouvrir leurs portes ! Car, quand la lutte s'engage entre le peuple et la Bastille, c'est toujours la Bastille qui finit par avoir tort. »

Claire Andrieu

• *Voir aussi* : Anfa ; Constitutionnel, débat ; GPRF (œuvre intérieure et outre-mer du) ; Révolution française ; Souveraineté nationale

Bibl. : Claire Andrieu, Lucette Le Van et Antoine Prost (dir.), *Les Nationalisations de la Libération. De l'utopie au compromis*, Paris, PFNSP, 1987.

DISCOURS DE CONSTANTINE (12 décembre 1943). – *Voir* ALGÉRIE COLONIALE.

DISCOURS DE BRAZZAVILLE (30 janvier 1944). – *Voir* BRAZZAVILLE (conférence de).

DISCOURS DE L'HÔTEL DE VILLE (25 août 1944). – « Pourquoi voulez-vous que nous dissimulions l'émotion qui nous étreint tous, hommes et femmes, qui sommes ici, qui sommes ici chez nous, dans Paris, levé, debout pour se libérer et qui a su le faire de ses mains ! Non, nous ne dissimulerons pas cette émotion profonde et sacrée. Il y a là des minutes, nous le sentons tous, qui dépassent chacune de nos pauvres vies.

« Paris, Paris outragé, Paris brisé, Paris martyrisé, mais Paris libéré ! Libéré par lui-même, libéré par son peuple, avec le concours des armées de la France, avec l'appui et le concours de la France tout entière, c'est-à-dire de la France qui se bat, c'est-à-dire de la vraie France, de la France éternelle. »

Vers 20 heures, le soir même de son arrivée à Paris, de Gaulle joue, des fenêtres de l'Hôtel de Ville et devant une foule qui s'étend jusque sur les quais et les ponts de la Seine, le premier acte de sa consécration définitive comme leader populaire et national de la France libérée. Diffusé par la toute jeune « Radiodiffusion de la nation française », le discours sera retransmis par la BBC le lendemain, acquérant une renommée nationale au moment où se joue le second acte, avec la descente triomphale des Champs-Élysées. Mais déjà, le 25, dans la foule débordant de joie, les paroles de De Gaulle déclenchent un déchaînement d'acclamations sans comparaison avec l'accueil chaleureux que venaient de recevoir les allocutions de Georges Bidault, président du Conseil national de la Résistance (CNR), et de Georges Marrane, vice-président du Comité parisien de libération (CPL). La voix de De Gaulle galvanise. Chef de guerre en plein combat, il racle les *r* et attaque les mots en accentuant la première syllabe, comme mû par la « sainte fureur française » qu'il prêtait, dans ses discours de Londres, à Jeanne d'Arc, Danton et Clemenceau.

L'exorde échappe aux conventions oratoires : entre harangue, incantation et oraison, c'est une célébration de l'égalité et de la liberté, de l'égalité de « tous, hommes et femmes » dans l'émotion de la liberté recouvrée, et de la liberté d'un peuple qui s'est « libéré par lui-même ». Sous ses accents christiques – Paris outragé, brisé, martyrisé –, la prosopopée de Paris est aussi républicaine car elle assimile la France à Paris insurgé. C'est le Paris révolutionnaire de la Bastille, de Gavroche et des barricades, qui est invoqué. Malgré les instances de Georges Bidault exprimées au nom du CNR et du CPL, de Gaulle refuse de proclamer la République. Pour lui, « la République n'a jamais cessé d'être » : la France libre l'a « incorporée » et « Vichy fut toujours et demeure nul et non avenu » [*MG*].

Bien que, dans ses *Mémoires de guerre*, de Gaulle ait présenté comme « improvisé » son discours, le texte en est très construit. En deux parties et deux sous-parties, le chef du Gouvernement provisoire de la République française (GPRF) énonce « les devoirs et les droits » de la France. Les devoirs, ce sont la guerre et l'unité nationale. En affirmant le « devoir de guerre », il rend hommage à « nos chers et braves alliés », puis à l'« avant-garde française » entrée dans Paris ainsi qu'à la « grande armée française d'Italie » qui remonte la vallée du Rhône, et, enfin, à « nos braves et chères Forces de l'intérieur ». Quoique déjà célébrées à travers l'exorde, les FFI, et cela est significatif, n'arrivent qu'en quatrième position. L'unité nationale, c'est l'appel à la fraternité de « tous les fils, toutes les filles de France » marchant « fraternellement pour les buts de la France, la main dans la main », et laissant à « la rigueur des lois » « les quelques malheureux traîtres ». Liberté, égalité, fraternité : à ce stade de son discours, de Gaulle a déjà réaffirmé la devise républicaine. S'il limite les « traîtres » à une poignée de « malheureux », c'est qu'à la différence de diverses organisations, il choisit le rassemblement national plutôt que le risque de guerre civile. Quant aux droits de la France, ce sont, à l'intérieur, ceux d'une République sociale : la souveraineté populaire et les droits sociaux. À l'extérieur, la France « saura faire valoir ses droits » car elle est une « grande puissance mondiale ». « Guerre, unité, grandeur », conclut de Gaulle.

Par l'ampleur du ton, ajustée à la grandeur des circonstances, le discours du 25 août 1944 a contribué à l'essor du mythe de la Libération, au-delà de la réalité concrète de l'événement, et ajouté une page à celui du Paris révolutionnaire.

Claire Andrieu

• *Voir aussi* : Champs-Élysées ; Libération ; Rol-Tanguy, Henri

Bibl. : Jean-Louis Crémieux-Brilhac (dir.), *Ici Londres, 1940-1944. Les voix de la liberté*, Paris, La Documentation française, t. 5, 1976 (ce recueil de documents est le seul à publier l'intégralité du discours) • Fondation Charles-de-Gaulle, *De Gaulle et la Libération*, présentation de Maurice Vaïsse, Bruxelles, Complexe, 2004 • Christine Levisse-Touzé (dir.), *Paris 1944. Les enjeux de la libération*, Paris, Albin Michel, 1994.

DISCOURS DE BAYEUX (16 juin 1946). – Le discours prononcé à Bayeux par le général de Gaulle, quelques jours après le deuxième anniversaire du débarquement en Normandie, revêt trois caractéristiques principales.

Il célèbre d'abord le rétablissement en France de « l'État légitime ». Par là, de Gaulle entend le retour de l'État républicain dont « les pouvoirs publics ne valent, en fait et en droit, que s'ils s'accordent avec l'intérêt supérieur du pays, s'ils reposent sur l'adhésion confiante des citoyens ». Bref, un État débarrassé du gouvernement de Vichy et préservé d'un « protectorat » américain. Il marque, ensuite, dans un pays qui vient de rejeter un premier projet constitutionnel pour la IVe République, le retour sur la scène politique du chef de la France libre qui a quitté volontairement le pouvoir le 20 janvier 1946 plutôt que de se soumettre à un système de partis où « le Gouvernement ne serait bientôt plus rien qu'un assemblage de délégations ». Enfin et surtout, il constitue la matrice de ce qui deviendra la Ve République, même si, sur quelques points, la copie adoptée par référendum le 28 septembre 1958 diffère du manifeste original, pour cause de nécessaires compromis avec la classe politique. L'auteur évoque ensuite les risques encourus par un pays divisé, qui peuvent mener à la dictature. Mais l'élément le plus caractéristique du discours est la nécessité affirmée de conjurer l'instabilité politique par la présence d'un État fort dont l'assise démocratique repose sur la séparation des pouvoirs. Dans son esprit, cela signifie équilibrer l'omnipotence de l'Assemblée par deux contre-pouvoirs qui garantissent la stabilité. Le premier, le plus classique, tient au bicaméralisme, alors mis en cause par l'Assemblée constituante. À ceci près que la seconde chambre « dont, pour l'essentiel nos conseils généraux et municipaux éliront les membres », doit inclure des représentants de ce que l'on nommera plus tard « la société civile ».

Le second remède, plus original et drastique, deviendra l'une des clés de voûte de la Ve République. Il s'exprime à travers la phrase célèbre : « C'est du chef de l'État, placé au-dessus des partis [...] que doit procéder le pouvoir exécutif. » Pour assurer la pérennité du rôle dévolu au président de la République, de Gaulle prendra l'initiative en 1962, à contre-courant de la classe politique, de le faire élire au suffrage universel afin de faire reposer la légitimité du président sur la même source démocratique que l'Assemblée nationale, ce dont l'homme du 18 Juin estimait n'avoir pas besoin pour lui-même. De Gaulle pourra dire en 1964, lors d'une conférence de presse : « L'autorité indivisible de l'État est confiée tout entière au président par le peuple qui l'a élu et il n'en existe aucune autre, ni ministérielle ni civile ni judiciaire, qui ne soit conférée et maintenue par lui. »

Le mot « référendum » n'est pas prononcé dans le discours de Bayeux ; en revanche est mentionné le droit de recourir à des élections anticipées ; et ce qui deviendra l'article 16 est annoncé explicitement pour garantir l'indépendance nationale en cas de péril extérieur. Il en sera fait usage, en 1961, au lendemain du putsch d'Alger. Ces divers instruments serviront d'assise au pouvoir présidentiel sous la Ve République. Jean-Louis QUERMONNE

• *Voir aussi* : Constitutionnelles (conceptions) ; Président de la République

Bibl. : Dominique Chagnollaud et Jean-Louis Quermonne, *La Ve République*, t. 1, *Le Régime politique*, Paris, Flammarion, 2000 • Françoise Decaumont (dir.), *Le Discours de Bayeux, hier et aujourd'hui*, Paris, Economica-Presses universitaires d'Aix-en-Provence, 1991.

DISCOURS D'ÉPINAL (29 septembre 1946). – Depuis le fameux discours de Bayeux du 16 juin 1946, de Gaulle s'emploie activement à peser sur le débat constitutionnel en cours. Les travaux de la seconde Assemblée constituante, élue le 2 juin 1946 après l'échec d'un premier projet, ne lui semblent pas s'orienter dans la direction souhaitable. Il l'avait fait savoir à la fin de l'été dans deux déclarations successives à la presse, le 27 août puis le 16 septembre ; elles constituaient déjà une critique directe et précise des dispositions envisagées. Toutefois, c'est avec le discours d'Épinal, prononcé le lendemain même de l'adoption du nouveau projet de Constitution par l'Assemblée nationale, que la condamnation revêt son plus grand éclat.

Cette allocution débute par un long éloge des vertus des habitants de la région que de Gaulle appelle ici : les Vosgiens. Cette introduction illustre un procédé qu'il avait déjà esquissé à Bayeux mais qu'il réutilisera à diverses reprises, lors de voyages ultérieurs en province, par exemple à Lyon en 1963 ou à Quimper en 1969. Il s'agit, pour lui, de réchauffer la ferveur patriotique de son auditoire en rappelant avec lyrisme la contribution historique locale à l'histoire nationale. À Épinal, le thème majeur est celui des souffrances endurées : « Dans l'histoire de la France, tissée des plus grandes gloires et des plus grandes douleurs, les Vosges viennent, encore une fois, d'offrir à la patrie le fidèle hommage de leur courage et de leurs sacrifices. » Ce long rappel sert à souligner la nécessité de tirer les leçons de l'Histoire. Mais, avant d'en venir à l'essentiel, de Gaulle justifie ici son action passée en insistant moins sur son combat pour l'indépendance de la France que sur son action restauratrice des libertés publiques. « La République a été sauvée en même temps que la patrie. » La référence à Jules Ferry, natif des Vosges et unique personnalité citée dans ce discours, renforce encore cette mise en perspective dont l'intérêt est double : le dévouement à la République de l'homme du 18 Juin discrédite les accusations de ses adversaires qui le décrivent comme un « général factieux » ; plus encore, il lui donne des titres à se prononcer sur les défauts du régime constitutionnel que « les partis » veulent mettre en place.

À Bayeux, le général de Gaulle brossait à grands traits les principes du régime souhaitable pour la France ; à Épinal, il amplifie et précise les contours de l'épure mais le contexte de l'époque appelle aussi une critique, menée avec une minutie de juriste, du nouveau projet constitutionnel. « Il nous paraît nécessaire que le chef de l'État en soit un... Il nous paraît nécessaire que le gouvernement de la France en soit un... Il nous paraît nécessaire... » Le rythme est donné qui permet d'opposer à cet idéal les faiblesses concrètes d'un texte qui sera pourtant adopté en octobre. L'éloquence de De Gaulle n'aura pas empêché la naissance toute proche de la IVe République. Mais l'on croit déjà lire, dans ce discours, certains articles constitutionnels de la Ve République. Philippe BRAUD

• *Voir aussi* : Constitutionnelles (conceptions) ; Voyages officieux

Bibl. : Association française de droit constitutionnel, *Rebâtir la République. Le discours d'Épinal*, Paris, Economica, 1997.

DISCOURS DE STRASBOURG (7 avril 1947). – Ce jour-là, du balcon de l'hôtel de ville de Strasbourg, le général de Gaulle déclare : « Il est temps que se forme et s'organise le Rassemblement du peuple français. » Le RPF est créé. À Bruneval, en Normandie, huit jours avant, le 30 mars, il avait pris la parole devant une foule immense, en présence des ambassadeurs de Grande-Bretagne et du Canada venus célébrer l'opération militaire du 27 février 1942. Il avait conclu : « Le jour va venir où, rejetant les jeux stériles et réformant le cadre mal bâti où s'égare la nation et se disqualifie l'État, la masse immense des Français se rassemblera sur la France. » Le chef du gouvernement, Paul Ramadier, avait alors décidé que seraient désormais distinguées les manifestations commémoratives, où les honneurs militaires seraient rendus à de Gaulle, des discours politiques, dont seraient absentes les autorités civiles et militaires. Par ailleurs, la radio nationale devrait faire silence sur les déclarations du Général.

Il y eut en fait deux discours de Strasbourg : le premier, prononcé le 6 avril, commémore les Américains tués en Alsace ; le second, celui du 7, est purement politique. De Gaulle y rappelle d'abord le passé récent, les malheurs et le salut de la patrie, le retour aux vieilles divisions partisanes. Il évoque son propre départ, l'acceptation résignée, par référendum, d'une Constitution « suivant laquelle tous les pouvoirs se trouvent procéder dans leur source et dépendre dans leur fonctionnement, d'une manière directe et exclusive, des partis et de leurs combinaisons ». L'orateur dresse alors le tableau de l'action à mener dans tous les domaines, économique, social, « impérial », extérieur. Curieusement, la réforme des institutions n'apparaît qu'à la fin. Il faut, dit-il, nous unir dans ce Rassemblement qui, « dans le cadre des lois, va promouvoir et faire triompher, par-dessus les différences des opinions, le grand effort de salut commun et la réforme profonde de l'État... Alors la République française construira la France nouvelle ».

Le RPF est juridiquement créé le 14 avril 1947. Le 24 avril, dans une conférence de presse, de Gaulle déclare que le RPF, « bien sûr », n'est pas un parti ni, *a fortiori*, un parti unique qui n'est qu'« une dictature ». « Nous voulons, nous, au contraire organiser la démocratie d'une manière différente. [...] La source de tout pouvoir n'a jamais été, n'est et ne sera jamais pour nous que la volonté du peuple s'exprimant par le suffrage universel. » Le RPF « interviendra sans doute dans les consultations du peuple français » ; quant aux relations avec les partis existants, « il appartiendra aux partis de les déterminer eux-mêmes ».

Tous les partis, et le MRP (Mouvement républicain populaire) en premier, interdiront la double appartenance, contraignant ainsi le RPF, dans sa composition humaine, dans son programme, dans sa stratégie électorale et parlementaire, à devenir un parti comme les autres et non ce rassemblement au-delà et au-dessus des partis que le Général avait rêvé.

François Borella

• *Voir aussi* : Partis politiques ; RPF

Bibl. : Christian Purtschet, *Le Rassemblement du peuple français, 1947-1953*, Paris, Cujas, 1965.

DISCOURS DE RENNES (27 juillet 1947). – Le discours prononcé à Rennes, sur le terrain de la Croix-Rouge, l'une des nombreuses interventions du Général pour promouvoir et développer le RPF (Rassemblement du peuple français), est surtout la plus implacable analyse, faite par un homme politique français, du danger communiste à l'intérieur et de la menace soviétique à l'extérieur. La guerre froide vient de commencer. La conférence de Paris, en février 1947, a abouti à la signature de cinq traités de paix avec les États satellites de l'Allemagne nazie et consacré, en fait, l'expansionnisme soviétique. Le 12 mars 1947, le président Harry Truman a défini la politique des États-Unis en Grèce : « Soutenir les peuples libres qui résistent à des tentatives d'asservissement par des minorités armées ou des pressions venues de l'extérieur. » La « doctrine Truman » officialise ainsi les propositions, formulées en mars 1946 par le diplomate américain George Kennan, de « contenir avec patience, fermeté et vigilance ses tendances [de l'URSS] à l'expansion ». Le 5 juin 1947, à Harvard, le secrétaire d'État américain, le général George Marshall, propose aux États européens une assistance financière et économique à condition de participer à une organisation commune pour la gestion de cette aide. Seize États européens acceptent. L'URSS s'y oppose absolument et impose le refus à ses « satellites ». En outre, le 4 mai 1947, le président du Conseil français, Paul Ramadier, soutenu par le président de la République, Vincent Auriol, tous deux socialistes, a exclu les ministres communistes du gouvernement.

Le discours de Rennes est structuré en deux parties. La première est une vigoureuse dénonciation du PCF (Parti communiste français), jamais nommé. De Gaulle justifie d'abord la participation des communistes aux gouvernements qu'il a dirigés. « Oui, à la Libération, j'avais, avec la Résistance tout entière, jugé qu'il fallait offrir à ces "séparatistes" l'occasion de s'intégrer à la communauté nationale », mais ils ont alors choisi une autre voie, celle « de l'obéissance aux ordres d'une puissance étrangère de domination, dirigée par les maîtres d'une grande puissance slave ». La seconde partie, après un hommage au courage du peuple russe, dénonce un régime qui « écrase, à l'intérieur de lui-même, toute opinion et toute action qui ne seraient pas complètement soumises à ses dirigeants », qui menace la France et dont la frontière « n'est séparée de la nôtre que... d'à peine la longueur de deux étapes du Tour de France cycliste ». Cette situation « appelle tous les vrais Français à se rassembler par-dessus les divisions et les partis pour assurer l'unité française ».

Le discours est muet sur l'éviction des communistes du gouvernement comme sur le plan Marshall. Il contribuera puissamment au mouvement d'adhésion au RPF par crainte d'une subversion communiste.

De Gaulle y verra en outre la cause de la fermeté du gouvernement Ramadier dans la lutte contre les grèves quasi insurrectionnelles lancées par le PCF en automne 1947. François BORELLA

• *Voir aussi* : PCF ; RPF ; URSS

DISCOURS D'ALGER (4 juin 1958). – Du 4 au 6 juin 1958, le général de Gaulle vint recueillir l'investiture de l'armée et des foules d'Algérie après celle de l'Assemblée nationale obtenue le 1er juin. L'épreuve était particulièrement délicate pour le nouveau président du Conseil, attendu avec enthousiasme par la foule, mais avec inquiétude par une minorité. Le 4 juin, au balcon du gouvernement général d'Alger, il lança son fameux « Je vous ai compris ! » pour donner au 13 Mai le sens qu'il voulait lui donner. À 19 heures, dans une atmosphère surchauffée, devant une foule composée essentiellement d'Européens mais aussi de musulmans, longuement et presque à chaque phrase ovationné, il prit acte de la fraternisation. Il déclara qu'il n'y avait plus en Algérie que « dix millions de Français à part entière », qui voteraient bientôt dans un seul collège – y compris les femmes musulmanes – pour le référendum sur la Constitution et pour les élections législatives. Il invita ceux qui menaient un combat « dont, dit-il, je reconnais, moi, qu'il est courageux » – de Gaulle avait revêtu son uniforme –, « courageux, mais cruel et fratricide », à déposer les armes pour participer au vote. Malgré cet hommage inattendu à ceux qu'on appelait jusque-là « rebelles », « hors-la-loi » ou « fellaghas », et bien qu'il eût évité, comme il l'éviterait toujours, de prononcer le mot d'« intégration », il pouvait sembler s'engager pour celle-ci. Le 6 juin, à Mostaganem, il s'écria enfin – mais ce fut la seule fois dans cette série de discours et durant toute la guerre : « Vive l'Algérie... française ! » (avec un temps d'hésitation, selon son gendre le colonel de Boissieu). Il avait satisfait presque tous ses auditeurs en garantissant aux uns le maintien de la souveraineté française et aux autres l'égalité des droits. L'action de l'armée était approuvée, et le général Salan se voyait confirmé dans ses pleins pouvoirs avec le titre de délégué général du gouvernement. De Gaulle semblait avoir donné raison au mouvement d'Alger, tout en évitant de s'engager trop nettement en faveur de l'intégration, et en laissant entendre qu'il recherchait une autre solution dont les insurgés ne seraient pas exclus.

Guy PERVILLÉ

• *Voir aussi* : Algérie (guerre d') ; Femmes ; Orateur in praesentia ; Pieds-noirs

DISCOURS DU 4 SEPTEMBRE 1958. – Prononcé sur la place de la République à Paris, le jour anniversaire de la proclamation de la République en 1870, ce discours s'inscrit d'emblée dans une forte symbolique. En présentant le projet issu des travaux préparatoires de la Constitution, de Gaulle donne le coup d'envoi de la campagne du référendum prévu le 28 septembre suivant.

Après une éloquente introduction d'André Malraux, de Gaulle prend la parole pour retracer d'abord le parcours républicain de la France à travers quatre régimes successifs dont le dernier en date aurait pu conduire, le 13 mai 1958, à « l'irréparable » si le nécessaire n'avait pas été fait « à l'instant même où il était sur le point de se produire ». À la suite de l'Ancien Régime, la République s'est imposée car elle est « la souveraineté du peuple, l'appel de la liberté, l'espérance de la justice ». Pourtant elle n'est pas à l'abri des vices de fonctionnement incompatibles avec « les mouvements humains, les changements économiques, les périls extérieurs ». Ces menaces justifient les choix proposés le 4 septembre 1958. De Gaulle insiste sur le fait qu'ils ont été opérés « sans avoir attenté à aucun droit du peuple ni à aucune liberté publique ».

S'agissant de la République qui inclut les départements d'outre-mer et, pour quatre ans encore, l'Algérie, le projet constitutionnel établit d'abord, « au-dessus des luttes politiques, un arbitre national élu par les citoyens qui détiennent un mandat public » – les circonstances ne se prêtant pas d'emblée à faire appel au suffrage universel. Cet arbitre sera « chargé d'assurer le fonctionnement régulier des institutions, ayant le droit de recourir au jugement du peuple souverain, répondant, en cas d'extrême péril, de l'indépendance, de l'honneur, de l'intégrité de la France et du salut de la République », conformément à ce qu'avait affirmé, dès 1946, le discours de Bayeux.

Ensuite est proposé un gouvernement « qui soit fait pour gouverner et qui ne se détourne pas vers autre chose que sa tâche », ce à quoi vise l'incompatibilité entre fonctions ministérielles et mandat parlementaire. En troisième position, un Parlement « destiné à exprimer la volonté politique de la nation, à voter les lois, à contrôler l'exécutif », mais « sans prétendre sortir de son rôle ». S'ajoutent enfin à l'édifice un Conseil économique et social, qui n'a pas le rôle que lui avait dévolu le discours de Bayeux, et un Conseil constitutionnel dont de Gaulle n'imagine pas la montée en puissance à la faveur du contrôle de la constitutionnalité des lois.

Quant à la Communauté dont le Général énumère les organes de direction, elle est destinée à remplacer l'Union française de la IVe République et à servir de cadre à l'évolution des territoires d'outre-mer devenus des États. Ses institutions centrales se distinguent mal cependant de celles de la République qui demeure chargée de gouverner la monnaie, les affaires étrangères et la défense. En revanche, rien n'évoque dans la Constitution de 1958 une autre communauté : la Communauté économique européenne dont le traité fondateur vient d'être signé en mai 1957.

Naturellement l'appel au « oui », qui conclut le discours, s'inscrit, selon son auteur, dans la volonté affirmée de redresser la France. La victoire du 28 septembre sera la réponse attendue à cette exhortation. Jean-Louis Quermonne

• *Voir aussi* : Constitutionnelles (conceptions) ; Référendum du 28 septembre 1958 ; République

Bibl. : Dominique Chagnollaud et Jean-Louis Quermonne, *La Ve République*, t. 1, *Le Régime politique*, Paris, Flammarion, 2000 • Jacques Chapsal, *La Vie politique sous la Ve République*, Paris, PUF, t. 1, 1987.

DISCOURS DE CONSTANTINE (3 octobre 1958). – *Voir* CONSTANTINE (plan de) ; DELOUVRIER, Paul ; VOYAGES EN ALGÉRIE (octobre-décembre 1958).

DISCOURS DU 16 SEPTEMBRE 1959. – Le 16 septembre 1959, le président de la République, Charles de Gaulle, dévoile son plan longuement médité pour une solution politique du problème algérien : il y affirme la nécessité du « recours à l'autodétermination ». Dès le 10 août, il a annoncé au Premier ministre, Michel Debré, sa décision de laisser les Algériens choisir leur avenir au lieu de leur imposer un statut. Le 16 septembre, il s'engage solennellement à les laisser « décider de leur destin une fois pour toutes, librement, en connaissance de cause », dans leurs douze départements – à l'exclusion des deux départements sahariens –, et à demander aux Français d'entériner leur choix. Ce nouveau référendum aurait lieu au plus tard quatre ans après le rétablissement effectif de la paix, délai nécessaire pour « reprendre la vie normale, vider les prisons et les camps, laisser revenir les exilés, rétablir l'exercice des libertés individuelles et publiques, et permettre à la population de prendre conscience complète de l'enjeu ».

Pour éviter l'ambiguïté du référendum de septembre 1958, les Algériens pourraient choisir entre les trois options concevables. « La sécession, où certains croient trouver l'indépendance », était présentée en termes dissuasifs pour inciter les Algériens à exorciser ce « démon » : même si elle était choisie par leur majorité, « ceux des Algériens qui voudraient rester français le resteraient », ainsi que le Sahara et ses richesses énergétiques, ce qui suggérait un partage de l'Algérie. L'option opposée, la « francisation », ferait des Algériens musulmans une « partie intégrante du peuple français qui s'étendrait, dès lors, effectivement de Dunkerque à Tamanrasset » : de Gaulle évoquait au conditionnel ses promesses de l'été 1958. Enfin, il définissait sans la nommer une solution intermédiaire : « le gouvernement des Algériens par les Algériens, appuyé sur l'aide de la France et en union étroite avec elle pour l'économie, l'enseignement, la défense, les relations extérieures », c'est-à-dire le statut d'État membre de la Communauté. Dans ce cas, le régime intérieur serait fédéral pour garantir la coexistence des populations européenne, arabe et berbère, car il n'y avait jamais eu de nation algérienne unie.

De Gaulle s'inspirait du choix qu'il avait proposé en 1958 aux territoires d'Afrique noire, mais les termes de sa mise en œuvre risquaient d'être modifiés par la demande présentée par la Fédération du Mali (Sénégal et Soudan) d'accéder à l'indépendance sans sortir de la Communauté. Il n'indiquait pas quelle option il préférait, mais on pouvait deviner que c'était la troisième. En conclusion, il invita les insurgés à déposer les armes et à suivre la voie démocratique pour prouver qu'ils ne voulaient pas imposer leur dictature. Il refusa de reconnaître les prétentions du GPRA (Gouvernement provisoire de la République algérienne) en négociant avec lui l'avenir de l'Algérie.

De Gaulle, se distanciant de ceux qui l'avaient rappelé au pouvoir en mai 1958, avait franchi un pas décisif en substituant le principe révolutionnaire du droit des peuples à disposer d'eux-mêmes au dogme de l'Algérie française. En France, la majorité de l'opinion publique fut favorable, malgré la méfiance du PCF, de l'Union de la gauche socialiste (UGS) et de l'Union des forces démocratiques (UFD), qui reprochaient au président de ne reconnaître ni le droit de l'Algérie à l'indépendance ni la nécessité de négocier le cessez-le-feu avec le GPRA. À l'opposé, l'extrême droite et les partisans de l'intégration condamnèrent le principe d'un référendum qui annulait celui de septembre 1958 et admettait l'éventuelle sécession d'une partie du territoire national. Le parti gaulliste UNR (Union pour la nouvelle République) se partagea entre la majorité prête à suivre le général de Gaulle, comme le Premier ministre, et la minorité qui suivit Jacques Soustelle en réclamant un engagement en faveur de la francisation. Les Français d'Algérie se partagèrent entre les « ultras », qui trouvèrent dans le discours la justification de leur méfiance, *L'Écho d'Alger* qui suivait Jacques Soustelle, et *L'Écho d'Oran*, qui ne voulait y voir aucun reniement. Le Premier ministre, le délégué général Paul Delouvrier et le général Challe crurent pouvoir laisser croire à l'armée qu'elle pouvait s'engager pour la francisation. Le président du GPRA, Ferhat Abbas, attendit jusqu'au 28 septembre pour annoncer sa position : reconnaissance du principe de l'autodétermination comme une grande victoire du peuple algérien, condamnation de ses modalités, et offre de pourparlers immédiats pour « discuter des conditions politiques et militaires du cessez-le-feu, des conditions et des garanties de l'application de l'autodétermination ». Guy Pervillé

• *Voir aussi* : Algérie (guerre d') ; Communauté franco-africaine ; Orateur in praesentia

DISCOURS DU 29 JANVIER 1960. – Quand de Gaulle apparaît, ce soir-là, à la télévision, des émeutiers armés sont toujours retranchés à Alger, dans le quartier des Facultés. C'est sa seconde intervention après sa brève allocution du 25 janvier, qui avait constitué une condamnation sans appel du coup de force. Muet pendant cinq jours, le chef de l'État a mis à profit ce laps de temps pour raffermir un Premier ministre ébranlé et laisser se développer en métropole une « mobilisation civique » qui soutient son attitude de fermeté. Par l'intermédiaire du général Ély, il a également pris des contacts avec les milieux militaires en Algérie afin d'isoler les rebelles.

L'intervention revêt un caractère de grande solennité, souligné par le fait que le Général a mis son uniforme militaire. De Gaulle sait bien que l'enjeu de l'affrontement est sa politique d'autodétermination. Annoncée le 16 septembre 1959, elle est rejetée non seulement par ceux qu'on appelle les « ultras », mais aussi par une grande partie des européens d'Algérie et par une fraction de l'armée, notamment dans les troupes d'élite. En revanche, malgré des résistances jusque dans la majorité gaulliste, elle est massivement approuvée par l'opinion publique en métropole. Dès lors, ce discours constitue une adresse à chacune des parties prenantes du drame.

Le Général réaffirme avec force sa décision de donner aux Algériens « le libre choix de leur destin ». Une victoire militaire ne résoudrait rien définitivement. Pour tenter de dissocier les européens des émeutiers, « les menteurs et les conspirateurs qui vous disent [...] que la France et de Gaulle veulent vous abandonner », il renvoie dos à dos l'organisation rebelle et les ultras qui refusent, les uns et les autres, « la seule politique qui soit digne de la France ». Allant plus loin, il rappelle « les liens exceptionnels [...] très chers et très vivants » qui l'unissent à la communauté des européens d'Algérie depuis l'année 1943, mais aussi depuis mai 1958. Il rend hommage à son « labeur séculaire en Algérie » et s'incline devant « ses émouvantes victimes ». De Gaulle se tourne ensuite vers l'armée dont il souligne les succès sur le terrain et à qui il réassigne la tâche de « liquider la force rebelle qui veut chasser la France de l'Algérie ». Néanmoins, rappelle-t-il, l'armée ne saurait avoir de politique à elle ; elle sert la politique de la France. « C'est moi qui porte le destin du pays. Je dois donc être obéi de tous les soldats français. » Enfin, le Général s'adresse brièvement, mais en termes émus, à la France : « Mon cher et vieux pays, nous voici donc ensemble, encore une fois, face à une lourde épreuve. » Il demande un soutien, non seulement en tant que chef de l'État mais, plus encore, en tant que détenteur de « la légitimité nationale [qu' il] incarne depuis vingt ans », une audacieuse référence à l'homme du 18 Juin.

Le ton pressant et vigoureux du discours de De Gaulle achève de cristalliser autour de lui le soutien de l'écrasante majorité des forces politiques en France. C'est là son premier grand succès. Il contribue aussi à confirmer sa reprise en main de l'armée ; le général Challe, commandant en chef en Algérie, n'a plus désormais d'autre voie que la fermeté face à la désobéissance passive de certaines unités. En revanche, son exhortation aux européens aura peu de succès et cette communauté va désormais s'enfoncer dans l'hostilité à sa personne. Le 29 janvier 1960, de Gaulle considère encore que l'autodétermination peut exorciser le spectre de la sécession et empêcher de « faire perdre l'Algérie à la France au moment même où se précise le déclin de la rébellion ». Dix mois plus tard, il prendra acte de l'évanouissement du rêve lorsque ce ne seront plus les Européens mais les musulmans d'Algérie qui descendront en masse dans les rues pour revendiquer l'indépendance.

Philippe BRAUD

• *Voir aussi* : Barricades ; Discours du 16 septembre 1959 ; Légitimité ; Manifestations liées à la guerre d'Algérie ; Pouvoirs exceptionnels (loi du 4 février 1960)

DISCOURS DU 14 JUIN 1960. – Le 14 juin 1960, le général de Gaulle prononce une allocution radiodiffusée et télévisée qui restera célèbre à plusieurs titres. C'est d'abord un long appel à l'« expansion » et à la rénovation économique et sociale. La décolonisation nécessaire est le deuxième thème du discours, et vient en illustration du principe de modernisation : « Il est tout à fait naturel qu'on ressente la nostalgie de ce qui était l'Empire, la splendeur de la marine à voile, le charme du temps des équipages. Mais quoi ? Il n'y a pas de politique qui vaille en dehors des réalités. » Il évoque à ce propos la dislocation de la Communauté, accélérée par l'acceptation des demandes d'indépendance qui en faisaient un simple « Commonwealth français ». Mais la raison d'être de l'allocution repose plutôt dans sa dernière partie, qui concerne l'Algérie.

Trois mois plus tôt, en mars 1960, Si Salah, chef de la wilaya IV, commandant l'Armée de libération nationale (ALN) pour l'Algérois, reprochant au Gouvernement provisoire de la République algérienne (GPRA) d'abandonner les combattants de l'intérieur, a demandé à négocier la reddition avec le gouvernement français. Dépêchés en Algérie, les représentants du président de la République et du Premier ministre ont abouti à un accord sur la remise des armes et le sort des combattants. Le 10 juin, à l'Élysée, de Gaulle a même reçu secrètement Si Salah et deux autres cadres de l'ALN. Il a refusé leur demande de rendre visite à

Ahmed Ben Bella et leur a annoncé son intention de lancer un dernier appel au GPRA. Dans le discours qu'il prononce quatre jours plus tard, le Général réaffirme le principe d'autodétermination et le renforce par l'emploi de la formule « l'Algérie algérienne ». Il renouvelle aussi son appel aux « dirigeants de l'insurrection » pour qu'ils déposent les armes. Le GPRA accepte l'offre de dialogue et envoie une délégation chargée de préparer une rencontre entre son président et celui de la République française. Ces prénégociations, qui se tiennent à la préfecture de Melun du 25 au 29 juin, échouent. Si Salah, de retour en Algérie, est peu après arrêté par ses pairs.

Les officiers français qui ont été informés de l'« affaire Si Salah » ont accusé de Gaulle d'avoir délibérément saboté la négociation pour rendre impossible une victoire militaire qui l'aurait empêché de se débarrasser de l'Algérie française. L'évolution postérieure de la politique algérienne les ancra dans cette conviction. Pourtant, il semble que de Gaulle ait espéré gagner sur les deux tableaux, en proposant au GPRA les conditions de paix acceptées par Si Salah sur la base de l'autodétermination, et qu'il ait été très affecté par son double échec. D'après les témoignages algériens, en dépit d'un message radio comminatoire de Si Salah en avril, le GPRA ne fut informé de l'initiative de ce dernier qu'à Melun, ou au lendemain de la rupture. Ferhat Abbas en fut lui aussi très affecté, et Mohammed Harbi évoque dans ses Mémoires le « vent de panique qui régnait à la présidence » du GPRA durant l'été 1960.

Guy Pervillé

• *Voir aussi* : Abbas, Ferhat ; Algérie (guerre d') ; FLN ; Melun ; Si Salah

DISCOURS DU 4 NOVEMBRE 1960. – Après le double échec des pourparlers de Melun et de l'affaire Si Salah, le général de Gaulle traversa deux périodes de doute et songea, selon Michel Debré, à démissionner. Mais il maintint et précisa sa politique. Le 5 septembre 1960, tirant les leçons de la décolonisation de l'Afrique, il déclara que « l'Algérie algérienne » était en marche, et qu'elle se ferait soit par sécession, soit en association avec la France. Mais la dislocation de la Communauté ne lui permettait plus de cacher qu'elle serait un État indépendant. Le 4 novembre 1960, il défendit sa politique de juste milieu contre les « deux meutes ennemies de l'immobilisme stérile et de l'abandon vulgaire ». Et, montrant les risques d'une « Algérie soviétique » que les « dirigeants rebelles » avaient pris en se plaçant sous la protection des « empires totalitaires », il lança un nouveau défi à ceux « qui se disent être le gouvernement de la République algérienne » en laissant entendre l'organisation prochaine d'un référendum. Tout en rappelant que l'Algérie « n'avait jamais été ni une nation, ni un État », de Gaulle évoquait la « République algérienne, laquelle *existera un jour,* mais n'a jamais existé ».

Ce discours marque une accélération et une clarification telles dans la politique algérienne de De Gaulle que l'on peut parler de rupture. Il cristallise les camps, et d'abord celui de l'Algérie française. Des manifestations d'Européens en colère ont lieu à Alger et à Oran, et, d'Espagne, le général Salan fait un pas vers la guerre civile : « Que chacun prenne ses responsabilités... Le temps des faux-fuyants est révolu. » Dans l'armée et dans la fonction publique, le trouble des esprits s'accentue. Le délégué général du gouvernement en Algérie, Paul Delouvrier, demande à être remplacé. Quant au Premier ministre, bouleversé que le général de Gaulle ait ajouté dans son discours, sans le prévenir, l'affirmation que la République algérienne existerait un jour, il songe à démissionner. Mais l'approbation de cette politique par 69 % de l'opinion métropolitaine encourage de Gaulle à faire appel au peuple. Le 16 novembre, un communiqué de l'Élysée annonce un référendum sur l'organisation des pouvoirs publics en Algérie avant l'autodétermination. Le droit de l'Algérie à l'indépendance est clairement reconnu – « elle aura son gouvernement, ses institutions, ses lois », a dit de Gaulle le 4 novembre –, mais ceux qui doivent la conduire vers cet objectif ne sont pas encore désignés. Les journées de décembre 1960, tournant décisif de la guerre d'Algérie, vont contribuer à imposer le choix de l'interlocuteur.

Guy PERVILLÉ

• *Voir aussi :* Algérie (guerre d') ; OAS ; Orateur in praesentia

Bibl. : Michel Debré, *Gouverner. Mémoires*, t. 3, *1958-1962*, Paris, Albin Michel, 1988.

DISCOURS DU 23 AVRIL 1961. – Le discours du 23 avril 1961 est le plus efficace de ceux par lesquels le général de Gaulle a dissipé la menace présentée par certains chefs militaires. Il leur avait dû son retour au pouvoir en mai 1958, mais ceux-ci lui reprochaient d'en avoir oublié ou renié la condition : le maintien de l'Algérie française. Comparable sur ce plan aux deux discours prononcés le 25 et le 29 janvier 1960 pendant la crise des barricades d'Alger, celui du 23 avril 1961 s'est avéré plus décisif pour ramener les militaires à l'obéissance. Entre-temps, la politique algérienne avait été clarifiée et orientée vers la négociation avec le FLN (Front de libération nationale).

Au soir de la deuxième journée du « putsch » d'Alger, de Gaulle a déjà marqué des points en obtenant plusieurs succès : le démantèlement du « complot de Paris » le matin du 22 avril par la police qui agit sous l'autorité du ministre de l'Intérieur, Roger Frey ; le raffermissement de l'obéissance chez les officiers des corps d'armée d'Oran et de Constantine, grâce à la mission, effectuée dans la journée du 22, du ministre Louis Joxe et du général Olié ; la décision, prise en Conseil des ministres dans l'après-midi du même jour, d'instituer l'état d'urgence et de déférer les coupables à la justice militaire ; l'approbation par les autorités constituées de la décision du chef de l'État de mettre en œuvre l'article 16 dans la journée du 23. Le dimanche 23, à 20 heures, l'allocution radiodiffusée et télévisée que de Gaulle prononce en uniforme n'en est pas moins un acte décisif, à un moment où la crainte se répand d'un débarquement des parachutistes à Paris, sur le modèle de l'opération « Résurrection » qui avait été suspendue à la fin de mai 1958.

Le discours du chef de l'État est relativement bref et d'autant plus opérant. Il commence par définir les faits : « Un pouvoir insurrectionnel s'est établi en Algérie par un pronunciamiento militaire », terme espagnol évoquant les nombreux coups d'État qui ont marqué l'histoire de ce pays jusqu'à la guerre civile, et choisi pour provoquer une réaction de rejet. Puis il explique les faits en accusant les « coupables de l'usurpation » d'avoir « exploité la passion des cadres de certaines unités spécialisées, l'adhésion enflammée d'une partie de la population de souche européenne qu'égarent les craintes et les mythes, l'impuissance des responsables submergés par la conjuration militaire ». Après avoir laissé entendre qu'il admettait une part de légitimité dans les motivations du complot, il en condamne fermement les chefs, en distinguant habilement « une apparence : un quarteron de généraux en retraite », et « une réalité : un groupe d'officiers partisans, ambitieux et fanatiques », avant de vouer à l'opprobre les uns et les autres : « Ce groupe et ce quarteron possèdent un savoir-faire expéditif et limité. Mais ils ne voient et ne comprennent la nation et le monde que déformés à travers leur frénésie. Leur entreprise conduit tout droit à un désastre national. »

Ayant fustigé l'entreprise des officiers factieux, il développe en une phrase ample « l'immense effort de redressement de l'État » poursuivi depuis trois ans, qui « risque d'être rendu vain, à la veille même de la réussite, par l'aventure odieuse et stupide des insurgés en Algérie », et il insiste sur leur lourde responsabilité : « Voici l'État bafoué, la nation défiée, notre puissance ébranlée, notre prestige international abaissé, notre place et notre rôle en Afrique compromis. Et par qui ? Hélas, hélas, par des hommes dont c'était le devoir, l'honneur, la raison d'être, de servir et d'obéir. » Après cette déploration savamment ascendante, vient la condamnation qui dicte à chacun le devoir de résister : « Au nom de la France, j'ordonne que tous les moyens, je dis tous les moyens, soient employés pour barrer la route à ces hommes-là, en attendant de les réduire. J'interdis à tout Français et, d'abord, à tout soldat d'exécuter aucun de leurs ordres. » L'excuse de l'obéissance limitée aux opérations militaires contre la rébellion du FLN est rejetée d'avance, de façon à obliger chacun à prendre ses responsabilités. Enfin, le chef de l'État annonce sa décision de recourir à l'article 16 de la Constitution. En des termes impressionnants, il affirme sa volonté de maintenir jusqu'au terme de son mandat, voire de sa vie si les insurgés viennent à la lui retirer, « la légitimité française et républicaine que la nation [lui] a conférée ». Il n'oublie pas « de prendre les moyens d'assurer que cette légitimité demeure après [lui] ». L'appel final – « Françaises, Français ! Aidez-moi ! » – interpelle directement chaque citoyen.

Cette allocution dramatique a laissé le souvenir d'un chef-d'œuvre. Écoutée avec une grande attention par les soldats du contingent, elle a contribué à ruiner le moral des putschistes et à rassembler contre eux la grande majorité des Français de métropole. Elle contraste avec le bref appel affolé lancé peu avant minuit par le Premier ministre Michel Debré, appelant les Français à s'opposer à un débarquement des troupes d'Alger sur les aéroports de la région parisienne : « Dès que les sirènes retentiront, allez-y, à pied ou en voiture, convaincre ces soldats trompés de leur lourde erreur. » Si ce second discours suscita l'ironie, le premier inspira la confiance et le soutien. Guy PERVILLÉ

• *Voir aussi* : Armée ; Algérie (appelés en) ; Orateur in praesentia ; Putsch des généraux ; Radio et télévision

DISCOURS DU 20 SEPTEMBRE 1962. – Le 20 septembre 1962, Charles de Gaulle s'adresse à la nation pour lui annoncer qu'elle sera saisie, par référendum, d'un projet de loi constitutionnelle instaurant l'élection du président de la République au suffrage universel direct. En fait, le projet avait été annoncé lors du Conseil des ministres du 12 septembre, soulevant d'entrée l'opposition de tous les partis, exceptés les gaullistes. Le discours du 20 septembre a pour but d'expliquer les raisons du projet mais aussi de réfuter les arguments des adversaires.

La première raison tient aux circonstances. Mentionnant indirectement l'attentat qui l'a visé le 22 août au Petit-Clamart, de Gaulle considère que les circonstances l'ont conduit à hâter une échéance qui était inéluctable. Souhaitant que son successeur dispose formellement de la légitimité populaire qui est la sienne du fait de l'Histoire, le chef de l'État se livre à un long exposé sur la fonction présidentielle, présentée comme la fonction centrale des institutions puisque le président est « le chef de l'État et le guide de la France » à travers les pouvoirs constitutionnels qui sont les siens. Ceux-ci sont lus et interprétés dans la vision présidentialiste qui correspond à la pratique du régime depuis quatre ans : le président « inspire, oriente, anime l'action nationale » grâce aux pouvoirs dont il dispose et dont il use directement ou à travers la délégation au gouvernement.

Ce cours audiovisuel de droit constitutionnel se prolonge d'une explication des raisons pour lesquelles la procédure de l'élection directe n'a pas été introduite dès 1958 et doit l'être désormais. Considérant que sa légitimité historique le dispensait d'« attacher une importance particulière aux modalités qui allaient entourer [sa] désignation à la présidence », de Gaulle n'avait pas voulu introduire d'emblée une disposition qui aurait transformé le référendum constitutionnel de 1958 en « plébiscite ». Par contre, il en va différemment pour ses successeurs, qui devront tirer de leur élection populaire la légitimité nécessaire pour l'exercice de cette fonction.

Rejetant tout autre modification de la Constitution, en réponse implicite à ceux qui souhaitent instaurer un régime présidentiel de séparation des pouvoirs, Charles de Gaulle justifie enfin le recours à la procédure du référendum de l'article 11 qui est au cœur des controverses. Estimant que la Constitution prévoit deux procédures, l'une parlementaire avec l'article 89, l'autre référendaire – l'article 11 concerne tous les projets de lois sur « l'organisation des pouvoirs publics », donc, selon lui, les projets de lois constitutionnels –, rappelant également que « la souveraineté nationale appartient au peuple et lui appartient évidemment d'abord dans le domaine constituant », de Gaulle considère la procédure du référendum comme la « plus justifiée ».

S'exprimant sur un registre très personnel et s'adressant directement à son auditoire, le général de Gaulle montre à quel point la conception des institutions qui est la sienne repose sur un lien direct entre le président et le peuple, et comment elle justifie à la fois le recours au référendum et l'élection directe du chef de l'État : deux sujets sur lesquels il lui aurait été impossible d'obtenir l'assentiment du Parlement.

Hugues PORTELLI

• *Voir aussi* : Crise constitutionnelle de 1962 ; Référendum (usage du)

DISCOURS DE MEXICO (16 mars 1964). – Le 16 mars 1964, le général de Gaulle prend la parole en espagnol sur la place centrale de Mexico, du balcon du Palais national. Il termine son allocution par le mémorable : « *Marchemos la mano en la mano* » (Marchons la main dans la main !). La foule rassemblée place du Zócalo reçoit le message avec un rugissement d'enthousiasme. L'invitation au rapprochement entre les deux nations est la conclusion généreuse d'un discours dont l'intention tend à mettre en valeur les affinités politiques, culturelles et même morales des deux pays : « Mon pays, ardent, fier et libre, est attiré par le vôtre, libre, fier et ardent... » Mais ces mots sont aussi compris comme une expression de solidarité de la France envers le Mexique, à un moment où l'Amérique latine ne peut être que le témoin passif des actions du gouvernement de Washington. Depuis la révolution cubaine de 1959, la guerre froide a gagné le continent américain. En octobre 1962, la crise des missiles de Cuba a montré que le territoire américain peut, lui aussi, être la cible d'une attaque nucléaire. Les États-Unis sont plus déterminés que jamais à défendre leur hégémonie face aux influences externes, soviétiques en l'occurrence, et face à la diffusion possible de la révolution cubaine. La marge de manœuvre diplomatique des pays latino-américains en est diminuée, de même que leur liberté de développement politique. Ils craignent que Washington n'intervienne dans leurs affaires internes afin de s'opposer à des changements « indésirables ». Les Mexicains sont particulièrement sensibles à ces craintes. Leur propre expérience historique les a instruits, et aussi celle des pays voisins comme le Guatemala, où le gouvernement démocratique de Jacobo Arbenz avait été victime en 1954 d'un coup d'État militaire inspiré et organisé par Washington.

Face aux deux blocs, Adolfo López Mateos, alors président du Mexique (1958-1964), a tenté une politique étrangère de troisième voie dont les thèmes sont la préservation de l'indépendance et la défense de la souveraineté nationale. Ces principes sont aussi ceux que de Gaulle soutient en matière extérieure, face au condominium nucléaire Washington-Moscou. Le chef de l'État français est arrivé au Mexique précédé de son image de héros historique, celle du refus de la défaite, de la reconquête de la liberté et de la revendication de plus d'indépendance vis-à-vis des États-Unis. Ces sujets touchent d'autant plus profondément les Mexicains que le projet de diplomatie indépendante du président López Mateos n'a pas pu aboutir, en raison des contraintes de la bipolarité. Le thème de l'indépendance est le leitmotiv des quatre discours officiels que le président français prononce pendant son bref séjour de quatre jours. Au cours de ses interventions publiques, il souligne aussi la composante latine de la culture mexicaine qui fonde la communauté de valeurs et de sentiments qui unit les deux pays et les distingue des pays anglo-saxons.

La visite de De Gaulle a eu un effet prolongé sur l'esprit des Mexicains par tout le symbolisme qui s'en dégageait et aussi par la compréhension que le président a montrée des possibilités et des dilemmes d'un pays qui était « si loin de Dieu et si proche des États-Unis », selon l'expression d'un président mexicain du XIXe siècle. Les mots, les gestes, les appels « au cœur et à la raison » que le chef de l'État français a lancés à Mexico pour fonder une coopération plus étroite entre les deux pays ont été entendus par les Mexicains comme un message d'espoir et de soutien dans l'isolement auquel l'hégémonie des États-Unis semblait les avoir condamnés.

Soledad Loaeza

• *Voir aussi :* Cuba ; Détente-Entente-Coopération ; Discours de Phnom Penh ; Grandeur et rang ; Politique étrangère

Bibl. : Soledad Loaeza, « La visite du général de Gaulle au Mexique », dans Institut Charles-de-Gaulle, *De Gaulle en son siècle*, t. 6, *Liberté et dignité des peuples*, Paris, Plon-La Documentation française, 1992 • Mario Ojeda, *Alcances y Límites de la Política exterior mexicana*, México, El Colegio de México, 1990 • Charles Zorgbibe, « De Gaulle et le tiers-monde : orientations générales », dans Institut du droit de la paix et du développement, *De Gaulle et le tiers-monde*, Paris, Pedone, 1983.

DISCOURS DE PHNOM PENH (1er septembre 1966). – Ce jour-là, le général de Gaulle prend la parole au Complexe sportif national de Phnom Penh devant environ cent mille Cambodgiens. Le 7 mars, il a annoncé que la France quittait le dispositif militaire de l'OTAN. Du 20 au 30 juin, il a effectué un voyage spectaculaire en Union soviétique. Le discours s'inscrit dans la continuité d'une prise de distance par rapport aux États-Unis. Non seulement les deux camps de la guerre froide sont mis sur le même plan (l'Indochine, « terrain d'affrontement pour les dominations et les idéologies rivales »), mais la responsabilité américaine est présentée comme entière. Si « la position de la France est prise », si elle l'est « par la condamnation qu'elle porte sur les actuels événements », c'est parce qu'on a vu « l'autorité politique et militaire des États-Unis s'installer à son tour au Vietnam du Sud et, du même coup, la guerre s'y ranimer sous la forme d'une résistance nationale. [...] Il n'y a aucune chance que les peuples d'Asie se soumettent à la loi de l'étranger venu de l'autre Pacifique ». De Gaulle annonce donc l'échec de l'intervention américaine. Sur ce point, les événements lui donneront raison.

Mais la « résistance nationale » ne consistait pas en une révolte antiaméricaine du Sud opprimé : elle témoignait de la pénétration du Nord porteur de communisme totalitaire et non de démocratie pluraliste. La « libération » du Sud allait consister à le soumettre à une dictature bien plus complète que celle qu'il avait subie sous le président Diem. Cette contradiction politique et intellectuelle était déjà présente dans les accords de Genève. Des élections étaient prévues au Sud ; elles n'auraient jamais lieu. Mais il n'était pas question de demander des élections libres et pluralistes au Nord. Plus tard, des journalistes influents comme Olivier Todd ou Jean Lacouture diront qu'ils s'étaient trompés dans leur présentation des guerres d'Indochine – la française, puis l'américaine. Le discours de Phnom Penh relève du même type d'erreur. Il eut cependant un immense retentissement parce qu'il proclamait une éclatante vérité : l'intervention toujours croissante en Asie était « de plus en plus réprouvée par nombre de peuples d'Europe, d'Afrique, d'Amérique latine et, en fin de compte, de plus en plus menaçante pour la paix du monde. » L'artisan le plus actif de cette terrible escalade – qui allait bientôt concerner le Cambodge – s'appelait Henry Kissinger.

Alfred Grosser

• *Voir aussi :* Non-alignés ; Politique étrangère ; Vietnam

DISCOURS DU 24 JUILLET 1967 . – Le « Vive le Québec libre ! » lancé par le général de Gaulle le 24 juillet 1967 du balcon de l'hôtel de ville de Montréal marque une étape importante dans les relations franco-québécoises. Depuis 1961, des liens particuliers avaient été développés entre la France et le Québec, à la suite de la visite à Paris du Premier ministre libéral québécois Jean Lesage, à l'époque de la « Révolution tranquille ». De son côté, le général de Gaulle, qui s'était déjà rendu au Québec en 1944 et en 1960, avait suivi avec intérêt et sympathie l'évolution du Canada français vers davantage de souveraineté.

En septembre 1966, le nouveau Premier ministre du Québec, chef du parti de l'Union nationale, Daniel Johnson, invite directement le général de Gaulle à se rendre à l'Exposition universelle de Montréal de l'été 1967. Ottawa, de son côté, invite également le président français. De Gaulle, d'abord enclin à refuser ces invitations, décide finalement de les accepter après avoir rencontré Daniel Johnson. Celui-ci est venu à Paris en avril 1967 pour inaugurer la nouvelle Délégation générale du Québec. Il déclare à de Gaulle : « Mon général, le Québec a besoin de vous. »

Le général de Gaulle choisit de se rendre au Québec sur le croiseur *Colbert* et de remonter le Saint-Laurent. Accueilli à l'Anse-au-Foulon par le gouverneur général du Canada Roland Michener le 23 juillet, il emprunte le lendemain 24 juillet de Québec à Montréal le « Chemin du Roy » c'est-à-dire l'ancienne route longeant la rive nord du Saint-Laurent en traversant de nombreux villages, acclamé par la population, dans une ambiance survoltée, lui rappelant celle de la Libération.

Reçu dans la soirée à l'hôtel de ville de Montréal par le maire Jean Drapeau, de Gaulle, qui devait parler aux 600 personnalités et notables assis sur la terrasse de l'autre côté du bâtiment, décide de gagner le balcon de l'hôtel de ville pour s'adresser aux 15 000 personnes massées sur la place Jacques-Cartier qui le réclament. Il termine sa courte allocution par le fameux « Vive le Québec... libre ! » qui déchaîne l'enthousiasme de la foule.

Les invités de Johnson et de Drapeau – hommes politiques, diplomates, hommes d'affaires – sont décontenancés par l'utilisation du slogan des indépendantistes par le Général. Après un temps de réflexion, le gouvernement québécois affirme que « le Québec n'a pas été choqué ». En revanche, le Premier ministre du Canada, Lester B. Pearson, juge les propos de De Gaulle inacceptables. Le président français décide alors de renoncer à sa visite prévue à Ottawa et de rentrer directement en France.

Il ne semble pas que cette fameuse formule ait fait l'objet d'une intention délibérée, décidée à l'avance. Le général de Gaulle lui-même écrivit à propos de cet épisode : « Je savais que je devais faire quelque chose, mais quoi, quand, où ? Au bout de cette journée inouïe, il fallait répondre à l'appel de ce peuple. Je n'aurais pas été de Gaulle si je ne l'avais pas fait. »

Yves-Henri NOUAILHAT

• *Voir aussi :* Grandeur et rang ; Politique étrangère ; République ; Vanier, Georges

Bibl. : Renée Lescop, *Le Pari québécois du général de Gaulle*, Montréal, Boréal Express, 1981 • Yves-Henri Nouailhat, *Le Québec de 1944 à nos jours. Un destin incertain*, Paris, Imprimerie nationale, 1992 • Dale C. Thomson, *De Gaulle et le Québec*, Saint-Laurent (Québec), Éditions du Trécarré, 1990.

DISCOURS DU 30 MAI 1968. – Après un mois de grèves, d'occupations des usines et des universités, de manifestations et d'affrontements que le pouvoir en place ne parvient pas à maîtriser, même au lendemain des « accords de Grenelle » du 27 mai avec les syndicats, la situation bascule en faveur du général de Gaulle et de son gouvernement le 30 mai. Au retour d'un voyage éclair à Baden-Baden le 29 où il a rencontré des chefs militaires, de Gaulle reçoit Georges Pompidou qui lui arrache la dissolution de l'Assemblée, et il réunit le Conseil des ministres à 15 heures. L'allocution radiodiffusée se déroule à 16 h 30 ; elle n'est pas télévisée mais s'adresse à la masse de ceux qui suivent les « événements » sur leurs transistors. Prononcée d'un ton ferme et martial, elle annonce une série de décisions.

Les premières sont négatives : « détenteur de la légitimité nationale et républicaine », il ne démissionnera pas, pas plus qu'il ne changera de Premier ministre, auquel il rend hommage. Les autres sont positives : l'Assemblée nationale est dissoute tandis que le référendum est différé. Après les décisions, la menace : si le peuple est « bâillonné » et empêché de voter de la même façon qu'il est empêché de travailler ou d'étudier, d'« autres voies » seront utilisées pour « maintenir la République » : le recours éventuel à l'article 16 de la Constitution, qui donne au président les pleins pouvoirs, est clairement envisagé. Face au pouvoir légitime qu'il incarne, de Gaulle agite la menace de la subversion, désignant clairement le « communisme totalitaire » comme l'ennemi, tout en mentionnant les « rivaux » qui le contestent (c'est-à-dire la nouvelle extrême gauche) et les « politiciens au rancart » (de François Mitterrand à Pierre Mendès France) qui seraient la façade provisoire de cette entreprise. L'allocution, fort brève, se termine par un appel au peuple pour qu'il se « ressaisisse » et à l'« action civique » afin qu'elle s'organise partout pour barrer la route à la subversion.

L'intervention s'avèrera cette fois particulièrement efficace. Le choix, suggéré par Georges Pompidou, de la dissolution de l'Assemblée est imparable, car il correspond à la tradition républicaine : aucun parti ne refusera de s'y prêter. Il permet de masquer discrètement l'échec de la solution gaullienne du référendum. L'agitation de la menace communiste est, elle aussi, judicieuse pour mobiliser la « majorité silencieuse » de la droite et du centre même si ce n'est pas du côté du PCF qu'est venu l'essentiel de la crise sociale et politique de mai. Quant à l'appel à l'« action civique », il coïncide à la fois avec la lassitude d'une bonne partie de l'opinion et avec le réveil des réseaux gaullistes. Ceux-ci ont organisé pour la soirée du 30 une manifestation aux Champs-Élysées qui va devenir un raz-de-marée de soutien au Général, effaçant la mainmise de l'extrême gauche et des syndicats sur l'espace public depuis un mois.

Au lendemain de cette allocution et de la manifestation qui la suit, la campagne électorale commence et l'essence revient dans les stations-service pour le week-end de la Pentecôte. L'ordre est restauré.

Hugues PORTELLI

• *Voir aussi :* Baden-Baden ; Champs-Élysées ; Élections législatives de 1968 ; Mai 68 ; Manifestation du 30 mai 1968

DISCOURS DU 25 AVRIL 1969. – C'est la dernière allocution télévisée du général de Gaulle, deux jours avant le référendum qui allait entraîner son départ. Présenté comme « partie intégrante de la participation qu'exige désormais l'équilibre de la société moderne », le projet soumis au peuple français portait à la fois sur la décentralisation et sur la fusion du Sénat avec le Conseil économique et social. Il déconcertait les électeurs par sa complexité, inquiétait les élus par la suppression du bicamérisme. Mais cette initiative répondait essentiellement au souci de ressaisir le contact direct avec le peuple, perdu depuis Mai 68, et que la dissolution n'avait pas permis de retrouver, car l'Assemblée élue en juin était plus pompidolienne que gaulliste. Comme le référendum sur l'autodétermination de l'Algérie en 1961, celui-ci devait permettre au Général de surmonter le conservatisme d'une Chambre introuvable, opposée à ses desseins réformateurs. Pour sortir de cette situation bloquée, il recourait donc à la « question de confiance » qui était son *ultima ratio*, et il la posait plus explicitement encore que le 6 janvier 1961 : « Si je suis désavoué par une majorité d'entre vous [...], ma tâche actuelle de chef de l'État deviendrait évidemment impossible et je cesserais aussitôt d'exercer mes fonctions. » Il évoquait aussi ce qui se passerait si les « diverses, disparates et discordantes oppositions » l'emportaient : ce serait « l'inévitable retour aux jeux des ambitions, illusions, combinaisons et trahisons » – allusion, sans doute, à la défection de Valéry Giscard d'Estaing.

Cependant, cet argument favori de la rhétorique gaullienne : « Moi ou le chaos » tombait à plat ; on n'était plus en 1962 ni même en 1965. Il existait désormais une alternative évidente que Georges Pompidou avait présentée le 19 janvier précédent en annonçant sa candidature à l'élection présidentielle, « lorsqu'il y en aurait une... ». Le discours du 25 avril tentait certes d'en atténuer l'impact en reculant ce moment. Le Général y évoquait, pour la première fois aussi explicitement, « le terme régulier » où, « tournant la dernière page du chapitre que, voici quelque trente ans, j'ai ouvert dans notre histoire, je transmettrai ma charge officielle à celui que vous aurez élu... ». Mais les Français n'attendirent pas ce « terme régulier » et répondirent « non ».

Plus profondément, le changement du contexte politique qui rendait l'argumentation du Général inopérante était la conséquence de l'élection du président de la République au suffrage universel. Une démocratie majoritaire s'était peu à peu substituée au rassemblement « plébiscitaire » dont le référendum avait été l'instrument privilégié. Celui-ci ne trouvait donc plus sa place dans un système qui, par le jeu combiné de la dissolution et de l'élection présidentielle, reposait exclusivement sur l'élection et sur la majorité. D'ailleurs, aucun référendum n'était intervenu depuis la mise en place de ce système en 1962 et c'est vainement que le Général tentait d'en restaurer la pratique après avoir dû y renoncer au lendemain de son allocution du 24 mai 1968. Sa statue avait échappé à Pygmalion. Pierre AVRIL

• *Voir aussi* : Communiqué du 28 avril 1969 ; Participation ; Référendum du 27 avril 1969

Bibl. : Institut Charles-de-Gaulle, « Le référendum du 27 avril 1969 fut il un référendum suicide ? », *Espoir*, n° 16, 1976, p. 4-27.

DISCOURS ET MESSAGES. – « Vous voulez publier tous mes discours ? Vous avez de l'estomac ! » s'exclame le Général en recevant à Colombey son éditeur, Marcel Jullian, au cours de l'automne 1969. L'entreprise s'annonce gigantesque, en effet, tant la parole écrite a joué un rôle essentiel dans l'œuvre et la destinée de Charles de Gaulle. Du 18 juin 1940 au 27 avril 1969, ce sont quelques milliers de textes qu'il s'agit de rassembler, des appels radiodiffusés aux allocutions télévisées, des discours prononcés en public et devant les Assemblées aux toasts pour les hôtes étrangers, auxquels s'ajoutent entretiens, conférences de presse, messages et communiqués divers. Seuls seront écartés les discours, non moins innombrables, improvisés notamment lors des déplacements en province et qui n'ont pu être reconstitués avec exactitude.

Répartie en cinq volumes qui recouvrent autant de grandes séquences de l'épopée gaullienne, la publication à la Librairie Plon des *Discours et messages* s'opère sous l'autorité de François Goguel, avec le concours de Pierre-Louis Blanc, déjà chargé de réunir la documentation nécessaire aux *Mémoires d'espoir*. Goguel jouit de longue date de l'estime et de la confiance du Général. Chargé de la mise au point et de l'annotation des textes retenus et authentifiés par leur auteur, il lui revient en outre de rédiger l'aide-mémoire chronologique qui précédera chacun des tomes. Le tout en collaboration étroite avec l'homme de Colombey qui mènera de front et à un rythme soutenu, de février à juin 1970, la révision de l'ensemble et la rédaction de ses souvenirs.

De Gaulle ne se contente pas de relire, avec sa minutie habituelle, ses propres écrits. Comme le montre le dernier volume des *Lettres, notes et carnets*, il se livre à un examen tout aussi attentif des notes explicatives et du répertoire chronologique rédigés par Goguel, les lui retourne accompagnés de « quelques infimes suggestions », « très rares remarques » et « observations de détail » sur « la trame des événements », ceux d'Algérie notamment et de son voyage à Baden-Baden.

De l'exhortation au réquisitoire, de l'exposé magistral à l'échange complice ou contradictoire, c'est toute la gamme oratoire déployée par le Général en trente années de vie publique qu'on voit s'exprimer à travers ces volumes successifs. Jouant sur tous les registres, tantôt martial, tragique et solennel, tantôt familier, goguenard et sarcastique, l'exilé de Londres, le tribun du RPF, le harangueur des foules d'Alger et surtout l'acteur de télévision se sert ici des mots comme d'une arme suprême – et souvent irrésistible – pour d'abord survivre, convaincre ensuite, s'imposer enfin et dominer.

Si l'action précède le verbe à ses yeux, la lecture des *Discours et messages* permet de mesurer à quel point cet emploi tactique et manipulateur du langage, aussi nécessaire à la construction de soi qu'à la conquête et à l'exercice du pouvoir, a sous-tendu d'un bout à l'autre son entreprise politique. Jean-Luc BARRÉ

• *Voir aussi* : Audiovisuelles (interventions) ; Éditeurs ; Orateur ; Radio et télévision ; Style écrit

DISSOLUTION (usage de la). – Comme souvent, une facture classique, comme toujours, du grand art. De Gaulle a recouru deux fois au droit de dissolution que lui confiait l'article 12, le 10 octobre 1962 puis le 30 mai 1968, les deux fois avec succès, dans les deux situations qui donnent à ce pouvoir sa plus grande pertinence : trancher un différend grave entre l'exécutif et le législatif, ménager une issue à une crise extra-institutionnelle.

Le premier épisode est un archétype du régime parlementaire, sa quintessence : un conflit surgit, dans lequel s'opposent durement les deux branches du pouvoir. Le législatif, comme il en a le droit, censure l'exécutif ; le chef de l'État réplique par la dissolution ; les électeurs arbitrent. De 1962, l'on retient avant tout l'adoption, par référendum, de l'élection directe du président de la République. C'est plutôt la dissolution, pourtant, qui apporta l'innovation majeure, celle que nul n'avait imaginée. Décidée au moment opportun, en effet, elle a doté la Ve République de ce qui lui manquait encore, allait se pérenniser ensuite, la caractérise depuis : le fait majoritaire. Jusqu'alors, Michel Debré et Georges Pompidou avaient bénéficié du soutien d'une majorité hétérogène, formée de tous ceux qui, de la droite à la gauche, avaient approuvé la naissance de la Ve République. Le Blitzkrieg de l'automne 1962 a opéré l'indispensable clarification. Ce qui en est ressorti de plus nouveau n'a pas été la primauté du chef de l'État – elle existait déjà – mais bien l'émergence de la principale modernisation institutionnelle, l'existence d'une majorité claire, stable, disciplinée, qui donne au gouvernement la durée et les moyens d'agir (obligeamment mis à la disposition du président) et aux électeurs le choix d'en changer à l'échéance suivante. Seul problème, l'addition du fait majoritaire né en 1962 et des moyens imaginés en 1958 pour compenser son absence a fini par donner à l'exécutif plus de facilités qu'il n'est souhaitable, et au législatif plus d'inhibitions qu'il n'est sain.

La seconde dissolution, celle de 1968, fut d'un tout autre genre. Il ne s'agissait plus de trancher un différend interne aux institutions, mais de mettre un terme au désordre qui semblait les menacer. Prononcée trop tôt, elle eût pu envenimer la situation, trop tard, ne plus suffire à la contrôler. Mais décidée au moment où la lassitude gagnait tous les acteurs sociaux, où les plus placides commençaient à s'impatienter, les plus inquiets à s'affoler, elle eut un stupéfiant effet de souffle : les Français qui, avec angoisse ou bonheur, se pensaient à l'aube d'une révolution possible, renouèrent benoîtement avec leurs habitudes électorales dès que de Gaulle les y invita. Cette dissolution, selon Hubert Beuve-Méry, a ménagé « une issue à une situation devenue inextricable », et l'on ne soulignera jamais assez ce miracle du légalisme et de la pondération qui a fait que l'appel aux électeurs a suffi à dénouer l'« inextricable ».

Dans l'un et l'autre cas, la gauche avait cru tenir sa revanche. Espoir deux fois déçu. Au contraire, là où 1962 avait donné une majorité solide, 1968 offrit une majorité absolue, autrement plus confortable que celle, incertaine, issue des élections de 1967.

Trois autres dissolutions sont intervenues depuis : deux d'alternance (1981, 1988) que l'harmonisation des calendriers a rendues inutiles à l'avenir, et une de convenance (1997) que l'échec a démontrée périlleuse.

Dès lors, les usages futurs du droit de dissolution ne répondront sans doute qu'à deux types : celui, fiévreux, où il s'agirait de répondre à une secousse sociale exceptionnelle, ou celui, plus froid, qui viserait à rétablir la contemporanéité, entre présidentielle et législatives, qu'un accident aurait passagèrement compromise. Cela seul suffirait à justifier que cette sage méthode de sortie de crise demeure toujours disponible. Mais elle a une autre vertu : l'utilité de la dissolution ne se mesure pas seulement au nombre de ses usages mais, d'abord et surtout, à la crainte révérencielle qu'elle inspire aux députés, ainsi conduits à respecter un minimum de discipline pour en conjurer le risque. C'est parce qu'il l'avait compris que de Gaulle avait voulu faire ce droit présidentiel comme il est : une arme aisément maniable, donc dissuasive le plus souvent ou, à défaut, efficace pour les rares cas où la dissuasion aurait échoué.

Guy Carcassonne

• *Voir aussi* : Constitutionnelles (conceptions) ; Crise constitutionnelle de 1962 ; Élections législatives de 1968 ; Président de la République

DIVISION BLINDÉE (2e DB). – *Voir* Leclerc (Philippe de Hauteclocque, dit).

DIVISION FRANÇAISE LIBRE (1re DFL). – La 1re division française libre est formée en Libye le 1er février 1943, de la fusion des 1re et 2e brigades françaises libres (BFL), et constituée en division d'infanterie motorisée. Ses 7 000 combattants sont pour la plupart des pionniers des Forces françaises libres (FFL). Commandée par les généraux de Larminat puis Koenig, elle s'illustre dans les derniers combats de la campagne de Tunisie et consacre la fin du printemps 1943 au recrutement de résistants évadés de France, de victimes du régime de Vichy et de détachements de l'armée d'Afrique du Nord (AFN). Ces pratiques contribuent à envenimer les relations entre gaullistes et giraudistes. Le 8 août, la division est placée sous les ordres du général Brosset qui la regroupe près de Nabeul, en Tunisie. Progressivement équipée de matériel américain et renforcée en hommes, rudement entraînée, la DFL devient un redoutable instrument de combat.

Imposée par de Gaulle aux Alliés pour rejoindre le corps expéditionnaire français en Italie, la division parvient à Naples fin avril 1944. Elle participe aux combats du Liri du 11 au 16 mai, à la bataille du Garigliano puis à la ruée vers Rome. Du 10 au 20 juin, avec la 3e division d'infanterie algérienne, elle forme le corps de poursuite qui vainc la résistance allemande et débouche dans la plaine toscane. Désignée pour débarquer en Provence, elle regagne la région de Naples. Là, le 30 juin, elle est passée en revue par le général de Gaulle qui décore personnellement certains de ses officiers, sous-officiers et soldats, et cinq de ses unités.

Le 16 août, la DFL débarque en Provence au sein de l'armée B du général de Lattre de Tassigny. Elle prend Hyères le 21, investit Toulon le 23, puis entame la poursuite dans la vallée du Rhône. Le 3 septembre, elle entre dans Lyon. Durant ces semaines, elle a établi des contacts rugueux avec les responsables de la Résistance intérieure et les FFI. Après avoir participé à la libération d'Autun et retrouvé à Montbard des éléments avancés de la 2e division blindée (DB), elle est engagée le 20 septembre dans la très difficile bataille des Vosges. Le 20 novembre, Brosset se tue au volant de sa Jeep. Sous le commandement de son remplaçant, le général Garbay, la division s'illustre lors de la prise de Belfort. Pour combler ses pertes et relever ses combattants africains et océaniens, elle poursuit son « blanchiment » en intégrant des unités FFI. D'abord désignée pour réduire la poche de Royan, elle est rappelée en Alsace pour faire face à la contre-offensive allemande des Ardennes. En janvier 1945, elle participe à la défense de Strasbourg puis à la réduction de la poche de Colmar.

Le général de Gaulle impose alors une nouvelle désillusion à ses « grognards » qui n'ont cessé de marquer leur hostilité à de Lattre. Le 3 mars, il verse la DFL dans le détachement d'armée des Alpes et reconnaît : « La tâche est rude, ingrate aussi, car il est pénible aux officiers et aux soldats de cette exemplaire division de laisser à d'autres les lauriers qui jonchent le sol de l'Allemagne et de finir dans un secteur isolé l'épopée qu'ils ont vécue depuis les jours les plus sombres sur les champs les plus éclatants. » Au terme de durs combats, la division conquiert des enclaves italiennes et s'apprête à marcher sur Turin et Milan lorsque les armées allemandes d'Italie capitulent.

Après avoir incarné les FFL presque à elle seule, la DFL est rentrée dans le rang à mesure que l'armée d'AFN puis les FFI la rejoignaient au combat. Son tempérament ombrageux et l'assurance acquise par ses combattants sur tous les champs de bataille de la France libre ont fait d'elle une division aussi remarquable que difficile à commander. Ils lui ont probablement coûté quelques triomphes symboliques, à Rome ou en Allemagne. Ils ont très certainement contribué à la décision gaullienne de choisir la 2e DB pour débarquer en Normandie. Le 18 juin 1945, à Paris, c'est la DB qui ouvrit le défilé de la victoire, tandis qu'un unique détachement de la DFL fermait la marche.

Le 15 août, la 1re DFL est dissoute. Depuis 1940, 3 542 volontaires sont tombés dans les rangs des unités qui l'ont composée. Cinq de ces dernières ont reçu la croix de la Libération. Enfin, 376 Compagnons de la Libération ont appartenu, à un moment ou à un autre, à la DFL, soit 36 % des membres de l'Ordre.

Dans la mémoire française de la guerre, Paris, Strasbourg et Berchtesgaden éclipsent Lyon, les Vosges et l'Authion.

Demeure l'épopée d'une grande unité dont Charles de Gaulle écrivit le 27 février 1946 : « Ce qu'a su faire, pour la France, la 1re division française libre, ce qu'elle a su faire par le cœur, le corps, les armes, de ceux qui "en" étaient, ce qu'elle a su faire avec ses chefs, Koenig, Brosset, Garbay, ses officiers et ses soldats, c'est un des plus beaux morceaux de notre grande Histoire, c'est un rocher que les vagues du temps ne pourront détruire jamais, c'est, pour toujours, un défi lancé à ceux qui doutent de la France. »

Guillaume PIKETTY

• *Voir aussi* : Brosset, Diego ; Débarquement en Provence ; FFL ; France libre ; Ordre de la Libération

Bibl. : Yves Gras, *La 1re DFL. Les Français libres au combat*, Paris, Presses de la Cité, 1983 • Guillaume Piketty, *Les Français des années noires* (titre provisoire), à paraître dans la collection « Bouquins » avec l'intégralité des carnets de guerre de Diego Brosset • Bernard Saint-Hillier, *Les Premiers Soldats du général de Gaulle : les origines de la 1re division française libre*, Paris, Éditions La Bruyère, 2000.

DOCUMENTAIRES. – Personnage emblématique et charismatique du second XXe siècle, le général de Gaulle suscite, sitôt après sa disparition, la curiosité et l'ardeur des documentaristes de télévision. Le Général, dont on a souvent dit qu'il fut « le premier téléspectateur de France » (Romain Gary, 1968), a laissé, surtout à partir de 1958, de nombreuses traces audiovisuelles. Persuadé que la presse écrite lui est hostile, il comprend très tôt l'enjeu politique que représente la télévision et il y multiplie avec brio les interventions. Ses allocutions, ses conférences de presse et les reportages sur ses voyages en province fournissent aux documentaristes une matière première riche en images saisissantes, fortes de la présence exceptionnelle de Charles de Gaulle et de ses formules à l'humour ravageur. Aucun auteur ne s'est pourtant lancé dans la démarche documentaire au temps du gaullisme triomphant. De son vivant, la figure du commandeur est difficile à évoquer, qui plus est au temps d'une télévision corsetée par ses fidèles. Ce n'est qu'à partir des années 1970 que sont réalisés des documentaires historiques à base d'archives. En outre, l'histoire télévisuelle éprouve le besoin de s'appuyer sur des célébrations ou des anniversaires. La télévision commémorative se met à l'œuvre après la disparition du sujet.

Des œuvres en hommage. Le premier documentaire qui lui est consacré, conçu comme une adaptation des *Mémoires de guerre*, n'est diffusé qu'en novembre 1972, à l'occasion du 2e anniversaire de sa mort. Réalisée par Pierre Cardinal, l'émission, diffusée sur la première chaîne, retrace en trois volets – « L'Appel », « L'Unité », « Le Salut » – les années de guerre et de l'immédiat après-guerre, de la défaite à Bir-Hakeim à la démission du général de Gaulle. Le comédien Jean Dessailly lit en voix *off* des extraits des Mémoires de De Gaulle sur un montage d'images souvent rares ou inédites, issues des archives militaires de différents pays. Pierre Cardinal a choisi dans la geste gaullienne les passages qui « marquent l'évolution de la pensée politique du Général et le tracé de sa ligne de conduite ». Cette première évocation s'avère de fait un portrait de De Gaulle par lui-même, et le critique de *Télérama* de noter le 29 octobre 1972 : « Au demeurant, ce qui apparaît déjà à travers cette première émission, c'est ce que réussit le mieux de Gaulle, c'est d'être de Gaulle. » Il est d'ailleurs notable que, pour ce 2e anniversaire, les téléspectateurs ne peuvent guère échapper à l'épopée gaullienne : au même moment, la deuxième chaîne donne un portrait-récit du journaliste gaulliste Michel Droit intitulé « Un Français libre, esquisse pour un portrait de Charles de Gaulle ». Retraçant en une heure et demie d'archives trente ans d'histoire, de la défaite de juin 1940 à la mort de Charles de Gaulle, ce portrait s'apparente, selon les critiques, à une « sulpicienne vie de saint ».

Dès lors, chaque anniversaire apporte sa moisson d'émissions sur le mode lyrique. En novembre 1973, Pierre Cardinal et Pierre Lefranc, l'ancien collaborateur du Général, s'affranchissent des Mémoires de De Gaulle pour évoquer son destin depuis 1940 jusqu'à la Ve République. Mais ce documentaire verse dans le portrait hagiographique, mettant par exemple sur le même plan le refus de l'armistice, de Vichy, et celui du régime des partis (« Charles de Gaulle, le refus, 1940-1946 » ; « Charles de Gaulle, l'indépendance, 1958-1969 »). En 1975, pour le 5e anniversaire, c'est au tour de Claude Santelli et de Françoise Verny de proposer « Charles le Seul ». Ce documentaire entend être une méditation sur le pouvoir et la solitude ; il est conçu comme un drame – montage dramatique d'images d'actualités, théâtralisation accentuée des moments forts de la vie du Général – et use d'une écriture toute littéraire : le maître du « grand théâtre politique » est confronté au miroir shakespearien du pouvoir, les textes de De Gaulle se mêlant aux citations d'André Malraux et de Shakespeare. Le 10e anniversaire donne lieu à une grande rétrospective. On la doit à Olivier Guichard sur une réalisation de Pierre-André Boutang et Philippe Moret. Intitulés « Mon Général », les quatre documentaires d'une heure programmés sur TF1 (« La France à coups d'épée 1940-1946 » ; « Du rassemblement au désert 1946-1958 » ; « Le Général revient 1958-1962 » ; « Ses dernières campagnes 1962-1970 ») se distinguent par le ton très personnel d'Olivier Guichard – un des principaux collaborateurs de De Gaulle – qui multiplie les anecdotes et n'hésite pas à prendre parti. Si la critique salue le montage d'archives parfois inédites et la qualité des témoignages – dont celui de Pierre Mendès France racontant avec émotion sa première rencontre avec le chef de la France libre en 1942 –, elle ne manque pas de souligner le caractère hagiographique de la série et le ton parfois juge et partie de son auteur.

D'autres épisodes suscitent la production de documentaires. L'anniversaire de l'appel du 18 juin 1940 est un événement régulièrement commémoré par la télévision française. Il donne lieu au travail de Roger Stéphane, « Histoire de la France libre, le Général », programmé sur FR3 en juin 1980 pour le 40e anniversaire, ou à celui de Pierre Lefranc et Pierre-André Boutang, « Charles de Gaulle, le verbe et l'image », diffusé sur TF1, « portrait de De Gaulle, par de Gaulle » à partir de ses « effets oratoires ».

Des analyses plus distanciées. Ce n'est qu'à la fin des années 1980 qu'apparaissent les premiers documentaires plus historiques qu'hagiographiques. « De Gaulle ou l'éternel défi », série de Jean Lacouture et de Jean Labib, est de ce point de vue emblématique. Tirés des trois tomes de la biographie que Jean Lacouture a consacrée au Général, les six épisodes qui composent la série se veulent thématiques et problématiques ; ils évoquent les défis les plus emblématiques et les plus périlleux de la carrière de De Gaulle : « Le Rebelle », « Orage sur l'Atlantique », « Entre les communistes et nous », « Une Europe tricolore », « Déchirures algériennes », « Le souverain de la République ». Six combats racontés en images et éclairés par les témoignages inédits des plus anciens collaborateurs et adversaires. L'épopée est pour la première fois narrée avec nuance et rigueur, ses auteurs ne cherchant à privilégier aucun point de vue. Diffusée sur TF1 en septembre 1988 et depuis lors éditée en DVD, la série continue de faire référence. De même, de nombreux documentaires thématiques présentent une approche désormais plus scientifique. Qu'il s'agisse d'évoquer mai 1958 ou le référendum de 1962 (« Mai 58, un coup d'État républicain » de Michèle Cotta, France 5, mai 1998 ; « De Gaulle le retour : 13 mai 1958 » de Patrick Rotman et Virginie Linhart, France 3, mai 1998 ; « L'Élection du président par le peuple » d'Olivier Duhamel et Jean-Noël Jeanneney, France 5, mai 1997), l'Algérie (« De Gaulle et l'OAS : L'Algérie c'est la France » de Pierre Abramovici, TF1, janvier 1991), ou encore le talent cathodique (« La Télévision du général » de Jérôme Bourdon et Marcel Teulade, France 2, octobre 1990 ; « De Gaulle un souverain cathodique » de Jean-Noël Jeanneney, France 5, février 2000), les problématiques sont davantage historiques – tentant de rendre compte des avancées de l'historiographie – que mémorielles et laudatives.

Cette démarche n'empêche pas que fleurissent toujours les évocations des fidèles. C'est le cas notamment de celle réalisée en juin 1990 par Philippe de Gaulle à l'occasion du 50e anniversaire de l'appel du 18 Juin et du 100e anniversaire de la naissance du Général. Diffusée sur France 2 en six épisodes, cette série, qui mêle archives et témoignages, est assez événementielle et peut se lire comme la réponse « orthodoxe » à la série réalisée par Jean Lacouture et Jean Labib. De même, lors du 25e anniversaire de la mort du Général, Alain Peyrefitte adapte pour la télévision ses célèbres notes publiées sous le titre *C'était de Gaulle*. Diffusé sur France 3 en trois épisodes (« Le Temps des épreuves » ; « Le Temps des défis » ; « Le Septennat inachevé »), ce documentaire met en scène l'ancien ministre de De Gaulle, mémorialiste et confident, qui évoque avec un plaisir et une admiration non dissimulés le parcours désormais bien connu du général de Gaulle en l'agrémentant des bons mot de son héros.

Très largement traitée, l'épopée gaullienne continue donc de fasciner la télévision, qu'il s'agisse d'évoquer la vie privée du grand homme – on songe à « De Gaulle intime », adaptation du livre de Philippe de Gaulle pour France 3, diffusé en novembre 2005 – ou de lui donner une nouvelle vie grâce à la fiction – on pense au « Grand Charles », docu-fiction de Bernard Stora diffusé sur France 2 en mars 2006.

Agnès CHAUVEAU

• *Voir aussi* : Fiction ; Internet ; Ouvrages biographiques ; Ouvrages thématiques ; Sources

Bibl. : Fondation Charles-de-Gaulle, *De Gaulle et les médias*, Paris, Plon, 1994 • Jean-Noël Jeanneney, avec la collaboration d'Agnès Chauveau, *L'Écho du siècle. Dictionnaire historique de la radio et de la télévision en France*, Paris, Hachette Littératures, 2001 • Isabelle Veyrat-Masson, *Quand la télévision explore le temps. L'Histoire au petit écran*, Paris, Fayard, 2000.

DOMAINE RÉSERVÉ. – Formule désignant le « pré carré » présidentiel (mais toujours récusée par les intéressés), l'expression « domaine réservé » a pour origine le discours prononcé à Bordeaux, le 15 novembre 1959, par Jacques Chaban-Delmas devant les assises de l'UNR (Union pour la nouvelle République). Le président de l'Assemblée nationale y exposait sa théorie des deux secteurs : « Le secteur présidentiel ou réservé », qui comprend l'Algérie, la Communauté franco-africaine, les affaires étrangères et la défense, et dans lequel « le chef de l'État décide », tandis qu'il « opte » dans « le secteur ouvert ou libre », qui concerne tout le reste et dans lequel l'initiative appartient alors à l'UNR. En fait, il s'agissait, en dissuadant les membres du mouvement gaulliste de s'immiscer dans la politique algérienne, de neutraliser l'offensive des partisans de l'Algérie française contre l'autodétermination annoncée dans l'allocution du 16 septembre précédent. Jacques Chaban-Delmas devait d'ailleurs préciser que la formule s'adressait aux militants gaullistes et ne s'appliquait pas au Parlement comme s'en indignaient les opposants, qui continuèrent par la suite à dénoncer ce dessaisissement de la représentation nationale. Ce fut notamment l'un des thèmes de François Mitterrand lors de son grand débat avec Georges Pompidou à l'Assemblée nationale, le 24 avril 1964.

Le général de Gaulle devait rejeter catégoriquement l'idée d'un domaine réservé pour le motif inverse : « Il n'y a pas pour moi de domaine qui soit ou négligé, ou réservé » [*ME*]. De fait, une fois l'affaire algérienne réglée et Michel Debré remplacé à Matignon par Georges Pompidou, le Général étendit le champ de ses évocations en multipliant les conseils interministériels. « À partir de 1962, témoigne Étienne Burin des Roziers (qui devint à cette époque secrétaire général de la présidence), le domaine réservé se dilue et le pouvoir gravite de la rue de Varenne vers la rue du Faubourg-Saint-Honoré. » Les matières inscrites à l'ordre du jour de ces conseils montrent, en effet, que « désormais le domaine réservé ne se définissait plus *ratione materiae* mais *ratione temporis* », c'est-à-dire par l'opportunité ou par l'urgence d'une action de l'État (par exemple le « plan de stabilisation » de 1963).

Le général de Gaulle exposa sa conception dans la conférence de presse du 31 janvier 1964 en rappelant que le président, qui est l'homme de la nation et qui répond de son destin, ne doit pas être « absorbé, sans relâche et sans limite, par la conjoncture politique, parlementaire, économique et administrative » : c'est « le lot » du Premier ministre ; mais, affirmait-il aussitôt, « il ne saurait y avoir de séparation étanche entre les deux plans » et il appartient au président « d'ajuster le domaine suprême qui lui est propre avec ceux dont il attribue la gestion à d'autres », tout en précisant que, « parfois, les deux plans sont confondus quand il s'agit d'un sujet dont l'importance engage tout ». Il y fera écho dans les *Mémoires d'espoir* : « En dehors de situations dramatiques exigeant soudain de l'État une attitude qui soit tranchée et que je prenne alors directement à mon compte, mon action consiste avant tout à tracer des orientations, fixer des buts, donner des directives » ; mais « je ne manque évidemment pas de me concentrer sur les questions qui revêtent la plus grande importance générale ». Toute question peut donc faire l'objet d'une évocation si la situation l'exige ; en revanche, il est des affaires qui, par nature, relèvent en permanence de la responsabilité directe du chef de l'État en vertu de l'article 5 de la Constitution qui fait de lui le « garant de l'indépendance nationale, de l'intégrité du territoire et du respect des traités ».

L'expression « domaine réservé » subsistera pour désigner les affaires étrangères et la défense, ce que Jean Massot préfère qualifier de « domaine éminent » et qui deviendra sous les cohabitations le « domaine partagé », selon Édouard Balladur.

Pierre AVRIL

• *Voir aussi* : Conférence de presse du 31 janvier 1964 ; Constitutionnelles (conceptions) ; Politique étrangère ; Président de la République

Bibl. : Pierre Avril, *La Ve République. Histoire politique et constitutionnelle*, 2e éd., Paris, PUF, 1994 • Étienne Burin des Roziers, *Retour aux sources. 1962 l'année décisive*, Paris, Plon, 1986 • Jean Massot, *Le Président de la République en France*, Paris, La Documentation française, 1977.

DOMENACH, Jean-Marie (1922-1997). – Responsable d'une revue intellectuelle influente, *Esprit*, essayiste, journaliste, enseignant, Jean-Marie Domenach, né en 1922 à Lyon dans un milieu catholique, est une figure marquante du paysage intellectuel français de la seconde moitié du XXe siècle, inséparable du mouvement personnaliste fondé par Emmanuel Mounier.

Ancien militant de la Jeunesse étudiante chrétienne (JEC), il s'est vite pris de passion pour la politique. Il appartient à cette génération de la Résistance qui s'est investie dans l'école d'Uriage et dans le maquis du Vercors et qui a cru, après la guerre, à un véritable renouveau en s'engageant passionnément pour œuvrer à l'émergence d'une morale de la responsabilité et pour promouvoir « une culture, une communauté, une volonté d'exister librement », comme il l'écrit dans *Ce que je crois*, en 1978. À ses yeux, les forces historiques ne sont pas des forces matérielles, mais des forces spirituelles.

Secrétaire de rédaction de la revue *Esprit* dès 1946, il en deviendra le directeur en 1957 et le demeurera jusqu'en 1976. Il tentera d'y poursuivre son combat en faveur d'un monde plus juste. Intellectuel de gauche, un moment proche des communistes, il s'en éloigne à la suite d'un séjour en Yougoslavie en 1949 qui lui ouvre les yeux sur la véritable nature du régime communiste. Il s'investit fortement dans le combat contre le colonialisme français au Maghreb et plus particulièrement contre la guerre d'Algérie. Il dénonce notamment la torture et les exactions commises par l'armée française et pourfend la droite coloniale.

Ses liens avec le Général sont empreints à la fois d'admiration et de défiance. Lors de l'Occupation, l'intervention du Général en juin 1940 lui apparaît naturelle et sans mystère : ce dernier est totalement dans son rôle, celui du sauveur à l'égard duquel Jean-Marie Domenach ne manifeste aucune curiosité particulière. L'animateur d'*Esprit* prend publiquement position en septembre 1958 en faveur du « non » au référendum avant de se rallier à la Ve République et de devenir, dans une certaine mesure, un gaulliste déclaré à la suite du putsch d'Alger en 1961. En mai 1966, il est par exemple l'un des signataires du manifeste fondateur du « groupe des 29 » favorable à la politique étrangère gaulliste, quelques semaines après l'annonce par le général du retrait des forces françaises de l'OTAN.

Jean-Marie Domenach est un écrivain que le général de Gaulle estime. Probablement avait-il lu son livre *Le Retour du tragique* (1967), qui se veut un sursaut contre la banalisation, la normalisation et le règne du bien-être. En mai 1968, le directeur d'*Esprit* renoue avec la critique personnaliste du productivisme. Il publie par la suite plusieurs ouvrages sur les grands thèmes qui agitent le monde contemporain (le statut de la morale, le déclin de la culture, etc.). Il disparaît en 1997.

Rémy Rieffel

• *Voir aussi* : Intellectuels

Bibl. : Rémy Rieffel, *La Tribu des clercs, les intellectuels sous la Ve République*, Paris, Calmann-Lévy, 1993.

DOUAUMONT. – « Le capitaine de Gaulle, commandant de compagnie, réputé pour sa haute valeur intellectuelle et morale, alors que son bataillon, subissant un effroyable bombardement, était décimé et que les ennemis atteignaient la compagnie de tous côtés, a enlevé ses hommes dans un assaut furieux et un corps à corps farouche, seule solution qu'il jugeait compatible avec son sentiment de l'honneur militaire. Est tombé dans la mêlée. Officier hors de pair à tous égards » [*LNC*].

Ainsi était rédigée la citation à l'ordre de la Légion d'honneur, à titre posthume, du futur général de Gaulle. Averti, son père Henri de Gaulle se contenta de dire : « Mon fils est mort en faisant son devoir. » Mais le capitaine Charles de Gaulle est seulement blessé. Il a été fait prisonnier devant le village de Douaumont le 2 mars 1916, donc au tout début de la bataille de Verdun. De ce combat, sauf à considérer que le récit qu'en donne la citation est très exagéré, il n'aima pas beaucoup parler. Comme il l'écrivit à sa sœur Marie-Agnès le 12 mai 1916 du camp de prisonniers où il se trouvait : « Je suis tombé le 2 mars entre les mains de l'ennemi dans un combat autour de Douaumont, j'y ai été blessé, pas trop gravement, d'un coup de baïonnette à la cuisse, dont je me suis remis complètement. Mais tu juges de ma tristesse de finir ainsi la campagne ! » [*LNC*]. Pour le capitaine de Gaulle, c'était une chose insupportable d'être prisonnier.

Président de la République, cinquante ans plus tard, le 29 mai 1966, il préside à Douaumont les cérémonies organisées pour le cinquantième anniversaire de la bataille de Verdun. Pas un mot sur sa participation personnelle. Après un cours d'histoire sur ce que fut la bataille, dans lequel il rend hommage au Pétain de Verdun (avant que « l'usure de l'âge [eût mené] le maréchal Pétain à des défaillances condamnables »), il en tire les leçons pour « nous-mêmes » – la « cohésion » à l'intérieur et l'« équilibre » à l'extérieur –, et pour les « deux peuples » qui y ont combattu : « la carrière de l'action commune » [*DM*].

Jean-Jacques Becker

• *Voir aussi* : Captivité ; Doute de soi ; Grande Guerre ; Naufrage ; Soldat

DOUTE DE SOI. – De Gaulle est un homme qui, tout au long de sa longue carrière militaire et politique, affiche des certitudes. L'aplomb, parfois brutal, avec lequel il exposait ses analyses, ses conceptions ou ses convictions, a toujours fasciné les uns, exaspéré les autres. Cette rugueuse disposition de caractère, partagée d'ailleurs par bien d'autres responsables militaires ou politiques, constitue un handicap dans les temps ordinaires alors qu'elle se révèle un puissant aimant, en temps de crise, quand dirigeants ou peuples déboussolés cherchent désespérément un ancrage à leurs désirs d'espérer. Mais, chez de Gaulle, la confiance en soi affichée va beaucoup plus loin que le sentiment d'avoir intellectuellement raison, que ce soit dans ses thèses sur la doctrine d'emploi de l'arme blindée dans l'entre-deux-guerres, dans ses analyses politiques sur la dimension mondiale du conflit en 1940, ou, plus tard, sur la nécessaire réforme des institutions. Il a, très tôt, l'intime conviction d'être investi d'une mission au service de la France, d'être appelé à un destin d'exception. En cela, il est plus proche de Jeanne d'Arc que de Clemenceau. Chez ce dernier, comme chez beaucoup d'autres responsables politiques, ce sont les circonstances et les services déjà rendus qui leur imposent progressivement le sentiment d'être irremplaçables ; chez de Gaulle, la conviction d'un destin singulier est originelle. Le rêve grandiose d'un enfant, pétri d'Histoire et d'aspirations héroïques, survit en lui chez l'adulte ; les défis à relever dans les situations les plus critiques servent seulement à attester l'authenticité d'une vocation à tous égards unique.

L'être humain et son personnage. Dès lors, le doute de soi qui taraude tout individu à divers moments de son existence revêt chez lui une signification spéciale. Fondamentalement, il prend racine dans une inquiétude intime, plus ou moins fugitive, sur la capacité de l'homme à ne pas trahir le personnage ; sur l'aptitude de Charles de Gaulle à rester à la hauteur du « général de Gaulle ». Le dualisme, très tôt discernable, entre son « moi réel » et son « moi idéal » – pour parler comme les psychanalystes –, laisse sa trace la plus visible dans cette manière, un peu insolite, dont le mémorialiste parle de lui-même à la troisième personne : l'homme (de lettres) présente à ses lecteurs le géant de l'Histoire. Dès lors, les enjeux du doute de soi deviennent formidables. Douter, surtout si c'est à haute voix, c'est désespérer des fidèles et des compagnons qui, dans leur foi éperdue, ont tant misé sur un guide impavide. Surtout, c'est faillir dans une mission sacrée que nul autre ne saurait mener à bien dans sa plénitude ; c'est endosser l'écrasante responsabilité du naufrage collectif qui menace. Se sentir investi d'une mission aussi haute que le salut de la France, sa place et son rang dans l'Histoire, se considérer comme étant absolument le seul à pouvoir conjurer les effroyables menaces qui pèsent sur son génie et son destin, n'est-ce pas pousser l'assurance de soi jusqu'à des limites extrêmes (que beaucoup stigmatiseront comme une arrogance insupportable) ? Mais n'est-ce pas, aussi, semer les germes potentiels d'une formidable angoisse devant la tâche surhumaine à accomplir ? À ce défi, de Gaulle ne pouvait pas répondre autrement que par un discours tranchant, durci dans la forme et sur le fond, chaque fois que les plus raisonnables interrogations sur ses choix pouvaient s'insinuer. Pourtant, malgré cette extraordinaire capacité à masquer, au moins en public, les hésitations, les perplexités ou les doutes qui ont pu l'assaillir, de Gaulle a connu de graves fléchissements à divers moments de son existence. Doutes d'autant plus terribles qu'ils se situaient au regard d'une vision de soi plus grandiose.

La première manifestation de trouble se lit dans la correspondance adressée par de Gaulle à sa mère dans les derniers mois de la Première Guerre mondiale. « Un chagrin qui ne se terminera qu'avec ma vie », voilà ce que ressent en décembre 1917 le prisonnier des Allemands qui, venant de rater l'une de ses nombreuses tentatives d'évasion, se désespère de ne pouvoir participer au combat. Mais la raison profonde de ces idées noires se trouve sans doute ailleurs. Alors que, pourtant, la victoire se dessine en septembre 1918, il avoue, dans une lettre du 1er septembre, un désarroi encore plus profond : « Pour avoir quelque avenir dans la carrière [...], la première, l'indispensable condition sera d'avoir fait campagne, d'avoir, au fur et à mesure qu'elle changeait de forme, appris à la juger, formé ses raisonnements, trempé son caractère et son autorité. » Rêveur démesuré, de Gaulle est aussi un extraordinaire réaliste ; il n'ignore pas les voies et moyens nécessaires pour s'imposer aux sommets. Si sa carrière devait être bloquée dans l'armée au profit des héros du front, alors quelles chances lui resterait-il de pouvoir un jour accomplir son destin ? Mais, sur ce point, il sera vite rassuré et les années qui suivirent seront des années de fécond apprentissage aussi bien que de progression dans le cercle étroit des « officiers de grand avenir ».

La confiance en soi, chez lui, monte à son zénith lorsque la France s'enfonce, en mai 1940, dans la débâcle. N'a-t-il pas eu raison contre les thèses du haut état-major, en préconisant un autre emploi des blindés dans la bataille ? Le 3 juin, il écrit à Paul Reynaud que les Allemands gagnent « parce qu'ils appliquent les conceptions qui sont les miennes ». Le fait d'avoir eu raison en des circonstances décisives n'a pu que fortifier sa propension de toujours à se considérer comme un homme d'exception. Si l'on a eu raison hier sur des questions majeures, n'est-on pas le mieux placé pour relever les effroyables défis de l'heure ? Même si de Gaulle a su calculer risques et avantages avant de quitter le territoire français, le 17 juin, ce n'est donc pas à ce moment qu'il est accessible au doute. Tous les témoins signalent d'ailleurs sa détermination et son sang-froid qui en imposent. Si rude qu'ait été l'isolement des premières semaines à Londres, ce « dénuement » l'a conforté dans sa certitude d'être l'élu du destin. Parce qu'il est seul, de Gaulle devient celui autour duquel on se rassemble, sans qu'on puisse lui disputer le rôle de dirigeant prophétique ni « la légitimité nationale » qu'il incarne désormais.

Dans ses déclarations publiques comme dans ses écrits, de Gaulle aime constamment souligner qu'il « avait prévu » orages ou échecs, qu'il « n'a pas été surpris » par les événements, qu'il « avait deviné » ses interlocuteurs. Mais les confidences de beaucoup de ses proches livrent le portrait, en privé, d'un homme plus porté au doute ou, du moins, qui les prend à témoin de ses interrogations pessimistes. Certes, il peut y entrer une part de calcul : obtenir des informations et des déclarations de loyauté ; on ne peut, non plus, méconnaître la simple nécessité psychologique d'un relâchement de tension : « Le fait d'incarner [...] la figure d'une France indomptable au milieu des épreuves, avoue-t-il dans ses *Mémoires de guerre* [fut] une forte tutelle intérieure en même temps qu'un joug bien lourd ».

Accès de pessimisme. Pourtant, il y eut de vrais moments de doute, voire de fléchissement. Sous une forme euphémisée, plusieurs ont d'ailleurs été avoués par le Général, dans son entretien du 7 juin 1968 avec Michel Droit. On le sait, l'échec cinglant, en septembre 1940, de l'expédition franco-anglaise sur Dakar ouvrit une courte période de désarroi. La tentative de ralliement de l'Afrique-Occidentale française avait été un échec, des Français s'étaient entretués. De Gaulle l'admet : « J'éprouvais l'impression d'un homme dont un séisme secoue brutalement la maison » [*MG*]. Peut-être vaudrait-il mieux évoquer ici la statue qui, dans son esprit, vacille... Mais la fidélité chaleureuse de ses compagnons Larminat et Leclerc, le soutien (si précieux alors) de Churchill et de son gouvernement, enfin, quelques semaines plus tard, « l'extrême enthousiasme » qui l'accueille à Douala lui permettent de se ressaisir rapidement et totalement. Dans cet épisode fugitif apparaît clairement ce processus de réassurance que l'on verra jouer plus tard, à diverses reprises. De Gaulle a besoin tout à la fois de la confiance inconditionnelle de ses fidèles, de la reconnaissance des Grands et, plus encore peut-être, des acclamations chaleureuses de la foule. Ce sont elles qui le confirment dans sa conviction d'être l'élu de la Providence, « le champion inflexible de la nation et de l'État ». C'est pourquoi il vit si mal, plus encore que la dispersion de ses compagnons ou la condescendance des Grands, les insuccès électoraux et, surtout, le désamour des masses.

Le score du Rassemblement du peuple français en 1951 (120 députés au lieu des 180 escomptés) lui fait douter de sa vocation à rassembler l'immense majorité des Français et, par voie de conséquence, de ses chances de retour au pouvoir. Très vite, il met en veilleuse un mouvement où vacillent d'ailleurs certaines loyautés ; il affiche une prise de distance à l'égard de la politique et, en privé, multiplie les commentaires pessimistes. Moment paroxystique de doute : les lendemains du 9 mai 1954 tel que le raconte Jean Lacouture. À la chute de Diên Biên Phu, le 7 mai, de Gaulle se convainc que l'émoi soulevé en France par ce désastre pourrait lui offrir l'occasion attendue de remobiliser autour de lui les espérances. Dans une conférence de presse, il annonce solennellement sa venue place de l'Étoile, pour déposer une gerbe sur la tombe du Soldat inconnu. Mais le peuple de Paris n'est pas au rendez-vous ! Les semaines qui suivirent verront le Général plonger dans un état d'esprit particulièrement déprimé. Pourtant, dans cette période difficile du « désert » où les vents semblent toujours si contraires, de Gaulle réussit à combattre les doutes qui l'assaillent de deux manières bien à lui.

D'abord en multipliant avec ses proches les commentaires désabusés, les « De Gaulle, c'est fini ! » qui ont pour principale réponse des protestations de confiance indéfectible. Ensuite, en voyageant outre-mer, là où il sait que les acclamations enthousiastes ne lui seront pas marchandées. Ce sera l'Afrique, puis les Antilles, les territoires français de l'Océanie, enfin le Sahara en 1957 où vient de jaillir le pétrole d'Hassi Messaoud. Et puis, en octobre 1954, ce sera l'extraordinaire succès éditorial de ses *Mémoires de guerre*. Il avait adressé les premiers exemplaires dédicacés au président de la République, au pape et à la reine d'Angleterre, manière de rappeler son « rang ». Avec cet ouvrage, très bien accueilli par les médias comme par le public, le Général a pu se sentir revigoré dans ses espérances de servir à nouveau la France.

Après son retour au pouvoir, qui confirme avec tant d'éclat cette intime conviction d'avoir toujours été le recours, le premier épisode marquant de doute se manifeste avec la mise en ballottage du 5 décembre 1965. Il pense un instant à abandonner le pouvoir, du moins l'affirme-t-il. Mais le classique processus de réassurance fonctionne toujours. C'est, dans l'immédiat, la confiance d'un entourage dont il a anxieusement sollicité les avis ; on lui prouvera notamment que son score du premier tour (44 % des suffrages) restait tout à fait honorable dans la conjoncture de l'heure. C'est un peu plus tard le succès, à la fois officiel et populaire, de ses voyages à Moscou et Leningrad qui précède le triomphe du Cambodge. À Phnom Penh, le 1er septembre 1966, comme plus tard en juillet 1967 au balcon de Montréal, l'impression s'impose néanmoins que le Général pratique une sorte de fuite en avant. Sa voix résonne dans le monde entier, soulevant des foules enthousiastes, jetant de provocants défis « au nom de la France ». Comment ne savourerait-il pas cette posture qui lui permet de se tenir à distance des problèmes, trop mornes pour lui, d'une vie politique métropolitaine envahie par les harcèlements de l'opposition, les critiques de la rue, voire les réticences de sa majorité ? La décolonisation est achevée, l'affaire algérienne est réglée : lui manquent peut-être des enjeux majeurs à affronter.

Le grand fléchissement. Dès cette époque, il est probable aussi que se fissure une assurance ébranlée en secret par les effets de l'âge. Sur ce sujet, des proches ont rapporté, à plusieurs reprises, des remarques désabusées ou inquiètes. Cependant, c'est Mai 68 qui ouvre la brèche irrémédiable. D'abord parce qu'il n'a pas vu venir la contestation, en a longtemps sous-estimé la force et, finalement, a proposé une réponse – le référendum sur la participation – qui a fait long feu. Comment ne s'interrogerait-il pas sur la sûreté de son jugement politique ? À Baden-Baden, le 29 mai, il a eu besoin du rude réconfort du général Massu pour se ressaisir. Sans doute, la « disparition » du Général a-t-elle pu être réinterprétée par certains fidèles comme un coup de poker tactique, d'une habileté supérieure. Pourtant, il n'est pas douteux désormais, après les témoignages de François Flohic et Jacques Massu, que le Général a connu, en réalité, un bref mais authentique épisode dépressif. Mais, pis encore que ces échecs ou ces défaillances, il a vu l'un de ses plus anciens collaborateurs, un proche qui lui doit totalement son élévation aux sommets, Georges Pompidou, révéler, dans ces circonstances exceptionnelles, une énergie, une habileté et un sang-froid de loin supérieurs à ses propres réactions. De Gaulle a immédiatement compris, quoi qu'en aient pensé ses plus dévoués serviteurs, qu'il n'a pas été, à ce moment là, à sa hauteur. Pour une fois, il ne s'est pas senti « le plus grand », choc insupportable à cet homme hanté par le souci de conjurer « le naufrage de la vieillesse ». Sans doute, grâce à l'énorme succès de la manifestation du 30 mai à Paris, grâce à « l'immense marée humaine de la Concorde et des Champs-Élysées et, ensuite, de tous les cortèges magnifiques qui se sont produits dans tant de villes... », s'est-il « consolidé », ainsi qu'il l'a reconnu lors d'un entretien le 7 juin 1968. Mais si les élections législatives des 23 et 30 juin 1968 sont un triomphe, ce n'est pas sa légitimité à lui, de Gaulle, qui est principalement renforcée par le raz de marée parlementaire, mais celle de son Premier ministre. Dès lors l'ambivalence de ses sentiments à l'égard de son ancien, et souvent plus proche, collaborateur va se donner à voir de façon limpide. Froideur, réserve, mise à distance, mais aussi éloges retenus, confirmation de sa vocation à lui succéder, maintien de son testament dans les mains de Georges Pompidou.

Les dix derniers mois du mandat présidentiel seront largement dominés par le souci d'exorciser l'échec du référendum annoncé le 24 mai 1968. Le report du vote, en effet, a symbolisé avec trop d'éclat l'impuissance du Général. Il lui faut un autre référendum qui puisse lui renouveler personnellement la confiance des Français et, par là, restaurer sa confiance en lui-même. Mais de Gaulle y croit-il vraiment ? Le doute semble s'insinuer dès le départ. Et s'il est peut-être excessif de voir dans ce nouveau recours aux urnes une opération suicide, le fait est que les derniers mois sont des mois de tâtonnements et d'hésitations ; le Général s'interroge sur le contenu et même sur l'opportunité du projet soumis aux suffrages. Le 27 avril 1969, c'est l'échec. La contradiction des témoignages concernant la manière dont de Gaulle l'a vécu ne doit pas étonner. Pour les uns, il a connu une « affreuse déception » ; pour les autres, il a eu l'impression d'avoir « réussi sa sortie ». En fait, ses sentiments ont dû être pétris d'ambivalence. L'homme est fatigué et craint, à juste titre, que son personnage ne souffre désormais d'une usure préjudiciable à sa stature. Charles de Gaulle sait bien que si « le général de Gaulle » s'est forgé un passé prestigieux qui l'a fait entrer dans l'Histoire, il n'a plus d'avenir que médiocre. Dès lors, le tête-à-tête du mémorialiste avec son personnage devenait la meilleure réponse d'un homme qui avait cessé de croire dans sa capacité d'ajouter encore à sa gloire.

Philippe BRAUD

• *Voir aussi* : Émotionnel (style) ; Moi ; Naufrage ; Psychanalytique (regard) ; Rupture

Bibl. : Olivier Guichard, *Mon Général*, Paris, Grasset, 1980 • Jean Lacouture, *De Gaulle*, Paris, Le Seuil, 3 vol., 1984-1986 • Alain Peyrefitte, *C'était de Gaulle*, Paris, De Fallois-Fayard, 3 vol., 1994-2000.

DROIT (rapport au). – Les relations du Général avec le droit passent pour difficiles ; souvent agitées, elles furent parfois tumultueuses, témoin les « violations » dont il se serait rendu coupable à l'égard de la Constitution et qui lui furent reprochées durant les premières années de la Ve République. Mais s'agissait-il du droit ou des juristes de l'époque ? Il faut bien constater que la plupart des violations alors dénoncées sont aujourd'hui considérées comme l'application normale de la même Constitution, sous réserve de l'emploi de l'article 11 comme procédure de révision ; encore le point est-il discuté par les spécialistes et le précédent n'a pas été répété. En réalité, les rapports qu'entretenait de Gaulle avec le droit sont complexes et ambivalents. Selon le témoignage autorisé de Bernard Tricot, qui fut conseiller technique à l'Élysée, puis secrétaire général de la présidence, on décèle chez le Général « un goût secret du droit dès lors que les actes qui l'expriment étaient brefs, clairs et bien rédigés ». Mais, ajoute Tricot, la règle de droit n'était pour lui qu'« un instrument d'autorité ». D'un côté, l'expérience de la France libre lui avait « révélé le soutien que le droit peut apporter à des causes justes » (il faut évoquer ici le rôle de René Cassin à Londres), mais, de l'autre, « il pouvait avoir des interprétations très personnelles. Nous avons été plusieurs à tenter de le persuader qu'en droit aussi il y avait une limite à la résistance des matériaux ». D'où, sans doute, l'agacement que lui inspiraient parfois les juristes, dont il devait évoquer avec quelque ironie « le blâme sourcilleux » devant le Parlement britannique en 1960.

Les juristes « se noient dans un verre d'eau », répétait-il. Mais l'extrême attention qu'il portait à l'expression écrite ne manquait pas de se manifester à propos de la rédaction des textes soumis à sa signature, et particulièrement à l'énoncé des dispositions constitutionnelles. Il fit ainsi remarquer à Léon Noël – que désolait la « désinvolture » du Général – que le verbe « devoir » ne figurait plus aux articles 29 et 30 relatifs à la convocation d'une session extraordinaire demandée par les députés, alors qu'il était explicitement mentionné dans la Constitution de 1946, de sorte qu'il n'était pas obligé d'y procéder comme le soutenait le président du Conseil constitutionnel. Cette attention n'était pas dépourvue d'arrière-pensées. Guy Mollet a rapporté que, lors de l'élaboration de la Constitution, de Gaulle l'avait persuadé de renoncer au même verbe « devoir » à propos de l'approbation par les députés du programme du gouvernement, prévue à l'article 49 ; il suffisait d'écrire que le Premier ministre « engage » sa responsabilité parce que, affirmait le Général, « en langage juridique, l'indicatif présent a valeur impérative », citant pour preuve le code de la route : « La circulation se fait à droite » (il voulait en fait éviter que le gouvernement nommé par le président de la République fût expressément obligé de solliciter la confiance des députés). En revanche, il était sincèrement convaincu, contre l'avis quasi unanime des juristes et malgré les remontrances respectueuses du Conseil constitutionnel, que la mention, à l'article 11, de « tout projet de loi portant sur l'organisation des pouvoirs publics » l'autorisait à procéder par référendum à une révision constitutionnelle sans passer par le Parlement (en se référant, cette fois, au texte de la loi constitutionnelle du 25 février 1875).

Le droit était pour le Général « un instrument », selon le mot de Bernard Tricot, un instrument au service de l'action et qui devait donc se plier aux exigences de celle-ci, en dépit des limites que peut présenter, en droit aussi, la « résistance des matériaux » soumis à de trop fortes tensions ! L'adage romain *Salus populi suprema lex* (« Le salut public est la loi suprême ») peut résumer cette conviction qu'exprimait ainsi Léon Noël : « Le droit, nous ne pouvions entre nous que le constater, mais au-dessus du droit, il y a l'intérêt général. » Une telle conception n'allait pas sans provoquer des tiraillements qui expliquent la fureur du Général contre le Conseil d'État après que l'arrêt Canal eut annulé, en octobre 1962, l'ordonnance instituant la Cour militaire de justice. Son attitude à l'égard du droit se manifestait parfois sur un mode désabusé ; ainsi lors de sa conférence de presse du 5 septembre 1960 : « Nous savons ce que valent les Constitutions ! Nous en avons fait dix-sept, depuis cent cinquante ans, et la nature des choses est plus forte que les textes constitutionnels arrêtés par les hommes politiques. » Ce réalisme peut heurter une certaine idéologie de l'État de droit. Il faut toutefois observer que la démarche pragmatique affirmée dans les *Mémoires d'espoir* : « Ce qui est écrit, fût-ce sur un parchemin, ne vaut que par l'application » rencontre aujourd'hui l'accord de bien des juristes. En effet, selon la théorie dite précisément « réaliste » de l'interprétation, un texte n'a pas un sens vrai et unique qui préexisterait à son application, car tout énoncé doit être interprété ; et, parmi les significations possibles du texte, l'autorité investie de cette compétence décide la signification qu'elle retiendra pour appliquer ce texte. C'est bien ce que suggère la suite des *Mémoires d'espoir* : « Une fois votée la Constitution nouvelle, il restera à la mettre en pratique de telle sorte qu'elle soit marquée, en fait, par l'autorité et l'efficacité qu'elle va comporter en droit. » Et si des dispositions, acquises au prix d'un compromis rédactionnel, ne répondent pas exactement au dessein poursuivi, il appartient à l'application d'y pourvoir en révélant des virtualités inattendues... mais que l'avenir devait, dans ce cas précis, ratifier.

Pierre Avril

• *Voir aussi* : Conseil constitutionnel ; Conseil d'État ; Constitution ; Constitutionnelles (conceptions) ; Justice ; Référendum (usage du)

Bibl. : Bernard Ducamin, « Le Conseil d'État et la Cour des comptes », dans *Des collaborateurs du Général témoignent, De Gaulle et le service de l'État*, Paris, Plon, 1977 • Léon Noël, *De Gaulle et les débuts de la Ve République*, Paris, Plon, 1976 • Bernard Tricot, *Mémoires*, Paris, Quai Voltaire, 1994.

DROIT, Michel. – *Voir* ENTRETIENS AVEC MICHEL DROIT.

DROITS DE L'HOMME. – Si l'on recherche les occurrences de l'expression « droits de l'homme » dans les discours et écrits de De Gaulle, la quête est peu féconde. Mais, à l'époque où il s'exprime, cette rhétorique n'a pas encore l'ampleur qu'elle acquerra par la suite : pour éviter l'écueil de l'anachronisme et le biais sémantique, il faut donc ne pas s'en tenir à une approche littérale et admettre que la préoccupation pour les droits de l'homme a pu se manifester avec d'autres mots.

C'est principalement dans le contexte de l'évocation de la Révolution, et plus généralement de la tradition française, qu'apparaît la référence littérale aux « droits de l'homme ». On la trouve dans *La France et son armée*, mais surtout dans les discours de guerre et, plus tard, lors de voyages officiels à l'étranger – telle l'allusion aux « grands principes des droits de l'homme et de la démocratie » faite à Alger le 6 juin 1943, ou, à Washington en 1960, à l'« âme millénaire [de la France] [...] qui fait d'elle un champion de la liberté, [à] son idéal qui a pour nom les droits de l'homme ».

Pendant la période de guerre, toute l'énergie de la Résistance est tendue vers la libération du territoire national et le rétablissement de l'indépendance de la France. Mais le conflit est aussi présenté comme le combat contre un système qui a aboli les droits de l'individu. Le rétablissement de la légalité républicaine – donc des grandes libertés bafouées par Vichy : suffrage universel, libertés de pensée, de conscience et d'expression, liberté de la presse, etc. – est un enjeu majeur du combat de la France libre. En outre, de Gaulle évoque dès 1943 les principes d'une démocratie économique et sociale, repris dans le programme du Conseil national de la Résistance : nationalisations, participation des travailleurs, droit au travail, garantie d'un salaire suffisant, liberté syndicale... Par la suite, chaque fois qu'il en aura l'occasion, de Gaulle se targuera d'avoir rétabli à la Libération toutes les libertés, sans manquer d'énumérer les grandes réformes dont il s'attribue la paternité : vote des femmes et citoyenneté accordée aux musulmans d'Algérie, nationalisations ou encore assurances sociales et comités d'entreprise. On peut aussi rappeler que, lorsque René Cassin s'exprime sur la scène internationale, là où se discute la future Charte des Nations unies et se crée l'impulsion qui débouchera sur la Déclaration universelle de 1948, c'est en tant que représentant du Comité français de la Libération nationale puis du gouvernement provisoire, donc avec l'aval de De Gaulle.

Reste que le souci prioritaire de ce dernier, c'est l'existence d'institutions capables d'asseoir l'autorité du pouvoir, seule garantie de l'indépendance de la nation et des libertés des citoyens. En 1958, la Constitution se borne à faire référence aux droits de l'homme « tels qu'ils ont été définis par la Déclaration de 1789 confirmée et complétée par le préambule de la Constitution de 1946 ». Et, sans y voir une relation de cause à effet, n'est-il pas symptomatique qu'il ait fallu attendre l'après-de Gaulle pour que le Conseil constitutionnel reconnaisse, en 1971, valeur de droit positif à ce préambule ?

Danièle LOCHAK

• *Voir aussi* : Légalité républicaine ; Révolution française

DRUON, Maurice (né en 1918). – Couvert d'honneurs et de responsabilités, secrétaire perpétuel honoraire de l'Académie française, Maurice Druon se veut le chantre du gaullisme et l'héritier fidèle de son action. Né en 1918, neveu de Joseph Kessel, sorti de l'école de cavalerie de Saumur après avoir suivi des études à l'École libre des sciences politiques, il participe à la campagne de France, puis à la Résistance. Évadé en 1942, il s'engage dans les rangs de la France libre à Londres où il compose en 1943, avec son oncle, les paroles du *Chant des partisans*, qui demeurera l'un des symboles de la résistance à l'ennemi. Il se consacre à partir de 1946 à sa carrière littéraire et acquiert la notoriété avec *Les Grandes Familles*, qui lui vaut le prix Goncourt en 1948. Il connaît également un grand succès avec la publication de la série de romans historiques *Les Rois maudits* – sept volumes entre 1955 et 1977 – dont l'adaptation télévisuelle suscita un véritable engouement de la part du grand public.

Se plaçant sous le patronage de Georges

Bernanos, André Malraux et Joseph Kessel, il se veut gaulliste dans l'âme, conçoit son engagement comme une épopée et comme le sens du sacrifice. Le gaullisme, à ses yeux, est non pas une doctrine politique, mais une morale du sursaut et de l'ardeur. Dans un entretien à l'AFP le 6 mai 1973, il déclare à ce propos : « C'est la référence de la France pour cent ans et peut-être même davantage... Le gaullisme, c'est d'abord et essentiellement une morale, laquelle morale se traduit dans des institutions et s'applique dans une politique... Les principes du gaullisme en tant que morale sont contenus dans la déclaration, non pas du 18 juin 1940, mais dans celle du 22 juin : "*L'honneur, le bon sens, l'intérêt supérieur commandent de continuer le combat.*" » Quant aux principes du gaullisme politique, Maurice Druon les résume en trois formules : indépendance de la patrie, équilibre des alliances, destruction de tout État dans l'État.

Devenu ministre des Affaires culturelles entre 1973 et 1974, il considère sa mission, écrit-il dans *La Parole et le Pouvoir*, comme celle d'un responsable soucieux « de veiller sur le visage de la France, le visage que lui ont fait son histoire prodigieuse et son prodigieux patrimoine artistique dont nous sommes les bénéficiaires ; le visage aussi qu'elle aura dans l'avenir grâce aux créations d'aujourd'hui » (*La Parole et le Pouvoir*, 1974). Ses propos et son action seront à maintes reprises contestés, notamment certaines de ses déclarations malencontreuses à l'égard des intellectuels et des créateurs.

Député de Paris (1978-1981), député européen (1979-1980), il est élu secrétaire perpétuel de l'Académie française en 1985 et le demeurera jusqu'en 1999. Maurice Druon est un ardent défenseur de la francophonie et de l'idée européenne. Il n'omet pas de rappeler, à ce titre, que parce que de Gaulle a redonné de la grandeur à la France l'on peut espérer aujourd'hui une grande Europe.

Rémy Rieffel

• *Voir aussi* : Intellectuels ; Kessel, Joseph

Bibl. : Maurice Druon, *La Parole et le Pouvoir*, Paris, Plon, 1974 • Maurice Druon *et al.*, *Charles de Gaulle*, Paris, Hachette, 1973 • Rémy Rieffel, *La Tribu des clercs, les intellectuels sous la Ve République*, Paris, Calmann-Lévy, 1993.

DS Citroën. – Présentée au public du Salon de l'auto en 1955, qui se tenait alors au Grand-Palais, la DS de Citroën fut considérée comme une véritable révolution technologique pour l'époque, avec ses fameuses suspensions hydropneumatiques. Au-delà de son succès commercial, elle devint vite un des objets emblématiques de la France des Trente Glorieuses. En 1957, Roland Barthes la célébra dans ses *Mythologies*, écrivant : « la Déesse est d'abord un nouveau Nautilus », et voyant en elle un instrument de la « promotion petite-bourgeoise ». Comme des millions de Français, de Gaulle, « président-bourgeois », roula en DS jusqu'à sa mort. Parmi toutes celles qu'il utilisa, l'une est particulièrement célèbre : la DS 19 immatriculée 5249 HU 75 dans laquelle il avait pris place le 22 août 1961, lorsque son cortège fut attaqué au Petit-Clamart par le commando de Jean Bastien-Thiry. Bien qu'elle n'eût pas démérité, la voiture – comme si elle était maudite – fut vendue en 1964 au général Dupuy, ancien commandant militaire de l'Élysée, qui la répara et s'en servit jusqu'en 1971, date à laquelle elle fut gravement endommagée dans un accident en forêt. Au début des années 1980, elle fut cédée à la Fondation Charles-de-Gaulle de Lille. Les travaux de restauration étant trop onéreux, on en conserva seulement l'aménagement intérieur, qui fut installé sur une autre carrosserie d'époque. La DS 19 du Général est toujours à Lille, mais elle sillonne le monde pour participer à des expositions consacrées à son illustre propriétaire. La Fondation souhaiterait aujourd'hui lui trouver un autre garage d'accueil. La commune de Colombey-les-Deux-Églises serait intéressée.

Jean-Claude Perrier

• *Voir aussi* : Attentats ; Petit-Clamart

DUCLOS, Jacques (1896-1975). – Jacques Duclos, né à Louey, dans les Hautes-Pyrénées, a été l'un des principaux dirigeants du PCF pendant près de cinquante ans avec Maurice Thorez, André

Marty et Benoît Frachon. Tous deux issus de familles de paysans pauvres, son père était charpentier et sa mère couturière. Ouvrier pâtissier jusqu'en 1926 puis permanent du PCF, Jacques Duclos entra au comité central en juin 1926. Membre du Bureau politique dès 1931, il fut durant la Seconde Guerre mondiale le principal dirigeant communiste français resté en France. Il détint aussi de nombreux mandats électifs : député de la Seine de 1926 à 1932, de 1936 à 1940 et de 1944 à 1958, puis sénateur de 1959 à 1975.

Autodidacte passionné, grand lecteur, excellent orateur, il se spécialisa dans la propagande tant par l'écrit que par la parole. Il fut aussi l'un des principaux acteurs du mouvement communiste international, habitué à la clandestinité, plusieurs fois condamné dans l'entre-deux-guerres. Après le pacte germano-soviétique, il dirigea le PCF clandestin d'abord de Belgique (octobre 1939-juin 1940) puis de France. Il fut le cosignataire avec Maurice Thorez de « L'appel du 10 juillet 1940 », publié par *L'Humanité* clandestine, que le parti communiste tenta, après guerre, de réinterpréter comme le pendant de l'appel du 18 Juin du général de Gaulle, au prix de la fabrication d'un faux qui alimenta durant des années les controverses historiographiques. Dès la fin de 1942, sous l'effet du renversement du rapport des forces militaires et politiques en France même, Jacques Duclos développa une politique d'alliance avec les forces gaullistes, tout en renforçant au maximum les positions communistes dans tous les secteurs (au CNR, au CFLN, au Comac, à la CGT, etc.) et en combattant l'attentisme. Lors des négociations du PCF avec de Gaulle, Duclos tint un rôle central. Dans un premier temps, il conduisit les entretiens préliminaires qui aboutirent à l'envoi de Fernand Grenier à Londres pour y représenter le PCF auprès de la France libre. Dans sa correspondance avec Grenier, on voit comment il tint compte des préoccupations stratégiques des dirigeants de l'Internationale communiste qui poussaient au renforcement d'une alliance avec les gaullistes contre leurs alliés anglo-saxons.

Le 25 août 1944, Jacques Duclos faisait son entrée dans Paris à bord d'une voiture FFI (Forces françaises de l'intérieur). Dès le 31, il organisa une réunion du comité central où il prononça un discours dans lequel, après avoir salué les morts de la Résistance, il passa en revue l'action du PCF durant les cinq années écoulées. Le 6 septembre 1944, il fut reçu par de Gaulle afin de discuter du remaniement du Gouvernement provisoire de la République et, sans doute aussi, du retour de Maurice Thorez en France. Dans ses Mémoires, il écrit : « Le 6 septembre, le général de Gaulle me fit savoir qu'il désirait me voir. Je me rendis donc au ministère de la Guerre où je fus reçu par Gaston Palewski. Après une brève attente, je me trouvai en présence de De Gaulle. Je dois dire que l'homme, hautain, distant, me donna l'impression de traiter la Résistance intérieure par le dédain. Il n'y avait pas entre nous le moindre courant réciproque de sympathie et notre comportement à l'un et à l'autre s'en ressentit. » De Gaulle, le 9 septembre, accorda aux communistes deux ministres dans son gouvernement : Charles Tillon à l'Air, François Billoux à la Santé publique. Simultanément, Jacques Duclos prit place à l'Assemblée consultative comme leader du groupe communiste. Dès que Thorez rentra à Paris le 27 novembre 1944, Duclos redevint le numéro deux du PCF.

Le retour de De Gaulle au pouvoir en 1958 offrit à Jacques Duclos l'occasion d'exercer sa verve contre lui et de lui manifester son opposition. La Ve République fut successivement qualifiée par le PCE de régime ouvrant la voie au fascisme (1959-1962), de régime de pouvoir personnel (1962-1966) et de régime des monopoles (après 1966). Jacques Duclos prit part à ces enjeux d'interprétation en publiant deux opuscules, *Gaullisme, technocratie et corporatisme* en 1963 et *De Napoléon III à de Gaulle* en 1964 dans lequel il établit une filiation entre la tradition bonapartiste et le gaullisme. Le départ du Général en 1969 offrit à Jacques Duclos une campagne présidentielle de rêve où il obtint 21,5 % des suffrages exprimés et faillit être présent au second tour. Après une vie toute de fidélité au mouvement communiste international et dans les instances dirigeantes du PCF, il décéda à son domicile en 1975. Bernard PUDAL

• *Voir aussi* : Humanité clandestine (L') ; PCF

Bibl. : Cahiers d'histoire de l'IRM, *Les Relations de Gaulle-PCF*, éd. Musée de Montreuil, 1994 • Jacques Duclos, *Mémoires*, Paris, Fayard, 6 vol., 1968-1973 • Stéphane Courtois et Marc Lazar (dir.), *De Gaulle et les communistes, 50 ans d'une passion française*, Paris, Balland, 1991.

DUFF COOPER, Alfred (1890-1954). – Né à Londres, Alfred Duff Cooper étudie à Eton, puis à Oxford. Entré au Foreign Office en 1913, il y fait carrière jusqu'en 1924, lorsqu'il est élu député conservateur de la circonscription d'Oldham. Nommé en 1928 sous-secrétaire en charge des finances au ministère de la Guerre, il est également membre du comité exécutif de la Société des Nations. Battu aux élections de 1929, ce fin lettré rédige une biographie de Talleyrand durant ses loisirs forcés. Réélu député de Westminster en 1931, il devient ministre de la Guerre quatre ans plus tard. À ce poste, il fait tout son possible pour renforcer l'armée de terre en dépit des coupes budgétaires et du pacifisme ambiant, et se prononce publiquement en faveur d'une alliance franco-britannique pour résister à l'Allemagne de Hitler. En 1937, il devient premier lord de l'Amirauté dans le gouvernement de Neville Chamberlain, mais il démissionne le 30 septembre 1938 pour protester contre les accords de Munich. Son hostilité à la politique d'apaisement le rapproche de Winston Churchill, et lorsque ce dernier devient Premier Ministre, en mai 1940, Duff Cooper est nommé ministre de l'Information.

Durant ses premiers mois en Grande-Bretagne, le général de Gaulle aura plus d'une fois l'occasion d'apprécier le soutien du très francophone et francophile ministre de l'Information, qui lui facilitera souvent l'accès à la BBC en dépit de la réticence de ses collègues du gouvernement. Quelque peu décontenancé par la froideur du Général, Duff Cooper n'en verra pas moins en lui le seul dirigeant français digne d'être soutenu par les autorités britanniques. Lorsque, à la fin de 1943, le ministre des Affaires étrangères Anthony Eden l'envoie à Alger comme représentant du gouvernement britannique auprès du Comité français de la Libération nationale (CFLN), Duff Cooper est chaleureusement accueilli par de Gaulle, comme celui-ci le rappellera dans ses Mémoires : « Ce fut là un des gestes les plus aimables et les plus avisés qu'ait faits, à l'égard de la France, le gouvernement de Sa Majesté [...]. Duff Cooper était un homme supérieur. [...] Il n'était rien qu'il ne comprît et qui ne l'intéressât [...]. Ses convictions [...] étaient fortes ; ses principes, inébranlables ; toute sa carrière en avait témoigné. [...] Placé entre Churchill et moi, il prit à tâche d'amortir les chocs. » Une tâche bien ingrate, dont Duff Cooper s'acquitte avec succès, notamment en organisant une réconciliation entre de Gaulle et Churchill à Marrakech en janvier 1944.

Ambassadeur de Grande-Bretagne en France après la Libération, il est le principal artisan de la visite triomphale de Churchill à Paris en novembre 1944. Chaud partisan d'un traité d'alliance entre la France et la Grande-Bretagne dans l'après-guerre, il s'entend dire par le ministre des Affaires étrangères Georges Bidault, le 10 août 1945, après la victoire électorale des travaillistes en Grande-Bretagne : « Le plus important pour l'avenir des relations franco-britanniques, c'est que vous soyez maintenu à votre poste. C'est la seule chose sur laquelle le général de Gaulle et moi sommes entièrement d'accord. » De fait, Alfred Duff Cooper ne quittera son ambassade qu'en décembre 1947, neuf mois après la signature du traité de Dunkerque dont il a été le principal inspirateur.

François KERSAUDY

• *Voir aussi* : Angleterre ; BBC ; CFLN ; GPRF ; Union franco-britannique

Bibl. : John Charmley, *Duff Cooper, the Authorized Biography*, Londres, Weidenfeld et Nicolson, 1986 • Diana Cooper, *Trumpets from the Steep*, Londres, Rupert Hart-Davis, 1966 • Alfred Duff Cooper, *Old Men Forget*, Londres, Rupert Hart-Davis, 1953.

DUHAMEL, Georges (1884-1966). – « J'avais, depuis toujours, pour son immense talent, la plus grande admiration possible et pour sa personne une profonde amitié, écrit le général de Gaulle, en 1966, à la veuve de Georges Duhamel. Combien d'ailleurs m'a soutenu, dans tout ce que m'imposait le service du pays, la grande et généreuse sollicitude de ce Français de premier ordre et de premier rang. » Peu d'écrivains ont reçu du fondateur de la Vᵉ République un tel hommage, fruit d'une longue relation littéraire.

Lecteur de Duhamel depuis les années 1920, Charles de Gaulle salue, dans une des nombreuses lettres qu'il adressa à l'auteur de *Salavin*, l'universalité et la capacité de « renouvellement » d'une œuvre qui, « sous le signe du Départ ou des Fables, ou de la Médecine, ou de la Civilisation », reste emplie « d'idées, de sentiments, d'humanité » et témoigne d'une « consolante philosophie ». En outre, le Général a accordé à l'écrivain plusieurs entretiens, privilège que Duhamel doit aussi à sa situation de secrétaire perpétuel de l'Académie française.

C'est à ce titre qu'il est reçu à déjeuner, le 7 septembre 1944, par le chef du Gouvernement provisoire. De Gaulle s'interroge alors sur le sort d'une institution qu'on le presse, explique-t-il dans ses *Mémoires*, de rénover ou de supprimer en raison du « coupable comportement de plusieurs de ses membres ». Duhamel, qui s'est employé à éviter le pire sous l'Occupation, lui fait part des « rudes obstacles » auxquels il est confronté pour assurer l'avenir de l'Académie, en raison du nombre de fauteuils vacants depuis 1939, mais surtout des exclusions à opérer. « Tout serait rendu plus facile, lui dit-il, si vous acceptiez d'y entrer », perspective que l'homme du 18 Juin écarte aussitôt, le « protecteur de l'Académie » n'ayant pas vocation à siéger en son sein. « Et puis, ajoute-t-il, de Gaulle, vous le savez bien, ne saurait appartenir à aucune catégorie, ni recevoir aucune distinction. » Soucieux de voir l'Académie jouer de nouveau son rôle d'« incomparable représentation de la pensée, de la langue, de la littérature française », le Général propose qu'elle fasse appel « spontanément », sans qu'ils aient à poser leur candidature, à des « écrivains éminents » – il songe entre autres à Georges Bernanos, André Gide, André Malraux et Louis Aragon –, susceptibles de rehausser son prestige. Mais cette suggestion, approuvée semble-t-il par Georges Duhamel, se heurtera au refus de la plupart des écrivains pressentis.

En octobre 1954, les deux hommes ont un second échange à propos cette fois des *Mémoires de guerre*, dont le premier volume vient de paraître. De Gaulle s'y livre à quelques brèves confidences sur son propre travail littéraire, qui lui donne, avoue-t-il, « beaucoup de mal », et évoque la somme d'archives qu'il lui a fallu rassembler pour rédiger ses souvenirs. Comme son interlocuteur reconnaît en lui « un écrivain de premier plan », digne à son avis de Tacite, de Racine et de Pascal, le Général se déclare « profondément » touché par cette « appréciation » qu'il ne paraît pas juger démesurée.

Jean-Luc Barré

• *Voir aussi :* Bibliothèque personnelle ; Épuration ; Intellectuels ; Œuvre écrite

Bibl. : Alain Larcan, *De Gaulle inventaire. La culture, l'esprit, la foi*, Paris, Bartillat, 2003.

DULLES, John Foster (1888-1959). – Petit-fils et neveu de secrétaires d'État, Dulles consacra toute sa carrière aux questions internationales. Il fut le secrétaire d'État du président Eisenhower, de 1952 jusqu'à sa mort en 1959, tandis que son frère, Allen, était directeur de la CIA. Dès les années 1920, ses activités d'avocat d'affaires, de responsable du Conseil fédéral des Églises protestantes, de sénateur et, ponctuellement, de diplomate (membre des délégations américaines à Versailles et à San Francisco en 1945, négociateur du traité de paix américain avec le Japon) lui permirent d'acquérir une expérience concrète qu'il s'est efforcé de théoriser dans une série d'ouvrages et d'articles mêlant pragmatisme et idéologie conservatrice, imprégnée de valeurs religieuses.

Républicain orthodoxe mais internationaliste convaincu, Dulles s'efforça de limiter le poids des engagements des États-Unis tout en garantissant leur maintien dans une logique de sécurité collective, qu'il amplifia par la création de l'Organisation du traité de l'Asie du Sud-Est (OTASE) et un fervent soutien à la construction européenne malgré l'échec de la CED (Communauté européenne de défense). À l'épicentre du système décisionnel élaboré par Eisenhower, il joua un rôle primordial dans la définition de la politique de sécurité nationale et devint le maître d'œuvre de la première doctrine de dissuasion. En se fondant sur la menace de représailles massives et asymétriques, il voulait figer la confrontation militaire entre les deux blocs pour réinscrire la guerre froide dans sa dimension idéologique et économique. Toutefois, sa diplomatie du bord du gouffre en Asie et son opposition à la détente amplifièrent les tensions au sein de l'Alliance atlantique, générées par sa politique en Indochine et par la crise de Suez.

Unis lors de leur première rencontre en 1947 par la nécessité de résister aux manœuvres communistes, Dulles et de Gaulle s'opposèrent au sujet de la CED. Mais si en 1954 Dulles avait dénoncé le danger que faisait courir à l'Europe entière le nationalisme gaullien, lors de leur première entrevue officielle, dès juillet 1958, l'ambiance affichée fut des plus cordiale. Amèrement déçu par les responsables de la IVe République, Dulles avait accueilli avec satisfaction le retour du Général, espérant un sursaut de la France et surtout le règlement de l'affaire algérienne qui ne pouvait que favoriser le bloc communiste. Mis en garde par Eisenhower, Dulles s'attendit à trouver en de Gaulle un allié difficile mais fidèle. De fait, bien que la vision de la guerre froide idéologique de Dulles soit diamétralement opposée à l'analyse géopolitique de De Gaulle, la France se révéla un allié solidaire lors des crises de Formose et de Berlin en 1958 et 1959, recommandant une posture de fermeté qui dépassait même les positions de Dulles. Cependant, les sujets de discorde ne manquèrent pas : décolonisation, intervention au Liban en 1958 et, surtout, refus de la France de renoncer à acquérir la bombe atomique et rejet de la proposition d'une gestion tripartite de la stratégie occidentale.

Nicolas VAICBOURDT

• *Voir aussi* : États-Unis ; Politique étrangère

Bibl. : Richard Immerman, *John Foster Dulles : Piety, Pragmatism and Power*, Wilmington, Scholarly Resources Books, 1999 • Bernard Ledwige, *De Gaulle et les Américains : conversations avec Dulles, Eisenhower, Kennedy, Rusk, 1958-1964*, Paris, Flammarion, 1984.

DUTOURD, Jean (né en 1920). – Ancien résistant, auteur d'un roman qui est une satire du comportement des « Français moyens » durant l'Occupation, *Au bon beurre*, Jean Dutourd s'est fait une spécialité d'écrire tout haut ce que chacun penserait tout bas, aussi bien dans ses nombreux romans, essais ou pamphlets politiques, que dans ses innombrables articles, notamment pour *France-Soir*. Volontiers grincheux, irrespectueux, réactionnaire, l'écrivain a du mordant, la plume aisée, le verbe haut, de l'humour. Il s'est fait pas mal d'ennemis, en particulier au sein d'une intelligentsia qu'il a toujours brocardée. En politique, il n'a jamais fait mystère de son gaullisme, qui a souvent viré au conservatisme le plus borné. Vieille baderne pour les uns, conscience morale selon d'autres, il a été élu en 1978 à l'Académie française, où il a pris toute sa place dans le « clan » des Immortels gaullistes ou gaulliens.

Dans *Carnet d'un immigré*, il a repris les fort belles pages qu'il écrivit le 12 novembre 1970, à la mort du Général : « De Gaulle ne devait jamais mourir. Il était indestructible... ». Il y rappelle aussi ce que le gaullisme apporta à la France : « Grâce à de Gaulle, ce ne sont pas seulement les Français qui ont retrouvé la France, c'est le monde. [...] Il semble que le monde aime la France quand elle existe, et le gênât-elle. Non pas quand elle est morte. » Des lignes qu'il n'est pas inutile de relire à la lumière des équilibres mondiaux d'aujourd'hui.

Jean-Claude PERRIER

• *Voir aussi* : Intellectuels

Bibl. : Jean Dutourd, *Au bon beurre*, Paris, Gallimard, 1952 • Id., *Carnet d'un immigré*, Paris, Flammarion, 1973.

DUVIEUSART, Jean (1900-1977). – Né à Frasnes-lez-Gosselies en Belgique, Jean Duvieusart est surtout connu pour le rôle qu'il joue en tant que Premier ministre, en

1950, dans le dénouement de la question royale et l'abdication du roi Léopold III. Mais, parlementaire de Charleroi pendant vingt-cinq ans, ministre des Affaires économiques en 1947-1950 et en 1952-1954, Jean Duvieusart participe aussi aux débuts de la construction européenne. En 1964, il accède à la présidence du Parlement européen avec l'appui des voix gaullistes. Ayant fréquenté Robert Schuman, Alcide de Gasperi, Konrad Adenauer, Jean Monnet, il est, au niveau européen, fédéraliste de cœur, mais confédéraliste de raison. Il quittera la présidence du Parlement européen en 1965 du fait de sa rupture avec son parti, le Parti social-chrétien, pour des motifs d'ordre interne à la communauté wallonne.

La sœur du sous-lieutenant Charles de Gaulle résidait à Charleroi. Le jardin de sa maison jouxtait la maison de la famille Duvieusart. De Gaulle séjourna chez sa sœur en 1912. À cette occasion, le jeune officier français aurait fait part de sa conviction qu'en cas de guerre les Allemands violeraient la neutralité belge. De Gaulle reviendra chez sa sœur le 19 août 1914, après avoir été blessé à Dinant. Le récit que Jean Duvieusart a fait de la visite de De Gaulle à Charleroi a été retrouvé sur son bureau le jour de son décès, en 1977.

Après l'échec du plan Fouchet, en 1962, Jean Duvieusart exprime sa déception à la tribune du Parlement européen, reprochant au ministre belge des Affaires étrangères, Paul-Henri Spaak, d'avoir lié le problème de l'entrée de la Grande-Bretagne dans l'Europe à celui de l'union politique. Il se révèle même un avocat du Général, bien qu'il ne partage pas l'ensemble de ses positions en matière européenne. Il regrette aussi que l'homme d'État socialiste nourrisse quelque allergie à l'égard du président français. C'est dans ce contexte, et en concertation avec son collègue socialiste belge Fernand Dehousse, qu'il dépose au Parlement européen, le 9 mai 1962, une résolution visant à relancer le dialogue sur le thème de l'union politique. Il s'agit d'un compromis en direction de la conception gaulliste. Le texte propose notamment la création d'un Conseil des États qui remplacerait les Conseils des ministres de la Communauté européenne du charbon et de l'acier (CECA), de la Communauté économique européenne (CEE) et de l'Euratom, chaque pays étant représenté au Conseil par le chef du gouvernement ou le ministre compétent. Dehousse et Duvieusart demandent aussi que le Parlement européen soit élu au suffrage universel. Leur appel ne sera pas entendu à l'époque.

En tant que président du Parlement européen, Jean Duvieusart est reçu à l'Élysée en mars 1965. Tout en se montrant favorable à l'achèvement du Marché commun, de Gaulle laisse entendre que, contrairement aux vœux de son interlocuteur, il ne faciliterait ni l'évolution d'une union économique vers une union politique, ni l'accroissement des compétences du Parlement européen, ni l'abandon de la règle de l'unanimité au Conseil des ministres. Le président français ne se montre pas davantage ouvert à la demande de Duvieusart d'accueillir favorablement la perspective d'un rapprochement, voire d'une adhésion, de l'État d'Israël à la Communauté européenne. Bref, l'entretien est une déception pour l'ancien Premier ministre belge, qui n'en est pas moins resté un admirateur du Général.

Vincent DUJARDIN

• *Voir aussi* : Belgique ; Europe ; Harmel, Pierre ; Spaak, Paul-Henri

Bibl. : Vincent Dujardin, *Jean Duvieusart 1900-1977*, Bruxelles, Le Cri, 2001.

E comme État

« On a vérifié une fois de plus dans notre Histoire, que l'État, pourvu qu'il soit l'État, est le guide et le rempart de la nation. »

De Gaulle, Allocution du 8 mai 1961, *Discours et Messages.*

ÉBOUÉ, Félix (1884-1944). – Guyanais, orphelin de père, Félix Éboué fait sa scolarité au lycée de Cayenne. Il obtient une bourse et réussit le concours d'entrée à l'École coloniale de Bordeaux. En 1909, il est nommé administrateur de brousse en Oubangui-Chari (République centrafricaine). Il restera vingt ans à ce poste. Franc-maçon, humaniste et féru d'ethnographie africaine, il est un homme de dialogue. Le gouvernement de Front populaire en fait le premier gouverneur noir en le désignant à la tête de la Guadeloupe. Fin 1938, Georges Mandel, ministre des Colonies, le nomme gouverneur du Tchad, clé de la défense africaine à l'heure de la montée des périls.

Au soir du 18 juin 1940, Éboué entend l'appel du général de Gaulle sur le poste de radio du cercle militaire de Fort-Lamy. Il y voit un « cri d'espérance lancé pendant que les pires malheurs s'abattaient sur la France [...] c'était la chose la plus émouvante à entendre ». Le 3 juillet, seul parmi les proconsuls africains, il notifie à de Gaulle sa détermination à continuer le combat. Aidé de ses proches adjoints, son secrétaire général Henri Laurentie et le colonel Marchand, alliant diplomatie et conviction, il obtient, le 26 août, le ralliement en bloc du Tchad qui devient le premier territoire de l'Afrique française libre. En octobre, Félix Éboué est nommé par de Gaulle membre du Conseil de défense de l'Empire. Le 12 novembre, il est gouverneur général de l'Afrique-Équatoriale française (A-ÉF). En janvier 1941, il est décoré de la croix de la Libération et nommé membre du conseil de l'ordre.

De Brazzaville, Éboué conduit l'effort de guerre de l'Afrique noire et met en œuvre une politique réformiste favorisant l'éducation des populations, développant l'économie et améliorant les conditions de travail. Fidèle au chef de la France libre, il ouvre chaque séance des conseils d'administration de l'A-ÉF en « renouvelant l'assurance de notre ferveur, de notre dévouement à sa personne et de notre conviction en la réussite de la cause sacrée qui nous a groupés autour de lui ». Après avoir longtemps espéré le ralliement de l'Afrique du Nord, il envoie un message à de Gaulle le 30 mai 1943 pour saluer, dans son arrivée à Alger, l'imminence de l'union française.

La conférence de Brazzaville, du 30 janvier au 8 février 1944, porte sa marque libérale. En ce qui concerne l'Afrique noire, il a orienté de Gaulle vers l'administration indirecte dans la perspective plus lointaine d'une émancipation. Le Général quitte la conférence en lui donnant l'accolade, marque d'estime et d'affection. C'est leur dernière entrevue. Épuisé, Félix Éboué meurt en mai à l'hôpital français du Caire. En 1948, sur décision du Parlement, il est le premier Français libre dont les cendres sont transférées au Panthéon. Quelques années plus tard, Charles de Gaulle salue sa mémoire en ces termes : « Cet homme d'intelligence et de cœur, ce Noir ardemment français, ce philosophe humaniste, répugnait de tout son être à la soumission de la France et au triomphe du racisme nazi. » Christine LEVISSE-TOUZÉ

• *Voir aussi* : Brazzaville ; Empire ; France libre ; Ralliement des colonies

Bibl. : Philippe Oulmont, « Éboué, Laurentie, de Gaulle, 1939-1943 », et Christine Levisse-Touzé, « Félix Éboué, le Français libre », communications au colloque de septembre 2004 *Félix Éboué*, Société française d'histoire d'outre-mer, Actes à paraître • Brian Weinstein, *Éboué*, New York, Oxford University Press, 1972.

ÉCOLE SUPÉRIEURE DE GUERRE. – Lorsque la Grande Guerre se termine, le capitaine de Gaulle a pris, du fait de sa captivité, un certain retard en termes de déroulement de carrière. Afin d'y remédier, il se porte volontaire pour servir là où les armées françaises continuent à combattre. En 1919 et 1920, il sert en Pologne comme instructeur puis comme officier d'état-major. À son retour en France, il doit préparer le concours d'entrée à l'École supérieure de guerre (ESG), ce qu'il entreprend à Saint-Cyr où il est affecté comme professeur adjoint d'histoire. En 1922, il réussit le concours, classé 33e sur 129. Ses qualités de pédagogue lui valent, dans sa fiche d'entrée à l'ESG, deux mentions élogieuses : « directeur du cours des officiers supérieurs à l'École d'infanterie de Rembertow a magistralement dirigé ce cours », et « à Saint-Cyr a fait preuve de connaissances étendues et solides et d'un véritable talent de conférencier ». Sa scolarité à l'ESG débute par une série de trois stages qui se déroulent entre les mois de mai et d'octobre 1922, au 6e régiment de dragons à Vincennes, au 34e régiment d'aviation au Bourget et au 231e régiment d'artillerie à Trèves.

Installée dans les locaux de l'École militaire au cœur de Paris, l'ESG jouit à cette époque du prestige de la victoire. Synthèse théorisée de la Grande Guerre, son enseignement ne supporte ni critique, ni remise en cause, ni tentative d'innovation. Le dogmatisme qui y règne n'est pas du goût du capitaine de Gaulle qui fait preuve d'une liberté de ton et d'une hauteur de vue dérangeantes. Dès la première année de scolarité, ces traits de caractère apparaissent dans les multiples notations intermédiaires qui jalonnent la vie du stagiaire : « paraît avoir l'intelligence très vive, de l'acquis et une personnalité très développée. Doit arriver à très bien faire, surtout s'il se livre avec un peu plus de bonne grâce et consent plus facilement à se laisser discuter. » Au cours d'un des « grands exercices sur le terrain » de sa scolarité, il s'oppose à l'un des instructeurs en vue de l'École, le colonel Moyrand. Au-delà de la formule devenue à cette occasion célèbre, « *De minimis non curat praetor* » – « Le magistrat ne doit pas s'attacher à des vétilles » –, l'incident traduit la conception qu'a de Gaulle du rôle du chef militaire à la guerre. Selon lui, celui-ci doit conserver la distance nécessaire à la prise de décision et réserver les détails de la mise en œuvre à son état-major. Il sort de l'École supérieure de guerre en 1924, classé 52e sur 129, après que le maréchal Pétain eut imposé au directeur de l'enseignement militaire supérieur de l'armée, le général de Lannurien, une révision – à la hausse – de sa notation.

En dépit des difficultés et des tracasseries qu'il rencontra au cours de sa scolarité à l'ESG, le général de Gaulle gardait, quarante ans après, un souvenir positif de cette période de sa carrière militaire. Période qui contribua, par le temps de méditation qu'elle lui procura, « dans une large mesure à ce qu'il m'a été donné par la suite de faire au service de la France », se souvenait-il en 1963.

Frédéric GUELTON

• *Voir aussi :* Carrière militaire ; Conférencier et professeur ; Formation scolaire et intellectuelle ; Guerre

Bibl. : Fondation Charles-de-Gaule, *Charles de Gaulle, 1920-1940, du militaire au politique*, Paris, Plon, 2004 • Jean Lacouture, *De Gaulle*, t. 1, *Le Rebelle*, Paris, Le Seuil, 1984 • Pierre Messmer et Alain Larcan, *Les Écrits militaires de Charles de Gaulle, essai d'analyse thématique*, Paris, PUF, 1985.

ÉCONOMIE ET FINANCES. – Le désintérêt ou le mépris du général de Gaulle pour les questions économiques n'est qu'une légende. Lui-même s'est énergiquement défendu d'avoir jamais prononcé la fameuse phrase : « L'intendance suivra ! », insistant au contraire sur la place considérable qu'ont toujours tenue dans son activité les questions économiques : « C'est dire [...] à quel point le reproche obstinément adressé à de Gaulle de s'en désintéresser m'a toujours paru dérisoire » [*ME*]. Il est bien conscient des limites de ses propres compétences en économie, voire de sa capacité d'attention : « Je ne permettrai plus jamais à personne de me parler trois heures durant d'économie », aurait-il confié après les longs exposés contradictoires que lui ont infligés René Pleven et Pierre Mendès France un dimanche de janvier 1945. Il commet aussi parfois quelques amalgames contestables tels que : « Ce qui a fait Hitler, c'est d'abord une crise économique épouvantable, avec une inflation galopante », alors que la sévère déflation de 1932 n'a rien à voir avec l'inflation galopante de 1923. Mais de Gaulle a toujours prêté la plus grande attention aux compétences économiques dans le choix de ses proches conseillers – à commencer par Georges Pompidou –, sans pour autant leur accorder une confiance aveugle. Tous les témoignages convergent à propos de l'implication personnelle croissante du Général dans les décisions économiques, financières et monétaires à la fin de sa vie, du mal qu'il se donne pour progresser en la matière (selon son conseiller Jean-Maxime Lévêque, « il se plonge dans un effort de rattrapage pour dominer ces questions, qu'il ressent intuitivement, mais dont il ne maîtrise pas le langage »). Jacques Rueff, dont les positions n'étaient pourtant pas toujours les siennes, a rendu un vigoureux hommage à la maîtrise des questions monétaires acquise par de Gaulle. Non sans doute que l'économie constitue pour lui une fin en soi, mais elle lui importe au premier chef en tant que condition de la grandeur de la France comme il le dit à Alain Peyrefitte, le 20 février 1963 : « Nous ne pouvons avoir une politique et une défense indépendantes si nous n'avons pas une économie indépendante et des finances saines. C'est la condition *sine qua non* de l'indépendance nationale. »

La modernisation et le Plan. De la modernisation qui doit impérativement accompagner la reconstruction de 1945 à l'expansion sans précédent des années 1960, avec priorité aux industries de pointe pour renforcer la position de la France en Europe, de Gaulle est pleinement conscient des grands enjeux économiques du XXe siècle. Le « progrès », le « machinisme », la « société mécanique », qui conditionnent l'élévation du niveau de vie de tous, valent bien qu'on bouscule les habitudes invétérées : « Expansion, productivité, concurrence, concentration, voilà [...] les règles que doit dorénavant s'imposer l'économie française, traditionnellement circonspecte, conservatrice, protégée et dispersée. » L'État, de son côté, ne saurait se désintéresser des contraintes qu'implique pour les Français la modernisation de l'économie française, en particulier les mutations d'emploi imposées par le passage d'une France agricole à une France industrielle. Le sort de l'agriculture française – « notre plus grand problème [depuis] le règlement de l'affaire algérienne » – constitue pour de Gaulle une préoccupation constante. Il défend obstinément ses intérêts lors des négociations pour un marché commun agricole, avec l'intention avouée de faire supporter aux partenaires de la France une partie des lourdes charges de la modernisation agricole – « Nous sommes écrasés par notre agriculture... » Convaincu d'avoir fait le maximum pour l'agriculture française – « Non, vraiment, les agriculteurs n'ont pas à se plaindre » –, il s'irrite de l'âpreté des gros agriculteurs qui « mettent les pleins feux sur la misère du pauvre diable de la Creuse pour qu'on les arrose, eux », et se désole de l'ingratitude de la majorité des paysans.

Au-delà des intérêts sectoriels, de Gaulle place tous ses espoirs dans le Plan pour ouvrir une troisième voie entre les deux systèmes rivaux, le capitalisme et le collectivisme. Car il n'est pas question de se priver de ces leviers essentiels du progrès que sont l'initiative et la concurrence, il faut « laisser la carrière grande ouverte à l'esprit d'entreprise individuel et collectif ». Mais pas question non plus de s'en remettre aveuglément, comme les libéraux dogmatiques, aux forces du marché : on ne saurait nier ni les abus des « trusts », ni les risques de carence de l'entreprise privée, menant à l'effondrement de pans entiers de l'économie ou à un retard dans les industries d'avenir qui mettrait la France sous la coupe de l'étranger : « Si nous suivons le marché les yeux fermés, nous nous ferons coloniser par les Américains. » De Gaulle, dans les années 1960 comme à la Libération, reste convaincu que l'intervention de l'État est irremplaçable, et c'est dans le cadre du Plan que l'État doit agir. L'expression « mystique du Plan », citée par Alain Peyrefitte, n'est pas trop forte : de Gaulle se félicite d'avoir conféré au Plan « un relief qu'[il] n'avait pas, en lui donnant un caractère "d'ardente obligation" » [*ME*]. Nul hiatus à cet égard entre vision économique et vision sociale : la genèse et l'application du Plan donneront lieu au sein de la société française à une concertation globale, prolongement naturel de la « participation » dans l'entreprise. Conjointement avec « l'association capital-travail » évoquée dès 1943, le Plan est destiné à éteindre la lutte des classes, en fixant d'un commun accord la juste répartition des fruits de l'expansion au profit de tous ; il contient donc en germe la « politique des revenus », qui prend vers 1965 une place croissante.

La rigueur. Si le Plan est avant tout un instrument de mobilisation de la collectivité nationale, il devient, dans la gestion quotidienne, un instrument de cohérence, voire de discipline : « Avec le Plan, on sait où on va. Faute de Plan, c'est l'anarchie », déclare-t-il à Alain Peyrefitte le 24 janvier 1963. De Gaulle n'a certes pas toujours été un partisan inconditionnel de la rigueur. En 1944-1945, il arbitre en faveur de René Pleven, écartant les mesures anti-inflationnistes radicales défendues par Pierre Mendès France (il s'en justifiera au nom du pragmatisme : « Si je n'adopte pas la politique que préconise [Mendès], je n'exclus nullement de la faire mienne un jour, les circonstances ayant changé » [*MG*]). En juin 1958, il accepte l'emprunt Pinay, du nom du ministre des Finances, assorti d'une amnistie et d'exonérations fiscales. Mais, une fois accomplie la restauration de la monnaie dans le cadre du plan de redressement, l'attitude du Général penche systématiquement dans le sens de la rigueur : « L'équilibre, c'est la notion capitale ! » De Gaulle ne cache pas sa fierté d'avoir restauré la solidité du franc, « condition essentielle de l'honnêteté des rapports, de la sérénité des destins, de l'ordre social et moral » – mais d'abord et surtout symbole du rétablissement de la position de la France vis-à-vis du reste du monde. C'est pourquoi la lutte contre l'inflation figure en tête des priorités dans les instructions qu'il adresse à Georges Pompidou en le nommant Premier ministre en décembre 1962. En 1965, il célèbre un budget « vierge de toute impasse ». De 1959 à 1968, toutes les initiatives sociales, en matière d'intéressement par exemple, demeurent sévèrement bridées au nom du respect des contraintes d'équilibre.

Volontarisme ? Pragmatisme ? Rigueur ? Réformisme ? Chacun de ces termes s'applique à l'une des facettes de l'action économique et financière du général de Gaulle, qui n'hésitait pas à se qualifier lui-même de révolutionnaire : « Je me suis fait l'effet jadis d'être le seul révolutionnaire. Cela reste vrai. Le pays est bouleversé par les mutations que nous entreprenons », dit-il au Conseil des ministres du 15 mars 1967. Le bilan des réformes structurelles de la Libération, que le Général n'a pas désavouées (nationalisations, création de la Sécurité sociale...), demeure à coup sûr impressionnant : mais de Gaulle n'en est pas le seul, ni sans doute même le principal auteur. Quant aux innovations de la Ve République destinées à promouvoir la « participation », dans la lignée des comités d'entreprise de la Libération, on peut difficilement nier le décalage flagrant entre leur portée limitée et les ambitions de la doctrine sociale gaulliste : les impératifs d'équilibre – notamment les objectifs prioritaires de stabilité du franc et d'équilibre extérieur – ont été les plus forts.

Jean-Charles ASSELAIN

• *Voir aussi* : Dirigisme ; Franc ; Plans ; Rénovation

Bibl. : Jean-Charles Asselain, *Histoire économique du XXe siècle*, Paris, PFNSP-Dalloz, 1995 • Institut Charles-de-Gaulle, *1958, la faillite ou le miracle. Le plan de Gaulle-Rueff*, Paris, Economica, 1986 • Id., *De Gaulle en son siècle, t. 3, Moderniser la France*, Paris, Plon, 1992 • Jean-Pierre Vesperini, *L'Économie de la France sous la Ve République*, Paris, Economica, 1993.

ÉCRITS DE JEUNESSE. – L'écriture a occupé très tôt une place centrale dans la destinée de Charles de Gaulle. C'est à travers elle qu'il a commencé à s'affirmer dès l'âge de quinze ans et qu'il ne cessera par la suite de se construire, se révélant d'entrée de jeu plus inspiré par l'Histoire et par la création de son propre personnage que doué pour les œuvres de pure fiction.

Comme la plupart des adolescents de son milieu et de son époque, Charles de Gaulle s'est adonné avec passion à la poésie durant sa jeunesse. Le premier de ses écrits connus est une saynète en vers datant de 1905, *Une mauvaise rencontre*, qui doit beaucoup aux influences conjointes de Victor Hugo et d'Edmond Rostand : l'histoire, dans un genre situé entre *Ruy Blas* et *Chantecler*, d'un brigand au grand cœur qui dialogue avec un voyageur avant de le détrousser. Distinguée par un jury littéraire qui lui permit d'être éditée à 50 exemplaires, cette pochade un peu grandiloquente restera pendant longtemps la seule œuvre publiée de Charles de Gaulle.

Mais c'est un autre texte qui fait apparaître cette année-là le talent et surtout la personnalité du jeune auteur : *Campagne d'Allemagne*, un récit d'une vingtaine de pages dans lequel le collégien relate les exploits d'un « général de Gaulle », sauveur de la patrie à la tête des armées françaises, et parle déjà de lui à la troisième personne avec une autorité pour le moins prémonitoire.

Trois ans plus tard, celui qui se destine au métier des armes continue de s'essayer à la littérature. Mais, comme si le futur saint-cyrien tenait à se préserver du mélange des genres, c'est sous le pseudonyme, assez transparent au demeurant, de Charles de Lugale, qu'il signe en 1908 *Zalaïna*, un bref récit qui raconte la liaison fatale, en Nouvelle-Calédonie, d'un jeune officier avec une esclave mélanésienne. Un thème qu'on retrouve en 1910 dans une autre nouvelle, *Le Secret du spahi* – sous-titré *La Fille de l'agha* – où la même vision sacrificielle des amours coloniales a pour cadre, cette fois, une terre appelée à jouer un certain rôle dans sa vie : l'Algérie...

Toutefois, ce n'est pas dans le registre mélodramatique et édifiant que cet émule de Pierre Loti s'avère le plus convaincant. Ses meilleurs textes restent ses « compositions d'histoire », où s'affirme déjà quelque chose du style de *La France et son armée*. Seule une nouvelle autobiographique, *Le Baptême*, rédigée en septembre 1914 et qui évoque le désarroi d'un soldat de vingt-trois ans blessé dès le début de la guerre et ainsi privé d'une aventure dont il avait tant « rêvé », témoigne de qualités romanesques plus authentiques.

Deux œuvres plus tardives de Charles de Gaulle relèvent de la même veine littéraire que ses premiers écrits de jeunesse : *Télémaque* en 1925 et *Le Flambeau* en 1928. Elles achèvent de confirmer la difficulté de l'auteur à formuler à travers la fiction tout ce qu'il réussit, dans le même temps, à exprimer avec force dans ses articles et ses carnets personnels. C'est dans l'action, mieux qu'en littérature, que de Gaulle se montrera toujours le plus imaginatif.

Jean-Luc BARRÉ

• *Voir aussi* : Bibliothèque personnelle ; Formation scolaire et intellectuelle ; Loisirs ; Œuvre écrite ; Style écrit

Bibl. : Jean Lacouture, *De Gaulle*, t. 1, *Le Rebelle*, Paris, Le Seuil, 1984.

EDEN, Anthony (1897-1977). – Même si Eden a été Premier Ministre de Sa Majesté d'avril 1955 à janvier 1957, sa place dans l'histoire du XXe siècle est due davantage au fait qu'il fut un acteur central de la politique extérieure britannique pendant près de trente ans, puisqu'il fut *Foreign Secretary* de décembre 1935 à février 1938, de décembre 1940 à juillet 1945 et enfin d'octobre 1951 à avril 1955, avant de devenir Premier Ministre au départ de Winston Churchill, dont il était l'héritier présomptif (et impatient) depuis déjà longtemps.

Né dans une famille de la *gentry* (la petite aristocratie terrienne), il était encore à Eton lorsque éclata la Première Guerre mondiale. Il se retrouva immédiatement à l'armée et, à la fin de la guerre, il en était le plus jeune commandant, plus chanceux que ses frères aînés, tous les deux morts au combat. Entré à Oxford en 1919, il en sortit avec un « 1re classe » d'études orientales. Après avoir hésité entre la diplomatie et la politique, il finit par combiner les deux ; élu à la Chambre des communes en décembre 1923, dans la circonscription de Warwick et Leamington, qu'il représenta jusqu'à sa retraite politique en 1957 (il fut alors nommé à la Chambre des lords avec le titre de lord Avon), il lui fallut seulement douze ans pour parvenir à la tête de la diplomatie britannique. Il fut chargé du Foreign Office, à trente-huit ans, en pleine politique d'« apaisement » vis-à-vis de Hitler et, dans une moindre mesure, de Mussolini, politique que dénonçait Churchill avec véhémence, presque seul contre tous, au sein du parti conservateur au pouvoir. Eden protesta modérément contre la remilitarisation de la Rhénanie. Pourtant, à partir de mai 1937, lorsque Stanley Baldwin céda la place de Premier Ministre à Neville Chamberlain, Eden, qui acceptait mal l'interventionnisme de ce dernier en politique étrangère, chercha un prétexte pour démissionner. Il le trouva, en février 1938, quand le gouvernement britannique se résigna à entériner officiellement la conquête italienne de l'Abyssinie. S'il avait attendu Munich (septembre 1938), son geste aurait eu plus de panache. Aussi cette démission ne le rapprocha-t-elle pas immédiatement de Churchill. Quand la guerre éclata, en septembre 1939, Chamberlain ne lui offrit que le poste secondaire de ministre des Dominions, hors du « Cabinet de guerre », alors que Churchill y entrait. Et lorsque ce dernier remplaça Chamberlain en mai 1940, à la suite du fiasco de Narvick, Eden ne revint pas immédiatement au Foreign Office (lord Halifax, l'homme de Munich, était encore en place, jusqu'à ce qu'il accepte l'ambassade de Washington). Il se vit confier le War Office où il joua un rôle à sa mesure au moment de l'évacuation de Dunkerque et de la bataille d'Angleterre.

Après son retour (décembre 1940) « à la maison », selon l'expression de Churchill, il devint très vite le bras droit de ce dernier dans la conduite de la guerre, le Premier Ministre adjoint, le travailliste Clement Attlee, s'occupant essentiellement du *home-front*. Il fut donc associé à toutes les décisions militaires et diplomatiques, participant aux conférences internationales de Téhéran, Yalta et Potsdam. Malgré la volonté de Churchill de décider par lui-même, son influence ne fut pas négligeable, mettant un peu de rationalité dans les rapports avec les Alliés, face à un Premier Ministre facilement exalté, égocentrique et souvent grossier. La bienveillance qu'il montra pour la France libre et son chef n'était pas seulement due à sa sollicitude pour un allié dont il mesurait, plus que Churchill, les risques qu'il avait pris en décidant de continuer la lutte à Londres, mais aussi au fait qu'il ressentait douloureusement la dépendance militaire et politique de la Grande-Bretagne vis-à-vis des États-Unis. Celle-ci était encore accrue par les relations personnelles étroites entre Churchill et le président Roosevelt et la fascination du premier pour le second. Aussi, Eden, qui s'inquiétait de ce que deviendrait « l'équilibre européen » cher à la Grande-Bretagne sur le champ de ruines laissé par les pays de l'Axe, était partisan, avec d'autres, d'une alliance plus affirmée avec l'URSS, ce qui impliquait une France forte. Aussi compta-t-il – avec Leo Amery et Alfred Duff Cooper – parmi les amis sûrs que la France libre avait dans le Cabinet. Par trois fois au moins, c'est l'influence modératrice d'Eden qui empêcha une rupture définitive entre les Britanniques et de Gaulle : d'abord, à propos des affaires d'Orient (en 1941 puis en 1944), ensuite dans la rivalité entre de Gaulle et le général Giraud en Afrique du Nord, enfin au moment du débarquement allié en Normandie, quand Roosevelt voulut imposer l'AMGOT (Allied Military Government of Occupied Territories) et que Churchill cherchait à retarder le plus longtemps possible la visite de De Gaulle à la France libérée. Selon John Charmley, le second exemple, surtout, est révélateur des démarches divergentes des diplomaties américaine et britannique. Pour la diplomatie américaine, qu'inspire la vindicte antigaulliste de Roosevelt et que Churchill reprend alors presque intégralement à son compte, il est temps que la Grande-Bretagne rompe avec de Gaulle. Pas seulement parce que ce dernier est un interlocuteur mal commode, futur dictateur (selon Roosevelt), mais parce qu'il est avant tout un nationaliste qui, s'il parvient à la tête de son pays, n'aura de cesse de restaurer l'Empire français dans son intégralité. Cette démarche anti-impérialiste – qui survivra à Roosevelt – s'oppose aux visées du Foreign Office, qui craint que la dissolution de l'Empire français ne constitue un fâcheux précédent pour la survie de l'Empire britannique.

C'est aussi pourquoi, tout au long de la IVe République, Eden, qui, en définitive, était plus francophile que gaulliste, tentera de faciliter la tâche des gouvernements français, qu'il s'agisse des accords de Genève de juillet 1954 sur l'Indochine ou des accords de Paris d'octobre 1954, qui permirent le réarmement allemand après l'échec de la CED (Communauté européenne de défense). Sa dernière tentative, la malheureuse expédition de Suez, fut exemplaire de la coopération franco-britannique ; mais les deux pays avaient présumé de leur force. C'était la fin d'une époque et le début de la liquidation des empires.

Jacques LERUEZ

• *Voir aussi* : Angleterre

Bibl. : John Charmley, *Churchill, The End of Glory, a Political Biography*, Londres, Hodder et Stoughton, 1993 • Jean Lacouture, *De Gaulle*, t. 1, *Le Rebelle*, Paris, Le Seuil, 1984 • James Rhodes, *Anthony Eden*, Londres, Weidenfeld et Nicolson, 1986.

ÉDITEURS. – Robert Laffont a raconté avec humour sa première rencontre avec le général de Gaulle. Retenu avec Gallimard et Plon parmi les trois éditeurs susceptibles de se voir confier le lancement des *Mémoires de guerre*, il saborda lui-même toutes ses chances en osant comparer son métier à celui d'un stratège. Réalisant tout à coup l'énormité de sa bévue, il acquit la certitude que si l'amitié de Pierre Guillain de Bénouville avait suffi à le faire auditionner, elle ne servait plus à rien désormais. Au-delà de l'anecdote, la confidence nous introduit dans l'intimité d'un homme d'État qui a parfaitement compris, en 1954, que la publication d'une œuvre doit être précédée d'une sélection impitoyable des candidats et que son contenu ne suffit pas à lui seul à créer l'événement. C'est Georges Pompidou, très introduit dans les milieux littéraires de Saint-Germain-des-Prés, qui reçut les trois lauréats, leur fit lire le manuscrit et remplir un questionnaire qui devait aider l'auteur à prendre sa décision. La vieille maison Plon – la « veuve Garancière », comme l'appelait Georges Bernanos – avait beau sentir le renfermé et abriter bon nombre de pétainistes mal repentis, tel Henri Massis, elle n'en demeurait pas moins la maison d'édition des maréchaux de la guerre de 1914-1918, des académiciens et de deux des combattants les plus prestigieux de la suivante, Winston Churchill et le général Guderian. Aussi comprend-on les raisons qui déterminèrent de Gaulle à lui confier ses Mémoires. Gallimard aurait été tout à fait capable d'assurer le lancement du premier volume, ce que souhaitait André Malraux, mais son catalogue n'abritait pas le même genre de célébrités et François Mauriac lui-même était passé chez Plon à la Libération.

On se souvient que les premières œuvres de Charles de Gaulle parurent chez l'éditeur fétiche des militaires depuis la Grande Guerre, Berger-Levrault, qui succédait ainsi au trop boulangiste et trop ouvertement nationaliste Charles Lavauzelle de l'après-1870. *La Discorde chez l'ennemi* en 1924, *Le Fil de l'épée* en 1932 et, la plus connue et la plus discutée de ses études d'avant 1940, *Vers l'armée de métier*, furent donc confiés à la maison Berger-Levrault. Ce dernier ouvrage avait connu les honneurs d'une prépublication dans la *Revue politique et parlementaire* en 1933 avant d'être relayé par le passage en librairie l'année suivante, tandis que *Pour une politique de Défense nationale* se contentait de l'accueil dans la *Revue bleue* en 1934. Pour être complet, on ajoutera que Berger-Levrault avait édité en brochures *Du caractère* et *Du prestige*, les articles publiés dans la *Revue militaire française* en 1930 et 1931 et que, cette année-là, *L'Histoire des troupes du Levant*, rédigée avec le commandant Yvon, paraissait à l'Imprimerie nationale. Désormais familiarisé avec la presse et l'édition, Charles de Gaulle passait chez Plon en 1938 pour *La France et son armée* qui marque la véritable rupture avec le maréchal Pétain. Certes, l'écrivain Daniel-Rops lui avait offert l'hospitalité de la collection « Présences », mais, plus que cette explication littéraire, la volonté de paraître sous une couverture prestigieuse annonce les choix de l'après-guerre et l'intime connaissance du milieu susceptible de diffuser sa pensée.

Après la publication des *Discours et messages. 1940-1946*, de nouveau chez Berger-Levrault, les *Mémoires de guerre* avec leurs trois jaquettes, bleue pour *L'Appel*, blanche pour *L'Unité*, et rouge pour *Le Salut*, ne pouvaient être confiés qu'à un éditeur sachant lancer un livre, sans toutefois le confondre avec n'importe quel rossignol de librairie, ce que redoutait sans doute le Général. De toute façon, puisque Plon possédait l'exclusivité des Mémoires de Churchill et de Guderian, il n'existait pas d'autre choix possible pour l'œuvre phare de l'après-guerre. À Marcel Jullian, P-DG de Plon-Perrin, homme de télévision et de cinéma, il confiera ses dernières œuvres, les *Discours et messages* et les *Mémoires d'espoir* en 1969. Lors de leur entrevue à La Boisserie, de Gaulle avait marqué une certaine hésitation en affirmant au patron du groupe d'édition : « À l'intérieur de ce grand ensemble, je ne reconnais plus tout à fait le Plon auquel j'étais habitué. » Craignant que la maison de sa jeunesse et de sa maturité ne perde son âme en se fondant dans l'empire des Presses de la Cité qui appartenait alors à Sven Nielsen, l'homme d'État faisait montre d'une véritable lucidité en la matière. Au fond, comme Chateaubriand, son maître, ou Ernest Renan, qui avait fait semblant d'avoir été choisi par Michel Lévy, Charles de Gaulle avait toujours su que la couverture des livres importait presque autant que le contenu, et que l'auteur et l'éditeur étaient liés par un pacte bien plus indissoluble que ce qu'en disait leur contrat juridique. Théoricien de l'arme blindée, il avait accordé à la bataille littéraire toute l'importance qu'elle méritait, d'où son appréhension ultime face à des concentrations qui en dénaturaient le visage et annonçaient une société du spectacle qui lui était étrangère.

Jean-Yves Mollier

• *Voir aussi :* Daniel-Rops ; Goguel, François ; Jullian, Marcel ; Œuvre écrite ; Orengo, Charles

Bibl. : Marcel Jullian, *Mémoire buissonnière*, Paris, Albin Michel, 2 vol., 2000-2002 • Robert Laffont, *Éditeur*, Paris, Robert Laffont, 1974.

ÉDUCATION NATIONALE. – L'attitude du général de Gaulle envers l'Éducation nationale est partagée. D'une part, la science et la culture ont pour lui un grand prestige ; il éprouve une réelle considération pour les universitaires et se fait « une haute idée » des professeurs du secondaire dont il connaît le métier par son père. D'autre part, il perçoit l'Université comme un monde complexe, qu'il connaît mal. Une institution essentielle au développement du pays et à son équilibre social, mais profondément hostile à sa personne et au nouveau régime. Il se l'explique en partie par une « subversion », « principalement d'origine communiste ». Mais il faut, dit-il, que l'Université « se sauve elle-même ». Pas un instant il n'envisage de la reprendre en main par une politique autoritaire.

Sa conception du rôle présidentiel lui interdit les interventions trop directes. Il veille à ce qu'une politique soit définie et appliquée, donne aux mesures élaborées par le gouvernement la sanction d'une approbation définitive, mais « n'entendait pas que son autorité sur les ministres se traduisît par un pouvoir de substitution », écrit son conseiller de 1962 à 1967, Jacques Narbonne, un agrégé de philosophie. Il a accepté des décisions qu'il n'approuvait pas entièrement et ses impulsions n'ont pas toujours été suivies d'effets. Le Premier ministre, Georges Pompidou et son conseiller, Henri Domerg, tous deux agrégés, tenaient avant tout à la continuité de l'enseignement secondaire. Quant au ministre, Christian Fouchet, choisi en raison de sa fidélité, il se forge assez vite une doctrine au contact des universitaires – il préside en personne beaucoup des multiples commissions qu'il réunit. Aussi est-il délicat de dégager ce qui revient en propre au Général dans la politique scolaire de l'époque. Sa déclaration à l'ouverture du Conseil des ministres du 12 décembre 1962 atteste l'importance qu'il lui attachait et en fixe les lignes directrices : « L'Éducation nationale : c'est la grande affaire, tout de suite et pour longtemps. Elle doit d'ailleurs contribuer à effacer peu à peu les classes sociales, à condition que tous les jeunes Français y jouissent de chances égales et que son ouverture aux masses soit compensée par une orientation et une sélection appropriées. » Démocratisation et sélection sont indissociables.

La démocratisation : les collèges. « Rassurez-vous, la décision sera prise ici. » Ce propos tenu à Jean Capelle, directeur général de l'organisation et des programmes scolaires (DGOPS), à la fin d'un entretien en tête à tête à l'Élysée en février 1963, comme le fait qu'il le place à ses côtés lors du conseil restreint du 3 avril suivant suggèrent une réforme conçue par Capelle et imposée par de Gaulle au ministre et au Premier ministre. Les documents déposés aux Archives nationales par Henri Domerg fondent un récit moins simple.

L'« ouverture aux masses », c'était la prolongation de l'obligation scolaire jusqu'à seize ans (ordonnance du 6 janvier 1959). Pour faciliter l'orientation au sortir des classes élémentaires, le décret du même jour avait créé un cycle d'observation de deux années (6e et 5e). Mais l'orientation n'était qu'un mot : les élèves entrés en 6e au lycée poursuivaient après ce cycle des études longues en direction du baccalauréat ; ils commençaient d'ailleurs le latin en 6e. Les autres, s'ils n'allaient pas en classe de fin d'études après le cours moyen deuxième année (7e) continuaient dans des classes annexées à certaines écoles primaires, appelées cours complémentaires, et rebaptisées en 1959 « CEG » (collège d'enseignement général). Ils y accomplissaient, sous la férule d'instituteurs, les deux années d'observation et les complétaient souvent sur place par deux années supplémentaires. Pour que les élèves aient vraiment le choix entre cet enseignement court et l'enseignement long, il fallait que les deux filières fussent réunies au sein d'un même établissement : ils pourraient ainsi changer de filière sans changer d'établissement. Cela supposait des établissements assez importants pour disposer de plusieurs divisions à chaque niveau. Or on voyait se multiplier des « groupes d'observation dispersés », sortes d'embryons de CEG, annexés à des écoles primaires de village ou de faubourg et avec une seule division par niveau, et parfois même pas (classe unique de 6e-5e), ce qui condamnait leurs élèves à l'enseignement court. La DGOPS en conclut que, si l'on veut permettre l'orientation, il faut créer de véritables établissements polyvalents de premier cycle, comprenant deux années d'orientation après deux années d'observation, et au moins trois divisions par niveau, et elle conçoit une carte scolaire sur ces bases. Matignon s'en inquiète et se saisit du dossier.

Deux points font problème : la création d'établissements polyvalents et la nature de la polyvalence. Sur le premier, dont dépendent la carte scolaire et l'organisation générale de l'enseignement, de Gaulle arbitre en faveur de Jean Capelle : les CEG sont détachés du primaire et l'on crée des collèges d'enseignement secondaires (CES) de quatre ans. Ce n'est pas une expérience, comme l'aurait souhaité Matignon. En revanche, sur le second point, le contenu des différentes sections du premier cycle, Capelle doit céder. Il n'est pas soutenu par son ministre et Matignon impose la continuité de l'enseignement long, « grâce à un personnel et des méthodes distincts et appropriés ». « Je suis violemment, mais alors violemment hostile au tronc commun », expliquera Pompidou à Alain Peyrefitte. Ce serait « primariser » le premier cycle et « démanteler » le secondaire. Ce refus catégorique oblige Capelle à accepter que l'établissement polyvalent reste hétérogène et juxtapose des sections conservant leur identité secondaire ou primaire supérieure, ce qui excluait qu'on lui donne un corps enseignant spécifique. Ses interventions au conseil restreint s'inscrivent dans ce cadre et par la suite il respectera loyalement le compromis. Son plus proche collaborateur, responsable de la carte scolaire, s'est attiré une colère mémorable pour avoir utilisé l'expression proscrite : « professeur de premier cycle ». Dans le décret sur les CEG et CES du 3 août 1963, l'intervention du président a été décisive pour l'organisation générale de l'enseignement et la carte scolaire. Mais sur la nature de la polyvalence, de Gaulle n'a pas eu à arbitrer : la décision a été imposée en amont par Matignon. L'idée de créer un corps de professeurs de collège sera reprise par René Haby en 1975 puis par Lionel Jospin en 1989, mais aussitôt abandonnée. La cohabitation de professeurs de type primaire et de type secondaire s'est résolue à partir de 1986 par la disparition progressive des premiers. L'orientation prise en 1963 commande ainsi l'évolution ultérieure du système scolaire français.

La sélection et le baccalauréat. Si le conseil restreint du 4 avril 1963 ne s'attarde pas sur le contenu de la polyvalence, c'est aussi que de Gaulle tient à évoquer la sélection. Pour lui, comme pour Pompidou, une catastrophe menace : les digues sont rompues, les barrages ont cédé ; la croissance du nombre de bacheliers s'explique par la baisse du niveau et la démagogie. « Un laisser-aller général livre les universités à des flots d'éléments inaptes à en suivre les cours » au grand dommage des finances publiques. Il faut absolument dériver cette crue violente pendant qu'il en est temps. « Les prochaines rentrées universitaires se feront dans une telle ambiance d'agitation politico-estudiantine qu'il deviendra de plus en plus difficile d'imposer les solutions du bon sens et de l'intérêt national », écrit Jacques Narbonne le 17 janvier 1964.

Sur un premier point, l'organisation de filières de dérivation, l'Élysée, Matignon et le ministère de l'Éducation nationale sont d'accord pour développer et diversifier l'enseignement technique. C'est la création, en 1965, des baccalauréats de techniciens, des BEP (brevets d'études professionnelles) en deux années après le palier d'orientation de 3e et surtout celle des IUT (instituts universitaires de technologie) en janvier 1966.

Sur un second point, les positions divergent. Le premier souci du ministre est de trouver les bâtiments et les professeurs pour faire face à la croissance à laquelle il trouve des aspects positifs. Il est réticent envers la sélection, car il lui paraît politiquement dangereux de s'opposer à un tel mouvement de fond. La nomination de Pierre Laurent comme secrétaire général du ministère en 1964 a pour but de lui forcer la main. Le président et le Premier ministre, d'accord sur l'objectif, diffèrent sur la méthode. De Gaulle ne veut pas seulement durcir l'orientation ; il veut qu'elle réponde à l'intérêt général. L'État doit donc fixer des quotas par filières en fonction des objectifs du Plan et les imposer grâce à des « orientateurs » auxquels on donnerait des consignes strictes. Pour Pompidou, l'orientation doit rester l'affaire des parents et des professeurs : « Je suis un libéral. Je n'encasernerai pas la jeunesse française. » Dès lors, il faut jouer à l'intérieur du cadre existant, en aménageant le fonctionnement des conseils d'orientation, et surtout en renforçant les examens.

La question, très technique, du baccalauréat, devient ici centrale. Divisé en deux parties, passées à un an d'intervalle, il comprenait une session en juin et une autre en septembre, avec chaque fois un écrit et un oral pour tous les candidats. L'augmentation massive de leur nombre en rend l'organisation matérielle impossible. Au terme de plusieurs réformes, on aboutit à un examen unique, avec une session de repêchage en septembre. De Gaulle trouve le système adopté trop facile, et il adresse à MM. Pompidou et Fouchet une note ferme

– « Il ne s'agit pas de mollir... » – dans laquelle il refuse deux points mineurs du texte. Ils figurent pourtant dans le décret qu'il a signé le 9 novembre 1965. « On aurait légitimement pu supposer que le chef de l'État aurait dû être en mesure d'obtenir de ses ministres que l'admissibilité au baccalauréat fût 10 et non 9 sur 20 », écrira Narbonne.

De Gaulle n'en continue pas moins, avec obstination, à exiger du gouvernement l'organisation d'une vraie sélection. En novembre 1967, un conseil restreint adopte des procédures d'orientation dont les événements de Mai 68 retarderont la mise en place. Un autre conseil restreint, le 4 avril 1968, décide que tous les bacheliers ne pourront plus désormais s'inscrire de plein droit en faculté. La politique voulue par le président semble enfin aboutir. Un mois plus tard, la révolte étudiante l'enterre en quelques nuits.

La reconstruction des universités. Les événements de 1968 n'ont pas seulement condamné la sélection. Dénoncées dans leur fonction sociale, condamnées dans leur enseignement, discréditées dans leurs autorités, les facultés étaient à terre. Il n'était pas certain qu'elles puissent faire la rentrée. De Gaulle appela rue de Grenelle Edgar Faure, qui l'avait bien servi et dont il appréciait l'intelligence et le talent de négociateur. Et il engagea une réforme paradoxale. Sa majorité attendait une remise en ordre musclée qui semblait dans son caractère. Il était très loin des étudiants. L'affront des normaliens de la rue d'Ulm qui avaient refusé en 1959 de « serrer la main de sa politique » l'avait blessé. La jeunesse de « Salut les copains » lui était profondément étrangère, et Mme de Gaulle était choquée par les minijupes que le ministre n'interdisait pas. Devant l'émeute estudiantine, ce chahut de cancres, la première réaction du Général avait été de recourir à la force, reprochant à ses ministres d'avoir l'air terrorisés « devant ces gamins ». Mais, s'il ne le comprend pas vraiment, il sent que ce qui se passe est important : une crise de civilisation qui appelle une réponse de même niveau. Ce sera la participation. Il pensait la réaliser avec les ouvriers ; les événements le conduisent à la faire avec les étudiants. Dès la mi-juillet, il charge Edgar Faure d'élaborer rapidement une loi d'orientation pour l'Université autour de trois principes clairs : autonomie, participation et rénovation des méthodes et des programmes.

Edgar Faure et son équipe travaillent vite, puisque le premier projet est diffusé fin août, avec l'aval du Général. Sans doute, comme le suggère Jacques Narbonne, n'approuvait-il pas tous les détails du projet, l'autonomie recommandée heurtant son sens de l'État. Mais, on l'a vu, il respecte la responsabilité des ministres, aussi soutient-il Edgar Faure sans défaillance, malgré les objections juridiques de son entourage, le désaccord de plusieurs ministres dont le premier et la grogne de sa majorité. La loi d'orientation est votée par 441 voix et 35 abstentions et promulguée le 12 novembre 1968.

Elle organise bien la participation : les universités et leurs composantes sont administrées par des conseils élus, composés à parité d'enseignants et de non-enseignants, dont des étudiants. Les professeurs de rang magistral qui exerçaient le pouvoir sans partage occupent seulement 60 % des sièges de la moitié enseignante des conseils. Pour beaucoup, c'est une intolérable atteinte à leur autorité : ils ne font plus la loi à eux seuls. L'autre grand changement, au nom de l'autonomie et de la pluridisciplinarité, est une totale recomposition institutionnelle. Les facultés disciplinaires (droit, sciences, etc.) éclatent en unités d'enseignement et de recherche plus petites qui se regroupent par-delà les clivages disciplinaires pour former des universités. Les doyens des facultés disparaissent et le pouvoir passe aux présidents d'universités, élus pour cinq ans et dotés de vrais pouvoirs. Une autonomie de gestion financière complète ce dispositif.

Voulue par de Gaulle, la loi de 1968 transforme donc profondément l'organisation des pouvoirs universitaires dans leurs fondements et dans leurs périmètres. Pour l'essentiel, elle marque la fin des facultés napoléoniennes et la naissance de véritables universités. Antoine PROST

• *Voir aussi* : Berthoin, Jean ; Boulloche, André ; Enseignement privé ; Jeunesse ; Mai 1968 ; Paye, Lucien ; Peyrefitte, Alain

Bibl. : Claude Lelièvre et Christian Nique, *L'École des présidents, de Charles de Gaulle à François Mitterrand*, Paris, Odile Jacob, 1995 • Jacques Narbonne, *De Gaulle et l'éducation. Une rencontre manquée*, Paris, Denoël, 1994 • Alain Peyrefitte, *C'était de Gaulle*, Paris, De Fallois-Fayard, t. 3, 2000.

ÉDUCATION PAR LE SPORT. – Bien qu'il l'ait peu exprimé, l'intérêt de Charles de Gaulle envers l'usage éducatif de l'activité sportive ne fait guère de doute. Dès 1934, dans *Vers l'armée de métier*, il recommande de mettre « à profit [...] l'immense dépense d'énergie et d'orgueil consentie par notre siècle en faveur de l'effort physique et de la compétition ». Comme en attestent les témoignages de ses proches, cette invitation à tirer parti de « la flamme de l'esprit sportif » ne se cantonne pas au seul cadre de la formation militaire. À ses yeux, « le sport est un moyen exceptionnel d'éducation ».

Cette conviction est à l'époque largement partagée. Dans des perspectives certes bien différentes, le Front populaire puis Vichy se sont efforcés de la traduire politiquement. En dépit de ces tentatives successives, la France demeure pourtant à la Libération un pays aux habitus sportifs peu développés. Du reste, le Général lui-même ne s'adonne guère à l'activité physique. Seule la marche à pied fait chez lui l'objet d'une habitude régulière. Aussi, parvenu au sommet de l'État, ne se hasarde-t-il pas à esquisser une politique dans ce domaine peu familier. Il en délègue la conception à des collaborateurs soigneusement choisis. Toutefois, par la constante et bienveillante attention qu'il accorde à l'action de ces derniers, et à travers les cadres législatif et constitutionnel qu'il s'attache à mettre en place au bénéfice d'un volontarisme politique suivi, sa contribution au développement de l'éducation sportive dans l'Hexagone est assurément déterminante.

Solidement adossé aux ordonnances du 2 octobre 1943 et du 28 août 1945 qui placent le fonctionnement des institutions sportives du pays sous le contrôle des pouvoirs publics, le ministre de l'Éducation nationale du Gouvernement provisoire de la République française, René Capitant, proclame le sport « élément capital du redressement de la nation ». Las ! le retrait du Général, les difficultés budgétaires du moment, puis les dysfonctionnements institutionnels de la IVe République ont vite raison de cette ambition éducative visant à l'éclosion d'un « homme nouveau ». Opiniâtre, Charles de Gaulle entreprend dès son retour au pouvoir de lui redonner corps à travers la création d'un haut-commissariat à la Jeunesse et aux Sports qu'il confie à Maurice Herzog. Sept années durant, ce dernier bénéficie du soutien et des arbitrages présidentiels pour mener une politique particulièrement habile et dynamique. Ainsi qu'en témoignent les épreuves, désormais obligatoires, qui lui sont consacrées au baccalauréat, la pratique sportive devient un élément à part entière de l'éducation des jeunes Français. La création en janvier 1966, pour la première fois dans l'histoire de la République, d'un ministère de la Jeunesse et des Sports, attribué à François Missoffe, constitue une ultime manifestation symbolique de l'élan gaullien communiqué à ce domaine.

Jean-Luc MARTIN

• *Voir aussi* : Jeunesse ; Sportifs (événements)

Bibl. : Marianne Amar et Jean-Louis Gay-Lescot, « Le sport dans la tourmente, de Vichy à la Libération », dans Philippe Tétart (dir.), *Le Temps des stades*, Paris, Vuibert, à paraître • Jean-Luc Martin, « Gaullisme, jeunesse, sport : mythes et réalités », dans Pierre Simonet et Laurent Veray (dir.), *L'Empreinte de Joinville : 150 ans de sport, 1852-2002*, Paris, Éditions INSEP, 2003 • Id., *Histoire de l'éducation physique sous la Ve République. L'élan gaullien, 1958-1969*, Paris, Vuibert, 2004.

EFFEL, François Lejeune, dit Jean (1908-1982). – La signature de Jean Effel apparaît pour la première fois en février 1933 dans *Le Monde* d'Henri Barbusse. Depuis cette date, et jusqu'en 1981, il ne cessa de dessiner, laissant derrière lui une abondante production de plus de 17 000 dessins.

Il collabora à de nombreux journaux : *Marianne* (1933-1939), *Le Canard enchaîné* (1933-1950), *Action* (1944-1950), *L'Humanité-Dimanche* (1936-1937 et 1944-1971), *France-Soir* (1960-1975), *L'Express* (1957-1965). Il est également l'auteur d'affiches et de vignettes publicitaires ainsi que de plusieurs albums dont *La Création du Monde* (1951), traduit en quinze langues et adapté au cinéma par le Tchèque Édouard Hofman en 1962. Inspirée par des personnages créés durant l'Occupation, cette œuvre dit avec humour et poésie l'absurdité du monde. Tout au long de sa carrière, il resta fidèle à ses idéaux de gauche et sans jamais adhérer au parti communiste, il collabora à des entreprises patronnées par lui.

Profondément humaniste, son œuvre traduit son engagement en faveur de la paix. Dès 1945, ses dessins prennent position contre la bombe atomique. En 1950, il est l'un des signataires de l'appel de Stockholm. Enfin, en 1967, il crée les affiches de l'appel « Bateaux pour le Vietnam ». Ses dessins à la ligne ronde, claire et sans surcharge, apportent une gaieté et une fraîcheur presque surréelles. La simplicité de son graphisme défie rotatives et autres techniques sophistiquées. Ses caricatures ne visent pas à anéantir leur cible, mais leur apparente candeur n'en est que plus cruelle. Nourrie de poésie, de surréalisme, son œuvre reste appréciée de tous.

Effel fut l'un des premiers à représenter le Général. Dans un dessin paru dans

La Tour Eiffel et de Gaulle, août 1944.
Cliché : Kharbine-Tapabor © Adagp, Paris, 2006.

France-Soir le 31 décembre 1944, devenu depuis document d'histoire, on le voit entrer dans Paris, accueilli bras ouverts par une souriante tour Eiffel qui l'appelle « Mon Grand ! ». Cette tendresse est significative de l'espoir que symbolise de Gaulle : cet homme nouveau, droit et monumental, incarne la Résistance et l'intégrité de la France. Plus tard, Effel ira remettre en personne un dessin original au président. Celui-ci représente Churchill, Roosevelt et Staline passant devant Marianne en guenilles en train de chanter « Je ne suis pas si vilaine avec mes sabots ». L'absent de Yalta avait apprécié ce dessin paru le 28 février 1945 dans *Gavroche*. Mais, lorsque sur fond de guerre d'Algérie, Effel, alors dessinateur à *L'Express*, réalisa l'album *De la Mollarchie à l'Empire Mongaulle*, le pouvoir fit pression pour empêcher sa sortie. L'ouvrage fut finalement envoyé aux abonnés du journal. En 1960, *L'Unique* est entièrement consacré aux deux premières années du mandat de De Gaulle. Cinq ans plus tard, *De la Debré à la Pompidour* dresse le portrait d'un dirigeant impérieux et distant. Lors d'une conférence de presse, dans un dessin pour le 30 janvier 1964 dans *L'Express*, Effel lui fera dire : « Veuillez, Messieurs les journalistes, fournir vos questions à mes réponses. » La popularité qu'il acquit fit dire à André Malraux : « De nous tous, Effel est le plus certain de survivre. »

Scylla MOREL

• *Voir aussi* : Dessins et caricatures ; Express (L')

Bibl. : André Carrel, François Cavanna et Jean Effel, *La Joie de Vivre. Jean Effel : entretiens avec André Carrel*, Paris, Cercle d'Art, 1998 • François Robichon, *Jean Effel : l'homme à la marguerite*, Paris, Hoëbecke, 1997 • Jean-Paul Tibéri, *Jean Effel, la création d'un monde*, Paris, J.-C. Godefroy, 1992.

ÉGLISE CATHOLIQUE (à la Libération). – Au printemps 1944, alors que se dessine la victoire des Alliés, le général de Gaulle ne peut se louer de l'attitude des autorités ecclésiales à son égard. Certes, des catholiques notoires l'ont rejoint, mais aucun prélat d'importance. L'assemblée des cardinaux et archevêques a maintenu son « loyalisme sans inféodation » de juillet 1941 au maréchal Pétain. Et l'archevêque de Toulouse Mgr Saliège, en qui de Gaulle mettait quelque espoir, a éludé les ouvertures de sa lettre du 27 mai 1942 pour une distension des liens entre la hiérarchie et Vichy, voire un accord avec la France libre. Au Vatican, quelques prélats français ne cachent pas leur sympathie pour celle-ci, à commencer par le cardinal Tisserant, mais il n'est pas bien en cour auprès de Pie XII. Le nonce Valerio Valeri s'est installé à Vichy ; et Léon Bérard représente l'État français auprès du Saint-Siège.

Dès avant la libération de Rome, le général de Gaulle et les siens se préoccupent de leurs rapports avec ce dernier. Dans sa lettre au pape du 29 mai 1944, de Gaulle tient à le rassurer sur deux points cruciaux : les forces françaises font et feront la guerre jusqu'à la victoire « avec tout le respect que nous portons aux souvenirs de notre foi chrétienne, ainsi qu'au patrimoine religieux, intellectuel et moral qu'ils représentent » ; et « dès la délivrance, les intérêts spirituels du peuple français retrouveront leur primauté que met en péril l'oppression de l'ennemi ». Cette lettre vaut au chef du Gouvernement provisoire de la République française (GPRF) une audience pontificale le 30 juin. Pie XII lui fait part de son inquiétude quant au sort de l'Allemagne et de l'Europe orientale du fait de la poussée soviétique. Le cardinal Maglione exprime le souhait « que le changement de régime pourra s'opérer sans graves secousses, spécialement pour l'Église de France ». De Gaulle s'empresse de le rassurer : « Le Gouvernement de la République entend qu'il en soit ainsi, bien que certains milieux ecclésiastiques français aient pris à son endroit une attitude qui, demain, ne lui facilitera pas les choses » [*MG*].

Une mission diplomatique officieuse du Gouvernement provisoire se met en place auprès du Saint-Siège, sous la direction d'Hubert Guérin, conseillé par le dominicain Thomas-Joseph Delos. Son objectif principal, outre le retrait de Léon Bérard, est la reconnaissance *de jure* du GPRF par la papauté. Celle-ci va prendre près de six mois du fait d'une exigence française longtemps repoussée par Rome. Estimant le régime de Vichy nul et non avenu, de Gaulle ne veut avoir de contact avec aucun ambassadeur accrédité auprès de lui. « Il n'y eut de difficulté qu'au sujet du nonce apostolique », dont la personne n'était pourtant pas en cause. « Le Vatican, en effet, eût souhaité que Mgr Valerio Valeri fût accrédité auprès du général de Gaulle après l'avoir été auprès du maréchal Pétain. C'était, à nos yeux, impossible », maintient de Gaulle dans ses *Mémoires de guerre*. Or Rome lie étroitement cette question à celle de la reconnaissance... L'un des derniers, le Vatican accorde celle-ci début décembre 1944 et s'emploie à trouver un successeur à Mgr Valeri, sur les instances d'une mission conduite par Charles Flory. Faute de nonce disponible, ce sera un simple délégué apostolique, Mgr Roncalli (le futur Jean XXIII), surpris de quitter ainsi Istanbul. Il arrive à Paris juste à temps pour présenter les vœux du corps diplomatique, dont le nonce est doyen, au président de Gaulle, le 1er janvier 1945. Lorsque le Général convainc Jacques Maritain d'accepter le poste d'ambassadeur près le Saint-Siège, celui-ci manifeste des réticences, trois mois plus tard : « résistant » avant l'heure, le philosophe n'est pas *persona grata* dans certaines hautes sphères catholiques.

Résigné au remplacement du nonce, Pie XII est opposé à toute épuration d'un corps épiscopal qui n'aurait fait que son devoir en se ralliant au régime établi à Vichy après la défaite de 1940. Or nombre de catholiques engagés en Résistance, ulcérés de ne pas avoir été soutenus par leurs pasteurs, souhaitent un renouvellement à la tête de l'Église de France. Des listes de proscriptions circulent, dont la mission Flory s'est fait l'écho au Vatican : « Quand je pense [...] que là, dans ce fauteuil où vous êtes en ce moment, j'ai entendu M. Flory venir me dire qu'il fallait sacrifier trente-cinq archevêques et évêques... », confiera Mgr Tardini, proche collaborateur de Pie XII, à Wladimir d'Ormesson, le 10 janvier 1949. Seuls quelques indices permettent alors d'approcher le sentiment du général de Gaulle sur la question. Certes, il se rallie à l'opinion de son entourage, le 25 août 1944, sur l'inopportunité de la présence à Notre-Dame du cardinal de Paris, Mgr Suhard, pour la cérémonie de la libération de Paris, ce qui ne l'empêche pas de recevoir le prélat un mois plus tard. Son souci d'union nationale autour du Gouvernement provisoire ne le pousse pourtant pas à la rigueur : il sait qu'il a besoin des catholiques pour équilibrer la poussée de la gauche. Ses ministres démocrates-chrétiens ne sont d'ailleurs pas tous aussi durs que Georges Bidault, président du Conseil national de la Résistance et titulaire du Quai d'Orsay : le garde des Sceaux François de Menthon est acquis à la clémence. Lors de ses voyages en province de l'automne 1944, de Gaulle rencontre à Toulouse « le vaillant archevêque Mgr Saliège » [*MG*] ; il reçoit aussi des prélats autrement menacés, comme Mgr Feltin à Bordeaux et Mgr Liénart à Lille. Il leur manifeste certes quelque froideur, mais ne refuse pas de les voir. Plus nette est son attitude au printemps 1945. Comme l'attestent son télégramme à Bidault du 14 mai et les agendas du nonce Roncalli, c'est lui qui boucle, en dernière instance, une épuration limitée aux cinq évêques résidentiels apparemment les plus compromis. Mgr Roncalli lui arrache toutefois la grâce de Mgr Feltin. Lors du consistoire de février 1946, la France obtient trois chapeaux cardinalices, dont un pour Mgr Saliège, voulu par le gouvernement malgré les réserves du nonce. Roncalli à Paris et Saliège cardinal d'un côté ; une épuration épiscopale limitée de l'autre : le compromis porte l'empreinte personnelle du général de Gaulle.

Étienne Fouilloux

• *Voir aussi* : Catholique (foi) ; Épuration ; Vatican

Bibl. : Étienne Fouilloux, « Extraordinaire ambassadeur ? Mgr Roncalli à Paris », *Revue historique*, CCLXXIX/1, janvier-mars 1988, p. 101-128 • André Latreille, *De Gaulle, la Libération et l'Église catholique*, Paris, Le Cerf, 1978 • Angelo Giuseppe Roncalli, *Anni di Francia. I Agende del nunzio, 1945-1948* (Étienne Fouilloux éditeur), Bologne, Istituto per le scienze religiose, 2004.

ÉGLISE ET CULTES. – En 1943, de Gaulle déclarait à la radio de Londres qu'il fallait « donner aux religions et aux forces spirituelles le rang que mérite leur noblesse ». Cette promesse ne restera pas sans suite. Son accès au pouvoir se traduit, en 1944 déjà, en 1958 surtout, par une inflexion sensible de la politique religieuse de la France. Sans revenir sur la loi de Séparation de 1905, de Gaulle, qui est catholique, s'attache à restituer aux Églises, à l'Église romaine en particulier, la reconnaissance publique que leur avaient retirée les lois laïques de la IIIe République.

Ce retour à la « reconnaissance » s'exprime clairement dans l'ordre symbolique. D'une part, il réintègre le religieux dans l'espace référentiel de la République. À la nation par exemple, dont il situe l'origine dans le baptême de Clovis, il n'hésite pas à redonner une consistance chrétienne : « Nous sommes, proclame-t-il dans son allocution de Saint-Maurice en 1950, un pays chrétien. C'est un fait. Nous le savons depuis très longtemps. Eh bien, nous n'avons pas besoin de nous méconnaître. » Quant au pouvoir, il se trouve rapporté de nouveau à sa finalité transcendante : à ceux qui enseignent « le mépris à l'égard de la morale et de la religion », déclare le Général, il faut rappeler qu'il n'est de bon gouvernement que celui qui accepte « le dessein de Dieu » et « reproduit ses gestes ». D'autre part, de Gaulle réinstalle l'Église dans l'espace cérémoniel de la République. On le voit solliciter sa protection. C'est le cas, au cours de son voyage à Rome, au printemps 1944 ; c'est le cas aussi en juin 1958 lorsqu'« en toute piété filiale » il demande à Pie XII de « bénir la France » et de lui accorder, dans la charge qui est désormais la sienne, « son soutien spirituel ». On le voit surtout mobiliser sa liturgie. Parce que « Dieu est, selon sa formule, à l'origine de tout ce qui arrive », le Général entend que tous les événements d'importance, depuis la libération de Paris en août 1944 jusqu'à la réconciliation franco-allemande en juillet 1963, soient célébrés dans l'hommage d'une messe solennelle.

Mais le retour à la « reconnaissance » s'exprime également dans l'ordre juridique. La IIIe République avait privé les forces confessionnelles du soutien financier de l'État. Persuadé de l'influence civilisatrice de la religion, il en admet de nouveau la possibilité. Il y a lieu cependant de distinguer deux moments. En 1944-1945, alors que l'Église est dans une positon menacée, du fait de l'adhésion de sa haute hiérarchie au maréchalisme, le président du Gouvernement provisoire de la République française conduit une politique de simple stabilisation de la structure ecclésiale. Il s'emploie d'abord à défendre son système scolaire. Sans pouvoir empêcher la suppression des subventions que Vichy avait accordées aux écoles confessionnelles, il obtient du moins que la liberté d'enseignement soit maintenue en s'opposant au projet d'école unique défendu par une grande partie de la gauche. Il s'attache ensuite à préserver son personnel dirigeant. Beaucoup de résistants, dont le démocrate-chrétien Georges Bidault, souhaitaient alors une épuration massive de l'épiscopat. Honorant la promesse faite en juin 1944 au cardinal Maglione, le Général n'exige finalement, outre le départ du nonce auprès du régime de Vichy, que la démission des quatre évêques les plus compromis.

La Ve République le révèle plus offensif. Les passions apaisées, de Gaulle s'engage dans une politique de consolidation de la présence catholique. L'institution scolaire lui fournit son terrain principal d'intervention. Il s'était prononcé en 1951 en faveur des lois Barangé et Marie qui prévoyaient de subventionner (indirectement) les écoles privées. L'une des premières mesures de son gouvernement, la loi Debré adoptée en 1959, renforce ce dispositif de soutien financier en permettant, dans le respect de leur « caractère propre », la contractualisation des établissements confessionnels. Au prix d'un contournement de l'article 2 de la loi de 1905, l'activité cultuelle se voit, de même, subventionnée. En 1959 encore, le législateur exonère les associations cultuelles de l'impôt sur les dons et legs ; en 1961, il autorise les communes et les départements à garantir les emprunts contractés en vue de l'édification d'ouvrage religieux ; en 1967, il dispense les bâtiments du culte de la taxe foncière.

Cette politique de « laïcité bienveillante », dont les dispositions financières s'appliquent aussi, évidemment, aux cultes non romains, ne lui a pas valu un appui systématique de la hiérarchie épiscopale. Si les évêques l'ont généralement soutenu (en 1958, par exemple, ils appelleront à voter pour la nouvelle Constitution), ils lui ont aussi, parfois, sur certains dossiers, mesuré leur adhésion : en 1963 à propos de la grève des mineurs, en 1964 sur la question de l'armement nucléaire ou, en 1968, dans la gestion des événements de Mai. Sans doute faut-il voir dans ces réticences une réaction à la conception gaullienne de la souveraineté. De Gaulle n'était pas un gallican, désireux d'inféoder l'Église à l'État. Il n'était pas non plus un « catholique d'Église » : se laissant en tout inspirer par la doctrine sociale chrétienne, il n'a jamais voulu pour autant renoncer à la « nécessaire indépendance de l'ordre politique ».

Philippe Portier

• *Voir aussi :* Catholique (foi) ; Enseignement privé ; MRP ; Vatican

Bibl. : Michel Albert, *L'Église catholique en France sous la IVe et la Ve République*, Paris, Le Cerf, 2004 • André Latreille, *De Gaulle, La Libération et l'Église catholique*, Paris, Le Cerf, 1978 • Philippe Portier, « L'évolution du régime français de laïcité », dans Jean-Robert Armogathe et Jean-Paul Willaime (dir.), *Les Mutations contemporains du religieux*, Turnhout, Brépols, 2003, p. 1-25.

EISENHOWER, Dwight David (1890-1969). – Dwight David Eisenhower est né au Texas, cinq semaines avant Charles de Gaulle. Issu d'une famille pauvre et profondément religieuse, il entre en 1911 à l'académie militaire de West Point et en sort quatre ans plus tard avec le grade de sous-lieutenant. Affecté comme instructeur à un centre d'entraînement des chars d'assaut, il ne voit pas le feu durant la Grande Guerre. Il sert dans la zone du canal de Panama entre 1922 et 1924, puis entre à l'École de guerre, dont il sortira major en 1927. Affecté à l'état-major de l'armée à Washington, puis adjoint du général Douglas MacArthur aux Philippines, le commandant Eisenhower se fait remarquer par ses qualités d'organisateur et de diplomate, avant d'être rappelé aux États-Unis pour devenir chef d'état-major du commandant de la 3e armée, avec le grade de lieutenant-colonel. Ses talents attirent l'attention du général Marshall, chef d'état-major de l'armée de terre, qui le nomme chef adjoint de la section des plans d'opérations à l'état-major. Promu général de brigade peu avant l'entrée en guerre des États-Unis, il devient en avril 1942 chef de la section des plans d'opérations, avec mission d'élaborer les premiers projets de débarquement en France. Cette expérience explique qu'il soit nommé commandant en chef des forces américaines en Europe à l'été de 1942, avec le grade de général de division. Mais les alliés britanniques, mesurant les difficultés d'une reconquête anticipée de l'Europe occidentale, obtiennent que la première grande offensive alliée de la guerre soit lancée en Afrique du Nord, et le président Roosevelt, sur les conseils du général Marshall, en confie le commandement à Dwight D. Eisenhower.

Libérations. N'ayant jamais commandé la moindre unité au feu, disposant de troupes inexpérimentées, ignorant tout de l'Afrique du Nord, Eisenhower n'en reste pas moins un organisateur exceptionnel. L'opération « Torch », lancée le 8 novembre 1942, sera donc un succès militaire, mais aussi un désastre politique. Peu au fait des subtilités de la politique française, sommé par Roosevelt de tenir les gaullistes à l'écart, obligé de composer avec l'amiral Darlan pour faire cesser la résistance en Algérie et au Maroc, contraint ensuite de donner une priorité absolue aux opérations de Tunisie, Eisenhower va confier l'administration civile de l'Afrique du Nord à l'amiral Darlan, puis au général Giraud. Sous leur autorité, le Maroc et l'Algérie vont rester administrés par des fonctionnaires inféodés à Vichy. Depuis Londres, le général de Gaulle ne cesse de dénoncer cette situation, dont il rend les Américains responsables. Quant à Eisenhower, prévenu par Roosevelt et Giraud contre le général de Gaulle, il s'inquiète des troubles que pourraient causer sur ses arrières d'éventuels affrontements entre gaullistes et giraudistes. De décembre 1942 à mai 1943, les échanges épistolaires entre Eisenhower et de Gaulle seront donc entièrement dénués d'aménité. Mais à l'été de 1943, lorsque aboutissent enfin les tractations en vue de constituer à Alger le Comité français de la Libération nationale (CFLN), les deux hommes se rencontrent, et leurs relations s'en trouvent profondément modifiées. De Gaulle voit en Eisenhower un soldat dont les qualités de franchise, d'honnêteté et de diplomatie désarment rapidement ses préventions : Eisenhower voit en de Gaulle un militaire très différent du dictateur fasciste et américanophobe qu'on lui représentait jusqu'alors, ainsi qu'un homme d'État d'une tout autre envergure que Darlan, Giraud ou Noguès. Dès lors, Eisenhower, utilement conseillé par le ministre résident britannique Harold Macmillan, n'applique pas à la lettre les instructions du président Roosevelt visant à limiter l'influence de De Gaulle dans le jeu politique à Alger.

Après la conquête de la Tunisie et de la Sicile à l'été de 1943, le général de corps d'armée Eisenhower est nommé commandant suprême des forces alliées en Europe ; il est donc responsable des opérations visant à reprendre pied sur le continent en 1944. Or, Eisenhower estime impossible de procéder à un débarquement en France sans s'être assuré au préalable du soutien de la population, de l'administration, et de la Résistance. Il l'expose avec franchise au général de Gaulle lors d'une conversation en tête à tête le 30 décembre 1943, et s'engage à faire participer une division de la France combattante à la campagne dans le nord de la France ; il donne en outre au Général l'assurance solennelle que dans les faits, il ne connaîtra en France d'autre autorité que la sienne. Cette connivence va lier les deux hommes au cours des mois qui suivent, en permettant au grand organisateur du débarquement en Normandie de bénéficier de l'appui de la Résistance française, et au chef de la France combattante d'établir son autorité sur les premiers territoires français libérés, puis d'entrer en vainqueur à Paris le 25 août 1944. L'entente entre les deux généraux leur permettra également de surmonter les graves crises issues de leurs différences de conceptions stratégiques et politiques, notamment lors de la contre-offensive allemande dans les Ardennes à la fin de 1944 et de l'occupation du sud de l'Allemagne au printemps de 1945. Après la capitulation allemande, le général d'armée Eisenhower, à la veille de quitter le sol français pour aller occuper à Washington le poste de chef d'état-major, est fait Compagnon de la Libération par le général de Gaulle. La France, après tout, doit sa délivrance à ce grand organisateur et diplomate, qui s'est employé en outre à limiter les effets dommageables de la gaullophobie obsessionnelle du président Roosevelt. Quant à de Gaulle, il a permis à Eisenhower de mener une campagne victorieuse contre l'Allemagne, en faisant régner l'ordre sur ses arrières et en mettant à sa disposition les infrastructures, les ressources et les effectifs de la France libérée.

Lorsque le général Eisenhower revient en France au début de 1951, c'est en qualité de commandant suprême des forces militaires de l'Alliance atlantique. De Gaulle, lui, s'est retiré à Colombey, et ce n'est qu'en avril 1952 qu'une rencontre aura lieu entre les deux anciens compagnons de guerre. À ce moment, Eisenhower brigue l'investiture du parti républicain pour les élections de novembre, et de Gaulle lui prédit qu'il sera bientôt à la tête de son pays – tout comme lui, de Gaulle, le sera inévitablement un jour, « parce qu'il n'y a pas d'autre solution ». Il ajoute que lorsque Eisenhower et lui seront au pouvoir, ils pourront « faire ensemble de grandes choses pour servir la cause de la liberté et celle de leurs pays respectifs ». Le général de Gaulle devra attendre six ans encore pour voir cette prédiction se réaliser. Même alors, il devra admettre qu'Eisenhower ne s'est pas montré plus complaisant envers la France et l'Europe que ses prédécesseurs Truman et Roosevelt ; la politique du gouvernement américain lors de l'affaire de Suez et son soutien aux indépendantistes algériens en sont la preuve, de même que son rejet de la proposition faite par le général de Gaulle en septembre 1958 de former au sein de l'Alliance atlantique un directoire à trois avec la Grande-Bretagne et les États-Unis. De son côté, Eisenhower n'a pas manqué d'être irrité par la campagne gaulliste contre le projet de Communauté européenne de défense, ainsi que par la décision du général de Gaulle de soustraire à l'autorité de l'OTAN la flotte française de Méditerranée.

Retrouvailles au sommet. Pourtant, rien de tout cela n'entache la cordialité de leurs retrouvailles lorsque Eisenhower se rend en France au début de septembre 1959. De Gaulle l'accueille par ces mots : « Ah ! Que vous êtes le bienvenu ! Quoi qu'il se passe dans les années à venir, vous serez toujours pour nous le généralissime des armées de la Liberté ! » Lors de discussions en tête à tête au château de Rambouillet, de nombreux sujets sensibles sont abordés avec la plus grande franchise, notamment l'armement nucléaire de la France, la question allemande, la guerre d'Algérie, l'OTAN et les relations Est-Ouest. De Gaulle informe Eisenhower de son projet d'autodétermination pour l'Algérie et de son intention de faire exploser le 13 février de l'année suivante une bombe atomique de soixante kilotonnes – preuve tangible de la confiance qu'il accorde à son vieux compagnon d'armes. L'année 1960 sera marquée par une visite du général de Gaulle aux États-Unis, et surtout par la venue d'Eisenhower à Paris en mai pour une conférence au sommet avec de Gaulle, Khrouchtchev et Macmillan. Le président américain, qui voit approcher le terme de son second mandat, tient essentiellement à ce que cette conférence débouche sur une ère de paix dans les relations Est-Ouest. Mais Nikita Khrouchtchev, lui, entend profiter de l'incident de l'avion espion U2 (avion de reconnaissance américain abattu au-dessus de l'Ukraine le 1er mai 1960) pour humilier les Américains, en exigeant des excuses publiques comme préalable à l'ouverture des travaux de la conférence. Eisenhower est disposé à céder et même à faire des concessions au sujet de Berlin, mais le général de Gaulle l'en dissuade et lui permet de sauver la face en mettant fin à une conférence devenue sans objet.

En août 1962, Eisenhower revient à Paris ; il n'est plus président, mais de Gaulle tient à l'accueillir exactement comme s'il l'était encore. Lors d'un déjeuner au palais de l'Élysée, le visiteur évoque devant son hôte la conférence avortée de 1960 : « Vous avez été d'un flegme admirable ; Khrouchtchev exigeait que je lui fasse des excuses. Vous avez coupé court en lui versant une douche froide. [...] J'étais prêt à m'excuser, mais je crois que vous avez eu raison de m'en empêcher. » À quoi de Gaulle répond : « Vos excuses n'auraient servi à rien. Il était décidé à tout casser. Il ne faut jamais se prosterner. » Après avoir raccompagné l'ancien président, de Gaulle déclare à son entourage : « Il est prudent, il a de l'expérience et il écoute les conseils ! » C'est évidemment une façon de faire ressortir le contraste avec son successeur John F. Kennedy... En 1969, de Gaulle sera présent aux obsèques de Dwight D. Eisenhower, son grand allié du temps de guerre et son grand ami du temps de paix.

François KERSAUDY

• *Voir aussi* : AMGOT ; Armées de la Libération ; Débarquement ; États-Unis ; GPRF ; Politique étrangère

Bibl. : Alfred D. Chandler, *The Papers of D. D. Eisenhower*, Baltimore, Johns Hopkins, vol. 4, 1970 • Dwight D. Eisenhower, *Croisade en Europe. Mémoires sur la Deuxième Guerre mondiale*, Paris, Robert Laffont, 1949 • Vernon Walters, *Services discrets*, Paris, Plon, 1979.

ÉLECTION PRÉSIDENTIELLE DE 1958. – Selon la version initiale de l'article 6 de la Constitution de 1958, le président de la République « est élu par un collège électoral comprenant les membres du Parlement, des conseils généraux et des assemblées des territoires d'outre-mer, ainsi que les représentants élus des conseils municipaux ». Ces représentants sont, outre tous les maires, de un à tous les adjoints dans l'ordre du tableau dans toutes les communes de 1 000 à 9 000 habitants suivant leur population, de un à six conseillers municipaux dans l'ordre du tableau dans les communes de 2 001 à 6 000 habitants suivant leur population, tous les conseillers municipaux dans les communes de plus de 9 000 habitants, auxquels s'ajoutent, dans les communes de plus de 30 000 habitants, des délégués élus à la proportionnelle par les conseils municipaux (8 541 délégués sur 76 359 électeurs inscrits en métropole). C'est dire que le corps électoral du président, principalement rural et notabiliaire, aurait risqué d'en faire « l'élu du seigle et de la châtaigne », selon le mot de Georges Vedel, s'il ne s'était agi du général de Gaulle dont la légitimité préexistait à l'élection. Le président devait le rappeler près de quatre ans plus tard dans son discours du 20 septembre 1962 en revenant sur les circonstances de sa première élection : « Je n'ai pas attaché alors, déclare-t-il, une importance particulière aux modalités qui allaient entourer ma désignation, puisque celle-ci était d'avance prononcée par la force des choses. »

C'est dans ces conditions juridiques et politiques très particulières que se déroule l'élection de décembre 1958. Le corps électoral compte au total 81 764 électeurs : 76 359 en métropole, 1 262 dans les départements d'outre-mer, 214 dans les territoires d'outre-mer, 220 au Sahara, 66 en Algérie (où seuls les parlementaires votent à cause des « événements ») et 3 643 dans les douze États africains de la Communauté. La candidature du général de Gaulle, soutenue par tous les partis qui l'ont appuyé depuis juin 1958, de la SFIO aux modérés, prend la portée d'une candidature d'union nationale. Contre elle, les deux partis du « non » désignent chacun un candidat. Le premier est Georges Marrane, sénateur-maire communiste d'Ivry et ancien ministre du général de Gaulle à la Libération. Le second est Albert Châtelet, universitaire parisien que l'Union des forces démocratiques (UFD) présente *in extremis* pour éviter un duel exagérément simplificateur. Dans l'ensemble du corps électoral concerné, on compte 79 470 suffrages exprimés, 63 294 pour le général de Gaulle, 10 355 pour M. Marrane, 6 721 pour M. Châtelet. En métropole, seule circonscription où l'opposition n'est pas anecdotique, les trois candidats obtiennent respectivement 57 649, 10 125 et 6 617 voix, soit 77,5, 13,6 et 8,9 % des 74 391 suffrages exprimés. Le général de Gaulle l'emporte haut la main dans tous les départements, atteignant près de 96 % dans la Manche et s'assurant encore 55 % dans la Seine (Paris et sa ceinture rouge).

Alain Lancelot

• *Voir aussi* : Président de la République ; Président du Conseil

Bibl. : *L'Année politique 1958*, Paris, PUF, 1959.

ÉLECTION PRÉSIDENTIELLE DE 1965. – La première élection présidentielle au suffrage universel, consécutive à la réforme constitutionnelle de 1962, a lieu les 5 et 19 décembre 1965, à l'issue du septennat du général de Gaulle élu le 21 décembre 1958. Dès 1963, la perspective de l'élection a mobilisé les partis de la majorité et, plus encore, ceux des diverses oppositions qui ont vite compris qu'ils devaient se coaliser pour espérer au moins figurer dans un éventuel second tour à défaut de l'emporter. Deux options stratégiques s'offrent aux opposants : soit créer un rassemblement « démocrate-socialiste », de la SFIO aux centristes antigaullistes, dans l'esprit des alliances de « troisième force » (en dehors du PC et des gaullistes) qui ont gouverné la IVe République de 1947 à 1952 et qui continuent encore d'administrer bon nombre de grandes villes après les municipales de mars 1965 (Marseille, Lille, Toulouse ou Rouen notamment) ; soit créer deux rassemblements, l'un de la gauche non communiste ouvert à une alliance électorale avec le PC, l'autre du centre et de la droite non gaulliste. De l'automne 1963 à juin 1965, Gaston Defferre, député-maire socialiste de Marseille, incarne le premier choix. Mais il ne parvient pas à convaincre les courants les plus laïques de la gauche traditionnelle de pactiser avec le MRP ; pas plus qu'il ne peut persuader celui-ci de s'engager résolument dans la voie d'une gauche démocratique moderne. Le second choix va donc s'imposer dans la stratégie des partis et, plus encore, des personnalités qui ne veulent pas laisser passer l'occasion d'une candidature phare à la fonction clé de la politique française.

Le déroulement de la campagne du premier tour. C'est ainsi que le général de Gaulle, qui s'est déclaré le 4 novembre, affronte le 5 décembre plusieurs candidats.

François Mitterrand, UDSR (Union démocratique et socialiste de la Résistance) de gauche, ancien ministre insubmersible de la IVe République, et adversaire acharné de la Ve République, se présente comme le candidat commun des partis de gauche (PC, PSU, SFIO, et majorité des radicaux). Jean Lecanuet, jeune sénateur de la Seine-Maritime, qui démissionne de la présidence du MRP pour représenter le « centre démocrate », c'est-à-dire l'alliance du MRP, du CNI (Centre national des indépendants) et la minorité du parti radical, toutes formations qui partagent les mêmes convictions européennes et atlantiques et que la conférence de presse présidentielle du 9 septembre 1965 a fortement choquées. Jean-Louis Tixier-Vignancour est l'avocat talentueux de l'extrême droite et des nostalgiques de l'Algérie française. Pierre Marcilhacy, sénateur libéral, est le premier à avoir annoncé sa candidature en mai avant d'être repoussé dans l'ombre par la candidature Lecanuet. Enfin, il y a l'inclassable Marcel Barbu, politiquement marginal, se prétendant le porte-parole des « hommes sans voix ».

La campagne du premier tour est très étrange. Le général de Gaulle ne veut pas se placer sur le même plan que ses adversaires et refuse d'occuper tous les créneaux de la campagne officielle, à la radio et à la télévision, qui commence à jouer, avec les sondages, un rôle important dans les campagnes électorales. Il n'y prend la parole que deux fois et de façon très traditionnelle, comme président plutôt que comme candidat. Le 30 novembre, il stigmatise les candidats des « cinq oppositions » : « Vous les avez tous reconnus. Leurs voix dénigrantes sur tous les sujets, leurs promesses distribuées à toutes les catégories, leurs appels à l'effacement international de la France... », alors que « le président de la République ne saurait être confondu avec aucune fraction. Il doit être l'homme de la nation tout entière, exprimer et servir le seul intérêt général ». Le 3 décembre, il fait appel à la confiance des Français pour « confirmer la république nouvelle » et évoque « l'équipe de l'action et de la réussite qu'elle fait naître à mesure chez nous », sans doute pour tenter d'effacer *in extremis* l'image orgueilleuse et solitaire

Les Adieux manqués de Fontainebleau, par Roland Moison, 1965.
Collection particulière © Adapg, Paris, 2006.

qu'il peut avoir donnée de lui-même en s'abstenant de participer à la campagne à côté des autres candidats.

Les résultats du premier tour sont pourtant en demi-teinte. Six traits les caractérisent : le record de la participation (85,01 % en métropole contre 84,97 % au référendum de 1958) ; le ballottage du président sortant, arrivé largement en tête avec 43,7 % en métropole, mais qui recueille 18 points de moins que le « oui » au référendum d'octobre 1962 , le succès relatif de François Mitterrand (32,2 %) qui, nettement devancé, fait néanmoins à peu près le plein des forces qui le soutiennent, compte tenu du tiers des radicaux qui s'est reporté sur Jean Lecanuet ; la responsabilité de ce dernier dans la mise en ballottage du président : avec 15,9 %, il réunit les voix des centristes et des modérés, qui ne voulaient ni mêler leurs voix à celles des communistes ni cautionner la politique nationaliste du général, et il prospère surtout dans les bastions traditionnels du catholicisme ; le recul de l'extrême droite dont les 5,3 % ne représentent que 57 % des « non » aux accords d'Évian au référendum d'avril 1962 : la page algérienne est tournée ; la marginalité de Pierre Marcilhacy (1,7 %) et Marcel Barbu (1,2 %), qui jouent les utilités.

Après la mise en ballotage. Meurtri par un ballottage qui atteint sa légitimité historique, de Gaulle change totalement de tactique durant la campagne du second tour. S'expliquant longuement sur sa politique dans trois grands entretiens télévisés, il cherche à mobiliser les électeurs autour de l'intérêt national et dénonce en Mitterrand le porte-parole de tous les partis, de l'extrême gauche à l'extrême droite (dont le candidat appelle à voter pour celui-ci alors que Jean Lecanuet appelle seulement à ne pas voter pour le Général). On se souviendra de son plaidoyer pour une union européenne progressive à partir des réalités nationales et s'élargissant un jour à la Grande-Bretagne : « On peut sauter sur sa chaise comme un cabri en disant l'Europe ! l'Europe ! l'Europe !, mais cela n'aboutit à rien et cela ne signifie rien. » Il y a des pays différents où sont « des Français, des Allemands, des Italiens, des Anglais, des Hollandais, des Belges, des Espagnols, des Luxembourgeois. Ce sont ces pays-là qu'il faut mettre ensemble et ce sont ces pays-là qu'il faut habituer progressivement à vivre ensemble et à agir ensemble ». On se souviendra aussi de sa réponse aux accusations de pouvoir personnel : « Quand quelqu'un a des responsabilités [...] il faut qu'il les porte lui-même. Pourquoi les passerait-il à d'autres ? Mais je ne suis pas tout seul, bien sûr ! J'ai un gouvernement. J'en ai eu deux successivement, pendant le septennat. Ce n'est pas beaucoup par rapport à d'autres régimes. Enfin, il y a tout de même des ministres ! Je vous prie de croire que je ne fais pas tout ; du reste je ne pourrais pas. Il y a un Parlement, qui a été élu par le peuple, qui fait les lois ! [...] C'est lui qui fait les lois, le Parlement, ce n'est pas moi ! alors voilà ce que c'est le pouvoir personnel ! [...] Parlons des libertés publiques. Où sont les libertés publiques que j'ai détruites ? C'est moi qui les ai rendues. Je les ai rendues quand je suis rentré en France en 1944, je les ai rendues toutes ! Il n'y en avait plus, pourquoi ? Il n'y en avait plus, parce que les partis avaient capitulé dans les mains de Pétain et des Allemands. Moi, j'ai rendu les libertés publiques, je ne les ai pas détruites ! Et, depuis sept ans que je suis là, je n'ai pas détruit les libertés publiques. »

Ajoutons enfin la péroraison de son dernier discours, prononcé deux jours avant le scrutin : « Me voici, tel que je suis. Je ne dis pas que je sois parfait et que je n'aie pas mon âge. Je ne prétends nullement tout savoir, ni tout pouvoir. Je sais, mieux que qui que ce soit, qu'il faudra que j'aie des successeurs et que la nation les choisisse pour qu'ils suivent la même ligne. Mais, avec le peuple français, il m'a été donné, par l'Histoire, de réussir certaines entreprises. Avec le peuple français, je suis actuellement à l'œuvre pour nous assurer le progrès, l'indépendance et la paix [...] Françaises, Français ! Voilà pourquoi je suis prêt à assumer de nouveau la charge la plus élevée, c'est-à-dire le plus grand devoir. »

Les résultats du scrutin du 19 décembre

sont sans appel : avec une participation du même ordre qu'au premier tour, le général de Gaulle est réélu haut la main (54,5 % en métropole), devançant François Mitterrand de plus de deux millions de voix grâce au report d'environ 60 % de l'électorat Lecanuet, dans sa composante MRP notamment. De son côté, François Mitterrand réussit à faire le plein des voix de gauche et à y ajouter une partie de celles de l'extrême droite et de la droite antigaulliste.

Maillon fort dans la chaîne des élections de la République gaullienne, la présidentielle de 1965 consacre l'unification politique progressive des deux électorats gaullistes, le législatif et le présidentiel. Elle est la mère des batailles qui opposeront après elle le rassemblement de la droite à celui de la gauche en laissant l'avenir du centre en suspens. Alain LANCELOT

• *Voir aussi :* Audiovisuelles (interventions) ; Entretiens avec Michel Droit ; Président de la République ; Référendum du 28 octobre 1962

Bibl. : Cevipof, *L'Élection présidentielle de 1965*, Paris, Armand Colin (*Cahiers de la FNSP*, 169), 1970 • François Goguel, *Chroniques électorales*, t. 2, *La Cinquième République du général de Gaulle*, Paris, PFNSP, 1983 • Alain Lancelot, « Les résultats de l'élection présidentielle », *Projet*, février 1966, p 159-178.

ÉLECTION PRÉSIDENTIELLE DE 1969. – Le chaos social de mai 1968 ayant donné, un mois plus tard, la majorité absolue aux gaullistes à l'Assemblée nationale, la France renvoie le général de Gaulle à Colombey en votant « non » au référendum du 27 avril 1969. Cette France dont *Le Monde* disait qu'elle s'ennuyait en mars 1968 serait-elle déboussolée ? La stupeur qui semble la frapper à l'annonce de la démission du fondateur de la Ve République, pourtant clairement annoncée en cas de défaite du « oui », de même que l'élection à l'Élysée, sept semaines plus tard, de Georges Pompidou, qui fut si longtemps le bras droit du Général, pourraient le faire croire, ou accréditer, en tout cas, l'idée d'une grave instabilité caractérisée par une suite d'embardées dans des directions opposées.

Ce serait ignorer la logique profonde qui sous-tend cette évolution apparemment discontinue. Car deux forces sont à l'œuvre au sein de l'électorat gaulliste. La première est celle de la fidélité au grand homme dont les visions ont permis de restaurer l'indépendance, le rayonnement et les institutions de la France, et d'assurer aux Français la paix, la liberté et l'engagement de l'État dans le progrès économique et social. La seconde, moins sensible aux rêves qu'aux réalités, répugne à payer la grandeur au prix de l'isolement, tant vis-à-vis du protecteur américain que des partenaires européens ; elle considère la participation comme une chimère ; pour elle, les gaullistes doivent apporter aux Français la modernisation d'une économie trop administrée, dans le respect de l'ordre politique et social, bref se comporter comme tous les partis de la droite moderne en Europe. Ces deux forces ont été incarnées par un dessinateur de talent sous les traits du couple de Gaulle-Pompidou caricaturés en Don Quichotte et Sancho Pança. Or, depuis 1965, le clivage droite/gauche, dont de Gaulle ne veut pas être prisonnier, retrouve toute sa vigueur sur une scène électorale marquée par la logique majoritaire. L'électorat gaulliste, qui s'arrondit d'élection en élection au détriment des centristes et des modérés, penche de plus en plus à droite. En juin 1968, il s'est senti pleinement représenté par Pompidou ; en avril 1969, il regrette que le Général s'en soit séparé pour concocter des réformes qui lui semblent plus inquiétantes que rassurantes. Mais le départ de De Gaulle change de nouveau la donne.

Alors que de Gaulle se tient ostensiblement à l'écart (il voyage en Irlande), l'élection présidentielle, rendue nécessaire par sa démission, a lieu les 1er et 15 juin 1969. Georges Pompidou annonce sa candidature dès le surlendemain du référendum. Valéry Giscard d'Estaing, qui a prôné le « non », s'y rallie vingt-quatre heures plus tard, suivi à la mi-juin par trois dirigeants centristes – Jacques Duhamel, Joseph Fontanet et René Pleven – sensibles à l'ouverture européenne du candidat gaulliste. Contre lui se présente Alain Poher, président de la République par intérim en tant que président du Sénat dont il passe pour le sauveur après sa campagne pour le

« non », le 27 avril. Il bénéficie du soutien de ce qui reste du Centre démocrate et du parti radical. La gauche ne s'est pas relevée de sa déroute de 1968 : la FGDS (Fédération de la gauche démocrate et socialiste) a disparu avec la défection du parti radical, mais la SFIO et les clubs tentent, en tenant François Mitterrand à l'écart, un Nouveau Parti socialiste qui investit Defferre pour le représenter à la présidentielle. Le parti communiste est, cette fois, présent en la personne de Jacques Duclos, un stalinien plein de bonhomie. Les revenants de « Mai 68 » sont représentés par Michel Rocard pour le PSU (Parti socialiste unifié) et Alain Krivine pour la Ligue communiste.

Les résultats du premier tour, qui mobilise 78 % des inscrits en métropole, placent Georges Pompidou largement en tête avec tout près de 44 % des suffrages exprimés contre 23,4 % à Poher, 21,5 % à Duclos et 5,1 % à Defferre. Ce dernier est beaucoup plus proche de Michel Rocard (3,7 %), Alain Krivine (1,3 %), voire du marginal Louis Ducatel (1,1 %) que du dernier des trois grands. Georges Pompidou a conservé l'essentiel des électeurs gaullistes et rallié une nouvelle partie du centre droit qui a manqué à Alain Poher. Celui-ci bénéficie en revanche d'une bonne partie de la gauche modérée qui a fait défaut à Gaston Defferre. Quant à Jacques Duclos, il permet au PC de récupérer la moitié de ses voix perdues entre 1967 et 1968, ralliant des radicaux et des socialistes déçus par la dérive centriste de leurs partis et souhaitant que la gauche soit présente au second tour.

Peine perdue : c'est bien le centriste Poher que les résultats du premier tour conduisent à représenter l'opposition au candidat gaulliste au second, même s'il ne bénéficie officiellement que du seul désistement de Gaston Defferre. Le PC a appelé à l'abstention pour ne pas choisir entre « bonnet blanc et blanc bonnet », comme Michel Rocard et Alain Krivine qui demandent de voter nul ou de ne pas voter.

Les résultats du vote du 15 juin relativisent l'effet de ces consignes. Si Alain Poher, avec 42,4 % des exprimés en métropole, gagne d'un tour à l'autre près de 2 670 000 voix, il le doit au transfert massif des voix de Defferre et d'une partie de celles de Duclos et de Rocard qui ne se sont réfugiées ni dans le vote nul ni dans l'abstention qui passent pourtant respectivement de 1 % à 4,5 % et de 21,8 % à 31 %. Un électorat aussi composite ne peut être l'amorce d'un reclassement à vocation majoritaire ; c'est un électorat de rencontre, sans passé ni lendemain, qui ne s'inscrit dans aucune perspective.

Tel n'est évidemment pas le cas de celui qui élit Georges Pompidou. Avec 57,6 % des suffrages exprimés, Pompidou fait mieux que de Gaulle au deuxième tour de 1965 ; il obtient plus de voix que le « oui » de 1969 en dépit de la forte augmentation de l'abstention. Parce qu'il a su répondre aux attentes du gros de la droite et d'une nouvelle fraction du centre, sans pour autant décourager les gaullistes de conviction. Son électorat vient de loin et se reconnaît en lui. Il s'est construit par étapes depuis 1962, à l'ombre de De Gaulle, mais en respectant constamment la logique du rassemblement majoritaire qui attire progressivement les forces les plus proches pour assurer les relais politiques nécessaires à la pérennité des soutiens présidentiels.

Alain LANCELOT

• *Voir aussi* : Électorales (évolutions) ; Gaullistes ; Héritage spirituel ; Testament

Bibl. : François Goguel, *Chroniques électorales*, t. 3, La Cinquième République après de Gaulle, Paris, PFNSP, 1983 • Alain Lancelot, « Comment ont voté les Français le 27 avril et les 1er et 15 juin 1969 », *Projet*, septembre-octobre 1969, p. 926-947.

ÉLECTIONS LÉGISLATIVES DE 1958.

– Le gouvernement de Gaulle a décidé de rétablir, par l'ordonnance du 13 octobre 1958, le vieux mode de scrutin de la République parlementaire, le scrutin uninominal majoritaire à deux tours, abandonné au profit de la proportionnelle en 1945. Pour être élu au premier tour, il faut avoir recueilli la majorité des suffrages exprimés et un nombre de voix au moins égal au quart des inscrits. Pour se présenter au second tour – une semaine plus tard au lieu de deux sous la IIIe République –, il faut avoir été présent au premier et y avoir obtenu au moins 5 % des suffrages exprimés.

Ce mode de scrutin va naturellement marquer les élections des 23 et 30 novembre 1958, mais celles-ci se déroulent surtout sous le signe du référendum du 28 septembre relatif à la Constitution. Les rares partisans du « non » (communistes ; minoritaires des partis de gauche réunis dans l'Union des forces démocratiques UFD autour de Pierre Mendès France, Édouard Depreux et François Mitterrand ; mouvement Poujade) n'ont pas désarmé, tandis que ceux du « oui » se rangent derrière de Gaulle, qui dirige un large gouvernement d'union allant des socialistes à la droite nationaliste. Cette union renforce la détermination du Général de ne cautionner aucun parti. Les divers groupes gaullistes, qui ont proliféré après le 13 mai et le 1er juin 1958 à côté des Républicains sociaux, se sont unis en octobre dans l'UNR (Union pour la nouvelle république) – à l'exception de quelques gaullistes de gauche qui forment un éphémère Centre de la réforme républicaine. Mais les partis de la IVe République sont à l'heure du gaullisme universel : de la droite à la gauche, tous espèrent tirer parti de leur participation au gouvernement, le parti socialiste SFIO s'affichant même dans sa campagne « à l'avant-garde de la Ve République ».

Des résultats du premier tour en métropole, trois enseignements peuvent être tirés. D'abord l'échec sans appel des partis du « non ». Les communistes (19 %, leur plus mauvais résultat depuis 1932) perdent 1 600 000 de leurs électeurs de 1956, tandis que les groupuscules de l'UFD dépassent à peine 1,2 % et que les poujadistes, qui avaient créé la surprise en 1956, perdant près de 90 % de leur électorat. Ensuite, le sauvetage des partis de la IVe qui ont soutenu le « oui » et le score encore assez modeste du mouvement gaulliste. Mais on se gardera d'oublier que l'UNR n'existe que depuis quelques semaines et qu'elle retrouve à peu près le résultat du RPF en 1951. 31 % des suffrages vont au centre droit et à la droite au profit des modérés (20 %) plus que du MRP (11 %) ; 25 % se prononcent pour la gauche et le centre gauche (dont 15,5 % pour la SFIO) et 21 % seulement pour les gaullistes. Enfin, au total la droite est nettement majoritaire comme elle ne l'a jamais été depuis le début de la IVe République : 54 %, contre 47 % un peu moins de trois ans plus tôt, le 2 janvier 1956.

Des 465 circonscriptions de la métropole, 39 élisent un député dès le premier tour. Dans les 426 autres, l'UNR maintient 80 % de ses candidats, les modérés 65 %, la SFIO 54 % et le MRP 41 %. On compte en moyenne plus de trois candidats par circonscription. Il est vrai que le dualisme inhérent au système majoritaire ne commence à jouer d'ordinaire que lors de la deuxième élection. Raison de plus pour attirer l'attention sur le succès très exceptionnel de l'UNR qui gagne en une semaine près de 1 800 000 voix alors qu'il y a 180 000 suffrages exprimés de moins. Il en résulte une hécatombe de députés sortants : 131 seulement des 475 sortants qui se représentaient sont réélus. Le changement de régime s'accompagne, comme en 1945-1946, du changement de la classe politique. À l'Assemblée, pour un total de 552 députés (465 en métropole, 16 outre-mer et 71 en Algérie), les effectifs des groupes sont les suivants : UNR, 216 (198 en métropole), modérés, 118 (116), MRP, 56 (55), socialistes, 44 (41), élus d'Algérie réunis dans le groupe Unité de la République (47), non-inscrits 32 (19, dont 10 communistes en métropole, soit quinze fois moins qu'en 1956). Alain LANCELOT

• *Voir aussi :* Élection présidentielle de 1958 ; Scrutin législatif

Bibl. : Association française de science politique, *Le Référendum de septembre et les élections de novembre 1958*, Paris, Armand Colin (*Cahiers de la FNSP*, 109), 1960 • Alain Lancelot, *Les Élections nationales sous la Ve République*, Paris, PUF, 3e éd., 1998.

ÉLECTIONS LÉGISLATIVES DE 1962. – Les élections des 18 et 25 novembre 1962, consécutives à la dissolution de l'Assemblée nationale après la censure du gouvernement Pompidou, marquent le grand tournant de la scène électorale française avec la première apparition du phénomène majoritaire à l'appel du président de la République. Celui-ci a certes été approuvé par une large majorité (près

ÉLECTIONS LÉGISLATIVES SOUS LA Ve RÉPUBLIQUE
(statistiques[1])

Premier tour	**1958**		**1962**		**1967**		**1968**	
Inscrits	27 244 992		27 540 358		28 242 549		28 178 087	
Exprimés	20 492 367		18 333 788		22 389 474		22 147 207	
	Voix	**%**	**Voix**	**%**	**Voix**	**%**	**Voix**	**%**
Communistes	3 870 184	18,9	4 010 463	21,9	5 039 032	22,5	4 434 831	20
Gauche non com.	5 397 430	26,3	4 009 980	21,9	4 726 239	21,1	4 539 736	20,5
Total gauche	9 267 614	45,2	8 020 443	43,8	9 765 271	43,6	8 974 567	40,5
Mvt. gaulliste[2]	3 679 960	18	5 877 127	32,1	7 022 495	31,4	9 723 638	43,9
Divers gaullistes	549 185	2,7	64 793	0,3	159 978	0,7	166 672	0,7
Total gaullistes	**4 229 145**	**20,6**	**5 941 920**	**32,4**	**7 182 473**	**32,1**	**9 890 310**	**44,6**
Centre rallié[3]			663 742	3,6	1 426 486	6,4	395 474	1,8
Total Majorité			**6 605 662**	**36**	8 608 959	**38,4**	**10 285 784**	**46,4**
Droite non gaulliste	6 363 763	31,1	3 555 005	19,4	3 885 347	17,3	2 747 990	12,4
Extrême droite	526 644	2,6	139 200	0,8	124 862	0,6	18 933	0
Total droite	11 119 552	54,3	10 299 867	56,2	12 619 168	56,4	13 052 707	58,9
Non classés	105 201	0,5	13 478	0,1	5 035	0	119 933	0,5

Second tour	1958		1962		1967		1968	
Inscrits	25 090 237		22 049 268		24 313 488		19 263 340	
Exprimés	18 699 448		15 268 181		18 740 081		14 578 187	
	Voix	**%**	**Voix**	**%**	**Voix**	**%**	**Voix**	**%**
Communistes	3 848 227	20,6	3 260 827	21,4	3 999 367	21,3	2 935 189	20,1
Gauche non com.	4 066 897	21,7	3 541 459	23,2	4 695 419	25,1	3 179 715	21,8
Total gauche	7 915 124	42,3	6 802 286	44,6	8 694 786	46,4	6 114 904	41,9
Mvt. gaulliste[2]	5 221 795	27,9	6 168 162	40,4	6 948 148	37,1	6 767 924	46,4
Divers gaullistes	304 355	1,6	9 951	0,1	27 510	0,1	37 106	0,3
Total gaullistes	**5 526 150**	**29,5**	**6 178 113**	**40,5**	**6 975 658**	**37,2**	**6 805 030**	**46,7**
Centre rallié[3]			291 240	1,9	1 060 576	5,7	286 316	1,9
Total Majorité			**6 469 353**	**42,4**	**8 036 234**	**42,9**	**7 091 346**	**48,6**
Droite non gaulliste[4]	5 121 590	27,4	1 960 586	12,8	1 995 196	10,6	1 371 937	9,4
Extrême droite	10 779 827	57,7	8 465 895	55,4	10 045 295	53,6	8 463 283	58,1
Non classés	4 497	0						

1. *Source* : Alain Lancelot, *Les Élections nationales sous la V*e *République*, Paris, PUF, 3e éd., 1998. Pour le commentaire, se reporter à l'entrée « Électorales (évolutions) ».

2. Y compris RI-UDR en 1968.

3. Le Centre rallié comprend les Républicains indépendants en 1962 et les autres centristes ralliés à la « Majorité » présidentielle en 1967 et en 1968.

4. Y compris le centre droit.

de 62 % en métropole) au référendum d'octobre sur l'élection directe du chef de l'État. Mais cette majorité n'est plus la quasi-unanimité dont il a bénéficié de septembre 1958 à avril 1962. Le président sait qu'il ne pourra continuer sa tâche que si les gaullistes et leurs rares alliés du camp du « oui » l'emportent sur la coalition des « partis de jadis ». Aussi le Général s'engage-t-il résolument dans la campagne des législatives le 7 novembre en appelant les électeurs à « confirmer, par la désignation des hommes, le choix qu'en votant "oui" [ils ont] fait quant à notre destin ».

La campagne du premier tour oppose l'UNR-UDT, grossie de quelques ralliés (Indépendants ou MRP), à tous les partis de la IVe, des communistes aux modérés. Quatre traits caractérisent les résultats : la médiocrité de la participation, beaucoup d'électeurs hésitant entre leur loyauté partisane et leur fidélité à de Gaulle ; la quasi-stagnation du PC et de la petite gauche protestataire à leurs mauvais niveaux de 1958 ; la lourde défaite du cartel des « non » (gauche modérée, centre et droite non gaullistes) puisque les modérés perdent près de 2 millions de voix, le MRP plus de 800 000, les radicaux 350 000 et la SFIO 900 000 ; enfin, la forte poussée de l'UNR et de ses alliés qui arrivent largement en tête du scrutin (36 %), les gaullistes proprement dits comptant pour 89 % de la coalition.

La campagne du second tour est très différente de celle de 1958. La gauche, politiquement divisée, se rassemble électoralement pour éviter le laminage. Le combat se réduit à un duel dans 62 % des cas et 80 % de ces duels se réduisent à un duel droite/gauche. À droite, les Indépendants ralliés se rassemblent derrière Valéry Giscard d'Estaing au sein du mouvement des républicains indépendants (RI), créé entre les deux tours et attirant de nouveaux notables modérés. Trois conclusions s'en dégagent : une légère remontée de la participation ; le maintien relatif de la gauche qui perd moins de 48 000 voix ; l'écrasante victoire, au sein de la droite, du gaullisme et de ses alliés (près de 6 500 000 voix, dont 95 % pour l'UNR-UDT), le centre droit étant réduit à moins de deux millions de voix.

Le succès en sièges est encore plus impressionnant. Certes, le PC et la SFIO profitent de leurs désistements pour doubler le nombre total de leurs sièges (respectivement 41 et 66 au lieu de 10 et 41). Mais le groupe UNR-UDT compte 233 députés sur 482 et les Républicains indépendants 35, soit 268 au total, 27 de plus que la majorité absolue. La majorité est née : de Gaulle a gagné son pari contre les partis de jadis.

Alain LANCELOT

• *Voir aussi* : Référendum du 8 avril 1962 ; Référendum du 28 octobre 1962 ; Tableaux statistiques des élections législatives, p. 420 et 421

Bibl. : François Goguel (dir.), *Le Référendum d'octobre et les élections de novembre 1962*, Paris, Armand Colin (*Cahiers de la FNSP*, 142), 1965 • Alain Lancelot, *Les Élections nationales sous la Ve République*, Paris, PUF, 3e éd., 1998.

ÉLECTIONS LÉGISLATIVES DE 1967. – Premières élections de la Ve République à ne pas intervenir dans la foulée d'un référendum, les législatives des 5 et 12 mars 1967 n'en sont pas moins profondément marquées par l'élection présidentielle de décembre 1965, dans la stratégie des partis comme dans le vote des électeurs. Le fait majeur est la stratégie des forces politiques, qui ont pleinement intégré la logique majoritaire de la scène électorale française. Le système de partis, qui se réduisait naguère à une constellation de factions multiples, isolées et souvent instables, se transforme en un véritable système, simple et cohérent, opposant trois coalitions à vocation majoritaire regroupées derrière des leaders nationaux consacrés par l'élection présidentielle : de Gaulle, Mitterrand et Lecanuet.

Les gaullistes, réunis dans le Comité d'action pour la Ve République, ne présentent qu'un candidat « d'appellation contrôlée » dans chacune des circonscriptions : en métropole (où le nombre de sièges passe de 465 à 470 en raison du nouveau découpage administratif de la région parisienne), 395 de ces candidats relèvent de l'UD V^e^ (Union des démocrates pour la Ve République), 65 des RI (républicains indépendants), emmenés par Valéry Giscard d'Estaing, et 10 des centristes et modérés ralliés à la majorité.

À gauche, deux grandes formations sont présentes presque partout : le parti communiste (470 candidats) et la jeune FGDS (Fédération de la gauche démocrate socialiste) (414) qui fédère la SFIO, le parti radical, et la Convention des institutions républicaines, union de clubs de gauche animée par Mitterrand qui préside la FGDS dont il a été le principal artisan. À côté d'elles, le PSU (Parti socialiste unifié) (105) s'enracine lentement. Mais, à la simplification que représente le regroupement de la gauche non communiste, s'ajoute la révolution que constitue la signature d'un accord général de désistements réciproques au second tour entre PC, FGDS et PSU. Pour la première fois depuis 1947, les communistes sont ouvertement et pleinement réintroduits dans le jeu électoral national.

Au centre enfin, Lecanuet, qui a fondé le Centre démocrate dès le début de 1966, en regroupant le MRP et le gros du CNI (Centre national des indépendants), réussit à investir 394 candidats, auxquels s'ajoutent 37 radicaux centristes et quelques-uns des 148 modérés indépendants.

Sur le terrain, les candidats font largement appel aux principaux acteurs de la présidentielle de 1965 : les candidats gaullistes « derrière de Gaulle », ceux de la FGDS « derrière Mitterrand » et ceux du Centre démocrate « derrière Lecanuet » sont légion. Mais les thèmes ont quelque peu changé. Ils mettent davantage l'accent sur les conditions de vie des Français que sur la position de la France. Tout cela va se retrouver dans les urnes. Des résultats du premier tour, validés par une forte participation (plus de 81 % en métropole), on peut tirer quatre enseignements : la confirmation du gaullisme législatif, qui accentue son avance sur tous les autres partis : près de 8 450 000 voix pour le gaullisme d'appellation contrôlée (37,7 % des exprimés) contre près de 5 040 000 (22,5 %) pour le PC, deuxième parti de France ; la sensible remontée de ce PC, qui regagne la moitié de l'influence perdue en 1958, grâce à sa réintégration dans le jeu national et à l'apparition de difficultés sociales (dégradation de l'emploi, en Lorraine notamment) ; la réussite de l'union de la gauche non communiste, la FGDS faisant le plein des voix socialistes et radicales même si elle est encore à 850 000 voix en deçà du PC ; l'insuccès relatif du Centre démocrate proprement dit (14,1 %), même si l'ensemble du centre droit dépasse de deux points le score de Lecanuet en 1965 le centre n'a mordu ni sur le gaullisme en progression ni sur la gauche non communiste stabilisée. Son aspiration à jouer une fonction d'arbitre au Parlement ne relève pas de la logique simplificatrice du système majoritaire que le premier tour confirme pleinement.

Des 486 sièges (métropole et outre-mer), 479 sont en ballottage dont 398 en métropole. Avec une réduction drastique du nombre des candidats, due en partie à la réforme du mode de scrutin qui porte à 10 % des inscrits au premier tour le seuil nécessaire pour figurer au second (contre 5 % des exprimés depuis 1958). On recense en métropole 331 duels (soit 83 % des cas), qui mettent aux prises l'union de la gauche (quasiment sans exception) et les gaullistes. Mais, si la gauche est offensive, les gaullistes, trop sûrs de vaincre, cherchent plus à décrédibiliser les partisans de Lecanuet qu'à attaquer l'alliance avec le PC. Tactique désastreuse. Les résultats du second tour font apparaître trois traits que personne n'imaginait au soir du premier : le léger recul de la participation due à l'absence de dramatisation ; une discipline de gauche encore inégale (nettement plus forte en direction de la FGDS que du PC), mais le maintien en voix du niveau global de la gauche grâce au report d'une fraction des votes centristes (25 à 45 % selon les cas) ; la très forte progression gaulliste (de 36 à 42,9 % dans les ballottages de métropole), mais sans que la majorité récupère assez de voix du centre droit pour l'emporter là où le duel était le plus serré. Des 25 circonscriptions où la décision a été acquise par moins de 500 voix d'avance,

16 vont à la gauche et 9 seulement à la majorité.

Si elle n'avait engrangé dès le premier tour 68 élus (62 en métropole), la majorité serait minoritaire. Le groupe UD V^e compte 172 membres et 18 apparentés, soit 190 élus en métropole, celui des RI 38 membres et 2 apparentés, soit 40 élus. Avec 230 sièges sur 470, ces groupes sont donc minoritaires en métropole. Ils ne redeviennent majoritaires que si on leur ajoute les 6 non-inscrits qui les soutiennent et, surtout, les 14 élus d'outre-mer qui leur sont favorables (8 membres et 2 apparentés UD V^e, 1 membre RI et 1 apparenté, enfin 2 non-inscrits) pour arriver à un total de 250 sièges sur 487. La mutation majoritaire, qui a tant profité au gaullisme, commence à jouer en faveur de la gauche.

Alain LANCELOT

• *Voir aussi :* Crise sociale de 1967 ; Électorales (évolutions) ; Manifestation du 17 mai 1967 ; Tableaux statistiques, p. 420 et 421

Bibl. : Cevipof, *Les Élections législatives de mars 1967*, Paris, Armand Colin (*Cahiers de la FNSP*, 170), 1971 • François Goguel, *Chroniques électorales*, t. 2, *La Cinquième République du général de Gaulle*, Paris, PFNSP, 1983 • Alain Lancelot, « Les élections des 5 et 12 mars 1967 », *Projet*, mai 1967, p. 549-562.

ÉLECTIONS LÉGISLATIVES DE 1968. – Dernières élections législatives sous de Gaulle, les élections des 23 et 30 juin 1968 sont des élections de crise qui consacrent la fin de la période la plus troublée de la République gaullienne. Mais on prendra garde de ne pas les interpréter sous le seul signe des circonstances exceptionnelles qui ont déclenché le retour aux urnes avec la dissolution de la Chambre élue en 1967. Elles s'inscrivent aussi, en effet, dans le droit fil d'une mutation électorale qui a vu le gaullisme partisan se hisser progressivement au niveau du gaullisme présidentiel et celui-ci passer de la quasi-unanimité à une simple majorité. Une majorité confrontée à une gauche dont la vocation à gagner un scrutin n'a cessé de s'affirmer depuis 1965 avec la réintégration des communistes dans le jeu électoral. Derrière la crise qui met en scène de Gaulle face au chaos s'achève le processus de transformation du gaullisme électoral en grande force de la droite moderne sous la houlette de Georges Pompidou.

Au plus fort des événements de mai, il n'est pas question de dissoudre l'Assemblée élue quinze mois plus tôt. Si de Gaulle imagine un recours aux urnes, c'est sous la forme d'un référendum, annoncé le 24 mai, « pour donner à l'État, et d'abord à son chef, un mandat pour la rénovation ». Mais l'aggravation de la crise oblige le Général à repousser ce référendum (« qui aura lieu en son temps », dira-t-il le 7 juin) et à changer de stratégie face aux manœuvres douteuses de la gauche. Mitterrand annonçant sa candidature à la présidence, et appelant à la formation d'un gouvernement provisoire dirigé par Mendès France, de Gaulle saisit l'occasion pour combattre la gauche sur le terrain, démocratiquement irrécusable, des élections législatives qui dilueront nécessairement les velléités révolutionnaires des partis. Avec un art éprouvé de la dramatisation, de Gaulle annonce le 30 mai ses résolutions : « Je ne me retirerai pas [...] je ne changerai pas le Premier ministre [...] je dissous aujourd'hui l'Assemblée nationale » ; et il désigne dans le « communisme totalitaire » l'ennemi caché de la République qui tire les ficelles des marionnettes de la gauche. L'écho de ce seul discours, opportunément relayé quelques heures plus tard par la manifestation, en partie spontanée, du « peuple gaulliste » sur les Champs-Élysées, suffit à changer la donne. Le mouvement social se dégonfle et l'attention se focalise sur la préparation des élections que l'opposition ne peut refuser, même si Mitterrand a crié à la « dictature » lors de la dissolution. Le mouvement gaulliste, requinqué par le Général et fermement mené par Georges Pompidou, fait campagne contre le désordre et dénonce les apprentis sorciers de la FGDS (Fédération de la gauche démocrate et socialiste) manipulés par le PC.

Les résultats du premier tour démontrent la justesse de cette stratégie. La « récupération » électorale du conflit de société mis en scène dans la rue joue à fond en faveur du parti de l'ordre, alors que les leaders de la gauche non communiste souffrent d'avoir surfé bien légèrement sur la vague contestataire et de s'être trouvés ensuite entraînés dans le reflux du mouvement social avec leurs alliés du PC et de la CGT. Cinq traits caractérisent le vote du 23 juin. D'abord le niveau élevé de la participation (80 % en métropole) qui démonétise le slogan « Élections, trahison ! ». Ensuite, le triomphe de l'UDR (Union pour la défense de la République), appellation très symbolique choisie pour la campagne par la majorité gaulliste. Elle recueille plus de dix millions de voix. Le gaullisme législatif (les gaullistes proprement dit et leurs alliés au sein de la majorité) se hisse à 45,7 % des exprimés en métropole sans les divers gaullistes, 46,4 % avec eux, et dépasse le score de De Gaulle au premier tour de la présidentielle de 1965 (43,7 % en métropole). L'UDR s'assure 142 élus dès le premier tour en métropole, 153 avec l'outre-mer. Enfin, le fort recul du parti communiste (20 % en métropole), plus proche de son niveau de 1958 (19 %) que de celui de 1967 (22,5 %) ; le recul presque aussi fort de la FGDS qui passe de 18,9 % en 1967 à 16,5 % (c'est un désaveu manifeste du pas de clerc de Mitterrand) ; le laminage du centre droit (12,4 %) dont une nouvelle fraction rallie la majorité gaulliste.

Au vu de ces résultats, l'union de la gauche perd beaucoup de son attractivité le 30 juin pour un second tour où restent à pourvoir 316 sièges en métropole et 3 outre-mer. La lutte se limite à un duel droite-gauche dans 85 % des circonscriptions en ballottage. Mais cette fois, la majorité ne s'endort pas sur son succès et appelle fermement à la punition d'une gauche aventuriste. Celle-ci affiche de son côté une unité de façade, mais le cœur n'y est pas. Des résultats du second tour, trois traits peuvent être dégagés en dehors du très léger recul de la participation : au premier chef, le triomphe absolu de la majorité, qui recueille en métropole 48,6 % des suffrages exprimés. En calculant le total des voix gaullistes en métropole au tour décisif (celui qui élit un député, le premier tour dans 154 cas et le second dans 316 en 1968), on obtient plus de 11 millions de voix et 51,2 % des exprimés. La majorité est donc bien majoritaire dans les urnes en 1968. Ensuite, le net recul de la gauche qui perd au second tour près de 570 000 voix qui abondent en partie les gains de la majorité ; la marginalisation du centre dont les électeurs se reportent mieux sur la majorité qu'en 1967.

À l'Assemblée, le groupe UDR est, à lui seul, majoritaire avec 293 membres et apparentés, et la majorité s'élève à 362 élus sur 487 quand on ajoute les 61 RI (républicains indépendants) et les 8 non-inscrits qui votent avec lui. Cette victoire de la majorité, dirigée par Georges Pompidou, est naturellement celle du mouvement gaulliste. Mais est-elle vraiment celle de De Gaulle, et celui-ci peut-il s'identifier avec la moitié conservatrice de la France ? Les législatives de 1968 ont pu « présidentialiser » Pompidou, mais elles n'empêcheront pas de Gaulle de s'engager personnellement dans un dernier pari pour la rénovation de la France. Alain LANCELOT

• *Voir aussi* : Discours du 30 mai 1968 ; Électorales (évolutions) ; Entretiens avec Michel Droit ; Gaullistes ; Manifestation du 30 mai 1968

Bibl. : François Goguel, *Chroniques électorales*, t. 2, *La Cinquième République du général de Gaulle*, Paris, PFNSP, 1983 • Alain Lancelot, « Les élections des 23 et 30 juin 1968 », *Projet*, septembre-octobre 1968, p. 935-952.

ÉLECTORALES (évolutions). – De 1958 à 1969, la Ve République a connu dix consultations nationales au suffrage universel direct qu'on peut diviser en deux séries : les six mettant en jeu le président de la République (cinq référendums et une élection présidentielle) et les quatre élections législatives. Ces deux séries évoluent en sens opposés du point de vue de la force du gaullisme dans l'électorat. En témoigne le tableau suivant, établi en pourcentages des suffrages exprimés en métropole, en éliminant le référendum d'avril 1962 sur les accords d'Évian, trop atypique pour s'inscrire dans une évolution, et en retenant pour les législatives le tour décisif (le premier quand il suffit à l'élection et le second quand aucun candidat n'a obtenu la majorité absolue au premier).

	1958 (R)	1958 (L)	1961 (R)	1962 (R)	1962 (L)	1965 (P)	1967 (L)	1968 (L)	1969 (R)
1er tour	79,3		75,2	61,8		54,5			46,4
2nd tour		28,5			43,3		44,4	51,2	
R : référendum ; L : législatives ; P : présidentielles									

Ces mouvements contraires traduisent un seul et même phénomène : la mutation majoritaire du système politique français autour de l'élection présidentielle au suffrage universel. Le président, qui se voulait au-dessus des partis, a été amené, bon gré mal gré, à se comporter dans les élections en chef d'une majorité dont l'assise électorale n'a cessé de s'élargir tandis que son assise personnelle se réduisait. La majorité se situe en quelque sorte au point de rencontre de l'érosion de l'unanimité présidentielle et de la promotion de la minorité législative. En 1969, les gaullistes peuvent survivre à l'échec et au départ du général de Gaulle parce qu'ils se sont donné les moyens de construire une majorité solidement implantée dans le pays. Qui aurait osé prédire que deux victoires du gaullisme partisan – aux législatives de 1968 et à la présidentielle de 1969 – encadreraient en un an la défaite personnelle du fondateur de la Ve République au référendum d'avril 1969 ? La mutation majoritaire introduit, en outre, un double phénomène de nationalisation dans l'électorat. Sous la forme d'une uniformisation grandissante des rapports de force dans les régions qui tendent à se rapprocher du rapport de force national, et sous la forme d'une contagion des élections locales par les enjeux, les clivages et les comportements qui dominent les élections nationales. La société politique a changé par le haut, à partir des institutions qui sont toutes d'esprit majoritaire, depuis 1958 (retour au mode de scrutin majoritaire pour les législatives) et surtout 1962-1965. L'élection directe du chef de l'État appelle en effet la formation de coalitions à vocation majoritaire, pour que les candidats soient à même de s'imposer dans les urnes puis de s'appuyer sur une majorité de gouvernement ; elle pousse également au dualisme – majoritaire par nature – en limitant à deux candidats le deuxième tour de la présidentielle.

Alain LANCELOT

• *Voir aussi* : Président de la République ; Scrutin législatif ; Tableaux statistiques, p. 420-421

Bibl. : Alain Lancelot, *Les Élections sous la Ve République*, Paris, PUF, 2e éd., 1988. • Id., « Retour à la démocratie gouvernante », *Études*, septembre 2002, p. 181-192.

ELIZABETH II (née en 1926). – Fille du roi George VI, elle monte sur le trône à la mort de son père en 1952, inaugurant un long règne. Comme elle joue un rôle politique effacé, il est assez surprenant de voir le général de Gaulle lui consacrer une certaine attention qui tranche sur l'extrême sobriété avec laquelle il évoquera le roi son père.

Sans doute les fastes du couronnement d'Elizabeth en 1952 n'ont-ils pas dû beaucoup toucher de Gaulle, alors absorbé par l'aventure du RPF. En tout cas, il n'y fait aucune allusion dans ses Mémoires. En revanche, lors de sa visite officielle en Grande-Bretagne au mois d'avril 1960, le président français est manifestement enchanté de la pompe avec laquelle il est reçu. Le premier volume des *Mémoires d'espoir* s'attarde à décrire le cérémonial de l'accueil royal qui lui est réservé. La reine est venue l'accueillir à la gare Victoria (évitant ainsi la malencontreuse Waterloo Station) : « Nous traversons Londres, elle et moi, dans son carrosse découvert... » Il se félicite de ce que, pour donner le plus grand éclat à la réception offerte au château de Buckingham, la reine ait fait, « pour la première fois », tirer un feu d'artifices et que « au milieu des illuminations, elle se tient longuement à mes côtés devant l'énorme foule qui nous acclame sur la place ». Plus loin, il loue ses jugements sur les gens et sur les événements, « nets et réfléchis ». À ses yeux,

« aucune personne n'est, plus qu'elle-même, pénétrée des soucis que comporte notre époque bouleversée ».

Ces aveux témoignent sans aucun doute de la sensibilité intime du Général aux fastes monarchiques. Ils s'inscrivent aussi dans une perspective historique précise. Pour le chef de la France libre, l'éclat de cette visite officielle aura effacé les nombreuses humiliations subies à Londres, quand il peinait à obtenir une pleine reconnaissance des Alliés. De Gaulle aime manifestement être reçu à son rang, c'est-à-dire au premier. Philippe BRAUD

• *Voir aussi* : Angleterre

ÉLY, Paul (1897-1975). – En 1941, Paul Ély commande le 10e bataillon de chasseurs. Il s'engage dans l'ORA (Organisation de résistance de l'armée) dès sa création. En mission en Angleterre puis à Alger, il est reçu par le général de Gaulle qui le nomme délégué militaire national (DMN). Au début du mois d'avril 1944, porteur de *L'Instruction sur l'action de la Résistance française du 31 mars*, le colonel Ély est déposé sur la côte bretonne. Parvenu à Paris, constatant son défaut d'information et les compétences du DMN par intérim Jacques Delmas dit *Chaban*, Ély s'efface derrière ce dernier. C'est donc comme adjoint de *Chaban*-Delmas qu'il participe à la libération du territoire. En 1948, le général Ély représente la France dans la plus haute instance militaire de l'OTAN, le groupe militaire permanent de Washington. Chef d'état-major des forces armées en 1953, il est commissaire général et commandant en chef en Indochine de 1954 à 1956, avant de redevenir chef d'état-major général.

Le 13 mai 1958, il envoie à Alger son chef de cabinet, le général André Petit, avec pour mission de préserver l'unité de l'armée en laquelle il voit la « tutrice de la nation ». Gaulliste de longue date, Petit aide, avec l'aval de son chef, à faire basculer le général Salan et la foule algéroise vers un appel au général de Gaulle. Lorsque le ministre de la Défense nationale, Pierre de Chevigné, éloigne de Paris ses adjoints, les généraux Challe et Martin, Ély démissionne. Le prestige qu'il acquiert ainsi auprès des cadres lui permet de se présenter en modérateur et en « conscience de l'armée ».

Revenu au pouvoir, le général de Gaulle le rappelle. Toutefois, le chef d'état-major n'est plus le conseiller écouté des dirigeants civils, mais le représentant des militaires dont il gère les états d'âme. De Gaulle et lui sont en désaccord sur la mission de l'armée. Ély s'en agace, si l'on en croit ses carnets inédits cités par Maurice Faivre : « De Gaulle, écrit-il, a donné l'impression qu'on le trompait, que les chefs d'état-major étaient de pauvres types qui n'y comprenaient rien. » Lors de l'affaire des Barricades, il pousse le Premier ministre Michel Debré à chercher la conciliation avec les colonels au bord de la sédition, désapprouve en silence une politique qu'il peine à comprendre. En matière d'armement nucléaire, sa position est strictement militaire – alors que le général de Gaulle voit dans « la Bombe » une arme politique. Maintenu au-delà de la limite d'âge, Paul Ély prend sa retraite en février 1961. Jean PLANCHAIS

• *Voir aussi* : Civile et militaire (autorités) ; Discours d'Alger ; Armée ; Militaires ; ORA

Bibl. : Paul Ély, *Mémoires*, Paris, Plon, 2 vol., 1964-1965 • Maurice Faivre, « Le général Paul Ély. Un chef d'état-major face au pouvoir politique », *RIHM*, n° 81 • Jean Planchais, *Une histoire politique de l'armée*, t. 2, *De De Gaulle à de Gaulle*, Paris, Le Seuil, 1967.

ÉLYSÉE. – Vitrine de l'élégance, la rue du Faubourg-Saint-Honoré, dans le VIIIe arrondissement de Paris, accueille quelques-uns des plus beaux hôtels de la capitale. Parmi eux, le palais de l'Élysée est, depuis 1873, la résidence parisienne des présidents de la République et donc l'un des hauts lieux de notre histoire, chargé du souvenir prestigieux des femmes et hommes de goût, ainsi que des chefs de l'État qui l'ont habité depuis sa construction en 1718. Ce palais, entre cour et jardin, forme ainsi au cœur de Paris un vaste îlot de verdure, conforme aux goûts de son premier propriétaire, le comte d'Évreux.

Avant l'installation du général de Gaulle le 8 janvier 1959, d'illustres occupants de l'Élysée ont eu à cœur de marquer de leur empreinte ce lieu magnifique, tout de mesure et d'harmonie. Louis Napoléon, prince-président, y a installé ses somptueux appartements dorés dont les travaux s'échelonnèrent de 1852 à 1867. Sous la IVe République, le président et Mme Auriol firent faire des travaux remarquables. Dans les appartements privés du premier étage, Jules Leleu fut chargé de créer un nouveau décor pour la salle à manger du président, dans l'ancien salon des dames d'honneur de l'impératrice Eugénie. La chambre du Roi fut rétablie dans l'ancien salon du billard et la pièce entièrement réaménagée, en 1949, avec un mobilier en sycomore d'André Arbus, un tapis d'Aubusson sur un dessin du même Arbus, un cabinet à deux corps avec décor de marqueterie d'après Jean-Charles Moreux. Enfin, l'ancien salon des paysages fut transformé en fumoir et son aménagement confié à André Domin. Ainsi l'art moderne est-il entré au palais de l'Élysée avant même l'époque du président Georges Pompidou.

Durant les dix années au palais de l'Élysée, de Gaulle n'a pas pris d'initiatives dans le domaine de la décoration. Rappelons d'abord qu'il avait, un temps, hésité à occuper cette demeure et songé s'installer à Vincennes. Il recula devant les frais qu'aurait occasionnés le transfert. Le problème majeur fut l'installation, de la façon la plus fonctionnelle possible, d'une nombreuse équipe : la maison du président comptait une centaine de collaborateurs contre six civils et cinq militaires pour celle du président René Coty. Le palais de l'Élysée subit donc de profondes modifications dans la distribution des pièces, même s'il conserve la division traditionnelle qui existait dans les grandes demeures du XVIIIe siècle (appartements de parade, de société, de commodité et de travail). La plus grande importance accordée à la fonction de chef d'État, le nombre croissant de collaborateurs, le rayonnement beaucoup plus international de l'Élysée, en un mot le développement de la fonction présidentielle, ont généré de nouvelles affectations pour les pièces et salons. L'appartement du premier étage du corps central, qui, jusqu'alors, faisait partie des appartements privés du président de la République, fut converti en bureaux destinés au chef de l'État et à ses collaborateurs les plus proches et le bureau du chef de l'État établi au centre du palais dans le grand salon doré du premier étage. La plus grande partie du mobilier déjà en place fut conservée mais on installa dans cette pièce le grand bureau plat de Charles Cressent que Félix Faure avait fait venir du ministère de la Marine et sur lequel fut placé l'un des six flambeaux en vermeil commandés à Martin-Guillaume Biennais par Napoléon Ier. Cet aménagement comprenait aussi un ensemble de sièges Empire recouverts de tapisseries de Beauvais qui meublaient jadis un des salons de l'Impératrice aux Tuileries. Le sol était recouvert d'un magnifique tapis de la Savonnerie réalisé d'après des dessins de Charles Le Brun. Ce décor, en résumé, était somptueux.

La salle à manger du président et de Mme Auriol devient la salle du Conseil des ministres. Elle perd alors son décor et ses meubles ; on évite toutefois de détruire la décoration de Luc Lanel, dissimulée par une tenture de damas vert. Autour de la grande table, les ministres ont droit à une chaise en bois doré de Jacob-Desmalter couverte de velours rouge (elles proviennent de l'ancienne salle du conseil des présidents de la IVe République) ; le président de la République et le Premier ministre se voient attribuer chacun un fauteuil d'époque Empire, également en bois doré et velours rouge. La salle est ornée d'une tapisserie des Gobelins représentant le *Signe de la Balance*. L'aménagement de la chambre du Roi, réalisé en 1956, disparaît en 1959. Dès l'arrivée de De Gaulle, la pièce est devenue le bureau du secrétaire général de l'Élysée. Réaménagé pour Étienne Burin des Roziers, ce cabinet de travail comporte notamment deux tapisseries des Gobelins (*Le Château de Mariemont* d'après Charles Le Brun et *Don Quichotte et la tête enchantée*, d'après Antoine Coypel).

De même que leurs prédécesseurs, le général et Mme de Gaulle s'établirent dans les appartements privés du premier étage. Le président de la République se contenta, en fait, de trois pièces qui avaient constitué l'appartement de Vincent Auriol dans l'aile en retour, conservant pour lui-même et son épouse la chambre au-dessus du salon d'argent. L'ameublement, très Second Empire, des appartements de réception au rez-de-chaussée fut renouvelé et le Napoléon III, dans la mesure du possible, sacrifié au style Premier Empire. « Le Mobilier national, confronté à l'état de pénurie de ses réserves, fut amené à utiliser meubles et sièges qui, depuis la IIIe République, servaient exclusivement à l'ameublement du Congrès de Versailles. L'opposition s'en émut et voulut y voir un geste politique. C'était mal connaître le général de Gaulle que ces problèmes d'intendance laissaient souverainement indifférent », écrit Jean Coural.

Ainsi, durant le séjour du Général à l'Élysée, aucune transformation majeure ne fut entreprise. Furent seulement effectués dans le palais présidentiel les travaux d'entretien urgents, et toujours avec un évident souci d'économie. L'absence de toute campagne de décoration contraste nettement avec la politique antérieure. Le mécénat d'État n'a donc pas atteint le palais de l'Élysée. Un président sourcilleux sur l'usage des deniers de la France se contenta de gérer cette résidence en bon père de famille. Une rénovation totale s'imposera donc ultérieurement.

Arnauld Brejon de Lavergnée

• *Voir aussi* : Argent ; Culture ; Vie quotidienne à l'Élysée

Bibl. : Jean et Chantal Gastinel Coural, « L'Élysée. Histoire et décors depuis 1720 », *Dossier de l'art*, n° 23, avril-mai 1995.

ÉLYSÉE, traité de l' (22 janvier 1963). – *Voir* TRAITÉ DE L'ÉLYSÉE.

EMMANUEL, Noël Mathieu, dit Pierre (1916-1984). – Pierre Emmanuel (de son vrai nom Noël Mathieu) est une figure de la poésie française hantée par la quête de l'universel et le goût de l'Un, s'interrogeant inlassablement sur les liens entre le charnel et le spirituel, fortement inspiré par l'œuvre de Pierre Jean Jouve. Une certaine forme de mysticisme chrétien, de lyrisme fougueux, de tension existentielle caractérisent l'œuvre poétique de cet homme toujours en soif d'absolu.

Cette fougue se retrouve chez le jeune poète de *Jour de colère* et de *Combats avec tes défenseurs* (1942), qui refuse l'oppression. Ces écrits font de lui un écrivain acquis à la cause de la Résistance. Exerçant d'abord le métier de professeur, il est replié à Dieulefit, dans la Drôme, dans le sillage de la mouvance d'Uriage et impliqué dans les activités du Conseil national des écrivains. Il est alors un proche de Louis Aragon et compagnon de route du parti communiste. Un voyage dans les pays communistes en 1947 le déçoit et l'ébranle : il se remet profondément en cause et se consacre plus que jamais à la poésie. Collaborateur d'*Esprit*, il rompt véritablement avec le progressisme lors de la révolution hongroise de 1956 et se rapproche de *Preuves* où il propose des méditations sur la fièvre algérienne, sur l'américanisation des mœurs, mais aussi sur la poésie et sur le Christ. En 1968, il est élu à l'Académie française.

Le général de Gaulle connaît personnellement Pierre Emmanuel. Il s'intéresse à l'œuvre du poète et le remercie régulièrement pour l'envoi de ses livres. Il l'assure de son amitié fidèle et loue la qualité de son inspiration. À propos de l'ouvrage *Le monde est intérieur* (1967), il lui écrit par exemple : « Vous faites voir et sentir – et avec quel talent ! – dans la profondeur de la poésie, de l'art, de la philosophie, cet élément commun, cette source unique, ce destin semblable, dont, puisqu'ils sont justement cela, il faut bien qu'ils soient divins ! » Proche du gaullisme, Pierre Emmanuel signera de très nombreux manifestes et pétitions aux côtés d'intellectuels luttant contre les injustices en France ou à l'étranger. Il est de ceux qui, en 1966, après l'annonce du retrait des forces françaises de l'OTAN, soutiennent publiquement la politique étrangère du général de Gaulle (« groupe des 29 »). En 1974, il fait partie du comité de soutien en faveur de Jacques Chaban-Delmas. Homme de conviction, il démissionne de l'Académie française en 1975, en signe de réprobation après l'élection de Félicien Marceau, accusé de sympathie active avec l'occupant. Il consacre les dernières années de sa vie à des mouvements de solidarité et de défense de la liberté. Rémy RIEFFEL

• *Voir aussi :* Intellectuels

Bibl. : Rémy Rieffel, *La Tribu des clercs, les intellectuels sous la Ve République,* Paris, Calmann-Lévy, 1993.

ÉMOTIONNEL (style). – C'est sans doute sur les photos de jeunesse, en compagnie de ses frères, qu'apparaît le plus visiblement ce coté raide, emprunté, compassé qui caractérisera longtemps, aux yeux de ses contemporains, le personnage de Charles de Gaulle. Timidité ? Peut-être... Mais la réponse est superficielle. Ce manque d'aisance, si commun à l'adolescence, se dissipe aisément avec les succès remportés dans la vie adulte. Et peut-on vraiment dire que le premier président de la Ve République se comportait avec gaucherie dans ses activités publiques ?

Un homme pudique. Charles de Gaulle a toujours éprouvé la plus grande répugnance à parler de sa vie privée et manifesté une grande retenue dans l'expression de ses sentiments intimes. Dans sa vie publique, avec ses interlocuteurs comme avec ses proches collaborateurs, il cultivait une froideur distante, une dignité de maintien propre à décourager toutes effusions trop cordiales ; et cela, en contraste frappant avec les pratiques dominantes du monde politique ou parlementaire. Wilhelm Reich ou Erich Fromm, ces disciples de Freud qui furent à peu près les contemporains du Général, auraient parlé d'une « cuirasse caractérielle », signifiant par là un ensemble d'attitudes défensives propres à interdire tout aveu d'émotion, assimilé à une faiblesse du moi.

Ne pas manifester de sentiments ne signifie pas être dépourvu de sensibilité, bien au contraire. Les essais et nouvelles écrits par le jeune Charles de Gaulle, de même que les lettres adressées à sa mère, attestent un caractère profondément romantique. À l'opposé du syndrome de la « forteresse vide » décrit par Bruno Bettelheim, ce n'est pas le vide émotionnel que protègent des murailles mais plutôt l'exposition de passions trop singulières pour ne pas susciter hostilité ou sarcasme.

De Gaulle est émotionnellement pudique, pour des raisons à la fois sociales et personnelles. On retiendra d'abord son adhésion à une culture, catholique et bourgeoise, qui considère l'expression incontrôlée des sentiments comme une source d'embarras. En vertu des conventions de l'époque, on y décourage sévèrement au sein de la famille les formes exagérées d'attendrissement qui contredisent les exigences d'une éducation fondée sur des principes fermes. La sentimentalité détourne du bon accomplissement des devoirs. Et comme, dans cette conception de l'existence, la vie affective ne saurait être une priorité par rapport aux réalisations d'ordre social ou professionnel, il est naturel que Charles de Gaulle ait éprouvé, sur le terrain des émotions d'ordre privé, une certaine maladresse à exprimer ses sentiments les plus authentiques.

Pudique, il l'est aussi parce que ses rêves les plus intimes, l'idée qu'il se fait de lui-même et de son destin, sont de nature à indisposer ses camarades, ses amis (il en a peu, d'ailleurs) ou ses supérieurs. Le jeune Charles de Gaulle devra très tôt affronter l'agacement que suscitent la conscience hautaine de sa valeur et la certitude d'être appelé à un destin d'exception. On peut dire en effet, avec Heinz Kohut, qu'il est habité par un « moi grandiose ». Pour le célèbre psychanalyste américain, ce concept rend compte d'une tendance de la personnalité à conserver, sa vie durant, des traits archaïques communs dans la petite enfance : illusion de toute-puissance, hostilité aux contraintes d'adaptation, identification fusionnelle intense à des personnages omnipotents ou à des causes sublimes. Alors que chez les sujets ordinaires la vie se charge de muer ces traits originels en ambitions plus mesurées, en relations d'objet plus réalistes, notamment dans les relations affectives avec autrui, les personnalités « grandioses » cherchent à limiter au maximum ces adaptations perçues comme des renoncements.

L'amour mystique en politique. Charles de Gaulle est de ceux qui ne se résignent pas à un destin médiocre. Il lui faut endosser un personnage d'exception, dans ses jeux d'enfant comme, plus tard, dans ses activités d'officier. Servir ? oui, bien sûr... ; mais l'Histoire qu'il étudie avec ferveur lui commande de s'inspirer de ces seuls grands hommes qui, par leur volonté, ont su infléchir le cours des événements. Son inclination à investir ses émotions au plus haut niveau apparaît clairement dans son rapport à « la France éternelle », objet d'un amour mystique. Comme la Vierge Marie chez Bernard de Clairvaux, comme le Christ en croix chez Thérèse d'Avila, la France, pour de Gaulle, est un être spirituel véritable qui appelle un amour passionnément sublimé, le seul qui vaille vraiment les tourments du dévouement.

Ces rêves hors normes, ces passions éthérées mais ardentes ne sont pas des émotions qu'on partage facilement. Le risque est trop grand de susciter l'incompréhension ou, plus cruellement, le sourire. Mais quand les circonstances donneront quelque crédit à une ambition aussi démesurée, c'est alors, et alors seulement, qu'il pourra réduire les persifleurs au silence. On voit Charles de Gaulle se glisser totalement dans son rôle de libérateur de la France, parlant de lui-même à la troisième personne comme d'un double mythique infiniment plus grand que lui-même. Restaurateur des libertés nationales en 1944, refondateur de l'État abaissé et bafoué en 1958, rempart de la République en 1961 face à des colons révoltés et des généraux putschistes, tels sont les accomplissements qui se situent réellement à la mesure de ses rêves.

Le style émotionnel de Charles de Gaulle aurait pu à jamais l'isoler, lui interdire toute carrière politique, voire gêner sa carrière militaire, sans la survenance de ces circonstances exceptionnelles. Celles-ci, au contraire, transforment ses handicaps en atouts. Être seul à incarner l'espoir au cœur de la catastrophe, n'est-ce pas, aux yeux d'une personnalité comme la sienne, la confirmation d'une vocation d'exception, l'occasion d'une identification grandiose ? « Le 18 juin 1940, répondant à l'appel de la patrie éternelle privée de tout autre recours pour sauver son honneur et son âme, de Gaulle, seul, presque inconnu, avait dû assumer la France », écrit-il dans ses *Mémoires d'espoir*, soulignant l'analogie avec son rôle en mai 1958. Dans le dénuement des premiers temps de la France libre, cette « mégalomanie » se révélait une ressource politique infiniment précieuse. L'autorité qui deviendra la sienne, il ne pouvait la forger avec des moyens matériels ou militaires. C'est sa froideur hautaine qui en impose aux premiers ralliés, qui sentent bien qu'il ne peut être que leur chef ; c'est sa rigidité ombrageuse qui finit par triompher des réticences ou de l'hostilité des responsables alliés. De Gaulle saura toujours utiliser sa capacité d'imposer distance et déférence pour intimider contestataires ou rivaux (les dirigeants des FFI comme Georges Guingouin en feront l'amère expérience) mais aussi pour susciter les indéfectibles dévouements de ses compagnons, qui trouveront à leur tour d'intenses gratifications affectives à s'identifier à « plus grand que soi ».

Un certaine attente d'affection. Cependant, même les hommes de cette trempe ont besoin d'être aimés ; moins dans la sphère privée, un peu étroite à leurs yeux, que sur le théâtre infiniment plus large des grands élans collectifs. De Gaulle sollicite le soutien populaire sur un ton souvent passionné. C'est la fameuse exhortation : « Françaises, Français ! aidez-moi ! » qui clôt le message radiotélévisé du 23 avril 1961 ; c'est l'appel au succès du référendum du 28 octobre 1962 : « Quant à moi, chaque "oui" de chacune de celles et chacun de ceux qui me l'aura donné, me sera la preuve directe de sa confiance et de son encouragement » (discours du 4 octobre 1962). De Gaulle affectionne manifestement les bains de foule qui lui permettent de savourer une approbation chaleureuse ; aussi les a-t-il recherchés et multipliés, outre-mer, en province, à l'étranger. Mais c'est le 26 août 1944, sur les Champs-Élysées, qu'il a connu, et avoué ensuite, l'exaltation la plus intense. « Puisque chacun de ceux qui sont là a, dans son cœur, choisi Charles de Gaulle comme recours de sa peine et symbole de son espérance, il s'agit qu'il le voie, familier et fraternel. » La relative sobriété du ton ne saurait masquer l'audace de l'image. Inversement il sait être véhément pour repousser les accusations qui le ravaleraient au rang d'un vulgaire prétorien. Lors de la conférence de presse du 19 mai 1958, la voix gronde et les gestes se font brusques pour balayer l'insolence du soupçon : « Ce n'est pas à soixante-sept ans que l'on commence une carrière de dictateur. »

Tant que les événements donnent raison aux rêves les plus improbables du Grand Homme, d'intenses projections populaires se portent sur lui, nourrissant entre le guide et la masse une intense relation charismatique. Mais de Gaulle n'est pas un dom Juan égaré en politique. Lorsque le rêve héroïque se dissipe, lorsque les contraintes routinières ou les échecs ne laissent plus de place à la grandeur dans l'action, alors il semble redevenir indifférent aux acclamations et ne plus rechercher que le tête-à-tête avec le personnage historique qui l'habite. Pouvait-il espérer une plus belle mort que celle qui l'a saisi écrivant ses *Mémoires* ? Philippe Braud

• *Voir aussi :* Doute de soi ; Écrits de jeunesse ; Gaulle, Henri de ; Psychanalytique

Bibl. : Olivier Guichard, *Mon général,* Paris, Grasset, 1980 • Heinz Kohut, *Le Soi : la psychanalyse des transferts narcissiques*, Paris, PUF, 1974 • Jean Pouget, *Un certain capitaine de Gaulle*, Paris, Fayard, 1973.

EMPIRE. – Le terme « Empire » a surtout été utilisé dans l'entre-deux-guerres, en particulier aux alentours de l'Exposition coloniale, lorsque le ministre des Colonies Paul Reynaud et le commissaire général de l'exposition, le maréchal Lyautey, ont cherché, non sans résultats, à populariser l'idée coloniale en France. Charles de Gaulle n'est pas alors ce qu'on appelle un « officier colonial ». Il n'a pas participé aux campagnes de conquête, ni avant 1914, ni après 1918. Il n'a pas commandé de troupes coloniales pendant la Grande Guerre, ne participe pas à la guerre du Rif. Son seul contact avec l'Empire se résume à deux années au Levant, entre 1929 et 1931.

Ses écrits d'avant-guerre témoignent cependant qu'il n'est pas dépourvu de ce qu'on appelle alors une « conscience impériale ». « Notre existence nationale, écrit-il en 1934, est devenue celle d'un empire [...], les mille liens tissés entre la métropole et ses possessions d'outre-mer ne cessent de se multiplier. » Il partage avec les élites de la IIIe République la conviction selon laquelle la colonisation a répandu dans ces pays « la richesse, l'instruction, la liberté ». Comme elles, il estime que face à la montée des revendications indigènes, il n'est pas possible que les Français renoncent à demeurer « les maîtres ». En revanche, il souligne le danger qu'il y aurait pour la France à trop compter sur ses troupes d'outre-mer. Le « précieux concours » qu'elles peuvent apporter ne peut dispenser la France de la création de l'armée de métier dont il propose la formation, et qui pourrait contribuer à assurer l'autorité dans l'Empire.

En juin 1940, l'Empire est pour de Gaulle le moyen essentiel, avec la flotte, de continuer la guerre. Ministre de Paul Reynaud, il insiste à plusieurs reprises auprès de lui pour qu'il se transporte à Alger, de manière à échapper à l'atmosphère de défaite. Après l'armistice, il s'adresse aux différents responsables des colonies, protectorats et mandats pour leur demander de continuer la lutte. Il leur propose de constituer un Conseil de défense de l'Empire qui représenterait la France en guerre. Mais il n'est pas entendu. Le général Weygand, le 8 juin, objecte que « l'Empire, c'est de l'enfantillage » et les proconsuls, rassurés puisque les conditions d'armistice ne prévoient pas l'occupation de territoires outre-mer, se rallient au gouvernement de Vichy, à l'exception du gouverneur général de l'Indochine, le général Catroux, qui doit cependant abandonner ses fonctions. L'Empire est ainsi, comme la France, à conquérir pour être préservé.

De Gaulle n'a cependant pas renoncé au projet d'unir le plus grand nombre possible de Français autour du mythe impérial. Dès le ralliement de l'Afrique-Équatoriale française, le 27 octobre 1940, l'ordonnance n° 1 promulguée à Brazzaville crée le Conseil de défense de l'Empire qu'il appelait naguère de ses vœux. Sa mission est « de maintenir la fidélité à la France, de veiller à la sécurité intérieure et extérieure, de diriger l'activité économique et de soutenir la cohésion morale des populations des territoires de l'Empire ». Il exerce aussi la conduite générale de la guerre. Cet organisme ne joue en fait qu'un rôle effacé. C'est en fournissant des combattants et des ressources en matières premières et en argent que les territoires d'outre-mer, successivement ralliés, apportent une contribution décisive à l'action du Général. Malgré tout, l'Empire est affaibli. L'occupation de la métropole, les divisions entre Français, l'évidente suprématie des Anglo-Saxons et le contrôle de l'Indochine par les Japonais sont autant de preuves de faiblesse et d'encouragements aux aspirations émancipatrices.

Le discours inaugural de la conférence africaine de Brazzaville (30 janvier 1944) est l'occasion de tracer un programme conciliant la grandeur à retrouver avec les exigences des temps nouveaux. Il défend le bilan positif de la colonisation, « pour le développement des richesses et pour le bien des hommes », et souligne l'effort des peuples d'outre-mer, dans la fidélité desquels la France a trouvé « son recours et la base de départ pour sa libération ». Il annonce un profond renouvellement des relations entre la métropole et ses dépendances. Le « lien définitif » que la solidarité de guerre a instauré entre la France et l'Empire ne doit pas empêcher les peuples d'outre-mer de « s'élever peu à peu jusqu'au niveau où ils seront capables de s'élever chez eux à la gestion de leurs propres affaires ».

Dans ces conditions, le terme « empire » paraît de moins en moins adapté aux réalités nouvelles. La déclaration gouvernementale du 24 mars 1945 relative à l'Indochine annonce la transformation de l'Empire en Union française, ensemble formé par la France « et les autres parties de la communauté ». Une période est définitivement close. De Gaulle, qui a tenu à rendre à la France son Empire intact, juge indispensable de le rénover.

Jacques Frémeaux

• *Voir aussi* : Algérie coloniale ; Brazzaville (conférence de) ; Décolonisation ; Ralliement des colonies ; Sétif ; Union française

Bibl. : Jacques Thobie, Gilbert Meynier, Catherine Coquery-Vidrovitch *et al.*, *Histoire de la France coloniale*, t. 2, *1914-1990*, Paris, Armand Colin, 1990.

ENSEIGNEMENT (manuels scolaires). – Le général de Gaulle est présent dans les manuels à l'école élémentaire, au collège et au lycée. Les programmes scolaires sont d'abord élaborés par le ministère de l'Éducation nationale, sont soumis à l'avis consultatif des professeurs et, après arbitrage, signés par le ministre et publiés au *Bulletin officiel*. Les ouvrages de l'école primaire sont rédigés ensuite par des inspecteurs, des professeurs, des instituteurs ou directeurs d'école ; ceux du collège ou du lycée, par des universitaires, des inspecteurs pédagogiques, des professeurs du second degré ou des professeurs de classe préparatoire. Ils sont soumis aux contraintes financières et techniques de l'édition, aux choix des enseignants, aux changements de programme, aux modifications des épreuves d'examen et aux évolutions de la recherche et des conceptions didactiques. Aujourd'hui, ils sont achetés en principe par les municipalités, les conseils généraux et les conseils régionaux, renouvelés périodiquement et distribués gratuitement aux élèves. Depuis une vingtaine d'années, leur maquette a été considérablement transformée. Des documents accompagnent le manuel (cédéroms, transparents, cassettes vidéo, etc.). Si le professeur doit appliquer le programme, il reste maître de son itinéraire pédagogique, mais le manuel lui est utile ainsi qu'aux élèves comme source de documentation, d'étude et d'exercice. L'approche est différente selon la maturité des élèves et le cursus scolaire.

De Gaulle à l'école élémentaire. L'enseignement de l'histoire concerne le cycle 3 (CE2, CM1, CM2). La leçon sur la Seconde Guerre mondiale consacre entre quatre et trente lignes à de Gaulle dans les manuels de cours moyen. Les ouvrages parus à partir de 1945 et jusqu'aux années 1960 privilégient le récit et contiennent peu de documents. Ils sont souvent illustrés par des dessins en couleurs ou des photos en noir et blanc, par exemple le général de Gaulle à l'Arc de Triomphe (Hachette, 1945 ; Belin, 1956 ; Lavauzelle, 1961). La tonalité de certains manuels est lyrique : le Général est « un Français clairvoyant, un grand patriote, une voix mâle et fière » (Istra, 1946) ; « un grand Français, le général de Gaulle, organisait la Résistance » (Belin, 1947) ; c'est « un grand soldat » (Lavisse, Colin, 1945).

De 1969 aux années 1980, la pédagogie repose sur les « activités d'éveil ». Une réaction s'opère contre la chronologie, contre la mythologie des grands personnages de l'Histoire : l'approche est transdisciplinaire et diachronique. L'enseignement de l'histoire est fondé sur l'étude de thèmes et l'élève est invité à construire l'histoire à partir de documents.

Les années 1980 consacrent le retour de la chronologie à l'école élémentaire, retour amorcé sous le ministère Beullac puis décidé sous les ministères Savary et Chevènement. La commission Le Goff, ultérieurement le rapport Girault, enfin le colloque sur l'enseignement de l'histoire de Montpellier en 1984 insistent sur la nécessité de donner des repères aux élèves. Jean Moulin apparaît ainsi en pleine lumière aux côtés du général de Gaulle (Nathan, 1985). Les manuels introduisent de surcroît l'étude de l'après-1945. Le rôle du Général dans la fondation de la Ve République et dans la décolonisation est dès lors souligné dans la leçon (Hachette, 1981 ; Colin, 1985) et illustré par les photos de conférences de presse (Magnard, 1998).

Les ouvrages de 1995 à 2005 regroupent plusieurs disciplines : histoire et géographie, éducation civique et même sciences, parfois (Sedrap, 2003). La part consacrée à l'histoire diminue ; la photographie occupe souvent un espace plus grand que le texte. Le Multilivre Istra (CM2, 1997) consacre ainsi une page à la photo de la descente des Champs-Élysées le 26 août 1944 et une autre à des questions sur cette image. Ailleurs, la campagne pour le référendum de 1962 introduit sur plus d'une page le chapitre sur la Ve République (Hachette, CM2, 2000). Enfin, si les photos des manifestants étudiants ou ouvriers en mai 1968 traduisent la vigueur de l'opposition à de Gaulle (Hatier, cycle 3, 1998 ; Sedrap, CM1, 2000 ; Hatier, CM2, 2004), place est faite au dessin de Faizant paru dans *Le Figaro* au lendemain de la mort du Général, qui montre Marianne pleurant sur un chêne abattu (Istra, 1998).

De 2002 à 2004, de nouveaux programmes sont élaborés pour les trois années du cycle. Ils insistent sur des dates importantes, des personnages ou des groupes significatifs. Les repères chronologiques concernant de Gaulle sont l'appel du 18 juin 1940, le droit de vote accordé aux femmes en 1945, la Ve République. Les leçons d'histoire sont illustrées par des dossiers consacrés aux sources de l'Histoire – s'agissant du général de Gaulle : son appel à la radio de Londres, son discours à Brazzaville en 1944 et une affiche électorale à son effigie (Hatier, CM2, 2004).

De Gaulle au collège. Les programmes d'histoire au collège comprennent une étude de la Seconde Guerre mondiale ainsi que des IVe et Ve Républiques ; ceux d'éducation civique incluent la Constitution et les institutions politiques adoptées en 1958.

En 1971, les manuels traitent pour la première fois de la Seconde Guerre mondiale et de l'évolution du monde après 1945 et consacrent une ou deux pages à l'histoire de De Gaulle entre 1945 et 1969 (Bordas, Dunod, Masson, Hatier). La plupart de ceux parus entre 1971 et 2003 publient en partie ou en totalité l'appel du 18 Juin ; certains mettent en parallèle les discours de Pétain et de De Gaulle (Belin, 1985 ; Bréal, Nathan, 2003) – des textes sont souvent extraits des *Mémoires de guerre* (Masson, 1971). Les photos représentent de Gaulle parlant à la BBC (Delagrave, 1971 ; Hatier, 1980 ; Belin, 1993) ou à la tête du défilé d'août 1944 sur les Champs-Élysées (Bordas, Nathan, 1971).

De 1980 à 2004, les manuels consacrent souvent deux pages à de Gaulle, composées à la fois de la leçon, réduite à quelques lignes, et de documents très variés. Ceux-ci portent sur certains moments ou actes forts, tels le discours du 4 juin 1958 à Alger (Nathan, 1989), la naissance de la Ve République (Istra, 1989) ou la création de la force de dissuasion (28 septembre 1963). Ils évoquent également les moments de tension (la grève des mineurs de 1963) et de crise (le putsch d'Alger de 1961), de même que Mai 68 (Hachette, 1980 ; Nathan, 2004 ; Magnard, 2003). Des photos représentant la traditionnelle conférence de presse télévisée, les bains de foule (Belin, 1989) ou encore le lancement du *Redoutable* (Bréal, 2004). Figurent également des extraits de presse, à l'instar de la une de *L'Aurore* du 30 mai 1958 – « De Gaulle accepte de former le gouvernement » (Belin, 2003) – et celle du *Figaro* du 30 mai 1968 – « De Gaulle : Je ne me retirerai pas » (Hatier, 2003).

De Gaulle au lycée. L'approche est plus élaborée et plus approfondie au lycée que dans les cycles précédents. Les manuels offrent une leçon solide et de nombreux documents afin de familiariser le lycéen avec les exercices demandés au baccalauréat. Conformément aux programmes, les ouvrages de 1962 ne parlent de la Résistance française que dans le chapitre global sur la guerre de 1939-1945, à l'exception d'un manuel paru en 1979 chez Bordas. Il faut attendre 1983 pour que tous les manuels appliquent le nouveau programme et consacrent un chapitre spécifique à Vichy et à la Résistance française. En 2002, les programmes des séries S sont allégés en raison d'une diminution des horaires. Les manuels spécifiques à ces séries subissent une réduction de leur pagination, mais il arrive que les éditeurs publient des ouvrages plus copieux destinés aux trois séries. Dans le chapitre sur la France dans la Seconde Guerre mondiale, on trouve les extraits classiques des discours des 18 juin 1940 et 25 août 1944 (Belin, Bordas, Hatier, Nathan), ainsi que des biographies.

Les manuels des classes L et ES parus en 2004 présentent un bilan factuel et mémoriel de la Seconde Guerre mondiale. Les élèves étudient la construction d'une mémoire officielle et gaullienne de la Résistance à travers l'hommage rendu à Jean Moulin par André Malraux en 1964 (Bréal, Hachette, Magnard, Nathan). Des dossiers documentaires sont accompagnés d'exercices de réflexion sur la participation du général de Gaulle à la guerre, sur l'appel du 18 juin 1940 (Bordas, Hatier, 2003), sur de Gaulle et la France libre (Nathan, collection « Marseille », 2003), sur la Libération (Bréal, 2003) et la restauration d'un pouvoir démocratique (Magnard, 2003). Un manuel propose une composition sur « Le général de Gaulle dans la Seconde Guerre mondiale » (Hachette, 2003).

De 1983 à 2004, les manuels de terminale consacrent une place importante à de Gaulle chef du Gouvernement provisoire de la République française, fondateur et premier président de la Ve République, artisan de la décolonisation, promoteur d'une politique d'indépendance de la France. Les conceptions européennes du Général, le rapprochement franco-allemand scellé par un traité d'amitié, l'opposition à l'entrée du Royaume-Uni dans le Marché commun, le retrait de l'OTAN sont traités dans la leçon ou sous forme de dossier (Hachette, Hatier, 2004). Des photographies de voyages à l'étranger figurent dans de nombreux ouvrages : en Allemagne en 1962 (Magnard, 2004), à Phnom Penh en 1966 (Bréal, 1992), au Québec en 1967 (Hachette, 1998), à Moscou en 1966 (Bertrand-Lacoste, 2004). Les oppositions sont aussi largement analysées – ainsi de la contestation des institutions nouvelles ou de la politique algérienne, et de la crise de mai 1968 (Hachette, 2004). Les caricatures d'Effel, de Faizant, de Moisan, de Tim permettent aux élèves de former leur regard critique. En 2005, l'apparition de nouvelles épreuves au baccalauréat renouvelle les exercices et les thématiques – « Le président de la République, un monarque républicain ? » (Bréal, 2004) ; « La télévision, un nouvel acteur de la vie politique ? » (Bordas, 2004) ; « Quel jugement peut-on porter sur le général de Gaulle et sa pratique du pouvoir ? » (Hachette, 2004). Toutefois, les programmes des séries S n'étudient pas les mémoires de la Seconde Guerre mondiale, ni la IVe République, et privent les élèves d'éléments de compréhension sur l'itinéraire et l'héritage du général de Gaulle.

L'enseignement de l'histoire ne se

réduit pas au manuel. La parole du maître est prépondérante. Mais les manuels reflètent l'opinion de la société sur son histoire, sur la place qu'elle entend accorder aux événements, aux hommes et aux femmes qui l'ont marquée. Ils permettent aussi à l'élève de réfléchir à la place d'un homme comme de Gaulle dans l'histoire, sur son poids, son influence et ses limites. Par la confrontation de documents pluriels, ils amènent à prendre conscience de la complexité d'un personnage hors du commun et, le cas échéant, à développer un regard critique à son égard. Ainsi, les manuels ne brossent pas un portrait hagiographique du Général, mais lui donnent une place équilibrée avec ses lumières et ses ombres, à l'aune du rôle qu'il a joué dans l'histoire du XXe siècle.

Hubert TISON

• *Voir aussi :* Éducation nationale ; Jeunesse ; Mémoire de la Résistance

Bibl. : Hubert Tison, « La place de De Gaulle dans les manuels depuis les années 1970 », dans *Charles de Gaulle et la Jeunesse*, Paris, Fondation Charles-de-Gaulle-Plon, 2005 • Les collections de manuels sont consultables au musée national de l'Éducation à Rouen ou à la bibliothèque de l'INRP à Lyon.

ENSEIGNEMENT (programmes, concours et examens). – La Seconde Guerre mondiale figure dans les programmes de l'école élémentaire, en cours moyen, depuis 1945 ; dans ceux des collèges, en troisième, depuis 1971 ; dans ceux des lycées, en terminale, à partir de 1962. En 1982, un nouveau programme de terminale couvre la période de 1939 à nos jours et comprend l'étude du GPRF, le départ du général de Gaulle en 1946 et son opposition à la IVe République, son retour en 1958 et sa présidence jusqu'en 1969. À la rentrée de 1990, la Seconde Guerre mondiale passe en classe de première. En 1995, elle revient en terminale à la demande d'associations de déportés et de résistants qui se sont inquiétées de la voir rejetée en fin d'année scolaire et retirée du programme du baccalauréat. À la rentrée 2003, elle repasse en première. Mais la question « Bilan et mémoires de la Seconde Guerre mondiale » est au programme du baccalauréat pour les séries L et ES et permet une étude comparée des mémoires des années noires, dont la mémoire gaulliste. Par ailleurs, les programmes d'éducation civique des collèges consacrent, en troisième, une place importante à l'étude de la Constitution et des institutions de la Ve République.

La Seconde Guerre mondiale ainsi que la vie politique sous les IVe et Ve Républiques donnent lieu à de nombreux sujets d'examen sous forme de compositions ou d'études de documents. Ainsi, par exemple, pour l'obtention du brevet en 2000 à Grenoble, le sujet porte sur « Collaborer ou résister ». Le premier document concerne le général de Gaulle lançant son appel à la BBC, et le second, le message du maréchal Pétain ordonnant de cesser le combat. En 2003, un sujet du brevet concernant sept académies porte sur « Les années de Gaulle ». Trois documents courts l'illustrent : « Les référendums organisés par de Gaulle », « Les choix de De Gaulle pour la France » et « La rencontre Adenauer-de Gaulle en 1963 ».

De 1962 à 1967, au baccalauréat, la Seconde Guerre mondiale est au programme de l'écrit. Elle passe ensuite à l'oral. En 1979, retour de l'histoire-géographie à l'écrit du baccalauréat général. De 1979 à 1983, cinq ou six sujets par session concernent l'action du général de Gaulle entre 1940 et 1945. En 1983, les nouveaux programmes permettent d'élargir les sujets au parcours du Général après 1945. On distingue les sujets où de Gaulle occupe une place centrale, ceux où il tient une part plus ou moins importante et ceux où il faut faire mention de son action. Les sujets ressortissent à l'histoire des institutions – « De Gaulle et les institutions de la France 1958-1959 » (Nouvelle-Calédonie, 2003) ou « La présidence de la République sous la Ve République » (sujet national, septembre 2005) –, à la politique extérieure ou coloniale – « La politique étrangère et coloniale de la France de 1945 à 1958 » (Maroc, juin 1997) ou « De Gaulle et la question algérienne » (Pondichéry, 1997) –, à la Seconde Guerre mondiale – « Discours prononcé par le général de Gaulle le 25 août 1944 » –, à la IVe République – examen par exemple du discours prononcé par le Général à Bruneval le 30 mars 1947 (en 2006) –, à l'histoire économique et sociale ou à l'histoire culturelle de la France lorsque le général de Gaulle était au pouvoir.

Dans le cadre du concours national de la Résistance et de la Déportation, les collégiens et lycéens volontaires ont eu à traiter, en 1971 et en 1990, un sujet sur « Le général de Gaulle, chef de la Résistance française » ; en 2004, sur « Les Français libres ». Les concours d'agrégation d'histoire et de CAPES d'histoire et de géographie ont une question d'histoire contemporaine. À l'oral, des sujets sortent régulièrement sur le Général. Par exemple, « De Gaulle, les attentats et la mémoire de la Grande Guerre : deux discours prononcés à Londres en 1941 » en 2004 ; « De Gaulle et la construction européenne » en 2005. Aux concours d'entrée dans les Instituts d'études politiques, parmi les sujets de dissertation en histoire proposés, on trouve : « Le général de Gaulle : son attitude à l'égard des puissances (Allemagne, Grande-Bretagne, États-Unis, URSS) de 1940 à 1969 » (IEP de Rennes, 1995) ; « Charles de Gaulle (1958-1959) » (IEP de Bordeaux, 2000) ; « La France et la construction de l'Europe de 1945 à 1984 » (IEP de Strasbourg, 1995). Le concours externe d'entrée à l'École nationale d'administration (ENA) comporte à l'écrit une cinquième épreuve en histoire contemporaine. En 1999, par exemple, le sujet a porté sur « L'Europe dans la vie politique française depuis 1945 » ; en 2000, les candidats ont eu à traiter de « La France de la IVe à la Ve République : 1956-1962 ». Enfin, à l'Université, en histoire et en droit, la Constitution de la Ve République est largement étudiée et fait l'objet de sujets d'examens. Hubert Tison

• *Voir aussi* : Éducation nationale ; Jeunesse ; Mémoire de la Résistance

Bibl. : *Historiens et Géographes*, Rapports des jurys d'agrégation externe d'histoire et de CAPES externe d'histoire et de géographie • Bernard Phan, « La place du général de Gaulle dans les sujets du baccalauréat en France », *Cahiers de la Fondation Charles-de-Gaulle*, n° 2, 1995.

ENSEIGNEMENT PRIVÉ (loi Debré du 31 décembre 1959). – La loi sur les rapports entre l'État et les établissements d'enseignement privé porte, certes, le nom du Premier ministre, mais le général de Gaulle a joué un rôle non négligeable dans son élaboration.

On le sait maintenant, une tentative de solution a échoué à la fin de l'année 1958. Il s'agissait d'attribuer des subventions à des associations représentant les établissements. C'était faire la part belle aux responsables de l'enseignement privé, catholique pour l'essentiel, et, au fond, adopter la solution du gouvernement de Vichy. De Gaulle s'y est opposé.

Un autre échec, moins connu, est tout aussi significatif. En janvier 1959, le ministre de l'Éducation nationale, André Boulloche, souhaitait reprendre le processus de négociation entamé sous l'égide de Guy Mollet, en 1956-1957. L'objectif était de parvenir à un accord d'ensemble, d'allure concordataire, entre le gouvernement français et le Saint-Siège. La question scolaire n'était donc plus que l'un des aspects du débat. Or, de Gaulle et Michel Debré refusèrent de situer ainsi la question de l'enseignement : c'était, pour eux, une affaire exclusivement nationale. Par ailleurs, de Gaulle ne suivit pas son Premier ministre qui proposait de régler la question en passant des conventions avec certains établissements pour une durée limitée de dix ans, en fonction des besoins de l'État. C'était céder aux urgences du temps : ce n'était pas résoudre un problème séculaire.

Une autre méthode est alors adoptée en juin 1959 : une commission de douze sages, présidée par Pierre-Olivier Lapie, est chargée de trouver un compromis acceptable. L'idée retenue, au mois d'octobre, est de substituer à un système de subventions un système d'aides contractuelles différenciées, contribuant au rapprochement progressif des deux enseignements, public et privé. Les solutions techniques ayant été examinées par la commission, le débat se déplace désormais au niveau idéologique, au moment de l'élaboration du projet de loi d'abord par André Boulloche seul, puis conjointement avec Michel Debré : faut-il uniformiser les esprits ou reconnaître une certaine diversité ?

De Gaulle tranche pour la seconde solution au risque de mécontenter les deux partis : l'enseignement catholique souhaite que soit reconnu explicitement le caractère chrétien de l'enseignement, les laïques le respect de la liberté de conscience. De Gaulle impose la notion de caractère propre, suggérée par André Boulloche : des pratiques éducatives particulières pourraient exister dans des institutions privées où l'enseignement, d'essence publique et contrôlé par l'État, respecterait la liberté de conscience. Le projet de loi distingue entre un contrat d'association, largement subventionné, dont la signature n'est pas de droit mais dépend des besoins de l'Éducation nationale, et un contrat simple, moins subventionné, plus libre dans sa pratique. L'intégration dans l'enseignement public ou la liberté totale sans subvention sont également possibles. Des aumôneries sont prévues dans les établissements du second degré public là où elles n'existent pas.

Votée le 23 décembre en quelques heures, adoptée ensuite par le Sénat, la loi est promulguée le 31 décembre 1959. Imposer le contrat d'association à l'enseignement catholique fut l'affaire de Michel Debré, publier les décrets, arrêtés et circulaires d'application celle du ministère de l'Éducation nationale. Cela prit quelques mois – en avril 1960, l'essentiel de la réglementation était adopté.

Le prix politique immédiat de cette décision clairement assumée fut lourd : démission d'André Boulloche et rupture totale avec les socialistes, avec une partie de la droite conservatrice, avec les catholiques progressistes, avec les syndicats de l'enseignement public. En revanche, le bénéfice à long terme fut substantiel : sortie de l'enseignement catholique de son repli idéologique, reconnaissance de la diversité culturelle dans l'enseignement, contrôle renforcé de l'État, légitimité d'une concession du service public d'enseignement. Le choix était donc courageux et novateur.

Bruno Poucet

• *Voir aussi* : Éducation nationale ; Église et cultes ; Vatican

Bibl. : Claude Lelièvre, *L'École des Présidents*, Paris, Odile Jacob, 1995 • Bruno Poucet, *Les Politiques éducatives en question*, Paris, L'Harmattan, 2004 • Id., « La politique de l'enseignement de Michel Debré », dans Serge Berstein *et al.* (dir.), *Michel Debré, Premier ministre*, Paris, PUF, 2005, p. 383-401.

ENTOURAGES. – L'opinion publique perçoit les entourages des principaux responsables politiques comme imprégnés d'un certain mystère ; elle imagine des éminences grises en tous lieux. En fait ces entourages sont pour l'essentiel les membres des cabinets, même s'il existe des conseillers officieux qui n'apparaissent pas nécessairement dans l'organigramme officiel du cabinet ministériel ou présidentiel. Les entourages du Général n'échappent pas à cette règle, malgré la profonde originalité qui est la leur et leur grande diversité selon les périodes. À un homme relativement isolé va succéder un chef d'État très entouré.

Les années de guerre. Alors qu'il exerce les fonctions de sous-secrétaire d'État à la Guerre, du 5 au 16 juin 1940, Charles de Gaulle a un chef de cabinet civil, Jean Laurent ; un chargé de mission, Jean Auburtin ; un membre de cabinet militaire, le colonel Jacques Humbert, et un aide de camp, le lieutenant Geoffroy de Courcel. Ce dernier va jouer un grand rôle auprès du Général : c'est lui qui l'accompagne à Londres le 9 juin 1940 pour rencontrer l'ambassadeur de France, Charles Corbin, et le Premier Ministre britannique, Winston Churchill. De retour à Bordeaux, le 16 juin, c'est par le colonel Humbert et Jean Auburtin, qui l'attendent à l'aéroport, que de Gaulle apprend la démission de Paul Reynaud et la nomination par le président Lebrun du maréchal Pétain comme chef du gouvernement.

Tout en poursuivant une carrière diplomatique, Geoffroy de Courcel sera aux côtés du Général au temps du Rassemblement du peuple français (RPF) puis lors de la traversée du désert, jusqu'à devenir le premier secrétaire général de l'Élysée en janvier 1959. Il est le type même du collaborateur de De Gaulle. C'est un homme – il y a très peu de femmes dans l'entourage du Général car ce dernier, au dire de Bernard Tricot, craint qu'elles ne soient une source de complications ; c'est aussi un haut fonctionnaire, discret, expérimenté et transparent.

Dans ce premier entourage, à Londres, on trouve quand même une femme importante : Élisabeth de Miribel. C'est elle qui tapera à la machine le fameux appel du 18 Juin : « Ces mots vont constituer une page d'histoire. Je ne le sais pas encore. Pourtant j'ai l'obscur sentiment de participer à un événement exceptionnel. » Après avoir tenté de gagner les Canadiens français à la cause gaulliste sans beaucoup de succès, elle suit le Général à Alger puis à Paris, chargée du service de presse. Entrée au Carmel en 1949, elle le quitte en 1954 pour raisons de santé et poursuit une carrière diplomatique.

Dès 1940, Gaston Palewski est nommé premier directeur des Affaires politiques de la France libre, en compagnie de Geoffroy de Courcel à Londres. Respectivement directeur et directeur adjoint de son cabinet à Alger puis à Paris en août 1944, ils sont rejoints par René Brouillet et Louis Vallon. C'est désormais une équipe beaucoup plus étoffée avec un directeur de cabinet, Gaston Palewski, trois directeurs adjoints, René Brouillet, Geoffroy de Courcel et Louis Vallon, cinq chargés de mission (dont Michel Debré), quatre officiers d'ordonnance, un cabinet civil chargé des liaisons avec les départements ministériels composé de vingt membres, dont Étienne Burin des Roziers pour les Affaires étrangères, et un cabinet militaire de trente membres : au total une équipe de soixante-trois personnes. Dans le cabinet militaire, un autre personnage important est l'aide de camp, le chef de bataillon Gaston de Bonneval. Entré en résistance, arrêté, déporté, il suit pas à pas le Général de 1944 à 1965. C'est un fidèle qui ne recule devant aucune tâche difficile.

De la traversée du désert au retour aux affaires. Avec la démission du Général, le 21 janvier 1946, cette équipe est fortement réduite. Gaston Palewski reste directeur de cabinet chargé de la liquidation des affaires courantes et des liaisons avec Colombey-les-Deux-Églises. En novembre 1947, Georges Pompidou devient chef de cabinet ; lui succède Olivier Guichard qui était jusque-là chargé de mission au RPF. Quant à Gaston de Bonneval, promu lieutenant-colonel, il est toujours là.

Naturellement, quand de Gaulle revient au pouvoir, le nombre de ses proches collaborateurs s'étoffe considérablement. Le Général parle souvent de sa « Maison » pour les désigner : ce sont concrètement les membres de son cabinet et ceux du secrétariat général de la présidence. Dernier président du Conseil de la IVe République, en juin 1958, il charge Georges Pompidou de former son cabinet, une équipe restreinte de vingt-deux personnes dont une bonne moitié a appartenu au RPF. Parmi eux, Pierre Lefranc, Olivier Guichard, Jacques Foccart, Raymond Labelle, Jacques Richard, Philippe Ragueneau, René Ribière, Xavier de Beaulaincourt, Gaston de Bonneval et Simone Servais, des noms que l'on retrouvera tout au long de la Ve République. Ce « petit » cabinet opérera une tâche immense dans de nombreux domaines, notamment l'élaboration d'une nouvelle Constitution, la question algérienne et les problèmes économiques et financiers. Le général de Gaulle restaure d'emblée l'autorité de l'État. Certains vont jusqu'à dire que même si le régime n'est pas encore transformé, la seule présence du Général change déjà tout. Celui-ci suit de très près les problèmes mais, voyageant beaucoup (cinq visites en Algérie, quatre dans de grandes villes de province, une tournée dans les territoires d'outre-mer en six mois), il laisse à Georges Pompidou une certaine marge de manœuvre. On dit même parfois que ce dernier est en quelque sorte un vice-Premier ministre ou un vice-président du Conseil.

Ce cabinet tout à fait particulier, puisqu'il est de transition, annonce néanmoins les futurs entourages du président de la République. Tous les témoignages recueillis, de même que les entretiens réalisés par l'Institut Charles-de-Gaulle ou l'association Georges-Pompidou, prouvent qu'il est deux notions à écarter : d'une part le domaine réservé, qui n'existe pas, de l'autre l'exercice solitaire du pouvoir qui n'a pas plus de réalité. Le Général s'entoure de conseils, il questionne, écoute ses collaborateurs. Edgard Pisani, dans *Le Général indivis*, assure que de Gaulle était un extraordinaire « auditeur », ouvert, recevant facilement ceux d'entre eux qui lui demandaient audience. Ces collaborateurs proches sont des hommes jeunes, âgés de trente-cinq à quarante cinq ans, souvent hauts fonctionnaires, des diplomates en majorité. Samy Cohen a dénombré soixante-dix personnes issues de la fonction publique, en comptant seulement les membres du secrétariat de la présidence et ceux du cabinet. Toutefois, si l'on y ajoute les militaires, ils sont encore plus nombreux.

Quant au secrétariat général de la présidence, il eut successivement à sa tête trois personnes de confiance : du 9 janvier 1959 au 12 janvier 1962, Geoffroy de Courcel, avec quatre-vingts personnes sous son autorité ; du 14 janvier 1962 au 29 juin 1967, Étienne Burin des Roziers avec une équipe de cent deux personnes ; du 30 juin 1967 au 28 avril 1969, Bernard Tricot avec cinquante-six personnes. L'importance du secrétariat général est grande et les tâches bien distribuées entre ce secrétariat et le cabinet. « Les matières étaient clairement réparties à l'intérieur de sa Maison entre l'un et l'autre. Il lui arrivait de dire, d'une façon schématique, que ce qui appartenait au secrétariat c'était l'État, et ce qui appartenait au cabinet c'était la Nation », a révélé Étienne Burin des Roziers.

Il y a aussi les rapports avec la classe politique. Dans un premier temps deux hommes se sont succédé à ce rôle de confiance : Olivier Guichard et Pierre Lefranc ; puis Jacques Foccart, et tous trois assureront successivement cette tâche d'information et de liaison. C'est encore Étienne Burin des Roziers qui témoigne : « Qu'est-ce qui prédisposait ces trois hommes à ce poste de "conseiller politique" ? Avant tout, la connaissance qu'ils avaient des hommes proches du Général [...]. Mais ce qui les désignait également à cette délicate tâche, où les diplômes importaient moins que l'art de manier le silence, était l'attachement qu'ils vouaient à l'homme du 18 juin. MM. Guichard et Foccart firent partie (comme M. Xavier de Beaulaincourt et le colonel de Bonneval) de cette équipe que le Général garda auprès de lui durant toute la "traversée du désert" et qu'il intégra, en même temps que M. Lefranc, dans son entourage à Matignon en juin 1958. »

Observations générales. La durée moyenne de présence auprès de De Gaulle est de trois ans et demi, car celui-ci a le souci du renouvellement. Il dit assez souvent à quelqu'un : « Poursuivez votre carrière. » Toutefois Étienne Burin des Roziers est resté cinq ans secrétaire général, Alain Plantey neuf ans auprès de Raymond Janot, puis de Jacques Foccart. Quant à ce dernier, il demeure dix ans secrétaire général pour la Communauté et les Affaires africaines et malgaches. Lui-même affirme qu'il est resté au total près de vingt-trois ans au service de De Gaulle. Le Général ne reçoit pas tous les jours tous ces collaborateurs. Quatre hommes seulement ont un accès quotidien au chef de l'État : le secrétaire général de la présidence, le directeur de cabinet, le secrétaire général pour les Affaires africaines et malgaches (Raymond Janot puis Jacques Foccart) et le chef d'état-major particulier. Les autres ont plutôt affaire aux quatre « grands ». Le recrutement se fait souvent par cooptation : Untel qui connaît Untel. Ainsi Geoffroy de Courcel suggère-t-il le nom de son successeur, Étienne Burin des Roziers, qui lui-même suggère Bernard Tricot. René Brouillet propose Georges Galichon, etc. Gaston Palewski apporte une précision : « Je me rappelle que la seule qualification qu'il m'ait demandée, une fois, pour quelqu'un dont j'avais recommandé la candidature, c'était : "Est-ce qu'il est national ?" »

L'organisation n'a rien à voir avec un *brain-trust* à l'américaine. L'un de ses plus proches collaborateurs déclarera : « Le concept même de *brain-trust* était étranger à ses goûts. Il n'éprouvait pas le besoin d'avoir constamment auprès de lui des hommes qui lui auraient apporté une réflexion globale, qui lui auraient, à tout instant, suggéré la voie à suivre. Le Général avait sa propre vision du monde. Il avait lui-même fixé les principaux objectifs à atteindre. S'il eut recours à eux, ce fut au coup par coup, quand il en ressentait le besoin. » De Gaulle veut que chacun reste bien dans son rôle. Les collaborateurs ne sont pas responsables devant l'opinion publique, ni devant le Parlement ; les ministres le sont. Il faut donc que chacun assume bien son travail, différent selon la place occupée.

Le témoignage de Pierre Lefranc vient corroborer cette constatation : « Quant à l'attitude du Général vis-à-vis de ses collaborateurs, il est certain [...] qu'il ne souhaitait pas que l'on puisse dire qu'autour de lui il existait des éminences grises. C'eût été certainement une critique qu'il aurait repoussée avec beaucoup de mécontentement. » Voilà les pères Joseph renvoyés à l'entourage du cardinal de Richelieu. Mais le témoin poursuit : « Il ne voulait pas non plus être “chambré”. Et, si vous relisez l'histoire, vous trouverez, me semble-t-il dans les écrits du général de Gaulle, l'expression d'un très mauvais souvenir qu'il avait gardé de l'entourage d'un personnage qui allait, par la suite, occuper le devant de la scène, le maréchal Pétain. Le général de Gaulle raconte comment le maréchal Pétain était totalement chambré par son entourage et comment on ne pouvait pas régler une affaire sans que l'entourage ait préalablement décidé de ce qui serait fait. Il n'est pas exclu que le Général ait gardé le souvenir de cette mauvaise pratique et que lui-même ait voulu, par tous les moyens, éviter de se trouver dans une pareille situation. »

Dans ses *Mémoires*, de Gaulle parle très peu de son entourage : presque rien dans les *Mémoires de guerre*, une page dans le tome I des *Mémoires d'espoir*, où il cite nommément une vingtaine de noms et conclut : « Tel est “l'entourage”, peu nombreux, mais de qualité. » D'aucuns se sont étonnés de cette sobriété. Pierre Lefranc trouve, au contraire, que c'est beaucoup. À la fin du colloque organisé sur ce sujet par l'Institut Charles-de-Gaulle, il donnera son opinion : « Quelqu'un a dit que le Général n'avait accordé, dans son tome I des *Mémoires d'espoir*, que vingt-deux lignes à ses fameux collaborateurs. Mais je dois vous dire que, quand j'ai reçu ce premier tome des *Mémoires d'espoir*, j'ai été très étonné de ce qu'il y avait vingt-deux lignes : je m'attendais à ce qu'il n'y ait rien du tout. Parce que si vous prenez les *Mémoires de guerre*, si vous regardez combien de fois les collaborateurs et les hommes qui ont joué un rôle déterminant pour l'avenir de la France sont cités, je ne crois pas qu'en additionnant toutes les lignes on puisse arriver à vingt-deux. » Cependant, le général de Gaulle parle souvent de sa « Maison », on l'a vu. Pour lui, les collaborateurs ne sont-ils que des « pions » au service de sa gloire ? Non, ils figurent parmi les acteurs de la grandeur de la France.

Isabel BOUSSARD

• *Voir aussi* : Aides de camp ; Ministres ; Gouvernements du général de Gaulle, p. 1191

Bibl. : Francis de Baecque et Jean-Louis Quermonne, *Administration et politique sous la Ve République*, Paris, PFNSP, 1981 • Institut Charles-de-Gaulle, *L'Entourage de De Gaulle*, Paris, Plon, 1979 • René Rémond, Aline Coutrot et Isabel Boussard, *Quarante ans de cabinets ministériels. De Léon Blum à Georges Pompidou*, Paris, PFNSP, 1982.

ENTRETIENS AVEC MICHEL DROIT. – Les 13, 14 et 15 décembre 1965, dans le cadre de la campagne électorale pour l'élection présidentielle, le général de Gaulle choisit de s'entretenir avec Michel Droit, écrivain, journaliste et rédacteur en chef du *Figaro littéraire*. Ces trois interventions se situent entre les deux tours de scrutin, après sa mise en ballottage. Presque absent de la campagne du premier tour, le Général cherche à innover avec un mode d'expression capable de faire oublier l'image d'un homme lointain, voire hautain. Il souhaite aussi dissiper l'impression d'un homme vieilli qu'a imposée le candidat Jean Lecanuet, de trente ans son cadet. Cette première série d'entretiens aborde successivement le bilan de la politique intérieure, les problèmes de politique étrangère et la question institutionnelle. Si la première intervention sert surtout à défendre l'action gouvernementale, chiffres à l'appui, les suivantes sont meilleures, tant du point de vue technique – grâce à un plan légèrement resserré – que de la prestation. Le Général, plus détendu et plus chaleureux, déploie son sens de la formule. Ce sera, dans le deuxième entretien, l'image du « cabri sur sa chaise », dans le troisième, celle de « la ménagère qui souhaite le progrès sans la pagaille ». Tour à tour pédagogue et comédien, de Gaulle évoque l'Histoire, incarne ses opposants pour mieux les brocarder, varie les tons, évoluant entre légèreté et gravité. Sa bonhomie, son œil volontiers malicieux, son talent oratoire recueillent beaucoup d'échos favorables. Sans chantage ni catastrophisme, il termine ces entretiens par une note positive, rappelant qu'il « a marché droit depuis vingt-cinq ans » et qu'il aura accompli son destin « quoi qu'il arrive ». Le duo est manifestement une réussite.

Michel Droit s'emploie à incarner le Français moyen et entraîne de Gaulle sur la voie de la familiarité. Les journaux ne s'y trompent pas : ils saluent « l'homme nouveau » en constatant que le Général « descend de son piédestal ». Le tournant majeur réside en effet dans l'humanisation du personnage. Le plan, tourné dans un recoin plus intime du salon des Ambassadeurs à l'Élysée, les évocations concrètes et familières, tout concourt à la représentation d'un président plus accessible. De Gaulle poursuit d'ailleurs sur cette voie en déclarant le 17 décembre : « Me voici tel que je suis. Je ne dis pas que je sois parfait et que je n'aie pas mon âge. Je ne prétends nullement tout savoir, ni tout pouvoir. » Cette évolution de la communication présidentielle s'inscrit dans une mutation plus globale de la communication politique, inspirée des méthodes de campagne américaines qui mettent en valeur le « *common man* ».

De Gaulle convoque à nouveau Michel Droit le 28 mai 1968 pour des entretiens finalement reportés au 7 juin. Michel Droit reprend la même posture qu'en décembre 1965 en affichant la volonté de poser les questions « qui brûlent les lèvres de la plupart des Français » et en simulant la provocation. De Gaulle se prête à nouveau au jeu de la confidence en récapitulant publiquement ses moments de doute entre 1940 et 1965 : « Une vague de tristesse a failli m'entraîner au loin. » Cet entretien sert surtout à formuler une interprétation de la crise de Mai et à proposer une réponse : la participation.

La troisième tentative, le 10 avril 1969, est un échec incontestable. L'entretien offre un reflet moins flatteur du président que les précédents. Centré sur les questions soulevées par le projet de loi, il ne permet pas au Général de briller, comme en 1965, sur la politique étrangère ou de railler les partis. Le Général apparaît blafard et fatigué ; surtout, il brandit la menace des « agitateurs », ce qui peut apparaître comme un chantage. Les impressions du camp gaulliste sont d'emblée négatives. L'entretien télévisé, qui n'est plus une innovation en 1969, ne permettra pas au Général de trouver le ton juste.

Sophie MASSE-QUIEF

• *Voir aussi* : Audiovisuelles (interventions) ; Élection présidentielle de 1965 ; Élections législatives de 1968 ; Référendum du 27 avril 1969 ; Orateur in praesentia ; Radio et télévision

Bibl. : Entretiens avec Michel Droit des 13, 14, 15 décembre 1965, du 28 mai 1968 et du 10 avril 1969, archives INA • Christian Delporte, « Image, politique et communication sous la Vᵉ République », *Vingtième Siècle. Revue d'histoire*, nº 72, oct.-nov. 2001, p. 109-123 • Michel Droit, *Mémoires*, t. 1, *Le temps qui tient au cœur* ; t. 2, *Les Feux du crépuscule*, Paris, Plon, 1977.

ÉPIGRAPHES. – Les épigraphes sont à la mode dans les années 1930. Dans les livres que de Gaulle publie alors, il suit cette mode dont il s'éloignera toutefois bientôt. Si elles abondent dans *Le Fil de l'épée* et dans *Vers l'armée de métier*, il n'en reste qu'une dans *La France et son armée* et il n'y en aura aucune dans les livres ultérieurs.

Voici la liste de ces treize épigraphes qui figurent en tête des chapitres de ces trois ouvrages. Elles sont suivies le plus souvent de la référence, parfois incomplète chez de Gaulle :

Le Fil de l'épée AVANT-PROPOS : « Être grand, C'est soutenir une grande querelle », William Shakespeare, *Hamlet*, acte IV, scène V.

DE L'ACTION À LA GUERRE : « Au commencement était le verbe ? Non ! Au commencement était l'action », Johann Wolfgang von Goethe, *Faust*, vers 1224 à 1227.

DU CARACTÈRE : « L'odeur du monde a changé », Georges Duhamel, dernière phrase de *La Pierre d'Horeb*.

DU PRESTIGE : « En sa poitrine, porter sa propre gloire », Auguste de Villiers de L'Isle-Adam, fin de la préface de *La Révolte*.

DE LA DOCTRINE : « À la guerre, il y a des principes, mais il y en a peu », général Bugeaud.

LE POLITIQUE ET LE SOLDAT : « Ils iront deux par deux, Tant que le monde ira, pas à pas, côte à côte », Alfred de Musset, *Namouna*.

Vers l'armée de métier **• Pourquoi ?** COUVERTURE : « Vieille argile faite aux douleurs », Albert Samain, *Au jardin de l'Infante*.

TECHNIQUE : « C'est ainsi !... », Georg Wilhelm Friedrich Hegel devant les montagnes.

POLITIQUE : « Ne prétendons pas changer la nature des choses », Épictète.

• Comment ? COMPOSITION : « Ce n'est point assez d'avoir des qualités, il en faut l'économie », François de La Rochefoucauld, *Maximes*.

EMPLOI : « La vie n'est, sans doute, qu'un mouvement de la matière », Maurice Maeterlinck, *La Vie des termites*.

COMMANDEMENT : « Pour te laver du sommeil », Jean Richepin, *Les Caresses*, « Le soleil riche ».

La France et son armée « Mère, voyez vos fils, qui se sont tant battus ! », Charles Péguy, *Ève*.

On retrouve dans une telle liste les strates de la culture gaullienne. L'Antiquité n'est guère représentée que par Épictète, et La Rochefoucauld est le seul auteur du XVIIe siècle, mais la citation de *Hamlet* n'est pas accidentelle : Charles de Gaulle ne connaît Shakespeare qu'en traduction mais le cite fréquemment dans son œuvre. Connaissant l'allemand, il se réfère volontiers au *Faust* de Goethe. La citation de Musset, quant à elle, rappelle que de Gaulle, par ailleurs si classique, est aussi un romantique. De surcroît, on ne s'étonne pas de voir ce futur rebelle, qui est déjà un non-conformiste, emprunter une formule à *La Révolte* de Villiers. La culture gaullienne est aussi philosophique, mais la référence à Hegel ne doit pas abuser : l'auteur n'est pas un familier de ce philosophe allemand. Sans doute a-t-il trouvé le propos qu'il cite chez l'un des commentateurs de Hegel, vraisemblablement chez Alain. Ses garants en philosophie se nomment plutôt Nietzsche, Boutroux et Bergson. Enfin, Charles de Gaulle est un grand amateur de littérature contemporaine. Elle apparaît ici avec Maeterlinck, Duhamel et surtout Péguy, l'écrivain qui selon son propre aveu l'a le plus marqué.

Autre trait frappant de ces épigraphes : elles sont le plus souvent inexactes, sans que jamais pourtant de Gaulle fausse le sens général de ce qu'il cite. On chercherait en vain dans l'œuvre brève d'Épictète la formule que lui attribue de Gaulle, mais cette formule condense la pensée du philosophe. De même, de Gaulle abrège le dialogue de Méphisto et de Faust. Le cas le plus fréquent est l'omission d'un mot. Tous ces indices montrent que l'auteur se fie à sa mémoire, qu'il ne se reporte jamais à l'œuvre citée ni même aux carnets où il a noté telle ou telle phrase. Il arrive enfin que de Gaulle change le temps d'un verbe pour le mettre en harmonie avec son propre texte. C'est le cas pour la dernière phrase de *La Pierre d'Horeb*, citée au passé composé alors qu'elle était à l'imparfait chez Duhamel.

Il serait injuste de regarder les épigraphes gaulliennes comme un pur ornement né du désir d'exhiber sa culture. Il y a un lien étroit entre l'épigraphe et l'inspiration du chapitre. On citera deux exemples empruntés à *Vers l'armée de métier*. Charles de Gaulle avait noté dans un carnet le vers d'Albert Samain : « Vieille argile faite aux douleurs », observant que l'on pourrait appliquer à la France ce que le poète disait de l'homme. Quand il ouvre son ouvrage sur un portrait géographique de la France, il applique en effet à son pays le vers d'*Au jardin de l'Infante.* De même en citant ce que Musset dans *Mamouna* disait de l'âme et du corps, qui vont « deux par deux », il applique la citation au rapport entre « le politique et le soldat » qui doivent, selon lui, aller aussi deux par deux. Dans ces deux cas, les images des poètes cités ne sont pas déformées mais transposées dans un autre registre.

Aussi peut-on résumer la fonction de l'épigraphe gaullienne en disant que chaque chapitre est par elle éclairé.

Marius-François GUYARD

• *Voir aussi :* Bibliothèque personnelle ; Formation scolaire et intellectuelle ; Œuvre écrite

Bibl. : Alain Larcan, *De Gaulle inventaire, la culture, l'esprit, la foi*, Paris, Bartillat, 2003.

ÉPURATION. – Pour le gouvernement d'union nationale qui s'installe à Paris au début de septembre 1944 et pour son chef, le général de Gaulle, la priorité première est de faire la guerre pour permettre à la France de s'asseoir à la table des vainqueurs. Mais le chef de guerre étant aussi pleinement chef d'État, il entend ramener dans les meilleurs délais tout exercice de l'autorité publique dans le giron de l'État : il s'agit à ses yeux d'une condition absolument nécessaire, même si elle ne saurait être suffisante, du rétablissement de l'ordre républicain. Le contrôle strict par l'État de l'épuration en est une des clés de voûte.

Le discours-manifeste qu'il prononce le 12 septembre au palais de Chaillot, devant les corps constitués, au demeurant à peine reconstitués, et les nouvelles élites issues de la Résistance est sur ce point d'une absolue clarté. C'est à l'État, et à lui seul – il n'a pas de mots assez durs pour fustiger les « improvisations d'autorité qui ont pu se justifier dans le temps et sur les terrains où l'action spontanée était indispensable pour chasser l'ennemi et ses complices, mais qui désormais ne seraient plus qu'abus inadmissibles et sources de confusion » –, qu'il revient de « faire justice [de cette] poignée de misérables et d'indignes » qui s'est mise d'elle-même en dehors de la communauté nationale par son adhésion à l'armistice, à la Révolution nationale, à la Collaboration : « Le pouvoir de rendre la justice, affirme-t-il sans ambiguïté, revient exclusivement aux magistrats et aux juges commis pour le faire, par l'État. Tous empiètements d'autorité porteraient de graves atteintes à l'effort de guerre et de reconstruction, à la cohésion nationale et à la situation internationale de la France. C'est dire qu'ils seraient condamnables et certainement, tôt ou tard, condamnés. » Aux yeux du général de Gaulle, on ne badine pas avec le régalien : pas plus qu'en matière de force publique – c'est l'époque où les FFI (Forces françaises de l'intérieur) d'une part, les milices patriotiques d'autre part rentrent dans le rang, au sens propre – il ne saurait y avoir, en matière de justice, de légitimité autre qu'étatique. Le chef du gouvernement provisoire ne put totalement empêcher que se poursuivent, çà et là, des exécutions sommaires sous couvert d'une pseudo-justice auto-instituée. Importante en volume (8 000 à 9 000 victimes), cette vengeance spontanée eut pour l'essentiel lieu avant que les structures d'épuration légales aient été instituées, à la fin de l'été 1944.

Celles-ci étaient adossées à un copieux corpus légal : près de quarante textes préparés à Londres et à Alger avaient déterminé les modalités de l'épuration, déjà expérimentée en Afrique du Nord et en Corse. Il en faudra deux fois plus – sans compter les dizaines d'arrêtés créant dans chaque domaine d'activité, et notamment dans les organismes publics, des commissions d'épuration – pour stabiliser le dispositif, dont le champ fut d'une ampleur impressionnante. Loin de se limiter à son versant pénal – et moins encore aux « grands procès », tels ceux du maréchal Pétain, de Pierre Laval ou de Robert Brasillach, dont la chronique tint longtemps lieu de seule approche historiographique du sujet –, l'épuration toucha en effet l'ensemble du corps social, en s'efforçant tant d'encadrer des épurations déjà entamées, mais susceptibles de déraper (on pense notamment aux écrivains, avec la « liste noire » établie par le Comité national des écrivains), que d'éviter les frustrations qu'aurait générées, dans une opinion à vif, le sentiment que ceux qui avaient tiré bénéfice du malheur national n'auraient en rien été inquiétés. Ainsi, une ordonnance institue une épuration dans les entreprises privées, tandis qu'une autre sanctionne la répression du commerce avec l'ennemi et qu'une troisième institue des instances chargées de veiller à la confiscation des profits illicites – instances qui ne cesseront leur activité qu'à la fin des années 1960.

Épuration administrative (civile et militaire). Pour le gouvernement et son chef, tout au long de l'année 1945, l'épuration est un sujet politique majeur, qui se développe selon deux axes. L'épuration administrative d'abord, dont le champ fut d'une ampleur indiscutable : elle devait sanctionner les fonctionnaires qui avaient « soit favorisé les entreprises de toute nature de l'ennemi, soit contrarié l'effort de guerre de la France et de ses alliés, notamment par des dénonciations, soit porté atteinte aux institutions constitutionnelles ou aux libertés publiques fondamentales, soit sciemment tiré ou tenté de tirer un bénéfice matériel direct de l'application de règlements de l'autorité de fait contraire aux lois en vigueur le 16 juin 1940 ». Si le vivier potentiel était large, le législateur avait essayé de ne pas prêter le flanc à la critique, en décidant d'une part que les ministres ne prendraient leurs décisions qu'après avis d'une commission, composée de fonctionnaires et de représentants des mouvements de Résistance, et que tout fonctionnaire sanctionné se verrait ouvrir les voies de recours devant la juridiction administrative. Les résultats ne satisfirent personne, mais le gouvernement avait placé la barre très haut en décidant, au nom de la continuité de l'État, que l'ensemble des opérations serait conduit en moins de six mois. Comment en effet concilier rapidité et efficacité, respect du droit et prise en compte des attentes de l'opinion ?

La même problématique se posa envers les militaires. Une instruction d'août 1944 avait en effet disposé que les officiers et sous-officiers qui ne s'étaient pas mis au service du GPRF (Gouvernement provisoire de la République française) après le débarquement en Normandie seraient considérés comme exclus d'office de l'armée qu'ils ne pourraient réintégrer qu'après examen détaillé de leurs services depuis juin 1940. L'application de la mesure suivit, jusqu'au début des années 1950, des calendriers complexes, liés à la poursuite de la guerre en Europe jusqu'en mai 1945, puis à la démobilisation, qui vit un immense mouvement de dégagement des cadres, et enfin, en sens inverse, au début des campagnes coloniales. Mais son ampleur fut indiscutable : à la mi-1949, 17 000 officiers d'active avaient quitté l'armée depuis la Libération, pour environ 5 500 intégrations de cadres, issus pour les deux tiers des FFI.

Épuration pénale. Le facteur temps fut aussi de première importance dans la mise en œuvre de l'épuration pénale. Devant les tribunaux spéciaux institués pour connaître des crimes et délits liés à la collaboration – Haute Cour pour les ministres et les plus hauts dignitaires de Vichy, cours de justice (une par département) dans tous les autres cas –, les incriminations restaient celles définies par le Code pénal en vigueur, les accusés relevaient des articles du Code pénal sanctionnant les crimes de trahison, sous sa forme la plus grave d'intelligence avec l'ennemi, punie de la peine de mort (art. 75), ou celle d'atteinte à la sûreté extérieure de l'État (art. 79). Mais l'on avait créé un crime nouveau, l'indignité nationale, qui punissait des actes perçus comme indiscutablement hostiles au combat des Alliés et de la Résistance – par exemple, comme l'évoquait un rapport de juristes résistants dès 1943, « avoir dénoncé comme gaullistes des Français à la police de Vichy, ou avoir participé activement aux excitations antisémites » – sans pouvoir être juridiquement qualifiés de trahison, dans la mesure où ils n'impliquaient pas, ou au moins pas directement, de relations avec l'ennemi. Près de 50 000 peines de dégradation nationale furent prononcées, à titre principal, par les chambres civiques, juridictions nouvelles créées pour juger les personnes suspectées d'indignité nationale.

De Gaulle aux commandes. Aidé de ses deux gardes des Sceaux successifs, François de Menthon puis Pierre-Henri Teitgen à partir du printemps 1945, et du ministre de l'Intérieur, Adrien Tixier – très directement concerné, à la fois comme responsable du maintien de l'ordre et comme chef de l'administration policière, dont l'épuration s'avéra délicate –, le général de Gaulle suivit de près le processus, auquel il accorda dans ses Mémoires un satisfecit global, pour le moins discutable. Il en allait ainsi des décisions en matière de grâce. L'exercice du droit de grâce, outil et symbole par excellence du pouvoir régalien, avait d'abord été partagé avec les commissaires régionaux de la République, dans le cadre de la très large délégation de pouvoirs qui leur avait été consentie pour diriger le pays dans les temps troublés de l'après-Libération. Le général de Gaulle eut à cœur de le reconcentrer à son seul profit dès l'automne 1944, sans doute pour réaffirmer la concentration de l'autorité de l'État en sa personne, mais aussi pour des raisons politiques, dans la mesure où ce droit – qui est loin de se limiter à la seule peine capitale, comme on l'imagine parfois – était un outil puissant de contrôle de la justice et du maintien de l'ordre.

On connaît les chiffres, s'agissant des condamnations à mort : 1 303 graciées (dont celle de Pétain, comme l'avait explicitement demandé la Haute Cour dans son verdict condamnant à mort l'ancien chef de l'État), 768 exécutées, y compris celles d'hommes coupables de crimes de plume, dans la mesure où « on voyait trop bien vers quels crimes et quels châtiments leurs éloquentes excitations avaient poussé de pauvres crédules » [*MG*]. Qu'il s'agisse de l'ancien ministre de l'Intérieur Pierre Pucheu, condamné à mort et fusillé à Alger en mars 1944, de Pierre Laval ou même de Joseph Darnand, la logique à l'œuvre chez de Gaulle, au moins telle qu'il la rapporte comme mémorialiste des années plus tard, est toujours la même : ces hommes, dont on ne peut mettre en cause le fait qu'ils ont cru agir pour leur pays, ont joué avec ce qui faisait l'essence même de la patrie. Pour de Gaulle, conscient jusqu'à l'orgueil de la nécessité pour le chef d'assumer toutes les conséquences de ses actes, le passage devant le peloton d'exécution peut être lu comme une forme, certes abâtardie, de champ d'honneur. Il y eut de la tragédie grecque, ou du drame shakespearien, dans ce qui s'est joué entre 1940 et 1945 ; l'épuration, dernier acte de la guerre, fait partie du drame et de la tragédie, jusque dans ce qu'elle peut avoir d'injuste.

Marc Olivier Baruch

• *Voir aussi* : Collaboration ; Grâce ; Juridictions d'exception ; Ordre républicain ; Symboles

Bibl. : Marc Olivier Baruch (dir.), *Une poignée de misérables. L'épuration de la société française après la Seconde Guerre mondiale*, Paris, Fayard, 2003 • Peter Novick, *L'Épuration française 1944-1949*, Paris, Balland, 1985.

ERHARD, Ludwig (1897-1977). – Ludwig Erhard est chancelier de la République fédérale d'Allemagne (RFA) de 1963 à 1966, dans une période de vives tensions entre la France et l'Allemagne. Économiste, il commence sa carrière politique comme ministre de l'Économie en Bavière, en 1945-1946. Directeur de l'économie dans la bizone anglo-américaine, il impose en 1948-1949 la réforme monétaire et la libéralisation de l'économie. Erhard est le promoteur de l'économie sociale de marché qui fait le succès des chrétiens-démocrates lors des premières élections de la République fédérale en 1949. Ministre fédéral de l'Économie de 1949 à 1963, il incarne aux yeux du public le « miracle économique » allemand.

Cet économiste libéral est moins disposé qu'Adenauer à une coopération étroite avec une France qu'il trouve trop dirigiste. Dans les débats précédant la création du Marché commun, il a défendu des positions plus proches du libre-échange que celles d'Adenauer. Lors de la négociation du traité de l'Élysée en 1963, il a fait partie des « atlantistes », insistant sur les liens étroits de la RFA avec les États-Unis et sur l'entrée de la Grande-Bretagne dans le Marché commun. Néanmoins, quand il accède à la chancellerie, il croit pouvoir établir une relation de confiance avec de Gaulle. En vain, malgré quelques longues rencontres. Après le sommet de Bonn en juillet 1964, de Gaulle rend public le désaccord dans sa conférence de presse du 23 juillet. Alors qu'il propose une communauté stratégique franco-allemande, la

RFA ne peut abandonner l'alliance avec les États-Unis. Elle la renforce même dans le cadre de l'OTAN, ce que le Général perçoit comme le signe d'une ambition nucléaire. Dans ce contexte, la nouvelle initiative européenne franco-allemande souhaitée par Erhard ne répond pas aux vues de De Gaulle. Erhard, par ailleurs, est sceptique à l'égard de l'ouverture française en direction de la Chine et de l'Europe de l'Est. Dans le conflit qui éclate en 1966 sur la politique agraire, après qu'Erhard eut pourtant fait des concessions en 1965, la « chaise vide » laissée par de Gaulle à Bruxelles marqua l'ampleur des désaccords. Après le retrait français du commandement intégré de l'OTAN, en 1966 également, le conflit se porta sur le stationnement des forces françaises en Allemagne. Il ne fut résolu que sous le gouvernement de grande coalition du chancelier Kiesinger et du ministre des Affaires étrangères Willy Brandt en 1967.

Rainer HUDEMANN

• *Voir aussi :* Adenauer, Konrad ; Allemagne ; Marché commun ; OTAN ; Traité de l'Élysée

Bibl. : Volker Hentschel, *Ludwig Erhard. Ein Politikerleben*, Munich, Olzog, 1996 • Georges-Henri Soutou, *L'Alliance incertaine. Les rapports politico-stratégiques franco-allemands, 1954-1996*, Paris, Fayard, 1996 • Maurice Vaïsse, *La Grandeur : politique étrangère du général de Gaulle, 1958-1969*, Paris, Fayard, 1998.

ESPAGNE FRANQUISTE. – Les déclarations du général de Gaulle concernant l'Espagne sont rares, et rien dans sa carrière militaire ni dans ses goûts ne l'a jamais attiré vers la péninsule Ibérique. Elle devint toutefois une de ses préoccupations majeures pendant le second conflit mondial, en raison de la menace qu'elle faisait peser sur l'Afrique du Nord et, surtout, de sa place essentielle dans le passage des hommes et des renseignements depuis la France occupée. Mais il sut gré au général Franco d'avoir résisté aux pressions de Hitler – nuançant ainsi l'image dominante après guerre d'une dictature compromise avec l'Axe – et d'avoir reconnu de facto le CFLN (Comité français de la Libération nationale) à l'automne 1943. Une fois les relations normalisées un an plus tard, de Gaulle en fixa personnellement le cadre : tout en invitant l'Espagne à s'engager sur « la voie démocratique », il justifia les rapports entretenus avec le régime franquiste par l'intérêt qu'un « grand État » doit porter à son voisin, lié à lui par l'Histoire. Interrogé sur l'accord commercial du 15 septembre 1945, il répondit que « les moyens économiques de l'Espagne font partie de l'économie du monde. Les pyrites n'ont pas de parti » [*DM*]. De manière naturelle pour lui, les données géopolitiques et historiques primaient sur les paramètres idéologiques dans sa perception d'un interlocuteur étranger. Face à la politique d'ostracisme antifranquiste tentée par la IVe République de 1946 à 1948, il conserva une prudente réserve, mais les impératifs de la guerre froide le conduisirent à juger l'Espagne indispensable au système de défense occidental, et à souhaiter ouvertement, le 7 janvier 1951, son incorporation à l'ensemble européen : « Quelque opinion que l'on ait, par exemple, du régime qui gouverne l'Espagne, ce peuple fier et vaillant, dont le territoire est l'un des môles essentiels de l'Occident, doit être, sans plus tarder, incorporé à l'ensemble » [*DM*]. Des liens de sympathie se tissèrent entre le pouvoir franquiste et le mouvement gaulliste, comme d'ailleurs avec d'autres tendances de la droite française.

Le retour du général de Gaulle au pouvoir en 1958 fut synonyme de réconciliation entre les deux pays. Le rapprochement fut paradoxalement favorisé par les incidences de la guerre d'Algérie qui justifièrent d'accorder une attention spécifique à l'Espagne et de valoriser la communauté d'intérêts ; l'intensification des contacts économiques était aussi un gage pris sur l'avenir, quand se réveillerait ce « grand pays endormi », pour reprendre la formule employée, selon Alain Peyrefitte, lors du Conseil des ministres du 30 janvier 1963. La « sympathie réciproque » entre les dirigeants constatée par l'ambassadeur Guy de La Tournelle – ou tout au moins leurs manifestations d'estime – contribua à cette évolution. Accordant une considération particulière aux chefs d'État issus de l'armée, le général Franco admirait également le président français pour sa conception de l'État, sa prédilection pour la démocratie directe et sa politique d'indépendance nationale. Il fut le premier responsable étranger à lui écrire après sa démission en 1969. Le général de Gaulle voulut alors rencontrer ce contemporain « resté le plus longtemps au pouvoir », et il effectua dans la Péninsule son dernier voyage à l'étranger. Accueilli solennellement le 8 juin 1970, reçu pour un entretien privé et, fait exceptionnel, un déjeuner, il s'abstint de cautionner publiquement la dictature en refusant de se rendre à l'Alcazar de Tolède – haut lieu de la mythologie franquiste – au cours de son périple touristique. Mais sa visite, et les remerciements chaleureux qu'il adressa à « l'homme qui assure, au plan le plus illustre, l'avenir, le progrès et la grandeur de l'Espagne », dont le pouvoir lui apparaissait donc en définitive bénéfique, constituent un indéniable hommage à la figure historique du Caudillo, au vif émoi de ses partisans solidaires de l'exil républicain comme André Malraux ou François Mauriac. Anne DULPHY

• *Voir aussi* : Europe ; Franco, Francisco ; Nation ; OAS

Bibl. : Andrée Bachoud, *Franco*, Paris, Fayard, 1997 • Anne Dulphy, *La Politique de la France à l'égard de l'Espagne de 1945 à 1955. Entre idéologie et réalisme*, Paris, ministère des Affaires étrangères, 2002 • Esther M. Sánchez Sánchez, *Il n'y a plus de Pyrénées ! Francia ante el desarrollo económico y la apertura exterior de España 1958-1969*, Salamanque, Ediciones Universidad Salamanca, 2005.

ESTIENNE D'ORVES, Honoré d' (1901-1941). – Fusillé le 29 août 1941 au Mont-Valérien, Honoré d'Estienne d'Orves incarne le sacrifice de l'officier de tradition et du chrétien. Ces traits se superposent aux contours des premières représentations du général de Gaulle, sommairement identifié au modèle d'un engagement d'inspiration conservatrice et catholique. Son destin nourrit pourtant davantage l'imaginaire résistant qu'il n'est présent dans l'univers gaullien. Il ne sera fait Compagnon de la Libération que tardivement, en octobre 1944, et les *Mémoires de guerre* évoquent furtivement son nom sans mentionner sa mort, à la différence de celle des otages de Châteaubriant. Si d'Estienne d'Orves voit en de Gaulle le symbole du ralliement à la France libre, il disparaît trop tôt pour que son parcours puisse être interprété uniquement sous l'angle de l'adhésion au gaullisme historique.

Né à Verrières-le-Buisson dans une famille d'aristocrates, Honoré d'Estienne d'Orves entre en 1921 à l'École navale. Il fréquente quelque temps Antoine de Saint-Exupéry dans le cercle d'amis de sa cousine Louise de Vilmorin, et participe aux Équipes sociales. Lorsque la guerre éclate, il est d'abord affecté à Toulon puis embarque sur le croiseur *Duquesne* basé à Alexandrie, dans l'escadre de l'amiral Godfroy. Il refuse la défaite et l'armistice, quitte son escadre et rejoint Londres en septembre 1940. Nommé chef du 2e Bureau de l'état-major des Forces navales de la France libre, impatient d'agir, d'Estienne d'Orves obtient difficilement du général de Gaulle d'être envoyé en mission en France pour prendre contact avec certains responsables de réseaux naissants. Il débarque sur les côtes bretonnes le 22 décembre 1940 et développe avec deux compagnons, Yan Doornik et Maurice Barlier, le réseau de renseignement Nemrod. Hébergé par un couple de Nantais, les Clément, il parcourt la Bretagne et tente de recruter des volontaires à Paris. Trahi par son radio, Georges Marty, il est arrêté par les Allemands à Nantes, le 21 janvier 1941. Son réseau est démantelé.

Transféré à Berlin puis renvoyé en France, il est incarcéré à la prison du Cherche-Midi dans le quartier des femmes. Il y dévoile une personnalité attentive aux autres et très éloignée de l'image convenue du militaire ; seulement connu sous le nom de « Jean-Pierre », d'Estienne d'Orves, au dire d'Agnès Humbert, endosse pour ses compagnes de captivité le rôle du « grand frère ». Organisateur enthousiaste de « Radio Cherche-Midi », il dispense à travers les murs de sa cellule des séances clandestines d'information et de « loisirs ». Tout au long de son emprisonnement, de nombreuses lettres à sa famille témoignent de la force et de la constance de sa foi.

Le 13 mai s'ouvre à Paris, devant une cour martiale allemande, le procès du réseau. Honoré d'Estienne d'Orves revendique l'entière responsabilité des faits et s'efforce de disculper ses compagnons. Accusé d'espionnage, il est condamné à mort avec Barlier et Doornik. Internés à Fresnes, les trois hommes sont fusillés à l'aube du 29 août. Le lendemain, les affiches qui apprennent aux Parisiens leur condamnation et leur mort côtoient celles qui annoncent aussi l'exécution de cinq communistes. Quelques-unes sont fleuries par la population. Cécile VAST

• *Voir aussi* : France libre ; Marine ; Ordre de la Libération ; Résistance intérieure

Bibl. : Rose et Philippe Honoré d'Estienne d'Orves (texte publié par), *Honoré d'Estienne d'Orves. Pionnier de la Résistance : papiers, carnets et lettres*, Paris, France-Empire, 2001 • Agnès Humbert, *Notre guerre. Souvenirs de Résistance*, Paris, Tallandier, 2004 (1re éd. Émile-Paul, 1946) • Étienne de Montéty, *Honoré d'Estienne d'Orves. Un héros français*, Paris, Perrin, 2001.

ÉTALON-OR. – L'étalon-or, en vigueur jusqu'à la Première Guerre mondiale, est un régime monétaire où chacune des grandes monnaies est définie par un certain poids d'or, ce qui implique des taux de change fixes et immuables. L'or circule dans les paiements intérieurs et internationaux. Véritable monnaie mondiale, il sert notamment au règlement des soldes extérieurs. Des billets de banque circulent également, mais leur émission est gagée sur l'or et leur convertibilité dans ce métal tend à exclure le risque d'inflation fiduciaire. Les « disciplines de l'étalon-or » s'exercent aussi en cas de déséquilibre extérieur. Le pays déficitaire perd de l'or, d'où une pression à la baisse du niveau des prix et du niveau d'activité ; il va donc exporter plus et importer moins, ce qui – conjointement avec les effets symétriques qui s'exercent en sens inverse dans le pays excédentaire – tend à rétablir automatiquement l'équilibre. Les travaux des historiens, il est vrai, ont fortement nuancé ce schéma d'un mécanisme régulateur idéal, plaçant toutes les nations sur un pied d'égalité : l'étalon-or fonctionne déjà avec une monnaie internationale dominante (la livre), et il n'exclut ni les hausses ou les baisses à long terme du niveau des prix (selon les fluctuations de l'extraction d'or), ni les crises périodiques. Mais le contraste avec les grandes inflations du XXe siècle ne pouvait que renforcer rétrospectivement le prestige de l'étalon-or, et de Gaulle partage avec beaucoup d'hommes de sa génération la nostalgie d'une stabilité financière disparue, fondée jusqu'en 1914 sur le règne de l'or.

Le régime de « l'étalon devise-or » (ou « étalon de change-or ») se distingue de l'étalon-or, auquel il succède après les deux guerres (accords de Gênes, 1922, et de Bretton Woods, 1944), par la faculté d'inclure dans les réserves des banques centrales, outre de l'or, des avoirs en devises elles-mêmes convertibles en or. D'où plusieurs implications. D'abord, le statut international privilégié conféré à ces « monnaies de réserve » : dollar et livre entre les deux guerres, dollar seul après 1945. Mais une autre implication – moins évidente – de l'étalon devise-or, depuis les années 1920, a été constamment dénoncée par Rueff : son effet inflationniste mondial. Un pays déficitaire, s'il obtient des crédits en devises, n'est plus contraint par des pertes d'or d'opérer un ajustement. Les États-Unis, des années 1920 aux années 1950, restent les grands dispensateurs de crédit au plan mondial ; ils concentrent alors jusqu'aux trois quarts du stock d'or mondial (les crédits qu'ils accordent en dollars n'amputent pas leurs réserves d'or), et la force du dollar paraît intangible. Mais la situation évolue de manière fondamentale au cours des années 1950, avec l'apparition de déficits extérieurs américains permanents (d'ailleurs nécessaires pour alimenter la croissance des liquidités internationales en dollars). Le financement de ces déficits ne pose en apparence aucun problème : les fonds sont automatiquement replacés aux États-Unis par les banques centrales des pays créditeurs. Mais il en résulte alors, selon Jacques Rueff, « une véritable duplication des bases du crédit dans le monde », puisque les capitaux correspondant au déficit américain sont « ainsi purement et simplement dédoublés et permettent au marché américain d'être acheteur en Europe sans cesser de l'être aux États-Unis ». Situation choquante, dans la mesure où elle procure un avantage indu à l'économie dominante – les États-Unis, ironise Rueff, ont trouvé « le merveilleux secret du déficit sans pleurs, qui [leur permet] d'acheter sans payer » –, mais aussi potentiellement de plus en plus dangereuse pour les équilibres mondiaux.

Les thèses de Rueff ne pouvaient que trouver une forte résonance auprès du général de Gaulle. Au nom de la stabilité et de la rigueur monétaires d'abord. La création du nouveau franc a aussitôt fait jouer le réflexe du retour à l'or. Débarrassée de sa dette extérieure, la France, de 1959 à 1966, accroît chaque année ses réserves d'or ; dès 1959, de Gaulle avait décidé d'exiger des Américains que leurs déficits envers la France soient soldés à 80 % en or. Mais, au début des années 1960, l'intervention du Général dans la sphère monétaire reçoit une impulsion encore plus directe. Il s'inquiète de la montée des investissements étrangers, et surtout s'irrite des prises de contrôle de sociétés françaises par des intérêts américains, financées à bon compte par l'émission de dollars : « L'impérialisme américain [...] prend toutes les formes, mais la plus insidieuse est celle du dollar. » Sa conférence de presse du 4 février 1965 présente une argumentation simplifiée, mais magistrale pour un retour à l'or. Il dénonce le privilège aberrant du pays à monnaie de réserve et la responsabilité des gouvernements étrangers, qui laissent les Américains régler leurs déficits « avec des dollars qu'il ne tient qu'à eux d'émettre, au lieu de les leur payer totalement avec de l'or, qui a une valeur réelle [et] que l'on ne possède que pour l'avoir gagné ». Le diagnostic dicte le remède : « Nous tenons donc pour nécessaire que les échanges internationaux s'établissent [comme autrefois] sur une base indiscutable et qui ne porte la marque d'aucun pays particulier. Quelle base ? En vérité, on ne voit pas qu'il puisse y avoir de critère, d'étalon autres que l'or... »

En 1965, la France entend montrer la voie, en décidant la conversion en or de l'essentiel des réserves en dollars qu'elle détient encore. Elle contribue ainsi – délibérément – à fragiliser encore davantage la position de la monnaie américaine. Mais de Gaulle n'a réussi ni à convaincre les principaux pays créanciers de cesser leur soutien au dollar, ni à empêcher la création d'un nouvel instrument monétaire, les DTS (Droits de tirage spéciaux), répartis proportionnellement aux quotas de chaque pays auprès du Fonds monétaire international (FMI), comme le voulaient les États-Unis. Le sursis, il est vrai, sera de courte durée, puisque la chute de l'étalon de change-or intervient en 1971 (fin de la convertibilité-or du dollar) – mais pour faire place *de facto* à un régime d'étalon-dollar aux antipodes du retour à l'or voulu par le général de Gaulle.

Jean-Charles Asselain

• *Voir aussi* : Économie et finances ; Franc ; Nouveau franc

Bibl. : Barry J. Eichengreen et Marc Flandreau (éd.), *The Gold Standard in Theory and History*, Londres, Routledge, 1997 • Jacques Rueff, *Le Péché monétaire de l'Occident*, Paris, Plon, 1971 • Jean-Pierre Vesperini, *Le Franc dans le Système monétaire international*, Paris, Economica, 1989.

ÉTAT. – Au cœur de la politique gaullienne s'inscrit une conviction sans faille : l'État d'abord ! Cette priorité est étrangère à toute hiérarchie de valeurs. Aucune « statolâtrie » n'entache la doctrine. L'État n'a d'autre grandeur que celle d'être un irremplaçable instrument. Il ne vaut qu'en fonction des fins supérieures que, seul, il peut servir. Mais c'est un agent primordial. Et puisque l'importance majeure de sa mission commande une configuration qui, depuis la Révolution française, lui a généralement fait défaut, c'est à l'édification d'un État républicain inédit que le gaullisme a œuvré.

En juin 1958, de Gaulle reconnaissait dans l'État « la condition de tout ». Nulle autre instance, en effet, n'est apte à sauvegarder l'intérêt supérieur des nations, ces ressorts indestructibles de l'Histoire. Partout, les rivalités entre les peuples exigent une puissance publique à même de parler haut et fort. En France, cet impératif a une autre source encore : la gravité des antagonismes internes qui, générations après générations, minent la cohésion nationale, quand ils ne la font pas voler en éclats. Plus qu'ailleurs les destinées de la collectivité sont, dès lors, tributaires de l'action étatique, qui s'en trouve évidemment magnifiée.

Sa nécessité. « Il n'y a eu de France, disait de Gaulle le 28 février 1960, que grâce à l'État. La France ne peut se maintenir que par lui. » Les dissensions qui l'agitent en sont la cause, dont le Général a pu mesurer la nocivité dès son enfance, au temps de l'affaire Dreyfus et des luttes fratricides nées de la loi de Séparation des Églises et de l'État. Dans les *Mémoires de guerre*, la récurrence du thème témoigne des préoccupations de l'auteur liées à la permanence des « ferments de dispersion » que le peuple français porte en lui, au « démon de la division » à l'œuvre dans le pays et à « la propension des Français à se diviser », héritée, affirme-t-il, de leurs ancêtres gaulois. Jointe à la menace constante que font peser les ambitions des autres peuples, cette dynamique du fractionnement requiert l'établissement d'un pouvoir chargé de la contrecarrer, armé pour faire prévaloir l'intérêt collectif sur les appétits fractionnaires. Parce qu'« il est seul qualifié pour faire en sorte que les multiples activités fragmentaires constituent un tout dont la collectivité nationale tire parti » (1945), « l'absence d'État défait la France » (1956). Puisque, sans lui, l'avenir national est en danger, l'État est une force bénéfique. La primauté de la nation, dont l'unité ne va pas de soi, fonde ainsi sa suprématie. Centrale dans la pensée gaullienne et dans le gaullisme, pareille valorisation ne s'exprime pourtant qu'assez tard. Avant la Libération, on n'en trouve guère de trace. Elle s'affirme en 1944, de Gaulle attribuant alors à l'État « la seule autorité valable ». Ensuite, cette conviction ne s'est point démentie.

Encore faut-il, pour mériter l'éminence de sa position, que l'État ne faillisse pas à sa mission ; en d'autres termes, qu'il soit légitime. Tel ne pouvait être l'État français, dont les orientations constituaient autant d'attentats aux instincts nationaux. En s'identifiant à la nation, de Gaulle peut alors assimiler son installation au pouvoir en métropole à la réapparition de l'État « sur le sol des ancêtres », après avoir lui-même incarné en exil « l'État légitime, parce qu'il reposait sur l'intérêt et le sentiment de la nation ».

Dès lors, les moyens d'assurer son autorité ne sauraient lui être mesurés. La hauteur de sa mission dicte l'émergence d'un « État fort ». Cet élément essentiel du programme gaulliste, qui sans doute suscita plus largement que d'autres l'adhésion des Français, ne doit pas grand-chose aux lectures de son propagandiste. C'est au spectacle de l'Histoire que de Gaulle a forgé sa conviction ; c'est ce spectacle qui l'a convaincu des méfaits de la longue « infirmité de l'État ». Les malheurs insignes de la fin de la IIIe République sont la simple conséquence de la débilité d'un État réduit à « flotter sur la nation sans diriger ses forces vives ». Les drames de la IVe République sont semblablement imputables à cette dégradation qui « entraîne infailliblement l'éloignement des peuples associés, le trouble de l'armée au combat, la dislocation nationale, la perte de l'indépendance » (15 mai 1958). « Toute notre histoire, dit encore de Gaulle au terme de son discours de Bayeux, c'est l'alternance des immenses douleurs d'un peuple dispersé et les fécondes grandeurs d'une nation libre groupée sous l'égide d'un État fort. »

Les conditions de sa légitimité. De Gaulle a offert dans le dernier volume de ses *Mémoires de guerre* une formule particulièrement éclairante de cet idéal. « Je vois en lui, écrit-il, non pas comme il était hier et comme les partis voudraient qu'il devienne, une juxtaposition d'intérêts particuliers, d'où ne peuvent sortir que de faibles compromis, mais une institution de décision, d'action, d'ambition, n'exprimant et ne servant que l'intérêt national. » Voilà exposées les composantes fondamentales de la doctrine gaullienne de l'État.

La première a trait à son articulation avec la société civile. Compte tenu de sa mission et des mobiles premiers des acteurs sociaux, il est impossible qu'il en soit l'expression, ainsi que le soutenaient la doctrine libérale et la vulgate démocratique. Car l'intérêt général qui le fonde, loin d'être « la transaction qui s'opère entre les intérêts particuliers », à quoi le réduisait un Benjamin Constant, les transcende nécessairement. Les intérêts particuliers reflètent la multiplicité conflictuelle des attentes et des appétits individuels ; l'intérêt général correspond à ce qui est bon pour l'entité collective. La différence de plans interdit que celui-ci procède de ceux-là. Le gaullisme installe ainsi l'État, garant des « règles de vie nationale », en surplomb de la collectivité, pour la sauvegarde de son unité et la définition des voies de son épanouissement. Ainsi seulement disposera-t-il « de la stabilité et de la continuité dont il est privé depuis cent soixante-neuf ans » (1958). Face aux prétentions centrifuges des féodalités contemporaines qui agitent le corps social, il ne peut être « l'État impartial » s'il en procède directement. Sa mission vitale impose que lui soient reconnus une puissance, des droits, une dignité qui soient bien à lui. Plus que d'une simple réforme de l'État qui situerait le gaullisme dans le sillage du mouvement lancé en ce sens dans les années 1930, il s'agit d'une redéfinition complète de son statut.

Siège d'un pouvoir spécifique, même s'il ne saurait être autonome par rapport aux gouvernés, l'État doit encore être une instance de choix et d'action. L'étatisme constitue ainsi le second trait majeur de la conception gaullienne. Car les infirmités du corps social lui interdisent d'être seulement un instrument d'accompagnement de ses mouvements. Il lui faut au contraire un organe qui, « en se gardant d'écraser l'initiative, la concurrence et le juste profit », les stimule et les oriente ; une force dotée d'une liberté de choix suffisante pour indiquer la voie permettant de « développer le grand effort de production, de travail, d'entreprise, qui seul peut nous rendre la puissance et la prospérité ». L'impératif de ces intrusions en profondeur dans les activités collectives impose « impartialité, autorité, continuité » (1947) à ceux qui dirigent. On sait que le premier soin du Général, lors de son retour au pouvoir, fut de redonner aux organes supérieurs de l'État ces couleurs que les errements des Républiques antérieures avaient délavées. L'initiative gaulliste que fut la création de l'École nationale d'administration, au lendemain de la Libération, visait à installer au cœur des organes administratifs un personnel dont l'impartialité et la compétence garantiraient la qualité de ses interventions.

C'est donc à l'autorité de l'État que se trouvent suspendues les destinées du pays. Elle bafouée, les voilà compromises ; restaurée, elle permet à la France de trouver sa place dans le concert des nations, d'emprunter la voie du progrès grâce à la mobilisation des énergies. Cette ambition pour la France implique l'adoption d'une Constitution qui se démarque fortement de celles dont elle a trop souvent souffert. L'objectif à atteindre est sans surprise : réconcilier la République avec un État doté de l'autorité nécessaire. Telle est l'entreprise menée depuis la Libération par Charles de Gaulle, qui devait aboutir avec l'établissement de la Ve République.

Sur ce point, il n'y a aucune obscurité dans la pensée gaullienne. Jamais il n'y est question d'élever un État digne de ce nom sur la ruine des institutions démocratiques ou le mépris des valeurs politiques du libéralisme. La « dictature » du Général, exercée en marge des lois au temps de la France libre, ne fut qu'un expédient produit par la nécessité. Ce ne peut être un modèle transposable en période ordinaire. Autant que le respect des droits des hommes et des citoyens, l'intérêt bien compris de la nation condamne la tyrannie. Le discours de Bayeux le révèle sans ambiguïtés : « Les pouvoirs publics ne valent, en fait et en droit, que s'ils s'accordent avec l'intérêt supérieur du pays, s'ils reposent sur l'adhésion confiante des citoyens. En matière d'institutions, bâtir sur autre chose, ce serait bâtir sur du sable. » L'État doit donc être démocratique et défendre les libertés par sa justice.

Mais cette fidélité à l'héritage républicain n'exclut pas le bénéfice d'inventaire, ni même une reconsidération radicale des principes qu'il véhicule. À cet égard, le gaullisme opère une rupture profonde.

L'indispensable refondation. Elle a trait aux doctrines de la représentation nationale et de la souveraineté populaire.

Selon les conceptions révolutionnaires, accueillies par la tradition républicaine, les représentants du peuple l'exprimaient tout entière. L'Assemblée (ou la Chambre des députés) y trouvait la source de sa propre souveraineté. Voilà ce qui, selon de Gaulle, ne saurait être compatible avec l'existence d'un État légitime, incarnation d'une souveraineté inaliénable et indivisible, pourtant proclamée par ces mêmes révolutionnaires. L'Assemblée est nécessairement le miroir de la diversité sociale ; elle ne peut engendrer cette unité de volonté et d'action consubstantielle au souverain. La constance du rejet par le Général de la prétention des partis à s'approprier la légitimité du pouvoir s'alimente à ce sentiment. Concrètement, le programme constitutionnel gaulliste a préconisé l'installation au cœur de l'État républicain d'un pouvoir doté des moyens d'animer la vie politique de la nation, ce qu'interdisait la conception républicaine classique dont le régime d'assemblée était le seul horizon légitime.

Il convient alors de libérer l'État des ambitions parlementaires. L'établissement d'une séparation effective des pouvoirs doit y pourvoir dans le respect des procédures démocratiques. L'essentiel est d'abord la restauration d'un chef de l'État. Plus que tout autre régime, la République a besoin, pour former un seul corps, d'une tête qui la personnifie. Voilà une exigence inlassablement répétée par de Gaulle depuis qu'il a commencé à exposer ses idées constitutionnelles. Dans les relations extérieures, il faut que l'État s'incarne en un homme qui représente le pays et agisse en son nom. Cela est tout aussi nécessaire dans la vie politique intérieure : il faut « un chef en qui la nation puisse voir, au-dessus des fluctuations, l'homme en charge de l'essentiel et le garant de ses destinées » [*MG*]. Pour son inspirateur, c'est l'une des caractéristiques majeures de la Ve République : « Elle donne une tête à l'État. »

Sur son mode de désignation et la qualification de son rôle, les formules ont évolué. C'est seulement au début des années 1960 qu'est préconisée ouvertement l'élection au suffrage universel ; et que l'ancienne figure d'« arbitre » fait place à celle de « guide ». Plutôt qu'à un infléchissement de la pensée gaullienne, c'est sans doute au réalisme et à la prudence qu'il faut imputer ces changements. Au lendemain de la guerre, il était trop tôt pour utiliser un vocabulaire qui rappelait de récentes expériences honnies, et il ne servait à rien de braquer l'opinion républicaine en semblant réhabiliter les formes du bonapartisme. Les propos du Général, lors de sa conférence de presse du 31 janvier 1962, sont à cet égard significatifs : « L'autorité indivisible de l'État » requiert que le président de la République en soit le seul titulaire. Nul autre n'est habilité à « détenir et à déléguer l'autorité de l'État ».

Ce pouvoir d'État, tout entier dans les mains de son chef, ne peut cependant s'abstraire des volontés populaires. Dès 1940, il est entendu que l'autorité du Général trouve son assise dans l'assentiment que la nation ne peut manquer d'exprimer dès qu'elle en aura les moyens. Dans un régime constitutionnel, le détenteur du pouvoir suprême puise sa légitimité dans l'adhésion des citoyens. S'il est leur guide, il est aussi leur représentant. Encore faut-il qu'on ne les égare point sur le contenu de la politique que requiert le service de la nation. À ce propos, le gaullisme affronte une difficulté à laquelle Rousseau s'était également heurté. Car si l'État est la force nécessaire à la collectivité, comment faire pour que celle-ci ne se méprenne pas sur les voies qui lui sont bénéfiques ? Comment assurer que, lors des scrutins, ce soit le bien commun qui oriente les votes, et non les intérêts individuels à courte vue ?

Jamais, selon de Gaulle, l'usage de la contrainte ne saurait être la solution ; pas davantage d'ailleurs que la négociation. Il faut en revanche que l'homme installé au sommet de l'État, affranchi de toute idéologie partisane, s'astreigne inlassablement à convaincre ses concitoyens de la justesse de ses vues. Sous la Ve République, la fréquence de ses déplacements en province et l'utilisation des médias furent les instruments privilégiés de cette entreprise de séduction. Ainsi attendait-il de la nation qu'elle se détournât de toutes les forces politiques dont la fonction est d'attiser les conflits d'intérêts pour pouvoir s'exprimer « dans ses profondeurs ».

Puisque la nature de l'État conduit à assurer la prééminence d'un seul – le président de la République –, le Parlement se trouve automatiquement relégué. Le premier représente l'unité de la République ; les membres des Assemblées, la variété de ses composantes. L'un est en charge de la France ; l'autre, des Français. La séparation et l'équilibre des pouvoirs, à quoi conduit la doctrine gaullienne de l'État républicain, sont l'expression de ce dualisme. Les deux réalités que celui-ci exprime s'interpénètrent, l'une et l'autre ont droit à des garanties. Le gaullisme propose aussi une troisième voie entre la nationalisation de l'État, telle que l'avait opérée la Constituante de 1789, suivie par ses héritiers des Républiques ultérieures, et l'étatisation de la nation à quoi avait abouti le gouvernement révolutionnaire. Tout en trouvant son assise dans le Peuple, l'État n'est pas pour autant sa chose ; il est fort de son adhésion plus qu'il ne reflète ses volontés. Et pour être au service de cet Un qu'est la nation, il n'est pas tout. La dignité des hommes, dans leurs légitimes différences, commande qu'ils puissent librement s'exprimer.

Cette manière de voir confère à la politique gaullienne une dimension éminemment agonistique. Des tensions, partout à l'œuvre, structurent les relations internationales comme la vie intérieure du pays. La figure de l'État, telle que de Gaulle la dessine, correspond à cette omniprésence des antagonismes. Sa pensée, formée au spectacle des guerres franco-françaises de la fin du XIXe siècle puis des années 1930, marquée par le drame de 1940, conçoit l'État comme une puissance armée pour d'incessantes luttes. En-dehors même des situations d'exception qui justifient l'octroi de pouvoirs spéciaux, cet État a un combat sans trêve à mener : mobiliser les Français, naturellement divisés, autour d'un projet d'union ; les convaincre de dépasser leurs désaccords pour être les acteurs de la grandeur de la patrie sans quoi celle-ci ne saurait être la France.

François BURDEAU

• *Voir aussi* : Constitutionnelles (conceptions) ; Nation ; République ; Révolution française

Bibl. : Dominique Chagnollaud, « La conception gaullienne de l'État. Une monarchie républicaine ? », dans *Droit, institutions et systèmes politiques, Mélanges en hommage à Maurice Duverger*, Paris, PUF, 1987 • Lucien Jaume, « L'État républicain selon de Gaulle », *Commentaire*, nº 51, automne 1990, p. 523-532 ; nº 52, hiver 1990-1991, p. 749-755.

ÉTAT (coup d'). – *Voir* COUP D'ÉTAT.

ÉTAT (réforme de l') . – « Il n'est pas un Français qui ne sache que tout avenir nous est bouché si la France n'a pas, pour la guider, un État qui en soit capable. C'est la condition de tout. » Exprimé par le général de Gaulle le 13 juin 1958, peu de temps après son retour aux affaires, un tel postulat revêt deux aspects. D'une part, il suppose la réforme constitutionnelle qui aboutira à la Constitution de 1958 ; d'autre part, et c'est l'objet de la présente entrée, il implique une série de mesures administratives ayant pour corollaire la promotion de la haute fonction publique au niveau des responsabilités régaliennes.

Les hauts fonctionnaires dans l'appareil d'État. Déjà, à peine la libération du territoire avait-elle commencé en Normandie que de Gaulle s'était préoccupé de mettre en place des commissaires de la République appelés à soustraire l'administration du pays à la fois au « protectorat » américain – en l'espèce l'AMGOT (*Allied Military Government of Occupied Territories*) – et à diverses factions issues de la Résistance. Auparavant, sous l'occupation allemande, c'est aussi à des hauts fonctionnaires, Jean Moulin et Alexandre Parodi, qu'il avait confié les fonctions de délégué général. « Charles de Gaulle avait une telle religion de l'État, écrit Jean Lacouture, qu'à ses yeux, être préfet était une vertu, comme appartenir au Conseil d'État ou à l'Inspection des finances. Ce n'est pas un hasard que tous ceux qu'il a délégués (Moulin, Bollaert, Parodi, Chaban) appartenaient à ces grands corps. » Aussi ne s'étonnera-t-on pas qu'une fois rentré en France, sur le conseil de Michel Debré, il crée en 1945 l'École nationale d'administration (ENA).

Cette inclination le conduira en 1958 à placer aux commandes du dernier gouvernement de la IVe République, aux côtés d'hommes politiques issus du régime précédent, des ministres techniciens tels que Maurice Couve de Murville aux Affaires étrangères, Pierre Guillaumat aux Armées, Étienne Pelletier à l'Intérieur, Bernard Cornut-Gentille à l'Outre-Mer, et Michel Debré, garde des Sceaux, originaire du Conseil d'État. Ce mélange des genres qui avait suscité les réserves d'un François Bloch-Lainé, directeur général de la Caisse des dépôts, aura pour effet pervers la politisation de la haute fonction publique, et pour corollaire, contre la volonté du Général, l'apparition progressive d'un système de dépouilles à la française qui se perpétuera à travers les alternances au long de la Ve République.

Toujours à la limite de l'administration et de la politique fleuriront des « administrations de mission » directement rattachées à Matignon, dont le Commissariat à l'énergie atomique (CEA), en 1945, et le Commissariat au plan, en 1946, avaient été des anticipations. Apparaîtra en 1963 la Délégation à l'aménagement du territoire et à l'action régionale (Datar), tandis que, plus près du terrain, surgiront la Mission interministérielle pour l'aménagement du Languedoc-Roussillon et le district de la Région parisienne à la tête duquel sera placé Paul Delouvrier, ancien délégué général en Algérie. Mais, la politisation aidant, proliféreront plus tard les administrations d'état-major dont le secrétariat général du gouvernement avait été l'avant-garde. Il en sera ainsi du secrétariat général de la présidence de la République et du cabinet du Premier ministre. D'où la dérive qui mènera, au détriment des administrations centrales, à la prolifération des cabinets ministériels, puis à l'extension du phénomène aux différents échelons territoriaux déconcentrés et décentralisés.

En revanche, de Gaulle ne parviendra pas à promouvoir certaines réformes structurelles visant par exemple à réduire le nombre des ministères ou encore celui des communes et des départements, et cela malgré le projet élaboré dès la Libération par Michel Debré visant à remembrer ces derniers autour d'une quarantaine de « grands départements ». Le premier président de la Ve République réussira mieux, au nom du Plan qualifié d'« ardente obligation », à donner l'impulsion à quelques grands projets d'allure colbertiste, ainsi qu'à promouvoir des politiques publiques ambitieuses que mettront en œuvre des ministres techniciens comme Edgard Pisani en matière agricole et Jean-Marcel Jeanneney dans le domaine industriel. Et, à la faveur de la régionalisation du Plan, il amorcera une politique de déconcentration des administrations de l'État qui se serait prolongée par une politique de décentralisation, à la faveur du référendum de 1969 sur la régionalisation, si la réponse des électrices et des électeurs avait été positive.

Déconcentration et participation. Initiée à la fin de la IVe République, la déconcentration territoriale qui avait conduit en 1956 à la création de vingt-deux régions de programme sera reprise, en effet, à son compte par le Premier ministre Michel Debré afin de procéder en 1960 à une harmonisation des circonscriptions propres aux divers services publics. À l'occasion du IVe Plan seront créées des « tranches opératoires » sous la forme de tranches quadriennales des plans régionaux et de tranches régionales du plan national. Elles s'inséreront dans un dispositif administratif composé de relais régionaux : la Conférence interdépartementale des préfets de département, placée sous la présidence d'un préfet-coordonnateur, et le Comité régional d'expansion économique appelé à associer à l'œuvre de développement, en marge des notables politiques locaux, les milieux socioprofessionnels industriels et agricoles ainsi que les syndicats de salariés.

Après une phase expérimentale, le processus trouvera son prolongement, avec les décrets du 14 mars 1964 signés par Charles de Gaulle. S'appuyant sur l'autorité du préfet, désormais dépositaire de l'autorité sur l'ensemble des représentants des ministères, le système ainsi institutionnalisé se composera de trois éléments. D'une part, le préfet de région, préfet du département chef-lieu, aura pour tâche de promouvoir et de coordonner les investissements publics. D'autre part, il présidera la Conférence administrative régionale réunissant les préfets des départements et le trésorier-payeur général de la région, ainsi que, le cas échéant, les autres chefs de service régionaux. Enfin, ces instances administratives seront flanquées d'une Commission de développement économique régional (Coder) destinée à associer à l'œuvre de régionalisation du Plan les « forces vives » de la région.

Ce compromis réduisait encore les notables politiques issus de la IVe République à la portion congrue. Il préfigurait la politique dite « de participation » que de Gaulle tentera sans succès de mettre en œuvre après mai 1968. Dans le même temps, la politique d'aménagement du territoire visera à remédier au déséquilibre dénoncé par les géographes sous le titre provocateur « Paris et le désert français ». Dans cet esprit, selon une procédure impulsée par la Datar et jugée technocratique, seront parallèlement promues huit « métropoles d'équilibre » destinées à décongestionner l'Île-de-France, et sera esquissée une politique de décentralisation industrielle. Mais, plus vite que prévu, ce dispositif apparaît dépassé. Les événements de mai 68 prennent de court le pouvoir. Ils imposeront à de Gaulle d'aller plus vite et plus loin sur la voie des réformes. Son projet, annoncé le 23 mai 1968, d'un référendum général sur la politique de participation ayant échoué, il devra reporter à l'année 1969 l'annonce d'une réforme régionale faisant suite à celle de l'enseignement supérieur, adoptée par voie parlementaire. Dans son discours de Quimper le 2 février, il retient la voie du référendum en la couplant avec la transformation du Sénat. Or, le projet, s'il dote la région de la personnalité juridique pour en faire une collectivité territoriale, ne va pas jusqu'à prévoir l'élection du conseil régional au suffrage universel. Et il maintient le préfet de région en tant qu'exécutif de la collectivité. Surtout, à l'instar du Sénat projeté, il prévoit le mixage de la composition du conseil régional entre des élus territoriaux désignés au deuxième degré et des représentants socioprofessionnels ; ce qui entraînera la colère des notables locaux et constituera l'une des causes de l'échec du projet. La lassitude des électrices et des électeurs, et l'assurance de voir Georges Pompidou combler le vide éventuel du pouvoir feront le reste.

Ainsi émerge le « talon d'Achille » des idées du Général. Annoncée dans le discours de Bayeux du 14 juin 1944, la politique de « participation » fut provisoirement abandonnée en 1958 avant de ressurgir en 1968 en matière économique et sociale, mais pour conduire à l'échec. Elle aura eu pour effet de brouiller la silhouette du personnage en opérant un mélange des genres entre le service de l'État, réservé prioritairement à ses hauts fonctionnaires, et les composantes de ce qu'on n'appelle pas encore la « société civile ». Ce qui conduit à se demander si le fondateur de la Ve République aura été sur ce point l'homme du passé, attaché à un certain corporatisme régalien et colbertiste, ou l'homme de l'avenir, ouvert avant bien d'autres aux exigences de la démocratie participative. Jean-Louis QUERMONNE

• *Voir aussi* : État ; Hauts fonctionnaires (1958-1969) ; Participation ; Plans ; Régionalisation

Bibl. : Francis de Becque et Jean-Louis Quermonne (dir.), *L'Administration et la politique sous la Ve République*, Paris, PFNSP, 1982 • François Bloch-Lainé, *Profession : fonctionnaire*, Paris, Le Seuil, 1976 • Jean-Louis Quermonne, *L'Appareil administratif de l'État*, Paris, Le Seuil, coll. « Points. Politique », 1991.

ÉTATS-UNIS. – Le général de Gaulle aurait été le champion de l'antiaméricanisme. Les États-Unis n'auraient jamais cessé de nuire au Général, de comploter contre lui, de s'opposer à ses initiatives. Fantasmes ou réalités ?

Pendant la Seconde Guerre mondiale. En 1940, le général de Gaulle ne connaît pas les États-Unis. Mais il sait ce que les Américains ont apporté à la victoire de 1918. En 1934, dans le premier numéro de la *Revue militaire française*, il a publié un article sur « La mobilisation économique à l'étranger ». Il y examine la politique de la Belgique, de l'Italie et des États-Unis. Comment ces nations sont-elles passées de l'économie de paix à l'économie de guerre ? S'agissant des Américains, de Gaulle souligne que les responsables militaires et politiques ne craignent pas de reconnaître leurs erreurs, que les hommes d'affaires tiennent une place primordiale, que le pays manifeste son aptitude à l'innovation. Chemin faisant, il associe les critiques aux éloges. Le profit reste, écrit-il, le grand ressort de l'activité. Le dollar exerce sa toute-puissance. Les Américains cherchent avant tout à s'enrichir. Somme toute, voilà une société dynamique et puissante, qui manque d'humanité, de générosité, de profondeur spirituelle.

Ce ne sont pas des vues originales. L'image des États-Unis en France s'est dégradée depuis que les combats ont pris fin. La querelle des dettes de guerre a créé frictions et malentendus. Du côté français, l'admiration est toujours teintée d'un certain mépris pour un monde avide, matérialiste, trop terre-à-terre, qui ne comprend rien à l'idéalisme et aux souffrances de la vieille Europe. Ce qui n'empêche pas de Gaulle, en 1940, de compter sur la force américaine pour combattre l'Allemagne. Le 12 janvier, il rappelle « l'importance capitale du concours des États-Unis ». Lorsque vient le temps de l'épreuve, il insiste, dans son discours du 18 Juin, sur « l'immense industrie des États-Unis », puis, dans ses discours immédiatement postérieurs, sur « les gigantesques possibilités de l'industrie américaine », sur « les mille forces immenses matérielles et morales », sur « d'immenses fabrications d'armements ». L'adjectif « immense » revient fréquemment. Il l'emploie encore le 26 juin, après avoir entendu le message du maréchal Pétain : « Vous avez renoncé d'avance, déclare-t-il, aux ressources offertes par l'immense Amérique. » Et pourtant, cette indispensable Amérique n'a pas apporté à la France affaiblie, sur le point de céder, le concours qu'on attendait d'elle. Pis encore, elle ne rompt pas avec Vichy et va même jusqu'à y envoyer un ambassadeur. Cette contradiction fait conclure à de Gaulle en août 1940 : « En fin de compte, l'Angleterre est une île ; la France, le cap d'un continent ; l'Amérique, un autre monde » [*MG*].

À Washington, rien n'est simple. Franklin Roosevelt et les principaux responsables politiques sont abasourdis par l'effondrement de la France. Ils pensaient que les armées françaises restaient les plus fortes, qu'elles résisteraient comme vingt ans auparavant avec les maréchaux Joffre et Foch. La soudaineté de la défaite conduit à des conclusions qui ne varieront pas. La France n'est plus une grande puissance. Elle ne tiendra plus le rang qu'elle occupait jusqu'alors. Puisqu'elle a concédé la victoire à l'Allemagne, elle pourrait bien se résigner à d'autres concessions qui mettraient en danger la sécurité des États-Unis. Par exemple, si elle livrait à Hitler sa superbe flotte, si elle lui donnait un accès libre à son Empire. Roosevelt suit une politique réaliste. Il ne cache pas son soutien, de plus en plus marqué, à la Grande-Bretagne et tient, malgré tout, à garder son influence sur Vichy. Puisque son pays n'a pas abandonné sa neutralité, il tente de jouer sur les deux tableaux.

Quant à de Gaulle, le président américain ne le connaît pas. Il commence à peine à entendre parler de lui. Ses interlocuteurs, qu'il s'agisse d'Alexis Léger (Saint-John Perse) ou de Camille Chautemps, en font un portrait peu favorable, voire hostile. Dans l'opinion, elle aussi traumatisée par « la pauvre France », des voix s'élèvent pour applaudir la France libre. Ces voix sont encore minoritaires dans un pays qui s'accroche à l'isolationnisme et ne comprend vraiment bien en Europe que l'Angleterre. Suivent des événements qui ne font que conforter les premières impressions. L'échec de l'expédition anglo-gaulliste sur Dakar en septembre 1940, l'affaire de Saint-Pierre-et-Miquelon en décembre 1941 renforcent la méfiance de Roosevelt à l'égard de De Gaulle et l'incitent à penser que le Général ne parle pas au nom de tous les Français, ni même au nom des Français hostiles à l'Allemagne. De là sa décision de ne pas mettre au courant de Gaulle du prochain débarquement allié en Afrique du Nord et cet arrangement cynique, baptisé « expédient temporaire », avec l'amiral Darlan.

Du coup, une partie croissante de l'opinion américaine, surtout dans les milieux progressistes, ne suit plus le président. Elle proteste avec vigueur contre les décisions de Washington, relève en Algérie comme au Maroc toutes les atteintes aux libertés et à la démocratie, soutient le général de Gaulle. À l'endroit de la question française, les Américains expriment des sentiments très variés, souvent contradictoires, de moins en moins conformes à ceux de la Maison-Blanche et du Département d'État. Cette division, on la retrouve parmi les Français d'Amérique – une petite colonie, bruyante et agitée – et parmi les Français exilés aux États-Unis. Voilà qui brouille encore un peu plus les idées.

Inlassablement, de Gaulle poursuit ses objectifs. Il faut obtenir au mieux la reconnaissance du Comité national français (CNF), au minimum l'aide matérielle des États-Unis dans le cadre de la loi du prêt-bail. Il faut surtout que Washington admette que de Gaulle parle au nom des Français, qu'il est la voix de la Résistance, qu'il ne nourrit pas d'ambitions dictatoriales. Les relations des États-Unis avec Vichy ? De Gaulle ne reste pas insensible aux motivations américaines. Il souhaite surtout rencontrer Roosevelt.

La première entrevue a lieu à Anfa, dans la banlieue de Casablanca, le 22 janvier 1943. L'embrouillamini d'Alger n'est pas dissipé, loin de là. Les deux hommes restent « dans une certaine imprécision à propos de l'affaire française ». Leurs impressions ne convergent pas. À son aide de camp, de Gaulle fait cette confidence : « J'ai rencontré aujourd'hui un grand homme d'État. Je crois que nous nous sommes bien entendus et compris. » Autre confidence, celle de Roosevelt à son fils Elliott : « De Gaulle est décidé à instaurer la dictature en France. Il n'y a pas d'homme en qui j'aie moins confiance. »

Les interminables négociations franco-françaises au printemps de 1943, la très timide reconnaissance diplomatique du Comité français de la Libération nationale (CFLN), la menace de faire fonctionner sur le territoire français une administration militaire (l'AMGOT – *Allied Military Government of Occupied Territories*) une fois réussi le débarquement en Normandie ne font pas disparaître l'entêtement de Roosevelt, mais accentuent encore la popularité de De Gaulle aux États-Unis. Enfin, le 6 juillet 1944, pour la première fois, le Général pose le pied sur le sol américain. Il est reçu à la Maison-Blanche où Roosevelt lui décrit ses projets avec enthousiasme, en « artiste », en « séducteur ». Roosevelt n'écoute pas de Gaulle. Il le charme, tout en conservant ses préjugés. Après cette conversation brillante, un peu décevante il est vrai, de Gaulle passe par New York. Il y rencontre une autre Amérique, celle « des manifestations populaires », celle du maire Fiorello La Guardia, « tout bouillonnant d'amitié », celle des Français qui maintenant l'accueillent avec une « extrême chaleur » [*MG*]. Bref, plus que jamais l'Amérique révèle sa complexité.

La deuxième visite aux États-Unis conduit le président du GPRF (Gouvernement provisoire de la République française) à rencontrer le président Harry Truman, les 22, 23 et 25 août 1945. Truman n'exerce pas la même fascination sur l'esprit du Général. Mais lui, il prête attention aux déclarations de son visiteur. D'ailleurs, les conversations durent sept heures. De nouveau, l'accueil de la population est enthousiaste. New York déchaîne « l'ouragan de son amitié ». Le défilé dans la ville est « triomphal » [*MG*]. Réceptions, banquets, discours se succèdent. À Chicago, c'est le même succès.

La France n'a été invitée ni à Yalta ni à Potsdam. Un siège permanent au Conseil de sécurité de l'ONU lui est attribué grâce à l'insistance de la Grande-Bretagne. Elle aura une zone d'occupation en Allemagne, signera la capitulation de Reims et celle de Tokyo. Elle est sur le point de reconquérir son « rang ». Restent les problèmes de l'après-guerre, qu'il faudra traiter avec Truman, Staline et Clement Attlee. De Gaulle connaît un peu mieux les États-Unis. Les Américains ont pris la mesure du chef de la France libérée.

La traversée du désert. De janvier 1946 à mai 1958, le général de Gaulle n'exerce plus de fonctions officielles. En avril 1947, il fonde le RPF (Rassemblement du peuple français). De discours en discours, il évoque à plusieurs reprises les États-Unis et leur politique étrangère. À Strasbourg, par exemple, le 6 avril 1947, il exalte l'amitié entre Français et Américains : « Une pareille similitude d'idéal dans nos deux peuples a créé une sorte de lien moral vraiment exceptionnel, qu'aucune vicissitude n'a pu rompre. » Le 24 avril 1947, il approuve sans réserve la doctrine Truman. Le plan Marshall ? « Il y a là une initiative clairvoyante et dont on peut espérer qu'elle sera féconde, précisément parce qu'elle engage l'Europe à la solidarité. » Le combat contre les « séparatistes », entendons les communistes, contre la menace soviétique, ne peut être mené et gagné qu'avec l'appui des États-Unis qui disposent de leur puissance intacte. « Il n'y a pas dans le monde un homme libre qui ne tienne pour salutaire cette volonté américaine. » Le Pacte atlantique signé le 4 avril 1949 ? Il « a par lui-même la valeur d'une méritoire et salutaire manifestation d'intention de la part des États-Unis et de la nôtre », à condition que cette défense commune soit définie « d'une manière claire et effective ». L'indépendance de la France reste, malgré tout, l'objectif principal, car « dans les rapports à établir entre les deux côtés de l'Atlantique, il doit absolument s'agir de coopération et non point de dépendance, sous peine de tout compromettre pour le malheur général ».

Rien d'étonnant si de Gaulle prend parti contre le projet d'une Communauté européenne de défense, la CED. L'idée est française. Elle répond au souhait des États-Unis de réarmer l'Allemagne de l'Ouest, alors que la guerre de Corée bat son plein. « Pêle-mêle avec l'Allemagne et l'Italie vaincues, s'exclame de Gaulle, la France doit verser ses hommes, ses armes, son argent dans un mélange apatride. Cet abaissement lui est infligé, au nom de l'égalité des droits, pour que l'Allemagne soit réputée n'avoir pas d'armes tout en refaisant des forces militaires. Bien entendu, la France, entre toutes les grandes nations qui ont aujourd'hui une armée, est la seule qui perde la sienne. » Autant dire que la France est trop faible pour échapper à l'abaissement. Il convient de remédier à cette faiblesse avant même de s'en prendre aux États-Unis.

De 1952 à 1958, le général de Gaulle écrit ses *Mémoires de guerre*, qui paraissent entre 1954 et 1959. Ce n'est pas seulement un ouvrage d'historien. Ce sont des actes politiques, dans la mesure où de Gaulle révèle, *a posteriori*, ce que furent ses attitudes, ses réactions, ses observations. Il livre de remarquables portraits de Roosevelt et de Truman. Il apprend ou rappelle ce que furent ses démêlés avec le gouvernement des États-Unis. Il diffuse le mythe de Yalta, « partage du monde ». Ce n'est pas seulement une « certaine idée de la France » qui s'en dégage, mais aussi une certaine idée de l'Amérique qui ne saurait susciter l'admiration des Français. Il y a là la source d'un antiaméricanisme gaulliste qui perdurera et s'accentuera encore à la fin des années 1960.

Dans le même temps, les esprits ont évolué de l'autre côté de l'Atlantique. La France y apparaît comme l'homme malade de l'Europe. Son implication, puis sa défaite en Indochine, les opérations militaires en Algérie qui n'annoncent rien de bon, la faiblesse de ses institutions politiques et de ses gouvernements, son aventurisme qui éclate dans l'expédition de Suez inquiètent les Américains. Dans ce panorama, de Gaulle n'est pas le sauveur ou le recours. Il pourrait menacer la démocratie et surtout l'alliance avec les États-Unis. Les forces politiques qui le ramènent au pouvoir en mai 1958 ne sont-elles pas dangereuses ? Que sera l'attitude de cet allié, ô combien incommode, sur les relations transatlantiques ? John Foster Dulles, le secrétaire d'État, et son frère Allen, qui dirige la CIA, observent que « la situation est terriblement explosive ».

Le président Charles de Gaulle. Les craintes sont rapidement dissipées, mais de 1958 à 1969 l'ambiguïté subsiste. Dulles accourt à Paris. « En ce moment critique, lui dit de Gaulle le 5 juillet 1958, il n'y a rien de plus important pour le peuple français que de lui faire croire que la France est une grande puissance. » Washington suit le conseil. Dès lors, la France semble à Washington « plus forte, plus constructive et stable ». Elle est dirigée par « un homme providentiel ». La presse américaine chante les louanges de De Gaulle. Dulles lui-même a assuré le Général que « l'esprit de la France est aussi celui de la civilisation occidentale ». Il propose des mesures concrètes. L'OTAN recourra, comme promis, à l'arme nucléaire pour défendre le territoire français. Les Américains installeront des têtes nucléaires tactiques en France et entraîneront à leur utilisation l'armée française. En contrepartie, la France renoncera à se doter d'une force atomique.

Proposition rejetée. Il n'est pas question que la France renonce à l'armement atomique. Le 17 septembre 1958, de Gaulle avance une nouvelle idée, celle d'un directoire à trois. La Grande-Bretagne, les États-Unis et la France se concerteraient pour décider des questions politiques et stratégiques de dimension mondiale. Les secrets atomiques seraient partagés ; les commandements, combinés. Offre repoussée. Suit alors, en mars 1959, une décision française qui surprend les Américains : la flotte de la Méditerranée ne dépendra plus du commandement intégré et aucun armement nucléaire étranger ne pourra être installé sur le sol français. « Mon dessein, explique de Gaulle, consiste donc à dégager la France, non pas de l'Alliance atlantique que j'entends maintenir, mais de l'intégration réalisée par l'OTAN sous commandement américain. »

Cela ne signifie pas que les deux nations oublient leur amitié « vieille de deux cents ans ». Tout au contraire. Le président Eisenhower est reçu à bras ouverts, et par la population et par le général de Gaulle, au début de septembre 1959. Le 22 avril 1960, de Gaulle se rend aux États-Unis pour y faire un séjour – la troisième de ses visites – d'une semaine. C'est « le grand tumulte de l'enthousiasme américain, [...] un déchaînement d'acclamations, de sirènes et d'orchestres » [*ME*]. Le discours au Congrès est très chaleureusement applaudi. De Gaulle rappelle avec force que « la France, pour sa part, a choisi d'être du côté des peuples libres, elle a choisi d'être avec vous ». Elle a aussi choisi d'encourager les États-Unis à la fermeté, par exemple dans l'affaire de l'U2 abattu par les Soviétiques – Eisenhower semblait prêt à présenter ses excuses à Nikita Khrouchtchev –, plus tard lors de la construction du mur de Berlin. Et puis, à mesure que la guerre d'Algérie approche de son terme, maintenant que la France a procédé à l'explosion de sa première bombe atomique, que la perspective d'une guerre en Europe s'éloigne, que de Gaulle resserre ses liens avec l'Allemagne de Konrad Adenauer, que les États-Unis abandonnent la doctrine des représailles massives pour adopter celle de la réponse graduée, les attitudes des uns et des autres revêtent un aspect moins rigide.

Entre de Gaulle et Eisenhower, aucune ombre n'a noirci le tableau. Les deux hommes ont les relations de deux camarades de combat. Avec John F. Kennedy, l'atmosphère est différente. Le « jeune homme » intrigue, séduit, inquiète par ses initiatives. À Washington, le héros de la Seconde Guerre mondiale inspire le respect, voire l'admiration et, de plus en plus, l'incompréhension. C'est que l'on éprouve des difficultés à comprendre qu'alliance ne signifie pas dépendance. La France insiste pour défendre, coûte que coûte, son indépendance militaire. En juin 1963, les flottes de la Manche et de l'Atlantique quittent, à leur tour, le commandement intégré de l'OTAN. Déjà se profile la décision spectaculaire de février 1966 : le retrait de toutes les forces françaises du commandement intégré, la fermeture de toutes les bases étrangères sur le territoire national. À cela s'ajoute la définition d'une doctrine atomique qui aboutira à prévoir une défense « tous azimuts ». Il est vrai qu'au moment de la deuxième crise de Cuba, en octobre 1962, de Gaulle ne marchande pas son soutien, que la France coopère dans certains domaines avec l'OTAN et reste membre à part entière du Conseil de l'Atlantique Nord.

L'obsession de l'indépendance politique n'est pas moins vive. Lorsque Kennedy propose, en juillet 1962, un *partnership* avec une Europe qui accueillerait la Grande-Bretagne et resterait étroitement alliée aux États-Unis dans le cadre de l'OTAN, de Gaulle dit non au *partnership*, non à la Grande-Bretagne, non à la fourniture de missiles Polaris qui lierait la France à l'Amérique. Surgit alors une proposition française qui choque profondément les Américains. Le 4 février 1965, de Gaulle dénonce la suprématie du dollar : « La convention qui attribue au dollar une valeur transcendante comme monnaie internationale ne repose plus sur sa base initiale, savoir la possession par l'Amérique de la plus grande partie de l'or du monde. » En conséquence, l'Amérique paie ses dettes en émettant des billets. Elle vit et prospère grâce au déficit de sa balance des paiements. De là l'idée d'échanger contre de l'or les dollars de la Banque de France. Pour Washington, c'est un crime de lèse-majesté. L'exemple ne sera pas suivi par les autres États.

L'indépendance économique et technologique s'inscrit dans la même démarche. La construction d'un avion supersonique, le Concorde, l'adoption du procédé SECAM pour la télévision en couleurs, le lancement du sous-marin nucléaire *Le Redoutable* en 1967, le plan Calcul pour la production d'ordinateurs, la construction du Mirage IV et des missiles balistiques pour servir « la force de frappe », le contrôle des investissements étrangers, à la fois souhaités et redoutés, autant de mesures qui relèvent de la volonté de conserver et d'accroître la liberté de manœuvre de la France.

Il est vrai que l'année 1964 marque le début d'une nouvelle étape dans les relations franco-américaines. Kennedy vient d'être assassiné. Le nouveau président, Lyndon B. Johnson, se désintéresse de l'Europe. Il se préoccupe avant tout du Vietnam, de cette guerre dans laquelle les États-Unis s'enferrent de plus en plus, du Proche- et du Moyen-Orient. Entre Johnson et de Gaulle, aucun point commun, aucune affinité, une totale incompréhension. La France, elle, en a terminé avec les guerres coloniales. Membre de la Communauté européenne, elle en assure le *leadership* avec l'appui de l'Allemagne de l'Ouest. De Gaulle peut donner libre cours à son refus des blocs, des hégémonies. Sans aucun doute il reste fidèle aux valeurs du monde libre, mais s'il doit préserver l'indépendance de la France, s'il veut que son pays tienne son « rang » dans le monde en dépit de ses forces limitées, c'est avant tout contre les États-Unis qu'il prendra position. Le glissement vers une forme d'antiaméricanisme est visible.

Maintenant, la politique étrangère, elle aussi, se veut « tous azimuts ». « L'Europe de l'Atlantique à l'Oural » forme un ensemble que les idéologies divisent artificiellement. En 1966, de Gaulle se rend en Union soviétique pour signer des accords commerciaux et économiques, scientifiques et technologiques. Une commission permanente franco-soviétique est instaurée ; un téléphone rouge installé, comme celui qui relie Washington et Moscou. Le voici en Pologne (1967), en Roumanie (1968) pour dénoncer « les deux blocs opposés ». Il tente, en vain, de fédérer les États d'Europe et rejette, une deuxième fois en 1967, l'entrée de la Grande-Bretagne dans la Communauté. Après avoir reconnu la République populaire de Chine en 1964 – et suscité des réactions hostiles aux États-Unis comme en Union soviétique –, il continue à condamner la guerre américaine au Vietnam et prend parti, dans le discours de Phnom Penh de 1966, pour l'indépendance des peuples d'Indochine.

Ce n'est pas tout. En 1964, il entreprend un vaste périple en Amérique latine, pour exalter les liens qui unissent les peuples latins. Trois ans plus tard, il lance, du haut du balcon de l'hôtel de ville de Montréal, son « Vive le Québec libre ! » qui fait scandale dans le reste du Canada et aux États-Unis. Enfin, en 1967, lors de la guerre des Six-Jours, il abandonne l'alliance avec l'État d'Israël et prononce en novembre une phrase sur le peuple juif qu'on peut estimer à la limite de l'antisémitisme.

Ces démonstrations de l'indépendance nationale n'ont pas donné de résultats positifs. La France n'a plus les moyens de ses ambitions. Elle possède, en revanche, un pouvoir de nuisance, une sorte d'autorité verbale qui ravit ou agace. Quoi qu'il en soit, les événements de mai 1968 démontrent que l'autorité du général de Gaulle en France même s'est beaucoup affaiblie. À l'extérieur, les hôtes du président français restent convaincus que l'influence véritable est du côté des Américains et des Soviétiques. Les relations franco-américaines sont passées de l'amitié à l'acrimonie.

Dans les derniers mois de la présidence du général de Gaulle, l'atmosphère change une fois de plus. Richard Nixon, l'héritier d'Eisenhower, l'homme auquel de Gaulle a prédit un bel avenir quand les augures le classaient parmi les *has been*, entre à la Maison-Blanche. Une cinquième et dernière fois, de Gaulle se rend à Washington, cette fois pour l'enterrement d'Eisenhower. En mars 1969, il renouvelle l'adhésion de la France au Pacte atlantique. Serait-ce le début d'une nouvelle lune de miel ? André KASPI

• *Voir aussi* : Alliés ; AMGOT ; Anfa ; OTAN ; Politique étrangère

Bibl. : Frank Costigliola, *France and the United States. The Cold War Since World War II*, New York, Twayne Publishers, 1992 • André Kaspi, *Les Américains*, t. 1, *Naissance et essor des États-Unis, 1607-1945* et t. 2, *Les États-Unis de 1945 à nos jours*, Paris, Le Seuil, 1986 et 2002 (édition revue et augmentée du t. 2).

ÉTUDIANTS. – *Voir* COHN-BENDIT, Daniel ; ÉDUCATION NATIONALE ; JEUNESSE ; MAI 68.

EUROPE. – « C'est parce que nous ne sommes plus une grande puissance qu'il nous faut une grande politique, parce que, si nous n'avons pas une grande politique, comme nous ne sommes plus une grande puissance, nous ne serons plus rien. » L'ironie du sort a voulu que la vision européenne du général de Gaulle – vision qui se situait au plus profond de son projet de « grande politique » – ait été reléguée au second plan à la faveur d'une mythologie à dominante hexagonale. Malgré une littérature abondante sur de Gaulle et l'Europe, ce sera vraisemblablement, tant en France qu'à l'étranger, le gaullisme national qui l'emportera dans la mémoire collective. Et pourtant, sa vision franco-française est doublement indissociable de sa vision européenne. Sur le plan national, l'accent mis sur l'indépendance et la grandeur visait à la création d'une marge de manœuvre – essentiellement rhétorique – lui permettant de mieux gérer les contraintes – bien réelles – de l'interdépendance européenne. Sur le plan international et surtout atlantique, il cherchait avant tout à exprimer la voix de l'Europe face aux États-Unis. Malheureusement, pour des raisons autant historiques que personnelles, sa grande politique européenne n'a pu se réaliser – du moins de son vivant. D'où l'image trompeuse d'un de Gaulle mû exclusivement par une certaine idée de la France.

« Une sorte de groupement occidental » (mars 1944). Dans un discours à Alger, le 18 mars 1944, de Gaulle évoque en public pour la première fois sa vision de l'Europe d'après guerre, une Europe « certaine d'émerger de l'océan de ses douleurs, de reparaître mieux éclairée par ses épreuves et susceptible d'entreprendre pour l'organisation du monde le travail constructif – matériel, intellectuel, moral – dont elle est éminemment capable ». Pour faire face aux défis du renouveau, il envisage déjà « une sorte de groupement occidental [...] dont la Manche, le Rhin, la Méditerranée seraient comme les artères [et qui] paraît pouvoir constituer un centre capital dans une organisation mondiale des productions, des échanges et de la sécurité ». Dans une lettre à René Massigli, alors commissaire des Affaires étrangères, le 24 février 1944, il va même jusqu'à évoquer le « rattachement de la Rhénanie à un bloc occidental, aux points de vue stratégique et économique, [qui] serait lié à la réalisation d'une fédération stratégique et économique entre la France, la Belgique, le Luxembourg et les Pays-Bas, fédération à laquelle pourrait se rattacher la Grande-Bretagne ». De Gaulle apôtre d'une fédération européenne ? C'est que le sens précis du terme ne fut pas fixé à l'époque – le *Petit Larousse illustré* des années 1940 définissant « fédération » comme « un système politique dans lequel plusieurs États se rejoignent en une confédération » ! Le 25 octobre 1944, le Général s'est déjà ressaisi qui déclare, en réponse à une question sur le « bloc occidental » : « Je me permets de vous dire que l'expression "bloc" des nations de l'Europe occidentale n'a jamais été employée par le gouvernement français. [...] Je crois seulement que les États de l'ouest de l'Europe, les uns par rapport aux autres, par exemple la France par rapport à la Belgique et la Hollande, l'Angleterre par rapport à la Belgique et la Hollande, la France par rapport à l'Angleterre, étant immédiatement voisins, l'organisation de leurs rapports pour ce qui est de la sécurité commune immédiate et aussi pour ce qui est de leurs échanges commerciaux et économiques est une chose qui s'impose. » Nous voilà bien lancés dans la querelle politico-sémantique entre partisans et adversaires de structures fédérales et intergouvernementales qui dominera les années 1950 et 1960 !

Au-delà des mots, pourtant, il n'existe aucun doute que, pour de Gaulle, au sortir de la guerre, la construction d'une Europe qui marche fut un objectif prioritaire, sans la réalisation duquel les pays du Vieux Continent non seulement n'auraient rien appris de leur passé, mais aussi n'auraient aucune prise sur leur avenir. Dans l'immédiat après-guerre, les contours de cette construction furent brouillés par les débats sur le sort de l'Allemagne, sur l'orientation géostratégique de l'URSS et de la Grande-Bretagne et surtout par le manque de clarté sur la donne sécuritaire. La préférence initiale du Général se portait du côté d'un rapport étroit avec la Grande-Bretagne, pour peu que celle-ci s'avère prête à privilégier la carte européenne. En tête à tête avec Winston Churchill à Paris le 11 novembre 1944, ne déclare-t-il pas : « Voilà donc que pour affronter un monde nouveau, nos deux anciens pays se trouvent affaiblis simultanément. S'ils demeurent, en outre, séparés, pour combien comptera chacun d'eux ? Au contraire, que l'Angleterre et la France s'accordent et agissent ensemble dans les règlements de demain, elles pèseront assez lourd pour que rien ne se fasse qu'elles n'aient elles-mêmes accepté ou décidé. » Mais les Britanniques s'avéraient incapables (déjà) de faire ce saut et de Gaulle dut se rabattre, vers la fin des années 1940, sur l'Allemagne, dès lors que le cauchemar d'un Reich impérialiste fut définitivement écarté. À Bordeaux, le 25 septembre 1949, évoquant pour la première fois son projet de référendum populaire dans tous les pays d'Europe en faveur d'une « confédération des peuples », il prenait soin de situer le couple franco-allemand au cœur de cette vision : « Il y aura ou il n'y aura pas d'Europe, suivant qu'un accord sans intermédiaire sera, ou non, possible entre Germains et Gaulois. » C'est à partir de ce moment que le Général imagine la réconciliation franco-allemande comme la clé de voûte d'une Europe unie, construction qu'il considère comme de plus en plus incontournable.

Le mythe d'un de Gaulle « antieuropéen ». La politique de défense et de sécurité fut constamment au centre de ses préoccupations européennes. Saluant le 29 mars 1949 la signature du Pacte atlantique (qu'il avait déjà appelé de ses vœux un an auparavant) comme « une très heureuse et très importante manifestation d'intentions », de Gaulle estima néanmoins que l'Alliance embryonnaire ne vaudrait que dans la mesure où les pays d'Europe occidentale, sans se séparer de l'allié américain, seraient en mesure d'organiser progressivement leur propre défense. Non seulement il dénonçait les carences (telles qu'il les jugeait) du gouvernement de l'époque en matière de préparatifs militaires, mais il craignait fort que l'existence même du « parapluie » américain ne devienne, dans bien des pays européens, le prétexte d'une « vassalisation » qui affaiblirait dangereusement l'ensemble du continent, d'autant plus que, du moment où les Soviétiques détenaient l'arme nucléaire (1949), la « dissuasion élargie » américaine devenait du coup une abstraction largement discursive. Ce fut ce même refrain qui l'animait tout au long des débats sur la CED (Communauté européenne de défense) au début des années 1950. Loin d'être opposé à l'idée d'une défense européenne (comme on l'a souvent laissé entendre), de Gaulle en souhaitait une véritable : « Au lieu d'une fusion intolérable et impraticable, pratiquons l'association. [...] Commençons par faire l'alliance des États libres de l'Europe. Cette alliance, organisons-la. Il y faut une direction : ce sera le Conseil des chefs de gouvernement réunis de manière organique et périodique. À cette direction, il faut un instrument de travail et d'exécution. Ce sera l'état-major combiné. [...] Ainsi seront arrêtés les plans, fournis les moyens, répartis les commandements. Ainsi seront fusionnés tous les services qui doivent l'être : infrastructure, communications, ravitaillement, fabrications d'armements etc. » De Gaulle, sans le savoir, venait d'imaginer la structure politico-militaire de ce qui serait connu, cinquante ans plus tard, sous le sigle de la PESD (Politique européenne de sécurité et de défense) !

Il venait également, à la même époque, de formuler l'autre idée fondamentale de sa vision européenne – le refus de la division arbitraire issue de la guerre, et la construction d'une Europe transcontinentale. Déjà, vers la fin des années 1940, de Gaulle incorporait dans sa « confédération » virtuelle tous les peuples européens, y compris ceux qui se trouvaient temporairement du mauvais côté du rideau de fer. Sa conception d'une Europe « réconciliée dans son histoire et dans sa géographie », qui devait aboutir dix ans plus tard dans la formule essentiellement rhétorique « de l'Atlantique à l'Oural », fut motivée par trois idées fort enchevêtrées. D'abord, son refus de l'arbitraire de l'Histoire devait tenir éveillée la lueur d'espoir permettant aux citoyens de l'Europe centrale et orientale de croire toujours en l'avenir. Ensuite, la réunification de l'Allemagne, considérée très tôt par de Gaulle comme inéluctable à terme, ne saurait être envisagée que dans un contexte géographique et géopolitique très vaste. Enfin, la notion d'une Europe allant de l'Océan à la steppe supposait en même temps non seulement la paix et la fin des deux blocs, mais aussi la capacité pour l'Europe de nouer des rapports « normaux » tant avec Washington qu'avec Moscou. De Gaulle n'entendait nullement que la formule « de l'Atlantique à l'Oural » soit prise à la lettre. Elle devait être comprise surtout symboliquement comme représentant le sens de l'Histoire. Là aussi il voyait clair et loin. La réconciliation transcontinentale prônée par les « mouvements de citoyens » (à l'Est et à l'Ouest) dans les années 1980 reprenait bien des thèmes gaulliens. L'idée d'une Confédération européenne lancée par François Mitterrand en janvier 1990 répondait directement à la même vision, tout comme le projet enfanté par la Commission européenne en 2003 d'une « politique de voisinage » en direction du proche étranger de l'Union européenne. Ces vastes projets, dont l'Histoire seule donnerait la réponse, ne furent pas réalisables du vivant du Général. Ils n'en furent pas moins clairement entrevus, quarante ans avant leur aboutissement historique, comme la seule solution possible aux contradictions inhérentes à l'Europe.

Les discours et communications européens du général de Gaulle pendant la traversée du désert reflétaient immanquablement deux éléments souvent objectivement contradictoires. La vision lucide d'une Europe fonctionnelle, capable d'être un multiplicateur de puissance pour tous les pays du continent – la France en premier – et en même temps de contribuer à la résolution des problèmes issus de la guerre, se heurtait constamment au discours « oppositionnel » qui s'obstinait à ne déceler dans tous les actes de la IVe République que « renoncements » et « abandons » nationaux. Ainsi, les campagnes gaulliennes contre le Conseil de l'Europe, contre la CED, contre la Communauté européenne du charbon et de l'acier (CECA) et finalement contre le traité de Rome contribuaient toutes à créer le mythe d'un de Gaulle « antieuropéen ». Revenu au pouvoir en 1958, le verbe (sans jamais qu'il se taise) fut le plus souvent remplacé par l'action. Le Général cherchait constamment, en tant que président de la Ve République, à promouvoir la construction d'une Europe des nations – unifiées sur les plans politique, économique, commercial et culturel. Le point de départ, cette fois-ci, fut sans ambiguïté le politique. De Gaulle s'en est ouvert dès le 7 août 1958 au Premier ministre italien Amintore Fanfani, en évoquant la nécessité d'une coopération politique intensive au niveau des ministres et des chefs d'État ou de gouvernement pour que ceux-ci prennent « le goût et l'habitude de considérer ensemble tous les problèmes d'intérêt commun et, pour autant que ce soit possible, d'adopter à leur sujet une seule et même attitude ».

Modernité du plan Fouchet. Entre l'été 1958 et l'été 1960, il peaufine sa conception à l'occasion d'entretiens avec, notamment, Konrad Adenauer, Joseph Luns et Paul-Henri Spaak, avant de formuler, par le biais du plan Fouchet, un projet précis fait de trois éléments intimement entrelacés : premièrement, la coopération politique intensive poursuivie sur le plan intergouvernemental ; deuxièmement, la réforme des institutions des Communautés existantes afin de subordonner les « organismes supranationaux » à la volonté des capitales nationales ; troisièmement, l'abandon des structures militaires intégrées de l'OTAN, qu'il dénonçait comme incompatibles avec une Europe majeure et responsable. En plus, il proposait la constitution d'un « concert » des dirigeants politiques, dont les réunions seraient préparées par des comités spécialisés dans les quatre domaines prioritaires : politique, économie, culture et défense. Le tout serait coiffé d'une assemblée formée de délégués des parlements nationaux et approuvé dans des référendums dans chaque pays. Il devint rapidement évident qu'aucun de ses partenaires européens ne partageait dans le détail cette vision gaullienne. Leur réticence fut double. Ils appréciaient mal l'hostilité à peine voilée qui s'y manifestait à l'encontre de l'OTAN et du Marché commun tels qu'ils fonctionnaient à l'époque. De plus, les cinq autres pays fondateurs souhaitaient tous l'accession rapide de la Grande-Bretagne. Le blocage fut évité par trois facteurs. D'abord, Jean Monnet, malgré son manque de sympathie pour le détail du plan Fouchet, estimait qu'il fallait profiter de cette relance, même gaullienne, de l'Europe pour aller de l'avant. Ensuite, de Gaulle lui-même commençait à nuancer ses attaques contre la Commission, se rendant compte que le succès du plan Fouchet se solderait inévitablement par la mise au pas des « organismes » bruxellois. Enfin, Adenauer, déçu par le manque de volontarisme américain, impressionné par la victoire du Général au référendum sur l'Algérie, et moins agité que bien de ses collègues au CDU par le débat théorique sur le fédéralisme, décida de soutenir les initiatives du Général. Le résultat fut le lancement officiel, en février 1961, de la commission Fouchet, dont les travaux allaient durer jusqu'en avril 1962. L'épopée Fouchet a été maintes fois racontée et autant de fois analysée. Pour les uns, la faille la plus profonde fut la querelle entre fédéralistes et confédéralistes. Pour les autres, les prétendues visées gaulliennes sur les prérogatives de la Commission, notamment dans le domaine économique, sonnaient le glas des institutions européennes existantes. Pour d'autres encore, le problème de l'ambivalence française envers l'accession britannique fut fondamental. Enfin, pour ceux qui privilégiaient le dossier sécuritaire, la goutte d'eau qui fit déborder le vase fut l'attaque contre les structures de l'OTAN. Et pourtant, l'on sait aujourd'hui que de Gaulle était prêt à accepter bien des compromis pour faire triompher sa vision d'une Europe dotée de structures lui permettant de bien fonctionner – surtout dans les domaines politique et de défense. Des observateurs américains mettaient l'accent sur sa prétendue volonté de séparer la sécurité européenne et celle des États-Unis. Mais de Gaulle répétait inlassablement que ce n'était nullement son intention. Au contraire, sa vision d'une Europe puissante fut inséparable de celle d'une communauté atlantique étroite.

L'échec du plan Fouchet représentait la défaite temporaire de la conception gaullienne de l'Europe. Celui-ci s'explique par le cumul de trois facteurs incontournables. Le contexte historique fut défavorable avec des ambivalences partout – l'administration Kennedy naissante, le gouvernement d'Harold Macmillan expirant, le régime de Nikita Khrouchtchev au pied du mur, celui d'Adenauer en proie à des luttes de clans meurtrières. En outre, le clash des personnalités était dramatique – les Français ne se doutant pas à quel point le Général faisait grincer les dents à La Haye, à Bruxelles et même à Rome. Enfin, de Gaulle lui-même a sous-estimé la capacité de petits pays comme les Pays-Bas et la

Belgique à tenir tête au couple franco-allemand.

Mais sa vision, bien que mise en échec, ne disparut pas. Dans les années 1980 et 1990, alors que par le biais de conférences intergouvernementales (Maastricht, Amsterdam), les pouvoirs du Conseil européen (élément central du plan Fouchet) venaient l'emporter sur ceux de la Commission, le rééquilibrage institutionnel qu'il estimait essentiel s'effectuait de lui-même. Au tournant du siècle, alors que les pays d'Europe centrale et orientale s'apprêtaient à rejoindre leurs cousins occidentaux (y compris ceux de l'Allemagne réunifiée), son projet géopolitique transcontinental prenait forme. Et avec le lancement de la PESD dans la foulée du sommet franco-britannique de Saint-Malo en 1998, ce fut sa vision originelle – d'une Europe de la défense forgée autour de la France et de la Grande-Bretagne – qui reprenait l'essentiel de ses objectifs de restructuration de l'Alliance atlantique. En ce sens, c'est de Gaulle, autant que et peut-être même plus que Jean Monnet, qui figure comme le véritable « père fondateur » de l'Europe actuelle des Vingt-Cinq.

Jolyon Howorth

• *Voir aussi* : Angleterre ; CED ; Chaise vide ; Europe des États ; Marché commun

Bibl. : Frédéric Bozo, *Deux stratégies pour l'Europe : de Gaulle, les États-Unis et l'Alliance Atlantique : 1958-1969*, Paris, Plon, 1996 • Gilles Gozard, *de Gaulle face à l'Europe*, Paris, Plon, 1976 • Pierre Maillard, *De Gaulle et l'Europe : entre la nation et Maastricht*, Paris, Tallandier, 1995.

« L'EUROPE DE L'ATLANTIQUE À L'OURAL ». – La formule est tirée du discours prononcé à Strasbourg en novembre 1959 : « Oui, c'est l'Europe, depuis l'Atlantique jusqu'à l'Oural, c'est l'Europe, c'est toute l'Europe, qui décidera du destin du monde ! » L'expression cheminait depuis longtemps dans ses interventions – ainsi le 16 mars 1950 : « L'atmosphère européenne serait changée de l'Atlantique jusqu'à l'Oural », ou, le 12 novembre 1953 : « [En 1945], je n'oubliais pas que l'Europe va de Gibraltar à l'Oural. »

Employée à maintes reprises par la suite, cette expression a une formidable portée politique. En pleine guerre froide, à une époque où la bipolarité est un des grands principes organisateurs de la vie internationale, elle suggère une remise en cause de l'ordre établi à la fin de la Seconde Guerre mondiale et une posture particulière face au grand allié américain. Elle conduit à s'interroger sur la sortie du conflit Est-Ouest et sur la réunification du Vieux Continent. Évoquer une Europe qui s'arrête à l'Oural, qui n'est une frontière ni politique ni culturelle, revient à proposer d'amputer l'URSS des deux tiers de son territoire. Si les Soviétiques n'ont guère dénoncé cette formule dans laquelle ils ont vu avant tout une contestation de la présence américaine, ils ont cependant demandé des éclaircissements par voie diplomatique.

De Gaulle refuse la division de l'Europe « artificielle et stérile » qui est « le pire mal de notre époque ». Sa volonté de modifier le statu quo rejoint ici le sens profond qu'il a de l'Histoire. Parce qu'elle est une réalité historique et géographique, l'Europe ne peut se réduire à sa partie occidentale. Le projet gaullien correspond à une grande ambition internationale : au sein d'une Europe réconciliée, à nouveau maîtresse de son destin, la France redevient, face aux États-Unis, un acteur central de la vie internationale. Il est aussi un grand projet d'équilibre et de paix. L'Europe de l'Atlantique à l'Oural inclut l'URSS ou du moins la Russie, car c'est à elle que de Gaulle se réfère le plus souvent, convaincu que les idéologies et les régimes passent alors que les nations demeurent. Elle implique une réconciliation franco-allemande et un règlement du problème allemand pouvant aller jusqu'à la réunification. Les questions russe et allemande sont ici liées : lorsqu'elle ne sera plus ni totalitaire ni expansionniste, l'URSS contribuera à l'équilibre indispensable à la paix.

Anne de Tinguy

• *Voir aussi* : Allemagne ; Europe ; Relations internationales ; URSS

Bibl. : Hélène Carrère d'Encausse, « La politique du général de Gaulle à l'Est », *Espoir*, nº 62, mars 1988, p. 29-39 • Edmond Jouve,

« L'Europe de l'Atlantique à l'Oural », *Espoir*, n° 18, mars 1977, p. 14-20 • Maurice Vaïsse, *La Grandeur : politique étrangère du général de Gaulle, 1958-1969*, Paris, Fayard, 1998.

EUROPE DES ÉTATS. – Pour le général de Gaulle, les États sont la voie obligée de la construction de l'Europe. Lors de la conférence de presse du 5 septembre 1960, après avoir abordé la question algérienne, il évoque le thème : « Construire l'Europe, c'est-à-dire l'unir [...] or quelles sont les réalités de l'Europe ? Quels sont les piliers sur lesquels on peut la bâtir ? En vérité ce sont des États [...]. » Pour lui, les organismes de la Communauté économique européenne (CEE) « ont leur valeur technique mais ils n'ont pas et ne peuvent pas avoir d'autorité et par conséquent d'efficacité politique ». Il propose un « concert organisé régulier des gouvernements responsables, et puis, aussi, le travail d'organismes spécialisés dans chacun des domaines communs ». Ce sont des idées qu'il a déjà développées, notamment dans sa conférence de presse du 25 février 1953 sur la CED (Communauté européenne de défense). En septembre 1960, il s'exprime après une série d'entretiens avec les chefs de gouvernement des pays de la CEE.

La note remise à Konrad Adenauer le 30 juillet 1960 montre sa prévention à l'égard des institutions des Communautés. « Adopter cette conception [celle de la coopération des États] c'est admettre que les organismes "supra nationaux" qui ont été constitués entre les Six et qui tendent inévitablement et abusivement à devenir des Super-États irresponsables seront réformés, subordonnés aux gouvernements et employés aux tâches normales du conseil et de la technique. » Le général de Gaulle souhaite faire évoluer rapidement l'organisation européenne. Il pense en avoir convaincu le chancelier Adenauer lors de leur entrevue à Rambouillet, les 29 et 30 juillet 1960. Le 1er août, il écrit à Maurice Couve de Murville, ministre des Affaires étrangères : « À la suite de la visite du chancelier, il nous faut battre le fer de l'organisation de l'Europe car le fer est chaud. » Mais les rencontres de l'été avec les autres chefs de gouvernement révèlent plusieurs difficultés : l'éventuelle entrée du Royaume-Uni, la remise en question des relations avec l'OTAN, enfin le fonctionnement des Communautés existantes. C'est la raison pour laquelle le général de Gaulle juge nécessaire de s'exprimer devant la presse le 5 septembre.

La réaction des partenaires de la France est réservée. À Michel Debré, de Gaulle recommande la fermeté sur le fond mais aussi une grande souplesse tactique. En clair, on ne remettrait pas en cause les traités existants si l'Europe politique se faisait. Les 7 et 8 octobre, des entretiens entre Michel Debré, Maurice Couve de Murville et le chancelier Adenauer sont relativement tendus. Debré en tire la conclusion que le chancelier est en retrait par rapport à Rambouillet. Selon le témoignage de Jean-Marie Soutou, alors directeur d'Europe au Quai d'Orsay, « les problèmes des rapports avec les États-Unis et avec l'OTAN ont pesé de tout leur poids ».

La question de la coopération politique européenne resurgit en février 1961. Jean Monnet a œuvré en faveur d'une reprise de la discussion. En avril 1961, le chef de l'État français se déclare favorable à la formation d'une Commission d'études placée sous la direction d'une personnalité française, Christian Fouchet. Elle se réunit à partir du 16 mars 1961. À l'automne, un projet de traité d'inspiration française propose l'adoption d'une politique étrangère et de défense commune. Les institutions sont conçues dans la perspective d'une coopération intergouvernementale. Le projet français est assez bien reçu, sauf par les Pays-Bas. Dans les semaines suivantes, il est adopté comme base de travail. Cependant, deux événements conduisent à l'impasse. Le premier est l'annonce par Londres de sa candidature à l'entrée dans la Communauté. Les Pays-Bas, déjà réticents, exigent d'associer le Royaume-Uni aux travaux, ou du moins de lui offrir cette opportunité. L'attitude de La Haye paraît difficilement acceptable, mais Maurice Couve de Murville réussit à aplanir certaines difficultés. Transmis par le Quai d'Orsay à l'Élysée, le texte doit être approuvé par le chef de l'État français.

Le 17 janvier 1962, à l'issue du Conseil

des ministres, une version fortement remaniée du texte revient au Quai. Les modifications apportées à la demande du chef de l'État reflètent les préoccupations qu'il a exprimées à la conférence de presse de septembre 1960. Il a supprimé la référence à l'Alliance atlantique, et fait disparaître une incise essentielle aux yeux des partenaires de la France : « dans le respect des structures prévues aux traités de Paris et de Rome instituant les Communautés européennes ». Dès lors, le ministère des Affaires étrangères français peut anticiper les réactions des Cinq, le 18 janvier. Selon les témoins, ce fut la « consternation ».

Au début de l'année 1962, avec l'échec du plan Fouchet, la perspective d'une organisation politique de l'Europe s'éloignait pour longtemps. Élisabeth DU RÉAU

• *Voir aussi* : CED ; Conférence de presse du 25 février 1953 ; Marché commun ; OTAN

Bibl. : Institut Charles-de-Gaulle, *De Gaulle en son siècle*, t. 5, *L'Europe*, Paris, Plon-La Documentation française, 1992 • Éric Roussel, *Charles de Gaulle*, Paris, Gallimard, 2002.

« EUROPE DES PATRIES ». – Dans sa conférence de presse du 15 mai 1962, le général de Gaulle a démenti qu'il eût jamais utilisé cette expression : « je n'ai jamais, quant à moi, dans aucune de mes déclarations, parlé de "l'Europe des patries", bien qu'on prétende toujours que je l'ai fait. Ce n'est pas, bien sûr, que je renie, moi, la mienne ; bien au contraire, je lui suis attaché plus que jamais et je ne crois pas que l'Europe puisse avoir aucune réalité vivante si elle ne comporte pas la France avec ses Français, l'Allemagne avec ses Allemands, l'Italie avec ses Italiens, etc. Dante, Goethe, Chateaubriand appartiennent à toute l'Europe dans la mesure même où ils étaient respectivement et éminemment italien, allemand et français. Ils n'auraient pas beaucoup servi l'Europe s'ils avaient été des apatrides et s'ils avaient pensé, écrit en quelque "esperanto" ou "volapük" intégrés... Mais il est vrai que la patrie est un élément humain, sentimental, alors que c'est sur des éléments d'action, d'autorité, de responsabilité qu'on peut construire l'Europe. Quels éléments ? Eh bien, les États ! Car il n'y a que les États qui soient à cet égard valables, légitimes et capables de réaliser. J'ai déjà dit et je répète, qu'à l'heure qu'il est il ne peut pas y avoir d'autre Europe que celle des États, en dehors des mythes, des fictions, des parades. » Le lendemain, le 16 mai, les cinq ministres MRP (Mouvement républicain populaire) démissionnent du gouvernement. Charles DE GAULLE

• *Voir aussi* : Conférence de presse du 15 mai 1962 ; Europe

ÉVIAN (accords d'). – Signés le 18 mars 1962, les accords d'Évian ont officiellement mis fin à la guerre d'Algérie en reconnaissant à ce pays indépendance et souveraineté. Ils sont le terme d'un processus de paix amorcé dès 1956 sous forme de négociations secrètes, puis dans le cadre d'une négociation annoncée publiquement et initiée à Melun en 1960, poursuivie à Évian et à Lugrin en 1961, et achevée à Évian en 1962 peu après l'entrevue secrète des Rousses.

De Melun à Évian. L'échec des pourparlers de Melun, le 29 juin 1960, est suivi d'une période confuse où les tenants de l'intégration reprennent le dessus. En juillet, le Premier ministre Michel Debré tente d'officialiser une hypothétique « troisième force » musulmane en créant des commissions d'élus associées aux décisions françaises concernant l'Algérie. En proie aux tirs croisés des critiques de la droite activiste et de la gauche pacifiste, de Gaulle n'en maintient pas moins le cap de la négociation par une série de mesures prises en novembre 1960 : évocation, le 4 novembre, d'une « République algérienne [...] qui existera un jour », annonce du recours à un référendum approuvant le principe de l'autodétermination, création d'un ministère des Affaires algériennes. Le voyage qu'il effectue en décembre achève de le convaincre de l'emprise du FLN (Front de libération nationale) sur les masses algériennes. Manifestement demandeur, car soucieux de terminer une guerre qui divise la nation, place l'armée au seuil de la désobéissance, nuit au crédit international de la France et freine, par son coût, le développement de l'arme nucléaire, il s'adresse au

FLN le 11 avril 1961 en le sommant de choisir entre la rupture totale et les promesses d'une coopération mutuelle.

Retardée par le putsch des généraux, la conférence d'Évian, ouverte le 20 mai 1961, échoue sur la question du statut privilégié que la France réclame pour ses ressortissants ; celle de Lugrin, en juin, est interrompue par le refus des Algériens de voir le Sahara soustrait à la souveraineté du futur État. C'est au terme de rencontres secrètes en Suisse et surtout aux Rousses du 11 au 19 février 1962 que les contentieux s'aplanissent au prix de concessions mutuelles. Les agissements de l'OAS (Organisation armée secrète) en Algérie comme en métropole ne sont pas étrangers à cette commune volonté d'en finir. Le protocole des Rousses est approuvé par le Conseil national de la Révolution algérienne (CNRA), réexaminé et finalement adopté à la seconde conférence d'Évian le 18 mars 1962.

Les accords et leur application. Les accords d'Évian forment un dispositif imposant de 96 pages qui se compose de deux types de documents : un accord de cessez-le-feu prenant effet le 19 mars, signé par les deux parties, et un ensemble de « déclarations gouvernementales relatives à l'Algérie » adoptées d'un commun accord mais signées par la seule délégation française, le Gouvernement provisoire de la République algérienne (GPRA) ne pouvant être reconnu par la France avant le scrutin d'autodétermination. Une déclaration générale prononce la pleine souveraineté du futur État algérien, Sahara compris, et organise les pouvoirs publics durant la période transitoire. Une déclaration des garanties promet la sécurité de tous, quels qu'aient été les actes commis avant le cessez-le-feu, et accorde aux Français d'Algérie un statut protégé. D'autres déclarations fixent les principes d'une coopération économique, technique et culturelle. L'armée française devra avoir évacué l'Algérie dans un délai de deux ans, à l'exception de la base de Mers el-Kébir et de certains sites sahariens.

Comme tout compromis, les accords reposaient sur des concessions mutuelles. Force est de reconnaître que le FLN a obtenu l'essentiel : l'indépendance, l'intégrité territoriale, la représentation exclusive du peuple algérien et les promesses d'une coopération avantageuse. Encore a-t-il dû consentir à la non-reconnaissance du GPRA, à des garanties aux Français d'Algérie et à un traitement de faveur pour les sociétés pétrolières françaises. Le compromis d'Évian a, du reste, soulevé au CNRA réuni à Tripoli en mai-juin 1962, une forte opposition. Adopté à cette occasion, le « programme de Tripoli » en laisse prévoir une application restrictive. Du côté français, on s'est interrogé – sans parler de ceux qui n'ont vu dans les accords qu'un acte d'abandon ou de trahison – sur les qualités diplomatiques et manœuvrières du général de Gaulle. Il est clair que celui-ci était pressé d'en finir et que le facteur temps fut son principal adversaire. Ainsi dut-il reculer sur certaines exigences initialement intangibles. Mais il sut habilement recourir à la menace, comme celle de la partition et du regroupement des Européens dans l'Algérie côtière, ou de la création d'un exécutif provisoire sans le FLN, pour ramener ses adversaires à la table de négociation. Et rien ne dit qu'une prolongation de la guerre eût permis d'aboutir à un meilleur accord.

Tels quels, les accords d'Évian vaudraient par leur application. Sans doute de Gaulle ne s'illusionnait-il pas sur la solidité de cette « barrière de papier », et il n'envisageait nullement une application stricte dans une Algérie pacifique et réconciliée. Le délai de trois ans de double nationalité qu'il avait exigé pour les Français était en gros celui qui lui permettrait de tester la bonne volonté de ses anciens adversaires. Les événements tragiques de l'été 1962 en décidèrent autrement, jusqu'à vider les accords d'Évian de l'essentiel de leur contenu. L'exode massif des pieds-noirs ruina les chances d'une Algérie bicommunautaire, qui était le véritable pari des accords. La responsabilité en revient à la folie meurtrière et à la stratégie de terre brûlée de l'OAS qui a poussé au départ des centaines de milliers d'Européens affolés, mais aussi aux éléments les plus durs du FLN et de l'Armée de libération nationale

(ALN) qui, en multipliant enlèvements, assassinats et séquestrations, ne pouvaient qu'activer la panique et l'exode. De même fut ouvertement violée la clause de non-représailles : les harkis et autres « collaborateurs » firent l'objet d'une sanglante chasse à l'homme. Face à ce déferlement de violence, les autorités françaises ne firent pas toujours preuve d'équité dans le partage des responsabilités et tout laisse à penser qu'en minimisant les atrocités commises par le FLN, de Gaulle voulait conserver les chances d'une coopération à long terme. Or, les clauses de coopération contenues dans les accords ne furent guère mieux traitées. Les biens déclarés vacants furent saisis sans indemnité et les terres des derniers colons demeurés en Algérie confisquées en 1963. Les mines et les usines furent nationalisées en 1966 et 1968. Les clauses pétrolières furent révisées contractuellement dans un sens favorable à l'Algérie. Seuls les intérêts stratégiques de la France ont été convenablement respectés. À cette violation des accords qui s'inscrivait dans l'orientation révolutionnaire et anticolonialiste du programme de Tripoli, de Gaulle répondit par quelques mesures de rétorsion. Mais s'il refusa d'effectuer tout voyage dans l'Algérie indépendante, il décida de maintenir une aide budgétaire considérable (estimée à 3,3 milliards de francs entre 1963 et 1969) ainsi qu'une coopération culturelle et technique soutenue. Il entendait maintenir, ce faisant, les fondements d'une ultérieure réconciliation franco-algérienne tout en renforçant l'audience de la France dans le tiers-monde, et prouver ainsi que la décolonisation n'était synonyme ni d'humiliation ni de décadence mais d'affirmation d'une nouvelle ambition française. Bernard DROZ

• *Voir aussi :* Algérie (guerre d') ; Décolonisation ; FLN ; Harkis ; OAS ; Pieds-noirs

Bibl. : Charles-Robert Ageron, « Les accords d'Évian trente ans après », *Vingtième Siècle*, n° 35, juillet-septembre 1992, p. 3-15 • Jean Monneret, *La Phase finale de la guerre d'Algérie*, Paris, L'Harmattan, 2000 • Guy Pervillé, *1962 : la paix en Algérie*, Paris, La Documentation française, 1992.

EXPOSITIONS. – *Voir* FONDATION ET INSTITUT CHARLES-DE-GAULLE.

***EXPRESS* (*L'*)**. – De 1958 à 1969, *L'Express* ne cesse, au fil de ses numéros, de manifester son hostilité au gaullisme. Selon Françoise Giroud, l'hebdomadaire est même considéré en 1963 comme l'ennemi n° 1 par d'« éminents personnages du régime ». Michel Debré cherche d'ailleurs à susciter, au début des années 1960, la création d'un hebdomadaire entièrement dévoué au gaullisme, qui contrarierait ainsi l'influence de *L'Express* et de *France Observateur*.

Cette opposition à de Gaulle est née au lendemain du 13 mai 1958. Créé cinq ans auparavant par Jean-Jacques Servan-Schreiber pour soutenir les idées de Pierre Mendès France, *L'Express* s'est rapidement illustré par son combat anticolonialiste. S'il n'est pas hostile au retour aux affaires du général de Gaulle dont il guette les signes avant-coureurs depuis 1956, l'hebdomadaire reste circonspect devant les conditions dans lesquelles ce retour s'opère finalement. Reconnaissant à de Gaulle une « légitimité historique », *L'Express* semble prêt à se rallier à lui s'il consent à désavouer l'insurrection d'Alger. En titrant le 22 mai 1958 « De Gaulle, oui ou non ? », l'hebdomadaire paraît hésitant et donne à lire les positions de Jean-Paul Sartre, Pierre Mendès France, François Mauriac et Jean Amrouche. Même si des voix dissonantes se font entendre – celle de François Mauriac qui se rallie à de Gaulle dès le 22 mai 1958 et celle, plus nuancée, de Jean Daniel qui pense que de Gaulle négociera en Algérie –, c'est la thèse de Mendès France qui prévaut au sein du journal : de Gaulle est l'homme de l'émeute, il restera le prisonnier de ceux qui viennent de le porter au pouvoir. *L'Express* entre dès lors dans une opposition irréductible, reprochant à de Gaulle les conditions de son retour au pouvoir. En septembre 1958, à la veille du référendum sur la Constitution de la Ve République, l'hebdomadaire recommande de voter « non ». Une consultation est même organisée au sein de la rédaction, le « non » l'emportant largement sur le « oui », derrière lequel se trouvent les mauriaciens. À l'occasion du bilan de deux années de gaullisme, Maurice Duverger, interrogé par *L'Express*, souligne l'interprétation extensive du pouvoir d'arbitrage du chef de l'État. L'hebdomadaire dénonce aussi le fonctionnement plébiscitaire du régime. L'antigaullisme de *L'Express* n'est pas sans créer des dissensions internes. En désaccord sur la ligne du journal, gêné par les éditoriaux antigaullistes de Jean-Jacques Servan-Schreiber ou les dessins de Siné, François Mauriac préfère ainsi mettre un terme à sa collaboration en décembre 1960.

« Faut-il tuer de Gaulle ? ». Avec ce titre volontairement provocateur, Jean-Jacques Servan-Schreiber pose, au début de l'année 1963, la question de l'après-gaullisme. S'il persiste à dénoncer le pouvoir personnel de De Gaulle, le directeur de *L'Express* explique que, bien sûr, il ne s'agit pas de tuer le chef de l'État, mais de le remplacer et de rétablir un véritable régime démocratique. Une fois l'indépendance algérienne proclamée, prenant acte de la présidentialisation du régime, l'hebdomadaire souhaite provoquer une alternance au pouvoir. Le 7 mars 1963, sa couverture intitulée « Le prochain président » affichera clairement ses intentions. À la suite de l'échec du « cartel des non » en décembre 1962, l'hebdomadaire et son directeur évoquent l'idée d'une rénovation de la gauche non communiste qui déboucherait notamment sur une candidature unique, seule capable de battre de Gaulle. Dès lors, *L'Express* se lance activement dans une précampagne présidentielle. En septembre 1963, à la suite d'une rumeur – lancée par les gaullistes – sur une éventuelle élection anticipée du président de la République au suffrage universel, les lecteurs de l'hebdomadaire découvrent « Monsieur X », candidat unique de la gauche non communiste à l'élection de 1965 et qui, selon *L'Express*, offrira l'alternance tant souhaitée au gaullisme. Le premier article qui lui est consacré est, à cet égard, sans équivoque : « Monsieur X contre de Gaulle ». De semaine en semaine, Jean-Jacques Servan-Schreiber, Jean Ferniot et Georges Suffert se succèdent pour dresser le portrait-robot du candidat, représentatif de la France de demain. « Monsieur X » est volontiers présenté comme l'anti-général de Gaulle à l'écoute des « forces vives » du pays. Derrière ce portrait transparaissent rapidement les traits du maire de Marseille, Gaston Defferre. Toutefois, si l'hebdomadaire prône une opposition constructive au gaullisme, il poursuit avec assiduité ses critiques à l'encontre du chef de l'État, dressant de sévères tableaux de la « responsabilité du Général » sur la situation financière, économique et sociale du pays et l'attaquant notamment sur sa politique de création d'une force de frappe nationale et son attitude à l'égard des États-Unis. Les caricatures de Tim et Jean Effel ne montrent aucune complaisance pour de Gaulle. Cependant, la tentative lancée par *L'Express* périclite avec le retrait de la candidature de Gaston Defferre et l'échec du projet de Grande Fédération. En décembre 1965, l'hebdomadaire invite à voter indifféremment pour Jean Lecanuet ou François Mitterrand au premier tour de l'élection présidentielle.

Le général de Gaulle réélu, l'antigaullisme de *L'Express* demeure plus vivace que jamais. Le journal continue à dénoncer régulièrement la « royauté » gaulliste. La première surprise passée, il voit en Mai 68 l'occasion tant attendue de provoquer le départ du Général. Mais ce n'est qu'avec le référendum de 1969 que l'hebdomadaire, qui continue à reprocher au chef de l'État son obstination à rester au pouvoir, trouve satisfaction. À la mort de Charles de Gaulle, si *L'Express* salue l'homme de la Résistance et le liquidateur de l'Empire colonial français, il reste critique devant le vieil homme issu du XIXe siècle peinant à saisir les exigences du temps nouveau et trop attaché au « mythe de l'indépendance nationale ».

Véronique ODUL

• *Voir aussi :* Antigaullistes ; Dessins et caricatures ; Élection présidentielle de 1965 ; Presse ; Retour de 1958

Bibl. : Christian Delporte, « Michel Debré et les médias », dans Serge Berstein, Pierre Milza et Jean-François Sirinelli (dir.), *Michel Debré, Premier ministre, 1959-1962*, Paris, PUF, 2005 • Michel Jamet, *L'Express de Jean-Jacques Servan-Schreiber, ruptures et continuités*, université Paris X-Nanterre, thèse de 3e cycle, 1979 •

Pierre Viansson-Ponté, *Histoire de la République gaullienne*, Paris, Fayard, 2 vol.,1970 et 1971.

EXTRÊME DROITE. – On crédite le général de Gaulle d'avoir un jour dit : « Tout le monde a été, est ou sera gaulliste. » Avérée ou supposée, l'assertion est d'une vérité générale : à un moment ou à un autre de la longue histoire qui a associé le nom de De Gaulle au destin national, tous les Français ont partagé ses choix, épousé sa cause ou se sont ralliés à sa personne. À une exception près, qui infirme l'universalité du propos : l'extrême droite, qui n'a jamais, elle, été tentée de se rallier à sa personne : même dans les situations les plus graves, les considérations les plus pressantes ne lui ont jamais fait surmonter une animosité inextinguible. Les relations entre de Gaulle et elle ont été ou inexistantes ou exécrables.

Lui-même n'a jamais eu d'affinités avec les expressions, intellectuelles ou politiques, de l'extrême droite. Le milieu familial n'avait pas de sympathie pour elles : son père croyait à l'innocence de Dreyfus ; lui-même était lecteur du *Correspondant*, périodique d'inspiration catholique libérale. S'il a partagé la vision de l'école nationaliste des relations internationales régies par la volonté de puissance des États, monstres froids, indifférents à tout autre sentiment, s'il a un temps fait sienne l'analyse bainvillienne des rapports entre la France et l'Allemagne, il n'a jamais été, contrairement à une légende, maurrassien. Il a été trop imprégné de la lecture de Bergson et trop convaincu de la réalité des évolutions des sociétés pour se satisfaire de la vision fixiste de l'école du nationalisme dit « intégral ». Il a trop lu Chateaubriand et Michelet, Barrès et Péguy pour épouser les nostalgies passéistes de Maurras et accepter notamment les exclusives jetées contre des périodes entières de l'histoire de France, que lui accepte dans son intégralité. La présentation de cette histoire, qu'il publie à la veille du second conflit dans *La France et son armée*, l'atteste : il y rend hommage à Carnot et Gambetta comme aux rois qui ont fait la France, et à leurs ministres. De Gaulle n'était peut-être pas démocrate de cœur, mais sa connaissance de l'Histoire l'avait instruit du caractère inéluctable de l'évolution des esprits et des régimes. Collaborateur occasionnel du quotidien *L'Aube*, dirigé par le démocrate Francisque Gay, membre des Amis de *Temps présent*, hebdomadaire catholique d'ouverture, le colonel de Gaulle en 1939 ne partageait aucune des certitudes ni moins encore des détestations de l'extrême droite traditionnelle. Quant au fascisme et aux régimes autoritaires, ils lui inspiraient une aversion profonde.

Ce sont les circonstances exceptionnelles créées par la défaite de nos armes qui ont conduit de Gaulle à entrer en conflit ouvert avec l'extrême droite antirépublicaine. Si le refus d'admettre que la guerre était irrémédiablement perdue n'avait pas d'autre inspiration qu'un sursaut patriotique et si la condamnation de l'armistice n'avait pas de connotation idéologique caractérisée, la prise de position de De Gaulle n'a pas tardé à se charger d'une signification proprement politique en rupture avec les idées de l'extrême droite, du fait de son désaccord avec le maréchal Pétain et de la dérive de son gouvernement, engagé dans une politique réactionnaire. La Révolution dite « nationale » n'est que la Contre-Révolution. C'est la revanche de 1789. Si ses idées sont au pouvoir à Vichy, l'extrême droite n'y est pas toute, ni seule. Elle n'est pas un bloc infrangible : par patriotisme, antigermanisme ou fidélité à l'enseignement premier de Maurras, d'anciens camelots du roi et même des cagoulards ont rejoint la France libre ou la Résistance intérieure. Mais le gros de cette famille politique est solidaire du maréchal et accompagne son gouvernement jusque dans ses pires dérives : elle flétrit la dissidence gaulliste comme une trahison.

Par réaction, dès l'automne 1940, de Gaulle est conduit à faire profession de fidélité à la démocratie et à prendre l'engagement de restaurer la République. Le combat de la France libre revêt ainsi une double signification : outre la libération du territoire, le rétablissement de la légalité républicaine et même l'aspiration à l'instauration d'une démocratie plus authentique. Toutes les gauches se rangent progressivement derrière de Gaulle. Que celui-ci compte dans son entourage des radicaux et des socialistes conforte l'extrême droite vichyssoise dans ses préventions contre l'homme du 18 Juin. À plus forte raison quand, allant plus loin que Léon Blum en 1936, il confie à deux communistes des responsabilités ministérielles. Surtout, l'extrême droite ne pardonnera jamais à de Gaulle, président du Gouvernement provisoire, l'épuration, les poursuites contre Maurras, l'exécution de Brasillach, le procès de Pétain et sa condamnation.

L'action conduite par le Gouvernement provisoire sous l'autorité de De Gaulle entre septembre 1944 et son retrait, le 20 janvier 1946, confirme les fidèles de Vichy dans leur conviction d'avoir affaire à un ennemi et grossit le dossier de leurs griefs. Tout, dans sa politique, est à leurs yeux détestable : la composition même de ce gouvernement qui fédère toutes les forces de subversion, acharnées à détruire l'ordre naturel et à effacer la vraie France, la présence des communistes avec au premier rang Maurice Thorez, relevé de sa condamnation pour désertion, et aussi les réformes de structure qui introduisent le collectivisme, l'alliance avec Staline. Toutes choses qui accréditent à l'extrême droite le soupçon que de Gaulle est – intentionnellement ou à son insu, peu importe – le fourrier du communisme.

L'épisode suivant de la geste gaullienne – celui du RPF – a marqué un relâchement de l'hostilité et même certains rapprochements. Certes, l'extrême droite n'absout de Gaulle pour aucune des fautes dont elle lui impute la responsabilité, mais quelques-unes de ses têtes pensantes observent qu'ils ont les mêmes adversaires, les partis au pouvoir, et qu'ils se retrouvent sur des positions proches : la critique des institutions de la IVe République, la dénonciation du régime des partis et des méfaits du parlementarisme, la mise en garde contre les menées de ceux que de Gaulle stigmatise sous le nom de « séparatistes », et aussi l'opposition à tout démantèlement de la souveraineté nationale, que ce soit avec la création de la Communauté européenne du charbon et de l'acier ou le projet de Communauté européenne de défense, et la défense de l'héritage colonial. Quelques-uns en viennent à renouer avec le gaullisme et à mettre leur espoir dans le retour du général de Gaulle ; il s'en trouvera parmi les instigateurs et les acteurs du 13 Mai. C'est la position par exemple du journal La *Nation française* et de son directeur, Pierre Boutang.

Leur attente sera vite déçue. Ils attendaient de lui qu'il amarre définitivement l'Algérie à la métropole. S'ils ont pu croire un moment qu'ils avaient été compris, ils ont dû déchanter et se convaincre que l'Algérie française n'était pas son objectif : par étapes, de Gaulle a imprimé à sa politique algérienne une série d'inflexions qui dessinaient une tout autre voie, acheminant vers l'indépendance ; promesse de l'autodétermination, référence à une Algérie algérienne. Les activistes d'extrême droite ont alors le sentiment d'être trahis. Aux motifs anciens, qui n'étaient pas oubliés, s'ajoute la fureur d'avoir été trompés. Leur déconvenue dégénère en haine véritable. De Gaulle est tenu pour responsable d'une évolution jugée catastrophique. En le supprimant, on ne désespère pas d'enrayer un processus désastreux. De surcroît, il doit payer : il mérite la mort. Cet état d'esprit anime l'organisation clandestine qui fomente toutes sortes d'attentats, le plus spectaculaire, le mieux préparé aussi, étant celui du Petit-Clamart, qui échoua. L'antagonisme entre de Gaulle et une fraction de l'extrême droite a culminé dans cette sorte de guerre civile qui oppose les fidèles de Vichy, les nostalgiques de l'ancien régime au chef de l'État soutenu par la grande majorité de l'opinion métropolitaine.

La fin de la guerre d'Algérie ne désarme pas les passions ; l'opposition absolue de l'extrême droite à la personne et à la politique du général de Gaulle trouva une occasion de se manifester, lors de la première élection au suffrage universel du président de la République, en décembre 1965, avec la candidature contre lui de Jean-Louis Tixier-Vignancour, dont l'itinéraire était comme un résumé emblématique de l'histoire de l'extrême droite française : disciple de Maurras, ligueur d'Action française, ayant exercé une responsabilité à la radio de Vichy, avocat des députés poujadistes, des généraux putschistes et des chefs de l'OAS. Les 5 % de suffrages qui se portèrent sur son nom mesurèrent précisément l'audience de l'antigaullisme de la droite extrême. Plus tard, les chemins du gaullisme et de l'extrême droite ne se croiseront jamais. René RÉMOND

• *Voir aussi* : Antigaullistes de droite ; Collaboration ; Épuration ; Nationalisme ; OAS

Bibl. : René Rémond, *Les Droites en France*, Paris, Aubier-Montaigne, 4ᵉ éd., 1982 • Id., *Les Droites aujourd'hui*, Paris, Audibert, 2005.

F comme France

« On s'étonne aussi que la France veuille être elle-même à l'extérieur, qu'elle ne renonce pas à être la France même en Europe, même dans le monde. La France a choisi une fois pour toutes d'être la France et j'invite tout le monde à s'en accommoder. »

De Gaulle, Allocution prononcée à Brest le 7 septembre 1960, *Le Monde* du 9 septembre 1960.

FABRE-LUCE, Alfred (1889-1983). – Analysant au scalpel l'action du général de Gaulle et ne lui consacrant pas moins de cinq livres entre 1958 et 1971, Alfred Fabre-Luce en fut un accusateur permanent.

Petit-fils d'Henri Germain, le fondateur du Crédit Lyonnais, Fabre-Luce est licencié en droit et en lettres, et diplômé de l'École libre des sciences politiques. Il fait une entrée fracassante dans la carrière de maître du contre-pied en publiant à vingt-cinq ans *La Victoire*, chez Gallimard, ouvrage dans lequel il désigne Poincaré comme le seul responsable de la Première Guerre mondiale Cet anticonformisme rencontre des échos chez les déçus des traités de paix. En 1932, ni radical ni socialiste, de tempérament autoritaire, Fabre-Luce se présente sans succès dans l'Ain sous les couleurs du Parti républicain socialiste, une formation souple et ouverte aux nouveaux venus. En 1938, il se rapproche un moment du Parti populaire français de Jacques Doriot. Inclassable, « à la frontière des lettres et de la politique », historien à ses heures, il entretient, dit Éric Roussel, des rapports « toujours équivoques » avec la droite. Démobilisé en 1940, il entre à la NRF et publie, en 1942, *Le Journal de la France, août 1940-avril 1942*, dans lequel il fustige « Gaulle », professe son admiration pour le maréchal Pétain et Pierre Laval et approuve les diatribes de Paul Marion, secrétaire d'État à l'Information, contre les « gaullistes ». Faute d'avoir soumis son livre à la censure, il est emprisonné pendant quatre mois en 1943. En août 1944, il est arrêté pour faits de collaboration et condamné en 1949 à dix ans de dégradation nationale.

En de Gaulle, Fabre-Luce ne vit jamais qu'un opportuniste – « il sait tirer parti des accidents » –, un plagiaire – de la fameuse phrase : « La France a perdu une bataille... » –, enfin un sectaire subtil, confondant habilement l'intérêt de la France avec ses propres ambitions. Favorable à la Constitution de 1958, l'écrivain resta d'une vigilance polémique permanente vis-à-vis du Général. Européen convaincu, jusqu'à manifester en 1942 son soutien au « nouvel ordre européen » fondé sur les victoires de l'Allemagne nazie, il postule alors que devant le danger de « la déchéance de l'Europe entière [...], il n'y a pas d'autre remède qu'une coopération franco-allemande ». Le polémiste se distingua surtout par la publication, en 1962, de *Haute Cour*. Sous une forme romancée, l'ouvrage mettait de Gaulle en scène devant une juridiction d'exception prévue par l'article 68 de la Constitution de 1958. Le Général était poursuivi pour abandon du territoire national en 1940, entreprise de démolition de l'armée, violation et trahison de sa charge dans des conditions constituant l'état de forfaiture. Le livre fut censuré pour offense au chef de l'État et retiré de la vente avec ordre de détruire les volumes. Cet épisode aura marqué un paroxysme dans la répression des critiques adressées au président de la République.

Même après la mort du Général, Alfred Fabre-Luce poursuivit de sa vindicte le « Fauve civilisé ». Philippe LEVILLAIN

• *Voir aussi :* Censure ; Collaboration ; Épuration ; Intellectuels ; Ouvrages biographiques

Bibl. : Alfred Fabre-Luce, *Journal de l'Europe, 1946-1947*, Paris, La Diffusion du livre, 1947 • Id., *Le Plus Illustre des Français*, Paris, Julliard, 1960 • Id., *L'Anniversaire*, Paris, Fayard, 1970 • Id., *J'ai vécu plusieurs siècles*, Paris, de Fallois, 1974

FAIZANT, Jacques (1918-2006). – Vers 1935, alors qu'il est réceptionnaire dans des hôtels de la Côte d'Azur, Jacques Faizant commence à dessiner sur le papier bristol des menus. 1945 marque un tournant : la floraison de journaux à la Libération lui permet de faire enfin l'apprentissage du métier et l'obtention de la carte de presse le consacre professionnellement. La même année, il rencontre Jean Nohain qui lui propose de réaliser une histoire à suivre ; ainsi naît *Le Colonel Blum*, qui, pendant sept ans, fera la joie des lecteurs du *Petit Canard*, supplément illustré de *Bonjour Dimanche* dirigé par Nohain. Ses dessins paraissent dans de nombreuses publications (*La Vie catholique*, *Jours de France* et *France Dimanche*). Mais ce sont *Les Vieilles Dames*, créées en 1959 pour *Paris-Match*, qui le rendent célèbre.

Son premier dessin politique paraît le 24 février 1960, dans *Paris Presse*, après la première explosion de la bombe atomique à Reggane. Il avoue n'avoir commencé à s'intéresser à la vie politique qu'au retour du Général : « De Gaulle m'a beaucoup inspiré. Je me demande si je me serais lancé dans le dessin politique s'il n'y avait pas eu le Général », déclare-t-il en 1990 dans *L'Humour au quotidien*. Le 1er septembre 1960, lors des jeux Olympiques, paraît un dessin significatif de l'image que Faizant donnera par la suite du Général : le président, vêtu d'un jogging, avance d'un pas alerte et s'exclame : « Si je ne fais pas tout moi-même dans ce pays ! » Derrière lui figure Marianne avec un journal titrant : « Rome 1960. Débâcle française aux JO. »

Si pour beaucoup, Faizant reste *le* dessinateur du Général, c'est qu'il a su capter son jeu théâtral et le rendre plus proche des Français. Il n'hésite pas à le représenter en pyjama, à en faire le père ou l'époux de Marianne. En 1965, *Le Nouveau Candide* lui demandera de réaliser la couverture en dessins de l'élection présidentielle. Deux ans plus tard, il prend la succession de Jean Sennep au *Figaro*. Il y apporte une innovation : les dialogues sont insérés directement dans le dessin par l'intermédiaire de bulles. Ainsi, le balancement entre le texte et l'image lui permet de mettre en scène les « petites phrases » du Général. En 1962, il avait illustré *Les Mots du Général* aux éditions Fayard.

Se définissant avant tout comme un journaliste, il se sert de ses dessins pour transmettre une idée. Ceux-ci sont simples, concis ; ne s'attardant pas sur les détails, ils guident la compréhension d'un événement. Le but est de montrer l'homme derrière la fonction, quitte à le désacraliser. Il semble que de Gaulle ait apprécié ses dessins. Après la parution de *La Nature des choses*, album consacré au Général, celui-ci lui adressa une lettre amicale et, lors d'une rencontre, il déclara : « Ah, vous, vous ne me manquez pas ! », laissant Faizant confus devant la polysémie du verbe « manquer ».

Le plus célèbre dessin consacré au Général fut réalisé lors de sa mort. Figurant un arbre abattu sur lequel pleure Marianne, il est désormais entré dans l'Histoire, montrant combien de Gaulle reste attaché au destin de la France.

Scylla MOREL

• *Voir aussi :* Dessins et caricatures ; Figaro (Le)

Bibl. : Jacques Faizant et Jean-Paul Tibéri, *L'Humour au quotidien*, Paris, J.-C. Godefroy,

1991 • Olivier Raynaud, *Jacques Faizant, dessinateur de légendes*, raconté par Pierre Pélissier, prologue de Jean d'Ormesson, Paris, Jean-Claude Lattès, 1996 • *Jacques Faizant : cinquante ans de dessins de presse*, Catalogue de l'exposition du 6 juin au 31 juillet 1996, Bibliothèque nationale de France-Galerie Colbert, Paris, Bibliothèque nationale de France, 1996.

FAMILLE. – *Voir* ASCENDANCE FAMILIALE ; FRÈRES ET SŒUR ; GAULLE, Anne de ; GAULLE, Élisabeth de ; GAULLE, François de ; GAULLE, Geneviève de ; GAULLE, Henri de ; GAULLE, Jeanne de ; GAULLE, Philippe de ; GAULLE, Pierre de ; GAULLE, Yvonne de ; LA BOISSERIE ; LILLE (maison natale) ; VIE QUOTIDIENNE.

FAURE (loi Edgar). – *Voir* ÉDUCATION NATIONALE.

FAURE, Edgar (1908-1988). – Edgar Faure présente le cas assez rare d'un dirigeant de premier plan de la IVe République rallié par réalisme au général de Gaulle et jouant un rôle important dans la Ve République sous la présidence de celui-ci.

En 1942, craignant pour la sécurité de son épouse Lucie Faure, d'origine juive, ce brillant avocat d'affaires gagne l'Afrique du Nord. En 1943-1944, il est directeur des services législatifs de la présidence du CFLN (Comité français de la Libération nationale) puis secrétaire général adjoint du GPRF (Gouvernement provisoire de la République française). Après un passage au cabinet de Pierre Mendès France, ministre de l'Économie nationale, il devient délégué adjoint du ministère public auprès du tribunal de Nuremberg. Élu député du Jura en novembre 1946, il s'impose très vite comme l'un des plus brillants dirigeants radicaux. De 1949 à 1958, il effectue une exceptionnelle carrière ministérielle, exerçant tour à tour les fonctions de ministre du Budget, de garde des Sceaux, et de ministre des Finances et des Affaires économiques. En 1952 et 1955, il est investi comme président du Conseil. Dès avril 1958, la paralysie face à la guerre d'Algérie d'une IVe République dont il a pu mesurer les dysfonctionnements le conduit à préconiser le retour au pouvoir du général de Gaulle. Aussi vote-t-il la confiance au Général le 1er juin 1958 puis les pleins pouvoirs et la délégation du pouvoir constituant le 2 juin. En dépit de ce ralliement sans réserve, Edgar Faure, symbole de la IVe République, est battu aux élections législatives de novembre 1958. Il trouvera un lieu d'accueil au Sénat comme élu du Jura en 1959, puis en 1965.

En 1962, le nouveau Premier ministre, Georges Pompidou, propose un portefeuille ministériel à ce républicain pragmatique, ouvert, dont la compétence et l'habileté politique constituent d'utiles atouts pour un gouvernement. Réintégré depuis fin 1961 au parti radical qui se range dans l'opposition, Edgar Faure doit décliner l'offre. Mais il accepte en 1963 la mission que lui confie le général de Gaulle de préparer le rétablissement des relations diplomatiques avec la Chine populaire. En 1966, lorsque Georges Pompidou entend donner à son gouvernement une teinte plus sociale en l'ouvrant au centre gauche, Edgar Faure devient ministre de l'Agriculture. Il réussit à mettre sur les rails le Marché commun agricole et à apaiser le ressentiment du monde agricole à l'égard de la politique de modernisation des structures entreprise par la Ve République. Cette réussite conduit le général de Gaulle à confier à Edgar Faure, après la crise de 1968, la difficile mission de rebâtir une université dévastée par la contestation. Entouré d'une équipe au sein de laquelle figurent des universitaires de gauche, il prépare une loi d'orientation réformant les structures et les modes de fonctionnement de l'Université autour des principes très libéraux de l'autonomie et de la participation. Proposant selon son expression « une loi PSU à une assemblée PSF », la très conservatrice Assemblée nationale élue en juin 1968, il la fait cependant adopter à l'unanimité, grâce notamment à l'appui entier de De Gaulle. Aux yeux des gaullistes les plus intransigeants, Edgar Faure fait désormais figure de fourrier du gauchisme. Après la démission du général de Gaulle, il quitte le gouvernement.

En 1972, il fonde avec Louis Joxe et Paul Granet le « Nouveau contrat social » dans lequel il s'efforce de définir un gaullisme social tourné vers le progrès et aboutissant à une démocratie de participation et à la promotion permanente grâce au partage des fruits de la croissance. Idées qu'il s'efforce de faire prévaloir comme ministre d'État chargé des Affaires sociales en 1972-1973. Éphémère candidat à la présidence de la République en 1974, pratiquant pour sa part la notion de « majorité d'idées » dont il aurait souhaité qu'elle inspire une vie politique « décrispée », il joue jusqu'à sa mort un rôle politique, dirigeant la région Franche-Comté, et conduisant des missions officielles. Serge Berstein

• *Voir aussi* : Agriculture ; CFLN ; Chine ; Éducation nationale ; GPRF

Bibl. : Serge Berstein et Pierre Milza, *Histoire de la France au XXe siècle*, Bruxelles, Complexe, t. 3, 4 et 5, 1991-1994 • Edgar Faure, *Prévoir le présent*, Paris, Gallimard, 1966 • Id., *Pour un nouveau contrat social*, Paris, Le Seuil, 1973.

FAURE, Maurice (né en 1922). – Fils d'enseignants, élevé dans un milieu républicain et laïque, Maurice Faure incarne le radicalisme du Sud-Ouest, opposé par toutes les fibres de sa culture politique au gaullisme de la Ve République.

Né en Dordogne, agrégé d'histoire et de géographie, il commence en 1947 une carrière dans les cabinets des ministres radicaux avant d'être élu en 1951 député radical du Lot. Secrétaire d'État aux Affaires étrangères chargé des questions marocaines et tunisiennes entre 1956 et 1958, il est l'un des négociateurs du traité de Rome créant le Marché commun. Ardent défenseur de la construction européenne, il vote en juin 1958 l'investiture du général de Gaulle, en raison de la conscience qu'il a de l'impasse dans laquelle se trouve la France en Algérie.

S'il soutient la politique algérienne du Général, il campe dès 1959 dans une opposition déterminée à la pratique politique présidentielle dans laquelle il voit une forme de pouvoir personnel d'essence bonapartiste. Président du parti radical, il tente d'organiser, de 1961 à 1965, une opposition centriste allant des modérés aux socialistes, contre les gaullistes et les communistes qu'il renvoie dos à dos. Il appuie la candidature de Gaston Defferre, fondée sur ce regroupement qualifié de « grande fédération », à l'élection présidentielle de 1965. Ce n'est que contraint et forcé qu'il se rallie en 1967 à la FGDS (Fédération de la gauche démocrate et socialiste) conduite par François Mitterrand.

Évincé en 1971 par Jean-Jacques Servan-Schreiber de la présidence du parti radical qu'il avait retrouvée en 1969, cet opposant au général de Gaulle et au gaullisme adhère au Mouvement de la gauche radicale-socialiste en 1972. Il retrouvera des fonctions ministérielles avec l'arrivée de la gauche au pouvoir en 1981, puis en 1988-1989, avant de devenir membre du Conseil constitutionnel. Serge Berstein

• *Voir aussi* : Bonapartisme ; Marché commun ; Parti radical

Bibl. : Serge Berstein et Marcel Ruby (dir.), *Un siècle de radicalisme*, Lille, Presses universitaires du Septentrion, 2004.

FAUVET, Jacques (1914-2002). – Né à Paris, licencié en droit, Jacques Fauvet commence sa carrière de journaliste en 1937, à *L'Est républicain*. Il y reste jusqu'à la guerre. Mobilisé dans les blindés, il est fait prisonnier en 1940 et envoyé dans un oflag d'où il ne sortira qu'en 1945, libéré par l'Armée rouge. C'est dans cet oflag que Fauvet, de sensibilité démocrate-chrétienne, rencontre Jean Guitton et le père Congar, avec lesquels il nourrit sa réflexion philosophique et théologique, et se lie d'amitié avec Henri Fesquet et Robert Gauthier qu'il va retrouver au *Monde*.

De retour à Paris, il entre au quotidien alors installé rue des Italiens, le 1er juillet 1945. D'abord affecté à diverses rubriques (université, anciens combattants, vie religieuse), il se spécialise dans les informations politiques à l'occasion des scrutins de l'automne 1945. Fauvet contribue à créer le service politique du *Monde* ; il en devient officiellement le responsable en 1948. Proche d'Hubert Beuve-Méry dont il partage le sensibilité démocrate-chrétienne, il grimpe un à un les échelons dans la hiérarchie du quotidien (rédacteur en chef adjoint en 1958, corédacteur en chef, avec André Chêneboit, en 1963, seul rédacteur en chef en 1966). Il s'affirme bientôt comme le successeur désigné du fondateur du *Monde*.

Fort d'une solide réputation de journaliste politique, commentateur informé, analyste distingué, Fauvet intègre vite le cercle étroit des hommes d'information qui approchent les responsables publics. Il est de ceux qui, aux côtés de Jean Ferniot (*France-Soir*), Georges Altschuler (*Combat*) et Louis Gabriel-Robinet (*Le Figaro*), sont invités dans les studios de radio ou sur les plateaux de télévision pour interviewer ministres et chefs de partis. Proche du MRP, il se démarque de De Gaulle au temps du RPF. Néanmoins, suivant la ligne de retenue définie par Beuve-Méry, il reste un observateur de la vie politique et ne s'engage pas. Le journaliste du *Monde* prolonge sa production d'articles quotidiens par l'écriture d'essais sur l'évolution de la vie publique : *Les Partis dans la France actuelle* (1947), *Les Forces politiques de la France* (1951), *La IVe République* (1959), *La Fronde des généraux* (1961), avec Jean Planchais, et encore *Histoire du Parti communiste français*, en deux tomes (1964-1965). Sans hostilité de principe à de Gaulle en 1958, il admet toutefois difficilement ce qu'il considère, durant la guerre d'Algérie, comme des manifestations d'entraves à la liberté d'informer. À l'instar de Beuve-Méry, il défend, dans ses articles, une position morale sur le plan journalistique comme sur le plan politique.

Cogérant de la SARL Le Monde en 1968, il devient directeur du quotidien en 1969 et le reste jusqu'en 1982. Après son départ, Fauvet assumera différentes responsabilités comme administrateur de la Bibliothèque nationale, en 1983 et 1984, puis président de la CNIL, entre 1984 et 1999. Christian DELPORTE

• *Voir aussi* : Beuve-Méry, Hubert ; Journalistes ; Monde (Le) ; Presse ; Viansson-Ponté, Pierre

FÉDÉRATION DE LA GAUCHE DÉMOCRATE ET SOCIALISTE. – *Voir* FGDS.

FEMMES. – Les « années de Gaulle » correspondent à une véritable révolution des relations entre les sexes : citoyenneté, essor du travail féminin, contraception, nouveaux mouvements de femmes... De Gaulle accompagne cette évolution sociétale plus qu'il ne l'impulse. Traditionnel dans sa conception des rôles, il ne s'oppose pourtant pas au changement. Du côté des femmes, il bénéficie en tout cas d'une popularité réelle.

Les Françaises citoyennes. Avant même l'ordonnance qu'il signe le 21 avril 1944 accordant aux femmes les mêmes droits civiques qu'aux hommes, de Gaulle concède aux femmes dans la France libre une forme majeure de citoyenneté : le droit de combattre pour défendre leur patrie. Il n'y songe pas en juin 1940, mais accède aux demandes qui affluent. D'abord informelle, puis officielle, la militarisation des femmes commence sous l'empire de la nécessité et par la volonté de quelques-unes. À la fin de la guerre, les milliers d'engagées, auxiliaires dans l'armée de terre, l'aviation et la marine, forment 2 à 3 % de l'armée nouvelle. N'oublions pas les « combattantes sans uniforme » de la Résistance intérieure. Radio-Londres s'adresse spécifiquement aux femmes à partir de 1941, ciblant certaines professions (enseignantes, infirmières, conductrices, etc.). Cette Résistance féminine est un phénomène majeur qui plaide pour l'avènement de la citoyenneté féminine. Dès 1942, dans sa déclaration aux mouvements de résistance, de Gaulle fait connaître sa volonté d'accorder le droit de vote aux femmes.

Mais à l'Assemblée d'Alger, les oppositions de la IIIe République se recomposent ; les mêmes craintes reviennent : la peur du nombre d'électrices, de l'« aventure »... La commission de la réforme de l'État, dirigée par l'ancien sénateur radical Paul Giaccobi, n'envisage que l'éligibilité des femmes. C'est le résistant communiste Fernand Grenier qui demande le droit de vote, dans un amendement d'abord rejeté par la commission puis adopté le 27 mars 1944 en séance publique, après de vifs débats. Le chef du Comité français de la Libération nationale approuve, mais sans commentaires. Dans ses *Mémoires de guerre*, laconique, il évoque simplement la fin de « controverses qui duraient depuis cinquante ans ». La question n'est pas de celles qui le passionnent. Il faut en tout cas souligner que la paternité de l'égalité politique des sexes est partagée et qu'elle n'est pas dénuée d'arrière-pensées. Rien d'« audacieux » dans cette décision, car la France ne peut plus attendre davantage si elle veut rejoindre les autres démocraties. Peu avant, le Conseil national de l'État français avait prévu, dans son projet constitutionnel refusé par l'occupant, de donner le droit de vote aux Françaises (mais non l'éligibilité). Conscient de son avantage auprès de l'électorat féminin, le général de Gaulle n'aura pas à regretter l'émancipation politique des femmes.

Les femmes gaullistes. Dès la Libération, la sensibilité gaulliste est représentée dans un nouveau groupement, Les Françaises libres, opposé à la puissante Union des femmes françaises. Au sein du RPF, Jeanine Alexandre-Debray lance l'Action féminine, officiellement créée en 1952. La structure vivote, mais le RPF a de nombreuses adhérentes : 20 % entre 1954 et 1958. Aux élections, les candidates à la candidature ne manquent pas, mais de Gaulle n'est pas sensible à la question de la féminisation de la vie politique et les élues sont rares. Certaines d'entre elles sont de grandes figures, comme la députée Irène de Lipkowski ou la conseillère de la République Marcelle Devaud, par ailleurs toutes deux féministes.

La Ve République, avec son suffrage uninominal, s'avère fortement excluante pour les femmes : 19 députées (3,2 % des élus) en 1956 ; 9 en 1958 ; 8 en 1962 ; 10 en 1967 et 8 en 1968 (soit 1,6 %). Pendant la présidence gaullienne, on ne compte aucune femme ministre ; seulement deux secrétaires d'État : Nafissa Sid Cara, de 1959 à 1962, et Marie-Madeleine Dienesch, en 1968-1969. Lorsque son Premier ministre Michel Debré lui propose la nomination de la première, pour le symbole que représente cette députée de la banlieue d'Alger, de Gaulle est surpris, mais accepte. L'idée vient de Marguerite Pichon-Landry, présidente du Conseil national des femmes françaises, amie des Debré.

Aux élections législatives de 1962, la droite dispose d'une considérable avance chez les électrices (65 % des votes féminins, contre 51 % pour les hommes). Un sondage Sofres postélectoral révèle douze points d'écart entre le vote féminin et le vote masculin au second tour de l'élection présidentielle de 1965. De Gaulle, qui ne recueille que 49 % des suffrages exprimés par les hommes, est plébiscité par les femmes (61 %). Cela correspond à la tendance générale du vote féminin depuis 1945. On peut y voir une sorte de conservatisme « sociologique », effet du nombre important de femmes au foyer à cette époque. La pratique religieuse discrimine également les sexes : de Gaulle, fervent catholique, est un bon candidat pour les Françaises. Enfin, on peut penser que le grand dessein gaulliste de transcender les querelles politiciennes touche particulièrement les électrices qui ne se retrouvent pas dans le clivage gauche-droite.

Le 5 novembre 1965, au lendemain de l'annonce de la candidature de De Gaulle, c'est le secrétaire général de l'UDR, Jacques Baumel, en accord avec le chef de l'État, qui fonde le Centre féminin d'études et d'information (CFEI), pour « promouvoir la formation civique et sociale de la femme ». Le but est de mobiliser l'électorat féminin et de rééquilibrer les mouvements féminins, presque tous orientés à gauche. Alors qu'au sein de l'UDR l'Action féminine familiale et sociale ne parvenait pas à mobiliser, le CFEI donne aux femmes gaullistes un lieu d'expression, actif en période électorale. Les premières années sont difficiles ; les liens avec l'UDR sont tendus – en 1967, l'association présidée par Nicole Rosselin-Granville ne compte que 350 adhérentes.

Face aux réformes des années 1960 : mariage et contraception. En préparation depuis 1959, le projet de loi sur le mariage, adopté le 14 juillet 1965, apporte une modification du code civil attendue depuis longtemps par les féministes (le Conseil national des femmes françaises et l'Union féminine civique et sociale ont été consultés). Le nouveau régime légal est celui de la communauté réduite aux acquêts. Les femmes peuvent désormais gérer leurs propres biens et en disposer, et travailler sans l'autorisation de leur mari. Dans cette réforme, le rôle du chef de l'État n'apparaît pas. La tentation de séduire l'électorat féminin à la veille de l'élection présidentielle a peut-être accéléré la réforme. Rapporteuse du projet de loi, la députée gaulliste Odette Launay met en avant ses aspects consensuels, valorisant les « intérêts de la famille » et le *statu quo* dans la communauté où l'homme reste le chef de la famille.

Bien plus délicate, la proposition de loi qui porte le nom du député gaulliste Lucien Neuwirth est adoptée le 28 décembre 1967. La légalisation de la contraception est le cheval de bataille du Planning familial, né en 1956. Candidat en 1965, François Mitterand s'est engagé, de Gaulle non. Mais il écoute avec bienveillance Lucien Neuwirth, au printemps 1967, qui lui promet d'assumer seul la responsabilité de la réforme. Après un « immense silence », le Général lui dit : « C'est vrai, transmettre la vie c'est important, il faut que cela soit un acte lucide, responsable. Continuez. » De Gaulle semble plus attaché à cette réforme que son Premier ministre, Georges Pompidou, inquiet, lui, des conséquences sur l'électorat de la majorité. Le contexte démographique, auquel le président de la République, ardent nataliste, est attentif, rend la réforme possible. Par ailleurs, l'Église catholique discute d'une possible libéralisation de sa doctrine, ce qui donne à de Gaulle, selon l'historien Pierre Guillaume, une certaine marge de manœuvre. En tout cas, la mesure satisfait la gauche plus que la droite – les oppositions sont nombreuses parmi les parlementaires de droite. Prix à payer pour l'audace de cette loi, les décrets d'application ne seront publiés qu'en 1969 et 1972.

Seuls les gaullistes défendent l'image d'un de Gaulle « toujours en avance sur son temps ou sur ses compatriotes », voire « révolutionnaire ». Ces louanges rappellent l'immense ferveur qu'il suscite. À l'historien revient la tâche d'expliquer l'enchantement mais aussi de désenchanter le passé : de Gaulle est conservateur dans ses conceptions. Comme pour la plupart des hommes de sa génération, plus particulièrement dans un milieu de militaires, bourgeois et catholique, il est pour lui « naturel » que les femmes s'accomplissent dans le domaine privé et laissent aux hommes la vie publique. De Gaulle est indifférent à la féminisation du pouvoir et à la création d'une structure chargée des droits des femmes (« Pourquoi pas un ministère du tricot ! » se serait-il écrié). Cela n'aura en rien diminué sa popularité à la fois dans l'électorat féminin et auprès des militantes de sa sensibilité.

Christine Bard

• *Voir aussi* : Contraception ; Déclaration aux mouvements de résistance ; Orateur inumbrante vespera

Bibl. : Sylvie Chaperon, *Les Années Beauvoir (1945-1970)*, Paris, Fayard, 2000. • Anne-Marie Ethuin, *Un mouvement politique féminin : le CFEI-Femme Avenir*, thèse de sciences politiques, université de Paris X, 1985. • William Guéraiche, *Les Femmes et la République, essai sur la répartition du pouvoir de 1943 à 1979*, Paris, Éditions de l'Atelier, 1999.

FERJAC, Paul Levain, dit Pol (1900-1979). – Le nom de cet ancien élève des Beaux-Arts – pseudonyme de Paul Levain – apparaît dans les pages du *Canard enchaîné* au milieu des années 1930, en même temps que ceux de Jean Effel et d'Henri Monier, autres futurs grands caricaturistes du général de Gaulle. Il appartient à la première génération des dessinateurs entrés au *Canard*. Ses dessins se distinguent par leur thématique épicurienne et révèlent une part notable de la vision du monde des journalistes de l'hebdomadaire : vin et grivoiserie, synonymes de jovialité et de culture « à la française ». Ces thèmes servent l'image d'une contre-société, opposée à la raideur du pouvoir et des institutions. Son trait clair et concis lui permet d'agrémenter sans surcharge ses compositions.

Durant la Seconde Guerre mondiale, Ferjac cesse toute collaboration journalistique et illustre des livres pour enfants. Pendant l'Occupation, il fait partie des dessinateurs les plus sollicités par la presse de la Résistance, notamment par *Action*, « hebdomadaire de l'indépendance française » fondé en 1943 dans la clandestinité par Maurice Kriegel-Valrimont. À la Libération, il rejoint *Le Canard enchaîné* et y retrouve, entre autres, Grove, Sennep, Effel et Monier. À l'instar de ces deux derniers, il fournit des dessins à *France-Soir*, fondé le 7 novembre 1944 sur les cendres du journal clandestin *Défense de la France*. Il publie aussi dans *Libération*, fondé en 1941 en zone sud par Emmanuel d'Astier de La Vigerie, où il est rejoint par Effel, Grove, Tim et Monier.

Lorsque de Gaulle revient au pouvoir en mai 1958, Ferjac illustre la crainte de certains de voir la République tomber aux mains d'un despote. En réponse à la boutade du Général lors de sa conférence de presse du 19 mai – « Ce n'est pas à soixante-sept ans qu'on commence une carrière de dictateur » –, Ferjac publie le 21 un dessin montrant Marianne menacée par de Gaulle manipulant Massu à sa guise. Cette image d'autocrate sera encore plus présente après que de Gaulle eut obtenu les pleins pouvoirs de l'Assemblée. Plusieurs dessins vont même jusqu'à le rattacher, de manière explicite, aux nostalgiques des années de collaboration.

Le style polémique de Pol Ferjac contribue à faire évoluer l'hebdomadaire satirique vers un journalisme d'investigation. La guerre d'Algérie fournit des illustrations exemplaires pour fustiger les manœuvres du gouvernement. Malgré les saisies administratives, il reste fidèle, comme les journalistes du *Canard enchaîné*, à son ton pamphlétaire, dénonçant notamment les exactions de l'armée de l'autre côté de la Méditerranée. L'image d'un de Gaulle dictateur est un motif dominant et récurrent : le président est accusé de mépriser les institutions démocratiques et le Parlement ; ses ministres deviennent, sous son crayon mordant, de vulgaires laquais de vaudeville, affublés d'un gilet rayé et d'un plumeau, époussetant les décors surannés du palais élyséen. Scylla MOREL

• *Voir aussi* : Dessins et caricatures ; dessins outrés ; Résistance intérieure (journaux de la)

FÊTES POLITIQUES (1947-1952). – À la Libération, les manifestations communistes se sont arrogé certains attributs de la souveraineté. Le général de Gaulle, devenu chef de parti, s'approprie *a contrario* des pratiques inhérentes aux cultures d'opposition. Si ses « voyages officieux » constituent une modalité de manifestation spécifique, les fêtes du RPF empruntent, en revanche, à la règle du genre.

En octobre 1947, le Général souhaite parachever le tour de France entrepris en avril par un rassemblement dans la capitale, à la veille des élections municipales. Le RPF, à qui est successivement refusé Auteuil et le Champ-de-Mars, se résout à l'hippodrome de Vincennes, où un rassemblement politique et festif réunit une foule qu'il chiffre au million. De 1948 à 1952, de nouvelles fêtes s'organisent à Saint-Cloud puis à Bagatelle à l'occasion du 1er Mai, pour « faire pièce, d'après *Le Rassemblement ouvrier*, en 1948, aux défilés hargneux où l'on marche au rythme des injures criées » et « redonner à la fête du travail monopolisée par les séparatistes ce caractère de fête nationale que de Gaulle lui avait conféré dans son discours du 1er mai 1942 » (*Le Rassemblement*, 1950).

Ces fêtes populaires et champêtres où le spectacle et le divertissement se marient à la politique réunissent des foules imposantes jusqu'en 1949. La presse du RPF évoque en 1950 « le petit vin blanc qu'on boit un peu partout » et file d'ostensibles comparaisons avec la fête de *L'Humanité*. Elle souligne la puissante activité militante présidant leur tenue, attestée par la multiplicité des stands de sections dont ceux de grandes entreprises à partir de 1949, ou, en 1952, par ce plateau de cinéma destiné à « promouvoir et défendre un cinéma français libre ». Elle vante les concours prestigieux dont ces fêtes s'honorent (jusqu'en 1949) : Joséphine Baker, Bourvil, Édith Piaf... Le discours du Général constitue régulièrement le point d'orgue de ces « grands-messes », pour reprendre l'expression de Christian Fouchet.

Les similitudes entre fêtes communistes et gaullistes s'expliquent par leur commun statut de « fêtes de souveraineté quand même ». Ces capitales d'un jour se veulent une image de la France de demain, attestée par l'intitulé de celle de 1950 : « Un jour la France entière ». Aux organisations parisiennes est confié le soin d'évoquer les régions absentes : tel secteur organise en 1950 une exposition dans le cadre de son « village de l'Union française » et la fête abrite en 1952 un « village de France » où chaque stand représente une région, une province, une possession d'outre-mer en évoquant, d'après *Le Rassemblement*, en 1952, « la profonde et vibrante unité de la nation française ».

Ces substituts à la fête nationale, dont la dramaturgie n'égale pas celle des meetings du Vél'd'hiv', condamnent parfois le Général à des bains de foule qu'il apprécie peu à cette époque (1948) parce qu'ils sont impromptus et étrangers à sa culture. Emportés par le reflux du RPF en 1953 et dépourvus de sens et de fonction lorsque le Général redevient l'ordonnateur de la fête nationale, ils ne resurgissent pas après 1958. Danielle TARTAKOWSKY

• *Voir aussi* : Foule ; RPF ; Voyages officieux

Bibl. : Danielle Tartakowsky, *Les Manifestations de rue en France : 1918-1969*, Paris, Publications de la Sorbonne, 1997.

FFI (Forces françaises de l'intérieur). – Le général de Gaulle a toujours voulu, contre l'avis de la majorité des chefs de la Résistance intérieure, centraliser le commandement de la lutte armée en France depuis Londres. Après la disparition du général Charles Delestraint en juin 1943, il laisse le BCRA (Bureau central de renseignements et d'action) s'engager dans la voie d'une profonde décentralisation de l'organisation militaire en France même.

En contribuant à la création des FFI, fin 1943, et en acceptant dans un premier temps de les subordonner à un état-major national (EMN) métropolitain, les délégués militaires Louis Mangin et Maurice Bourgès-Maunoury s'affranchissent donc de directives qu'ils ont reçues. Un accord, dont l'ORA (Organisation de résistance de l'armée) est en définitive exclue, est signé le 29 décembre entre l'Armée secrète (AS) et les Francs-tireurs et partisans (FTP). Il prévoit la fusion des états-majors régionaux et départementaux des deux organisations qui, tout en formant les FFI, conservent leur « indépendance organique ». En février 1944, le Comité central des mouvements place les FFI sous l'égide d'un organisme de trois membres, le futur Comité d'action (Comac). En mars, l'ORA est intégrée au dispositif, sous la pression de la Délégation générale qui veut faire passer l'ensemble des forces armées sous l'autorité du président du CFLN (Comité français de la Libération nationale). De Gaulle n'entérine ainsi qu'*a posteriori* l'existence des FFI. L'instruction du 10 mars 1944 sur l'organisation de la Résistance précise les rôles respectifs de ses différents organes centraux et retire au passage le commandement des FFI au chef de l'EMN désigné par le Comac.

De Gaulle nomme le général Kœnig commandant en chef des FFI en mai. Ce commandement français de la Résistance basé à Londres est reconnu par les Alliés le 30. De Gaulle insiste auprès de Kœnig pour que les Français qui servent dans des formations étrangères rejoignent les FFI. D'autre part, les organisations du *Special Operations Executive* (SOE) opérant sur le territoire passent sous son contrôle, marquant ainsi l'autorité du CFLN sur l'ensemble des forces de l'intérieur. Mais cette autorité doit d'abord s'imposer en France même. Si les FFI ont repris à leur compte l'appel gaullien à ne pas séparer « la libération nationale de l'insurrection nationale », le Général entend désormais privilégier l'efficacité militaire. Les FFI ne doivent être utilisées qu'à des missions clairement définies et spécifiées par le commandement. Ces missions sont précisées dans les instructions du 16 mai qui ne comportent pas, selon la volonté expresse de De Gaulle, le terme d'« insurrection ». Il s'agit essentiellement pour les FFI d'effectuer des sabotages et de ralentir les opérations ennemies pour faciliter le Débarquement. Les opérations de libération doivent être limitées aux départements du sud les moins bien tenus par les Allemands et ne se dérouler qu'en temps voulu, dans le cadre fixé par les Alliés.

Dans ces conditions, les tensions avec la Résistance intérieure, en particulier avec le Comac dominé par la figure du communiste Pierre Villon, sont inévitables. Les divergences concernent tant le commandement – le Comac ne renonçant jamais à l'exercer – que la stratégie – le Comac ne cessant de réclamer une intensification de l'action, en particulier en Île-de-France où les communistes dominent l'encadrement FFI. La mise au pas des FFI par de Gaulle est dès lors inéluctable. Il réaffirme d'abord son autorité par des actes symboliques. Le 15 août, il rappelle à Kœnig que « toutes les tâches entreprises par les FFI [...] doivent être [...] effectuées dans le cadre des directives gouvernementales ». À la libération de Paris, tout en félicitant les FFI pour avoir « chassé l'ennemi de nos rues », il désapprouve le général Leclerc qui a laissé Henri *Rol*-Tanguy recevoir avec lui la capitulation ennemie.

La dissolution des organes de commandement, et l'incorporation des éléments FFI dans l'armée régulière, à mesure de la libération du territoire, sont décidées par de Gaulle dans les derniers jours du mois d'août. Le 19 septembre, un décret intègre les FFI à l'armée régulière. Cet amalgame répond à un triple objectif aux yeux du président du GPRF (Gouvernement provisoire de la République française). Il s'agit de redonner à l'État une armée qui soit, à l'image de la France, « une et indivisible ». Il faut également que « l'ardente jeunesse » groupée dans les FFI participe aux combats qui se poursuivent et à l'occupation de l'Allemagne. En ne restant pas sur place, les FFI ne pourront créer des troubles. À mesure qu'il visite les régions libérées, de Gaulle envoie sur le front les unités qui souhaitent continuer à combattre et dissout les autres. Malgré quelques remous, il impose son autorité aux chefs régionaux FFI. En définitive, ceux-ci rentrent dans le rang.

Révélatrices de l'imbrication, chez le général de Gaulle, des questions militaires et politiques, ses relations avec les FFI sont aussi emblématiques de sa conception du rôle de la Résistance intérieure. Leur participation à la Libération le légitime aux yeux des Alliés. Mais, instrument du rétablissement du pouvoir d'État, leur mise au pas puis leur dissolution modulée sont bien consubstantielles au rôle qui leur avait été dévolu par le Général. Johanna Barasz

• *Voir aussi :* Délégation générale ; ORA ; Résistance intérieure

Bibl. : Comité d'histoire de la Deuxième Guerre mondiale, *La Libération de la France*, Paris, Éditions du CNRS, 1976 • Jean-Louis Crémieux-Brilhac, *La France libre : de l'appel du 18 Juin à la Libération*, Paris, Gallimard, 1996.

FFL (Forces françaises libres). – Les Forces françaises libres sont formées à l'été 1940. Leur composante terrestre est constituée à partir du petit noyau de volontaires provenant des troupes rapatriées de Norvège, de soldats français présents sur le sol britannique et d'une poignée d'engagés venus de France, soit environ 3 000 hommes en juillet 1940. D'autres volontaires, principalement issus du 24e régiment d'infanterie coloniale (RIC), parviennent à gagner la Palestine depuis le Levant ou Chypre. Mais l'essentiel provient de l'Empire. En août et septembre 1940, le ralliement des territoires du Pacifique et de l'Afrique-Équatoriale française (A-ÉF) offre à la France libre une petite armée de 17 000 hommes à partir de laquelle sont formés cinq bataillons de marche (BM). Par la suite, en plus des évasions de France, d'autres ralliements collectifs se produiront après la campagne du Levant (environ 4 000 hommes), puis en Afrique du Nord au printemps 1943 : Français d'Algérie, déserteurs de l'armée d'Afrique du Nord giraudiste, détenus « politiques » libérés des camps vichystes du sud-algérien. Les forces terrestres de la France libre sont pour l'essentiel équipées par les Britanniques et placées sous leur commandement stratégique. En Angleterre, une école d'officiers fonctionne à Malvern puis à Ribbersford, d'où sortiront quatre promotions de Cadets de la France libre.

Dès le 30 juin 1940, le général de Gaulle charge l'amiral Muselier de former une marine. Sur les 12 000 marins présents en Grande-Bretagne au moment de la défaite, à peine un millier rallie la France libre. Cette défaillance s'explique par les effets cumulés de la tragédie de Mers el-Kébir et de la brutalité avec laquelle les Britanniques saisissent les navires français de Grande-Bretagne et internent leurs équipages. La personnalité complexe de Muselier n'arrange rien. Après l'accord franco-britannique du 7 août 1940, Churchill rétrocède à la France libre un embryon de marine : le très vieux cuirassé *Courbet* qu'il faut se résoudre à utiliser comme navire école, un croiseur, quatre torpilleurs, quelques avisos et sous-marins. Faute de standardisation avec les matériels britanniques, l'utilisation de ces bâtiments est très difficile. Le manque de techniciens et de matériels neufs se fait cruellement sentir, même si une école est créée à Portsmouth sous l'aile de la prestigieuse école navale britannique. Il faut donc se résoudre à accepter le progressif équipement des Forces navales françaises libres (FNFL) par des bâtiments britanniques. Les chantiers anglais livreront quatre frégates, un torpilleur, des vedettes lance-torpilles. Ainsi équipées de bâtiments légers, les FNFL sont condamnées à la tâche ingrate et dangereuse d'escorter les convois dans l'Atlantique. La vie des marins est faite de longs et monotones parcours entrecoupés de brèves escales dans les sinistres bases écossaises de la Royal Navy.

Les mêmes difficultés se retrouvent dans le domaine aérien : rareté des volontaires, absence de matériels, manque de mécaniciens, dépendance à l'égard des Britanniques. Aussi les premiers pilotes français, tel René Mouchotte, combattent-ils dans les rangs de la Royal Air Force, tandis que les forces aériennes de la France libre sont d'abord placées sous la tutelle des FNFL. Toutefois, soucieux d'imposer une présence militaire française globale et autonome aux côtés des Alliés, de Gaulle entend disposer de sa propre aviation. En juin 1941, les Forces aériennes françaises libres (FAFL) sont créées et placées sous le commandement du général Valin.

Composition et sociologie. L'appartenance aux Forces françaises libres suppose un engagement volontaire avant le 31 juillet 1943, date de la fusion des FFL avec l'armée d'Afrique du Nord (AFN). Les tentatives d'évaluation du nombre officiel des soldats, marins et pilotes FFL ont débouché sur des résultats contrastés (entre 45 000 et 60 000 personnels). Cette incertitude est la conséquence de l'accumulation des cas litigieux, par exemple les évadés par l'Espagne arrivés en AFN après le 31 juillet 1943, et du fait qu'un certain nombre de soldats coloniaux ont été ignorés dans les recensements établis après la guerre. Toutefois, selon une étude récemment conduite par l'auteur de ces lignes, il paraît possible de s'arrêter au nombre de 54 100.

Les FFL constituent un univers réduit et très bigarré. Conséquence du ralliement précoce de territoires de l'Empire à la France libre, les soldats coloniaux constituent le gros de la troupe : les forces terrestres sont composées à 60 % de tirailleurs – mais cette proportion tombe à moins de 10 % pour les FNFL et les FAFL. Les étrangers forment 8 % de l'effectif, soit environ 4 000 hommes. Les républicains espagnols sont les plus nombreux (autour de 400), mais trente nationalités au moins sont représentées, y compris une poignée d'Italiens et d'Allemands antifascistes, ce qui fait des FFL, orientation idéologique mise à part, une sorte de seconde occurrence des Brigades internationales. Les Français d'origine métropolitaine représentent environ 17 000 hommes et forment un univers en très fort décalage avec la société française de la fin des années 1930 : extrême rareté des femmes (4 % de l'effectif), grande jeunesse (âge moyen d'engagement de vingt-quatre ans), très haut niveau social et culturel (plus de 60 % de bacheliers, un quart d'étudiants), forte prédominance d'une France urbaine du Nord et de l'Ouest, importante imprégnation catholique, tradition militaire. En un mot, c'est la jeunesse des écoles issue de la bonne bourgeoisie, voire de l'aristocratie, qui répond en priorité à l'appel du 18 Juin. Ces constats sont très loin de la légende gaullienne déplorant la faillite des élites, mettant en avant les pêcheurs de l'île de Sein et présentant les FFL comme une sorte de réduction de la société française.

Entre batailles et politique. Les premiers Français libres à reprendre le combat, dès septembre 1940, sont les « marsouins » du 1er bataillon d'infanterie motorisée (BIM) en Libye. En décembre 1940, l'escadron de spahis du capitaine Jourdier, puis, en mars 1941, la Brigade française d'Orient du colonel Monclar sont engagés dans la campagne d'Érythrée. À Keren et à Cub-Cub, les FFL écrivent les premières pages de leur épopée. Au printemps 1941, à Qastina, est constituée une division française libre à deux brigades qui, sous les ordres du général Legentilhomme, combat les forces de Vichy lors de la campagne du Levant. Dans le même temps, le colonel Leclerc a formé une petite colonne qui, depuis sa base tchadienne, entreprend de harceler les forts italiens du sud du Sahara. En mars 1941, c'est le raid contre Koufra. L'année suivante, avec des forces plus importantes (environ 2 500 hommes), c'est la conquête du Fezzan. Début 1943, Leclerc débouche du désert et prend part à la campagne de Tunisie. À l'échelle de la guerre, ces succès peuvent apparaître mineurs, toutefois, avec des forces dérisoires, Leclerc a créé un front de toutes pièces et, politiquement, l'écho de Koufra ou du Fezzan est considérable.

Au Moyen-Orient, deux brigades françaises libres (BFL) sont placées sous les commandements des colonels Cazaud et Koenig. Au début de 1942, la 1re BFL de Koenig s'installe à Bir Hakeim, au sud du dispositif de la 8e armée britannique. En mai-juin, elle défend héroïquement cette position contre deux divisions italiennes et une allemande, permettant un repli en bon ordre des forces britanniques. L'écho de ce combat défensif est considérable ; de Gaulle évoque alors « l'orgueil de la France ». À l'automne 1942, les deux BFL sont engagées à El-Alamein ; en février 1943, elles sont regroupées en une division d'infanterie motorisée, sous le commandement du général de Larminat. Hormis la « Colonne volante » – le 1er régiment de marche de spahis marocains (RMSM) – confiée à Leclerc pour former la « force L », la division est maintenue dans une longue inaction par les Britanniques et ne participe qu'à l'extrême fin de la campagne de Tunisie. Entre-temps, une troisième brigade a été formée en Égypte à partir des unités des Somalis ralliées en décembre 1942.

De son côté, la petite marine française libre constitue très vite un important enjeu politique. Malgré leur faiblesse, les FNFL demeurent la principale force militaire de la France libre sur le sol britannique, ce qui incite l'amiral Muselier à tenter de déstabiliser de Gaulle. Finalement abandonné par ses mentors de l'Amirauté britannique, Muselier doit s'effacer en mars 1942, et l'amiral Auboyneau, un gaulliste fidèle parmi les fidèles, le remplace à la tête des FNFL. En outre, de Gaulle utilise les parcours des navires FNFL pour susciter des ralliements ou affirmer son autorité dans l'Empire : au Gabon en novembre 1940, à Saint-Pierre-et-Miquelon en décembre 1941, à la Réunion en novembre 1942. La création dès 1941 d'un bataillon de fusiliers marins participe de la même ambition ; les fusiliers marins combattent à Bir Hakeim et en Tunisie.

Les FAFL combattent quant à elles sous tous les cieux. Le groupe de bombardement formé dès l'été 1940 en Grande-Bretagne devient le groupe *Lorraine* après son transfert sur le théâtre du Moyen-Orient. Il sera complété par le groupe de chasse *Alsace*. En octobre 1941, un autre groupe de chasse, *Île de France*, est formé sur le sol anglais et équipé de Spitfire. Sous ses couleurs, Pierre Clostermann devient, avec 33 victoires, le premier « as » français de la guerre. En novembre 1942, à partir d'éléments de *Lorraine*, le groupe *Normandie* est envoyé sur le front de l'Est. En 1944, après sa participation à la bataille du Niémen, il prend le nom de *Normandie-Niémen*.

Dissolution et bilan. Au moment de leur dissolution à l'été 1943, les forces terrestres de la France libre déplorent 2 000 tués et 1 200 blessés au combat. En portant le drapeau à croix de Lorraine sur tous les théâtres terrestres d'opération, en remportant des succès de prestige, elles ont démontré que la France continuait le combat, ont permis l'élargissement de l'Empire libre et renforcé la légitimité de De Gaulle.

À la même époque, les FNFL regroupent 6 000 hommes et une cinquantaine de navires pour un total de 30 000 tonnes (à titre de comparaison, la marine de Vichy aligne 400 000 tonnes de navires jusqu'en novembre 1942). À quoi s'ajoutent

2 000 hommes de la marine marchande répartis sur une soixantaine de navires de tous types. Les pertes sont lourdes, en particulier dans la marine marchande où le quart des équipages a péri.

À l'été 1943, les FAFL regroupent 4 500 hommes et cinq groupes de combat. Au terme de la guerre, elles auront accumulé 344 victoires (dont 273 pour le groupe *Normandie*), perdu 412 des leurs (dont 105 pilotes) et assuré la présence de la cocarde à croix de Lorraine sur tous les fronts. Mais ces brillants succès ne peuvent masquer leur faiblesse : en 1941, alors que les FAFL ne ressemblent que 186 pilotes, plus de 2 000 aviateurs polonais et tchèques se battent aux côtés des Britanniques.

Formées de volontaires rebelles, les FFL n'en sont pas moins une armée régulière qui reprend les plus ancestrales traditions militaires françaises : apparent paradoxe qui n'est rien d'autre que celui du gaullisme de guerre. Rarement dans l'histoire outil militaire aussi faible aura joué un rôle politique aussi considérable.

Jean-François Muracciole

• *Voir aussi :* Bir Hakeim ; Brosset, Diego ; Division française libre ; France libre ; Koenig, Marie Pierre ; Leclerc ; Levant ; Normandie-Niémen ; Ordre de la Libération ; Ralliement des colonies ; Saint-Pierre-et-Miquelon

Bibl. : Jean-Louis Crémieux-Brilhac, *La France libre : de l'appel du 18 Juin à la Libération*, Paris, Gallimard, 1996 • Jean-François Muracciole, *Les Français libres, une aventure humaine*, thèse d'habilitation à diriger des recherches, novembre 2005, université Montpellier III.

FGDS (Fédération de la gauche démocrate et socialiste). – La FGDS est née en septembre 1965 dans la foulée de la candidature de François Mitterrand à l'élection présidentielle. Elle réunit principalement la SFIO, la CIR (Convention des institutions républicains), l'UDSR (Union démocratique et socialiste de la Résistance), le parti radical et radical-socialiste et divers clubs. Elle ne commence à s'organiser qu'en janvier 1966 lorsque, conforté par son résultat à la présidentielle (32 % des suffrages exprimés au premier tour et 45 % au second), François Mitterrand l'emporte sur ses rivaux au sein de la nouvelle formation et en devient président.

Il s'agit de rassembler la gauche non communiste pour mener le combat contre le général de Gaulle et la majorité de droite élue en 1962. La gauche veut gagner ce qu'elle considère comme « le troisième tour de l'élection présidentielle » : les élections législatives de 1967. Face à un parti communiste, à l'époque dominant à gauche, la FGDS a comme première ambition de rééquilibrer le rapport de force entre les deux partis et de former un parti à « vocation majoritaire ». Ensuite se pose le problème des alliances. Si les désistements de « discipline républicaine » avec le PCF semblent normaux, il n'est guère question d'un accord programmatique. À la limite peut-on ouvrir des discussions sur les orientations idéologiques ou les valeurs des uns et de autres. Et que faire du Centre démocrate issu de la candidature de Jean Lecanuet à l'élection présidentielle de 1965 ? Il n'y aura jamais d'accords formels avec le « centre » mais des tentatives de garder le contact et des tactiques ponctuelles d'alliances défensives contre le parti gaulliste dans des circonscriptions.

La candidature de François Mitterrand a changé le rapport de la gauche aux institutions de la Ve République. Il s'agit moins de remettre en question les institutions que d'en dénoncer certains aspects. Comme le montre le programme rendu public le 14 juillet 1966, le toilettage de la Constitution reste limité, avec notamment l'abrogation de l'article 16 et la transformation du Conseil constitutionnel en une « cour suprême ». S'y ajoute une volonté de rééquilibrer les pouvoirs de l'exécutif et du législatif par l'établissement d'un « contrat de législature » qui implique « des engagements réciproques entre le gouvernement et le Parlement avec, en cas de crise, une dissolution automatique du Parlement ».

En matière économique et sociale, le programme reste évasif du fait de la division entre les partis constitutifs. En revanche, l'attaque est frontale contre le général de Gaulle à propos de la force de frappe que la FGDS se propose de « geler », ce qui dissimule un refus de l'arme nucléaire et un vœu de « désarmement général ». Le désaccord est aussi profond en matière européenne où la FGDS réclame une « unité politique de l'Europe de l'Ouest » et l'élargissement à la Grande-Bretagne.

Lors des élections législatives de 1967, la FGDS perdit son double pari. D'une part, avec 18,8 % des suffrages exprimés, elle n'améliora pas, par rapport à 1962, le score des partis qu'elle rassemblait ; d'autre part, elle ne devança pas le PCF (22,1 %). Les événements de mai 1968 sonnèrent le glas de la FGDS. Bien qu'elle dénonçât avec constance les « brutalités policières », le mouvement étudiant lui était incompréhensible ; de plus, il mettait en scène des acteurs qui lui échappaient – en particulier le PSU (Parti socialiste unifié), concurrent direct pour la représentation de la gauche non communiste. Le mouvement ouvrier était organisé par le PCF et la CGT. À lire les communiqués du bureau politique de la FGDS, le général de Gaulle était incapable de gérer la crise parce qu'il poursuivait « depuis des années une entreprise de destruction de la démocratie » et parce qu'il ne prenait « en considération les revendications des différentes catégories que lorsqu'il ne [pouvait] pas faire autrement ». Toutefois, l'action de la FGDS resta très parlementaire (commission d'enquête, motion de censure). Elle refusa le référendum proposé par le général de Gaulle le 24 mai mais fut finalement piégée par sa demande d'élections législatives formulée dès le 16 mai et par l'intervention de François Mitterrand se posant, le 28 mai, en successeur potentiel du Général.

Lorsque les législatives furent organisées par de Gaulle, elles tournèrent à la défaite de la FGDS (16,5 % des suffrages exprimés) et à un processus de désintégration. Le dernier bureau politique de la FGDS se tint le 27 novembre 1968. Ensuite, chacun, et notamment la SFIO et François Mitterrand, se tourna vers d'autres aventures. Colette Ysmal

• *Voir aussi* : Partis politiques ; SFIO ; UDSR

Bibl. : Roland Cayrol, *François Mitterrand, 1945-1967*, Paris, FNSP-Cevipof, série « Recherches » nº 5, 1967 • André Cellard, *La Fédération de la gauche démocrate et socialiste*, thèse de doctorat de sciences politiques, Paris-I, 1990 • Cevipof, *Les Élections législatives de mars 1967*, Paris, PFNSP, 1971.

FICTION (Charles de Gaulle dans la). – « Tout personnage historique, ange ou scélérat, n'est en son temps qu'une figure de proue. Il n'est que la somme de ses actes, la somme des individus obscurs qu'il a massacrés ou régénérés, qu'il a asservis ou libérés. Ce n'est que longtemps après sa mort qu'il prendra de l'éclat, et de la valeur sur le plan dramatique : c'est alors seulement qu'un dramaturge peut lui donner de la consistance sans encourir les reproches de ceux qui ont connu l'homme en chair et en os et qui exigent la véracité sur le plan des faits. » Celui qui écrit ces lignes, le 19 novembre 1942, dans une correspondance privée avec un agent d'une société de production cinématographique américaine, n'est autre que William Faulkner, et le personnage historique qui suscite chez lui cette réflexion capitale – qu'on en partage ou non les termes – n'est autre que Charles de Gaulle, dont la Warner avait entrepris de faire le héros central – et au reste éponyme – d'un film. Il est facile de comprendre pourquoi le texte s'achève par la phrase suivante : « Passons-nous de lui, passons-nous de sa présence physique dans le film », et pourquoi ledit film ne vit jamais le jour.

Il est possible de penser que, sans avoir lu Faulkner, les artistes français ont, du vivant de De Gaulle, raisonné comme lui. Le premier, le cinéma entendit jouer de la « présence physique » mais avec d'infinies précautions, en se contentant d'emprunts élémentaires au stock mythologique. Après le degré zéro de la « grande voix », surgie d'un poste de radio écouté avec ferveur, vint ainsi le temps de la grande ombre. Il n'est pas sans signification que la première apparition de ce de Gaulle-là ait eu lieu sous la forme d'une rencontre, on ne peut plus succincte – une poignée de main avec celle qui était à l'époque le mythe vivant de la jeunesse de France, Brigitte Bardot –, dans *Babette s'en va-t-en guerre* en 1959. Il ne l'est pas moins que l'un des derniers films à recourir à cet artifice ait vu le jour en 1969 – *L'Armée des ombres* de Jean-Pierre Melville –, et qu'il traduise un gaullisme discret en même temps qu'une vision désenchantée de la Résistance.

Pour que de Gaulle émergeât décidément de l'ombre, il fallut que la culture française fût sortie du grand cycle trentenaire qui, de la Libération à la crise économique et culturelle des années 1970, avait porté du même mouvement une certaine logique progressiste, peu favorable au personnage réel, et avant-gardiste, peu favorable à toute forme d'art historicisante.

Pour se limiter aux principales étapes, cette sortie de politique, cette entrée en art a commencé en 1975 avec le roman précisément intitulé *Les Grands de ce monde*, de Bertrand Poirot-Delpech. Dans cette relation bouffonne de la « réalité » des événements qui ont marqué la France dans les derniers jours de mai 1968, de Gaulle déboule dès la première phrase, continue de circuler en arrière-plan de toutes les séquences et offre même au narrateur le cadeau d'un tête-à-tête sur le quai d'une station de métro provisoirement fermée pour cause de grève. Quatorze ans plus tard le face-à-face a changé de style et c'est un roman tout entier, tiré par son titre vers le pastiche (*L'Être et le Géant*), que Bernard Fauconnier consacre à une confrontation, tout aussi imaginaire, entre de Gaulle et Sartre, en 1969, en Irlande. On reste donc dans la structure fondamentale du dialogue, et il n'y a dès lors rien de surprenant à constater que dans l'intervalle ce n'est plus le roman mais le théâtre qui a continué de déblayer la route : en 1986 avec *Mélancolies du 29 mai*, une pièce écrite environ trois ans auparavant par un historien dramaturge à ses heures, diffusée sur les ondes de France-Culture, et en 1989 avec *Villa Luco*, écrite elle aussi vers 1984, première œuvre publiée d'un auteur de moins de trente ans appelé à un bel avenir, Jean-Marie Besset. Le titre de la première pièce faisait implicitement référence au jour fameux de Baden-Baden. Comme chez Poirot-Delpech mais dans une perspective très différente, l'auteur en reconstituait un tout autre déroulement, à travers la rencontre bousculée d'un « Président », non autrement désigné, et d'une jeune fille aux allures de loubarde, dans le bric-à-brac d'une chapelle désaffectée. Quant à *Villa Luco*, c'est la seule de ces quatre œuvres qui se place encore sous le signe de la Seconde Guerre mondiale, en mettant en scène la brève visite, tout aussi improbable que les précédentes, qu'aurait faite au Pétain de l'île d'Yeu le président du Gouvernement provisoire de la République française. Ainsi les quatre auteurs se sont trouvés confrontés *a priori* au même danger : le dialogue de sourds. Seul *L'Être et le Géant* résout la difficulté en imaginant un véritable échange intellectuel entre de Gaulle et autrui. Mais il ne peut s'agir, bien entendu, que d'un échange au sommet. *Mélancolies du 29 mai* s'achève comme il avait commencé, par un constat d'incommunicabilité qu'un rêve en commun n'aura pas suffi à surmonter – du moins ledit rêve aura-t-il fait une pièce. Le narrateur des *Grands de ce monde* s'amuse à écouter le grand homme mais n'en paraît pas autrement impressionné, quant à l'auteur de *Villa Luco*, il ne peut cacher son désespoir devant les jeux cruels des maîtres.

Il y a chez plusieurs de ces auteurs une tangible nostalgie à l'égard moins de De Gaulle lui-même que du grand homme en général. Besset va jusqu'à faire de sa rencontre de 1945 « le dernier sursaut du monde occidental, avant de perdre son âme ». Fauconnier installe ses deux héros « parmi les dernières grandes figures d'une forme de classicisme en Histoire », et peut-être ledit classicisme historique est-il pour quelque chose dans ce qui demeure le dernier point commun entre tous ces doubles particuliers du Général : l'épaisse et morose fascination pour le néant. Ainsi se dessine sur l'horizon français de la fin de siècle l'image que se font du Père perdu ceux qui, dans la haine ou dans l'admiration non feintes, se vivent comme les témoins d'une décadence.

Pourtant, la dernière étape, celle du tout début du XXIe siècle, marque une inflexion vers plus d'acidité ou de légèreté. Le téléfilm *Le Grand Charles*, diffusé en 2006, est encore à mi-chemin entre images d'archives et de fiction, mais il campe un de Gaulle familier et relativement bonhomme.

En littérature, la génération post-soixante-huitarde s'empare du personnage. Dans *Une vie française*, prix Femina 2005, Jean-Paul Dubois fait de son arrogante grand-mère, « femme d'un autre temps » et emblème d'une atmosphère irrespirable, le double féminin de De Gaulle. Différemment, en 2004, dans *L'enfance est un rêve d'enfant* de Régis Jauffret, le Général, personnage principal, est un étrange instrument de Dieu, tour à tour grand puis vil, bourreau puis victime, qui dirige la planète au gré d'une fantaisie loufoque rêvée par deux enfants. Une irrévérence affectueuse imprègne le récit. Ainsi de Gaulle entre-t-il peu à peu dans les mille et une facettes du patrimoine national. Pascal Ory

• *Voir aussi :* Documentaires ; Internet ; Melville, Jean-Pierre ; Mémoire de la Résistance ; Ouvrages biographiques ; Ouvrages thématiques

Bibl. : William Faulkner, *The De Gaulle Story*, Jackson, University Press of Mississippi, 1984 ; traduction française, *De Gaulle*, Paris, Gallimard, 1989 • Pascal Ory, « De Gaulle personnage : la figure du Général dans la fiction », dans *De Gaulle en son siècle*, t. 7, *De Gaulle et la culture*, Paris, Plon-La Documentation française, 1992, p. 83-88.

FIGARO (Le) . – Lancé en 1826, *Le Figaro* est le plus ancien quotidien de la presse française. En 1934, après la mort de son propriétaire François Coty qui avait voulu s'en servir pour répandre son idéal de fascisme à la française, le journal est repris par Pierre Brisson. Celui-ci en fait le journal des grandes plumes et l'antichambre de l'Académie française. Affichant son hostilité au nazisme, replié dès le début de la guerre, le journal se saborde après l'invasion de la zone sud. Il reparaît à Paris le 23 août 1944 et c'est dans le numéro du 25 que François Mauriac signe « Le premier des nôtres », éditorial en hommage au général de Gaulle. Le quotidien occupe alors, à droite de l'échiquier politique, une place laissée vacante par la presse compromise dans la Collaboration. Son tirage atteint rapidement les 500 000 exemplaires. Lorsque, en avril 1947, de Gaulle crée le RPF (Rassemblement du peuple français), la presse est divisée. *Le Figaro* évite de s'engager, mais Louis Gabriel-Robinet souligne : « Il est certain que, dans un cas d'urgence, un homme de sa trempe, moralement plus fort dans sa solitude qu'à la tête d'un parti, pourrait être appelé par la nation tout entière pour mettre encore une fois son prestige au service de la patrie. »

La loi sur la presse du 28 février 1947, parfois surnommée la « loi Brisson », permet à Pierre Brisson et à son équipe de continuer de publier *Le Figaro*, malgré la volonté de son unique propriétaire, la veuve de François Coty. En 1950, le capital passe pour partie entre les mains de Jean Prouvost. Une « société fermière d'édition du *Figaro* et du *Figaro littéraire* » est créée, dont Pierre Brisson devient P-DG. Celui-ci recrute Raymond Aron comme éditorialiste, mais maintient sa collaboration avec François Mauriac, dont le gaullisme s'affirme de plus en plus nettement dans les colonnes du quotidien. Cherchant à représenter l'ensemble des tendances de la droite française, *Le Figaro* tempère systématiquement les élans gaullistes de certains collaborateurs par des articles plus réservés sur la politique ou la personne du général de Gaulle. La une du 22 décembre 1958, partagée entre un article sur « Le président Charles de Gaulle » par Rémy Roure et un hommage au « président Coty » par André Siegfried, est emblématique de cette diversité.

En 1961, Michel Droit devient rédacteur en chef du *Figaro littéraire* et convainc François Mauriac d'y publier son « Bloc-notes ». C'est dès lors dans l'hebdomadaire, qui se développe jusqu'à devenir un magazine en 1967, que s'exprime le plus clairement le gaullisme du *Figaro*. Critiquant la campagne de *L'Express* en faveur de « Monsieur X », candidat contre de Gaulle à l'élection présidentielle de 1965, Mauriac écrit en novembre 1963 : « La grande faiblesse de Monsieur X, c'est de ne pas exister, comme la grande force du général de Gaulle c'est d'être et de persévérer dans l'être. » Le quotidien, quant à lui, exprime un point de vue modéré, commentant en particulier les voyages présidentiels sur le mode de l'anecdote : « Événement local : on voit même couler de vieilles fontaines dont aucune goutte d'eau n'avait jailli depuis la guerre », peut-on lire le 8 mai 1959 ; et le 8 octobre 1960 : « Sur les bords des interminables avenues et boulevards qui conduisent au centre de la ville, il y a peu de monde, mais les voix claires et les cris joyeux des enfants des écoles donnent de la chaleur à cet accueil plutôt réservé. » Après l'effondrement du putsch, le 25 avril 1961, et alors que *La Nation* attribue le dénouement au rôle du chef de l'État lui-même, *Le Figaro* souligne l'importance de l'attitude du contingent.

Après la mort de Pierre Brisson en 1964, Jean Prouvost, devenu actionnaire majoritaire du journal, revendique ses droits sur la rédaction. Constitués en société de rédacteurs, les journalistes, emmenés par Raymond Aron, font reconnaître les droits de l'équipe Brisson. Cette année-là, comme la plupart des journaux, *Le Figaro* s'enthousiasme pour la campagne télévisée de l'élection de 1965. Jean Fayard évoque « le nouveau feuilleton à succès : la Fronde et l'Élysée ». Après que le Général a finalement pris la parole, c'est un dessin de Jacques Faizant qui rend compte de l'état d'esprit du quotidien. Marianne, assise sur les genoux du Général, lui tapote la joue en disant : « Eh bien, tu vois, gros bêta, si tu m'avais parlé comme ça plus tôt. » Avec 680 000 exemplaires, *Le Figaro* bat surtout, avec cette élection, un record de tirage.

En mai 1968, *Le Figaro* se place rapidement, comme les autres journaux, en posture d'accusateur : « Quelle dure et rude leçon pour le pouvoir installé jusqu'ici dans l'autosatisfaction et la quiétude intellectuelle », écrit Louis Gabriel-Robinet. Ne voulant pas perdre tout espoir dans le pouvoir gaulliste, Marcel Gabilly souligne le 29 mai qu'il faut « raison garder » face à la « volonté des syndicats de mettre les masses en mouvement dans le style de 1848 et 1871 ». Mais le matin du 30 mai, le journal perd confiance dans « le pouvoir défaillant » et affirme : « Dans les heures qui viennent, la constitution d'un gouvernement de large union nationale doit être exigée... » Le même jour, lorsque la foule mobilisée par l'allocution radiophonique de De Gaulle remonte les Champs-Élysées, elle s'arrête au Rond-Point pour conspuer *Le Figaro*, jusqu'à ce que des drapeaux tricolores soient sortis en hâte aux balcons du journal. Le rédacteur en chef se félicite néanmoins dans le numéro suivant, apportant son soutien à de Gaulle : « C'est en se courbant qu'on trahit la confiance des hommes. Il était temps de se redresser. » Le « Bloc-notes » de François Mauriac voit, lui, dans l'attitude de De Gaulle « un chef-d'œuvre à la fois de politique et de mystique ».

Lorsque Jean Prouvost tente à nouveau de s'imposer à la tête de la rédaction, en mai 1969, les journalistes du *Figaro* se mettent en grève pour deux semaines. Le conflit perturbe le suivi de la campagne présidentielle, dans laquelle le quotidien soutenait Georges Pompidou. Le conflit se poursuit en fait jusqu'en 1971 avec la constitution d'un conseil de surveillance et d'un directoire pour le journal. Comme pour beaucoup de titres français, la mort du général de Gaulle est, cette année-là, l'occasion de battre un nouveau record de tirage : plus de 800 000 exemplaires sont vendus. Claire BLANDIN

• *Voir aussi* : Dessins et caricatures ; Journalistes ; Presse

Bibl. : *La Une : Le Figaro 1866-1998*, Paris, Plon-*Le Figaro*, 1998 • Richard Brunois, Le Figaro *face aux problèmes de la presse quotidienne*, Paris, PUF, 1973 • Jacques de Lacretelle, *Face à l'événement :* Le Figaro *1826-1966*, Paris, Hachette, 1966.

FIL DE L'ÉPÉE (Le) . – Lorsque paraît son deuxième livre, à la fin du mois de juillet 1932, aux éditions Berger-Levrault, le capitaine de Gaulle est un officier encore très isolé au sein de l'institution militaire. Nommé à son retour du Liban, fin 1931, au secrétariat général de la Défense nationale (SGDN), il y occupe un poste d'« officier rédacteur », dans lequel, lui a assuré non sans ironie le maréchal Pétain, il sera « employé à des travaux d'ordre général mais concrets », susceptibles de l'aider à « préciser et mûrir ses idées ». Ce sont elles, précisément, que la parution du *Fil de l'épée* va achever de rendre publiques.

Le Fil de l'épée regroupe trois conférences prononcées en 1927 à l'École de guerre et deux autres textes, une version remaniée de son article de 1925, « Doctrine *a priori* ou doctrine des circonstances », et un chapitre intitulé « Le politique et le soldat », le tout accompagné d'un avant-propos où il souligne la « mélancolie du corps militaire » à une époque marquée par « l'incertitude » et le désarroi d'une élite qui a perdu conscience, à force de conservatisme et de préjugés, de son « rôle prééminent ». L'auteur, qui a longuement retravaillé, ciselé son texte, s'affirme ici par une liberté de ton qui confine à la provocation, un style sec, altier, impérieux, digne du meilleur Bossuet, une réflexion concentrée, aboutie, forgée dans l'action et le combat, qui témoigne déjà d'une intimité avec l'Histoire hors du commun. Traité de modernité stratégique, éloge de l'instinct, de l'imagination, du mouvement contre le conformisme doctrinal, son livre est aussi, et peut-être surtout, un autoportrait en forme d'« ultimatum à soi-même », selon la formule de Jean Lacouture.

Comment restituer à une armée – et à travers elle à une nation – engluée dans le doute et l'inaction, pétrie à l'excès de principes et de normes, à la fois sa pleine raison d'être et « l'orgueil de sa destination » ? Comment la préparer surtout à faire face aux défis gigantesques qui s'annoncent en Europe et dans le monde ? Telles sont, en bref, les questions qui sous-tendent chaque chapitre du *Fil de l'épée*. Pour de Gaulle, la rénovation de ce « grand corps » exige une « renaissance morale », un « idéal rajeuni », dont « le caractère, vertu des temps difficiles », doit être le « ferment », et l'encouragement à l'esprit d'initiative et au « goût des responsabilités » la condition première. Dénonçant le dogmatisme d'une hiérarchie réduite à l'impuissance et à l'inertie à force de conceptions rigides et de méthodes « compassées », il lui oppose tout ce qui a fait la gloire de l'armée française depuis Condé, Turenne et Bonaparte : l'aptitude à « sortir des voies ordinaires » pour se conformer d'abord aux « réalités », à la « conjonction incalculable des circonstances », et « la passion d'agir par soi-même d'un homme de caractère », fidèle avant tout à son intuition et peu enclin à s'encombrer d'une « fausse discipline ». Le génie militaire suppose parfois – comme l'ont démontré l'amiral Nelson, le maréchal Lyautey et quelques autres chefs de premier ordre, rappelle-t-il – de savoir désobéir...

Huit ans avant son entrée en dissidence, l'auteur du *Fil de l'épée* façonne ici l'image impersonnelle et presque mythique de celui que tout prédispose à être, un jour ou l'autre, appelé par l'Histoire. Il livre le portrait d'un rebelle en puissance, qui, « assuré dans ses jugements et conscient de sa force », tire de lui seul sa décision et sa fermeté. Confronté aux périls majeurs et appelé par le « salut commun » à témoigner de l'« initiative », du « goût du risque », de la solidarité qu'il « exige », ce grand solitaire, auquel son prestige impose de toujours s'envelopper de silence et de mystère, sera poussé « au premier plan », annonce-t-il, par « une sorte de lame de fond ». De Gaulle voit en lui un être d'essence supérieure, un Prince issu tout à la fois de Machiavel, de Nietzsche et de Psichari, qui ne procède en réalité que de lui-même.

Manifeste gaulliste avant la lettre, exaltant la grandeur et l'unité de la nation au-delà des idéologies, dont aucune, au demeurant, ne requiert Charles de Gaulle à part entière, *Le Fil de l'épée* préfigure le partenaire incommode et complexe, irréductible au compromis et cuirassé dans l'affirmation de sa légitimité, auquel auront à faire face dans les années à venir aussi bien les généraux Weygand et Giraud que Winston Churchill et le président Roosevelt. De Gaulle pousse d'ailleurs le défi jusqu'à consacrer un chapitre important de son livre aux relations, précisément, entre le soldat et le politique, non seulement pour souligner leur nécessaire complémentarité – « que l'un manque la réplique et, pour les deux tout est perdu » – mais pour aussi rappeler qu'il peut arriver que des peuples confient la conduite de « leur politique et de leurs armées au gré et à la fortune d'un seul homme »... Et de citer Alexandre, Frédéric II et Napoléon, « ambitieux de premier rang » qui ont toujours été intimement persuadés d'être un jour requis par l'Histoire.

Si le livre ne connaît qu'un succès trop limité – à peine sept cents exemplaires vendus malgré une presse abondante et élogieuse – pour révéler la personnalité et les idées de Charles de Gaulle au plus grand nombre, quelques observateurs avertis ne se trompent pas toutefois sur sa portée et sa signification réelles. Philippe Pétain est de ceux-là qui, déjà fixé sur la personnalité hors normes, imprévisible et incontrôlable de son ancien protégé, salue « un ouvrage tout à fait remarquable dans le fond et dans la forme », mais regrette qu'il lui soit dédié de manière excessivement dithyrambique. Preuve, s'il en était besoin, que *Le Fil de l'épée* a bel et bien marqué, dans la destinée de Charles de Gaulle, la fin d'une époque et préfiguré l'avènement d'une autre...

Jean-Luc BARRÉ

• *Voir aussi :* Appel du 18 juin 1940 ; Caractère ; Carrière militaire ; Œuvre écrite

Bibl. : Jean-Luc Barré, *Devenir de Gaulle*, Paris, Perrin, 2003 • Jean Lacouture, *De Gaulle*, t. 1, *Le Rebelle*, Paris, Le Seuil, 1984.

FLAMBEAU (Le). – *Voir* ÉCRITS DE JEUNESSE.

FLN (Front de libération nationale). – Né avec l'insurrection du 1er novembre 1954 qu'organisent Ahmed Ben Bella et Mohammed Khider, le FLN (Front de libération nationale) s'est imposé comme le principal adversaire de la France en Algérie, malgré l'arrestation de ses chefs en 1956 après l'arraisonnement de leur avion. Quand le général de Gaulle arrive au pouvoir, le FLN a rallié à lui les principaux mouvements nationalistes. Seul le Mouvement nationaliste algérien (MNA) issu du Mouvement pour le triomphe des libertés démocratiques (MTLD), fondé par Messali Hadj dès 1946, continue à maintenir une existence indépendante. Il est particulièrement bien implanté en France métropolitaine. De cette division, le général de Gaulle tente de jouer, de même qu'il tente de jouer les militaires contre les politiques, au sein du FLN. À l'automne 1958, il choisit de ne s'adresser qu'aux combattants, en leur proposant une « paix des braves ». En vain. Le Général continue pourtant à vouloir exploiter la division réelle, et croissante, qui existe entre combattants de l'intérieur et combattants de l'extérieur, militaires et politiques. L'armée française, qui a mis en place un vaste plan de lutte contre les « katibas » de l'Armée de libération nationale (ALN) a réussi à les couper de leurs ressources en armes et en hommes grâce aux barrages électriques établis aux frontières.

Au printemps 1960, des contacts sont pris avec la wilaya 4 de l'ALN et certains de ses chefs font le voyage à Paris pour rencontrer de Gaulle. Une paix séparée est envisagée. Elle aurait assurément fourni au camp français un atout de taille. Mais de Gaulle est décidé à négocier avec le FLN, même s'il refuse longtemps de le considérer comme le représentant unique du peuple algérien. En France, celui-ci mène une guerre meurtrière contre le MNA qui est progressivement éliminé.

En septembre 1958, le FLN avait formé un Gouvernement provisoire de la République algérienne (GPRA) afin d'améliorer son assise internationale. La référence évidente au GPRF (Gouvernement provisoire de la République française), que de Gaulle avait dirigé pendant la Résistance, ne pouvait qu'agacer le Général. Il refusa d'accorder quelque crédit que ce fût à ce gouvernement provisoire. Toute reconnaissance « d'une organisation aussi artificielle », notait-il, serait considérée « comme un geste inamical » envers la France. Elle fut pourtant adoptée par l'Assemblée générale des Nations unies en décembre 1960. Même au lendemain des accords d'Évian, il rappelle en consultation l'ambassadeur français à Moscou après la reconnaissance par l'URSS du GPRA et la proposition faite aux Algériens d'établir des relations diplomatiques avec eux.

Le Général avait dû accepter des négociations avec le FLN. Des contacts avec le MNA avaient conduit au blocage des négociations au printemps 1961, le FLN refusant cette égalité de traitement entre les deux mouvements suggérée par Louis Joxe. C'était bien le FLN qui avait gagné la guerre entre Algériens et c'étaient bien ses chefs qui étaient les seuls capables de négocier avec le gouvernement français.

Ils gouverneront l'Algérie indépendante, d'abord avec Ahmed Ben Bella, chef historique du mouvement, puis Houari Boumedienne, l'ancien chef d'état-major de l'ALN. Raphaëlle BRANCHE

• *Voir aussi* : Algérie (guerre d') ; Évian ; Melun ; ONU et question algérienne ; Si Salah

Bibl. : Mohammed Harbi, *Le FLN, mirage et réalité, des origines à la prise du pouvoir (1945-1962)*, Paris, Jeune Afrique, 1980 • Mohammed Harbi et Gilbert Meynier, *Le FLN. Documents et histoire*, Paris, Fayard, 2004 • Gilbert Meynier, *Histoire intérieure du FLN : 1954-1962*, Paris, Fayard, 2002.

FNSEA (Fédération nationale des syndicats des exploitants agricoles). – *Voir* AGRICULTURE ; MANIFESTATIONS PAYSANNES ; SYNDICATS AGRICOLES.

FO (Force ouvrière). – *Voir* CGT-FO.

FOCCART, Jacques (1913-1997). – Jacques Foccart est l'un des plus proches collaborateurs du général de Gaulle. Pendant vingt-trois ans son conseiller, il le rencontre chaque semaine à l'époque du RPF (Rassemblement du peuple français), et tous les jours après son retour au pouvoir. Né dans la Mayenne, fils d'un agriculteur de la Guadeloupe, Jacques Foccart est collégien à Laval. Il ne fait pas d'études et monte une société d'import-export. Il prend une part active à la Résistance avec son épouse, qui, comme lui, recevra la croix de guerre et la médaille de la Résistance, animant un réseau relié au Bureau central de renseignements et d'action (BCRA). En août 1944, il accueille de Gaulle à Laval.

Dès le lancement du RPF en 1947, le Général lui assigne une mission d'implantation du mouvement, dans l'Ouest, le Nord et aux Antilles, et enfin dans l'ensemble des départements et territoires d'outre-mer. Dès cette date, il s'occupe aussi des affaires africaines au RPF. Il est élu à l'assemblée de l'Union française, devient le trésorier général du Rassemblement et, en novembre 1953, est nommé secrétaire adjoint du RPF, plus spécialement chargé des territoires d'outre-mer, puis secrétaire général en 1954. En 1958, il devient conseiller technique à Matignon puis à l'Élysée. En 1960, il est secrétaire général de la Communauté, puis en 1961 nommé secrétaire général à la présidence de la République pour les Affaires africaines et malgaches. À ce titre, en raison de sa proximité avec le Général, il est une sorte de superministre susceptible de court-circuiter les administrations responsables de l'Afrique et des DOM-TOM. En tant que conseiller, il est chargé de superviser les questions de sécurité et en particulier le SDECE (Service de documentation extérieure et du contre-espionnage) qui dépend du Premier ministre. Il suit aussi pour le Général les élections et le mouvement gaulliste. À ce titre, il chapeaute officieusement le Service d'action civique (SAC) créé en 1959, qui prend la suite du service d'ordre du RPF. Membre du cercle étroit des barons du gaullisme, il est proche de diverses organisations gaullistes (Club 89, UNI, syndicats). Il fait aussi partie des anciens du BCRA et du service Action du SDECE dont, quoique réserviste, il est le « patron hors hiérarchie ».

C'est en tant que responsable de la politique africaine de la France que Jacques Foccart a bâti sa réputation. Mais il n'en est pas l'inspirateur, seulement l'exécutant. L'objectif premier de De Gaulle est de maintenir les anciennes colonies dans le giron de la France : il s'agit de partir pour mieux rester. Réaliste, il a dû se résigner à accorder l'indépendance aux anciennes colonies et a su en convaincre son propre camp, Jacques Foccart en premier lieu. Mais le rôle de celui-ci, dans le contexte de la guerre froide, est de tout faire pour maintenir la présence française en Afrique noire. D'où une division du travail entre les deux hommes : à de Gaulle les grands desseins, la vision stratégique et les beaux discours, à Jacques Foccart la mise en œuvre et le travail de terrain. Installé au centre d'une « toile », il se trouve à l'intersection de réseaux multiples, à cheval sur le public et le privé, le formel et l'informel, le licite et l'illicite, ce qui lui permet d'exercer une influence considérable. D'où un véritable mythe de Foccart « homme de l'ombre ». Bien des coups d'État en

Afrique lui sont imputés. Les fameux « réseaux Foccart » sont de nature fort différente. Ils comprennent des réseaux d'amitié avec les milieux gaullistes et les milieux dirigeants français, mais aussi avec les élites africaines, qu'il reçoit chez lui, toujours disponible et prêt à « rendre service ». Il en obtient une multitude de renseignements, et peut les influencer. Des réseaux occultes officiels, comme le SDECE-Afrique, placé sous la responsabilité du colonel Maurice Robert qui avait implanté officiellement dans les pays africains amis des « postes de liaison et d'information », sont eux-mêmes doublés par des réseaux parallèles. Le colonel Robert assure la liaison avec des mercenaires comme Bob Denard, utilisés le cas échéant pour des opérations secrètes. Pour ces actions, Foccart recourt aussi à des personnages mystérieux ou même douteux. Le colonel Robert lui rend compte directement. Ces relations reposent sur le principe du « feu orange » : Robert informe son supérieur de son projet, et s'il n'y a pas opposition, il le réalise à ses risques et périls. La relation entre le Général et Jacques Foccart repose aussi sur ce principe ainsi que sur le non-dit. Pour éviter d'être compromis, de Gaulle lui laisse une certaine latitude d'action : « Le Général était plus flou sur les détails et il me laissait, finalement, une assez grande marge d'interprétation sur le choix des moyens. » Ce *modus operandi* signifie que de Gaulle avait toute confiance en son collaborateur, confiance qui n'a jamais été ni trahie ni démentie, y compris lors de l'affaire Ben Barka, et qui constituait la première ressource de Jacques Foccart. Cela ne veut pas dire qu'il n'a pas cherché à influencer le Général – c'était son rôle de conseiller –, il y parvenait par la persuasion plus que par la manipulation. Il supportait parfois difficilement les colères et les foucades de De Gaulle, et n'hésitait pas à lui tenir tête. C'est son indépendance d'esprit, sa fidélité et sa connaissance exceptionnelle du milieu africain dirigeant et du personnel politique et administratif français que le Général appréciait sans doute chez lui.

Il continua d'exercer le même rôle auprès de Georges Pompidou, mais avec moins de proximité et de moyens. Renvoyé par Valéry Giscard d'Estaing, il reprit du service avec Jacques Chirac à la mairie de Paris, ensuite à la présidence de la République. Avec le temps, ses réseaux ont vieilli, et il n'a pas su anticiper ni percevoir l'évolution souterraine du continent africain. Jean-François MÉDARD

• *Voir aussi* : Communauté franco-africaine ; Coopération ; Entourages ; RPF ; SAC ; Union française

Bibl. : Jacques Foccart, *Journal de l'Élysée*, Paris, Fayard-Jeune Afrique, 1997-1999 • « Foccart entre France et Afrique », numéro spécial, *Cahiers du Centre de recherches historiques*, Paris, EHESS, n° 30, octobre 2002 • Jacques Foccart et Philippe Gaillard, *Foccart parle : entretiens avec Philippe Gaillard*, Paris, Fayard-Jeune Afrique, 2 vol., 1995 et 1997.

FOI. – *Voir* CATHOLIQUE (foi).

FONCTIONNAIRES. – *Voir* HAUTS FONCTIONNAIRES.

FONDATION DE LA FRANCE LIBRE. – L'Association des Français libres a été fondée à l'automne 1945 sous la présidence d'honneur du général de Gaulle. Elle s'est rapidement trouvée au cœur d'un réseau de plus de 200 amicales régimentaires ou régionales rassemblant environ un ancien Français libre sur deux. Successivement présidée par le général de Larminat (1945-1962), le général Dio (1962-1969), l'amiral La Haye (1969-1978), le général Simon (1978-2000) et Pierre Messmer (depuis 2000), elle est installée rue Vergniaud, à Paris, depuis 1979. Par décret en date du 16 juin 1994 et conformément aux conclusions de son congrès de juin 1990, elle a été transformée en Fondation de la France libre, reconnue d'utilité publique et apte à recevoir dons et legs, dans laquelle l'ensemble des amicales ont été invitées à se fondre. Motivée par l'usure du temps et la volonté de concentrer les forces, cette transformation a parfois été mal ressentie. Lors de son congrès de mai 2005, l'Association de la 1re DFL a ainsi repoussé une énième fois l'autodissolution.

L'Association des Français libres a joué un rôle central dans la formation et la conservation des mémoires française libre et gaulliste. Par ses rubriques historiques et ses notices nécrologiques, la *Revue de la France libre*, publiée par l'Association depuis 1946, a été un élément important dans la transmission de la mémoire *Free French*. En 1953, l'Association a édité un premier *Annuaire des Français libres*, plusieurs fois réédité et complété par des annuaires d'armes comme l'*Annuaire de la 1re DFL* (1972) ou l'*Historique des FNFL* (1990). De même, les congrès annuels de l'Association constituent des moments forts de l'univers Français libre.

Bien qu'officiellement neutre au plan politique, l'Association a été un maillon notable du dispositif du gaullisme politique, plus d'ailleurs par le dense réseau d'influence qu'offraient ses adhérents dans les hautes sphères militaires et administratives que par ses prises de position publiques. Toutefois, elle appela au retour au pouvoir du général de Gaulle en mai 1958 et participa à la manifestation du 30 mai 1968. Depuis 1994, l'action de la Fondation de la France libre a glissé du terrain politique à celui de la mémoire, au risque de déboucher sur une « compétition mémorielle » avec les associations de résistants de l'intérieur ou de déportés. En 1995, la Fondation a ainsi été à l'origine de la création d'une aile du musée de l'Armée des Invalides consacrée à la France libre. La muséographie de cette aile, inaugurée par Jacques Chirac le 18 juin 2000, est significative du discours gaullien et des intentions mémorielles de la Fondation. Guidé le long de deux parcours parallèles relatant l'évolution du conflit et la part qu'y ont prise les Forces françaises libres, le visiteur doit ressortir convaincu que ces dernières ont joué un rôle essentiel dans la victoire alliée et que, sous les ordres de De Gaulle, elles n'étaient rien d'autre que l'incarnation de la France. Plus récemment, la Fondation a été à l'origine d'une ambitieuse histoire militaire de la « France au combat de 1940 à 1945 ».

Jean-François MURACCIOLE

• *Voir aussi* : FFL ; Institut et fondation Charles-de-Gaulle ; Mémoire de la Résistance ; Ordre de la Libération

FONDATION ET INSTITUT CHARLES-DE-GAULLE. – Quelques mois après avoir quitté le pouvoir en 1969, le général de Gaulle accepte la proposition de Pierre Lefranc visant à créer un centre de documentation et de recherches. Il marque sa préférence pour un institut, association privée régie par les dispositions de la loi de 1901, formule juridique assurant l'indépendance à l'égard des partis. En avril 1970, il arrête lui-même la liste des fondateurs en prenant soin d'en exclure les siens, afin de leur éviter d'être impliqués dans d'éventuelles polémiques. Le 20 février 1971, l'Institut Charles-de-Gaulle est créé. Il est successivement présidé par André Malraux, Gaston Palewski puis Geoffroy Chodron de Courcel. En septembre 1991, afin de pérenniser son action et de garantir son indépendance financière, l'Institut donne naissance, sans pour autant disparaître, à une Fondation Charles-de-Gaulle. Celle-ci est dotée par l'État d'un capital, et reconnue d'utilité publique par décret du 22 septembre 1992. Fondation et Institut Charles-de-Gaulle sont successivement dirigés par le général Simon, Pierre Messmer, Jean Foyer (conjointement avec l'amiral Debray) et Yves Guéna. Fin 2005, l'Institut et la Fondation Charles-de-Gaulle fusionnent.

Favoriser la recherche historique. La mission assignée à l'Institut puis à la Fondation n'a guère varié depuis l'origine. Il s'agit de « rassembler tous les documents écrits, sonores, photographiques ou cinématographiques, ainsi que tous les objets concernant l'œuvre et l'action du général de Gaulle [afin d']entreprendre et faciliter toutes recherches ou études sur cette œuvre et cette action [mais aussi] maintenir la vérité les concernant et les défendre dans le cas où elles seraient contestées ». Dès le milieu des années 1970, l'Institut occupe une place originale dans le paysage intellectuel français. Éloigné du modèle britannique de l'institut de recherche politique, il oscille entre celui des bibliothèques présidentielles américaines, mais sans les moyens financiers ni les fonds d'archives, et celui de la « Société des Amis ». Toutefois, il se distingue rapidement de ce second modèle en mettant en œuvre une politique dynamique de recherche historique sous la houlette d'une commission universitaire présidée par Jean Charlot et rassemblant notamment René Rémond, Philippe Braud, Pierre Dabezies, Alfred Grosser ou Annie Kriegel. Il met à la disposition des chercheurs des instruments de travail (bibliographies, index thématique des œuvres, chronologies) et publie une revue trimestrielle, *Espoir*, dont le premier numéro paraît en septembre 1972. De 1975 à 1988, il organise quinze colloques internationaux et plus d'une centaine de conférences-débats. À partir de 1976, il dirige la collection « Espoir » à la Librairie Plon.

Ce dynamisme est favorisé par le renouveau de l'histoire politique et l'émergence de l'histoire du temps présent qui fait de la confrontation entre historiens et témoins un instrument important pour la recherche sur le passé proche. Des liens étroits sont noués, en France, avec la Fondation nationale des sciences politiques (FNSP) et l'Institut d'histoire du temps présent (IHTP), ainsi qu'avec de nombreuses universités aux États-Unis et en Grande-Bretagne. En raison de la singularité de leur objet, les travaux de l'Institut se veulent pluridisciplinaires. L'organisation à l'UNESCO, du 19 au 24 novembre 1990, des journées internationales « De Gaulle en son siècle » constitue l'apogée de cette activité de recherche. Préparées depuis 1987 sous la direction de Bernard Tricot, ces journées donnent l'occasion à 800 participants et 500 contributeurs, témoins et universitaires, de « cerner l'ombre portée du général de Gaulle sur ce siècle » selon l'expression de Jean Lacouture. La publication des actes du colloque donne lieu à l'édition de 7 volumes en coédition avec la Documentation française et la Librairie Plon.

La Fondation poursuit depuis lors cette mission originelle en mettant à la disposition des chercheurs une bibliothèque de 5 000 ouvrages et des archives, notamment celles du RPF. Sous l'égide de son conseil scientifique, elle organise des colloques internationaux ainsi qu'un cycle de conférences annuel et s'attache à la publication de périodiques thématiques tels que les *Cahiers de la Fondation*, afin de diffuser la connaissance de la vie et de l'action du général de Gaulle.

Entretenir le souvenir. Dès l'origine, l'action de l'Institut s'inscrit également dans une perspective mémorielle. Il s'agit, dans un premier temps, de la mémoire combattante, celle de l'homme du 18 Juin et du chef des Français libres. Aux côtés des fondations de la Résistance, de la France libre et de la Mémoire et de la Déportation, l'Institut participe à toutes les manifestations commémoratives. En 1987, la conception et l'organisation des manifestations qui doivent marquer le centenaire de la naissance du Général et le cinquantenaire de son appel du 18 juin 1940 lui sont confiées. Le 18 juin 1990, l'« opération Flambeaux » voit converger plus de 300 flambeaux, issus de 1 500 hauts lieux de la mémoire résistante, vers l'Arc de Triomphe, face à une plaque de bronze reproduisant l'Appel et scellée dans le sol de l'enceinte qui entoure le tombeau du soldat inconnu. Au même moment, un immense poste TSF, installé au centre de la place de la Concorde, diffuse des bulletins d'informations, des programmes de variétés de l'année 1940 et, d'heure en heure, l'appel du 18 Juin. En 1995, à l'occasion du cinquantième anniversaire de la descente des Champs-Élysées, Fondation et Institut Charles-de-Gaulle organisent un spectacle-hommage intitulé « Libération, j'écris ton nom » mobilisant 8 000 figurants. Ils prennent aussi en charge la célébration du 25e anniversaire de la mort du Général, sur l'esplanade des Invalides.

Gardiens de la mémoire, la Fondation et l'Institut s'attachent naturellement à conserver et à ouvrir au public les « lieux de mémoire » gaulliens. Acquis en 1978, le siège à Paris du 5, rue de Solférino, qui abrite le bureau que le général de Gaulle occupa de 1947 à 1958, reçoit les visites de personnalités telles que Richard Nixon ou, en janvier 2004, le président chinois Hu Jintao. Dès 1972, l'Institut est chargé de veiller à la gestion et à l'entretien du mémorial érigé à Colombey, puis, à partir de 1979, de La Boisserie. Devenue en 1981 propriété de l'Institut, la maison natale de Lille est restaurée et transformée en musée, ouvert à la visite en 1983.

Toucher un large public. À l'orée du XXIe siècle, soucieux d'élargir leur public en France et à l'étranger, l'Institut puis la Fondation Charles-de-Gaulle s'ouvrent aux nouveaux modes de communication. Ce souci du grand public se manifeste dès l'origine. Au lendemain de la mort du général de Gaulle, son épouse a fait brûler tous ses effets personnels, refusant qu'ils deviennent des reliques. Néanmoins quelques uniformes complets, son sabre de saint-cyrien et ses décorations sont déposés au musée de l'ordre de la Libération, au musée de l'Armée et, à terme, à la maison natale de Lille. En l'absence de véritable « collection gaullienne », les expositions consacrées au général de Gaulle s'appuient donc essentiellement sur les fonds iconographiques et manuscrits. Peu de temps après la disparition du Général, une exposition « Charles de Gaulle » retraçant son itinéraire de 1890 à 1970 est présentée à Paris et dans les grandes villes de province. Du 16 juin au 14 octobre 1990, une importante exposition « Charles de Gaulle et la conquête de l'Histoire » est organisée par l'Institut à la Bibliothèque nationale. Si les expositions itinérantes constituées de panneaux et de documents photographiques continuent à sillonner les villes de France, l'Institut et la Fondation tirent parti du renouveau des techniques scénographiques et de l'enrichissement de leur corpus muséographique en organisant en 1999 une exposition « De Gaulle, soldat (1912-1920) » à l'Historial de Péronne et à Paris. Dans les années 2000, l'heure est aussi à l'organisation de grandes expositions à l'étranger pour un public sensible au prestige du Général, incarnation du « grand homme » national. Ainsi, en 2003, au Musée historique national de Moscou, sur la place Rouge, plus de 100 000 visiteurs peuvent se familiariser en russe avec un itinéraire scénographié par Jean-Luc Simonini. De même, en Chine, dans le cadre de l'année de la France (octobre 2004-juillet 2005), près de 300 000 visiteurs, à Pékin, Shanghai, Wuhan et Chengdu profitent d'une scénographie de Jean-Jacques Bravo.

Afin de pérenniser cette transmission au grand public et d'ouvrir davantage encore les lieux de mémoire gaulliens, la Fondation Charles-de-Gaulle s'est lancée depuis quelques années, avec l'aide de partenaires institutionnels, dans d'ambitieux projets muséographiques. À Lille, sur le site de la maison natale, un centre culturel multimédia doté d'un forum, d'un centre de ressources, d'espaces pédagogiques et d'expositions temporaires a été inauguré le 22 novembre 2005. À Colombey-les-Deux-Églises, un nouveau mémorial à l'architecture novatrice de 3 000 m² verra le jour en juin 2008 et, à Paris, aux Invalides, l'Historial Charles-de-Gaulle sera ouvert au public en juin 2007, au sein du musée de l'Armée.

Enfin, sensibilisée aux problématiques du mécénat, et à l'instar des grandes fondations étrangères, la Fondation Charles-de-Gaulle distribue, avec l'aide de son club d'entreprises, des bourses de recherches sur un thème d'actualité et des aides à la publication. Elle met également sur pied des programmes d'échanges dans des domaines ou des pays que le général de Gaulle a particulièrement marqué de son empreinte. Sharon ELBAZ

• *Voir aussi* : Colombey-les-Deux-Églises ; Commémorations ; Lille ; Solférino (5, rue de) ; Sources

FONTANET, Joseph (1921-1980). – Joseph Fontanet représente la jeune génération du MRP (Mouvement républicain populaire) qui accède aux responsabilités sous la Ve République. Il naît à Frontenex en Savoie, dont son grand-père est le maire. Son parcours scolaire est exceptionnellement brillant puisqu'il entre à HEC à seize ans. Quittant alors Lyon pour Paris, il loge au fameux 104 de la rue de Vaugirard, chez les maristes. D'une foi ardente et militante, il s'engage dans la Jeunesse étudiante chrétienne (JEC). En 1941, il est contraint de participer aux Chantiers de jeunesse. En juillet 1943, réfractaire au Service du travail obligatoire (STO), il décide de rallier les FFL (Forces françaises libres). Après une traversée très pénible de l'Espagne, marquée par cinq mois de détention, il parvient au Maroc. Il participe au débarquement en Provence puis aux campagnes de France et d'Allemagne. Dès sa démobilisation, il rejoint le MRP dont il devient le secrétaire général adjoint en 1948. Il est élu en 1951 conseiller général de Moûtiers, siège qu'il conserve jusqu'à sa mort. En 1956, il devient député de la Savoie. Il sera systématiquement réélu jusqu'en 1973.

En 1958, il fait le choix résolu du gaullisme, voyant dans la Ve République le cadre nécessaire à la modernisation de la France. Michel Debré le fait entrer dans son gouvernement, en raison de son poids politique au MRP, de sa jeunesse et de sa formation économique. Il devient le 20 janvier 1959 secrétaire d'État à l'Industrie et au Commerce puis au Commerce intérieur. Il définit un programme de construction de grands marchés de gros et d'abattoirs. Son nom reste lié à la « circulaire Fontanet » du 31 mars 1960 qui encourage la grande distribution. Devenu le 4 août 1961 ministre de la Santé, il lance un vaste plan de construction d'hôpitaux. Il illustre ainsi la politique d'infrastructures qui accompagne les Trente Glorieuses. Ses relations avec le général de Gaulle restent distantes alors qu'il partage une réelle proximité avec Debré.

Reconduit dans le gouvernement de Georges Pompidou, il démissionne comme ses quatre collègues MRP à la suite de la conférence de presse présidentielle du 15 mai 1962. En 1969, il contribue à fonder le Centre démocratie et progrès qui soutient la candidature de Georges Pompidou. Ministre du Travail, de l'Emploi et de la Population de 1969 à 1972, il soutient la candidature de Jacques Chaban-Delmas en 1974. Il profite d'un relatif éloignement de l'activité publique à la fin des années 1970 pour écrire un ouvrage de théorie systémique, *Le Social et le Vivant*. Son assassinat défraie la chronique sans que l'enquête ait pu déterminer s'il avait été commandité ou non. Laurent DUCERF

• *Voir aussi* : Centristes ; Commerçants et artisans ; Conférence de presse du 15 mai 1962 ; MRP ; Santé (politique de)

Bibl. : Charles Cabaud, *Joseph Fontanet*, Paris, France-Empire, 1991 • Pierre Letamendia, *Le Mouvement républicain populaire. Histoire d'un grand parti français*, Paris, Beauchesne, 1995 • Jean-Marie Mayeur, « Le MRP et le gaullisme », *Regards sur le Mouvement républicain populaire, Colloque du 10 décembre 1996, France-Forum*, n° 316, 1997, p. 28-34.

FORCE OUVRIÈRE. – *Voir* CGT-FO.

FORCES FRANÇAISES DE L'INTÉRIEUR. – *Voir* FFI.

FORCES FRANÇAISES LIBRES. – *Voir* FFL.

FORMATION SCOLAIRE ET INTELLECTUELLE. – La personnalité de Charles de Gaulle s'est largement formée, dès sa prime jeunesse, sous l'influence d'une famille où se côtoyaient une lignée d'origine industrielle et lilloise, les Maillot, et une lignée orientée depuis des générations vers l'érudition et l'histoire, les de Gaulle. L'une et l'autre lignée comptait de fortes personnalités, telle Joséphine Maillot, la grand-mère paternelle du jeune Charles. Profondément catholique, le père de ce dernier, Henri de Gaulle, est professeur de lettres et d'histoire. Durant toute sa carrière d'enseignant, il a acquis la réputation d'un « professeur d'énergie ». L'origine nordiste de sa mère, Jeanne Maillot, explique, entre autres, l'attachement du jeune Charles pour Lille et le Nord. Très proche de ses enfants, leur mère les a maintenus dans une piété profonde. Elle leur transmet ses sentiments royalistes, accompagnés d'un culte fervent de la patrie, le tout dans la grande rigueur et l'énergie qui étaient les siennes. Aucun des cinq enfants n'a fréquenté d'établissement public au cours de la scolarité antérieure à l'enseignement supérieur.

Formation. Élève durant quatre ans chez les frères de l'École chrétienne, rue de Grenelle, Charles entre à dix ans comme externe au collège de l'Immaculée-Conception, où son père a été professeur. Il passe ensuite une année au collège jésuite d'Antoing en Belgique, en classe de « math élém » (1907-1908), une autre au collège Stanislas où, après avoir été tenté par l'École centrale des arts et manufactures de Paris, il prépare le concours de l'École spéciale militaire de Saint-Cyr. Seul membre de sa famille à avoir choisi le métier militaire, il est reçu à Saint-Cyr le 30 septembre 1909.

Durant ses premières années, il a été jugé par les siens comme un enfant « difficile ». Ses maîtres le regardent d'abord comme un élève médiocre, à la différence de son frère Xavier, très brillant. Il parvient cependant à atteindre un très bon niveau dans les disciplines jugées essentielles, notamment celle qui lui est particulièrement chère, l'histoire. Au long de sa formation, il ne néglige pas les pratiques religieuses, si nombreuses chez les Jésuites. Il déploie là sa ferveur et, déjà, un sens de l'organisation, des processions comme des spectacles récréatifs. Son humour et sa gaieté demeurent, lors des fêtes au collège notamment, tandis que sa culture personnelle reflète l'équilibre, en honneur chez les Jésuites, entre les disciplines scientifiques et littéraires. La tradition et l'influence paternelles continuent de jouer leur rôle. Dans sa famille subsistent les rites familiaux, tels que l'usage, le soir, de procéder à une lecture commune (la Bible, *Le Correspondant*) ou à l'évocation d'un épisode historique. Les discussions entre les proches, l'intimité confiante du fils avec tout ce milieu, le respect pour ses parents ne suffisent pas pourtant à expliquer l'originalité et la profondeur de vue de l'intéressé. Avant l'entrée proprement dite à l'école de Saint-Cyr, le futur officier doit connaître lui-même, au long d'un stage, les pratiques de la troupe. Charles signe un contrat de quatre ans au 33ᵉ régiment d'infanterie. D'abord simple soldat, puis caporal et sergent, il apprend, sans trop les aimer, les obligations journalières (faire son lit, les corvées), et se trouve assujetti, comme tous, à l'obéissance et à la tenue militaires. Au bout d'un an, il entre à l'École. En dehors des exercices obligatoires, il se plonge dans des lectures variées, quand ce n'est pas dans l'élaboration d'écrits personnels de tout genre : dès l'adolescence, des saynètes, quand ce ne sont pas des romans.

Empreintes. Décrire avec une parfaite exactitude ce qui est resté à Charles de Gaulle de sa culture première est malaisé. Une partie de sa personnalité, comme on l'a vu pour son enfance, prenait ses racines dans une foi catholique profonde, accompagnée d'une fidélité sans faille à la pratique. Cette foi ne s'est jamais démentie. Les occasions de la manifester publiquement se firent plus rares par la suite. Il était discret là-dessus par principe : selon lui, l'armée devait rester étrangère à toute orientation religieuse ou politique, toutefois lors des grands événements, la société civile et l'armée pouvaient s'unir dans un commun patriotisme, en faveur de la France qui ne saurait disparaître. En 1913, il expliqua ainsi à ses soldats que morale patriotique et morale religieuse ne faisaient qu'une. Les *Magnificat* de Bir-Hakeim (1942) et de Notre-Dame (1944) procèdent de cette pensée. Son attachement personnel à la foi et à l'Église l'empêcha d'adhérer à l'idéologie de l'Action française, condamnée par Pie XI en 1926, en dépit des penchants maurrassiens manifestés par son père.

Les expériences, méditations, rencontres et lectures ultérieures à la guerre lui ont permis non sans doute des réinterprétations de ses lectures antérieures, mais un élargissement de sa pensée. Très tôt dans sa vie, il a beaucoup lu. Il est doté d'une mémoire sans faille. Une série de « maîtres », reconnus ou entrevus, sont venus rejoindre les lointains héritages, les classiques. Il ressent très tôt une attirance pour l'héroïsme, pour le beau geste, d'où une sorte d'instinct qui le porte parfois vers l'élan romantique. Bouleversé à l'âge de dix ans par une représentation de *L'Aiglon*, il continue d'admirer Rostand et l'imite même dans quelques-uns des nombreux écrits produits par l'« inaction » où le laisse, selon lui, la vie militaire. Cette impression d'ennui au sein d'une armée qui n'agit pas le rapproche d'Ernest Psichari, jamais rencontré au reste. Il est d'autres points de ressemblance avec le petit-fils de Renan. Formés l'un par l'enseignement religieux, l'autre par l'enseignement public, ils disposent d'une culture souvent semblable. Tous deux écrivent, et lisent largement les mêmes auteurs. L'un se souvient de Chateaubriand, l'autre de Vigny, tandis que

Rostand, Bossuet, Barrès et Péguy leur sont communs. Leur préférence va à l'histoire. S'ils parlent d'énergie nationale, leurs sentiments sont analogues sur la quotidienneté militaire. Il n'est pas sûr que de Gaulle a lu dès sa publication *L'Appel des armes* (1913), seul livre publié du vivant de Psichari ; il y retrouvera cependant des analyses assez semblables aux siennes et approfondira plus tard cette ressemblance. Il tiendra pourtant à fortement nuancer le traditionalisme que laisse entrevoir les écrits de Psichari. Celui-ci meurt très tôt dans la bataille, le 22 août 1914. Dans un élan, de Gaulle en fait un héros.

Dès sa sortie de Saint-Cyr, alors que se développe chez lui l'idée de solidarité et de bien commun dans la société, il reconnaît pour maîtres Péguy et Bergson. Il perçoit chez ce dernier, « professeur de liberté », le travail de l'instinct, un renouveau de la spiritualité française. La pensée de l'apprenti officier ne le sépare pas de Boutroux, selon qui le désordre démocratique empêche l'ordre militaire et la démocratie de s'intégrer l'un à l'autre comme il le faudrait. Barrès enfin, Barrès surtout apporte « un message pour une élite », entre autres les idées de continuité de l'histoire nationale et du génie français qui assurent en définitive l'unité dans la diversité des esprits.

Jean Touchard met en relief la valeur du concept de « génération » tel que l'employa Agathon dans son livre de 1913, *Les Jeunes Gens d'aujourd'hui*. Ainsi se révèlent les analogies entre telle ou telle réaction, telle ou telle tendance, telle ou telle interprétation de la société française, quand ce n'est pas de la France tout court. La jeune pensée de De Gaulle appartient à sa formation propre, mais aussi à ce que véhiculent les thèmes de son temps. Au-delà d'intuitions héritées de Montalembert, d'un maurrassisme répudié, d'une fidélité héréditaire au dreyfusisme de son père, somme toute à des dispositions de type libéral, apparaissent clairement les rapprochements avec une série de ses contemporains. Ces rencontres unissent des jeunes gens formés de façon analogue. Ils reconnaissent souvent les mêmes maîtres à penser, au fil de lectures nombreuses. Dans l'attente du conflit qu'ils sentent venir, ils marquent, et le jeune de Gaulle parmi eux, leur sévérité devant l'incapacité de la société civile à s'y préparer.

Françoise Mayeur

• *Voir aussi* : Ascendance familiale ; Bibliothèque personnelle ; Blondel, Maurice ; Catholique (foi) ; Nationalisme

Bibl. : Fondation Charles-de-Gaulle, *Charles de Gaulle. La Jeunesse et la guerre, 1890-1934*, Paris, Plon, 2001 • Jean Lacouture, *De Gaulle*, t. 1, *Le Rebelle*, Paris, Le Seuil, 1984.

FOUCHET (plan). – *Voir* PLAN FOUCHET.

FOUCHET, Christian (1911-1974). – « Je ne vous oublie pas, vous surtout qui n'avez cessé de m'apporter votre concours pendant ces trente années », écrivait le général de Gaulle à Christian Fouchet le 7 juillet 1970. Ce dernier est un des premiers Français libres : parti le 17 juin 1940 pour Londres, il se met aussitôt aux ordres du Général et sert dans les Forces françaises libres (FFL), en Angleterre puis en Afrique.

En 1944, il commence une carrière diplomatique à Moscou puis en Pologne et en Inde. Il revient en France en 1947 et se met au service de De Gaulle qui vient de créer le Rassemblement du peuple français (RPF) et qui lui confie d'importantes tâches en le nommant aussitôt membre du comité exécutif, secrétaire national administratif et délégué général pour la région parisienne. Fouchet est également élu en 1951 député de la 3e circonscription de la Seine. Après la scission du groupe parlementaire RPF en 1952, il est un des principaux gaullistes qui participent au régime de la IVe République : il vote l'investiture de Mayer en janvier 1953 puis de Laniel en juin et accepte de devenir ministre des Affaires marocaines et tunisiennes dans le gouvernement Mendès France (19 juin 1954-6 février 1955). Ce choix l'éloigne du général de Gaulle qui, consulté, désapprouve son entrée dans un gouvernement et refuse de le recevoir. Le ministre Christian Fouchet négocie l'autonomie interne de la Tunisie ; le député tente en vain de garder son siège en conduisant la liste des républicains sociaux en 1956. Il réintègre alors l'administration des Affaires étrangères et exerce durant quatre ans (1958-1962) la fonction d'ambassadeur à Copenhague.

L'éloignement d'avec de Gaulle n'a été que passager : Fouchet figure parmi les personnes le plus souvent reçues au 5, rue de Solférino, au temps de la traversée du désert, et le Général lui confie d'importantes responsabilités, notamment ministérielles, sous la Vᵉ République, reconnaissant en lui un de ses plus vieux compagnons. Président du comité chargé d'étudier les projets d'unité politique européenne (1961-1962), il voit échouer le « plan Fouchet ». Haut-commissaire de la République en Algérie (mars-juillet 1962), il organise le référendum sur l'indépendance du 1ᵉʳ juillet 1962. Il entre ensuite au gouvernement, comme ministre de l'Information (1962) puis ministre de l'Éducation nationale (1962-1966).

À la fin des années 1960, c'est en Meurthe-et-Moselle que Christian Fouchet trouve un nouvel ancrage électoral, en se faisant élire député en 1967 et 1968 puis conseiller général en 1970. Ministre de l'Intérieur en 1967-1968, il est partisan de la fermeté lors des événements de mai 1968 et fait connaître ses regrets face à l'attitude modérée que choisit alors le Premier ministre Georges Pompidou. Après le départ du général de Gaulle, il critique de plus en plus Pompidou et démissionne de l'Union pour la Défense de la République (UDR) en février 1971. Il publie en 1971 et 1973 ses *Mémoires d'hier et de demain* pour dire son gaullisme et montrer ce qui sépare de Gaulle de son successeur. Bernard LACHAISE

• *Voir aussi :* Diplomates ; Éducation nationale ; Europe ; FFL ; Mai 68

Bibl. : Christian Fouchet, *Mémoires d'hier et de demain*, t. 1, *Au service du général de Gaulle*, t. 2, *Les lauriers sont coupés*, Paris, Plon, 1971 et 1973 • « Christian Fouchet 1911-1974 », *Espoir*, nᵒ 45, décembre 1983 • Philippe Nivet, « Fouchet Christian », dans Bernard Lachaise (dir.), *Dictionnaire des gaullistes 1947-1959. Du RPF à l'UNR*, Paris, Honoré Champion, 2006.

FOULE (bains de). – Les images de la haute stature du Général plongeant dans des foules immenses sont légion. Des plus célèbres (qui n'a en tête la remontée des Champs-Élysées dans Paris libéré ?) aux plus anecdotiques, quand il serre les mains, embrasse enfants et jeunes mariés sur les places des villages traversés, elles appartiennent à l'histoire nationale. Inlassablement diffusées, elles n'ont pas peu fait pour attester le charisme du grand homme et fonder le sens du peuple qui lui est ordinairement (si ce n'est unanimement) reconnu. De fait, le fondateur de la Vᵉ République tient le rôle le plus éminent dans l'histoire du bain de foule politique en France au XXᵉ siècle. Mais on ne saurait le réduire à la simple confirmation, continuellement réitérée, de la magie du geste gaullien. Sous l'aspect du contact charnel, la figure du Général offre un condensé des ambiguïtés et jugements politiques dont la liesse populaire a pu faire historiquement l'objet.

Après 1958, de Gaulle est en effet le premier président de la République à rompre les rangs, à réduire de lui-même la distance séparant le cortège du public ; c'est lui qui provoque le contact physique avec ceux qui sont venus l'acclamer. Avant lui, nulle trace, dans la presse, de ces photographies devenues classiques qui montrent en premier et gros plan les mains du chef de l'État serrant celles d'un spectateur anonyme. Non que ses prédécesseurs n'aient jamais eu d'échanges avec de simples citoyens, lors de leurs voyages, mais ceux-ci restaient en quelque sorte réservés à des rencontres officielles, semblables aux visites de bienfaisance, entre le chef de l'État et la personne qui lui était présentée (un ouvrier ou un malade, par exemple). Quant aux foules, elles étaient simplement passées en revue à distance, éventuellement saluées d'un geste de la main ou du chapeau, suivant le principe réglant, durant les deux premiers tiers du siècle, l'économie de la visite officielle en province. User directement et « solitairement » des vivats et applaudissements exposait en effet au stigmate césarien. Sadi Carnot, en 1888, fut le premier président républicain à pratiquer le déplacement en province. Mais il fit en sorte que les ovations s'adressent à la fonction présidentielle et non à l'homme qui l'incarne ; bref au régime que les citoyens ont su « librement » se donner. Tous ses successeurs, y compris Raymond Poincaré ou Alexandre Millerand qui tenteront de redonner plus de poids à l'institution présidentielle, réciteront sans relâche les formules qui écartent le chiffon rouge du « gouvernement personnel ».

Comment situer le rapport gaullien à la foule ? Contrairement à ce qui est souvent avancé, il se déploie sur un continuum allant de la stricte orthodoxie républicaine à la transgression des usages. De Gaulle reste « orthodoxe » au sens où il tire parti des bénéfices protocolaires et cérémoniels que lui confère officiellement son statut ; il s'appuie sur les institutions de proximité qui maximisent localement les chances que la liesse soit au rendez-vous. Lors de sa tournée de la Libération, à l'automne 1944, mais aussi comme chef de parti entre 1947 et 1953, il s'efforcera de toujours obtenir le déploiement des honneurs militaires qui s'adressent à son rang et non à sa personne. De même, ses déplacements sous la IVe République font un usage extrêmement commun des routines de la visite officielle. Comme les chefs d'État ou présidents du Conseil d'avant 1940, il débute ses voyages en donnant préséance à la préfecture sur la mairie, écoute dans le Nord *Le P'tit Quinquin*, rencontre les enfants des écoles en rangs, passe sous des arcs de triomphe. Ainsi, les tournées de la fin des années 1940 doivent être lues non comme une forme de rupture, un premier pas prémonitoire vers la future Ve République, mais bien comme un strict retour aux précédents des visites officielles de la IIIe République.

Ce n'est donc pas l'existence des ovations populaires qui fait problème dans la norme républicaine des régimes antérieurs, mais le fait que ces dernières puissent témoigner d'un lien direct et personnel entre l'homme politique et ceux qui l'acclament. Parce qu'il est un militaire utilisant la rue (et non le seul suffrage) pour préserver une relation intime et sans intermédiaire avec le peuple, et parce qu'il ne saurait convoiter d'autres fonctions que la plus éminente, il fait l'objet d'attaques incessantes de la part du président Auriol entre 1947 et 1952. Dans son *Journal*, le chef de l'État l'assimile tour à tour à César, à Napoléon III, enfin à Boulanger. De fait, comme Carnot face à Boulanger, les deux hommes se sont fréquemment croisés sur les routes de France. Leurs capacités respectives à mobiliser les foules sont systématiquement comparées tant par les policiers que par les militants du RPF, sans qu'il soit jamais possible de déclarer un « vainqueur ». Si la surveillance réciproque est aussi soutenue, c'est que le président comme le Général, à l'instar de leurs prédécesseurs, font reposer leur action publique sur des stratégies et des ressources cérémonielles comparables.

La fin de l'histoire est intéressante, qui souligne combien le charisme gaullien ne doit pas tout à ces bains de foule. Comme à l'époque de Boulanger et Carnot, c'est encore une fois le président qui « l'emporte ». Le Général n'a pu résister longtemps à la réduction de son identité publique imposée par les circulaires gouvernementales : d'un côté une matinée consensuelle et cérémonielle, avec honneurs officiels dus au « premier résistant de France », sous réserve que celle-ci reste purement commémorative, et de l'autre un après-midi où il se retrouve, escorté cette fois de militants, simple chef de l'un des partis qu'il critique tant. Les bains de foule gaulliens disparaîtront durant toute la « traversée du désert », ne reprenant que dans les conditions institutionnelles qui les rendent possibles et efficaces : lorsque de Gaulle peut incarner, à travers les honneurs qui sont attachés à la fonction, la nation tout entière.

Nicolas MARIOT

• *Voir aussi* : Sécurité ; Voyages officiels

Bibl. : Laurent Douzou et Dominique Veillon, « Les déplacements du général de Gaulle à travers la France », dans Fondation Charles-de-Gaulle, *Le Rétablissement de la légalité républicaine*, Bruxelles, Complexe, 1996, p. 641-661 • Nicolas Mariot, « Le président de la République », dans Christophe Prochasson et Vincent Duclert, *Dictionnaire critique de la République*, Paris, Flammarion, 2002, p. 171-178 • Gilles Morin, « Les "voyages" du général de Gaulle en France (1946-1953). Manifestations politiques et mise en scène de la légitimité gaulliste », dans Fondation Charles-de-Gaulle, *De Gaulle et le RPF*, Paris, Armand Colin, 1998, p. 175-194.

FOURCADE, Marie-Madeleine (1909-1989). – Marie-Madeleine Fourcade se présente dans ses Mémoires, parus en 1968, comme une gaulliste de la première heure, outrée dès 1940 par la « lâcheté » de Pétain et révoltée par l'armistice. Le parcours de l'une des seules femmes chef d'un réseau de renseignements est cependant plus complexe. En 1937, elle est secrétaire générale de l'Ordre national, un groupe de publication dirigé par Georges Loustaunau-Lacau, l'animateur du groupe réactionnaire Corvignolles. À la veille de la guerre, Marie-Madeleine – alors Méric, de son nom de jeune fille – est donc active au sein d'une organisation anticommuniste, très influencée par l'Espagne franquiste, et dotée d'un véritable service de renseignements.

Après la défaite, elle reste la principale collaboratrice de Loustaunau, qui devient délégué général de la Légion française des combattants. Ils créent un réseau de renseignements, noyau du futur réseau Alliance, et une organisation, La Croisade, qui se veut antiallemande, mais fidèle au Maréchal. Malgré des contacts avec des agents gaullistes, le réseau se rattache à l'*Intelligence Service* (IS). Cette situation constituera tout au long de la guerre une pomme de discorde entre les services gaullistes et l'IS. Après l'arrestation de Loustaunau, en 1941, elle codirige puis dirige seule le réseau. Elle est chargée par l'IS de prendre des contacts avec le général Giraud après l'évasion de celui-ci en avril 1942, et participe à son exfiltration pour l'Afrique du Nord en novembre. Cette opération lui vaut d'être arrêtée, mais elle s'évade quelques jours plus tard. Alliance, qui dépend désormais des services spéciaux d'Alger, est militarisé : le réseau est sous l'autorité du commandant en chef, qui le met à la disposition de l'IS. Aux yeux du général de Gaulle, l'organisation souffre alors d'être à la fois dans la mouvance giraudiste et inféodée aux Alliés.

En 1943, Marie-Madeleine Fourcade gagne Londres comme représentante du réseau Alliance auprès des Britanniques. Une concurrence farouche oppose alors les services spéciaux giraudistes et leurs homologues gaullistes, et la situation d'Alliance n'est pas le moindre des points de friction. En avril 1944, l'effacement du général Giraud ouvre la voie à des négociations. Marie-Madeleine Fourcade entend toutefois parler d'égal à égal avec les responsables de la Direction générale des services spéciaux (DGSS), exigeant – et obtenant – une complète autonomie dans la gestion de son réseau : ses agents ne répondent pas aux questions sur leurs activités en France et elle est le seul chef de réseau à entretenir des relations directes avec l'IS.

Après guerre, il est probable qu'elle continue de fournir aux Britanniques des renseignements sur l'activité communiste. Elle rejoint le RPF et anime une campagne d'adhésion en 1948. Après le retour au pouvoir de De Gaulle, elle intègre l'UNR avec la Convention républicaine de Léon Delbecque, et siège au comité central. Figurant sur la liste conduite par Jacques Chirac aux élections européennes de 1979, elle devient membre du Parlement européen en 1980. C'est la seule femme dont les obsèques, en 1989, ont eu lieu aux Invalides.

Johanna BARASZ et Sébastien ALBERTELLI

• *Voir aussi* : BCRA ; Services spéciaux

Bibl. : Marie-Madeleine Fourcade, *L'Arche de Noé*, Paris, Fayard, 1968 • François Marcot (dir.), *Dictionnaire historique de la Résistance*, Paris, Robert Laffont, coll. « Bouquins », 2006 • Henri Noguères, *Histoire de la Résistance*, Paris, Robert Laffont, 1967-1981.

FOYER, Jean (né en 1921). – Jean Foyer est issu d'une famille de notaires du Maine-et-Loire. Il entre jeune dans la vie publique puisqu'il est conseiller technique au cabinet du ministre de l'Éducation nationale, René Capitant puis Paul Giacobbi (1944-1946). Après la démission du Général en janvier 1946, il sert encore six mois dans le cabinet du ministre du Ravitaillement, Henri Longchambon. En 1951, il est avocat au barreau de Paris et, après avoir réussi l'agrégation de droit privé, professeur à la faculté de Lille. Il s'impose alors comme l'un des grands spécialistes de la procédure civile.

Lors du retour au pouvoir du Général en

1958, son ami Michel Debré fait appel à lui pour le seconder dans l'élaboration de la Constitution. Jean Foyer est nommé conseiller technique au cabinet du ministre d'État Félix Houphouët-Boigny. Représentant son ministre au groupe d'experts qui prépare les séances du Comité interministériel constitutionnel, il participe directement à ses travaux, notamment à ceux touchant à la définition du cadre juridique de la Communauté.

En novembre 1958, Jean Foyer est le suppléant du député UNR du Maine-et-Loire Victor Chatenay. Il commence sa carrière politique en le remplaçant au Palais-Bourbon lorsque Chatenay est nommé au Conseil constitutionnel en mars 1959. La mise en route de la Communauté puis, très rapidement, sa désagrégation posent de multiples problèmes politiques et juridiques. Jean Foyer, d'abord comme secrétaire d'État aux Relations avec les États de la Communauté (1960) puis comme ministre de la Coopération, doit gérer les transitions nécessaires. Sous le contrôle du Premier ministre, il négocie alors avec les nouveaux États indépendants des accords de coopération touchant à tous les domaines. Toutefois, un conflit d'attributions l'oppose à Jacques Foccart, secrétaire général à la présidence de la République pour la Communauté puis pour les Affaires africaines et malgaches ; c'est ce dernier qui l'emporte.

En avril 1962, Michel Debré obtient de son successeur, Georges Pompidou, que Jean Foyer prenne le portefeuille de la Justice. Jusqu'en avril 1967, il officie à ce poste difficile à une époque où la lutte contre l'OAS (Organisation armée secrète) oblige à recourir à des juridictions d'exception. Le garde des Sceaux s'illustre notamment en 1962 en obtenant du président de la République, grâce à l'appui décisif de Georges Pompidou, que la condamnation à mort du général Jouhaud soit commuée en détention perpétuelle.

Réélu député en mars 1967 dans le département du Maine-et-Loire, Jean Foyer quitte la Place Vendôme à la demande du Général qui considère qu'on « ne peut pas être ministre toute sa vie » et qu'il faut renouveler le gouvernement. Dans le contexte post-électoral difficile pour la majorité, il préside la Commission des lois constitutionnelles, de la législation et de l'administration générale de la République. Réélu de nouveau député en juin 1968, après les événements de mai, ce gaulliste inconditionnel ne peut que regretter le départ du pouvoir du général de Gaulle.

Frédéric TURPIN

• *Voir aussi* : Coopération (ministère de la) ; Justice ; Ministres

FRANC. – Dans les analyses rétrospectives des *Mémoires d'espoir*, Charles de Gaulle énumère, dans le chapitre consacré à l'« économie », les cinq « points essentiels » auxquels lui-même a dû personnellement s'appliquer lorsqu'il était aux commandes de l'État. Parmi ceux-ci figure la monnaie. Il en résume les principales vertus en quelques formules clés, puisées largement dans des expressions contenues dans ses discours et allocutions étalés sur les onze années de présidence : « ... La monnaie, critère de la santé économique et condition du crédit, dont la solidité garantit et attire l'épargne, encourage l'esprit d'entreprise, contribue à la paix sociale, procure l'influence internationale, mais dont l'affaiblissement déchaîne l'inflation et le gaspillage, étouffe l'effort, suscite le trouble, compromet l'indépendance. » On constate que le Général souligne les mérites financiers et économiques de la monnaie stable, mais qu'il met aussi en évidence sa fonction éminemment sociopolitique, à l'intérieur du pays et plus encore à l'extérieur. Il y voit l'un des fondements de l'influence internationale et de l'indépendance nationale, dont on connaît l'importance qu'il leur accorde. On va d'ailleurs constater *in vivo* combien la face interne et la face externe du franc se trouvent liées dans son esprit.

À plusieurs reprises lors de ses passages au pouvoir, le Général a été confronté à des conjonctures monétaires critiques menaçant la stabilité du franc. Il s'est forgé assez rapidement un certain nombre de principes constants, en particulier sur la nécessité de la stabilité monétaire. Mais il n'ignore pas la complexité des aspects techniques de la question et cherche à s'entourer de l'avis des experts avant de trancher en pleine connaissance de cause afin d'asseoir ses choix, commandés par les enjeux politiques *lato sensu,* sur des bases techniques irréfutables. C'est sans doute sur les questions économiques, et particulièrement les questions monétaires, que, d'après les multiples témoignages de ses proches conseillers, il se montrait le plus à l'écoute des experts dont il sollicitait les avis : « Mon rôle dans le domaine économique, c'est d'évoquer, de provoquer les expertises et les avis, puis de choisir et d'endosser. »

Il reste à tenter de mesurer quelle fut son action spécifique à l'égard du franc lors de quatre moments décisifs. Or, de ce point de vue, la situation de 1944-1945 diffère profondément de celle de 1958, de 1963 ou de 1968, et cela sur deux aspects essentiels.

La controverse monétaire de septembre 1944-avril 1945. À la Libération, de Gaulle ne dispose pas dans son entourage immédiat d'un conseiller proche et averti en questions monétaires auquel il accorderait sa confiance de manière privilégiée. Ensuite, le désaccord apparaît total entre experts et même, depuis février jusqu'en août 1944, au sein du Gouvernement provisoire, sur les mesures à prendre à l'égard du franc une fois le territoire libéré. On connaît bien désormais la controverse monétaire qui se poursuit ensuite et s'étale de septembre 1944 à avril 1945. Pour des besoins de simplification, on l'a souvent réduite à l'opposition entre Pierre Mendès France, ministre de l'Économie nationale, et René Pleven, ministre des Finances depuis novembre 1944, date à laquelle il remplace Aimé Lepercq, victime d'un accident de voiture au cours de la campagne de placement de l'emprunt de la Libération. On sait que le débat est tranché en faveur de Pleven, ce qui entraîne en avril 1945 la démission de Mendès France.

Deux affirmations complémentaires méritent examen. D'abord, plusieurs auteurs, et non des moindres, ont soutenu qu'une occasion avait ainsi été manquée et que, sans cela, on eût pu éviter l'inflation, vive ou galopante, qui a affaibli la IVe République. Ensuite, de manière paradoxale par rapport à ses positions ultérieures, de Gaulle figure comme le principal responsable de ce choix laxiste en matière monétaire, ce qui l'aurait conduit à d'autant plus de vigilance en 1958 et après. Les faits apparaissent plus complexes.

Dans ses *Mémoires de guerre*, de Gaulle explique pourquoi il rejette la « manière forte ». Il qualifie ainsi les propositions de Mendès France, qui envisageait, à l'instar des mesures prises au même moment par Camille Gutt en Belgique, l'échange rapide des billets avec remise seulement partielle de coupures nouvelles, le blocage des comptes bancaires, la taxation de l'enrichissement et des plus-values, ainsi que le blocage des prix. Selon ses termes, il « opte pour la voie progressive » de l'emprunt, de l'échange tardif et sans blocage, et d'un impôt de solidarité nationale. Le choix ne repose pas sur une position de principe, mais bien sur l'appréciation de l'opportunité des mesures, en fonction des circonstances du moment : « Ce n'est point que je ne sois convaincu par des arguments théoriques. En économie, non plus qu'en politique, il n'existe, à mon sens, de vérité absolue. Mais il y a les circonstances. C'est l'idée que je m'en fais qui emporte ma décision. Le pays est malade et blessé. Je tiens donc pour préférable de ne pas, en ce moment, bouleverser sa substance et son activité, d'autant que les mois à venir vont par la force des choses, améliorer sa condition. » Et le précédent belge le conduit à marquer les dissemblances : « Car les conditions matérielles et morales sont profondément différentes chez les Belges et chez nous. La Belgique a, moins que la France, souffert de l'occupation [...]. Au surplus, il ne s'est pas trouvé chez eux de régime semblable à Vichy ; les communistes n'y comptent guère [...]. Sur ce pays peu étendu, d'une structure simple, dont les armées alliées rétablissent elles-mêmes les communications, le contrôle de l'administration s'exerce sans difficulté. Mais, surtout, M. Camille Gutt est en mesure d'empêcher que le blocage des prix et de la monnaie étrangle le ravitaillement. »

Lors du colloque *De Gaulle en son siècle*, en 1990, Jean-Marcel Jeanneney, qui était en 1944 directeur du cabinet de son père Jules, ministre d'État, a rejeté l'idée que de Gaulle aurait effectué le choix funeste, qui serait à l'origine de l'affaiblissement postérieur du franc, en rappelant trois faits essentiels. D'abord, le plan de Mendès France ne comportait guère de mesures opérationnelles. L'échange des billets, que Mendès souhaitait rapide, était impossible techniquement à l'automne 1944, faute de billets neufs en quantités suffisantes. En outre, la désorganisation administrative sur un territoire beaucoup plus vaste que celui de la Belgique entravait les mesures sévères de politique économique contenues dans le plan. Enfin, le grand poids du parti communiste impliquait « de "donner du mou" pour éviter de trop rudes affrontements, fût-ce au prix de l'inflation, au prix d'un certain désordre ».

Tout est dit ? Trois autres éléments méritent peut-être d'être versés au dossier. D'abord, de Gaulle a bel et bien écouté les experts et financiers publics les plus éminents en rapport avec la Résistance. Il a suivi les conseils du Comité général d'études, sorte de Conseil d'État clandestin, composé des « neuf sages » – comme les appelle Diane de Bellescize – qui préparent le relèvement de la France. Parmi eux, René Courtin, dans le *Rapport sur la politique économique d'après guerre* publié dans la clandestinité en novembre 1943, met fermement en garde au sujet des projets déflationnistes de Mendès France : « Il est essentiel de signaler que la plupart des financiers publics et privés qui ont été consultés par nous se sont montrés résolument hostiles à un tel projet [...] certains ne manqueraient pas d'y voir une prise de position totalitaire et brutalement anticapitaliste. » Rappelons que Pierre Mendès France apparaît de fait très isolé. Il n'est suivi ni par la plupart des hauts fonctionnaires du ministère des Finances ou de la Banque de France, ni par les principaux hommes politiques MRP, communistes ou modérés. Seuls quelques socialistes font écho à ses propositions. En outre, une expérience comparable de blocage effectuée en Corse peu auparavant n'a guère été jugée concluante. Enfin, fait rarement souligné, un événement extérieur a également pesé sur la décision. En février 1945, Jean Monnet obtient des Américains la signature des accords de prêt-bail, « inespérés » au dire de René Pleven, et à propos desquels Hervé Alphand, alors secrétaire général du Comité économique interministériel, indique dans une note au Général : « [les accords] permettent à notre économie de se relever sans qu'elle soit obligée de subir les règles sévères qu'une trésorerie appauvrie serait en droit de lui dicter. »

Est-ce à dire que de Gaulle aurait regretté, après l'événement, le choix effectué alors ? Il insiste dans ses *Mémoires de guerre* sur le fait qu'il s'agit bien d'une décision de circonstance, sous-entendant par là que la politique de facilité choisie en 1944 ne reflétait pas une position de principe : « Au demeurant, si je n'adopte pas la politique qu'il [Mendès France] préconise, je n'exclus nullement de la faire mienne un jour, les circonstances ayant changé. » Plusieurs de ses collaborateurs de 1958 (Christian de Boissieu, Jean Méo, Roger Goetze) ont témoigné en 1990 du fait qu'il ne voulait certes pas, quatorze années plus tard, renouveler le choix inflationniste de 1944. Roger Goetze rappelle que le Général lui aurait confié en juin 1958 qu'il ne voulait pas entendre parler des idées du plan Mendès France de 1944. À l'époque, ces remèdes auraient infligé à la France « "un choc excessif pour elle". Comme il a employé le terme "excessif", peut-être peut-on penser qu'effectivement, il a regretté de n'avoir pas pu le faire. Mais c'est consciemment qu'il n'a pas voulu le faire, pour des raisons, disons, sociales ». Peut-être... Mais, d'évidence, les circonstances étaient autres en 1958.

Une fois revenu aux affaires, de Gaulle s'affirme comme un défenseur résolu d'un franc stable et se montre décidé à casser l'inflation, qui s'était ravivée en 1956-1957 : « Celle-ci, réaffirme-t-il, n'étant qu'une drogue qui par phases alternées d'agitation et d'euphorie mène la société à la mort » [*ME*]. Il le manifeste à trois reprises, en 1958, en 1963 et en 1968 et, dans les trois cas, il s'agit bien d'une intervention délibérée, même en porte-à-faux avec certains de ses ministres. Mais, à la différence de 1944, il dispose maintenant dans son entourage d'experts auxquels il accorde une confiance particulière.

La dévaluation de 1958. Sans revenir sur les éléments du plan Rueff-Pinay, la décision d'assainir les finances publiques et de stabiliser le franc résulte cette fois-ci de la consultation d'un double cercle d'experts, marginalisant au moins partiellement le ministre des Finances, Antoine Pinay, et la Banque de France.

D'abord, un comité de neuf experts indépendants, présidé par la forte personnalité de Jacques Rueff que de Gaulle a imposé aux hauts fonctionnaires des Finances – André de Lattre rapporte dans ses *Mémoires* que nombre de ceux-ci considéraient Rueff comme un « intrigant » –, et dont la note du 10 juin 1958 et ses propositions vont former l'ossature du Plan. La situation critique impose cette fois de contourner l'administration traditionnelle. Non sans litote, de Gaulle s'en explique : « ... en quelque estime que je tienne l'administration des Finances, j'ai le sentiment que les décisions à prendre sont si étendues et si profondes qu'elles dépassent l'horizon du service normal » [*ME*]. Second cercle plus rapproché : les collaborateurs directs du cabinet, Georges Pompidou et, surtout, Roger Goetze, qui confortent le Général dans sa volonté de mettre en œuvre les mesures recommandées par Rueff. Elles sont effectivement adoptées à la suite d'un conseil interministériel d'une dizaine d'heures, le 26 décembre 1958, au cours duquel de Gaulle, selon ses écrits postérieurs, s'est « ... engagé à fond sur toutes les dispositions pour que leur adoption soit inéluctable ».

Le Général – né, rappelons-le, en 1890 – conserve en mémoire la valeur et la stabilité du franc de 1914 et évoque fréquemment sa dépréciation au XXe siècle par rapport aux autres grandes monnaies – livre sterling et dollar – comme à la fois le signe, le produit, mais aussi le facteur d'affaiblissement politique de la France dans le monde. Mais, en l'occurrence, la stabilité à recouvrer impliquait de dévaluer le franc. Plus de dix ans après l'événement, il justifie ainsi le choix de la dévaluation de 1958 – contre l'avis d'Antoine Pinay, d'ailleurs principal responsable de la surévaluation antérieure du franc – et, dans le même temps, de rétablir la convertibilité externe du franc : « Le but est que celle-ci [la monnaie], après les onze diminutions de parité qu'elle a subies depuis 1914 où elle était encore le franc-or de Napoléon, soit, à la fin des fins, rétablie sur une base stable et fixée de manière à ce que les prix de nos produits deviennent compétitifs dans la concurrence mondiale où nous allons nous engager. Aussi, une dévaluation de 17,5 % est-elle recommandée. Mais il s'agit qu'à partir de là notre monnaie ait désormais une valeur immuable, non point seulement proclamée en France – ce qui conduit à interdire, comme autant de doutes affichés, toutes les indexations, à l'exception de celle du SMIG – mais aussi reconnue par l'étranger » [*ME*]. La préservation de la valeur du franc dans le système international de parités fixes pendant les onze années de présidence était, délibérément dès 1958 dans l'esprit du Général, destinée à maintenir l'équilibre extérieur de l'économie française et, de fait, elle y est parvenue. D'ailleurs, le choix monétaire se trouvait suspendu à la décision personnelle prise par de Gaulle dès sa note du 13 août 1958, avant même la constitution du comité Rueff – rappelée récemment par le témoignage de François-Xavier Ortoli –, de poursuivre la libération des échanges et l'élaboration du Marché commun.

Le plan de stabilisation (1963) et la non-dévaluation (1968). Deuxième épisode significatif du rôle personnel de De Gaulle, le plan de stabilisation annoncé au pays le 12 septembre 1963. Dès l'année 1962, le Général est alerté sur un risque de dérapage inflationniste par certains de ses conseillers de l'Élysée, dont Jean-Maxime Lévêque, en charge des questions monétaires et financières, et Étienne Burin des Roziers, lui-même en relation étroite avec Jacques Rueff, qui a mis en cause dans son *Discours sur le crédit*, publié en 1961, le système financier et monétaire en vigueur et les risques inflationnistes. Plusieurs notes de Lévêque sont transmises à cet effet au Général durant l'été 1963. Or, comme il l'écrit : « ... le souci, à plus forte raison le dogme d'une monnaie inébranlable n'occupent pas beaucoup d'esprits [...]. Sans doute Georges Pompidou semble-t-il moins convaincu que moi de l'importance primordiale de la stabilité du franc au point de vue national et international et tient-il par-dessus tout à ce que rien ne vienne compromettre l'expansion qui est en cours. Sans doute Valéry Giscard d'Estaing [...] est-il assez impressionné par ce que sa tâche d'intérêt général implique de rigoureux à l'égard de chacun des intérêts particuliers » [*ME*]. À la suite d'appels vains auprès du gouvernement au printemps de 1963, le Général fait « brusquer et renforcer les choses » en août en convoquant plusieurs conseils restreints, qui conduisent à l'annonce du plan de stabilisation. Le Général a cependant effectué ses choix propres par rapport aux propositions de Lévêque et Burin des Roziers en ajoutant *in extremis* le contrôle des prix – souhaité par les Finances – dont ils ne voulaient pas. Et, à l'inverse, il n'a pas donné suite à leur projet de réforme du crédit et du marché monétaire aux accents rueffiens, malgré une intention réformatrice exprimée dans une lettre adressée à Georges Pompidou en novembre 1963.

Troisième acte, à la suite de la grève générale de mai-juin 1968 et des hausses de salaires qui ont suivi, la dégradation de la situation budgétaire, monétaire, financière et commerciale pose la question de la parité du franc, attaqué par des mouvements spéculatifs. À contre-courant d'une grande partie des experts et de plusieurs de ses ministres qui jugent la dévaluation inévitable, le Général, conforté par Jean-Marcel Jeanneney, par Raymond Barre et surtout *in fine*, une fois encore, par Roger Goetze, décide le 23 novembre 1968 de ne pas dévaluer et fait rétablir peu après le contrôle des changes et l'encadrement du crédit. Il commente le lendemain la décision : « Une pareille opération risquerait fort d'être, non pas du tout un remède, mais l'artifice momentané d'une ruineuse facilité et la prime payée à ceux qui ont joué notre déclin. » Sans doute, la suppression de la taxe sur les salaires à l'exportation et le relèvement du taux de la TVA (qui pèse seulement sur les importations) font figure de « mini-dévaluation » ou de « para-dévaluation », comme le dit André de Lattre. Et on sait qu'en août 1969 la dévaluation interviendra, quatre mois après le départ du Général.

La continuité paraît incontestable chez de Gaulle d'une action tendue vers un franc qui ait une « valeur immuable », signe même de la grandeur de la France, par-delà le manquement nécessaire de 1944. Cela témoigne chez lui d'une volonté farouche, étayée néanmoins sur l'avis d'experts de confiance et indissolublement liée au souci d'insérer au mieux la France dans les échanges et la concurrence internationales. Mais une telle volonté a pu d'autant mieux s'exercer qu'elle a aussi pris appui sur des équilibres économiques et monétaires fondamentaux de longue durée. André de Lattre ne rappelait-il pas récemment que le dollar à la fin de 2004 valait 4,93 francs (pour un euro à 6,556 francs), c'est-à-dire quasiment la même valeur en (nouveaux) francs qu'après la dévaluation du 28 décembre 1958 ?

Michel MARGAIRAZ

• *Voir aussi* : Économie et finances ; Étalon-or ; Nouveau franc ; Plans ; Rénovation

Bibl. : Alain Prate, *La France et sa monnaie. Essai sur les relations entre la Banque de France et les gouvernements,* Paris, Julliard, 1978 • Institut Charles-de-Gaulle, *1958, la faillite ou le miracle. Le plan de Gaulle-Rueff*, Economica, Paris, 1986 • « La politique économique et financière du général de Gaulle », *Cahiers de la Fondation Charles-de-Gaulle*, n° 15, 2005.

FRANÇAIS (les). – De Gaulle s'est beaucoup exprimé sur « les Français », ainsi nommés, pris en masse et en communauté homogène. Exaltation, comme aux Champs-Élysées le 26 août 1944 : « Innombrables Français, dont je m'approche tour à tour, à l'Étoile, au Rond-Point, à la Concorde, devant l'Hôtel de Ville, sur le parvis de la cathédrale, si vous saviez comme vous êtes pareils ! » Mais aussi bien lassitude dans des moments difficiles. « Les Français sont des veaux », aurait-il lâché un jour. Il y a donc des temps de rassemblement, qui mènent à des moments de victoire, et des temps de troubles sociaux, religieux, civiques, qui affaiblissent l'État, et par conséquent la patrie. Les Français, pour de Gaulle, sont donc capables, comme on dit, du meilleur et du pire. Dans ce dernier cas, on le sait, ils seront plutôt appelés Gaulois. De Gaulle, méprisant l'évidence ethnographique (il n'y avait pas que du Gaulois sur le territoire de l'actuelle France), considérait « les Gaulois » comme les ancêtres de notre nation, puisqu'ils avaient illustré le premier chapitre de son histoire. Quitte à introduire dans celle-ci, en contrepartie de leur vaillance à la guerre, leur esprit de désordre en temps de paix.

Mais, Français ou Gaulois, heureux ou malheureux, c'était en bloc. Cela désignait l'ensemble formé par l'histoire et défini par la géographie présente, histoire et géographie inculquées par toutes les écoles, laïques ou religieuses, avec un maximum d'intensité quand le futur général avait vingt ans. Inculcation patriotique qui expliquait pour lui l'union sacrée, dont il ne doutait pas, et finalement la victoire. La France fait les Français, et les Français font la France.

Bien entendu, il est arrivé aussi à de Gaulle, dans le registre sentimental ou philosophique, de parler de catégories ou de diversité de Français. Son meilleur biographe, Jean Lacouture, qui a poussé très loin le souci de connaître le caractère, les expériences, les mentalités, le quotidien du héros, et pas seulement ses grands rôles, note que ce natif de Lille, issu de familles toutes liées à la moitié nord de la France, se sentait plus proche des populations laborieuses et des climats austères, et qu'il lui est arrivé de parler parfois désagréablement de telle ville du Midi. Mais il ne semble pas qu'il ait jamais cherché dans les diversités régionales ou dans des groupes régionalement définis les difficultés qu'il a pu rencontrer. Les problèmes sont de l'ordre de la politique ou de l'économie. Président de la République, il dressa un bilan de ses voyages en province, aucun département ne fut oublié, et partout il sentit en public des foules également enthousiastes. En quatre ans, seules deux notes discordantes, honnêtement dites parce qu'elles étaient des exceptions : « Peu de monde » à Grenoble (sans autre détail), et une intempestive grève de dockers à Marseille. La problématique de la diversité régionale des opinions, des votes, et forcément aussi des enthousiasmes populaires, telle que l'école d'André Siegfried l'analyse, n'est donc pas admise par de Gaulle, qui, certes, est bien conscient des difficultés ou des dissensions, mais qui les aborde avec d'autres clés que celles de la diversité régionale.

La même conviction profonde de l'unité de la France et de son homogénéité (définitivement acquise par l'Histoire) se retrouve dans la façon dont la Ve République a bâti en 1965, sous l'œil du Général, sa plus durable réalisation. La carte des régions, qui nous régit encore, à peine retouchée, sacrifie assez systématiquement les « identités » régionales aux constructions économiques (Bretagne amputée de Nantes, Normandie coupée en deux, Corse annexée un temps à la Provence). L'aide à la modernisation économique a compté évidemment plus alors que la reconnaissance d'« identités » historiques, culturelles ou folkloriques. Tradition républicaine de Michel Debré, bien sûr.

Il est vrai que le développement et la radicalisation contemporaine des régionalismes de la fin des années 1960 commençaient à peine. On peut penser aussi, sans en être sûr, qu'il en aurait parlé dans les *Mémoires d'espoir*, ouvrage inachevé.

Maurice AGULHON

• *Voir aussi* : Foule ; France (idée de la) ; Histoire ; Popularité ; Voyages officiels

Bibl. : Jean Lacouture, *De Gaulle*, Paris, Le Seuil, 3 vol., 1984-1986

FRANCE . – Seul quotidien français de Londres, *France* vit des subsides britanniques et tire à environ 35 000 exemplaires. À l'origine, le journal semble être favorable au général de Gaulle, dont il publie un message dans son premier numéro daté du 26 août 1940. Il accueille même un Français libre, André Rabache, comme corédacteur en chef.

Mais, dès l'hiver 1941, *France* prend ses distances avec la France libre et son chef. Les fondateurs du quotidien, Pierre Comert, directeur jusqu'en 1938 du bureau de presse du Quai d'Orsay, Georges Gombault, rédacteur en chef de *La Lumière*, et Louis Lévy, chroniqueur militaire du *Populaire*, se situent nettement dans la mouvance socialiste. Comme de Gaulle, ils sont radicalement hostiles au maréchal Pétain et au régime de Vichy. Mais leur attachement à l'indépendance de la presse les détourne de répondre aux demandes de propagande émises par la France libre. Surtout, ces républicains farouches n'acceptent pas qu'un militaire se mêle de politique. Ils n'arrivent pas à imaginer la France libre autrement que comme un mouvement strictement apolitique, de nature exclusivement militaire et opérationnelle. Ils voient en de Gaulle, qui ne peut exciper d'aucun mandat électif, une sorte de général Boulanger prêt à liquider l'héritage démocratique de la France. Pour eux, la France libre n'est pas la France. Certes, on serait bien en peine de trouver dans l'ensemble des numéros une attaque en règle contre le Général ou sa politique – *France* rend régulièrement et honnêtement compte de la vie de la France libre –, mais le ton évolue rapidement vers une neutralité glacée voire la désapprobation, notamment lorsque de Gaulle s'oppose aux alliés anglo-saxons ou lors du conflit avec le général Giraud.

Par ailleurs, à travers le groupe Jean-Jaurès, qu'ils constituent avec Henry Hauck dès l'été 1940 afin de devenir un pôle de ralliement des socialistes français, les animateurs de *France* disposent d'un groupe d'influence qui répand, en Angleterre et au-delà, la thèse selon laquelle de Gaulle serait un apprenti dictateur vis-à-vis duquel une prudence critique s'impose. Enfin, chaque fois qu'ils le peuvent, les rédacteurs de *France* dressent un tableau très noir de la France libre et du gaullisme de guerre aux résistants de l'intérieur venus à Londres. Ce faisant, ils ne favorisent pas la confiance entre les deux sources de la Résistance française et battent en brèche la réalisation de l'unité nationale sous l'autorité du général de Gaulle.

Ainsi, alors qu'il aurait pu être une arme redoutable au service de l'homme du 18 Juin dans la guerre informationnelle, *France* s'impose, durant quatre années, comme une dissidence dans la dissidence et entretient un foyer d'opposition de gauche au gaullisme de guerre.

Robert BELOT

• *Voir aussi* : France libre (La) ; Légende noire ; Marseillaise (La) ; Résistance intérieure (journaux de la)

Bibl. : Jean-Pierre Bloch, *De Gaulle ou le temps des méprises*, Paris, La Table Ronde, 1969 • Philippe Foro, *L'Antigaullisme. Réalités et représentations (1940-1953)*, Paris, Honoré Champion, 2003 • André Gillois, *Histoire secrète des Français à Londres, de 1940 à 1944*, Paris, Hachette Littérature, 1973.

FRANCE (idée de la). – « Toute ma vie je me suis fait une certaine idée de la France »... La phrase qui ouvre le premier chapitre des *Mémoires de guerre* est sans doute la plus célèbre des nombreuses formules lancées par de Gaulle. Et la plus vraie : la France à défendre en 1914, la Défense nationale à perfectionner de 1918 à 1940, la libération de la France de 1940 à 1945, la grandeur de la France par l'« indépendance nationale » ensuite, la France a bien été le plus constant des soucis du soldat et le sommet de l'échelle des valeurs reconnues par l'homme d'État.

Avec sincérité parce qu'avec sentiment profond, quasi mystique. La phrase citée se prolonge en effet tout de suite par deux explications de cette idée (« idée de » – mot presque familier ; nous dirions aujourd'hui « représentation »), l'une visuelle, imaginaire, séduisante parce que féminine : « la Madone », « la princesse aux fresques des murs » ; l'autre abstraite, théorique, un destin exceptionnel entre les épreuves et les triomphes. Mais quelle Providence suscite ce destin, ce n'est pas dit.

Cette « idée » et cet amour de la France sont forts quoique vagues parce que – c'est encore lui qui le dit – ils lui sont naturels, pour lui avoir été inculqués par deux parents à la personnalité forte, à la fois aimés et respectés. Ils étaient l'un et l'autre royalistes et catholiques, le père plutôt passionné d'histoire politique et la mère de principes chrétiens. Les deux étaient en vérité de convictions à la fois politique et religieuse, mais il plaît à Charles de Gaulle, avec cette tournure d'esprit systématique que nous retrouverons souvent, de répartir ainsi les caractères et les rôles selon les sexes.

Cet amour de la France enraciné dans son intimité originelle, il l'a gardé en sachant modifier ses applications concrètes, et c'est toute l'histoire de sa vie et de son rôle historique. Il a cessé d'être royaliste, cessé d'être antiallemand, cessé d'être conquérant d'espaces coloniaux mais sans cesser, dans son esprit, d'être inspiré par la France et la francité. Pourquoi, par exemple, crier « Vive le Québec libre » sinon parce que les « Canadiens français » sont nos lointains compatriotes ?

Une théorie duale. Mais, au fond, qu'est-ce que « la France » pour de Gaulle, en dehors de l'espace géographique familier que nous connaissons ?

Son jeune ministre sous la Ve République, devenu son interlocuteur privilégié et presque son historiographe, Alain Peyrefitte, s'étonna un jour que, dans ses discours sur le glorieux passé de la France, de Gaulle parlât parfois de nos vingt siècles et parfois de nos quinze siècles. Que signifie ce grand écart, cette variation ? Et le Général de répondre, sur le ton dont on rappelle une évidence à un ignorant : « vingt siècles », c'est remonter aux Gaulois, à Vercingétorix, « le premier résistant de notre race » ; quinze siècles, c'est Clovis, son baptême (496), c'est-à-dire l'union décisive entre la dynastie franque des Mérovingiens et l'élite constituée par le clergé gallo-romain. En somme « la France » est un peuple repérable depuis vingt siècles et un État virtuellement né à Reims en 496. Partant de cette piste, ou de cette suggestion, on peut collecter d'autres déclarations ou citations incidentes de la plume du Général qui illustrent bien, sur ce thème central, son esprit à la fois systématique et conciliateur.

En effet, l'idée selon laquelle l'histoire de France est scandée par celle de nos dynasties, et qu'elle commence donc en principe à Mérovée, en fait à Clovis, était officielle sous l'Ancien Régime. « J'assume toute l'histoire de la France, dira un jour Napoléon, de Clovis au Comité de salut public » – c'est que, bon élève à Brienne sous Louis XVI, Napoléon adhérait naturellement à la thèse Clovis. L'idée de remonter plutôt aux Gaulois est apparue comme originale, presque subversive, puis elle a progressé tout au long du XIXe siècle (Napoléon, le troisième cette fois, y a contribué en honorant Vercingétorix statufié en 1865 à Alésia) et est enfin devenue officielle sous la IIIe République. « La France s'appelait jadis la Gaule et ses habitants les Gaulois. » Le baptême de Clovis rétrogradait ainsi au rang de deuxième ou troisième étape de l'histoire nationale.

Les parents de Charles de Gaulle devaient croire à Clovis, et Charles, en acceptant la thèse historique républicaine sur les Gaulois, commençait donc à s'émanciper. Mais, plus précisément, nous dirions qu'il s'émancipait et qu'il conciliait à la fois en forgeant cette théorie duale qui n'est qu'à lui : « la France » désigne ensemble un peuple et un État, un peuple qui descend des Gaulois et un État franc et gallo-romain. Cette distinction devait lui servir, car son esprit systématique lui donna bientôt valeur conceptuelle. Les rois sont sympathiques, du moins quand ils ont le sens de l'État, situation la plus fréquente. Les Gaulois sont sympathiques par leur vaillance à la guerre, mais bavards et querelleurs. On tourne vite avec eux à la guerre civile, ou au « régime des partis ». Les « ferments de dispersion que notre peuple porte en lui » sont censés être gaulois. Un jour de pessimisme – 1953, le groupe RPF de l'Assemblée venait d'être affaibli par une dissidence d'élus conservateurs, donc droitiers –, le Général peut aller jusqu'à écrire, avec quelque exagération – mais c'est son vocabulaire et son système de pensée qui comptent ici –, « la gauche m'avait abandonné au lendemain de la Libération parce qu'elle est contre l'État, la droite m'abandonne ensuite parce qu'elle est contre le peuple ».

Au terme, on voit les couples antagonistes que son esprit met en parallèle et en correspondance : Francs-Gaulois ; État-peuple ; autorité-« dispersion » ; droite-gauche, d'autres encore, peut-être.

Ajoutons cependant que s'il n'est pas

bon que le peuple éclate volontiers en luttes intestines, il est bon de lui faire du bien en étant social. Aussi il nous semble qu'on pourrait conclure ce rapprochement entre l'historiographie du Général, son système et sa politique, en esquissant une échelle des valeurs en trois niveaux : au plus bas la gauche, qu'il n'aimait guère ; plus haut la droite, dont il sortait et dont il restait marqué ; au sommet enfin les rares moments de « Rassemblement » où une grande épreuve permet de réunir les deux camps et de programmer toutes les valeurs, même éventuellement sociales. Ainsi, de temps en temps, « Philippe Auguste à Bouvines », « Louis XIV avec Louvois et Villars », « la France révolutionnaire de 1792 à 1795 », « Joffre sur la Marne »... et, bien sûr, réussite majeure et élan presque unanime, la libération de Paris.

On notera la mention favorable de la Révolution française. La Révolution, il ne l'aime pas, globalement, mais quand les circonstances font que la Révolution, en guerre, défend vaillamment le pays qu'il faut bien appeler la France contre l'ennemi d'outre-Rhin et d'outre-Manche, le patriote de Gaulle donne un bon point à Carnot et à la Convention, ce que la droite classique ne fait pas. De la même façon, il lui arrivera d'accepter le parti communiste dans ses attachements, quoiqu'il fût révolutionnaire mais parce qu'il avait été patriote aux années décisives. Là encore de Gaulle semble avoir mis le mérite du service national plus haut que le tort d'une finalité idéologique contestable. Ce qui le mit parfois, là encore, un peu plus « à gauche » que la plupart des siens.

« Pauvre peuple [...] Ah ! grand peuple ». Reste un mystère. Qu'est-ce qui explique ou qui anime cette histoire de la France, à la fois exaltante et triste ? Exaltante et triste, il la pensait ainsi dès 1938, avant les grands drames, dans la tirade finale placée en conclusion de *La France et son armée* (1938) : « Pauvre peuple, qui de siècle en siècle porte sans fléchir jamais le plus lourd fardeau des douleurs. Vieux peuple auquel l'expérience n'a point arraché ses vices, mais que redresse sans cesse la sève des espoirs nouveaux. Peuple fort, qui s'il s'étourdit à caresser des chimères, est invincible dès qu'il a su prendre sur lui de les chasser. Ah ! grand peuple, fait pour l'exemple, l'entreprise, le combat, toujours en vedette de l'histoire, qu'il soit tyran, victime ou champion, et dont le génie, tour à tour négligent ou bien terrible, se reflète fidèlement au miroir de son armée. »

Mystère toujours, après les formidables expériences, lorsqu'il en tire le bilan. Mystère. On pourrait le trouver dans l'étonnante méditation philosophique en forme de poème en prose, sur le thème des quatre saisons, qui forme la dernière page des *Mémoires de guerre*. Trois exclamations, si l'on peut dire concentriques : « Vieille Terre [...], Vieille France [...], Vieil homme »... « Vieille Terre », c'est la nature, surtout végétale, qui renaît à chaque printemps – de Gaulle, c'est clair, a disparu sans avoir pris conscience des sombres avertissements de l'écologie. « Vieil homme », c'est lui-même en son intimité, attristé, affaibli, mais s'obstinant à l'espérance, car le désespoir ne serait pas d'un bon chrétien. Quant à la « Vieille France », la voici résumée : « accablée d'histoire, meurtrie de guerres et de révolutions, allant et venant sans relâche de la grandeur au déclin mais redressée, de siècle en siècle, par le génie du renouveau ».

Si nous osions traduire et expliciter, nous dirions : pas de croyance donc en un quelconque Progrès, mais un cycle irrationnel, pas de finalité (ni raison, ni Justice, ni Europe, ni ONU, ni République universelle). Seulement ce fameux destin, aussi général et mystérieux que, tout à l'heure, l'Espérance. La seule exception française semble tenir à notre ancienneté, dans laquelle et par laquelle s'entretiennent les drames (« accablée d'histoire » !), mais quel dieu en décide, sinon Dieu ? De Gaulle se donne à voir, finalement, en adorateur de France sur fond d'humilité chrétienne, en nationaliste mystique.

Maurice AGULHON

• *Voir aussi :* Français ; Grandeur et rang ; Histoire ; Peuple ; Révolution française

Bibl. : Maurice Agulhon, *De Gaulle : histoire, symbole, mythe*, Paris, Plon, 2000, rééd. Paris, Hachette, coll. « Pluriel », 2001 • Alain Peyrefitte, « De Gaulle et les grands personnages de l'histoire de France », dans *De Gaulle en son siècle*, t. 1, *Dans la mémoire des hommes et des peuples*, Paris, Plon-La Documentation française, 1991.

FRANCE COMBATTANTE. – *Voir* FRANCE LIBRE.

FRANCE ET SON ARMÉE (La). – *La France et son armée* n'est pas un ouvrage d'érudition mais une méditation introduite par une invocation de Péguy . « Mère, voyez vos fils, qui se sont tant battus. » Lorsque l'essai paraît aux éditions Plon, le 27 septembre 1938, son auteur commande le 507e régiment de chars de combat, à Metz. Dès décembre 1938, il ne reste que 1 600 exemplaires sur les 7 700 tirés. Un succès tel que de Gaulle n'en a jamais connu. La presse a réservé un accueil favorable. Peut-être parce que le titre et la dédicace répondent à l'attente d'une opinion désireuse de se rassurer : « À Monsieur le Maréchal Pétain, Qui a voulu que ce livre fût écrit, Qui dirigea de ses conseils la rédaction des cinq premiers chapitres, Et grâce à qui les deux derniers sont l'histoire de notre victoire. » Supprimées dans les éditions d'après guerre, ces lignes signent en apparence la fin d'une tension dont l'origine remonte à 1927. En réalité, elles marquent une rupture définitive. En janvier 1937, Daniel-Rops a proposé au lieutenant-colonel de Gaulle d'écrire un essai intitulé *L'Homme sous les armes*. Pris par ses obligations, ce dernier n'a pu honorer le contrat. Début 1938, il propose de publier *Le Soldat*, une étude dont Pétain, treize années plus tôt, lui avait confié la rédaction. Il se fait fort d'obtenir l'assentiment du maréchal, mais il ne le sollicite que le 2 août alors qu'il a signé son contrat le 8 mai. Pétain revendique la propriété littéraire du texte que de Gaulle estime, pour sa part, avoir marqué de son sceau. Après une ultime entrevue le 28 août, il envoie l'ouvrage par la poste à son ancien protecteur.

L'essai porte sur « la conduite politique de la guerre ». D'entrée, tout est dit : « Mais s'il faut la force pour bâtir un État, réciproquement l'effort guerrier ne vaut qu'en vertu d'une politique. [...] Du jour où fut réalisée la conjonction d'un pouvoir fort et d'une armée solide, la France se trouva debout. » Suivent sept chapitres qui s'achèvent sur la Grande Guerre. L'ouvrage frappe par le lyrisme des descriptions de batailles, l'acuité des portraits et l'impressionnante érudition de son auteur.

« La fureur des Gaulois [s'étant] brisée contre l'art des Légions », explique de Gaulle, les Romains laissèrent « la marque de la règle et de l'autorité ». Puis vinrent les siècles d'anarchie que contint la féodalité tandis que la royauté travaillait à l'unité. L'art de la guerre évolue avec le cheval et l'arbalète, puis le canon et l'arquebuse. Les ordonnances de 1357 et 1439 jettent les bases d'une armée professionnelle encadrée par un corps d'officiers. Si le recrutement est parfois douteux, « les armes ont cette vertu d'ennoblir jusqu'aux moins purs ». Une armée de métier, peu nombreuse, est l'instrument de la politique de l'Ancien Régime. Louvois uniformise, discipline, règle. Il est cité en modèle, tout comme Turenne « ajustant ses moyens selon son but, inquiet des faits et non des théories ». Au XVIIIe siècle, l'armée éprouve les conséquences de la crise qui frappe le pays. Son redressement s'inspire de Frédéric II.

La Révolution « imprime à l'effort militaire qu'elle suscite ses propres caractères de grandeur et de confusion ». La République comprend « que l'ordre et la discipline sont les conditions nécessaires de la force », puis Lazare Carnot « apporte au gouvernement à la fois le don et l'expérience, et c'est par là qu'il tire la victoire du chaos ». Palliant le manque de formation, l'enthousiasme et le nombre induisent la « stratégie [...] des masses ». « Changeant en vertus pratiques les passions effrénées de l'époque, [l']ordre militaire [accomplit] une œuvre grandiose [et l'opinion] acclame sa puissance. [Mais celle-ci] n'existe qu'en fonction de la gloire. » La nature du pouvoir impérial « pousse la France dans le cycle infernal des batailles » que Napoléon remporte jusqu'au jour où « la proportion rompue entre le but et les moyens, toutes les combinaisons du génie sont vaines ». L'Empereur cède à la

« démesure des ambitions » alors que s'accroît l'usure de « l'instrument ».

La période 1815-1870 n'inspire pas de Gaulle. Vient l'épreuve. En 1870, « la France se jetait dans une guerre de peuples, armée pour une guerre locale » avec des généraux à qui manquaient comme aux gouvernants « la largeur des vues, l'ampleur du jugement, en un mot l'envergure, sans lesquelles on n'embrasse point les problèmes de la grande guerre ». Le Gouvernement de la Défense nationale, « malgré toutes les erreurs dues à l'idéologie, au parti pris, à l'inexpérience [...], a vraiment exercé la direction de la guerre ». Mais ni Gambetta ni Chanzy n'ont pu pallier l'inobservation préalable des « froides règles [auxquelles] l'action des peuples, comme celle des individus, est soumise [et qu'on ne voit bien] qu'à travers les larmes des vaincus ».

Un effondrement total ? « C'était compter sans cette force secrète qui, toujours, nous tira des abîmes. » La priorité va à la restauration de la puissance militaire qu'assurent des lois de recrutement, la modernisation de l'armement, une politique d'alliances, tandis que les colonies offrent aux impatients un exutoire et une école d'initiative. Mais, à la fin du siècle, la politique de Défense s'étiole. Malgré un ressaisissement tardif, la France est en situation d'infériorité lorsque éclate la Grande Guerre. Celle-ci est une « révolution », aboutissement « à la faveur d'un cataclysme, de changements dès longtemps commencés ». Le pays y fait face dans une « ambiance de consentement » et sous la férule de rudes chefs, Poincaré, Clemenceau, Joffre, Pétain et Foch. La nation consent un effort sans précédent. Les pertes, les plus fortes en pourcentages, accusent : « car c'est avec des vies humaines que notre peuple, démographiquement si pauvre, devra solder erreurs et retards ». *La France et son armée* s'impose ainsi comme le livre, et parfois le pamphlet, d'un officier convaincu des mérites de l'ordre militaire doublé d'un penseur subordonnant l'action à la politique.

André Martel

• *Voir aussi :* Civile et militaire (autorités) ; Guerre ; Œuvre écrite ; Style écrit

Bibl. : Jean Lacouture, *De Gaulle*, t. 1, *Le Rebelle*, Paris, Le Seuil, 1984 • Paul-Marie de La Gorce, *De Gaulle*, Paris, Perrin, 1999 • Éric Roussel, *Charles de Gaulle*, Paris, Gallimard, 2002.

FRANCE FOREVER. – L'association France Forever est créée aux États-Unis le 29 juin 1940 par un industriel du pétrole, Eugène Houdry, afin de rassembler la communauté française au service de la cause alliée et de défendre l'idée que la France reste une démocratie. À partir de 1942, lorsque l'adhésion de Camille Chautemps est refusée par ses membres, France Forever se transforme peu à peu en fer de lance principal du gaullisme auprès de la population américaine.

Composée initialement d'hommes d'affaires américains francophiles, d'industriels français résidents et de quelques professeurs de français, l'association compte 5 000 membres en 1941. Parmi les Français, la représentation des classes aisées va diminuant, au profit des milieux modestes de cuisiniers, coiffeurs ou petits employés. France Forever est dirigée par un conseil d'administration et un comité exécutif dont les principaux membres sont des personnalités politiques telles que Pierre Cot ou Henry Torrès, et des intellectuels comme Henri Bernstein, Émile Buré, Henri Focillon, Jacques Hadamard, Alexandre Koyré, Henri Laugier, Boris Mirkine-Guetzévitch, Francis Perrin ou Jules Romains. Ceux-ci considèrent ce comité comme une sorte de parlement en exil, si bien que les dissensions ne cessent de s'y exprimer avec virulence. Dirigé par l'avocat socialiste Paul Weill et par Pierre-André Weill, un bureau exécutif se charge de l'administration quotidienne et de la direction effective.

Les déséquilibres entre fractions dirigeantes mais aussi entre la tête de l'association et les chapitres locaux du pays, les différences de réputation entre membres exilés et résidents divisent France Forever à plusieurs moments critiques. C'est notamment le cas durant la période où domine à Alger le général Giraud, qu'Houdry s'est laissé convaincre de rallier avant d'être mis en minorité et de devoir céder la présidence à Richard de Rochemont, un Américain d'origine française. En juin 1943, France

Forever rompt définitivement avec le pétainisme et l'attentisme et commence à jouer un rôle considérable dans la propagande en faveur de De Gaulle. Celle-ci se fait *via* des banquets et des conférences, ainsi que par la presse, la radio et le cinéma. L'association publie un bulletin hebdomadaire, *News of France at War*, qui est distribué à 700 journalistes. Elle édite en outre un bulletin mensuel envoyé à 22 000 sympathisants. Ses publications prennent aussi la forme d'un *Yearbook* et d'une collection d'ouvrages dirigée par Henri Laugier aux Éditions de la maison française à New York et au Québec. Par ailleurs, des arrangements ont été conclus avec plus de 110 radios indépendantes afin de diffuser des programmes qui peuvent être écoutés par au moins cinq millions de personnes. Enfin, à partir de 1943, France Forever organise à New York un festival permanent du film français.

Les 55 sections que compte alors l'association constituent une ressource décisive pour le Comité français de la Libération nationale, seule instance étrangère à pouvoir disposer aux États-Unis d'un réseau semblable. Signe aussi de l'importance de France Forever dans le mouvement gaulliste, plusieurs de ses principaux animateurs gagnent Alger en 1943 : Henri Bonnet, ancien vice-président exécutif, est nommé commissaire à l'Information le 3 juin ; Henri Laugier, lui aussi vice-président exécutif, devient recteur de l'université d'Alger ; quant au physicien Francis Perrin, il siège à l'Assemblée consultative provisoire comme représentant des Français d'Amérique.

La visite de De Gaulle aux États-Unis, en juillet 1944, puis la reconnaissance du GPRF par le gouvernement américain, à l'automne suivant, sont notamment le fruit du travail de propagande et de lobbying conduit par les équipes de France Forever. Le 16 octobre 1944, une réunion publique de l'association à New York attire encore 2 000 personnes. À l'été suivant, France Forever célèbre la fête nationale française avec ferveur. Elle cesse son activité peu après la fin des hostilités.

Laurent Jeanpierre

• *Voir aussi* : Alliés ; Opinion publique américaine ; Pour la Victoire ; Saint-John Perse

Bibl. : Laurent Jeanpierre, *Des hommes entre plusieurs mondes. Étude sur une situation d'exil. Intellectuels français réfugiés aux États-Unis pendant la Deuxième Guerre mondiale*, thèse de doctorat, Paris, EHESS, 2004 • Marc Miller, *The Irony of Victory : World War II at Lowell, Massachussets*, Chicago, University of Illinois Press, 1988 • Colin Nettelbeck, *Forever French : Exile in the United States, 1939-1945*, New York-Oxford, Berg, 1991.

FRANCE LIBRE. – La France libre naît à Londres de l'appel lancé par le général de Gaulle le 18 juin 1940. Le 22, alors que les conditions allemandes d'un éventuel armistice sont connues, de Gaulle affirme au micro de la BBC : « L'honneur, le bon sens, l'intérêt de la Patrie, commandent à tous les Français libres de continuer le combat, là où ils seront et comme ils pourront. » Après s'être posé en chef de la résistance militaire française en Angleterre, il conclut : « Vive la France libre dans l'honneur et dans l'indépendance ! » [*DM*]. « Français libres » et « France libre », les mots sont prononcés. Le 23, le Général annonce à la BBC qu'il vient de notifier au gouvernement britannique son « projet de formation d'un Comité national français provisoire, qui représenterait pleinement les éléments français indépendants qui sont résolus à poursuivre la guerre afin de remplir les obligations internationales contractées par la France ». La tentative fait long feu en raison du scepticisme des quelques personnalités françaises présentes à Londres, de la méfiance du cabinet britannique, du ralliement à Pétain de la plupart des proconsuls de l'Empire français et de l'arraisonnement, à Casablanca, du paquebot *Massilia* transportant les parlementaires français décidés à refuser la défaite et dont de Gaulle espérait le ralliement. Le 26 juin, le Général doit donc se contenter d'annoncer à la presse qu'il constitue une « Légion française volontaire » afin de combattre aux côtés des Britanniques. Le même jour, il fait remettre à Winston Churchill une note au sujet de l'organisation à créer sous sa direction. Le 27, il demande par écrit au Premier Ministre britannique de lui « donner officiellement qualité » [*LNC*]. Le soir même, celui-ci convoque de Gaulle à Downing Street et lui lance : « Vous êtes tout seul ! Eh bien ! je vous reconnais tout seul ! » Le lendemain dans la soirée, un communiqué diffusé par la BBC annonce que le gouvernement britannique « reconnaît le général de Gaulle comme chef de tous les Français libres, où qu'ils se trouvent, qui se rallient à lui pour la défense de la cause alliée ». Cette reconnaissance ne donne pas à de Gaulle toute la légitimité nationale dont il s'estime investi.

Ralliements et formation. Les ralliements sont très peu nombreux, quelques milliers à peine. Parmi ces femmes et ces hommes partis de rien, aucune personnalité de poids, civile ou militaire, si ce n'est un professeur de droit président de l'Union fédérale des anciens combattants, René Cassin, un général d'armée qui se ralliera fin août, Georges Catroux, et un amiral contesté, Émile Muselier. Les pionniers de la France libre sont essentiellement des lieutenants et des capitaines, des jeunes gens qui se sont embarqués à l'approche des Allemands, quelques jeunes Juifs et autant d'héritiers de grandes familles, des pêcheurs bretons, de rares ouvriers. Tous sont des patriotes en qui l'appel du général de Gaulle a éveillé un écho, des « aristocrates de l'honneur » (Daniel Cordier) qui refusent la défaite et l'abdication, des individus arc-boutés sur leur « statue intérieure » (François Jacob) qui s'obstinent à être et à préserver leur âme et leur conscience. Entrés « dans l'aventure » [*MG*] avec l'homme du 18 Juin, ils sont unis par leur dynamisme, leur volonté de ne pas céder à l'apparente force des choses, et leur esprit de sacrifice. Par leur conviction, aussi, que de Gaulle est l'homme de la situation et qu'il ne déviera pas de l'objectif.

Les premières semaines sont consacrées à la mise sur pied de la minuscule organisation née du volontarisme gaullien. Forts de l'appui de Churchill, les Français libres mettent au point leurs premières émissions de propagande, défilent à Londres le 14 juillet, organisent, dans une improvisation de tous les instants et une effervescence assez pagailleuse, des embryons de force militaire et de services civils. Le 7 août, de Gaulle et Churchill signent un accord relatif à l'organisation, aux conditions de service et à l'utilisation des Français libres qui donne au mouvement les moyens, notamment budgétaires, de son action future et fait de lui un allié à part entière de la Grande-Bretagne. Après les Nouvelles-Hébrides, le 20 juillet, le Tchad se rallie le 26 août, suivi du Cameroun et de l'Oubangui, le 27, puis du Congo, le 28. Les établissements français de l'Océanie, les Indes françaises et la Nouvelle-Calédonie suivront sous peu. Le 29 août, au micro de la BBC, de Gaulle assimile explicitement la France libre à la France, la « France nouvelle », la « grande France » [*DM*]. Au long de l'été, enfin, le Général se prête à un véritable lancement publicitaire. Par le truchement d'interviews, de reportages et de brochures, la France libre et son chef sont présentés au grand public anglo-saxon.

Batailles pour la légitimité. Au sortir de l'été 1940, les buts assignés par le général de Gaulle au mouvement français libre sont clairs : étendre l'Empire libre et affirmer la présence française sur les champs de bataille, aux côtés des Alliés ; imposer la France libre comme seul représentant légitime de la France ; préparer la libération par une action organisée et durable sur le territoire national.

À la fin de 1940, en dépit de l'échec terrible de Dakar, fin septembre, et après le difficile ralliement du Gabon, début novembre, l'Empire français libre pèse d'un certain poids et fournit une solide assise à l'homme du 18 Juin. Les opérations de reconquête en Syrie et au Liban, en juin 1941, à Saint-Pierre et Miquelon, en décembre suivant, et à Wallis et Futuna, en mai 1942, renforcent cette position. Dans le même temps, les Forces françaises libres (FFL) combattent avec éclat en Érythrée, en Libye et en Égypte, au Levant. De leur côté, la petite marine française libre et les Forces aériennes françaises libres (FAFL) contribuent, dans la mesure de leurs faibles moyens, à l'effort de guerre allié.

Du 8 octobre au 17 novembre 1940, de

Gaulle séjourne six semaines en Afrique française libre, six semaines essentielles dans la définition et l'établissement de la France libre. C'est en effet de cette « base de souveraineté » (Jean-Louis Crémieux-Brilhac) que le Général pose les fondations juridiques et politiques de son entreprise. Le 27 octobre, il crée le Conseil de défense de l'Empire par une ordonnance qu'il signe à Brazzaville, c'est-à-dire sur un territoire français, et qui s'ouvre sur ces mots : « Au nom du Peuple et de l'Empire français... » Présidé par de Gaulle, le Conseil est consultatif. Il exerce, « dans tous les domaines, la conduite générale de la guerre en vue de la libération de la patrie et traite avec les puissances étrangères des questions relatives à la défense des possessions françaises et des intérêts français ». Mais surtout, le même jour, de Gaulle publie un manifeste fondateur dans lequel il affirme : « Il n'existe plus de Gouvernement proprement français. En effet, l'organisme sis à Vichy et qui prétend porter ce nom est inconstitutionnel et soumis à l'envahisseur. Dans son état de servitude, cet organisme ne peut être et n'est, en effet, qu'un instrument utilisé par les ennemis de la France contre l'honneur et l'intérêt du pays. Il faut donc qu'un pouvoir nouveau assume la charge de diriger l'effort français dans la guerre. Les événements m'imposent ce devoir sacré, je n'y faillirai pas. J'exercerai mes pouvoirs au nom de la France et uniquement pour la défendre, et je prends l'engagement solennel de rendre compte de mes actes aux représentants du peuple français, dès qu'il lui aura été possible d'en désigner librement. » Le combat militaire afin de chasser l'occupant se double ainsi d'une lutte politique pour rétablir la démocratie et la République.

Le 16 novembre, quinze jours après que le maréchal Pétain est officiellement entré « dans la voie de la collaboration » avec l'Allemagne nazie, le général de Gaulle signe, à Brazzaville encore, une déclaration organique démontrant l'illégalité et l'inconstitutionnalité du gouvernement de Vichy, déliant les Français de tout devoir envers ledit gouvernement, et affirmant, au contraire, la validité des fondements juridiques et doctrinaux de la France libre. Chef de cette dernière, de Gaulle assume, de fait, la plénitude du pouvoir en attendant que la parole puisse être rendue au peuple français. Le même jour, le Général institue par ordonnance l'ordre de la Libération. Le 20 janvier 1941, le *Journal officiel de la France libre* (*JOFL*) paraît pour la première fois et, malgré les réticences britanniques, publie le texte de la Déclaration.

Comme le montre Jean-Louis Crémieux-Brilhac, les neuf premiers mois de 1941 sont des « mois d'autocréation réfléchie [...] pendant lesquels toutes les initiatives, les à-coups et jusqu'au détail de la gestion tendent à l'autonomie à l'égard de l'allié britannique, dans le cadre de contrats négociés ». Le 29 janvier, une série de décrets institutionnalise les organes centraux du pouvoir. Des représentants du général de Gaulle et du Conseil de défense participent aux conférences interalliées. Une administration est progressivement construite, et régulièrement modifiée dans son organisation au gré des impératifs, des compétences et des départs en mission. Le 19 mars, un accord financier et un accord de trésorerie sont signés par de Gaulle avec le gouvernement britannique par lesquels ce dernier débloque les crédits nécessaires à la couverture des dépenses civiles et militaires de la France libre. Cet accord régira le statut financier du mouvement jusqu'à son transfert à Alger, fin juin 1943. Par ailleurs, les services de Carlton Gardens font flèche de tout bois afin de favoriser le développement des comités français libres à l'étranger ; à l'été 1942, près de cinq cents comités nationaux et locaux et autres groupements professionnels seront en activité, pour expliquer la politique française libre et, le cas échéant, la défendre contre les adversaires de tous bords. Le 24 septembre 1941, enfin, rebondissant sur la tentative de dissidence conduite par l'amiral Muselier et soutenue dans un premier temps par les Britanniques, l'homme du 18 Juin crée par ordonnance le Comité national français (CNF). Présidé par de Gaulle et composé de commissaires nommés par celui-ci, le CNF exerce les pouvoirs exécutif et législatif, et statue par ordonnances, décrets et arrêtés publiés au *JOFL*, mais il est clairement stipulé qu'il « sera pourvu ultérieurement [...] à la constitution d'une Assemblée Consultative chargée de fournir au Comité National l'expression aussi large que possible de l'opinion nationale ». Ce dernier dispose de « délégations », c'est-à-dire d'ambassades de fait, dans les pays alliés ou neutres. Toutefois, la stratégie diplomatique et militaire du CNF relève de l'autorité exclusive du général de Gaulle, et la politique de communication passe très largement par lui. Jusqu'à l'été 1942, le Général poursuivra, en bien des domaines, un « exercice solitaire du pouvoir » (Jean-Louis Crémieux-Brilhac) qui lui vaudra autant de dévotion que de critiques, et dont le souvenir le poursuivra longtemps, certains allant même jusqu'à considérer qu'il s'agissait là, pour lui, des modalités idéales de gouvernement. Au final, le CNF jouit d'une situation comparable à celle des cabinets en exil, même s'il ne bénéficie, dans un premier temps, que d'une reconnaissance internationale limitée.

Relations avec la métropole. En outre, dès l'origine, la France libre s'efforce d'établir des relations avec la France et les Français occupés, d'une part, et avec la Résistance intérieure naissante, d'autre part. À partir du mois de juillet 1940, chaque jour, les Français libres parlent aux Français par le truchement de la BBC. Des tracts sont diffusés par les Alliés qui évoquent l'action française libre. Surtout, dès la fin de l'été 1940, le 2e Bureau puis service de renseignements de Passy entreprend d'envoyer des agents en France occupée ou soumise au régime de Vichy pour des missions de renseignements. Au cours de l'automne 1941, le processus s'accélère. L'arrivée à Londres de Jean Moulin achève de convaincre la France libre de la nécessité d'intensifier ses relations avec la Résistance intérieure. La seconde mission Forman, la mission Morandat et, surtout, la première mission Moulin lancée début janvier 1942 témoignent du volontarisme français libre. Au long du premier semestre 1942, les transports clandestins d'agents, de matériel et d'argent entre la France et l'Angleterre sont multipliés, accélérant d'autant les apports d'information et de documents à l'intention de Carlton Gardens et, partant, du monde libre.

Au printemps 1942, d'éminents résistants tels que Christian Pineau (mars), Pierre Brossolette (avril) ou Emmanuel d'Astier de La Vigerie (mai) se succèdent à Londres. Sur le conseil du premier, et avec son aide ainsi que celle d'Henry Hauck et Adrien Tixier, le général de Gaulle rédige une déclaration à l'intention des mouvements de résistance dans laquelle, après avoir condamné la IIIe République et le régime de Vichy, il indique ce que sont à ses yeux les « buts de guerre du peuple français » et, plus encore, expose les grands axes d'un programme politique, économique et social pour l'après-guerre [*DM*]. C'est la première fois qu'il le fait aussi nettement à l'intention des Français de métropole qui n'ont connaissance ni du manifeste de Brazzaville ni de son discours du 15 novembre 1941 dans lequel il a notamment affirmé la fidélité de la France libre aux « principes démocratiques » et la nécessité que la victoire « ait comme aboutissement, pour chacun des Français, une condition telle qu'il lui soit possible de vivre, de penser, de travailler, d'agir, dans la dignité et dans la sécurité » [*DM*]. Rapportée par Pineau en France, la déclaration paraît dans la presse clandestine en juin et juillet 1942. Elle est diffusée le 23 juin par Radio-Brazzaville et la radio de Beyrouth, puis, le 24, à la BBC, dans le cadre de l'émission « Honneur et Patrie ». Cette invite au dialogue est reçue favorablement par la Résistance intérieure. Elle contribuera au lent et délicat processus d'union des résistances françaises sous la bannière gaulliste.

La France combattante (1942-1943). Le 14 juillet 1942, le général de Gaulle transforme la France libre en « France combattante » pour tenir compte du rapprochement en cours avec la Résistance intérieure. Fin juillet, il fait entrer au CNF, avec le titre de commissaire à l'Intérieur, l'ancien député du Rhône et membre du comité directeur de Libération-Sud André Philip, fraîchement arrivé à Londres. Dans le même temps, en dépit des épreuves de force qui ne cessent de survenir, au Levant et en Afrique notamment, le gouvernement britannique maintient à la France combattante la reconnaissance qu'il avait accordée à la France libre. En septembre, l'URSS ira plus loin en reconnaissant le CNF comme « ayant *seul qualité* pour organiser la participation des citoyens et des territoires français à la guerre ». De leur côté, les États-Unis s'en tiennent à une promesse d'assistance illimitée.

L'automne 1942 voit ce bel édifice soudainement remis en cause. Non que les relations avec les Français qui luttent dans la nuit de l'occupation se tendent. Bien au contraire. À l'instar de Léon Blum lui-même, le Comité d'action socialiste apporte son soutien à la France combattante. En janvier 1943, le parti communiste l'imitera. De son côté, Jean Moulin parachève le travail d'unification entrepris début 1942 en obtenant, fin novembre, que les trois principaux mouvements de résistance de zone sud, Combat, Franc-Tireur et Libération-Sud, coordonnent leur action par le truchement d'un comité de coordination qui « reconnaît l'autorité du général de Gaulle » et d'une armée secrète placée sous les ordres de ce dernier. Mais, le 8 novembre, des forces britanniques et américaines débarquent en Algérie et au Maroc. Une alternative à de Gaulle et à la France combattante surgit alors, incarnée par l'amiral Darlan puis le général Giraud, bénéficiant de tous les pouvoirs d'État, et soutenue par les Anglo-Saxons.

Pendant sept mois, l'entreprise gaulliste doit affronter la pire épreuve de son existence. Fin janvier 1943, les entretiens d'Anfa confirment le général de Gaulle dans l'idée que Giraud et lui ne parlent pas le même langage et qu'il n'y a rien à attendre des Anglo-Saxons. Il envoie Catroux à Alger pour négocier ce qu'il est possible de négocier avec un Giraud qui ne veut pas entendre parler de politique mais qui a maintenu dans les territoires qu'il contrôle l'essentiel de la législation de Vichy. Dans le même temps, de Gaulle se tourne vers la Résistance intérieure. Tandis que Pierre Brossolette et le colonel Passy parachèvent en France la coordination de l'activité des principaux mouvements de la zone nord, le chef de la France combattante confie à Jean Moulin la mission de former un conseil de la Résistance comportant aussi bien les mouvements que les partis politiques et les syndicats résistants. Le 27 mai, le Conseil national de la Résistance (CNR) se réunit pour la première fois à Paris, sous la présidence de Moulin, et se place sous l'autorité politique du général de Gaulle. Le 30 mai, celui-ci atterrit à Alger. Le 3 juin, le Comité français de la Libération nationale (CFLN) est constitué sous la double présidence de De Gaulle et de Giraud. Huit de ses quatorze membres viennent de Carlton Gardens. Quelle que pourra être la nostalgie des origines développée par certains, la France combattante a vécu. Le 31 juillet 1943, elle est officiellement dissoute.

Entre histoire et mémoire. Au sortir de la Seconde Guerre mondiale, le bilan de la France libre et de la France combattante n'est pas mince. « Nous rapportons à la France l'Indépendance, l'Empire, l'Épée », écrira le général de Gaulle dans ses *Mémoires de guerre*. De cet exceptionnel résultat, tout n'est pas imputable à l'homme du 18 Juin ou à la petite cohorte de celles et ceux qui l'ont rallié avant l'été 1943. Mais de Gaulle, homme d'histoire et de vision, a su décrypter la situation née du désastre de 1940, définir un objectif et concevoir la stratégie pour l'atteindre. Avec lucidité et savoir-faire, au prix d'une fermeté d'autant plus grande qu'il disposait de peu de moyens, il est parvenu à jouer de la complexité des situations et des temporalités créées par le maelström de la guerre. Arc-bouté sur « une certaine idée de la France » [*MG*] mais résolument pragmatique, en permanence sur la sellette, il a tenu bon jusqu'à la victoire. Après la rupture du 18 juin 1940, les trois années passées à la tête de la France libre puis de la France combattante ont fait de Charles de Gaulle un homme d'État parmi les grands.

La France libre forme la toile de fond du parcours du général de Gaulle après la guerre. Si elle s'est arrimée sur le refus de juin 1940, la légitimité gaullienne n'est devenue indiscutable que parce que nourrie des succès français libres, eux-mêmes sanctionnés par le sacre républicain du 26 août 1944. De surcroît, l'extraordinaire aventure collective qu'a été la France libre incarne l'archétype du « rassemblement » au sens gaullien du terme. Composée de Français de toutes origines et de tous bords, mais unis par leur volonté de servir la France, dirigée par un État improvisé, mais fort et personnalisé, elle s'est imposée comme le ferment de la renaissance et de la rénovation nationales, dans l'indépendance et au service de la grandeur. Enfin, et peut-être surtout, à l'instar de ce qu'il a fait pendant la guerre, de Gaulle ne cesse de s'y référer et de marteler son triple message : la France libre a tenu bon contre le nazisme, avec et malgré les Alliés ; elle a personnifié la France, « la France qui se bat », « la seule France », « la vraie France », « la France éternelle » [*DM*] ; inspirée par la France libre, la France s'est libérée elle-même.

Dès la fin des hostilités, tandis que l'ordre de la Libération s'impose comme le gardien du temple, la mémoire française libre est prise en charge par l'Association des Français libres et l'ensemble des organismes qui lui sont liés. Si de Gaulle n'est pas particulièrement actif au sein de ces organisations, il manque rarement une occasion de célébrer et de commémorer personnellement tel ou telle qui est tombé(e) sous le drapeau tricolore frappé de la croix de Lorraine. Dans le premier volume des *Mémoires de guerre*, après « La pente » et « La chute », le chapitre « La France libre » marque le début de la remontée de l'abîme. Emblème de la France libre, la croix de Lorraine devient peu à peu le symbole gaullien par excellence, jusqu'à orner la médaille commémorative de l'élection de Charles de Gaulle à la présidence de la République. Entre 1958 et 1969, des commémorations célèbrent la geste française libre. Avec le temps, et la vieillesse venant, la nostalgie de l'âge d'or s'impose peu à peu. Au point qu'au soir de sa vie, Charles de Gaulle confie à Jean Marin, qui l'a rejoint en juin 1940 : « La France libre, c'est ce que nous aurons fait de mieux ! » Guillaume Piketty

• *Voir aussi :* Alliés ; Appel du 18 juin 1940 ; BCRA ; Brazzaville (manifeste de) ; CFLN ; Comité national français ; Déclaration aux mouvements de Résistance ; FFL ; Photographies ; Résistance intérieure ; Vie quotidienne à Londres ; Voyages au temps de la France libre

Bibl. : Jean-Luc Barré, *Devenir de Gaulle 1939-1943*, Paris, Perrin, 2003 • Jean-Louis Crémieux-Brilhac, *La France libre : de l'appel du 18 Juin à la Libération*, Paris, Gallimard, 1996 (rééd. « Folio », 2001) • Jean Lacouture, *De Gaulle*, t. 1, *Le Rebelle*, Paris, Le Seuil, 1984.

FRANCE LIBRE (La). – Publié à Londres de 1940 à 1945, diffusé au Caire, à New York et, à terme, à Alger, le mensuel *La France libre* n'est pas l'organe officiel du mouvement français libre. Certes, il reproduit dans son quatrième numéro une lettre adressée par le général de Gaulle à son directeur : « Votre revue, mon cher Ami, sera l'un des éléments importants du succès de notre cause. Je vous adresse donc, pour elle, tous mes vœux et pour vous, l'assurance de ma sincère amitié. » Mais les animateurs de cette revue de guerre se perçoivent avant tout comme des intellectuels libres de toute attache.

Fondateur et directeur de *La France libre*, André Labarthe a rallié de Gaulle dès le mois de juin 1940, mais s'est éloigné de lui après deux mois. Il a été rejoint par Martha Jansen-Lecoutre, kominternienne polonaise, et son ex-mari, Stanislas Szymanczyk, ancien officier polonais, puis par la baronne Moura Budberg, aventurière d'origine russe que sa biographe, Nina Berberova, présente comme un agent double anglo-soviétique. L'étrange équipe est rapidement rejointe par le philosophe Raymond Aron, qui devient secrétaire de rédaction. À ce noyau dur s'agrégeront de nombreux collaborateurs occasionnels, français et étrangers. Aussi cosmopolite que peu contrôlable, l'équipe de *La France libre* ne recueillera jamais le soutien actif de De Gaulle et se refusera toujours à lui servir de tribune. L'ambition qui préside à la création de la revue n'est pas mince. Elle aspire en effet à être « l'interprète de la pensée française » et à présenter « au monde le vrai visage de la France, de la culture française ». Son projet vise à penser et à dépasser l'événement majeur de la guerre, pour mieux imaginer le monde d'après.

Très orientés à gauche, les fondateurs de *La France libre* affichent leur différence dès le premier numéro (15 novembre 1940). Alors que le mouvement gaulliste a choisi la devise « Honneur et Liberté », le mensuel de Labarthe orne fièrement sa couverture du triptyque républicain « Liberté, Égalité, Fraternité ». Si Barrès et Péguy apparaissent de temps à autre, et si l'on prône « l'amour sacré de la patrie », le patriotisme professé se veut exclusivement républicain. Dans ses éditoriaux, Labarthe aime à rappeler que *La Marseillaise* doit être à la fois la doctrine et le credo du résistant, regardé comme un « combattant de la Bastille » soucieux de la « fonction universelle de la France ». Cette exigence démocratique conduit l'équipe à affirmer systématiquement son indépendance vis-à-vis de la France libre, puis à mettre en doute régulièrement l'action et les intentions du général de Gaulle. En août 1943, par exemple, dans son article « L'ombre des Bonaparte », Aron vise explicitement le Général lorsqu'il dénonce le bonapartisme comme un danger parce qu'il « escamote la souveraineté du peuple dont il prétend émaner » et se contente de « superposer l'arbitraire au chaos ». Même en exil, intellectuels et hommes d'action n'arrivent pas toujours à parler le même langage.

Robert Belot

• *Voir aussi :* Bonapartisme ; France ; Légende noire ; Marseillaise (La) ; Résistance intérieure (journaux de la)

Bibl. : Raymond Aron, *Chroniques de guerre. La France libre, 1940-1945*, Paris, Gallimard, 1990 • Pierre M. Gallois, *Le Sablier du siècle. Mémoires*, Lausanne, L'Âge d'Homme, 1999 • Stanislas Szymanczyk, *La Guerre des cinq continents*, présentée par Pierre-Marie Gallois, Paris, Lavauzelle, 2005.

FRANCE OBSERVATEUR. – *France Observateur* est un des principaux moniteurs de la gauche intellectuelle des années 1950-1960 jusqu'à sa transformation de novembre 1964 en *Nouvel Observateur*. Anticolonialiste, neutraliste, opposé aux partis de droite, défiant vis-à-vis du Parti communiste, de la SFIO et du Parti radical, il incarne un journalisme engagé, inscrit dans la double tradition des gauches de « troisième voie » et des revues intellectuelles à vocation politique.

Radical et polémique, le ton de « *l'Obs* » est personnifié par les flèches vitriolées de Claude Bourdet dont de Gaulle est une cible fréquente. Seul Roger Stéphane, cofondateur du titre avec Gilles Martinet et Bourdet, finira par prendre le virage du gaullisme, fin 1958, scellant ainsi son divorce avec l'hebdomadaire. Jusqu'en 1964, toute la rédaction fait de l'opposition à de Gaulle un inflexible combat. En 1950, Stéphane lui-même considère le RPF comme un parti « néofasciste ». Cette charge, très excessive, participe pour une part des nécessités de la propagande et, pour une autre, des usages rhétoriques d'une gauche formée dans le creuset antifasciste et résistant. Elle se fonde aussi sur une lecture très manichéenne de la IVe République et de ses fractures idéologiques : en l'espèce, *l'Obs* classe le gaullisme dans le camp de la droite, c'est-à-dire le camp du Mal.

Néanmoins, de Gaulle est l'homme du 18 juin 1940. À ce titre, il bénéficie du respect d'une rédaction qui compte nombre d'anciens résistants. Il est aussi l'homme du rétablissement de la République ; là encore, on lui en sait gré. Mais la rédaction ne lui pardonne pas d'avoir, en 1944, selon le mot de Bourdet, fait la « restauration » plutôt que la « révolution ». En outre, surtout à partir de l'affaire des fuites (1954-1955), puis du glissement vers la guerre en Algérie (1956), la rédaction est convaincue que la France vit sous la menace d'un putsch fomenté par les forces politiques les plus réactionnaires. Elle considère que de Gaulle, avec sa théorie du « recours », mariée au peu de cas qu'il fait du parlementarisme, est le candidat naturel à ce coup d'État. Il représente un danger. Certains gaullistes, critiques ou de gauche, entretiennent cette idée en dénonçant dans *l'Obs* à partir de 1954 (Louis Vallon, le général Catroux), et encore en 1958 (Torrès), une dérive droitière du gaullisme, ses accointances avec le camp colonial et sa responsabilité dans la fragilisation de la IVe République.

En mai 1958, *France Observateur* est au cœur de la mobilisation de l'Union des forces démocratiques (UFD) et s'oppose frontalement à de Gaulle ; 1958 lui semble la revanche de 1946. Allié aux pires personnages, à Paris et à Alger, le Général ne chercherait qu'à reprendre le pouvoir, pas à désembourber la République. Et Bourdet de commenter, le 15 mai : « Il y a une logique : de la torture au coup d'État. » L'« animal à sang froid, poursuit Emmanuel d'Astier de La Vigerie le 22 mai, a attendu que la République pourrisse pour apparaître de nouveau comme l'homme du recours ». Et Roger Stéphane de conclure le 22 mai également, à la veille d'un ralliement automnal : « Hier nous étions quelques-uns à espérer que le Général [...] pouvait être porté au pouvoir par l'unité française pour résoudre le problème algérien. Aujourd'hui nous sommes les mêmes à redouter de le voir, appelé par la rue d'Alger, imposer à la France la politique d'une faction. »

Mais au fond, c'est moins de Gaulle que ceux qui le portent au pouvoir que *l'Obs* abhorre. La nervosité de la rédaction tient surtout au thème, matriciel dans sa culture politique, de la conspiration et de la renaissance du fascisme. En privé, Martinet et Bourdet concèdent que de Gaulle est le seul à posséder une légitimité et un charisme susceptibles d'apaiser les tensions. En l'absence d'un front populaire ou d'un front républicain, Bourdet, Martinet et, bien sûr, Stéphane, pensent que le Général est le seul capable de régler l'épineuse question algérienne, même s'ils ne l'écrivent pas dans *l'Obs*.

Mais le journal subit bientôt les foudres du pouvoir. Sa veine critique s'en trouve renforcée. L'établissement de la censure préventive (25 mai 1958) accentue le rythme des saisies (elles ont commencé sous Guy Mollet). Fin 1958, *l'Obs* est au bord de la faillite. Avec le sentiment que l'investiture du 1er juin a été une usurpation de pouvoir et la Constitution simplement taillée aux ambitions présidentielles du Général, *l'Obs* a donc au moins trois bonnes raisons de maintenir sa fronde acharnée : le chantage gaullien au désordre, le contrôle exercé sur la presse et la RTF, la prolongation de la guerre d'Algérie. De Gaulle est jugé le grand responsable d'un climat détérioré qui pourrait déboucher sur une guerre civile, et le pouvoir gaullien est assimilé à une autocratie plébiscitaire. Pour autant, au début des années 1960, surtout après la fondation du PSU, *l'Obs* souligne qu'il faut avant tout organiser l'opposition avec l'objectif de battre de Gaulle par les urnes et sur le terrain de la légalité – le journal ne signe d'ailleurs pas le Manifeste des 121.

Malgré cette ligne dure, l'ambiguïté demeure. Après le référendum de janvier 1961, Roger Paret reconnaît qu'en dépit de la très forte tension des deux dernières années, le Général, s'il a joué avec le feu, a prouvé aussi son loyalisme républicain (27 avril 1961). Dès lors, il est un antidote au fascisme. Fin de l'antigaullisme ? Certes non. Après l'attentat d'avril 1961 contre la rédaction, face aux saisies qui reprennent, face à la répression des manifestations d'opposition à la guerre, de Gaulle est accusé de tous les maux, notamment de laisser se développer un courant ultra qui l'autorise à maintenir son chantage au désordre. La dialectique du Bien et du Mal se réimpose en force, même après les accords d'Évian. Le gaullisme est la négation même d'un système républicain, démocrate et pluraliste. Image définitive, qui demeurera jusqu'à la création du *Nouvel Observateur* et avec d'autant plus de force lorsque le journal se rapproche de François Mitterrand, avant de soutenir sa candidature présidentielle.

Philippe Tétart

• *Voir aussi* : Antigaullistes de gauche ; Bourdet, Claude ; Presse

Bibl. : Claude Bourdet, *Mes batailles*, Ozoire-la-Ferrière, Éditions In Fine, 1993 • Gilles Martinet, *L'Observateur engagé*, Paris, Jean-Claude Lattès, 2004 • Roger Stéphane, *Tout est bien. Chroniques*, Paris, Quai Voltaire, 1989.

FRANCO, Francisco (1892-1975). – La relation qu'entretient le Général avec l'Espagne franquiste revêt deux aspects : l'un diplomatique (et assez secondaire), celui de ses relations avec l'État espagnol, et l'autre, très personnel et polémique, lié à son déjeuner du 8 juin 1970 avec le général Franco.

Après le débarquement allié en Algérie et au Maroc, le premier problème diplomatique se pose en raison de l'internement au camp de Miranda de Ebro des Français évadés de France et arrêtés par les Espagnols. C'est l'objet de la représentation officieuse à Madrid du Comité français de la Libération nationale – puis du Gouvernement provisoire d'Alger –, installée parallèlement à l'ambassade de Vichy jusqu'en août 1944. À cette première phase succède celle du raffermissement de l'autorité légale réinstallée à Paris, notamment à l'égard des activités des républicains espagnols qui ont participé à la libération du Sud-Ouest et entrepris, à partir de septembre 1944, de pénétrer en Espagne par le val d'Aran. Refoulés par la *Guardia civil*, ils n'y resteront que quelques jours, sans soutien de la population locale. En revanche, de Gaulle, qui vient d'abandonner le pouvoir, est étranger à la fermeture de la frontière comme à celle de l'ambassade à Madrid, opérées toutes deux le 27 février 1946. Dans l'ensemble, les deux parties font preuve de retenue au cours de cette période pourtant délicate. En témoigne le geste de Franco qui prend soin de renvoyer le dirigeant de Vichy Pierre Laval en France, où il arrive début mai 1945.

De retour au pouvoir, en 1958, de Gaulle s'emploie de façon plus décisive à améliorer les rapports avec l'Espagne. Son gouvernement appuie notamment la demande espagnole d'accès à l'Organisation européenne de coopération économique, dont l'agrément réhabilite en partie le régime franquiste. Mais des litiges persistent, dus en particulier aux agissements des républicains espagnols à qui la France sert de base arrière. D'où, par rétorsion, les frictions observées à l'occasion du « putsch d'Alger » en avril 1961, puis en 1962 lors des violences de l'OAS. Le gouvernement de Franco utilise ces événements pour faire pression sur Paris au sujet de ces républicains espagnols activistes. C'est alors que le général Salan est discrètement accueilli en Espagne, à deux reprises, tandis que des milliers de pieds-noirs – d'Oran en particulier – s'exilent vers Alicante plutôt que vers la France honnie. De part et d'autre, la modération de ton est pourtant certaine, de Gaulle comprenant que son homologue espagnol ne peut se dispenser de profiter de l'occasion.

La rencontre de 1970, peu attendue, entre le Général et le *Caudillo* espagnol, nous interroge à présent davantage que ces péripéties politiques. En Irlande, en mai et juin 1969, de Gaulle avait exprimé à Eamon de Valera son souhait de visiter l'Espagne. À un correspondant qui lui demanda plus tard si un tel voyage ne l'obligerait pas à rencontrer Franco, il avait répondu qu'en effet la courtoisie l'y conduirait si ce dernier lui adressait une invitation. C'est ce qui se produisit. Visitant les Asturies, la Vieille Castille et Madrid du 3 au 27 juin 1970, le Général fut convié au palais du Prado le 8 juin, pour un déjeuner rassemblant autour des deux hommes d'État leurs épouses, la fille et le gendre de Franco, le ministre des Affaires étrangères espagnol Lopez Bravo ainsi que l'ambassadeur de France à Madrid. Déjeuner à l'issue duquel eut lieu un entretien privé entre les deux généraux. De deux ans son aîné, de Gaulle trouva pourtant Franco très âgé. De retour en France, il écrivit à son hôte : « Avant tout, j'ai été heureux de faire personnellement votre connaissance, c'est-à-dire de l'homme qui assure, au plan le plus illustre, l'avenir, le progrès, la grandeur de l'Espagne. » La rencontre servit sans conteste le prestige de Franco, qui devait recevoir en octobre le président Nixon et gracier l'année suivante les *etarras* (membres de l'ETA) condamnés à mort au premier procès de Burgos. Elle dénota de la part de De Gaulle une immense liberté d'attitude.

Guy HERMET

• *Voir aussi :* Espagne franquiste ; Irlande ; OAS

Bibl. : Andrée Bachoud, *Franco ou la Réussite d'un homme ordinaire*, Paris, Fayard, 1997 • Bartholomé Bennassar, *Franco*, Paris, Perrin, 1995 • Guy Hermet, *L'Espagne au XXe siècle*, Paris, PUF, 1992.

FRANCOPHONIE. – Ce qu'il est convenu d'appeler la « francophonie » a pris institutionnellement corps dans les années 1970 et s'est lentement affirmé jusqu'à la réunion en 1986, par François Mitterrand, à Versailles, du premier sommet francophone.

Si l'idée de francophonie est vite apparue comme un prolongement de la Communauté instaurée par la Constitution de 1958, il ne semble pas pertinent d'en attribuer la paternité directe au général de Gaulle. Non que celui-ci l'eût désavouée, mais parce qu'il avait été échaudé par la dislocation de la Communauté. En outre, dans les années 1960, le projet de créer une organisation internationale de la francophonie était interprété par beaucoup comme une sorte de néocolonialisme déguisé.

Pour autant, de Gaulle ne s'est désintéressé ni de la situation des peuples de langue maternelle française ni du rôle international de la langue française. À ses yeux, ce rôle allait de soi. C'est d'ailleurs sur ses instructions que Georges Bidault avait obtenu le maintien du français comme langue officielle à l'ONU. Quant au destin des communautés de langue maternelle française, le plus souvent minoritaires dans leurs pays respectifs, il devait à ses yeux être soigneusement accompagné. Le général de Gaulle n'avait pas une conception ethnique de la francité, mais il était sensible aux legs de l'Histoire et, plus encore, à la dette de la France à l'égard de ceux qu'elle avait laissés à leur sort à l'issue de traités malheureux.

C'est vis-à-vis du Québec que sa démarche fut la plus retentissante. Il n'est que de se reporter à sa conférence de presse du 27 novembre 1967 pour comprendre que rien, dans cette affaire, ne fut improvisé. On a trop peu remarqué, en effet, précédant le « Vive le Québec libre ! » du 24 juillet 1967, le discours prononcé, le 23, à l'hôtel Château-Frontenac de Québec : « Un morceau de notre peuple est installé, enraciné, rassemblé, ici. Oui ! un morceau de notre peuple, par le sang qui coule dans ses veines, par la langue qui est la sienne, par la religion qu'il pratique, par l'esprit, les mots, les gestes, les noms, les coutumes, le comportement, de ses familles, de ses hommes, de ses femmes, de ses enfants, enfin par la conscience profonde qu'il a de sa propre communauté. [...] On assiste ici, comme en maintes régions du monde, à l'avènement d'un peuple qui, dans tous les domaines, veut disposer de lui-même et prendre en main ses destinées » [*DM*]. Premier acte politique d'une francophonie agissante, des accords furent signés, au lendemain de ce voyage, entre la France et le Québec, qui établissaient une coopération dans tous les domaines, en particulier l'éducation et la jeunesse. Par ailleurs, à l'égard des Acadiens, minoritairement présents dans trois provinces du Canada, de Gaulle ne cessa d'agir ; même si c'était dans la discrétion.

Si le respect des particularismes, notamment linguistiques, tel qu'il est inscrit et pratiqué dans la Confédération helvétique n'attira pas particulièrement son attention, le général de Gaulle fut en revanche très sollicité par les dissensions opposant Flamands et Wallons. En 1945, il s'était gardé de répondre positivement aux interpellations de militants wallons qui désiraient que leur province soit rattachée à la France. Toutefois, le recul des élites politiques wallones et celui de la langue française dans les institutions du royaume de Belgique s'accentuèrent durant les années d'après guerre. Aussi, recevant en 1968 une personnalité wallonne, Robert Liénard, de Gaulle déclara : « Toute intervention de la France [...] serait immédiatement amplifiée, soulignée [...] par les notables francophones de votre pays qui ne manqueraient d'invoquer l'impérialisme français, notre volonté hégémonique et tout le reste ! [...] Je regrette de devoir vous dire : “Chaque peuple ne peut se redresser que par lui-même.” [...] Bien entendu si, un jour, une autorité représentative de la Wallonie s'adressait officiellement à la France, ce jour-là, de grand cœur, nous répondrions favorablement à une demande qui aurait toutes les apparences de la légitimité. »

Malgré la déception que lui avait causée l'échec de la Communauté, le général de Gaulle n'oublia pas les peuples africains. Recevant le 9 juillet 1966, à l'Élysée, les chefs d'État des pays de l'Organisation commune africaine et malgache qui venaient de se réunir à Tananarive, il s'adressa à eux en ces termes : « Vous voici [...] réunis dans la volonté de faire en sorte que vos États, leurs élites et leurs peuples, soient liés entre eux en profondeur par une langue et une culture décidément commune. Comme cette langue et cette culture sont celles de nous autres Français, nous ne pouvons que nous réjouir d'une décision prise par vous-même et qui, au long des temps, nous rapprochera chaque jour davantage par l'esprit, l'âme et le rayonnement » [*DM*].

Lors du colloque « De Gaulle en son siècle » de novembre 1990, il fut notamment démontré que la conception qu'avait le Général des communautés de langue originelle française avait d'abord été, sinon strictement politique, du moins politiquement historique. C'est que le français, comme le souligna Renée Balibar, n'est pas seulement une langue de culture mais, depuis des siècles, une « langue d'État ». Pour sa part, Michel Fichet expliqua : « Ce sont des notions de langue et de culture constitutives de l'âme française que le général de Gaulle utilisait le plus fréquemment de préférence à la notion de francophonie dont la fortune a grandi d'ailleurs en même temps que son contenu se brouillait. » Quant à Jean-Marc Léger, haut fonctionnaire québécois et inlassable artisan de l'organisation institutionnelle de la francophonie, il conclut en ces termes : « Que le général de Gaulle n'ait pas été un protagoniste ni un tenant de ce qu'on appelle d'un terme discutable "la francophonie", qu'il ait marqué un certain scepticisme et de fortes réserves à l'endroit de ce projet, du moins sous son aspect d'organisation gouvernementale, voilà un constat fait depuis longtemps et qu'il paraît difficile de contester. Il importe toutefois de reconnaître en même temps que de Gaulle aura été un artisan majeur de cette francophonie, dans la mesure où son action, tant sur le plan intérieur que sur le plan international, a permis que fussent réunies certaines des conditions indispensables à l'incarnation du grand dessein. [...] Or, la francophonie non gouvernementale a trouvé à Paris, dès le départ, une ardente sympathie et un soutien actif, permanent, qui n'auraient pas été possibles sans le parfait accord de l'Élysée. »

Philippe DE SAINT ROBERT

• *Voir aussi :* Belgique ; Communauté franco-africaine ; Discours du 24 juillet 1967

Bibl. : *De Gaulle en son siècle*, t. 7, *De Gaulle et la culture*, Paris, Plon-La Documentation française, 1992 • Claude de Groulart, *De Gaulle : « Vous avez dit Belgique ? »*, préface de Philippe de Saint Robert, Lausanne, Éditions Favre, 1984.

FRENAY, Henri (1905-1988). – Fondateur des mouvements Libération nationale puis Combat, Henri Frenay est la parfaite incarnation de cette proto-Résistance de l'intérieur qui naît sans la référence au gaullisme, voire contre elle. Jusqu'à son départ de l'armée en janvier 1941, le capitaine Frenay se démarque peu des milieux militaires français qui croient en la fiction d'un régime de Vichy préparant dans l'ombre la revanche. À ses yeux, de Gaulle n'est pas une alternative crédible car, financé par l'étranger, il offre une voie non strictement française au relèvement, et parce que, d'emblée, il a critiqué l'armistice et Pétain.

Le ralliement de Frenay au gaullisme de guerre s'opère à mesure que son illusion pétainiste se défait et que le besoin d'un contact avec l'extérieur devient impérieux. Lorsqu'en janvier 1942 Jean Moulin rentre de Londres mandaté par le général de Gaulle, il commence par rencontrer le chef de Combat, lequel accepte les consignes et le financement de la France libre. Au printemps, l'adhésion au « symbole » de Gaulle est sincère, entière et publique ; elle favorise le lancement par Moulin du processus de regroupement des forces résistantes en zone libre.

Toutefois, à l'automne 1942, à Londres, Frenay rencontre pour la première fois le général de Gaulle et constate que celui-ci a une conception du fonctionnement et du rôle de la Résistance qui ne correspond pas à son propre vécu de l'armée des ombres. Acceptant l'unification mais non la subordination, le chef de Combat explique au Général qu'un mouvement de résistance est à regarder « comme un parti politique dans un gouvernement ». Son gaullisme se veut conditionnel et non d'allégeance. De cette divergence fondamentale naîtront les conflits, parfois violents, qui émailleront les rapports entre Henri Frenay et Jean

Moulin. Au cours de cette première rencontre à Londres, Frenay constate également que la vision du monde du Général obéit à une géopolitique qui, selon lui, ne correspond plus aux enjeux du moment. Le chef de Combat est déjà prœuropéen et plaide en vain pour une réintégration de l'Allemagne dans le jeu continental, expliquant que seule une Europe fédérale pourrait mettre un terme aux nationalismes belligènes qui affaiblissent l'Europe.

Compagnon de la Libération, Henri Frenay est nommé par de Gaulle commissaire national aux Prisonniers, Déportés et Réfugiés début novembre 1943. À Alger puis Paris, il constate à regret que le chef du Comité français de la Libération nationale puis du Gouvernement provisoire de la République française ne prend pas le chemin du fédéralisme européen et revient aux fondamentaux de la géopolitique française. Après avoir tenté en vain de rallier le Général à l'idée de parti de la Résistance, il est un des fondateurs de l'Union démocratique et socialiste de la Résistance (UDSR).

Devenu patron de l'Union européenne des fédéralistes en 1948, Frenay est à nouveau conduit à s'opposer à de Gaulle sur la question européenne, par exemple lors du débat sur la Communauté européenne de défense. Toutefois, en juillet 1958 et contre toute attente, il accepte de sacrifier son idéal européiste pour soutenir le Général en qui il voit alors l'unique rempart de la République et de la démocratie. À la fin de l'année, il est candidat malheureux de la SFIO aux élections législatives. En 1965, il appelle à voter contre de Gaulle.

Robert BELOT

• *Voir aussi* : Déclaration aux mouvements de Résistance ; GPRF ; Légende noire ; Résistance intérieure ; SFIO

Bibl. : Robert Belot, *De la Résistance à l'Europe*, Paris, Le Seuil, 2003 • Henri Frenay, *La nuit finira. Mémoires de Résistance, 1940-1945*, Paris, Robert Laffont, coll. « Vécu », 1973 • Marie Granet et Henri Michel, *Combat. Histoire d'un mouvement de Résistance, de juillet 1940 à juillet 1943*, Paris, PUF, coll. « Esprit de la Résistance », 1957.

FRÈRES ET SŒUR. – Des quatre frères de Gaulle, l'aîné, Xavier (1897-1955), est le plus brillant. Passionné d'art et de musique, il sera polytechnicien. Son condisciple chez les Jésuites, Georges Bernanos, confiera qu'il n'a jamais connu d'adolescent « plus riche de promesses ». Jacques (1893-1946), le compagnon de jeux et de bagarres de Charles, sera comme Xavier ingénieur des Mines. Quant à Pierre (1897-1959), ce sera le fin et séduisant politique. Entre ces quatre garçons grands et minces, à la solide culture historique et littéraire et au style épistolaire volontiers lyrique quand il s'agit de la patrie, la figure de Marie-Agnès (1889-1982), solide femme du Nord, paraît, si l'on ose écrire, plus rustique. L'édifiante histoire de la famille qu'elle écrit pour ses « petits enfants chéris » témoigne d'un inusable dévouement à la France. Mais Marie-Agnès n'a pas fait les études de ses frères. En outre, elle est volontiers bavarde, surtout quand il s'agit de politique – ce qui, souligne l'amiral de Gaulle dans ses Mémoires, agace le Général. Cependant, une affection parfois bourrue mais profonde unit Charles de Gaulle à sa sœur aînée. Ses lettres à Marie-Agnès pour la naissance de chacun de ses sept enfants comptent parmi les plus affectueuses. Celle qu'il signe en juin 1940 quand son jeune neveu, Charles Cailliau, engagé, est blessé mortellement près de Cambrai, déborde de compassion : « Je t'embrasse du plus profond de mon cœur. Et je t'embrasse encore. Ton frère qui t'aime. »

En temps de paix comme en temps de guerre, la fratrie de Gaulle aura payé un lourd tribut au malheur. Dix ans après avoir perdu son fils Charles, Marie-Agnès, qui a surmonté avec courage son arrestation par la Gestapo en avril 1943, puis son incarcération à Fresnes et en Allemagne, perdra son cadet, Denys, d'une méningite tuberculeuse foudroyante. En 1956, son mari, Alfred Cailliau, rentré très éprouvé de sa déportation à Buchenwald, mourra à son tour. De leur côté, Xavier et Jacques, grièvement blessés pendant la Première Guerre mondiale, vont connaître de terribles épreuves. En mai 1925, Xavier, ingénieur en Sarre, perd son grand amour, sa femme Germaine, d'une septicémie alors qu'elle allait accoucher de leur quatrième enfant. Au printemps 1926, c'est au tour de Jacques d'être terrassé par le destin. Ce grand gaillard père de quatre garçons est frappé par l'épidémie d'encéphalite léthargique qui traverse l'Europe. Grâce au soutien de sa femme Jeanne, il survivra cependant vingt ans, mais impotent et privé de l'usage de la parole. En 1941, couché dans une fausse ambulance conduite par un jeune prêtre, l'abbé Groues, futur abbé Pierre, il passera en Suisse, tandis que deux de ses fils prendront le maquis avant de rejoindre « oncle Charles » à Alger. Prévenu lui aussi que la Gestapo allait l'arrêter, Xavier passera la même frontière à pied quelques mois plus tard, entre deux rondes de gardes frontières allemands. Mais sa santé est de plus en plus fragile. En octobre 1938, un nouveau deuil l'a éprouvé. Sa fille Jacqueline, la sœur cadette de Geneviève, est morte brutalement, à seize ans, d'une fièvre typhoïde. Aux obsèques, les quatre frères se sont retrouvés. Malgré leur peine, ils ont beaucoup parlé des récents accords de Munich. « Papa, se souvint Geneviève de Gaulle, me disait combien cela l'avait réconforté de sentir, dans son immense chagrin, que l'oncle Charles, l'oncle Jacques et l'oncle Pierre se retrouvaient spontanément sur la même ligne : antimunichoise. »

Christine CLERC

• *Voir aussi :* Ascendance familiale ; Famille ; Gaulle, Pierre de

Bibl. : Jean Lacouture, *De Gaulle*, t. 1, *Le Rebelle*, Paris, Le Seuil, 1984.

FREY, Roger (1913-1997). – Né à Nouméa, Roger Frey fait ses études au collège Stanislas puis à l'École libre des sciences politiques. De 1936 à 1939, il dirige les affaires industrielles de sa famille en Nouvelle-Calédonie. Il s'engage en 1940 dans le Bataillon du Pacifique, reçoit la croix de guerre 1939-1945, la médaille de la France libre et celle des combattants volontaires de la Résistance.

Après avoir été, en 1945-1946, chargé de mission par le gouvernement en Extrême-Orient, il est membre du comité directeur du RPF dont il devient trésorier. Conseiller de l'Union française en 1952, il se situe dans la mouvance de Jacques Soustelle qui le fait élire, après d'infructueux essais, conseiller municipal de Lyon. Secrétaire général du Centre national des Républicains sociaux, il rédige le bulletin de l'organisation qui passe pour refléter le point de vue du général de Gaulle. En mai 1958, à la suite de Soustelle, il gagne Alger où il diffuse sur les ondes des messages quotidiens sibyllins qui semblent accréditer l'existence d'un vaste complot mais sont en fait dépourvus de toute signification.

Membre du Comité consultatif constitutionnel après le retour du Général, il est conseiller au cabinet de Soustelle, ministre de l'Information, où il veille à donner à la Radio télévision française (RTF) une orientation progouvernementale. Il est surtout l'efficace secrétaire général de l'Union pour la nouvelle République (UNR) et l'artisan de sa victoire électorale en novembre 1958. Ministre de l'Information en 1959, ministre délégué auprès du Premier ministre en 1960, Roger Frey est surtout ministre de l'Intérieur de 1962 à 1967. Sa hantise est d'assurer la sécurité du chef de l'État. De 1967 à 1969, il est ensuite ministre des Relations avec le Parlement. Parallèlement il est élu député du XIIe arrondissement de Paris à toutes les élections.

Apprécié par beaucoup en raison de sa courtoisie et, dit Maurice Grimaud, d'« un humour sans faille », Roger Frey fut un animateur efficace et discret doublé d'« un véritable animal politique » – l'expression est de Pierre Viansson-Ponté. Sauf à un moment en 1960 où son allégeance initiale à Jacques Soustelle freina sa carrière, peut-être aussi en juin 1967 où il sembla désapprouver l'embargo militaire vers le Proche-Orient, il fut toujours très proche de De Gaulle auquel il demeura d'une fidélité et d'un dévouement sans faille. Il indique avoir été reçu par lui en audience près de quatre cents fois, et les avis sollicités par le Général semblent avoir particulièrement porté lors de la réforme de la région parisienne en 1963-1964 et lorsque de Gaulle décida de ne pas reporter le référendum d'avril 1969. Les lettres publiées du Général attestent qu'il le tenait en affectueuse estime : « J'apprécie au plus haut point votre amitié fidèle, écrit-il le 3 janvier 1968, et vous demande, mon cher Frey, de croire à la mienne. »

Roger Frey conserva les Relations avec le Parlement en 1969-1971, avant de devenir ministre d'État chargé des Réformes administratives (1971-1972). Réélu député en 1973, il présida le groupe UDR de l'Assemblée. De 1974 à 1983, il fut enfin président du Conseil constitutionnel.

Jean-Paul BRUNET

• *Voir aussi* : Information ; Républicains sociaux ; Sécurité ; UNR

Bibl. : Entretien (cassette audio de quarante-cinq minutes) avec Roger Frey de Daniel Demarquet (Institut Charles-de-Gaulle) • Pierre Viansson-Ponté, *Les Gaullistes. Rituels et annuaires*, Paris, Le Seuil, 1963.

FROSSARD, André (1915-1995). – Fils du dirigeant socialiste Louis-Oscar Frossard, André Frossard entame une carrière de journaliste à dix-sept ans. À vingt ans, en un instant, il se convertit au catholicisme. Résistant, il est durement marqué par sa détention, en 1943-1944, au fort Montluc à Lyon. En 1947, lors de sa rencontre avec le général de Gaulle, il est immédiatement conquis. Fidèle libre, non dépourvu de réticence à l'égard du RPF (Rassemblement du peuple français), il accueille le retour du « plus illustre des Français », en 1958, en des termes étonnamment proches de ceux qu'il emploiera vingt ans plus tard à l'occasion de l'élection d'un parfait inconnu, Jean-Paul II. De Gaulle lui a appris que « la France est une donnée spirituelle de l'Histoire ». Il n'oubliera pas cette leçon inaugurée un jour de 1940 par « l'homme du 18 Juin et de quelques autres dates ». Pour ne pas s'éteindre, la flamme de la Résistance devait briller dans « la conscience, terrain qui ne figure pas au cadastre, et que les politiciens réalistes s'inquiètent généralement peu de défendre ». Et le résistant lyonnais d'éprouver, sous l'Occupation, « le sentiment d'une énorme absence : la France était ailleurs [...] là où l'on entendait sa voix ». Cette voix retrouve des accents chers à Frossard dans les années 1960, avec la main tendue au tiers-monde. Les deux hommes se voient alors souvent. Après la mort de De Gaulle, Frossard inspire la publication d'un hebdomadaire bien informé, *En ce temps-là de Gaulle*, qui paraît en 1971-1972.

Frossard est un garde du corps, armé de son seul humour. De Gaulle l'apprécie dans ses billets quotidiens de *L'Aurore* (1946-1962) et du *Figaro* (1962-1995). Frossard admire chez de Gaulle ce qu'il appelle son « objectivité », dont il voit la source dans « l'humilité de son intelligence ». À ses yeux, le gaullisme est, « en politique, la forme achevée de la liberté d'esprit ». Et ce pourfendeur de l'antigaullisme primaire d'être ravi par un mot du Général à son ami Maurice Clavel : « Je ne gouverne pas la France pour les gaullistes. » Gaulliste « parce qu'[il a] horreur du pouvoir personnel », il défie en 1973 les anciens adversaires du Général, qui prêtent à ce dernier l'expression « Moi ou le chaos », d'oser dire « Moi ou n'importe qui ». Frossard n'est pas le héraut d'un héros prométhéen. Parce que les étudiants de mai 1968 avaient « moins de liberté à demander qu'à offrir », son soutien indéfectible à de Gaulle n'implique nullement l'hostilité à un mouvement dont l'origine « spirituelle » le séduit sur l'heure. Frossard verra à regret la « participation » rester lettre morte : « La seule querelle qui vaille est celle de l'homme », leitmotiv gaullien, point commun majeur avec Jean-Paul II aux yeux de l'ancien dénonciateur de la torture en Algérie. Au lendemain du référendum de 1969, il reprend la phrase du personnage de Claudel qu'il citait déjà en 1955 : de Gaulle avait reçu « la seule récompense qu'il attendît et qui fût digne de lui : l'ingratitude ». En cela, de Gaulle demeurait pour lui le chef de cette Résistance surgie de la défaite contre toute évidence. « Et après ? écrit Frossard en 1954. Quand on combat pour l'honneur, il n'importe que de le garder. »

Pascal DUFAUR

• *Voir aussi* : Catholique (foi) ; Intellectuels ; Journalistes ; Presse

Bibl. : André Frossard, *La France en général*, Paris, Plon, 1975 • Id., *Il y a un autre monde*, Paris, Fayard, 1976.

FUNÉRAILLES. – Si l'importance d'un « événement » se mesure à la profondeur du sillon qu'il trace dans la mémoire collective, nul doute que la mort du général de

La Nature des choses.
Cliché : Kharbine-Tapabor © Jacques Faizant et Éditions Denoël, 1970.

Gaulle, le 9 novembre 1970, et ses funérailles, le 12, correspondent à cette définition. La présence de plus de quatre-vingts chefs d'État aussi bien que le dessin de Faizant, représentant une Marianne pleurant sur un chêne renversé, en sont des indices immédiats. Un événement, c'est également un promontoire idéal pour apercevoir des phénomènes plus profonds, par la continuité qu'il incarne et qui lui donne son sens, mais aussi par la rupture et les innovations qu'il propose. Là encore, la mort et l'inhumation du général de Gaulle correspondent précisément à cette définition.

Le déroulement de ces obsèques présente certaines innovations dans le rituel des funérailles présidentielles en France : l'absence du corps, lors de la cérémonie officielle, ce qui conduit à la mise en concurrence des dimensions publique et privée de la cérémonie ; la distinction d'un temps spécifique réservé à l'hommage populaire, à côté de ceux réservés à la famille et à l'État. La dénomination de cette cérémonie officielle – deuil national – se distingue des formules employées jusqu'alors, celles d'obsèques nationales, obsèques officielles, ou encore « aux frais de l'État et du Trésor public ». Cette appellation permet de respecter les volontés du défunt qui avait explicitement refusé, par testament, les honneurs officiels. Il s'agit également d'une des premières cérémonies officielles où l'Église applique le nouveau rituel des mourants adopté lors du concile Vatican II, rituel d'où disparaissent les tentures funèbres, les classes d'enterrement et les chants en latin au profit d'une célébration en français, qui se déroule donc ici dans une église de campagne dépourvue à la fois du décorum habituel des cérémonies funèbres et de la majesté des cérémonies nationales. À tel point que Mgr Atton, évêque de Langres, devra, dans les jours suivants, se défendre de la « misère » de la cérémonie, invoquant les volontés du défunt et arguant de la grandeur nouvellement reconnue par Vatican II à la simplicité cérémonielle. C'est enfin l'une des premières fois – avec l'exemple de Vincent Auriol, décédé en janvier 1966 – que le portrait du président sur son lit de mort n'est pas publié dans la presse.

Ces éléments de rupture pourraient montrer que le général de Gaulle fut un président sans prédécesseur, jusqu'au rituel qu'il s'était choisi pour sa mort. Ce serait oublier toutefois que cet événement confronte une certaine image de soi du défunt avec des enjeux et luttes politiques portant sur la définition du « gaullisme » ou encore sur les rapports entre l'Église et l'État. Pour comprendre un événement funèbre de ce type, il ne suffit donc pas de pointer ce qu'il doit à la personnalité du défunt. Il faut également s'intéresser à la construction du sens dont il est investi par les survivants, et notamment ses héritiers. Les deux cérémonies de Colombey et de Notre-Dame organisent deux scénographies de la personnalité du défunt. À la rencontre du grand homme avec son peuple et sa terre s'oppose l'image d'une assemblée de dirigeants politiques, soit deux principes distincts de reconnaissance de la grandeur politique.

Funérailles à Colombey. C'est peu avant 15 heures, le 12 novembre 1970, que la dépouille du général de Gaulle, placée sur un engin blindé de reconnaissance, quitte La Boisserie. Au porche de l'église, suivant une pratique proscrite sans beaucoup de succès depuis le XIXe siècle, elle est portée à bras par dix jeunes du village. Dans la nef, les membres de la famille, le conseil municipal et les Compagnons de la Libération ont pris place. Le service funèbre est concélébré par l'abbé Jaugey, curé de Colombey, par un dominicain, le père François de Gaulle, neveu du Général, et par l'évêque de Langres, Mgr Atton. À l'issue de la célébration, passant devant les détachements de l'armée qui lui rendent les honneurs, le corps est porté au cimetière qui jouxte l'église, où la bière est inhumée dans un caveau où repose déjà sa fille Anne, décédée en 1948. Sur la pierre tombale est gravée la simple inscription : « Charles de Gaulle 1890-1970. »

Une foule importante a envahi le village depuis la veille. Le préfet de la Haute-Marne avait essayé d'obtenir, par les Renseignements généraux des départements voisins, une estimation des déplacements, et il avait organisé un service de bus depuis les gares de Bar-sur-Aube et de Chaumont. La SNCF avait, de son côté, mis en place des trains spéciaux au départ de la gare de l'Est. À l'intérieur du village, des aménagements spécifiques ont été réalisés pour faire face à cette arrivée massive. Des ouvertures ont été percées dans le mur du cimetière, des parkings tracés, des postes de secours installés, des haut-parleurs mis en place pour la retransmission de la cérémonie. Mais ces préparatifs techniques ne sauraient faire oublier les enjeux politiques d'une participation populaire massive à cette cérémonie : la validation d'un certain portrait du défunt. Car, conçu par la famille pour contrer la cérémonie parisienne et l'appropriation de l'héritage gaulliste par Georges Pompidou, le rassemblement de Colombey permet de distinguer, parmi les héritiers du gaullisme, entre relations personnelles et rapports politiques. Les proches sont massés autour du corps, présent à Colombey mais absent à Notre-Dame de Paris, là où se retrouvent les politiques, autour du nouveau président de la République. Une telle démarcation a pour effet de mettre en concurrence les deux cérémonies, les deux réseaux qui y sont matérialisés et, plus largement, de suggérer deux portraits du défunt et deux définitions de son héritage. La différenciation des éloges funèbres, ceux des « gaullistes politiques » et des « gaullistes historiques », ne s'effectue pas autour du rôle historique du défunt pendant la Seconde Guerre mondiale, élément que tous les acteurs du jeu politique s'accordent à souligner. Mais, à la perspective des « gaullistes historiques », centrée sur la construction héroïque de « l'homme du 18 Juin », s'oppose une vision qui insiste aussi sur le pragmatisme de son action. Georges Pompidou, dans son intervention télévisée annonçant la mort du général de Gaulle, articulait l'éloge autour d'un triptyque : politique, économie, diplomatie.

Funérailles à Notre-Dame. À Paris, la décoration intérieure et extérieure de la cathédrale a été très fortement réduite en comparaison de ce qui pouvait se faire jusqu'alors en matière de funérailles présidentielles. Ce n'est pas le cas de toutes les églises où furent célébrées des messes de requiem. À Nancy par exemple, conformément aux traditions, un catafalque a été dressé dans la nef de la cathédrale. La cérémonie qui se déroule à Notre-Dame devant un parterre de personnalités officielles françaises et de chefs d'État (ou de leurs représentants) est l'occasion pour l'Église de mettre en avant le nouveau type de rapports au politique qu'elle promeut. Au nom de « l'indifférentialisme » revendiqué en matière politique, notamment par la voix de Mgr Marty dans une interview au périodique *Informations catholiques internationales*, publiée également dans *La Croix*, au mois de mai 1971, le déroulement de l'office religieux fait silence sur la grandeur politique du défunt. Nulle référence à la fonction présidentielle dans les propos du célébrant, qui, en l'absence d'homélie, ne peut s'exprimer que lors de la « prière universelle », nouveau rituel instauré par Vatican II. L'Église entend simplement promouvoir une forme d'intervention morale auprès des gouvernants du monde. Cette cérémonie lui offre l'occasion de célébrer le rôle qu'elle peut jouer dans l'établissement de la concorde internationale, des dirigeants politiques de pays hostiles se côtoyant sous les voûtes de la cathédrale ; de la concorde nationale également, des anonymes communiant à côté des puissants du pays.

Le soir de cette journée, un troisième rassemblement est organisé à l'initiative du Conseil de Paris. Il signale que « Paris, compagnon de la Libération, rendra hommage au général de Gaulle, libérateur de la Patrie » et appelle les Parisiens à se joindre à cette marche silencieuse. La disjonction de cet hommage populaire des autres cérémonies de l'adieu constitue une rupture d'importance avec la tradition des funérailles présidentielles en France. Auparavant, il y avait agrégation des différentes dimensions – personnelle, institutionnelle, politique – d'un individu en un seul et même temps cérémoniel. Le nouveau modèle qui se met en place à l'occasion des funérailles du général de Gaulle les présente dissociées, si ce n'est même mises en concurrence les unes avec les autres. Mais ce répertoire cérémoniel est moins une rupture qu'un réagencement des éléments présents dans la tradition des funérailles publiques de présidents de la République telle qu'elle existait jusqu'alors. Et, à l'image de ce qui se produit au sein de l'Église catholique à la suite de Vatican II, la nouveauté provient surtout de la reconfiguration des positions des institutions appelées à organiser ces événements funèbres.

Pierre-Yves Baudot

• *Voir aussi :* Catholique (foi) ; Colombey-les-Deux-Églises ; Héritage politique ; Symboles ; Testament

Bibl. : Pierre-Yves Baudot, *Événements et institutions. Les funérailles des présidents de la République en France (1877-1996)*, thèse de sciences politiques, université Paris-I, 2005 • Avner Ben Amos, *Funerals, Politics and Memory in Modern France (1789-1996)*, Oxford, Oxford University Press, 2000 • Delphine Dulong, « Mourir en politique. Le discours politique des éloges funèbres », *Revue française de science politique*, n° 4, août 1994, p. 629-646.

G comme Gaulliste

« Chaque Français fut, est ou sera "gaulliste". Je ne jurerais pas qu'à quelque moment, malheureusement trop tard ! le maréchal Pétain lui-même ne l'ait pas été quelque peu. »

De Gaulle, Conférence de presse du 10 mars 1952, *Discours et Messages.*

GABON. – Vieille colonie française, le Gabon fait partie de l'Afrique-Équatoriale française (A-ÉF) qui comprend en outre le Congo, l'Oubangui-Chari et le Tchad. Avec le Cameroun, ces trois dernières colonies se rallient au chef de la France libre les 26 et 27 août 1940, à l'initiative du gouverneur du Tchad Félix Éboué. Mais, à Libreville, le chef-lieu gabonais, le processus s'enraie. Le gouverneur du Gabon, Georges Masson, a annoncé son ralliement par télégramme mais il se ravise quelques jours plus tard sous la pression du milieu local. Les autorités de Vichy s'efforcent même de faire du Gabon la base d'une « reconquête » de Brazzaville, la capitale de l'A-ÉF. Il va donc falloir réduire cette enclave et s'imposer par la force. L'entreprise est d'autant plus ardue que l'échec devant Dakar, le 23 septembre, a souligné la volonté de résistance des forces fidèles au maréchal Pétain. Escarmouches militaires et redditions plus ou moins négociées s'étendent du 27 octobre au 12 novembre 1940, faisant plusieurs dizaines de morts de part et d'autre. Cette « pénible opération » [*MG*] enfin terminée, le général de Gaulle dispose désormais, avec l'ensemble de l'A-ÉF, d'un territoire libéré qui lui permet d'affirmer son autorité à l'intérieur de la France libre comme à l'extérieur, y compris à l'égard de ses hôtes britanniques. Mais, dans l'immédiat, la propagande de Vichy a pu se déchaîner sans mesure contre ce général félon qui a fait couler le sang français.

À la différence de Brazzaville, qui, à plusieurs reprises, lui a donné le spectacle de la plus grande liesse populaire, le Gabon a donc laissé quelques souvenirs amers au chef de la France libre. Est-ce pour cette raison que Libreville ne sera jamais une escale lors des voyages africains du Général, ni en 1953 ni en 1958 ? Pourtant, le Gabon n'est pas loin de représenter, sous la Ve République, une figure exemplaire de coopération avec la France. Dans ses Mémoires, de Gaulle fait l'éloge de son premier chef d'État, Léon M'Ba, « modèle de fidélité dans son attachement à la France et de dévouement au Gabon qu'il aura vu, avant de mourir, émerger d'une accablante misère et marcher vers la prospérité » [*ME*]. C'est en effet un pays où l'exploitation forestière de bois précieux, la découverte de pétrole et de riches gisements de manganèse offrent aux entreprises françaises des opportunités particulièrement attractives. C'est sans doute aussi la raison pour laquelle les troupes françaises interviennent avec rapidité pour rétablir au pouvoir Léon M'Ba, renversé en 1964 par un éphémère coup d'État. Lorsque celui-ci meurt en 1967, son successeur Albert (Omar) Bongo demeure le garant d'une stabilité économique et politique du pays si profitable à la France. Du moins jusqu'à ce que son régime évolue, beaucoup plus tard, dans une direction qui inquiète davantage les investisseurs étrangers. Philippe Braud

• *Voir aussi* : Communauté franco-africaine ; Coopération ; Empire ; Union française ; Voyages en Afrique noire

GALICHON, Georges (1915-2003). – Prisonnier de guerre de juin 1940 à mars 1941, Georges Galichon est reçu au concours d'auditeur au Conseil d'État peu après son retour de captivité, en juillet 1941. À la Libération, il travaille auprès de Michel Debré, commissaire de la République à Angers, de l'été 1944 au début de 1945, avant de devenir chef de cabinet de René Mayer, commissaire général aux Affaires allemandes et autrichiennes en 1945 et 1946. Collaborateur de Georges Bidault, président du Gouvernement provisoire, de juin à novembre 1946, ses liens intellectuels l'attachent à la démocratie chrétienne. Sous la IVe République, il poursuit une carrière normale de haut fonctionnaire jusqu'au retour au pouvoir du général de Gaulle. Après avoir été directeur du cabinet de Pierre Chatenet, ministre de l'Intérieur, de juin 1959 à mai 1961, il est nommé le 28 juillet directeur du cabinet du président de la République. Il occupe cette fonction pendant près de six ans, jusqu'à sa nomination, le 23 janvier 1967, comme président du conseil d'administration de la compagnie nationale Air France. Sa carrière illustre la propension du Général à s'entourer de collaborateurs qui ont fait preuve de leurs compétences professionnelles au sein de la haute fonction publique.

Georges Galichon a également été élu, sous l'étiquette de l'UDR, à des mandats locaux : il est conseiller général du canton de Cerizay, dans les Deux-Sèvres, de 1967 à 1977, et maire de la Forêt-sur-Sèvres de 1969 à 1973. Bernard Stirn

• *Voir aussi* : Hauts fonctionnaires

GAMBETTA, Léon (1838-1882). – Léon Gambetta, député républicain de Paris, principal inspirateur et chef de la Défense nationale en 1870-1871, est mort près de dix ans avant la naissance de Charles de Gaulle. Deux raisons pourtant justifient qu'il soit évoqué ici.

L'une, disons-la ici d'un mot car elle ne relève pas de notre compétence, c'est l'idée qu'il y aurait quelque analogie entre les tendances constitutionnelles du Gambetta leader opportuniste (antiradical) des années 1870 et celles du de Gaulle fondant la Ve République en 1958. Thèse qui a été défendue en 1982 et discutée depuis. L'autre, la seule qui nous concerne ici, relève de l'examen de la formation des idées, mieux, de la définition politique du futur général.

On sait l'importance décisive qu'avait pour le jeune Charles l'histoire de France, à laquelle son père Henri, admiré et respecté, appartenait doublement, comme professeur d'histoire de son métier, et comme combattant dans l'année décisive. Henri de Gaulle en effet, quoique royaliste et catholique, avait suivi en volontaire courageux la mobilisation pour la défense de Paris, en 1870-1871, après le 4 septembre, même après qu'elle fût à direction républicaine. Henri, homme de conviction, n'était pas devenu gambettiste pour autant, mais il avait montré en acte que la République (le gouvernement de la Défense nationale) continuait la patrie bien plus énergiquement que les prétendants royalistes (en exil) ou que les généraux d'Empire, défaillants. C'est cette logique que le jeune Charles suivra lorsqu'il entrera dans l'armée, l'armée française devenue grâce aux Gambetta, Chanzy ou Denfert-Rochereau l'armée de la République, c'est-à-dire de la France continuée.

Que ce patriotisme marqué de « gambettisme » puisse être perçu comme « républicain », la mère de Charles, restée royaliste et pieuse catholique, le montra très tôt le jour où elle dit, avec regret, de ses chers grands garçons qu'ils la désolaient sur un point : « ils étaient républicains » (le mot a depuis longtemps été révélé au grand public par le premier ouvrage de Jean Lacouture). Or, comment devient-on républicain ? À la fin du XIXe siècle, il existait un petit courant de catholiques français, naturellement royalistes, ralliés à la République (le « Ralliement ») à l'appel du pape Léon XIII. On peut penser que le ralliement des jeunes de Gaulle, comme celui de bien d'autres militaires (Gaston de Galliffet compris), relèverait moins de l'appel de Rome que de l'appel posthume de Gambetta, porteur d'un patriotisme de continuité nationale dont la politique militaire de la IIIe République assumait, en paroles et en actes, l'incontestable relève.

Nous avons deux preuves de cette présence forte de Gambetta, héros national de 1870-1871, dans la pensée de Charles de Gaulle. L'une est des années 1930, lorsque, historien, il écrit *La France et son armée* ; au chapitre de la guerre de 1870, il loue la guerre désespérée conduite par Tours, aux dépens de la guerre impériale désastreuse, et il va même jusqu'à décerner un satisfecit au révolutionnaire Giuseppe Garibaldi, venu en France pour aider la jeune République française, ce qui n'allait pas sans gêner quelque peu les leaders de celle-ci. Tous les historiens plus ou moins conservateurs qui ont traité de l'épisode détestent ou ridiculisent le Garibaldi de Dijon, tous les historiens marqués à gauche le louent et l'acceptent. Or, seul de sa « famille » politique, de Gaulle historien accepte lui aussi Garibaldi comme Gambetta l'avait accepté en son temps.

Plus significatif encore est l'autre signe donné cette fois par l'auteur de *Mémoires de guerre*. Au chapitre de la Libération, nous sommes en septembre 1944, le général relate sa tournée des grandes villes du Midi pour affirmer son nouveau pouvoir et mettre au pas les résistants locaux soupçonnés ou soupçonnables de subversion ou d'indiscipline. Moments difficiles, récit austère, bref, aucune mention anecdotique ni pittoresque, moins encore touristique, à l'exception d'une seule, l'étape de Bordeaux : « Du même balcon d'où Gambetta avait harangué la foule de 1870, je m'adressais aux Bordelais. » Pourquoi ce rappel ? Pour quel effet pédagogique dérisoire (soixante-dix ans après) ? sinon par le fait de se sentir un nouveau Gambetta, associant comme lui un combat militaire et un combat politique, nationaux l'un et l'autre.

Un problème sémantique se pose pourtant au terme de cette analyse historique. Gambetta, on le sait, avant d'être le leader moral du gouvernement du 4 Septembre, avait été, sous l'Empire, comme avocat et député d'opposition, le plus éloquent et le plus célèbre pourfendeur du bonapartisme (pensons au procès de la souscription Baudin, occasion de stigmatiser le coup d'état du 2 décembre 1859). Gambetta donc, typiquement antibonapartiste. Quant à de Gaulle, au terme de la célèbre analyse de la *Droite en France* de René Rémond (1954) où les politiques classés à droite sont étiquetés en tendances plus ou moins analogues à l'esprit et aux méthodes de nos anciennes monarchies (« légitimistes », « orléanistes », « bonapartistes »), il figure du côté... bonapartiste. Gambetta ennemi typique du bonapartisme, de Gaulle bonapartiste dans la terminologie de René Rémond, voilà qui ne s'accorde pas, à première vue, avec notre de Gaulle gambettiste !

L'analyse de Rémond fait autorité en termes de science politique : oui, le de Gaulle qu'on retrouvera homme d'autorité, du pouvoir exécutif fort, de contact souhaité avec le peuple et de méfiance à l'égard du parlementarisme, peut subir quelque rapprochement, analogique et tendanciel, avec le bonapartisme des deux Napoléon. Mais en termes d'histoire, c'est-à-dire d'appartenance morale ou d'appartenance militante, on ne trouve aucune affiliation avec le bonapartisme organisé, et on ne peut hésiter, pour cataloguer de Gaulle, qu'entre royaliste et républicain. Nous dirions volontiers royaliste de cœur, de tradition, de fidélité familiale, de piété historique lointaine, et (ou puis) républicain de raison. Ce qui n'exclut pas d'être un jour, sinon l'homme d'un coup d'État, en tout cas un « bonapartiste » au sens de René Rémond. Tout est, en somme, affaire de guillemets...

L'homme de 1958 pourra être qualifié de « bonapartiste » sans avoir jamais été autre chose, depuis ses vingt ans, que républicain. Républicain et patriote. Républicain parce que patriote. Républicain selon la définition et peut-être selon le modèle du Gambetta historique.

Maurice AGULHON

• *Voir aussi* : Bonapartisme ; France (idée de la) ; France et son armée (La) ; Histoire ; République

Bibl. : Maurice Agulhon, « De Gaulle et le souvenir de Gambetta », dans *Charles de Gaulle : du militaire au politique, 1920-1942,* Paris, Plon-Fondation Charles-de-Gaulle, 2004, p. 291-295 • Jérôme Grévy, *La République des opportunistes, 1870-1885,* Paris, Perrin, 1998 • Odile Rudelle, *La République absolue. Aux origines de l'instabilité constitutionnelle de la France républicaine (1870-1890),* Paris, Publications de la Sorbonne, 1982.

GAMBIEZ, Fernand (1903-1989). – Saint-Cyrien, breveté en 1937, le capitaine Gambiez sert dans l'armée d'armistice, à l'état-major de l'armée, section « Moral » du 3e bureau. Après l'invasion de la zone libre, il gagne l'Espagne où il est interné pendant cinq mois. Dès son arrivée à Alger, le général Giraud le charge de constituer une unité aux missions spécifiques de commando, le bataillon de choc. Gambiez commande brillamment « les chocs » de 1943 à 1945, en Corse, à l'île d'Elbe et dans la 1re armée.

Au cours de deux séjours en Indochine, de 1949 à 1954, le colonel puis général Gambiez assume des fonctions diverses : commandement opérationnel dans le delta du Tonkin, chef d'état-major du général Navarre, responsabilité de l'installation au Sud-Vietnam des réfugiés du Nord. Affecté en Tunisie de 1956 à 1958, il y reçoit la délicate mission de commander des troupes françaises dans un État indépendant qui tolère le développement de bandes armées aux frontières de l'Algérie. Muté au commandement du corps d'armée d'Oran en 1959, il se fait remarquer par ses instructions sur le comportement vis-à-vis des populations. Comme le rappelle Jean-Charles Jauffret, Gambiez y affirme que « les moyens attentatoires à la dignité de la personne humaine ne doivent pas être utilisés par des hommes civilisés, même s'ils le sont par ceux qui les combattent ».

Le 30 janvier 1961, de Gaulle convoque Gambiez : il va le nommer commandant en chef en Algérie. « Ce n'est pas un commandement enthousiasmant..., précise-t-il. La situation a évolué depuis votre départ d'Oran où vous avez si bien réussi » [*LNC*]. À Alger, promu général d'armée, Gambiez tente d'activer les opérations dans les Aurès avant de mettre en œuvre « l'interruption des opérations offensives » (IOO) que lui prescrit de Gaulle, qui précise le 27 mars 1961 : « C'est une phase très importante de mon plan pour la paix » [*LNC*].

Le putsch d'Alger bouleverse la situation. Apprenant dans la nuit du 21 au 22 avril 1961 que des unités marchent sur Alger, Gambiez, courageusement, part en Jeep à leur rencontre. En vain. Les lieutenants du 1er REP le bousculent. Arrêté, il est transféré à In-Salah, sous la garde de légionnaires. Dès l'échec du putsch, Gambiez rejoint son PC à Alger et s'attelle à la difficile tâche de faire exécuter l'IOO par une armée réticente. Pendant peu de temps, car de Gaulle préfère mettre un homme neuf à la tête des forces d'Algérie. Il remercie le général Gambiez de sa fidélité dans l'épreuve en le nommant directeur de l'Institut des hautes études de défense nationale (1961-1965) puis conseiller d'État en service extraordinaire (1965-1969).

Jean DELMAS

• *Voir aussi* : Algérie (guerre d') ; Armées de la Libération ; Indochine ; Militaires ; Torture

Bibl. : Maurice Faivre, *Conflits d'autorité durant la guerre d'Algérie*, Paris, L'Harmattan, 2004 • Jean-Charles Jauffret, *Ces officiers qui ont dit non à la torture, Algérie 1954-1962*, Paris, Autrement, 2005.

GARY, Roman Kacew, dit Romain (1914-1980). – Né en Pologne dans une famille juive de commerçants en pelleterie, Roman Kacew émigre avec sa mère en 1929, et s'installe à Nice. Naturalisé français en 1935, licencié en droit, il décide de se consacrer à la littérature. *Le Vin des morts* et *Bourgeoisie*, ses deux premiers romans, ne trouvent pas d'éditeur, mais deux de ses nouvelles sont publiées par

Gringoire. Incorporé à Salon-de-Provence en novembre 1938, il est élève observateur à l'École de l'air d'Avord. Seul de sa promotion à ne pas être nommé officier, il sert ensuite comme instructeur. En juin 1940, il se trouve sur la base de Bordeaux-Mérignac lorsqu'il décide de quitter la France pour combattre. Le 20 juin, il s'envole pour l'Afrique du Nord. Le 5 juillet, à Casablanca, il embarque sur un cargo polonais en partance pour Gibraltar. Deux semaines plus tard, il est à Greenock, en Écosse. Il est incorporé dans les Forces aériennes françaises libres le 8 août. Par la suite, il prendra le nom de Romain Gary de Kacew. Avec la 1re escadrille de bombardement, il embarque pour l'Afrique le 18 octobre 1940. Au cours de ce voyage, il commence à rédiger son premier roman publié, *Éducation européenne*. Le 31 décembre 1942, après avoir servi au Tchad, en Libye, en Abyssinie et en Syrie, puis accompli des missions de surveillance maritime en Méditerranée, il est de retour en Angleterre. Affecté au groupe *Lorraine*, il participe, à partir de septembre 1943, à des missions de bombardement sur l'Allemagne et sur la France. Grièvement blessé le 25 janvier 1944, il est nommé à l'état-major à Carlton Gardens. Le 20 novembre 1944, il est fait Compagnon de la Libération par le général de Gaulle.

Après sa démobilisation, en 1945, il devient diplomate sous le nom de Romain Gary. En décembre, il est secrétaire d'ambassade à Sofia. Entre-temps, il a épousé la journaliste anglaise Lesley Blanch et publié *Éducation européenne*, qui a reçu un accueil favorable en Angleterre et en France. En 1952, après un passage à Berne, Gary est nommé secrétaire à la Délégation française auprès de l'ONU, à New York. En 1956, il est consul général de France à Los Angeles et reçoit le prix Goncourt pour *Les Racines du ciel*. En Californie, il fait la connaissance de l'actrice Jean Seberg, qu'il épousera en 1963. En 1967, après quelques années de mise en disponibilité consacrées à l'écriture et à la réalisation de films, il est chargé de mission au ministère de l'Information. Il occupe ce poste pendant dix-huit mois avant de prendre sa retraite.

Romain Gary voue une fidélité indéfectible au général de Gaulle. Il lui adresse systématiquement ses romans et ses nouvelles. De son côté, le Général suit « avec amitié et admiration » [*LNC*] la carrière de l'écrivain. Il répond chaleureusement à chacun de ses envois et prend le temps de commenter sa lecture. Ainsi, le 23 juin 1963 : « Votre roman, *Lady L.*, c'est très fort ! Au point que certains disent que "vous allez fort". Quant à moi, j'y vois, porté par un magnifique talent, un prodige d'humour et de désinvolture [...] » [*LNC*]. Ou encore, le 18 juillet 1966 : « Heureux, peut-être, les *Mangeurs d'étoiles*, puisqu'ils vivent avec leur rêve et meurent avec leur chimère ! [...] Votre roman est beau, coloré, un drame humoristique [...] ». En août 1967, de Gaulle salue l'« ironie transcendante » de *La Danse de Gengis Cohn* et ajoute : « [...] Ah ! Vous ne nous ménagez pas, qui que nous soyons qui vous lisons, même pas les juifs, longuement dispersés et persécutés, puis odieusement massacrés, et en qui, peut-être, pousse maintenant l'impérialisme. » En avril 1968, après avoir lu *La Tête coupable*, le Général confie à Gary son « étonnement admiratif ». Le 7 avril 1970, enfin, à propos de *Chien blanc* : « [...] Puisque votre passion et votre talent veulent s'emparer des causes de ceux qui sont persécutés, il fallait bien que vous en veniez aux Noirs américains. Vous le faites avec tant de couleur et de profondeur, à coups de tant d'idées et d'images, qu'on en est, une fois de plus, saisi, ému et convaincu » [*LNC*].

Mais Gary est aussi « un gaulliste inconditionnel » au sens où il le définira lui-même à la fin des années 1960 : « Un gaulliste inconditionnel est un homme qui se fait une certaine idée du général de Gaulle, comme le général de Gaulle se fait "une certaine idée de la France" [...]. » À l'automne 1958, il se rend à Paris pour enquêter sur le retour au pouvoir du Général et écrire un long article qui paraît en décembre dans *Life Magazine* sous le titre « L'homme qui connut la solitude pour sauver la France ». Son adhésion à la personne et à l'action du Général ne l'empêche pas d'être lucide, voire critique. En

1967, par exemple, après l'évocation par de Gaulle du « peuple d'élite, sûr de lui-même et dominateur » [*LNC*], il n'hésite pas à dire et écrire sa désapprobation, en particulier par une « Lettre aux Juifs de France » publiée dans *Le Figaro littéraire*. Demeure cependant, par-dessus tout, la loyauté à celui que Gary ne cesse de considérer comme « l'homme de [s]a vie », en qui il voit « un romancier-personnage qui s'est créé lui-même », un homme qui a joué son propre rôle dans « un roman qui s'appelle *L'Histoire de France* ». En mai 1969, il publie dans *Life Magazine* un beau texte intitulé « À mon Général : adieu, avec amour et colère », qui s'ouvre sur ces mots : « Il y eut jadis, sur le continent Europe, deux pays : l'un s'appelait la France, l'autre s'appelait de Gaulle. Parfois, les deux pays semblaient se confondre remarquablement, mais ce n'était alors qu'une illusion d'optique créée par le vieux Magicien qui, de son ombre magnifique, avait si largement recouvert le pays de France que celui-ci paraissait bien plus grand et bien plus important qu'il ne l'était en réalité [...]. » Le 11 novembre 1970, Romain Gary assiste aux funérailles du général de Gaulle à Colombey, serré dans son vieux blouson d'aviateur français libre et portant, de façon ostensible, la croix de la Libération. Peu de jours après, il écrit une « Ode à l'homme qui fut la France » qu'il conclut ainsi : « [...] nul ne pourra plus nous priver de lui. [...] Plus que jamais, il est à présent ce qu'il n'a cessé d'être pour nous depuis le début : une force morale, un courant spirituel, une foi dans l'homme, dans un ultime triomphe de l'homme, une lumière ».

Par la suite, Gary poursuit son œuvre, publiant tantôt sous son nom tantôt sous un pseudonyme. En 1975, sous le nom d'Émile Ajar, il obtient un second prix Goncourt pour *La Vie devant soi*. En 1976, il entreprend une grande enquête sur les Compagnons de la Libération, qui ne débouche pas. Il se suicide le 2 décembre 1980. Un hommage lui est rendu dans la Cour d'honneur des Invalides, au cours duquel le général Simon, chancelier de l'ordre de la Libération, lit son oraison funèbre. Myriam Anissimov

• *Voir aussi* : Bibliothèque personnelle ; Diplomates ; FFL ; Gaullistes ; Ordre de la Libération

Bibl. : Myriam Anissimov, *Romain Gary, le caméléon*, Paris, Denoël, 2004 (rééd. Folio, 2006) • Romain Gary, *La nuit sera calme*, Paris, Gallimard, 1974 • Id., *Ode à l'homme qui fut la France*, Paris, Calmann-Lévy, 1997.

GASTRONOMIE. – En bon militaire, de Gaulle aurait faite sienne la maxime « l'intendance suivra ». Sous son règne, l'Élysée était à la fois un palais de la République lors des réceptions, et au quotidien une demeure bourgeoise. De Gaulle n'était ni un sybarite ni un gastronome, et se souciait peu des questions culinaires. C'est Mme de Gaulle qui s'occupait d'élaborer les menus pour les dîners officiels, n'hésitant pas à puiser des recettes dans les fiches-cuisine des magazines féminins, ou dans des ouvrages classiques comme le *Guide culinaire* d'Auguste Escoffier. Le Général n'était pas difficile à nourrir et avait des goûts simples : on pouvait même lui servir, sans qu'il s'en offusque, des légumes en conserve, petits pois ou haricots verts. On ne lui connaît qu'une seule faiblesse, pour la bouillabaisse. Menu type d'un dîner en tête à tête avec sa femme, en décembre 1967 : potage parisien, saucisses grillées et purée, fruits. Jamais de dessert le soir...

En revanche, militaire là aussi, de Gaulle était très à cheval sur les horaires. Lorsqu'ils ne recevaient pas, les de Gaulle déjeunaient à 13 h 10, dînaient à 20 h 15 au plus tard. Le dimanche, le Général aimait à déjeuner en famille, avec son fils l'amiral Philippe de Gaulle. Or, celui-ci avait la fâcheuse habitude d'arriver régulièrement en retard, ce qui exaspérait son auguste père. Le Général avait interdit aux maîtres d'hôtel de servir l'entrée au retardataire, lequel devait donc attendre le plat principal pour commencer à manger !

La vie quotidienne à l'Élysée, vue du côté des cuisines, nous est connue par le livre de souvenirs de Joël Normand, qui y entra en 1965 comme commis, fut nommé chef en 1985 et prit sa retraite en 2004. Les recettes qu'il cite en annexe constituent d'amusants et précieux témoignages sur les goûts culinaires des présidents successifs. À côté des rustiques et roboratives nourritures appréciées par Georges Pompidou ou Jacques Chirac, des sophistications giscardiennes, on peut considérer la cuisine gaullienne comme simple, presque frugale. Dis-moi ce que tu manges, je te dirai qui tu es ? Jean-Claude PERRIER

• *Voir aussi* : Champagne ; Cigares ; Loisirs ; Manzoni, Honorine ; Réceptions présidentielles

Bibl. : Joël Normand, *La Ve République aux fourneaux*, Paris, La Table ronde, 1999.

GAULLE, Anne de (1928-1948). – Troisième enfant de Charles et Yvonne de Gaulle, Anne naît alors que son père est en garnison à Trèves. Dès la naissance, on s'inquiète de la lenteur de ses réflexes. Ce n'est qu'au bout de quelques mois qu'il faut se rendre à l'évidence : Anne est trisomique. Pour les parents, c'est une profonde douleur. « J'ai été le témoin, écrira la sœur du Général, Marie-Agnès, du chagrin de Charles. Il pleurait en parlant de la petite Anne. Mais, comme je lui demandais s'il ne vaudrait pas mieux la confier à une institution, il me répondit : non, elle n'a pas demandé à vivre. Nous ferons tout pour la rendre heureuse. »

De Trèves à Paris, puis à Beyrouth, Londres et Alger, les de Gaulle garderont donc auprès d'eux « la petite fille malade ». Au prix de grands sacrifices muets pour Yvonne et de sévères restrictions sur le budget du jeune officier. De santé très fragile, la « toute petite » comme l'appelle aussi son père, exige une surveillance et une aide constantes. Très vite, Yvonne de Gaulle doit se faire assister d'une gouvernante, Marguerite Potel. En juin 1940, quand Yvonne embarque à Brest avec ses trois enfants pour l'Angleterre, « Mademoiselle » est toujours là. Dans la cabine où l'on s'entasse à cinq, le cognement sourd des masses métalliques couvre les cris de la petite Anne.

Ces cris, moins fréquents à Colombey, le Général est le seul à pouvoir les calmer. Philippe se souvient qu'il « la plaignait exagérément, avec force afféterie, pour le bobo qu'elle s'était fait au visage, car il lui arrivait souvent de se blesser, à cause de ses gestes désordonnés ». Invités à Colombey, les neveux voient encore l'oncle Charles monter tous les soirs dans la chambre de la petite cousine. On l'entend chanter « V'là le lieutenant qui siffle comme un merle blanc ». Puis, l'on entend la petite rire, comme il la fait sauter sur ses genoux au rythme d'un couplet inventé pour elle, « Pachou-Paya ». « Quand oncle Charles redescendait, les joues griffées, c'était, se souvient Bernard de Gaulle, un autre homme. »

Espère-t-il alors une amélioration de l'état de sa cadette ? En 1930, il écrit à sa filleule Marie-Thérèse (fille de Marie-Agnès) : « Anne poursuit avec plus de calme sa vie de pauvre enfant anormale, mais non sans conscience. » Hélas, les progrès attendus ne viendront pas. Le vendredi 6 février 1948, alors qu'elle vient d'avoir vingt ans, Anne, grippée, respire difficilement. Le médecin de Colombey s'avouant impuissant, les de Gaulle appellent un spécialiste de Troyes, qui diagnostique une broncho-pneumonie double et fait une piqûre de pénicilline. Mais il est trop tard. « Elle est morte dans mes bras, avec sa maman et madame Michignau à côté d'elle, écrit de Gaulle à sa fille Élisabeth. Monsieur le curé est accouru pour la bénir. » Auprès du cercueil, dans le salon de La Boisserie, le Général, accablé de douleur, dit à sa femme : « Maintenant, elle est comme les autres. »

Christine CLERC

• *Voir aussi* : Ascendance familiale ; Émotionnel (style) ; Famille

Bibl. : Philippe de Gaulle, *De Gaulle, mon père : entretiens avec Michel Tauriac*, Paris, Plon, 2003.

GAULLE, Élisabeth de (née en 1924). – Yvonne de Gaulle fermait la porte de La Boisserie à tous les importuns. Élisabeth, qui ressemble à sa mère – même silhouette, même humour –, ferme la sienne à tous les biographes. À trois exceptions près, elle n'accepta même pas de livrer à son frère Philippe, pour la publication des *Lettres, notes et carnets*, les nombreuses missives reçues de son père.

Élisabeth, que vouvoie de Gaulle alors qu'il tutoie son fils, est l'objet, note Philippe, d'une « préférence marquée ». L'accord entre le père et la fille est très profond. Si Élisabeth est la seule à pouvoir rire de lui, d'un rire en cascade qui l'énerve un peu, c'est parce qu'elle a, avant sa petite Anne, éveillé sa tendresse. C'est, plus encore, en raison d'une vraie complicité intellectuelle.

Toute petite, Élisabeth se révèle une enfant douée. Elle a à peine cinq ans, au Liban, lorsqu'elle commence à lire. Elle en a onze lorsqu'un de ses cousins, Bernard, invité à Colombey, la voit avec étonnement organiser des voyages imaginaires dans le monde entier, à l'aide d'un annuaire Chaix des chemins de fer. Elle en a à peine dix-huit et vient de rejoindre son père à Londres, lorsque celui-ci l'inscrit à Oxford où elle fera forte impression. L'histoire ne dit pas si l'étudiante a également sidéré Churchill. C'est elle, en tout cas, qui accompagne son père lors de certaines rencontres très confidentielles avec le Premier Ministre britannique, pour lui servir d'interprète. Élisabeth est en outre une jeune fille intrépide et une cavalière émérite.

Le 3 janvier 1946, Élisabeth de Gaulle épouse le commandant Alain de Boissieu. Pour ne pas troubler le bonheur de sa fille, de Gaulle reporte de quelques jours l'annonce de sa démission du gouvernement. Boissieu nommé à Brazzaville, son beau-père lui fait parvenir régulièrement, pour améliorer l'ordinaire du ménage, un virement bancaire. À sa fille, il réserve les lettres les plus tendres. « Ma bien chère petite fille Élisabeth, lui écrit-il le 10 septembre 1949, si la Providence ne vous a pas encore accordé ce que vous lui demandez instamment, je veux vous dire que j'ai grande confiance dans l'avenir et que vous devez avoir confiance vous aussi, oui, vous, toute jeune femme de vingt-cinq ans ! » Voilà vingt mois qu'Élisabeth est mariée et elle n'attend pas de bébé.

À Colombey, Élisabeth tape et corrige le manuscrit des *Mémoires de guerre*. Elle fera de même vingt ans plus tard pour les *Mémoires d'espoir*. « Maman passait des journées entières dans sa chambre de La Boisserie à taper, se souvient Anne de Boissieu, la petite fille blonde aujourd'hui mariée et mère de cinq enfants que les Boissieu ont adoptée au bout de treize ans de mariage. En remerciement pour ce très long travail, et pour sa parfaite discrétion, le Général offrira à sa fille une maison dans le Morbihan. Élisabeth en dessinera les plans, en prévoyant au premier étage un petit appartement pour ses parents. Elle y recevra ses petits-enfants et neveux. Pas un n'a connu les secrets de la brillante diplômée d'Oxford qui, après avoir présidé la Fondation Anne-de-Gaulle, transcrit en braille des livres pour les aveugles.

Christine Clerc

• *Voir aussi :* Ascendance familiale ; Famille ; La Boisserie ; Mémoires de guerre ; Mémoires d'espoir

Bibl. : Philippe de Gaulle, *De Gaulle, mon père : entretiens avec Michel Tauriac*, Paris, Plon, 2003.

GAULLE, François de (né en 1922). – Fils de Jacques de Gaulle, le deuxième frère du Général, ce père blanc, qui œuvre en Haute-Volta (l'actuel Burkina) depuis le milieu des années 1950, fait partie des rares vocations religieuses qui ont marqué l'histoire de sa famille. Cette singularité, alliée au fait que François de Gaulle opta très tôt pour un engagement évangélique de missionnaire, explique probablement l'attention faite de respect et d'affection que n'a cessé de lui manifester son oncle le plus illustre.

« Souvent, sache-le, je pense à toi, à ton enfance, à ton adolescence, au chemin que tu as choisi pour marcher dans cette vallée d'ombre vers la divine lumière, lui écrit le Général en janvier 1947, à ton simple et noble courage de combattant, à ta vie d'aujourd'hui enfin qui est : étude, abnégation, prière. » Après avoir pris part, au sein de la 3e DIA, à tous les combats de la Libération, François de Gaulle est alors entré comme novice au scolasticat Sainte-Croix de Thibar, en Tunisie. Deux ans plus tard, sur le point d'être ordonné prêtre, il s'ouvre au Général de ses ultimes interrogations : « Il n'appartient qu'à toi-même de reconnaître si tu es "appelé", lui répond celui-ci. Mais si tu t'en sens certain, je puis te dire – comme ton cher papa te l'aurait dit – que tu dois répondre. En tout cas tu peux être sûr que si tu t'engages dans la société des pères blancs, tu ne porteras atteinte – bien au contraire – à aucun intérêt national, ni à aucun intérêt familial. Quant à l'ordre surnaturel, je ne puis que répéter que toi seul es en mesure d'en juger devant Dieu. »

Peu avant son ordination à Carthage en février 1950, François de Gaulle vient rendre visite au Général à l'hôtel La Pérouse et le voit soudain s'agenouiller à ses pieds, à l'issue de leur entretien, en lui demandant de le bénir. Bouleversé par ce qu'un geste aussi inattendu révèle de foi et d'humilité, le jeune homme en soutane blanche s'exécute non sans émotion.

Sans devenir après coup son directeur de conscience ni son confesseur attitré, comme on l'a souvent prétendu, François de Gaulle continue d'occuper dans la vie de son oncle une place particulière. Il le tient informé de ses missions auprès des populations d'Afrique noire, recevant de lui des marques de soutien toujours aussi chaleureuses et admiratives. « Ce combat sans fin, mais non sans difficiles succès, que tu mènes dans une contrée dure et dramatique à tous les égards, est un témoignage de foi, d'espérance, de charité dont je fais, veuille le croire, mon profit moral », lui écrit le Général en janvier 1956 – époque où il lit à son neveu des extraits du manuscrit des *Mémoires de guerre* en requérant son avis.

Lors de ses séjours en France dans les années 1960, il est fréquent que François de Gaulle soit requis pour des offices religieux dans le petit oratoire que le fondateur de la Ve République a fait aménager à l'Élysée. Et c'est sans surprise qu'on le verra concélébrer, le 12 novembre 1970, au côté de l'évêque de Langres et du curé de la paroisse, les obsèques de Charles de Gaulle dans la modeste église de Colombey. Jean-Luc Barré

• *Voir aussi* : Catholique (foi) ; Funérailles ; Gaulle, Geneviève de

Bibl. : Philippe de Gaulle, *De Gaulle mon père*, t. 2, Paris, Plon, 2004 • Entretien de l'auteur avec François de Gaulle, octobre 2005.

GAULLE, Geneviève de (1920-2002).

– Fille de Xavier, l'aîné de la fratrie, Geneviève de Gaulle fut une proche de « l'oncle Charles ». Née en 1920, elle perd sa mère à l'âge de quatre ans et demi, puis une sœur très aimée alors qu'elle a dix-huit ans. La foi catholique prend alors chez elle une dimension intime. Son père étant ingénieur des Mines dans la Sarre, elle et sa sœur sont en pension à Metz, où elles ont la joie de voir arriver, en 1937, leur oncle Charles et sa famille. Geneviève a appris l'allemand et lu *Mein Kampf*. À l'automne 1938, au moment de Munich, les quatre frères de Gaulle sont réunis pour l'enterrement de la sœur de Geneviève. Celle-ci dira plus tard, pour illustrer l'« atypisme » de la famille : « Dans un milieu en majorité antidreyfusard, mon grand-père a été dreyfusard ; dans un milieu en majorité munichois, mes oncles et mon père étaient antimunichois. »

Étudiante en histoire à Rennes au moment de la débâcle de 1940, elle a connaissance presque immédiatement de l'appel du 18 Juin. Elle se trouve sur la place de Locminé, dans le Morbihan, avec sa grand-mère, lorsque arrive un prêtre en soutane qui a entendu sur la radio de Londres un général français appelant à poursuivre le combat. Elle raconte : « Ma grand-mère, petite dame en noir, un peu courbée, à laquelle personne ne faisait attention, tira le prêtre par la manche et dit : "C'est mon fils, monsieur le curé, mais c'est mon fils !" » Geneviève poursuit la lutte à sa manière, d'abord par des actes individuels de résistance. À Paris, avec sa tante Madeleine, épouse de Pierre de Gaulle, elle distribue sous le manteau des photographies du chef de la France libre. En 1943, elle entre dans le mouvement Défense de la France et convainc son jeune dirigeant, Philippe Viannay, de se rallier à de Gaulle. Elle devient membre du comité directeur, chargée de la diffusion du journal *Défense de la France*. Sous le pseudo de Gallia, elle y écrit deux articles, en juin et juillet 1943, présentant un portrait de « Charles de Gaulle ». Bien écrits, bien informés, ils ne dépareraient pas aujourd'hui une revue destinée au grand public cultivé.

Arrêtée en juillet 1943, elle est transférée à Fresnes, puis déportée au camp de Ravensbrück en janvier 1944. Atteinte de scorbut, de plaies purulentes et d'ulcérations de la cornée qui l'aveuglent, elle survit grâce à la solidarité des détenues. Le soir même du 26 août, par l'intermédiaire d'une camarade tchèque travaillant dans les bureaux, elle a connaissance de la descente triomphale des Champs-Élysées. Jusqu'en octobre 1944, les SS ne se soucient aucunement d'elle. À partir du 3 octobre, le matricule 27372 est identifié comme la nièce de De Gaulle. Elle subit alors une succession de régimes particuliers qui semblent répondre aux flux et reflux des inquiétudes allemandes à l'égard de la progression alliée. Admise à un traitement de faveur en octobre, elle est isolée trois semaines plus tard pour plus de deux mois au bunker du camp, dans des conditions inhumaines. Sa foi vacille. Dans *La Traversée de la nuit,* elle écrit : « Dirai-je que ce temps n'est qu'une épreuve ? Qu'ils le disent sur leurs prie-Dieu et dans leurs églises. Ils n'ont pas vu les yeux des bêtes traquées. » C'est aussi dans cette période, en octobre et en décembre 1944, que de Gaulle reçoit deux lettres de Himmler. Celui-ci lui propose un échange entre des prisonniers allemands et les proches de De Gaulle détenus en Allemagne. Finalement, Geneviève est extraite du camp en février avec une Américaine, et transférée en Suisse en avril. Elle rejoint bientôt le foyer de son oncle. Parler du camp est difficile, mais Charles écoute. Il évoque Douaumont, ce « laminoir de l'âme ».

En mai 1946, de Gaulle est témoin au mariage de Geneviève avec Bernard Anthonioz. Celle-ci s'engage au RPF, en devient orateur. En 1958, elle entre avec son mari au cabinet du ministre des Affaires culturelles, André Malraux, qu'elle connaît depuis le RPF. Mais dès 1959, elle préfère rejoindre Aide à Toute Détresse (ATD), l'association fondée en 1957 par le père Joseph Wresinski. La misère du bidonville de Noisy-le-Grand, dans laquelle elle croit retrouver quelque chose de la misère du camp, la touche profondément. En 1964, elle devient présidente d'ATD Quart Monde et ne cessera ensuite de militer contre la pauvreté. En 1997, fait exceptionnel pour une personnalité de la « société civile », elle est entendue à l'Assemblée nationale en ouverture du débat sur la loi d'orientation relative à la lutte contre les exclusions.

Dans les années 1960, elle et son mari sont régulièrement reçus à l'Élysée ou à La Boisserie. En Mai 68, elle participe à la manifestation du 30 mai en soutien à de Gaulle. En 1969, son oncle lui écrit d'Irlande : « Tu fus, au moment le plus grave, et avec quel courage et quelles souffrances, un de mes meilleurs "Compagnons". Tu n'as jamais, depuis, cessé de l'être. » Claire ANDRIEU

• *Voir aussi* : Champs-Élysées ; Déportés ; Famille ; Résistance intérieure (journaux de la) ; RPF

Bibl. : Geneviève de Gaulle Anthonioz, *La Traversée de la nuit*, Paris, Le Seuil, 1998 • Frédérique Neau-Dufour, *Geneviève de Gaulle-Anthonioz*, Paris, éd. du Cerf, 2004.

GAULLE, Henri de (1848-1932). – Dans ses *Mémoires de guerre*, le Général évoque d'une phrase la personnalité de son père, « homme de pensée, de culture et de tradition [...] imprégné du sentiment de la dignité de la France » et qui, ajoute-t-il, « m'en a découvert l'Histoire ». L'idée qu'il se fit très tôt de sa vocation doit beaucoup à l'exemple d'Henri de Gaulle, engagé volontaire lors de la guerre de 1870 – un « exemple jamais oublié, lui écrit-il en juillet 1918, que vous avez donné à vos fils au début de votre vie en combattant avec honneur le même ennemi qu'ils combattent aujourd'hui à leur tour ». Lorsqu'il est admis à Saint-Cyr, Charles a conscience d'accomplir le rêve de celui qui, se destinant dans sa jeunesse à une carrière militaire, a été contraint par la situation matérielle de ses parents d'interrompre Polytechnique pour commencer à gagner sa vie.

Après avoir intégré l'administration civile en 1875, Henri de Gaulle décide huit ans plus tard de quitter son poste de rédacteur au ministère de l'Intérieur par refus de servir la politique anticléricale de la IIIe République. Ce « monarchiste de regret », fidèle à la tradition catholique et nationaliste de la France capétienne, mais d'esprit assez éclairé pour ne pas avoir pris parti contre Dreyfus et être resté un maurrassien de raison plus que de passion, se tourne en 1886 vers le domaine d'activités le plus approprié à l'expression de sa culture et de ses idées : l'enseignement privé. Il professe le latin et le français au collège jésuite de l'Immaculée-Conception à Paris, dont il devient préfet des études en 1901, tout en étant chargé de cours à Sainte-Geneviève de Versailles, où il apprendra l'histoire et la philosophie à plusieurs générations de jeunes qui se destinent aux grandes écoles. Le jeune Charles compte, avec Georges Bernanos et les futurs maréchaux Leclerc et de Lattre, parmi ces élèves que le « vicomte », comme on le surnomme, a formés à une certaine conception du monde et de la société. En 1907, face à la répression anticléricale qui interdit aux congrégations d'enseigner, celui-ci fonde à Paris un petit établissement laïc mais d'inspiration chrétienne, l'école Fontanes.

Henri de Gaulle a eu sur son fils Charles une influence considérable. Il lui a inculqué le sens de la « continuité française », du respect de l'État et du devoir patriotique. Il lui a fait découvrir dans l'armée française « une des plus grandes choses du monde ». Il l'a initié à la littérature en lui lisant, comme à ses autres enfants, *Les Oraisons funèbres* et *Cyrano de Bergerac* – qui resteront parmi les références de l'auteur des *Mémoires de guerre*.

À la demande de son fils, Henri de Gaulle apporte, vers la fin de sa vie, son concours à la fois de documentaliste et de correcteur à la rédaction du *Soldat*, première mouture de *La France et son armée*, non sans émettre réserves et critiques sur le contenu proprement politique d'un livre qu'il juge trop favorable, entre autres, aux jeunes chefs militaires de la Révolution. « Charles est très intelligent, confiera-t-il un jour, mais il n'a aucun bon sens. »

Retiré avec sa femme à Sainte-Adresse, près du Havre, le vieil homme s'éteint en 1932, l'année où paraît *Le Fil de l'épée*.

Jean-Luc Barré

• *Voir aussi* : Ascendance familiale ; Famille ; Formation scolaire et intellectuelle ; Histoire

Bibl. : Philippe de Gaulle, *Mémoires accessoires. 1*, 1921-1946, Paris, Plon, 1997 • Jean Lacouture, *De Gaulle*, t. 1, *Le Rebelle*, Paris, Le Seuil, 1984 • Éric Roussel, *Charles de Gaulle*, Paris, Gallimard, 2002.

GAULLE, Jeanne de, née Maillot (1860-1940). – « Ce qui m'a souvent réconforté depuis le 18 juin 1940, confie le Général peu avant sa mort à sa sœur Marie-Agnès Cailliau, c'est la conviction que maman aurait été toujours, et en tout, avec moi. » Jeanne de Gaulle est encore vivante lorsqu'il décide de gagner l'Angleterre le 17 juin. Dans l'avion qui survole la Bretagne et passe au-dessus de Paimpont, où sa mère malade a trouvé refuge, le futur exilé pense à celle qu'il n'a pas eu le temps d'embrasser avant de partir. Le lendemain soir, la vieille dame est prévenue par le curé de Paimpont de l'appel que son fils vient de lancer depuis Londres : « Je reconnais bien Charles, lui dit-elle. Il a fait ce qu'il devait faire. » Trois jours avant sa disparition, Jeanne de Gaulle, qui a appris quelques jours plus tard par la radio de Vichy les mesures disciplinaires prises à l'encontre de son fils, écoute, bouleversée, son discours du 13 juillet sur les ondes de la BBC. « Des larmes coulèrent sur ses joues, raconte sa petite-fille, Geneviève de Gaulle, présente à ses côtés. Elle pleurait de fierté. »

Dans les quelques lignes qu'il lui consacre au début de ses *Mémoires de guerre*, le Général indique simplement que sa mère « portait à la patrie une passion intransigeante à l'égal de sa piété religieuse » et évoque « son désespoir de petite fille » à l'annonce de la capitulation de Bazaine, en 1870. Monarchiste irréductible, au point de se déclarer peinée à l'idée que ses fils soient devenus républicains et de traiter Léon Blum de « suppôt de Satan », la fille de Jules Maillot et de Julie Delannoy n'est pas moins intransigeante sur le chapitre des mœurs et de la morale, ayant hérité de sa propre mère une pudibonderie et un rigorisme poussés à l'extrême. On raconte qu'en face du mot « sexe », sur la carte d'alimentation qu'on lui remit en 1918, l'épouse d'Henri de Gaulle s'empressa d'inscrire une croix, comme par exorcisme. Mais sous ses apparences rigides se cache une femme d'un tempérament tout aussi rebelle, à sa manière, que celui de son fils Charles, « probablement son fils préféré, estime Philippe de Gaulle, bien qu'elle n'ait jamais osé l'avouer ».

De cette proximité témoignent les nombreuses lettres adressées par Charles à sa mère. Durant ses années de jeunesse, il lui écrit souvent et à tout propos. Il lui relate en détail sa vie de combattant durant la Grande Guerre, manifestement plus libre et complice avec elle qu'il ne le fut jamais avec son père. Il n'a pas de meilleure confidente à cette époque que cette mère à qui il exprime, en 1918, son « regret indescriptible » de ne pas avoir pris une « meilleure part » au conflit qui s'achève, et sa conviction d'être appelé à connaître un jour « quelques heures décisives et triomphantes ». Par la suite, il lui fait régulièrement part de ses analyses. Ainsi, par exemple, le 20 décembre 1936 : « Nous allons rapidement à la guerre contre l'Allemagne et, pour peu que les choses tournent mal pour nous, l'Italie ne manquera pas d'en profiter et de nous donner le coup de pied de l'âne. Il s'agit de survivre, tout le reste est littérature. » Jean-Luc Barré

• *Voir aussi :* Ascendance familiale ; Catholique (foi) ; Famille ; Formation scolaire et intellectuelle ; Lille

Bibl. : Philippe de Gaulle, *Mémoires accessoires. 1, 1921-1946*, Paris, Plon, 1997 • Jean Mauriac, « Entretien avec Marie-Agnès Cailliau », *L'Espoir*, nº 39, juin 1982.

GAULLE, Philippe de (né en 1921). – À la fin de l'été 1939, en vacances à Colombey, Philippe de Gaulle découvre que son père, le destinant à une carrière de diplomate, l'a inscrit à son insu à la faculté de droit de Paris et à l'École libre des sciences politiques. Stupeur et colère du jeune homme qui s'est toujours senti une vocation de marin. Il s'oppose pour la première fois à une décision du chef de famille et obtient gain de cause. Admis à l'École navale dès la rentrée suivante, il s'engage sous le pavillon de la France libre en juillet 1940. Quelques mois plus tard, le Général rencontre brièvement son fils à Portsmouth lors d'une inspection. « J'ai vu notre Philippe, écrit-il à sa femme. Il était très bien... C'est tout de même un choix hasardeux d'entrer en ce moment dans la Marine française ! Mais quoi ? Que ferait-il de mieux ? » Promu aspirant de marine en février 1942 puis enseigne de vaisseau l'année suivante, Philippe de Gaulle prendra part aux opérations dans la Manche et l'Atlantique, avant de débarquer sur la côte normande le 2 août 1944 avec le régiment de fusiliers marins incorporé à la 2ᵉ DB, et de contribuer à la libération de Paris, puis de l'Alsace. À la fin de la guerre, le Général l'assure de sa « grande fierté paternelle ».

Tout en reconnaissant qu'il pouvait être « pesant certains jours » de vivre aux côtés d'un personnage aussi « insolite », souvent péremptoire, impatient et peu démonstratif, Philippe de Gaulle le décrit aujourd'hui comme un père plus attentif et tolérant qu'il n'y paraissait. Éducateur strict, ce dernier s'est beaucoup occupé, jusqu'à l'adolescence, des études de son fils, qu'il a tenu à prénommer Philippe comme quelques-uns de ses ancêtres, en lui donnant pour parrain non le maréchal Pétain comme on l'a souvent dit à tort, mais son frère Xavier. Il surveille ses devoirs, lui fait réciter les poèmes qu'il connaît lui-même par cœur, moins exigeant en définitive sur ses notes que sur le classement qu'elles lui valent : « Il m'est bien égal que tu aies un demi-point si les autres ont zéro, lui répète-t-il. Ce qu'il faut, c'est être avant les autres. » Pédagogue dans l'âme, il se comporte avant tout en éveilleur, en incitateur, l'initiant personnellement à l'histoire et à la littérature. « Avec mon père, on se comprenait à demi-mot, précise Philippe de Gaulle. Cette entente tacite s'installa progressivement entre nous. Des lettres plus explicites sont venues par la suite la compléter. » Des lettres où le Général l'appelle « cher vieux garçon », et où il se soucie de sa carrière, marquant à l'occasion son inquiétude de le voir s'exposer dans des opérations périlleuses.

Le risque a pu se présenter pour le président de la République de se trouver entravé dans sa liberté d'esprit et d'action par une prise d'otage sur la personne de son fils. C'est ainsi qu'en avril 1961, considérant « dans les circonstances actuelles [qu'il] y aurait un inconvénient grave [à ce que son fils] tombe à la discrétion des mutins » [*LNC*], il ordonne qu'en aucun cas le capitaine de corvette Philippe de Gaulle ne débarque de l'escorteur qu'il commande à Mers el-Kébir.

Tenu par le devoir de réserve, l'amiral de Gaulle ne s'est jamais associé directement à l'action politique de son père, se bornant à lui donner son opinion quand ce dernier le consultait. Mais sa position lui a permis d'être, à de multiples reprises, le témoin privilégié de moments aussi décisifs que cette soirée du 5 juin 1944, à Londres, où le Général lui annonce peu avant minuit que le Débarquement vient de commencer. Et par là de se trouver très bien placé pour déceler la pensée intime d'un homme qui se livre peu, fût-ce à son entourage le plus proche.

Jean-Luc BARRÉ

• *Voir aussi* : Ascendance familiale ; De Gaulle, mon père ; Famille ; Lettres, notes et carnets ; Sources

Bibl. : Philippe de Gaulle, *Mémoires accessoires. 1, 1921-1946*, Paris, Plon, 1997 • Id., *De Gaulle, mon père : entretiens avec Michel Tauriac*, Paris, Plon, 2003.

GAULLE, Pierre de (1897-1959). – Des trois frères de Charles de Gaulle, Pierre fut le seul à faire une carrière politique, sous le regard affectueux, mêlé de condescendance, de son aîné. En 1917, impatient de rejoindre ses frères au front, Pierre de Gaulle, le cadet, est incorporé au 82e régiment d'artillerie. Il en sort lieutenant, décoré de la croix de guerre, ce qui lui vaut ces félicitations : « Cette citation "jeune officier très brave" satisfait mon orgueil fraternel. » Vingt-neuf ans plus tard, Pierre de Gaulle, tout nouveau président du conseil municipal de Paris, s'apprête à embarquer pour une visite officielle à New York lorsqu'il reçoit ces conseils du Général : « Tu n'y couperas évidemment pas d'une conférence de presse. Prépare-la. Fais-la de bonne humeur. Fais-la courte (une heure et demie au grand maximum). »

Entre-temps, le cadet, qui ressemble au Général en plus mince et plus élégant, est entré à la Banque de l'union parisienne (BUP) après des études de droit et de sciences politiques. Il a épousé Madeleine Delepouve, rencontrée au mariage de Xavier de Gaulle alors qu'elle n'avait que onze ans. Cinq enfants sont nés. Engagé en 1939, Pierre de Gaulle gagne la zone libre dès sa démobilisation et s'installe à Lyon. Là, comme secrétaire général de la BUP, il a de fréquents contacts avec le ministère des Finances. Le gouvernement de Vichy, qui a condamné le Général, n'en considère pas moins son frère comme un interlocuteur précieux. Charles de Gaulle avait-il cela en tête lorsque, Pierre se proposant de le rejoindre à Londres, il l'en a dissuadé ? Selon sa fille aînée, Chantal Gutmann, Pierre de Gaulle en aurait été « très blessé ». Mais c'est un homme de devoir. Bien que menacé, il se rend à Paris en mars 1943 pour voir sa femme et ses enfants. Il est arrêté par la Gestapo, jeté en prison puis expédié au château d'Eisenberg, dans les Sudètes. Pendant ce temps, sa femme passe la frontière espagnole à pied avec les cinq enfants dont l'aînée, Chantal, a onze ans.

Pierre de Gaulle est l'un des organisateurs du RPF. Entré en 1947 au conseil municipal de Paris, il en est élu président en 1948. La même année, il devient sénateur avant d'être député de l'Union républicaine d'Action sociale. En 1955, il quitte la politique pour être nommé commissaire général de l'Exposition universelle et directeur du groupe d'édition Del-Duca. Une vie brillante, de nombreux voyages à l'étranger ne l'empêchent pas de rester un frère fidèle et dévoué. Le 21 décembre 1959, il rend visite à l'Élysée à son aîné, qui lui a remis trois jours plus tôt les insignes de grand officier de la Légion d'honneur, lorsqu'il est pris d'un malaise. Le Général tente en vain de le ranimer. Transporté d'urgence à l'Hôpital américain, Pierre de Gaulle y mourra cinq jours plus tard d'une rupture d'anévrisme. Allant présenter ses condoléances au président de la République, Valéry Giscard d'Estaing recueillera cette confidence : « Il a fait une carrière très brillante. Mais chaque fois qu'il réussissait quelque chose, les gens disaient : c'est parce qu'il est le frère du Général. Si bien que ma tristesse se double de la crainte de lui avoir fait du tort. » Christine CLERC

• *Voir aussi :* Ascendance familiale ; Famille ; Frères et sœur

Bibl. : Jean Lacouture, *De Gaulle*, Paris, Le Seuil, 3 vol., 1984-1986.

GAULLE, Yvonne de, née Vendroux (1900-1979). – Yvonne de Gaulle a consacré sa vie à ses fonctions de mère et d'épouse. Par son mariage avec Charles de Gaulle, à l'âge de vingt et un ans, Yvonne Vendroux a laissé derrière elle sa jeunesse bourgeoise de province. Elle a abandonné la biscuiterie des parents à Calais, le château de la grand-mère dans les Ardennes, la haute figure de sa mère, à qui son courage a valu la croix de guerre en 1918. Elle aura bientôt trois enfants : Philippe, en 1921, Élisabeth, en 1924, et Anne, en 1928. La naissance d'Anne, trisomique, est une épreuve qui resserre les liens de la famille. Yvonne se consacre à l'enfant, et, chaque soir, Charles s'efforce de réserver un moment à la petite fille. En 1934, en partie pour Anne, les de Gaulle achètent en viager une maison de maître à la sortie d'un village de Haute-Marne, Colombey-les-Deux-Églises. Tandis que les deux aînés sont en pension, Yvonne s'y installe avec Anne et la gouvernante de celle-ci, Mlle Marguerite Potel.

En juin 1940, sur les consignes de Charles devenu sous-secrétaire d'État à la Défense nationale et à la Guerre, les trois femmes gagnent la Bretagne. Le 15 juin, Charles leur demande de fuir vers le sud, le Portugal ou l'Angleterre. Le 18 juin, sans savoir où se trouve son mari, Yvonne parvient à prendre place dans un bateau qui part de Brest pour l'Angleterre, avec ses trois enfants et la gouvernante. En débarquant à Falmouth le 19, Philippe découvre dans la presse l'appel d'« un certain général de Gaulle qui se trouve à Londres ». Yvonne s'efforce toujours d'être aux côtés de son mari. Mais Anne ne supporte pas le *Blitz*. À l'automne, la mère et l'enfant, accompagnées de la gouvernante, s'isolent dans la campagne anglaise, à Ellesmere, à quelque 250 km au nord-ouest de Londres. À l'automne 1941, elles se rapprochent de Charles en s'installant dans le Hertfordshire. À la fin de 1942, elles s'établissent à Londres, à Hampstead, dans le nord-ouest de la capitale. Enfin, en juillet 1943, les trois femmes gagnent Alger où elles rejoignent Charles dans la villa des Oliviers.

Lorsqu'en janvier 1946 le Général se retire, Yvonne est soulagée. Le couple et l'enfant infirme s'installent à La Boisserie qui a été restaurée après avoir été en partie brûlée par les Allemands. La retraite de De Gaulle n'est pas suffisante pour faire face aux dépenses de la maison et à l'entretien d'Anne. Yvonne vend les petites cuillères en argent. De Gaulle écrit. La publication des trois volumes des *Mémoires de guerre* et leur succès immédiat permettent d'alimenter la Fondation Anne-de-Gaulle créée après la mort de celle-ci en 1948. « On ne fait pas d'argent avec l'histoire de la France », dit Charles.

Le retour au pouvoir, en 1958, n'est pas du goût d'Yvonne. Ils s'installent à l'Élysée. Comme à leur habitude, ils séparent les fastes de l'État de leur quotidien, paient les notes de téléphone de leur appartement et n'ont pas recours aux cuisiniers de l'Élysée pour les repas en famille. « Tante Yvonne » assiste à tous les déjeuners, quel que soit l'interlocuteur, ne se mêlant pas à la conversation lorsqu'elle est politique. C'est ensuite qu'elle y revient avec Charles. Il tient parfois compte de ses avis. Après la mort de son époux, elle s'établit chez les sœurs de l'Immaculée-Conception, à Paris, où elle devient une pensionnaire comme les autres.

Geneviève MOLL

• *Voir aussi :* Argent ; Famille ; Femmes ; La Boisserie ; Vie quotidienne à Londres ; Vie quotidienne à l'Élysée

Bibl. : Philippe de Gaulle, *De Gaulle, mon père : entretiens avec Michel Tauriac*, Paris, Plon, 2003 • Geneviève Moll, *Yvonne de Gaulle*, Paris, Ramsay, 1999.

GAULLISME (après de Gaulle). – Qu'est-ce que le gaullisme ? Peut-on parler de gaullisme après la démission du général de Gaulle en avril 1969 ? Si l'on considère que le gaullisme réside dans la juxtaposition des politiques conduites par le général de Gaulle entre 1940 et 1969, la réponse ne peut être que négative. Il en va différemment si l'on admet que le gaullisme, loin d'être un phénomène accidentel lié à une personnalité hors du commun, se rattache à une culture politique inscrite dans la durée des traditions politiques françaises. Dès lors, on distingue sans peine la filiation qui s'établit entre la démocratie plébiscitaire née de l'héritage du bonapartisme, la greffe opérée entre cette dernière et le nationalisme dans le dernier quart du XIXe siècle qui donne naissance aux ligues de la fin du XIXe et de la première moitié du XXe, et le gaullisme lui-même qui réalise le syncrétisme de ce courant de démocratie directe et d'appel au peuple avec les principes républicains. En d'autres termes, le gaullisme apparaît comme une des variantes du nationalisme français, non certes le nationalisme d'exclusion et de repli xénophobe, antisémite, organiciste d'un Maurras ou d'un Barrès, mais un nationalisme de rassemblement autour de cette « certaine idée de la France » dont l'attribut essentiel est la grandeur et qui constitue la clé même de la vision de l'histoire de Charles de Gaulle. Ramené à ses axes essentiels, le gaullisme est fondé sur un objectif unique et fondamental, l'exaltation de la nation France dont il appartient aux gouvernants d'assurer la grandeur, et, pour y parvenir, sur un moyen privilégié, la création d'un État fort gouvernant un peuple rassemblé conduit par un chef de l'État puisant sa légitimité dans le suffrage universel et le respect des libertés fondamentales. En dehors de ces données permanentes, tout le reste est contingent, aléatoire, adaptation aux circonstances et, comme tel, peut être modifié, soumis à révision ou remis en perspective en fonction des objectifs. C'est vrai de la politique coloniale, radicalement modifiée dès lors que l'Empire apparaît comme une charge ou un handicap plutôt qu'un atout. Ce l'est également de la politique européenne, rejetée sous sa forme supranationale, mais défendue dans une vision de l'Europe politique conçue comme un rassemblement d'États souverains permettant à la France qui l'inspirerait de multiplier ses moyens à l'échelle de la planète. Le même relativisme marque la politique économique tour à tour dirigiste, puis libéralisée, l'essentiel étant qu'elle fournisse à l'État la solide assise nécessaire au rôle mondial qu'il aspire à jouer, ou encore la politique sociale où les velléités de troisième voie fondée sur la participation ne seront jamais constituées en priorité gouvernementale.

Georges Pompidou et la pérennisation du gaullisme. Du gaullisme ainsi conçu, la postérité est évidente après la mort du général de Gaulle. Elle est d'emblée affirmée par Georges Pompidou qui, axant sa campagne électorale de 1969 sur « le changement dans la continuité », place sous la rubrique de la « continuité » la poursuite des vues fondamentales du Général. Avec plus ou moins de bonheur, il s'efforce d'affirmer la grandeur de la France partout dans le monde, défendant bec et ongles l'indépendance nationale, rejetant la politique des blocs et refusant l'inféodation de la France aux États-Unis. Dans la ligne gaullienne, il estime que la condition *sine qua non* de la réussite de cet objectif réside dans le maintien d'un État fort dont le pouvoir du président constituera la clé de voûte. Même s'il est conscient de ne disposer ni de la légitimité historique ni du pouvoir charismatique de De Gaulle, il revendique avec force la primauté présidentielle dont il donne une définition dans sa conférence de presse du 10 juillet 1969 : « À la fois chef suprême de l'exécutif, gardien et garant de la Constitution, chargé de donner les impulsions fondamentales, de définir les directions essentielles, d'assurer et de contrôler le bon fonctionnement des pouvoirs publics, il est à la fois arbitre et responsable national. » En fait, si le concept d'arbitrage figure bien dans la Constitution, il est aussi une concession à l'opinion, et c'est bien en responsable national que se voit Georges Pompidou, et ce d'autant plus que, comme il l'a exprimé dans *Le Nœud gordien*, ne jouissant pas du coefficient personnel qui était celui de Charles de Gaulle, il lui faudra affirmer sa prééminence en intervenant de façon constante, quasi quotidienne, dans les affaires de l'État. Georges Pompidou reconstitue donc à son profit le triangle magique de l'exercice du pouvoir gaullien : un président tout-puissant qui accentue encore par rapport à la période gaullienne la présidentialisation du régime, un Premier ministre chargé de la mise en œuvre de ses décisions et une Assemblée nationale tenue en main par le parti présidentiel. Sur ce dernier point, Georges Pompidou innove même par rapport à de Gaulle pour renforcer le gaullisme, en prenant personnellement en main l'UDR. Quant au changement, il ne porte que sur des aspects formels, tel le style présidentiel. Georges Pompidou préfère l'action diplomatique aux coups de théâtre et à la dramatisation chers à de Gaulle. En apparence au moins, il montre une plus grande considération pour le Parlement (tout au moins au début de sa présidence) et pour le ralliement à la majorité présidentielle d'une partie des centristes d'opposition. Cet accent mis sur l'essentiel de l'héritage du gaullisme est d'une importance capitale. Là où les hommes politiques et nombre d'observateurs considéraient que le départ du pouvoir du général de Gaulle entraînerait la disparition du gaullisme, le maintien et même l'accentuation par Georges Pompidou de ses traits majeurs au niveau de l'appareil d'État et de la politique suivie vont avoir pour effet d'en assurer la pérennité historique.

La mort de Pompidou en avril 1974 a pour effet d'écarter pour longtemps les héritiers du gaullisme de la direction de la Ve République. Élu en 1974, Valéry Giscard d'Estaing se réclame du libéralisme et non du gaullisme. De 1981 à 1995, la France est dirigée par François Mitterrand, élu à l'Élysée alors qu'il était depuis 1971 premier secrétaire du parti socialiste et qu'il s'était montré depuis 1958 un adversaire intraitable des pratiques gaullistes. Or, l'un et l'autre reprennent, sans doute avec moins de raideur que le Général, les traits majeurs de sa politique extérieure, qui ne se réclame plus de la « grandeur », une notion de plus en plus malaisée à affirmer dans le monde du dernier quart du XXe siècle, mais consiste à faire entendre haut et fort la voix de la France à l'échelle internationale. L'un et l'autre se coulent sans difficulté apparente dans l'habit institutionnel taillé aux mesures du Général entre 1958 et 1962, veillant à ne pas abandonner la moindre parcelle des prérogatives présidentielles, voire à accentuer celles-ci, dans la ligne des conceptions de Georges Pompidou. En d'autres termes, c'est clairement le président qui gouverne la France, et son intervention dans les affaires publiques s'impose de plus en plus nettement. Progressivement, le gaullisme, sous la double forme de l'affirmation de l'indépendance et du rôle mondial de la France, d'une part, de l'autorité présidentielle sur l'État qui prend la forme d'une monarchie républicaine temporaire, d'autre part, est devenu au fil des années l'héritage indivis des forces politiques de gouvernement.

Le gaullisme, une culture politique. Organisé autour d'une vision planétaire et d'un ensemble institutionnel légués par le fondateur de la Ve République, le gaullisme est aussi une culture politique qui se fixe pour objectif de défendre les conceptions fondamentales de ce dernier. En outre, il forme le noyau dur d'un parti politique dont l'objectif est de conduire son chef au pouvoir et de lui donner les moyens de gouverner lorsqu'il y parvient, en conquérant la majorité lors des élections législatives et en détournant ainsi à son profit le pouvoir de contrôle du Parlement. À l'époque du Général, si le gaullisme est ancré autour de l'attachement à la personne et aux vues de celui-ci, il s'incarne aussi dans le parti créé pour canaliser les suffrages des électeurs et dont l'unique objet est de servir le pouvoir gaullien. Se voulant l'homme du rassemblement de tous les Français, le général de Gaulle feint cependant d'ignorer cette organisation qui se réclame de lui, que son entourage a organisée et dont les membres s'estiment liés par une allégeance personnelle au premier président de la Ve République.

Prenant conscience très rapidement de la nécessité, pour assurer la pérennité du pouvoir, de prendre en main ce gaullisme partisan, Georges Pompidou entreprend de réorganiser et de contrôler plus étroitement le parti qui l'incarne. Aux assises de Lille de 1967, il réorganise l'UNR auquel il donne le nom nouveau d'Union des démocrates pour la Vᵉ République (UD Vᵉ), procède à une relève des cadres, les gaullistes historiques issus de la France libre ou de la Résistance cédant la place à des hommes venus au gaullisme à l'époque du RPF, et place à son secrétariat général un homme de trente-neuf ans, Robert Poujade. L'objectif est alors clairement de rattacher le parti gaulliste au Premier ministre. Les effets de cette stratégie se feront sentir en 1969 lorsque la formation (qui entre-temps a pris avec le sigle UDR les noms successifs d'Union pour la défense de la République, puis d'Union des démocrates pour la République) fera de Pompidou son candidat à la succession du Général. Sous le quinquennat pompidolien, le parti gaulliste dont le secrétaire général est en relation permanente avec le chef de l'État et qui détient la majorité parlementaire devient presque un rouage de l'État, ce que l'opposition dénonce en fustigeant l'« État-UDR ».

La mort de Georges Pompidou en 1974, l'échec de Jacques Chaban-Delmas à l'élection présidentielle qui suit en raison de la dissidence conduite par Jacques Chirac en faveur de Valéry Giscard d'Estaing laissent le gaullisme en déshérence, bien qu'il soit le parti le plus important de la majorité parlementaire. Aussi le nouveau président de la République, Valéry Giscard d'Estaing, confie-t-il à Jacques Chirac, nommé Premier ministre, le soin de lui rallier l'UDR, l'objectif final étant de constituer autour de lui un grand parti présidentiel. Si le Premier ministre s'acquitte de sa tâche en s'emparant à la hussarde de l'UDR en décembre 1974 malgré l'opposition des « barons » du gaullisme qui l'accusent de trahison, ce n'est nullement pour en faire don au président, mais pour s'en servir comme d'un moyen de pression en faisant jouer la menace implicite de priver ce dernier d'une majorité parlementaire.

L'instrumentalisation du gaullisme par Jacques Chirac. Après sa démission spectaculaire d'août 1976, Jacques Chirac va réorganiser le gaullisme partisan pour en faire l'instrument de ses ambitions présidentielles. Le 5 décembre 1976, naît à la porte de Versailles le Rassemblement pour la République (RPR). En apparence, le néogaullisme chiraquien a tous les traits qui ont caractérisé les partis gaullistes de l'époque du Général. Jacques Chirac dispose d'une autorité absolue sur le mouvement qu'il préside. Il nomme le secrétaire général et la moitié des membres du conseil politique. Il désigne la plupart des candidats au comité central et, indirectement, par l'intermédiaire du secrétaire général, les secrétaires fédéraux. Il s'assure la fidélité personnelle des nouveaux cadres du mouvement en exigeant que les nouveaux adhérents, liés à sa personne, détiennent au moins la moitié des postes de responsabilité au niveau local. Toutefois, si le RPR apparaît bien comme un parti de type gaulliste où la culture du débat est à peu près absente et où l'autorité procède du haut vers le bas, son objectif semble limité à servir l'accession au pouvoir de son chef, sans que le projet politique de ce nouvel avatar de parti gaulliste apparaisse clairement. De fait, Jacques Chirac va multiplier volte-face et attitudes contradictoires dans tous les domaines, s'affirmant tour à tour partisan d'une politique sociale et défenseur du libéralisme économique, avocat du secteur public et champion des privatisations, hostile à l'élection du parlement européen au suffrage universel en 1979 et décidé ensuite à poursuivre la construction européenne par l'élargissement et l'approfondissement de celle-ci, sans en remettre en cause les principes d'organisation.

Mais surtout, la volonté de son président de parvenir au pouvoir va conduire le RPR à remettre en cause les données fondamentales du gaullisme. À partir du moment où il cesse de combattre le projet européen comme il l'avait fait en décembre 1978 en accusant le président Giscard d'Estaing de mettre en œuvre la supranationalité et de consentir à l'asservissement économique et à l'effacement international de la France, et où il s'affirme partisan de l'Union européenne, Chirac abandonne le nationalisme souverainiste qui avait constitué un thème majeur du discours gaulliste. Sans doute s'est-il rendu compte qu'il est impossible à qui souhaite jouer un rôle éminent à la tête du pays de remettre en cause une construction européenne qui a atteint un point de non-retour. En 1992, il préconise le « oui » au référendum sur le traité de Maastricht créant l'Union européenne et la monnaie unique. L'exaltation de la nation France n'est plus à l'ordre du jour pour les héritiers du gaullisme, même si la défense des intérêts nationaux demeure une nécessité.

Plus surprenante est la remise en cause par les néogaullistes de la primauté présidentielle. Après sa démission d'août 1976, Jacques Chirac va s'appliquer à affaiblir systématiquement le pouvoir présidentiel de Valéry Giscard d'Estaing, se servant de son rôle de chef du plus important parti de la majorité pour tenter de paralyser le chef de l'État. La guérilla qu'il mène contre lui joue un rôle important dans l'échec du président sortant en mai 1981 et dans l'élection du socialiste François Mitterrand. Vainqueur des élections législatives de 1986, il rejette la proposition de Raymond Barre de contraindre à la démission le président Mitterrand afin de provoquer un nouveau scrutin qui préserverait la prééminence du chef de l'État, et accepte la « cohabitation » avec celui-ci, s'efforçant sans succès, à partir de ses fonctions de Premier ministre disposant de la majorité parlementaire, de vider de tout contenu le pouvoir du président. Élu président de la République en 1995, il doit, à son tour, subir une « cohabitation » qui le prive d'une grande partie de ses prérogatives, avec le Premier ministre socialiste Lionel Jospin.

De ce qui avait fait la substance même du gaullisme à l'époque du Général subsiste donc un système institutionnel aux principes écornés par ceux-là mêmes qui se réclamaient de l'héritage de Charles de Gaulle et une vision de la nation ramenée à ses possibilités d'action réelle de moyenne puissance engagée dans l'entreprise européenne. Quant à la culture politique gaulliste, elle ne constitue plus qu'une tendance parmi de nombreuses autres de la formation constituée par Jacques Chirac en 2002, afin de rassembler autour de lui toute la droite, l'Union pour la majorité présidentielle (UMP), devenue peu après l'Union pour un mouvement populaire. Même si les élections de 2002 permettent, grâce à l'institution du quinquennat qui fait coïncider la durée du mandat présidentiel et du mandat législatif, de reconstituer en apparence le triangle magique du gaullisme puisque la réélection de Jacques Chirac à l'Élysée s'accompagne de la conquête par l'UMP de la majorité législative et de la nomination de Premiers ministres émanant du seul président, le gaullisme en tant que tel n'occupe plus guère de place dans le débat politique, victime moins de la volonté des hommes que de l'évolution de la conjoncture et des enjeux politiques. Serge Berstein

• *Voir aussi* : Antigaullistes ralliés ; Chirac, Jacques ; Commémorations ; Grandeur et rang ; Héritage politique ; Nationalisme ; Pompidou, Georges

Bibl. : Serge Berstein (dir.), *Histoire du gaullisme*, Paris, Perrin, 2002 • Id., *Les Cultures politiques en France*, Paris, Le Seuil, 2003 • Andrew Knapp, *Le Gaullisme après de Gaulle*, Paris, Le Seuil, 1996.

GAULLISTES. – Fidèles à un moment ou à un autre du général de Gaulle, les gaullistes constituent des vagues successives dont les raisons d'adhésion, ou de défection, varient considérablement en fonction de la nature même de l'action du Général. Toutefois, à chaque étape de l'histoire du gaullisme, la mouvance gaulliste connaît un phénomène cumulatif qui voit des groupes d'hommes et de femmes venus au gaullisme dans une période antérieure demeurer fidèles à la formation qui incarne la culture politique gaulliste, ainsi qu'à l'homme qui la conduit.

Trois générations de gaullistes au temps du Général. La complexe histoire du gaullisme à l'époque du Général comporte au moins trois générations successives de gaullistes. En premier lieu, la génération des gaullistes historiques, ceux de la Résistance ou de la France libre dont l'attachement à de Gaulle date de la période des années noires et du combat pour l'indépendance nationale, la libération du territoire et le retour à la légalité républicaine, celle des Michel Debré, Jacques Chaban-Delmas, Pierre Messmer,

Jacques Baumel ou Léo Hamon. Avec la IVe République et la création du RPF (Rassemblement du peuple français) naît un gaullisme d'opposition qui voit l'adhésion d'hommes comme Georges Pompidou, Olivier Guichard, Jacques Soustelle ou André Malraux. En revanche, si une partie des gaullistes historiques adhère au RPF, ce n'est pas le cas d'autres résistants qui rejettent l'entrée en politique du chef de la France libre et voient dans son mouvement une résurrection des ligues hostiles à la République parlementaire. Si le gaullisme de la Résistance et de la France libre inclut des « compagnons » de toutes opinions politiques, le centre de gravité du gaullisme du RPF se situe, en dépit des intentions du Général, clairement à droite de l'échiquier politique. Une troisième génération se dessine après 1958, constituée en particulier de hauts fonctionnaires que Georges Pompidou, Premier ministre, lance dans l'action politique pour pérenniser le régime et lui fournir un vivier de compétences. Des hommes comme Jacques Chirac ou Alain Peyrefitte représentent assez bien cette troisième génération. Mais le gaullisme au pouvoir sous Charles de Gaulle demeure pluriel, avec une forte composante d'hommes de droite au sein de l'UNR (Union pour la nouvelle République), une aile minoritaire et active de gaullistes de gauche comme Louis Vallon, Léo Hamon ou Gilbert Grandval rassemblés dans l'UDT (Union démocratique du travail), un centre gauche radicalisant formé d'hommes comme Edgar Faure, Louis Joxe ou Edgard Pisani, des personnalités ralliées au Général et venues de tous les horizons politiques comme Pierre Le Brun, secrétaire de la CGT, Emmanuel d'Astier de La Vigerie, issu du progressisme philocommuniste, Pierre Sudreau, venu du centrisme, l'ex-socialiste André Philip, le gaulliste de gauche Jean-Marie Domenach, le mendésiste Philippe Dechartre et une active cohorte de hauts fonctionnaires entourant le chef de l'État et ses Premiers ministres, peuplant les cabinets ministériels et la haute administration, ou dirigeant les entreprises publiques.

Les pompidoliens. La démission du général de Gaulle et l'élection à la tête de l'État de Georges Pompidou conduisent à une redistribution limitée des cartes. Liés par une fidélité personnelle à de Gaulle, un certain nombre de gaullistes prennent plus ou moins rapidement leurs distances avec son successeur que certains accusent à demi-mot d'avoir précipité sa chute en faisant connaître qu'il serait candidat à sa succession. Tel est le cas de Maurice Couve de Murville, André Malraux, Jean-Marcel Jeanneney ou de gaullistes de gauche comme René Capitant, Gilbert Grandval ou Louis Vallon, lequel prendra violemment à partie le nouveau chef de l'État dans un pamphlet qui lui vaudra d'être exclu de l'UD V[e] (Union des démocrates pour la Ve République), *L'Anti-de Gaulle*. Ces derniers reconstituent en 1969 une Union démocratique du travail qui prendra en 1971 le nom d'Union travailliste. Sans aller jusqu'à la rupture, certains fidèles du Général placent son successeur sous surveillance. Ils forment un véritable comité de vigilance, l'association Présence du gaullisme qu'animent Pierre Messmer, Michel Debré et Louis Joxe, cependant que trois députés, Jacques Vendroux, Hubert Germain et Michel de Grailly, fondent l'amicale parlementaire Présence et Action du gaullisme, les deux groupes fusionnant peu après.

Si Georges Pompidou éprouve une certaine irritation devant le poids des gaullistes historiques qu'il a écartés de la direction de l'UD V[e], force est pour lui de placer quelques-uns de ceux-ci aux postes clés de son gouvernement. Ses deux Premiers ministres, Jacques Chaban-Delmas et Pierre Messmer, sont des gaullistes historiques, Michel Debré sera ministre de la Défense nationale de 1969 à 1973 et Maurice Schumann, symbole du gaullisme londonien, ministre des Affaires étrangères durant la même période. Au demeurant, une grande partie des gaullistes les plus représentatifs des diverses catégories évoquées demeurera fidèle au nouveau chef de l'État, qu'il s'agisse de la grande majorité des membres de l'ex-UNR ou de l'amicale Présence et Action du gaullisme qui feront front commun contre la politique, trop ouverte et trop libérale à leur gré, du Premier ministre Chaban-Delmas, de gaullistes de gauche comme Léo Hamon, Philippe Dechartre ou Yvon Morandat, ou de personnalités du centre gauche comme Edgar Faure. Il reste que le président de la République leur préfère la nouvelle génération de gaullistes issue de la haute fonction publique, qui a commencé son ascension politique dans les cabinets ministériels avant d'être lancée à l'assaut des bastions électoraux de la gauche dans le centre et le sud-ouest de la France. Sous la houlette des conseillers de Pompidou, Pierre Juillet et Marie-France Garaud, on voit ainsi se constituer une mouvance de gaullistes pompidoliens qui ne se rattachent à la personnalité de Charles de Gaulle que par la médiation de son successeur. Archétype de cette promotion de gaullistes pompidoliens, Jacques Chirac, qui passe du cabinet de Georges Pompidou Premier ministre au poste de secrétaire d'État aux Affaires sociales après son élection en 1967 comme député de la Corrèze, avant de commencer une ascension qui le conduira successivement, sous la présidence de Pompidou, au ministère chargé des Relations avec le Parlement, à celui de l'Agriculture, puis, en 1974, Place Bauvau. De la même vague de gaullistes issus de la haute fonction publique relèvent Édouard Balladur, qui accédera en 1973 au secrétariat général de l'Élysée, ou Philippe Séguin, qui commencera sa carrière politique après son entrée à la Cour des comptes comme chargé de mission au secrétariat général de l'Élysée en 1973-1974, mais prendra assez vite ses distances par rapport à Pompidou.

C'est dire qu'après la disparition de celui-ci en avril 1974 les gaullistes constituent une vaste nébuleuse formée de strates successives entre lesquelles les éléments d'homogénéité sont plutôt rares, les rivalités nombreuses et les désaccords patents, aussi bien en raison des luttes passées que des divergences de vues sur le présent. Les conditions de la succession de Georges Pompidou l'attestent. On assiste à une profonde division entre les gaullistes historiques qui appuient la candidature à l'Élysée d'un des leurs, Chaban-Delmas, et les pompidoliens, conduits par Chirac avec l'aide des conseillers du président défunt, qui, en critiquant Jacques Chaban-Delmas, prennent en fait parti pour son rival, Valéry Giscard d'Estaing. L'élection de ce dernier à l'Élysée et la nomination de Jacques Chirac à Matignon peuvent être interprétées comme la victoire des gaullistes conservateurs sur la tendance sociale et réformiste du gaullisme incarnée par Chaban-Delmas.

Les néo-gaullistes chiraquiens. Mais la défaite de Jacques Chaban-Delmas a privé les gaullistes de celui qui apparaissait comme leur chef naturel. Utilisant les moyens que lui donne son poste de Premier ministre, Jacques Chirac va s'appliquer patiemment à rallier les députés de base, à neutraliser les personnalités gaullistes dominantes avant de s'emparer de l'UDR (Union des démocrates pour la République) par un véritable coup de force en décembre 1974. Deux ans plus tard, il transforme celle-ci en Rassemblement pour la République (RPR), parti destiné à lui servir d'instrument dans la longue marche qu'il entreprend alors pour la conquête du pouvoir. Si, par légitimisme, les strates antérieures du gaullisme demeurent au sein de ce mouvement, Chirac veille à les priver de tout pouvoir réel sur un parti qu'il entend diriger seul. On voit alors se mettre en place une nouvelle génération de néo-gaullistes chiraquiens, liés au président du RPR par une fidélité personnelle, issus de la haute fonction publique ou du monde des affaires comme Jérôme Monod, ex-directeur de cabinet de Jacques Chirac à Matignon, Jacques Toubon, Alain Juppé, auxquels s'ajoute un expert en matière de contrôle d'appareil politique et de service d'ordre en la personne de Charles Pasqua, gaulliste de toujours qui va devenir un conseiller écouté du président du RPR. Mais, au hasard des prises de position contradictoires de Jacques Chirac dans son ascension vers le pouvoir, le néo-gaullisme du RPR est devenu une auberge espagnole où se côtoient toutes les tendances de la droite française, ce que sanctionne la disparition de ce mouvement, fondu dans l'Union pour un mouvement populaire (UMP) en 2002.

Serge Berstein

• *Voir aussi* : Clubs de la mouvance gaulliste ; Héritage politique ; Presse gaulliste ; UD Ve ; UDR ; UDT ; UJP ; UNR

Bibl. : Serge Berstein, *Histoire du gaullisme*, Paris, Perrin, 2002 • Serge Berstein et Jean-Pierre Rioux, *La France de l'expansion*, t. 2, *L'Apogée Pompidou 1969-1974*, Paris, Le Seuil, 1996 • Andrew Knapp, *Le Gaullisme après de Gaulle*, Paris, Le Seuil, 1996.

GIACOBBI, Paul (1896-1951). – Né à Venaco dans une famille de magistrats et de parlementaires corses, Paul Giacobbi étudie le droit à Paris. Avocat à la cour d'appel de Bastia, il est élu maire de sa ville natale en 1922. Membre du parti radical, il est ensuite conseiller général, puis sénateur de la Corse (1938). Au palais du Luxembourg, il siège sur les bancs de la Gauche démocratique.

Le 10 juillet 1940, à Vichy, il fait partie des quatre-vingts parlementaires qui refusent la délégation des pouvoirs constituants au maréchal Pétain. Déchu de son mandat de maire par le régime de Vichy en février 1941, il fonde en Corse un réseau de résistance en liaison avec Fred Scamaroni, envoyé du Bureau central de renseignements et d'action dans l'île, et Arthur Giovoni, le leader du Front national. Arrêté, emprisonné et condamné à mort, Giacobbi s'évade et rejoint le maquis.

En septembre 1943, il participe activement à la libération de l'île, ce qui lui vaudra notamment la médaille de la Résistance avec rosette. Il gagne Alger où il est désigné par de Gaulle pour siéger à l'Assemblée consultative provisoire (ACP) en tant que parlementaire de la IIIe République ayant voté « non » le 10 juillet 1940, et s'affirme rapidement comme une figure importante du parti radical qui se reconstitue alors à Alger et qui, en juin 1944, avant même la Libération, sera le premier parti à tenir un congrès national. À l'ACP, Paul Giacobbi est élu président de la commission de réforme de l'État et de la législation. Dans le débat constitutionnel, qui se déroule à Alger dans un climat de fièvre, il joue un rôle modérateur et se pose en défenseur des institutions de la IIIe République. Ainsi, lors du débat de mars 1944, fidèle aux options du radicalisme sur la question, il tente de s'opposer à l'adoption du vote féminin.

Le 5 septembre 1944, dans le premier gouvernement dirigé par de Gaulle à Paris, Paul Giacobbi hérite du portefeuille du Ravitaillement et de la Production industrielle qu'il quitte en novembre au profit de la France d'outre-mer. À ce poste, il réfléchit aux premières moutures de la future Union française et aux conditions de la départementalisation de la Martinique et de la Guadeloupe. Dans le dernier gouvernement de Gaulle (novembre 1945-janvier 1946), il est ministre de l'Éducation nationale. Porté à la présidence du conseil général de la Corse au printemps 1945, Giacobbi est élu député de l'île en octobre de la même année sous l'étiquette radicale-socialiste. Mais en 1947, il adhère au RPF dont il préside l'intergroupe au Parlement jusqu'en 1949. En 1950-1951, il est ministre d'État chargé de la Fonction publique dans le cabinet Pleven.

Décédé prématurément, Paul Giacobbi est une figure atypique. Il fait partie de ces rares notables locaux issus du radicalisme qui franchirent le Rubicon sous la IVe République pour rejoindre le RPF, certainement plus par fidélité personnelle à l'homme du 18 Juin que par adhésion aux idées du Rassemblement.

Jean-François Muracciole

• *Voir aussi* : Assemblée consultative provisoire ; Corse ; GPRF ; RPF

Bibl. : Serge Berstein, *Histoire du parti radical*, Paris, Presses de Sciences Po, t. 2, 1982 • François Marcot (dir.), *Dictionnaire historique de la Résistance*, Paris, Robert Laffont, coll. « Bouquins », 2006.

GIDE, André (1869-1951). – Gide n'était guère attiré par ceux qu'il nommait « les hommes d'action ». Quant aux hommes politiques, au sens moderne de l'expression, il n'en connut guère, hormis son ami de jeunesse Léon Blum ou des dirigeants étrangers rencontrés dans des circonstances exceptionnelles, comme Staline. Gide, donc, n'avait pas la fibre politique, même s'il mena durant sa vie nombre de combats, contre le colonialisme français en Afrique, en faveur des droits de l'homme et de la liberté d'expression des intellectuels, ou encore en se faisant un temps le chantre du communisme, avant son voyage qui fut une cruelle désillusion et le conduisit à écrire son *Retour de l'URSS*, publié en 1936.

À propos de la Seconde Guerre mondiale, de l'Occupation et de la collaboration, certains critiques lui reprochèrent sa supposée « tiédeur » et une certaine indulgence à l'égard de Pétain. Il n'est que de lire son *Journal* pour rétablir la vérité. Dès le 24 juin 1940, scandalisé par une nouvelle allocution du maréchal Pétain, il note : « Comment n'approuver point Churchill ? Ne pas donner de tout son cœur son adhésion à la déclaration du général de Gaulle ? » Gide résistant, certes non – outre qu'il avait soixante-dix ans à la déclaration de la guerre –, même si l'on sait qu'il aida nombre de personnes en danger et sauva notamment la vie de son ami l'éditeur Jacques Schiffrin ou celles de l'écrivain Jean Malaquais et de sa femme peintre, tous deux juifs, en finançant et organisant leur exil vers le Mexique.

D'avril 1942 à mai 1945, Gide séjourna en Tunisie et en Algérie. C'est à Alger, le 26 juin 1943, qu'il dîne à la table du général de Gaulle. Il apprécie le « charme » de De Gaulle, mais aussi sa réserve, sa distance. Rien à voir avec un Lyautey ! Le dîner, apparemment, se passe bien, même si les notations de Gide sont brèves, et qu'il ne nous apprend rien sur ce qui s'y dit. Le Général fait tout pour le mettre à l'aise. Mais Gide remarque, à la fin : « Et je l'eusse été tout à fait si je ne sentais toujours, auprès d'un homme d'action, combien le monde que j'habite reste éloigné du monde où il opère. » À l'issue du dîner, ils ont une conversation en tête à tête au cours de laquelle Gide plaide en faveur d'André Maurois et salue le courage de son ami Paul Valéry, l'un des trop rares académiciens français à s'être opposé à l'« adresse de félicitations au Maréchal » que voulaient lui décerner les Immortels... À la mort du poète, en 1945, de Gaulle lui organisera des funérailles nationales. Et Gide de conclure : « Il [de Gaulle] est certainement appelé à jouer un grand rôle et semble "à hauteur". [...] Je ne ferai pas de difficulté pour raccrocher à lui mes espoirs. » Ces pages, rappelons-le, datent de l'été 1943. Dire que Gide fut « gaulliste » serait exagéré, mais combien de ses pairs firent-ils preuve, à l'heure du choix, de la même clairvoyance ?

Jean-Claude PERRIER

• *Voir aussi* : Empire ; Intellectuels ; Œuvre écrite

Bibl. : André Gide, *Journal*, t. 2, *1926-1950*, Paris, Gallimard, coll. « La Pléiade », 1997.

GIRAUD, Henri (1879-1949) – Né à Paris, Henri Honoré Giraud se destine très tôt à la carrière militaire. Sorti de Saint-Cyr en 1900, officier de zouaves en 1914, il est blessé et fait prisonnier près de Guise, dans l'Aisne. Emmené en Allemagne, il s'évade et parvient à regagner la France, où il s'illustrera dans les combats de Malmaison en 1917. Ayant servi au Maroc auprès de Lyautey et participé à la guerre du Rif, il devient professeur à l'École de guerre en 1927, et est nommé général en 1930. Gouverneur de Metz en 1936, puis commandant de la 3ᵉ armée, il est le supérieur hiérarchique du colonel de Gaulle, qui commande un régiment de chars en Lorraine. Commandant de la 7ᵉ armée en 1939, il remplace le général Corap à la tête de la 9ᵉ le 15 mai 1940, après la percée allemande sur la Meuse. Fait prisonnier à Wassigny le 18 mai, il est enfermé dans la forteresse de Koenigstein, en Saxe. En avril 1942, cet homme de soixante-trois ans descend en rappel une paroi abrupte et s'évade. Bien que les Allemands aient remué ciel et terre pour le retrouver, il parvient à gagner la France et à passer en zone libre avec l'aide d'un réseau de résistance. Le 4 mai 1942, il adresse une lettre d'allégeance au maréchal Pétain, comportant notamment le passage suivant : « Je vous donne ma parole d'officier que je ne ferai rien qui puisse gêner, en quoi que ce soit, vos rapports avec le gouvernement allemand ou entraver l'œuvre que vous avez chargé l'amiral Darlan et le président Pierre Laval d'accomplir sous votre autorité. »

Ayant éconduit plusieurs émissaires du général de Gaulle, Giraud accepte en revanche la proposition américaine de participer à l'opération « Torch » de débarquement en Afrique du Nord, et croit même comprendre qu'il en sera le commandant en chef. Amené à Gibraltar dans l'après-midi du 7 novembre, Giraud (nom de code : *Kingpin*) est surpris et déçu d'y rencontrer le véritable commandant de l'opération, Dwight D. Eisenhower. Il lui faudra plus de vingt-quatre heures pour s'y résigner... Entre-temps, le débarquement s'est effectué en Algérie et au Maroc, et les Américains négocient avec l'amiral Darlan, seul capable d'ordonner un cessez-le-feu aux défenseurs vichystes. Arrivé dans l'après-midi du 9, Giraud constate que personne à Alger ne reconnaît son autorité. Lorsque, aux termes de l'accord Clark-Darlan du 13 novembre, l'amiral devient « haut-commissaire de France en Afrique du Nord », Giraud accepte donc de lui être subordonné en tant que « commandant en chef des forces françaises en Afrique ». Alors que l'administration de Vichy reste en place au Maroc comme en Algérie, le général Giraud va conduire vers la Tunisie les forces françaises décidées à combattre aux côtés des Alliés. Mais il est brusquement rappelé à Alger le 25 décembre 1942, au lendemain de l'assassinat de Darlan.

Choisi par les Américains pour remplacer l'amiral et intronisé par un « Conseil impérial » formé des dignitaires vichystes Pierre Boisson, Yves Chatel, Charles Noguès et Jean-Marie Bergeret, le général Giraud est paré du titre constitutionnellement aberrant de « commandant en chef civil et militaire ». Animé de quelques convictions réactionnaires, affligé d'une rare incompétence politique et entouré de pétainistes purs et durs, il laisse subsister en Afrique du Nord un « vichysme résiduel » : la législation de Vichy reste en vigueur, les gaullistes sont en prison, les Juifs persécutés, les collaborateurs omniprésents, le Service d'ordre légionnaire tient la population en respect et toutes les communications avec Vichy sont maintenues. Sous l'influence de son entourage, Giraud refuse obstinément toute négociation avec de Gaulle. La rencontre d'Anfa, organisée par Churchill et Roosevelt en janvier 1943, va tourner court du fait que le général Giraud refuse de désavouer Vichy et d'abandonner la moindre parcelle de son pouvoir, tandis que de Gaulle veut rompre avec toute survivance du vichysme et former un comité de guerre, avec Giraud comme commandant des forces armées. Pourtant, les erreurs de Roosevelt, les maladresses de Giraud, l'appui de la Résistance au général de Gaulle et l'arrivée à Alger de Harold Macmillan, Georges Catroux et Jean Monnet vont faire évoluer les choses ; le 30 mai 1943, de Gaulle atterrit à Alger pour constituer avec Giraud une autorité unique de la France en guerre.

Le 3 juin 1944, le Comité français de la Libération nationale (CFLN) voit le jour à Alger sous la coprésidence de Giraud et de Gaulle. Giraud est commandant en chef des forces françaises d'Afrique du Nord et d'Afrique-Occidentale française, de Gaulle de celles des autres territoires de l'Empire. Desservi par son incompétence politique, Giraud se cantonne progressivement dans son rôle de chef militaire ; il y commet en outre quelques impairs, notamment en organisant la libération de la Corse sans en avertir le CFLN. Par décret du 2 octobre 1943, il en perd la coprésidence. À la suite de nombreux désaccords avec le général de Gaulle portant sur la stratégie, le renseignement, l'action en France et les relations avec les États-Unis, il est démis de ses fonctions de commandant en chef par l'ordonnance du 4 avril 1944. Refusant l'inspection générale des Armées que lui offre de Gaulle, il se retire près de Mazagran et ne prend aucune part aux opérations militaires en France à l'été de 1944. Vice-président du Conseil supérieur de la guerre en 1946, il meurt en 1949 et est inhumé aux Invalides. François KERSAUDY

• *Voir aussi* : Alger ; Anfa ; CFLN ; Collaboration ; Débarquement en Afrique du Nord

Bibl. : Georges Catroux, *Dans la bataille de la Méditerranée*, Paris, Julliard, 1949 • Girard de Charbonnières, *Le Duel Giraud-de Gaulle*, Paris, Plon, 1984 • Henri Giraud, *Un seul but, la victoire*, Paris, Julliard, 1949.

GISCARD D'ESTAING, Valéry (né en 1926). – Le premier contact entre Valéry Giscard d'Estaing et Charles de Gaulle a lieu le 26 août 1944. Ce jour-là, l'étudiant de Louis-le-Grand choisit d'assister au défilé des Champs-Élysées malgré la teneur résistancialiste du discours prononcé la veille à l'Hôtel de Ville par l'homme du 18 Juin qui a ancré sa méfiance à l'égard du courant gaulliste. Le 21 mai 1945, après avoir participé aux combats d'Alsace et d'Allemagne dans les rangs de la 1re armée française, il retrouve de Gaulle qui passe son escadron en revue à Constance.

À sa sortie de l'École polytechnique, Valéry Giscard d'Estaing intègre l'ENA et choisit l'inspection des Finances. En 1954-1955, il est membre du cabinet d'Edgar Faure. Petit-fils du sénateur Bardoux, il est élu en 1956 et rejoint le groupe d'Antoine Pinay. Fin novembre 1956, il est reçu avec d'autres parlementaires par le président Coty qui évoque un possible recours à de Gaulle. La petite délégation en informe l'intéressé par le truchement d'Olivier Guichard, mais cette initiative n'a pas de suite. Favorable à l'Algérie française, Valéry Giscard d'Estaing partage alors les positions de Michel Debré qu'il fréquente *via* son oncle.

En mai 1958, il se tient éloigné des réseaux activistes. Le 20 mai, il prend la parole à l'Assemblée à propos de la situation algérienne, sans faire allusion à la conférence de presse donnée la veille par le Général. Il applaudit cependant son ami Jean de Lipkowski lorsque celui-ci réclame le retour de l'homme du 18 Juin. Le 1er juin, il vote l'investiture, non sans hésitation tant cette atmosphère de trouble agitation choque sa culture légaliste.

À l'automne, Giscard d'Estaing participe à la campagne référendaire en faveur du « oui » et est réélu député, sous l'étiquette Indépendant paysan. Il devient secrétaire d'État aux Finances sur proposition de Debré. L'évolution du Général vers l'autodétermination provoquant des tensions au sein de la formation politique du CNI (Centre national des indépendants), le député du Puy-de-Dôme devient avec Pinay le chef de file de ceux qui refusent de condamner le régime gaulliste. Lors du Conseil des ministres du 4 octobre 1961, ne cédant rien de ses convictions, il plaide la cause des pieds-noirs. Lorsque le chef de l'État compose la délégation française chargée de négocier avec le FLN les accords d'Évian, il songe à Giscard d'Estaing pour associer les Indépendants à son action. Ce dernier refuse et est remplacé par Jean de Broglie. Fidèle jusqu'au bout à l'Algérie française, il est accusé injustement d'avoir renseigné l'OAS.

À partir du 18 janvier 1962, Giscard d'Estaing est ministre des Finances. De Gaulle, qui aurait préféré François Bloch-Lainé, s'est laissé convaincre par Debré. Pendant quatre ans, le ministre a chaque semaine un entretien d'une heure avec le président. Interrogé sur l'état du budget, des réserves en or et du blocage des prix, il est également questionné sur l'actualité politique. Le Général nourrit une certaine estime pour ce ministre brillant qui a rallié les républicains indépendants (RI) à la majorité et lui tient parfois tête en Conseil des ministres. Le 6 juin 1963, alors qu'il lui fait visiter l'Élysée, il lui confie : « Peut-être que vous serez l'hôte de cette demeure. » En attendant, Giscard d'Estaing s'engage derrière de Gaulle lors de la présidentielle de 1965.

Sa grande réalisation est le plan de stabilisation de septembre 1963. Cet effort réussi d'équilibre budgétaire le consacre comme grand argentier mais lui vaut l'hostilité de Georges Pompidou qui apprécie peu une telle rigidité financière susceptible selon lui de freiner l'expansion. Fin 1965, le Premier ministre, qui craint ce possible rival dans la perspective de la prochaine présidentielle, lui apprend qu'il perdra les Finances lors d'un prochain remaniement. Alors que le Général lui propose l'Équipement, Giscard d'Estaing refuse. Bien que de Gaulle lui témoigne par écrit de son estime et le reçoive, fin février 1966, pour reconnaître qu'on « s'est mal conduit » envers lui, il entre dans une logique de défi au gaullisme.

Jouant de son image dynamique de jeune libéral, centriste et européen, le chef des RI lance en juin 1966 la Fédération nationale des républicains indépendants et engage le rapport de force avec l'UNR dans la perspective des législatives de 1967. Lors d'une conférence de presse, il préconise le « oui mais » au gouvernement. « Oui » car il soutient la majorité, « mais » car il revendique un fonctionnement libéral des institutions, une politique socioéconomique moderne, la construction de l'Europe et davantage de dialogue. De Gaulle riposte en affirmant qu'on ne gouverne pas avec des « mais ». Les élections sont un triomphe pour les giscardiens, qui deviennent les alliés incontournables de gaullistes en perte de vitesse. La politique étrangère fournit à Giscard d'Estaing un autre terrain d'opposition. Après avoir déploré les positions du chef de l'État lors de la guerre des Six Jours puis de son séjour au Québec, il dénonce le 17 août 1967 « l'exercice solitaire du pouvoir ».

En mai 1968, il demande que des « solutions neuves » soient apportées aux problèmes de la jeunesse et du monde du travail. Sans suggérer le départ du Général, les RI réclament le remplacement de Pompidou et la dissolution de l'Assemblée. Le 27 mai, leur leader sollicite un entretien du chef de l'État, qui refuse de le recevoir. Après enquête, Giscard d'Estaing est persuadé que de Gaulle a pensé se retirer définitivement le 29 mai. La contre-manifestation des Champs-Élysées sauve le régime et le triomphe de l'UDR en juin affaiblit le leader modéré.

Le référendum du printemps 1969 donne à celui-ci l'occasion d'une relance. Il refuse la réforme du Sénat. S'il n'est pas défavorable à la régionalisation, il souhaite la mettre en place par voie parlementaire. À la mi-décembre 1968, lors d'un entretien, il indique au général de Gaulle qu'à ses yeux les deux projets appellent deux questions distinctes. En désaccord avec la majorité des élus RI, il affirme le 14 avril qu'il n'approuve pas le référendum. Cette intervention contribue à la défaite du Général. Bien des gaullistes ne lui pardonneront jamais son attitude. Ils reprocheront à Jacques Chirac son ralliement à Valéry Giscard d'Estaing en 1974 et appelleront à voter pour François Mitterrand au second tour de la présidentielle de 1981.

François AUDIGIER

• *Voir aussi :* Centristes ; CNI ; Plan de stabilisation de 1963 ; RI

Bibl. : Christian Bidégaray et Paul Isoart (dir.), *Les Droites et le Général de Gaulle*, Paris, Economica, 1991 • Jean Bothorel, *Un si jeune président*, Paris, Grasset, 1995 • Jean-Claude Colliard, *Les Républicains indépendants, Valéry Giscard d'Estaing*, Paris, PUF, 1971.

GODILLOTS. – Ce mot tiré de l'argot militaire est attesté bien avant la Première Guerre mondiale. Il désigne les chaussures dont dépend si étroitement le confort du fantassin harassé par les marches et contremarches prescrites par ses chefs. Les godillots accompagnent – et provoquent – la souffrance du bon soldat discipliné qui ne saurait pourtant s'interroger sur le bien-fondé des ordres qui lui sont donnés.

Le mot acquiert une nouvelle signification avec l'aventure de la France libre et, surtout, celle du RPF. Chez les gaullistes les plus fidèles, il est synonyme d'adhésion ardente et confiante au chef. Les adversaires du général de Gaulle, notamment les communistes, l'emploient, dès 1948, avec une connotation méprisante. Les militants des formations de gauche y voient une image propre à dénoncer une aveugle discipline de parti. Au contraire, ceux du RPF, puis de l'UNR au début de la Vᵉ République, le reprennent à leur compte avec fierté, selon un processus de « retournement du stigmate » qui n'est pas sans précédent. Ainsi les deux emplois continuent-ils aujourd'hui de coexister, ce qui a fait passer ce mot savoureux du monde de l'argot militaire au vocabulaire politique familier.

Philippe BRAUD

• *Voir aussi :* Gaullistes ; Surnoms et sobriquets

GOETZE, Roger (né en 1912). – Reçu au concours de l'inspection des Finances en 1937, Roger Goetze est en mission d'inspection en Algérie lorsqu'en novembre 1942 le débarquement américain le promeut à la direction des Finances de l'Algérie, sans qu'il soit « gaulliste » pour autant. Un an plus tard, sans quitter ses fonctions, il dirige la cinquième direction du Commissariat aux Finances à la demande de Pierre Mendès France qu'il suit à la Libération et dont il dirige le cabinet au ministère de l'Économie nationale. En avril 1945, lorsque de Gaulle choisit René Pleven plutôt que Mendès France,

Goetze retrouve ses fonctions en Algérie. C'est à ce titre qu'il est appelé à présider la SNREPAL, ou Société nationale de recherches et d'exploitation des pétroles en Algérie (jusqu'en 1966), situation de cumul tout à fait exceptionnelle pour un haut fonctionnaire. Son expérience et sa réussite dans cette sorte de petit ministère des Finances en Algérie le conduisent en juillet 1949 à la tête de la direction du Budget. Il la quitte en 1956 pour devenir sous-gouverneur puis gouverneur en 1967 du Crédit foncier de France.

En juin 1958, de Gaulle, chef du gouvernement, le sollicite sur les conseils de François Bloch-Lainé pour participer à son cabinet comme conseiller aux affaires économiques et financières. À cette date, Goetze fait déjà autorité en matière budgétaire : il est l'auteur, notamment, du décret-loi organique du 11 juin 1956 sur le budget qui sera presque intégralement repris dans l'ordonnance « budgétaire » du 2 janvier 1959. En 1958, sa mission est de faciliter le plan de redressement économique et financier voulu par de Gaulle. Celui-ci en a confié la conception, en septembre 1958, à un comité d'experts d'inspiration libérale présidé par Jacques Rueff. Le plan s'appela le « plan Pinay-Rueff », mais Goetze préférait l'appeler le « plan de Gaulle » ou le « plan Pinay », en raison de la volonté du premier de faire passer les réformes sans délai et du ferme engagement du second, après qu'il l'eût convaincu. Mais ce plan est aussi le plan Goetze. Agent de liaison entre Matignon et le comité, il en a orienté les travaux en tenant mieux compte des équilibres sociaux (augmentation des salaires) ; il a pris en outre l'initiative d'y faire inclure des mesures difficiles (fin de l'indexation des prix agricoles, des subventions ou suppression de la retraite des anciens combattants) ; a su traduire le projet en actes, en mobilisant son ancienne direction pour rédiger tous les textes des ordonnances des 27 et 28 décembre 1958, en mettant à contribution les directeurs des Finances, ses camarades de l'inspection générale des Finances, et en court-circuitant habilement les ministères hostiles (au premier chef l'Agriculture).

« Satisfait d'avoir vu le Général imposer en six mois des mesures souhaitées pendant sept ans à la direction du Budget », il refuse en janvier 1959 le portefeuille des Finances et reprend sa double casquette au Crédit foncier et à la SNREPAL. Il termine sa carrière de 1970 à 1988 comme président du Groupe central des villes nouvelles. Nathalie Carré de Malberg

• *Voir aussi* : Économie et finances ; Franc ; Hauts fonctionnaires ; Ordonnances de 1958-1959 ; Plan de redressement de 1958

Bibl. : Nathalie Carré de Malberg (texte établi, présenté et annoté par), *Entretiens avec Roger Goetze, haut fonctionnaire des Finances, Rivoli-Alger-Rivoli, 1937-1958*, Paris, CHEFF, 1997 • Roger Goetze, Antoine Dupont-Fauville et Jean Meo., « Redressement financier de 1958 », *Espoir*, n° 54, 1er trimestre 1986, p. 38-40 • Institut Charles-de-Gaulle, *De Gaulle en son siècle*, t. 3, *Moderniser la France*, Plon-La Documentation française, 1990.

GOGUEL, François (1909-1999). – Issu d'une famille protestante parisienne, François Goguel commence à écrire dans *Paschnur*, une petite revue poétique ronéotée parue en 1927-1928. Diplômé de l'École libre des sciences politiques en 1929, il donne des critiques littéraires dans *Notre Revue*, organe mensuel des groupes chrétiens français de lycéennes et lycéens, et, sous le pseudonyme de Bernard Sérampuy, dans *Esprit*. Il y commente aussi l'actualité politique. En 1937, il est docteur en droit.

Fait prisonnier en juin 1940, il est détenu jusqu'en avril 1945 en Allemagne où il écrit *La Politique des partis sous la IIIe République*, paru en 1946. Signature régulière d'*Esprit*, il appartient à son comité directeur de 1945 à 1952. Sa carrière administrative, entamée en 1931, se déroule au Sénat. Il en est le secrétaire général de 1954 à 1971. Il est par ailleurs un professeur réputé, considéré comme le fondateur de la géographie électorale après André Siegfried.

François Goguel est l'éditeur scientifique des cinq tomes des *Discours et messages* du général de Gaulle, parus d'avril à septembre 1970. C'est Pierre-Louis Blanc, ancien chef du service de presse à l'Élysée et proche collaborateur du Général après son retrait en 1969, qui propose le nom de Goguel pour accompagner les textes « d'un appareil d'introduction et de notes historiques propres à en faciliter la compréhension ». Fin 1969, le voici chargé « d'écrire pour chaque tome un aide-mémoire introductif (simplement chronologique pour les périodes couvertes ou à couvrir par [les] Mémoires, mais historique pour la période de 1946-1958) ; de présenter par une brève notice chacun des discours postérieurs à ceux que le Général avait lui-même publiés chez Berger-Levrault en 1947 ; et d'éclairer par des notes de bas de page, pour tous les discours, les passages qui paraîtraient appeler une explication d'ordre historique ». De Gaulle, qui a confié à Blanc le soin de collationner les huit cents textes de son œuvre orale, relit l'appareil critique de Goguel. Celui-ci ne reçoit que des félicitations entrecoupées « d'infimes suggestions » ou « de rares remarques ».

Choisir Goguel avait des allures de paradoxe, vu ses responsabilités au sein d'un Sénat d'où le président Gaston Monnerville avait lancé en 1962 l'accusation de « forfaiture » à l'égard de De Gaulle. « De 1962 à 1968, au moment où toutes les relations étaient rompues entre le président du Sénat d'une part et le gouvernement d'autre part, je me suis trouvé conduit (le président du Sénat m'avait donné carte blanche à cet égard) à assurer moi-même les relations du Sénat avec l'Élysée et avec l'hôtel Matignon, dans toute la mesure où l'exigerait le fonctionnement correct des institutions », écrivit-il en 1972. À ce titre, il connut personnellement le Général et ses collaborateurs, et fut même consulté lors de la préparation du projet de réforme du Sénat soumis au référendum du 27 avril 1969. Conciliant son admiration gaullienne et un devoir de réserve et d'impartialité, Goguel resta loyal à ses deux présidents.

Membre actif de l'Institut Charles-de-Gaulle, au sein de son conseil d'administration notamment, François Goguel a siégé au Conseil constitutionnel de 1971 à 1980. De 1979 à 1982, il a été président du Conseil presbytéral de l'Église réformée de France. Olivier CARIGUEL

• *Voir aussi* : Daniel-Rops ; Éditeurs ; Intellectuels ; Jullian, Marcel ; Orengo, Charles ; Sénat

Bibl. : Pierre-Louis Blanc, *De Gaulle au soir de sa vie*, Paris, Fayard, 1990 • Goulven Boudic, *Esprit 1944-1982. Les métamorphoses d'une revue*, Paris, Éditions de l'Imec, 2005 • Centre d'histoire de Sciences Po, Archives d'histoire contemporaine, Fonds François Goguel.

GORILLES. – *Voir* SÉCURITÉ (services de).

GORSE, Georges (1915-2002). – Né à Cahors, normalien et agrégé de lettres, engagé à gauche, Georges Gorse enseigne au Lycée français du Caire à la déclaration de guerre. Rallié à de Gaulle dès juin 1940, il devient le représentant en Égypte du Général, rencontré en avril 1941, avant de participer à la mission de la France libre à Moscou (de décembre 1942 à juillet 1943). Devenu membre du cabinet du Général à Alger, il supervise les émissions de radio du Comité français de la Libération nationale. Désigné pour siéger à l'Assemblée consultative provisoire à la Libération, il est élu député SFIO de Vendée en 1945. Il le reste jusqu'en 1951 avant de devenir conseiller de l'Union française de 1952 à 1958. Passionné par l'Orient, il est sous-secrétaire d'État aux affaires musulmanes dans le cabinet Blum (1946) puis à la France d'outre-mer dans le cabinet Bidault (1949). Également très bon connaisseur du Maghreb et du Proche-Orient, il est nommé ambassadeur à Tunis en 1957.

Toujours gaulliste, Gorse adhère à l'UNR en 1958. Après avoir représenté la France aux Communautés européennes pendant un an, il devient secrétaire d'État puis ministre de la Coopération en 1961 et 1962. Hostile à la réforme constitutionnelle de 1962 qui selon lui attise la tension alors que les cendres du conflit algérien sont encore chaudes, critique à l'égard d'une politique économique qu'il juge trop favorable à une bourgeoisie antigaulliste, il est envoyé à Alger comme ambassadeur. Diplomate de talent, il améliore les relations entre la France et l'Algérie après les accords d'Évian. Élu député de Boulogne-Billancourt en 1967 (de Gaulle pense à lui pour Nîmes mais Georges Pompidou impose ses vues), il renonce à son mandat pour prendre le ministère de l'Information. À ce poste exposé, il gère les sorties audacieuses du Général – refus de l'entrée de la Grande-Bretagne dans le Marché commun, déclarations sur le Québec libre et la guerre des Six Jours, etc.

Cet homme de réformes est dépassé par Mai 68. Le 18 mai, le Général l'accuse de ne pas « tenir l'information » avant de lui conseiller le 19 de mettre les « trublions à la porte ». Il est le ministre qui présente à la presse la formule célèbre : « La reforme oui, la chienlit non. » Lors du Conseil des ministres du 23, il annonce prophétiquement l'échec de l'annonce du référendum. À ses yeux, la dissolution représente la seule solution. Selon Pompidou, de Gaulle a décidé son remplacement dès le retour de Baden-Baden. Jacques Foccart le lui a déjà recommandé le 21 mai. Sa dernière mission est de préparer la déclaration que fera le Général le 30 mai. Il fait ensuite partie des « victimes » de mai avec Christian Fouchet, Louis Joxe, Alain Peyrefitte et François de Missoffe.

Conseiller général (1967-88), député gaulliste des Hauts-de-Seine (1967-98) et maire de Boulogne-Billancourt (1971-91), Georges Gorse retrouve un ministère (Travail, Emploi et Population) dans le gouvernement Messmer. En janvier 1991, il s'oppose avec d'autres anciens gaullistes à la première guerre en Irak.

François AUDIGIER

• *Voir aussi* : Diplomates ; Mai 68

Bibl. : Fondation Charles-de-Gaulle, *Avec de Gaulle, témoignages*, t. 2, *Le Temps du Rassemblement (1946-1958)*, Paris, Nouveau Monde Éditions, 2005 • Georges Gorse, *Je n'irai pas à mon enterrement*, Paris, Plon, 1992 • Maurice Vaïsse, *La Grandeur, politique étrangère du général de Gaulle, 1958-1969*, Paris, Fayard, 1998.

GOUIN, Félix (1884-1977). – Félix Gouin est un notable socialiste typique. Avocat, conseiller général dès 1911, député-maire d'Istres (Bouches-du-Rhône) depuis 1924, il est, avant la défaite de 1940, vice-président du groupe socialiste à l'Assemblée nationale. Pacifiste, munichois, proche du secrétaire général de la SFIO Paul Faure, il refuse pourtant de voter les pleins pouvoirs au maréchal Pétain, le 10 juillet 1940. Ayant adressé à tous les maires du département un mémorandum expliquant son vote, il est révoqué de ses mandats par Vichy. Dans ses Mémoires, il écrit avoir entendu « de Gaulle peu avant sa condamnation à mort par le tribunal militaire » le 3 août 1940. Il entre dès l'été 1940 dans la Résistance et utilise son cabinet d'avocat comme lieu discret de rencontres. Contacté par Daniel Mayer en septembre 1940, il est, en 1941, l'un des neuf fondateurs du Comité d'action socialiste (CAS) pour la zone sud. L'objectif qu'il se fixe est double, « d'abord reconstituer, ne serait-ce qu'un embryon de Parti », « ensuite, coordonner notre action avec la Résistance de Londres ». Ce qui ne va pas sans réserve chez les socialistes, car « certains sont encore réticents à la pensée que notre mouvement a partie liée avec un général qui, de surcroît, est un aristocrate ».

Avocat de Léon Blum au procès de Riom, Gouin est chargé par son « maître et ami » d'une mission à Londres : faire un rapport sur la France libre et lutter contre les divisions des socialistes français émigrés. Il quitte la France le 17 mai 1942. Son rapport daté du 11 septembre 1942 est nettement favorable à la France libre et à son chef. Le refus initial de la défaite reste l'essentiel pour lui. « Par cet acte de courage et de foi, le Général a brisé tous liens avec la discipline et le conformisme militaires et il s'est élevé d'un coup au niveau des grandes figures de notre histoire. » Même s'il déplore les tendances autoritaires de De Gaulle et la présence d'un entourage réactionnaire, Félix Gouin juge qu'il s'agit d'une « personnalité hors série » et parie sur l'évolution démocratique du mouvement. Il appartient aux socialistes de « l'infléchir, dans le bon sens », de l'intérieur.

Gouin adhère donc à la France combattante, fonde le groupe des parlementaires résistants à Londres, puis prépare la formation de l'Assemblée consultative provisoire (ACP) qu'il préside à partir de novembre 1943, à Alger puis à Paris. Président de l'Assemblée constituante, il remplace le général de Gaulle, démissionnaire, comme chef du GPRF (Gouvernement provisoire de la République française). De janvier à juin 1946, « le père Gouin », comme le surnomme de Gaulle, conduit une équipe dans le cadre du tripartisme. En octobre 1947, il est mis en cause par Yves Farge dans le scandale des vins. Diminué politiquement, mais toujours député-maire d'Istres, il s'oppose en vain au retour de De Gaulle au pouvoir en 1958 et se retire à Nice. Gilles MORIN

• *Voir aussi :* Assemblée consultative provisoire ; France libre ; GPRF ; Résistance intérieure ; SFIO

Bibl. : Félix Gouin, *Un certain goût de cendres*, Mémoires inédits, BNF, section manuscrits (16404-16407) • Pierre Guidoni et Robert Verdier (dir.), *Les Socialistes en Résistance (1940-1944)*, Paris, Seli Arslan, 1999 • Marc Sadoun, *Les Socialistes sous l'occupation*, Paris, PFNSP, 1982.

GOUVERNEMENT PROVISOIRE DE LA RÉPUBLIQUE FRANÇAISE. – *Voir* GPRF.

GPRF (institution du). – L'institution du Gouvernement provisoire de la République française en juin 1944 marque l'aboutissement du combat politique mené par de Gaulle, en référence aux lois de la République, en qualité de chef des Français libres à la tête du Comité national français de Londres, puis au nom de la France combattante dans le cadre du Comité français de la Libération nationale (CFLN) d'Alger. L'ordonnance du 3 juin 1943 créant le CFLN prévoyait son remplacement par un gouvernement provisoire dès que l'état de libération du territoire en permettrait la formation. Les progrès militaires rendant cette éventualité imminente, c'est en toute logique que l'Assemblée consultative provisoire, mise en place en septembre 1943, adopte à l'unanimité un vœu du groupe de la Résistance métropolitaine afin que « le CFLN prenne ouvertement le nom de GPRF ».

La reconnaissance du CFLN par la Grande-Bretagne et les États-Unis avait été difficile. À la veille de la libération du territoire métropolitain, la question de la place à tenir par la France au rang des nations se fait plus aiguë. Roosevelt, qui ne cesse de nourrir une aversion pour de Gaulle, en qui il persiste à voir un « autocrate », un « militaire arrogant », estime que, aussi longtemps que le peuple français ne pourra exercer ses droits politiques, les États-Unis ne pourront reconnaître quelque autorité que ce soit comme gouvernement de la France. Churchill, pour qui l'amitié de l'Amérique conditionne le rôle de l'Angleterre sur la scène internationale, emprunte au même registre lorsqu'il déclare aux Communes le 24 mai 1944 que, dans l'attente d'assurances démocratiques sur la représentativité du gouvernement, le rétablissement de la loi et de l'ordre devra se faire, pendant la durée des combats, sous la supervision du commandant en chef allié, le général américain Eisenhower.

Ces préventions pouvaient difficilement être perçues par de Gaulle autrement que comme des atteintes à la souveraineté de la France, qu'il défendait avec une égale conviction depuis l'automne 1940, à plus forte raison à l'heure où l'on s'apprêtait à réinstaller l'État chez lui. C'est dire que l'ordonnance du 3 juin 1944, en précisant en son article 1er que « le CFLN prend le nom de GPRF », constitue à la fois une réplique à Churchill et un défi à Roosevelt. La période qui mène jusqu'à l'installation du gouvernement à Paris, au lendemain de la libération de la capitale, est d'ailleurs émaillée de fortes tensions sur ces enjeux contradictoires. Tensions avec le Premier ministre britannique comme avec le commandant en chef des forces alliées, qui atteignent leur point culminant la veille du débarquement en Normandie du 6 juin.

Dans ces affrontements où se heurtent exigence de légitimité démocratique et affirmation de la souveraineté nationale, de Gaulle ne cède en rien à l'improvisation. Dès le manifeste de Brazzaville, en octobre 1940, il avait exprimé la nécessité d'obtenir la ratification populaire de son action. Plus récemment, l'ordonnance du 21 avril 1944 portant organisation des pouvoirs publics en France après la Libération appelait la convocation d'une Assemblée nationale constituante dès que les circonstances permettraient de procéder à des élections régulières, au plus tard dans le délai d'un an après la libération complète du territoire. Si bien que, par-delà les gages accordés aux prétentions étrangères, l'action du Général est tout autant le fruit de conditions d'opportunité propres à la France.

Le gouvernement, dont la composition est annoncée les 8 et 9 septembre, témoigne ainsi de la volonté de rechercher l'unanimité nationale. Sur 22 membres, 13 sont des anciens d'Alger, mais une large place est faite à la Résistance et aux anciens parlementaires. Une même préoccupation se manifeste à l'égard de l'Assemblée. Dans son discours de Chaillot, le 12 septembre, de Gaulle déclare : « Il n'existe en droit ni en fait aucun autre moyen d'établir l'édifice nouveau de notre démocratie que de consulter le souverain, qui est le peuple français. Dès que la guerre voudra bien le permettre, c'est-à-dire dès que le territoire sera entièrement libéré et que nos prisonniers et nos déportés auront regagné leurs foyers, le gouvernement conviera la nation à élire, par le suffrage universel de tous les hommes et de toutes les femmes de chez nous, ses représentants dont la réunion constituera l'Assemblée nationale. » C'était certes reporter le processus électoral et constituant, mais il ne s'agissait nullement de renoncer à élargir l'assise représentative. Pour preuve, l'ordonnance du 11 octobre 1944 accroît sensiblement l'importance, au sein de l'Assemblée consultative provisoire, des mouvements de résistance et des anciens membres des Assemblées.

Ces signes devaient finalement avoir raison des réticences des Grands alliés, Grande-Bretagne, États-Unis et Union soviétique. Plusieurs gouvernements réfugiés à Londres – tchécoslovaque, belge, luxembourgeois, polonais, yougoslave, norvégien – avaient rapidement reconnu le GPRF ; d'autres s'étaient montrés plus prudents dans cet exercice, tels les gouvernements hollandais, brésilien, hellénique. L'attitude de ce dernier était particulièrement significative du poids des Grands : après avoir été annoncée comme un fait accompli, puis arrêtée par la censure anglaise, la reconnaissance grecque avait été suspendue « aussi longtemps que les Grands alliés n'auraient pas donné le bon exemple ». Il faut attendre le 23 octobre pour que saute le verrou, avec le revirement du président américain. L'attitude à tenir face à Moscou, où Churchill est en visite du 9 au 18 octobre, a certainement davantage compté dans le choix de Roosevelt que l'approche des élections présidentielles américaines. Il reste que la reconnaissance américaine suscita peu d'enthousiasme de la part du Général. Interrogé à ce propos le 25 octobre lors d'une conférence de presse, sa réponse, bien que brève, fut éloquente : « Le gouvernement est satisfait qu'on veuille bien l'appeler par son nom. » Marcel Morabito

• *Voir aussi* : Alliés ; Brazzaville (manifeste de) ; CFLN

Bibl. : Jean-Louis Crémieux-Brilhac, *La France libre : de l'appel du 18 Juin à la Libération*, Paris, Gallimard, 1996 • Charles de Gaulle, *Mémoires*, Paris, Gallimard, 2000.

GPRF (œuvre extérieure du) . – Le 3 juin 1944, le Comité français de la Libération nationale (CFLN) prend par ordonnance le titre de Gouvernement provisoire de la République française (GPRF). Présidé par le général de Gaulle, ce dernier peine à s'imposer sur la scène internationale. Le président des États-Unis, Franklin Roosevelt, souhaite mettre en place un gouvernement militaire allié pour les territoires occupés – l'*Allied Military Government of Occupied Territories*, ou AMGOT – et continue de se méfier du Général : il doute de son esprit démocratique et rejette son idée de redonner à la France son statut de grande puissance, projet qui pourrait bouleverser ses propres plans d'ordre mondial pour l'après-guerre. La situation s'améliore après la visite de De Gaulle aux États-Unis en juillet 1944. Le 13, un communiqué américain entérine l'abandon de l'AMGOT et affirme que « le CFLN est qualifié pour assurer l'administration de la France ». Il faut cependant attendre le 23 octobre pour que le GPRF soit enfin reconnu par les trois Grands. Cette première victoire annonce d'autres succès en politique extérieure, bien mis en valeur par la légende gaullienne. Mais il convient de prendre la mesure de l'affaiblissement de la France, qui contraste tellement avec la volonté de grandeur du Général que les Alliés se braquent contre celui-ci. La diplomatie française rencontre aussi des échecs.

L'obsession du rang. L'objectif de De Gaulle est simple : rendre à la France son rang sur la scène internationale, dans la guerre, puis dans la paix. Cela signifie d'abord que sa sécurité soit assurée par la disparition de la puissance de l'Allemagne qui serait soit démembrée, soit – la pensée du Général évolue au fil des mois – transformée en une confédération d'États. De cette Allemagne seraient détachées la Ruhr et la rive gauche du Rhin sous contrôle allié, ou – expose de Gaulle dans son discours du 18 mars 1944 – sous le contrôle d'« une sorte de groupement occidental » à vocation « européenne » et à base essentiellement économique, rassemblant la France, la Belgique, les Pays-Bas, le Luxembourg et éventuellement la Grande-Bretagne. Cette politique de grandeur implique aussi le retour de souveraineté française dans tous ses territoires de l'Empire tel qu'il existait en 1939, quitte à réformer ensuite ce dernier. De Gaulle envisage, comme il l'a dit dans son discours de Brazzaville de janvier 1944, que les populations indigènes puissent un jour « participer chez [elles] à la gestion de leurs affaires ». Ce discours n'est pas synonyme d'ouverture vers l'indépendance ou même l'autonomie des territoires africains, mais dénote un esprit de réforme. Pour le Levant et l'Indochine, le Général admet une évolution plus rapide, à condition que ces changements ne soient concédés par nulle autre puissance que la France qui maintiendrait d'une manière ou d'une autre sa présence dans ces territoires. Ses vues sont opposées à celles de Roosevelt qui entend notamment empêcher le retour de la souveraineté française en Indochine.

Il convient de se doter des moyens de mettre en œuvre une telle politique. À partir de l'été 1944, de Gaulle n'a de cesse de développer les forces armées et de les engager dans la bataille. Le chef du GPRF redéploie aussi l'appareil diplomatique français, épure les cadres du Quai d'Orsay, envoie des ambassadeurs dans la plupart des pays. Il dirige lui-même la politique extérieure et ne laisse aucune latitude à son ministre des Affaires étrangères, Georges Bidault, dans les discussions avec les Alliés. Il érige le refus de transiger en méthode systématique, ce qui conduit à l'alternative suivante : le succès ou la capitulation. Son intransigeance inspire parfois à Bidault une fureur difficile à contenir. À côté de l'irréalisme de certaines prétentions, on trouve un réalisme diplomatique classique : de Gaulle est adepte de la politique de l'équilibre européen, faite de poids et de contrepoids, dans lequel la France pourrait trouver son rôle. Il s'agirait de revenir à l'Est « à la belle et bonne alliance » avec la « Russie », de relancer l'alliance franco-britannique à condition que Paris et Londres accordent leurs politiques sur l'Allemagne et le Levant, et d'accepter un système de sécurité collective incluant les États-Unis.

Au concert des puissances. En attendant la construction de cette belle architecture, il faut faire entrer la France dans le club des puissances. La reconnaissance du GPRF n'entraîne pas automatiquement son admission à la Commission consultative européenne qui doit décider du sort de l'Allemagne. Or, cette instance s'apprête à diviser le pays en trois zones d'occupation, sans en accorder une aux Français. De même, à la conférence de Dumbarton Oaks en septembre-octobre, les ministres des Affaires étrangères des États-Unis, de la Grande-Bretagne et de l'URSS dessinent les grandes lignes de la future Organisation des Nations unies, avec un Conseil de sécurité dominé par quatre membres permanents, les trois Grands plus la Chine, sans la France. Le 11 novembre 1944, le GPRF est finalement admis à la Commission consultative européenne : ce même jour, Churchill, reçu par de Gaulle à Paris pour la commémoration de l'armistice de 1918, admet l'utilité d'accorder une zone d'occupation à la France. Il est en effet conscient de la solitude de son pays coincé entre les deux superpuissances, et il est le premier avocat de la France pour sa rentrée progressive dans le concert des nations. Mais il refuse de détacher la rive gauche du Rhin et la Ruhr. Sans un tel accord, le Général considère comme prématuré un pacte franco-britannique. Déçu, il joue la carte de l'URSS et part pour Moscou. Ayant abandonné son idée de « groupement occidental » qui ne plaît pas à ses interlocuteurs, il va jusqu'à proposer à Staline une internationalisation de la Ruhr qui comprendrait une présence soviétique. Il n'est cependant pas appuyé par le Kremlin sur la question du détachement de la Rhénanie. Cette déception est compensée par le pacte franco-soviétique d'assistance mutuelle, signé le 10 décembre, qui devrait fonctionner non seulement en cas d'agression allemande directe mais d'une façon quasi préventive contre « toute menace venant de l'Allemagne ». La contrepartie obtenue par Staline est sévère : de Gaulle accepte la reconnaissance *de facto* du Comité de Lublin, le gouvernement polonais soutenu par les Soviétiques, rival du gouvernement polonais de Londres soutenu par les Occidentaux. L'ampleur de la concession est telle que le Général tente de la dissimuler dans ses *Mémoires de guerre*.

Cette bonne volonté à l'égard de Moscou n'est pas récompensée. L'URSS ne fait rien pour que la France soit invitée à la conférence de Yalta qui a lieu en février 1945 sur son sol. Furieux, de Gaulle critique rudement la rencontre des trois Grands. Le paradoxe est que les Français, absents de la conférence, sont les principaux bénéficiaires de Yalta : à eux une zone d'occupation en Allemagne, une place au Conseil de contrôle interallié à Berlin, ainsi que le cinquième siège permanent au Conseil de sécurité de l'ONU. À la conférence de San Francisco (avril-juin 1945), chargée de rédiger la charte de l'ONU, la France est présente avec la cinquantaine d'États fondateurs et joue un rôle important. Elle obtient que la langue française soit adoptée comme langue de travail à égalité avec l'anglais. Quelques mois plus tard, en novembre, à la conférence constitutive de l'UNESCO qui se tient à Londres, la délégation française fait en sorte que cette organisation des Nations unies pour l'éducation, la science et la culture ait son siège à Paris.

Gages allemand et italien. La France retrouve ainsi son rang. Il lui faut également tirer les bénéfices de sa participation à la campagne d'Allemagne. En mars 1945, trois mois et demi après la libération de l'Alsace, de Lattre traverse le Rhin sur l'ordre du seul de Gaulle, puis devance les Américains à Karlsruhe et à Stuttgart, comme pour prendre des gages en vue de la future zone d'occupation française dont il reste à fixer les limites. Furieux, Eisenhower exige des Français qu'ils évacuent les deux villes. De Gaulle refuse et son intransigeance durcit la position des Alliés au moment de la délimitation de la zone française d'occupation à la fin juin.

La même politique est suivie en avril sur le front des Alpes. Des instructions sont données au général Doyen pour occuper Vintimille et le Val d'Aoste, avec ordre d'administrer les territoires occupés et d'empêcher les troupes anglo-américaines d'occuper la ligne de frontière de 1939. Harry Truman, le successeur de Roosevelt, pourtant mieux intentionné à l'égard de De Gaulle, lui exprime sa colère, et Bidault est obligé de rassurer Américains et Italiens : la France n'a aucune prétention sur Vintimille et le Val d'Aoste. Ces incidents n'ont pas empêché que le général Sevez signe au nom de la France, à titre de témoin, l'acte de capitulation allemande à Reims le 7 mai, et que le général de Lattre le signe à Berlin, le 8, au titre de puissance occupante. Ces crises contribuent cependant à persuader Truman de ne pas inviter de Gaulle à la conférence de Potsdam.

En Afrique du Nord et au Levant. Le jour même de la capitulation allemande éclate le premier drame de ce que l'on n'appelait pas encore la décolonisation. En Algérie, un défilé de musulmans dégénère en massacre d'une centaine d'Européens à Sétif et Guelma. La répression par l'armée, approuvée *a posteriori* par le GPRF unanime, communistes compris, tourne au carnage : entre 6 000 et 8 000 tués. Cette tragédie marque pour longtemps la mémoire algérienne mais n'a pas de conséquences internationales immédiates, à la différence de la crise au Levant qui met aux prises Français et Britanniques et contribue à isoler davantage la France sur la scène internationale.

De Gaulle veut préserver les intérêts français en Syrie et au Liban dans le cadre de l'indépendance des deux pays qu'il a reconnue en 1941, mais dont il reste à négocier les modalités par un traité. À cette fin, le gouvernement envoie en avril 1945 des renforts militaires. Malgré la mise en garde de Churchill le 5 mai sur la « poussée de fièvre » que pourrait susciter cette arrivée de nouvelles troupes à la veille de pourparlers avec les Syriens et les Libanais, de Gaulle maintient sa position. Les troubles se multiplient en effet contre les Français. À la fin mai, pour riposter contre des attaques lancées par des gendarmes syriens, l'armée française bombarde le Parlement de Damas et d'autres bâtiments publics, faisant une centaine de morts. Churchill réagit aussitôt en envoyant un ultimatum le 30 mai, renouvelé publiquement lendemain à la Chambre des communes, menaçant d'une intervention militaire britannique le gouvernement français s'il ne fait pas immédiatement cesser le feu et n'ordonne pas à ses troupes de regagner leurs cantonnements. Humilié, de Gaulle doit s'incliner. Des négociations s'ouvrent avec le gouvernement travailliste – après la défaite électorale de Churchill – et aboutissent en 1946, après la démission de De Gaulle, à l'évacuation totale des troupes françaises et britanniques de Syrie et du Liban.

La question allemande. Malgré l'absence de la France, la conférence de Potsdam (juillet-août 1945) lui est favorable : elle reçoit un siège au Conseil des ministres des Affaires étrangères chargé d'élaborer les traités de paix. De Gaulle accepte, mais annonce que son gouvernement ne se sent pas engagé par les décisions prises lors de cette conférence, en particulier sur le principe d'une Allemagne unie sous une administration centrale. En visite aux États-Unis à la fin août, il continue d'exiger une fédération d'États allemands historiques et le détachement de la Rhénanie, de la Ruhr et de la Sarre. Ne voulant plus ménager l'URSS qui l'inquiète par ses manœuvres politiques en Europe orientale, il revient à l'idée de « groupement occidental » pour le contrôle de ces régions. La menace soviétique le conduit à dénoncer devant le président américain le danger d'une Allemagne centralisée : si celle-ci tombait sous l'influence du « bloc slave constitué à l'Est », elle permettrait à l'URSS d'exercer sa primauté jusqu'au Rhin. Truman récuse cette argumentation et rappelle que c'est de Gaulle lui-même qui a proposé le premier une internationalisation de la Ruhr avec présence soviétique, à laquelle les Américains s'opposent avec force. Décidément, la politique allemande du GPRF aboutit à une impasse.

Un débat historiographique existe, sur la question de savoir si de Gaulle a infléchi ses positions vis-à-vis de l'Allemagne à partir de l'automne 1945. Lors de sa tournée dans la zone française d'occupation en octobre, il prononce en effet des discours de conciliation et propose la coopération française à la reconstruction économique de la région. En fait, l'objectif est de séduire les « Rhénans » et de tenter – en vain – de les rallier aux positions de la France, au moment où celle-ci n'est suivie par aucun des Alliés sur la question allemande.

En Indochine. Le chef du GPRF rapporte cependant de son voyage en Amérique l'assurance que Truman n'a pas la même politique que Roosevelt concernant l'Indochine. Certes, quelques semaines plus tôt, dans les coulisses de la conférence de Potsdam, les Alliés se sont mis d'accord sur la répartition des théâtres d'opérations dans la péninsule, entre les Chinois au nord du 16e parallèle et les Britanniques au sud de cette ligne. Mais, au cours d'un de ses entretiens avec de Gaulle, le président américain assure qu'il ne s'opposera pas au retour de l'autorité et de l'armée françaises en Indochine. La voie est libre et grande est l'urgence : le chef du Vietminh, Hô Chi Minh, proclame l'indépendance du Vietnam le 2 septembre, jour de la signature de l'acte de capitulation japonaise sur le *Missouri*. « Commandant supérieur des troupes en Extrême-Orient », le général Leclerc arrive à Saigon le 3 octobre. Le 31, c'est au tour de l'amiral Thierry d'Argenlieu, « haut-commissaire de France pour l'Indochine ». Jusqu'en décembre, les troupes françaises et britanniques coopèrent pour conquérir le contrôle de la Cochinchine et de l'Annam du Sud. Au nord, où les Chinois s'installent, le Viet-minh est maître du terrain. Jean Sainteny est chargé de négocier avec Hô Chi Minh les conditions de l'arrivée de l'armée française au Tonkin, pendant que le général Salan discute avec le gouvernement chinois du départ de ses forces armées. L'accord Sainteny-Hô Chi Minh est signé le 6 mars 1946, sur la base d'une Fédération indochinoise dans la nouvelle Union française. Tous les acteurs et les malentendus sont en place pour le drame de la guerre d'Indochine, qui commencera en décembre 1946.

Même si la démission du général de Gaulle le 20 janvier 1946 doit beaucoup à la querelle intérieure sur la Constitution, la prise de conscience des limites de sa politique extérieure a pesé également sur sa décision. Celle-ci est prise le 1er janvier après une séance houleuse à l'Assemblée constituante au cours de laquelle il a dû batailler rudement pour sauver son budget de défense nationale : le Général sent que l'opinion ne le soutient pas et que les moyens manquent pour une véritable politique de grandeur.

Au total, le bilan de l'œuvre extérieure du GPRF sous la direction de De Gaulle est mitigé. Au passif : des illusions – partagées en grande partie par les gouvernements suivants – qui conduisent à des impasses sur la question allemande, à une humiliation à propos du Levant, au drame en Indochine. À l'actif : la conquête de la présence de la France dans les instances internationales au même « rang » que les Grands. Finalement, dans ce succès, le prestige du Général, le symbole qu'il représente, l'unité nationale qu'il a su réaliser autour de lui, et qui a rassuré les Alliés, ont au moins autant compté que son action extérieure proprement dite. Sans renoncer à son style et à ses idées, de Gaulle sera malgré tout le premier à tirer les leçons de cette expérience de 1944-1946 lorsqu'il reviendra au pouvoir douze années plus tard. Robert Frank

• *Voir aussi* : Capitulations allemande et japonaise ; Grandeur et rang ; Indochine ; Levant ; Sétif ; Zone française d'occupation

Bibl. : Jean-Louis Crémieux-Brilhac, *La France libre : de l'appel du 18 Juin à la Libération*, Paris, Gallimard, 1996 • René Girault, Robert Frank et Jacques Thobie, *La Loi des géants, 1941-1964*, Paris, Payot, 2005 • Éric Roussel, *Charles de Gaulle*, Paris, Gallimard, 2002.

GPRF (œuvre intérieure et outre-mer du). – L'acte de naissance du Gouvernement provisoire de la République française est facile à fixer, celui de son décès beaucoup moins. Le GPRF naît le 3 juin 1944. Il succède au Comité français de la Libération nationale (CFLN), dont il conserve la composition. Il disparaît officiellement avec le premier gouvernement de la IVe République, le gouvernement Ramadier, le 28 janvier 1947. Mais en fait ? N'est-ce pas avec la démission du général de Gaulle le 20 janvier 1946 ? Ou le 13 novembre 1945 avec son élection comme chef du gouvernement par l'Assemblée constituante ? Il y a à l'évidence un GPRF avec Charles de Gaulle, et peut-être, ensuite, un GPRF malgré lui. En tout cas, de janvier 1946 à janvier 1947, avec Félix Gouin, Georges Bidault en juin, Léon Blum en décembre, des gouvernements sans lui.

Relèvement de la France et crise dans l'Empire. La transformation du CFLN en GPRF achève la préparation de la prise du pouvoir par la France combattante. Toutefois, les Alliés ne se résoudront à reconnaître la légitimité du GPRF que le 23 octobre 1944, une fois son autorité établie et le maintien de l'ordre assuré. Il fallait donc, encore une fois, les mettre devant le fait accompli pour écarter toute contestation de souveraineté sur le territoire à libérer.

On craignait des combats longs, prolongés, suivis peut-être par la guerre civile. Or la plus grande partie du territoire est libérée entre la mi-juin et la mi-septembre et les Français y ont pris leur part. Il n'y a pas de vide du pouvoir. Les résistants sont presque partout présents pour l'assumer. Les représentants du GPRF accompagnent les événements, les précèdent parfois. Le général de Gaulle est en Normandie dès le 14 juin pour installer une présence que les Américains reconnaissent *de facto*. Tandis que l'armée de De Lattre de Tassigny combat en Provence, ils acceptent l'envoi de Leclerc à Paris pour appuyer les FFI et ne pas les laisser seuls maîtres du champ. De Gaulle marque son entrée, les 25 et 26 août, par des gestes forts comme le refus de proclamer une République qui, pour lui, n'a jamais disparu. Il teste là, à l'égard de la foule et des nouveaux pouvoirs sortis de la clandestinité, l'attitude qu'il adoptera en province. L'unité de la République n'est pas menacée en dépit des rumeurs de « républiques rouges » dans le Midi. Mais le Général, à qui ce Sud est profondément étranger, commence par Marseille et Toulouse son périple provincial à la mi-septembre.

La participation à la « bataille de la France » est le premier acte que peuvent revendiquer le GPRF et son chef. Celui-ci est d'abord un stratège. Ses priorités sont militaires. Il entend effacer l'humiliation de 1940, imposer une présence française au combat, intégrer les FFI grâce à l'amalgame, faire pression sur les Alliés pour équiper l'armée nouvelle. La participation à la libération de l'Alsace, le maintien de De Lattre à Strasbourg en dépit des ordres d'Eisenhower, le passage du Rhin et l'installation en Allemagne en avril ponctuent cette montée en puissance. Gage de celle-ci, l'armée française compte au printemps 1945 près d'un million et demi d'hommes. Toutefois, dans la partie de bras de fer que de Gaulle ne cesse de jouer avec les Américains, il lui faut aussi en rabattre. En dépit de son désir de « laver les outrages naguère subis », ses soldats doivent rester sur les crêtes de la frontière italienne. La résorption des humiliantes poches de l'Atlantique n'est pas achevée en mai 1945. Mais la France a gagné son rang en Europe.

De Gaulle se plaint du peu d'intérêt de l'opinion pour la chose militaire et pour le théâtre européen. L'Empire suscite encore plus d'indifférence. Pour lui, dont c'est l'un des domaines réservés, la défense de l'« œuvre civilisatrice » de la France et le rétablissement de sa souveraineté s'imposent. La conférence de Brazzaville en janvier 1944 a tracé la voie : autonomie à terme, mais octroyée, développement, mais intégré dans le « bloc français ». Cette ligne est encore trop audacieuse pour le lobby colonialiste qui organise des états généraux de la colonisation au Cameroun. À leur clôture, en septembre 1945, la répression tue quatre-vingts manifestants indigènes à Douala. En Algérie, c'est pire encore. Les émeutes de Sétif du 8 au 12 mai 1945 font une centaine de victimes parmi les Européens, la répression par l'armée ou les milices européennes plusieurs milliers chez les Nord-Africains. L'ordonnance du 7 mars 1944 a un peu élargi leurs droits politiques, mais bien en deçà des revendications de leurs élites. Le GPRF et le Général sont prisonniers de leurs contradictions. L'affirmation intransigeante de la souveraineté française, qui réussit si bien en Europe, aboutit à des impasses dans l'Empire. Ainsi au Liban et en Syrie, où, face à des gouvernements qui revendiquent l'indépendance complète et immédiate, de Gaulle s'arc-boute sur un mandat qu'il entend remettre aux Nations unies. L'envoi de renforts militaires, ressenti comme une provocation, suscite l'agitation en Syrie. La France y répond en faisant donner l'artillerie sur Damas le 30 mai 1945. Mais de Gaulle doit reculer sous la pression des Britanniques. La situation est bloquée.

En Indochine, le coup de force japonais du 9 mars 1945 a mis les Français sur la touche. L'indépendance, décrétée alors, est à nouveau proclamée par Hô Chi Minh le 2 septembre, après la capitulation japonaise. De Gaulle refuse de faire un pas en ce sens. Il s'en tient au statut du 24 mars 1945 qui fait de la future Fédération indochinoise un élément de l'Union française à bâtir. Il faut reconquérir sur les nationalistes un territoire que les accords de Potsdam ont mis sous la tutelle britannique et chinoise. Le Général confie cette mission au général Leclerc, sous l'autorité de l'amiral Thierry d'Argenlieu, haut-commissaire. Leclerc entre à Saigon en octobre ; le Cambodge et la Cochinchine sont repris, mais les Français ne contrôlent que les villes et les grands axes du Sud. Si les Anglais évacuent de bonne grâce, les troupes chinoises s'incrustent au Nord où le Viêt-minh est le vrai maître. Leclerc se résigne à soutenir la solution politique que le commissaire de la République Jean Sainteny négocie à Hanoi. L'accord du 6 mars 1946 « reconnaît la République du Vietnam comme un État libre ayant son gouvernement, son Parlement, son armée et ses finances, faisant partie de la Fédération indochinoise et de l'Union française ». Tandis qu'à Fontainebleau la conférence qui doit mettre cet accord en forme piétine, le très gaulliste amiral Thierry d'Argenlieu, hostile à cette solution, appuie la création d'une République autonome de Cochinchine. Il prend l'initiative du bombardement d'Haïphong le 23 novembre dont les milliers de victimes, comme celles de Sétif, sont ignorées en métropole. La guerre d'Indochine commence en même temps que la IVe République. De Gaulle, obsédé par la grandeur de la France, rêve de « la grande association française que formeront demain en tant de contrées de la terre, 110 millions d'hommes vaillants et laborieux, vivant sous notre drapeau ».

Révolution d'en haut, déceptions d'en bas. La Libération s'est déroulée dans des conditions inespérées. L'autorité du GPRF n'est pas contestée. La crise d'unité nationale que connaissait la France de 1939 s'est résorbée dans les souffrances communes et l'attente partagée de la Libération. Le parti communiste trouble moins le jeu que prévu. Sur la lancée des positions acquises dans la lutte, ses militants occupent le maximum de terrain, poussent à la radicalisation de l'épuration comme à la revendication de pouvoir par le « bas », mais sa ligne dominante est à l'union nationale. Il ne remet pas en cause la légitimité du GPRF, pas plus que ceux qui, dans la Résistance, partagent ses positions « basistes ». La « guerre de classe » est limitée, l'anticléricalisme étouffé. Ainsi s'expliquent le miracle unitaire de la Libération, le maintien de l'unité politique durant toute la période (au sommet bien plus qu'à la base) et, finalement, l'œuvre exceptionnelle accomplie sous l'égide du GPRF et de son chef. Un homme d'État se révèle, fort du charisme qu'il exerce sur l'ensemble du pays. Garant de l'unité de la nation, au-delà donc de la Résistance, il entend la ressouder au plus vite en jouant sur l'exaltation de la patrie.

Le gouvernement remanié le 9 septembre se veut d'« unanimité nationale ». La place des socialistes (pilier politique du gaullisme d'alors) avec quatre ministres (pour trois démocrates-chrétiens, trois radicaux, deux communistes), le remplacement d'Emmanuel d'Astier à l'Intérieur par l'un des leurs, Adrien Tixier, la nomination de Georges Bidault, président du Conseil national de la Résistance (CNR), aux Affaires étrangères et celle de l'ancien président du Sénat Jules Jeanneney comme ministre d'État constituent des choix significatifs. Le Général fait prévaloir la continuité, mais aussi le caractère provisoire du pouvoir. L'Assemblée consultative, élargie le 7 novembre à des représentants de la Résistance, siégera au Luxembourg. Le Palais-Bourbon et l'Élysée restent vides.

Une révolution a pourtant eu lieu avec un changement de régime qui a réinstallé partout la République et les libertés. Mais il faut fermer la parenthèse de Vichy et cantonner les violences. Chacun s'accorde sur l'ordre républicain. Diverses ordonnances, en particulier celle du 9 août, ont effacé la législation vichyste. Mise en place à partir de la mi-septembre, l'épuration est conduite tambour battant. En un an, l'essentiel est fait, et autant que possible dans le respect du droit. Le Général a usé largement du droit de grâce. Pétain est jugé, Laval fusillé, les camps d'internement de la Libération vidés. Trop lente, trop rapide, trop dure ou pas assez, inégale dans le temps comme dans l'espace, l'épuration ne satisfait personne, mais du moins peut-on croire la page tournée.

L'heure est au jacobinisme, à la reconstitution de l'État central, à l'effacement des pouvoirs « girondins » issus de l'insurrection. Commissaires régionaux de la République, préfets, délégués du GPRF s'emploient à canaliser les énergies résistantes et à les intégrer à l'appareil d'État.

D'où la dissolution des FFI, le dessaisissement progressif du CNR, du Comité d'action militaire, des comités départementaux de libération. Ce transfert de pouvoir se fait pour l'essentiel entre septembre et novembre 1944, ce qui, compte tenu de l'état des liaisons et des situations vécues, est remarquable. Il a fallu composer, tenir compte des rapports de force locaux, faire une place aux comités de libération. Il y a des soubresauts, des réticences, mais le choix légaliste du PCF, confirmé après le retour de Maurice Thorez en France, contribue beaucoup à les apaiser. Les communistes ne cherchent pas l'épreuve de force, en tout cas pas sur le plan national. La dissolution des Milices patriotiques le 28 octobre en est la preuve. Le mot d'ordre est à la poursuite de la guerre, à la « bataille de la production » et au retour aux urnes. La démocratie rétablie dans ses formes traditionnelles, et même élargie avec le vote des femmes et des militaires, suppose l'effacement des structures nées dans la clandestinité. Il faut des conseils élus et non des comités autoproclamés, des partis et non des mouvements, des soldats et non des citoyens en armes, des policiers et non des milices (sauf intégration dans les CRS). Ce choix d'une révolution par en haut et d'une restauration par en bas correspond aux attentes du pays et d'une grande partie des résistants. Les élections municipales qui ont lieu au printemps avant même le retour d'Allemagne de quelque 1,7 million de prisonniers, requis et déportés, confirment ces orientations. Les résistants qui n'ont pas pu ou pas voulu intégrer ce jeu reprochent à de Gaulle d'avoir trahi l'esprit de cette Résistance qu'il a toujours regardée de haut, à moins qu'ils regrettent qu'il n'ait pas voulu prendre la tête d'un parti qui l'aurait rassemblée. Mais la priorité pour lui est au retour à l'ordre et à l'effort de guerre afin de rétablir la France dans sa grandeur.

Réformes de structure, déceptions sociales. Lorsque la Résistance prend le pouvoir, « tout est urgence », d'après Michel Debré. Il faut faire la part du feu. La hausse des salaires et des allocations familiales s'impose après des années de privation. L'emprunt de la Libération, lancé à l'automne, est un succès. C'est aussi un expédient. Le plan du ministre des Finances, René Pleven, en est un autre. Contre Pierre Mendès France, ministre de l'Économie nationale, démissionnaire le 5 avril 1945 parce que de Gaulle n'a pas choisi l'option qu'il proposait, le pouvoir recourra à l'emprunt et non à l'épargne forcée, il ne bloquera ni les salaires ni les prix, il échangera intégralement les billets. Le Général est obligé de trancher. En ce domaine comme dans d'autres, il délègue. Ainsi pour les réformes que le GPRF met en œuvre et dont le caractère fondateur est à comparer à celui des grandes lois républicaines des années 1880. Dans ses Mémoires, il leur consacre assez peu de place, mais l'autorité extraordinaire dont il jouit a permis de les imposer à ceux qui, à droite ou dans le patronat, s'en inquiétaient, ou d'en faire admettre les limites à ceux qui, à gauche, auraient souhaité aller plus loin. Il a confirmé au palais de Chaillot le 12 septembre son soutien au programme du CNR. Il le répétera. Ce programme correspond à son idée du bien commun et à son souci de renforcer la puissance publique. Le pilotage par l'État permettra d'assurer la stabilité politique et sociale et de renouer avec le développement.

Cette politique marquera l'économie et la société françaises jusqu'aux années 1980. Elle constitue une sorte de deuxième étape du Front populaire. La première vague de nationalisations, qui démarre dès la fin de 1944, relève plutôt de l'opportunité (Houillères du Nord-Pas-de-Calais, Renault, transport aérien). La deuxième se fera sans de Gaulle, qui hésitait à aller plus loin mais qui ne l'a pas moins annoncée. Elle concerne les grandes banques de dépôt, la Banque de France, la plupart des compagnies d'assurances et presque tout le secteur de l'énergie (EDF-GDF, Charbonnages de France). D'autres créations relèvent de ce schéma dirigiste : l'École nationale d'administration, conçue par Michel Debré, le Commissariat à l'énergie atomique, le Commissariat général du plan d'équipement et de modernisation. Confié à Jean Monnet, son initiateur, et décidé sans consultation de l'Assemblée, celui-ci figure parmi les dernières décisions du Général.

Le volet social de ces réformes, ouvert sous de Gaulle, a été amplifié après lui dans un paysage syndical renouvelé, avec, en particulier, une CGT sous emprise communiste qui ambitionne des responsabilités et un tout jeune CNPF (Conseil national du patronat français). Amorcé par la création des comités d'entreprise, il est prolongé par la création des délégués du personnel, la loi sur la prévention des accidents du travail, le rétablissement des conventions collectives, les statuts du fermage et de la Fonction publique. Ces réformes, qui s'échelonnent pour l'essentiel entre avril et décembre 1946, ont été précédées par les ordonnances des 4 et 19 octobre 1945 qui fondent la Sécurité sociale. Inspirées du plan Beveridge, elles rattachent les assurances sociales à un organisme unique couvrant tous les salariés. La plupart de ces décisions ont été prises avec le général de Gaulle. Mais celui-ci donne le sentiment de se désintéresser des préoccupations quotidiennes, toujours dominées par les pénuries et l'inflation. En dépit du respect qu'il inspire, son attitude le coupe d'une opinion désillusionnée. Elle réagira peu à sa démission.

La République, mais laquelle ? L'unité qui résiste au sommet de l'État cache mal les conflits qui, après l'intermède de la Libération, ont repris entre courants issus de la Résistance. Ce retour à la politique ne signe pas le décès de « la » Résistance. Il en est le prolongement (car ces luttes existaient dans la clandestinité) et l'aboutissement annoncé après la phase exceptionnelle de mise entre parenthèses de la vie démocratique. Alors que la droite classique et le radicalisme se sont effondrés, il repose sur des partis politiques profondément renouvelés, avec la poussée spectaculaire d'un PCF paraissant mettre en veilleuse ses ambitions révolutionnaires, la résurrection d'une SFIO jouant un rôle pivot, l'irruption d'un parti chrétien, le MRP, mais aussi sur la présence d'un « personnage quelque peu fabuleux » [*MG*]. Voulant se situer au-dessus, en relation directe avec le peuple et la France, de Gaulle cherche à prolonger « l'espèce de monarchie » [*MG*] qu'il a instaurée comme chef de la France libre. Michel Debré, qui a rejoint son cabinet, parlera, dans *Trois républiques pour une guerre*, de « despotisme éclairé ». Tout le problème est là.

Cette conception se heurte à la spécificité républicaine française. Exprimant une position partagée dans la Résistance, Daniel Mayer, responsable du parti socialiste clandestin, avait dit qu'elle admettait une « dictature », mais pour un temps limité, celui de la guerre et de la remise en route du pays, pas plus. La Résistance se situe dans la lignée de la République « républicaine », forgée contre l'Empire, contre la monarchie, contre Boulanger. Elle a combattu le maréchalat avec de Gaulle. Elle refuse le consulat même avec lui. Le problème des institutions brise l'unanimisme de la Libération. L'ordonnance du 21 avril 1944 a prévu la convocation d'une Constituante.

Le sort de la IIIe République paraît réglé. Mais le Général prend la tradition à contre-pied en imposant le recours au référendum et la limitation du pouvoir de l'Assemblée à élire. Il est confirmé dans ses choix par le double « oui » du référendum du 21 octobre 1945, à 80 % sur la nature constituante de ladite assemblée, à 66 % sur son mandat et ses compétences. Mais le PCF sort des urnes en tête et la SFIO est distancée par un MRP devenu le « parti du Général ».

Derrière l'unanimité de façade, les jeux paraissent faits. Élu chef du gouvernement le 13 novembre, de Gaulle peut encore faire plier les communistes en composant le gouvernement. Sans illusion, mais, selon les mots de Georges Bernanos le 6 décembre 1945, il « se croit non sans raison comptable de la démocratie française devant Dieu et devant l'Histoire ». Il garde l'espoir de peser sur la rédaction de la Constitution. On le lui refuse au nom de la séparation des pouvoirs. Les attaques socialistes contre le budget des Armées constituent le prétexte à un départ, le 20 janvier 1946, dont il attendait peut-être qu'il joue comme un électrochoc.

Coalition fragile, le tripartisme ne s'étend guère au-delà du gouvernement.

Bien que le Général se soit réfugié dans le silence, la Constitution, proposée au référendum le 5 mai, antithétique de ses positions, est repoussée par 53 % des suffrages exprimés. Cet échec renforce le MRP qui aux élections suivantes prend la première place et peut faire réintroduire dans le nouveau projet le bicamérisme et un certain renforcement de l'exécutif.

La Constitution de la IVe République est adoptée par le référendum du 13 octobre. Le général de Gaulle, qui a repris la parole, d'abord à Bayeux le 16 juin puis à Épinal le 22 septembre, a exposé ses conceptions. Il se gaussera d'une Constitution « acceptée par 9 millions d'électeurs, refusée par 8, ignorée par 8 ». Le MRP espérait plus d'indulgence pour un texte marqué par le souci de démocratie équilibrée. Son préambule n'est indigne ni de l'esprit de la Résistance, ni de l'œuvre du GPRF. Mais comment les institutions auraient-elles pu fonctionner alors que les deux principales forces issues de la Résistance, le Parti communiste français et le général de Gaulle, se référaient à d'autres modèles ?

Le GPRF clôt l'épisode de la Résistance, mais il fonde aussi une nouvelle ère. « Il n'est pas excessif de dire que la France a connu alors une des mutations législatives les plus profondes de son histoire et que cette mutation a été non seulement acceptée, mais voulue par le général de Gaulle », analyse Jean Touchard. Le moment contribue à l'ambivalence de son image : celle d'un Général si radicalement réformateur qu'il en est presque révolutionnaire naît alors. La gauche s'en saisira contre la droite conservatrice. La droite le brandira comme caution réformatrice contre une gauche sclérosée. Ainsi vont les mythes lorsque les personnages sont à leur hauteur. Jean-Marie GUILLON

• *Voir aussi* : Constitutionnelles (conceptions) ; Dirigisme ; Légalité républicaine ; Libération ; Ordre républicain

Bibl. : Philippe Buton, *La Joie douloureuse. La libération de la France*, Bruxelles, Complexe-IHTP, 2004 • André Kaspi (dir.), *La Libération de la France, juin 1944-janvier 1946*, Paris, Perrin, 1995 • Jean Touchard, *Le Gaullisme, 1940-1969*, Paris, Le Seuil, 1978.

GRÂCE (droit de). – Le droit de grâce est une prérogative personnelle du chef de l'État qui lui permet de commuer une peine prononcée par une juridiction répressive ou de dispenser, totalement ou partiellement, de son exécution. Il est prévu à l'article 17 de la Constitution du 4 octobre 1958 : « Le président de la République a le droit de faire grâce. » D'un point de vue symbolique, le droit de grâce est étroitement lié au statut du chef de l'État. La IIIe et la IVe République ne l'exaltaient guère. En vertu de la loi Rivet, la grâce n'était accordée qu'avec le consentement d'une Commission des grâces ; elle s'exerçait au nom de la Chambre des députés et sous son contrôle. Sous la IVe, le chef de l'État ne pouvait accorder la grâce qu'en Conseil supérieur de la magistrature. Le président de la Ve République, qui ne ressemble en rien à ses prédécesseurs, recouvre la plénitude de cette prérogative.

Charles de Gaulle était enclin à la mansuétude dans l'exercice de son droit de grâce et il n'abusera guère de la peine capitale. De 1959 à 1969, sur 146 condamnations à mort prononcées par une cour d'assises, 12 ont été exécutées ; 91,7 % des peines capitales ont donc été commuées.

En matière d'infractions de droit commun, il ne cherchait son inspiration que dans le secret de sa conscience. Il refusait d'envoyer un condamné à l'échafaud si des zones d'ombre persistaient. Maurice Patin explique qu'il avait une sûreté de jugement, une clairvoyance et une hauteur de vue qui l'impressionnaient, à quoi se mêlait une sensibilité qui se dissimulait mal sous une apparente rigueur. Dans ses décisions, le Général ne fit jamais de concessions aux passions du moment ni aux mouvements de l'opinion publique. C'était seulement dans les éléments du dossier qu'il forgeait son opinion. Cette attitude indépendante s'exprima dans l'affaire Gaston Dominici, qui obtiendra sa liberté. De Gaulle graciait automatiquement les femmes ainsi que les mineurs. Si certains pensaient qu'il n'y avait aucune différence entre l'exécution d'une femme et celle d'un homme, ce n'était pas la vision de De Gaulle, chrétien de religion et d'éducation. À une question d'Alain Peyrefitte sur cette attitude, le Général répondit : « L'homme et la femme sont égaux, mais ils ne seront jamais pareils [...]. Et puis il y a quelque chose de sacré dans la femme. Elle peut devenir mère. Une mère c'est beaucoup plus qu'un individu. C'est une lignée. »

En matière d'infractions politiques, de Gaulle privilégiait la raison d'État. Président du GPRF (Gouvernement provisoire de la République française) à la Libération, il se montra sévère et rigoureux pour les collaborateurs actifs. Pierre Pucheu, ancien ministre de l'Intérieur du gouvernement de Vichy, se vit refuser sa grâce. Charles de Gaulle écrit à ce propos : « La raison d'État exige un rapide exemple [...], il faut que nos combattants, il faut que nos adversaires, aient sans délai la preuve que les coupables ont à répondre de leurs actes » [*MG*]. La grâce refusée à Pierre Laval et à Joseph Darnand est justifiée par la nécessité de condamner Vichy dans la personne de ses dirigeants afin de « désolidariser la France d'une politique qui avait été celle du renoncement national ». À propos de Robert Brasillach, le Général notera : « Le talent est un titre de responsabilité. »

À l'issue du procès Pétain, la Haute Cour avait prononcé la peine capitale, mais, en même temps, elle avait exprimé le vœu qu'il n'y eût point d'exécution. De Gaulle écrira : « J'étais d'ailleurs décidé à signer la grâce, en tout cas. » À ses yeux, la faute capitale du maréchal Pétain et de son gouvernement avait été de conclure un armistice avec l'ennemi au nom de la France, d'avoir « manqué à nos alliances » et, par-dessus tout, d'avoir soumis l'État « à la discrétion du Reich ». Mais, commente-t-il : « Les faits évoqués, les témoignages apportés, le réquisitoire, les plaidoiries, firent voir que son drame avait été celui d'une vieillesse que la glace des années privait des forces nécessaires pour conduire les hommes et les événements. [...] Mon intention était qu'après l'avoir détenu deux ans dans une enceinte fortifiée, il allât terminer sa vie, retiré chez lui, près d'Antibes » [*MG*]. Le Général accordera également la grâce de deux anciens dignitaires SS, Karl Oberg et Helmut Knochen, à la demande du chancelier Adenauer en janvier 1963. Celui-ci avait affirmé qu'il ne pourrait obtenir la ratification par le Bundestag du traité de l'Élysée qu'à cette condition. Jean Foyer prépara le décret de grâce pour le chef de l'État et les deux condamnés quittèrent discrètement la France.

Le Général n'a point gracié ceux qui avaient adopté des attitudes subversives lors de la crise algérienne, ainsi que ceux qui avaient commis des actes criminels et sanglants contre des agents de l'État, voire contre le président de la République. Ce fut le cas pour les assassins d'un commissaire de police, les légionnaires Albert Dovecar et Claude Piegts, et pour le lieutenant Degueldre, chef des commandos Delta de l'OAS (Organisation armée secrète), auteurs de nombreux crimes. Surtout, de Gaulle refusa la grâce de Jean-Marie Bastien-Thiry qui avait organisé l'attentat du Petit-Clamart. Ce dernier aurait sans doute pu l'obtenir s'il avait admis des désordres mentaux que la famille n'a jamais voulu reconnaître. Dans le cas du général Jouhaud, de Gaulle pensait que son exécution était nécessaire et qu'elle condamnerait à tout jamais les attentats de l'OAS, mais le garde des Sceaux, Jean Foyer, plaida que « le refus de la grâce apparaîtrait comme une réaction d'irritation et de dépit... qui nuirait à sa gloire ». Elle fut finalement accordée après une longue attente.

Le Général manifestera ensuite une volonté d'apaisement sur les affaires liées aux activistes d'Algérie et à l'OAS. À partir de 1964, il commence à accorder des mesures de grâce par décrets collectifs qui concernent des centaines de personnes. Les généraux Challe et Zeller, tous deux condamnés à quinze années de détention criminelle, sont graciés en 1966. Le droit de grâce témoignait selon lui de l'équité étatique. Ainsi partageait-il le point de vue de Beaumarchais : « Quand le mal a toutes les audaces, le bien doit avoir tous les courages. »

Anne FREYSSINIER

• *Voir aussi* : Amnisties ; Droit ; Juridictions d'exception ; Justice

Bibl. : Anne Freyssinier, *Le Droit de grâce du chef de l'État, le cas de la Ve République*, thèse de droit, université Toulouse-I, décembre 2001 • Maurice Patin, « L'exercice du droit de grâce par le général de Gaulle », *Espoir*, n° 103, juillet 1995, p. 78.

GRANDE-BRETAGNE. – *Voir* ANGLETERRE.

GRANDE GUERRE. – « Au fond de votre tombe vendéenne, aujourd'hui, 11 novembre, Clemenceau ! vous ne dormez pas. Car certainement, la vieille terre de France qui vous enserre pour toujours a tressailli de colère tandis que le pas insolent de l'ennemi et la marche feutrée des traîtres foulaient le sol de la patrie. Ah ! Vieux Tigre ! De votre temps nous avions des canons qui hachaient les rangs allemands, des chefs que rien n'abattait et une caponnière à Vincennes pour faire justice de la trahison. Nous avions vous, qui répondiez à toutes les voix de l'infamie : “La guerre, rien que la guerre, le pays connaîtra qu'il est défendu.” [...] Quand la victoire sera gagnée et que justice sera faite, les Français viendront vous le dire. Alors, avec tous les morts, dont est pétrie la terre de France, vous pourrez dormir en paix » [*DM*]. C'était le 11 novembre 1941 à la radio de Londres.

Aujourd'hui, et souvent de façon inconsciente, les Français sont encore conditionnés – pas forcément pour le meilleur – par une épreuve comme la France n'en avait jamais subi. On peut imaginer sans peine ce qu'il en a été pour ceux qui l'ont vécue et très particulièrement pour un homme déjà pétri d'histoire comme le capitaine de Gaulle. Pour cet homme fier qui ne regrettait rien, le fait d'avoir été fait prisonnier et de n'avoir pu participer à la fin de la guerre et à la victoire est resté une peine indélébile. Il y reviendra à plusieurs reprises. Ainsi le 1er novembre 1918 écrivait-il à sa mère d'Allemagne où il était encore retenu : « À l'immense joie que j'éprouve avec vous des événements, se mêle il est vrai pour moi, plus amer que jamais, le regret indescriptible de n'y avoir pas pris une meilleure part. Il me semble qu'au long de ma vie – qu'elle doive être courte ou prolongée – ce regret ne me quittera plus. Que du moins il me serve d'aiguillon à penser et à agir, mieux et davantage pour tâcher de remplacer par beaucoup d'heures obscurément utiles, les quelques heures décisives et triomphantes que je n'aurai point vécues ! » [*LNC*].

Est-ce une hypothèse aventurée de dire que c'est bien ce qui s'est passé ? La pensée du jeune officier, catholique intégral, nationaliste convaincu, manquait beaucoup d'ouverture. L'histoire qui l'avait nourri était une histoire connotée. À propos de la campagne des Dardanelles, même un homme aussi croyant que le futur maréchal Fayolle se contentait de suggérer le combat entre le christianisme et l'islam ; ce n'était pas le cas du capitaine de Gaulle. « Quel rôle odieux jouent les Allemands, écrivait-il à sa mère le 2 mai 1915, dont toute la politique en Orient tend à diviser les Chrétiens contre les Musulmans ? Et comment est-il possible que le Pape favorise [...] les infidèles aux dépens des Croisés, ou du moins hésite entre eux ? Je veux bien admettre que les motifs qui portent nos troupes sur Constantinople sont médiocrement chrétiens, mais il n'est pas douteux que notre succès sera avant tout un succès chrétien et que la destruction de l'Empire turc sera un coup terrible porté à l'Islamisme et à l'avantage de la Chrétienté. Les répercussions en seront immenses, en particulier aux Indes et surtout en Afrique où la doctrine de Mahomet s'étend avec une rapidité effrayante, interdisant ainsi pour des siècles le succès des missionnaires catholiques et protestants et aussi le progrès de notre Civilisation » [*LNC*].

La leçon de la défaite allemande. On peut se demander si le jeune capitaine, s'il avait fait la guerre jusqu'au bout, serait devenu le général de Gaulle. Prisonnier, il lit énormément, en particulier la presse allemande, et réfléchit. Il se réjouit de certaines sanctions collectives, ou individuelles en suite à ses tentatives d'évasion, qui le mettent dans de meilleures conditions de calme pour lire et travailler. Il est sûr en tout cas que sa pensée s'approfondit, se diversifie : elle n'est plus celle du « soldat » au sens étroit du terme, elle est devenue celle de l'historien de son époque, même si sa pensée reste tournée vers l'action.

De ce point de vue, un texte semble

important, celui de la conférence qu'il prononce quelques jours avant la fin de la guerre, qui s'intitule « La limitation des armements » et qu'il aurait mieux valu dénommer « Les causes de la guerre » [*LNC*]. L'esprit de cette conférence est très loin de ce qui était dit traditionnellement en France et qu'on continua de dire longtemps. Le capitaine de Gaulle s'écarte de la dénonciation de l'agression allemande pour développer de toutes sortes de façons le poids des nations dans l'éclatement de la guerre. Il a cette phrase à propos des dirigeants de la Triple Entente et de la Triple Alliance : « Les hommes d'État des deux systèmes n'ouvrirent point la bouche pour annoncer autre chose que des intentions pacifiques – et de fait ils en avaient. » Mais les déséquilibres entre nations ont été plus forts que les volontés humaines. « La guerre éclata toute seule », dit-il encore, ce qui le conduit à un grand pessimisme pour l'avenir. Les résultats de la Conférence de la paix ne sont évidemment pas connus, la guerre n'est même pas encore terminée, mais le conférencier estime (dans certains cas ses prévisions sont fausses, dans d'autres non) que de la paix ne pourront sortir que de nouveaux déséquilibres – si la France récupère l'Alsace et la Lorraine, ce sera au tour des Allemands de les revendiquer – et que les peuples qui ne pourront pardonner aux autres ce qu'ils auront subi seront rapidement prêts à en découdre de nouveau. « Chacun sait, chacun sent que cette paix n'est qu'une mauvaise couverture jetée sur des ambitions non satisfaites, des haines plus vivaces que jamais, des colères nationales non éteintes. »

On comprend qu'une fois la guerre terminée l'officier-historien ne peut détacher son regard de cette terrible convulsion que vient de connaître l'Europe, et c'est à elle qu'il consacre ses deux premiers ouvrages, *La Discorde chez l'ennemi* en 1924 et *Le Fil de l'épée* en 1932. On sent combien il y recherche les leçons de l'Histoire – et il est fascinant de se rendre compte de l'attirance que l'analyse de la défaite allemande provoque chez lui, comme s'il voyait déjà se profiler une autre défaite – et comment il sait déjà que les problèmes ne sont pas seulement militaires. Le dernier chapitre de *La Discorde chez l'ennemi* est un récit haletant, épique, de ce qu'il appelle « la déroute du peuple allemand » qui, en quelques jours, passe de la certitude de la victoire – lors des offensives du printemps 1918 – à l'inquiétude et au doute, puis à l'abandon. Arrive l'offensive moins réussie de juin : « C'est de ce jour que commencèrent d'apparaître les signes de nervosité, puis de malaise, puis d'inquiétude qui marquaient des fissures dans la confiance et des défaillances dans la volonté. » Puis ce fut l'échec de l'offensive de Champagne du 15 juillet : « Nul n'en fut sérieusement surpris. On était résigné d'avance à l'échec » ; « L'Allemagne au moment de porter le coup suprême s'enfonçait dans le doute, l'Allemagne ne croyait plus à la victoire. » Mais ne plus croire à la victoire, ce n'est pas encore croire à la défaite, d'où cette « sorte de stupeur morale » provoquée par la contre-offensive alliée du 18 juillet, qui « saisit à la fois un souverain autoritaire et orgueilleux, un gouvernement, jusque-là tenace, un monde politique docile, un commandement militaire confiant, une troupe obéissante et courageuse. Cette stupeur [...] annihila d'un seul coup les qualités de guerre du peuple allemand ». Puis c'est l'écroulement dont le symbole lui paraît être « la presse allemande, [qui] jusque-là remarquable de sens politique et d'opportunisme, ayant toujours su prendre le ton qu'il fallait et au moment où il le fallait, [...] perdait soudain toute sa valeur [...], répandait partout le désarroi où elle se trouvait, augmentait l'exaspération, l'angoisse et le découragement ». On ferme les yeux et on se croit en juin 1940 : la geste du général de Gaulle qui commença à ce moment-là n'avait rien d'improvisé. Il y avait réfléchi depuis bientôt vingt ans. Dès l'avant-propos de son ouvrage, il insistait sur « le brusque et complet effondrement moral d'un peuple vaillant ». Peuple vaillant ? Dans ce domaine aussi le jeune officier (il a trente-deux ans) est en rupture avec les thèses de l'époque. Celui qui, plus tard, devait accueillir chez lui à Colombey le chancelier Adenauer, au grand émoi de ses proches si l'on en croit Philippe de Gaulle, écrivait : « La défaite allemande ne saurait empêcher l'opinion française de rendre à nos ennemis l'hommage qu'ils ont mérité par l'énergie des chefs et les efforts des exécutants. » Quelques lignes plus loin, il ajoutait que ce « peuple vaillant » avait montré « une obstination d'endurance, une capacité de souffrir qui méritaient, depuis le premier jour de la guerre, l'étonnement et l'admiration des ennemis ». Il obtiendra « assurément l'hommage de l'Histoire », concluait-il.

La leçon de la conduite de la guerre du côté français. En apparence, *Le Fil de l'épée* est plus éloigné de la Grande Guerre et de l'Histoire que *La Discorde chez l'ennemi*. Davantage un ouvrage de réflexion sur ce que doit être un chef, sur ce qu'est la guerre, sur la nécessité de s'y préparer malgré l'horreur qu'elle inspire – particulièrement lorsqu'il n'y a pas de danger de guerre et que les dépenses qu'une telle préparation provoque peuvent sembler inutiles. Mais en quelques pages, il illustre avec une histoire militaire de la Grande Guerre ce qui lui apparaît comme la leçon essentielle : si le chef doit être un mélange d'intelligence et d'instinct, il doit être surtout l'homme qui sait s'adapter aux circonstances. Pendant trois ans, de 1914 à 1917, sauf dans une certaine mesure au moment de la bataille de la Marne, les commandements français ont été incapables de s'adapter aux circonstances. Ils avaient une théorie et entendaient l'appliquer purement et simplement. Le commandant de Gaulle en savait quelque chose car il était de ceux qui l'avaient appliquée, à vrai dire sans se poser de questions. D'où des pages féroces, vraisemblablement au souvenir de tous ces morts inutiles qui en avaient été la conséquence immédiate : « Ainsi une génération militaire se persuadait que l'offensive avait une valeur transcendante. Quelles que fussent les circonstances, le fait seul d'attaquer conférait une supériorité que l'on inclinait à croire absolue. Du moment que le mouvement en avant possédait par lui-même une puissance irrésistible, tout se ramenait à le provoquer. On avait ainsi trouvé la loi du succès, la règle définitive de l'action, la base permanente de la conception auxquelles on tendait sans cesse. Engagée dans cette voie, la pensée militaire allait marcher d'abstraction en abstraction. Elle avait quitté le terrain de la réalité guerrière, elle allait transformer en doctrine une métaphysique absolue de l'action. » De cette conception ont découlé les défaites de Sarrebourg-Morhange, d'Arlon-Virton, de Charleroi en 1914, les offensives meurtrières de 1915 et 1916 – « la percée devint une entité suprême et comme divine... ». Il en fut de même avec l'offensive du chemin des Dames en 1917 dont le mérite fut cependant d'être la dernière de son genre. Le commandant de Gaulle explique encore que seul Pétain avait compris que la « guerre d'usure » précédait l'assaut et qu'elle ne devait pas être le résultat d'une tentative de percée manquée.

Le hasard a voulu qu'aucun des quatre frères de Gaulle ne soit mort à la guerre. La carrière des trois autres s'est inscrite dans un tout autre contexte, mais de sa réflexion sur cette guerre qu'il n'a faite qu'en partie, on peut dire que tout le personnage du général de Gaulle est sorti. Il y a un lien total entre ce qu'il fut plus tard et son analyse de la Grande Guerre, tant au point de vue militaire qu'à celui du comportement des peuples.

Jean-Jacques BECKER

• *Voir aussi* : Allemagne ; Captivité ; Clemenceau, Georges ; Douaumont ; Soldat

GRANDEUR ET RANG. – « Cette nation, que depuis tant de siècles on voyait à la première place... » [*MG*]. C'est la phrase qui dans *Le Salut* ouvre le chapitre intitulé « Le rang ». L'amour de l'Histoire, celle que l'on enseigne à l'école après la défaite de 1870 et jusqu'aux années 1960, aura joué un rôle majeur dans la construction du rêve gaullien de grandeur. Une mystique que partagent intensément plusieurs générations de « patriotes » et qui déborde largement les frontières plus étroites du nationalisme politique. Les deux premières pages des mêmes *Mémoires de guerre* évoquent clairement cette culture dans laquelle baigne le milieu familial du jeune Charles de Gaulle : « Mes trois frères, ma sœur et moi-même avions pour seconde nature une certaine fierté anxieuse au sujet de notre pays. »

Aimer la grandeur. Dès les premiers écrits, la grandeur est un thème central dans la pensée de De Gaulle. Paradoxalement, elle n'est jamais réellement définie, sinon, dans *Le Salut*, comme un « souffle ». Qualité aux contours imprécis, elle tire son magnétisme de la fluidité même de ses connotations. Chaque fois qu'elle apparaît, dans un texte ou un discours, le Général y dévoile ce côté romantique de son patriotisme qui coexiste si étrangement avec un solide sens des réalités. Une alliance rare qui aura beaucoup contribué à son exceptionnel charisme politique en des moments décisifs. La grandeur de la France, il l'associe tantôt aux « succès achevés », tantôt aux « malheurs exemplaires » : le prestige de Louis XIV et du Grand Siècle, le sursaut héroïque des soldats de l'an II, la gloire des armées napoléoniennes, mais aussi l'aventure coloniale et la « mission civilisatrice » telle que pouvaient la concevoir, au temps de son enfance, les héritiers de Jules Ferry ; c'est enfin la victoire qui termine la Grande Guerre. Cependant, la grandeur ne se laisse pas enfermer dans des épisodes historiques, si glorieux soient-ils. Elle est mystérieusement liée au « génie national » de la France, qui transcende les faiblesses des Français et celles, trop évidentes, de beaucoup de ses dirigeants. Un peuple trop petit pour un rêve trop grand ? Parfois de Gaulle ne semble pas éloigné de le croire ; et l'on sait qu'en privé il lui est arrivé de traiter les Français de « veaux ». Au fond, cette idéalisation extrême de la patrie – « La France ne peut être la France sans la grandeur » [*MG*] – évoque l'ardeur des sentiments de l'amant pour qui l'objet aimé ne peut être perçu que comme un être d'exception. Quand on a choisi de se dévouer au service de la patrie, en embrassant la carrière militaire avec ses lourdes servitudes, n'est-il pas souhaitable que la cause à défendre soit perçue comme la plus élevée qui soit ? Cette exaltante conviction l'a aidé à endurer les côtés rebutants du quotidien ; elle a aussi permis au jeune officier des années 1920 de se croire appelé à une mission d'exception.

Chez de Gaulle, le thème de la grandeur est en effet décliné non seulement à propos de la France, mais aussi des chefs qui doivent la servir. C'est un leitmotiv du *Fil de l'épée*. « On ne fait rien de grand sans de grands hommes, et ceux-ci le sont pour l'avoir voulu. » Cette phrase éclaire la question de savoir pourquoi de Gaulle a si passionnément insisté sur la grandeur de la France et son génie historique. Si la noblesse de la cause défendue ennoblit ceux qui se dévouent pour elle, corps et âme, la réciproque est également vraie. Certes, la grandeur de la France exige des chefs dignes de son destin, mais cette grandeur résulte aussi, historiquement, de ces dévouements exemplaires, voire héroïques, que l'amour de la patrie a réussi à susciter. Les dirigeants médiocres, dépourvus de vision ou de caractère, sont ainsi doublement disqualifiés.

Se hisser au niveau des plus grands. La grandeur ne va pas sans le rang. Une telle perception s'enracine dans un univers de référence aristocratique. Elle postule une vision de la société où les positions sont d'inégale dignité, ce qui ne s'accorde pas, comme le notait Tocqueville avec regret, au discours dominant des temps démocratiques. Le thème doit donc se faire discret en politique intérieure. Mais, pour de Gaulle, l'obsession du rang se manifeste essentiellement dans les relations internationales, là où coopèrent et s'affrontent des États de puissance inégale. La France au premier rang ? Au lendemain d'un « désastre invraisemblable », de Gaulle sait bien qu'il ne s'agit plus que d'un souvenir mélancolique. Mais retrouver son rang, c'est se battre avec acharnement pour qu'elle soit, écrit-il dans *Le Salut*, de nouveau « appelée aux côtés des plus grands à régler le sort du monde » [*MG*]. En 1945, il savoure ce plaisir d'un rétablissement spectaculaire, après les humiliations de Casablanca, Téhéran, Yalta, Potsdam, lorsque la France était absente des conférences qui ont modelé le destin de tant d'États, européens ou non. L'une de ses plus grandes satisfactions est sans doute l'entrée de la France au Conseil de sécurité des Nations unies comme membre permanent aux côtés des quatre autres plus grandes puissances de l'époque. C'est, à ses yeux, la consécration éclatante d'une considération internationale retrouvée.

Le seul rang digne de la France, c'est celui de puissance mondiale : être présent sur tous les continents, conserver les mains libres, appartenir au cercle restreint qui exerce une influence prédominante dans les affaires planétaires. Cette ambition ne passe plus par la possession d'un Empire, même replâtré en Union française, comme de Gaulle le croyait encore dans ces années de guerre où il déployait tant d'énergie pour reprendre pied au Levant (1941), à Madagascar (1942) ou en Indochine (1945). Il le reconnaît lucidement dès le début des années 1950. De fait, le vent de décolonisation transforme en boulet ce qui était un atout. Il tentera de transformer ce qui peut l'être à temps, pour maintenir le maximum de positions d'influence dans l'ex-Empire. La « Communauté » sera le dernier avatar institutionnel de cette politique avant sa rapide disparition. Cependant, des liens personnels soigneusement entretenus par le Général avec les chefs d'État africains et le réseau d'accords de coopération qui les lient à la France continuent d'assurer à l'ex-métropole des atouts diplomatiques non négligeables sur la scène internationale. Dans l'espace européen, la recherche du rang, c'est à la fois la lutte contre l'égalisation des conditions dans une Communauté économique européenne trop intégrée et les tentatives d'imposer une « Europe de teinture française » grâce à une coopération privilégiée avec l'Allemagne de Konrad Adenauer. Enfin, la mise au point au début des années 1960 de la force de frappe permet de forcer l'entrée du club très fermé des puissances nucléaires ; un succès dont de Gaulle tire une satisfaction d'autant plus grande qu'à la différence de la Grande-Bretagne la France ne s'est pas lié les mains avec les États-Unis dans le développement de ses armes stratégiques. Plus largement encore, le rang c'est le souci pointilleux de faire respecter sa souveraineté contre tous les empiètements, l'affirmation ombrageuse de ne se sentir engagé que par des accords librement souscrits ; bref, c'est le refus de tous les partenariats inégaux – au sein de l'OTAN notamment –, *a fortiori* l'hostilité à toute réduction au statut d'État client, qu'il dénonce dans l'atlantisme.

Cette politique de la grandeur et du rang peut être appréciée de diverses manières. Si elle a rendu leur fierté à beaucoup de Français – d'autres restant néanmoins circonspects –, à l'étranger elle aura fait sourire ou agacé, notamment aux États-Unis, en Grande-Bretagne voire en Allemagne où l'expression un peu sarcastique qui désigne traditionnellement la France, « la Grande Nation », a retrouvé de la vitalité. Un certain pathétique se dégage de cette rhétorique, car le ton employé excédait souvent les moyens réels d'influence. De Gaulle en était d'ailleurs conscient : il savait son pays devenu une « puissance moyenne », au regard du développement prodigieux de l'URSS et des États-Unis. Il a « sur-joué » délibérément le rôle international de la France avec les avantages et les inconvénients de ce registre. En politique, les paroles produisent des effets de réalité et les apparences sont des faits quand elles provoquent des réponses. De Gaulle aura contribué à alimenter un fond de francophobie déjà ancien aux États-Unis, mais qui n'a pas eu de conséquences politiques majeures sous sa présidence. En revanche, se faisant le chantre de l'autodétermination des peuples face aux blocs, il aura suscité un réel intérêt, même s'il fut surtout un succès d'estime peu traduit dans des avancées concrètes. Quant à sa politique nucléaire, elle aura contribué, un temps, à l'isolement diplomatique de la France parce que les premières explosions au Sahara se sont déroulées au moment où se mettaient en place le traité d'interdiction des essais dans l'atmosphère et celui de non-prolifération nucléaire. Mais, avec le recul du temps, c'est bien le discours de la grandeur qui a rendu de Gaulle plus grand aux yeux des générations ultérieures.

Philippe Braud

• *Voir aussi :* France (idée de la) ; Histoire ; Politique étrangère

Bibl. : Institut Charles-de-Gaulle, *De Gaulle en son siècle*, t. 4, *La Sécurité et l'indépendance de la France*, Paris, Plon, 1992 • Maurice Vaïsse,

La Grandeur. Politique étrangère du général de Gaulle, 1958-1969, Paris, Fayard, 1998.

GRANDVAL, Gilbert Hirsch-Ollendorff, dit (1904-1981). – Né à Paris, petit-fils de l'éditeur Paul Ollendorf, Gilbert Hirsch-Ollendorff est directeur d'une entreprise chimique. Il mène dès 1940 des activités de résistance. En novembre 1943, sous le pseudonyme de Gilbert Grandval, il devient chef de la branche militaire du mouvement Ceux de la Résistance (CDLR). Il organise les FFI dans la région Est et, commandant de la 20e Région militaire en septembre 1944, reçoit de Gaulle à Nancy. Il est nommé gouverneur militaire de la Sarre en septembre 1945 et reste à ce poste jusqu'en 1955, recevant successivement le titre de haut-commissaire de la République en 1948, puis d'ambassadeur en 1952.

Alors que l'annexion de la Sarre est considérée comme acquise par le public français, de Gaulle la récuse. Dans la première directive consacrée aux affaires sarroises qui émane du Comité interministériel pour les Affaires allemandes et autrichiennes, le 3 septembre 1945, il évite le terme d'« annexion » et choisit celui d'« assimilation ». D'où l'importance d'une politique culturelle tendant à attacher les Sarrois à long terme à la France. En outre, l'union économique et douanière avec la France, scellée en 1947-1948, a pour but de permettre à la France de recouvrer une position dominante dans l'industrie sarroise. En dehors de ces perspectives, la politique sarroise de Paris est floue en 1945-1946 : la Ruhr, la décentralisation de l'Allemagne et les réparations sont des sujets autrement importants. C'est après le départ du général de Gaulle que la position française à l'égard de la Sarre se précise. Celle-ci est définie au printemps 1947, lorsque le Quai d'Orsay installe une sous-direction Sarre, placée au départ sous l'autorité de Michel Debré, secrétaire général aux Affaires allemandes et autrichiennes de septembre 1947 à octobre 1948. Grandval se trouve alors souvent en opposition avec Paris. Mais le statut politique de la Sarre n'est pas clarifié avant la proposition d'européanisation, qui est refusée par deux tiers des votants au référendum de 1955. Ce résultat entraîne l'intégration de la Sarre à la RFA en 1957-1959.

Grandval s'est attaché à cette province dont il chercha à faire une entité autonome formant un pont entre la France et l'Allemagne. Il mena une politique culturelle active et une politique sociale novatrice. Il réforma notamment la Sécurité sociale en combinant les traditions françaises et allemandes, mais s'aliéna les syndicats en refusant la formule allemande de participation dans les entreprises à dominante française. Durant dix ans, il rencontra une opposition locale croissante et son « règne » demeure controversé dans la mémoire sarroise.

En juin 1955, Grandval est nommé résident général de la France au Maroc, poste dont il démissionne dès septembre pour cause de désaccord avec la politique gouvernementale. Ministre du Travail de mai 1962 à janvier 1966, ce gaulliste de gauche, cofondateur de l'Union démocratique du travail, fut confronté aux grandes grèves minières de 1963, combattit pour la généralisation de la Sécurité sociale, mit en œuvre l'extension des congés payés à quatre semaines en 1963 et tenta en vain d'étendre la participation dans les entreprises en 1965. Rainer HUDEMANN

• *Voir aussi* : Allemagne ; GPRF (œuvre extérieure du) ; Sociale (politique) ; UDT ; Zone française d'occupation

Bibl. : Arnim Heinen, *Saarjahre. Politik und Wirtschaft im Saarland 1945-1955*, Stuttgart, Steiner, 1996 • Hans-Christian Herrmann, *Sozialer Besitzstand und gescheiterte Sozialpartnerschaft. Sozialpolitik und Gewerkschaften im Saarland 1945 bis 1955*, Sarrebruck, Kommission für Saarländische Landesgeschichte und Volksforschung, 1996 • Rainer Hudemann et Raymond Poidevin (dir.), *Die Saar 1945-1955. Ein Problem der europäischen Geschichte. La Sarre 1945-1955. Un problème de l'histoire européenne*, Munich, Oldenbourg, 1995 (1re éd., 1992).

GRENIER, Fernand (1901-1992). – Né à Tourcoing dans une famille très modeste, Fernand Grenier est après le certificat d'études apprenti mouleur, apprenti boulanger puis aide-comptable. Il adhère au Parti communiste français (PCF) en 1922 et est secrétaire du maire communiste d'Halluin en 1925. Organisateur et propagandiste talentueux, il est appelé à Paris en 1932 pour diriger l'Association des amis de l'URSS. Son action politique prend une dimension nationale en 1935, lorsque le Parti lui confie la mission d'évincer Jacques Doriot de Saint-Denis. En 1937, Grenier est élu député de cette ville ; à la Chambre, il joue un rôle important au sein de la commission des Affaires étrangères.

Mobilisé en septembre 1939, il est déchu de son mandat le 21 janvier 1940 avec tous les députés communistes. Arrêté le 5 octobre 1940 à Saint-Denis où il devait réorganiser le Parti, transféré en mai 1941 au camp de Châteaubriant, il s'en évade le 19 juin avec trois autres dirigeants. Caché à Paris, il écrit pour la presse communiste clandestine. À la suite d'arrestations, il perd le contact avec la direction du PCF puis le retrouve grâce à sa femme Andréa.

Chargé fin 1942 d'entrer en relation avec la Résistance non communiste, notamment gaulliste, il rencontre le colonel Rémy le 25 novembre. Avec celui-ci, il parvient à Londres le 11 janvier 1943. Délégué officiel du PCF auprès du général de Gaulle, il remet à celui-ci la lettre d'adhésion du Parti à la France combattante et une lettre de Charles Tillon au nom des Francs-tireurs et partisans (FTP). Devenu conseiller au commissariat à l'Intérieur, il milite en faveur de l'action immédiate et du renforcement de l'aide aux FTP.

En août puis en septembre, de Gaulle lui propose un poste au Comité français de la Libération nationale (CFLN). Jacques Duclos, consulté, consigne dans une lettre du 5 octobre 1943 les conditions de la participation communiste. Après avoir rejoint Alger le 28 octobre, Grenier participe avec ses camarades de la délégation du Comité central aux négociations sur l'entrée des communistes au CFLN. Elles échouent sur les attributions des commissaires et leur désignation, de Gaulle voulant les nommer en toute souveraineté, le PCF entendant choisir ses représentants. Mais la porte reste ouverte et de Gaulle envisage publiquement la participation communiste le 18 mars 1944. Après une ultime rencontre, deux communistes entrent le 4 avril au CFLN : François Billoux comme commissaire d'État, à la demande du PCF, et Fernand Grenier comme commissaire à l'Air, selon la volonté de De Gaulle. N'ayant pu obtenir l'unité aérienne qu'il demandait pour aider le maquis du Vercors en juillet 1944, Grenier accuse de Gaulle d'attentisme. Sommé de se rétracter, il accepte de le faire le 26 juillet pour éviter une crise, mais perd son ministère dans le Gouvernement provisoire de la République française remanié après la Libération ; il est remplacé par Charles Tillon.

Après la guerre, résolument hostile au RPF puis au retour de De Gaulle au pouvoir, il est réélu député de Saint-Denis jusqu'en 1968, date à laquelle il quitte la vie politique. Roger BOURDERON

• *Voir aussi* : Action immédiate ; Antigaullistes de gauche ; CFLN ; Humanité (L') clandestine ; PCF ; Résistance intérieure

Bibl. : Fernand Grenier, *C'était ainsi : 1940-1945*, Paris, Éditions sociales, 1978 • *Londres-Paris 1943 : les relations de Gaulle-PCF, correspondance Fernand Grenier-Jacques Duclos*, introduction de Germaine Willard, Paris, Institut de recherches marxistes, 1994.

GRÈVE DE L'ORTF (1968). – La grève de l'ORTF en mai-juin 1968 fait pleinement apparaître la conception gaullienne de l'information publique. Le général de Gaulle a toujours été irrité que la radio-télévision ne soit pas l'« instrument magnifique de soutien de l'esprit public » qu'il aurait voulu en faire. Sa révolte après une longue soumission lui est d'emblée intolérable. Là, plus que partout ailleurs, de Gaulle est tout au long de la crise partisan de la manière forte, qui finira, au moins partiellement, par triompher.

Au début des événements, le silence absolu de la télévision publique paraît insupportable. Dans les revendications des manifestants, la liberté de l'information est très présente. Plusieurs slogans et affiches de Mai – le sigle de l'ORTF en fil de fer barbelé – s'en prennent directement à l'Office. Des journalistes, notamment ceux des grands magazines d'information, comme *Cinq colonnes à la une* ou *Panorama*, plus libres que le journal, essaient de couvrir les manifestations, mais leurs reportages sont interdits de diffusion. Le 11 mai, les producteurs de magazines dénoncent la « scandaleuse carence d'information » du public. Ils sont bientôt rejoints par des auteurs et réalisateurs. L'entrée dans la grève a lieu lentement, et elle ne devient générale qu'après une assemblée de tous les personnels le 17. Si les revendications se teintent de politique (on demande notamment que soit créé un comité pour l'objectivité des programmes), elles sont pour la plupart classiques, touchant aux salaires et au droit du travail. Mené depuis le 17 par une intersyndicale où siègent des personnalités aussi peu extrémistes qu'Alain Decaux, représentant des auteurs, l'Office échappe pleinement à la tentation gauchiste. Mais « le pouvoir », comme on dit alors, ministre de l'Information en tête, croit avoir perdu le contrôle de ce qu'il juge un outil de gouvernement indispensable. Il lui faut réagir.

Le 19, de Gaulle, revenu de Roumanie, s'adresse à Georges Gorse, ministre de l'Information désabusé et impuissant : « Pour l'ORTF vous reprenez les choses en main. Vous mettez les trublions à la porte, et puis voilà », consignes renouvelées le 28 mai au téléphone : « Foutez-les tous à la porte. » Entre-temps, le 25, ultime sacrilège, les journalistes de télévision se sont associés à la grève. Seule une poignée de non-grévistes continue de diffuser un journal à partir d'un studio situé sous le pilier nord de la tour Eiffel. Lorsque le Général reprend le contrôle des événements, les grévistes vont payer ce qui est perçu comme une trahison. Après la manifestation du 30 mai, Yves Guéna, nouveau ministre de l'Information, fait évacuer certains locaux, puis commence à expulser, le 4 juin, les techniciens grévistes tandis que la direction de l'ORTF, jugée tiède, est remplacée. Le retour au travail a lieu, lentement, une catégorie après l'autre, jusqu'à la mi-juillet.

Lors des négociations avec la direction et le ministre, l'ORTF ne connaît pas ses accords de Grenelle. On se contente d'adapter, modestement, son statut au droit général du travail. Le 26 juillet, lors d'un Conseil des ministres où l'on traite de l'ORTF, le chef de l'État intervient directement : on entre dans le détail des sanctions qu'il a plusieurs fois réclamées à Georges Gorse, à Jacques Foccart, à Yves Guéna. Il concède le minimum, notamment l'instauration d'un comité d'entreprise, et refuse catégoriquement l'idée d'une commission « pour l'objectivité des programmes », au centre des revendications des personnels. En août, 37 journalistes de télévision et 22 journalistes de radio ont reçu une lettre de licenciement, 22 sont mutés – dont Brigitte Friang, fidèle gaulliste mais gréviste. Les journalistes grévistes frappés n'ont pas été des extrémistes, mais des modérés qui ont voulu se laver de reproches, trop justifiés, de soumission et d'autocensure. Selon le mot d'Yves Guéna, après 1968 comme avant, le Général « n'en démordit pas. La télévision est sa télévision ». Jérôme BOURDON

• *Voir aussi* : Information ; Radio et télévision

Bibl. : Jérôme Bourdon, *Histoire de la télévision sous de Gaulle*, Paris, Anthropos et Institut national de l'audiovisuel, 1990 • Jacques Foccart, *Le Général en mai. Journal de l'Élysée*, t. 2, *1968-1969*, Paris, Fayard-Jeune Afrique, 1998 • Yves Guéna, *Maintenir l'État*, Paris, Fayard, 1969.

GRÈVE DES MINEURS DE 1963. – La grève qui, du 1er mars au 5 avril 1963, paralyse les bassins charbonniers français ne passe pas inaperçue. Il faut remonter à 1948 pour trouver un conflit comparable, du moins par son ampleur, car, cette fois, la grève se termine par la victoire des quelque 200 000 mineurs. Ceux-ci obtiennent une hausse de 11 % des salaires échelonnée sur un an, un minimum de vingt-quatre jours de congés payés et l'organisation d'une table ronde sur l'avenir de la profession. Unanimes, les fédérations syndicales saluent le succès remporté, à l'instar de la presse et de la plupart des observateurs qui concluent sur l'échec du pouvoir. En 1963, celui-ci s'incarne dans le général de Gaulle, apparu en première ligne avec la promulgation, sous sa signature, d'un décret de réquisition dont les mineurs n'ont tenu aucun compte.

Tout au long des trente-cinq jours de

grève, le front syndical a résisté. La CFTC (Confédération française des travailleurs chrétiens), première à prôner la grève illimitée, et FO (Force ouvrière) ne sont certes pas mécontentes de paraître bousculer les prudences de la CGT (Confédération général du travail). Quinze ans après la défaite de 1948, forts du soutien de 72 % des mineurs de fond, les cégétistes n'ont guère de goût pour l'aventure. Aussi bien explorent-ils les autres solutions avant de se résoudre à la grève générale. D'emblée, le mouvement s'avère puissant jusqu'au sein de la maîtrise et bénéficie de la compréhension des ingénieurs. Au cœur des bassins, des dizaines de milliers de manifestants interpellent le chef de l'État, sans précautions excessives : « Charlot au charbon ! » Alors que les revendications se concentrent sur les salaires, la quatrième semaine de congés payés et la réduction du temps de travail, la grève traduit un malaise plus profond, déjà sensible, un an plus tôt, à Decazeville. À la suite de la rationalisation inaugurée par la Communauté européenne du charbon et de l'acier (CECA), le plan Jeanneney de juin 1960 a pris acte du déclin du charbon.

Si le président de la République laisse au Premier ministre le soin de gérer la crise au jour le jour, il suit de près son évolution. Opposé à toute concession susceptible d'aggraver l'inflation et les déficits, le Général ne démord pas de son interprétation de l'intérêt du pays, confondu avec les objectifs du IVe plan et l'autorité de l'État. Lucide, il recommande cependant d'« y aller piano » avec une « catégorie ouvrière pilote » dont il comprend l'« orgueil professionnel », mais dont le sort lui paraît plus enviable que celui des paysans.

Dans l'immédiat, la contre-offensive médiatique du pouvoir peine à remonter le courant. Au plus haut d'une confiance confirmée dans les urnes en 1962, le pouvoir sent l'opinion lui échapper. À la mi-mars, 79 % des Français disent comprendre les revendications des mineurs. Les prises de position de nombreux élus et collectivités territoriales, celles de certains prélats, reflètent et amplifient le mouvement. Réalisant qu'il va devoir lâcher du lest, le gouvernement cherche à sauver la face. À cette fin, il confie à une « commission des sages » la mission de se pencher sur les retards salariaux du secteur nationalisé. Le rapport remis le 22 mars évalue à 8 % le retard des mineurs. Le terrain ainsi déblayé, chaque camp fait monter les enchères. Les négociations, reprises le 2 avril, débouchent, le 3, sur un protocole d'accord. Réintroduits dans le jeu des relations professionnelles aux Charbonnages de France, les cégétistes ne cachent pas leur satisfaction, mais n'ignorent pas les difficultés d'une reprise au terme de trente-cinq jours de lutte. Plusieurs jours seront nécessaires avant le retour à la normale.

Au moment où l'IFOP (Institut français de l'opinion publique) enregistre une chute brutale des opinions favorables au Général, tombées à 43 %, le chef de l'État s'efforce de reprendre l'initiative. Le 19 avril, il qualifie publiquement de « fâcheux » les « tâtonnements » et les « erreurs » des semaines précédentes. Il affirme, surtout, son ambition d'une politique économique concertée. Dès octobre, une conférence des revenus en tente l'expérience, contrariée par la rigueur du plan de stabilisation adopté le mois précédent. Michel Pigenet

• *Voir aussi* : Ouvriers ; Popularités ; Sociales (affaires) ; Syndicats

Bibl. : Achille Blondeau, *1963. Quand toute la mine se lève*, Paris, Messidor, 1991 • Alain Peyrefitte, *C'était de Gaulle*, Paris, Éditions de Fallois-Fayard, 1994 • Jean-Pierre Williot, « Georges Pompidou et l'apprentissage du dialogue social : la grève des mineurs en 1963 », dans Alain Beltran et Gilles Le Béguec (dir.), *Action et pensée sociales chez Georges Pompidou*, Paris, Association Georges-Pompidou – PUF, 2004, p. 87-109.

GRIMAUD, Maurice (né en 1913). – Né à Annonay dans l'Ardèche, Maurice Grimaud, d'abord khâgneux à Lyon, obtient en Sorbonne une licence de lettres et un diplôme d'études supérieures d'histoire. Préparant le concours des Affaires étrangères, il est appelé par le général Noguès à la Résidence générale du Maroc comme précepteur de son fils, puis comme attaché à son cabinet. En mai 1942, il est reçu au concours de chef de cabinet de préfet. Il vit ainsi à Rabat de 1938 à 1943. Après l'installation du général de Gaulle à Alger, Maurice Grimaud est nommé par André Philip au commissariat à l'Intérieur du Comité français de la Libération nationale (CFLN). À la Libération, il passe une année auprès d'Émile Laffon, secrétaire général du ministère de l'Intérieur, qu'il suit en Allemagne dans la zone française d'occupation. Gaulliste de cœur depuis Alger, Maurice Grimaud connaît là une période de désenchantement. De Gaulle, qui avait préconisé le démantèlement du Reich, était parti ; Bidault prétendait poursuivre sa politique, totalement abandonnée par les Alliés après le début de la « guerre froide ». Laffon démissionna et Maurice Grimaud accepta un poste à l'Organisation internationale pour les réfugiés.

Entre 1951 et 1954, directeur de l'Information à la Résidence générale de France au Maroc et témoin du rôle nocif du lobby colonial, Maurice Grimaud approuve fortement l'évolution libérale annoncée en Tunisie par Pierre Mendès France. Après un bref passage, en janvier 1955, au cabinet du ministre de l'Intérieur François Mitterrand, il poursuit une carrière dans la préfectorale. Au début de 1963, malgré ses réticences, il est nommé directeur général de la Sûreté nationale. De Gaulle lui dit sa volonté de reprendre en main certains services gangrenés par l'OAS. Ses fonctions lui font accompagner le chef de l'État dans tous ses déplacements en France et préparer la logistique de ses voyages à l'étranger. Bien qu'il eût préféré reprendre un poste préfectoral classique, Maurice Grimaud est nommé préfet de police en janvier 1967 en remplacement de Maurice Papon, sans doute à cause de la volonté du Général de faire appliquer avec doigté la réforme de la police adoptée en 1966. En mai 1968, au plus chaud des événements, Maurice Grimaud adopte une attitude de tolérance vis-à-vis des manifestations de jeunes. Il conjugue ses efforts avec ceux de Georges Pompidou afin d'éviter, dans un contexte explosif, l'évacuation improvisée de l'Odéon et de la Sorbonne, ordonnée par un Général exaspéré par la « chienlit ». Jusqu'à la fin des troubles, c'est sous l'autorité directe du Premier ministre, en raison de l'effacement du ministre de l'Intérieur Christian Fouchet, qu'il prend les décisions importantes en matière de maintien de l'ordre. Le préfet de police redoute que des affrontements mal maîtrisés ne se terminent dans un bain de sang. Le 21 juin 1968, au cours d'une audience, le Général lui dit sobrement : « Votre action a été bonne pendant toute cette affaire. Je l'ai appréciée. » En mars 1969, le président lui remet les insignes de commandeur de la Légion d'honneur. Bien que Grimaud ne fût pas au nombre des proches de De Gaulle, il dit avoir voulu éviter que sa figure historique ne soit entachée par le spectacle de cadavres de jeunes gens tués par des tirs d'unités de police débordées.

Après son départ de la préfecture de police en 1971, Maurice Grimaud assume diverses responsabilités. À partir de 1981, il est aux côtés de Gaston Defferre comme directeur de son cabinet au ministère de l'Intérieur (1981-1983), puis comme conseiller au Plan et à l'Aménagement du territoire (1984-1986). Il est enfin délégué général du médiateur de la République (1986-1992). Jean-Paul BRUNET

• *Voir aussi* : Mai 68 ; Polices ; Sécurité ; Zone française d'occupation

Bibl. : Maurice Grimaud, *« En mai fais ce qu'il te plaît »*, Paris, Stock, 1977 • Id., Témoignage à l'auteur, 2005 • Éric Roussel, *Charles de Gaulle*, Paris, Gallimard, 2002.

GUÉNA, Yves (né en 1922). – Originaire de Brest, Yves Guéna est élevé dans une famille bercée par la tradition de la mer et les souvenirs d'ancien combattant de son père. En mai-juin 1940, le spectacle de la débâcle militaire le révolte. Le 19 juin, il s'embarque pour l'Angleterre où il s'enrôle dans les FFL (Forces françaises libres) alors en voie de formation. Le jour de ses dix-huit ans, à l'Olympia Hall, Yves Guéna et ses compagnons rencontrent le général de Gaulle qui leur donne leur ordre de mission : se battre sur tous les théâtres d'opérations. Affecté à la fin de 1941 au Levant, Yves Guéna participe en 1942-1943 à la campagne de Libye, notamment à la bataille d'El Alamein, puis à celle de Tunisie. À l'automne 1943, son régiment est incorporé dans la 2e DB du général

Leclerc. Il combat en Normandie mais est blessé dans la Sarthe. Il participe ensuite aux campagnes d'Alsace et d'Allemagne.

La guerre terminée, Yves Guéna quitte l'uniforme. En 1945, il est reçu à l'ENA. D'abord contrôleur civil au Maroc, il intègre le Conseil d'État en 1957. Frappé, pendant ces années, par l'impuissance de la IVe République, il accueille avec joie le retour au pouvoir de De Gaulle. Début juin 1958, Michel Debré, dont le père, Robert Debré, a épousé après la guerre la belle-mère d'Yves Guéna, est nommé garde des Sceaux ; il lui demande d'assurer la direction de son cabinet. Yves Guéna collabore à l'élaboration de la nouvelle Constitution et à la préparation de la grande réforme judiciaire. Il accompagne ensuite Michel Debré à Matignon comme directeur adjoint de son cabinet. De juillet 1959 à mars 1961, Yves Guéna est haut-commissaire puis envoyé extraordinaire et plénipotentiaire de la République française en Côte-d'Ivoire. Il est à la fois témoin et acteur lors de la rapide désagrégation de la Communauté. En matière de politique algérienne, il suit le chef de l'État qui reste pour lui, depuis 1940, le « guide de la France ».

Proche des gaullistes de gauche, Yves Guéna se présente sous l'étiquette UDT (Union démocratique du travail) à Périgueux en novembre 1962. Élu, il s'inscrit au groupe UNR-UDT. Réélu en mars 1967, il est nommé ministre des Postes et Télécommunications dans le quatrième gouvernement de Georges Pompidou. À ce poste, il se consacre tout particulièrement au développement de l'équipement téléphonique alors très en retard en France. Pendant la crise de mai 1968, le ministre fait face aux grévistes qui occupent centres téléphoniques et bureaux de poste. Le 30 mai, ce gaulliste de la première heure bat le pavé parisien lors de la grande manifestation de soutien au Général. Le lendemain, il est nommé ministre de l'Information avec, au menu, la délicate reprise du travail à l'ORTF et sa très politique réforme. Réélu député de la Dordogne en juin, il redevient ministre des Postes et Télécommunications dans le gouvernement de Maurice Couve de Murville.

La démission du Général, à la suite du référendum d'avril 1969, est pour ce « gaulliste inconditionnel », mais pas « godillot », une déchirure qui marque la fin du « temps des certitudes ». Il poursuit néanmoins sa carrière politique au Parlement et au sein du parti gaulliste jusqu'en 1997. Membre puis président du Conseil constitutionnel entre 1997 et 2004, il devient en 2000 président de l'Institut et de la Fondation Charles-de-Gaulle.

Frédéric Turpin

• *Voir aussi* : FFL ; Fondation et Institut Charles-de-Gaulle ; Ministres ; UDT

Bibl. : Yves Guéna, *Le Temps des certitudes. 1940-1969*, Paris, Flammarion, 1982.

GUERRE (conception de la). – La guerre, et particulièrement la guerre totale, est au centre des conceptions gaulliennes de la stratégie militaire, de l'organisation de la défense nationale et de la dissuasion nucléaire. Militaire professionnel, Charles de Gaulle a participé à deux guerres mondiales qui ont été, pour lui, autant des révolutions que des conflits armés. À ses yeux, elles ont constitué un facteur déterminant du changement social et politique. Toutefois, devant la démesure et le traumatisme provoqués par ces conflits mondiaux, y compris et surtout pour l'institution militaire, le principal défi est, pour de Gaulle – et d'autres stratèges de l'époque comme Basil Liddell Hart –, de prévenir et d'éviter la guerre totale en repensant la stratégie.

Évolution des perceptions. Avant 1914, à l'instar de nombreux hommes politiques, de militaires et d'intellectuels, de Gaulle voit la guerre comme un mal nécessaire. Les sociétés ne peuvent échapper à cette loi de la nature qui, en même temps qu'elle détruit, crée des vertus et des enthousiasmes qu'il faut encourager. Après la Grande Guerre, il n'abandonne pas l'idée d'une guerre inévitable et, en un sens, régénératrice, puisqu'il estime dans *Vers l'armée de métier* que la stratégie défensive de la France et son absence d'ambition territoriale risquent d'affaiblir sa cohésion sociale. La force lui apparaît créatrice, elle conditionne le mouvement et le progrès et constitue l'élément fondamental de l'ordre politique. Violence et force, poussées à leur paroxysme dans la guerre, jouent donc un rôle permanent, et fondamental, dans l'Histoire. Cette guerre inévitable est ambivalente dans ses effets ; le pire coexiste avec le meilleur. Source de destructions, déchaînant des pulsions de haine, les guerres créent le lien social, facilitent les progrès, encouragent les valeurs altruistes.

Toutefois, après la Grande Guerre, de Gaulle se voit confronté à une transformation profonde des perceptions sociales et politiques de la guerre qui touche, indirectement, la force armée, les institutions militaires, les soldats. Il n'est plus question de la glorifier, ni même d'en reconnaître l'ambivalence : après les hécatombes, une condamnation sans réserve domine. Il note combien cette perception est commune et influente. Si ce mouvement lui semble compréhensible, il le juge exagéré et souligne la complexité des effets des guerres. Mais les conséquences de ce rejet de la guerre ne sont pas minces : « L'ordre militaire est attaqué dans sa racine » [*FE*]. Dans ce contexte, la légitimité de l'état militaire est atteinte, la fonction militaire est abaissée, ce qui décourage ses serviteurs et crée au sein de l'armée de fortes tensions. Il discerne notamment une transformation dangereuse dans les valeurs des militaires qui estiment que leurs sacrifices ne sont plus considérés et mettent dorénavant au premier plan leurs intérêts matériels. La Seconde Guerre mondiale accentue encore ce malaise et, au bout du compte, cette critique faite des guerres totales par Charles de Gaulle. Les explosions nucléaires d'Hiroshima et de Nagasaki viennent parachever la dérive apocalyptique des guerres totales : « Je dois dire, écrit-il en 1945, que la révélation des effroyables engins m'émeut jusqu'au fond de l'âme [...] Pour n'être pas surpris, je ne m'en sens pas moins tenté par le désespoir en voyant paraître le moyen qui permettra, peut-être, aux hommes de détruire l'espèce humaine » [*MG*].

Les guerres totales suscitent donc chez de Gaulle des réactions ambiguës et, au total, négatives. Elles sont assurément une puissante source de transformations de toutes sortes, mais les destructions qu'elles entraînent sont excessives, les dangers qu'elles représentent sont hors de proportion avec leurs bénéfices, et leurs conséquences sur l'institution militaire elle-même sont néfastes. Or, de Gaulle veut montrer qu'en repensant la stratégie, on peut éviter les guerres totales et, ainsi, redonner toute leur place à l'art de la guerre et aux professionnels du combat.

Implications stratégiques. Au début des années 1930, il estime que les guerres totales ne constituent plus le modèle le plus probable. D'abord parce que la Première Guerre mondiale a, croit-il, montré l'extraordinaire capacité de résilience des nations. L'interdépendance des sociétés et des économies rend illusoires les profits matériels. Les destructions causées par la Grande Guerre ont été telles que « tous ont constaté que le malheur des uns, s'il dépasse un certain degré, ne fait pas le bonheur des autres » [*VAM*]. Des guerres totales il faut passer aux interventions militaires et aux guerres limitées. Leurs objectifs politiques en sont circonscrits et plus précisément calculés. La logique de l'emploi de la force n'est plus de destruction maximale, mais de marchandage et de coup stratégique pour contraindre et dissuader l'adversaire. La force est destinée à réprimer autant qu'à prévenir, elle crée l'événement. Ces actions de force échappent au cadre classique puisque la guerre n'est même pas déclarée « afin de ménager l'hypocrisie générale et d'éviter les complications juridiques gênantes » [*VAM*]. De Gaulle souligne que l'escalade demeure toujours possible si l'un des adversaires refuse de s'incliner, ou si les populations sont de plus en plus impliquées dans les hostilités. Ce risque de retour au choc des nations armées doit être pris en compte dans les calculs des adversaires. Au total, la logique stratégique mise en avant par de Gaulle pour échapper à la guerre totale préfigure la guerre limitée des stratèges des années 1950 et la diplomatie coercitive telle qu'elle sera théorisée par Thomas Schelling et André Beaufre au début des années 1960.

Pour un pays comme la France qui ne

recherche pas l'expansion, pourquoi les guerres limitées constitueraient-elles une priorité stratégique ? De Gaulle avance trois arguments. Tout d'abord, la France est insérée dans un contexte géographique et dans un système d'alliances. La défense du territoire ne peut suffire : l'intervention est indispensable pour soutenir les alliés, protéger ses intérêts et refuser les faits accomplis. De plus, dans le système de sécurité collective qui s'institutionnalise à partir des années 1920, la force armée et la menace crédible d'une intervention immédiate sont un élément cardinal. Puisque les dirigeants français préconisent à l'époque la formation d'une police internationale, de Gaulle les prend au mot ; il en déduit qu'il faut que la force armée soit en mesure « [de saisir] un territoire contesté, [de tendre] un barrage entre des adversaires, [d'imposer] l'exécution d'un contrôle, bref, [d'apporter] au maintien de l'ordre un élément de puissance matérielle plus efficace, à coup sûr, que toutes les adjurations. Ainsi, le soldat de métier devient le garant nécessaire des grandes espérances humaines » [*VAM*]. Puisque le droit international devient de plus en plus important, la force doit le soutenir. Enfin, la France dispose d'un empire qu'il convient de conserver et qui peut être menacé ; les interventions outre-mer sont alors indispensables.

La manière dont de Gaulle envisage la guerre, notamment ses efforts pour éviter la guerre totale et privilégier les guerres ou les interventions limitées, inspire ses projets d'organisation de la défense nationale au cours des années 1944-1946. À nouveau, il prône, de manière prioritaire, la constitution d'une capacité d'intervention immédiate. Enfin, à partir de son retour au pouvoir en 1958, c'est, à ses yeux, la dissuasion nucléaire qui sera principalement chargée d'empêcher la guerre totale. Toutefois, la capacité d'intervention extérieure conventionnelle, loin de disparaître, doit accompagner la dissuasion nucléaire. Aussi constitue-t-elle un aspect important de la loi de programme 1965-1970. En définitive, de Gaulle pense que les guerres sont des phénomènes majeurs qui transforment l'ordre international autant que les sociétés. Il estime qu'il faut, dans la mesure du possible, éviter les guerres totales et qu'une transformation de la stratégie peut permettre d'atteindre cet objectif. C'est seulement ainsi que les compétences et les savoirs des soldats conservent toute leur importance et qu'ils préservent leur indispensable rôle stratégique et politique. Cette situation ne peut être que bénéfique à la condition militaire.

Pascal VENNESSON

• *Voir aussi* : Armée ; Défense nationale ; Désarmement ; Grande Guerre ; Nucléaire (dissuasion)

Bibl. : Xavier Boniface, « *Vers l'armée de métier*, un plaidoyer stratégique et diplomatique », dans Fondation Charles-de-Gaulle, *Charles de Gaulle, 1920-1940. Du militaire au politique*, Paris, Plon, 2004, p. 102-124 • Jean Delmas, « De Gaulle, la Défense nationale et les forces armées : projets (1944-janvier 1946) », *Espoir*, n° 137, décembre 2003, p. 65-73 • Ladislas Mysyrowicz, *Autopsie d'une défaite. Origines de l'effondrement militaire français de 1940*, Lausanne, L'Âge d'Homme, 1973.

GUERRE DE 1914. – *Voir* GRANDE GUERRE.

GUICHARD, Olivier (1920-2003). – « J'ai le sentiment d'être né trois fois : en 1920 des jeunes amours de mon père qui avait gagné la guerre ; puis en 1940 de ses amours mortes parce qu'il l'avait perdue ; en 1947 enfin, ayant découvert une source de vie nouvelle dans ma rencontre avec le Général. Trois naissances, deux pères... » Ainsi Olivier Guichard résume-t-il dans *Vingt Ans en 40*, son dernier livre, la place occupée par le général de Gaulle dans sa vie.

Quoique né en 1920, Guichard n'appartient pas aux gaullistes de guerre. Son père, officier de marine, fait partie de l'état-major de l'amiral Darlan à Vichy avant de se retirer sur les terres familiales maternelles en Gironde à la fin de l'année 1942. Au début de la guerre, Olivier Guichard poursuit ses études à Paris puis rejoint le maquis en 1943, s'enrôle dans les FFI en avril 1944 et participe à la campagne de la 1re armée à l'automne. « Pas vraiment » gaulliste à la Libération, Guichard a expliqué *a posteriori* son choix en 1975 :

« Je n'aimais pas la droite et je n'étais pas de gauche [...]. Lorsque de Gaulle a créé le RPF, j'ai trouvé ce que je cherchais. L'idée de rassemblement d'abord [...], le combat pour des institutions qui permettent à un exécutif puissant de durer [...], le communisme, [...] menace intérieure et extérieure. J'étais d'accord avec tout cela. »

Sous la IVe République, un proche du Général. Son camarade de classe René Ribière le présente à de Gaulle un jour de l'été 1947 et débutent alors avec le président du RPF « quatre ans de longues fiançailles » – selon sa formule – durant lesquelles Guichard est chargé de mission du RPF, d'abord dans le Sud-Ouest (1947-1948) puis en Bourgogne (1949-1951). La proximité avec de Gaulle s'accroît lorsque Guichard succède à Pompidou comme chef de cabinet du Général en 1951. Il garde cette fonction jusqu'en juin 1958 avant de devenir directeur adjoint du cabinet du général de Gaulle devenu président du Conseil, puis membre du cabinet à l'Élysée au début de la Ve République. Cette période de 1951 à 1960 correspond pour Guichard à « neuf ans de vie commune, heureuse et retirée ». Il est, avec Jacques Foccart, celui qui voit le plus régulièrement le général de Gaulle, à Paris au 5, rue de Solférino ou à Colombey, et qui l'accompagne dans ses nombreux voyages, notamment dans les longs périples de plusieurs semaines dans la France d'outre-mer, comme ceux de 1953 en Afrique et dans l'océan Indien ou ceux de 1956 aux Antilles et dans le Pacifique. Avec humour, Guichard se définit ainsi durant cette période : « Je faisais partie des meubles du Général. »

Descendant d'un baron d'Empire, héritier du titre, Olivier Guichard n'est pas seulement l'un des membres de l'entourage du général de Gaulle : il entre, à cette époque, dans le cercle étroit des « barons » du gaullisme avec Jacques Chaban-Delmas, Michel Debré, Roger Frey, Jacques Foccart, Edmond Michelet et Louis Terrenoire. Il participe presque toujours, à ce titre, aux déjeuners qui les réunissent à partir de 1953, à la Maison de l'Amérique latine jusqu'en 1958, et ensuite à Matignon, à l'hôtel de Lassay ou dans les ministères sous la Ve République. Ces rencontres auxquelles se joignent irrégulièrement Georges Pompidou, André Malraux, Émilien Amaury, Jacques Soustelle, René Ribière et Pierre Lefranc, sont hebdomadaires sous la IVe République, puis deviennent moins fréquentes sous la Ve. En 1958, le rôle de Guichard est important dans l'organisation du retour du général de Gaulle au pouvoir. Dans ses *Mémoires d'espoir*, ce dernier dit ainsi de Guichard, en mai 1958, qu'il est son « agent de liaison ». De fait, le chef de cabinet effectue de fréquents voyages entre Paris et Colombey, rencontre de nombreuses personnalités politiques et militaires, informe de Gaulle et fait part à ses interlocuteurs de « l'état d'esprit dans lequel le Général abordait les différentes phases de son retour ». Guichard a-t-il été, à Paris, sous le nom de code de « Tournesol », l'un des piliers d'un complot destiné à ramener de Gaulle au pouvoir ? Il l'a toujours nié comme il a toujours récusé le mot de « complot ». Après l'accession du Général à Matignon, en juin 1958, Guichard, directeur adjoint du cabinet, participe à l'automne à la création de l'UNR et s'investit surtout dans la préparation des premières élections de la Ve République.

Tardivement ministre sous la Ve République. Les années 1960 sont marquées par un incontestable éloignement, par « dix ans de plus lointaine tendresse », au dire même de Guichard. Si, comme l'écrit André Passeron, son lien avec de Gaulle se caractérise par « la fidélité pure et une vénération filiale », le décalage est pourtant grand entre la proximité des années du gaullisme d'opposition et la distance au temps du gaullisme triomphant des années 1960. Dès 1963, Pierre Viansson-Ponté pose la question : Guichard ne serait-il pas « le vivant symbole de l'ingratitude royale » ? Sans doute ce dernier est-il trop associé au mauvais souvenir de l'échec du RPF et de la traversée du désert, et comme le RPF dans les Mémoires de Charles de Gaulle, Guichard est victime de l'oubli, peut-être pour avoir vécu de trop près la solitude et les moments de découragement du Général. Certes, de Gaulle ne l'abandonne pas : « Pompidou, dit-il à son directeur de cabinet fin décembre 1958, Guichard n'est rien. Il faut qu'il soit quelque chose », raconte Guichard dans *Un chemin tranquille* ; il en fait un préfet. Mais Guichard semble effectivement éloigné du pouvoir durant la présidence de De Gaulle, et ce malgré les diverses charges qu'il exerce. Il dirige d'abord, d'août 1960 au printemps 1962, l'Organisation commune des régions sahariennes (OCRS). Puis, après avoir été chargé de mission auprès de Pompidou à Matignon en 1962, il est délégué à l'Aménagement du territoire et à l'Action régionale entre 1963 et 1967, une tâche importante. Il n'est toutefois appelé au gouvernement qu'en 1967, pour être ministre de l'Industrie (1967-1968) puis ministre délégué auprès du Premier ministre chargé du Plan et de l'Aménagement du territoire (1968-1969). Ce n'est d'ailleurs qu'en 1967 qu'il fait son entrée au Palais-Bourbon comme député de Loire-Atlantique. C'est donc à la fin de l'ère de Gaulle et sous Pompidou que commence sa véritable « carrière » politique en tant que grand notable et « patron » de la Loire-Atlantique cumulant les mandats – en 1970 il est élu au conseil général (jusqu'en 1982), en 1971 à la mairie de La Baule (jusqu'en 1995) et en 1974 à la présidence du conseil régional des Pays de la Loire (jusqu'en 1998).

Au temps de la présidence de Georges Pompidou, Guichard appartient à tous les gouvernements, d'abord comme ministre de l'Éducation nationale (1969-1972) de son ami Jacques Chaban-Delmas, puis comme ministre de l'Aménagement du territoire, de l'Équipement et du Tourisme (1972-1974) et ministre d'État (mars-mai 1974) de Pierre Messmer. Au moment du départ de Chaban-Delmas en 1972, beaucoup – dont le Premier ministre démissionnaire – le voient à Matignon : son nom avait déjà circulé en 1969. Pour Pompidou dont il est un des proches et anciens amis, dans la vie politique comme dans la vie privée, avoir Olivier Guichard à ses côtés permet de souligner la continuité gaulliste et de renforcer sa propre légitimité contestée par quelques gaullistes historiques. Mais Pompidou ne nomme pas Guichard à Matignon car il craint sa trop grande indépendance et peut-être son manque de fermeté pour resserrer les rangs gaullistes dans une période préélectorale annonciatrice d'une bataille difficile avec la gauche désormais unie.

Après la mort de Pompidou, Guichard, comme les autres « barons », ne peut s'opposer à la prise de l'UDR par Jacques Chirac et à la naissance du Rassemblement pour la République. Tous les choix de Guichard l'éloignent de Chirac, qu'il n'apprécie pas et envers qui il garde longtemps ses distances : son soutien à Chaban en 1974, son refus de l'évolution du mouvement gaulliste, son entrée dans le gouvernement Barre comme ministre d'État, garde des Sceaux (1976-1977), son soutien à Michel Debré à l'élection présidentielle de 1981. Au soir de sa vie, Olivier Guichard reprend la plume pour expliquer à nouveau son gaullisme en publiant, après *Un chemin tranquille* (1975) et *Mon Général* (1980), *Vingt Ans en 40* (1999). Il fait ainsi partie, avec Pierre Lefranc, Claude Mauriac, André Astoux, Claude Guy et Jacques Baumel, des proches du général de Gaulle qui ont apporté les plus précieux témoignages sur l'homme de Gaulle et le gaullisme entre 1947 et 1958. Dans une de ses dernières prises de position politiques, en 2000, Guichard, au nom de la fidélité à de Gaulle, s'oppose encore fermement à Jacques Chirac devenu président de la République : « En supprimant le décalage voulu par le Général entre la durée du mandat du président de la République et celle des autres, faisant ainsi, volontairement ou pas, le premier pas vers le retour au régime des partis, on ne met pas à mal la Vᵉ République, on y met fin. »

Bernard LACHAISE

• *Voir aussi* : Aménagement du territoire ; Gaullisme ; Gaullistes ; RPF

Bibl. : Serge Berstein, *Histoire du gaullisme*,

Paris, Perrin, 2001 • Jean Charlot, *Le Gaullisme d'opposition, 1946-1958*, Paris, Fayard, 1986 • Maurice Grassin, *Olivier Guichard*, Laval, Siloë Éditeur, 1996.

GUILLAUMAT, Pierre (1909-1991). – Pierre Guillaumat naît à La Flèche (Sarthe), où son père commande le Prytanée militaire. Il rencontrera Charles de Gaulle pour la première fois à Mayence, lorsque le général Guillaumat, commandant les forces alliées en Rhénanie, le reçoit à sa table.

Polytechnicien, Pierre Guillaumat choisit le corps des Mines. Il en dirige les services en Indochine puis en Tunisie, où il participe à la Résistance. Nommé en 1944 directeur des carburants, il développe la production pétrolière. Administrateur général du Commissariat à l'énergie atomique (CEA) en août 1951, il lance l'industrialisation de l'énergie nucléaire et pousse dès 1953 à la construction de la bombe atomique française. À sa manière discrète, il poursuit pendant huit ans la réalisation de son programme et tient au courant le général de Gaulle qui, le 7 avril 1954, se déclare partisan de la fabrication de la bombe A. Lors de la création d'Euratom, d'accord avec de Gaulle qui vient lui rendre visite au CEA, à Saclay, Guillaumat s'oppose à ce que la France renonce en même temps que l'Allemagne à posséder des armes nucléaires. C'est lui qui fixe la date de la première explosion atomique française. « J'ai souvent été frappé, et même troublé par l'indulgence du général de Gaulle à l'égard des ingénieurs, dira-t-il. [...] Certains en profitaient... »

Le 2 juin 1958, de Gaulle le nomme ministre des Armées. Guillaumat a pour principales missions de détacher l'armée des fonctions civiles qui sont notamment les siennes en Algérie et de mettre fin à certaines pratiques condamnables, comme la torture. Dans le même temps, il entreprend une modernisation centrée sur la possession par la France de l'arme atomique.

En janvier 1960, des officiers « ultras » se dressent contre Paris lors du rappel dans la capitale du général Massu. Le ministre s'efforce de limiter les dégâts, et prend la défense de Massu. Il communique à de Gaulle un rapport de la sécurité militaire qui prévoit des troubles que le chef de l'État qualifie de « conjoncturels ». Il accompagne à Alger le Premier ministre Michel Debré qui, dans la nuit du 25 au 26 janvier, s'efforce de ramener dans le droit chemin les colonels à la limite de la sédition. Guillaumat pousse à la temporisation alors que l'Élysée exige une conclusion rapide.

Quelques jours plus tard, il est remplacé par Pierre Messmer. Il est ministre de la Recherche de février 1960 à avril 1962. Président de la région Rhône-Alpes (1963-1964) puis d'EDF (1964-1965), il se consacre ensuite au secteur pétrolier. De décembre 1965 à août 1977, il préside l'Entreprise de recherches et d'activités pétrolières (ERAP) qui, en 1967, deviendra Elf.

Jean PLANCHAIS

• *Voir aussi* : Armée ; Bombe atomique ; Civile et militaire (autorités) ; Défense nationale ; Nucléaires (essais)

Bibl. : Alain Peyrefitte, *C'était de Gaulle*, Paris, De Fallois-Fayard, 1994 • Réalités industrielles, *Pierre Guillaumat 1990-1991*, Éditions ESKA, septembre 1992 • Université de Franche-Comté/Institut Charles-de-Gaulle, *L'Aventure de la bombe. De Gaulle et la dissuasion nucléaire (1958-1969)*, Paris, Plon, 1985.

GUINGOUIN, Georges (1913-2005). – Le fondateur de la France libre distinguait deux sortes de communistes : ceux qui s'étaient conformés, depuis 1939, à toutes les consignes du Komintern, et ceux qui s'étaient engagés en résistance malgré le pacte germano-soviétique. Chef des troupes insurrectionnelles du Limousin, Georges Guingouin entrait dans cette deuxième catégorie, avec cette qualité supplémentaire aux yeux de De Gaulle de ne pas être un homme d'appareil.

Stratège avisé et meneur d'hommes charismatique, le jeune instituteur de la Haute-Vienne ne manque pas de similitudes avec Charles de Gaulle. Marxiste passionné, il est avant tout un insurgé dans l'âme, aussi dérangeant vis-à-vis de l'orthodoxie communiste que l'a été l'auteur du *Fil de l'épée* par rapport à l'institution militaire. Les deux hommes ont également en commun d'avoir d'emblée considéré comme inéluctable l'agression de l'URSS par Hitler.

Cette conviction suffit à inciter Guingouin, dès août 1940, à lancer un appel au combat, malgré la ligne officielle du parti. Il entre dans la clandestinité totale en février 1941.

Georges Guingouin acquiert dans la lutte une autorité qui lui permet à la Libération de traiter quasiment de puissance à puissance avec la hiérarchie du PCF (Parti communiste français), laquelle n'aura en tête, après avoir tenté de le faire exécuter pendant la guerre, que d'organiser son exclusion au début des années 1950. En juin 1944, jugeant l'opération trop coûteuse en vies humaines, Guingouin refuse de prendre d'assaut la ville de Limoges, malgré les injonctions des dirigeants communistes soucieux de s'assurer le contrôle politique de la zone sud. C'en est assez pour que de Gaulle apprécie le caractère de ce chef hors normes et se persuade de son loyalisme à l'égard de l'État.

Preuve de confiance éloquente, le président du Gouvernement provisoire n'estime pas nécessaire, en septembre 1944, de s'arrêter à Limoges lors de la tournée qu'il effectue en province pour faire rentrer dans le rang les forces résistantes. Et en août 1945, il témoigne publiquement son estime et sa reconnaissance au « préfet du maquis » en lui décernant la Légion d'honneur avec l'éloge suivant : « De 1940 à 1944, Georges Guingouin a été un hors-la-loi, l'incarnation de la Résistance civile en Limousin [...]. Chef et soldat [...], c'est à tous instants qu'il a donné le plus magnifique exemple d'héroïsme, de maîtrise de soi, du mépris total de la mort. [...] Il constitue une des plus belles figures de la Résistance. » Et de Gaulle va plus loin encore en faisant Guingouin Compagnon de la Libération, distinction qu'une douzaine de communistes seulement se verront attribuer, mais aucun des maîtres du parti.

On n'a pas de trace de relations personnelles entre le Général et Georges Guingouin, bien que ce dernier, devenu enseignant dans un petit village de l'Aube, ait vécu jusqu'à sa mort non loin de Colombey. Mais en avril 1955, alors que l'ancien maquisard venait d'être injustement emprisonné pour une affaire de droit commun liée à l'épuration, de Gaulle manifesta son soutien à l'inculpé par un message assurant qu'il n'avait pas oublié que « Guingouin fut un combattant de la liberté » qui a « maintes fois risqué sa vie ».

Jean-Luc BARRÉ

• *Voir aussi* : Ordre de la Libération ; PCF ; Résistance intérieure

Bibl. : Pierre Laborie, « Georges Guingouin », dans François Marcot (dir.), *Dictionnaire historique de la Résistance*, Paris, Robert Laffont, coll. « Bouquins », 2006 • Michel Taubmann, *L'Affaire Guingouin*, Limoges, Lucien Souny, 2004.

GUITTON, Jean (1901-1999). – Jean Guitton avait tout pour se reconnaître dans l'action du général de Gaulle. Issu, comme le « connétable », de cette bourgeoisie de tradition et non d'intérêt, que son enracinement catholique n'a pas empêché de soutenir Dreyfus ni d'adhérer à la République, il s'insère lui aussi, dès l'entre-deux-guerres, dans la grande mouvance du catholicisme social (d'obédience non maurrassienne). Communauté de milieu, communauté de pensée également : nourri, comme le Général, de Pascal, Bergson et Péguy, le philosophe milite à son exemple en faveur de la réconciliation de la patrie et de la religion et, avec Vatican II, de l'Église et de l'histoire.

La rencontre, pourtant, ne se produira pas. Les trois entretiens privés (un en 1961, deux en 1964) que de Gaulle lui a accordés (dans le seul cadre protocolaire des relations entre l'Élysée et l'Académie française), les six lettres, élogieuses parfois mais fort brèves, qu'il lui a adressées entre 1956 et 1970 (en réponse à l'envoi de certains de ses livres), n'ont jamais distrait Guitton, sauf peut-être à la fin de sa vie, d'un sentiment antigaulliste apparu dès la Seconde Guerre mondiale. Cette distance ne concerne pas l'homme privé. Pour l'académicien, sa « souffrance » – il est « habité tout entier par l'Amour de sa fille Anne » – et son espérance – il croit dans « la grâce qui sauve » – le rachètent à ses yeux de chrétien.

Si Guitton s'oppose au de Gaulle politique, c'est pour deux raisons qu'il expose dans plusieurs de ses livres comme *Le Temps d'une vie* (1980) ou *Un siècle, une vie* (1988). La première est d'ordre philosophique. « Catholique d'Église », le philosophe défend le principe d'une soumission inconditionnée de la politique à la morale. Or, explique-t-il, de Gaulle est un « réaliste » : « Le Général était guidé par la raison d'État, supérieure à la raison et à la justice, et qui lui commandait d'être sans pitié. Ce que je n'ai jamais admis chez un chrétien. » La seconde, plus décisive, est d'ordre conjoncturel. Prisonnier de guerre, Guitton s'est engagé au côté de Vichy, ce qui vaudra à ce professeur d'université, à la Libération, d'être rétrogradé dans l'enseignement secondaire pour propagande en faveur de l'ennemi. Depuis lors, il a toujours rêvé d'une réconciliation nationale. Or, constate-t-il, de Gaulle a pris le chemin inverse. En refusant de transférer à Douaumont les cendres de Pétain, en confondant à dessein le maréchalisme et le collaborationnisme, il s'est systématiquement opposé à la réintégration dans l'unité française de ceux dont il estimait à tort qu'ils « avaient fait naufrage ».

Ce discours n'est pas d'une originalité absolue. L'antigaullisme dont il est porteur croise celui de toute une génération de catholiques de tradition, au nombre desquels figurent les cardinaux Suhard, Feltin, Gerlier. Il repose sur l'idée que si de Gaulle fut là-bas, peut-être, comme le disait Guitton, l'« épée de la France combattante », Pétain fut ici, à coup sûr, au milieu de son peuple, le « bouclier de la France souffrante ». Philippe Portier

• *Voir aussi :* Antigaullistes de droite ; Église catholique

Bibl. : Jean Guitton, *Le Temps d'une vie*, Paris, Retz-Centurion, 1980 • Id., *Un siècle, une vie*, Paris, Robert Laffont, 1988 • Gérard Leclerc, *Portrait de Monsieur Guitton*, Paris, Bartillat, 1998.

GUY, Claude (1915-1992). – Né de mère américaine, Claude Guy est étudiant en droit lorsque survient la guerre. Fait prisonnier en juin 1940, interné en Suisse, il s'évade peu de temps après et gagne les États-Unis *via* le Maroc et le Canada. Avec l'aide de la délégation de la France libre à New York, il rejoint Londres et s'engage dans les Forces aériennes françaises libres (FAFL). Son comportement lors des campagnes des FAFL lui vaut plusieurs décorations, mais un grave accident l'éloigne du théâtre des opérations. En juin 1944, de Gaulle cherche un nouvel aide de camp, qu'il désire « grand et bien-pensant ». On lui présente l'officier d'aviation Claude Guy juste remis de ses blessures, réputé, d'après Gaston Palewski, pour « son activité, son ingéniosité, son intelligence rapide, son goût et sa volonté de réalisation, la pureté de son patriotisme ». Intégré dans le cadre dit « complémentaire » des secrétaires des Affaires étrangères, Guy est mis à la disposition de l'homme du 18 Juin qu'il accompagne à Courseulles. Le 26 août 1944, ce grand officier aviateur descend les Champs-Élysées quelques mètres en arrière du Général.

Pendant cinq ans, Claude Guy vit ainsi dans l'intimité de De Gaulle. Durant cette période, il tient régulièrement un journal personnel. Fidèle et dévoué, il est considéré comme un « pur parmi les purs », selon les paroles d'un Compagnon de la Libération. En 1949, il a le tort de dire en privé qu'il a avancé au Général des sommes d'argent prises sur ses ressources personnelles. L'information est transmise à de Gaulle et, malgré une lettre d'excuses, Claude Guy est brutalement renvoyé. Cependant, on ne peut parler de brouille totale car, s'il est toujours officiellement administrateur civil au Quai d'Orsay, Guy est détaché au RPF où il est chargé du service de presse. Élu le 14 juillet 1952 conseiller de l'Union française, il demande une position de détachement pour exercer cette fonction élective. Réintégré au Quai d'Orsay en décembre 1958, il devient conseiller à la délégation française à l'OTAN en janvier 1960. Malgré les séquelles de ses blessures de guerre, il poursuit son activité professionnelle jusqu'en 1980.

En 1993, sa femme redécouvre le manuscrit inédit du journal tenu entre 1946 et 1949. La famille du général de Gaulle avait formellement interdit à Claude Guy de publier ce texte, tombé dès lors dans l'oubli. Avec l'aide de Jean Mauriac, une édition critique est publiée en 1996. Rapportant sans autocensure de nombreux propos tenus pendant la période de la traversée du désert, ce journal est une source précieuse pour connaître la pensée intime du Général, ses jugements sur les uns et les autres, son opinion sur la France et sur les Français. L'impression qui domine est la tristesse d'un homme face à l'ingratitude d'un peuple, ainsi que son dégoût face aux politiciens qui préfèrent leur propre destin à celui de la France.

Claude D'ABZAC-EPEZY

• *Voir aussi :* Aides de camp ; Traversée du désert

Bibl. : Claude Guy, *En écoutant de Gaulle, Journal 1946-1949,* Paris, Grasset, 1996.

H comme Homme

« On ne fait rien de grand sans de grands hommes. Et ceux-ci le sont pour l'avoir voulu. »

De Gaulle, *Le Fil de l'épée*, 1932.

HAAKON VII (1872-1957). – Le prince Charles de Danemark a été élevé à la cour de Copenhague, où se rencontrent toutes les têtes couronnées de l'époque ; ajoutée aux nombreux voyages qu'il effectue en tant qu'officier de marine, cette expérience lui donne un jugement très sûr en matière de politique étrangère. En 1896, il épouse sa cousine la princesse Maud, qui est aussi la fille aînée du roi d'Angleterre Édouard VII. En 1905, la Norvège voisine devient indépendante, et ses nouveaux dirigeants, connaissant la sagesse et les excellentes relations du prince Charles, lui offrent la couronne de Norvège ; une fois ce choix ratifié par le suffrage populaire, le nouveau roi est couronné sous le nom de Haakon VII. Ce monarque élu sera une figure gaullienne avant l'heure : haute taille, idéal patriotique intransigeant, remarquable clairvoyance politique – « Si Hitler arrive à prendre le pouvoir en Allemagne et à le conserver, prédisait-il en 1932, nous aurons une guerre en Europe avant d'avoir dix ans de plus ! » –, plaidoyers répétés en faveur d'un renforcement des défenses du pays, refus de négocier avec Hitler lors de l'invasion de son pays le 9 avril 1940, appel à la résistance nationale contre l'envahisseur, embarquement pour l'Angleterre avec ses ministres le 7 juin 1940, enfin formation à Londres d'un gouvernement en exil pour continuer la lutte aux côtés des Alliés, une semaine avant l'appel du 18 Juin...

Exerçant sur son gouvernement réfugié à Londres une influence bien plus considérable que ne le prévoit la Constitution norvégienne, le roi Haakon VII est l'inspirateur de la nouvelle politique « atlantiste » de son ministre des Affaires étrangères Trygve Lie. Il s'entretient fréquemment avec son neveu le roi George VI et avec tous les dirigeants en exil, y compris le général de Gaulle, qui évoquera dans ses *Mémoires de guerre* « le roi Haakon VII, exemplaire de confiance et de fermeté ». Ce monarque influent intervient à plusieurs reprises auprès de son royal neveu et du Premier Ministre Churchill pour appuyer l'action de De Gaulle, notamment lors de l'affaire Darlan en Afrique du Nord. À la fin de la guerre, Haakon VII rentrera en triomphe dans son pays, où il sera le principal inspirateur d'une politique d'abandon du neutralisme et d'intégration à l'Alliance atlantique.

François KERSAUDY

• *Voir aussi* : Pierlot, Hubert ; Sikorski, Wladyslaw ; Wilhelmine Ire

Bibl. : Yngvar Hauge, *Kongen av Norge*, Oslo, Aschehoug, 1960 • François Kersaudy, *Churchill contre Hitler, Norvège 1940*, Paris, Tallandier, 2002 • Olav Riste, *London-Regjeringa*, Oslo, Det Norske Samlaget, vol. 1 et 2, 1973 et 1976.

HAAS-PICARD, Raymond (1906-1971). – Né à Paris, fils d'avocat, Raymond Haas-Picard est docteur en droit et diplômé de HEC ; il entre à la banque Paribas en 1928. Membre de la SFIO, il est nommé en juin 1936 chargé de mission au secrétariat général de la présidence du Conseil dirigé par Jules Moch. Il le suit dans plusieurs cabinets ministériels. Mobilisé en 1939, il est fait prisonnier. Évadé, il rejoint en Angleterre les Forces françaises libres en 1943 et devient un membre actif du groupe Jean-Jaurès, ouvertement antigaulliste. Le 23 octobre 1944, il est pourtant nommé préfet (hors cadre, sans affectation territoriale) par le général de Gaulle. Il fait partie de ces préfets issus de divers horizons politiques et professionnels, « parachutés » afin de renouveler le corps préfectoral. Mais alors que la moitié de ces nouveaux préfets seront écartés deux ans plus tard, car souvent trop incompétents, Raymond Haas-Picard va poursuivre dans ce corps une véritable carrière. À la Libération, il s'occupe tout d'abord des relations interalliées au ministère de l'Intérieur et devient en juin 1945 directeur-adjoint du cabinet de Tixier chargé notamment de l'épuration administrative, puis directeur des affaires générales en novembre de la même année.

Sous la IVe République, on le retrouve fréquemment dans le sillage de Jules Moch. Il fait partie de la première fournée des IGAME (inspecteurs généraux de l'administration en mission extraordinaire) créés par ce ministre afin de mieux assurer le maintien de l'ordre public. Moch, éphémère ministre de l'Intérieur dans le gouvernement Pflimlin, le rappelle comme directeur de son cabinet le 17 mai 1958 afin de faire face aux événements d'Algérie. Haas-Picard préconise de prendre des mesures sévères pour contrôler les éventuelles émeutes que pourraient déclencher les membres du RPF à Paris. Il reçoit néanmoins le soutien du général de Gaulle qui apprécie ses qualités d'administrateur et sa rigueur personnelle. Il est nommé préfet coordonnateur de la région Provence-Côte d'Azur en janvier 1961. Il joue là un rôle important dans l'accueil des rapatriés d'Algérie, notamment de la communauté juive. Pressenti en 1962 pour remplacer Maurice Papon à la préfecture de police de Paris, il est finalement nommé préfet de la Seine en octobre 1963 et se consacre à la modernisation de l'administration parisienne dans le cadre de la réforme territoriale, ce qui suscitera des frictions avec Paul Delouvrier. Mis en congé spécial en 1966, il rejoint le secteur privé et devient président de l'Union des chambres syndicales de l'industrie du pétrole. Il est également administrateur de plusieurs banques et entreprises. Luc ROUBAN

• *Voir aussi* : Hauts fonctionnaires

HALÉVY, Daniel (1872-1962). – « En évoquant sa personne et sa mémoire, je ressens moi-même au plus vif tout ce que – comme tant d'autres ! – je lui dois. Car j'ai lu tous ses livres et m'en suis souvent pénétré. Comment oublierais-je, d'ailleurs, l'attention généreuse qu'il avait naguère portée à ce qui pouvait m'être donné en fait d'idées et de style ? Comment perdrais-je jamais le souvenir de son accueil et – laissez-moi ajouter – du vôtre ? », écrivait le 6 février 1962 le général de Gaulle à l'épouse de Daniel Halévy, disparu le jour même.

Lorsque de Gaulle fait la connaissance d'Halévy au début des années 1930, celui-ci est à l'apogée de sa carrière littéraire. Biographe et essayiste adhérant aux principes du libéralisme conservateur, ancien dreyfusard et compagnon de Charles Péguy, il a accédé à la notoriété peu de temps avant la Grande Guerre. En 1920, il est devenu chez l'éditeur Bernard Grasset le directeur de la collection « les Cahiers verts ». Pilier de la « République des lettres », il est à la fois un critique et un éditeur, reconnu au-delà des frontières.

C'est très vraisemblablement Henri Daniel-Rops, habitué des « samedis » du 39, quai de l'Horloge, domicile de Daniel Halévy où celui-ci accueille écrivains et intellectuels de premier plan, qui introduit de Gaulle chez Halévy. Assurément, Charles de Gaulle détonne dans ce lieu qui n'est ouvert ni aux hommes politiques, ni aux serviteurs de l'État, non plus qu'aux officiers. Mais Halévy est attentif à repérer les jeunes talents sans exclusive. Chez lui, de Gaulle découvre un milieu lettré, cosmopolite et conservateur. Il fait la connaissance d'un ancien combattant italien, l'écrivain fasciste Curzio Malaparte, du peintre Jacques-Émile Blanche, du jeune philosophe catholique Jean Guitton ou encore de l'essayiste suisse Robert de Traz. À cette époque, Halévy achève une évolution intellectuelle qui le rapproche des idées de l'Action française.

Le 1er octobre 1934, Daniel Halévy consacre un article dithyrambique de la prestigieuse *Revue des Deux Mondes* à *Vers l'armée de métier*, louant les idées mais aussi le style de Charles de Gaulle, qualifié d'« écrivain-né ». Collaborateur régulier du grand quotidien argentin *La Nación*, il y fait paraître le 4 novembre un autre article sur le colonel de Gaulle (« Un escritor Soldado »). Signe de l'estime que celui-ci portait à Halévy – ou de l'influence qu'il lui prêtait –, le colonel lui adresse en janvier 1940 son mémoire sur la guerre moderne. La guerre puis l'engagement de De Gaulle en politique vont interrompre leurs relations directes et épistolaires. Néanmoins les deux hommes conserveront un lien par l'intermédiaire de Louis Joxe, gendre de Daniel Halévy depuis 1926 et secrétaire général du Gouvernement provisoire de la République française, puis ministre à plusieurs reprises du général de Gaulle. Signe de l'évolution idéologique de Daniel Halévy qui l'avait amené à soutenir Pétain en 1941, c'est dans la *Nation française* des néomaurassiens réunis autour de Pierre Boutang qu'il signe le 18 mai 1958 la pétition réclamant le retour au pouvoir du « fédérateur nécessaire », Charles de Gaulle.

Sébastien LAURENT

• *Voir aussi* : Éditeurs ; Formation scolaire et intellectuelle ; Intellectuels ; Réseaux de sociabilité ; Vers l'armée de métier

Bibl. : Toby Garfitt (éd.), *Daniel Halévy, Henri Petit et les Cahiers verts*, Berne, Peter Lang, 2004 • Sébastien Laurent, *Daniel Halévy. Du libéralisme au traditionalisme*, Paris, Grasset, 2001 • Henri Lerner, « Le colonel Émile Mayer et son cercle d'amis », *Revue historique*, juillet-septembre 1981, p. 75-94.

HAMON, Léo (1908-1993). – Né à Paris, Léo Goldenberg, qui deviendra Léo Hamon dans la clandestinité, y devient avocat en 1930. Résistant, membre du mouvement Ceux de la Résistance, il participe à la prise de l'Hôtel de Ville au nom du Comité parisien de la Libération et défile le 26 août sur les Champs-Élysées. En avril 1945, il fait partie de la délégation du Mouvement de Libération nationale qui propose en vain à de Gaulle de diriger un parti issu de la Résistance. Délégué national de l'éphémère Union gaulliste en août 1946, il rejoint le MRP sous les couleurs duquel il est élu sénateur. Bien que proche de De Gaulle, ce républicain intransigeant déplore après le second tour des municipales de 1947 les commentaires triomphants du Général, allant jusqu'à évoquer le « plébiscite » et le risque d'un « coup de force ». Il quitte la formation démocrate-chrétienne en 1954 pour le parti Jeune République. Agrégé de droit public, il enseigne comme professeur à l'Institut des hautes études de l'outre-mer, au sein des facultés de Dijon et d'Orléans avant de rejoindre en 1968 celle de Paris.

En 1958, Léo Hamon célèbre le retour au pouvoir du Général dans son livre *De Gaulle dans la République*. En avril 1959, il est membre fondateur de l'Union démocratique du travail (UDT), organisation gaulliste de gauche. Il siège au comité directeur de cette formation dont il supervise le journal *Notre République*, puis au bureau exécutif de l'UDR (Union pour la défense de la République) en 1967. Resté fidèle à ses engagements progressistes, il crée l'Université moderne qui permet à des intellectuels de soutenir le gaullisme sans rejoindre le parti. Candidat malheureux aux législatives en Haute-Garonne en 1962 et 1967, il est élu député de l'Essonne en juin 1968 mais abandonne son mandat en juillet 1969 pour devenir secrétaire d'État auprès du Premier ministre Jacques Chaban-Delmas et porte-parole du gouvernement. En mai 1972, il est chargé des questions de participation et d'intéressement. Il n'est pas réélu aux législatives de 1973.

Léo Hamon ne cesse de déplorer la tendance des gaullistes de gauche à la division et à la critique verbeuse. « L'influence politique ne s'obtient pas et ne s'exerce pas par des groupuscules, même brillants », écrit-il dans *La Nation* le 23 novembre 1967. Elle ne résulte pas davantage à ses yeux « d'un article de presse, quel que soit le talent qui marque sa rédaction ». Réaliste, il fait partie des gaullistes de gauche qui acceptent de participer aux assises de l'UNR de Lille (1966) dominées par les pompidoliens. En 1969, il fonde puis vice-préside le Mouvement pour le socialisme par la participation qui rassemble avec Philippe Dechartre et Yvon Morandat les gaullistes de gauche pompidoliens.

Tout en étant un gaulliste fidèle, Léo Hamon sait se montrer critique. Profondément choqué par les propos du Général sur le peuple juif en 1967, il le rencontre pour lui en faire part. François AUDIGIER

• *Voir aussi* : Gaullistes ; UDT

Bibl. : Jean Charbonnel, *À la gauche du Général*, Paris, Plon, 1996 • Léo Hamon, *Vivre ses choix*, Paris, Robert Laffont, 1991 • Pascal Sigoda, « Charles de Gaulle et le gaullisme de gauche », *Espoir*, n° 42, 1983, p. 29-33.

HARKIS. – La tragédie des harkis est une page sombre du gaullisme. La responsabilité de Charles de Gaulle dans la mort de plusieurs dizaines de milliers de « musulmans français » après les accords d'Évian suscite encore des polémiques.

Les harkis *stricto sensu* étaient recrutés par l'armée sans contrat militaire et participaient aux combats. En décembre 1958, de Gaulle accepta la demande du général Maurice Challe de doubler l'effectif des harkis qui passa ainsi de 30 000 à 60 000 hommes. Mais le terme harki a pris aujourd'hui un sens plus large. D'autres supplétifs, tels les moghaznis et les GMS (Groupes mobiles de sécurité) avaient un rôle de police ou de protection des SAS (Section administrative spécialisée dirigée par un officier). En juillet 1961, on comptait ainsi, au total, environ 150 000 supplétifs. Avec les militaires de carrière musulmans, les notables (caïds, bachagas), anciens combattants, élus et fonctionnaires qui refusèrent de suivre les consignes du Front de libération nationale (FLN), ce sont environ 250 000 hommes, soit, avec leurs familles, plus d'un million de personnes qui étaient potentiellement menacées. La majorité n'était pas hostile à l'indépendance mais refusait le terrorisme du FLN. Avant les premières négociations d'Évian (20 mai-13 juin 1961), dans une note du 17 mars, un conseiller avait déjà attiré l'attention de l'Élysée sur « les garanties à négocier en faveur des musulmans fidèles à notre cause. Il paraît indispensable d'obtenir l'engagement que le musulman français puisse quitter à tout moment le territoire algérien pour jouir en France de la nationalité française ». Hélas ! il n'en sera pas ainsi, la protection et *a fortiori* le rapatriement en métropole des musulmans « pro-français » n'ayant pas été sérieusement prévus ni même voulus. Le 8 mars 1962, un communiqué aux chefs de corps, de Pierre Messmer, ministre des Armées, traduit l'attitude gouvernementale : « Il est hautement souhaitable que la majorité des Algériens demeurent dans leur pays natal », directive en phase avec l'opinion du Général sur les supplétifs. Le 3 avril 1962, lors d'un Comité des Affaires algériennes, le secrétaire général du gouvernement note en style télégraphique les propos du Général : « Empêcher désertions [de harkis] en en finissant avec les auxiliaires, magma qui n'a servi à rien. S'en débarrasser sans délai. »

Ainsi, alors qu'en février 1962 il était entendu que « la nationalité française serait maintenue à tous ceux qui en Algérie la possédaient », après le 19 mars 1962, tous les Français de souche nord-africaine (FSNA) deviennent de fait des Algériens, même ceux qui ont porté l'uniforme français au péril de leur vie. Tous devront faire une déclaration recognitive de nationalité française. Pour le Général, les « musulmans français », d'une autre culture et d'une autre religion, n'étaient pas des citoyens français. Cette conviction a influencé tragiquement le sort des harkis.

Début avril 1962, Louis Joxe, ministre d'État chargé des Affaires algériennes, alerte le haut-commissaire de la République sur « les possibles menaces envers un certain nombre de personnes engagées en Algérie aux côtés de l'administration ou de l'armée » et l'invite à « ne pas hésiter à regrouper et à protéger ceux qui se trouveraient effectivement menacés ». Un plan de rapatriement fut ainsi envisagé pour environ 5 000 personnes. Cette estimation (3 % du total) ne correspondait en fait qu'aux personnes qui avaient, par leur comportement passé, des motifs de craindre des représailles et qui, de ce fait, souhaitaient quitter l'Algérie. Or, avant même le cessez-le-feu, de nombreuses sources qualifiées (préfets, militaires, élus musulmans) avaient attiré l'attention du gouvernement sur l'illusion que le FLN respecterait des accords d'Évian censés garantir l'absence d'actes de violence contre les supplétifs.

Face à l'insuffisance criante du plan de rapatriement, des officiers organisèrent des transferts clandestins vers la métropole. Ces initiatives furent condamnées par le gouvernement le 12 mai 1962. Le premier contingent de harkis rapatriés officiellement n'arrive à Marseille que le 13 juin ! Or, dès février 1962, les harkas ont été désarmées, par ruse ou par force. Les harkis célibataires reconnus aptes pouvaient s'engager dans l'armée. Les autres, la grande majorité, se trouvaient livrés à eux-mêmes et, surtout, au FLN. Le maigre pécule versé en guise de prime de licenciement ne leur sera d'aucune utilité face aux Algériens avides de racheter leur attentisme, et dans une situation chaotique de lutte pour le pouvoir au sein du FLN. Le 4 août 1962, le général de Brebisson informe le ministre des Armées que « l'épuration se poursuit avec une violence accrue ». D'autres cris, émanant de journalistes ou d'élus à l'Assemblée nationale, ont tenté en vain d'alerter le pouvoir. Le rapatriement « officiel » minimaliste, loin d'être amplifié et accéléré, fut stoppé au motif d'un manque de place dans les camps d'accueil.

C'est seulement le 19 septembre 1962 que Georges Pompidou, Premier ministre, ordonne la reprise des rapatriements de harkis. En Algérie, les forces françaises, en cours de rapatriement, ont l'ordre de ne pas intervenir pour sauver les supplétifs enlevés et suppliciés à mort. Selon ses proches, « le Général ne voulait pas prendre le risque de recommencer la guerre ». Or les faits et les témoignages concordent : lorsque des officiers ont pris sur eux d'intervenir, le FLN a obtempéré.

Le bilan de cette politique digne de Ponce Pilate fut lourd : plusieurs dizaines de milliers de morts, hommes, femmes, enfants et vieillards, après d'horribles supplices ; des dizaines de milliers d'autres emprisonnés, torturés, dont certains purent être relâchés grâce à la Croix-Rouge internationale. Quant à la centaine de milliers de musulmans français rapatriés, pour moitié clandestinement grâce à leurs officiers, ils furent longtemps relégués dans des camps insalubres, des hameaux de forestage isolés ou des cités ghettos, entravant l'intégration des adultes, compromettant l'avenir des enfants. C'est un gaulliste, président de la République, qui, le 25 septembre 2001, en instaurant l'hommage national aux harkis, reconnut officiellement que « la France n'a pas su sauver ses enfants de la barbarie ». Car la question de la responsabilité du général de Gaulle dans l'abandon des harkis ne se pose plus. La seule interrogation qui subsiste est : pourquoi ? Mohand Hamoumou

• *Voir aussi* : Algérie (guerre d') ; FLN ; Joxe, Louis ; Pieds-noirs

Bibl. : Maurice Faivre, *Les Archives inédites de politique algérienne, 1958-1962*, Paris, L'Harmattan, 2000 • Philippe de Gaulle, *De Gaulle, mon père*, Paris, Plon, t. 2, 2004 • Mohand Hamoumou, *Et ils sont devenus harkis*, Paris, Fayard, 1993.

HARMEL, Pierre (né en 1911). – Natif de Bruxelles, enseignant en droit, Pierre Harmel est élu député en 1946 et devient ministre dès 1950. À trente-neuf ans, il s'impose déjà comme l'un des ténors du Parti social-chrétien (PSC). Au cours des vingt-trois ans qui suivent, il fait partie de neuf des onze gouvernements qui président aux destinées de la Belgique. C'est un ardent partisan de l'intégration européenne.

Quand il devient ministre des Affaires étrangères (1966-1973), il ne développe pas à l'égard du général de Gaulle la même animosité que son prédécesseur, Paul-Henri Spaak. Il reste que le contexte est difficile, notamment à la suite de la politique de la « chaise vide » pratiquée par la France en 1965-1966. De plus, Pierre Harmel se trouve confronté au coup d'éclat de De Gaulle et à la crise qu'il provoque au sein de l'OTAN en 1966. Le ministre belge craint que la France quitte non seulement l'organisation militaire intégrée de l'Alliance, mais l'Alliance elle-même. Il orchestre dès lors la rédaction d'un rapport relatif aux futures tâches de l'OTAN et gravitant autour de deux piliers : la défense et la détente. Ce rapport devient bientôt la « doctrine Harmel » qui va non seulement permettre d'encourager la France à rester dans l'Alliance et redynamiser celle-ci, mais aussi conférer une assise à l'Ostpolitik de Willy Brandt dans l'ensemble du monde occidental, ouvrant la voie au désarmement et à la solution du problème allemand. Si Harmel est partisan des rencontres bilatérales entre les pays de l'Est et de l'Ouest, celles-ci doivent rester, selon lui, dans la perspective d'un dialogue « de bloc à bloc », ce qui tranche avec les vues du président français. Au cours du sommet européen de décembre 1967, la France du Général souscrit au rapport Harmel, mais sans enthousiasme. Dans l'intervalle, la Belgique a décidé d'accueillir sur son territoire à la fois le Conseil et le SHAPE (état-major intégré de l'OTAN). Enfin, sur la guerre du Vietnam, Harmel n'épouse les vues du président français que sur le fond, pas sur la forme.

En matière d'intégration européenne, les prises de position du Général inquiètent Pierre Harmel. En novembre 1966, il rencontre à sa demande le président français à l'Élysée. À ses yeux, la politique française à l'égard de l'Alliance atlantique et de la Communauté européenne comporte des risques. L'Allemagne aussi pourrait être tentée par l'indépendance vis-à-vis de ses alliés et ne plus attacher d'importance ni à l'OTAN ni à la CEE, au risque de sombrer une nouvelle fois dans le nationalisme. Le président lui répond que la France a les moyens d'empêcher cette évolution. L'année suivante, en novembre 1967, de Gaulle donne le coup de grâce à la candidature britannique. Harmel entend remédier partiellement au veto français en favorisant des consultations régulières dans le cadre de l'UEO, dont fait partie la Grande-Bretagne, sur les questions relatives à la défense, à la monnaie, à la politique ou à la technologie. Harmel est prêt à aller de l'avant, si nécessaire sans la France, et présente à l'UEO, en octobre 1968, un plan en ce sens. Pour de Gaulle, le document belge est inacceptable, car il conférerait au Royaume-Uni la possibilité de contrôler l'activité des Six dans les domaines de la politique étrangère et de la défense. Le plan de relance de l'UEO échoue et conduit même à une crise de cette institution qui durera jusqu'en 1970.

Les relations entre Harmel et de Gaulle ont été tendues. Le premier ne nourrissait certainement pas la même admiration que le roi Baudouin pour le second, mais il lui portait cependant une estime certaine. Le jour du décès du Général, Pierre Harmel, toujours ministre des Affaires étrangères, l'a exprimée en ces termes : « Rarement, mieux qu'aujourd'hui, aperçoit-on que certains hommes, très rares, s'éteignent mais ne meurent pas : c'est le cas pour le général de Gaulle qui demeurera comme une des grandes figures de l'Histoire contemporaine. Il incarna la France, vécut pour elle ; il restaura sa liberté, d'abord, sa grandeur, ensuite. » Vincent DUJARDIN

• *Voir aussi* : Angleterre (rejets de la candidature de l') ; Europe ; OTAN

Bibl. : Frédéric Bozo, « Détente versus Alliance : France, the United States and the Politics of the Harmel Report (1964-1968) », *Contemporary European History*, 1998, n° 7, p. 343-360 • Vincent Dujardin, *Pierre Harmel : une biographie*, Bruxelles, Le Cri éditions, 2004.

HASSAN II (1929-1999). – Moulay Hassan, le futur Hassan II, roi du Maroc, est l'aîné des enfants de Mohammed V. Il reçoit une éducation soignée en arabe et en français. Dès l'indépendance acquise en 1956, le prince héritier, qui a suivi en exil le sultan déposé par les Français trois ans auparavant, est associé par son père aux affaires du gouvernement. Devenu à vingt-huit ans commandant en chef de l'armée, il a pour tâche d'amalgamer les cadres issus de l'armée française avec ceux qui ont émergé du mouvement nationaliste. La mort inopinée de Mohammed V, en 1961, révèle sa capacité à s'imposer, malgré une situation politique difficile.

Le général de Gaulle cherche à établir avec lui une forte relation personnelle. Il le reçoit à Paris avec faste, le 26 juin 1963, soulignant l'amitié qui l'unissait au roi son père. Toutefois, en 1965, l'affaire Ben Barka va grever cette relation d'une hypothèque très lourde puisque l'enquête révèle rapidement que le ministre de l'Intérieur marocain est directement responsable d'un enlèvement effectué sur le territoire français. De Gaulle tiendra rigueur au monarque d'avoir couvert son ministre. Les rapports officiels franco-marocains se refroidissent d'autant plus que Hassan II se tourne de plus en plus vers les États-Unis pour obtenir un soutien politique et développer des relations commerciales. Cependant, de Gaulle s'abstient soigneusement d'exploiter les difficultés politiques du roi, lesquelles culmineront, en 1971 et 1972, avec deux spectaculaires tentatives d'assassinat.

Philippe BRAUD

• *Voir aussi* : Mohammed V

Bibl. : Hassan II, *Mémoires*, Paris, Albin Michel, 1976 • Gilles Perrault, *Notre ami le roi*, Paris, Gallimard, 1990 • Bernard Violet, *L'Affaire Ben Barka*, Paris, Fayard, 1991.

HAUTS FONCTIONNAIRES (1940-1945). – Le paradoxe fut grand de voir le général de Gaulle, qui plaçait si haut le service de l'État, entouré de si peu de hauts fonctionnaires de métier dans sa périlleuse et grandiose aventure des années de guerre. Récit officiel et reconstruit de la geste gaullienne, les *Mémoires de guerre* gardent la trace de l'amertume qui fut la sienne lorsqu'il dut constater au mieux la prudence, et le plus souvent l'adhésion à Vichy – du moins dans un premier temps – des grands et moins grands serviteurs de l'État. « L'abstention presque complète des personnalités de toute nature ne favorisait pas le succès de mon entreprise », écrit-il en 1953, et c'est là un euphémisme. Comme l'a noté Albert Camus, la guerre emporta les meilleurs – et l'on pense, certes, à Jean Moulin, préfet résistant et d'une certaine manière préfet des résistants. La relation de celui-ci avec de Gaulle, particulière et forte, s'est sans doute forgée dans la même exigence d'avoir à reconstruire une conception de l'État en en plaçant l'esprit, le service de la patrie, au-dessus des formes, celles d'un pouvoir présentant toutes les apparences de la légalité. Tôt disparu aussi – il mourut d'épuisement en 1955, alors qu'il était président de la SNCF –, Pierre Tissier, le seul membre du Conseil d'État dont le ralliement à de Gaulle fut immédiat et total, fut son premier chef de cabinet à Londres avant d'occuper à la Libération le poste délicat de directeur du cabinet du ministre de l'Intérieur, Adrien Tixier. Il serait injuste et inexact de limiter à ces deux noms la participation de la haute fonction publique au gaullisme de guerre. Gaston Palewski, Geoffroy Chodron de Courcel devinrent des piliers de la France libre, conçue d'emblée moins comme un contre-État que comme le véritable État français destiné à combler, fût-ce avec des moyens dérisoires, le vide juridique et moral né de l'absence de légitimité de Vichy.

D'autres hauts fonctionnaires, jeunes pour la plupart et conscients des impasses dans lesquelles la politique de l'État français conduisait le pays, rejoignirent la Résistance intérieure. Si quelques-uns d'entre eux se battirent les armes à la main (comme le sous-préfet Valentin Abeille, tué par les Allemands en juin 1944, ou l'inspecteur des Finances Jacques Delmas, qui devint *Chaban*), la plupart d'entre eux (comme Michel Debré et Pierre Laroque, l'un et l'autre issus du Conseil d'État, ou François Bloch-Lainé, autre inspecteur des Finances) firent ce qu'ils faisaient le mieux, en structurant, depuis Alger ou Paris, l'État parallèle présidé par de Gaulle et destiné à prendre en mains les rênes de la France libérée.

Cependant, comme l'avait proclamé le général de Gaulle dans un discours d'avril 1942, le sentiment prévalait que la France avait été « trahie par ses élites dirigeantes et ses privilégiés ». Indispensable dès avant le conflit, mais ravalée au rang de slogan par l'impuissance chronique de la IIIe République – au moins Londres et Vichy furent-ils d'accord d'emblée sur ce point –, la réforme de l'État était devenue après la libération du territoire synonyme d'une exigence de régénération. L'épuration de la haute fonction publique, menée sans faiblesse, en signait le volet purificatoire, tandis que les réformes édictées à l'automne 1945 sous la houlette de Michel Debré, nommé au printemps précédent à la tête de la mission de réforme administrative placée auprès du ministre d'État Jules Jeanneney, étaient destinées à modifier profondément, en les démocratisant et en les professionnalisant, le recrutement et la formation des hauts fonctionnaires, avec l'ambition affichée de renouveler l'esprit même du service de l'État. La création de l'École nationale d'administration en fut la mesure-phare, qu'accompagnaient la nationalisation de l'École libre des sciences politiques, qui n'en modifia dans les faits ni le profil social ni l'autonomie par rapport à l'Université, et la création d'une Direction de la fonction publique, qui ne parvint jamais à s'imposer face au ministère des Finances et aux grands corps de l'État.

Il s'agissait en effet – et la gauche de l'époque ne s'y trompa pas – de réformes, non d'une révolution : le général de Gaulle était trop pénétré d'une certaine idée de l'État pour ne pas privilégier le professionnalisme y compris sur le patriotisme résistant. On l'avait d'ailleurs déjà constaté lorsqu'il avait composé son cabinet de la rue Saint-Dominique : des compagnons de la première heure, à commencer par Palewski, y figuraient sans doute en bonne place, mais ils étaient flanqués de jeunes et brillants hauts fonctionnaires dont les états de service ne souffraient pas la comparaison, en termes d'engagement, avec ceux de nombreux résistants. Tous ou presque (René Brouillet, Étienne Burin des Roziers et plus encore Georges Pompidou) seraient des sommités de l'État gaullien. De Gaulle était lucide quant à l'attentisme des membres des grands corps de l'État entre 1940 et 1944, comme il le dit de manière cinglante devant Alain Peyrefitte en 1962 lorsqu'une décision du Conseil d'État s'opposa à l'exécution du trésorier de l'OAS, condamné à mort par une juridiction d'exception. Mais ces élites administratives seraient toujours plus légitimes aux yeux de cet homme pétri d'un sens somme toute assez conservateur des hiérarchies administratives, que les élites de rechange issues de la Résistance ou de la France libre. Le parcours de René Cassin, vice-président du Conseil d'État entre 1944 et 1960, n'étant une exception qu'en apparence. Marc Olivier BARUCH

• *Voir aussi* : Entourages ; Gouvernements du général de Gaulle, p. 1191

Bibl. : Marc Olivier Baruch, *Servir l'État français. L'administration en France de 1940 à 1944*, Paris, Fayard, 1997 • Michel Debré, *Trois républiques pour une France : Mémoires*, vol. I, Paris, Albin Michel, 1984 • Robert Paxton, *La France de Vichy : 1940-1944*, Paris, Le Seuil, coll. « Points Histoire », 2003 (1re édition française 1973).

HAUTS FONCTIONNAIRES (1958-1969). – Bien qu'on ait souvent parlé de « technocratie gaulliste », les relations que le général de Gaulle noue avec la haute fonction publique sont plus complexes qu'on ne le croit généralement. De Gaulle a le plus souvent privilégié deux critères pour sélectionner les responsables administratifs : la participation directe ou indirecte à la Résistance ; la compétence professionnelle des fonctionnaires, quelles que soient leurs convictions politiques. Ainsi, en 1958, seuls trois préfets sont déplacés durant les trois premiers mois de son retour au pouvoir. Le rétablissement de l'autorité politique après la crise algérienne impose de s'appuyer sur la haute fonction publique mais en s'assurant qu'elle respecte ses traditions de loyauté et de dévouement à l'État : le professionnalisme et la recherche de l'efficacité restent au cœur des réformes statutaires de 1959 comme ils l'étaient lors de la création de l'École nationale d'administration en 1945.

La Constitution de 1958 réserve au seul président de la République la nomination aux postes les plus importants de l'administration (préfets, ambassadeurs, directeurs d'administration centrale). En pratique, ce pouvoir n'est pas délégué et les impétrants sont reçus par le Général lui-même qui leur indique leur mission. Il exige d'eux un loyalisme institutionnel et tient à un respect strict du devoir de réserve. Les hauts fonctionnaires jouissent d'une autonomie fonctionnelle mais ne constituent plus la technocratie qui prévalait sous la IVe République. Ressource d'expertise, la haute fonction publique cesse d'être, en tant que telle, une force politique. L'ère de son pouvoir proprement technocratique s'est achevée en 1958 et son ralliement au Général après cette date ne se fait donc pas sans états d'âme car nombreux étaient ces experts qui, partageant un esprit de mission, s'étaient engagés auprès de Pierre Mendès France ou de Jean Monnet, ces figures emblématiques du renouveau administratif des années 1950. Certains d'entre eux vont rejoindre le club Jean-Moulin ancré au centre gauche. Si le Général respecte les traditions des grands corps et leur témoigne de nombreux égards par des visites et des discours, il se défie de l'esprit de corps et brise les résistances qui s'affirment lorsqu'il est question, par exemple, d'intégrer les anciens administrateurs des colonies dans les corps métropolitains. Le ralliement des hauts fonctionnaires à de Gaulle s'explique donc moins par le pouvoir qu'il leur donne collectivement que par l'éthique d'efficacité, de dévouement et de désintéressement qu'il incarne.

Militaire de carrière, le général de Gaulle délègue beaucoup pour se concentrer sur les décisions de principe. Il laisse notamment une grande autonomie à la haute fonction publique dans le domaine économique et financier : « J'adopte le projet des experts », dit-il en 1958 lorsqu'il accepte les propositions du comité Rueff chargé du redressement financier. De même laisse-t-il les hauts fonctionnaires faire face à leurs responsabilités : « C'est votre affaire, monsieur le préfet », répond-il en 1967 à Maurice Doublet, préfet de la Seine, lorsque ce dernier souligne que sa décision de déplacer le ministère des Finances aux Halles va se heurter aux réticences du conseil municipal. N'intervenant pas dans les affaires courantes des ministères, il ne cherche pas à réorganiser l'appareil d'État et laisse les administrateurs lui proposer des réformes. Ce respect pour les compétences des ministères et des grands corps se traduit par le fait que les conseillers de l'Élysée ne les remplacent pas ou ne les court-circuitent pas, comme ce sera le cas après 1969. Seuls quatre conseillers, tous issus de l'inspection générale des Finances, suivent les affaires économiques et financières alors même que l'œuvre à accomplir est considérable. Bien que la Constitution de la Ve République donne la prééminence à la fonction présidentielle, le secrétariat général de l'Élysée reste une institution légère, regroupant à peine une trentaine de personnes. De Gaulle, en revanche, consulte directement les spécialistes et demande que les délais d'exécution soient courts. Il innove en 1960, créant des conseils restreints qui réunissent quelques hauts fonctionnaires et ministres afin d'arbitrer des dossiers complexes, et multiplie les administrations de mission.

Puisque le haut fonctionnaire est avant tout serviteur de l'État, et que les emplois supérieurs sont révocables *ad nutum*, la frontière entre administration et politique tend à disparaître. En moyenne, la moitié des ministres proviennent du secteur public et les cabinets ministériels s'étoffent progressivement, presque totalement contrôlés par la haute fonction publique. En janvier 1959, neuf ministres sur vingt et un sont des hauts fonctionnaires qui n'ont jamais exercé auparavant de mandat parlementaire, ce qui constitue une évolution radicale par rapport aux régimes parlementaires précédents. Néanmoins, si ces nominations constituent des promotions pour des « techniciens », elles ne leur donnent pas de pouvoir collectif. À partir des élections législatives de 1967, de nombreux ministres-techniciens briguent un mandat électif, avec le soutien du Général, afin de consolider leur poids politique à un moment où le gaullisme s'affaiblit. Bien que le Général soit clairement hostile à toute forme de « pantouflage », les hauts fonctionnaires investissent de plus en plus la direction des entreprises publiques et privées, ce qui permet d'asseoir les politiques économiques sur des réseaux fortement intégrés ; néanmoins ils restent assez éloignés de la vie parlementaire. Jusqu'en 1968, la proportion de députés provenant de la fonction publique (hors enseignement) ne dépasse par 16 % et tous ne sont pas hauts fonctionnaires. Les stratégies purement politiques développées par les nouvelles générations d'énarques ne s'affirmeront qu'après 1969. Luc ROUBAN

• *Voir aussi* : Entourages ; État (réforme de l') ; Hauts fonctionnaires (1940-1945)

Bibl. : Francis de Baecque et Jean-Louis Quermonne (dir.), *Administration et politique sous la Cinquième République*, Paris, PFNSP, 1981 • Institut Charles-de-Gaulle, *De Gaulle en son siècle*, t. 3, *Moderniser la France*, Paris, Plon-La Documentation française, 1992 • Id., *De Gaulle et le service de l'État*, Paris, Plon, 1977.

HEINE, Heinrich (1797-1856). – Né à Düsseldorf et mort à Paris, l'écrivain et poète Heinrich Heine se désignait comme un « rossignol allemand qui a fait son nid dans la perruque de Monsieur de Voltaire ». Henri Blaze de Bury le caractérisait par la formule du « romantique défroqué ». Auteur de poésies comme « La Loreley » ou « Les deux grenadiers », dont le ton et la mélodie ont inspiré de nombreux compositeurs, Heine fut aussi un prosateur mordant et un publiciste engagé. Son adhésion aux idéaux de la Révolution lui a valu des persécutions dans l'Allemagne de la Restauration. En 1831, il a émigré à Paris, la « nouvelle Jérusalem » de la liberté, où il est resté jusqu'à sa mort, nouant des liens forts avec les acteurs de la vie littéraire, culturelle et politique française.

Le général de Gaulle a beaucoup apprécié Heine. Lorsque, en 1967, la Bibliothèque nationale (BN) était en compétition avec la ville de Düsseldorf pour acquérir la grande collection de manuscrits de Heine constituée par le libraire juif allemand Salman Schocken, il est personnellement intervenu dans la négociation en décrétant que « Heine était aussi un écrivain français ». À ses yeux, la BN était donc toute désignée pour accueillir ses papiers. Par cette prise de position, de Gaulle s'est inscrit dans une tradition de la gauche républicaine française, qui, après 1870, cherchait à naturaliser Heine en France, considérant qu'il représentait la « bonne » Allemagne pourchassée dans son propre pays par les nationalistes de la « mauvaise » Allemagne à la botte de Bismarck. Cette naturalisation s'est faite sur des critères politiques et ne tenait pas compte du fait que Heine n'a pratiquement jamais écrit directement en langue française. L'acquisition du fonds Heine par la BN a été à l'origine d'un renouveau important de la recherche française sur l'écrivain.

Michael WERNER

• *Voir aussi* : Allemagne ; Bibliothèque personnelle ; Culture

Bibl. : Michael Werner et Jan-Christoph Hauschild, *Heinrich Heine, une biographie*, Paris, Le Seuil, 2001.

HÉRITAGE POLITIQUE. – Que reste-t-il aujourd'hui de l'œuvre du général de Gaulle ? Les valeurs qu'il a défendues, les conceptions politiques qui furent les siennes exercent-elles encore une quelconque influence sur nos contemporains ? Subsiste-t-il des traces discernables de son action gouvernementale, lui qui fut aux affaires à deux reprises et, pendant onze ans, présida aux destinées d'un État rénové ?

Le bilan n'est pas simple à établir. À s'en tenir à de premières apparences, son influence est devenue quasi invisible. Seule une infime minorité de responsables politiques invoquent encore expressément son exemple pour justifier des choix politiques. Le monde et la France ont tellement changé depuis la mort du Général qu'en appeler à ses critères de jugement semblerait souvent incongru. Le visionnaire d'une France « que la Providence a créée pour des succès achevés ou des malheurs exemplaires », l'homme au patriotisme ardent et intransigeant, le gardien sourcilleux de l'indépendance nationale semble une figure hautement décalée à l'heure où la France est engagée dans une construction européenne sans retour, tandis que s'ouvrent ses frontières et que se mesure l'ampleur des transferts de souveraineté déjà effectués. De Gaulle pensait en termes de nation, de rang et de grandeur ; aujourd'hui, les responsables politiques ont pour cadres de référence l'intégration européenne, la mondialisation économique, les droits de l'homme. Pour être juste, il importe de souligner que ses principaux adversaires se référaient à des concepts devenus encore plus étrangers à nos modes de pensée : d'un côté, l'ambition coloniale et l'Algérie française, de l'autre, la rupture avec le capitalisme, la dictature du prolétariat ou le pouvoir ouvrier. Indubitablement, par rapport à l'époque du Général, nous vivons largement dans un autre univers de références.

Conceptions militaires. On peut s'interroger aussi sur le destin des entreprises auxquelles il attacha du prix et qui méritent de rester associées à son image et à son nom. L'auteur de *Vers l'armée de métier* a défendu une doctrine militaire qui repose sur des prémisses politiques devenues totalement obsolètes. Le colonel de Gaulle vivait en un temps où les rapports avec notre puissant voisin, l'Allemagne, étaient dominés par la suspicion et l'inquiétude. S'il stigmatisait une stratégie militaire purement défensive, c'était parce qu'il avait la conviction qu'elle encourageait les ambitions revanchardes d'un pays qui n'avait pas accepté le « diktat de Versailles ». La situation politique de l'Europe rend évidemment périmée, de nos jours, cette vision naguère pertinente. Mais, dans cet ouvrage, de Gaulle se révélait aussi un militaire résolument moderne, désireux de mettre au service des armées les technologies de pointe. Son plaidoyer pour une armée de métier anticipe largement l'évolution future des conceptions de la défense nationale. Si, plus tard, il n'a pas été l'initiateur du programme de bombe A, il est incontestable qu'il mit toute son énergie à faire entrer la France dans le club, alors très fermé, des puissances nucléaires. Elle y est toujours, et cela demeure une donnée non négligeable pour comprendre l'attitude des dirigeants français sur la scène internationale. Cette appartenance au club pèse aussi sur les relations de la France avec ses principaux partenaires de l'Union européenne : la Grande-Bretagne, dotée comme elle d'une force nucléaire, et l'Allemagne qui, au contraire, en demeure privée. Les responsables français s'appuient toujours, quoique discrètement, sur l'existence de cette force de frappe pour tenter de donner une certaine crédibilité à leur plaidoyer en faveur d'une défense européenne commune, plus ou moins indépendante des États-Unis. Avec un succès jusqu'ici limité.

Conceptions diplomatiques. L'homme du 18 Juin aura incarné avec éclat la résistance à un ennemi qui n'est plus. Avec la disparition du nazisme et du militarisme allemand, la voie s'est ouverte à la réconciliation d'ennemis séculaires au point que le couple franco-allemand est devenu l'un des principaux moteurs de la dynamique européenne. Revenu au pouvoir en 1958, de Gaulle aura beaucoup œuvré en faveur de cet intime rapprochement. Non seulement, bien sûr, en raison des liens privilégiés qu'il a su nouer avec le chancelier Konrad Adenauer au début de la Ve République (le succès charismatique de son voyage en Allemagne aura donné un élan émotionnel précieux à cette alliance), mais aussi, plus paradoxalement, en raison de son refus de la défaite en 1940. En redonnant aux Français le sentiment d'avoir sauvé leur honneur, fût-ce en surjouant quelque peu ce rôle, il a rendu possible un rapprochement qui n'était plus seulement celui d'un ex-vaincu avec son ex-vainqueur. Par son passé de résistant inflexible, de Gaulle était mieux placé que quiconque en France pour faire accepter le dépassement des vieux antagonismes, tandis qu'en Allemagne il pouvait inspirer le respect lorsqu'il tendait la main aux générations qui avaient combattu, écrasé et même méprisé leur adversaire.

Sa vision géopolitique d'une France indépendante des blocs, porteuse d'une voix toujours singulière dans le concert des nations, inspire-t-elle encore notre diplomatie ? Beaucoup d'analystes américains le croient volontiers, attribuant à un fâcheux héritage gaulliste tout ce qui ressemble à de la réserve, voire de l'obstruction à l'égard de la politique des États-Unis au Proche-Orient et en Irak, ou encore dans la conception des relations transatlantiques et des missions de l'OTAN. En réalité, ce sont les données de fait qui ont radicalement changé. C'est l'effondrement de la menace soviétique qui libère une volonté européenne d'autonomie, notamment en Allemagne. Ce sont les divergences croissantes d'intérêts économiques, de conceptions éthiques et de perceptions des menaces prioritaires qui creusent un fossé entre Européens et Américains. L'influence directe du gaullisme sur l'humeur anti-américaine de nos contemporains ne doit pas être surestimée même s'il convient d'enregistrer le fait que cet argument sert encore d'explication dans le monde anglo-saxon.

Conceptions constitutionnelles. De Gaulle est également entré dans l'Histoire comme maître d'œuvre d'un nouveau régime constitutionnel. Le fait que celui-ci soit encore en place n'est pas une mince réussite dans un pays où l'instabilité constitutionnelle était proverbiale. Sans doute, les expériences de cohabitation ont-elles mis en évidence l'existence d'une Constitution *bis* que n'aurait probablement pas cautionné le Général, le président de la République étant largement paralysé par son Premier ministre lorsque celui-ci peut s'appuyer sur une majorité parlementaire différente de la majorité présidentielle. Il n'en demeure pas moins que la Ve République a exorcisé l'instabilité gouvernementale, rompu avec l'omnipotence et la versatilité des Assemblées, affirmé le rôle d'impulsion du niveau politique national. Cette réforme de l'État, thème constant de la pensée gaullienne, a permis d'accompagner efficacement une mutation géopolitique majeure : celle qui a vu d'un côté une puissance coloniale se muer en État purement européen ; de l'autre un pays encore rural entrer pleinement dans la modernité postindustrielle. Cependant, si important que soit l'héritage institutionnel du gaullisme, on ne peut méconnaître les assauts du temps sur l'édifice. Certaines institutions ont évolué, qu'il s'agisse du rôle du Conseil constitutionnel, bien éloigné de ce que le fondateur de la Ve République avait prévu pour lui, ou encore des compétences des collectivités décentralisées fort élargies depuis lors. Surtout, l'adjonction du titre XV : « Des Communautés européennes et de l'Union européenne », rappelle combien la souveraineté de cet État est désormais soumise à des normes juridiques d'un niveau supérieur. La souveraineté, valeur politique suprême aux yeux du Général, est largement atténuée par les successives délégations de compétences consenties par traités, notamment depuis Maastricht. Sans parler du fait que le choix européen de l'économie de marché a conduit cet État à d'importants désengagements dans la sphère économique et sociale.

L'héritage le plus durable laissé par de Gaulle à la France d'aujourd'hui se situe probablement dans l'ordre du symbolique. Si son inscription dans l'Histoire n'a pas produit des effets à long terme qui puissent rappeler l'œuvre de Napoléon Ier ou d'Henri IV (tous deux, après une période de troubles intérieurs exceptionnellement graves, ont jeté les bases d'un ordre juridique et politique durable), le Général s'inscrit néanmoins dans la chaîne continue des plus grandes figures de l'histoire française. À l'instar de Clemenceau, de Colbert ou de Richelieu, il a conduit une œuvre de redressement qui fut décisive en son temps. Sa personnalité hors du commun, l'éclat de ses convictions et de ses refus l'ont fait entrer dans la mémoire collective comme un symbole de référence puissant, un repère identitaire positif pour tous ceux qui s'interrogent aujourd'hui sur la spécificité nationale dans un monde désormais ouvert à tous les brassages.

Philippe Braud

• *Voir aussi* : État ; Politique étrangère ; République

Bibl. : Institut Charles-de-Gaulle, *De Gaulle en son siècle*, t. 1, *Dans la mémoire des hommes et des peuples* ; t. 2, *La République*, Paris, Plon-La Documentation française, 1991 et 1992.

HÉRITAGE SPIRITUEL. – Le « gaullisme de guerre » jouit d'un prestige intact, de moins en moins contesté. Ceux qui prétendaient que sans l'obstruction de ce nationaliste à penchant bonapartiste la Libération aurait été plus belle et la rénovation plus réussie ont été démentis par l'historiographie ou par le destin funeste des idées qui justifiaient leurs critiques.

Personne ne conteste que le stratège de la France libre a réussi à l'époque, autant que cela est possible, un sans-faute, qu'il a eu raison non seulement contre Pétain, mais aussi contre Giraud, contre Frenay, contre Roosevelt, contre Duclos, et même contre Raymond Aron. En intitulant *La France libre* une synthèse sur la Résistance intérieure et la Résistance extérieure, Jean-Louis Crémieux-Brilhac a comme officialisé la prépondérance de l'homme de Londres sur tous ses rivaux du moment.

L'esthétisation du gaullisme. L'évidence du contraste entre le début (1940-1945) et la suite, non seulement la république gaullienne mais surtout le « gaullisme » continué où nous sommes encore, porte souvent à isoler, à protéger la séquence héroïque, à la traiter comme un tour de force, un événement sans postérité, l'affaire de la minorité glorieuse d'une génération, qui restera fière et heureuse d'avoir eu un chef grâce auquel ses sacrifices n'ont pas été inutiles puisqu'il a su diriger les siens et qu'il ne les a pas trahis. On assiste ainsi à une esthétisation du gaullisme qui laisse la statue intacte tout en déconnectant l'exploit d'une histoire qui n'aurait pas cessé de diminuer et de banaliser la France. En somme, le gaullisme ne manquerait pas de beauté mais d'effectivité, il serait quelque chose comme une autre *Chanson de Roland*, la geste d'un épisode mineur, qui, à la différence de l'intervention de Jeanne d'Arc, n'aurait pas changé le cours de l'histoire. Dans une variante aggravée de cette lecture on dira que ce fut le point d'orgue de l'histoire de France, une entreprise qui peut faire écho aux grands ressaisissements antérieurs d'un pays dont l'avenir porte désormais d'autres noms, « Europe » sans doute.

Cette manière de sanctuariser la France libre (et la Résistance), de la mettre sous cloche est frustrante pour les générations suivantes invitées à regarder ailleurs – ce qu'elles font en effet, non sans un certain malaise. Surtout elle est contraire à la volonté du héros de relancer l'histoire de France. Qu'il n'y ait pas réussi n'autorise pas à ignorer son intention. Il a non seulement prononcé et soutenu le « refus du premier jour », pour citer Malraux, mais aussi donné une analyse de la grande défaillance et voulu y remédier. On ne peut pas parler de ce que le gaullisme signifie sans s'interroger sur le destin de cette prétention et de cette intention, sans se demander, au vu de ce qui a suivi, sur quoi ces dernières ont achoppé. L'esthétisation du gaullisme, son éloignement, tient au réflexe de l'associer à la gloire, à l'accomplissement, au triomphe, au 26 août 1944. C'est une manière de l'enfermer dans son époque. Sans doute, quelle que soit la fascination qu'elle exerce, devrions-nous laisser la gloire à ceux qui ont combattu pour elle, et prendre les choses à l'envers : c'est plutôt l'échec de nos prédécesseurs, ou les limites de leur succès (à quoi une admiration désintéressée devrait rendre sensible), qui nous indique ce que nous avons à faire, ce qui, en somme, fait vivre l'héritage. L'esthétisation du gaullisme est une facilité : rompant le lien historique, elle dispense aussi bien de critiquer que d'assumer authentiquement ce que l'on se contente d'encenser. C'est un moyen d'éluder notre devoir actuel de penser et d'agir.

Valeur de l'inaccompli. Il y plusieurs raisons de refuser cet enterrement avec les honneurs. La première est que tout ce qui a une valeur esthétique fait signe au-delà des circonstances de son apparition ; que la beauté doive sauver le monde : cette proposition, si elle est vraie, ne l'est pas seulement dans les musées. La deuxième est l'insatisfaction quant à son œuvre que le Général a montrée, en particulier dans le réformisme (peu convaincant) de ses derniers mois de pouvoir. La troisième est que le choix d'oublier le gaullisme, qui a été celui des quatre successeurs à la présidence, ne s'est pas révélé comme une voie productive. Cela donne à penser qu'il y aurait une certaine opportunité non pas à revenir au gaullisme, mais à renouer avec lui en se débarrassant des adhérences nostalgiques et en réinterrogeant certaines de ses intentions inabouties, en considérant d'abord ce qu'il a d'inaccompli.

Au-delà des buts obsédants, celui de

faire entrer la France dans la guerre et de lui redonner un État légitime – « Il n'y a plus de gouvernement proprement français », pose-t-il à Brazzaville le 27 octobre 1940 –, on discerne chez de Gaulle à Londres le vaste dessein de surmonter le déchirement français, de « fermer la parenthèse ouverte en 1789 » dira-t-il à Macmillan. Ce désir, ce souci n'a rien de réactionnaire dans la mesure où il ne s'agit pas d'évacuer la révolution comme une toxine, mais, à la manière de Marc Bloch, de reconnaître ensemble les deux France opposées. Cette idée n'est pas propre à de Gaulle. Dans beaucoup de mouvements de résistance au début (à Combat ou à Défense de la France, par exemple) sont dénoncées les divisions artificielles cultivées par les partis et Pierre Brossolette, en septembre 1942, a défendu le projet pour la France libérée d'un gaullisme de rassemblement qui surmonterait « les anciennes divisions politiques » et où se fondraient les différentes familles spirituelles et sociales.

Pour comprendre la manière dont le chef de la France libre pressentait cette réconciliation de la France avec toute son histoire, on peut utilement se référer à l'idée que Charles Péguy (auteur cardinal dans la formation de Charles de Gaulle) avait du dreyfusisme d'après *Notre jeunesse*. Avant d'avoir été ramené (par Jaurès en particulier) dans les ornières de la politique partisane, le dreyfusisme avait été, selon Péguy, une chance pour la France, et, paradoxalement, une chance de réconciliation. Si, selon la logique des intérêts organisés et des préjugés cultivés, le christianisme, le judaïsme, le nationalisme étaient des clans qui s'opposaient, leurs « mystiques » s'accordaient dans la défense de la justice. Le dreyfusisme vrai eût donc conduit non pas à la revanche anticatholique que fut le combisme, mais à la poursuite et à l'élargissement de cette convergence des mystiques, dont Péguy a peut-être aperçue fugitivement un début dans les universités populaires. Nul doute qu'une « convergence des mystiques » s'est produite dans la France libre et la Résistance, et que comme le dit le discours du 15 novembre 1942, dans « le dévouement au service de la patrie », beaucoup « se sont fait un cœur et un esprit nouveaux ». Mais la politisation à gauche de la Résistance et en conséquence le repli de De Gaulle sur l'idée presque unique de la restauration et du renforcement de l'État ont effacé certaines des possibilités qui s'annonçaient. Au grand regret de Bernanos, le plus gaulliste des écrivains et le plus déçu par la Libération, qui évoque cette occasion perdue comme celle d'une « réconciliation des Français sur l'honneur et non sur les intérêts ».

Le spirituel dans le politique. On a le sentiment d'un contraste qu'on peut dire anthropologique quand on compare les mentalités actuelles avec les exemples que proposent le dreyfusisme et la France libre. Si, grâce à leur engagement politique, certains naguère se sont faits « un esprit et un cœur nouveaux », c'est pour avoir éprouvé personnellement un réel qui était à la fois celui d'une cause à défendre et d'une collectivité d'appartenance compromise ou menacée. La question du désenclavement de l'individu par l'intériorisation d'un devoir, devoir être et devoir faire, conduit à la frontière du religieux et du politique. De cela de Gaulle était évidemment conscient, sachant que les fidélités religieuses avaient jadis compté pour beaucoup de gens autour de lui. Claude Guy le voit ainsi se désoler de l'« avachissement » moderne : « Il n'y a plus de christianisme... presque plus de christianisme. » Actuellement, à l'opposé de toutes les « mystiques », religieuses ou non, ce qui sévit c'est un individualisme idéologisé, qui se fait gloire et justification de ses griefs accumulés. C'est apparemment à cette situation que François Furet pensait quand, à la fin de sa vie, il insistait sur le « déficit spirituel » français. De ce déficit relèvent en effet aussi bien le cynisme commun que les mobilisations moralistes, accusatrices, productrices de bonne conscience pour qui les rejoint. Le spirituel que Furet opposait trop frontalement au politique désigne toute capacité de briser l'autisme subjectif en incorporant en soi le « dérangement » qu'est la cause à laquelle on se voue.

À cet égard, le gaullisme est à la fois un

exemple et un échec. L'insistance (frappante dans les *Mémoires d'espoir*) sur la « révolution pacifique » de la « participation » désigne autant qu'un projet tenace la difficulté permanente de faire partager à la masse française l'éthique commune que le gaullisme a voulu illustrer. Avec le corps social, avec l'idéologie nationale dominante (la gauche) les rapports ont même été tels, la « réception » du gaullisme si souvent négative, que les défauts auxquels il s'agissait de remédier ont pu en être accrus.

Pouvons-nous reprendre le projet, transposer la leçon actuellement, hors des situations qui ont rendu l'exemple illustre tout en limitant son impact ? Comment donner maintenant à une « cause » quelconque une force de rayonnement suffisante pour créer une ferveur collective ? Le fait que cette question s'impose à nous, au milieu des dévoiements actuels de la politisation, montre que si la pertinence du gaullisme est certaine, c'est une pertinence *a contrario*, suggérée par le manque que nous en ressentons. Encore faudrait-il le dégager des circonstances qui on vu éclater cette force insolite, ne plus le considérer comme un hapax, le rapporter plutôt à une spécificité française qui l'éclaire et qu'il éclaire.

Paul Thibaud

• *Voir aussi* : Commémorations ; Gaullisme ; Gaullistes ; Héritage politique

HERZOG, Maurice (né en 1919). – Le 3 juin 1950, en parvenant au faîte de l'Annapurna, Maurice Herzog entre dans l'Histoire. Chef de la première expédition au monde à triompher d'un sommet de plus de 8 000 mètres, il acquiert un grand prestige international. S'ajoutant à son brillant bagage universitaire (licencié ès sciences et en droit, diplômé d'HEC) et à son passé de résistant, cette notoriété lui vaut d'être très vite courtisé par les partis. Mais il repousse toute forme de récupération politique de son succès et se contente, en 1954, d'apporter discrètement au gouvernement de Pierre Mendès France son expertise technique sur les questions relatives à la jeunesse, pour lesquelles il se passionne à la tête du Club alpin français. En dépit des apparences, Herzog ne déroge guère à cette ligne de conduite en acceptant la charge de haut-commissaire à la Jeunesse et aux Sports que le général de Gaulle, désireux de l'offrir en exemple aux jeunes Français, lui propose en octobre 1958. Il n'est en effet membre ni du gouvernement ni de l'UNR.

Maurice Herzog reçoit un blanc-seing du Général pour définir et conduire une politique au bénéfice des enfants du baby-boom dont les effectifs et les comportements commencent à interpeller la société française. Habile et opiniâtre, il engage une action aussi volontariste que cohérente qui, aujourd'hui encore, fait souvent figure de référence. Innovante, sa politique de cogestion lui permet de surmonter la méfiance initiale des organisations de jeunesse et de très fortement stimuler leurs activités. Parallèlement, par le biais de lois de programme quinquennales, le pays est engagé dans un effort spectaculaire d'équipement tant socio-éducatif que sportif. Enfin, sans que le sport de haut niveau soit pour autant délaissé, c'est la recherche d'une pratique sportive de masse qui est privilégiée dans une perspective essentiellement éducative. Pour ce faire, l'éducation physique est vigoureusement promue dans les cursus scolaires, tandis qu'est entreprise une action de démocratisation, de moralisation (première loi antidopage au monde) et de professionnalisation des institutions sportives.

Ayant mesuré ce que ces réalisations devaient au soutien bienveillant du chef de l'État et à l'efficacité des institutions de la Ve République, Maurice Herzog rejoint en 1962 les rangs de la majorité gaulliste en devenant député du Rhône. De 1963 à 1966, il participe au gouvernement en qualité de secrétaire d'État à la Jeunesse et aux Sports. L'impulsion ainsi communiquée pendant sept ans par le vainqueur de l'Annapurna se traduit notamment par une très sensible progression du nombre des pratiquants et une évolution des mentalités. Elle permet au pays d'épouser la modernité sportive. En janvier 1966, Charles de Gaulle tire la leçon de cette mutation en dotant ce secteur d'un inédit ministère de plein exercice. En 1967, Maurice Herzog devient député gaulliste de Haute-Savoie et, en 1968, maire de Chamonix. Il quitte la vie politique en 1978 pour se consacrer à ses activités industrielles et auprès du Comité international olympique dont il est membre depuis 1970. Jean-Luc MARTIN

• *Voir aussi* : Éducation par le sport ; Jeunesse ; Sportifs (événements)

Bibl. : Jean-Paul Callède, *Les Politiques sportives en France*, Paris, Economica, 2000 • Maurice Herzog, *L'Autre Annapurna*, Paris, Robert Laffont, 1998 • Jean-Luc Martin, *Histoire de l'éducation physique sous la Vᵉ République. L'élan gaullien, 1958-1969*, Paris, Vuibert, 2004.

HISTOIRE. – L'Histoire est présente, avec de Gaulle, en tous les sens du mot. Dans l'histoire vraie, objective, dans la réalité des évolutions et de leurs péripéties, il est peu d'hommes en France qui aient joué si longtemps des rôles si importants. Militaire combattant réel et valeureux de 1914 à 1918, puis théoricien et actif militant de la bonne théorie de 1918 à 1940, politique au plus haut sommet de 1958 à 1969, enfin et surtout militaire et politique à la fois dans les années cruciales de 1940 à 1945. Il ne manque à ces longues séquences d'un grand demi-siècle que les années 1946 à 1958, les bien nommées « traversée du désert ».

On peut reconnaître aujourd'hui cette prépondérance sans être taxé de flagornerie ou même de complaisance idéologique. On peut même envisager (toujours sans complaisance) que Charles de Gaulle est probablement en train d'accéder au rang des rarissimes personnages de notre histoire que l'on commence à oser qualifier de mythiques, parce que les discours et les mémoires forgés autour d'eux sont divers et durables, étant à la fois contradictoires et cumulatifs : Jeanne d'Arc, Napoléon...

On pense moins à l'autre sens du mot « histoire », objet de récits imprimés et matière d'enseignement, et pourtant, là encore, la place est grande.

Henri de Gaulle, son père, faisait métier d'enseigner l'histoire (dans l'enseignement secondaire et supérieur catholique), et il en a imprégné ses fils, notamment Charles, élève à la fois respectueux du savoir paternel et doué d'une mémoire exceptionnelle. Charles était passionné d'histoire. Non seulement toute une part de sa vie publique consistera à enseigner l'histoire (militaire) dans des établissements publics ou par les livres (nous verrons cela plus loin), mais encore il se plaisait à multiplier les conférences bénévoles dans toutes sortes de lieux (y compris les camps de prisonniers en 1916-1918). C'était certes une histoire datée. On a dit ailleurs que, par exemple, la part faite aux Gaulois était typique de l'idéologie et de l'historiographie de la Belle Époque (celle où Charles avait vingt ans) et qu'on ne croit plus aujourd'hui que les Gaulois soient les ancêtres réels de tous les Français, ni qu'il y ait vraie continuité entre Vercingétorix et Ernest Lavisse. Lucien Febvre a corrigé Camille Jullian. À ceci près, de Gaulle historien croyait à l'importance fondatrice, essentielle, de l'histoire nationale. Pour lui, la France était un vieux pays parce qu'elle avait une histoire longue, connue comme telle et prolongée de génération en génération. Prolongée sans euphorie, mais au contraire par conflits et revanches. La France est un grand pays vieux et compliqué, ce qui, pris en bonne part, peut engendrer richesse culturelle – dirions-nous aujourd'hui –, mais qui, en mauvaise part, est aussi source de drames. France « accablée d'histoire », s'exclama-t-il dans une sorte de testament. On a parfois l'impression que le fameux et énigmatique « destin national » de notre France n'est autre que cette richesse de péripéties qui peut parfois faire rêver, et que l'on est de toute façon obligé de continuer. Charles de Gaulle ne paraît pas avoir cru, en matière profane, à autre chose qu'à la « France ». Ni à l'Europe, ni à la chrétienté, ni à la Révolution, ni au Progrès, ni même à la Décadence.

Il faudrait ici une étude nuancée de ses rapports avec les théoriciens de l'Histoire explicitement nationalistes, mais cela mènerait trop loin. En revanche, il importe de rappeler que de Gaulle n'a pas seulement pensé sur l'histoire de France, mais qu'il en a écrit quelques pages particulières, sur le domaine spécial qui était le sien, l'histoire militaire, bien entendu ! On en rappelle la séquence. *La Discorde chez l'ennemi* (Berger-Levrault, 1924), *Le Fil de l'épée* (Berger-Levrault, 1932), *Vers l'armée de métier* (Berger-Levrault, 1934), *La France et son armée* (Plon, 1938). On a vu ailleurs les péripéties institutionnelles de son enseignement d'un art militaire à moderniser : l'offensive, la mécanisation, la spécialisation. Il reste ici à signaler l'importance et la richesse de l'utilisation de l'Histoire dans cette partie de l'œuvre écrite du théoricien. Non seulement il s'y trouve de l'histoire plus ou moins ancienne, à chaque fois qu'un précédent est invoqué ou utilisé, mais aussi de l'histoire que nous dirions très contemporaine, quasiment sociologique ou politologique, lorsqu'il est question des progrès des techniques du moteur à explosion ou de la radio ; ou encore, dans un autre domaine, de l'évolution des rapports entre la hiérarchie militaire et la hiérarchie politique. Tantôt érudit du lointain passé, tantôt bon analyste du contemporain, et même parfois philosophe quand il le faut (cas limite, nous avons gagné en 1914 la bataille de la Marne parce que von Kluck a commis une erreur, et l'erreur de von Kluck tenait à la pensée de Nietzsche...), de Gaulle a servi l'histoire écrite comme l'histoire qu'il a jouée, de forte et originale façon.

Maurice AGULHON

• *Voir aussi* : Bainville, Jacques ; Bibliothèque personnelle ; Conférencier et professeur ; France (idée de la)

Bibl. : Maurice Agulhon, *De Gaulle, histoire, symbole, mythe*, Paris, Plon, 2000, rééd. Paris, Hachette, coll. « Pluriel », 2001.

HITLER, Adolf (1889-1945). – Dans les années 1930, Winston Churchill et Charles de Gaulle sont parmi les rares Européens à saisir l'ampleur du désastre qui menace l'Europe depuis l'arrivée d'Adolf Hitler au pouvoir. Tous les deux sont convaincus qu'une nouvelle guerre avec l'Allemagne est inéluctable. Mais ils ne concentrent pas leur attention sur le même point. Tandis que Churchill ne cesse d'observer Hitler et d'apprendre à lire dans son jeu, de Gaulle se préoccupe de la reconstitution de l'outil militaire allemand. *Vers l'armée de métier* est sa réponse à l'avènement du IIIe Reich. Par formation, il songe au militarisme prussien et se préoccupe de voir le peuple allemand, pourtant enclin aux divisions et au pacifisme, se soumettre à des chefs exaltés et à une discipline de fer. La question du nazisme n'est cependant jamais loin. Déjà, dans *La Discorde chez l'ennemi*, en 1924, il suggérait l'influence du modèle du « surhomme nietzschéen » sur les élites dirigeantes allemandes de la Première Guerre mondiale. Il voit dans le nazisme le retour des idées du début du XXe siècle : pangermanisme et théorie de la « guerre totale ». A-t-il réduit l'avènement du nazisme à un atavisme allemand ? La réponse est donnée par son discours londonien du 25 novembre 1941 : « Certains esprits trouvent commode d'attribuer à la seule ambition d'un homme [...] qui s'appelle Adolf Hitler, la révolution que traverse le monde. [...] D'autres, élevant le débat, professent que l'éternel appétit de domination du peuple allemand a été, cette fois encore, la raison de la catastrophe. [...] depuis des siècles, l'incendie en Europe est toujours parti du pays dont on a pu dire que la guerre était son *industrie* [...]. Mais il reste à savoir si dans la conjugaison du système nazi et du dynamisme allemand, il n'y a eu qu'un hasard, ou si cette rencontre même ne fut pas comme l'aboutissement d'un mal plus général, tranchons le mot, d'une crise de civilisation. » Visant le nazisme et le fascisme, ces « systèmes furieux » dont il montre l'autonomie et la nocivité, de Gaulle continue : « Cette civilisation, qui tend essentiellement à la liberté et au développement de l'individu, est aux prises avec un mouvement diamétralement opposé qui ne reconnaît de droit qu'à la collectivité raciale ou nationale, refuse à chaque particulier toute qualité pour penser, juger, agir comme il l'entend, [...] et remet à la dictature le pouvoir exorbitant de définir le bien et le mal, de décréter le vrai et le faux, de tuer ou de laisser vivre. » Il conclut : « C'est par là que la guerre actuelle a pour enjeu la vie ou la mort de la civilisation occidentale. » Le nazisme, plus que le germanisme, est l'ennemi numéro un. Bien plus tard, dans une Europe reconstruite, l'auteur des *Mémoires de guerre* consacre quelques pages magistrales au chef du IIIe Reich qui, au moment de la défaite, « pour la sombre grandeur de son combat et de sa mémoire », a « choisi de ne jamais hésiter, transiger ou reculer ». De Gaulle voit en Hitler une figure tragique atteinte d'hubris au cœur de la crise de civilisation européenne, et se demande si, au moment où tout finit, le « titan [...] vaincu et écrasé » n'est pas redevenu « un homme, juste le temps d'une larme secrète » [*MG*]. Magnanimité que ses discours de guerre, implacables, ne laissaient pas percevoir.

Édouard HUSSON

• *Voir aussi* : Allemagne ; Antisémitisme ; Armistice ; Auschwitz ; Race

Bibl. : Pierre Maillard, *De Gaulle et le problème allemand*, Paris, François-Xavier de Guibert, 2001.

HÔ CHI MINH (1890-1969). – Hô Chi Minh et le général de Gaulle ne se sont jamais rencontrés mais leurs trajectoires dans l'Histoire se sont néanmoins croisées. Le second est à la tête du gouvernement de la France libérée lorsque, le 2 septembre 1945, à Hanoi, le premier proclame la naissance de la République démocratique du Vietnam, affirmant l'indépendance d'une colonie où le drapeau de la France avait flotté jusqu'au 9 mars.

Dès lors, ce ne sont pas deux personnalités mais deux politiques qui sont confrontées l'une à l'autre. Après l'humiliation de la défaite, de Gaulle aspire à ce que la France puisse « retrouver son rang » parmi les grandes nations ; une ambition qui exige le maintien de l'intégrité de l'empire colonial, notamment la restauration de la « souveraineté de la France » en Indochine, « navire perdu dans les tempêtes ». Son gouvernement émet le 24 mars 1945 une déclaration qui envisage seulement une autonomie réduite. Or, au printemps 1944, Hô Chi Minh avait interpellé de Gaulle en ces termes : « Que Votre Excellence s'occupe de sauver d'abord son pays et sa nation. » Le capitaine Paul Mus, envoyé en mission clandestine, constate alors que « le courant ne passe pas entre les Vietnamiens et le général de Gaulle ».

Lorsque Hô Chi Minh séjourne en France en qualité de visiteur officiel, du 12 juin au 19 septembre 1946, de Gaulle n'est plus « aux affaires ». Hô est « profondément déçu » de ne pas le rencontrer, concevant certainement une grande empathie à son égard. Cependant, il est improbable qu'ils se fussent accordés tant leurs desseins étaient à la fois similaires et diamétralement opposés, tous deux étant mus par un sentiment national intense. Il a fallu que l'Indochine cesse d'être un enjeu pour l'influence de la France sur la scène internationale pour que, vingt ans plus tard, les deux hommes se trouvent au diapason l'un de l'autre. Le 24 janvier 1966, Hô lance un appel pressant à de Gaulle : « Que Votre Excellence use de son prestige pour contribuer à arrêter à temps toute nouvelle menée perfide américaine au Vietnam et en Indochine. » En juillet 1966, de Gaulle, qui allait prononcer son discours de Phnom Penh demandant aux Américains de quitter l'Indochine, confie à Jean Sainteny une lettre pour Hô qui le « combla d'aise » mais dont malheureusement nous ne connaissons pas la teneur. De Gaulle avait évolué, ce que Hô constata en citant un adage : « Le boucher devient bouddha en vieillissant. »

Pierre BROCHEUX

• *Voir aussi* : Indochine ; Vietnam ; Vinh San

Bibl. : Institut Charles-de-Gaulle, *De Gaulle et l'Indochine. 1940-1946*, Paris, Plon, 1982 • Jean Sainteny, *Au Vietnam face à Hô Chi Minh*, Paris, Seghers, 1970.

« HONNEUR ET PATRIE ». – « Honneur et Patrie, voici le général de Gaulle » : telle est la formule qui, au cours de la Seconde Guerre mondiale, annonçait les allocutions du Général au micro de la BBC. En fin stratège, il savait que la radio était le seul moyen de garder le contact avec les Français, de leur transmettre ses pensées et ses aspirations pour la France, et de porter vers eux l'espoir d'une libération. À partir de son appel du 18 juin 1940, il intervint soixante-sept fois sur les ondes de la radio anglaise.

Au lendemain de la catastrophe de Mers el-Kébir, survenue le 3 juillet 1940, Churchill offrit un temps de parole quotidien au général français sur les antennes de la BBC, de 20 h 25 à 20 h 30. Bien que de Gaulle eût préféré trois périodes d'un quart d'heure par semaine, il accepta cette formule qui s'avéra finalement plus appropriée. L'accord fut conclu le 13 juillet au soir. Quatre jours plus tard, le 17 juillet, le Général désigna Maurice Schumann comme son porte-parole officiel, chargé des liaisons avec la BBC et des allocutions quotidiennes de la France libre. En quatre ans, Schumann s'adressa plus de mille fois à ses compatriotes. Fustigeant l'occupant et les hommes de Vichy, il fidélisa ses auditeurs en leur redonnant espoir et foi en la Résistance. À quelques occasions, il fut remplacé par des partisans du Général, comme Pierre Brossolette du 29 mai au 27 juillet 1943, ou Pierre-Olivier Lapie durant l'automne 1943. Des volontaires de la France libre, des responsables militaires et des civils vinrent aussi s'asseoir devant le micro pour s'adresser ponctuellement à leurs compatriotes, tels René Cassin, le général Valin ou des représentants de la Résistance intérieure à partir de 1942. Annoncée par la devise « Liberté, Égalité, Fraternité, voici le porte-parole des Français libres », l'émission prit le titre de « Honneur et Patrie » à la fin du mois d'août 1940. Au bout de quelques semaines, celui-ci fut suivi par la formule « Voici le porte-parole des Français libres ». Très écoutées en France, les cinq minutes de la France libre furent rediffusées chaque jour, à partir du 9 décembre 1940, dans le bulletin d'information de midi.

« La radio, c'est une arme redoutable », avait dit le général de Gaulle à Gaston Palewski lors de leur première entrevue. Il s'en servit avec talent, soucieux de convaincre, distribuant les mots et les phrases sur un ton sans pareil. D'une guerre des mots, visant à contrer les mensonges du camp adverse, à informer les Français et à obtenir leur soutien, il fit évoluer la radio de Londres vers une guerre d'action, incitant ses compatriotes à suivre des mots d'ordre, à manifester dans la rue, à entretenir une résistance civile et à se tenir prêts pour le jour J. Grâce à la radio de Londres, le général de Gaulle devint une voix. Une voix longtemps sans visage car les Français n'avaient pas gardé son image en mémoire après son bref passage dans le gouvernement Reynaud. Mais une voix prophétique, celle de l'espoir, de la vérité et de la liberté. Aurélie LUNEAU

• *Voir aussi* : BBC ; Discours ; Information ; Manifestations de 1940 à 1944 ; Orateur in absentia

Bibl. : Jean-Louis Crémieux-Brilhac, *La France libre : de l'appel du 18 juin à la Libération*, Paris, Gallimard, 1996 • Hélène Eck (dir.), *La Guerre des ondes. Histoire des radios publiques de langue française pendant la Deuxième Guerre mondiale*, Paris, Armand Colin, CRPLF, 1985 • Aurélie Luneau, *Radio Londres : les voix de la liberté (1940-1944)*, Paris, Perrin, 2005.

HONNEURS. – Avec Louis XIV et Napoléon, le général de Gaulle aura beaucoup œuvré à valoriser la notion de décoration comme marque de dignité accordée par l'État. Cette préoccupation inspire ce qu'il faut bien appeler une forme d'administration honorifique. Fondée sur la quête de distinction, celle-ci vise à reconnaître des mérites et à susciter l'émulation. Sous la Ve République, c'est le président qui incarne le droit de récompenser. S'il ne porte plus de couronne, le chef de l'État porte un sautoir : le grand cordon de la Légion d'honneur – une écharpe de soie rouge moirée barrant la poitrine de droite à gauche et terminée par une rosace à laquelle pend la croix à cinq faisceaux. Si de Gaulle eut du mal à accepter, pour lui, cet insigne qu'il reçut lors de la cérémonie de transmission des pouvoirs en janvier 1959 à l'Élysée, lui préférant l'emblème de l'ordre des Compagnons de la Libération, il fera largement usage, en revanche, des distinctions de la Légion d'honneur. Grand maître de l'ordre, en tant que président de la République, il pourra apparaître comme le pôle autour duquel sont ordonnées toutes les dignités en France. Il est lui-même décoré : le musée de l'Ordre de la Libération conserve près de quatre-vingts de ses décorations militaires et politiques.

Le général de Gaulle aura réformé le système des honneurs d'État, notamment par la création en 1940 de l'ordre des Compagnons de la Libération et la réorganisation, en 1963, des ordres existants. Deux décisions, la première surtout, qui, dans des conjonctures spécifiques, lui auront permis de *faire corps* autour de son nom et, plus encore, d'institutionnaliser des rapports de déférence nés d'une légitimité d'abord purement charismatique.

L'ordre de la Libération est créé par le « chef des Français libres » à Brazzaville le 16 novembre 1940. Il est destiné « à récompenser les personnes ou les collectivités militaires et civiles qui se seront signalées dans l'œuvre de libération de la France et de son Empire ». Une « chevalerie exceptionnelle », comme il aimait à l'appeler, placée sous sa direction personnelle. Il en sera le seul grand maître, le conseil de l'ordre ayant décidé, après sa mort, qu'il n'aurait pas de successeur. De Gaulle ne manquera pas de prouver son attachement à l'ordre qu'il avait créé puisque, président de la République, il continuera à porter son collier de grand maître sur les photographies officielles.

La réforme de décembre 1963 relevait d'autres préoccupations. Comme, à la fin de la IVe République, le nombre des membres de la Légion d'honneur avait fortement augmenté, de Gaulle voulut restaurer son prestige en la réservant à la reconnaissance de « mérites éminents ». Il créa l'ordre national du Mérite, destiné à récompenser les seuls « mérites distingués », qui remplaçait de multiples décorations nées d'initiatives parlementaires sous la IIIe République. La réforme facilita aussi l'octroi d'honneurs à des personnalités étrangères. Toutefois, l'esprit de ces innovations consista surtout à concentrer les récompenses nationales les plus importantes entre les mains du chef de l'État. Chaque ministère dispose d'un contingent de propositions adressées au conseil de l'ordre concerné. Mais, s'agissant de la Légion d'honneur, c'est le président de la République qui décide en dernier ressort. Autre signe de prééminence : c'est lui qui « élève » le Premier ministre à la dignité de grand-croix de l'ordre national du Mérite, au lendemain de son entrée en fonction. L'intention, là encore, est de signifier la présidentialisation du régime de la Ve République.

Ce sens de la grandeur d'État débouchera sur le refus de toute élévation posthume. L'homme en fit sa dernière volonté : « Je déclare refuser d'avance toute distinction, promotion, dignité, citation, déclaration, qu'elle soit française ou étrangère. » Rédigé en 1952 et diffusé par les services de presse de l'Élysée le 10 novembre 1970, le testament du Général refusait jusqu'aux « obsèques nationales ». Comme pour mettre une dernière fois en pratique cette conviction : un supérieur n'est jamais aussi grand que lorsqu'il élève ses inférieurs. Peut être une manière de se proclamer enfin souverain. Dans et par la mort. Olivier IHL

• *Voir aussi :* Ordre de la Libération ; Symboles

Bibl. : Cédric Bonthoux, *La Symbolique chez les Compagnons de la Libération et le devenir de l'ordre*, mémoire de maîtrise, université de Perpignan, 1999 • Olivier Ihl, « Une déférence d'État. La République des titres et des honneurs », *Communications*, n° 69, janvier 2000, p. 115-137.

HOUPHOUËT-BOIGNY, Félix (1905-1993). – Félix Houphouët-Boigny a certainement marqué les relations franco-africaines plus qu'aucun autre chef d'État africain. Président de la Côte d'Ivoire de 1960 à 1993, il incarna à la perfection le principe de l'indépendance dans la dépendance à l'égard de la France, un choix stratégique qu'il assuma pleinement envers et contre tous. Chef traditionnel, planteur et leader syndicaliste, il rejoint l'Assemblée constituante française de 1945 avant d'être élu député de Côte d'Ivoire au Parlement français de 1946 à 1959. Comme Léopold Sédar Senghor, à qui il s'opposa au sujet du projet de Communauté, sa carrière politique est étroitement liée à la IVe République, une socialisation complétée par sa fidélité indéfectible au général de Gaulle.

Pourtant, rien, à l'origine, ne prédispose « le Vieux », comme on l'appellera bien plus tard, à cette relation privilégiée avec le Général. Et surtout pas l'apparentement, assez bref il est vrai, de son parti, le Rassemblement démocratique africain (RDA), avec le Parti communiste français au lendemain de la guerre. Fin politique, le président-fondateur de la Côte d'Ivoire profite de l'écho de la conférence de Brazzaville pour faire adopter par l'Assemblée, le 5 mai 1946, la loi portant abolition du travail forcé à laquelle son nom restera attaché. Mais c'est au cours de sa traversée du désert que de Gaulle pourra se convaincre de l'amitié d'Houphouët-Boigny à son égard et que se tisseront les liens qui, désormais, uniront les deux hommes.

Le débat sur le projet de Communauté, en 1958, consolidera encore cette relation où s'enchevêtrent liens affectifs et intérêts politiques, préfigurant la personnalisation des rapports franco-africains dont l'analyse fera le délice des spécialistes de la question. Dans cette épreuve, le Général pourra, comme en 1953, compter sur le leader ivoirien dont le ralliement à sa personne sera total, convaincu qu'il est que celui-ci est l'homme de la situation, le seul à même d'amplifier la dynamique de la loi-cadre de 1956 (qui vise à renforcer l'autonomie interne des territoires) et de préserver les institutions républicaines. C'est donc sans surprise qu'Houphouët-Boigny conserve son portefeuille de ministre d'État dans le nouveau gouvernement et qu'il fait partie du Comité consultatif constitutionnel où son influence s'avère déterminante dès lors qu'il s'agit des questions qui concernent l'Afrique.

S'il se résout à l'indépendance de la Côte d'Ivoire une fois consommé l'échec de la Communauté, il n'en conservera pas moins une capacité certaine à peser sur la politique africaine du Général, comme en témoigne son rôle dans l'appui français à la sécession biafraise, phénomène qui illustre l'interdépendance asymétrique caractéristique des rapports franco-africains. En effet, si la position française s'explique en grande partie par la profonde méfiance que le Général nourrit à l'égard du géant nigérian, perçu comme une menace pour l'influence francophone en Afrique de l'Ouest, sa définition doit beaucoup à l'influence décisive qu'exercent sur lui Félix Houphouët-Boigny ainsi que Léopold Sédar Senghor, également favorable à l'indépendance du Biafra. René OTAYEK

• *Voir aussi* : Brazzaville (conférence de) ; Communauté franco-africaine ; Coopération ; Francophonie ; Union française

Bibl. : Paul-Henri Siriex, *Houphouët-Boigny ou la Sagesse africaine*, 2e éd., Paris, Seghers, 1986.

HULL, Cordell (1871-1955). – Né dans le Tennessee, Cordell Hull est avocat avant de devenir homme politique. Membre de la Chambre des représentants de 1907 à 1931, puis sénateur, il est le secrétaire d'État de Roosevelt de 1933 à la fin de 1944. Cependant, ce dernier s'appuie surtout sur Sumner Welles, assistant puis sous-secrétaire d'État jusqu'en 1943, et sur des amis sûrs comme Harry Hopkins.

De 1940 à 1944, Hull est l'un des adversaires les plus déterminés du général de Gaulle et écoute volontiers les conseils d'Alexis Léger qui en dénonce les ambitions politiques et redoute qu'il n'installe une dictature. Avec le président, il partage la conviction qu'il faut ménager le régime de Vichy tant que les États-Unis ne sont pas entrés dans le conflit.

L'affaire de Saint-Pierre-et-Miquelon, à la veille de Noël 1941, illustre les convictions, voire les obsessions de Hull. Il proteste très vigoureusement contre la libération de l'archipel par l'amiral Muselier ainsi que contre « l'action entreprise [...] par trois navires de la soi-disant France libre », et somme le gouvernement canadien de « restaurer le *statu quo ante* ». Ce qu'il demande, c'est que Vichy recouvre son entière souveraineté sur Saint-Pierre-et-Miquelon, au moment où les États-Unis, attaqués par le Japon, entrent en guerre contre les puissances de l'Axe. Roosevelt, plus préoccupé par ces événements mondiaux, juge qu'il s'agit d'« une tempête dans une théière ». Churchill approuve de Gaulle, tout en estimant que la méthode a été brutale. Isolé, ridiculisé, sévèrement critiqué par la presse anglo-américaine, Hull insiste, rédige des formules de compromis dont personne ne veut, et ne décolère pas.

Était-ce, comme l'écrit de Gaulle, « un incident presque infime par lui-même » ? Ou bien celui-ci cherchait-il, suivant son propre aveu, à « remuer le fond des choses, comme on jette une pierre dans l'étang » ? Quoi qu'il en soit, l'affaire laissa des traces profondes. Hull n'eut aucune peine à convaincre Roosevelt qu'il fallait plus que jamais prendre ses distances avec la France libre, qu'il convenait de ne pas mêler de Gaulle à la préparation de l'opération « Torch » (le débarquement en Afrique du Nord). En 1944, Cordell Hull semble changer d'avis plus vite que le président des États-Unis. Il estime que le général de Gaulle bénéficie d'une immense popularité en France et que le Gouvernement provisoire de la République française, formé à la veille du débarquement en Normandie, doit être reconnu au plus tôt. Mais les Mémoires qu'il a publiés en 1948 témoignent encore de sa méfiance, voire de son hostilité.

Cordell Hull a quitté le Département d'État à la fin de 1944, après avoir tenu un rôle important lors de la conférence de Dumbarton Oaks et dans la création de l'Organisation des Nations unies. Il a reçu le prix Nobel de la paix en 1945.

André Kaspi

• *Voir aussi* : Alliés ; États-Unis ; Opinion publique américaine ; Saint-John Perse ; Saint-Pierre-et-Miquelon

Bibl. : Cordell Hull, *The Memoirs of Cordell Hull*, New York, Macmillan, 1948.

HUMANITÉ (L'). – *Voir* PCF ; HUMANITÉ (L') CLANDESTINE.

HUMANITÉ (L') CLANDESTINE. – En temps ordinaire, *L'Humanité* se fait l'écho de la ligne du parti communiste dont elle est l'organe central. De septembre 1939 à août 1944, quand l'interdiction du PCF et de sa presse la condamne à la clandestinité, ses fonctions sont plus complexes. La pluralité des pôles de direction du parti, le rôle mobilisateur dévolu à la presse clandestine, et les contraintes matérielles auxquelles elle est soumise lui laissent une autonomie relative.

Jusqu'à l'invasion de l'URSS par l'Allemagne le 22 juin 1941, les références à de Gaulle demeurent rares – 12 occurrences du 1er juillet 1940 au 22 juin 1941. *L'Humanité* renvoie dos à dos les impérialismes britannique et allemand et dénonce l'entreprise « foncièrement réactionnaire et antidémocratique » d'un général à la remorque de l'impérialisme britannique. En termes parfois lapidaires – « ni soldats de l'Angleterre avec de Gaulle, ni soldats de l'Allemagne avec Pétain », novembre 1940 –, elle défend une alternative ; ainsi le 1er mai 1941 : « Ouvriers, paysans, ce n'est pas vers les de Gaulle, de Larminat et autres réactionnaires de même acabit qu'il faut tourner vos regards, et ce n'est pas des V qu'il faut écrire sur les murs, mais c'est l'emblème de la faucille et du marteau qu'il faut dessiner partout. » Après le 22 juin 1941, le parti procède à des réévaluations stratégiques. Le nom du général de Gaulle, qui avait disparu des colonnes du journal, réapparaît à partir du 2 octobre 1941, quelques jours après que Staline a reconnu le Comité national français. De Gaulle n'est jamais l'objet de la moindre critique directe, et cela jusqu'à la reparution légale de *L'Humanité*. En juin 1944, pourtant, *France nouvelle*, publiée à Alger, et *La Vie du parti*, publication à caractère interne, rendent ouvertement compte des divergences opposant les communistes et les gaullistes au sein du GPRF (Gouvernement provisoire de la République française).

Le journal, qui entend mobiliser largement autour de la stratégie qu'exprime le triptyque « s'unir, s'armer, se battre », prend désormais appui sur la figure de De Gaulle pour conforter le front dressé face aux nazis, puis, bientôt, face aux « attentistes » qu'il se garde de nommer, ou face aux Alliés qui tardent à reconnaître le GPRF. Les procédés varient peu de 1942 à 1944. Le souci de légitimer au regard des Alliés la place de la France combattante, puis ses institutions, et la volonté de parer au développement d'un pouvoir personnel l'incitent à enfermer de Gaulle dans ses fonctions. Plus de la moitié des 18 occurrences d'octobre 1941 à novembre 1942 évoquent « les troupes du général de Gaulle ». Près du tiers des 68 occurrences de décembre 1942 à juin 1944 soulignent sa place au sein du CFLN (Comité français de la Libération nationale), en l'associant systématiquement au général Giraud jusqu'en novembre 1943. Enfin, le 25 août 1944, la photographie du « général de Gaulle, chef du gouvernement provisoire », ainsi légendée, est affichée en une. Des informations relatives à des échanges entre Staline ou Winston Churchill et de Gaulle visent pareillement à affirmer l'unité du combat et la stature d'homme d'État de ce dernier.

Après l'accord noué entre le PCF et de Gaulle en janvier 1943, *L'Humanité* n'hésite pas à exalter celui « qui le premier a levé l'étendard de la résistance » (21 janvier 1943) ou à célébrer l'appel du 18 Juin, « honneur de la France » (1er juillet 1943). Dès octobre 1942, elle reproduit fréquemment en excellente place un petit nombre de citations du général de Gaulle, parfois intégrées aux déclarations officielles de Maurice Thorez ou Jacques Duclos. Le caractère indissociable « de la libération nationale et de l'insurrection nationale », cité dès décembre 1942, l'est ensuite près de vingt fois. Les divergences profondes quant aux modalités de cette insurrection ne sont mentionnées qu'en creux. En juin 1944, *L'Humanité* tronque à ce point l'appel du général de Gaulle « aux fils de France » du 6 juin qu'elle en altère singulièrement le sens. Elle n'en conserve que l'appel au combat en omettant les consignes de « bon ordre ». D'autres citations permettent de légitimer le PCF. Ainsi, six fois citée entre novembre et décembre 1943, cette phrase attribuée à de Gaulle : « Les communistes jouent un rôle énorme dans la Résistance : ils s'opposent à l'ennemi avec un dynamisme auquel il me plaît de rendre hommage. » D'autres citations tendent à emprisonner le général de Gaulle dans ses propres déclarations. Ainsi, le 25 mars 1944 : « Une fois l'ennemi chassé du territoire, les hommes et les femmes de chez nous éliront l'Assemblée nationale qui décidera souverainement des destinées du pays. »

Il s'agit, à chaque étape du combat, d'enrôler la figure et le verbe de De Gaulle dans la construction d'un rapport de force qui doit permettre de l'emporter sur Hitler mais, aussi bien, de l'emporter sur les Alliés et sur de Gaulle lui-même.

Danielle TARTAKOWSKY

• *Voir aussi* : PCF ; Résistance intérieure (journaux de la)

Bibl. : *L'Humanité clandestine, 1939-1944*, Paris, Éditions sociales – Institut Maurice-Thorez, 1975.

HUMOUR. – De Gaulle n'est pas seulement l'homme en représentation, épris des cadences héritées de Bossuet et de Chateaubriand, l'homme de pouvoir engoncé dans les rituels de la République et les périodes magistrales, il est très souvent, en public comme en privé, malicieux, spirituel, et dans l'exercice du pouvoir comme dans sa vie personnelle, il a sans cesse puisé aux ressources du persiflage et de l'ironie. À telle enseigne que réellement prononcés ou prêtés au Général de façon posthume, les « bons mots » abondent et remplissent les opuscules. On n'a pas oublié le bilan du premier septennat dont la litanie des chiffres des ministres reçus, des villes visitées, des discours, avec la mention finale des « innombrables mains serrées » suscita les rires des journalistes dans la salle des fêtes de l'Élysée. On n'a pas oublié encore, lors de la campagne présidentielle de 1965, la parabole de la ménagère voulant tout le confort ménager et une famille qui ne parte pas à vau-l'eau – parabole d'une France qui s'ouvre au progrès en respectant ordre et tradition. On n'a pas oublié non plus cette Europe qu'il ne s'agit pas simplement d'invoquer en sautant « sur sa chaise comme un cabri ». Moments d'humour et d'esprit où le discours du Général abandonne son piédestal ; les bons mots et les rires prennent à cet instant une vertu didactique.

Mais l'humour semble présent à tous les instants de la vie de De Gaulle, qu'il accueille Brigitte Bardot qui arrivait pour une réception à l'Élysée dans une tenue avec des brandebourgs en s'exclamant devant Malraux : « Chic, un militaire ! », ou qu'il envisage sa succession, le 27 novembre 1967, en indiquant qu'elle peut intervenir le soir même ou dans quinze ans ! Il surgit encore dans un cadre géopolitique et visionnaire lorsque le Général prédit à un dignitaire soviétique qu'après la révolution, on échappe difficilement à l'évolution. Il est aussi peut-être avant tout la marque d'une lucidité sans faille sur le monde et le temps qui passe. Deux exemples, l'un faussement banal, l'autre plus crépusculaire. De Gaulle vient d'écouter le dernier disque d'Henri Tisot, qui l'imite parfaitement, et livre ce commentaire : « Tisot baisse. Je vais me retrouver tout seul comme à l'ordinaire. » Enfin, dans la retraite de Colombey, le

Général emprunte aux ressources d'un humour noir que n'auraient pas dédaigné les surréalistes : devant Jean d'Escrienne qui le quitte dans la solitude enneigée de La Boisserie et la nuit si triste, il laisse tomber : « Vous verrez, le jour se lèvera tout de même demain... »

Philippe Le Guillou

• *Voir aussi* : Loisirs ; Tisot, Henri

Bibl. : Marcel Jullian, *De Gaulle, répliques et anecdotes*, Paris, Le Cherche Midi, 1994 • Guy Sabatier et Philippe Ragueneau, *Le Dictionnaire du gaullisme*, Paris, Albin Michel, 1994.

HUSSARDS (les). – Dans *Les Temps modernes* de décembre 1952, réemployant la métaphore appliquée par Sainte-Beuve au romantisme de Stendhal, Bernard Frank constitue en groupe littéraire « fasciste » trois jeunes écrivains qui ont eu vingt ans au cours de la Seconde Guerre mondiale : Jacques Laurent (1939), Antoine Blondin (1942) et Roger Nimier (1945), génération stendhalienne de droite dont *Le Hussard bleu*, publié en 1950 par Nimier, est la référence principale, réactivée au niveau des aînés en 1951 par *Le Hussard sur le toit* de Giono. Si Nimier peut se dire « gaulliste » en 1950 dans le *Grand d'Espagne*, en accord avec les articles nombreux qu'il donne à *Liberté de l'esprit* et au *Rassemblement*, Laurent, brillant challenger de Sartre dans *Paul et Jean-Paul* (1951), se cantonne alors dans l'apolitisme tandis que Blondin collabore à l'hebdomadaire *Rivarol* né en 1951. Quand Michel Déon se joint aux trois hussards en 1956 pour préfacer la réédition de *L'Amour vagabond* d'André Fraigneau, l'effet de groupe se renforce. La réhabilitation d'auteurs condamnés en 1944 par le Comité national des écrivains (CNE) rassemble les jeunes romanciers, comme leur opposition à l'éthique sartrienne de l'engagement et leur goût pour le romanesque et les années 1920. Un autre point commun, idéologique celui-là, pourrait être l'héritage de l'Action française, s'il n'était nul pour Blondin alors que Déon fut secrétaire de Maurras sous l'Occupation. L'appellation « anarchistes de droite » rend bien compte de cette dispersion ; elle se vérifie dans les hebdomadaires *Opéra* dirigé en 1951-1952 par Nimier, *Arts* par Laurent de 1954 à 1958 et dans la revue mensuelle *La Parisienne*, fondée en 1953 par Laurent et perçue comme l'émanation du groupe jusqu'à sa disparition au printemps 1958.

L'évolution de la question algérienne rapproche les hussards, même si Nimier salue encore en de Gaulle l'écrivain chef d'État à la fin de 1959. Leur opposition se radicalise, soutenue par Roland Laudenbach aux éditions de la Table ronde. Dans le journal *Combat* des 6 et 7 octobre 1960, les quatre hussards prennent position contre le manifeste dit « des 121 ». En 1961, Laurent accentue son antigaullisme dans son « calepin » de *Combat* et dans *L'Esprit public*, hebdomadaire né en décembre 1960. Nimier esquisse le pamphlet *Lily* avant de disparaître accidentellement, en 1962. À l'automne 1964, le *De Gaulle* de Mauriac est suivi de près par la réplique de Laurent, *Mauriac sous de Gaulle*, virulent pamphlet dirigé moins contre Mauriac que contre le chef de l'État, théoricien, homme de guerre, résistant, écrivain. Objet d'un procès retentissant en 1965 qui n'aboutit pas à une censure effective, Laurent en publie les minutes la même année dans *Offenses au chef de l'État*. Revisitant l'histoire dans *Année 40* (paru en 1965) avec Gabriel Jeantet, recueillant ses articles dans *Au contraire* en 1966, commentant Mai 68 dans une *Lettre ouverte aux étudiants* en 1969, il ne cessera de poursuivre sa contestation. Enfin, on notera en 1967 la fiction antigaulliste de Déon : *Mégalonose. Supplément aux voyages de Gulliver*.

Marc Dambre

• *Voir aussi* : Antigaullistes de droite ; Intellectuels

Bibl. : Marc Dambre (dir.), *Les Hussards. Une génération littéraire*, Paris, Presses de la Sorbonne Nouvelle, 2000 • Bernard Frank, « Grognards et hussards », *Les Temps modernes*, décembre 1952, (rééd. aux éditions Le Dilettante, 1989) • Pascal Ory, *L'Anarchisme de droite ou Du mépris considéré comme une morale*, Paris, Grasset, 1985.

I comme une certaine Idée de la France

« Toute ma vie, je me suis fait une certaine idée de la France. Le sentiment me l'inspire aussi bien que la raison. »

De Gaulle, *Mémoires de guerre*, 1954.

IMITATION. – *Voir* TISOT, Henri.

INDÉPENDANCE NATIONALE. – *Voir* GRANDEUR ET RANG ; POLITIQUE ÉTRANGÈRE ; SOUVERAINETÉ NATIONALE.

INDOCHINE. – La défaite militaire en Europe, en mai-juin 1940, entraîne un profond abaissement de la puissance de la France dont l'onde de choc atteint immédiatement l'Asie. Le Japon prend pied, dès l'été 1940, dans la péninsule indochinoise. La politique de Vichy et du nouveau gouverneur général, l'amiral Jean Decoux, remplaçant du général Catroux qui a rallié individuellement la France libre, consiste dès lors à durer en attendant des jours meilleurs, c'est-à-dire à maintenir coûte que coûte le statu quo. Aussi cet amiral très vichyste s'oppose-t-il avec une grande vigueur à tout acte hostile aux Japonais. Faute de possibilités réelles d'action, le général de Gaulle et ses compagnons de la France libre en sont réduits à prendre solennellement date pour l'avenir. Devant les empiètements croissants du Mikado qui risquent de bouter la France hors d'Indochine, le Conseil de défense de l'Empire, dans sa déclaration du 21 février 1941, proclame haut et fort qu'il ne reconnaît aucun abandon de souveraineté consenti par le gouvernement de Vichy ou ses représentants tandis que, sur place, la France libre doit subir une répression impitoyable menée par Decoux.

Avec la création du Comité français de la Libération nationale et bientôt la libération de Paris, le sort de la péninsule indochinoise redevient un véritable sujet d'actualité. Pour de Gaulle, il est vital que la France récupère l'intégralité de son patrimoine national d'avant 1940. Ruinée mais en passe d'être réintégrée dans le concert très fermé des grandes nations victorieuses, elle doit pouvoir s'appuyer sur son empire colonial face aux géants américain et soviétique. Le caractère mondial de sa puissance doit se matérialiser sur tous les continents par le contrôle retrouvé et affermi de l'ensemble de ses territoires d'outre-mer. Dans ce schéma géostratégique, l'Indochine constitue le « balcon sur le Pacifique » dont la France ne peut se priver au risque de perdre le pivot de sa présence et de son influence en Extrême-Orient.

Le Gouvernement provisoire de la République française (GPRF), présidé par le Général, s'efforce donc de préparer le retour de la France dans la péninsule indochinoise en participant à la lutte contre le Japon. Les autorités françaises entendent de la sorte gagner le statut de belligérant à part entière et, surtout, disposer le moment venu d'un corps expéditionnaire prêt à reprendre immédiatement en mains l'Indochine. Une résistance, sur le modèle métropolitain, est organisée sous l'autorité de l'ancien commandant en chef en Indochine, le général Mordant, l'amiral Decoux restant à son poste pour donner le change aux Japonais. Parallèlement, afin surtout de désamorcer les objections américaines, de Gaulle et ses collaborateurs, dont François de Langlade et Henri Laurentie, préparent un nouveau statut prévoyant une plus grande autonomie interne des pays formant l'Union indochinoise. Il n'est finalement rendu public que le 24 mars 1945 du fait de l'opposition de nombreux gouverneurs des autres territoires d'outre-mer, en particulier d'Afrique du Nord. Ce projet de réforme, qui fixe pour des années le credo gaullien et gaulliste en matière de politique indochinoise, ne tient pas compte des événements survenus en Asie depuis 1939 et s'avère donc déjà complètement dépassé. D'autant que, le 9 mars, les troupes nippones ont balayé ce qui restait de la souveraineté française en Indochine.

Ce coup de force prend de court le président du GPRF et ses collaborateurs qui se retrouvent plus que jamais réduits à tenter d'accrocher la France à l'effort de guerre allié en Asie. Au point que, lors de la capitulation japonaise en août 1945, le corps expéditionnaire est encore en voie de formation en métropole. De toute façon, la conférence de Potsdam à laquelle la France n'a pas été conviée décide de diviser l'Indochine en deux zones de reddition : chinoise au nord et britannique au sud du 16e parallèle. C'est donc le pire des scénarios pour le Général : la France est absente de la péninsule au moment crucial de la fin des hostilités alors même que, profitant de la vacuité politique, le Viet-minh de Hô Chi Minh s'empare du pouvoir et proclame l'indépendance de la République démocratique du Vietnam.

De Gaulle maintient néanmoins son plan d'action qui consiste d'abord à rétablir la souveraineté française en Indochine, au besoin par la force, avant de traduire dans les actes les réformes politiques limitées contenues dans la déclaration gouvernementale du 24 mars 1945. Sur place, cette politique, qui ne tient aucun compte des bouleversements en cours, est appliquée par deux de ses très proches compagnons : le nouveau haut-commissaire, l'amiral Thierry d'Argenlieu, assisté par le général Leclerc. La pacification est menée tambour battant et la France se réinstalle progressivement au sud du 16e parallèle. Toutefois, fin 1945, le Général semble percevoir la nécessité d'une plus grande souplesse politique à l'égard du nationalisme vietnamien. En ce sens, il envisage de s'appuyer sur l'ex-empereur Duy Tân (Vinh San), replacé à la tête d'un Vietnam dont l'indépendance serait bridée par de très contraignantes limitations de souveraineté au profit de la Fédération indochinoise et de l'Union française en gestation. Sa mort en décembre 1945 ainsi que la démission, quelques semaines plus tard, de De Gaulle mettent un terme à cette ébauche de « botte secrète » qui aurait probablement fait long feu.

Dès lors, l'amiral Thierry d'Argenlieu s'efforce de maintenir le cap engagé par son chef. L'application des accords franco-vietnamiens du 6 mars 1946 s'avère vite impossible tant les parties en présence ont des visions antagonistes de l'avenir du pays. Appuyé par le Général depuis sa retraite, l'amiral mène une politique sans concession contre le pouvoir de Hanoi. Il s'agit de ne rien lui céder afin de ne pas créer une situation irréversible avant le retour au pouvoir, qu'il pense très proche, du général de Gaulle. Après le coup de force vietnamien du 19 décembre 1946, Thierry d'Argenlieu s'oppose à toute reprise des négociations avec le gouvernement de Hô Chi Minh. Le gouvernement Ramadier le limoge finalement en mars 1947, mettant fin par là au projet gaullien de mars 1945 sur l'Indochine.

À partir de 1947, de Gaulle, devenu chef du Rassemblement du peuple français (RPF), conduit une lutte sans merci contre la IVe République. Dans son souci de dénigrement systématique du régime en place, le RPF présente le problème indochinois comme un exemple probant de l'incurie criminelle des gouvernements de troisième force (associant un éventail de partis, du MRP à la SFIO), incapables de définir et d'appliquer une politique claire et ferme. Parallèlement, les solutions avancées par le Général et les siens, pour l'évolution politique de la péninsule indochinoise, brillent par leur conservatisme. Dans cette logique de puissance par l'empire, la place dominante de la France dans la péninsule doit être sauvegardée au prix de liens qui restreignent considérablement l'indépendance du Vietnam, du Cambodge et du Laos au sein de l'Union française. Pendant des années, le Général et ses compagnons campent sur leurs positions de fermeté. Même la « solution Bao Dai », qui vise fondamentalement à dissocier le nationalisme du mouvement communiste révolutionnaire, n'obtient de leur part qu'un tardif soutien de raison. Hô Chi Minh et les siens, quant à eux, sont dénoncés comme des agents du communisme international, ce qui justifie pleinement, pour le chef du RPF, le combat de la France en Indochine. En première ligne sur un front du monde libre, le Général exige des Alliés, surtout des Américains, une solidarité totale.

Ce n'est qu'à partir de 1953, lorsque la détente internationale se dessine, que de Gaulle et ses compagnons commencent à évoluer vers l'idée d'une sortie négociée d'un conflit désormais sans commune mesure avec les sacrifices exigés. La France doit recouvrer une plus grande liberté en matière de politique extérieure, afin de se poser en intermédiaire privilégié entre le bloc soviétique et les États-Unis ; cela suppose de se libérer du fardeau indochinois. Toutefois, les négociations directes avec le Viet-minh ne peuvent s'ouvrir qu'en position de force, c'est-à-dire à la suite d'un « coup de rein militaire ». Peu favorables à la diplomatie des grandes conférences, le Général et ses compagnons, au lendemain du désastre de Diên Biên Phu, finissent néanmoins par approuver, faute de mieux, les accords de Genève de juillet 1954 qui mettent provisoirement fin aux hostilités dans la péninsule. Ces accords ne signifient nullement, pour de Gaulle, l'abandon du rôle de la France dans cette partie du monde. Au contraire, la France doit maintenir au Sud-Vietnam, au Cambodge et au Laos une influence prépondérante, politique, militaire, économique et culturelle. Quant au Nord-Vietnam communiste, le Général soutient discrètement mais efficacement la mission à Hanoi du délégué général de la France, Jean Sainteny. Celle-ci préfigure à sa manière la politique du futur président de la Ve République : la France, puissance indépendante au rayonnement mondial, doit entretenir des relations avec des États communistes d'Asie, quitte à déplaire à Washington.

Frédéric Turpin

• *Voir aussi :* Chine ; GPRF (œuvre intérieure et outre-mer du) ; Vietnam ; Vinh San

Bibl. : Frédéric Turpin, *De Gaulle, les gaullistes et l'Indochine. 1940-1956*, Paris, Les Indes savantes, 2005.

INDUSTRIE. – Dans les *Mémoires d'espoir*, une citation parmi d'autres éclaire la volonté de modernisation, en particulier industrielle et technologique, du général de Gaulle : « Notre pays ne peut s'accommoder de lui-même à l'intérieur, compter à l'extérieur, que si son activité est accordée à son époque. À l'ère industrielle, il doit être industriel. À l'heure de la compétition, il doit être compétitif. À l'ère de la science et de la technique, il doit cultiver la recherche... » Le triptyque « expansion, productivité, concurrence » passe par la conquête des marchés extérieurs et la concentration des entreprises. Presque synonymes, industrialisation et modernisation seront réalisées selon trois grands principes d'action : privilégier certains secteurs stratégiques où l'action de l'État peut donner aux entreprises une dimension au moins européenne, impulser des opérations financières de fusion et de regroupement, mais également laisser aux entreprises le soin de dégager leurs stratégies industrielles. Le dirigisme gaullien s'impose donc des limites. L'effort de recherche connaît aussi un vif élan dans les années 1960. Une série d'organismes nationaux, comme le Centre national d'études spatiales (CNES), jouent un rôle essentiel. L'indépendance technologique est recherchée, que ce soit dans l'électronique, le spatial, l'aviation (Concorde) ou la télévision (procédé couleur Secam). Cet effort est soutenu par des hommes souvent issus des grands corps techniques, dévoués, croyant au progrès par la science et à l'affirmation du « rang » technologique et industriel de la France. Dans la conduite de la politique industrielle, le général de Gaulle a été efficacement relayé par ses ministres : Jean-Marcel Jeanneney à l'Industrie de 1958 à 1962 ; Pierre Guillaumat pour l'énergie nucléaire, aux Armées de 1958 à 1960, puis à l'Énergie atomique de 1960 à 1962 ; Michel Debré lorsqu'il fut aux Affaires économiques et aux Finances, en 1966-1968 ; et, naturellement, Georges Pompidou. Certes, durant cette période, tout ne fut pas réussite. Il y eut aussi des ralentissements, des demi-échecs (électronique), des oublis (le téléphone, par exemple, ne fut pas considéré comme une priorité).

Mutation de la population active. L'industrialisation des années 1960 est soutenue par un niveau d'expansion exceptionnel. La France connaît un taux de croissance annuel moyen du PIB (produit intérieur brut) d'environ 5,8 % entre 1958 et 1970. Le Japon fait mieux que la France, qui, en revanche, dépasse l'Allemagne, l'Italie ou la Grande-Bretagne. Pour soutenir cette croissance, il faut une population active qui puisse appuyer l'effort industriel. Mais celle-ci n'est pas en augmentation : depuis 1911, elle est de l'ordre de 20 à 21 millions. Le secteur primaire, qui était très important en 1946 – plus du tiers de l'activité –, décline fortement dans les années 1950. En 1954, le basculement se fait au profit du secteur secondaire. En 1962, 20 % de la population relève du secteur primaire, 40 % du secteur secondaire ; en 1968, les proportions sont de 15 et 40 %. Comme la population active n'augmente pas assez vite, il est fait appel à la main-d'œuvre étrangère. Celle-ci est en forte hausse dans les années 1960, particulièrement dans les industries d'équipement, de consommation, et surtout dans le bâtiment et les travaux publics ; elle est stable dans les industries intermédiaires et dans les industries agricoles et en forte baisse dans le secteur énergétique, car on ferme les mines. Cette modernisation qui transforme profondément la structure de la population active repose aussi sur le développement d'une « nouvelle » catégorie socioprofessionnelle : les cadres, dont une partie relève du secteur secondaire. Entre 1954 et 1968, le total du personnel d'encadrement a doublé, son pourcentage dans la population active est passé de 8 à 16 %. Le nombre d'ingénieurs a doublé, celui des techniciens a triplé, et celui des contremaîtres a pratiquement été multiplié par 2,5 ; quant aux cadres administratifs moyens, ils ont augmenté de 50 %. À la fin des années 1960, la figure dominante du monde ouvrier demeure l'ouvrier qualifié, non encore « hautement qualifié », mais déjà avec une poussée forte de l'OS (« ouvrier spécialisé ») qui porte assez mal son nom.

Émergence de champions industriels. Au cours de la période gaullienne, l'État essaie, selon une expression connue, de dégager un certain nombre de champions nationaux qui atteignent une taille européenne, sinon mondiale. Les initiatives publiques touchent le domaine pétrolier (l'Union générale des pétroles en 1960, le groupe Erap en 1966 qui lance l'année suivante la marque Elf) ; la fusion de l'Office national de l'azote avec la Société des potasses d'Alsace donne naissance à l'EMC (Entreprise minière et chimique) ; et un certain nombre de plans spécifiques visent la sidérurgie, la construction navale, l'électronique. Certes, Bull, société de machines électroniques, quitte le giron national en 1964. Mais, à la suite d'une décision de refus de vente d'ordinateurs à l'armée française, l'État lance le Plan calcul, avec l'action conjuguée de la CSF (Compagnie générale de télégraphie sans fil), de la Compagnie générale d'électricité et de Schneider. Ce plan présente également un volet « recherche » avec la création de l'Institut de la recherche pour l'informatique et l'automatique (Iria). Le Plan calcul a donné naissance à la CII (Compagnie internationale pour l'informatique). Ce programme ambitieux a connu des hauts et des bas dont une bonne partie est postérieure aux années 1960. Des lois fiscales favorisent les fusions : la loi du 12 juillet 1965, la création du groupement d'intérêt économique par l'ordonnance du 24 septembre 1967. Les phénomènes de concentration industrielle ne sont pas tous de même nature. Dans certains domaines, par exemple le pétrole, il s'agit de regrouper des sociétés nationales créées dès 1939 et d'en faire un ensemble homogène. Pour la sidérurgie, la concentration est liée à des problèmes de débouchés, et les fusions successives ont commencé avant les années 1960. On peut citer le cas d'Usinor Lorraine-Escaut avec Wendel Sidelor : ces deux groupes représentent 70 % de la production française. Il en va de même dans la construction navale, fortement concurrencée à l'extérieur, qui nécessite une concentration pour survivre. Dans l'aéronautique, la fusion de Sud Aviation, de Nord Aviation et de la Sereb donne naissance à l'Aérospatiale, qui se place au premier rang européen. Les entreprises nationalisées sont aussi le résultat de concentrations industrielles. La SNCF poursuit sa modernisation, et EDF – en coopération plus ou moins volontaire avec le Commissariat à l'énergie atomique – développe le nucléaire civil à la fin des années 1960. Le niveau de concentration en France reste cependant modeste. Ce pays, avec l'Italie et le Japon, se situe derrière les États-Unis, mais aussi derrière le groupe intermédiaire constitué par l'Allemagne, les Pays Bas et la Belgique.

Lutte contre les déséquilibres régionaux. Au cours des années 1960, la prise de conscience – qui a commencé dans les années 1950 – d'un certain nombre de déséquilibres régionaux entraîne une politique de redéploiement industriel au niveau national. La Délégation à l'aménagement du territoire et à l'action régionale (DATAR) est créée en 1963, et un certain nombre d'actions de conversion sont engagées, soit avec des plans spécifiques portant sur des industries en difficulté, soit par des déplacements géographiques : Chausson s'installe à Maubeuge, Kléber-Colombes à Toul, Chrysler à Valenciennes, Renault à Douai. Les industries automobiles et électroniques jouent un rôle de pointe dans ce mouvement destiné à déconcentrer la région parisienne ou la région lyonnaise, et à remodeler et rééquilibrer les activités industrielles en France. Les grands projets comme ceux de Fos-sur-Mer ou de Dunkerque sont d'autres exemples de politique volontariste. Mais le changement de la physionomie industrielle et les rééquilibrages nationaux ne s'opèrent que sur le très long terme. En revanche, la découverte au début des années 1950 de gaz dans la région de Lacq, entre Pau et Orthez, provoque une industrialisation rapide de la région – vers la pétrochimie – et même la création d'une ville nouvelle (Mourenx). La Bretagne avec l'essor des télécommunications, la Basse Normandie avec la pétrochimie présentent aussi des zones de modernisation rapide.

En 1968, l'industrie réalise plus de la moitié de la production intérieure brute française, contre 40 % pour le tertiaire et 8 % pour l'agriculture. Elle connaît des postes déficitaires : l'énergie, les industries agricoles et alimentaires, les matériaux de construction, les minerais, les machines-outils, le bois et les meubles, la pâte à papier et le papier. En revanche, la France industrielle exporte une part notable de sa production, en particulier dans les domaines les plus élaborés. Les années 1967-1969 marquent ainsi un premier sommet pour les exportations d'automobiles françaises dans le monde. Mais la conquête des marchés, la modernisation et l'adaptation aux nouvelles conditions économiques sont des quêtes perpétuelles : certains succès industriels des années 1960 se sont inscrits dans la durée, d'autres ont été éphémères. Alain Beltran

• *Voir aussi* : Aménagement du territoire ; Dirigisme ; Plans ; Recherche ; Rénovation

Bibl. : Institut Charles-de-Gaulle, *De Gaulle en son siècle*, t. 3, *Moderniser la France*, Paris, Plon-La Documentation française, 1992 • Alain Beltran et Georges-Henri Soutou (dir.), *Pierre Guillaumat, la passion des grands projets industriels*, Paris, Rive droite, Institut d'histoire de l'industrie, 1995.

INFORMATION. – En 1958, l'organisation de l'information en France reposait sur un système mis en place à la Libération mais fortement infléchi par les contraintes économiques et les évolutions politiques de l'après-guerre.

Du « double secteur » issu de la Libération aux pratiques de la IVe République. Le contexte singulier de la Libération avait instauré une sorte de « double secteur » de l'information, selon l'expression de Marc Martin. La liberté retrouvée et la compétition entre les partis avaient favorisé la création d'un très grand nombre de journaux, très politisés, tandis que l'État gardait le contrôle d'organes centraux d'information tels que l'Agence France-Presse, la Radiodiffusion, les Actualités cinématographiques et Havas, qu'il convenait de soustraire aux intérêts privés, au nom de l'intérêt général. En dépit de débats politiques récurrents, relatifs à son statut, ce secteur public d'information perdura durant toute la IVe République et au-delà. Placées sous la tutelle de la présidence du Conseil, l'AFP et surtout la Radio-Télévision française (RTF), étaient considérées comme les « voix de la France », organes légitimes d'expression des gouvernements en place, ce qui permettait des ingérences politiques constantes. Dans le contexte de la guerre froide et des conflits coloniaux, les rédactions éprouvèrent bien des difficultés à préserver leur autonomie. L'information radiophonique secondait la politique des gouvernements et n'accordait qu'une place restreinte à l'expression de l'opposition. De 1947 à 1958, des représentants du RPF (Rassemblement du peuple français) purent s'exprimer dans le cadre de débats ou de tribunes, mais le général de Gaulle n'eut jamais accès au micro, sauf dans le cadre de la campagne électorale de 1951.

La presse écrite fut rapidement en butte à de graves difficultés financières, en dépit d'un système d'aides de l'État très important, distribué par des voies diverses (aide fiscale, postale, ferroviaire, contrôle du prix du papier, etc.). À partir de 1947, l'effondrement du lectorat entraîna la disparition de nombreux titres. Le parti communiste, par exemple, disposait de vingt-huit quotidiens dans toute la France en 1945, mais de six seulement en 1958. Cette évolution du marché s'opéra au bénéfice de quelques titres nationaux dont le plus populaire était, de très loin, *France-Soir,* avec un tirage quotidien de plus d'un million d'exemplaires, et profita aussi à la presse régionale. Cette dernière, conduite par un patronat et des journalistes attentifs aux désirs des lecteurs, se donnait pour tâche essentielle de tenir la chronique de la vie locale et n'abordait la politique nationale qu'avec prudence, au risque d'un conformisme durable.

Les dirigeants de la IVe République entretenaient avec la presse écrite des relations étroites, favorisées par la nature du régime parlementaire. La compétition permanente des partis et l'instabilité des gouvernements faisaient du pouvoir législatif la source quasi exclusive de l'information. Des journalistes étaient membres des cabinets des secrétaires d'État à l'Information. Les indiscrétions calculées des ministres et des députés étaient constantes. Les journaux publiaient des échos des Conseils des ministres, plus précis parfois que les comptes rendus officiels. À ce point de connivence, une partie de la presse pouvait être qualifiée de « presse institutionnalisée », selon l'expression du P-DG de *France-Soir*, Robert Salmon. L'accroissement du rôle de l'État dans la vie nationale et la conduite des conflits coloniaux auraient justifié une coordination accrue de l'information destinée à la presse et aux citoyens et un renouvellement des méthodes de « communication gouvernementale ». Le besoin en fut bien éprouvé, notamment sous le gouvernement Guy Mollet, mais aucune mesure d'importance ne fut adoptée, en dépit de propositions et d'initiatives diverses. L'intensification de la guerre d'Algérie, les débats sur la torture, les poursuites et les saisies opérées à l'encontre de certains journaux créèrent des tensions entre le gouvernement et la presse, sans entraîner toutefois une rupture complète. Quel serait l'impact de la révolution politique du 13 mai 1958 sur un tel système ?

Sous la Ve République, la concentration des sources de l'information à l'Élysée. Comme sous les régimes antérieurs, la presse bénéficia des aides de l'État. Comme auparavant, elle s'opposa, toutes opinions confondues, aux innovations qui paraissaient menacer ses intérêts. Elle combattit l'ouverture des centres régionaux d'information télévisée en 1963 et l'introduction de la publicité à la télévision, en 1968, mais elle n'obtint pas gain de cause.

Plus délicate était la question de l'évolution de la nature de ses relations avec le pouvoir. Le déplacement de l'autorité de l'Assemblée nationale vers l'Élysée et le renouvellement du personnel politique modifiaient les sources d'information des journalistes. La question algérienne devenait obsédante, tandis que de Gaulle se moquait bien d'entretenir de bonnes relations avec la presse. En avril 1960, *Le Monde* publiait une série d'articles de Pierre Viansson-Ponté, intitulée « La République du silence », qui dénonçait l'autoritarisme et le mutisme du pouvoir.

De Gaulle n'avait guère d'estime pour la profession de journaliste, même s'il ne dédaignait pas de rencontrer des directeurs de journaux. Différentes raisons éclairent ses agacements. La conception gaullienne des intérêts supérieurs de la France et de l'autorité de l'État sous-tend une vision de la conduite de l'opinion et du rôle de l'information qui s'oppose radicalement aux pratiques journalistiques. Dans ses *Mémoires d'espoir*, le Général blâme les journalistes de « décrire des échecs plutôt que des réussites », d'orchestrer le « bruyant concert du doute, de la critique et du persiflage ». La presse, par souci d'audience ou par ignorance, grossit des faits insignifiants qui alimentent inutilement l'inquiétude des lecteurs. Elle entretient les frustrations et les divisions des Français au lieu de servir l'unité, l'effort et le prestige national. De plus, le journalisme politique appartient à la catégorie des leaders d'opinion, au même titre que les partis, les clubs, les cercles intellectuels, tous « comités » et « notoires abusifs » dont de Gaulle récuse le rôle de porte-parole et de médiateurs politiques. Plus profondément peut-être, de Gaulle pense la politique à hauteur de l'Histoire, selon une démarche intellectuelle et morale volontariste qui s'inscrit dans la durée et qui ne s'accorde guère au rythme fugace, sans cesse renouvelé, du commentaire journalistique, d'où son dédain, aux dires d'Alain Peyrefitte, pour « ces irresponsables [...] cette engeance ». De Gaulle considérait la presse écrite comme une « citadelle hostile », mais, en réalité, les journaux nationaux ne lui furent pas favorables ou défavorables de manière continue pendant dix ans. Il en fut de même de la presse régionale.

Une politique audiovisuelle d'intervention. La conception gaullienne du pouvoir et de son exercice assignait à la parole une place paradoxale. « Rien ne rehausse l'autorité mieux que le silence », écrivait de Gaulle dans *Le Fil de l'épée.* Il n'en développa pas moins l'usage des conférences de presse, 17 entre 1959 et 1969. Elles n'étaient pas une véritable innovation, compte tenu des précédents de la IVe République. Mais elles constituaient l'un des rituels majeurs de l'exercice du pouvoir, en raison de leur périodicité et du fait, surtout, qu'elles étaient très préparées, annoncées, mises en scène et retransmises par voie audiovisuelle, comme de véritables événements. Elles étaient aussi d'authentiques actes politiques, puisque de Gaulle les utilisait pour exprimer ses intentions et annoncer des décisions importantes, en des termes soigneusement pesés et parfois énigmatiques. Dès lors, le langage utilisé, les silences savamment distillés, les mimiques, les inflexions de ton, tout se prêtait à l'exégèse des observateurs, ce qui était le but recherché de cet « exercice de haute voltige politico-historique », comme le qualifia Raymond Aron dans *Le Figaro*, après la conférence de presse du 14 janvier 1963.

Déjà considéré au temps de la IVe République comme un relais normal du pouvoir en direction de l'opinion, l'audiovisuel devint le moyen d'expression privilégié du dessein et du style politiques de De Gaulle. La télévision, en introduisant dans les foyers la personne même du Général, lui permit d'être « lié au peuple lui-même par les yeux et les oreilles [...] » [*ME*], d'incarner sa relation directe avec l'opinion, initiée par l'appel du 18 juin 1940 et entretenue par les voyages. Toutefois, cette communication demeura distante, car de Gaulle, tout à sa fonction et à son personnage, parlait aux Français « beaucoup moins d'eux-mêmes que de la France ». La représentation à l'écran de « l'autorité héroïque », selon l'expression de Stanley Hoffmann, ne souffrait ni interlocuteur, ni critique, ni débat... ou si peu. Seul de Gaulle pouvait occuper l'écran et seul, ou presque, de Gaulle occupa l'écran, au moins jusqu'en 1965.

La conduite de l'affaire algérienne s'accompagna d'un contrôle rigoureux de l'information audiovisuelle, impulsé et très strictement suivi par Matignon. Les ministres de l'Information, Roger Frey (janvier 1959-février 1960), Louis Terrenoire (février 1960-août 1961) et Christian de La Malène (août 1961-avril 1962), ne disposaient que d'une faible marge de manœuvre. Interprétant peut-être la volonté du Général, Michel Debré aurait même souhaité que ce contrôle s'appliquât aux postes périphériques et notamment à Europe n° 1, dont l'État possédait une part de capital depuis 1959. Le conflit algérien résolu, il fallait trouver un nouvel équilibre. L'expansion de la télévision imposait la modernisation des structures et du financement de la RTF ainsi que l'adaptation de la programmation à un public amateur de divertissements. Alain Peyrefitte, en charge de l'Information comme secrétaire d'État (avril 1962) puis en tant que ministre (décembre 1962-janvier 1966), s'efforça de réformer l'institution. Prônant l'octroi à la RTF d'un statut d'autonomie, tant financière que politique, il défendit ce projet alors que de Gaulle y était tout à fait opposé. La création, en 1964, de l'ORTF, doté d'un conseil d'administration, fut donc pour lui un succès. Cependant, les effets de cette « libéralisation » ne furent pas aussi probants que prévu et, pour l'essentiel, la dépendance de l'institution à l'égard de l'État se perpétua.

La création du Service des liaisons interministérielles pour l'information (SLII), mis en place au début de 1964, répondit au souci légitime et assez modernisateur de coordonner la communication des ministères en direction de l'ensemble des organes de presse, mais il apparut bien vite comme l'organe de centralisation et de contrôle de l'information audiovisuelle. En 1967, la dénonciation de son rôle suscita de vives polémiques. Par ailleurs, la nomination de personnalités proches du pouvoir avait placé les personnels et les journalistes de l'ORTF sous l'autorité de directeurs et sous-directeurs gaullistes – Édouard Sablier par exemple –, dont certains venaient du cabinet de Peyrefitte, tels Jacques Thibau et Claude Contamine. Enfin, les procédures internes de production et de contrôle de l'information garantissaient au gouvernement le maintien de sa position dominante. Dans ces conditions, même si l'intention de la tutelle était de laisser les rédactions exercer effectivement leurs responsabilités, la possibilité d'intervenir avec efficacité sur l'ensemble du dispositif journalistique demeurait intacte. De fait, les abus du contrôle étatique furent violemment dénoncés durant la grève de l'ORTF en 1968. Coexistaient donc, dans l'institution, des structures héritées de la IVe République, dont les syndicats de personnels, et, aux postes clés, des fidèles de la Ve. Ce qui explique le mélange de tensions, de conformisme et d'incessantes négociations qui caractérisait son fonctionnement. Situation qui ne manquait pas d'agacer le chef de l'État, et qui déboucha sur la crise de 1968.

L'évolution des moyens d'information dans la seconde moitié des années 1960 – succès des « news magazines » et de la presse jeune, débats radiophoniques – révèle rétrospectivement l'écart accru entre les aspirations d'une société rajeunie, enrichie, sensible à la consommation, et le pouvoir gaullien dont les modes de communication et d'expression demeuraient inchangés : hauteur, volonté, autorité, toujours. La question du renouvellement des relations à établir entre pouvoir, information et opinion avait été posée, mais elle était demeurée sans réponse.

Hélène Eck

• *Voir aussi* : Audiovisuelles (interventions) ; Grève de l'ORTF ; Journalistes ; Presse ; Radio et télévision

Bibl. : Jérôme Bourdon, *Histoire de la télévision sous de Gaulle*, Paris, Anthropos, INA, 1990 • Hélène Eck, « Radio, culture et démocratie en France : une ambition mort-née (1944-1949) », *Vingtième Siècle*, n° 30, juin 1991 • Jean-Noël Jeanneney, *Une histoire des médias, des origines à nos jours*, Paris, Le Seuil, 1998.

INGOLSTADT. – *Voir* CAPTIVITÉ.

INTELLECTUELS. – L'épisode est connu. En septembre 1960, une pétition circule à Paris, soutenant l'insoumission. Au moment où le Conseil des ministres examinait les éventuelles sanctions à prendre à l'encontre des signataires du Manifeste des 121, le général de Gaulle prit la parole et établit une distinction entre les « serviteurs de l'État », dont le non-respect des lois de la République était passible de la plus grande sévérité, et les « intellectuels », auxquels il convenait de témoigner compréhension et clémence. La presse rapporta que, invoquant les précédents de Villon, Voltaire et Romain Rolland, il aurait déclaré : « Ces gens-là ont causé bien des tracas aux pouvoirs publics en leur temps mais il n'en est pas moins indispensable que la liberté de pensée et d'expression des intellectuels demeure respectée. » Certes, ajoutait-il, « dans toute la mesure compatible avec l'obéissance aux lois de l'État et avec le souci de l'unité de la nation », mais le distinguo initial demeurait : les « intellectuels » occupaient bien une place à part.

Ce qui ne signifiait pas, du reste, que l'intellectuel était exempté du devoir de responsabilité. Bien au contraire. Dans le tome 3 de ses *Mémoires de guerre*, rédigé à la fin de la IVe République et publié en 1959, le général de Gaulle avait rappelé : « Les écrivains, en particulier, du fait de leur vocation de connaître et d'exprimer l'homme, s'étaient trouvés au premier chef sollicités par cette guerre où se heurtaient doctrines et passions [...]. Dans les lettres, comme en tout, le talent est un titre de responsabilité. » Assurément, la question de la grâce demandée en 1945 par les avocats de Robert Brasillach et refusée par le chef du Gouvernement provisoire de la République française se profilait en filigrane de cette observation formulée par le même homme une douzaine d'années plus tard. Et cette observation n'était donc pas seulement sous sa plume une simple figure imposée que l'on retrouve forcément dans toute méditation sur l'engagement des clercs en politique. Le général de Gaulle, lui-même écrivain, reconnaissait à ces clercs français le statut, hautement éminent à ses yeux, de consciences – « exprimer l'homme » – au sein de la communauté nationale, et d'êtres responsables de leurs actes comme de leurs propos. Et le « cher maître » donné dans une lettre à Jean-Paul Sartre n'était donc, probablement, qu'en partie facétieux.

Une relation fluctuante. De Gaulle fut-il, de son vivant, payé en retour et a-t-il joui d'un respect réciproque de la part des intellectuels français ? Il est difficile de proposer une réponse ferme à une telle question tant les cas de figure ont pu varier : le général de Gaulle fut aux affaires puis dans l'opposition, avant de revenir au pouvoir en 1958 ; les intellectuels, quant à eux, furent favorables ou hostiles à la IVe République, partisans ou non de la décolonisation, atlantistes ou neutralistes, attentifs à la « grandeur » de la France ou, au contraire, sensibles aux souffles internationalistes. C'est dire que la compréhension du binôme de Gaulle-intellectuels n'est pas réductible à une simple question d'affinité ou d'hostilité. Les relations entre l'un et les autres ont été infiniment plus complexes et, de surcroît, fluctuantes. Et leur analyse est d'autant plus délicate que la prédominance des gauches au sein du milieu intellectuel français, plusieurs décennies durant, a entraîné quasi mécaniquement la sous-estimation, par les contemporains puis par les historiens, d'autres mouvances intellectuelles qui comptèrent pourtant en leur temps.

C'est notamment le cas du Rassemblement du peuple français (RPF) : en son sein, les intellectuels furent plus nombreux que ce qu'en ont retenu la mémoire des clercs et, souvent aussi, la mémoire savante. Des comités d'intellectuels furent rapidement constitués à l'initiative de Louis Pasteur Vallery-Radot, et André Malraux en devint rapidement la figure de proue, lui qui, le 5 mars 1948, avait lancé salle Pleyel un « Appel aux intellectuels ». Et quelques mois plus tard, la création de *Liberté de l'esprit* fournit aux clercs gaullistes un bon relais pour leurs batailles idéologiques. Certes, face aux cohortes fournies des intellectuels communistes et compagnons de route, il n'y eut jamais un versant gaulliste équivalent. Mais les recrues furent brillantes. Paul Claudel, par exemple, rejoignit les rangs de l'organisation gaulliste, tout comme, au sein d'une génération plus jeune, Raymond Aron. Surtout, d'autres intellectuels, gaullistes ou non, écrivirent dans *Liberté de l'esprit* : Pierre de Boisdeffre, Max-Pol Fouchet, Roger Nimier, Gaétan Picon ou encore Francis Ponge. Pour autant, et là encore à la différence de la mouvance communiste, le RPF ne recruta pas largement au sein de la jeunesse étudiante. À l'École normale supérieure, par exemple, pépinière à la même époque de jeunes intellectuels communistes, les gaullistes ne formaient qu'un groupuscule, animé par Robert Poujade et Jean Charbonnel.

Dans le contexte des années 1947 et 1948, au moment où le débat franco-français se radicalise du fait de la guerre froide mais aussi en raison de la vague qui semble porter le RPF et qui suscite en retour l'hostilité des communistes comme des gauches républicaines, bien des intellectuels attaquent de Gaulle et son mouvement. *Esprit* écrit ainsi que Malraux, « en un sens, [est] le seul authentique fasciste français », tandis qu'*Action* appelle à ne pas omettre « l'essentiel » à propos du RPF : « le fascisme et sa terreur, ses camps de concentration et ses tueurs ». Assurément, il convient de faire la part de l'outrance propre à l'époque, mais une partie du propos fait souche et réapparaît en mai 1958. Inversement, à la même date, le RPF a disparu depuis trop longtemps pour que soit réactivée l'attraction qu'il a exercée une décennie auparavant sur certains clercs. En outre, les temps changent : l'hostilité au régime de la IVe République perd sa raison d'être dès 1958, et l'anticommunisme, qui fut souvent un aiguillon pour l'engagement dans les rangs du gaullisme de la période précédente, perd une partie de sa force de condensation après 1962 et avec l'atténuation de la guerre froide. Dans ces conditions, l'hostilité de la plupart des républicains de gauche et de l'ensemble des communistes au général de Gaulle maintint un écran assez imperméable entre ce dernier et l'intelligentsia de gauche, dominante à l'époque. Et, de leur côté, les clercs libéraux conservèrent leurs distances vis-à-vis d'un homme incarnant une droite pas assez parlementaires à leurs yeux et trop colbertiste.

En termes macrohistoriques, donc, et sans préjuger de la période posthume, le général de Gaulle n'exerça pas sur les intellectuels français un attrait proportionnel à l'estime qu'il semble avoir conçue pour eux. Cela étant, une étude qui dépasserait cette analyse en grand angle déboucherait sur un constat singulièrement plus complexe. En effet, on le relevait plus haut, la configuration historique a varié : être pour l'indépendance algérienne en 1958 quand la politique du général de Gaulle pouvait passer pour favorable au statu quo, ou en 1961, ne détermine pas le même rapport – d'hostilité ou de soutien – avec la puissance publique, en l'occurrence la politique du président de Gaulle ; être atlantiste en 1962 ou en 1966 n'induit pas non plus la même position par rapport au pouvoir gaulliste. On pourrait multiplier les exemples qui convergent vers ce constat : être pour ou contre de Gaulle a dessiné une grande faille entre clercs, qui épousait en partie le tracé du clivage droite-gauche ou, plus précisément, qui rejetait sur la rive opposée la plus grande partie de la gauche intellectuelle, mais, en même temps, la personnalité du général de Gaulle et ses initiatives ont transformé cette rive gauche plutôt hostile ou réticente en un véritable champ de failles plus petites. Les intellectuels de gauche, en effet, n'ont pas eu la même analyse et n'ont pas porté un jugement identique sur ces initiatives politiques ou diplomatiques qui souvent, sous une forme ou sous une autre, touchaient en fait aux fondements de l'État ou à la substance de la nation.

Un philogaullisme posthume. Un tel constat explique, du reste, que bien des intellectuels de gauche aient parfois conçu, longtemps après la mort du général de Gaulle, un philogaullisme de fait. La crise de l'écosystème républicain, notamment, a progressivement placé le thème de l'État et celui de la nation au cœur du débat franco-français, et le jeu d'échelles entre les régions, l'Hexagone, l'Europe et la globalisation croissante a encore accru l'acuité de ces interrogations. La référence au gaullisme s'est donc cristallisée sur ces questions structurelles beaucoup plus que sur des débats ou des polémiques davantage conjoncturels. Et ce surplomb, désormais, à propos de De Gaulle, du structurel sur le conjoncturel, a favorisé, au sein du milieu intellectuel, des reclassements sans pour autant que ceux-ci apparaissent comme des reniements : Régis Debray ou Max Gallo illustrent ainsi, chacun à sa manière, cette survie chez certains clercs d'un de Gaulle apuré de tout compte politique. Mais, par là même, probablement à demi-rêvé...

Jean-François Sirinelli

• *Voir aussi :* Antigaullistes de gauche ; Bibliothèque personnelle ; Club Jean Moulin ; Hussards ; Journalistes

Bibl. : Stéphane Courtois et Marc Lazar (dir.), *Cinquante ans d'une passion française. De Gaulle et les communistes*, Paris, Balland, 1991 • Jean-François Sirinelli, *Intellectuels et passions françaises. Manifestes et pétitions au XXe siècle*, Paris, Gallimard, coll. « Folio », 1996 (1re édition 1990).

INTÉRESSEMENT. – *Voir* ASSOCIATION CAPITAL-TRAVAIL ; PARTICIPATION ; VALLON (amendement).

INTERNET (sites). – Si le Général n'a pas connu Internet, il y occupe cependant une place de choix. Grâce au moteur de recherche Google, le mot-clé « Charles de Gaulle » permet d'accéder à 1,4 million de pages environ (août 2005), dont la moitié en français, et à 20 000 images. Cette présence est cependant toute relative, si on la compare à celle de Winston Churchill (3 millions d'occurrences), et *a fortiori* à celle de John Kennedy (20 millions de pages). À l'échelle française, Napoléon permet d'accéder à 6 millions de pages – chiffres en partie expliqués par la commémoration dont il fait l'objet, mais Charles de Gaulle est autant cité que Louis XIV et supplante Jeanne d'Arc dans ce panthéon électronique.

L'internaute est en fait confronté à un tri complexe puisqu'une bonne partie de ces sites concerne des établissements scolaires, l'aéroport ou le porte-avions éponymes. La recherche du « Général de Gaulle » s'avère plus aisée. En excluant les mots « rue, avenue, place, école, collège, lycée, université, porte-avion, aéroport », le moteur de recherche sélectionne 98 000 pages francophones, classées ici en cinq catégories.

La première accorde une place centrale à Charles de Gaulle ou à une phase particulière de son action. Les institutions chargées de diffuser l'histoire et la mémoire du Général, la Fondation Charles-de-Gaulle (www.charles-de-gaulle.org) surtout, mais aussi l'ordre de la Libération, la Fondation de la France libre, ou la Fondation de la Résistance proposent des références bibliographiques, le récit sommaire des principaux événements et promeuvent leur action. D'autres pages plus personnelles évoquent largement Charles de Gaulle à travers une série d'événements locaux ou nationaux. Conçues par des particuliers passionnés d'histoire et le plus souvent hébergées par d'autres sites, la plupart sont consacrées à la guerre ou à la gloire d'une localité. Tel habitant de Brest dédie un site à la visite du Général dans cette ville, tel anonyme construit un site biographique autour des rois et des présidents français, tel citoyen québécois raconte son expérience des années 1960... À mi-chemin entre les deux démarches se situe l'initiative de Laurent de Boissieu. À la fois page personnelle et dossier d'information sur le gaullisme comme mouvement politique, le site gaullisme.free.fr se concentre néanmoins sur les avatars du gaullisme aujourd'hui, dans une optique journalistique.

La deuxième catégorie regroupe les pages à vocation pédagogique. Les centres de documentation régionaux et départementaux, les académies, les établissements scolaires et les associations d'enseignants (essentiellement en histoire, comme sur www.clionautes.org) proposent des exercices pour la préparation du brevet ou du baccalauréat et diffusent les grands discours du Général. Le seul site concernant spécifiquement Charles de Gaulle est l'adresse www.de-gaulle-edu.net, géré par la Fondation Charles-de-Gaulle à destination des enseignants. Ce dernier offre des informations factuelles, les situe dans leur contexte et offre aux élèves la possibilité de s'entraîner dans l'optique des examens ou sous forme de quiz.

Le troisième ensemble regroupe des informations plus culturelles, provenant de sites hétérogènes à but commercial ou informatif. Les pages des éditeurs, des mairies, des centres d'archives et parfois celles du Sénat ou de l'Assemblée nationale signalent les parutions, les expositions, les colloques et les documents qui concernent le Général. Le site « culturel » le plus visité par les internautes est celui de l'Institut national de l'audiovisuel (INA), qui propose à la fois des informations sur les médias sous la République gaullienne et des archives sonores et visuelles en ligne.

Le quatrième ensemble réunit les pages consacrées à un tout autre sujet que le Général, mais elles évoquent furtivement le personnage. Ces occurrences relevées par Google sont purement allusives. C'est le cas des quotidiens et des hebdomadaires, dont les éditoriaux peuvent contenir diverses références au Général, au gré de l'actualité, comme la question des stèles érigées en 2005 en hommage à l'Algérie du temps de la présence française. De même, de Gaulle apparaît-il parfois au détour d'une phrase concernant un résistant, ou un événement des années 1960, par le biais de médailles, de timbres ou de cartes postales à son effigie. Ces objets souvenirs se marchandent sur la toile.

Enfin, Internet permet de revendiquer ou de dénoncer un héritage politique. Ces pages partisanes concernent plus souvent le gaullisme que le Général lui-même. Une trentaine de sites français se réclament de cette mouvance politique : moins de dix sont affiliés à l'UMP, la plupart émanent de courants plus marginaux. Les plus présents sur Internet sont les héritiers du gaullisme de gauche et ceux qui revendiquent une vision souverainiste de l'Europe. Le référendum de 2005 a naturellement suscité une offensive de ces derniers. Mais la célébration de la politique gaullienne émane aussi de sites québécois qui évoquent avec nostalgie le « Québec libre ».

Le portrait de De Gaulle sur Internet est en tout cas des plus flatteurs. Seuls quelques témoignages sur mai 1968 et de rares pages en faveur de l'Algérie française apportent une ombre au tableau.

Sophie MASSE-QUIEF

• *Voir aussi* : Documentaires ; Fiction ; Ouvrages biographiques ; Ouvrages thématiques ; Sources

IRLANDE. – « Dans les circonstances importantes de ma vie, comme actuellement, c'est une sorte d'instinct qui m'a poussé vers l'Irlande, peut-être à cause du sang irlandais qui coule dans mes veines. On retourne toujours à ses sources. » Le général de Gaulle explique ainsi le 19 juin 1969 au président de la république d'Irlande Eamon de Valera pourquoi il a choisi son pays comme lieu de villégiature alors que se déroule en France la campagne présidentielle dont il ne veut pas se mêler.

Charles de Gaulle a effectivement des ancêtres irlandais. Par sa grand-mère maternelle, il descend du clan des Mac Cartan, originaire de Kilenarty, dans le comté de Down. À la fin du XVIIe siècle, un membre du clan, fidèle à la cause des Stuart, s'engagea en France dans la brigade irlandaise au service de Louis XIV. Ses descendants s'installèrent dans le Nord et y firent souche. Avant son mariage, l'arrière-grand-mère de Charles de Gaulle, Marie-Angélique, portait encore le nom de Mac Cartan. Cette ascendance explique sans doute en partie l'intérêt porté par de Gaulle à l'Irlande et sa bonne connaissance de l'histoire de ce pays. Recevant les Premiers ministres irlandais, Sean Lemass en 1962, puis John Lynch en 1967, il ne manque pas de faire allusion à ses liens familiaux avec l'Irlande. Lors de son séjour dans l'île, du 10 mai au 19 juin 1969, il tient à visiter à Derrynane la maison de Daniel O'Connell dont une de ses parentes, Joséphine Anne-Marie Maillot, a écrit une biographie.

Mais l'intérêt que de Gaulle porte à l'Irlande n'est pas seulement sentimental, ce pays étant potentiellement un allié face à l'Angleterre. Évoquant la construction européenne, le président français déclare à John Lynch en juin 1967 que « l'Irlande peut et doit être étroitement associée à l'accomplissement de cette grande œuvre ». Quelques mois plus tard, il refuse pour la seconde fois l'adhésion de la Grande-Bretagne au Marché commun. Force est pourtant de constater que la république d'Irlande n'a pas joué un grand rôle dans la diplomatie gaullienne.

En juin 1969, le Général parcourt la terre de ses ancêtres, du comté de Kerry à Dublin en passant par le Connemara. À la fin de son séjour, il rencontre pour la première fois le président de Valera, pour qui il n'a jamais caché son estime : « Un grand patriote, illustré tout au long de sa vie par le combat qu'il n'a cessé de mener au service de son pays », écrit-il dans une lettre du 12 mai 1969. On a souvent souligné le parallélisme existant entre ces deux grands hommes d'État : une certaine ressemblance physique (même haute stature) et morale (même autoritarisme) ; des destins assez identiques (ceux des deux rebelles estimant incarner la légitimité nationale et en lutte contre une mainmise étrangère, deux fondateurs de constitution après avoir connu tous deux une traversée du désert...). Leurs brèves entrevues, du 17 au 19 juin 1969, renforcèrent leur considération réciproque. Une stèle érigée à Sneem, dans le comté de Kerry, rappelle ce court séjour du général de Gaulle en Irlande. Y sont inscrits ces mots, prononcés au cours du dîner officiel à Dublin le 18 juin 1969 : « En ce moment grave de ma longue vie, j'ai trouvé ici ce que je cherchais : être en face de moi-même. L'Irlande me l'a offert de la façon la plus délicate, la plus amicale. » Jean GUIFFAN

• *Voir aussi :* Ascendance familiale ; Élection présidentielle de 1969 ; Espagne franquiste ; Lille ; Marché commun

Bibl. : B. de Faragorce, « Charles de Gaulle et Eamon de Valera », *Études irlandaises*, n° VIII, 1983, p. 257-261 • François Flohic, *Souvenirs d'outre-Gaulle*, Paris, Plon, 1979 • Pierre Joannon, « De Gaulle et l'Irlande : un retour aux sources », *Études irlandaises*, n° XV-2, 1990, p. 113-125.

ISORNI, Jacques (1911-1995). – Jacques Isorni est devenu avocat en 1931. Durant la guerre, l'exercice de son métier manque de lui être interdit par la législation xénophobe de Vichy. Il défend des résistants poursuivis devant les Sections spéciales. À la Libération, son destin bascule en deux temps. Il se fait remarquer en étant l'avocat, incisif et talentueux, de Robert Brasillach, s'accordant avec lui sur une tactique véhémente qui ne ménage guère les chances du journaliste de sauver sa vie. Le général de Gaulle, chef du gouvernement, ayant refusé la grâce, Isorni le stigmatise pour son hypocrisie et sa cruauté. Cette affaire au dénouement tragique lui vaut une notoriété qui suggère aux partisans du maréchal Pétain de le joindre à sa défense. Ayant conquis le vieillard, Isorni en devient l'avocat principal. Au procès, il répète sa stratégie d'attaque, en la conciliant avec un remarquable pouvoir de susciter l'émotion. Il devient célèbre.

Après la condamnation de Pétain, Jacques Isorni transforme le cas de ce dernier en combat politique, ce qui l'amène à négliger l'éventualité d'une grâce médicale pour exiger une révision du procès et une réhabilitation. Un temps focalisé sur de Gaulle, qu'il considère désormais comme le double maudit du Maréchal, Isorni tourne sa rancœur contre l'ensemble du personnel gouvernemental de la IVe République. À la mort de Pétain, en 1951, il se fait élire député de l'UNIR (Union nationale des indépendants et des républicains), avec des vichystes, anciens ou néo-convertis, et est l'un des fondateurs de l'Association pour la défense de la mémoire du maréchal Pétain.

En 1958, il vote contre l'investiture de De Gaulle puis contre la nouvelle Constitution ; sa carrière parlementaire prend fin. Sa farouche opposition personnelle se cristallise dans la lutte pour l'Algérie française. Il plaide dans le « procès des barricades » (1961), puis pour des complices de l'attentat du Petit-Clamart. Reprenant sa stratégie de rupture, il réclame des éclaircissements sur l'assassinat de l'amiral Darlan à Alger en 1942, dont de Gaulle aurait été le commanditaire. « Il serait bon de savoir l'appréciation que peut avoir du meurtre politique M. le président de la République. Au cours de son extraordinaire carrière, il a vu d'assez près le meurtre, soit qu'il en ait bénéficié, soit qu'il l'ait ordonné ou réhabilité. » Isorni est suspendu d'exercice pour trois ans. La condamnation à mort et l'exécution de Jean-Marie Bastien-Thiry, dont le Général a refusé la grâce, achèvent de le confirmer dans la haine qu'il distille dans de nombreux livres qui lui vaudront parfois amende et saisie pour offense au chef de l'État.

Prêt à toutes les opportunités qui permettraient d'évincer le Général, Jacques Isorni rêve en 1965 d'une candidature d'Antoine Pinay à l'élection présidentielle, puis, en mai 1968, soutient l'hypothèse d'une arrivée au pouvoir de Pierre Mendès France. Après la disparition de De Gaulle, il poursuit ses campagnes pour la réhabilitation de Pétain et le transfert de ses cendres à Douaumont, tout en continuant à fustiger le Général, dont il a fait un personnage diabolique. Bénédicte VERGEZ-CHAIGNON

• *Voir aussi* : Collaboration ; Grâce ; Juridictions d'exception ; OAS ; Tixier-Vignancour, Jean-Louis

Bibl. : Jacques Isorni, *Jusqu'au bout de notre peine*, Paris, La Table ronde, 1963 • Bénédicte Vergez-Chaignon, *Vichy en prison*, Paris, Gallimard, 2006.

ISRAËL. – Le mouvement sioniste popularisa sa cause en mettant en avant deux figures, celle du combattant et celle du paysan, qui se voulaient l'antithèse de l'image traditionnelle du Juif soumis et « déraciné ». Ces figures de rupture firent beaucoup, après la Seconde Guerre mondiale, pour convaincre l'opinion et la classe politique françaises de la légitimité du projet national juif. De Gaulle n'a pas été insensible à ces « nouveaux Juifs » qu'il a entraperçus en juin 1941, en Palestine, alors que les Français libres étaient engagés, aux côtés de troupes britanniques et de forces de la Haganah (l'armée clandestine juive), dans la campagne de Syrie destinée à chasser les autorités de Vichy des territoires sous mandat français (Liban, Syrie). À l'instar d'une majorité de ses fidèles, le Général ne pouvait être indifférent au patriotisme vibrant des sionistes. Pour autant, il se garde de toute démarche qui pourrait être perçue comme un soutien ostensible à la création d'un État juif, à la fois par souci de ne pas provoquer l'allié britannique – engagé depuis 1939 dans une sourde épreuve de force avec les sionistes – et par volonté de ménager les intérêts de la France, « puissance musulmane ».

À l'unisson de la quasi-totalité des responsables politiques français, il se prononce en faveur du plan de partage de 1947 qui prévoit la création de deux États, l'un juif, l'autre arabe. Après la première guerre israélo-arabe en 1948-1949, il prône le réalisme, constatant « qu'il est désormais bien difficile de refuser aux juifs le Néguev qu'ils ont pris ou la Galilée dont ils se sont emparés ». Son attitude lors de l'expédition de Suez en 1956, menée en coordination par la France, la Grande-Bretagne et Israël contre l'Égypte nassérienne, mérite d'être relevée, mesurée à l'aune de la position très tranchée qu'il adoptera en 1967, lors de la guerre des Six-Jours. En 1956, dans un contexte marqué il est vrai par le conflit algérien, de Gaulle approuve pleinement l'opération militaire contre Gamal Abdel Nasser, regrettant simplement qu'elle se déroule sous commandement britannique. Envers Israël, pas de critiques, le Général se félicitant de la conquête du Sinaï qui permet à l'État hébreu de conforter sa situation géopolitique. En 1967, son appréciation sera, rétrospectivement, toute différente. « À la faveur de l'expédition franco-britannique de Suez, dira-t-il, on avait vu apparaître, en effet, un État d'Israël guerrier et résolu à s'agrandir. »

Redevenu pleinement acteur politique en 1958, le Général va progressivement infléchir les relations avec Israël. Il faut dire qu'il découvre avec effarement « d'abusives pratiques de collaboration [...] qui introduisent en permanence des Israéliens à tous les échelons des états-majors et des services français ». Les dirigeants de la IVe République, aux prises avec l'insurrection armée en Algérie, ont en effet choisi de nouer une étroite alliance avec l'ennemi juré du nationalisme arabe, à savoir Israël. Les contrats d'armement (avions, tanks, artillerie) se multiplient, les contacts entre états-majors deviennent routiniers. Plus grave encore, en 1957, la France s'était engagée à participer à la construction d'un réacteur nucléaire à Dimona, dans le sud de l'État d'Israël. Cette collaboration tous azimuts, qui, pour le ministre des Affaires étrangères Maurice Couve de Murville, « avait pris le caractère d'une véritable osmose », était évidemment inacceptable. Pour un homme comme de Gaulle, défendant une conception ombrageuse de l'indépendance, le plus urgent fut d'interrompre la coopération en matière nucléaire : la détention de l'arme atomique devait rester le privilège des « quatre Grands », l'introduction du facteur nucléaire dans une région aussi sensible que le Moyen-Orient devant, de plus, être évitée à tout prix. La mise en œuvre de cette décision se révéla toutefois impossible. D'abord parce qu'à l'insu de De Gaulle, les travaux sur le réacteur se poursuivirent avec le soutien tacite de Jacques Soustelle, alors ministre de l'Énergie atomique. Ensuite parce qu'à la fin de l'année 1960, lorsque Paris mit fin à toute coopération gouvernementale directe, le Général autorisa les entreprises françaises à continuer la construction de l'usine de retraitement d'uranium, permettant ainsi à Israël d'acquérir un potentiel nucléaire.

En matière de coopération militaire, de Gaulle eut plus de succès : la symbiose entre les états-majors cessa. Dans le domaine de l'armement, par contre, il ne modifia pas grand-chose. Israël étant considéré comme un atout stratégique pour contrecarrer l'influence soviétique (surtout en Égypte), les exportations d'armes continuèrent : 72 avions Mirage III furent ainsi livrés à Israël en 1961. C'est finalement sur le plan politique qu'insensiblement les choses changèrent après l'indépendance de l'Algérie en juillet 1962. Jusqu'à cette date, les relations franco-israéliennes restent en effet suivies. De Gaulle reçoit à deux reprises, en 1960 et 1961, le chef du gouvernement israélien, David Ben Gourion, qu'il qualifie de « plus grand homme d'État de ce siècle » et de « lutteur et champion courageux ». Par la suite, elles deviennent plus distantes. Alors que les rapports avec les pays arabes connaissent, à partir de 1963, un réchauffement progressif (qui conduira au rétablissement des relations diplomatiques en 1965), ceux avec Israël se rafraîchissent quelque peu, comme le prouve la réduction des visites ministérielles. Le rééquilibrage de la politique proche-orientale est le reflet de la volonté clairement affichée du chef de l'État de favoriser le retour de la France dans un monde arabe dont elle ne peut se couper. Cet ajustement diplomatique progressif va de pair avec une posture plus critique envers Israël soupçonné de mener une politique parfois aventureuse, fondée sur un recours trop systématique à la force. À Lévi Eshkol, le successeur de Ben Gourion, de Gaulle déclare ainsi au printemps 1964 : « Nous souhaitons que tout en restant fermes et prospères, vous soyez également patients et pacifiques. » Pas de changement déchirant donc, mais un climat politique fait de moins d'intimité. Ce glissement progressif ne laissait toutefois guère présager une rupture brutale. Elle interviendra pourtant, avec une rare rapidité, en mai-juin 1967, dans le contexte d'une nouvelle conflagration régionale.

Alain DIECKHOFF

• *Voir aussi* : Ben Gourion, David ; Palestine ; Politique étrangère ; Six-Jours

Bibl. : Samy Cohen, *De Gaulle, les gaullistes et Israël*, Paris, Alain Moreau, 1974 • Samir Kassir et Farouk Mardam-Bey, *Itinéraires de Paris à Jérusalem. La France et le conflit israélo-arabe*, Washington, Les Livres de la *Revue d'études palestiniennes*, 2 vol., 1992 • David Lazar, *L'Opinion française et la naissance de l'État d'Israël, 1945-1949*, Paris, Calmann-Lévy, 1972.

ITALIE. – Le général de Gaulle manifesta une certaine considération pour la péninsule italienne lorsqu'il présida aux destinées de la France. Par ailleurs, à court et à long terme, son exemple exerça une influence sur la politique de ce pays.

De Gaulle plaçait très haut le rôle tenu par l'Italie dans la formation du patrimoine intellectuel et culturel européen. Toutefois, les circonstances n'ont pas permis que cette estime se traduise par une entente spécifique dans les rapports politiques et de puissance. En 1945, dans la perspective d'un prochain traité de paix, le président du Gouvernement provisoire de la République française eut à se prononcer sur la question du destin des colonies italiennes et sur celle des frontières de la péninsule. Il entretint alors des relations avec Giuseppe Saragat, ambassadeur italien à Paris. Le souvenir du « coup de poignard » que l'Italie avait infligé à la France par son entrée en guerre en 1940 influença certainement son attitude. Néanmoins, il parvint à élaborer une ligne de conduite équilibrée. Il demanda la fin des privilèges conservés par les Italiens en Tunisie et obtint l'annexion du Mont-Cenis ainsi que de Tende et Brigue, deux petits territoires des Alpes importants du point de vue stratégico-militaire. Mais il revint sur son intention initiale d'occuper entièrement la vallée d'Aoste. Comme compensation partielle, il soutint les demandes italiennes concernant la frontière orientale, spécifiquement la ville de Trieste, et celle du Sud-Tyrol.

En 1958, lors de son retour au pouvoir, les circonstances ne furent guère plus favorables. En effet, la politique étrangère du général de Gaulle contrecarra l'initiative néo-atlantique que, peu de temps auparavant, le président du Conseil et ministre des Affaires étrangères Amintore Fanfani avait prise en accord avec le président de la République Giovanni Gronchi. Les lignes fondamentales de cette politique italienne – une relation transatlantique plus autonome, la recherche d'une influence plus étendue en Méditerranée et la politique des « mains libres » dans le domaine européen – furent peu appréciées par la France du Général. Par ailleurs, l'amorce d'une politique d'entente au niveau européen entre la France et l'Allemagne fut mal vécue par l'Italie qui, à partir de ce moment, se trouva en position inconfortable dans le club des fondateurs européens : trop « petite » pour être la dernière des « Grands » ; trop « grande » pour être la première des « petits ». Une autre raison empêcha la naissance d'une relation confiante avec l'Italie. En apparence du moins, de Gaulle était revenu au pouvoir contre la République des partis. La constitution de la Ve République fut notamment envisagée comme le dépassement de la IVe, construite à l'origine sur le rôle central des trois partis de masse. Au même moment, en Italie, les partis politiques étaient en train d'asseoir leur rôle central dans le système institutionnel. Aussi le retour au pouvoir du Général fut-il interprété – surtout par la gauche, et non uniquement par la gauche communiste – comme une atteinte à la démocratie et comme une sorte de « contre-modèle » dont il fallait se défendre. Néanmoins, de Gaulle suscita une certaine estime chez quelques hommes politiques italiens bien au-delà des rangs de la droite anti-système. Certains secteurs du monde laïque et démocrate-chrétien de même que des hommes comme Randolfo Pacciardi et Edgardo Sogno perçurent dans son exemple une voie possible pour l'évolution du système politique italien. D'autres, comme le maire de Florence et très catholique Giorgio La Pira, devinèrent en lui un leader international capable de faire évoluer le cadre du bipolarisme qu'ils détestaient. Il fallut toutefois attendre la chute du mur de Berlin et, plus particulièrement, la fin de la République des partis pour trouver en Italie une appréciation plus équilibrée et équitable de la figure du général de Gaulle.

Gaetano QUAGLIARIELLO

• *Voir aussi* : Coup d'État ; Europe ; GPRF (œuvre extérieure du) ; Politique étrangère ; Vatican

Bibl. : Roberto Chiarini, « La fortuna del gollismo in Italia. Le suggestioni di una « Seconda Repubblica », *Storia Contemporanea*, année XXV, n° 2, avril 1994, p. 173-220 • *De Gaulle et l'Italie*, actes du colloque organisé à Rome, 1er-3 mars 1990, par l'École française de Rome et la Fondation nationale des sciences politiques en collaboration avec l'Association Italia-Francia et l'Institut Charles-de-Gaulle, Rome, École française de Rome, 1997 • Gaetano Quagliariello, « Il de Gaulle secondo La Pira », dans Pier Luigi Ballini (éd.), *Giorgio La Pira e la Francia*, Florence-Milan, Giunti, 2005, p. 47-76.

J comme Justice

« Justice. Cela veut dire d'abord : que chacun ait sa chance dès le départ. [...] La justice c'est ensuite la transformation du régime économique et social [...]. La justice c'est encore la promotion des femmes [...]. La justice c'est aussi la protection des faibles et la sécurité pour les personnes âgées. La justice, c'est enfin, dans l'ordre humain, l'accession de tous, non seulement au bien-être mais à la culture et à la liberté sociale et économique. »

De Gaulle, Brouillon d'un manifeste de politique générale, fin 1966, *Lettres, notes et carnets.*

JACQUINOT, Louis (1894-1993). – La carrière politique de Louis Jacquinot est marquée par la longévité et par la fidélité. Né en 1894 à Gondrecourt (Meuse), il meurt, presque centenaire, en 1993. Toute sa vie, il demeure attaché à sa « petite patrie ». Cofondateur du journal *Les Lorrains de Paris*, il ne cesse de représenter la Meuse comme député de 1932 à 1973. Après avoir combattu en 1916-1918, il s'inscrit au barreau de Paris. Il est élu sous l'égide de l'Alliance démocratique (AD) en 1932. Il quitte l'AD en 1938 car anti-munichois, comme Paul Reynaud. Celui-ci le nomme sous-secrétaire d'État dans le ministère qu'il forme en mars 1940. Jacquinot n'y a pas côtoyé le colonel de Gaulle, car il quitte la fonction le 10 mai pour partir au front. Gravement blessé, il ne se trouve pas à Vichy le 10 juillet 1940.

Assez vite, il entre en résistance et fait passer des renseignements à Londres. Arrêté, il s'échappe et finit par gagner Londres, puis suit de Gaulle à Alger. Le chef de la Résistance charge ce « député modéré » [*MG*] de la Marine dès 1943, et le maintient à ce poste au sein du GPRF (Gouvernement provisoire de la République française). Jacquinot œuvre alors à la renaissance matérielle de la flotte française et épure la marine des officiers indésirables. Il se réclame en 1945 du groupement des résistants de l'Alliance démocratique, puis du PRL (Parti républicain de la liberté). Élu en 1945 sur une liste gaulliste, il rejoint les indépendants aux élections de juin 1946. Plusieurs fois ministre sous la IVe République, il ne se rallie pas au RPF.

Lorsque de Gaulle forme son gouvernement le 1er juin 1958, il nomme Jacquinot ministre d'État, comme il l'avait fait en novembre 1945. Aux législatives de novembre 1958, Jacquinot se présente sous l'étiquette de l'UNR (Union pour la nouvelle République) et reste désormais attaché au parti gaulliste. Debré le maintient dans ses fonctions de ministre d'État, puis Pompidou lui confie l'Outre-Mer. Cette charge ministérielle l'amène à accompagner le chef de l'État dans nombre de ses voyages : ces occasions rapprochent un peu plus les deux hommes.

Louis Jacquinot s'avère moins un homme d'appareil du gaullisme qu'un fidèle du Général. Une lettre datée de janvier 1967 montre les liens exceptionnels tissés entre les deux hommes. De Gaulle n'écrit-il pas à Jacquinot : « Voici pour moi une très bonne occasion de vous redire que je demeure très profondément fidèle à tout ce qui nous a rapprochés au plus fort du drame national, mais aussi dans notre action au service de notre pays », et l'épistolier n'achève-t-il pas par un triple témoignage d'« amitié », d'« estime » et même d'« affection » ?

Grand officier de la Légion d'honneur, décoré de la croix de guerre 1914-1918 et de 1939-1945, médaillé de la Résistance, Louis Jacquinot, « modéré » d'origine, a d'abord été un adepte du chef de la Résistance avant de devenir un gaulliste authentique, présidant le mouvement dans son département et servant le fondateur de la Ve République. Rosemonde SANSON

• *Voir aussi :* Alliance démocratique ; CNI ; Ministres, sociologie des ; PRL ; UNR

Bibl. : Jérôme Pozzi, « Les Lorrains de Paris dans l'entre-deux-guerres (1919-1939), un enjeu politique », *Annales de l'Est*, n° 2, 2004 • Rosemonde Sanson, « L'Alliance démocratique », dans René Rémond et Janine Bourdin, *La France et les Français en 1938-1939*, Paris, PFNSP, 1978 • Frédéric Schwindt, « L. Jacquinot », dans Bernard Lachaise (dir.), *Dictionnaire des gaullistes. Du RPF à l'UNR 1947-1959*, Paris, Honoré Champion, à paraître en 2007.

JANOT, Raymond (1917-2000). – Auditeur au Conseil d'État en 1946, il fut l'année suivante chargé de mission à la présidence de la République pour les affaires juridiques où il étudia pour Vincent Auriol les problèmes constitutionnels et les questions de défense qu'il devait suivre ensuite au secrétariat général permanent de la Défense nationale, avant de diriger le cabinet de Jean Letourneau, ministre chargé des Relations avec les États associés (Indochine). En 1956, il retourne au Conseil d'État, où il exerce les fonctions de commissaire du gouvernement jusqu'en juin 1958. Il a raconté, lors d'un de ces colloques universitaires qu'il aimait fréquenter, dans quelles circonstances Georges Pompidou, qui avait été son collègue au Conseil d'État et auquel il avait fait part de ses idées de réforme constitutionnelle, lui demanda de les exposer au Général qui allait être nommé président du Conseil.

À ses différents postes, l'expérience de la IVe République lui avait révélé que, par suite des empiètements du législateur sur les prérogatives de l'exécutif, le gouvernement ne pouvait guère prendre par décret de mesures qui ne remettent pas en cause des dispositions législatives. Il était donc nécessaire de recourir continuellement au Parlement. Pour libérer l'action gouvernementale de ces contraintes, la solution consistait à limiter le domaine de la loi aux matières fondamentales, c'est-à-dire aux principes, et d'attribuer leur mise en œuvre exclusivement au pouvoir réglementaire. Ce dispositif, qui fut à l'origine des articles 34 et 37 de la Constitution, parut révolutionnaire dans la mesure où il bousculait le dogme de la souveraineté parlementaire, mais la « révolution » devait bientôt tourner court car l'existence d'une majorité disciplinée la rendait inutile.

Raymond Janot fut nommé conseiller technique au cabinet du général de Gaulle à Matignon le 2 juin 1958. Il joua un rôle de premier plan au sein du groupe de travail qui préparait, sous la direction de Michel Debré, le projet de Constitution et il le défendit comme commissaire du gouvernement devant le Comité consultatif constitutionnel, puis devant l'assemblée générale du Conseil d'État. Après son entrée à l'Élysée, le général de Gaulle le nomma secrétaire général pour la Communauté africaine et malgache, puis, en 1960, directeur général de la Radiotélévision française, fonction qu'il quitta en 1962 pour retourner au Conseil d'État. Il devait présider ensuite la commission centrale d'intégration des fonctionnaires d'Algérie. Admis à la retraite, il siégea à la tête du conseil régional de Bourgogne de 1989 à 1992. Pierre AVRIL

• *Voir aussi :* Constitution

Bibl. : Raymond Janot et François Sauvadet, *Un itinéraire vers l'essentiel*, Dijon, Les éditions du Bien public, 1991 • Comité national chargé de la publication des travaux préparatoires des institutions de la Ve République, *Documents pour servir à l'histoire de l'élaboration de la Constitution du 4 octobre 1958*, Paris, La Documentation française, 5 vol., 1987-2001 • Didier Maus et Olivier Passelecq (dir.), *Témoignages sur l'écriture de la Constitution – autour de Raymond Janot*, Paris, La Documentation française, 1997.

JEANNENEY, Jean-Marcel (né en 1910). – Fils de Jules Jeanneney, président du Sénat de 1932 à 1942, Jean-Marcel Jeanneney est diplômé de l'École libre des sciences politiques et agrégé d'économie. Il est nommé professeur à l'université de Grenoble en 1937. Son premier rapport, indirect, avec de Gaulle date de l'été 1942, lorsqu'il étudie avec son père la réponse à donner au chef de la France libre qui a demandé au président du Sénat de lui faire part de ses idées sur les institutions de l'après-guerre. Jean-Marcel Jeanneney rencontre le général de Gaulle à l'hôtel de Brienne à la fin d'août 1944, alors qu'il est le chef de cabinet de son père, ministre d'État dans le Gouvernement provisoire. Devenu doyen de la faculté de droit de Grenoble, Jeanneney retrouve le Général en 1947 lors de sa venue dans la capitale du Dauphiné, mais il décline l'offre de ses émissaires de prendre la tête de la liste RPF (Rassemblement du peuple français) pour les élections municipales ou de briguer un fauteuil de conseiller de la République.

À l'automne 1958, Jean-Marcel Jeanneney est nommé par Jacques Rueff dans le comité des experts chargé des réformes économiques et financières. En 1959, il devient ministre de l'Industrie dans le gouvernement de Michel Debré. Il obtient l'aval du chef de l'État pour mener à bien son plan de régression du secteur charbonnier aux conséquences sociales majeures. Le président le soutient également contre Antoine Pinay pour la revalorisation des salaires à EDF-GDF, et la création d'un second groupe pétrolier national, l'Union générale des pétroles, ancêtre d'Elf. Dans l'été 1959, Jeanneney a été le premier ministre du gouvernement à se prononcer, au sein du cabinet, en faveur de l'indépendance de l'Algérie. Le Général le nomme ambassadeur et haut représentant de la France à Alger en juillet 1962. Durant un semestre, Jean-Marcel Jeanneney ne rend compte qu'à l'Élysée. À son retour, de Gaulle lui confie la présidence d'une commission chargée de réformer la politique de coopération.

Jeanneney revient au gouvernement en 1966, au nouveau ministère des Affaires sociales issu de la fusion des ministères du Travail et de la Santé. Si le chef de l'État encourage ses orientations dans les secteurs de la santé et de l'emploi, il lui reproche son manque d'initiative dans le domaine de la participation. Il ne le rend pas responsable, cependant, du mouvement social du printemps 1968 qui se solde par la négociation de Grenelle. Après avoir battu Pierre Mendès France lors des élections législatives de juin 1968 à Grenoble, Jeanneney devient ministre d'État chargé de la réforme du Sénat et de la régionalisation. S'ouvre alors une période de relations privilégiées avec le chef de l'État pour la rédaction de la loi référendaire. Ayant conscience du revirement de l'opinion vis-à-vis du projet au début de 1969, Jeanneney propose au président d'endosser la responsabilité du référendum, ce que de Gaulle refuse. Après l'échec du 27 avril, Jean-Marcel Jeanneney rencontre une dernière fois de Gaulle à La Boisserie en décembre 1969. Ce dernier lui confie que l'action menée depuis son départ ne peut pas se réclamer de lui.

Éric Kocher-Marbœuf

• *Voir aussi :* Économie et finances ; Hauts fonctionnaires ; Réforme de l'État ; Sociale (politique) ; Rénovation

Bibl. : Jean-Marcel Jeanneney, *Une mémoire républicaine*, entretiens avec Jean Lacouture, Paris, Le Seuil, 1997 • Éric Kocher-Marbœuf, *Le Patricien et le Général, Jean-Marcel Jeanneney et Charles de Gaulle 1958-1969*, Paris, CHEFF, 2 vol., 2003.

JEANNENEY, Jules (1864-1957). – C'est à l'issue d'une longue carrière politique que la route de ce grand notable républicain croise, dans une improbable conjonction, celle de Charles de Gaulle. Rien ne prédisposait en effet cet avocat laïque, juriste rigoureux, ardent dreyfusard, élu en 1902 député de la Haute-Saône comme candidat du Bloc des gauches, puis président du conseil général de ce département en 1905 avant d'accéder au Sénat en 1909, à entrer en contact avec un général catholique, méfiant envers la démocratie parlementaire et pour qui la république n'a d'autre sens que celui d'État. Rien sauf le patriotisme intransigeant dont se réclame cet homme des marches de l'Est, d'une famille mi-lorraine mi-comtoise. C'est ce patriotisme qui le conduit à accepter en 1917 ses premières fonctions ministérielles, celles de sous-secrétaire d'État à la présidence du Conseil auprès de son ami Georges Clemenceau. La paix revenue, Jules Jeanneney regagne le Sénat dont il devient président en 1932. De cet observatoire privilégié, il s'alarme du déclin du régime et de la faiblesse française face aux coups de force de Hitler, en particulier lors des accords de Munich. Le 10 juillet 1940, il lui revient de présider l'Assemblée nationale qui donne les pleins pouvoirs à Philippe Pétain, qu'il respecte. Lui-même s'abstient lors du vote qui marque la fin de la IIIe République.

C'est en 1942 qu'intervient sa rupture ouverte avec Vichy dont il a dénoncé, avec Édouard Herriot, les violations de la légalité républicaine. Alors que les bureaux des Chambres ont été dissous en août et qu'il est réfugié à Grenoble, Jules Jeanneney répond à une lettre du général de Gaulle en se mettant à sa disposition et en esquissant, à sa demande, l'ébauche d'un futur gouvernement provisoire. Surtout, il rédige des *Réflexions constitutionnelles* dont le Général s'inspirera dans son discours de Bayeux en proposant une réforme des institutions qui renforcerait le pouvoir exécutif, le chef de l'État devant être élu par un collège élargi, le droit de dissolution restauré, les conditions de renversement du gouvernement par la Chambre rigoureusement réglementées, cependant que le Sénat pourrait inclure, outre les représentants des collectivités locales, ceux des autres forces vives de la nation et perdrait ainsi son pouvoir législatif et la possibilité de renverser le gouvernement.

En septembre 1944, Jules Jeanneney, bien qu'octogénaire, accepte pour la seconde fois de sa vie d'entrer dans un gouvernement, comme ministre d'État du général de Gaulle, chargé de la mise en place des futures institutions. Il abandonne ces fonctions après la réunion de l'Assemblée constituante le 6 novembre 1945.

Gisèle et Serge BERSTEIN

• *Voir aussi :* Constitutionnelles (conceptions) ; Discours de Bayeux ; GPRF ; Sénat

Bibl. : Françoise Decaumont (dir.), *Le Discours de Bayeux hier et aujourd'hui*, Paris, Economica-Presses universitaires d'Aix-Marseille, 1991 • Jules Jeanneney, *Journal politique (septembre 1939-juillet 1942)*, édition établie, présentée et annotée par Jean-Noël Jeanneney, Paris, Armand Colin, 1972 • Jean-Marcel Jeanneney, *« La vie politique de Jules Jeanneney »*, *Bulletin de la SALSA de la Haute-Saône*, nouvelle série, n° 23, 1991.

JEUNESSE. – Aux yeux du général de Gaulle, « la jeunesse » est moins une réalité sociologique qu'une sorte de force qui va. Aux jeunes, Charles de Gaulle entend assigner une mission : prendre part à la « rénovation nationale », comme il l'évoque dans son message du 18 mars 1950 au congrès des étudiants du RPF (Rassemblement du peuple français). Évoquant, le 4 septembre 1958, « le goût du progrès et la passion des réussites techniques », il affirme qu'ils se font jour « d'abord dans notre jeunesse ».

Sur des questions plus concrètes règne, en revanche, un certain silence. Par exemple, de Gaulle ne se prononce jamais sur l'abaissement de la majorité électorale : il y est vraisemblablement défavorable. Plusieurs fois, il confie à ses proches que « la jeunesse [n'a] pas bien voté », ni en 1958 ni en 1965. Si de Gaulle aime à s'adresser aux jeunes Français, un épisode vient contrecarrer cette pratique. Le 21 février 1959, le bal de l'École normale supérieure, auquel il rend visite selon la coutume, tourne mal : voulant serrer la main à l'un des normaliens rassemblés – qui s'avère être un jeune militant communiste –, il essuie un refus. Ce micro-événement, pour anecdotique qu'il soit, a de réelles conséquences : après cet affront, de Gaulle se refuse à rencontrer « la jeunesse », en France du moins. *A contrario*, chacun de ses voyages à l'étranger est ponctué d'une adresse aux jeunes du pays visité.

Le gaullisme ne suscite guère d'organisations de jeunesse conséquentes, même si les différentes formations gaullistes ont toutes leur branche cadette. Au sein du RPF, beaucoup s'engagent faute d'avoir pu, parce que trop jeunes, jouer un rôle dans la Résistance ; mais un grand nombre se montre déçu par son aspect bureaucratique et militaire, caractéristiques qui, d'après Lucien Neuwirth, déplaisent aussi au Général. Les Jeunes Républicains sociaux (JRS), principale organisation de jeunesse gaulliste durant la « traversée du désert », ne comptent qu'un millier d'adhérents. La période suivante (1958-1965) est tout aussi morose de ce point de vue : les Jeunes de l'UNR (JUNR) ne sont que quelques centaines. De surcroît, ces organisations connaissent tensions et clivages avec la direction aînée : l'UNR (Union pour la nouvelle République) se méfie des JUNR, trop « Algérie française ». Dans l'UJP (Union des jeunes pour le progrès) fondée en 1965, l'attachement s'adresse bien davantage au Général qu'à la direction du parti. Réseaux plus qu'organisations de masse, ces groupes sont surtout des viviers de futurs cadres gaullistes.

Quant aux organisations de jeunesse existantes, elles se montrent soupçonneuses à l'égard du Général. Les conditions de son retour au pouvoir après le 13 mai 1958 et le projet d'un ministère de la Jeunesse, conçu par André Malraux et de Gaulle lui-même, font naître leurs inquiétudes. Ainsi se constitue à l'été 1958 le Groupe d'études et de rencontres des organisations de jeunesse et d'éducation populaire (GEROJEP), fédération d'associations de toutes obédiences politiques et religieuses, redoutant que la jeunesse se retrouve à la merci de propagandes partisanes. Mais le pouvoir gaulliste, en la personne de Maurice Herzog, aplanit rapidement les craintes initiales et distribue des subventions : en 1961, la loi-programme quinquennale octroie 1,4 milliard de francs à l'équipement sportif et socio-éducatif, une somme inédite en ce domaine.

Les relations de De Gaulle avec l'Union nationale des étudiants de France (UNEF), dont on connaît l'engagement pendant la guerre d'Algérie, sont houleuses : de Gaulle oppose son veto à la présence de Georges Danton, son président, lors de la première réunion du Haut Comité de la Jeunesse et, en juin 1960, la subvention accordée à l'UNEF est supprimée au profit de la Fédération des étudiants de France (FNEF), tout juste créée pour faire pièce au syndicat majoritaire. Ces relations ne s'apaisent pas, tant en raison de l'opposition de l'UNEF à la réforme Fouchet qui crée en 1963 les collèges d'enseignement secondaire (CES), que, plus tard, du fait de la condescendance exprimée par de Gaulle à l'égard des « gamins » de Mai 1968...

Dès lors, dans quelle mesure les jeunes sont-ils attachés à la personne et à la politique du Général ? En termes générationnels, l'évolution est nette. Les Français libres sont de jeunes gens pour la plupart : leur âge moyen est de vingt-deux ans et demi, d'après Jean-François Muracciole. Beaucoup sont bacheliers (45 % contre 7 % pour l'ensemble de cette génération) et nombreux sont parmi eux les étudiants et élèves des Grandes Écoles. Animés par un ardent patriotisme, ils se reconnaissent surtout dans ce que Gilles Le Béguec appelle le gaullisme « méta-politique ». C'est le cas également pour bon nombre d'appelés du contingent en Algérie, à la génération suivante, mais pour des raisons fort différentes : de Gaulle est « Charlot la Quille », celui par qui doit venir la fin de la guerre. On sait combien a été important pour eux, lors du putsch d'avril 1961, le discours de De Gaulle entendu grâce au transistor ; mais la loyauté des appelés à cette occasion s'explique aussi par d'autres influences, comme celle des jeunes chrétiens sous les drapeaux ou encore des militants communistes.

Enfin, alors que, pour ceux qui avaient vingt ans en 1940, de Gaulle pouvait représenter l'anticonformisme et même la rébellion, le rapport est inversé pour la génération qui a vingt ans au cœur des années 1960. Dès 1965, les enquêtes d'opinion indiquent un décrochage entre les jeunes et de Gaulle. À la veille de Mai 68, le Général montre qu'il conçoit sinon un mépris, du moins une incompréhension à l'égard des étudiants en particulier : selon lui, on ne peut les « faire bouger » « que pour des revendications relatives aux restaurants universitaires ». Les premiers jours de Mai lui semblent autant d'« enfantillages », selon Alain Peyrefitte. Un peu plus tard, il est résolu à mater par la force ce qui lui paraît être une « insurrection ». Même si tous les jeunes d'alors ne partagent pas le rejet du gaullisme, il est sûr que le vieil homme n'engendre plus l'enthousiasme chez de jeunes esprits comme il avait pu le faire vingt-huit ans auparavant, dans de tout autres circonstances.

Ludivine Bantigny

• *Voir aussi* : Algérie (appelés en) ; Éducation ; Mai 68 ; Orateur inumbrante vespera ; UJP

Bibl. : *Charles de Gaulle et la jeunesse*, Paris, Plon-Fondation Charles-de-Gaulle, 2005 • François Audigier, *Génération gaulliste : l'Union des jeunes pour le progrès, une école de formation politique (1965-1975)*, Nancy, Presses universitaires de Nancy, 2005 • Jean-François Muracciole, *Les Enfants de la défaite. La Résistance, l'éducation et la culture*, Paris, Presses de la FNSP, 1998.

JOHNSON, Lyndon B. (1908-1973). – Du début à la fin de sa présidence, de 1963 à 1968, Lyndon B. Johnson fut engagé dans un curieux dialogue avec Charles de Gaulle. Tout débuta par de prétendues « incompréhensions » après leur première entrevue aux funérailles de Kennedy, en novembre 1963. Johnson fit savoir que de Gaulle avait accepté de revenir aux États-Unis au printemps suivant, pour une rencontre officielle. Le Général répondit qu'il n'avait pas compris leur échange de la même façon, mais que, bien sûr, Johnson serait le bienvenu à Paris. Le débat, qui passionna la presse, n'avait d'importance que parce qu'il montrait qu'aucun des deux chefs d'État ne voulait prendre la responsabilité d'une rencontre qui soulignerait un peu plus leurs profonds désaccords sur des sujets tels que le plan américain de « partage » des armes nucléaires, le malheureux projet de force nucléaire multilatérale (MLF, pour *multilateral force*), l'avenir de l'OTAN et, par-dessus tout, la guerre du Vietnam.

Les Américains avaient espéré que le projet MLF consoliderait l'alliance occidentale en donnant, en apparence au moins, un rôle à la RFA dans la planification nucléaire. De Gaulle s'opposa à ce projet dès l'origine. Par la suite, il se vanta de l'avoir torpillé. De son côté, Washington mit du temps à réaliser que le projet MLF n'avait pas été ruiné par l'obstination française mais par ses contradictions intrinsèques. Johnson finit par comprendre que de Gaulle ne changerait pas d'avis et que dépêcher à Paris un négociateur tel que le banquier John Mac Cloy ne ferait qu'empirer les choses.

Alors que l'on débattait encore du projet MLF, la France reconnut la République populaire de Chine. Survenant en même temps que plusieurs appels pour la neutralisation de l'Asie du Sud-Est, cette reconnaissance posa de sérieuses difficultés aux dirigeants américains : ils cherchaient désespérément du soutien dans un conflit vietnamien qui prenait de l'ampleur et qui les engloutirait finalement. À dire vrai, la position gaullienne sur le Vietnam constituait une critique de la guerre plus extrême que ce qu'un leader de gauche aurait jamais pu formuler. Mais le Général fit autre chose encore, qui limita la capacité américaine de financer le conflit sans augmenter les impôts. Il demanda à échanger les dollars détenus par le Trésor français contre de l'or. Le secrétaire au Trésor, Henry Fowler, ne mâcha pas ses mots lorsqu'il commenta l'attitude gaullienne en mai 1967, lors d'une réunion du Conseil national de sécurité : « Durant les cinq dernières années, les Français se sont efforcés d'utiliser les structures du Marché commun pour diminuer notre influence économique, politique et militaire. Cette politique en Europe affecte notre capacité d'action efficace dans d'autres parties du monde. »

Néanmoins, quand de Gaulle réclama que les bases de l'OTAN soient retirées du territoire français, Johnson demanda à ses conseillers de ne pas réagir publiquement. « Quand un homme vous demande de quitter sa maison, dit-il au secrétaire à la Défense Robert Mac Namara, vous ne discutez pas. Vous prenez votre chapeau et partez. » Habituellement peu connu pour ses qualités de diplomate, il refusa de se laisser entraîner dans un match bruyant avec le président français qui pourtant, d'une certaine façon, devenait son adversaire le plus difficile. Ce qui était, en soi, une forme de réussite pour de Gaulle.

Lloyd Gardner

• *Voir aussi* : États-Unis ; OTAN ; Politique étrangère ; Vietnam

Bibl. : Henry William Brands (éd.), *The Foreign*

Policies of Lyndon Johnson : Beyond Vietnam, Texas A & M University Press, 1999 • Lloyd Gardner, *Pay Any Price : Lyndon Johnson and the Wars for Vietnam*, Chicago, Ivan R. Dee, 1995 • Thomas Alan Schwartz, *Lyndon Johnson and Europe : In the Shadows of Vietnam*, Harvard, Harvard University Press, 2003.

JOURNAL OFFICIEL DE LA FRANCE LIBRE. – Le *Bulletin des Forces françaises libres* n° 1 est publié à Londres le 15 août 1940. Acte officiel de naissance et justification politique d'un mouvement militaire, il reproduit les textes fondateurs : appel du 18 Juin, imprimé pour la première fois, affiche *À tous les Français*, reconnaissance britannique, statut du personnel des forces françaises.

Ce numéro reste unique. Les ralliements coloniaux ayant permis la naissance d'une entité française libre à base territoriale que coiffe une première structure politique, le Conseil de défense de l'Empire, le *Journal officiel de la France libre, Lois et décrets* paraît pour la première fois le 20 janvier 1941. Dans une présentation analogue à celle du *JO* d'avant l'armistice, il reprend les textes fondateurs en y adjoignant, malgré l'interdiction britannique, le manifeste et la déclaration organique signés par de Gaulle à Brazzaville qui affirment l'illégitimité et l'inconstitutionnalité du gouvernement de Vichy, annoncent la création d'une autorité centrale provisoire assumant « la direction de l'effort français dans la guerre » et rappellent que « la Constitution [de la République] demeure légalement en vigueur ».

Pour René Cassin, bientôt commissaire à la Justice du Comité national français et responsable du *Journal officiel,* celui-ci doit assurer la continuité juridique de la France républicaine ; rétrospectivement, il est clair qu'il atteste tout autant la volonté d'édifier une structure politique faisant pièce, dans le respect de la légalité républicaine, au gouvernement de Vichy. Il est un symbole. En juillet 1942, il est rebaptisé *Journal officiel de la France combattante* pour tenir compte de l'union de la France libre et de la Résistance. Du 20 janvier 1941 au 16 septembre 1943, ses 34 numéros rendent publics 59 ordonnances, les décrets et arrêtés d'intérêt général et la situation mensuelle de la Caisse de la France libre. Ils jalonnent la vie institutionnelle et administrative du mouvement.

La formation à Alger le 3 juin 1943 du CFLN (Comité français de la Libération nationale) entraîne un changement capital des symboles et des formes. L'ordonnance constitutive du CFLN est promulguée le 10 juin dans le *Journal officiel de la République française. Soixantième-quinzième année. N° 1.* Ce titre témoigne de la reconstitution de l'État. Il marque à la fois la volonté de légalité et de continuité juridique avec la IIIe République et la mise entre parenthèses du régime de Vichy. Sa parution relève du chef du service législatif du secrétariat général du CFLN, Edgar Faure, sous la responsabilité du secrétaire général Louis Joxe. Plus de 400 ordonnances et de multiples décrets et arrêtés échelonnés jusqu'au 31 août 1944, ainsi que des suppléments donnant l'analyse des débats de l'Assemblée consultative provisoire, illustrent non seulement l'efficacité du gouvernement de guerre que préside de Gaulle et le renouveau des libertés publiques, mais aussi un immense effort législatif visant au rétablissement de la légalité républicaine, à la nullité ou à la validation des textes promulgués par Vichy et à la préparation de l'après-Libération, prélude méconnu à la IVe République.

Jean-Louis Crémieux-Brilhac

• *Voir aussi :* CFLN ; Comité national français ; Droit ; Légalité républicaine

Bibl. : Jean-Louis Crémieux-Brilhac, *La France libre : de l'appel du 18 juin à la Libération*, Paris, Gallimard, 1996 • *Le Journal officiel de la France libre*, Paris, Éditions des Journaux officiels, 2003 • *Le Journal officiel de la République française. Édition d'Alger. Juin 1943-août 1944,* Introduction d'Hervé Bastien, Paris, Éditions des Journaux officiels, 1996.

JOURNALISTES. – De Gaulle respectait la presse mais n'estimait guère les journalistes. Il respectait la puissance de la presse et, en bon libéral, la jugeait indispensable à la vie démocratique, mais reprochait aux journalistes, en général, d'être superficiels, enclins au dénigrement systématique et prisonniers de leur audience.

Les premiers contacts professionnels eurent lieu à l'occasion de la parution de *Vers l'armée de métier*, en 1934. Désireux de donner le maximum de publicité à des thèses qui n'avaient pas l'assentiment de l'état-major, de Gaulle se mit en rapport avec un certain nombre de directeurs et rédacteurs de la presse parisienne ou provinciale. Si la plupart restèrent sourds, quelques-uns réagirent de manière positive. André Lecomte dans *L'Aube*, Émile Buré dans *L'Ordre*, le général Duval dans *Le Journal des débats* rendirent compte du livre en termes élogieux ; de Gaulle inspira même les articles du rédacteur en chef de *L'Écho de Paris*, André Pironneau, qu'il appelle dans ses *Mémoires* son « amical collaborateur ». Ces journalistes, et bien d'autres, suivirent avec attention la carrière et les prises de position de ce jeune officier dont les idées devaient recevoir, avec la défaite de 1940, une si cruelle confirmation.

À Londres, de 1940 à 1944, des journalistes chevronnés ou débutants participèrent à l'aventure de la France libre. Toutefois, le quotidien *France*, fondé par Georges Gombault, ou l'équipe du programme « les Français parlent aux Français » n'étaient pas peuplés que de fervents gaullistes ; et ils étaient soumis à la censure anglaise. De Gaulle, qui fut à certains moments interdit d'antenne à la BBC par les autorités anglaises, chercha à développer les moyens d'émettre à partir des colonies d'Afrique pour s'assurer une relative autonomie radiophonique. Parallèlement, on sait le rôle joué par les feuilles clandestines de la Résistance dans la construction du personnage historique et la légitimitation politique du Général. Celui-ci refusa pourtant de cautionner les ordonnances de 1944 qui, à ses yeux, consacraient la mainmise des vieux partis sur les journaux. Il n'intervint pas non plus directement dans les bouleversements qui affectèrent le paysage de la presse écrite à la Libération, si ce n'est – ce qui n'est pas rien – qu'il joua un rôle décisif dans la création du *Monde*, destiné à remplacer *Le Temps* comme journal de référence des élites françaises et voix officieuse de la France à l'étranger.

De 1947 à 1958, rares étaient les journaux qui le soutenaient. Seules quelques individualités entretenaient la flamme : François Mauriac dans *Le Figaro*, Maurice Schumann dans *L'Aube*. Ce fut seulement au moment où la crise algérienne précipita la fin de la IVe République que le nom de De Gaulle réapparut dans la presse comme le recours possible. Le 19 mai 1958, les journalistes vinrent nombreux assister à sa conférence de presse du palais d'Orsay, au cours de laquelle il tenta de dissiper les inquiétudes que suscitait l'hypothèse de son retour au pouvoir.

Les conférences de presse devinrent les grand-messes de la Ve République, soigneusement préparées par le Général, dans lesquelles les représentants de la presse écrite, française ou internationale, se voyaient réduits au rôle de faire-valoir. De Gaulle a également beaucoup utilisé la radio et la télévision. Sa préférence accordée aux médias audiovisuels procédait de deux analyses. La première s'exprime dans cette affirmation : « Toute la presse est contre moi, j'ai la télévision et je la garde. » Ce sentiment ne correspondait qu'imparfaitement à la réalité. D'abord parce que de Gaulle comptait des appuis dans la presse écrite : Pierre Lazareff et son journal *France-Soir*, premier tirage national avec plus d'un million d'exemplaires, lui étaient acquis, et de grands éditorialistes, comme Raymond Aron ou François Mauriac, relayaient sa parole. Ensuite parce que même une partie de la presse d'opposition fit bloc derrière lui pendant les crises de la guerre d'Algérie, et cela malgré des saisies à répétition (elles furent beaucoup plus nombreuses sous le régime gaulliste que sous la IVe République).

L'autre raison qui explique la préférence de De Gaulle pour les médias audiovisuels était qu'ils offraient la possibilité d'un dialogue direct avec le peuple français, par-delà les intermédiaires indésirables que constituaient les journalistes de la presse écrite. Le Général n'eut aucun scrupule à s'en servir pour diffuser largement ses idées. Fidèle auditeur et téléspectateur (mais il était aussi un lecteur assidu de la presse, malgré le mépris ou la méfiance dans lesquels il la tenait), il entoura la radio et la télévision de soins jaloux et chargea ses ministres d'en faire le meilleur usage. Les statuts de 1959 puis de 1964 octroyèrent aux journalistes (une trentaine à la télévision, sur trois cent quarante permanents) un statut matériellement avantageux (les pigistes en bénéficiaient) mais les placèrent dans la dépendance absolue de la direction. À la RTF devenue ORTF, l'influence de l'État gaulliste resta déterminante dans le choix des hommes comme dans le contenu des programmes. Des cas avérés de censure et de propagande, dénoncés par l'opposition et occasionnant parfois des mouvements de protestation interne aussitôt sanctionnés, émaillèrent les années 1960. Le rôle du Service de liaison interministérielle pour l'information, mis en place par le ministre de l'Information Alain Peyrefitte (1962-1966), fut particulièrement critiqué. Aussi les événements de mai 1968 furent-ils l'occasion d'un long mouvement de grève qui se solda par le licenciement de trente-sept journalistes de télévision et de vingt-deux journalistes de radio, sans compter les mutations forcées et les mises en congé spécial.

Pour autant, il ne faudrait pas caricaturer l'état des médias ni le sort des journalistes sous la présidence de De Gaulle. Le monopole était entamé par l'existence de radios périphériques (Radio-Luxembourg ou Europe n° 1), au ton plus libre. Même à l'ORTF existait un espace d'expression et de création, en particulier dans les émissions de reportage et de débats (« Cinq colonnes à la une », « Faire face », « Face à face », « Zoom », « Caméra III »...). Par ailleurs, les effectifs des journalistes augmentèrent de plus d'un tiers entre 1960 et 1968 (de 8 000 à 12 000 titulaires de la carte professionnelle). En 1967, l'ORTF salariait six cent quinze journalistes statutaires, dont plus de la moitié travaillaient à la télévision ; mais les gros bataillons continueraient d'être fournis par la presse écrite, si décriée par le Général.

Laurent MARTIN

• *Voir aussi* : Information ; Presse ; Radio et télévision

Bibl. : Fabrice d'Almeida et Christian Delporte, *Histoire des médias en France de la Grande Guerre à nos jours*, Paris, Flammarion, 2003 • Jérôme Bourdon, *Haute fidélité, pouvoir et télévision, 1935-1994*, Paris, Le Seuil, 1994 • Michèle de Bussière (dir.), *Radio et télévision au temps des « événements d'Algérie », 1954-1962*, Paris, L'Harmattan, 1999.

JOUVE, Géraud (1901-1991). – Fils de cultivateurs du Cantal, agrégé d'allemand, Géraud Jouve aura été un des meilleurs professionnels de l'information de la France libre. Pensionnaire à l'Institut français de Berlin en 1930-1931, il assiste à la montée du nazisme. Il quitte l'enseignement pour devenir correspondant de l'agence Havas successivement à Budapest, Varsovie, Berlin (1937-1939) et, enfin, à Bucarest où le surprend l'armistice. Il se met à la disposition du général de Gaulle qui le désigne comme délégué de la France libre pour la Turquie et les Balkans. Il restera entre Ankara et Istanbul jusqu'à septembre 1942, chargé de tâches de contact, de renseignement et de propagande. Le 25 juillet 1941, il s'acquitte avec succès d'une mission secrète : aviser l'ambassadeur « russe » à Ankara, Sergueï Vinogradov, que, vu « la communauté d'intérêts de la France et de la Russie », le général de Gaulle souhaite établir un contact direct avec Moscou sans truchement britannique.

En janvier 1943, Jouve est nommé à la direction de Radio Brazzaville, émetteur local à ondes courtes dont de Gaulle a voulu faire une station internationale assurant son indépendance radiophonique. Même si le poste n'émettra à pleine puissance qu'à partir de juin 1943, il est déjà audible en France. Jouve en fait un instrument de combat qui mène, durant la « querelle des généraux », une lutte intransigeante contre la collaboration, les féodaux vichystes d'Afrique du Nord, le gouverneur général d'Afrique-Occidentale française Pierre Boisson, puis le projet d'AMGOT (*Allied Military Governement of Occupied Territories*).

La Libération approchant, de Gaulle et le commissaire à l'Information Henri Bonnet entendent assurer au CFLN (Comité français de la Libération nationale) la maîtrise des sources d'information françaises et disposer d'une agence de presse qui reprenne la place mondiale d'Havas. En mars 1944, l'agence gouvernementale de presse d'Alger, France-Afrique, restée depuis 1941 sous la direction de Jean-Louis Bret, et l'Agence française indépendante (AFI) de Londres, créée en 1940 par Pierre Bourdan en marge de la France libre, doivent laisser place à l'Agence française de presse (AFP), que Jouve est appelé à diriger. Tenant de l'unification, aussi fervent et dévoué à de Gaulle qu'attaché à la liberté de l'information, il gère avec peine la crise que provoque une fusion autoritaire. L'ordonnance du 22 juin 1944 confère à l'AFP le monopole de l'information sur le territoire métropolitain au cours de la Libération. De retour à Paris, Jouve prend sur lui de laisser la direction de l'agence au journaliste résistant Claude Martial pour assumer la seule direction des services politiques.

En décembre 1944, jugeant « soldatesque » la conception de l'information de De Gaulle, il renonce au journalisme et s'engage en politique. De 1946 à 1951, il est député socialiste du Cantal, très actif en matière de politique de l'information. Non réélu, il entame une carrière diplomatique. Ambassadeur de France en Finlande de 1955 à 1960, il est ensuite, jusqu'à sa retraite en 1966, délégué en France du haut-commissaire des Nations unies pour les réfugiés. Jean-Louis Crémieux-Brilhac

• *Voir aussi* : BBC ; Diplomates ; Information

Bibl. : Pierre Frédérix, *De l'agence d'informations Havas à l'Agence France Presse. Un siècle de chasse aux nouvelles*, Paris, Flammarion, 1959 • Géraud Jouve, *La Remontée de Munich à Brazzaville*, Paris, Éditions du Myrte, 1945 • Alain Plantey (dir.), *De Gaulle et les médias*, Colloque organisé par l'Institut Charles-de-Gaulle les 19, 20 et 21 novembre 1992, Paris, Plon, 1994.

JOUVE, Pierre Jean (1887-1976). – Le 6 octobre 1970, le Général écrit à Pierre Jean Jouve : « Détaché de tout, je le suis moins que jamais de vous », formule qui donne toute la mesure d'une relation de part et d'autre aussi fervente qu'admirative. Poète discret, voire effacé, Jouve n'a partagé l'aventure gaulliste que d'assez loin, mais sa vénération pour l'homme du 18 Juin, auquel il a consacré en 1945 un texte admirable, est une des plus pures et des plus profondes que de Gaulle ait suscitées parmi les écrivains contemporains. De son côté, le Général n'a cessé de témoigner à l'auteur altier et exigeant de *Sueur de sang* un intérêt que la trentaine de ses lettres à Jouve connues à ce jour – sur les soixante-dix-sept déposées à la Bibliothèque nationale – exprime on ne peut mieux.

Gaulliste originel, Jouve voit dans le chef de la France libre le « symbole d'une terre et d'une politique réunies par toute l'Histoire. À la façon dont le général de Gaulle disait "la France", on savait, écrit-il, qu'il s'agissait d'une réalité charnelle bien-aimée, avec sa mémoire et le monument de son travail civilisateur, avec son Idée et sa figure humaine, avec ses misères et aussi ses fautes »... Il reconnaît en lui l'héritier de Jeanne d'Arc et des conventionnels de 1793, qui a su restituer au mot « résistance » toute sa valeur spirituelle, « sa puissance souveraine de continuité et d'espérance ». Un personnage qui, au-delà du soldat et du chef d'État, est aussi « un homme de courtoisie, un connaisseur de l'art, un admirable écrivain », finalement « trop grand pour la France du temps », constatera-t-il à sa mort.

Lecteur fidèle de ses textes poétiques, le Général répond à chacun de ses envois depuis 1945 avec une attention appuyée. En 1962, il lui écrit admirer « par-dessus tout cette ironie, cette désinvolture ». Après avoir lu les « si beaux vers de *Moires* », l'année suivante, il lui déclare : « Votre poésie est songe et profondeur ; il n'est que de s'y livrer. » Le 10 mars 1965, ayant « écouté et admiré les quatre « phrases » de *Ténèbre*, le Général interroge : « Quel est ce monde sombre où leur harmonie entraîne ? Le nôtre ou bien l'autre ? » Ce qu'il apprécie chez Jouve, il le révèle en quelques mots dans une autre lettre, le 18 février 1966, à propos de *La Vierge de Paris*, où il lui assure que sa poésie « restera de son époque, bien qu'elle soit et demeure de toujours ».

À ce classique imprégné de modernité, le Général doit aussi de l'avoir initié à un autre grand poète : « Avec vous, je suis allé vers Hölderlin, lui confie-t-il en 1963. Par vous, j'ai cru voir la poésie de sa folie, surtout quand il chante la nature sur le clavier de ses vers, cassé comme celui de son piano. » Jean-Luc BARRÉ

• *Voir aussi* : Bibliothèque personnelle ; Intellectuels

Bibl. : Pierre Jean Jouve, « L'homme du 18 Juin », *Cahiers de l'Herne*, « Charles de Gaulle », 1985.

JOXE, Louis (1901-1991). – Agrégé d'histoire, proche du parti radical, Louis Joxe travaille à *L'Europe nouvelle* de Louise Weiss, avant d'être chargé de mission dans les cabinets de Pierre Cot (1932-1934), puis inspecteur des services étrangers de l'agence Havas-informations. Après sa mobilisation en 1939, il est affecté au commissariat général à l'Information, auprès de Giraudoux. Démobilisé en août 1940, il obtient un poste au lycée d'Alger.

Au début de l'année 1942, il prend des contacts en Algérie et en métropole et entre dans la Résistance. Il apporte son aide au débarquement anglo-américain du 8 novembre et, dès lors, participe à la résistance gaulliste au sein du mouvement Combat que dirige notamment René Capitant. Il travaille en même temps au service de l'Information du commissariat des Affaires intérieures, sous l'autorité de l'amiral Darlan. En janvier 1943, après l'assassinat de ce dernier, il est envoyé en relégation à Constantine sur ordre de Giraud. Il est rappelé à Alger en mars, sur la suggestion de Jean Monnet qui dirige la mission d'équipement par les Américains de l'armée d'Afrique, et qui le charge de la propagande. L'arrivée de De Gaulle et la création du Comité français de la Libération nationale (CFLN), le 3 juin, orientent définitivement sa carrière. Louis Joxe devient le secrétaire du CFLN : sa connaissance du milieu algérois et la solidité de ses convictions démocratiques comptent davantage dans ce choix que sa participation à la Résistance gaulliste. Il partage d'ailleurs ses fonctions avec un Français libre de Londres, Raymond Offroy. Il doit faire le lien entre le CFLN, puis le Gouvernement provisoire de la République française (GPRF), et les différentes administrations, préparer l'ordre du jour et les comptes rendus des réunions des commissaires, diriger la publication des textes dans le *Journal officiel*. Il pense que sa présence aux réunions du CFLN est nécessaire pour plus d'efficacité : de Gaulle a confiance en lui et accepte cette requête qui le surprend d'abord (dorénavant, les secrétaires généraux de l'Élysée seront présents au Conseil des ministres). Cet ensemble de tâches le met au cœur de la machine administrative vouée à la reconstruction de l'État et lui permet de vivre dans la proximité du Général et du gaullisme. À la demande du président du GPRF, Joxe garde son poste après le 20 janvier 1946.

Puis il entame une carrière de diplomate : directeur général des Relations culturelles en 1947, ambassadeur à Moscou en 1952, à Bonn en 1955, il rejoint l'administration centrale du Quai d'Orsay quelques mois plus tard avec les fonctions de secrétaire général. Au retour du général de Gaulle aux affaires, Michel Debré lui demande de rejoindre Matignon en 1959 comme secrétaire d'État, avant de le nommer ministre de l'Éducation nationale en janvier 1960. De Gaulle a conservé sa confiance à Joxe qui l'a servi loyalement et avec qui il a gardé des liens pendant sa traversée du désert (Joxe n'a pas adhéré au RPF). Aussi le 22 novembre 1960 le chef de l'État le nomme-t-il ministre d'État chargé des Affaires algériennes. Joxe dépend directement de l'Élysée et non de Matignon ; l'administration qui assure les liens entre l'Élysée, le gouvernement et l'Algérie est restructurée, et le Premier ministre est en fait dessaisi de cette question essentielle que le Général entend régler selon ses vues. Au moment du putsch des généraux, Joxe ne marchande ni son courage ni sa disponibilité pour un retour rapide à l'ordre. Favorable à la décolonisation, discret et d'une grande souplesse, il peut remplir la charge difficile de la négociation avec le FLN. Il s'avère un négociateur habile, respectueux et patient – trop parfois aux yeux de De Gaulle qui lui demande, par exemple, de rompre le 13 juin 1961, après vingt-quatre jours de conversation à Évian. Toutes les rencontres officielles ou secrètes avec les représentants du FLN sont décidées en accord avec de Gaulle, dont le conseiller technique pour les Affaires algériennes, Bernard Tricot, membre de la délégation, est considéré comme étant « l'œil de l'Élysée ». Les projets d'intervention du ministre et de l'ensemble de la délégation, de même que les comptes rendus des séances sont envoyés quotidiennement à l'Élysée. Si Joxe est souvent reçu par le chef de l'État, à Paris ou même à Colombey, Debré est régulièrement averti de la progression de la négociation. Après la signature des accords d'Évian, le 18 mars 1962, le ministère est maintenu jusqu'à la fin de l'année. Il faut régler la difficile question du rapatriement des pieds-noirs et des harkis. Louis Joxe a cru que les accords seraient respectés par le gouvernement algérien. Préoccupé par les drames humains qui se développent en Algérie, il applique la politique décidée par le chef de l'État : en coopération avec le ministre des Armées Pierre Messmer et l'ambassadeur et haut représentant en Algérie, Jean-Marcel Jeanneney, il intervient auprès des autorités algériennes pour tenter de faire cesser les massacres de harkis et faciliter leur accueil en France.

Cette période constitue le temps fort de la carrière de Louis Joxe. Il est nommé ensuite ministre d'État chargé de la Réforme administrative (décembre 1962-avril 1967), domaine vers lequel ses compétences et son goût le portent peu. Député UDR du Rhône de 1967 à 1977, il devient ministre de la Justice en 1967-1968. En mai 1968, il lui revient de faire l'intérim du Premier ministre pendant que celui-ci est en Afghanistan. Il ne comprend pas le mouvement étudiant. Georges Pompidou ne le reprend pas lors du remaniement ministériel du 31 mai. Proche des gaullistes de gauche, mais surtout d'une fidélité indéfectible à la personne du Général, Louis Joxe participe, avec René Capitant, Louis Vallon et Pierre Messmer, à la création du club Présence du gaullisme. En 1982, il publie ses Mémoires, *Victoires sur la nuit, mémoires 1940-1946*.

Chantal MORELLE

• *Voir aussi* : Algérie (guerre d') ; CFLN ; FLN ; GPRF ; Harkis

Bibl. : Chantal Morelle, « Les pouvoirs publics français et le rapatriement des harkis », *Vingtième siècle, Revue d'histoire*, n° 83, juillet-septembre 2004, p. 109-119 • Id., « Michel Debré et l'Algérie », dans Serge Berstein, Pierre Milza et Jean-François Sirinelli (dir.), *Michel Debré, Premier ministre*, Paris, PUF, 2005 • Chantal Morelle et Maurice Vaïsse, « Le dossier secret des accords d'Évian », *L'Histoire*, n° 231, avril 1999, p. 48-52.

JUIN, Alphonse (1888-1967). – Né à Bône dans le département français du Constantinois, en Algérie, Alphonse Juin entre à l'École spéciale militaire de Saint-Cyr en 1910 dont il sortira major. Au cours de ces deux ans de formation, placés sous le sceau d'un ardent patriotisme, il fait la connaissance d'un autre cadet de sa promotion : Charles de Gaulle. Quelles que soient les vicissitudes de leurs trajectoires respectives, leurs relations conserveront toujours la marque de cette camaraderie, à commencer par le tutoiement.

Les deux hommes connaissent des carrières militaires fort distinctes. Juin choisit la « coloniale » au Maroc tandis que de Gaulle opte pour l'infanterie métropolitaine. Ils se retrouvent néanmoins dans le creuset commun que forme la « génération du feu ». Le capitaine Juin se bat sur le front avec ses tirailleurs marocains et, à la fin de l'année 1918, sert à la mission militaire française auprès de l'armée américaine.

« Colonial », Juin le reste puisqu'il retourne bientôt au Maroc. Très proche collaborateur du charismatique proconsul de France dans le royaume chérifien, le maréchal Lyautey, il le suit lors de son exil métropolitain en 1925. Juin fait alors son entrée dans le monde des états-majors et se forme auprès de grands patrons à la pratique délicate des rapports politico-militaires. Chef du cabinet militaire du résident général au Maroc, de 1929 à 1933, il officie ensuite auprès de son successeur, le général Noguès. Alphonse Juin est pressenti pour être un des chefs militaires de demain. Il est nommé général de brigade dès décembre 1938 alors que de Gaulle doit attendre le 1er juin 1940. Durant l'entre-deux-guerres, les deux hommes n'auront pas entretenu de relations particulièrement suivies.

Fait prisonnier à Lille le 29 mai 1940, après une héroïque résistance, il est libéré le 15 juin 1941 en vertu des protocoles de Paris. Tandis que de Gaulle mène la lutte à la tête de la France libre, Juin, général d'armée depuis le 25 décembre 1942, occupe des postes clés au service du gouvernement de Vichy. Ainsi en décembre 1941 dirige-t-il la délégation militaire qui négocie à Berlin, avec Goering, le renforcement des moyens déployés en Afrique du Nord. Surtout, en novembre 1942, alors qu'il est commandant en chef des forces terrestres, aériennes et des éléments maritimes de défense du littoral en Afrique du Nord, il n'empêche pas les troupes françaises d'ouvrir le feu sur les Alliés qui débarquent et laisse les Allemands occuper la Tunisie. Mais Juin commande ensuite le détachement d'armée française qui participe, aux côtés des Alliés, à la reconquête de la Tunisie.

De retour dans la chaudière d'Alger, au cours de l'été 1943, il est très attaqué pour son attitude en 1941-1942. Au demeurant, dans la rivalité de Gaulle-Giraud, Juin a d'abord manifesté, et ce malgré d'évidentes hésitations, une nette préférence pour le second auprès de qui il a servi avant guerre. Toutefois, les deux anciens camarades de Saint-Cyr se rapprochent rapidement. En effet, de Gaulle a besoin d'un chef militaire qui puisse être l'homme de la délicate réconciliation entre les Forces françaises libres et l'armée d'Afrique. Il sait pouvoir compter sur ce « Marocain », formé à l'école de Lyautey, suffisamment compromis avec Vichy pour lui être dévoué, et avec lequel il est lié sinon par l'amitié du moins par une cordiale estime mutuelle. Le Général protège donc avec vigilance son ancien camarade, et désormais subordonné, contre toutes les accusations. Surtout, en le nommant en août 1943 à la tête du corps expéditionnaire français en Italie, il lui offre une véritable chance de consécration militaire que celui-ci saisit avec brio. Juin devient alors le « vainqueur du Garigliano », celui qui a rendu son honneur à l'armée. Pour les soldats et officiers français, il est désormais le « patron » qui a ressoudé sur le terrain un corps déchiré depuis 1940. Auprès des Alliés, il se taille une popularité non négligeable dont de Gaulle sait tirer parti afin de modérer certaines de leurs attitudes à son égard.

D'août 1944 à mai 1947, Juin, en sa qualité de chef d'état-major général de la Défense nationale, occupe une position stratégique au cœur du centre décisionnel politico-militaire. Jusqu'à janvier 1946, ses relations avec de Gaulle sont placées sous le double sceau de la fidélité personnelle et de la convergence de vues en matière militaire. Pendant un an et demi, Juin aura apprécié aussi bien le style de gouvernement et la politique de grandeur de son ancien condisciple que la méthode de travail qui les unit. Présent en Normandie et à Paris lors de la Libération, il est de nouveau aux côtés du Général à Bayeux le 16 juin 1946.

Après la démission de De Gaulle, Juin s'impose progressivement à la République parlementaire renaissante comme un personnage incontournable, un général hors hiérarchie. La IVe République le nomme, à sa demande, commissaire résident général au Maroc à l'été 1947. Il s'efforce d'y maintenir l'autorité de la France, ce qui n'est pas pour déplaire à de Gaulle. Inspecteur général des forces armées en 1951, il prend le commandement du secteur Centre-Europe de l'OTAN. Élevé en 1952 à la dignité de maréchal de France, Juin est bientôt uni de nouveau à de Gaulle pour « torpiller » une Communauté européenne de défense honnie. En 1955, le maréchal se bat encore, aux côtés du général Koenig et des gaullistes, contre la politique marocaine d'Edgar Faure.

Jusqu'à la fin de la IVe République dont il dénonce l'impuissance depuis des années, Juin s'engage totalement, mais « en soldat », dans le combat pour l'Algérie française. Il écrit en ce sens le 3 mai 1956 à de Gaulle pour qu'il lance un nouvel appel, cette fois « algérien », du 18 Juin ; ce dernier lui oppose une prudente fin de non-recevoir. Cela n'empêche pas le maréchal, deux ans plus tard, d'apporter au Général son entier soutien lors de son retour au pouvoir. Mais la question algérienne finit par les séparer profondément. Si Juin ne pactise pas avec les activistes, il se montre néanmoins publiquement compréhensif à leur égard, ce qui n'est pas du goût du Général qui le place, le 6 avril 1962, en position de retraite. Au moins le président de la République consent-il, à la mort du dernier maréchal de France, le 27 janvier 1967, à lui accorder des obsèques officielles.

Frédéric TURPIN

• *Voir aussi* : Armées de la Libération ; Militaires

Bibl. : Alphonse Juin, *Mémoires*, Paris, Fayard, 2 vol., 1959-1960 • Frédéric Turpin, « Aux confluents du politique et du militaire, le général Juin, chef d'état-major général de la Défense nationale (1944-1947) », *Revue historique des armées*, n° 227, 2002, p. 21-32 • Philippe Vial, « La Quatrième et son maréchal : un essai d'interprétation du comportement politique d'Alphonse Juin », dans Éric Duhamel, Olivier Forcade et Philippe Vial (dir.), *Militaires en République. 1870-1962*, Paris, Presses universitaires de la Sorbonne, 1999.

JULLIAN, Marcel (1922-2004). – Tout à la fois éditeur, écrivain, scénariste, producteur de cinéma, homme de radio et de télévision, Marcel Jullian fit preuve de talents multiples et d'un sens aigu de la vulgarisation. Né en 1922, il suit d'abord des études de lettres et entre très jeune dans la Résistance, ce qui lui vaut d'être arrêté et emprisonné par les Allemands. Il exerce ensuite divers métiers avant d'intégrer le monde de l'édition, secteur, expliquera-t-il, qui l'a subjugué car le pari y est permanent et le risque garanti.

Il est d'abord chargé de presse ; devient directeur littéraire aux éditions Amiot-Dumond en 1955, puis successivement P-DG de la Librairie académique Perrin en 1962, de Plon en 1967 et de Julliard en 1971. Il crée en 1978 sa propre maison d'édition, l'Atelier Marcel Jullian. C'est au titre de ses fonctions éditoriales qu'il eut l'occasion de côtoyer le général de Gaulle dont il était un fervent admirateur. Il lui consacre d'ailleurs plusieurs ouvrages : *L'Homme de 40*, en 1980, dans lequel il retrace les années obscures du Général avant de faire le récit de l'appel du 18 Juin, *La France à voix haute*, en 1994, portrait croisé de Georges Pompidou et de De Gaulle, et *De Gaulle, Pensées, répliques et anecdotes*, en 1994. Il publie également un livre sur *Madame de Gaulle* en 1981.

Ainsi qu'il le raconte dans *Mémoire buissonnière*, sa première rencontre avec de Gaulle eut lieu en 1958 à l'Élysée à propos d'une affaire de racket concernant l'édition grand format des *Mémoires de guerre* du Général. Elle sera suivie d'une autre entrevue en septembre 1968 au sujet, cette fois, de *La France et son armée*, publié chez Plon. Marcel Jullian est avant tout l'éditeur des *Discours et messages* du Général – cinq tomes parus chez Plon en 1970 – et celui des *Mémoires d'espoir*, publiés en 1970 et 1971. Ses entretiens en tête à tête avec de Gaulle lui laisseront « la sensation d'entrer dans un autre monde. Je respirais, explique-t-il, à nouveau l'air de la clandestinité ».

Homme de l'image autant que de l'écrit, Marcel Jullian s'est également beaucoup passionné pour le grand et le petit écran. Au cinéma, il est notamment un scénariste et dialoguiste à succès, et, à la télévision, le créateur de nombreuses séries télévisées. Premier président d'Antenne 2 (1975-1977), il lance le magazine littéraire « Apostrophes » ou encore l'émission culturelle grand public « Le Grand Échiquier ». Par sa passion de transmettre et par sa générosité, il a fait revivre les grands tournants de notre histoire et incarne la figure du passeur entre les œuvres et le grand public.

Rémy RIEFFEL

• *Voir aussi* : Daniel-Rops ; Éditeurs ; Goguel, François ; Intellectuels ; Orengo, Charles

Bibl. : Marcel Jullian, *L'Homme de 40*, Paris, Robert Laffont, 1980 • Id., *La France à voix haute. Le soldat et le normalien*, Paris, Fayard, 1994 • Id., *Mémoire buissonnière*, Paris, Albin Michel, t. 1, 2000.

JURIDICTIONS D'EXCEPTION. – Le crédit que Charles de Gaulle accorde aux juridictions d'exception pour rendre la justice dans des circonstances troublées est indéniable. Si en temps ordinaire la justice ordinaire suffit, des temps exceptionnels exigent une justice dérogatoire aux règles habituelles de procédure et de compétences, d'organisation et de fonctionnement des juridictions.

Circonstances. En sa qualité de chef du pouvoir exécutif, de Gaulle aura été, à deux moments essentiels, l'inspirateur et le signataire de textes instituant des juridictions d'exception. À la Libération tout d'abord, il défend la création en métropole de juridictions civiles d'exception destinées à faire pendant aux tribunaux militaires autour desquels était structurée (et se dépréciait) la justice à Alger. Par une ordonnance du 10 janvier 1944, il confie à dix-huit commissaires de la République la création de cours martiales dans les zones libérées afin de juger les actes de collaboration. Puis il signe des ordonnances instituant vingt-cinq cours de justice (26 juin 1944), des chambres civiques (26 août 1944) et, enfin, la Haute Cour de justice (18 novembre 1944). Parallèlement, il soutient l'instauration de commissions d'épuration dans la fonction publique, la magistrature, l'armée ou à l'adresse des élus (jurys d'honneur).

De Gaulle recourt ensuite aux juridictions d'exception, en tant que président de la République, au moment de la guerre d'Algérie. Il confie à plusieurs juridictions successives le soin de juger des actes qui auraient pu relever des juridictions ordinaires ou des tribunaux permanents des forces armées, eux-mêmes juridictions d'exception mais compétents pour les actes commis en temps de paix. Ainsi sont successivement institués le Haut Tribunal militaire (ordonnance du 27 avril 1961) et le Tribunal militaire spécial (ordonnance du 3 mai 1961) pour juger les crimes et délits commis contre la sûreté de l'État en relation avec les événements en Algérie. Le premier d'entre eux est supprimé le 26 mai 1962 et remplacé par la Cour militaire de justice, créée par l'ordonnance du 1er juin 1962. Ce texte sera annulé par le Conseil d'État le 19 octobre 1962 (arrêt Canal) mais validé ultérieurement par le Parlement. Quant à la Cour militaire de justice, elle sera finalement remplacée par la Cour de sûreté de l'État (loi du 15 janvier 1963), compétente pour tous crimes et délits d'atteinte à la sûreté de l'État. Elle est supprimée à l'arrivée du parti socialiste au pouvoir par la loi du 4 août 1981.

Les circonstances historiques et politiques, les crimes et délits définis, les personnes concernées, le fonctionnement et l'organisation des juridictions d'exception étaient fort différents à la Libération et lors de la guerre d'Algérie. À la Libération, il s'agissait d'ignorer les institutions du gouvernement de Vichy, et de combler rapidement le vide juridictionnel en métropole. Pendant la guerre d'Algérie, de Gaulle manifeste une véritable défiance à l'égard des magistrats ordinaires auxquels il reproche parfois leur manque de courage. En dépit de ces différences sensibles, l'institution de juridictions d'exception répond chez lui à des préoccupations et des principes communs.

Enjeux. Les juridictions d'exception sont au cœur d'incontestables enjeux politiques. Le premier d'entre eux est d'imposer et de restaurer l'autorité de l'État. À partir de 1943, il s'agit d'enrayer au plus vite les vengeances personnelles, les exécutions sommaires ou l'institution de tribunaux populaires informels aux méthodes souvent expéditives. Si de Gaulle estime qu'il est nécessaire que « la justice passe » afin de châtier les traîtres, il lui paraît essentiel que la légalité de la répression soit garantie. La justice est affaire d'État, nul particulier ne doit s'en emparer. L'enjeu est de taille. C'est en effet la maîtrise de l'organisation judiciaire qui affirme l'autorité du gouvernement de Charles de Gaulle sur le territoire métropolitain non seulement à l'égard du peuple mais aussi à l'égard des Alliés. Aussi de Gaulle habilite-t-il, dès janvier 1944, les commissaires de la République à créer des cours martiales destinées à incarner la justice de l'État républicain, et il n'hésite pas à retarder des procès attendus par la Résistance au risque de se voir reprocher lenteurs et hésitations. De même, il conçoit la création du tribunal de Nuremberg comme le moyen d'éviter l'exécution sommaire des responsables allemands. Près de vingt ans plus tard, l'extension des compétences des tribunaux militaires et la création de tribunaux d'exception pour juger les actes commis à l'occasion de la guerre d'Algérie sont également justifiées, à tort ou à raison, par la volonté d'enrayer actes de torture et exécutions sommaires ou encore l'exercice d'une justice privée. Les juridictions d'exception assurent ainsi, à ses yeux, une justice intermédiaire. Elles imposent, d'une part, une indispensable justice d'État, plus lente mais plus tempérée et plus conforme aux canons de la légalité républicaine que la justice privée. Elles répondent, d'autre part, plus rapidement et de façon plus exemplaire que la justice ordinaire, à la nécessité de juger sans faiblesse ceux qui ont commis des actes contre l'autorité et la sûreté de l'État républicain.

Adaptée aux circonstances, la justice d'exception l'est aussi, selon de Gaulle, à la spécificité des infractions commises et à la qualité de leurs auteurs. En 1944, les cours martiales sont créées pour juger des faits de collaboration ; de même les cours de justice et les chambres civiques sont-elles chargées d'apprécier l'état d'indignité nationale. Elles prononcent des sanctions spéciales telles que la privation des droits politiques, l'exclusion des emplois publics ou l'exil. Pour de Gaulle, ni les tribunaux militaires dépourvus d'expertise face à des actes essentiellement politiques, ni les juridictions ordinaires dont l'attitude de beaucoup des membres à l'égard du régime de Vichy demeurait douteuse, ne pouvaient donner satisfaction. Des considérations analogues président également, en avril et en mai 1961, à la création du Haut Tribunal militaire pour juger les généraux putschistes et à celle du Tribunal militaire spécial pour les autres exécutants ; de Gaulle ne se fie pas totalement aux tribunaux chargés normalement de juger les crimes contre la sûreté de l'État et d'assurer la discipline des armées.

Le souci de distinguer entre responsables et exécutants constitue une autre des justifications gaulliennes de la création des juridictions d'exception. Les formations de jugement doivent être adaptées au niveau de responsabilité politique ou militaire des auteurs des infractions. Cette préoccupation explique la répartition des compétences entre le Haut Tribunal militaire et le Tribunal militaire spécial en 1961 ; de même, elle justifiait la création à Alger, en octobre 1943, d'un tribunal militaire à vocation spéciale pour juger les crimes et délits commis, dans l'exercice de leurs fonctions, par les ministres et les hauts fonctionnaires du gouvernement de Vichy et, plus tard en métropole, la création de la Haute Cour de justice. Celle-ci était, pour de Gaulle, le moyen adéquat pour juger ceux qui, au gouvernement et aux postes les plus élevés, avaient été coupables d'intelligence avec l'ennemi et d'atteinte à la sûreté extérieure de l'État. La Haute Cour présente, à ses yeux, une « capacité politique » correspondant au caractère politique des actes commis : ni les tribunaux ordinaires, ni les cours de justice, ni les conseils de guerre n'auraient pu convenablement assumer ce rôle.

Pour faire face à des circonstances exceptionnelles, les juridictions d'exception doivent être organisées selon des modalités dérogatoires par rapport aux juridictions ordinaires. De Gaulle s'est essentiellement exprimé sur deux d'entre elles.

Modes dérogatoires. La première dérogation a trait à leur mode de création. Toutes, à l'exception de la dernière-née, sont instituées par une procédure autre que le vote parlementaire d'une loi ordinaire. À la Libération, de Gaulle est intervenu par voie d'ordonnance. Il le justifie expressément, à propos de la création de la Haute Cour de justice, en se référant aux « conditions juridiques exceptionnelles » de l'époque – à savoir l'absence de Parlement. Il en appelle alors aux pouvoirs publics ultérieurs pour rétablir la légalité formelle de la procédure de création de la Haute Cour, ce que fera plus tard l'Assemblée nationale. L'usage de procédures dérogatoires est encore plus significatif lors de la guerre d'Algérie. Le Haut Tribunal militaire et le Tribunal militaire spécial ont été créés par décision présidentielle prise en vertu des pouvoirs de crise conférés par la mise en vigueur de l'article 16 de la Constitution de 1958. Puis succède au premier d'entre eux la Cour militaire de justice instituée par une ordonnance du 1er juin 1962 en application de la loi référendaire du 13 avril 1962. Pour répondre à ceux qui s'émeuvent de tels procédés, de Gaulle invoque la volonté du peuple et la confiance que celui-ci lui a accordée. Finalement, seule la Cour de sûreté de l'État – de Gaulle y insistera – a été créée par une loi du Parlement, celle du 15 janvier 1963, et non par un texte issu d'une procédure législative dérogatoire.

La seconde dérogation sur laquelle de Gaulle s'est exprimé est l'absence de voies de recours contre les jugements rendus par certaines juridictions d'exception. C'est la Cour militaire de justice qui pose une nouvelle fois problème. Tout comme le Haut Tribunal militaire auquel elle succédait, cette cour pouvait prononcer la peine capitale sans autre recours possible que la grâce présidentielle. Il s'agissait d'éviter les recours systématiques en cassation dont faisaient parallèlement l'objet les jugements du Tribunal militaire spécial. Contestée par des prévenus condamnés à mort, l'ordonnance instituant la Cour sera annulée par le Conseil d'État pour violation des principes généraux du droit, notamment du droit au recours. De Gaulle réagira vivement en invoquant une nouvelle fois la volonté du peuple et en menaçant l'existence même du Conseil d'État.

Si de Gaulle a joué un rôle actif dans la création des juridictions d'exception, il entend toutefois respecter leur indépendance. Concernant par exemple la Haute Cour de justice, il déclare qu'une fois créée il s'est gardé « de tout ce qui eût pu, de mon chef, influencer les poursuites, les instructions, les jugements, m'abstenant de toute déposition et ne recevant aucune commission rogatoire » [*MG*]. Cela n'a pas exclu cependant d'autres formes d'action sur les juridictions d'exception. De Gaulle, notamment, n'a pas hésité à user de son pouvoir de création et de suppression des juridictions. Ainsi, lorsqu'en mars 1962 le Haut Tribunal militaire inflige la peine capitale au général Jouhaud et, quelques semaines plus tard, condamne à la réclusion criminelle à perpétuité le général Salan que de Gaulle considère pourtant comme le principal responsable de la rébellion ; ému d'un tel contraste, il remplace le Haut Tribunal par la Cour militaire de justice. Après l'annulation de l'ordonnance qui l'avait instituée, et sa validation par le législateur, celle-ci sera elle-même remplacée par la Cour de sûreté de l'État. Il reste que c'est le droit de grâce qui constitue le principal moyen d'intervention de De Gaulle dans la fonction juridictionnelle d'exception. Tant à la Libération que lors de la guerre d'Algérie, il y a amplement recouru. Il considérait qu'il était préférable de juger rapidement (volonté d'expiation ou d'exemplarité dans le cas de Pierre Pucheu), quitte à commettre des erreurs et à gracier ensuite. La grâce et la commutation des peines s'affirment alors non seulement comme un correctif qui comble, le cas échéant, l'absence de recours, mais aussi comme une forme de pardon (à l'égard des femmes, des enfants, de ceux qui ont agi au risque de leur vie), de réconciliation (« La France a besoin de tous ses fils » [*MG*]), ou de compassion (cas de Philippe Pétain).

Véronique Champeil-Desplats

• *Voir aussi :* Amnisties ; Droit ; Épuration ; Grâce ; OAS

Bibl. : Institut et Fondation Charles-de-Gaulle, *Charles de Gaulle et la Justice*, Paris, Cujas, 2002 • Peter Novick, *L'Épuration française*, Paris, Balland, 1985.

JUSTICE (1958-1969). – Pour être classique, le concept n'en est pas moins polysémique. *Lato sensu*, la justice s'identifie à un pouvoir public, suivant le principe de la séparation des pouvoirs. Elle peut également se décliner en autorités juridictionnelles, au sens de l'article 62 alinéa 2 de la Constitution de 1958 : juridictions judiciaires et juridictions administratives. Enfin, elle est un service public, rattaché au pouvoir exécutif, dont les membres bénéficient de garanties d'indépendance. Cependant, *stricto sensu*, la justice se limite aux juridictions judiciaires, regroupées par le titre VIII de la Constitution de 1958 sous la dénomination générique d'« autorité judiciaire », et aux juridictions administratives dont l'existence et les attributions ont valeur constitutionnelle, selon les « principes fondamentaux reconnus par les lois de la République », visés au préambule de la Constitution de 1946, confirmés en 1958 et explicités plus tard par le Conseil constitutionnel.

L'indépendance de l'autorité judiciaire était le cinquième principe, posé par la loi constitutionnelle du 3 juin 1958, que devait respecter le gouvernement du général de Gaulle dans l'exercice de son pouvoir constituant. Il a appartenu en 1958 à Michel Debré, garde des Sceaux, ministre de la Justice, d'en assurer la mise en œuvre, sous l'autorité du Général. « Je porte en moi depuis mes études le projet de restituer à la République une justice honorée et une grande magistrature », écrira-t-il plus tard dans ses Mémoires. Sa vision se concrétisera dans trois articles de la Constitution et trois ordonnances, qui ont posé les bases actuelles de l'institution judiciaire – soit la réforme la plus importante depuis la Révolution. Des intentions à la réalité, quel cheminement a été emprunté ?

La terminologie retenue dans la Constitution – « autorité judiciaire » – est déjà éclairante. D'origine administrative, elle emporte le refus, pis, la négation d'un pouvoir judiciaire distinct et autonome. Le fait que le président de la République nomme aux emplois civils et militaires de l'État (article 13 de la Constitution) justifie, d'un point de vue juridique, cette appréciation, formulée par le Général lors de sa conférence de presse du 31 janvier 1964 qui provoqua une controverse, selon laquelle il n'existe aucune autorité, ni ministérielle, ni civile, ni militaire, ni judiciaire qui ne soit conférée ou maintenue par le chef de l'État.

Aux termes d'une formulation inédite, le président de la République est promu garant de l'indépendance de l'autorité judiciaire (article 64 de la Constitution) ; il est assisté par un Conseil supérieur de la magistrature (CSM) renouvelé (article 65). Par ailleurs, le principe traditionnel de l'inamovibilité des magistrats du siège est consacré (article 64 *in fine*) ; un principe qui sera exceptionnellement suspendu pour une durée d'un mois par une décision présidentielle du 26 avril 1961, prise en application de l'article 16 de la Constitution au lendemain du putsch d'Alger. La mesure concernait les magistrats en fonction dans les départements algériens. Enfin, l'article 66 énonce, écho assourdi de l'*Habeas corpus* : « Nul ne peut être arbitrairement détenu. L'autorité judiciaire, gardienne de la liberté individuelle, assure le respect de ce principe dans les conditions prévues par la loi. »

Quant aux ordonnances du 22 décembre 1958, prises sur le fondement de l'article 92 de la Constitution, elles poursuivent un objectif ambitieux : un statut de la magistrature rénové, un déroulement de carrière réaménagé et une organisation territoriale rationalisée. Cette démarche sera altérée momentanément par la création de juridictions d'exception, à l'image du Haut Tribunal militaire, lors de la guerre d'Algérie. Véritable code de la magistrature, l'ordonnance 58-1270 du 22 décembre 1958, portant loi organique, en rénove le statut. Au prix d'une simplification, elle consacre le principe de l'unité du corps judiciaire entre les magistrats du siège et ceux du parquet ou du ministère public, placés sous l'autorité du garde des Sceaux. La hiérarchie y est alignée sur celle de la fonction publique et comporte désormais deux grades et une position hors hiérarchie pour les emplois les plus élevés : magistrats de la Cour de cassation, premiers présidents des cours d'appel, procureurs généraux près lesdites cours, etc. L'échelle des traitements est revalorisée afin de rendre la carrière attractive et surmonter une certaine désaffection des candidats. L'intention était louable mais devait s'avérer insuffisante à combler le retard d'une génération. La multiplication des voies latérales d'accès l'atteste. Le chiffre de 7 000 magistrats, aujourd'hui, correspond *grosso modo* à celui du Second Empire. Démarche conséquente, le souci de professionnalisation est à l'origine de la création du Centre national d'études judiciaires (CNEJ), devenu par la loi du 17 juillet 1970 l'École nationale de la magistrature (ENM).

Le souhait exprimé par de Gaulle d'un CSM dégagé de la politique est à l'origine de la modification de sa composition. Hier dépendant de l'Assemblée nationale, il le devient, à cet instant, du chef de l'État. Ses neuf membres sont nommés par le président de la République à partir d'une liste de noms établie par le bureau de la Cour de cassation, pour l'essentiel. Le chef de l'État continue de le présider, et le garde des Sceaux en est membre de droit. En définitive, le CSM de 1958 est étriqué autant que subordonné (il ignore les magistrats du parquet), tombant de Charybde en Scylla entre les mains de l'exécutif.

L'ordonnance 58-1273 du 22 décembre 1958 parachève la réforme de la magistrature en bouleversant son organisation territoriale qui résultait, pour une part importante, de la loi du 20 avril 1810. Dans chaque département, un tribunal de grande instance est créé, tribunal collégial de droit commun, tant au civil qu'au pénal ; dans le cadre de l'arrondissement, en principe, un tribunal d'instance à juge unique est mis en place. D'où la suppression respective de cent cinquante tribunaux d'arrondissement et de toutes les justices de paix. En revanche, les cours d'appel sont maintenues.

En ce qui concerne les juridictions administratives, une crise grave a été déclenchée par l'arrêt Canal rendu par le Conseil d'État le 19 octobre 1962, en pleine bataille référendaire relative à l'élection du président de la République. Un communiqué vengeur du Conseil des ministres dénonce le caractère d'une intervention dont il est clair qu'elle sort du domaine du contentieux administratif. C'est une usurpation du pouvoir consécutive à la politisation de la Haute Juridiction. Le chef de l'État s'opposera à la réintégration de membres du Conseil d'État élus députés en 1958 et battus au scrutin de 1962. Il confiera à Jean Rivero la présidence d'une commission de réflexion qui s'évertuera, en fait, à limiter les représailles annoncées. Le décret du 30 juillet 1963 se bornera, pour l'essentiel, à modifier le statut des membres du Conseil d'État en favorisant leur passage (ou brassage ?) entre les sections administratives et celle du contentieux.

Jean GICQUEL

• *Voir aussi* : Conseil d'État ; Ordonnances de 1958

Bibl. : Michel Debré, *Trois républiques pour une France. Mémoires*, Paris, Albin Michel, t. 2, 1988 • Jean Gicquel, « Le Conseil supérieur de la magistrature : une création continue de la République », dans *Mélanges Philippe Ardant*, Paris, Montchrestien, 1999 • Thierry Renoux, « Autorité judiciaire », dans Loïc Cadiet (dir.), *Dictionnaire de la justice*, Paris, PUF, 2004.

K comme Kipling

« Bien sûr cette combinaison politicienne prétend à grands cris qu'elle est la République. Ma parole, elle finit par le croire ! C'est un peu, révérence parler, ce qui se passe dans le livre célèbre de Kipling, où une certaine troupe se promène dans la jungle en disant : "Nous sommes les rois de la jungle parce que nous le disons." »

De Gaulle, Conférence de presse du 12 novembre 1947, *Discours et messages.*

KENNEDY, John Fitzgerald (1917-1963). – Entre Kennedy et de Gaulle, ce fut la mésentente cordiale. Les deux hommes ont exprimé l'un pour l'autre de l'admiration, du respect, de la déférence. Mais sur la question des relations franco-américaines, les divergences de vues l'ont emporté.

John Fitzgerald Kennedy accède à la présidence des États-Unis en 1961, à l'âge de quarante-trois ans. Il est le plus jeune des présidents élus. Son programme électoral sur le plan international est vague. Deux certitudes, toutefois, s'en dégagent : le monde est dangereux ; l'Union soviétique incarne le communisme envahissant, contraire aux idéaux démocratiques. La mission des États-Unis est de défendre la liberté, partout dans le monde, en Amérique latine comme dans l'Asie du Sud-Est ou au Moyen-Orient et, bien entendu, en Europe – qui demeure le centre des préoccupations américaines. À tout instant, le combat idéologique peut déboucher sur un conflit nucléaire.

De Gaulle ne connaît pas Kennedy. Peut-être aurait-il préféré que Nixon, le républicain, l'héritier d'Eisenhower, fût élu. Il est surpris par la jeunesse de ce « novice [...] encore un peu tâtonnant et foisonnant ». Kennedy, lui, sollicite les conseils de De Gaulle. C'est que le président des États-Unis admire le héros de la France libre, à ses yeux une figure légendaire. Parce qu'il ne comprend pas le français, son épouse Jacqueline, de lointaine origine française, ancienne étudiante de la Sorbonne, lui traduit des passages des *Mémoires de guerre*. À la Maison-Blanche, la France conserve sa réputation de nation cultivée, raffinée, traditionnellement amie des États-Unis. On comprend pourquoi la visite des Kennedy à Paris, du 31 mai au 2 juin 1961, est une réussite parfaite. L'accueil des Français est enthousiaste. Jacqueline est ovationnée, au point que son mari se présente, dans sa conférence de presse, comme « le type qui accompagne Jacqueline Kennedy ». En termes mesurés, de Gaulle décrit l'atmosphère : « Formant avec son épouse brillante et cultivée un couple rempli de charme, [il] reçoit un accueil sympathique au plus haut degré. Les réceptions officielles dans la capitale et à Versailles revêtent le plus grand éclat » [*ME*]. Voilà pour les démonstrations d'amitié. Sur le fond, c'est-à-dire dans les conversations politiques, un fossé sépare Paris et Washington.

Les deux chefs d'État font un large tour

d'horizon. Kennedy souhaite que les Nations unies prennent la direction militaire et administrative du Congo-Léopoldville (l'ex-Congo belge). De Gaulle s'y oppose. Kennedy propose que l'OTASE (Organisation du traité de l'Asie du Sud-Est) assure son protectorat sur le Laos. De Gaulle rejette l'idée. Kennedy annonce son intention de renforcer la présence militaire des États-Unis au Vietnam du Sud. De Gaulle le met en garde : « Je vous prédis que vous irez vous enlisant pas à pas dans un bourbier militaire et politique sans fond, malgré les pertes et les dépenses que vous pourrez y prodiguer » [*ME*]. Kennedy, en route pour Vienne où il rencontrera Khrouchtchev, manifeste son inquiétude à propos du statut de Berlin. De Gaulle l'encourage à la fermeté et maintient cette attitude après la construction du Mur, alors que les États-Unis penchent pour une politique plus souple, voire plus incertaine. Le jugement de De Gaulle ? « J'ai eu affaire à un homme que sa valeur, son âge, sa juste ambition, chargent de vastes espoirs. Il m'a semblé sur le point de prendre son essor pour monter haut, comme un oiseau de grande envergure bat des ailes à l'appel des cimes » [*ME*]. Le jugement de Kennedy ? « J'ai trouvé dans le général de Gaulle un conseiller avisé pour l'avenir et un guide éclairé pour l'histoire qu'il a contribué à faire [...]. Je ne pourrais avoir une confiance plus grande en qui que ce soit. »

Le deuxième épisode n'est pas moins connu que le premier. Fidel Castro est l'obsession de Kennedy. Il est vrai que Cuba, à 150 km des côtes de Floride, fait partie de l'« arrière-cour » des États-Unis, que l'île pourrait devenir un tremplin pour la subversion communiste en Amérique latine et, qui sait ? une base de lancement des fusées soviétiques. Dès son accession à la présidence, Kennedy autorise les anticastristes, entraînés par la CIA, à débarquer dans la baie des Cochons. Échec retentissant en avril 1961. Un an et demi plus tard, les Américains découvrent que les Soviétiques s'apprêtent à installer sur le territoire cubain des rampes de lancement qui menaceront bon nombre de villes des États-Unis. Kennedy multiplie les réunions de crise, dans le plus grand secret, sans consulter ses alliés. En fin de compte, le président décide de mettre en place un blocus maritime autour de Cuba. Dean Acheson, ancien secrétaire d'État de Truman et conseiller spécial de Kennedy, part pour l'Europe informer Paris, Bonn et Londres. De Gaulle le reçoit à l'Élysée le 22 octobre 1962. La France soutient sans hésitation les États-Unis et de Gaulle écarte d'un geste les photographies et les plans que son visiteur a apportés pour appuyer sa démonstration : « La parole du président des États-Unis me suffit. [...] Nous sommes à vos côtés », aurait-il déclaré. Superbe réponse, preuve irréfutable de l'amitié, inébranlable, entre les États-Unis et la France.

Au même moment, les deux chefs d'État bataillent avec rudesse sur l'avenir économique, militaire et politique de l'Europe. Le conflit résulte de deux conceptions opposées. Pour de Gaulle, la France a recouvré son indépendance, son « rang ». Elle souhaite mettre en œuvre « une concertation étroite avec Washington, mais [...] ce que fait la France, elle le fait de son propre chef ». Il n'est pas question que sa sécurité dépende des autres, fussent-ils des alliés, voire des amis. Et de Gaulle d'ajouter : « L'Europe [doit avoir] sa défense propre, fondée sur la défense des nations qui la composent, et alliée de l'Amérique. Pour cela, il faut que les Américains ne viennent pas nous empêcher, avec une organisation comme l'OTAN, de faire l'Europe. » Kennedy comprend mal le sentiment national de De Gaulle, qu'il qualifierait volontiers d'exacerbé et d'archaïque. À ses yeux, la division de l'Europe occidentale explique sa faiblesse. Il faut pousser à son unification, donc y faire entrer la Grande-Bretagne. Mais il est impératif d'éviter la prolifération nucléaire. Si les États-Unis livrent du matériel stratégique à la France qui vient de procéder au premier essai de son armement atomique, l'Allemagne de l'Ouest réclamera le même traitement. Du coup, la dissuasion perdra de son efficacité, puisqu'elle ne reposera plus sur la seule Amérique. Il est vrai que Kennedy vient de substituer à la doctrine des représailles massives celle de la réponse graduée qui n'est pas faite pour rassurer les Européens.

Le 4 juillet 1962, le président des États-Unis propose à l'Europe occidentale un *partnership*, l'interdépendance entre les États-Unis et la Communauté européenne, qui serait élargie au Royaume-Uni. Mais le « grand dessein » reste flou. Il n'y aura pas de nouvelles institutions ; ce sera une méthode de travail, une atmosphère, une récompense à l'élargissement de la Communauté. Les États-Unis y gagneront un marché plus étendu pour leur commerce, donc une amélioration de leur balance des paiements, déficitaire. Dans le même temps, la défense de l'Europe serait conçue dans un cadre euro-atlantique, sous autorité américaine, et non plus dans des cadres nationaux : ce serait une force multilatérale au sein de l'OTAN. En résumé, le *partnership* économique permet aux États-Unis d'échapper aux conséquences néfastes de l'élargissement du Marché commun et de maintenir un *leadership* politique et nucléaire. En outre, ils équilibreraient leur faiblesse économique par leur force nucléaire.

Le coup de tonnerre éclate le 14 janvier 1963. Le général de Gaulle dénonce « la nature, la structure, la conjoncture, qui sont propres à l'Angleterre » – le Royaume-Uni n'est donc pas prêt à entrer dans le Marché commun. De surcroît, la force multilatérale ne convient pas pour assurer la défense de la France qui entend « se doter d'une force atomique qui lui soit propre ». La position de la France est d'autant plus forte qu'elle est sur le point de signer avec la République fédérale d'Allemagne un traité qui scelle leur réconciliation. Bref, les Britanniques voudraient passer pour des Européens convaincus, alors que, dans le même temps, ils négocient séparément, dans le cadre de leur « relation spéciale », des accords militaires avec les États-Unis. Décidément, il n'est pas possible de leur faire confiance. Le grand dessein conduit à une impasse.

Enfin, les contemporains gardent l'image des funérailles de John Kennedy. Dès qu'il apprend la tragique nouvelle, de Gaulle décide d'assister aux obsèques. En uniforme, dominant de sa grande taille le reste des chefs d'État et de gouvernement, il marche au premier rang. « *It's a tragedy*, dit-il aux collaborateurs du président, je ne fais qu'exécuter le vœu de tous les Français. L'émotion est intense partout en France, surtout chez le petit peuple. » Jacqueline Kennedy, « l'Andromaque d'un jour », lui offre une marguerite blanche qu'il conservera jusqu'à son retour à l'Élysée. Et, dans ses *Mémoires d'espoir*, il conclut : « Sans le crime qui le tua, il aurait pu avoir le temps d'imprimer sa marque à l'époque. »

Il est permis d'émettre un doute sur la sincérité du général de Gaulle. Comment ne pas rappeler qu'il n'a rencontré Kennedy qu'une seule fois, à Paris en 1961, et que les deux hommes n'ont eu qu'une seule conversation téléphonique ? Invité à plusieurs reprises à Washington, de Gaulle a repoussé à mars 1964 son déplacement outre-Atlantique, alors que le Premier Ministre britannique, Harold Macmillan, a rencontré sept fois John Kennedy pendant sa présidence. Voilà une preuve supplémentaire de cette mésentente cordiale qui a rapproché et éloigné ces deux personnalités.

André KASPI

• *Voir aussi* : Cuba ; États-Unis ; OTAN ; Politique étrangère ; Relations internationales

Bibl. : André Kaspi, *Kennedy : les 1 000 jours d'un président*, Paris, Armand Colin, 1993.

KERILLIS, Henri de (1889-1958). – Héros de la Grande Guerre, directeur politique de *L'Écho de Paris*, proche de Paul Reynaud, Henri de Kerillis fait partie des rares journalistes qui, au début des années 1930, s'efforcent de relayer les thèses de Charles de Gaulle. Avec André Pironneau, le chroniqueur militaire du journal, ce patriote barrésien partage l'analyse gaullienne de la menace allemande et de la pusillanimité des élites. Élu député en 1936, membre de la commission des Affaires étrangères, Kerillis évoque les idées de De Gaulle à la Chambre dans l'indifférence générale. En 1937, Pironneau et lui quittent *L'Écho de Paris* pour fonder *L'Époque*, qui rend compte régulièrement des thèses du colonel de Gaulle. En octobre 1938, Kerillis est le seul député de droite à voter contre les accords de Munich qu'il juge infâmes. Il se félicite de l'arrivée au pouvoir de Paul Reynaud en mars 1940 et de la nomination de De Gaulle au poste de sous-secrétaire d'État à la Guerre en juin. Son « bellicisme » et son « jusqu'au-boutisme » l'obligent à quitter Bordeaux le 17 juin pour Londres où il rencontre Alfred Duff Cooper, l'ambassadeur Corbin et le général de Gaulle.

Malgré son âge et son état de santé, Kerillis voudrait s'engager dans les Forces aériennes françaises libres. N'y parvenant pas et personne ne le retenant à Londres, il quitte l'Angleterre pour les États-Unis, pensant qu'il y sera plus utile pour défendre la cause alliée. Il entre pourtant dans un long silence dont il ne sort qu'à la demande de De Gaulle qui s'étonne de cette inertie dans une lettre de janvier 1942. Répondant à cet appel, Kerillis collabore au journal que vient de fonder Geneviève Tabouis, *Pour la Victoire*. Il s'y fait le propagandiste de l'homme du 18 Juin qui l'a sauvé de la dépression dans laquelle l'avait plongé la défaite. Ce gaullisme ardent ne dure que quelques mois. Le débarquement américain en Afrique du Nord est à l'origine du différend entre les deux hommes. Kerillis ne comprend pas les critiques de De Gaulle contre les alliés américains indispensables à la victoire sur l'Allemagne. En mars 1943, il rompt avec le chef de la France combattante, pour protester contre le débauchage des marins du cuirassé *Richelieu*. Sans doute influencé par un contexte américain en partie hostile à de Gaulle, il entre dans une opposition véhémente à celui-ci. En 1945, il publie un terrible pamphlet intitulé *De Gaulle, dictateur*, dans lequel il explique que le Général a trahi l'idéal du 18 Juin en privilégiant la conquête du pouvoir politique sur la victoire aux côtés des Alliés.

Kerillis ne revint pas en France à la Libération, ne voyant pas le rôle qu'il aurait pu y jouer, sans argent ni parti politique, face à l'hostilité des gaullistes et des communistes. Quelques semaines avant sa mort, en avril 1958, il s'inquiétait, auprès de Raymond Cartier, des chances d'un retour au pouvoir en France de celui qu'il considérait comme un imposteur. La maladie qui l'emporta lui aura épargné cette ultime déception. Christian LOVIGHI

• *Voir aussi* : Légende noire ; Opinion publique américaine ; Pour la victoire ; Réseaux de sociabilité ; Vers l'armée de métier

Bibl. : Jean-Yves Boulic et Anne Lavaure, *Henri de Kerillis, absolu patriote*, Rennes, PUR, 1997 • Jean-Noël Jeanneney, « La solitude d'Henri de Kerillis », *L'Histoire*, n° 58, août 1983, p. 78-84 • Christian Lovighi, *Henri de Kerillis (1889-1958)*, thèse de doctorat, IEP de Paris, 1993.

KESSEL, Joseph (1898-1979) – Joseph Kessel rencontre pour la première fois le général de Gaulle fin janvier 1943, à Carlton Gardens. Avec sa compagne Germaine Sablon et son neveu Maurice Druon, il vient de traverser clandestinement les Pyrénées, l'Espagne et le Portugal, de passer avec succès l'épreuve de *Patriotic School* – qui permet aux services britanniques de repérer les éventuels espions – et de s'engager dans les FFL (Forces françaises libres). Heureux de voir un écrivain célèbre et dont il apprécie le talent rallier la France combattante, de Gaulle interroge longuement Kessel sur le moral et les réactions des Français à l'égard de Vichy, ainsi que sur le réseau Carte auquel l'écrivain a appartenu.

Trop vieux pour servir dans l'aviation, son arme d'origine durant la Première Guerre mondiale, Kessel doit se résoudre à accepter la mission dont le charge de Gaulle : dire et rédiger son témoignage sur la Résistance à l'intention des journaux londoniens. Au long du mois de mars, il raconte alors la France telle qu'il l'a vécue et brosse les portraits de Français anonymes dressés contre l'Allemand et confiants en l'Angleterre. Sous le titre choc « Comment est mort le maréchal Pétain », il décrit l'évolution de ses compatriotes vis-à-vis du vainqueur de Verdun et livre un portrait au vitriol du Maréchal. Le *Daily Express* et l'*Evening Standard* reprennent sa prose, tandis qu'à Alger le mouvement Combat en diffuse un tiré-à-part.

Simultanément, Kessel entreprend d'écrire *L'Armée des ombres*, roman de la guerre secrète qu'il nourrit de son expérience et de celle de résistants de passage à Londres. L'un d'eux, Emmanuel d'Astier de La Vigerie, lui suggère d'écrire un chant qui dirait la réalité du combat clandestin. *Le Chant des partisans* naît fin mai 1943 sous la plume de Kessel et de Druon. Mis en musique par Anna Marly et interprété par Germaine Sablon, il est fort apprécié par de Gaulle. Désormais diffusé quotidiennement par la BBC, il devient l'hymne de la Résistance. Vingt ans plus tard, par décision du gouvernement, il est, avec *La Marseillaise* et *Le Chant du Départ*, l'un des trois chants patriotiques imposés aux candidats au certificat d'études. Le Général charge alors Kessel d'étudier les possibilités de coproduction cinématographique entre l'Amérique et la France combattante. Fin 1943, il est un des premiers lecteurs de *L'Armée des ombres*. Quand, le 6 juin 1944, il annonce le débarquement au micro de la BBC, c'est *Le Chant des partisans* qui vient ponctuer son allocution.

Durant la traversée du désert, Kessel envoie fidèlement à de Gaulle les dix-neuf ouvrages qu'il publie et reçoit autant de remerciements chaleureux. Le 15 mai 1958, nul ne s'étonne de voir l'auteur de *L'Armée des ombres* et du *Lion* au premier rang de l'assistance à la conférence de presse du Palais d'Orsay. Par la suite, Kessel est régulièrement convié aux déjeuners privés de l'Élysée. Il est et reste, avec fierté, l'homme à qui de Gaulle écrit le plus souvent en terminant ses lettres de remerciements : « Croyez bien, mon cher Joseph Kessel, que je vous tiens pour un des "anciens" aujourd'hui autant que jamais. Bien amicalement vôtre... »

Yves Courrière

• *Voir aussi* : BBC ; Bibliothèque personnelle ; Druon, Maurice ; Intellectuels ; FFL

Bibl. : Yves Courrière, *Joseph Kessel ou Sur la piste du lion*, Paris, Plon, 1985 • Joseph Kessel, *L'Armée des ombres*, Paris, Presses Pocket, 2001.

KHROUCHTCHEV, Nikita (1894-1971). – Né dans la province de Koursk, fils d'un paysan pauvre devenu mineur, Nikita Khrouchtchev est dès son enfance contraint de travailler comme ouvrier dans les mines du Donbass. Membre du Parti bolchevik à partir de 1918, il rejoint l'Armée rouge au début de 1919 et sert durant trois ans comme soldat et propagandiste du Parti. De 1922 à 1925, il mène à bien des études techniques secondaires tout en commençant sa carrière dans l'appareil du Parti. En 1934, il est promu membre du comité central, avant d'entrer au Politburo en 1938 et d'occuper de 1938 à 1949 le poste de premier secrétaire du PC d'Ukraine. Durant la Seconde Guerre mondiale, il participe activement à la défense de Stalingrad et, en 1944, orchestre l'épuration des Ukrainiens accusés d'avoir collaboré avec l'occupant. La mort de Staline lui permet d'accéder au poste de premier secrétaire du PCUS en septembre 1953 mais c'est à partir du XXe Congrès du Parti, en février 1956, qu'il s'impose comme l'homme fort du pays et impulse des changements profonds tant sur le plan intérieur – l'heure est à la déstalinisation politique et au dégel culturel et artistique – que sur le plan extérieur. Désireux d'en finir avec la guerre froide, Khrouchtchev en appelle à la « coexistence pacifique » et à des relations apaisées entre l'Est et l'Ouest.

Sa stratégie d'ouverture à l'Occident l'amène à rechercher un rapprochement avec le général de Gaulle dont il apprécie le nationalisme frondeur à l'égard des États-Unis et la fermeté sur la question de l'unification allemande, et, à partir de 1959, il multiplie à son égard les gestes de bonne volonté : il s'abstient de toute critique ouverte à l'encontre de la politique algérienne du président français, prône la concertation bilatérale en matière de désarmement et de sécurité européenne, et, en mars 1960, accomplit en France un voyage officiel qui illustre sa volonté d'établir un dialogue privilégié avec de Gaulle.

Pour autant, les résultats ne sont pas à la hauteur des espérances : pour Khrouchtchev, la volonté gaullienne de promouvoir une force nationale de dissuasion, l'engagement du président français au service de la réconciliation franco-allemande, sa fidélité de principe à l'Alliance atlantique, enfin l'indéfectible soutien qu'il apporte à ses alliés occidentaux lors des deux crises de Berlin et de la crise de Cuba constituent au fil des années 1958-1962 autant d'obstacles majeurs à un véritable rapprochement franco-soviétique ; quant au président français, si dans son allocution télévisée du 31 mai 1960 il salue encore en Khrouchtchev l'homme du changement, l'échec du sommet de Paris qu'il impute à l'entêtement du dirigeant soviétique et la gravité des crises de 1961 et de 1962 achèvent alors de le convaincre de la fragilité, sinon de l'incohérence de la coexistence pacifique khrouchtchévienne et de la nécessité pour la France de rester fidèle à ses alliances. Marie-Pierre REY

• *Voir aussi :* Cuba ; Détente-Entente-Coopération ; Politique étrangère ; URSS

Bibl. : Archie Brown (ed.), *The Soviet Union : A Biographical Dictionary*, Oxford, Oxford University Press, 1991 • Thomas Gomart, *Double détente, les relations franco-soviétiques de 1958 à 1964*, Paris, Publications de la Sorbonne, 2003 • Maurice Vaïsse (dir.), *De Gaulle et la Russie*, Paris, Éditions du CNRS, 2006.

KISSINGER, Henry A. (né en 1923). – Professeur de science politique, spécialiste des relations internationales, Henry Kissinger a été conseiller pour la sécurité nationale auprès du président Nixon, avant de devenir secrétaire d'État en 1973. Il entretint une relation complexe et parfois tendue avec le général de Gaulle. Professeur à Harvard, il publia *The Troubled Partnership : A Re-appraisal of the Atlantic Alliance,* paru en français sous le titre *Les Malentendus transatlantiques*. Le livre sortit en 1965 dans les deux pays, peu avant que de Gaulle eût annoncé le retrait des forces militaires françaises du commandement intégré de l'OTAN. Dans ce livre, Kissinger montrait une certaine compréhension pour la volonté du président français de défendre l'indépendance de la France, compte tenu de l'expérience française des agressions allemandes. Né lui-même en Allemagne, Henry Kissinger avait dû fuir le nazisme avec sa famille en 1938. En 1965, il pressait les dirigeants américains d'éviter les déclarations provocantes contre l'hostilité manifestée par de Gaulle à l'égard de l'entrée de la Grande-Bretagne dans le Marché commun, et de la domination exercée par les Américains sur l'Alliance atlantique. Kissinger suggérait plus de consultations entre les États-Unis et leurs partenaires européens, dans le but d'apaiser les tensions transatlantiques. En même temps, il exprimait des doutes quant à la possibilité d'atténuer par la seule concertation les véritables différences entre les politiques économiques et de défense de la France et des États-Unis.

Nommé conseiller pour la sécurité nationale, Kissinger encouragea le président Nixon à écrire personnellement à de Gaulle, le 20 janvier 1969, le jour même de sa prise de fonction, pour lui faire savoir que les États-Unis voulaient ouvrir une ère nouvelle de coopération avec les principaux dirigeants du monde. N'ayant pas suivi les canaux normaux du Département d'État, la lettre invitait le président français à communiquer directement avec la Maison-Blanche.

Kissinger accompagna Nixon à Paris pour rencontrer de Gaulle du 28 février au 2 mars 1969. Le président français pressa les États-Unis de chercher une paix négociée au Vietnam : « Pourquoi ne quittez-vous pas le Vietnam ? » demanda-t-il à Kissinger. À quoi ce dernier répondit : « Parce qu'un retrait rapide pourrait nous créer un problème de crédibilité. » De Gaulle demanda où, et Kissinger désigna le Moyen-Orient. « Comme c'est étrange, dit de Gaulle, c'est précisément au Moyen-Orient que j'aurais cru que vos ennemis avaient un problème de crédibilité. » Le jour suivant, à l'occasion d'un apéritif, Nixon inclut Kissinger dans une conversation avec de Gaulle et lui demanda son avis sur la vision gaullienne d'une Europe continentale délivrée de l'influence américaine. Kissinger répondit qu'il ne « voyait pas comment le président [français] pourrait éviter que l'Allemagne domine l'Europe telle qu'il venait de la décrire ». De Gaulle répondit en trois mots : « Par la guerre. »

Kissinger a analysé le style de la politique étrangère de De Gaulle dans son livre *Diplomatie,* publié en 1994. Pour lui, « de Gaulle n'était pas antiaméricain par principe » et souhaitait coopérer avec les États-Unis pour protéger la France et l'Europe d'une menace soviétique réelle. Kissinger pensait néanmoins que la conception gaullienne d'une Europe organisée principalement sur la base des États, avec la France en position de leader, était périmée dans la seconde moitié du XXe siècle.

Robert D. SCHULZINGER

• *Voir aussi* : Détente-Entente-Coopération ; Diplomatique (style) ; États-Unis ; OTAN ; Politique étrangère

Bibl. : Henry Kissinger, *À la Maison-Blanche : 1968-1973*, Paris, Fayard, 1979 • Id., *Diplomatie*, Paris, Fayard, 1996 • Robert D. Schulzinger, *Henry Kissinger : Doctor of Diplomacy*, New York, Columbia University Press, 1989.

KOENIG, Pierre (1898-1970). – Né en Normandie mais d'ascendance alsacienne, Pierre Koenig s'engage en 1917. Sous-lieutenant à l'issue de la guerre, cité à l'ordre de l'armée, il décide d'entreprendre une carrière militaire. Durant l'entre-deux-guerres, il sert notamment au Maroc, entre 1931 et 1934. Capitaine à la 13e demi-brigade de Légion étrangère (DBLE), il combat en Norvège au printemps 1940 et, en juin, fait partie des 1 619 hommes de la DBLE qui se rallient au général de Gaulle et forment l'embryon des FFL.

Promu chef de bataillon le 1er juillet, Pierre Koenig est de toutes les missions difficiles. Il participe à l'expédition de Dakar puis joue un rôle actif dans le ralliement du Gabon à la France libre. En décembre 1940, de Gaulle le nomme commandant militaire du Cameroun au grade de lieutenant-colonel. Chef d'état-major du général Legentilhomme durant la campagne de Syrie, Koenig gagne ses étoiles de général de brigade en juillet 1941. En 1941-1942, il combat en Libye à la tête de la 1re brigade française libre et se couvre de gloire à Bir Hakeim en stoppant Rommel jusqu'au 10 juin 1942 et en ramenant sains et saufs les deux tiers de ses 3 300 hommes. En octobre 1942, il commande la 1re division légère française libre à El-Alamein. En Tunisie, en mai 1943, il est l'adjoint du général de Larminat à la tête de la 1re division française libre (1re DFL). Promu général de division, Koenig quitte la DFL à l'été 1943 pour l'état-major d'Alger où il va superviser la délicate fusion des FFL et de l'armée d'Afrique. Au printemps 1944, de Gaulle le nomme commandant en chef des forces françaises en Grande-Bretagne (mars) puis délégué à Londres du Comité français de la Libération nationale (avril) et enfin, en juin, commandant des FFI. Le 25 août 1944, Koenig est gouverneur militaire de Paris. Il termine la guerre au grade de général de corps d'armée.

Après 1945, sa carrière est une brillante succession de commandements : commandant en chef des forces françaises en Allemagne (1945-1949), inspecteur des forces d'Afrique du Nord, vice-président du Conseil supérieur de la guerre. Koenig entreprend ensuite une carrière politique. Élu député RPF du Bas-Rhin en 1951, réélu en 1956, il préside la commission de la Défense nationale de 1951 à 1954. Ministre de la Défense dans les cabinets Mendès France et Faure, il en démissionne à chaque fois : en août 1954 par hostilité à la Communauté européenne de défense ; en octobre 1955 par refus de la politique de conciliation au Maroc. Il précède néanmoins à ce poste clé un autre gaulliste, Jacques Chaban-Delmas, ministre en novembre 1957, ce qui permet à de Gaulle d'être discrètement tenu au courant des dossiers les plus secrets, y compris nucléaires. Comme d'autres « républicains sociaux » et malgré les services rendus, Koenig payera la fréquentation des gouvernements de la IVe République et n'occupera plus de poste important après 1958.

Pierre Koenig fut également un actif militant de l'amitié franco-israélienne. En 1984, François Mitterrand, qui avait été son collègue dans le ministère Mendès France, l'éleva à la dignité de maréchal de France à titre posthume.

Jean-François MURACCIOLE

• *Voir aussi* : Bir Hakeim ; Division française libre ; FFI ; FFL ; Militaires

Bibl. : Jean-Louis Crémieux-Brilhac, *La France libre : de l'appel du 18 Juin à la Libération*, Paris, Gallimard, 2006 • Pierre Koenig, *Bir Hakeim, le 10 juin 1942*, Paris, Robert Laffont, 1971 • François Marcot (dir.), *Dictionnaire historique de la Résistance*, Paris, Robert Laffont, coll. « Bouquins », 2006.

KOUFRA. – *Voir* LECLERC (Philippe de Hauteclocque, dit).

L comme Légitimité

« Enfin je m'adresse à la France. Eh bien ! mon cher et vieux pays, nous voici donc ensemble, encore une fois, face à une lourde épreuve. En vertu du mandat que le peuple m'a donné et de la légitimité nationale que j'incarne depuis vingt ans, je demande à tous et à toutes de me soutenir quoi qu'il arrive. »

De Gaulle, Allocution du 29 janvier 1960, *Discours et messages.*

LABARTHE, André (1902-1970). – Antifasciste farouche et militant convaincu du Front populaire, André Labarthe appartient avant la guerre à l'entourage de Pierre Cot, sous-secrétaire d'État à l'Air et patron du Rassemblement universel pour la paix (RUP). À la veille du conflit, ce docteur ès sciences dirige le groupe des laboratoires de Bellevue (CNRS) et la Station nationale de recherches et d'expériences techniques. Il publie en 1939 *La France devant la guerre. La balance des forces*, remarquable essai comparatif sur le potentiel économique et militaire de la France et de l'Allemagne.

La défaite consommée, Labarthe rejoint Londres. En juillet 1940, de Gaulle le nomme directeur de l'armement et lui demande de mobiliser les ingénieurs et scientifiques français qui pourraient se trouver sur le sol anglais. Pris dans des querelles d'état-major et critiqué par certains des savants français présents en Angleterre, il est relevé de ses fonctions au bout d'à peine deux mois. Pour ne pas le perdre, l'amiral Muselier le fait nommer président du Comité de perfectionnement des écoles de marine. Mais André Labarthe n'y reste pas longtemps et se met hors des Forces françaises libres. Entre-temps, avec deux autres anciens du RUP et l'appui financier de l'*Intelligence Service* (IS), il a créé la revue *La France libre*. Celle-ci n'affichera jamais un soutien inconditionnel au général de Gaulle. Ambitionnant d'entreprendre une « croisade des idées », elle s'interdit de servir un homme, une propagande ou une politique. Au début de 1941, Labarthe n'est pourtant pas encore fâché avec le Général, qui l'assure de sa « sincère amitié ».

André Labarthe bascule dans l'antigaullisme à la fin de l'été 1941 lorsqu'il entre en conspiration aux côtés de Muselier. Décidé à jouer les premiers rôles, celui-ci propose à de Gaulle la création d'un « comité exécutif » dont lui, Muselier, serait le président en exercice et de Gaulle le président d'honneur, tandis que Labarthe serait chargé de la direction politique et de la propagande (action en France et dans l'Empire). De Gaulle accepte l'idée du comité, mais cantonne Muselier à la Marine et exclut Labarthe. En mars 1942, au terme d'une nouvelle épreuve de force, l'amiral n'a plus aucune responsabilité au sein des FFL.

Dès lors, Labarthe entre en opposition systématique et se plaît à présenter de Gaulle comme un « prince président » conduisant une « politique purement personnelle ». Il est un des principaux propagateurs de ce thème majeur repris par le front antigaulliste. Au printemps 1943, il rallie le général Giraud qui le nomme secrétaire à l'Information. À ce poste, Labarthe ne cesse de militer contre l'union avec la France combattante. À tel point que, dans un télégramme au Comité national français (CNF) daté du 2 juin 1943, de Gaulle écrira : « Il faut ajouter, pour ce qui concerne la presse et la radio sous la férule de Labarthe, une mauvaise foi dont vous n'avez pas idée. » En juillet, Labarthe gagne les États-Unis. Il y poursuit sa campagne de critiques jusqu'à la fin de la guerre. Il renonce ensuite à jouer un quelconque rôle politique et se consacre à la vulgarisation scientifique.

Robert Belot

• *Voir aussi* : France libre (La) ; Information ; Légende noire ; Marine ; Opinion publique américaine

Bibl. : Henri Frenay, *L'Énigme Jean Moulin*, Paris, Robert Laffont, 1977 • Émile Muselier, *De Gaulle contre le gaullisme*, Paris, Éditions du Chêne, 1946 • Pierre Péan, *Vies et morts de Jean Moulin*, Paris, Fayard, 1998.

LA BOISSERIE. – Pendant plus de trente-cinq ans, La Boisserie a été la seule véritable demeure de Charles de Gaulle, son refuge intime voué à l'écriture et à la méditation. Un lieu avant tout réservé à la vie privée et familiale, en même temps qu'une sorte d'ermitage stratégique, où furent préparées et orchestrées en secret la plupart de ses grandes offensives politiques.

En 1934, Yvonne et Charles de Gaulle, qui habitent un appartement en location à Paris, cherchent à acquérir, à une distance raisonnable de la capitale, une maison de campagne pour y passer les vacances et surtout offrir à leur fille infirme un cadre de vie plus approprié à son état. Après avoir prospecté un temps du côté de la Normandie, c'est dans le département de la Haute-Marne, non loin de l'abbaye de Clairvaux, qu'ils finissent, à la suite d'une annonce parue dans *L'Écho de Paris*, par trouver le logis qu'ils recherchaient : une gentilhommière d'une douzaine de pièces, entourée de deux hectares et demi de bois, de prairies et de vergers, au bout d'un village de cultivateurs : Colombey-les-Deux-Églises, sur la route de Chaumont et de Bar-sur-Aube. La propriété appartient à Alice Bombal, fille d'un grand architecte parisien qui a transformé, à la fin du siècle précédent, cette ancienne brasserie en maison d'habitation.

Le lieutenant-colonel de Gaulle n'est pas seulement sensible à l'intérêt de disposer à cette époque d'une demeure située quasiment à mi-chemin entre les états-majors parisiens et les garnisons de l'Est, où les événements lui font pressentir sa probable affectation. Il est attiré plus encore par l'austérité des paysages environnants, la rudesse de ces « vastes, frustes et tristes horizons » [*MG*] peuplés de vallons et de forêts profondes, propices aux longues promenades. Mais s'il se sent déjà chez lui au cœur de cette campagne âpre dont il apprécie avant tout l'isolement – « là, dit-il à sa femme, personne ne viendra nous chercher » –, c'est un argument plus prosaïque, précise Philippe de Gaulle, qui a convaincu son père d'acheter La Boisserie le 9 juin 1934 : la « modestie du prix de vente » consenti par la propriétaire, qui lui permet aussi de l'acquérir en partie sous forme de viager – solution avantageuse pour un militaire peu fortuné, d'autant plus qu'Alice Bombal disparaîtra à peine deux ans plus tard.

En juillet 1934, la famille passe ses premières vacances d'été à La Boisserie. « La maison était sommairement meublée, se souvient le fils du Général. Elle n'avait rien d'amène. Colombey non plus... L'électricité était en cours d'installation. Nous avons bénéficié de la lumière électrique dès les premiers jours, mais pas de l'eau courante. » Dépourvue en outre de téléphone et de chauffage central, la demeure s'avère, en effet, d'un confort plus que rudimentaire. Mais ses nouveaux hôtes aiment la vue alentour et, surtout, le climat convient parfaitement à la petite Anne. « Cet aspect des choses a certainement pesé beaucoup, ajoute Philippe de Gaulle, dans la décision de mon père de se fixer à cet endroit, en plus de la tranquillité qu'il recherchait. »

Tranquillité de courte durée. Affecté à Metz en juillet 1937, Charles de Gaulle n'effectuera que de brefs séjours à Colombey jusqu'à son départ en Angleterre. Mise en vente publique sur ordre de Vichy, puis utilisée comme casernement par les troupes allemandes qui l'ont pillée et incendiée avant de se retirer, la Boisserie n'est plus que ruines lorsque Philippe de Gaulle, dans le sillage de la 2e DB (division blindée), y fait escale, en septembre 1944. Le feu a ravagé les portes, les fenêtres, ainsi qu'une partie du toit. À l'intérieur, tout a été vidé et saccagé. Malgré l'ampleur de la reconstruction à opérer, le Général exclut d'abandonner La Boisserie. « Colombey me manque, confie-t-il au lendemain de la Libération. Je ne me vois pas vivre ailleurs. »

À cette date, La Boisserie n'est plus seulement pour lui une résidence de campagne, elle est devenue son seul point fixe, le seul d'ailleurs qu'il ait jamais possédé à titre personnel. Soucieux de s'y installer durablement, il met à profit la restauration du bâtiment pour lui adjoindre une tour hexagonale où il installera son bureau. Il fait aménager le jardin et accroît sa superficie en acquérant de nouvelles parcelles de terrain.

Lorsqu'il peut enfin retourner sur place, le 30 mai 1946, seule la salle à manger est terminée, mais la plupart des meubles, conservés dans un garde-meuble parisien sous un faux nom pendant l'Occupation, y ont été réinstallés. « La Boisserie est bien à l'intérieur », signale-t-il sobrement à son fils.

C'est ici, on le sait, que Charles de Gaulle passera l'essentiel des années précédant son retour au pouvoir en 1958, ici qu'il écrira ses *Mémoires*, ici qu'il achèvera son parcours, écrivant sans relâche dans cette pièce d'angle d'où il aimait à regarder « l'horizon de la terre ou l'immensité du ciel » [*MG*], attentif à l'inépuisable renaissance de la nature. Devenue avec le temps partie intégrante de sa destinée, cette maison au décor sans munificence et à l'environnement plutôt rebutant ne cessera de surprendre, voire de déranger ses visiteurs, au point de paraître à certains chefs d'État africains « tout juste décente pour un homme pareil ». Mais un tel contraste n'avait rien d'étonnant, en réalité, chez un personnage aussi avide d'éclat dans son œuvre et son action que soucieux de réserve et de simplicité dans sa vie personnelle.

Jean-Luc Barré

• *Voir aussi* : Bibliothèque personnelle ; Colombey-les-Deux-Églises ; Lille ; Loisirs ; Manzoni, Honorine

Bibl. : Philippe de Gaulle, *Mémoires accessoires*, Paris, Plon, 1997 • Id., *De Gaulle, mon père, t. 1*, Paris, Plon, 2003 • Jean Lacouture, *De Gaulle*, t. 1, Le Rebelle, Paris, Le Seuil, 1984.

LA BRUYÈRE, Jean de (1645-1696). – Formé à la fréquentation des classiques, le jeune Charles de Gaulle lit tout naturellement très tôt La Bruyère. L'auteur des *Caractères* l'accompagne tout au long de sa vie, répondant au goût affiché qu'il manifeste pour les moralistes et leurs formules. Quoique moins souvent sollicité que La Rochefoucauld, La Bruyère est néanmoins bien présent dans son paysage intellectuel, pour des raisons tout autant stylistiques que morales. Le côté vif et piquant que l'écrivain donne à ses pensées et à ses portraits, l'écriture rapide et nerveuse, ce style coupé qui sait varier les tons et solliciter toutes les ressources de la rhétorique, autant d'aspects que Charles de Gaulle reprend à son compte dans ses écrits, ses discours, ses conférences de presse ou même sa conversation privée. Comme Théophile, défini dans *Les Caractères* par « son esprit d'intrigue, de médiation et de manège », Staline est croqué, dans les *Mémoires de guerre*, sur un rythme ternaire comme étant tout de « manœuvre, méfiance et obstination ». Et lorsque, le 27 novembre 1962 au Havre, de Gaulle préside aux obsèques de René Coty, c'est à La Bruyère qu'il fait appel, au chapitre du *Mérite personnel*, pour faire l'éloge de la discrétion du président qui a su s'effacer devant lui : « La modestie est au mérite ce que les ombres sont aux figures dans un tableau : elles lui donnent force et relief. »

Cette familiarité n'est pas seulement de plume ni de mots. Elle repose sur une vision partagée de la nature humaine, ironique et sans aigreur, mais sans illusion. Les *Caractères* semblent écrits pour l'idée que de Gaulle se fait des vicissitudes du commerce des hommes. Jeune officier, il emprunte au chapitre *Du Cœur* une formule qui vient tout naturellement sous sa plume : « Qu'il est difficile d'être content de quelqu'un » [*LNC*]. Beaucoup plus tard, à la fin de sa vie, c'est encore à La Bruyère qu'il fait appel, avec une formule tirée du chapitre *De la Cour* : « Le meilleur de tous les biens, s'il y a du bien, c'est la retraite en un endroit qui soit son domaine », en omettant de façon symptomatique l'autre terme utilisé par le moraliste qui avait écrit : « C'est le *repos*, c'est la retraite. »

Jean SERROY

• *Voir aussi* : Bibliothèque personnelle ; Formation scolaire et intellectuelle

Bibl. : Jacques Chocheyras, « De Gaulle et les maximes : La Rochefoucauld », dans Jean Serroy (dir.), *De Gaulle et les écrivains*, Grenoble, Presses universitaires de Grenoble, 1991 • Alain Larcan, *De Gaulle inventaire. La culture, l'esprit, la foi*, Paris, Bartillat, 2003.

LACOSTE, Robert (1898-1989). – Né à Azerat en Dordogne, fils d'un inspecteur des chemins de fer, il obtient une licence en droit et devient en 1922 rédacteur à la Caisse des dépôts et consignations. Très tôt engagé dans le militantisme syndical, il est élu en 1931 secrétaire adjoint de la Fédération générale des fonctionnaires de la CGT, et publie régulièrement des articles dans *La Tribune des fonctionnaires*. Comme son ami Christian Pineau, il participe aux travaux du Bureau d'études économiques réuni autour de Léon Jouhaux, créé en 1934 à la CGT. C'est avec Pineau qu'il rédige à l'automne 1940 le « Manifeste du syndicalisme français », texte essentiel au rapprochement, dans la Résistance, des syndicalistes socialistes et chrétiens CGT et CFTC au sein du Comité d'études économiques et syndicales, puis du mouvement Libération-Nord. Robert Lacoste fait partie des membres du premier comité directeur de Libération-Nord et participe à la rédaction de *Libération*, tout en entretenant des contacts avec les militants du Comité d'action socialiste (CAS) de zone nord. Nommé percepteur à Thonon-les-Bains, en zone sud, il intègre alors le comité directeur de Libération-Sud. En 1942, il est choisi par Jean Moulin, délégué général du général de Gaulle, pour faire partie du Comité des experts, comité qui prendra le nom de Comité général d'études. Au printemps 1944, Lacoste alias *Rol* est en même temps l'adjoint d'Alexandre Parodi, le délégué du général de Gaulle. Il siège en outre au comité directeur du Mouvement de Libération nationale.

Lacoste est le ministre de la Production industrielle de la Libération. Nommé par de Gaulle, il est d'abord secrétaire général provisoire à la Production industrielle puis ministre, jusqu'en novembre 1945. Il appartient à cette catégorie d'hommes « qui viennent d'émerger de la lutte », selon l'expression du général de Gaulle : « Rien n'ébranle la lucidité robuste de Robert Lacoste, ministre de la Production. Son lot, pourtant, est ingrat [...]. Sans faire beaucoup de bruit, il abat beaucoup de besogne et n'échoue jamais son bateau » [*MG*]. Entré à la SFIO, député de la Dordogne de 1946 à 1958, Lacoste poursuit sa carrière ministérielle sous la IVe République. Il est notamment ministre résidant en Algérie en 1956-1957 puis ministre de l'Algérie jusqu'au 15 mai 1958. Ses liens avec le Général se distendent après une dernière entrevue à Colomb-Béchar en mars 1957. Le ministre est venu saluer de Gaulle qui fait une tournée de huit jours dans le Sahara. Fervent défenseur de l'Algérie française jusqu'en 1962, Robert Lacoste va rompre avec de Gaulle. Vivement attaqué puis mis à l'écart par ses amis socialistes, mais toujours membre du Parti socialiste, il sera député de la Dordogne de 1962 à 1968, et sénateur de 1971 à 1980.

Alya AGLAN

• *Voir aussi* : Algérie (guerre d') ; CGT ; GPRF (œuvre intérieure et outre-mer du) ; Résistance intérieure ; SFIO

Bibl. : Alya Aglan, *La Résistance sacrifiée : le mouvement Libération-Nord*, Paris, Flammarion, 1999, rééd. coll. « Champs », 2006 • Laurent Douzou, *La Désobéissance : histoire d'un mouvement et d'un journal clandestin, Libération-Sud*, Paris, Odile Jacob, 1995.

LAGAILLARDE, Pierre (né en 1931). – Avocat de profession, Pierre Lagaillarde entre assez tard en politique à l'inverse de son grand rival, Jean-Jacques Susini. Ni gaulliste ni anti, il plaide d'abord, en tant que commis d'office, pour des nationalistes algériens. Son service militaire, effectué dans l'artillerie parachutiste en 1955-1957, fait office de détonateur.

Le 2 décembre 1957, il est élu président de l'Association générale des étudiants d'Algérie (AGEA). Le 13 mai 1958, c'est revêtu de sa tenue camouflée qu'il prend d'assaut le Gouvernement général, bâtiment central de l'administration française d'Algérie, à la tête d'une petite troupe de fidèles. Le 22 mai, le général Salan l'expédie en métropole dans le cadre de l'opération « Résurrection » (projet d'intervention militaire en métropole destinée à faire pression sur le gouvernement). Déçu que le coup de force ait fait long feu, élu député d'Alger en novembre 1958, Lagaillarde fonce tête baissée dans l'antigaullisme. Dans le même temps, il étoffe ses réseaux à base estudiantine.

Au cours de la semaine des barricades de janvier 1960, il transforme le quartier des facultés d'Alger en camp retranché. À l'issue d'une reddition à grand spectacle, il est transféré en métropole. Le 5 décembre 1960, au beau milieu de son procès, il gagne clandestinement l'Espagne. De Madrid, il rétablit le contact avec ses réseaux algériens. Sans chaleur particulière, ses discussions avec Susini débouchent sur un début d'unification des groupes clandestins à l'enseigne de l'OAS (Organisation armée secrète). Tenu à l'écart, il ne bénéficie pas de l'avion pour l'Algérie mis à la disposition de Salan et de Susini par Serrano Suner, le beau-frère de Franco, au moment du putsch d'avril 1961. Il ne joue plus alors qu'un rôle mineur et ses propositions de revenir à Alger prendre la tête d'un camp retranché OAS demeurent lettre morte.

L'indépendance acquise, Lagaillarde renonce publiquement à toute vengeance personnelle contre le général de Gaulle et cesse toute activité politique. De retour en France après 1968, il reprend son métier d'avocat dans le Sud-Ouest et appelle à voter Chirac en 1981. Rémi KAUFFER

• *Voir aussi* : Algérie (guerre d') ; Manifestations liées à la guerre d'Algérie ; OAS ; Pieds-noirs

Bibl. : Pierre Lagaillarde, *On a triché avec l'honneur (texte intégral de l'interrogatoire et de la plaidoirie des audiences du 15 et du 16 novembre 1960 du « Procès des Barricades »*, Paris, La Table ronde, 1961.

LANGUES ÉTRANGÈRES. – La première langue étrangère apprise par Charles de Gaulle a été l'allemand. Entre l'âge de treize et quinze ans, sa famille l'envoie en vacances d'été dans une famille allemande. Ses résultats scolaires dans la matière n'en sont pas sensiblement améliorés : « En classe, se souviendra sa sœur Marie-Agnès, il n'apprenait pas son allemand et ne rendait pas toujours ses devoirs. » Mais après l'âge de quinze ans, tout change ; le jeune Charles a décidé de se présenter au concours d'entrée de Saint-Cyr, et l'allemand faisant partie du programme, il se met à lire énormément dans cette langue et passe en Allemagne tout l'été de 1908. Ce sera suffisant pour être reçu, puis pour satisfaire ses instructeurs de Saint-Cyr. Durant la Grande Guerre, les trente-deux mois passés en captivité lui permettent de pratiquer davantage ; et puis, il y a Goethe, Heine et Nietzsche, qu'il aime lire dans le texte. La Seconde Guerre mondiale le portera plus naturellement vers l'anglais, mais deux décennies plus tard, lors de son séjour en Allemagne d'octobre 1962, il n'en prononce pas moins treize discours en allemand. « Parbleu, dira-t-il à Adenauer l'année suivante, c'est que je les avais appris par cœur ! J'avais écrit mes textes en français, je les ai fait traduire en allemand et j'ai répété plusieurs fois la traduction. » Il est vrai que ses improvisations sont moins réussies : saluant un colonel (*Oberst*), il lui dit poliment : « *Guten Tag, Herr Ober !* » (« Bonjour, monsieur le garçon de café ! »). À Alain Peyrefitte, il avouera : « Je ne comprends pas l'allemand des Allemands, mais je comprends le vôtre. » Simple question d'accent...

De Gaulle n'a commencé à apprendre l'anglais qu'à l'âge de trente-quatre ans, après son entrée à l'École de guerre. Ses connaissances lui permettent de lire les journaux en anglais, mais à son arrivée à Londres, il ne le parle guère. « Mon père, dira son fils Philippe, a fait un effort pour articuler quelques phrases en anglais, mais son accent était détestable. » À Londres comme à Washington, il n'en prononce pas moins quelques discours en anglais – appris par cœur, bien sûr, et toujours avec un accent exécrable. Pourtant, lors d'un déjeuner de réconciliation à Marrakech en janvier 1944, Churchill s'exclamera : « Maintenant que le Général parle si bien l'anglais, il comprend parfaitement mon français ! » En fait, Churchill parlait assez bien le français, mais le comprenait très mal, tandis que de Gaulle comprenait assez bien l'anglais, mais le parlait très mal...

Devenu président de la République, le Général prononcera également lors de ses voyages quelques phrases en polonais, en espagnol, en russe et même en breton, devant des auditoires aussi perplexes qu'enchantés. François KERSAUDY

• *Voir aussi* : Orateur

Bibl. : Philippe de Gaulle, *De Gaulle mon père*, Paris, Plon, t. 1 et 2, 2003 • Paul-Marie de La Gorce, *De Gaulle*, Paris, Perrin, 1999 • Alain Peyrefitte, *C'était de Gaulle*, Paris, Fayard, t. 2, 1997.

LA PÉROUSE (hôtel). – À deux pas de la place de l'Étoile, à Paris, l'hôtel La Pérouse s'inscrit parmi les lieux emblématiques du « gaullisme de combat » sous la IVe République.

Lorsqu'il décide de fonder le RPF en avril 1947, le général de Gaulle s'enquiert de locaux disponibles pour abriter les instances du Rassemblement mais aussi, pour lui, d'un lieu de séjour à Paris. Le colonel Rémy lui suggère alors l'hôtel dans lequel il a lui-même ses habitudes, le La Pérouse, persuadé que les propriétaires, les époux Allégrier, « se montre[ro]nt très honorés de [le] recevoir ». Situé au deuxième étage, l'appartement réservé aux de Gaulle, confortable sans ostentation, est composé de deux pièces, un salon-bureau-salle à manger et une chambre à coucher. Outre la discrétion et le bon accueil de la direction, le Général peut compter sur une entrée privée, donnant sur la rue Dumont d'Urville, qui facilite les allées et venues. Très vite, l'hôtel La Pérouse devient pour lui un lieu de discrètes rencontres politiques, aussi bien avec les responsables du RPF qu'avec des personnalités extérieures.

Selon Jacques Baumel, le séjour au La Pérouse prend place dans l'« emploi du temps protocolaire » du général de Gaulle dès le printemps 1947. Arrivé à Paris le mardi, celui-ci y séjourne jusqu'à son retour à Colombey, le jeudi. C'est là qu'il reçoit à déjeuner ou à dîner ses collaborateurs les plus proches ou ses amis, car, comme il l'écrit à Jean Auburtin le 25 mars 1952, son épouse et lui ne vont « jamais "nulle part" à Paris, sous peine d'être entraînés » [*LNC*]. Lorsque des personnalités de marque demandent une audience à l'homme du 18 Juin plutôt qu'au chef du RPF, c'est au La Pérouse qu'elles sont reçues, tel Foster Dulles, alors conseiller du général Marshall, le 6 décembre 1947.

Durant la traversée du désert, à l'instar du 5, rue de Solférino, l'hôtel La Pérouse ne reçoit plus aussi fréquemment la visite du général de Gaulle. Il faut attendre mai 1958 pour que l'hôtel redevienne un des lieux de consultations privées qui, avec le 5, rue de Solférino et La Boisserie, jalonnent le retour au pouvoir du Général. Le 31 mai, c'est dans un grand salon de l'hôtel que de Gaulle reçoit les présidents des différents groupes parlementaires, Antoine Pinay, Édouard Daladier, Guy Mollet, Paul Ramadier, Pierre-Henri Teitgen et François Mitterrand. À ce dernier, très critique, il rétorque : « Vous êtes un homme politique. C'est bien, il en faut. Mais, en certaines circonstances, les hommes politiques doivent savoir se hausser au niveau des hommes d'État. »

L'hôtel La Pérouse a fermé ses portes en 1976 pour faire place à une compagnie d'assurances. Sharon ELBAZ

• *Voir aussi* : La Boisserie ; Retour de 1958 ; RPF ; Solférino (5, rue de)

Bibl. : « Le 5, rue de Solférino », *Espoir*, n° 131, juin 2002 • Colonel Rémy, *Rognes et grognes du Général*, t. 1, *1945-1951*, Genève, éditions Idégraf et Versoix, 1978 • Jacques Vendroux, *Souvenirs de famille et journal politique*, Paris, Plon, 1974-1975.

LAPIE, Pierre-Olivier (1901-1994). – Pierre-Olivier Lapie naît à Paris où son père, Paul Lapie, est recteur de l'Académie. Avocat à la cour d'appel de Paris (1925-1967), spécialiste de droit international, il est élu député de Nancy le 3 mai 1936 sous les couleurs de l'Union socialiste républicaine (USR). Il quitte l'USR après Munich, mais rompt officiellement en août 1939, pour protester contre les articles de Marcel Déat sur Dantzig. Avant la défaite, il a été l'un des rares hommes politiques à soutenir les vues militaires du général de Gaulle.

Mobilisé en septembre 1939, volontaire pour l'expédition de Norvège, Lapie rallie le général de Gaulle le 20 juin 1940. Il est le premier parlementaire à le faire. Collaborateur de René Pleven, il est nommé directeur du service des Affaires étrangères et coloniales de la France libre le 14 juillet 1940. Avec René Cassin, il négocie les accords franco-britanniques du 7 août 1940. Il est aussi un des animateurs de l'association des « Amis des volontaires français » qui prête assistance aux troupes ralliées, et exerce comme speaker à la BBC. En novembre 1940, nommé gouverneur général civil du Tchad, sous les ordres du gouverneur général Félix Éboué, il organise la colonie et participe à la préparation de l'expédition Leclerc. Le 8 décembre, Vichy le déchoit de la nationalité française. Volontaire à la Légion étrangère, promu capitaine, il participe aux campagnes de Libye et de Tunisie qui lui valent la médaille coloniale. Dans l'été 1941, de Gaulle préface l'un de ses ouvrages, *La Légion étrangère à Narvik*. À l'automne 1943, Lapie est nommé à l'Assemblée consultative provisoire (ACP), où il siège à la commission des affaires étrangères.

À la Libération, Pierre-Olivier Lapie rejoint la SFIO (Section française de l'Internationale ouvrière). Il est élu conseiller général de Nancy (1945-1949), davantage, selon le préfet, comme gaulliste et résistant que comme socialiste. La période de juin-novembre 1946 exceptée, il est député de Meurthe-et-Moselle d'octobre 1945 à 1958. Secrétaire d'État aux Affaires étrangères du gouvernement de Léon Blum en décembre 1946, il est ministre de l'Éducation nationale en 1950-1951. Il représente la France à l'ONU et à la Communauté européenne du charbon et de l'acier (CECA), joue un rôle actif dans la construction européenne, mais vote contre la CED (Communauté européenne de défense), ce qui lui vaut une expulsion provisoire de la SFIO. « Attristé » après le départ de De Gaulle en janvier 1946, il ne l'a pas rejoint au RPF (Rassemblement du peuple français), voulant « donner une chance aux institutions ». Mais il conserve ce qu'il nomme « un lien inconscient » avec le Général.

Battu aux élections législatives de 1958, Lapie accepte au début 1959 de présider la commission scolaire chargée de préparer ce qui sera la loi Debré, afin de « présenter des éléments de réflexion en vue d'une réforme des rapports entre l'État et les établissements d'enseignement privé ». Exclu de la SFIO, il est membre de haute autorité de la CECA (1959-1967) et, à ce titre, préside le Comité interexécutif européen de l'énergie (1960-1967). De 1968 à 1978, il préside la Commission interministérielle pour les questions de coopération entre la France et la République fédérale d'Allemagne.

Gilles Morin

• *Voir aussi* : Accords du 7 août 1940 ; Assemblée consultative provisoire ; Enseignement privé ; Europe ; Ralliement des colonies

Bibl. : Pierre-Olivier Lapie, *La Légion étrangère à Narvik*, avant-propos de Charles de Gaulle, Préface de Percival Christopher Wren, Londres, John Murray, 1941 • Id., *Mes tournées au Tchad*, Londres, John Murray, 1943 • Id., *Les Déserts de l'Action*, Paris, Flammarion, 1946.

LARMINAT, Edgard de (1895-1962). – Né à Alès, fils d'un officier des Eaux et Forêts, Edgard de Larminat est admissible à Saint-Cyr au printemps 1914 mais s'engage comme simple soldat à la déclaration de guerre. Plusieurs fois blessé, il termine la guerre au grade de capitaine et avec quatre citations.

En 1919, à la sortie de Saint-Cyr, il choisit l'infanterie coloniale et sert dans l'Empire. Breveté de l'École de guerre (1933-1935), colonel (mars 1940), il est chef d'état-major de l'armée du Levant en juin 1940. Refusant la défaite, il aide la brigade polonaise du général Kopanski à passer en Palestine, mais échoue dans sa tentative d'entraîner les troupes françaises du Levant. Placé en forteresse le 27 juin, il s'évade le 30 et gagne la Palestine, d'où il rejoint les Forces françaises libres (FFL).

Durant l'été 1940, malgré l'appui du général Legentilhomme, il ne parvient pas à rallier Djibouti à la France libre. Il joue en revanche un rôle essentiel dans le ralliement du Congo (fin août 1940). Nommé commandant des troupes d'Afrique-Équatoriale française (A-ÉF), il met sur pied les bataillons de marche qui formeront l'ossature de la 1re division française libre (DFL) et de la colonne Leclerc. Général de brigade en juillet 1941, et Compagnon de la Libération le 1er août, il commande les FFL du Western Desert qui regroupent les deux brigades françaises libres de Koenig et Cazaud et prend le commandement de la 1re DFL à sa création en février 1943. Au terme de la campagne de Tunisie, il gagne sa quatrième étoile et devient chef d'état-major des FFL. À ce titre, il se heurte violemment, à l'été 1943, aux officiers giraudistes dans la difficile fusion des FFL avec l'armée d'Afrique. Ce gaulliste intransigeant sert ensuite sous les ordres du général Juin en Italie à la tête du 2e corps d'armée où son sens tactique fait merveille, puis du général de Lattre en France (été 1944). En octobre 1944, il prend le commandement des forces de l'Ouest à qui revient la tâche de réduire les poches allemandes de l'Atlantique. Après la guerre, Larminat est inspecteur général des troupes d'outre-mer (1945), membre du Conseil supérieur de la guerre (1950) et inspecteur des troupes coloniales (1955).

Comme le révèlent ses *Chroniques irrévérencieuses*, Edgard de Larminat est demeuré un gaulliste façon 1940, premier président de l'Association des Français libres et portant très haut les valeurs de fidélité à l'homme du 18 Juin et de non-conformisme rebelle. Durant la guerre, il a été l'un des rares à oser s'opposer au Général. En 1952, il prend position en faveur de la Communauté européenne de défense contre tous les gaullistes et la majorité des officiers généraux. Au printemps 1958, il refuse de signer un appel au général de Gaulle.

En juin 1962, sur le conseil de Pierre Messmer, de Gaulle place Larminat à la tête de la cour de justice militaire que, furieux de l'acquittement de Salan, il vient de substituer au Haut Tribunal militaire. Malade, placé devant l'obligation de juger les putschistes d'avril 1961 qui sont tous des condisciples, « ce gentilhomme égaré dans la médiocrité de notre siècle », d'après le général Dio, met fin à ses jours le 1er juillet 1962. Dans une lettre, il explique son geste en invoquant la crainte que ses facultés morales et mentales lui fassent défaut dans cette terrible mission.

Jean-François Muracciole

• *Voir aussi* : Armée ; Division française libre ; FFL ; Fondation de la France libre ; Militaires

Bibl. : Jean-Louis Crémieux-Brilhac, *La France libre : de l'appel du 18 Juin à la Libération*, Paris, Gallimard, 1996 • Edgard de Larminat, *Chroniques irrévérencieuses*, Paris, Plon, 1952 • François Marcot (dir.), *Dictionnaire historique de la Résistance*, Paris, Robert Laffont, coll. « Bouquins », 2006.

LAROQUE, Pierre (1907-1997). – Lorsque Charles de Gaulle embarque sur *La Combattante* à destination de la France, le 14 juin 1944, il est accompagné par un petit groupe d'hommes. Parmi eux, le commandant Pierre Laroque. Issu du Conseil d'État, celui-ci a gagné Londres au mois d'avril 1943 après un bref passage par le cabinet du ministre du Travail de Vichy, René Belin, en 1940, cabinet dont il fut exclu par le statut des Juifs. Nommé directeur général des Assurances sociales après la libération de Paris, Pierre Laroque apparaît comme le « père » de la Sécurité sociale, instituée par les ordonnances d'octobre 1945. En octobre 1951, il regagne son corps d'origine, le Conseil d'État, qu'il ne quittera plus jusqu'à sa retraite en 1980.

Tout en manifestant son admiration pour le chef de la France libre, Laroque se déclare heurté, dans ses carnets londoniens, par l'intransigeance et la rigidité du personnage. Les deux hommes partagent pourtant une conception semblable de l'État, exprimée dans leurs Mémoires respectifs : celui-ci apparaît comme la nation incarnée, seul garant de la liberté et de l'intérêt collectif. Cependant, ses affinités personnelles éloignèrent Laroque du mouvement gaulliste. Bien que favorable au retour du Général en 1958, il décida de voter « non » au référendum du 28 septembre sur les institutions, et, à deux reprises par la suite, il fut amené à prendre position dans un sens contraire aux volontés du président de la République.

En octobre 1962, il semble avoir joué un rôle actif, en tant que président adjoint de la section du contentieux du Conseil d'État, dans la décision prise par la haute assemblée d'annuler l'ordonnance instituant une cour militaire de justice, cour qui avait condamné plusieurs activistes de l'OAS (Organisation armée secrète), notamment André Canal. Cette décision provoqua la colère publique du chef de l'État. La responsabilité de Laroque est encore plus nette dans le rejet de la réforme de la Sécurité sociale en 1967, voulue par Georges Pompidou et avalisée par le président de la République. L'idée gaullienne de participation était en parfait accord avec l'esprit initial de la Sécurité sociale, présentée par Laroque comme un moyen d'intégrer les ouvriers à la nation. Mais la réforme de 1967 remettait en cause, aux yeux de ce dernier, la démocratie sociale instaurée à la Libération, notamment parce qu'elle supprimait les élections aux conseils d'administration des caisses. C'est pourquoi il usa de son autorité morale pour obtenir un jugement négatif du Conseil d'État, ce qui n'empêcha pas la réforme d'être adoptée.

Ces épisodes témoignent des relations parfois difficiles entre le pouvoir exécutif et la haute magistrature dans les premières années de la Ve République. Ils permettent également de mesurer ce qui sépare les conceptions de Laroque de celles de De Gaulle. Bien que partageant un même sens de la mission de l'État, les deux hommes divergent sur la question du pouvoir politique. Répugnant à la personnalisation de l'exécutif et à l'abaissement des assemblées, Laroque apparaît plus proche de la culture républicaine traditionnelle que de la dimension bonapartiste du gaullisme.

Bruno VALAT

• *Voir aussi :* Conseil d'État ; France libre ; Ordonnances de 1967 ; Sociale (politique) ; Santé (politique de)

Bibl. : *Hommage à Pierre Laroque*, actes de la journée d'étude tenue à Paris, le 7 mars 2001, Paris, Comité d'histoire de la Sécurité sociale, Comité d'histoire du Conseil d'État, Association pour l'étude de l'histoire de la Sécurité sociale, 2003 • Pierre Laroque, *Au service de l'Homme et du Droit ; souvenirs et réflexions*, Paris, Comité d'histoire de la Sécurité sociale, Association pour l'étude de l'histoire de la Sécurité sociale, 1993 • Bruno Valat, *Histoire de la Sécurité sociale (1945-1967) ; l'État, l'institution et la santé*, Paris, Economica, 2001.

LATTRE DE TASSIGNY, Jean de (1889-1952). – De Lattre est l'aîné de Charles de Gaulle et son « ancien » à Saint-Cyr, ce qui implique le respect. On le constate en 1934 : après qu'ils ont eu une vive discussion à propos de *Vers l'armée de métier*, de Lattre reprochant à l'auteur d'avoir associé chars et armée professionnelle, de Gaulle écrit à son « cher ancien » pour lui confirmer que l'incident « n'a altéré en rien [s]a déférence à son égard ». En septembre 1939, tous deux sont affectés à la 5e armée, le général de Lattre comme chef d'état-major, le colonel de Gaulle comme commandant des chars. La hiérarchie est respectée.

L'armistice les sépare. De Lattre choisit de rester aux ordres du gouvernement Pétain. En septembre 1941, il est appelé par le général Weygand au commandement des troupes de Tunisie. Il n'y fait qu'un bref séjour, étant muté par l'amiral Darlan après le limogeage de Weygand. Commandant la division de Montpellier, il tente de s'opposer le 11 novembre 1942 à l'entrée de la Wehrmacht en zone libre. Abandonné par sa troupe, arrêté sur ordre de Vichy, condamné à dix ans de prison, évadé, maquisard, exfiltré par voie aérienne, il arrive à Londres alors que de Gaulle devient le seul chef du CFLN (Comité français de la Libération nationale), en octobre 1943. Il fait allégeance à celui qu'il considère comme le « leader politique français le plus représentatif ». L'« ancien » est désormais aux ordres du cadet, qui le nomme général d'armée avant qu'il ne prenne le commandement des forces françaises devant débarquer en Provence. On connaît la réussite et les difficultés de la 1re armée pendant la campagne de France. Inclus dans le 6e groupe d'armées US, de Lattre est parfois pris en tenaille entre les ordres de son chef américain et les directives de son chef de gouvernement, comme à Strasbourg. Plus tard, de Gaulle aiguillonne de Lattre pour qu'il traverse vite le Rhin et taille à la France une zone d'occupation. Mission accomplie le 8 mai et suprême récompense : de Gaulle envoie de Lattre à Berlin pour y cosigner l'acte de capitulation allemand.

Triomphant, recevant avec magnificence sur les bords du lac de Constance, « le roi Jean » s'attend à être nommé commandant des forces françaises d'occupation en Allemagne, ce qu'il suggère maintes fois à de Gaulle, avant d'apprendre qu'une autre nomination l'attend : inspecteur général. Il proteste : « Vous savez toute la vanité de ce titre... », et refuse le poste. Le 25 juillet 1945, la radio lui apprend que le général Kœnig arrive pour le remplacer et qu'il est nommé inspecteur général. Il finit par accepter le poste. Il y a eu crise. On peut penser que l'austère de Gaulle n'a pas apprécié les somptueuses parades militaires ni l'effervescence d'un PC attirant tant de visiteurs de marque. De Lattre s'estime victime de « commérages de couloirs ». De Gaulle concédera plus tard : « Je ne puis affirmer que je l'ai toujours traité avec bonne grâce, mais je garantis ma haute estime et même mon affection à son égard. Le reste n'est que ragots de bas étage » [*LNC*].

Dans les *Mémoires de guerre*, de Gaulle décrit souvent de Lattre en action « passionné, mobile [...] ardent jusqu'à l'effervescence, susceptible autant que brillant, tendu à l'extrême ». Les travers qu'on lui reprochait « étaient surtout les excès de ses qualités ». Et il lui rend justice : « Il ne manqua jamais de marquer dans ses rapports avec moi et tant que je fus en place, non seulement son loyalisme, mais encore sa conviction quant au caractère insigne de la mission dont je portais la charge. »

Pendant la traversée du désert, de Lattre poursuit une carrière aux plus hauts niveaux : chef d'état-major général, commandant des forces terrestres de l'Union de l'Europe occidentale et – point d'orgue – l'Indochine avec tous pouvoirs civils et militaires, où il obtient un redressement inespéré de la situation avant de mourir, miné par un cancer et par la mort de son fils au combat. La veille, de Gaulle a écrit à Alphonse Juin : « De Lattre est mourant. Comme Français, comme soldat, cela me fait une grande peine. Ses défauts, nous les avons bien connus. Mais au total, jusqu'à la fin, il aura pesé lourd dans la balance favorable de la France. » Jean DELMAS

• *Voir aussi* : Armées de la Libération ; Capitulations allemande et japonaise ; Débarquement en Afrique du Nord ; Débarquement en Provence ; Indochine

Bibl. : Jean de Lattre de Tassigny, *Ne pas subir*, Paris, Plon, 1984 • Id., *Reconquérir*, Paris, Plon, 1985.

LAVAL, Pierre (1883-1945). – Avocat issu d'un milieu modeste, socialiste, Pierre Laval est élu député en 1914. D'abord partisan d'une paix de compromis, il se rallie à Clemenceau. Après son échec aux élections de 1919, il se lance dans les affaires tout en poursuivant sa carrière politique. Maire d'Aubervilliers, il édifie une fortune dont la soudaineté et l'ampleur suscitent bien des questions. Réélu député comme socialiste indépendant en 1924, il siège sans interruption au Sénat à partir de 1927. À compter de 1925, il est à plusieurs reprises ministre et deux fois président du Conseil (de janvier 1931 à janvier 1932 et de juin 1935 à janvier 1936). Lors de son second passage à la tête du gouvernement, il suscite l'hostilité par sa politique de déflation et son rapprochement avec l'Italie fasciste et fait ratifier sans enthousiasme le pacte d'assistance franco-soviétique.

À partir de janvier 1936, il nourrit une rancœur croissante à l'encontre d'une République qui se passe de ses services, et se signale par son refus à tout prix de la guerre. En juin-juillet 1940, il intrigue auprès du maréchal Pétain et s'impose comme artisan du sabordage de la IIIe République. Il est désigné comme successeur du Maréchal dont il est alors le principal ministre. Misant sur une victoire allemande, il milite en faveur de la collaboration et est la cheville ouvrière de la rencontre de Montoire. Mais sa mainmise sur les rapports franco-allemands indispose le Maréchal qui le chasse du gouvernement le 13 décembre 1940. Malgré l'appui allemand, Laval ne revient au gouvernement qu'en avril 1942. Croyant toujours à la victoire nazie, il pousse toujours plus loin la politique de collaboration et se compromet par des déclarations et des actes qui scandalisent l'opinion et le font apparaître comme l'incarnation du traître. Il reconnaît toutefois la possibilité d'un choix contraire au sien et, plusieurs fois, en public, concède « une certaine grandeur », notamment en novembre 1943, à de Gaulle qu'il évite d'incriminer personnellement. Après le Débarquement, il tente en août 1944 une ultime combinaison parlementaire qui encadrerait une passation des pouvoirs au Général. Mais il échoue et les Allemands l'emmènent en Allemagne.

Au moment de la défaite du IIIe Reich, Laval se réfugie en Espagne. Franco le livre aux Américains qui le remettent à la France. Inculpé pour intelligence avec l'ennemi, il est emprisonné à Fresnes en juillet 1945. À l'issue d'une instruction bâclée, son procès devant la Haute Cour de justice tourne à la caricature. Devant la violation des règles élémentaires de la procédure, l'accusé puis ses avocats se retirent. Le 9 octobre 1945, Pierre Laval est condamné à mort et, parce qu'il a interdit que l'on demande sa grâce, ses défenseurs sollicitent du général de Gaulle l'annulation de la procédure. Le Général refuse, estimant que le fond de l'affaire est entendu. Le 13 octobre, dans une lettre-testament, Laval écrit : « Le général de Gaulle n'hésite pas à ordonner mon assassinat. » À l'issue d'une tentative de suicide manquée au matin de son exécution, Pierre Laval est ranimé pour être fusillé.

Bénédicte Vergez-Chaignon

• *Voir aussi* : Collaboration ; Épuration ; Montoire ; Symboles

Bibl. : Jean-Paul Cointet, *Pierre Laval*, Paris, Fayard, 1993 • Id., *Histoire de Vichy*, Paris, Perrin, 1996 • Pierre Laborie, *L'Opinion française sous Vichy. Les Français et la crise d'identité nationale, 1936-1944*, Paris, Le Seuil, 2001.

LE BON, Gustave (1841-1931). – Sociologue et vulgarisateur scientifique, Gustave Le Bon, bien que dépourvu de poste académique, joua un rôle important dans la vie intellectuelle française entre 1890 et 1920. Il est l'auteur de livres remarqués, notamment *Psychologie des foules,* paru en 1895, et bénéficia de multiples appuis dans le monde des revues, de l'édition, comme au sein de l'Institut, avec des relais au-delà des milieux intellectuels. Enfin, il dirigea jusqu'à sa mort l'importante « Bibliothèque de philosophie scientifique » qu'il avait fondée chez Flammarion en 1902.

On peut relever deux notations explicites de De Gaulle sur des écrits de Le Bon, en 1916. Celui-ci était connu des milieux militaires, étant lié personnellement à des enseignants de l'École de guerre, et de Gaulle avait très tôt médité les œuvres de Bonnal et Maud'huy dans lesquelles Le Bon est cité positivement. Ses principaux ouvrages figuraient à la bibliothèque de l'École. Relevons aussi les liens personnels noués, dans les années 1920, entre de Gaulle et le philosophe Paul Gaultier, directeur de la *Revue politique et littéraire* et très proche collaborateur de Le Bon.

Pour autant, parler d'une influence intellectuelle de Le Bon sur de Gaulle paraît aventuré. Les formules du *Fil de l'épée* sur le prestige et l'autorité du chef, sur le besoin qu'a la « foule » d'être dirigée sont présentes chez Le Bon, mais chez bien d'autres auteurs également, et la diversité des lectures du futur général est connue. La notion de race, si importante chez Le Bon, n'a pas la même portée ni le même arrière-plan spencérien chez de Gaulle. Le pessimisme national de l'auteur de *La Psychologie des foules* qui rattache la « race française » au groupe des « races latines », jugées inférieures aux « races anglo-saxonnes », est peu compatible avec le nationalisme gaullien. D'ailleurs, les officiers proches de Le Bon, prenant en compte la mentalité du milieu militaire, opéraient, dans leur enseignement et leurs publications, un travail significatif de transposition et d'édulcoration des théories de l'auteur de *Psychologie des foules*.

Benoit Marpeau

• *Voir aussi* : Race

Bibl. : Benoit Marpeau, *Gustave Le Bon. Parcours d'un intellectuel 1841-1931*, Paris, Éditions du CNRS, 2000.

LEBRUN, Albert (1871-1950). – Albert Lebrun est sorti major de Polytechnique et des Mines. Il entre en politique à vingt et un ans, adhère à l'Alliance démocratique dès sa création en 1901, puis devient membre de ses instances dirigeantes. Plusieurs fois ministre entre 1913 et 1919, il devient président du Sénat en 1931 et président de la République en 1932. Il accepte un nouveau mandat de sept ans en avril 1939, contrairement aux usages de la IIIe République.

Le président Lebrun eut à affronter bien des épreuves : le 6 février 1934, les turbulences du Front populaire, les ambitions de Hitler, la défaite de 1940. De Gaulle lui reproche de « s'abstenir d'élever la voix même au sein du Conseil des ministres pour exprimer l'intérêt supérieur du pays » [*MG*]. De fait, bien que penchant pour la thèse de Paul Reynaud – continuer la guerre et partir en Algérie –, il se soumet à la volonté de la majorité des ministres, emmenée par Weygand et Pétain. Il fait alors appel à ce dernier pour succéder à Reynaud et s'installe à Vichy.

Si, en 1945, dans *Témoignage*, Lebrun écrit que « la France avait perdu la bataille, mais pas la guerre » – en plagiant l'appel du 18 Juin –, s'il affirme avoir eu connaissance des « pages prophétiques » du colonel de Gaulle pour une armée nouvelle, en réalité, en 1940, il s'est résolu à la capitulation et il a pensé la chose militaire à l'aune de la Grande Guerre. Après le vote des pleins pouvoirs à Pétain, son sens du « devoir » et son respect de la « loi » l'ont empêché de donner sa démission. Il se retire à Vizille.

Dans l'été 1943, il décline la proposition du maréchal Badoglio, qui, probablement en accord avec les Alliés, lui propose de se réfugier en Italie. Dans ses *Mémoires,* de Gaulle lui en reconnaît le mérite. Peu après, il est arrêté sur l'ordre de Hitler et retrouve à Itter (Autriche) d'autres hommes politiques français prisonniers du nazisme. Il y séjourne un an, avant d'être libéré pour raison de santé.

Le 13 octobre 1944, de Gaulle reçoit Lebrun qui lui déclare : « Sans vous, tout était perdu. [...] Je vous suis tout acquis. » Pourtant, en 1945, il écrit au chef du Gouvernement provisoire pour lui notifier que son mandat présidentiel vaut jusqu'en 1946. Il ne reçoit évidemment pas de réponse et se retire alors de la vie politique.

Lebrun a le sens du devoir, mais le conçoit bien différemment de De Gaulle. Il s'est montré respectueux de la représentation nationale, au risque de faire preuve de veulerie. Le cours des événements, plus que ses lectures, l'a instruit des mérites du Général. Quant à celui-ci, son jugement sur Lebrun est tranché : « Au fond comme chef d'État, deux choses lui auront manqué : qu'il fût un chef, qu'il y eût un État. » L'historiographie contemporaine s'avère également sévère sur le dernier président de la IIIe République, « un homme de grisaille ».

Rosemonde SANSON

• *Voir aussi* : Alliance démocratique

Bibl. : Michel Launay, *L'Armistice de 1940*, Paris, PUF, 1972 • Albert Lebrun, *Témoignage*, Paris, Plon, 1945 • Rosemonde Sanson, *L'Alliance républicaine démocratique. Une formation de centre (1901-1920)*, Rennes, PUR, 2003.

LE BRUN, Pierre (1906-1970). – Fils d'universitaires, ingénieur civil des Ponts et Chaussées, Pierre Le Brun est l'homme d'une triple fidélité : à la Résistance, à la CGT (Confédération générale du travail) et au général de Gaulle. C'est une posture peu commune. Salarié d'une entreprise électrique avant la guerre, membre du parti radical, il est l'un des auteurs du *Plan du 9 juillet : réforme de la France*, paru en 1934. Résistant, il est l'un des fondateurs de l'Union des cadres industriels de la France combattante (UCIF), qui posera les bases du syndicalisme cadre de la CGT. Il est aussi parmi les fondateurs du Front national, et, avec Yves Farge, le dirigeant du Comité d'action contre la déportation. Les ambitions du programme du CNR (Conseil national de la Résistance) sont et resteront les siennes. Membre de l'Assemblée consultative provisoire (ACP), il rapporte sur de nombreux sujets relatifs à la

« bataille de la production », et en particulier sur la nationalisation de l'électricité et la création d'EDF. En février 1945, il devient secrétaire confédéral de la CGT et reste à ce poste jusqu'en janvier 1966. Là, comme au Conseil économique puis au Conseil économique et social, il défend la nouvelle planification, la comptabilité nationale, EDF et les comités d'entreprise. À la veille de sa mort, il écrit : « Comme responsable d'une grande organisation syndicale, je me trouve avoir été au lendemain de la guerre l'un des pionniers des institutions que je viens d'évoquer : Plan de modernisation et d'équipement, Conseil économique, Comptabilité économique nationale. »

Choqué par les modalités de la scission de la CGT en 1947, il s'accroche à l'unité du mouvement syndical. Mais, réformiste dans l'âme, et radical mendésiste tout autant que gaulliste de gauche, il est dans une position inconfortable à la CGT. Louis Saillant, secrétaire de la CGT, écrira à son propos en 1971 : « Il peut y avoir, pour le syndicalisme également, des périodes où les questions restent longtemps des questions sans réponse. » L'élection présidentielle de 1965 est l'occasion pour Le Brun de trancher : dans un ouvrage, il dénonce comme peu réaliste la thèse de la paupérisation absolue. La même année, il signe le « manifeste des 29 », lancé par des hommes de gauche qui appellent à voter de Gaulle, avec André Philip, Emmanuel d'Astier de La Vigerie, Philippe Dechartre et David Rousset. Admirateur du chef de la France libre, il a rencontré celui-ci peu avant le 13 mai 1958. Il est consulté par le Général en 1960-1961, car il est, selon Léo Hamon, « le témoin le plus valable de l'action syndicale et de la force des travailleurs ». Avec pour motif « Intéresser les intéressés », Le Brun devient un chantre de la participation. En 1969, il se prononce pour Georges Pompidou au nom de « l'avenir du socialisme démocratique ». Sa grille politique inattendue et ses fidélités l'ont tenu éloigné des ors de la République et de la reconnaissance de l'Histoire, mais sa mort est l'occasion d'un large rassemblement de sympathie.

Philippe Mioche

• *Voir aussi* : Assemblée consultative provisoire ; CGT ; GPRF (œuvre intérieure et outre-mer du) ; Participation

Bibl. : Pierre Le Brun, *Questions actuelles du syndicalisme*, Paris, Le Seuil, 1965 • Id., *Points de vue* (compte d'auteur), 1972, 140 p. • Philippe Mioche, *Le Plan Monnet, genèse et élaboration 1941-1947*, Paris, Publications de la Sorbonne, 1987.

LECANUET, Jean (1920-1993). – Né à Rouen dans une famille de petits commerçants catholiques, Jean Lecanuet enseigne à Douai puis à Lille, après avoir été brillamment reçu à l'agrégation de philosophie. Pendant l'Occupation, il participe au réseau franco-anglais du capitaine Michel. Arrêté par les Allemands au cours d'une opération de sabotage, il réussit à s'évader et vit dans la clandestinité près de Dunkerque. À la Libération, il fait le choix de l'engagement politique au Mouvement républicain populaire (MRP) parce que « c'était non seulement la transcription, dans l'action, d'une volonté de justice sociale, les suites de la Résistance, bien entendu, mais c'était aussi l'entrée de catholiques, définitivement, dans la République ». En janvier 1945, il accepte la proposition de Pierre-Henri Teitgen d'entrer dans son équipe et, sous la IVe République, sera à plusieurs reprises chef ou directeur des cabinets de Jean Letourneau, Pierre Pflimlin et Pierre Abelin. Député de Seine-Maritime en 1951, il incarne au sein du MRP un souci de cohérence doctrinale et se montre plutôt libéral. On le verra, aux côtés du philosophe Étienne Borne, participer à la création de la revue *France Forum*. Jean Lecanuet adhère sans difficulté aux positions de son parti, dans son hostilité au RPF fondé par de Gaulle puis au gouvernement Mendès France, et quand il perd son siège de député en 1956, il en devient l'année suivante secrétaire général adjoint.

Directeur du cabinet de Pierre Pflimlin en mai 1958, il se montre alors favorable au retour du général de Gaulle. Mais le nouveau sénateur de la Seine accompagne pleinement l'entrée de son parti dans le « cartel des non » en 1962. L'année suivante, il est propulsé à la présidence du MRP avec l'assentiment d'une base encore abasourdie par les échecs subis au référendum puis aux élections législatives de 1962. Ayant, d'un commun accord avec Joseph Fontanet, refusé de participer à l'expérience Defferre de grande fédération (union avec les radicaux et les socialistes), il est amené à se présenter à l'élection présidentielle contre le général de Gaulle en 1965 sur une base « sociale, libérale et européenne ». Le large écho de sa campagne et les 15,8 % de suffrages obtenus au premier tour de scrutin l'incitent à tenter de capitaliser ce succès. Ce sera la « mise en sommeil » du MRP et la fondation, en 1966, du Centre démocrate qui signale une nouvelle étape dans la sécularisation de sa famille politique. « En France, compte tenu de notre histoire, il n'est pas dans notre tradition de prendre le christianisme comme étendard politique », confie-t-il à Henri Bourbon. Si, sur ce point, il partage l'attitude du général de Gaulle, attaché à l'autonomie du politique par rapport à la religion, il demeure un vif opposant à sa politique européenne, comme d'ailleurs à celle de son successeur, avant de se rallier au contraire à Valéry Giscard d'Estaing en 1974. Bruno BÉTHOUART

• *Voir aussi* : Centristes ; Élection présidentielle de 1965 ; MRP

Bibl. : *Jean Lecanuet, Le Combat pour l'idée*, Paris, Association des Amis du Centre démocrate, 1994 • Nadine-Josette Chaline, *Jean Lecanuet*. Paris, Beauchesne, 2000 • Jean Chélini, « Jean Lecanuet-Étienne Borne : deux destins croisés », *France Forum*, n° 11, septembre 2003, p. 104-106.

LECLERC, Philippe de Hauteclocque, dit (1902-1947). – Apprenant la mort de Leclerc, survenue la veille dans un accident d'avion, de Gaulle écrit le 29 novembre 1947 à sa veuve : « Ce que le général Leclerc de Hauteclocque fut comme grand chef, comme illustre serviteur de la France, comme homme d'action pour toujours glorieux, je le dirai, certes, au pays. À vous-même, chère madame, je ne veux dire aujourd'hui que mon immense chagrin qui s'incline devant le vôtre et celui de vos enfants. J'aimais votre mari, qui ne fut pas seulement le compagnon des pires et des plus grands jours, mais aussi l'ami sûr dont jamais aucun sentiment, aucun acte, aucun geste, aucun mot, ne furent marqués même d'une ombre par la médiocrité. Sous l'écorce, nous n'avons jamais cessé d'être profondément liés l'un à l'autre. » En 1949, lors de l'inauguration de l'avenue du Général-Leclerc, à Paris, l'homme du 18 Juin ajoutera : « Ce qu'a su réaliser un Philippe Leclerc de Hauteclocque, que nous prîmes capitaine pour en faire un général d'armée, tient du merveilleux. » Le 23 août 1952, Leclerc est élevé à la dignité de maréchal de France à titre posthume.

Pionnier de la France libre. Le capitaine de cavalerie qui se présente au général de Gaulle le 25 juillet 1940 est un inconnu pour ce dernier. Sorti de Saint-Cyr en 1924, Philippe de Hauteclocque n'a pas pris part à la Grande Guerre, mais il a brillamment participé à la pacification du Maroc, comme l'attestent sa croix de la Légion d'honneur et les deux palmes de sa croix de guerre TOE (Théâtres d'opérations extérieures). Commandant « l'escadron » à Saint-Cyr, il a réussi le concours de l'École supérieure de guerre (ESG), mais n'en a suivi les cours qu'un an (1938-1939). Ce récent breveté sait-il qu'il en est sorti major ? Sa campagne 1939-1940 retient davantage l'attention du chef de la France libre ; moins son affectation initiale dans un état-major de division de réserve que sa participation au combat du 2e groupement cuirassé après une première évasion. Blessé, il s'est soustrait une seconde fois à la captivité, accumulant dans sa fuite observations et réflexions sur l'emploi des chars et de l'aviation.

Ce gentilhomme picard, catholique et père de six enfants, a eu connaissance de l'appel du 18 Juin, à Paris, le 24 ou le 25. Refusant l'armistice, il a immédiatement décidé de rejoindre le général de Gaulle. Il restera le seul breveté de l'armée de terre à avoir traversé clandestinement la ligne de démarcation, puis les Pyrénées après avoir falsifié son passeport, et enfin l'Espagne où il s'est joué de la police franquiste. Parvenu à Londres, il s'est immédiatement engagé dans la France libre, sous le pseudonyme de Leclerc. Selon André Dewavrin – Passy –, il a aussitôt compris ce que signifiait le « Je suis la France ! » gaullien : le Général n'est pas le chef d'une légion de combattants, ni même celui de l'armée française ; il est l'incarnation d'une vieille nation forgée au cours des siècles. Encore maurrassien, mais pour peu de temps, imprégné de nationalisme bainvillien, le nouveau rallié adhère pleinement à une telle démarche. Mais à sa manière : monarchiste et féodal, il donne sa « foi » à l'« élu » de la Providence, au jeune général qu'il ne connaît que par ses livres et qui a relevé le glaive tombé des mains d'un vieux maréchal couvert de gloire à qui les parlementaires ont abandonné un pouvoir légal mais non légitime. Jusqu'à sa mort, il se comportera en vassal rugueux ; du Guesclin plus que Bayard.

Ayant pris sa mesure, le chef de la France libre lui confie une mission politique. La première. En août 1940, il charge le commandant Leclerc de rallier le Cameroun dans le cadre d'une opération d'ensemble visant au ralliement de l'Afrique-Équatoriale française (A-ÉF) où de nombreux partisans de la continuation de la guerre se sont fait connaître. Son ordre de mission ? « Représenter le général de Gaulle dans toute négociation [...], dans toute déclaration [...] ; dans toute initiative qu'il pourrait y avoir lieu de prendre [...] pour continuer la guerre contre les Allemands et les Italiens. » En d'autres termes, des pouvoirs d'ambassadeur et de proconsul. Il s'envole avec Claude Hettier de Boislambert et le commandant Parant, ainsi qu'avec René Pleven investi d'une mission plus large. Le détail de l'expédition compte moins que le comportement de Leclerc. Cet officier de tradition agit en putschiste. Le 26 août 1940, s'étant promu colonel, il entraîne les hésitants, arrête les suspects, parle à la radio. Bref, il prend le pouvoir et l'exerce, jouant un rôle clé au cours des « Trois Glorieuses » qui fondent l'Afrique française libre.

Koufra. Un instant ébranlé par l'échec de l'opération sur Dakar, de Gaulle part se ressourcer au Cameroun où Leclerc l'accueille le 8 octobre 1940. Déjà la libération du Gabon est engagée. Sans état d'âme, Leclerc conduit ce qu'il faut appeler une conquête même si les pertes sont minimes. Le 22 novembre, il est nommé commandant militaire du Tchad. Entre-temps, de Gaulle l'a nommé membre du Conseil de défense de l'Empire. Pointant sur une carte les oasis libyennes sous domination italienne, le chef de la France libre aurait déclaré : « Et puis il y a ça et ça. » Non pour s'en emparer mais afin de montrer que les Forces françaises libres (FFL), déjà engagées en Érythrée, se battent partout. Et de le prouver non seulement aux Anglais et aux puissances de l'Axe, mais surtout à ceux qui, dans l'Empire, attendent l'heure de la revanche et que, allocution après allocution, il tentera de convaincre que l'honneur ne se confond pas avec la discipline. Après le raid sur Mourzouk, c'est l'expédition sur l'oasis italienne de Koufra dont Leclerc s'empare par un coup de bluff, après une préparation matérielle exemplaire et un combat qu'il a commandé en personne. « Jurez de ne déposer les armes que lorsque nos couleurs, nos belles couleurs, flotteront à nouveau sur la cathédrale de Strasbourg », demande-t-il à ses hommes le 2 mars 1941. Le 6, l'homme du 18 Juin le nomme Compagnon de la Libération. Sur les ondes anglaises sonnent les trompettes de la renommée. Elles retentissent en France comme dans les camps de prisonniers en Allemagne. Et de Gaulle d'adresser ce message à Leclerc : « Les cœurs de tous les Français sont avec vous et avec vos troupes. Colonel Leclerc, je vous félicite en leur nom du magnifique succès de Koufra. Vous venez de prouver à l'ennemi qu'il n'en a pas fini avec l'armée française. Les glorieuses troupes du Tchad et leur chef sont sur la route de la victoire. Je vous embrasse. » La victoire de Keren, en Érythrée, suit de peu. Mais elle a moins de retentissement car les Français libres y combattent sous commandement britannique. Leclerc, lui, opère seul, quoique en fonction de l'évolution de la carte de la guerre en Cyrénaïque. Dans l'attente d'une offensive alliée générale, il lance, en février-mars 1942, des raids dévastateurs au Fezzan.

Nommé commandant supérieur des troupes en Afrique française libre le 25 mars 1942, condamné à mort par Vichy le 11 octobre suivant, Leclerc n'a pas hésité à exprimer son opposition au retour à la politique d'avant guerre, qu'incarne notamment à ses yeux René Cassin, membre comme lui du Conseil de défense de l'Empire. Cela lui a valu un rappel à l'ordre. En novembre, il lance ses colonnes vers Tripoli. Il doit y faire jonction avec la 8ᵉ armée britannique qui débouche d'Égypte pour rejoindre en Tunisie les forces américano-anglaises venues d'Algérie. Les consignes du général de Gaulle, tenu à l'écart par les Alliés, sont claires : participer à l'offensive sans se laisser inféoder aux Anglais ni séduire par le pouvoir néovichyste d'Alger. Leclerc mène à bien ces deux missions, non sans avoir vainement proposé au chef de la France libre d'aller plaider la cause de l'union sous l'autorité de celui-ci auprès de Giraud, son ancien patron au Maroc dont il connaît le patriotisme.

La 2ᵉ division blindée. En Tunisie, rééquipée par les Anglais, la « force L » est en flanc-garde de la 2ᵉ division néo-zélandaise et brise une contre-attaque blindée allemande à Ksar Khilane avec le soutien de la RAF, le 10 mars 1943. À Gabès, le 2 avril, Leclerc s'oppose à Giraud et lui demande sans succès de rallier de Gaulle. Stoppé, en vue de Tunis, avec la 8ᵉ armée, il envoie le colonel Ingold y faire flotter le drapeau à croix de Lorraine. Le 20 mai, au défilé de la victoire, les FFL refusent de marcher avec l'armée d'Afrique : la force L roule en tête de la 8ᵉ armée britannique. Dans les jours qui suivent, les méthodes de ses recruteurs valent à Leclerc d'être durement tancé par le général Catroux, qui souhaite ménager Giraud. De Gaulle envoie alors les formations FFL en pénitence en Libye – la force L cantonne à Sabratha –, puis les rattache à l'armée française réunifiée, non sans avoir demandé à ses compagnons de rester fidèles à eux-mêmes et à la croix de Lorraine.

« Il se peut que j'aie besoin de lui pour une mission nationale », déclare le général de Gaulle, le 6 décembre 1943, au capitaine de Boissieu envoyé par Leclerc. À celui-ci, le 15, il adresse une lettre de commandement le nommant gouverneur militaire de Paris. Le président du Comité français de la Libération nationale (CFLN) fait ainsi savoir à Leclerc que sa division marchera sur la capitale au sein des troupes alliées. Cette mission, alors secrète, a un triple objectif : participer à la libération de Paris ; y faire reconnaître par les Alliés la pleine souveraineté de la France ; achever d'imposer l'autorité du CFLN aux forces de la Résistance intérieure.

À Temara, au Maroc, Leclerc s'emploie alors à former la 2ᵉ division blindée (2ᵉ DB). Créée le 24 août 1943, organisée en groupements tactiques (GT) à l'américaine, elle doit compter 15 000 hommes. Même renforcés par de nombreux engagés, les vieux Français libres venus du Tchad (Crépin, Dio, Guillebon, Massu, Peschot, Vézinet) ou du Levant (Buis, Rémy, Repiton-Preneuf, Roumiantzoff) en comptent moins de 5 000. Des évadés de France (Cordier, Duplay) ou des exfiltrés issus des chars de Delestraint (Malagutti, Cantarel) doublent leur nombre. Le complément, en particulier des cavaliers rompus à la manœuvre blindée (Compagnon, Gribius, La Horie, Langlade, Minjonnet, Rouvillois), vient de l'armée d'Afrique. Par son charisme et sa volonté de fer, Leclerc amalgame ceux que rapprochent la même volonté de libérer leur patrie et les mêmes contraintes d'instruction sur matériel américain. Toutefois, c'est seulement en Angleterre, à la veille du Débarquement, qu'il fera porter à tous la croix de Lorraine.

Devenue l'« armée Leclerc », la 2ᵉ DB débarque à Utah Beach le 1ᵉʳ août 1944 pour participer à l'offensive de la 3ᵉ armée américaine du général Patton. Leclerc s'impose à Alençon, s'impatiente devant Falaise, piaffe devant Paris insurgé. De Gaulle obtient d'Eisenhower de lancer la 2ᵉ DB vers Paris. Leclerc entre dans la capitale le 25 août et reçoit la capitulation du gouverneur militaire allemand, von Choltitz. Cédant à la demande de Jacques Chaban-Delmas, il consent à ce que ce document soit également signé par Rol-Tanguy, chef des FFI d'Île-de-France, et s'attire la colère du général de Gaulle qui lui reproche d'avoir ainsi légitimé la Résistance intérieure au détriment du Gouvernement provisoire de la République française (GPRF). Le lendemain il participe au défilé sur les Champs-Élysées puis au *Te Deum* à Notre-Dame, tandis que sa division tient les carrefours parisiens et combat au Bourget.

Franchissant les Vosges par une opération aussi audacieuse que minutieusement préparée, la 2e DB libère Strasbourg le 23 novembre 1944. Le serment de Koufra est tenu. Sous les ordres du général de Lattre de Tassigny, la 1re armée pénètre quant à elle en Alsace par la trouée de Belfort. Mais la jonction entre les deux forces françaises ne s'effectue pas. Par deux fois, Leclerc refuse d'être placé sous les ordres de De Lattre, qu'il n'estime pas. À la même époque, il propose à de Gaulle d'utiliser la 2e DB pour réduire les excès de ce qu'il appelle la « révolution communiste ». Doublement furieux, le président du GPRF le rappelle à l'obéissance. Finalement, à la Noël, il choisit de ménager aussi bien de Lattre que Leclerc : un instant employé à réduire la poche de Royan, ce dernier obtient d'entrer en Allemagne. La 2e DB achève son épopée en prenant le nid d'aigle d'Hitler, à Berchstesgaden, dans les Alpes bavaroises. Le 18 juin 1945, conduite par son chef, elle ouvre à Paris le défilé de la victoire.

L'imbroglio indochinois. Leclerc et Thierry d'Argenlieu, le bon et le mauvais, le progressiste et le conservateur : la polémique dure toujours. Le 15 août 1945, de Gaulle a placé le général Leclerc, « commandant supérieur des troupes en Extrême-Orient », sous l'autorité de l'amiral Thierry d'Argenlieu, « haut-commissaire de France pour l'Indochine » avec les pouvoirs de « gouverneur général » et de « commandant en chef des forces terrestres, navales et aériennes ». Le haut-commissaire doit « rétablir la souveraineté française », tandis que le commandant supérieur est « chargé de prendre toutes les mesures militaires tendant au rétablissement de cette autorité ». Le 26 avril 1946, alors retiré à Colombey où ses deux fidèles continuent à l'informer, de Gaulle écrit à Leclerc : « J'ai moi-même en son temps pesé les conditions de la mission confiée à l'amiral d'Argenlieu et celle qui vous a été confiée à vous-même. [...] Je vous demande aujourd'hui d'y penser avec un peu de confiance en mon jugement et mes sentiments. » A-t-il voulu parfaire son image de chef militaire en le tenant à l'écart des difficultés diplomatiques et politiques ? N'a-t-il pas préféré désigner un négociateur dont il a pu apprécier l'habile intransigeance ?

Leclerc a obéi. Mais il a d'autant plus mal vécu cette subordination que sa découverte de la situation indochinoise lui a montré l'irréalisme de la politique française. Rétablir la souveraineté de la France ne signifie pas, il le sait, revenir au régime précédent mais appliquer la déclaration du 24 mars 1945 qui accorde l'autonomie à la Fédération indochinoise au sein d'une Union française appelée à se substituer à l'Empire pour mieux le conserver. C'est oublier que le 9 mars 1945, à la suite du coup de force nippon, l'Annam, le Cambodge et le Laos ont proclamé leur indépendance. De plus, le 2 septembre, le Viet-Minh dominé par les communistes a établi à Hanoi une République démocratique du Vietnam (RDVN). Que Leclerc ait eu, le même jour, l'honneur de signer pour la France, à bord du *Missouri*, la capitulation du Japon n'a fait que renforcer sa perception d'une Indochine qui n'est pas celle imaginée à Paris.

Dans l'avion qui le conduisait en Extrême-Orient, Paul Mus lui a révélé que les Français, humiliés par les Japonais, avaient perdu « le mandat du ciel ». Obligé de séjourner à Ceylan, du 22 août au 4 octobre, il a découvert la fragilité des Anglais et des Hollandais dans cette partie du monde. Au Japon, il a appris que les États-Unis renonçaient aux Philippines. Lui-même n'a pu débarquer à Saigon qu'après les Anglais. Enfin, les premières opérations en Cochinchine, bien que victorieuses, n'assurent ni la maîtrise du terrain, ni le contrôle de la population. Or de Gaulle et Thierry d'Argenlieu le pressent d'aller au Tonkin, où l'occupant chinois n'est pas plus désireux de le recevoir que les dirigeants de la RDVN. Ayant fait sauter le verrou chinois à Haiphong, il entre à Hanoi le 18 mars 1946 après avoir demandé au représentant français, Jean Sainteny, d'« arriver au plus tôt à un accord » avec la RDVN, « fût-ce au prix d'initiatives qui pourraient être désavouées ». Une convention a été signée le 6 mars par laquelle le gouvernement français a reconnu la République du Vietnam comme un État libre et faisant partie de la Fédération indochinoise et de l'Union française. Un accord annexe, signé par Leclerc, limite les effectifs français à 15 000 hommes et leur présence à cinq ans. L'amiral Thierry d'Argenlieu et le gouvernement français émettent des réserves sur ces dispositions. Désavoué, Leclerc demande son retour, et Thierry d'Argenlieu son rappel.

En janvier 1947, au nom de l'unité entre Français libres et désireux de conserver sur place Thierry d'Argenlieu, un inconditionnel, de Gaulle déconseille à Leclerc d'accepter le poste de haut-commissaire et commandant en chef en Indochine qui vient de lui être proposé. À Leclerc, son ami René Pleven a déjà expliqué que, ne disposant d'aucun soutien politique, il n'obtiendrait ni les moyens, ni la liberté d'action qu'il demanderait. Au terme d'une entrevue orageuse avec de Gaulle, Leclerc déclare : « Dans les grandes circonstances, le Général a toujours raison. »

Dès lors, de Gaulle suit discrètement la carrière de Leclerc, devenu le protégé du général Juin. Inspecteur des Forces terrestres, maritimes, aériennes en Afrique du Nord, membre du Conseil supérieur de la Défense nationale, l'ancien chef de la 2e DB est promis aux plus hautes responsabilités militaires lorsqu'il meurt dans un accident d'avion le 28 novembre 1947. Au soir du 6 décembre, en uniforme, le général de Gaulle vient s'incliner devant la dépouille de son fidèle compagnon en la chapelle Saint-Louis-des-Invalides, mais n'assiste ni aux cérémonies du 7, ni aux funérailles nationales le lendemain.

André MARTEL

• *Voir aussi* : Armées de la Libération ; FFL ; France libre ; Indochine ; Ordre de la Libération

Bibl. : Christine Levisse-Touzé, *Philippe Leclerc de Hauteclocque (1902-1947), la légende d'un héros*, Paris, Tallandier, 2002 • André Martel, *Leclerc : le soldat et le politique*, Paris, Albin Michel, 1998 • Jean-Christophe Notin, *Leclerc*, Paris, Perrin, 2005.

LE CLÉZIO, Jean-Marie Gustave (né en 1940). – Le 9 décembre 1963, le même jour où il félicitait un de ses supporters de longue date, Jean Dutourd, d'avoir démystifié Rivarol, et le remerciait « une fois de plus » de son « magnifique talent », Charles de Gaulle faisait parvenir un message tout aussi admiratif mais plus inattendu à un écrivain de vingt-trois ans, Jean-Marie Gustave Le Clézio, auteur d'un premier roman très remarqué, *Le Procès-verbal*, couronné par le prix Renaudot après avoir manqué de peu le Goncourt. Bien que lecteur assidu depuis toujours des prix littéraires, le Général n'avait guère prêté attention jusqu'ici à la jeune création romanesque, plus familier à l'évidence des dernières œuvres de Georges Duhamel, de Romain Gary ou d'Henri Troyat que de celles d'Alain Robbe-Grillet ou de Michel Butor. L'hommage personnel qu'il adresse ici à un romancier à peine révélé, qui vient de s'affirmer dès son premier livre par une grande originalité dans le paysage littéraire, n'en est que plus saisissant.

Histoire d'un réfractaire intégral, Adam Pollo, « désespéré ontologique » qui, selon la formule de l'auteur, « ne savait pas trop s'il sortait de l'armée ou de l'asile psychiatrique », *Le Procès-verbal* ne pouvait laisser indifférent un vieux chef d'État chez qui l'usage du pouvoir n'avait ni diminué les facultés de rébellion, ni altéré le goût de l'exil et de la solitude. « Votre livre m'a entraîné dans un autre monde, le vrai très probablement », déclarait-il à Le Clézio en une formule aussi lapidaire qu'explicite.

Mais l'essentiel de sa lettre, de Gaulle le consacrait à saluer l'avènement d'un futur grand écrivain, lui qui avait souvent déploré que la France de l'après-guerre n'en ait produit, à son sens, pratiquement aucun. « Comme tout commence pour vous, ajoutait-il, cette promenade aura des suites. Tant mieux ! Car vous avez bien du talent. À moi, qui suis au terme, vous écrivez que "le pouvoir et la foi sont des humilités". À vous, qui passez à peine les premiers ormeaux du chemin, je dis que le talent, lui aussi, en est une. » Si son intuition n'a pas été démentie, on ignore en revanche l'intérêt que le Général porta aux livres suivants de Le Clézio, égrenés comme autant de dénonciations du matérialisme contemporain qu'il n'était pas moins susceptible d'apprécier. Mais fût-il resté de part et d'autre sans lendemain, ce premier échange se suffisait à lui-même.

Jean-Luc Barré

• *Voir aussi* : Bibliothèque personnelle ; Intellectuels

LÉGALITÉ RÉPUBLICAINE, rétablissement de la (1944). – Constituant l'ultime étape d'un processus initié outre-mer en mars 1943 à la Réunion, l'ordonnance du 9 août 1944 relative au rétablissement de la légalité républicaine sur le territoire continental consacre une volonté exprimée par de Gaulle dès son appel, lancé de Londres quatre ans plus tôt, le 18 juin. La négation du gouvernement Pétain poussait d'emblée le Général rebelle à se placer sur le terrain de la continuité républicaine. Aussi la déclaration organique du 16 novembre 1940, complétant le manifeste de Brazzaville, développe-t-elle un solide argumentaire en ce sens. De même, l'institution du Comité national français en septembre 1941 ainsi que celle du Comité français de la Libération nationale en juin 1943, après que les convictions de De Gaulle ont eu raison des hésitations de Giraud, se réclament-elles de leur conformité aux lois de la République. Avec la formation du Gouvernement provisoire de la République française, la question revêt toute son acuité.

À l'heure où est entreprise la libération du sol continental, où les Grands alliés tardent à reconnaître le nouveau gouvernement, où plusieurs solutions intérieures demeurent en concurrence, il est pressant pour de Gaulle et le gouvernement d'Alger de régler le problème de la valeur juridique des actes du gouvernement de Vichy comme de donner leur pleine force aux mesures prises par les autorités qui ont condamné ce régime. Cet enjeu crucial – l'identité de la France – dépasse évidemment la simple sphère du droit. Plus que deux ordres juridiques, ce sont en effet deux légitimités qui s'affrontent. Droit et politique, légalité et légitimité sont de fait étroitement imbriqués. Définir sa propre légitimité, c'est nécessairement pour de Gaulle enfermer Vichy dans une parenthèse afin de pouvoir s'inscrire dans la continuité, celle de la légalité républicaine incarnée par la France libre, la France combattante, puis le gouvernement d'Alger.

Telle est la portée de l'article 1er de l'ordonnance d'août 1944 : « La forme du gouvernement de la France est et demeure la République. En droit, celle-ci n'a pas cessé d'exister. » La formule est faussement évidente. Par-delà la proclamation de la continuité, il s'agit de rétablir non pas la République, mais la légalité républicaine. De Gaulle avait certes affirmé, dans la déclaration organique du 16 novembre 1940, que la Constitution de 1875 demeurait en vigueur. Cependant, cet attachement avait été remis en cause par l'ordonnance du 21 avril 1944 portant organisation des pouvoirs publics après la Libération, dont l'article 1er prévoyait la réunion d'une Assemblée constituante. C'est pourquoi l'ordonnance d'août se borne à rétablir la « légalité républicaine ». L'expression vise assurément les lois ordinaires, mais son champ d'action est en réalité plus large. Y figurent aussi des principes que nous rangerions aujourd'hui parmi les règles à valeur constitutionnelle. C'est dire que la « légalité », au sens de l'ordonnance, exprime un ordre juridique inclusif de la constitutionnalité. Il s'agit au fond de restaurer l'État républicain. Ainsi rétablie, la légalité républicaine permettait de reconnaître une valeur juridique aux actes pris sous l'autorité du général de Gaulle comme du général Giraud. Surtout, elle emportait condamnation des mesures édictées par le maréchal Pétain.

Selon l'article 2 : « Sont, en conséquence, nuls et de nul effet tous les actes constitutionnels, législatifs ou réglementaires, ainsi que les arrêtés pris pour leur exécution, sous quelque dénomination que ce soit, promulgués sur le territoire continental postérieurement au 16 juin 1940 et jusqu'au rétablissement du gouvernement provisoire de la République française. » Étaient de la sorte annulés et, à ce titre, disparaissaient rétroactivement de l'ordonnancement juridique la loi constitutionnelle du 10 juillet 1940, les actes constitutionnels postérieurs, ainsi que plusieurs dispositions portant atteinte aux droits fondamentaux. Table rase était faite du système constitutionnel de Vichy et, du même coup, se voyait rétroactivement légitimée l'action institutionnelle du général de Gaulle. Toutefois, des considérations d'ordre pratique imposaient des tempéraments. Si bien que, malgré l'intransigeance du principe posé par l'article 2, certains actes sont simplement abrogés, leur nullité ne prenant effet que pour l'avenir. D'autres sont même validés. Au-delà de l'ordonnance et de la valeur juridique des actes de Vichy, réinstaller l'État républicain impliquait d'ailleurs quelques aménagements de circonstance. Si, par exemple, le retour à l'ordre rendait une épuration nécessaire, une administration efficace ne pouvait complètement se priver de ceux des commis de l'État qui, pendant l'Occupation, avaient servi au mieux la chose publique.

Sur un autre registre, le rétablissement de la légalité républicaine impliquait que les équipes issues de l'administration d'Alger fassent également leur place à celles fournies par la Résistance intérieure. L'amalgame se fit, mais il fut au départ délicat. Car la légitimité gaullienne, en puisant sa source en amont du 16 juin 1940, en faisant de l'appel du 18 Juin son acte fondateur, anticipait sur la formation des mouvements de résistance, en quelque sorte relégués à l'arrière-plan pour cause d'antériorité du Général. La légalité républicaine donnait assurément à l'exercice du pouvoir une assise plus stable que l'insurrection. En tout état de cause, de Gaulle devait d'autant mieux s'imposer qu'il allait rapidement bénéficier d'une large adhésion populaire, ses déplacements sur le terrain provoquant fréquemment de véritables « plébiscites » spontanés.

Marcel MORABITO

• *Voir aussi :* Conférence de presse du 9 février 1943 ; GPRF ; Légitimité ; Ordre républicain ; République

Bibl. : Fondation Charles-de-Gaulle, *Le Rétablissement de la légalité républicaine, 1944*, Bruxelles, Complexe, 1996.

LÉGENDE NOIRE. – Le rôle capital joué dans l'histoire française par le général de Gaulle a suscité de très nombreuses oppositions. À toutes les étapes de son évolution, le gaullisme a provoqué des débats politiques passionnés dans lesquels les attitudes du Général, ses conceptions institutionnelles, ses intentions avouées ou cachées ont été vivement critiquées, parfois caricaturées ou défigurées, donnant naissance à des rumeurs ou des fantasmes, à la construction de légendes tenues pour réalité par ses adversaires, et nourrissant d'interminables actes d'accusation. Il ne sera pas question ici de donner à cette légende noire du gaullisme la moindre réalité en tentant d'examiner son éventuelle véracité. On s'interrogera en revanche sur les faits objectifs qui ont pu alimenter sa naissance et entraîner son essor. En contrepoint, on examinera la signification accordée par ses auteurs à cette construction virtuelle.

Vu de Vichy : un ambitieux déçu ou un communiste. La première expression de la légende noire repose sur l'attitude du Général durant la Seconde Guerre mondiale. Elle provient des milieux nationalistes qui ont vu dans le pétainisme et la Révolution nationale la consécration de leurs idéaux politiques. Or, s'il s'est tenu avant la guerre au devoir de réserve inhérent à sa condition militaire et s'est gardé de donner des gages au nationalisme, Charles de Gaulle appartient par son milieu familial et politique d'origine à cette mouvance nationaliste. En outre, même s'il affirme avec force l'apolitisme de la France libre naissante et son refus de s'engager dans un combat autre que patriotique, et même si des hommes de gauche comme René Cassin ou Georges Boris sont présents à ses côtés, il est clair que les sensibilités majoritaires de son entourage et de la plupart de ceux qui le rejoignent alors à Londres ne diffèrent de celles des hommes de Vichy que par le refus d'accepter l'armistice. Aussi, vu du côté du nationalisme d'inspiration vichyssoise, de Gaulle fait-il longtemps figure de « dissident », par ambition personnelle, d'un camp qu'il aurait en quelque sorte trahi.

À partir de 1942, le ralliement de la Résistance intérieure et les garanties données par le chef de la France libre aux dirigeants des mouvements et aux hommes politiques représentatifs en métropole changent la nature des choses. Cela crée une nette différence entre le nationalisme de restriction sur l'espace national, d'exclusion et d'acceptation de la défaite et de la collaboration prôné par les hommes de Vichy, et le nationalisme patriotique d'ouverture et de rassemblement défendu par le général de Gaulle. Non seulement celui-ci se réclame ouvertement de la démocratie, du rétablissement des libertés fondamentales, de la restauration de la légalité républicaine, mais il se dit prêt à s'appuyer sur tous ceux qui acceptent de partager ses objectifs en luttant pour la libération du territoire national, en combattant Vichy et son régime, et en réalisant l'union des Français autour de la France combattante. Or, le PCF (Parti communiste français) figure parmi ceux qui sont ainsi appelés à former l'union nationale telle que la conçoit Charles de Gaulle. Depuis 1941, il joue un rôle essentiel dans la Résistance par l'intermédiaire du mouvement qu'il anime, le Front national, et de ses groupes paramilitaires, les Francs-tireurs et partisans (FTP). En outre, depuis janvier 1943, Fernand Grenier le représente auprès de la France combattante. S'il prend des précautions pour ne pas se laisser déborder par des communistes dont il suspecte les véritables objectifs, de Gaulle accepte finalement, en avril 1944, que deux d'entre eux, Fernand Grenier et François Billoux, fassent leur entrée au CFLN (Comité français de la Libération nationale). Cette présence et la défaite des partisans de Vichy à Alger en 1943-1944, puis en métropole un an plus tard, donnent naissance chez ces derniers à la légende d'un de Gaulle fourrier du communisme. Cette légende est nourrie par la rancœur des ex-vichyssois qui attribuent leur échec à l'alliance contre nature de De Gaulle et du PCF, et développée par d'hasardeuses constructions pseudo-historiques, en particulier parmi les rares fidèles du général Giraud, qui attribuent à l'appui des communistes la défaite de leur champion. Plus tard, cette légende d'un de Gaulle communiste sera alimentée par les attaques lancées contre Jean Moulin, présenté comme un agent clandestin du parti communiste tant par l'ancien chef résistant Henri Frenay, qui n'a pas pardonné à Moulin d'avoir rallié à de Gaulle la Résistance intérieure en évinçant ses fondateurs, que par le journaliste Thierry Wolton, acharné à montrer, à partir d'une lecture très approximative des archives soviétiques, que le fondateur du CNR (Conseil national de la Résistance) était un agent de l'URSS.

Vu du PCF : un agent du grand capital ouvrant la voie au fascisme. Cette représentation d'un de Gaulle communiste n'est guère ratifiée par le parti communiste lui-même. Durant la guerre, celui-ci ne montre guère de sympathie pour un général qui, à ses yeux, représente la bourgeoisie et qui est longtemps vu comme un obstacle à la mainmise du parti communiste sur la Résistance. S'il finit par accepter un ralliement du bout des lèvres au chef de la France combattante, le PCF s'efforce en permanence de limiter son autorité sur la Résistance intérieure et de favoriser l'autonomie du CNR, qu'il tente de noyauter après la disparition de Jean Moulin. Entre Londres et Alger, il commence par pratiquer un jeu de bascule entre les généraux Giraud et de Gaulle. Enfin, il tente de déclencher une insurrection nationale dont il tirerait les ficelles et qui couperait l'herbe sous les pieds du général de Gaulle. Si ces diverses tentatives échouent en définitive, de Gaulle trouve dans les communistes ses principaux adversaires dans l'exercice du pouvoir à la Libération. Jusqu'en 1946, ceux-ci ménagent la personne du chef de la France libre tout en contestant ses choix politiques. À partir de 1947, ces prudences ne sont plus de mise. Avec la création du RPF (Rassemblement du peuple français) et l'anticommunisme systématique dont se réclame la nouvelle organisation, le parti communiste instruit le procès du Général, n'épargnant ni sa personne, ni ses idées, ni son action. On voit ainsi se développer une première légende noire du gaullisme vu par les communistes. De Gaulle n'est ni un démocrate ni un républicain ; c'est un apprenti dictateur tourné vers le pouvoir personnel, entouré de « cagoulards » proches de ceux qui soutenaient Pétain à Vichy. Cette solidarité de fait explique que, durant longtemps, la radio de Londres n'a pas employé le terme « République », qu'elle a remplacé la devise nationale « Liberté, Égalité, Fraternité » par la devise militaire « Honneur et patrie », et que, durant une résistance surtout animée par le parti communiste, de Gaulle ait prouvé sa peur du peuple en recommandant de ne pas tuer d'Allemands, refusé son aide à l'insurrection corse et aux combattants du Vercors, tenté d'empêcher l'insurrection nationale à Paris. Tout s'explique en fait par l'appartenance du général à la bourgeoisie capitaliste dont il défend les intérêts.

La création du RPF (l'analogie du sigle avec celui du PPF, le Parti populaire français collaborationniste, ne doit rien au hasard, selon les communistes) traduit la nature « fasciste » du gaullisme, à la fois agent de la réaction à l'intérieur et de l'alignement de la France sur les intérêts capitalistes d'outre-Manche et d'outre-Atlantique à l'extérieur, pour ne pas parler de ses ménagements envers une Allemagne revancharde dominée par les marchands de canons de la Ruhr. De 1947 à 1958, cette légende noire d'un gaullisme fascisant ne varie guère, même si elle s'apaise provisoirement avec l'effacement du RPF après 1953.

Toutefois, le retour au pouvoir du général de Gaulle et l'avènement de la Ve République vont poser à l'analyse du gaullisme par le parti communiste un problème inédit et embarrassant qui va contraindre le parti à modifier son discours. Force est de constater que si la naissance de la Ve République se solde pour les communistes par un amenuisement de leur influence et de lourdes défaites électorales, aucune répression ne se déclenche contre eux. En outre, le nouveau pouvoir ne peut être tenu pour illégitime dès lors qu'il s'appuie sur les suffrages populaires obtenus lors d'élections libres, que les rouages de l'État de droit demeurent, et qu'il faut bien constater que la République gaullienne s'affirme comme la championne d'une indépendance nationale dont la dimension essentielle est le refus de la subordination à la puissance américaine. Cependant, la Ve République n'est pas non plus la république bourgeoise à prédominance parlementaire, acceptée par les communistes en ce qu'elle préserve les progrès possibles de la classe ouvrière. La révision de la légende noire passera alors par trois phases successives. En premier lieu, entre 1959 et 1962, la Ve République incarne le « pouvoir des grands monopoles » qui « ouvre la voie au fascisme », sans d'ailleurs que la liaison entre gaullisme et grand capital soit démontrée ni que la nature et l'identité des champions du fascisme soient identifiées. Les critiques des intellectuels communistes comme Marcel Servin et Laurent Casanova, qui remettent en cause la pertinence de cette analyse et proposent une vision moins simpliste du gaullisme, leur vaudront d'être exclus du PCF. *A posteriori*, l'abandon de cette première analyse donne incontestablement raison aux exclus. À partir de 1962, le parti communiste évoque le gaullisme comme une nouvelle forme de bonapartisme, caractérisée par le « pouvoir personnel ». Mais cette vision strictement politique des choses ne saurait convenir à des marxistes conséquents. Aussi une lecture apparemment plus économique du gaullisme et plus conforme à la bible marxiste du parti se met-elle en place vers 1966. À une époque où, en raison de la « baisse tendancielle du taux de profit », l'intervention de l'État est désormais nécessaire au développement de l'économie capitaliste, le gaullisme incarne en France le « capitalisme monopoliste d'État ». Cette analyse préserve les dogmes identitaires du communisme et fixe une fois pour toutes la nature du gaullisme dans l'univers communiste.

De Gaulle dictateur. Toutefois, c'est une analyse beaucoup plus classique et largement plus répandue qui constitue l'essentiel de la légende noire du gaullisme, celle qui voit en de Gaulle un dictateur. Pour en comprendre le succès, il faut se référer à la prégnance d'une culture républicaine née au début de la IIIe République et profondément ancrée dans les mentalités des

Français durant une large première moitié du XXe siècle. Née de l'opposition au Second Empire qui est un des axes fondateurs de la IIIe République, consolidée par les crises des débuts du régime jusqu'à la fin du XIXe siècle, le boulangisme et l'affaire Dreyfus, elle repose sur une série de postulats sans lesquels on ne saurait parler d'esprit républicain : la défense de l'individu et de ses droits naturels contre toute forme de raison d'État, la laïcité impliquant le rejet dans la sphère privée de toute croyance religieuse, la méfiance instinctive contre tout retour au pouvoir personnel césarien ou monarchique, la prééminence absolue dans les institutions de l'assemblée des députés élus au suffrage universel par le peuple souverain. Or, de Gaulle ne se réclame ni par son milieu familial, ni par sa formation, ni par sa carrière militaire de cette culture républicaine. Pour lui, la République, c'est la *Res Publica*, c'est-à-dire l'État, et celui-ci doit être fort et personnalisé pour défendre efficacement les intérêts nationaux. Les conditions de son exercice du pouvoir durant la guerre renforcent cette vision des choses. Répondant à « un appel venu du fond de l'Histoire », l'homme du 18 Juin s'est institué gérant de la souveraineté nationale sans que quiconque l'ait investi de cette tâche, et sans qu'aucune élection jusqu'en 1945 vienne le confirmer dans cette fonction. Chef de la France libre, il n'a de comptes à rendre à personne. Président du CFLN puis du GPRF, il n'a pas à se conformer aux avis d'une Assemblée consultative provisoire (ACP) dont les membres, nommés, ne bénéficient d'aucune légitimité supérieure à la sienne. Aussi, dès l'époque de la guerre, les tenants de la culture républicaine dénoncent-ils, à voix plus ou moins haute, la « dictature » du général de Gaulle. Réfugié aux États-Unis pendant la guerre, l'ancien député de droite Henri de Kérillis publie en 1945 un *De Gaulle dictateur* dont le parti communiste fera ses choux gras à partir de 1947. Avec Georges Gombault et Pierre Comert, les socialistes réfugiés à Londres en 1940, et regroupés au sein de la rédaction du quotidien *France* ou du groupe Jean-Jaurès, voient en de Gaulle un nouveau général Boulanger. Un certain nombre d'intellectuels réfugiés hors de France se montrent méfiants envers un Général aux objectifs peu clairs. Il n'est pas jusqu'au radical Henri Queuille qui, arrivé à Londres en 1943, se déclare épouvanté par les propos tenus par certains hommes de gauche de l'entourage de De Gaulle tels que Georges Boris, Pierre Brossolette ou André Philip qui évoluent à ses yeux vers un « socialisme fasciste ».

Cette légende noire d'un de Gaulle dictateur le suivra durant toute sa vie politique en raison de sa conception de la nécessité d'un pouvoir fort à la tête de l'État qui heurte profondément les tenants de la culture républicaine. Le fait est patent après le discours de Bayeux qui apparaît comme un contre-modèle de la République parlementaire et qui provoque une levée de boucliers de la part de tous les partis politiques. Au nom des communistes, Pierre Hervé y voit un programme bonapartiste de dictature plébiscitaire qui n'entraînera derrière lui que les pétainistes. Le MRP (Mouvement républicain populaire), « parti de la fidélité », oppose au projet un silence gêné. L'analyse la plus solidement étayée est celle de Léon Blum, qui voit dans les propositions de Bayeux la marque d'un pouvoir personnel impliquant que toute vie publique soit dominée par lui, et lui oppose une conception républicaine, totalement antagoniste sur le fond : « Sur le principe qui est tout bonnement le principe républicain, il n'y a pas de concession, ni de conciliation possible. L'Assemblée directement issue du suffrage universel doit avoir le premier et le dernier mot. »

On conçoit que le retour au pouvoir du général de Gaulle et sa pratique des nouvelles institutions aient apporté de l'eau au moulin de la légende noire d'un de Gaulle dictateur. Exprimées à plus ou moins haute voix, les accusations de « pouvoir personnel » font pratiquement l'unanimité du personnel politique, toutes tendances confondues, à l'exception des gaullistes. Même ceux qui finissent par se rallier aux institutions de la Ve République se réclament de ces dernières pour mettre en cause la manière de gouverner de Charles de

Gaulle. François Mitterrand, observant que le Général fait bon marché de la Constitution qu'il a lui-même instituée, dénoncera ses pratiques gouvernementales dans un pamphlet intitulé *Le Coup d'État permanent* publié en 1964. Plus ou moins ouvertement affirmée, la même accusation prévaudra dans la mise en cause par Valéry Giscard d'Estaing en 1967 de l'« exercice solitaire du pouvoir ». Comme les autres formes de légende noire évoquées, celle-ci n'a pas de réelle consistance. Charles de Gaulle se montrera respectueux du suffrage universel au point de donner sa démission de la présidence de la République en avril 1969 après un référendum négatif. Mais la forme de démocratie directe qu'il institue néglige le corps parlementaire dans lequel la tradition républicaine voit l'expression la plus parfaite de la souveraineté nationale. Et son action a contribué à rendre un pouvoir exécutif fort compatible avec l'existence d'un régime républicain, deux notions qui paraissaient jusqu'en 1958 totalement antagonistes.

Serge BERSTEIN

• *Voir aussi* : Antigaullistes ; Constitutionnelles (pratiques contestées) ; Coup d'État ; France ; GPRF ; Humanité clandestine (L')

Bibl. : Serge Berstein, *Histoire du gaullisme*, Paris, Perrin, 2002 • Serge Berstein et Michel Winock (dir.), *La République recommencée, de 1914 à nos jours*, Paris, Le Seuil, 2004 • Stéphane Courtois et Marc Lazar (dir.), *50 ans d'une passion française. De Gaulle et les communistes*, Paris, Balland, 1991.

LÉGITIMITÉ. – De Gaulle oppose, lexicalement et conceptuellement, la « légitimité » et la « légalité ». Évoquant dans les *Mémoires d'espoir* la « coalition » qui l'a désavoué lors du référendum d'avril 1969, et n'ayant pas renoncé aux objectifs que visait le texte, il imagine que « par-delà les épreuves, les délais, les tombeaux, ce qui est légitime peut, un jour, être légalisé, ce qui est raisonnable peut finir par avoir raison ». Le 4 septembre 1958, appelant à voter « oui » pour les nouvelles institutions, il souligne que son gouvernement et lui-même ont élaboré le projet de Constitution de la Ve République dans la « légalité ». La « légitimité », c'est la conformité à des exigences supérieures, dont la « continuité » et la « grandeur » de la France sont les valeurs les plus constantes, tandis que la « légalité » est la traduction dans l'ordre juridique de ces impératifs. Mais la légitimité ne se décrète pas à elle seule : elle doit reposer sur la « confiance » des citoyens. De même que ce qui est légal peut ne pas être légitime, ce qui est légitime doit trouver une stabilité dans la loi. De Gaulle se présente comme obéissant à un « ordre » émanant d'une autorité suprême, « notre dame la France » – ce qui lui donne le sentiment d'accomplir une « mission » –, mais il est aussi soumis à « la nation qui seule juge », tout en étant celui qui doit faire obéir aux « ordres » que la France exige.

La légitimité par le salut de la nation. Au moment où il devient chef de la France libre, de Gaulle revendique la légitimité de son entreprise en contestant radicalement celle de Pétain : les deux entreprises sont exclusives l'une de l'autre. À cet égard, le Général récuse les positions ambiguës d'un Giraud, en 1942, qui ne rompt qu'à moitié avec Vichy. Condamné à mort par contumace par le tribunal militaire de Clermont-Ferrand le 2 août 1940, il stigmatise le « soi-disant Gouvernement de Vichy » et les « vieillards qui se soignent » dans la ville. Prétention abusive, illusion, faux-semblant : Vichy ne dispose pas d'une autorité ancrée dans les valeurs supérieures du salut de la France, que l'armistice anéantit. Ce gouvernement ne doit pas être obéi. De Gaulle, lui, invoque « l'âme de la France » au nom de laquelle il parle. Il est le champion de « l'intérêt supérieur de la patrie ». Il inscrit son action dans une problématique du « salut », mais « la volonté exprimée par le peuple » est ce qui fonde des institutions solides. Si cette volonté est entravée par des institutions mal conçues, il s'éloigne du pouvoir. En 1946, il démissionne. En 1953, il met en veilleuse le RPF (Rassemblement du peuple français), dont il affirmait pourtant, lors des élections législatives de 1951, qu'il assurerait le « salut » de la France. Le salut de la nation est la valeur qui légitime l'action tandis que la volonté nationale est le fondement de la légitimité institutionnelle : en ce sens rien n'est plus éloigné de la logique gaulliste que les doctrines faisant de la volonté d'un guide le fondement de la légitimité politique.

La nature même du gouvernement de Vichy invalide et annule ses propres décisions : son absence intrinsèque de légitimité ôte toute force légale aux décrets de la « prétendue autorité ». Ainsi la déclaration franco-britannique du 28 mars 1939, selon laquelle aucun des deux pays ne négociera un accord de paix séparé, qui a été « sanctionnée par un vote du Parlement français », est-elle toujours valide. Elle n'a pas été révoquée par un « gouvernement légitime », rappelle de Gaulle dans le discours du 18 juin 1942 à l'Albert Hall de Londres où il fustige le « pouvoir illégitime » de Vichy. Mais la légitimité ne peut seulement être autoproclamée, elle doit être reconnue. De Gaulle en cherche les moyens dans le recours aux formes de la légalité et dans la demande de reconnaissance par les Alliés. En 1940, il se trouve dans l'impossibilité de recourir à une sanction par la volonté du peuple. Il peut seulement, comme il le fait dans le manifeste de Brazzaville du 27 octobre 1940, dans la Déclaration organique du 16 novembre suivant ou encore dans l'ordonnance qui institue le Comité national français en 1941, dire et répéter qu'il rendra « compte de tous [ses] actes aux représentants de la nation française dès que celle-ci aura la possibilité d'en désigner librement et normalement ». Dans l'immédiat, de Gaulle cherche un garant de sa légitimité et un statut qui lui permettent d'engager des procédures et des actes légaux : il s'adresse à Winston Churchill le 23 juin 1940 pour demander au gouvernement britannique de « reconnaître » que le Comité français est « qualifié pour représenter la nation française ». Le 28 juin, il est reconnu, mais seulement comme « chef des Français libres ». Il lui faudra lutter pour que sa légitimité ne soit pas contestée, par exemple quand il craint, en 1942, que l'« impérialisme » américain et le « colonialisme » anglais ne s'associent pour dépecer l'Empire français. Il envisage à ce moment d'utiliser les Soviétiques comme contrepoids, et de rompre les liens avec les Anglo-Saxons. Croyant et proclamant qu'il est l'incarnation de la France légitime, il reste intransigeant.

Mais les enjeux ne sont pas toujours aussi aigus, et de Gaulle lutte au jour le jour pour la reconnaissance de son droit à régler des problèmes d'administration, pour monnayer sa légitimité en légalité : par exemple, et parmi une multitude de cas, le rappel adressé à Churchill, en août 1940, de la nécessité de respecter la « législation française récente » quant à l'engagement de Français dans la marine britannique. De Gaulle déploie une activité de type réglementaire : il est un chef qui ordonne dans le cadre d'un ordre politique exceptionnel, dominé par les exigences supérieures du salut de la patrie. En tant que « chef des Français libres », il signe l'ordonnance de septembre 1941 portant « organisation nouvelle des pouvoirs publics de la France libre », dont les attendus soulignent d'une part que la Constitution et les lois de la République sont violées par l'action de l'ennemi et « par l'usurpation des autorités qui collaborent avec lui », et d'autre part que « l'immense majorité de la nation française [...] voit dans l'autorité de la France libre l'expression de ses vœux et de ses volontés ». De Gaulle s'entoure de garanties institutionnelles de type étatique en même temps qu'il cherche à mettre en œuvre les méthodes d'un chef efficace telles qu'il les a dégagées dans les années 1920.

La légitimité par le charisme. Cependant la légitimité n'est jamais définitivement stabilisée et il faut la conquérir ou la défendre. De Gaulle combat pour accroître la légitimité de la France libre : il célèbre Jeanne d'Arc de façon répétée, parce qu'elle est une figure emblématique mais aussi parce que Pétain essaie de se l'approprier. Dans ses discours du 11 Novembre, il sape le prestige du Maréchal et du vainqueur de Verdun en dénonçant sa « trahison », tandis qu'il renforce le prestige de l'appel du 18 Juin en prononçant des allocutions à la date anniversaire, pour le célébrer et pour se célébrer. Lui qui a parlé, dans le chapitre du *Fil de l'épée* intitulé

« Le prestige », du « charme » que possèdent certains chefs, il sait en jouer avec une sorte de virtuosité. À l'occasion de l'allocution radiodiffusée et télévisée qu'il prononce le 29 janvier 1960 pour contrer les insurgés des barricades algéroises, il revêt son uniforme pour montrer qu'il est « le général de Gaulle aussi bien que le chef de l'État ». Marquant qu'il est l'homme du 18 Juin tout autant que le président de la République, il invoque, à la fin de son propos, son statut unique : « En vertu du mandat que le peuple m'a donné et de la légitimité nationale que j'incarne depuis vingt ans, je demande à tous et à toutes de me soutenir quoi qu'il arrive. » La « légitimité » chez de Gaulle illustre donc l'analyse que Max Weber en a donnée : l'« autorité » – un mot très fréquent chez l'homme du 18 Juin – est obéie parce qu'elle est fondée dans une légitimité. Celle-ci relève de plusieurs types : le pouvoir charismatique, qui tient à la croyance qu'un chef est doué d'un « charme » ou de qualités extraordinaires – avoir su le premier appeler à la résistance ; ou le pouvoir légal – le président a des prérogatives qui découlent des règles constitutionnelles. De Gaulle, quand il invoque Danton ou Clovis, se situe dans une lignée et cherche aussi à bénéficier d'une légitimité que le sociologue allemand qualifiait de « traditionnelle ». Comme les circonstances l'ont amené à se présenter comme étant la voix de la France et celui qui incarne dans sa personne la permanence de la nation, les critiques ou les moqueries n'ont pas manqué. Mais elles ont pu contribuer elles-mêmes à ancrer cette légitimité traditionnelle. Ses portraits en Louis XIV par Moisan en sont une illustration, avec « La Cour », la célèbre chronique du *Canard enchaîné* écrite à la manière de Saint-Simon.

Là où de Gaulle réussit en janvier 1960 et en avril 1961 contre les coups de force en Algérie, il échoue en mai 1968 lorsque sa parole reste sans effet, jusqu'au discours du 30 mai où sa légitimité de président de la République lui permet de résoudre la crise par la dissolution de l'Assemblée nationale. Mais, un an plus tard, il perd un référendum en forme de pari. Comme si la légitimité qu'il avait capitalisée depuis 1940, qui avait connu son sommet en 1944-1945 lorsqu'il avait réuni légitimité, confiance du peuple et légalité, et qui avait connu un regain de vigueur en 1958, s'était finalement érodée. Dominique Colas

• *Voir aussi* : Alliés ; Armistice ; Foule (bains de) ; Grandeur et rang ; Référendum (usage du)

LEJEUNE, Max (né en 1909). – Fils d'instituteur, professeur, secrétaire du groupe des Étudiants socialistes de Paris puis député socialiste de la Somme en juin 1936, pacifiste jusqu'en 1940, Max Lejeune demande à être affecté dans une unité combattante. Fait prisonnier, il ne participe pas au vote du 10 juillet 1940. Envoyé en oflag à Colditz, il est catalogué « gaulliste » et transféré au camp de représailles de Lübeck où il fonde un réseau de résistance. Réélu député sans interruption de 1945 à 1977, président du conseil général de la Somme, il s'impose comme spécialiste des affaires militaires de la SFIO et participe à une dizaine de gouvernements de la IVe République, de 1947 à 1950 puis de 1956 à 1957, chargé des Anciens Combattants, des Forces armées ou du Sahara.

Anticommuniste virulent, opposé à un nouveau Front populaire, Max Lejeune est hostile aussi au RPF. Il est élu maire d'Abbeville en constituant une majorité de Troisième force (alliance politique pouvant réunir des partis allant des indépendants à la SFIO) en 1947. Mais à ses yeux, l'adversaire principal se situe à gauche. Son opposition résolue au vote du traité instituant la Communauté européenne de défense en 1954 lui vaut une exclusion provisoire de la SFIO et une réputation de « nationaliste ». Secrétaire d'État aux Forces armées chargé des Affaires algériennes dans le gouvernement Guy Mollet, il facilite le détournement de l'avion de Ben Bella et apparaît comme défenseur résolu de l'Algérie française. Ministre du Sahara en juin 1957, puis ministre d'État du cabinet Pflimlin en 1958, il défend d'abord l'idée d'un gouvernement d'union nationale présidé par Guy Mollet, avant d'accepter le retour du Général.

De nouveau ministre du Sahara dans le cabinet de Gaulle, il accompagne le Général en Algérie en juin où, le 4, à Alger, considéré par les parachutistes comme un homme du passé, il est enfermé dans les toilettes du Gouvernement général, tandis que le Général lance son « Je vous ai compris » au Forum. Il mène campagne pour le « oui » à la nouvelle Constitution et se fait l'avocat du Général : « On n'a pas le droit d'accuser de tous les maux celui qui a sauvé l'honneur de la France. » Aux élections législatives qui suivent, l'UNR ne présente pas de candidat officiel contre lui. En janvier 1959, Max Lejeune défend la participation au gouvernement et refuse néanmoins le ministère que lui propose le Général par discipline de parti. Toutefois, contrairement aux autres députés socialistes, il vote l'investiture du gouvernement Debré.

La liquidation de l'Union française et le changement de politique pour l'Algérie provoquent sa rupture avec de Gaulle. En 1960, au congrès extraordinaire de la SFIO, Max Lejeune dépose une motion de défiance contre le Général et sa politique algérienne. À partir de cette époque, il se sent trahi et compte parmi les plus virulents antigaullistes. Lors de la campagne présidentielle de 1965, il accepte que la caravane de Jean-Louis Tixier-Vignancour s'arrête à Abbeville ; lors des municipales qui suivent, il refuse de prendre des gaullistes sur sa liste. Plus tard, il s'opposera au rapprochement avec le parti communiste préconisé par François Mitterrand. Exclu du parti socialiste en décembre 1972, il glissera vers le centre, présidant le Mouvement démocrate socialiste de France qui s'intégrera à l'UDF. Gilles Morin

• *Voir aussi* : Algérie (guerre d') ; CED ; SFIO

Bibl. : Jean-Marc Binot, *Max Lejeune l'irréductible*, t. 1, *L'enfant chéri du socialisme picard*, t. 2, *Du ministre de la IVe au notable de la Ve*, Amiens, Martelle éditions, 2003.

LE TROQUER, André (1884-1963). – Né à Paris, fils naturel d'une couturière, André Le Troquer dut sa réussite à son talent. Il en conçut un grand besoin de reconnaissance qui semble avoir indisposé le général de Gaulle. Selon le journal de Claude Guy, il arriva à celui-ci de comparer Le Troquer à un « paon ».

Journaliste socialiste et avocat, André Le Troquer suit la vie politique à l'Hôtel de Ville de Paris pour *L'Humanité*. Après avoir perdu son bras droit au combat durant la Grande Guerre, il devient pacifiste, mais refuse le communisme à Tours. Il est élu en 1919 conseiller municipal et conseiller général dans le XIIe arrondissement de Paris, puis député en 1936. Favorable à la poursuite des combats en juin 1940, il tente de s'opposer à la démission du cabinet Reynaud puis s'embarque pour l'Afrique du Nord sur le *Massilia*. Il ne participe donc pas au vote du 10 juillet à Vichy. De retour en métropole, il travaille à l'organisation du mouvement socialiste clandestin, puis s'illustre comme un des avocats de Léon Blum au procès de Riom. Il utilise cette tribune pour appeler publiquement à la Résistance, se faisant l'accusateur du régime de Vichy. À l'automne 1942, il entre dans la clandestinité.

De mai à septembre 1943, il représente le PS reconstitué au Conseil national de la Résistance (CNR) puis gagne Alger pour siéger à l'Assemblée consultative provisoire (ACP). Le 9 novembre 1943, le général de Gaulle le nomme commissaire à la Guerre et à l'Air du Comité français de la Libération nationale (CFLN). Le 4 avril 1944, après l'entrée des communistes au CFLN, Le Troquer est nommé commissaire délégué à l'administration des territoires métropolitains libérés. Le 25 août, il entre dans Paris sur les pas de la 2e DB et, le lendemain, sur les Champs-Élysées, marche à la droite du général de Gaulle et de Georges Bidault.

Membre du comité directeur de la SFIO en 1944-1946, président du conseil municipal de Paris, André Le Troquer est élu député en 1945. Il sera continûment réélu jusqu'en 1958. Ministre de l'Intérieur dans le cabinet formé par Félix Gouin en janvier 1946, il poursuit la reconstruction de l'appareil d'État et s'illustre à Moulins, en mai, en étant la première personnalité officielle depuis la Libération à tenir un discours public anticommuniste. En décembre 1946 et janvier 1947, il est ministre de la Défense nationale dans le cabinet Blum. Il préside l'Assemblée nationale en 1954-1955 puis à partir de 1956.

Dans la nuit du 28 au 29 mai 1958, avec son homologue au Conseil de la République, Gaston Monnerville, il est chargé par le président Coty de rencontrer le général de Gaulle à Saint-Cloud. Tous deux s'opposent à un retour du Général qui ne respecterait pas les formes constitutionnelles préservant les prérogatives parlementaires, et refusent la mise en congé du Parlement pour une durée qui excéderait largement les vacances parlementaires. Cette opposition conduit à une difficile transaction, avant le vote favorable de l'Assemblée les 1er et 2 juin. En tant que président de l'Assemblée, Le Troquer ne prend pas part aux votes. Battu lors des élections législatives de novembre, il est atteint deux mois plus tard par l'affaire des mœurs, dite « des ballets roses ». En 1960, il plaide le complot gaulliste, mais est condamné à un an de prison avec sursis. Sa carrière s'achève sur ce scandale auquel il ne survit que deux années, rédigeant ses Mémoires. Gilles Morin

• *Voir aussi* : Assemblée consultative provisoire ; Assemblée nationale ; CFLN ; CNR ; SFIO

Bibl. : André Le Troquer, *La parole est à André Le Troquer*, Paris, La Table ronde, 1961 • « Léon Blum devant la Cour de Riom », *Documents socialistes*, n° 4, Paris, Éditions de la Liberté, 1945, p. 8-19 • *Bulletin des Amis de Léon Blum*, n° 11, décembre 1963.

LETTRES, NOTES ET CARNETS. – En octobre 1954, Georges Duhamel s'étonne lors d'un entretien avec le général de Gaulle de la « masse considérable de pièces justificatives » reproduites dans les annexes du premier volume des *Mémoires de guerre* qui vient de paraître. « Encore n'ai-je publié qu'une faible partie des pièces contenues dans nos archives, lui explique l'homme de Colombey. Songez que celles-ci en contiennent près de 100 000, que mon secrétaire Thibault eut le soin de trier. Travail difficile. Il en retira les quelque 3 000 documents utiles à mon récit. » Bien que la somme des documents retenus occupe déjà, à elle seule, les deux tiers de chaque tome des *Mémoires*, la quantité restante a manifestement de quoi alimenter, par son ampleur et sa richesse, plusieurs autres publications.

Le sort de ces archives en grande partie inexploitées est longtemps demeuré en suspens. En avril 1970, le Général charge son fils, en lui montrant « des monceaux de papiers empilés en vrac dans le bas des armoires de son bureau », de déposer le tout à la Bibliothèque nationale et aux Archives de France. Il s'agit des manuscrits de ses livres, mais aussi de tous ses dossiers accumulés depuis 1940. Sachant que l'intégralité du fonds ne pourra, selon la volonté de son père, être rendu accessible au public avant au moins une trentaine d'années, Philippe de Gaulle entreprend, à partir de 1980, d'en faire paraître les « pièces essentielles ».

C'est le début d'une aventure éditoriale de plus d'une décennie qui, très vite, débordera le seul cadre des archives originelles pour exhumer et regrouper des éléments, notamment de correspondances, issus de multiples fonds privés. Au total, plus de 5 000 documents sur les quelque 220 000 examinés vont être sortis de l'ombre et rassemblés à travers 13 volumes couvrant, de 1905 à sa mort, soixante-cinq années de la destinée de Charles de Gaulle.

Placée sous l'autorité de l'amiral de Gaulle, avec le concours d'une petite équipe de chercheurs animée par Olivier Germain-Thomas, la publication des *Lettres, notes et carnets* a pour premier principe de ne présenter que des textes inédits, excluant ainsi tous ceux déjà recueillis dans les annexes des *Mémoires*. Second principe : les textes retenus, même « rédigés à la troisième personne ou pour le compte d'un tiers », doivent tous avoir « pour origine » l'homme du 18 Juin.

En s'en tenant à cette méthode, les éditeurs des *Lettres, notes et carnets* sont amenés à révéler peu à peu tout un pan de l'œuvre littéraire de Charles de Gaulle, très différent dans l'esprit et dans la forme de ses ouvrages de réflexion et de souvenirs. Ouvrages conçus comme un travail d'écrivain à part entière, au style patiemment ciselé, élaboré, ils visent à camper un personnage, à propager des idées et à façonner un mythe. Les documents réunis dans les volumes de *Lettres, notes et carnets* participent d'une démarche plus immédiate et spontanée. Ils sont rédigés le plus souvent à l'intention d'un correspondant particulier ou d'auditoires restreints, sinon pour le seul usage de l'auteur. Dans la majorité des cas, ce sont des œuvres de premier jet, écrites avec une liberté de ton qui fait souvent défaut à des livres travaillés à l'extrême. L'épistolier ou le diariste laisse apparaître ici un de Gaulle que le mémorialiste s'interdit de montrer : l'homme privé, le personnage en quelque sorte officieux, capable de s'abandonner à un élan de tendresse comme d'exprimer sans fioritures le fond de sa pensée.

Hormis ses écrits de jeunesse, ses conférences d'histoire prononcées en captivité puis à Saint-Cyr et à l'École de guerre, ses allocutions devant les officiers de son bataillon, quelques études sur les questions de défense nationale et des résumés d'entretiens, l'essentiel des *Lettres, notes et carnets* émane de quelque soixante-cinq ans de correspondance et de notations personnelles.

De 1907 – date de la première lettre publiée, adressée à son père par un fils de dix-sept ans « affectionné et respectueux » – au 9 novembre 1970 – celle de l'ultime message envoyé à son propre fils –, Charles de Gaulle a entretenu avec ses proches ainsi qu'avec la plupart de ses interlocuteurs politiques, français et étrangers, et quantité d'intellectuels, d'artistes et d'écrivains, une relation épistolaire d'une ampleur et d'une richesse considérables. Chez cet homme peu enclin aux « bavardages », pour qui « le prestige ne peut aller sans mystère » et l'aptitude au silence est le meilleur garant de « l'empire sur les âmes », la correspondance est un mode de communication privilégié, partie prenante de l'action militaire et politique comme de l'exercice du pouvoir. Souvent abrupt et laconique dans le contact direct, de Gaulle ne se montre jamais aussi à l'aise et expansif que dans ce type d'échanges.

Quoique plus épars et discontinus, ses carnets, tenus depuis l'adolescence, constituent l'autre volet des écrits intimes de Charles de Gaulle. Ils renferment pêle-mêle des considérations d'ordre historique et politique, des notes de lecture, des citations de Virgile, de Goethe, de Verlaine, de Péguy ou de Chateaubriand. Autant d'éléments qui l'ont aidé à travers le temps à se construire, à forger ses idées et inventer son univers. Mais rares sont ici, paradoxalement, les confidences qui permettent de mieux cerner la vérité profonde du personnage. Les plus nombreuses datent de 1916, année où le jeune officier met à profit sa captivité pour s'adonner à l'écriture. « J'estime, note-t-il à ce moment-là, que la première condition du bonheur pour un homme est de sortir de lui-même, dans le monde d'aujourd'hui », ajoutant quelques pages plus loin : « Jusque dans ses pires cruautés, la Vie a des saveurs qui la rendent désirable. » Trente ans plus tard, au lendemain de la Libération, de Gaulle écrit seulement ceci, qui exprime tant de choses en si peu de mots : « Pardonnez-moi ! Je n'aime que la France. »

Jean-Luc Barré

• *Voir aussi* : Discours et messages ; Écrits de jeunesse ; Œuvre écrite ; Sources ; Style écrit

Bibl. : Philippe de Gaulle, Introduction à Charles de Gaulle, *Lettres, notes et carnets 1905-1918*, Paris, Plon, 1980 • Id., *Mémoires accessoires*, Paris, Plon, 1997.

LEVANT (la France libre au). – À la suite des accords de Saint-Jean-d'Acre, et en dépit de la proclamation d'indépendance de la Syrie et du Liban, de la montée en puissance des nationalistes et de la volonté britannique d'évincer la France du Levant, le général de Gaulle considère que le mandat français demeure encore en vigueur. Aussi installe-t-il le général Catroux en qualité de haut-commissaire, et non plus de délégué général, avec pour mission de maintenir ce qui peut l'être. Celui-ci est moins convaincu de la duplicité britannique et très conscient de la faiblesse de la France libre. Faute de pouvoir traiter avec Djemil Mardam Bey, figure emblématique du nationalisme arabe, il s'efforce de négocier avec Alfred Naccache au Liban et le cheikh Tageddine en Syrie. Cependant l'heure est passée, et il le sait bien, de revenir aux traités de 1936, signés par une France forte et intransigeante mais jamais ratifiés par la suite. De leur côté, les nationalistes ne songent qu'à se débarrasser de la présence française, qu'elle soit d'obédience vichyste ou gaulliste.

S'il ne méconnaît pas la poussée du nationalisme arabe, le général de Gaulle se montre particulièrement sensible aux menées de Winston Churchill. Il s'exaspère notamment de l'influence exercée par la mission de liaison anglaise du général Spears et ses *political officers*, auxquels il prête la volonté de systématiquement battre en brèche l'influence française au Levant.

Les difficultés ne font alors que se multiplier, grossies par des incidents auxquels les uns et les autres donnent sur place une importance démesurée en en appelant régulièrement à de Gaulle ou à Churchill. Spears ne manque pas une occasion de souligner la générosité de l'Angleterre et, par contraste, la faiblesse d'une France libre qui ne parvient pas à faire face à l'ensemble de ses obligations. Ainsi, par exemple, de l'Office du blé qui, selon lui, se montre incapable d'assurer correctement le ravitaillement de la population. Surtout, il n'hésite jamais à faire état de ses doutes sur la volonté française d'aboutir à des indépendance effectives. Une année et demie durant, la relation entre Spears et Catroux tourne à un duel permanent. Par la suite, le second affirmera avoir dû supporter le premier pour ses péchés et peut-être aussi pour ceux de la France...

En août 1942, le deuxième voyage de De Gaulle au Levant débouche sur un succès plus apparent que réel et permet un relatif apaisement. Mais le chef de la France libre en revient plus défiant que jamais, au point d'avoir une altercation épique avec Winston Churchill le 30 septembre. En particulier, de Gaulle souhaite renvoyer les élections à l'après-guerre, tandis que Spears le soupçonne de vouloir les échanger contre un traité qui viderait l'indépendance de son contenu effectif et maintiendrait la Syrie et le Liban dans l'orbite de la France. Le 1er janvier 1943, le chef des Français libres finit par accepter que des scrutins soient organisés avant la fin du conflit. Peu après, il envoie Catroux à Alger et le remplace par Jean Helleu. Les élections ont lieu en août et septembre 1943. Elles sont marquées par un triomphe des nationalistes dont il faut tirer les conséquences.

La situation se détériore à nouveau en novembre 1943, lorsque les nouveaux dirigeants élus du Liban, Bechara Khoury et Riad Solh, décident de dénoncer la Constitution afin de gommer les dernières traces du mandat. Estimant agir dans le sens souhaité par le général de Gaulle, Jean Helleu les fait arrêter et destituer. Politiquement maladroite et moralement indéfendable, au dire de Catroux, cette réaction qui soulève l'indignation générale, y compris parmi les plus fidèles soutiens de la France, provoque une insurrection populaire à Beyrouth, et manque de déclencher une crise internationale lorsque l'Angleterre et les États-Unis interviennent en menaçant de rompre leurs relations avec la France libre.

Partisan de la fermeté sans pour autant avoir envisagé, semble-t-il, d'aller jusqu'au coup de force, de Gaulle charge Catroux de dénouer la crise. Conscient de la faiblesse de la France devant la puissance du nationalisme arabe et mesurant le risque d'une intervention anglaise, celui-ci fait machine arrière. Mis en minorité au sein du CFLN (Comité français de la Libération nationale), notamment du fait de l'intervention de René Massigli peu soucieux d'affronter l'opposition conjuguée des nationalistes, des Anglais et des Américains, de Gaulle s'incline devant la décision de son envoyé, en sorte que la crise libanaise de novembre 1943 se solde par l'abandon de ce qui restait du mandat français.

La crise rebondit le 30 avril 1945, mais cette fois-ci en Syrie, lorsque le général de Gaulle croit devoir y envoyer des renforts militaires. Les nationalistes syriens soulèvent Damas, ce qui entraîne le général Oliva-Roget à bombarder la ville. Peut-être celui-ci aurait-il pu reprendre le contrôle de la situation. Mais l'ultimatum puis l'intervention militaire britanniques provoquent l'évacuation totale. À Paris, le général de Gaulle a une entrevue orageuse avec l'ambassadeur d'Angleterre Duff Cooper auquel il rapporte dans ses *Mémoires de guerre* avoir lancé : « Vous avez outragé la France et cela ne peut être oublié. »

Durant toute la durée de la guerre, le problème du Levant a donc véritablement empoisonné les relations entre la France libre et l'Angleterre. S'il a peut-être sous-estimé la force du nationalisme arabe, le général de Gaulle n'a pu faire obstacle à un processus qui a finalement abouti à l'éviction totale de la France du Levant.

Henri Lerner

• *Voir aussi :* Churchill, Winston ; Décolonisation ; France libre ; Liban ; Saint-Jean-d'Acre

Bibl. : Georges Catroux, *Dans la bataille de Méditerranée*, Paris, Julliard, 1949 • Dorothy Shipley White, *Les Origines de la discorde. De Gaulle, la France libre et les Alliés*, Paris, Éditions de Trévise, 1967 • Edward Spears, *Fulfillment of a Mission*, Londres, Cooper, 1977.

LIBAN. – Chef des 2e et 3e Bureaux au sein de l'état-major des forces du Levant, de 1929 à 1931, le commandant de Gaulle mesura l'importance stratégique, économique et politique du Liban et de la Syrie que la Société des Nations (SDN) avait placés sous mandat de la France. Ces territoires étaient peuplés de communautés de langue arabe, influencées par les grandes civilisations et spirituellement façonnées par le christianisme puis l'islam. Ils offraient à l'armée française une position au cœur de zones sensibles. L'acheminement du pétrole irakien par la Compagnie française des pétroles, l'expansion des activités portuaires et la création d'escales pour les vols jusqu'en Extrême-Orient y ouvraient de souriantes perspectives.

État de 10 450 km^2 proclamé en 1920 après l'effondrement de l'Empire ottoman, le Liban s'imposa vite comme un enjeu pour la France libre. Après l'armistice de juin 1940, le gouvernement de Vichy avait gardé le contrôle de l'armée et de l'administration au Levant. Au printemps 1941, alors que les troupes allemandes débouchaient dans les Balkans, débarquaient en Afrique du Nord et menaçaient l'Irak avec l'aide de Vichy, de Gaulle décida d'imposer l'autorité de la France libre dans les territoires placés sous mandat français. Toutefois, il avait compris que l'évolution de la scène moyen-orientale ne permettrait pas à la France de garder son mandat une fois la guerre finie. Il fallait donc accorder l'indépendance au Liban et la Syrie, conformément à l'esprit des traités négociés avec ces États en 1936. Mais le Général entendait le faire d'une part en sauvegardant « la préséance historique et les intérêts de la France » [*MG*], d'autre part en conservant les attributions du mandataire jusqu'à la fin des hostilités. Dans cette perspective, le général Catroux, nommé par de Gaulle haut-commissaire à la place du général Dentz, promet l'indépendance aux Syriens et aux Libanais dans une allocution radiodiffusée le 8 juin 1941.

De Gaulle s'est longuement étendu dans ses *Mémoires de guerre* sur les difficultés provoqués par les empiètements incessants des autorités britanniques sur la souveraineté française pendant la campagne du Levant de juin-juillet 1941 et ensuite. Il arriva à Beyrouth le 27 juillet 1941. Là, il put compter sur le ralliement des troupes spéciales libanaises et celui d'Alfred Naccache, chef du gouvernement libanais depuis le 9 avril 1941. « Capable » et « estimé » [*MG*], ce chrétien maronite fut ensuite désigné comme chef de l'État en attendant que l'élection d'un président de la République soit possible. Le général Catroux confirma l'indépendance du Liban le 26 novembre 1941, mais sans que cette proclamation ne se traduisît dans la réalité de l'exercice du pouvoir. Aussi la vie politique resta-t-elle agitée. Le nouveau président se heurtait à la fois au mouvement nationaliste, notamment dans la communauté sunnite de Riyad el-Solh, mais aussi aux ambitions d'un autre maronite, Bechara el-Khoury.

De nouveau à Beyrouth en août et septembre 1942, de Gaulle s'installa à la Résidence des Pins. La chaleur populaire dont sa présence fut entourée n'empêcha pas les intrigues de se multiplier, l'évolution favorable de la guerre aiguisant les appétits. Le 21 septembre 1943, El-Khoury accédait à la présidence de la République, tandis que Riyad el-Solh devenait président du Conseil des ministres. Les deux hommes conclurent un « pacte national » et revendiquèrent l'exercice immédiat de la souveraineté libanaise. Ils demandèrent au

Comité français de la Libération nationale (CFLN) de transformer la Délégation générale en représentation diplomatique, et de rétrocéder à l'État libanais les services publics que la Délégation générale continuait à gérer. Le CFLN choisit une politique de fermeté. Il suspendit la Constitution libanaise et fit arrêter El-Khoury et El-Solh, les 10 et 11 novembre 1943. Les Libanais de toutes confessions firent alors bloc face à l'autorité mandataire. Dépêché d'Alger en hâte, Catroux libéra El-Khoury et El-Solh, accepta finalement les demandes du gouvernement libanais et rétablit la Constitution. Ayant ainsi obtenu sa complète indépendance et le plein exercice de sa souveraineté étatique, le Liban se retira de l'Empire français. En 1944, il participa aux pourparlers qui préparèrent la création de la Ligue des États arabes et, le 22 mars 1945, en signait le pacte en tant que membre fondateur.

À la fin de 1956, malgré le détournement de l'avion marocain où voyageait l'Algérien Ben Bella et l'affaire de Suez, le Liban fut le seul État de l'Orient arabe à ne pas rompre ses relations diplomatiques avec la France. Si de Gaulle n'a entrepris une politique active en direction de cet Orient proche qu'à la fin de la guerre en Algérie, il l'a pourtant préparée dès son retour au pouvoir en 1958. Sur ses instructions, les diplomates français en poste à Beyrouth rencontrèrent des responsables libanais et des personnalités du monde arabe, l'ambassade de France à Beyrouth jouant ainsi un rôle important dans la renaissance du dialogue franco-arabe. En 1962, la fin du conflit algérien dégagea les horizons. Dans ce contexte, le Liban resta à l'honneur. Son président de la République, Charles Hélou, accomplit en mai 1965 une visite d'État en France où il fut accueilli avec faste. En 1967, la position adoptée par de Gaulle lors la guerre des Six-Jours lui valut une profonde sympathie dans l'opinion libanaise. Après le raid d'un commando héliporté israélien contre l'aéroport civil de Beyrouth le 28 décembre 1968, le président français réagit vigoureusement en renforçant l'embargo sur les armes à destination d'Israël, et lors des vœux du corps diplomatique à l'Élysée, il assura l'ambassadeur du Liban de la solidarité de la France à l'égard de ce pays ami. L'écho de cette déclaration dépassa le cadre du Liban ; elle fut reçue dans l'Orient arabe comme une caution amicale donnée par la France gaullienne. Aujourd'hui encore, les Libanais ne cessent de se référer à ces trente ans d'amitié et de solidarité. Dans bien des milieux libanais, le nom de Charles de Gaulle est inscrit parmi les mythes identitaires du pays.

Dominique CHEVALLIER

• *Voir aussi* : Arabe (politique) ; Beyrouth ; Levant

Bibl. : Dominique Chevallier et André Miquel, *Les Arabes, du message à l'histoire*, Paris, Fayard, 1995, nouv. éd. 2006 • Jean-Louis Crémieux-Brilhac, *La France libre : de l'appel du 18 Juin à la Libération*, Paris, Gallimard, 1996 • Paul-Marie de La Gorce, *De Gaulle*, Paris, Perrin, 1999 • Alexandre Najjar, *De Gaulle et le Liban*, Beyrouth, Terre du Liban, 2 vol, 2002 et 2004.

LIBÉRATION. – La France vaincue en 1940 ayant été entièrement occupée et soumise par l'ennemi hitlérien, on peut appeler « libération » l'ensemble des opérations victorieuses qui ont contribué à y mettre fin. Cela va donc du débarquement américain en Afrique du Nord, alors considérée comme française (novembre 1942), à la capitulation allemande du 8 mai 1945, en passant par les étapes majeures que l'on connaît : de Gaulle quitte Londres pour s'installer à Alger (juin 1943) ; soulèvement suivi d'un débarquement en Corse (septembre-octobre 1943) ; débarquement allié en Normandie (6 juin 1944) ; autre débarquement allié en Provence (15 août 1944) ; évacuation par les occupants, craignant une gigantesque prise en tenaille, de la France du Sud ; pendant ce temps, combats dans la France du Nord, de la Manche jusqu'au Rhin, les Alliés avançant rapidement après la percée d'Avranches (31 juillet 1944). Les différents lieux de la France ont donc été libérés chacun à leur tour, parfois très vite, d'autres fois par de durs combats. Osons le dire, il n'y avait pas de garnisons ennemies partout, et, dans la majorité de nos communes, tout ce qui s'est passé de spectaculaire (douloureux ou anodin, violent ou festif) a eu lieu entre Français.

La Libération au singulier, en un sens, c'est donc toute une époque, correspondant à beaucoup de dates locales diverses. Rien de comparable à l'unité formidable du clairon de l'armistice, le 11 novembre 1918 à 11 heures, qui mit aussitôt en mémoire une date unique et inoubliable.

La libération de Paris. De 1944 émerge pourtant la date non pas unique mais majeure – celle du 25 août 1944, la libération de Paris. Paris, plus grande ville de France, étape pour franchir la Seine quand on vient de l'Ouest et du Sud-Ouest pour atteindre Champagne et Lorraine, et enfin capitale. Une insurrection patriotique organisée par la Résistance intérieure s'y déclenche le 19 août et bien vite ses barricades entravent la circulation des Allemands et les obligent à se retrancher dans quelques ensembles de bâtiments transformés en forteresses.

Le général de Gaulle, qui avait en juin visité la fraction de Normandie libérée (retenir le nom de Bayeux, qu'il rendra symbolique plus tard) puis avait regagné l'Afrique et voyagé en Amérique, se précipita après Avranches sur les pas des troupes américaines du général Patton (Le Mans, Chartres, Rambouillet, etc.) pour arriver au plus tôt à Paris et installer le GPRF (Gouvernement provisoire de la République française).

Les lieux de pouvoir allaient être occupés grâce à l'insurrection résistante, les hommes de la Collaboration s'étaient enfuis et leur chef suprême avait déjà quitté la France pour Sigmaringen. Il fallait vaincre pour occuper (les lieux), et occuper les lieux pour gouverner. Dualité bien réelle et bien gaullienne : l'Armée, l'État. Tous les récits retenus de cette journée sont exacts, et en même temps chargés de commentaires et de propos significatifs qui portent la marque de De Gaulle, dont on sait à quel point il était homme de principes, et même de symboles. Il fallait, pour de Gaulle, que les Français en nombre appréciable contribuent à la victoire militaire, afin de pouvoir dire qu'ils s'étaient eux-mêmes libérés, au lieu d'être dans la situation humiliante de recevoir la liberté en cadeau des Alliés (notamment américain). Il fallait ensuite, ou plutôt en même temps, que les Français libérés-libérateurs s'installent au pouvoir, au lieu que se mette en place l'administration de tutelle que l'Amérique avait prévue et quelquefois mettait en place sous le nom d'AMGOT (*Allied Military Government for Occupied Territories*).

Pour l'aspect administratif, à Paris et en province cette bataille d'indépendance et de dignité nationale fut gagnée. Nulle part l'AMGOT ne parut et partout les hommes de la clandestinité entrèrent dans les préfectures et dans les mairies. Pour l'aspect militaire en revanche, tout dépendait du général Eisenhower, commandant en chef interallié, donc supérieur hiérarchique aussi des soldats de la France libre. Convaincu par de Gaulle, il admit que les hommes du général Leclerc entrent les premiers dans Paris, et c'est ce qui devait permettre à de Gaulle d'insister, dans le discours célèbre dont nous parlerons tout à l'heure, à la fois ému, émouvant, et peut-être un peu trop oublieux des autres, sur Paris soi-même libéré.

Revenons au fait. Le 24 août, les premiers éléments de l'armée Patton sont dans la banlieue sud de Paris, et le généralissime Eisenhower a consenti à ce que Leclerc soit en avant-garde. De Rambouillet, de Gaulle peut communiquer avec lui. C'est donc le 25 que Leclerc entre à Paris par la porte d'Orléans (d'où l'implantation, ultérieure, de sa statue) et un petit détachement encore plus en pointe se glisse jusqu'à l'Hôtel de Ville. Plusieurs batailles autour des bâtiments isolés où les Allemands se sont retranchés. Au principal, gare Montparnasse, le général allemand von Choltitz finit par accepter de se rendre et capitule aux mains de deux vainqueurs, Leclerc, qui vient d'arriver, et le chef FFI Henri Rol-Tanguy, sorti de son état-major souterrain de Denfert-Rochereau (les catacombes). Nul n'a oublié le premier correctif imposé par de Gaulle, bientôt survenu, à l'un des siens (il y en aura d'autres) : Leclerc n'aurait pas dû accepter de cosigner l'acte victorieux (la reddition de von Choltitz) avec le colonel Rol-Tanguy : en discipline militaire, il y a un commandant unique, et non pas deux (et surtout quand le second, l'intrus, est communiste...).

On sait ensuite que de Gaulle partit, après cet épisode militaire, en direction du centre de la capitale, pour rejoindre, revoir, on dirait presque reconquérir son ancien ministère (rue Saint-Dominique). N'avait-il pas été sous-secrétaire d'État à la Guerre, du 5 au 16 juin 1940 ? Après cela, il se rendit à l'Hôtel de Ville où étaient rassemblés l'essentiel des cadres de la Résistance présents à Paris. Cet itinéraire a été commenté, pour sa priorité affichée : voir l'État d'abord, la fraternité ensuite.

À l'Hôtel de Ville, haut lieu d'enthousiasme, d'émotion, de discours, une fois encore une attention austère au principe donne lieu à un dialogue fameux et significatif plus encore qu'anecdotique. Georges Bidault, président du CNR (Conseil national de la Résistance), professeur d'histoire dans le civil, suggère que, comme aux grands jours du XVIIIe et du XIXe siècle, on conclut une journée d'enthousiasme révolutionnaire en « proclamant la république » du balcon de l'Hôtel de Ville (de Paris). De Gaulle refuse au motif qu'un tel rite n'a pas lieu d'être, puisque la république existe déjà, revenant de Londres, puis d'Alger, avec sa personne. Austérité avons-nous dit – symbolique –, mais aussi logique incontestable et qui réapparaîtra. On ne saurait oublier en effet que pour de Gaulle (et pour ses premiers coéquipiers juristes, René Cassin par exemple, aujourd'hui au Panthéon), il s'était engagé au 18 juin 1940 un double combat : le combat national et militaire pour résister à l'Allemand au lieu de capituler, et le combat politique pour défendre la République contre le nouvel « État français » de Pétain.

L'inoubliable journée du 25 août, inoubliable par le grand fait accompli d'une victoire militaire sur l'occupant (Paris libéré), devait être rendue plus mémorable encore par le défilé solennel du 26. D'ouest en est, de l'Arc de Triomphe de l'Étoile à la cathédrale Notre-Dame, du haut lieu moderne au haut lieu médiéval, un défilé triomphal, unissant derrière de Gaulle tous les généraux et tous les nouveaux gouvernants civils, et les foules, descend les Champs-Élysées jusqu'à la Concorde puis la rue de Rivoli jusqu'au centre historique de la capitale pour un *Te Deum*. Pendant que s'achève, contre de derniers fanatiques acharnés, la victoire parisienne. Il y a encore des coups de feu qui claquent.

« La Libération » comme période. La Libération, au singulier, en toute rigueur, nous l'avons dit, c'est l'époque au cours de laquelle se situent toutes les libérations datées, ponctuelles, locales ou régionales : la fin de la guerre, celle des débarquements alliés et des batailles sur sol français (1942-mai 1945).

Mais dans la mémoire collective et jusque dans les livres d'histoire, la Libération au singulier (variante : la « période de la Libération »), c'est un temps assez différent, c'est celui qui commence à Paris le 25 août 1944 et qu'on tient pour achevé lorsque de Gaulle, le 20 janvier 1946, quitte le pouvoir en démissionnant par suite d'un conflit budgétaire avec les partis politiques reconstitués et représentés dans son gouvernement. L'unité de la « période de la Libération », 25 août 1944-20 janvier 1946, c'est donc la présence directe et effective de De Gaulle au pouvoir à Paris ; donc un lien fort avec le Général, et un contenu plutôt enthousiasmant : fin victorieuse de la guerre, gouvernement d'union nationale, de De Gaulle au PCF, de la droite à la gauche, hardi programme de progrès social – en plus sombre aussi, le « châtiment des traîtres », l'épuration, en suite directe de la victoire. Bref, une forte unité de temps, de gaullisme et de joies politiques. Ce qui ne fut pas sans conséquences dans le vocabulaire historique. On était en République, nul ne le conteste. Mais comme la IIIe avait sombré en 1940, on était évidemment dans une IVe. Celle-ci, on le sait bien, n'aura sa constitution qu'en octobre 1946. On était donc dans la phase initiale, révolutionnaire, ou anté-constitutionnelle de la IVe, dont la phase constitutionnelle commencera en octobre 1946. Mais ce langage de juriste, incontestable, implique que de Gaulle a donc été le premier et le plus glorieux chef des gouvernements de cette IVe République qu'il devait par la suite traiter en repoussoir, et finalement abolir.

L'enthousiasme gaulliste, entraînant la majorité des Français même historiens, fait donc commencer la IVe en octobre 1946, et habille ce qui précède du nom prestigieux mais nullement juridique de Libération. Petit conflit – comme il en existe – entre la mémoire et l'historiographie savante.

C'est sans doute pourquoi – nouvelle remarque qui peut servir à confirmer la précédente –, si on arrête à la démission du Général (20 janvier 1946) la phase glorieuse dite « libération », et si on pose que la IVe commence avec sa constitution en octobre, que faire de la période qui va de février à octobre ? Surgit alors la dénomination bâclée de tripartisme, ridicule et fort peu juridique, fort peu institutionnelle – un peu comme jadis on a refusé de désigner vraiment notre première république constituée, 1795-1804, pour la désigner des noms plutôt empiriques de Directoire puis de Consulat. Maurice AGULHON

• *Voir aussi* : Capitulations allemande et japonaise ; Débarquement ; Épuration ; GPRF ; Légalité républicaine ; Mémoire de la Résistance

Bibl. : Maurice Agulhon, *Histoire et politique à gauche*, Paris, Perrin, 2005 • Jean Lacouture, *De Gaulle*, t. 1, *Le Rebelle*, Paris, Le Seuil, 1984.

LILLE (maison natale). – Acquise par Jules Maillot, industriel du textile et grand-père maternel de Charles de Gaulle en 1872, la maison bourgeoise du 9, rue Princesse à Lille est, à l'époque, située dans un quartier hétéroclite où les hôtels particuliers jouxtent des logements ouvriers, des commerces, un hôpital et des abattoirs. Elle est adjacente aux ateliers de fabrication de dentelle que possède la famille au 7 de la même rue. En 1890, Jeanne de Gaulle et sa sœur Noémie de Corbie accouchent toutes deux dans cette maison familiale : Charles naît le 22 novembre 1890 vers 4 heures du matin, Jean de Corbie, de deux mois son aîné, sera son plus proche cousin.

Le grand-père du Général décède huit mois plus tard, mais sa grand-mère accueille régulièrement les petits-enfants des branches de Gaulle, Maillot et Corbie. Après les traditionnelles vacances du mois d'août sur la Côte d'Opale, Charles y séjourne les quinze premiers jours de septembre, puis pour la Saint-Nicolas et lors des fêtes de Pâques. Cette maison, dont l'aile gauche abrite les grands-parents du Général et l'aile droite la famille Corbie, fut assurément un lieu ambivalent dans la mémoire du grand homme : propriété d'une femme stricte, prude, très croyante, elle respire une atmosphère feutrée et compte nombre d'objets pieux. Mais cette demeure représente avant tout un lieu d'imagination et de loisirs. Un porche, surmonté d'une Vierge, ouvre sur les deux branches du logis. Au-delà débute un grand jardin qui abritait autrefois un kiosque et donnait sur une vaste salle de jeux au bout de l'aile droite. Les enfants préfèrent jouer dans ce jardin et dans les « anciens ateliers » que sa grand-mère appelle le « hurloir à enfants », ils ne pénètrent dans le grand salon que pour réciter leur compliment aux parents et grands-parents. Charles triomphe aux soldats de plomb, il monte *Une mauvaise rencontre* avec ses cousins et goûte aux joies de l'enfance lilloise avec sa foire et ses fruits en massepain. Le « petit Lillois de Paris » confie plus tard à André Frossard son affection pour le 9, rue Princesse, mais le décès de Julia-Marie Delannoy en 1912 marque la dernière visite du Général à cette maison. Habitée jusqu'en 1947 par Jean de Corbie, elle est revendue et en partie louée jusqu'à son rachat par une amicale gaulliste (société Lille-Saint-Germain), avant de devenir la propriété de l'Institut Charles-de-Gaulle. La volonté du Général était de la sauver, de la préserver, mais les projets de musée lui sont postérieurs.

Lieu de mémoire, la maison s'ouvre au public en 1983 après une restauration modeste financée par une souscription nationale. Elle est classée monument historique en 1990 non pour sa valeur esthétique, mais comme lieu d'histoire. En 1995, suite à la réalisation d'une longue enquête sur la maison et ses habitants, l'Institut Charles-de-Gaulle tente de reconstituer un intérieur semblable à celui qu'a pu connaître le Général. L'attraction du musée reste cependant longtemps la DS du Petit-Clamart, mais cette annexe de l'Institut attire peu de visiteurs, essentiellement belges et anglais. Ils sont moins de 5 000 par an en 1993, quand Colombey en compte 100 000. Les transformations successives de 1999 (extension du bâti) et 2005 (réorganisation muséale) coïncident avec une spécialisation plus cohérente des lieux de mémoire gaulliens : Lille se concentre sur la période durant laquelle le Général fréquenta cette demeure – sa jeunesse et ses études – quand La Boisserie, où la rénovation est en cours, évoque l'homme mûr. L'aménagement du corps principal de la maison obéit au dessein de reconstituer une atmosphère familiale, tandis que l'aile droite se mue en centre culturel, accueillant expositions, conférences et projections. La maison natale du Général se tourne résolument vers un public scolaire, jusqu'alors inexistant, en aménageant des espaces interactifs destinés à des activités pédagogiques. L'objectif est de doubler le lieu de mémoire d'un lieu de connaissance et à moyen terme de dépasser les 10 000 entrées.

Sophie Masse-Quief

• *Voir aussi* : Ascendance familiale ; Colombey-les-Deux-Églises ; DS Citroën ; Famille ; La Boisserie

Bibl. : Stéphanie Backe, *Étude sur l'aménagement du logis et la vie des habitants de la maison natale de CDG*, Projet d'aménagement de la maison natale de Charles de Gaulle, juin 1995, enquête inédite commandée par la Fondation Charles-de-Gaulle avec le soutien du ministère de la Culture.

LIPPMANN, Walter (1889-1974). – C'est en août 1942 que le général français de cinquante et un ans, à la tête d'une petite armée et d'une faible cohorte d'amis, rencontre pour la première fois, à Londres, le journaliste américain de cinquante-deux ans considéré comme l'un des chroniqueurs les plus influents du moment. À cette époque, de Gaulle manque désespérément de soutien aux États-Unis. Un entretien avec Walter Lippmann est donc une occasion à saisir. Après une heure d'éblouissant monologue, le journaliste est convaincu, comme il le rapportera à ses millions de lecteurs, que le général rebelle incarne « la haute mission de restaurer la liberté, la grandeur et l'honneur de la France ». Durant les vingt-cinq années qui suivront, Lippmann s'affirmera comme le chef de file des interprètes et avocats américains de la pensée du général de Gaulle. Nul autre acteur de la vie publique américaine n'exprimera aussi énergiquement son admiration pour de Gaulle. Aucun n'exercera plus d'influence dans la présentation des vues gaulliennes aux Américains.

Walter Lippmann fut l'un des rares journalistes auquel le Général accorda régulièrement des interviews, et l'un des plus rares encore qu'il invita dans le sanctuaire de son domicile. En novembre 1944, lors d'un dîner à Paris, de Gaulle se plaignit auprès de lui que les représentants des États-Unis se montrassent encore trop proches des anciens vichystes. À son retour à Washington, le journaliste transmit directement la plainte au secrétaire à la Guerre et, *via* son journal, à ses lecteurs. Durant le long retrait du Général, Lippmann lui rendit visite à Colombey et relaya fidèlement ses vues. En 1958, quand de Gaulle revint au pouvoir et coupa court à une possible guerre civile en France, le journaliste le salua comme « celui qui touch[ait] les cordes sensibles de la mémoire qui maintiennent l'unité d'une nation ». En visite officielle à Washington en 1960, de Gaulle rencontra Lippmann. Celui-ci écrivit alors que le Général était « plus qu'un grand homme », c'est-à-dire vraiment un « génie ».

Durant les années 1960, le président français se heurta souvent aux dirigeants américains à propos de l'Allemagne, de l'URSS et du Vietnam. Au long de cette difficile période pour les relations entre la France et les États-Unis, il cultiva soigneusement sa relation privilégiée avec son admirateur américain, par le truchement notamment de conversations privées lors des voyages biannuels effectués par ce dernier en Europe. Alors que les officiels américains critiquaient souvent le farouche esprit d'indépendance manifesté par de Gaulle, Lippmann persista à saluer en lui, au cours des événements de 1968,

« l'homme qui avait sauvé l'âme de la France ». Faut-il en déduire que le journaliste avait abdiqué tout esprit critique en réponse aux attentions que l'homme du 18 Juin lui témoignait ? Probablement pas, car telle n'était pas sa nature. Il serait plus exact de voir en leur rencontre celle de deux esprits vrais, qui pensaient durable le pouvoir des cultures et éphémère les idéologies. Dans le Général, Lippmann trouva un modèle de dirigeant héroïque. Dans le journaliste, de Gaulle trouva un interprète idéal. Ronald STEEL

• *Voir aussi* : États-Unis ; Journalistes ; Opinion publique américaine ; Traversée du désert

Bibl. : Robert O. Paxton et Nicholas Wahl, *De Gaulle and the United States : a Centennial Reappraisal*, Oxford, Berg, 1994 • Ronald Steel, *Walter Lippmann and the American Century*, Boston, Little, Brown and Company, 1980 • Milton Viorst, *Hostile Allies : FDR and Charles de Gaulle*, New York, The MacMillan Company, 1965.

LOISIRS. – Traiter des loisirs de Charles de Gaulle conduit nécessairement à revenir aux traditions familiales et aux principes éducatifs qui l'ont façonné et ont influencé ses goûts. Il est issu d'une famille de la bourgeoisie intellectuelle plutôt que commerçante, et qui disposait de moyens financiers limités. C'est une famille catholique de monarchistes modérés. Charles de Gaulle restera toujours imprégné d'un mode de vie où tout comportement excessif est réprouvé et où l'ostentation n'est pas de mise. L'absence de sa famille paternelle comme maternelle des listes mondaines du *Livre des familles du Nord*, de l'*Annuaire des châteaux et des villégiatures* ou encore du *Bottin mondain* l'atteste. Son père, Henri de Gaulle, enseignant et préfet des études au collège de l'Immaculée-Conception, rue de Vaugirard à Paris, inculque à ses enfants le souci d'employer utilement le temps libre : « Les enfants doivent être à l'école, au champ ou à l'atelier. » Le loisir est donc une manière active d'occuper le temps non consacré au travail ou aux tâches de la vie quotidienne. Aussi pour Charles de Gaulle la frontière ne se situe-t-elle pas entre loisir et travail mais entre oisiveté et activité féconde.

Enfance et jeunesse. Les témoins de son enfance évoquent une personnalité qu'on qualifierait aujourd'hui de précoce voire d'hyperactive. Sa sœur Marie-Agnès le présente comme turbulent, batailleur et taquin. Il apprécie les jeux les plus divers, du cheval-jupe aux soldats de plomb –, il constitue à partir de l'âge de huit ans une collection de 1 800 soldats en étain assortis de bateaux de guerre. Avec ses frères, il reconstitue les grandes batailles, qu'il connaît vite par cœur, où il s'octroie régulièrement le commandement de l'armée française. Son goût pour les jeux de conquête et de stratégie militaire est naturellement favorisé par la composition de la fratrie : Charles a trois frères et une unique sœur. Le plaisir qu'il prend aux défilés militaires illustre également son attirance pour les choses de l'armée. Son père enfin favorisera ce penchant en accompagnant ses enfants aux Invalides, à l'Arc de Triomphe ou sur les lieux où il a lui-même combattu en 1870. Ses qualités de stratège s'expriment aussi à travers les jeux de dames puis d'échecs. Henri de Gaulle lui apprend, en latin, les règles de déplacement des pièces. Charles est un excellent joueur, qui voit dans l'échiquier un véritable champ de bataille. Il cessera d'y jouer, sauf très occasionnellement, à partir de 1940.

La lecture prend rapidement une place importante parmi les loisirs de Charles de Gaulle enfant et adolescent. Tout jeune, il regarde les livres d'images qui évoquent les grands personnages de l'histoire de France. Il témoigne aussi d'un grand attachement pour la comtesse de Ségur et relit chaque été avec émotion *Les Vacances*. Plus tard, ce sont les récits de voyages et les livres d'aventures qu'il affectionne : *Robinson Crusoé*, *Le Dernier des Mohicans*, *Sans famille* et les Jules Verne. Par ailleurs les de Gaulle sont abonnés au *Journal des voyages*. Enfin Henri de Gaulle fait la lecture à ses enfants de *Cyrano de Bergerac* et de *L'Aiglon*, dont le Général mémorisera des scènes entières.

L'adolescent Charles de Gaulle est-il sportif ? Au collège de l'Immaculée-Conception, il pratique le football qui est obligatoire. Il est habile à tirer les coups francs mais surtout apprécie déjà le rôle d'arbitre. Doué pour l'escrime, il renonce à la compétition de crainte que cela ne lui prenne trop de temps, notamment pour ce qui lui apparaît, à partir de quatorze ans, comme son objectif premier, la réussite au concours de Saint-Cyr. Plus tard, il emmènera son fils Philippe assister à des rencontres. La natation, qu'il pratique lors de vacances passées sur les plages du Nord, est très encadrée : la baignade familiale dure un quart d'heure chaque matin, l'après-midi on se promène.

Entre famille et loisirs intellectuels. Adulte, ses loisirs s'orientent vers des activités qui vont lui permettre d'allier plaisir intellectuel et épanouissement familial. Quelles que soient les circonstances de l'existence, Charles et Yvonne de Gaulle s'efforceront de préserver les liens avec une famille qui restera toujours l'élément central de leur sociabilité, les plus proches étant le frère de madame de Gaulle, Jacques Vendroux, et son épouse Marie. Les de Gaulle détestent les mondanités qu'ils ressentent comme superficielles. La naissance de leur fille Anne, en 1928, va accentuer l'exclusif familial. Trisomique, et ses parents refusant de la placer en institut, celle-ci vivra au sein de la famille et les de Gaulle seront alors encore moins enclins à recevoir. Par ailleurs, son père lui consacrera beaucoup de son temps libre. Plus tard il sera un grand-père bienveillant mais un peu réservé.

Dans l'entre-deux-guerres, de Gaulle passe nombre de vacances à Septfontaines (Ardennes), dans la propriété de la famille de sa femme. Il participe là aux jeux de vacances classiques de la campagne (badminton, croquet) mais s'en lasse vite et part se réfugier dans la lecture. Il lui arrive aussi de jouer au bridge, où il accepte de faire le quatrième. C'est un partenaire très apprécié car doué d'une grande mémoire visuelle.

S'il choisit l'infanterie et non la cavalerie à la sortie de Saint-Cyr, c'est plus par esprit d'économie – l'achat et l'entretien du cheval sont à la charge du militaire – que par un manque d'intérêt pour l'animal. Son souci de partager la vie de la troupe a par ailleurs influé son choix. Il est bon cavalier et il effectue à Septfontaines de longues promenades à cheval propices à sa réflexion et qui satisfont son goût pour la forêt. La chasse, qu'il aurait pu pratiquer aisément dans les Ardennes, ne l'attire guère. Promenades à cheval mais aussi promenades à pied : à partir de La Boisserie, il n'hésite pas à effectuer des randonnées de 15 ou 20 kilomètres, avec son fils notamment. La blessure au genou qu'il a reçue en 1914 le handicape un peu mais ne le contraint pas à renoncer à la marche. La Boisserie, achetée en 1934, devient le lieu des réunions familiales. Cette acquisition ne répond pas à un désir de s'évader grâce à des tâches matérielles. Il ne participe en rien à son aménagement. Au contraire, il déteste tout ce qui relève du bricolage ou du jardinage.

À la ville, le Général aime beaucoup le cinéma, tout particulièrement les films et les acteurs français (Louis Jouvet, Jean Gabin et, plus tard, Bourvil et Louis de Funès). Après la guerre, la perte de l'anonymat l'empêche de fréquenter librement les salles. À l'Élysée, la pièce consacrée aux conférences de presse sera souvent transformée en salle de projection. Il emmène par ailleurs son fils au cirque et est particulièrement sensible aux numéros de clown. Charles de Gaulle n'est ni musicien ni mélomane ; ses goûts le portent vers l'opérette et les grandes symphonies. À l'inverse, c'est un dessinateur habile ; ses carnets de croquis recèlent pour beaucoup des scènes militaires.

C'est en 1946, alors qu'il décide de s'arrêter de fumer, qu'il prendra l'habitude pour occuper ses mains de faire des patiences. Il aime observer le hasard et va même jusqu'à noter sur une feuille les parties qu'il gagne afin d'estimer les chances que le sort – qu'il disait maître de tout – lui a accordées. À l'inverse, il réprouve tout jeu de casino ou de loterie ainsi que les courses qu'il juge trop snob et en dehors de ses modestes moyens. L'apparition de la télévision ne modifie guère la manière dont il occupe ses loisirs. Mis à part le journal du soir, il la regarde peu : quelques émissions de variétés, quelques retransmissions sportives mais jamais d'émissions politiques.

C'est véritablement au domaine intellectuel et littéraire qu'il consacre l'essentiel du temps qu'il ne doit pas à l'exercice de ses responsabilités. Il aime les grands classiques, Corneille, Racine, admire Vauvenargues, Vigny et le romantisme de Chateaubriand. Parmi les contemporains, Barrès, Péguy, Mauriac qu'il reçoit à déjeuner le 31 août 1944. En poésie, ses goûts le portent vers les symbolistes. La publication des *Lettres, notes et carnets* révèle l'importance de l'écrit chez Charles de Gaulle. Le premier volume qui couvre la période 1905-1918 permet de découvrir quelques nouvelles (*Zalaïna* en 1908, *Le Secret du spahi* en 1910) et des « Notes d'un carnet personnel », sorte de Journal où il consigne ses réflexions ou certaines maximes. Ces « Notes » disparaissent à partir de 1927. À partir des années 1930, une partie de son activité professionnelle est consacrée à la rédaction d'ouvrages de stratégie et de réflexion militaire. Il revient après la Seconde Guerre mondiale à cette activité d'écriture avec la rédaction de ses *Mémoires de guerre*. Son plaisir d'écrire s'exprime également à travers les échanges de correspondances de tout ordre, adressées aussi bien à des chefs d'État qu'à de simples citoyens, et naturellement aux membres de sa famille.

Cyril GRANGE

• *Voir aussi* : Famille ; La Boisserie ; Lettres, notes et carnets ; Œuvre écrite ; Sportifs (événements)

Bibl. : Philippe de Gaulle, *De Gaulle, mon père : entretiens avec Michel Tauriac*, Paris, Plon, 2003 • Jean Lacouture, *De Gaulle*, Paris, Le Seuil, 3 vol., 1984-1986 • Michel Marcq, *Charles de Gaulle, la légende du Nord*, Paris, Renaudot et Cie, 1988.

LONDRES. – *Voir* PHOTOGRAPHIES ; VIE QUOTIDIENNE À LONDRES.

LUCET, Charles (1910-1990). – Né à Paris, Charles Lucet fait ses études à la faculté de droit et à l'École libre des sciences politiques, et est reçu au concours des Affaires étrangères en 1935. Il est alors nommé à l'ambassade de France à Washington, où il reste jusqu'en 1942, à différents échelons. Mais Vichy ferme son ambassade en novembre 1942 et Lucet, révoqué, rejoint l'équipe qui représente le général Giraud dans la capitale américaine à partir de la fin de 1942. Après l'union de Gaulle-Giraud, il est envoyé comme premier secrétaire à la représentation du CFLN (Comité français de la Libération nationale) à Ankara. Il revient en France en 1945, comme sous-directeur à l'administration centrale. En 1958, lorsque le général de Gaulle revient au pouvoir, il est, depuis 1955, ministre-conseiller de l'ambassade de France à Washington, numéro deux après l'ambassadeur Hervé Alphand. Pendant la décennie gaullienne, il est nommé à deux postes élevés des Affaires étrangères : directeur des Affaires politiques d'avril 1959 à octobre 1965, et ambassadeur à Washington d'octobre 1965 à février 1972. Son dernier poste, avant sa retraite en 1975, est celui d'ambassadeur de France en Italie.

Au Quai d'Orsay, comme directeur politique, il travaille aux côtés du ministre Maurice Couve de Murville, dont il est l'un des hommes de confiance. Comme ambassadeur à Washington, sa tâche est difficile à cause de l'état des relations franco-américaines après 1965. Lucet, qui a déjà passé de longues années aux États-Unis en 1935-1942 et en 1953-1959, est bien introduit dans la société américaine, mais il devient ambassadeur quelques mois avant l'annonce de la décision française de se retirer de l'Organisation intégrée du traité de l'Atlantique nord (mars 1966) – décision à la préparation de laquelle il n'a pas été associé, ni comme directeur politique ni comme ambassadeur. Il subit donc le refroidissement des relations bilatérales et multilatérales. Le président Lyndon Johnson, qui le connaît pourtant, le tient à distance. Bien qu'il ait proposé sa démission, Lucet reste en place et cherche à maintenir le contact avec les cercles dirigeants américains. Il est donc utile à ce poste où il demeure sept ans ; il peut enfin assister à l'amélioration des relations franco-américaines à l'époque de Richard Nixon, à la fin de la présidence de De Gaulle et au début de celle de Georges

Pompidou. Son dernier poste, l'ambassade à Rome, est moins éprouvant.

Raphaële ULRICH-PIER

• *Voir aussi* : Diplomates ; États-Unis ; Hauts fonctionnaires ; OTAN ; Politique étrangère

Bibl. : Maurice Vaïsse, *La Grandeur. Politique étrangère du général de Gaulle, 1958-1969*, Paris, Fayard, 1998.

LYAUTEY, Louis Hubert Gonzalve (1854-1934). – Parmi les grands militaires de la France contemporaine, Lyautey reste l'un des plus atypiques, l'un des rares qui surent désobéir. Au reste, fut-il profondément soldat, ou fut-il avant tout politique, administrateur, constructeur d'empire... et même écrivain ? On le voit : le rapprochement avec Charles de Gaulle s'impose. Les deux hommes, séparés par près de deux générations, ne se sont guère connus, mais un dialogue étrange et silencieux paraît s'être noué entre leurs destinées et leurs caractères. Leurs formations intellectuelles se ressemblaient. Tous deux avaient baigné dans un milieu d'inspiration monarchiste et étaient fascinés par l'histoire de France. Leur patriotisme, teinté d'esprit barrésien, était corrigé par un réalisme aigu et par une perception subtile des forces qui conduisent le monde. Les vues lucides et prémonitoires de Lyautey sur la paix désastreuse de 1918 ou sur les perspectives difficiles de l'Empire colonial annoncent les implacables diagnostics gaulliens sur la Seconde Guerre mondiale et son issue. D'allure parfois hautaine comme le sera de Gaulle, le résident général au Maroc était adoré des uns autant qu'il exaspérait les autres. Mais les différences sont tout aussi éclairantes. L'un rêva de jouer un rôle politique majeur en France, mais refusa toujours de s'engager dans la mêlée. L'autre, tout en affectant de mépriser les intrigues des partis, sut se montrer actif, entreprenant et même machiavélien. Par certains côtés, Lyautey nous apparaît comme un de Gaulle inachevé, un homme providentiel inaccompli qui aurait réalisé sa grande œuvre au Maroc faute d'avoir su composer une partition authentiquement française.

Plus encore que *Le Rôle social de l'officier*, paru en 1891, œuvre de jeunesse qui eut un grand retentissement et a certainement influencé la composition de *La France et son armée*, c'est une brochure de 1900 intitulée *Du rôle colonial de l'armée* qui a pu laisser la plus forte empreinte de Lyautey sur le jeune de Gaulle. Car c'est un véritable portrait du chef – civil ou militaire, peu importe – qui est livré dans ces pages. Un chef qui est à la fois politique, soldat, administrateur et qui conduit d'une main ferme « une organisation qui marche » avec pour seule doctrine le réalisme et le pragmatisme. Cet exposé lumineux d'un Lyautey parvenu à la maturité du commandement annonce de manière troublante *Le Fil de l'épée* et un style d'homme d'État que le proconsul marocain ne pourra réaliser en France même, mais dont le général de Gaulle se révélera l'incarnation plus grandiose et plus cynique.

Cela explique sans doute quelque laconisme, peut-être même une certaine gêne chez de Gaulle au sujet de son aîné, si présent et si encombrant à la fois. Nous avons la chance de disposer d'un discours entier du Général en un moment fortement symbolique : le transfert aux Invalides des cendres du maréchal de France, le 10 mai 1961. Or le propos ne nous apprend rien de décisif, il est même décevant, banal, convenu. Devant le cercueil de « Lyautey l'Africain », de Gaulle salue, sans surprise, le visionnaire de l'émancipation des peuples colonisés et l'œuvre de « ce grand romantique de la pensée ». Et conclut : « En vérité, le maréchal Lyautey n'a pas fini de servir la France. » En vérité, on a surtout le sentiment que la dépouille du vieux soldat servit à justifier *a posteriori* une entreprise de décolonisation dont il avait certes annoncé en son temps la nécessité, mais qui se célébrait ce jour-là sans gloire, au prix de quelques banalités de circonstance. Sans doute de Gaulle, qui venait de donner de puissantes institutions à la France, savait-il que son succès s'enracinait dans l'abandon de l'aventure impériale et que la grandeur nouvelle qu'il offrait était d'un autre ordre et s'inscrivait dans un monde redessiné qui n'était plus celui de la très grande France.

Arnaud TEYSSIER

• *Voir aussi :* Décolonisation ; Empire ; Formation scolaire et intellectuelle ; Histoire ; Militaires

Bibl. : Alain Larcan, *De Gaulle inventaire*, Paris, Bartillat, 2003 • Hubert Lyautey, *Le Rôle social de l'officier*, Paris, Bartillat, 2003 • Arnaud Teyssier, *Lyautey*, Paris, Perrin, 2004.

LYTTELTON, Oliver (1893-1972). – Comme Anthony Eden ou Harold Macmillan, Oliver Lyttelton est né dans une famille « patricienne », c'est-à-dire une famille frayant avec l'aristocratie sans en être. Il était le fils d'Alfred Lyttelton, ministre des Colonies au sein du gouvernement Balfour (1902-1905). Sa mère, nièce de ce dernier, était très introduite dans les milieux artistiques ; amie de Bernard Shaw, elle militait pour la création d'un National Theatre à Londres. Tout naturellement, le jeune Oliver est envoyé à Eton dont son oncle paternel, Edward, est alors le directeur, puis à Cambridge (Trinity College) où, après deux ans, ses études sont interrompues par la Première Guerre mondiale qu'il termine avec la Military Cross et comme capitaine, un grade dont il n'est pas peu fier puisque c'est par lui qu'il se fera appeler dans le civil. Il ne retourne pas à Cambridge mais entre dans l'industrie où il fait une brillante carrière à la British Metal Corporation. En mai 1940, Churchill, qui le connaît bien, l'appelle au Board of Trade – ministère du Commerce et de l'Industrie –, où il fait merveille.

En juin 1941, il est nommé ministre d'État au Caire et, à ce titre, responsable des négociations avec le proconsul de Vichy au Levant, le général Dentz, qui aboutissent à l'armistice de Saint-Jean-d'Acre, le 14 juillet. Cet accord met de Gaulle en fureur parce que les Forces françaises libres, qui ont représenté le quart des effectifs alliés au moment des combats, sont marginalisées. La fureur gaullienne est loin d'être apaisée quand Lyttelton le reçoit au Caire, le 21 juillet. Lui qui, au nom de la fraternité d'armes de 1914-1918, est d'instinct favorable aux Français libres, mais ne connaît guère de Gaulle, sera sidéré par un discours qu'il jugera excessif et, dans une certaine mesure, injuste. Il suggérera cependant un « accord interprétatif », plus équilibré, qui sera avalisé par de Gaulle. De retour à Londres en mars 1942, Lyttelton sera un excellent ministre de la Production jusqu'à la fin de guerre. En 1951, il reprend du service sous Churchill, au ministère des Colonies, mais, en 1954, demande à retourner dans l'industrie non sans avoir accepté une pairie. Il devient lord Chandos. Dorénavant connu sous ce nom, il prend sa retraite en 1963, après avoir participé à la fondation du National Theatre, si cher à sa mère, dont il fut le premier président.

Jacques Leruez

• *Voir aussi :* Angleterre ; Levant ; Saint-Jean-d'Acre ; Spears, Edward

Bibl. : Chandos, lord, *The Memoirs of Lord Chandos*, Londres, 1962 • John Charmley, *Churchill, the End of Glory*, Londres, Hodder Stoughton, 1993 • Jean Lacouture, *De Gaulle*, t. 1, *Le Rebelle*, Paris, Le Seuil, 1984.

M comme Marine à voile

« Il est tout à fait naturel qu'on ressente la nostalgie de ce qui était l'Empire, tout comme on peut regretter la douceur des lampes à huile, la splendeur de la marine à voile, le charme du temps des équipages. Mais quoi ? Il n'y a pas de politique qui vaille en dehors des réalités. »

De Gaulle, Allocution du 14 juin 1960, *Discours et messages*.

MACMILLAN, Harold (1894-1986). – À la différence d'Anthony Eden auquel il succéda bien qu'il fût son aîné de trois ans, c'est en tant que Premier Ministre, de janvier 1957 à octobre 1963, que Macmillan a marqué l'histoire britannique, ne serait-ce que parce qu'il fut le premier Premier Ministre, depuis Herbert Asquith, à diriger le pays aussi longtemps sans interruption. Comme Winston Churchill, Macmillan était de mère américaine, ce qui explique peut-être l'attachement des deux hommes à la « relation spéciale » avec les États-Unis. Son père dirigeait la célèbre maison d'édition Macmillan, fondée par son grand-père, venu de l'île d'Arran (Écosse) pour faire fortune à Londres. De santé fragile, il n'entra à Oxford que grâce à des précepteurs privés. Là, il commença de brillantes études classiques interrompues par la Première Guerre mondiale au cours de laquelle il fut blessé trois fois. Profondément religieux – il faillit se convertir au catholicisme –, il entra en politique très pétri de christianisme social. Malgré tout, il rejoignit le parti conservateur et fut élu, dès 1924, dans la circonscription ouvrière de Stockton-on-Tees, dans le nord-est de l'Angleterre. Jusqu'à la guerre, il passa pour un rebelle, dénonçant avec virulence la politique sociale de Stanley Baldwin (c'est l'époque du chômage de masse) et, plus tard, après l'accession de Hitler au pouvoir, la politique d'apaisement à l'égard des dictateurs. Aussi ne se vit-il offrir aucun emploi ministériel, même modeste. Il consacra une partie de son temps à la firme familiale ; elle lui offrait un éditeur tout trouvé pour les livres de réflexion économique et politique – inspirés par l'œuvre de John Maynard Keynes, publiée aussi chez Macmillan – qu'il eut le temps d'écrire dans les années 1930. Le plus connu, et le plus significatif, est *The Middle Way* (1938), où il se prononçait pour une économie mixte et un dirigisme étatique modéré, bref ce qui sera mis en place par le gouvernement travailliste d'après guerre et préservé par les gouvernements conservateurs qui suivront, dont précisément le sien.

Le remplacement de Neville Chamberlain par Churchill, en mai 1940, lui valut d'être appelé dans le gouvernement mais à un rang modeste. Il dut attendre le débarquement américain en Afrique du Nord, fin 1942, pour être promu ministre-représentant du gouvernement britannique auprès des autorités américaines et françaises. Dans ce rôle d'honnête courtier, il ne cessa de s'interposer entre le président Roosevelt, qui voulait à tout prix favoriser le général Giraud, Churchill qui était las des « caprices » de De Gaulle, et celui-ci dont il comprenait très bien l'attitude face à certains hommes qui n'avaient pas encore rompu avec le régime de Vichy. Il en vint à bien connaître de Gaulle ainsi que Dwight Eisenhower, lui-même beaucoup plus compréhensif envers la France libre que son chef politique.

Momentanément victime de la vague électorale travailliste dans sa circonscription de Stockton, il parvint à revenir aux Communes dès novembre 1945, à l'occasion d'une élection partielle, dans une circonscription plus sûre : Bromley, dont il resta le député jusqu'en 1964. Sous le gouvernement travailliste de Clement Attlee, qui mettait en œuvre certaines de ses idées les plus chères, il ne fut pas un opposant très convaincu. À son retour au pouvoir, en octobre 1951, Churchill le chargea de réaliser les 300 000 logements que le manifeste conservateur, un peu inconsidérément, s'était engagé à construire. L'objectif fut pourtant atteint dès la fin de 1954 et il en tira une grande popularité. Après cela, il occupa successivement les trois ministères régaliens : Défense, Affaires étrangères et Finances, mais, dans aucun il ne resta assez de temps pour faire ses preuves. Aussi, à la démission d'Eden en janvier 1957, Macmillan ne s'imposa pas naturellement. Il dut être désigné par la reine Elizabeth, à la suite de consultations informelles qui favorisèrent le choix des caciques du parti aux dépens de celui des députés de la base (*backbenchers*), qui auraient sans doute préféré Richard Butler. Après la déroute (morale et politique) de Suez, les observateurs voyaient en Macmillan un « pape de transition ». Pourtant, il restaura rapidement la « relation spéciale » avec les États-Unis et, après les élections générales qu'il provoqua en octobre 1959, son parti retrouva aux Communes une majorité accrue (100 sièges), ce qui lui permit de gouverner sans soucis parlementaires majeurs pendant quatre ans. Pourtant, sa célèbre habileté manœuvrière (qui lui valut, dans la presse, le sobriquet de « Supermac ») parut s'enrayer car il ne se remit jamais politiquement de l'échec de sa tentative pour faire entrer la Grande-Bretagne dans le Marché commun. Il pensa longtemps qu'il saurait amadouer le Général en lui rappelant leurs souvenirs communs d'Afrique du Nord. Il crut avoir marqué des points précieux après la rencontre de Champs (juin 1962) ; mais il déchanta très vite, lors de celle de Rambouillet (décembre), qui annonçait le veto du Général lancé lors de la conférence de presse du 14 janvier 1963. La diplomatie de Macmillan, qui tentait de concilier l'entente nucléaire avec John F. Kennedy (conclue à Nassau peu après Rambouillet) avec une ouverture économique en direction de l'Europe, était en miettes. Comme, en outre, les difficultés économiques s'accumulaient à l'intérieur, sa popularité s'effondra et il saisit l'occasion d'une opération de la prostate pour démissionner en octobre 1963.

Ce geste, sans doute un peu hâtif, et qu'il allait regretter le reste de sa vie, lui valut une retraite politique de vingt-trois ans (il refusa un siège de pair jusqu'en 1984, date à laquelle il fut fait comte de Stockton). Il garda jusqu'à la fin un sens aigu de la formule qui fait mouche ; c'est ainsi qu'il reprocha à Margaret Thatcher de vendre les « bijoux de famille » et se révéla, malgré son grand âge, un des critiques internes les plus pertinents des privatisations et du thatchérisme.

Jacques Leruez

• *Voir aussi* : Angleterre ; Conférence de presse du 14 janvier 1963 ; Marché commun

Bibl. : Jean Lacouture, *De Gaulle*, t. 1, *Le Rebelle*, Paris, Le Seuil, 1984 • Id., *De Gaulle*, t. 3, *Le Souverain*, Paris, Le Seuil, 1986 • Anthony Sampson, *Macmillan : a Study in Ambiguity*, Londres, Allen Lane, 1967.

MADAGASCAR. – Les relations entre de Gaulle et Madagascar se terminèrent mieux qu'elles n'avaient commencé, et furent bien meilleures avec la République indépendante qu'avec la colonie. En 1940, Madagascar resta fidèle à Pétain, ce qui était logique de la part d'une administration autocratique et d'une colonisation anglophobe. En mai 1942, le débarquement anglais à Diego Suarez, que de

Gaulle apprit par la presse, fut pour lui une humiliation d'autant plus vive qu'il avait à plusieurs reprises proposé à Winston Churchill une opération des Forces françaises libres (FFL) contre la colonie rétive, et qu'ensuite les Britanniques ne se pressèrent pas de déloger le pouvoir vichyste. C'est seulement le 14 décembre 1942 qu'un accord entre de Gaulle et Anthony Eden remit le pays à la France libre. En fait, Churchill a utilisé la « Grande Île » comme lot de consolation pour faire accepter à de Gaulle sa politique au Levant, puis en Afrique du Nord. D'où, entre les deux hommes, ces entrevues orageuses qui jalonnèrent l'année 1942.

Le pouvoir gaulliste à Madagascar, de 1943 à 1946, devait laisser un souvenir de travail forcé, disette, marché noir et corruption, qui explique en bonne part la révolte de 1947. Toutes choses que le Général ignore superbement dans ses Mémoires, ne consacrant que deux lignes à l'insurrection et une dizaine à la décennie 1946-1956. Il préfère insister sur la conférence de Brazzaville de 1944, en transférant sur cette époque ses idées de 1958. Ce voile pudique s'explique : les gaullistes à Madagascar représentaient l'élément le plus réactionnaire qui utilisait le thème gaullien du refus de la démission de l'État pour bloquer toute velléité libérale. Le drame de 1947 aurait-il été évité si, comme le prétendirent plus tard ses fidèles, le Général était resté au pouvoir ? À lire le discours de Bordeaux du 15 mai 1947, où la question de Madagascar est évoquée en termes « colonialistes », on se dit que rien n'est moins sûr. Le miracle est que le prestige de De Gaulle n'en souffrit nullement. Un chef malgache insurgé de 1947 devait même prendre « de Gaulle » comme nom de guerre !

C'est, semble-t-il, son séjour à Madagascar du 6 au 18 octobre 1953 qui fit percevoir au Général les spécificités du pays, « anciennement un État avec son peuple, sa langue, sa tradition », écrirait-il plus tard. Sa visite au *Rova*, l'enceinte royale qui domine Tananarive, dut lui inspirer, pour son discours du 22 août 1958 aux Tananariviens, la phrase qui est restée gravée dans la mémoire malgache : « Demain vous serez de nouveau un État, comme vous l'étiez quand ce palais, là-haut, était habité »... C'est en accord complet avec de Gaulle que Philibert Tsiranana devait amener son pays à l'indépendance en 1960, dans le cadre d'une coopération étroite avec la France, en trouvant le meilleur équilibre, au gré du Général, entre liberté d'action et francophilie. Quand de Gaulle reconnut la Chine de Mao en 1964, c'est à Madagascar qu'il confia la représentation des intérêts français à Taiwan. Cité en bonne place parmi les huit chefs d'État de l'ex-Empire devenus des familiers, Tsiranana était régulièrement reçu à l'Élysée. La dernière fois, le 5 février 1969, de Gaulle lui promit le maintien de l'aide française et de la parité du franc. Apparemment, nul ne pouvait se douter que la page des relations confiantes allait bientôt être tournée. Mais outre-mer aussi, de Gaulle était au-dessus des partis. À sa mort le poète Jacques Rabemananjara, l'un des grands condamnés de 1947, lui dédia un sonnet dont nous ne citerons que le dernier tercet :

Les peuples sous le joug rompent toutes [leurs chaînes.
De Gaulle n'est pas mort : son nom est [liberté
Et rayonne sur nous, rouge d'éternité.

Jean FREMIGACCI

• *Voir aussi* : Collaboration ; Coopération ; Décolonisation ; Empire ; France libre

Bibl. : Robert Bourgi, *Le général de Gaulle et l'Afrique noire, 1940-1969*, Paris, LGDJ, 1980 • Alain Spacensky, *Madagascar. Cinquante ans de vie politique*, Paris, Nouvelles éditions latines, 1970.

MAI 68. – Les événements de mai-juin 1968 surviennent en phase avec d'autres, partiellement similaires, advenus dans des pays dont les régimes et les niveaux de développement diffèrent singulièrement. La France s'est dotée d'un nouveau régime il y a tout juste dix ans et s'est engagée, à marche forcée, dans la voie de remodèlements économiques et sociaux qui la transforment en profondeur. Les événements y présentent certains traits de ce que Dtelev Peukert qualifie de « crise de modernité tardive », soit un cumul de crises ailleurs dissociées : crise générationnelle et culturelle, comme ailleurs dans le monde, crise d'adaptation de la société aux bouleversements qui l'affectent, des partis et syndicats à un système politique en redéfinition, crise politique interpellant au premier chef la personne du général de Gaulle...

Le chef de l'État ne veut d'abord voir dans les incidents du Quartier latin qu'un problème d'ordre public auquel il n'attache guère d'importance, comme en attestent ces propos tenus à Jacques Foccart au début de mai : « Nous disposons des moyens pour faire face. Il faut restaurer l'ordre. On verra ensuite le fond du problème. » Cette approche correspond à la riposte donnée à la nuit du 10 au 11 mai, ou « nuit des barricades ». Elle s'infléchit après le retour en France de Georges Pompidou, qui convainc le Général de jouer la carte de l'apaisement et annonce la réouverture de la Sorbonne pour le 13 mai. Mais le mouvement, loin de s'essouffler à une telle annonce, se poursuit, s'amplifie et change singulièrement de nature avec et après la journée du 13 mai. L'effacement du Parlement, la faiblesse des corps intermédiaires, la suppression de tous les fusibles valent à la crise de revêtir un tour politique particulier, et au président de la République de se trouver exposé en première ligne. Les mouvements déployés dans de nombreux pays se réclament au contraire d'une révolution de type nouveau, déclenchée hors de la sphère politique convenue, à forte teneur culturelle quand ce n'est existentielle. À Paris, les mots d'ordre énoncés ce jour et les jours suivants érigent le Général en cible majeure. Les affiches des ateliers des Beaux-Arts se risquent à le figurer sous les traits d'un CRS en ses œuvres, d'un nouvel Hitler, d'un vieillard, lubrique à moins qu'il ne soit gâteux...

Le Général, qui doit se rendre en Roumanie le 14 pour une visite officielle de quatre jours, prévue de longue date, hésite à quitter Paris puis s'y résout finalement malgré l'avis instant du ministre de l'Intérieur. De retour en France, le 18, il signifie à ses ministres que « la récréation est terminée » et confie à Georges Gorse le soin de résumer ses positions devant les journalistes : « La réforme oui, la chienlit non. » Les contradictions, jusqu'ici latentes, se développent bientôt, tant au sein du gouvernement que de la majorité. Le problème de l'après-gaullisme paraît posé. Du moins le Général laisse-t-il Georges Pompidou jouer la carte de la négociation avec les syndicats tandis qu'il se réserve d'annoncer au pays, le 24, des orientations qu'il voudrait stratégiques. Dans son allocution annoncée depuis plusieurs jours, de Gaulle présente les « événements universitaires puis sociaux » en cours comme autant d'expressions d'une crise de société (sans employer ce terme il est vrai), nécessitant de profondes réformes qu'il entend soumettre aux Français par voie de référendum : il s'agit de « donner à l'État, et d'abord à son chef, un mandat pour la rénovation », promue maître mot. « Reconstruire l'Université [...] en fonction des besoins réels de l'évolution du pays et des débouchés effectifs de la jeunesse étudiante dans la société moderne. Adapter notre économie [...] aux nécessités nationales et internationales du présent en organisant la participation aux responsabilités professionnelles, en assurant leur emploi, en mettant en œuvre les activités industrielles et agricoles dans le cadre de nos régions. » Non sans signifier comme à son ordinaire le caractère plébiscitaire qu'il entend conférer à la consultation : « au cas où votre réponse serait non, il va de soi que je n'assumerai pas plus longtemps ma fonction ». Mais de Gaulle apprécie mal la nature de la vague de fond qui secoue le pays tout entier, jusque dans ses tréfonds. Ce qu'il tient pour un grand dessein susceptible de séduire a pour meilleur effet de relancer l'action, en suscitant son autocritique désabusée : « J'ai mis à côté de la plaque. » Foccart le décrit alors hésitant, désarçonné, s'avouant dépourvu des moyens de faire face, avant que d'imaginer sa « disparition » du 29 mai. Selon le général de Boissieu, il aurait alors envisagé trois hypothèses : rester à Colombey et faire savoir au pays qu'il ne rentrerait à Paris que lorsque la situation serait redevenue normale, faire siéger le gouvernement à Strasbourg ou à Metz et gouverner avec l'aide des préfets redevenus commissaires de la République et des généraux, commandants de régions militaires et des trois armées, ou, après avoir vu le général Massu à Strasbourg et créé un choc dans l'opinion avec le suspense de cette journée, revenir à Paris, faire un discours énergique et « reprendre l'affaire à son compte ». Que l'esquisse du discours du 30 mai se soit trouvée déjà sur son bureau le matin du 29 tendrait à prouver que cette dernière hypothèse était la plus consistante. C'est l'impossibilité dans laquelle le général de Boissieu aurait été de prévenir le général Massu qui répondrait de ce que l'entrevue ait finalement lieu à Baden-Baden.

Le 30 mai, en rupture avec le 24. De retour à Paris le 30 mai, le Général prononce sa seconde allocution depuis le début de la crise. Devant renoncer à la télédiffusion en raison de la grève, il s'adresse aux Français par la seule voie des ondes, non sans en tirer profit. L'analyse et la tonalité de cette allocution qui se déroule à l'heure où « la majorité silencieuse » investit puissamment la capitale s'inscrivent en rupture délibérée avec celles du 24. L'analyse, au total assez clairvoyante, qu'il avait formulée six jours plus tôt, est abandonnée pour laisser place à la thèse du « complot », ourdi au premier chef par le « communisme totalitaire ». Les « événements » dont il avait assez bien perçu et désigné certains ressorts s'exprimaient jusqu'alors dans des formes et un langage radicalement étrangers à sa culture. Ils doivent à ce renversement d'analyse d'être soudain réinsérés dans un champ politique classique et, par là, réinterprétés par le Général et ses interlocuteurs au travers du prisme des crises ayant menacé la République et la France. Cette conversion autorise un appel à l'encontre de la « subversion » et de la « dictature qui menace », en vertu de la « légitimité nationale et républicaine » dont le Général se donne (à bon droit) pour le « détenteur ». On remarquera, du moins, l'usage du terme « légitimité » quand il dispose, faut-il le rappeler, de la légalité. Ce terme et d'autres encore sont évidemment destinés à réactiver les ressorts – politiques – qui lui valurent de l'emporter par deux fois, face à Vichy puis en 1958, au nom de ces mêmes principes. À l'issue de cette analyse, il annonce l'abandon du référendum envisagé le 24, son maintien à la tête de l'État, la dissolution de l'Assemblée nationale, introduite *in extremis* à la demande insistante de Georges Pompidou, et, dès lors, des élections nouvelles « dans les délais prévus par la Constitution ; à moins qu'on n'entende bâillonner le peuple français en l'empêchant de s'exprimer en même temps qu'on l'empêchera de vivre ». Avec un succès qui témoigne, après l'échec du 24, qu'une analyse clairvoyante n'est pas nécessairement la meilleure garantie d'une efficacité politique. La Sorbonne est évacuée quelques jours plus tard contre l'avis de Georges Pompidou, pour ainsi conforter ce que le Général qualifiera bientôt de « parti de la trouille ».

En prononçant la dissolution, le général de Gaulle contraint chacun à accepter l'issue parlementaire ouverte à tous ou à se situer en marge du consensus républicain en se condamnant alors à un échec obligé (auquel les formations d'extrême gauche, dont la plupart des adhérents sont âgés de moins de vingt et un ans et donc exclus du jeu électoral, seront seules à se résoudre). Il oblige aussi bien les syndicats à gérer de front les exigences et temporalités distinctes de la grève, de la négociation et des élections, et à admettre implicitement que l'absence de relais politiques institutionnels confère au mouvement ses limites. La majorité, chancelante en 1967, emporte cette fois 358 sièges sur 485. Que le taux d'abstention n'augmente que légèrement, rapporté aux législatives de mars 1967 (20 % contre 18,9 %), témoigne, en outre, de ce que le système politique conserve la confiance de l'électorat.

Une victoire à la Pyrrhus. Selon certains proches du Général, celui-ci aurait eu le sentiment d'une victoire à la Pyrrhus au soir de la manifestation du 30 mai : « Le Général avait fort bien compris que cet extraordinaire succès [...] était la fin d'une certaine idée qu'il avait eue, lui, de la Nation française, témoigne ainsi Alexandre Sanguinetti. Au soir de cette manifestation qui nous avait paru grandiose, il y avait un homme heureux, Georges Pompidou, et un homme malheureux, Charles de Gaulle. »

Les événements qui viennent de conforter le pouvoir en le dotant d'une véritable Chambre introuvable accentuent les contradictions internes à la majorité et sonnent le glas du gaullisme historique. Ils atteignent, aussi bien, le parti communiste, qui s'était constitué en parti national à la faveur de la même crise qui engendra le gaullisme et qui était demeuré, depuis lors, dans un rapport d'homothétie avec lui. Le régime en place se transforme de l'intérieur et forge un nouveau système de valeurs où la guerre et la Résistance ont perdu de leur pouvoir légitimant, où la modernisation advenue aspire à donner ses mœurs à la politique. Le référendum que le général de Gaulle organise en avril 1969 pour tenter de mettre en œuvre les réformes dont il avait avancé la nécessité, le 24 mai, se solde par un résultat négatif, fruit d'une convergence toute conjoncturelle mais non moins efficace entre la droite modernisatrice qui a manifesté son impatience au cœur même de la crise, et les acteurs, disparates, du mouvement de mai. Ce qui peut se donner à chaud comme une victoire politique différée du mouvement de mai-juin ouvre la voie à des redéfinitions politiques d'envergure. Les dimensions culturelles de la crise française vont révéler leur puissance et leurs ambiguïtés.

Danielle TARTAKOWSKY

• *Voir aussi* : Discours du 30 mai 1968 ; Éducation nationale ; Grève de l'ORTF ; Manifestation du 29 mai 1968 ; Naufrage ; Orateur inumbrante vespera

Bibl. : Jacques Foccart, *Foccart parle, la chienlit et le général*, Paris, Fayard-Jeune Afrique, 1995 • Alexandre Sanguinetti, *J'ai mal à ma peau de gaulliste*, Paris, Grasset, 1978 • Pierre Viansson-Ponté, *Histoire de la république gaullienne*, Paris, Fayard, 1971.

MAÏSKI, Ivan Mikhaïlovitch Liakhovetski, dit (1884-1975). – Ivan Mikhaïlovitch Liakhovetski naît dans la province de Novgorod et passe son enfance en Sibérie, où son père est médecin militaire. Sa mère est institutrice. Étudiant à Saint-Pétersbourg en 1902, il adhère à la social-démocratie et prend le pseudonyme de Maïski. Menchevik, il est plusieurs fois arrêté et s'exile en 1908, gagnant sa vie comme journaliste. Il reprend des études d'économie à Munich jusqu'en 1912, puis s'installe à Londres où il se fait beaucoup d'amis au sein du Labour. De retour en Russie deux mois après la révolution de février 1917, il entre au ministère du Travail, et, après la révolution d'Octobre, occupe des postes économiques dans le gouvernement antibolchevique de Samara puis d'Omsk.

Il finit par rallier les bolcheviks et adhère au parti communiste en février 1921. Il entre dans la diplomatie en 1925 : il est conseiller d'ambassade à Londres puis à Tokyo, ambassadeur à Helsinki en 1929 puis à Londres de 1932 à 1943. Défenseur de la politique soviétique de sécurité collective à Londres et à la Société des Nations (SDN), s'efforçant à partir d'octobre 1936 d'amener la France et l'Angleterre à intervenir en faveur de l'Espagne républicaine, partisan de la triple alliance, il échappe aux purges et reste à son poste après l'éviction de son supérieur et ami, Maksim Litvinov, en mai 1939. Cheville ouvrière des relations anglo-soviétiques, il est le garant de la continuité par-delà les calculs du pacte germano-soviétique. Admiratif de la résistance armée des Britanniques face à Hitler, il laisse plusieurs fois entendre à Winston Churchill que celle-ci est cruciale pour son pays et rencontre dès la fin 1940 le général de Gaulle et Gaston Palewski.

Après le 22 juin 1941, il négocie les pactes d'assistance mutuelle avec les Tchèques et les Polonais, prépare l'alliance avec la Grande-Bretagne et organise la reconnaissance par Moscou du Comité national français (CNF), laissant ensuite à Aleksandr Bogomolov le quotidien des relations avec la France libre. Influencé par ses amis du Labour et les antigaullistes français de Londres, Maïski est assez réservé sur de Gaulle : le jugeant bien peu expert en politique, il considère son programme comme un mélange de fascisme à l'italienne et de « bonapartisme modernisé » intégrant certains éléments de progressisme social. Ceux qu'il appelle les « Degaullevtsy » lui paraissent réactionnaires et antibritanniques. Rappelé en août 1943, il est nommé ministre adjoint des Affaires étrangères et préside la commission interalliée des réparations à Moscou. À ce titre, il participe aux conférences de Yalta et de Berlin. Persuadé des intérêts communs anglo-soviétiques face aux États-Unis, il ne se montre alors guère favorable à la restauration de la puissance française que de Gaulle appelle de ses vœux. En 1947, Maïski quitte le ministère pour se consacrer à une carrière académique d'historien. Son anglophilie le rattrape en février 1953 quand, lors des dernières purges staliniennes, il est jugé coupable d'espionnage pour le compte d'un réseau qui aurait été dirigé par Churchill, Lloyd George et Lord Beaverbrook. Libéré en 1955, il est réhabilité en 1960. Sabine DULLIN

• *Voir aussi* : Alliés ; GPRF (œuvre extérieure du) ; URSS

Bibl. : Sabine Dullin, *Des hommes d'influences. Les ambassadeurs de Staline en Europe, 1930-1939*, Paris, Payot, 2001 • Ivan Maïski, *Avtobiografii (autobiographies, 15 février 1924, 24 juin 1946)*, Archives d'État russes d'histoire politique et sociale (RGASPI), fonds 17, inventaire 100, dossier 303474 • *Sovetsko-frantsuzskie otnoshenia vo vremia Velikoj Otechestvennoj Vojny, 1941-1945*, Moscou, Politizdat, 2 vol., 1983.

MALRAUX, André (1901-1976). – Lors du colloque « De Gaulle et Malraux » organisé en 1986 par l'Institut Charles-de-Gaulle, Roger Stéphane évoqua les deux journées passées avec Malraux les 2 et 3 février 1945 : « Il n'évoqua pas une fois le nom du général de Gaulle. Le colonel Malraux m'entretint des généraux qu'il avait à connaître dans le cadre de ses responsabilités au sein de la brigade *Alsace-Lorraine*. C'est là qu'il me dit : “Ce qui m'intéresse chez les généraux, c'est ce qu'ils seraient dans le civil. De Lattre [...] aurait pu être ambassadeur ou archevêque. Valluy n'aurait pas fait mauvaise figure auprès de Giraudoux.” [...] Quelques semaines plus tard [...], de Gaulle reçut Malraux. Ce qui s'ensuivit appartient à l'histoire. »

Chevalerie et révolte. Plus que la biographie d'André Malraux, écrivain, révolutionnaire, homme d'action, ministre des Affaires culturelles du général de Gaulle et ambassadeur de la culture française, scrutons ici ses relations avec le Général. Pourquoi suscitèrent-elles tant d'étonnement alors que tout prédisposait les deux hommes à de tels échanges ? Laissons courir la légende qui veut que l'on aurait fait croire à l'un et à l'autre qu'il y avait un souhait réciproque, en sorte qu'ils auraient été enchantés l'un de l'autre. Gaston Palewski en a fait un récit que Malraux cautionne dans ses entretiens avec Frédéric Grover. Dans son *Bloc-notes* du 8 octobre 1967, François Mauriac raconte cette première rencontre en des termes analogues et conclut : « Le fait est que venus des deux points opposés de l'horizon, ils se sont rejoints par-dessus plusieurs abîmes. Chacun d'eux a dû comprendre au premier regard ce qu'il pouvait attendre de l'autre : non pas au sens étroit et utilitaire, mais pour l'achèvement de son propre destin. » C'est un lien de chevalerie qui se crée alors.

Revenant dans son *Portrait de l'aventurier* sur la participation d'André Malraux au gouvernement du général de Gaulle, Roger Stéphane s'interroge à propos du Malraux politique. Il met en évidence deux thèmes essentiels, qui se répondent : la conscience de l'insuffisance de la raison et le pessimisme. En outre, il rejoint Drieu la Rochelle pour qui Malraux est plus un révolté qu'un révolutionnaire. Or, qu'est l'acte du 18 juin 1940, sinon une révolte contre l'ordre apparent du moment ? À Frédéric Grover, qui lui aussi feint de s'étonner que, après « avoir été un internationaliste révolutionnaire qui se déclarait prêt à se battre pour l'Union soviétique », il se soit rallié au général de Gaulle, Malraux répond : « Je n'ai jamais été internationaliste. [...] J'ai épousé la France après la défaite, dans la Résistance. J'avais d'abord cru qu'on pourrait faire la justice sociale par elle-même dans un combat mondial. Avec le temps, je me suis rendu compte qu'on ne pourrait la faire qu'à partir de la nation. [...] Ce qui crée la confusion au sujet de la nation et du nationalisme, c'est que, chez nous, à la fin du XIXe siècle, la nation qui, à mes yeux, est un problème, est devenue le chauvinisme. Or le chauvinisme est premièrement idiot, deuxièmement pas problématique du tout. Il est même tout à fait affirmatif. Au contraire, pour Nietzsche comme pour moi lorsque nous parlons de la nation, il ne peut s'agir que de la nation en tant que question. »

Alexandre et Aristote. La rencontre d'André Malraux avec le général de Gaulle fut celle de deux esprits libres et férus d'histoire qui, chacun en l'autre, reconnurent leur part d'inconnu. Lorsqu'ils se trouvèrent, ils venaient de très loin l'un par rapport à l'autre. Leurs références communes, où se mêlent Barrès et Nietzsche, importent peu : combien d'hommes, avec les mêmes lectures, se sont retrouvés aux antipodes ? Deux écrivains, deux écritures et deux solitudes, donc, qui rassemblent et inspirent leur temps.

Furent-ils frères ? compagnons ? complices ? François Mauriac, lors de la publication des *Antimémoires* en 1967, a une fois de plus la réponse du confesseur dans son *Bloc-notes* du 8 octobre : « En vérité, sont-ils si différents ? Qu'ils le soient par le milieu, par la formation, par la culture ne change rien à cette fraternité entre ceux qui auront été capables de jouer leur vie, et plus que leur vie, leur honneur, leur gloire. De ces deux aventuriers (au sens noble) qui risqua le plus ? L'homme du 18 Juin, il me semble, ce condamné à mort. Ce qu'ils ont en commun, c'est ce qu'il faut de folie à l'accomplissement d'un grand destin, et ce qu'il y faut en même temps de soumission au réel. Ce que Malraux aura apporté à de Gaulle ? Il fait contrepoids, lui seul, à toute la gauche intellectuelle hargneuse et méprisante. [...] Ce que Malraux a reçu de De Gaulle ? Non une certaine idée de la France : comme il le dit lui-même, il avait déjà épousé la France avant leur rencontre. Sur l'État, sur la nation, ils étaient déjà d'accord. Ce que Malraux a reçu de De Gaulle ? Le bateau ivre est entré dans le sillage du grand voilier solitaire qui portait la fortune de la France. Comment un destin fiévreux et tragique ne recevrait-il pas quelque apaisement de celui de De Gaulle avec lequel désormais il se confond ? Ce qui importe, ce n'est pas qu'il soit l'un de ses ministres, mais qu'il soit son compagnon pour le temps et pour l'éternité. »

De la nature de leur communion, le Général ne dit rien vraiment, hors du célèbre hommage rendu dans les *Mémoires d'espoir* à l'« ami génial, fervent des hautes destinées », dont la présence à ses côtés le rassure. En revanche Malraux, dans *Le Miroir des limbes*, semble parler au nom des deux et convainc sans peine. De Gaulle avait écrit qu'Alexandre n'eût pas été Alexandre sans Aristote ; vrai ou imagé, c'est marquer ce qui manque, à ses yeux, à Jules César, à Napoléon, et à tant d'autres. Malraux a dit à Michel Cazenave : « Sans son rapport au divin, il n'y avait pas d'Alexandre » ; il le pensait certainement du général de Gaulle.

À deux reprises Malraux va jouer le destin de sa pensée, c'est-à-dire son propre destin. La première fois, il épouse une certaine idée de la Révolution ; la seconde fois, il épouse la France. Sa vision des choses est simple, et proche de celle du Général : la vie résiste à la mort ; l'esprit résiste à la violence ; la justification fondamentale de l'homme est dans la résistance. De Gaulle, comme métaphysicien du refus, délivre Malraux de ses hantises spengleriennes. Malraux, comme interprète génial de l'antidestin et comme philosophe de la métamorphose faite loi du monde, délivre de Gaulle de ses hantises nationalistes. La France s'affirme à nouveau, dès 1958, comme révolutionnaire aux yeux du monde.

De la solitude au refus. Très présente chez André Malraux et Charles de Gaulle, la solitude implique un sens commun de la grandeur. C'est ainsi que Malraux écrit dans les *Antimémoires* : « Ce qui m'intéresse dans un homme quelconque, c'est la condition humaine ; dans un grand homme, ce sont les moyens et la nature de sa grandeur ; dans un saint, le caractère de sa sainteté. Et quelques traits, qui expriment moins un caractère individuel qu'une relation particulière avec le monde. » Souvenons-nous, en regard, de cette phrase prononcée par de Gaulle à Alger le

30 octobre 1943 devant les membres de l'Alliance française : « Lorsqu'un jour l'historien, loin des tumultes où nous sommes plongés, considérera les tragiques événements qui faillirent faire rouler la France dans l'abîme d'où l'on ne revient pas, il constatera que la résistance, c'est-à-dire l'espérance nationale, s'est accrochée, sur la pente, à deux môles qui ne cédèrent point. L'un était un tronçon d'épée, l'autre, la pensée française. »

L'usage du discours n'est certes pas rare chez les hommes politiques, mais, souvent, le discours tient lieu d'action. Or, chez de Gaulle, c'est bien par la force des mots que s'exprime déjà la force des choses, tant le mot a cette puissance soit de correspondre exactement à ce qu'il dit, soit de le créer. D'où vient cette force ? De l'art ou de la vérité ? De quel antidestin ? Le général de Gaulle n'était ni un esthète ni un comédien de la politique. Malraux était tout autre chose qu'un aventurier qui, à la fin de sa vie, aurait choisi de se mettre dans le sillage gaullien. C'est donc qu'une recherche de l'absolu, une remarquable tentative métaphysique, les fait se retrouver. Pour Malraux, amputé d'une foi que par ailleurs il admire et déçu par l'idéal révolutionnaire, l'art de l'écriture devient un antidestin, la seule force universellement praticable de résistance au néant apparent de l'aventure humaine. Le salut de l'homme réside dans son refus de l'apparence qui le submerge. Ce refus s'exprime par une résistance qui révèle le caractère ou par une œuvre qui manifeste le génie, ou par les deux ; dans ces traits de caractère et de génie, les hommes dont l'âme ne renonce pas se reconnaissent et découvrent le sens de leur propre irrationnel.

Pour Malraux, de Gaulle fut d'abord l'homme du refus et, par voie de conséquence, l'homme de l'Histoire. Mais une histoire d'une portée immense puisque faisant de la seule reconquête de soi-même une conquête. C'était indiquer à son pays une voie inexplorée, une voie tout en hauteur, permettant de tirer force de notre faiblesse. Ici, effectivement, l'art en politique se fait antidestin, élève un moment les Français qui s'y reconnaissent au-dessus d'eux-mêmes. Dans les meetings où il prenait la parole, juste avant le général de Gaulle, André Malraux l'annonçait d'ailleurs ainsi : « L'homme qui va parler est pour nous d'abord l'homme qui, sur le terrible sommeil de ce pays, en maintint l'honneur comme un invincible songe. »

Le tragique et la foi. Plaçant constamment l'être et le faire au même plan de la pensée, de Gaulle et Malraux appartiennent tous deux à ce que nous appellerons la pensée tragique, celle qui oppose un refus lucide aux forces du renoncement et de la violence. D'où le retrait de Malraux en 1969. À l'image du Général, qu'il va voir à Colombey le 11 décembre, ce qui se passe ne le concerne plus. À Frédéric Grover il dira : « Comme le général de Gaulle, Bernanos était surpris de rencontrer en moi un agnostique qui connaissait la pensée religieuse. Mes rapports avec la foi sont pourtant très simples : ce sont des rapports qui premièrement ne sont pas ennemis ; et d'autre part dans le domaine de l'art, écrire sur les sculptures des cathédrales avec hostilité n'aurait pas de sens. » Cela fait un tout autre doute que celui qui refuse toute transcendance – cette « part d'inconnu qui commence à la mort et qui finit à Dieu » qu'évoquait Malraux dans un entretien avec Guy Suarès. Or, comme Malraux découvre qu'il n'y a pas de déterminisme en art, le général de Gaulle découvre qu'il n'y a pas de déterminisme en politique et donc que la vraie politique est un art, et que, sans elle, dès lors que nous ne sommes plus une grande puissance, nous ne serions plus rien.

Et le général de Gaulle ? On sait la réflexion de Malraux à Colombey : « Il pense qu'à ma manière j'ai la foi et je pense qu'à sa manière il ne l'a pas. » Nul n'est dupe de cette échappatoire, mais elle donne en effet le niveau de leur commune réflexion. De Gaulle ne se pose pas, comme Malraux, le problème des rapports du pouvoir avec la fraternité parce que, sans doute, ce qui s'est appelé la charité au sens chrétien n'a pas perdu tout sens à ses yeux. C'est pourquoi d'ailleurs la phrase prononcée à Rome le 31 mai 1967 – « Même si nous allons à la mort, nous allons à la vie » – est une contribution, à travers sa reconnaissance de l'aléatoire, au thème malrussien de la métamorphose. « On ne peut, dit Malraux, comprendre l'aléatoire si on le confond avec un scepticisme, parce que cette incertitude englobante règne au paradoxal sommet de certitudes limitées. »

Au lendemain de Mai 68, l'absence de valeurs suprêmes mettait le général de Gaulle et André Malraux apparemment hors du jeu actuel du monde, mais faisait de leur pensée et de leur action commune un même pari sur l'avenir, puisque « tout recommence toujours ». Ainsi André Malraux confia-t-il à André Brincourt, qui le rapporta à propos de Mai 68 : « Je crois que le général de Gaulle était d'accord avec moi sur l'origine de la réflexion : cette crise vient de l'absence, sans précédent, de valeurs suprêmes. À ses yeux, ces valeurs appartenaient à trois domaines : la nation, le catholicisme, une sorte de stoïcisme. Il comprenait la force d'autres valeurs (ce qu'il disait de la Russie le montrait) alors que l'absence de valeurs, la subversion pour la subversion et non pour des fins préconçues le déconcertait. Mais il ne pensait pas que les valeurs suprêmes eussent été détruites par la contestation ; car pour lui elle naissait de leur absence : il pensait qu'elles avaient été détruites par le primat de la science. [...] La science n'a pas remplacé les valeurs suprêmes qui justifiaient la vie humaine, et nous savons aujourd'hui qu'elle ne les remplacera pas. Elle n'implique pas de morale, et même si sa valeur suprême était la vérité, elle ne répondrait pas à la question à laquelle répondaient les religions : que fait l'homme sur la terre ? [...] Les deux dernières valeurs suprêmes auront été la justice sociale et la nation. L'une et l'autre survivent, mais la vraie contestation ne se réclame ni de l'une ni de l'autre, même lorsqu'elle se colore d'un vague gauchisme. La civilisation des machines a cru remplacer l'âme par la puissance, la connaissance ou l'ambition parce qu'elle n'a jamais bien compris ce qu'était l'âme. »

Pour Malraux, la possible transformation de la société industrielle née du réalisme scientifique du XXe siècle, c'était cet ailleurs que figure dans *Les chênes qu'on abat* la neige qui cerne La Boisserie. « Pour le Général, la grandeur était d'abord une solitude, mais c'était une solitude où il n'était pas seul. » En effet, il y avait Malraux, symbolisant la chevalerie de la pensée se mêlant à l'action et écrivant l'œuvre qui transfigure en histoire ce qui aurait pu n'être qu'une politique parmi d'autres. Charles de Gaulle avait pris soin, lui aussi, dès sa jeunesse, d'écrire en rêve sa vie comme une page de l'histoire de France.

L'écriture et l'action. Deux créateurs parce que deux hommes qui, par le verbe, ont su « transformer en conscience l'expérience la plus large ». Si Malraux entreprend une carrière d'écrivain, c'est tout de suite et très vite pour faire autre chose qu'une carrière. La passion politique, ou plutôt de l'Histoire, le sort du rang. Et si de Gaulle entreprend une carrière militaire, c'est l'écriture qui va d'abord le faire sortir du rang : les hautes préoccupations dont Barrès rêvait de faire porter l'habit à ses contemporains sont les fées qui se penchent sur eux et sauvent en eux quelque chose de toujours jeune – on a dit que le génie était une pensée d'enfance réalisée dans l'âge mûr.

Les Noyers de l'Altenburg anticipent *Les chênes qu'on abat*, comme le texte écrit par de Gaulle en 1905 et le *Fil de l'épée* anticipent les *Mémoires de guerre*. Mais la fiction-vérité ne préfigure la vie que chez les êtres doués de ce don exceptionnel d'intuition et de voyance qui constitue leur commune *médiumnité*, leur commune traversée des apparences, une relation d'ordre métaphysique. Pourquoi le « non » de la Résistance devient-il un « oui » dans l'Histoire ? Parce qu'il révèle, en les refusant, que les apparences ne sont que des apparences, et cela en changeant le rapport de l'homme avec sa vie et avec sa mort, les termes de l'échange. Cette conception de la politique n'est pas une science mais un art des réalités. Mais où conduisait donc en fin de compte, pour qui savait lire, le surhomme de Nietzsche, que Malraux et de Gaulle connaissaient bien, sinon à l'art comme antidestin, c'est-à-dire à une lecture du monde qui est exactement le contraire de celle, diabolique, faite par le IIIe Reich ?

De saint Bernard de Clairvaux à Nietzsche en passant par leur commun passé barrésien, ce n'est peut-être pas une commune aventure spirituelle qu'ont connue de Gaulle et Malraux, mais une communauté d'aventure spirituelle, un sens de l'universel, qui n'ont cessé de leur faire longer, et cerner, ces bords de l'océan religieux auxquels on appartient dès lors qu'on les hante.

Philippe DE SAINT ROBERT

• *Voir aussi* : Bibliothèque personnelle ; Catholique (foi) ; Culture ; Nationalisme

Bibl. : Frédéric Grover, *Six entretiens avec André Malraux sur les écrivains de son temps*, Paris, Gallimard, 1978 • Roger Stéphane, *Portrait de l'aventurier, T. E. Lawrence, Malraux, Von Salomon et la vie exemplaire de L.-N. Rossel*, Paris, Grasset, 1986 (1re éd., 1950) • Guy Suarès, *Malraux, celui qui vient*, Paris, Stock, 1979.

MANDEL, Georges (1885-1944). – Lorsque Paul Reynaud, au lendemain de la percée des armées allemandes dans le Nord-Est, constitue son deuxième gouvernement, le 18 mai 1940, il demande à Georges Mandel, ministre des Colonies, de passer à l'Intérieur. Le 5 juin, Charles de Gaulle est à son tour nommé au gouvernement.

Mandel est reconnu pour sa fermeté, son sang-froid, son indépendance d'esprit, son caractère tranchant et résolu. Symboliquement, il est voué à incarner un jusqu'auboutisme hérité de Georges Clemenceau, dont il a été un collaborateur intime jusqu'à la victoire. Tous les témoignages attestent sa lucidité sur la suite du conflit. Dans ses *Mémoires*, Churchill l'appelle « Mandel le Grand ». Il l'a vu comme « l'énergie et le défi personnifié ». « Homme de la nuit, a écrit Emmanuel Berl, contrairement à Paul Reynaud, et qui aspirait à un destin, non à un bonheur, nul n'était mieux préparé que lui à ce qui allait être le gaullisme. »

Mandel n'a pas croisé de Gaulle jusqu'alors, mais les deux tempéraments sont destinés, dans cette conjoncture dramatique, à se rencontrer. Ils le font le 13 juin au soir : apprenant que de Gaulle envisage de démissionner, Mandel le prie de venir le voir et le détourne de son dessein. Moment capital. « Mandel, écrit le Général dans ses *Mémoires de guerre*, me parla sur un ton de gravité et de résolution dont je fus impressionné. » Il l'entendit lui dire : « De toute façon nous ne sommes qu'au début de la guerre mondiale. Vous aurez de grands devoirs à remplir, Général ! Mais avec l'avantage d'être, au milieu de nous tous, un homme intact. Ne songez qu'à ce qui doit être fait pour la France, et songez que, le cas échéant, votre fonction actuelle pourra vous faciliter les choses... » De Gaulle commente : « Je dois dire que cet argument me convainquit d'attendre avant de me démettre. C'est à cela qu'a tenu, physiquement parlant, ce que j'ai pu faire par la suite. » En ces moments d'extrême mobilité des données et des chances, Mandel a joué un rôle décisif dans la destinée de Charles de Gaulle. Il lui a, en somme, passé le relais.

Les deux hommes ne se revirent jamais. Mandel, parti pour le Maroc afin d'y continuer la lutte, est arrêté sur ordre de Vichy et emprisonné en France. Dans ses prisons, il suit avec passion l'aventure de la France libre. Depuis le fort du Portalet, il adresse à de Gaulle une lettre d'allégeance, le 20 août 1942, en reconnaissant sa prééminence et en disant sa douleur de ne pas pouvoir « seconder son effort ». Il sera déporté en Allemagne et enfin livré à la Milice qui l'assassine, au nom du régime de Pétain, le 7 juillet 1944.

Certains vichystes et certains proches de Mandel ont raconté plus tard que de Gaulle aurait évité d'intervenir pour que Mandel fût libéré, de crainte qu'il ne lui fasse de l'ombre. Cela est sans fondement. Le 3 mars 1943, le Général intervient auprès du gouvernement britannique pour qu'il fasse savoir à Berlin que la vie de Rudolf Hess et d'autre prisonniers importants répondront de celles de Mandel.

Au temps du RPF, de Gaulle saisit l'occasion d'un voyage en Gironde, le 24 septembre 1949, pour lui rendre un hommage solennel « comme politique, comme patriote et comme républicain ».

Jean-Noël JEANNENEY

• *Voir aussi* : Appel du 18 juin 1940 ; Armistice ; Secrétaire d'État

Bibl. : Bertrand Favreau, *Georges Mandel ou la Passion de la République 1885-1944*, Paris, Fayard, 1996 • Jean-Noël Jeanneney, *Georges Mandel, l'homme qu'on attendait*, Paris, Le Seuil, 1991 • John M. Sherwood, *Georges Mandel and the Third Republic*, Stanford, Stanford University Press, 1970.

MANIFESTATIONS. – Mobilisations collectives et manifestations de rue sont totalement étrangères à la culture du général de Gaulle. Marqué par les conceptions de Le Bon et renforcé dans ces conceptions par sa culture étatique et militaire, il ne conçoit de bonne foule qu'ordonnée autour de sa personne, « dans l'appareil du pouvoir et au milieu des démonstrations de l'adhésion nationale » [*MG*]. Les mobilisations auxquelles il invite ou recourt pourtant depuis Londres puis durant sa traversée du désert, marquées du sceau de ces conceptions, empruntent au répertoire de la fête de souveraineté plus qu'à celui des manifestations populaires, quand bien même il a confié à Christian Fouchet « avoir assisté à certains des rassemblements du Front populaire qu'il donnait parfois en exemple aux animateurs du RPF ».

Pendant la guerre, le Général ne diffuse, longtemps, de directives d'action de masse qu'à la seule occasion des traditionnelles fêtes de souveraineté dont il se veut le garant. Il s'adresse alors à chacun des Français et l'invite à des « manifestations patriotiques » relevant d'ordinaire des attributs d'un chef d'État. Les « voyages officieux » qu'il organise entre 1946 et 1953 relèvent, sur un autre mode, de cette même orientation.

Lorsque ses partisans se déploient sur les Champs-Élysées les 13 et 14 mai 1958, le Général, qui préfère ignorer ce qu'il doit à la rue (d'Alger plus que de Paris), condamne, dans un communiqué émis ultérieurement, le 27 mai, « toute action, de quelque côté qu'elle vienne, qui met en cause l'ordre public ». Il n'entretient paradoxalement de rapport partisan avec la foule qu'après l'achèvement du projet de Constitution, à la veille du référendum, en décidant de présenter celui-ci sur la place publique, alors qu'un chef de gouvernement dispose, en droit, d'autres tribunes, plus conformes. Il veut ainsi investir et marquer un terrain que l'adversaire tient pour sien, en s'affirmant comme l'héritier légitime d'un rapport au peuple, d'ordinaire incarné là par des manifestations d'autres sortes. Le Général, qui tient la défense des institutions pour une fonction régalienne qu'on ne saurait déléguer, n'admet aucun déploiement politique sur la voie publique, quand bien même certains constituent des appuis objectifs à sa politique, lors du putsch des généraux, contre l'OAS puis durant la guerre du Vietnam. Certaines de ces manifestations interdites sont réprimées avec une violence extrême qui reçoit son aval même si elle relève de la responsabilité directe du ministre de l'Intérieur et du préfet Maurice Papon. La tolérance est plus grande s'agissant des manifestations revendicatives, en particulier après la guerre d'Algérie. La plupart doivent aux fonctions économiques accrues de l'État de concerner ou d'interpeller le pouvoir central. La mise en cause du chef de l'État n'est pourtant pas immédiate. En 1959, syndicats ou partis se bornent à diffuser des consignes d'abstention lors de ses voyages officiels, sans parvenir à peser sur l'enthousiasme. Les démonstrations d'hostilité sur la voie publique, exceptionnelles, ne s'en prennent d'abord nominalement qu'aux ministres. Une évolution se dessine courant 1960. En juin surgit le slogan « Charlot des sous », promu à si bel avenir que le Général prend le parti de lui faire un sort dans son allocution télévisée du 19 avril 1963. Les consignes d'abstention, systématiquement réitérées lors de chaque voyage officiel, produisent leurs premiers effets notables à Grenoble en octobre 1960. Caricatures et mots d'ordre cessent simultanément d'épargner le président de la République. Des pancartes hostiles apparaissent en 1963 sur le parcours d'un cortège officiel et une contremanifestation coïncide, à Brest, avec la visite du Général – mais se déroule, du moins, hors de sa présence. Une étape est franchie en 1964 quand des slogans appellent à sa démission à l'occasion de l'anniversaire du 13 Mai, devancés par « De Gaulle au musée » durant la grève des usines Renault du Mans, en mai 1961. Une étape plus décisive est franchie en 1965 quand le président de la République renonce pour la première fois à un voyage officiel en Picardie « pour prévenir d'éventuelles manifestations ». Les manifestations intersyndicales des 17 mai 1966 et 17 mai 1967 doivent à leurs objectifs et à l'érosion de la majorité présidentielle de revêtir un tour politique plus affirmé. Sans que les « porteurs de pancartes » n'influent jamais sur les orientations du pouvoir. D'où la difficulté qu'a de Gaulle à trouver les réponses adaptées à ce qu'il qualifie de « chienlit », en 1968.

Ce dédain à l'égard des manifestations éclaire son regard ambivalent sur la manifestation du 30 mai 1968. Selon Alexandre Sanguinetti, « le Général avait fort bien compris que cet extraordinaire succès [...] était la fin d'une certaine idée qu'il avait eu, lui, de la Nation française. Au soir de cette manifestation qui nous avait paru grandiose, il y avait un homme heureux, Georges Pompidou, et un homme malheureux, Charles de Gaulle ». Et Michel Cazenave : « Le 30 mai, c'était la mort politique du Général de Gaulle car il a dû faire appel à ceux-là mêmes qui combattaient ses réformes et, comme il a dû le dire lui-même, au "parti de la trouille". Le Général avait perdu et d'ailleurs un an après il se retirait. » Le témoignage de Jacques Foccart oblige à de singulières nuances. Du moins le tournant est-il alors d'ampleur : alors qu'il était dans l'opposition, le Général a recouru à des « manifestations de souveraineté quand même », exprimant sa légitimité revendiquée. Quoique chef de l'État, il doit cette fois se résoudre à prendre appui sur la rue quand il en a toujours refusé le principe. Ce qu'on peut qualifier de « manifestation quand même » contrevient à ses conceptions intimes et marque l'incontestable passage du « gaullisme personnel » au « gaullisme partisan ». Danielle TARTAKOWSKY

• *Voir aussi* : Fêtes politiques ; Foule ; Grève ; Popularité ; Voyages officiels

Bibl. : Christian Fouchet, *Mémoires d'hier et de demain*, t. 2, *Les lauriers sont coupés*, Paris, Plon, 1973 • Alexandre Sanguinetti, *J'ai mal à ma peau de gaulliste*, Paris, Grasset, 1978 • Danielle Tartakowsky, *Les Manifestations de rue en France : 1918-1968*, Paris, Publications de la Sorbonne, 1997.

MANIFESTATIONS DE 1940 À 1944. – Depuis Londres, le général de Gaulle ne diffuse, d'abord, de directives d'action de masse qu'à la seule occasion des traditionnelles fêtes de souveraineté dont il se veut le garant, celles du 14 Juillet et du 11 Novembre. Il s'adresse à chaque Français sur le mode d'un chef d'État et invite à des démonstrations relevant d'ordinaire de cette fonction. La directive pour le 14 juillet 1940 ne préconise que le recueillement individuel sans extériorisation. Il en va différemment, le 11 novembre, quand Radio-Londres demande aux Parisiens de se rendre à l'Arc de Triomphe ou devant la statue de Clemenceau. L'appel à faire le vide dans les villes une heure durant, le 1er janvier 1941, demeure imprégné de prudence mais, pour la première fois, se veut applicable à la France entière. Le 8 mai 1941, la fête de Jeanne d'Arc permet de franchir le pas qui conduit à une extériorisation nationale des sentiments avec, depuis Brazzaville, un appel à se trouver sur « les promenades publiques des villes et villages de 15 à 16 heures ». Ces premières manifestations permettent au chef de la France libre d'affirmer d'autant plus fortement sa légitimité que le régime de Vichy y parvient plus mal. Bientôt passé à un autre stade de l'action, de Gaulle délaisse ce terrain et prononce une allocution convenue les 14 juillet et 11 novembre 1941, sans délivrer de directives explicites. Que le parti communiste appelle *a contrario* pour la première fois à manifester dans ces circonstances permet aux deux composantes de la Résistance de s'inscrire dans un même champ symbolique et dans une même chronologie ; à des fins convergentes à défaut d'être similaires et dans des formes partiellement communes. Les résultats inégaux d'une commémoration à l'autre sont du moins effectifs. À partir de 1942, ces convergences se doublent de chassés-croisés. Le général de Gaulle répond favorablement à une demande formulée par le Mouvement ouvrier français et appelle à manifester le 1er mai alors que la date n'entrait pas dans sa culture initiale. Les communistes s'impliquent quant à eux dans les manifestations patriotiques. Ces chassés-croisés sont facteurs de rapprochements tendanciels entre les démonstrations. Ce 1er mai 1942, les cortèges revêtent souvent les traits d'une manifestation patriotique, dans leur cérémonial et leur composition sociale apparente. Le 14 juillet 1942 se signale au contraire par une présence ouvrière accrue et l'occasionnelle affirmation d'une symbolique de classe. Avec au moins soixante-six manifestations dont quarante-quatre en zone sud, ce 14 Juillet constitue la contestation la plus ample depuis l'avènement du régime.

Un document des services de propagande alliée destiné à illustrer le rôle actif de la France dans la préparation de l'offensive alliée place ces manifestations sur le même plan que les sabotages, les grèves ou les attaques armées. Il atteste les fonctions politiques qui leur sont assignées. À partir de 1943, les manifestations patriotiques demeurent une occasion privilégiée de manifester mais changent de caractère. L'appel à manifester le 1er mai 1943 est signé conjointement par les Mouvements unis de résistance, la SFIO le PCF et le Front national. Le 14 Juillet suivant fait l'objet d'appels distincts malgré la récente constitution du Conseil national de la Résistance. Celui-ci prend en charge l'organisation du 11 Novembre. Devenues l'expression d'une stratégie globalisante dans une phase offensive, ces manifestations affectent un nombre accru de départements, rivalisent parfois d'ampleur avec certains rassemblements ordinaires de l'entre-deux-guerres et tendent à s'écarter des rites convenus (appel à la grève le 11 novembre 1943), pour s'intégrer dans la préparation de l'insurrection nationale en 1944. Danielle TARTAKOWSKY

• *Voir aussi* : BBC ; Champs-Élysées ; Légitimité ; Symboles

Bibl. : Danielle Tartakowsky, *Les Manifestations de rue en France : 1918-1968*, Paris, Publications de la Sorbonne, 1997.

MANIFESTATION DU 28 MAI 1958. – La crise de régime qui se dénouera par le retour au pouvoir du général de Gaulle a été déclenchée par une manifestation de rue. Le 13 mai à Alger n'est rien d'autre qu'une manifestation qui, avec la connivence de l'armée, a atteint son objectif : créer une situation insurrectionnelle qui modifie le rapport des forces. Curieusement, elle n'a pas suscité sur-le-champ de riposte en métropole : en dehors de quelques démonstrations de jeunes activistes clamant leur solidarité avec les émeutiers, la population est restée silencieuse et ce n'est que quinze jours plus tard, alors que se profilait déjà une issue possible, que les forces politiques appelèrent à une manifestation pour défendre la République. En février 1934, dont le souvenir est encore présent en 1958, les partis de gauche n'avaient pas attendu autant pour organiser une riposte à l'émeute. Pourquoi tant de lenteur ? C'est que gouvernement et majorité sont divisés, tant sur l'interprétation de la situation que sur la décision à prendre : certains sont irréductiblement opposés au retour de De Gaulle, d'autres y sont déjà acquis. Le parti communiste surtout est un obstacle insurmontable à tout rassemblement des forces de gauche : il inspire à la SFIO une défiance et une aversion absolues. La Troisième force, éventail de partis allant des Indépendants à la SFIO, s'est constituée plus encore contre lui que contre le RPF. Pas question de se prêter à la réintégration du PCF. L'écrasement de la révolution hongroise est encore dans les mémoires. La crainte du Front populaire équilibre celle d'une sédition militaire.

Ces considérations ont-elles perdu de leur force avec l'approche du dénouement ? Un comité d'action et de défense républicain, qui regroupe les gauches non communistes, mais aussi le MRP, et où les socialistes jouent un rôle majeur, appelle les Parisiens à défiler le mercredi 28 mai sur l'itinéraire hautement symbolique par les noms des places et les souvenirs qu'elles évoquent, de la Nation à la République. Il invite les syndicats FO et CFTC, la CGT est laissée en dehors, comme le parti communiste. Mais l'une et l'autre s'associent à l'appel et mobilisent leurs adhérents. *L'Humanité, Le Populaire, Libération* reproduisent l'appel en caractères d'affiche. La radio d'État y fait largement écho. Ce n'est pas le puissant fleuve du 14 juillet 1936, mais la foule est au rendez-vous. Les estimations divergent : *L'Humanité* et *Le Populaire*, pour une fois d'accord, ont compté un demi-million de manifestants, *L'Aurore* n'en a vu que cent mille. C'est sans doute *Le Monde* qui est le plus près de la vérité : plus de deux cent mille. C'est un succès, mais qui révèle la division irréductible des manifestants. Ce cortège juxtapose deux courants qui ne se rejoignent que sur le refus de la dictature des militaires : ils s'opposent sur tout le reste. La mouvance communiste englobe de Gaulle dans ce rejet, l'autre courant refuse de le confondre avec les factieux d'Alger, résigné à son retour ou confiant qu'il écartera le spectre de la guerre civile. De toute façon, la manifestation n'aura pas d'effet direct sur l'issue de la crise. Beaucoup ont conscience de célébrer les obsèques de la IVe République, dont presque personne ne regrette sincèrement la disparition. René RÉMOND

• *Voir aussi* : Antigaullistes de gauche ; Coup d'État ; Retour de 1958

Bibl. : René Rémond, *Le Retour de De Gaulle*, Bruxelles, Complexe, 1998.

MANIFESTATION DU 17 MAI 1967. – Au sortir des élections législatives de mars 1967, le gouvernement ne dispose que d'une majorité incertaine. Pour préparer l'échéance du 1er juillet 1968, dernière étape de la mise en œuvre du Marché commun, il décide de recourir aux ordonnances. Cinq secteurs sont concernés : recherche du plein-emploi, participation aux fruits de l'expansion des entreprises, réforme de la Sécurité sociale, adaptation des entreprises aux conditions de la concurrence, modernisation et reconversion des secteurs inadaptés. La CGT et la CFDT, signataires d'un accord depuis janvier 1966, mais également la FEN et Force ouvrière ripostent par un appel commun à une grève de vingt-quatre heures qui concerne le privé et le public et doit coïncider avec les débats parlementaires et le dépôt d'une motion de censure par les élus du parti communiste et de la Fédération de la gauche démocrate et socialiste, le 17 mai. La grève présente, à ce double titre, un évident caractère politique, impliquant au plus haut chef les orientations gouvernementales. Elle ne suscite toutefois aucun commentaire du général de Gaulle lors de sa conférence de presse du 16 mai.

Force ouvrière et la FEN, qui se défendent d'une action politique, se refusent à des manifestations globalisantes, propres à unifier. Les Unions départementales CGT et CFDT sont en conséquence à l'initiative des appels à manifester et souvent soutenues à ce niveau par des syndicats d'étudiants et d'agriculteurs. En province, on recense trente-sept cortèges (contre quatre-vingt-dix-neuf lors de la journée du 17 mai 1966). À Paris, 150 000 manifestants, nombre en léger recul, défilent de la place de la République à celle de la Bastille, quand des rumeurs avaient évoqué les alentours du Palais-Bourbon. Le cactus, emprunté à une chanson de Jacques Dutronc, est la vedette du cortège : « Pompidou, pas touche, ça pique » proclame une pancarte tandis qu'un manifestant, grimé en Premier ministre, tombe, de place en place, sur un cactus en carton pâte, salué d'un « ouille » entonné par un chœur de manifestants. Le chef de l'État et son régime ne sont pas épargnés : ici on arbore un masque à son image, ailleurs on scande « La Ve est malade, il lui faut une ordonnance », « Les pleins pouvoirs aux travailleurs », « La majorité, c'est nous » et même « De Gaulle démission », « De Gaulle dictateur ». Fait nouveau, selon *Le Monde*, qui juge la manifestation politique et la tient pour symptôme « de la volonté des syndicats de peser directement sur la vie politique du pays ». Une délégation est reçue le lendemain au Palais-Bourbon où la motion de censure, votée par les centristes, recueille 236 voix quand la majorité requise est de 244 voix. Le gouvernement choisit d'ignorer la mobilisation et l'érosion parlementaire et promulgue une série d'ordonnances, soumises au Parlement fin décembre. Ce recours aux ordonnances et l'irruption des syndicats sur le devant de la scène politique révèlent conjointement un grippage du système que le général de Gaulle choisit pour l'heure d'ignorer. Danielle TARTAKOWSKY

• *Voir aussi* : Crise sociale de 1967 ; Élections législatives de 1967 ; Manifestations ; Ordonnances de 1967

Bibl. : Danielle Tartakowsky, *Les Manifestations de rue en France : 1918-1968*, Paris, Publications de la Sorbonne, 1997.

MANIFESTATION DU 13 MAI 1968. – Au lendemain de la « nuit des barricades », l'Unef (Union nationale des étudiants de France), le Snesup (Syndicat national de l'enseignement supérieur), la CGT (Confédération générale du travail) et la CFDT (Confédération française démocratique du travail) s'accordent sur le principe d'une grève générale de vingt-quatre heures accompagnée de manifestations « pour l'amnistie des manifestants condamnés [...], pour les libertés syndicales et politiques et pour l'aboutissement de leurs aspirations communes : réforme démocratique de l'enseignement au service des travailleurs, plein-emploi, transformation du système économique par et pour le peuple ». FO (Force ouvrière) s'associe à la grève par un texte séparé. Le 12 mai, le gouvernement annonce la réouverture de la Sorbonne pour le lendemain, libère les étudiants interpellés et remet les inculpés en liberté provisoire. Sans parvenir à reprendre l'initiative.

La journée doit aux hasards du calendrier de coïncider avec le dixième anniversaire du 13 mai 1958. La grève, très largement suivie, s'accompagne de manifestations d'une ampleur souvent sans pareille. Dans la capitale, des centaines de milliers de manifestants défilent de la place de la République au Quartier latin en privilégiant des slogans étrangers à ceux retenus par les organisateurs : « 10 ans ça suffit » ou « Bon anniversaire mon général », résolument politiques mais dans la stricte lignée de ceux entendus dans les manifestations du mouvement social depuis le début des années 1960. La dispersion s'opère dans le calme mais des étudiants occupent, dans la nuit, la Sorbonne « libérée ». En province, cent soixante-quatre cortèges réalisent souvent un front syndical plus large qu'il ne l'est nationalement, et retentissent pareillement de slogans hostiles au gouvernement et au régime. La presse communiste est seule ou presque à relever le mot d'ordre de « gouvernement populaire » mais il est des motions communes pour réclamer une « véritable démocratie » ou, plus fréquemment, une « poursuite de l'action dans l'union pour la transformation du système économique pour et par le peuple ». Avec, dans quinze villes, des refus de dispersion, des barricades, des *sit-in* prolongés devant les préfectures ou des assauts de bâtiments officiels. La mobilisation a dépassé toutes les espérances.

La CFDT définit cette journée comme affirmation de la « volonté de transformation du système économique par le peuple ». La CGT veut y voir une « manifestation d'opposition au pouvoir personnel », le PCF une « expression de la volonté de faire aboutir les revendications pressantes et d'instaurer dans les meilleurs délais une démocratie ouvrant la voie au socialisme ».

Le général de Gaulle, qui doit quitter Paris le lendemain matin pour un voyage officiel en Roumanie prévu de longue date, a fait connaître en fin de journée qu'il s'adresserait aux Français sous la forme d'une allocution radiotélévisée le 24 mai. Dans la nuit, le ministre de l'Intérieur l'incite à surseoir à son déplacement. Le ministre des Affaires étrangères plaide *a contrario* et l'emporte. Quand le chef de l'État rentre en France le 18, la France est entrée dans la plus grande grève générale de son histoire. Danielle TARTAKOWSKY

• *Voir aussi* : Antigaullistes de gauche ; Mai 68 ; Manifestations

MANIFESTATION DU 29 MAI 1968. – À partir du 27 mai 1968, François Mitterrand et Pierre Mendès France, soutenus par divers courants de la CFDT (Confédération française démocratique du travail), de FO (Force ouvrière) et par l'Unef (Union nationale des étudiants de France), affirment des stratégies de relève du gaullisme qui contreviennent aux orientations défendues par le Parti communiste français (PCF).

Faute de pouvoir peser suffisamment en faveur du Programme commun de gouvernement réclamé par le PCF, la CGT tente, du moins, de neutraliser les stratégies alternatives. Elle appelle à manifester le 29 mai dans tout le pays « pour répondre à la situation créée par le refus persistant du gouvernement et du patronat de prendre en considération les revendications et contribuer à un changement politique de progrès social et de démocratie sans relâcher l'occupation des usines », et confère donc à l'action une orientation directement politique dont la manifestation doit amorcer le cours en donnant corps à une « grève politique de masse ». CFDT, Unef, FEN (Fédération de l'éducation nationale) et FO refusent naturellement de s'y associer, et le SNESup (Syndicat national de l'enseignement supérieur) est la seule formation syndicale à lui apporter son soutien. Le PCF s'inscrit en revanche au rang des organisateurs, en concrétisant la disparition du système d'alliance réunissant les syndicats, sinon contre, du moins en marge des partis, qui prévalait depuis 1966.

En province, cent quinze manifestations dont onze sont plus amples que le 13 mai se déroulent les 29 et 30 mai, dans cinquante-six départements. Plus de la moitié demeurent intersyndicales malgré les mots d'ordre confédéraux. La proportion de celles auxquelles les partis de gauche participent n'augmente guère, mais la présence de mots d'ordre politiques offensifs forme la règle à peu près partout. La plupart inspirés par le PCF et la CGT.

À Paris, 100 000 manifestants selon la préfecture, huit fois plus selon les organisateurs, défilent, l'après-midi durant, de la place de la Bastille à la gare Saint-Lazare à l'appel de la seule CGT, aux cris de « Gouvernement populaire » et sans présence visible des forces de l'ordre. Que cette manifestation, convoquée le 28, se déroule le lendemain et s'achève vers 20 heures quand circulent les rumeurs les plus folles relatives à la « disparition » du général de Gaulle est propre à nourrir les fantasmes. « Ceux qui sont le nerf et le nombre étaient hier dans la rue pour signifier au pouvoir gaulliste qu'il faut qu'il s'en aille ; pour indiquer en même temps et très nettement par quoi ils entendent le remplacer », écrit *L'Humanité*. Cette appréciation et le mot d'ordre de « gouvernement populaire » ne suffisent cependant pas à étayer l'hypothèse d'un passage des communistes et de la CGT à une stratégie insurrectionnelle appuyée sur un mouvement de rue. Nul ne s'essaie à marcher sur l'Élysée. Les communistes et la CGT, confrontés aux stratégies alternatives de Mitterrand et Mendès France, dressent un barrage propre à les neutraliser, et, conscients que l'absence de perspectives politiques les contraint à négocier, participent à l'expression d'un rapport de force destiné à peser sur les négociations syndicales en cours. Danielle TARTAKOWSKY

• *Voir aussi* : Antigaullistes de gauche ; Mai 68 ; Manifestations

Bibl. : Danielle Tartakowsky, *Les Manifestations de rue en France : 1918-1968*, Paris, Publications de la Sorbonne, 1997.

MANIFESTATION DU 30 MAI 1968. – En mai 1968, le pouvoir dissuade d'abord ceux qui souhaitent riposter à l'adversaire sur le terrain de la rue. Le 29, Pierre-Charles Krieg appelle toutefois à manifester le lendemain place de la Concorde après un attentat contre *La Nation*. Selon Jacques Foccart, le général de Gaulle s'est, de son côté, rallié dès le 26 au principe d'une manifestation. Initialement prévue le 31, elle est avancée au 30 pour coïncider avec celle de Krieg. Elle est préparée dans l'urgence avec le concours de l'UDR (Union pour la défense de la République), des comités de défense de la République, du SAC (Service d'action civique), de l'UJP (Union des jeunes pour le progrès)..., des anciens de l'OAS (Organisation armée secrète) proposant même leurs services.

Adrien Dansette et Pierre Viansson-Ponté ont voulu y voir l'élément d'un triptyque dont la « disparition » du Général et l'allocution radiodiffusée du 30 mai auraient constitué les autres volets, et dont de Gaulle aurait seul maîtrisé tous les termes. Les témoignages ultérieurs les démentent. Que le Général n'ait pas été le *deus ex machina* qu'ils évoquent n'altère en rien l'effet produit. Sa disparition, l'ignorance de la voie choisie, par ses plus proches y compris, puis sa réapparition sont autant de coups de théâtre propres à catalyser. Dès son retour, Foccart convainc le chef de l'État qu'il est crucial de diffuser son message avant la manifestation. Cet ordre des choses confère à la dissolution de l'Assemblée nationale et à l'échéance électorale, soutenues par les manifestants *ex post*, une légitimité qui serait plus problématique *a contrario*. La voix du Général provoque, une fois encore, le sursaut.

L'ampleur de la manifestation parisienne, supérieure à celle du 13 mai précédent, et le nombre des manifestations en province dépassent l'espérance des organisateurs d'abord rendus inquiets par la « disparition » du Général et par l'absence de tradition manifestante dans ce milieu. À Paris, la manifestation revêt un caractère de souveraineté, signifié par la présence des ministres et parlementaires à sa tête. Son parcours, les drapeaux tricolores, parfois frappés de la croix de Lorraine, la présence de déportés en costumes rayés, d'anciens combattants et de FFI (Forces françaises de l'intérieur) arborant décorations ou brassards réactivent la culture de la Résistance et les souvenirs d'août 1944. Mais cette culture se mêle à d'autres. Le cortège, qu'on avait voulu silencieux, devient un bruyant défilé empruntant aux codes de l'adversaire. Des slogans antisémites et xénophobes, selon la presse, contreviennent au résistancialisme affiché. Qui plus est, la manifestation est destinée à soutenir le régime et son chef quand les cortèges de souveraineté en sont d'ordinaire l'ostension. D'où le regard ambivalent du Général qui neutralise soigneusement ce caractère inédit et s'attribue la pleine maîtrise du dispositif dans son allocution du 29 juin : « Le 30 mai, sentant qu'enfin s'éveillait l'instinct national, j'en ai appelé au peuple. Il m'a répondu de ses profondeurs. Du coup fut rompu le charme maléfique qui nous entraînait vers l'abîme. »

La Résistance et ses effets durables sur la culture politique, combinés à la Constitution nouvelle permettent, du moins, « ce chef-d'œuvre de politique et de mystique » – comme l'écrit François Mauriac – propre à précipiter la plupart des protagonistes dans l'issue parlementaire et négociée, préalablement dessinée par le Général, et, par là, l'issue du conflit.

Danielle TARTAKOWSKY

• *Voir aussi* : Champs-Élysées ; Discours du 30 mai 1968 ; Élections législatives de 1968 ; Mai 68

Bibl. : Jacques Foccart, *Le Général en mai, journal de l'Élysée, 1968-1969*, Paris, Fayard, 1998 • Frank Georgi, « "Le pouvoir est dans la rue", la "manifestation gaulliste" des Champs-Élysées (30 mai 1968) », *Vingtième Siècle*, n° 48, 1995 • Pierre-Charles Krieg, « Le 30 mai 1968, le secret d'une manifestation », *En ce temps-là. De Gaulle*, n°s 33-03 et 33-04, 2e trimestre 1972 • Danielle Tartakowsky, *Le pouvoir est dans la rue, manifestations de rue et crises politiques en France*, Paris, Aubier, 1997.

MANIFESTATIONS LIÉES À LA GUERRE D'ALGÉRIE (13 et 15 mai 1958). – Au printemps 1958, la France est fragilisée sur le plan international par la question algérienne et frappée par une crise gouvernementale. Appelé à former un gouvernement le 8 mai, Pierre Pflimlin a déclaré qu'il saisirait « toute occasion d'engager des pourparlers en vue d'un cessez-le-feu ». À Alger, le général Salan informe alors son ministre que « l'armée, de façon unanime, sentirait comme un outrage l'abandon de ce patrimoine national » et qu'« on ne saurait préjuger de sa réaction de désespoir », tandis que Robert Lacoste, le ministre résidant, préfère rentrer à Paris le 10 mai.

Ce jour-là, une déclaration du FLN (Front de libération nationale) rend publique l'exécution pour crimes de guerre de trois militaires français. En réalité, cette sentence est la réponse à l'exécution, le 24 avril 1958, d'Aberrahmane Taleb, condamné à mort pour avoir confectionné des bombes destinées à la « zone autonome » d'Alger. Dans la semaine qui suit, six autres condamnés à mort sont exécutés ; le FLN annonce qu'à chaque exécution répondra la mort d'un prisonnier français. La déclaration du 10 mai précipite la crise.

À Alger, comme ailleurs dans le pays, le mouvement s'organise pour le 13 mai, date du débat d'investiture de Pierre Pflimlin. À côté de Pierre Lagaillarde, leader étudiant, on trouve le poujadiste Joseph Ortiz, le royaliste Robert Martel ou encore le colonel Thomazo, à la tête des Unités territoriales. Le 13 mai, la foule déborde l'espace traditionnel de rassemblement devant le monument aux morts et s'empare du bâtiment du gouvernement général.

Les forces de l'ordre laissent faire, même si les trois plus hauts responsables militaires de la ville tentent de calmer l'émotion populaire. Les généraux Massu, Allard et Salan ainsi que des civils, arrivés pour certains de métropole, mettent en place un comité de salut public réclamant la création d'un « gouvernement de salut public, seul capable de conserver l'Algérie partie intégrante de la métropole ». Tous sont unis dans l'hostilité au régime parlementaire de la IVe République. Quelques-uns ont une idée précise de la solution à proposer : le retour au pouvoir du général de Gaulle. Ils prennent en main *Radio-Algérie*, qui soutient alors nettement cette option.

Le 14 mai, le général Salan reçoit de Pierre Pflimlin la plénitude des pouvoirs civils et militaires en Algérie. Le lendemain, le commandant en chef fait acclamer le nom du général de Gaulle par la foule massée devant le gouvernement général, dans laquelle se mêlent musulmans et Européens d'Algérie, dans des scènes de fraternisation qui vont constituer un des moments mythiques de cette nouvelle Algérie française que certains appellent de leurs vœux.

Alger fait trembler Paris : le gouvernement est remanié et l'état d'urgence voté pour trois mois. Mais le mouvement ne s'arrête pas. Le général de Gaulle a répondu le 15 mai qu'il était « prêt à assumer les pouvoirs de la République » et, jusqu'à la fin du mois, des manifestations sont organisées tous les jours à Alger comme dans le reste du pays. Elles auront un rôle décisif dans le retour au pouvoir du Général. Raphaëlle BRANCHE

• *Voir aussi* : Coup d'État ; Discours d'Alger ; Retour de 1958

Bibl. : Guy Pervillé, « Le temps des complots », dans Jean-Jacques Jordi et Guy Pervillé (dir.), *Alger 1940-1962 : une ville en guerres*, Paris, Autrement, 1999 • René Rémond, *1958 : le retour de De Gaulle*, Bruxelles, Complexe, 1983 • Odile Rudelle, *Mai 1958. De Gaulle et la République*, Paris, Plon, 1988.

MANIFESTATIONS LIÉES À LA GUERRE D'ALGÉRIE (décembre 1960). – Pour accompagner l'inflexion de sa politique algérienne, le général de Gaulle entame un voyage à travers les villes moyennes d'Algérie, le 9 décembre. Il y annonce une Algérie « qui est ou qui commence à être nouvelle » et l'émergence « tous les jours un peu plus » d'une « Algérie algérienne ». Son message est un message de coopération entre les deux communautés formant l'Algérie d'aujourd'hui et, annonce-t-il comme un vœu, celle de demain.

Les réactions suscitées par sa venue témoignent de l'incompréhension que suscite ce message auprès de certains Européens d'Algérie. À Aïn-Temouchent, une foule hostile s'est massée devant l'hôtel de ville aux cris de : « Algérie française ! » Dans cette petite ville d'Oranie, les ultras tentent de rejouer le 13 mai 1958, comme à Alger que le parcours du général de Gaulle a soigneusement évité mais où les événements dégénèrent. L'occupation des bâtiments publics est prévue par les ultras dans le but de provoquer l'intervention de l'armée, qu'ils espèrent en leur faveur. Les généraux Salan et Jouhaud, mais aussi d'anciens inculpés de la semaine des Barricades et le Front de l'Algérie française (FAF) sont à l'origine de ce projet.

Le 9 décembre, l'appel à la grève est massivement suivi dans l'Alger européen. Des barricades sont dressées et les CRS et gendarmes présents sont harcelés par les Européens : le scénario de janvier 1960 paraît recommencer. Le lendemain, le Palais d'été est le théâtre d'une tentative d'occupation à laquelle ne répondent que mollement les parachutistes appelés en renfort.

L'hostilité gronde fortement à l'encontre du général de Gaulle et, dans les villes qu'il traverse, des foules distinctes d'Européens et d'Algériens musulmans l'accueillent avec des banderoles et des slogans opposés. La fraternité qu'il appelle alors de ses vœux semble fort éloignée de la réalité. Mais c'est à Alger que les musulmans provoquent un renversement spectaculaire et inattendu de la situation.

Le 10 décembre, ils descendent massivement de Diar El Mahçoul, Diar Saada, Le Clos Salembier, Belcourt et la Casbah pour s'opposer aux ultras. Ils revendiquent l'indépendance de l'Algérie et crient : « Ferhat Abbas au pouvoir ! », « Lagaillarde au poteau ! », « Négociations Abbas-De Gaulle ! » Le FLN (Front de libération nationale), qui n'en a pas eu l'initiative, tente d'encadrer le mouvement. Des affrontements violents ont lieu, dès le premier jour, entre communautés et avec les forces de police mais les manifestations musulmanes grossissent les jours suivants. À Oran aussi, des manifestations spontanées éclatent et les villes plus petites ne sont pas en reste. Les troupes françaises tirent sur la foule. Le bilan officiel est de 120 morts, dont 112 musulmans.

Dans ce contexte d'extrême tension, le général de Gaulle écourte son voyage tandis que, le 14 décembre, le FAF est dissous. Il est désormais évident pour tous que l'avenir de l'Algérie ne pourra être écrit sans les Algériens. Le référendum du 8 janvier 1961 en porte la trace.

Raphaëlle Branche

• *Voir aussi* : Algérie (guerre d') ; Pieds-noirs ; Voyage en Algérie (9-13 décembre 1960)

Bibl. : Mouloud Feraoun, *Journal 1955-1962*, Paris, Le Seuil, 1994 (1re éd., 1962) • Gilbert Meynier, *Histoire intérieure du FLN : 1954-1962*, Paris, Fayard, 2002 • Guy Pervillé, « Du triomphe à l'abandon », dans Jean-Jacques Jordi et Guy Pervillé (dir.), *Alger 1940-1962 : une ville en guerres*, Paris, Autrement, 1999.

MANIFESTATIONS LIÉES À LA GUERRE D'ALGÉRIE (17-18 octobre 1961). – La répression par la police des manifestations algériennes de Paris, les 17 et 18 octobre 1961, fut d'une extrême violence et, en métropole, de loin la plus meurtrière depuis la Libération. Le nombre de morts peut être évalué à une trentaine, peut-être une cinquantaine en y incluant des morts dont l'origine relève moins de la répression des manifestations que de ce qu'on peut appeler la violence « périphérique ». C'est ainsi que le rapport de l'avocat général Jean Géronimi, remis au garde des Sceaux en 1999, mentionne 48 victimes. Le nombre de morts a été par ailleurs fortement grossi par certains auteurs : Jean-Luc Einaudi en évoque ainsi près de 400.

Ordonnées par le FLN, les manifestations visaient officiellement à protester contre le couvre-feu que le préfet de police Maurice Papon avait imposé aux Algériens, le 5 octobre, pour mettre un terme à une multiplication d'assassinats de Nord-Africains essentiellement dus aux règlements de comptes du FLN. Afin d'accroître son influence sur le Gouvernement provisoire de la République algérienne et sans doute de peser sur les négociations en cours avec de Gaulle, la fédération de France du FLN avait instrumentalisé l'ensemble des travailleurs algériens et de leurs familles, sans se préoccuper des risques tragiques qu'elle leur faisait courir. Car la police était la proie d'une véritable psychose qu'avaient engendrée les attentats perpétrés contre elle depuis trois ans par les commandos du FLN (en octobre 1961, leur bilan cumulé s'élevait à 47 tués et 140 blessés), et sa vindicte se portait désormais indistinctement sur la population nord-africaine. La disproportion des forces en présence le 17 octobre fut un facteur aggravant de la violence policière : prévenue très tard, sans doute au petit matin, la préfecture ne put aligner que 1 658 hommes contre une masse de manifestants évaluée à 20 000 ou 30 000 personnes – les spécialistes du maintien de l'ordre savent que les débordements policiers surviennent souvent dans un contexte de faiblesse des forces de l'ordre.

Sur cette répression, le général de Gaulle ne s'est jamais exprimé publiquement, ni même, semble-t-il, dans ses lettres ou notes. Selon les notes inédites prises par Louis Terrenoire lors du Conseil des ministres du 26 octobre, Roger Frey expliqua d'abord l'état d'esprit des policiers parisiens, plus désireux de venger leurs morts que soucieux du strict maintien de l'ordre. Puis Pierre Sudreau et Robert Buron s'inquiétèrent de l'ampleur de la répression et constatèrent la concordance des organes de presse à cet égard. De Gaulle répondit, sans plus, que cette concordance était uniquement due à leur désir de l'atteindre lui-même.

Le sens de l'État et des intérêts du pays qui animait le Général le conduisait à considérer qu'il eût été impensable de laisser défiler dans les grandes artères de la capitale les populations algériennes sous la coupe du FLN. Il tenait le préfet de police en haute estime et, en plusieurs circonstances, lui a fait des compliments sur son action. Nul doute dans ces conditions que, dans son for intérieur, il dut estimer que cette répression policière était largement justifiée. Jean-Paul BRUNET

• *Voir aussi* : Algérie (guerre d') ; Club Jean Moulin ; FLN ; Orateur in praesentia

Bibl. : Jean-Paul Brunet, *Police contre FLN. Le drame d'octobre 1961*, Paris, Flammarion, 1999 • Jean-Luc Einaudi, *Octobre 1961. Un massacre à Paris*, Paris, Fayard, 2001 • Maurice Papon, *Les Chevaux du pouvoir. Le préfet de police du général de Gaulle ouvre ses dossiers, 1958-1967*, Paris, Plon, 1988 • Éric Roussel, *Charles de Gaulle*, Paris, Gallimard, 2002.

MANIFESTATIONS LIÉES À LA GUERRE D'ALGÉRIE (8 et 13 février 1962). – Le 8 février 1962, au carrefour Charonne à Paris, des charges de police d'une extrême violence font huit morts et des dizaines de blessés au sein d'une foule qui manifeste contre l'OAS et pour la paix en Algérie. Les obsèques, organisées, comme l'a été la manifestation, par les principales centrales syndicales à l'exception de Force ouvrière, se déroulent le 13 février en présence d'une foule considérable, évaluée entre 140 000 et 200 000 personnes selon les sources de police, 200 000 à 500 000 selon la presse, un million pour le PCF. C'est la manifestation la plus importante depuis la Libération.

Le général de Gaulle ne livra aucun commentaire public sur cette tragédie. Ses *Mémoires d'espoir* n'y glissent pas la moindre allusion, pas plus que les livres d'Alain Peyrefitte et de l'amiral de Gaulle. Dans les *Lettres, notes et carnets*, on lit cependant, à la date du 13 février 1962, une apostille apposée sur une note du préfet de police qui rend compte de la faible proportion de grévistes relevée dans la région parisienne. Les syndicats avaient lancé des consignes de grève, mais en ordre dispersé, et il ne s'agissait pas d'une grève générale. Sur cette note, de Gaulle exprime sa volonté de voir les services de l'Intérieur et de l'Information diffuser les chiffres du préfet de police, sinon « les bons "progressistes" de nos journaux télévisés et parlés déclareront *urbi et orbi* que la grève a été massivement exécutée ». C'est dire que de Gaulle se préoccupait moins des victimes que de l'impact des deux manifestations sur l'opinion.

Selon les souvenirs de Maurice Papon, au cours du Conseil des ministres qui suivit, le 14 février, quelques voix se seraient élevées contre les brutalités commises par les forces de police, notamment celle de Robert Buron. Le Général aurait répondu : « La manifestation était interdite. La préfecture de police a reçu mission et avait le devoir de s'y opposer. Elle a fait ce qu'elle devait faire. » La formulation semble forcée, voire inexacte puisque Buron, parti avec la délégation française négocier aux Rousses, n'assistait pas au Conseil. Les notes inédites de Louis Terrenoire font état d'« un débat assez vif » au cours duquel Roger Frey protesta contre les critiques dont il avait été l'objet de la part de certains ministres, et exprima le désir d'ouvrir une information judiciaire contre les organisateurs de la manifestation. Pierre Sudreau et Bernard Chenot ayant marqué leur désaccord, le Général aurait tranché : « On ne peut pas ne pas ouvrir une information, mais faisons en sorte qu'elle n'ait pas de suite immédiate. Dans cette affaire, on a vu, une fois de plus, à l'œuvre une certaine faune syndicale et chrétienne. [...] Ce peuple est malade. Il se plaît à se déchirer. »

De Gaulle considérait que l'État devait impérativement conserver le « monopole de la violence légitime », d'autant qu'il incarnait cet État. Et à ses yeux toute manifestation publique, même si elle semblait aller dans son sens, lui compliquait la tâche. Il est probable qu'il tint Charonne pour une péripétie, tragique sans doute mais accessoire et dont la responsabilité n'incombait ni à lui-même ni à aucun service de l'État. Jean-Paul BRUNET

• *Voir aussi* : Algérie (guerre d') ; Antigaullistes de gauche ; OAS ; Orateur in praesentia

Bibl. : Jean-Paul Brunet, *Charonne. Lumières sur une tragédie*, Paris, Flammarion, 2003 •

Robert Buron, *Carnets politiques de la guerre d'Algérie, par un signataire des accords d'Évian*, Paris, Plon, 1965 • Alain Dewerpe, *Charonne, 8 février 1962 : anthropologie historique d'un massacre d'État*, Paris, Gallimard, 2006 • Maurice Papon, *Les Chevaux du pouvoir. Le préfet de police du général de Gaulle ouvre ses dossiers, 1958-1967*, Paris, Plon, 1988 • Éric Roussel, *Charles de Gaulle*, Paris, Gallimard, 2002.

MANIFESTATIONS LIÉES À LA GUERRE D'ALGÉRIE (26 mars 1962). – Dès le lendemain du cessez-le-feu en Algérie, le général Salan, chef de l'OAS (Organisation armée secrète) donne l'ordre de « harceler toutes les positions ennemies dans les grandes villes d'Algérie ». À Alger et à Oran, des tirs de mortier sur des foules algériennes causent des dizaines de morts. La tension entre les communautés est extrême, attisée par cette violence ciblée, mais elle ne dégénère pas alors en batailles rangées. En revanche, l'affrontement a lieu avec les forces de l'ordre françaises. Le chef de l'OAS à Bal-el-Oued, Jacques Achard, a décidé de les considérer, à partir du 23 mars, comme « troupes au service d'un gouvernement étranger ». La veille déjà, un convoi de gendarmes mobiles a été pris pour cible à la sortie du tunnel des facultés et il y a eu 18 tués.

Jacques Achard veut faire de Bab-el-Oued un camp retranché OAS : ce quartier de près de 60 000 habitants, déjà vidé de sa population musulmane, deviendrait une zone complètement contrôlée par l'organisation terroriste. Le 23 mars, ses hommes prennent position dans le quartier, soutenus par une grande partie de la population. Une patrouille d'appelés français ayant refusé de se laisser désarmer à l'entrée du quartier, elle est mitraillée. La réplique ordonnée par le général Ailleret est immédiate : Bab-el-Oued est bouclée et subit l'assaut de l'armée et de la gendarmerie mobile. Sans pour autant s'insurger, la population européenne fait corps autour des hommes de Jacques Achard dont une grande partie réussit à s'enfuir. Des manifestations de solidarité sont organisées dans les quartiers européens d'Alger pour soutenir Bab-el-Oued. Le 26 mars, conformément aux tracts signés par le colonel Vaudrey, responsable OAS du Grand Alger, une foule sans armes converge vers le quartier. Elle déborde un des barrages militaires qui tentait d'en bloquer l'accès au niveau de la rue d'Isly. Celle-ci est alors le théâtre de coups de feu dont l'origine reste aujourd'hui confuse. Les morts se comptent là encore par dizaines.

La population européenne d'Alger est sous le choc : son soutien à l'OAS se délite alors rapidement tandis que les chefs de l'organisation tentent de faire porter au pouvoir gaulliste la pleine responsabilité de la tuerie. Pour le général de Gaulle, le prix à payer était difficilement évitable. Dans une note destinée à Étienne Burin des Roziers, le 27 mars, il écrit : « Quand la foule d'Alger (demain celle d'Oran ?) se laisse entraîner par l'OAS pour forcer les barrages et reprendre la ville aux forces de l'ordre, la riposte de celles-ci est naturellement coûteuse mais elle est inévitable. Au total c'est en tenant bon que l'ordre épargne les vies humaines. » Moins d'un mois plus tard, le général Salan, chef de l'OAS, est arrêté. Raphaëlle Branche

• *Voir aussi* : Évian ; OAS ; Pieds-noirs

Bibl. : Olivier Dard, *Voyage au cœur de l'OAS*, Paris, Perrin, 2005 • Rémi Kauffer, *OAS : histoire d'une organisation secrète*, Paris, Fayard, 1986 • Guy Pervillé, « Alger, Alger déchiré, Alger abandonné, Alger libéré ? », dans Jean-Jacques Jordi et Guy Pervillé (dir.), *Alger 1940-1962 : une ville en guerres*, Paris, Autrement, 1999.

MANIFESTATIONS PAYSANNES. – L'arrivée de Charles de Gaulle à la tête de l'État en 1958 est à l'origine d'une profonde inflexion des modalités d'action collective des paysans français. Sous la IVe République, le syndicalisme majoritaire (Fédération nationale des syndicats et des exploitants agricoles) avait privilégié une stratégie de lobbying classique prenant appui sur les relations privilégiées nouées avec le groupe des indépendants-paysans, largement représenté à l'Assemblée nationale. Dès lors, les syndicats agricoles n'avaient nul besoin d'organiser des manifestations tant leurs revendications trouvaient aisément un relais dans le monde politique. La fin de la prédominance parlementaire sous la Ve République s'est accompagnée d'une rupture de paradigme en matière de politique agricole. De Gaulle est convaincu de la nécessité de faire de la France une grande puissance industrielle, ce qui suppose de moderniser les structures agricoles en favorisant leur concentration. C'en est – provisoirement – fini de la connivence du pouvoir politique avec les paysans. Les premières décisions prises par de Gaulle sonnent comme une déclaration de guerre : révision du décret Gaillard, adopté en 1957, qui avait donné pleine satisfaction au monde agricole en accordant l'indexation des prix, refus de convoquer une session extraordinaire de l'Assemblée nationale pour traiter des questions agricoles. Les paysans sauront alors donner la preuve de leur capacité de mobilisation en organisant une série de manifestations largement émaillées de violences.

Outre les classiques rassemblements et défilés, le répertoire d'action paysan, dans les années 1960, inclut des barrages routiers avec des tracteurs, des déversements de produits agricoles sur la voie publique, des démonstrations qui donnent lieu à des destructions de biens (mobilier urbain, bâtiments publics), notamment dans les villes. Organisées le plus souvent la nuit, ces actions parviennent à déstabiliser les autorités policières, car elles reposent sur d'efficaces consignes de rassemblement dont le secret, bien gardé, permet de surprendre et de réussir des coups d'éclat comme la prise de la sous-préfecture de Morlaix. Si ces actions n'ont pas provoqué de morts d'hommes, elles ont néanmoins entraîné un nombre élevé de blessés, tant du côté des forces de l'ordre que des manifestants, ces derniers ne répugnant pas aux affrontements physiques avec la police ou les CRS, notamment en Bretagne et dans le Midi viticole.

Ces jacqueries conduiront le pouvoir à prendre conscience de la nécessité de ne pas s'aliéner le monde paysan de façon durable et irrémédiable. La nouvelle politique agricole sera donc élaborée à la faveur d'une concertation très étroite avec les syndicats modernistes, qui donne le coup d'envoi d'une cogestion de l'agriculture. Si, comme on pouvait s'y attendre, la concentration des exploitations suscite beaucoup de mécontentements, donc de manifestations où la violence s'intègre dans une logique de marchandage avec les pouvoirs publics, la cogestion fait du syndicalisme agricole, en particulier du Centre national des jeunes agriculteurs (CNJA), un allié. Celui-ci contrôlant mieux sa base, on a pu observer à la fin des années 1960 un déclin très progressif du recours des paysans à la violence.

Nathalie DUCLOS

• *Voir aussi* : Agriculteurs ; Agriculture ; Syndicats agricoles

Bibl. : Nathalie Duclos, *Les Violences paysannes sous la Ve République*, Paris, Economica, 1998.

MANZONI, Honorine (née en 1913). – Au plus près du de Gaulle intime, les cuisinières. Louise Camaille est connue par une anecdote : cette Lorraine, qui a précédé Honorine Manzoni, aurait dit, lors de la visite à dîner du chancelier Adenauer à La Boisserie : « Un Allemand ? Jamais ! » Après négociation, elle aurait décidé, en connivence avec sa collègue Philomène Ziegler, une Alsacienne : « Ce sera le service de tous les jours. »

Honorine Manzoni, en charge de la cuisine à La Boisserie de décembre 1966 à août 1973, est la plus connue, grâce à ses Mémoires. Née en 1913 en Italie, fille d'un maçon, elle perd sa mère alors qu'elle n'a que treize mois. C'est la sœur aînée qui s'occupe des sept garçons et des deux filles. Une enfance rude. Après la Grande Guerre, la famille se rassemble en France, dans la Marne, dans un village entièrement détruit par les Allemands où un maçon a toutes les chances de trouver à s'employer. Chargée un temps de ses neveux et nièces, Honorine Manzoni est placée à Reims en 1934 au Bon Pasteur, une institution catholique destinée aux jeunes filles en difficulté. Elle prend l'habit, sous le nom de sœur Madeleine de Saint-Jean. En 1940, elle fuit vers Angers, la maison mère, et quitte l'ordre pour repartir dans sa famille. Pendant l'Occupation, elle est embauchée comme nurse dans la famille Dématraz –

Monsieur est laitier, Madame, institutrice publique – habitant près de Besançon. Pendant toutes ses années de couvent, elle n'a pas préparé un seul plat. Elle apprend à cuisiner, non sans difficultés, chez les Dématraz. La tuberculose lui vaut un séjour en sanatorium, et à son retour elle prend en charge la comptabilité de l'exploitation Dématraz.

En 1966, elle pleure le décès de son fiancé, Émile. À l'issue d'un séjour en maison de repos, on lui propose de devenir cuisinière pour Mme de Gaulle. Camille Dématraz, son employeur, maire de sa ville et résistant, l'a recommandée. Elle songe un instant à refuser, prétextant sa nationalité italienne. Le premier contact avec La Boisserie, peu gâtée par le climat, est rude, mais elle décrit un de Gaulle chaleureux. Dans ses Mémoires, elle confie : « Le Général fut charmant avec moi. Il me souhaita la bienvenue dans sa demeure et formula l'espoir que j'y resterais longtemps. » Le pot-au-feu est l'un des plats favoris du Général. Il tient beaucoup à ce qu'Honorine puisse assister à la messe dominicale et ne transige pas avec la discrétion qu'il impose au personnel. Aussi un article intitulé « Madame de Gaulle tire Honorine d'un chagrin d'amour » déplaira.

Très vite, elle est adoptée par la famille, les enfants et les petits-enfants du Général. Ce dernier passe parfois par la cuisine avant de partir en promenade et interroge Honorine sur ses neveux, nièces et filleuls (au nombre de 81, soit moins que le Général). Il s'arrête souvent près du poulailler et refuse absolument de manger sa propre volaille. C'est un poulet acheté qui doit lui être préparé. Honorine gère en experte la diversité des goûts : roast-beef bien cuit pour le Général, rosé pour les petits-enfants.

À l'été 1969, le Général rentre à La Boisserie. Une nouvelle période s'ouvre pour Honorine et sa collègue Charlotte Marchal. Le Général invite beaucoup plus : André Malraux, Maurice Couve de Murville, Jean-Marcel Jeanneney se succèdent. Le rituel et les horaires sont précis. Les repas sont servis à 12 h 30 et 19 h 15 précises. Lorsque tout est prêt et chaud, Honorine annonce à la bibliothèque que « Madame est servie ». Les convives ne traînent pas à table : tout est bouclé en quarante-cinq minutes et c'est à la bibliothèque que se poursuivent les discussions. Le Général s'éclipse quelques instants pour remercier sa fidèle cuisinière du travail accompli. Elle tente d'exaucer ses désirs et réalise, par exemple, une île flottante pour sa fête. Il est paraît-il très déçu s'il y a deux fois de suite des fruits comme dessert.

Le 9 novembre, Honorine assiste au décès du Général. Elle reste encore trois ans à La Boisserie avec Mme de Gaulle, puis prend sa retraite en Suisse où elle épouse, à soixante ans, un cousin des Dématraz. Corinne Bouchoux

• *Voir aussi :* Déjeuners privés à l'Élysée ; Gastronomie ; La Boisserie ; Réceptions présidentielles

Bibl. : Philippe de Gaulle, *De Gaulle mon père*, Paris, Perrin, 2004 • Jean Lacouture, *De Gaulle*, t. 3, *Le Souverain*, Paris, Le Seuil, 1986 • Francine Tinguely Repond, *La Vie d'Honorine. Du couvent jusqu'aux cuisines du Général*, Neuchâtel, Delachaux et Niestlé, 1997.

MAQUIS. – Les maquis se constituent spontanément en réponse aux exigences allemandes de main-d'œuvre. Relayant cette demande, le gouvernement de Vichy a édicté deux lois, celle du 4 septembre 1942 relative à l'utilisation et à l'orientation de la main-d'œuvre, et surtout celle du 16 février 1943 instituant le Service du travail obligatoire (STO). Refusant de partir travailler en Allemagne, les jeunes requis se réfugient dans les massifs montagneux et se regroupent en unités vite appelées « maquis ». Bien que prise au dépourvu, la Résistance choisit de leur venir en aide puis de les prendre en charge, assurant ravitaillement, conseils de sécurité et encadrement par des chefs compétents. Voulant transformer les camps de réfractaires en maquis combattants, Henri Frenay et les autres chefs des Mouvements unis de résistance (MUR) réclament une aide d'urgence au délégué du général de Gaulle, Jean Moulin, et au chef de l'Armée secrète (AS), le général Delestraint, tous deux de retour de Londres le 20 mars 1943. La question prend vite un tour passionnel et polémique. Sensibles aux risques d'actions prématurées avant le jour J et suivant les instructions, les représentants de De Gaulle s'opposent au développement et à l'armement des maquis. Ils ne voient dans l'« excitation » des chefs des MUR qu'un prétexte pour relancer la question de l'action immédiate et pour s'affranchir de la tutelle de Londres sur les affaires militaires. Moulin et Delestraint conçoivent les maquis comme des éléments devant s'inscrire dans la stratégie des Alliés au moment du Débarquement et privilégient alors, avec l'approbation de Londres, le plan « Montagnard » qui prévoit de faire du Vercors une citadelle et une base de départ pour des troupes aéroportées.

Mais, de Londres, de Gaulle perçoit très vite l'ampleur du changement survenu : l'émotion suscitée par le STO et la montée irrésistible des maquis dont il a compris le potentiel mobilisateur. Dans son « instruction personnelle et secrète » à Delestraint du 21 mai 1943, il désavoue la position de ses représentants et autorise l'action immédiate ainsi qu'un contrôle des maquis par les mouvements – dont l'appui lui est indispensable dans sa lutte contre le général Giraud.

Cependant, à partir de l'été 1943, les problèmes internes du Comité français de la Libération nationale (CFLN) et la situation internationale relèguent au second plan la question des maquis dans les préoccupations manifestes du Général, sans toutefois l'effacer. C'est ainsi qu'en février-mars 1944, à la radio de Londres, son porte-parole Maurice Schumann exalte les combattants du maquis des Glières dans une guerre des ondes qui l'oppose à Philippe Henriot. Durant l'été 1944, de Gaulle se fait auprès des Alliés le défenseur de l'aide aux gros maquis mobilisateurs (Vercors, Mont-Mouchet), sans grand succès au demeurant. Toutefois, la relation entre de Gaulle et les maquis ne se réduit pas à cette seule dimension. La plupart des maquisards, et surtout la masse de ceux qui prennent le maquis après le Débarquement, sont « gaullistes » et reconnaissent spontanément le Général comme le commandant de leur armée de libération.

François MARCOT

• *Voir aussi* : Action immédiate ; BBC ; FFI ; Insurrection nationale ; Résistance intérieure

Bibl. : Daniel Cordier, *Jean Moulin : la république des catacombes*, Paris, Gallimard, 1999 • Jean-Louis Crémieux-Brilhac, « Le Bloc Planning et l'insurrection nationale », *Espoir*, n° 139, juin 2004 • François Marcot (dir.), *La Résistance et les Français : lutte armée et maquis*, Besançon, Presses de l'université de Franche-Comté, 1996.

MARCELLIN, Raymond (1914-2004). – La longévité politique de Raymond Marcellin est exceptionnelle. Il commença par être sous-secrétaire d'État à l'Intérieur dans le gouvernement Queuille de 1948 à 1949 et finit comme ministre de l'Intérieur le 31 mai 1968. « Enfin, Fouché, le vrai », aurait dit le général de Gaulle, alors président de la République, pour désigner celui qui succédait à Christian Fouchet.

Né à Sézanne dans la Marne, fils d'un banquier, Raymond Marcellin fait des études de droit. En 1941, il est l'un des principaux animateurs de l'Institut des études corporatives et sociales, un organe de propagande du gouvernement de Vichy. Il est décoré de la francisque. Après la guerre, il parvient à faire oublier ce passé, et, en 1946, est délégué à la Propagande, dans le Morbihan, de l'Union gaulliste pour la IVe République. Après sa rupture avec René Capitant, il s'apparente au Parti républicain de la liberté. Ce « parachuté » en Bretagne réussit son enracinement : il est député de 1946 à 1974, puis à nouveau de 1981 à juin 1997, sénateur de 1974 à 1981. Il est aussi maire de Vannes de 1965 à 1977, président du conseil général à partir de 1964 jusqu'en 1998 et président du conseil régional de Bretagne de 1978 à 1986. Membre du Centre national des indépendants (CNI), il est élu face à des candidats gaullistes : en 1951 contre une liste RPF, en 1958 contre un candidat UNR.

Il fait partie en 1962 de ces députés CNI qui suivent Valéry Giscard d'Estaing et rallient la majorité. Ministre de la Santé publique dans le gouvernement Pompidou d'avril 1962, il refuse de démissionner, malgré les injonctions du CNI. Il participe alors à la formation du groupe des Républicains indépendants. Au ministère de l'Intérieur à partir du 31 mai 1968, il fait preuve d'une fermeté et d'une efficacité qui sont appréciées du général de Gaulle. Mais le ministère est également marqué par l'affaire Alain Jaubert, un journaliste passé à tabac pour avoir tenté de secourir un manifestant blessé, et par l'incapacité à arrêter un commando de la Gauche prolétarienne qui a enlevé un cadre de Renault. En 1969, à la différence de Giscard d'Estaing, Marcellin est favorable au « oui » au référendum sur la réforme du Sénat et sur la régionalisation. Après l'échec du référendum, il demeure à l'Intérieur mais est obligé d'en partir en février 1974 à cause d'une affaire d'écoutes au *Canard enchaîné*. Il occupe alors le ministère de l'Agriculture jusqu'à la mort du président Georges Pompidou avec lequel il a toujours entretenu des rapports confiants. Il prend sa retraite avec regret à l'âge de quatre-vingt-trois ans, avant les élections législatives de 1997. Sylvie GUILLAUME

• *Voir aussi* : CNI ; PRL ; RI

Bibl. : Éric Alary, « Raymond Marcellin : l'exemple d'une implantation politique locale et le début d'une carrière nationale », dans Gilles Richard et Jacqueline Sainclivier, *La Recomposition des droites en France à la Libération, 1944-1948*, Rennes, Presses universitaires de Rennes, 2004, p. 313-325 • Christian Bougeard, « Itinéraires de parlementaires modérés en Bretagne des années 20 aux années 60 », dans François Roth (dir.), *Les Modérés dans la vie politique française (1870-1965)*, Nancy, Presses universitaires de Nancy, 2000, p. 209-225 • Jean-Claude Colliard, *Les Républicains indépendants, Valéry Giscard d'Estaing*, Paris, PUF, 1971.

MARCHAL, Charlotte. – *Voir* MANZONI, Honorine.

MARCHÉ COMMUN (naissance du). – En 1957, la France signe avec l'Allemagne, l'Italie et les pays du Bénélux le traité de Rome, instituant le Marché commun et l'Euratom. Au 1er juillet 1968, l'élimination complète des droits de douane au sein de la Communauté économique européenne (CEE) est accomplie avec dix-huit mois d'avance sur le calendrier initialement fixé : le Marché commun est devenu une réalité. Le chemin parcouru en dix ans est d'autant plus remarquable qu'en 1958 les signataires français du traité de Rome jugeaient eux-mêmes la France hors d'état de l'appliquer dans l'immédiat, et que leur héritage a été assumé par le général de Gaulle, dont la vision de l'Europe s'oppose notoirement à celle des premiers bâtisseurs de l'Europe des Six. Le tournant majeur intervient dès l'été 1958, avec la décision du Général, qu'il expose dans sa note pour les Affaires étrangères, le 13 août 1958, de poursuivre la mise en œuvre du traité de Rome : « L'Europe doit devenir pratiquement une réalité sur les plans politique, économique et culturel. »

Loin de toute mystique, la construction européenne n'est pas pour de Gaulle une fin en soi, mais un moyen de redonner à la France sa place dans le monde : « Ce que j'essaie de faire depuis un quart de siècle, c'est de pratiquer l'affirmation de la France au nom des Français. » La réconciliation franco-allemande constitue bien un impératif et une chance historique, mais le Général ne cache pas son ressentiment envers le « système Monnet » qui, sous couleur d'intégration, « permettait au vainqueur et au vaincu d'être dans le même sac », comme il le dit dans son intervention au Conseil des ministres du 4 mai 1966. L'Europe, cela va de soi, doit rester une « Europe des nations », une confédération d'États souverains ; toute atteinte à la souveraineté de la France, tout élément de supranationalité doit être énergiquement combattu. Autre danger majeur : celui de voir l'Europe se transformer en instrument d'une tutelle militaire américaine (d'où le refus catégorique opposé au projet de CED, la Communauté européenne de défense) ou de favoriser la suprématie économique des États-Unis (d'où la méfiance *a priori* envers les institutions de la CEE). Ces deux hantises, du reste, se rejoignent : « L'Europe supranationale, c'est l'Europe sous commandement américain. »

En revanche, si le gouvernement français reste assez vigilant pour écarter toute concession abusive, pourquoi ne pas aller de l'avant ? L'ouverture internationale s'impose pour secouer les pesanteurs de l'économie française, forcer le rythme de son développement industriel. L'entreprise n'est pas sans péril, mais, si elle réussit, l'Europe, naturellement conduite par la France, « doit être dans vingt ans aussi puissante que les États-Unis ». Le Marché commun n'est que le socle de la construction européenne, que de Gaulle compare à une cathédrale inachevée : elle a pour fondation la réconciliation franco-allemande ; les acquis économiques de la CEE en constituent les piliers, mais l'œuvre n'existera véritablement qu'avec la construction d'une Europe politique, voire d'une Europe de la défense, fondée sur la coopération entre les États. De Gaulle a de l'avenir de l'Europe une vision très ouverte : ouverte au sens géographique (« de Gibraltar à l'Oural », nul n'est en principe exclu, s'il remplit les conditions et accepte les règles) ; une conception ouverte aussi quant à l'élargissement graduel des compétences déléguées aux instances européennes par les États souverains. Et peut-être même – dans cent ans, qui sait ? – la construction européenne enfantera-t-elle une nation, si un jour les Européens sont « prêts à mourir pour l'Europe ». Mais ces perspectives de long terme ne sauraient autoriser aujourd'hui le moindre relâchement dans la défense des positions françaises.

L'édification du Marché commun est, pour le Général, un combat permanent. Un combat des Français d'abord contre eux-mêmes : ils doivent accepter en 1958 les rigueurs du plan de redressement, parce que le rétablissement des équilibres commande la réouverture de l'économie française, et du même coup son avenir européen. Mais surtout une lutte incessante opposant la France à ses partenaires du Marché commun, avec pour principaux enjeux le Marché commun agricole, la candidature britannique ou encore le tarif extérieur commun (TEC), dont le gouvernement américain demande la réduction en échange de concessions équivalentes. Sur chaque point, de Gaulle est déterminé à imposer ses propres conditions, même lorsqu'il est seul contre tous. La France a droit à l'instauration d'un Marché commun agricole (destiné à la fois à ouvrir des débouchés à l'agriculture française et à favoriser sa modernisation grâce aux fonds européens) en compensation du risque qu'elle prend en ouvrant ses marchés industriels. Le rejet de la candidature britannique en 1963 et 1967 est justifié par le refus des Anglais d'accepter les « règles du jeu », en particulier le Marché commun agricole. La conviction profonde du Général est que la Grande-Bretagne ne vise à entrer dans le Marché commun que pour le dénaturer, en le transformant en une vaste zone de libre-échange, largement ouverte à l'influence américaine : ce que veulent les Anglais, dit-il, « c'est en réalité l'Europe des Américains ». À plusieurs reprises, lors de ces conflits récurrents, et pour couper court à toute « dérive » vers une Europe supranationale, le gouvernement du général de Gaulle n'hésite pas à s'engager dans une stratégie du bord de l'abîme : il faut « plonger [nos] partenaires dans l'angoisse [...] nous ne l'emporterons pas tout de suite, parce que nous voulons l'emporter complètement ». Cette tactique culmine avec la « politique de la chaise vide » menée de juin 1965 à janvier 1966, quand la France se retire des instances européennes.

Le fait est pourtant que la dynamique de l'Europe a été préservée. De crise en crise, la construction européenne continue à tracer son sillon – tandis que l'économie française supporte mieux que prévu l'abolition par étapes des droits de douane entre les pays membres. Un accord de principe sur le Marché commun agricole intervient en 1962 ; la Politique agricole commune (PAC) commence à entrer dans les faits vers 1966, et restera coutumière des décisions prises *in extremis*, au bord de la rupture. La règle de l'unanimité, requise pour toutes les questions essentielles, écarte le spectre d'une Europe supranationale. Au total, la volonté de la France a largement prévalu – ou plutôt la volonté du général de Gaulle, dont le (mauvais) caractère suscite en fin de compte autant d'admiration que de ressentiment. Il s'en réjouit sincèrement ; lui qui au plus fort de la crise n'était pas loin de faire son deuil du Marché commun (« Mieux vaut l'indépendance qu'un Marché commun vassalisé ») n'hésite pas à se dire – en privé – « le seul véritable Européen » et se félicite d'avoir donné vie et réalité à ce qui n'était « encore qu'un cahier de papier » en 1958.

À long terme cependant, le bilan apparaît plus contrasté. L'entrée de la Grande-Bretagne dans la CEE en 1972 suit de près le départ du général de Gaulle. Les négociations sur l'abaissement du TEC affaiblissent la préférence communautaire et frayent la voie à une Europe de plus en plus ouverte sur le reste du monde à partir des années 1970. Quant à l'Europe politique et militaire, son avenir demeure au seuil du XXIe siècle bien plus incertain que celui de l'Europe économique.

Jean-Charles ASSELAIN

• *Voir aussi :* Angleterre (rejets de la candidature de l') ; Chaise vide ; Europe ; Politique étrangère

Bibl. : Institut Charles-de-Gaulle, *De Gaulle en son siècle*, t. 4, *La Sécurité et l'indépendance de la France*, Paris, Plon-La Documentation française, 1992 • Jean Lacouture, *De Gaulle*, Paris, Le Seuil, 3 vol., 1984-1986 • Jean-Pierre Vesperini, *L'Économie de la France sous la Ve République*, Paris, Economica, 1993.

MARGERIE, Roland Jacquin de (1899-1990). – Né à Copenhague, Roland Jacquin de Margerie est le fils de Pierre Jacquin de Margerie, ambassadeur de France, et de Jeanne Rostand, sœur d'Edmond Rostand. Licencié ès lettres et diplômé de l'École libre des sciences politiques, il est reçu au concours des Affaires étrangères de 1921. De 1922 à juillet 1933, il est en poste à l'ambassade de France à Berlin, sous la direction de son père puis sous celle d'André François-Poncet. De 1933 à 1939, il est premier secrétaire de l'ambassade à Londres. En septembre 1939, il s'engage dans l'infanterie. Démobilisé, il est de mars à juin 1940 directeur du cabinet diplomatique de Paul Reynaud, président du Conseil et ministre des Affaires étrangères. Dans l'entourage de celui-ci, il fait partie des « durs », des partisans de la lutte à outrance. Il a probablement encouragé Reynaud à nommer Charles de Gaulle sous-secrétaire d'État à la Défense nationale et à la Guerre le 5 juin 1940. Il joue ainsi un rôle dans les circonstances qui vont faire du colonel l'homme du 18 Juin. Cependant, après la démission de Reynaud et l'armistice, il refuse de rallier la France libre et se fait nommer consul général de France à Shanghai. Dans ce choix entrent sans doute sa conception de l'obéissance du haut fonctionnaire, mais aussi le désir d'être loin de Vichy. À ce poste, de 1940 à 1944, il garde un œil sur les intérêts français en Extrême-Orient et noue quelques contacts avec le CFLN (Comité français de la Libération nationale) d'Alger. Il n'est donc pas trop affecté par l'épuration.

Lorsque le général de Gaulle revient au pouvoir, Margerie est ambassadeur auprès du Saint-Siège depuis 1956. Il est nommé ambassadeur à Madrid en 1959. Trois ans plus tard, il est promu ambassadeur en RFA, à un moment où les relations franco-allemandes connaissent un vif développement mais aussi des incertitudes. Cette nomination semble due à de Gaulle lui-même, qui s'est souvenu de leur proximité de juin 1940, et qui a sans doute jugé que ce très grand diplomate serait à sa place dans un poste capital à ses yeux. Aussi l'ambassade à Bonn (juillet 1962-février 1965) est-elle pour Margerie le couronnement d'une grande carrière, dans une ère marquée par le traité de l'Élysée du 22 janvier 1963 – étape importante de la réconciliation franco-allemande mais entourée d'équivoques et suivie de déceptions – et par la fin du « règne » de Konrad Adenauer.

Roland de Margerie prend sa retraite diplomatique en 1965. Il est conseiller d'État de 1965 à 1970.

Raphaële ULRICH-PIER

• *Voir aussi :* Diplomates ; Hauts fonctionnaires ; Secrétaire d'État ; Traité de l'Élysée

Bibl. : Jean-Baptiste Duroselle, *L'Abîme, 1939-1944*, Paris, Imprimerie nationale, 1982 • Maurice Vaïsse, *La Grandeur. Politique étrangère du général de Gaulle 1958-1969*, Paris, Fayard, 1998.

MARIN, Jean (1909-1995). – Jean Marin, de son vrai nom Yves Morvan, était un « géant breton » qui jugeait avec humour que seules deux choses le séparaient du général de Gaulle : il était arrivé à Londres avant le fondateur de la France libre et le toisait de dix centimètres.

Né à Douarnenez, dans le Finistère, diplômé de la Sorbonne et de la faculté de droit de Paris, il opta pour le journalisme. Pigiste à *L'Intransigeant*, à *Paris-Soir* et au *Petit Journal*, il accepta, le 1er novembre 1932, le poste de correspondant à Copenhague. Mobilisé à la mission franco-anglaise d'information le 4 septembre 1939, il devint correspondant de l'agence Havas à Londres. Le 12 juin 1940, il fut officiellement affecté au service français de la BBC. Cette nomination décida de sa vie. Le 18 juin, dans un couloir de la radio londonienne, il entendit l'appel de De Gaulle. Le lendemain matin, il sollicita un rendez-vous auprès du général rebelle ; le soir, lors de la première émission du programme « Ici la France », diffusée de 20 h 30 à 20 h 45, il déclara aux Français auxquels il devait apporter l'espoir et le courage : « Chaque soir, nous ferons tous nos efforts pour que notre caillou soit lancé bien droit. »

Jean Marin fut le gaulliste de l'équipe des « Français parlent aux Français » de Radio-Londres, celui que le Général aimait inviter à sa table. L'intuition, la détermination et la passion de De Gaulle dans la croisade menée contre l'occupant allemand et contre Vichy suscitèrent l'admiration de Marin et son attachement indéfectible. « C'était un presbyte de l'Histoire ; un devin de l'intérêt national dont il détenait l'instinct primitif », écrit Jean Marin dans ses Mémoires. Le 19 novembre 1943, la voix chaude de Jean Marin retentit une dernière fois sur l'antenne de la BBC. Il avait obtenu du général de Gaulle de pouvoir rejoindre les Forces navales de la France combattante. Le 25 août 1944, il parvint à Paris dans les rangs de la 2e DB du général Leclerc.

Après la Libération, Jean Marin fonda le journal *Les Nouvelles du matin*, avant de diriger l'AFP de 1954 à 1975. Membre du conseil d'administration de Publicis SA, puis P-DG de Télévision-Communication-Service (TVCS) en 1979, il fut nommé au conseil d'administration de l'agence Havas en 1981. Commandeur de la Légion d'honneur, décoré notamment de la médaille de la Résistance et de la croix de guerre 1939-1945, il demeura fidèle au général de Gaulle jusqu'à son dernier jour. Cet homme engagé définit ainsi le gaullisme dans ses Mémoires : « Plus qu'une idéologie, c'est un art de vivre en société humaine où les traits de la personnalité nationale, telle qu'elle est et quoi qu'elle en ait, concourent avec constance au progrès du droit et de la dignité de l'individu. » Aurélie LUNEAU

• *Voir aussi* : BBC ; Honneur et Patrie ; Information

Bibl. : Hélène Eck (dir.), *La Guerre des ondes. Histoire des radios publiques de langue française pendant la Deuxième Guerre mondiale*, Paris, Armand Colin, CRPLF, 1985 • Aurélie Luneau, *Radio Londres : les voix de la liberté (1940-1944)*, Paris, Perrin, 2005 • Jean Marin, *Petit bois pour un grand feu : la naissance de la France libre*, Paris, Fayard, 1994.

MARINE. – De 1940 à 1969, la Marine, aux yeux du général de Gaulle, est un des fondements de la souveraineté et de l'indépendance nationales. Elle est également un outil de politique étrangère qui permet à la France d'exister et d'agir sur la scène mondiale.

Bien que très modeste et secoué par plusieurs crises humaines, militaires et politiques majeures, l'outil naval dont dispose de Gaulle à l'été 1940 devient un élément central de la politique conduite par la France libre. À la mi-juillet, environ 12 000 marins français se trouvent sur le sol britannique. La grande majorité est animée d'une d'anglophobie latente, exacerbée par l'attaque contre Mers el-Kébir au cours de laquelle environ 1 300 marins ont trouvé la mort. Seuls 300 officiers d'active et 852 marins et officiers mariniers répondent finalement aux appels du Général. Le 23 octobre, de Gaulle assiste à l'appareillage, avec 250 hommes à bord, du *Triomphant*, premier bâtiment de guerre opérationnel de la France libre. Fin 1940, les Forces navales française libres (FNFL) comptent 3 300 hommes et sont placées sous les ordres de l'amiral Muselier. Les moyens matériels sont dérisoires, usés par le temps, souvent en panne, manquant de pièces détachées. Pendant plus de quatre années, les FNFL participent à la lutte maritime contre l'Axe. Elles deviennent aussi un élément central du combat gaullien pour obtenir la reconnaissance de la France libre par les Alliés. L'exemple emblématique est fourni en décembre 1941 par le ralliement de Saint-Pierre-et-Miquelon, que seules des forces navales pouvaient provoquer. Au long de ces années de guerre, les relations du général de Gaulle avec la marine sont aussi jalonnées de drames humains d'essences très différentes, du sacrifice du lieutenant de vaisseau Honoré d'Estienne d'Orves au conflit d'autorité avec l'amiral Muselier, en passant par l'affrontement avec l'amiral Darlan auquel de Gaulle reprochera toujours d'avoir confondu ses ambitions personnelles et l'intérêt national alors que la flotte dont il était le chef avait été l'une des plus puissantes dont ait jamais disposé la France. Évoquant Darlan il écrira : « Ses ambitions, ses efforts, il les avait voués à la marine mais à la marine seulement » [*MG*].

À la Libération, le général de Gaulle est convaincu que la géographie aussi bien que le nouvel ordre mondial imposent à la France de se doter à nouveau d'une marine moderne. Il n'en démordra pas. Le 23 septembre 1951, inaugurant à Cherbourg un monument à la mémoire des marins de la France libre, il met la « puissance maritime » au rang des objectifs de « l'indispensable redressement » : « La vocation maritime de la France, dit-il, est marquée, une fois pour toutes, par sa figure géographique et le caractère de son peuple. » À son retour au pouvoir, il réaffirme la nécessité pour le pays de disposer d'une marine puissante. La marine marchande, qui jauge un peu plus de quatre millions de tonneaux en 1958, avoisine les six millions dix ans plus tard avec plus de 1 000 navires à la mer. Les lois de programme conduites par Pierre Messmer permettent de rendre son rang à la marine de guerre et d'en faire, notamment avec les sous-marins nucléaires lanceurs d'engins (SNLE), l'un des ultimes garants de l'indépendance nationale. Au cours de la deuxième loi de programme (1965-1970), la Marine nationale met en chantier ou reçoit 3 SNLE dont le premier à être opérationnel, *Le Redoutable*, est lancé à Cherbourg le 23 mars 1967. À cette occasion, résumant en une phrase la place qu'il confère à la Marine, le général de Gaulle affirme vivre, ce jour-là, « une journée capitale pour notre marine, pour notre indépendance et pour la France ».

Frédéric GUELTON

• *Voir aussi :* Défense nationale ; FFL ; Mer ; Mers el-Kébir ; Saint-Pierre-et-Miquelon

Bibl. : Pierre Castagnos, *Charles de Gaulle face à la mer*, Vincennes, Service historique de la marine, 2000 • Émile Chaline et Pierre Santarelli, *Historique des Forces navales françaises libres*, Vincennes, Service historique de la marine, 4 vol., 1990-1999 • Philippe Masson, *La Marine française et la guerre 1939-1945*, Paris, Tallandier, 1991.

MARITAIN, Jacques (1882-1973). – Il faut la défaite de 1940 pour que le chemin du général de Gaulle croise celui du philosophe thomiste. Parti de France le 30 décembre 1939 pour une tournée de conférences au Canada et aux États-Unis à l'initiative du Quai d'Orsay, Maritain est atterré par la débâcle. Il n'en refuse pas moins l'armistice et le maréchal Pétain qui l'a demandé. Dès la fin juin 1940, il met son espoir en de Gaulle dont il écrira deux ans plus tard qu'il « a relevé l'honneur de la France ». Auteur du grand livre résistant qu'est *À travers le désastre* (janvier 1941) et animateur de l'École libre des hautes études (février 1942), il est approché dès l'été 1941 par René Pleven, envoyé du général de Gaulle outre-Atlantique. Le 21 novembre, il invite ce dernier à être l'instrument d'une « œuvre de régénération politique et sociale d'inspiration vraiment et authentiquement et vitalement chrétienne ». De Gaulle lui demande de le rejoindre à Londres pour en devenir l'inspirateur, mais en vain : Maritain craint en effet que l'entourage droitier du chef de la France libre ne le coupe du peuple ; il craint surtout que le prophète ne s'enlise en politique. Ni Adrien Tixier ni André Philip ne parviennent à le faire revenir sur ses préventions.

Jusqu'à la Libération, Maritain reste un compagnon de route indépendant du gaullisme. Les deux hommes se rencontrent le 10 juillet 1944 à New York. Le chef du Gouvernement provisoire de la République française (GPRF) propose à Maritain le poste d'ambassadeur de France près le Saint-Siège. Il s'agit de démontrer que bien des catholiques, et non des moindres, ont refusé de sacrifier au culte du maréchal. Après six mois d'hésitations, le philosophe finit par accepter ce « sacrifice ». C'est alors le Vatican qui fait la fine bouche : l'engagement résistant de Maritain irrite les milieux conservateurs, en Amérique latine surtout. De Gaulle insiste, et Maritain rejoint Rome en avril 1945. Il va y rester trois ans, bien après le retrait gaullien de janvier 1946. Une divergence sur les rapports entre mystique et politique a empêché une collaboration plus étroite entre le général et le philosophe.

Professeur à Princeton de 1948 à 1960, Maritain se retire ensuite dans un couvent toulousain. En 1966, il adresse à de Gaulle l'un de ses derniers livres, *Le Paysan de la Garonne*. Dans une lettre où il lui dit son admiration, celui-ci l'en « remercie du fond de [son] âme » [*LNC*].

Étienne Fouilloux

• *Voir aussi* : Catholique (foi) ; Église catholique ; Intellectuels ; Vatican

Bibl. : Michel Fourcade, « Jacques Maritain et l'Europe en exil (1940-1945) », *Cahiers Jacques Maritain*, n° 28, 1994, p. 5-38 • Id., « Jacques Maritain, inspirateur de la Résistance », *ibid.*, n° 32, 1996, p. 14-57. « L'ambassade au Vatican (1945-1948) », *ibid.*, n° 4 bis, Kolbsheim, 1982 • « Le philosophe dans la guerre 1939-1945. Jacques Maritain-Général de Gaulle », *ibid.*, n° 16-17, 1988.

MAROC. – *Voir* ARABE (politique) ; HASSAN II ; MOHAMMED V.

***MARSEILLAISE* (La)**. – C'est essentiellement sur la radio que la France libre fait reposer son action de propagande. Toutefois, en février 1941, ne parvenant pas à créer des rapports de confiance avec le quotidien *France* et la revue *La France libre*, le général de Gaulle décide de doter son mouvement de son propre organe de presse. La mise en œuvre du projet est retardée par des difficultés techniques et par les exigences de François Quilici, ancien journaliste à l'agence Havas et candidat rédacteur en chef. Le 14 juin 1942, paraît le premier numéro de « l'hebdomadaire des volontaires de juin 1940 ». Son titre, *La Marseillaise*, illustre le positionnement politique du mouvement, soucieux de s'imposer à la Résistance intérieure qui, à cette date, a globalement adopté le double principe d'une libération et d'une profonde rénovation.

Selon les propres termes de De Gaulle, *La Marseillaise* est l'« organe de combat de la France libre ». Son directeur, Quilici, est nommé par le Général tandis que sa ligne éditoriale est supervisée par le directeur du cabinet civil de ce dernier, Gaston Palewski, puis par Jacques Soustelle, commissaire à l'Information. Cette ligne est inspirée par une sorte de romantisme révolutionnaire, républicain et jacobin. Ainsi, par exemple, la victoire de Bir Hakeim devient un nouveau Valmy. Mais on n'oublie pas de réfléchir à l'organisation politique, économique et sociale de la France de demain, et au futur ordre mondial. Des signatures brillantes et le cas échéant étrangères sont régulièrement accueillies dans les colonnes de l'hebdomadaire. Celui-ci n'hésite pas non plus à nommer Ilya Ehrenbourg, écrivain soviétique, correspondant spécial à Moscou, au moment où les liens entre la France libre et l'URSS se renforcent.

Mais *La Marseillaise* est également conçue comme une arme et un porte-parole. Rendant régulièrement compte de la vie de la France libre, l'hebdomadaire explique et défend systématiquement les décisions du général de Gaulle. Il joue un rôle important lors de certains conflits avec les alliés anglo-saxons, notamment à la fin de l'année 1942. Lors de l'affrontement de Gaulle-Giraud, au printemps 1943, il critique violemment ceux qu'il présente comme les vichystes d'Alger animés par la peur du peuple, et pourfend leur souci d'« escamoter la volonté populaire » que le gaullisme est censé incarner. Devenu dominant après le débarquement allié en Afrique du Nord, immédiatement désigné comme une « occupation », l'antiaméricanisme de *La Marseillaise* provoque la rupture avec la principale publication française de New York, *Pour la Victoire*, et conduit Churchill à révoquer sa licence de parution, le 4 juillet 1943. L'hebdomadaire reparaît à Alger à l'automne 1943 dans une version encore plus intransigeante. Le jeune Christian Fouchet s'y illustre notamment. Fin 1944 une édition métropolitaine de *La Marseillaise* est publiée à Paris par François Quilici sous le titre *La Bataille*.

Robert Belot

• *Voir aussi* : BBC ; France ; France libre (La) ; Humanité (L') clandestine ; Pour la Victoire ; Résistance intérieure (journaux de la)

Bibl. : Jean-Louis Crémieux-Brilhac, *La France libre : de l'appel du 18 Juin à la Libération*, Paris, Gallimard, 1996 • Henri de Kerillis, *De Gaulle dictateur*, Montréal, Librairie Beauchemin, 1945.

MARSHALL (plan). – *Voir* DISCOURS DE RENNES (27 juillet 1947).

MASSIGLI, René (1888-1988). – Né à Montpellier, René Massigli est agrégé d'histoire et ancien élève de l'École normale supérieure et de l'École française de Rome. Il se destine à l'Université. Mais, pendant la Première Guerre mondiale, il est envoyé au Bureau de presse français de Berne. De là, il entre au service de la diplomatie française, qu'il ne quittera plus jusqu'en 1956.

Secrétaire général de la Conférence des ambassadeurs, organisme interallié créé pour assurer l'application des traités de paix de 1919-1920, puis chef du Service français de la Société des Nations (SDN), une division du Quai d'Orsay qui assure la liaison entre Paris et la SDN, il s'intéresse à la diplomatie multilatérale et assiste à de nombreuses conférences internationales. Directeur adjoint (1933-1937) puis directeur des Affaires politiques (1937-1938) au Quai d'Orsay, il en est alors l'un des personnages centraux. Plus conscient que bien des responsables français du danger que font courir à l'Europe les ambitions hitlériennes, il s'oppose à l'*appeasement*. Cela lui vaut d'être éloigné : il est nommé ambassadeur à Ankara après les accords de Munich. À ce poste de janvier 1939 à juillet 1940, il est l'un des artisans du traité anglo-franco-turc d'octobre 1939. Mais il en est rappelé, sur demande de l'occupant allemand, peu après l'armistice de juin 1940. Il est placé en disponibilité avec traitement.

Réprouvant la collaboration sans rompre totalement avec Vichy, il a des contacts avec des membres de la Résistance. À l'été 1942, il est appelé à Londres par le général de Gaulle. De février à mai 1943, il est commissaire aux Affaires étrangères du Comité national français, puis du CFLN (Comité français de la Libération nationale) et du Gouvernement provisoire à Alger (juin 1943-septembre 1944). Il s'efforce d'améliorer les relations de la France libre avec les alliés anglo-saxons, voire de prévenir les heurts entre de Gaulle et Winston Churchill, ce qui le met parfois en désaccord avec le Général. Il noue des relations étroites avec les responsables de l'Angleterre en guerre comme Anthony Eden, et met sur pied une administration efficace des Affaires étrangères, avec des représentations dans les pays étrangers.

À la Libération, il devient ambassadeur de France à Londres pour une décennie (septembre 1944-janvier 1955). En 1944-1945, son insistance en faveur d'une alliance franco-britannique ne rencontre pas les vues de De Gaulle ; l'alliance ne sera conclue qu'après le départ de ce dernier, en mars 1947. Durant son ambassade, Massigli suit de près les questions de la construction européenne ; il est très réticent face au plan Schuman de mai 1950, car les Britanniques n'y sont pas partie, et franchement hostile à la CED (Communauté européenne de défense). Pour son dernier poste, il est nommé secrétaire général du ministère par Pierre Mendès France de janvier 1955 à juillet 1956.

Massigli semble avoir plutôt apprécié le retour de De Gaulle au pouvoir en 1958 et son règlement de la question algérienne. Mais il a déploré les tensions franco-britanniques des années 1960.

Raphaële Ulrich-Pier

• *Voir aussi* : Angleterre ; Europe ; France libre ; Hauts fonctionnaires

Bibl. : Jean-Baptiste Duroselle, *L'Abîme, 1939-1944*, Paris, Imprimerie nationale, 1982 • René Massigli, *Une comédie des erreurs, 1943-1956. Souvenirs et réflexions sur une étape de la construction européenne*, Paris, Plon, 1978 • Raphaële Ulrich-Pier, *René Massigli, 1888-1988. Une vie de diplomate*, Bruxelles-Berne, PIE-Peter Lang, 2006.

MASSU, Jacques (1908-2002). – Au printemps 1940, le capitaine Massu commande la 6e compagnie du régiment de tirailleurs sénégalais du Tchad et la subdivision militaire du Tibesti, au nord du pays. Son poste de commandement est installé à Zouar, au pied du massif du Tibesti. C'est là qu'il apprend la défaite française puis l'appel à continuer la lutte lancé par un général français ignoré de lui, dont il orthographie le nom « de Gaul » dans son *Journal de poste*. Il répond d'emblée à l'appel. Tout son régiment se rallie à la France libre au mois d'août.

La France libre. Massu rencontre pour la première fois de Gaulle le 1er mai 1941 à Zouar, lors d'une tournée d'inspection du Général. Il lui fait le récit de la participation française au raid britannique mené en janvier 1941 contre Mourzouk, dans le Fezzan italien. Selon ses dires, leur conversation demeure « frugale ». Peu après, il note dans son *Journal de poste* : « Le général de Gaulle fait la guerre avec ce qu'il a, en Français et uniquement en Français : un grand monsieur bienveillant et froid, un peu fatigué et écœuré de pas mal de choses et de gens, "nous finirons par gagner la guerre", m'a-t-il dit. »

Dès cette première visite s'affirment l'admiration, le dévouement et la fidélité, « presque toujours » silencieux, de Massu pour le général de Gaulle. Quelques mois plus tard, Jacques Massu est fait Compagnon de la Libération en reconnaissance de son action personnelle dans l'opération de Mourzouk. De 1943 à 1945, les rencontres entre les deux hommes ont le plus souvent un caractère officiel : à Tunis le 26 juin 1943 quand Massu commande un détachement de la 2e DFL ; au casino de Temera le 7 avril 1944 quand de Gaulle annonce aux officiers de la 2e DB leur prochain débarquement en Europe ; sous l'Arc de Triomphe lors de la libération de Paris, le 26 août 1944 ; à Nancy lorsque le chef du Gouvernement provisoire de la République française remet au lieutenant-colonel Massu la rosette d'officier de la Légion d'honneur ; enfin au sud d'Augsbourg le 19 mai 1945 lors de la revue de la 2e DB qui marque la promotion de Leclerc au grade de général de corps d'armée. L'année suivante, Massu adresse un télégramme de soutien au général de Gaulle lorsqu'il apprend son départ du gouvernement.

Le deuxième tête à tête entre les deux hommes a lieu à Niamey, les 12 et 13 mars 1953. Après coup, Massu rapporta avoir demandé à de Gaulle s'il comptait « revenir un jour au pouvoir », ce à quoi de Gaulle aurait répondu évasivement par un « Est-ce qu'on peut savoir... ! », avant que Massu n'enchaîne spontanément : « Si je peux un jour vous aider, je le ferai ! »

L'affaire algérienne. Le 13 mai 1958, Massu, auréolé de sa victoire dans la bataille d'Alger, prend la présidence du Comité de salut public. En soirée, il prononce une harangue qui participe, à sa mesure, à l'évolution de la situation politique parisienne : « Moi, général Massu, je viens de former un comité de salut public [...], pour qu'en France soit formé un gouvernement de salut public présidé par le général de Gaulle. » À ses yeux, cette démarche politique est nécessaire pour que l'« intégration » qu'il considère comme la raison d'être de son action en Algérie devienne une réalité. Il franchit ce Rubicon sans état d'âme apparent.

Cette action, qui ne remet pas en cause la nature profonde des relations entre les deux hommes, les oppose au plan politique. De Gaulle ne peut accepter que l'armée, une partie de l'armée ou un seul militaire ne demeurent strictement soumis au pouvoir politique. Il ne peut envisager que son retour aux affaires soit imposé par des unités françaises en opérations en Algérie, alors que se prépare l'opération « Résurrection » dont le déclenchement théorique est fixé au 30 mai. Le 4 juin, Massu accueille de Gaulle à Alger. L'incompréhension naît quand le nouveau président du Conseil ordonne que les militaires cessent toute activité au sein des Comités de salut public. Massu estime que c'est « un désastre pour l'intégration ».

Ce dernier reproche alors – et reprochera longtemps – à de Gaulle de ne pas avoir « joué franc-jeu » avec les militaires au sujet de l'Algérie en ne leur annonçant pas que « l'intégration » était impossible. Le général de Gaulle s'efforce pourtant de lui expliquer toute la différence qui doit exister entre le chef militaire porteur d'une autorité conférée et le chef du gouvernement détenteur du pouvoir. Il lui écrit en août 1958 : « Vous êtes un soldat. Quel soldat ! Vous devez le rester. C'est ainsi que vous resterez mon compagnon et mon ami. Ma tâche n'est pas la vôtre. » La réponse que lui adresse Massu sous la forme d'une note rédigée qu'il lui lit le 27 août à Alger traduit, au-delà de son contenu conjoncturel, la profondeur remarquable des sentiments qui lient leur auteur à l'homme du 18 Juin : « Depuis 1940, je n'ai jamais cessé de me comporter en compagnon loyal et dévoué. Je ne vous ai jamais rien demandé. Et, quoi qu'on vous dise, je vous resterai toujours profondément et respectueusement attaché. »

Survient alors, après plusieurs rencontres de service en Algérie, l'incident provoqué par l'interview accordée par Massu en janvier 1960 au journaliste allemand Kempski. Quelles qu'aient été les conditions de cette interview puis de sa transcription, la version qui en est publiée par le *Süddeutsche Zeitung* de Munich apparaît comme une critique sévère de la politique gaullienne en Algérie depuis le discours du 16 septembre. Elle provoque la colère du chef de l'État et la convocation immédiate de Massu à Paris. Celui-ci quitte Alger le 19 janvier 1960 pour ne plus y revenir.

Les sources imprimées diffèrent dans leur narration de la conversation entre les deux hommes à l'Élysée. Jacques Massu écrit qu'il entre dans le bureau du Général « fou furieux », ce qui est possible. Il est également vraisemblable que dans l'altercation qui suit, Massu, pensant avant tout aux militaires en opérations en Algérie depuis plus de cinq ans, argumente avec force, dans ce qui fut « l'une des épreuves les plus difficiles [qu'il] ait eu à traverser de toute sa vie », alors que de Gaulle lui répond en chef de l'État responsable de la conduite du pays. Dans le souvenir qu'il en conserve, Massu retient qu'« il y avait quelque chose d'une querelle de père à fils ». Dans les *Mémoires d'espoir*, le général de Gaulle évoque le « valeureux soldat », son « compagnon de toujours » qui « s'est laissé aller à déblatérer à l'encontre de [sa] politique », et qu'il doit obligatoirement sanctionner en dépit de l'opposition du général Challe.

Indéfectible fidélité. Après cet événement fâcheux, les relations entre les deux hommes se distendent temporairement. Leurs retrouvailles ont lieu lors de la réunion des Compagnons de la Libération à l'Élysée le 17 juin 1961. De Gaulle accueille le général par un : « Je suis content de vous revoir Massu. » Après coup, celui-ci commentera la scène en ces termes : « Il y a dans sa voix une douceur que je ne lui connaissais pas. La phrase m'a suffi. Je ne lui en demandais pas davantage. » Le 1er mars 1966, Massu est promu général d'armée et nommé commandant en chef des forces françaises en Allemagne dont le quartier général est à Baden-Baden. Il reçoit la mission délicate de maintenir au mieux les relations entre les armées française, allemande et américaine au moment où de Gaulle se prépare à retirer les forces françaises du commandement intégré de l'OTAN.

Survient enfin le déplacement du général de Gaulle à Baden-Baden auprès de Massu, le 29 mai 1968. Le seul témoin direct de la conversation entre les deux hommes, et qui l'ait explicitement racontée, est Jacques Massu lui-même. Cela réduit sensiblement les possibilités d'analyse de l'historien. Néanmoins, et quelles qu'aient été les raisons profondes ou conjoncturelles du voyage, deux faits s'imposent. En premier lieu, comme tout chef qui doit prendre des décisions importantes dans un contexte difficile, de Gaulle a besoin de recul. Ce recul il le trouve dans l'éloignement géographique de la capitale et de son agitation. En second lieu, c'est chez Massu qu'il se rend, et avec Massu qu'il s'entretient, avant de repartir pour Paris et reprendre avec force les rênes de l'État. Jacques Massu conserva de ce bref moment, jusqu'à sa mort, une fierté légitime bien traduite par la relation qu'en fit son épouse Suzanne : « Jacques me dit que le Général veut me voir. Je le trouve détendu, souriant. Il me serre la main avec son habituelle courtoisie. Il me dit "Je repars. J'ai voulu voir votre mari que j'aime de tout mon cœur." »

Le dernier contact entre les deux hommes est épistolaire. Le 17 juillet 1969, Massu, qui vient de prendre sa retraite, reçoit une lettre de De Gaulle : « Enfin, soyez assuré que je vous aime bien, après avoir éprouvé depuis trente ans et dans les plus graves circonstances ce que vous valez à tous les égards... »

Frédéric GUELTON

• *Voir aussi* : Algérie (guerre d') ; Baden-Baden ; Civile et militaire (autorités) ; Leclerc ; Torture

Bibl. : Archives du service historique de la Défense • Jacques Massu, *Baden 68 : Souvenirs d'une fidélité gaulliste*, Paris, Plon, 1983 • Id., *Avec de Gaulle : du Tchad 1941 à Baden*, Paris, Éditions du Rocher, 1998.

MAURIAC, Claude (1914-1996). – Claude Mauriac est introduit dès sa jeunesse dans le milieu du Tout-Paris littéraire grâce à son père François. Après des études de droit et de lettres, il prend ses premiers engagements politiques à droite et se lance dans la critique littéraire et cinématographique, écrit dans *La Flèche* de Gaston Bergery. Démobilisé en août 1940, il reprend la rédaction de sa thèse de droit, qu'il soutient en 1941. Proche de son père qui lui lit en août 1941 la première version du *Cahier noir*, il est au courant de son action clandestine. Au lendemain de la libération de Paris, il entre au cabinet du général de Gaulle grâce à son ami de jeunesse, Claude Guy. Il met au service du Général sa passion de servir et d'admirer. Chargé du courrier personnel, il voit quotidiennement ce dernier, qui lui demande de rédiger des rapports sur l'opinion publique et le charge de ses contrats littéraires. Claude Mauriac joue aussi un rôle d'intermédiaire entre le chef du Gouvernement provisoire de la République française et son père, notamment lorsque celui-ci tente d'obtenir la grâce de Robert Brasillach. C'est lui qui a l'idée d'une pétition d'écrivains, qu'il rédige. Il continue à travailler pour le Général jusqu'en septembre 1948 et est fréquemment reçu à Colombey.

Bien qu'il ait tenté de dissuader de Gaulle de créer le RPF dont il craint qu'il soit assimilé par la gauche au fascisme, il reste à ses côtés. Il accepte en outre de devenir le rédacteur en chef de l'hebdomadaire *Liberté de l'esprit* lancé par Malraux où se retrouvent des intellectuels ou compagnons de route du RPF. Il forme le projet de tenter un dialogue de bonne foi avec la gauche intellectuelle. À ses yeux, l'hebdomadaire ne doit pas être lié au RPF : « Nous considérons, dit-il en mars 1949, que le général de Gaulle et le Rassemblement dont il a pris la tête sont, à l'heure actuelle, pour la France, et dans une large mesure aussi, pour l'Europe, les garants d'une civilisation millénaire dont la liberté est la plus précieuse conquête. Là et là seulement réside le lien entre *Liberté de l'esprit* et le RPF. » En 1958, Claude Mauriac accueille avec joie le retour au pouvoir du Général. Auteur de nombreux essais littéraires, de romans, proche un temps du « nouveau roman », critique littéraire au *Figaro littéraire*, il poursuit l'écriture et la publication du Journal qu'il a tenu depuis sa jeunesse, pour aboutir aux dix tomes du *Temps immobile* et aux quatre tomes du *Temps accompli*.

Les événements de mai 1968 le poussent vers la gauche. Dans les années 1970, il est proche d'intellectuels comme Maurice Clavel, Gilles Deleuze, Michel Foucault ou Jean-Paul Sartre. Il épouse les causes défendues par les gauchistes en faveur des immigrés, des prisonniers, des réfugiés. En mai 1981, il salue la victoire de François Mitterrand, ce qui lui vaut l'incompréhension de certains gaullistes. « Peut-être parce que je suis, il y en a, un gaulliste mitterrandiste. Ou un gauchiste gaulliste », note-t-il dans *Le Temps immobile*. Il souffre d'être présenté comme adversaire de De Gaulle après 1968. Il ne cache pas son admiration pour Mitterrand, tout en n'ignorant pas l'hostilité de ce dernier au Général. « Être gaulliste, aimer de Gaulle comme nous l'aimons c'est visiblement pour lui le comble de l'inacceptable », écrit-il encore dans *Le Temps immobile*.

Nicole RACINE

• *Voir aussi* : Brasillach, Robert ; Entourages ; Gaullisme ; Intellectuels ; Presse gaulliste

Bibl. : Claude Mauriac, *Le Temps immobile*, Paris, Grasset, 1974-1988 • Id., *Le Temps accompli*, Paris, Grasset, 1991-1993.

MAURIAC, François (1885-1970). – François Mauriac est un écrivain reconnu et célébré de son vivant – il est prix Nobel de littérature en 1952 –, dont l'univers romanesque est avant tout celui de la souffrance intérieure : les êtres y paraissent en porte-à-faux avec eux-mêmes, à la recherche de la rédemption et écartelés entre pulsions et remords. Chrétien engagé dans le monde, il fut également un éditorialiste (au *Figaro*, à *L'Express*, puis au *Figaro littéraire*) à la plume acérée, un polémiste redoutable qui ne se priva pas de commenter l'actualité politique du moment, à intervenir dans le débat public, notamment à travers ses fameux *Bloc-Notes* que le général de Gaulle lisait avec curiosité et intérêt.

Né en 1885 à Bordeaux, issu d'une famille bourgeoise catholique, il grandit dans un milieu profondément conservateur qui imprime sa marque sur l'adolescent admirateur de l'œuvre de Maurice Barrès. Exempté du service militaire pour raison de santé, il ne vivra pas la guerre de 1914-1918 sur le front, mais n'en sera pas moins durablement affecté par ce conflit meurtrier. Il connaît la gloire littéraire avec son cinquième roman, *Le Baiser aux lépreux* (1922), et est élu en 1933 à l'Académie française, qui consacre ainsi sa (déjà) riche œuvre littéraire au sein de laquelle se dégagent notamment *Thérèse Desqueyroux* (1927), *Le Nœud de vipères* (1932) et *Le Mystère Frontenac* (1933). Ce romancier chrétien est en fait en rupture de ban avec son milieu d'origine et avec l'Église qu'il accuse d'avoir perdu le sens du message du Christ.

Homme des déchirements, François Mauriac devient peu à peu un catholique de gauche qui s'engage véritablement dans le combat politique au moment de l'intervention éthiopienne en Italie (1935), qu'il dénonce vigoureusement, et du bombardement de Guernica (1937) qui le conduit à prendre position en faveur du peuple basque espagnol. Mais c'est la défaite de la France et l'occupation allemande qui vont faire de lui un apôtre de la résistance intellectuelle et progressivement un fervent admirateur et défenseur de l'action du général de Gaulle au point que ce dernier, lui rendant hommage lors du décès de l'écrivain en 1970, écrira dans une lettre adressée à son épouse : « Quant à moi, je lui voue une reconnaissance extrême pour m'avoir si souvent enchanté, pour être un des plus beaux fleurons de la couronne de notre pays, pour m'avoir honoré et aidé, dans mon effort national, de son ardente adhésion, de sa généreuse amitié, de son immuable fidélité. »

Comment comprendre cet attachement et cette fascination (traversés de moments de doute, d'interrogations et de prises de distance) de François Mauriac pour le chef de la France libre, puis le chef d'État de la Ve République ? Il s'en est expliqué lui-même à diverses reprises, notamment en 1964 dans son livre *De Gaulle* : « Un personnage, j'en avais inventé beaucoup, mais, le croirait-on, je n'en avais jamais vu, ce qui s'appelle vu. Et celui-là, qui se tenait enfin sous mon regard, à la fois mythique et de chair et d'os, shakespearien et contemporain, à la fois en pleine vie, en pleine Histoire et en pleine littérature, je serais tout à mon aise, aux premières loges, pour le suivre de près... » Incarnation de la résistance de la France à l'ennemi, de Gaulle est pour Mauriac le garant de l'unité nationale et le sauveur du pays. Sans doute ont-ils quelques points en commun : élevés tous deux chez les pères, admirateurs tous deux de Barrès, mais là n'est probablement pas l'essentiel. Mauriac semble surtout avoir été séduit par la volonté souveraine de l'homme d'État ainsi que par l'esthétisme et la noblesse de son action. Comme le rapporte Jean Mauriac dans *La Mort du général de Gaulle,* le Général proposera lui-même une explication de cet attachement de l'écrivain à son égard en évoquant « le patriotisme ardent » de ce dernier, patriotisme « avec lequel il ne transigea jamais », le sens de la grandeur de François Mauriac, sans oublier le goût de celui-ci pour l'esthétisme et la beauté qui inspirent la politique que lui, général de Gaulle, n'a cessé de mettre en œuvre.

Toujours est-il qu'après juin 1940 François Mauriac, acquis à la cause de la Résistance, commence à se sentir proche de l'homme de Londres. Ce dernier le cite nommément dans un discours prononcé à Alger le 30 octobre 1943, rendant ainsi un hommage public à l'écrivain qu'il admire. Mauriac, sans tomber dans le culte de l'homme providentiel à ce moment-là, reconnaît les mérites du chef de la France libre. Leur première rencontre a lieu le 1er septembre 1944 et, explique Mauriac dans *De Gaulle*, « il se produisit au-dedans de moi un renversement de valeurs ; la vraie grandeur (la sainteté mise à part) m'apparut dans la gloire d'un homme qui s'est identifié avec son peuple... Je n'entre pas en transe devant de Gaulle, mais c'est vrai qu'à partir de ce premier déjeuner j'ai eu un sentiment nouveau de ce qu'étaient la vraie grandeur et la vraie gloire ».

La politique d'épuration engagée après la guerre le révulse profondément : il s'efforce d'en modérer les excès en intervenant (sans succès) auprès du Général pour empêcher l'exécution de Robert Brasillach. Lors d'une entrevue le 3 février 1945 à ce sujet, les deux hommes peinent à trouver un langage commun. François Mauriac en ressortira avec le sentiment désagréable d'avoir été enfermé « avec un cormoran, et qui parle cormoran » et qu'on sent, qui plus est, « de formation maurrassienne ». Malgré cette déception, François Mauriac continue à soutenir l'action du Général, mais le départ de ce dernier de la présidence du Gouvernement provisoire en janvier 1946 le navre et va peu à peu distendre les liens entre les deux hommes.

Le charme de la Libération s'étant progressivement dissipé, François Mauriac prend quelques distances : le désaccord qui les sépare durera une dizaine d'années. L'écrivain est farouchement opposé à la création du RPF, qui lui paraît un parti beaucoup trop nationaliste et chauvin, et dont il souhaite ardemment l'échec. Il se tourne dès lors vers Pierre Mendès France dont l'investiture en juin 1954 l'enchante. Sensibilisé au problème marocain, il fonde avec d'autres intellectuels l'association France-Maghreb en 1953 pour dénoncer le capitalisme français et ses complices au Maroc et s'investit profondément dans le combat anticolonialiste. Ses dénonciations du racisme policier et du comportement de l'armée en Algérie provoquent des réactions véhémentes. Il n'en continuera pas moins à plaider pour la justice et pour l'égalité.

Il faut attendre 1956 pour que Mauriac retrouve confiance en de Gaulle, qui incarne alors à ses yeux l'espérance et le recours au moment de la guerre d'Algérie. Il considère l'homme du 18 Juin comme le seul garant de l'unité du pays, le seul à même de réaliser la paix. Il plaide en faveur de la décolonisation, la fin de l'Algérie française et accueille avec soulagement les accords d'Évian. Malgré quelques moments de doute et certaines réserves à son égard, il considère en effet que seul le Général, et lui seul, est en mesure de redresser la barre : « Charles de Gaulle n'est pas l'homme du destin, il est l'homme de la Grâce », écrira-t-il dans son *Bloc-Notes* en 1960.

En 1958, il s'est donc rallié, non sans débats intérieurs, à la Ve République et au nouveau pouvoir et a prôné le « oui » au référendum. Ce qui ne l'empêche pas d'être lucide sur les faces sombres du régime institué par la Ve République et notamment sur la violence de certaines interventions policières. Bien qu'il ne soit pas encore totalement un inconditionnel du Général, il croit profondément à la dimension légendaire du personnage qui représente à ses yeux « un homme de granit, une incarnation de la vérité politique », comme il l'écrit dans ses *Mémoires politiques* en 1967, l'homme du refus, le dernier rempart contre la médiocrité, celui qui a façonné sa vie à l'image d'un artiste qui crée son œuvre.

Le soutien de François Mauriac à l'égard du nouveau président de la République ne se démentira dès lors plus guère : il ne cessera de louer sa politique, au risque, parfois, de tomber dans le dithyrambe. Le 30 mai 1968, il défile au bras de Maurice Schumann et aux côtés d'André Malraux, de Michel Debré et de centaines de milliers de manifestants sur les Champs-Élysées pour défendre le régime gaulliste en perdition. Il regrette à plusieurs reprises que le Général n'ait pas su s'adresser à la jeunesse au cours de son septennat. La décision de De Gaulle de jouer son destin à quitte ou double au moyen d'un référendum le surprend et l'inquiète, de sorte que le départ de ce dernier en 1969 l'éloignera à nouveau insensiblement de son héros.

Face à l'artiste de la politique que fut de Gaulle, François Mauriac apparaît non pas comme un courtisan ébloui ou comme un hagiographe dévot, mais comme un écrivain éternellement reconnaissant à ce chef solitaire qui a fait don de sa personne à la France et qui a su lui redonner de la grandeur dans le concert des nations. Il décède le 1er septembre 1970, deux mois avant le Général. Rémy Rieffel

• *Voir aussi :* Bibliothèque personnelle ; Intellectuels

Bibl. : François Mauriac, *De Gaulle*, Paris, Grasset, 1964 • Id., *Bloc-Notes*, Paris, Flammarion, 1958-1970 • Id., *Mémoires politiques*, Paris, Grasset, 1967.

MAURIAC, Jean (né en 1924). – Jean Mauriac est encore étudiant lorsque, fin août 1944, un ami de son père l'engage comme stagiaire à l'Agence France Presse (AFP). Il y effectuera toute sa carrière. C'est lui qui est allé chercher à Vémars encore occupé, au nord de Paris, le fameux éditorial intitulé « Le Premier des nôtres » que François Mauriac a promis à Pierre Brisson pour la reparution du *Figaro* (25 août). Le 31 août, il est avec son frère Claude dans la voiture que le général de Gaulle dépêche à Vémars pour ramener l'écrivain à Paris. Accrédité auprès du Général, il l'accompagne dès septembre dans ses voyages en province et dans les villes libérées. En novembre, il s'engage sur le front des Alpes. Il en revient décoré de la croix de guerre.

En 1948, Jean Mauriac devient journaliste au service diplomatique de l'AFP, en charge des conférences internationales. De 1952 à 1959, il suit les affaires liées à la décolonisation de la Tunisie et du Maroc et rencontre Habib Bourguiba et Mohammed V qui apprécient les positions anticolonialistes de son père. Après le retour du général de Gaulle au pouvoir, il reprend sa place d'accrédité auprès de lui. Il l'accompagne dans ses voyages et bénéficie de ses confidences. « J'étais pour lui le fils de François Mauriac, un écrivain qu'il aimait et admirait. Rien de plus. Et c'était déjà beaucoup », écrira-t-il dans des Mémoires inédits cités dans *Le Monde* le 15 septembre 2004. Le 28 avril 1969, c'est lui qui diffuse le communiqué de l'AFP annonçant le départ du Général après l'échec du référendum.

En 1972, Jean Mauriac livre dans *Mort du général de Gaulle* un témoignage précieux sur les derniers jours du premier président de la Ve République à l'Élysée, récit de la semaine précédant le référendum du 27 avril 1969 d'où il ressort que le Général savait la partie perdue. L'ouvrage contient aussi l'évocation des derniers 18 Juin passés en Irlande (1969) et en Espagne (1970), voyages auxquels Jean Mauriac participe et à l'organisation desquels il a été étroitement associé. C'est encore lui qui donne le flash du 10 novembre 1970 annonçant la mort du général de Gaulle.

Par la suite, il voyage pour l'AFP en Chine, en URSS, au Brésil et au Maroc, et est accrédité auprès de l'UNESCO. Il prend sa retraite en 1988. En 1996, il préface le livre *En écoutant de Gaulle* rédigé par l'ancien aide de camp du Général, Claude Guy. Nicole Racine

• *Voir aussi :* Information ; Intellectuels ; Journalistes

Bibl. : André Frossard, Jean Mauriac *et al.*, *Charles de Gaulle. 1890-1970*, Comité national du mémorial du général de Gaulle, Paris, Imprimerie nationale, 1973 • Claude Guy, *En écoutant de Gaulle. Journal 1946-1949*, Paris, Grasset, 1996 • Jean Mauriac, *Mort du général de Gaulle*, Paris, Grasset, 1972.

MAUROIS, Émile Herzog, dit André (1885-1967). – Dans ses *Mémoires*, André Maurois rapporte avoir été un admirateur de *La France et son armée* et avoir rencontré le colonel de Gaulle par l'entremise de Daniel-Rops. En septembre 1939, l'auteur des *Silences du colonel Bramble* s'engage. Après un court passage au commissariat à l'Information, il est nommé « French Official Eye Witness » à l'état-major du corps expéditionnaire anglais. En janvier-février 1940, il effectue une mission outre-Manche pour étudier l'effort de guerre britannique. Le 10 juin, il est à nouveau envoyé à Londres pour plaider la cause de la France. Il raconte dans ses *Mémoires* que de Gaulle le convoqua le 21 et lui offrit de faire partie d'une commission de gouvernement, avec la tâche de s'adresser aux Français *via* la BBC. Il refusa, de crainte de mettre en péril sa mère et sa fille restées en France et parce qu'il ne voulait pas mettre en cause Pétain qui l'avait soutenu lors de son élection à l'Académie française en 1938.

En juillet 1940, Maurois part pour les États-Unis. Interdit de retour en France en raison des lois raciales et parce qu'il est attaqué par la presse collaborationniste comme juif, anglophile et auteur d'articles hostiles au nazisme, il gagne sa vie en donnant des cours et des conférences sur la littérature française et se fait l'avocat de son pays. Refusant toujours de prendre parti pour de Gaulle au nom de l'unité nationale et en raison de sa fidélité personnelle au Maréchal, il est l'objet d'une campagne de presse de la part d'Henry Bernstein. Début 1942, il condamne dans *Le Jour*, journal gaulliste canadien, la politique de collaboration de Vichy, sans pour autant mettre en cause Pétain. Après le débarquement en Afrique du Nord, il rejoint l'état-major du général Giraud. Chargé d'assurer des liaisons avec les troupes alliées, devant lesquelles il prononce des conférences, il est tenu en suspicion par les milieux gaullistes. Les sentiments de De Gaulle à son égard sont rapportés par André Gide dans son *Journal*. Convié à déjeuner par le Général, le 26 juin 1943, Gide l'entretient assez longuement de Maurois. Il plaide en faveur de ce dernier, qui aurait été trompé et n'appuierait Pétain que par devoir. Sans succès. Le Général ne cite pas l'écrivain dans son célèbre discours d'hommage à la Résistance intellectuelle le 30 octobre 1943. Après avoir fait partie de l'expédition militaire en Corse, André Maurois part pour la campagne d'Italie fin novembre 1943. Rapatrié d'urgence de Naples pour raison de santé, il est envoyé en mission d'information aux États-Unis par le général Eisenhower. Il rentre en France en 1946.

En mai 1958, Maurois appuie le retour au pouvoir du général de Gaulle. Avant le référendum de septembre, il accepte de faire partie d'un front d'action civique contre l'abstention, ce qui lui vaut les remerciements du Général. Revenant dans ses souvenirs sur leurs divergences pendant la guerre, il rappelle que Charles de Gaulle lui envoya un exemplaire dédicacé de ses *Mémoires de guerre*. Quant au Général, ses *Lettres, notes et carnets* montrent qu'il ne manqua jamais de répondre personnellement à l'envoi des ouvrages de l'Académicien. Nicole Racine

• *Voir aussi* : Bibliothèque personnelle ; Culture ; Intellectuels ; Opinion publique américaine

Bibl. : André Maurois, *Espoirs et souvenirs*, New York, Éditions de la Maison française, 1943 • Id., *Tragédie en France*, New York, Éditions de la Maison française, 1943 • Id., *Mémoires I*, Paris, Flammarion, 1948.

MAURRAS, Charles (1868-1952). – Élevé par une famille royaliste dans le culte de la patrie et dans l'aspiration à la « revanche », le jeune Charles de Gaulle a, comme beaucoup de ses contemporains, lu Jacques Bainville et Charles Maurras. Il y conforte l'antigermanisme de sa génération. Mais son nationalisme ne s'attarde pas à l'étroitesse maurrassienne et s'accorde davantage à celui de Maurice Barrès et de Charles Péguy. D'où son adhésion à la République comme à une réalité historique qu'imposent le bon sens et la conviction de l'unité et de la continuité de l'histoire nationale : la monarchie d'Ancien Régime des « quarante rois, qui, en mille ans, firent la France », selon la formule maurrassienne, doit être reconnue, au même titre que la Révolution et la République, qui sont parties intégrantes de l'histoire nationale. De Gaulle diffère aussi de Maurras quant à la conception de l'État : nourri de la lecture du *Correspondant*, il associe la liberté au souci constitutionnel et veut des institutions fortes. L'État maurrassien, en revanche, soucieux, lui aussi, de continuité nationale, se veut protecteur des libertés locales et décentralisateur. En outre, xénophobe, il prétend défendre une essence française sans cesse menacée par les « quatre États confédérés : juif, protestant, franc-maçon et métèque ». Ni la xénophobie ni l'antisémitisme de l'école maurrassienne n'ont été partagés par de Gaulle. Son père étant abonné à *L'Action française* – jusqu'à la condamnation pontificale de 1926 –, il a certes lu Maurras et n'a dédaigné ni l'écrivain de talent ni le poète : il connaît par cœur *La Musique intérieure*. Si, au cours de la Première Guerre mondiale, la défense de l'Union sacrée par l'Action française a pu attirer sa sympathie, c'est qu'il partage, comme beaucoup, le souci de la patrie, le culte d'une armée forte et la volonté de prestige au-dehors.

Après l'armistice de 1918, la primauté des problèmes militaires et la force des armées sont au cœur des préoccupations de l'officier. *Vers l'armée de métier* est accueilli avec sympathie par le quotidien nationaliste, sous la plume de l'un de ses anciens auditeurs de l'école de Saint-Cyr, qui salue le 1er juin 1934 « les qualités de logique et de clarté qui ont toujours marqué son œuvre de professeur et d'écrivain ». Lorsque Henri Boegner, cousin du pasteur Marc Boegner, appuyé par le chroniqueur militaire de *L'Action française*, le colonel Clément-Grandcourt, et par le professeur Pierre Renouvin, l'invite à venir exposer à la Sorbonne ses conceptions sur le rôle de l'armée dans la nation, dans le cadre du cercle Fustel-de-Coulanges, le jeune colonel accepte l'invitation : « L'Université et l'Armée sont par elles-mêmes beaucoup plus proches que certains le croient. Il y a un degré supérieur de la pensée et de l'action où l'une et l'autre se rejoignent », répond-il le 12 mai 1934. Ses propos rencontrent « un succès prodigieux », note Boegner.

Mais l'accord de l'officier de Gaulle avec l'école maurrassienne est toujours partiel et limité. C'est que sa vision est tout autre. La rupture éclate lors des accords de Munich en 1938. De Gaulle blâme, Maurras approuve. Lorsque la guerre éclate, l'Action française soutient l'effort de guerre et salue à la fin mai 1940 « l'héroïsme français » qui défend « une tête de pont » – allusion aux combats de la 4e division cuirassée commandée par de Gaulle, promu au grade de général le 23 mai. Le quotidien salue le 1er juin 1940 la promotion du général de Gaulle, « hier colonel », « comme l'une des lumières de la science et de l'art militaire français ». Sa doctrine militaire est présentée comme proche de celle de l'Action française, elle aussi favorable « à l'armée de métier et à la spécialisation prononcée de ses divers éléments ». Mais l'appel du 18 Juin provoque une réaction de colère. Trois griefs commandent de rompre avec ce militaire : son départ à l'étranger au service duquel il s'est mis, son indiscipline qui le fait se placer au-dessus des chefs et fait courir à la patrie « un danger plus terrible que ceux qu'elle vient de courir », et enfin son opposition à l'avis des « experts les mieux informés et les plus autorisés, alors surtout que l'honneur est sauf et quand l'admiration du monde, y compris celle de l'adversaire victorieux, est acquise à toutes les phases du combat français ». Désormais, le général de Gaulle est qualifié de « dissident ». Dissidence d'autant moins excusable qu'il répète les erreurs militaires des hommes du 4 septembre 1870, pourtant signalées dans *La France et son armée* en 1938. À cette attaque lancée le 2 octobre 1941 sous le titre « Le seul gaulliste sans excuse », de Gaulle répond dans une note, point par point : le gouvernement de la Défense nationale mené par Léon Gambetta « a sauvé l'honneur, qui a sa valeur » ; « l'enjeu de la guerre de 70 (perte d'une province) n'avait aucun rapport avec l'enjeu de celle-ci (servitude) » ; « l'armistice en 1870-1871 nous apportait tout de suite la paix » ; et enfin, « la France était seule en 1870-1871. Sommes-nous seuls dans la guerre d'à présent ? » [*LNC*].

Le désaccord est politique et géostratégique. Il oppose deux conceptions de la vocation de la France : l'une, que résume le slogan « La France, la France seule », entend recréer une France forte à partir de l'État monarchique et contre-révolutionnaire de Vichy et en ignorant l'occupant ; l'autre, prenant l'exacte mesure des atouts stratégiques de la France dans le monde et parmi les puissances, défie tous les dangers, et en appelle au respect des principes républicains. Pour de Gaulle, Maurras « joue l'Allemagne » [*MG*]. Après la Libération, le chef du Gouvernement provisoire de la République française, sensible à l'étoffe de l'écrivain, membre de l'Académie française, souhaite lui éviter une peine infamante, et demande qu'il soit jugé par la Haute Cour à Paris. Maurras, convaincu d'avoir eu raison, rédige note sur note de justification, et poursuit de sa vindicte tous les traîtres. En janvier 1945, il est condamné à la réclusion perpétuelle et à la dégradation nationale.

Jacques Prévotat

• *Voir aussi* : Antisémitisme ; Catholique (foi) ; Épuration ; France ; Nationalisme ; République

Bibl. : Jacques Prévotat, *Les Catholiques et l'Action française : histoire d'une condamnation (1899-1939)*, Paris, Fayard, 2001 • Id., *L'Action française*, Paris, PUF, 2004 • Éric Roussel, *Charles de Gaulle*, Paris, Gallimard, 2002.

MAYER, Daniel (1909-1996). – Né à Paris dans une famille modeste de la petite-bourgeoisie juive, Daniel Mayer adhère en 1927 à la Ligue des droits de l'homme (LDH) puis, séduit par Léon Blum, à la SFIO et aux Jeunesses socialistes. En juillet 1933, il entre au *Populaire*, où il assure bientôt la page sociale. Antimunichois farouche, il est favorable à une politique de fermeté contre Hitler.

Scandalisé par le vote du 10 juillet 1940, il veut poursuivre le combat à Londres, bien qu'il n'ait pas entendu l'appel du 18 Juin. À la demande de Blum, il reste cependant en France pour reconstituer un parti déserté par ses militants. Avec sa femme Cletta, il déploie une intense activité clandestine et, en mars 1941, à Nîmes, fonde le Comité d'action socialiste (CAS) dont il est le secrétaire général pour la zone libre. Avec Blum, il s'efforce, tout au long de l'année 1942, d'apaiser la méfiance des socialistes à l'égard du général de Gaulle et prend nettement position en sa faveur après le débarquement de novembre. En avril 1943, il se rend à Londres. Peu séduit par le chef de la France combattante, Mayer lui apporte néanmoins le soutien des socialistes et s'affirme comme un gaulliste de raison. De son côté, le Général le désignera d'une formule : « méthodique artisan de "l'action socialiste" » [*MG*]. En juin 1943, Mayer est nommé secrétaire général du parti socialiste clandestin. Il le représente au Conseil national de la Résistance, où il lutte contre l'influence des communistes. À la Libération, il regrette que de Gaulle refuse de proclamer la République à l'Hôtel de Ville, mais défile néanmoins à ses côtés, le 26 août, sur les Champs-Élysées.

Ayant échoué à créer un grand parti travailliste, il cède le secrétariat général de la SFIO à Guy Mollet en août 1946. Élu député de Paris aux deux Constituantes, il siège à l'Assemblée nationale jusqu'en 1958. Avec son parti, il condamne le « césarisme » du RPF et de son chef, mais rejoint de Gaulle sur le rejet de la Communauté européenne de défense, ce qui lui vaut d'être sanctionné par la SFIO en 1954. En désaccord avec la politique algérienne de Mollet et élu président de la LDH en mars 1958, il démissionne de son mandat de député le 29 avril. Après le 13 mai, il dénonce formellement le ralliement des dirigeants socialistes à de Gaulle. Il crée alors l'Union des forces démocratiques (UFD), en lançant un appel à la gauche non communiste auquel répondent Pierre Mendès France et François Mitterrand, qui manque toutefois de moyens. En septembre 1958, Mayer appelle à voter « non » au référendum sur la Constitution. Lors de l'élection présidentielle de décembre, il appuie la candidature symbolique, au nom de l'UFD, de l'ancien doyen de la faculté des sciences, Albert Chatelet. Défenseur de l'union de la gauche, Daniel Mayer soutient la candidature de François Mitterrand en 1965. Président de la LDH jusqu'en 1975, il est nommé au Conseil supérieur de la magistrature en 1982, puis de 1983 à 1986 préside le Conseil constitutionnel, dont il reste membre jusqu'en 1992.

Noëlline Castagnez

• *Voir aussi* : Résistance intérieure ; SFIO

Bibl. : Serge Berstein, *et al.*, *Le Parti socialiste entre Résistance et République*, Paris, Publications de la Sorbonne, 2000 • Noëlline Castagnez, *Socialistes en République. Les parlementaires SFIO de la IVe République*, Rennes, Presses universitaires de Rennes, 2004 • Martine Pradoux, *Daniel Mayer. Un socialiste dans la Résistance*, Paris, Éditions de l'Atelier, coll. « La part des hommes », 2002.

MAYER, Émile (1851-1938). – À partir de 1932, le commandant de Gaulle intègre le cercle anticonformiste réuni autour de l'ex-lieutenant-colonel Mayer. Après des années d'isolement et la forme d'impasse dans laquelle le mène son affiliation avec le maréchal Pétain, il trouve enfin un lieu de réelle amitié et d'échange intellectuel de haut niveau. Mayer apporte à de Gaulle ce qui lui manque : un ancrage parisien, une écoute attentive, un soutien d'autant plus important qu'il est critique, une conscience politique, même, qui va bien au-delà des questions militaires. Mayer est celui qui comptera le plus pour de Gaulle jusqu'à Paul Reynaud – qu'il rencontre précisément grâce à lui.

Né à Nancy dans une famille juive très assimilée, de père polytechnicien, le futur « colonel Mayer » – le nom sous lequel l'Histoire l'a retenu – est également polytechnicien. Capitaine à vingt-huit ans, Mayer est un officier talentueux mais un rien dilettante. Il se révèle très tôt un « écrivain militaire », rédigeant d'abord un cours spécial pour l'instruction des engagés conditionnels et des candidats sous-officiers. En 1889, il fait paraître *Le Code-manuel du soldat-citoyen*. Dès 1882, il avait entamé une longue carrière de publiciste, collaborant avec *La Revue scientifique*, puis avec la *Revue hebdomadaire*, enfin à la *Bibliothèque universelle* de Lausanne et à la *Revue militaire suisse*. En 1890, il défend la thèse selon laquelle la guerre moderne deviendra défensive et dépendra des progrès décisifs de l'armement. Mais cette réflexion critique sur l'outil militaire déplaît en haut lieu. Sa carrière stagne. Il n'est promu chef d'escadron qu'en 1896, et interdit de nomination à un poste de professeur adjoint d'artillerie à l'école de Saint-Cyr. L'hostilité des cadres de l'état-major pour les officiers modernistes et l'antisémitisme ambiant concourent à le marginaliser. Arrive l'affaire Dreyfus. Mayer signe alors en Suisse, sous un pseudonyme, trois articles défendant l'innocence du capitaine. Dénoncé par la presse nationaliste, il est au centre d'une interpellation parlementaire en mai 1899. Il se retrouve placé en position de non-activité.

Rendu à la vie civile, il lance la revue *L'Armée et la Nation*. Puis il intègre la petite équipe des « officiers républicains » qui aide Jaurès à concevoir sa pensée sur l'armée nouvelle. Après la réhabilitation du capitaine Dreyfus en 1906, il est réintégré dans l'armée. Au début de la Première Guerre mondiale, *Le Temps* republie en 1915 son article prémonitoire de 1902 sur les conflits modernes, « De quelques idées françaises sur la guerre de l'avenir ». Ses vues prophétiques contrastent avec l'indigence intellectuelle du haut commandement. Il est chassé une nouvelle fois de l'armée en 1916, après la saisie par la censure d'une lettre adressée à son ami le capitaine Lucien Nachin, dans laquelle il fait part de son analyse du conflit, véritable « guerre civile européenne » selon lui. Après la victoire, il reprend ses activités de critique militaire (dans *L'Œuvre* et *La Lumière* de Georges Boris), publie de nombreux essais, dialogue avec Roger Martin du Gard et reçoit beaucoup dans le salon de sa fille Cécile, amie de Léon Blum, et de son gendre, Paul Grunebaum-Ballin, proche collaborateur d'Aristide Briand.

Le colonel de Gaulle fait partie des habitués des dimanches matin boulevard Beauséjour. Le rapprochement des deux penseurs militaires, que quarante ans séparent, date de 1925. À cette époque, de Gaulle vient de publier *La Discorde chez l'ennemi*. La réaction de Mayer est très positive. Deux ans plus tard, Lucien Nachin favorise leur rencontre effective. Des relations suivies s'instaurent à partir de 1932 ; elles deviennent rapidement étroites, du moins sur le plan intellectuel. De Gaulle se considère comme l'élève de Mayer, alors même que sa propre pensée militaire est déjà très avancée. Cependant, le colonel lui apporte une conscience politique et la conception d'une armée d'autant plus démocratique qu'elle sera professionnalisée. Il argumente avec de Gaulle sur les enseignements républicains de *L'Armée nouvelle* de Jaurès, soutient ses thèses sur l'arme blindée et analyse avec lui la menace militaire et politique que représente le nazisme. Puisque de Gaulle veut faire partager ses vues aux chefs politiques, Mayer décide de l'y aider. C'est par son intermédiaire qu'en décembre 1934 de Gaulle fait la rencontre, décisive, de Paul Reynaud. Mayer et son gendre insistent également pour le présenter à Léon Blum. L'entrevue a lieu en octobre 1936 à l'hôtel Matignon. Le chef du gouvernement se révèle moins enthousiaste que Reynaud. L'attitude du président du Conseil atteste surtout une impuissance qui frappera durablement de Gaulle, expliquant certainement la volonté de ce dernier de créer un véritable État puissant et gouverné. Les liens se renforcent en tout cas avec Émile Mayer. En septembre 1938, de Gaulle lui demande de corriger les épreuves de *La France et son armée*. Le colonel meurt quelques semaines après les accords de Munich, mais une grande partie de son héritage intellectuel et militaire se trouve désormais dans les mains de Charles de Gaulle. Vincent DUCLERT

• *Voir aussi :* Amitiés personnelles ; Antisémitisme ; Arme blindée ; Réseaux de sociabilité

Bibl. : Henri Lerner, « Le colonel Mayer et son cercle d'amis », *Revue historique*, n° 539, 1981 • Émile Mayer, *Autobiographies*, édition critique établie sous la direction de Vincent Duclert *et al.*, Paris, Armand Colin, à paraître en 2007 • Jacques Shapira et Henri Lerner, *Émile Mayer, le prophète bâillonné*, Paris, Michalon, 1995.

MAYER, René (1895-1972). – Issu d'une famille de la bourgeoisie juive, René Mayer mène jusqu'à la Seconde Guerre mondiale une carrière de haut fonctionnaire au Conseil d'État et dans les cabinets ministériels, ainsi que d'homme d'affaires spécialiste des problèmes de transport. Le statut des Juifs de 1940 lui interdisant la poursuite de ces activités, il gagne Alger en 1943. Proche du général Giraud, puis rallié au général de Gaulle, il devient commissaire aux Communications et à la Marine marchande du CFLN (Comité français de la Libération nationale), puis, après la Libération, ministre des Travaux publics du GPRF (Gouvernement provisoire de la République française) jusqu'en novembre 1945.

Il commence alors une grande carrière politique sous la IVe République. Inscrit au parti radical, il devient en juin 1946 député de Constantine. Dès décembre 1947, il est nommé ministre des Finances et des Affaires économiques, poste qu'il conserve jusqu'en juillet 1948 et qu'il retrouve en 1951-1952. Entre-temps, il reçoit les portefeuilles de la Défense nationale et de la Justice. Il accède à la présidence du Conseil de janvier à mai 1953. Ce rôle de dirigeant dans le « système » de la IVe République, ses convictions européennes fortement ancrées, qui le conduisent à remplacer Jean Monnet à la présidence de la Haute Autorité de la Communauté européenne du charbon et de l'acier (CECA), l'éloignent du général de Gaulle.

Après s'être vivement opposé à la volonté réformatrice de Pierre Mendès France au début de la guerre d'Algérie, il perd son siège de député avec la dissolution de l'Assemblée en décembre 1955. Les élections dans les départements algériens étant « ajournées », il quitte la vie politique pour retourner aux affaires privées. Serge BERSTEIN

• *Voir aussi :* CFLN ; Europe ; GPRF ; Hauts fonctionnaires ; Parti radical

Bibl. : Serge Berstein et Pierre Milza, *Histoire de la France au XXe siècle*, Bruxelles, Complexe, t. 3, 1991.

MÉLANCOLIE. – La mélancolie est une donnée essentielle du caractère de Charles de Gaulle. Elle est liée chez lui à la condition même du soldat, prompt au désarroi quand il n'est pas employé, rappelle-t-il dans *Le Fil de l'épée*, au « sentiment de solitude » qui fait « la misère de l'homme supérieur », et à « la fierté anxieuse » qui sous-tend sa haute idée de la France. « Il faut avoir du chagrin au sujet de la France, confie-t-il à la fin des années 1950. Elle en vaut la peine et c'est un service à lui rendre. »

Chez ce personnage si soucieux de distance et de réserve, qui assure n'avoir pleuré que trois fois dans sa vie mais dont Winston Churchill a discerné d'emblée « l'aptitude à la souffrance », la mélancolie tient aussi à l'histoire de sa destinée. Elle vient en premier lieu de la cruelle frustration d'une expérience militaire inaccomplie durant la Grande Guerre – « un chagrin qui ne se terminera qu'avec ma vie », écrit-il aux siens en décembre 1917. Par la suite, elle se nourrit des désillusions accumulées au sein d'une armée engluée dans la routine, de la « fureur sans bornes » éprouvée au printemps 1940 face au naufrage de la nation, et de la résolution douloureuse puis s'ensuivit : celle de rompre avec sa caste, à choisir les voies de la rébellion et de l'exil afin de prendre en charge, au prix d'une longue solitude, le destin du pays. Au moins autant que la colère, la mélancolie a été un des facteurs déterminants de la prise de conscience qui fait entrer de Gaulle dans l'Histoire à quarante-neuf ans, porteur d'une volonté et d'une espérance dont il use comme d'un antidote au « déchirement de l'âme » qui ne cessera plus de l'habiter. « Tantôt, rapporte un de ses premiers collaborateurs, Claude Bouchinet-Serreulles, il manifestait le pessimisme le plus noir. Tantôt, il avait confiance, il se sentait mieux compris [...], tour à tour sombre, jovial, ironique, sarcastique, brusquement prophétique, désabusé. »

Jusqu'à son départ définitif du pouvoir en avril 1969, le parcours de Charles de Gaulle restera marqué et comme façonné par cette alternance de moments d'exaltation et d'abattement, de pugnacité conquérante et de lassitude extrême. Dût-il l'exploiter à des fins tactiques, la mélancolie a souvent été chez lui l'expression d'un irrépressible « à quoi bon ? », qui dépassait tout calcul.

Début mars 1942, peu après son arrivée en Angleterre, Pierre Mendès France découvre un de Gaulle harcelé par le doute et comme désorienté. Dans un entretien avec Jean Lacouture en novembre 1980, il a rapporté avoir entendu le chef de la France libre s'interroger « avec une sorte d'angoisse » sur tout ce qu'il avait accompli : « Il se mit à parler, à simuler des questions, comme s'il me les posait – en fait, il se les posait à lui-même : “Ai-je eu raison à Saint-Pierre-et-Miquelon ? Ai-je eu raison en Syrie ? Ai-je eu raison le 18 juin ?” » Alors en plein conflit avec l'amiral Muselier et las du double jeu britannique à son égard, le Général quittera brutalement Carlton Gardens dix jours plus tard, après avoir rédigé son « testament politique », pour aller s'enfermer dans sa résidence de Berkhamsted (Hertfordshire) en menaçant de renoncer à sa mission. À cette époque comme au printemps 1968, feindre d'abandonner la partie, c'est naturellement jeter la confusion et suspendre le cours des choses pour mieux laisser percevoir l'ampleur du vide créé par son absence. Mais ces mises en congé volontaires traduisent aussi chez de Gaulle des motivations et des sentiments plus complexes : la tentation toujours latente de prendre du champ, par hantise de la médiocrité, instinct de rébellion, ou exigence de solitude et de méditation. « Il faut avoir le cœur bien accroché et la France devant les yeux pour ne pas tout envoyer promener », écrit-il à sa femme en juin 1943, peu après avoir atterri à Alger où prospèrent déjà contre lui intrigues et complots en tous genres.

Dans *Le Fil de l'épée*, où il évoque « ce je ne sais quoi de mélancolique dont se trouve imprégné tout ce qui est auguste : les gens aussi bien que les choses », Charles de Gaulle rapporte ce mot de Bonaparte à quelqu'un qui jugeait triste « un antique et noble monument » : « Oui, c'est triste comme la grandeur ! »

Jean-Luc Barré

• *Voir aussi :* Barrès, Maurice ; Chateaubriand, François René de ; Doute de soi ; Émotionnel (style) ; Moi

Bibl. : Jean-Luc Barré, *Devenir de Gaulle*, Paris, Perrin, 2003 • Claude Bouchinet-Serreulles, *Nous étions faits pour être libres*, Paris, Grasset, 2000 • Adrien Le Bihan, *Le Général et son double*, Paris, Flammarion, 1996.

MELUN (pourparlers de). – Première rencontre officielle entre les représentants du FLN (Front de libération nationale) et ceux de la France, les pourparlers de Melun procèdent du discours du 14 juin 1960 dans lequel le général de Gaulle, après avoir affirmé le caractère révolu de la colonisation, a adressé un appel aux chefs de la rébellion en vue de trouver une issue pacifique aux combats. Le moment semble opportun en raison des succès militaires remportés sur l'Armée de libération nationale (ALN) dans le cadre du plan

Challe, et compte tenu des bonnes dispositions apparentes du Gouvernement provisoire de la République algérienne (GPRA) dont le président, Ferhat Abbas, a déclaré quelques mois plus tôt que « l'Algérie nouvelle respectera tous les intérêts légitimes ». Réuni à Tunis, le GPRA donne le 20 juin une réponse positive mais il place d'emblée le terrain de la négociation dans le cadre d'une rencontre au sommet Abbas-de Gaulle. Ses deux émissaires, Ahmed Boumendjel et Mohammed ben Yahia, sont mandatés à préparer la rencontre. Leurs interlocuteurs français ont été volontairement choisis à un niveau plus modeste : le général de Gastines et le préfet Roger Moris, secrétaire général aux Affaires algériennes.

Ouverts le 25 juin à la préfecture de Melun, les pourparlers tournent d'emblée au dialogue de sourds. Les émissaires du FLN réclament une totale liberté de mouvement et de parole, la libération d'Ahmed ben Bella et de ses compagnons de l'île d'Aix, et la possibilité de les adjoindre à la négociation. Alors que les délégués français n'entendent aborder les questions de fond qu'après un accord préalable sur le cessez-le-feu, la remise des armes et le sort des combattants de l'ALN. Après sept entretiens infructueux, de Gaulle fait clore la rencontre le 29 juin. De toute évidence, les pourparlers de Melun se sont ouverts sur un malentendu et une série d'erreurs d'appréciation. Du côté français, la promptitude de la réponse positive du GPRA a laissé croire que celui-ci était beaucoup plus demandeur qu'il ne l'était réellement. Du côté algérien, on a estimé que le cessez-le-feu avait cessé d'être un préalable dès lors que le discours du 14 juin n'en faisait pas mention explicite et que la négociation pouvait s'engager au niveau gouvernemental alors même que la France n'avait pas reconnu le GPRA.

L'échec de Melun ouvre une lourde période d'incertitudes marquée par une radicalisation du GPRA (« L'indépendance ne s'offre pas, elle s'arrache », affirme Ferhat Abbas peu après), et par un regain d'activisme des partisans de l'Algérie française (création du Comité de Vincennes à l'automne) comme de la gauche pacifiste (Manifeste des 121 en septembre). Le crédit de De Gaulle en sort indéniablement affaibli, tant en Algérie qu'en métropole. Outré par les exigences du FLN, le chef de l'État a sciemment rompu les entretiens, mais il n'en maintient pas moins le cap de la négociation : sa réaffirmation, le 5 septembre, du principe de « l'Algérie algérienne », et surtout l'évocation, le 4 novembre, de la « République algérienne [...] qui existera un jour », sont les premiers signes d'une volonté de reprise du dialogue, qui, après diverses rencontres secrètes, reprendra officiellement à Évian le 20 mai 1961. Bernard Droz

• *Voir aussi* : Algérie (guerre d') ; Décolonisation ; Évian (accords d') ; FLN ; Si Salah

Bibl. : Fabien Dunand, *L'Indépendance de l'Algérie. Décision politique sous la Ve République (1958-1962)*, Berne, Peter Lang, 1977 • Louis Terrenoire, *De Gaulle et l'Algérie. Témoignage pour l'histoire*, Paris, Fayard, 1964 • Bernard Tricot, *Les Sentiers de la paix*, Paris, Plon, 1972.

MELVILLE, Jean-Pierre (1917-1973). – Jean-Pierre Grumbach a vingt ans quand il s'engage dans les spahis en 1937. Service militaire, campagne de France, Bureau central de renseignements et d'action (BCRA), Forces françaises libres, campagne d'Italie, libération du Sud-Est... : il quitte l'uniforme après huit années de combats variés. De ce jour, il devient Jean-Pierre Melville, tribut d'admiration à l'auteur de *Moby Dick*, et poursuit sa vie aventureuse sous l'uniforme (lunettes noires et chapeau volumineux) d'un cinéaste sûr de lui et dominateur, qui va marquer les jeunes générations de la « nouvelle vague » par le non-conformisme de son itinéraire – il tourne sans avoir appris dans aucune autre école que les salles obscures, fréquentées frénétiquement dans sa jeunesse ; il essaye d'être son propre producteur et réussit même, un temps, à disposer de ses propres studios ; il affiche enfin son admiration pour le général de Gaulle, tout en se réclamant d'une forme d'« anarchisme ».

Son premier long métrage, tourné dans des conditions proches de l'amateurisme, est une adaptation du *Silence de la mer*, de Vercors, dans laquelle s'expriment déjà les grands traits de son esthétique : rigoureuse jusqu'à la froideur, fascinée par la morale, mais une morale de l'immanence. Préoccupé du rapport de l'individualité au groupe, Melville admire les fortes personnalités (pas toujours masculines), jusqu'à ramener le jeu social à un affrontement entre codes d'honneur : il sera le grand cinéaste du « film noir » à la française.

Toutes ces caractéristiques se retrouvent dans l'œuvre dont il dira qu'il a passé vingt-cinq ans à la rêver avant de pouvoir – d'oser – la tourner, *L'Armée des ombres*, inspirée du roman homonyme de Joseph Kessel. Film d'une abstraction d'épure à force d'aligner des séquences exemplaires, qui sont autant de morceaux de bravoure de la vie quotidienne – c'est-à-dire extraordinaire – des résistants, de l'intérieur ceux qu'au fond Melville n'a guère connus directement : l'évasion, la mission à Londres, le parachutage, etc. Intellectuels ou ouvriers, communistes ou royalistes, les héros sont emblématiques, et certains de leurs traits inspirés de caractères et de faits pris dans la « réalité », celle qu'a vécue Grumbach ou que Melville s'est fait raconter. Par-delà cette démonstrativité et quelques invraisemblances, l'œuvre frappe par sa volonté – jusqu'à l'affectation, comme toujours chez Melville – de limiter le pathos à sa plus simple expression ; ainsi dans les deux séquences, structurantes, d'exécution par la Résistance de camarades respectivement « traître » et « douteux », ou encore dans celle du don au compagnon de cellule de l'unique pilule de cyanure. Bref, il s'agit bien d'une version moderne de la tragédie, à l'opposé des conventions du drame, manichéen et sentimental.

Déconcertée, la critique de 1969 accueillit le film plutôt fraîchement. Se fondant sur une scène centrale où Luc Jardie (figure de chef où se mêlent, entre autres, Jean Moulin et Jean Cavaillès) est décoré par le général de Gaulle lui-même, le rédacteur en chef des *Cahiers du cinéma* parlera du « plus bel exemple cinématographique de l'art gaullien » : il faut alors définir le gaullisme de Melville comme une fidélité compagnonnique à une lutte dangereuse menée en commun et à « une certaine idée » de la morale. Les résistants survivants (le colonel Passy joue son propre rôle dans le film) souligneront plutôt la vérité de fond, plus importante que la véracité de détail.

L'après-68 éloigné, demeure la violence éthique radicale d'une œuvre sur laquelle plane la formule échappée à Melville dans un entretien donné quelques mois après la sortie de son film : « Personne n'est dieu puisque Dieu n'existe pas. »

Pascal Ory

• *Voir aussi* : Culture ; Intellectuels ; Mémoire de la Résistance

Bibl. : François Barat, *L'Entretien avec Jean-Pierre Melville*, Paris, Séguier, 1999 • Jean-Pierre Melville, *Le Cinéma selon Melville : entretiens avec Rui Nogueira*, Paris, Éditions de l'Étoile, 1996 • Jacques Zimmer et Chantal de Béchade, *Jean-Pierre Melville*, Paris, Édilig, 1983.

MÉMOIRE DE LA RÉSISTANCE. – On admet généralement que, le 25 août 1944, en quelques phrases qui frappèrent les esprits, le général de Gaulle aurait posé la première pierre du mythe fondateur de l'après-Vichy en exaltant la résistance du peuple français à travers le discours qu'il fit à l'Hôtel de Ville de Paris pour saluer la libération fraîchement conquise de la capitale : « Pourquoi voulez-vous que nous dissimulions l'émotion qui nous étreint tous, hommes et femmes, qui sommes ici, chez nous, dans Paris debout pour se libérer et qui a su le faire de ses mains. Non ! Nous ne dissimulerons pas cette émotion profonde et sacrée. Il y a là des minutes, nous le sentons tous, qui dépassent chacune de nos pauvres vies. Paris ! Paris outragé, Paris brisé, Paris martyrisé, mais Paris libéré ! Libéré par lui-même, libéré par son peuple avec le concours des armées de la France, avec l'appui et le concours de la France tout entière, de la France qui se bat, de la seule France, de la vraie France, de la France éternelle. »

Le chef du gouvernement provisoire de la République française énonçait effectivement, ce jour-là, la thèse d'une France unanimement résistante. À y regarder de plus près, il n'établissait aucun lien de synonymie entre cette unanimité et un héroïsme qui eût été tout aussi largement partagé. Pour preuve, il décida de sa propre initiative de clore définitivement la liste des Compagnons de la Libération, en janvier 1946 – 1 036 personnes seulement avaient reçu le titre. Si toute la France était donc présumée avoir pris part aux combats des semaines de la Libération, toute la France ne s'était pas montrée héroïque durant les années de l'Occupation. Si le souci du chef du gouvernement provisoire de souligner que Paris s'était libéré au prix d'une insurrection avait évidemment une fin politique, notamment en apportant la preuve à "nos chers et admirables alliés" que la France était en ordre de marche sans avoir besoin que quiconque l'administrât, on ne saurait en inférer que la mémoire gaulliste de la Résistance naquit ce jour-là. On ne saurait pas davantage soutenir que c'est à dater de ce jour que la Résistance aurait commencé à prendre une dimension légendaire.

De nombreux textes du temps de la lutte démontrent, en effet, que la dimension légendaire de l'action en cours était non seulement forte, mais plus encore constitutive de la nature même de cette action. Le fait vaut tout particulièrement pour la personne du général de Gaulle à propos duquel Pierre Brossolette déclarait sur les antennes de la BBC le 22 septembre 1942 : « ... Moi qui depuis quinze ans commence à avoir suffisamment vu de choses et de gens pour savoir où est la grandeur et où est la bassesse, où est le calcul ou le désintéressement, où est la fourberie et où la probité, où sont les idées courtes et où les grandes vues d'avenir, je vous dis à tous, à vous tous qu'a soulevés d'un même souffle le geste du 18 juin 1940 : "Français ne craignez rien, l'homme est à la mesure du geste, et ce n'est pas lui qui vous décevra lorsque, à la tête des chars de l'armée de la délivrance, au jour poignant de la victoire, il sera porté tout au long des Champs-Élysées, dans le murmure étouffé des longs sanglots de joie des femmes, par la rafale sans fin de vos acclamations." »

À sa façon, flamboyante et visionnaire, Pierre Brossolette témoignait ainsi de la dimension d'ores et déjà hors du commun prise, en deux ans seulement, par l'homme qui, au départ, n'était rien, pour reprendre ses propres termes dans ses *Mémoires de guerre*. À ses côtés, « pas l'ombre d'une force, ni d'une organisation. En France, aucun répondant et aucune notoriété. À l'étranger, ni crédit, ni justification ». Pareil dénuement excluait tout compromis, toute faiblesse : « Les gens qui, tout au long du drame, s'offusquèrent de cette intransigeance ne voulurent pas voir que, pour moi, tendu à refouler d'innombrables pressions contraires, le moindre fléchissement eût entraîné l'effondrement. Bref, tout limité et solitaire que je fusse, et justement parce que je l'étais, il me fallait gagner les sommets et n'en descendre jamais plus » [*MG*]. Publié en 1954, ce texte mettait en scène et interprétait l'action que son auteur avait conduite à dater de juin 1940. Il soulignait également un fait très juste : de sa faible notoriété, de ses moyens limités, du fait qu'il n'avait aucun mandat d'aucune sorte pour parler au nom de la France, bref de son extrême dénuement, le général de Gaulle avait fait une sorte d'atout en accédant immédiatement au statut de pur symbole d'une Résistance qui avait tout à faire pour exister. Qu'il fût, en lisant au micro le texte de l'appel du 18 Juin, entré dans l'aventure « comme un homme que le destin jetait hors de toutes les séries », voilà qui n'est pas douteux.

La mémoire gaulliste de la Résistance puise là sa source, dans l'écart entre l'homme de Gaulle, esseulé, obligé de batailler pied à pied pour conquérir une légitimité doublée d'un statut, et la représentation très forte que s'en firent les contemporains dès le temps de la lutte. Sa stature hors normes fut encore renforcée à la Libération par les sons et les images des journées enivrantes des 25 et 26 août 1944 entrés dans le patrimoine de la mémoire collective. Après son départ du pouvoir en janvier 1946, l'homme du 18 Juin conserva une aura exceptionnelle. Il concourut à l'affermir encore par ses interventions publiques. Si on prête d'ordinaire avec raison attention à ses écrits et discours politiques entre 1946 et 1958, il convient également de relever qu'il revint fréquemment sur la période de la guerre en des termes qui sculptaient sa statue. Ainsi, l'annuaire des médaillés de la Résistance française, publié en 1953, s'ouvrait sur une lettre autographe du général de Gaulle du 9 mai 1948 ainsi libellée :

> La Résistance, ce fut la Défense nationale. Suivant les péripéties et les conditions terribles d'une guerre sans précédent, elle a pris toutes les formes, rassemblé toutes les tendances, utilisé tous les sacrifices. Mais elle fut, toujours et partout, un combat, un seul combat, pour la Patrie.
>
> En voici le témoignage : c'est la liste glorieuse de ses noms, médaillés de la Résistance, mes camarades, morts ou vivants !
>
> La Victoire fut gagnée. La France a été sauvée. Maintenant, que le temps passe ! Que l'oubli monte ! Que les passions déferlent ! Nous avons fait notre Devoir.

Il développa ultérieurement cette rhétorique en d'autres occasions. En guise de préface à une plaquette souvenir de l'Amicale des anciens parachutistes *Special Air Service* (SAS) et des anciens commandos de la France libre, intitulée *5 juin 1944, Un jour avant l'aube*, parue en 1984, on trouve, par exemple, une autre lettre autographe du général de Gaulle du 6 juin 1953. Après avoir rendu hommage aux parachutistes de la France libre, il concluait : « Le but fut atteint, la victoire remportée. Maintenant, que la bassesse déferle ! Eux regardent le ciel sans pâlir et la terre sans rougir. »

À travers ces textes, c'est bien la mémoire gaulliste de la Résistance qui se donne à voir, œuvrant à installer son protagoniste central et ses compagnons à l'écart du tumulte d'une époque troublée, les juchant au-dessus de la mêlée. Réfléchissant au destin mémoriel du général de Gaulle, Maurice Agulhon a pointé, dans un ouvrage paru en 2000, la résultante de cette action : « Tout n'est pas dit sur de Gaulle quand on a fait le tour de ses engagements, de ses opinions, et des combats auxquels les uns et les autres ont donné lieu. Il reste un personnage, qui a imposé sa présence dans les esprits de ses contemporains puis dans la mémoire des générations nouvelles par une puissante originalité, quelques dates, quelques signes, quelques hauts lieux, quelques fortes paroles. »

On ne saurait mieux dire à la fois la complexité de Charles de Gaulle comme objet d'histoire et la nécessité de le considérer dans ce qui est devenu sa caractéristique majeure : sa dimension mémorielle. On peut, bien sûr, pour cerner la surface exceptionnelle du personnage dans la mémoire collective, scruter tour à tour le chef du Gouvernement provisoire de la République française, le fondateur du Rassemblement du peuple français, le rédacteur des *Mémoires de guerre*, le créateur et premier président de la Ve République, l'acteur de la décolonisation, le contempteur d'une politique extérieure américaine hégémonique, enfin le « vieil homme, recru d'épreuves, détaché des entreprises, sentant venir le froid éternel, mais jamais las de guetter dans l'ombre la lueur de l'espérance ! » [*ME*]. Ces analyses, excellemment menées déjà, notamment par Pierre Nora dans une perspective comparative de l'évolution des mémoires communiste et gaulliste, passent vite sur ce que le parcours de l'homme de Gaulle dut à son entrée fracassante sur la scène publique le 18 juin 1940 et à l'éclatant succès que lui valut l'action qu'il déploya jusqu'à son premier retrait du pouvoir en janvier 1946. Dans une analyse du destin mémoriel du général de Gaulle jusqu'à nos jours, la geste de la France libre doit pourtant sans cesse être en toile de fond. Et il faut en ce domaine distinguer soigneusement Résistance intérieure et France libre : si la première eut partie liée avec la deuxième, elle naquit indépendamment d'elle et le général de Gaulle privilégia toujours la France libre dont, selon Jean-Louis Crémieux-Brilhac, il « synthétisa dans ses *Mémoires* une histoire mythique que la postérité a avalisée ».

Au vrai, la mémoire gaulliste de la Résistance ne fut pas sans rivale. Au sortir de l'épreuve, la cristallisation du souvenir résistant autour de deux pôles dominants – communiste et gaulliste – n'était pas un vain mot. Dans la bataille engagée entre les troupes du Rassemblement du peuple français et celles du parti communiste, chacun faisait flèche de tout bois. De ce point de vue, la parution échelonnée entre 1947 et 1951 des trois volumes des

Souvenirs du colonel *Passy* fit date. L'ancien chef du Service de renseignements de la France libre, le BCRA (Bureau central de renseignements et d'action), avait disposé, pour étoffer ses souvenirs, d'un « Livre blanc » établi par ses services immédiatement à la fin de la guerre et resté inédit. Son récit joua un rôle important dans le façonnage du souvenir résistant comme dans l'écriture historienne car il s'appuyait sur des sources, pour l'heure et pour plusieurs décennies, inaccessibles au commun des mortels. Investi plus tardivement de responsabilités importantes dans la galaxie gaulliste, Jacques Soustelle signait, en 1947 et 1950, en deux volumes un *Envers et contre tout* qui venait encore renforcer le point de vue des partisans de l'homme du 18 juin 1940.

Ce dispositif recevait sa touche finale entre 1954 et 1959 avec la publication des *Mémoires de guerre* du général de Gaulle. Si elle y était saluée à travers quelques-uns de ses principaux responsables, la Résistance intérieure y avait tout de même la portion congrue, selon une vision gaullienne dont on ne pouvait en tout cas nier la cohérence. Sa présentation des faits ne fit pas l'unanimité. Signant le compte rendu en décembre 1956 dans la revue *Preuves* du deuxième tome des *Mémoires de guerre*, Henri Frenay saluait certes « un grand livre, relatant les actes d'un grand homme et rédigé par un grand écrivain ». Mais, fidèle en cela à la teneur de ses écrits du printemps 1943, il contestait fortement la présentation que le général de Gaulle faisait de la Résistance : « ... que ce soit en matière d'organisation ou de politique, l'incompréhension entre de Gaulle et la Résistance fut totale. La nature même du mouvement, si paradoxal que cela paraisse de l'affirmer, lui a entièrement échappé. La preuve en est dans son livre où, parlant de nous, il nous nomme "ses chargés de mission", où il dit encore : "Je crée les FFI." Or, notre mission, nous ne la tenions que de notre conscience et de notre volonté. Notre rattachement à sa personne était spontané et volontaire, ce qui d'ailleurs en faisait le prix. Parce que nous n'étions pas des "chargés de mission", mais des hommes libres, acceptant librement son autorité, nous lui apportions le support de la France captive, mais combattante. Cela, de Gaulle ne l'a jamais compris, et notre refus de la subordination pure et simple dans l'intérêt supérieur du pays était à ses yeux suspect de félonie. Il a donc, par méfiance, utilisé la force que lui conférait notre adhésion pour la retourner contre nous et nous réduire au rôle de suiveurs. »

Il est vrai que le général de Gaulle, tout comme le colonel Passy, plaçait la France libre au centre de la toile d'araignée du camp du refus de l'armistice et de l'abdication de la lutte, lui conférant une primauté dans l'action et l'organisation que bien des résistants de l'intérieur ont discutée sous l'Occupation comme après. Quoi qu'il en soit, cette analyse, contestée et contestable, s'imposa vaille que vaille. La seule force en position de la contrebattre se situait à l'autre extrême de l'échiquier politique et idéologique, dans la mouvance communiste, très soucieuse également de la mémoire de la Résistance. De ce bras de fer, ce n'est pas la composante communiste qui sortit victorieuse. Trop étroitement contrôlée par l'appareil du parti, tenue en suspicion par les tenants de l'orthodoxie communiste et donc mise sur la touche, la génération résistante communiste fut loin de donner toute sa mesure. Si elle témoigna beaucoup, ce fut souvent de façon convenue. Quant à son volet scientifique, il donna lieu à des productions qui ne firent pas autorité parce que trop calquées sur les positions idéologiques de la guerre froide et de ses suites. En somme, la mémoire gaulliste constitua, au gré des écrits des uns et des autres, une vision évidemment cohérente mais nullement coordonnée. La mémoire communiste fut tributaire de la mainmise que le parti entendait exercer sur un épisode crucial de son histoire mais, paradoxalement, les dissensions internes et les infléchissements successifs de ligne ne lui conférèrent pas cette cohérence qu'on eût pu attendre d'une version pour laquelle dirigeants et historiens autorisés étaient à la manœuvre.

De Gaulle revenu au pouvoir, la geste gaullienne fut exaltée. De la panthéonisation réussie de Jean Moulin en décembre 1964 à la sortie de l'adaptation cinématographique de *L'Armée des ombres* par Jean-Pierre Melville en septembre 1969, en passant par *Paris brûle-t-il ?* réalisé par René Clément en 1966 avec le soutien actif et visible du gouvernement français, c'est bien l'exaltation de la mémoire gaulliste de la Résistance qui prévalut. Tourné en 1969, au moment même où le général de Gaulle quittait le pouvoir de façon altière après l'échec essuyé au référendum d'avril, *Le Chagrin et la Pitié* de Marcel Ophuls, diffusé deux ans plus tard au cinéma alors que la télévision publique refusait de le projeter, fissura le tableau. Le coin qu'il avait posé fut enfoncé en 1973 par la parution de l'ouvrage de Robert Paxton *La France de Vichy*. Un tournant s'amorça qui coïncida avec la disparition du général de Gaulle. Le temps du doute et des soupçons était venu. La France de Vichy revenait comme un boomerang hanter la mémoire collective. On a beaucoup dit et écrit qu'on avait alors remis en cause le mythe d'une France qui aurait été unanimement résistante. En réalité, c'est probablement un mythe que de prétendre que ce mythe a existé, à tout le moins une simplification abusive d'une réalité qui fut autrement complexe. Comme l'écrit Pierre Laborie, « les Français de 1944 n'ont jamais cru qu'ils avaient résisté en masse. Ils ont toujours su que les femmes et les hommes du refus avaient formé une élite, minoritaire, en grande partie sacrifiée ». Il reste qu'à dater des années 1970, l'idée que les résistants n'avaient été qu'une infime minorité et la lâcheté ordinaire la chose la mieux partagée dans la France des années noires l'emporta. La mémoire gaulliste de la Résistance aurait pu pâtir de ce brusque changement de vent. Il n'en fut rien. Si le gaullisme comme catégorie politique a perdu de sa vigueur et de sa substance avec l'étiolement d'une certaine idée de la France, la référence gaullienne est devenue plus forte et plus insistante que jamais. L'héritage se focalise désormais sur l'image du rebelle. Le centre de gravité de la mémoire gaulliste s'est déplacé vers la guerre. Paradoxalement, l'homme qui a quitté le pouvoir politiquement défait a mémoriellement gagné la partie.

Laurent DOUZOU

• *Voir aussi* : BCRA ; Commémorations du 18 Juin ; Moulin, Jean (commémoration au Panthéon) ; Ouvrages thématiques ; Résistance intérieure

Bibl. : Maurice Agulhon, *De Gaulle. Histoire, symbole, mythe*, Paris, Plon, 2000 • Pierre Laborie, *Les Français des années troubles. De la guerre d'Espagne à la Libération*, rééd. Paris, Le Seuil, 2003 • Pierre Nora, « Gaullistes et communistes », dans Pierre Nora (dir.), *Les Lieux de mémoire*, rééd. Paris, Gallimard, coll. « Quarto », vol. 2, 1997, p. 2489-2532.

MÉMOIRES DE GUERRE. – Un total de deux millions et demi de volumes vendus en France dont un million et demi en livres de poche et des éditions dans près de vingt-cinq langues étrangères : la diffusion des *Mémoires de guerre* du général de Gaulle n'a été surpassée dans ce registre, en un demi-siècle, que par celle des *Mémoires sur la Deuxième Guerre mondiale* de Winston Churchill. Comme ces derniers, ils sont beaucoup plus qu'un compte rendu de mission : ils répondent, aux yeux de leur auteur, à une exigence de pédagogie nationale.

De Gaulle s'attaque à leur rédaction dès le printemps de 1946, peu après sa démission du gouvernement. Un de ses anciens officiers d'ordonnance de Londres, le normalien René Trotobas-Thibault, a commencé d'en réunir la documentation selon ses directives. De Gaulle est détourné de la tâche en 1947 par sa tentative de reconquête électorale du pouvoir. Il ne reprend la plume qu'en 1953, après que l'échec du RPF est devenu patent. Il s'y voue dans le silence de Colombey. Les deux premiers volumes, *L'Appel*, en octobre 1954, puis *L'Unité*, en 1956, paraissent ainsi dans la phase la plus sombre de sa « traversée du désert ». Le tome III, *Le Salut*, ne sera publié qu'en 1959, alors que, revenu aux affaires, il aura été élu président de la République.

Événement littéraire. Sur le moment, la publication de chacun des deux premiers tomes fait avant tout figure d'événement littéraire. Fils d'un professeur de lettres et nourri dans le culte des humanités, plaçant les grands philosophes et les grands écrivains au premier rang des hommes illustres, l'homme du 18 Juin a eu l'ambition d'égaler les *Mémoires d'outre-tombe*. Pour chacun des chapitres, écrits avec fougue, deux manuscrits entièrement de sa main, suivis de deux versions dactylographiées, elles-mêmes retouchées, puis d'épreuves typographiques témoignent de son souci de la composition, de l'expression adéquate et de l'effet recherché. Il manie avec aisance le grand style qui lui paraît seul digne de son sujet, c'est-à-dire la France et lui-même. Un concert de louanges le salue, dès la parution de *L'Appel*, comme un autre Saint-Simon ou un nouveau Tacite. La clarté du récit, la hauteur de vues, la composition savamment dosée des portraits du maréchal Pétain, du général Weygand ou de Churchill, ceux de Pierre Laval, du général Giraud, de l'amiral Darlan, ou du président Roosevelt dans le deuxième tome, portraits dus à un moraliste autant qu'à un psychologue, la vivacité des entretiens rapportés, les brefs éclats d'un humour inattendu et de rares échappées lyriques font de l'ouvrage *une œuvre*. Les commentateurs admirent la frappe de formules propres à s'inscrire dans les mémoires : « Il me fallait gagner les sommets et n'en descendre jamais plus » ou « Je suis trop pauvre pour me courber ». Son retrait de la vie publique, tenu pour définitif, lui épargne toute appréciation polémique. D'autant qu'il manifeste, dans la forme des jugements qu'il énonce, une sérénité et un souci d'apaisement qui, nonobstant une sévérité intransigeante sur les principes, s'étendent à Pétain, lui font rendre un hommage appuyé à Churchill, « grand champion d'une grande entreprise et [...] grand artiste d'une grande Histoire », payer tribut à l'héroïsme des résistants communistes et donner des Français l'image la plus digne d'eux-mêmes. De la droite aux socialistes, tous les meilleurs chroniqueurs applaudissent, à longueur de colonne. Claude Roy, analyste pénétrant alors proche des communistes, le qualifie de « plus grand écrivain latin de langue française ». Et François Mauriac de conclure dans son *Bloc-Notes* : « Le général de Gaulle, en voilà un qui est sûr de son éternité ! »

Œuvre d'histoire. L'apport historique, et par voie de conséquence politique, de *L'Appel* et de *L'Unité*, a un retentissement plus profond. Les deux volumes couvrent la période de guerre jusqu'à la libération de Paris, avec pour césure la constitution du CFLN (Comité français de la Libération nationale) à Alger en juin 1943. Ils sont une révélation. Les archives de guerre demeurent inaccessibles, il n'existe d'autre histoire documentée et vécue de la France libre que les deux volumes d'*Envers et contre tout* de Jacques Soustelle, suspectés de partialité du fait de l'engagement politique de l'auteur. De l'action de guerre du chef de la France libre, quel que soit son prestige, la masse française ne connaît guère que l'appel du 18 Juin et l'apothéose de la libération de Paris. La nouveauté historique et l'intérêt documentaire des *Mémoires de guerre* frappent d'autant plus. L'auteur a un souci de minutieuse exactitude dans la relation des faits dont il choisit de rendre compte. Tels récits de ses entretiens avec Churchill ou le général Eisenhower recoupent les comptes rendus anglais ou américains qu'il ne pouvait connaître. La structure même de l'ouvrage est d'un historien qui n'avance rien sans preuves. Adoptant la technique rédactionnelle qui fut celle des *Mémoires* de Guizot, il a tenu à compléter et à authentifier son récit en reproduisant en fin de chaque volume, classés selon les chapitres de son texte, des documents pour la plupart inédits, soit, pour le seul premier volume, 400 pages sur 700 : rédigés à chaud, le plus souvent par lui, ces documents restituent parfois plus fidèlement, ou plus crûment, la tonalité de l'époque qu'une rédaction élaborée avec recul et montrant les choses de haut.

Les deux premiers chapitres de *L'Appel*, qui sont le socle de l'ouvrage, éclairent les coulisses de la défaite de 1940 et en apportent une explication argumentée. Le déroulement ultérieur est, à travers une relation événementielle où résonnent le bruit et la fureur d'une conflagration devenue mondiale, le récit du drame de la chute et du salut de la France. La vie personnelle de l'auteur n'y tient à peu près aucune place. Les *Mémoires de guerre* démontrent, faits à l'appui, que l'histoire nationale ne s'est pas interrompue pendant quatre ans, mais qu'elle a été illustrée, au contraire, par une grande épopée militaire, et que si la France a recouvré « son épée, son prestige et son rang » parmi les Grands de la planète, ce fut non par l'effet d'un miracle, mais à la faveur d'une rébellion partie de rien, en surmontant les pires obstacles, au prix d'un effort acharné pour reconstruire l'État loin de la terre de France et d'un combat de tous les jours contre ses propres alliés, sans pour autant avoir été jamais infidèle à l'alliance, alors que Roosevelt et Staline affirmaient que la France n'existait plus. Les péripéties des crises interalliées au cours desquelles de Gaulle a su dire non aux maîtres de la coalition occidentale et a « ramené, morceau par morceau, la France dans la guerre », sont longuement détaillées : crises de Syrie, affaire Darlan-Giraud, menace de l'AMGOT (Allied Military Government of Occupied Territories), ostracisme de Roosevelt à son égard.

La remontée de l'abîme apparaît clairement comme ayant été l'effet d'une volonté quasi surhumaine, la sienne et celle de la pléiade de volontaires français libres qu'animaient « la raison, l'honneur et l'intérêt supérieur de la patrie ». L'image de lui qui ressort des *Mémoires de guerre* – général inconnu des masses qui a pris en charge l'honneur de la France pour faire, en quatre ans, d'un pays écrasé un pays victorieux – le fait apparaître, dans sa rationalité si particulière et dans sa démesure, comme la plus puissante et la plus inhabituelle figure politique française depuis Napoléon Ier. Au surplus, pourvoyeur de mythes.

Des gestes politiques forts. En cela, les deux premiers volumes des *Mémoires de guerre* sont des actes politiques. Ils peuvent se comparer au *Mémorial de Sainte-Hélène*, à la fois par l'exaltation du personnage d'exception capable d'infléchir le cours de l'Histoire et par le retentissement qu'ils ont eu dans l'opinion française. Ils ont donné une nouvelle forme de prestige à l'image du général de Gaulle, atteinte par les luttes partisanes des années précédentes. Ils ont nourri un consensus d'admiration qui a facilité son retour au pouvoir en 1958.

La portée politique des *Mémoires de guerre* ne s'arrête pas là. Ils transcendent un débat qui divisait l'opinion de l'époque sur l'antériorité et la légitimité de l'action résistante. Lorsqu'ils paraissent, dix ans de propagande ont édifié une légende dorée de la Résistance intérieure que le parti communiste et une fraction des anciens chefs de mouvements de résistance opposent à la France libre. Une mémoire communiste de la Résistance cherche à s'imposer. Le parti communiste, incarnation du jacobinisme patriote, aurait appelé à la résistance et à l'union dès avant l'appel du 18 Juin ; la Résistance intérieure, expression autochtone du peuple de France, aurait surgi même sans qu'il y eût une France libre, celle-ci ayant été de surcroît marquée par des visées réactionnaires ou antirépublicaines et ayant freiné la lutte armée par crainte des masses populaires. Les *Mémoires de guerre* ne contestent ni les mérites des mouvements de résistance, ni le patriotisme des résistants communistes. Tout en magnifiant, dans un esprit œcuménique, la part prise par le peuple de France à sa libération, ils visent à enraciner la mémoire gaulliste de ce passé qui, plus conforme à la réalité des faits, supplantera la reconstruction communiste. La place qu'occupe la Résistance dans la rédaction est modeste : 16 pages sur 261 dans *L'Appel*, une trentaine, en comptant la libération de Paris, dans *L'Unité*. Ces pages sont faiblement documentées, contrairement au reste de l'ouvrage. Mais une leçon en découle, qui est que la Résistance intérieure, née de l'acte fondateur du 18 Juin et rassemblée par Jean Moulin dans la France combattante, n'a cessé d'être inspirée par le Général et les siens. Dix ans avant les commémorations des années 1960, les *Mémoires de guerre* consacrent Jean Moulin non seulement comme l'unificateur, mais comme la figure emblématique de l'armée des ombres. Il est, avec le général Leclerc, l'une des deux personnalités qui, aux côtés de De Gaulle, dominent l'histoire de la France libre et de la Résistance.

Comme ce dernier l'expliqua en 1962 devant son ministre Alain Peyrefitte, sans la France libre et sans Moulin, « il y aurait eu des résistances, il n'y aurait pas eu la Résistance ».

Cette interprétation des faits de guerre s'intègre parmi les postulats qui sous-tendent l'ouvrage et que les *Mémoires de guerre* tendent implicitement à graver dans la conscience nationale : à savoir que les Français n'ont été responsables ni du désastre de 1940 ni du « crime de l'armistice », imputables aux seuls chefs militaires ; que la France libre a été la vérité de la France ; que la Libération a été l'œuvre des Français eux-mêmes ; enfin, et plus généralement, que le peuple français, naturellement indiscipliné et périodiquement tenté depuis les Gaulois de se désunir, ne retrouve sa grandeur que lorsqu'il est rassemblé pour une haute mission sous une autorité librement reconnue.

La vision du mémorialiste. Les *Mémoires de guerre* sont, en effet, autre chose et davantage qu'une histoire de la France libre. Ils n'en retracent, d'ailleurs, que les aspects politiques, diplomatiques et militaires. Un mémorialiste ne prétend pas à l'objectivité. L'âpreté avec laquelle le Général dénonce « la profondeur de malfaisance du dessein britannique » à l'occasion des crises franco-anglaises de 1941, 1942 et 1943 relatives à la Syrie et au Liban, ou l'hostilité de Roosevelt envers la France libre et envers lui-même, témoigne, si justifiés qu'aient été ses griefs, de la passion qui l'a alors animé. Car toute l'histoire de la France libre a été celle d'une passion intransigeante. Certains des méfaits qu'il attribue aux deux hommes d'État anglais et américain traduisent la fureur d'un partenaire réduit à soupçonner, et soupçonnant parfois à tort parce que exclu de la cour des Grands et plus d'une fois outrageusement persécuté. De la sorte, si sa hardiesse à révéler l'envers du décor et la dramaturgie des crises, sa justesse dans l'art de caractériser d'un mot un personnage, son mélange de franchise brutale et d'équité allant de pair avec un extrême scrupule dans la méthode font des *Mémoires de guerre* un monument dont la valeur historique est certaine, ceux-ci ne peuvent toutefois être considérés, ainsi qu'ils le furent pendant vingt-cinq ans, comme une source en tout point incontestable ou complète. Ils sont la vérité du général de Gaulle sur la guerre. La publication dans les années 1980 des *Lettres, notes et carnets* leur a apporté un complément documentaire et d'abondantes confirmations. L'impossibilité d'accéder à toute autre source primaire, sinon par le détour des archives britanniques, a retardé jusque dans les années 1990 le moment où les *Mémoires de guerre* du général de Gaulle pouvaient eux-mêmes devenir objet d'étude historique.

Des recherches récentes sur le 18 Juin et les débuts de la France libre ont éclairé les limites des *Mémoires de guerre* en termes de véridicité. De Gaulle a légué aux Français l'histoire du 18 Juin telle qu'il voulait qu'ils en gardent la mémoire, digne de l'événement, de l'Angleterre, de la France et de lui-même.

Plus généralement, une ellipse ou un condensé opportun sont usuels dans les *Mémoires*, à l'occasion d'épisodes qui révéleraient un affront ou une *diminutio capitis* du chef de la France libre et, à travers lui, de la France s'il n'a pu tenir la dragée haute à l'offenseur. Ainsi, il omet de mentionner que la crise qui l'a opposé à Émile Muselier en septembre 1941 n'a été surmontée que par une médiation britannique. Il est exceptionnel, en revanche, qu'il altère la réalité des faits. Il y faut un motif politique impérieux. C'est le cas lorsqu'il conteste avoir demandé au général Eisenhower, au lendemain de la libération de Paris, de faire défiler une division américaine dans la capitale pour impressionner les Parisiens et faciliter le respect de l'ordre, alors que les documents américains attestent formellement le contraire.

Le Salut, le troisième tome des *Mémoires de guerre*, achevé et publié en 1959, fait inévitablement et très volontairement le lien avec les événements qui ont ramené de Gaulle au pouvoir. Après avoir analysé dans un premier chapitre (« La Libération ») les dix semaines qui ont suivi son retour à Paris, il retrace tour à tour dans trois chapitres (« Le Rang », « L'Ordre », « La Victoire ») la restauration diplomatique de la France, la restauration conjointe de la République et de l'économie et les dures campagnes militaires qui ont mené à la fin victorieuse de la guerre. À ces événements mal connus et peu étudiés, *Le Salut* apporte un éclairage puissant. Le récit de sa rencontre à Moscou avec Staline, en décembre 1944, et la relation de son refus d'évacuer Strasbourg, reconquis par Leclerc et qu'Eisenhower avait ordonné d'abandonner lors de l'offensive allemande des Ardennes, en sont les deux sommets.

Les deux derniers chapitres sont d'une autre nature. Essentiels pour la compréhension de l'histoire politique de la France, ils retracent les obstacles, nés de la méfiance et, selon lui, de l'aveuglement des partis, qui l'ont conduit à démissionner ; ils constituent une âpre critique du parlementarisme. Dominant son amertume, il tient à en tirer pour l'Histoire deux leçons en rapport avec l'actualité de 1959 : la première est qu'il était et qu'il est dérisoire de voir en lui, qui a restauré la République, un aspirant dictateur ; la seconde, que l'acte fondateur du 18 Juin et les responsabilités qu'il a assumées lui ont conféré une forme implicite de légitimité qui, même dans la retraite, lui donnait vocation à gouverner la France. Rien d'étonnant si l'appréciation du tome 3 a été inséparable du jugement porté sur l'action du nouveau chef de l'État : dédaignant l'encens prodigué, le commentateur le plus en vue de la nouvelle gauche n'hésitait pas à déplorer sa « mégalomanie délirante ». Les ventes n'allaient pas moins monter en flèche.

Les *Mémoires de guerre*, illustration d'un homme d'État qui ayant fait l'Histoire a su écrire l'Histoire, grande œuvre au retentissement politique profond en France et de diffusion mondiale, ont été constamment réédités, y compris dans la prestigieuse collection littéraire de « la Pléiade ». Elles auront puissamment contribué à la construction du mythe de De Gaulle. Jean-Louis CRÉMIEUX-BRILHAC

• *Voir aussi :* Mémoire de la Résistance ; Œuvre écrite ; Pléiade ; Style écrit ; Traversée du désert

MÉMOIRES D'ESPOIR. – Les *Mémoires d'espoir* furent rédigés par le général de Gaulle à près de quatre-vingts ans, dans la hâte des dix-huit derniers mois de sa vie. La mort les interrompit à mi-cours. Plus encore que les *Mémoires de guerre*, ils répondent à l'exigence d'une mission patriotique et pédagogique. Ils sont de surcroît implicitement, mais très consciemment, un testament, le dit d'un homme d'État qui, ayant incarné la France, se tient encore pour responsable de son avenir. Comme de Gaulle le répète au diplomate Pierre-Louis Blanc, qu'il a chargé de réunir la documentation de ces nouveaux Mémoires et qui va présider à leur édition, il « ne vi[t] plus que pour expliquer [s]on œuvre ». À d'autres, il confie son espoir, en les écrivant, de préparer l'avenir, « l'avenir des grandes choses que connaîtront d'autres générations ». Tel est bien le sens du titre qu'il leur a donné.

Il s'y est attaqué en mai 1969, dès son retour à la vie privée. Il prévoyait, comme pour les *Mémoires de guerre*, trois volumes : Le *Renouveau*, mai 1958-juin 1962 ; *L'Effort*, juillet 1962-décembre 1965 ; *Le Terme*, janvier 1966-avril 1969, avec pour chacun deux manuscrits successifs. Vu sa hâte, les annexes documentaires devaient être réunies ensuite en deux volumes distincts.

Le Renouveau parut le 7 octobre 1970, un mois avant que l'ancien président ne s'éteigne. Le succès public fut immense : 175 000 exemplaires vendus en quarante-huit heures. Il le fut plus encore pour *L'Effort*, paru le 19 mars 1971, limité à deux chapitres et dont 375 000 exemplaires furent achetés en deux jours. Dès 1974 avaient paru des éditions en seize langues dans dix-huit pays, avec, en Allemagne, un tirage supérieur à 40 000 exemplaires, succès à la mesure du rôle que de Gaulle avait joué sur la scène mondiale dans ses dernières années. L'accueil de la presse fut toutefois contrasté. *Le Renouveau*, bien que largement encensé, fut contesté pour le ton partisan sur lequel y étaient malmenés les réticents à la politique gaullienne, « la coalition hostile des comités et des stylographes », classe politique et presse, tandis que les critiques notaient le moindre brio du style, que quelques-uns tinrent même pour daté.

Articulé par thèmes pour chaque période, l'ouvrage comprend des « chapitres-récits » et « des chapitres-bilans ». Les premiers sont les plus personnels, soit cinq chapitres du *Renouveau* sur sept : « Les Institutions », « L'Outre-mer », « L'Algérie », « L'Europe », « Le Monde », ainsi que le premier chapitre de *L'Effort*. Malgré son souci de rigueur documentaire, la rédaction est d'un mémorialiste engagé. *Le Renouveau* est une apologie. Les points noirs y sont gommés. Le général de Gaulle traite de haut, et non sans condescendance, des péripéties qui l'ont ramené au pouvoir en 1958 ; au demeurant, sa légitimité, née de l'acte fondateur du 18 Juin et de son rôle entre 1940 et 1946, l'y destinait. L'exposé de sa politique algérienne dote *a posteriori* celle-ci d'une logique préconçue qui en atténue le pragmatisme, tout en rendant plus impressionnants son don de prévision et sa maîtrise du cheminement. Le chapitre consacré à l'élection du président de la République au suffrage universel est bien loin de la sérénité de *L'Appel*.

Lors de leur parution, les *Mémoires d'espoir* traitaient de faits proches et globalement connus. Ils comblaient néanmoins un vide en révélant les dessous et les ressorts ignorés d'une politique qui était parvenue à mettre un terme au drame franco-algérien sans humiliation nationale, sans guerre civile en France et sans atteinte irrémédiable à la légalité. Le compte rendu de l'exceptionnelle accumulation de réformes intérieures et d'initiatives diplomatiques que de Gaulle avait menées à bien en un temps très court – de 1958 à 1962 – montrait en action un « artiste de la politique » dont l'autorité était vite devenue mondiale : instauration d'un régime semi-présidentiel, décolonisation, politique de la recherche, bombe atomique française, relance d'une Europe conçue comme une Europe des patries, réconciliation franco-allemande, première prise de distance par rapport à l'OTAN, et grand jeu, déjà, sur la scène internationale. De surcroît, les récits de ses relations d'homme à homme avec les grands partenaires étrangers, Konrad Adenauer, Dwight Eisenhower, Harold Macmillan, John F. Kennedy, Nikita Khrouchtchev étaient menés, pour certains, avec une verve digne des meilleures pages des *Mémoires de guerre*.

À la différence de ceux-ci, les *Mémoires d'espoir* n'ont pas l'éclat d'une épopée. Cependant, avec le recul du temps, plusieurs traits leur donnent un regain d'intérêt qui est celui de la curiosité. Avant tout, leur ton, souverain. Mais également le style politique dont ils témoignent. En effet, ils restituent les péripéties, complaisamment narrées, de la transformation autoritaire d'un régime resté démocratique et visant à faire « de l'État l'instrument de l'unité française », qui est allée de pair, pendant dix ans, avec un exercice quasi monarchique du pouvoir. Ils illustrent aussi l'efficacité d'un volontarisme politique sans autre exemple en temps de paix dans la France du XXe siècle. Par le talent de l'illusionniste conjugué à l'art de l'action, ils prolongent le rêve d'une France grande puissance. S'y ajoute la somme des messages implicites ou exprimés que l'auteur, à l'approche de la mort, a voulu léguer à la postérité. La France « lui a manqué », après dix ans pendant lesquels il s'était sans cesse efforcé de la « mener vers le haut ». Son ambition, à en juger par ses dernières lettres, était plus haute encore : « La dresser contre la fin d'un monde. » La France est menacée par « la fin de l'Europe » et périodiquement sujette à ces « secousses soudaines et imprévues qui déjà étonnaient César ». Il importe donc que ses gouvernements disposent de la continuité et de l'autorité indispensables pour qu'elle conserve sa puissance, son prestige et son rang et qu'elle persiste, comme de Gaulle l'a obstinément voulu, à aspirer à la grandeur, sans laquelle il n'y aurait plus de France, « c'est-à-dire au dépassement d'elle-même ». À tous, l'homme du 18 Juin souhaite léguer, avec le culte de la volonté, une façon de voir la France, qu'il ne conçoit que rayonnante et qui ne peut l'être que par l'énergie et la foi de quelques-uns dans le rassemblement de tous.

Jean-Louis CRÉMIEUX-BRILHAC

• *Voir aussi* : Éditeurs ; Œuvre écrite ; Pléiade ; Sources ; Style écrit

Bibl. : Pierre-Louis Blanc, *De Gaulle au soir de sa vie*, Paris, Fayard, 1990.

MÉMORANDUM (26 janvier 1940). – Commandant les chars de la 5e armée depuis le 2 septembre 1939, le colonel de Gaulle sait qu'il ne dirigera rien sur le terrain, puisque tous ses bataillons de chars combattront par petits paquets au profit de l'infanterie. On est loin de la force mécanique qu'il a préconisée dès 1934. Dans une note transmise par la voie hiérarchique, en novembre, il rappelle, compte tenu de la campagne de Pologne, la nécessité d'un emploi massif des chars. Convaincu de ne pas être entendu et conscient de la myopie des autorités politiques, il s'affranchit de la hiérarchie. Le 26 janvier 1940, il adresse à 80 personnalités du gouvernement, du commandement et du monde politique un mémorandum sur « l'avènement de la force mécanique ». Il y reprend les principaux thèmes de *Vers l'armée de métier* en les actualisant et en développant le rôle de la force aérienne.

Le système des nations armées, donc la guerre des masses, a détruit toute capacité offensive et mené à l'impuissance dans des conflits sanglants qui s'éternisent, comme la Première Guerre mondiale. L'apparition du « moteur combattant » dans les trois dimensions crée un nouveau système où la force mécanique constitue « l'instrument essentiel de la manœuvre, de la surprise et de l'attaque ». Cet instrument ne peut être servi que par des professionnels, des « champions » entraînés et toujours disponibles. Faute d'en disposer, la France a été incapable de répliquer aux initiatives de Hitler, et se retrouve engagée dans un nouveau conflit, inerte, dans une attente qui mine le moral du soldat et qui, prolongée, privera de main-d'œuvre l'énorme effort de production qu'exige la guerre moderne. Notre adversaire travaille à constituer la force mécanique suffisante pour briser nos lignes de défense. « La position Maginot [...] est susceptible d'être franchie. C'est, à la longue, le sort de toutes les fortifications. » Il faut donc constituer au plus vite des divisions de chars et des divisions aériennes autonomes, voire des corps d'armée, éléments indispensables d'une capacité de manœuvre. Et de Gaulle annonce : « Le conflit présent sera, tôt ou tard, marqué par des mouvements, des surprises, des irruptions, des poursuites dont l'ampleur et la rapidité dépasseront infiniment celles des plus fulgurants événements du passé [...]. Le conflit qui est commencé pourrait bien être le plus étendu, le plus complexe, le plus violent de tous ceux qui ravagèrent la terre. »

Dans ses Mémoires, de Gaulle constate : « Mon mémorandum ne provoqua pas de secousses. » Un biographe anglais du Général a noté que, dans l'armée britannique, un officier critiquant aussi vertement la doctrine en vigueur aurait été immédiatement sanctionné. De Gaulle ne le fut pas. Ni écouté ? Quelque temps après, il est convoqué par le généralissime Gamelin qui vient de créer trois divisions cuirassées. Le commandant en chef lui annonce qu'il lui réserve le commandement de la quatrième, à créer en mai 1940. C'est une belle promotion pour un colonel !

Jean DELMAS

• *Voir aussi :* Arme blindée ; Montcornet, Crécy-sur-Serre, Abbeville ; Secrétaire d'État ; Vers l'armée de métier

Bibl. : Charles de Gaulle, *Trois études précédées du Mémorandum du 26 janvier 1940*, Paris, Plon, 1945 • Jean Lacouture, *De Gaulle*, t. 1, *Le Rebelle*, Paris, Le Seuil, 1984.

MÉMORANDUM (17 septembre 1958). – Adressé par Charles de Gaulle au président des États-Unis, Dwight D. Eisenhower, et au Premier Ministre britannique, Harold Macmillan, ce mémorandum peut à bon droit faire figure d'acte fondateur de la diplomatie du Général, du moins dans sa dimension atlantique. Gaullienne, la démarche l'est assurément. Il s'agit d'un document secret – le contenu n'en sera rendu public que bien après –, réservé à un nombre restreint de destinataires – outre les dirigeants américain et britannique, le secrétaire général de l'OTAN, Paul-Henri Spaak, en recevra copie – et dont l'initiative, à bien des égards inopinée, revient au seul général de Gaulle. Quant à la forme, elle n'est pas moins gaullienne. En cinq paragraphes, de Gaulle pose son diagnostic stratégique sur l'état de l'Alliance occidentale dix ans après ses débuts, expose sa conception des nécessaires réaménagements et annonce son attitude à venir.

Le diagnostic est sans appel : les événements récents, affirme le Général, et en particulier ceux intervenus durant l'été 1958 au Moyen-Orient (Jordanie, Irak) et en Extrême-Orient (détroit de Formose), n'ont fait que confirmer l'inadéquation de l'Alliance occidentale. Initialement conçue pour faire pièce à la menace soviétique à l'encontre de l'Europe occidentale, celle-ci, en effet, doit désormais faire face à une situation stratégique caractérisée tout à la fois par la mondialisation de la guerre froide et par la fin du monopole nucléaire américain sur fond de percée des armements balistiques intercontinentaux. D'où les réaménagements nécessaires : l'OTAN, poursuit-il, ne saurait « sous sa forme actuelle » assurer la sécurité de ses membres, à commencer par la France. Il convient donc d'instituer « à l'échelon politique et stratégique mondial » une « organisation » tripartite comprenant les États-Unis, la Grande-Bretagne et la France, qui prendrait les « décisions communes » concernant la sécurité mondiale et planifierait l'« action stratégique » tant en matière de dissuasion nucléaire que sur les différents théâtres d'opérations. Quant à son attitude à venir dans ces affaires, de Gaulle énonce *in fine* qu'il subordonne « dès à présent » à ces changements « tout développement de sa participation actuelle à l'OTAN » et qu'il se réserve d'invoquer, le cas échéant, la procédure de révision prévue par le traité de l'Atlantique Nord.

On a pu relever que le mémorandum de septembre 1958 s'inscrit dans une certaine continuité de la politique atlantique française depuis les origines. Lors de la négociation de l'Alliance en 1948-1949, les Français, redoutant une domination anglo-américaine, avaient en effet souhaité la formalisation en son sein d'une direction tripartite qui leur aurait garanti un statut à parité avec les Britanniques, mais ils n'avaient obtenu que la création au niveau politico-militaire d'un « groupe permanent » (*standing group*) anglo-franco-américain, un organe doté dans les faits d'un pouvoir limité. Par la suite, la frustration française à l'égard d'une Alliance atlantique *de facto* dominée par les États-Unis et la Grande-Bretagne n'allait cesser de croître, notamment aux lendemains de la crise de Suez, qui devait conduire à réaffirmer la « relation spéciale » américano-britannique, accréditant ainsi aux yeux des Français l'image d'un directoire « anglo-saxon ». Retrouver un statut de troisième « Grand » occidental au sein de l'OTAN devait, dès lors, constituer l'obsession des dirigeants de la IVe République finissante, une obsession dont le général de Gaulle allait naturellement hériter. En mettant en évidence la marginalisation de Paris face à Washington et Londres, les crises de l'été 1958 le persuadaient d'entreprendre à cet égard une démarche vigoureuse.

Reste que le mémorandum signale aussi et surtout une rupture avec une politique atlantique jusqu'alors prioritairement inscrite dans le cadre de l'OTAN et marquée avant tout par la volonté de faire évoluer celle-ci de l'intérieur. Car l'objectif affiché par le général de Gaulle dépasse nettement le cadre de l'OTAN, qu'il juge à la fois trop étroit géographiquement et trop contraignant militairement au regard des ambitions qu'il nourrit pour son pays.

Le vrai problème de l'organisation atlantique, à ses yeux, se place en amont, c'est-à-dire, justement, dans les rapports entre les puissances mondiales que sont les États-Unis, la Grande-Bretagne et la France, la transformation de l'OTAN et de son organisation intégrée n'étant de son point de vue qu'une conséquence du réaménagement au sommet qu'il appelle de ses vœux.

Le Général, au demeurant, ne cache pas le peu de cas qu'il fait de cette dernière puisqu'il n'hésite pas, on l'a dit, à laisser entendre qu'il pourrait remettre en question la participation française à « l'intégration » atlantique en cas de refus de la part de ses alliés – un avertissement qui devait conduire, à tort, certains observateurs à estimer que le mémorandum visait en réalité à justifier un retrait de l'OTAN que de Gaulle aurait d'ores et déjà planifié. Il ne s'agissait pourtant ni d'un faux-semblant ni d'un prétexte : car s'il était sans illusion sur ses chances d'aboutir, le Général ne devait cesser, dans les mois et les années à venir, de remettre sur le tapis l'idée d'une direction tripartite de l'Alliance atlantique – fût-elle discrète et informelle –, conformément aux propositions du mémorandum. Reste qu'il ne devait jamais obtenir de réponse satisfaisante à ses propositions, tant ses alliés, Américains en tête, devaient se montrer attachés à préserver le *statu quo* au sein de l'Alliance atlantique et réticents à l'idée de reconnaître formellement à la France un statut privilégié difficilement acceptable pour d'autres pays, à commencer par la RFA. Une fin de non-recevoir dont de Gaulle allait bientôt tirer les conséquences. Constatant l'échec de sa tentative de réaménagement de l'ensemble occidental sur une base tripartite, il devait, dès 1959, commencer à modifier les conditions de la participation française à l'OTAN, engageant ainsi un mouvement qui allait, au final, déboucher sur la décision de mars 1966. Frédéric Bozo

• *Voir aussi* : Conférence de presse du 21 février 1966 ; États-Unis ; Grandeur et rang ; OTAN ; Politique étrangère

Bibl. : Frédéric Bozo, *Two Strategies for Europe : De Gaulle, the United States and the Atlantic Alliance*, Lanham, Rowman et Littlefield, 2001 (version française parue chez Plon en 1996) • Maurice Vaïsse, « Aux origines du mémorandum de septembre 1958 », *Relations internationales*, n° 58, 1989, p. 253-268 • Id., *La Grandeur, politique étrangère du général de Gaulle*, Paris, Fayard, 1998.

MENDÈS FRANCE, Pierre (1907-1982). – Charles de Gaulle et Pierre Mendès France, ces deux personnalités majeures de la vie politique française du XXe siècle, apparaissent à bien des égards totalement opposés dans leurs origines, leur formation, leur culture politique comme leur carrière. Leur coopération effective fut brève mais réelle, au sein de la Résistance extérieure et pendant le gouvernement provisoire. Car ensuite, Pierre Mendès France a surtout occupé les devants de la scène politique sous la IVe République, et après 1958 est resté constamment dans l'opposition politique à de Gaulle pendant ses deux mandats.

Avocat, plus jeune parlementaire de la IIIe République, élu dans l'Eure en 1932 sous l'étiquette radicale, puis nommé sous-secrétaire d'État au Trésor dans l'éphémère gouvernement de Léon Blum en mars 1938, Mendès France a été associé aux tentatives de rénovation du parti radical au sein du mouvement jeune-turc lors des années 1930. À ce titre, il a été partisan du ralliement au Front populaire. Mobilisé en 1939, il se montre décidé à poursuivre la lutte en Afrique du Nord et embarque sur le *Massilia* en juin 1940. Arrêté au Maroc le 31 août, sur ordre du gouvernement de Vichy, il s'évade de la prison de Riom en juin 1941 et rejoint le général de Gaulle à Londres en février 1942. Il combat comme capitaine d'aviation dans le groupe Lorraine.

Ministre de De Gaulle, 1943-1945. Nommé en novembre 1943 commissaire aux Finances dans le Comité français de la Libération nationale (CFLN) à Alger, où il remplace Maurice Couve de Murville, il prépare les projets de réorganisation fiscale et monétaire pour l'après-Libération. Il fait appliquer certains d'entre eux – dont l'échange des billets et le blocage des comptes bancaires – en Corse dès la fin de 1943, peu après la libération de l'île. Partisan de mesures de rigueur monétaire à des fins anti-inflationnistes – échange des billets et restitution partielle, blocage des comptes – et fiscales – établissement d'une véritable imposition sur les fortunes et les profits illicites de l'Occupation –, il provoque les réticences des experts de la Résistance intérieure au sein du Comité général d'études (CGE) et des autres commissaires du CFLN d'Alger. Dans ces conditions, de Gaulle reste dans l'expectative et préfère ne pas trancher la question avant la Libération effective. Puis, en septembre 1944, le Général préfère faire appel à Aimé Lepercq, et, après l'accident qui coûte la vie à celui-ci en novembre 1944, à René Pleven en qualité de ministre des Finances du gouvernement provisoire, réservant à Mendès France la responsabilité de l'Économie nationale, ministère à créer de toutes pièces – non sans difficultés. Le général de Gaulle conteste à

Mendès France, qui la sollicitait, la haute main sur les négociations internationales à caractère économique ou monétaire. Le débat sur la politique fiscale et monétaire se poursuit pendant tout l'hiver 1944-1945, Pleven préférant le recours à l'emprunt et à l'échange des billets sans blocage. Mendès France souhaitait en outre accompagner les mesures monétaires d'un vaste plan de « réformes de structures », telles que la nationalisation des secteurs clés et une planification conduite par son ministère. Ces propositions impliquaient une hégémonie sur l'ensemble de la politique économique et financière, que lui déniaient en particulier le ministère des Finances mais également le Général. Face aux hésitations de celui-ci à approuver les mesures qu'il préconise, Pierre Mendès France propose deux fois sa démission officieusement : en mars 1944 puis, après la Libération, en janvier 1945 – il démissionne effectivement en avril, alors que le gouvernement s'apprête à mettre en application la politique présentée par René Pleven. Pour Mendès France dans ses interventions du moment et ses déclarations postérieures, le choix libéral qui a été fait va dans le sens du laxisme monétaire. Dans une lettre non publiée à l'époque, adressée au Général le 18 janvier 1945 pour accompagner l'offre de démission, Mendès France dénonce : « Politique de confiance, c'est-à-dire politique de facilité : cette facilité porte un nom qui est l'inflation, l'inflation sans contrepartie ni contre-mesure. »

Cependant les deux hommes, par-delà l'inégalité évidente de leurs responsabilités, n'ont pas masqué dans leurs ouvrages ultérieurs leur accord profond sur le choix de 1940 et, chacun avec ses mots propres, leur admiration l'un pour l'autre pendant la durée de la guerre. Dans ses *Mémoires de guerre*, le Général, tout en argumentant sur le choix effectué en 1945, dresse l'éloge de son ministre et minimise quelque peu le désaccord : « Comme il est naturel, Pierre Mendès France quitte le gouvernement, sur sa demande, au mois d'avril. Il le fait avec dignité. Aussi gardé-je mon estime à ce collaborateur d'une exceptionnelle valeur. Au demeurant, si je n'adopte pas la politique qu'il préconise, je n'exclus nullement de la faire mienne un jour, les circonstances ayant changé. » Roger Goetze, qui fut le directeur de cabinet à l'Économie nationale en 1944-1945, se souvient en 1958 de l'hostilité maintenue du Général pour les mesures d'austérité proposées alors par Mendès France. Et, de manière symétrique, Pierre Mendès France, dans *Choisir* (1974) : « Un personnage très extraordinaire [...]. À Londres, à Alger, de Gaulle faisait l'histoire, le devoir était d'être derrière lui. »

Dès lors, leurs chemins se séparent. De Gaulle poursuit une critique radicale des institutions de la IVe République. Mendès France exerce plutôt un droit de critique relative – il contribue à la fondation de *L'Express* en 1953 – et ne participe aux responsabilités gouvernementales que de manière éphémère, en qualité de président du Conseil (juin 1954-février 1955), puis (trois mois) de ministre d'État dans le gouvernement Guy Mollet de 1956, avant sa démission pour désaccord sur la conduite de la guerre d'Algérie et son départ, peu après, de la vice-présidence du parti radical.

Le rejet de la Ve République. En 1958, Pierre Mendès France rejoint le Parti socialiste autonome (PSA), puis unifié (PSU), et s'oppose à une Algérie française. Il est l'un des rares hommes politiques, avec les communistes et François Mitterrand, à rejeter les institutions de la Ve République et à maintenir cette attitude au-delà de 1962, à cause de la « personnalisation du pouvoir ». Dans *La République moderne* (1962), en citant habilement le discours de Bayeux – « c'est le destin de la dictature d'exagérer ses entreprises... » –, il défend l'idée que « les resserrements progressifs de l'autorité entre les mains d'un seul homme entraînent irrésistiblement le pays sur les voies de l'absolutisme et de l'arbitraire ». Mais ses critiques ne portent pas seulement sur les institutions. Il opte dans ce livre pour une « planification démocratique » située au cœur de la construction économique et politique socialisante qu'il promeut, laquelle se distingue, selon lui, de la tentative du général de Gaulle et de Pierre

Massé, de revivifier la planification à travers le IVe Plan. En outre, tout en critiquant comme de Gaulle la place du dollar dans le système monétaire international, il rejette les propositions de retour à l'étalon-or formulées par le président de la République en 1965. À ce propos, Mendès France réitère les propositions présentées par John Maynard Keynes à Bretton Woods en faveur d'une monnaie marchandise internationale.

Lors des journées de mai 1968, Mendes France dénonce l'« autoritarisme gaulliste », participe en silence à la manifestation organisée le 27 mai 1968 au stade Charléty par l'UNEF et le PSU et se déclare disponible pour un gouvernement provisoire de gestion proposé par François Mitterrand. Battu de quelques voix à Grenoble par Jean-Marcel Jeanneney aux élections législatives de juin, il demeure un opposant au Général jusqu'à la démission de celui-ci. Gaston Defferre, qu'il accompagne pendant la campagne présidentielle de juin 1969, recueille seulement 5 %. Écarté un moment par la maladie d'une vie politique de premier plan, Mendès France publie en 1974 ses conversations avec Jean Bothorel, intitulées *Choisir*. Il y récuse le rapprochement parfois tenté entre de Gaulle et lui, tout en reconnaissant la convergence possible sur certaines critiques de la IVe République : « Dans l'exercice du gouvernement, ce que de Gaulle exigeait, vous vous en souvenez, c'était la délégation de pouvoirs, la confiance institutionnelle et sans limites, confirmée par des plébiscites répétés. Dans mon cas, l'homme politique voulait la discussion, le débat, le contact et il se soumettait aux contrôles qui constituent la démocratie. [...] De Gaulle [...] ne supportait aucun partage, aucune délibération, avec qui que ce soit. [...] Je crois avoir agi autrement, avoir voulu ce partage, avoir recherché le dialogue, le travail d'équipe [...] moi, je trouve normale l'intervention des partis. »

Tout en ayant vécu et également refusé la chute dramatique de la IIIe République, et en ayant diversement critiqué les dérives de la IVe République, les deux hommes n'avaient pas la même conception de sa régénération. La divergence a sans doute été accentuée par le fait que Pierre Mendès France n'a pas vraiment pensé que l'évolution institutionnelle de la France après 1958 serait irréversible. Il est vrai que le Général a déjoué ses prévisions pessimistes sur la durée de son maintien au pouvoir.

Michel MARGAIRAZ

• *Voir aussi* : CFLN ; Économie et finances ; Franc ; GPRF (œuvre intérieure et outre-mer du) ; PSU ; Rénovation

Bibl. : « Bibliographie de Pierre Mendès France », *Bulletin de l'Institut d'histoire du temps présent (IHTP)*, supplément n° 4, 1983 • Pierre Mendès France, *Œuvres complètes*, Paris, Gallimard, 6 vol., 1984-1990 • Michel Margairaz (dir.), *Pierre Mendès France et l'économie. Pensée et action*, Paris, Odile Jacob, 1989.

MENTHON, François de (1900-1984). – Compagnon de la Libération, François de Menthon a été une figure du gaullisme puis de l'antigaullisme. Catholique social et démocrate-chrétien, il s'engage en 1939. Blessé, prisonnier, évadé, il fonde en novembre 1940, avec son cousin Gérard du Jeu, Paul Coste-Floret et Pierre-Henri Teitgen, le mouvement Liberté. Il refuse alors de faire du journal éponyme un organe gaulliste, méfiant envers un général de Gaulle qu'il suppose maurrassien. La rencontre avec Jean Moulin en janvier 1942, alors que Liberté a fusionné avec le mouvement Libération nationale d'Henri Frenay pour donner naissance à Combat, l'engage au côté de la France libre. Il organise le Comité général d'études (CGE) et, dans *Les Cahiers politiques*, la publication du CGE qu'il fonde, prend nettement position contre Giraud et pour de Gaulle. Ce dernier le fait venir à Alger, et entrer au Comité français de la Libération nationale (CFLN) comme commissaire à la Justice en août 1943. Il joue un rôle clé dans la rédaction des grandes ordonnances de 1944, prépare la politique d'épuration et approuve le refus de la grâce de Pierre Pucheu. Dès juillet 1944, il enjoint à ses amis politiques restés en France de jouer la carte du gaullisme. Il écrit à Georges Bidault : « Le général de Gaulle est avec nous. » La période d'Alger est celle d'une profonde proximité entre les deux hommes, qui s'émoussera à Paris.

Garde des Sceaux à la Libération, François de Menthon est violemment critiqué par le PCF et la SFIO pour sa prétendue mollesse en matière d'épuration. Il doit quitter la Place Vendôme en mai 1945, non sans amertume, même si son ami Pierre-Henri Teitgen poursuit sa politique. Le général de Gaulle le désigne alors comme procureur français au tribunal de Nuremberg, charge importante dans la bataille du rang que mène le chef du Gouvernement provisoire de la République française. Menthon en démissionne en janvier 1946 pour assurer plus pleinement ses fonctions de président du groupe MRP (Mouvement républicain populaire, dont il est membre fondateur) à l'Assemblée nationale et de rapporteur de la commission de la Constitution. La rupture se fait autour du débat constitutionnel, Menthon refusant notamment de communiquer à de Gaulle la nature des travaux des constituants. Elle est consommée avec la création du Rassemblement du peuple français (RPF). Président du groupe MRP, François de Menthon met son veto à un gouvernement Soustelle (RPF) en juin 1952, et ouvre ainsi la voie à Antoine Pinay. Déçu par la participation du MRP à ce gouvernement qu'il abhorre, il souhaite une nouvelle entente avec le général de Gaulle, alors que le RPF ne menace plus le MRP : c'est l'« opération IVe République » menée en juillet 1952 avec Étienne Borne et, pour le RPF, Jacques Soustelle et Louis Terrenoire. Menthon retrouve alors l'enthousiasme de la Résistance pour un hypothétique parti travailliste derrière le général de Gaulle. L'échec de cette tentative utopique le place en marge du MRP. Il s'engage alors totalement dans la construction européenne. En 1958, il fait partie des trois députés MRP qui disent « non » au général de Gaulle, non par hostilité personnelle mais par principe républicain. Il quitte dès lors la vie politique nationale.

Laurent DUCERF

• *Voir aussi* : CFLN ; Constitutionnelles (conceptions) ; Épuration ; GPRF ; Résistance intérieure

Bibl. : Laurent Ducerf, *François de Menthon, un catholique au service de la République (1900-1984)*, Paris, Le Cerf, 2006 • Pierre Letamendia, *Le Mouvement républicain populaire. Histoire d'un grand parti français*, Paris, Beauchesne, 1995 • Jean-Marie Mayeur, « Le MRP et le gaullisme », dans « Regards sur le Mouvement républicain populaire » (colloque du 10 décembre 1996), *France-Forum*, n° 316, 1997, p. 28-34.

MER. – On associe plus volontiers à de Gaulle le compagnonnage des lointains forestiers de Colombey, mais la mer est aussi liée aux méditations du Général, lui l'homme des bourrasques, des épopées et des hautes crêtes de l'Histoire. C'est à Antibes, en janvier 1946, qu'en méditant devant la Méditerranée il décide de « quitter la barre en silence ». C'est une autre mer, celle-là ourlée de vagues qui viennent mouiller les grands sables des plages du Connemara, qui accompagne ses songeries crépusculaires au printemps de 1969, tandis que les Français s'apprêtent à désigner son successeur à la tête de l'État. Plusieurs fois, les références à l'élément marin et au vocabulaire maritime tissent les discours et les écrits de De Gaulle. La politique impose que l'on désigne des caps et les circonstances de l'Histoire, dès l'été de 1940, offrent à l'exilé de Londres plus de furies que de bonaces. Mais ces références et cette présence de l'océan sont constantes chez cet homme qui, né à Lille, choisira comme ultime retraite un ermitage au milieu des terres de l'Est entouré de forêts. Enfant, il avait connu les miroitements gris de la mer du Nord. Plus tard, c'est sur ces mêmes plages du Nord qu'il avait joué avec sa fille Anne, murée dans sa différence. Parti à Londres avec la flamme de la France éternelle, de l'autre côté des eaux, au milieu d'une île aux dimensions d'un pays, c'est d'une autre île, un petit point de roc et de terre au bord de l'Atlantique, l'île de Sein balayée par les vents du large et à laquelle il remettrait en 1946 la croix de la Libération, que lui étaient venus, peu de temps après l'appel de juin 1940, ses premiers coreligionnaires pour la reconquête de la France. Enfin, lorsqu'il s'agira d'évoquer l'instant solennel de l'arrivée sur les Champs-Élysées le

26 août 1944, pour caractériser la foule immense et les grappes humaines pendues aux réverbères, c'est encore à la mer que songera l'auteur des *Mémoires de guerre*.

Et toujours, comme dans le monde celtique, la forêt et la mer sont liées dans l'imaginaire de De Gaulle. De son parc, le solitaire de Colombey « embrasse les fonds sauvages où la forêt enveloppe le site, comme la mer bat le promontoire ». La mer est leçon de majesté et d'exigence, comme au cap d'Antibes et plus tard en Irlande, elle est invite permanente à se tenir au-dessus des contingences. Elle fascine, on lui doit le respect, comme à ceux qui la servent et s'en vont sur ses flots. D'où le respect du Général pour les marins sénans, pour les officiers et les équipages de Toulon auxquels il rend visite le 15 septembre 1944, non loin des épaves des navires sabordés et qui, l'acclamant, lui donnent la certitude que la marine blessée a « dévoré ses chagrins et retrouvé ses espérances ». Car la France est un pays maritime et sa flotte un instrument de sa fierté. C'est dans cette perspective que s'inscrit le désir gaullien d'une marine puissante et moderne, sans doute pour conjurer les humiliations passées et se prémunir contre les périls à venir. Le 29 mars 1967, le général de Gaulle assiste à Cherbourg au lancement du *Redoutable*, premier sous-marin nucléaire lanceur d'engins. Et si le rêveur solitaire de Colombey croit voir dans les lointains sauvages les vagues qui encerclent son vieux pays, le soldat qu'il est fondamentalement n'oublie jamais ses frères d'armes qui ont choisi de partir sur la mer. Avant les tempêtes du printemps de 1968, en sa qualité de chef des armées le Général s'enfonce sous les eaux de la Méditerranée le 8 février à bord de l'*Eurydice*, en hommage à l'équipage de la *Minerve* disparu dans la nuit du 26 au 27 janvier ; au soir de son pouvoir et de sa vie, de Gaulle vient quêter la résonance des âmes errantes des morts de la *Minerve* et la proximité, sous les eaux, de leur garde nocturne.

Philippe Le Guillou

• *Voir aussi* : Irlande ; Marine ; Sein

Bibl. : Pierre Castagnos, *Charles de Gaulle face à la mer*, Anglet, Atlantica, 2004 • Charles-Louis Foulon et Jacques Ostier, *Charles de Gaulle, un siècle d'histoire*, Rennes, Ouest-France, 1990.

MERS EL-KÉBIR. – Au début de juillet 1940, alors que la France a signé l'armistice et que la Grande-Bretagne est menacée d'invasion, le sort de la flotte française préoccupe au plus haut point Winston Churchill. Entre les mains de Hitler, elle rendrait la Grande-Bretagne et ses voies d'approvisionnement maritimes vulnérables à l'extrême. Or, l'article 8 de l'accord d'armistice dispose que la flotte française sera désarmée sous le contrôle des Allemands. Ces derniers se sont bien engagés à ne pas en faire usage pendant toute la durée de la guerre, mais il est impossible de croire en la parole de Hitler. Le 3 juillet 1940, une escadre britannique sous le commandement du vice-amiral Sommerville se présente donc devant la rade de Mers el-Kébir, en Algérie, et offre à l'amiral Gensoul le choix entre trois solutions : rallier un port britannique avec ses navires et poursuivre la guerre aux côtés des Alliés, faire appareiller son escadre pour les Antilles, ou bien saborder ses navires sur leurs lieux de mouillage. À la différence de l'amiral Godfroy à Alexandrie, Gensoul préférera la confrontation, et ce sera un carnage : 1 300 marins français tués, 2 000 blessés. « Ce fut, écrira Churchill, la plus pénible et la plus odieuse décision que j'aie jamais eu à prendre. »

La première réaction du général de Gaulle est très violente, mais il prononcera cinq jours plus tard un discours empreint d'une grande hauteur de vue : « En vertu d'un engagement déshonorant, le gouvernement qui fut à Bordeaux avait consenti à livrer nos navires à la discrétion de l'ennemi. Il n'y a pas le moindre doute que, par principe et par nécessité, l'ennemi les aurait employés, soit contre l'Angleterre, soit contre notre propre Empire. Eh bien ! Je dis sans ambages qu'il vaut mieux qu'ils aient été détruits. J'aime mieux savoir même le *Dunkerque* [...] échoué devant Mers el-Kébir, que de le voir un jour, monté par des Allemands, bombarder les ports anglais, ou bien Alger, Casablanca, Dakar. » Sans doute s'agit-il là de paroles de circonstance : s'il veut continuer la guerre aux côtés de ses alliés britanniques, de Gaulle ne peut se désolidariser de leur action. Mais vingt ans plus tard, depuis longtemps libéré de telles contraintes, le Général dira encore : « À la place des Anglais, j'aurais fait ce qu'ils ont fait. L'escadre française en rade de Mers el-Kébir faisait peser sur eux un danger terrible. [...] C'était une question de vie ou de mort. » François KERSAUDY

• *Voir aussi* : Accords du 7 août 1940 ; Armistice ; Collaboration ; France libre

Bibl. : Philip Bell, *A Certain Eventuality : Britain and the Fall of France*, Londres, Saxon House, 1973 • Winston S. Churchill, *The Second World War*, vol. 2, *Their Finest Hour*, Londres, Pimlico, 2002 (1re édition, Londres, Cassel, 1949) • Jean Lacouture, *De Gaulle*, Paris, Le Seuil, t. 1, 1984.

MESSMER, Pierre (né en 1916). – Né à Vincennes, breveté de l'École nationale de la France d'outre-mer (1934-1937) et docteur en droit (1938), Pierre Messmer est élève administrateur des colonies et sous-lieutenant de réserve lorsque la guerre éclate. C'est à Marseille, où avec son camarade Jean Simon il cherche un moyen de quitter la France pour poursuivre le combat, qu'il prend connaissance de l'appel du 18 Juin. Avec Simon, il embarque sur le cargo italien *Capo Olmo*, qu'il parvient à détourner de sa destination initiale, Oran, pour accoster à Liverpool le 16 juillet 1940. Peu après, il rencontre le général de Gaulle à Londres. À sa demande, il est affecté à la 13e demi-brigade de Légion étrangère (DBLE).

Jusqu'à la fin de la guerre, les rencontres entre les deux hommes sont limitées aux moments où le chef de la France libre, inspectant les unités en opérations, coudoie les officiers qui les encadrent. Messmer croise à nouveau de Gaulle à l'issue de l'opération sur Dakar, en Érythrée fin mars 1941, puis en Palestine deux mois plus tard. Cette occasion revêt pour lui une importance particulière puisqu'il reçoit, le 27 mai 1941, des mains du Général, la croix de la Libération en récompense des services rendus en Érythrée. Après ses campagnes de Syrie, de Libye et de Tunisie, Pierre Messmer est envoyé en mission aux Antilles puis affecté à Londres à l'état-major du général Koenig. Le 25 août, il parvient à Paris, dont ce dernier a été nommé gouverneur militaire. En janvier 1945, il est affecté à la tête de la mission française à Calcutta. Parachuté au Tonkin le 22 août, fait prisonnier par le Viet-Minh, il s'évade après deux mois de captivité. Secrétaire général du comité interministériel de l'Indochine en 1946, puis directeur de cabinet du haut-commissaire, Émile Bollaert, il entame ensuite une carrière d'administrateur des colonies.

Le 28 mai 1958, Pierre Messmer, qui vient de succéder en Afrique-Équatoriale aux gouverneurs généraux Chauvet et Cornut-Gentille, adresse un télégramme au président Coty lui demandant de se tourner vers de Gaulle afin que ce dernier constitue un gouvernement destiné à « sauver l'unité nationale ». Peu après, nommé haut-commissaire en Afrique-Occidentale française (A-OF), il accueille le nouveau président du Conseil à Abidjan, puis l'accompagne à Conakry et assiste à ses côtés, alors qu'il s'était personnellement opposé à ce détour par la Guinée, à ce qui est perçu par le Général comme une humiliation pour la France : le refus d'entrer dans la Communauté franco-africaine. « On a parlé d'indépendance, répond de Gaulle à Sékou Touré, eh bien, je le dis, ici plus haut qu'ailleurs l'indépendance est à la disposition de la Guinée... » Avant d'ajouter en comité restreint, devant Pierre Messmer : « Nous n'avons plus rien à faire ici. Le 29 septembre, la France s'en ira. »

En février 1960, Pierre Messmer devient ministre des Armées. Il le demeurera jusqu'en mai 1969. Pour lui, cette nomination n'a rien de politique mais s'inscrit dans une stricte logique de service de l'État. Intervenant au lendemain de la semaine des Barricades, elle marque cependant une étape dans la reprise en main de l'armée par le pouvoir civil. La pratique institutionnelle du général de Gaulle, sa volonté de mettre un terme à la guerre en Algérie et son goût personnel pour les questions militaires se traduisent par la naissance d'une relation directe, constante et forte avec son ministre. Celui-ci met en œuvre la politique de défense pensée et voulue par le chef de l'État. Cette relation est rythmée par quelque 450 Conseils des ministres et une quarantaine de conseils de défense. Elle s'articule autour de trois pôles majeurs ayant trait aux opérations militaires, à la réorganisation des armées et à la politique d'armement, essentiellement nucléaire.

Dans le premier domaine, elle se traduit par le règlement d'une série de crises majeures en Algérie principalement, mais aussi à Bizerte, au Gabon, au Tchad ou encore lors des événements de mai 1968. À l'issue de la tentative de putsch d'avril 1961, les deux hommes s'opposent sur la question de la dissolution de la Légion étrangère. Messmer, qui vient d'ordonner la dissolution du 1er régiment étranger de parachutistes (1er REP), s'oppose fermement et avec succès à toute extension de la mesure.

À l'inverse, les deux hommes se rapprochent lorsque vient l'heure de réorganiser en profondeur les armées. Ils conviennent de la nécessité de faire évoluer le service militaire vers un service national plus ouvert, mis sur pied en 1965. Ils apportent une attention particulière à la rédaction d'un nouveau règlement de discipline générale, qui prend notamment en compte le concept d'obéissance active dans le respect de la loi. Ce qui induit la possibilité, élevée au niveau du devoir individuel, de ne pas obéir à un ordre manifestement illégal ou contraire aux usages de la guerre. Le règlement étend également la notion de « combattant régulier » protégé par les lois internationales à tous les « résistants » identifiés comme tels, qui étaient auparavant assimilés à des « francs-tireurs » ou à des « terroristes ». Apparaissent ici nettement l'expérience et le vécu des deux hommes au cours de la Seconde Guerre mondiale et de la guerre d'Algérie. Mais une opposition de fond naît entre eux au sujet de l'objection de conscience. Le général de Gaulle est acquis à son principe. Pierre Messmer et la majorité parlementaire y sont opposés. De Gaulle tranche en rappelant que cette possibilité d'objection existait au sein de la France libre et qu'elle fut utilisée par des officiers à Libreville et en Syrie. La volonté du chef de l'État se traduit par la loi sur l'objection de conscience du 21 décembre 1963.

Le grand œuvre de Pierre Messmer demeure la politique nucléaire. En quelques années, la France se dote d'une large panoplie d'armes et de vecteurs garants de sa défense, de son indépendance et de sa capacité d'action ou d'influence en politique étrangère. La communauté d'esprit et d'action de Messmer avec le général de Gaulle est alors totale. Elle est symbolisée par la photographie qui représente de Gaulle assistant, le 11 septembre 1966, aux côtés de Pierre Messmer et d'Alain Peyrefitte, à la deuxième expérimentation nucléaire à Mururoa, à partir du croiseur *De Grasse*.

En 1965, à l'issue de l'affaire Ben Barka, le Général décide, contre l'avis de Georges Pompidou réticent et en dépit du peu d'enthousiasme de Pierre Messmer, de rattacher le service de renseignement extérieur (le Service de documentation extérieure et de contre-espionnage, ou SDECE) au ministère des Armées. Un an plus tard, Messmer met en œuvre la décision du chef de l'État de retirer les forces françaises du commandement intégré de l'OTAN. Il « admire à cette occasion le culot d'acier » du Général, allant jusqu'à commettre quelques excès de zèle dans la mise en œuvre de la décision de principe.

Parfois présenté comme un « exécutant docile et rigoureux », Pierre Messmer fut surtout celui qui répondit à l'appel du Général en 1940 avec son cœur puis, en 1960, lui demeura fidèle par raison. Ce n'est pas un hasard s'il fut l'un des rares pour lesquels, après 1969, les portes de La Boisserie demeurèrent ouvertes sans réserve. Après la disparition de Charles de Gaulle, Pierre Messmer anima l'association Présence du gaullisme avec certains fidèles du Général (Michel Debré et Louis Joxe). Véritable comité de vigilance, celle-ci fusionne ensuite avec l'amicale parlementaire Présence et Action du gaullisme fondée par Jacques Vendroux, Hubert Germain et Michel de Grailly. Une fois les doutes sur la filiation gaulliste dissipés, Pierre Messmer devint Premier ministre de Georges Pompidou en 1972. Il préside l'Institut Charles-de-Gaulle (1992-1995) puis la Fondation Charles-de-Gaulle (1995-1998). Élu à l'Académie des sciences morales et politiques (1988), puis à l'Académie française (1999), il est chancelier de l'Institut de France de 1998 à 2005. Il est chancelier de l'ordre de la Libération depuis juin 2006.

Frédéric GUELTON

• *Voir aussi* : Civile et militaire (autorités) ; Communauté franco-africaine ; Défense nationale ; FFL ; Gaullistes ; Nucléaire

Bibl. : Jean-Louis Crémieux-Brilhac, *La France Libre : de l'appel du 18 Juin à la Libération*, Paris, Gallimard, 1996 • Pierre Messmer, *Après tant de batailles : Mémoires*, Paris, Albin Michel, 1992 • Maurice Vaïsse, *La Grandeur : politique étrangère du général de Gaulle, 1958-1969*, Paris, Fayard, 1998.

MICHELET, Edmond (1899-1970). – Né à Brive, titulaire du certificat d'études primaires, Edmond Michelet débute en politique dans les cercles catholiques corréziens. Préoccupé par la question sociale et inquiet de l'essor des dictatures, il se rapproche des démocrates-chrétiens. En 1939, il est vice-président des Nouvelles Équipes françaises (NEF). Le 17 juin 1940, il distribue un tract dans les boîtes aux lettres de Brive, qui, citant Charles Péguy, appelle à poursuivre le combat contre l'occupant. Fin 1941, il est chef régional du mouvement Combat pour le Limousin. Il est arrêté au début de 1942 par la Gestapo et déporté à Dachau. Dans *Rue de la Liberté*, qu'il publie en 1955, il décrit l'enfer concentrationnaire comme une expérience décisive qui lui a fait « sonder des abîmes en [lui]-même et chez les autres ». C'est également un apprentissage politique, dans la mesure où il dirige l'organisation clandestine des Français. Il noue à Dachau de nombreuses relations, avec Joseph Rovan et Gaston Gosselin notamment, qui seront par la suite ses conseillers.

En novembre 1945, Michelet, qui a rejoint le MRP (Mouvement républicain populaire), est nommé par le général de Gaulle ministre des Armées, poste qu'il conserve jusqu'en décembre 1946. Il organise l'occupation française en Allemagne et supervise l'épuration des forces armées, qu'il souhaite modérée. Vis-à-vis de Vichy, il est partisan d'une politique de pardon et d'amnistie. En 1947, il quitte le MRP pour le RPF (Rassemblement du peuple français). En 1957, il publie *Contre la guerre civile*, plaidoyer pour un « dénouement équitable et original » par la « réconciliation » en Algérie, et appel à celui qui a été « l'homme de Brazzaville après avoir été celui du 18 Juin ». Dès son retour au pouvoir, de Gaulle le nomme ministre des Anciens Combattants, puis ministre de la Justice en janvier 1959. Ce poste est le plus critique de sa carrière. Face à la rupture de la tradition républicaine en Algérie, et face au dessaisissement légal du pouvoir judiciaire au profit de l'armée, la marge de manœuvre de Michelet est très réduite. Il ne peut enrayer le double processus de transfert des compétences judiciaires au profit de l'armée, et de politisation de la justice, sensible jusqu'en métropole. La torture l'indigne mais il refuse d'y voir une pratique généralisée et se range finalement à la « raison d'État ». Il ne ménage pas ses efforts, néanmoins, en faveur de la paix : si son projet de rencontre avec Ferhat Abbas, alors président du Gouvernement provisoire de la République algérienne (GPRA), échoue, il institue un régime carcéral semi-politique pour les prisonniers politiques algériens, et contribue à rendre publiques les violations des droits de l'homme perpétrées par l'armée comme par le pouvoir civil en Algérie (rapport de Michel Rocard sur les camps de regroupement ; rapport de Simone Veil sur l'état des prisons en Algérie). Ses interventions libérales officieuses suscitent l'ire du Premier ministre, qui finit par obtenir de De Gaulle, en août 1961, qu'il le remercie. À cette date, les négociations avec le FLN (Front de libération nationale) étant engagées, le président de la République peut donner satisfaction aux « ultras » d'Algérie en se séparant d'un ministre notoirement lié aux chrétiens de gauche.

En raison de sa fidélité quasi religieuse à la personne du général de Gaulle (comme le montre son ouvrage *Le Gaullisme, passionnante aventure*, paru en 1962), et de son refus constant de couper les ponts, y compris avec ses ennemis, Michelet parvient difficilement à gérer le désaccord politique. Après sa démission, il est membre du Conseil constitutionnel jusqu'en 1967, puis de nouveau ministre de De Gaulle en 1967-1968. Georges Pompidou le nomme aux Affaires culturelles en juin 1969. Il décède à ce poste.

Guillaume Mouralis

• *Voir aussi* : GPRF ; Juridictions d'exception ; Justice ; Torture ; Zone française d'occupation

Bibl. : Jean Charbonnel, *Edmond Michelet*, Témoignage d'Étienne Borne, Paris, Beauchesne, 1987 • Guillaume Mouralis, *Edmond Michelet, la justice et la guerre d'Algérie (9 janvier 1959-24 août 1961)*, mémoire de maîtrise sous la direction de Lucette Le Van, université de Paris-I, 1994 • *Edmond Michelet, homme d'État*, actes du colloque du 15 octobre 1999, Fraternité Edmond-Michelet, Brive.

MILITAIRES. – Le général de Gaulle a toujours entretenu avec les autres militaires, qu'ils soient ses supérieurs, ses égaux ou ses subordonnés, des rapports conflictuels et passionnés. S'il ne parvient pas toujours à se plier aux contraintes liées à sa condition militaire, il exige en tant que chef d'État une soumission totale de l'armée au pouvoir politique. Les deux attitudes lui valent tour à tour de solides inimitiés parmi ses pairs.

Non-conformiste. Dès le début de sa carrière, son caractère indispose. Dans leurs notations, ses supérieurs déplorent son arrogance, même s'ils reconnaissent sa valeur militaire, largement prouvée pendant la Première Guerre mondiale. Adepte du général Lyautey, il sait trouver les mots pour parler aux soldats et réussit parfaitement bien ses temps de commandement. Cependant, l'après-guerre offre peu d'occasions de se distinguer. De Gaulle est écartelé entre le grand dessein qu'il forme pour l'armée française et les servitudes de la hiérarchie et de la discipline qui lui commandent de se taire et de rester dans le rang. Lorsqu'il est admis à l'École de guerre, le 2 mai 1922, son intelligence se rebelle très vite contre l'enseignement sclérosé qu'il reçoit. Il s'attire l'hostilité de tout le corps enseignant et seul l'appui du maréchal Pétain lui évite une pitoyable mention « assez bien ». Stigmatisé par des notes assez moyennes, il poursuit une carrière sans éclat qui lui laisse le temps d'écrire.

En 1925, c'est encore Pétain qui le sauve d'un obscur 4e bureau d'état-major de l'armée du Rhin pour le détacher auprès de lui. Il occupe alors un poste inespéré pour un capitaine, aux côtés du plus important chef militaire de France. Nombreux sont ses camarades qui ne supportent pas cet avancement dû aux relations personnelles et non aux états de service. De plus, ses théories indisposent sa hiérarchie. On dénie à un officier subalterne le droit d'avoir des idées personnelles, de les publier et de critiquer implicitement la doctrine établie et le commandement en place. De Gaulle dispose d'importants appuis, mais il s'aliène les hautes personnalités de l'armée à mesure que ses livres paraissent. Il s'est déjà quasiment brouillé avec Pétain au sujet du manuscrit *Le Soldat*, qu'il a écrit sur son ordre, mais la publication de *Vers l'armée de métier* suscite de nombreuses réactions indignées. Outre Pétain, les généraux Weygand, Gamelin et Debeney expriment leur désapprobation. L'existence d'un corps professionnalisé leur semble irréalisable et surtout dangereux pour l'unité de l'armée. De Gaulle se tourne alors vers le monde politique, attitude réprouvée dans le milieu militaire. Lorsque, en mars 1934, Paul Reynaud dépose une proposition de loi qui reprend ses idées sur la professionnalisation partielle de l'armée, la réputation du lieutenant-colonel de Gaulle devient détestable, même parmi ses camarades.

Sa bravoure et son efficacité lors de l'attaque de Montcornet en 1940 redorent son blason. Même Weygand, ému, lui donne l'accolade lorsqu'il le rencontre le 8 juin 1940 à Paris. Mais l'instant est bref. Le nouveau sous-secrétaire d'État à la Guerre entend incarner auprès du commandant en chef l'autorité politique du gouvernement en faisant fi du respect imposé par la différence de grade, ce qui irrite profondément Weygand et son état-major.

Rebelle. Avec l'appel du 18 Juin, de Gaulle inaugure de nouveaux rapports avec les militaires. Il se situe désormais définitivement au-dessus de tous. Dans un premier temps, il se tient prêt à se mettre sous les ordres d'un grand chef qui choisirait de reprendre la lutte, mais ses supérieurs refusent de poursuivre le combat. Il devient alors un traître et un dissident pour la quasi-totalité des militaires qui font confiance à Pétain. La propagande à destination de l'armée attaque le « général félon », aidée en cela par l'utilisation judicieuse des combats fratricides de Dakar, du Gabon et, plus tard, de la Syrie. L'armée de Vichy pourchasse dès lors impitoyablement toute dissidence gaulliste dans ses rangs.

Au sein de la France libre, les rapports du Général avec les militaires qui l'ont rejoint sont également conflictuels. De Gaulle ne supporte pas de partager son autorité. Il s'impose à Leclerc, à Catroux, à Muselier et ne laisse à aucun d'entre eux la moindre initiative quant à la conduite de la guerre, car la guerre est une politique et la politique est de son seul ressort. Ce sont pourtant les militaires qui lui confèrent sa légitimité. Grâce à leurs faits d'armes, il peut affirmer que la vraie France est toujours au combat. De Gaulle n'oubliera jamais ce qu'il doit aux guerriers qui ont retrouvé, comme à Koufra ou à Bir Hakeim, le chemin de la victoire et rendu à la France son honneur. Après novembre 1942, l'armée manque bien de lui échapper : que pèsent les maigres Forces françaises libres face aux centaines de milliers d'hommes qui reprennent le combat aux côtés des Alliés sous l'autorité du général Giraud ? De Gaulle sait bien que si les militaires se détournent de lui, c'en est fini de son entreprise. Or l'armée d'Afrique, influencée par la propagande vichyste, est viscéralement antigaulliste. De Gaulle choisit alors de s'appuyer non sur les élites militaires, mais sur les sous-officiers et les soldats du contingent en défendant le retour aux valeurs républicaines. En moins d'un an, aidé par les Alliés qui ont enfin compris que le personnel politique de Vichy est indéfendable, il réussit à rassembler l'armée française sous sa seule autorité. Refusant l'épuration préconisée par le général de Larminat, il choisit de garder les chefs de l'armée d'Afrique qui ont repris le combat, à commencer par le général Juin. La période de la Libération et de la victoire voit cette vaste armée française de plus d'un million d'hommes globalement soudée autour du Gouvernement provisoire de la République française. Certes les vieilles querelles subsistent, mais les militaires de carrière sont reconnaissants à de Gaulle d'avoir su endiguer le risque d'une insurrection communiste en métropole.

La guerre est à peine finie que l'épuration et le dégagement des cadres ouvrent de nouvelles blessures. De Gaulle se pose pourtant en défenseur de l'armée et des crédits militaires, ce qui provoque son brutal départ en 1946. Par la suite, très nombreux sont les militaires de tout grade qui le rejoignent au RPF. Le nombre d'officiers en uniforme lors des grands rassemblements alerte le ministère des Armées qui menace de sanctionner tous les officiers qui osent apporter trop ostensiblement leur appui au mouvement. Au comité exécutif du RPF, une commission de défense nationale comprend des militaires qui ont quitté le service et qui maintiennent des liens étroits avec leurs camarades d'active. La lutte du Général contre la Communauté européenne de défense contribue à ramener à lui de nombreux officiers, surtout lorsqu'il prend publiquement la défense du général Juin, lui aussi hostile au traité. Les attaques du général de Gaulle contre la IVe République sont cependant à l'origine d'un grave malentendu : l'ancien chef de la France libre apparaît peu à peu aux officiers engagés en Algérie comme le seul recours pour rétablir l'ordre et préserver la présence française.

Sous la Ve République. Le rôle des militaires dans le retour au pouvoir du Général en 1958 est essentiel. Le 9 mai, alors que l'insurrection algéroise s'annonce, les chefs de l'armée, les généraux Salan, Jouhaud, Allard et Massu et l'amiral Auboyneau, font appel ouvertement à de Gaulle. Les préparatifs de l'opération « Résurrection » – l'arrivée de parachutistes en métropole – pèsent sur les événements des jours suivants. Cependant, de Gaulle ne se sent nullement lié par l'appel des militaires auquel il doit son retour au pouvoir. Ses paroles restent longtemps ambiguës mais ses actes ne le sont pas : il fait muter tous ceux qui ont joué à ses yeux un rôle politique trop important et impose peu à peu sa propre politique d'autodétermination. De 1958 à 1962, le fossé se creuse entre ceux qui se sont investis corps et âme dans le conflit algérien et le général de Gaulle qui leur impose de revenir sur les engagements qu'ils avaient pris envers la population et les soldats musulmans. Lors de la semaine des Barricades, les militaires montrent peu d'ardeur à rétablir l'ordre. Ce n'est qu'un premier avertissement. Le paroxysme est atteint lors de la tentative de putsch du 22 avril 1961. La réaction du général de Gaulle est à la hauteur de la menace : court-circuitant la hiérarchie, il fait appel au peuple, au contingent, aux officiers légalistes et aux indécis qui ne veulent pas mettre en jeu leur carrière. Pour faire passer définitivement aux militaires le goût de faire de la politique, il utilise les grands moyens. Il fait dissoudre les régiments qui ont appuyé les putschistes, comme le 1er REP, le 14e et le 18e RCP, les commandos de l'Air, et veille à ce que les responsables du 22 avril soient lourdement sanctionnés. Les soldats perdus passés à l'OAS sont impitoyablement pourchassés. Rappelée progressivement d'Algérie, l'armée est soumise à un très important dégagement des cadres. Une chape de plomb s'abat sur l'expression des militaires : les revues qui jusqu'alors faisaient état de points de vue, d'interviews, de développements stratégiques et tactiques émanant d'officiers ne transmettent désormais que la doctrine officielle du gouvernement en place. De Gaulle, en quelques années, réussit une mise au pas – certains vont jusqu'à dire une domestication – des élites militaires.

Le changement est si brutal qu'il est difficile de savoir comment est reçue la réorganisation des armées autour de la nouvelle mission de dissuasion qui s'accompagne du retrait de l'organisation militaire de l'OTAN en 1966. Nul doute que la réforme menée par le général de Gaulle et son ministre des Armées Pierre Messmer satisfait les adeptes d'une modernisation de l'armée dont la voix avait été éclipsée par les théoriciens de l'action psychologique pendant les longues années des guerres coloniales. Il est certes difficile de convertir les militaires à une stratégie tous azimuts, une doctrine de sanctuarisation et de non-combat, mais la France retrouve par ce biais une puissance militaire qu'elle n'avait pas connue depuis l'entre-deux-guerres. De plus, le changement n'est pas si total qu'il paraît : il subsiste des interventions extérieures, un rôle au sein des armées de l'OTAN à travers les Forces françaises en Allemagne et une défense opérationnelle du territoire. Malgré quelques échos étouffés montrant des réserves chez certains, il semble bien que la politique de défense gaullienne ait rassemblé un consensus obligé, facilité par les améliorations matérielles de la carrière d'officier. Lorsque en 1968 de Gaulle est à nouveau déstabilisé, cette fois-ci par le mouvement étudiant, il se rend à Baden-Baden pour s'assurer auprès du général Massu de l'appui éventuel de l'armée. Dans le désordre général, les militaires font alors figure de pilier fidèle au régime en place. Claude D'ABZAC-EPEZY

• *Voir aussi :* Armée ; Œuvre écrite

Bibl. : André Corvisier (dir.), *Histoire militaire de la France*, Paris, PUF, 1994 • Edmond Pognon, *De Gaulle et l'armée*, Paris, Plon, coll. « Espoir », 1976 • Lothar Ruehl, *La Politique militaire de la Ve République*, Paris, PFNSP, 1976.

MILITAIRES (lois de programme). – Le général de Gaulle a été à l'origine de deux lois de programme consacrées à l'équipement de défense (titre V du budget) particulièrement, mais pas uniquement, à l'armement nucléaire : la première, promulguée en décembre 1960, pour les années 1960-1964 et la seconde, promulguée en décembre 1964, pour les années 1965-1970. Ces lois sont significatives pour deux raisons principales : d'une part, elles ont permis la constitution de l'armement nucléaire français et accompagné la redéfinition des missions des armées. D'autre part, sans que ce procédé soit inédit (constructions navales), elles ont mis en place pour la première fois sous la Ve République une programmation pluriannuelle en matière de défense, créant ainsi un dispositif institutionnel qui deviendra caractéristique en ce domaine, jusqu'à aujourd'hui. Pour de Gaulle, ces lois permettent d'accomplir simultanément plusieurs objectifs. En évitant l'annualité budgétaire, la politique de défense peut être engagée, sur une période longue, dans un effort soutenu fondé sur une planification précise. En ralliant le Parlement, la procédure confirme, par un fait accompli politique, l'objectif de se doter de l'arme nucléaire. Enfin, ces lois fixent des priorités aux armées, y compris au-delà de la dimension nucléaire, et leur imposent les réformes et les réorganisations qui en découlent.

Déposée le 18 juillet et promulguée le 8 décembre 1960, la première « loi de programme relative à certains équipements militaires » couvre la période 1960-1964. Avec plus de la moitié des autorisations de programme, la priorité est accordée aux équipements nécessaires à la préparation de l'armement stratégique thermonucléaire, au stock de bombes atomiques, aux missiles et aux avions Mirage IV, enfin à la mise en chantier du premier sous-marin nucléaire. Les équipements conventionnels des armées sont réduits, tout particulièrement ceux de l'armée de terre. Après l'audition des chefs d'état-major des trois armées par la commission de la Défense nationale, et de vifs débats, suivis par l'engagement de la responsabilité du gouvernement, la loi est votée à l'Assemblée nationale par 207 voix en première lecture (et des résultats analogues dans les votes suivants), malgré l'opposition du Sénat. Les autorisations de programme accordées sur les budgets annuels dépasseront nettement les prévisions. Les coûts avaient été sous-évalués et des commandes supplémentaires, telles que celles des avions ravitailleurs pour les Mirage IV achetés aux États-Unis ou des bâtiments et avions destinés à la marine, ont dû être effectuées.

Déposée le 6 novembre et promulguée le 23 décembre 1964, la « loi de programme relative à certains équipements militaires » couvre six années civiles de 1965 à 1970. Cette loi s'inscrit dans la logique de la précédente et les systèmes d'armes nucléaires y restent prééminents (40 % des crédits), mais elle comporte un plus grand nombre de programmes. Dans le domaine de l'armement nucléaire, l'objectif de la loi est triple : achever la mise en service de la Force aérienne stratégique composée de Mirage IV équipés de bombes A, réaliser les missiles stratégiques sol-sol qui seront implantés sur le plateau d'Albion, enfin, préparer la mise en service d'un premier sous-marin atomique armé de missiles balistiques mer-sol. Ce sous-marin sera suivi de deux autres dont la mise en chantier est prévue dans la programmation. La loi de programme inclut également des armements conventionnels et accompagne une redéfinition des missions des armées.

La guerre d'Algérie terminée, la modernisation de l'armée de terre est engagée, notamment l'équipement de cinq divisions en chars AMX30 avec des hélicoptères de manœuvre. La loi prévoit de doter la marine de plusieurs bâtiments, d'avions patrouilleurs et d'hélicoptères, et l'armée de l'air d'appareils de chasse et de transport. Même si le développement de l'armement nucléaire est fondamental, la portée de cette loi de programme le dépasse puisqu'il s'agit, simultanément, de moderniser les armées, en mettant l'accent sur les aspects scientifiques et techniques, les performances des armements, les capacités d'intervention des forces (division légère adaptée à l'intervention outre-mer, avions de transport Transall). Lorsqu'il évoque en novembre 1964 le prochain vote de la loi devant Alain Peyrefitte, qui rapporte son propos, de Gaulle souligne cet aspect : « Nous allons avoir en cinq ans une armée moderne, technique, scientifique, adaptée à nos besoins et à nos moyens. Une armée capable d'intervenir partout. Une armée qui nous permettra de mener une politique de défense nationale et une politique étrangère mondiale. » Le projet de loi est aisément adopté par l'Assemblée nationale (278 voix contre 178 en première lecture, avec un résultat comparable en deuxième et troisième lectures), mais rejeté par le Sénat (178 voix contre 47).

Dans l'ensemble, les objectifs fixés par la loi de programme 1965-1970 auront été atteints. La Force nucléaire stratégique est devenue opérationnelle : tous les Mirage IV de la Force aérienne stratégique sont en service, dotés de leurs bombes atomiques et capables d'être ravitaillés en vol (1967) ; les premiers sous-marins nucléaires sont lancés en 1967 (*Le Redoutable*) et en 1969 (*Le Terrible*) ; les premiers missiles balistiques sol-sol sont livrés en 1971. Dans le même temps, l'infrastructure de l'armement nucléaire a été constituée : usine de Pierrelatte pour la production d'uranium enrichi, centres d'essais des Landes (1965) et du Pacifique (1966). La décision de retrait du commandement intégré de l'OTAN en 1966 a toutefois affecté le volet nucléaire de la loi de programme. Lors du Conseil de défense du 10 novembre 1966, de Gaulle décide la réalisation d'un armement nucléaire tactique destiné à l'armée de terre (missile Pluton) et à l'armée de l'air (avions Jaguar), tous éléments qui ne figuraient pas initialement dans la programmation. Simultanément, l'équipement des forces conventionnelles a été modernisé et francisé. En dépit d'amputations de crédits au profit des missiles nucléaires sol-sol et mer-sol, l'armée de terre a reçu une partie importante des chars, blindés et pièces d'artillerie prévus, ainsi que des hélicoptères, tout comme l'armée de l'air la plupart des appareils commandés ; de même pour la marine et l'aéronavale. L'industrie d'armement, enfin, a été transformée et modernisée. Ces objectifs ont été atteints en respectant globalement la logique financière de la loi de programme puisque le volume des autorisations de programme définitivement ouvertes n'a excédé que de 6 % le montant approuvé six ans plus tôt par la loi.

Pascal VENNESSON

• *Voir aussi :* Bombe atomique ; Défense nationale ; Nucléaire (dissuasion)

Bibl. : Daniel Colard et Robert Tourrain, « Trente ans de programmation militaire : l'effort de défense nucléaire de la France de 1960 à 1991 », dans David Dominique (dir.), *La Politique de défense de la France. Textes et documents*, Paris, FEDN, 1989 • Pierre Messmer, « Les deux premières lois de programme, la FNS et les projets concernant l'arme nucléaire tactique », dans Université de Franche-Comté et Institut Charles-de-Gaulle, *L'Aventure de la bombe. De Gaulle et la dissuasion nucléaire, 1958-1969*, Paris, Plon, 1985, p. 93-106 • Lothar Ruehl, *La Politique militaire de la Ve République*, Paris, Presses de la FNSP, 1976.

MILORD (« Ne pleurez pas... »). – De Gaulle citant Édith Piaf, la chanteuse aux accents populaires, à propos du Premier Ministre britannique, l'excellent gentleman Harold Macmillan, voilà qui constitue un rapprochement tout à fait insolite. Les contemporains en ont été frappés, ce qui a conféré une grande célébrité à l'anecdote.

Harold Macmillan, crédité d'une réputation de négociateur remarquable, avait tenté de rallier de Gaulle à la candidature de la Grande-Bretagne au Marché commun. Il nourrissait encore quelque espoir après leur rencontre au sommet, à Champs, en juin 1962. Mais de Gaulle, hostile à la « relation spéciale » de la Grande-Bretagne avec les États-Unis, qui se concrétisait alors sur le plan nucléaire, lui enleva toute illusion lors du sommet de Rambouillet les 15-16 décembre suivants. Pour Macmillan, c'était une brutale déception, qui devait d'ailleurs accélérer sa chute politique. Trois jours après Rambouillet, au Conseil des ministres, de Gaulle déclarait, sur un ton railleur qui était aussi celui d'Édith Piaf : « Ce pauvre homme à qui je ne pouvais rien accorder avait l'air si triste et si abattu, que j'avais envie de lui mettre la main sur l'épaule et, comme Édith Piaf dans sa chanson, de lui dire : Ne pleurez pas, milord ! » Une revanche personnelle sur le Macmillan qui, en 1943, préférait Giraud à de Gaulle ?

Philippe BRAUD

• *Voir aussi :* Angleterre ; Macmillan, Harold

Bibl. : André Passeron, *De Gaulle parle*, Paris, Plon, t. 2, 1966.

MINEURS (grève des). – *Voir* GRÈVE DES MINEURS.

MINISTRES, sociologie des (1958-1969). – Il y a sans doute quelque paradoxe à vouloir comprendre le rôle de Charles de Gaulle à la tête de l'État en recourant à une sociologie des ministres nommés sous sa présidence de 1958 à 1969. Le gaullisme n'a-t-il pas été compris d'emblée comme une entreprise charismatique entièrement redevable au grand homme de la Résistance et ne semble-t-il pas échapper aux mécanismes sociaux qui prévalent ordinairement dans le jeu politique ? Des travaux de sociologie politique ont pourtant tenté l'aventure. Ils ont mis en évidence des phénomènes qui réinscrivent le gaullisme dans l'ordre commun, en faisant percevoir, autrement que sous l'angle d'un prophétisme inspiré, les conditions qui ont permis à de Gaulle d'apparaître et de s'apparaître à lui-même comme un chef d'État exemplaire réalisant son projet de « redonner une tête à l'État ». L'étude du recrutement du personnel gouvernemental et de ses transformations dans le temps, l'analyse de ses différentes attributions et positions permettent d'esquisser quelques hypothèses sur la manière dont s'est instaurée la prééminence du président gaullien.

La restauration du prestige social des fonctions ministérielles. Plusieurs caractéristiques distinguent les ministres choisis par de Gaulle, non seulement de leurs prédécesseurs sous la IVe République ou de leurs successeurs sous la Ve, mais également des parlementaires qui leur sont contemporains. C'est toute une stratégie de construction d'une distance sociale qui se donne à voir ; elle vise à restaurer l'autorité des fonctions ministérielles dont le nouveau régime estime qu'elles ont antérieurement failli à leur tâche pour cause d'instabilité gouvernementale chronique et de divisions partisanes. Chose nouvelle, le recrutement des ministres gaullistes privilégie principalement les hauts fonctionnaires (45 % contre 14 % sous la IVe République) tout en s'opérant plus généralement parmi tous les groupes relevant des classes supérieures (80 % contre environ 60 % précédemment), intellectuels compris (universitaires, écrivains, journalistes). Au regard des règles de sélection dominantes sous la IVe République, une élévation sociale des critères implicites de nomination ministérielle s'effectue. Ce phénomène, à l'œuvre également chez les députés élus en 1958, est ici fortement accentué. Il n'en permet pas moins, également, la promotion d'un personnel issu de rangs sociaux modestes : 17,6 % des ministres sont issus des classes populaires ou moyennes, ils ne seront plus que 10,9 % sous la république giscardienne ; de même si 42,7 % des ministres « gaulliens » viennent de la bourgeoisie économique, 60 % des ministres giscardiens seront dans ce cas.

La diversité sociale tout comme la valorisation soudaine de la haute fonction publique, qui va de pair avec une orientation vers le salariat (ceux qui ont occupé des positions dans le monde économique avant leur entrée au gouvernement sont plutôt des directeurs ou cadres de société et non des patrons, des industriels ou des administrateurs de société), font la singularité du personnel gouvernemental gaulliste qui représente plutôt la nouvelle bourgeoisie salariée face à la haute bourgeoisie économique traditionnelle qui prédominera en 1974. Après 1969 et plus encore après 1974, les ministres liés à l'univers intellectuel et ceux attachés au secteur public sont remplacés par des représentants du monde économique « indépendant », les ministres d'origine sociale populaire ou moyenne disparaissent, refermant le cercle des compétences sur les régions sociales les plus hautes. Si la très haute fonction publique reste présente, elle tend à décliner puis régresser. Surtout les affectations originelles de ces ministres hauts fonctionnaires se modifient. Sous de Gaulle, ils appartiennent plutôt aux secteurs traditionnels et « régaliens » de l'appareil d'État, souvent en déclin ou en crise et liés à l'administration d'autorité ou de représentation (diplomatie, coloniale, préfectorale, magistrature). À partir de 1974, ils proviennent des grands corps administratifs ou techniques, des services des administrations centrales, mais également des rangs moins prestigieux de la fonction publique (administrateurs civils, sous-préfets, ingénieurs). Le poids plus important des centristes d'origine sociale plus modeste, l'appel à des dirigeants gaullistes de deuxième rang et surtout l'inflation des postes gouvernementaux, notamment des secrétaires d'État (le cabinet Debré de 1959 en comptait six, celui de Jacques Chirac, vingt-deux, celui de Raymond Barre, vingt-cinq) affaiblissent le prestige social du ministre qu'avait recherché de Gaulle. En témoignent les satires rituelles sur les hommes au pouvoir. Si les caricaturistes moquent la République gaullienne sous les traits de la cour du Roi-Soleil, à partir de 1974, ils ironisent sur les « demi-maroquins », les « sous-ministres », l'obscurité ou l'anonymat des membres du gouvernement.

L'augmentation du capital culturel des ministres. C'est un phénomène qui prend également de l'ampleur dès 1958. Les titres scolaires les plus légitimes, valorisés, certifient les compétences statutaires des responsables de l'État (82 % des ministres gaulliens ont des diplômes de grandes écoles ou des titres universitaires éminents contre 72,5 % en moyenne sous la IVe République). Ils seront renforcés par la suite (84 % sous Valéry Giscard d'Estaing). Cependant, aux études de droit et de lettres qui prévalent également sous la IIIe et la IVe République, se substituent, après le départ de De Gaulle et surtout après 1974, celles des mathématiques et des sciences (29,8 % des ministres gaulliens ont suivi des études littéraires, 15,2 % chez les giscardiens ; 9,5 % des premiers ont emprunté des filières scientifiques contre 16,3 % chez les seconds), sans doute plus directement adaptées aux nouveaux enjeux économiques, environnementaux et écologiques qui se posent aux gouvernements ultérieurs.

La prédominance dans l'histoire personnelle des ministres gaullistes de caractéristiques attestant une « formation à l'État et au droit », ainsi que le relatif brassage social existant entre eux expliquent sans doute l'accord qui s'est concrétisé entre un président prônant la rénovation de l'État et de la politique, un personnel gouvernemental préparé socialement à entendre cette injonction et chargé de la mettre en œuvre, et une haute administration vivant son rôle sur le mode de la mission modernisatrice. Cette composition sociale suggère également un faible tropisme vers le pôle économique, une certaine proximité avec l'intelligentsia et un fort attachement au rôle prédominant de l'État dans la définition des politiques publiques, prédispositions qui s'effacent avec l'arrivée au pouvoir d'un représentant d'une autre droite en 1974 (sous cet angle la présidence de Georges Pompidou s'inscrit encore dans la continuité de celle de De Gaulle). Reste que l'installation du Général au pouvoir a modifié profondément la distribution des espérances sociales d'accès au cœur de la décision publique. Elle a permis la réalisation de prétentions contrecarrées, sous la IVe République, par le jeu des négociations entre partis. Pour certains aspirants à l'exercice du pouvoir, le gaullisme a joué le rôle d'accélérateur de carrière ; pour la haute administration, il a signifié l'octroi d'un rôle sans commune mesure avec celui qui était le sien auparavant. Mais, pour d'autres acteurs, l'avènement de la Ve République a fonctionné comme une fermeture de leurs chances d'accès au pouvoir politique. La forte augmentation des ressources sociales individuelles requises pour devenir ministre vient démarquer le personnel gouvernemental des députés qui n'en disposent pas autant. La distance sociale qui s'instaure entre ces deux catégories de personnels politiques produit une relative coupure entre le monde parlementaire et celui de l'exécutif et transforme les anticipations de carrière possible chez les uns et les autres ; elle confère ainsi une dimension pratique à la « rationalisation du parlementarisme » inaugurée par la nouvelle Constitution en contribuant à la monopolisation de la responsabilité publique par le gouvernement.

Pourtant, à s'arrêter là, on manquerait sans doute le principal : la construction d'une dissymétrie telle entre de Gaulle et ses équipes ministérielles successives que toute l'autorité politique se trouve concentrée dans sa personne. C'est ici le travail de fidélisation au président de la nouvelle République qu'il convient d'évoquer en observant la division du travail à l'œuvre au sein de l'arène gouvernementale.

Une politique de la fidélité. Que cette fidélité ne soit pas immédiatement acquise au général de Gaulle, rien n'en témoigne mieux que les turbulences du groupe parlementaire de l'Union pour la nouvelle République (UNR) de 1958 à 1962. Très étrangement en effet, l'ordre politique semble bousculé : les moins obéissants aux consignes gaullistes sont également ceux qui sont situés dans le bas de la hiérarchie des postes politiques. La présence d'une large fraction de députés acquis à l'Algérie française et le contexte des élections législatives de novembre 1958, qui se sont jouées sur des thèmes locaux et des titres personnels détachés du collectif partisan (l'UNR n'a d'ailleurs été créée qu'à l'occasion de cette campagne électorale), rendent compte pour une large part de l'indocilité fréquente des députés gaullistes. « Ils ont été élus dans mon ombre » : cette phrase lancée par de Gaulle en 1958, ne devient vraie qu'en 1962. Les « godillots » apparaissent seulement avec cette nouvelle législature et grâce au travail de « disciplinarisation » entrepris par le nouveau Premier ministre Georges Pompidou. Les ministres, à l'inverse, semblent d'emblée moins rétifs à suivre les directives gaulliennes. C'est que nombre de mécanismes viennent saper leur autorité et les placer, les premiers temps, devant la seule alternative de se démettre ou de se soumettre avant qu'ils n'apprennent les profits politiques susceptibles d'être retirés d'un dévouement à la parole gaullienne. Valéry Giscard d'Estaing en est une illustration exemplaire : élu en 1956 et mettant alors en avant ses ressources notabiliaires et sa relation avec Antoine Pinay et le parti des Indépendants paysans, il change en 1958 de stratégie pour insister sur son appartenance à l'ENA. Une fois entré au gouvernement, il se range sans mot dire, contre son ancien mentor, derrière les décisions gaulliennes concernant le plan de redressement financier prévoyant dévaluation du franc et création d'un « franc lourd ».

Les années 1958 à 1962 ont été cruciales dans l'instauration de l'autorité personnelle du général de Gaulle. La première solution, imaginée le 1er juin 1958 par le nouveau président du Conseil, est celle d'un compromis avec les notables politiques et les partis. Dans ce cabinet, Guy Mollet leader de la SFIO côtoie, entre autres ministres, Pierre Pflimlin, responsable du MRP, et Antoine Pinay, président du Centre national des indépendants paysans. Fin 1958, cette approche est devenue obsolète. Ce changement de stratégie signe la complète révision du capital politique qui destinait précédemment celui qui le détenait à faire figure d'homme d'État. Antoine Pinay, notable, plusieurs fois ministre sous la IVe République, chargé en 1958 du ministère de l'Économie et des Finances, en fait l'expérience malheureuse. Il doit défendre un plan économique dans lequel il ne se reconnaît pas et se voit disputer l'imputation de la décision par de Gaulle lui-même, par des experts sans mandat électif comme Jacques Rueff, voire par de simples membres du cabinet du Général (Georges Pompidou, Roger Goetze). Mais les ministres SFIO ou MRP ne s'en sortent guère mieux ; ils devront très vite démissionner, vivement contestés au sein même de leur organisation. L'échec, voulu ou subi, du compromis avec les partis contribue à enlever au capital politique partisan toute valeur pour réussir aux sommets de l'État. La mésaventure d'Albin Chalandon à la tête de l'UNR, obligé lui aussi de partir en juin 1959, après avoir tenté de construire une formation au verbe autonome, en témoigne également à sa façon. Après lui, l'UNR devient d'autant plus facilement une « caisse de résonance » du gouvernement que ce sont les ministres fidèles à de Gaulle qui en prennent les commandes, monopolisant dans les tribunes des meetings ou dans la presse la représentation du parti gaulliste. Les débuts de la Ve République montrent encore à l'œuvre un mécanisme, savamment entretenu par le Général, de désajustement des rôles et des autorités condamnant nombre de responsables de l'État à jouer contre eux-mêmes (Michel Debré n'est-il pas contraint de mener une politique de sortie de la guerre d'Algérie avec laquelle il est en profond désaccord ?). Des positions sans pouvoir et des pouvoirs sans position entrent dans une concurrence qui tourne immanquablement en faveur de la présidence. Olivier Guichard, dans ses témoignages, décrit ainsi Georges Pompidou, alors directeur de cabinet de De Gaulle, comme un « super ministre », intervenant officieusement mais très efficacement sur tous les dossiers les plus brûlants, doublant les ministres de tutelle voire le Premier ministre lui-même (plan économique, accords d'Évian).

Les ministres issus de la haute fonction publique succèdent en janvier 1959 aux notables politiques. Si généralement ils n'ont pas exercé de fonctions politiques avant leur nomination, ils ont souvent occupé de hautes positions administratives dans le secteur ministériel qui leur est confié. Ainsi de Maurice Couve de Murville, ancien ambassadeur à Washington nommé ministre des Affaires étrangères, de Bernard Cornut-Gentille, ancien haut-commissaire en Afrique-Équatoriale française, nommé ministre de la France d'outre-mer puis des Postes et Télécommunications, ou de Wilfrid Baumgartner, inspecteur des Finances, ancien gouverneur de la Banque de France et du Fonds monétaire international, nommé ministre des Finances... Sans ressources politiques propres, spécialisés dans les domaines de leur compétence ministérielle, ils sont privés d'une autorité générale susceptible de les porter à intervenir sur d'autres questions étrangères à leur ressort et de concurrencer par leurs prises de position la parole gaullienne. Ces nominations semblent traduire la volonté du Général d'asseoir son autorité personnelle en recrutant des collaborateurs capables d'appliquer fidèlement sa politique, de diriger une administration qu'ils connaissent et qui les reconnaît comme ses meilleurs représentants et ainsi de stabiliser au mieux la transition vers une Ve République « présidentialiste ».

L'année 1962 se caractérise cependant par un retour au politique. Ces ministres d'un nouveau type sont remplacés par des personnalités plus politiques, recrutées parmi les fidèles du chef de l'État, en même temps que s'opère un renouvellement des générations plus orienté vers les enjeux électoraux. De jeunes hauts fonctionnaires, passés par les cabinets ministériels, notamment celui du Premier ministre, entrent progressivement au gouvernement et se lancent dans la compétition électorale après leur nomination. Leur relative jeunesse et ce cursus de carrière « inversé » les attachent au gaullisme tout en leur faisant prendre au sérieux la lutte contre leurs adversaires. Ces préoccupations, plus immédiatement politiques, vont plus tard créer des divisions dans les façons de penser le gaullisme et son prolongement ultérieur, c'est-à-dire dans les manières de concevoir et pratiquer la fidélité au grand homme.

Le ballottage de De Gaulle à l'élection présidentielle de 1965, événement imprévu aussi bien par ses proches que par ses adversaires, sonne comme un rappel à la nécessité de détenir de fortes ressources politiques collectives pour préserver l'autorité du chef de l'État. Deux conceptions du gaullisme se cristallisent : gaullisme charismatique du Général, gaullisme politique du mouvement portant son nom. Elles hanteront les destinées des successeurs du grand homme, Georges Pompidou et Jacques Chirac, en les condamnant à l'impossible : reprendre un héritage gaullien profondément divisé et contradictoire.

Annie Collovald

• *Voir aussi* : Hauts fonctionnaires ; Partis politiques ; Rénovation ; UNR

Bibl. : Annie Collovald, *Jacques Chirac et le gaullisme. Biographie d'un héritier à histoires*, Paris, Belin, 1999 • Brigitte Gaïti, *De Gaulle, prophète de la Cinquième République*, Paris, PFNSP, 1998 • Daniel Gaxie, « Les facteurs sociaux de la carrière gouvernementale sous la Cinquième République de 1959 à 1981 », *Revue française de sociologie*, vol. XXIV, 1983, p. 441-465.

MIRIBEL, Élisabeth de (1915-2005). – Arrière-petite-fille du maréchal de Mac-Mahon, Élisabeth de Miribel se rallie à de Gaulle dès juin 1940 et entre dans l'histoire de la France libre en dactylographiant le texte de l'appel du 18 juin 1940.

Âgée de vingt-quatre ans, elle est alors documentaliste attachée à la mission économique à Londres dirigée par Paul Morand. Le 15 juin, elle rencontre de Gaulle, pour la première fois, à l'ambassade de France. Geoffroy de Courcel, aide de camp du Général et ami de jeunesse, lui demande d'être prête à taper « un texte important ». Dans l'après-midi du 17 juin, il la contacte par téléphone afin qu'elle prenne en charge le secrétariat du Général ; il la convoque pour le lendemain matin au 6, Seymour Place, près de Hyde Park. Arrivée vers midi, Élisabeth de Miribel s'installe dans une chambre de l'appartement. Ce n'est que vers 15 heures que Courcel lui remet les premières ébauches de l'appel, fortement raturées et difficiles à déchiffrer. De son aveu même, elle tape laborieusement avec deux doigts ; afin de gagner du temps, l'aide de camp lui dicte des passages puis emporte au fur et à mesure les feuilles dactylographiées afin de les soumettre au Général. Decouragée par la lenteur de sa frappe, elle finit par avoir recours à un planton pour achever le travail.

Vers 17 heures, le texte définitif est prêt. De Gaulle et Courcel partent en taxi pour la BBC et déposent en chemin Élisabeth de Miribel. Rentrée chez elle à Brompton Square, elle n'entend pas l'appel lancé ce soir-là depuis les studios de la radio britannique. Dans l'après-midi du 19 juin, elle est de nouveau sollicitée pour expédier des missives aux communautés françaises à l'étranger ainsi qu'aux généraux Noguès, résident général au Maroc, commandant en chef de l'armée française d'Afrique du Nord, et Mittelhauser, commandant en chef au Levant : le Général propose de se placer sous leurs ordres afin de poursuivre le combat.

Sa collaboration à l'acte fondateur de la France libre fait entrer Élisabeth de Miribel dans le cercle étroit des fidèles de la première heure ; elle marque le point de départ d'une longue carrière au service de De Gaulle puis au sein de la diplomatie française. Entre 1940 et 1943, elle dirige le service d'information de la France libre à Ottawa. Elle parcourt le pays afin de rallier l'opinion à la cause gaulliste, joue un rôle déterminant dans l'envoi de l'amiral Thierry d'Argenlieu comme émissaire auprès des autorités canadiennes et contribue au rapprochement entre le Canada et la France libre. Elle est chargée, en novembre 1944, du service de presse à la présidence du Gouvernement provisoire de la République française (GPRA). L'année suivante, elle entre au ministère des Affaires étrangères.

Entre 1949 et 1954, Élisabeth de Miribel abandonne la carrière diplomatique pour entrer au Carmel. Une santé fragile l'oblige toutefois à renoncer à sa vocation religieuse. Après un passage dans le cabinet Mendès France (1954-1955), elle occupe des postes en Suisse, au Maroc, au Chili, en Autriche et en Italie entre 1955 et 1980. Philippe CASTERMANS

• *Voir aussi* : Appel du 18 juin 1940 ; France libre ; Entourages

Bibl. : Jean-Louis Crémieux-Brilhac, *La France libre : de l'appel du 18 Juin à la Libération*, Paris, Gallimard, 1996 • Élisabeth de Miribel, *La liberté souffre violence*, Paris, Plon, 1981.

MITTERRAND, François (1916-1996). – « Combien de mes contemporains pourraient résumer trente ans de leur vie par un "de Gaulle et moi" ! Je ne tomberai pas dans ce travers. J'ai vu et senti la France sans besoin de quiconque. » Ainsi s'exprime François Mitterrand en septembre 1971, dans un texte qui sera publié dans *La Paille et le Grain* en 1975. Sous la plume d'un homme de cinquante-cinq ans, dans la force de l'âge, et qui vient d'atteindre un sommet dans sa carrière en prenant la tête du parti socialiste, cette déclaration d'indépendance vis-à-vis d'un défunt laisse ouverte la question posée. De fait, les relations entre de Gaulle et Mitterrand ont été marquées par l'inégalité, et, après sa mort, la figure du premier n'a peut-être pas cessé de hanter le second.

Des engagements fluctuants. Le simple énoncé des faits met en lumière le décalage, puis l'opposition des deux hommes. La dissymétrie des relations tient d'abord à l'écart générationnel : l'un précède l'autre de plus d'un quart de siècle. Né en 1916 à Jarnac, en Charente, François Mitterrand connaît la vie d'un jeune bourgeois de province. Il est issu d'une famille conservatrice dont le catholicisme traditionnel considère avec méfiance les engagements politiques. En 1934, il arrive à Paris pour suivre les cours de la faculté de droit et de l'École libre des sciences politiques. Il prend une part active aux mouvements de jeunesse d'extrême droite, milite un temps aux « volontaires nationaux » du colonel de La Rocque et participe à plusieurs manifestations dont celle de 1935 « contre l'invasion des métèques ». Mobilisé en 1939, il est fait prisonnier et s'évade en décembre 1941. De retour en France, il s'engage dans les institutions créées par le gouvernement de Vichy, à la Légion française des combattants puis au Commissariat au reclassement des prisonniers de guerre. Ses services lui valent d'être décoré de la francisque en 1943. Pourtant, en novembre de la même année, alors qu'il est en liaison avec les milieux giraudistes de l'armée, il décide de rencontrer le général de Gaulle afin de faire reconnaître dans la Résistance son mouvement, le Rassemblement national des prisonniers de guerre (RNPG). À Alger, en décembre 1943, il est reconnu par le chef du Comité français de la Libération nationale (CFLN) qui lui confie la mission, conformément à sa politique générale d'unification de la Résistance, de réunir les mouvements de résistance de prisonniers. Mitterrand doit diriger la fusion des trois mouvements, le sien, celui des communistes et celui du neveu de De Gaulle, Michel Cailliau. Peu avant la libération de Paris, il est en outre nommé secrétaire général provisoire aux Prisonniers, c'est-à-dire chargé de fonctions quasi gouvernementales dans l'attente de l'arrivée à Paris du Gouvernement provisoire de la République française. Du 19 août au 5 septembre 1944, il exerce, à vingt-huit ans, cet interim, avec les autres secrétaires généraux. Quand de Gaulle les reçoit, c'est, pour Mitterrand, la deuxième rencontre. Une troisième a lieu en juin 1945, dans une atmosphère tendue, à la suite d'une manifestation revendicative de prisonniers que François Mitterrand a conduite sur les Champs-Élysées avec l'appui de la tendance communiste de son mouvement. Sans autre emploi, il est alors vice-président de la Fédération nationale des prisonniers de guerre (FNPG).

En 1946, il choisit la politique. Il est élu dans la Nièvre aux élections législatives de novembre 1946, sur une profession de foi marquée à droite par son hostilité aux nationalisations. Peu après, il adhère à l'UDSR, petit parti du centre appelé à jouer un rôle charnière sous la IVe République. Devenu l'une des figures dirigeantes de ce parti, il s'oppose vivement dans ses discours au RPF et à de Gaulle alors même que, jusqu'en 1951, son parti autorise la double appartenance avec le RPF. Onze fois ministre sous la IVe République, il est ministre de l'Intérieur de Pierre Mendès France en 1954 et garde des Sceaux de Guy Mollet en 1956-1957. À partir de 1953, il est président de l'UDSR et tente d'ancrer le parti au centre gauche. Il défend la politique de Mendès France, le laisse enterrer la Communauté européenne de défense (CED) et le soutient en Indochine et en Tunisie. Après avoir déclaré, en novembre 1954, « L'Algérie, c'est la France », et avoir aggravé, en tant que ministre, la répression en Algérie, il soutient, en octobre 1957, la motion de son parti en faveur d'une autonomie interne dans le cadre d'institutions fédérales françaises. Sans être pour la décolonisation, François Mitterrand prend progressivement place, en dépit de sa pratique ministérielle, parmi les libéraux modérés.

Un antigaullisme systématique. Les prises de position de François Mitterrand dans les années 1950 ne laissent pas prévoir le caractère radical de son opposition au retour de De Gaulle. En mai 1958, la réapparition de ce dernier sur la scène politique à la suite du coup de force d'Alger inaugure pourtant chez lui onze années d'antigaullisme virulent. Le 28 mai, François Mitterrand défile avec Édouard Daladier et Pierre Mendès France dans la manifestation de « défense républicaine ». Le 31 mai, il rencontre de Gaulle pour la quatrième et dernière fois, dans une réunion de présidents de groupes parlementaires organisée par celui-ci à la veille de la séance d'investiture à l'Assemblée nationale. Mitterrand demande en vain à de Gaulle de désavouer le « coup d'État » d'Alger. Le lendemain, avec Mendès France, il vote contre son investiture. Après avoir appelé à voter « non » au référendum constitutionnel qui sera un succès pour son promoteur, il est battu aux élections législatives de novembre 1958 mais retrouve un siège au Sénat en 1959. Le retour de De Gaulle a ouvert pour lui une « traversée du désert » de près de sept années, alors qu'en octobre 1957 et avril 1958 son nom avait circulé pour la présidence du Conseil. Le 15 octobre 1959, le « vrai-faux » attentat de l'Observatoire au cours duquel des balles sont tirées sur sa voiture aggrave son isolement. Se présentant comme une victime de l'extrême droite – le 16 septembre précédent, le discours de De Gaulle sur l'autodétermination de l'Algérie a fait monter la tension chez les partisans de l'Algérie française –, Mitterrand se trouve confronté, cinq jours plus tard, au témoignage d'un ancien du RPF qui affirme avoir organisé cette machination de concert avec lui. Politiquement seul – l'UDSR n'est plus qu'une coquille vide –, et moralement mis en cause, il tente cependant de maintenir son réseau. En 1960, il crée la Ligue pour le combat républicain et, en 1964, la Convention des institutions républicaines (CIR). Il s'en servira avec succès pour peser sur le rassemblement des forces de gauche et imposer une stratégie d'alliance avec le parti communiste, par opposition au projet de Gaston Defferre qui était orienté vers le centre. D'emblée, il a compris que la logique majoritaire et la bipolarisation induites par la Ve République impliquaient de nouvelles tactiques d'accession au pouvoir. En 1962, il s'oppose avec le cartel des « non » à la réforme constitutionnelle instituant l'élection du président de la République au suffrage universel, mais il en discerne les virtualités pour son propre usage. En 1969, dans *Ma part de vérité*, il affirme avoir su dès lors qu'il serait candidat en 1965.

C'est cette candidature, annoncée en septembre 1965, qui fait d'un coup de Mitterrand le leader de la gauche non communiste, avec le soutien du parti communiste. Il réunit en même temps la SFIO, les radicaux et la CIR dans la Fédération de la gauche démocrate et socialiste (FGDS). Un mois plus tard, le PSU lui accorde son soutien. Arrivé en tête des candidats d'opposition au premier tour, avec 32 % des suffrages exprimés, il devient *de facto* le leader de l'opposition. Le candidat de l'extrême droite, Jean-Louis Tixier-Vignancour, se désiste en sa faveur, et Jean Lecanuet, candidat du Centre démocrate, appelle ses électeurs à voter contre de Gaulle. La mise en ballottage de ce dernier représente, à elle seule, une victoire symbolique. Finalement battu au second tour mais avec 45 % des voix, François Mitterrand sort renforcé du défi. Président de la FGDS, il se voit un rôle national et constitue un « contre-gouvernement » à la manière des « *shadow cabinets* » britanniques. Le succès relatif de la gauche aux élections législatives de 1967 – elle manque de peu la majorité des sièges – confirme le leader dans sa marche au pouvoir.

Mai 68 met un coup d'arrêt à son ascension. Imprégné de culture parlementaire, Mitterrand ne comprend pas le mouvement étudiant. Un an plus tard, dans *Ma part de vérité*, il ironisera sur ces « garçons de moins de trente ans, [qui] mimaient leurs anciens du Front populaire ». Il tente néanmoins de tirer profit de la déstabilisation du gouvernement en se présentant, le 28 mai, comme candidat à la présidence de la République. Comme il pense que la réponse au référendum annoncé quatre jours plus tôt par de Gaulle sera négative et que celui-ci se retirera, il propose « la mise en place d'un gouvernement provisoire de gestion » avec, notamment, Pierre Mendès France. À la limite de la légalité puisque la présidence n'est pas vacante, Mitterrand engage ainsi un processus particulier d'accession au pouvoir, un peu comme de Gaulle en 1958. Avec ces différences qu'il n'est pas de Gaulle, que la dégradation de l'État n'a pas atteint le point de non-retour, et que la Constitution a prévu, le cas échéant, une procédure d'interim de la présidence de la République. Par cette démarche solitaire, Mitterrand s'est coupé de ses alliés communistes. Le raz-de-marée gaulliste aux élections de juin 1968 achève d'affaiblir la FGDS, qui disparaît à l'automne. Son président se retrouve à la tête de la seule CIR. En 1969, la gauche ne le sollicite pas pour l'élection présidentielle parce qu'elle refuse alors la stratégie d'alliance avec les communistes. Quand de Gaulle joue son dernier acte, se retire en 1969 et meurt en 1970, Mitterrand traverse donc un nouveau « désert ». Il en sortira par un coup de maître en 1971. Grâce à une alliance avec Jean-Pierre Chevènement, il prend la tête du parti socialiste, un parti auquel il n'avait jamais adhéré auparavant.

De l'extrême droite à Vichy puis à la Résistance, de la droite au centre gauche et à la gauche socialiste, de la fréquentation des sommets (lors des journées d'août 1944 et sous la IVe République) aux retombées dans les marges (1945-1946, 1958-1965 et 1969-1971), ce parcours accidenté se dessine en opposition constante à de Gaulle, mis à part l'intermède de novembre 1943 à 1945.

De Gaulle sans cesse revisité. L'attraction exercée par de Gaulle sur Mitterrand de la fin de 1943 à 1945 constitue une anomalie dans son parcours. C'est peut-être pourquoi il est revenu plusieurs fois sur cet épisode, en en modifiant le récit à chaque étape. On l'a vu, la démarche en reconnaissance du jeune dirigeant du RNPG a été couronnée de succès. Selon le récit qu'il en donne en 1945 dans *Les Prisonniers devant la politique*, alors que de Gaulle est encore au gouvernement, il est allé à Alger pour « lui apporter le témoignage de reconnaissance des centaines de milliers d'hommes dont il incarnait l'espoir. À l'issue de notre entretien, j'avais acquis la certitude que notre cause était comprise. Et lorsque je regagnai l'Angleterre, quelques jours plus tard, j'étais en possession d'un texte habilitant les Mouvements de Résistance des Prisonniers de guerre à combattre au nom du gouvernement reconnu par tous les patriotes. Nous obtenions également un budget ». La nomination de François Mitterrand, quelques mois plus tard, comme secrétaire général provisoire représentait une confirmation de cette réussite. Est-ce son opposition à de Gaulle sous la Ve République qui a modifié sa mémoire ? Ou est-ce la difficulté à intégrer son engagement vichyste dans la posture républicaine qu'il adopte par la suite ? En 1964, critiquant les orientations du gouvernement dans un congrès, il n'hésite pas à déclarer à propos du gaullisme : « Si c'est celui de 1940, c'était nous. » Renversant les rôles, il se présente en résistant de la première heure. Ayant épousé rétrospectivement la cause d'Henri Frenay, qui était, lui, un résistant de 1940, et qui s'était posé, en privé, en rival de De Gaulle en 1942, Mitterrand révise son souvenir de l'entrevue de 1943. Devenu *a posteriori* un résistant de l'intérieur qui se serait opposé « à la simple exécution des ordres venus de l'extérieur » – en l'occurrence du chef du CFLN –, il donnera de l'entretien d'Alger, en 1969 et en 1975, une relation ironique et empreinte d'aigreur. En 1969, dans *Ma part de vérité*, il date de cette première rencontre « une incompatibilité d'humeur qui dure encore ». Mais surtout, son récit omet alors l'essentiel : son adoubement par le chef du CFLN. Il laisse entendre qu'il a été congédié pour avoir refusé d'obéir : il était donc déjà un opposant au gaullisme. En 1975, dans *La Paille et le Grain*, il reconnaît cependant qu'il a été nommé secrétaire général provisoire en 1944. Peu avant sa mort, en 1996, alors que de Gaulle a disparu depuis un quart de siècle, il revient encore sur cet épisode dans ses *Mémoires interrompus*. Il reproduit la version de 1975, mais en nuançant la tonalité de ses propos antérieurs : « Néanmoins, cette entrevue s'est moins mal passée qu'on ne l'a rapporté. » De toute évidence, ces variations et cette écriture en trompe l'œil révèlent un rapport à la fois puissant et complexe avec de Gaulle.

Le « non » de Mitterrand à l'investiture de De Gaulle en 1958 et ses « non » successifs aux référendums constitutionnels sont souvent assimilés au refus opposé par Mendès France aux institutions de la Ve République. Il y avait cependant chez Mitterrand une dimension supplémentaire dans l'opposition, qui l'a conduit à faire un leitmotiv de la dénonciation de la « dictature » du gaullisme ou de De Gaulle, un peu comme Caton l'Ancien commençait et terminait tous ses discours par « *Delenda est Carthago* ». Par exemple, en avril 1961, après le putsch des généraux, s'il prend ses distances d'avec « la révolte inconsidérée des quatre généraux » et salue la performance du général de Gaulle, c'est pour conclure sur le durcissement, inéluctable à ses yeux, du régime : « Sous peine de périr, écrit Mitterrand dans le *Courrier de la Nièvre* du 29 avril 1961, il lui faut conformer carrément ses méthodes à sa nature. » La trace la plus spectaculaire de cette croyance axiomatique reste son livre intitulé *Le Coup d'État permanent*, paru en 1964, dans lequel, s'inspirant de Chateaubriand dénonçant Napoléon, il stigmatise le nouveau Napoléon III. L'outrance des attaques *ad hominem* – « Et qui est-il, lui, de Gaulle ? *duce*, *führer*, *caudillo*, *conducator*, guide ? » – signale que le propos de l'auteur est autant de soulager une « incompatibilité d'humeur » que de reprendre position dans une configuration politique défavorable. Bien qu'après la mort de De Gaulle il ait écrit dans *La Paille et le Grain* : « Moi qui n'ai jamais été gaulliste, j'ai toujours refusé d'être anti », il n'est pas excessif de le définir sous la Ve République comme un antigaulliste systématique.

Ménagé par de Gaulle. Jusqu'en 1958, Mitterrand existe à peine pour de Gaulle. En 1946-1949, il n'apparaît pas dans ses conversations telles qu'elles sont retranscrites par Claude Guy dans *En écoutant de Gaulle*. Dans ses *Mémoires de guerre*, le Général ménage Mitterrand, de même d'ailleurs que l'ensemble des personnes qu'il y cite. Dans le volume paru en 1956, il mentionne son nom dans une liste de « chargés de mission » qui ont fait le voyage d'Alger en 1943 ou 1944. Pourtant, à la date où il écrit, le mémorialiste sait que celui-ci a travaillé volontairement pour le gouvernement de Vichy et qu'il est titulaire de la francisque. Dans le troisième volume, paru en 1959, de Gaulle évite de nommer le dirigeant de la Fédération nationale des prisonniers de guerre lorsqu'il évoque le rappel à l'ordre qu'il lui a signifié en juin 1945 après la manifestation. Il a cependant déjà constaté, en juin 1958, que celui-ci lui a refusé l'investiture et s'est installé dans l'opposition.

C'est sa candidature à l'élection présidentielle de 1965 qui fait entrer Mitterrand dans les considérations du général de Gaulle. Au témoignage d'Alain Peyrefitte, de Gaulle, en privé, éclate de rire et qualifie Mitterrand de « vulgaire opportuniste » : « le Rastignac de la Nièvre », « le type du politichien », « une arsouille ». Et il ajoute : « Mitterrand et Bousquet, ce sont les fantômes qui reviennent : le fantôme de l'anti-gaullisme surgi du plus profond de la collaboration. » Dix jours avant le premier tour, le président de la République se refuse cependant à « faire la politique des boules puantes » en laissant publier la photographie, prise en 1942 à Vichy, de la présentation au maréchal Pétain d'un François Mitterrand admiratif. Cette attitude de retenue de la part du Général s'explique par la crainte qu'on « porte atteinte à la fonction [présidentielle] pour le cas où [Mitterrand] viendrait à l'occuper ». En public, entre les deux tours de l'élection présidentielle, le président de la République contre-attaque pour la première fois, tout en se maintenant pour l'essentiel sur le terrain des généralités : le succès de l'opposition signifierait le retour des partis et du régime de la IVe République. Son compétiteur – qu'il ne désigne pas nommément – n'est pas, dit-il, le candidat de la gauche, « il est aussi le candidat de la droite » – puisqu'il est soutenu par l'extrême droite ; quant aux accusations de dictature, ce sont des « plaisanteries ». En fait, la première manifestation publique de mépris que de Gaulle ait accordée à Mitterrand, toujours sans prononcer son nom, se situe dans le discours du 30 mai 1968 : la mention de « l'ambition et [de] la haine de politiciens au rancart » fait allusion à la candidature, formulée le 28 mai, de Mitterrand à sa succession. Seconde et dernière trace fugitive de ce jugement, de Gaulle signale dans ses *Mémoires d'espoir* que le 31 mai 1958, les présidents de groupe du Parlement qu'il a réunis soutiennent son entreprise, « sauf François Mitterrand qui exhale sa réprobation ».

L'antigaullisme passionné de François Mitterrand ne semble pas avoir cédé avec le temps. Cette querelle intime l'a parfois conduit à des actions apparemment incohérentes, comme de témoigner à décharge au procès du général Salan en 1962, ou, en 1982, d'imposer personnellement au Parlement, contre l'avis de son propre parti, la reconstitution de carrière des généraux putschistes. Par ce dictat à front renversé, il montrait son besoin inextinguible de condamner l'action du général de Gaulle.

Pourtant, une fois élu à la présidence de la République, ayant accédé à la magistrature suprême d'une Ve République qu'il avait constamment stigmatisée et qui était l'œuvre de son ennemi, il en revêtit sur-le-champ les habits constitutionnels.

Claire ANDRIEU

• *Voir aussi :* Antigaullistes ; Discours du 30 mai 1968 ; Élection présidentielle de 1965 ; UDSR

Bibl. : Claire Andrieu, « Managing Memory : National and Personal Identity at Stake in the Mitterrand Affair », *French Politics and Society*, printemps 1996 • Éric Duhamel, *François Mitterrand. L'unité d'un homme*, Paris, Flammarion, 1998 • Pierre Péan, *Une jeunesse française. François Mitterrand, 1934-1947*, Paris, Fayard, 1994.

MOCH, Jules (1893-1985). – Londres, 1943 : Jules Moch, député et ancien ministre du Front populaire, transmet au général de Gaulle un message des résistants du Comité d'action socialiste. Ils le soutiennent non parce qu'il est général, mais bien qu'il le soit ! De Gaulle réplique : « Général, je ne le suis plus... Je suis au-dessus de la hiérarchie de l'armée. » Et Moch de rétorquer : « Mettez-vous en civil ! » Officier de marine, il gagne Alger pour participer aux travaux parlementaires, mais souhaite surtout aller au feu. Le Général tient à sa représentativité : « Est-ce que je me bats, moi ? » lui lance-t-il. Moch s'engage néanmoins.

À Paris, en janvier 1945, les deux hommes se heurtent encore. Moch se plaint de la lenteur des nationalisations et préconise une politique monétaire d'austérité. De Gaulle écarte ces conceptions. En octobre 1945, Moch est élu député. En novembre, il entre dans le gouvernement de Gaulle comme ministre des Travaux publics et des Transports. Le 14 janvier 1946, il est le premier à qui le chef du GPRF (Gouvernement provisoire de la République française) annonce sa démission prochaine. Dès lors, Jules Moch craint que celui-ci ne cherche à se faire imposer par la rue. En 1948, ministre de l'Intérieur, il s'inquiète des troubles liés aux déplacements d'un homme « dont les thèses mènent, même à son insu, à la dictature ». Il devient pour de Gaulle « ce personnage qui fait partie de ce que l'on appelle le gouvernement, et qui s'est permis [...] de parler en termes irrespectueux de son ancien chef dans ce qu'on appelle encore le Parlement ». Les deux hommes ne se rapprochent secrètement qu'en 1954, contre la Communauté européenne de défense.

La crise de 1958 rappelle Jules Moch à l'Intérieur. S'il refuse de soupçonner de Gaulle de « vouloir violer la volonté nationale », il prend un certain nombre de mesures de précaution lors de la conférence de presse du Général au Palais d'Orsay, le 19 mai. Par l'entremise d'Edmond Michelet puis Gilbert Grandval, le contact est pourtant maintenu. Le 28 mai, Moch se rallie à l'idée d'un retour de De Gaulle au pouvoir, pourvu qu'il ait lieu dans les formes. Par la suite, il mène bataille contre le futur article 16 avant de se satisfaire des garanties entourant son application. L'élection du président de la République au suffrage universel lui paraît bonapartiste et l'UNR (Union pour la nouvelle République), un « extraordinaire magma de factieux d'Algérie et de Corse, de fascistes, d'ex-collabos mués en gaullistes, de modérés, d'hommes énigmatiques et redoutables, et aussi de démocrates sincères, laïques ou non ». Le choix d'une justice d'exception pour juger les putschistes d'Alger l'écœure, tout autant que le refus à Jean-Marie Bastien-Thiry d'une grâce que le Général a accordée au milicien responsable de la mort du résistant François Moch, son fils.

Délégué à la Commission du désarmement de l'ONU depuis 1951, mais voyant que le Général décide de doter la France de la Bombe, il renonce à son mandat en 1961. De Gaulle y voit une manifestation d'hostilité personnelle, tandis que Moch dénonce une politique étrangère « maurrassienne » et devient l'un des chefs de file de l'opposition à la « bombinette ». Les deux hommes en resteront là : liés par une profonde estime et séparés par des conceptions politiques irréconciliables.

Éric MECHOULAN

• *Voir aussi :* Antigaullistes de gauche ; Bombe atomique ; CED ; GPRF ; SFIO

Bibl. : Éric Mechoulan, *Jules Moch. Un socialiste dérangeant*, Bruxelles-Paris, Bruylant, 1999 • Jules Moch, *Rencontres avec... Charles de Gaulle*, Paris, Plon, 1971 • Id., *Une si longue vie*, Paris, Robert Laffont, 1976.

MOHAMMED V (1909-1961). – Mohammed ben Youssef, futur Mohammed V, fut choisi par la France pour succéder à son père en 1927 comme sultan du Maroc. La puissance protectrice en escomptait beaucoup de docilité. En fait, le jeune homme se révéla prudent mais habilement déterminé à cheminer sur la voie de l'émancipation. Ainsi, après la défaite française de 1940, affirme-t-il une plus grande indépendance face au résident général Charles Noguès, en refusant de cautionner dans le protectorat la législation antisémite de Vichy. En février 1943, il ne se montre pas insensible aux perspectives d'émancipation que lui fait entrevoir le président Roosevelt, vif adversaire du colonialisme français, alors que le glaoui de Marrakech, le rival que lui opposeront les Français, s'était montré ouvert à des avances allemandes.

Le général de Gaulle rencontre le sultan pour la première fois le 6 août 1943. Il décrit ce « contact d'homme à homme » de la façon suivante : « Je nouai avec lui des liens d'amitié personnelle. Mais aussi nous conclûmes une sorte de contrat d'entente et d'action commune auquel nous ne manquâmes jamais, ni l'un ni l'autre aussi longtemps que moi-même pus parler au nom de la France » [*MG*]. Mohammed V a des conceptions qui le conduisent à soutenir, en 1945, le mouvement nationaliste Al Istiqlal d'Allal el-Fassi. Mais il est contraint, par le résident général, de désavouer les manifestations les plus violentes. À cette époque, de Gaulle est président du Gouvernement provisoire de la République française. Le 18 juin, il reçoit le sultan en France comme un souverain et déploie le maximum de faste et d'attention pour créer un climat favorable aux entretiens qui vont s'ouvrir. Mohammed ben Youssef développe l'idée selon laquelle le protectorat n'a été accepté par la dynastie alaouite que comme transition entre le Maroc d'autrefois et l'entrée dans le monde moderne comme État libre et indépendant. De Gaulle assure dans ses Mémoires en avoir convenu, mais, à l'époque, il insiste encore sur l'importance du concours de la France pour la réussite de cette transition, et se garde d'offrir quelque précision sur la date de l'éventuelle indépendance. Néanmoins, l'atmosphère semble avoir été très positive.

Plus tard, de Gaulle sera seulement spectateur de la réponse française au développement des troubles qui conduisent le gouvernement de Joseph Laniel à déposer le sultan au profit du glaoui. Déporté le 20 août 1953 en Corse puis à Madagascar, il est remis sur le trône le 16 novembre 1955 par le gouvernement Edgar Faure qui signe avec lui les accords de La Celle-Saint-Cloud, ouvrant la voie à l'indépendance, pleinement reconnue le 7 mars 1956. De Gaulle a désapprouvé le traitement infligé au sultan, son Compagnon de la Libération, et l'a reçu à son retour d'exil le 7 novembre 1955. Cependant, dans sa conférence de presse du 30 juin de la même année, il se contentait d'envisager un « lien fédéral » entre le Maroc et la France, dans le cadre d'une politique d'association qui se substituerait à la politique de domination. De retour aux affaires, de Gaulle manifestera toujours une grande déférence à l'égard du sultan, devenu depuis 1957 roi du Maroc. Si l'estime personnelle a pu jouer un grand rôle, de même que le respect spontané chez Charles de Gaulle pour l'héritier d'une très ancienne dynastie, il faut aussi faire la part du calcul politique chez le chef de l'État qui comptait manifestement sur ces excellentes relations d'homme à homme pour favoriser le maintien du royaume dans la mouvance française.

Philippe Braud

• *Voir aussi* : Décolonisation ; Hassan II

Bibl. : Charles-Robert Ageron, *Politiques coloniales au Maghreb*, Paris, PUF, 1972 • Stephan Bernard, *The France-Morocco Conflict. 1943-1956*, New Haven, Yale University Press, 1968 • Rémi Leveau, *Le Fellah marocain, défenseur du trône*, Paris, PFNSP, 1976.

MOI (le). – **Nom : de Gaulle ; prénom : Général.** Charles de Gaulle a toujours cru en son destin : devenir le général de

Gaulle. En 1905, à l'âge de quinze ans, le jeune homme rédige un texte singulier où il se projette dans l'avenir en s'imaginant à la tête des armées françaises ; sous le nom de « général de Gaulle », il sera celui dont la France aura besoin. Il la libérera du joug de l'ennemi. Étonnante prédestination, ou plutôt stupéfiante volonté mise au service d'une ambition précoce, qui est aussi celle de la France. Car le destin du Général, tel qu'il est présenté dans les *Mémoires de guerre*, s'inscrit dans une identification à un destin général. Sa destinée, c'est ainsi qu'il se la représente, se formule ainsi : « être le sauveur de la France ». « De Gaulle, ayant réussi à rassembler la nation et à la conduire au salut... », dit-il dans les *Mémoires de guerre*. Par là, il fait fond sur des thèmes qui ne sont pas originaux, loin s'en faut – le recours au rédempteur a été l'un des plus prégnants dans l'imaginaire politique français de ces deux derniers siècles.

Que celui qui se destine à jouer un rôle national d'homme providentiel s'appelle de Gaulle n'est certainement pas anodin. Quel patronyme ! Peut-on dire, jouant sur l'homophonie, *de Gaulle* égal *de Gaule* ? En effet, le patronyme outrepasse le rôle d'une simple « étiquette », et la psychanalyse met l'accent sur l'importance que l'inconscient de chacun attribue au nom, « symbole essentiel pour ce qui est de son lot », appuie le psychanalyste Jacques Lacan. Le lot de De Gaulle, ainsi que lui-même le conçoit, c'est la France, une France enracinée dans son histoire, dans une Gaule qui constituerait ses racines et sa justification. Le nom propre porte la marque du destin, et laissons à Charles le nom qu'il s'est donné : « général de Gaulle ». Car « général », davantage qu'un grade, ne serait-il pas son nom de baptême ? Toujours est-il que, le 18 juin 1940, le général de Gaulle semble s'être totalement emparé d'un Charles impliqué corps et âme dans sa mission. « Moi, général de Gaulle », énonce-t-il lors de ses premiers discours de Londres – alors qu'il n'est que général de brigade à titre temporaire. Sa carrière ne fait que commencer et déjà il se sert de son nom comme d'un puissant levier politique, voire d'un véritable slogan susceptible de mobiliser les foules. Il le brandit face à Vichy, puis pour rassembler les Français en 1945 ; il l'agitera comme joker lors de la crise algérienne. Voilà un homme auquel son patronyme, toute sa vie, sert de boussole et d'enseigne.

Charles réussit donc sa rencontre avec son nom. L'en-tête du papier à lettres du président de la République qu'il deviendra en 1959 portera en majuscules, et en majesté, cette unique mention : « Le général de Gaulle ». Ce sera aussi dorénavant son nom d'écrivain : la première édition des *Mémoires de guerre* sera signée « général de Gaulle ». Ses textes témoignent de la manière curieuse dont Charles de Gaulle est devenu le général de Gaulle. Jusqu'aux *Mémoires de guerre*, de Gaulle, qui n'est pas encore « général de Gaulle », est absent de ses écrits. C'est au fil des pages des *Mémoires* que le lecteur assiste à la naissance d'un personnage historique, d'un de Gaulle à la troisième personne ; Charles de Gaulle, parlant de lui-même, dit « de Gaulle » ou, mieux, « le général de Gaulle ». À mesure que l'on s'avance dans les *Mémoires de guerre*, le phénomène gagne en importance – il persistera dans les *Mémoires d'espoir*. Il est clair que, une fois devenu une figure de l'histoire, Charles se fige dans son personnage ; on ne sait pas s'il était écrit d'avance que de Gaulle devînt le général de Gaulle, mais ses écrits tendent à le faire penser...

Le général de Gaulle s'y croit-il ? Charles de Gaulle se prend-il pour le général de Gaulle, pour absolument identique à celui-ci ? Ou peut-être se prend-il pour la France, ainsi que certains de ses détracteurs l'ont suggéré ? Entrée dans le patrimoine national, cette question de l'identité chez de Gaulle fait l'objet d'histoires drôles : « Dans un asile de fous, deux pensionnaires se prennent pour de Gaulle. Le médecin chef tente une expérience en leur faisant passer vingt-quatre heures dans la même chambre. Le lendemain, il va voir les deux hommes. Le premier sort fièrement de la pièce avec son uniforme et son képi de général. Le second s'approche : — Docteur, je me suis lourdement trompé ! Je sais maintenant que je ne suis pas le général de Gaulle... — Formidable, dit le médecin. — Oui, mes yeux se sont ouverts : je suis la France ! »

De Gaulle s'identifierait-il à la France ? Cet homme se voue à sa charge de représenter la France au point de vouloir, il l'écrit, « incarner la France tout entière ». L'incarner au point de la faire parler : cette voix du Général qui, à partir de juin 1940, s'adresse aux Français, se donne comme la voix même de la France. Dans le verbe gaullien, le sujet de l'énoncé (la France) et le sujet de l'énonciation (le général de Gaulle) se rapprochent. En nombre de phrases des *Mémoires*, il y a ambiguïté ; de Gaulle, c'est la France, et en même temps la France, c'est de Gaulle. Tout se passe comme si c'était la France elle-même qui parlait par sa bouche, telle une puissance supérieure qui, mystérieusement, le visiterait. « Enfin, je vais à Rome et, descendant au Palais Farnèse, marque que la France y rentre dans une demeure qui lui appartient », écrit-il dans les *Mémoires de guerre* : qui parle ? Lui, ou la France ? Si de Gaulle et la France ne font qu'un comme effet de discours, c'est parce qu'il y a un échange entre eux ; il communique par des appels avec son pays. La voix du Général sauve la France occupée tandis que d'un même mouvement, c'est la voix de la France qui suscite la geste gaullienne. Curieux phénomène que cet échange de voix, à la limite de l'étrange. Là encore, y croit-il vraiment ?

On ne sait pas si cet homme-symbole sait conserver une distance, un espace de respiration entre les fonctions qu'il endosse et lui-même. Le Général est-il fou ? Il est possible de s'interroger, tant cet homme monolithique incarne son pays et son personnage avec conviction, sans l'ombre d'une distance, d'un clin d'œil. S'il y a des fous qui se prennent pour Napoléon ou pour le Christ, d'autres fous se prennent pour le roi ; selon la formule de Jacques Lacan : « Si un homme qui se croit un roi est fou, un roi qui se croit un roi ne l'est pas moins. » Ce de Gaulle, pour qui se prend-il ? Il est impossible de répondre à cette question iconoclaste – en tout cas, le Général ne se prend pas pour n'importe qui...

Il met son point d'honneur à cultiver sa singularité et à ne ressembler à personne, mais il s'identifie aux grands de l'histoire de France. Si le moi n'est rien d'autre pour le docteur Lacan qu'une succession de modèles, de Gaulle, qui se regarde dans le miroir de l'histoire, se reconnaît dans les figures de Saint Louis, Henri IV, Napoléon, Clemenceau, Foch ou Jeanne d'Arc. Comme cette dernière, c'est entouré de ses fidèles compagnons que de Gaulle sauve la France. Comme pour elle, sa mission sacrée est de « bouter l'ennemi hors de France », en rupture avec la France légale, en s'appuyant sur les profondeurs du peuple. Pour le service d'une France définie comme résistance et comme combat, de Gaulle, à l'instar de Jeanne d'Arc, déploie sa geste parce qu'il le faut : il s'agit d'un impératif catégorique inconditionné et autosuffisant.

Car il se veut, à l'instar de la guerrière, un personnage inclassable ; elle est à la fois la paysanne, la chrétienne, la patriote, la chef de guerre, la victime, mais aussi la prisonnière, la sainte, la sorcière. Lui aussi se positionne « à côté » : un général sans armée, un « guide » sans dictature, un inconnu ou presque incarnant la France et parlant en son nom. « Ce chef d'État, sans Constitution, sans électeurs, sans capitale, qui parlait au nom de la France ; cet officier portant si peu d'étoiles, dont les ministres, généraux, amiraux, gouverneurs, ambassadeurs de son pays tenaient les ordres pour indiscutables... », tel est le portrait qu'il dresse de lui-même dans les *Mémoires de guerre*, texte qui est l'écrin de cet homme sans pairs.

Ce croisé qui se met au service de la France a donc non seulement réussi sa rencontre avec son nom, « général de Gaulle », mais aussi avec une figure de style, celle de l'oxymore (qui consiste à associer des termes incompatibles). Par sa détermination à être l'homme d'exception qui sauve la France, il nous montre ce que c'est que de « faire » son destin (par opposition avec le subir) : c'est mettre en résonance un désir individuel, comme tel éminemment singulier et personnel, avec une entreprise, un but, un élan ou un sentiment collectif.

Corinne MAIER

• *Voir aussi* : Caractère ; Doute de soi ; Émotionnel (style) ; Providentiel (homme) ; Psychanalytique (regard) ; Rupture

Bibl. : Jacques Lacan, *Les Écrits*, Paris, Le Seuil, 1966 • Corinne Maier, *Le Général de Gaulle à la lumière de Jacques Lacan*, Paris, L'Harmattan, 2001.

« MOI OU LE CHAOS ! ». – Le 6 janvier 1961, de Gaulle s'exclame : « Quel coup serait porté, m'empêchant de poursuivre ma tâche ! » Le 18 octobre 1962, il affirme : « Si votre réponse est non, si la majorité des oui est faible, médiocre et aléatoire, ma tâche sera terminée aussitôt et sans retour. » Le 25 avril 1969, il lance : « Ma tâche actuelle deviendra évidemment impossible et je cesserai aussitôt d'exercer mes fonctions. »

Ce sont ces phrases, prononcées par le Général dans les jours qui précèdent immédiatement les référendums des 8 janvier 1961, 28 octobre 1962 et 27 avril 1969, que *Le Canard enchaîné* traduit par une formule percutante, restée justement célèbre : « Moi ou le chaos. » Chacun des mots de cette formule ravageuse mérite exégèse : le « moi », le « ou », le « chaos ».

« Moi ». Le mot dénonce la transformation du référendum en plébiscite. À l'étranger, les deux termes sont synonymes ; en Suisse, terre d'élection du référendum, on ne le désigne que du nom de plébiscite. En France, l'utilisation très contestable des consultations populaires par les Bonaparte a conduit les théoriciens à distinguer le référendum qui porte sur une question objective, et le plébiscite qui porte sur l'approbation d'un homme. Mais cette opposition est des plus floues ; en pratique, la question posée est presque toujours une question objective relative à l'adoption ou au rejet d'un texte. C'est l'interprétation que le pouvoir donne de la réponse et le profit qu'il en tire qui fait la différence. La réponse positive du peuple confère à celui qui a posé la question une légitimité personnelle face aux assemblées.

Pour l'opposition à de Gaulle, cette personnalisation du débat est intolérable parce qu'elle altère l'équilibre des pouvoirs institué par une Constitution qui se présentait initialement comme d'essence parlementaire. Mais pour les gaullistes (René Capitant, Léo Hamon), le régime, devenu plébiscitaire, ne cesse pas d'être démocratique : il est au contraire plus démocratique que par le passé parce que plébiscitaire. Du vivant de De Gaulle, le souvenir des pratiques des deux Empires conduisait à juger sévèrement la « dérive plébiscitaire » gaullienne. Aujourd'hui, au contraire, où nous constatons l'inconvénient d'être gouvernés par une classe politique oligarchique, discréditée par les scandales, on se trouve porté à plus d'indulgence envers cette conception de l'appel au peuple.

« Ou ». De Gaulle ne se borne pas à dénaturer le référendum en plébiscite ; il se livre en outre à un chantage au départ. Ses partisans estiment normal que, sur un sujet essentiel, il pose directement au peuple l'équivalent de la « question de confiance » que les chefs des gouvernements de la IIIe et de la IVe République posaient devant les assemblées. De Gaulle, selon eux, n'aurait fait que transposer un mécanisme classique du régime parlementaire dans un régime où le dialogue ne se situe plus seulement entre le gouvernement et le Parlement, mais entre le guide et le peuple.

Mais pour les démocrates intransigeants, aucune pression ne doit s'exercer sur la volonté du souverain lorsqu'il délibère ; aucune question de personne ne doit influencer ses choix. L'invocation de la question de confiance sous les régimes précédents ne suffit pas à légitimer le procédé. En 1919, dans son essai *La Réforme gouvernementale*, Léon Blum n'hésitait pas à écrire à ce propos : « Il est illégitime et, dans le fond, inconstitutionnel de placer la Chambre devant l'alternative d'ouvrir une crise dont elle ne veut pas, ou de subir une mesure dont elle ne veut pas davantage. » L'encadrement de la procédure d'engagement de la responsabilité du gouvernement, en 1946, porte d'ailleurs la marque de cette condamnation.

Cette position est-elle réaliste ? Que peut valoir aux yeux du peuple l'homme qui, ayant en conscience conseillé une politique sans être suivi, s'accrocherait au pouvoir pour appliquer la politique opposée ? D'ailleurs, les électeurs eux-mêmes, quand ils se prononcent sur une question, font-ils abstraction de la personne qui la pose ? Le 29 mai 2005, 24 % des partisans du « non » à la Constitution européenne ont déclaré comme principale motivation l'hostilité à Jacques Chirac. « J'ai voté Chirac une fois (en avril 2002), on ne me fera pas voter pour lui deux fois », expliquait Henri Emmanuelli... Dès lors qu'une partie de l'électorat fait du référendum un antiplébiscite, n'est-il pas logique que les gouvernants, lorsqu'ils le peuvent, se situent sur le même terrain ?

« Le chaos ». Ici, sans même qu'il s'en rende compte, ce n'est plus le procès de De Gaulle qu'instruit le *Canard*, mais celui de l'opposition. Le chaos, c'est l'absence d'alternative. Or c'est à l'opposition qu'il appartenait de créer une alternative crédible. Et elle s'est trouvée impuissante à le faire. Au début, tant qu'a duré la guerre d'Algérie, elle n'y a même pas songé ; sa doctrine se résumait dans la formule de Maurice Faure : « Que de Gaulle nous débarrasse de l'Algérie, ensuite l'Algérie nous débarrassera de De Gaulle. » Mais cette incapacité a perduré. Defferre, lors de sa tentative de se présenter à l'élection présidentielle de décembre 1965 à la tête d'une grande fédération des partis SFIO, radical et MRP, a eu contre lui, de Lecanuet à Mollet, tous les caciques des partis concernés qui ne pouvaient admettre qu'élu président il devienne leur chef. Les centristes, de ce fait, abandonnent l'initiative à Mitterrand. Mais celui-ci, avec son idée de regrouper autour de lui toute la gauche, y compris communiste, n'offrait pas, dans les circonstances politiques de l'époque, une alternative crédible : la menace soviétique existait encore et le PCF était encore trop fort face à une gauche modérée balkanisée. Le pouvoir gaulliste avait beau jeu de mettre en relief cette disproportion des forces au sein de la gauche et le risque d'avènement d'un régime totalitaire. Et il ne s'en privait pas... Point d'aboutissement de ce remodelage des forces pendant la période gaulliste, l'élection présidentielle de mai 1969 montre les vieux partis plus divisés que jamais. Le *Canard* a raison : l'opposition, c'est bien le chaos... le K.-O.

Bernard CHANTEBOUT

• *Voir aussi* : Constitutionnelles (pratiques contestées) ; Orateur *in praesentia* ; Référendum (usage du) ; Rupture

MOISAN, Roland (1907-1987). – Diplômé de l'École des arts décoratifs de Paris, Moisan commence sa carrière de dessinateur humoriste à son retour du service militaire, en 1931. En 1939, il se consacre au dessin d'actualités avec une chronique dans *Le Merle*. Pendant la guerre, il publie surtout des dessins d'humour et si durant l'Occupation il participe à des journaux engagés dans la Collaboration (*L'Œuvre*), il réserve ses dessins les plus politiques à des périodiques dits « de gauche » comme *Le Rouge et le Bleu*. Auteur de plus d'un millier de dessins, il a participé à de nombreux journaux dont *Carrefour* (1945-1976), *Ici-Paris* (1948), *Le Parisien libéré* (1949-1974), *La Vie catholique illustrée* (1950), *Témoignage chrétien* (1951-1956), *Le Crapouillot* (1966), *Satirix* (1972), etc. Mais il est avant tout le dessinateur vedette des années de Gaulle pour *Le Canard enchaîné* auquel il participe à partir de 1955.

C'est en effet avec la Ve République qu'il se révèle au public comme un dessinateur exceptionnel et conquiert sa notoriété. C'est lui qui, dès le 5 mars 1958, illustre le retour du Général sur la scène politique ; mais c'est surtout « La Cour », commencée le 21 novembre 1960, qui lui permet d'exploiter toutes les possibilités graphiques du dessin de presse. Ces « Chroniques du Royaume », rédigées par André Ribaud dont le style pastiche celui du cardinal de Retz ou du duc de Saint Simon, veulent illustrer les carences du pouvoir. Elles traduisent l'exaspération du *Canard* devant l'attitude de De Gaulle, stigmatisant sa « volonté de grandeur » et son « pouvoir personnel ». « La Cour » marque pour le dessinateur le début d'une période de création particulièrement féconde : le Général l'inspire à tel point qu'en 1969, après son départ, quelques-uns craignirent pour l'avenir de Moisan. Pourtant, à l'arrivée de Georges Pompidou à la tête de l'État, il poursuivra sur sa lancée : « La Régence », commencée le 15 juin 1969, met en scène la silhouette bourbonienne de l'ancien Premier ministre. Dans un palais

De Gaulle en Louis XIV : le premier dignitaire de l'Ordre d'Humeurite, par Roland Moisan, 1963. © Adagp, Banque d'Images, Paris, 2006.

de l'Élysée au faste versaillais, le personnage de De Gaulle, réduit à la statue du Commandeur, disparaît en 1970.

Remarquables par leur composition, ces dessins, publiés en pleine page, regorgent de détails et présentent une réelle valeur esthétique. Moisan puise en effet son inspiration dans les œuvres minutieuses de Jérôme Bosch et Pieter Brueghel. On relève aussi parfois une référence à l'estampe japonaise, notamment à Hokusai dont il reprend le célèbre motif de la vague. Parmi ses autres sources d'inspiration figure le cinéma américain, particulièrement le western. « Historiographe » de la Ve République, ses compositions constituent une véritable chronique de la vie politique française et internationale. À sa manière, il nous lègue une image vivante des années de Gaulle et reste l'un des dessinateurs français les plus originaux de notre époque.

Scylla MOREL

• *Voir aussi* : Antigaullistes ; Canard enchaîné (Le) ; Dessins et caricatures

Bibl. : Roland Moisan, *Dix ans d'histoire en cent dessins*, Paris, Albin Michel, coll. « La Main à la griffe », 1968 • *Moisan : histoires d'une République, de De Gaulle à Mitterrand*, catalogue de l'exposition tenue du 18 mars au 29 mai 1992, Musée-galerie de la Seita, Paris, 1993 • André Ribaud et Roland Moisan, *La Cour ; Chroniques du Royaume*, Paris, Julliard, 1990.

MOLLET, Guy (1905-1975) – Dans une note datant probablement de la fin des années 1960, Albert Gazier, ancien ministre socialiste, écrit de Guy Mollet : « C'est à lui que de Gaulle pensait le jour où il a dit : "Qui a jamais cru que le général de Gaulle étant appelé à la barre devrait inaugurer les chrysanthèmes." Il n'a guère été récompensé d'avoir, pour la première fois de sa vie, baissé la garde de sa méfiance. Sur la foi des affirmations du Général, il a éprouvé la conviction, conservée ensuite pendant quelques années, que de Gaulle renoncerait au pouvoir s'il ne pouvait pas y accéder légalement. [...] Ainsi un homme intelligent et honnête a commis en quelques jours, avec sincérité, une erreur dont la gauche et le socialisme ont gravement souffert pendant de très nombreuses années. »

Cette longue citation est intéressante à divers titres. Elle confirme, d'une part, qu'à gauche aussi, certains ont pensé que Guy Mollet avait sous-estimé l'impact de 1958, considérant que le retour aux affaires du général de Gaulle ne serait qu'une parenthèse et que l'on reviendrait à la normale après le règlement de la guerre d'Algérie. D'autre part, cette critique montre que, en dehors de la politique algérienne qu'il a conduite en tant que président du Conseil en 1956 et 1957, l'un des principaux griefs portés dans son camp au secrétaire général de la SFIO est bien le rôle essentiel qu'il a joué dans le retour au pouvoir de De Gaulle en mai 1958.

Boursier de la République, Guy Mollet est surveillant puis professeur. Socialiste depuis 1923, et surtout syndicaliste très actif, ce fils de gazé de la Grande Guerre professe un pacifisme pratiquement intégral jusqu'à la guerre. Mobilisé, prisonnier libéré en 1941, il rejoint le mouvement de résistance Organisation civile et militaire (OCM). Président du comité départemental de libération du Pas-de-Calais, il est élu maire d'Arras, puis député (1945-1975). Président de la commission de la Constitution, il développe des thèses antinomiques à celles du général de Gaulle : monocamérisme, rôle officiel des partis, accent mis sur la Déclaration des droits. Devenu secrétaire général de la SFIO (1946-1969) en prenant le parti « à gauche », il joue un rôle clé dans la fondation de la Troisième force – association alliant divers partis des socialistes aux indépendants – et dans la lutte contre le RPF et son chef. Il ne voit dans la pratique gaulliste qu'une illustration de la tentation césariste, consubstantielle selon lui à la nature du gaullisme politique, qu'il combat sans relâche jusqu'en 1958.

Le rôle joué par Guy Mollet dans le retour au pouvoir du Général est essentiel. Il cherche tout d'abord une solution alternative. Le 16 mai, il prend l'initiative d'un dialogue public avec de Gaulle, alors même que depuis la veille il est entré au gouvernement pour assurer la défense de la République. Mais le Général se refuse à condamner explicitement les factieux. Lors de la conférence de presse du 19 mai 1958, il ne répond pas non plus aux trois questions posées par Mollet. Habileté politique ou trouble de la mémoire, il mentionne en revanche un moment partagé avec le leader socialiste, mais démenti par ce dernier : « Je commencerai par vous dire que j'ai beaucoup d'estime pour Guy Mollet. Pendant la guerre, il a combattu à tous risques pour la France et pour la liberté. Il a donc été mon compagnon. Je me rappelle, qu'après la Libération, je suis allé à Arras [...]. Du balcon de l'hôtel de ville [...], j'ai parlé à la population réunie sur la vieille Grand-Place. Guy Mollet était à mes côtés. Ce sont des choses qu'on n'oublie jamais. Par la suite, je ne l'ai pas revu [...]. Mais ce qu'il a dit ou fait n'a pas altéré l'estime que je lui porte. Voilà pour les sentiments ! »

Après le basculement de la Corse dans la dissidence le 24 mai, il s'agit pour Guy Mollet de lutter contre un possible coup d'État, alors même qu'il estime impossible de se lancer dans une guerre civile sans armée républicaine. Dans ces circonstances, l'homme du 18 Juin représente la moins mauvaise des défenses. Contre l'avis de la majorité des députés socialistes, il se rend avec Maurice Deixonne à Colombey le 30 mai. Le 1er juin, 42 députés SFIO, dont Guy Mollet, votent l'investiture ; 49 la refusent. René Rémond estime que Mollet mérite le titre d'« homme d'État » pour n'avoir pas hésité à sacrifier l'unité de son parti à l'intérêt supérieur de la nation.

Guy Mollet entre au gouvernement présidé par de Gaulle, à titre personnel. Ce faisant, il espère avoir réussi à ménager une place centrale à son parti dans le nouveau système politique, « à l'avant-garde de la Ve République », de Gaulle ne devant être qu'une transition d'autant plus acceptable qu'elle permettrait, selon le mot d'Olivier Duhamel, de « parlementariser le bonapartisme ». Le Général encourage Mollet en favorisant le ralliement de Gaston Defferre, et la direction nationale de l'UNR ne pose pas d'obstacle à sa réélection en novembre 1958. À partir de cette date, et jusqu'aux accords d'Évian, Guy Mollet pratique une politique de bienveillante neutralité à l'endroit du nouveau régime. Mais lorsque le Général décide d'exploiter son succès par un notable renforcement du pouvoir exécutif *via* l'élection du président de la République au suffrage universel, Mollet refuse de cautionner ce virage présidentialiste, lance le Cartel des non, puis entame un dialogue avec les communistes. Il est désormais dans l'opposition totale, jusqu'à son retrait de la direction de la SFIO en 1969.

Gilles MORIN

• *Voir aussi* : Bonapartisme ; Coup d'État ; Crise constitutionnelle de 1962 ; Retour de 1958 ; SFIO

Bibl. : Olivier Duhamel, *La Gauche et la Ve République*, Paris, PUF, 1993 • Guy Lefebvre, *Guy Mollet*, Paris, Plon, 1992 • Bernard Ménager *et al.*, *Guy Mollet, un camarade en République*, Lille, Presses universitaires de Lille, 1987.

MONARCHIE. – Fils d'un « monarchiste de regret », explique Frédéric Rouvillois, de Gaulle « ne fut peut-être, au fond de lui-même, qu'un républicain de regret, parce que la France é[ait]républicaine et que cette réalité de fait exclu[ait] tout autre position à qui prétend[ait] la gouverner ». L'unité et l'indépendance constituent pour de Gaulle, en 1940, « un trésor tombé en déshérence », essence même de la « souveraineté française » qu'il entend mettre en réserve à Londres et valoriser, une fois la victoire acquise, en rétablissant l'État républicain. L'État n'est légitime que s'il assure le « salut de la nation », c'est-à-dire son unité et son indépendance. Dès lors que la légitimité est acquise, la forme du régime, monarchique ou républicaine, est d'intérêt second. « Si vous considérez notre histoire, dit-il le 3 novembre 1959 à l'École militaire, qu'il se soit agi des Mérovingiens, des Capétiens, du Premier ou du Second Empire, des Première, Deuxième, Troisième Quatrième, Cinquième Républiques, vous discernez qu'à l'origine de l'État et à celle des régimes qui l'ont tour à tour assuré, il y eut toujours des préoccupations et des nécessités de défense » [*DM*]. La monarchie a l'avantage de l'antériorité et de la longévité dans l'histoire de France. Mais la Révolution française qui a engendré la République a su prolonger l'œuvre des rois et assurer la gloire des armées françaises. « Pour [de Gaulle], dit Paul-Marie Couteaux, le jacobinisme ne fit que porter un peu plus en avant la tendance de la monarchie absolue, centralisatrice par essence. » En 1918, par la victoire, la République a prouvé sa valeur. Elle était depuis le XIXe siècle la forme moderne du gouvernement, et de Gaulle n'en a envisagé sérieusement aucune autre. La monarchie selon Maurras n'a exercé sur lui aucun attrait.

Si l'expression de « monarchie républicaine » a été couramment utilisée, ce fut sans vraie rigueur. C'est la manière dont de Gaulle a exercé le pouvoir qui a suscité des analogies. Mais la spécificité de la monarchie réside dans le principe héréditaire, que de Gaulle n'a pas imaginé de rétablir. Le parallèle dressé avec la monarchie tient à la culture républicaine française qui voit se dessiner la « dérive monarchique » ou, pire, le césarisme, dans tout renforcement de l'autorité. D'essence souvent polémique, l'analogie a été développée par les adversaires farouches de De Gaulle, tels que Jean-François Revel et Alfred Fabre-Luce, qui ont trouvé des émules de moindre talent. En 1959, dans *Le Style du Général*, Jean-François Revel affirme que de Gaulle gouverne comme Charles X, par ordonnances, et que son style rappelle celui de Bonaparte. Du moins, en démissionnant après l'échec du référendum d'avril 1969, le Général ne s'est-il pas comporté en monarque absolu.

La Constitution de 1958 révisée en 1962 fut-elle une « monarchie déguisée » ou, d'après Frédéric Rouvillois, une « monarchie en attente » ? Ce texte a mis en place un régime mixte combinant la place éminente reconnue au chef de l'État avec le parlementarisme rationalisé et des éléments de démocratie directe. C'est seulement dans l'interprétation que le Général en a donné, lors de sa conférence de presse du 31 janvier 1964, qu'on peut discerner une analogie avec le principe monarchique. En affirmant qu'il n'est aucune autorité « ni ministérielle, ni civile, ni militaire, ni judiciaire qui ne soit conférée et maintenue par lui », de Gaulle permet à ses critiques d'évoquer la pratique monarchique du pouvoir délégué.

Le 9 novembre 1970, en disant que de Gaulle avait été « un véritable monarque dont le véritable sacre est le jour de sa mort », Maurice Druon a placé la monarchie selon de Gaulle à sa juste place, celle du symbole. Philippe LEVILLAIN

• *Voir aussi* : Bonapartisme ; Constitutionnelles (pratiques contestées) ; Moisan, Roland ; Paris, comte de ; République

Bibl. : Jean-Louis Bauer, « De Gaulle et la conception de l'État », dans *Approches de la philosophie politique du Général de Gaulle : à partir de sa pensée et de son action*, Paris, Éditions Cujas, 1983, p. 67-82 • Paul-Marie Couteaux, *De Gaulle et la tradition capétienne*, dans *De Gaulle en son siècle*, t. 2, *La République*, Paris, Plon-La Documentation française, 1992, p. 243-266 • Frédéric Rouvillois, « La monarchie républicaine », dans *Charles de Gaulle et la Nation*, Paris, François Xavier de Guibert, 2002, p. 73-84.

***MONDE* (*Le*)**. – « Il nous a trahis ! » s'indigne-t-on dans l'entourage du Général au temps du RPF, en évoquant le comportement d'Hubert Beuve-Méry. Un tel cri renvoie aux circonstances de la création du *Monde*. En 1944, les ordonnances du Gouvernement provisoire interdisent la quasi-totalité de la presse française, y compris celle qui, en zone sud, ne s'est pas sabordée suffisamment vite après l'invasion de la Wehrmacht, le 11 novembre 1942. Le délai de deux semaines prévu par le texte permet de sauver *Le Figaro* mais de condamner *Le Temps*, quotidien qui, lié au patronat, proche du Quai d'Orsay, était une référence, avant guerre, en matière d'information financière et diplomatique ; *Le Temps* auquel de Gaulle ne pardonne pas sa trahison.

Prises de marque d'un nouveau quotidien. À la Libération, l'entourage du Général (Gaston Palewski, son directeur de cabinet, Pierre-Henri Teitgen, ministre de l'Information) s'émeut de l'absence d'un journal qui, face au déferlement des feuilles communistes, socialistes, MRP, pourrait porter la voix « officieuse » de la République ou, à tout le moins, marquer son indépendance à l'égard des courants politiques. Ainsi naît l'idée du *Monde*. On hésite sur le nom du directeur. Finalement, Hubert Beuve-Méry l'emporte, sans doute choisi par Palewski, guidé par son directeur adjoint de cabinet, Paul Reuter, qui, comme le futur patron du *Monde*, est passé par l'école d'Uriage. Mais Beuve-Méry est bien encadré, flanqué d'un comité de direction composé de Christian Funck-Brentano, pur gaulliste, un des premiers résistants du Maroc, ancien responsable de la presse auprès de De Gaulle à Alger, et de René Courtin, héritier du défunt *Temps*, représentant de la bourgeoisie libérale et protestante. Parmi la cinquantaine de journalistes qui composent la rédaction, les gaullistes sont influents, à commencer par Rémy Roure, Édouard Sablier ou Maurice Ferro.

Le 30 novembre 1944, installé rue des Italiens dans les locaux du journal interdit, *Le Monde* est autorisé à paraître ; le 18 décembre, il est dans les kiosques. En 1945, il diffuse en moyenne à 103 000 exemplaires, loin des grands titres de l'époque, *L'Humanité*, *Ce Soir*, *France-Soir*, *Le Populaire*, *Le Parisien libéré*, tous à plus de 200 000. Les circonstances de sa création attirent sur *Le Monde* l'hostilité conjuguée de la presse partisane, des journaux de la Résistance et du Syndicat de la presse parisienne. Pour les communistes, *Le Monde* restera le quotidien des trusts et du gouvernement.

Loyal à l'égard de De Gaulle, regrettant son départ en 1946, le nouveau quotidien se distingue surtout par son indépendance d'esprit, ne ralliant aucun camp, prenant ses distances à l'égard de toute idéologie dominante, fidèle à un idéal de république démocratique et parlementaire. C'est pourquoi, très tôt, *Le Monde*, qui a approuvé la Constitution de la IVe République, se démarque de l'« aventure » du RPF. Partagé entre l'admiration pour de Gaulle et les risques, pour la stabilité démocratique, des méthodes brutales proposées par le parti gaulliste, Beuve-Méry et *Le Monde* voudraient voir le RPF rentrer dans le jeu parlementaire. Méfiants à l'égard d'une partie des troupes du mouvement gaulliste, militaires ou anciens du Parti social français, ils n'en sont pas moins séduits par certains aspects du discours du Général, à commencer par ses options en matière de défense et de politique étrangère, fondées sur le rejet de la logique des blocs. Le quotidien semble alors soulagé lorsque le RPF, se présentant aux élections, devient un parti parmi d'autres. Minimisant les résultats obtenus, il banalise son action et traite comme une information politique ordinaire sa division, son éclatement, son agonie.

L'attitude du *Monde* renforce, au RPF, l'idée que tous les journaux, ou presque, sont opposés à de Gaulle. Mais la déconvenue est d'autant plus cruelle s'agissant d'un quotidien voulu, en son temps, par le Général. Pour *Le Rassemblement*, son « objectivité » n'est qu'un « faux-semblant » : le journal de Beuve-Méry est un sous-marin du MRP ! Reste que *Le Monde* et Beuve-Méry lui-même comptent toujours des amis parmi les gaullistes. Les « gaullistes de l'extérieur » (Edmond Michelet ou Maurice Schumann) comme les « gaullistes de l'intérieur » (Rémy Roure) pèsent en 1951 lorsque la crise interne à la direction du quotidien menace d'emporter Beuve-Méry au profit de Courtin. En appuyant le premier aux dépens du second, en donnant des consignes en ce sens à Christian Funck-Brentano, de Gaulle choisit un adversaire qu'il respecte, un professionnel apprécié par sa rédaction, et ménage peut-être aussi l'avenir.

***Le Monde* et la Ve République.** Le retour au pouvoir de De Gaulle en 1958 provoque des déchirements au sein du quotidien. Pour Beuve-Méry, l'homme du 18 Juin est le seul en mesure de restaurer l'autorité du pouvoir civil et de résoudre la question algérienne ; il est, pour le pays, « la moins mauvaise chance ». Mais une partie de la rédaction ne l'entend pas de cette oreille. Raymond Barrillon, Georges Mamy, Alain Guichard, Claude Estier mènent la fronde, ce dernier démissionnant même le 2 juin 1958. Beuve-Méry persiste néanmoins en se prononçant clairement pour le « oui » au référendum de septembre, malgré la pétition signée par une quinzaine de journalistes et la saisie périodique du journal en Algérie. Dès lors, *Le Monde* soutient la politique algérienne du général de Gaulle et les référendums qui mènent l'Algérie à l'indépendance, en 1962. Durant toute cette période, le légitimiste Beuve-Méry résiste à ses journalistes, ceux qui voudraient que le quotidien se prononce très vite en faveur de l'indépendance (Philippe Herreman, Alain Jacob), ceux soucieux de dénoncer les vérités occultées par le gouvernement (Jacques Fauvet, Robert Gauthier). Pour autant, *Le Monde* ne déroge pas à ses principes de transparence et de pluralisme des opinions. Il publie ainsi plusieurs rapports sévères à l'égard du pouvoir gaulliste (comme celui de la Croix-Rouge, à l'automne 1959, sur les camps d'internement en Algérie, où sont pointés les mauvais traitements, des faits de torture, des exécutions sommaires) et alerte sur les menaces qui pèsent sur les libertés publiques. S'il reproduit le Manifeste des intellectuels d'octobre 1960, il évoque aussi le Manifeste des 121, donne la parole à Pierre Vidal-Naquet – par exemple, le 6 mai 1961, « Le vrai crime », sur l'assassinat de Maurice Audin, – et fait paraître la lettre de Salan en clandestinité le 20 septembre 1961. Jamais, en revanche, *Le Monde* n'ouvre ses colonnes au Front de libération nationale (FLN). Reste qu'à la fin de la guerre le quotidien est la cible des attentats de l'OAS : le 15 février 1962, les domiciles de Beuve-Méry, Fauvet, Herreman, Planchais sont plastiqués.

En phase avec sa politique algérienne, *Le Monde* se démarque de De Gaulle lorsque, la paix revenue, le chef de l'État s'applique à réformer les institutions. Beuve-Méry, refusant le « chantage » (*sic*) d'un référendum plébiscitaire, oppose un « non » catégorique à la réforme d'octobre 1962 proposant l'élection du président de la République au suffrage universel, inconstitutionnelle à ses yeux. Dès lors, de Gaulle et Beuve-Méry se livrent un duel à distance. Depuis 1958, Sirius (pseudonyme de Beuve-Méry) répond systématiquement aux conférences de presse du Général. Son attitude d'adversaire supposé donne désormais à sa parole un poids décuplé. On s'en irrite à l'Élysée où le quotidien est surnommé l'« immonde » et Beuve-Méry, « Monsieur faut que ça rate ». Même la politique nucléaire et la politique étrangère ne trouvent plus grâce aux yeux du journal. Dans ces conditions, les journalistes gaullistes s'éloignent – comme Édouard Sablier, en 1962. Néanmoins, le comportement critique du *Monde* ne le dessert pas, bien au contraire. De 1958 à 1969, sa diffusion quotidienne fait plus que doubler, passant de 164 000 à 355 000 exemplaires.

« Quand la France s'ennuie... » Le célèbre article de Pierre Viansson-Ponté, le 15 mars 1968, souligne que *Le Monde*, pas plus que ses confrères, n'a vu arriver le mouvement qui bouleverse la France en mai. Le printemps 1968 est une période faste pour le quotidien. Fidèle à sa réputation, il est le mieux informé (connaissant des pointes à 600 000-700 000 exemplaires) et ouvre ses colonnes à des points de vue contradictoires. Reste que Beuve-Méry, effrayé par la dérive anarchique, s'en prend à « l'obstination d'un homme [de Gaulle] incapable de se retirer à temps » et que les articles les plus marquants émanent d'intellectuels favorables au mouvement étudiant, ainsi Edgar Morin, les 5-6 juin. Mais, le 12 juin, les prises de position conjuguées de Bertrand Girod de l'Ain sur le « bateau ivre » de la Sorbonne et de Beuve-Méry sur les risques tragiques que font courir les « plus exaltés » semblent marquer un tournant, annonçant symboliquement la fin de l'utopie de mai.

Le chapitre des relations houleuses et passionnées entre de Gaulle et *Le Monde* se clôt en avril 1969 lorsque Beuve-Méry, refusant la logique qui mène « du référendum au plébiscite et du plébiscite au chantage », appelle à voter « non » au scrutin qui provoque le départ du Général. Quelques mois plus tard, en décembre, le fondateur du *Monde* quitte ses responsabilités directoriales. Et c'est au *Times* que, le 11 novembre 1970, il livre son jugement sur l'action de De Gaulle qui vient de mourir : « L'actif l'emporte nettement sur le passif. Après tout, Louis XIV et Napoléon, quels que fussent leurs titres de gloire, ont laissé l'un et l'autre la France exsangue, ruinée, mutilée. Charles de Gaulle n'aurait pas trop à se plaindre de cette orgueilleuse comparaison. »

Christian DELPORTE

• *Voir aussi* : Beuve-Méry, Hubert ; Journalistes ; Presse

Bibl. : Patrick Eveno, *Le Journal* Le Monde. *Une histoire d'indépendance*, Paris, Odile Jacob, 2001 • Jean-Noël Jeanneney et Jacques Julliard, *« Le Monde » de Beuve-Méry ou le Métier d'Alceste*, Paris, Le Seuil, 1979.

MONNERVILLE, Gaston (1897-1991). – Né à Cayenne dans une famille modeste, Gaston Monnerville fait ses études secondaires à Toulouse. Il devient avocat en 1918. Monté à Paris, il réussit le concours de la Conférence du stage en 1924. En 1931, il s'illustre dans le procès des « émeutiers de la Guyane » (dit parfois « affaire Galmot »), dont il contribue à obtenir l'acquittement. Élu député de la Guyane en 1932 – mandat renouvelé en 1936 –, il est aussi maire de Cayenne. Siégeant parmi les radicaux de gauche dits « Jeunes Turcs », membre de la Grande Loge de France, il milite dans nombre de combats pour les droits de l'individu et les minorités opprimées. Nourri d'histoire, revivant dans le présent la geste des illustres devanciers républicains, il est à maints égards un idéaliste. Sous-secrétaire d'État aux Colonies dans les gouvernements Chautemps (juin 1937-mars 1938), il contribue à la suppression du bagne (décret-loi du 17 juin 1938).

À la déclaration de guerre, Monnerville est du petit groupe de députés qui obtient que les parlementaires de la deuxième réserve puissent s'engager. Ce qu'il fait immédiatement – il avait tenté de le faire en 1917 et 1918 mais avait été ajourné pour insuffisance de poids. Il sert comme lieutenant de vaisseau sur le cuirassé *Provence*, où il vit le drame de Mers el-Kébir. Démobilisé, il réside à Marseille où il défend des résistants et des Juifs poursuivis pour ne s'être pas faits enregistrer comme tels. Invité à se rendre à Londres, il préfère militer dans le mouvement Combat et anime un réseau des Mouvements unis de Résistance dans le Massif central.

À la Libération, il participe à la reconstruction du parti radical. Élu de la Guyane aux deux Constituantes, il y préside la commission de la France d'outre-mer. À ce titre, à l'automne 1944, il rencontre pour la première fois le général de Gaulle. Toujours fortement impliqué dans l'organisation de l'outre-mer mais très absent de Guyane, il est battu aux législatives de novembre 1946, mais élu un mois plus tard au Conseil de la République dont il devient président en mars 1947. Lassé des polémiques guyanaises, il s'implante dans le département du Lot avec l'aide d'Édouard Herriot et Henri Queuille. De 1948 à 1974, ce département l'élit à la Haute Assemblée, qu'il préside jusqu'en 1968. Ce mulâtre est fort bien accepté par la « France profonde », alors que les parlementaires expriment leur réticence à son égard lors de l'élection présidentielle de décembre 1953 en mettant en avant René Coty.

Ses rapports avec le général de Gaulle sont d'abord iréniques. Le Général n'oublie pas sa relative souplesse lors de l'entrevue du soir du 29 mai 1958, qui a précédé son retour au pouvoir, alors que le président de l'Assemblée nationale André Le Troquer s'est montré d'une grande rigidité. Et Monnerville milite pour le « oui » à la Constitution. De Gaulle lui envoie quelques lettres amicales, par exemple le 5 janvier 1962 à la suite d'un accident de ski qui lui est arrivé. Les premières réticences du président du Sénat proviennent de certaines pratiques constitutionnelles et juridiques du Général (notamment le refus de convoquer l'Assemblée nationale en session extraordinaire en 1960, et la création du Haut Tribunal militaire chargé de juger les généraux mutins d'Alger). Monnerville reproche également à de Gaulle d'avoir saboté la Communauté franco-africaine, à la direction de laquelle le président du Sénat espérait peut-être jouer un rôle déterminant. C'est la décision de De Gaulle de recourir à l'article 11 de la Constitution pour en obtenir la révision et faire adopter par référendum l'élection du président au suffrage universel direct, qui provoque le coup d'éclat du congrès de Vichy (29 septembre 1962). Monnerville accuse de « forfaiture » le Premier ministre qui a avalisé la volonté du président. Le Conseil d'État et la quasi-totalité des juristes, ainsi que tous les parlementaires sauf les gaullistes, estiment la procédure inconstitutionnelle. La virulence de Monnerville s'explique moins par une « lecture parlementaire » de la Constitution et un souci de voir reconnaître le rôle du Sénat dans l'équilibre des pouvoirs publics, que par sa conviction intime que la force de la nation et la protection des citoyens exigent le respect de la loi et d'abord de la loi fondamentale de la République.

Après la défaite qu'a représenté pour lui le succès du « oui » au référendum, Monnerville présida le Sénat comme une place assiégée où les ministres se faisaient le plus souvent remplacer par des secrétaires d'État. De Gaulle veillait à ce qu'il en allât bien ainsi, comme il le rappela assez sèchement dans une note du 18 décembre 1964 à l'intention du Premier ministre. Dans la défaite du référendum d'avril 1969, Monnerville joua tout son rôle. Il avait d'ailleurs déclaré, le 27 septembre précédent, qu'il ne se représenterait pas à la présidence du Sénat afin de pouvoir participer plus librement à cette nouvelle bataille.

Nommé au Conseil constitutionnel par le nouveau président du Sénat Alain Poher, il y siégea de 1974 à 1983.

Jean-Paul BRUNET

• *Voir aussi* : Constitutionnelles (pratiques contestées) ; Mers el-Kébir ; Référendum du 27 avril 1969 ; Retour de 1958 ; Sénat

Bibl. : Jean-Paul Brunet, *Gaston Monnerville, le républicain qui défia de Gaulle*, Paris, Albin Michel, 1997 • Gaston Monnerville, *Témoignage. De la France équinoxiale au Palais du Luxembourg*, Paris, Éditions Rive droite, 1997 (1re éd. Plon, 1975) • Id., *Vingt-deux ans de présidence*, Paris, Le Cherche Midi, 2003 (1re éd. Plon, 1980).

MONNET, Jean (1888-1976). – Fils d'un négociant en cognac, Jean Monnet quitte très tôt la Charente pour s'impliquer dans les questions financières et juridiques internationales. Durant la Première Guerre mondiale, il représente la France à la Commission des transports maritimes interalliée. Entre 1919 et 1923, il est secrétaire général adjoint de la Société des Nations. Devenu conseiller financier de plusieurs pays, Monnet crée une banque d'investissement aux États-Unis, où il compte de très nombreuses relations. En octobre 1938, il y retourne pour négocier l'achat par la France de 550 avions. Dès le début de la guerre, il devient président du Comité de coordination franco-britannique, chargé de négocier l'ensemble des achats d'armement aux États-Unis. D'une guerre à l'autre, Jean Monnet a toujours été favorable à une approche multinationale des problèmes et à une étroite coopération de la France avec la Grande-Bretagne et les États-Unis.

En juin 1940, Monnet est à Londres, où il élabore avec plusieurs membres du Foreign Office un plan d'union de la France et de la Grande-Bretagne, avec mise en commun de leurs ressources et de leurs pertes. C'est ce projet que de Gaulle et Churchill transmettent à Paul Reynaud dans l'après-midi du 16 juin, afin de l'encourager à poursuivre la lutte ; ce sera en vain. Lorsque de Gaulle gagne Londres pour appeler les Français à la résistance, Jean Monnet part pour Washington à la demande des Britanniques, afin d'y négocier l'achat de fournitures de guerre. Le Général lui reprochera de s'être ainsi mis à la solde des Anglo-Saxons ; lui-même fera le reproche à de Gaulle d'avoir constitué un mouvement politique plutôt qu'une armée au service des Alliés. Resté ensuite à l'écart de la France libre, Jean Monnet conseille l'administration américaine en matière d'armement et de politique étrangère. Au printemps de 1943, le président Roosevelt l'envoie à Alger pour seconder le général Giraud et l'aider à tenir tête aux gaullistes. Une fois sur place, Monnet se rend compte de la nécessité d'une union entre Français de Londres et d'Alger, et il travaille efficacement à sa réalisation avec Catroux, Macmillan et Joxe. Après la formation du Comité français de la Libération nationale (CFLN), Jean Monnet est nommé commissaire à l'Armement, puis envoyé en mission à Washington, où il négociera plusieurs accords financiers avant et après la libération de la France. À la fin de 1945, de Gaulle le désigne pour présider le comité chargé d'élaborer le premier plan de modernisation et d'équipement français.

Entre 1946 et 1958, Jean Monnet sera l'un des principaux inspirateurs de toutes les initiatives en vue d'une intégration européenne : Communauté européenne du charbon et de l'acier, Euratom, Communauté européenne de défense, Comité d'action pour les États-Unis d'Europe. Dans l'opposition, de Gaulle qualifie ces projets de chimères supranationales, et soupçonne leur auteur d'être au service de Washington. Revenu au pouvoir en 1958, il s'emploie constamment à promouvoir une Europe des nations aux antipodes des conceptions de Jean Monnet. En août 1962, de Gaulle répond au général Eisenhower, qui lui chante les louanges de Jean Monnet : « Il fait un très bon cognac. Malheureusement, cette occupation ne lui suffit pas ! »

François KERSAUDY

• *Voir aussi :* CED ; CFLN ; Europe ; GPRF ; Union franco-britannique

Bibl. : André Kaspi, *La Mission de Jean Monnet à Alger*, Paris, Publications de la Sorbonne, 1971 • Jean Monnet, *Mémoires*, Paris, Fayard, 1976 • Éric Roussel, *Jean Monnet*, Paris, Fayard, 1995.

MONTCORNET, CRÉCY-SUR-SERRE, ABBEVILLE. – Du 17 mai au 5 juin 1940, Charles de Gaulle mène trois combats à la tête de la 4e division cuirassée de réserve (DCR), créée le 15 mai. Sa première mission est de faciliter, en intervenant à partir de Laon, la mise en place de la 6e armée chargée d'établir un front défensif sur l'Aisne et sur l'Ailette pour barrer la route de Paris. Les bouchons antichars de la 4e DCR, dans la forêt de Samoussy, infligent des pertes sérieuses aux flancs-gardes du XIXe *Panzerkorps* (*Pzk*) qui progresse au nord de la Serre en direction de l'Oise. Le 17 mai à l'aube, sans attendre l'arrivée de toutes ses unités, de Gaulle attaque, avec la valeur d'une brigade blindée, en direction de Montcornet tenu par un *Sperrverband*, élément d'infanterie renforcé. Mais les chars légers connaissent de sérieuses difficultés de liaisons radio ; les chars moyens perdent d'entrée quelques engins dans les marais. Leur consommation excessive de carburant pose également problème. Faute d'infanterie au départ, le colonel de Gaulle utilise comme fantassins des « artilleurs-chimiques » dépourvus de matériel spécifique. Montcornet est atteint à deux reprises, mais ne peut être tenu faute de disposer de véritables fantassins. Un bataillon de ce type, arrivé en cars civils dans l'après-midi, permet, en tenant Chivres sur le canal de la Souche, de favoriser le décrochage de la division.

Le 19 mai, la 4e DCR, renforcée de deux régiments de cavalerie blindée, mène une opération « coup de poing » en direction de Crécy-sur-Serre, inquiétant le général Guderian, commandant le XIXe *Pzk*, et obligeant celui-ci à utiliser la *Luftwaffe* – l'armée de l'air allemande – en renfort pour aider le *Sperrverband* débordé et calmer ces contre-attaquants inattendus. Crécy, atteint, ne pourra être tenu faute de fantassins. La XXVe *Infanterie Division* (*ID*) amorçant au sud de la Serre un mouvement inquiétant, et la mise en place de la 6e armée étant accomplie, le général Georges, commandant le front Nord-Est, prescrit le décrochage de la 4e DCR.

Nommé général de brigade à titre temporaire le 23 mai, de Gaulle reçoit l'ordre de réduire la tête de pont d'Abbeville sur laquelle s'escriment vainement les Alliés. Il va s'efforcer de le faire du 28 au 31 mai. L'ennemi est constitué par la LVIIe *ID* bavaroise qui ne dispose pas de chars mais a été renforcée en artillerie et en antichars. La 4e DCR oblige l'ennemi à se replier sur le mont Caubert, clé du passage sur la Somme. La LVIIe *ID*, disposant d'une compagnie de *Panzerjäger* (chasseurs de chars) et utilisant en antichars (*Pak*) ses redoutables canons de 88 mm antiaériens (*Flak*), ne pourra desserrer l'étau de la 4e DCR qui ne parviendra cependant pas à la rejeter sur la rive droite de la Somme. Le 31 mai, la 4e DCR qui a perdu, depuis le 17 mai, 40 % de son matériel blindé est relevée par la 2e DCR. Celle-ci ne parviendra pas non plus à sécuriser un passage que la *Wehrmacht* utilisera lorsqu'elle effectuera son effort vers le sud de la France. Le 5 juin, le général de Gaulle est nommé sous-secrétaire d'État chargé de la Défense nationale et de la Guerre.

Gérard SAINT-MARTIN

• *Voir aussi* : Arme blindée ; Carrière militaire ; Soldat

Bibl. : Yves Buffetaut, *De Gaulle chef de guerre*, Bayeux, Heimdal, 1990 • Paul Huard, *Le Colonel de Gaulle et ses blindés, Laon 15-20 mai 1940*, Paris, Plon, 1980.

MONTHERLANT, Henry Millon de (1895-1972). – S'il y a d'évidentes affinités entre le général de Gaulle et l'auteur de *La Reine morte*, elles appartiennent au non-dit ; on a parlé de « rendez-vous manqué ». De Gaulle ne semble-t-il pas être un personnage de Montherlant bien davantage que de François Mauriac ? Le Général n'a-t-il pas un côté cardinal d'Espagne, alors que Mauriac a dû s'arracher à la démocratie chrétienne de sa jeunesse pour lui vouer son admiration... et son *Bloc-notes* ?

Ils ne se rencontrèrent qu'une seule fois, il est vrai sous la houlette – ou la protection... – de François Mauriac lorsque celui-ci, en « grand aîné », présenta au protecteur de l'Académie, le 3 juin 1960, le nouvel élu, successeur d'André Siegfried : « Brève conversation avec le Prince, relate le *Bloc-notes* du 4 juin, et voici M. de Montherlant très à son aise et qui montre d'abord qu'il a lu les livres du colonel de Gaulle. »

Cependant, le moins que l'on puisse dire, c'est que Montherlant n'était guère « gaulliste » au sens politique du terme. Lui qui, en 1932, avait, avec *La Rose de sable* – publié intégralement en 1968 –, écrit le premier roman anticolonialiste de l'époque, mais qui, avec *Service inutile* en 1935, ne laissait déjà rien ignorer de son sentiment sur le sujet ; lui qui, dans le *Maître de Santiago*, fait dire à Don Alvaro : « Les colonies sont faites pour être perdues » – au point que, dans les années 1960, il fallait supprimer cette réplique des représentations –, prit on ne peut plus mal les conditions d'accession de l'Algérie à l'indépendance et manifesta des sentiments d'ancien combattant grincheux. C'est que cela ranimait en réalité une ancienne blessure due à la cabale dont Montherlant fut l'objet à la Libération, assez désobligeamment animée par Louis Aragon, alors qu'il n'y avait, et ne fut trouvé, aucun acte répréhensible qui puisse être mis à sa charge.

Le général de Gaulle n'avait cure des rumeurs, des calomnies et des jalousies, et il savait que Montherlant était l'un des rares écrivains français, avec Georges Bernanos, à avoir pris publiquement position, en 1938, contre les accords de Munich. Une anecdote illustrera le « rendez-vous manqué » entre nos deux personnages. En septembre 1966, se trouvant au large de l'atoll de Mururoa où il attendait à bord du *De Grasse* la première explosion atomique française, le Général arpentait le pont ou se retirait dans sa cabine pour lire un mystérieux ouvrage qui se révéla n'être autre que le dernier roman paru de Montherlant, *Le Chaos et la Nuit*, dont le titre nietzschéen convenait aux circonstances...

En 1969, lorsque parut *Montherlant le séparé*, l'auteur de ces lignes reçut du Général une lettre où il décrivait, avec son exceptionnelle acuité, notre auteur comme « longeant indéfiniment les bords de l'océan religieux, que son génie ne quitte ni des yeux et de l'âme, sans y pénétrer jamais » [*LNC*]. Tel fut le domaine de leur familiarité véritable, tout en retenue, en secret même, comme le sont les rares grandes affinités qui subsistent.

Philippe de SAINT ROBERT

• *Voir aussi* : Bibliothèque personnelle ; Intellectuels

MONTOIRE. – Le 24 octobre 1940, le maréchal Pétain rencontre Adolf Hitler dans la ville de Montoire (Loir-et-Cher). À cette époque, le général de Gaulle se trouve dans les territoires africains ralliés à la France libre. Depuis le début du mois, le gouvernement anglais recherche un apaisement avec Vichy. Par l'ambassade de Madrid, le ministre des Affaires étrangères Paul Baudouin a demandé un relâchement du blocus pour faciliter le ravitaillement français « si la Grande-Bretagne ne veut pas jeter complètement le gouvernement français dans les mains des autorités allemandes ». Informé, de Gaulle met en garde contre le « désarroi politique » de Vichy. La Grande-Bretagne l'approuve, doutant de la capacité du régime à défendre l'Empire contre la pénétration ennemie. Le 22 octobre, le Foreign Office télégraphie à de Gaulle que, tout en poursuivant les discussions avec des représentants de Vichy, il n'oublie pas que ce gouvernement « est sous la botte allemande et ne peut être considéré comme libre, quoi qu'il fasse ».

Dans ce contexte, l'entrevue de Montoire est un événement spectaculaire et ambivalent. La rencontre entre Pétain et Hitler alarme de nombreux Français, y compris dans l'entourage du Maréchal. C'est oublier que le chef de l'État était demandeur de cette prise de contact et appelait de ses vœux la collaboration depuis son message du 10 octobre. Dans ces conditions, la photographie de la poignée de main entre les deux hommes semble apporter une justification éclatante au choix initial de De Gaulle. Manquant d'informations sur le contenu de la rencontre, restée de fait sans portée concrète par décision de Hitler, le Général réagit le 27 octobre : « Il est donc entendu que les gens de Vichy font un pas de plus dans la voie de la trahison. » Il pronostique l'ouverture de l'Empire à l'ennemi et explique ainsi la vindicte vichyste contre les Français libres. Il annonce la création du Conseil de défense de l'Empire qui doit permettre d'en organiser la défense et de représenter la France dans la guerre, contre le gouvernement inconstitutionnel issu de l'armistice, qui s'enfonce dans la trahison des intérêts et de l'honneur français. Le 30, le maréchal Pétain, dans un discours radiodiffusé, présente comme un choix historique et personnel la « voie de la collaboration », « dans l'honneur et pour maintenir l'unité française ».

La stupeur et le désarroi suscités dans l'opinion par la rencontre de Montoire et l'allocution de Pétain ne conduisent pas à un mouvement massif en faveur de De Gaulle. En dépit d'une forte incompréhension, beaucoup veulent croire que le choix de Pétain peut s'expliquer ou en rejettent la responsabilité sur Pierre Laval. Le renvoi de ce dernier, le 13 décembre, semble d'ailleurs valider cette analyse, pourtant fausse. Ce même raisonnement apparaît dans les premiers journaux clandestins qui, il est vrai, ne sont pas gaullistes. Il faudra encore près d'un an et demi pour que Montoire apparaisse à la majorité des Français comme le symbole même de la collaboration d'État, donnant ainsi raison aux analyses du général de Gaulle.

Bénédicte VERGEZ-CHAIGNON

• *Voir aussi* : Armistice ; Collaboration ; Épuration

Bibl. : Jean-Paul Cointet, *Histoire de Vichy*, Paris, Perrin, 1996 • Jean-Louis Crémieux-Brilhac, *La France libre : de l'appel du 18 juin à la Libération*, Paris, Gallimard, 2001 • Pierre Laborie, *L'Opinion française sous Vichy. Les Français et la crise d'identité nationale, 1936-1944*, Paris, Le Seuil, 2001.

MORAND, Paul (1888-1976). – Le général de Gaulle n'a jamais pardonné au diplomate Paul Morand de lui avoir fait défaut en juin 1940, en quittant Londres où il dirigeait la mission économique française pour rejoindre Vichy et se mettre au service du Maréchal, d'autant qu'il considérait l'auteur d'*Ouvert la nuit* comme un écrivain de premier plan. « Il m'a manqué », rappelait le Général vingt-cinq ans plus tard à Alain Peyrefitte en évoquant tout ce qu'un homme comme lui, « très introduit dans la société anglaise, aurait pu apporter à la France libre du fait de sa renommée littéraire et de son succès auprès des dames. Quand on a le talent et la notoriété d'un grand écrivain, insistait-il, on ne fait pas passer son bien avant la patrie. » Philippe de Gaulle souligne quant à lui le mépris avec lequel son père reprochait à Morand de « s'être scandaleusement soustrait aux combats des deux guerres mondiales ».

Alors qu'une de ses propres collaboratrices, Élisabeth de Miribel, allait dactylographier l'appel du 18 Juin, Morand avait précipité son retour en France avec tant de désinvolture qu'il n'avait été sanctionné dès son arrivée par ses supérieurs directs pour abandon de poste et mis à la retraite anticipée. Admirateur du maréchal Pétain et ami de longue date de Pierre Laval – amitié qui lui permit d'être réintégré dans la carrière en 1942 et nommé ambassadeur en Roumanie l'année suivante –, il s'était écarté de De Gaulle pour des raisons en grande partie politiques et sous l'influence d'une épouse ouvertement fasciste et antisémite. En septembre 1944, il fut révoqué au titre de l'épuration administrative et conduit à s'exiler en Suisse pour éviter de probables poursuites judiciaires.

La rancune du Général le poursuivit longtemps. En avril 1959, l'écrivain s'étant présenté à l'Académie française, le fondateur de la Ve République fit savoir au secrétaire perpétuel qu'il « ne donnait pas son approbation à l'élection de M. Paul Morand, si l'Académie s'y décidait ». Confronté au veto officiel – et rarissime – du protecteur de l'institution, Morand fut contraint de retirer sa candidature malgré le soutien de nombreux académiciens, l'un d'entre eux, Pierre Benoit, allant jusqu'à démissionner de la Compagnie en témoignage de solidarité. Morand dut attendre une dizaine d'années pour que le Général consentît, en mars 1968, à « une demande de levée de prohibition » le concernant, mais sans toutefois accepter de recevoir à l'Élysée le nouvel élu, conformément à l'usage. Le chef de l'État se bornera à accorder l'audience traditionnelle au seul directeur en exercice, Jean Mistler. « Considérons, dit-il à son visiteur en le raccompagnant, que j'ai reçu Paul Morand. »

Si de Gaulle avait fini, sans l'absoudre, par reconnaître les mérites proprement littéraires de Paul Morand, ce dernier, fasciné par « les causes perdues », ne put s'empêcher de son côté d'être ému par les dernières images du Général après son départ du pouvoir. « Vous savez combien j'ai détesté de Gaulle, confiera-t-il un jour à Jacques Chancel, mais quand je l'ai vu seul, sur sa plage d'Irlande, avec un chapeau trop petit et un pardessus trop court, voûté et comme abandonné par les dieux, j'ai été tout près de l'aimer. »

Jean-Luc BARRÉ

• *Voir aussi :* Bibliothèque personnelle ; Collaboration ; Épuration ; Hauts fonctionnaires (1940-1945) ; Intellectuels

Bibl. : Jean-François Fogel, *Morand Express*, Paris, Grasset, 1980 • Philippe de Gaulle, *De Gaulle, mon père : entretiens avec Michel Tauriac*, Paris, Plon, 2003 • Alain Peyrefitte, *C'était de Gaulle*, t. 2, Paris, de Fallois-Fayard, 1997.

MORANDAT, Léon, dit Yvon (1913-1972). – Né à Buellas, dans l'Ain, dans une famille de métayers, Léon Morandat est le deuxième de neuf enfants. Le certificat d'études en poche, l'adolescent doué est successivement valet de ferme, vendeur étalagiste, puis employé aux Nouvelles Galeries à Chambéry. Lecteur impénitent, militant de la Jeunesse agricole chrétienne, il adhère à la CFTC et à la Jeune République. En 1937, il est secrétaire permanent des syndicats chrétiens de la Savoie.

Mobilisé en 1939 dans les chasseurs alpins, il est volontaire pour l'expédition de Norvège. Retour de Narvik, évacué avec son unité en Angleterre, le caporal Morandat est de la trentaine de chasseurs alpins – sur plus de deux mille – qui décident de se battre dans les rangs de la France libre. Le commissariat à l'Intérieur charge cet expert ès mouvement ouvrier de contacter syndicats et mouvements de Résistance en zone sud. Il a évoqué dans ses *Souvenirs* les sentiments qui l'agitaient quand il fut reçu par le général de Gaulle avant son départ : « Jugez de mon émotion, le petit caporal reçu par le Patron, nous l'appelions déjà ainsi. Il était simple, bref, direct... » Parachuté dans la nuit du 6 au 7 novembre 1941 près de Toulouse, Yvon, pseudonyme dont il fera son prénom, déblaie efficacement le terrain pour la mission Moulin. Il prend contact avec le Comité d'action socialiste et fonde l'éphémère Mouvement ouvrier français. Alors que son rôle est d'observer et de transmettre à Londres, il entre à Libération, sortant ainsi du cadre qui lui a été fixé. Il poursuit son action après l'arrivée de Jean Moulin en janvier 1942, et participe activement aux premières discussions relatives à la création d'un Conseil de la Résistance susceptible de manifester le soutien de l'opinion libre à la France combattante. Toutefois, Jean Moulin juge ses initiatives intempestives et obtient son rappel à Londres en novembre 1942. À Alger, Morandat devient le collaborateur d'André Philip et siège à l'Assemblée consultative provisoire. Mais il demande à retourner en France. Parachuté, fin janvier 1944, il seconde bientôt Alexandre Parodi, délégué général du CFLN (Comité français de la Libération nationale). Le 25 août 1944, sa femme, Claire, et lui prennent possession de l'Hôtel Matignon au nom du Gouvernement provisoire.

Ce Compagnon de la Libération participe ensuite à la création du RPF. Il est membre de son conseil de direction et délégué national à l'action ouvrière. Il prend cependant ses distances avant même la mise en sommeil du Rassemblement. Il milite chez les gaullistes de gauche, notamment au sein du Front travailliste. Sur le plan personnel, il traverse des années difficiles avant de présider, en 1959, le conseil d'administration des Houillères de Provence, puis du Nord-Pas-de-Calais. Le général de Gaulle lui manifeste son estime en lui remettant personnellement les insignes de grand officier dans l'ordre du Mérite. De mai à juillet 1968, il est secrétaire d'État aux Affaires sociales, chargé de l'Emploi. Battu au second tour des élections législatives de juin, sous l'étiquette UDR, Morandat démissionne du gouvernement. En février 1969, il est nommé président du conseil d'administration des Charbonnages de France. Au-delà des dissensions politiques, sa fidélité personnelle au chef de la France libre demeure : il assiste à ses obsèques le 12 novembre 1970 à Colombey. Le parcours atypique de cet autodidacte aura finalement été guidé par un double attachement à ses idées réformatrices en matière sociale et à la personne du général de Gaulle. Laurent Douzou

• *Voir aussi* : CFLN ; CNR ; Délégation générale ; France libre ; Résistance interieure

Bibl. : Marie-Christine Chappat, *Yvon Morandat, une figure du xxe siècle, 1913-1972*, mémoire de maîtrise d'histoire, université Jean-Moulin, Lyon, 1988 • Yvon Morandat, *Souvenirs inédits d'Yvon Morandat*, édition établie et présentée par Laurent Douzou, *Cahiers de l'IHTP*, nº 29, septembre 1994.

MORIN, Jean (né en 1916). – « Ma tâche a commencé sous un ciel de colère... » Le 21 novembre 1960, Jean Morin vient d'être nommé délégué général en Algérie. En lui annonçant sa nomination, le 16 novembre, le général de Gaulle lui a dit : « Si la tâche est dure, la mission est noble. » Elle durera seize mois.

Début 1942, Morin s'engage en résistance dans le mouvement Organisation civile et militaire (OCM). À l'automne 1943, il est l'un des assistants de Georges Bidault, président du Conseil national de la Résistance (CNR). Devenu le directeur adjoint de son cabinet en septembre 1946, à la présidence du gouvernement provisoire, il est chargé d'aller exposer au général de Gaulle, à Colombey-les-Deux-Églises, pour quelles raisons le Mouvement républicain populaire (MRP) votera « oui » au second référendum sur la Constitution. Par la suite, ses rapports avec Bidault se situeront sur le seul plan personnel. En 1958, Jean Morin, préfet régional (IGAME) pour la Ve région et préfet de la Haute-Garonne, reçoit à Toulouse le général de Gaulle. En novembre 1960, celui-ci le choisit pour succéder à Paul Delouvrier au poste de délégué général en Algérie.

Comme de Gaulle, Morin est très attaché à une enfant handicapée. C'est un lien entre les deux hommes. Surtout, souligne Jean Morin dans son livre-témoignage, le chef de l'État n'hésite pas à dire au délégué général « tout ce qu'il est possible de dire et le plus tôt possible ». Cette confiance, rare, lui permettra d'obtenir certaines décisions du Général, par-dessus la tête du ministre de l'Intérieur Roger Frey. Le 6 décembre 1960, de Gaulle n'en écrit pas moins dans une note : « J'observe que M. Morin, lorsqu'il s'exprime en public en Algérie, le fait, lui aussi, et à son tour, en amenuisant, interprétant, dévoyant ce que je dis et entends faire [...]. Il faut se décider à dire ce que je dis, ou à se taire. » Et il lui reprochera plus tard de n'avoir pas su empêcher la sanglante « ratonnade » d'Oran en octobre 1961.

Lors du putsch du 21 avril 1961, qu'il appelle « le pronunciamiento », Jean Morin est fait prisonnier par les parachutistes au Palais d'été et doit partir pour Aïn Sefra. Rentré le 26, il s'installe hors d'Alger à Rocher-Noir et joue sa partition en marge des pourparlers d'Évian. À un moment de tension avec le commandant en chef, le général Ailleret, une même sentence tombe par téléphone de l'Élysée : tous deux doivent « prendre les mesures nécessaires pour mettre fin » à leur désaccord. Le 20 mars 1962, après des semaines rythmées par les attentats, Christian Fouchet, haut-commissaire, prend la relève. Jean Morin reçoit, le 25 avril, une lettre du général de Gaulle rendant hommage à des service « aussi méritoires que possible » [*LNC*]. Après avoir exercé les fonctions de secrétaire général de la marine marchande jusqu'à 1968, il entame une seconde carrière dans le privé. Jean PLANCHAIS

• *Voir aussi :* Algérie (guerre d')

Bibl. : Jean Morin, *De Gaulle et l'Algérie. Mon témoignage 1960-1962*, Paris, Albin Michel, 1969.

MOULIN, Jean (1899-1943). – Jusqu'à l'effondrement militaire, politique et mental de 1940, rien ne prédisposait Jean Moulin à croiser la route de Charles de Gaulle, moins encore à le seconder avec cette loyauté sans faille dont il fit preuve au cours des deux dernières années de sa vie. Improbable osmose entre un officier général issu d'un milieu catholique traditionaliste et un préfet dont le père, franc-maçon, membre de la Ligue des droits de l'homme, ardent républicain, avait milité en faveur des victimes de la répression consécutive au coup d'État du 2 décembre 1851. Improbable et bien réelle pourtant.

Né en 1899 à Béziers, Jean Moulin fit des études de droit à Montpellier. Attaché au cabinet du préfet de l'Hérault en 1917, il gravit tous les échelons de la haute fonction publique et, vingt ans plus tard, il était préfet. Parallèlement, il ne craignit pas de s'engager dans l'action politique, intégrant à quatre reprises le cabinet de Pierre Cot entre 1932 et 1937 et jouant à son poste un rôle essentiel dans l'aide clandestinement apportée à la République espagnole. En fonction à Chartres comme préfet d'Eure-et-Loir lorsque la guerre fut déclarée, Moulin y fut maintenu en affectation spéciale. La débâcle de 1940 le trouva donc à son poste, se démenant pour maintenir un semblant d'ordre et de cohésion dans une ville dont la population, entraînée par l'exode, ne comptait plus, mi-juin, que 800 habitants au lieu des 23 000 du temps de paix. Le 17 juin, des officiers de la Wehrmacht exigèrent du préfet qu'il signât une déclaration imputant à des tirailleurs sénégalais le massacre au hameau de La Taye de populations civiles, en réalité victimes de bombardements allemands. Le préfet refusa, fut passé à tabac et, le soir venu, jeté dans une cave de sa préfecture sous la menace de brutalités à venir. Redoutant de signer le texte infamant s'il était à nouveau frappé, il se trancha la gorge. Sauvé *in extremis*, il poursuivit sa tâche en même temps que sa convalescence jusqu'à sa révocation par Vichy en novembre 1940 en raison de ses sympathies pour le Front populaire.

Résister. Admis à faire valoir ses droits à la retraite à dater de février 1941, il n'était plus que propriétaire à Saint-Andiol (Bouches-du-Rhône). Cette couverture lui laissa le loisir de relater ce qui s'était passé à Chartres en juin 1940 dans un manuscrit que sa sœur publiera après la guerre sous le titre de *Premier Combat*, et de sillonner la zone sud, avec une fausse carte d'identité confectionnée avant de quitter sa préfecture, en quête des groupes de résistance en train de sourdre. Il prit ainsi la mesure des initiatives qui se déployaient, avec des fortunes diverses, dans la France de Vichy. Lesté d'informations, il quitta la France en septembre 1941 sous sa fausse identité pour rejoindre l'Angleterre depuis le Portugal après avoir traversé l'Espagne. Il y arriva le 20 octobre avec un rapport de neuf pages, rédigé à Lisbonne, qui dressait une sorte d'inventaire de la Résistance naissante. Le 25 octobre, il était reçu par le général de Gaulle dans son bureau de Carlton Gardens. Il ne subsiste aucune trace écrite de cet entretien qui n'eut pas de témoin. L'accord entre les deux hommes fut suffisamment fort pour que celui qui se présentait comme l'émissaire des groupements résistants se muât en représentant dûment accrédité par le chef de la France libre auprès d'eux. Courtisé par les Britanniques, alléchés par les qualités de cette recrue possible, Moulin s'engagea au côté du général de Gaulle et reçut mission de repartir pour la France afin de rallier et d'unir les mouvements de résistance de zone sud.

Mission Rex. Dans la nuit du 2 janvier 1942, le préfet Moulin, devenu *Rex*, représentant du général de Gaulle et délégué du Comité national, était parachuté près de Saint-Andiol. Installé à Lyon, *Rex* y mena des discussions difficiles avec Henri Frenay, Emmanuel d'Astier et Jean-Pierre Lévy, respectivement responsables des trois principaux mouvements de la zone sud : Combat, Libération et Franc-Tireur. Il tira avantage de la rivalité qui opposait Emmanuel d'Astier à Henri Frenay pour faire figure d'arbitre et asseoir son autorité. Il se servit de la manne financière dont il était le dispensateur pour rappeler les chefs de mouvements à la solidarité et au soutien qu'ils devaient afficher à l'égard du chef de la France libre. Tour à tour habile et cassant, *Rex* les amena au fil des mois à composer. Dès le printemps, leurs feuilles clandestines reconnaissaient l'autorité du général de Gaulle. En septembre, les trois chefs de mouvement et Moulin avaient prévu de partir pour Londres pour y discuter du rapprochement en faveur duquel ce dernier plaidait depuis des mois. En raison des aléas de la clandestinité, seuls Frenay et d'Astier purent se rendre à Londres. Ils en revinrent le 17 novembre avec un accord sur la constitution d'un Comité de coordination de zone sud. Ils avaient également entériné la création d'une Armée secrète (AS) rassemblant les groupes paramilitaires des mouvements sous l'autorité du général Delestraint. Ces décisions marquaient le succès de la stratégie que Moulin avait déployée depuis janvier. Le général de Gaulle rendit hommage à son émissaire dans une lettre du 22 octobre qui se terminait sur ces mots : « Je tiens à vous redire que vous avez toute ma confiance et je vous adresse toutes mes amitiés. »

C'est qu'au succès que représentait la mise sur pied de l'AS et du Comité de coordination de zone sud, il fallait ajouter la structuration réussie par Moulin de la Délégation générale qu'il dirigeait et qu'il avait dotée d'un Bureau d'information et de propagande, d'un Comité général des experts, d'un Service des opérations aériennes et maritimes pour faciliter les liaisons avec Londres, enfin d'un service central de transmission radio, le WT (*Wireless Transmission*).

De retour à Londres. En janvier 1943, le processus d'unification de la Résistance de zone sud était parachevé avec la création des Mouvements unis de Résistance (MUR). Peu après avoir ouvert une galerie d'art à Nice, couverture crédible dans une vie très cloisonnée, Jean Moulin partait le 14 février avec le général Delestraint pour Londres où il resta cinq semaines. Il y rendit compte de sa mission au général de Gaulle lors de longs entretiens au terme desquels sa compétence fut étendue à tout le territoire métropolitain. Il pouvait, en outre, se prévaloir du titre de commissaire national en mission. Fait Compagnon de la Libération le 17 octobre 1942, il reçut la croix à son arrivée à Londres au cours d'une cérémonie qui eut lieu en petit comité dans le salon de la maison de Hampstead qu'habitait alors le général de Gaulle : sept personnes assistèrent à cette remise de décoration d'autant plus impressionnante que la nécessité de préserver le silence absolu sur la présence de Moulin à Londres en commandait le caractère intime. Tous ces indices additionnés disent l'estime profonde dans laquelle le chef de la France combattante tenait son délégué.

Pendant ce temps, Pierre Brossolette, parti en mission fin janvier, agit avec célérité pour créer un comité de coordination en zone occupée avec le concours du colonel *Passy* parachuté dans la nuit du 26 au 27 février. Il le fit sans tenir compte des nouvelles instructions du 21 février qui disaient la forte stature prise par Jean Moulin, non plus que des rappels à l'ordre d'André Philip, commissaire à l'Intérieur, ou de Jacques Bingen, chef de la section non militaire du BCRA (Bureau central de renseignements et d'action).

Le Conseil national de la Résistance. Revenu de Londres le 20 mars, *Rex* devenu *Max* eut une explication orageuse avec Brossolette, qui rejoignit Londres dans la nuit du 15 au 16 avril. Moulin travailla à constituer le Conseil de la Résistance regroupant les mouvements, les partis et les syndicats résistants. Le 27 mai 1943, 48, rue du Four à Paris, se tenait sa réunion constitutive. Y fut votée à l'unanimité une motion affirmant que le gouvernement provisoire qui devait prendre en main les destinées de la France ne pouvait être confié qu'au général de Gaulle « qui fut l'âme de la Résistance aux jours les plus sombres et qui n'a cessé depuis le 18 juin 1940 de préparer en pleine lucidité et en pleine indépendance la renaissance de la patrie détruite, comme des libertés républicaines déchirées ».

Si, dans le conflit qui l'opposait à Giraud, de Gaulle ne put qu'être conforté par ce soutien politique et moral, Moulin jouissait aussi d'une position plus forte que jamais. Chef de la Délégation générale, président du directoire des MUR, président du CNR (Conseil national de la Résistance), il cumulait les responsabilités. Ce cumul était largement légitimé par la part prise à l'édification de ce qui ressemblait de plus en plus à un véritable État clandestin, d'une part, par les risques courus jour après jour aux côtés des résistants de l'intérieur, d'autre part. Cette position privilégiée lui valut alors d'être attaqué simultanément par d'Astier et Frenay sans que son crédit en fût entamé auprès du général de Gaulle.

La chute. La toile d'araignée résistante devait être sans cesse rapetassée en fonction des arrestations qui la mettaient à mal. Cela se vérifia une fois encore avec l'arrestation le 9 juin à Paris du général Delestraint. Informé de cette chute le 14, Jean Moulin mit sur pied une réunion pour prendre des mesures conservatoires. Elle eut lieu le 21 juin à Caluire et les participants y furent arrêtés par les hommes de Klaus Barbie, chef de la section IV du *Sicherheitsdienst* (SD) de Lyon. C'est peu de dire que Moulin avait senti, depuis son retour de Londres, la menace de l'arrestation se préciser. Le 7 mai, dans une lettre à de Gaulle, il écrivait : « Je suis recherché maintenant tout à la fois par Vichy et la Gestapo qui, en partie grâce aux méthodes de certains éléments des mouvements, n'ignore rien de mon identité et de mes activités. Ma tâche devient donc de plus en plus délicate, alors que les difficultés ne cessent d'augmenter. Je suis bien décidé à tenir le plus longtemps possible. » Le 15 juin, dans son dernier courrier à Londres, il se faisait l'écho auprès du général de Gaulle des difficultés de la lutte clandestine. Exposant les circonstances de l'arrestation du général Delestraint, il se montrait même critique : « Il s'est trop exposé, il a trop payé de sa personne. Il lui fallait les collaborateurs que nous avions demandés. Il y a trois semaines, je vous ai adressé à ce sujet un câble appelant votre attention sur le tragique de la situation et sur la responsabilité grave que prenait la France combattante en refusant de nous envoyer le personnel demandé. Aura-t-il fallu que le pire arrive pour que des mesures soient prises ? »

Incarcéré au fort Montluc, Moulin fut assez rapidement identifié et sauvagement torturé. Transféré début juillet avenue Foch à Paris, puis dans une villa de Neuilly, Jean Moulin mourut des suites des tortures qu'il avait subies dans le train qui l'emmenait en Allemagne, quelque part entre Metz et Francfort le 8 juillet 1943.

La trahison ayant manifestement conduit Barbie à Caluire, les soupçons se portèrent vite sur René Hardy, membre du mouvement Combat, chef du secteur paramilitaire de Résistance-Fer, qui n'avait pas été convié à la réunion et qui fut le seul à s'échapper lors de l'arrestation. Jugé à deux reprises, en 1947 et 1950, il fut acquitté, la première fois au bénéfice du doute, la deuxième à la minorité de faveur.

En acceptant de préfacer l'édition posthume de *Premier Combat*, parue aux Éditions de Minuit en 1947, en écrivant à la sœur du héros, Laure Moulin, le 12 décembre 1947 dans une lettre privée qu'il l'avait « bien souvent réuni dans [son] esprit et dans [son] cœur à Leclerc » parce que tout deux « servaient pour servir mais avec quelles capacités et aussi quelle noblesse ! », le général de Gaulle démontra en quelle estime il tenait *Rex*. Bien qu'il ne fût pas homme à verser dans le dithyrambe, il rendit, à sa façon, un vibrant hommage public à Moulin en 1954 lorsqu'il écrivit : « Homme de foi et de calcul, ne doutant de rien et se défiant de tout, apôtre en même temps que ministre, Moulin devait, en dix-huit mois, accomplir une tâche capitale » [*MG*]. Dix ans plus tard, Charles de Gaulle joignait les actes à la parole en décidant la translation des cendres de Jean Moulin au Panthéon.

Laurent DOUZOU

• *Voir aussi* : BCRA ; CNR ; Commissariat national à l'Intérieur ; Délégation générale ; Résistance intérieure

Bibl. : Jean-Pierre Azéma, *Jean Moulin. Le rebelle, le politique, le résistant*, Paris, Perrin, 2003 • Daniel Cordier, *Jean Moulin. La République des catacombes*, Paris, Gallimard, 1999 • Henri Michel, *Jean Moulin. L'unificateur*, Paris, Hachette, 1971, rééd. 1983.

MOULIN, Jean (commémoration au Panthéon). – Le 19 décembre 1964, les cendres présumées de Jean Moulin étaient transférées au Panthéon au terme de deux jours de cérémonies solennelles. Commencées la veille au columbarium du Père-Lachaise, poursuivies au Mémorial des martyrs de la déportation de l'île de la Cité, elles culminèrent avec le discours d'André Malraux, ministre de la Culture et Compagnon de la Libération. Cette translation clôturait les manifestations organisées à l'occasion du quarantième anniversaire de la Libération.

C'est à un parcours accompli hors de toutes les séries à partir de 1940 que le préfet Moulin dut d'entrer au Panthéon par cette venteuse soirée de décembre. Avec une poignée d'autres résistants (Jacques Bingen, Pierre Brossolette, Jean Cavaillès), il remplissait les conditions tacites mais draconiennes pour prétendre à cet honneur : avoir été un pionnier de la Résistance mais aussi un chef reconnu par les combattants de l'ombre et de Londres, être mort sous la torture sans avoir parlé, avoir été maintenu en vie depuis dans l'espace public par de vigilants passeurs de mémoire. Ce haut fonctionnaire avait en outre cumulé dans la clandestinité des responsabilités qu'aucun autre n'avait endossées : président du directoire des Mouvements unis de résistance, puis du Conseil national de la Résistance (CNR), enfin commissaire national envoyé en France par de Gaulle. La fidélité indéfectible dont, premier président du CNR, il avait fait preuve envers le général de Gaulle joua sûrement aussi. En 1964, ce trait le distinguait fortement de son successeur à la tête du CNR, Georges Bidault, en exil au Brésil pour avoir été un des dirigeants de l'OAS.

La greffe du Panthéon sur la mémoire collective n'ayant jamais vraiment pris, les cérémonies qui y font entrer des gloires nationales sonnent d'ordinaire comme un enterrement définitif. Tel ne fut pas le cas pour Jean Moulin. Le discours inspiré, ciselé, puissamment suggestif, que Malraux scanda davantage qu'il ne le lut, vingt et une minutes et quarante-cinq secondes durant, ne fut pas étranger à la réussite miraculeuse de cette cérémonie qui aurait dû échouer tant on aurait pu y voir la célébration, à travers la personne de Moulin, du chef de l'État en exercice. Malraux eut l'intelligence et la sensibilité de faire du « pauvre roi supplicié des ombres » le symbole du peuple de la nuit rassemblé « comme une humble garde solennelle autour de son corps de mort ».

En se risquant à l'exercice de l'oraison funèbre, tombé en désuétude, Malraux parvint à hisser un héros humain sur des cimes où seul pouvait vraiment le côtoyer le général de Gaulle, ce « président de la République » auquel le discours du 19 décembre 1964 choisit de s'adresser seul, oubliant délibérément les corps constitués pourtant rassemblés pour la circonstance. La puissance évocatrice de la Résistance est restée suffisamment forte pour que s'efface l'hommage ainsi prêté à la Ve République gaullienne au profit de l'institution d'une pure figure du patrimoine républicain. Laurent DOUZOU

• *Voir aussi* : Commémorations du 18 Juin ; Mémoire de la Résistance ; Symboles

Bibl. : Jean-Pierre Azéma, *Jean Moulin. Le rebelle, le politique, le résistant*, Paris, Perrin, 2003 • André Malraux, *Œuvres complètes*, Paris, Gallimard, coll. « La Pléiade », t. 3, 1996 • Mona Ozouf, « Le Panthéon. L'École normale des morts », dans Pierre Nora (dir.), *Les Lieux de mémoire*, rééd., Paris, Gallimard, coll. « Quarto », 1997, p. 155-178.

MOUVEMENT RÉPUBLICAIN POPULAIRE. – *Voir* MRP.

MRP (Mouvement républicain populaire). – Habitués à se contenter de résultats nationaux inférieurs à 5 % des voix, les partis d'inspiration démocrate-chrétienne tels que le Parti démocrate populaire (PDP) et la Jeune République (JR) se réclamant de la doctrine sociale de l'Église et du ralliement à la République n'avaient pas vraiment réalisé la percée espérée par leurs dirigeants durant l'entre-deux-guerres. Installés au centre de l'échiquier politique français, ils étaient rejetés par la droite à cause de leurs audaces sociales et refusés par la gauche clairement anticléricale. Or le Mouvement républicain populaire, créé en novembre 1944, devient en juin 1946, pour la seule fois de son histoire, le premier parti de France avec 28,2 % des voix et 168 députés. La droite, disqualifiée de fait par son choix en faveur du régime de Vichy, et la gauche, alors sous l'emprise marxiste, avaient laissé un espace important pour une autre approche du politique.

Ce succès inespéré provenait aussi, en grande partie, d'une participation à la Résistance de la majorité des membres du courant démocrate-chrétien. Rallié au général de Gaulle dès juin 1940, à l'exemple de Maurice Schumann, porte-parole de la France combattante, le MRP, qu'on appelle le « parti de la fidélité », est porté à la Libération par sa connivence avec le chef de la France libre, triomphalement accueilli à cette époque. Lors de son premier congrès, le jeune mouvement « exprime son admiration, sa reconnaissance et sa confiance au général de Gaulle ». Outre le combat commun dans la Résistance, le partage de convictions religieuses et de références philosophiques voisines ainsi qu'une même ardeur sociale portent les deux partenaires à s'allier dans un triple but : redonner au pays son rang dans le concert des nations, offrir à la France un autre modèle de fonctionnement démocratique et opérer la réconciliation de la République avec la religion de la majorité des Français sans remettre en cause la séparation de l'Église et de l'État. La « lune de miel » gouvernementale est cependant écourtée par le départ du Général, dès janvier 1946 ; elle tourne à la séparation de fait à cause de l'enjeu constitutionnel et se transforme en divorce pour faute grave, selon le MRP, lors de la création du RPF. Refusant la coupure de la France en deux blocs, les républicains populaires, après avoir rêvé d'un travaillisme « à la française » les unissant aux socialistes, font le choix, dès 1947, d'une troisième force qui s'oppose aux « moscoutaires » comme aux « néo-boulangistes », et cela par fidélité à leur doctrine.

Porté par des militants en harmonie avec la majorité des responsables, ce choix stratégique n'est pas reconnu par une partie importante d'un électorat désorienté ; aussi le parti subit-il aux élections législatives ultérieures, sous la IVe République, une grande hémorragie de voix. Pourtant le rapprochement des dirigeants MRP avec de Gaulle est difficile en raison de leurs divergences sur deux plans. Celui des institutions : le refus gaullien de tout compromis constitutionnel, nettement souligné dans le discours de Bayeux en juin 1946, s'accentue par la suite, malgré des entretiens avec Robert Schuman en avril 1948 puis avec Maurice Schumann et Georges Bidault en novembre de la même année. L'Europe, et ses relations avec les États-Unis, sont un autre sujet de discorde : d'abord avec la conclusion du Pacte atlantique en 1949, puis au moment de la mise en place du plan Schuman de Communauté européenne du charbon et de l'acier en 1950 et, surtout, en 1954, lors du débat sur la Communauté européenne de défense où communistes et gaullistes rivalisent d'ardeur dans l'hostilité à ce projet.

Toutefois le MRP, à l'exception marquante de François de Menthon, se rallie au retour du général de Gaulle en 1958. Des ministres républicains populaires viennent concrétiser ce rapprochement jusqu'à l'épisode de la conférence de presse du 15 mai 1962 au cours de laquelle le Général brocarde les partisans de la supranationalité. Cependant, en 1964, 58 % des sympathisants MRP émettent un jugement favorable à la politique étrangère du général de Gaulle contre 18 % seulement qui y sont hostiles. Cette distorsion se retrouve dans les rangs des personnalités qui, « en un filet continu », quittent le MRP pour rejoindre les rangs gaullistes, de Louis Terrenoire et Edmond Michelet, dès la fin des années 1940, à Maurice Schumann et Marie-Madeleine Dienesch en 1967, peu après la « mise en sommeil » du MRP. Pourtant le général de Gaulle possédait avec les démocrates-chrétiens, sur la question sociale, une solide base commune : « Je suis un chrétien social », avait-il déclaré à Bidault en novembre 1948. Ses projets d'association capital-travail, de participation, de contrôle de l'État sur les grands ensembles économiques rejoignent la vision de l'homme et de la société des démocrates-chrétiens. Mais pour l'heure, rien n'est plus crucial, aux yeux de l'ancien chef de la France libre, que l'installation d'un État à souveraineté indiscutable : la stratégie politique doit en découler. Durant l'hiver 1944-1945, le général de Gaulle, ayant fait venir Pierre-Henri Teitgen, lui avait conseillé de mettre en place « un parti conservateur intelligent » et de « ne pas regarder à gauche [...], d'occuper le terrain qu'occupait antérieurement la droite et [...] de regrouper toutes les forces d'origine catholique ». Conscient d'être l'héritier de ceux qui avaient subi les sarcasmes des conservateurs, ce résistant, futur président du MRP de 1952 à 1956, ne put se résoudre à privilégier une stratégie de fidélité à l'homme providentiel au détriment d'une perspective de « révolution par la loi ». Bruno BÉTHOUART

• *Voir aussi* : Centristes ; Conférence de presse du 15 mai 1962 ; Partis politiques

Bibl. : Bruno Béthouart, « La rupture entre de Gaulle et le MRP », dans Gilles Richard et Jacqueline Sainclivier (dir.), *La Recomposition des droites en France à la Libération, 1944-1948*, Rennes, Presses universitaires de Rennes, coll. « Histoire », 2004, p. 25-36 • Pierre Létamendia, *Le Mouvement républicain populaire – Histoire d'un grand parti français*, Paris, Beauchesne, 1996 • Jean-Marie Mayeur, « Le MRP et le gaullisme », dans « Regards sur le MRP », *France Forum*, n° 316, 2ᵉ trimestre 1997, p. 28-46.

MURPHY, Robert (1894-1978). – Au lendemain de l'armistice, Robert Murphy devient chargé d'affaires des États-Unis. À quarante-six ans, il passe pour un expert des affaires françaises car il est en poste à Paris depuis 1930. À l'automne 1940, le président Franklin Roosevelt lui confie la mission de représenter les États-Unis auprès du général Weygand, nouveau délégué général du gouvernement de Vichy pour l'Afrique française. Les Américains sont persuadés que l'Afrique française du Nord (AFN) est « le plus vraisemblablement l'endroit où les troupes françaises pourront être ramenées dans la guerre contre l'Allemagne nazie ». Les accords Murphy-Weygand pour ravitailler l'AFN sont signés le 26 février 1941.

À partir d'août 1942, Murphy organise un réseau d'amitiés dans la perspective du prochain débarquement anglo-américain en AFN. La popularité de Pétain y est toujours forte, constate-t-il, et de Gaulle y compte très peu de partisans. Roosevelt en déduit qu'il ne faut pas informer la France libre de la prochaine opération militaire. Dans le même temps, Murphy prend des contacts avec le général Giraud et le « groupe des cinq » (Jacques Lemaigre-Dubreuil, Jean Rigault, Henri d'Astier de La Vigerie, Jacques Tarbé de Saint-Hardouin et le colonel Van Hecke). Il assume pour l'essentiel la responsabilité du *Darlan Deal*, puis de la nomination de Giraud au « commandement en chef civil et militaire ». Il conseille en outre le général Eisenhower, parle au nom des États-Unis, adresse ses télégrammes et ses rapports directement à Roosevelt. À ses yeux, de Gaulle est un général factieux, qui ambitionne d'imposer sa dictature aux Français. S'il vient en Algérie, il suscitera des tensions qui mettront en danger les lignes de communication alliées ; Giraud représente un moindre mal.

Sur instruction de Roosevelt, Murphy tente malgré tout de réconcilier les deux généraux français. Il coopère avec Jean Monnet que le président des États-Unis a dépêché à Alger pour améliorer l'image de Giraud auprès des opinions alliées. Une fois installé à Alger, de Gaulle copréside avec ce dernier le Comité français de la Libération nationale (CFLN). À plusieurs reprises, il tente de rassurer Murphy : aimable et conciliant, il évoque le danger communiste qu'il peut seul écarter. Murphy est à moitié convaincu. Il se méfie des activités de certains gaullistes, suit de près le sort réservé au gouverneur général Pierre Boisson et veille à la sécurité des armées alliées, c'est-à-dire, à ses yeux, au maintien de Giraud contre vents et marées. Il n'est pas douteux que Murphy contribue à retarder jusqu'au 26 août 1943 la reconnaissance diplomatique, d'ailleurs très limitée, du CFLN. Lorsqu'il est nommé en Italie à l'automne 1943, il s'ensuit, pour le CFLN, « une heureuse détente dans [ses] rapports avec l'ambassade américaine » [*MG*].

La carrière de Robert Murphy suit jusqu'à la fin de la guerre celle d'Eisenhower, dont il demeure le conseiller politique. De 1945 à 1949, le voici en Allemagne auprès du général Lucius D. Clay ; ambassadeur à Bruxelles de 1949 à 1952, il applique le plan Marshall. Il devient encore le premier ambassadeur des États-Unis au Japon après la signature du traité de paix en 1951 et prend sa retraite en 1959. Richard Nixon et Gerald Ford le chargeront par la suite de missions ponctuelles. André KASPI

• *Voir aussi* : Alger ; CFLN ; Débarquement en Afrique du Nord ; États-Unis

MUSELIER, Émile (1882-1965). – Né à Marseille, élève de l'École navale, Émile Muselier est lieutenant de vaisseau en 1912 et commande les fusiliers marins sur l'Yser pendant la Grande Guerre, avant d'être attaché au cabinet de Clemenceau. Nommé chef d'état-major de la délégation de contrôle naval en Allemagne, contre-amiral en 1932 et commandant du secteur maritime de Marseille en 1938, il est promu vice-amiral l'année suivante, mais mis à la retraite d'office par l'amiral Darlan pour divulgation de renseignements militaires. Le 24 juin 1940, il gagne Gibraltar, puis Londres, où le général de Gaulle le nomme commandant des Forces navales françaises libres (FNFL). Il en sera le grand organisateur, rassemblant des navires, les faisant remettre en état, rameutant des équipages, créant une école navale, constituant un bataillon de fusiliers marins et instaurant une collaboration étroite avec la Royal Navy. « Paré d'un charme levantin, marin cent pour cent, audacieux, brave, patriote », d'après l'amiral Thierry d'Argenlieu, Muselier est chargé par le général de Gaulle de plusieurs missions délicates, dont le ralliement de Saint-Pierre-et-Miquelon, qu'il exécute de main de maître à la veille de Noël 1941.

Mais ce vaillant marin était, comme le constatera à regret le général de Gaulle, « périodiquement saisi par une sorte de tracassin qui le poussait aux intrigues » [*MG*]. Le mot n'est pas trop fort : avec quelques opposants « de gauche », comme Pierre Comert, Louis Lévy, Charles et Georges Gombault, André Labarthe et deux officiers de son état-major, les commandants Schaeffer et Moret, l'amiral Muselier, assisté par quelques responsables britanniques, met en demeure le général de Gaulle dès septembre 1941 de former un « comité exécutif » de la France libre. Muselier en serait le président en exercice, avec Labarthe et Moret aux postes clés, de Gaulle étant relégué aux fonctions de président d'honneur. Devant le refus du Général, Muselier menace de faire sécession en mettant « sa flotte » à la disposition des Britanniques. Mais si Churchill rêve d'un mouvement français plus

« démocratique », il a aussi des obligations contractuelles envers de Gaulle et une piètre estime pour Muselier. Faute d'appui anglais, le complot fait long feu, mais en raison de la médiation anglaise, de Gaulle accepte de garder l'amiral dans le Comité national qu'il constitue le 24 septembre 1941. Pourtant, en mars 1942, à son retour de Saint-Pierre-et-Miquelon, Muselier recommence à intriguer et donne sa démission du comité. De Gaulle l'accepte, mais lui retire également le commandement des FNFL. Or, Muselier prétend rester à la tête de la flotte, et il s'est assuré le soutien de l'Amirauté britannique, ce qui ouvre une nouvelle crise. De Gaulle reste inflexible, l'amiral multiplie les éclats, le Foreign Office veut éviter un scandale public, le Cabinet de guerre britannique refuse de soutenir Muselier qu'il considère comme un « poids plume », et les mêmes causes produisant les mêmes effets, ce dernier doit s'incliner. Au terme d'un « congé de maladie » de plusieurs semaines, il décline une mission d'inspection que veut lui confier le général de Gaulle et lui fait savoir qu'il quitte la France libre. En juin 1943, le général Giraud, espérant contrer de Gaulle, nomme Muselier préfet de police à Alger, mais sa carrière préfectorale sera extrêmement brève. Rentré en France en septembre 1944, Émile Muselier écrira ses souvenirs de guerre, qu'il intitulera *De Gaulle contre le gaullisme*.

François Kersaudy

• *Voir aussi* : Alger ; Comité national français ; Marine ; Saint-Pierre-et-Miquelon

Bibl. : François Kersaudy, *De Gaulle et Churchill, la mésentente cordiale*, Paris, Perrin, 2001 • Émile Muselier, *De Gaulle contre le gaullisme*, Paris, Éditions du Chêne, 1946 • Colonel Passy, *Mémoires du chef des services secrets de la France libre*, Paris, Odile Jacob, 2000.

N comme Nation

« Tout le monde comprend que l'effort de la nation sera fécond, ou sera vain, suivant que l'État se montrera, ou non, capable d'accomplir comme il faut sa tâche pour le bien commun. »

De Gaulle, Déclaration du 1er novembre 1946, *Discours et messages.*

NASSER, Gamal Abdel (1918-1970). – Le général de Gaulle et Gamal Abdel Nasser ne se sont jamais rencontrés. Au cours de leurs mandats, les relations franco-arabes ont connu une évolution déterminante, passant en quelque sorte d'un extrême à l'autre. Lorsque de Gaulle revint au pouvoir en 1958, les relations entre la France et l'Égypte étaient au plus bas. La IVe République, qui avait dès le début pris le parti d'Israël dans le conflit du Proche-Orient, était hostile à l'Égypte nassérienne qu'elle accusait d'être une base arrière du mouvement indépendantiste algérien. Cette hostilité culmina lorsque Nasser nationalisa le canal de Suez et que le gouvernement Guy Mollet décida d'intervenir militairement contre l'Égypte en octobre 1956 aux côtés de la Grande-Bretagne.

Deux aspects essentiels de la politique étrangère gaullienne contribuèrent pourtant à changer la vision que Le Caire se faisait alors de la France : la politique d'autodétermination qui déboucha sur l'indépendance de l'Algérie, et la condamnation de la guerre déclenchée par Israël contre l'Égypte et les pays arabes en 1967. Ce revirement radical de la politique étrangère française, survenu en l'espace d'une décennie, fut très largement attribué à la personne même du Général par l'Égypte nassérienne. Nasser affirma alors qu'il avait « commencé à admirer de Gaulle pendant la Seconde Guerre mondiale ». Il voyait en lui, avant tout, « un grand patriote » et « un homme de principes » qui était en quelque sorte la preuve vivante qu'un pays occidental pouvait entretenir avec le monde arabe des relations différentes fondées sur le respect et la compréhension mutuels. « Le général de Gaulle comprend notre cause », déclarait le Raïs dans un discours prononcé à l'occasion de la fête du travail, le 1er mai 1969. Pour sa part, l'homme du 18 Juin, qui avait toujours défendu l'indépendance nationale et qui, revenu au pouvoir, refusait la logique d'un monde bipolaire dominé par les Américains et les Soviétiques, ne pouvait qu'avoir de la sympathie pour le parcours politique de Nasser et sa stratégie de non-alignement. Il reconnut lui-même cette convergence de destins et d'opinions dans la lettre de condoléances qu'il adressa au peuple égyptien après la mort de Nasser : « Par son intelligence, sa volonté, son courage, exceptionnels, le président Gamal Abdel Nasser a rendu à son pays et au monde arabe tout entier des services incomparables. Dans une période de l'Histoire plus dure et plus dramatique que toute autre, il n'a cessé de lutter pour leur indépendance, leur honneur et leur grandeur. Aussi nous étions-nous tous deux bien compris et profondément estimés. »

Hoda Abdel NASSER

• *Voir aussi* : Arabe (politique) ; Non-alignés ; Six-Jours

NATION. – Qu'est-ce qu'une nation ? Il ne semble pas que le général de Gaulle ait répondu de façon abstraite à cette question, mais il a dit sous mille formes que la nation par excellence était la France. Un pays bien défini, dirigé par un État fort, un peuple conscient de son identité, et désireux de la défendre. Mais quelle identité ? Celle d'un être défini par l'Histoire, d'autant plus riche et noble que cette histoire a été longue, et qu'elle a suscité avec constance une finalité de survivance et si possible de grandeur. Un sentiment national (ou un patriotisme, c'est tout un) riche d'éternité parce que fondé sur des déterminismes géopolitiques, bien plus qu'idéels ou moraux. Richelieu ou Lazare Carnot, Léon Gambetta ou Georges Clemenceau, ou Philippe Pétain (celui de Verdun) ou Jean Moulin (ce préfet rad.-soc. et mécréant), si divers et si continus...

Dire cela n'est pas une façon emphatique de désigner la France prototype des nations. De Gaulle a su aussi, dans la même logique, déceler dans d'autres coins du monde (le Vieux Monde, celui du « Nord », celui dans lequel il a formé sa culture avant 1914) des nations aussi typiques et il en a parlé en termes semblables. On en prendrait volontiers pour exemple la façon presque admirative dont il a, dans ses *Mémoires de guerre*, parlé de la Russie de Staline visitée en décembre 1944. Staline, donc, un despote habile et brutal mais capable alors d'apparaître comme « le champion rusé et implacable d'une Russie recrue de souffrance et de tyrannie, mais brûlant d'ambition nationale ».

Staline, donc, devenu le maître de la Russie (de Gaulle n'écrit pas « URSS »). « Il l'aima, à sa manière. Elle-même l'accepta comme un tsar pour le temps d'une période terrible et supporta le bolchevisme pour s'en servir comme d'un instrument. Rassembler les Slaves, écraser les Germaniques, s'étendre en Asie, accéder aux mers libres, c'étaient les rêves de la patrie, et ce furent les buts du despote... »

À l'époque de cette rencontre et du pacte qui devait en sortir, le « germanique » Hitler n'était pas encore vaincu. La nation « russe » et la nation France étaient donc faites pour s'entendre, le problème était posé par une autre nation au sort encore incertain, la Pologne, dont la tradition, on dirait presque l'identité, était pro-française et antiallemande mais, hélas !, tout autant antirusse... Peu importe comment tout cela s'est réglé, on ne veut ici retenir que la conceptualisation implicite, où l'histoire et la géographie comptent plus que la liberté ou la démocratie, le socialisme ou la mondialisation.

Il ne semble pas que de Gaulle ait envisagé que la nation pût être un phénomène daté, ou périssable, même à l'époque où la France, nation affaiblie en tant qu'empire colonial condamné par l'Histoire, devait voir surgir un peu partout en Asie et en Afrique de nouvelles forces réputées nationales. Comme on le sait, de Gaulle dut accepter la décolonisation, et il y réagit en essayant de remplacer notre perte de possessions géographiques lointaines par un surcroît de forces physique et économique localisées, énergie atomique, Concorde, etc. Mais nullement en acceptant de théoriser un monde où l'entité « nation » et où la valeur « nation » seraient condamnées à s'effacer au profit d'autres définitions des anciens groupements humains.

Dans les écrits et les actes du Général, la nation apparaît principalement sous la forme verbale d'indépendance nationale (à sauvegarder) et de supranationalité (à combattre). De Gaulle a fait des efforts acharnés (et finalement couronnés de succès) pour que la France figure au nombre des membres fondateurs de l'Organisation des Nations unies, et soit pourvue comme telle d'un droit de veto. Il est clair qu'à la façon dont il en parle (longuement) dans les *Mémoires de guerre*, on conçoit qu'il ne réclamait pas cela en idéaliste, pour l'honneur d'être membre fondateur d'un prochain gouvernement libéral du monde, mais, en patriote français, pour gagner la bataille qui était l'un de ses buts de guerre dès l'origine, mettre la France à parité avec ses puissants alliés. Ce n'était pas un élan pour courir au baptême d'une future république universelle, c'était l'élan du patriote de juin 1940 et de janvier 1943 qui ne voulait plus être humilié par Roosevelt.

Pas plus qu'universaliste onusien – notons encore ce péjoratif « d'astucieuses nuées supranationales » [*ME*] – de Gaulle ne s'est senti « européen ». Certes, il a suscité un jour, avec la réconciliation franco-allemande, une étape spectaculaire et peut-être décisive dans le but (européen) de l'abolition des guerres entre vieilles nations voisines et cousines, mais il n'est pas allé jusqu'à admettre, sinon bien tard et de mauvais gré, une gouvernance nouvelle au dessus des États-nations réconciliés.

Formé dans l'avant-1914, à une époque où l'idée de nation était au sommet de son influence, Charles de Gaulle ne l'a pas reniée. Mieux, il a même quasiment identifié cette idée à sa mémoire.

Maurice AGULHON

• *Voir aussi* : État ; Europe ; France (idée de la) ; Peuple ; République

Bibl. : Maurice Agulhon, « De la nation empire à la nation anti-impériale », dans *Charles de Gaulle et la Nation*, Paris, Fondation Charles-de-Gaulle et François Xavier de Guibert, 2002.

NATION (La). – *Voir* PRESSE GAULLISTE.

NATIONALISATIONS. – *Voir* DIRIGISME ; GPRF (œuvre intérieure et outre-mer du).

NATIONALISME (conceptions du). – Pour établir le rapport entre de Gaulle, la nation et le nationalisme, il faut enregistrer deux écarts dans l'évaluation du phénomène national : d'une part un écart spatial entre les définitions qui ont cours aujourd'hui, les unes étant larges, les autres restreintes ; d'autre part un écart temporel entre la norme du milieu du XXe siècle et celle d'aujourd'hui.

Nationalisme et patriotisme. Au sens large, et courant dans le monde anglophone, on a souvent classé de Gaulle, à cause de son style, à proximité des dirigeants communistes ou fascistes : parmi ceux qui imposent leurs convictions à des peuples au lieu de chercher à satisfaire leurs demandes. Cela manque un peu de *fair play* : comparé à de Gaulle, Churchill passe pour démocrate avant d'être nationaliste. *Why not ? But why, after all ?* Nous trouvons semblable décalage dans le temps : il est courant d'opposer le patriotisme du Général au nationalisme du Maréchal. Pour de Gaulle, la liberté politique française passe avant les oppositions idéologiques ; pour Pétain, la désignation de l'ennemi idéologique interne l'emporte sur la cohésion nationale.

Le problème se complique encore dès lors qu'on se situe dans la perspective occidentale partiellement postnationale qui imprègne progressivement la politique de l'après-guerre. Si le patriotisme est simplement attachement au passé et défense d'un héritage actuel, et si le nationalisme, par comparaison, est volonté d'acquérir un avenir national et vision d'un idéal qui doit advenir, alors de Gaulle, en ces termes, penche vers le nationalisme. De plus, les critiques du nationalisme extrême ont mis l'accent sur la thématique dangereuse du peuple élu et, là aussi, le reproche finit par viser le Général, bien que son idée du rôle de la France concerne la liberté politique au-delà des seules frontières nationales. La dimension messianique, il est vrai, n'est pas absente de ses conceptions ; pas plus, au demeurant, qu'elle n'est étrangère au rôle que les États-Unis s'attribuent dans la diffusion mondiale de la démocratie. Sur ces deux objets comparables, l'un français, l'autre américain, on voit comment, en dépit des différences, une même réprobation postnationale peut s'emparer de certaines similitudes et les critiquer.

Nationalisme et action politique. Quel était le modèle du général de Gaulle ? Son langage utilisait la thématique charismatique du chef et du prestige. Au pouvoir, dans des circonstances qui furent plus souvent exceptionnelles que routinières, il visait l'accord d'un grand homme, d'un grand moment avec la grandeur nationale. Dans ce jeu grandiose, il y a deux figures du Général à prendre en considération, celle des années 1940 et celle des années 1960.

Ce qu'il y a de commun à ces deux périodes, ce sont les multiples faces de l'action, les comportements qui appellent au présent et remettent aussi en mémoire les talents variés que devaient posséder les meilleurs stratèges de l'Antiquité démocratique. Comme chef, de Gaulle accepte en effet d'être dépendant de la démocratie directe ; mieux, il la renforce en France. Ses deux départs, dès les désaveux de 1946 et 1969, rendent pour le moins cette comparaison aussi légitime que la comparaison à référence bonapartiste. C'est plutôt le parti gaulliste qui est bonapartiste par certains aspects. La grande affaire consiste, pour de Gaulle, à resserrer le lien entre la liberté et l'autorité, à unir la nation et la démocratie dans l'État-nation en tant que cadre de la démocratie contemporaine. Cet effort atteint avec lui son point culminant dans l'histoire de la France.

Quelle fut l'allure continue de son action ? Sa ligne stratégique permanente est celle du général législateur. Deux occasions historiques lui sont offertes. Dans l'aventure de la France libre, il restaure la liberté entre 1940 et 1945. Il conçoit cette liberté comme appuyée sur toute la tradition nationale et non sur la seule Révolution, même si la Révolution française est fortement incorporée dans la tradition gaullienne. Mais il échouera dans son rôle de législateur en 1946. En une seconde occasion historique, il restaure l'autorité : c'est 1958, la crise algérienne comme problème urgent, et les institutions de la Ve République comme œuvre à plus long terme. Le poids de la tradition nationale se mesure ici à la volonté d'assurer en législateur la continuité, la durée, le rassemblement.

Quelle serait la source de cette alliance entre autorité et liberté ? Peut-être un christianisme libéral, et dans son prolongement le rôle éminent de la France en faveur de la liberté dans le monde. Une telle ambition, une telle prétention suscitent critiques et tensions. Par exemple, si l'universalisme de la Raison chez les républicains français est compatible avec cette vision, il demeure très différent. Un autre désaccord se fonde sur la conception parlementariste de la démocratie. C'est le point commun entre les critiques britanniques et celles des antigaullistes français : l'action d'un général législateur tend à casser ou diminuer le Parlement, à la manière de Cromwell ou de Bonaparte. Pis, tout dirigeant charismatique est soupçonné de populisme ; même sa pratique audacieuse de légitimation démocratique, de confiance directement demandée au peuple prête à la critique. Plus récemment apparaît une autre réserve : le refus postmoderne de l'ethnocentrisme et de toute hiérarchie entre grandes et petites nations.

L'idée de nation. Quelle conception, en général, de Gaulle se faisait-il de la nation ? On peut caractériser celle-ci comme un espace-temps qui trouve sa cohésion dans des facteurs de continuité supérieurs aux facteurs de discontinuité. Il s'agit d'un événement de longue durée. Ses moments fondateurs se situent souvent lors de crises internes et externes, mais il s'agit aussi d'un héritage à accepter par chaque génération. Pour la France, celui-ci réside dans des libertés, des œuvres, des sacrifices. On retrouve sur ce dernier point le thème romantique de la souffrance qui unit et réunit. Cette conception fait sienne la liberté de toutes les nations existantes. Les nations sont interdépendantes par la force des choses, dans et par leurs disparités.

Quelle conception le Général se faisait-il de la France, en particulier, dans ce concert souvent discordant ? « Déesse », « fée », « madone », disent les *Mémoires de guerre*. Plus concrètement, cette France est une personne au sens de Michelet ; elle est aussi la France de Péguy et celle de Bernanos. Son récit est immanquablement fait de hauts et de bas excessifs. Le phénomène avait déjà été vu et noté par Napoléon. Au fond, c'est moins un peuple élu qu'une idée éligible : celle de la liberté politique, avec la France comme l'un de ses meilleurs champions. D'où la rivalité avec les

États-Unis ; d'où, en politique intérieure, la nécessité de fonder « des institutions qui compensent les effets de notre perpétuelle effervescence » (discours de Bayeux, 16 juin 1946).

En ce début de XXIe siècle, ces données paraissent transformées en raison de l'évolution de leur contexte idéologique. L'ethnoculturel n'est plus vraiment légitime à l'échelle des puissances mais seulement au niveau des minorités. Et l'hypothèse de la nation politiquement indépendante est décrite, à tort ou à raison, comme trop affaiblie dans le monde globalisé pour être crédible, à l'exception de quelques mastodontes... chinois, indien ou américain. Dans ce rejet du nationalisme, le patriotisme est indirectement mis en cause, observé avec recul. À la lumière de ce nouveau contexte, la distinction entre patriotisme et nationalisme, aussi tranchante qu'elle ait été entre Pétain et de Gaulle, paraît, pour le meilleur ou pour le pire, beaucoup moins évidente dans le sentiment postnational contemporain.

La croyance au « rôle exceptionnel de la France » fait-elle figure de prétention insupportable dans l'Europe postmoderne et le monde globalisé ? Ou s'agit-il seulement des personnalités aui prétendent maladroitement l'incarner ? L'action des « French doctors » est probablement plus favorable à la reconnaissance de la grandeur de la France, au sens où l'entendait de Gaulle, que certaines manœuvres diplomatiques perçues comme décalées. En dépit de toutes les leçons postnationales, le respect du principe démocratique, direct et indirect, était, au sens strict, plus vivant chez lui qu'il ne l'est aujourd'hui même en France.

Gil DELANNOI

• *Voir aussi* : Barrès, Maurice ; France (idée de la) ; Grandeur et rang ; Nation

Bibl. : Gil Delannoi, *Sociologie de la nation*, Paris, Armand Colin, 1999 • Kenneth Minogue, *Nationalism*, New York, Basic Books, 1997 • Odile Rudelle, « Charles de Gaulle et son idée de la politique », *Revue française d'histoire des idées politiques*, n° 5, 1977, p. 89-125.

NAUFRAGE (« la vieillesse est un... »). – C'est une des citations les plus répétées, donc les plus célèbres, de l'œuvre littéraire majeure de De Gaulle. Située au début du premier tome des *Mémoires de guerre*, elle est empruntée à Chateaubriand. Dans son avertissement liminaire, le grand écrivain raconte qu'il a écrit une partie de ses *Mémoires* dans la tristesse de ses dernières années, et il emploie clairement une fois « naufrage » pour synonyme de vieillesse. L'auteur des *Mémoires d'outre-tombe* était l'écrivain préféré du Général, puisqu'il lui arriva de dire qu'il était à la France comme Dante à l'Italie et Goethe à l'Allemagne. Comme on le sait, de Gaulle appliquait l'adage au maréchal Pétain, son ancien modèle, son ancien « patron », resté longtemps son protecteur même après que leurs théories et leurs stratégies eurent divergé. À l'éclat formidable de juin 1940, les deux hommes ont fait des choix diamétralement opposés (le 17, demande d'armistice, le 18, appel de Londres). Dans cette logique, de Gaulle, se posant en patriote, aurait pu appeler Pétain « traître », et de Gaulle, défendant la République, aurait pu l'appeler « fasciste ». Mais il fallait éviter d'appliquer ces grands mots insultants à l'aîné jadis respecté. De Gaulle se contenta donc de le traiter de « vieillard », ce qui était un coup moins rude. Comme si la vieillesse était un âge où l'on pouvait perdre ses vertus et pas seulement ses forces. Comme si le Pétain de l'armistice, de la collaboration et de Vichy n'était plus le même homme, tout simplement, que le vainqueur de Verdun.

En écrivant de telles choses au meilleur temps de son âge mûr, l'auteur, de Gaulle, ne pouvait être sûr qu'il parviendrait lui-même à un âge avancé, ni surtout que, ce vieil âge venu (il aurait soixante-huit ans en 1958), il susciterait une autre révolution d'histoire nationale.

Mais, ayant écrit le fameux adage, il avait pris le risque qu'on lui applique à lui-même un jour le triste constat de Chateaubriand : l'homme du discours de Phnom Penh est-il le même que le libérateur de Paris ? ou, dans le cas contraire, qu'aurait-il pu perdre en route ?

Le grand de Gaulle, ou le premier de Gaulle si l'on veut, celui de 1940 à 1945, était admirable parce qu'il était compliqué et maîtrisait la complexité. Pour dire d'abord le plus évident, il était à la fois pro- et antiaméricain. Pro- puisqu'il était leur allié dans la lutte commune, et anti- puisqu'il voulait que la France libre prenne la direction de la France libérée, tandis que Roosevelt ne le voulait pas, se méfiait de lui et aurait livré la France de 1944 à Dieu sait qui. L'admirable – osons le répéter – est que de Gaulle ait réussi à gagner ces deux batailles contradictoires : oui, la France a été libérée, et oui, le gouvernement venu d'Alger en a pris la tête.

Cette dualité était plus profonde et on peut l'exprimer ainsi : de Gaulle et les siens combattaient Hitler, Hitler envahisseur allemand de la France et Hitler leader d'une forme inédite d'inhumanité. Pour combattre le Hitler allemand, il suffisait d'être un bon patriote français. Mais pour combattre le Hitler hitlérien en tant qu'hitlérien, il fallait bien une motivation de plus, et de nature proprement morale, c'est ce qu'on appelait alors l'antifascisme, l'humanisme universaliste laïco-chrétien qui viserait à fabriquer un monde plus juste par l'Organisation des Nations unies.

Comme beaucoup de résistants, mais avec une spéciale intensité, le de Gaulle de 1940-1945 a été les deux : antiallemand avec la droite restée patriote et antifasciste avec la gauche. Non pas tant d'ailleurs la gauche radicale et socialiste que la nouvelle gauche d'humanistes chrétiens libérés par le pape Pie XI en 1926. C'est dans les années 1930 que les érudits les plus familiers des écrits du Général ont pu lui trouver des rencontres non maurassiennes, des échos lointains de Péguy, ou proches de Maritain. Un de Gaulle non pas tant Front populaire que quasiment démocrate-chrétien. Avant la brouille de 1946, le MRP considérait d'ailleurs de Gaulle sinon comme l'un des siens, en tout cas comme un proche. L'apogée de la politique intérieure novatrice et sociale (nationalisation, vote des femmes, Sécurité sociale, etc.) se situe en ces temps-là, non par hasard.

C'est cette dualité dont on peut penser que, présente encore en 1962 avec ce qu'il y a de libéralisme international dans l'abandon de l'Algérie, elle ne se retrouvera plus. Le de Gaulle final sera toujours passionnément patriote, mais on ne lui verra plus adjoindre à l'intérêt national le souci de valeurs qui lui soit distinctes et éventuellement concurrentes, telles que l'universalisme humanitaire européen ou « onusien » de la grande époque.

On pourrait sans doute aboutir à des analyses comparables pour la politique strictement intérieure : toujours capable d'être habilement rassembleuse dans la tourmente de 1940-1945, s'avouant déconcertée et même tentée par la force en 1968.

Car la vieillesse, puisqu'il en est question, ce n'est pas seulement subir un affaiblissement de l'esprit, c'est aussi, voire surtout, subir la différence des temps.

Maurice AGULHON

• *Voir aussi* : Chateaubriand, François-René de ; Droits de l'homme ; ONU ; République ; Santé

Bibl. : François-René de Chateaubriand, *Mémoires d'outre-tombe* (Avertissement), Paris, Flammarion, 2001.

NEUWIRTH (loi). – *Voir* CONTRACEPTION.

NEUWIRTH, Lucien (né en 1924). – Lucien Neuwirth a seize ans lorsqu'il quitte Saint-Étienne, sa ville natale, pour rejoindre la Résistance qui s'organise à Londres autour du général de Gaulle. Parachuté aux Pays-Bas, il est fait prisonnier et échappe de justesse au peloton d'exécution en avril 1945. En Angleterre, il avait découvert par l'intermédiaire d'une petite amie irlandaise les spermicides en vente libre et pris conscience de l'importance de la contraception. Plus tard, de retour en France, il apprendra le suicide d'une de ses amies, enceinte et rejetée par sa famille.

Il entre en politique en 1947, devenant conseiller municipal RPF de Saint-Étienne. Membre du Comité de salut public d'Algérie et du Sahara en mai 1958 et proche à cette époque de Jacques Soustelle dont il est le représentant en Algérie pour la RTF, il sera député UNR, UDR et enfin RPR de 1958 à 1981 et questeur de l'Assemblée nationale de 1962 à 1975. C'est alors qu'il occupe cette dernière fonction qu'il entame son combat pour obtenir la légalisation de la contraception, après avoir beaucoup travaillé avec des responsables du Planning familial. Sa tâche est facilitée par l'élection présidentielle de 1965 qui fait de la contraception, à l'initiative de François Mitterrand, un thème de campagne électorale. Il dépose une proposition de loi le 18 mai 1966 puis une seconde le 12 avril 1967. Mais il importe de convaincre le général de Gaulle qui, jusque-là, n'a pas manifesté le moindre souhait de voir la France se libéraliser dans ce domaine. C'est pourtant le chef de l'État qui lui dit un jour, à la fin d'un déjeuner à l'Élysée : « Dites donc, Neuwirth, il faudra que vous veniez me parler de votre affaire. »

Peu de temps après, il est reçu par le Général et lui expose en cinquante minutes toutes les raisons qui militent en faveur d'une légalisation de la contraception, terminant ainsi son propos : « Mon général, vous avez donné le droit de vote aux femmes, donnons-leur cette loi, j'en prends seul la responsabilité et toutes ses suites. Je le demande, et j'accepte par avance toutes les conséquences. » Sans autre considération, le Général répond : « C'est vrai, transmettre la vie c'est important ! Il faut que ce soit un acte lucide. Continuez. »

L'initiative de Lucien Neuwirth est couronnée de succès puisque le débat s'ouvre à l'Assemblée nationale le 1er juillet 1967 et que la loi, portant son nom, est promulguée le 28 décembre suivant – après des débats très vifs et bien des difficultés car les parlementaires de droite sont loin de suivre l'avis du Général : nombre d'entre eux ne voteront pas la proposition de loi, mais on ne peut les identifier, le vote ayant lieu à main levée.

Lucien Neuwirth continuera à militer pour certaines questions de libération sexuelle. Il sera, à partir de 1974, membre du Conseil supérieur de l'information sexuelle, de la régulation des naissances et de l'éducation familiale. Il terminera sa carrière politique comme sénateur RPR, de 1983 à 2001. Janine MOSSUZ-LAVAU

• *Voir aussi* : Contraception

Bibl. : Lucien Neuwirth, *Que la vie soit*, Paris, Grasset, 1979.

« NIETZSCHE ». – « Les chefs militaires allemands, qui eurent pour tâche d'orienter et de coordonner tant d'efforts [en 1914-1918], ont fait preuve d'une audace, d'un esprit d'entreprise, d'une volonté de réussir, d'une vigueur dans le maniement des moyens dont leur échec final n'a pas diminué le retentissement. Peut-être cette étude, ou plus exactement l'exposé même des faits qui en sont l'objet, feront-ils apparaître les défauts communs à ces hommes éminents : le goût caractéristique des entreprises démesurées, la passion d'étendre, coûte que coûte, leur puissance personnelle, le mépris des limites tracées par l'expérience humaine, le bon sens et la loi.

« Peut-être cette lecture donnera-t-elle à penser que, loin de combattre en eux-mêmes, ou tout au moins de dissimuler ces défauts, les chefs allemands les considérèrent comme des forces, les érigèrent en système, et que cette erreur a pesé d'un poids écrasant sur les principales péripéties de la guerre. Peut-être trouvera-t-on dans leurs procédés l'empreinte des théories de Nietzsche sur l'Élite et le Surhomme, adoptées par la génération militaire qui eut à conduire la lutte récente et qui avait atteint l'âge mûr et définitivement fixé sa philosophie vers le début du siècle.

« Le Surhomme, avec son caractère exceptionnel, la volonté de puissance, le goût du risque, le mépris des autres que veut lui voir Zarathustra, apparut à ces ambitieux passionnés comme l'idéal qu'ils devaient atteindre ; ils se décidèrent volontiers à faire partie de cette formidable élite nietzschéenne qui, en poursuivant sa propre gloire, est convaincue de servir l'intérêt général, qui contraint "la masse des esclaves" en la méprisant, et qui ne s'arrête pas devant la souffrance humaine, sinon pour la saluer comme nécessaire et comme souhaitable.

« Peut-être enfin, en méditant sur ces événements, voudra-t-on mesurer quelle importance revêt la philosophie supérieure de la guerre qui anime les chefs, et qui peut, tantôt rendre vains les plus rudes efforts d'un grand peuple, tantôt constituer la garantie la plus générale et la plus sûre des destinées de la Patrie.

« Cette étude aura atteint son but, si elle contribue, dans sa modeste mesure, à porter à nos chefs militaires de demain, suivant l'exemple de leurs victorieux modèles de la guerre récente, à pétrir leur esprit et leur caractère d'après les règles de l'ordre classique. C'est en elles qu'ils puiseront ce sens de l'équilibre, des possibles, de la mesure, qui, seul, rend durables et fécondes les œuvres de l'énergie.

« Dans le jardin à la française, aucun arbre ne cherche à étouffer les autres de son ombre, les parterres s'accommodent d'être géométriquement dessinés, le bassin n'ambitionne pas de cascade, les statues ne prétendent point s'imposer seules à l'admiration. Une noble mélancolie s'en dégage parfois. Peut-être vient-elle du sentiment que chaque élément, isolé, eût pu briller davantage. Mais c'eût été au dommage de l'ensemble, et le promeneur se félicite de la règle qui imprime au jardin sa magnifique harmonie ».

Charles DE GAULLE

• *Voir aussi :* Discorde chez l'ennemi (La)

• **Bibl. :** Charles de Gaulle, Avant-propos, *La Discorde chez l'ennemi*, Paris, Berger-Levrault, 1924, repris dans *Le Fil de l'épée et autres écrits*, Paris, Plon, 1990.

NIXON, Richard Milhous (1913-1994). – « Mes entretiens avec le président sont complétés par ceux que j'ai avec Richard Nixon. À son poste assez étrange de vice-président, je trouve en lui une de ces personnalités franches et fermes sur lesquelles on sent qu'on pourrait compter pour les grandes affaires, s'il lui incombait, un jour, d'en répondre au premier rang » *[ME]*. De Gaulle fait ainsi la connaissance de Nixon à l'occasion d'un voyage aux États-Unis, en avril 1960. Propos laudateurs tenus *a posteriori* dans *Le Renouveau*, qui paraît en 1970, après l'accession de Nixon à la présidence en janvier 1969 ? Assurément pas : l'excellente relation qu'entretiennent Nixon et de Gaulle tient à ce que le second sut déceler très tôt chez le premier un destin présidentiel. En 1960, Nixon entamait sa huitième année de vice-présidence aux côtés de Dwight Eisenhower. En outre, de 1961 à 1968, il connut comme de Gaulle une longue « traversée du désert ». Durant ces années, il fit fortune comme avocat à Manhattan, tout en reconstruisant progressivement sa base politique et en étendant son expérience internationale par de longs périples autour du monde. Pourtant, il fut longtemps considéré comme un homme politique fini. Outre sa défaite historique, à une infime marge, il est vrai, contre John F. Kennedy en novembre 1960, Nixon a essuyé un autre échec, deux ans plus tard, en briguant le poste de gouverneur de la Californie. Pourtant, de Gaulle ne cesse pas de croire en son avenir politique. Lorsque, redevenu simple citoyen, Nixon se rend à deux reprises en France, en 1962 et 1967, le président de la République le reçoit. Reconnaissant de la confiance que de Gaulle place en lui, Nixon a pour ce dernier une admiration emplie de respect, qui transparaît aussi bien dans ses *Mémoires*, parus en 1978, que dans *Leaders*, le livre qu'il publie en 1982.

Né dans une famille quaker modeste du sud de la Californie, Richard Nixon est un esprit brillant, d'un tempérament solitaire et pourtant fasciné par les joutes oratoires et la vie publique. L'expression « personnalité complexe », aussi galvaudée soit-elle, s'applique parfaitement à lui. L'un de ses collaborateurs, William Safire, le décrit comme un improbable « mélange de Woodrow Wilson, Nicolas Machiavel, Théodore Roosevelt et du Cassius de Shakespeare ». Boursier, il ne peut étudier dans les universités les plus prestigieuses et ne parvient pas à entrer dans un célèbre cabinet d'avocats new-yorkais. Ces rendez-vous manqués avec l'élite du nord-est des États-Unis contribuent à sa farouche aversion pour l'establishment. Après la guerre, il entame une carrière politique dans les rangs du parti républicain. L'anticommunisme est l'un de ses thèmes favoris. Vice-président d'Eisenhower de 1952 à 1960, il devient un véritable expert en matière de politique étrangère, voyageant beaucoup et bénéficiant de l'enseignement du secrétaire d'État John Foster Dulles. En 1960, il échoue de justesse à l'élection présidentielle. Après sa « traversée du désert », il est élu président des États-Unis en 1968, à un moment où le pays est profondément divisé à l'intérieur et affaibli à l'extérieur.

Conseillé par un universitaire de Harvard en matière étrangère, Henry A. Kissinger, il mène une politique réaliste, s'efforçant d'enrayer le déclin relatif de l'Amérique et d'apporter « la paix dans l'honneur » au Vietnam, qu'il avait promise à ses concitoyens. La Realpolitik menée par Nixon et Kissinger entend expurger la politique étrangère américaine de tout sentimentalisme, en défendant des intérêts précis et non des principes abstraits. Il évoque les grands dossiers internationaux avec de Gaulle lors de sa tournée européenne en février 1969. Cette visite officielle est l'occasion de resserrer des liens entre la France et les États-Unis qui s'étaient considérablement distendus. De façon significative, alors que Lyndon Johnson et de Gaulle ne se rencontraient qu'à l'occasion de funérailles, celles de Kennedy, de Konrad Adenauer ou encore d'Eisenhower, de Gaulle et Nixon discutent, en 1969 comme en 1967, de la nécessité d'« ouvrir » la Chine. Bien que ne se « faisant aucune illusion sur l'idéologie des Chinois », le président français souhaite que les États-Unis ne les laissent pas « isolés dans leur rage ».

En février 1972, Nixon remporte un de ses plus éclatants succès diplomatiques en effectuant un voyage officiel historique en Chine. C'était le symbole même de la diplomatie triangulaire, clé de voûte de la détente : deux mois plus tard à peine, Nixon est à Moscou pour signer les accords SALT I (*Strategic Arms Limitation Talks*). S'agissant du Vietnam, en 1969, Nixon écoute aussi les conseils de De Gaulle qui souhaite que les Américains se retirent, notamment pour faciliter la détente avec l'URSS. Nixon choisit la voie du désengagement, mais aussi celle de la force, en étendant le conflit au Cambodge et au Laos ou en ordonnant, avant le sommet de Moscou, le bombardement de Hanoi et le minage de Haiphong. En 1969, de Gaulle informe le président américain que les Nord-Vietnamiens lui ont fait comprendre qu'ils pourraient envisager de participer à des négociations non officielles. « Je pense rétrospectivement, écrit Nixon, que cette rencontre jeta les bases des voyages secrets de Kissinger à Paris, lesquels débouchèrent quatre ans plus tard sur les accords de Paris et la fin de l'engagement américain au Vietnam. »

En 1972, Nixon est réélu par un raz de marée de suffrages. Mais, alors même qu'il est au faîte de sa gloire, sa volonté forcenée de triompher de tous ceux qu'il ne considère pas comme de simples adversaires politiques mais comme des ennemis va sceller son destin. À la suite de l'affaire du Watergate, il démissionne en août 1974.

Antoine Coppolani

• *Voir aussi* : Détente-Entente-Coopération ; États-Unis ; Politique étrangère ; Vietnam

Bibl. : Antoine Coppolani, *Nixon*, Paris, Tallandier, à paraître • Robert Mason, *Richard Nixon and the Quest for a New Majority*, Chapell Hill, University of North Carolina Press, 2004 • Iwan Morgan, *Nixon*, Londres-New York, Arnold-Oxford University Press, 2002.

NOËL, Léon (1888-1987). – Issu d'une famille bourgeoise comptant de nombreux serviteurs de l'État, Léon Noël entre au Conseil d'État en 1913. Il y traite principalement de la séparation de l'Église et de l'État, qu'il continuera à suivre au sein de cabinets ministériels en 1921-1922. Sa carrière, notamment soutenue par Pierre-Étienne Flandin, Aristide Briand et Pierre Laval, connaît une ascension rapide : délégué général du Haut Commissariat de la République en Rhénanie occupée (1928-1930), préfet du Haut-Rhin (1930-1931), directeur de la Sûreté et secrétaire général du ministère de l'Intérieur en 1931, ministre de France à Prague de 1932 à 1935, secrétaire général de la présidence du Conseil en 1935 et, enfin, ambassadeur de France auprès du gouvernement polonais de 1935 à 1940. À cette date, il n'a encore jamais croisé le général de Gaulle. En 1935, il aurait songé à le faire venir à Matignon, projet abandonné devant l'hostilité de l'état-major.

Le 19 juin 1940, il est le seul civil et diplomate désigné par Philippe Pétain pour faire partie de la délégation chargée d'aller recueillir à Rethondes et à Rome les conditions d'armistice allemandes et italiennes. Le 8 juillet, le Maréchal en fait son délégué général dans les territoires occupés. Il espère pouvoir utiliser la convention d'armistice comme un rempart contre les exigences allemandes, restaurer l'autorité de l'État et permettre un retour à la normale. Il abandonne dès le 16 août sa fonction, étant en désaccord avec la politique de Collaboration. En 1941, Léon Noël se détache progressivement de son adhésion maréchaliste – il refuse plusieurs postes offerts par Vichy – et se rapproche de la sensibilité gaulliste. Sa résistance s'apparente à un travail de réflexion prospective au sein de structures très souples, excluant des attitudes tournées directement vers le présent ou l'action. En 1942, il refuse ainsi de rejoindre Londres où de Gaulle lui fait savoir qu'il l'attend. Très attaché à l'impartialité de l'État, il préfère se mettre en réserve pour le jour où la République renaîtra.

À la Libération, il ne lui est pas offert de nouvelles opportunités. Sa présence à Rethondes et son absence d'engagement marqué en faveur de la Résistance pèsent sur son image. En 1946, il fait valoir ses droits à la retraite de façon anticipée. Il rencontre pour la première fois de Gaulle en novembre 1947 seulement. Il rejoint aussitôt le RPF (Rassemblement du peuple français) dont il devient un des hiérarques influents, grâce à la protection du Général et en dépit de l'hostilité de quelques gaullistes des débuts. En 1951, il est élu député RPF de l'Yonne. Pendant la traversée du désert, il est des rares visiteurs réguliers de De Gaulle. Cette constance lui vaut de devenir de 1959 à 1965 le premier président du Conseil constitutionnel. Il y concilie, notamment en 1962, à l'occasion du référendum relatif à l'élection du président de la République au suffrage universel, sa fidélité gaulliste avec une réelle indignation face à la désinvolture de l'exécutif à l'égard de cette juridiction. En 1966, le Général, en pleine affaire Ben Barka, demande encore à Noël, âgé de soixante-dix-huit ans, un rapport sur la réforme des polices qui sera à l'origine d'une police nationale regroupant Sûreté nationale et Préfecture de police.

Fort de l'estime du Général, il demeure un conseiller et un confident politique. Leur proximité générationnelle – deux ans les séparent –, culturelle (même passion érudite pour l'Histoire et la littérature, même conception de la foi catholique) et politique (même image de la France, même vision du rôle de l'État et du partage des pouvoirs) explique pour partie la confiance, à première vue surprenante, de l'homme du 18 Juin pour celui de Rethondes. La sollicitude de De Gaulle envers Léon Noël tient également à l'opportunité qu'il représente à la naissance du RPF. Les compétences étendues de l'ambassadeur en matière juridique, administrative et politique en font un grand commis de l'État rompu à son fonctionnement, profil peu répandu dans l'entourage du Général et utile pour qui veut non seulement conquérir le pouvoir, mais aussi l'exercer.

Yves Beauvois

• *Voir aussi* : Armistice ; Chateaubriand, François René de ; Conseil constitutionnel ; Hauts fonctionnaires ; Polices (unification des)

Bibl. : Yves Beauvois, *Léon Noël, de Laval à de Gaulle via Pétain (1888-1987)*, Lille, Presses universitaires du Septentrion, 2001.

NOGUÈS, Charles (1876-1971). – Officier polytechnicien, Charles Noguès effectue l'essentiel de sa carrière en Afrique du Nord. Très influencé par les idées et les méthodes de Lyautey, il est perçu comme un officier républicain – il a épousé la fille de Théophile Delcassé, l'artisan de l'Entente cordiale. Général de brigade en 1927, il entre au Conseil supérieur de la guerre en 1936, date à laquelle Léon Blum le nomme résident général et commandant en chef au Maroc. En 1938, il est commandant en chef pour toute l'Afrique du Nord, sous l'autorité du général Gamelin. Lorsque, le 17 juin 1940, Pétain proclame qu'il faut cesser le combat, la première réaction de Noguès est le refus. Il demande au général Weygand de poursuivre la guerre à partir de l'Afrique du Nord. De Gaulle, de son côté, lui demande de prendre la tête de tous ceux qui veulent continuer la lutte contre l'Axe. Cependant, le commandant en chef de l'Afrique du Nord ne parvient pas à empêcher la signature de l'armistice. Les termes de celui-ci, qu'il juge relativement cléments, en particulier la sauvegarde de la flotte, l'amènent à se rallier à contrecœur au maréchal Pétain. Après l'armistice, Noguès reste à son poste tout en réprouvant le programme de la Révolution nationale. De son côté, Pétain juge qu'il est le seul à pouvoir contrôler l'armée du Maroc, prévenir les troubles venant des Marocains et empêcher toute action espagnole.

Lors du débarquement anglo-américain du 8 novembre 1942, Noguès refuse la proposition du général Béthouart de se rallier et donne l'ordre de résister militairement. Les combats du Maroc sont les plus meurtriers, faisant près de 1 000 morts parmi les Français. Prenant acte de son obéissance, Pétain l'assure de sa confiance par télégramme secret et Noguès rejoint alors le Conseil impérial constitué le 2 décembre 1942 sous l'autorité de l'amiral Darlan. Après la mort de celui-ci, les Américains hésitent à lui confier l'administration de l'Afrique du Nord et leur choix se porte finalement sur Giraud. Lors d'un entretien avec Anthony Eden, de Gaulle a pour tout commentaire : « Noguès ne veut pas plus de responsabilités que celles qu'il détient déjà, il ne veut pas être assassiné comme Darlan. » Lorsque en mai 1943 le chef de la France combattante arrive à Alger, il refuse que des vichystes aussi compromis que Noguès, Marcel Peyrouton et Pierre Boisson restent en fonctions et obtient leur départ. Noguès s'exile alors au Portugal. Après la Libération, il est jugé par contumace par la Haute Cour de justice qui le condamne, le 29 novembre 1947, à vingt ans de travaux forcés et à l'indignité nationale. En 1954, il se présente spontanément devant ses juges qui maintiennent seulement l'indignité nationale, peine dont il est relevé peu de temps après. Il retourne alors vivre au Portugal où il achève sa vie.

De Gaulle ne lui pardonnera jamais de ne pas l'avoir rejoint en 1940 et d'avoir fait inutilement couler le sang français en 1942. Lors de son voyage en Irlande de 1969, il évoquera encore, dans des conversations avec ses proches, son ressentiment à l'égard du général Noguès.

Claude D'ABZAC-EPEZY

• *Voir aussi* : Appel du 18 juin 1940 ; CFLN ; Collaboration ; Épuration ; Militaires

Bibl. : Christine Levisse-Touzé, *L'Afrique du Nord dans la guerre 1939-1945*, Paris, Albin Michel, 1998.

NON-ALIGNÉS. – De Gaulle a entretenu peu de relations officielles avec le mouvement des non-alignés dont l'essor a débuté seulement dans les années 1960. En revanche, la critique gaulliste de l'hégémonie des superpuissances rencontrait certains thèmes chers à ces États. Toutefois, cette convergence demeurait limitée : réelle en matière de commerce international, mais seulement tactique dans le domaine politique.

Paris engage ces États à rester neutres vis-à-vis des blocs de l'Est ou de l'Ouest. Outre la paix, ils y gagneront la sécurité intérieure, car, à s'aligner sur Moscou ou Washington, ils inciteraient la superpuissance rivale à tenter de les déstabiliser. La France, de son côté, se tient prête à plaider leur cause au Conseil de sécurité. Ces conseils visent à promouvoir l'autonomie politique des États nouvellement indépendants mais aussi à valoriser la place de la France parmi les membres permanents du Conseil de sécurité. Le même mélange d'altruisme et d'intérêt bien compris prévaut en matière économique. Alors que, pour augmenter les revenus du tiers-monde, le Royaume-Uni propose d'abaisser les droits de douane sur les produits industriels fabriqués dans les pays du « Sud », la Ve République prône l'aide publique au développement, les préférences douanières réciproques avec ses anciennes colonies et, à l'échelle mondiale, la stabilisation des prix des matières premières ou des produits tropicaux. Elle espère ainsi obtenir des approvisionnements réguliers et des débouchés privilégiés, tout en promouvant un commerce « équitable ». De Gaulle a manifesté sa sollicitude envers le tiers-monde avant même la fin de la guerre d'Algérie. En 1959, il a signalé au président Eisenhower l'intérêt de laisser ces régions à l'écart de la rivalité Est-Ouest. En 1960, il a mis l'aide multilatérale aux pays en développement au programme du sommet de Paris. En 1961, il a plaidé devant John F. Kennedy pour la stabilisation des prix des matières premières et des produits tropicaux. Néanmoins, la convergence entre la France et les non-alignés ne se manifeste qu'à partir de 1962. Auparavant, la poursuite des opérations militaires en Algérie rendait la France impopulaire dans le tiers-monde. De plus, entre 1958 et 1962, de Gaulle réclamait une coopération stratégique privilégiée avec l'Angleterre et les États-Unis à l'échelle mondiale (mémorandum du 24 septembre 1958), puis la primauté au sein d'une Europe indépendante de Washington (plan Fouchet). C'est seulement après l'échec de ces deux tentatives qui visaient à rehausser son statut au sein du camp occidental que la France, capitalisant sur la décolonisation de l'Algérie, se lança dans une entreprise de « dissolution des blocs ».

Dès lors, les non-alignés vont applaudir aux manifestations gaullistes d'indépendance (dirigées principalement contre les États-Unis) : reconnaissance de la Chine populaire, qui avait participé à la conférence de Bandoeng en 1955 ; appel aux États industrialisés pour qu'ils consacrent au moins 1 % de leur revenu national à l'aide aux pays en développement à la Conférence mondiale du commerce, en mai et juin 1964 ; soutien à la détente Est-Ouest ; sortie de l'OTAN et fermeture des bases américaines en territoire français ; condamnation de la guerre préventive lancée par Israël en 1967 ; enfin, blâme des interventions militaires américaines dans de petits pays comme Saint-Domingue en 1965, ou au Vietnam. Réunis à New Delhi le 23 octobre 1966, peu après le discours de Phnom Penh, le chef de l'État yougoslave, Tito, le leader égyptien, Nasser, et Indira Gandhi réclament eux aussi l'arrêt inconditionnel des bombardements américains sur le Vietnam. La condamnation d'Israël en 1967 vaut à la France les félicitations de l'Égypte et de la Syrie. En 1968, de Gaulle et Tito échangent une correspondance chaleureuse. De Gaulle n'a pas réussi à « dissoudre les blocs », mais sa tentative lui a valu l'indulgence des non-alignés envers certains aspects contestables de sa politique d'indépendance nationale. Alors que les États africains avaient récriminé contre les essais nucléaires en Algérie, ceux du Pacifique ne provoquèrent que des protestations de principe. Les investissements et le commerce français avec l'Afrique du Sud raciste, nécessaires aux approvisionnements en uranium, ne suscitèrent qu'une désapprobation modérée. La France a même presque réussi à faire oublier qu'elle aussi disposait en Afrique noire, par le biais des accords de coopération militaire, d'une zone d'influence où elle intervenait à sa guise. Enfin, les non-alignés ne critiquèrent ni la baisse de la part du revenu national français consacrée à l'aide au développement au cours des années 1960, ni l'attribution de ces crédits sous une forme strictement bilatérale.

Aux Nations unies, en revanche, les intérêts de la France et des non-alignés demeurèrent inconciliables. Disposant de la force du nombre, les non-alignés souhaitaient augmenter les pouvoirs de l'Assemblée générale. À l'inverse, la France voulait renforcer l'autorité des membres permanents du Conseil de sécurité, tous dotés de l'arme nucléaire (de Gaulle étant partisan de l'entrée de la Chine populaire à l'ONU). Même le simple élargissement du Conseil de onze à quinze membres suscita les réticences du Général, car il risquait de diluer l'influence de la France. Ces divergences sur l'instance directrice des Nations unies indiquent les limites de la convergence entre la France et les non-alignés. De Gaulle manifestait une bienveillance réelle envers le tiers-monde, mais, contrairement aux non-alignés, il ne militait pas pour l'égalité entre les États. Au même titre que le maintien d'une zone d'influence en Afrique, ses appels à l'autonomie des pays nouvellement indépendants envers les superpuissances visaient à fournir à la France une marge de manœuvre propre à renforcer sa position au Conseil de sécurité, alors que son maintien au sein de cet organisme n'allait plus de soi après la décolonisation.

Laurent CESARI

• *Voir aussi* : ONU ; Politique étrangère ; Relations internationales

Bibl. : Institut du Droit de la paix et du Développement-Institut Charles-de-Gaulle, *De Gaulle et le Tiers monde*, Paris, Pédone, 1984 • Institut Charles-de-Gaulle, *De Gaulle en son siècle*, t. 6, *Liberté et dignité des peuples*, Paris, Plon-

La Documentation française, 1992 • Maurice Vaïsse, *La Grandeur. Politique étrangère du général de Gaulle, 1958-1969*, Paris, Fayard, 1998.

NORMANDIE-NIÉMEN. – En décembre 1941, désireux de se rapprocher de l'URSS et de s'affranchir de la tutelle anglo-saxonne, de Gaulle propose à Aleksandr Bogomolov d'envoyer une unité française sur le front de l'Est. Le Général songe d'abord à l'une des deux Brigades françaises libres (BFL) engagées au Moyen-Orient et en Libye. Devant les réticences britanniques, le colonel Luguet, ancien attaché militaire de Vichy à Moscou rallié à la France libre, suggère l'envoi d'une unité aérienne. Ouvertes en février 1942, les négociations sont conduites, côté français, par le général Valin. Elles durent jusqu'en septembre et sont très difficiles tant Staline doute de l'efficacité des FFL. Valin doit même repousser la proposition soviétique d'un emploi privilégié contre la Légion des volontaires français contre le bolchevisme (LVF) engagée au côté de la Wehrmacht.

Au printemps 1942, les commandants Pouliquen et Tulasne commencent à former un groupe aérien sur la base libanaise de Rayack en puisant dans le vivier des pilotes et mécaniciens du groupe *Alsace*, tandis qu'à Moscou Albert Mirlesse s'efforce de résoudre d'innombrables difficultés techniques. Baptisé *Normandie* par Pouliquen en juillet 1942, le groupe part pour l'URSS le 12 novembre suivant.

Après un long transit par l'Iran, *Normandie* rejoint Ivanovo, près de Moscou, pour une dure instruction sur chasseurs Yak 3. En mars 1943, l'unité, dont Tulasne a pris le commandement, est affectée à Kalouga, près d'Orel. Intégrée à la 1re armée aérienne soviétique du général Khoudiakov, elle participe à la bataille de Spas-Demiansk. Le 5 avril 1943, elle remporte ses deux premières victoires. En juillet, elle est engagée dans la bataille d'Orel. Le 11 octobre 1943, le régiment de chasse *Normandie* est fait Compagnon de la Libération par le général de Gaulle ; en janvier 1944, il devient un régiment soviétique à part entière, doté de 51 appareils. Au cours de l'été et l'automne 1944, désormais basé en Lituanie, il participe à la bataille du Niémen, abattant 29 appareils ennemis pour la seule journée du 16 octobre 1944. Le 28 novembre, sur décision personnelle de Staline, *Normandie* devient le « régiment du Niémen ». Sous le commandement de Delfino, l'unité combat encore en Prusse orientale fin 1944.

Tulasne, Littofl (tous deux abattus en juillet 1943), Durand, de La Poype, Albert (le second as français de la guerre) portent le total de victoires homologuées de *Normandie* à 273. Mais les pertes sont à la hauteur de ces succès. Au final, elles s'élèvent à 15 tués, 31 disparus et 6 blessés chez les pilotes.

Seule unité non soviétique à avoir combattu les Allemands sur le front de l'Est, *Normandie-Niémen* écrivit aussi l'une des plus belles pages de l'épopée des FFL. Le régiment fut un élément important de la politique d'ouverture entreprise par de Gaulle en direction de Staline et permit au chef de la France libre de renforcer sa légitimité. Le 9 décembre 1944, à Moscou, Charles de Gaulle lui dédia ces mots : « Sur la terre russe, martyrisée comme la terre française et par le même ennemi, le régiment "Normandie", mon compagnon, soutient, démontre, accroît la gloire de la France ! » Jean-François Muracciole

• *Voir aussi* : Alliés ; FFL ; France libre ; URSS

Bibl. : Yves Courrière, *Normandie-Niémen*, Paris, Presses de la Cité, 1979 • Henry Lafont, *Aviateurs de la liberté – Mémorial des FAFL*, Vincennes, SHAA, 2002 • François Pernot, « La création du "Normandie-Niémen", enjeu politique », *Revue historique des armées*, n° 188, septembre 1992, p. 90-99.

NORODOM SIHANOUK (né en 1922). – « Les relations du Cambodge de Sihanouk avec "la France du général de Gaulle" ont toujours été excellentes », indique l'ancien chef de l'État cambodgien. Pourtant, ce dernier avait été placé sur le trône en 1941 à l'instigation de l'amiral Decoux, gouverneur général fidèle à Vichy. Mais le Général n'oublie pas que le royaume est devenu protectorat sous le Second Empire (1863) et qu'il a conservé un traitement de faveur même après la conférence de Genève et les accords de Paris, qui consacrent l'indépendance du royaume (décembre 1954) : la France finance notamment la construction du port de Kompong Som (Sihanouk-Ville), qui donne au Cambodge indépendant un accès propre à la mer. Avant les années 1960, l'estime réciproque transparaît de leurs rares contacts : dès la première rencontre à Colombey en 1946, le jeune roi – vingt-quatre ans – conçoit « une vive admiration, qui ne s'est jamais démentie, pour le grand patriote français ». Douze ans plus tard, le 10 juin 1958, le général de Gaulle revenu au pouvoir lui envoie un message très amical. Sihanouk adopte d'ailleurs un mode de fonctionnement assez gaullien : le 5 juin 1960, c'est par référendum et à une écrasante majorité qu'il obtient l'approbation de sa politique étrangère fondée sur la neutralité. Mais il faut attendre que soit levée l'hypothèque algérienne pour que de Gaulle s'intéresse vraiment à l'Asie.

La crise indochinoise en crée les conditions. La neutralité voulue par Sihanouk trouve un bon accueil à Paris. Elle converge avec la politique extérieure française. Après le rejet par le roi de l'aide américaine (1963), de Gaulle se saisit du dossier et envoie Pierre Messmer – fin connaisseur de l'Indochine – en mission auprès de lui, du 4 au 7 janvier 1964, peu avant la reconnaissance de Pékin par la France. Sihanouk, dont de Gaulle, dans une note du 4 juin 1964, loue la « politique de neutralité exemplaire », vient lui-même en visite officielle en France du 24 au 26 juin 1964, avec le ballet royal. Le président français, note-t-il, lui accorde « les honneurs réservés aux souverains et chefs d'État des grands pays amis ». La France donne sa garantie à la neutralité du royaume et un accord de coopération est signé. Sihanouk reçoit de Gaulle à son tour du 31 août au 2 septembre 1966. Son important discours, le discours de Phnom Penh, s'accompagne d'un programme que l'hôte a voulu « le plus grandiose possible », avec « jeux de panneaux » au stade et spectacle « son et lumière » inédit au temple d'Angkor Vat.

De Gaulle au pouvoir aurait-il pu empêcher le renversement de Sihanouk en mars 1970 par un coup d'État du général Lon Nol, soutenu par Washington ? Ce dernier rapporte cette phrase du président français lors d'un tête-à-tête à l'Élysée en 1964 : « Monseigneur, méfiez-vous des Américains, ils sont capables de vous faire beaucoup de mal. » Sihanouk se dit finalement persuadé que « si de Gaulle était resté aux affaires, la France m'aurait certainement mieux informé du complot qui se tramait contre moi et dont elle n'ignorait rien ».

Hugues TERTRAIS

• *Voir aussi* : Discours de Phnom Penh ; Indochine ; Politique étrangère

Bibl. : Philippe Devillers, « Le Cambodge », dans Philippe Devillers, *L'Asie du Sud-Est*, Paris, Sirey, t. 2, 1971 • Norodom Sihanouk, *Souvenirs doux et amers*, Paris, Hachette-Stock, 1982 • Guillaume Orillon, *Coopération internationale et neutralité. Le cas de l'aide française au Cambodge dans l'entre-deux-guerres indochinoises (1954-1964)*, Mémoire de l'université Paris-I Panthéon-Sorbonne, 2001.

NOTRE RÉPUBLIQUE. – *Voir* UDT.

NOUVEAU FRANC. – La décision prise par le général de Gaulle d'instituer le nouveau franc est contemporaine de l'élaboration du plan de redressement adopté le 26 décembre 1958.

Le plan comporte à la fois une compression des dépenses et un alourdissement des recettes budgétaires, une stabilisation monétaire reposant sur une dévaluation de 17,5 % ainsi qu'un engagement de libération des échanges. Peu avant l'adoption du plan, Jacques Rueff, qui a été chargé par de Gaulle d'en diriger la préparation, s'explique dans une lettre à Antoine Pinay, le ministre des Finances, où il précise notamment : « Le comité considère que l'établissement d'un franc lourd par suppression de deux zéros [...] donnerait à l'opinion le sentiment que l'équilibre monétaire est durablement établi sur sa nouvelle base. » Le franc lourd apparaît comme le parachèvement, pratique et symbolique, d'une stabilisation qui se veut durable, sorte de contrepartie technique et psychologique positive venant atténuer l'impression, toujours défavorable dans l'opinion depuis

1928, d'une dévaluation fréquemment assimilée à un abaissement du franc. Bien que Jean Saltes, sous-gouverneur, représente l'Institut d'émission au sein du comité des experts, la Banque de France a été marginalisée pendant toute la préparation du plan, du fait, au moins pour partie, de l'inimitié entre le gouverneur Wilfrid Baumgartner et Jacques Rueff. L'Institut d'émission a toutefois été sollicité pour étudier les modalités et le taux exact de la dévaluation projetée. Selon le témoignage de Roger Goetze, la question du changement de nom de l'unité monétaire s'est posée dans le même temps et plusieurs appellations ont alors été passées en revue, y compris la « livre », nom évidemment impossible à conseiller au Général, attaché qu'il était au franc : « Pour finir, je ne sais pas qui a eu l'idée du "nouveau franc", c'est peut-être Baumgartner lui-même. »

Une semaine après son élection à la présidence de la République et deux jours après l'adoption du plan de redressement, le général de Gaulle en détaille les mesures dans une allocution prononcée (encore) à Matignon, le 28 décembre 1958 : « Au surplus, le vieux franc français, si souvent mutilé à mesure de nos vicissitudes, nous voulons qu'il reprenne une substance conforme au respect qui lui est dû. Avant la fin de 1959, apparaîtra le franc nouveau valant cent francs d'aujourd'hui. » Termes quasi identiques dans les *Mémoires d'espoir*, la « substance respectable » du franc nouveau venant effacer les « pertes qui expriment nos épreuves ». Le Général, déjà adulte en 1914, n'était pas mécontent de retrouver trois des attributs du franc d'alors : un franc stable, convertible (à l'extérieur) et d'une valeur de change telle que le dollar valait, comme avant la Grande Guerre, autour de cinq francs. Ce souci de maintenir le lien avec le « vieux franc » a sans doute empêché chez de nombreux Français l'abandon rapide de leurs usages de compter en francs anciens. Les inspecteurs des Finances, dans leurs rapports ultérieurs, ont d'ailleurs déploré qu'on n'ait pas opéré une rupture plus franche. Comme toujours aux yeux du Général, les enjeux étaient moins techniques que politiques.

Michel MARGAIRAZ

• *Voir aussi* : Argent ; Étalon-or ; Franc ; Plan de redressement de 1958 ; Rénovation

Bibl. : Nathalie Carré de Malberg (texte établi, présenté et annoté par), *Entretiens avec Roger Goetze, haut fonctionnaire des Finances. Rivoli-Alger-Rivoli. 1937-1958,* Paris, Comité pour l'histoire économique et financière de la France, 1997 • *Le Passage au nouveau franc : exemple ou contre-exemple pour l'euro ?,* Comité pour l'histoire économique et financière de la France, Paris, 2005.

NOUVELLE-CALÉDONIE. – Le 24 septembre 1940, la Nouvelle-Calédonie rallie la France libre. Henri Sautot, qui joue un rôle clé dans cette opération, est promu gouverneur et organise, au nom du général de Gaulle, la défense de la colonie avec l'Australie et la Nouvelle-Zélande. Le 9 juillet 1941, de Gaulle charge l'amiral Thierry d'Argenlieu, haut-commissaire de France au Pacifique, de « rétablir l'autorité de la France libre » et d'organiser la défense des territoires d'Océanie en liaison avec les Alliés. Après Pearl Harbor le Général négocie avec Washington les conditions de la défense de l'archipel dans le respect de la souveraineté française, et le général Patch et ses troupes y débarquent en mars 1942.

Parallèlement, la tension croît entre le haut-commissaire et le gouverneur. Avant même l'arrivée de l'amiral à Nouméa en novembre 1941, Henri Sautot exprime sa réticence à l'égard d'un homme et d'une fonction qui ne peuvent que limiter sa propre autorité. De son côté, Thierry d'Argenlieu, très sourcilleux au sujet de la souveraineté française, reproche au gouverneur sa façon de diriger et son attitude complaisante à l'égard des Alliés. Informé de ces tensions, le Général appelle Henri Sautot à d'autres responsabilités. Cette décision est contestée et le haut-commissaire réagit, le 5 mai 1942, en éloignant de l'archipel Henri Sautot et ses principaux soutiens. Débute alors un rapport de force entre la mission d'Argenlieu et une population européenne marquée par une « fièvre obsidionale », selon les propos du Général ; une inclination que, selon Thierry d'Argenlieu, soutiendrait le général Patch.

Après guerre, le RPF (Rassemblement du peuple français) tente vainement de s'implanter en Calédonie, qui accueillera pourtant avec enthousiasme le Général venue la visiter en 1956.

Devenu chef de l'État, de Gaulle s'inquiète de « l'espèce de ségrégation » dont sont victimes les Kanaks et souhaite que la France conserve la « richesse considérable » qu'est le nickel. Ce minerai entrant dans les alliages stratégiques est exploité par la Société Le Nickel et quelques grandes familles dont le Général craint qu'elles ne cèdent aux avances des sociétés anglo-saxonnes. Lors de sa seconde visite, en 1966, il plaide pour le développement des infrastructures du territoire et la création d'une deuxième usine de traitement du nickel ; projet sur lequel le gouvernement s'engage en 1967.

Ces considérations ainsi que l'installation du Centre d'expérimentation du Pacifique à Mururoa conduisent le gouvernement à resserrer ses liens avec le territoire. Ainsi, les lois Billotte de 1969 placent-elles le domaine minier sous le contrôle de l'État et le rendent seul compétent en matière d'avantages fiscaux. Elles transforment aussi les municipalités en communes afin qu'elles fassent contrepoids au pouvoir territorial alors dominé par les notables et l'Union calédonienne. Mais ces lois, qualifiées de scélérates par une large partie des Calédoniens, nourrissent leurs griefs à l'égard de l'État français et seront remises en cause par les autonomistes et les indépendantistes.

Sarah Mohamed-Gaillard

• *Voir aussi :* Nucléaires (essais) ; Ralliement des colonies ; Thierry d'Argenlieu, Georges

Bibl. : Jean-Louis Crémieux-Brilhac, *La France libre : de l'appel du 18 Juin à la Libération*, Paris, Gallimard, 1996 • Jacques Foccart, *Journal de l'Élysée*, Paris, Fayard, 5 vol., 1997-2001 • Henri Sautot, *Grandeur et décadence du gaullisme dans le Pacifique*, Melbourne, F. W. Cheschire, 1949.

NUCLÉAIRE (dissuasion). – Lorsque le général de Gaulle quitte le pouvoir en 1969, l'édification de la force stratégique de dissuasion avec ses trois composantes terrestre, navale et aérienne, est quasiment achevée, puisque les missiles stratégiques et les sous-marins lanceurs d'engins entreront en service au début de la décennie suivante. En un peu plus de dix ans, la France est donc passée du statut de puissance nucléaire « virtuelle » à celui de puissance nucléaire « opérationnelle », dotée de systèmes d'armes du même type que ceux des Grands.

Une stratégie « du faible au fort ». La stratégie nucléaire française s'est construite parallèlement à l'édification de la force de dissuasion. Le concept français s'est rapidement articulé autour des notions de « dissuasion du faible au fort » et de « pouvoir égalisateur de l'atome ». Ces formulations décrivaient des concepts développés progressivement dans les cercles transatlantiques (notamment au Royaume-Uni) depuis 1945. L'idée consistait à dire que l'arme nucléaire changeait l'équation de la puissance. Un petit pays pouvait dissuader un grand pays de l'agresser à partir du moment où il disposait des moyens de lui infliger des dommages au moins équivalents à l'enjeu du conflit. La dissuasion devait ainsi être proportionnée à l'enjeu. Cette idée avait été très tôt assimilée par le général de Gaulle : « Je vois, il suffit d'arracher un bras à l'agresseur », disait-il dès avril 1956, après une longue conversation avec le colonel Pierre-Marie Gallois (alors en poste à l'OTAN) venu lui expliquer la stratégie nucléaire de l'Alliance atlantique.

C'est dans sa conférence de presse du 23 juillet 1964 qu'il résumera le mieux sa pensée : « La carrière de la dissuasion nous est donc désormais ouverte. Car le fait d'attaquer la France équivaudrait, pour qui que ce soit, à subir lui-même des destructions épouvantables. Sans doute les mégatonnes que nous pourrions lancer n'égaleraient pas en nombre celles qu'Américains et Russes sont en mesure de déchaîner. Mais, à partir d'une certaine capacité nucléaire et pour ce qui concerne la défense directe de chacun, la proportion des moyens respectifs n'a plus de valeur absolue. En effet, puisqu'un homme et un pays ne peuvent mourir qu'une fois, la dissuasion existe dès lors qu'on a de quoi blesser à mort son éventuel agresseur, qu'on y est très résolu et que lui-même en est bien convaincu. »

Quelle aurait été précisément la nature de ces représailles ? Le Général aimait employer en public, comme lors de la conférence de presse du 14 janvier 1963, des formules révélatrices du pouvoir dissuasif de l'arme nucléaire et de son caractère novateur dans l'histoire militaire, mais en même temps très vagues : « destructions épouvantables », « destructions irréparables », « effroyables blessures »... Dans les faits, la stratégie française semblait concerner avant tout la population du pays adverse, comme il le dit en 1963 : « La force atomique française, dès l'origine de son organisation, aura la sombre et terrible capacité de détruire en quelques instants des millions et des millions d'hommes. » Il mentionnait comme objectif la possibilité de menacer le quart, voire la moitié de la population adverse. En application du concept de dissuasion proportionnée, de Gaulle suggérait parfois, ainsi en 1963, qu'il s'agissait de menacer une population équivalente à celle de la France : « Nous pouvons tuer en quelques heures autant de Russes qu'il existe de Français. Ça nous donne la certitude qu'ils ne nous attaqueront pas. »

Pourtant, la stratégie française ne se voulait pas exclusivement « antidémographique ». Il s'agissait de s'en prendre aux « œuvres vives » du pays adverse. De Gaulle souhaitait ainsi clairement que l'économie soviétique soit menacée. Une directive présidentielle du 16 décembre 1961 demandait que les forces soient capables d'infliger à l'URSS une réduction notable (de l'ordre de la moitié ou des deux tiers, selon les sources) de son potentiel économique. En conséquence, les forces stratégiques françaises, il est vrai peu précises, devaient être ciblées essentiellement sur les villes adverses. De fait, en 1961, de Gaulle mentionne en privé la capacité future des forces françaises à « détruire 20 villes russes ».

À l'origine, la stratégie française semble donc calquée sur celle des « représailles massives » de l'OTAN... que l'Alliance s'apprête à abandonner au bénéfice de la « riposte graduée », en raison de la vulnérabilité du territoire américain. Il s'agissait d'ailleurs d'un point central de désaccord entre la France et ses alliés, et ce n'est qu'en 1967, après le retrait français, que ceux-ci adopteront la nouvelle stratégie. Toutefois, le Général hésitait à parler de représailles nucléaires massives en cas d'agression conventionnelle contre la France. C'est l'une des raisons pour lesquelles il donnera son accord au développement d'armes nucléaires tactiques, permettant d'échapper au dilemme du « tout ou rien » en cas d'attaque adverse. De plus, il ne rejetait pas totalement l'emploi sélectif des forces stratégiques.

Une stratégie tous azimuts. La stratégie française, au temps du général de Gaulle, comporte en outre certaines caractéristiques originales. L'une est le concept du « tous azimuts ». Le Général estimait que la prolifération nucléaire était inévitable et qu'il était impossible de prévoir qui seraient les adversaires de la France à l'avenir. Dès 1959, il disait que « puisqu'on peut détruire la France, éventuellement, à partir de n'importe quel point du monde, il faut que notre force soit faite pour agir où que ce soit sur la terre ». En 1967, il envisageait de doter la France d'ici 1980 d'une triade de moyens stratégiques aptes à frapper n'importe quelle grande puissance. Est-ce à dire que les États-Unis faisaient partie de ces adversaires potentiels ? La réponse est complexe. De Gaulle considérait que personne ne pouvait prévoir le devenir des grandes puissances et qu'il fallait donc prendre en compte tous les scénarios pour l'avenir. Il laissait entendre que « la force de dissuasion n'est pas faite seulement pour dissuader un agresseur. Elle est faite aussi bien pour dissuader un protecteur abusif. C'est pour cela qu'elle doit être tous azimuts ». Mais il serait erroné d'en conclure que les États-Unis étaient mis sur le même plan que l'Union soviétique.

Cela est d'autant plus vrai que de Gaulle envisageait volontiers la coordination de l'emploi des forces nucléaires françaises avec celles de ses alliés. Certes, pour lui, la dissuasion nucléaire était fondamentalement une affaire nationale. Il voulait être « insupportable tout seul ». Mais si la décision nucléaire ne pouvait être partagée, elle pouvait en revanche être coordonnée. Dès 1954, de Gaulle avait suggéré que l'emploi des forces nucléaires se fasse « à trois » – Londres, Paris, Washington – en cas d'urgence rendant impossibles des consultations impliquant l'ensemble des membres de l'OTAN. Comme on le sait, il souhaitait un directoire tripartite de l'Alliance atlantique, y compris pour l'emploi des forces nucléaires. Il envisageait, sans illusion, de « combiner » l'emploi des forces française et alliées. Il était possible de « conjuguer » ces forces au service de la défense commune.

Cette vision était cohérente avec son idée selon laquelle la force nucléaire contribuait à la sécurité de l'Europe et à celle de l'Alliance tout entière. La dissuasion française devait être réservée à la défense des intérêts vitaux de la France. Mais ces intérêts vitaux ne se limitaient pas au territoire national. Pour de Gaulle, le sort de la France et celui de l'Europe étaient intimement liés. Il faisait savoir en privé que la force française protégeait nos voisins immédiats. Dans des instructions données aux forces armées en 1964, le général de Gaulle aurait d'ailleurs précisé que la France devait « se sentir menacée dès que les territoires de l'Allemagne fédérale et du Benelux seraient violés ». Au-delà, de Gaulle estimait que la force nucléaire française contribuait à la sécurité de l'Occident. Il disait à Eisenhower que la présence d'une dissuasion supplémentaire en Europe ne manquerait pas de poser un problème à Moscou. « Les Soviétiques me connaissent. Ils savent que si je possède la force de frappe, pour répliquer à une invasion de l'Europe occidentale, je m'en servirai, et ce sera là une dissuasion supplémentaire pour eux. »

Une stratégie du « détonateur ». C'est ici qu'il faut mentionner cet autre trait original de la stratégie française, moins connu : le concept du « détonateur » ou de la « gâchette ». L'idée était que la France avait la capacité d'entraîner les États-Unis dans la défense de l'Europe en cas de guerre. La seule existence d'une force nucléaire française était, selon ce concept, de nature à forcer les États-Unis à intervenir pour éviter une escalade incontrôlée du fait de l'ouverture du feu nucléaire par la France ; et, en dernier ressort, Paris avait la capacité d'initier une guerre nucléaire qui engagerait nécessairement les États-Unis. On sait maintenant que le Général souscrivait pleinement à ce concept. Il déclarait ainsi en 1963 : « L'Alliance ne les oblige pas à être à nos côtés tout de suite, avec tout leur poids et avec toutes leurs armes. C'est pour ça que notre force atomique est nécessaire. C'est une force de déclenchement et d'entraînement. C'est le starter. »

La mise au point d'armes nucléaires tactiques était en partie justifiée par cette fonction. Au départ, de Gaulle estimait que la France devait se doter de ces moyens tout simplement parce que les armées alliées en étaient dotées, et que l'armée française n'aurait plus accès aux armes américaines après le retrait de l'organisation intégrée de l'OTAN. Il était sensible à cet égard aux demandes de l'armée de terre, d'autant que celle-ci venait de se faire imposer le retrait d'Algérie. Par la suite, le Général en vint à conférer une importance beaucoup plus grande aux armes tactiques. Les forces terrestres et aériennes françaises constituaient la seule réserve stratégique de l'Alliance atlantique. Il fallait qu'il soit clair que celles-ci ne seraient mobilisables au profit de l'OTAN qu'avec leurs armes nucléaires tactiques, ce qui forcerait l'Alliance à ouvrir elle-même le feu nucléaire pour défendre le continent.

La France adoptait donc une doctrine plus souple que celle des « représailles massives », sans pour autant être assimilable au prudent processus de la « riposte graduée ». Le général de Gaulle n'envisageait pas une escalade nucléaire lente et progressive, mais ne s'enfermait pas pour autant dans le piège d'une promesse de riposte nucléaire massive automatique dès que le pacte de Varsovie menacerait la France : le franchissement du seuil nucléaire se ferait sans doute, en cas d'agression conventionnelle, par les armes tactiques, dernier rempart avant l'escalade aux extrêmes.

Quel est l'apport personnel du Général dans l'élaboration et la formulation de la doctrine française de dissuasion nucléaire ? Il semble possible de dire qu'il a opéré une synthèse entre deux écoles de pensée. L'une, incarnée par le général Gallois et le général Ailleret, représentait une conception « pure » et très « nationale » de la dissuasion. L'autre, défendue par le général Beaufre et le politologue Raymond Aron, s'inscrivait dans une vision plus « souple » et plus « transatlantique » de la dissuasion. Ainsi serait-ce à tort que l'on ferait du général Gallois le principal théoricien de la stratégie française.

Comme on l'a vu, de Gaulle souhaitait échapper au « tout ou rien » nucléaire et ne rejetait pas l'idée d'une certaine souplesse dans l'exercice de la dissuasion. Il considérait également que la dissuasion française contribuait à la sécurité de l'Europe et des alliés. Attaché à la pérennité de l'Alliance atlantique, il pensait que « les armements nucléaires américains, qui sont les plus puissants de tous, demeurent la garantie essentielle de la paix mondiale », comme il le disait en 1963. En outre, on peut affirmer que le Général introduisit parfois ses propres concepts, comme celui du « tous azimuts » emprunté aux artilleurs.

De Gaulle restait relativement peu intéressé par les raffinements doctrinaux des théoriciens. Conscient des vertus de l'incertitude dans le domaine de la dissuasion nucléaire – il s'agit de ne pas laisser à l'adversaire la possibilité de calculer précisément les risques inhérents à son agression –, il restait pragmatique et ne souhaitait pas s'enfermer dans un schéma intellectuel rigide. Il s'abstenait de prendre clairement parti dans les débats relatifs à l'emploi de l'arme nucléaire tactique (« coup de semonce » ou « coup d'arrêt » ?). En revanche, le Général suivait attentivement les développements technologiques. Il était particulièrement attentif au programme français de bombe à hydrogène (bombe H) : celle-ci allait, en effet, non seulement mettre la France sur le même pied que les grandes puissances, mais surtout donner au pays la capacité d'exercer des représailles réellement massives et donc assurer la crédibilité technique de la dissuasion. Mais il n'accordait qu'une importance relative aux caractéristiques des forces nucléaires. En 1960, il déclarait en Comité de défense : « La force de frappe est une arme politique, la précision technique n'est pas essentielle. » Pour lui, la crédibilité politique de la dissuasion – qui repose sur la perception par l'agresseur potentiel de la détermination du défenseur à ouvrir le feu nucléaire – était au moins aussi importante que l'ampleur des dommages que la force française pouvait exercer. Surtout, il réalisait que les moyens déterminaient la stratégie autant que l'inverse. Conformément à un souhait maintes fois exprimé, il voulait que la pensée militaire française se garde ainsi de tout dogmatisme ; aussi ne se reconnaissait-il guère dans les modèles élaborés par les théoriciens français de la dissuasion.

Bruno TERTRAIS

• *Voir aussi* : Bombe atomique ; Conférence de presse du 14 janvier 1963 ; Désarmement ; Grandeur et rang ; Guerre

Bibl. : Université de Franche-Comté et Institut Charles-de-Gaulle, *L'Aventure de la bombe. De Gaulle et la dissuasion nucléaire, 1958-1969*, Paris, Plon, 1985 • Bruno Tertrais, « "Destruction Assurée". The Origins and Development of French Nuclear Strategy, 1945-1981 », dans Henry D. Sokolski (dir.), *Getting MAD : Nuclear Mutual Assured Destruction, its Origins and Practice*, Carlisle, Strategic Studies Institute, 2004.

NUCLÉAIRES (essais). – En juillet 1944, en visite à Ottawa, le général de Gaulle avait été informé par les scientifiques français qui collaboraient au programme d'études britanniques et américaines, de l'avancement des recherches menées dans le domaine nucléaire et de leurs conséquences. Le 18 octobre 1945, il signe une ordonnance créant le Commissariat à l'énergie atomique (CEA), responsable du développement atomique dans les domaines de la science, de l'industrie et de la défense. Lors d'une conférence de presse, le 7 avril 1954, il insiste sur l'importance que revêt, pour une nation, la possession de l'arme atomique et préconise le rejet du traité instituant la CED (Communauté européenne de défense) qui interdirait à la France le développement d'une force atomique militaire en limitant la quantité de plutonium produite sans l'accord de la Communauté.

Le 21 juin 1958, dès son retour au pouvoir, le général de Gaulle confirme la date du premier semestre 1960 pour la première explosion nucléaire française au Sahara, à Reggane, objectif qui avait été fixé par une décision du président du Conseil, Félix Gaillard, en date du 11 avril 1958. Or, les États-Unis et le Royaume-Uni d'une part, l'Union soviétique d'autre part venaient d'annoncer un moratoire expérimental sur leurs essais. L'année suivante, la France refusait de renoncer à la préparation de ses essais au Sahara comme l'y invitait une décision de l'Assemblée générale de l'ONU. Le 13 février 1960, à 7 h 04, a donc lieu à Reggane le premier essai nucléaire français baptisé « Gerboise bleue ». Moins de trois quarts d'heure plus tard, le général de Gaulle adressait un message de félicitations à Pierre Guillaumat, ministre délégué auprès du Premier ministre : « Hourra pour la France ! Depuis ce matin elle est plus forte et plus fière. Du fond du cœur, merci à vous et à ceux qui ont, pour elle, remporté ce magnifique succès. » La France procédera ensuite à trois autres essais nucléaires en aérien, le 1er avril 1960, le 27 décembre 1960 et le 25 avril 1961. Cependant, face aux nombreuses protestations internationales, qui, notamment en Afrique, avaient suivi ces essais de 1960, la France décide de poursuivre les expérimentations en souterrain, à In Ecker, dans le Hoggar. La première explosion aura lieu, en galerie, le 7 novembre 1961, alors que l'URSS avait repris ses essais aériens le 1er septembre 1961. Les États-Unis les imitent le 25 avril 1962.

Le traité de Moscou interdisant les essais nucléaires dans l'atmosphère est signé le 4 août 1963 par les États-Unis, la Grande-Bretagne et l'URSS. La France, qui veut mettre au point des armes de grande puissance, n'y adhère pas. L'indépendance de l'Algérie condamnant à terme les essais sahariens – le dernier aura lieu au Hoggar au début de 1966 –, est donc créé, dès 1962, le Centre d'expérimentation du Pacifique. Le premier essai aérien aura lieu, sur barge, à Mururoa au début de juillet 1966. Il est suivi, le 11 septembre, par un essai nucléaire sous ballon, en présence du général de Gaulle, accompagné de plusieurs ministres : Pierre Messmer, Alain Peyrefitte et Pierre Billotte. Sur la route de la Polynésie, le président de la République s'était arrêté à Phnom Penh, prononçant le fameux discours dans lequel il condamnait l'intervention américaine au Vietnam.

Cependant, le général de Gaulle s'inquiète de l'accès de la France à l'arme thermonucléaire alors que les campagnes de 1966 et 1967 avaient d'abord eu pour but la mise au point de bombes A. Le CEA n'envisage son premier essai thermonucléaire qu'en 1970, mais le Général insiste pour qu'il intervienne dès 1968 ; et ce d'autant plus que le premier essai thermonucléaire chinois a eu lieu le 17 juin 1967. Après diverses péripéties de programmation, liées aux heures agitées que vit la France en ce printemps 1968, la première explosion thermonucléaire a lieu, sous ballon, le 24 août 1968, au-dessus de l'atoll de Fangataufa, à 40 km au sud de Mururoa.

La France dispose désormais de toutes les connaissances qui lui permettront de devenir une puissance nucléaire militaire. Mais, déplacés dans le Pacifique, les essais soulèveront une durable hostilité en Australie et en Nouvelle-Zélande. Yves Le Baut

• *Voir aussi :* Bombe atomique ; Désarmement ; Militaires (lois de programme)

Bibl. : Paul-Marie de La Gorce (dir.), *L'Aventure de l'atome*, Paris, Flammarion, 1992 • Yves Le Baut (dir.), *Les Essais nucléaires français*, Bruxelles, Bruylant, 1996 • Institut Charles-de-Gaulle, *De Gaulle et la dissuasion nucléaire*, Actes du colloque d'Arc-et-Senans, 1984.

NUCLÉAIRES (vecteurs). – La IVe République s'était officiellement tournée vers la fabrication d'armes nucléaires avec son premier vecteur piloté, le Mirage IV. Dès son arrivée au pouvoir en 1958, le général de Gaulle confirme les décisions prises par les gouvernements précédents tout en préparant de nouvelles orientations : le programme Mirage IV est accéléré, les recherches et développements d'engins balistiques sol-sol et mer-sol sont lancés, l'étude d'un sous-marin nucléaire lanceur d'engins est poursuivie. Pour de Gaulle, la bonne mise en place des moyens militaires nationaux nouveaux (armes nucléaires et vecteurs) commande l'évolution de la politique extérieure de la France, en particulier par rapport aux États-Unis.

Le 7 janvier 1959, de Gaulle signe l'ordonnance portant organisation générale de la défense. Cela entraîne une refonte de la structure des forces armées qui s'effectue au travers de lois de programme, permettant à la France de se doter en dix ans d'une Force nucléaire stratégique (FNS) reposant sur la triade : air-sol, sol-sol, mer-sol.

Tout va très vite : 17 juin 1959, premier vol du prototype Dassault Mirage IV, destiné à transporter une charge nucléaire ; 17 septembre 1959, création de la Société pour l'étude et la réalisation d'engins balistiques (SEREB), chargée de mettre au point les engins qui doivent être fabriqués par les sociétés industrielles ; 13 février 1960, au Sahara, explosion de la première bombe atomique française. Après un long débat parlementaire, la première loi de programme relative à certains équipements militaires (1960-1964) est adoptée le 6 décembre 1960. Elle a pour objectif de mettre en œuvre les premiers éléments de la FNS avec le bombardier stratégique Mirage IV, et de poursuivre les études et expérimentations des engins sol-sol et mer-sol. Le pari est tenu : le 1er octobre 1964, le premier escadron de Mirage IV des Forces aériennes stratégiques (FAS) est opérationnel. La deuxième loi de programme (1965-1970) prévoit la création d'un armement sol-sol balistique stratégique, la poursuite des études des engins mer-sol et la mise en place d'un armement atomique tactique. Le lancement réussi, le 26 novembre 1965, du premier satellite français par un lanceur Diamant issu des études militaires confirme la capacité nationale à œuvrer dans les domaines de haute technologie. Le 29 mars 1967, le chef de l'État assiste au lancement du *Redoutable*, premier sous-marin nucléaire lanceur d'engins. Il entrera en service opérationnel avec ses seize missiles mer-sol balistique stratégique (MSBS) dans la Force océanique stratégique en janvier 1972. Enfin le 1er groupement de missiles stratégiques est créé le 1er juillet 1968 sur le plateau d'Albion (Haute-Provence). Les premiers missiles sol-sol balistique stratégique (SSBS) seront opérationnels en 1971. La détermination politique a porté ses fruits. Les industriels ont été capables de fournir les matériels demandés et le ministère des Armées a pu mettre en œuvre une force nucléaire de dissuasion. Hormis les États-Unis et l'Union soviétique, la France est la seule nation au monde à avoir réalisé et mis en œuvre une triade, base de son indépendance nationale.

Claude CARLIER

• *Voir aussi* : Bombe atomique ; Défense nationale ; Désarmement ; Militaires (lois de programme)

Bibl. : Claude Carlier, *L'Aéronautique française 1945-1975*, Paris, Lavauzelle, 1983 • André Corvisier (dir.), *Histoire militaire de la France*, Paris, PUF, t. 4, 1994.

O comme ONU

« Le machin qu'on appelle ONU. »

De Gaulle, Nantes le 10 septembre 1960, dans André Passeron, *De Gaulle : 1958-1969*, Paris, Bordas, 1973.

OAS (Organisation armée secrète ou de l'Armée secrète) . – Deux mouvements activistes bien implantés chez les Français d'Algérie échouent coup sur coup à infléchir par la rue la politique algérienne du général de Gaulle. Entre novembre 1958 et janvier 1960, c'est d'abord le Front national français : 9 000 militants dont 3 000 à 4 000 au sein de sa branche armée. Puis, entre juin et décembre 1960, le Front de l'Algérie française (FAF), fort de 100 000 adhérents et pourvu lui aussi d'une branche armée, le « FAF clandestin ». Parallèlement, la puissante Association générale des étudiants d'Algérie et quelques groupuscules d'extrême droite constituent de précieux viviers pour l'activisme.

En janvier-février 1961, Pierre Lagaillarde et Jean-Jacques Susini, exilés à Madrid aux côtés du général Salan, créent une nouvelle structure. Susini rêve d'en faire la colonne vertébrale d'une milice de 50 000 pieds-noirs capable de peser sur l'événement par la force. En référence – abusive – aux forces paramilitaires de la Résistance, il pousse à l'adoption du nom « Armée secrète ». Lagaillarde, qui conçoit une action plus clandestine, lui préfère « Organisation secrète ». L'accord se fera sur Organisation armée secrète (ou de l'Armée secrète).

Composée de civils, l'OAS ne joue qu'un rôle mineur au moment du putsch d'avril 1961. Son heure sonne après l'échec du coup de force. Des officiers supérieurs, les généraux Salan, Jouhaud et Gardy, les colonels Gardes, Godard puis Vaudrey, viennent grossir ses rangs en compagnie de jeunes officiers ou d'hommes de troupe généralement issus des corps d'élite, légionnaires ou parachutistes. Ces soldats perdus tablent sur un hypothétique ralliement de leurs camarades loyalistes à l'OAS. Celle-ci se structure en trois branches : Renseignements-opérations (Dr Pérez, d'une part ; Roger Degueldre de l'autre), Organisation des masses (Gardes), et Action politique et propagande (Susini). Au-dessus, un Comité supérieur bientôt présidé par Salan. Toutefois, le Front nationaliste avec ses 2 000 militants – plus que l'OAS n'en comptera jamais en Algérie – reste dans un premier temps la force principale de l'activisme. Réalité objective qui conduit Susini à s'appuyer sur cette mouvance, dont deux des dirigeants, René Villard et Michel Leroy, seront cependant assassinés en janvier 1962 pour avoir refusé de rentrer dans le rang de l'OAS. De son propre chef, un autre officier en cavale, le capitaine Sergent, a gagné clandestinement la France. Il met sur pied l'OAS-Métro, bientôt concurrencée par un autre groupe de plastiqueurs, la Mission III d'André Canal. Dans l'intervalle, le centre de gravité de l'OAS-Algérie a glissé vers le tandem Susini-Degueldre. Ancien résistant communiste puis officier de la Légion, ce dernier dirige les commandos Delta, fer de lance de l'organisation à Alger. Enfin, le colonel Argoud, Lagaillarde, le colonel Lacheroy et l'ex-dirigeant du Front national français Joseph Ortiz créent une troisième branche de l'OAS en Espagne.

Vichyssois avides de revanche, résistants gaullistes déçus, fascistes, militaires sans étiquette précise, intégristes chrétiens, ex-militants communistes et pieds-noirs pauvres de Bab el-Oued, commerçants poujadistes de métropole, étudiants et familles des quartiers aisés de Paris : si le terrorisme est la règle au sein de l'organisation, la cohérence sociale et idéologique, elle, fait cruellement défaut, la haine de De Gaulle, « traître » et « bradeur de l'Algérie » constituant le seul vrai point d'accord. Assassiner la « grande Zohra » (le sobriquet pied-noir du Général) serait la vraie « chance » de l'OAS en fragilisant la République au risque de jeter le pays dans la guerre civile. Mais la plupart de ses dirigeants se refusent à sauter le pas. C'est donc un groupuscule animé par le lieutenant-colonel Jean-Marie Bastien-Thiry qui prend, le premier, cette décision radicale et monte les attentats de Pont-sur-Seine et du Petit-Clamart.

Faute de débouchés politiques, le temps travaille contre l'OAS, contenue en Algérie où les « barbouzes » sont déployés un temps contre elle, et isolée en métropole. Les accords d'Évian contraignent l'organisation à jouer son va-tout : insurrection avortée de Bab el-Oued ; fiasco des « maquis de l'Ouarsenis » ; intensification, surtout, du terrorisme urbain. Le 25 mars, le général Jouhaud, chef de l'OAS d'Oran, est arrêté. Le 26, l'armée ouvre le feu, rue d'Isly à Alger, sur une manifestation pro-OAS. Au moins 54 civils pieds-noirs périssent. Le 6 avril, Degueldre est appréhendé à son tour, suivi, le 20, par Salan lui-même. Le 2 mai, une voiture OAS piégée tue 62 musulmans sur le port d'Alger. Le 20, Argoud, Sergent et deux personnalités issues de la Résistance et de la France libre – Georges Bidault et Jacques Soustelle – créent à Milan le CNR-OAS, qui affirme – nouvel abus – se placer dans la continuité du vrai CNR (Conseil national de la Résistance), celui de 1943-1944. Tandis que l'OAS-Algérie pratique la politique de la terre brûlée, Susini tente début juin la négociation de la dernière chance avec certaines ailes du Front de libération nationale (FLN). Mais les accords Mostephaï-Susini ne procurent qu'un bref répit. Après l'indépendance de l'Algérie, la branche algérienne de l'OAS se replie en Italie et surtout en Espagne, tandis que la branche métropolitaine, de plus en plus isolée, poursuit ses activités en France et en Belgique, où Sergent s'est réfugié. En mai 1965, un attentat avorté contre le général de Gaulle – il devait être abattu devant la tombe de Georges Clemenceau – marque la fin pratique de l'OAS. Dix mille personnes ont été détenues pour leurs activités en sa faveur, dont un peu moins de 4 000 condamnées à des peines diverses. L'OAS a tué entre 1 500 et 1 800 personnes, Algériens pour la plupart, et perdu 90 de ses membres. Trois d'entre eux – Claude Piegts, Albert Dovecar, Roger Degueldre – ont été fusillés. Condamné à mort lui aussi, Bastien-Thiry est fusillé le 11 mars 1963. Rémi KAUFFER

• *Voir aussi :* Algérie (guerre d') ; Antigaullistes de droite ; Attentats ; Juridictions d'exception ; Pieds-noirs

Bibl. : Olivier Dard, *Voyage au cœur de l'OAS*, Paris, Perrin, 2005 • Paul Henissart, *Les Combattants du crépuscule*, Paris, Grasset, 1970 • Rémi Kauffer, *OAS, histoire d'une guerre franco-française*, Paris, Le Seuil, 2002.

ŒUVRE ÉCRITE. – La liste des publications de Charles de Gaulle témoigne de genres littéraires bien distincts. Il a commencé par une saynète en vers et produit dans sa jeunesse quelques pages romanesques. Mais quand commence, au lendemain de la Grande Guerre, sa véritable carrière d'écrivain, il délaisse la poésie et la fiction.

Un premier ensemble de ces écrits relève d'une littérature que l'on peut qualifier de « professionnelle ». Tel est bien le caractère de nombreux articles de l'entre-deux-guerres et du livre-programme *Vers l'armée de métier*. L'auteur veut convaincre les dirigeants militaires et politiques de l'urgente nécessité de créer un corps spécialisé de blindés. Si un tel objectif implique de recourir à un vocabulaire technique, il n'exclut pas le souci du style aussi soigné que dans les autres genres. Parmi ces derniers, l'essai moral représenté par plusieurs articles et surtout par *Le Fil de l'épée.* Dans la tradition française des moralistes, de Gaulle présente une suite d'analyses psychologiques, ponctuées de sentences et de maximes dignes des Latins ou de La Rochefoucauld. Charles de Gaulle, qui a enseigné l'histoire à Saint-Cyr, veut aussi faire œuvre d'historien. Il présente dans *La Discorde chez l'ennemi* quelques traits marquants de l'Allemagne impériale ; avec le commandant Yvon, il écrit en outre *L'Histoire des troupes du Levant.* Enfin, dans *La France et son armée*, il propose une élégante synthèse des rapports séculaires entre l'État et ses forces.

Les caractères de ces trois genres, technique, moraliste, historique, se retrouvent dans les formes littéraires où Charles de Gaulle a véritablement excellé : les discours et les mémoires. Les discours sont toujours écrits avant d'être prononcés devant un auditoire ou diffusés par la radio ou la télévision. Quant à ses *Mémoires*, de Gaulle les distingue nettement du genre historique. Il les présente comme « le témoignage d'un homme, donc faillible et incomplet ». De fait, le témoignage est très personnel, et, s'il est malgré tout historien, l'auteur n'oublie pas l'inspiration du technicien et du moraliste. Que représente dans la vie de Charles de Gaulle une œuvre aussi considérable ? S'il a beaucoup écrit, c'est pour répondre à une vocation aussi précoce chez lui que l'appel des armes. Mais ce n'est jamais de l'art pour l'art : pour de Gaulle, écrire est un moyen d'action. Tel était le cas quand il combattait pour la création d'une armée de métier ; tel est encore le cas quand il publie ses *Mémoires de guerre*. En effet, l'échec du RPF l'a convaincu que, s'il devait revenir au pouvoir, ce serait par des voies autres que partisanes. L'une de ces voies, c'est le livre, qui permettra à de nombreux Français de mieux le connaître et, peut-être, de le regarder comme un recours. La publication des *Mémoires de guerre* est assurément un événement littéraire, c'est aussi un acte politique. Quand tombera le soir, les *Mémoires d'espoir* présenteront un bilan de l'action gaullienne, sous une forme toutefois moins achevée sur le strict plan littéraire. Mais, à côté du bilan, il y a l'espoir : un jour peut-être la France retrouvera sinon de Gaulle du moins l'inspiration.

Le mémorialiste de *L'Appel* connaît les mémoires d'autres acteurs de la Seconde Guerre mondiale : Churchill, Eisenhower, Giraud. Il connaît aussi les écrits, souvent proches des mémoires, d'hommes comme Paul Reynaud, l'un de ses rares soutiens avant 1940. Dans *La France a sauvé l'Europe*, ce dernier présentait un volumineux dossier et un plaidoyer habile pour notre pays avant la défaite. Winston Churchill a raconté presque au jour le jour son action de guerre. À ce « bout à bout », de Gaulle opposait sa volonté de faire une œuvre, d'édifier une architecture ; dans l'ensemble, il y a réussi. Eisenhower, dans *Croisade en Europe*, rapporte son expérience de commandant en chef des forces alliées. S'il est toujours honnête et intéressant, son livre ne révèle pas un écrivain véritable. Quant aux témoignages posthumes de Giraud, *Un seul but, la victoire*, ils montrent la bonne volonté, la naïveté aussi d'un chef militaire peu doué pour la politique et encore moins pour la littérature. En définitive, c'est le style qui met de Gaulle au premier rang des mémorialistes de la Seconde Guerre mondiale.

Les textes réunis dans *Lettres, notes et carnets*, enfin, n'étaient pas destinés à la publication. S'ils permettent d'entrevoir un de Gaulle intime, ils constituent parfois une contribution à l'œuvre écrite du Général. En effet, les termes de ces correspondances avec les chefs d'État sont soigneusement pesés et le style est souvent digne des meilleurs écrits de l'auteur.

Marius-François GUYARD

• *Voir aussi* : Dédicaces ; Écrits de jeunesse ; Éditeurs ; Épigraphes ; Pléiade ; Style écrit

Bibl. : Winston S. Churchill, *Mémoires sur la Deuxième Guerre mondiale*, Paris, Plon, 12 vol., 1948-1954 • Fondation Charles-de-Gaulle, *Charles de Gaulle, du militaire au politique, 1920-1940*, Paris, Plon, 2004 • Pierre Messmer et Alain Larcan, *Les Écrits militaires de Charles de Gaulle*, Paris, PUF, 1985.

OFFROY, Raymond (1909-2003). – Homme de la droite traditionnelle, Raymond Offroy épousa le gaullisme parce qu'il conciliait à ses yeux « le respect, les grandes traditions nationales avec la mise en œuvre des idéaux généreux des progressistes ».

Né à Paris dans une famille de banquiers, docteur en droit et diplômé de Sciences Po, Raymond Offroy choisit la carrière diplomatique. Secrétaire d'ambassade à Bucarest en 1940, il ne renie pas certains aspects de la politique de la Révolution nationale et voit dans le maréchal Pétain un sauveur. Affecté à la légation d'Athènes puis, peu après, à Salonique comme consul par l'amiral Darlan, il refuse de servir la politique de collaboration en fournissant des informations pour le IIIe Reich. Il contacte alors son camarade de promotion Geoffroy de Courcel pour s'engager dans les FFL (Forces françaises libres). Le 9 avril 1941, peu après l'occupation de la Grèce par les Allemands, il quitte le pays avec l'aide de complicités locales. Après un périple compliqué, il parvient finalement à Londres. Il y retrouve des connaissances dont son ancien professeur de droit, René Cassin.

Devenu l'adjoint de Maurice Dejean, commissaire aux Affaires étrangères, Raymond Offroy s'investit dans le développement du réseau des comités de la France libre à l'étranger. Sur les ondes de la BBC, il défend la politique du Comité national français (CNF). Membre de la mission de liaison en Afrique du Nord dirigée par le général Catroux en 1943, il se fait l'intransigeant interprète de la fermeté du général de Gaulle. C'est lui qui, fin mai, apporte au général Giraud les messages de Jean Moulin annonçant la formation du CNR (Conseil national de la Résistance) et son ralliement unanime au chef de la France combattante. Le 5 juin, de Gaulle nomme Raymond Offroy adjoint de Louis Joxe au secrétariat du CFLN (Comité français de la Libération nationale). Au cœur du domaine réservé du Général, Offroy instruit les dossiers de politique étrangère et assure le suivi des contacts diplomatiques, effectuant aussi les liaisons avec les commissariats. Il est chargé par de Gaulle de ramener le GPRF (Gouvernement provisoire de la République française) à Paris après la libération de la capitale.

Parmi les nombreuses responsabilités qu'il exerce après la guerre en Extrême-Orient et en France, Raymond Offroy met sur pied en 1957, à la demande du président du Conseil Maurice Bourgès-Maunoury, le Centre de diffusion française (CDF). Ce grand service de relations publiques est chargé de redorer le blason de la France que ternit la guerre d'Algérie. Il sensibilise notamment l'opinion lors du référendum du 28 septembre 1958. Après la suppression du CDF par de Gaulle, Offroy est ambassadeur au Mexique (1962-1965) puis se lance en politique. Il est élu député UDR (Union pour la défense de la République) de Seine-Maritime en 1967, mandat qu'il conservera jusqu'en 1978. À la fin de sa carrière, il œuvre à la création d'un État palestinien.

Christine Levisse-Touzé

• *Voir aussi* : BBC ; Diplomates ; France libre ; GPRF (œuvre extérieure du) ; Hauts fonctionnaires

Bibl. : Raymond Offroy, *La France combattante à l'étranger*, Londres, Éditions de la France combattante, 1943 • Id., *Passer outre : le génie du gaullisme*, Paris, France-Empire, 1989 • Id., *Heur et malheur d'un gaulliste en Gaulle*, récit remis en décembre 2004 à l'IHTP.

OLIÉ, Jean (1904-2003). – Sorti de Saint-Cyr en 1926, Jean Olié sert presque continûment au Maroc entre 1928 et 1954. Il est reçu major à l'École de guerre en 1939. Fait prisonnier en 1940, il s'évade aussitôt pour rejoindre le Maroc. En 1944, affecté en Algérie à l'état-major de l'armée B, il devient un des collaborateurs les plus appréciés du général de Lattre et du commandement américain lors de la planification des opérations en Provence. En 1945, jusqu'à la capitulation allemande, il commande le célèbre régiment de marche de la Légion étrangère.

En août 1958, il prend le commandement du corps d'armée de Constantine. En accord étroit avec l'équipe Delouvrier-Challe, il contribue au succès de l'opération « Pierres précieuses » tout en s'efforçant de réduire la pratique des sévices dans l'armée. Très attaché à sa tâche, il ne peut refuser, en avril 1960, le poste de chef de l'état-major particulier du chef de l'État. En reconnaissant « son exceptionnelle qualité militaire », de Gaulle place à ses côtés un chef reconnu par ses pairs pour ses hautes vertus morales. Promu général d'armée, Olié devient chef d'état-major de la Défense nationale en janvier 1961. Après avoir condamné le putsch d'Alger et été nommé commandant en chef tant que le titulaire est prisonnier des mutins, il s'envole avec Louis Joxe pour l'Algérie. Voyage éprouvant compte tenu de la dérobade de nombreux chefs militaires. Après l'échec du putsch, Olié souligne « les illusions des putschistes », « les défaillances des chefs ». Mais il émet des réserves sur l'élimination brutale des officiers coupables sans qu'il ait été consulté. Et à Michel Debré, il écrit son angoisse devant une situation mal expliquée : « Il faut informer l'armée “sans tricherie” de notre politique militaire. » Après son intervention au profit d'un colonel compromis dans le putsch, il est convoqué et tancé le 27 juillet 1961 par un de Gaulle très irrité. Blessé, Olié envoie sa lettre de démission. De Gaulle, radouci, lui répond par une lettre manuscrite émue et navrée louant sa « grandeur d'âme ». Un congé pour se soigner lui est accordé avant son admission dans la réserve le 1er novembre 1961. Répondant à ses vœux en 1970, de Gaulle lui témoigne sa « très haute estime » et sa « sincère affection » et ajoute : Dieu vous garde à l'abri de votre foi et de votre sagesse ». Devenu oblat de Saint-Benoît, Olié lui survivra pendant plus de trente ans.

Jean Delmas

• *Voir aussi* : Algérie (guerre d') ; Armée

Bibl. : Maurice Faivre, « Le général d'armée Jean Olié de 1924 à 1962 », *Guerres mondiales et conflits contemporains*, n° 215, juillet 2004.

ONU (Organisation des Nations unies). – Tout le monde connaît l'expression : « ce machin » dont de Gaulle a, une fois, qualifié l'Organisation des Nations unies – en fait il reprenait à la volée le terme utilisé par un journaliste lors d'un voyage dans l'ouest de la France en 1960. En réalité, son attitude vis-à-vis de l'ONU est bien plus complexe. À deux reprises, lors de la création de l'ONU puis après son retour aux affaires, il y a parallélisme des situations : les débuts sont difficiles, ensuite les positions évoluent positivement.

De Gaulle et la naissance de l'ONU (1944-1946). Aux origines, la France libre n'a pas été associée à la Déclaration des Nations unies adoptée le 1er janvier 1942 par 25 pays alliés contre l'Axe ; elle ne la signera que le 1er janvier 1945. Elle ne participe pas non plus aux travaux de Dumbarton Oaks, qui, à l'été 1944, esquissent la future Charte. Le 21 décembre 1944, de Gaulle déclare à l'Assemblée consultative : « Un tel système général de coopération et de sécurité devra compter évidemment, et au premier rang, les États-Unis d'Amérique dont les efforts prépondérants [...] ont ajouté dans le cœur des Français l'admiration à l'amitié. » La conférence de Yalta avait invité le Gouvernement provisoire à participer à la conférence de San Francisco comme puissance invitante. Paris a d'abord refusé, pour accepter ensuite. La France y enregistre des succès, en se faisant accepter définitivement comme membre permanent du Conseil de sécurité, en évitant l'instauration d'un régime général de tutelle pour ses colonies, en imposant l'usage du français comme langue officielle. Elle propose d'y faire discuter, avant même la naissance de l'institution, le problème du Levant. Le 26 juin 1945, elle est l'un des 51 États qui signent la Charte, qu'elle ratifie le 14 août.

Le 23 novembre, dans sa déclaration gouvernementale, de Gaulle affirme : « La France est résolue à prendre part de la façon la plus active à la création et au développement des institutions dont les Nations unies ont, à San Francisco, jeté les premières bases. » Le 8 janvier 1946, il annonce qu'il se rendra à Londres pour participer à la première session de l'Assemblée générale. Seule sa démission, le 20 janvier, l'en empêche.

La période des tensions (1958-1963). Lors de son retour aux affaires en 1958, le Général trouve une France qui a été régulièrement mise en cause aux Nations unies : sur l'affaire de Suez, le Maroc, la Tunisie et, de plus en plus, l'Algérie. L'admission de la Guinée de Sékou Touré le 12 décembre le rend amer. En juillet 1959, de Gaulle reçoit, par deux fois et longuement, le secrétaire général, le Suédois Dag Hammarskjöld. L'annonce en septembre de l'autodétermination pour l'Algérie ne désarme pas vraiment les critiques. Le 26 avril 1960, pendant un voyage aux États-Unis, il passe la journée à New York mais refuse de se rendre à l'ONU et reçoit Hammarskjöld dans sa suite du Waldorf Astoria.

Quelques mois plus tard, c'est l'époque du « machin ». Le 5 septembre 1960, lors d'une conférence de presse, de Gaulle se montre méprisant vis-à-vis des Nations unies qui « n'ont aucun droit, d'après leur propre charte, à intervenir dans une affaire qui est de la compétence de la France ». S'il s'y dégageait « une majorité formée d'États totalitaires, d'États sans consistance, d'États pour qui la vie internationale, c'est l'invective à perpétuité », la France ne lui reconnaîtrait « aucune qualité pour dire le droit ou faire la loi ».

Les troubles qui éclatent dans l'ancien Congo belge, dès son indépendance, aggravent l'antagonisme. Si Paris commence par accepter que l'ONU aide à rétablir l'ordre, très rapidement son jugement se fait sévère. Le Général estime que, sous la pression des événements et de certaines puissances, l'Organisation a dépassé ses possibilités et s'est engagée dans des aventures que la France ne doit cautionner ni par ses hommes ni par son argent, comme il le déclare dans sa conférence de presse du 11 avril 1961. Paris refusera jusqu'au bout de contribuer financièrement aux opérations de maintien de la paix au Congo, malgré un avis de la Cour internationale de justice en 1962.

L'affaire de la base de Bizerte, dont Bourguiba demande l'évacuation, est portée devant l'ONU en juillet 1961, ouvrant une nouvelle crise. Hammarskjöld soutient ouvertement la Tunisie où il se rend et reçoit une humiliation publique de la part des autorités françaises sur place qui refusent de le recevoir. Le 21 août, une Assemblée générale extraordinaire blâme la France à une large majorité qui inclut plusieurs États du groupe francophone dit « de Brazzaville ». De Gaulle réagit dans sa conférence de presse du 5 septembre : « Il paraît que l'Organisation des Nations "dites unies" a discuté et voté une motion sur le sujet. Je ne crois pas nécessaire d'indiquer qu'étant donné la façon dont cette Organisation est maintenant composée, les courants frénétiques ou chimériques qui l'agitent et aussi l'état de violation permanente de sa propre Charte où elle se trouve, nous ne lui reconnaissons aucun droit d'arbitrage ni de juridiction. » Finalement, en septembre, Paris conclura avec Tunis un accord sur l'évacuation de Bizerte. Par ailleurs, de Gaulle décide que la France ne participera plus au comité de désarmement de l'ONU qu'il juge inutile et illusoire, comme il l'annonce lors d'une conférence de presse le 15 mars 1962. L'ONU ne cesse par ailleurs de condamner les essais nucléaires français au Sahara.

Pourtant, une évolution se dessine. Paris défend Hammarskjöld contre les attaques soviétiques et regrette sa mort, en septembre 1961. Le règlement de l'affaire d'Algérie en juillet 1962 dégage largement l'horizon. La France est félicitée pour la manière dont elle a assuré la tutelle du Togo et du Cameroun. En 1960, les ex-colonies françaises ou belges devenues indépendantes font une entrée massive à l'ONU où la place de la langue française se voit confortée. Sauf sur quelques rares dossiers, ce groupe prend généralement des positions modérées, ce qu'encourage la France.

Vers une meilleure compréhension (1964-1969). De 1964 à 1968, de Gaulle reçoit à plusieurs reprises le nouveau secrétaire général, le Birman U Thant, dont il loue « la sagesse » à sa conférence de presse du 4 février 1966 et dont il dit, en avril 1966 : « Aucune personne éclairée dans l'univers ne se refuse à vous rendre hommage et justice. Conscience et intelligence, jugement et désintéressement, équité et sagacité, voilà ce qui partout, et notamment en France, vous est hautement reconnu. » Le ministre des Affaires étrangères Maurice Couve de Murville a repris en 1965, après plusieurs années d'absence, le chemin de l'Assemblée générale annuelle et, en 1968, son successeur Michel Debré s'y adresse pour la première fois au nom de la présidence – française – de la Communauté économique européenne. La politique indépendante menée par la France, son hostilité aux blocs la rapprochent du non-alignement et lui valent de grandes sympathies dans le tiers monde. Sur de nombreux sujets, en particulier sur la guerre au Vietnam, le Moyen-Orient, l'apartheid en Afrique du Sud, l'admission de la République populaire de Chine, les positions de De Gaulle et les déclarations d'U Thant convergent.

Recevant celui-ci le 21 juillet 1964, de Gaulle affirme que « la France qui fut à la source des idées et, avec quatre autres puissances, des actes qui donnèrent naissance à ce grand foyer mondial, alors même qu'elle s'est tenue en dehors de certaines entreprises de son passé, continue à fonder de grands espoirs sur son avenir ». Il pousse même à une sorte de refondation de l'institution : « Les Nations dites “unies” et qui ne l'étaient plus, se sont laissées aller à dépasser leur nature et leurs possibilités. Elles sont sorties de leur Charte. Méconnaissant les attributions du Conseil de sécurité, l'Assemblée générale s'est arrogé en 1950 le droit de décision quant à l'emploi de la force [...], le secrétaire général d'alors fut amené à s'ériger en une autorité supérieure et excessive [...]. C'est en revenant à la prudence et à sa Charte que l'ONU peut retrouver son équilibre », déclare-t-il le 4 février 1966 lors d'une conférence de presse. Il propose que les cinq membres permanents se rencontrent à Genève pour discuter du « salut d'une institution dans laquelle le monde a mis tant d'espoirs pour aider au progrès et à la solidarité de tous les hommes ». L'année précédente, il avait accepté que le Conseil de sécurité soit élargi de 11 à 15 membres par l'adjonction de 4 nouveaux membres non permanents, et proposé d'améliorer le fonctionnement financier de l'ONU.

Cette attitude positive concerne aussi les institutions spécialisées de l'ONU. Le 8 novembre 1963, de Gaulle annonce que la France consacrera 0,5 % de son budget militaire à la création d'un centre international de recherche contre le cancer placé sous l'égide de l'Organisation mondiale de la santé (OMS) ; il est installé à Lyon. En mars 1964, la France fait adopter par la première Conférence des Nations unies sur le commerce et le développement (CNUCED) une résolution sur un objectif de 1 % du PNB pour l'aide. Le 4 novembre 1966, de Gaulle se rend à l'Unesco pour y célébrer, en une déclaration fort positive mais très courte (quatre paragraphes !), le 20e anniversaire d'une organisation dont son gouvernement avait proposé, en 1945, qu'elle établisse son siège à Paris. Il avait poussé André Malraux à y lancer, en mars 1960, l'idée du premier grand programme multilatéral de restauration du patrimoine : la sauvegarde des temples de Nubie.

Il y a bien loin du « machin », dont les critiques incessantes l'agaçaient et dont l'évolution lui déplaisait, au « forum utile » où la France est respectée et écoutée. Le général de Gaulle a donc bien compris l'influence mondiale dont la France pouvait bénéficier grâce à une participation active à la diplomatie multilatérale.

André Lewin

• *Voir aussi* : Décolonisation ; Francophonie ; Non-alignés ; OTAN ; Relations internationales

Bibl. : Alain Plantey, « De Gaulle et l'ONU », dans André Lewin *et al.*, *La France et l'ONU depuis 1945*, Paris, Arléa-Corlet-Le Seuil, 1995 • Marie-Claude Smouts, *La France à l'ONU*, Paris, PFNSP, 1979.

ONU ET QUESTION ALGÉRIENNE. – Dès son retour au pouvoir, en 1958, de Gaulle tient des propos assez méprisants vis-à-vis de l'ONU, cette « tribune dérisoire pour des discours à sensation, des surenchères et les pires menaces. Il va de soi qu'à aucun prix la France n'acceptera qu'une conjonction d'États plus ou moins totalitaires et professionnels de la dictature et d'États tous nouveaux venus, plus ou moins consistants, lui dictent sa loi ». De Gaulle refuse avec beaucoup de fermeté le fait que les Nations unies puissent s'immiscer dans la question algérienne. Il est significatif que dans ses *Mémoires d'espoir* il n'évoque jamais l'ONU, à l'exception des conséquences de l'affaire de Bizerte, en 1961, qui fut pour lui « un fâcheux événement ».

Il s'inscrit, mais avec davantage de force, dans la continuité des positions des gouvernements français qui tous, évidemment, avaient cherché à empêcher que l'ONU puisse traiter de la question algérienne. Le premier affrontement diplomatique avait eu lieu dès 1955 lorsqu'une délégation du Front de libération nationale (FLN), composée de Hocine Aït Ahmed, M'hammed Yazid et Abdelkader Chanderli, avait entamé une véritable campagne politique et médiatique dans les couloirs des Nations unies pour que la question algérienne soit inscrite à l'ordre du jour de la dixième session de l'Assemblée générale. L'initiative fut menée par quatorze pays afro-asiatiques. Les Français tentèrent de s'y opposer en plaidant l'incompétence de l'ONU au nom du principe de non-ingérence dans les affaires intérieures d'un État ; en définitive, l'Assemblée décida « de ne pas poursuivre l'examen de son ordre du jour intitulé Question algérienne », ce qui était, malgré tout, une première satisfaction pour le FLN, tandis que le ministre français, Antoine Pinay, avait décidé de pratiquer la politique de la chaise vide... En 1958, le projet de résolution déposé n'atteignit pas la majorité nécessaire des deux tiers.

En 1959, la politique de Charles de Gaulle à l'égard de l'Algérie connaît un tournant décisif avec le choix de l'autodétermination du peuple algérien solennellement présentée dans son discours du 16 septembre. Comme il l'écrit dans ses *Mémoires* : « Par ma voix, la France annonçait son intention de remettre aux Algériens le destin de l'Algérie. » C'est là que se situe désormais l'axe de toute sa réflexion stratégique dans laquelle les Nations unies ne pèsent guère, sinon comme un élément tactique, parmi d'autres, dont il convient de tenir compte. Dans cette perspective, fin juillet 1959, il reçoit le secrétaire général Dag Hammarskjöld, qu'il apprécie peu, notamment en raison de l'idée supranationale qu'il se fait de ses fonctions, pour lui indiquer que la France va bientôt procéder à une profonde révision de sa politique algérienne. Ce souci de neutraliser l'ONU par l'annonce de cette nouvelle politique se retrouve dans les quelques mots qu'il lâche à Alain Peyrefitte au moment du départ de celui-ci avec la délégation française à l'Assemblée générale à New York, en octobre 1959 : « Enfin, puisque vous allez à l'ONU, vous ne vous embarquez pas sans biscuit, avec l'autodétermination. Ces gens-là ne peuvent pas y être hostiles. » Les résultats montrent que de Gaulle a atteint son objectif : l'Assemblée ne prend pas position. Comme l'écrit Gilbert Meynier : « Nombre de délégations durent considérer que l'offre de l'autodétermination faite par de Gaulle réglait le problème et reprocher au FLN de n'avoir pas saisi la balle au bond. »

Cet épisode important montre bien l'ambivalence de l'attitude de De Gaulle puisqu'il cherche à la fois à récuser toute compétence à l'ONU tout en essayant de peser de multiples façons sur le vote des délégations qui peuvent être proches de la France ou ont intérêt à prendre en compte ses positions. En définitive, au-delà des positions de principe qu'il faut bien entendu tenir, le Général veut éviter que la France n'accentue son isolement diplomatique dans un conflit qui gêne considérablement ses relations avec le monde arabe, le tiers-monde et, plus largement encore, l'ensemble de sa politique extérieure.

Les deux années suivantes à l'ONU furent plus difficiles. Le FLN avait très soigneusement préparé ses offensives diplomatiques sur un terrain politique qu'il jugeait important, en multipliant les contacts avec les délégations. Le contexte était devenu beaucoup plus propice encore aux revendications anticoloniales, comme l'atteste la fameuse résolution 1514 du 14 décembre 1960 sur la nécessité de « mettre rapidement et inconditionnellement fin au colonialisme sous toutes ses formes et dans toutes ses manifestations ». La résolution consacrée à l'Algérie, qui reconnaissait « le droit du peuple algérien à la libre détermination et à l'indépendance », devait être adoptée quelques jours plus tard. Elle fut votée par les alliés traditionnels du FLN, mais aussi par de nouveaux États qui venaient d'accéder à l'indépendance et par plusieurs pays européens qui, jusque-là, avaient adopté une position plus réservée. Il en fut de même en 1961 où le projet de résolution « invite les deux parties à reprendre les négociations » après avoir dit « regretter la suspension des négociations entamées par le gouvernement français et le gouvernement provisoire de la République algérienne ». Ainsi celui-ci se trouvait-il, pour la première fois, reconnu et placé sur le même plan que le gouvernement français par l'Assemblée générale des Nations unies. Si la délégation française n'avait pu empêcher ces votes, elle avait cependant obtenu que la rédaction de ces textes soit relativement modérée.

Pour le Général, ces prises de position ne peuvent en rien modifier la politique qu'il a annoncée depuis le 16 septembre 1959 ; en même temps ces votes expriment le puissant mouvement qui s'est affirmé à travers le monde et dont les résolutions de l'ONU ne sont, après tout, que le reflet. On peut passer outre, évidemment, à ce qu'affirme l'Assemblée, mais on ne peut pas ne pas prendre en compte cette histoire nouvelle en train d'émerger. C'est au fond ce que reconnaît de Gaulle lors d'un important Conseil des ministres consacré aux affaires d'Algérie en mars 1961 : « Nous ne pouvons, seuls dans le monde, nous opposer à la décolonisation. D'ailleurs nous n'avons plus le même intérêt à coloniser. L'ère industrielle a changé. Avant tout, il faut nous convaincre que nous n'avons plus besoin des peuples naguère soumis par nous. [...] Si le FLN s'imagine que la France veut substituer un néocolonialisme à ce qui existe, il se trompe lourdement. Car nous ne sommes plus demandeurs... Nous ne sommes contraints par rien... ni par la guerre, ni par l'ONU. »

Après l'indépendance de l'Algérie, admise à l'ONU en octobre 1962, les rapports entre la France et l'ONU s'améliorent très sensiblement, au point qu'est même envisagé, un moment, un voyage du Général à New York où, selon certains, comme l'ambassadeur Roger Seydoux, il aurait été très bien accueilli. Ce projet n'aboutit pas, mais il est clair que, désormais, la douloureuse page algérienne étant tournée, l'ONU devient, pour de Gaulle, un forum utile pour le déploiement de sa politique étrangère.

Jean-Paul CHAGNOLLAUD

• *Voir aussi* : Algérie (guerre d') ; Décolonisation

Bibl. : Jean Lacouture, *De Gaulle*, t. 3, *Le Souverain*, Paris, Le Seuil, 1986 • Gilbert Meynier, *Histoire intérieure du FLN, 1954-1962*, Paris, Fayard, 2002 • Alain Peyrefitte, *C'était de Gaulle*, Paris, Fayard, 1994.

OPINION PUBLIQUE AMÉRICAINE (1940-1946). – Au cours de la campagne présidentielle de l'automne 1940, le pacifisme isolationniste dominant au sein de l'opinion publique américaine évolue en un conflit opposant les *warmongers* (bellicistes interventionnistes) aux pacifistes invétérés emmenés par Charles Lindbergh et les républicains conservateurs, et relayés par la grande presse très antibritannique de William Hearst. Aux yeux de Roosevelt, la France honteusement défaite est reléguée à un rang subalterne. La presse américaine de l'été 1940 suggère qu'elle s'est peu et mal battue. L'effet désastreux de la chute de Paris et l'équivoque pétainiste singularisent la France dans l'Europe asservie et provoquent un véritable désamour chez les Américains francophones et francophiles.

Avec la mondialisation du conflit et l'entrée en guerre des États-Unis, l'implantation de la France libre outre-Atlantique prend une importance stratégique. Le rôle de l'opinion publique est alors d'autant plus décisif pour les gaullistes que Roosevelt leur est constamment hostile. Celui-ci ne cesse de minimiser la Résistance intérieure et considère le patriotisme intransigeant de De Gaulle comme dérisoire et dangereux. Aux yeux de la majorité des élites américaines, le gaullisme est successivement trop réactionnaire – déficit de démocratie de la France libre et entourage d'extrême droite du Général – puis trop à gauche – alliance avec les communistes. En outre, le pétainisme institutionnel et idéologique est fort bien représenté aux États-Unis par l'appareil diplomatique vichyste, qui demeure en place jusqu'en novembre 1942, et par de nombreuses associations qui développent une propagande active en faveur du régime pétainiste. Ainsi, les anciens combattants et les Alliances françaises manifestent ouvertement en faveur du Maréchal, à tel point que certaines personnalités américaines des lettres et des arts (Robert Sherwood, Elmer Rice, Lewis Mumford, Maxwell Anderson) pétitionnent le 27 octobre 1940 pour protester. De leur côté, les sympathisants gaullistes ne seront jamais très puissants aux États-Unis en raison des péripéties de la délégation gaulliste et des difficultés d'enracinement des comités *France Forever*.

Malgré tout, la disjonction est de plus en plus visible entre un gouvernement, notamment le département d'État, et une présidence très antigaullistes, d'une part, et une opinion publique parfois choquée par les contradictions de la politique américaine et progressivement gagnée à la cause de la France libre, d'autre part. En décembre 1941, lors de la crise de Saint-Pierre-et-Miquelon, le secrétaire d'État Cordell Hull, exaspéré par ce qu'il considère être une provocation, stigmatise les « soi-disant Français libres » (*so-called Free French*). La bataille de presse fait rage : la presse libérale est dithyrambique sur l'action de la France libre et proteste contre le « soi-disant secrétaire d'État ». Les Français gaullistes des États-Unis découvrent à cette occasion la vigueur de la démocratie américaine et le poids de l'opinion publique qui rend inconcevable une intervention américaine à Saint-Pierre-et-Miquelon. La France est ainsi pour les États-Unis un enjeu de politique étrangère mais aussi de politique intérieure. En novembre 1942, malgré les réserves de quelques grandes voix des médias (Edgar Mowrer, Walter Lippmann), le peuple américain applaudit au débarquement en Afrique du Nord sans se soucier outre mesure de la marginalisation des gaullistes et du cynisme du « *Darlan Deal* ». En revanche, lorsque Giraud, appuyé par Washington, laisse en vigueur la législation antisémite mise en place par Vichy, le scandale éclate et les journaux, qui réclament de concert avec les gaullistes le rétablissement du décret Crémieux en Algérie, présentent désormais la France libre comme l'incarnation de la légitimité républicaine, de la justice, du droit et de l'espérance réformiste.

De Gaulle est reçu officiellement aux États-Unis du 6 au 9 juillet 1944. Alors que Roosevelt persiste à ne pas reconnaître la France libre, le général français est accueilli à New York par une foule nombreuse et empressée. Il aurait dit : « J'ai été acclamé par les nègres, les juifs, les estropiés et les cocus », mesurant à quel point l'establishment washingtonien se tenait à distance. Finalement, devant l'héroïsme résistant et l'enthousiasme accueillant la libération de la France, Roosevelt abandonne son idée d'administration américaine dans les territoires libérés (AMGOT). Le gouvernement dirigé par de Gaulle est reconnu en octobre 1944 à la satisfaction générale de l'opinion publique américaine.

Emmanuelle Loyer

• *Voir aussi* : Anfa ; États-Unis ; France Forever ; Pour la Victoire ; Saint-Pierre-et-Miquelon

Bibl. : Jean-Louis Crémieux-Brilhac, *La France libre : de l'appel du 18 juin à la Libération*, Paris, Gallimard, 1966 • Julian G. Hurtsfield, *America and the French Nation*, Chapell Hill, University of California Press, 1986 • David M. Kennedy, *Freedom from Fear, The American People in Depression and War, 1929-1945*, New York-Oxford, Oxford University Press, 1989 • Raoul Roussy de Sales, *L'Amérique entre en guerre... Journal d'un Français aux États-Unis*, Paris, La Jeune Parque, 1948.

OPINION PUBLIQUE BRITANNIQUE (1940-1946). – Quand de Gaulle et la poignée de Français qui l'entourent s'installent à Londres autour du 18 juin 1940, le grand public britannique n'a jamais entendu parler du Général. Il a des excuses, puisque l'exilé est à peine moins obscur en France. On trouve la même ignorance au sein des élites politiques et administratives. Winston Churchill ne le connaît que depuis le 9 juin, lorsque de Gaulle s'est rendu à Londres, envoyé par Paul Reynaud ; il l'a revu aux Conseils des ministres communs de Briare, le 11 juin et de Tours, le 13, à Londres à nouveau le 16. Toutefois, il ne faut pas beaucoup de temps au nouveau Premier Ministre pour jauger l'homme ; aussi, à son arrivée à Londres, le Général jouit-il déjà auprès de lui d'un certain prestige. Surtout, Churchill imagine qu'il saura attirer des personnalités politiques de poids, comme Reynaud ou Georges Mandel. Sur ce point, il est très vite déçu ; et, comme le temps presse, dès le 28 juin, Churchill se résigne – le mot n'est pas trop fort, à en croire la plupart des auteurs – à reconnaître de Gaulle comme « chef de tous les Français libres, où qu'ils se trouvent, qui se rallient à lui pour la cause alliée » et il l'autorise à former un Comité français. Il faut trouver à ce Comité un statut juridique. Suit donc une négociation qui va assurer à la France libre une autonomie financière, sous forme d'avances régulières du *Treasury* (qui seront dûment remboursées après la guerre), lui permettant de disposer d'une administration civile minimale, de forces armées distinctes des forces britanniques et des infrastructures nécessaires à leur vie matérielle et à leur entraînement. La négociation, retardée par le drame de Mers el-Kébir et les tentatives de Vichy pour se rapprocher des Britanniques, aboutit aux accords Churchill-de Gaulle du 7 août. Il s'agit, certes, d'un statut inférieur à celui des gouvernements alliés réfugiés en Grande-Bretagne, puisque le Comité n'est, aux yeux de ses hôtes, en aucune manière un gouvernement. Il reste que ce système fonctionnera bien. Le gros de l'administration est installé à Londres, essaimant autour du célèbre 4 Carlton Gardens, siège principal du mouvement. Quant aux forces armées (au début, environ 7 000 hommes), elles sont dispersées dans des casernements sur tout le territoire, le plus souvent côte à côte avec les militaires britanniques : les aviateurs sur les aérodromes du Sud, les troupes terrestres dans le camp de Camberley, près d'Aldershot, la marine dans les ports de la côte sud, face à la France, avec un fort contingent dans l'estuaire de la Clyde, en Écosse. L'approbation et l'estime des fonctionnaires des finances britanniques vont rapidement aux services financiers de la France libre, réputés pour leur extrême rigueur.

Dans les premiers temps, l'opinion publique britannique semble partagée face à la débâcle française. Certains s'apitoient plus ou moins sincèrement, d'autres estiment, notamment beaucoup de gens du monde des affaires, que « les Français n'ont que ce qu'ils méritent » et « qu'on ferait mieux de les renvoyer chez eux plutôt que de s'en charger ». Il n'empêche que, le 14 juillet 1940, donc un mois à peine après l'armistice, plusieurs milliers de Londoniens se rassemblent à Grosvenor Square, devant la statue du maréchal Foch, pour voir défiler quelques centaines de militaires français et chanter de bon cœur *La Marseillaise*. C'est que la presse écrite – particulièrement le *Times* – et la BBC se sont déjà mobilisées en faveur de ces exilés qui ont rompu tout lien avec leur pays et, souvent, avec leurs familles. Elles continueront de le faire jusqu'à la victoire, prenant souvent le parti de De Gaulle dans ses querelles avec Churchill. Les parlementaires, élus en 1935, en grande majorité conservateurs, offrent aussi, pour la plupart, un soutien constant et chaleureux qui, d'ailleurs, est en harmonie avec les sentiments profonds de la population.

De plus, à l'instigation de George VI et de la reine Elizabeth, qui ne cachent pas leur amitié, à la demande également de Churchill et d'autres ministres comme Anthony Eden, Alfred Duff Cooper et Harold Macmillan, les familles francophiles de l'aristocratie entrent très vite en action. Des propriétaires de châteaux et de manoirs accueillent malades, blessés et convalescents. En Écosse, les marins de la France libre se souviendront longtemps avec émotion des week-ends de repos passés dans les grandes maisons autour de Glasgow et d'Édimbourg, où se révèle une francophilie spontanée, plus ancienne et plus authentique qu'en Angleterre. Mais les milieux populaires ne sont pas en reste : les clubs ouvriers de l'Angleterre industrielle du Nord se cotisent pour offrir vêtements, médicaments et autres denrées de première nécessité. La romancière Mary Borden, épouse de sir Edward Spears, qui sera longtemps l'intermédiaire officiel entre de Gaulle et Churchill, offre un hôpital de campagne. Surtout, à Londres, un cousin des Churchill ouvre un restaurant à l'Olympia, lieu où se rencontrent fréquemment dirigeants et nouvelles recrues de la France libre. De la même façon, alors que certains clubs, pourtant sélects, ouvrent leurs portes aux officiers et aux personnalités françaises, est créé dans St James Place un « petit club français » qui connaît un franc succès et devient, selon Jean Lacouture, « un incomparable centre de rencontres, de retrouvailles et de découvertes » ; les Français libres en garderont un souvenir ému. Ces attentions, coordonnées par des associations bénévoles mais très actives, contrastent avec l'indifférence, voire l'hostilité des Français installés de longue date à Londres, y compris les diplomates de l'ambassade, tant que les relations avec Vichy continuent, à l'exception notable du directeur de la maison Cartier qui mit une voiture à la disposition du Général dès le premier jour.

Jacques Leruez

• *Voir aussi* : Accords du 7 août 1940 ; Angleterre ; Vie quotidienne à Londres

Bibl. : Jean-Paul et Michelle Cointet, *La France à Londres, 1940-1943*, Bruxelles, Complexe, 1990 • Philippe de Gaulle, *De Gaulle mon père*, Paris, Plon, 2003 • Jean Lacouture, *De Gaulle*, t. 1, *Le Rebelle*, Paris, Le Seuil, 1984.

ORA (Organisation de résistance de l'armée). – Les relations du général de Gaulle et de l'ORA, organisation créée par des officiers d'active à la suite de la dissolution, en novembre 1942, de l'armée de l'armistice et archétype de la résistance « giraudiste », ne sont pas d'emblée placées sous les meilleurs auspices. En 1940, le général Frère, futur chef de l'ORA, a présidé le tribunal militaire de Clermont-Ferrand qui a condamné de Gaulle à mort. Surtout, l'ORA se considère comme « l'avant-garde de l'armée d'Afrique », aux ordres de son commandant en chef, le général Giraud. En outre, la plupart des informations reçues par de Gaulle dressent un tableau « nettement antigaulliste » de l'organisation, soupçonnée de plus de bénéficier des faveurs des Anglo-Américains.

Pourtant, bien que les *Mémoires de guerre* n'accordent qu'une faible attention à l'ORA, elle n'y est aucunement dénigrée. Ses chefs, Frère compris, y sont même cités parmi les premiers résistants, « spontanément disposés à encadrer la résistance nationale ». Si la volonté de redorer l'image de l'armée et d'insister sur son unité est ici évidente, il reste que les rapports du Général avec l'ORA ont largement évolué entre novembre 1942 et l'été 1944.

L'ORA se rapproche en effet progressivement de De Gaulle, à mesure que Giraud s'efface. Lorsque celui-ci quitte la présidence du CFLN (Comité français de la Libération nationale), le général Revers, nouveau chef de l'ORA, rappelle à ses troupes que si le CFLN est la seule autorité politique qu'elles doivent reconnaître, elles continuent de dépendre, militairement, du commandant en chef. Au moment de son éviction définitive en avril 1944 cependant, le ralliement à de Gaulle est acquis.

Celui-ci ne donne pas d'ordre précis concernant l'ORA jusqu'en mars 1944. C'est sans directive que la Délégation générale obtient de celle-ci, en même temps que l'entrée de l'organisation dans les FFI (Forces françaises de l'intérieur), une déclaration d'allégeance au CFLN. L'intérêt du général de Gaulle pour l'ORA augmente cependant avec la prise de conscience de l'influence croissante des communistes sur les organes centraux de la Résistance. Dès le printemps 1944, il est convaincu de la nécessité d'utiliser l'ORA comme élément « équilibrant » et donne des instructions pour que le général Revers entre au Comité d'action (COMAC). Il n'hésite pas à confier à un cadre de l'ORA, le colonel Ély, les fonctions de délégué militaire national. La venue à Alger de plusieurs membres de l'organisation (dont le colonel Zeller, qui coordonnera les FFI du Sud-Est), et leur rencontre avec le Général ont sans doute contribué à réduire les méfiances réciproques. Cependant, de Gaulle ne transige pas sur la hiérarchie FFI et rappelle sèchement à l'ordre le général Revers qui, en juin, nomme de son propre chef des commandants régionaux. L'homme du 18 Juin paraît toutefois avoir interdit à ses subordonnés de pratiquer une quelconque « discrimination » à l'égard de l'ORA.

Ainsi, sans jamais avoir voulu leur accorder d'autre statut que celui d'« élément constitutif des FFI », de Gaulle a finalement bien accueilli le ralliement de ces officiers qui, même tardivement, lui apportaient le soutien de l'« armée régulière ». Johanna BARASZ

• *Voir aussi* : CFLN ; Délégation générale ; FFI ; Résistance intérieure

Bibl. : Christian Bachelier, « L'ORA et la lutte armée », dans François Marcot, *La Résistance et les Français, lutte armée et maquis*, Besançon, Presses de l'université de Franche-Comté, 1996 • Johanna Barasz, *De Vichy à la Résistance : les vichysto-résistants 1940-1944*, thèse d'histoire en cours sous la direction de Jean-Pierre Azéma, IEP de Paris • Augustin de Dainville, *L'ORA : la résistance de l'armée, guerre 1939-1945*, Paris, Lavauzelle, 1974.

ORATEUR *IN ABSENTIA* (1940-1944). – Du 18 juin 1940 au 6 juin 1944, c'est-à-dire du premier au dernier jour de son séjour en Angleterre, le général de Gaulle s'adressera soixante-sept fois de Londres aux Français, au micro de la BBC. Le corpus enregistré de ces discours est un ensemble unique pour un responsable politique français non seulement par le nombre des interventions radiodiffusées en un tel laps de temps, mais par la situation : une voix inconnue et sans visage s'adresse aux Français depuis l'étranger pour les appeler inlassablement au combat, jusqu'au jour où, en effet, les combats reprennent sur le sol de la métropole avec la participation de troupes françaises. Pendant quatre années, le général de Gaulle sera d'abord cette « parole lointaine et brouillée », dont l'ensemble des interventions radiodiffusées peut être considéré comme un unique discours, monothématique, s'ouvrant sur une promesse : « La flamme de la résistance française ne doit pas s'éteindre et ne s'éteindra pas » (18 juin 1940), et se fermant sur son accomplissement dans la participation de l'armée française au Débarquement et à la Libération : « La flamme de la résistance française ne devait pas s'éteindre ; elle ne s'éteignit pas » (12 septembre 1944).

Le 18 juin 1940, le général de Gaulle est dans sa cinquantième année. Écrivain militaire prolixe, il possède une forte expérience de l'écriture, ainsi que des conférences publiques. Mais il s'agit ici d'un exercice oratoire nouveau, auquel aucun homme politique ni aucun militaire n'a encore été confronté, rendu possible par l'existence de la radiodiffusion et devenu nécessaire par la défaite : une parole depuis l'étranger destinée à des millions d'auditeurs qui ignorent l'existence de celui qui s'adresse à eux. Il y a, en 1940, plus de six millions de postes de radio en France métropolitaine. Churchill accorde cinq chiches minutes quotidiennes à « Honneur et Patrie », qui, quoique demeurant sous contrôle britannique, est placée sous l'autorité de De Gaulle dont les allocutions ont un thème et un seul : continuer la guerre et vaincre. En 1941, Vichy lui attribue 300 000 auditeurs réguliers, dix fois plus l'année suivante malgré l'interdiction d'écouter la BBC.

La présentation de soi. Premier problème : la posture identificatoire, la présentation de soi comme légitimation de cette parole publique. Les trois premiers discours le résolvent : « Moi, général de Gaulle, actuellement à Londres, j'invite les officiers et les soldats français... » (18 juin 1940) ; « Moi, général de Gaulle, soldat et chef français, j'ai conscience de parler au nom de la France » (19 juin 1940) ; « Moi, général de Gaulle, j'entreprends ici, en Angleterre, cette tâche nationale » (22 juin 1940). Il aurait pu se réclamer de son appartenance au dernier gouvernement libre de la République ou encore de la confiance du gouvernement britannique. Il choisit l'autodésignation, l'autolégitimation : il ne s'autorise que de lui-même et de la « conscience » qu'il a de « parler au nom de la France ». Cette *certitudo sui* apparaît d'emblée comme le fondement de la détermination inflexible qui sera sensible en chacun des soixante-sept discours de Londres, et en tous ceux de la période. Il assume le rôle, qui lui advient de par son choix propre, de symboliser jusqu'à la victoire, annoncée dès le premier jour, l'action à laquelle il donne immédiatement le nom qu'elle gardera dans l'histoire, la résistance française : « Il faut qu'il y ait un idéal. Il faut qu'il y ait une espérance. Il faut que quelque part brille et brûle la flamme de la résistance française » (24 juin 1940). Son art oratoire se marque d'avoir, du premier instant, verbalisé avec éclat sa posture définitive : il sera ce flambeau. L'homophonie de son patronyme avec le nom ancien du territoire national facilitait implicitement cette symbolisation. Mais aussi son titre de général : c'est d'abord aux militaires qu'il s'adresse, et c'est en tant que militaire qu'il s'oppose au maréchal signataire de « l'abominable armistice » : « Monsieur le maréchal, par-dessus les ondes, au-dessus de la mer, c'est un soldat français qui va vous parler. [...] Dans ces heures de doute et de honte pour la Patrie, il faut qu'une voix vous réponde. Ce soir, cette voix sera la mienne » (24 juin 1940). En cinq prises de parole, tout est dit, le décor est posé, les rôles répartis, le scénario écrit qui se déroulera intégralement, jusqu'à la victoire du 8 mai 1945 où le représentant du général de Gaulle signera parmi les Alliés la capitulation allemande, but assigné dès le 22 juin 1940. La force de l'orateur de Gaulle en juin 1940, c'est de parvenir immédiatement à articuler la dimension symbolique (l'honneur) à la fois à un réel (le bon sens) et à un imaginaire de la France (la patrie) : « Beaucoup de Français n'acceptent pas la capitulation pour des raisons qui s'appellent l'honneur, le bon sens et l'intérêt supérieur de la Patrie » (22 juin 1940). Ce nouage restera un trait constant de ses appels tout au long de la période.

Représentations. L'action du Général est d'abord purement verbale et la première bataille qu'il livre depuis Londres est celle de la « lecture » des événements, opposant au défaitisme l'anticipation fulgurante de l'avenir, où sa maîtrise est sans égale les quatre années durant. Au service de sa stratégie politique et militaire, sa stratégie verbale implique une déconstruction systématique de l'image du Maréchal. D'où, dès le début, une grande violence à son égard, s'accompagnant souvent de sarcasmes et d'une dérision prenant parfois une tonalité quasi comique : « Au nom de quoi voulez-vous qu'elle se relève sous la botte allemande et l'escarpin italien ? » (26 juin 1940) ; « Prétendre que la France puisse être et demeurer la France sous la botte d'Hitler et le sabot de Mussolini, c'est de la sénilité ou de la trahison. » (13 juillet 1940) ; « Les vieillards de Vichy [...] n'ont plus pour raison d'être que de recevoir avec humilité les coups de pied du cheval d'Hitler et de l'âne de Mussolini » (12 août 1940). Mais, très vite, s'imposent l'accusation définitive de trahison et l'anathème : « Je dis que ces gens, s'ils ont jadis servi la France, la trahissent aujourd'hui. Je dis que ces soldats ne sont plus des soldats, que ces Français ne sont plus des Français, que ces hommes ne sont plus des hommes » (22 août 1940). En octobre 1940, la BBC interdit les attaques contre la personne de Pétain. De Gaulle, contacté, n'en a cure. Le sommet de cet exercice oratoire impliquant d'arracher à l'image du « chef infâme » ce qu'elle conserve du vainqueur de Verdun se trouve dans le discours prononcé à la radio de Brazzaville le 11 novembre 1940, qui lui substitue comme chef légitime un autre maréchal qui n'a jamais plié : « Maréchal Foch ! sachez-le : ceux qui étaient nos chefs ont renoncé à la victoire et nous ont ordonné de nous soumettre à l'ennemi. [...] Nous avons décidé, dans la honte et dans la douleur, de ne plus les reconnaître. Nous avons décidé aussi, Monsieur le Maréchal, que nous vous obéirions à vous. »

Mais à partir de la fin 1941, avec la montée en puissance de la Résistance intérieure, notamment communiste, apparaît une nouvelle série de représentations où, avec des changements frappants de vocabulaire, le chef de guerre se mue en homme politique. À côté de la devise militaire « Honneur et Patrie », il pose « Liberté, Égalité, Fraternité » et « Libération », et affirme que « les principes démocratiques sont l'enjeu de cette guerre pour la vie ou la mort » (15 novembre 1941). Le peuple souverain, la République et ses lois, les libertés, les droits de l'homme deviennent les termes principaux chargés d'orienter l'avenir politique de la France libérée. On peut lire l'appel désormais régulier aux « Françaises », jusque-là noyées parmi les Français, comme une anticipation implicite du droit de vote à venir. Un an plus tard, interdit de radio plusieurs semaines par Churchill et face à la connivence américaine avec Darlan puis Giraud, il rappelle pour la première fois « le dernier gouvernement républicain », auquel il avait « l'honneur d'appartenir ». Dès son installation à Alger, il annonce explicitement « la Quatrième République » (6 juin 1943).

La voix. Cette stratégie de guerre verbale pour une victoire entraînant la restauration de la démocratie sera mise en forme discursive par divers moyens. La voix, d'abord, avec un certain nombre de traits caractéristiques : la projection vocale qui donne toujours l'impression que, seul en studio, il parle debout devant le micro à une foule ; le fait d'écrire lui-même ses allocutions (ou de les réécrire), mais de toujours les dire et non les lire, sans véhémence mais avec ardeur. Sa voix de baryton s'anime, passe souvent au grave mais aussi parfois à l'aigu (dépréciatif, comme pour la seconde voyelle de « Vichy »). Elle est claire, calme, ferme, volontaire et sait n'être pas constamment solennelle par ses changements inattendus d'octave. Au lieu d'accentuer la fin des groupes de mots sur l'intonation descendante habituelle du français, il use sans économie de l'accent d'insistance, sur la pénultième ou l'antépénultième, et parfois l'une et l'autre dans le même mot, caractéristique du ton de commandement. Voix de militaire, autoritaire et décidée, qui s'adresse d'abord à ses pairs puis bientôt à tous les Français comme combattants volontaires par destination. Le mode n'est pas noble mais élevé, surveillé, sans familiarité, sans ruptures de ton mais avec des traces d'aristocratisme plébéien comme la chute de *e* muets que ne s'autorisait pas le grand bourgeois lettré Léon Blum, avec qui de Gaulle partage, néanmoins, comme Pétain, un taux très élevé de réalisation des liaisons facultatives (Blum : 78 %, Pétain : 75 % et de Gaulle : 68 %).

La langue. Le vocabulaire est généralement connu de tous, mais n'a rien d'habituel, empruntant amplement au répertoire militaire : l'honneur, la grandeur, la fierté et la fureur s'y opposent sans cesse à la soumission, la servitude, la lâcheté et au renoncement. Nombre d'expressions de combat se retrouveront tout au long de la période : injonctions de mobilisation – « Debout, et aux armes ! » ; « Français, debout ! et au combat ! » ; « Français, en avant ! pour la lutte, en avant ! pour la victoire, en avant ! pour l'avenir » ; « Pour toute la France, "Garde à vous !" » ; « Hardi ! soldats français ! Hardi ! ouvriers, paysans, bourgeois, prêtres français ! Hardi ! groupements de résistance ! » – ou cris de ralliement de champ de bataille : « À moi les vrais Français de France ! » ; « La France, avec nous ! » ; « Français musulmans, avec nous ! » Sans oublier les prédictions vengeresses : « L'ennemi et les traîtres paieront. » S'y ajoute un goût marqué pour des termes et des expressions archaïques : « tirer l'épée », « ramasser les tronçons du glaive », « se ruer à la capitulation » (« à la trahison », « à la servitude »), « boire les obstacles », « chambrière », « caponnière », « tracassin », « quarteron », etc., qui singularisent une langue toujours très écrite et parfois précieuse. Les formules, métaphores et expressions frappantes abondent : « Notre dame la France » ; « Le Père-la-défaite » ; « Le chloroforme de Vichy » ; « L'ennemi est l'ennemi » ; « L'Allemand est l'Allemand » ; « Une guerre de trente ans ». Sans se priver de dictons, au besoin décalés : « Rira bien qui rira le dernier. » Ou, en réponse à l'hymne au Maréchal : « Liberté, nous voilà ! » Il voit loin devant : « Je sais que, dans mille ans, la France n'aura pas oublié » (11 novembre 1944).

Les discours sont brefs par nécessité, les phrases sont courtes, la syntaxe sans difficulté. Ils font régulièrement appel à la répétition emphatique, généralement triple, car de Gaulle affectionne le rythme ternaire – qu'il s'agisse des noms, des adjectifs, des expressions, tout va par trois dans ses appels : « Car la France n'est pas seule ! Elle n'est pas seule ! Elle n'est pas seule ! »

(18 juin 1940) ; « Oui la France se relèvera. Elle se relèvera dans la liberté. Elle se relèvera dans la victoire » (26 juin 1940 ». Il aime aussi l'impératif exclamatif : « Estimons-nous ! Aidons-nous ! Aimons-nous ! » (21 décembre 1943). Il utilise volontiers la théâtralisation, notamment par le recours au performatif explicite répété : « Je dis [...]. Je dis [...]. Je dis [...] » (26 juin 1940). Et à l'image saisissante : « Vichy qui tient les mains de la France pendant que l'ennemi l'égorge » (23 novembre 1943) ; « Soldats morts [...], aviateurs tués [...], volontaires françaises écrasées [...], équipages détruits [...], combattants tombés [...], fusillés [...]. Sans vous rien ne serait rien. Pas même le microphone ou le porte-plume » (11 novembre 1942). Et il ne dédaigne pas de reprendre, deux fois, à Churchill l'évocation du sang et des larmes.

Typologie : appels, consignes et mots d'ordre. Les discours de Londres relèvent presque tous du registre de l'appel, auquel se mêlent au cours des années des informations sur la marche de la victoire. Il s'agit d'appels à le rejoindre dans la résistance et le combat sous des formes évoluant avec les événements. S'y ajoutent les grands moments du retour sur le territoire français : Ajaccio, Alger, Paris où l'émotion libère le lyrisme. En 1943-1944, il tiendra aussi quatre conférences de presse, occasions de synthèses et de mises au point, où il gagne rapidement en liberté, inaugurant le trait qui sera plus tard sa marque en la matière : « Vous ne m'avez pas posé la question que j'attendais [...]. Je la poserai donc moi-même et j'y répondrai » (21 avril 1944).

Mais, dans ses appels, de Gaulle ne se borne pas à un verbe d'action de portée générale. Après les manifestations spontanées du 11 novembre 1940, notamment à l'Arc de Triomphe, il prend l'initiative, relayée par la BBC, d'appeler les Français à manifester publiquement leur refus de la soumission vichyste : pour le 1er janvier 1941, il appelle à « un immense plébiscite du silence » en restant chez soi pour « l'heure d'espérance » ; pour le 1er mai 1941, il propose de sortir pour échanger des regards en silence ; après l'exécution de cent otages, il appelle, pour le 31 octobre, à un « gigantesque "Garde à vous !" national » sous la forme d'une « grève nationale française » de cinq minutes. En 1942, il laissera l'initiative des manifestations de masse à la Résistance intérieure, mais s'y joindra par un appel personnel la veille des 1er mai, 14 juillet et 11 novembre. On sait aujourd'hui que ces appels ont été beaucoup plus suivis qu'on ne pouvait le penser au vu des circonstances.

De Gaulle lancera un seul véritable « mot d'ordre », celui de « ne pas tuer d'Allemands » en territoire occupé (23 octobre 1941), consigne de prudence attentiste qui ne pouvait pas être obéie – au point que le texte officiel la maquille absurdement en y rajoutant l'adverbe « ouvertement ». Mais, dans l'exercice oratoire, le silence aussi est éloquent : la rafle des adultes et enfants juifs perpétrée à Paris par la police française le 16 juillet 1942 (13 000 déportés) n'entraînera pas un mot public de De Gaulle (ni de la Résistance intérieure), et pas davantage celles qui suivront à partir d'août 1942 en zone non occupée (10 000 déportés).

L'orateur littéraire. De Gaulle, ces années-là, a aussi parlé hors studio, en présence d'auditeurs, adoptant parfois le ton de la conférence, jouant de phrases interminables (jusqu'à 198 mots, le 4 mai 1944 à l'Albert Hall), dans une écriture franchement littéraire annonçant le grand mémorialiste, qui pointe aussi dans le plus écrit de tous ses discours, l'oraison funèbre de fin de guerre du 11 novembre 1945, à l'Arc de Triomphe, dont on retrouvera l'écho vingt ans plus tard dans l'adieu de Malraux à Jean Moulin : « Morts pour la France, mais triomphants comme elle ; tombés sur tous les champs de bataille où, soit dans la lumière soit dans l'ombre, s'est joué notre destin ; ramenés par tous les chemins de nos douleurs et de notre victoire ; voici donc ces morts revenus ! Symboliques de tant et tant d'autres qui ont choisi la même gloire dans la même humilité ; [...] escortés par les ombres de tous ceux qui, depuis deux mille ans, donnèrent leur vie pour défendre le corps et l'âme de la patrie ; voici donc ces morts assemblés. »

Pierre ENCREVÉ

• *Voir aussi* : BBC ; Conférence de presse du 9 février 1943 ; Discours ; Honneur et patrie ; Langues étrangères

Bibl. : Pierre Encrevé, *La Liaison avec et sans enchaînement, Phonologie tridimensionnelle et usages du français*, Paris, Le Seuil, 1988 • Aurélie Luneau, *Radio Londres 1940-44. Les voix de la liberté*, Paris, Perrin, 2005 (comprend un CD).

Sources sonores : Voir Bibliographie en annexe.

ORATEUR *IN PRAESENTIA* (1958-1965). – Entre 1944 et 1958, le corps de De Gaulle a rejoint sa voix pour les Français, par les photos et les actualités cinématographiques. En 1958, quand il retrouve le pouvoir, la télévision est devenue déterminante : il n'y a encore qu'un million de récepteurs en France mais leur nombre ne cesse de croître, et le politique commence à savoir se servir du petit écran ; dès 1955, le président du Conseil Edgar Faure s'y montrait particulièrement à l'aise.

L'orateur télévisuel. La télévision sera l'instrument élu par le président de Gaulle pour communiquer, relayé pour tous par la radio. D'un coup, c'est son corps qui prend toute la place : très grand mais alourdi et se donnant volontiers, à soixante-sept ans, pour un « vieil homme » – « Au moment où je suis de ma vie, bref dans mes dernières années » (14 février 1959) –, il se choisit un rôle de patriarche solennel et bonhomme à la fois, où il manifeste un talent de comédien inattendu, la gravité du noir et blanc de l'écran lui permettant de repasser à volonté de la familiarité à une présentation de soi en majesté. La voix, à peine vieillie, versant sans transition du timbre grave à la voix de fausset, a gardé toute son énergie, et la langue sa maîtrise, qu'il s'agisse d'allocutions solennelles ou de ces conférences de presse où, crevant l'écran, à la limite du numéro d'acteur, il affiche parfois une jouissance immodérée du quasi-monopole de l'expression politique qu'il s'est assuré à l'ORTF.

Présentation de soi. Dans les six premiers mois, la métaphore dominante dans ses discours est celle de la réapparition de la lumière : « Il faisait bien sombre hier ! Mais ce soir, il y a de la lumière » (27 juin 1958) ; « Allons ! la route est claire et la lumière est devant nous » (Dakar, 26 août 1958) ; « Voilà de la lumière pour toute une génération » (Alger, 5 décembre 1958) ; « À l'horizon paraît la lumière de nos grandes espérances » (8 janvier 1959), comme si son retour à la tête de la République représentait en soi le rétablissement lumineux de l'État arraché à l'enfer du « régime des partis ». L'air de solennité qu'il donne à la moindre de ses interventions, la confusion systématique entre sa grandeur d'établissement et la grandeur naturelle qu'il s'accorde – « Oui, moi, de Gaulle, je [...] » (4 juin 1958), autodésignation à la 3e personne : « Je réponds que si de Gaulle était amené à [...] » (19 mai 1958), etc. –, le mépris affiché contre quelque opposition que ce soit à ses fluctuantes positions métamorphosent souvent son ton naturel d'autorité en posture d'autoritarisme.

De 1958 à 1962, président du Conseil des ministres puis de la République, de Gaulle traitera principalement dans ses interventions télévisées trois thèmes majeurs : la Constitution, les affaires étrangères, l'Algérie. Sur les deux premiers thèmes, la continuité est évidente, dans le discours du moins, avec l'orateur de 1940-1944 : une certaine idée de la France et de la République sans cesse affirmée dans les mots. Mais, s'agissant de l'Algérie, la cassure est spectaculaire. S'il faut symboliser l'écart entre l'orateur de la guerre mondiale et l'orateur de la guerre d'Algérie, il suffit de rappeler que le premier pouvait proclamer le 18 juin 1942 : « Je suis pour ma part prêt à reprendre, sans rien y changer, tout ce que nous avons fait, tout ce que nous avons dit [...]. Je ne sais pas si dans le monde beaucoup d'attitudes, beaucoup de déclarations seraient, après deux ans, intégralement réaffichées par leurs auteurs », discours que le second, apparu soudain en mai 1958, était bien loin de pouvoir tenir deux ans plus tard, et moins encore en mai 1962.

L'anticipation masquée ou perdue ? Les interventions orales de 1958-1960 sur la question algérienne, commençant par le « Je vous ai compris ! » d'Alger (4 juin 1958) et le « Vive l'Algérie française ! » de Mostaganem (6 juin 1958) pour finir par l'affirmation de « l'Algérie algérienne » (26 octobre 1960), posent une difficile question d'interprétation. L'orateur de 1958 a-t-il perdu la force d'anticipation si caractéristique du premier de Gaulle, alors même que l'issue inévitable du conflit dans l'indépendance de l'Algérie est déjà claire pour la plupart des responsables, en France comme à l'étranger (voir les livres parus en 1957 d'André Philip et de Raymond Aron, anciens de Londres), y compris sans doute pour les putschistes du 13 Mai qui ne lui ont offert l'occasion de revenir au pouvoir que parce qu'ils voyaient cette solution se rapprocher ? Ou bien, partageant la même vision éclairée, la masque-t-il par calcul, pour se donner le temps de maîtriser ceux-là mêmes qui l'ont remis en selle ? Quoi qu'il en soit, on ne reconnaît plus dans cet orateur-là l'homme seul du 18 juin 1940, celui qui s'imposa contre Roosevelt, Churchill et les hommes de Vichy en 1942-1943, et qui, au mépris des risques, aurait su dire dès le premier jour l'avenir nécessaire, pour aménager au mieux pour tous la transition ; alors que les discours du retour au pouvoir apparaissent au contraire, entendus aujourd'hui, sans boussole ou sans vérité.

De mai 1958 à septembre 1959, ses interventions jouent à la fois la guerre et la paix, justifiant l'intensification des combats tout en en déplorant amèrement les victimes, y compris parmi les « rebelles », dont le nombre total depuis 1954 a doublé en 1958-1959 (« Depuis quatre ans [...] Hélas ! 77 000 rebelles ont été tués en combattant » (23 octobre 1958) ; « Combien il est lamentable de compter les 145 000 Algériens qui ont été tués du côté de l'insurrection » (10 novembre 1959). Quand il innove enfin, c'est pour promettre « l'autodétermination » (16 septembre 1959), terme trop habile, ouvrant la possibilité de l'indépendance (« la Sécession ») sans renoncer pourtant à prolonger l'illusion antagonique d'une « solution française ». L'écoutant aujourd'hui offrir « la francisation complète [...] les Algériens résidant et travaillant où bon leur semble sur toute l'étendue du territoire de la République [...] et devenant partie intégrante du peuple français qui s'étendrait dès lors effectivement de Dunkerque à Tammanrasset », on ne peut éviter de penser que, si les électeurs algériens eussent eu ce choix et l'eussent pris au mot, cette France-là connaîtrait aujourd'hui de bien sérieux problèmes. Ne pouvant imaginer qu'il ne les ait pas anticipés, on doit conclure que cette proposition, qu'il savait inacceptable pour les deux parties, n'était que rhétorique, simple leurre destiné aux partisans de l'Algérie française. Et, finalement, le référendum d'« autodétermination » du 1er juillet 1962 ne proposera aux Algériens que la ratification des accords d'Évian négociés avec le Front de libération nationale algérien (FLN).

Cédant pas après pas à l'inéluctable, de Gaulle, dans ses discours, s'enferme successivement, en effet, dans d'intenables promesses solennelles, abandonnées l'une après l'autre. Ainsi lorsqu'il avance des comptabilités redoutables de précision : le vote de l'autodétermination est annoncé pour « au plus tard quatre années après le retour effectif de la paix, c'est-à-dire une fois acquise une situation telle qu'embuscades et attentats n'auront pas coûté la vie à deux cents personnes par an » (16 septembre 1959). Ou s'engage à ne pas négocier avec le FLN : « L'organisation rebelle prétend ne cesser le feu que si auparavant je traite avec elle par privilège, du destin politique de l'Algérie. Cela, je ne le ferai pas » (29 janvier 1960) ; « Pour qui me prennent ceux qui imaginent que je pourrais converser avec les chefs de la rébellion tant que les meurtres continuent ? » (5 septembre 1960). Il fera l'un et l'autre pourtant, par ministre interposé, quelques mois plus tard, se contentant de ce que « la rébellion qui, naguère, tuait quotidiennement une cinquantaine de personnes en tue à présent en moyenne, chaque jour, sept à huit » (soit plus de 2 500 par an) pour concéder enfin à demi-mot l'évidence de son consentement à la force des choses : « Je ne disconviens pas que la rébellion ait confirmé, affermi, dans mon esprit, ce qui était déjà ma pensée bien avant qu'elle n'ait éclaté » (11 avril 1961) – mais s'il le pensait dès avant 1954, que ne l'a-t-il dit plus tôt ? Ce de Gaulle-là ne pratique qu'occasionnellement le discours vrai.

Bis repetita placent. L'identification du président de Gaulle au Général devient au fil des mois si problématique qu'il en est conduit, le 29 janvier 1960, en pleine insurrection à Alger, à pratiquer explicitement une re-symbolisation solennelle : « Si j'ai revêtu l'uniforme pour parler aujourd'hui à la télévision, c'est afin de marquer que je le fais comme étant le général de Gaulle aussi bien que le chef de l'État. » Mais c'est en avril 1961 qu'il opère une confondante « ré-identification », recourant délibérément aux accents et aux mots mêmes d'autrefois. Le 4 décembre 1942, avec l'accord des Alliés, l'amiral Darlan se déclarait, à Alger, « chef de l'État français en Afrique du Nord et commandant en chef », assisté d'un « Conseil impérial » composé des généraux Giraud, Noguès et Bergeret et des gouverneurs généraux Chatel et Boisson. Le 7 décembre, le général de Gaulle attaquait violemment, sur Radio-Levant et Radio-Brazzaville, ce « quarteron d'hommes qui symbolisent la capitulation, la collaboration, l'usurpation [...]. La nation n'admet pas leur pouvoir, supposé de droit divin mais tiré d'une parodie ». Le 22 avril 1961 au matin, les généraux Challe, Salan, Zeller et Jouhaud font arrêter les responsables nommés par le gouvernement et s'instituent en « haut commandement ». Le 23 avril à 20 heures, après avoir pris tout le temps d'écrire son discours, le président de Gaulle revêt son uniforme de général et anathématise à la radio et la télévision ce « quarteron de généraux en retraite [qui] possèdent un savoir-faire limité et expéditif » mais « ne voient et ne comprennent la nation et le monde qu'au travers de leur frénésie ». À deux décennies d'intervalle, confronté pour la seconde fois à Alger à un coup de force militaire qui nie sa propre légitimité, l'orateur en uniforme s'arme pour la contre-attaque du même terme inusité de « quarteron » (dérivé de « quartier » désignant originellement le quart d'une unité, mais utilisé par lui, en 1961 comme en 1942, pour viser de manière dépréciative une poignée d'individus), du même dénigrement (usurpation/retraite) et du même mépris (parodie/frénésie). Par le vêtement, la voix, le ton, le vocabulaire, le style, le Général est de retour et c'est d'ailleurs la radio, comme vingt ans plus tôt, qui portera son appel à ceux qui seront son bras armé en Algérie : « Au nom de la France, j'ordonne [...]. J'interdis [...]. J'ai décidé [...]. Je m'affirme [...]. Je maintiendrai quoi qu'il arrive [...]. Françaises, Français ! Aidez-moi ! » Rempart à nouveau de la République contre des militaires dévoyés, l'orateur est dans sa vérité : il obtient immédiatement des soldats l'obéissance à ses ordres, unifiant dans l'instant la nation derrière lui. Mais c'est par exception. Devant la répression meurtrière de la manifestation des Algériens le 17 octobre 1961 à Paris et la mort de manifestants anti-OAS au métro Charonne le 8 février 1962, homicides exercés sous l'autorité du préfet de police Maurice Papon, il restera silencieux – en symétrie frappante avec le silence gardé en 1942 sur les rafles des juifs (dont Papon était aussi, alors, à Bordeaux, l'un des responsables).

La prononciation : phonologie et prosodie. De Gaulle réalise un taux moyen de liaisons facultatives correspondant toujours au style surveillé, quoiqu'en nette baisse par rapport aux années de guerre (48 %), mais, passant sans cesse d'un appel solennel à une tournée des popotes ou à une conférence de presse ou même une interview, il présente désormais une très grande dispersion des réalisations de ces phénomènes d'un discours à l'autre, pouvant passer d'un taux de 100 % de liaisons facultatives à un taux de 9 %, écart révélant, en ce domaine aussi, son exceptionnelle capacité d'adaptation aux circonstances. Comme l'indique l'exemple fameux où, après avoir fait une liaison caractéristique du bon usage : « C'est dans la légalité que moi-même et mon gouvernement avons-**z**-assumé », il se reprend et supprime la liaison pour mettre en relief le mot « assumé », précédé d'un coup de glotte et marqué d'un accent d'insistance sur l'initiale : « avon(s)/**à**ssumé » (4 septembre 1958). Il varie également le débit et l'intonation à l'intérieur d'un même discours, jouant sur une grande diversité de rythmes dans la distribution et l'intensité des accents et des pauses, et privilégiant volontiers les prosodies inhabituelles : « ce-la-je-ne-le-fe-rai-pas » (29 janvier 1960), et les groupes syllabiques ternaires (un tiers des groupes accentuels).

Typologie : appels, bilans et commentaires. Les discours du président alternent les appels et les bilans et commentaires. On l'a vu, les premiers renouent avec le style et les mots de 1940-1944, lors des deux insurrections d'Alger, avec l'innovation d'appels à l'aide répétés : « Françaises, Français ! Aidez-moi ! » (27 juin 1958 et 23 avril 1961) et d'interjections douloureuses : « Hélas ! Hélas ! Hélas ! » (23 avril 1961) – comme le roi d'Israël, Ioram, dans la traduction biblique de Sacy (II Rois, 3,10) –, et toujours le recours aux triplets répétitifs : « Je crois et je dis [...]. Je crois et je dis [...]. Je crois et je dis [...] » (25 mars 1959), et au rythme ternaire des noms ou adjectifs : « Les professionnels de la nostalgie, du dénigrement, de l'aigreur [...] à suer le fiel, à cracher la bile et à lâcher le vinaigre » (14 janvier 1963). Sans oublier les injonctions directes, les métaphores guerrières : « Peuple français ! En avant ! » (8 mai 1961), et même le renvoi, une fois encore, à Churchill, comme pour retisser le lien avec l'époque héroïque : « Oui, le sang et les larmes coulent encore » (25 mars 1959).

Mais le lieu par excellence de son nouveau style, ce sont les conférences de presse bisannuelles de l'Élysée, à la fois solennelles et familières, tendues et détendues, qui le voient pratiquer avec un plaisir non dissimulé les ruptures de ton et de niveau de langue, passant du commentaire distant à la méditation, de la colère simulée à la gouaille ou la plaisanterie, s'amusant à faire rire les journalistes. C'est là spécialement qu'il s'autorise une rare liberté de langage, avec l'emploi décalé de vieilles routines : « À toutes deux je souhaite d'avance bien du plaisir ! » (11 avril 1961) ; d'allitérations savantes : « Les meutes ennemies [...] s'enragent et se ruent » (4 novembre 1961), « Il en résulte que chaque remous met en action les équipes diverses de la hargne, de la grogne et de la rogne » (12 juillet 1961) ; de citations inattendues : « Ceux qui toujours doutent, nient et, comme disait Nietzsche “clignotent” » (23 février 1961, à l'inauguration de l'aérogare d'Orly) ; ou encore de refrains de chansons de charme : « Il vaut peut-être mieux se dire les uns aux autres : “Parlez-moi d'amour !” » (25 mars 1959).

La langue. La rédaction des *Mémoires de guerre* a installé Charles de Gaulle comme grand écrivain, dans le voisinage du seul homme d'État parmi nos classiques, l'auteur des *Mémoires d'outre-tombe*. Sans surprise, en 1958, sa langue d'orateur paraît encore enrichie, avec plus de quatre mille mots différents, souvent inattendus parce que archaïques, recherchés ou familiers : « adorner », « bambocher », « chienlit », « grogne », « machin », « palinodie », « pronunciamiento », « prurit », « quarteron », « ramas », « rogne », « tiraillades », « tracassin », « volapük »... Son extraordinaire inventivité lexicale multiplie à l'envi les expressions frappantes : « la paix des braves » ; « le peuple français de Dunkerque à Tamanrasset » ; « il n'y a que des Français à part entière » ; « laisser les couteaux au vestiaire » ; « un oui franc et massif » ; « l'Algérie de papa » ; « des soldats perdus »...

Sa langue s'est assouplie aussi, s'adaptant *ad libitum* à des besoins expressifs très variés, complexe ici simplifiée là. Les discours ont tendance à s'allonger, les conférences de presse sont interminables. La longueur moyenne des phrases croît avec le temps mais aussi avec la fin de la guerre d'Algérie, passant de vingt et un mots en 1958 à trente et un en 1965, le style du président évoluant de l'action à son commentaire, de l'appel au bilan, de la demande d'aide au déploiement de la satisfaction de soi.

La stratégie des petites phrases. Les formules accrocheuses abondent comme autrefois, mais dans une stratégie de communication toute différente. L'auditeur clandestin était interpellé directement comme résistant virtuel, et individuellement responsable de la transmission des phrases et mots chocs. De l'Élysée, il s'agit d'abord de donner aux journalistes du grain à moudre, de les prendre au filet de « petites phrases » soigneusement ajustées pour faire le tour de la France et souvent du monde, le président s'accommodant volontiers de voir son discours ramené à une formule qui peut être caricaturale mais lui assure une résonance considérable : « Croit-on qu'à soixante-sept ans je vais commencer une carrière de dictateur ? » (19 mai 1958) ; « La France a épousé son siècle » (12 juillet 1961) ; « Ce qui est à redouter, ce n'est pas le vide, c'est plutôt le trop-plein » (15 mai 1962) ; « Qui a jamais cru que le général de Gaulle, étant appelé à la barre, devrait se contenter d'inaugurer les chrysanthèmes ? » (9 septembre 1965) ; « Bien entendu on peut sauter sur sa chaise comme un cabri en disant "l'Europe !, l'Europe !, l'Europe !" mais cela n'aboutit à rien et ne signifie rien » (15 décembre 1965).

« Il y avait une fois la France » (2 décembre 1958). Pour contradictoire ou choquante qu'ait pu être parfois sa stratégie verbale, le président de Gaulle reste l'homme d'État français par excellence à s'être adressé oralement de la hauteur la plus élevée de langage et de pensée à la France et au monde, mettant la langue virtuose et toujours créative d'un « écrivain-né » au service d'une philosophie politique à visée universelle, et n'hésitant pas à le faire, loin des conseils des « communicants », en phrases de plus de cent cinquante mots et pourtant sans emphase, d'une souplesse naturelle et comme improvisée, sans une note sous les yeux : « En notre temps la seule querelle qui vaille c'est celle de l'homme. C'est l'homme qu'il s'agit de sauver, de faire vivre et de développer. Nous autres, qui vivons entre l'Atlantique et l'Oural ; nous autres qui sommes l'Europe, disposant avec l'Amérique, sa fille, des sources et des ressources principales de la civilisation ; nous autres, qui avons de quoi manger, nous vêtir, nous chauffer ; nous autres, qui possédons des mines et des usines en pleine activité, des campagnes bien cultivées, des chemins de fer où passent des trains nombreux, des routes encombrées de voitures, des ports remplis de bateaux, des aéroports couverts d'avions ; nous autres, dont tous les enfants apprennent à lire, qui construisons force universités et laboratoires, qui formons des armées d'ingénieurs et de techniciens, qui pouvons voir, entendre, lire, ce qui est de nature à satisfaire la pensée ; nous autres qui avons assez de médecins, d'hôpitaux, de médicaments, pour adoucir la souffrance, soigner les malades, assurer la vie de la plupart des nouveau-nés, que ne dressons-nous, tous ensemble, la fraternelle organisation qui prêtera son concours aux autres ? » (25 mars 1959).

Pierre Encrevé

• *Voir aussi* : Audiovisuelles (interventions) ; Communication ; Conférence(s) de presse ; Discours ; Propagande gaulliste ; Radio et télévision ; Vœux

Bibl. : Jean-Marie Cotteret et René Moreau, *Recherches sur le vocabulaire du général de Gaulle. Analyse statistique des allocutions radiodiffusées, 1958-1965*, Paris, Armand Colin, 1969 • Pierre Encrevé, *La Liaison avec et sans enchaînement, Phonologie tridimensionnelle et usages du français*, Paris, Le Seuil, 1988 • Pierre R. Léon, *Essais de phonostylistique*, Montréal, Didier, 1971.

Sources sonores : Voir Bibliographie en annexe.

ORATEUR *INUMBRANTE VESPERA*

(1965-1969). – La fin de son premier mandat de président de la République et son second mandat, dont il démissionnera à mi-parcours, font entendre un décalage croissant entre le discours de De Gaulle et la réalité qu'il prétend encore transformer par l'efficace de ses descriptions, représentations et anticipations.

En décembre 1965, mis en ballottage au premier tour de l'élection présidentielle, le président de Gaulle consent trois interviews télévisées. Interrogé d'entrée sur son idée de la France, il n'a qu'une réponse embarrassée : « Il est tout à fait vrai [...] que depuis toujours, et aujourd'hui encore, je me fais de la France une certaine idée. Je veux dire par là qu'à mon sens elle est quelque chose de très grand, de très particulier [...]. C'est vrai, la France est une chose à mes yeux très considérable, très valable [...] » (14 décembre 1965). Disparue « Notre dame la France », évaporée « la princesse des contes ou la madone aux fresques des murs », la France, jadis représentée comme une personne orientant l'action de son serviteur, n'est plus pour lui qu'« une chose très valable ». Cette « chose » semble n'avoir plus assez de présence pour dynamiser un discours de moins en moins audible pour les jeunes Français. Le ton de familiarité auquel il croit devoir s'obliger le conduit à des démonstrations de style « peuple » où le grand écrivain semble égaré : « Il y a, pour ce qui est de la France, ce qui se passe dans une maison : la maîtresse de maison, la ménagère, veut avoir un aspirateur, elle veut avoir un Frigidaire, elle veut avoir une machine à laver et même, si c'est possible, une auto : cela c'est le mouvement. Et en même temps, elle ne veut pas que son mari s'en aille bambocher de toute part, que les garçons mettent les pieds sur la table et que les filles ne rentrent pas la nuit ; ça c'est l'ordre. La ménagère veut le progrès mais elle ne veut pas la pagaille, eh bien ! c'est aussi vrai pour la France » (16 décembre 1965). Si l'anachronisme de sa vision de la femme, et de son vocabulaire pour la désigner, en plein essor du féminisme, pouvait amuser, il traduisait une inquiétante ignorance de l'évolution sociétale, qui explique son désarroi devant Mai 68.

À l'étranger, pourtant, le charisme opère toujours. Capitalisant à son profit l'indépendance algérienne sur le thème du droit des peuples à disposer d'eux-mêmes, il fait mondialement résonner, à Phnom Penh en septembre 1966, la voix de la France comme celle de l'universel. À Montréal, en juillet 1967, il se révèle encore une fois un orateur politique unique dans son imprévisibilité quand il reprend calmement à la foule exaltée le fameux « Vive le Québec libre ! », en lutteur jamais lassé de bousculer l'ordre du monde. Et qui saura encore, le lendemain, exploiter avec jubilation son répertoire d'allitérations pittoresques pour fustiger les clameurs horrifiées de « tout ce qui grouille, et grenouille, et scribouille » (25 juillet 1967).

Dans cette dernière période, la voix se voile, s'éraille parfois. Les discours semblent de moins en moins écrits, le style plus relâché. Pourtant, lors de Mai 68, après une première allocution ratée, le vrai-faux départ pour Baden-Baden – ou le mutisme subit comme discours – lui permet d'être réentendu au retour, à la seule radio et avec le ton retrouvé de la décision : « Je ne me retirerai pas. Je ne changerai pas de Premier ministre [...]. Je dissous l'Assemblée nationale » (30 mai 1968). L'introduction emblématique du terme « chienlit » (qu'il fait astucieusement « rapporter » par le Premier ministre) témoigne d'une capacité intacte à imposer, dans l'instant, sa représentation de l'événement. La force d'invention lexicale se maintient aussi, qui place Georges Pompidou « en réserve de la République ». Mais le charme est rompu. Ses ultimes prestations en mars-avril 1969 seront impuissantes à convaincre les Français de lui faire encore une fois confiance. Le rideau tombe en avril 1969 sur un discours digne mais terne. Comme le 24 mai 1968, l'orateur a « mis à côté de la plaque ». En revanche, le silence public qui suivra, maintenu jusqu'à sa mort, sera sa définitive manifestation de cette catégorie classique du genre oratoire, le style sublime. Pierre ENCREVÉ

• *Voir aussi :* Audiovisuelles (interventions) ; Communication ; Conférence(s) de presse ; Discours ; Entretiens avec Michel Droit ; Femmes ; Naufrage ; Radio et télévision

Bibl. : Jean-Marie Cotteret et René Moreau, *Recherches sur le vocabulaire du général de Gaulle, Analyse statistique des allocutions radiodiffusées, 1958-1965*, Paris, Armand Colin, 1969 • Pierre Encrevé, *La Liaison avec et sans enchaînement. Phonologie tridimensionnelle et usages du français*, Paris, Le Seuil, 1988 • Pierre R. Léon, *Essais de phonostylistique*, Montréal, Didier, 1971 • Aurélie Luneau, *Radio Londres 1940-44. Les voix de la liberté*, Paris, Perrin, 2005 (comprend un CD).

Sources sonores : Voir Bibliographie en annexe.

ORDONNANCES. – Les ordonnances sont des normes juridiques monarchiques devenues républicaines par la volonté du général de Gaulle. Sous l'Ancien Régime, les ordonnances sont les lois à caractère général, en un mot, la loi du roi. Avec la monarchie constitutionnelle (1814-1848), une autre acception se présente : ce sont les actes par lesquels s'exerce le pouvoir réglementaire du roi pour « l'exécution des lois » et, selon une formule équivoque, pour « la sûreté de l'État » (article 14 de la Charte de 1814). Les ordonnances de Saint-Cloud en date du 25 juillet 1830, prises sur ce dernier fondement, précipitèrent la chute de Charles X. La Charte de 1830 supprima cette seconde catégorie d'ordonnances. Puis la dénomination disparu définitivement avec la République. Le général de Gaulle l'exhume dans le manifeste fondateur de Brazzaville du 27 octobre 1940 : « Il n'existe plus de Gouvernement proprement français. [...] Il faut donc qu'un pouvoir nouveau assume la charge de diriger l'effort français dans la guerre. [...] J'exercerai mes pouvoirs au nom de la France. » En conséquence, une ordonnance n° 1 institue le Conseil de défense de l'Empire (article 1er). Dans ce régime provisoire, les décisions sont prises par le chef des Français libres après consultation dudit Conseil : celles d'entre elles qui ont un caractère général, dispose l'article 3, sont arrêtées sous forme d'ordonnances.

Il y a lieu de s'interroger sur le choix du terme. D'après Jean Foyer, il aurait été proposé au Général par René Cassin, nommé du reste membre du Conseil de défense de l'Empire par l'ordonnance n° 2 du 27 octobre 1940. Cette dénomination par défaut indique qu'elle se rattache à la tradition républicaine selon laquelle seul le Parlement vote la loi. On peut avancer l'idée, autant qu'on puisse en juger, que la France libre entend réagir contre l'État français qui emploie le mot « loi » et celui d'« acte » alors que le chef de l'État s'est arrogé le pouvoir législatif. Et si le terme de « décret-loi » est écarté, c'est parce qu'il rappelle une pratique contestée de la IIIe République après 1919.

À partir de cet instant, deux cas de figure sont à considérer, selon que le Parlement est absent ou, au contraire, présent et consentant ; selon que le régime repose, en d'autres termes, sur la confusion des pouvoirs ou leur séparation.

Pendant la guerre, les ordonnances relèvent d'un droit de circonstance, faute de Parlement. Successivement, le Comité français de la Libération nationale (article 4 du décret du 3 juin 1943) et le Gouvernement provisoire de la République française (ordonnance du 21 avril 1944) reproduisent cet aménagement institutionnel, au fur et à mesure de la libération du territoire national. La République en droit n'a jamais cessé d'exister (ordonnance du 9 août 1944 relative au rétablissement de la légalité républicaine). L'adoption par référendum de la loi du 2 novembre 1945 portant organisation provisoire des pouvoirs publics met fin, en bonne logique, au régime des ordonnances. Cependant, les ordonnances renaissent à la fin de la IVe République avant de recevoir leur consécration constitutionnelle en 1958.

Dans le cadre d'un régime de séparation des pouvoirs, les ordonnances se présentent, cette fois-ci, comme des normes exceptionnelles de substitution à la loi, qui interviennent en principe sur habilitation du Parlement pour des matières et une durée limitées. Au reste, ce dernier est appelé à les ratifier afin de se les réapproprier. La loi du 3 juin 1958 autorise le gouvernement de la République à prendre, pendant une durée de six mois, par décrets dénommés ordonnances, des dispositions qui pourront abroger, modifier ou remplacer les textes législatifs en vigueur (article unique, alinéa premier). Le fait ne laisse pas d'être significatif. La spécificité de la terminologie gaulliste écarte, derechef, la dénomination de « décret-loi ». Quant à l'article 92 de la nouvelle Constitution, il créera une nouvelle catégorie d'ordonnances pour une période transitoire, jusqu'à la mise en place des nouvelles institutions. Point d'orgue, les ordonnances accèdent à la dignité constitutionnelle avec l'article 38. De ce point de vue, il y a lieu de préciser que leur domaine d'intervention est limité à celui de la seule loi ordinaire (article 34). Sous la présidence du Général, l'article 38 a été sollicité à huit reprises.

Jean GICQUEL

• *Voir aussi* : Pouvoirs exceptionnels

Bibl. : Emmanuel Cartier, *La Transition constitutionnelle en France (1940-1945)*, Paris, LGDJ, 2005 • Pierre Delvolvé, « L'été des ordonnances », *Revue française de droit administratif*, 2005, p. 909 • Anne-Marie Le Pourhiet, « Ordonnance », dans Olivier Duhamel et Yves Mény (dir.), *Dictionnaire constitutionnel*, Paris, PUF, 1992.

ORDONNANCES DE 1958-1959. – Liées à la pratique gouvernementale du général de Gaulle, les ordonnances trouvent place dans la Constitution de 1958. L'article 38 leur donne un cadre permanent : le gouvernement peut, pour l'exécution de son programme, demander au Parlement l'autorisation de prendre, pendant un délai limité, des mesures qui sont normalement du domaine de la loi. L'article 47 ajoute que, dans le cas où le Parlement ne se prononce pas dans les délais qui lui sont impartis pour adopter les lois de finances, le budget peut être mis en vigueur par ordonnances.

En dehors de ces règles permanentes, les ordonnances ont joué, de manière transitoire, un rôle important dans la mise en place, en 1958 et 1959, des nouvelles institutions. Elles ont, durant cette période, un double fondement : d'une part, avant l'adoption de la nouvelle Constitution, la loi relative aux pleins pouvoirs du 3 juin 1958, d'autre part, après l'entrée en vigueur de la Constitution, son article 92.

Promulguée le même jour que la loi constitutionnelle qui permet de préparer la nouvelle Constitution, la loi du 3 juin 1958 autorise, pour une durée de six mois, le gouvernement « investi le 1er juin 1958 » à prendre « par décrets, dénommés ordonnances, les dispositions jugées nécessaires au redressement de la nation, qui pourront notamment abroger, modifier ou remplacer les dispositions législatives en vigueur ». Ces mesures prennent place dans la filiation des « décrets-lois » de la IIIe République ; les décrets conservent le caractère d'acte administratif et, tant qu'ils n'ont pas été ratifiés par un acte de valeur législative, leur légalité peut être contestée devant le juge de l'excès de pouvoir.

Par ailleurs, la Constitution du 4 octobre 1958 a prévu des mesures transitoires, regroupées dans son Titre XVII. L'article 92 autorise notamment le gouvernement à prendre par ordonnances, dans un délai de quatre mois, après avis du Conseil d'État, les mesures législatives nécessaires à la mise en place des institutions et, jusqu'à celle-ci, au fonctionnement des pouvoirs publics. Ces ordonnances pouvaient également déterminer le régime électoral des assemblées prévues par la Constitution. Comme le texte d'habilitation disposait qu'elles avaient « force de loi », aucun contrôle juridictionnel ne s'est donc exercé sur elles. L'article 92, qui avait une portée réduite à quatre mois, a été abrogé, avec l'ensemble des dispositions transitoires du Titre XVII, par la révision constitutionnelle du 4 août 1995.

Toutes les ordonnances de 1958 et 1959 portent la signature du général de Gaulle. De juin à novembre 1958, il signe celles de la loi du 3 juin 1958 en sa qualité de président du Conseil, chef du gouvernement « investi le 1er juin 1958 ». C'est également en qualité de président du Conseil des ministres qu'il signe les premières ordonnances de l'article 92, intervenues après l'adoption de la Constitution. Mais, élu chef de l'État le 21 décembre 1958, et prenant ses fonctions le 9 janvier 1959, de Gaulle les signe désormais en tant que président de la République, en vertu de l'article 13 de la nouvelle charte, et ce jusqu'à l'expiration, le 4 février 1959, du délai de quatre mois prévu par l'article 92.

Une œuvre réformatrice de grande ampleur aura ainsi été accomplie en quelques mois. De portée souvent technique, les ordonnances prises en vertu de la loi du 3 juin 1958 portent sur des matières variées. Leur domaine d'élection est l'équilibre économique et financier – la première d'entre elles, datée du 11 juin, autorise le recours à l'emprunt. Elles interviennent en matière de finances publiques, de fiscalité, de régime des prix, de sécurité sociale, mais aussi d'état des personnes, d'urbanisme, de construction et de gestion domaniale... Ces mesures portent volontiers sur des sujets étroits : une ordonnance du 19 septembre traite de l'indemnisation d'un ouragan de grêle survenu le 11 août 1958 dans le Bas-Rhin ! Les ordonnances de l'article 92, consacrées à des questions plus vastes, témoignent des grandes préoccupations du moment : mise en place des nouvelles institutions, rétablissement de l'ordre et exercice des pouvoirs en Algérie, statut général de la fonction publique, statut de la magistrature, régime des lois de finances. Plusieurs de ces ordonnances, en particulier sur le fonctionnement du Conseil constitutionnel ou celui des assemblées parlementaires, sont encore en vigueur. Nombre de sujets plus modestes sont également abordés, au prix d'une interprétation large de l'habilitation conférée : la réparation des dommages causés par certaines inondations et le contrôle de la fabrication des conserves de crustacés sont des sujets qu'on rattache avec peine à la mise en place des institutions et au fonctionnement des pouvoirs publics.

Au-delà des différences de leur régime juridique, ces deux catégories d'ordonnances traduisent les mêmes objectifs politiques : il s'agit d'assurer, sous l'impulsion d'un pouvoir qui a, momentanément, les mains libres, le passage d'un régime constitutionnel à un autre et la réforme des grands moyens d'action de l'État. À travers ces textes s'expriment ainsi l'autorité renforcée de l'exécutif et l'efficacité d'un État rénové.

Bernard Stirn

• *Voir aussi* : Constitutionnelles (conceptions) ; Constitutionnelles (pratiques contestées) ; Pouvoirs exceptionnels

ORDONNANCES DE 1962. – Les accords d'Évian du 19 mars 1962, qui marquent l'épilogue du conflit algérien, ont donné lieu à une application spécifique de la procédure de délégation de pouvoir en faveur du Général, ou, selon son expression lors de son allocution du 26 mars : « à moi-même, en ma qualité de chef de l'État ». En marge du Parlement, le peuple lui témoigna sa confiance par référendum, le 8 avril, en l'habilitant de manière inédite à prendre les mesures appropriées pour la mise en œuvre de l'accord de paix. L'article 2 de la loi du 13 avril 1962 dispose : « Jusqu'à la mise en place de l'organisation politique nouvelle [...], le président de la République peut arrêter par voie d'ordonnances ou, selon le cas, de décrets pris en Conseil des ministres, toutes mesures législatives ou réglementaires relatives à l'application des déclarations gouvernementales du 19 mars 1962. » Il s'ensuit qu'en l'absence de toute référence à leur ratification ces ordonnances qui relèvent d'une nouvelle catégorie demeurent des actes administratifs susceptibles, à ce titre, d'être déférés au juge de l'excès de pouvoir.

Sur ce fondement, un flot de cinquante-quatre ordonnances a été adopté, dont il importe d'indiquer l'objet principal. En simplifiant, on relèvera qu'elles ont visé respectivement l'accueil des Français rapatriés et les juridictions d'exception mises en place après le putsch d'Alger de l'année précédente. Parmi celles qui concernent l'installation en métropole des rapatriés, on citera notamment l'ordonnance du 19 septembre 1962, portant création de l'Agence de défense des biens et intérêts des rapatriés ; les ordonnances des 18 août et 10 septembre sur le logement ; les ordonnances du 16 juillet et du 4 août portant reclassement de catégories socioprofessionnelles, comme les fonctionnaires de l'État ou les agriculteurs ; sans omettre l'ordonnance du 16 juillet relative à la preuve des actes de l'état civil dressés en Algérie.

Par ailleurs, on n'aura garde d'oublier l'ordonnance du 26 mai portant rétablissement des libertés publiques en Algérie en vue de la consultation d'autodétermination qui se déroulera le 1er juillet suivant. Ensuite, conséquence immédiate de l'accession de l'Algérie à l'indépendance, une ordonnance du 3 juillet met fin au mandat des députés et sénateurs élus dans les départements algériens, nonobstant le caractère national et représentatif de ce mandat. Le réalisme politique a eu ici raison de la théorie juridique. Enfin, une ordonnance du 8 août 1962 modifiera l'ordonnance portant loi organique, en date du 29 décembre 1958, relative au Conseil économique et social. Le fait mérite d'être relevé du point de vue de la hiérarchie des normes, car l'habilitation d'avril 1962 aura permis de modifier des dispositions qui complètent l'organisation constitutionnelle des pouvoirs publics.

En dernière analyse, les ordonnances sur habilitation référendaire ont concerné un droit de circonstance. Outre la prorogation de dispositions relatives à l'état d'urgence (ordonnance du 13 juillet) et de règles de procédure exceptionnelles (ordonnance du 1er juin), l'ordonnance du 26 mai 1962 a supprimé, de manière retentissante, le Haut Tribunal militaire créé le 27 avril 1961 par une précédente décision du Général, en application de l'article 16 de la Constitution, pour juger le quarteron de généraux en retraite, auteurs du putsch d'Alger. Le fait que le général Salan, qui dirigeait l'OAS depuis un an, ait échappé à la peine capitale, à l'inverse du général Jouhaud, avait indigné le chef de l'État, ce qui explique cette mesure de suppression. Une ordonnance du 1er juin 1962 remplace ce Haut Tribunal par la Cour militaire de justice qui, au terme d'une procédure expéditive, statuait sans possibilité de voie de recours. Par son célèbre arrêt Canal, du 19 octobre 1962, le Conseil d'État prononça son annulation, motif pris de ce que, eu égard aux circonstances, ladite ordonnance, qui demeure un acte administratif, affecte les droits et garanties de la défense. Ultime péripétie, l'article 50 de la loi du 15 janvier 1963, issu de l'amendement Capitant, ressuscite la Cour militaire de justice. Surtout, elle confère aux ordonnances prises en application de l'article 2 de la loi précitée du 13 avril 1962 force législative à compter de leur publication.

Jean Gicquel

• *Voir aussi* : Algérie (guerre d') ; Évian ; Juridictions d'exception ; Pouvoirs exceptionnels

Bibl. : Anne-Marie Le Pourhiet, « Ordonnance », dans Olivier Duhamel et Yves Mény (dir.), *Dictionnaire constitutionnel*, Paris, PUF, 1992.

ORDONNANCES DE 1967. – Les ordonnances prises en application de la loi d'habilitation 67-482 du 22 juin 1967 sont relatives à des mesures d'ordre économique et social. Ces textes se révèlent moins imputables au Général qu'à son Premier ministre, Georges Pompidou, qui est aux prises avec les contingences de l'heure. Ce fait tranche avec la pratique initiale de la Ve République qui fait bénéficier le seul chef de l'État des délégations de compétences. Ce sont des ordonnances singulières pour une période particulière, où le texte est moins important que le contexte ; moins important aussi que le prétexte, pour utiliser le célèbre triptyque du doyen Georges Vedel.

Pourquoi recourir, à cette date, au régime des ordonnances ? Il s'agit de réagir à une situation politique délicate. Aux élections législatives des 5 et 12 mars 1967, la majorité reflue, au point de ne devoir son salut qu'au siège des îles Wallis-et-Futuna. Dès ce moment, l'Assemblée nationale a vocation à être dissoute. Elle le sera l'année suivante, dans des conditions bien spéciales. Du reste, en prévision d'une période difficile, des spéculations hasardeuses et dangereuses concernant l'usage de l'article 16 de la Constitution s'étaient exprimées en 1966. René Capitant, interprète autorisé, avait stigmatisé cette erreur monstrueuse. Cependant, le Général, sans songer un instant à ce qui eût pu survenir dans le cadre d'une cohabitation, s'était interrogé sur la possibilité de gouverner sans majorité parlementaire. Une majorité étroite, certes, mais plus encore à la merci du groupe des Républicains indépendants de Valéry Giscard d'Estaing, désireux d'affirmer son autonomie par rapport aux élus gaullistes en marchandant son accord. Dès lors, son célèbre « oui mais », véritable épée de Damoclès, devenait insupportable pour Georges Pompidou, qui venait d'être reconduit dans ses fonctions le 10 avril 1967. S'inspirant d'une suggestion de Michel Debré, le Premier ministre réagit, par surprise, en présentant au Conseil des ministres réuni le 26 avril un ambitieux projet de loi d'habilitation. Deux jours plus tard, parce qu'il récusait la démarche, Edgard Pisani, ministre de l'Équipement, démissionnait.

Pour la première fois, l'article 38 est utilisé en début de législature afin de surmonter la fragilité de la majorité et souder de force ses éléments. Georges Pompidou, en fin stratège politique, a lié l'existence de son gouvernement à celui du texte d'habilitation. L'épreuve surmontée, il ne dépend plus du Parlement pour mettre en œuvre sa politique. La rudesse du procédé sera adoucie lorsque, pour la première fois sous la Ve République, le Parlement aura l'occasion de procéder à la ratification expresse des trois plus importantes ordonnances, en date du 21 août 1967, relatives à la Sécurité sociale. Quant aux trente-deux autres, publiées pendant la période d'habilitation, elles ne seront ratifiées que tacitement. Elles portent sur des questions à caractère économique et social : prestations familiales, assurance maternité et vieillesse, participation des salariés aux fruits de l'expansion des entreprises, lutte contre le chômage, mesures de redressement économique et financier, réforme du crédit, sociétés d'aménagement foncier et d'équipement rural (SAFER), etc.

Au-delà du besoin d'éviter la paralysie gouvernementale, due à l'étroitesse de sa majorité, Georges Pompidou s'est soucié de protéger l'économie française au sein du Marché commun, à l'heure de l'ouverture des frontières. Réaliste, il aurait, d'après Alain Peyrefitte, affirmé au Conseil des ministres, le 26 avril : « Nous ne pouvions pas agir avant les élections [...] Nous ne pourrions faire passer des textes que par les moyens d'astuce et de contrainte que la Constitution nous donne. » Au total, un tableau édifiant de relance et de sauvegarde de l'économie française ; bref, le pompidolisme avant la lettre, ou le nouveau saint-simonisme.

Jean Gicquel

• *Voir aussi* : Crise sociale de 1967 ; Élections législatives de 1967

Bibl. : Pierre Avril, *La Ve République, histoire politique constitutionnelle*, Paris, PUF, 1994 (1re éd. 1987) • Bernard Chantebout, *Brève histoire politique et institutionnelle de la Ve République*, Paris, Armand Colin, 2004 • Jean Gicquel et Jean-Éric Gicquel, *Droit constitutionnel et institutions politiques*, Paris, Montchrestien, 2005.

ORDRE DE LA LIBÉRATION. – En octobre 1940, constatant le faible nombre des ralliements et l'échec de Dakar, et anticipant la reprise de combats fratricides au Gabon, le général de Gaulle éprouve la nécessité de récompenser les personnes ou collectivités militaires et civiles qui se distingueront pour la libération de la France et de l'Empire. Il souhaite également encourager par l'exemple. Or, chef de la France libre, il ne veut, ni ne peut, décerner la Légion d'honneur. À ses yeux, la croix de guerre n'est pas suffisante pour récompenser l'élite à laquelle il songe ; en outre, elle est également décernée par Vichy. Aussi décide-t-il de créer un ordre nouveau. Le 16 novembre 1940, à Brazzaville qui est alors la capitale de la France libre, il fonde l'ordre de la Libération. Plutôt que celui de « croisé » un temps envisagé, les membres de l'ordre portent le titre de « Compagnon ». Promis à un bel avenir dans le vocabulaire gaullien, et gaulliste, le mot a été choisi pour souligner la cohésion et l'unité du groupe ainsi créé. Initialement prévu avec grades, le nouvel ordre n'en comporte finalement qu'un seul. L'insigne consiste en un écu de bronze portant un glaive surchargé d'une croix de Lorraine. L'ordre a pour devise *Patriam servando victoriam tulit* – « En servant la patrie, il a apporté la victoire ». Ses couleurs sont le noir et le vert, qui symbolisent le deuil et l'espérance. Comme l'a écrit Jean-Louis Crémieux-Brilhac, par cette création, trois semaines après celle du Conseil de défense de l'Empire et alors qu'il signe la Déclaration organique démontrant l'illégalité du gouvernement de Vichy, le général de Gaulle poursuit l'affirmation de ses « prérogatives régaliennes ».

Rédigés par René Cassin, les statuts de l'ordre de la Libération sont fixés par décret le 29 janvier 1941. Un conseil est créé, composé de cinq membres dont l'un remplira les fonctions de chancelier. Depuis 1941, six chanceliers (amiral Georges Thierry d'Argenlieu, général François Ingold, Claude Hettier de Boislambert, général Jean Simon, général Alain de Boissieu, Pierre Messmer) ont présidé aux destinées de l'ordre et de ses traditions, veillé au sort des familles de Compagnons disparus et, après la guerre, fait vivre ses archives et son musée. Les Compagnons de la Libération sont nommés par de Gaulle, qui demeurera le seul grand maître de l'ordre. Il décerne la croix de la Libération sur proposition et après avis du Conseil, ou de son propre chef, la nomination étant ensuite régularisée. Les critères d'admission sont extrêmement stricts. En novembre 1945, le Général le rappellera dans une note à l'intention du Conseil : « On me propose des candidats qui, bien que très dignes et vaillants combattants, ne répondent pas aux conditions *tout à fait exceptionnelles* qui justifient l'accession dans l'Ordre. [...] Il appartient au Conseil de l'Ordre [...] de ne me proposer que des candidats dont les titres seront "*hors pair*", car c'est de cela qu'il s'agit. » La remise de la Croix se fait habituellement au cours d'une prise d'armes. Le général de Gaulle ou le membre de l'ordre désigné remet l'insigne au récipiendaire en prononçant ces mots : « Nous vous reconnaissons comme notre compagnon pour la libération de la France dans l'honneur et par la victoire. » Il n'existe aucun privilège lié à la dignité de Compagnon de la Libération. Simplement, dans un dépouillement très gaullien, la certitude du devoir accompli au service de la France. Soulignons enfin qu'en février 1943, afin de pouvoir récompenser davantage de Français libres et de résistants sans céder sur l'extrême sélectivité de l'ordre, le chef de la France combattante crée la médaille de la Résistance.

Dans ses *Mémoires de guerre*, Charles de Gaulle écrivit : « L'ordre de la Libération que j'avais institué à Brazzaville et organisé à Londres suscitait, parmi les Français libres, une émulation de la plus haute qualité. » Force est de constater que, dans un premier temps, la création de l'ordre provoque plus de scepticisme que d'enthousiasme. Mais la tendance s'inversera jusqu'à faire de l'ordre de la Libération cette « chevalerie exceptionnelle » décrite par de Gaulle à l'été 1947. La qualité et l'esprit de sacrifice des Compagnons y sont pour beaucoup. Leur petit nombre joue également. Jusqu'en janvier 1946, 1 036 civils et militaires sont distingués. Parmi eux, 260 le sont à titre posthume, tandis que 65 meurent pour la France alors qu'ils sont déjà Compagnons. Six femmes seulement reçoivent la croix. L'ordre de la Libération fait la part belle aux Français libres : un peu plus du quart des Compagnons ressortit à la Résistance intérieure ; 51 sont nés étrangers. Enfin, 4 villes (Nantes, Grenoble, Paris, Vassieux-en-Vercors), l'île de Sein et 18 unités militaires sont admises dans l'ordre. Le 7 janvier 1944, le Comité français de la Libération nationale confirme la décision prise par de Gaulle le 1er août 1941 de placer la croix de la Libération au deuxième rang des décorations françaises, derrière la Légion d'honneur. Par décret en date du 23 janvier 1946, et sur décision du général de Gaulle président du Gouvernement provisoire de la République française, il est mis fin à l'attribution de la croix de la Libération. À titre exceptionnel, deux ultimes croix seront décernées à Winston Churchill, en 1958, et au roi George VI, en 1960.

Dès l'origine, les Compagnons de la Libération témoignent considération, voire fidélité, au général de Gaulle. La réciproque est vraie. En 1942, le fondateur de l'ordre écrit à John Hasey, premier Américain Compagnon : « Tous ceux à qui [la croix de la Libération] est décernée, du général au simple soldat, deviennent pour la vie des compagnons. » Jusqu'à sa mort, de Gaulle réservera un accueil privilégié aux Compagnons qui le solliciteront ; il n'hésitera pas à confier des missions délicates à certains d'entre eux. Après la Libération, il préside chaque année au mont Valérien la cérémonie commémorative de l'appel du 18 Juin, organisée par la chancellerie de l'ordre. Le 16 janvier 1952, il indique par écrit sa volonté qu'outre sa famille et les habitants de Colombey, seuls les Compagnons de la Libération disposent d'un emplacement réservé le jour de ses obsèques. En 1958, il réactive le projet de création d'un mémorial au mont Valérien. Inauguré le 18 juin 1960, celui-ci comporte notamment une crypte dans laquelle un cercueil vide est réservé au dernier Compagnon qui viendra à mourir. Le portrait officiel de Charles de Gaulle président de la République fait apparaître le collier de grand maître de l'ordre de la Libération en lieu et place de celui de la Légion d'honneur, pourtant premier ordre national. Enfin, le 12 novembre 1970, 320 Compagnons sur 541 encore vivants assistent aux obsèques du Général, tandis que la liste des membres de l'ordre est portée par un saint-cyrien pendant la cérémonie en l'église de Colombey.

Guillaume Piketty et Vladimir Trouplin

• *Voir aussi :* Commémorations du 18 Juin ; France libre ; Funérailles ; Honneurs ; Résistance intérieure

Bibl. : *Cinquantenaire de l'ordre de la Libération*, Paris, musée de l'Ordre de la Libération, 1990 • Jean-Louis Crémieux-Brilhac, *La France libre : de l'appel du 18 Juin à la Libération*, Paris, Gallimard, 1996 (rééd. coll. « Folio », 2001)
Internet : www.ordredelaliberation.fr.

ORDRE RÉPUBLICAIN (1944). – Comment concevoir la mise en place et garantir le respect de l'ordre républicain au sortir de quatre années dominées par le régime de Vichy dans un pays où rancœurs et frustrations se sont accumulées et où les forces issues de la lutte clandestine tiennent le haut du pavé ? À cette question cruciale, une première réponse constitutionnelle et juridique est apportée par l'ordonnance du 9 août 1944 « relative au rétablissement de la légalité républicaine sur le territoire continental » dont l'exposé des motifs précise que son but immédiat « est de libérer le pays de la réglementation d'inspiration ennemie qui l'étouffait, mais aussi de lui éviter le désordre juridique ou même l'incertitude ». Son article 1er stipule : « La forme du gouvernement de la France est et demeure la République. En droit celle-ci n'a pas cessé d'exister. » Vichy ayant beaucoup légiféré, la question se pose de savoir si les dispositions prises à son instigation conservent force de loi. L'article 7 tranche : « Les actes de l'autorité de fait, se disant "gouvernement de l'État français", dont la nullité n'est pas expressément constatée dans la présente ordonnance ou dans les tableaux annexés, continueront à recevoir provisoirement application. Cette application provisoire prendra fin au fur et à mesure de la constatation expresse de leur nullité prévue à l'article 2. Cette constatation interviendra par des ordonnances subséquentes qui seront promulguées dans le plus bref délai possible. » Enfin, l'article 9 dispose que « les actes administratifs postérieurs au 16 juin 1940 sont rétroactivement et provisoirement validés ».

À cette réponse de caractère juridique s'en ajoute une autre, pragmatique et immédiate, qui réside dans la mise en place des autorités de la République. Des dix-neuf secrétaires généraux provisoires assurant l'intérim gouvernemental sous la présidence d'Alexandre Parodi aux vingt-deux commissaires régionaux de la République installés au fur et à mesure de la libération du territoire avec des prérogatives considérables, en passant par les échelons administratifs subalternes, l'État clandestin se met en place sans coup férir. Le général de Gaulle prend soin d'annoncer personnellement l'installation de François Coulet comme commissaire régional de la République pour la Normandie à l'occasion de sa venue à Bayeux le 14 juin 1944. Les internements administratifs, l'épuration judiciaire mise en place avec les cours de justice, les chambres civiques et la Haute Cour de justice, l'épuration des administrations publiques, toutes ces mesures de 1944 visent à empêcher les débordements et à instaurer l'ordre public. Leur tâche remplie, les secrétaires généraux rentrent dans le rang dès que les ministres en titre arrivent à Paris. Quant aux commissaires régionaux de la République, qui ont constitué un moyen efficace de faire face, dans des régions françaises isolées, à des circonstances exceptionnelles, ils disparaissent au printemps 1946. Dès le 26 août 1944, le général de Gaulle signe les règles d'incorporation des FFI (Forces françaises de l'intérieur) dans l'armée. Deux jours plus tard, il dissout leurs organes de commandement et leurs états-majors. Ce même 28 août, il signifie au CNR (Conseil national de la Résistance) qu'il « entre dans l'histoire glorieuse de la Libération mais n'a plus de raisons d'être en tant qu'organe d'action ».

Le 12 septembre, moins de trois semaines après son retour à Paris, le général de Gaulle prononce, devant les représentants des grands corps de l'État et du CNR, au palais de Chaillot, un important discours destiné à la nation tout entière. Après avoir rendu hommage aux Alliés et fait valoir les droits de la France dans la victoire prochaine, il rappelle que le gouvernement de la République doit faire appliquer les lois, fussent-elles imparfaites : « Faute de ces principes, il n'y aurait qu'arbitraire et chaos dont la nation ne veut pas. »

Deux jours plus tard, le président du GPRF (Gouvernement provisoire de la République française) entreprend une tournée afin, précise son cabinet, « de consulter personnellement, et sur place, les provinces de France ». Entre le 14 et le 18 septembre, il se rend successivement à Lyon, Marseille, Toulon, Toulouse, Bordeaux, Saintes et Orléans. Rentré à Paris, il repart pour Nancy où il est accueilli le 26 septembre. Soissons, Saint-Quentin, Lille reçoivent également sa visite dans les jours qui suivent. En octobre, Le Havre, Rouen, Évreux, Lisieux, Caen, Troyes, Chaumont, Dijon découvrent à leur tour l'homme du 18 Juin. Début novembre, Ambérieu, Annecy, Albertville, Chambéry, Grenoble clôturent cette tournée à marche forcée. « Je décidai de me rendre tout de suite aux points les plus sensibles pour mettre la machine en route dans le sens qui convenait. Pendant deux mois, une série de déplacements allait me mettre en contact avec les provinces, tandis que dans les intervalles je dirigeais, à Paris, le travail du gouvernement » [*MG*]. Ainsi Charles de Gaulle expose-t-il la raison d'être de ces déplacements effectués entre septembre et novembre 1944. Le propos est net : il s'agit de restaurer l'autorité de l'État en paraissant « aux points les plus sensibles », c'est-à-dire précisément là où les informations communiquées au Général donnent à penser que des pouvoirs locaux forts issus de la lutte clandestine pourraient agir à leur guise. Quant au bilan dressé par le chef du gouvernement provisoire de ses périples, il s'inscrit dans le droit fil des objectifs énoncés : « Ainsi avais-je, en quelques semaines, parcouru une grande partie du territoire, paru aux yeux de 10 millions de Français dans l'appareil du pouvoir et au milieu des démonstrations de l'adhésion nationale, ordonné sur place d'urgentes mesures d'autorité, montré aux gens en fonction que l'État avait une tête, fait sentir aux éléments épars de nos forces qu'il n'y avait pour elles d'autre devoir que la discipline » [*MG*].

La signification profonde des voyages gaulliens fut parfaitement décryptée par les cadres régionaux civils et militaires de la Résistance intérieure. Le 23 février 1945, dans les colonnes d'*Action*, Emmanuel d'Astier, se référant au peu de cas que le Général avait fait du Conseil national de la Résistance (CNR), analysait ainsi sa position : « Dès l'arrivée en France, le général de Gaulle, qui a un sens très marqué et très personnel de l'État, manifeste sa volonté de ne pas laisser subsister d'organismes de fait (même s'il les a consacrés lui-même) qui pourraient diminuer l'omnipotence de l'État, ne fût-ce que par des conseils, des vœux, des avis ou par l'exercice d'une autorité morale. » Il n'est pas une ligne de ce texte qui ne puisse être transposée aux voyages de la fin de l'été et de l'automne 1944.

Rien ne transpira dans la presse du climat délétère et tendu dans lequel s'étaient déroulés les entretiens avec les responsables régionaux de la Résistance. Ce mutisme s'explique par le caractère de véritable plébiscite que revêtirent toutes les visites du Général. La parole qu'y porta le général de Gaulle était dénuée de toute ambiguïté. « ... Car on ne fait rien et rien de grand que dans l'ordre », déclare-t-il à Chaillot le 12 septembre mais aussi à Orléans, le 18 septembre, et à Nancy, le 26 septembre. Cette ligne de conduite n'eut pas l'heur de plaire à tous les résistants. Tel était bien le sens d'un éditorial musclé de Maurice Kriegel-Valrimont, paru le 22 septembre dans les colonnes d'*Action* au lendemain du retour du Général de Toulouse : « Un malaise se répand à travers la France. Il y a trop de rappels à l'ordre. Au lieu d'organiser le concours de tous pour l'épuration radicale qui s'impose, on invoque l'ordre pour ne rien faire. Au lieu de rassembler en une armée nouvelle les magnifiques formations des FFI, on invoque l'ordre pour y jeter le trouble et les désorganiser. » *Franc-Tireur* n'était pas en reste, dont l'éditorial du numéro des 24-25 septembre fulminait : « Tous les tenants de l'ancien régime, tous les vichystes mal repentis, tous les possédants apeurés rôdent autour du chef de la Résistance. Ils lui parlent de l'Ordre avec un grand O, l'ordre bourgeois et capitaliste, l'ordre des grandes fortunes et des petits aventuriers, l'ordre avec des mousquetons prêts à partir dans la direction du peuple. Nous aussi, nous voulons l'ordre, l'ordre avec un petit o, l'ordre démocratique. »

La volonté bien arrêtée de briser dans l'œuf les poussées d'irrédentisme qu'il sentait poindre dans certaines régions suffit à expliquer la hâte du Général à s'y rendre. La mise au pas promptement signifiée aux organes nationaux de la Résistance intérieure n'avait toute sa signification que si elle était au plus vite notifiée à leurs émules des régions. Ceux qui pouvaient encore nourrir des doutes quant à la volonté du chef du GPRF de restaurer l'autorité de l'État furent fixés avec la dissolution des milices patriotiques d'obédience communiste décidée le 28 octobre 1944. Le dernier bastion armé et fortement encadré issu de la Résistance rendit les armes sans vraiment regimber. En janvier 1945, au comité central d'Ivry, le parti communiste rappela ses troupes à « l'ordre républicain ». La messe était dite.

Laurent Douzou

• *Voir aussi :* FFI ; GPRF (institution du) ; Légalité républicaine, rétablissement de la ; Libération

Bibl. : Fondation Charles-de-Gaulle, *Le Rétablissement de la légalité républicaine (1944)*, Actes du colloque des 6, 7 et 8 octobre 1994, Bruxelles, Complexe, 1996 • Charles-Louis Foulon, *Le Pouvoir en province à la Libération. Les commissaires de la République, 1943-1946*, Paris, Fondation nationale des sciences politiques-Armand Colin, 1975.

ORENGO, Charles (1913-1974). – Connu comme « l'éditeur du général de Gaulle », Charles Orengo est d'abord journaliste au *Petit Niçois* et correspondant de l'agence Havas à Monaco, puis, sous l'Occupation, censeur au ministère de l'Information à Annemasse. Mais ce serviteur d'Anastasie n'applique pas à la lettre les consignes de la Censure centrale. Loin d'interdire certains textes, il suggère par exemple des modifications pour duper ses collègues de Vichy. Cette complicité, notamment avec le critique suisse Albert Béguin, directeur des *Cahiers du Rhône* (dont le secrétaire de rédaction est l'étudiant Bernard Anthonioz, qui épousera en 1946 Geneviève de Gaulle), lui vaudra d'être muté à Privas.

En novembre 1943, il fonde à Monaco les Éditions du Rocher avec l'aide financière de la Librairie Plon. Il publie des auteurs classiques et modernes, auxquels s'ajouteront en 1946-1947 des écrivains relégués au purgatoire littéraire : Jean de La Varende, Henry de Montherlant, Jean Giono, Jacques Chardonne. Entré chez Plon en 1949, il en devient officiellement directeur littéraire en 1955. Connue pour ses Mémoires d'hommes politiques et de militaires (Poincaré, Clemenceau, Foch, Joffre, Churchill), la Librairie Plon n'est pas réputée après guerre pour son dynamisme éditorial. Orengo s'emploie à la réveiller par une politique qui n'exclut pas les coups d'édition. Une image prestigieuse de maison connue pour ses publications de témoignages historiques, les liens d'antériorité entre le général de Gaulle et Plon qui avait publié *La France et son armée* en 1938, enfin l'habileté d'Orengo sont les trois raisons qui expliquent le choix du Général de confier ses Mémoires à « la vieille dame de la rue Garancière ».

Deux autres éditeurs, semble-t-il, étaient en lice : Gallimard et Robert Laffont. Une autre source évoque quatre concurrents : Fayard, Flammarion, Hachette et Plon. L'à-valoir de l'auteur est destiné à la Fondation Anne-de-Gaulle. « Ce n'était pas une lutte à coup d'argent entre tous les éditeurs. C'était une lutte diplomatique sur le plan du lancement, des contacts personnels », dira Orengo, qui n'avait aucune sensibilité gaulliste. La relation de Gaulle-Orengo fut déléguée à Georges Pompidou et au jeune Michel Tournier, lecteur chez Plon, que Pompidou avait eu comme élève au lycée Henri-IV. Homme de confiance du Général, ce dernier était chargé de la négociation du contrat et du suivi éditorial. En 1954 sort *L'Appel, 1940-1942*, puis en 1956 *L'Unité, 1942-1944*, et en 1959 *Le Salut, 1944-1946*. Le jour de la mise en vente du troisième volume, le 28 octobre 1959, 15 000 exemplaires s'arrachent ; le lendemain, 20 000. Puis 6 000 par jour la semaine suivante. Charles Orengo quitte Plon en novembre 1960.

D'abord conseiller technique à la Librairie Hachette, il devient en 1961 directeur littéraire de l'hebdomadaire *Le Nouveau*

Candide. Il entre chez Fayard en 1965 comme directeur (il y publiera les Mémoires de Konrad Adenauer) et termine sa carrière comme président-directeur général de cette maison de 1970 à 1974.

Olivier CARIGUEL

• *Voir aussi* : Daniel-Rops ; Éditeurs ; Goguel, François ; Intellectuels ; Jullian, Marcel

Bibl. : Olivier Cariguel, *Histoire des Éditions du Rocher, 1943-2003*, Paris, Le Rocher, 2003 • Robert Laffont, *Éditeur*, Paris, Robert Laffont, 1974 • Marie de Saint-Laurent, *La Librairie Plon de 1945 à 1968 : effort d'adaptation et déclin dans un contexte de restructuration éditoriale*, Institut d'études politiques de Paris, mémoire de DEA, sous la direction de Michel Winock, 1992.

ORGANISATION ARMÉE SECRÈTE. – *Voir* OAS.

ORGANISATION DE RÉSISTANCE DE L'ARMÉE. – *Voir* ORA.

ORGANISATION DES NATIONS UNIES. – *Voir* ONU.

ORGANISATION DU TRAITÉ DE L'ATLANTIQUE NORD. – *Voir* OTAN.

ORTOLI, François-Xavier (né en 1925). – Né à Ajaccio, François-Xavier Ortoli intègre l'ENA en 1947. Il en sort dans l'inspection des Finances. Collaborateur de Robert Buron dans différents départements ministériels (1951-1953), il devint directeur général du marché intérieur (principale direction générale de la Commission européenne) en 1958. En 1961-1962, il continue de travailler pour l'Europe mais à Paris, à la tête du secrétariat général pour la coordination interministérielle pour les questions européennes. Commentant l'action du Général dans ce domaine, il note : « Pour brusquer la France et l'obliger à changer un certain nombre de ses comportements, il avait accepté le Marché commun comme une étape utile et même nécessaire, mais avec une vision différente de celle de Jean Monnet puisqu'il ne voyait à cette Europe d'autre développement politique que celui d'une confédération d'États, certainement pas une fédération. » Cette vision prend forme avec le plan Fouchet dont l'échec aboutit à la crise de la « chaise vide ».

Conseiller technique dans le cabinet du Premier ministre à partir d'avril 1962, Ortoli dirige le cabinet de Georges Pompidou à partir de décembre de la même année. En 1966, il est nommé commissaire général au Plan. Le 19 juillet, il présente en Conseil des ministres son rapport sur le Plan Calcul (calculateurs électroniques et informatiques), « un modèle du genre », selon Alain Peyrefitte, qui lui vaut le satisfecit du Général. En 1967-1968, il est ministre de l'Équipement et du Logement à la place d'Edgard Pisani, démissionnaire. Lors du Conseil des ministres du 23 mai 1968 consacré au référendum, François-Xavier Ortoli intervient pour suggérer qu'on ne demande pas « les pleins pouvoirs » mais « la confiance ». Il faut selon lui engager cette consultation dans un « esprit de dialogue ». Après la bourrasque de mai, Georges Pompidou place ce proche à l'Éducation nationale.

Poussé par Jacques Foccart qui estime qu'Ortoli n'a pas « le dynamisme et la volonté suffisants pour cette affaire importante à traiter avec netteté et vigueur », de Gaulle impose un changement d'affectation en juillet. Élu en juin 1968 député UDR du Nord, François-Xavier Ortoli abandonne son siège pour devenir ministre de l'Économie et des Finances du gouvernement Couve de Murville. La situation économique ayant souffert du désordre de juin et des promesses des accords de Grenelle, il majore l'impôt sur le revenu et augmente les droits de succession pour redresser la barre. Il s'efforce ensuite d'accompagner l'expansion par une politique audacieuse du crédit. Favorable à une dévaluation du franc à la rentrée 1968, il se heurte au veto du chef de l'État. Après le référendum du printemps 1969 et l'arrivée à l'Élysée de son ancien patron, il est ministre du Développement industriel et scientifique jusqu'en 1972. C'est comme président de la Commission qu'il retrouve alors l'Europe.

François AUDIGIER

• *Voir aussi* : Hauts fonctionnaires ; Ministres

Bibl. : Association Georges-Pompidou, *Georges Pompidou et l'Europe*, Bruxelles, Complexe, 1995 • Fondation Charles-de-Gaulle, *De Gaulle et la politique économique et financière, 1958-1969*, à paraître • Id., *Le Général de Gaulle et la recherche scientifique et technique*, Paris, 2003.

OTAN (Organisation du traité de l'Atlantique Nord). – En annonçant, en mars 1966, le retrait de la France de la structure militaire intégrée de l'OTAN et en demandant le départ des installations alliées du territoire national, le général de Gaulle pose sans aucun doute l'acte le plus fort de sa présidence dans le domaine de la politique étrangère et de sécurité. Pour la France comme pour l'Alliance atlantique, la décision gaullienne constitue en soi un événement considérable : ne continue-t-elle pas de produire des effets quarante après, dans un contexte international pourtant radicalement transformé ? Mais elle s'inscrit aussi, d'emblée, dans une logique d'ensemble, à l'intersection des grandes options de la politique extérieure gaullienne que sont l'indépendance nationale, le dépassement des blocs et, bien sûr, la contestation de l'« hégémonie » américaine et son corollaire, l'affirmation européenne. Dès lors, si le « retrait de l'OTAN » (l'expression constitue en réalité un raccourci quelque peu trompeur) a très vite compté parmi les mythes fondateurs de la politique de « grandeur », il s'inscrit surtout dans un processus politico-stratégique dont il faut restituer les principales étapes et saisir les ressorts.

De la création au discrédit. De 1948-1949, lorsque fut négocié puis signé le Pacte atlantique, jusqu'à 1958, date de son retour aux affaires, le point de vue du général de Gaulle sur l'Alliance avait évolué, reflétant en cela la frustration croissante de la IVe République et de ses dirigeants à l'égard de l'institution atlantique. S'il avait dans l'ensemble approuvé la conclusion du traité de Washington du 4 avril 1949 établissant l'Alliance de l'Atlantique Nord – dans laquelle il voyait l'expression du nécessaire engagement des États-Unis à assurer la sécurité de l'Europe occidentale face à la menace soviétique –, il avait aussi déploré que le traité ne comportât pas de garantie d'assistance automatique en son article 5 et que la zone couverte en son article 6 fût trop étroite au regard d'une menace soviétique qu'il estimait déjà appelée à devenir globale et pas seulement européenne. La mise en place de la structure militaire intégrée et de l'OTAN proprement dite, à partir du début des années 1950, devait le conduire à se montrer beaucoup plus critique, avec, en toile de fond, la question du réarmement allemand et l'affaire de la Communauté européenne de défense (CED), violemment combattue par lui et évidemment indissociable de la problématique atlantique. Malgré la faillite de la CED, l'OTAN, au milieu des années 1950, était donc déjà largement discréditée à ses yeux, et les événements des deux ou trois années qui suivirent – à commencer par la crise de Suez en 1956 – allaient le confirmer : politiquement parce que l'OTAN entraînait, de son point de vue, une inféodation inacceptable de la politique française au leadership américain et contribuait par ce biais à l'abaissement international du pays, dont il tenait les dirigeants de la IVe République finissante pour responsables ; stratégiquement parce que la garantie américaine, notamment dans le domaine nucléaire, lui paraissait de moins en moins fiable du fait de l'émergence de l'équilibre de la terreur ; militairement, enfin et surtout, parce qu'il jugeait l'intégration militaire atlantique fondamentalement contraire à l'indépendance nationale. Mais si de Gaulle partageait ainsi nombre des réticences croissantes des hommes au pouvoir à l'égard du système otanien, il se montrait bien davantage disposé que ces derniers à des remises en cause radicales : « Si je gouvernais la France, je quitterais l'OTAN », confiait-il au début de 1958. Une formule à l'emporte-pièce dont il faut cependant nuancer la portée, tant le Général resterait par la suite attaché à la distinction essentielle entre l'OTAN, dont il désapprouvait le fonctionnement et dont il rejetait catégoriquement – du moins pour la France – l'intégration militaire, et l'Alliance atlantique elle-même, dont il ne devait jamais remettre en question la nécessité.

Mémorandum et remise en cause. Dès son retour aux affaires en juin 1958, la question atlantique figure au premier rang des priorités gaulliennes, comme l'atteste le mémorandum que le Général adresse au président américain Dwight D. Eisenhower et au Premier Ministre britannique Harold Macmillan le 17 septembre 1958. À partir du constat de l'inadéquation de l'Alliance au nouveau contexte stratégique, de Gaulle y revendique un rôle accru pour la France aux côtés des États-Unis et de la Grande-Bretagne et la mise en place d'une direction tripartite de fait de l'ensemble occidental, non sans avertir que l'évolution à venir de la participation effective de la France à l'OTAN dépendra de la satisfaction de ces revendications. Or, malgré des concessions limitées qui prendront la forme de réunions tripartites – peu concluantes – au niveau des hauts fonctionnaires, les revendications gaulliennes vont très vite se heurter à une fin de non-recevoir de la part des Américains et de leurs proches alliés, Britanniques en tête, peu soucieux de remettre en question le *statu quo* à l'OTAN et de reconnaître ainsi à la France un statut formel. Celui-ci ne manquerait pas de susciter des demandes analogues de la part d'autres pays, à commencer par la République fédérale d'Allemagne (RFA). Si de Gaulle devait périodiquement remettre sur la table ses propositions tripartites, il allait rapidement commencer à tirer les conséquences du refus de ses partenaires en amorçant le début du désengagement français de la structure militaire intégrée : ainsi décide-t-il, dès le printemps 1959, de retirer du commandement de l'OTAN la flotte française de Méditerranée et, à l'automne 1960, de n'affecter que partiellement les forces françaises à la défense aérienne intégrée mise en place dans le cadre de l'OTAN.

En affirmant l'identité politico-stratégique de l'Europe occidentale autour de l'axe Paris-Bonn, de Gaulle espère aussi transformer l'OTAN en remettant en question le système de l'intégration et rééquilibrer l'Alliance atlantique en faveur des Européens, le tout sur fond d'un « grand débat » stratégique naissant entre Washington, qui cherche à imposer la « riposte graduée » aux Alliés, et Paris, qui s'y oppose au nom des intérêts stratégiques européens en mettant en avant la future « force de frappe » française. Parallèlement, le désengagement progressif de la France de la structure militaire intégrée se poursuit : après avoir décidé, en 1962, de ne pas replacer sous le commandement Centre-Europe de l'OTAN les deux divisions françaises retirées en 1956 pour cause de conflit algérien et rapatriées au lendemain des accords d'Évian, de Gaulle, sur fond de restructuration de l'outil de défense français autour de l'arme nucléaire, décide que son pays se tiendra dans un rôle de réserve, en retrait de la « défense de l'avant » (*forward defense*) que l'organisation intégrée entend mettre en place en Allemagne le long du rideau de fer.

L'échec du plan Fouchet prive de Gaulle d'un levier pour faire évoluer l'ensemble occidental et transformer l'OTAN. Tandis que les États-Unis, au lendemain de la crise de Cuba, sont décidés à rétablir leur autorité au sein de l'Alliance, la dissidence française dans l'organisation, désormais ouverte, s'inscrit de plus en plus dans l'entreprise gaullienne de contestation d'ensemble de l'ordre international établi et du leadership américain. Du point de vue politique, à partir de 1963-1964, la prise de distance française à l'égard de l'OTAN devient indissociable de la grande ambition du dépassement de « Yalta » : remettre en question les blocs, c'est, d'abord, rompre avec l'intégration otanienne. Du point de vue stratégique, cette même prise de distance se traduit par une opposition résolue au projet américain de force nucléaire multilatérale (MLF) dans laquelle de Gaulle discerne le risque d'un renforcement durable de l'hégémonie des États-Unis dans l'Alliance autour d'un axe Bonn-Washington. Du point de vue militaire, enfin, elle se manifeste par la poursuite du mouvement amorcé en 1959, comme l'illustre le retrait, en 1964, de la flotte française du commandement allié de l'Atlantique. À la fin de 1964, l'orientation de la politique française est claire : face à ce qu'il considère comme de l'immobilisme de la part des Alliés dans la question de l'OTAN, il ne fait plus guère de doute que l'objectif ultime du Général est de dégager définitivement la France de la « machinerie » de l'organisation et de l'affranchir entièrement de l'« intégration ».

Retrait. Les événements de l'année 1965 vont le confirmer. Alors que Washington tente de reprendre la main dans le débat stratégique en mettant sur pied au sein de l'OTAN un système de consultation qui prendra l'année suivante la forme d'un groupe des plans nucléaires (NPG), le refus français d'y participer apparaît comme le signe avant-coureur d'un prochain divorce entre la France et l'OTAN. Au lendemain de sa réélection en décembre, rien ne retient plus le Général d'agir dans ce registre. Ne dédaignant pas un certain effet de surprise (il était resté vague sur ses intentions et surtout sur les échéances lors de sa conférence de presse du 21 février 1966), il annonce sa décision le 7 mars au principal intéressé, le président américain Lyndon Johnson. La France, écrit-il, entend recouvrer « l'exercice entier de sa souveraineté ». Puis le gouvernement français en détaille les modalités pratiques dans deux mémorandums adressés les 11 et 29 mars aux autres gouvernements de l'Alliance : la France, tout en restant membre à part entière de l'Alliance, modifie sa participation à l'organisation, autrement dit à l'OTAN ; surtout, elle se retire de la structure militaire intégrée : les forces françaises qui demeurent affectées aux commandements de l'OTAN cesseront de l'être au 1er juillet 1966, et les forces et installations militaires étrangères devront avoir quitté le territoire national avant le 1er avril 1967.

Si les premières réactions au « retrait » français sont, sans surprise, marquées par la consternation et l'incompréhension au sein de l'Alliance, l'essentiel est la réponse mesurée que les États-Unis, conformément aux instructions de Johnson, entendent apporter à la décision gaullienne, au demeurant largement anticipée à Washington depuis des mois. Estimant qu'une attitude de confrontation, préconisée par certains au Département d'État, ne ferait que pousser le Général à redoubler de détermination dans son défi à l'Amérique, le président américain impose la ligne pragmatique que préfère le Pentagone et dont l'objectif est de régler ainsi le « problème » de Gaulle afin de remettre l'OTAN en ordre de marche aussitôt que possible. D'où, en particulier, le souci des Américains de se conformer à l'échéance du 1er avril 1967 pour l'évacuation des installations militaires présentes en France, qui s'effectuera en bon ordre.

Cette attitude pragmatique va permettre de limiter les conséquences de la décision gaullienne et d'atténuer ainsi dans une large mesure la rupture entre la France et l'Alliance atlantique. Certes, du point de vue politique, le divorce est consommé. Ni d'un côté ni de l'autre on ne cherche, en effet, à minimiser l'impact du retrait français. Pour les Alliés et en particulier les Américains, il s'agit de stigmatiser une décision dont on redoute surtout qu'elle puisse servir de modèle à d'autres pays, à commencer bien entendu par la RFA ; de Gaulle, pour sa part, a naturellement tendance à mettre en exergue cette même décision afin de faire du « retrait de l'OTAN » le symbole de l'indépendance recouvrée, quitte à en exagérer la portée réelle à un moment où sa politique de remise en cause de l'ordre établi atteint un apogée tant dans la dimension Est-Ouest (voyage en URSS en juin 1966) que Nord-Sud (discours de Phnom Penh en septembre). Du point de vue stratégique, le divorce est également patent : la décision gaullienne va en effet lever l'hypothèque française sur la riposte graduée et, la France s'étant mise en marge des organes de l'OTAN, en permettre l'adoption par cette dernière en décembre 1967. Deux stratégies de dissuasion cohabitent désormais dans l'Alliance atlantique. Mais la rupture est évitée du point de vue militaire : elle n'est en réalité souhaitée ni par les Alliés, conscients de l'importance de la France dans le dispositif de défense atlantique, ni par de Gaulle, pour qui il s'agit non pas de tenir son pays à l'écart de la défense commune – et moins encore d'adopter une posture de neutralité – mais de redéfinir les modalités de sa participation éventuelle à celle-ci. D'où la négociation qui se noue à l'automne 1966 entre le chef d'état-major des armées français, le général Charles Ailleret, et le commandant suprême allié en Europe (SACEUR), le général américain Lyman Lemnitzer, et qui aboutira, en août 1967, aux « accords Ailleret-Lemnitzer ». Des accords qui fixent le cadre de la « coopération » militaire entre la France et l'OTAN une fois tournée la page de l'« intégration » et qui, loin d'entériner une rupture des liens militaires, prévoient les modalités opérationnelles d'une action « conjuguée » des forces françaises en Allemagne avec celles des pays alliés sur le théâtre Centre-Europe en cas d'attaque soviétique – réconciliant ainsi l'impératif catégorique de l'« autonomie de décision », qui implique le maintien d'un « commandement opérationnel » sur les forces nationales, avec les nécessités de l'alliance, qui doit permettre le passage éventuel de ces forces sous « contrôle opérationnel » allié.

Au total, le bilan de la politique atlantique du Général est contrasté. Certes, le « retrait de l'OTAN » aura, en définitive, consacré l'échec de l'ambition gaullienne de transformation de l'Alliance : c'est bien le refus des Alliés – Américains en tête – de remettre en cause le statu quo à l'OTAN qui aura conduit à la décision de 1966. Mieux, le retrait français, à certains égards, aura permis à ces derniers de consolider ce même statu quo tout en réaffirmant leur leadership dans une Alliance désormais débarrassée du « problème » de Gaulle. En témoigne, dans les mois qui suivent, l'adoption de la riposte graduée mais aussi du rapport sur les « futures tâches » de l'Alliance (ou rapport Harmel, du nom du ministre belge des Affaires étrangères qui en avait pris l'initiative) qui redéfinit durablement les objectifs de l'institution atlantique et, sur fond d'affirmation de la détente Est-Ouest, consacre son rôle « politique » et non plus seulement militaire. Reste que la politique du général de Gaulle à l'égard de l'OTAN aura atteint les objectifs plus étroitement nationaux qui étaient les siens. En restaurant l'« autonomie de décision » qu'hypothéquait à ses yeux l'« intégration » otanienne, le Général aura su concilier les exigences jusqu'alors antinomiques de l'indépendance nationale et de l'appartenance à l'Alliance et aura mis fin au long malaise atlantique de la France de la IVe République. D'où, sans doute, la longévité du « modèle » gaullien en matière de politique atlantique, puisque la « décision de 1966 » devait demeurer l'une des pierres angulaires de la politique étrangère, de défense et de sécurité de la Ve République : la France ne conserve-t-elle pas, à ce jour, cette position « particulière » dans l'OTAN à laquelle tous les successeurs du Général se seront montrés attachés ? Frédéric Bozo

• *Voir aussi* : Conférence de presse du 21 février 1966 ; États-Unis ; Grandeur et rang ; Nucléaire (dissuasion) ; Politique étrangère

Bibl. : Frédéric Bozo, *La France et l'OTAN. De la guerre froide au nouvel ordre européen*, Paris, Masson, 1991 • Id., *Two Strategies for Europe : De Gaulle, the United States and the Atlantic Alliance*, Lanham, Rowman et Littlefield, 2001 (version française publiée chez Plon en 1996) • Id., « Chronique d'une décision annoncée : le retrait de l'organisation militaire intégrée », dans Maurice Vaïsse, Pierre Mélandri et Frédéric Bozo, *La France et l'OTAN, 1949-1996*, Bruxelles, Complexe, 1996.

OUVRAGES BIOGRAPHIQUES.

– Républicain ou bonapartiste ? Démocrate ou dictateur ? Diviseur ou rassembleur ? Réaliste froid ou artiste de l'irréel ? Nietzschéen ou catholique ? Nationaliste attardé ou Européen visionnaire ? Homme du XIXe ou du XXIe siècle ? Rebelle ou homme d'ordre ? Astérix ou Tintin ? Richelieu ou Chateaubriand ? Grand styliste ou mauvais écrivain ? Depuis 1940, Charles de Gaulle n'a cessé de diviser ses biographes.

1940-1943 : le prophète. « On veut me vendre comme du savon », se serait plaint de Gaulle en 1940 alors que le gouvernement britannique avait entrepris une campagne publicitaire autour de son nom. Il fallait pourtant présenter au monde ce général inconnu. Aussi les deux premières « biographies » de Charles de Gaulle sont-elles des ouvrages de propagande. Rédigée par un publicitaire britannique sous le pseudonyme de James Marlow, la première est publiée à Londres en 1940. La seconde, de Philippe Barrès, sort à New

York en 1941. L'une et l'autre présentent de Gaulle en des termes semblables : soldat patriote et théoricien militaire prophétique, il est le seul chef français à s'être distingué dans les combats de 1940. Plusieurs fois réédité, l'ouvrage de Barrès est de loin le plus complet. Dédié au père de l'auteur, Maurice Barrès, il présente un de Gaulle très « barrésien », héritier de Jeanne d'Arc et de Georges Clemenceau, ultime dépositaire de cette croix de Lorraine qui, à travers l'histoire de France, est « passée de main en main, en France occupée et inoccupée ». Il sera l'ouvrage de référence de maints biographes futurs. On dit à cette époque que Barrès a entendu parler de De Gaulle pour la première fois en 1934 à l'occasion d'un éloge prononcé par Paul Reynaud et... par le truchement de responsables militaires allemands qui exploitaient ses idées alors que les élites militaires françaises les méprisaient. En d'autres termes, il faut suivre de Gaulle parce que les théories militaires qu'il a défendues avant la guerre ont été confirmées par la débâcle de 1940.

1944-1946 : le libérateur. À la Libération, de nombreuses biographies sont consacrées à de Gaulle. De cette véritable floraison émergent les ouvrages de Lucien Nachin et Jean Auburtin, qui ont connu de Gaulle avant 1940, et ceux des écrivains Gaston Bonheur et Georges Cattaui, qui ont recueilli des anecdotes du Général et de ses collaborateurs. Ces livres donnent des indications sur le milieu d'origine de Charles de Gaulle, ses écrits de l'entre-deux-guerres, ses relations avec le maréchal Pétain, et certains combats marquants de la France libre. S'ils insistent à nouveau sur les talents de prophète militaire du Général, ils ne disent rien, ou presque, de ses idées politiques ni de ses relations avec les Alliés ou avec la Résistance intérieure. Pour la plupart, cependant, les biographies qui paraissent à cette époque sont de médiocre valeur scientifique, voire sommaires et hagiographiques. Mais elles joueront un rôle important dans l'élaboration des ouvrages biographiques ultérieurs. Apparaissent ainsi pour la première fois des anecdotes invérifiables qui seront inlassablement reprises par la suite et formeront, au fil des ans, le socle d'une certaine vulgate gaulliste.

1946-1958 : le désert. Le premier cycle biographique s'achève en 1946 avec l'ouvrage du journaliste Raymond Millet qui propose un bonne synthèse de tous les livres parus antérieurement. De 1946 à 1958, le flot se tarit à l'exception d'une courte hagiographie publiée par Félix Garas en 1957, dont la seule innovation est d'évoquer le RPF, sur un ton positif. En termes de biographies, donc, c'est également la traversée du désert...

1958-1970 : pour et contre. Après mai 1958, les livres de Georges Cattaui et de Gaston Bonheur sont mis à jour et réédités. Toutefois, les candidats biographes hésitent à se lancer, de peur d'être pris de court par l'Histoire en marche. Le terrain est pourtant défriché par le journaliste et infatigable gaullologue Jean-Raymond Tournoux, dont les ouvrages (neuf entre 1960 et 1970) fourmillent d'anecdotes inédites. Tournoux s'invente un genre à mi-chemin entre l'Histoire et le journalisme. Il livre ses informations en vrac et ne cite que rarement ses sources. Ce qu'on a appris depuis grâce aux collaborateurs du fondateur de la Vᵉ République lui donne parfois raison, mais, le plus souvent, les informations qu'il livre ne sont pas vérifiables.

La guerre d'Algérie terminée et le premier septennat tirant à sa fin, il devient possible de tenter un premier bilan. Un pic éditorial survient en 1964 avec la publication de huit biographies ou essais biographiques. Parmi les auteurs, on remarque Robert Aron, auteur d'un livre défendant la thèse du « bon Vichy » de Pétain contre le « mauvais Vichy » de Laval, un ouvrage dont de Gaulle aurait dit qu'il était d'une « objectivité telle qu'il cess[ait] parfois de l'être ». Membre de la génération des « non-conformistes » des années 1930, Aron aimerait situer le Général dans la filiation de ce courant de pensée qui a cherché une voie européenne entre le libéralisme capitaliste et le socialisme matérialiste. À ses yeux, de Gaulle peut être « une des dernières chances de l'Occident de s'adapter aux évolutions nécessaires, quoi qu'il soit par malheur mal dégagé lui-même des nationalismes d'antan ». N'y croyant qu'à moitié, Robert Aron conclut que, s'il avait à désigner le plus grand des hommes d'État français, il reprendrait, pour l'appliquer à de Gaulle, le mot célèbre d'André Gide interrogé sur l'identité du plus grand poète français : « Victor Hugo, hélas. » D'une tout autre inspiration est le livre de François Mauriac qui, tout en se défendant « d'être en état de transe » devant de Gaulle, ne cache pas son admiration pour ce « souffle froid venu de très haut, de très loin, du temps où la France était la grande nation ». D'après Mauriac, c'est grâce à de Gaulle que « pour la première fois – depuis combien d'années – la politique de la France répond à ce que les nations attendent d'elle ». À l'autre extrême, on trouve les deux livres violemment antigaullistes des écrivains de droite Jacques Laurent et Alfred Fabre Luce. Le second, en particulier, s'affirme comme un opposant absolu à de Gaulle (qu'il appelle toujours « Gaulle »). Du lot de biographies de l'année 1964 se dégage également l'ouvrage de Paul-Marie de La Gorce. Journaliste anticolonialiste et gaulliste de gauche, membre de cabinets ministériels durant les années 1960, La Gorce dépeint un de Gaulle « entre deux mondes », un homme du XIXe siècle qui s'est adapté au monde moderne. Il a des pages très fines sur les origines du Général. Il est notamment le premier à insister sur de Gaulle homme du Nord. Si son livre n'est pas écrit avec la coopération du Général, celui-ci lui accorde un entretien et accepte de lire les épreuves.

Soulignons enfin la parution en 1965 d'une première biographie signée par Jean Lacouture. Ce livre se distingue de celui de La Gorce par sa brièveté et son ton critique. Sans être foncièrement antigaulliste (le Général « mérite le respect » pour 1940 et pour avoir compris la nécessité de décoloniser), Lacouture tire un bilan négatif sur le de Gaulle des années 1960. À ses yeux, la politique sociale du fondateur de la Ve République est réactionnaire et sa politique étrangère se caractérise par une « jactance nationaliste [qui] démontre par l'absurde que la vie internationale exige de faire éclater les cadres traditionnels ». Au moment de remanier légèrement son ouvrage, en 1969, il adopte un ton plus hostile. Après Mai 68, de Gaulle aurait refondé son pouvoir sur la « contre-vérité » d'un complot communiste imaginaire. En outre, l'espoir de le voir se libérer du nationalisme a vécu puisqu'il se conduit de plus en plus « comme un personnage en proie à une xénophobie hallucinatoire ».

1970-1984 : tuer le père. Les années qui suivent la mort du général de Gaulle voient la parution d'un flot de témoignages de collaborateurs et d'admirateurs. Mais, en France, les biographies du Général se font rares, si on laisse de côté les antigaullistes forcenés dont les livres n'ont plus qu'un lointain rapport avec la réalité, voire frisent le délire (André Figueras). Tout au plus peut-on relever quelques essais biographiques qui portent sur de Gaulle des jugements plutôt mitigés. Ainsi, le jeune historien Pascal Ory signe un ouvrage irrévérencieux qui baigne dans l'atmosphère post-68. Pour lui, de Gaulle est un homme « du discours de l'ordre », un « artiste de court terme » sans vision. Sa politique étrangère démontre « l'infirmité d'une démarche intellectuelle bloquée... à un stade antérieur à 1914 ». La conclusion est sans appel : « Un grand style mis au service d'idées rares et limitées. » L'ouvrage d'Henri Guillemin est à peine plus favorable. Écrivain de gauche connu pour ses portraits biographiques féroces, Guillemin dit son admiration pour l'homme de juin 1940, mais se montre sceptique sur le de Gaulle « seconde manière » dont il désapprouve ce qui est à ses yeux nationalisme dépassé, soif de pouvoir et cynisme. S'il n'est pas tout à fait négatif, il donne l'impression de vouloir aimer de Gaulle sans le pouvoir.

1984-2005 : de Gaulle en majesté. Sur un fait au moins, Pascal Ory s'est lourdement trompé en écrivant que « l'intérêt public faiblit » et que de Gaulle « pourrait bien connaître une délicate traversée du désert posthume ». De fait, depuis vingt ans, le torrent biographique ne s'est pas tari. De Gaulle est quasiment devenu un point de passage obligé pour les historiens, qu'ils publient de petits manuels (Jean-Pierre Rioux, Odile Rudelle, Janine Mossuz-Lavau) ou des fresques « grand public » comme les quatre volumes d'histoire romancée de Max Gallo. Ces ouvrages soulignent en particulier les convictions républicaines du Général et présentent celui-ci comme le « Washington français » qui a légué à la France des institutions stables. Le carré des antigaullistes indéfectibles mis à part (Dominique Venner, 2005), Charles de Gaulle s'impose comme un personnage de plus en plus consensuel.

Pendant cette période, trois biographies font date, rédigées par Jean Lacouture (1984-1986), Paul-Marie de La Gorce (1999) et Eric Roussel (2002). Au fil des années, le biographe Lacouture s'est construit un panthéon personnel de héros républicains. Sous sa plume, ceux-ci finissent par tous se ressembler : hommes de conviction, ils sont artistes de la politique ou artistes en politique. Aussi livre-t-il un de Gaulle très différent de celui qu'il a dépeint en 1965. À l'époque, le Général aurait lâché : « Je crains que l'auteur n'ait pas tout à fait pris la dimension du personnage... » Ce n'est plus le cas en 1984-1986. Lacouture présente Charles de Gaulle comme « une montagne qu'on n'escalade pas sans peine, ni ne considère sans quelque vertige... On n'explore pas sans griserie ces hauteurs tourmentées ». Il se laisse aller à un certain lyrisme. S'il trouvait jadis le nationalisme gaullien dépassé, il juge maintenant que sa politique a « déridiculisé la France ». Le chemin parcouru en vingt années par Lacouture se résume dans la légende d'une photo qui montre René Coty accueillant de Gaulle en 1959 sur le perron de l'Élysée. En 1965, la photo est accompagnée de ce commentaire : « Les gardes en tout cas sont républicains. » En 1985, la légende est devenue : « Sur les marches de l'Élysée, le 8 janvier 1959, la IVe République en jaquette accueille la Ve en jaquette. »

Si l'ouvrage de Lacouture est fougueux et intuitif, privilégiant les témoignages aux recherches dans les archives, les livres de La Gorce et Roussel sont davantage œuvres d'historien. Le premier profite de l'ouverture de nouvelles archives, de la publication des *Lettres, Notes et Carnets* (déjà en partie utilisés par Lacouture), des recherches scientifiques qui ont été menées sur certains aspects de la politique gaullienne, ainsi que de sa connaissance du « sérail » gaulliste. Sa vision globale de De Gaulle reste très positive aussi bien sur la période de la guerre que sur les années 1960, quand le Général connaît « sa plus grande gloire ». Pour écrire sa biographie, la plus documentée parue jusqu'à nos jours, Roussel a puisé dans les documents déjà consultés par ses prédécesseurs, mais également dans les archives américaines, britanniques, canadiennes et soviétiques. Il complète ou précise les informations sur un certain nombre d'épisodes jusque-là considérés comme bien connus. Né en 1951, il est le premier des grands biographes du Général à n'avoir pas connu la guerre. Il se permet une certaine ironie susceptible d'irriter les gaullistes purs et durs. À propos du 18 Juin par exemple, il écrit que « le mystère entoure toujours la naissance des grandes religions ». Sa vision est plus critique et distanciée que celle de La Gorce. Il ne s'en montre pas moins sensible à la « dimension du personnage. »

La vision des Anglo-Saxons. La fascination que la vie de Charles de Gaulle a suscitée outre-Manche doit être mentionnée. Citons en particulier le livre admiratif de Grinnell Smith, ancien officier de liaison britannique avec la France libre (1961), et la petite biographie du journaliste chevronné et grand connaisseur de la France Alexander Werth (1965). Après avoir jugé de Gaulle comme un « anachronisme noble » et le RPF comme un fascisme à la française, cet homme de gauche finit par admirer le décolonisateur et le pourfendeur de la politique américaine au Vietnam. La vision du conservateur Brian Crozier, également auteur d'une biographie admirative de Franco, est très différente. Paru en deux volumes en 1973, son ouvrage est, toutes langues confondues, la première biographie prenant en compte toute la carrière du Général. S'il admire le de Gaulle de la guerre, Crozier estime que la tragédie de l'homme du 18 Juin aura été de revenir au pouvoir à un âge trop avancé pour pouvoir mesurer l'affaiblissement de la France. À l'instar de Napoléon III, le fondateur de la Ve République ne savait pas s'arrêter et ses « gestes de pétulance » ont porté un rude coup à l'Alliance atlantique sans « avantages compensatoires » pour la France. Neuf ans plus tard, l'ancien diplomate Bernard Ledwidge signe une biographie qui rejette la thèse selon laquelle de Gaulle aurait nui à l'Alliance atlantique et souligne « à quel point ses idées ont retrouvé de la vitalité » depuis sa mort. En 1993, le jeune universitaire Andrew Shennan choisit de souligner l'ampleur des réformes conduites en 1944-1945 par le chef du GPRF (Gouvernement provisoire de la République française), tandis que le sympathisant travailliste Charles Williams estime que de Gaulle a été « le dernier grand Français », mais regrette son opposition à l'entrée de la Grande-Bretagne dans le Marché commun. Dans l'ensemble, le jugement des Britanniques est donc plutôt positif.

Les Américains sont en général moins admiratifs. Deux journalistes qui ont bien connu le Paris des années 1960 publient ainsi des biographies bien renseignées qui reconnaissent la grandeur du personnage mais jugent très sévèrement sa politique étrangère qu'ils considèrent comme « un grand spectacle son et lumière » sans substance (David Schoenbrun, 1965 ; Don Cook, 1983). Le jugement du politologue franco-américain Stanley Hoffmann est plus nuancé. Lui aussi reconnaît que le gaullisme est « un style sans beaucoup de substance » et se demande si les « mythes-pour-faire-agir » n'ont pas gêné « l'adaptation à la réalité qu'il [de Gaulle] cherchait, et sans laquelle la volonté de grandeur tournait à vide ». Au final, toutefois, il admire « l'artiste de la nation » dont la grande réussite aura été « la création du général de Gaulle, incarnation d'un grand chef français ». Dans cette analyse, le conflit entre forme et substance est dépassé : celle-ci se résorbe dans celle-là.

Et demain de Gaulle ?... L'ouverture progressive aux historiens du fonds de Gaulle déposé aux Archives nationales marquera-t-elle le début d'une ère nouvelle dans la biographie gaullienne ? Peut-être. Le premier ouvrage rédigé à partir de ce fonds (Jean-Luc Barré, 2003) fait un point utile sans toutefois bouleverser nos connaissances. Plus que les archives, les ruses de l'Histoire sont susceptibles de changer notre regard sur de Gaulle. Comme l'a écrit Paul-Marie de La Gorce, l'Histoire a, dans un premier temps, donné raison à de Gaulle sur la disparition des idéologies et la résurgence des nations, mais si la « mondialisation sonne le glas de la nation est-ce donc une deuxième mort qui s'avance » ? De même, le regard sur le fondateur de la Ve République évoluera probablement avec le jugement porté sur des institutions qui semblent de moins en moins adaptées à la réalité moderne. Aussi est-il permis de mettre en doute l'opinion de La Gorce pour qui, même si l'on ne sait pas « ce qui restera de l'aventure que de Gaulle a vécue et fait vivre », celui-ci demeurera « l'irréductible ». La Gorce qui va jusqu'à affirmer : « l'Histoire sans doute recouvrira tout. En fin de compte, restera, peut-être, quelque chose de plus que l'Histoire »...

Mais qu'y a-t-il de plus que l'Histoire sinon la légende ? Pierre Nora a parfaitement décrit la difficulté que rencontrent les biographes du Général pour échapper à « la grille d'interprétation et [aux] critères de jugement sur lesquels il voulait lui-même être jugé : ceux du héros providentiel, du Hamlet de tous les défis [...] : le personnage est jaugé aux normes qu'il avait lui-même imposées [...] comme dans une toile de La Tour ou de Vermeer où la lumière qu'on croit éclairer le tableau vient du tableau lui-même ». Éric Roussel lui-même approuve Alain Peyrefitte lorsque celui-ci affirme que « la vérité du Général est dans sa légende ». Aussi, pour citer à nouveau Pierre Nora, l'historien est-il « pris dans un dilemme de fond : ou accorder d'entrée de jeu au phénomène gaulliste et au personnage de Gaulle l'exceptionnalité absolue qu'ils revendiquent, et abandonner l'essentiel – qui consiste pour l'historien à se déprendre de ce qui, du sujet dont il parle, est encore ce sujet qui parle à travers lui – ; ou la leur refuser, au risque, dans ce cas, de manquer l'essentiel, qui consiste précisément dans ce que le gaullisme et de Gaulle ont eu d'exceptionnel ». Voilà le véritable défi pour les biographes de demain. Julian JACKSON

• *Voir aussi :* Antigaullistes ; Documentaires ; Mémoire de la Résistance ; Sources

OUVRAGES THÉMATIQUES. – Les ouvrages thématiques ne comprennent pas les écrits de Charles de Gaulle, ni les biographies consacrées au Général, ni les souvenirs, témoignages et Mémoires de ses proches ou de ses collaborateurs. Les instruments de recherche des ouvrages thématiques sont la *Bibliographie internationale sur Charles de Gaulle, 1940-1981* et son complément jusqu'en 1990 établis par l'Institut Charles-de-Gaulle, le catalogue en ligne de la bibliothèque de Sciences Po et la bibliographie en ligne de la Fondation Charles-de-Gaulle. Sans être exhaustifs, ces outils balaient largement le champ. Pour avoir une vision d'ensemble de la production scientifique et de la recherche, il faut les compléter par l'état des travaux universitaires inédits de science politique établi par la Fondation nationale des sciences politiques, par le fichier central des thèses de Nanterre pour les thèses non encore soutenues, et par le Système universitaire de documentation pour les thèses soutenues. L'ensemble représente un corpus de plus de trois mille références.

Les types de publications sont variés : ouvrages individuels et collectifs et numéros spéciaux de périodiques. Ces derniers sont nombreux et traitent, comme la revue *Espoir*, de thèmes en relation avec le Général. Une grande partie d'entre eux sont les actes de colloques synthétisant les avancées de la recherche sur un thème donné. Les ouvrages individuels peuvent être des monographies, des essais ou la publication d'une thèse. De Serge Berstein, *L'Histoire du gaullisme*, publiée chez Perrin en 2001, constitue à cet égard un ouvrage de référence. Les ouvrages collectifs, qui se sont multipliés depuis quinze ans, sont des dictionnaires ou des actes de colloques. Ils présentent l'intérêt de rassembler des spécialistes sur un sujet. Les auteurs concernés ici sont essentiellement des institutions et des universitaires. Les disciplines sollicitées sont nombreuses, rassemblant juristes, historiens, politologues, internationalistes ou sociologues. Le rôle fondamental de l'Institut et de la Fondation Charles-de-Gaulle est à souligner, comme organisateur ou coorganisateur de colloques et comme éditeur. Les langues d'édition sont surtout le français et l'anglais, mais des auteurs ont aussi écrit et ont été traduits en de nombreuses langues : plus de quarante-cinq ont été dénombrées. La production francophone est particulièrement importante. Outre la France, le Québec, la Suisse et la Belgique sont bien représentés, mais des travaux de qualité ont été effectués par les Américains. La majorité de la production reste cependant européenne. En quantité, elle évolue sensiblement. Pratiquement autant de titres ont été publiés entre 1980 et 1990 que pour toute la période antérieure à 1980, même si la typologie documentaire retenue n'est pas toujours la même. Après 1990, la production décroît légèrement, en valeur relative du moins, puisqu'elle doit être rapportée à une offre éditoriale générale en constante augmentation.

Les thèmes ont considérablement évolué avec le temps. Longtemps, la Ve République et les aspects institutionnels et diplomatiques ont primé. La pensée politique et l'étude du vocabulaire des discours et des écrits ont assurément mobilisé l'attention des auteurs, dès les années 1960, probablement parce qu'ils présentaient l'avantage de pouvoir être étudiés à partir de sources publiées et facilement disponibles. Les institutions, quant à elles, ont fait l'objet de recherches importantes et nombreuses menées par les historiens, juristes et politologues, et ont donné lieu à la publication d'ouvrages collectifs comme *Le Rétablissement de la légalité républicaine, 1944* (publié chez Complexe en 1996) et *L'Avènement de la Ve République* (Armand Colin, 1999). Les relations de De Gaulle avec la plupart des autres pays et sa politique étrangère ont été aussi abondamment traitées, ainsi que la décolonisation, l'Europe et les voyages. Il est possible de se reporter, par exemple, au livre de Maurice Vaïsse, *La Grandeur* (Fayard, 1998), et à l'ouvrage collectif publié par le Centre d'études de l'Afrique noire, *La Politique africaine du général de Gaulle* (A. Pedone, 1981). Par ailleurs, certains thèmes, abordés de manière redondante ou selon des regards différents, ont suscité beaucoup plus d'intérêt que d'autres. C'est le cas des écrivains, par exemple, et Alain Larcan a publié un très utile *De Gaulle inventaire* (Bartillat, 2003) qui recense les références ou allusions littéraires dans l'œuvre de De Gaulle. Il en va de même pour la participation et pour les questions sociales étudiées notamment par Patrick Guiol (*L'Impasse sociale du gaullisme*, publiée aux Presses de la Fondation nationale des sciences politiques en 1985) ou dans les actes du colloque de 1989, *La Politique sociale du général de Gaulle* (Centre d'histoire de la région du Nord et de l'Europe du Nord-Ouest, 1990). Le mythe et la légende, comme l'image dans les médias ont été aussi beaucoup étudiés. En outre, le champ d'études s'est étendu chronologiquement à la genèse de la pensée et de l'action du Général, à l'entre-deux-guerres et au RPF. Mais la recherche est restée extrêmement centrée sur le personnage de De Gaulle plutôt que sur une mise en perspective, ce que reflètent les intitulés des ouvrages : « De Gaulle et », « De Gaulle face à » plutôt que « tel thème au temps de De Gaulle ».

Le grand colloque organisé au moment du centenaire de la naissance du Général en 1990 par l'Institut Charles-de-Gaulle a permis de faire le point historiographique sur de nombreux sujets, traités par les spécialistes. *De Gaulle en son siècle* (Plon-La Documentation française, 1992), en huit tomes (« Dans la mémoire des hommes et des peuples » ; « La République » ; « Moderniser la France » ; « La sécurité et l'indépendance de la France » ; « L'Europe » ; « Liberté et dignité des peuples » ; « De Gaulle et la culture » ; « Sondages et enquêtes d'opinion »), reflète ainsi l'état de la recherche et l'intérêt pour certains thèmes il y a quinze ans. Mais en creux peut être constaté un manque d'information ou d'étude approfondie sur des sujets sensibles ou difficiles à traiter. Certains restent peu pris en compte, comme les influences intellectuelles reçues par de Gaulle. Peu de travaux ont été consacrés à la France libre – l'ouvrage majeur de Jean-Louis Crémieux-Brilhac fait exception –, à l'épisode de Dakar, à la traversée du désert après l'échec du RPF ou aux questions religieuses ou scolaires. Certains sujets sont difficiles à traiter en l'absence d'archives. D'autres, au contraire, ne suscitent pas beaucoup d'engouement malgré l'existence de sources intéressantes. C'est le cas des mouvements gaullistes – où l'on signalera seulement les travaux de Bernard Lachaise, pour le RPF, et de Jean Charlot, pour l'UNR et ses formations héritières.

Par ailleurs, les générations ont changé. À une première génération qui a écrit sur de Gaulle « à chaud », en ayant connu la personnalité de près ou en ayant vécu au moins à la même époque qu'elle, a succédé une génération plus distanciée. La première est plutôt une génération de témoins, de proches ou de collaborateurs, d'hommes politiques et de hauts fonctionnaires, de fidèles ou d'adversaires ; la seconde, une génération d'universitaires, éventuellement marqués par la légende, mais dotés d'un certain recul. La première pouvait être bien informée, malgré un parti pris favorable ou défavorable parfois net. La seconde a eu, depuis vingt-cinq ans, et a toujours la possibilité de travailler à partir des archives qui ont été progressivement ouvertes et connues, en France mais aussi à travers le monde. En France, les efforts de mise en valeur des fonds se poursuivent. Ainsi, le classement par les Archives nationales des archives du général de Gaulle pour la période 1940-1958 (fonds 5 AG) et la publication en 2003 du répertoire correspondant en ont facilité l'accès. Tout cela a permis, depuis une génération, d'approfondir la connaissance scientifique du général de Gaulle. Odile GAULTIER-VOITURIEZ

• *Voir aussi* : Documentaires ; Mémoire de la Résistance ; Ouvrages biographiques ; Sources

Bibl. : Bibliographie en ligne de la Fondation Charles-de-Gaulle : www.charles-de-gaulle.org • Institut Charles-de-Gaulle, *Bibliographie internationale sur Charles de Gaulle, 1940-1981*, Paris, Plon, 1981 • Id., *Nouvelle Bibliographie internationale sur Charles de Gaulle, 1980-1990*, Paris, Plon, 1990.

OUVRIERS. – Tout entier tourné vers la poursuite de la guerre, l'appel du 18 juin 1940 s'adresse d'abord aux officiers et aux soldats. Si une phrase évoque aussi « les ingénieurs et les ouvriers spécialistes des industries d'armement », la précision du propos exclut une visée sociopolitique. En ces circonstances, les projets du général de Gaulle prolongent ceux du « colonel motor ».

De fait, les allusions aux ouvriers sont rares sous la plume de l'officier acquis aux applications militaires de la mécanisation et de la rationalisation. C'est de ce point de vue qu'il note, en 1921, combien les ouvriers « ont une notion nette [du] machinisme, de l'effort d'industrie et d'organisation nécessaire au rendement » [*LNC*]. Le constat technique n'efface pas, pour autant, les préjugés sociaux. En mission dans le district minier de Teschen, en Silésie, de Gaulle relève que la population « est en grande partie formée d'ouvriers – sans vraies racines par conséquent ». En 1924, l'auteur de *La Discorde chez l'ennemi* laisse transparaître son mépris envers les groupes voués aux tâches d'exécution. Le regard et les enjeux évoluent à l'épreuve de la Seconde Guerre mondiale, de la Résistance et de la Libération. Venu exposer le programme social du RPF (Rassemblement du peuple français) à Saint-Étienne, en janvier 1948, le Général salue l'attitude patriotique de la « classe ouvrière ». L'expression ponctue le discours stéphanois, mais sa connotation marxiste interdit de la disputer longtemps aux communistes. Le verbe gaullien renoue donc avec le vocable plus neutre d'« ouvrier ».

Quoi qu'il en soit, on conçoit mal comment le général de Gaulle aurait pu ignorer un groupe dont la période de visibilité maximale se confond avec ses quatre-vingts années d'existence. Tout au long des décennies concernées, la proportion des ouvriers dans la population active ne descend jamais sous la barre des 30 %. Après le pic de 1926 – 39,7 % – et la décrue de la crise, puis de la guerre, les taux les plus élevés – 41 % en 1962 et 1968 – sont atteints sous la présidence du Général. Le plafonnement relatif de 1968 n'interrompt pas la croissance des effectifs. De 7 890 000 en 1962, les ouvriers sont 8 290 000 six ans plus tard. Ils seront 8 580 000 en 1975, date de leur apogée. Les données sociologiques ne sauraient garantir la visibilité si les représentations ne s'en mêlaient. À défaut de se confondre avec elle, de larges fractions du salariat, du petit peuple des villes et des campagnes s'identifient, en effet, à la « classe ouvrière » dont la « génération héroïque » des années 1930-1950 se décline en figures emblématiques – mineurs, métallos, dockers ou cheminots. Éclipsées des médias pour cause de guerre froide, elles conservent la force des stéréotypes.

De l'« association » à la « participation ». De Gaulle lui-même concourt à ces résultats par sa politique volontariste d'industrialisation. Quand bien même, en 1965, l'individu et le militaire jugent « attristant » le « transfert colossal » des paysans vers les usines, le chef de l'État assume le choix de la modernisation du pays. Celle-ci suppose le rassemblement des Français auquel doivent contribuer les réformes sociales qu'il préconise. Parce qu'il réprouve la lutte des classes, de Gaulle entend attaquer le mal à sa racine : la misère, l'injustice et l'aliénation. L'ambition, exprimée à la BBC le 20 avril 1943, se concrétise à la Libération sans qu'il soit toujours aisé de distinguer ce qui vient du chef du Gouvernement provisoire de ce qui tient à la réalisation du programme du CNR (Conseil national de la Résistance), ou encore de ce qui résulte de la configuration politique et sociale de la période. Tout change en 1947 et 1948. Dans l'opposition au régime et aux « séparatistes », De Gaulle expose sa réponse « humaine, française, pratique » à la question sociale qui « domine tout ». Hostile au laisser-faire, laissez-passer des libéraux tout autant qu'au collectivisme, il prône « l'association digne et féconde de ceux qui mettraient en commun [...], soit leur travail, soit leur technique, soit leur bien, et qui devraient partager [...] les bénéfices et les risques ». Le propos ne variera plus, quant au fond. Applicable à l'entreprise, cette troisième voie intéresse au premier chef les salariés, que le Général assimile volontiers aux ouvriers. Le 8 mars 1967, il observe qu'en dépit de la progression de leur niveau de vie la condition de ces derniers « n'a pas été réglée » dans son aspect majeur : la dignité. En cela, l'analyse gaullienne se distingue nettement de l'avis de Georges Pompidou pour lequel c'est « une perversion intellectuelle du XIXe que de [...] confondre » problèmes ouvriers et problèmes sociaux. Sur ce point, la plupart des cadres gaullistes partagent l'opinion du Premier ministre. Le décalage est ancien. Au lendemain du discours de Saint-Étienne, en 1948, beaucoup de sympathisants du RPF avaient manifesté leur désapprobation. À y regarder de plus près, les conceptions du Général ne manquent pas d'audace, mais participent d'une vision très hiérarchisée de l'usine et de la société. Ouverte à l'idée de concertation, la pensée sociale gaullienne se réclame de la justice et de l'équité, mais se démarque de l'égalitarisme niveleur, valorise le principe d'autorité et réaffirme le rôle indispensable de l'État, arbitre ultime et indiscutable de l'intérêt général.

Ce corporatisme venu du catholicisme social se colore de saint-simonisme par son adhésion au progrès et l'appel à la coopération des producteurs, thèmes chers à l'élite ouvrière. Il porte la marque d'un colbertisme adapté aux besoins de l'État-nation et du seul but qui vaille : le rang de la France. Au risque de lui subordonner le reste, objectifs sociaux compris. Facilement admis par un gaullisme partisan d'inclination droitière, un tel ordre des priorités l'affaiblit dans le combat sans merci livré au PCF. Les efforts d'organisation entrepris au temps du RPF échouent à mordre sérieusement sur le monde ouvrier. Le rejet de la IVe République et la situation créée par la guerre d'Algérie modifient la donne. En 1958, la prééminence prévisible de l'ancien chef de la France libre dans les nouvelles institutions rassure. En foi de quoi, l'électorat ouvrier contribue à la défection du tiers des sympathisants communistes qui rallient le Général ou s'abstiennent. Le redressement ultérieur du PCF ne vient pas à bout de l'ancrage ouvrier du gaullisme. Au référendum de 1962, le « oui » l'emporte plus nettement dans les régions industrielles de la moitié nord du pays que dans les départements ruraux du Midi. À la veille de l'élection présidentielle de 1965, 42,5 % des ouvriers disent vouloir voter pour le président sortant, contre 34 % pour François Mitterrand. L'audience de l'UNR (Union pour la nouvelle République), dont les candidats locaux s'identifient à la droite, est inférieure à ces scores. En 1966-1967, une enquête évalue autour de 22 %, la proportion d'ouvriers favorables au gaullisme partisan. Une partie d'entre eux appartiennent au noyau dur des « ouvriers conservateurs », à dominante féminine, à forte pratique religieuse et de faible hérédité ouvrière. Avec le temps, cependant, la confiance s'émousse. Quelques jours après le premier tour des élections législatives de 1967, le Général constate que « l'adhésion s'atténue » dans le Nord, le Pas-de-Calais et la Lorraine industrielle. Un rapport commandé par le gouvernement dresse l'état social de la France. Le président de la République réactive le thème de la participation, objet d'une ordonnance estivale dont le contenu résume les ambiguïtés sociales du régime et éclaire les ambivalences ouvrières à l'égard du Général.

Croissance et condition ouvrière. Au cœur des Trente Glorieuses, la présidence du général de Gaulle coïncide avec une expansion désormais reconnue. Entre 1959 et 1970, le taux de croissance annuel est de 5,8 %. Après des années de vaches maigres, le pouvoir d'achat ouvrier ne se contente plus de rattraper le recul consécutif à la guerre. De 1959 à 1969, il progresse de 45 %, donnant accès à des biens, des services et des activités jadis hors de portée. Le plein emploi prolongé jusqu'au milieu des années 1960 donne des atouts aux salariés et offre des opportunités de promotion aux ouvriers professionnels. Avec les garanties apportées par la Sécurité sociale contre les coups du sort, la condition ouvrière s'émancipe peu à peu de la précarité.

Les années gaulliennes ne sont pas, pour autant, les plus favorables aux ouvriers.

L'amélioration du niveau de vie, commencée avant 1958, s'accélère, dans le sillage de 1968, malgré, puis sans de Gaulle. Les progrès enregistrés par les statistiques des années 1960 sont, enfin, payés au prix fort. Élevée, la durée du travail trahit le poids des heures supplémentaires dans le financement des consommations ouvrières. Les gains de productivité résultent, pour partie, d'une course aux « cadences infernales ». Le reste découle d'un effort d'équipement remarquable. Si tous les revenus augmentent, ceux du capital s'accroissent de 13 % par an, entre 1963 et 1968, contre 4 % pour ceux du travail. L'administration encourage les concentrations et les reconversions, incite aux délocalisations et à l'immigration susceptibles de contourner les « forteresses ouvrières ». Aux contraintes de compétitivité, le Général en ajoute d'autres qui renvoient à sa conception de l'État. Attaché à la défense du franc, il prône la rigueur budgétaire et combat l'inflation. Dirigiste, il appuie les mesures de contrôle des prix et de modération salariale. Qu'il s'agisse des ouvriers du secteur nationalisé ou des smigards, l'évolution des rémunérations marque un retard sur celles du gros des salariés.

La subordination, jamais démentie, du social à d'autres priorités et les pratiques de limitation effective du droit de grève brouillent un peu plus l'image du régime. Là réside sa principale faiblesse aux yeux de l'opinion. La proportion des mécontents de sa politique sociale oscille entre 40 et 60 % de 1965 à 1970. En avril 1963, la grève des mineurs affecte la popularité du Général, qui obtient le plus mauvais indice de sa présidence. Ce recul ne dure pas, mais le retour du chômage joint à l'impatience des salariés expliquent la détérioration du climat social sous le second septennat. Outre la multiplication des journées d'action, plusieurs conflits phares occupent le devant de l'actualité. Signe des temps, la personnalisation des slogans – « Charlot, des sous ! » – se fait plus âpre. « De Gaulle démission ! » clament les manifestants, le 17 mai 1967. Le PCF se félicite d'une évolution qui semble confirmer un point cardinal de sa stratégie : la classe ouvrière constitue la base sociale principale de l'antigaullisme. La réalité s'avère toutefois plus complexe. D'abord parce que le groupe ouvrier de 1968 n'est plus ce qu'il était dix ans plus tôt. Plus jeune, en voie de féminisation, grossi de contingents de ruraux et d'immigrés, il voit ses nouvelles composantes se concentrer dans les segments en hausse du travail posté et des chaînes. L'écart grandit avec les ouvriers professionnels (OP), devenus minoritaires. Ainsi l'extension des effectifs s'accompagne-t-elle d'une hétérogénéité qui, pour ne pas être nouvelle, menace la cohésion du groupe. Le développement du salariat bouleverse, d'autre part, le paysage social. Les ouvriers qui formaient 61 % des salariés en 1954 n'en formeront bientôt plus la majorité. En 1968, la plus grande grève générale de l'Histoire porte un coup fatal à l'autorité du Général. Les ouvriers tiennent plus que leur place dans les événements. Les références, sentimentales, de principe ou rituelles, à la « classe » masquent mal, cependant, l'écart entre les prétentions et les objectifs de la jeunesse universitaire et ceux du monde des usines ou des chantiers. Du moins pour ce qu'on en sait, car, en ces lieux aussi, des tensions, voire des frictions, générationnelles ou catégorielles, se font jour dont témoignent les embarras inattendus du PCF et de la CGT (Confédération générale du travail). Un an plus tard, le départ du général de Gaulle paraît redonner la primauté aux déterminismes sociaux. Face à Georges Pompidou, catalogué comme « défenseur du capital » par 55 % des Français, les candidats socialistes et communistes rassemblent plus de 40 % des suffrages ouvriers, soit 11 points de mieux que l'ancien Premier ministre. Une page se tourne.

Michel Pigenet

• *Voir aussi* : Grève des mineurs de 1963 ; Mai 68 ; PCF ; Sociale (politique) ; Syndicats ouvriers

Bibl. : Patrick Guiol, *L'Impasse sociale du gaullisme. L'Action ouvrière et le RPF*, Paris, PFNSP, 1985 • Guy Michelat et Michel Simon, *Classe, religion et comportement politique*, Paris, PFNSP, 1977 • Marc Sadoun, Jean-François Sirinelli et Robert Vandenbussche (dir.), *La Politique sociale du général de Gaulle*, Lille, université Charles-de-Gaulle, Lille-III, 1989.

P comme Peuple

« La République, c'est le peuple ! On n'est pas la République quand on n'a pas le peuple avec soi. »

De Gaulle, Conférence de presse du 12 novembre 1947, *Discours et messages.*

PALESTINE. – Pendant la Seconde Guerre mondiale, alors même que la Palestine connaît de violentes tensions, Charles de Gaulle, à en juger du moins par ses Mémoires, ne s'intéresse qu'aux périls qui menacent les intérêts de la France au Levant, c'est-à-dire au Liban et en Syrie. Il s'inquiète tout particulièrement des mouvements nationalistes arabes qu'il soupçonne d'être influencés par la Grande-Bretagne. Quelques réflexions de ses *Mémoires de guerre. Le Salut, 1944-1946* sont très révélatrices de sa représentation de la région à cette époque : « Une crise majeure éclatait au Levant. Depuis longtemps, la frénésie des nationalistes arabes et la volonté des Britanniques de rester seuls maîtres en Orient s'y coalisaient contre nous [...]. Au marché de Yalta, Churchill avait obtenu de Roosevelt et de Staline qu'on lui laissât les mains libres à Damas et à Beyrouth. » Dans les nombreuses pages consacrées aux péripéties de ses relations tumultueuses avec Londres, de Gaulle ne dit pas un mot de la Palestine ; sans doute parce qu'elle relève encore, jusqu'en mai 1948, de la sphère d'influence britannique. En novembre 1947, aux Nations unies, la France vote en faveur du plan de partage de la Palestine, mais cela fait déjà longtemps que de Gaulle a quitté le pouvoir.

Une dizaine d'années plus tard, lorsque le Général revient aux affaires, le nationalisme palestinien n'est encore qu'en gestation et n'a pas encore les caractères qui en permettraient à la fois l'expression et la reconnaissance. Ce n'est qu'après l'effondrement brutal du nationalisme arabe porté par Gamal Abdel Nasser, à la suite de sa défaite de 1967, que cette identité commence à s'affirmer sous de multiples formes : en particulier avec l'entrée au Fatah d'une nouvelle génération se définissant avant tout comme palestinienne et la lente émergence d'un leader, Yasser Arafat, qui devient président du comité exécutif de l'Organisation de libération de la Palestine (OLP) en février 1969, quelques semaines avant que de Gaulle ne quitte définitivement la scène politique. Le fondateur de la Ve République ne peut donc se saisir du problème que dans sa dimension interétatique ; il le fait à l'occasion de cet événement décisif qu'est la guerre de 1967 entre Israël et les pays arabes.

Le texte de référence en la matière est sa conférence de presse du 27 novembre 1967 où il synthétise ses positions après plusieurs mois d'intense activité diplomatique. Cette déclaration peut se résumer en quelques points forts. De Gaulle affirme d'abord le droit à l'existence d'Israël : « Bien entendu, nous ne laissons pas ignorer aux Arabes que, pour nous, l'État d'Israël était un fait accompli et que nous n'admettrions pas qu'il fût détruit » ; puis il condamne l'attaque israélienne : « Le 2 juin, le gouvernement français avait officiellement déclaré qu'éventuellement, il donnerait tort à quiconque entamerait le premier l'action des armes... si Israël est attaqué, avais-je déclaré à M. Eban, ministre des Affaires étrangères d'Israël, nous ne le laisserons pas détruire... mais si vous attaquez, nous condamnerons votre initiative. » Il se livre ensuite à une analyse très lucide des conséquences à long terme de cette guerre : « Israël [...] s'est emparé, en six jours de combat, des objectifs qu'il voulait atteindre. Maintenant, il organise, sur les territoires qu'il a pris, l'occupation qui ne peut aller sans oppression, répression, expulsions et il s'y manifeste contre lui une résistance, qu'à son tour, il qualifie de terrorisme... » Et, enfin, il formule une proposition claire de règlement politique du conflit qui doit avoir pour base « l'évacuation des territoires qui ont été pris par la force, la fin de toute belligérance et la reconnaissance réciproque de chacun des États en cause par tous les autres [...] après quoi, par décision des Nations unies, il serait probablement possible d'arrêter le tracé précis des frontières, la sécurité des deux côtés, le sort des réfugiés et les modalités de la libre navigation pour tous, notamment dans le golfe d'Akaba et dans le canal de Suez [...] Dans cette hypothèse, Jérusalem devrait recevoir un statut international ».

Cette prise de position fut à l'époque beaucoup critiquée dans les médias et l'opinion publique française, très favorable alors à Israël. Pourtant, les principes fondamentaux contenus dans cette déclaration sont devenus les bases de la politique extérieure de la France au Proche-Orient. Les inflexions intervenues par la suite n'ont fait que prendre en compte les nouvelles dimensions de la question avec l'affirmation du nationalisme palestinien et sa revendication d'un État à côté d'Israël, avec Jérusalem-Est comme capitale.

Jean-Paul CHAGNOLLAUD

• *Voir aussi* : Arabe (politique) ; Israël ; Politique étrangère ; Six-Jours

Bibl. : Paul Balta, *La Politique arabe de la France*, Paris, Sindbad, 1973 • Élie Barnavi et Saül Friedlander, *La Politique étrangère du général de Gaulle*, Paris, PUF, 1985 • Samir Kassir et Farouk Mardam-Bey, *Itinéraires de Paris à Jérusalem*, Paris, Les Livres de la *Revue d'études palestiniennes*, 2 vol., 1993.

PALEWSKI, Gaston (1901-1984). – Né à Paris dans une famille polonaise fixée en France au XIXe siècle, Gaston Palewski est le fils de Maurice Palewski, ingénieur, et de Rose Diamantberger, fondatrice des premiers centres d'hygiène infantile de la région parisienne. Il fait ses études à Paris puis à Oxford où il découvre la littérature anglaise et acquiert une bonne connaissance du monde anglo-saxon. Volontaire au Maroc pour y accomplir son service militaire, il est en 1924-1925 attaché politique au cabinet du maréchal Lyautey, résident général, et fait dans ce protectorat français ses débuts dans le service public. Après avoir été collaborateur d'André François-Poncet à la Société d'études et d'informations économiques, il est à partir de 1928 et jusqu'en 1939 le principal collaborateur de Paul Reynaud, puis son directeur de cabinet. En 1934, il fait une rencontre qu'il estime « décisive », celle du colonel de Gaulle. Il est convaincu par les thèses de ce dernier sur l'utilisation des blindés, idées nouvelles qu'il essaie en vain de faire admettre par la classe politique. En janvier 1940, sentant monter des critiques à son égard, il quitte son poste de directeur de cabinet et se porte volontaire pour la 34e escadre de bombardement de nuit avec laquelle il participe activement à la bataille de France et survole notamment, en mai 1940, dans des conditions périlleuses, les champs de bataille de la Meuse.

En juin 1940 il rejoint Bordeaux, puis passe sur ordre en Afrique du Nord où il entend l'appel du 18 Juin. Il intervient auprès de Marcel Peyrouton, résident général en Tunisie, puis de Charles Noguès, commandant en chef du théâtre d'opérations de l'Afrique du Nord française, dans l'espoir que cette partie de l'Empire poursuive la lutte, mais n'obtient pas leur ralliement. En août 1940, décidé à poursuivre le combat, il rejoint le général de Gaulle à Londres. En décembre, celui-ci le nomme directeur des Affaires politiques et des territoires non libérés de la France libre. Entre février 1941 et septembre 1942, le lieutenant-colonel Palewski commande les Forces françaises libres de l'Est africain et prend part à la campagne d'Éthiopie. Rappelé par de Gaulle à Londres en septembre 1942, il devient son directeur de cabinet, poste qu'il occupera pendant quatre années à Londres, Alger et Paris. Gaston Palewski travaille avec le Général, analyse les rapports qui arrivent de France et développe une activité diplomatique. Il fait notamment la liaison entre Churchill et de Gaulle, et intervient régulièrement, avec souplesse et habileté, pour maintenir la qualité des relations entre les deux hommes. Après le Débarquement, il accompagne le Général aux États-Unis en juillet, puis descend à ses côtés les Champs-Élysées le 26 août 1944. En décembre il est auprès du président du GPRF en Union soviétique.

Nommé Compagnon de la Libération en janvier 1946, Palewski suit de Gaulle dans sa retraite et le tient régulièrement informé de ce qui se passe à Paris. En avril-mai 1947, il contribue à la création du RPF dont il devient un des membres du conseil de direction. Militant et orateur percutant, il parcourt la France et prononce de nombreux discours dans lesquels il défend les idées du Général avec acharnement. Celui-ci poussant les dirigeants du Rassemblement à se présenter aux élections, Gaston Palewski s'exécute dans la 6e circonscription de la Seine, où il est élu député en juin 1951. En 1955 il entre au cabinet Edgar Faure en qualité de ministre délégué à la présidence du Conseil chargé des Affaires atomiques, des Affaires sahariennes et de la coordination de la Défense. En désaccord avec la politique du gouvernement en Afrique du Nord, il réclame la constitution d'un gouvernement de salut public ; son appel n'étant pas écouté, il démissionne en octobre 1955. Il n'est pas réélu député en 1956.

En 1957, Gaston Palewski est nommé ambassadeur de France à Rome, poste qu'il occupe jusqu'en 1962. Il reçoit le Général en Italie au cours de l'été 1959 – cette visite a marqué un tournant dans les relations franco-italiennes et a facilité le rôle de Palewski dans la péninsule. Le 14 avril 1962, il entre au cabinet Georges Pompidou en qualité de ministre d'État chargé de la Recherche scientifique et des Questions atomiques et spatiales. Sous l'impulsion du général de Gaulle et investi de sa confiance, il développe les relations entre l'industrie, la recherche et la coopération internationale. Au *Journal officiel* du 24 février 1965 paraissent deux décisions du Général : l'une désignant Gaston Palewski pour siéger au Conseil constitutionnel, l'autre le nommant président de ce Conseil. C'est donc lui qui prend note des résultats du référendum du 27 avril 1969 et de la démission du général de Gaulle. Il achève son mandat en 1974 et décède dix ans plus tard, cinquante ans après sa première rencontre avec de Gaulle à qui il a donné pendant un demi-siècle les preuves de sa fidélité.

Élisabeth Yverneau-Glasser

• *Voir aussi :* Conseil constitutionnel ; Diplomates ; FFL ; Recherche ; RPF

Bibl. : Gaston Palewski, *Hier et aujourd'hui, des hommes, des idées et des faits*, Paris, Plon, 1975 • Id., *Mémoires d'action, 1924-1974*, Paris, Plon, 1988.

PAPON, Maurice (né en 1910). – Né à Gretz-Armainvilliers en Seine-et-Marne, Maurice Papon fait ses études à Paris au lycée Louis-le-Grand, à la faculté de droit et à l'École libre des sciences politiques. Rédacteur au ministère de l'Intérieur en 1935, attaché au cabinet de François de Tessan, sous-secrétaire d'État dans les gouvernements de Léon Blum, il devient sous-préfet en 1941. En 1942, il est secrétaire général de la Gironde et, en août 1944, Vichy le nomme préfet des Landes. À la Libération, il revient à Bordeaux comme directeur de cabinet du commissaire de la République. Au cours de son passage dans cette ville, le 16 septembre 1944, le général de Gaulle avait fait appel à lui pour seconder le commissaire Gaston Cusin. Selon l'opinion d'Olivier Guichard recueillie par Éric Roussel, de Gaulle connaissait son passé de haut fonctionnaire sous Vichy, mais l'autorité de l'État et le péril communiste exigeaient à ses yeux qu'on ne regardât pas de trop près la carrière de ceux qui avaient travaillé pour le régime de Vichy.

Papon exerce ensuite diverses responsabilités préfectorales en métropole, au Maroc et en Algérie. En mars 1958, il devient préfet de police à Paris. Le 13 mai, il refuse la proposition du président du Conseil de prendre la succession de Robert Lacoste comme ministre résident en Algérie. Il est très favorable au retour du général de Gaulle, sans participer toutefois aux réunions de l'état-major gaulliste. Pendant huit ans, de Gaulle ne ménage ni son soutien ni son approbation à ce préfet de police qui lui est entièrement dévoué. En juillet 1965, il lui écrit de sa main une lettre relativement longue et argumentée pour le remercier de l'envoi de son livre à visées philosophiques et politiques, *Vers un nouveau discours de la méthode*. Conséquence de l'affaire Ben Barka, une réforme de la police tend à éradiquer la concurrence entre les divers services et Papon se montre soucieux de préserver l'autonomie de sa préfecture. En janvier 1967, Maurice Grimaud est désigné pour le remplacer. Auparavant, de Gaulle a cherché à affecter Maurice Papon à un poste diplomatique. Il a écrit à Georges Pompidou en novembre 1966 : « J'estime qu'il y a lieu pour le gouvernement de lui attribuer un emploi où il continue à mettre ses grandes qualités au service de l'État. »

Nommé à la présidence de Sud-Aviation en 1967, Papon se présente dans le Cher comme candidat UDR aux législatives de juin 1968. Il est élu, et réélu en 1973 et 1978. En octobre 1968, avec l'approbation formelle du Général selon Jacques Foccart, il est nommé trésorier national de l'UDR. Il est ministre du Budget en 1978-1981.

En avril 1998, pour sa participation à la déportation des Juifs à Bordeaux durant la guerre, Maurice Papon est condamné par la cour d'assises de la Gironde à dix ans de réclusion criminelle pour complicité de crimes contre l'humanité. Emprisonné en octobre 1999, il est libéré en septembre 2002 pour raisons médicales.

Jean-Paul Brunet

• *Voir aussi* : Collaboration ; Hauts fonctionnaires (1940-1945) ; Manifestations liées à la guerre d'Algérie ; Polices

Bibl. : Jacques Foccart, *Le Général en mai : 1968-1969*, Paris, Fayard-Jeune Afrique, 1998 • Maurice Papon, *Les Chevaux du pouvoir. Le préfet de police du général de Gaulle ouvre ses dossiers, 1958-1967*, Paris, Plon, 1988 • Éric Roussel, *Charles de Gaulle*, Paris, Gallimard, 2002.

PARIS, comte de (1908-1999). – Né dans l'Aisne, Henri d'Orléans, comte de Paris, était le petit-fils de Louis-Philippe par sa mère et son petit-neveu par son père. Les prétendants des familles ayant régné sur la France étaient sous le coup de la loi d'exil de 1886, mais les autres membres de ces familles pouvaient aller et venir. C'était le cas pour celle d'Henri d'Orléans, qui vivait néanmoins au Maroc. Éduqué par des précepteurs clercs et laïcs, préparé à une vie plutôt insouciante, le jeune Henri devint en 1926 le chef désigné de la Maison de France à la suite de la mort inopinée de son oncle le duc d'Orléans.

Face au délitement de la IIIe République, Henri d'Orléans se crut destiné à jouer un rôle politique : « Oui, j'ai rêvé de restaurer la monarchie. Je le souhaitais avec l'enthousiasme de mes dix-neuf ans. » En septembre 1939, faute de pouvoir s'engager dans l'armée française en raison de la loi d'exil, il s'enrôla dans la Légion étrangère avec l'accord de Paul Reynaud. Démobilisé en août 1940, il songea à rejoindre le général de Gaulle à Londres, mais ne voulut ni « avaliser ses options politiques floues au début », ni faire siennes ses « querelles avec Vichy auxquelles [il] ne souscriv[ait] pas au moment de l'armistice ». Après le débarquement anglo-américain en Afrique du Nord, il fut contacté au Maroc par un groupe hétérogène, dit « groupe des Cinq », afin, dit-il dans ses Mémoires, « de démettre Darlan de ses fonctions usurpées et de m'investir ensuite, par eux, à sa place, pour rassembler les Français dans la légalité républicaine ». Il pensait « constituer entre les partisans de De Gaulle et ceux de Pétain un arbitrage conduisant à la réconciliation active des Français de bonne volonté ». Mais l'amiral Darlan fut assassiné le 24 décembre 1942. Le général Giraud lui succéda et le comte de Paris regagna le Maroc.

Après l'abrogation de la loi d'exil en 1950, le prétendant put s'établir en France et se faire entendre par l'intermédiaire d'un *Bulletin mensuel*. Le premier contact avec de Gaulle eut lieu en mai 1953. Les deux hommes s'accordèrent sur l'incapacité de la IVe République à faire face aux aspirations des peuples colonisés et à la réforme des institutions. En juillet 1954, de Gaulle évoqua la possibilité d'une monarchie « dont les Français ont la nostalgie ». Les liens se resserrèrent. Face à la guerre d'Algérie et à la faillite aggravée de la IVe République, le Général tint à nouveau au prétendant des propos encourageants sur un recours possible à la monarchie. Dans ses *Mémoires d'exil et de combats*, parus en 1979, le comte de Paris a avancé l'idée selon laquelle le général de Gaulle aurait eu l'intention d'instaurer une monarchie démocratique dans le cadre de la Constitution de 1958. Après le référendum de 1962, de Gaulle fit part à son interlocuteur de son intention de quitter la présidence en 1965, en ajoutant : « Vous aurez donc trois ans à vous préparer. » Mais en janvier 1966, à la question de nouveau posée par le prétendant de la possibilité de rétablir la monarchie, de Gaulle répondit sans ambages : « Peut-être pas. Je le regrette. » Malgré tout, les relations restèrent toujours empreintes de déférence seigneuriale de part et d'autre. Charles de Gaulle a aimé ce jeu d'apparences qui lui permettait d'emprunter les formes et les formules de l'Ancien Régime, mais il veillait à le maintenir dans les limites d'une méditation à deux voix, sans réelle conséquence. Philippe LEVILLAIN

• *Voir aussi* : Bonnier de La Chapelle, Fernand ; Darlan, François ; Monarchie

Bibl. : Comte de Paris, *Mémoires d'exil et de combats*, Paris, Atelier Marcel Jullian, 1979 • Comte de Paris et général de Gaulle, *Dialogue sur la France. Correspondance et entretiens, 1953-1970*, Paris, Fayard, 1994.

PARLEMENTARISME. – *Voir* ASSEMBLÉE NATIONALE ; CONSTITUTIONNELLES (conceptions) ; SÉNAT.

PARODI, Alexandre (1901-1979). – Issu d'une famille républicaine et patriote, Alexandre Parodi intègre le Conseil d'État en 1926. Il remplit parallèlement, de 1929 à 1938, les fonctions de secrétaire général adjoint du Conseil national économique. En septembre 1940, il doit quitter le poste de directeur du Travail et de la Main-d'œuvre qu'il occupait depuis deux ans au ministère du Travail. Entré en résistance comme son frère René, qui paye de sa vie sa participation à Libération-Nord, il fait partie du « Comité général d'études » mis en place par Jean Moulin en juillet 1942 afin de préparer les réformes de l'après-Libération. L'arrestation de Moulin, puis celle de son successeur Émile Bollaert ont affaibli la Délégation générale du CFLN (Comité français de la Libération nationale) en France ; pour y remédier, le général de Gaulle nomme à sa tête Parodi en mars 1944. Il ne le connaît pas personnellement, mais il le choisit en raison de sa qualité de haut fonctionnaire et de sa réputation d'intégrité. Le nouveau délégué général joue un rôle essentiel dans la clandestinité. Il contribue à la préparation du « grand mouvement préfectoral » conçu par Michel Debré et à la libération de Paris, à laquelle son pseudonyme, *Cérat*, est resté associé. Il accueille de Gaulle, qui l'a nommé secrétaire général provisoire aux Territoires occupés, à son arrivée dans la capitale. Ministre du Travail et de la Sécurité sociale de septembre 1944 à novembre 1945, Parodi inspire notamment les textes fondamentaux relatifs à la Sécurité sociale, la création des comités d'entreprise et le statut de l'immigration. Mais l'engagement résistant, puis le passage aux affaires constituent dans son existence une manière de parenthèse : serviteur de l'État, Parodi ne souhaite pas embrasser une carrière politique, et le gaullisme de fidélité qu'il observe reste platonique. Devenu diplomate, il représente la France auprès du Conseil de sécurité des Nations unies, à New York, lorsque de Gaulle fonde le RPF (Rassemblement du peuple français), auquel il n'adhère pas ; après avoir entre autres assumé la charge de secrétaire général du Quai d'Orsay, il se trouve à Rabat, ambassadeur de France au Maroc, à l'avènement de la Ve République. En 1960, il succède à René Cassin comme vice-président du Conseil d'État. Certaines prises de position du Conseil, qui annule l'ordonnance instituant la Cour militaire de justice chargée de juger les membres de l'OAS (Organisation armée secrète) par l'arrêt Canal, puis s'oppose à la réforme constitutionnelle de 1962, irritent le général de Gaulle – lequel conserve toutefois à son ancien ministre l'estime qu'il lui a témoignée dans ses Mémoires. Membre de l'Institut, Compagnon de la Libération, Parodi prend sa retraite en 1971, mais continue jusqu'à sa mort à s'impliquer au sein d'associations caritatives. Sébastien STUDER

• *Voir aussi :* Conseil d'État ; GPRF (œuvre intérieure et outre-mer du) ; Hauts fonctionnaires ; Juridictions d'exception ; Sociale (politique)

Bibl. : Diane de Bellescize, *Les Neuf Sages de la Résistance. Le Comité général d'études dans la clandestinité*, Paris, Plon, coll. « Espoir », 1979.

PARTICIPATION. – Cette dénomination tardive est apparue pour la première fois le 27 novembre 1967 pour désigner un dispositif de réforme sociale défendu auparavant sous la notion d'association capital-travail ou d'Association. Avant cette date, lorsque de Gaulle recourait à ce vocable, c'était dans le sens courant. La participation, sous forme de concept définitivement adopté en 1968, fait donc suite à l'idée d'association capital-travail ébauchée durant la Seconde Guerre mondiale mais dont l'architecture s'est surtout développée sous le RPF, à partir de 1947. Elle en reprend les fondements tout en les dépassant substantiellement. En effet, elle recouvre deux dimensions qui renvoient à des volets politiques sensiblement distincts. D'un côté, une dimension « ouvriériste » assez classique qui vise la question de la condition salariale dans un régime d'exploitation capitaliste ; de l'autre, une dimension philosophique plus globale en réponse à ce que le chef de la France libre désignait dès 1941 comme une crise de civilisation résultant des tentations totalitaires propres aux sociétés industrielles modernes, quel que soit, cette fois, le régime économique en vigueur. Dans la première acception, c'est l'injustice sociale, les atteintes à la dignité de l'homme dans ses relations de travail qui doivent être résolues au bénéfice de la fraternité, de l'intégration, de la productivité économique et de la cohésion nationale ; dans la seconde, c'est le malaise des âmes et la grégarisation croissante des masses dans un univers industriel réifiant qui sont visés, avec comme but, en définitive, le « triomphe de l'esprit sur la matière ». Deux champs d'application sont concernés.

La participation dans l'entreprise. Dans l'entreprise, la participation implique l'association aux bénéfices, au capital et aux prises de décision. C'est, dira de Gaulle le 16 mai 1967, un « régime social nouveau fondé sur l'association comme sur l'esprit d'entreprise », ce que l'on nomme parfois une troisième voie. « Dans notre société industrielle, ce doit être le recommencement de tout, comme l'accès à la propriété le fut dans notre ancienne société agricole », écrit le Général en 1966 à Marcel Loichot, lui avouant qu'il cherche « depuis toujours, un peu à tâtons, la façon pratique de déterminer le changement, non point du niveau de vie, mais bien de la condition de l'ouvrier ». C'est aussi un processus participatif qui organise le changement : par la participation « processus » doit être instaurée la participation « mode d'organisation », grâce à laquelle le travailleur sera pleinement reconnu pour son apport dans l'activité productive et l'individu comme citoyen à part entière dans les murs de l'entreprise.

La méthode gaullienne de réforme de l'entreprise est celle du triptyque : participation aux bénéfices, participation au capital, participation à la gestion. Ces trois déclinaisons sont hiérarchisées : la participation aux bénéfices constitue le premier degré de reconnaissance du travail, la participation à la gestion l'aboutissement.

Entre les deux, la participation au capital est un moyen, parmi d'autres, de permettre aux salariés d'accéder légalement à la gestion. Indissociables, ces trois voies forment un tout. Quant au ressort du dispositif, il relève d'une conception classique, partagée aussi bien par les économistes libéraux que par les marxistes, à savoir que la propriété, privée ou collective, fonde le pouvoir. De Gaulle se laisse convaincre par l'ingéniosité du mécanisme mis au point par Marcel Loichot. La proposition de ce polytechnicien, de surcroît président-directeur général de la plus importante firme française de conseil en gestion d'entreprise, le séduit par son pragmatisme. Elle offre une solution adaptée à cette période de croissance économique soutenue. Selon l'idée initiale, c'est en s'appuyant sur un mécanisme de propriété croissante de l'outil de production que les travailleurs devraient, en une vingtaine d'années, accéder à la participation aux décisions relatives à la politique générale de l'entreprise.

La participation gaullienne diffère donc de l'actionnariat salarié de type anglo-saxon comme des procédures françaises mises en œuvre à l'occasion des privatisations de 1986-1988 et 1993-1997, en ce qu'elle n'est pas une « faculté » – même préférentielle – offerte aux salariés pour l'utilisation de leur épargne : elle est un droit. Son principe réside dans le partage entre actionnaires et salariés des accroissements d'actifs de l'entreprise dus à l'autofinancement ; en d'autres termes, il est admis que les salariés soient légitimement, bien que partiellement, propriétaires des investissements financés grâce aux bénéfices réalisés par leur entreprise. De Gaulle, dans un discours du 28 octobre 1966, énonce le principe en ces termes : « Fixer les voies et les moyens par lesquels les travailleurs auront légalement leur part, et du même coup leurs responsabilités, dans les progrès des entreprises, étant donné qu'ils y participent directement par leur effort et leur capacité ». Cette reconnaissance d'un droit du travailleur sur le fruit de l'activité de l'entreprise se situe, par conséquent, en totale dérogation à la logique capitaliste. Le plan Loichot en fut l'inspirateur, l'amendement Vallon le déclencheur, l'ordonnance du 17 août 1967 une esquisse de réalisation. Son application obligatoire dans les entreprises de plus de cinquante salariés entérine ce principe nouveau, unique en Occident. Parallèlement, d'autres voies d'accès plus directes aux responsabilités ne sont pas exclues. Dès la Libération, la création des comités d'entreprise (aux attributions étendues par une loi de 1966) et des délégués du personnel avait traduit cette reconnaissance. La loi Capitant (juillet 1966) qui instaure les sociétés anonymes à directoire et conseil de surveillance marque un autre pas en ce sens. Elle fut présentée par son auteur comme une étape préalable avant d'accorder au comité d'entreprise, redéfini dans ses attributions, un rôle de contrôle du directoire dans l'intérêt des travailleurs, qui équivaut à celui du conseil de surveillance pour les actionnaires. Quant à l'actionnariat volontaire, il sera perçu, en parallèle, comme l'expression d'une conduite additionnelle d'épargne et d'un choix de placement par le salarié, libre de l'usage de son salaire.

La participation dans la société. Par réalisme économique autant que par patriotisme, de Gaulle attendait de la participation des vertus mobilisatrices en faveur du développement de la France, mais n'en faisait aucunement un simple outil de management. C'est pourquoi la participation doit être comprise non comme un accessoire mais comme un enjeu majeur du gaullisme, une « mutation », au dire même du Général, le 27 novembre 1967, qui, « naturellement, met en cause tous les intérêts, toutes les structures ».

La participation, hors de l'entreprise, relève d'une philosophie de l'émancipation et de la dignité de l'homme qui reflète les valeurs occidentales et chrétiennes ainsi que l'influence d'Henri Bergson. Elle insuffle à son œuvre politique une vocation quasi eschatologique. Si sa formulation s'impose seulement à la fin des années 1960, l'idée elle-même remonte à la Seconde Guerre mondiale : le chef de la France libre, lors d'une conférence prononcée à l'université d'Oxford, le 25 novembre 1941, expliquait que l'enjeu de cette guerre était l'édification d'un ordre social nouveau dans la mesure où la crise de civilisation s'imposait à lui comme le facteur explicatif central du surgissement des dictatures. Sa dénonciation de la termitière humaine préfigure ses entretiens télévisés de juin 1968 et avril 1969. Le concept de participation ne vise plus, ici, le salarié mais le citoyen. En réponse à la grégarisation des masses, la « société de démocratie participative » serait perçue et conçue comme un modèle d'intégration par la responsabilisation destiné à irriguer tous les domaines de la vie publique. L'ensemble des institutions sociales et des espaces publics sont appelés à entrer dans son champ d'application, territorial aussi bien que social ou professionnel. Fortement inspirée des idées sociales de la Résistance et du programme du Conseil national de la Résistance pour ce qui concerne le monde du travail, la participation élargit ici son domaine et prend une dimension nouvelle. Au niveau macroéconomique, le Plan, cette « ardente obligation », joue son rôle comme instance de concertation, mais la réforme du Sénat et la régionalisation, proposées en 1969, en font aussi partie, de même que la réforme de l'Université (loi Edgar Faure adoptée en 1968). L'ordonnance d'août 1967 avait rencontré l'hostilité du patronat et des syndicats ; l'échec du référendum de 1969 confirmera que la participation aura été le talon d'Achille de Charles de Gaulle.

Patrick Guiol

• *Voir aussi* : Association capital-travail ; Sociale (politique) ; UDT

Bibl. : Patrick Guiol, Yves Lambert et Olivier Saboureau (dir.), « La démocratie dans l'entreprise, une utopie ? », *Panoramiques*, n° 46, 2000 • Marc Sadoun, Jean-François Sirinelli et Robert Vandenbussche (dir.), *La Politique sociale du général de Gaulle*, Lille, PUL, 1990 • Numéros spéciaux de la revue *Espoir*, n° 5, décembre 1973 ; n°s 10-11, juin 1975 ; n° 125, décembre 2000.

PARTI COMMUNISTE FRANÇAIS. – *Voir* PCF.

PARTI RADICAL. – L'identité politique du radicalisme, fondée sur l'attachement aux institutions de la IIIe République, sur la primauté absolue du Parlement, sur la défense des droits et des libertés individuelles face aux pouvoirs constitués, et sur la laïcité teintée d'anticléricalisme, se situe aux antipodes de la culture politique gaulliste, même si le réformisme social et le patriotisme peuvent constituer des éléments de rapprochement. Si des radicaux comme Jean Moulin, Pierre Mendès France, voire Henri Queuille ont pu rejoindre de Gaulle pendant la guerre, aucun d'entre eux n'engageait un parti radical, au demeurant dispersé par la défaite. Quant à son chef le plus représentatif, Édouard Herriot, il n'admettra jamais la condamnation portée par le Général dans sa « déclaration aux mouvements » contre une IIIe République pratiquement renvoyée dos à dos avec Vichy, et paraîtra se prêter avec une certaine complaisance aux manœuvres ourdies par Laval en août 1944 pour couper l'herbe sous le pied de De Gaulle en réunissant l'Assemblée nationale.

Après la Libération, le parti radical, pointé du doigt par les résistants et les gaullistes comme le symbole d'un passé révolu à effacer des mémoires, se tient dans une neutralité hostile face à de Gaulle, Herriot refusant tout poste ministériel et conduisant contre le chef du Gouvernement provisoire de la République française une manière de guérilla parlementaire qui exaspère celui-ci. Toutefois, l'opposition commune des radicaux et du Général à la Constitution de la IVe République et la volonté du parti radical de se relever du discrédit qui le frappe en instrumentalisant le gaullisme politique en gestation vont conduire à un improbable rapprochement. Lors de la fondation du RPF, le parti radical est une des rares formations politiques qui accepte la double appartenance, ce qui va permettre à des gaullistes comme Michel Debré ou Jacques Chaban-Delmas de joindre l'étiquette radicale à leur fidélité gaulliste. Syncrétisme facilité par la mainmise d'un courant néoradical, libéral, gestionnaire et anticommuniste sur le vieux parti valoisien.

L'expérience de la double appartenance ne résistera cependant pas à l'antinomie des projets portés par le RPF et les radicaux, ni à l'ambition des hommes. La tentative d'implantation de Jacques Soustelle dans son fief lyonnais à la veille des élections de 1951 va suffisamment inquiéter Herriot pour qu'il exige et obtienne du comité exécutif du parti radical qu'il dénonce la double appartenance, contraignant Debré et Chaban-Delmas à quitter le parti. Le gouvernement Mendès France de 1954 et la prise en main du parti par Mendès en 1955 semblent amorcer un rapprochement entre les radicaux et le général de Gaulle et conduisent bien des gaullistes à voir dans le mendésisme une forme de substitut au gaullisme.

Le retour au pouvoir du Général est diversement apprécié par un parti radical que les événements récents, notamment la guerre d'Algérie, ont fait éclater en quatre tronçons : le Rassemblement des gauches républicaines d'Edgar Faure, le Centre républicain d'Henri Queuille et André Morice, les mendésistes, qui adhèrent à l'Union des forces démocratiques, et le parti radical-socialiste, présidé par Félix Gaillard. Mendès France et ses amis rejettent catégoriquement une Ve République née de l'émeute d'Alger et de la menace de guerre civile. Ils demeureront irréconciliables. Les autres fractions du radicalisme se rallient, mais sont vite marginalisées par les gaullistes. L'évolution du régime, le mode d'exercice du pouvoir par le Général et surtout la révision constitutionnelle de 1962 rejettent définitivement les radicaux dans l'opposition à de Gaulle, le parti radical, en pleine déliquescence, se partageant alors entre le centre d'opposition et l'union des gauches. Serge BERSTEIN

• *Voir aussi* : Antigaullistes de gauche ; Crise constitutionnelle de 1962 ; Déclaration aux mouvements de Résistance ; Partis politiques ; RPF

Bibl. : Serge Berstein, *Édouard Herriot ou la République en personne*, Paris, PFNSP, 1985 • Id., *Histoire du gaullisme*, Paris, Perrin, 2001 • Serge Berstein et Marcel Ruby (dir.), *Un siècle de radicalisme*, Villeneuve-d'Ascq, Presses universitaires du Septentrion, 2004.

PARTI RÉPUBLICAIN DE LA LIBERTÉ. – *Voir* PRL.

PARTI SOCIALISTE UNIFIÉ. – *Voir* PSU.

PARTIS POLITIQUES. – Les diatribes du général de Gaulle contre les partis politiques sont un thème récurrent de ses discours et de ses écrits. Pourtant, s'il vilipende l'esprit de parti, le régime des partis, la confiscation du pouvoir du peuple par les partis, il admet et même reconnaît le phénomène des partis politiques. Ainsi, dans la conférence de presse du 24 avril 1947 qui suit le lancement du RPF (Rassemblement du peuple français), déclare-t-il : « En démocratie, rien n'est plus naturel que l'existence des partis. Ils expriment nos oppositions réciproques. Mais quand le salut public est en cause, et il l'est, il y a un domaine d'action qui les dépasse. » Chef de la France libre, puis du GPRF (Gouvernement provisoire de la République française), il les associe à son action de 1943 à 1945. Plus tard, à la tête du RPF, de 1947 à 1953, il échoue à les transcender et refuse d'être un chef de parti comme les autres. Revenu aux affaires en 1958, il accepte de les reconnaître constitutionnellement mais veut limiter leur influence.

Les partis, caution démocratique de la France libre. De Gaulle, avant 1940, connaît le phénomène partisan par les contacts qu'il entretient avec des élus et des chefs de parti pour les convaincre de la nécessité de la politique militaire qu'il préconise. Toutefois, sa formation intellectuelle et professionnelle semble n'avoir pas comporté d'ouverture sur cette réalité ; ses lectures, au moins jusqu'en 1945, ne montrent pas d'intérêt à cet égard. Mais, à partir de 1940, le chef des « Français libres » devient celui de la France libre visant à réunir la communauté nationale. Le discours à l'Albert Hall de Londres, le 15 novembre 1941, le marque clairement : d'abord faire la guerre, puis « rendre la parole au peuple dès que les événements lui permettront de faire connaître librement ce qu'il veut et ce qu'il ne veut pas ». Mais il ne convainc pas tout le monde, y compris parmi les Alliés.

Face à la méfiance obstinée, voire à l'hostilité déclarée du président des États-Unis, de Gaulle a besoin d'une caution démocratique. Elle viendra d'« un républicain et [d']un socialiste » alors en prison,

Léon Blum, dans sa célèbre « Note pour F. D. Roosevelt » de novembre 1942 : « On sert la France démocratique en aidant le général de Gaulle à prendre dès à présent l'attitude d'un chef. » Il la fait passer par de Gaulle en y joignant une lettre à celui-ci : « Il n'y a pas de démocratie sans partis. On doit les moraliser, les revivifier, non les éliminer. » Ce à quoi de Gaulle répondra à Blum, en février 1943 : « Nous souhaitons la formation, à l'intérieur du pays, d'un organisme concret groupant, sous le signe unique de la lutte pour la patrie et la démocratie, les représentants des partis. » En janvier 1943, le PCF (Parti communiste français) avait délégué à Londres l'ancien député de Seine-Saint-Denis, Fernand Grenier. De Gaulle expliquera plus tard dans ses *Mémoires de guerre*, puis à Alain Peyrefitte les raisons de son acceptation du ralliement à la France libre des communistes « alors qu'ils s'étaient déshonorés en 1939-1940 ». Il s'agissait alors d'« unifier la Résistance, donc de rassembler le pays, d'éviter que les communistes ne tiennent des morceaux de territoire et finalement de les réintégrer dans la communauté nationale », rapporte Alain Peyrefitte dans *C'était de Gaulle*. Cependant, certains résistants étaient farouchement opposés à cette décision et créèrent même un Comité central des mouvements de résistance excluant les partis. Réuni pour la première fois le 27 mai 1943 par Jean Moulin, le CNR (Conseil national de la Résistance) comporte, sur ordre personnel de De Gaulle, outre huit mouvements de résistance et deux organisations syndicales (CGT et CFTC), les représentants de six partis politiques (PCF, Comité d'action socialiste-SFIO, Radicaux, Démocrates populaires, Alliance démocratique de Paul Reynaud, Fédération républicaine de Louis Marin). Après l'arrestation de Jean Moulin le 21 juin 1943, il est présidé à partir de septembre 1943 par un résistant « politique », Georges Bidault.

L'ordonnance du 3 juin 1943 crée le CFLN (Comité français de la Libération nationale) comme « pouvoir central français [...] qui dirige l'effort français dans la guerre, [...] exerce la souveraineté sur tous les territoires placés hors du pouvoir de l'ennemi [...] assure la gestion et la défense de tous les intérêts français dans le monde ». Lors de son premier remaniement, par le décret du 9 novembre 1943, une place significative est accordée aux hommes politiques (André Le Troquer, Louis Jacquinot, René Mayer, Pierre Mendès France, François de Menthon, André Philip, Henri Queuille), soit près de la moitié de ses membres. Le PCF y entre à son tour le 4 avril 1944, en la personne de François Billoux. Deux mois plus tard, par l'ordonnance du 3 juin 1944, le CFLN prend le nom de « Gouvernement provisoire de la République française ». De même, lorsque est décidée, par l'ordonnance du 17 septembre 1943, la création d'un organisme représentatif de toute la France combattante – l'Assemblée consultative provisoire –, les représentants des partis sont au nombre de 20 sur 84 membres. Modifiée le 6 décembre 1943, l'Assemblée ne compte plus que 20 membres des partis sur 102. Mais après son installation à Paris, elle en réunit 85 sur 248, soit le tiers de l'Assemblée (ordonnance du 11 novembre 1944).

Après le retour à la vie démocratique en France, l'Assemblée nationale constituante élit à l'unanimité, le 13 novembre 1945, de Gaulle chef du gouvernement. Celui-ci entre alors en conflit avec le PCF sur la formation du gouvernement et refuse ses exigences ministérielles. Il remet son mandat à l'Assemblée qui le réélit, huit jours plus tard, mais sans les voix communistes. Il forme alors un gouvernement dans lequel figurent 5 députés communistes, dont Maurice Thorez, et dont seuls 2 membres n'appartiennent à aucun parti. Deux mois plus tard, le 20 janvier 1946, il démissionne en adressant au président de l'Assemblée une lettre dans laquelle il affirme : « Depuis le jour où j'ai assumé la charge de diriger le pays vers sa libération, sa victoire et sa souveraineté, j'ai considéré que ma tâche devait prendre fin lorsque serait réunie la représentation nationale et que les partis politiques se trouveraient ainsi en mesure d'assumer leurs responsabilités. » Ce texte est d'un légalisme strict et d'une ironie mordante dont les *Mémoires de guerre* fournissent la clé. Évoquant sa volonté de faire entrer dans son gouvernement les trois personnalités politiques les plus représentatives (Léon Blum, Édouard Herriot et Louis Marin) et leur refus, il écrit : « Je lui [Herriot] demandai d'aider à la reconstruction de l'État ; il me déclara qu'il se consacrerait à restaurer le parti radical » [*MG*]. Et pourtant, un peu plus haut, il cherche la raison de cette « décadence » : « La passion doctrinale, qui fut jadis la source, l'attrait, la grandeur des partis, ne saurait se maintenir en cette époque de matérialisme indifférent aux idéals [*sic*] » [*MG*].

Un rassemblement transcendant les partis. Pour reconquérir le pouvoir par les voies démocratiques légales, de Gaulle va donc chercher une solution à la contradiction entre une démocratie de salut national et une démocratie de luttes partisanes. Ce sera un rassemblement de tous les Français transcendant les partis. Le 14 avril 1947, il annonce : « Aujourd'hui est créé le Rassemblement du peuple français. J'en prends la direction. » Il concrétise ainsi ce qu'il avait dit à Strasbourg, le 7 avril. Il ne s'agit pas de créer un parti, précise-t-il dans sa conférence de presse du 24 avril, « pas plus que [ne l'était] la France combattante ». L'amiral Philippe de Gaulle, dans *De Gaulle, mon père*, rapporte ce dialogue avec son père à cette époque : « Je lui suggérai de fonder un parti, seule solution pour venir à bout des autres partis et surtout des communistes », à quoi le Général aurait répondu : « Le RPF n'est pas un parti. S'il en était un, nous serions exclusifs. Nous ne rassemblerions pas les Français, mais uniquement des militants. » Cependant, le RPF se crée sous forme d'association le 29 mai 1947 ; il est organisé par de Gaulle, dans l'instruction du 18 novembre 1947, sur les plans local et national, d'une manière très centralisée. Mais il n'est pas exclusif et admet les doubles appartenances. Il veut être au-dessus des partis. Or ceux-ci refuseront. Dès le 27 avril, le MRP (Mouvement populaire républicain), qui est le plus concerné, rappelle l'article 7 de ses statuts qui interdit à ses adhérents « d'appartenir à aucun autre parti ». La SFIO est hostile ; le PCF se déchaîne par la voix de Jacques Duclos : « En de Gaulle, le chef fasciste s'est dissimulé, durant une période, derrière la Résistance [...] il est devenu le chef du groupe fasciste qui a nom RPF. » De Gaulle développera au service du Rassemblement une énergie prodigieuse, mais il ne pourra éviter l'enlisement de son mouvement dans « les jeux, les poisons et les délices du système », selon les termes de sa déclaration du 6 mai 1953 qui annonce le retrait du RPF de la vie électorale et parlementaire, avant que soit décidée sa mise en sommeil le 14 septembre 1955. De Gaulle s'est-il donc trouvé ligoté par les partis « comme Gulliver par les Lilliputiens », pour reprendre le mot d'Alain Peyrefitte ? De Gaulle lui aurait répondu : « Le RPF a été un demi-succès ou un demi-échec. Il a permis de tenir en haleine une armée de compagnons. Il a permis de se préparer à ressaisir le pouvoir. »

La constitutionnalisation des partis par la Ve République. La Ve République est fondée sur une Constitution qui, pour la première fois, reconnaît explicitement le phénomène partisan. Président de la République de 1958 à 1969, de Gaulle a voulu établir une double pratique : les partis jouent pleinement leur rôle électoral ; ils n'en ont aucun au niveau gouvernemental et présidentiel. Elle ne lui a pas survécu. L'avant-projet de Constitution du 29 juillet 1958, élaboré sous l'autorité de De Gaulle, ne comportait aucune disposition sur les partis même si, selon le témoignage oral de Raymond Janot, certains experts y avaient pensé. Le Comité consultatif constitutionnel (CCC), dans sa 6e séance, le 1er août, fut saisi d'un amendement de trois parlementaires de droite créant un article 2 *bis* : « La liberté d'opinion et d'expression est garantie à tous. Toutefois les associations et groupements politiques doivent s'inspirer des principes démocratiques et n'accepter aucune obédience étrangère. » Le but clairement exprimé était de permettre d'interdire le Parti communiste. Le 6 août, le CCC adopta une nouvelle rédaction : « Les partis et groupements politiques doivent respecter les principes démocratiques contenus dans la Constitution. Une loi organique fixera les modalités d'application du présent article. »

Le gouvernement, saisi de ce texte, ne le fit pas sien mais accepta de faire figurer les partis dans un article de la Constitution. Il adopta une nouvelle rédaction qui évolua. Dans un premier temps, le texte était ainsi formulé : « Les partis et groupements politiques concourent à l'expression du suffrage. Ils doivent respecter les principes de la souveraineté nationale et de la démocratie. Une loi organique fixera les modalités d'application du présent article et déterminera le droit d'appréciation du Conseil constitutionnel pour l'application de l'alinéa précédent » ; puis, finalement, la phrase : « Une loi organique... » fut supprimée. Saisi pour avis, le Conseil d'État proposa d'écarter complètement cet article, l'estimant dangereux pour la démocratie et, surtout, inutile, la législation applicable permettant d'interdire les partis antidémocratiques grâce à la loi du 10 janvier 1936 sur les groupes de combat et les milices privées. Le gouvernement tint compte de l'argument relatif à la démocratie et introduisit entre la première et la deuxième phrase les mots : « Ils se forment et exercent leurs activités librement. » L'article 4 ainsi formulé fait donc sortir les partis de la clandestinité juridique.

Dans son discours de présentation de la Constitution, place de la République, le 4 septembre 1958, le général de Gaulle ne parle pas de cet article ; il reprend seulement le thème de la nocivité des divisions partisanes : « On sait, on ne sait que trop, qu'une fois le péril passé, tout fut livré et confondu à la discrétion des partis. » Reste que les partis sont reconnus à la fois comme organisations, créées et dirigées librement, et comme acteurs de la vie politique électorale dans le cadre de la démocratie pluraliste. Le Conseil constitutionnel s'appuiera sur cet article 4 pour fonder certaines de ses décisions, par exemple celle concernant les groupes parlementaires – il juge ainsi, par une décision du 23 mai 1979, que le règlement de l'Assemblée nationale ne peut prévoir le contrôle de l'Assemblée sur le respect par un groupe des principes de la démocratie.

Par ailleurs, de Gaulle fit une large place aux partis dans son gouvernement, sauf aux communistes, bien sûr. Constitué le 1er juin 1958, celui-ci comprend à titre de ministres d'État les chefs des quatre grands partis parlementaires. Élargi de 15 à 24 membres le 7 juillet, le gouvernement compte quinze parlementaires, trois pour chacune des cinq formations (y compris les ex-RPF et futurs UNR – Union pour la nouvelle République). Les élections législatives qui suivent l'adoption de la Constitution voient en effet la création, le 1er octobre, d'un nouveau parti : l'UNR. De Gaulle a exclu de prêter son nom, fût-ce sous forme d'adjectif, à aucun parti. L'UNR n'aura donc pas de président et son organisation sera légère. Tout le monde constate cependant qu'elle regroupe ses « compagnons de toujours » [*ME*] et qu'elle est un vrai parti.

Si les partis ont ainsi toute leur place dans le pays et au Parlement, le chef de l'État et le gouvernement qu'il nomme ne sauraient être la chose des partis. D'ailleurs, les socialistes ne font plus partie du gouvernement de Michel Debré nommé le 7 janvier 1959 et l'UNR n'a pas la majorité absolue à l'Assemblée. De 1959 à 1962, de Gaulle gouverne donc le pays avec une majorité de coalition à l'Assemblée et avec le soutien populaire exprimé directement par référendums. La question algérienne réglée, le gouvernement de Georges Pompidou, qui succède à Michel Debré le 25 avril 1962, tente de maintenir cette coalition. Mais elle éclate à la suite de la conférence de presse du 15 mai 1962 du général de Gaulle sur l'Europe ; les ministres MRP démissionnent. Les partis, écrit de Gaulle, « veulent restaurer leur primauté et remettre en marche le déclin [...]. Pour abréger le combat d'usure, je prends les devants et l'offensive » [*ME*]. C'est la seule fois qu'il utilise un langage militaire à leur égard. Proposant l'élection directe par le peuple du président de la République, il conduira la lutte, après la censure votée par l'Assemblée contre Pompidou, jusqu'à la victoire du référendum du 28 octobre 1962. Tous les partis – sauf l'UNR –, toutes les organisations syndicales, la majorité des organes de presse ont appelé à voter « non ». Aux élections législatives qui suivent, les 18 et

25 novembre, la coalition dite « Association pour la nouvelle République » (UNR, UDT, dissidents du Centre national des indépendants emmenés par Valéry Giscard d'Estaing) obtient 55 % des sièges. Majorité présidentielle et majorité parlementaire coïncident.

En même temps, et inévitablement, le gaullisme d'union nationale a vécu. Le gaullisme partisan lui succède. Les partis que de Gaulle a si souvent combattus prendront leur revanche sept ans plus tard lors du référendum du 27 avril 1969, à l'occasion de la réforme de la régionalisation et du Sénat, et, après la mort du Général, en faisant leur affaire de la désignation des candidats à l'élection présidentielle.

François BORELLA

• *Voir aussi* : CNR ; Constitution ; Discours de Strasbourg

Bibl. : Jean Charlot, *Le Gaullisme*, Paris, Armand Colin, 1970 • Comité national chargé de la publication des travaux préparatoires des institutions de la Vᵉ République, *Documents pour servir à l'histoire de l'élaboration de la Constitution du 4 octobre 1958*, Paris, La Documentation française, 4 vol., 1987-2001 • Alain Peyrefitte, *C'était de Gaulle*, Paris, Fayard, 3 vol., 1994-2000.

PASCAL, Blaise (1623-1662). – « Je suis seul. Oh ! cœur battant d'émotion, sanglot d'orgueil, larmes de joie ! » [*MG*]. Lorsque, le 11 juin 1942 au soir, Charles de Gaulle apprend le succès de Bir-Hakeim, les mots qui lui viennent pour exprimer ce moment intense, qui engage véritablement son destin, se moulent tout naturellement sur le rythme de l'extase mystique de Pascal dans le *Mémorial* : « Joie, joie, joie, pleurs de joie. » De Gaulle s'est en effet constamment nourri de Pascal, dans un dialogue commencé très tôt, dès les lectures de collège, poursuivi lors des années de captivité, accompagnant jusqu'au bout la route du militaire, de l'homme d'État, de l'homme privé aussi, dans sa foi profonde.

D'emblée en 1916, au cœur de la Grande Guerre, lorsque le soldat s'interroge sur la légitimité de la force, c'est dans les *Pensées* qu'il trouve le point d'appui de ce qui sera une de ses idées maîtresses : « Les États périraient, disait Pascal, si on ne faisait souvent plier les lois à la nécessité... Ne pouvant fortifier la justice, on a justifié la force » [*LNC*]. Cette observation qui fonde sur le droit de la force la philosophie de l'action n'est pas cynisme machiavélien mais volonté, selon la même pensée pascalienne, « de mettre ensemble la justice et la force ; et pour cela faire que ce qui est juste soit fort, ou que ce qui est fort soit juste », comme l'écrit Pascal dans les *Pensées*. En outre, le talent polémique que manifeste l'auteur des *Provinciales* n'est pas pour déplaire au combattant engagé dans l'action, qui analyse l'adversaire pour mieux le neutraliser, ni au familier des intrigues sachant à quoi s'en tenir sur les hommes politiques.

Si de Gaulle trouve ainsi chez Pascal nombre de pensées et de formules propres à éclairer son action, il y trouve aussi, sur le plan moral et spirituel, des principes forts qui touchent à sa conception même de l'homme. Dans *Vers l'armée de métier*, il cite les trois notions que Pascal attribue à « la condition de l'homme : inconstance, ennui, inquiétude ». Et il reprend à son compte les divers développements que les *Pensées*, au chapitre « Divertissement », donnent de ce malheur qui « vient d'une seule chose, qui est de ne savoir pas demeurer en repos dans une chambre ». De Gaulle poursuit : « Pascal a résumé la condition des hommes et expliqué d'avance la passion des voyages qui devrait s'emparer d'eux dès que les moyens de communication leur permettraient de se déplacer vite. » Sensible comme l'auteur des *Pensées* à la misère de l'homme, à « son néant, son abandon, son insuffisance, sa dépendance, son impuissance, son vide », mais aussi à sa grandeur qui procède de « ce qu'il se connaît misérable », de Gaulle n'est pas dupe des bassesses humaines, mais son pessimisme en la matière n'altère pas l'espérance qui ressortit, chez lui, au domaine de la foi.

Jean SERROY

• *Voir aussi* : Bibliothèque personnelle ; Catholique (foi) ; Formation scolaire et intellectuelle

Bibl. : Michel Brisacier, *La Foi du Général*, Paris, Nouvelle Cité, 1998 • Alain Larcan, *De Gaulle inventaire, la culture, l'esprit, la foi*, Paris, Bartillat, 2003.

PASSY, André Dewavrin, dit (1911-1998). – André Dewavrin, dit Passy, naît à Paris le 9 juin 1911. Polytechnicien, capitaine du génie, il est professeur de fortification à Saint-Cyr en 1939. En juin 1940, il combat en Norvège, puis fait partie des rares officiers à rallier la France libre à Londres. Le 1er juillet, le général de Gaulle le charge de mettre sur pied et de diriger le 2e Bureau de son état-major, qui deviendra le SR, puis le BCRA (Bureau central de renseignements et d'action). Ce choix, qui doit beaucoup au hasard, se révélera des plus heureux, Passy manifestant un goût et une compétence incontestables pour des fonctions auxquelles rien ne l'a pourtant préparé. Intelligent, dynamique et excellent organisateur, il n'est en revanche pas d'un abord aisé.

Passy s'affirme vite comme l'une des personnalités marquantes de la France libre. Lorsque de Gaulle part pour Dakar, en août 1940, il devient le chef de son état-major londonien et dispose d'un code pour communiquer avec lui. Pendant plus d'un an, les deux hommes divergent pourtant sur certains points. D'abord, jusqu'au printemps 1941, Passy condamne l'intransigeance de son chef à l'égard des Britanniques, tandis que de Gaulle le soupçonne d'être le jouet des services secrets britanniques. Passy ralliera ensuite le point de vue du Général, dénonçant de manière de plus en plus véhémente le manque de *fair play* de l'*Intelligence Service* (IS) et du *Special Operations Executive* (SOE). Ensuite, de Gaulle, à la différence d'un Churchill, n'éprouve aucune attirance pour les services secrets et cherche d'abord à restreindre leur champ d'action : alors que Passy projette dès 1940 de préparer une action militaire pour contribuer au succès d'un débarquement britannique en France, de Gaulle lui ordonne de se limiter à son travail de renseignement. Passy établit néanmoins des liens avec le SOE au cours de l'été 1941, mais de Gaulle stoppe les projets de sabotage élaborés par les deux services et ne reviendra sur cette position que sous la pression du SOE et des groupes d'action communistes. Enfin, Passy plaide dès 1940 pour que son service soit le seul à envoyer des agents en France : des agents militaires, dont il concevrait les missions, et des agents politiques, qui recevraient leurs missions des autorités politiques. De Gaulle refuse systématiquement. En septembre 1941, il cantonne le SR dans son rôle militaire et confie au Commissariat national à l'Intérieur (CNI) le soin de mettre en œuvre les missions politiques. Il ne rallie le point de vue de Passy qu'à la fin du printemps 1942, après consultation des premiers résistants venus à Londres : Christian Pineau, Emmanuel d'Astier et Pierre Brossolette soulignent l'échec du CNI et les graves inconvénients de la dualité des services secrets de la France libre.

Passy travaille en étroite relation avec de Gaulle et Pierre Billotte, son chef d'état-major particulier. Le Général, qui mesure la qualité du travail de Passy et sa fidélité, lui fait de plus en plus confiance. Cette évolution est renforcée par l'entrée en scène du général Giraud : de Gaulle confie alors au chef du BCRA une importante mission de prospection politique et militaire en zone nord (mission Arquebuse, février-avril 1943). Passy forme dès lors un tandem inséparable avec Brossolette, auquel il cède l'essentiel de ses prérogatives politiques. Leur mission est un grand succès, même si certaines de leurs initiatives les ont conduits à s'opposer à Jean Moulin.

Le mois de juin 1943 marque une étape importante dans les relations entre de Gaulle, parti à Alger et absorbé par ses responsabilités à la tête du CFLN (Comité français de la Libération nationale), et Passy, dont le service reste basé à Londres. Fidèle entre les fidèles et habitué à disposer d'un accès direct à de Gaulle, Passy souffre de cette distance alors qu'il lutte pour que son chef conserve le monopole de l'action en France, convoité par le général Giraud. De Gaulle ne lui manifeste plus son soutien que par l'inertie dont il fait preuve à l'égard des détracteurs du BCRA. Ainsi, s'il nomme le général Cochet chef d'un état-major militaire à Londres (EMF), puis responsable de la fusion des services secrets gaullistes et giraudistes, il ne l'appuie pas de son autorité quand celui-ci cherche à imposer son autorité au BCRA et se heurte à l'opposition systématique de Passy. En 1944, le général Henri d'Astier de La Vigerie fait la même expérience. Devenu commissaire à l'Intérieur, Emmanuel d'Astier de La Vigerie semble avoir plus de succès. Fin 1943, Jacques Soustelle est devenu directeur général des Services spéciaux et Passy directeur technique. Ce dernier entre en conflit ouvert avec Emmanuel d'Astier, qui réclame son départ et menace de démissionner. De Gaulle doit céder, mais il manifeste sa mauvaise humeur et nomme aussitôt Passy chef d'état-major du général Kœnig, ce qui lui permet de conserver la haute main sur le BCRA.

Passy, figure emblématique du gaullisme, est la cible de tous les opposants au projet politique du Général : communistes, antigaullistes français et étrangers de Londres, d'Alger ou de Washington. En 1945, de Gaulle confie de nouveau la direction des services spéciaux (DGER) à Passy, qui démissionne peu après le départ du Général, en 1946. Éclate alors le scandale de l'affaire Passy : convaincu, comme de Gaulle, qu'une guerre éclatera avec les Russes, Passy a constitué des réserves financières qu'il a dissimulées à son successeur. Il s'abrite alors derrière l'autorité du Général, auquel il ne pardonnera pas de ne pas l'avoir soutenu. De Gaulle voit dans cette affaire une opération destinée à lui nuire et, s'il reconnaît que Passy a commis des erreurs, il estime que l'œuvre que celui-ci a accomplie au cours de la guerre doit lui valoir la reconnaissance du pays. Il est néanmoins écarté de la vie publique et se reconvertit dans l'industrie. Il rechigne à tenir compte des corrections que de Gaulle lui suggère d'apporter à ses *Souvenirs*, que le Général juge fort mauvais. Passy revoit ensuite de Gaulle à quelques reprises, notamment pour l'aider à rédiger les parties de ses Mémoires consacrées à la Résistance intérieure. S'il refuse d'adhérer au RPF, il reste fidèle au Général du vivant de celui-ci : il approuve sans réserve son retour au pouvoir en 1958 et, avec quelques réserves, sa politique algérienne. Jamais, pourtant, de Gaulle ne donnera de suite à ses offres de service.

Sébastien ALBERTELLI

• *Voir aussi* : BCRA

Bibl. : Sébastien Albertelli, *Le BCRA, les services secrets du général de Gaulle, 1940-1944*, thèse d'histoire en cours sous la direction de Jean-Pierre Azéma, IEP de Paris • Daniel Cordier, *Jean Moulin. La République des catacombes*, Paris, Gallimard, 1998 • Colonel Passy, *Mémoires du chef des services secrets de la France libre*, Paris, Odile Jacob, 2000 (1re édition 1947 et 1951).

PASTEUR VALLERY-RADOT, Louis. – *Voir* VALLERY-RADOT, Louis Pasteur

PATIN, Maurice (1895-1962). – Maurice Patin entre dans la magistrature après sa démobilisation, en 1919, et devient un pénaliste reconnu. Gravissant les échelons de la hiérarchie judiciaire, il est procureur général à Blois en 1939 et avocat général à Paris, en 1943.

Républicain de sensibilité socialiste, fervent laïc, en relation avec les milieux résistants du Palais de justice, il est contacté en août 1944 par l'avocat communiste Joë Nordmann pour entrer dans l'équipe que forme Marcel Willard. Ce dernier, avocat communiste également, a été nommé secrétaire général provisoire à la Justice par le Gouvernement provisoire de la République française. Le 21 août, Maurice Patin devient directeur des Affaires criminelles et des grâces. Il conserve ce poste jusqu'au 31 juillet 1946. Il y joue un rôle fondamental dans l'épuration de la magistrature, qu'il souhaite limitée ; dans l'organisation des poursuites judiciaires contre les collaborateurs afin que l'autorité légitime reprenne la main ; enfin dans la refonte du droit pénal dans des domaines aussi divers que la presse, le ravitaillement ou la protection de l'enfance. Mais, surtout, il centralise les avis versés au dossier de recours en grâce des condamnés à mort, et prépare des notes de synthèse pour le général de Gaulle. Il lui présente ainsi, en tête à tête, jusqu'à trente dossiers par semaine, dont ceux du maréchal Pétain et de Pierre Laval. Suivant la plupart du temps son avis – sauf dans le cas du maréchal Pétain –, le général de Gaulle découvre un homme sachant concilier compétences juridiques et impératifs politiques ; une qualité précieuse, dont il se souviendra en 1958.

À son retour au pouvoir, en effet, alors que Maurice Patin, ayant continué sa carrière, préside la chambre criminelle de la Cour de cassation, le général de Gaulle le charge de la Commission de sauvegarde des droits et libertés individuels, formée un an plus tôt en plein scandale de la torture en Algérie. Avec ses collaborateurs, Maurice Patin doit enquêter sur des affaires de tortures, de disparitions, d'exécutions sommaires... et assurer l'inspection des lieux de détention et d'interrogatoire. Il est aussi associé à la réflexion sur la législation d'exception encadrant la guerre et, après la tentative de putsch d'avril 1961, consulté sur la façon d'organiser la répression judiciaire des militaires félons. Le général de Gaulle le nomme alors à la tête du Haut Tribunal militaire, créé pour la circonstance. De mai à juillet 1961, Maurice Patin en dirige les premières audiences, dont le procès des généraux Challe et Zeller, avant que la maladie ne l'oblige à se retirer.

Conseiller écouté par le Général, Maurice Patin a aussi apporté sa caution à une commission contredite par la permanence des pratiques dénoncées. Il a aussi couvert de son autorité morale des juridictions d'exception que d'autres refusaient par principe. Découragé, mais conscient du rempart que son engagement auprès du chef de l'État érigeait contre ses détracteurs, il tint bon par fidélité à celui qu'il considérait comme « la représentation de la France en ce qu'elle a de permanent ».

Sylvie Thénault

• *Voir aussi* : Grâce ; Juridictions d'exception ; Justice ; Torture

Bibl. : Liora Israël, *Robes noires, années sombres*, Paris, Fayard, 2005 • *Maurice Patin, témoignage, Cahiers de la Fondation Charles-de-Gaulle*, n° 9, 2001 • Sylvie Thénault, *Une drôle de justice. Les magistrats dans la guerre d'Algérie*, Paris, La Découverte, 2004.

PATRONAT. – Les relations que le général de Gaulle noue avec le patronat s'éclairent par son idéologie – cette « certaine idée » que l'homme du 18 Juin s'est toujours faite de la France – et par son projet politique : restituer sa grandeur à la France. Dans le XXe siècle industriel, ce dessein passe par la reconquête de la puissance économique et l'avènement de la paix sociale. Deux objectifs pour lesquels le patronat constitue un interlocuteur incontournable.

Continuateur de la tradition bonapartiste française – autoritaire et modernisatrice – et adepte de la doctrine sociale de l'Église, le chef de la France libre ne partage pas les postulats du libéralisme économique. Il voit dans le patronat un groupe d'intérêts et de pression, souvent prêt à faire passer ses intérêts particuliers avant l'intérêt général, et considère en conséquence que l'État doit jouer un rôle éminent pour assurer le développement économique de la nation et sa concorde sociale. Ses relations concrètes avec le patronat commencent sous les plus mauvais auspices : « Je n'ai vu aucun de vous à Londres, messieurs ! » lance-t-il le 4 octobre 1944 à une délégation de chefs d'entreprise venus lui demander son soutien face aux occupations d'usines. « De quoi vous plaignez-vous ? Ma foi, vous n'êtes pas en prison ! » L'anecdote n'est pas complètement attestée, mais elle est vraisemblable. En 1942 déjà, de Gaulle ironisait sur ceux qui s'étonnaient de ne pas voir auprès de la France libre « des politiciens usés, des académiciens somnolents, des hommes d'affaires manégés par les combinaisons, des généraux épuisés de grades » [*DM*]. Le Général ne se contente pas d'acquiescer à la campagne antipatronale qu'orchestre à la Libération la gauche résistante sur l'air de la trahison. Il désigne dans le manque de dynamisme et le « malthusianisme » des chefs d'entreprise la source du déclin français. Ce que l'initiative privée et la concurrence n'ont pas su faire – assurer le développement et la modernisation du pays –, il revient selon lui à l'État et à ses grands commis de l'accomplir. En juin 1945 sont adoptées les ordonnances qui autorisent le gouvernement à intervenir à tout moment en matière de prix et de salaires, jusqu'au blocage et à la baisse autoritaire. Suivent bientôt les lois de nationalisation de l'énergie, du crédit et des transports. Les conceptions économiques du général de Gaulle sont à l'opposé du libéralisme dominant d'avant la guerre.

En 1945, le patronat est désorganisé et discrédité. Il ne parvient à se reconstituer en une fédération, le Conseil national du patronat français (CNPF), qu'en juin 1946. En 1958, de Gaulle doit donc compter avec ce nouvel acteur. Son volontarisme demeure, cependant : « L'action à entreprendre [au plan économique] commande directement le destin national et engage à tout instant les rapports sociaux. Cela implique donc une impulsion, une harmonisation, des règles qui ne sauraient procéder que de l'État. Bref, il y faut le dirigisme » [*ME*]. L'arrivée de silhouettes rassurantes comme celle d'Antoine Pinay, nommé aux Finances, ou encore la venue des hommes de confiance du Général comme Louis Armand, Jacques Rueff ou Pierre Massé apaisent les inquiétudes des entrepreneurs. Mais cet entourage a quelque peine à dissuader le général-président d'instituer un « plan impératif » et à le gagner à la formule de « l'ardente obligation » du Plan, qui conserve à la planification à la française son caractère « indicatif ». L'élection des P-DG par les salariés lui paraît une idée à creuser. De Gaulle soutiendra la politique des grands projets industriels (nucléaire, aéronautique, informatique, pétrolier...) et des « champions nationaux » (Renault, Peugeot, Saint-Gobain, Rhône-Poulenc...). Sur le plan social, les « gaullistes de gauche », avec Louis Vallon, René Capitant, Pierre Le Brun, préconisent un dépassement du capitalisme par l'association entre le capital et le travail dans le cadre de la « participation ». De Gaulle est également séduit par le système de Marcel Loichot, qui devait permettre d'assurer une juste participation des salariés aux fruits de la croissance et de les associer à la conduite de l'entreprise. Mais le CNPF et les droites gaulliste et giscardienne veillent, et les expériences de participation seront marginales. D'autant que la CGT et le PCF s'opposent eux aussi à cette politique, au nom du principe de la lutte des classes. Ce conservatisme social contribuera au déclenchement des grèves en mai 1968, et à la jonction du mouvement ouvrier et du mouvement étudiant. Certes, le patronat français est reconnaissant au Général d'avoir restauré l'autorité de l'État et de tenir en respect un mouvement ouvrier vindicatif et protestataire dominé par les communistes. Les années Pompidou sont pour les chefs d'entreprise une période particulièrement faste. Mais les idées planificatrices et participationnistes de De Gaulle l'inquiètent. En outre, l'interventionnisme tatillon de l'État apparaît à certains de plus en plus pesant. En témoigne l'ouvrage paru en 1964 d'un dirigeant du CNPF, Pierre de Calan, intitulé *Renaissance des libertés économiques et sociales*. Il y prône le retrait de l'État de l'intervention économique directe. En janvier 1965, l'assemblée générale du CNPF adopte une « charte libérale » en 14 points, inspirée de ce livre, et qui est un rappel de l'orthodoxie libérale.

La grève générale de mai-juin 1968 met un terme – provisoire ! – à ce retour en force des vieux dogmes libéraux. Le Général y voit une confirmation du bien-fondé de ses intuitions sociales. Pour donner un cadre institutionnel permanent au dialogue entre partenaires sociaux, il soumet à référendum, en avril 1969, une réforme du Sénat transformant la Haute Assemblée en chambre économique et sociale. La victoire du « non » entraîne son départ et met fin à sa carrière. Le dirigisme économique survit pendant une décennie à l'homme du 18 Juin, tandis que son réformisme social s'incarne dans la grande politique contractuelle des années 1970.

Henri WEBER

• *Voir aussi* : Argent ; Association capital-travail ; Dirigisme ; Participation ; Rénovation

Bibl. : Jean-Noël Jeanneney, *L'Argent caché*, Paris, Le Seuil, 1984 • Alain Prate, *Les Batailles économiques du général de Gaulle*, Paris, Plon, 1978 • Henri Weber, *Le Parti des patrons, CNPF 1946-1986*, Paris, Le Seuil, 1986.

PAYE, Lucien (1907-1972). – Né à Vernoil-le-Fourier dans le Maine-et-Loire, Lucien Paye est un haut fonctionnaire de l'Éducation nationale dont le parcours a croisé plusieurs fois celui du général de Gaulle.

Normalien, agrégé, docteur ès lettres et pourvu de deux certificats de licence d'arabe, il commence sa carrière administrative en 1938 comme chef de service de l'enseignement primaire, secondaire et professionnel musulman au Maroc. En 1934, il s'est inscrit au parti socialiste. En 1943, il rallie la France combattante. Il participe à la conférence de Brazzaville, en janvier 1944, comme proche collaborateur du général de Gaulle. Il participe ensuite au débarquement sur les côtes de Provence, puis à la campagne d'Allemagne.

Il reprend sa carrière d'administrateur de l'Éducation nationale en 1945, en prolongeant son expérience africaine. Directeur de l'enseignement et de la jeunesse au ministère de la France d'outre-mer en 1945, puis responsable du Plan en Algérie, il devient directeur de l'instruction publique en Tunisie de 1948 à 1955. En 1956, comme directeur général des affaires politiques du résident Robert Lacoste, il est chargé de préparer un nouveau statut pour l'Algérie, réformant celui de 1947. Mais il désapprouve les méthodes de répression employées par l'armée, et démissionne. Il est alors nommé, en 1957, premier recteur de l'académie de l'Afrique occidentale française à Dakar. Après l'indépendance du Sénégal, il devient, en 1960, directeur général de l'organisation et des programmes scolaires au ministère de l'Éducation à Paris. Il est chargé de coordonner les différents services du ministère qui ne sont guère habitués à travailler de concert.

Cette double compétence administrative et coloniale le mène aux fonctions de ministre de l'Éducation nationale en février 1961, dans le ministère de Michel Debré. Mettant en œuvre les principales dispositions du projet Berthoin, il prépare la mise en place des dispositions rendant possible la scolarisation jusqu'à seize ans, et procède à une meilleure organisation de la planification scolaire et des constructions. Toutefois, l'ensemble des mesures s'avère vite insuffisant aux yeux de De Gaulle qui soutient, en 1963, la réforme Fouchet (création des CES).

Lucien Paye quitte le ministère avec la démission du gouvernement, le 14 avril 1962. Loin d'être oublié par de Gaulle, il est d'abord nommé ambassadeur au Sénégal. En 1964, le Général lui confie l'ambassade de Chine qui était restée sans titulaire depuis 1949. De retour en France en 1969, il préside la commission chargée d'étudier le nouveau statut de l'ORTF, puis, en 1970, devient premier président de la Cour des comptes. Bruno Poucet

• *Voir aussi* : Brazzaville (conférence de) ; Éducation nationale ; Hauts fonctionnaires ; Torture

Bibl. : Jean Ferrez, *Au service de la démocratisation, souvenirs du ministère de l'Éducation nationale, 1943-1983*, Paris, INRP, 2004 • Jacques Narbonne, *De Gaulle et l'éducation, une rencontre manquée*, Paris, Denoël, 1994 • Bruno Poucet, « Un enseignement pour une seule jeunesse », dans Fondation Charles-de-Gaulle, *Charles de Gaulle et la jeunesse*, Paris, Plon, 2005, p. 257-276.

PCF (Parti communiste français). – Des années 1940 à la fin des années 1960, le général de Gaulle et le Parti communiste français ont noué une relation marquée par un antagonisme irréductible et des convergences à la fois occasionnelles et profondes. Cette relation a aimanté le champ magnétique de la vie publique, sans pour autant que celle-ci ne s'y réduise, contrairement à ce que suggère la célèbre mais excessive formule d'André Malraux pour qui il n'y avait rien entre les communistes et les gaullistes. Elle a pris aussi les formes d'une passion, alliant fulgurance des émotions et longévité des sentiments, lourde d'enjeux politiques essentiels.

Une chronologie alternée. Une série de moments forts scandent cette histoire tourmentée. De 1940 à juin 1941, *L'Humanité* clandestine attaque l'auteur de l'appel du 18 Juin en tant qu'agent de la bourgeoisie et de la *City*. Après l'invasion de l'URSS par Hitler le 22 juin 1941, le PCF, engagé dans la Résistance, envisage une entente avec la France libre et les premiers contacts sont pris en 1942. En janvier 1943, Fernand Grenier s'installe à Londres pour représenter officiellement son parti auprès du général et, en avril de l'année suivante, François Billoux et lui entrent au Comité français de la Libération nationale (CFLN). Parallèlement, le PCF cherche systématiquement à avancer ses propres pions et à affaiblir de Gaulle tout en se gardant de rompre l'alliance voulue par Staline. Il oppose la Résistance intérieure, qu'il prétend représenter, à la Résistance extérieure, joue la carte du général Giraud, envoie Henri Pourtalet à Alger au début du printemps 1943, s'efforce de déclencher une insurrection populaire en 1944 et déploie une stratégie de double pouvoir face à l'autorité du Gouvernement provisoire de la République française, tout en participant à celui-ci. Au final, le PCF échoue, entre autres, du fait de la détermination du Général à ne pas céder devant ses exigences. Dès le retour en France de Maurice Thorez, son secrétaire général, à la fin du mois de novembre 1944, et à l'instigation de Moscou, il change de stratégie. Désormais, la priorité est à une large union nationale pour achever la guerre et reconstruire le pays : ce qui suppose la reconnaissance pleine et entière du gouvernement. Néanmoins, au sein de celui-ci, le PCF s'oppose au Général sur les institutions et le harcèle jusqu'à son départ, le 20 janvier 1946. Sous la IVe République, l'entrée en guerre froide et la création du RPF aiguisent la confrontation. De Gaulle fustige les « séparatistes » qui affaiblissent la nation et sont au service d'une puissance étrangère, totalitaire et menaçante, l'URSS ; les communistes s'en prennent aux « factieux » et accusent le Général d'avoir été complaisant avec Vichy, d'être « un apprenti dictateur » désireux d'établir un État fort, voire de restaurer le fascisme, ou encore de s'aligner sur les États-Unis. Pourtant, des convergences apparaissent. Communistes et gaullistes, avec des argumentaires distincts, instruisent le procès de la IVe République et contribuent ensemble à l'échec la Communauté européenne de défense (CED). Opposés dans la compétition électorale, leurs objectifs, leurs méthodes et leurs valeurs, ils affichent cependant des points communs : des organisations centralisées de masse, le respect de la discipline, le pouvoir indiscuté des chefs. Durant la crise de 1958, le PCF hurle au fascisme puis nuance son argumentation : dès juin et jusqu'en 1962, il évoque une « dictature personnelle », susceptible d'ouvrir la voie au fascisme. Par la suite, il parle d'un « pouvoir personnel » et antidémocratique. Progressivement, selon Annie Kriegel, s'instaure sous la Ve République « un système d'agression réciproque contrôlée » entre de Gaulle et le parti communiste, avantageux pour les deux protagonistes, mais également pour l'URSS qui se satisfait de la politique internationale du Général. Ainsi, durant la guerre d'Algérie, le PCF condamne la politique du chef de l'État mais appelle à voter « oui » au référendum d'avril 1962 et combat avec lui l'OAS. En mai 1968, les communistes, dans un premier temps, cherchent à trouver une issue à la crise avec le gouvernement Pompidou, avant, dans un second temps, d'envisager le départ de celui qui stigmatise la « menace totalitaire » communiste. En 1969, le PCF pense qu'avec la démission du Général, à laquelle il a contribué, une page se tourne. Pourtant, à la fin de l'année 1974, et pour des raisons tactiques, il entame une aussi spectaculaire qu'éphémère réévaluation du gaullisme afin d'attirer vers lui des gaullistes de gauche.

« Ennemis complémentaires ». De Gaulle et le PCF forment d'après René Rémond un couple d'« ennemis complémentaires » et de « partenaires antagonistes ». Ainsi, ils construisent un dispositif de représentations réciproques. Selon de Gaulle, les communistes sont des totalitaires, des séparatistes, des adversaires de la nation, des serviteurs volontaires d'une puissance étrangère menaçante, des partisans d'une organisation économique collectiviste nuisible pour la France. Sa condamnation est plus pragmatique qu'idéologique. Il distingue les membres du Parti, qu'il faut combattre mais également, selon sa formule, « noyer dans la démocratie », et les « Français communistes » qui sont à ses yeux « des Français comme les autres » dont le sort doit être amélioré afin qu'ils ne cèdent pas aux sirènes de la lutte des classes. Pour le PCF, le prisme idéologique marxiste est déterminant. Les communistes voient en de Gaulle un militaire, un réactionnaire, un dictateur voire un fasciste, bref, l'homme du capital, ce qui s'impose à leurs yeux avec la force de l'évidence en 1940, puis de 1946 jusqu'à son retour au pouvoir. Or la Ve République brouille l'analyse car les intérêts que son fondateur est supposé servir sont moins aisés à identifier. La propagande communiste martèle qu'en tant que représentant des monopoles de Gaulle érige des institutions antidémocratiques et mène une action économique et sociale antipopulaire. Mais alors comment expliquer qu'il prenne des votes ouvriers et populaires au PCF et qu'il promeuve une politique étrangère plutôt favorable à l'URSS et distante des États-Unis ? Le gaullisme au pouvoir défie les schémas du marxisme primaire du PCF, ce qui nourrit de vifs débats dans ses rangs. Ensuite, la rivalité entre de Gaulle et le parti communiste excède le seul champ de la politique pour toucher directement celui du politique. L'un et l'autre, bien que porteurs de légitimités contraires (de Gaulle invoque l'histoire de la France, les communistes la révolution et le prolétariat), préconisent des modèles politiques comparables, ce qui ne signifie pas semblables. Tous deux se méfient des États-Unis, sont hostiles au libéralisme, affirment l'importance de la volonté politique, soulignent le rôle déterminant de l'État, prétendent moderniser le pays du haut et en appellent au peuple qu'ils prétendent incarner plutôt que représenter. Certes, les mots ne recouvrent pas les mêmes réalités et les mêmes significations, en particulier quant aux conceptions respectives des relations internationales, de la démocratie ou de la modernisation. Néanmoins, se forge là une confluence sémantique confortée, un temps, par la proximité du style politique de De Gaulle et de Maurice Thorez. Le premier est un chef charismatique au sens wébérien du terme, alors que le charisme du second n'existe que comme produit dérivé de celui dont est porteur son parti. Néanmoins, leurs discours sont emplis de références à une mission, au service d'une cause (le salut du pays chez de Gaulle, de la classe ouvrière pour Thorez), à la mobilisation continue de leurs partisans ou à la foi politique. De Gaulle et Thorez sont des maîtres en élaboration stratégique et manœuvres tactiques, connaissent la puissance d'évocation des symboles et estiment que l'action prime : symptomatiquement, le *Fil de l'épée* de 1932 et *Fils du peuple*, récit autobiographique de Thorez publié cinq ans plus tard, citent la même phrase du *Faust* de Goethe : « Au commencement était l'action. » Enfin, la polarisation entre de Gaulle et le PCF a concerné la France en une phase critique de son histoire, que l'un et l'autre, avec des moyens divergents, ont voulu assumer. De Gaulle et le PCF ont célébré la nation en lui assurant qu'elle avait encore rang de grande puissance et en exacerbant son antiaméricanisme. Ils en ont toutefois des conceptions antagoniques. L'une émane en droite ligne du rapport presque charnel qu'un homme entretient avec elle et est exclusivement vouée à sa défense ; l'autre découle des orientations stratégiques du mouvement communiste international et s'évertue à combiner une double loyauté, à la France et à l'URSS. Cette rivalité a cristallisé principalement autour de la Résistance, que gaullistes et communistes ont mythifiée de concert en chantant une France unanime soulevée contre l'occupant mais dont ils proposent des histoires et des commémorations mémorielles opposées.

La force du gaullisme et du communisme en France prouve que ces deux courants politiques étaient en phase avec la société française dont ils reflétaient la variété sociologique. Leurs paraboles s'infléchissent lors de la crise de 1968 qui leur porte un coup fatal, presque immédiat pour de Gaulle, à plus long terme pour le PCF. Cette crise défait le système de poids et de contrepoids qu'à eux deux ils constituaient. Leur compétition presque trentenaire s'est alors prolongée en une concurrence des mémoires dont de Gaulle sort largement vainqueur. Marc LAZAR

• *Voir aussi :* Duclos, Jacques ; *Humanité* clandestine (L') ; Rochet, Waldeck ; URSS

Bibl. : Stéphane Courtois et Marc Lazar (dir.), *50 ans d'une passion française. De Gaulle et les communistes*, Paris, Balland, 1991 • Stéphane Courtois et Marc Lazar, *Histoire du Parti communiste français*, Paris, PUF, 2e éd., 2000 • Pierre Nora, « Gaullistes et communistes », dans Pierre Nora (dir.), *Les Lieux de mémoire*, t. 3, *Les France*, 1., *Conflits et partages*, Paris, Gallimard, 1993, p. 347-393.

PEAKE, Charles (1897-1958). – Responsable des relations avec la presse au

Foreign Office avant la guerre, le diplomate britannique Charles Peake est en 1941 conseiller d'ambassade à Washington. Rentré à Londres en janvier 1942, il est nommé le mois suivant délégué auprès du Comité national français. À ce titre, il servira d'intermédiaire, mais aussi de tampon, entre de Gaulle et Churchill. Le Foreign Office l'enverra souvent à Carlton Gardens pour expliquer au général de Gaulle les buts et les impératifs de la politique britannique, pour sonder la température avant les rencontres de Gaulle-Churchill, et pour calmer les fureurs du Général, notamment au lendemain des débarquements alliés à Madagascar et en Afrique du Nord. Souvent porteur de mauvaises nouvelles, Charles Peake n'en est pas moins décrit par de Gaulle comme un « diplomate de parfaite distinction », à qui, « en dépit ou à cause de son mérite, incombaient souvent des tâches ingrates » [*MG*]. De fait, cet homme affable a rapidement gagné la confiance du Général, qui évoquera ailleurs dans ses Mémoires « ce diplomate, qui est pour nous un ami ». De Gaulle lui expose franchement ses problèmes et ses intentions, ce dont il n'est pas coutumier devant un sujet de Sa Très Gracieuse Majesté. Les annotations de Peake dans son journal à l'issue de leurs entrevues sont du plus haut intérêt : « *9 novembre 1942* : de Gaulle se considère comme beaucoup plus intelligent que le général Giraud, et [...] est sûr que s'ils faisaient équipe, c'est lui [de Gaulle] qui, en réalité, mènerait la barque. » « *24 novembre* : j'ai rarement vécu des jours aussi difficiles que cette dernière quinzaine, enfermé avec lui le soir pendant des heures, alors qu'il rage et arpente la pièce de long en large. J'essaie de le calmer... »

Il va sans dire que le général de Gaulle utilise également Charles Peake pour faire connaître ses vues aux autorités britanniques, et leur faire peur au besoin. C'est ainsi qu'il lui confie le 18 décembre 1942 qu'étant écœuré de voir les Anglo-Américains soutenir Darlan en Afrique du Nord, il songe à dissoudre la France combattante – une confidence que Peake ne manque pas de transmettre à Anthony Eden. Mais Peake, en observateur consciencieux, rapporte également au Foreign Office certains aspects de l'activité du Général dont la connaissance peut être précieuse pour l'amélioration des relations franco-britanniques. Ainsi, le 17 juin 1942 : « Le général de Gaulle a souvent exprimé le désir de nous aider et de nous conseiller de toutes les façons possibles, et il a passé de très nombreuses nuits à rassembler des informations et à prendre des notes, pour le cas où son avis serait sollicité. »

Lorsque de Gaulle revient d'Alger à la veille du débarquement de Normandie, il retrouve à Londres son bureau de Carlton Gardens, sa résidence de l'hôtel Connaught et un diplomate familier, devenu entretemps délégué du Foreign Office auprès du SHAEF (*Supreme Headquarters Allied Expeditionary Force*), le quartier général d'Eisenhower. « Avec grand plaisir pour moi-même, écrira le Général, avec quelque commisération pour lui, je revois M. Charles Peake, que le Foreign Office détache auprès de nous pour les liaisons. » La commisération est pleinement justifiée, puisque Peake, tout comme son homologue français Pierre Viénot, va se trouver au centre du grand psychodrame provoqué à la veille de l'opération « Overlord » par l'absence d'accord sur l'administration civile et par la brouille qui en résulte entre de Gaulle et Churchill. Après la Libération, Charles Peake reprendra en France ses fonctions au sein du SHAEF. Il sera par la suite ambassadeur en Grèce et en Yougoslavie.

François KERSAUDY

• *Voir aussi :* Angleterre ; CFLN ; Comité national français ; GPRF ; Londres

Bibl. : Jean-Louis Crémieux-Brilhac, *La France libre : de l'appel du 18 Juin à la Libération*, Paris, Gallimard, 1996 • David Dilks (éd.), *Cadogan Diaries*, Londres, Cassell, 1971 • François Kersaudy, *De Gaulle et Churchill, la mésentente cordiale*, Paris, Perrin, 2001.

PEARL HARBOR. – De l'attaque de Pearl Harbor qui provoque l'entrée en guerre des États-Unis, de Gaulle tire immédiatement deux conséquences : « La guerre est définitivement gagnée », dit-il à *Passy* dès le 8 décembre 1941. Mais il confie au commandant Billotte : « Dorénavant, les

Anglais ne feront rien sans l'accord de Roosevelt » [*LNC*]. C'est bien mesurer le poids de l'événement. Espère-t-il obtenir des États-Unis, désormais belligérants, la reconnaissance du Comité national français ? Sans attendre, il affirme sa solidarité en déclarant la guerre au Japon en même temps que la Grande-Bretagne.

Il fait savoir aux gouvernements alliés que le Comité national français concourt à la défense commune du Pacifique par les moyens dont il dispose, les possessions françaises du Pacifique ralliées à la France libre, et qu'il met à la disposition des forces alliées « toutes facilités que peuvent offrir les bases de la Nouvelle-Calédonie, de Tahiti et des Nouvelles-Hébrides ». Georges Thierry d'Argenlieu, commissaire national en mission au Pacifique, reçoit tous pouvoirs pour organiser cette participation à la guerre en Extrême-Orient et notamment négocier le prêt de bases avec les représentants alliés « dans le respect des principes de propriété et de souveraineté de la France ». Pour lui donner du poids dans cette mission, de Gaulle le promeut contre-amiral. Le 4 janvier 1942, l'homme du 18 Juin insiste sur la nécessité de « veiller soigneusement à la défense de la souveraineté française contre tout empiètement d'un quelconque de nos alliés » [*LNC*].

Il est vrai que l'amélioration espérée des rapports entre les États-Unis et la France libre, consécutive à l'état de guerre avec le Japon, vient d'être gravement compromise par l'affaire de Saint-Pierre-et-Miquelon. Malgré l'opposition du Département d'État, de Gaulle a ordonné à l'amiral Muselier d'obtenir par surprise le ralliement des îles, mission brillamment réussie le 24 décembre au milieu de l'enthousiasme de la population. La réaction du Département d'État est d'une brutalité inattendue : « L'action entreprise par les navires soi-disant français libres à Saint-Pierre-et-Miquelon a été une action arbitraire et contraire... à tout consentement du gouvernement des États-Unis », et il demande au gouvernement canadien quelles mesures il compte prendre « pour restaurer le *statu quo ante* », c'est-à-dire rendre les îles au gouvernement de Vichy ! La crise dure un long mois, amenant encore le gouvernement américain à émettre des objections à l'envoi auprès de la délégation du Comité national français à Washington du lieutenant-colonel de Chevigné. De Gaulle souhaitait cette affectation pour traiter de toutes les questions militaires concernant le Pacifique et « plus tard, peut-être, d'une large collaboration militaire franco-américaine ». Plus tard, certes, car malgré Pearl Harbor, le gouvernement américain préfère toujours ménager Vichy et négocier avec ses représentants plutôt que développer une coopération avec « *the so-called Free French* », dont le chef se révèle décidément incontrôlable.

Jean DELMAS

• *Voir aussi* : Comité national français ; États-Unis ; Opinion publique américaine ; Saint-Pierre-et-Miquelon

Bibl. : André Kaspi, *La Deuxième Guerre mondiale*, Paris, Perrin, 1990.

PÉGUY, Charles (1873-1914). – « Aucun écrivain ne m'a autant marqué. Dans les années qui ont précédé la guerre, pendant mon adolescence et quand j'étais à Saint-Cyr, puis jeune officier, je lisais tout ce qu'il écrivait. Je me sentais très proche de lui [...]. Et puis, j'étais attiré par son style, son goût des formules, ses répétitions. » Cet unique aveu du général de Gaulle montre l'influence que le fondateur des *Cahiers de la Quinzaine* a eue sur lui. Mais nulle autre confidence ne permet véritablement de tenter une filiation précise. En quoi et pourquoi de Gaulle reconnaît-il Péguy comme son maître ?

On pourrait ne retenir que le discours nationaliste de celui qui attendait, depuis 1905 et le « coup de Tanger », la revanche de 1870. Ce nationalisme est particulier. Il s'inspire de ce que Péguy nomme une « mystique », la mystique de la France des droits de l'homme, de la République, et aussi de la fille aînée de l'Église. Tout ce qu'il croit avoir vu resurgir et réaffirmer au moment de l'affaire Dreyfus, véritable moment fondateur de sa pensée. La lutte pour l'innocence de Dreyfus, c'est le combat pour la vérité, la justice, contre les pesanteurs et les institutions. C'est le socialisme « péguyste ». S'il y a un parallèle qui s'impose entre de Gaulle et Péguy, c'est ce refus commun de se soumettre à une autorité à laquelle ils n'ont pas consenti. Péguy est un perpétuel insoumis, au Parti socialiste auquel il dénie toute autorité sur le socialisme, à une certaine Église dont il refuse qu'elle lui dicte sa religion, à un « parti intellectuel » qui tenterait de lui imposer sa pensée. L'essentiel est de résister dès lors que l'autorité ne paraît pas celle de la raison. C'est ainsi que Péguy peut être féroce vis-à-vis de la démocratie représentative. La raison n'a rien à voir avec le nombre, le calcul des suffrages, la majorité. Il se méfie du concept « bourgeois » d'égalité qui, par principe, est fondé sur l'équivalence des valeurs. Or celles-ci sont incommensurables. Le bergsonien fidèle qu'il est, comme de Gaulle, ne raisonne qu'en termes de qualité, et non de quantité. Cette conception le conduit, comme de Gaulle, à une critique virulente du parlementarisme, ce système qui engendre « le culte de l'électeur ». Le député n'est ainsi qu'un « électoroculteur », soucieux de plaire à la majorité et de conserver son siège, ignorant l'intérêt général. C'est là que réside l'opposition célèbre entre mystique et politique, l'essentiel étant que la mystique ne soit point dévorée par la politique.

Mais la mystique, qu'elle soit socialiste ou royaliste, a disparu. Elle a été engloutie par ceux qui font profession de politique. « La mystique républicaine, c'était quand on mourait pour la République, la politique républicaine, c'est à présent qu'on en vit. » Il y a chez Péguy une ardeur, une combativité à laquelle de Gaulle a certainement été sensible. La problématique du « salut » de la République et de la France qui inspire Péguy n'a pu manquer de frapper le jeune de Gaulle. Ses livres de l'entre-deux-guerres portent un écho assourdi du culte de Péguy pour l'armée de l'an II, cette armée populaire qui sauve la patrie et ses valeurs. La France, c'est la Révolution, la Déclaration des droits de l'homme, la terre du véritable socialisme, pour Péguy. Face à l'Allemagne, la France est en danger. Nationalisme de protection, et nullement de conquête. Il faut sauvegarder ce qui fait la grandeur de la France, terre charnelle du socialisme et du christianisme, patrie de Jeanne d'Arc. Ne jamais se rendre, jusqu'à l'ultime bataille de Villeroy où Péguy trouve la mort, le 5 septembre 1914. On comprend ce qui a pu enthousiasmer de Gaulle dans les écrits de l'écrivain orléanais. Reste évidemment la fascination avouée pour le style si particulier du boursier de la République, avec ses néologismes et, évidemment, ses « répétitions ». Ces pages entières, dans lesquelles Péguy récrit la même phrase en n'en modifiant qu'un seul mot, donnent à son écriture une originalité qui peut dérouter le lecteur moderne. On ne sort pas intact de ce que certains ont qualifié de « révolution littéraire », cette impression curieuse que Péguy prend son lecteur par la main pour l'amener à réfléchir avec lui, dans un rythme à la fois lent et puissant.

Qu'en a finalement retenu de Gaulle ? Sans autre confidence que cet aveu fait à Alain Peyrefitte en 1964, l'influence politique de Péguy ne peut être qu'esquissée.

Patrick Charlot

• *Voir aussi :* Bibliothèque personnelle ; Formation scolaire et intellectuelle ; France (idée de la) ; Nationalisme

Bibl. : Jean Bastaire, *Péguy contre Pétain. L'appel du 17 juin*, Paris, Éditions Salvator, 2000 • Patrick Charlot, « Les idées politiques de Charles Péguy », dans Fondation Charles-de-Gaulle, *Charles de Gaulle, la jeunesse et la guerre 1890-1920*, Paris, Plon, 2001 • Géraldi Leroy, *Péguy entre l'ordre et la révolution*, Paris, PFNSP, 1981.

PÉLABON, André (1910-1984). – L'ingénieur du génie maritime André Pélabon ne fait pas partie de la petite cohorte des premiers gaullistes. En juin 1940, ce polytechnicien, spécialiste de l'aéronautique, demande à être envoyé au Maroc, où il devient responsable d'un atelier de réparation d'avions. Pendant plus d'un an, il reste convaincu qu'il y a dans l'attitude du maréchal Pétain une grande part de manœuvre et que la lutte reprendra tôt ou tard en Afrique du Nord. Il est en contact suivi avec les représentants américains, auxquels il transmet de nombreux renseignements. Le rappel du général Weygand par Vichy, en novembre 1941, met fin à ses espoirs et le décide à rallier la France libre. En septembre 1942, il arrive à

Londres, où il fait figure de gaulliste convaincu, expliquant aux services américains qu'ils font fausse route en s'appuyant sur des personnes conservant des attaches avec Vichy. En quelque mois, il s'impose comme l'un des officiers les plus influents du BCRA (Bureau central de renseignements et d'action), et comme l'un des meilleurs connaisseurs de l'Afrique du Nord au sein de la France combattante.

Or, ce territoire prend une importance nouvelle aux yeux du Général après novembre 1942. En janvier 1943, lors de la conférence d'Anfa, en présence de Churchill et de Roosevelt, de Gaulle convient d'échanger des missions de liaison avec le général Giraud. La mission de la France combattante en Afrique du Nord est confiée au général Catroux. Pélabon est intégré à cette mission comme représentant officieux du BCRA. Il gagne Alger le 30 mars 1943 et devient aussitôt la cible de Giraud et de Catroux. Son travail est d'assurer la liaison avec les gaullistes – notamment ceux de Combat – et de faire de la propagande en faveur de la France combattante en multipliant les contacts. Catroux, auquel Giraud ne cesse de se plaindre, reproche à Pélabon de saboter ses efforts diplomatiques et ne supporte pas qu'il dispose d'une liaison directe avec de Gaulle. Il lui ordonne à plusieurs reprises de quitter l'Afrique du Nord. Tout au long de cette crise d'avril et mai 1943, Pélabon est soutenu sans faille par de Gaulle, qui, contrairement à Catroux, entend s'imposer à Giraud en menant « une action en profondeur » dans l'opinion. Fin mai, Pélabon doit toutefois quitter Alger. Il y revient aussitôt dans le sillage de De Gaulle.

Il est alors chargé de mettre sur pied l'antenne algéroise du BCRA, tâche particulièrement difficile dans un territoire contrôlé par les partisans de Giraud. Il s'acquitte de cette mission avec efficacité et bataille contre les giraudistes pour que la fusion des services secrets se fasse au profit du BCRA. En novembre 1943, la mise sur pied de la Direction générale des services spéciaux (DGSS) marque la victoire des gaullistes. Jusqu'à la Libération, Pélabon en dirige la base d'exécution algéroise, le BCRAA (Alger). Il est ensuite nommé directeur général de la Sûreté nationale par le ministre de l'Intérieur, Adrien Tixier, poste qu'il occupe jusqu'en 1946. Il sera ensuite préfet, chef de cabinet de Pierre Mendès France puis P-DG d'une grande entreprise.

Sébastien ALBERTELLI

• *Voir aussi* : BCRA

Bibl. : Sébastien Albertelli, *Le BCRA, les services secrets du général de Gaulle, 1940-1944*, thèse d'histoire en cours sous la direction de Jean-Pierre Azéma, IEP de Paris.

PÉTAIN, Philippe (1856-1951). – En 1945, quand il apprend que la Haute Cour le condamne à mort par 14 voix contre 13 et qu'une majorité plus forte exige sa grâce en invoquant son grand âge, le maréchal Pétain se persuade que cette dernière mesure est due à une intervention du général de Gaulle. Il n'en est rien : la Haute Cour lui a accordé la grâce avant que le chef du gouvernement puisse être éventuellement saisi, pour perpétuer le mythe de l'indépendance de la justice. Entre 1945 et sa mort en 1951, Pétain ne verra pas ses vœux exaucés. Il espérait que de Gaulle le ferait libérer ou se préparerait à l'enterrer à Verdun. Par une sorte d'aveuglement, le Maréchal crédite de Gaulle des quelques gestes qui, grâce à l'action de maître Isorni, son avocat, rendent sa fin de vie moins misérable. Il dit à Simon, son gardien à l'île d'Yeu, qu'il « compte sur de Gaulle pour [le] sortir d'ici », alors que de Gaulle n'a fait rien d'autre que de demander pour Pétain « un arbre et une pelouse ». Cette foi en de Gaulle, cet attachement, on les retrouve tout au long de l'Histoire des deux hommes, même après que leurs rapports ont tourné à l'orage puis à l'exécration. De Gaulle a toujours exercé un ascendant sur son maître, son protecteur, son patron. Leur relation est demeurée sous le signe d'une profonde et exigeante passion ; si l'amitié est devenue ressentiment, l'intensité de la relation a subsisté jusqu'à la mort.

1913-1938 : de l'admiration à la séparation. Il revient à Pétain d'avoir repéré dès 1913, alors qu'il était professeur, le talent du sous-lieutenant de Gaulle, qui devint bientôt à ses yeux un génial capitaine. S'il est vrai que de Gaulle avait des conceptions « offensives » qui passaient pour contraires aux conceptions jugées « défensives », à tort ou à raison, du vainqueur de Verdun, l'admiration de l'un pour l'autre fut instantanée et réciproque, transcendant cette divergence. Au sommet de sa gloire, la guerre finie, le Maréchal fit désigner auprès de lui le capitaine qui se morfondait à Mayence. L'idée de Pétain était de préparer un ouvrage sur l'Histoire du soldat français. Ayant besoin d'aide, il avait tout de suite saisi que de Gaulle, auteur d'un opuscule, *La Discorde chez l'ennemi*, disposait du coup d'œil et de la plume à la hauteur des ambitions du projet. Écrire un livre fort, qui effacerait à jamais les écrits de Foch – auquel il succédait à l'Académie française –, un livre qui immortaliserait non pas ses victoires – elles l'étaient déjà – mais son art, celui du plus grand des capitaines, tel était le dessein de Pétain.

Voici donc le jeune génie accueilli par la maison Pétain, dorloté et choyé, chargé d'écrire pour le Maréchal, comme il est d'usage en armée et en politique, sous le regard envieux d'autres porte-plume moins honorés. Pétain admire le travail, le style qu'il corrige à peine, lui qui est si exigeant, à défaut d'écrire lui-même avec talent. Il pousse son protégé et, en 1927, contre tous les usages, lui fait faire à sa place, à l'École de guerre, la leçon à laquelle il assiste en personne. Il cautionne le talent du capitaine au grand scandale des hiérarques présents.

Et puis, en 1928, une crise éclate entre les deux hommes. S'impatientant que son *Soldat* ne progresse pas plus vite, le Maréchal demande au colonel Audet que cette étude ne soit pas « entièrement interrompue » par une mutation de De Gaulle en Allemagne. Celui-ci proteste. Ce « livre n'est pas une rédaction d'état-major [...], il devait rester entre nous deux [...], et comme on sait votre répugnance à écrire, vous devriez dans une préface faire l'aveu de votre collaboration ». Alors Pétain met le manuscrit au placard, tout comme il met au placard l'éloge de Foch que de Gaulle lui avait écrit, à sa demande, pour l'Académie. Car cet « éloge » est trop élogieux : Foch n'était-il pas, comme le porte-plume, un adepte de l'offensive et de la manœuvre à tout prix ?

Dix ans plus tard, en 1938, de Gaulle est devenu le colonel fameux, théoricien du corps cuirassé. Il a écrit aussi *Le Fil de l'épée* et *Vers l'armée de métier*. Quel tollé... Chefs militaires et hommes politiques vivent en paix, comme assoupis derrière la ligne Maginot. Cette idée d'une armée de métier réveille leur guerre fratricide : des prétoriens, une armée cuirassée par surcroît, quel danger pour la République... Seul Paul Reynaud approuve. Quand les éditions Plon demandent à de Gaulle un ouvrage « qui pourrait être une version moderne de *Servitude et grandeur militaires* », de Gaulle propose son *Soldat* dont la copie dort dans un tiroir, et dont il est sûr que le Maréchal autorisera la sortie. « Vous m'annoncez, lui répond Pétain, la publication d'un livre intitulé *La France et son armée*. Si je vous comprends bien, vous avez l'intention d'utiliser pour cette publication l'étude dont je vous avais antérieurement chargé. Vous m'en voyez profondément étonné. Ma surprise ne peut pas vous surprendre... Le plan de travail est mon œuvre, de nombreuses retouches et corrections achèvent de définir son caractère : je considère que ce livre m'appartient personnellement et exclusivement [...]. Je me réserve de m'opposer à sa publication [...]. Votre attitude m'est très pénible. » De Gaulle répond, s'explique, accourt. Hors la présence du général Laure, son rival auprès de Pétain, il voit le Maréchal qui se fait plus conciliant car il garde sa tendresse à cet homme qui exerce sur lui un certain ascendant. Après cette rencontre en tête à tête, il autorise la publication. Il prévoit de proposer à de Gaulle une dédicace. Le colonel la corrige et écrit : « À Monsieur le Maréchal, qui voulut que ce livre fût écrit. » Par cette formule, de Gaulle accomplissait le meurtre du Père. Car Pétain avait proposé une dédicace affectueuse, certes, mais plus lointaine, comme si ce projet, ce livre, n'était pas le sien, mais celui du disciple : « Au Maréchal, qui a bien voulu m'aider de ses conseils. » Par sa rectification, de Gaulle lui plongeait le poignard droit dans le cœur. De Gaulle avait dit la vérité : Pétain avait voulu que ce livre fût écrit... mais pour lui, pour la gloire du Maréchal, et qu'il fût signé par Pétain. Pas par celui dont il avait fait son fils spirituel.

1940 : une rupture asymétrique. Il est vrai que de Gaulle n'avait plus envers Pétain l'admiration de naguère. Première fêlure : qu'en 1925 le Maréchal ait accepté de prendre la relève de Lyautey, tombé en disgrâce lors de la guerre du Rif, quelle inconvenance ! Qu'en 1939 il ait accepté aussi de devenir ambassadeur auprès de Franco, quelle déchéance ! L'homme est prêt à tout pour jouer un rôle, pour paraître. Pétain est conscient du jugement de De Gaulle. Et, en 1940, que de Gaulle, cet ambitieux, cet arrogant, entre comme lui au cabinet de Paul Reynaud à l'heure du désastre, voilà un affront que le Maréchal ne supporte pas. Le 7 juin 1940, journée tragique s'il en est puisque les Allemands viennent de franchir la Seine, Pétain demande à être reçu par Paul Reynaud. L'heure est grave : maîtres du ciel, les Stukas allemands mitraillent les armées en retraite, et partout les signes d'une décomposition apparaissent. Que décider, que faire ? Faut-il, oui ou non, défendre Paris ? Telle est la grande question. Paul Reynaud consulte, et bien sûr reçoit Pétain qu'il vient d'appeler à ses côtés, pour que le vainqueur de Verdun redonne le moral aux Français. Quel est donc l'avis du Maréchal ? Celui-ci répond : « Vous n'allez pas nommer de Gaulle, c'est un orgueilleux, un ingrat, un aigri... ». Et Pétain de raconter à Paul Reynaud l'histoire du manuscrit du *Soldat*, à laquelle Reynaud ne comprend rien. Pendant la débâcle, croisant de Gaulle à Bordeaux, alors que celui-ci est devenu général, le Maréchal lui lance : « Quelle promotion dans la défaite !... »

Et pourtant, à la fin de 1940, alors qu'il est chef de l'État et qu'il a connaissance des anathèmes que de Gaulle a lancés contre l'armistice et sa politique, Pétain n'exclut pas l'idée que ce dernier pourrait participer au double jeu qu'il a en tête. En décembre 1940, il s'en ouvre à Pierre Dupuy, représentant du Canada, mandaté secrètement par lord Halifax et Churchill auprès de Pétain. Lors d'un premier entretien, ce dernier définit le rôle de De Gaulle : « J'étais prêt à oublier mes griefs personnels tant qu'il combattait des ennemis communs. Pas question de demander aux Anglais d'être déloyaux envers lui, mais de lui conseiller qu'il agisse plus en conformité avec nos intérêts, ce qui est le sien. Son prestige en France est très bas depuis l'affaire de Dakar [...]. L'opinion publique est rarement favorable au chef malchanceux. S'il pouvait faire quelque chose contre les Italiens en Libye, cela plairait à la majorité des Français [...]. De toute façon son existence comme chef indépendant est une nécessité, comme une constante menace contre les Allemands est un élément qui maintient la tension entre la France et la Grande-Bretagne. » Cette idée d'un rapprochement indirect ne dura pas. L'hostilité de Roosevelt envers de Gaulle rasséréna Pétain quelque peu. Mais le retournement du président américain, révélé par l'invasion de l'Afrique du Nord et l'entrevue de Casablanca, ressuscita la relation de rivalité entre Pétain et de Gaulle. Elle avait désormais dépassé le niveau personnel et prenait une dimension stratégique. Il ne se trompait pas lorsqu'il pressentait qu'avec de Gaulle les voies d'un accommodement ne seraient pas aisées.

À Alger, de Gaulle doit assurer sa légitimité face aux Américains et gérer la liquidation de Vichy, dont nombre d'autorités sont demeurées sur place. En outre, il s'exprime clairement sur le châtiment des collaborateurs. L'exécution de Pierre Pucheu, en mars 1944, fait à Vichy une forte impression. Joseph Darnand et Pierre Laval accusent de Gaulle d'être le jouet des communistes. Mais sur ce point, Pétain est loin d'être convaincu. De Gaulle, à ses yeux, est bien trop intelligent pour être manipulé. En plusieurs circonstances, il rappelle qu'après tout le Général et lui partagent les mêmes idées, notamment une hostilité envers les partis politiques, les parlementaires et l'esprit de la IIIe République. Mais de Gaulle n'a plus que mépris pour les lâchetés du Maréchal et, pour lui, la conclusion de l'armistice a fait sombrer

Pétain dans le déshonneur. Ce dernier en a-t-il pris la mesure ?

1944 : La thèse de l'« épée » et du « bouclier ». Après le débarquement de juin 1944, le maréchal Pétain est tout à fait hostile à la solution parlementaire, la dernière « combinaison » de Pierre Laval. D'abord, parce qu'il déteste Édouard Herriot – dès 1940, il a affirmé que « jamais [il] n'installerai[t] [son] gouvernement » à Lyon, dans la ville de ce maire radical qui, pour lui, incarnait la IIIe République, « le parlementarisme, la déchéance ». Certes, à la fin de 1943, Pétain a accepté le principe d'une éventuelle réunion du Parlement pour devancer la formation de la future assemblée qui se préparait à Alger sous l'égide de De Gaulle. Mais dans le contexte, le projet du Maréchal avait pour unique but de renforcer sa propre légitimité et de consacrer ses pouvoirs. Depuis le Débarquement, il est évident pour lui que la solution parlementaire n'est plus qu'un artifice. De ce point de vue, il manifeste un sens des réalités plus aigu que Laval. En outre, pour rien au monde il ne s'associerait à une entreprise menée par son président du Conseil, dont il essaie de se détacher par tous les moyens. De plus, la solution Herriot, et même la solution parlementaire, passent une fois de plus par le canal Laval-Abetz – les Allemands –, et Pétain a résolu de rompre avec cette filière et cette politique. Il écarte encore plus fermement l'idée soumise par l'amiral Platon de chasser Laval pour le remplacer par un gouvernement proallemand et fasciste. Pétain s'accroche à l'hypothèse d'un rapprochement direct avec les Américains. Il sait par l'amiral Leahy, et surtout par Jacques Lemaigre-Dubreuil qui a accompli une mission à cette fin, qu'il est peut-être encore possible d'empêcher de Gaulle de triompher seul. Mais, très vite, le Maréchal prend conscience que la solution américaine n'a plus de consistance, que les Anglo-Saxons sont déterminés désormais à soutenir de Gaulle. Le tout, pour Pétain, est de sauvegarder sa légitimité et son honneur. Plutôt que de passer par Herriot, par Laval qu'il honnit, mieux vaut encore s'adresser directement à de Gaulle. « Il est regrettable qu'il soit suffisant, dit Pétain à Jean Tracou, son directeur de cabinet, car nous avons au fond les mêmes idées. » Il le répète au nonce. Il aurait ajouté : « Je vois l'avenir bien sombre. Une défaite n'est qu'un accident dans la vie d'un peuple. Si la France sait en tirer les leçons, elle peut y trouver l'origine d'une nouvelle grandeur, mais, pour ça, le culte de la vérité est nécessaire. De Gaulle joue dangereusement avec les sentiments des Français, je ne peux plus rien faire pour la France, ma tâche est finie. Bien qu'on vive très vieux dans ma famille, je ne verrai pas le retour de la vraie paix car cette guerre aura de terribles suites, je pense que les Français reconnaîtront plus tard que j'ai pu leur rendre quelques services, mais il faudra attendre longtemps et je ne le verrai pas non plus. Nous serons emprisonnés, on voudra nous déshonorer, mais j'ai confiance dans le jugement de l'Histoire. »

Les jours d'optimisme, Pétain songe à aller à Paris quand de Gaulle y entrera, pour lui tendre la main et lui transmettre sa légitimité. Le dernier brouillon de discours qu'il écrit a pour titre « Appel aux Parisiens ». Simultanément, il prévoit de désigner un plénipotentiaire qui s'adressera aux Anglo-Saxons et éventuellement au général de Gaulle. C'est l'amiral Auphan qui est choisi pour cette mission essentielle. Pétain lui remet une lettre qu'il a signée, datée du 11 août 1944 : « Je donne pouvoir à l'amiral Auphan pour me représenter auprès du haut commandement anglo-saxon en France et, éventuellement, prendre contact de ma part avec le général de Gaulle ou ses représentants qualifiés, à l'effet de trouver au problème politique français au moment de la libération du territoire une solution de nature à empêcher la guerre civile et à réconcilier tous les Français de bonne foi. Si les circonstances le permettent, l'amiral Auphan m'en référera avant toute décision d'ordre gouvernemental. Si c'est impossible, je lui fais confiance pour agir au mieux des intérêts de la Patrie, pourvu que le principe de légitimité que j'incarne soit sauvegardé. Si je ne suis plus libre, Auphan fera ouvrir le pli qui a été remis par moi-même en 1943 au vice-président du Conseil d'État et au procureur général près la Cour de cassation. »

Pendant que l'amiral Auphan essaie de joindre ainsi le général de Gaulle, qui le fait éconduire, et le général Eisenhower, Pierre Laval s'efforce par tous les moyens de faire venir Pétain à Paris. Mais le Maréchal refuse de quitter Vichy. Lorsque le 20 août Pétain est emmené par les Allemands en Allemagne, Henri Massis compose pour ses adieux le fameux texte où l'on présente de Gaulle comme l'épée de la France et Pétain comme son bouclier. Pétain lit ce texte, corrige comme à son habitude, et approuve. De Sigmaringen, il est ensuite transféré en Suisse. De Gaulle sait bien que son procès aura lieu, mais il ne fait rien pour exiger l'extradition. Pétain serait ainsi jugé par contumace. Mais l'ancien chef de l'État français ne voit pas les choses ainsi. Rompant avec les concessions qu'il a souvent faites au sens de l'honneur, cette fois il veut défendre le sien. Et de lui-même, il se présente à la frontière. Marc FERRO

• *Voir aussi :* Armistice ; Collaboration ; France et son armée (La) ; Montoire ; Naufrage

Bibl. : Marc Ferro, *Pétain*, Paris, Fayard, 1987 • Jean Lacouture, *De Gaulle*, Paris, Le Seuil, 1984.

PETIT-CLAMART (attentat du). – Le mercredi 22 août 1962, le général de Gaulle préside le Conseil des ministres. À 18 h 20, il décide de rentrer à Colombey. Depuis l'attentat de Pont-sur-Seine du 8 septembre 1961, il prend l'avion à Villacoublay pour Saint-Dizier. Sa voiture, suivie par un seul véhicule de protection et deux motocyclistes, quitte l'Élysée à 19 h 45 et arrive près du rond-point du Petit-Clamart à 20 h 10. Le convoi roule à plus de 90 km/h quand, d'une camionnette Estafette arrêtée sur le bas-côté droit, plusieurs armes automatiques tirent près de 150 cartouches. Une vingtaine de balles atteignent la DS présidentielle, plusieurs traversent la voiture, l'une passe entre les têtes des passagers, une autre traverse le casque de l'un des motocyclistes. Un commando d'une dizaine d'hommes recrutés par le colonel Bastien-Thiry, déjà organisateur de l'attentat de Pont-sur-Seine, vient d'échouer une nouvelle fois d'extrême justesse. Le convoi était en retard, il roulait vite, le jour commençait à décliner. Bastien-Thiry, qui jouait le rôle de guetteur, ne l'a vu surgir qu'à quelques mètres. Le tir, qui devait être axial, a été latéral et bref. Une voiture qui devait barrer la route n'a démarré qu'après le passage du convoi, a tiré quelques rafales, et rapidement abandonné. Le chauffeur de la DS, Francis Marroux, poursuit sa route à vive allure malgré deux pneus crevés et conduit ses passagers à bon port à Villacoublay. Les voyageurs n'auront que quelques minutes de retard à Saint-Dizier. Une demi-heure plus tard, l'Estafette est retrouvée abandonnée.

L'enquête progresse très rapidement. Au début de septembre, les arrestations se succèdent, et le 14, c'est le tour de Bastien-Thiry. À la date du 18, tous les protagonistes sont identifiés, neuf arrêtés, six en fuite. Deux seulement échapperont à la justice. Les neuf inculpés comparaissent devant la Cour militaire de justice en janvier 1963. Le 4 mars, la cour prononce quatre condamnations à mort, dont une par contumace, et des peines échelonnées de la réclusion à perpétuité à trois ans d'emprisonnement. Seul Bastien-Thiry a été exécuté, le 11 mars. Les autres condamnés ont été libérés en 1968.

Cet attentat eut des conséquences importantes. Le ministre de l'Intérieur, Roger Frey, demanda que de nouvelles mesures de sécurité soient adoptées. Jusqu'alors, de Gaulle refusait toute contrainte, indifférent aux risques qu'il courait et traitant par le mépris ceux qui voulaient le tuer. Il accepta cette fois que toutes les mesures de sécurité soient centralisées au ministère de l'Intérieur. Le 30 septembre 1962, une ordonnance porta à quinze jours le délai de garde à vue pour les auteurs de crimes contre la paix publique. Par ailleurs, le 20 septembre, admettant que sa disparition aurait des conséquences politiques graves, le Général révéla son intention de modifier la Constitution « en vue d'assurer la continuité de l'État », et proposa l'élection du président de la République au suffrage universel.

Jacques DELARUE

• *Voir aussi* : Algérie (guerre d') ; Attentats ; Barbouzes ; DS Citroën ; Juridictions d'exception ; OAS ; Pieds-noirs

Bibl. : Jacques Delarue, *OAS contre de Gaulle*, Paris, Fayard, 1994 • Jacques Delarue et Odile Rudelle (textes choisis et présentés par), *L'Attentat du Petit-Clamart : vers la révision de la Constitution*, Paris, La Documentation française, 1990.

PEUPLE. – Pour Charles de Gaulle, le peuple est l'instance suprême de la politique. Acteur et juge de l'Histoire, il se lève, consent, refuse. Éclairé ou trompé, il est le juge devant laquelle la démocratie rend des comptes, laissant à l'Histoire le soin de faire le tri. Car le peuple français, divers et varié, doit être porté par la grandeur et uni autour d'une idée-force. Rassemblé pour la victoire, il se divise dans la paix. Illusionné ou trompé par de mauvais chefs, il trébuche, risquant même de sombrer dans l'une des catastrophes d'une histoire où « succès achevés et malheurs exemplaires » n'ont cessé d'alterner. Tel est le peuple de Charles de Gaulle qui, lecteur de Jules Michelet et de Charles Péguy, l'a vu en héritier d'une histoire de deux mille ans, champion de la liberté et auteur de la Déclaration des droits de l'homme, « principes dont on se fait un Évangile » [*FA*]. Aussi la foi et l'espoir de l'homme du 18 Juin est-elle celle d'un Français parlant aux Français, au nom d'un peuple bâillonné, afin qu'au jour de la victoire, présente avec son éternelle promesse de liberté et de dignité, la France retrouve son rang parmi les nations civilisées, avec 100 millions d'hommes et de femmes rassemblés sous son drapeau – 40 millions de Français, et de Françaises saluées pour la première fois – et 60 millions de sujets d'un empire.

Tel est le côté lyrique et sentimental du peuple de Charles de Gaulle dont le génie sera de couler cette croyance dans le bronze du droit : traités avec les Alliés, ordonnances de la Libération et, plus tard, constitution d'une république dont il a voulu qu'elle résume tous les passés d'un peuple si divers. Légitimiste des « justes lois que la nation s'étaient données au temps où elle était libre et qui s'appellent les lois républicaines » comme il le dit le 12 septembre 1944, le chef des Français libres avait, dès le manifeste de Brazzaville, déclaré qu'il rendrait « compte de ses actes aux représentants du peuple français ». S'affirmant, le 2 avril 1941, « gérant provisoire et résolu du patrimoine français », il bâtit un rapport au peuple fait autant de rêves que d'exigences, puisque c'est au nom d'un passé de grandeur et de liberté qu'il l'appelle à désobéir pour mieux rester fidèle. Le peuple n'est pas coupable. Seuls les chefs militaires ont failli, « cédant à la panique », créant un gouvernement « de trahison », brisant les alliances, supprimant toute représentation du peuple. Et la France libre de montrer qu'il y a des Français volontaires pour continuer le combat et témoigner de la fidélité du peuple à ses alliances. Jusqu'à la constitution du Comité national français, en septembre 1941, le général de Gaulle a signé ses ordonnances « Au nom du peuple et de l'Empire français ».

Dès le temps de Londres, cette volonté d'adresse directe au peuple a suscité des critiques. Serait-il un aspirant à la dictature, comme l'écrira Henri de Kérillis, député antimunichois et l'un des premiers à rallier la France libre ? « L'ombre de Bonaparte » se profilait-elle derrière ce pouvoir solitaire du chef, comme l'écrit Raymond Aron, brillant normalien dirigeant la revue *France libre* éditée à Londres ? La situation était d'exception mais non d'arbitraire, puisque le terme assigné d'avance serait la victoire, finalement advenue en mai 1945. Et dès le mois suivant, le provisoire d'exception fait place à un provisoire de transition, affichant un calendrier articulé selon des échéances et des procédures au cours desquelles un peuple redevenu libre et éclairé est appelé à exprimer ses choix d'avenir. Telle est la différence avec le bonapartisme, qui, n'ayant fait appel au peuple que pour ratifier des coups de force, finit à Waterloo et à Sedan.

De juin 1940 au discours de l'Hôtel de Ville d'août 1944 sur « Paris [...] libéré par son peuple », de Gaulle n'a cessé de rappeler le sens d'un combat mené au nom d'une justice libérant le peuple d'un gouvernement en lutte contre ses gouvernés. Il donne des mots d'ordre et se déclare « expression de la volonté d'un peuple empêché » mais fidèle à ses « traditions de liberté ». Sans craindre d'ajouter que, vraie révolution, cette guerre annonce un avenir de gouvernement du peuple par lui-même, de démocratie politique, économique et sociale mais aussi internationale, puisque le siècle est celui de « l'interdépendance des peuples ». La difficulté viendra de la combinaison entre la souveraineté nationale exprimée depuis 1789 par les représentants élus et la souveraineté du peuple patriote qui fait irruption en 1792. Convaincu qu'instruit par les souffrances le peuple français saura « tirer les leçons du passé » et s'orienter vers de « grands desseins », il a cherché à combiner les deux ressources : il réussit en 1945 et en 1958. Mais ayant échoué en 1946 et 1969, il se retire.

La confiance de Charles de Gaulle envers le peuple français n'a pas toujours été reconnue à sa mesure. Pourtant, en octobre 1945, c'est au peuple entier – pour la première fois élargi aux Françaises – qu'il s'adresse par la voie du référendum. Que veut-il pour l'avenir : le retour aux deux chambres des lois de 1875 ? Ou, pense-t-il, comme de Gaulle les 2 juin et 12 juillet 1945, qu'« étant sur la table rase » [*DM*], il faut élire une Assemblée constituante ? Cette dernière devra-t-elle rendre des comptes après sept mois ? Ou, à l'inverse, le peuple veut-il s'abandonner à une souveraineté parlementaire exclusive ? Président d'un gouvernement d'unanimité nationale depuis avril 1944, le général de Gaulle sera entendu en octobre 1945 par le peuple, mais non par les parlementaires dont les idées constitutionnelles se révèlent à l'opposé des siennes.

Ayant démissionné en janvier 1946, il laissera le peuple français seul juge d'une rédaction parlementaire. Celui-ci la rejette en mai 1946. Redevenu simple citoyen, de Gaulle prononce alors à Bayeux, le 16 juin, un discours constitutionnel adressé au « peuple français et aux peuples de l'Union française ». Ignorant cet appel, les élus rédigent un nouveau texte adopté en octobre avec un « oui » qui a moins de voix que le « non » de mai 1946. Aussi, en avril 1947, de Gaulle appelle-t-il au « rassemblement du peuple français » pour obtenir « dans le cadre des lois » une révision de ces institutions malvenues. C'est un échec, confirmé par les élections de 1951. Annoncée dès 1943 à Alger, la IVe République aura été – selon l'expression de Maurice Duverger – cette « République sans le peuple » qui, perdant la guerre d'Indochine en 1954, se découvre ensuite incapable de penser la décolonisation d'une Algérie dite française alors que le droit de suffrage y était strictement circonscrit. Devant la gravité des troubles et d'une crise militaire sans précédent, les députés élus en 1956 finiront par se tourner vers un Général qui, ayant choisi le silence depuis 1955, est appelé le 29 mai 1958 par le président de la République René Coty. Celui-ci, vieux partisan de la révision des institutions, met sa démission dans la balance. De Gaulle sera investi par une Assemblée qui délègue alors au gouvernement le pouvoir de rédaction d'une nouvelle loi constitutionnelle, à la condition de respecter cinq principes fondamentaux de la République : souveraineté du suffrage universel ; séparation des pouvoirs ; responsabilité parlementaire du gouvernement ; indépendance d'une justice fidèle à la Déclaration de 1789 ; organisation des rapports avec les peuples associés.

Votée avec 85 % de participants et 80 % de « oui », la Constitution de 1958 fit rentrer le peuple dans les murs de la République. Et pendant les quatre années de la marche vers l'Algérie algérienne et indépendante, la confiance d'une large majorité du peuple n'a cessé d'accompagner de Gaulle. De sorte qu'après l'attentat du Petit-Clamart d'août 1962, le chef de l'État propose de donner une « tête » à la République, confiant au peuple français le droit d'élire directement son président. Le peuple accepte et ainsi, en décembre 1965, sera-t-il réélu, mais au suffrage universel direct.

Les rapports du général de Gaulle et du peuple français prennent alors un cours ordinaire que la crise universitaire de 1968 va rompre, au point que l'année suivante le peuple refuse son projet de démocratie participative. Il démissionne, mais l'émotion qui entoura sa mort en 1970 allait montrer que le peuple était resté fidèle à sa mémoire. Odile RUDELLE

• *Voir aussi :* Bonapartisme ; Brazzaville (manifeste de) ; Constitutionnel, débat ; Démission de 1946 ; Référendum (usage du)

Bibl. : Odile Rudelle, *De Gaulle pour Mémoire*, Paris, Gallimard, 1990 • Id., « Le suffrage universel », dans Jean-François Sirinelli (dir.), *Histoire des droites en France*, Paris, Gallimard, t. 3, 1992 • Id., « De Gaulle, la gauche et les institutions », dans Jean-Jacques Becker et Gilles Candar (dir.), *Histoire des gauches en France*, Paris, La Découverte, t. 2, 2004.

PEYREFITTE, Alain (1925-1999). – Ancien élève de l'École normale supérieure et de l'École normale d'administration (ENA), en poste au ministère des Affaires étrangères durant dix ans, Alain Peyrefitte entame une carrière politique en 1958, à l'âge de trente-trois ans. Rien ne laissait présager cette orientation, et moins encore un engagement au côté du gaullisme. Sa première candidature aux élections, en avril 1958, est antérieure au retour du général de Gaulle. Ce fut un échec, mais une campagne dynamique et de bons résultats l'avaient lancé, et l'UNR (Union pour la nouvelle République) l'approcha en vue des législatives de novembre 1958. Élu cette fois, il demeure député de la circonscription de Provins, en Seine-et-Marne, de 1958 à 1995, avec quelques interruptions dues à ses postes ministériels. Il est également maire de cette ville de 1965 à 1997.

De 1959 à 1962, alors qu'il n'est que député, de Gaulle le charge de publier des analyses et des propositions sur les problèmes européen et algérien, sortes de « ballons d'essai » destinés à susciter les réactions des observateurs politiques français et étrangers. D'octobre à décembre 1961, le plus durable de ces coups de sonde par député interposé a suscité un réel engouement. Du 28 septembre au 2 octobre, Alain Peyrefitte signe dans le journal *Le Monde* une série d'articles intitulée « Pour sortir de l'impasse algérienne ». La solution qu'il propose réside dans une partition de l'Algérie, un peu à la manière dont les territoires de l'Irlande, de l'Inde ou de la Palestine ont été redécoupés. L'éventualité de ce partage avait été mentionnée publiquement par de Gaulle les 12 juillet et 5 septembre précédents [*DM*], et Peyrefitte avait reçu l'aval du chef de l'État pour « approfondir cette solution dans des articles de journaux ». Survenue en juillet, la rupture des négociations avec le FLN (Front de libération nationale) en faisait alors un moyen de pression sur l'adversaire. Mais, des conversations secrètes ayant repris à l'automne, le problème de principe que soulevait la partition et la conviction que « le partage ne mettrait pas fin à la guerre », comme le souligna le Club Jean-Moulin dans *Le Monde* des 25, 26-27 et 29 novembre 1961, privèrent la « solution » de tout intérêt. De Gaulle la récusa en décembre, sans plus d'égard pour le « franc-tireur qu'il pouvait utiliser », ainsi que Peyrefitte se définit lui-même.

C'était de Gaulle. Responsable du ministère de l'Information et porte-parole du gouvernement de 1962 à 1966, Peyrefitte est autorisé à prendre des notes durant le Conseil des ministres. Sa fonction lui permet aussi de converser avec de Gaulle en tête à tête, après le Conseil, afin de s'assurer de ses intentions, avant de s'adresser à la presse. Il recueille ainsi, au cours de 300 à 400 entretiens, les analyses et les commentaires qui constituent la matière des trois volumes de *C'était de Gaulle*, publiés entre 1994 et 2000.

L'œuvre rassemble une somme considérable d'informations sur les jugements politiques du Général et la conduite des grandes affaires du temps. L'exactitude des propos rapportés et des situations évoquées peut sans doute être discutée, de même que pose question la publication de ces textes près de quarante ans après leur première écriture. On ignore quelle fut l'ampleur de l'autocensure de l'auteur. Mais l'originalité de l'entreprise est certaine et réside essentiellement dans la posture de Peyrefitte face à de Gaulle. Comme beaucoup d'autres témoins, Peyrefitte est subjugué par la hauteur de vue, la détermination et le sens de l'action du chef de l'État : « L'intensité faite homme », écrit-il. Il est fasciné par un personnage qui appartient à l'Histoire et qui en déroule fréquemment les panoramas, mais qui est aussi un politique réaliste, au fait des dossiers techniques, soucieux de l'exécution rapide des décisions, admonestant ses ministres pour y parvenir. Cependant, pour des raisons à la fois générationnelles et intellectuelles, Peyrefitte n'est pas un « godillot » et tient à le montrer en évitant, délibérément, le langage hyperbolique d'une admiration sans nuance. Selon ses propres termes, il est un « scribe » qui observe et rapporte avec précision ce qui a été dit en s'effaçant devant son sujet. *C'était de Gaulle* montre aussi comment le jeune ministre est parvenu à établir une relation durable avec le Général, alors qu'il était étranger à l'histoire du mouvement gaulliste et ne pouvait être considéré en 1962 comme un proche. Peut-on parler de « confiance » de la part de De Gaulle ? En janvier 1968, Georges Pompidou mit en garde Peyrefitte contre la tentation d'y croire, en lui expliquant que cette « notion sentimentale n'entre pas du tout dans l'univers du Général » et « qu'il n'en fait à personne », mais le ministre de l'Information s'était incontestablement rapproché du chef de l'État.

Cela lui valut quelques jalousies et méfiances mais le plaça surtout dans une position délicate, « entre l'arbre et l'écorce », entre de Gaulle et Pompidou lorsque le Général lui confia des projets politiques qu'il aurait dissimulés au Premier ministre. Les difficultés de sa fonction tenaient surtout aux contradictions de sa tâche. Avec le déplacement du pouvoir de l'Assemblée à l'Élysée, les sources d'information des journalistes s'étaient taries et la censure liée à la guerre d'Algérie aggravait la difficulté. Peyrefitte était conscient de la nécessité de rétablir les contacts, mais comment être l'interprète d'un de Gaulle qui n'aimait rien tant que le mystère, et qui répétait à son ministre que « rien n'est aussi payant que le silence » ?

Ministre de l'Information. Le rôle d'Alain Peyrefitte en tant que ministre de l'Information ne se limitait pas à l'annonce des décisions gouvernementales. Selon les circonstances, ses déclarations servaient aussi à tester les réactions éventuelles des commentateurs, à entretenir leurs interrogations par des indiscrétions calculées, à devancer les critiques qui ne manqueraient pas de tomber après telle ou telle décision. Il devait, *a posteriori*, atténuer l'impact de propos trop abrupts, et il lui arriva de démentir formellement des faits exacts, dans un mélange d'information, de communication et d'intoxication dont les journalistes n'étaient pas forcément dupes. Mais la mission la plus importante et la plus délicate de Peyrefitte était la conduite de l'information audiovisuelle. Il fut en charge de l'Information comme sous-secrétaire d'État (avril 1962), puis comme ministre de décembre 1962 à janvier 1966. De Gaulle considérait la Radio-Télévision française (RTF) comme le bien de l'État et comme l'organe naturel d'expression de son autorité, ce qui explique son mécontentement fréquent à l'égard de l'institution qu'il jugeait trop critique, frondeuse, toujours influencée par la gauche, comme sous la IVe République. Peyrefitte fut constamment mis en cause pour son rôle de « censeur » rigoureux de l'information audiovisuelle. Il s'en est défendu, en rappelant qu'il avait, au contraire, suspendu des pratiques antérieures d'intervention et qu'il avait engagé des réformes destinées à moderniser l'information télévisuelle, notamment par la création en 1963 d'un journal télévisé « tout en images ». Il a présidé à la création de l'ORTF en 1964, et à la mise en place, la même année, d'un Service des liaisons interministérielles pour l'information (SLII). Ces mesures, qui se voulaient rationnelles, n'ont pas abouti à alléger le contrôle de l'État sur l'information audiovisuelle.

Ministre de l'Éducation nationale. En 1966, Alain Peyrefitte quitta le ministère de l'Information pour devenir, dans le troisième cabinet Pompidou, ministre délégué chargé de la Recherche scientifique et des questions atomiques et spatiales. Il n'est guère « pompidolien » en cette période, et observe sans enthousiasme l'autorité croissante du Premier ministre qui oriente davantage l'action gouvernementale. Il en fait l'expérience à son poste de ministre de l'Éducation nationale, à partir d'avril 1967, car les vues de Pompidou et de De Gaulle sur l'avenir de l'Éducation ne coïncident pas. Confronté à la crise universitaire, il est la cible des étudiants dès janvier 1968 – « Peyrefitte démission » criet-on à Caen. Lors du déclenchement des événements de Mai, en l'absence du Premier ministre parti au Moyen-Orient, il approuve la fermeté prônée par de Gaulle et assume la politique répressive mise en œuvre. Au retour de Georges Pompidou, le 11 mai, il se trouve en désaccord avec la politique d'apaisement de celui-ci. L'annonce, le même jour, par le chef du gouvernement de la réouverture de la Sorbonne lui est un camouflet. Il présente sa démission le lendemain. Pompidou la refuse sur le moment, mais la lui demande le 28 mai, et assume alors les fonctions de ministre de l'Éducation nationale jusqu'au remaniement du 31.

Éloigné du pouvoir, Peyrefitte eut moins l'occasion d'approcher de Gaulle, même si, occasionnellement, celui-ci lui manifesta une attention amicale. Convié aux obsèques du Général, il ne se crut pas autorisé à entrer dans l'église aux côtés des Compagnons de la Libération : n'avait-il pas rejoint de Gaulle trop tard pour être du premier cercle ? Hélène Eck

• *Voir aussi* : Censure ; Éducation nationale ; Guy, Claude ; Information ; Radio et télévision

Bibl. : Alain Peyrefitte, *C'était de Gaulle*, Paris, De Fallois-Fayard, 3 vol., 1994-2000.

PFLIMLIN, Pierre (1907-2000). – Né à Roubaix dans une famille de dirigeants du textile alsacien, haut-rhinois de Mulhouse par son père, d'Altkirch par sa mère, ce jeune Alsacien est élevé dans l'espoir d'un retour à la patrie. À l'âge de sept ans, il voit l'armée française entrer dans sa ville, « pantalons rouges, capotes bleues, les baïonnettes brillant au soleil : un tableau qui, pour le gosse que j'étais, était une sorte de féerie ». Durant ses études à la faculté de droit de Strasbourg, il est marqué par la personnalité du frère Médard, fondateur du Foyer de l'étudiant catholique (FEC) et participe à des cycles de conférences où interviennent Emmanuel Mounier ou Pierre-Henri Teitgen. Après avoir ouvert un cabinet d'avocat en 1933, Pierre Pflimlin anime un temps les Jeunesses patriotes et devient l'un des responsables des démocrates populaires alsaciens. Réfugié en Savoie durant la Seconde Guerre mondiale, il revient en Alsace à la Libération et, en accord avec le frère Médard, pousse les démocrates alsaciens à l'adhésion au MRP (Mouvement républicain populaire). Élu député républicain populaire dès 1945, puis constamment réélu, il devient président national du Mouvement de 1956 à 1959. Conseiller général dès 1951, il accède aussitôt à la présidence du conseil général du Bas-Rhin et participe à de nombreux gouvernements, notamment comme ministre de l'Agriculture de 1947 à 1949 et des Finances en 1955-1956. Ministre de la France d'outre-mer de mars 1952 à janvier 1953, il est partisan d'une décolonisation libérale pour l'Algérie.

Déjà pressenti en février 1955 pour former un nouveau gouvernement, il est appelé à la présidence du Conseil dans la nuit du 13 au 14 mai 1958. Ayant conscience de son impuissance, il accorde les pleins pouvoirs au général Salan, le maître de l'heure à Alger, et tente en vain de diviser les militaires rebelles. Préférant se retirer plutôt que de risquer la guerre civile, après avoir rencontré le général de Gaulle en secret le 26 mai, il démissionne le 28 et laisse la place à l'ancien chef de la France libre. Ministre d'État du 1er juin 1958 au 8 janvier 1959 dans le gouvernement du Général, puis ministre d'État chargé de la Coopération de janvier 1959 à mai 1962 dans les cabinets de Michel Debré et de Georges Pompidou, il incarne la présence du MRP au sein du gouvernement. Il se rapproche des idées du général de Gaulle avant de démissionner en mai 1962 à l'issue de la célèbre conférence de presse où le chef de l'État avait ironisé sur le concept de supranationalité européenne. « À partir de 1958, mes décisions importantes ont été prises par rapport au général de Gaulle, le seul grand homme que j'ai rencontré dans ma vie publique. Je regrette profondément que, malgré de larges concordances, des divergences sur des problèmes essentiels m'aient contraint à m'éloigner de lui », écrit-il dans son autobiographie. Pierre Pflimlin, devenu en 1959 maire de Strasbourg grâce à une alliance avec les gaullistes et les indépendants, obtient pour sa ville le siège du Parlement européen dont il est élu président en 1984. Bruno BÉTHOUART

• *Voir aussi* : Centristes ; Conférence de presse du 15 mai 1962 ; MRP ; Retour de 1958

Bibl. : Pierre Pflimlin, *Itinéraires d'un Européen*, Strasbourg, La Nuée bleue, 1989 • Bernard Vogler, *Histoire des chrétiens d'Alsace*, Paris, Desclée de Brouwer, 1994.

PHILIP, André (1902-1970). – En 1942, le général de Gaulle s'efforce d'ouvrir son mouvement à des résistants représentant les forces démocratiques françaises d'avant guerre, tel André Philip. Agrégé de droit et enseignant en économie politique, protestant et animateur des chrétiens-socialistes, le député SFIO du Rhône a été l'un des 80 parlementaires à voter contre la délégation des pouvoirs constituants au maréchal Pétain, le 10 juillet 1940. Membre du comité directeur du mouvement Libération-Sud, Philip est convaincu que la Résistance intérieure doit s'organiser autour du « mythe » de Gaulle et rassembler toutes les énergies politiques. Parvenu à Londres en juillet 1942, il est l'un des rares élus à rejoindre ce dernier et le premier à se voir confier des responsabilités ministérielles au sein de la France combattante, celles de commissaire national à l'Intérieur chargé de l'action politique en France. Très vite, le Général envoie ce spécialiste du monde anglo-saxon en mission auprès de Roosevelt. Mais la rencontre avec le président américain, en novembre 1942, tourne mal.

La correspondance de Gaulle-Philip témoigne de rapports francs et étroits jusqu'à la fin de 1943. Philip conseille, n'hésite pas à morigéner lorsqu'il le juge utile, dissuade de Gaulle de démissionner. Il bouillonne de projets, irrite parfois. Arrivé à Alger aux côtés du Général le 30 mai 1943, il participe aux réunions restreintes avec les giraudistes qui aboutissent à la formation du Comité français de la Libération nationale (CFLN). Il siège au comité au titre de commissaire à l'Intérieur et au Travail. À partir du mois de novembre, il prend en charge les relations du CFLN avec l'Assemblée consultative provisoire (ACP). À la Libération, il est membre du comité directeur de la SFIO et siège à l'ACP. À la direction du Mouvement de la Libération nationale (MLN), contre les communistes, il s'oppose à la fusion avec le Front national (FN). Réélu député du Rhône en octobre 1945, il préside la commission de la Constitution. Son intervention appuyant la demande de réduction de 20 % des crédits d'armements le 30 décembre 1945 contribue au départ de De Gaulle du pouvoir.

Ministre de l'Économie nationale en 1946-1947, André Philip s'éloigne du Général. Il combat le RPF. Européen convaincu militant, très favorable à la Communauté européenne de défense puis à l'indépendance de l'Algérie, il s'éloigne encore de De Gaulle, dont il n'accepte pas les conditions du retour au pouvoir en juin 1958. Toutefois, resté gaulliste de cœur, il est nommé au Conseil économique et social en mai 1959 par le Premier ministre. Exclu de la SFIO depuis janvier 1958, pour son livre *Le Socialisme trahi*, il appartient à la direction du Parti socialiste SFIO autonome (PSA) puis du Parti socialiste unifié (PSU), dont il démissionne le 1er juillet 1962, après l'indépendance de l'Algérie. Il figure ensuite parmi les « gaullistes de gauche » et signe le « Manifeste des 29 » personnalités qui se rassemblent en 1965 à l'occasion de l'élection présidentielle. Loin d'être une gaulliste inconditionnel, il approuve néanmoins la politique de décolonisation, l'ouverture à l'Est et la volonté d'assurer l'indépendance de la France et de l'Europe face aux États-Unis. Gilles MORIN

• *Voir aussi* : Assemblée consultative provisoire ; CFLN ; PSU ; Résistance intérieure ; SFIO

Bibl. : Jean-Éric Callon, *Les Projets constitutionnels de la Résistance*, Paris, La Documentation française, 1998 • Christian Chevandier et Gilles Morin (dir.), *André Philip, socialiste, patriote, chrétien*, Paris, Comité pour l'histoire économique et financière de la France, 2005. • Loïc Philip, *André Philip*, Paris, Beauchesne, 1988.

PHOTOGRAPHIES. – Le général de Gaulle, homme de lettres et de raison, n'a jamais tenu la photographie pour preuve. On connaît son apostrophe quand Sherman Kent, de la CIA, s'apprête à conforter les propos de Dean Acheson en lui dévoilant une photographie qui accrédite la présence des fusées soviétiques à Cuba, en octobre 1962 : « Pas besoin de photographie, la parole d'un président des États-Unis me suffit. » Des photographies montrent en revanche sa claire conscience de l'importance publique de l'image, susceptible de constituer une arme.

Ainsi de la poignée de mains qu'il accepte d'échanger avec le général Giraud devant les photographes en janvier 1943, ou des injonctions faites à Georges Bidault pour qu'il occupe, dans le cortège du 26 août 1944, la place qui lui revient au regard de l'Histoire.

Le verbe plutôt que l'image. Plus à l'aise avec le verbe qu'avec son image, il ressent dès la première heure la nécessité de donner corps à ce qui n'est encore qu'une voix. Le 14 juillet 1940, à Londres, des photographes britanniques assistent à sa demande au dépôt de gerbe auquel il procède devant la statue de Foch et publient ces premiers clichés du Général dans la presse d'outre-Manche. Des sollicitations se multiplient presque aussitôt. *The Illustrated London News* commande au photographe Howard Coster un premier portrait qui le campe en héros de Verdun, bras croisés, le regard figé sur un hypothétique horizon. *Life* s'adresse à George Rodger. D'autres photographes de renom lui succèdent. À son retour d'Afrique et du Levant, le 1er septembre 1941, Claude Divonne de Boisgelin, qui dirige le service de l'information des Forces françaises libres (FFL), lui fait savoir que des demandes se sont accumulées. Étienne Dennery le convainc d'accepter une séance de photographies pour les besoins de la propagande en arguant que Roosevelt et Churchill eux-mêmes ont accepté de recommencer six fois pour les photographes la scène où celui-ci remettait à celui-là une lettre de la reine. Le Général doit à sa culture d'avoir toujours strictement séparé la sphère privée de la sphère publique, avec une énergie d'autant plus farouche qu'il entend préserver sa fille Anne du regard du monde, *a fortiori* de la presse. Du moins cède-t-il pour la première (et presque la dernière) fois aux instances de son service d'information. Son épouse et lui ouvrent les portes de leur maison de Birkamstead à quelques photographes accrédités. Avec le souci, écrit Jacques Borgé, « de montrer au monde qu'il n'est pas un apprenti dictateur mais *a good man and a good husband* ». Le couple se plie aux requêtes de journalistes anglo-saxons moulés dans une culture politique où les chefs d'État n'hésitent pas à livrer des pans de leur vie privée. Ils obtiennent que Mme de Gaulle se mette aux fourneaux, que « les amoureux » se mettent à la fenêtre, que le Général s'intéresse au gazon... en réalisant des clichés surprenants, largement diffusés par la presse internationale, et exhumés fin 1966 par *Le Crapouillot* sous l'intitulé « Le petit de Gaulle illustré », commentaires acides à l'appui. Le Général sort de l'expérience conforté dans ses convictions : il ne laissera plus envahir son espace privé, sauf en octobre 1954 quand *Paris-Match* s'apprête à publier les bonnes feuilles du premier tome des *Mémoires de guerre* et obtient de réaliser un reportage photo à La Boisserie, confié à Jean Mangeot. Cette entorse ne s'entend que dans le cadre de la bataille engagée pour revenir au pouvoir. Il autorise encore, à la veille du référendum de 1958, la une de *Paris-Match* le montrant aux côtés de Mme de Gaulle, dans l'intimité de leur demeure familiale. Puis la porte se referme définitivement sur la nuée de journalistes qui perpétuent le siège inlassablement, dès que de Gaulle, « l'homme le plus photographié au monde », séjourne là, après 1969 en particulier. En septembre 1965, *Paris-Match* ne réalise un reportage à l'Élysée qu'à la condition d'accepter que le Général ne paraisse pas. Et seules des photographies de famille permettent, aujourd'hui, de saisir tel aspect de l'intimité de Charles de Gaulle, libre de toute préoccupation de représentation. Car le Général entend être et demeurer le maître des images.

Maîtriser son image. Il s'y emploie en s'entourant de photographes dont il reconnaît la fonction – « Vous m'ennuyez mais c'est votre travail », dit-il à Bernard Lefebvre qui « couvre » la conférence de Brazzaville – et qu'il souhaite aussi discrets qu'il se peut – à l'exemple de Cartier-Bresson suivant ses voyages officiels des années 1960.

La légitimité qu'il revendique dès la première heure l'a conduit à se parer précocement d'autant d'attributs de la souveraineté qu'il se pouvait. Bien qu'il n'entre guère dans la tradition militaire de poser pour les photographes de presse, il commande dès 1940 à des maîtres britanniques des portraits officiels avant l'heure : ainsi Edward Yerbury ou Cecil Beaton, portraitiste de la reine qui jugeait le sujet mauvais car « très raide ». Des portraits d'autres origines remplissent d'autres fonctions. Dans *L'Appel*, le Général évoque, parmi les témoignages de soutien parvenus de France, telle photo, prise le 14 juin 1940 place de l'Étoile à l'arrivée des Allemands, revêtue de ces mots : « De Gaulle ! Nous vous avons entendu. Maintenant nous vous attendrons. » Des photos accomplissent le chemin inverse pour donner corps à la voix et nourrir l'attente. En novembre 1940, le service de l'information des FFL se dote d'un bureau de photographie et de cinéma dirigé par Claude Divonne de Boisgelin. Des marins ou soldats photographes, dont Guy Mas, réalisent les rares clichés du Général en action, par exemple à bord d'une vedette lance-torpilles au large de Weymouth en 1943. Bureaux des FFL à Londres et navires français s'ornent désormais de ces photos, offertes un temps à tout nouvel engagé, parfois revêtues d'un autographe. Ces manières d'« images pieuses » circulent dans la Résistance, d'abord spontanément. À partir de 1942 sont parachutés des tracts représentant le Général, fabriqués par les services de Jean-Louis Crémieux-Brilhac ou par les Anglais, puis, en 1943, des clichés en ébonite à l'intention des journaux clandestins permettent le tirage direct en typo. Les Allemands réalisent des faux. Beaucoup de résistants découvrent ainsi le Général pour la première fois, en uniforme, coiffé de son képi, bras croisé, sur un fond orné d'une croix de Lorraine dans son angle droit, sur le mode d'un timbre-poste. Cette personnalisation contraire à la culture politique républicaine qui répond terme à terme à la propagande de Vichy suscite certaines controverses. *France intérieure* réagit en mars 1944 contre l'affichage sur les murs de son portrait, qualifié de « propagande inutile », et force est parfois de réagir à certains excès.

Le Général, devenu président du Gouvernement provisoire, commande de nouveaux portraits officiels aux photographes britanniques, mais aussi bien à des Français dont Harcourt ou Jean-Marie Marcel. Le passage à l'opposition oblige à des photographies d'une autre sorte, propres à satisfaire à des impératifs redéfinis et soigneusement sélectionnées par André Malraux, ainsi le surprenant portrait du « candidat » de Gaulle, de Jean-Marie Marcel, en civil, menton haut, cravate élégante, « Players » aux lèvres. L'ampleur du fonds photographique relatif aux voyages officieux du Général conservé par la fondation Charles-de-Gaulle révèle l'intérêt du RPF pour les dramaturgies politiques et leur mise en image, propre à fixer décorum et bains de foule.

En 1958, Jean-Marie Marcel photographie pour *Jours de France* celui qui n'est encore que président du Conseil à Matignon, en civil à son bureau, puis réalise en janvier 1959 le portrait officiel du premier président de la Ve République. Ce genre qui relève de la tradition républicaine, non de la loi, suppose de perpétuer et d'innover. La photographie (pour la première fois en couleurs) est conçue en étroite concertation avec Pierre Lefranc : le Général, en civil, arbore le collier de grand maître de l'ordre de la Libération, debout dans sa bibliothèque pour signifier aussi l'écrivain. Soit un nouveau style, imité à Madagascar, en Mauritanie, par Patrice Lumumba ou Habib Bourguiba. L'élection présidentielle de 1965, qui condamne le Général à redevenir un temps « le candidat de Gaulle », modifie durablement les conditions de la propagande politique en conférant une place centrale à la télévision qui redéfinit les fonctions de la photographie (devenue secondaire) et leur nature. Le Général, âgé de soixante-quinze ans, et convaincu que son histoire et sa fonction lui interdisent et le dispensent de se plier aux jeux convenus d'une campagne électorale, se refuse à toute séance de photos. D'où cette affiche, en totale rupture avec celles très personnalisées de ses concurrents, où une ancienne vignette du général de Gaulle en tenue militaire se surimpose à un drapeau tricolore, central en l'image. Il faut une dernière photographie, en Irlande, pour que le Général se retrouve une dernière fois en plein cadre. Pour l'Histoire. Photographie volée qui dit à la fois la solitude et la grandeur. Danielle TARTAKOWSKY

• *Voir aussi :* Dessins et caricatures ; Documentaires ; Internet ; Symboles ; Statues et monuments

Bibl. : Jacques Borgé et Nicolas Viasnoff, *De Gaulle et les photographes*, Paris, EPA, 1979.

PIEDS-NOIRS. – L'emploi du terme « pieds-noirs » pour désigner les Européens d'Algérie date des années 1950. Utilisé au début du siècle pour nommer les indigènes de manière péjorative, il a été repris par les « Français d'Algérie » pour affirmer leur identité collective, et par les Français de métropole pour les désigner de manière dépréciative. Qui sont ces Français d'Algérie ? Pourquoi, de fervents gaullistes en 1958, sont-ils devenus des contempteurs acharnés du général de Gaulle ?

En 1960, un million de Français d'origine européenne, dits « de statut civil de droit commun », vivent dans les treize départements de l'Algérie du Nord, et près de 14 000 dans les deux départements sahariens. Ils cohabitent alors avec neuf millions et demi d'Algériens musulmans. Descendants d'une immigration antérieure, ils sont plus de 80 %, en 1954, à être nés sur place. La plupart de leurs parents y ont également vu le jour. Les pieds-noirs ne constituent pas principalement une population de « colons » ni, *a fortiori*, de « gros colons ». En 1954, l'agriculture occupe moins de 10 % d'entre eux, dont près de la moitié ne sont pas propriétaires. Le gros des actifs est constitué par des salariés, dont 70 % occupent des emplois modestes d'ouvrier ou de petit employé, un très grand nombre relevant de la fonction publique. Le reste, le cinquième de la population active, se répartit entre commerçants, artisans et professions libérales.

Depuis la fin des années 1930, ces Français d'Algérie s'inquiètent pour leur avenir. En 1937, dans leur grande majorité, ils s'opposent violemment au projet Blum-Viollette qui menace leur suprématie politique. Leur désarroi, renforcé par les soulèvements qui en mai 1945 embrasent le Constantinois, se traduit politiquement par le raz-de-marée des candidats de droite, qui remportent 52 des 60 sièges à pourvoir dans le premier collège de l'Assemblée algérienne élue en avril 1948. Axant toute sa campagne sur la dénonciation des « séparatistes » et la défense de l'Algérie française, se réclamant du général de Gaulle venu en personne à Alger, le 12 octobre 1947, rappeler que l'Algérie est « partie intégrante de la France », l'Union algérienne du RPF (U-RPF) triomphe avec 42 élus. Dès lors, pour les pieds-noirs, la cause de l'Algérie française s'identifie au général de Gaulle. C'est avec un immense espoir qu'ils assurent son retour au pouvoir, en mai 1958, et qu'ils l'entendent prononcer, à Mostaganem, le 6 juin 1958 : « Vive l'Algérie... française. »

Cependant, la lune de miel est de courte durée. Dès le début de l'été 1958, de Gaulle infléchit sa politique. Le 13 juillet, il évoque « la place de choix » qu'il réserve à l'Algérie dans cette Communauté de type fédéral qu'il décide de substituer à l'Union française. Le 3 octobre, dans son discours de Constantine, il reconnaît « la personnalité propre » d'une Algérie qu'il entend associer à la France. L'allocution du 16 septembre 1959, où il garantit aux Algériens le droit à l'autodétermination, élargit un peu plus le fossé. À la confiance succèdent la défiance puis l'hostilité, et un profond sentiment de trahison lorsque, le 4 novembre 1960, de Gaulle évoque cette « République algérienne, laquelle existera un jour » avec « son gouvernement, ses institutions et ses lois ». Désormais, le pessimisme l'emporte. Les attentats de l'OAS et les représailles du FLN, qui créent un climat de guerre civile, de même que le refus de vivre en minorité dominée dans une Algérie indépendante soumise aux règles islamiques, conformément aux principes définis par le FLN dès sa proclamation du 1er novembre 1954 déclenchent un premier mouvement de repli. À la fin de 1961, 160 000 pieds-noirs ont trouvé refuge en métropole ; 70 000 les rejoignent au début de l'année 1962, si bien qu'au moment de la signature des accords d'Évian, la communauté française a déjà perdu un cinquième de ses membres.

À partir du mois de mai 1962, à cet exode succède une ruée désordonnée qui, en quelques semaines, vide l'Algérie de la communauté européenne – réduite au début de 1963 à 180 000 personnes. C'est dans une indescriptible cohue que les départs se font d'Algérie et c'est un même chaos qui attend les rapatriés à leur débarquement en France. Les services d'accueil sont débordés. Comment expliquer leur déficience ? Pourquoi les pouvoirs publics ont-ils sous-estimé l'ampleur et la soudaineté de la migration ? Une première explication est à rechercher du côté des rapatriés eux-mêmes, qui au moment où ils embarquent pour la métropole sont eux-mêmes surpris de leur décision. Par ailleurs, si depuis l'échec des pourparlers de Melun (25-29 juin 1960) le gouvernement est conscient du caractère inéluctable d'un repli massif des Français d'Algérie, il retient l'hypothèse du rapatriement, en quatre ans, de 150 000 familles. Un secrétariat d'État aux Rapatriés est créé, le 24 août 1961, et confié à Robert Boulin. De surcroît, une loi-cadre relative à « l'accueil et à la réinstallation des Français d'outre-mer » est adoptée le 26 décembre 1961, dont le bénéfice est d'emblée étendu, officieusement, aux rapatriés d'Algérie. Les mesures d'accueil et d'hébergement transitoire d'urgence, décidées pour les rapatriés, dont la plupart n'ont ni toit ni ressources, ont été prévues en fonction de ces hypothèses. C'est donc dans la précipitation qu'il faut renforcer et adapter les dispositifs initialement arrêtés.

Au-delà, il convient d'assurer l'insertion économique et le relogement des pieds-noirs. Trois facteurs facilitent la solution du premier problème. Un tiers d'entre eux relevait, en Algérie, de la fonction publique ou des entreprises publiques. À quelques cas près, tous ont été reclassés dans les administrations ou les sociétés métropolitaines correspondantes. Pour les autres salariés, une conjoncture économique particulièrement favorable et une réelle capacité d'adaptation ont pleinement joué. En revanche, la réinstallation dans l'agriculture, faute d'exploitations disponibles en nombre suffisant, et dans certains secteurs du commerce et de l'artisanat alors en pleine mutation, s'est révélée plus difficile et plus aléatoire. Cependant, en 1967, la catégorie « rapatrié » disparaît des statistiques des demandeurs d'emploi, signe qu'il n'y a plus, à ce moment, de graves problèmes spécifiques. Le relogement, en revanche, s'est révélé plus difficile à réaliser, compte tenu de l'ampleur des besoins et de la grave crise que connaissait ce secteur. Malgré tout, les aides à la rénovation d'habitats anciens, les programmes spécifiques de constructions, les réservations obligatoires de 10 %, puis de 30 % des logements neufs livrés, et, surtout, une forte croissance de la construction ont permis, en l'espace de sept ans, de proposer aux rapatriés un logement décent. Reste l'indemnisation des biens spoliés. Évoquée depuis septembre 1961, ses modalités sont arrêtées postérieurement à la démission du général de Gaulle : une première fois par la loi du 15 juillet 1970, complétée par les lois du 2 janvier 1978, du 6 janvier 1982 et du 16 juillet 1987. Le rapport du député Michel Diefenbacher, remis au Premier ministre en septembre 2003, montre un niveau d'indemnisation plus généreux que ce qu'on en dit. Au total, les pieds-noirs auraient été dédommagés à hauteur de 58 % de la valeur des pertes subies.

Mais les blessures toujours ouvertes de la communauté rapatriée sont sans doute davantage d'ordre mémoriel que pécuniaire. Si l'État ne s'est pas désintéressé des pieds-noirs, si les dispositions qu'il a mises en œuvre ont permis leur insertion rapide dans la société française, il leur a manqué la reconnaissance officielle de leur statut de victimes de la décolonisation. Malgré les exhortations de son entourage et de son Premier ministre, Michel Debré, le général de Gaulle, dans sa volonté de refermer au plus vite « la boîte à chagrin » algérienne, s'y est refusé. Aujourd'hui encore, la plupart des pieds-noirs lui reprochent ce silence. Daniel LEFEUVRE

• *Voir aussi* : Algérie ; Discours du 16 septembre 1959 ; Discours du 4 novembre 1960 ; Melun ; RPF

Bibl. : Michèle Baussant, *Pieds-noirs. Mémoires d'exil*, Paris, Stock, 2002 • Daniel Lefeuvre, « Les Pieds-noirs », dans Mohammed Harbi et Benjamin Stora, *La Guerre d'Algérie, 1954-2004. La fin de l'amnésie*, Paris, Robert Laffont, 2004 • Guy Pervillé, « Pour en finir avec les pieds-noirs ! », communication au colloque de Bordeaux, *Les Mots de la colonisation*, 22-24 janvier 2004, consultable sur : http://guy.perville.free.fr.

PIERLOT, Hubert (1883-1963). – Avocat, catholique, parlementaire depuis 1925, Hubert Pierlot est Premier ministre de Belgique à partir de février 1939. Replié en France, son gouvernement assume tous les pouvoirs constitutionnels après la capitulation, le 28 mai 1940, de l'armée belge et de son chef, le roi Léopold III, qui demeure prisonnier dans le pays occupé. Après de multiples tergiversations, Hubert Pierlot et trois autres ministres reconstituent à Londres le gouvernement légal de la Belgique. Celui-ci est accueilli avec enthousiasme par les Britanniques auxquels il offre l'or et les multiples ressources congolaises. Gouvernement constitutionnel et non comité d'exilés, le gouvernement belge veillera avec intransigeance à revendiquer sa légitimité et sa souveraineté.

Dans ce contexte, la fin de l'année 1940 et le début de 1941 sont marqués par une attitude volontairement floue vis-à-vis de Vichy, qui a rompu officiellement ses relations diplomatiques avec la Belgique depuis septembre, mais tolère que des bureaux belges veillent au rapatriement des deux millions de Belges réfugiés en France. Ces relations « correctes » font déjà contraste avec celles que le ministre des Affaires étrangères, Paul-Henri Spaak, qualifie, en janvier 1941, d'« excellentes » avec la France libre. De fait, dès novembre 1940, certains ministres ont fait la « découverte » du général de Gaulle et se montrent individuellement très impressionnés par ses capacités d'homme d'État. Le premier geste officiel intervient le 3 octobre 1941 : le gouvernement belge reconnaît de Gaulle « en qualité de chef de tous les Français libres ». Il est le premier à notifier son soutien au Comité national français (CFN) né le 24 septembre précédent. Il désigne un représentant auprès du CNF, sans toutefois le qualifier d'agent diplomatique. Le cabinet Pierlot tient en effet à marquer sa différence : celle d'un gouvernement face à un « Comité ». À cette réserve près, le cabinet belge, à l'instar des autres petits pays, mais en agissant toujours en premier, appuiera la légitimité de la France libre auprès des Grands dont les hésitations sinon l'hostilité sont patentes. Ce faisant, il renforce sa propre légitimité dans le pays occupé et marque son autonomie. Les Belges ne suivent pourtant pas les Français libres en tous points : un différend les oppose à propos de l'or de la Banque nationale belge envoyé à Dakar et que Vichy cédera aux Allemands, mais aussi à propos de la politique économique à mener en Europe après guerre. Dès lors, le cabinet demeure prudent dans ses engagements pour l'avenir envers la France.

Quand se constitue le CFLN (Comité français de la Libération nationale), le gouvernement Pierlot est à nouveau le premier à notifier sa reconnaissance ; il désigne cette fois un diplomate de haut rang pour le représenter à Alger comme « chef de la Mission belge ». Le Général a célébré à son tour l'amitié franco-belge le 2 mai aux micros de la section belge de la BBC, soulignant tout particulièrement les « excellents rapports » qu'il entretient « avec l'homme d'État qui est votre Premier ministre, M. Pierlot ». Arguant de la continuité des pouvoirs, compétences et attributions entre CFLN et GPRF (Gouvernement provisoire de la République française), le gouvernement belge demeure le premier à marquer sa reconnaissance le 14 juin 1944. Désormais, les échanges se situent au niveau de deux États dont les dirigeants légitimés sont unis dans leur commun exil et associés pour la reconquête de leur territoire. Le point d'orgue de ces relations se situera lors de l'accueil délirant que fera Bruxelles à de Gaulle les 10 et 11 octobre 1945, où il sera fait docteur *honoris causa* de l'université. Mais à ce moment, Hubert Pierlot, fatigué et rejeté par les siens dans les tourbillons de la question royale, aura quitté le pouvoir depuis plusieurs mois pour une retraite amère.

José GOTOVITCH

• *Voir aussi* : Belgique ; Spaak, Paul-Henri ; Wilhelmine Ire

Bibl. : *De Gaulle, la Belgique et la France libre*, Actes de la journée d'étude du 20 juin 1990, Bruxelles, Centre de recherches et d'études historiques de la Seconde Guerre mondiale, 1991 • José Gotovitch (dir.), *Le Gouvernement de Londres 1941-1944*, Bruxelles, Académie royale de Belgique (Documents diplomatiques belges 1941-1960, t. 1), 1998 • Anne-Laure Roudaut, *Le Gouvernement belge de Londres, de Gaulle et la France libre. 1940-1944*, mémoire de maîtrise en histoire (inédit), université de Bretagne occidentale, facultés universitaires Saint-Louis, Brest-Bruxelles, 1999.

PIERRE-BLOCH, Pierre Bloch, dit Jean (1905-1999). – Né à Paris, fils d'un industriel israélite, Pierre Bloch s'engage à la SFIO et aux Jeunesses socialistes en 1929, puis entre au *Populaire* en 1930. De 1934 à 1936, dans l'Aisne, il est successivement élu conseiller général, adjoint au maire de Laon et député SFIO. Dignitaire de la franc-maçonnerie et membre du comité central de la Ligue internationale contre l'antisémitisme (LICA), il est spécialiste des questions algériennes. À l'automne 1938, il se signale par ses positions antimunichoises.

Fait prisonnier en juin 1940, il ne peut participer au vote du 10 juillet, à Vichy. Évadé en novembre, il gagne la zone non occupée et s'engage dans la Résistance. En mars 1941, il est un des fondateurs du Comité d'action socialiste clandestin. Entré en contact avec le réseau de Victor Gerson, Jean Pierre-Bloch – comme il se fait dorénavant appeler – reçoit avec Max Hymans, le 10 octobre 1941, le premier parachutage en France du *Special Operations Executive* (SOE) britannique. Arrêté par la police de Vichy, il s'évade grâce à son épouse Gaby et à son ami Lucien Rachline et parvient à Londres, *via* l'Espagne, en octobre 1942.

Après une première rencontre, un peu décevante à ses yeux, avec le général de Gaulle, il s'engage dans les FFL. Accueilli par Pierre Brossolette au Bureau central de renseignements et d'action (BCRA), il y prend en main, avec Louis Vallon, la section politique qui vient d'être créée (section « NM » pour « non militaire »). Représentant du parti socialiste clandestin à l'Assemblée consultative provisoire (ACP) d'Alger, il est nommé en novembre 1943 commissaire adjoint à l'Intérieur auprès d'Emmanuel d'Astier de La Vigerie. À la Libération, il continue à siéger à l'ACP, à Paris. En avril 1945, il publie une biographie du général de Gaulle, *De Gaulle, premier ouvrier de France*. Il est député de l'Aisne à la première Assemblée constituante.

De mai 1946 à 1953, Pierre-Bloch préside la Société nationale des entreprises de presse (SNEP) qui gère les biens des journaux saisis à la Libération, puis reprend son activité de journaliste et devient président du Comité d'action de la Résistance. Toutes ses tentatives ultérieures pour redevenir député se solderont par un échec. Opposant à la politique de Robert Lacoste en Algérie, il est en mai 1958 l'un des premiers parmi les socialistes à faire campagne pour le retour au pouvoir du général de Gaulle. À l'automne, il appelle en outre à voter le texte constitutionnel. Mais ce rapprochement ne résiste pas à la fin de la guerre d'Algérie et à la réforme constitutionnelle de 1962. Lors de l'élection présidentielle de 1965, Jean Pierre-Bloch est aux côtés de François Mitterrand. Considéré comme une autorité dans le monde de la presse, il est désigné secrétaire général de l'Association pour le respect de l'objectivité à l'ORTF durant la campagne. En 1967, il est à nouveau en désaccord avec le général de Gaulle, cette fois sur sa politique au Moyen-Orient. Toutefois, devenu président de la LICA l'année suivante, il témoigne sans cesse pour combattre la thèse faisant de De Gaulle un antisémite.

Gilles MORIN

• *Voir aussi* : Antisémitisme ; Assemblée consultative provisoire ; FFL ; Résistance intérieure ; SFIO

Bibl. : *Dictionnaire des parlementaires français, 1945-1958*, Paris, La Documentation française,

2006 • Jean Pierre-Bloch, *Jusqu'au dernier jour*, Paris, Albin Michel, 1983 • J. Raymond, « Bloch, Pierre », dans Jean Maitron (dir.), *Dictionnaire biographique du mouvement ouvrier français*, Paris, Éditions ouvrières, 1983.

PIJEAUD, Charles (1904-1942) et Colette (1906-1943). – Pupille de la Nation, Charles Pijeaud entre à l'École spéciale militaire de Saint-Cyr en 1924. Devenu pilote, il est affecté à Oran jusqu'en 1935. Il participe alors aux opérations militaires dans le Sud oranais, en 1931 et 1932, et obtient deux citations. À sa sortie de l'École supérieure de guerre, en 1939, il est affecté à Alger puis à l'état-major de l'Aviation. Refusant la défaite et l'armistice, il incite, les 22 et 23 juin 1940, à Port-Vendres, une trentaine d'élèves officiers de l'École de l'Air à s'embarquer pour l'Angleterre, avant de gagner Gibraltar puis Londres, où il rejoint de Gaulle.

Chargé par ce dernier de préparer les forces aériennes destinées à participer à l'opération sur Dakar, Pijeaud est nommé commandant d'armes du *Westernland* où il se distingue par sa fermeté et son efficacité. En janvier 1941, après avoir effectué une mission d'évaluation des forces en Afrique, le lieutenant-colonel Pijeaud est nommé chef d'état-major des Forces aériennes françaises libres (FAFL). Malgré le peu de moyens dont il dispose, il parvient à organiser de nouvelles unités navigantes. Quelques allocutions radiodiffusées, une conférence sur « l'Aviation dans la guerre moderne », une autre sur les FAFL confirment sa réputation. Entretemps, le colonel Martial Valin est arrivé en Angleterre (avril 1941). Après l'avoir secondé à l'état-major des FAFL, Pijeaud obtient le commandement opérationnel que de Gaulle lui a jusque-là refusé en arguant des priorités d'état-major. Il est alors affecté au groupe *Lorraine* basé en Égypte.

Placé à la tête du groupe le 17 décembre 1941, Pijeaud participe, le 20, à une mission de bombardement dans la région de Tobrouk. Son avion est abattu. Grièvement brûlé au visage et aux mains, il est capturé par une patrouille italienne. Bien qu'aveugle, il s'évade de l'hôpital. Récupéré par les Britanniques, il meurt à Alexandrie le 6 janvier 1942 des suites de ses blessures. À Londres, le général de Gaulle préside un service en sa mémoire en l'église Saint-Paul, avant de déclarer au capitaine de Boissieu : « J'aurais fait de Pijeaud le Leclerc de l'armée de l'Air. » Le 26 mars 1942, Charles Pijeaud est nommé Compagnon de la Libération.

Restée en France avec leurs deux jeunes enfants, son épouse est entrée en résistance dès 1940, sans cesser de travailler à Chartres puis à Paris. Après avoir milité au sein des réseaux Cartwright puis Marc-France et enfin Turma-Vengeance, Colette Pijeaud est arrêtée le 7 mars 1943. D'abord internée à Fresnes puis à Cologne, elle meurt au camp de Ravensbrück le 13 décembre. Le 11 septembre 1944, de Gaulle adresse à sa mère un message manuscrit : « À mon arrivée en France, j'ai appris que Madame Pijeaud avait été déportée en Allemagne. Ceci vient s'ajouter au sacrifice total du colonel Pijeaud qui a été un de mes compagnons les plus chers et les meilleurs de la première heure. Je vous exprime, en même temps que mon admiration de Français toute ma sympathie dans cette nouvelle épreuve. Et je vous demande de dire aux enfants du colonel Pijeaud qu'ils doivent être fiers de leur père et de leur mère. » André MARTEL

• *Voir aussi* : FFL ; Ordre de la Libération ; Résistance intérieure

Bibl. : André Martel, *Deux héros oubliés de la France libre, Charles et Colette Pijeaud*, Toulouse, Privat, 2006.

PINAY, Antoine (1891-1994). – Né à Saint Symphorien-sur-Coise, dans le Rhône, Antoine Pinay est d'un an plus jeune que de Gaulle. Tous deux combattants de la Première Guerre mondiale, ils suivent des itinéraires dissemblables, qui se croisent cependant en 1958-1959.

Sous l'Occupation, Pinay reste attaché au maréchal Pétain. Il est nommé membre du Conseil national de Vichy. Il est aussi un notable bien enraciné à Saint-Chamond, dans la Loire, petite localité de sa belle-famille qui lui a confié la gestion d'une entreprise de cuirs et peaux. Il est élu maire de la commune en 1929, député de la Loire en 1936, après avoir battu le candidat communiste, puis sénateur en 1938. Relevé de son inéligibilité après la guerre (il avait voté les pleins pouvoirs au maréchal Pétain), il est élu conseiller général en 1945, député en 1946 et enfin maire de Saint-Chamond en 1947. Premier magistrat de la ville jusqu'en 1976, il est également plusieurs fois ministre entre 1950 et 1952, et devient président du Conseil en mars 1952, en partie grâce au ralliement de 27 députés RPF, ce qui fait dire à de Gaulle : « Je n'ai pas sauvé la France pour la donner à M. Pinay. » Pinay devient vite populaire grâce à son emprunt indexé sur l'or. Ministre des Affaires étrangères d'Edgar Faure en 1955, président d'honneur du Centre national des indépendants et paysans (CNI), il est consulté ou sollicité à chaque crise ministérielle. Le 22 mai 1958, il se rend à Colombey parce que seul un militaire comme le général de Gaulle lui paraît apte à faire rentrer dans le rang une armée factieuse.

Devenu président du Conseil, de Gaulle confie à Pinay le ministère des Finances parce qu'il a besoin de sa popularité. Mais celui-ci n'est plus le décideur principal, même si le plan Pinay-Rueff de septembre 1958 porte en partie son nom. Il garde les Finances dans le gouvernement Debré de janvier 1959 mais s'adapte mal aux pratiques de la nouvelle République. En Conseil des ministres, il donne ainsi son opinion sur la politique étrangère, domaine réservé du chef de l'État. Ses rapports avec Michel Debré sont conflictuels. Lui, le libéral, n'apprécie pas l'interventionnisme gaulliste dans l'économie. En janvier 1960, le général de Gaulle lui propose un ministère d'État : en réalité il est remercié, et son départ soulage son parti, le CNI, opposé au parti gaulliste. Pinay devient alors pour les opposants du centre et de droite le symbole de l'attachement à la tradition parlementaire de la République et de la défense d'une Europe supranationale et atlantiste. C'est ainsi qu'il participe au « dîner de l'Alma » du 16 janvier 1962, qui rassemble les dirigeants d'une éventuelle seconde Troisième Force rassemblant socialistes, radicaux, MRP et Indépendants. En 1965, sollicité par cette mouvance pour se présenter contre de Gaulle à l'élection présidentielle, il refuse, de même qu'il repousse en 1969 une invitation similaire de Valéry Giscard d'Estaing. Pinay devient le sage de Saint-Chamond, jusqu'à sa mort en 1994. Mais si la mémoire collective a retenu le nom de Charles de Gaulle, elle a presque oublié celui d'Antoine Pinay, le Français moyen, l'homme de la quotidienneté et du bon sens.

Sylvie GUILLAUME

• *Voir aussi* : CNI ; Économie et finances

Bibl. : Sylvie Guillaume, *Antoine Pinay ou la Confiance en politique*, Paris, PFNSP, 1984 • Id., « Pinay Antoine », dans Jean-François Sirinelli (dir.), *Dictionnaire historique de la vie politique française au XXᵉ siècle*, Paris, PUF, 1995, p. 940-945.

PINEAU, Christian (1904-1995). – Fils d'officier, beau-fils de Jean Giraudoux, ancien élève de l'École libre des sciences politiques, Christian Pineau entre à la Banque de France puis à la Banque de Paris et des Pays-Bas où il mène une intense activité syndicale. De 1936 à 1939, il est secrétaire adjoint de la Fédération des employés de banque (CGT) et anime la revue *Banque et Bourse*. Licencié en 1938 à la suite de la grève générale du 30 novembre, il entre au Conseil économique de la CGT. D'esprit immédiatement résistant en 1940, il est rédacteur, avec Robert Lacoste, du « Manifeste du syndicalisme français » du 15 novembre. À partir du mois de décembre 1940, il rédige un journal clandestin, *Libération*, qui prendra le nom de *Libération-Nord* en 1943. En novembre 1941, il fonde avec des syndicalistes confédérés et chrétiens, puis des socialistes, l'un des grands mouvements de résistance de zone nord : Libération-Nord. Soucieux de prendre contact avec la France libre, il part à Londres en mars 1942. Il est chargé par le Bureau central de renseignements et d'action militaire (BCRAM) de créer deux réseaux de renseignements : Phalanx en zone sud puis Cohors en zone nord, qui sera dirigé par Jean Cavaillès. Accueilli comme le premier émissaire de la Résistance métropolitaine, Christian Pineau rencontre le général de Gaulle au Connaught Hotel. Avec cette entrevue commence une longue période de relations personnelles entre les deux hommes. Fortement impressionné par la dimension politique du Général, Pineau obtient de celui-ci, après de longues et difficiles discussions, la rédaction d'une « Déclaration aux mouvements de Résistance » visant à rallier celle-ci. « Sa conception du mot "France" est militaire, dira Pineau. Nous voyons le problème sous l'angle de la Liberté ; il l'envisage du point de vue de l'Histoire. » Les désaccords initiaux surmontés, une dernière mouture est remise à Christian Pineau, au moment même où il va prendre le Lysander qui doit le déposer en France. Le texte est reproduit dans les journaux clandestins de zone sud tandis que Maurice Schumann en lit de larges extraits à la BBC, le 22 juin 1942.

Après un second voyage à Londres (janvier-mars 1943), la répartition des fonctions entre Jean Moulin, désormais seul représentant habilité à parler au nom du général de Gaulle, et, entre autres, Christian Pineau et Jean Cavaillès, est redéfinie. Une mission nouvelle incombe au chef de Phalanx : préparer le ravitaillement de la France aussitôt après la Libération. Mais Pineau est arrêté le 3 mai 1943, et déporté à Buchenwald. À son retour, le 22 avril 1945, une voiture du Général l'attend. Le chef du Gouvernement provisoire de la République française reçoit Christian Pineau, qu'il avait nommé Compagnon de la Libération et fait ministre du Ravitaillement *in absentia* en septembre 1944. Le général de Gaulle avait accepté d'être le parrain de l'un des ses fils, Francis, né pendant la guerre. Pineau prend ses fonctions le 30 mai 1945. Député SFIO de la Sarthe, ministre de la IVe République, notamment des Affaires étrangères en 1956, il n'en continue pas moins à rencontrer le Général pendant la « traversée du désert ». Des divergences de vues, apparues au moment de la naissance de la Ve République, amènent la rupture d'une longue relation entre les deux hommes.

Alya AGLAN

• *Voir aussi* : BCRA ; CGT ; Déclaration aux mouvements de Résistance ; Résistance intérieure ; SFIO

Bibl. : Alya Aglan, *La Résistance sacrifiée : le mouvement Libération-Nord (1940-1947)*, Paris, Flammarion, 1999, rééd. coll. « Champs », 2006 • Alya Aglan et Denis Lefebvre (dir.), *Christian Pineau. De Buchenwald aux traités de Rome*, Paris, Éditions Bruno Leprince, 2004 • Christian Pineau, *La Simple Vérité, 1940-1945*, Paris, Julliard, 1960.

PISANI, Edgard (né en 1918). – De Tunis, sa ville natale, Edgard Pisani vient à Paris en 1938 et, durant l'Occupation, fait partie de la Résistance intérieure au sein du NAP (Noyautage des administrations publiques). En 1944-1945, il est directeur de cabinet du préfet de police Charles Luizet, qu'il accompagne lors d'une audience du général de Gaulle. À la préfecture, il est chargé de la protection du chef du Gouvernement provisoire qu'il voit, dit-il, « vingt, cent fois ». Promu en 1947 préfet de la Haute-Marne où réside le Général, il estime alors de son devoir de lui demander une entrevue mais se heurte à une non-réponse. Pisani avait écrit qu'il ne serait pas libre tel jour à telle heure en raison d'une manifestation importante. Le Général s'en est-il offusqué, estimant qu'on lui fixait une date ? Peut-être. « J'étais l'État, et lui, non. Mais d'une certaine façon, il était la France. »

Quand, en 1961, le Premier ministre Michel Debré lui propose le ministère de l'Agriculture, il pose trois conditions : que la politique agricole se fasse au ministère de l'Agriculture et non à Matignon comme cela avait été le cas en 1960 ; que le ministre puisse choisir lui-même l'intégralité de son équipe ; enfin qu'il lui soit permis de faire aux agriculteurs « un don de joyeux avènement », c'est-à-dire qu'il dispose d'un bon budget. Mais le problème est européen. Adoubé par de Gaulle à Colombey-les-Deux-Églises, le 22 août 1961, il est surpris d'être là parce que, dit-il au Général, « je suis très européen et que vous passez pour ne pas l'être ». Ce dernier lui répond par une philippique d'environ une demi-heure. De Gaulle anti-européen ? Non, mais il ne veut pas d'une Europe à n'importe quel prix. « N'oubliez jamais, dit-il à Pisani, que vous n'êtes pas ministre des agriculteurs, mais le ministre de l'Agriculture française. »

En 1963, des tensions surgissent. Edgard Pisani offre sa démission que le

Général n'accepte pas. Après l'élection présidentielle du 5 décembre 1965, il la propose à nouveau, expliquant qu'avec la politique de « la chaise vide » pratiquée à Bruxelles il ne peut continuer d'être le responsable de la politique agricole. Mais de Gaulle ne veut pas laisser partir cet homme politique réformiste et modernisateur, issu de la Gauche démocratique du Sénat. Edgard Pisani espérait l'Éducation nationale qu'il n'aura jamais, à son grand regret. Il accepte le ministère de l'Équipement, mais sans les larges attributions qu'il aurait souhaitées en raison des réticences de Georges Pompidou. Il démissionne du gouvernement en 1967. Désormais dans une semi-opposition, il perd aux élections de juin 1968 son siège de député du Maine-et-Loire, acquis sous les couleurs de l'Union des démocrates pour la Ve République un an plus tôt. Il se rapproche alors de la gauche non communiste et sera brièvement ministre dans le gouvernement de Laurent Fabius en 1985.

Edgard Pisani, qui s'est dit plutôt « gaullien » que « gaulliste », écrira plus tard : « Je n'ai pas servi de Gaulle, je n'ai pas servi Mitterrand. J'ai servi la France aux côtés de De Gaulle et de Mitterrand. »

Isabel BOUSSARD

• *Voir aussi* : Agriculteurs ; Agriculture ; Europe

Bibl. : Edgard Pisani, *Le Général indivis*, Paris, Albin Michel, 1974. Entretien avec Isabel Boussard du 23 mars 2005.

PLANS. – De Gaulle a joué un rôle crucial en 1945 dans le lancement d'une planification économique nationale, identifiée à Jean Monnet, puis lors de sa relance dans les années 1960. Les deux hommes se rencontrèrent pour la première fois à Londres en juin 1940 quant fut proposé le projet mort-né d'union franco-anglaise. Plus tard, de Gaulle en vint à considérer Monnet comme « le porte-parole de l'étranger ». Néanmoins, en août 1945, quand les États-Unis mirent fin au programme de crédit-bail accordé à la France, de Gaulle et Monnet se rencontrèrent à Washington où, depuis 1943, celui-ci dirigeait le Comité français de ravitaillement. Les Américains faisant d'un programme de modernisation la condition de leur future assistance, Monnet persuada de Gaulle d'adresser au président Truman un mémorandum pour répondre à leur demande. Ce document devint l'embryon du plan Monnet, complété le 4 décembre 1945 après que de Gaulle lui eut donné le feu vert en novembre. Monnet et ses collaborateurs évitèrent alors de réveiller les craintes qui avaient conduit de Gaulle à rejeter les propositions faites en 1944 par Pierre Mendès France. Le Plan de modernisation et d'investissement devait être modeste dans sa structure pour éviter les jalousies des ministères, mais ambitieux dans ses objectifs : chercher, grâce à une action concertée de tous les acteurs du secteur public et privé, à mettre en place une planification à moyen terme, au sein d'une économie de marché. Le 5 janvier 1946, un décret établissait le Commissariat général du Plan, mais de Gaulle démissionnait le 20, si bien que, sous la IVe République, le succès d'une institution que Monnet n'aurait pu créer sans son aide fut atteint sans sa participation. Parce que la France dépendait de l'assistance économique du plan Marshall américain – elle recevait 20 % des fonds, et en était le plus gros bénéficiaire – pour réaliser le plan Monnet, le fait que le défenseur de l'indépendance de la France ne fût plus au pouvoir n'était pas sans utilité.

Quand de Gaulle revint aux affaires en 1958, il donna un accent plus étatique au consensus sur lequel Monnet s'était appuyé pour reconstruire la puissance économique de la France grâce à la modernisation de ses pratiques économiques. La planification, cependant, devait désormais tenir compte d'un Marché commun libéral qui avait vu le jour. Néanmoins, de Gaulle affirma, dans un discours retentissant du 8 mai 1961, la place cruciale d'une économie planifiée au centre de sa politique : « Il faut que le plan de développement national [...] devienne une institution essentielle [...] il faut que les objectifs à déterminer par le plan en ce qui concerne l'ensemble du pays et chacune de ses régions revêtent pour tous les Français un caractère d'ardente obligation. » Les deux derniers mots ont capté l'imaginaire public mais le seul mot d'« obligation » aurait été plus impératif et avec la baisse de l'« ardeur » la grandiose tentative de De Gaulle d'institutionnaliser la planification aboutit à un échec. Certes, les IVe et Ve Plans des années 1960 s'inscrivent encore dans cette vision, notamment grâce à l'influence du commissaire au Plan Pierre Massé ; de Gaulle brandit le Plan national comme la clé ambitieuse de sa politique économique et sociale. Cependant, pour freiner l'inflation des salaires et réduire la dépense publique, peu après la grève des mineurs de 1963, un plan déflationniste de stabilisation fut imposé. Cela accrut le chômage, facilitant le déclenchement de la grève générale de mai-juin 1968 et mettant en évidence la fragilité de cinq années de prévision planificatrice. Le fatal référendum de 1969 portait sur un texte qui, en partie, proposait un développement des réformes de 1964 ; mais les tentatives déjà opérées de planification régionale avaient rapidement rencontré des difficultés. Néanmoins, l'élan donné à la régionalisation devait survivre à la mise en veilleuse de la planification nationale. En revanche, depuis les années 1970 postgaullistes, l'imprévisibilité croissante de l'économie mondiale a montré que planifier pour réduire l'incertitude, et plus encore pour piloter le développement au niveau national, en était venu à paraître une ambition inaccessible.

Jack HAYWARD

• *Voir aussi :* Dirigisme ; Économie et finances ; GPRF (œuvre intérieure et outre-mer du)

Bibl. : Philippe Mioche, *Le Plan Monnet : genèse et élaboration, 1941-1947*, Paris, Publications de la Sorbonne, 1987 • Jean Monnet, *Mémoires*, Paris, Fayard, 1976 • Alain Prate, *Les Batailles économiques du général de Gaulle*, Paris, Plon, 1978.

PLAN DE REDRESSEMENT DE 1958. – Dans la longue série des expériences de « stabilisation » qui jalonnent l'histoire des inflations françaises au XXe siècle, le « plan Rueff » de 1958 tient une place exceptionnelle à de multiples égards : par le moment où il intervient, par la clarté et l'ambition de ses objectifs, mais surtout par la rencontre de deux personnalités exceptionnelles : Jacques Rueff, qui en a pris l'initiative, et de Gaulle, qui lui a accordé un soutien sans faille.

Face aux déséquilibres aigus hérités de la IVe République – épuisement des réserves de change, déficit budgétaire explosif –, Antoine Pinay, ministre des Finances, s'est d'abord contenté en juin 1958 de puiser dans un arsenal de mesures d'urgence sans originalité : dévaluation, économies, amnistie fiscale ouvrant la voie à un grand emprunt. Des mesures suffisantes pour procurer un répit, mais hors de proportion avec l'ampleur des déséquilibres que la France doit combattre sans délai, selon Rueff. Ancien inspecteur des finances, théoricien libéral convaincu que l'inflation n'est pas un mal inéluctable et que des résultats décisifs peuvent être obtenus d'un seul coup au prix d'une action volontariste, globale et cohérente, Rueff se manifeste dès le 10 juin 1958 – neuf jours après l'investiture du gouvernement de Gaulle – par une note au ministre où il esquisse à la fois un diagnostic et un plan d'action. En dépit des réserves qu'il rencontre de toutes parts, Rueff, grâce à l'appui du Général, obtient la formation d'un comité d'experts (septembre 1958), puis l'adhésion de la majorité de ses membres à un « plan » prévoyant un faisceau sans précédent de mesures radicales : réduction drastique des subventions, hausse des tarifs publics, ponction fiscale sur les revenus, désindexation des salaires et des prix agricoles, nouvelle dévaluation procurant une marge de compétitivité. À ce prix, le plan Rueff, en rétablissant les équilibres fondamentaux, doit assurer pour l'avenir la stabilité de la monnaie (que symbolise la création du nouveau franc), le maintien de la croissance (l'investissement public est préservé) et surtout l'ouverture internationale de l'économie française (le franc redevient convertible) : mais les risques d'un tel programme apparaissent considérables, et son impopularité certaine.

C'est précisément lors du « moment de vérité » des décisions finales (24-26 décembre 1958) que de Gaulle s'engage en première ligne. Confronté aux réticences du ministre Pinay, qui propose une version édulcorée et met sa démission dans la balance, il se laisse convaincre par Rueff que le plan forme un tout indissociable : « C'est ce que le projet a de cohérent et d'ardent, en même temps que d'audacieux [...], qui emporte mon jugement [...]. Je choisis de donner suite sans demi-mesure au plan tout entier » [*ME*]. Restaurer durablement la solidité du franc constitue, aux yeux du Général, une priorité absolue. Il est dès lors déterminé à faire prévaloir sa décision sur toutes les oppositions, au sein du gouvernement, des partis et de l'opinion, en assumant d'avance les risques et l'impopularité : « Les Français vont crier [...]. Eh bien, et après ? »

Les résultats directs du plan Rueff ont été au-delà de tout espoir, en termes d'assainissement budgétaire, puis de reprise de la croissance. Le retour à des excédents extérieurs permet le rétablissement immédiat de la convertibilité du franc et l'entrée en vigueur du Marché commun dans les délais fixés. De Gaulle a célébré ce qu'il appelle « le triomphe de l'expansion dans la stabilité ». À moyen terme, pourtant, le bilan est plus nuancé : les tensions inflationnistes reparaissent dès le début des années 1960. Le jugement le plus sévère, paradoxalement, est celui de Rueff lui-même : en ne complétant pas les mesures d'urgence de 1958 par le rétablissement d'un véritable marché du crédit, on se condamnait à laisser persister les racines de l'inflation. Mais on voit mal comment les convictions dirigistes du Général auraient pu lui permettre de suivre Rueff jusqu'au bout de cette logique libérale.

Jean-Charles Asselain

• *Voir aussi* : Dirigisme ; Économie et finances ; Nouveau franc

Bibl. : Institut Charles-de-Gaulle, *1958, la faillite ou le miracle. Le plan de Gaulle-Rueff*, Paris, Economica, 1986.

PLAN DE STABILISATION DE 1963. – Après trois ans d'« expansion dans la stabilité », la conjoncture de 1962-1963 est marquée par le regain des tensions inflationnistes, résultant de l'afflux des rapatriés, de la recrudescence du déficit budgétaire et des rattrapages salariaux (hausse des traitements publics accordée à la veille des élections de novembre 1962, concessions pour mettre fin à la grève des mineurs en avril 1963). Pour de Gaulle, maintenir la valeur du « nouveau franc » est une priorité absolue. Visiblement plus inquiet du risque de rechute inflationniste que son Premier ministre Georges Pompidou et son ministre des Finances Valéry Giscard d'Estaing, le Général s'implique comme jamais auparavant dans le suivi des questions financières : « Des sous ! Encore des sous ! Ils en sont tous là, qu'ils soient ministres ou mineurs... », confie de Gaulle à Alain Peyrefitte à l'issue du Conseil des ministres le 10 avril 1963. Il multiplie les interventions dans le sens de la rigueur. Devant l'insuffisance des résultats, il prend l'initiative d'une certaine dramatisation délibérée (« Au mois d'août, constatant que les résolutions ont l'air de s'émousser, je fais brusquer et renforcer les choses » [*ME*]), en recourant à la procédure inhabituelle d'un conseil restreint tenu le 30 août 1963 et en faisant adopter un ensemble de mesures, désignées sous le nom de « plan de stabilisation », qui entreront en vigueur dès le 12 septembre 1963.

Le dispositif adopté par Giscard d'Estaing vise à opérer une compression drastique du déficit budgétaire, en excluant cependant toute hausse des tarifs publics. Il prévoit aussi, à titre de mesure d'urgence, un blocage des prix à leur niveau du 31 août 1963, blocage temporaire, mais destiné à se prolonger par un contrôle des prix. Le contingentement du crédit doit aussi contribuer au freinage de l'inflation. « De tout, un peu », titre *Le Monde*, qui souligne le caractère éclectique de ce « plan ». D'autres mesures plus fondamentales, où se reconnaît cette fois l'influence de Rueff, viennent renforcer en novembre 1963 le dispositif initial : rejet de tout financement monétaire du Trésor, suppression d'exonérations fiscales abusives. Mais l'ensemble reste très éloigné de la cohérence du « plan Rueff » de 1958, inspiré par un diagnostique libéral de l'origine des déséquilibres et par la volonté de restaurer les conditions d'un véritable équilibre de marché. Vu sous cet angle, le plan de stabilisation, loin de remédier à l'inachèvement des mesures de 1958, va plutôt dans le sens d'une économie dirigée, faisant place de façon permanente à une politique des prix et des revenus.

Les résultats à moyen terme (1963-1967) sont mitigés. L'inflation a été freinée, sans compromettre la croissance. Son rythme tend même à se rapprocher de celui de l'Allemagne. Mais elle n'est pas éradiquée. Et, pour de Gaulle bien plus que pour Pompidou, elle reste une menace qui appelle une vigilance constante. Face au « douloureux arbitrage » entre inflation et croissance, ses interventions des années 1966-1969, comme en 1958 et en 1963, donnent systématiquement priorité à la défense du franc. Jean-Charles Asselain

• *Voir aussi :* Dirigisme ; Économie et finances ; Franc ; Nouveau franc

Bibl. : Institut Charles-de-Gaulle, *De Gaulle en son siècle*, t. 3, *Moderniser la France*, Paris, Plon-La Documentation française, 1992.

PLAN FOUCHET. – Le général de Gaulle avait opposé dès les années 1950 à la conception d'une Europe intégrée celle d'une Europe confédérale. Dès juin 1958, de Gaulle fixe d'emblée l'aspect politique de son projet européen : coopération interétatique et non pas intégration par extension du rôle de la Communauté économique européenne, mais coopération profonde, « organique », débouchant sur une « politique commune » dans les affaires européennes et mondiales, et politique indépendante des États-Unis. Lors de la rencontre de Rambouillet entre de Gaulle et Konrad Adenauer les 29 et 30 juillet 1960, le Général proposa de mettre en place une « coopération organisée » des Six, afin d'aboutir à une Europe jouant son propre rôle dans le monde, rompant aussi bien avec le processus d'intégration communautaire qu'avec l'intégration au sein de l'Alliance atlantique (la conception du Général comportait en effet un important volet stratégique). Adenauer se montra dans l'ensemble d'accord avec les propos de De Gaulle : l'OTAN devait être réformée, l'Europe devait exister par elle-même sur le plan militaire, la France et l'Allemagne devaient s'entendre pour en prendre la tête.

Des conversations avec les autres partenaires commencèrent. Ces échanges firent apparaître trois problèmes : le rôle de la Grande-Bretagne, l'OTAN et le statut des Communautés existantes (les partenaires de la France craignaient que Paris ne veuille tenir à l'écart Londres et réduire le rôle des organismes atlantiques et européens existants, ce qui était effectivement l'arrière-pensée du Général). Ces trois problèmes, apparus d'entrée de jeu, devaient hanter toute l'affaire. On se mit néanmoins d'accord pour constituer une « commission d'études » : la commission Fouchet se réunit à partir du 16 mars 1961. Finalement, à la suite d'une série de compromis suggérés en particulier par la Belgique et l'Italie et avec l'appui de la RFA, on parvint à rédiger lors du sommet de Bonn du 18 juillet 1961 une déclaration qui satisfaisait tout le monde. De Gaulle obtenait la mise en place d'une « coopération politique », avec des réunions régulières des chefs d'État ou de gouvernement, afin d'aboutir à une « politique commune » ; la commission d'études serait chargée de faire des propositions afin de donner « un caractère statutaire » à l'union des peuples européens. En revanche, le Général acceptait de rappeler que l'Europe était « alliée aux États-Unis et à d'autres peuples libres » ; il acceptait de dire, après l'évocation de l'union politique de l'Europe : « renforçant ainsi l'Alliance atlantique » ; il acceptait d'envisager des réformes « dans l'intérêt d'une plus grande efficacité des Communautés ».

La commission Fouchet poursuivit ses travaux. On prévoyait, à la mi-janvier 1962, la création d'une Union d'États qui aurait en particulier pour but « l'adoption d'une politique étrangère commune » et « l'adoption d'une politique de défense commune qui contribuerait au renforcement de l'Alliance atlantique ». Les institutions prévues étaient le Conseil des chefs d'État ou de gouvernement, qui se réunirait tous les quatre mois et déciderait à l'unanimité ; les comités des ministres des Affaires étrangères, de la Défense et de l'Éducation, qui se réuniraient au moins une fois par trimestre ; une Commission politique permanente formée de représentants des États membres chargée de préparer et de suivre les décisions du Conseil et l'Assemblée parlementaire européenne (celle des traités de Rome). Comme on le voit, les thèses françaises sur l'Union politique, union d'États souverains décidant à l'unanimité, étaient très largement prises en compte, y compris avec l'inclusion de la Défense dans les politiques communes. En même temps l'équilibre du compromis de Bonn était respecté : la politique de Défense « contribuerait au renforcement de l'Alliance atlantique »...

Mais le général de Gaulle apporta le 17 janvier 1962 trois corrections majeures : il supprima la référence à l'Alliance atlantique ; il introduisit le mot « économie » dans l'énoncé des buts de l'Union (à côté de la politique étrangère, de la culture et de la défense) et il supprima la phrase « dans le respect des structures prévues aux traités de Paris et de Rome instituant les Communautés européennes ». La combinaison de ces deux dernières modifications faisait que l'Union politique serait amenée à coiffer les Communautés existantes ; les partenaires pouvaient craindre qu'elle ne fût amenée à s'immiscer dans leurs compétences et à réduire leur rôle. Tout l'équilibre du texte élaboré au sein de la commission Fouchet était détruit, les arrière-pensées du Général, tendant à brider les Communautés, étaient trop évidentes.

Finalement, les Européens refusèrent de suivre Paris lors de la fameuse réunion des ministres des Affaires étrangères du 17 avril 1962. On ne pouvait plus faire semblant de croire que l'on parlait de part et d'autre de la même Europe, l'opposition entre la conception fédérale et la conception confédérale subsistait entière. En outre, la réunion du 17 avril montre que le véritable point de blocage, plus encore que les institutions européennes, plus même que le problème de la participation britannique, a été celui de l'Alliance atlantique : le Benelux et l'Italie n'acceptaient pas que l'on risquât de la remettre en cause le moins du monde. On retrouve là ce qui a été le véritable centre de gravité de toute l'affaire : les problèmes stratégiques, la question de l'OTAN et des rapports entre les États-Unis et l'Europe. Il paraît clair que pour le Général ces questions ont joué un rôle essentiel, à côté bien sûr de sa conception interétatique et non pas communautaire de la construction européenne, en fonction d'une vision globale de la reconstruction nécessaire, à ses yeux, et de l'Alliance, et de l'Europe des Six. C'est cette interaction entre le problème européen et celui de l'Alliance qui explique l'attitude et l'évolution de De Gaulle, y compris lorsqu'il a modifié le projet de traité le 17 janvier. C'est cette interaction qui explique aussi son échec.

Georges-Henri Soutou

• *Voir aussi* : Conférence de presse du 15 mai 1962 ; Europe ; Marché commun ; OTAN ; Politique étrangère

Bibl. : Georges-Henri Soutou, « Le Général de Gaulle, le plan Fouchet et l'Europe », *Commentaire*, n° 52, hiver 1990-1991 • Id., « Le général de Gaulle et le plan Fouchet », dans Institut Charles-de-Gaulle, *De Gaulle en son siècle*, t. 5, *L'Europe*, Paris, Plon, 1992 • Id., *L'Alliance incertaine. Les rapports politico-stratégiques franco-allemands, 1954-1996*, Paris, Fayard, 1996.

PLAN MARSHALL. – *Voir* DISCOURS DE RENNES (27 juillet 1947).

PLÉIADE (entrée dans la). – En 2000, Charles de Gaulle a obtenu à titre posthume l'une des plus hautes consécrations littéraires : la publication de ses *Mémoires* dans la Bibliothèque de la Pléiade. Saluée comme légitime par la presque totalité de la critique, qui, à l'instar d'Angelo Rinaldi, se félicite de le voir « en toute justice, rejoindre ses pairs », cette reconnaissance du Général comme écrivain à part entière lui vaut de rejoindre la plupart de ses auteurs de prédilection au sein du seul panthéon qu'il aurait probablement jugé digne de lui.

Présentée et commentée par Jean-Louis Crémieux-Brilhac et Marius-François Guyard, cette édition s'accompagne, selon la tradition de la Pléiade, d'un considérable appareil critique qui, pour la première fois, passe au crible chaque page des *Mémoires* en se fondant sur l'examen de l'ensemble des manuscrits originaux.

Tout en saluant « sinon le dernier grand écrivain français, peut-être le dernier grand écrivain de la France », Marius-François

Guyard prend soin de rappeler que les souvenirs du Général, « témoignage fortement personnalisé », ont été rédigés par un homme soucieux de son mythe et dont l'entreprise procède d'une « relecture » passionnée voire passionnelle de l'Histoire qu'il relate. « Relecture » ou « réécriture » dont il n'y a pas lieu de s'étonner, souligne pour sa part Jean-Louis Crémieux-Brilhac, les *Mémoires* de Charles de Gaulle visant à « inculquer aux Français une connaissance des faits du passé, une représentation mentale de ces faits aussi durable que possible et aussi conforme à la sienne propre, enfin des modèles et des principes d'action pour l'avenir ». Mais qui empêche à l'évidence de toujours prendre au pied de la lettre le récit et l'interprétation des événements proposés par de Gaulle. Le travail d'annotations opéré par Marius-François Guyard permet à cet égard une approche plus objective des *Mémoires de guerre* et *d'espoir*.

En charge du relevé des variantes, il m'est revenu d'examiner les états successifs d'un texte inlassablement remanié, de manuscrits en feuillets dactylographiés, avant d'être souvent retouché sur épreuves. Ce matériau, l'un des plus secrets qui soient pour un écrivain, n'avait pu être jusqu'alors consulté par les historiens. Il s'agissait non seulement de cerner les évolutions du texte, mais surtout de mettre au jour, à travers une analyse des « repentirs », ce que de Gaulle avait décidé de taire ou d'atténuer. Par-delà quelques portraits adoucis *in extremis* – ceux notamment de Léon Blum et de Georges Pompidou – et certains réquisitoires – contre Vichy, les dirigeants alliés et les partis politiques renaissants à la Libération – probablement retirés pour des raisons diplomatiques, le constat le plus frappant concerne l'auteur lui-même, la manière dont il écarte peu à peu, d'une version à l'autre, ce qui relève de la confession intime pour privilégier la figure presque impersonnelle du « héros ». Ainsi voit-on s'organiser la mise en scène qui n'a cessé chez de Gaulle de sous-tendre l'évocation de sa destinée dans l'Histoire.

Jean-Luc Barré

• *Voir aussi* : Œuvre écrite ; Style écrit

PLEVEN, René (1901-1993). – La vie politique de René Pleven est liée à son choix de rejoindre la France libre à la fin juin 1940. L'homme d'affaires connaît les thèses militaires du général de Gaulle lorsqu'il le rencontre à Londres, le 16 juin 1940, au cours des négociations sur le projet avorté d'Union franco-britannique. Par ses compétences et sa connaissance des milieux anglo-saxons, Pleven s'impose très vite comme le fidèle second du Général dans la France libre, assurant son intérim lors de ses absences. De Gaulle l'envoie rallier le Tchad, diriger l'Afrique-Équatoriale Française libre (fin 1940), négocier aux États-Unis l'accord prêt-bail en 1941.

De la diplomatie aux finances, du Comité national français (CNF) au CFLN (Comité français de la Libération nationale), Pleven est l'homme à tout faire du Général qui le nomme Compagnon de la Libération en mai 1943.

Chargé des Colonies en 1943-1944, René Pleven contribue à ressouder l'Empire et organise la conférence de Brazzaville qui ouvre la voie à l'Union française.

Intégré au GPRF (Gouvernement provisoire de la République française) à Paris, Pleven refuse les Affaires étrangères que le Général lui propose. Mais en novembre 1944, il accepte les Finances et bientôt l'Économie dans un pays ruiné. Contre Pierre Mendès France, il fait accepter sa politique économique plus libérale tout en menant à bien la nationalisation des banques. Député des Côtes-du-Nord, ce « gaulliste » centriste quitte le pouvoir avec de Gaulle en janvier 1946, tout en soutenant ses thèses institutionnelles. Devenu président de l'UDSR (Union démocratique et socialiste de la Résistance) en 1947, Pleven ne suit pas ses camarades au RPF (Rassemblement du peuple français). Sa rupture politique et personnelle avec le Général intervient au printemps 1948 après sa tentative rejetée de rapprocher le RPF de la Troisième Force (alliance politique pouvant réunir des partis allant des Indépendants à la SFIO).

De Gaulle ne pardonne pas le ralliement de Pleven au « système » et, en 1951, il oppose, en vain d'ailleurs, Louis Terrenoire à l'ancien président du Conseil dans les Côtes-du-Nord.

Pendant la crise de mai 1958, ce ténor de la IVe République, républicain convaincu, ministre des Affaires étrangères du gouvernement Pflimlin, en contact avec de Gaulle pour empêcher des opérations militaires en Tunisie, se rallie au retour au pouvoir du Général, par crainte de la guerre civile mais sans approuver les conditions de son retour. Pleven soutient l'installation de la Ve République, puis la politique algérienne du Général, mais il s'oppose à la réforme constitutionnelle de 1962. Européen convaincu, partisan à la tête du CELIB (Comité d'étude et de liaison des intérêts bretons) d'un plan spécifique de modernisation de la Bretagne, opposé à la sortie de la France de l'OTAN, il fait figure d'opposant à la politique gaullienne. Pourtant, le 22 mai 1968, en pleine crise, contrairement à ses collègues centristes, René Pleven refuse de censurer le gouvernement de Georges Pompidou. Partisan de la régionalisation, Pleven n'en appelle pas moins à voter « non » le 27 avril 1969, car il refuse la voie référendaire choisie par de Gaulle. En découle un nouveau divorce avec le Général alors que, quelques semaines plus tard, il se rallie à Georges Pompidou et devient son garde des Sceaux ; il le restera jusqu'en 1973.

Christian BOUGEARD

• *Voir aussi* : Brazzaville, conférence de ; Centristes ; France libre ; GPRF ; Ralliement des colonies

Bibl. : Christian Bougeard, *René Pleven. Un Français libre en politique*, Rennes, PUR, 1995.

POLICES (unification des). – Depuis le XIXe siècle, la police parisienne jouissait d'une certaine autonomie à l'égard du ministère de l'Intérieur. Née sous Louis XIV, la police la plus ancienne de France avait été constituée en préfecture de police par Bonaparte en 1800 et avait résisté à toutes les tentatives d'incorporation dans l'ensemble policier français. En 1941, le gouvernement de Vichy avait prudemment esquivé le problème lorsqu'il avait étatisé les polices et créé la direction de la Police nationale. Le Gouvernement provisoire en 1945, puis la IVe République avaient également échoué à réduire cette sorte d'« État dans l'État ». Le conseil municipal de Paris et les députés parisiens défendaient le statut particulier de la police parisienne. Celle-ci restait, paradoxalement, la seule police municipale subsistant en France. Le général de Gaulle souhaitait mettre un terme à cette anomalie. Il choisit une occasion favorable.

L'enlèvement du leader de l'opposition marocaine Mehdi Ben Barka, le 29 octobre 1965, fournit une opportunité. Deux fonctionnaires de la préfecture de police avaient apporté une aide directe aux auteurs de l'enlèvement. En janvier 1966, le Général chargea Léon Noël, ancien président du Conseil constitutionnel, de préparer un rapport sur l'organisation de la police en France. Le même jour, un mandat d'arrêt était lancé contre le général Oufkir, impliqué dans l'enlèvement. Léon Noël remit son rapport le 4 mars. Le 17, Édouard Frédéric-Dupont, député et conseiller municipal de Paris, lança une attaque violente contre le projet de fusion, la « spécificité » de la police parisienne, « garante de la sécurité des Parisiens », résidant dans son « unité organique », laquelle serait mise à mal par la mobilité du personnel. « Ce n'est pas avec des policiers de Bordeaux ou de Bourges que vous ferez la police à Paris. » Le conseil municipal émit un vœu favorable au maintien des structures de la préfecture de police. Pour la première fois, il n'en fut pas tenu compte. Adopté en Conseil des ministres le 21 mai, le projet fut présenté le 25 juin à l'Assemblée nationale. Le rapporteur, Amédée Brousset, affirma le principe de l'unité du personnel, qui devait être d'État, et conclut à la nécessité de placer la police tout entière sous l'autorité du ministre de l'Intérieur. On vota à main levée : les communistes votèrent contre, les socialistes s'abstinrent, la loi fut adoptée. La direction générale de la Sûreté nationale devint la direction générale de la Police nationale. La loi du 10 juillet 1966 précise dans son article premier : « La Police nationale relève de l'autorité du ministre de l'Intérieur sous réserve des dispositions du Code de procédure pénale relative à la police judiciaire. Elle comporte des emplois de direction des services actifs parmi lesquels sont compris les emplois de direction de la préfecture de police, des services de contrôle et des corps de fonctionnaires. »

En décembre 1966, Jacques Aubert, directeur du cabinet du ministre de l'Intérieur, fut nommé secrétaire général de la Police nationale chargé de préparer la fusion effective. La loi entra en vigueur le 1er janvier 1968. Jacques Delarue

• *Voir aussi* : Grimaud, Maurice ; Papon, Maurice ; Sécurité

Bibl. : Jean-Marc Berlière, Claude Charlot et Charles Diaz, « Vers la police contemporaine », dans Michel Aubouin, Arnaud Teyssier et Jean Tulard (dir.), *Histoire et dictionnaire de la police du Moyen Âge à nos jours*, Paris, Robert Laffont, coll. « Bouquins », 2005, p. 351-538.

POLITIQUE ÉTRANGÈRE (difficultés, problèmes et aléas). – En janvier 1946, quand le général de Gaulle quitte le pouvoir, la continuité de la politique extérieure semble assurée, du moins jusqu'aux affrontements de la guerre froide, l'année suivante. En juin 1958, il revient aux affaires et semble se rallier à ce qu'il a combattu, notamment en matière franco-allemande et européenne. Cependant, dans les deux cas, la politique extérieure a moins changé de contenu que de nature. La place et l'action de la nation dans le monde sont, à ses yeux, prioritaires par rapport à toute autre préoccupation. Parlant, dans ses Mémoires, de la Sécurité sociale, des allocations familiales, des comités d'entreprise, le Général, s'opposant aux « politiques », écrit : « Je constate que si, pour eux et pour moi, le but peut être le même, les raisons qui les poussent ne sont pas identiques aux miennes [...]. Je les vois médiocrement sensibles au mobile dont je m'inspire et qui est la puissance de la France. » Dans le message pour le Nouvel An de 1963, il dira : « Notre prospérité atteint un niveau que nous n'avons connu en aucun temps et notre progrès social réalise une avance sans précédent. À mesure que le couple de l'essor et de la raison nous amène à la puissance, la France retrouve son rang, son attrait, ses moyens. »

L'expérience première, celle de 1940, a été celle de l'extrême faiblesse, sinon de l'impuissance. Avec, comme conséquence, une attitude qui a choqué le président Roosevelt et souvent exaspéré Winston Churchill. La faiblesse n'est surmontable que par l'intransigeance. Il faut être sourcilleux, serait-ce à propos de faits purement symboliques ou protocolaires. Avec le souci de la formule qui empêche la concession. Ainsi, à la conférence de presse du 25 octobre 1944, après la décision notifiée l'avant-veille par l'URSS, les États-Unis et la Grande-Bretagne, à la question : « Pourriez-vous nous donner vos impressions sur la reconnaissance du gouvernement français par les Alliés ? », la réponse tombe : « Je puis vous dire que le gouvernement est satisfait qu'on veuille bien l'appeler par son nom. »

En 1944-1945, le statut, le rang de la France sont supposés transformés de trois façons différentes. Le voyage à Moscou, en décembre 1944, et le traité signé avec Staline ne font pas de la France un Grand, même si elle semble traiter en égale avec un vrai Grand. Vingt ans plus tard, la reconnaissance de la Chine populaire ne modifiera pas non plus le rang de la France dans la politique mondiale. En revanche, le changement de statut aura été obtenu à Yalta, en février 1945, en l'absence de la France. Churchill demande et obtient que celle-ci soit, sur un pied d'égalité, l'un des quatre détenteurs indivis de la souveraineté allemande, membre du gouvernement commun de l'Allemagne, disposant d'une zone d'occupation et d'un secteur de Berlin. La conviction qu'on est grand parce que l'on est l'un des quatre Grands persistera chez les dirigeants français jusqu'en 1990. En revanche, la conquête la plus étonnante réalisée directement par de Gaulle, grâce à une action diplomatique offensive et risquée, c'est la présence de la France parmi les cinq membres permanents du Conseil de sécurité de l'ONU. Leur unanimité obligatoire donne à chacun un droit de veto. La plupart des commentateurs de l'action française aux Nations unies pendant la crise irakienne de 2003 omettront de rappeler que le jeu français aura été rendu possible par l'action conduite par de Gaulle en 1945.

L'ambition d'empire. En 1945, la France n'est pas seulement l'Hexagone. Elle est inséparable de l'Empire. Jusqu'en 1962 au moins, la politique extérieure ne se réduira pas à la politique étrangère proprement dite. D'emblée, dès la conférence de Brazzaville, ouverte le 30 janvier 1944, la contradiction qui générera tant de conflits, notamment les guerres d'Indochine et d'Algérie, est présente. De Gaulle déclare : « Je crois que chaque territoire sur lequel flotte le drapeau français doit être représenté à l'intérieur d'un système de forme fédérale dans lequel la métropole sera une partie et où les intérêts de chacun pourront se faire entendre. » Mais la conférence « écarte toute idée d'autonomie, toute possibilité d'évolution hors du bloc français de l'Empire », ainsi que « la constitution éventuelle, même lointaine, de *self-governements* dans les colonies ». La Constitution de 1946 comporte la même contradiction : « L'Union française est composée de nations et de peuples qui mettent en commun ou coordonnent leurs ressources et leurs efforts [...]. La France entend conduire les peuples dont elle a pris la charge à la liberté de s'administrer eux-mêmes. » Tout à son combat contre la IVe République naissante, le Général ira jusqu'à dénoncer le timide statut préparé pour l'Algérie et déclarera à Alger, le 12 octobre 1947 : « Toute politique qui, sous le prétexte fallacieux d'une évolution à rebours, aurait pour effet de réduire ici les droits et les devoirs de la France, ou bien de décourager les habitants d'origine métropolitaine, qui furent et demeurent le ferment de l'Algérie, ou bien, enfin, de donner à croire aux Français musulmans qu'il pourrait leur être loisible de séparer leur sort de celui de la France, ne ferait, en vérité, qu'ouvrir la voie à la décadence. » On est loin de ce que de Gaulle confiera à Alain Peyrefitte le 22 juillet 1964 : « En Algérie, les Français n'étaient pas chez eux. Ils n'y ont jamais été chez eux, pas plus qu'au Maroc ou en Tunisie. On leur a fait croire que l'Algérie, c'était la France. Mais elle ne l'était pas plus que le reste du Maghreb. Jamais l'Algérie n'a été française. Elle l'était dans les fictions juridiques. Elle l'était dans la tête de colonels braillards qui avaient fini par s'en persuader. Elle l'était dans les slogans. Elle ne l'était pas dans les faits. C'était une colonie. »

Revenu au pouvoir en 1958, de Gaulle a voulu transformer le sort des anciennes colonies en créant la Communauté. Le statut prévu n'était guère égalitaire. Tout le pouvoir exécutif appartenait au président qui était obligatoirement le président de la République française. Le Sénat de la Communauté comprenait 186 représentants de cette République contre 98 pour l'ensemble des douze autres États membres. L'échec du système fut marqué dès mars 1960 par un étrange amendement constitutionnel. À la disposition : « Un État membre de la Communauté peut devenir indépendant. Il cesse de ce fait d'appartenir à la Communauté », on ajouta la formulation inverse : « Un État membre de la Communauté peut également, par voie d'accords, devenir indépendant sans cesser de ce fait d'appartenir à la Communauté. »

L'ambition de puissance mondiale. « La France, parce qu'elle le peut, parce que tout l'y invite, parce qu'elle est la France, doit mener au milieu du monde une politique qui soit mondiale. » La formule utilisée dans l'allocution du 31 décembre 1963 subordonne la politique européenne et franco-allemande à cette visée. En 1958, de Gaulle s'adapte à la situation qu'il trouve à son retour au pouvoir, tout en cherchant à la transformer. La décision, préparée par le gouvernement de Pierre Mendès France et prise par celui de Félix Gaillard, de mettre en route l'armement nucléaire français est confirmée. Après avoir combattu dans l'opposition les traités européens, le Général les accepte, notamment celui de Rome créant la Communauté économique européenne (CEE). Il en facilite délibérément la mise en œuvre grâce à la réforme Pinay-Rueff qui assainit les finances extérieures de la France et lui permet de ne pas invoquer d'emblée les clauses de sauvegarde. Le Général prend ainsi position en faveur de la philosophie de la majorité qui a voté le traité : l'ouverture des frontières, donc la fin du protectionnisme, permettra le développement de l'économie française alors que, lors du débat, Michel Debré et Pierre Mendès France avaient tous deux réclamé la guérison intérieure avant cette ouverture.

Mais la Communauté européenne ne devait être qu'économique. De Gaulle félicitera le commissaire belge Jean Rey d'avoir négocié avec succès au nom des Six lors du Kennedy Round. Politiquement, il n'y aurait qu'une entente entre États souverains au sein de laquelle la France devrait jouer un rôle particulier. Au risque de mettre celle-ci en question lors de « la politique de la chaise vide » de 1965. Elle aboutit en janvier 1966 au retour de la France grâce à ce qu'on appelle improprement « le compromis », en fait le constat de désaccord de Luxembourg. Pour accéder à ce rôle d'influence, l'entente franco-allemande constituerait un instrument utile, la République fédérale n'aspirant pas, elle, à un rôle mondial. La relation personnelle avec le vieux chancelier Konrad Adenauer devient amicale dès leur première rencontre à Colombey, le 14 septembre 1958. Un point culminant est atteint avec le voyage triomphal du général de Gaulle en Allemagne, quatre années plus tard. « Il est arrivé président de France, il est reparti empereur d'Europe » ou « On connaît maintenant le successeur d'Adenauer. C'est de Gaulle et il s'installera à Aix-la-Chapelle », peut-on lire alors dans la presse allemande. Mais, au lendemain de son retour en France, Adenauer envoie une lettre manuscrite à Robert Schuman : « Je me souviens avec gratitude que c'est vous qui, le 9 mai 1950, avez posé la pierre angulaire de l'amitié franco-allemande et de l'Europe communautaire. » Le traité de l'Élysée du 23 janvier 1963 a eu surtout valeur de symbole. Sa seule création, c'est l'Office franco-allemand de la jeunesse qui connaîtra un magnifique développement. Efficace aussi sera l'obligation, inscrite dans le traité, de rencontres régulières entre dirigeants politiques et administratifs. La difficulté de donner un sens politique univoque au traité sera démontrée par le préambule dont le Bundestag fait précéder la loi autorisant sa ratification. La finalité du traité serait de renforcer le lien avec les États-Unis, d'établir plus de supranationalité, de faire entrer la Grande-Bretagne – bref, tout ce qui pouvait heurter le président français. Mais les critiques allemands du traité vivaient dans la contradiction : la Grande-Bretagne refusait toute supranationalité ; il fallait donc la faire entrer pour renforcer celle-ci ! De Gaulle, lui, semblait dire : j'ai dit non à la Grande-Bretagne le 14 janvier parce qu'elle voudrait empêcher la forme d'unité européenne – dont je ne veux d'ailleurs pas non plus.

La vraie raison était autre. La France devait être seule à vouloir utiliser l'Europe comme moyen d'accroître la puissance nationale, afin de renforcer l'influence française dans le monde. De Gaulle ne voulait pas non plus de l'Angleterre comme cheval de Troie des États-Unis dans la Communauté. Il oubliait la formule allemande, qui était celle même de son ami le chancelier : « Ne nous forcez pas à choisir entre Paris et Washington, car nous choisirions toujours Washington. » Et à Bonn, comme à La Haye ou à Rome, on n'était pas disposé à accepter la double définition que le Général ne cessait de donner de l'égalité. Il fallait que la France fût l'égale des États-Unis ; il n'était pas acceptable que les Pays-Bas se prétendissent les égaux de la France. C'est en pointant cette contradiction que le président américain avait rejeté la demande du Général, formulée dès septembre 1958, de voir l'OTAN dirigée conjointement par les États-Unis, la Grande-Bretagne et la France.

Face à Washington, la politique de De Gaulle a pu paraître contradictoire. Elle ne l'était pas. Quand l'Occident est menacé, la France est l'alliée inconditionnelle des États-Unis. Le soutien apporté par de Gaulle à John F.Kennedy pendant la crise cubaine aura été sans réserve. Mais lorsque la menace diminue, la France doit conquérir de l'indépendance, de la stature, du prestige face à l'allié américain. Or Kennedy est sorti vainqueur de l'affrontement avec Nikita Khrouchtchev, cela à un moment où de Gaulle était enfin débarrassé de l'entrave que constituait la guerre d'Algérie. D'où la multiple offensive menée de 1964 à 1967 : reconnaissance de la Chine communiste en janvier 1964, sortie de la structure militaire de l'OTAN en mars 1966, avec une véritable expulsion des forces alliées et la confiscation de leurs installations, séjour amical en Union soviétique du 20 au 30 juin, discours de Phnom Penh le 1er septembre. La sécurité de la France ne s'en trouvait pas menacée puisque les forces américaines restaient en Allemagne et garantissaient aussi le territoire français. Le 24 juillet 1967, ce sera le « Vive le Québec libre ! », avant une visite à Varsovie. Une caricature montra le Général acclamé par une foule polonaise criant « Vive la Pologne libre ! », avec, en réponse, un « Chut ! » de la part du visiteur. Sous la présidence de Richard Nixon, l'offensive cessera et les relations seront normalisées. Elle n'aura assuré aucun succès particulier à la diplomatie gaullienne, sauf sur le plan du prestige. Mais, vu de France, le prestige peut être considéré comme une fin en soi.

Alfred GROSSER

• *Voir aussi :* Allemagne ; Décolonisation ; États-Unis ; Europe ; Grandeur et rang

Bibl. : Frédéric Bozo, *La Politique étrangère de la France depuis 1945*, Paris, La Découverte, 1997 • Alfred Grosser, *Affaires extérieures : la politique de la France, 1944-1989*, Paris, Flammarion, 1989 • Maurice Vaïsse, *La Grandeur, politique étrangère du général de Gaulle*, Paris, Fayard, 1998.

POLITIQUE ÉTRANGÈRE, dynamique de la (1958-1969). – La politique étrangère menée par le général de Gaulle de 1958 à 1969 a été, d'emblée, associée au concept de « grandeur ». De fait, largement incantatoire pour la France gravement affaiblie de 1944-1946, la formule apparaît nettement plus opératoire vingt ans après. Assise sur la puissance retrouvée grâce à l'œuvre de relèvement engagée par la IVe République et sur la stabilité assurée par les institutions de la Ve, l'ambition du « rang » aura bien, pendant les années 1960, constitué l'inspiration, sinon l'obsession de la diplomatie gaullienne. Mais cette dernière ne saurait toutefois être réduite à une « politique de grandeur » dont la motivation n'aurait été que l'affirmation de l'intérêt national étroit. Elle aura aussi et peut-être surtout constitué une « grande politique » qui visait à rien moins que réaménager en profondeur le système international. Une grande politique dont il faut, dès lors, restituer la dynamique dans ses séquences et dans ses logiques successives – sur fond d'un contexte international lui-même changeant – avant d'en évaluer les aboutissements et d'en dresser le bilan.

Parmi les Grands. Dans une première phase, la politique étrangère gaullienne s'inscrit pour l'essentiel dans l'épure du mémorandum envoyé par de Gaulle au président américain Dwight D. Eisenhower et au Premier Ministre britannique Harold Macmillan le 17 septembre 1958. Le Général y réclame pour son pays un statut de grande puissance occidentale à parité avec la Grande-Bretagne tout en demandant la mise en place d'une direction tripartite anglo-franco-américaine de l'Alliance atlantique. La revendication pour la France d'un rôle international rehaussé se confond donc avec la volonté de réaménagement de l'ensemble euro-américain. Représentant l'Europe occidentale dont elle se veut le chef de file, la France gaullienne se pose en puissance mondiale interlocutrice privilégiée des « Anglo-Saxons » et, sur fond de renouveau des tensions Est-Ouest – la seconde crise de Berlin éclate quelques semaines après l'envoi du mémorandum –, entend œuvrer au renforcement d'une alliance jugée inadaptée au nouveau contexte stratégique. Très vite, pourtant, la démarche tripartite rencontre ses limites, les Américains lui réservant dans les faits une fin de non-recevoir. C'est que Washington et ses plus proches alliés, Londres en tête, n'entendent pas remettre en question le leadership occidental des États-Unis sur lequel repose le statu quo atlantique depuis les origines, tandis que les autres pays de l'Alliance, à commencer par l'Allemagne fédérale et l'Italie, acceptent difficilement de voir reconnu à la France un statut particulier. Quant à cette dernière, elle reste, dans cette période, entravée par le « boulet » que constitue le conflit algérien tandis que la réalité nouvelle de la puissance française n'est pas encore devenue une évidence, en particulier du point de vue stratégique (ce n'est qu'en février 1960 qu'a lieu la première explosion nucléaire française). Au seuil de la nouvelle décennie, la diplomatie du mémorandum a clairement épuisé ses effets.

La France en Europe. S'ouvre alors une nouvelle phase de la politique étrangère gaullienne marquée, à partir de l'été 1960, par une nette inflexion ouest-européenne. À une diplomatie privilégiant la dimension atlantique et le contact avec les « Anglo-Saxons » succède en effet, après la rencontre de Gaulle-Adenauer à Rambouillet en juillet, une politique prioritairement tournée vers le partenaire ouest-allemand et orientée vers l'affirmation politico-stratégique de l'Europe occidentale. Une politique qui s'incarnera successivement dans le plan Fouchet en 1961-1962 puis dans le traité de l'Élysée en janvier 1963 ; car si le premier concernait les Six et le second la France et l'Allemagne seulement, l'un et l'autre s'inscrivaient bien dans une même séquence et, partant, dans une même logique : celle d'une relance de la construction européenne sur la base des conceptions gaulliennes, autrement dit une Europe des États qui soit aussi une Europe « européenne », capable de s'affirmer de manière autonome sur la scène internationale, en particulier face aux États-Unis. Une logique qui, une fois encore, conjuguait l'objectif du rang – la France se posant, avec le soutien de l'Allemagne, en chef de file de l'Europe occidentale – et l'ambition de la transformation du système international. L'affirmation ouest-européenne devait en effet permettre le nécessaire rééquilibrage de la relation transatlantique que de Gaulle n'avait pas réussi à obtenir à la suite du mémorandum, mais aussi, à plus long terme, contribuer à remettre en question l'ordre bipolaire en faisant de l'Europe occidentale un acteur majeur, dépassant ainsi le face-à-face américano-soviétique.

Les limites de cette approche allaient, ici aussi, apparaître nettement. Le rejet du plan Fouchet par Bruxelles et surtout La Haye, en avril 1962, marquait en effet le refus d'une Europe gaullienne inacceptable tant pour les tenants du dogme intégrationniste que pour les inconditionnels de l'alliance avec les États-Unis, les uns se confondant pour l'essentiel alors avec les autres. Un refus confirmé par le semi-échec du traité de l'Élysée après le vote en mai 1963 par le Bundestag d'un préambule à la loi portant ratification, un texte qui vidait politiquement le traité de sa substance puisqu'il en subordonnait la mise en œuvre aux grandes orientations internationales de la République fédérale depuis l'origine, à savoir, justement, le primat de l'Alliance atlantique et de l'intégration communautaire, sans oublier – quelques mois après le « non » du Général à la candidature britannique au Marché commun – la participation de la Grande-Bretagne à la construction européenne. Sur fond de consolidation de la logique bipolaire et de renforcement du leadership américain au sein du bloc occidental au lendemain de la crise de Cuba d'octobre 1962, l'ambition gaullienne d'une Europe occidentale « européenne » se heurte aux réalités tenaces de l'« atlantisme » et de l'« européisme ».

Modifier l'ordre international. D'où la troisième phase de la politique étrangère du Général qui, de 1964 à 1968 environ, correspond à une sorte d'apogée de la diplomatie gaullienne, une diplomatie désormais placée pour l'essentiel sous le signe d'une contestation tous azimuts de l'ordre établi. Une contestation qui porte toujours, d'abord et avant tout, sur l'organisation de l'ensemble occidental, autrement dit sur l'Alliance atlantique. Face à la reprise en main opérée par Washington, dont témoignent notamment le projet de force nucléaire multilatérale (MLF) ainsi que la volonté américaine d'imposer la stratégie de « riposte graduée » dans le cadre de l'OTAN, de Gaulle confirme la dynamique de désengagement français de celle-ci ; une dynamique qui aboutit à son terme logique en mars 1966, lorsque, à peine terminée la crise communautaire provoquée par la « chaise vide » française six mois auparavant, la France annonce sa décision de se retirer de la structure militaire intégrée et demande le retrait des forces étrangères stationnées sur le territoire national. En fait, c'est au leadership américain à l'échelle globale que le Général s'en prend désormais, au risque de paraître identifier sa diplomatie planétaire à une « grande querelle » avec les États-Unis, si ce n'est à un antiaméricanisme devenu systématique. Pour preuve, la reconnaissance de la Chine populaire par la France de De Gaulle en janvier 1964, sa contestation du rôle international du dollar dès 1965, sa dénonciation virulente de la guerre du Vietnam (discours de Phnom Penh en septembre 1966) ou encore, en 1967, ses prises de position face au conflit israélo-arabe ainsi que son fameux « Vive le Québec libre » inévitablement reçu comme une sorte de procès historique intenté aux « Anglo-Saxons ».

Pourtant, dans cette phase comme dans les précédentes, les objectifs gaulliens ne sauraient être réduits à la seule exacerbation de la « grandeur » : il y a bien un projet à l'œuvre, dont l'ambition est rien moins que le réaménagement non plus seulement des rapports entre Occidentaux, mais bien désormais de l'ordre international dans son ensemble. C'est évident dans les rapports Est-Ouest : en s'en prenant à l'« intégration » atlantique, et alors que certaines velléités d'émancipation semblent se faire jour dans les démocraties populaires, de Gaulle espère amorcer le dépassement des blocs à l'Est comme à l'Ouest et, par là même, commencer à remettre en cause le système de « Yalta » par la « détente », l'« entente » et la « coopération ». Mais ça l'est également dans les rapports Nord-Sud : la dénonciation de la croisade américaine au Vietnam n'est-elle pas le moyen pour la diplomatie gaullienne de se faire le champion de nouvelles relations entre riches et pauvres et le porte-parole de « la liberté, l'égalité et la fraternité des peuples » ? Au total, comme l'a écrit Stanley Hoffmann, le projet international du Général tend bel et bien, dans cette période, à rien moins qu'un « révisionnisme global ».

Retour au réel. Du même coup, la dernière phase de la politique étrangère du Général, à partir de 1968, marque à certains égards le retour du réel. Certes, l'ambition affichée demeure dans une certaine démesure rhétorique. En témoigne, par exemple, l'adoption d'une stratégie de dissuasion nucléaire « tous azimuts ». Mais en cette année 1968, les limites de cette ambition apparaissent soudainement en pleine lumière : s'agissant de la puissance française d'abord, durement hypothéquée par la crise politique, sociale et financière consécutive aux événements de mai, le tout sur fond de désaffection croissante des Français à l'égard du régime et de sa priorité internationale ; s'agissant de l'influence réelle de cette politique ensuite : l'écrasement du printemps de Prague par les forces du Pacte de Varsovie à la fin de l'été met en évidence le caractère illusoire d'une remise en question de l'hégémonie soviétique en Europe de l'Est à un horizon prévisible et, du même coup, les limites du triptyque « détente, entente et coopération » et de l'ambition de « dépasser Yalta ». Loin de la fin des blocs espérée, c'est donc dans un contexte de confirmation du statu quo européen et international que va s'achever la présidence gaullienne en 1969.

Au total, le bilan de la politique étrangère du Général se présente en partie double, en fonction de la dualité de ses objectifs : l'affirmation du statut de la France d'une part, la transformation du système international de l'autre. S'agissant du premier registre – celui de la « grandeur » –, le bilan peut sembler flatteur : la première décennie de la Ve République, une fois tournée la page de l'impuissance internationale qui avait caractérisé la IVe finissante et oubliées les frustrations qu'elle avait cristallisées à cet égard, correspond bien à une refondation de la politique étrangère française, marquée à la fois par la réaffirmation du rang de la France sur la scène internationale et par la restauration d'une réelle adhésion des Français à cette politique. C'est sur ce socle que les successeurs du Général, s'inscrivant dans une évidente continuité dans ce domaine comme dans d'autres, vont s'appuyer pendant trois décennies pour maintenir une grande ambition internationale sur fond de « consensus » de l'opinion et de la classe politique.

Le bilan est en revanche plus mitigé dans le second registre, du moins sur le moment : en définitive, la « grande politique » gaullienne ne sera donc pas parvenue, à court et moyen terme, à remettre en cause l'ordre établi issu de la Seconde Guerre mondiale et surtout de la guerre froide, que ce soit dans les relations Est-Ouest, Nord-Sud ou encore Ouest-Ouest. Reste tout de même qu'elle aura, à long terme, offert une vision de la fin de « Yalta » dont les bouleversements des années 1989-1990 devaient dans une large mesure montrer la pertinence : c'est aussi à l'aune de cette longue durée qu'elle doit être évaluée. Frédéric Bozo

• *Voir aussi* : Décolonisation ; Détente-Entente-Coopération ; Diplomatique (style) ; Europe ; Grandeur et rang ; Guerre ; Non-alignés ; Nucléaire (dissuasion) ; ONU ; OTAN ; Relations internationales ; Traités

Bibl. : Frédéric Bozo, *La Politique étrangère de la France depuis 1945*, Paris, La Découverte, 1997 • Stanley Hoffmann, « De Gaulle et le monde : la scène et la pièce », dans Stanley Hoffmann, *Essais sur la France : déclin ou renouveau ?*, Paris, Le Seuil, 1974 • Maurice Vaïsse, *La Grandeur, politique étrangère du général de Gaulle*, Paris, Fayard, 1998.

POLOGNE. – La Pologne occupe une place singulière dans la carrière de Charles de Gaulle. Il y séjourne longuement à ses débuts et y retourne en un voyage triomphal presque à la fin de sa vie. Le regard qu'il porte sur le pays et ses habitants est marqué par son expérience initiale.

La bataille de la Vistule. C'est sur sa demande, pour relancer sa carrière après deux ans et demi de captivité en Allemagne, que le capitaine de Gaulle part pour Varsovie en avril 1919. En effet, un avancement n'est possible à court terme qu'à condition de faire campagne ou, au moins, de servir près d'un terrain d'opérations. La Pologne lui en fournit l'occasion.

L'État polonais vient de renaître à la faveur de la victoire alliée, après cent trente-cinq ans de partage entre la Russie, l'Autriche et l'Allemagne. Mais l'espace garanti reste incertain, notamment à l'est. La guerre perdure contre l'armée Rouge et, dans l'urgence, Joseph Pilsudski, à la fois chef de l'État et chef des armées, doit organiser une armée nationale à partir d'éléments hétérogènes. La France offre son aide sous la forme d'une Mission militaire dirigée par le général Henrys, mission à laquelle Charles de Gaulle est rattaché. Affecté à l'école d'infanterie de Rembertow, près de Varsovie, comme instructeur des officiers polonais, il réussit si bien dans sa tâche que, en février 1920, le général Henrys, qui est venu assister à l'un de ses cours, lui demande de prolonger son séjour, initialement prévu pour un an. Faute d'obtenir à Paris un poste intéressant, de Gaulle accepte, sans imaginer à quel événement historique il va se trouver mêlé : la bataille de la Vistule qui permettra de repousser les forces bolcheviques des portes de Varsovie jusqu'en Ukraine en une foudroyante contre-offensive. Un retournement militaire dont la portée dépasse le sort de la seule Pologne, puisqu'il fixe la carte de l'Europe de l'entre-deux-guerres.

Les notes de terrain prises par de Gaulle inspirent un article non signé, publié dans la *Revue de Paris* du 1er novembre 1920 et intitulé précisément « La bataille de la Vistule ». Le journal que tient le capitaine entre le 1er juillet et le 24 août 1920 permet de mieux saisir le rôle qu'il joue dans ces temps décisifs. En principe, les membres de la Mission militaire française ont une fonction de conseillers et ne doivent pas combattre. Le 4 juillet, le général russe Toukhatchevsky a pris l'offensive vers l'ouest et semble ne rencontrer aucune résistance. De Gaulle écrit le 8 juillet : « Nous suivons les événements [...] le cœur rongé de n'y pouvoir prendre une part directe. » Mais la situation devient si critique que les officiers français en Pologne reçoivent l'autorisation de rejoindre les grandes unités polonaises : « Voici venu l'ordre tant attendu, écrit-il le 15 juillet [...]. Le général Henrys ne se le fait pas dire deux fois. La nuit même, il part pour le front et il détache un certain nombre d'entre nous auprès de chaque unité importante. Je fais partie de ces favorisés. » Pendant un mois, de Gaulle, qui accompagne le général Bernard, arpente les routes, défoncées par six ans de guerre, avance vers le front de l'Est, revient à Varsovie, quitte de nouveau la capitale. Il observe le peuple tour à tour résigné et plein d'espoir, note la force du patriotisme qui l'anime et lui attribuera une bonne part du succès final. Jamais il ne donne le beau rôle aux officiers français. Il n'évoque qu'une fois la présence du général Weygand arrivé fin juillet à la tête d'une nouvelle mission et laisse le mérite de la victoire (15-20 août) aux Polonais et à leur chef.

Un conflit larvé. Vingt ans plus tard, le général de Gaulle retrouve à Londres les Polonais en exil. Envahi et vaincu par la Wehrmacht en septembre 1939, le pays est entré en résistance tandis qu'une partie de son armée s'est reformée sur le territoire français puis, en juin 1940, a gagné le Royaume-Uni. Pour le général Sikorski qui cumule les fonctions de chef du gouvernement et de chef militaire, de Gaulle ne constitue qu'une des options possibles. Aussi maintient-il des liens avec Vichy, autant par légalisme que pour assurer la protection de ceux de ses concitoyens demeurés dans l'Hexagone et tenter de récupérer les réserves d'or polonais que détient le gouvernement de Pétain.

En juin 1941, l'invasion de l'URSS bouleverse la donne. Le nouvel allié pèse d'un tel poids dans l'équilibre stratégique que la Pologne ne peut qu'en faire les frais. Déjà, le 8 juillet, Churchill a signé un accord avec Moscou, sans en avertir Sikorski. D'où, de la part de celui-ci, une tentative de rapprochement avec la France libre qui, dans le même temps, a gagné en visibilité. C'est le sens à donner au protocole confidentiel signé le 27 octobre 1941 par Edward Raczynski, ministre polonais des Affaires étrangères, et le général de Gaulle, président du Comité national français. On y lit que « Les parties contractantes [...] s'engagent à soutenir et faire valoir mutuellement leurs buts de guerre légitimes. » Or les Polonais veulent récupérer les confins orientaux annexés par Staline au début de la guerre et de Gaulle ne les suit pas sur ce point.

Entre l'estime du Général pour la cause polonaise et les nécessités politiques, ces dernières l'emportent de plus en plus. Le 28 janvier 1942 a lieu une rencontre entre de Gaulle et Sikorski, qui se plaint des contacts franco-soviétiques alors que lui-même en a établi pour le compte de son pays. Il reproche en outre à son interlocuteur de n'avoir pas dit un mot de la Pologne lors d'une allocution à la BBC. En juin suivant, dans une lettre à Roger Garreau, délégué de la France libre à Moscou, le général de Gaulle déclare approuver les projets soviétiques de compensations territoriales à l'ouest aux dépens du Reich ennemi, persuadé de sauver ainsi l'essentiel : « Nous ne verrions [...] que des avantages à ce que la Pologne se vît attribuer la Prusse orientale et telle partie de la Silésie qu'elle jugerait indispensable à son industrie. » Autrement dit, il entérine par avance le déplacement de l'« armoire polonaise » qui aura lieu à la fin de la guerre. Au printemps 1943, sa préoccupation principale est de neutraliser le général Giraud et il s'irrite des contacts que les Polonais de Londres entretiennent avec celui-ci. Début décembre 1944, devenu chef du Gouvernement provisoire de la République française, il se rend à Moscou où il rencontre Staline, puis envoie Christian Fouchet en mission de trois mois à Lublin et à Varsovie comme délégué auprès du Comité polonais de libération nationale, communiste. Enfin, le 29 juin 1945, il reconnaît le nouveau régime, abandonnant du même coup les exilés de Londres. L'immense estime que les Polonais vouent au général de Gaulle a eu, depuis, pour effet de gommer de la mémoire collective ces épisodes douloureux pour ne retenir que les autres.

Le voyage présidentiel. De retour au pouvoir en 1958, de Gaulle nourrit notamment le projet de pratiquer une politique européenne d'ouverture « de l'Atlantique à l'Oural ». Dans cette perspective, il attribue à la Pologne le rôle clé de contenir l'Allemagne. Le pays, qui a perdu un tiers de sa surface à l'est, ne saurait renoncer aux territoires attribués à l'ouest sans devenir un État croupion. Aussi le président de la République française appuie-t-il dès 1959 la reconnaissance de la frontière de l'Oder-Neisse, négligeant les réactions forcément négatives de la RDA dont Paris continue à nier l'existence, ainsi que celles de la RFA. Premier chef d'État occidental à s'engager ainsi, il est aussi le premier à effectuer une visite officielle en Pologne. Longuement préparée, celle-ci est initialement prévue pour juin 1967. Retardée à cause de la guerre des Six-Jours, elle a finalement lieu du 6 au 12 septembre. C'est un triomphe populaire, tant à Varsovie qu'en Silésie et à Gdansk.

Le général de Gaulle se rend à Auschwitz (Oswiecim) et s'arrête à Cracovie. Là, dans la cour de l'université Jagellonne, il déclare que la coopération entre les cultures française et polonaise doit être une vraie coopération et « non l'absorption par quelque énorme appareil étranger », formule qui manque de provoquer un incident diplomatique – le Quai d'Orsay doit avancer l'hypothèse qu'il peut s'agir d'une allusion aux États-Unis. À Gdansk, de Gaulle invite les Polonais à voir plus loin que ce qu'ils ont été obligés de faire jusqu'à présent, et ajoute : « Vous comprenez tous ce que je veux dire. » À Zabrze, l'une des anciennes villes allemandes attribuées à la Pologne en 1945, dont la population se compose surtout de Polonais « déplacés » des confins orientaux, il lance son fameux « Vive Zabrze, la plus silésienne de toutes les villes silésiennes, c'est-à-dire la plus polonaise de toutes les villes polonaises », ce qui constitue une provocation au regard de Bonn. Les gens crient de joie, se bousculent pour toucher son uniforme et son képi d'officier. Bientôt, les jeunes vont adopter un couvre-chef qui y ressemble et qu'ils nommeront la *degolowka*. Avant de repartir, il enregistre une allocution radiodiffusée que des millions de Polonais peuvent écouter.

Comment expliquer un tel succès, alors que les conversations au sommet qui ont lieu à Varsovie entre le Général et Gomulka, premier secrétaire du Parti, ne donnent rien de concret, et que les projets européens du premier ne déboucheront pas tous ? Pour ceux qui ont pu le voir, sa haute taille et sa gestuelle, pour tous ceux qui l'ont entendu, sa voix forte et son sens des formules, les messages sibyllins qu'il délivre, constituent autant de bouffées d'oxygène dans la grisaille ambiante. Il apparaît comme un porteur d'espoir à un peuple hors des frontières, tandis que son étoile ternit au-dedans. Janine Ponty

• *Voir aussi* : Carrière militaire ; Politique étrangère ; Sikorski, Wladyslaw ; URSS

Bibl. : Isabelle Ficek, « Le virage manqué de la politique du général de Gaulle à l'Est, à la lumière de sa visite en Pologne du 6 au 12 septembre 1967 », *Relations internationales*, n° 106, 2001, p. 247-266 • Maria Pasztor et Frédéric Guelton, « La bataille de la Vistule, 1920 », *Cahiers du Centre d'études d'histoire de la Défense (CEHD)*, n° 9, 1999, p. 223-247 • Tomasz Schramm, « Le général de Gaulle et la Pologne, 1940-1967 », dans Bernard Michel et Jozef Laptos (dir.), *Les Relations entre la France et la Pologne au XXe siècle*, Cracovie, Eventus, 2002, p. 161-180.

POMPIDOU, Georges (1911-1974). – S'il est une carrière politique marquée au sceau du gaullisme, c'est bien celle de Georges Pompidou. Rien ne prédisposait pourtant ce fils d'enseignants, normalien et professeur de lettres, de sensibilité plutôt socialisante et qui n'avait pas participé à la Résistance, à accomplir une telle carrière.

Le collaborateur du général de Gaulle. En septembre 1944, René Brouillet fait entrer au cabinet du général de Gaulle son ami Pompidou, alors professeur au lycée Henri-IV. Celui-ci est chargé des modestes tâches de suivi des affaires de presse et d'éducation. Progressivement, ses éclatantes qualités intellectuelles vont le conduire à rédiger des notes politiques qui l'amènent à rencontrer de Gaulle. Peu désireux de reprendre sa profession d'enseignant, il est nommé membre du Conseil d'État au tour extérieur à la demande du Général peu avant la démission de celui-ci.

Dans ses nouvelles fonctions, Pompidou demeure en contact étroit avec de Gaulle et va participer de très près à l'action politique destinée à préparer son retour au pouvoir. En 1948, il devient son chef de cabinet et plus proche collaborateur. Associé à toutes les décisions, il s'impose comme l'intermédiaire obligé entre le président du RPF (Rassemblement du peuple français) et ses partisans. Lorsque l'aventure du Rassemblement tourne court, il renonce à ses fonctions auprès du Général et prend la direction d'une filiale de la banque Rothschild. Sa réussite est éclatante. Il devient bientôt directeur financier et fondé de pouvoir de la banque elle-même, tout en demeurant proche de De Gaulle. Il participe aux déjeuners qui réunissent chaque mercredi les « barons du gaullisme », à l'initiative d'Edmond Michelet, aux côtés de Louis Terrenoire, Claude Guy, Jacques Foccart, Olivier Guichard, Gaston Palewski, Jacques Chaban-Delmas, Jacques Soustelle ou Michel Debré.

Le retour au pouvoir de De Gaulle ramène pour un temps Georges Pompidou à la politique. Il accepte de diriger le cabinet du Général, devenu le dernier président du Conseil de la IVe République. Dans cette période de grande effervescence politique et de concentration du pouvoir à Matignon, Pompidou joue un rôle fondamental, confident des intentions du Général et seul habilité à être son porte-parole durant ses fréquentes absences. Il n'est pas excessif de dire qu'il fait alors son apprentissage de Premier ministre. De Gaulle élu président et la Ve République mise sur les rails, Pompidou reprend ses activités financières à la banque Rothschild, paraissant encore une fois s'éloigner de la politique.

Le Général entend conserver la collaboration de Pompidou. Il le nomme membre du Conseil constitutionnel, le consulte fréquemment, et le charge de missions secrètes, par exemple en 1961 pour renouer la négociation avec le FLN algérien. Si bien que possédant une expérience politique de premier plan, associé à l'exercice du pouvoir présidentiel, mais éminence grise d'un président jaloux de son autorité, Georges Pompidou est inconnu du grand public lorsque, en avril 1962, de Gaulle décide de le placer en pleine lumière en le nommant Premier ministre à la place de Michel Debré.

Le Premier ministre du Général. La nomination de Georges Pompidou surprend et fait scandale dans le monde politique. Pour la première fois dans l'histoire française, le chef du gouvernement n'est ni un homme politique ni un élu, mais le collaborateur personnel du chef de l'État. C'est dire clairement que le véritable chef du gouvernement est le président de la République, qui nomme un Premier ministre en qui il a confiance mais qui n'a d'autre autorité personnelle que celle que le président lui a confiée. Aussi les débuts de Pompidou sont-ils difficiles. Il peine à constituer un gouvernement, n'obtient de l'Assemblée nationale qu'une confiance accordée du bout des lèvres, et doit enregistrer la démission des ministres MRP (Mouvement républicain populaire) ulcérés par la manière dont de Gaulle a brocardé dans sa conférence de presse du 15 mai 1962 les partisans de l'Europe supranationale. Lorsque le Général, utilisant une procédure qui témoigne d'une grande désinvolture envers la lettre de la Constitution, décide de soumettre à référendum une révision constitutionnelle prévoyant l'élection du chef de l'État au suffrage universel direct, les députés réagissent en votant, le 4 octobre 1962, la censure contre un gouvernement supposé avoir proposé cette mesure au président. De Gaulle engage alors l'épreuve de force, dissolvant l'Assemblée nationale et maintenant en place le gouvernement Pompidou.

La victoire du Général, qui remporte le référendum d'octobre 1962 et s'assure une solide majorité aux élections de novembre, renforce la position de Georges Pompidou. Confirmé dans ses fonctions de Premier ministre, ce dernier va gérer la France aux côtés du général de Gaulle et en pleine confiance avec lui jusqu'en juillet 1968. Durant cette longue période, il acquiert une parfaite connaissance des dossiers et une solide stature politique. S'il ne conteste en rien la primauté absolue du Général dans tous les domaines, s'il accepte de voir les ministres conférer directement avec le chef de l'État, il se fixe pour objectif de gérer le pays de telle manière que de Gaulle puisse se consacrer à mettre en œuvre sa politique de grandeur en s'appuyant sur un pays solide et stable. L'objectif fondamental de Pompidou est de moderniser la France, dont il juge que les structures économiques souffrent de nombreux archaïsmes. Poursuivant la modernisation de l'agriculture entreprise sous le gouvernement Debré, mettant en avant « l'impératif industriel » par la constitution de grands groupes de taille internationale résultant de fusions encouragées par le gouvernement, se préoccupant de voir la France conquérir son indépendance technologique dans les secteurs de pointe de l'électronique, de l'informatique, de la construction aéronautique, stimulant la politique d'aménagement du territoire, il accomplit une œuvre considérable d'adaptation du pays au monde du XXe siècle. En même temps, il se révèle un homme politique habile, jouant de son apparente rondeur pour compenser le caractère altier du verbe gaullien et se constituant des réseaux d'influence, en particulier auprès des milieux d'affaires dont il connaît les vues et dont il partage les préoccupations d'expansion économique. Cela le met parfois en difficulté avec de Gaulle, qui lui impose en 1963 un plan de stabilisation rigoureux allant à contre-courant de ses propres convictions.

La mise en ballottage du Général lors de l'élection présidentielle de 1965 va représenter un tournant dans la vie politique de Georges Pompidou. Reconduit au poste de Premier ministre, il y acquiert une nouvelle stature, se débarrassant de Valéry Giscard d'Estaing auquel il reproche d'avoir maintenu trop longtemps le plan de stabilisation, et ouvrant le gouvernement au centre gauche en y faisant entrer Edgar Faure et Jean-Marcel Jeanneney. Désormais, il place ses hommes aux postes stratégiques, prend en main le parti gaulliste, l'UNR (Union pour la nouvelle République), qu'il transforme en UD V^e^ (Union des démocrates pour la Ve République) aux assises de Lille de 1967, et qu'il se rattache directement, révélant des ambitions politiques jusque-là absentes de son comportement. Du coup, on constate une certaine prise de distance avec de Gaulle. Blessé de n'avoir été averti qu'au tout dernier moment par celui-ci de son intention de se représenter en 1965, il fait s'enliser la réforme sociale sur la participation souhaitée par le Général et provoque l'irritation de ce dernier. Il semble acquis que de Gaulle entend le remplacer par Maurice Couve de Murville après les élections législatives de 1967. Mais la défaite électorale de ce dernier conduit à l'ajournement du projet.

C'est donc Georges Pompidou qui assume le choc de la crise de mai-juin 1968. Revenu en toute hâte d'un voyage en Afghanistan, le Premier ministre va en permanence occuper le devant de la scène, s'efforçant inlassablement de reprendre la situation en main, de nouer des négociations, de trouver des interlocuteurs à convaincre. Si la crise trouve sa solution dans la « disparition » du Général à Baden-Baden le 29 mai – dont le Premier ministre n'a pas été averti –, la manifestation gaulliste du 30 mai et la décision de dissoudre l'Assemblée nationale, c'est Pompidou qui, dans ces semaines difficiles, a assumé, aux yeux de l'opinion, la continuité de l'État. C'est encore lui qui conduit la campagne électorale qui suit. L'écrasante victoire de la majorité aux élections de juin 1968 est portée à son crédit, en particulier par les députés élus, qui voient en lui leur véritable chef.

Cette stature quasi présidentielle acquise par Georges Pompidou en 1968 fait de lui, aux yeux de beaucoup, le successeur désigné du Général, une sorte de vice-président sans le titre qui impose en filigrane une dyarchie au sommet du pouvoir exécutif. Situation inacceptable pour de Gaulle qui, début juillet, remplace Pompidou par Couve de Murville au poste de Premier ministre. Blessé que le Général n'ait pas fait d'effort pour le retenir, ulcéré que le président et le nouveau Premier ministre ne l'aient pas soutenu au moment de la sordide affaire Markovic, Georges Pompidou, redevenu député du Cantal, prend ses distances par rapport au général de Gaulle. Il fait aussi connaître, d'abord en privé puis publiquement, qu'en cas de vacance du pouvoir il se portera candidat à l'Élysée. Cette annonce va jouer un rôle important dans le résultat du référendum d'avril 1969, en persuadant une partie de l'opinion que le départ du Général ne déboucherait pas sur le chaos, mais que la succession pourrait être assurée par un homme d'État expérimenté.

Le successeur du général de Gaulle. Le 15 juin 1969, Georges Pompidou est élu président de la République, l'emportant par 58 % des suffrages exprimés sur le président du Sénat, Alain Poher. Le programme qu'il a défendu, celui de l'« ouverture dans la continuité », signifie la volonté de poursuivre les grandes orientations du gaullisme, mais par une pratique moins impérieuse et qui tienne davantage compte des aspirations des Français.

De fait, les grandes lignes de la politique extérieure d'indépendance nationale et d'affirmation de la présence française dans le monde sont maintenues, Georges Pompidou se montrant moins cassant envers les États-Unis et plus méfiant à l'égard de l'URSS. Redoutant le poids de l'Allemagne dans le Marché commun, il lève le veto français sur l'entrée dans celui-ci du Royaume-Uni en qui il voit un allié dans la conception d'une Europe des États-nations conservant leur souveraineté. À l'intérieur, il maintient la primauté du président de la République dans les institutions. Il accentue même le caractère présidentiel du régime par une intervention permanente dans tous les secteurs des affaires publiques afin de compenser le déficit de charisme dont il souffre par rapport au général de Gaulle. En ce domaine, l'ouverture se marque par quelques ménagements formels envers les deux chambres du Parlement, le ralliement du courant gestionnaire des centristes d'opposition et un style verbal moins abrupt que celui du Général. Mais, globalement, l'essentiel de l'héritage gaulliste est maintenu et pérennisé par le nouveau président.

Toutefois, son septennat écourté est marqué par un choix décisif dans la nature et le contenu du gaullisme. En nommant Premier ministre le gaulliste historique Jacques Chaban-Delmas, Georges Pompidou s'assure une caution vis-à-vis de ceux qui l'accusent d'avoir contribué à la chute du général de Gaulle. Or le nouveau Premier ministre va définir dans son discours-programme à l'Assemblée nationale du 16 septembre 1969 une politique de réponse par le libéralisme politique et la justice sociale aux aspirations qui se sont manifestées dans l'opinion lors de la crise de 1968, la « Nouvelle Société ». C'est l'origine d'une crise larvée entre les deux responsables de l'exécutif. Pompidou est choqué de la désinvolture du Premier ministre, qui ne lui a communiqué qu'à la dernière minute son discours, lequel ne contient que peu d'allusions au chef de l'État. Il juge, et l'opinion avec lui, que Chaban-Delmas a inversé les rôles en prononçant un discours quasi présidentiel. Sur le fond, le nouveau président, pragmatique et concret, n'apprécie guère la vaste construction intellectuelle et abstraite visant à définir un modèle social que vient de tracer le Premier ministre. Désormais, le fossé entre les deux hommes va s'approfondissant, aggravé en permanence par l'action des deux principaux conseillers du président, Pierre Juillet et Marie-France Garaud, qui, s'appuyant sur le « bon sens paysan » dont se targue Georges Pompidou, l'inclineront dans un sens conservateur de plus en plus fortement marqué. Populaire dans l'opinion pour avoir défini un gaullisme libéral et social, le Premier ministre se heurtera à l'hostilité de l'Élysée, du parti présidentiel, l'UDR (Union des démocrates pour la République), des parlementaires de la majorité. De son côté, Pompidou vit mal le demi-succès du référendum sur l'ouverture du Marché commun à l'Angleterre, dont le résultat positif est amoindri par près de 40 % d'abstentions, les scandales qui atteignent sa majorité et le vote de confiance demandé par Jacques Chaban-Delmas au Parlement et dans lequel il voit une tentative du Premier ministre de lui forcer la main pour conserver son poste. Le 5 juillet 1972, il met fin aux fonctions de Chaban-Delmas et nomme à Matignon le gaulliste historique Pierre Messmer.

La nomination de Messmer est interprétée comme un virage conservateur du septennat et un repli du gaullisme sur sa clientèle de droite. L'image publique du nouveau Premier ministre offre un éclatant contraste avec celle de son prédécesseur. Homme de devoir et de fidélité, présentant un profil de rigueur et de froideur, dépourvu d'ambitions personnelles et de tout passé politicien, il traduit à l'évidence le choix des conseillers du président qui voient en lui un anti-Chaban. Après qu'il a remporté les élections législatives de 1973, chacun s'attend donc à voir le gouvernement donner une impulsion nouvelle à la politique française. Or, dans un contexte de difficultés inédites, c'est le contraire qui se produit. Le déclenchement de la guerre du Kippour à l'automne 1973 précipite le monde dans une crise économique révélée par l'explosion des prix du pétrole. Le taux de croissance de 6 à 7 % par an qui a marqué les années Pompidou s'effondre, l'inflation reprend sa marche ascensionnelle, la production ralentit et le chômage augmente. Face à cette situation difficile, le pouvoir demeure sans réaction et le gouvernement paraît privé de toute direction. Les ministres multiplient les déclarations contradictoires, aucune mesure sérieuse de lutte contre la crise n'est véritablement adoptée. C'est que, si la nomination de Pierre Messmer avait pour objet une reprise en main du pouvoir par le chef de l'État, celui-ci n'est plus véritablement en mesure de l'exercer. Il sait, depuis l'été 1972, qu'il est atteint de la maladie de Waldenstrom, qui ne lui laisse qu'un espoir limité de survie. Dès 1973, les traces du mal sont visibles dans son apparence physique. C'est un homme épuisé qui meurt le 2 avril 1974, après avoir remanié le cabinet Messmer, la seule justification politique de ce remaniement paraissant être l'accession au ministère de l'Intérieur de Jacques Chirac.

Le rôle historique fondamental de Georges Pompidou est incontestablement d'avoir pérennisé l'interprétation gaullienne de la Ve République après la disparition du Général et d'avoir, comme Premier ministre puis comme président, poursuivi la modernisation du pays. Serge BERSTEIN

• *Voir aussi :* Entourages ; Gaullisme ; Gaullistes ; Premier ministre

Bibl. : Serge Berstein, *Histoire du gaullisme*, Paris, Perrin, 2002 • Serge Berstein et Jean-Pierre Rioux, *La France de l'expansion*, t. 2, *L'Apogée Pompidou 1969-1974*, Paris, Le Seuil, 1996 • Éric Roussel, *Georges Pompidou 1911-1974*, Paris, JC Lattès, 1994.

PONT-SUR-SEINE. – *Voir* ATTENTATS (et projets d').

POPULARITÉ (dans les sondages d'opinion). – Durant la présidence du général de Gaulle, les sondages n'avaient pas dans le débat public l'importance qu'ils ont acquise au fil de la Ve République. Mais les enquêtes d'opinion existaient bel et bien et les travaux de l'Ifop permettent de retracer la popularité du président de Gaulle, de l'apprécier par rapport à ses successeurs, d'en distinguer les périodes et les limites. Et depuis la mort du Général, de nombreuses enquêtes permettent de prendre la mesure de son passage dans l'histoire.

Le général de Gaulle a été un président populaire. Il l'a été massivement comme dernier président du Conseil de la IVe République avec 67 % de satisfaits fin juillet 1958 et même 73 % en octobre, juste après l'adoption de la nouvelle Constitution. Il l'a été régulièrement comme premier président de la Ve République. Sur les 130 mesures de popularité réalisées par l'Ifop entre avril 1959 et avril 1969, à la question rituelle : « Êtes-vous satisfait ou mécontent du général de Gaulle comme président de la République ? », la réponse des Français interrogés a été constamment positive, à une seule exception près, au lendemain de la grève des mineurs en avril 1963, où les satisfaits et les mécontents, avec chacun 43 %, ont fait jeu égal.

Un niveau de popularité exceptionnel. Privilège du politologue sur l'historien, il peut interroger l'opinion publique, à intervalles réguliers et en termes identiques ; ce qui permet de comparer la popularité du premier président de la Ve République avec celle de ses successeurs, en distinguant pour les trois personnalités concernées le premier mandat et le second (1er tableau). La popularité du général de Gaulle, comme celle de son successeur immédiat Georges Pompidou, réduit par la maladie à un mandat de cinq ans, est attestée avec éclat puisqu'on compte en moyenne 60 % de satisfaits contre 30 % de mécontents. Mais depuis 1974, les « satisfaits » rassemblent moins d'un Français sur deux, ce qui révèle un certain affaiblissement politique. Au fil des années, les présidents ne sont plus assurés de leur popularité chez la majorité des Français, sauf en période de cohabitation. Hors ces cas, les fins de mandat sont caractérisées par une chute spectaculaire, comme celle que subit Valéry Giscard d'Estaing à partir de l'automne 1980 ou Jacques Chirac après le référendum perdu du 29 mai 2005.

Mesurée en moyenne annuelle (2e tableau), la popularité du général de Gaulle fait litière de l'idée d'une relation stable avec les Français. La part de la conjoncture est tres réelle. On peut ainsi distinguer cinq périodes : la guerre d'Algérie, 1963 l'année difficile, les temps ordinaires, la légitimité retrempée, enfin l'usure des deux dernières années.

La période de la guerre d'Algérie a été celle du soutien maximum au général de Gaulle. D'avril 1959 à la mi-1962, sa moyenne de popularité culmine à 65 % de satisfaits contre seulement 23 % de mécontents. Après la semaine des Barricades, elle connaît des pics en février 1960 avec 74 % – son record des onze ans – et 70-71 % au moment du putsch des généraux en 1961 ou des accords d'Évian au printemps 1962. Durant cette période, à la seule exception des communistes, constants dans leur opposition, de Gaulle recueille un soutien majoritaire voire massif dans tous les électorats des partis.

Pour l'opinion publique, de Gaulle a été rappelé au pouvoir pour résoudre la crise algérienne – obsession de l'opinion durant toutes ces années – et mettre l'armée au pas. Le Général impose aux militaires et

	Satisfaits	Mécontents	Sans opinion
Ch. de Gaulle, 1er mandat	60 %	27 %	13 %
Ch. de Gaulle, 2d mandat	58 %	32 %	10 %
G. Pompidou	58 %	28 %	14 %
V. Giscard d'Estaing	48 %	38 %	14 %
F. Mitterrand, 1er mandat	43 %	41 %	16 %
F. Mitterrand, 2d mandat	40 %	46 %	14 %
J. Chirac, 1er mandat	49 %	38 %	13 %
J. Chirac, 2d mandat (partiel)	47 %	49 %	4 %

POPULARITÉ MOYENNE DES PRÉSIDENTS DE LA Ve RÉPUBLIQUE

Source : *sondages Ifop*

	Satisfaits	Mécontents	Sans opinion
1959	66 %	21 %	13 %
1960	68 %	22 %	10 %
1961	63 %	25 %	12 %
1962	61 %	26 %	13 %
1963	50 %	34 %	16 %
1964	54 %	33 %	13 %
1965	59 %	28 %	13 %
1966	61 %	30 %	9 %
1967	59 %	31 %	10 %
1968	56 %	31 %	13 %
1969 (partiel)	53 %	35 %	12 %

POPULARITÉ MOYENNE DU GÉNÉRAL DE GAULLE PAR ANNÉE

Source : *sondages Ifop*

aux ultras la solution de l'indépendance. Mais le soutien populaire qu'il recueille vient aussi du fait qu'il répond aux attentes du pays : dès la fin de la IVe République, l'opinion publique ne se fait guère d'illusions sur le maintien de l'Algérie dans la France. En juillet 1957, la majorité des personnes interrogées par l'Ifop se prononcent en faveur de négociations avec les chefs du FLN (Front de libération nationale). En août 1958, une majorité relative (41 % contre 36 %) est d'accord avec l'idée qu'« il faudra donner l'indépendance à l'Algérie ». En février 1959, sur cette même question, le pourcentage atteignait 51 % contre seulement 29 % d'avis contraire.

La fin du conflit vaut au général de Gaulle la reconnaissance du pays : interrogés en mai 1962, 51 % des Français pensent qu'on n'aurait pas pu parvenir à ces accords sans lui, contre 25 % d'opinion contraire. Pourtant, la victoire politique décisive de l'automne 1962 avec le référendum gagné sur la question de l'élection du président de la République au suffrage universel, puis la majorité à l'Assemblée nationale acquise après la dissolution, ne fait pas que tirer des traites sur la sortie du bourbier algérien. Elle prend appui sur l'avantage massif donné à la Ve République par rapport à la IVe. À la fin du mois de septembre 1962, 66 % des sondés déclarent préférer la Ve République pour la stabilité gouvernementale (1 % la IVe) et 55 % lui donnent l'avantage pour l'autorité de l'État contre 4 % à la IVe. Dans tous les électorats, y compris ceux des radicaux, de la SFIO (Section française de l'Internationale ouvrière) et du parti communiste, l'avantage est donné à la République nouvelle. Par ailleurs, la victoire du Général s'inscrit dans la méfiance de l'opinion envers les partis politiques. Pour 54 % des Français, interrogés en octobre 1962, les partis s'opposent au Général « par souci de défense de leurs intérêts », pour 25 % seulement qui mettent en avant le souci du bon fonctionnement des institutions.

Constantes et aléas. Dans les sondages de popularité, 1963 est l'année difficile du gaullisme, davantage encore que 1968 ou 1969. La grève des mineurs fait plonger la popularité du Général. De 64 % de satisfaits en janvier 1963, le score tombe, après le décret de réquisition signé de Colombey, à 42 % (contre 40 % de mécontents) le 22 mars – minimum historique des onze années – et à 43 % le 8 avril, où, pour la première et seule fois, le pourcentage de mécontents égale celui des satisfaits. Il est vrai que pour 79 % des sondés les revendications des mineurs étaient justifiées, contre seulement 4 % d'avis contraire. L'incident n'est pas totalement isolé puisqu'en octobre 1963 le plan de stabilisation fait à nouveau baisser la popularité du Général, qui retrouve cet étiage de 43 % de satisfaits (contre 41 % de mécontents). Son point faible a toujours été la politique économique et sociale du pouvoir qui suscite un jugement plus défavorable. Les questions posées dans les enquêtes sont tardives, irrégulières et ne désignent que le gouvernement, mais elles prouvent bien les difficultés rencontrées sur ce terrain. Sur les 35 mesures faites par l'Ifop de 1964 à 1969 sur la politique économique, toutes sont négatives avec un pourcentage de mécontents supérieur à celui des satisfaits et culminant à 59 % en février 1969 ; sur les 36 mesures faites de 1963 à 1969 sur « les problèmes sociaux », toutes sont négatives avec un pourcentage de mécontents culminant à 60 % en septembre 1967.

La troisième période couvrant les années 1964-1965 est celle des temps ordinaires. La popularité du général de Gaulle remonte à 54 % en 1964 et même 59 % en 1965. Le régime s'installe et va faire durant cette période la démonstration de sa capacité à durer, avec le soutien de l'opinion. En septembre 1965, 60 % des sondés souhaitent que « dans ses grandes lignes le régime actuel se maintienne ». Début novembre, le bilan du Général est éclatant mais le dégradé des réponses fournit la clé de lecture des Français à quelques semaines de l'élection présidentielle : 76 % jugent l'influence du Général « bonne » pour la place de la France dans le monde, 57 % pour la manière dont le pays est gouverné, 48 % sur le niveau de vie des Français et 33 % sur les questions sociales. Malgré cela, les quatre semaines de campagne électorale vont être rudes : de 64 % de satisfaits en octobre 1965, le taux tombe à 54 % à la mi-novembre et à 52 % (contre 39 % de mécontents) à trois jours du premier tour.

1966 est une belle année de popularité du Général que les politologues, comme Jean Charlot, ont longtemps attribué à la grande politique étrangère mise en œuvre cette année-là : retrait de France des troupes de l'OTAN (que l'opinion réclamait déjà sous la IVe République), voyage en URSS, discours de Phnom Penh. Mais avec le recul que nous donnent désormais les réélections de François Mitterrand et Jacques Chirac, on constate que la victoire emportée dans les urnes, sorte de sacre par le suffrage universel, retrempe la légitimité du président réélu et lui accorde pour une ou deux années une véritable faveur de l'opinion. La popularité du Général est ainsi restée très forte jusqu'à l'été 1967. Il faut relever que les élections législatives de mars 1967 n'ont été gagnées que d'extrême justesse alors que, pourtant, la popularité présidentielle était dans ses hautes eaux (62 % de satisfaits contre 28 % de mécontents), signe que la déconnexion existait alors entre pouvoir présidentiel et pouvoir législatif. C'est le voyage au Canada, et le « Vive le Québec libre ! », qui fait brutalement chuter la popularité du Général : de 65 % de satisfaits en juin à 55 % au début du mois d'août. Interrogés juste après le voyage, 18 % seulement des sondés approuvent la position prise, 45 % la désapprouvent et 37 % n'ont pas d'opinion.

Pas mieux que d'autres indicateurs les sondages de popularité n'annoncent la crise de Mai 68, puisque 61 % des sondés interrogés fin avril se déclaraient satisfaits du général de Gaulle. Mais les événements marquent bien une césure que le discours du retour à l'ordre du 30 mai et la victoire massive aux élections législatives de juin ne suffisent pas à effacer. La cote de satisfaction tombe à 54 % à la mi-mai et ne remonte pas puisqu'elle est à 53 % fin juin et même à 52 % fin juillet après le remplacement de Georges Pompidou à l'hôtel Matignon. De juillet 1968 à avril 1969, la popularité de De Gaulle reste à ce niveau – le plus bas des onze ans de sa présidence, hormis l'année 1963. Un score certes très honorable comparé à celui de ses successeurs mais qui constitue un bon indicateur de l'émoussement des passions entre le peuple français et le Général. Encore faut-il relever qu'à trois jours du référendum perdu il ne se trouvait que 28 % des Français pour souhaiter son départ immédiat ; 8 % voulaient le voir partir d'ici un an et 43 % préféraient qu'il aille jusqu'au terme de son mandat en 1972 (21 % étaient sans réponse).

Tout le monde a été, est ou sera gaulliste. Toutefois, on constate tout au long de la Ve République une très forte différence entre les femmes, très gaullistes, et les hommes beaucoup plus réservés ; entre les plus de soixante-cinq ans, très fidèles, et les jeunes qui sont plus réticents ; entre les personnes de niveau d'instruction primaire, très favorables, et les diplômés du supérieur presque oppositionnels ; à noter enfin la réserve de plus en plus grande, au cours du second mandat, des cadres supérieurs et professions libérales dont le taux de satisfaction, en règle générale, est inférieur à celui des ouvriers.

Mais la force du général de Gaulle, y compris dans les urnes, est de s'appuyer sur sa capacité à disposer d'un soutien interclassiste et à transcender au moins en partie le clivage gauche-droite. Au référendum d'octobre 1962, le « oui » est majoritaire dans toutes les catégories sociodémographiques (sexe, âge, résidence) et recueille 32 % des voix des sympathisants SFIO, 45 % des radicaux, 85 % des MRP (Mouvement républicain populaire) et 54 % des CNI (Centre national des indépendants). Au premier tour de l'élection présidentielle de 1965, le Général obtient un plus fort taux de soutien chez les ouvriers (42,5 %) que chez les cadres supérieurs et professions libérales (32 %), une performance d'autant plus saisissante qu'avec le même score global Georges Pompidou n'obtiendra que 29 % des voix ouvrières au premier tour de 1969. Le 5 décembre 1965, le Général rallie sur son nom 27 % des voix des sympathisants MRP et CNI et même 13 % des voix des socialistes, radicaux et communistes.

Au référendum de 1969, la défaite est à la fois sociologique et politique. Le « oui » est minoritaire dans les différentes catégories sociodémographiques. Ne restent majoritairement fidèles que les femmes, les plus de soixante-cinq ans, les agriculteurs, les inactifs et les habitants des communes rurales. Le « oui » ne recueille plus que 82 % de voix dans la majorité (99 % en 1962), 48 % des voix du Centre démocrate (environ 70 % en 1962 pour les MRP et CNI) et 16 % des voix socialistes et radicales (32 % en 1962). Le gaullisme s'est rétréci et a revêtu les habits de la France conservatrice et âgée, ce qui est suffisant pour gouverner mais insuffisant pour gagner contre la coalition des partis.

De Gaulle après de Gaulle. Les conditions du départ du général de Gaulle, en parfait démocrate, son retrait politique jusqu'à sa mort, la publication du premier volume des *Mémoires d'espoir* recréent autour de son image les conditions de la quasi-unanimité qu'il avait connue en 1944-1945 et 1958-1959. Dès sa mort en novembre 1970, les sondages se font l'écho de la formidable émotion populaire. Dans les enquêtes réalisées depuis, plus de 80 % des Français jugent positive son action. Aux yeux des Français, de Gaulle est le dernier de nos grands dirigeants à être entré dans l'Histoire où il est même situé à la hauteur de Charlemagne et de Napoléon, loin devant Clemenceau, Louis XIV, Jeanne d'Arc et Saint Louis.

Mais entre l'action du chef de la France libre et celle du fondateur de la Ve République, l'opinion privilégie de plus en plus la période de la guerre. Ainsi en 1995, pour 65 % des Français, de Gaulle est l'homme du 18 Juin ou de la Libération, pour 28 % seulement le fondateur de la Ve République ou l'homme qui a mis fin à la guerre d'Algérie. Ce rôle de 1940 à 1945 supplante tous les autres au nom de deux convictions : la croyance que la France a joué un rôle important dans la victoire des Alliés et la certitude que c'est de Gaulle qui a permis à notre pays de prendre place au rang des vainqueurs.

À l'égard de la Ve République, la politique reprend ses droits. Et si l'approbation est largement majoritaire (à 65 % des sondés), elle reste inférieure à celle qui porte sur la Seconde Guerre mondiale (82 %). Certaines fractures demeurent en effet entre de Gaulle et des parties du peuple français. Sur l'Algérie, une fraction de l'opinion publique pense que « de Gaulle a trompé les Français » (opinion partagée par 38 % des interviewés) et qu'« il a bradé nos colonies » (31 % le pensent). Sur Mai 68, 32 % des sondés critiquent son comportement, essentiellement pour son incompréhension des événements.

Si le souvenir du général de Gaulle rassemble un si grand nombre de Français, il le doit à deux grands traits : la grandeur et l'autorité. La grandeur est celle de la France dont 81 % des interviewés disent que son influence dans le monde était grande du temps du Général. L'autorité est celle de l'État avec le sentiment que de Gaulle était au-dessus des partis, que l'intérêt général l'emportait sur les intérêts privés et les corporatismes. Avec enfin, legs inestimable, le sentiment que la souveraineté appartient au peuple. À la différence des Républiques précédentes, ce sont les électeurs qui décident eux-mêmes du choix de leurs dirigeants et, par le référendum, des questions qui engagent l'avenir du pays. Ces traits d'image du général de Gaulle renvoient désormais à un âge d'or de la Ve République. Jérôme JAFFRÉ

• *Voir aussi* : Commémorations de Charles de Gaulle ; Héritage

Bibl. : Institut français d'opinion publique, *Les Français et de Gaulle*, présentation et commentaire de Jean Charlot, Paris, Plon, 1971 • *Sondages, revue française d'opinion publique*

POTEL, Marguerite. – *Voir* GAULLE, Anne de ; GAULLE, Yvonne de ; VIE QUOTIDIENNE À LONDRES.

POUJADE, Pierre (1920-2003). – Né à Saint-Céré, dans le Lot, Pierre Poujade y ouvre une librairie-papeterie. Il est élu au conseil municipal en 1952, sur une liste Rassemblement du peuple français (RPF). En 1953, il crée l'Union de défense des commerçants et artisans (UDCA), qui organise en 1955 la plus grande révolte antifiscale de l'histoire de France contemporaine.

Créé de toutes pièces, le parti poujadiste a réuni jusqu'à 2,4 millions de voix en 1956 et gagné cinquante-deux sièges à l'Assemblée nationale. Il défend les boutiquiers contre les impôts, les supermarchés, les « trusts apatrides » et « l'État vampire ». Le mouvement décline rapidement après 1956 : le retour de l'inflation a amélioré la situation de la petite entreprise, les divisions minent l'UDCA et, lors des législatives de novembre 1958, l'Union pour la nouvelle République (UNR) absorbe les voix poujadistes. Le parti de Poujade ne recueille alors que 3 % des voix.

L'essor et le déclin du parti poujadiste décrivent une courbe inverse de celle du soutien à de Gaulle ; il s'épanouit sous la IVe République à partir de 1953 avec le déclin du RPF. Comme de Gaulle, Poujade appelle à un rassemblement au-dessus des partis – tous deux partagent le même mépris pour les hommes de la IVe République. Mais de Gaulle considère comme essentiel le renforcement du pouvoir exécutif, tandis que Poujade ne met pas en cause l'Assemblée nationale comme lieu du pouvoir. En outre, ce dernier continue de défendre « la structure traditionnelle de l'économie française », alors que de Gaulle ne conçoit pas la grandeur nationale sans la modernisation, même lorsqu'il s'adresse à la France des petites villes.

De Gaulle méprisait Poujade en qui il voyait un démagogue, et faisait peu de cas d'un mouvement qui n'était pour lui qu'un symptôme de plus des maux de la IVe République. À ses yeux, Poujade se déconsidérait par ses invectives. À l'inverse, celui-ci aimait souligner le contraste entre ses propres dons de tribun populaire et la hautaine arrogance du Général. Il était cependant ambivalent à l'égard de De Gaulle : en 1957, il appela publiquement à son retour, et les poujadistes d'Alger firent partie des comploteurs de mai 1958. Mais le 1er juin 1958, il pressa – largement en vain – les membres de son groupe parlementaire Union et fraternité française de voter contre l'investiture de De Gaulle, fit de même lors du référendum de septembre, prit parti pour les « ultras » dans la phase finale de la guerre d'Algérie et ne retira son soutien au putsch d'Alger qu'au dernier moment.

Dans les années 1960, Poujade fit peu à peu la paix avec le régime gaulliste. Après avoir soutenu de Gaulle au second tour de l'élcction de 1965, il fut nommé au Conseil économique et social. En mai 1968, il soutint le gouvernement. Il mourut en 2003 sans jamais être devenu gaulliste, mais, ironie de l'Histoire, son mouvement a contribué au retour au pouvoir du Général en affaiblissant un peu plus la IVe République. Herrick CHAPMAN

• *Voir aussi* : Commerçants et artisans ; Partis politiques ; Rénovation ; Retour de 1958

Bibl. : Dominique Borne, *Petits-bourgeois en révolte ? Le mouvement Poujade*, Paris, Flammarion, 1977 • Pierre Poujade, *Histoire sans masque*, Cestas, Elytis, 2003 • James G. Shields, « An Enigma Still : Poujadism Fifty Years On », *French Politics, Culture and Society*, vol. 22, n° 1, 2004, p. 36-56.

POUR LA VICTOIRE. – De 1942 à 1945, *Pour la Victoire* est l'hebdomadaire le plus lu parmi les expatriés français aux États-Unis mais aussi chez les Américains curieux du sort de la France. Geneviève Tabouis, ancienne star de la presse française de l'entre-deux-guerres, réussit à rassembler derrière elle une équipe soudée et professionnelle : Frederic Hoffherr, professeur de français établi de longue date aux États-Unis, Philippe Barrès, gaulliste convaincu, nationaliste et germanophobe, ancien journaliste au *Matin*, Henri de Kerillis, ancien député de Neuilly, nationaliste et catholique mais hostile à l'Action française, qui a maintenu une voix orgueilleusement indépendante dans la confusion de la fin des années 1930. Tous mettent leurs compétences journalistiques au service du nouvel hebdomadaire qui entend collaborer à l'effort de guerre, donner des informations sur leur pays occupé et les communautés françaises aux États-Unis, et maintenir le sens de la continuité intellectuelle et artistique de la France.

Politiquement, *Pour la Victoire* s'engage clairement en faveur du gaullisme tout en ne franchissant jamais la ligne que l'exil lui interdit de violer : les critiques de la politique étrangère américaine sont étouffées et le culte de Roosevelt affirmé. En même temps, l'hebdomadaire est un forum culturel important. Tout ce que New York compte d'exilés notables écrit pour le journal de Tabouis : Pierre Lazareff, Gustave Cohen, René Étiemble, Jean Perrin, Claude Lévi-Strauss, André Breton, Fernand Léger, André Masson, Julien Green, Darius Milhaud, Henry Bernstein, Jules Romains... C'est une chambre d'écho des principaux débats qui agitent le monde des exilés. C'est dans *Pour la Victoire* que Jacques Maritain répond à la « Lettre à tous les Français » de Saint-Exupéry. Largement ouvert à des contributeurs extérieurs qui font florès, illustré de photos et de *cartoons*, agréablement présenté, l'hebdomadaire s'impose et domine la presse française aux États-Unis avec 15 000 exemplaires en mai 1942 puis 33 000 un an plus tard.

La ligne de la France libre se matérialise à partir de septembre 1942 par l'adjonction de deux pages de l'hebdomadaire gaulliste de Londres *La Marseillaise*. C'est le débarquement en Afrique du Nord et le *Darlan Agreement* qui, là comme ailleurs, constitue la ligne de partage des eaux. Alors que *La Marseillaise* devient furieusement antiaméricaine, *Pour la Victoire* adopte une attitude modérée, globalement fidèle à Roosevelt qu'il complimente pour son action. À la suite de ce virage politique, l'hebdomadaire se voit privé de la subvention gaulliste – 1 000 dollars par mois –, mais l'effet en est doublement rattrapé par le financement giraudiste de la mission « Béthouart » et par les quelques centaines d'abonnements souscrits directement par le Département d'État.

En juillet 1943, *Pour la Victoire* salue le général Giraud en visite officielle aux États-Unis et adopte une position « giraudiste » qui restera celle du journal jusqu'à l'été 1944 : distinction entre gaullisme militaire qui mérite tous les honneurs et ambitions politiques déplacées d'un mouvement gaulliste qui devrait se cantonner à faire la guerre aux côtés des Alliés ; regret des luttes fratricides entre les deux généraux ; dénonciation du caractère antidémocratique et antilibéral du régime d'Alger ainsi que de l'« esprit de faction » qui y règne ; et inquiétude enfin face à ce qui est ressenti comme l'antiaméricanisme du Comité français de la Libération nationale. Néanmoins, après la reconnaissance du Gouvernement provisoire de la République française par le gouvernement américain, *Pour la Victoire* emboîte le pas et salue l'action de De Gaulle. Si bien qu'en janvier 1946 le journal regrette la démission du Général en qui il voit désormais le principal rempart contre un communisme conquérant. En mai 1946, le journal de Tabouis et Kerillis fusionne avec *France-Amérique* et s'attache à perpétuer l'amitié franco-américaine. Emmanuelle LOYER

• *Voir aussi* : France ; France forever ; France libre (La) ; Marseillaise (La) ; Opinion publique américaine

Bibl. : Jean-Louis Crémieux-Brilhac, *La France libre : de l'appel du 18 Juin à la Libération*, Paris, Gallimard, 1996 • Colin W. Nettelbeck, *Forever French, Exile in the United States, 1939-1945*, New York-Oxford, Berg, 1991 • Geneviève Tabouis, *Ils l'ont appelée Cassandre*, New York, Éditions de la Maison française, 1942.

POUVOIRS EXCEPTIONNELS (loi du 3 juin 1958). – Si, le 28 mai 1958, de Gaulle accepte de devenir président du Conseil, c'est à condition de disposer des pleins pouvoirs, de donner congé au Parlement et de pouvoir préparer avec son gouvernement une nouvelle Constitution. Le Général, en effet, a toujours été hostile aux institutions de la IVe République qu'il considérait comme une « source de confusion et d'impuissance des pouvoirs » et la « cause profonde de nos épreuves » (déclaration à l'Assemblée nationale du 1er juin 1958). Ce plan d'urgence qu'il propose s'accorde mal avec la procédure de révision constitutionnelle prévue à l'article 90 de la Constitution de 1946, selon lequel l'Assemblée nationale doit adopter à la majorité absolue une résolution précisant l'objet de la révision, patienter trois mois, procéder à une seconde lecture puis voter. Désireux de rester dans un cadre constitutionnel, de Gaulle a pour seule solution de modifier cette procédure. Par chance, une résolution avait été proposée en ce sens en 1955 mais abandonnée en seconde lecture. Charles de Gaulle pouvait donc y adjoindre son projet de modification. Le 1er juin 1958, il déclare à l'Assemblée nationale qu'une fois investi, son gouvernement proposera un projet de réforme de l'article 90 de la Constitution de 1946, aux termes duquel « l'Assemblée nationale donne mandat au gouvernement d'élaborer, puis de proposer au pays par voie de référendum les changements indispensables ».

Afin de couper court aux parallèles embarrassants avec la loi constitutionnelle du 10 juillet 1940 qui attribuait au gouvernement du maréchal Pétain les pleins pouvoirs, de Gaulle annonce que la future Constitution respectera trois principes : le suffrage universel comme source de tout pouvoir, la séparation effective des pouvoirs exécutif et législatif, la responsabilité du gouvernement devant le Parlement. Puis il rappelle la nécessité d'« organiser les rapports entre la République française et les peuples qui lui sont associés ». Il reprend ainsi fidèlement ses idées constitutionnelles exprimées dans le célèbre discours de Bayeux, le 16 juin 1946, qu'il complète par les exigences liées au contexte de la décolonisation.

Dès son investiture, de Gaulle dépose un projet de loi qu'il défend le 2 juin 1958 devant l'Assemblée nationale. Il rédige personnellement l'exposé des motifs qui, dorénavant, exige le respect de cinq principes : aux trois premiers énoncés le 1er juin s'ajoutent l'indépendance de l'autorité judiciaire, afin que droits et libertés soient protégés, et l'organisation de nouveaux rapports entre la France et les peuples associés. Puis vient l'article unique de la loi qui fixe la procédure d'élaboration de la future Constitution : « Le Gouvernement de la République établit en Conseil des ministres, après avis du Conseil d'État, un projet de loi constitutionnelle qui est soumis au référendum. » Les parlementaires sont ainsi exclus du processus. L'acceptant mal, la commission du suffrage universel de l'Assemblée nationale tente d'amender le projet : le Parlement retrouverait un rôle décisif, le référendum n'intervenant qu'en cas d'échec du Parlement. De Gaulle s'y oppose catégoriquement. Selon lui, l'Assemblée nationale serait ainsi dressée contre le référendum et se verrait, en contradiction avec la Constitution, conférer une fonction constituante.

Un nouvel amendement parlementaire permet d'aboutir à un compromis. La loi constitutionnelle du 3 juin 1958, formée d'un article unique, est adoptée le 2 juin par l'Assemblée nationale, à la majorité requise des deux tiers, et le lendemain par le Conseil de la République. Elle reprend les cinq principes de l'exposé des motifs du projet de Charles de Gaulle et définit une procédure nouvelle. Des parlementaires regroupés dans un comité consultatif émettront un avis sur le projet de Constitution élaboré par le gouvernement. Après avoir été soumis à l'avis du Conseil d'État, le texte sera définitivement arrêté en Conseil des ministres et soumis à référendum. Conformément aux vœux de De Gaulle, le peuple aura donc seul le dernier mot. Véronique CHAMPEIL-DESPLATS

• *Voir aussi* : Article 16 ; Constitution ; Constitutionnelles (conceptions) ; Droit ; Président du Conseil

Bibl. : Jean-Louis Debré, *Les Idées constitutionnelles du général de Gaulle*, Paris, LGDJ, 1974 • *Journal officiel*, 2 et 3 juin 1958 • René Rémond, *1958, le retour de De Gaulle*, Bruxelles, Complexe, 1998.

POUVOIRS EXCEPTIONNELS (article 92 de la Constitution). – *Voir* ORDONNANCES DE 1958-1959.

POUVOIRS EXCEPTIONNELS (loi du 4 février 1960). – La « semaine des Barricades » en janvier 1960, à Alger, ne sera pas un nouveau 13 Mai, contrairement à la volonté des activistes et nostalgiques de l'Algérie française qui entendent s'opposer à la politique d'autodétermination des populations algériennes décidée par le général de Gaulle le 16 septembre 1959. Après l'échec de la rébellion, le Parlement est convoqué en session extraordinaire. Pour la première fois sous la Ve République, le gouvernement bénéficie formellement d'une habilitation législative l'autorisant, aux termes de la loi du 4 février 1960, à prendre par ordonnances certaines mesures « relatives au maintien de l'ordre, à la sauvegarde de l'État, à la pacification et à l'administration de l'Algérie ». Le Général, comme le rappelle Pierre Avril, avait envisagé un moment le recours à l'article 16, en vue d'assurer la légitime défense de l'État confronté à une crise gravissime. Mais le régime des ordonnances présentait le double avantage d'associer, si peu que ce fût, la représentation nationale à la restauration de l'ordre, et de maintenir une certaine proportionnalité de la riposte. Par réalisme (ou prémonition ?), il a donc été jugé préférable de garder l'article 16 en réserve.

Le champ d'application de la loi équivaut à une loi de pleins pouvoirs, ou à un blanc-seing, en raison de la généralité des termes utilisés, qui, d'ailleurs, ne serait plus admise aujourd'hui par le Conseil constitutionnel. La durée d'habilitation législative s'étend sur un an, contrairement à la pratique qui la limitait à un semestre sous la IVe République. Quant au dépôt du projet de loi de ratification, il est fixé au 1er avril 1961. On sait ce qu'il advint : la ratification implicite a prévalu. Enfin, réminiscence de la loi du 3 avril 1955 instituant l'état d'urgence, les dispositions de la loi du 4 février 1960 sont frappées de caducité en cas de dissolution de l'Assemblée nationale. Sur le fondement de cette habilitation, trente ordonnances seront publiées, dont celle du 15 avril 1960 relative à l'état d'urgence et celle du 4 juin 1960 modifiant des dispositions du code pénal.

En apparence donc, une délégation assez classique de pouvoirs spéciaux, prise en conformité avec l'article 38 de la Constitution. En fait, la loi du 4 février 1960 est originale. Elle se présente comme une manifestation de confiance explicite du Parlement au chef de l'État. À preuve, l'amendement Coste-Floret, adopté par les députés, qui ouvre l'article premier : « Sous la signature du général de Gaulle, président de la République, conformément à l'article 13 de la Constitution, le gouvernement actuellement en fonction est autorisé à prendre par ordonnances... ». Qu'est-ce à dire ? Cet énoncé est un pléonasme juridique, car le président de la République signe toujours les ordonnances, en application de l'article 13 de la Constitution. L'amendement veut signifier une confiance directe au chef de l'État et exprime des réticences manifestes à l'égard du gouvernement Debré.

Jean GICQUEL

• *Voir aussi* : Barricades ; Ordonnances

Bibl. : Pierre Avril, *La Ve République, histoire politique et constitutionnelle*, Paris, PUF, 1994 (1re éd. 1987) • Jacques Chapsal, *La Vie politique sous la Ve République*, Paris, PUF, 1984 • Jean Gicquel, *Essai sur la pratique de la Ve République*, Paris, LGDJ, 1977 (1re éd. 1968).

POUVOIRS EXCEPTIONNELS (loi référendaire du 13 avril 1962). – *Voir* ORDONNANCES DE 1962 ; RÉFÉRENDUM DU 8 AVRIL 1962.

POUVOIRS SPÉCIAUX. – En tant que dernier président du Conseil de la IVe République, le 2 juin 1958, le général de Gaulle obtint le renouvellement des « pouvoirs spéciaux » accordés, à l'origine, au gouvernement Guy Mollet par la loi du 16 mars 1956 pour rétablir l'ordre en Algérie. Ensuite, il utilisa les instruments de la Ve République comme un jeu de Meccano juridique pour disposer, de façon pérenne, des pouvoirs donnés aux gouvernements de la IVe République. Une ordonnance du 7 octobre 1958 abrogea l'article 6 de la loi du 16 mars 1956 qui prévoyait la caducité de la loi en cas de changement de gouvernement. Une ordonnance du 7 janvier 1959, ayant force de loi, ratifia les décrets pris en application du texte de 1956.

La loi du 16 mars 1956 fut ainsi appliquée pendant toute la durée de la guerre d'Algérie. Même après les barricades d'Alger de janvier 1960, quand le gouvernement obtint grâce à l'article 38 de la Constitution une nouvelle habilitation à légiférer par ordonnances, il continua à utiliser parallèlement les pouvoirs spéciaux. Ce fut, par exemple, un décret du 12 février 1960 qui modifia complètement la procédure pénale.

Quel contrôle juridictionnel pouvait en être fait ? On entre là dans un domaine de

« droit-fiction ». Les décrets pris sur le fondement des « pouvoirs spéciaux » auraient pu, théoriquement, être contrôlés par le Conseil d'État. Mais aucun décret pris en application de l'article 5 de la loi du 16 mars 1956 ne fut annulé, fût-il contraire à la Constitution. Quant aux ordonnances prises sur le fondement de l'article 92 de la Constitution de 1958, elles n'étaient soumises à aucun contrôle, étant de « nature législative ». Ni le Conseil d'Etat ni la Cour de cassation ne trouvèrent d'objection à l'utilisation de l'article 92 pour proroger les pouvoirs spéciaux.

Dans ces conditions, le recours à l'article 16, le 23 avril 1961, n'apporta pas à l'exécutif de compétences nouvelles en Algérie. Mais il eut une grande portée symbolique, en donnant les pleins pouvoirs, à titre personnel, au général de Gaulle. Arlette HEYMANN-DOAT

• *Voir aussi* : Algérie (guerre d') ; Pouvoirs exceptionnels

Bibl. : Arlette Heymann, *Les Libertés publiques et la guerre d'Algérie*, Paris, LGDJ, 1972.

PRAGMATISME. – Dans le langage politique, on oppose souvent les dirigeants « pragmatiques » aux « idéologues ». Les premiers sont crédités d'un sens aigu du concret qui leur fait fuir les préjugés doctrinaires des seconds, rigidement arcboutés sur des théories préconçues. Une personnalité politique pragmatique est réputée habile à s'adapter aux situations, créditée de savoir-faire efficaces pour faire avancer la solution des problèmes de l'heure. En revanche, on reproche volontiers aux dirigeants de ce type leur « manque de vision ». Leur feraient défaut aussi bien la capacité d'inscrire leur action dans la cohérence et la durée que celle d'enthousiasmer les foules autour de grandes causes. Paradoxe : le général de Gaulle, dont personne ne discute qu'il ait été habité par une vision ambitieuse de son rôle politique, se voit généralement reconnaître les vertus d'un réel pragmatisme. Preuve s'il en est besoin de la riche complexité de sa personnalité, mais aussi de la fluidité de la notion de pragmatisme. On en examinera successivement trois dimensions.

Rêves et réalités. De Gaulle a toujours été habité par un rêve exigeant : servir la grandeur de la patrie. Dans l'armée comme plus tard en politique, ce fut cet amour mystique de la France éternelle qui, on le sait, inspira tous ses engagements. Il ne conçoit donc pas la politique comme le moyen de résoudre les « problèmes des gens », ce qui constitue au contraire le souci principal des élus à l'écoute de leurs électeurs ou celui des ministres techniciens appliqués à rendre plus efficace l'appareil économique ou administratif. De Gaulle soumet toujours son action politique à des impératifs qui n'ont rien à voir avec des préoccupations terre à terre. Ce patriotisme romantique aurait pu l'aveugler cruellement. Mais, quand il déclare le 14 juin 1960 : « Il n'y a pas de politique qui vaille en dehors des réalités », il formule une maxime qu'il a effectivement pratiquée avec beaucoup de constance.

Ce réalisme influence la conception même qu'il se fait de la grandeur de la France. Elle s'adapte à l'évolution des temps. Dans ses ouvrages de l'entre-deux-guerres, il poursuit clairement le rêve d'une France puissance militaire de tout premier plan. Son armée doit se moderniser pour tenir en respect ses voisins, et plus particulièrement l'Allemagne. Il accorde aussi une grande importance à l'existence d'un empire qui, à ses yeux, atteste avec éclat le statut de la France puissance mondiale ; aussi la métropole doit-elle renforcer son emprise sur ses colonies, protéger et pérenniser la cohésion de l'ensemble. La France est donc grande par ses marins et ses soldats, par ses colons et ses missionnaires – religieux ou laïcs – qui propagent son œuvre civilisatrice. C'est là un credo qui ne semble pas encore en décalage trop marqué avec les réalités du temps. Mais la Seconde Guerre mondiale bouscule cette vision. L'issue du conflit a fait surgir deux superpuissances dont les capacités militaires et, dans le cas des États-Unis, les ressources économiques relativisent cruellement le rang de la France. En outre, le vent de la décolonisation souffle en bourrasques. Progressivement, de Gaulle met l'accent moins sur la puissance matérielle et militaire que sur le « message spirituel » que la France est censée pouvoir seule apporter au monde. Certes, ce message était déjà audible dans le rêve d'empire, mais il change de nature. Il devient une sorte de magistère moral autoproclamé, fondé sur l'affirmation de valeurs moins civilisatrices que libératrices. Une telle posture autorise des admonestations à l'égard des supergrands, ou d'Israël en 1967, et des paroles d'encouragement adressées à toutes les nations qui cherchent à affirmer leur voie propre dans un monde dominé par la logique des blocs. Le discours de Phnom Penh du 1er septembre 1966 est, à cet égard, emblématique. Mais l'incantation n'est pas purement éthérée ; elle puise sa force dans l'existence d'un milieu favorable à sa réception, qu'il s'agisse des pays arabes, des non-alignés ou même de certains États satellites de l'Union soviétique ou clients des États-Unis.

De Gaulle, en effet, a toujours su jeter un regard aigu sur les rapports de force effectifs. Et si certaines de ses attitudes ont semblé inspirées surtout par la passion ou la rigidité, elles s'expliquent fort bien, également, par une perception des possibilités pratiques d'action qui avaient échappé à des esprits moins pénétrants. C'est ce mélange étonnant d'idéalisme et de pragmatisme qui caractérise les temps forts de la geste gaullienne. C'est au nom d'un argument qui s'est révélé profondément réaliste qu'il s'est jeté dans l'aventure de la Résistance le 18 juin 1940 : la guerre est mondiale ; la campagne de France, gagnée par Hitler, n'a rien résolu définitivement. Dans ses relations avec Winston Churchill et le président Roosevelt, sa stratégie du faible au fort appelait une rigidité extrême, assouplie au moment où il le fallait pour éviter le désastre de la rupture ; elle s'est révélée payante. Ce fut l'improbable réintégration de la France dans le cercle des Grands, dont le couronnement symbolique aura été son admission au sein des cinq membres permanents du Conseil de sécurité de l'ONU, dotés d'un droit de veto. En 1947, l'accès au pouvoir grâce à un raz de marée électoral semble à portée de main : c'est l'aventure du RPF (Rassemblement du peuple français). Mais dès que l'objectif se dérobe, le mouvement est mis en veilleuse. Sous la Ve République, aussi bien dans la vie politique interne que dans l'arène internationale, on le voit, à plusieurs reprises, exploiter hardiment des situations qui lui offrent du jeu. Ce fut, en 1962, le coup de poker réussi contre les partis politiques ligués contre lui, à un moment où la fin de la guerre d'Algérie et l'émotion suscitée par l'attentat du Petit-Clamart créaient une situation favorable. Ce fut également la prise de distance à l'égard de l'OTAN, calculée au millimètre pour éviter l'irréparable, qui lui permit de se poser en leader de l'indépendance à l'égard des blocs, sans remettre en cause, pour l'essentiel, la sécurité de la France face à l'URSS. Chez de Gaulle, le politique fait souvent soupçonner, dans son ombre, le militaire qui se garde de livrer des batailles hasardeuses tout en sachant que c'est l'audace qui paie.

La fin et les moyens. Constance dans la poursuite des objectifs, souplesse dans le choix des moyens. Dans sa quête obstinée du meilleur rang pour la France, il aura exploré ou emprunté des chemins bien différents. À la fin de la Seconde Guerre mondiale, en décembre 1944, il se rend à Moscou pour signer un pacte – décevant – avec Staline ; six mois plus tard, le 25 août 1945, il exalte « la vieille amitié franco-américaine » après une rencontre avec le nouveau président, Harry Truman, qu'inquiète déjà la menace communiste. Dans les deux cas, il s'agit pour lui de trouver des soutiens pour faire reconnaître la France comme grande puissance à part entière et tenter d'obtenir, chez l'un ou l'autre de ces deux interlocuteurs, un appui à sa politique allemande de l'époque. Atlantisme ou rapprochement avec l'Union soviétique ? Il convient, à ses yeux, d'exploiter au mieux les fenêtres d'opportunité du moment. En 1959, il avance le projet d'un directoire de l'OTAN à trois (avec les États-Unis et la Grande-Bretagne), mais devant les réticences de Washington, il y renonce. Il s'engage alors dans un dialogue franco-allemand avec le chancelier Adenauer en vue de constituer un pôle européen de l'Alliance capable, pense-t-il, d'exiger un « partnership » égalitaire avec les États-Unis. Mais en Allemagne, Konrad Adenauer n'est pas suivi dans cette voie par son propre parti. S'il ne peut obtenir une position prééminente au cœur de l'Alliance, alors il cherchera à camper dans une position plus marginale pour se donner une capacité de marchandage.

La construction européenne telle que la conçoivent les intégrationnistes belges et néerlandais déplaît souverainement à de Gaulle, car elle bride la politique de la France. Mais une Europe où la voix de la France serait prépondérante recueille son assentiment. Il y perçoit un multiplicateur de puissance, la possibilité de parler « au nom de l'Europe » dans les instances internationales, notamment au Conseil de sécurité où la France est le seul pays de l'Europe des Six à disposer d'un siège permanent. Ce sera la tentative du plan Fouchet, en 1961, qui vise à mettre en tutelle la Commission et à instaurer une Europe politique fondée sur la prépondérance des États (y compris celle des plus grands sur les plus petits). Car, en ce domaine, dira-t-il le 5 septembre 1960, « il faut procéder, non pas suivant des rêves, mais d'après des réalités ».

L'interminable conflit algérien illustre les capacités pragmatiques du Général, ce qui, s'agissant d'un drame humain de grande ampleur, lui vaudra de nombreuses inimitiés. En mai 1958, il surfe sur la vague de révolte qui déferle à Alger pour revenir au pouvoir, sans trop se lier les mains en faveur de l'Algérie française que réclament ses partisans de la première heure. Sur le fond du problème, c'est-à-dire le statut de l'Algérie future, ses objectifs évoluent au fur et à mesure que s'amenuisent ses moyens d'action. L'offre, en octobre 1958, de la « paix des braves », c'est-à-dire la reddition et l'amnistie des maquisards, reflète la croyance à un essoufflement militaire et politique de la rébellion qui permettrait à l'Algérie de rester dans la mouvance française. Après la détérioration politique de la situation pendant toute l'année 1960, il déclare publiquement, le 4 novembre : l'Algérie, « si les Algériens le veulent, et j'estime que c'est le cas, aura son gouvernement, ses institutions et ses lois ». Cependant, il tente encore d'en séparer le Sahara, en raison de son pétrole et de son polygone d'essais nucléaires, ce qui fera échouer les pourparlers du printemps 1961. Pressé d'en finir, car l'Algérie lui paraît désormais un boulet qui handicape la France dans l'arène internationale, il renonce finalement à cet objectif devenu inaccessible contre une garantie des intérêts pétroliers français ; les accords d'Évian peuvent enfin être signés le 18 mars 1962. De Gaulle constatait avec une froide lucidité que l'Algérie était décidément devenue le contraire d'un « multiplicateur de puissance ». La coopération à engager avec elle devait être jugée exclusivement à l'aune des intérêts de la France.

Pragmatisme ou cynisme ? Jean Lacouture a qualifié un jour de Gaulle de « machiavélien catholique », l'opposant à John Foster Dulles « le croisé puritain ». La formule a-t-elle un sens ? Ce qui caractérise Machiavel, ce n'est pas le machiavélisme que son nom a servi à identifier. C'est d'abord la manière de décrire la vie politique telle qu'elle est et non telle que les acteurs, ou leurs thuriféraires, ont coutume de l'embellir. Sur ce point, de Gaulle construit son personnage sur de tout autres prémisses, du moins dans ses discours et dans ses Mémoires. Il lui arrive cependant d'afficher crûment le langage des intérêts. Ainsi quand il affirme, haut et clair, le 11 avril 1961 : « L'Algérie nous coûte, c'est le moins qu'on puisse dire, plus cher qu'elle nous rapporte. » Mais il s'agit, en la circonstance, d'un argument destiné à ébranler les dirigeants du FLN (Front de libération nationale) pour mieux les amener à composition. Cependant, il est un autre de Gaulle, révélé par les confidences de ses interlocuteurs, qui adopte souvent, en privé, un langage beaucoup plus crûment réaliste. Pierre Laffont, l'un des plus influents représentants des Européens modérés d'Algérie, laissera un témoignage édifiant de son entretien avec de Gaulle le 25 novembre 1960, notamment quant aux jugements portés par le Général sur la communauté pied-noir.

Machiavel souligne encore que le succès est ce qui décide véritablement du bien et du mal en politique, et non les vertus que l'on tient pour bonnes. « Aussi est-il nécessaire au Prince qui se veut conserver, qu'il apprenne à pouvoir n'être pas bon, et d'en user ou n'user pas selon la nécessité » (*Le Prince*, XV). Ce faisant, le Florentin ne fait que rendre compte de la séparation entre morale privée et morale publique. Il est impossible de pratiquer la clémence en faisant abstraction de ses conséquences sur l'exacerbation des passions civiles ; il est impossible d'accéder au pouvoir sans garder quelque silence trompeur sur la manière dont on envisage de l'exercer ; et l'on ne conduit pas une bonne négociation en pratiquant, dès le départ, une parfaite sincérité sur ses propres intentions. Ce que Machiavel observe avec son acuité habituelle et sa distanciation qui choque le moralisme abstrait, c'est ce que pratiquent tous les dirigeants politiques, y compris les plus responsables, avec des contraintes différentes selon les époques et les temps de crise. De Gaulle a refusé la grâce de Pierre Pucheu, le ministre de l'Intérieur de Vichy, comme celles de Robert Brasillach et de Pierre Laval, parce que les passions exacerbées auraient facilité le maintien d'une justice « populaire » beaucoup plus sanglante. Était-il pour autant l'individu « inhumain » dont certains ont fait le procès ? Bien des indices donnent à penser, au contraire, que les deux premières décisions lui ont coûté. Plus tard, de Gaulle a laissé les ultras d'Alger ou les responsables de l'armée persévérer dans l'erreur quant à ses véritables intentions tant que son pouvoir ne lui a pas semblé suffisamment assis sur des bases solides. Tout homme politique habile et circonspect en aurait fait autant. Certes, le mot « cynisme » est inévitable dans la bouche des victimes. Il serait même approprié si les comportements incriminés avaient manifesté la volonté personnelle de nuire ou la recherche d'un profit purement personnel (on revient sur le terrain de la morale privée). Il ne l'est certainement pas aux yeux de ceux qui jugent l'Histoire au regard des fins poursuivies : restaurer l'État, privilégier l'intérêt général.

Il est de fait, néanmoins, que de Gaulle fut, par conviction et par formation, beaucoup plus sensible à la défense des intérêts économiques, culturels et militaires de la France qu'aux intérêts des Français eux-mêmes. Son pragmatisme se déploie sur ce terrain privilégié. En lui sommeille toujours le militaire qui a professionnellement appris à sacrifier des hommes au combat pour emporter la victoire. Évoquant les risques encourus par les agents de la France libre parachutés en France, il aurait observé avec – un faux ? – détachement : « Dans ce métier, on finit toujours par se faire pincer. » Certes, il s'est soucié d'obtenir des garanties pour les Européens d'Algérie mais ce fut la partie des accords d'Évian qui a été le plus rapidement vidée de sa substance. Le drame des harkis ne l'a, semble-t-il, touché que secondairement ; en tout cas pas au point de mettre en péril la coopération franco-algérienne qu'il continuait d'appeler de ses vœux. Et si Mai 1968 a fini par ébranler son pouvoir, c'est qu'il concevait son action sans spontanément porter beaucoup d'importance aux humeurs de l'opposition, brocardée avec mépris, ni beaucoup d'attention aux insatisfactions des Français. Quand les étudiants commencèrent leur agitation à Nanterre, durant l'hiver 1967-1968, sur la question du libre accès aux cités universitaires, il aurait plaisanté, goguenard : « Les étudiants demandaient des maîtres, ils veulent aujourd'hui des maîtresses. »

Le pragmatisme de De gaulle est une modalité particulière de ce que Max Weber entendait par l'« action rationnelle en valeur », c'est-à-dire un comportement inspiré par des croyances exigeantes mais affranchi, dans le choix des moyens, du poids des facteurs émotionnels. De Gaulle poursuivait en politique des buts que lui inspirait sa passion pour la France. Mais dans la mise en œuvre, il ne se laissait emporter ni par la crainte, ni par l'enthousiasme, ni par ses préférences personnelles. Masqué par un certain art de la mise en scène, le regard froid du stratège est la marque évidente de son style politique.

Philippe Braud

• *Voir aussi* : Algérie (guerre d') ; Europe ; Grandeur et rang ; Politique étrangère

PREMIER MINISTRE. – « Le président de la République nomme le Premier ministre. » Cette affirmation laconique qui ouvre l'article 8 de la Constitution de 1958 marque une novation majeure dans l'histoire constitutionnelle française : l'apparition du Premier ministre dans un texte constitutionnel.

Cette appellation est généralement perçue comme un emprunt à la pratique institutionnelle britannique, ce qui n'est que partiellement exact. En réalité, c'est en France que s'est progressivement affirmée, sous l'Ancien Régime, au sein du Conseil du Roi, la prééminence d'un « principal ministre » qui, avec Richelieu, prend précisément le titre de « Premier ministre ». Mais Louis XIV, sur le conseil de Mazarin, devait supprimer cette fonction. En France, après la Révolution, Louis XVIII et Charles X, soucieux de ne pas entériner la pratique anglaise du gouvernement de Cabinet, ont écarté l'appellation de « Premier ministre », préférant donner au chef du « ministère » l'appellation de « président du Conseil », qui fut confirmée sous la monarchie de Juillet et devait être reprise sous la IIIe et la IVe République.

Le choix effectué par le général de Gaulle en 1958 de la nomination d'un Premier ministre à la tête du gouvernement exprime donc une volonté de rupture. D'après une confidence de Michel Debré rapportée par son fils Jean-Louis, le Général a justifié le choix de cette appellation, plutôt que de celle de « président du Conseil », considérant que « c'est le président de la République qui préside les conseils de gouvernement ».

Un acteur du renforcement de l'exécutif. Tout comme l'ensemble de l'architecture de la Constitution de 1958, la mention et la fonction du Premier ministre étaient déjà esquissées dans le discours de Bayeux du 16 juin 1946. Il s'agissait, par un nouvel équilibre institutionnel, de renforcer le pouvoir exécutif, qui devait être confié à la fois à un président de la République, chef de l'État indépendant du Parlement par son mode d'élection, et à un gouvernement, responsable devant le Parlement mais doté de prérogatives propres à lui assurer stabilité et efficacité. « C'est donc du chef de l'État, placé au-dessus des partis [...] que doit procéder le pouvoir exécutif. Au chef de l'État la charge d'accorder l'intérêt général quant au choix des hommes avec l'orientation qui se dégage du Parlement. À lui de nommer les ministres et, d'abord, bien entendu, le Premier, qui devra diriger la politique et le travail du gouvernement. »

La continuité de la pensée du général de Gaulle est attestee par toutes les dispositions de la Constitution de 1958 relatives au Premier ministre. Celui-ci est nommé par un acte discrétionnaire du seul président de la République, dispensé de tout contreseing. Dès sa nomination, le Premier ministre est investi de la plénitude de ses compétences sans qu'il lui soit nécessaire de demander un vote de confiance de l'Assemblée nationale. Quant à la cessation de fonctions du Premier ministre, le parallélisme des formes n'est pas entier : aux termes de l'article 8, le président de la République met fin à ses fonctions, mais il ne peut le faire que « sur présentation par celui-ci de la démission du gouvernement ».

La fonction de Premier ministre, telle qu'elle est définie à l'article 21 de la Constitution, est particulièrement extensive : « Le Premier ministre dirige l'action du gouvernement. » À ce titre, il dispose sur les autres ministres, dont il propose la nomination au président de la République, d'une incontestable prééminence. Il assure un pouvoir de commandement, qui peut l'amener à leur donner des instructions sur la politique à suivre. Il remplit en outre une fonction de coordination entre les divers ministres et arbitre leurs conflits. En tant que chef du gouvernement, le Premier ministre exerce de surcroît deux autres compétences : d'une part, dès lors que « le gouvernement dispose de l'administration et de la force armée », il a la direction de l'administration, nomme aux emplois civils et militaires de l'État et est responsable de la défense nationale ; d'autre part, « responsable devant le Parlement », c'est lui qui a la charge des rapports entre le gouvernement et ce dernier, tant en ce qui concerne la procédure législative que le processus de mise en jeu de la responsabilité gouvernementale.

Telle apparaît la fonction complexe revenant au Premier ministre – qui ne manque ni de compétences ni de moyens d'actions. C'était bien l'intention du général de Gaulle de renforcer le rôle du gouvernement par rapport aux autres pouvoirs et de marquer nettement la prééminence du Premier ministre au sein du gouvernement.

Le refus d'une dyarchie. Dans le même temps, pour de Gaulle, l'exécutif, et donc le Premier ministre, « procède » du chef de l'État. Lorsque l'article 20 de la Constitution affirme que « le gouvernement détermine et conduit la politique de la nation », il est clair qu'aux yeux du Général ce ne peut être que sous l'autorité du président. Cette conception devait trouver sa consécration dans la célèbre conférence de presse du 31 janvier 1964, dont il faut citer tous les termes : « Certes, on ne saurait accepter qu'une dyarchie existât au sommet. Mais, justement, il n'en est rien. En effet, le Président qui, suivant notre Constitution, est l'homme de la nation, mis en place par elle-même pour répondre de son destin ; le Président, qui choisit le Premier ministre, qui le nomme ainsi que les autres membres du gouvernement, qui a la faculté de le changer, soit parce que se trouve accomplie la tâche qu'il lui destinait et qu'il veuille s'en faire une réserve en vue d'une phrase ultérieure, soit parce qu'il ne l'approuverait plus [...], le Président est évidemment seul à détenir et à déléguer l'autorité de l'État. Mais, précisément, la nature, l'étendue, la durée de sa tâche impliquent qu'il ne soit pas absorbé, sans relâche et sans limite, par la conjoncture politique, parlementaire, économique et administrative. Au contraire, c'est là le lot, aussi complexe et méritoire qu'essentiel, du Premier ministre français. »

Dans ce contexte, les fonctions respectives du président de la République et du Premier ministre « sont non point séparées, mais distinctes », ainsi que le précise le Général dans ses *Mémoires d'espoir* : « Tout de même qu'à bord du navire, l'antique expérience des marins veut qu'un second ait son rôle à lui à côté du commandant, ainsi dans notre nouvelle République, l'exécutif comporte-t-il, après le Président voué à ce qui est essentiel et permanent, un Premier ministre aux prises avec les contingences. »

On aurait pu croire que la pratique mise en place par de Gaulle serait étroitement liée à sa personne et ne lui survivrait pas. Or, avec des nuances résultant de la différence de leurs conceptions et de leurs personnalités, les présidents de la République successifs se sont largement placés dans la continuité de cette lecture constitutionnelle. Même François Mitterrand, qui avait vivement critiqué le « coup d'État permanent » que représentait le régime installé par le Général, devait constater plus tard que la formule lui convenait parfaitement.

Cette analyse n'a été toutefois vérifiée, tout au long de la période, qu'en cas de concordance des majorités présidentielle et législative. La situation devait se révéler profondément différente en cas de cohabitation, puisque le président de la République est alors amené à choisir un Premier ministre d'une orientation politique différente de la sienne. Dans un tel cas, les moyens d'action du Premier ministre changent du tout au tout : il dispose désormais de la plénitude des compétences d'un chef de gouvernement en régime parlementaire, sous le regard d'un président de la République qui s'attache surtout à sauvegarder les prérogatives constitutionnelles que lui confère la Constitution. Mais cette situation n'est sans doute pas de celles que le général de Gaulle aurait laissé se développer.

Dans le contexte de septennat et de concordance des majorités où il se plaçait, il estimait déjà en 1964 que « tout commande [...] de maintenir la distinction entre la fonction et le champ d'action du chef de l'État et ceux du Premier ministre. On le voit : deux fonctions distinctes, qui doivent le rester, mais se situant à des niveaux distincts – le Président étant l'homme du long terme, le Premier ministre celui de l'action immédiate – et comportant, pour le Président, une suprématie ne souffrant aucune exception ».

Cette position ambivalente du Premier

ministre qui, au travers d'une pratique de plus de quarante ans, apparaît à la fois puissante et dépendante, se trouve-t-elle modifiée par l'institution du quinquennat ? L'expérience des gouvernements Raffarin et Villepin pourrait justifier une réponse négative. Pourtant, en entraînant la confusion entre le temps présidentiel et le temps législatif, là où le septennat dissociait les deux logiques, le quinquennat modifie en profondeur le rapport entre le président et ses électeurs, qui le jugent plus directement responsable des résultats de la politique suivie. Le rôle du Premier ministre s'en trouve en principe affaibli. Seule une pratique plus longue permettra de porter une appréciation éclairée sur le devenir du Premier ministre dans un régime quinquennal. Raphaël HADAS-LEBEL

• *Voir aussi* : Constitutionnelles (conceptions) ; Domaine réservé ; Président de la République

Bibl. : Alain Claisse, *Le Premier Ministre de la Ve République*, Paris, LGDJ, 1972 • *Pouvoirs*, « Le Premier ministre », n° 83, 1981 • Stéphane Rials, *Le Premier Ministre*, Paris, PUF, 1981.

PRÉSIDENT DE LA RÉPUBLIQUE. – Pour Charles de Gaulle, le titre de président de la République est certainement secondaire par rapport à celui de chef de l'État. Il ne s'est jamais imaginé en successeur de Félix Faure ou de Paul Deschanel, voire d'Albert Lebrun dont il dit dans ses *Mémoires de guerre* : « Au fond, comme chef de l'État, deux choses lui avaient manqué : qu'il fût un chef ; qu'il y eût un État. » Pour de Gaulle, la Providence avait fait le nécessaire pour la première condition, au peuple souverain de remplir la seconde.

Le célèbre discours de Bayeux, le 16 juin 1946, dégage le cœur de sa pensée constitutionnelle et, en premier lieu, de sa conception du chef de l'État : faire primer l'intérêt supérieur du pays en s'appuyant sur la confiance du peuple. Dans cet esprit, il importe d'instituer un véritable pouvoir d'État, dévolu à son chef, garant de l'essentiel national : « Au chef de l'État la charge d'accorder l'intérêt général quant au choix des hommes avec l'orientation qui se dégage au Parlement. À lui la mission de nommer les ministres et, d'abord, bien entendu le Premier qui devra diriger la politique et le travail du gouvernement [...]. À lui la tâche de présider les conseils du gouvernement et d'y exercer cette influence de la continuité dont une nation ne se passe pas. À lui l'attribution de servir d'arbitre au-dessus des contingences politiques, soit normalement par le conseil, soit, dans les moments de grave confusion, en incitant le pays à faire connaître par des élections sa décision souveraine. À lui, s'il devait arriver que la patrie fût en péril, le devoir d'être le garant de l'indépendance nationale et des traités conclus par la France. »

La primauté institutionnelle du président dans la Constitution de 1958. En 1958, ce programme de rupture avec la République des partis inspire l'équilibre général et le détail des dispositions de la Constitution de la Ve République. L'instauration du pouvoir d'État place le président de la République avant toutes les autres institutions de la République, au Titre II après un Titre I consacré à la souveraineté. De l'article 5 à l'article 19, le Titre II traduit en termes juridiques la procédure d'élection du chef de l'État et la liste de ses pouvoirs tels qu'ils figuraient dans le discours de Bayeux, y compris le droit de dissoudre l'Assemblée et le recours à l'article 16. Mais la mise en œuvre du pouvoir d'État comptable de l'intérêt supérieur du pays doit recevoir le sceau de la confiance expresse de la nation. C'est chose faite, et dans des conditions proprement stupéfiantes, par la victoire du « oui » au référendum du 28 septembre 1958 qui rassemble 80 % des suffrages exprimés avec une participation de près de 85 % des inscrits. Les deux référendums qui accompagneront les tournants de la politique du Général vis-à-vis de la guerre d'Algérie montrent que la confiance initiale n'a pas été ébranlée par le pragmatisme du chef de l'État, qui a fait la preuve, sur la question même qui avait entraîné la chute de la IVe République, qu'il était un chef et qu'il y avait un État.

Pendant cette période si troublée, de Gaulle forge sa pratique du pouvoir d'État. Le président donne certes la priorité à l'affaire algérienne, à la décolonisation, au rang de la France dans le monde et à la modernisation des armées qu'il dote de la force nucléaire. Mais il ne délaisse aucun secteur clé pour l'avenir du pays : l'assainissement de l'économie, la réforme monétaire, l'énergie, l'orientation de l'agriculture, l'aéronautique, le réseau autoroutier, etc. Cette énumération suffit à montrer que la théorie, un moment avancée, des deux domaines de l'action de l'exécutif, le domaine « réservé » au chef de l'État en raison de ses compétences constitutionnelles particulières et le domaine « ouvert » à ses interventions, n'a guère de sens. Comme le dit de Gaulle lui-même : « Dans le champ des affaires, il n'y a pas pour moi de domaine qui soit, ou négligé ou réservé » [*ME*].

L'introduction du suffrage universel en 1962. Quant à la confiance nécessaire, ni l'opinion ni même les partis ne la lui ménagent tant que dure la guerre d'Algérie. Cet état de grâce s'explique par l'existence même de cette crise que personne n'a pu résoudre avant lui. On le voit bien, pendant l'été 1962, quand l'ensemble des partis non gaullistes paraît partager l'idée qu'il faut se débarrasser de De Gaulle dès lors qu'il a rempli sa tâche de débarrasser la France du fardeau algérien. Comme si l'antigaullisme de presque tous les partis, de l'extrême gauche à l'extrême droite, pouvait réussir là où les tueurs de l'OAS (Organisation armée secrète) ont échoué. Ce serait compter sans le génie stratégique du Général qui prend les devants et fait annoncer, à l'issue du Conseil des ministres du 12 septembre, son intention de proposer au pays de décider par un référendum que le président de la République serait désormais élu au suffrage universel. Le 20 septembre suivant, le Général explique à la nation ce changement majeur de la Constitution en en minimisant la portée. Pour lui, cette réforme ne changera rien à sa légitimité, qu'il tire de l'Histoire plus que du vote des élus nationaux et locaux qui composaient le collège électoral présidentiel de 1958. Mais elle garantira la pérennité d'un pouvoir d'État légitime pour ses successeurs, que la succession se produise à son heure ou qu'elle soit précipitée par un attentat comme ceux qui ont été tentés contre lui en 1961 et en 1962. Car personne « ne doute que notre pays se trouverait vite jeté à l'abîme si, par malheur, nous le livrions de nouveau aux jeux stériles et dérisoires d'autrefois. Or, la clé de voûte de notre régime, c'est l'institution nouvelle d'un président de la République désigné par la raison et le sentiment des Français pour être le chef de l'État et le guide de la France. Bien loin que le président doive, comme naguère, demeurer confiné dans un rôle de conseil et de représentation, la Constitution lui confère à présent la charge insigne du destin de la France et de celui de la République ». À ses yeux, ce nouveau rôle du chef de l'État, qui est « d'inspirer, orienter, animer l'action nationale », exige la confiance explicite de la nation. Et, de fait, le président « détient en permanence la possibilité de recourir au pays, soit par la voie du référendum, soit par celle de nouvelles élections ». Mais cela ne suffira pas à ses successeurs. Alors que lui, de Gaulle, investi de la confiance populaire par « les événements de l'Histoire », pouvait juger que la question de son mode d'élection était, en 1958, dépourvue d'importance particulière, il estime qu'il n'en ira pas de même « pour ceux qui, n'ayant pas nécessairement reçu des événements la même marque nationale, viendront après moi, tour à tour, prendre le poste que j'occupe à présent ». Il avait accepté l'élection du président par un collège relativement restreint de 80 000 élus. Ses successeurs, eux, auront besoin de recevoir directement un mandat du peuple « pour qu'ils soient entièrement en mesure et complètement obligés de porter la charge suprême [...] et qu'ainsi notre République continue [...] de demeurer solide, efficace et populaire en dépit des démons de nos divisions [...]. Sans que doivent être modifiés les droits respectifs, ni les rapports réciproques des pouvoirs exécutif, législatif, judiciaire tels que les fixe la Constitution, mais en vue de maintenir et d'affermir dans l'avenir nos institutions ».

Quinze jours après ce discours, le 5 octobre 1962, l'alliance qui réunit au

Parlement l'opposition démocratique, de la SFIO aux Indépendants, et qui va devenir le cartel des « non », censure le gouvernement Pompidou, et de Gaulle dissout l'Assemblée. Le peuple est ainsi appelé à se prononcer deux fois, en octobre et en novembre. Le « oui » l'emporte largement (avec 62 % des suffrages exprimés), mais il marque un net recul par rapport aux référendums précédents. De Gaulle est majoritaire dans les votes mais il ne représente plus la quasi-totalité des Français. Tout se passe comme si le référendum avait joué le rôle d'une étape intermédiaire entre, d'une part, les manifestations d'union nationale derrière le président qu'étaient les trois premiers référendums de la Ve République et, d'autre part, la future élection présidentielle destinée dans l'esprit du Général à la désignation de ses successeurs. C'est un galop d'essai sans concurrents mais qui n'en oblige pas moins le président à s'engager dans l'arène politique pour tenter de transférer au Parlement la majorité en faveur de la nouvelle république qui vient de se dégager dans les urnes référendaires. La clarté et la vigueur de cet engagement démontrent, s'il en était besoin, les qualités tactiques du chef de l'État, qui a saisi d'emblée la logique du système majoritaire dans lequel la réforme du mode d'élection du président de la République ne peut manquer d'entraîner les institutions de la Ve République. Même si cet engagement politique affaiblit quelque peu la thèse de l'arbitrage au-dessus des partis.

Un président dans l'arène électorale. Le piège se referme une deuxième fois en décembre 1965, lorsque de Gaulle décide d'être candidat à sa propre succession. Sans doute va-t-il tenter de transformer le premier tour en un référendum sur « la République nouvelle », refusant de paraître à égalité parmi les autres candidats et les mettant tous dans le même sac des « anciens partis, tendant, quoi qu'ils prétendent, à retrouver le régime d'antan ». Mais sept ans après la fondation des nouvelles institutions, le refrain, pour beaucoup, tourne à la rengaine. Et le résultat est beaucoup plus sévère que celui du référendum de 1962 : de Gaulle est mis en ballottage, ne recueillant pas d'emblée la majorité absolue qu'il dépasse nettement au second tour avec 55 % des suffrages exprimés.

Cette notion de majorité absolue ne figure nulle part dans les écrits et les discours institutionnels du Général, qui préfère parler, de façon qualitative, de la confiance et du sentiment de la nation envers le titulaire du pouvoir d'État. Au départ, raisonnant sur son propre cas, il estime que la légitimité du chef de l'État, telle qu'il la conçoit intuitivement, ne résulte pas d'un simple décompte mais « d'un lien exceptionnel qui [l']investit et qui [l']oblige ». Mais, dans les temps ordinaires où l'on ne dispose pas nécessairement d'un grand homme en réserve de la République, il faut bien conférer au futur titulaire du pouvoir d'État une légitimité indiscutable qui, dans une démocratie élective, résulte généralement d'une majorité qualifiée. La majorité absolue, la moins exigeante des majorités qualifiées, a l'avantage d'être produite aisément : il suffit de restreindre l'accès au second tour aux deux candidats arrivés en tête au premier. En s'en tenant à cette seule condition, pour la légitimation du pouvoir d'État, la République gaullienne apaise les inquiétudes que le pouvoir d'un « guide au-dessus des partis » pouvait susciter chez des démocrates sourcilleux et peut conduire ceux-ci à réévaluer le rôle du pouvoir d'État dans la mise en œuvre de l'intérêt général. Dès lors, l'apport constitutionnel du général de Gaulle a de réelles chances de survie.

Le malheur personnel de De Gaulle est sans doute d'avoir dû se plier lui-même à la logique de la réforme qu'il avait imaginée pour doter ses successeurs d'une légitimité fabriquée par les urnes mais assez large pour les obliger à assumer le pouvoir d'État au service de tous les Français. Écornée lors du ballottage de 1965, sa légitimité historique est encore plus malmenée par la grande crise de 1968-1969 : d'abord remise en cause dans la rue, elle ne lui permet pas d'imposer le référendum « sur la rénovation », seule réponse à ses yeux qui soit à la hauteur des événements ; il doit laisser Georges Pompidou gagner ses galons de présidentiable à la tête d'une majorité de défense de l'ordre public. De Gaulle tente alors son dernier pari, celui de rompre avec les certitudes de sa propre majorité, pour répondre aux angoisses confuses du pays, avec sa proposition de libéraliser la société administrée en l'ouvrant sur la société civile et les collectivités décentralisées. Projet trop audacieux ? trop précipité ? trop compliqué ? trop inquiétant pour une majorité qui se réjouit du retour de l'ordre ? Sans doute ! car ce dernier avatar du pouvoir d'État qui cherche à dégager les voies de l'avenir ne rencontre pas la confiance des Français. L'élection d'un gaulliste semble corriger la défaite de De Gaulle. Elle montre aussi la victoire de la présidence majoritaire sur la présidence visionnaire.

Alain LANCELOT

• *Voir aussi* : Constitutionnelles (conceptions) ; Discours de Bayeux ; Domaine réservé ; Foule ; Premier ministre

Bibl. : Dominique Chagnollaud et Jean-Louis Quermonne, *La Cinquième République*, Paris, Flammarion, coll. « Champs », t. 1 et 2, 2000 • Jean-Louis Quermonne et Nicolas Wahl (dir.), *La France présidentielle*, Paris, PFNSP, 1995.

PRÉSIDENT DU CONSEIL. – Tirant les leçons de l'échec de 1946, le général de Gaulle réussit en 1958 à ajouter à la fidélité des résistants et au soutien de l'opinion les procédures qu'il n'avait pu établir en 1945. Investi le 1er juin, dernier président du Conseil de la IVe République, il est élu président de la Ve le 21 décembre et entre en fonctions le 8 janvier 1959.

Du point de vue juridique, cette présidence du Conseil se divise en deux moments : celui des pouvoirs spéciaux de la IVe République et celui des dispositions transitoires vers la nouvelle république. Les pouvoirs spéciaux conférés par la loi du 3 juin 1958 permettent à de Gaulle de faire rédiger et adopter une nouvelle Constitution. Mais il y a plus : grâce à la délégation de la loi constitutionnelle du 3 juin, il signe 75 ordonnances, qui, à l'instar des décrets-lois des IIIe et IVe Républiques, doivent être soumises à validation. Le succès du référendum du 28 septembre change la situation, puisque celui qui reste président du Conseil est désormais habilité, par l'article 92 de la nouvelle Constitution, à signer des ordonnances d'une tout autre portée. Les unes relèvent de la mise en place des nouvelles institutions, mais les autres de la possibilité pour le gouvernement d'édicter « en toutes matières, les mesures qu'il jugera nécessaires à la vie de la nation, à la protection des citoyens ou à la sauvegarde des libertés ». Plus de 300 ordonnances sont alors publiées dont 25 « portant loi organique » sur des sujets aussi décisifs que l'organisation du nouveau Conseil constitutionnel (7 novembre), la nomination aux emplois civils et militaires (28 novembre), le fonctionnement, la délégation de vote et l'indemnité parlementaire (7 et 17 novembre, 13 décembre), la procédure du vote de la loi des finances (2 janvier 1959), le statut de la magistrature et du Conseil supérieur de la magistrature (22 décembre) et même de la Haute Cour de justice (2 janvier 1959). S'y ajoutent encore le régime électoral, avec un retour au scrutin d'arrondissement à deux tours, qui nécessite le découpage de nouvelles circonscriptions, la réforme du Code de procédure pénale, la réforme des études médicales et la création des centres hospitaliers universitaires (CHU), la réforme de l'expropriation et, enfin, une réforme économique et financière drastique dont le symbole sera le « nouveau franc ».

Avec le recul du temps, cette activité normative s'est avérée aussi fondatrice que celle de la Libération. L'immense travail juridique a bénéficié de la diligence du secrétariat général du gouvernement où Roger Belin assure la continuité. Directeur de cabinet, Georges Pompidou organise le travail à l'Hôtel Matignon où Raymond Janot fait la liaison avec Michel Debré, garde des Sceaux préposé successivement à la rédaction de la Constitution et à la réforme de la justice. Ce qui permet au Général d'entreprendre les longs voyages nécessaires pour rallier les populations en les convainquant d'adopter les nouvelles institutions. Jusqu'au référendum de septembre, le président du Conseil sera allé trois fois en Algérie et une fois en Afrique noire et à Madagascar. Le célèbre « Je vous ai compris » du 4 juin d'Alger et même le « Vive l'Algérie française ! » de Mostaganem le 6 juin accompagnent une révolution du suffrage universel puisque c'est un collège unique d'hommes et de femmes qui, pour la première fois en Algérie, sera invité à choisir son avenir. Il revient à Alger en juillet, reçoit le fidèle Jacques Massu mais non le Comité de salut public, réduit à ne plus être qu'une expression de l'opinion. En août, l'Afrique noire et Madagascar accueillent le général de Gaulle qui propose une nouvelle Communauté française des peuples reposant sur la libre adhésion des nouveaux États : ainsi Sekou Touré choisit le « non » pour la Guinée, à la différence de Léopold Senghor à Dakar ou Félix Houphouët-Boigny en Côte d'Ivoire. Après le référendum de septembre 1958, où l'Algérie vote « oui » à 95 %, de Gaulle présente à Constantine un plan de développement socio-économique englobant les douze départements d'un pays à la démographie galopante. Et le 23 octobre, depuis Paris, il propose une « paix des braves » dont, avant les élections de novembre, il espérait un dégel des esprits. Pour y aider, il commande à l'armée de « prendre sa distance et sa hauteur ». Présidé par Ferhat Abbas, le jeune Gouvernement provisoire de la République algérienne (GPRA) refuse cette ouverture exclusivement militaire.

L'urgence était partout. On ne comprendrait pas le rapide ralliement de la haute fonction publique – civile plus encore que militaire – si la crise française n'avait également été celle des finances publiques, de la politique européenne ou de la situation diplomatique d'une France affrontée à la guerre froide comme à un Moyen-Orient en révolution. Le président du Conseil va infléchir la situation d'une France redevenue maîtresse d'elle-même : maintien dans l'Alliance atlantique mais réserve vis-à-vis de l'organisation militaire intégrée (OTAN) dont la réforme est proposée ; officialisation du programme nucléaire militaire, discrètement initié par les gouvernements de Pierre Mendès France et de Félix Gaillard et entrée dans le Marché commun à la date prévue, alors qu'enlisée dans ses difficultés la IVe République paraissait incapable d'honorer les engagements du traité de Rome signé en 1957. Ce retour d'une France indépendante culminera dans la réconciliation avec l'Allemagne que gouverne le vieux chancelier Adenauer, invité à Colombey-les-Deux Églises en septembre, pour un déjeuner devenu mémorable.

Aux droits et libertés de 1789 et aux principes de 1946, la Constitution de 1958 a ajouté de puissantes procédures : d'un côté des droits d'initiative pour le pouvoir exécutif, tels que le recours au peuple par voie de dissolution ou le référendum, mais, de l'autre, les garanties d'un Conseil constitutionnel, dont l'influence grandira avec le temps. Si bien que ce deuxième semestre de l'année 1958 a permis à l'homme de la Libération de devenir celui de la fondation, et à sa figure de rejoindre celle des grands législateurs de jadis : Solon, évoqué dans le discours de Bayeux, Washington, admiré aux temps lointains de sa jeunesse. Odile RUDELLE

• *Voir aussi* : Communauté franco-africaine ; Constitution ; GPRF (œuvre intérieure et outre-mer du) ; Ordonnances de 1958-1959 ; Voyages en Afrique noire ; Voyages en Algérie

Bibl. : Roger Belin, *Lorsqu'une République chasse l'autre (1958-1962). Souvenirs d'un témoin*, Paris, Michalon, 1999 • Fondation Charles-de-Gaulle, *L'Avènement de la Ve République*, Armand Colin, 1999 • Odile Rudelle, *Mai 1958, De Gaulle et la République*, Paris, Plon, 1988.

PRESSE (1958-1969). – Parler de rapports difficiles entre la presse écrite et le général de Gaulle, depuis la fondation du RPF (Rassemblement du peuple français) jusqu'à son départ de l'Élysée, en 1969, relève de l'euphémisme. En 1947, déjà, établissant la liste des « féodalités » qui, selon lui, phagocytent le pays, de Gaulle cite « certains secteurs » de la presse. Vingt ans plus tard, à Montréal, il s'en prend ironiquement à la « scribouille ». Entre-temps, interrogé le 21 février 1966 lors d'une conférence de presse sur l'affaire Ben Barka, révélée par les journaux, il déclare :

« Une grande partie de la presse, travaillée par le ferment de l'opposition politique, attirée par l'espèce d'atmosphère à la Belphégor que créait l'évocation des mystérieuses "barbouzes", professionnellement portée à tirer profit – c'est bien le cas de le dire – de l'inclination de beaucoup de lecteurs pour ces histoires qui rappelleraient celles du "Gorille", de "James Bond", de "l'Inspecteur Leclerc", etc., s'est lancée, sans ménager rien, dans l'exploitation de l'affaire. » Et le Général d'ajouter : « Trop de journaux ont, audedans et au-dehors, desservi "l'honneur du navire". » De telles déclarations ne sont pas de nature à rendre harmonieuses les relations entre de Gaulle et la presse, qui, à chaque nouvelle déclaration, dénonce les menaces qui pèsent sur la liberté d'expression. Jugées comme des provocations, elles suscitent le réflexe corporatiste et les protestations des organisations représentatives.

En 1958, au lendemain de la conférence de presse du Général du 19 mai, la revue communiste *France nouvelle* appelle à « faire barrage à de Gaulle et à la dictature ». Pour sa part, à la veille du référendum, le 25 septembre 1958, *France-Observateur*, plaçant côte à côte les photos d'Édouard Daladier revenant de Munich, celles du maréchal Pétain et de De Gaulle, affirme : « Pour la troisième fois en vingt ans, le courage est de dire non. » Toutefois, hormis les journaux communistes et ceux de la « nouvelle gauche », la plupart des titres se prononcent plus ou moins explicitement pour le « oui » au référendum de septembre 1958. Et, au lendemain de la victoire du « oui », *Le Populaire* s'exclame : « La Constitution de la Ve République a été adoptée avec le concours conscient et massif de la véritable gauche française. »

Mais la guerre d'Algérie suscite un contexte particulier. Lorsque le général de Gaulle revient au pouvoir, il supprime la censure instaurée par la IVe République le 5 mai 1958, ce qui permet à Jacques Soustelle, ministre de l'Information, de saluer la « liberté retrouvée ». Même après le putsch des généraux, en avril 1961, elle n'est pas rétablie. Si la censure est levée, la saisie administrative – au terme de l'article 10 du Code d'instruction criminelle – est maintenue durant la guerre d'Algérie. En métropole, la moyenne annuelle des saisies, qui s'élevait à 13 entre 1954 et le 13 mai 1958, augmente notoirement entre cette date et juin 1962, pour s'établir à 44. Rien qu'entre juillet et septembre 1958, *Le Canard enchaîné* est saisi 7 fois. De mai à novembre 1960, *France-Observateur* est saisi 8 fois, *L'Express* (interdit du 15 mai au 28 août 1958) 5 fois, *Rivarol* 3 fois, etc. Aucun titre n'est à l'abri de telles mesures, pas même *France-Soir*, saisi à l'automne 1960. En Algérie, où les journaux sont bloqués à leur arrivée, on compte en moyenne 69 saisies par an entre le 13 mai 1958 et juin 1962, contre 32 pour la première phase de la guerre. En métropole, le contrôle de la presse vise plutôt à contenir la critique politique (par exemple, le Manifeste des 121, en 1960, ne sera pas publié intégralement), tandis qu'en Algérie on cherche, au moyen des saisies, à apaiser l'armée convaincue du « défaitisme » de la presse.

Ces atteintes à la liberté d'expression sont régulièrement dénoncées par les journaux. En avril 1960, dans *Le Monde*, Pierre Viansson-Ponté stigmatise « la République du silence ». « Abus du secret, absence de débat ou immobilité du pouvoir, le résultat est le même ; il devient désormais presque impossible de rendre compte au jour le jour de la réalité politique », écrit-il, dénonçant « la dégradation des libertés publiques qui se poursuit insensiblement et menace la liberté de la presse ». Pourtant, les journaux, dans l'ensemble, ont plutôt accompagné le mouvement, conduit au plus haut niveau de l'État, vers l'indépendance de l'Algérie. *Le Figaro* y a même laissé des forces, se coupant d'une partie de son lectorat favorable à l'Algérie française. Et si l'on en croit Alain Peyrefitte, *Le Monde* aurait fait publier sous forme de brochure, grâce aux fonds secrets du gouvernement, la série d'articles qu'il publia à la une du quotidien, pendant l'été 1961. En revanche, l'orientation même de la politique algérienne embarrasse *Le Parisien libéré* et provoque l'hostilité de *L'Aurore*.

Réelle ou supposée, l'influence de la presse sur l'opinion, pour la convaincre de la nécessité de l'indépendance, explique la multiplication des attentats de l'OAS (Organisation armée secrète) contre les sièges des journaux. De février à mai 1961, *Le Monde, Le Méridional-La France* (Marseille), *France-Observateur*, *La Dépêche de l'Est* (Bône [Annaba]), *Le Patriote* (Nice), *Le Progrès* (Lyon) sont victimes de la « dictature du plastic », selon la formule du président de la Fédération de la presse Albert Bayet, le 14 mai 1961.

Reste que, l'hypothèque algérienne levée, les méthodes et la politique de De Gaulle suscitent des réactions souvent vives de la part des journaux. La réforme constitutionnelle de 1962, l'usage qu'il fait des référendums ou du monopole de la radio-télévision en particulier, provoquent la colère d'une partie de la presse. *Sirius* (Hubert Beuve-Méry) stigmatise ainsi l'« illustre propagande » subie par les Français à la télévision durant la préparation du scrutin de novembre 1962. La « monarchie républicaine » devient un thème récurrent, nourri notamment par la forme prise par les conférences de presse radio-télévisées auxquelles Beuve-Méry s'applique à répondre systématiquement dans les colonnes du *Monde. Le Canard enchaîné* s'en amuse férocement dans la chronique de *La Cour*, d'André Ribaud, illustrée par Roland Moisan, que l'hebdomadaire satirique publie à partir de 1960.

La presse d'information, malgré ce que feint de penser de Gaulle, demeure politiquement très diverse. La crise de 1968 l'atteste. Si, dès le 15 mai, *Combat* s'enthousiasme pour la révolte étudiante, si *Le Nouvel Observateur* appuie la contestation, faisant paraître, le 29 mai, un entretien de Jean-Paul Sartre avec Daniel Cohn-Bendit intitulé « L'imagination au pouvoir », *Le Parisien libéré*, *France-Soir* et *Le Figaro* constituent un môle de résistance à la déferlante antigaulliste, qui cependant s'affaiblit singulièrement à la veille du 30 mai. *Le Monde*, par la plume de Beuve-Méry, finit par se prononcer pour le départ du Général afin, estime-t-il, de mettre un terme au désordre ; mais le quotidien de la rue des Italiens est resté très modéré durant toute la crise.

Les reproches adressés par le général de Gaulle à la presse écrite – beaucoup plus diverse qu'il semblait le croire – étaient sans doute excessifs. Ils justifièrent, en tout cas, la rigueur du contrôle exercé sur l'information audiovisuelle du monopole de la radio et de la télévision.

Christian Delporte

• *Voir aussi* : Aurore (L') ; Canard enchaîné (Le) ; Croix (La) ; Dessins et caricatures ; Dessins outrés ; Express (L') ; Figaro (Le) ; France-Observateur ; Information ; Journalistes ; Monde (Le) ; Presse d'extrême droite ; Presse gaulliste

Bibl. : Fabrice d'Almeida et Christian Delporte, *Histoire des médias en France, de la Grande Guerre à nos jours*, Paris, Flammarion, 2003 • Laurent Martin, *La Presse écrite en France au XXe siècle*, Paris, Le Livre de Poche, 2005 • Institut Charles-de-Gaulle, *De Gaulle et les médias*, Paris, Plon-Fondation Charles-de-Gaulle, 1994.

Titre	1958	1968
L'Aurore	363 000	327 000
La Croix	89 000	120 000
Le Figaro	405 000	434 000
France-Soir	1 138 000	1 019 000
L'Humanité	169 000	161 000
Le Monde	156 000	352 000
Le Parisien libéré	783 000	978 000
Paris-Presse	106 000	-

DIFFUSION DES PRINCIPAUX QUOTIDIENS PARISIENS
(en nombre d'exemplaires)

Titre	siège	1958	1968
L'Alsace	Mulhouse	93 000	132 000
Centre-Presse	Rodez	-	123 000
Le Dauphiné libéré	Grenoble	314 000	406 000
La Dépêche du Midi	Toulouse	253 000	289 000
L'Est républicain	Nancy	231 000	251 000
La France	Bordeaux	112 000	38 000
Le Midi libre	Montpellier	156 000	200 000
La Montagne	Clermont-Ferrand	138 000	224 000
Nice-Matin	Nice	120 000	203 000
Nouvelle République du Centre-Ouest	Tours	239 000	282 000
Ouest-France	Rennes	529 000	655 000
Paris-Normandie	Rouen	141 000	168 000
Le Progrès	Lyon	338 000	460 000
Le Provençal	Marseille	186 000	308 000
Le Républicain lorrain	Metz	161 000	226 000
Sud-Ouest	Bordeaux	305 000	370 000
Le Télégramme de Brest	Brest	112 000	129 000
L'Union	Reims	142 000	159 000
La Voix du Nord	Lille	307 000	400 000

QUOTIDIENS RÉGIONAUX : DIFFUSION DE PLUS DE 100 000 EXEMPLAIRES

PRESSE D'EXTRÊME DROITE. – « Traître », « chef de l'anti-France », « fourrier du communisme et des juifs », « semeur de guerre civile » : de Gaulle est la cible de la presse collaborationniste (*L'Œuvre*, *Le Cri du peuple*, *Je suis partout*, *Au pilori*, *Les Nouveaux Temps*...). Après avoir tenté de le marginaliser (1940-1941), puis de l'ignorer (1942), elle redouble ses attaques contre le chef de la France libre à partir de 1943.

Les ordonnances de 1944, en interdisant la presse parue sous occupation allemande, frappent sans exception les titres d'extrême droite. Cette sanction se prolonge par une double épuration, pénale et professionnelle, qui écarte de la presse, pour un temps plus ou moins long, tous les responsables et journalistes compromis avec les Allemands et Vichy. Le régime d'autorisation, maintenu jusqu'en 1947, prémunit le pays contre toute résurgence des titres ultras. Cependant, dès les premiers temps de la Libération, circulent sous le manteau des feuilles ronéotypées puis imprimées, comme *Les Documents nationaux*, à l'initiative des anciens de l'Action française (Georges Calzant), *Questions actuelles* (René Malliavin), ou, en 1946, *La Dernière Lanterne* (Pierre Boutang, François Brigneau, Antoine Blondin), brûlot antigaulliste, antirésistant, anticommuniste, antirépublicain.

La levée de l'autorisation préalable libère les énergies de l'extrême droite ; émergent alors des publications plus ou moins éphémères. Parmi elles, *Aspects de la France*, lancé en juin 1947. Devenu hebdomadaire, le journal maurrassien (40 000 exemplaires au départ, 25 000 dans les années 1960) naît de la fusion des *Documents nationaux* et de *L'Avenir*, avec les anciens, Maurice Pujo ou Firmin Bacconnier (passé par *L'Appel* et *Le Cri du peuple*), et surtout la jeune génération monarchiste, conduite par Pierre Boutang. D'autres titres apparaissent, comme *Réalisme* (1948), mensuel dirigé par Jean-Marc Poullain, membre actif du groupe Luchaire sous l'Occupation, et qui fait figure de porte-parole des journalistes privés de carte de presse. Violemment hostile à la République et à de Gaulle, il affiche ouvertement son pétainisme, publiant portraits et textes à la gloire du Maréchal (tirage entre 20 000 et 30 000 exemplaires). Les titres d'extrême droite, à la fin des années 1940 et dans les années 1950, sont aussi nombreux qu'éphémères. Dans cette liste, citons la monarchiste *Indépendance française* (1946-1950), qui se distingue par un hommage appuyé à Édouard Drumont en 1949 ; *France réelle*, qui succède à *Réalisme* (1951-1954) et dirigé par Paul Estèbe ; *Artaban* (1951-1960), créé par Jacques Hébertot (André Daviel) ; *L'Heure française*, avec Jean-André Faucher, Claude Jeantet et Jean Loustau ; *Défense de l'Occident*, fondé par Maurice Bardèche en 1952. Et puis, alors que l'indépendance de l'Algérie se profile, l'OAS renoue avec les feuilles clandestines ultras : *Appel de la France. Journal de l'OAS* à Alger, *La Voix des maquis* (Robert Martel) ou encore *Courrier nationaliste* (Robert Sidos).

Toutefois, les années 1950-1960 restent dominées par *Rivarol*, « hebdomadaire d'opposition nationale ». Fondé en janvier 1951 par René Malliavin (alias Michel Dacier), il rassemble les vaincus de 1944, des maréchalistes aux propagandistes de l'ordre nazi. Au fil des années, on y trouve ainsi Jacques Tegly (Tony Guedel), ancien du *Cri du peuple*, Yves Jacquemin (Guy Crouzet), ex-rédacteur aux *Nouveaux Temps*, bientôt Pierre-Antoine Cousteau, Henri Lèbre, Lucien Rebatet et le caricaturiste Ralph Soupault (Léno), ex-animateurs de *Je suis partout*. Alfred Fabre-Luce en est, un temps, le rédacteur en chef. On peut estimer sa diffusion en 1962 à 51 000 exemplaires.

On rattachera à la nébuleuse des feuilles ultras la presse poujadiste. L'Union de défense des commerçants et des artisans (UDCA), qui diffuse de 1954 à 1960 *Union et Défense* auprès des commerçants et artisans, lance à Limoges, en 1955, *Fraternité française*, mensuel puis hebdomadaire qui sert de tribune à Pierre Poujade. Diffusé à 200 000 exemplaires au plus fort du mouvement, il intègre bientôt dans sa rédaction d'anciens collaborationnistes comme Claude Jeantet (Claude Thierry) ou Camille Fégy (ex-rédacteur en chef de *La Gerbe*).

Parallèlement à la presse politique, l'extrême droite entretient aussi la veine d'avant guerre des hebdomadaires satiriques, nourris de caricatures, d'échos, de textes pamphlétaires, liant humour acide, révélations et charges corrosives contre le pouvoir, tels *Le Charivari* (fondé par Noël Jacquemart en 1957), *Aux écoutes du monde* (70 000 à 80 000 exemplaires diffusés au début des années 1960) et, à partir de 1962, *Minute*, de Jean-François Devay (153 000 exemplaires vendus en 1968), journal antigaulliste qui se radicalise et accueille notamment François Brigneau.

La violence des attaques contre de Gaulle attire sur ces journaux des sanctions répétées, au-delà même de la période de la guerre d'Algérie. *Rivarol* fait l'objet de procès à plusieurs reprises. En 1959, René Malliavin (défendu par Tixier-Vignancour) est poursuivi pour « outrage au chef de l'État » à la suite de la publication du pamphlet antigaulliste illustré (par Arouet, pseudonyme de Ben), *Retour en Absurdie*, objet d'un numéro spécial de l'hebdomadaire. Des éditions du *Charivari*, de *Minute*, d'*Aux écoutes* sont saisies, leurs directions renvoyées devant les tribunaux et condamnées à des amendes.

Divisée sur le référendum de 1958 (*Aspects de la France* et *Aux écoutes* appellent à voter « oui », *Défense de l'Occident* et *Jeune Nation* à voter « non », *Rivarol* à s'abstenir), la presse d'extrême droite s'accorde vite pour condamner la politique algérienne de De Gaulle, renouant avec la vieille détestation à son égard qui date de 1940 et ne s'est jamais démentie. Reste que la multiplicité de ses titres, qui groupent les mêmes rédacteurs et s'adressent au même lectorat, ne doit pas faire oublier la marginalité qui fut la sienne, dans la presse française, de 1944 à 1969.

Christian DELPORTE

• *Voir aussi* : Antigaullistes de droite ; Collaboration ; Dessins et Caricatures ; Extrême Droite ; OAS

PRESSE GAULLISTE. – Peut-on parler d'une « presse gaulliste » ? La complexité de l'itinéraire historique du général de

Gaulle en rend la définition difficile. Aucune feuille de la Résistance ne pouvait prétendre, à elle seule, porter la voix du chef de la France libre ; pourtant, au-delà de leur diversité (y compris partisane), nombreuses furent celles qui affichèrent leur « gaullisme ». Plus tard, de 1958 à 1969, le président de la République et le parti gaulliste ne disposèrent pas d'un organe de presse à large diffusion ; toutefois, les observateurs pouvaient reconnaître dans la ligne de tel ou tel quotidien à grand tirage l'appui à la politique du chef de l'État, même si le journal en question clamait hautement son indépendance. Au fond, la « presse gaulliste » n'exista vraiment qu'à l'époque de l'éphémère RPF.

À Londres, des journalistes français, sous la conduite de Pierre Comert, créent un quotidien dès août 1940 : mais *France*, financé par Churchill, reste critique à l'égard de De Gaulle. En juin 1942, la France libre fonde enfin son propre organe, confié à François Quilici. Volontiers pamphlétaire, *La Marseillaise* – qui poursuit sa carrière à Alger puis à Paris – provoque régulièrement l'ire britannique. L'audience d'une telle presse reste évidemment confidentielle. L'enjeu des journaux de la Résistance intérieure est d'une autre ampleur. L'allégeance déclarée de feuilles clandestines à de Gaulle se situe au printemps 1942, au lendemain du « voyage de Londres ». « Voici notre chef » écrit Emmanuel d'Astier dans *Libération* (Sud), ponctuant son propos d'une photographie du Général (extraite du *Petit Dauphinois* du 8 juin 1940), la première dans une feuille de la Résistance. *Libération* (Nord) est sur la même ligne. *Combat* affirme, en août 1942 : « Tous avec de Gaulle, le chef et le symbole de la Résistance française. » Et *Franc-Tireur* tranche, en juillet 1943, la rivalité Giraud-de Gaulle : « Giraud, c'est l'erreur qu'on excuse ; de Gaulle, c'est la foi qu'on salue. » À ce titre, la presse clandestine contribue à unir la Résistance intérieure derrière l'homme du 18 Juin.

À la Libération, la presse est dominée par les quotidiens liés au PCF, à la SFIO et au MRP ou influencés par eux. À l'heure où l'esprit gaulliste de résistance semble un bien commun et où le gaullisme politique ne s'est pas encore affirmé, il est illusoire de vouloir reconnaître dans tel ou tel journal issu de la presse clandestine le moindre porte-parole de la pensée du Général.

Il en va fort différemment avec la création du RPF. À peine né, le mouvement crée *L'Étincelle*, en avril 1947, distribuée gratuitement et qui dispose de deux versions spécialisées, à destination du monde ouvrier (*L'Étincelle ouvrière*) et du monde paysan (*L'Étincelle agricole*). L'hebdomadaire est bientôt remplacé par un autre, lancé le 31 janvier 1948, *Le Rassemblement*, qui lui aussi adopte le principe d'éditions spécialisées par branches socioprofessionnelles (ouvriers, paysans, mais également fonctionnaires). Dirigé par Jacques Baumel, avec pour rédacteur en chef Albert Ollivier, le journal diffuse dès l'automne suivant 250 000 exemplaires à Paris (39 % du tirage en 1948) et en province.

En dehors de son organe militant et de propagande, le RPF bénéficie d'autres relais, comme la revue *La Liberté de l'esprit*, de Claude Mauriac (à partir de février 1949). Mais, du point de vue stratégique, la grande presse quotidienne est plus importante. Les documents internes au parti estiment la plupart des titres parisiens hostiles à de Gaulle ; seuls *Paris-Presse L'Intransigeant*, *L'Aurore* et *Le Parisien libéré* échappent à la mise à l'index. Reste que le journal le plus dévoué à l'action du Général, de l'aveu même du RPF, est *Ce Matin-Le Pays*, piloté par Émilien Amaury et Gilbert de Véricourt, où écrit notamment Louis Terrenoire – un appui qui aurait contribué à lui faire perdre plus de 40 000 lecteurs en un an (215 000 en mars 1949 contre 257 000 en mars 1948). Les militants sont même invités par Diomède Catroux, dans une note de mai 1949, à diffuser le quotidien.

Rares sont les journaux de province à se montrer ouvertement favorables à l'action de De Gaulle. Font notamment exception *L'Écho de Touraine*, hebdomadaire créé en 1949 par Michel Debré, *L'Espoir* (Saint-Étienne ; 50 000 exemplaires), soutenu par Jean Nocher, *Le Courrier du Cher* ou *La*

Concorde républicaine de la Marne qui, en novembre 1947, devient un quotidien RPF.

En 1953, *Le Rassemblement* ne tire plus qu'à 37 000 exemplaires. Alors que le RPF agonise, le *Courrier d'informations politiques* (40 000 exemplaires environ) s'affirme comme l'outil de liaison des fidèles du Général. Au temps du « gaullisme parlementaire », le Centre national des républicains sociaux dispose d'un organe à diffusion limitée, *Les Idées... Les Faits*, que dirige Roger Frey. Toutefois, au moment de la crise de 1958, c'est dans *Le Courrier de la colère*, animé par Michel Debré, que la pensée du Général s'exprime sans doute le mieux.

Pourvu après 1958 de l'arme du monopole sur l'audiovisuel, le gaullisme n'a guère besoin de la presse écrite. Contrairement à l'idée qu'il répand volontiers (justifiant ainsi l'usage gouvernemental de la radio et de la télévision), tous les quotidiens français ne sont pas les adversaires de son action. *Le Parisien libéré*, *Paris-Jour*, *Paris-Presse* (avec son chroniqueur politique, Pierre Charpy) et surtout l'influent *France-Soir* (un million d'exemplaires en 1968) de Pierre Lazareff ont plus que de la sympathie à l'égard du pouvoir. Le gaullisme a néanmoins son quotidien, *La Nation*, sous la responsabilité de Jean Boinvilliers puis de Michel Habib-Deloncle. S'y distingue notamment Jacques de Montalais, brillant éditorialiste venu de *Combat*. La diffusion de *La Nation* demeure néanmoins bien modeste : en 1963, une vente nette de moins de 2 000 exemplaires pour un tirage dix à onze fois supérieur. Le quotidien disparaîtra en juillet 1974, remplacé par *La Lettre de la Nation*, où s'illustrera Pierre Charpy.

Christian DELPORTE

• *Voir aussi* : Journalistes ; Presse ; Résistance intérieure (journaux de la)

« PRESTIGE ». – « Fait affectif, suggestion, impression produite, sorte de sympathie inspirée aux autres, le prestige dépend, d'abord, d'un don élémentaire, d'une aptitude naturelle qui échappent à l'analyse. Le fait est que certains hommes répandent, pour ainsi dire de naissance, un fluide d'autorité dont on ne peut discerner au juste en quoi il consiste et dont même on s'étonne parfois tout en subissant ses effets. Il en va de cette matière comme de l'amour, qui ne s'explique point sans l'action d'un inexprimable charme. Bien mieux, il n'y a pas toujours correspondance entre la valeur intrinsèque et l'ascendant des individus. On voit des gens remarquables par l'intelligence et la vertu et qui n'ont point le rayonnement dont d'autres sont entourés, quoique moins bien doués quant à l'esprit et quant au cœur.

« Mais, s'il entre dans le prestige une part qui ne s'acquiert pas, qui vient du fond de l'être et varie avec chacun, on ne laisse pas d'y discerner aussi certains éléments constants et nécessaires. On peut s'assurer de ceux-là ou, du moins, les développer. Au chef, comme à l'artiste, il faut le don façonné par le métier » [*FE*].

Charles DE GAULLE

• *Voir aussi* : Autorité ; Fil de l'épée (Le)

Bibl. : « Du prestige », dans Charles de Gaulle, *Le Fil de l'épée et autres écrits*, Paris, Plon, 1990, p. 179-192.

PRIGENT, Robert (1910-1995). – Dans ses Mémoires, de Gaulle mentionne Robert Prigent une fois, dans la liste des membres de son gouvernement de novembre 1945, sans autre commentaire. Pourtant, le Général est bien présent dans l'action et l'œuvre de Prigent.

Fils d'un matelot et d'une femme de ménage, celui-ci est ouvrier électricien à seize ans. Il découvre la Jeunesse ouvrière catholique (JOC) puis est secrétaire de l'union locale CFTC. Adhérant au Parti démocratique populaire, il croise les Semaines sociales. Après la JOC, il anime la Ligue ouvrière chrétienne (LOC) qui, en 1941, sous son impulsion, devient le Mouvement populaire des familles (MPF). Secrétaire général, il représente ce dernier au comité de coordination et au comité consultatif du commissariat général à la Famille. Comme nombre de catholiques, il accueille la politique familiale de Vichy mais refuse l'Occupation.

Sa vie publique bascule fin 1943.

Envoyé par l'Organisation civile et militaire (OCM) à Londres puis à Alger, il est délégué à l'Assemblée consultative provisoire et rapporteur général de la commission Éducation, Santé publique, Jeunesse. Il défend la politique familiale, le vote des femmes (amendement Hauriou-Prigent) ; côtoie les hommes de la Résistance et établit avec eux des contacts durables (Vincent Auriol, François Billoux, Pierre Mendès France, François de Menthon...). Avec Eugène Claudius-Petit, il est reçu pour la première fois par le général de Gaulle, le 8 novembre 1943. Il aura d'autres conversations personnelles avec lui. Impressionné, il le décrit « impassible du haut de sa haute taille ». Prudent, il s'interroge sur la confiance à lui accorder.

De retour à Paris, toujours délégué à la Consultative, il porte avec conviction la création de l'Union nationale des associations familiales (UNAF) par révision républicaine de la loi Gounot de 1942 (ordonnance du 3 mars 1945). En avril 1945, de Gaulle rétablit le Haut comité de la population et de la famille et le préside en personne. Prigent y participe jusqu'en 1950. Élu député MRP du Nord en 1945, il entre dans le gouvernement de Gaulle de novembre – « Prigent, vous prendrez la Population. Unifiez-moi tout ça. » C'est un homme de confiance. Mais le Général démissionne le 20 janvier 1946 et le projet d'unification est abandonné. Prigent conserve son portefeuille sous les gouvernements Gouin et Bidault, et le retrouve de mai à octobre 1947, élargi à la Santé publique. Il défend notamment l'indépendance des Caisses d'allocation familiale (CAF) dans la Sécurité sociale. En 1946, il vote la Constitution contre l'avis de De Gaulle, et refuse de rallier le RPF. En 1956, il quitte la vie politique.

Après 1958 et jusqu'en 1970, il redevient membre du Haut Comité de la population et de la famille, présidé par de Gaulle. En 1960, il est nommé pour deux ans par le gouvernement Debré membre de section au Conseil économique et social. Il pilote la commission d'étude des problèmes de la famille, mais son rapport de 1961, cantonné aux prestations familiales, a peu d'impact. Sa fidélité à la personne du Général plus qu'à sa politique partisane lui vaut encore d'être plusieurs fois invité à l'Élysée. Michel Chauvière

• *Voir aussi* : Assemblée consultative provisoire ; Conseil économique et social ; Femmes ; GPRF (œuvre intérieure et outre-mer du) ; Sociale (politique)

Bibl. : Bruno Béthouart, *Des syndicalistes en politique (1944-1962). De la Libération à la Ve République*, Lille, Presses universitaires de Septentrion, 1999 • Michel Chauvière (dir.), « L'action familiale ouvrière et la politique de Vichy », *Les Cahiers du GRMF*, n° 3, 1985 • Jean-Marie Mayeur et Yves-Marie Hilaire (dir.), *Dictionnaire du monde religieux dans la France contemporaine*, t. 4, par André Caudron, *Lille-Flandres*, Paris, Beauchesne, 1990.

PRL (Parti républicain de la liberté). – Le PRL est né le 22 décembre 1945. Ses fondateurs ambitionnaient d'en faire « le quatrième grand parti », mais il disparut dès 1951. À la Libération, plusieurs groupuscules de droite excipent d'une participation à la Résistance. Leurs élus, fin 1945, se rassemblent dans le groupe de l'Union républicaine, creuset du PRL.

Le général de Gaulle aurait officieusement encouragé sa formation. Cette recomposition des droites ne permettrait-elle pas de rééquilibrer l'échiquier politique, de contrebalancer le MRP (Mouvement républicain populaire), qu'il juge dans ses *Mémoires de guerre* incertain, puis de s'opposer au tripartisme, cette alliance du MRP, de la SFIO et du PCF ? Ces illusions tombent aux élections de juin 1946. Le MRP l'emporte nettement sur le PRL. Le parti manque d'unité à double titre. D'une part, il regroupe des éléments politiquement hétérogènes. La majorité vient des Jeunesses patriotes et surtout du Parti social français, la minorité est issue de l'Alliance démocratique ou même de la Fédération républicaine. D'autre part, d'anciens résistants comme Joseph Laniel, « admirateur de De Gaulle », et André Mutter, tous deux membres du CNR (Conseil national de la Résistance), cohabitent avec des nostalgiques de la Révolution nationale, nombreux à la base.

La ligne officielle du parti, présidé par Michel Clemenceau, fils de Georges, est celle de la droite conservatrice et libérale.

Son nom même suggère l'attachement aux institutions républicaines et à la défense des libertés : liberté économique (opposition à un « dirigisme [...] intégral »), sociale (la Sécurité sociale doit laisser une place à l'initiative mutualiste et la liberté de l'enseignement doit être respectée), et politique (l'antimarxisme se mue en « lutte sans merci » contre le communisme). Ses quelques élus ont voté l'investiture de De Gaulle en 1945, mais ils se situent d'emblée dans la minorité de droite et s'opposent aux réformes issues du programme du CNR.

En avril 1947, la formation du RPF (Rassemblement du peuple français) provoque une division. Michel Clemenceau décide « d'apporter » à de Gaulle « le concours » du parti. Selon lui, « le programme politique développé à Strasbourg correspond sur de nombreux points à celui que le PRL défend depuis sa création ». Cependant, le président et ses amis souhaitent que le parti perdure et garde une autonomie même si la double appartenance est autorisée. D'autres, comme Edmond Barrachin, rallient carrément le RPF et, à la fin de 1948, l'intergroupe gaulliste à l'Assemblée nationale compte de nombreux élus du PRL. Le coup de grâce est apporté par la force montante du Centre national des indépendants et paysans (CNIP), qui absorbe les derniers adhérents du PRL au lendemain des élections de 1951.

Bref, le PRL n'a pu devenir « un grand parti national et républicain ». Petit parti, porteur des idées de la droite classique et inséré dans le jeu parlementaire, il ne pouvait plus intéresser le général de Gaulle.

Rosemonde Sanson

• *Voir aussi :* Alliance démocratique ; CNI ; Partis politiques ; RPF

Bibl. : Mathias Bernard : « Le Parti républicain de la liberté (PRL) ou l'impossible union des droites (1946-1948) », dans Richard Gilles et Jacqueline Sainclivier, *La Recomposition des droites en France à la Libération 1944-1948*, Rennes, PUR, 2004, p. 191-203 • Jean-Paul Thomas, « Le parti républicain de la Liberté (1945-1951). Ambiguïté et échec d'une tentative de recomposition politique », dans François Roth. (dir.), *Les Modérés dans la vie politique française (1870-1963)*, Nancy, PUN, 2000, p. 431-440 • Id., *Les Droites entre PSF et RPF, 1936-1953*, Paris, Presses de Sciences Po, à paraître en 2007.

PROPAGANDE GAULLISTE (1958-1969). – La légende veut qu'après l'échec du RPF de Gaulle se soit désintéressé de la propagande qui, à ses yeux, divisait les Français au lieu de les rassembler. Même l'UNR qui se réclamait de sa personne sinon de ses idées n'aurait pas été mieux considérée. Le *Journal de l'Élysée* de Jacques Foccart comme les témoignages de proches obligent à nuancer ce constat. Le chef de l'État suivait l'action du parti gaulliste et s'intéressait à la propagande militante, qu'elle passât par des vecteurs écrits (affiches, tracts et presse), radio ou audiovisuel. Il s'agissait à ses yeux de persuader les Français de soutenir son action à la tête de l'État. Conçue comme le prolongement de la communication gouvernementale, la « propagande » – le mot était encore utilisé même s'il possédait déjà une connotation négative – était organisée autour de la figure du président et d'un ensemble de symboles (croix de Lorraine, « V » de la victoire, drapeau tricolore, bonnet phrygien, Marianne) qui assimilaient de Gaulle à la France, la Ve République et la Résistance. Compréhensible dans le cas de l'élection présidentielle, et dans une moindre mesure pour les référendums, cette personnification était plus étonnante s'agissant des élections législatives.

La place centrale du Général dans la propagande gaulliste. Durant les premières années de crise de la Ve République (1958-1962), l'image du Général véhiculée par les affiches est celle de l'homme providentiel, comme l'a montré Jean-Pierre Guichard. Recours contre le système des partis, lors de la campagne référendaire de septembre 1958, de Gaulle apparaît en ombre chinoise derrière Marianne qui a brisé ses chaînes (« Oui à la République libérée du système »). Recours dans le drame algérien, il figure sur les affiches du référendum pour l'indépendance de 1962, en uniforme, formant le « V » de la victoire avec les bras levés pour répondre aux acclamations (« Contre la violence, pour la paix, pour la fraternité, oui à de Gaulle »).

Le symbole renvoie à l'entreprise victorieuse entamée le 18 juin 1940 et fait écho au chiffre romain indiquant la Ve République. Le « oui franc et massif », réclamé par de Gaulle, se retrouve sous forme de slogan visuel. Au-delà du sujet de la question posée, on appelle le peuple à soutenir celui qui, au moment d'engager le destin de la France, pose la question de confiance.

Lors du référendum de l'automne 1962, la communication demeure centrée autour du Général. Mais l'image se fait plus naïve dans un contexte moins dramatique. Afin de convaincre les Français de suivre celui qui propose de modifier la Constitution pour plus d'efficacité gouvernementale, on joue sur les sentiments en associant le président à une Marianne jeune et paisible. Sur les affiches de la société de marketing Lefor Opéno (des noms de Marie-Claire Lefort et Marie-Francine Oppeneau), une Marianne en blanc apparaît « mariée » à de Gaulle, allégorie du peuple français qui détermine son avenir en choisissant directement le chef de l'État. Une petite Marianne de sept ans (« J'ai sept ans, laissez-moi grandir »), symbole d'un régime né en 1958, tend aussi la main vers celle (esquissée par une manche d'uniforme étoilée) d'un Général protecteur. De Gaulle n'est plus le chef fougueux des affiches « Marseillaise » du RPF mais le guide rassurant qui garantit le progrès. Sur une troisième affiche de Lefor Opéno, le slogan accompagnant Marianne est « Confiance en la France, confiance en de Gaulle ».

À partir de 1965, dans une République apaisée, les affiches ne représentent plus jamais de Gaulle en uniforme. La légitimité historique est délaissée au profit d'une légitimité démocratique et d'une projection vers l'avenir. Au moment de la présidentielle de 1965, l'Association nationale pour le soutien à l'action du Général de Gaulle demande aux Français de voter pour celui qui a assuré « le succès de la France ». Le chef de l'État est associé visuellement à la Nation dans une autre affiche « Confiance à de Gaulle ». Une image de foule tendant les mains vers le président sur fond tricolore permet l'identification à ce peuple reconnaissant et plein d'espoir. Ce procédé d'interpellation est repris lors du référendum de 1969. Pour susciter l'adhésion à une participation socio-économique accrue dans la vie régionale, l'affiche montrant le visage du Général sur fond tricolore affirme : « Oui, de Gaulle veut le progrès avec vous, pour vous. » Au-delà de l'adhésion à une politique et à des institutions, c'est le soutien à un homme qui est recherché.

De Gaulle suit de près la propagande gaulliste. Lors de la présidentielle de 1965, de Gaulle, candidat tardif, refuse longtemps une propagande ouverte. Alors que Jacques Foccart s'inquiète de ce retard, il le rassure : « La partie est déjà jouée et tout cela n'a pas beaucoup d'importance. » Le 26 octobre, alors que son conseiller lui remet une analyse alarmante de l'IFOP et lui dit que l'UNR souhaite organiser des réunions, le chef de l'État le freine de nouveau. De Gaulle sait, cependant, l'importance de ces questions de communication – « Il n'en faut pas trop bien sûr, mais il en faut quand même », reconnaît-il à propos des affiches – et s'intéresse bientôt aux opérations de propagande qu'on lui soumet. Le « livre blanc du septennat » est relu et corrigé par ses soins avant publication. Les deux affiches de campagne et leurs modalités de diffusion lui sont présentées par Foccart. Pour sa profession de foi, le chef de l'État reprend le texte du discours qu'il a prononcé à la télévision, ce qui n'offre pas un visuel efficace. Comme Foccart insiste pour qu'un portrait apparaisse en filigrane, le Général refuse d'être représenté avec son képi et rejette les photos qui lui donnent un air « trop âgé ». Craignant qu'on ne la lui attribue, il récuse une lettre que le Premier ministre souhaite envoyer aux Français sous la signature « direction des relations publiques ».

Même si l'UNR et le SAC s'occupent de la propagande, c'est l'Association nationale qui est mise en avant (plutôt que la brouillonne Association pour la Ve République de Malraux). Le 29 octobre, le président découvre la liste des délégués qui, dans chaque département, présenteront sa candidature, et fait quelques objections.

S'agissant de la télévision qui est utilisée pour la première fois par l'opposition, il ne veut qu'un seul passage alors que Jacques Chaban-Delmas et Gaston Palewski le poussent à apparaître deux fois. Finalement, suivant le conseil de Roger Frey (qui évoque des sondages à 40 %) et Étienne Burin des Roziers, il accepte : « J'ai l'impression que nous n'avons pas fait grand-chose pour la propagande. » L'allocution du 30 novembre, ratée, l'affaiblit. Le candidat à qui on a recommandé de parler d'avenir, d'Europe et des jeunes, améliore ensuite sa prestation. Après le premier tour, le média télévisuel est privilégié. Selon Foccart, une causerie s'impose pour jouer la proximité. À ses yeux en effet, de Gaulle donne « l'impression d'aimer la France mais pas les Français, de se soucier davantage de la France que du sort de ses habitants ». Le chef de l'État accepte un entretien avec Michel Droit. Le 13 décembre, ayant répété la veille, il apparaît spontané et humain. Pour sa deuxième allocution du 17, il suit les recommandations en évoquant le peuple avant de se projeter dans l'avenir (« Avec vous tous et vous toutes qui êtes le peuple français, je pourrai demain... »).

Avant les législatives de juin 1968, le président étudie chaque investiture et scrute les interventions de ses ministres. Il reproche ainsi à Georges Pompidou de ne pas l'avoir cité dans son discours télévisé du 4 juin et il exige une correction *via* l'AFP. Depuis 1967, la firme Service et Méthodes de Michel Bongrand, qui a pris en charge la campagne de Jean Lecanuet en 1965 en s'inspirant des méthodes américaines de marketing, travaille pour les gaullistes. Elle conçoit le matériel de campagne. Jouant sur la peur de Mai 68, on centre la propagande autour de la « défense de la République » en reprenant les slogans et images de la manifestation des Champs-Élysées. De Gaulle donne son avis sur les affiches CDR (Comités de défense de la République) – « une très bonne propagande » – et consulte les sondages. Le 1er juin, scandalisé par l'attitude de l'ORTF en mai, il exige des purges (« Il faut me foutre à la porte tous ces journalistes qui sont des adversaires »). Dès le 17 juin, Foccart note « une amélioration sensible » à la radio où depuis l'arrivée de Jacqueline Baudrier les journalistes sont moins critiques. L'émission télévisée du 7 juin avec Michel Droit, enregistrée à l'Élysée, dure moins d'une heure. Les collaborateurs suivent la prestation par écran interposé dans le salon Murat. Cet excellent débat, salué par la presse, réconforte de Gaulle (« Mon affaire a tapé ») qui intervient aussi le 29 par un discours choc sur « la République menacée ».

De Gaulle note les ministres à la télévision, ainsi Mlle Dienesch : « Très bien, très comme il faut, modeste », et Georges Pompidou : « Tout à fait habitué maintenant à la télévision. » Il écoute les débats sur les radios périphériques. Enfin, le président supervise l'organisation du meeting du 20 juin à Paris, s'inquiétant des qualités des orateurs et de leur état de santé (il suggère le remplacement de Malraux), appréciant de voir des jeunes (la skieuse Marielle Goitschel). Le lendemain du meeting, il écoute l'enregistrement. Il est satisfait d'apprendre que si l'UDR a organisé moins de réunions électorales que les communistes, ces réunions ont attiré plus de monde. François AUDIGIER

• *Voir aussi* : Association nationale ; Audiovisuelles (interventions) ; CDR ; Entretiens avec Michel Droit ; SAC

Bibl. : Jérôme Bourdon, *Histoire de la télévision sous de Gaulle*, Paris, Anthropos-INA, 1990 • *Espoir*, nº 104, novembre 1995, numéro spécial sur la présidentielle de 1965 • Jacques Foccart, *Journal de l'Élysée*, t. 1, *Tous les soirs avec de Gaulle (1965-1967)*, 1997, t. 2, *Le Général en mai (1968-1969)*, Paris, Fayard-Jeune Afrique, 1997 et 1998.

PROPHÈTE. – Charles de Gaulle est un des rares hommes politiques de l'histoire contemporaine française à se voir accorder par la plupart des acteurs et des interprètes du jeu politique une dimension prophétique. Il est ainsi celui qui perçoit la dimension mondiale du conflit dès juin 1940, prévoit la chute de la IVe République dès ses premiers pas, réussit à faire accepter l'indépendance algérienne à une armée et des dirigeants politiques hostiles, comprend les nécessités de restauration de l'État et de modernisation de la société française. Les sciences sociales ne peuvent apporter d'éléments de connaissance sur ce type d'affirmation qu'à condition d'interroger les processus par lesquels Charles de Gaulle *devient* un prophète, c'est-à-dire comment lui-même en est-il venu à revendiquer cette qualité, comment lui est-elle prêtée, ou refusée, et quels effets produisent ces attributions. Dans ce cadre de questionnement, l'analyse du charisme suppose de ne pas se focaliser sur les seules qualités personnelles du personnage même si elles semblent seules opérer ; il faut aussi déplacer le regard sur les situations, les enjeux et les compétitions au cœur desquelles ces qualités lui sont reconnues. Autrement dit, comment la force (sociale et politique) vient-elle aux discours et leur donne-t-elle corps ?

On laissera ici de côté l'acte fort de juin 1940 en renvoyant à la biographie de Jean Lacouture qui sait restituer les moments de la « prise de rôle prophétique » avec les premiers ralliements d'individualités et de groupes résistants, puis, entre 1944 et 1945, les moments de reconnaissance nationale et internationale de la capacité visionnaire du rebelle du 18 Juin. On voudrait ici se focaliser sur la manière dont le général de Gaulle a été érigé en prophète de la modernisation politique (réforme institutionnelle de 1958) et de la modernisation sociale de la France (politiques publiques engagées au début de la Ve République).

La prophétie institutionnelle : moderniser le jeu politique. Le destin du discours prononcé à Bayeux en juin 1946 est exemplaire pour comprendre le mode de réalisation des prophéties ; il s'agit là en effet d'une prise de parole progressivement reconnue comme la prédiction de l'impuissance à venir de la IVe République. Presque inaudible par ses contemporains, le discours devient pour les juristes de la Ve République et pour les commentateurs politiques, timidement en 1958, beaucoup plus fermement par la suite, « le » texte fondateur. Or, ce discours peut être interprété différemment. On y lit une célébration de la France résistante et, pour finir, les grandes lignes, rapidement brossées, d'une Constitution défendant le bicaméralisme, l'autonomie de l'exécutif et la capacité d'action du chef de l'État. Rien d'étonnant à ce que le discours ait pu être perçu alors comme un programme passéiste, ressuscitant les prises de positions et les doctrines des réformateurs de l'État des années 1930 dont André Tardieu fut une des figures les plus influentes. L'esprit du texte semble en effet aux antipodes de l'esprit démocratique de la Libération. De fait, en 1946, la modernité et l'inédit sont bien davantage dans la réorganisation de la compétition politique autour de trois grands partis structurés et disciplinés, vus comme les conditions d'une véritable rénovation du parlementarisme. Au-delà de sa dimension proprement institutionnelle, beaucoup de commentateurs lisent le discours de Bayeux comme une ultime tentative du général de Gaulle pour faire basculer le Mouvement républicain populaire (MRP) du côté du « non » au second référendum constitutionnel et pour revenir ainsi dans le jeu politique, après sa démission quelque peu contrainte et mal négociée de janvier 1946. Il lui faut trouver une place et des alliés dans la compétition politique ordinaire, une fois le pays sorti de la conjoncture des années de guerre. D'une certaine façon, c'est bien la sortie du rôle prophétique qui devient problématique pour le général de Gaulle en 1946, comme elle le deviendra de nouveau au cours des années 1960, une fois terminée la guerre d'Algérie.

Le caractère prophétique du discours de Bayeux sera progressivement attesté, plus d'une dizaine d'années plus tard, après 1958. D'abord dans le travail d'exégèse juridico-politique. La nouvelle Constitution est mise en place et sa signification reste incertaine au moins durant la période qui va de l'automne 1958 à l'automne 1962. Aux craintes de certains, peu à peu démenties, concernant l'instauration d'un régime fasciste, césariste ou bonapartiste, d'autres vont répondre en s'appuyant sur la « Constitution de Bayeux ». Elle est érigée en source légitime d'interprétation des temps nouveaux et en garantie de soumission aux principes démocratiques du fait de la conduite passée de son auteur. Le discours est reconstruit en discours annonciateur des institutions à venir, débarrassé de sa dimension assez conjoncturelle d'outil de gestion d'un positionnement du général de Gaulle dans la compétition partisane de la Libération et, plus spécifiquement, dans la campagne référendaire de l'été 1946. Les juristes et les interprètes du jeu politique ne sont pas seuls producteurs de cette capacité prophétique du discours de Bayeux ; ce sont également les hommes politiques qui, dans leurs modalités d'acclimatation à la donne institutionnelle de 1958, vont conférer, *de facto*, une certaine réalité aux prédictions gaulliennes de stabilité institutionnelle et de puissance restaurée de l'autorité publique. Cette contribution de la plupart des hommes politiques, gaullistes ou non gaullistes, ne se fait pas sans révolte collective face à certains « passages en force » du général de Gaulle, lorsqu'il refuse, par exemple, de convoquer l'Assemblée nationale lors de la crise agricole de 1960 quand la majorité requise de parlementaires le demande, ou encore lorsqu'il recourt à l'article 11 de la Constitution pour contourner l'opposition du Parlement à sa réforme constitutionnelle de 1962.

Durant les premières années du régime, toute résistance frontale aux initiatives politiques de celui qui se présentera, lors de la conférence de presse du 31 janvier 1964, comme l'interprète de l'« esprit des institutions », se révélera inutile. Ce qui justifie globalement l'obéissance au nouveau chef de l'État tient d'abord à un échange conjoncturel de services qui lie à lui la plupart des parlementaires et chefs de partis en place, gaullistes ou non. En effet, délégation est donnée à Charles de Gaulle pour régler la question algérienne, d'un côté par ceux qui en font le champion de la cause de l'Algérie française, de l'autre par les anciens dirigeants de la IVe République, qui lui laissent en quelque sorte le soin de les débarrasser de ce qui est devenu dans la vie politique depuis le milieu des années 1950, le « boulet » algérien. Ce sont eux – beaucoup plus d'ailleurs que le groupe parlementaire élu sous la bannière UNR (Union pour la Nouvelle République) qui va se déchirer au fur et à mesure que se dessine l'indépendance algérienne – qui offrent d'une certaine manière au président de la République des marges de manœuvre politique élargies. Ce risque de la délégation a pu être anticipé, à tort, par certains leaders de la SFIO (Section française de l'Internationale ouvrière) ou du MRP comme un risque limité et provisoire tant Charles de Gaulle, au printemps 1958, semble encore dénué de troupes politiques aguerries. C'est en tout cas dans cet échange de services bien plus que dans l'article 5 de la Constitution de 1958 ou dans la tonalité du discours de Bayeux que se forge la position arbitrale inédite du président de la République et que lui est reconnue une possibilité d'agir que n'a pu connaître aucun dirigeant de la IVe République. Cette autorité sans égale consentie à de Gaulle bouleverse les équilibres antérieurs et cette dissymétrie produit de nouvelles règles du jeu structurées autour des pratiques de discipline parlementaire, de solidarité gouvernementale et d'alliances partisanes bipolarisées. À la fin de la guerre d'Algérie, ces conditions spécifiques ont permis le renouvellement du jeu politique, l'ont stabilisé, organisé autour d'une majorité présidentielle et d'une opposition, « modernisée » diront certains. Ces conditions seront oubliées, rapportées à la seule force du texte de 1958 et à la capacité prophétique de ce qui en devient sa source unique : le discours de Bayeux. Cet exemple montre la dimension collective d'un processus d'attestation prophétique qui n'en finit pas de se renforcer, une fois disparu le personnage de Gaulle : jusqu'au ralliement de François Mitterrand, pourfendeur de la Constitution de 1958 et qui, en 1981, reconnaîtra la pertinence des institutions gaullistes.

La prophétie sociale : moderniser la société. Ce même processus d'attestation prophétique se retrouve sur le terrain de l'histoire sociale et économique et touche à ce que les historiens appelleront le « processus de modernisation sociale et politique ». Celui-ci est scandé par les réformes entreprises dès la fin de 1958 dans les secteurs les plus divers : réformes économiques et financières avec le plan de redressement et l'introduction du nouveau franc ; réforme de la magistrature, avec la création de l'École nationale de la magistrature, réformes de la médecine, avec la création des Centres hospitalo-universitaires, et de l'agriculture, avec la mise à l'ordre du jour de la productivité et la formation aux nouvelles techniques d'exploitation, etc. C'est ici la capacité inattendue du militaire Charles de Gaulle à trouver des soutiens dans les fractions réputées les plus modernistes et les plus intellectuelles – au sens où leur position et leur prestige sont davantage liés à la possession d'un diplôme que chez leurs concurrents respectifs – qui va se trouver démontrée. Au cours des quatre premières années, mais surtout dans ce grand chantier de réformes ouvert par les ordonnances publiées fin décembre 1958, un nouvel univers de représentants des intérêts sociaux s'institutionnalise. Ceux-ci se rencontrent plutôt au sein de « groupes d'experts » ou dans les commissions d'un Commissariat du Plan renforcé que dans les couloirs du Palais-Bourbon. Les groupes mobilisés dans des secteurs aussi différents que la haute fonction publique, la magistrature, la recherche, la paysannerie, le patronat ou la médecine vont trouver dans le retour du Général au pouvoir l'occasion d'une reconnaissance à l'intérieur même de leur secteur d'activité. Ils y gagnent une meilleure prise en compte de leurs intérêts, de leurs revendications, de leurs manières d'exercer leur rôle et, plus largement, de leur légitimité à agir et à représenter. Rien ne les prédisposait à ce ralliement et, bien souvent, leurs engagements politiques antérieurs n'étaient pas gaullistes mais, souvent, plutôt mendésistes.

L'appui du général de Gaulle sur les « forces vives » est sans doute lié à l'absence de relais syndicaux et notabiliaires susceptibles d'êtres mobilisés par lui. Cette faiblesse ne le dessert pas pourtant, au vu des conditions extraordinaires de son retour au pouvoir, puisque les parlementaires (se) sont mis hors jeu en votant le 3 juin 1958 une loi de pleins pouvoirs qui permet au « gouvernement du général de Gaulle » de prendre des ordonnances pour « assurer le redressement de la nation ». Les six mois qui vont suivre sont des mois de négociations intenses dans lesquelles les différents partenaires impliqués sont disposés à utiliser largement les possibilités offertes par les ordonnances (secret des délibérations, urgence, consultation d'experts, participants appelés à siéger *intuitu personae*). Les représentants d'intérêts sociaux jusque-là marginalisés par les commissions parlementaires ou les cabinets ministériels de la IVe République, les hauts fonctionnaires chargés de piloter ces réformes et eux-mêmes disposés à montrer leur capacité et leur légitimité à agir vont donc faire du retour au pouvoir du général de Gaulle l'occasion de leur propre reconnaissance. Le Général trouvera là des soutiens élargis ainsi que la possibilité de faire reconnaître une capacité d'action publique et de réforme.

Il est tout à fait certain qu'il existait, chez de Gaulle, un sens de l'autorité de l'État et de l'intérêt général, ou même une vision du destin national. Ce que l'analyse sociologique peut simplement mettre en évidence, c'est que ces visions et ces convictions sont alors en phase avec des ressources et des possibilités concrètes de jeu. Ces représentations ne peuvent se concrétiser que si elles réussissent à rallier largement des groupes susceptibles de trouver dans la reconnaissance de l'autorité les conditions de leur propre reconnaissance sociale et politique. Ce qui demeure finalement remarquable dans l'épopée gaullienne, c'est bien cette capacité du personnage à s'attirer les soutiens les plus inattendus et les plus éloignés, sur le moment et après coup. Aujourd'hui, de Gaulle est devenu un patrimoine commun, il appartient à l'Histoire. Et l'on n'en finit pas de voir ses discours, ses paroles ou ses actes relus comme autant de prédictions réalisées ; et ce, quels que soient les ressorts de cette reconnaissance. Plébiscité par des sondages de popularité historique, le général de Gaulle reste aujourd'hui un des rares hommes politiques à pouvoir prétendre à la qualité de prophète. Si l'analyse gagne à sortir de la seule focalisation sur l'individu Charles de Gaulle pour comprendre les conditions de sa réputation prophétique, ce n'est pas pour la détruire mais pour en enrichir la compréhension en situant les configurations sociales et politiques dans lesquelles cette réputation a pu émerger, grandir et produire des effets de réalité. Brigitte GAÏTI

• *Voir aussi* : Constitutionnelles (conceptions) ; Providentiel (homme) ; Rénovation ; Sociale (politique)

Bibl. : Brigitte Gaïti, *De Gaulle, prophète de la Cinquième République*, Paris, Presses de Sciences-Po, 1998.

PROVIDENTIEL (homme). – La vie politique s'alimente à des mythes. Celui de « l'homme providentiel » est particulièrement adapté aux temps de crise lorsque les gouvernants semblent paralysés par les problèmes qu'il leur faut affronter. Défaite militaire, crise de régime, effondrement économique sont des circonstances favorables à l'apparition de puissants mouvements d'opinion. Les attentes angoissées de larges fractions de la population, voire, dans les cas les plus graves, celles de la classe politique elle-même, se portent alors sur un personnage réputé capable de trancher le nœud gordien des difficultés insolubles. On attend de lui qu'il fonde magiquement un nouvel ordre, fût-ce en prenant quelque liberté avec les institutions en place. Sous la IIIe République, tour à tour le général Boulanger, Gaston Doumergue et le maréchal Pétain ont été investis de ce rôle qui les dépassait largement.

De Gaulle fut perçu, à certains moments de son histoire, comme un homme providentiel. Mais pas en 1940 : officier presque inconnu, il ne peut d'emblée susciter ce courant émotionnel de masse qui préside toujours à la construction du mythe ; seule une petite minorité se sent alors affermie par cette voix prophétique venue de Londres. Le sauveur attendu, c'est encore le « vainqueur de Verdun », qui s'apprête à entamer sa désastreuse fin de carrière. En revanche, à la Libération, la haute silhouette du Général, qui, dans les villes libérées, se porte à la rencontre des foules en liesse, incarne parfaitement la figure de l'homme providentiel. Il est celui qui fait oublier les lâchetés et les paniques collectives de juin 1940, redonnant aux uns et aux autres l'impression réconfortante d'avoir toujours cru en la France. Il est celui qui porte les promesses d'un monde nouveau où les institutions seront rénovées, les injustices sociales jugulées, la République pleinement rétablie. On attend de l'envoyé de la Providence quelque forme de miracle. Et cette attente constitue en elle-même une ressource politique précieuse, même si, à l'époque, elle se révéla insuffisante pour permettre au Général de triompher des pesanteurs politiques et de l'hostilité des partis. Alors, progressivement, se dissipa l'état de grâce.

De nouveau, en 1958, le régime étant empêtré dans les convulsions de la guerre d'Algérie, de Gaulle apparaît comme un recours : possible dans les premiers jours de mai, irrésistible à la fin du même mois. Homme providentiel, il l'est à plusieurs titres : *deus ex machina* pour « régler » l'affaire algérienne ; nouveau Solon prêt à donner de nouvelles lois au peuple ; prophète inspiré qui réconcilie les Français humiliés avec leur fierté nationale. Et, de fait, la dynamique de l'homme providentiel s'est révélée cette fois largement payante. Les opposants sont balayés par la vague de consensus qui permettra l'adoption de la nouvelle Constitution et, quatre ans plus tard, la fin de la guerre d'Algérie. Mais la parenthèse se referme dès 1962, malgré la victoire au référendum d'octobre. Redevenu chef d'État comme un autre, il subira en avril 1969 cette ingratitude finale des citoyens qui signale le retour aux normes ordinaires de la démocratie. Philippe BRAUD

• *Voir aussi* : Autorité ; Libération ; Prophète

Bibl. : Raoul Girardet, *Mythes et mythologies politiques*, Paris, Le Seuil, 1986 • André Malraux, *Les chênes qu'on abat*, Paris, Gallimard, 1971.

PSICHARI, Ernest. – *Voir* AUTORITÉ ; CATHOLIQUE (foi) ; FIL DE L'ÉPÉE (Le) ; FORMATION SCOLAIRE ET INTELLECTUELLE.

PSU (Parti socialiste unifié). – Créé le 3 avril 1960, fondé sur un refus des institutions de la Ve République et sur l'hostilité à la poursuite de la guerre en Algérie d'une fraction de la gauche non communiste, le PSU est un parti d'opposition au général de Gaulle. Il est formé par la fusion de trois composantes. Tout d'abord un segment de la SFIO (Section française de l'Internationale ouvrière), le Parti socialiste SFIO autonome (PSA), créé en septembre 1958 par un courant socialiste minoritaire hostile à la politique algérienne de Guy Mollet puis au référendum constitutionnel, et rejoint par les mendésistes. Ensuite, l'Union de la gauche socialiste (UGS), formée de chrétiens de gauche et de noyaux intellectuels, trotskistes, « progressistes » ou neutralistes. Enfin, « Tribune du communisme », petit groupe dissident du parti communiste conduit par Jean Poperen.

L'organisation compte à sa naissance une quinzaine de milliers de membres, souvent activistes. Certains des fondateurs, surtout ceux venus du PSA, ont été un temps gaullistes, comme André Philip, Georges Boris, Alain Savary, sans oublier Pierre Mendès France, figure la plus connue mais aussi la plus réservée du parti, ou encore Manuel Bridier, qui a été délégué national à l'action ouvrière du RPF (Rassemblement du peuple français). À l'instar de Mendès France, beaucoup croient à un effondrement rapide du régime qui, né d'un coup de force, doit périr d'un autre coup de force. Le premier numéro du journal du parti, *Tribune socialiste*, souhaite une « VIe République » et Gilles Martinet écrit peu après : « Le 13 mai ne restera pas impuni. » La question algérienne reste majeure, même si un début de solution se dessine avec la reconnaissance du droit à l'autodétermination. Après l'échec des premières négociations, le PSU se trouve divisé sur la question de l'insoumission, avec le manifeste des 121, en septembre 1960. Il s'efforce de mobiliser la gauche, en liaison avec l'Union nationale des étudiants de France (UNEF), et organise les premières manifestations de rue. Il présente de Gaulle comme le monarque d'un « régime de pouvoir personnel », qui sème la confusion et dont le mythe ne cesse de s'effriter. Aussi le PSU, refusant le « bonapartisme » du « général-président », appelle à voter « non » au « plébiscite » de janvier 1961, puis à voter nul en avril 1962. Dénonçant le « nationalisme gaulliste » et la force de frappe, le nouveau parti se résout à voter pour « le candidat unique de la gauche », François Mitterrand, en 1965, et met en cause l'âge du Général (« 75 + 7 », titre le journal du parti). Serge Mallet analyse alors dans le gaullisme un néocapitalisme moderne orienté vers la consommation de masse et le renforcement des structures autoritaires.

Dirigé par Michel Rocard depuis 1967, le parti, en lien avec la CFDT (Confédération française et démocratique du travail) et l'UNEF, joue un rôle de carrefour en mai 1968. Il sympathise avec le gauchisme, tente de pousser Mendès France en avant à Charléty, et, emporté par le mouvement de masse, passe à côté de la question du pouvoir. En 1969, il appelle à voter « non » au référendum, mettant en minorité son secrétaire national. Celui-ci est candidat du parti à l'élection présidentielle et obtient 3,66 % des voix. Jusqu'à son sabordage en décembre 1988, le PSU demeure une force de proposition, ultraminoritaire, à gauche, autant qu'une école de militantisme et d'idées.

Gilles Morin

• *Voir aussi :* Antigaullistes de gauche ; Bourdet, Claude ; France Observateur ; Manifestation du 29 mai 1968 ; SFIO

Bibl. : Marc Heurgon, *Histoire du PSU. La fondation et la guerre d'Algérie, 1958-1962*, Paris, La Découverte, 1994 • Jean-François Kessler, *De la gauche dissidente au nouveau parti socialiste. Les minorités qui ont rénové le PS*, Toulouse, Privat, 1990.

PSYCHANALYTIQUE (regard). – Nombreux sont les Français qui ont lu les *Mémoires de guerre*, ce best-seller des années 1950. Faut-il les rouvrir ? Tenter de relire un texte de manière différente, même et surtout s'il est très connu, constitue un défi. Comment procéder ? Par exemple, en faisant fond sur les concepts de la psychanalyse : pourquoi ne pas placer de Gaulle à la lumière de l'enseignement de Jacques Lacan ? Il ne s'agit pas, pour autant, de prétendre « allonger » de Gaulle sur un divan – instrument dont il n'aurait eu que faire, il n'a pas eu besoin de l'aide d'un psychanalyste pour vivre son histoire d'amour avec la France !

De Gaulle et Lacan. Les deux hommes ne se sont jamais rencontrés, et le psychanalyste a gardé un silence presque complet sur de Gaulle. Voilà qui peut surprendre, car tous deux ont été contemporains en leur siècle : le général et le psychanalyste sont nés et morts à seulement dix ans d'intervalle. Lacan est né en 1901 et a disparu en 1981. De plus, dit-on, il votait de Gaulle. Il rendra une fois un hommage appuyé à l'homme de l'Appel lors de son séminaire (inédit) du 18 juin 1958 : « Nous voici le 18 juin. La part du signifiant dans la politique – du signifiant du "non" quand tout le monde glisse dans un consentement ignoble – n'a jamais encore été étudiée. » Et le docteur Lacan poursuit : « Le 18 juin est aussi l'anniversaire de la fondation de la Société française de psychanalyse [en 1953]. Nous aussi, nous avons dit non à un moment. » Jacques Lacan se faisait une certaine idée du Général au point de se reconnaître dans l'homme du refus, le rebelle de l'année 1940. Le psychanalyste se voyait en hérétique – l'hérétique étant « celui qui choisit la voie par où prendre la vérité » –, en fondateur et en chef : comme de Gaulle.

L'enseignement d'un Lacan atypique, en délicatesse réitérée avec les institutions jusqu'à fonder sa propre école en 1964, n'est-il pas le mieux placé pour jeter des lueurs inhabituelles sur de Gaulle comme sur son texte ? En effet, la pensée du docteur Lacan conçoit la liberté comme brèche, oppose la cause et l'effet, défend la fonction d'exception du père, privilégie la création sur l'évolution. Quoi de mieux pour approcher un de Gaulle qui inscrit dans la rupture son appel du 18 Juin, s'insurge au nom d'une conception très singulière de la France, fonde une République qui tranche avec les régimes d'assemblée et fait aujourd'hui figure de père des Français ? Peut-être était-il alors « écrit » qu'un jour, un Jacques Lacan inclassable rencontrerait un de Gaulle excentrique et hors-série.

La pensée de Lacan est particulièrement éclairante sur les deux thèmes principaux des *Mémoires de guerre* : le 18 Juin et ses conséquences d'une part ; la place de l'exception incarnée par de Gaulle d'autre part. Le 18 Juin est en bonne compagnie avec Jacques Lacan : cette insurrection est un superbe exemple de ce que le psychanalyste nomme un « acte de parole ». Ce jour-là, de Gaulle, refusant l'armistice et appelant au combat, n'a pas de mandat et ne représente personne : l'Appel n'a guère été entendu, son texte n'a pas été archivé et il n'en existe pas d'enregistrement. Pourtant, Jacques Lacan affirme que « la lettre arrive toujours à destination ». En effet cette véritable lettre à la France qu'est l'Appel a rempli son office puisqu'elle a touché des auditeurs, les décidant à la résistance. Toujours pour suivre le psychanalyste, « les paroles restent, et ce sont les écrits qui s'envolent » : l'importance de l'Appel dans les références de la vie politique française prouve en effet que les mots ont un écho ineffaçable.

De Gaulle parle, et il crée en même temps un mot et une chose : la résistance. Cette parole qui agit ne décrit pas la réalité : au contraire, elle engendre quelque chose de nouveau. Elle initie un lien social inédit, celui de la résistance. Elle montre que le dire peut faire, et de surcroît faire l'Histoire. L'Appel s'apparente à cette énonciation particulière que le philosophe John Austin a appelé « performatif ». Vrai ou faux, peu importe, il s'agit d'un acte accompli par le fait même de dire (« je jure », « je promets »...). Cette parole est donc le fondement du fait institutionnel en tant que porteur d'une volonté collective, d'un « nous ».

De Gaulle, lisant son texte à la BBC, ne se réfère à aucun précédent. Si l'Appel est « cause » impensable, bancale, liée à une discontinuité, c'est qu'il inscrit un hiatus dans l'ordre des explications. Le 18 Juin « cause », dans les deux sens du terme. Jacques Lacan met en valeur le caractère « dans le vide » de la vraie décision, pure contingence qui va ensuite créer l'espace même où elle va s'inscrire : « Il n'y a de cause que de ce qui cloche », résume le psychanalyste. La cause doit être opposée à la loi qui, au contraire, est une formule générale énonçant une corrélation mécanique entre des phénomènes. Qu'un message radiophonique d'un général peu connu, un soir de juin 1940, ait pu avoir tant de prolongements, sur la Résistance, sur le statut de la France à la Libération, sur la mise en place ultérieure de nouvelles institutions, nous laisse... sans voix. Et cette coupure dans le temps historique qu'est l'Appel met à nu l'individualité absolue du Général par la brèche qu'elle représente. Aussi Charles de Gaulle sort-il transformé de cet acte de parole : dorénavant, il est le « général de Gaulle », celui qui a sauvé la France, celui qui peut-être la sauvera encore dans l'avenir.

L'exception qui fonde la règle. De Gaulle a un rôle « exceptionnel » à jouer depuis le 18 Juin. Dès lors, il n'est plus tenu d'obéir au « pour tous » de la légalité car, se situant délibérément en position d'extériorité vis-à-vis de la France, il ne saurait être assujetti à la loi commune. S'impose ici la mise en parallèle du Général avec l'héroïne de Sophocle, Antigone – celle-ci a fasciné Jacques Lacan, qui lui a consacré en 1959-1960 un commentaire qui fait date (*Le Séminaire*, vol. VII, *L'Éthique*). Si la légalité est pure conformité à la loi, Antigone, elle, décide de passer outre en se rangeant du côté de la légitimité. Sa volonté de donner une sépulture à son frère se réfère à des lois « non écrites » qu'elle considère comme plus importantes que les commandements de la cité qui lui interdisent de le porter en terre. C'est en véritable Antigone de la France que de Gaulle se voit condamné à mort par le régime de Vichy – il récuse sa loi, n'obéissant qu'à la voix de la « princesse des contes », la « madone aux fresques des murs ».

Mais son combat, s'il est illégal, est « légitime ». Il le répète dans les *Mémoires de guerre*, dénonçant « l'illégitimité » de la France officielle qu'il combat. C'est l'acte du 18 Juin qui justifiera de Gaulle dans sa mission constitutionnelle. Dès qu'il a achevé son combat contre Vichy, il va se préoccuper de proposer une nouvelle légalité, démarche qui aboutira en 1958 à la Constitution de la Ve République. Il participe à l'élaboration d'un texte qui portera l'empreinte indélébile de l'exception (par l'article 16, ou bien par les pouvoirs très importants dévolus au président de la République). Cette loi pour tous les Français, qui régit les institutions françaises, n'est rien moins aux yeux de De Gaulle qu'un véritable pacte entre les gouvernés et les gouvernants. Il matérialise la vision particulière que de Gaulle se fait de la loi : lui-même relève de la légitimité (donc de l'exception), tandis que tous les Français tombent sous le joug de la légalité. Tout se passe comme si le Général, père fondateur qui donne les tables de la loi, avait cherché à établir le politique sur une exception qui vaille pour tous les Français. Aujourd'hui en France, c'est le texte de la Constitution, comme lieu de l'exception, qui fonde le « pour tous » – mais c'est parce qu'il y a un point qui s'en exclut, le Général, que le rassemblement de « tous les Français » s'avère possible. L'exception ne fonde-t-elle pas la règle ? « C'est autour de celui qui "unit" que peut se fonder tout ce qu'il y a d'universel », affirme Jacques Lacan, pour lequel l'exception, la discontinuité sont fondatrices. La geste gaullienne rappelle ici encore la démarche du psychanalyste, tentant d'édifier la psychanalyse sur une exception : Freud, « notre père à tous, le père de la psychanalyse », dit le docteur Lacan. Sur ce point, il se peut bien que de Gaulle et Lacan aient poursuivi, chacun à sa manière, le même combat...

Aujourd'hui, où en sommes-nous avec l'exception ? Depuis la disparition du Général, il n'y a plus d'homme (ou de femme) qui échappe à la règle dans le paysage politique de la France, et il n'est pas étonnant alors que la pratique constitutionnelle s'éloigne de plus en plus de l'inspiration initiale du texte. De même, il est indéniable que, depuis le décès de Lacan, le paysage psychanalytique français ronronne quelque peu. Que vont devenir les Français sans cette exception si précieuse qui gouverne peut-être la règle ? Et les psychanalystes, où se dirigent-ils sans cette personnalité hors normes qu'était Lacan ? Nous voilà bien orphelins, contraints désormais d'avancer vers l'avenir privés des pères qui ont façonné le monde où nous vivons... Corinne MAIER

• *Voir aussi :* Appel du 18 juin 1940 ; Caractère ; Légitimité ; Mémoires de guerre ; Moi ; Rupture

Bibl. : Jacques Lacan, *Les Écrits*, Paris, Le Seuil, 1966 • Id., *Les Séminaires*, vol. I-V, VII, VIII, X, XI, XVII, XX, Paris, Le Seuil, coll. « Champ freudien », 1975-2004 • Corinne Maier, *Le Général de Gaulle à la lumière de Jacques Lacan*, Paris, L'Harmattan, 2001.

PUCHEU, Pierre (1899-1944). – Né dans une famille pauvre, Pierre Pucheu est reçu deuxième à l'École normale supérieure en 1919. Avide de reconnaissance sociale et d'aisance financière, il entre dans l'industrie. Un temps Croix-de-Feu, il rompt bientôt avec le colonel de La Rocque et entre au Parti populaire français (PPF). Il en est l'un de ses bailleurs de fonds jusqu'à ce qu'il apprenne que le parti de Jacques Doriot est aussi financé par l'Italie de Mussolini. Il quitte alors le PPF, mais garde ses convictions nationalistes, autoritaires et anticommunistes.

En février 1941, l'amiral Darlan le nomme secrétaire d'État à la Production industrielle. Pucheu compte parmi les nouveaux « technocrates » et passe pour appartenir à la Synarchie. Il travaille à intégrer la France dans l'économie européenne dominée par l'Allemagne. En juillet, il est désigné comme secrétaire d'État puis ministre de l'Intérieur. La menace de l'occupant d'exécuter des otages en représailles d'attentats contre des Allemands le pousse à se charger de la répression. Les lois des 14 août et 7 septembre 1941 instituent des juridictions spéciales réprimant l'activité communiste : six membres du PCF (Parti communiste français) sont guillotinés. Tandis que les Allemands décident des fusillades de masse, Pucheu négocie la substitution de communistes à d'autres otages, ce qui revient à désigner lui-même les victimes. En février 1942, il tente de circonvenir Henri Frenay en allégeant la répression contre son mouvement de résistance.

L'ambition de Pucheu provoque sa disgrâce. Il n'est pas membre du gouvernement de Pierre Laval formé en avril 1942. Dorénavant persuadé de la future défaite allemande, il révise ses positions. En novembre, passé en Espagne, il écrit au général Giraud pour demander à venir combattre en Afrique du Nord. Le 15 février 1943, Giraud donne son accord, sous condition d'anonymat et de discrétion, clauses que Pucheu ne respecte pas. Arrivé au Maroc le 6 mai, il est placé quelques jours plus tard en résidence surveillée. La nouvelle de sa présence provoque une violente campagne, au sein de la Résistance intérieure comme en Afrique du Nord, en particulier de la part du PCF, pour dénoncer son rôle actif dans la répression vichyste. Le 14 août, il est mis en accusation et emprisonné.

Son procès se déroule du 4 au 11 mars 1944. Il se défend âprement. Faute de preuves disponibles sur place, les accusations de complot contre la République et de désignation d'otages sont abandonnées. Il est néanmoins condamné à mort pour subordination de la police française à l'occupant, incitation aux enrôlements dans la Légion des volontaires français contre le bolchevisme (LVF) et intelligence avec l'ennemi.

La cour demande de surseoir à l'exécution. Giraud intervient pour la clémence, en rappelant que Pucheu n'est venu en Afrique du Nord qu'avec son accord. Le général de Gaulle refuse la grâce. Le 24 mars, il écrit à Giraud : « La décision a été prise d'après la raison d'État dont le gouvernement, responsable de l'État, est le seul juge qualifié. » Pierre Pucheu est fusillé le 20 mars 1944, premier membre du gouvernement de Vichy à être condamné à mort, en application de la nouvelle législation adoptée à Alger. « Pardessus tout, écrira de Gaulle dans ses *Mémoires de guerre*, l'État avait besoin d'exemples rapides. »

Bénédicte VERGEZ-CHAIGNON

• *Voir aussi* : Collaboration ; Épuration ; Symboles

Bibl. : Fred Kupferman, *Le Procès de Vichy. Pucheu, Pétain, Laval*, Bruxelles, Complexe, 1980 • Pierre Pucheu, *Ma vie*, Paris, Amiot-Dumont, 1948 • Gaston Schmitt, *Toute la vérité sur le procès Pucheu par un de ses juges*, Paris, Plon, 1963.

PUTSCH DES GÉNÉRAUX (avril 1961). – Aussitôt après le référendum du 8 janvier 1961, le président de la République et son Premier ministre décident de relancer les négociations avec le FLN

(Front de libération nationale) après l'échec des pourparlers de Melun. Après de premiers contacts secrets pris en Suisse par Georges Pompidou, le général de Gaulle décide le 15 mars d'engager des négociations officielles. Mais la date, fixée d'abord au 7 avril, est ajournée par le FLN en réaction à une déclaration du ministre Louis Joxe qui s'est montré favorable à des discussions avec le Mouvement national algérien (MNA) et d'autres tendances politiques algériennes. Au début d'avril, 78 % des Français de métropole souhaitent ces négociations, et 57 % croient qu'elles aboutiront à l'indépendance. Dans sa conférence de presse du 11 avril, de Gaulle tient le langage de la Realpolitik – « La décolonisation est notre intérêt, donc notre politique » – en vue de convaincre le FLN de sa résolution, mais cette posture réaliste précipite la révolte des partisans de l'Algérie française.

Depuis la dissolution du Front pour l'Algérie française (FAF), les « activistes » civils et militaires ont tenté de se regrouper pour empêcher l'ouverture des négociations. À Madrid, Pierre Lagaillarde et Jean-Jacques Susini ont fondé l'OAS (Organisation armée secrète) en février 1961. En métropole, des officiers, notamment le général Faure et les colonels Argoud, Godard et Lacheroy, cherchent un général prestigieux pour prendre la tête d'un « putsch » militaire en Algérie. Le général Challe, qui a pris sa retraite avec le sentiment d'avoir remporté une quasi-victoire dont les résultats seraient ruinés par la politique du chef de l'État, se laisse convaincre le soir du 11 avril. Contrairement aux organisateurs du complot, il ne veut pas tenter de prendre le pouvoir à Paris, mais seulement reprendre en main l'armée pour gagner la guerre en trois mois et remettre une Algérie pacifiée à la France.

Dans la nuit du 21 au 22 avril, des unités parachutistes s'emparent d'Alger, arrêtent le général en chef Gambiez, le délégué général Jean Morin et le ministre Robert Buron. Les généraux Challe, Zeller et Jouhaud, puis le général Salan arrivé de Madrid le dimanche 23 avec Jean-Jacques Susini, proclament publiquement devant une foule algéroise enthousiasmée qu'ils viennent tenir leur serment de garder l'Algérie française. Mais ils ne peuvent entraîner toutes les unités derrière eux. Le « complot de Paris » dirigé par le général Faure à l'École militaire est démantelé dès le 22 avril. Le même jour, le Conseil des ministres institue l'état d'urgence et décide de déférer les chefs de la rébellion à la justice militaire. Le 23, dans un message radiodiffusé et télévisé, le général de Gaulle fustige le « pronunciamiento » d'un « quarteron de généraux en retraite » et ordonne de leur barrer la route par « tous les moyens » ; il met en vigueur l'article 16 de la Constitution. Ses paroles, retransmises par les transistors, encouragent les soldats du contingent à résister et dissuadent les officiers hésitants. Le 26, le général Challe se rend, suivi le 6 mai par le général Zeller ; Salan et Jouhaud entrent dans la clandestinité et prennent la tête de l'OAS. Celle-ci réunit les partisans civils et militaires de l'Algérie française décidés à s'opposer par les armes à la politique algérienne du gouvernement.

Le « putsch » renforça la volonté du chef de l'État de terminer la guerre au plus vite, mais l'épuration des putschistes et de nombreuses démissions affaiblirent l'armée à la veille des négociations qui s'ouvrirent publiquement à Évian le 20 mai 1961. Les procès des putschistes, jugés par le Haut Tribunal militaire et par le tribunal militaire spécial à partir du 29 mai 1961, n'aboutirent à aucune peine de mort effective – contrairement à la demande du ministre de la justice Edmond Michelet au procureur général Besson –, mais à des peines de prison qui ne dépassèrent pas quinze ans pour les généraux Challe, Zeller et Bigot. Seuls les officiers passés du putsch à l'OAS, principalement les généraux Salan, Jouhaud, Gardy et les colonels Argoud, Broizat, Gardes, Godard et Lacheroy, furent condamnés à mort par contumace. Écrivant à son fils le 27 avril, le Général a tiré les conclusions du putsch : « L'affaire d'Algérie crève un abcès qui, de toute manière, devait être vidé. Mais le redressement et le renouveau militaires sont aussi difficiles qu'ils sont indispensables. L'événement va, à cet égard, me permettre beaucoup de choses. Corrélativement, le rétablissement de l'État dans son autorité et dans sa capacité peut être, à présent, activé » [*LNC*]. Non seulement le putsch n'a pas fait dévier la politique algérienne de la France, mais il a raffermi l'autorité du général de Gaulle.

Guy Pervillé

• *Voir aussi* : Algérie (guerre d') ; Armée ; Barricades ; Discours du 23 avril 1961 ; OAS ; Pieds-noirs

Bibl. : Maurice Vaïsse, *Alger et le putsch*, Bruxelles, Complexe, 1983.

Q comme Quarteron

« Un pouvoir insurrectionnel s'est établi en Algérie par un pronunciamento militaire. [...] Ce pouvoir a une apparence : un quarteron de généraux en retraite. Il a une réalité : un groupe d'officiers partisans, ambitieux et fanatiques. »

De Gaulle, Allocution du 23 avril 1961, *Discours et messages.*

QUÉBEC. – *Voir* DISCOURS DU 24 JUILLET 1967 ; VANIER, Georges

QUEUILLE, Henri (1884-1970). – Né à Neuvic d'Ussel dans une famille de pharmaciens, Henri Queuille débute comme médecin dans sa Corrèze natale. À vingt-huit ans, il se lance en politique dans les rangs du parti radical et conquiert différents mandats : maire de Neuvic en 1912, conseiller général en 1913, député en 1914. Après 1918, son ascension se confirme : il est président du conseil général de la Corrèze en 1921 et entre à la Chambre des députés puis au Sénat à partir de 1935. Durant l'entre-deux-guerres, il est dix-neuf fois ministre dont quinze fois à l'Agriculture. En 1939, ses fonctions à l'Agriculture se doublent de celles de ministre du Ravitaillement ; il érige le Ravitaillement en ministère autonome en mars 1940.

Hésitant face à l'armistice, Henri Queuille s'abstient le 10 juillet 1940. Il ne rallie cependant pas l'État français et son mandat municipal est révoqué en juillet 1941. Il est devenu exploitant d'une petite entreprise de charbon de bois lorsque Claude Hettier de Boislambert le contacte à la fin de 1942. Il s'agit de rallier à la France combattante un emblème du républicanisme et un expert en questions agricoles. Queuille rejoint Londres le 14 avril 1943. Il se met à la « disposition » du général de Gaulle qui en fait le président de la commission de débarquement. Son gaullisme est profond et original. Impressionné par celui qu'il qualifie dans son *Journal de guerre* de « grand seigneur » et de « grand monsieur », le notable radical entretient une relation suivie avec de Gaulle auquel il n'hésite pas à faire connaître ses réserves ou ses désaccords. Car le gaullisme de Queuille est aussi un gaullisme de circonstance et de raison. Envers et contre tout, il reste un défenseur de la IIIe République et n'hésite pas, dans des notations cinglantes, à dénoncer les divisions des milieux londoniens ou à qualifier de « fascistes » des gaullistes intransigeants. À Alger, son rôle s'accroît. Il entre au Comité français de la Libération nationale (CFLN) le 9 novembre 1943 comme commissaire d'État chargé des relations intercommissariales, coiffant la commission de débarquement et le comité économique. Marque indiscutable de confiance, il assure l'intérim du général de Gaulle en janvier, février et juillet 1944.

Au lendemain de la guerre, Henri Queuille subit de plein fouet la mise en cause du parti radical auquel il reste fidèle : il n'est élu député qu'en novembre 1946. Ce succès signe sa rentrée politique. Il est trois fois président du Conseil entre 1948 et 1951, apogée de sa carrière, et symbolise alors la Troisième Force, hostile au RPF et au PCF. En 1958, il vote cependant l'investiture de De Gaulle comme président du Conseil et approuve le principe d'une révision de la Constitution. Âgé de soixante-quatorze ans, en mauvaise santé, il met fin à sa carrière politique en ne se présentant pas aux législatives de 1958. Retiré, il rencontre pour la dernière fois le Général le 17 mai 1962 lors d'un dîner à la préfecture de Tulle.

Olivier DARD

• *Voir aussi* : CFLN ; France libre ; Parti radical ; Partis politiques

Bibl. : Henri Queuille, *Journal de guerre, 7 septembre 1938-8 juin 1940*, présenté et annoté par Isabel Boussard, Limoges, Presses de l'université de Limoges, 1993 • Id., *Journal de guerre, Londres-Alger, avril 1943-juillet 1944*, présenté et annoté par Olivier Dard et Hervé Bastien, préface de Serge Berstein, Paris, Fondation Charles-de-Gaulle, Plon, 1995 • Francis de Tarr, *Henri Queuille et son temps. Biographie*, Paris, La Table ronde, 1995.

R comme République

« C'est alors qu'au milieu de la tourmente nationale et de la guerre étrangère apparut la République ! Elle était la souveraineté du peuple, l'appel de la liberté, l'espérance de la justice. Elle devait rester cela à travers les péripéties agitées de son histoire. Aujourd'hui, autant que jamais, nous voulons qu'elle le demeure. »

De Gaulle, Discours du 4 septembre 1958, *Discours et messages.*

RACE. – De Gaulle utilise le terme de « race » et affirme même la supériorité de certaines. Il peut en outre caractériser une race par la couleur : « race blanche », dit-il à l'occasion. Mais pour autant on ne peut le qualifier de raciste : son idée de la « race » s'inscrit dans une conception républicaine, qui soulève des questions classiques liées à l'universalisme.

« Race » au XIXe siècle et dans la première partie du XXe est souvent synonyme de « peuple », d'« ethnie », même si lors de cette période s'élaborent l'anthropologie physique avec ses classements, ses hiérarchies, et les programmes de destruction d'une race ou d'individus jugés inférieurs. Cependant, le terme est banal : en 1936, Léon Blum parle de sa « race » pour marquer sa différence en tant que juif d'avec d'autres Français. On le trouve chez de Gaulle dès 1921, à travers une citation de Gabriel de Tarde, et ce n'est pas chez lui un terme exceptionnel – en 1951 il fera encore de la France une « race » à vocation maritime. Il rappelle, en 1941, que les Français libres sont accusés, parmi de nombreux griefs, de vouloir « remettre au pouvoir les hommes politiques d'avant guerre, spécialement ceux qui sont de race juive ou d'obédience maçonnique ». Et quelques jours après, attaquant Hitler, il oppose la civilisation qui promeut « l'individu » à celle « qui ne reconnaît de droits qu'à la collectivité raciale ou nationale ». Enfin, en 1944, il parle du rôle que jouent les Français parmi les grands « peuples » du monde en raison du « génie de leur race ». Car, pour lui, les peuples ont une « âme », un « caractère ». Il leur attribue souvent une identité constante ; d'où des tautologies – l'Allemagne est l'Allemagne –, des réifications – les « Gaulois » et les « Germains » sont opposés presque par nature –, et une vision de l'Histoire comme déploiement de son essence par un peuple : Hitler serait une exacerbation du « germanisme ». Ainsi les textes des années de guerre recèlent un paradoxe : dénonçant le nazisme, de Gaulle parle dans les catégories de l'ethnie. Mais le paradoxe se résout immédiatement : la race chez de Gaulle est liée à une mentalité et non à un substrat physique ; elle est une âme, mais elle n'a pas de corps.

Surgit un autre paradoxe, lié à l'idée même du message universel de la République. Parmi tous les peuples, de Gaulle en distingue deux, les Anglais et les Français, qui incarnent l'idéal de la liberté. Il le souligne pour sa patrie. La France est le peuple qui a apporté aux autres peuples l'Évangile de la liberté : la France éternelle, c'est celle de Jeanne d'Arc mais aussi de Carnot, qu'il entend continuer. Et c'est cette particularité valorisante, dont la forme moderne est la République, qui fonde la « vocation civilisatrice » de « notre dame la France ». Une thèse dont on trouve bien des antécédents : de Tocqueville à Ferry, l'idéologie libérale puis républicaine fonde le droit à coloniser de la France sur le fait qu'elle incarne l'idéal civilisateur, idéal qui suppose l'égalité de principe de tous les hommes. Ce qui pourrait s'exprimer ainsi : la France est supérieure aux autres nations parce qu'elle a affirmé que tous les hommes sont égaux. Cette proposition est minée par une contradiction, mais elle permet de trouver une issue à la situation coloniale : en insistant sur l'« élévation », par l'« éternel génie » de la France, des « populations » d'outre-mer « vers les sommets de la dignité et de la fraternité », de Gaulle s'ouvrait la possibilité d'accepter la décolonisation. Rien d'original : l'idée que la mission coloniale de la France est à la fois légitime en raison de sa supériorité et inscrite dans le temps est – de même que l'utilisation de « race » – un héritage de courants forts au XIXe siècle. De Gaulle en situant la grandeur de « l'Occident » dans « l'Humanisme et la Chrétienté » a donné une narration de l'Histoire en termes de civilisations hiérarchisées. Mais la nation, et non la « race », est le véritable acteur de l'Histoire ; elle est dépendante dans son existence même de l'État républicain.

Dominique COLAS

• *Voir aussi :* Antisémitisme ; Droits de l'homme ; Nation ; Peuple ; République

Bibl. : Dominique Colas, *Citoyenneté et nationalité*, Paris, Gallimard, 2004.

RACINE, Jean (1639-1699). – Comme Corneille, Racine fait partie de la culture classique que le jeune Charles de Gaulle acquiert à la fois sous l'influence de son père et par l'enseignement reçu auprès des Jésuites. Mais, face aux deux grands tragiques, sa préférence se porte très vite sur le second. Lorsque, en novembre 1941, dans une lettre adressée à Mlle Fletcher qui vient de lui envoyer une édition de Racine, il la « remercie de [lui] avoir permis de renouer avec un très vieil ami » [*LNC*], la formule n'est pas seulement de politesse. Elle traduit un goût personnel très tôt et très souvent affirmé pour l'auteur de *Phèdre*. Comme le relève Philippe de Gaulle dans *De Gaulle, mon père* : « Il estimait [Corneille] trop héroïque, préférant de beaucoup Racine, comme mon grand-père Henri. » À Londres, d'après divers témoins, il se plaît à déclamer des vers de *Phèdre*, de *Bérénice* ou de *Britannicus*. Cette familiarité avec la musique racinienne se retrouve dans sa prose personnelle : une des plus belles formules des *Mémoires de guerre*, qui forme l'incipit du chapitre « L'Orient » – « Vers l'Orient compliqué, je volais avec des idées simples » –, fait écho au vers célèbre de *Bérénice* : « Dans l'Orient désert quel devint mon ennui ! » Toutefois, il cite Racine moins souvent que Corneille dont les maximes et la dramaturgie complexe conviennent assurément mieux aux situations politiques où il se trouve impliqué comme aux valeurs morales dont il se fait le chantre. Il réserve plutôt Racine à l'expression de sentiments plus privés, comme la solitude évoquée dans ses *Carnets* avec une citation de *Mithridate*. Il ne dédaigne pas non plus d'utiliser tel vers de façon humoristique, comme lorsqu'il salue la présence de femmes au Conseil d'État par un extrait de la tirade d'Élise dans *Esther* : « Ciel ! quel nombreux essaim d'innocentes beautés / S'offre à mes yeux en foule et sort de tous côtés ! », ou lorsqu'il détourne un vers de *Phèdre* pour évoquer l'installation de l'Assemblée du Conseil de l'Europe à Strasbourg : « On me dit qu'elle se meurt aux bords où elle fut laissée. » Et c'est Racine encore, celui des *Cantiques spirituels*, qui lui sert, de façon plus grave, à exprimer ses déchirements : « Quelle guerre cruelle ! Je trouve deux hommes en moi » [*LNC*], aveu d'une dualité sans doute lourde à porter entre l'homme devant sa vie et l'homme devant l'Histoire.

Jean SERROY

• *Voir aussi :* Bibliothèque personnelle ; Formation scolaire et intellectuelle

Bibl. : Alain Larcan, *De Gaulle inventaire, la culture, l'esprit, la foi*, Paris, Bartillat, 2003 • Jean Serroy, « De Gaulle et la tragédie : Corneille », dans Jean Serroy (dir.), *De Gaulle et les écrivains*, Grenoble, Presses universitaires de Grenoble, 1991.

RADIO ET TÉLÉVISION. – « Après la parole, le dessin, la scène, l'écriture, l'imprimerie, la photo, le cinéma, voici qu'à son tour la radio s'est saisie du contact direct avec les intelligences, les sensibilités, les volontés. Par tout ce qu'elle projette de vivant et d'émouvant, par la façon qui est la sienne, péremptoire et immédiate, elle est le moyen d'information adapté par excellence à notre époque mécanisée, agglomérée et précipitée. »

En inaugurant la Maison de la Radio, le 14 décembre 1963, le général de Gaulle salue ainsi un média qu'il a placé au cœur du présent. « Un moyen d'information adapté par excellence... » Il a dû faire personnellement un grand effort sur lui-même pour s'en convaincre, tant il a été formé évidemment comme homme de l'écrit. Avant la guerre, il fait fond sur les journaux et les revues pour développer sa campagne en faveur des chars et de l'armée de métier. Mais l'équipée de la France libre le conduit à deux constatations décisives : que la presse écrite n'a ni compris ni suivi son sursaut ; et que les ondes lui en proposent un magnifique substitut.

Il voit les plus grands titres français, ceux en particulier qui arrivaient, jadis, sur la table de son père ou sur la sienne, le *Temps*, le *Journal des débats*, le *Figaro*, appuyer le régime de Vichy avec seulement des degrés divers dans la servilité. Mais par bonheur il y a la radio ! La BBC lui permet de porter devant le monde la fulgurante intuition du 18 Juin. Il y gagne bientôt dans l'opinion française le surnom de « Général micro ». Il se sert des ondes pour entretenir et accroître la ferveur de ceux qui le suivent en France et dans le monde ; et même, ce qu'on a moins souvent remarqué, pour contraindre la France libre à s'inventer elle-même, si l'on peut dire, de jour en jour, durant ces cinq minutes de « Honneur et patrie », confiées à Maurice Schumann, et qui précèdent l'émission « Les Français parlent aux Français ». De Gaulle parle soixante-sept fois au micro de la BBC. Son élocution, d'abord un peu hachée, prend bientôt l'autorité grave dont témoignent les enregistrements (l'appel du 18 Juin étant seul manquant). Son irritation souvent réanimée de dépendre si fort des Anglais s'exaspère en cas de conflit grave, par exemple au moment du débarquement en Afrique du Nord : Churchill ayant censuré les protestations du Général contre sa mise à l'écart de l'événement, celui-ci suspend toute collaboration et ne la reprend qu'après l'assassinat de l'amiral Darlan à Alger. D'où l'importance accrue accordée à Radio-Brazzaville puis, à terme, à Radio-Alger, sous souveraineté française.

Au temps du Gouvernement provisoire et après la Libération, de Gaulle, sur sa lancée, continue de s'adresser souvent au pays par le truchement de la radio. La difficulté des communications, dans les premiers temps, en augmente à la fois la nécessité et l'intérêt. L'écho en est puissant et il suscite la rancune grandissante de la plupart des formations politiques envers le Général qui s'adresse – déjà – à ses concitoyens « par-delà les intermédiaires ». Interdit de micro par la IVe République dès la fondation du Rassemblement du peuple français dirigé contre elle, il s'estime justifié, quand il revient au pouvoir, de faire peser à son tour une main lourde sur la radio et la télévision. Il cherche en elles, selon sa propre expression, un « magnifique soutien de l'esprit public » – ce qui évidemment s'entend comme celui du gouvernement. Longtemps auditeur fidèle de la radio (dans sa retraite de Colombey, entre 1946 et 1958, l'écoute biquotidienne du journal parlé était pour lui un rituel), il se montre à l'Élysée un téléspectateur assidu, le seul qui l'ait été parmi les présidents successifs de la Ve République, et d'autant plus exigeant et prompt à réagir contre qui lui paraît manquer à la France ou à lui-même.

Alain Peyrefitte, le plus notable de ses ministres de l'Information, relatant ses conversations avec lui, multiplie les témoignages sur sa résolution d'utiliser l'audiovisuel public pour faire contrepoids à la presse écrite, et ses colères quand les journalistes y paraissent lui marchander leur appui ou céder aux sirènes de « l'atlantisme ». Ses notes impérieuses le confirment, comme celle du 2 février 1963 dans laquelle il dénonce, à l'occasion d'une émission montrant une opération sans anesthésie, cette « vile réclame » pour « tels médecins m'as-tu-vu » et pour « certaine équipe effrénée de la télévision elle-même », et conclut : « Plus que jamais il apparaît que la RTF, placée sous la tutelle de l'État et payée par lui, est une espèce de fief livré aux "lobbies" et incontrôlé. » Une autre fois, dans une note du 18 mars 1965, il invite son Premier ministre Georges Pompidou à préparer la fin de l'autorisation accordée aux postes périphériques : il suffira de leur interdire de continuer à être reliés à des émetteurs étrangers. Après Mai 68, la « charrette » des révoqués que décide le ministre Yves Guéna a sa pleine approbation.

À vrai dire, compte tenu de la liberté d'expression qui règne partout ailleurs, cette mainmise aurait été en soi impuissante à perpétuer l'autorité du Général s'il n'avait pas su lui-même utiliser l'instrument avec une maestria qui ne prit, après son retour, que quelques semaines pour s'affirmer. Pierre Sudreau a rapporté un mot entendu de lui : « Pendant la guerre, j'ai gagné avec le micro, maintenant je gagne avec la radio-télévision. » On a souvent noté, et de Gaulle le premier, d'une part, la conjonction chronologique entre l'installation et l'enracinement de la Ve République, pendant la décennie de son règne, et, d'autre part, l'essor de la télévision elle-même dans le pays. « Voici, écrit-il dans les *Mémoires d'espoir*, que la combinaison du micro et de l'écran s'offre à moi au moment même où l'innovation commence son foudroyant développement. Pour être présent partout, c'est là soudain un moyen sans égal [...]. Le soir, le spectacle paraît sur la scène universelle [...]. Par le son et par l'image, je suis proche de la nation. »

Il reste à trouver un style, et un ton. Il y parvient vite, avec une efficacité soutenue par une doctrine, une culture et une volonté. Lors de son allocution du 27 juin 1958, il lit son texte comme il ferait à la radio, le visage alourdi de grosses lunettes. L'effet n'est pas bon. Il s'en rend compte. Plusieurs se sont targués de l'avoir alors conseillé, notamment Marcel Bleustein-Blanchet. Prend-il des leçons auprès d'un sociétaire de la Comédie-Française ? Le fait est discuté. Quoi qu'il en soit, il décide de réciter désormais le texte de ses allocutions – en un temps où on n'a pas encore inventé le téléprompteur – et accepte de se faire maquiller. Il s'agit, comme il l'écrit dans ses Mémoires, « pour ce septuagénaire assis seul derrière une table sous d'implacables lumières », de paraître « assez animé et spontané pour saisir et retenir l'attention, sans se commettre en gestes excessifs et en mimiques déplacées ». Il tire parti de l'atout qu'est pour lui l'habitude prise dès sa jeunesse d'apprendre par cœur de longs textes. Il le fait pour les siens afin de les prononcer sans les lire : « Souci de précision et amour-propre d'orateur, lourd de sujétions aussi car si ma mémoire me sert bien je n'ai pas la plume facile. » Et il est toujours attentif à la symbolique des apparences, comme lorsqu'il paraît en uniforme, en janvier 1960, lors de la semaine des Barricades : « Si j'ai revêtu l'uniforme pour parler aujourd'hui à la télévision, c'est afin de marquer que je le fais comme étant le général de Gaulle autant que le chef de l'État. »

Au demeurant, il varie les genres. Ses voyages en province et les discours qu'il y prononce devant les auditoires les plus variés sont cités abondamment par « sa » télévision. Ses conférences de presse – dont l'essentiel est là encore rédigé d'avance, scandé de formules qui font mouche et de trouvailles d'un humour ravageur – s'adressent en réalité au pays, les centaines de journalistes rassemblés servant surtout de décor et de stimulant pour ces événements retransmis en direct puis largement rediffusés le soir et le lendemain. Et après la déception du premier tour des élections de 1965, il adopte le procédé, nouveau pour lui, des conversations avec Michel Droit, faire-valoir adéquat, qu'il reprendra après Mai 68 : leur succès remarquable demeure dans la mémoire de tous les contemporains, comme dans celle des spectateurs ultérieurs des innombrables émissions historiques qui lui ont été consacrées. C'est aussi en mai 1968 que de Gaulle choisit de revenir à la seule radio pour annoncer au pays, après son retour de Baden-Baden, au début de l'après-midi du 30, les résolutions qu'il a prises. Ainsi ne montre-t-il pas la fatigue de son visage ; ainsi renoue-t-il pour finir avec le passé glorieux de la France libre.

Jean-Noël JEANNENEY

• *Voir aussi* : Audiovisuelles (interventions) ; BBC ; Grève de l'ORTF ; Information ; Orateur

Bibl. : Jérôme Bourdon, *Histoire de la télévision sous de Gaulle*, Paris, Anthropos-INA, 1990 • *De Gaulle et les médias*, colloque de l'Institut Charles-de-Gaulle, 19-21 novembre 1992, Paris, Plon, 1994 • Jean-Noël Jeanneney (avec la collaboration d'Agnès Chauveau), *L'Écho du siècle : dictionnaire historique de la radio et de la télévision en France*, Paris, Hachette Littératures et Arte-La Cinquième, 1999, rééd. coll. « Pluriel », 2001.

RALLIEMENT DES COLONIES. – Dépourvu d'appuis importants en juin 1940, le général de Gaulle place ses espoirs dans l'Empire. Il ne cesse d'y faire allusion dans ses messages à la radio. Ainsi, le 24 juin : la France « sent que, dans son vaste Empire, des forces puissantes de résistance sont debout pour sauver son honneur ». Le 26, il vilipende Pétain d'avoir « tenu pour absurde toute prolongation de la résistance dans l'Empire ». Le 30 juillet, il se déchaîne contre les « abominables armistices de juin [...], totalement injustifiables, inexcusables, pour ce qui concerne l'Empire », et affirme, « au nom de la France », que l'Empire ne doit pas se soumettre aux « ordres désastreux » des « hommes qui se soignent à Vichy ». Dans le même temps, il interpelle les hauts responsables de l'Empire, ainsi le 28 juin : « Mettez-vous en rapport avec moi pour unir nos efforts et sauver les terres françaises ». Mais ces dignitaires ne répondent pas. Le 30 juillet, le Général leur rappelle leur devoir. « Au besoin, j'en appelle aux populations », ajoute-t-il.

Entre-temps, les ralliements de territoires à la France libre ont débuté. Sous l'impulsion de l'administrateur Henri Sautot, les Français des Nouvelles-Hébrides ont ouvert la voie le 20 juillet. Félix Éboué rallie le Tchad le 26 août. Et de Gaulle d'exulter le 27 en annonçant ce ralliement à la BBC : « L'ennemi a cru que par l'abominable armistice, il en avait fini avec la France [...]. Mais quoi ? [...] La France, écrasée, humiliée, livrée, commence à remonter la pente de l'abîme. Les Français du Tchad viennent d'en donner la preuve. » Le commandant Leclerc et Claude Hettier de Boislambert obtiennent le ralliement du Cameroun, et Saint-Mart celui de l'Oubangui, le 27 août. Le Congo se rallie le lendemain. Le 1er septembre, c'est au tour des Établissements français de l'Océanie (Tahiti), le 12 celui des Indes françaises, grâce au gouverneur Louis Bonvin, et le 20 de la Nouvelle-Calédonie. Une opération militaire ramène encore le Gabon dans le camp français libre (9-11 novembre). Ainsi, Bonvin, Éboué et Sautot ont réussi à entraîner les populations – celles de Tahiti se sont ralliées en imposant un référendum ; des opérations militaires soutenues par les populations ont été nécessaires au Cameroun, au Congo et au Gabon.

Le 29 août, après le ralliement de la quasi-totalité de l'Afrique-Équatoriale française, le général de Gaulle dénonce à nouveau le « crime de l'armistice » qui a « méconnu les forces immenses et intactes que nous gardions dans l'Empire ». Mais, désormais, il peut affirmer que « la guerre continue par l'Empire français ». Il est significatif que la première institution créée par le Général à Brazzaville, le 27 octobre 1940, soit le Conseil de défense de l'Empire. Les premiers gouverneurs ralliés – Sautot et Éboué – en sont membres. L'ordonnance de création précise : « Ce conseil exerce, dans tous les domaines, la conduite générale de la guerre en vue de la libération de la patrie et traite avec les puissances étrangères des questions relatives à la défense des possessions françaises et des intérêts français. »

Ainsi, les territoires ralliés dès 1940 donnent une assise au combat de l'homme du 18 Juin. Les ralliements dans le Pacifique lui permettent en outre de négocier avec les Américains qui ont besoin de ces bases face au Japon, et de lever des troupes qui combattront en Libye. Après la vague de 1940, de Gaulle se fixe pour objectif de reconquérir les territoires restés sous la domination de Vichy avec une préoccupation constante : faire valoir et respecter la souveraineté de la France, y compris devant les prétentions des Alliés. Dans cette reconquête, plusieurs cas de figure se présentent. Des interventions de troupes de la France libre permettent de libérer la Syrie et le Liban (juin 1941) ainsi que Saint-Pierre-et-Miquelon (24 décembre 1941) ; les Antilles et même la Guyane se libèrent d'elles-mêmes sous l'autorité des militaires français qui se rallient à de Gaulle au début de l'été 1943 ; des troupes françaises interviennent avec l'appui logistique des Américains à Wallis et Futuna (27 mai 1942) et avec l'accord des Britanniques à La Réunion (28-30 novembre 1942), avec des troupes alliées en Tunisie (fin 1943-début 1944). Les Britanniques remettent Madagascar (mi-décembre 1942) à la France combattante et leur accord permet la reconquête de la côte des Somalis (fin novembre 1942). Enfin, le débarquement américain en Afrique du Nord (AFN) crée une situation complexe, mais de Gaulle réussit progressivement à y établir son autorité, ainsi qu'en Afrique-Occidentale française en contraignant le gouverneur Boisson à la démission en juin 1943.

À la Libération, près de 500 000 officiers, sous-officiers et soldats de l'armée française reconstituée viennent de l'Empire, permettant ainsi de réaliser le vœu formulé par le général de Gaulle à Brazzaville, 11 novembre 1940 : faire en sorte que « la Patrie ait sa part dans la victoire ».

Jean-Marc Regnault

• *Voir aussi* : Brazzaville (manifeste de) ; Empire ; France libre ; Nouvelle-Calédonie ; Saint-Pierre-et-Miquelon

Bibl. : Ismet Kurtovitch et Jean-Marc Regnault, « Entre légende gaulliste, enjeux stratégiques mondiaux et rivalités Londres-Vichy : les ralliements du Pacifique en 1940 », *Revue d'Histoire moderne et contemporaine*, n° 49-4, octobre-décembre 2002, p. 71-90 • Paul-Marie de La Gorce, *L'Empire écartelé, 1936-1946*, Paris, Denoël, 1988 • Jean-Marc Regnault, « Les premiers ralliements des colonies à la France libre », dans *La France libre*, actes du colloque international, Paris, 15 et 16 juin 2004, Panazol, Lavauzelle, 2005, p. 193-210.

RAMADIER, Paul (1888-1961). – Paul Ramadier représente le type même du parlementaire des IIIe et IVe Républiques que de Gaulle ne cessait de fustiger. Cependant, les deux hommes se sont rencontrés à des moments difficiles et se sont estimés.

Ramadier bâtit sa carrière depuis le bassin houiller aveyronnais, comme maire de Decazeville à partir de 1919 et pendant près de quarante ans, et député de l'Aveyron de 1928 à 1958. Rassembleur de la gauche socialiste et républicaine, il est ministre sous le Front populaire, premier président du Conseil de la IVe République et plusieurs fois ministre ensuite.

Les événements de 1940 inspirent aux deux hommes des réflexions convergentes. Ramadier vote contre l'octroi des pleins pouvoirs au maréchal Pétain à Vichy le 10 juillet 1940. Homme de terroir, il fait le choix de rester au pays. Démis de toutes ses fonctions publiques, il a des contacts avec la Résistance locale mais ne se résout pas à émigrer à Londres ou à Alger, tout en reconnaissant le rôle du Général. Il correspond avec son ami René Cassin, qui témoignera qu'avec de Gaulle ils évoquaient son nom pour l'après-guerre. Si bien qu'il est, comme ministre du Ravitaillement de novembre 1944 à mai 1945, un des premiers anciens parlementaires à participer au Gouvernement provisoire. De Gaulle rendra hommage dans ses Mémoires à cet homme « attelé à la tâche la plus ardue ». Ramadier est par ailleurs réélu dans toutes ses fonctions locales.

Mais les projets constitutionnels séparent totalement les deux hommes. Tandis que de Gaulle démissionne en janvier 1946, Ramadier siège à la commission chargée d'élaborer la Constitution qui est finalement adoptée le 13 octobre 1946 et qu'il approuve. Après que de Gaulle eut brocardé à Bruneval, le 30 mars 1947, « le cadre mal bâti où s'égare la nation et se disqualifie l'État », Ramadier, président du Conseil, répond à Capdenac : « Il n'est point de sauveur suprême, ni césar ni tribun. » Mandaté par le gouvernement, il annonce à de Gaulle, à Colombey, que les honneurs de la République lui sont désormais retirés lors de ses déplacements. Ramadier doit ainsi se garder des gaullistes (RPF) comme des communistes, renvoyés du gouvernement le 5 mai 1947.

En mai 1958, après le coup de force d'Alger, le recours à de Gaulle s'impose peu à peu mais des garanties lui sont demandées. Ramadier joue à cet égard le rôle de conseiller fiable au sein du groupe parlementaire SFIO. Le Général ayant donné des assurances quant au respect de la légalité républicaine pour son investiture, Ramadier répond aux réticents : « La République continue, de Gaulle l'a prise en charge. » Battu aux élections, malade, il meurt en 1961 à Rodez après avoir reçu à l'hôpital la visite du président, en tournée, qui le quitte sur un « Vive la République », symbole de leur désaccord mais aussi de leur combat commun.

Aline Fonvieille-Vojtovic

• *Voir aussi* : GPRF ; Retour de 1958 ; SFIO ; Traversée du désert

Bibl. : Aline Fonvieille-Vojtovic, *Paul Ramadier (1888-1961). Élu local et homme d'État*, Paris, Publications de la Sorbonne, 1993 • Jules Moch, *Rencontres avec Charles de Gaulle*, Paris, Plon, 1971 • Odile Rudelle, *Mai 58. De Gaulle et la République*, Paris, Plon, 1988.

RANG. – *Voir* GRANDEUR ET RANG.

RASSEMBLEMENT DU PEUPLE FRANÇAIS. – *Voir* RPF.

RÉCEPTIONS PRÉSIDENTIELLES. – « Une ambassade, disait le général de Gaulle, c'est une cuisinière et un drapeau. » Une définition qu'il aurait pu appliquer aux réceptions présidentielles. Si le chef de l'État reçoit – pour les vœux de Nouvel An, pour les remises de décorations, pour la fête nationale ou lors des visites diplomatiques –, c'est pour mettre en œuvre une commensalité d'État. D'où l'intérêt de s'interroger sur les vertus démonstratives de ces mises en scène trop souvent assimilées à des rites surannés. Pour de Gaulle, ces réceptions publiques donnaient corps, à égale distance de la civilité de cour et de la convivialité bourgeoise, à une sociabilité d'apparat dont il espérait faire un instrument de la grandeur de l'État. Le raffinement de la cuisine, les allocutions, les hommages et les saluts, tout concourt dans ces demeures chargées d'histoire à investir la figure présidentielle d'un éclat sans pareil. Si le prestige des invités sort rehaussé d'un tel cérémonial, il l'est moins que celui du chef de l'État. Les invités sont placés dans la position d'obligés.

En 1959, le château de Champs-sur-Marne est modernisé pour pouvoir accueillir les chefs d'État en visite officielle. Celui de Rambouillet, qui est la résidence d'été, depuis 1896, du chef de l'État, offre un domaine de chasse pour nombre de dignitaires, princes et souverains étrangers. Dans ses *Mémoires d'espoir*, de Gaulle évoque à plusieurs reprises son attrait pour le château de Versailles ; au nom d'une « certaine idée de la France », ou plutôt d'une conception politique de la grandeur d'État. Au moment de son accession à la présidence, le Général estime le château de Versailles « excessif ». C'est pourtant là qu'il organisera des soirées exceptionnelles, avec dîner dans la galerie des Glaces puis représentation à l'Opéra. Nikita Khrouchtchev en 1960, John Fitzgerald Kennedy en 1961, Hassan II du Maroc en 1963 auront ainsi les honneurs de la célèbre demeure. André Malraux, ministre de la Culture, engagera la restauration du Grand Trianon, aménageant l'aile gauche pour les hôtes de la République et réservant l'aile de Trianon-sous-Bois au chef de l'État français. De sorte que, dès 1966, le Général accueillera plus volontiers ses invités de marque à Trianon qu'à l'Élysée. Le dernier à y séjourner sera le président des États-Unis Richard Nixon, en mars 1969, un mois seulement avant la démission de De Gaulle.

Il faut donc en convenir : il y a là une sorte d'héritage d'un passé monarchique que le fondateur de la Ve République n'a pas voulu congédier. Cuisinière et drapeau, les mondanités d'État sont un moyen de gouvernement. Pour accoutumer à la majesté d'une certaine idée du pouvoir.

Olivier Ihl

• *Voir aussi* : Cérémonies et diplomatie ; Grandeur et rang ; Symboles

Bibl. : Maurice Agulhon, *De Gaulle : histoire, symbole, mythe*, Paris, Plon, 2000 • Olivier Ihl, « De bouche à oreille. Sur les pratiques de commensalité dans la tradition républicaine du cérémonial de table », *Revue française de science politique*, juillet-août 1998, p. 387-408.

RECHERCHE. – La défaite de 1940 n'a pu que renforcer le prophète de la guerre mécanisée dans sa conviction que la recherche scientifique constitue une condition *sine qua non* de la puissance militaire, et, accessoirement, économique. De Gaulle se veut résolument tourné vers l'avenir : « Il est tout à fait naturel, expose-t-il le 14 juin 1960, que l'on ressente la nostalgie de ce qui était l'Empire, tout comme on peut regretter la douceur des lampes à huile, la splendeur de la marine à voile, le charme du temps des équipages. Mais quoi ? Il n'y a pas de politique qui vaille en dehors des réalités ! »

La recherche est l'un des instruments de l'indépendance nationale. En juillet 1944, lors de sa visite en Amérique du Nord, il est informé par des scientifiques français en exil des progrès du « Manhattan Project » qui aboutira l'année suivante à la bombe de Hiroshima et à la fin de la Seconde Guerre mondiale. En janvier 1946, il décide donc, par décret, la création du Commissariat à l'énergie atomique (CEA), alors que les États-Unis viennent de proroger le secret sur les affaires atomiques. Il s'agit de doter la France des moyens de développer l'utilisation civile et militaire de l'énergie nucléaire. L'entreprise sera couronnée de succès : la première bombe A sera testée au Sahara en février 1960, et la première bombe H sur l'atoll de Mururoa en 1968. Et rappelons que la France est aujourd'hui le premier producteur d'électricité nucléaire dans le monde – en partie grâce à EDF dont la création a été préparée en 1945, sous le gouvernement de De Gaulle.

Revenu aux affaires en 1958, le Général entreprend de créer de nouvelles institutions scientifiques, destinées à rendre au pays sa place parmi les Grands. Aidé de son Premier ministre Michel Debré puis de Gaston Palewski, ministre de la Recherche scientifique et des Questions atomiques et spatiales entre 1962 et 1965, il suscite l'installation d'une nouvelle administration de la recherche scientifique. C'est la création en 1958 du Comité consultatif et de la Délégation générale à la recherche scientifique et technique (DGRST), cette dernière directement rattachée au chef du gouvernement comme l'avait été, en son temps, le CEA. Convaincu qu'il convient de confier aux scientifiques le soin de donner une nouvelle impulsion à la recherche française, le Général a l'idée de réunir un comité de douze sages chargé de décider des grandes orientations scientifiques, leur mise en œuvre relevant de la DGRST. Cette dernière, ainsi appelée à devenir *de facto* un véritable ministère de la Science, a mission de répartir l'ensemble du budget civil de la recherche. « L'enveloppe Recherche » passe de 200 millions de francs en 1958 à plus d'1 milliard en 1966. Parmi les premières réalisations de ce comité, le lancement d'actions concertées au choix desquelles le Général participe parfois. C'est le cas de l'action « Biologie moléculaire » qui, en instaurant « une véritable dictature de Gaulle-Monod », selon la formule du cancérologue Georges Mathé, permet l'établissement en France des nouvelles sciences du vivant. De même, l'action « Cancer et leucémies » aboutit, après la réforme hospitalo-universitaire de 1958, à la création de l'Institut national de la santé et de la recherche médicale (INSERM, 1964). Évidemment, le Général était aussi soucieux de développer les systèmes techniques nécessaires à une défense moderne. Au lendemain de la réussite, en octobre 1957, du premier Spoutnik, la nouvelle République suscite l'installation du Centre national d'études spatiales (CNES, 1961). En 1965, le lancement du satellite Astérix par la fusée Diamant place la France au troisième rang des puissances spatiales.

En outre, pour répondre au besoin de la force de dissuasion en moyens de calcul puissants, un « plan Calcul » et l'Institut de recherche d'informatique et d'automatique (IRIA, 1967) tentent de développer la recherche-développement en se passant des compétences étrangères, notamment américaines. Le but ne sera qu'imparfaitement atteint. Ce demi-échec est à rapprocher de la guerre des filières électronucléaires qui a opposé la technologie de l'uranium naturel mise au point au CEA et vivement soutenue par le Général à la technologie américaine de l'uranium enrichi dont l'adoption était souhaitée par EDF pour des raisons économiques. On peut s'interroger sur la viabilité d'une politique scientifique purement nationale dès lors que les coûts croissants de la recherche ne permettent plus de se passer de la coopération internationale, et tandis que depuis 1989 le puissant stimulant de la rivalité entre blocs a disparu en même temps que la guerre froide. Il est néanmoins peu contestable que la France scientifique vit aujourd'hui sur l'élan donné par les réalisations des années gaulliennes.

Jean-François PICARD

• *Voir aussi* : Bombe atomique ; Industrie ; Santé (politique de)

Bibl. : Jean-François Picard, *Recherche et industrie. Témoignages sur quarante ans d'études et de recherches à Électricité de France*, Paris, Eyrolles, 1987 (préface de Pierre Ailleret) • Unesco, *La Politique scientifique et l'organisation de la recherche en France*, Paris, Unesco, 1971.

RÉFÉRENDUM (usage du). – D'emblée, l'article 3 de la Constitution place le référendum à égalité avec les représentants, dans l'exercice de la souveraineté nationale qui appartient au peuple. La démocratie représentative devra s'accommoder de la concurrence, éventuellement importune, de la démocratie directe. Pis, figure dans cette formule comme une menace discrète, celle d'en appeler à la démocratie directe contre les décisions, ou les abstentions, de la démocratie représentative. À eux seuls, ces constats faisaient frémir les tenants, surtout à gauche, des formes parlementaires les plus classiques, qui voyaient là se profiler l'ombre honnie du bonapartisme. Ces craintes spontanées ont trouvé de quoi s'embraser dans le tour délibérément et ouvertement plébiscitaire que le Général a choisi de donner à chacune de ses consultations. Il y eut là de quoi épouvanter ses opposants, qu'exaspérait en outre leur longue impuissance devant les résultats, et que l'excès de la propagande radiotélévisée achevait de scandaliser. Mais au-delà de cela, l'usage gaullien du référendum apporte des enseignements plus nuancés, sur sa raison d'être comme sur ses ressorts ou, pour le dire autrement, sur ses motifs personnels ou institutionnels.

Les motifs personnels, tout d'abord. De Gaulle a convoqué six référendums dont un, en 1968, auquel il a finalement renoncé. Sur les cinq qui se sont déroulés, quatre se situent dans les quatre premières années : septembre 1958, janvier 1961, avril 1962 et octobre 1962, ensuite de quoi près de sept années s'écoulèrent avant que les Français soient sollicités de nouveau, en avril 1969. Ces dates sont éclairantes, car elles montrent que le général de Gaulle a choisi ce recours au suffrage universel aussi longtemps que lui-même n'avait pas été désigné par ce dernier, et y a globalement renoncé ensuite : de son retour au pouvoir, le 1er juin 1958, jusqu'à 1965, il n'est qu'un élu du suffrage universel indirect qui n'a rallié formellement sur son nom qu'un peu plus de 60 000 voix, dans le scrutin du 21 décembre 1958, soit guère davantage que de nombreux députés, le mois précédent, dans des circonscriptions peuplées et homogènes. Pour lui, c'est peu. Dès lors, son recours répété au référendum s'analyse aussi comme un substitut à la légitimité populaire directe qu'il n'a pas encore pu recevoir, et sans doute n'est-il pas fortuit que cette arme ait été remisée à l'instant même où, en 1962, a été adopté le principe de l'élection directe, qui allait se matérialiser en 1965. Pour hisser la fonction présidentielle sur les sommets qu'il souhaitait pour elle, sa propre légitimité historique, même renforcée d'un soutien parlementaire, était insuffisante. Il y fallait une volonté populaire dénuée de toute ambiguïté, et c'est aussi à cela que le référendum devait servir, sa dimension plébiscitaire cessant alors d'être un désir, un caprice ou une pression pour devenir l'instrument donnant au chef la légitimité que, sans lui, il n'aurait pu obtenir de manière aussi directe, nette, incontestable. Au contraire, dès qu'il fut acquis qu'une élection populaire allait se tenir, et dès lors qu'elle se tint effectivement, il n'y avait plus besoin de recourir à des ersatz. On les abandonna donc, du moins jusqu'au crépuscule, que le référendum de 1969 à la fois traduisit et sanctionna.

S'agissant ensuite des motifs institutionnels et non plus personnels, de Gaulle a joué de toute la palette, plus riche qu'on ne le croit. À y regarder d'un peu près, en effet, le président qui convoque un référendum peut poursuivre, schématiquement, trois objectifs très distincts (même lorsqu'ils s'entremêlent, il en est un qui domine nettement les autres) : appeler les Français à faire un choix majeur, solliciter leur soutien qui, seul, permettra de vaincre les obstacles à une politique déterminée, enfin les inviter à manifester leur confiance au chef de l'État. Les référendums sur la Constitution, en 1958, et sur sa révision, en 1962, ont relevé de la première catégorie. Ceux de 1961 et 1962 sur l'Algérie entraient clairement dans la deuxième. Et c'est à la troisième qu'a appartenu celui de 1969, avec l'effet que l'on sait. Ces trois registres sont toujours ouverts. Le premier s'est enrichi des consultations sur le traité de Maastricht (1992) et sur la Constitution européenne (2005), le deuxième de celui sur la Nouvelle-Calédonie (1988), et le troisième de ceux sur l'élargissement (1972) et le quinquennat (2000), auxquels les Français ont réagi par l'abstention, moins décisive qu'en 1969 pour l'initiateur, mais ayant tourné cependant à la confusion respective de Georges Pompidou et Jacques Chirac.

Ainsi, l'Histoire a démontré que, une fois achevée la période initiale au cours de laquelle l'usage du référendum jouait le rôle d'une sorte de prothèse palliant l'absence d'élection présidentielle directe, le chef de l'État a personnellement peu à gagner et beaucoup à perdre dans cette procédure. La sagesse doit donc l'inciter à n'en user qu'en vue, prioritaire sinon exclusive, de ce pour quoi il est réellement légitime – trancher une question importante ou donner à un choix déterminé l'onction du suffrage universel – et à s'abstenir de le faire dans les autres cas. Pourtant, c'est une nouvelle histoire qui semble devoir s'écrire avec le nouvel article 88-5 de la Constitution, celle du référendum qui deviendra obligatoire pour les nouveaux élargissements de l'Europe. Là où de Gaulle avait voulu faire de cette arme un instrument solennel placé, en fait, entre les mains du seul président, Jacques Chirac la transforme en portillon automatique que ses successeurs devront franchir sans que quiconque l'ait choisi. Finalement, en forçant les électeurs à choisir, sans jamais leur laisser le soin de décider eux-mêmes sur ce sujet, ce que permettrait l'admission d'un référendum d'initiative minoritaire, les successeurs du Général ont tourné le dos à l'un des préceptes auxquels, si l'on en croit Alain Peyrefitte, de Gaulle croyait le plus, celui qui authentifie les véritables démocrates : « Faites donc confiance au peuple. » Guy CARCASSONNE

• *Voir aussi :* Constitutionnelles (conceptions) ; Constitutionnelles (pratiques contestées) ; Président de la République

Bibl. : Guy Carcassonne, *La Constitution*, Paris, Le Seuil, 2005 • Jean-Jacques Chevallier, Guy Carcassonne et Olivier Duhamel, *La Ve République*, Paris, Armand Colin, 2004 • Louis Terrenoire, *De Gaulle et l'Algérie*, Paris, Fayard, 1964.

RÉFÉRENDUM DU 21 OCTOBRE 1945. – Selon la procédure définie par l'ordonnance du 17 août 1945, les électeurs, hommes et femmes, civils et militaires, eurent le 21 octobre à désigner une nouvelle Assemblée, succédant à l'Assemblée consultative provisoire, et à se prononcer sur deux questions. La première était ainsi formulée : « Voulez-vous que l'Assemblée élue ce jour soit constituante ? » Une réponse négative valait retour aux lois constitutionnelles de 1875. Quant à la seconde, elle était exprimée en ces termes : « Si le corps électoral a répondu "oui" à la première question, approuvez-vous que les pouvoirs publics soient, jusqu'à la mise en vigueur de la nouvelle Constitution, organisés conformément au projet de loi ci-contre ? » Rompant avec la tradition, le projet figurant au verso du bulletin limitait les pouvoirs de la future Constituante.

De Gaulle s'était clairement engagé à Brest, le 21 juillet, en faveur d'une double réponse affirmative. C'était là à ses yeux le préalable indispensable pour redonner à l'État républicain l'autorité et l'efficacité qui lui avaient fait défaut et préserver le gouvernement des débordements inévitables d'une Assemblée unique munie de l'intégralité des pouvoirs. Ni retour à la IIIe République, ni Constituante souveraine. Le « oui » l'emporta massivement à la première question (18 584 746 voix contre 699 136). Quoique de façon moins nette, c'est aussi largement par l'affirmative que fut tranchée la seconde (12 795 213 contre 6 449 206). La nouvelle Assemblée, au sein de laquelle le PCF occupait la première place, suivi par le MRP et la SFIO, eut donc à se couler dans le moule du projet joint à l'ordonnance du 17 août, projet qui devint la loi constitutionnelle du 2 novembre 1945.

Une comparaison de ce texte avec le projet initial du Gouvernement provisoire de la République française (GPRF), rejeté par l'Assemblée consultative provisoire le 29 juillet (par 210 voix contre 19), est révélatrice du rapport de force qui s'instaure entre de Gaulle et les partis. La loi du 2 novembre reprend les principales limites que le Général entend fixer à la Constituante. D'une part, le projet de Constitution devra être soumis à la ratification du peuple dans le mois suivant son adoption par l'Assemblée. D'autre part, pour accomplir sa tâche, celle-ci disposera, à compter de sa première réunion, d'un délai de sept mois qu'elle ne pourra outrepasser. Au cas où le corps électoral rejetterait la Constitution qu'elle aura rédigée, ou si son travail n'était pas achevé dans le délai imparti, il serait procédé à l'élection d'une nouvelle Constituante. On ne pouvait mieux signifier l'urgence à sortir du provisoire comme le droit du peuple à décider en dernier ressort des institutions.

Cela dit, la loi du 2 novembre confie à l'Assemblée des prérogatives plus étendues que celles que lui consentait le projet primitif. Si de Gaulle est passé en force face aux réticences de l'Assemblée consultative provisoire, il a pris en compte une proposition de Vincent Auriol et Claude Bourdet donnant à la Constituante une capacité législative que lui déniait en grande partie le premier texte du gouvernement. Le texte organisait une responsabilité ministérielle, ignorée par le projet initial, mais dans des conditions propres à assurer la stabilité nécessaire de l'équipe gouvernementale. Il était ainsi prévu que sa démission ne serait obligatoire qu'après le vote distinct par l'Assemblée d'une motion de censure à la majorité de ses membres.

Dans ce contexte de rivalités pour l'exercice du pouvoir, l'unanimité parlementaire qui s'exprima le 13 novembre, avec l'élection de De Gaulle à la tête du nouveau GPRF, ne pouvait être que trompeuse. De fait se manifestèrent d'emblée des tensions entre l'Assemblée et le Général. Son passé, sa stature, sa conception de l'État le rendaient, il est vrai, foncièrement étranger au jeu des partis. Usé par ce qu'il ressentait comme de « désobligeantes palabres », il déclara à la Constituante le 1er janvier 1946 : « Ce régime d'une Assemblée qui gouverne elle-même [...], ce régime est concevable, mais ce n'est pas celui que conçoit le gouvernement. Je ne l'ai jamais caché en prenant les fonctions que vous avez bien voulu m'attribuer [...]. Veut-on un gouvernement qui gouverne ou une Assemblée omnipotente déléguant un gouvernement pour accomplir ses volontés ? [...] La formule qui s'impose, à mon avis, après toutes les expériences que nous avons faites, c'est un gouvernement qui ait et qui porte seul, je dis : seul, la responsabilité entière du pouvoir exécutif. » Et d'ajouter ces mots décisifs : « Sans doute est-ce la dernière fois que je parle dans cet hémicycle. » Ces paroles, pourtant lourdes de sens, passèrent alors presque inaperçues. Elles ne tardèrent pourtant pas à se traduire en actes. Le 20 janvier, le Général démissionnait. Marcel MORABITO

• *Voir aussi* : Constitutionnel, débat ; Constitutionnelles (conceptions) ; Démission de 1946 ; GPRF ; Référendum

Bibl. : Jean Lacouture, *De Gaulle*, t. 2, *Le Politique*, Paris, Le Seuil, 1985.

RÉFÉRENDUM DU 28 SEPTEMBRE 1958. – Juridiquement, ce référendum allait valider la transition. Politiquement, il légitimerait le retour au pouvoir du général de Gaulle. Historiquement, il fonderait la

Ve République sur des bases solides. Techniquement, il justifierait des évolutions ultérieures que nul n'avait imaginées alors.

Juridiquement, le 13 mai 1958 et ses suites ont réuni tous les ingrédients auxquels, d'ordinaire, on reconnaît un coup d'État : intervention de l'armée, pression sur les pouvoirs constitutionnels, désignation d'un chef imposé par la clameur, adoption précipitée d'une loi de circonstance, mise en congé des Chambres. Si un accident cardio-vasculaire avait tué de Gaulle vers le début du mois de juin 1958, les historiens l'eussent présenté ensuite comme un général républicain devenu putschiste à la veille de sa mort. Quoique sommaire, le rapprochement était inévitable entre la loi du 3 juin 1958 qui, grâce à un subterfuge, a rendu possible la révision de la Constitution, et le vote du 10 juillet 1940 qui avait conféré tous les pouvoirs, y compris constitutionnels, au maréchal Pétain. Mais quelques doutes qu'on ait pu nourrir sur la légalité de la transition, tous furent levés par la convocation et les résultats de ce référendum, dans lequel les Français eux-mêmes, dépositaires ultimes du pouvoir constituant originaire, approuvèrent de manière éclatante, et validèrent ainsi, le processus qui les avait amenés à s'exprimer.

Politiquement, le chef du gouvernement, promis à devenir chef de l'État sous peu, ne serait pas personnellement investi par le suffrage universel direct, puisque l'élection présidentielle ne ferait intervenir qu'un « collège élargi » dans lequel seraient certes noyés les parlementaires qui élisaient seuls les présidents de la IIIe et de la IVe République, mais qui ne compterait néanmoins que 81 764 électeurs inscrits, eux-mêmes élus locaux ou nationaux. Dès lors, le référendum du 28 septembre était destiné à ratifier le projet qui en était l'objet mais, au moins autant, il prenait l'allure d'un véritable vote de confiance du pays à l'égard de son dirigeant. Sur 26 603 464 inscrits et 22 396 850 votants (84,96 %, un taux de participation sans précédent), il serait illusoire de croire que les 17 668 790 électeurs qui répondirent « oui » avaient tous pris la peine de lire le texte, pas plus d'ailleurs que les 4 624 311 qui choisirent le « non » : qu'ils fussent pour (66,4 % des inscrits, 79,2 % des exprimés) ou contre, c'est d'abord sur la personne du Général, sa conduite de la transition et la naissance d'une République nouvelle que les Français se prononcèrent.

Historiquement, le succès du « oui » annonçait des jours sombres pour les partisans du « non ». À court terme, les plus visibles d'entre eux, avant tout Pierre Mendès France, secondairement François Mitterrand, allaient être défaits lors des élections législatives de novembre. À plus long terme, surtout, la Ve devenait ainsi la mieux fondée de toutes les Républiques : les trois premières n'avaient pas eu les honneurs du référendum, la IVe n'avait gagné le sien que médiocrement, tandis que deux Français sur trois inscrits et près de quatre Français sur cinq votants donnèrent au nouveau régime une légitimité initiale qui a pu dépiter ses détracteurs, mais s'est finalement révélée plus puissante et plus continue qu'eux. Depuis, l'évocation périodique d'une VIe République (l'expression est apparue, sous la plume de Maurice Duverger, dès 1961 !) se heurte toujours au fait que rien de tangible n'est venu remettre en cause, dans l'esprit des électeurs, le choix que firent alors leurs devanciers, si du moins l'on en croit les sondages qui attribuent régulièrement aux institutions un très large crédit dans l'opinion.

Techniquement, enfin, le référendum du 28 septembre 1958 a accouché, après une gestation de plus d'une douzaine d'années, d'un perfectionnement inattendu mais bienvenu de notre État de droit : c'est à la fois parce que la Constitution avait été adoptée directement par les Français et que, au passage, ces derniers avaient ainsi avalisé la création du Conseil constitutionnel, que celui-ci s'est estimé fondé, à partir de 1971 réellement, à faire prendre au sérieux par tous la supériorité de la loi fondamentale par rapport aux lois ordinaires. Ainsi, une innovation majeure de la Ve République, en rupture radicale avec la tradition antérieure, n'est pas vraiment née avec elle mais est bien née d'elle. Le contrôle de constitutionnalité est l'enfant, tardif mais direct, du référendum de 1958.

En choisissant le lieu et la date – la place de la République, le 4 septembre – de sa présentation du texte à la nation et, du même coup, du lancement de la campagne référendaire, de Gaulle avait forcé sur les symboles, encore soulignés par les coups de cymbales d'André Malraux. Tout cela est largement oublié aujourd'hui, mais l'acte fondateur ne l'est pas, et si la date du 13 mai a laissé un souvenir plus vif que celle du 28 septembre, la seconde a pourtant estompé la première et creusé un sillon beaucoup plus profond. Guy CARCASSONNE

• *Voir aussi* : Constitution ; Discours du 4 septembre 1958 ; Retour de 1958

RÉFÉRENDUM DU 8 JANVIER 1961. – C'était d'abord aux activistes de l'Algérie française, qui avaient placé leurs espoirs en lui, que de Gaulle avait dû son retour au pouvoir. Le triomphe référendaire de 1958 lui avait certes épargné de devenir leur otage, mais sa politique algérienne demeurait entravée par la pression des Bidault ou Soustelle et par les craintes sourdes que suscitait l'état d'esprit de l'armée. Pour se libérer de la première et dissiper les secondes, il fallait le soutien affirmé du suffrage universel direct.

Annoncé le 16 novembre 1960, le référendum portait sur un projet de loi – simple prétexte, techniquement indispensable pour obéir aux conditions de l'article 11 de la Constitution – alors que la véritable question était celle de l'autodétermination des populations d'Algérie. Elle marquait une rupture dont nul n'anticipait l'accueil – les pronostics sur le vote des Français étaient inusuellement prudents – ni surtout la portée – l'indépendance, qui devait suivre rapidement, était encore tabou. Où les partisans du « oui » – gaullistes, bien sûr, mais aussi socialistes – l'étaient de manière circonspecte, faute d'en percevoir clairement les effets, ceux du « non » l'étaient de manière bruyante et déterminée. L'on y trouvait les communistes voisinant avec l'extrême droite et les chantres de l'Algérie française, sans états d'âme ni de part ni d'autre.

L'incertitude sur le résultat conduisit le général de Gaulle à des interventions répétées, dont la plus marquante fut celle du 6 janvier. Le 31 décembre, déjà, il avait laissé percer la menace de son départ en cas de réponse « négative ou confuse ». L'avant-veille du scrutin le montra plus net encore : « Je me tourne vers vous, par-dessus tous les intermédiaires... L'affaire est entre chacune de vous, chacun de vous et moi-même. » Et il conclut sur la formule célèbre de l'appel à un « oui franc et massif ». Le mélange des genres référendaire et plébiscitaire n'est pas du goût de tous mais, pour le de Gaulle de l'époque, il est efficace : le « oui » l'emporte très largement. L'abstention a sensiblement progressé (26 %) par rapport à 1958, le vote favorable a reculé (75 % des suffrages exprimés mais seulement 54 % des inscrits), toutefois rien de tout cela n'a profité au « non » puisque l'apport de l'extrême droite ne le fait progresser que de moins d'un pour cent.

La réponse des Français a été nette. L'armée n'a pas bronché (du moins sur le moment...). Que les électeurs aient été favorables à l'autodétermination ou impressionnés par la menace de démission, finalement ces deux causes produisent le même effet : le chef de l'État, désormais, a les mains libres. Certes, la partie qui s'engage alors sera difficile, dramatique, et s'achèvera sur un déchirement douloureux, mais ce premier référendum législatif a offert à son initiateur le soutien populaire dont il avait besoin pour surmonter tous les obstacles. Où la IVe République avait été trop faible pour mettre un terme à la guerre d'Algérie, même bien, la Ve sera assez forte pour y parvenir, même mal. Guy CARCASSONNE

• *Voir aussi* : Algérie (guerre d')

RÉFÉRENDUM DU 8 AVRIL 1962. – Référendum de tous les paradoxes, il fut essentiel, il est oublié ; il suscita peu d'intérêt en métropole et déchaîna toutes les violences en Algérie ; il provoqua un taux exceptionnel d'adhésion pour les uns, accompagné pour les autres d'un cortège tout aussi exceptionnel de drames intimes, de morts, de déchirements définitifs.

La gauche et les Français s'impatientaient de ce conflit sans fin (il dura aussi longtemps sous la Ve République que sous la IVe) où toutes les tentatives de rapprochement s'étaient heurtées à l'intransigeance du FLN (Front de libération nationale). Après de nouveaux contacts secrets, c'est officiellement que des négociations s'ouvrent à Évian le 7 mars 1962 pour se conclure, le 18 au soir, par un accord de cessez-le-feu. Un nouveau référendum devra le ratifier, avec une célérité remarquable puisque moins de trois semaines s'écouleront entre la convocation du scrutin et son déroulement. Le « oui » réunit 91 % des suffrages exprimés ! Les Français, toutes formations politiques confondues, ne veulent plus s'arrêter à la tragédie que vivent pieds-noirs et harkis, sont résignés à l'indépendance que choisira le référendum d'autodétermination et acceptent que prenne brutalement fin le mandat des 68 députés et 34 sénateurs d'Algérie et du Sahara. Déjà de Gaulle est dans la suite et l'opinion n'aspire qu'à cela. S'il demande aux électeurs de lui témoigner leur soutien, c'est pour la dure épreuve du jour, mais aussi « pour demain », de sorte que, passant dans son allocution du 6 avril par-dessus l'échéance du 8, il la consacre à chanter les vertus de la pratique référendaire qui permet d'en appeler à la responsabilité directe de chacun « sur un sujet vital pour le pays ». Les parlementaires ont quelque raison d'en être aussi froissés qu'inquiets.

Jusqu'alors, l'affaire algérienne avait brouillé les repères, créant des majorités souvent vastes mais toujours hétéroclites, au Parlement comme dans le pays. Une fois cela soldé, chacun va pouvoir tomber du côté où naturellement il penche : celui de l'opposition pour toute la gauche qu'avaient divisée des choix conjoncturels mais que réunit la mise en cause du pouvoir personnel ; celui de l'opposition aussi pour tous les nostalgiques de la République parlementariste qu'indignent ses relents consulaires ; celui de la majorité pour tous les autres, que satisfait ou rassure la présence tutélaire du Général.

Six jours après le référendum, Michel Debré présente la démission qui lui a été demandée. Georges Pompidou le remplace. Ce n'est pas seulement la fin du conflit algérien, c'est aussi le départ de la véritable Ve République. Historiquement, l'Empire n'est plus et, pour la première fois depuis plus d'un siècle, la métropole redevient l'essentiel du territoire national ; politiquement, l'illusion unanimiste du début ne tardera plus à laisser s'exprimer la réalité bipolaire ; institutionnellement, le référendum a démontré ses avantages et ce n'est que beaucoup plus tard qu'il révèlera ses inconvénients. Guy CARCASSONNE

• *Voir aussi* : Algérie (guerre d') ; Évian

RÉFÉRENDUM DU 28 OCTOBRE 1962. – Le référendum d'octobre 1962 marque la fin des années de consensus qui avaient caractérisé la gestion de la guerre d'Algérie. Non seulement les forces politiques qui avaient laissé les mains libres au général de Gaulle reprennent leur indépendance, mais le Général prend lui-même l'initiative de la rupture. Le référendum sur l'élection directe du chef de l'État est une véritable provocation pour les partis traditionnels, tant sur le fond (il remet en cause la souveraineté parlementaire en introduisant une légitimité démocratique rivale) que sur la forme (la procédure référendaire évite l'examen et le vote de la réforme par le Parlement). La bataille référendaire est donc une bataille frontale entre de Gaulle et les partis traditionnels et ceux-ci font bloc contre lui : le cartel des « non » regroupe la droite (CNIP), le centre (MRP, radicaux) et la gauche non communiste (SFIO, PSU) ; quant au parti communiste, il mène une campagne résolue contre le projet auquel s'opposent également toutes les organisations syndicales ainsi que l'essentiel de la presse de province.

Face à ce bloc, le général de Gaulle ne peut compter que sur ses soutiens traditionnels : le mouvement gaulliste et ses maigres alliés qui ont fait dissidence de la droite (Valéry Giscard d'Estaing entraîne une minorité des indépendants et paysans) ou du centre (quelques démocrates-chrétiens avec Maurice Schumann). Si, malgré tout, le « oui » l'emporte largement avec 62,25 % des suffrages exprimés – contre 37,75 % pour le « non » –, c'est que le projet est populaire dans l'opinion et que le général de Gaulle a averti qu'il quitterait immédiatement le pouvoir en cas d'échec « ou même de majorité faible, médiocre, aléatoire » alors que le climat international de guerre froide prévaut plus que jamais. Pour sa part, la campagne des partisans du « non » menée sur le thème de l'inconstitutionnalité de la procédure et du « pouvoir personnel » n'a guère d'écho dans l'opinion.

De fait, même si le « oui » passe pour la première fois depuis 1958 sous la barre des 50 % des inscrits (46,66 %) du fait de la progression des abstentions (23,03 %), le succès est réel. L'opposition qu'a dû affronter le Général est sans commune mesure avec celle des référendums antérieurs (le PCF en 1958 et l'extrême droite en 1961-1962), car elle regroupe un arc de forces qui formait les trois quarts de l'électorat avant 1958. Le référendum du 28 octobre 1962 traduit donc une recomposition globale de l'électorat dont on verra les effets aux législatives de novembre.

Le « oui » est majoritaire dans le Nord, le Grand Ouest et l'Est ainsi que dans les zones urbaines, c'est-à-dire dans les régions les plus dynamiques. Le « non » ne l'emporte que dans quinze départements situés au sud-ouest, c'est-à-dire dans les anciennes terres du radicalisme. Le référendum du 28 octobre 1962 est le dernier avant celui, fatal, de 1969. Il est l'acte de naissance d'un nouveau gaullisme électoral, présidentialiste et majoritaire dont on verra les effets lors de toutes les élections ultérieures. Paradoxalement, il marque la fin du gaullisme de rassemblement, fondé sur l'appel au peuple, qui avait été le trait distinctif du nouveau régime.

Hugues PORTELLI

• *Voir aussi* : Constitutionnelles (conceptions) ; Constitutionnelles (pratiques contestées) ; Crise constitutionnelle de 1962 ; Discours du 20 septembre 1962 ; Gaullistes

RÉFÉRENDUM DU 27 AVRIL 1969. – L'objet de ce référendum était double. Il visait à la fois à doter les régions françaises du statut de collectivité territoriale et à réformer le Sénat en fusionnant celui-ci avec le Conseil économique et social, et cela conformément à des propositions présentées par le général de Gaulle dans le discours de Bayeux, mais jusque-là différées.

Le texte de quarante-huit articles, soumis à la votation des électeurs, relevait tantôt de la loi constitutionnelle, tantôt de la loi organique et tantôt de la loi ordinaire. « Formant un tout », selon de Gaulle, il s'inscrivait dans le cadre d'une vaste « politique de participation » initiée en réponse aux événements de mai 1968. Celle-ci aurait dû faire l'objet d'un référendum annoncé par le chef de l'État le 24 mai ; or, il fut différé le 30 au profit de la dissolution de l'Assemblée nationale. Il ne resterait pour trace de cette politique que la loi d'orientation universitaire, dite loi Edgar Faure, du 12 novembre 1968.

S'agissant de la régionalisation, qui avait été amorcée dès la fin de la IVe République dans le cadre du Plan et poursuivie, dans un but de déconcentration et d'aménagement du territoire, par les décrets du 22 juin 1960 et du 14 mars 1964, le projet de loi référendaire innove en ce qu'il érige les circonscriptions d'action régionale en collectivités territoriales. Préparé par le ministre d'État Jean-Marcel Jeanneney, il s'inspire de la loi de 1871 sur les départements, créant un conseil régional délibératif, doté de compétences d'attribution en matière de développement économique et d'équipements publics, avec un préfet de région, délégué du gouvernement, qui joue le rôle d'exécutif. Mais il diffère de ce texte sur deux points importants relatifs à la composition du conseil régional. Celui-ci est formé, d'une part, des députés à l'Assemblée nationale élus dans la région et de conseillers territoriaux élus au second degré par les conseillers généraux et des délégués des conseils municipaux ; d'autre part, dans la proportion des deux tiers de cette première composante (celle des élus), par des conseillers socioprofessionnels désignés par des organes représentatifs.

C'est sur ce dernier point qu'apparaît la convergence entre l'établissement des régions et la réforme du Sénat. Dans la nouvelle composition de la seconde chambre, réduite à un rôle consultatif, sont associés des membres élus au second degré par des délégués d'assemblées territoriales, et des représentants des activités économiques, sociales et culturelles, ces derniers dans la limite des deux tiers du nombre des élus – soit 177 sénateurs au titre des collectivités territoriales et des Français résidant hors de France, et 146 issus de ce que l'on ne dénomme pas encore « la société civile ».

Malgré l'engagement réitéré du président de la République, qui confère à ce nouveau référendum une dimension plébiscitaire, le résultat sera négatif : 12 007 102 « non » contre 10 901 753 « oui ». Plusieurs raisons expliquent ce verdict. Outre le rejet des partis d'opposition auquel s'est ajouté celui des formations du centre, plusieurs personnalités se sont finalement prononcées contre le projet, tel Valéry Giscard d'Estaing pour qui « la France est devant le référendum comme quelqu'un à qui on a mis un oursin dans la main ». Une large majorité de la classe politique s'indigne de devoir siéger dans des assemblées représentatives aux côtés de délégués socioprofessionnels non élus. À quoi s'ajoute la perspective de la disparition du Sénat, symbole de la continuité de la République. Car s'il demeure la seconde chambre du Parlement, il perd son pouvoir délibérant et son président l'intérim de la présidence de la République. Par ailleurs, ce référendum, comme celui de 1962 qui avait vu le président Gaston Monnerville combattre violemment le Général, sera fondé sur l'article 11 de la Constitution et non sur l'article 89 qui constitue la procédure normale de révision. Or ce nouveau recours à l'article 11, à moins de fonder une coutume, pouvait sembler tout aussi inconstitutionnel que le précédent.

Enfin, et peut-être surtout, les électeurs qui auraient pu redouter que le départ anticipé du général de Gaulle marque la fin de la Ve République se trouvaient rassurés, en avril 1969, par la candidature probable à l'Élysée de Georges Pompidou. Tout en préconisant le « oui » au référendum, celui-ci ne devait pas contredire la disponibilité dont il avait fait état dans sa « déclaration de Rome » qui avait tant irrité, quelques mois auparavant, le président de la République. Ainsi tout était prêt pour que celui-ci publie sans drame, le 28 avril, le communiqué aux termes duquel il cessait d'exercer ses fonctions le jour même à midi.

Jean-Louis QUERMONNE

• *Voir aussi :* Communiqué du 28 avril 1969 ; État (réforme de l') ; Participation ; Régionalisation ; Sénat

Bibl. : Georges Berlia, « Le référendum du 27 avril 1969 », *Revue du droit public*, n° 3, 1969, p. 451 • Dominique Chagnollaud et Jean-Louis Quermonne, *La Ve République*, Paris, Flammarion, t. 1 et 3, 2000 • Institut d'études politiques de Grenoble, *La Réforme régionale et le référendum du 27 avril 1969*, Paris, Cujas, 1970.

RÉGIONALISATION. – Reprenant dès son retour, en 1958, les idées qu'il avait exprimées à Bayeux en 1946, le général de Gaulle fait de la modernisation de l'État une priorité. La fin de la guerre d'Algérie facilite la mise en route de la réforme. Les décrets du 24 mars 1964 lancent la régionalisation. Dans ses *Mémoires d'espoir*, de Gaulle en a résumé les objectifs. Après avoir rappelé l'œuvre des révolutionnaires dans le découpage du territoire, opéré le constat que ces circonscriptions, départementales ou communales, sont devenues inadaptées aux transformations économiques et sociales, il conclut : « Comme il se trouve que les anciennes provinces ont conservé leur réalité humaine, en dépit de leur officielle abolition et des mouvements subséquents de population, il n'est que de les faire renaître sur le plan économique par-dessus les départements, sous la forme et le nom de régions, chacune ayant la taille voulue pour devenir le cadre d'une activité déterminée. » En réalité, les régions existaient déjà depuis 1956 sous le nom de régions de programme, en tant que simples circonscriptions d'action régionales ; la réforme de 1964 ne modifie ni leur nombre ni leurs limites territoriales – de 22 en 1956, elles étaient passées à 21 en juin 1960.

De Gaulle situe son projet non pas dans une logique de décentralisation mais dans celle d'une rénovation de l'État. Il s'agit avant tout d'accompagner les rationalités nouvelles de la planification et de l'aménagement du territoire en vue de moderniser l'économie et de remédier aux déséquilibres régionaux. Cependant, la réforme manifeste aussi le souci de renouveler la place des groupes d'intérêt socio-économiques dans le champ de la décision publique. La régionalisation doit servir le projet de participation en assurant leur représentation dans les institutions locales. Cela suppose un compromis qui tienne compte des rapports de force politiques et des résistances des élus locaux, attachés notamment au maintien du département. Les préfets de région se voient confier une mission centrale de coordination et d'animation, sans que soit remis en cause le rôle traditionnel des préfets de département ni des édiles locaux. Ils sont assistés par des pôles de mission technique et animent les conférences administratives régionales (CAR). Un élément de démocratie participative est introduit avec les CODER (Commissions de développement économique régional) où siègent les mandataires des organismes socioprofessionnels, les élus de la région et des personnalités nommées.

Parallèlement à cette réorganisation territoriale, le chef de l'État accorde une place particulière à la région parisienne, cet ensemble de 12 000 km^2 et de 9 millions d'habitants. Paris, symbole de la puissance française et de sa prestigieuse histoire, ne peut laisser indifférent de Gaulle qui s'implique directement dans cette réforme. La mise en œuvre en est confiée au ministre de l'Intérieur, Roger Frey. La loi du 2 juillet 1961 crée le district de la région parisienne, directement rattaché au Premier ministre, mais la responsabilité en est confiée à Paul Delouvrier, nommé préfet en 1966. Le nouveau district aura servi d'expérimentation à l'idée de démocratie participative, chère au Général, avec la mise en place d'un Comité consultatif économique et social représentant les « forces vives de la nation » ; il est aussi un banc d'essai pour l'« administration de mission ». L'aboutissement de cette réforme est la loi du 10 juillet 1964 portant organisation de la région parisienne, complétée par le décret du 10 août 1966 qui procède au redécoupage départemental.

Cette première étape de la régionalisation se caractérise par la forte maîtrise de l'État sur le processus de réorganisation territoriale. Il s'agit de modifier les pratiques administratives plutôt que d'affirmer un nouveau pouvoir local. C'est seulement après la secousse de mai 1968 que de Gaulle annonce une véritable décentralisation régionale, qui échoue au référendum de 1969.

Jacqueline Montain-Domenach

• *Voir aussi* : Participation ; Réforme de l'État ; Référendum du 27 avril 1969

Bibl. : Jacques Aubert, « L'administration du territoire », dans *De Gaulle et le service de l'État*, Paris, Plon, 1977, p. 281-322 • Yves Mény, *Centralisation et décentralisation dans le débat politique français, 1945-1969*, Paris, LGDJ, 1974.

RELATIONS INTERNATIONALES (conception des). – Charles de Gaulle n'avait pas seulement une philosophie de l'Histoire et une conception spécifique de la politique étrangère de la France. Il se faisait également une idée distincte et singulière des relations internationales en tant que telles. La conception gaullienne est, à l'origine, celle d'un militaire, sensible par profession aux rapports de force, à l'Histoire et à la géopolitique, ainsi qu'aux aléas de la politique internationale qu'il appréhende stratégiquement. Parce qu'elle est également issue du traumatisme de la défaite militaire et de l'Occupation, la guerre est l'horizon de sa conception qui s'inscrit dans la tradition réaliste classique. Cette tradition se réclame souvent, en Europe, d'une histoire qui remonte à Thucydide, Machiavel et Hobbes, et incorpore volontiers Richelieu, Frédéric le Grand, William Pitt et Bismarck. L'importance du principe de réalité, le rôle de la puissance et du conflit, la raison d'État et la Realpolitik, le primat de la sécurité sont au centre de la vision réaliste des relations internationales. De Gaulle utilise d'ailleurs ponctuellement le terme « réalisme » pour désigner le principe de déchiffrement qui permet de disposer d'une vision exacte des événements, de comprendre les mécanismes à l'œuvre dans les relations internationales et de dépasser ce qu'il appelle les faux-semblants.

La politique dans l'externe se déroule dans un ensemble plus vaste de relations qui sont, pour de Gaulle, authentiquement inter-nationales, c'est-à-dire qu'il s'agit d'abord de relations entre nations. Celles-ci sont les unités d'analyse et d'action qui lui paraissent premières, durables et prééminentes : « Il n'y a pas de réalité internationale qui ne soit d'abord une réalité nationale », déclare-t-il le 13 décembre 1959. Les relations internationales présupposent l'existence de nations indépendantes disposant de leurs propres capacités, ce qui est la condition de leur dignité à leurs propres yeux et aux yeux des autres. Ces relations sont faites de respect mutuel, mais également d'affirmation des nations les unes par rapport aux autres. Ces tensions doivent créer un ordre international fondé sur un équilibre multipolaire stable, source d'une certaine égalité et d'une justice minimale entre les protagonistes, surtout lorsqu'il s'agit de puissances petites et moyennes qui disposent alors de marges de manœuvre accrues.

Non seulement la nation est l'unité d'analyse pertinente pour déchiffrer les relations internationales, et pour agir, mais le sentiment national est aussi un élément clé de la puissance qui peut supplanter les éléments matériels ou idéologiques. Pour de Gaulle, la nation est une réalité, en partie, psychologique : elle est pré-consciente, c'est un instinct, un sentiment, un réflexe. Elle se ressent. C'est également la conscience d'une différence, d'une identité distincte, par rapport à d'autres nations, ce qui conduit à des stéréotypes culturels : Gaulois et Germains par exemple. Enfin, la nation est une volonté, une résolution, parfois possible mais parfois freinée ou bloquée par des forces extérieures. L'existence d'une nation est une condition nécessaire, mais non suffisante, à l'existence d'un acteur international. Un État, un chef d'État, un gouvernement et une armée lui paraissent indispensables. En somme, pour de Gaulle, ni les individus ordinaires, ni les groupes d'intérêt, ni le régime politique, ni l'idéologie ne sont les forces motrices de la politique internationale. Parallèlement, il critique les ambitions supranationales comme la conception fédéraliste de l'Europe, la Yougoslavie du maréchal Tito ou le projet panarabe du président égyptien Nasser. D'une part, ces tentatives lui semblent vouées à l'échec dans leur principe même : elles veulent dépasser la réalité nationale qui lui paraît indépassable. D'autre part, elles sont dangereuses, car elles dissimulent les rapports de force et masquent des formes de domination, par exemple celle des États-Unis ou celle des technocrates européens.

Pour de Gaulle, la motivation première des acteurs internationaux est la survie de la nation, qui se conçoit dans l'indépendance. La coopération et le commerce avec d'autres, surtout lorsqu'ils sont fondés sur la réciprocité, sont souvent souhaitables, mais l'autonomie de décision de chacun demeure. La lutte pour la survie est marquée par les intérêts divergents et les rapports de force. De Gaulle admet la pluralité des intérêts au sein de chaque État-nation et il reconnaît la nécessité d'arbitrer entre des intérêts contradictoires, mais l'intérêt national lui semble un guide fiable. Il admet également la légitimité des intérêts des autres États-nations, leurs divergences ainsi que la nécessité de la modération et de la prudence. Dans un tel environnement, les États-nations ne peuvent compter que sur eux-mêmes, notamment pour assurer leur sécurité. L'incertitude pèse sur les décisions des gouvernants : si l'on n'est pas menacé aujourd'hui, on peut l'être demain ; les promesses d'un dirigeant peuvent ne pas engager son successeur. Amitiés et inimitiés sont temporaires. De même, les relations internationales ne sont pas non plus nécessairement institutionnalisées ou continues et, pour de Gaulle, il n'est pas souhaitable qu'elles le deviennent. Les négociations permanentes sont néfastes ; les traités et les institutions internationales doivent demeurer des moyens et non pas devenir des fins. Le Général ne rejette pas l'existence des organisations internationales, mais il définit étroitement leur rôle – comme club ou forum – et souligne la portée limitée de leur influence. Le concert des puissances lui paraît la forme institutionnelle souvent la mieux adaptée. Dans un tel contexte, la puissance demeure fondamentale, même si ses caractéristiques se transforment. La puissance militaire évolue en devenant nucléaire, ce qui met au premier plan les crises et les menaces plus que la guerre ouverte, quand bien même elle demeure à l'arrière-plan. De Gaulle souligne également, à de nombreuses reprises, combien la puissance dépend toujours davantage de l'économie et des capacités technologiques.

Pascal VENNESSON

• *Voir aussi* : Grandeur et rang ; Nation ; ONU ; Politique étrangère ; Pragmatisme

Bibl. : Stanley Hoffmann, « De Gaulle et le monde : la scène et la pièce », dans Stanley Hoffmann, *Essais sur la France. Déclin ou renouveau ?*, Paris, Le Seuil, 1974 • Maurice Vaïsse, *La Grandeur. Politique étrangère du général de Gaulle, 1958-1969*, Paris, Fayard, 1998.

RÉMY, Gilbert Renault, dit (1904-1984). – En 1940, Gilbert Renault, le futur colonel Rémy, un sympathisant de l'Action française au parcours professionnel chaotique, prépare en Espagne un film sur Christophe Colomb. Le 18 juin, il quitte Lorient pour l'Angleterre, d'où le 2e Bureau de Passy le renvoie en zone occupée (ZO) *via* l'Espagne. Chaleureux, dynamique, volontiers théâtral, il met sur pied le plus efficace des réseaux de renseignements de la France libre, particulièrement bien implanté sur la côte atlantique : la Confrérie Notre-Dame (CND).

La réussite de la CND vaut à Rémy l'admiration de tous, Français et Britanniques, et le conduit à prendre nombre d'initiatives, notamment en matière politique, domaine dans lequel personne ne lui reconnaît la moindre compétence. En 1940, alors que de Gaulle refuse de politiser son discours, Rémy milite pour qu'il définisse une ligne claire, de préférence monarchiste. En 1942, le Général le rappelle fermement à l'ordre pour avoir noué des contacts avec un émissaire de Pétain. Paradoxalement, Rémy est pourtant le principal artisan des relations nouées par de Gaulle avec les communistes. En avril 1942, sans mandat, il commence à négocier le ralliement de ces derniers à la France libre. En dépit de ces initiatives qui déplaisent à Londres, le prestige de Rémy et son expérience du travail en ZO conduisent le BCRA (Bureau central de renseignements et d'action) à lui confier une mission importante : rentré à Londres en juin, il repart en octobre créer un état-major de ZO (EMZO) et renouer un contact purement technique avec les communistes. Sur le terrain, en dépit des injonctions de Passy, il entreprend de nouveau de négocier l'envoi d'un représentant permanent du Parti communiste français auprès du Général. En outre, il condamne les contacts noués par la France libre avec des hommes politiques de l'avant-guerre et avec les mouvements de résistance de zone sud. Son arrivée à Londres avec Fernand Grenier, le 11 janvier 1943, apporte à de Gaulle un appoint politique majeur, mais les responsables du BCRA, lassés de ses initiatives, s'opposent à son retour en France. Ils le chargent de diffuser les renseignements reçus de France avant de lui confier le plan Sussex, dont l'objectif est de récolter des renseignements sur l'ordre de bataille allemand dans le nord de la France. Après le Débarquement, il est affecté comme officier de liaison auprès de l'armée américaine.

Compagnon de la Libération, Rémy est l'un des membres exécutifs du RPF (Rassemblement du peuple français) en 1947, mais il rompt ensuite de manière irréversible avec de Gaulle. Le 11 avril 1950, dans l'hebdomadaire *Carrefour*, engageant la parole de ce dernier, il défend l'idée que la France a eu besoin à la fois du « bouclier » Pétain et de l'« épée » de Gaulle. Désavoué par le Général, il démissionne du RPF. Auteur à succès, il suscite ensuite l'incompréhension de De Gaulle en militant pour la libération de Pétain. Rémy revoit à plusieurs reprises le Général, mais la rupture entre les deux hommes est consommée : en 1958, de Gaulle ne donne pas suite aux offres de service de son ancien compagnon, qui figure bientôt parmi les adversaires les plus résolus de sa politique algérienne. Sébastien ALBERTELLI

• *Voir aussi* : BCRA

Bibl. : Sébastien Albertelli, *Le BCRA, les services secrets du général de Gaulle, 1940-1944*, thèse d'histoire en cours sous la direction de Jean-Pierre Azéma, IEP de Paris • Guy Perrier,

Rémy. L'Agent secret n° 1 de la France libre, Paris, Perrin, 2001 • Colonel Rémy, *Mémoires d'un agent secret de la France Libre*, Paris, Aux Trois Couleurs puis Raoul Solar, 4 vol., 1946 et 1947.

RENAN, Ernest (1823-1892). – Le général de Gaulle a lu *La Réforme intellectuelle et morale* d'Ernest Renan, paru en 1871, et très probablement *Qu'est-ce qu'une nation ?*, conférence prononcée en 1882. Alain Larcan a recensé chez de Gaulle de nombreuses traces de lecture de Renan : on les trouve dans les *Lettres, notes et carnets,* mais aussi dans *La France et son armée.* Elles concernent les écrits politiques du philosophe, non sa célèbre analyse historienne de la *Vie de Jésus* (1863). Mais de Gaulle cite aussi Renan dans ses conversations. Par exemple avec Pierre-Henry Rix : « Il n'y a rien au monde de meilleur que l'Allemand moral et de pire que l'Allemand démoralisé... Je crois que Renan a raison... » De même : « Le grand malheur c'est que la France ne comprend pas l'Allemagne et que l'Allemagne ne comprend pas la France. » Ces propos sont tirés de la préface de *La Réforme intellectuelle et morale*. Renan, qui a été très marqué par la philosophie et la philologie allemandes, y exprime son désarroi après la guerre de 1870 et l'annexion de l'Alsace-Lorraine. « On peut dire, écrit-il, qu'il n'y a rien de meilleur au monde que l'Allemand moral, et rien de plus méchant que l'Allemand démoralisé. » Renan constate l'incompréhension grandissante entre deux pays dont il estime la grandeur complémentaire : « Ma chimère, je l'avoue, est détruite pour jamais. Un abîme est creusé entre la France et l'Allemagne ; des siècles ne le combleront pas. La violence faite à l'Alsace et à la Lorraine restera longtemps une plaie béante ; la prétendue garantie de paix rêvée par les journalistes et les hommes d'État de l'Allemagne sera une garantie de guerres sans fin. » De Gaulle adopte les jugements de Renan sur l'Allemagne, car ils correspondent largement aux sentiments mêlés qu'il éprouve face au voisin d'outre-Rhin, sentiments qui lui permettront d'être à la fois l'homme de la France libre et celui de la réconciliation franco-allemande après la Seconde Guerre mondiale.

L'influence de Renan sur la pensée gaullienne se manifeste aussi dans l'ordre philosophique, mais de manière médiatisée, par la lecture de Maurice Barrès et peut-être aussi de Georges Sorel qui influença Charles Péguy. Renan, dans son *Histoire des origines du christianisme* (1863-1882), a mis en relief le rôle de l'irrationnel et du mythe dans l'Histoire. Ce rôle, perçu au travers de la mystique péguyste, est reconnu par Charles de Gaulle. Il en donne une illustration dans le long monologue qu'il tient chez Anthony Eden le 9 décembre 1942, au moment où monte l'étoile de l'amiral Darlan : « Un régime politique n'a quelque substance et stabilité que s'il est fondé sur une autorité morale, ou une mystique. Il y a trois mouvements en France qui sont dans ce cas. Le régime de Vichy, si détesté qu'il puisse être, a une base parce qu'il est fondé sur le mythe de Pétain. Les communistes évidemment ont une base philosophique pour leur action. Les gaullistes aussi ont une philosophie que j'ai moi-même constamment exposée. » Jérôme GRONDEUX

• *Voir aussi* : Allemagne ; Autorité ; France (idée de la) ; Gaullisme ; Héritage spirituel

Bibl. : Jérôme Grondeux, « Ernest Renan », dans François Laplanche (dir.), *Dictionnaire du monde religieux dans la France contemporaine,* t. 9, *Les Sciences religieuses. Le* XIXᵉ *siècle 1800-1914*, Paris, Beauchesne, 1996 • *Renan. Histoire et parole. Œuvres diverses*, édition établie par Laudyce Rétat, Paris, Robert Laffont, coll. « Bouquins », 1984 • Pierre-Henry Rix, *Par le portillon de La Boisserie*, Paris, Nouvelles Éditions latines, 1974 • Éric Roussel, *Charles de Gaulle*, Paris, Gallimard, 2002.

RÉNOVATION (économique et sociale). – Au-delà de la rénovation effective de l'économie et de la société française lors des années 1944-1946 et 1958-1969, certes bien réelle et déjà bien connue, il convient surtout d'analyser la signification précise et la place que le général de Gaulle a accordées à la rénovation lors de ses deux passages aux affaires.

Il faut au préalable dissiper deux idées complémentaires et erronées qui ont néanmoins été largement diffusées pendant les années de la présidence gaullienne et au-delà. D'abord, celle du « domaine réservé », à savoir l'Algérie, les affaires étrangères et de défense, laissant entendre que le Général en conséquence se serait désintéressé des autres questions et, en particulier, celles relatives à la politique économique et sociale. Les termes n'ont jamais été employés ni accrédités par de Gaulle lui-même. De manière corollaire, au sujet de la large diffusion de l'expression apocryphe : « L'intendance suivra ! », le Général a cru bon, dans l'interview télévisée accordée à Michel Droit le 13 décembre 1965, de préciser fermement : « ... ce mot que je n'ai jamais dit et à plus forte raison que je n'ai jamais pensé », ajoutant même : « Ce sont des blagues pour les journaux. » Et au soir de sa vie, dans le premier tome des *Mémoires d'espoir*, il amorce le chapitre consacré à l'économie par la réaffirmation de l'intérêt majeur qu'il a porté aux questions économiques et sociales : « La politique et l'économie sont liées l'une à l'autre comme le sont l'action et la vie [...]. L'efficacité et l'ambition de la politique sont conjuguées avec la force et l'espérance de l'économie [...]. C'est pourquoi, à la tête de la France, dans le calme ou dans l'ouragan, les problèmes économiques et sociaux ne cesseront jamais d'être au premier plan de mon activité comme de mes soucis. J'y consacrerai une bonne moitié de mon travail, de mes audiences, de mes visites, de mes discours, aussi longtemps que je porterai la charge de la nation. C'est dire, entre parenthèses, à quel point le reproche obstinément adressé à de Gaulle de s'en désintéresser m'a toujours paru dérisoire. »

La rénovation, un leitmoviv (1943-1969). Sur les vingt-cinq années de sa vie politique de 1943 à 1969, l'usage du terme même de « rénovation » par de Gaulle mérite qu'on s'y attarde, tant il lui a fait jouer une fonction politique éminente en des moments décisifs. Le mot fait partie du vocabulaire gaullien sur l'ensemble de sa carrière publique. À partir de son installation à Alger, en 1943, le Général l'emploie de manière récurrente. Il l'utilise en particulier en 1944-1945 à propos des nationalisations et du Plan, mais aussi sous la Ve République, dans ses interventions du moment comme dans ses analyses rétrospectives, afin d'ailleurs de mieux souligner en s'y référant la continuité de sa propre action par-delà les douze années de retrait. Au cours de sa première conférence de presse lors de son retour aux affaires, le 19 mai 1958, il évoque le précédent de 1944-1945, qu'il s'agit de poursuivre : « En son nom [celui de la République], pour son compte, conformément à son génie, mon gouvernement a accompli une immense tâche de rénovation », certes institutionnelle, mais également économique et sociale. Ou encore le 16 mai 1967 : « Avant même la fin de la dernière guerre, nous nous sommes engagés dans la voie de la rénovation. » Le mot réapparaît périodiquement, notamment lors des discours de fin d'année, comme en 1962, où il résume : « Mais rien n'a empêché notre pays de poursuivre sa rénovation. »

Parfois, d'autres termes y sont accolés, tels que ceux de « renouveau » – ainsi, le 14 juin 1960 : « Déjà, dans le mouvement national qui marqua la Résistance, il y avait une vigoureuse volonté de renouveau » –, de « transformation » – le 14 janvier 1963, il interroge, à propos de la politique économique et sociale : « Quelle est cette entreprise ? C'est tout simplement la transformation de notre pays suivant ce que commande la civilisation moderne » –, de « modernisation », ou encore de « mutation » – comme dans son entretien du 7 juin 1968.

Allons plus loin sur les traces de la rhétorique gaullienne. Le mot « rénovation » apparaît fréquemment au cœur de ces dilemmes que le Général affectionne, qui opposent la voie suivie par lui à tout autre choix, funeste par nature. En décembre 1945, il a fait sienne l'alternative célèbre proposée par Jean Monnet lors de la création du Commissariat général au Plan pour justifier le bien-fondé du Ier Plan : « Modernisation ou décadence ». Après 1958, la rénovation apparaît souvent comme la seule issue face à des évolutions qui, sans celle-ci, seraient fatales pour la France. Le 2 octobre 1961, son allocution débute ainsi : « Rénovation nationale !

Voilà une vaste et rude entreprise ! Car, à la France telle qu'elle est, l'époque et le monde où nous vivons n'offrent le choix qu'entre une grande réussite ou un abaissement sans recours. » Plus largement, il n'hésite pas à replacer ces moments critiques d'alternatives décisives dans la longue durée de l'histoire de la France, où naturellement 1944, 1958, 1962-1963 et 1968 ainsi que son action propre vont trouver leur place. Le 5 février 1962, il déclare : « La France, au long de sa vie, a traversé des époques où l'évolution générale requérait d'elle le renouvellement sous peine de déclin et de mort [...]. C'est certainement le cas aujourd'hui, parce que l'ère où nous nous trouvons, et que marquent l'accélération du progrès scientifique et technique, le besoin de promotion sociale, l'apparition d'une foule d'États nouveaux, la rivalité idéologique des Empires, nous impose au-dedans de nous-mêmes et dans nos rapports avec les autres une immense rénovation. La question est de l'accomplir sans que la France cesse d'être la France. »

Lorsqu'il s'agit de dresser le bilan de son action économique et sociale lors des onze années de présidence, il caractérise dans ses *Mémoires d'espoir* le sens à donner à l'« effort économique » entrepris à partir de 1958 : « Notre pays ne peut s'accommoder de lui-même à l'intérieur et compter à l'extérieur que si son activité est accordée à son époque. À l'ère industrielle, il doit être industriel. À l'ère de la compétition, il doit être compétitif. À l'ère de la science et de la technique, il doit cultiver la recherche. Mais pour produire beaucoup, pour le faire à des conditions qui facilitent les échanges, pour renouveler constamment par l'invention ce qu'il fabrique dans ses usines et récolte dans ses champs, il lui faut se transformer à mesure et profondément [...]. Expansion, productivité, concurrence, concentration, voilà, bien évidemment, les règles que doit dorénavant s'imposer l'économie française, traditionnellement circonspecte, conservatrice, protégée et dispersée. » Dans cette perspective, le chef de l'État s'informe de l'avis des experts et des professionnels, mais il conçoit son propre rôle comme celui de s'appliquer personnellement à « certains points essentiels ». Il en distingue cinq : le Plan et son caractère d'« ardente obligation », la compétition internationale (« levier qui peut soulever le monde de nos entreprises, les contraindre à la productivité, les amener à s'assembler, les entraîner à la lutte au-dehors, d'où ma résolution de pratiquer le Marché commun qui n'est encore qu'un cahicr de papier, d'aller à la suppression des douanes entre les Six, de libérer largement notre commerce mondial »), les investissements, privés et publics (« qui doivent nous permettre de moderniser nos outillages [...] dans les budgets dont je signerai les projets et promulguerai les textes, les dépenses de développement dépasseront toujours celles de fonctionnement »), les activités de pointe, et enfin la monnaie (« critère de la santé économique et condition du crédit »).

Le Général mêle subtilement, on le sait, l'attachement à des structures profondes, dont il mesure les mérites comme les inerties, et le volontarisme de transformation dans le sens de l'innovation, de la productivité, de la compétitivité et de la concentration. À plusieurs étapes jugées décisives – déjà en 1944-1946 avec le plan Monnet et les grandes réformes de la Libération, en 1958-1959 avec le plan Rueff et l'acceptation des échéances du Marché commun, en 1963 avec le plan de stabilisation, en 1968-1969 avec le projet de régionalisation –, il présente ses choix comme autant d'occasions de rénovation nécessaire, sans laquelle la France serait menacée de décadence ou de ruine. Cette dramatisation rhétorique sert son dessein politique de consolidation de son pouvoir comme des institutions mises en place en 1958, certes, mais elle correspond aussi sans doute à une vision dynamique de longue durée – ou du moins à l'échelle du XXe siècle, dont il a été le contemporain – d'une marche à la modernisation de la société et de l'économie. Cette marche est rendue d'autant plus indispensable à ses yeux que les deux guerres mondiales et la défaite de 1940 – il y fait de fréquentes et solennelles allusions – ont profondément affaibli et retardé la France dans la course au progrès technique et social, qui demeure pour lui l'épreuve majeure des vieilles nations.

Libéraliser ou encadrer l'économie ? De manière apparemment paradoxale, la rénovation repose à la fois sur des mesures de libéralisation économique et d'encadrement renforcé des acteurs socio-économiques. Certes, sur l'insistance de Jacques Rueff, est institué le 13 novembre 1959 un nouveau comité, dont le rapport, dit « Armand-Rueff », publié le 21 juillet 1960, porte sur la suppression des obstacles à l'expansion économique dans le sens de la libéralisation économique, le ministère des Finances ayant réussi à en faire exclure le système monétaire et financier. Mais nombre des recommandations contenues dans le rapport ne trouvent qu'une application tardive, partielle ou insignifiante. De Gaulle, en effet, combine également, selon une alchimie complexe qui a découragé bien des analystes, l'attachement à la liberté d'entreprise, à la concurrence internationale et au profit avec la volonté d'assurer l'impulsion de l'État et la consolidation d'un puissant secteur public et nationalisé, fortement étendu du temps de sa présidence du Gouvernement provisoire en 1944-1946. « Les États sont de plus en plus portés à encadrer et à guider leur économie nationale », déclare-t-il le 4 février 1965. La référence à son « pragmatisme » ou à son soutien en faveur d'une « économie mixte » ne nous éclaire guère lorsqu'il s'agit de mesurer avec précision le dosage complexe entre ses convictions libérales et ses préoccupations dirigistes. Tout en manifestant périodiquement sa volonté d'affirmer son rejet du libéralisme sauvage comme du collectivisme, il accorde à l'État un rôle d'« impulsion » et d'« harmonisation », on dirait de nos jours, malgré le caractère flou du terme, de « régulation ». Ainsi, dès sa note du 13 août 1958, il a notamment – on le sait mieux aujourd'hui – conçu son action comme devant engager résolument la France dans le Marché commun et ses échéances, malgré les réticences de nombreux milieux professionnels, afin de mieux les pousser à assurer cette rénovation vitale.

Le Général y revient dans les *Mémoires d'espoir*, à propos de la période 1958-1962 : « Chez nous, la tâche de l'État consiste donc, non pas à faire entrer de force la nation dans un carcan, mais à conduire son évolution. Pourtant, bien que la liberté reste un levier essentiel de l'œuvre économique, celle-ci n'en est pas moins collective, commande directement le destin national et engage à tout instant les rapports sociaux. Cela implique donc une impulsion, une harmonisation, des règles, qui ne sauraient procéder que de l'État. Bref, il y faut le dirigisme. » Parmi les outils à l'aide desquels l'État est ainsi amené à conduire la rénovation, de Gaulle cite le plus souvent le Plan (« institution capitale »), la politique fiscale et du crédit, la politique énergétique et des grandes infrastructures de transports, l'aménagement du territoire et la Sécurité sociale.

Mais une telle conception n'est possible qu'à une étape du capitalisme de ce deuxième tiers du XXe siècle où le cadre national demeure encore vivace malgré la « libération des échanges », où l'État dispose de nombreux leviers fiscaux, monétaires, financiers et économiques, où les projections à moyen terme apparaissent encore possibles et où les formidables taux de croissance – jamais atteints auparavant, ni depuis lors – autorisent bien des anticipations et même... des erreurs ! Plus précisément, du point de vue des cultures politiques propres à la France, le Général se situe dans la continuité du consensus national productiviste forgé autour du programme du Conseil national de la Résistance qui, bon gré mal gré, du moins sur le terrain économique et social, résonne encore au sein des grandes forces politiques par-delà les aléas de la guerre froide et du changement de République. Pour de Gaulle et d'autres, les grandes institutions telles que le Plan, les grandes entreprises nationales et la Sécurité sociale, confortées après 1958, assurent à la rénovation des années 1960, dans les symboles comme dans les pratiques, la continuité nécessaire avec celle de 1944-1945.

Une croissance exceptionnelle (1958-1969). On sait que ces années 1958-1969 furent parmi les plus dynamiques des

Trente Glorieuses – dont le mouvement s'est même accru lors des trois années suivantes – en termes de croissance globale : autour de 5,8 % de progression moyenne annuelle du PIB. Mieux que le « miracle » italien ou allemand, sans parler des pays anglo-saxons ! La France apparaît comme l'un des rares pays, le Japon mis à part, où la performance globale a été supérieure dans les années 1960 à celle de la décennie précédente. Le Plan y a joué sa part. La relance de la planification lors des IVe et Ve Plans, sous l'impulsion du nouveau commissaire, Pierre Massé, a contribué notamment, par rapport aux précédents, à inclure les équipements collectifs, l'aménagement du territoire (création de la Délégation à l'aménagement du territoire et à l'action régionale, la DATAR, et d'actions de déconcentration industrielle dans l'Ouest ou de reconversion dans le Nord), la modernisation des structures agricoles, l'incitation à la concentration par la formation de « champions nationaux », de taille européenne ou mondiale, qu'il s'agisse d'entreprises nationales ou privées, dans le pétrole (ERAP et Elf), la chimie (EMC), la sidérurgie (Usinor et Wendel-Sidelor), l'aéronautique (SNECMA, Aérospatiale), l'automobile, la banque (BNP) ou les assurances. Il faut y ajouter des « grands projets » largement soutenus par l'État (électricité nucléaire civile et militaire, gaz de Lacq, Concorde et plan Calcul notamment). L'économie et la société française ont alors connu une rénovation rapide, à travers le renouveau démographique, la modernisation des campagnes et de l'agriculture devenue exportatrice, l'émergence de nouveaux sites et l'accélération de la rationalisation industrielle, l'expansion urbaine et suburbaine, la féminisation et la tertiarisation de la population active, l'explosion de l'immigration ou encore, l'extension de l'enseignement et de la recherche.

Mais la part d'intérêt et d'intervention du Général a été fort inégale sur tous ces chantiers. Et la plus ou moins grande réussite a été aussi et surtout tributaire de l'articulation diversement féconde entre les milieux administratifs et politiques intéressés et les équipes patronales et techniciennes aux commandes effectives. La politique de concentration ne s'est d'ailleurs consacrée dans les faits qu'à quelques branches, et l'industrie française reste en 1970 massivement composée de petites et moyennes entreprises, inégalement rénovées. La concentration elle-même ne s'est pas toujours montrée bénéfique – dans la chimie ou la sidérurgie – mais les problèmes sont surtout apparus lors de la décennie suivante, avec le retournement conjoncturel. Les grands projets non plus n'ont pas toujours eu une postérité commerciale heureuse (plan Calcul, Concorde, usine de la Rance...). Toutefois la rénovation de certains secteurs considérés comme décisifs (électricité civile et militaire, pétrole, matériels de transports, aérospatiale, urbanisation et logement, agriculture) a bien exercé un rôle moteur de cette croissance inédite.

Les limites de cette rénovation sont désormais bien connues. Certains secteurs n'ont pas suivi le même élan. Citons, parmi d'autres, les difficultés imprévues du repli des charbonnages et la grève de 1963, la sous-estimation du rôle et le retard des télécommunications, en grande partie dus à une politique financière restrictive à l'égard des PTT, la modernisation inachevée du système bancaire et monétaire, malgré les mesures de banalisation et de libéralisation opérées par Michel Debré et Jean-Yves Haberer en 1966-1967, et la persistance – longtemps après 1969 – de mesures restrictives comme l'encadrement du crédit ou le contrôle des changes. On pourrait ajouter le maintien tardif d'une politique contraignante des prix qui a sans doute empêché certaines branches, comme la sidérurgie, de disposer de ressources directes suffisantes ou qui, à l'inverse, a permis de maintenir des activités sans tenir compte des coûts réels. Sans parler de l'impact monétaire de mai-juin 1968, bien réel même si la dévaluation n'eut lieu qu'après le départ du Général.

Plus largement, l'un des regrets exprimés par de Gaulle, et de nombreuses autres personnalités dans et hors de l'État, a été de ne pas réussir à accompagner cette rénovation planifiée d'une véritable « politique des revenus » et de la participation, qui, toutes deux, devaient faciliter l'adaptation sociale à la rénovation. Car, à son propos, le Général a bien eu conscience dès 1958 que sa rapidité relative devait susciter déséquilibres, mécontentements et angoisses. Sans que toutefois il ait pu anticiper leur rôle dans l'explosion de mai 1968. Michel MARGAIRAZ

• *Voir aussi* : Dirigisme ; Économie et finances ; Industrie ; Marché commun ; Nouveau franc ; Plans

Bibl. : Jean-Jacques Carré, Paul Dubois et Edmond Malinvaud, *La Croissance française. Un essai de l'analyse économique causale de l'après-guerre*, Paris, Le Seuil, 1976 • Institut Charles-de-Gaulle, *De Gaulle en son siècle*, t. 3, *Moderniser la France*, Paris, Plon-La Documentation française, 1992.

RÉPUBLICAINS INDÉPENDANTS. – *Voir* RI.

RÉPUBLICAINS SOCIAUX. – Apparu en 1954, le Centre national des républicains sociaux constitue, dans la généalogie des formations gaullistes, le troisième parti, après l'Union gaulliste en 1946 et le Rassemblement du peuple français (RPF) en 1947. Il est né contre la volonté du général de Gaulle, sous son regard réprobateur, et est issu du groupe parlementaire URAS (Union des républicains d'action sociale), constitué le 26 mai 1953 par 77 des 120 députés élus sous l'étiquette RPF en 1951 – après la décision prise par de Gaulle le 6 mai 1953 de retirer le RPF de la vie électorale et parlementaire. À l'Assemblée, le groupe parlementaire est présidé par Jacques Chaban-Delmas, puis Raymond Triboulet, et au Conseil de la République par Michel Debré. Le député-maire de Bordeaux préside aussi le parti dont le secrétariat général est assuré par Roger Frey.

Pour de Gaulle, désireux de voir le Rassemblement « s'écarter d'un régime qui est stérile et qu'il ne peut, pour le moment, changer », l'intégration croissante de ses compagnons dans « les jeux, les poisons et les délices du système », dit-il le 6 mai 1953, ne peut apparaître que comme un lâchage. La désapprobation est claire le 26 juin 1953 lorsque le gouvernement Laniel est investi grâce à l'appui de députés gaullistes : « Dans le régime tel qu'il est, le Rassemblement ne saurait évidemment assumer aucune responsabilité directe, ni indirecte. » Pour qu'il n'y ait pas confusion, de Gaulle met le RPF en sommeil le 13 septembre 1955, garde ses distances avec les républicains sociaux et veille à ce que ces derniers n'utilisent pas son nom.

Les élus du nouveau parti ne sont pourtant pas seulement des « républicains soucieux... de leur réélection », selon le mot de Jacques Dauer, révélateur des relations conflictuelles entre les compagnons fidèles au Rassemblement et les républicains sociaux, en particulier chez les jeunes en 1954 et 1955. Ils illustrent aussi l'impatience d'agir d'un certain nombre de gaullistes qui, déjà au temps du RPF triomphant, ne comprenaient pas le choix de la politique du « tout ou rien ». Pour les principales figures des républicains sociaux, participer au système ne signifie pas abandonner les objectifs du gaullisme mais choisir une tactique différente de celle du général de Gaulle en espérant transformer le système politique de l'intérieur : comme l'écrit Serge Berstein dans *Histoire du gaullisme* (Perrin, 2001), c'est « un gaullisme sans de Gaulle ». Mais c'est un gaullisme aux bases fragiles. Les républicains sociaux ne comptent qu'un petit nombre d'adhérents, sont peu implantés, malgré quelques grosses fédérations – dont le Nord, le Bas-Rhin, la Gironde... –, et leurs résultats électoraux restent faibles (3,1 % seulement des voix et 20 députés aux élections du 2 janvier 1956, 30 sénateurs à la même date). Pourtant leur rôle n'est pas négligeable grâce à la participation de certains d'entre eux à des gouvernements comme celui de Pierre Mendès France et, en 1956, à la majorité de Front républicain. En 1958, les républicains sociaux contribuent, grâce à Chaban-Delmas et à Debré, au retour du général de Gaulle et deviennent une des composantes de l'UNR.

Bernard LACHAISE

• *Voir aussi* : RPF ; Traversée du désert

Bibl. : Marie-France Chevrillon, *Les Républicains sociaux ou la Traversée du désert, 1953-1958*, Paris, Hachette, Publications de l'AUDIR, 1973 • Hans Tummers, *Das « Centre national* *des républicains sociaux ». Eine Gaullistische Partei unter der IV. Republik,* Dissertation inaugurale pour l'obtention du grade de docteur de la faculté de philosophie de l'université d'Augsbourg, 1980.

RÉPUBLIQUE. – Le 4 septembre 1958, le général de Gaulle prononce un discours place de la République à Paris pour appeler à voter « oui » au référendum sur le projet d'une nouvelle Constitution, celle de la Ve République. En ce jour anniversaire de la naissance de la IIIe République, en ce lieu orné d'une statue colossale d'une République coiffée d'un bonnet phrygien, il brosse l'histoire de la république en France avant de décrire les nouvelles institutions appelées à rompre avec celles de la IVe livrée au régime des partis.

Symbolique républicaine ou faux-semblants ? Accumulation de symboles en conformité avec les idéaux de l'homme du 18 juin 1940 ou mascarade d'un général qui a comploté contre la précédente République et s'apprête à instaurer un régime de « pouvoir personnel » ? Le rôle exact de De Gaulle dans la chute de la IVe République prête à discussion. Toutefois, en dépit de l'accusation de « coup d'État permanent » porté par François Mitterrand, ou du refus constant d'hommes comme Pierre Mendès France d'accepter la forme du régime, on ne peut guère contester que les institutions proposées par la Constitution de 1958 soient républicaines. Les critères qui définissent la république dans la tradition française sont bien résumés dans la loi du 3 juin 1958 autorisant la révision de la Constitution : le suffrage universel, la séparation des pouvoirs, un Parlement et un gouvernement responsables, la garantie des libertés fondamentales. Par une réforme majeure, adoptée par le référendum du 28 octobre 1962, de Gaulle instaura complètement la « République nouvelle » en permettant l'élection au suffrage universel direct du président de la République : « Rien n'est plus républicain, avançait-il le 4 octobre. Rien n'est plus démocratique. J'ajoute que rien n'est plus français tant cela est clair, simple et droit. » Car le président, au dire du Général le 20 septembre, devenait ainsi efficacement « le chef de l'État et le guide de la France », dont la mission n'était plus d'« inspirer » mais de « conduire » la politique du pays, en conformité avec les arguments avancés dans le discours de Bayeux du 16 juin 1946. Le référendum de 1962 fut organisé en fonction de l'article 11 de la Constitution, ce qui pouvait se discuter juridiquement, d'où des accusations de « plébiscite », de « dictature », alors que le président allait bénéficier d'une légitimité et donc d'un pouvoir renforcés. Mais le vote positif fut massif et la volonté du peuple trancha la querelle d'interprétation de la Constitution. Il est difficile d'y voir un tournant de style monarchique puisque lors de la première élection présidentielle, en 1965, de Gaulle fut mis en ballottage. De plus il quitta le pouvoir en avril 1969 à la suite du vote contre le projet de loi soumis au référendum. Quant à certains effets des institutions de la Ve République, par exemple le poids des partis politiques dans un régime dessiné par un homme qui rejetait le « système des partis », le conflit potentiel entre chef de l'État et Premier ministre ou encore l'accentuation des apparences monarchiques chez certains de ses successeurs, ils méritent d'être mentionnés. Ils relèvent toutefois d'un examen de l'héritage, dans lequel, en contrepoint, devrait être inclus l'essor de l'État de droit permis par le développement ultérieur du rôle du Conseil constitutionnel. Arrivé au pouvoir dans la confusion venue d'Algérie, dans les secousses d'une fin de régime où des parachutistes entendaient assurer le « salut public », de Gaulle y renonça onze ans après, dans la clarté du suffrage universel, en s'inclinant devant la légitimité d'une volonté populaire qui lui était devenue hostile.

La république est la forme moderne du gouvernement. La conception de la république de Charles de Gaulle a été influencée par des lectures et des contacts personnels, mais sa rhétorique témoigne abondamment qu'il se la représente à travers une vision de l'Histoire où France moderne et république sont indissociables. Car, selon la narration qu'il livre en septembre 1958, la république est née en

France en 1792 au « milieu de la tourmente nationale de la guerre étrangère », puis s'est élevée en 1848 au-dessus des barricades mais sans savoir allier « l'ordre avec l'élan du renouveau ». En 1870, « on la vit s'offrir au pays pour réparer le désastre », et elle assura la victoire de 1918. Cependant, la IIIe République avait des « vices » – dans la correspondance de 1915 et 1916 figurent des sarcasmes sur certains aspects du régime – qui se révélèrent dans la faillite de 1940. En 1958, de Gaulle associe le 18 juin 1940 à une promesse que la république à refaire serait une « République nouvelle ». Et s'il est vrai qu'en 1940 ou 1941 il a souligné les défauts de la IIIe République – quoique avec moins d'insistance que les défaillances du commandement militaire –, il affirme dès le manifeste de Brazzaville du 27 octobre 1940 qu'il rendra compte de ses actes devant les « représentants du peuple français quand celui-ci pourra en désigner librement ». Le 9 janvier 1941, il décrit en outre le « légitime pouvoir » auquel se soumettront les Français libres quand ce sera possible, pouvoir qui reposera sur une « véritable représentation nationale », et en 1945, l'ordonnance du Gouvernement provisoire du 19 août, publiée au *Journal officiel de la République française*, dispose que les citoyens doivent trancher par référendum des institutions de la République. De Gaulle défend le principe de la souveraineté du peuple en tant que fondement de la légitimité politique. La virulence de ses attaques contre la IVe République, notamment à l'époque du RPF, ne le conduit pas à proposer un autre type de régime : il se présente régulièrement en garant de la démocratie et de la république. Dans le contexte de mai 1968, il s'affirme encore en défenseur de la république, qu'il veut « maintenir » et qui « n'abdiquera pas », face à la « subversion », à la menace de « dictature » représentée par le « communisme totalitaire » [*DM*].

De Gaulle ne met pas la république en compétition avec d'autres régimes : les institutions de l'Ancien Régime ne peuvent correspondre au monde moderne dont il prend au sérieux les exigences à travers une sociologie de bon sens où lui, le spécialiste des blindés, voit l'importance de la science et du machinisme. Quant à l'Empire, il a sombré à Sedan, et les régimes autoritaires, fascistes ou totalitaires – nazi et communiste – sont ceux des ennemis de la France qui est une alliée traditionnelle des grandes démocraties, Angleterre ou États-Unis. L'alliance avec l'URSS entre 1941 et 1945 a fait exception à la règle. Sans doute de Gaulle n'a-t-il évoqué la république dans ses discours qu'à partir du mois de mai 1942, mais la référence à ses lois n'en était pas moins inscrite dans les textes officiels de la France libre depuis le manifeste de Brazzaville d'octobre 1940. Sans doute, aussi, s'est-il présenté, dans un discours prononcé de Londres à l'intention des Canadiens français, le 1er août 1940, comme « soldat, catholique et français ». Mais cela n'implique pas qu'il ait eu tendance à préférer la monarchie à la république. Sans insister sur l'adaptation de son langage au public québecois, on peut soutenir le paradoxe que chacun des termes de son autodéfinition fonde, ou du moins précède sans l'exclure, son républicanisme. Soldat, de Gaulle n'accepte pas la défaite – Clemenceau est à ses yeux l'homme de combat qui assure le salut de la patrie. Ses écrits militaires de l'entre-deux-guerres montrent à quel point la défaite de Sedan l'a marqué, et avec quelle sévérité il juge le fonctionnement du pouvoir impérial dans cette période, tandis qu'il admire, avec un patriotisme fervent, la réussite de la IIIe République au cours de la Première Guerre mondiale. Catholique, il se réfère à la chrétienté, qu'il associe à l'Occident et à l'humanisme à l'époque du RPF, ou à la latinité lors de son voyage en Amérique latine en 1964. Il considère qu'il existe un Occident avec ses valeurs, où il puise ses idéaux de justice et la croyance qu'il existe une humanité. Français, il trouve dans l'histoire de son pays une preuve empirique que, malgré 1940 ou la lamentable Constitution de 1946, la république vaut mieux que les autres régimes. Et ces trois aspects – militaire, spirituel, patriotique – se combinent pour fonder sa croyance en la valeur des droits de l'homme portés à l'Europe par la France de Carnot, le créateur des armées de la République.

Des principes concurrents : la république et l'État au service de la nation. Si de Gaulle croit en la république, figure de l'histoire de France, il estime que les nations, et non les régimes politiques, sont la réalité fondamentale de l'Histoire. La formation des nations et leurs relations sont les facteurs premiers du monde si bien que le salut de la nation est le but suprême de l'homme politique. Pour assurer leur survie, toutes les nations ont besoin de « puissance », et la France, de plus, doit lutter pour sa « grandeur » : la république vaut si elle sait se soucier fondamentalement de « l'ordre guerrier » qui est « essentiel à la Nation et à l'État », selon les termes de l'allocution prononcée à l'École militaire le 3 novembre 1959. C'est ce que n'a pas su faire la IIIe République et c'est ce qui explique le silence dont de Gaulle recouvre le terme de « république » jusqu'en mai 1942 – silence uniquement verbal, on l'a vu. C'est l'État qui organise l'armée et, spécialement, qui permet l'existence de la force de frappe nucléaire. Ainsi l'État est-il « le guide et le rempart de la nation », ce que l'« Histoire » confirme puisque la succession des régimes politiques en France est liée à son histoire militaire. Dans cette perspective, l'État apparaît comme ayant plus d'importance que la république, qui est, à un moment donné, sa forme la meilleure : dans le discours de Bayeux, la république ne figure jamais en tant que telle, mais seulement sous la forme des républiques aux destins peu glorieux comme celle de Weimar, tandis que la nécessité de l'État et d'un chef de l'État forts, que de Gaulle entend incarner, y est soulignée. Mais cet État, toujours selon le discours de Bayeux, trouve sa « légitimité » dans « l'intérêt et le sentiment de la nation ».

La valeur de la république se jauge à sa capacité à concourir à la grandeur de la nation. Or, chez de Gaulle, la conception de la nation est double : il en a une vision à la fois ethnique et universaliste. Les Français, dit-il le 12 décembre 1943, en raison de leur Histoire, « du génie de leur race », sont porteurs d'un message universel : « l'évangile de la fraternité des races, de l'égalité des chances, du maintien vigilant de l'ordre pour assurer à tous la liberté ». Le Général croit en l'importance des « races » dans l'Histoire. Et pas seulement lorsqu'il oppose, pendant la guerre, les Gaulois et les Germains. En septembre 1967, à l'occasion d'un voyage en Pologne, il souligne qu'outre la reconstruction économique il a « surtout vu » que la Pologne « était solidement établie dans son identité ethnique ». Lorsque, dans la même période, il parle de la « substance française », il conçoit la politique en termes d'affirmation, de permanences identitaires nationales qui entrent en contradiction ou en tension avec les idéaux républicains universalistes. De l'affirmation par la France des valeurs de liberté et d'égalité, de Gaulle tire la conséquence qu'elle serait au-dessus des autres pays, ce qui fait des Français la race des antiracistes. Les Français ont répondu à « l'appel » d'une « vocation civilisatrice ». En ce sens, il est plus proche de Jules Ferry qui justifiait l'entreprise coloniale par la supériorité de la France, que de Clemenceau qui rappelait au défenseur de la colonisation du Tonkin que la Chine était, elle aussi, une grande civilisation. Pour de Gaulle, la république a notamment prouvé sa valeur en constituant l'Empire colonial français.

La « France des droits de l'homme » ou « du droit des peuples » ? De Gaulle, pourtant, ne manque pas de saluer d'autres pays dont il se sent proche. En 1960, il félicite le président du Pérou de ce que cette nation n'ait pas rejoint, lors d'un vote sur l'Algérie à l'ONU, ceux qui vilipendent « la France des droits de l'homme et de l'autodétermination ». Si on le suit en Amérique latine en 1964, on l'entend insister sur la validité des idéaux de la république et affirmer l'appartenance de la France et de l'Amérique latine à une même « communauté », celle de la latinité et de la chrétienté, des droits de l'homme et de la sauvegarde de l'individu. Une fois close la période coloniale, il exalte l'existence d'une « mission séculaire de libération humaine » de la France qui a conduit la république à changer « ses rapports de colonisation en aide amicale apportée à des pays devenus indépendants ». Dans chaque pays, au Venezuela ou au Brésil, il affirme que « le grand mouvement de liberté, d'égalité et de fraternité, venu de France », y a trouvé un écho héroïque. La vocation universelle des valeurs de la France républicaine va au-delà de la chrétienté puisque dans le fameux discours de Phnom Penh du 1er septembre 1966, dans lequel de Gaulle invite les États-Unis à trouver une solution internationale qui mettrait un terme à la guerre qu'ils poursuivent à tort au Vietnam, il désigne la France comme « un pays champion de la conception suivant laquelle il faut laisser les peuples disposer à leur façon de leur propre destin ».

Mais cet éloge de la France peut aussi s'interpréter comme un oubli de la république : celle-ci, bonne pour la France en raison de ses particularités, semble moins valorisée à l'échelon mondial que l'indépendance nationale. Dans ses vœux pour l'année 1964, il exprime l'espoir que le « régime totalitaire communiste » en vienne « peu à peu » à disparaître dans les pays de l'Est, dont il énumère les capitales. En mai 1968 cependant, lors de son voyage en Roumanie, il semble aveugle face au régime dictatorial de Ceausescu, qui, certes, n'est pas à son sommet, mais où l'oppression par le parti unique est incontestable. De Gaulle vante la « sœur latine » de la France, qui a lutté pour conserver son identité face aux Slaves et aux Magyars, et qui partagerait avec la France l'idéal du « droit des peuples à disposer d'eux-mêmes », ce qui, dans le contexte, méconnaît le droit de chaque Roumain à disposer de lui-même. Reprenant le mot du poète roumain Mihail Eminescu qui souhaite « l'État national et non l'État cosmopolite », de Gaulle manifeste le primat qu'il accorde à la nation comme entité fondamentale de la politique. S'il n'y a pas de doute sur l'adéquation de la république avec la nation française, de Gaulle – au nom du droit à l'autodétermination dont la France serait le champion – semble ici oublier les exigences universelles des droits de l'homme dont la France est, aussi, le champion : l'indépendance de la nation ressort comme plus importante que la liberté du peuple, et l'homogénéité ethnique est plus valorisée que les idéaux de fraternité de tous les hommes.

Les deux républiques gaulliennes. La politique gaulliste est donc travaillée – on pourrait dire déchirée ou irriguée – par deux exigences : que la république émane de la souveraineté nationale ; que la république assure l'indépendance de la nation par la force de l'État. La république repose sur la souveraineté du peuple mais est en même temps un instrument de l'État, un État soucieux de « l'ordre guerrier », lui-même au service de la nation. La France comme nation est définie aussi bien comme un groupe ethnique – les Gaulois – que comme le peuple qui a porté l'Évangile de la liberté aux hommes. Si l'accent est placé sur la nation comme groupe ethnique et sur l'armée comme son socle, la république prend l'aspect d'un nationalisme autoritaire, voire menaçant pour les idéaux des droits de l'homme. Si la nation est pensée comme support d'un idéal de liberté, d'égalité, de fraternité, la république s'annonce comme démocratique et libérale. D'autres combinaisons sont possibles mais il a fallu la conjoncture extraordinaire de la Libération pour qu'une république gaulliste à la fois nationale, en armes, exprimant la volonté du peuple et la renaissance de l'État, s'incarne, alors qu'à d'autres moments elle apparaît plus nationaliste que républicaine, plus soucieuse de l'autorité de l'État que de la fraternité des citoyens. Dans cette tension, les circonstances ont joué leur rôle pour faire pencher la balance en faveur de la république démocratique et libérale : le fait que Pétain ait aboli la république et que les alliés de la France libre aient été la Grande-Bretagne et les États-Unis a évidemment poussé de Gaulle vers la république républicaine.

Les deux costumes que de Gaulle revêt selon les circonstances – il est en civil le 4 septembre 1958, place de la République, mais en uniforme à la télévision en janvier 1960 et en avril 1961 pour contrer l'insurrection d'Alger – peuvent servir à illustrer cette dualité de la république : elle est formée de citoyens, dit-il le 13 juillet 1940, qui doivent prendre le « glaive », serait-il un « tronçon », pour le salut de la nation. La république s'accomplit pleinement lorsqu'elle s'appuie sur un État fort et qu'un président connaissant la voie du salut et légitimé par la volonté du peuple la dirige. Dominique COLAS

• *Voir aussi* : Constitutionnelles (conceptions) ; Coup d'État ; Discours du 4 septembre 1958 ; France (idée de la) ; Souveraineté nationale

RÉPUBLIQUE (place de la). – *Voir* DISCOURS DU 4 SEPTEMBRE 1958.

RÉSEAUX DE SOCIABILITÉ. – Catholique et provincial, le jeune officier de Gaulle n'en est pas moins issu d'une famille d'intellectuels qui lui apporte le goût des aventures de la pensée et de l'écriture. Son grand-père Julien-Philippe, né en 1801, ancien élève de l'École des chartes, est l'un des principaux historiens de Paris. Son père Henri se tourne vers le petit nombre des catholiques dreyfusards groupés autour de l'historien chartiste Paul Viollet. Les réseaux familiaux du futur général de Gaulle sont aussi ceux de son épouse, Yvonne Vendroux. Celle-ci appartient à une famille industrielle du Nord, son père est maire de Calais. Mais ces liens lui sont de peu d'utilité pour la carrière à laquelle il aspire. Lorsqu'il est nommé professeur d'histoire militaire à l'École militaire spéciale de Saint-Cyr en 1921, il constate qu'il ne dispose réellement que de sa volonté de réussir et d'un talent oratoire assez prononcé. Son isolement apparaît plus nettement lors de sa scolarité à l'École de guerre, où il est reçu en 1922 et où il s'oppose à la doctrine des professeurs. Mal classé à la sortie, il reçoit une affectation banale en Allemagne, d'où le sort rapidement le maréchal Pétain qui le prend à son cabinet. Son ancien chef est vice-président du Conseil supérieur de la guerre, et impose de Gaulle à l'École militaire pour des conférences de haut niveau, qu'il prononce en 1927. Mais cette victoire d'amour-propre ne change rien au fait qu'il ne dispose toujours pas de réseau et qu'il ne peut pour l'heure compter que sur l'aide de Pétain – très ambigu avec son subordonné. Les conférences données par de Gaulle toujours en 1927, au cercle Fustel-de-Coulanges, proche de l'Action française, le sont surtout par défaut, et sa correspondance avec son ami Lucien Nachin, officier comme lui, traduit sa frustration.

À partir de 1927, ses rapports avec le maréchal Pétain se tendent. De Gaulle est alors nommé en Allemagne et au Levant (1927-1932) et l'éloignement de la capitale est un handicap de plus. De retour en France, il mesure encore son peu de poids à l'oubli dont le gratifie le maréchal Pétain lorsque celui-ci entre au gouvernement de Gaston Doumergue après le 6 février 1934. « Ses amis sont rares et pour la plupart issus du même monde que le sien », remarque Éric Roussel. L'unique porte d'accès à un autre monde semble lui être apportée par ses livres, à la fois grâce à ceux qui les éditent, comme Étienne Repessé, directeur littéraire chez son éditeur Berger-Levrault, et ceux qui les lisent, particulièrement le lieutenant-colonel Mayer.

La rencontre avec ce dernier est décisive pour la constitution des réseaux dont de Gaulle a besoin pour faire avancer ses idées, penser la modernisation de l'outil militaire français et celle de l'appareil politique. Le lien est réalisé par un ami commun, Lucien Nachin, un autre militaire anticonformiste qui l'entraîne aux réunions du dimanche matin dans le salon d'Émile Mayer, tenu par sa fille et son gendre Paul Grunebaum-Ballin. Un véritable esprit critique anime les débats et la controverse intellectuelle est précieuse au futur général de Gaulle, elle est la preuve que ses idées sont comprises, sinon admises. « Le salon d'Émile Mayer fut probablement le seul endroit où les conceptions stratégiques du colonel de Gaulle aient été prises au sérieux avant 1940 », note Henri Lerner.

L'échange ne s'opère pas seulement avec Mayer, quand bien même il est essentiel. Boulevard Beauséjour, de Gaulle rencontre des personnalités qui comptent et avec lesquelles il peut, directement ou indirectement, se constituer des réseaux. Il y retrouve bien sûr Repessé et Nachin, côtoie des hommes de la gauche socialiste (*via* Grunebaum-Ballin, proche collaborateur d'Aristide Briand puis de Léon Blum), des pacifistes comme Joseph Monteillet, des écrivains renommés comme Émile

Hoog, Roger Martin du Gard et Daniel-Rops – qui le met en contact avec Daniel Halévy –, ou encore le jeune avocat Jean Auburtin par lequel il va rencontrer Paul Reynaud après la parution de *L'Armée de métier*. Ce même jour, le 5 décembre 1934, il rencontre également son futur conseiller et compagnon Gaston Palewski. Rapidement convaincu, Paul Reynaud soutient l'action de De Gaulle et obtient pour lui d'Édouard Daladier des promotions et des commandements favorables.

Un autre milieu, tout aussi anticonformiste, se révélera aussi important pour lui, tant sur le plan des idées que sur celui des hommes. En 1933, de Gaulle se rapproche en effet des démocrates-chrétiens des mouvements du Sillon, de la Jeune République et du journal *L'Aube*. Il s'y lie d'amitié avec des parlementaires comme Philippe Serre, ainsi qu'avec François Mauriac, avec l'essayiste Henri Guillemin ou avec le journaliste Maurice Schumann, tous membres des Amis de *Temps présent* auxquels il adhère. De telles expériences n'apportent pas seulement à de Gaulle des relations politiques et intellectuelles. Il se donne avec elles la possibilité d'approfondir ses conceptions militaires et, plus profondément encore, de se forger une conscience républicaine (avec Mayer et Nachin) et libérale (avec Serre et Reynaud). Les réseaux sont ainsi, pour de Gaulle, autant des lieux de pouvoir que de savoir. En tout cas, des situations où l'un ne doit pas aller sans l'autre et réciproquement. De ces années d'enrichissement, d'amitié et d'ouverture au monde de Gaulle se souviendra toujours, et avec émotion.

Vincent DUCLERT

• *Voir aussi* : Amitiés personnelles ; Antisémitisme ; Arme blindée ; Aube (L') ; Conférencier et professeur ; Maurras, Charles

Bibl. : Vincent Duclert, « Raison démocratique et catholicisme critique au début du XXe siècle. À la recherche des influences cachées de Paul Viollet », dans Fondation Charles-de-Gaulle, *Charles de Gaulle, la jeunesse et la guerre 1890-1920*, Paris, Plon, 2001, p. 107-118 • Henri Lerner, « Le lieutenant-colonel Émile Mayer (1851-1938) et son salon », dans Olivier Forcade, Éric Duhamel et Philippe Vial (dir.), *Militaires en République, 1870-1962. Les officiers, le pouvoir et la vie publique en France*, Paris, Publications de la Sorbonne, 1999, p. 503-506 • Émile Mayer, *Autobiographies*, édition critique établie sous la direction de Vincent Duclert *et al.*, Paris, Armand Colin, à paraître en 2007.

RÉSISTANCE INTÉRIEURE. – Les relations entre le général de Gaulle et la Résistance intérieure auront été, à l'échelle de la chronologie de l'Occupation, plutôt tardives, toujours complexes, parfois même tumultueuses, tout en s'avérant, au bout du compte, décisives dans la perspective de la libération du territoire et du rétablissement de la légalité républicaine.

Il fallut attendre la mission confiée à Yvon Morandat en novembre 1941 pour qu'un lien solide s'établît entre une Résistance intérieure sortie des limbes et une France libre ayant acquis ses lettres de créance à Londres. Le rôle dévolu à Morandat – nouer le contact avec les forces syndicales et politiques d'esprit résistant en zone sud – témoignait encore par ses limites mêmes du chemin qui restait à parcourir. Ce jeune syndicaliste chrétien de vingt-sept ans s'acquitta de sa tâche avec célérité grâce aux contacts qu'il avait dans les milieux qu'il lui revenait de sonder et de jauger. Lorsque Jean Moulin, rompu à l'exercice de l'autorité et de quatorze ans son aîné, fut à son tour parachuté deux mois plus tard avec une mission et des responsabilités élargies, il bénéficia du travail préparatoire accompli par Morandat. Fort des moyens financiers qu'il détenait et de la légitimité gaulliste qu'il incarnait, Jean Moulin parvint, dans des conditions difficiles, à s'imposer. Fin novembre 1942, le comité de coordination de zone sud, où siégeaient les chefs de Combat, Franc-Tireur et Libération, tenait, sous sa présidence, sa première réunion. Deux mois plus tard, ces trois groupements fusionnaient dans les Mouvements unis de Résistance (MUR).

Dans l'intervalle, les deux versants de la Résistance avaient appris à se connaître et avaient développé un dialogue difficile mais fructueux. La principale difficulté tenait aux conditions incertaines et précaires dans lesquelles ce dialogue devait frayer son chemin. Les communications entre Londres et la France métropolitaine relevaient du tour de force, ce qui fut un facteur considérable de tensions, d'incompréhensions et de malentendus. Cet effet de brouillage affecta aussi l'appréciation portée sur la personne du chef de la France libre.

Longtemps, Charles de Gaulle fit figure d'énigme. Qui était ce jeune officier général qui avait lancé un appel le 18 juin 1940 comme on jette une bouteille à la mer ? Quelles étaient ses positions politiques et idéologiques ? Cet authentique patriote était-il, comme la rumeur en courut dès 1941 dans les milieux dirigeants de la Résistance, un homme d'Action française entouré à Londres d'anciens de la Cagoule ? À tout le moins, un républicain tiède et d'un solide conservatisme ? Paul Simon, ancien rédacteur en chef du journal clandestin *Valmy*, pouvait bien dédicacer son ouvrage, *Un seul ennemi : l'envahisseur*, publié à Londres en 1942, « Au général de Gaulle, l'âme de la résistance française », la question des options politiques de ce dernier restait de mise. Les dirigeants de la Résistance intérieure se la posaient et la posèrent avec insistance aux émissaires politiques de la France libre, à commencer par Yvon Morandat que ce questionnement désarçonna « parce que, écrit-il dans ses *Souvenirs*, l'atmosphère de Londres, les idées qui y étaient débattues, étaient très éloignées de la politique pure ». Ce hiatus entre la Résistance intérieure et la France libre lui parut suffisamment important pour qu'il préconisât qu'on fît venir à Londres des responsables politiques reconnus. Il pensa immédiatement à André Philip. Pierre Brossolette eut la même intuition. Cette solution présentait, en outre, l'avantage de créditer le général de Gaulle de la légitimité démocratique des élus qui le rejoindraient.

Parallèlement à ces projets, qui se réalisèrent dès juillet 1942 avec l'arrivée à Londres d'André Philip immédiatement intronisé commissaire à l'Intérieur, la situation s'éclaircit grâce aux voyages effectués outre-Manche par les chefs de la Résistance intérieure. Christian Pineau fut le premier. Emmanuel d'Astier suivit. Christian Pineau revint de Londres le 28 avril 1942 après avoir obtenu du général de Gaulle un texte affirmant « les buts de guerre du peuple français » : « Nous voulons que dans un puissant renouveau de la Nation et de l'Empire, par une technique dirigée, l'idéal séculaire français de liberté, d'égalité et de fraternité soit désormais mis en pratique chez nous », écrivait-il dans ce texte pesé au trébuchet dont Pineau avait jugé une première mouture en deçà des garanties que ses amis souhaitaient et trop encline à placer sur le même plan Vichy et la IIIe République. La presse clandestine assura un large écho à cette proclamation de principes en la publiant dans ses colonnes. Quant à d'Astier, il déclarait en mai 1942 à René Pleven à Londres : « Libération a eu un départ non gaulliste, puis la force du symbole a montré l'impossibilité de faire autre chose que du gaullisme. Du reste, même s'il ne s'agit que d'un gaullisme de raison, le gaullisme s'impose... » C'était définir excellemment la position de la majorité des résistants de l'intérieur, jusque et y compris les communistes à dater de janvier 1943. Tous très conscients d'avoir mené leur action indépendamment de celle du général de Gaulle, ils craignaient d'être placés sous sa tutelle, tout en comprenant, politiquement et matériellement, la nécessité de se ranger sous son autorité. À cet égard, le texte concédé à Christian Pineau levait bien des hypothèques.

Ce serait néanmoins une erreur de croire que désormais les deux courants travaillèrent de conserve sans qu'aucune ombre pesât sur leurs relations. Si l'unification de la Résistance fut effectivement réalisée au printemps 1943, les dissensions n'en disparurent pas pour autant. Elles atteignirent même alors leur expression la plus vive quand les chefs de mouvements de zone sud, Emmanuel d'Astier et Henri Frenay, s'en prirent à l'action de Jean Moulin et, à travers elle, aux conceptions que le général de Gaulle tentait, selon eux, d'imposer à la Résistance intérieure sans en comprendre la véritable nature. Les longs courriers que Frenay rédigea à l'intention du chef de la France combattante au printemps 1943 n'exprimaient pas seulement une défiance, ils étaient porteurs d'une menace de sécession. Outre le fait qu'il semblait à Frenay qu'on souhaitait à Londres une Résistance intérieure aux ordres, il pointait la méconnaissance qu'on y avait de ce qu'était au jour le jour le vécu résistant. Les résistants, et avec eux les émissaires gaullistes une fois à pied d'œuvre en France, eurent en effet à tort ou à raison, souvent l'impression qu'on ne prenait pas la mesure dans les bureaux londoniens des risques qu'ils couraient, qu'on ne mettait pas beaucoup d'empressement à leur rendre la vie un peu moins périlleuse en satisfaisant leurs demandes.

Les différends opposant les chefs de la Résistance intérieure au général de Gaulle exprimaient, en vérité, un débat de fond entre la conception gaullienne, privilégiant le rétablissement de l'ordre républicain sous l'autorité de l'État et la restauration d'une France ayant recouvré son rang sur le plan international, et les revendications de transformations de tous ordres dont la société clandestine était graduellement devenue porteuse. Ce débat recouvrait une autre question épineuse qui ne fut définitivement tranchée qu'en août-septembre 1944 : des organisations de Résistance ou du chef de la France libre, qui avait – et aurait – la primauté ? Cette question se déclina de bien des façons entre 1942 et 1944, du refus de la Résistance intérieure de séparer les activités politiques et militaires au rejet d'une Armée secrète qui eût été aux ordres de Londres, en passant par de vifs débats sur l'utilité et la pertinence de l'action immédiate. L'arrestation de Jean Moulin, le 21 juin 1943, modifia la donne en permettant aux dirigeants de la Résistance de tenter de retrouver une réelle indépendance. Ils n'y parvinrent qu'imparfaitement parce qu'ils étaient eux-mêmes divisés entre ceux qui adhéraient au vaste rassemblement concrétisé par le CNR (mouvements, partis, syndicats) et ceux qui voulaient privilégier les mouvements. Les premiers finirent par l'emporter, le CNR (Conseil national de la Résistance) exerçant en 1944 une autorité qui ne fut, en réalité, vidée de sa substance que... par le général de Gaulle à partir du moment où il reprit pied en France.

En dépit des griefs et des arrière-pensées nourris d'un côté comme de l'autre, les liens ne furent jamais rompus entre les deux parties, parce que le général de Gaulle offrait à la Résistance intérieure un concours matériel et des perspectives politiques qui étaient indispensables à sa survie et à sa montée en puissance. Dans un rapport adressé à Londres dès la fin avril 1942, Pierre Brossolette avait, au fond, lucidement posé le bon diagnostic : « Quelle que soit la personne du général de Gaulle, André Philip exprime la pensée générale en disant que si la France peut se refaire, ce n'est qu'autour du "mythe De Gaulle". » Laurent DOUZOU

• *Voir aussi* : CNR ; Déclaration aux mouvements de Résistance ; FFI ; France libre ; Mémoire de la Résistance

Bibl. : Pierre Brossolette, *Résistance (1927-1943)*, textes rassemblés et commentés par Guillaume Piketty, Paris, Odile Jacob, 1998 • Henri Frenay, *La nuit finira. Mémoires de Résistance, 1940-1945*, Paris, Robert Laffont, coll. « Vécu », 1973 • Yvon Morandat, *Souvenirs inédits d'Yvon Morandat*, édition établie et présentée par Laurent Douzou, *Cahiers de l'IHTP*, nº 29, septembre 1994.

RÉSISTANCE INTÉRIEURE (journaux de la). – Émanation des mouvements constitués en 1940 et 1941, les feuilles clandestines eurent pour fonction principale de secouer l'apathie, en dénonçant l'occupant et ses méfaits, en livrant des informations que la censure interdisait de publier. Elles jouèrent ainsi un rôle majeur dans la bataille pour la conquête de l'opinion que la Résistance livra au régime de Vichy : bataille indécise où chaque pouce de terrain conquis l'était chèrement, qui impliquait de prendre position sur les grands problèmes de la période. Conçus avec des moyens modestes, dans une situation d'urgence et de danger où les nerfs étaient soumis à rude épreuve, les articles des journaux de la Résistance intérieure ne reflétaient pas toujours nécessairement, comme Henri Michel le releva dans son Introduction aux *Idées politiques et sociales de la Résistance* en 1954, une analyse mûrement pensée.

Parmi les sujets dont traitait la presse clandestine, il en est pourtant un sur lequel la position des journaux résistants ne dut rien au hasard ou à l'inspiration du moment : l'attitude à adopter vis-à-vis du général de Gaulle. Non que la question ait été abordée immédiatement et frontalement. Pendant des mois, bulletins et journaux en gestation l'évoquèrent peu parce que, d'une part, dessiller les yeux de la population exigeait de parler de ce qui la concernait directement et parce que, d'autre part, la Résistance intérieure embryonnaire et la France libre en devenir étaient toutes deux entièrement absorbées par la nécessité de maintenir coûte que coûte leur cap dans un contexte difficile. Ainsi, dans les quatre numéros de *Libération* de zone sud parus en 1941, le nom du général de Gaulle était incidemment cité une fois, en juillet, au milieu d'échos divers, à travers les réactions de marins français prisonniers libérés qui avaient manifesté leurs sentiments aux cris de : « Vive de Gaulle ! Vive la France libre ! »

La situation changea radicalement en 1942. « *Libération* salue le grand chef français, le général de Gaulle, qui, lorsque tant d'autres généraux doutaient du destin français, a su voir l'avenir au-delà des contingences immédiates, et est devenu le symbole du relèvement de notre pays. » C'est ainsi que le journal, dans son cinquième numéro de janvier 1942, présentait l'homme du 18 Juin. L'action d'*Yvon* Morandat et de Jean Moulin commençait à faire sentir ses premiers effets. Les homologues de *Libération* en zone sud, *Combat* et *Franc-Tireur*, lui emboîtèrent le pas. L'évolution fut globalement identique en zone occupée où *Libération* publia, à partir de décembre 1942, une série de portraits avantageux du général de Gaulle. Tous les journaux clandestins ne furent cependant pas gaullistes avec le même entrain. Ainsi, Défense de la France, important mouvement de zone occupée, campa jusqu'en novembre 1942 sur une position maréchaliste. Son ralliement ne fut ni immédiat ni enthousiaste, et c'est seulement dans le deuxième trimestre de 1943 qu'il rejeta l'option giraudiste.

C'est qu'avec le temps, sans faire de proclamation de foi enflammée, la presse clandestine en vint à affirmer un « gaullisme de raison », selon l'expression utilisée par Emmanuel d'Astier dans un entretien avec René Pleven à Londres en mai 1942. L'hypothèque Darlan (levée par son exécution fin décembre 1942), l'arrivée à Londres en janvier 1943 d'un émissaire dûment accrédité par le PCF, Fernand Grenier, la menace représentée par la venue au premier plan de Giraud pesèrent dans cette évolution, tout comme la création du CNR (Conseil national de la Résistance) en mai 1943 et la constitution en novembre d'un Comité français de la Libération nationale (CFLN) comprenant des résistants de l'intérieur, et non des moindres, alors même que Giraud en était évincé. L'heure était désormais à l'action sous la conduite du général de Gaulle, ce qui n'empêcha pas les feuilles clandestines de conserver leur entière liberté d'appréciation quant aux choix à opérer en vue de l'insurrection et du régime à fonder à la Libération. Sous les ordres de De Gaulle, pas à ses ordres, en somme.

Laurent Douzou

• *Voir aussi :* Déclaration aux mouvements de Résistance ; Dessins et caricatures ; Humanité (L') clandestine ; Presse

Bibl. : Alya Aglan, *La Résistance sacrifiée. Le mouvement Libération-Nord (1940-1947)*, Paris, Flammarion, 1999 • Dominique Veillon, *Le Franc-Tireur : un journal clandestin, un mouvement de Résistance, 1940-1944*, Paris, Flammarion, 1977 • Olivier Wieviorka, *Une certaine idée de la Résistance. Défense de la France, 1940-1949*, Paris, Le Seuil, 1995.

RETOUR DE 1958 (rumeurs). – Douze ans après sa démission, le général de Gaulle retrouve les fonctions de chef du gouvernement. Le retour au pouvoir que lui offre son investiture par l'Assemblée nationale le 1er juin 1958 a été précédé de rumeurs particulièrement nombreuses. Ces nouvelles, fausses ou vraies, ont pris leur source dans l'extériorité du Général par rapport à la scène politique, mais aussi dans la crise des institutions engendrée par la guerre d'Algérie.

Depuis 1946, de Gaulle a joué tous les rôles : celui de l'homme du 18 Juin présidant chaque année la cérémonie commémorative de l'Appel, celui de simple citoyen lors du discours de Bayeux de 1946, et celui de chef de parti avec la création du RPF (Rassemblement du peuple français) en 1947. Mais les 121 députés RPF élus en 1951 ont été impuissants à réformer les institutions. De Gaulle leur a rendu leur liberté en mai 1953, et, en mai 1955, devant une Union française « ébranlée par les courants du dedans et les béliers du dehors », il a déclaré son intention de ne plus « intervenir dans ce qu'il est convenu d'appeler la conduite des affaires publiques ». Retiré à Colombey, il écrit ses *Mémoires de guerre* dont les premiers tomes paraissent en 1954 et 1956. Aux élections législatives de 1956, il vote blanc.

Les institutions de la IVe République sont gagnées par la paralysie. Président du Conseil en 1956, Guy Mollet a envoyé le contingent en Algérie et décidé l'expédition de Suez dont l'échec ramène en Afrique du Nord une armée humiliée. La question algérienne divise les groupes parlementaires et empêche la formation d'une majorité stable de gouvernement. En février 1958, le bombardement par l'aviation française de Sakhiet, village de la frontière tunisienne, conduit à une proposition de « bons offices » anglo-américains qui nourrit la fureur de l'armée. Celle-ci croit gagner la guerre psychologique tandis que l'angoisse s'installe dans une population écartelée entre les violences FLN (Front de libération nationale) et les surenchères des ultras, et affolée par les attentats.

La crise de l'autorité politique installe le règne des rumeurs. Des noms de prétendants au pouvoir circulent : noms de militaires comme le général Faure mis en forteresse en décembre 1956, ou le général Cogny, accusé de vouloir succéder au général Salan, ou noms d'hommes politiques qui, tel Michel Debré, en compagnie de Jacques Chaban-Delmas, lance à l'automne 1955 le premier de ses appels à un « gouvernement de salut public » présidé par le général de Gaulle. Plus secrètement, René Coty et Pierre Mendès France nourrissent d'autres rumeurs : hostiles à la dissolution de l'Assemblée en 1955, et face aux résultats électoraux de 1956, ils s'accordent sur le fait que, sans majorité, la Chambre sera impuissante en cas de crise. Ils en concluent que le recours au Général est envisageable. *L'Express* ranime le souvenir de l'homme du 18 Juin et de Brazzaville. Un léger décollage dans les sondages témoigne de cet intérêt. L'ermite est prévenu par Raymond Triboulet, président du groupe gaulliste de l'Assemblée, et Jacques Chaban-Delmas, ministre de Guy Mollet puis de Félix Gaillard. Ministre de la Défense nationale dans ce dernier gouvernement, Chaban-Delmas envoie son conseiller Léon Delbecque à Alger pour y mener une action politique. Secrétaire général du Quai d'Orsay, Louis Joxe tient de Gaulle informé des projets européens. De passage à Paris, Robert Lacoste, ministre résident en Algérie, lui fait visite. Léon Noël se rend à l'Élysée informer le général Ganeval, qui assure la liaison avec le colonel de Bonneval, aide de camp du Général. En juillet 1957, à Strasbourg, René Coty plaide pour la réforme des institutions et, recevant de jeunes députés en privé, laisse entendre où va son espoir. Lors de la crise ministérielle de novembre 1957, le président de la République craint le pire. Dans son journal local, Paul Ramadier évoque le recours à de Gaulle. La haute fonction publique s'inquiète, cherche des assurances, écrit des rapports, et, tel Pierre Billecocq, interroge le Général. Venant une fois par semaine à Paris, celui-ci répond qu'il appartient au passé. Tel n'est pas l'avis des gaullistes qui, avec Jacques Soustelle pour l'Algérie française, Jacques Foccart pour les militants et Olivier Guichard pour la presse, s'appliquent à entretenir la flamme. Jusqu'au 10 février 1958, ce lendemain de Sakhiet, où un communiqué du général de Gaulle fait savoir qu'il a reçu l'ambassadeur de Tunisie Mohammed Masmoudi qui, rappelé dans son pays, a voulu évoquer avec lui l'avenir des relations entre la France et la Tunisie. La rumeur prenait corps.

Odile RUDELLE

• *Voir aussi* : Algérie (guerre d') ; Bourguiba, Habib ; Corse ; Coup d'État ; Président du Conseil ; Traversée du désert

Bibl. : Serge et Merry Bromberger, *Les 13 complots du 13 Mai*, Paris, Fayard, 1959 • Jean Ferniot, *De Gaulle et le 13 Mai*, Paris, Plon, 1965 • Odile Rudelle, *Mai 1958, De Gaulle et la République*, Paris, Plon, 1988.

RETOUR DE 1958 (faits et interprétations). – La question d'un éventuel retour au pouvoir de Charles de Gaulle s'est posée dès son départ, le 20 janvier 1946. Bien qu'il n'ait alors fait confidence à personne des raisons de son retrait, ni rien livré de ses intentions pour l'avenir, il y a lieu de penser qu'il espérait bien être rappelé après quelques mois ; quand les partis auxquels il abandonnait le pouvoir auraient fait la démonstration de leur impuissance à résoudre les graves problèmes auxquels la France était confrontée et que la situation se serait suffisamment dégradée pour que devienne inéluctable le retour de De Gaulle, dont le rôle historique était lié aux grandes épreuves de la nation. Si tels étaient bien son calcul et son raisonnement, la suite a montré qu'il avait fait une erreur stratégique : rien ne se passa comme il l'avait escompté ; les partis firent front vaille que vaille, le pays l'oublia. Sans doute avait-il aussi supputé que le MRP, un des trois grands partis, le suivrait, laissant la SFIO en tête-à-tête avec le parti communiste : en refusant de se retirer, le MRP ruinait la stratégie gaullienne du retrait. Cette déconvenue, qui ne serait pas la dernière, fut à l'origine du malentendu qui affecta durablement les relations entre cette formation et Charles de Gaulle.

Dès lors, l'ancien président du Gouvernement provisoire de la République française, dont la détermination de revenir à la tête de l'État était confortée par le tour désastreux que prenait à ses yeux la direction des affaires publiques, devait trouver une autre voie : puisqu'il n'envisageait pas de revenir autrement qu'appelé par le suffrage du peuple, il lui fallait disposer d'une machine électorale et créer une grande formation. Telle fut la raison du lancement du Rassemblement du peuple français (RPF), quelque quinze mois après son départ, en avril 1947. Dans son esprit, ce ne devrait pas être un parti comme les autres, mais le cadre dans lequel pouvaient se retrouver droite et gauche. Les débuts furent prometteurs : des adhésions par centaines de mille, un large écho dans le pays, un raz-de-marée aux élections municipales en octobre 1947. Pris en tenaille entre les deux oppositions, communiste et gaulliste, la position des partis au pouvoir paraissait intenable. De Gaulle allait-il gagner son pari ? Cette fois encore, il a sous-estimé la capacité des partis à déjouer les menaces, à réduire par l'usure les oppositions. Le MRP a interdit à ses militants la double appartenance. Les années passent, instillant le découragement, encourageant les défections. De Gaulle misait sur le renouvellement de l'Assemblée nationale en juin 1951, dont il escomptait qu'il lui ouvrirait l'accès au pouvoir. Ses espérances furent déjouées par l'adoption d'un mode de scrutin qui, en accordant une prime aux apparentements entre partis de la Troisième force (regroupement de partis politiques allant des Indépendants à la SFIO), isolait le RPF et le privait d'une partie de sa représentation. Il est désormais évident que de Gaulle ne sera pas rappelé par les politiques ni par les électeurs.

Le coup de grâce sera porté au RPF en mars 1952, et de l'intérieur : vingt-sept députés élus sous les couleurs du gaullisme votent l'investiture d'Antoine Pinay, passant outre aux consignes de De Gaulle, et font dissidence. L'instrument a échappé à son créateur. De Gaulle ne tarde pas à en tirer les conséquences : il rend leur liberté à ses compagnons et met le RPF en sommeil. L'entreprise a échoué ; est-ce à dire qu'elle avait été une erreur, comme il lui est sans doute arrivé de le penser ? Toujours est-il qu'elle n'a pas donné le résultat pour lequel elle avait été conçue. Lui-même se retire de la politique active. C'est son deuxième retrait : sept ans après le premier.

1953 après 1946 : le deuxième retrait. Ce retrait est bien différent du précédent. En 1946, de Gaulle évaluait à quelques mois le délai d'attente avant d'être rappelé. En 1953, il n'y a plus d'échéance prévisible ; ce n'est plus une affaire de mois. Commence la période de la geste gaullienne à laquelle on donne le nom de « traversée du désert ». Encore est-ce une expression euphémisante qu'il est loisible d'employer aujourd'hui parce que, connaissant la suite, nous savons qu'elle a pris fin avec le retour au pouvoir. Mais en 1953, l'incertitude est entière : de Gaulle en verra-t-il la fin ? Ne terminera-t-il pas ses jours dans la retraite, à Colombey ? Lui-même, quelle chance se donne-t-il alors de revenir au pouvoir ? Lui seul aurait pu répondre à cette question. Il n'a pas fait grande confidence à ce sujet. À partir de ce qu'on sait de sa personnalité, de sa conduite en d'autres circonstances, à Londres ou à Paris, et de sa philosophie de l'Histoire, on peut l'imaginer partagé entre des sentiments contraires, mais qui procèdent pareillement de son analyse de la situation, et également inspirés d'une vision sinon pessimiste, à tout le moins dépourvue d'illusion, des hommes et de leur histoire.

À mesure que passaient les années, le sentiment devait prévaloir qu'il n'avait guère de chance de revenir au pouvoir ; les Français l'oubliaient et les politiques n'en voulaient pas. L'échec relatif de Pierre Mendès France, qu'ils avaient écarté dès qu'il eut réglé la question d'Indochine qui les avait contraints à faire appel à lui, n'avait pu que convaincre de Gaulle qu'il ne fallait pas attendre qu'ils le rappellent s'ils n'y étaient pas obligés par une nécessité impérieuse. Le plus probable était donc qu'il finirait ses jours dans la solitude de son petit village avec le chagrin de n'avoir pu sauver la France, une fois encore.

Cependant, son pessimisme trouvait dans l'aggravation de la situation en Algérie, en même temps qu'une confirmation de la condamnation des institutions que la France s'était données malgré lui, une perspective qui obligerait peut-être à recourir à lui. Néanmoins, les circonstances, pour graves qu'elles fussent, ne suffiraient pas à le ramener à la tête de l'État. Il n'était pas homme à accepter le pouvoir à n'importe quelles conditions. Son histoire personnelle excluait qu'il revienne autrement que dans la légalité. Pas question de réitérer la prise du pouvoir par le maréchal Pétain. Par ailleurs, instruit par sa propre expérience, il entendait obtenir la garantie qu'il aurait les mains libres et que, la question d'Algérie réglée, il pourrait appliquer son programme. Jamais les parlementaires ne lui donneraient pareilles assurances : la plupart des états-majors politiques, qui gardaient un souvenir amer de leurs affrontements avec le RPF, s'étaient prononcés contre toute concession de la sorte. Ainsi, ses exigences et les préventions des politiques concouraient à rendre tout à fait improbable l'éventualité de son retour au pouvoir. De Gaulle paraissait pourtant ne pas avoir renoncé à un rôle politique. S'il ne prenait plus la parole publiquement, il gardait le contact avec le monde politique : chaque semaine il venait à Paris et recevait au siège du RPF, rue de Solférino. Il se tenait prêt à répondre à toute éventualité mais, les années passant, rien ne venait conforter l'espoir.

Soudain se produisit l'improbable, entrouvrant une possibilité de retour : la crise ministérielle, qui durait depuis le 15 avril 1958 et en était au terme de sa quatrième semaine, tournait à la crise de régime. Le 13 mai, au soir d'une journée d'agitation fiévreuse à Alger, s'installe un pouvoir quasiment insurrectionnel avec la constitution d'un Comité de salut public qui bénéficie de la connivence des chefs militaires et s'oppose au gouvernement que l'Assemblée investit le même jour. Le 15, nouveau coup de théâtre : le général Salan, commandant en chef en Algérie, qui a accepté l'existence de ce Comité de salut public et auquel le gouvernement, pour sauver les apparences et préserver les chances d'une issue sans violence, a délégué ses pouvoirs, conclut l'allocution qu'il adresse à la foule assemblée sur le Forum par un « Vive de Gaulle ! » qui est un appel à l'ancien président du Gouvernement provisoire réintroduit dans le jeu politique.

L'approche du pouvoir en trois déclarations : 15, 19 et 27 mai 1958. Sa position entre les deux pouvoirs, l'un régulier et l'autre de fait, n'est pas simple : leurs attentes sont contradictoires. À Alger, on escompte qu'il apporte sa caution à l'initiative des partisans de l'Algérie française. À Paris, on attend qu'il désavoue les factieux et condamne leur entreprise. De surcroît, de Gaulle est seul ; il n'a plus d'instrument politique à sa disposition, ni le moindre atout dans une négociation. Et cependant, fort de sa seule référence historique, en quinze jours il s'imposera comme le recours et sera accepté à ses conditions comme l'arbitre incontesté qui évitera à la France les affres d'un déchirement. La réussite de l'opération n'est pas son œuvre à lui seul. Deux hommes, entre autres, sans le secours de qui la solution de Gaulle n'aurait sans doute pas prévalu, ont joué un rôle déterminant : René Coty, le président de la République, qui a fait appel à de Gaulle et mis sa démission dans la balance pour forcer les résistances parlementaires, et Guy Mollet, le secrétaire général de la SFIO. Mais, pour l'essentiel, le succès a bien été l'œuvre de De Gaulle. Le processus qui l'a rapproché du pouvoir est un chef-d'œuvre de stratégie. Réduit à lui-même, n'ayant d'autre ressource que le verbe, il en a usé avec maestria. Son intervention dans la conduite de la crise s'est effectuée par trois déclarations publiques à des instants judicieusement choisis, saisissant les occasions qui surgissaient ou les suscitant.

La première a été une réponse à l'appel du général Salan. Le jour même à 17 heures, le secrétariat de De Gaulle diffuse un communiqué. Texte d'une extrême concision – moins de cent mots, tous pesés soigneusement : pas la moindre allusion à l'appel de Salan ou aux factieux d'Alger, mais mention du trouble de l'armée, de la responsabilité des institutions dans la dégradation de l'État, et critique du régime des partis. En conclusion, il est « prêt à assumer les pouvoirs de la République » ; référence propre à désarmer les craintes de ceux qui s'inquiètent pour la démocratie et la légalité. De Gaulle se réintroduit dans le jeu politique. Il ne s'est pas pour autant rapproché du pouvoir ; le communiqué n'a déclenché aucun ralliement. Au contraire : les parlementaires s'indignent qu'il n'ait pas eu un mot pour blâmer les factieux. S'il s'était présenté alors devant l'Assemblée, il n'y aurait pas eu vingt députés à voter pour lui. Aussi franchit-il une deuxième étape en prenant l'initiative d'une conférence de presse le lundi 19 mai. C'est un succès de curiosité et d'affluence ; il ne s'était plus exprimé en public depuis trois années. On avait oublié son talent, dont il déploie toutes les ressources. Il se gausse de ceux qui le soupçonnent de vouloir entreprendre une carrière de dictateur à soixante-sept ans. Il s'emploie à rassurer : s'il refuse de désavouer l'initiative d'Alger – le gouvernement ne l'a point fait –, il manifeste clairement qu'il n'acceptera pas le pouvoir des mains des factieux. « Les pouvoirs de la République pour qui les assume ne peuvent être que ceux qu'elle délègue. » Il entend être régulièrement investi par l'Assemblée, mais, étant ce qu'il est – celui qui a restauré la République et rendu la parole au peuple –, il ne saurait se plier au cérémonial habituel ; pas question de se présenter en personne devant l'Assemblée. Or, la grande majorité des députés n'envisage pas de le dispenser de cette formalité. La difficulté paraît insoluble. Les jours passent, la crise s'enlise, la menace se précise d'un débarquement des parachutistes en métropole, qui compromettrait irrémédiablement toute solution légale. De Gaulle décide alors de précipiter le mouvement : après un entretien nocturne avec le président du Conseil Pierre Pflimlin, au cours duquel ils n'ont pu trouver de terrain d'entente, nouveau communiqué le 27 mai – c'est la troisième de ses interventions – qui présente les choses à sa façon : il donne pour acquis ce qui est encore en question et qui est justement l'enjeu de l'épreuve de force : « J'ai, dit-il, entamé le processus régulier nécessaire à l'établissement d'un gouvernement républicain. » L'effet immédiat est tout à fait négatif : les partis se raidissent, notamment le parti socialiste dont dépend l'issue de la crise et qui s'engage solennellement et à la quasi-unanimité à ne voter en aucun cas pour de Gaulle, dont il estime que la candidature est un défi à la loi républicaine. Jamais les chances de retour n'ont paru aussi minces.

Pourtant, le dénouement est imminent : quatre jours y suffiront. La démission du gouvernement crée le vide. Le président de la République invite de Gaulle à l'Élysée et fait savoir au Parlement que son intention est de désigner celui qu'il appelle « le plus illustre des Français » : si les députés ne le suivaient pas, lui-même se démettrait. Guy Mollet travaille à persuader ses camarades socialistes de se rallier à de Gaulle. Celui-ci fait une concession : il consent à se présenter devant l'Assemblée. Il réunit les représentants de presque tous les partis ; l'absence des seuls communistes et poujadistes n'est pas pour leur déplaire. Il rend publique la liste des ministres qui composeraient son futur gouvernement et dont la composition est des plus rassurantes. La voie est engagée.

Le retour en trois débats : 1er, 2 et 3 juin. L'approche du pouvoir s'est faite en trois enjambées, le retour effectif s'accomplit en trois débats, trois jours de suite. Le dimanche 1er juin, c'est le débat d'investiture. L'hémicycle est comble ; le Général est présent. Il monte à la tribune et donne lecture d'un texte bref qui réclame des pouvoirs spéciaux pour l'Algérie, exige la révision de la Constitution et annonce la mise en congé du Parlement jusqu'au 1er octobre. Après quoi, ayant sacrifié au rituel, il quitte la salle des séances, laissant à Guy Mollet, vice-président du nouveau gouvernement, la charge de répondre aux dix-sept interpellateurs. L'investiture est accordée par 329 voix contre 224 : l'écart est de plus de cent voix. L'improbable est arrivé : ce à quoi, trois mois plus tôt, personne ne pensait, qui, cinq jours plus tôt, paraissait encore impossible, est devenu réalité. Après douze ans d'éloignement du pouvoir, de Gaulle est de retour.

Le reste alla de soi. De Gaulle obtint ce qu'il demandait : le 2 juin, l'Assemblée reconduit à son avantage les pouvoirs spéciaux et le 3, à une majorité renforcée – 350 voix pour et seulement 161 contre –, donne au président du Conseil – le dernier de la IVe République – mandat de préparer une nouvelle Constitution, dont elle précise quelles devraient être les orientations fondamentales. Les politiques et l'opinion attendaient de De Gaulle qu'il règle la question algérienne : pour le reste on verrait plus tard. De Gaulle inverse l'ordre des priorités et des opérations. Il ne se désintéresse pas du problème algérien : son premier acte de gouvernement est de s'envoler, dès le matin du 4 juin, pour Alger, où il prononcera un discours mémorable. Mais il entend procéder d'abord à la réforme des institutions ; ensuite, à la tête d'un État auquel auront été rendues sa force et sa légitimité, s'attaquer à la solution du problème de la décolonisation. Le scénario a été suivi à la lettre : le projet de Constitution est soumis, le 28 septembre 1958, au peuple français. L'approbation massive – une participation des quatre cinquièmes du corps électoral et 85 % de « oui » – scelle le retour du général de Gaulle au pouvoir. Il y sera pour plus de dix ans.

René Rémond

• *Voir aussi* : Communiqué du 15 mai 1958 ; Conférence de presse du 19 mai 1958 ; Coup d'État ; Manifestation du 28 mai 1958 ; Traversée du désert

Bibl. : René Rémond, *Le Retour de De Gaulle*, Bruxelles, Complexe, 1998 • Michel Winock, *L'Agonie de la IVe République : le 13 mai 1958*, Paris, Gallimard, 2006.

REVEL, Jean-François (1924-2006). – Journaliste et polémiste de talent, écrivain membre de l'Académie française, Jean-François Revel incarne la figure de l'intellectuel critique qui n'a cessé de combattre la politique du général de Gaulle à travers ses articles dans *France Observateur*, puis dans *L'Express* ainsi que dans certains de ses livres. Né en 1924, normalien et agrégé de philosophie, il est l'auteur de nombreux ouvrages touchant à la philosophie, la littérature, l'histoire des idées, la politique. Il s'interroge en particulier sur le devenir des démocraties ainsi que sur les méfaits du totalitarisme et du communisme au XXe siècle.

La réputation de grand écrivain ou de grand orateur que l'on prête au Général lui a toujours paru quelque peu usurpée. Son livre *Le Style du Général*, publié en 1959, est une première tentative de démystification du talent littéraire de ce dernier. Analysant les discours prononcés par le général de Gaulle entre mai 1958 et juin 1959, il constate que son style est en réalité inélégant et daté et qu'y prédomine l'abondance des mots vagues, des locutions ambiguës. La vision que donne de Gaulle de lui-même dans ses harangues est celle d'un « sauveur périodique » dont la nature est à la fois humaine et surhumaine, de sorte que toute politique gaullienne repose nécessairement sur la croyance en la toute-puissance de la proclamation.

Jean-François Revel combat également les dérives du présidentialisme à la française incarné par le Général. Opposant farouche à la politique coloniale de la France de la IVe République, il n'est guère convaincu par le régime – qu'il juge personnel et autoritaire – de la Ve République. Dans une préface rédigée en 1968 à son livre *En France*, publié en 1965, il rappelle qu'il n'a pas voulu écrire un livre « sur le gaullisme en tant que tel, mais sur le gaullisme en tant que révélateur de la conception française de l'autorité politique ». Il défend dans cet ouvrage l'idée selon laquelle l'autorité militaire fournit en France le modèle de l'autorité en général, celui qui donne des ordres, mais qui ne rend pas de comptes. Cette mentalité politique archaïque est à ses yeux incarnée par le régime gaulliste, qu'il dénoncera en soutenant la candidature de François Mitterrand à l'élection présidentielle de 1965.

Revenant quelques années plus tard sur la légende et le mythe posthume du Général dans un essai publié lors de la réédition du *Style du Général* en 1988, Jean-François Revel esquisse au sujet de la politique menée par de Gaulle un bilan en demi-teinte. S'il reconnaît à celui-ci le mérite d'avoir résolu le problème algérien, il note que les solutions proposées par le Général étaient dépassées au moment même où il les avançait ; que les institutions de la Ve République sont loin d'être parfaites et que la politique étrangère de la France a été entachée d'erreurs de jugement.

Se situant à l'époque résolument dans l'opposition de gauche, Jean-François Revel apparaît davantage comme un penseur de droite à partir des années 1970, bien qu'il récuse cette appellation. Il a acquis une forte notoriété nationale et internationale avec la publication du best-seller *Ni Marx, ni Jésus* en 1970, puis de *Comment les démocraties finissent* (1983) dans lequel il souligne l'aveuglement des dirigeants occidentaux. Dans ses derniers ouvrages, avec *Le Regain démocratique* (1992) et *L'Obsession anti-américaine* (2002), il plaide pour un libéralisme bien compris. Rémy Rieffel

• *Voir aussi :* Antigaullistes ; France Observateur ; Journalistes ; Style écrit

Bibl. : Jean-François Revel, *Le Style du Général*, 1re éd., Paris, Julliard, 1959, rééd. Bruxelles, Complexe, 1988 • précédé d'une introduction inédite, « De la légende vivante au mythe posthume » • Id., *En France. La fin de l'opposition*, Paris, Julliard, 1965, rééd. UGE, coll. « 10/18 », 1968 • Rémy Rieffel, *La Tribu des clercs, les intellectuels sous la Ve République*, Paris, Calmann-Lévy, 1993.

RÉVOLUTION FRANÇAISE. – Convaincu que « dans la vie d'un peuple, chaque action du passé entre en compte pour l'avenir » [*DM*], de Gaulle ne pouvait manquer de s'intéresser à la Révolution française. Si la vision qu'il en eut n'a pas fondamentalement changé au cours de son existence, la rupture du 18 juin 1940 a néanmoins constitué un tournant dans ses relations avec la Révolution. Il s'engageait alors dans une action politique doublement révolutionnaire, parce qu'elle n'avait pas de précédent et qu'aucun modèle de référence ne s'offrait à lui, mais surtout parce qu'il allait combattre des régimes qui, sur le continent, bafouaient les principes de la Révolution. Jusque-là simple admirateur de la geste des soldats de l'an II et du message qu'ils portaient à l'Europe, de Gaulle est devenu metteur en scène et acteur. Il s'est servi de la Révolution autant qu'il en a servi les principes. Après la guerre, en raison du retour à des circonstances plus ordinaires, et du fait qu'il ne pouvait pas reprendre, comme auparavant, son statut de militaire essayiste et historien, il fit de la Révolution un usage réduit. Une fois assise sa légitimité, il eut moins besoin de faire appel à la référence historique.

Le constat de la dimension « révolutionnaire » de sa culture politique peut surprendre si l'on pense au de Gaulle homme d'ordre et d'autorité, enclin, sous la Ve République, à « l'exercice solitaire du pouvoir ». On peut s'étonner aussi qu'un enfant de « monarchistes de regret », dont les études se sont exclusivement déroulées dans des établissements religieux, n'ait pas repris, peu ou prou, les thèmes contre-révolutionnaires. Pourtant, dès l'âge de dix-huit ans, dans une composition d'histoire, il brosse un tableau plutôt favorable de l'œuvre de la Révolution [*LNC*]. L'historien républicain radical Alphonse Aulard n'en aurait pas renié l'inspiration. Dans sa copie, l'administration de l'Ancien

Régime est seule à se trouver sévèrement condamnée. Selon une rupture générationnelle assez répandue à la fin du XIXe siècle, la culture politique monarchiste de ses parents ne s'est pas transmise. Non seulement les écrits de l'entre-deux-guerres du jeune de Gaulle ne laissent paraître aucune nostalgie à l'égard de la monarchie, mais ceux-ci foisonnent d'évocations admiratives de la Révolution française. « Crise inouïe » [*FE*], « épreuve gigantesque », la Révolution avait connu ces « retours du bord de l'abîme » [*VAM*] qui fascinaient sa personnalité avide de grandiose et répondaient à sa vision de l'Histoire comme tissée de « chutes » et de « saluts » alternés.

Ce n'était pas seulement par esthétisme romantique que de Gaulle saluait la Révolution. Il en faisait siennes les valeurs. Dans les années 1930 où celles-ci se trouvent menacées, il ne craint pas d'évoquer « la France des Droits de l'homme » [*VAM*], la « Déclaration des droits » qui a « proclamé les Français libres » – formule frappante si l'on songe à la suite –, ou « les principes dont on se fait un Évangile » [*FA*]. On ne trouve pas trace, dans ses écrits publiés, d'un nationalisme d'exclusion à la manière de Maurras. Ce n'est pas lui qui aurait parlé, comme l'a fait *L'Action française* en 1939, des « 150 années d'erreurs » entraînées par la Révolution. De Gaulle serait plus proche du nationalisme de Barrès qui accepte l'ensemble de l'histoire nationale, y compris la Révolution française, si celui-ci n'avait lui aussi pris parti pour l'exclusion. Non seulement de Gaulle approuve 1789, mais il admire Valmy et rend hommage au redressement militaire de 1793. Il soutient sur ce point le Comité de salut public. Puisque « la France est en péril de mort », et que « le principe de liberté ne peut, à lui seul, assurer le recrutement », « la contrainte est nécessaire » [*FA*]. Carnot, l'organisateur de la victoire, est son grand homme. Il salue son entrée au Comité de salut public : « Le désordre est tel qu'on ne peut y remédier que par la dictature » [*FE*]. Dans une première version de *La France et son armée,* son évocation de la Vendée lui vaut même les reproches de son père qui lui écrit : « Je ne saurais montrer tant de sympathie pour ceux qui gardaient la boucherie pendant qu'on égorgeait les victimes. »

Après le 18 juin 1940, de Gaulle s'empare de la Révolution comme d'un étendard pour galvaniser « le parti de la liberté ». La Révolution lui offre un paradigme à deux niveaux, pour les valeurs qu'elle a défendues et pour la « France nouvelle » qu'elle a fait naître de « l'ancienne ». Tirée du *Fil de l'épée,* cette dernière opposition de termes revient sous sa plume dans ses discours de guerre. En vingt mois, du 15 novembre 1941 au 14 juillet 1943, de Gaulle mentionne vingt-cinq fois la Révolution ou ses symboles. Le discours du 1er avril 1942 est le plus « révolutionnaire » de sa carrière, suivi de près par celui du 14 juillet 1943. Dénonçant dans les hommes de Vichy « des gens qui ont détruit toutes les libertés françaises et tâchent de modeler leur régime sur le fascisme ou sa caricature », il salue les « bons Français qui persistent à appliquer les lois de la République, [et] luttent, jusqu'à la mort comprise, contre l'ennemi totalitaire » [*DM*]. Et de souligner « un fait qui domine aujourd'hui toute la question française et qui s'appelle "révolution". Car c'est une révolution, la plus grande de son Histoire, que la France, trahie par ses élites dirigeantes et par ses privilégiés, a commencé d'accomplir ». Comme en 1789, « une France entièrement nouvelle » est en train de se créer. Inversant les rôles, l'exilé manie l'ironie sarcastique à l'égard de la France de jadis qu'il compare aux émigrés qui ont fui la Révolution. Soutenu par l'éloquence révolutionnaire et la fureur guerrière, le discours s'enflamme : « Les gens qui s'étonnent de ne pas trouver parmi nous des politiciens usés, des académiciens somnolents, des hommes d'affaires manégés par les combinaisons, des généraux épuisés de grades, font penser à ces attardés des petites cours d'Europe qui, pendant la grande Révolution française, s'offusquaient de ne pas voir siéger Turgot, Necker et Loménie de Brienne au Comité de salut public. Que voulez-vous ! Une France en révolution préfère toujours gagner la guerre avec le général Hoche plutôt que de la perdre avec le maréchal de Soubise. Pour proclamer et imposer la Déclaration des Droits de l'Homme, une France en révolution préfère toujours écouter Danton plutôt que de s'endormir au ronron des formules d'autrefois. »

À partir du moment où de Gaulle prend, à Alger, les responsabilités d'un chef d'État, il réfrène ses envolées révolutionnaires. Son dernier discours « révolutionnaire » est celui du 14 juillet 1943, dans lequel il lance l'avertissement fameux : « S'il existe encore des bastilles, qu'elles s'apprêtent de bon gré à ouvrir leurs portes ! Car, quand la lutte s'engage entre le peuple et la Bastille, c'est toujours la Bastille qui finit par avoir tort. » Désormais à la tête d'un territoire, et, bientôt, d'une véritable armée, et réinséré dans un jeu politique moins atypique, il mesure ses paroles. La « rénovation » tend à se substituer à la « révolution ». Par la suite, sous les IVe et Ve Républiques, les circonstances ne vont pas lui offrir l'occasion de revenir à un usage politique intensif de la Révolution. Président de la République, il retrouvera cependant, dans ses discours des 29 janvier 1960 et 23 avril 1961, en réponse à la semaine des Barricades et au putsch d'Alger, les accents de « cette sainte fureur française » [*DM*] qu'incarnaient à ses yeux Jeanne d'Arc, Danton et Clemenceau, dont, pendant la guerre, il se voulait le continuateur.

Claire ANDRIEU

• *Voir aussi :* Carnot, Lazare ; Discours du 14 juillet 1943 ; Droits de l'homme ; France ; Histoire ; Rénovation

Bibl. : Claire Andrieu, « Charles de Gaulle, héritier de la Révolution française », dans Institut Charles-de-Gaulle, *De Gaulle en son siècle*, t. 2, *La République*, Paris, Plon-La Documentation française, 1992 • Id., « La Révolution française dans le débat politique », dans Jean-François Sirinelli (dir.), *Dictionnaire historique de la vie politique française au XXe siècle*, Paris, PUF, 1995.

RÉVOLUTION NATIONALE. – *Voir* ANTISÉMITISME ; ARMISTICE (1940) ; COLLABORATION ; LAVAL, Pierre ; PÉTAIN, Philippe.

REYNAUD, Paul (1878-1966). – Lorsque Charles de Gaulle rencontre Paul Reynaud pour la première fois en décembre 1934, ce dernier figure parmi les hommes politiques les plus en vue de la IIIe République.

Né à Barcelonnette, avocat brillant, Paul Reynaud est élu député des Basses-Alpes en 1919. Battu en 1924, il devient député de Paris en 1928 et le restera jusqu'à la guerre. Plusieurs fois ministre entre 1929 et 1932, sa prise de position en faveur de la dévaluation en 1934 lui vaut d'être écarté du pouvoir. C'est dans ce contexte que de Gaulle le convainc de l'intérêt de son projet de corps cuirassé. Séduit, l'ancien ministre accepte de plaider sa cause à la Chambre. Le 28 mars 1935, il dépose un projet de loi tendant à créer un corps cuirassé de 100 000 hommes. Débattu en commission de l'Armée, le texte est repoussé car jugé « contraire à la logique et à l'histoire ». Deux ans plus tard, Paul Reynaud tente un nouvel essai. En vain.

Les deux hommes ne se retrouvent que trois ans plus tard, au cœur de la tourmente. En mars 1940, Paul Reynaud succède à Édouard Daladier à la tête du gouvernement. Le rôle de De Gaulle est toutefois des plus restreints. S'il est effectivement à l'origine de la rédaction du texte d'investiture de Reynaud, il n'appartient ni au gouvernement ni à l'équipe du nouveau président du Conseil. Le 5 juin, Reynaud le nomme sous-secrétaire d'État au ministère de la Défense nationale et de la Guerre et lui confie une mission essentielle : préparer le transfert des organes de commandement en Afrique du Nord, et assurer la coordination avec Londres. La démission de Paul Reynaud le 16 juin marque la fin officielle de la collaboration entre les deux hommes. Le 6 septembre 1940, Reynaud est arrêté par la police de Vichy. Jugé à Riom, emmené en Allemagne, il est libéré le 8 mai 1945. C'est à bord de l'avion personnel du chef du Gouvernement provisoire de la République française (GPRF) qu'il rentre à Paris.

Si Reynaud voit effectivement en de Gaulle le nouvel homme fort du pays, il n'entend nullement le suivre après sa démission du GPRF. Attaché au régime parlementaire par-dessus tout, il se méfie du RPF qu'il juge autocratique. Il faut attendre 1958 pour qu'une dernière fois les routes politiques des deux hommes se croisent. Contrairement à un certain nombre de parlementaires du Centre national des indépendants auquel il appartient, Reynaud se déclare assez tôt favorable au retour au pouvoir du général de Gaulle. Il estime que ce dernier est le seul à pouvoir réformer en profondeur le régime politique français. Au cours de l'été 1958, il préside le Comité consultatif chargé de donner son avis sur le projet de nouvelle Constitution. Il échoue néanmoins à se faire élire à la présidence de l'Assemblée nationale.

Toutefois, des divergences ne tardent pas à surgir entre les deux hommes. La politique étrangère gaullienne est jugée par Reynaud ni suffisamment atlantiste ni assez fédéraliste en ce qui concerne la construction européenne. En 1962, Paul Reynaud se déclare résolument hostile au projet gaullien d'élection du président de la République au suffrage universel. Selon lui, il s'agit d'une atteinte grave aux principes républicains. Pour cela, il n'hésite pas à prendre la tête du « cartel des non » avec Guy Mollet et parvient à faire voter une motion de censure contre le gouvernement Pompidou. Son destin politique est scellé. Pour la première fois, les gaullistes lui opposent un candidat lors des élections législatives de l'automne 1962. Il est battu dès le premier tour, ce qui met fin à près d'un demi-siècle de vie publique.

Au cours des quatre années qu'il lui reste à vivre, Paul Reynaud n'aura de cesse de combattre la politique conduite par de Gaulle. Son livre le plus véhément, *La Politique étrangère du gaullisme*, paraît en 1964. Lors de l'élection présidentielle de 1965, il soutient Jean Lecanuet et appelle à voter François Mitterrand au second tour. Il décède le 21 septembre 1966. De Gaulle, qui n'assiste pas à l'enterrement, envoie une lettre à la veuve de l'ancien président du Conseil assurant qu'il « demeure fidèle à une amitié et à une estime qui [les] ont unis tous deux dans les prodromes, puis dans l'épreuve du plus grand drame de [leur] histoire, où [ils eurent] à porter successivement les suprêmes responsabilités » [*LNC*].

Les relations qu'entretinrent Paul Reynaud et Charles de Gaulle durant près de trente ans furent en effet à la fois intenses et contradictoires : s'ils partageaient l'espoir de voir la France maintenir sa puissance, ils divergeaient sur les moyens pour y parvenir, en particulier sur le plan institutionnel. Preuve de cette ambivalence, Paul Reynaud ne se reconnut jamais comme gaulliste à part entière. Mais c'est à ses côtés que Michel Debré, Gaston Palewski ou Maurice Couve de Murville firent leurs premiers pas en politique. Dans une certaine mesure, ce fut également le cas de Charles de Gaulle lui-même.

Thibault Tellier

• *Voir aussi* : CNI ; Crise constitutionnelle de 1962 ; Réseaux de sociabilité ; Secrétaire d'État (sous-) ; Union franco-britannique

Bibl. : Paul Reynaud, *Mémoires*, Paris, Flammarion, 2 vol., 1960 et 1963 • Thibault Tellier, *Paul Reynaud, Un indépendant en politique*, Paris, Fayard, 2005.

RI (Républicains indépendants). – Les républicains indépendants (RI) sont nés d'une scission du Centre national des indépendants (CNI) en juin 1962, la rupture étant consommée en novembre. Raymond Marcellin, Louis Jacquinot et Jean de Broglie, membres des gouvernements Debré et Pompidou, avaient refusé de démissionner comme le leur demandait le groupe parlementaire « Indépendants et paysans d'action sociale », après le discours prononcé par le général de Gaulle le 15 mai 1962 moquant l'Europe supranationale. Les ministres indépendants constituent un « groupe d'études », font voter « oui » au référendum sur les accords d'Évian et vont seuls à la bataille des législatives de novembre. Forts de 36 députés, ils constituent un groupe « républicains indépendants » qui prend acte de l'évolution présidentielle du régime et choisit de rester dans la majorité tout en adoptant une attitude critique.

De groupe parlementaire à l'origine, les RI se muent le 3 juin 1966 en parti qui prend le nom de « Fédération nationale des républicains indépendants » (FNRI). Son président, Valéry Giscard d'Estaing, s'entoure de fidèles comme Michel Poniatowski secrétaire général, Michel d'Ornano et Jean-Pierre Soisson. En janvier 1967, le « oui mais » de Giscard d'Estaing traduit une certaine réserve à l'égard du président de la République, que confirme sa formule « gaullisme réfléchi » – les républicains indépendants se qualifient de « libéraux, centristes et européens ». La FNRI progresse, passant de 42 sièges en 1967 à 62 en 1968. La majorité de ces députés se prononce pour le « oui » au référendum de 1969 sur la régionalisation et sur la réforme du Sénat, en dépit de la position contraire prise par Giscard d'Estaing. Celui-ci, après la victoire du « non » et le départ du général de Gaulle, soutient la candidature de Georges Pompidou en 1969, ce qui vaut aux RI une présence dans le gouvernement de Jacques Chaban-Delmas. Michel Poniatowski qui n'est pas membre du gouvernement, refuse toute idée de fusion des partis : « Ce serait marier la carpe et le lapin. »

L'élection en 1974 de Valéry Giscard d'Estaing comme président de la République semble démontrer la pertinence de la stratégie des républicains indépendants. Cependant, le courant giscardien prend plus d'ampleur que le groupe parlementaire des RI, ainsi qu'en témoigne la création de l'Union pour la démocratie française, l'UDF, le 1er février 1978.

Sylvie GUILLAUME

• *Voir aussi :* Centristes ; CNI ; Partis politiques

Bibl. : Jean-Claude Colliard, *Les Républicains indépendants, Valéry Giscard d'Estaing*, Paris, PUF, 1971 • Jean-Marie Donegani et Marc Sadoun, « Le jeu des institutions », dans Jean-François Sirinelli (dir.), *Histoire des droites en France*, t. 1, *Politique*, Paris Gallimard, 1992, p. 392-481 • Michel Poniatowski, *Cartes sur table*, Paris, Livre de poche, 1972.

LE RIDEAU DE FER « À DEUX ÉTAPES DU TOUR DE FRANCE ». – L'expression est tirée du discours de Rennes, le 27 juillet 1947, où de Gaulle évoque le bloc soviétique dont « la frontière n'est séparée de la nôtre que par 500 kilomètres, soit à peine la longueur de deux étapes du Tour de France cycliste ». Ce discours, le premier d'une série dans lesquels le Général dénonce vivement la double menace, soviétique et communiste, à laquelle la France doit désormais faire face, intervient trois mois après la création du RPF. Il marque un tournant dans les positions de De Gaulle en matière de politique intérieure et extérieure, au moment où la dégradation des rapports soviéto-occidentaux s'accélère.

En se référant à une des manifestations les plus populaires qui existent en France, de Gaulle veut frapper les esprits : la grande alliance qui a uni l'URSS et l'Occident pendant la guerre est terminée, les conditions qui ont mené en décembre 1944 à la signature du traité franco-soviétique ont changé, et les communistes, qui ont été nombreux à participer à la Résistance, mettent aujourd'hui « l'unité nationale » en péril parce qu'ils sont « aux ordres d'une entreprise étrangère de domination ». « Les deux tiers du continent se trouvent dominés par Moscou », et la frontière de « ce bloc de près de 400 millions d'hommes » est à 500 kilomètres de la France.

Face à ce nouveau péril, rejoignant l'analyse faite au même moment par George Kennan dans *Foreign Affairs*, de Gaulle appelle à « s'opposer vigoureusement à toutes les menées de ceux qui ne jouent pas le jeu de la France ». Proposant au peuple français de se rassembler en usant « du concours qu'offrent les autres, notamment les États-Unis », il choisit clairement son camp. Cela ne l'empêche pas de rappeler que la tragédie qu'est la division de l'Europe en deux résulte avant tout de la « politique qui, à Yalta, [a] tenté de régler hâtivement le sort de l'Europe sans l'Europe – et en particulier sans la France ». Son objectif est dès lors de « refaire l'Europe dans l'équilibre et dans la liberté ».

Anne DE TINGUY

• *Voir aussi :* Europe ; Politique étrangère ; Staline ; URSS

Bibl. : Georges-Henri Soutou, *La Guerre de cinquante ans. Les relations Est-Ouest 1943-1990*, Paris, Fayard, 2001 • Thierry Wolton, *La France sous influence*, Paris, Grasset, 1997.

ROCHET, Waldeck (1905-1983). – Maraîcher de la Bresse louhannaise, né dans un milieu libre penseur, Waldeck Rochet adhère à la Section française de l'Internationale communiste (SFIC) en 1924. Il est envoyé clandestinement à

Moscou en 1931 pour suivre la formation des cadres à l'École léniniste internationale. De retour en France, il connaît une ascension rapide au sein du PCF (Parti communiste français) : il fait partie de la génération des cadres du Front populaire et devient député de Nanterre en 1936. Arrêté en octobre 1939 comme membre du groupe ouvrier et paysan français qui a succédé au groupe communiste à la Chambre, il est interné en métropole puis en Algérie. Libéré en février 1943, il participe activement à la création de *France combattante* avec le gaulliste René Capitant. Le 22 juillet, dans *Liberté*, il cite abondamment le discours prononcé le 14 par le général de Gaulle dans lequel celui-ci décrit la France comme « une captive torturée qui, sous les coups, dans son cachot, a mesuré une fois pour toutes les causes de ses malheurs et l'infamie de ses tyrans ». Son parti le nomme représentant du Comité central auprès de l'antenne londonienne du Comité français de la Libération nationale ; il participe aux émissions de la BBC.

En 1944, de retour en France, il est nommé représentant du PCF et de la Confédération générale des paysans travailleurs à l'Assemblée consultative provisoire. Il retrouve en outre ses responsabilités paysannes au sein du PCF et entre au Bureau politique. Député de Saône-et-Loire de 1945 à 1958, il contribue à l'adoption du statut du fermage et du métayage en 1946. De 1958 à 1968, il est député de la banlieue parisienne (Aubervilliers-Stains-La Courneuve). En 1958, responsable des députés communistes qui, trop peu nombreux, n'ont pu constituer un groupe parlementaire, il combat vigoureusement le « régime personnel » du Général. Secrétaire général adjoint du PCF en 1961, il succède en 1964 à Maurice Thorez. Dès lors, il engage le parti sur la voie de l'unité des forces de progrès. En 1965, il soutient activement la candidature de François Mitterrand à la présidence de la République. Sous son impulsion, le PCF tend à s'ouvrir et à s'adapter à la société française. Pourtant, il est débordé en mai 1968 par l'ampleur du mouvement gauchiste et en appelle le 18 mai à la « constitution d'un gouvernement populaire d'union démocratique », considérant le 24 que « le régime gaulliste a fait son temps ». Au mois d'août, face à l'invasion des chars soviétiques à Prague, il fait adopter par le Bureau politique un communiqué exprimant sa « réprobation », mais la position finale du PCF se situe en retrait sur ce début critique. En décembre 1968, Waldeck Rochet lance le manifeste de Champigny, dans lequel il propose le passage pacifique et démocratique au socialisme. Malade, il disparaît de la vie publique à l'automne 1969. Il a jeté les bases de l'union de la gauche conclue en 1972.

Jean VIGREUX

• *Voir aussi* : Conférence de presse du 9 février 1943 ; Constitutionnelles (conceptions) ; Constitutionnelles (pratiques contestées) ; Manifestation du 29 mai 1968 ; PCF ; URSS

Bibl. : Stéphane Courtois et Marc Lazar (dir.), *50 ans d'une passion française, de Gaulle et les communistes*, Paris, Balland, 1991 • Jean Vigreux, *Waldeck Rochet, une biographie politique*, Paris, La Dispute, 2000.

ROL-TANGUY, Henri (1908-2002). – Né à Morlaix, titulaire du certificat d'études (1921), Henri Tanguy vit à Paris à partir de 1923. Ouvrier métallurgiste, il adhère à la CGTU et au PCF, mais milite surtout à partir de 1934. Permanent du Syndicat des métaux CGT de la région parisienne en octobre 1936, il combat en Espagne dans les Brigades internationales en 1937 et 1938, expérience capitale pour lui. En avril 1939, il épouse Cécile Le Bihan, secrétaire aux « Métaux », qui se tiendra à ses côtés dans la Résistance.

Soldat en 1939, cité en 1940 à l'ordre de son régiment, Tanguy reprend contact le 19 août 1940 avec les « Métaux ». Il est l'un des responsables des comités populaires de la métallurgie. Clandestin dès octobre 1940, il est affecté en juillet 1941 par le PCF dans les groupes armés qui deviendront les Francs-tireurs et partisans (FTP) début 1942. De la région parisienne, il passe en Anjou-Poitou en 1942 puis est rappelé à Paris en 1943. Fin 1943, il est versé dans les FFI en cours de constitution. Élu chef régional de la région parisienne en juin 1944, devenu colonel « Rol », du nom d'un de ses camarades tué en Espagne, il prépare et dirige avec son état-major l'insurrection parisienne, déclenchée le 19 août.

S'il a d'abord estimé que le général de Gaulle avait peu à voir avec la Résistance intérieure, il change progressivement d'avis et fait sienne la déclaration du Général sur la libération nationale « inséparable » de l'insurrection nationale. Son ordre de mobilisation du 19 août 1944 s'achève par l'appel au combat lancé par de Gaulle le 7 août. Du 20 au 22 août, Rol est un acteur essentiel de l'échec à la trêve signée par le délégué général du GPRF et le commandement allemand. Il découvrira plus tard que son analyse d'alors recoupait celle du Général, à qui la trêve avait fait une « désagréable impression » car elle « ne correspondait pas à la situation militaire » [*MG*].

Le 25 août 1944, gare Montparnasse, Rol fait la connaissance du général de Gaulle. Sur l'insistance de Chaban-Delmas, délégué militaire national, et avec l'accord de Leclerc, il vient de signer un exemplaire de l'acte de reddition de von Choltitz. Passé le premier mouvement d'humeur, de Gaulle mesure bien le rôle des FFI dans la libération de Paris. Rol en voyait pour preuves son invitation par le Général à la remise de la croix de la Libération à la capitale le 2 avril 1945, puis son entrée dans l'ordre de la Libération, dont la croix lui fut remise le 18 juin par de Gaulle lui-même.

Engagé comme lieutenant-colonel, il fait la campagne d'Allemagne en 1945. Reconnu excellent officier, mais communiste, il est victime de la guerre froide et relégué comme « personnel sans emploi » en 1952. Mis à la retraite d'office en 1962, il proteste auprès de De Gaulle, président de la République. En vain. Toutefois, celui-ci le fait officier de la Légion d'honneur le 25 août 1964. Rol aimait rappeler son discours à l'Hôtel de Ville, cette année-là, insistant sur Paris brisant ses chaînes.

Membre du comité central du PCF jusqu'en 1987 sans y exercer de réelles responsabilités, grand-croix de la Légion d'honneur, Rol-Tanguy se voue jusqu'à sa mort à la mémoire de la guerre d'Espagne et de la Résistance. Roger BOURDERON

• *Voir aussi* : Humanité (L') clandestine ; Insurrection nationale ; Libération ; Mémoire de la Résistance ; PCF ; Résistance intérieure

Bibl. : Roger Bourderon, *Rol-Tanguy*, préface de Christine Levisse-Touzé, Paris, Tallandier, 2004 • Colonel Rol-Tanguy et Roger Bourderon, *Libération de Paris – Les cent documents*, avant-propos de Jacques Chaban-Delmas, Paris, Hachette, coll. « Pluriel », 1994.

ROOSEVELT, Franklin Delano (1882-1945). – Né à Hyde Park, dans l'État de New York, Franklin Delano Roosevelt suit l'exemple de son cousin et modèle, le président Theodore Roosevelt. Diplômé de l'université de Harvard, avocat, il est élu sénateur démocrate de l'État de New York à la fin de 1910. Trois ans plus tard, il devient secrétaire adjoint à la Marine ; c'est dans cette fonction qu'il participe à la Grande Guerre et se rend en France à l'été de 1918. Après l'armistice et la défaite électorale du parti démocrate deux ans plus tard, il connaît une longue traversée du désert, rendue plus difficile encore par une attaque de poliomyélite qui lui fait perdre l'usage de ses jambes. Luttant farouchement contre son handicap physique et son isolement politique, il parvient à se faire élire gouverneur de l'État de New York en 1928. Les succès qu'il remporte dans cet État clé, notamment dans la lutte contre le chômage, le lancement de grands travaux publics et l'aide aux plus défavorisés, expliquent pour une bonne part son élection à la présidence des États-Unis en 1932.

Le premier mandat du nouveau président est entièrement consacré à la mise en place du *New Deal*, un ensemble de mesures fédérales destiné à combattre les effets de la crise économique de 1929 dans l'industrie et l'agriculture. Ce n'est qu'après les succès initiaux de ces mesures et sa réélection triomphale en 1936 que Franklin Roosevelt peut se tourner vers la politique étrangère. À la tête d'un pays très majoritairement isolationniste et pacifiste, avec des lois de neutralité contraignantes et une armée réduite à l'extrême, le président a une marge de manœuvre des plus étroites pour s'opposer à l'expansion du militarisme japonais en Asie et du national-socialisme hitlérien en Europe. Pourtant, après la crise de Munich, il prend d'énergiques mesures de réarmement et encourage les Français comme les Britanniques à en faire autant. Plus encore, il va leur en donner les moyens, en faisant voter par le Congrès en septembre 1939 l'abrogation des lois sur l'embargo des ventes d'armes aux belligérants. Ainsi, dès le début de la guerre, la France et la Grande-Bretagne pourront acheter aux États-Unis le matériel qui leur fait défaut. Prisonnier du carcan de la neutralité, du pacifisme de l'opinion et du dénuement des forces armées, Roosevelt ne peut cependant qu'assister en spectateur au désastre de la campagne de France.

Le général de Gaulle éprouve une admiration certaine pour le créateur du *New Deal*, qui a su ramener son pays vers la prospérité au prix d'un suprême effort de volonté et d'imagination. Pourtant, comme sous-secrétaire d'État à la Défense nationale et à la Guerre d'un gouvernement qui va rapidement s'abandonner au défaitisme, il juge sévèrement la politique étrangère du président, dont « une simple promesse de secours » aurait pu décider les pouvoirs publics français à continuer la guerre. Mais lorsqu'il vole vers Londres le 17 juin, de Gaulle compte à la fois sur la ténacité de l'Angleterre de Churchill et sur l'immense potentiel industriel de l'Amérique de Roosevelt pour continuer la lutte. À preuve, ces mots prononcés le lendemain au micro de la BBC : « La France [...] peut, comme l'Angleterre, utiliser sans limites l'immense industrie des États-Unis. »

Liens avec Vichy. Franklin Roosevelt a été très défavorablement impressionné par la défaite de la France, l'irrésolution de ses dirigeants et la faillite de ses armées. Après l'annonce des termes de l'armistice, le président ne croit pas à l'avenir d'une nation qui a désormais cessé de compter sur l'échiquier mondial. Sa politique en sera le fidèle reflet : afin d'empêcher la flotte et l'Empire français de tomber aux mains des Allemands, il envoie à Vichy l'amiral Leahy, chargé d'encourager Pétain à résister aux demandes de Berlin, et à Alger le consul Murphy, pour inciter le général Weygand à reprendre les armes contre l'Allemagne ; enfin, il compte profiter de l'abaissement de la France pour mettre la main sur certaines de ses bases stratégiques, à commencer par celle de Dakar, et pour traiter séparément avec les autres parties de son Empire.

Le général de Gaulle, qui a fondé d'immenses espoirs sur Roosevelt, est très déçu par ses relations avec Pétain et Weygand. Il offre au président des bases en Afrique française libre, mais ne reçoit pas de réponse. Enfin, alors qu'il s'attend à ce qu'après Pearl Harbor, les Français libres soient enfin traités en alliés, il doit rapidement déchanter ; les relations avec Vichy demeurent inchangées et la France libre n'est pas même invitée à signer le Pacte des Nations unies. Le ralliement de Saint-Pierre-et-Miquelon est pour de Gaulle une façon de mettre les États-Unis au pied du mur : « Peut-être, de mon côté, l'avais-je provoqué pour remuer le fond des choses, comme on jette une pierre dans l'étang » [*MG*].

Les réactions du Département d'État et de la Maison-Blanche sont extrêmement violentes, car l'action du général de Gaulle menace de compromettre l'ensemble de la politique française du président, à Vichy, en Afrique du Nord et partout ailleurs dans l'Empire français. Le secrétaire d'État Hull et le président Roosevelt tentent par tous les moyens d'obtenir le départ des Français libres, mais de Gaulle refuse tout net, et il a l'appui d'une bonne partie de l'opinion publique et de la presse des deux côtés de l'Atlantique. Roosevelt et Hull doivent donc s'incliner, mais ils en garderont au Général une rancune tenace. Par ailleurs, malgré le rappel du général Weygand, Américains et Britanniques espèrent encore amener Vichy à reprendre les armes contre les Allemands, un processus que les entreprises de De Gaulle risquent fort de contrarier. Enfin, à l'été de 1942, les états-majors américains et britanniques s'accordent sur leur première grande offensive conjointe : ce sera « Torch », le débarquement en Afrique du Nord. Or, le Maroc et l'Algérie étant considérés comme très maréchalistes, il est essentiel d'écarter les gaullistes de l'opération ; d'ailleurs, pour leur ouvrir les portes de l'Afrique du Nord, les Américains comptent sur la participation d'un général aussi attaché à Pétain qu'hostile à de Gaulle : Giraud.

Le 8 novembre 1942, l'opération « Torch » est un succès militaire doublé d'un imbroglio politique. Le général Giraud ne parvenant pas à s'imposer, les Américains vont devoir accepter, pour obtenir un cessez-le-feu, de confier le pouvoir en Afrique du Nord à l'amiral Darlan, ancien ministre des Affaires étrangères et de l'Intérieur de Vichy, successeur désigné du Maréchal et collaborateur notoire. Après son assassinat le 24 décembre, les Américains misent sur Giraud, qui devient « commandant en chef civil et militaire », en s'appuyant sur un « Conseil impérial » composé de vichystes purs et durs. Mais la situation qui en résulte en Algérie comme au Maroc – où la législation de Vichy reste en vigueur, le Service d'ordre légionnaire tient la population en respect, les Juifs sont persécutés et les gaullistes emprisonnés – provoque un concert d'indignation en Grande-Bretagne comme aux États-Unis. Pour apaiser son opinion publique, Roosevelt doit faire des concessions : à la conférence d'Anfa, en janvier 1943, il met en scène une réconciliation publique entre de Gaulle et Giraud ; par ailleurs, il s'entend avec Churchill pour faire encadrer Giraud par des hommes chargés de le repeindre en démocrate modèle : Robert Murphy, Harold Macmillan, et finalement Jean Monnet.

Méfiance réciproque. En définitive, c'est de Gaulle qui va bénéficier des initiatives de Roosevelt. D'une part, le seul résultat tangible de la conférence d'Anfa en ce qui concerne la France sera l'établissement de missions de liaison entre Londres et Alger. Or, celle du général de Gaulle à Alger, dirigée par le général Catroux, va saper la position de Giraud, tout en préparant l'arrivée de son rival. D'autre part, Macmillan et Monnet, constatant l'inaptitude politique de Giraud, s'emploient à rendre possible la venue de De Gaulle. Enfin, Catroux, Monnet et Macmillan, agissant de concert, influencent le général Eisenhower dans un sens favorable au chef de la France combattante. Dès lors, au grand dépit du président Roosevelt, le général de Gaulle atterrit à Alger le 30 mai 1943, et en moins de quinze jours, il est solidement installé à Alger en tant que coprésident du Comité français de la Libération nationale (CFLN). Roosevelt tente bien de l'affaiblir, mais il échoue en raison du refus britannique de collaborer et de l'influence exercée par Macmillan sur Eisenhower. Il faudra ainsi moins de trois mois à de Gaulle pour dominer entièrement le Comité et reléguer Giraud à des tâches purement militaires. Pendant toute cette période, le Général demeure convaincu qu'un entretien en tête à tête avec Roosevelt suffirait à désarmer toutes les préventions du président à son égard.

En prévision du débarquement en France qui doit s'effectuer vers la fin de mai 1944, Roosevelt a donné l'ordre de préparer une occupation militaire alliée du territoire français, l'*Allied Military Government of Occupied Territories* (AMGOT), supposée durer jusqu'à ce que des élections libres puissent se tenir dans l'ensemble du pays. Mais sans que le président le sache, Eisenhower, désigné à l'issue de la conférence de Téhéran pour commander l'opération « Overlord », confie à de Gaulle le 30 décembre 1943 : « Dans les faits, je ne connaîtrai en France d'autre autorité que la vôtre. » C'est effectivement ce qui se produira au cours de l'été de 1944, et permettra au chef du Gouvernement provisoire de la République française (GPRF) d'établir une autorité incontestée sur l'ensemble du territoire français libéré.

Voulant faire contre mauvaise fortune bon cœur en prévision des échéances électorales de novembre, le président Roosevelt invite de Gaulle à Washington au début de juillet 1944. Les trois entrevues à la Maison-Blanche entre le 6 et le 9 juillet se déroulent le mieux du monde, les deux interlocuteurs faisant assaut de courtoisie, sans pour autant se départir d'une bonne dose de méfiance réciproque. À l'issue de cette visite, le président, soumis à une intense pression de la part de la presse, de l'opinion publique et de la plupart de ses collaborateurs, ne peut éviter d'annoncer la reconnaissance *de facto* du GPRF, suivie en octobre d'une reconnaissance *de jure*. Pourtant, cela ne met pas un terme aux malentendus, Roosevelt s'abstenant d'inviter de Gaulle à Yalta en février 1945, tandis que le Général refuse d'aller le rencontrer en Algérie à l'issue de la conférence. Le président américain meurt brusquement d'une hémorragie cérébrale le 12 avril 1945. Faisant preuve d'une surprenante magnanimité à l'égard de celui qui l'a tant combattu, Charles de Gaulle ne cessera de rendre hommage à sa mémoire, confiant même à un journaliste américain en octobre 1962 : « Franklin Roosevelt était un grand homme, bien que je n'aie pas été d'accord avec lui [...]. Il a dirigé les États-Unis jusque dans la guerre et à travers toute la guerre, jusqu'à la victoire. C'était un homme de qualité. »

François KERSAUDY

• *Voir aussi* : Alliés ; AMGOT ; Anfa ; CFLN ; Débarquement en Normandie ; États-Unis ; GPRF

Bibl. : Raoul Aglion, *De Gaulle et Roosevelt*, Paris, Plon, 1984 • François Kersaudy, *De Gaulle et Roosevelt, le duel au sommet*, Paris, Perrin, 2004 • Milton Viorst, *Les Alliés ennemis : de Gaulle, Roosevelt*, Paris, Denoël, 1967.

ROSTAND, Edmond. – *Voir* BIBLIOTHÈQUE PERSONNELLE ; ÉCRITS DE JEUNESSE.

ROUMANIE. – Dans ses *Mémoires de guerre*, Charles de Gaulle regrette que la Roumanie ait « marché avec l'Allemagne » dès novembre 1940, mais il rappelle également l'alliance et l'amitié traditionnelles entre Paris et Bucarest.

La population roumaine découvre le général « Degaulle » par son appel du 18 juin 1940, reproduit dans les médias locaux. Jusqu'à la fin de la Seconde Guerre mondiale, son nom figure fréquemment dans les journaux, et un grand nombre de Roumains écoutent ses messages sur la BBC. Avec l'instauration du communisme, à la fin de 1947, les dirigeants roumains qualifient de Gaulle de « fasciste » et mettent ses écrits à l'index. Les relations officielles entre Paris et Bucarest sont tendues, voire hostiles, jusqu'au début des années 1960. À partir de 1963, soucieux d'afficher leur indépendance vis-à-vis de Moscou, les Roumains entreprennent de faire renaître les liens amicaux avec la France. À la fin de juillet 1964, le président du Conseil roumain, Ion Gheorghe Maurer, se rend en visite officielle à Paris. Il impressionne le général de Gaulle par son discours libre et sa finesse d'esprit. Le Général surestime-t-il l'autonomie de Bucarest ? Il voit dans l'initiative roumaine le signe d'un dégel en Europe orientale, condition capitale pour une politique française de détente plus active : « Tôt ou tard, la Roumanie voudra son indépendance. C'est notre rôle d'encourager cette aspiration. » À cette fin, de Gaulle envisage dès janvier 1965 un voyage en Roumanie, qui est d'abord prévu pour juin 1967. La France gaulliste devient pour Bucarest un modèle de politique extérieure et aussi un moyen d'affirmer l'autorité du régime, ce dont est consciente la diplomatie française. Le 14 mai 1968, malgré les troubles qui ont éclaté à Paris, le Général s'envole pour la Roumanie. Il y reste cinq jours, évoquant à plusieurs reprises son espoir de voir surmonté le partage de l'Europe en deux blocs. Il attribue à sa visite une importance « mondiale », car, dit-il, Bucarest peut jouer, en développant son indépendance vis-à-vis de Moscou, un rôle décisif pour l'équilibre européen. Le Général vante surtout le mérite de la Roumanie d'avoir repris sa liberté d'action nationale. La visite est un immense succès populaire. Partout, le peuple roumain acclame du fond du cœur le célèbre hôte français. Selon un témoignage, les foules enthousiastes voient en la personne de Charles de Gaulle un prophète de ce qui existe de plus parfait au monde : la France. Le Général y répond en serrant des mains, prononçant des phrases en roumain à la fin de ses discours, se levant dans sa voiture quand il traverse un village. Le nouveau chef de l'État roumain, Nicolae Ceausescu, profite de l'occasion pour accroître sa popularité et salue debout avec lui. L'élan de la population roumaine est pour le général de Gaulle, encore en 1969, une source d'espérances. Elle atteste la survie de l'aspiration à la liberté en Europe de l'Est.

Benedikt SCHÖNBORN

• *Voir aussi* : Détente-Entente-Coopération ; Politique étrangère ; Pologne ; République ; URSS

Bibl. : Nicolae Fotino et Cristian Popisteanu, « L'image du général Charles de Gaulle en Roumanie », *Espoir*, n° 89, 1992, p. 43-47 • Sanda Stolojan, *Avec de Gaulle en Roumanie*, Paris, L'Herne, 1991 • Vladimir Tismaneanu, *Stalinism for All Seasons : A Political History of Romanian Communism*, Berkeley, University of California Press, 2003.

ROURE, Rémy (1885-1966). – Né en Ardèche dans une famille paysanne, Rémy Roure publie ses premiers articles dans *L'Information sociale*, en 1909, avant d'entrer au *Temps* l'année suivante. Blessé durant la Grande Guerre, fait prisonnier en Artois, il est interné au fort IX d'Ingolstadt, en Allemagne, où il fait la rencontre du commandant Catroux et du capitaine de Gaulle : il sera le premier journaliste, en 1924, à rédiger un compte rendu sur *La Discorde chez l'ennemi*.

Journaliste politique et littéraire dans l'entre-deux-guerres, il se replie en zone sud en 1940. Il poursuit à Lyon sa collaboration au *Temps* et au *Progrès*, le second ayant accueilli le premier dans ses locaux. Très tôt résistant, il cofonde le groupe et la feuille clandestine qui porte son nom, *Liberté* (avec notamment François de Menthon, Paul Coste-Floret, Pierre-Henri Teitgen). Son premier numéro, publié à Marseille, est diffusé le 25 novembre 1940. *Le Progrès* devient vite l'une des plaques tournantes de la Résistance. Donnant des papiers au *Franc-Tireur* puis à *Combat*, Rémy Roure est aussi l'un des principaux rédacteurs du *Bulletin d'informations générales*, journal du Bureau d'information et de presse, véritable « agence de presse » de la Résistance lancée en octobre 1942 à l'initiative de Jean Moulin et mise en œuvre par Georges Bidault. Cette publication deviendra, en mars 1944, par le regroupement d'entreprises du même type, le *Bulletin de la France combattante*. Roure participe également au réseau Bordeaux-Loupiac, spécialisé dans la récupération des pilotes alliés. Après le sabordage du *Progrès* le 12 novembre 1942 et du *Temps* le 30 novembre 1942, il poursuit son activité clandestine jusqu'à son arrestation par la Gestapo, le 11 octobre 1943, alors qu'il convoie des pilotes américains à Rennes, dans le but de les faire passer en Angleterre. Déporté en avril 1944, il est interné à Buchenwald, après un bref passage à Auschwitz. À son retour, en avril 1945, il apprend la mort de sa femme, déportée à Ravensbrück, et de son fils unique, jeune officier tué en Allemagne.

À soixante ans, il reprend sa carrière de journaliste au *Monde* (participant aussi, en 1948, à la création du SNJ-FO – Syndicat national des journalistes-Force ouvrière). Principal éditorialiste de politique intérieure, gaulliste convaincu, il regrette le départ du Général en janvier 1946 mais, rallié aux institutions de la IVᵉ République, ne le suit pas dans l'aventure du RPF (Rassemblement du peuple français). En mai 1952, à soixante-sept ans, il rompt avec *Le Monde*, indigné par la publication du faux rapport de l'amiral américain Fechteler, sur fond de guerre de Corée. Il rejoint alors *Le Figaro* et *Le Figaro littéraire* où il devient chroniqueur. Roure aura toujours cherché à concilier sa fidélité à l'homme du 18 Juin et le modèle du journalisme critique qui lui interdisait de se transformer en un quelconque propagandiste. Il est également l'auteur de plusieurs ouvrages, notamment sous le pseudonyme de Pierre Fervacque. Christian DELPORTE

• *Voir aussi* : Intellectuels ; Journalistes ; Presse ; Résistance intérieure (journaux de la)

ROUSSES (négociations des). – *Voir* ÉVIAN (accords d').

ROUX, Dominique de (1935-1977). – Il était dans le caractère et la destinée de Dominique de Roux, esprit frondeur et aventureux, de se trouver toujours et partout à contre-courant. Son ralliement au gaullisme à la veille de mai 1968, après avoir dénoncé avec véhémence la politique algérienne du Général, ne fait pas exception à la règle. La publication, en décembre 1967, d'un petit essai intitulé *L'Écriture de Charles de Gaulle* procède avant tout, chez le fondateur des *Cahiers de l'Herne*, d'une double prise de conscience liée, d'une part, à la découverte du gaullisme comme seule alternative révolutionnaire à l'hégémonie américaine et soviétique et, d'autre part, à la révélation de l'écriture gaullienne comme modèle accompli de fusion entre l'écriture et l'action. Dans le message universaliste de l'homme du 18 Juin, Dominique de Roux décèle dans le même temps l'ultime garant d'un nouvel ordre planétaire... et « la seule Internationale qui tienne ».

L'idée ambitieuse, pour ne pas dire utopique, qu'il se fait d'un gaullisme prophétique, investi d'une mission planétaire de libération et de pacification, ne rencontrera qu'un écho mitigé auprès des partisans du Général et, plus surprenant, ne suscitera aucune réaction directe du chef de l'État. Mais ni le scepticisme des gaullistes officiels ni le silence de l'Élysée ne parviendront à entamer les convictions de Dominique de Roux.

En juin 1968, il prend l'initiative audacieuse et mal comprise de faire éditer aux Presses de la Cité un recueil de citations de Charles de Gaulle, inspiré du Petit Livre rouge de Mao. Un an plus tard, le Général ayant pris congé du pouvoir, son supporter le plus anticonformiste est de ceux, avec Louis Vallon entre autres, qui imputent ouvertement son échec électoral à une conjuration conservatrice inspirée par Georges Pompidou. Et c'est en grande partie à son instigation que surgit, en 1971, le projet d'une internationale gaulliste visant à soutenir, un peu partout dans le monde, les mouvements insurrectionnels se référant à l'idéal d'une troisième voie. Organisation quasi fictive dont il sera à peu près le seul à se réclamer durablement et au nom de laquelle il prendra part à la révolution portugaise avant de devenir, en Angola, le compagnon de route de Jonas Savimbi.

Reste, par-delà ces interprétations parfois très romanesques du personnage et de sa pensée, qu'on doit à Dominique de Roux quelques-uns des textes les plus originaux et intuitifs que le Général ait inspirés : non seulement *L'Écriture de Charles de Gaulle* mais aussi l'admirable *Histoire, Écriture, Vérité* publié en 1973 dans le volume des *Cahiers de l'Herne* consacré à l'homme du 18 Juin, dont il fut le principal initiateur. Jean-Luc BARRÉ

• *Voir aussi* : Gaullistes ; Style écrit

Bibl. : Jean-Luc Barré, *Dominique de Roux, le provocateur*, Paris, Fayard, 2005 • *Dominique de Roux*, dossier conçu et dir. par Jean-Luc Moreau, Lausanne, L'Âge d'Homme, coll. « Les dossiers H », 1997 • *Politique de Dominique de Roux*, Clermont-Ferrand, Au signe de la Licorne, 1998.

ROY, Jules (1907-2000). – La relation de Jules Roy avec Charles de Gaulle paraît se résumer à une suite d'occasions manquées. Méfiance réciproque entre deux rebelles trop semblables pour se comprendre ? Leur seule rencontre en 1955 se solde par un échec. Face à un de Gaulle obstinément silencieux, l'ancien aviateur de la Royal Air Force, qui vient de rompre avec l'armée pour protester contre la guerre d'Indochine, s'inquiète de la situation en Algérie et n'obtient du Général que cette seule réaction : « Il faut que vous voyez Malrôôô... »

L'homme du 18 Juin n'a pourtant jamais manqué de saluer dans ses lettres le « grand talent » d'un romancier témoin « d'un siècle écrasé par le mécanique [...] mais où pleurent les écrivains ». Mais il sait aussi que cet officier de caractère est de ceux, selon sa formule, qu'on « n'attelle pas ». De son côté, fasciné par de Gaulle sans jamais avoir rejoint la France libre, Jules Roy admire « l'homme immense, bâti en granit rugueux », qui a su tenir tête à la fatalité. Mais pas au point, reconnaît-il, de lui exprimer « son attachement définitif »...

Viscéralement attaché en revanche à l'Algérie, sa terre natale, et révolté par le sort infligé aux populations arabes, Jules Roy se réjouit en mai 1958 du retour au pouvoir de De Gaulle : « J'ai trop espéré de lui, écrit-il, pour douter qu'il sera moins grand qu'autrefois. » Mais il prend ses distances dès le mois d'avril 1961, après une conférence de presse où le Général lui a paru incapable de parler « le langage du cœur ». Déçu et triste, Jules Roy déplorera toujours que ce « notaire cynique » n'ait pas su éviter, à force d'orgueil, le naufrage algérien.

À la mort du Général, il salue sa mémoire avec une émotion mêlée de regret : « Il restera grand jusqu'au bout, écrit-il dans son *Journal*. Dommage que cet homme aux dimensions immenses se soit montré petit dans ses rancunes. Il suffisait de lui avoir marqué un désaccord une seule fois, fût-ce pour un rien : il ne l'oubliait jamais, ne pardonnait jamais [...]. Mais on ne regarde pas un lion au microscope, on ne cherche pas des puces dans sa crinière. Un lion est un lion. On l'admire ou on le déteste, et j'admire celui-là... » Jean-Luc BARRÉ

• *Voir aussi :* Intellectuels

Bibl. : Jules Roy, *Mémoires barbares*, Paris, Albin Michel, 1986 • Id., *Les Années cavalières, Journal*, t. 2, *1966-1985*, Paris, Albin Michel, 1998.

RPF (Rassemblement du peuple français). – « J'avais tenté de rassembler le peuple français sur l'intérêt primordial et permanent de la France et d'aboutir à un régime nouveau. Mais, en dépit d'un grand effort d'information populaire [...], d'un vaste et ardent concours d'adhésions et de dévouements fournis par tous les milieux [...], je n'avais pu l'emporter. [...] C'est pourquoi, bientôt après, constatant la tournure des choses, je mettais un terme au "Rassemblement". » Tel est l'essentiel de ce qu'écrit le général de Gaulle dans les quelques lignes, fort courtes, qu'il consacre au RPF, au début des *Mémoires d'espoir*. Et pourtant, dans l'histoire du gaullisme, le Rassemblement du peuple français est le seul mouvement politique fondé et présidé par de Gaulle et celui-ci s'y est beaucoup investi entre 1947 et 1952. Mais dans la geste gaullienne, le RPF est associé à un échec que de Gaulle préfère oublier.

La création du RPF en avril 1947 surprend dans la mesure où le général de Gaulle a toujours refusé de fonder un mouvement politique pendant la guerre comme à la Libération. Toutefois, durant l'hiver 1946-1947, de Gaulle craint pour l'avenir de la France, l'estimant menacé par un régime dont il désapprouve les institutions et par la dégradation des relations internationales. La décision de créer le RPF est annoncée à Strasbourg le 7 avril 1947 et officialisée le 14 avril. D'emblée, le RPF devient un instrument de combat contre la IVe République. Mais il affirme aussi, au fil du temps, un anticommunisme vigoureux : en témoignent dans le discours de Rennes le 27 juillet 1947 la formule de « séparatistes » – pour désigner les communistes – et la dénonciation de la menace de la Russie soviétique dont le « bloc de près de 400 millions d'habitants » organisé « autour d'elle par la contrainte » est tout proche, « à peine la longueur de deux étapes du tour de France cycliste ! » [*DM*].

Structures et recrutement. La nouvelle formation politique, installée à Paris au 5, rue de Solférino à compter de juillet 1947, refuse d'être un parti mais n'y parvient pas. Par ses structures, lentement mises en place entre novembre 1947 et novembre 1948, le RPF apparaît très hiérarchisé. Le pouvoir y est présidentiel, c'est-à-dire appartient à de Gaulle qui, avec le titre de président du Rassemblement, nomme les membres du « gouvernement central » du RPF : le secrétaire général, le comité exécutif (devenu conseil de direction en juin 1949), les délégués régionaux, les cadres locaux (les délégués départementaux) et une petite minorité des conseillers nationaux (environ 13 % du conseil national). Trois hommes ont occupé la fonction de secrétaire général : Jacques Soustelle (jusqu'en 1951) au temps de la splendeur du RPF, puis Louis Terrenoire (jusqu'en 1954) et enfin Jacques Foccart, en des temps plus difficiles, ceux de la liquidation. Les dirigeants nationaux du RPF sont peu nombreux (13 au départ au comité exécutif, 47 au total), parmi lesquels Jacques Baumel, Christian Fouchet, André Malraux, Gaston Palewski, Jacques Soustelle et Louis Vallon, que rejoignent notamment Edmond Barrachin, René Capitant, Edmond Michelet puis Pierre Billotte, Léon Noël et, plus tard, à compter de 1951-1952, Jacques Chaban-Delmas, Michel Debré, le général Koenig, Jacques Foccart et Roger Frey. Parmi les délégués, véritables *missi dominici* du RPF, de jeunes gaullistes qui ont compté ultérieurement : Roger Frey, Pierre Juillet et Olivier Guichard en charge de régions, André Astoux, André Jarrot et Jean Royer à la tête de groupements départementaux.

Les assemblées du RPF, le conseil national et les assises nationales, n'ont qu'un rôle consultatif. Fort de 130 à 350 membres, le conseil national veut être représentatif du pays. Ses membres sont élus par les groupements départementaux et surtout par les groupements professionnels et sociaux. Parmi les conseillers nommés figurent des personnalités fort variées – notamment Raymond Aron, Paul Claudel, Maurice Rheims, Louise Weiss et Maurice Clavel. Les assises, annuelles, se tiennent en 1948 à Marseille, en 1949 à Lille, en 1950 à Paris, en 1951 à Nancy – l'apogée – et en 1952 – les dernières – à Paris. Malgré la foule (2 000 à 3 000 participants), malgré le sérieux du travail des commissions, ces assises n'ont qu'un rôle très limité. À la base, les groupements locaux du RPF sont minutieusement organisés dans les textes, jusqu'à l'échelle communale, mais dans la majorité des départements le cadre reste vide.

Pour réaliser ses objectifs, le RPF a cherché à constituer un large rassemblement, dépassant le clivage droite-gauche et les divisions partisanes. La double appartenance (au RPF et à un autre parti) est ainsi acceptée. Le succès est immédiat mais éphémère. Si le RPF n'a pas atteint les 1,5 million d'adhérents revendiqués, il a approché le demi-million en moins d'un an, ce qui le place juste derrière le parti communiste. Mais la foule des adhérents s'est très vite clairsemée et les effectifs ont considérablement chuté entre 1948 et 1951, avant de s'effondrer après l'échec aux élections législatives. La réussite du « rassemblement » se situe pourtant dans la composition sociologique du RPF. Sans être « le métro aux heures d'affluence », selon la formule de Malraux, le RPF recrute dans des milieux très variés, même si les classes moyennes urbaines fournissent l'essentiel des troupes. Un nombre non négligeable d'ouvriers fait dire à Patrick Guiol que « le RPF incarne l'âge d'or d'un gaullisme plébéien ». Le RPF attire aussi plus de femmes que les autres partis, soit entre un quart et un tiers des effectifs. Cependant, au sommet du mouvement, les femmes occupent une place minime, parmi les dirigeants (une seule, Eugénie Éboué, veuve de Félix Éboué et membre du Conseil de la République ; moins de 1 % des délégués départementaux) comme chez les parlementaires (Marcelle Devaud, Eugénie Éboué et Irène de Lipkowski). Le vrai rassemblement est politique. Si la plupart des compagnons sont issus de la droite – dont un nombre important du Parti social français (PSF) du colonel de La Rocque –, le RPF a pu recruter dans la masse des Français non engagés et dans une moindre mesure à gauche. Jean Charlot a montré cette diversité chez les dirigeants gaullistes : « les maurrassiens – Rémy et Bénouville – voisinent avec ceux qui viennent de la gauche, voire de l'extrême gauche – Malraux, Capitant, Vallon, Soustelle – en passant par les modérés – Palewski, Noël – et les démocrates-chrétiens – Michelet, Terrenoire – sans parler des radicaux – Giaccobi, Chaban, Debré ».

Objectifs et propagande. Dès le 7 avril 1947, de Gaulle a fixé un but précis au RPF : « Faire triompher le grand effort de salut commun et la réforme de l'État » [*DM*]. Il refuse de définir une doctrine mais les « objectifs » du Rassemblement sont clairs : « le changement de régime », « l'indépendance nationale » et « la transformation sociale ». Dans l'opposition à la IVe République, la réforme de l'État est la priorité absolue ; le discours de Bayeux de juin 1946 constitue le fondement des propositions institutionnelles d'un RPF désireux de redonner à l'État la stabilité et l'autorité, notamment par la séparation des pouvoirs et un renforcement du pouvoir exécutif. Au nom de l'indépendance nationale, le RPF déplore la faiblesse de la France en Indochine, s'insurge contre la reconnaissance d'un État allemand et se montre hostile à la politique européenne et atlantique de la France, préconisant une France forte dans une Europe confédérée préservant les droits des nations. Mais l'objectif le plus original du RPF est la transformation sociale. Pour y parvenir, le mouvement propose l'association capital-travail, un ambitieux projet qui vise à créer une troisième voie entre capitalisme et collectivisme.

La propagande constitue, avec le recrutement, une des deux tâches prioritaires du RPF : tracts et affiches sont abondamment diffusés pour présenter le mouvement gaulliste. De surcroît, en 1951, un livre intitulé *La France sera la France. Ce que veut Charles de Gaulle*, réunissant des textes choisis et classés par Georges Pompidou, est publié. Pour faire connaître ses idées, le RPF ne peut compter sur la radiodiffusion – sauf pour la campagne des législatives de 1951 – et doit s'appuyer sur la propagande écrite et orale. Les journaux nationaux – sauf la presse d'Émilien Amaury et notamment *Paris-Presse* – sont peu favorables au RPF, mais le mouvement gaulliste fait paraître ses propres titres : à l'échelle nationale des hebdomadaires (*L'Étincelle*, puis *Le Rassemblement* et une revue mensuelle, *Liberté de l'esprit*, entre 1949 et 1953), et à l'échelle régionale des éditions du *Rassemblement* dans le Nord, en Alsace, en Anjou et dans le Maine, dans le Sud-Ouest. Pour les élections législatives de 1951, un effort a parfois permis au RPF de créer une feuille gaulliste, comme *La Croix de Lorraine du Gers*. Mais malgré les efforts de la direction et la qualité des plumes (Pascal Pia, Jean Chauveau, Albert Ollivier au *Rassemblement* ou Claude Mauriac à *Liberté de l'esprit*), la presse gaulliste n'a connu qu'une faible diffusion. La propagande la plus efficace pour le RPF consiste à « dire le gaullisme » à travers le pays. De Gaulle a ainsi sillonné la France, visitant tous les départements ainsi que l'outre-mer et a prononcé de nombreux discours dont ceux de Bordeaux (15 mai 1947), Lille (29 juin 1947), Rennes (27 juillet 1947) ou Saint-Étienne (4 janvier 1948). Le RPF a disposé de nombreux orateurs comme Jacques Debû-Bridel, Jean Fribourg, André Malraux, Gaston Palewski, Geneviève de Gaulle, le colonel Rémy, Jean Nocher... Les réunions de propagande, souvent contradictoires, ont suscité dans les régions les plus réfractaires des affrontements parfois vifs avec le parti communiste.

Résultats électoraux. Quelques jours après le lancement du RPF, le 24 avril 1947, de Gaulle annonce : « Le Rassemblement du peuple français interviendra sans aucun doute dans les consultations du peuple français » [*DM*]. À chaque scrutin, le RPF s'interroge : faut-il participer ? partout ? seul ou dans une coalition ou avec des alliés ? Des municipales de 1947 aux cantonales de 1949, le mouvement gaulliste choisit l'offensive et s'investit pleinement dans les combats électoraux, sans hésiter à faire des listes d'union ou à investir des candidats qui ne sont pas issus de ses rangs. Les élections municipales d'octobre 1947 constituent son premier rendez-vous électoral. À l'occasion d'un meeting à Vincennes, le 5 octobre, le président du Rassemblement évoque « l'extrême importance nationale et internationale » du scrutin et appelle les Français à marquer « leur volonté de s'unir pour la réforme de l'État » [*DM*]. Le succès est indéniable et constitue l'apogée électoral du RPF, même si l'impression de raz de marée doit être nuancée. Le mouvement obtient environ un tiers des suffrages et, surtout, la réussite dans la France urbaine est remarquable : plus de 55 % des suffrages exprimés à Paris, 36 % dans les villes de plus de 30 000 habitants. De nombreux chefs-lieux de départements et treize des vingt-cinq plus grandes villes sont conquis, le plus souvent au détriment de la SFIO et du PCF, dont Paris (Pierre de Gaulle), Marseille, Lille, Alger, Strasbourg et Bordeaux (Chaban-Delmas)... Urbain, le succès est aussi plus marqué dans la moitié septentrionale de la France. Fort de ce résultat, de Gaulle demande la dissolution de l'Assemblée nationale. Le RPF espère consolider ses résultats lors des élections de 1948-1949 pour conforter le Général dans sa contestation de la légitimité du pouvoir. Aux élections sénatoriales de 1948, le Rassemblement obtient 57 élus sous son étiquette et 47 avec son appui. C'est un succès fragile mais qui permet la création d'un intergroupe au Parlement avec 65 membres à l'Assemblée nationale, dont 22 de l'Action démocratique et sociale (RPF) et 21 du Parti républicain de la Liberté (PRL-RPF), et 123 membres au Conseil de la République, dont 58 de l'Action démocratique et républicaine (RPF), 26 républicains indépendants (RI-RPF) et 23 du Rassemblement des gauches républicaines (RGR-RPF). Quant aux élections cantonales de 1949, elles ne sont pas un succès pour le RPF qui obtient – selon les sources – entre 389 et 546 sièges sur 1 500 renouvelés : c'est « déjà, selon Jean Charlot, le temps du reflux ». Par la suite, les élections législatives du 17 juin 1951 se présentent mal : le RPF s'est affaibli ; beaucoup de ses membres l'ont quitté, par impatience ou déception, pour rejoindre leur famille politique d'origine. Le parti radical a fini par condamner la double appartenance (mars 1951) que les autres partis avaient refusée dès 1947-1948. Une nouvelle loi électorale (7 mai 1951), votée pour sauver la Troisième force (alliance politique pouvant réunir des partis allant des indépendants à la SFIO), établit le système des apparentements permettant aux listes ayant conclu un accord d'obtenir tous les sièges si elles recueillent la majorité absolue des voix. De Gaulle condamne les apparentements mais finit par en accepter onze. Il espère, dans son discours radiodiffusé du 8 juin, que « le 18 juin, eh oui ! le 18 juin, [...] d'un bout à l'autre de la terre, [...] chacun dira : “la France a gagné !” » [*DM*]. Mais les résultats sont décevants pour le Général. Certes le RPF recueille plus de 4 millions de voix et obtient le plus grand nombre de sièges (117), mais les gaullistes ne sont pas assez forts pour rendre toute majorité impossible sans eux. Selon Serge Berstein, « politiquement, les apparentements n'ont pas modifié radicalement les résultats des élections de 1951 » – peut-être ont-ils privés le RPF d'une cinquantaine de sièges, mais sans eux les électeurs auraient-ils voté de la même façon ? –, « mais psychologiquement, ils ont mis le régime à l'abri d'un quasi-désaveu ». Les élections suivantes sont autant d'étapes de ce que Robert Ponceyri appelle « la descente aux enfers » du gaullisme électoral sous la IVe République – les cantonales d'octobre 1951 marquent « le commencement de la fin » et les municipales de 1953 « le dépôt de bilan ».

Un échec partiel. Mais le déclin électoral, l'effondrement des effectifs, la faillite financière – malgré les gigantesques campagnes de collectes de fonds, celle du timbre en 1948, celle de l'UPANG (Union privée pour l'aide à l'action nationale du général de Gaulle) à partir de 1949 et celle de la carte en 1951 – ne suffisent pas à expliquer la longue agonie du RPF. Un coup très rude est porté au gaullisme quand 27 députés RPF votent le 6 mars 1952 l'investiture d'Antoine Pinay. « La grosse chose, c'est l'éclatement du RPF », écrit le président Auriol dans son *Journal*. L'ambiance devient de plus en plus tendue au sein du mouvement et en juillet 1952, c'est la scission : 45 députés finissent par rompre avec le RPF. De Gaulle en tire les conséquences le 6 mai 1953 : « L'effort que je mène depuis la guerre [...] n'a pu jusqu'ici aboutir. Je le reconnais sans ambages. » Il retire le Rassemblement des « jeux, poisons et délices du système », c'est-à-dire de toute vie parlementaire et électorale et conclut : « voici venir la faillite des illusions. Il faut préparer le recours » [*DM*]. Pourtant, il ne dissout pas le RPF, mais décide d'une mise en sommeil, partielle en 1953, totale en septembre 1955. Entre-temps le Rassemblement a continué, avec des moyens humains et financiers très réduits, à agir pour défendre les idées du général de Gaulle. Son principal combat fut contre la Communauté européenne de défense : de Gaulle, Koenig, Billotte, Monsabert mais aussi Debré et Chaban-Delmas ont mobilisé toutes leurs forces pour y faire échec. En s'engageant dans cette bataille, y compris avec le parti communiste, le RPF a largement contribué à la faillite du projet d'armée européenne.

L'échec du RPF doit donc être nuancé. Certes, le Rassemblement a enfermé de Gaulle dans un cadre partisan, ce qui l'a séparé d'un certain nombre de gaullistes de guerre et a donné au gaullisme politique une image droitière due à son organisation, à son service d'ordre, à ses meetings, d'où des critiques, dès 1947, sur ses allures « boulangistes » voire « fascistes ». Mais le RPF a servi pour préparer le retour en 1958. Le Général a acquis une bonne connaissance du monde politique et a rencontré beaucoup de Français. C'est au temps du RPF, en outre, que s'affirme une culture partisane gaulliste, marquée par le rassemblement (comme celle du PSF) avec ses symboles (18 Juin, les « compagnons », la croix de Lorraine). Enfin, les liens tissés entre les compagnons ont survécu à la mise en sommeil. En mai-juin 1958, les réseaux RPF sont vite mobilisés pour permettre le retour au pouvoir puis en octobre pour créer l'UNR, et le RPF constitue le principal vivier des gaullistes de la Ve République jusqu'en 1967 au moins. Bernard LACHAISE

• *Voir aussi :* Discours de Rennes ; Discours de Strasbourg ; Fêtes politiques ; Solférino (5, rue de) ; Voyages officieux

Bibl. : Fondation Charles-de-Gaulle-Université de Bordeaux III (CARHC), *De Gaulle et le RPF 1947-1955*, Paris, Armand Colin, 1998 • « La genèse du RPF », *Cahiers de la Fondation Charles-de-Gaulle*, n° 4, 1997 • Bernard Lachaise, *Le Gaullisme dans le Sud-Ouest au temps du RPF*, Talence, Fédération historique du Sud-Ouest, 1997 • Jean-Paul Thomas, *Droite et rassemblement du PSF au RPF. 1936-1953. Hommes, réseaux, cultures. Rupture et continuités d'une histoire politique*, à paraître en 2007 aux Presses de Sciences-Po.

RUEFF, Jacques (1896-1978). – Polytechnicien, inspecteur des finances (1923), conseiller du président Poincaré lors de la stabilisation du franc en 1926, Jacques Rueff est nommé directeur du Trésor en 1936, puis sous-gouverneur de la Banque de France en 1939. Ses convictions libérales l'ont conduit à dénoncer dès 1931, dans un article célèbre, « L'assurance-chômage, cause du chômage permanent ». Tout système économique qui ne repose pas sur la liberté est, à ses yeux, voué à l'échec. Mais les désordres monétaires du XXe siècle font peser une menace mortelle sur les libertés : « L'équilibre financier est le fondement de tout ordre social. »

Le régime de Vichy met fin à sa carrière de haut fonctionnaire, mais Jacques Rueff, placé à la tête de l'Agence interalliée des réparations de 1946 à 1952, reprend ses *Combats pour l'ordre financier* (selon le titre de l'ouvrage qu'il publiera en 1972). Convaincu que l'inflation n'est pas une fatalité, il accuse les décisions de Bretton Woods (juillet 1944) d'être responsables du désordre monétaire international, plaide pour le rétablissement de l'étalon-or, et – sur le plan intérieur – dénonce la « politique des comptes de la Nation », qui vise seulement à limiter les conséquences des déséquilibres au lieu de prendre le mal à la racine. Après plusieurs tentatives sans succès pour alerter les responsables des finances de la France, de Vincent Auriol à Antoine Pinay, Rueff trouve enfin auprès du général de Gaulle, en septembre 1958, le soutien décisif qui lui permet de prendre la tête d'un comité d'experts, de construire un plan de redressement cohérent et de l'appliquer sans atermoiements ni demi-mesures, avec des résultats immédiats inespérés.

Les liens d'estime mutuelle entre Rueff et de Gaulle, qui partageaient la même hantise des désordres monétaires, se manifesteront de nouveau en 1965 par l'adhésion du Général aux thèses de l'étalon-or. Pourtant, la convergence de vues était loin d'être totale entre eux. Dès août 1959, Rueff écrit longuement à de Gaulle pour attirer son attention sur l'insuffisance du dispositif d'urgence adopté fin 1958, qui se limite au redressement des finances publiques, sans toucher aux mécanismes de la création monétaire. Il obtient en 1960 qu'un nouveau comité (comité « Rueff-Armand ») reçoive mission d'examiner « les obstacles à l'expansion économique de la France ». Le diagnostic pertinent que formule ce comité sur un certain nombre de rigidités et blocages ne donnera lieu pourtant qu'à des mesures de portée réduite. L'antagonisme personnel entre Jacques Rueff et Wilfrid Baumgartner, qui avait conduit à exclure des compétences du comité la question – cruciale – du crédit, explique en partie ce demi-échec. La raison fondamentale, cependant, est ailleurs : comment de Gaulle, fervent dirigiste, aurait-il pu suivre jusqu'au bout le libéralisme radical de Rueff, qui conduisait logiquement à éliminer toute interférence de l'État dans les circuits financiers ? L'entente profonde qui a existé entre les deux hommes pour assurer le destin du franc n'en apparaît que plus remarquable.

Jean-Charles ASSELAIN

• *Voir aussi* : Économie et finances ; Hauts fonctionnaires ; Nouveau franc ; Plan de redressement de 1958

Bibl. : Jacques Rueff, *Le Péché monétaire de l'Occident*, Paris, Plon, 1971 • Id., *Combats pour l'ordre financier*, Paris, Plon, 1972 • Id., *De l'aube au crépuscule*, Paris, Plon, 1977.

RUPTURE. – De Gaulle est entré dans l'Histoire comme l'homme qui a su dire non alors que des circonstances dramatiques semblaient entraîner la soumission à l'inéluctable. Son refus éclatant de la défaite française, en juin 1940, est devenu le point nodal à partir duquel est jugé, aussi bien en amont qu'en aval de cet événement, ce qui est censé constituer l'essence de la posture gaullienne : demeurer rebelle aux diktats, oser rompre avec les compromissions et les conformismes quel qu'en soit le prix à payer ; bref, endosser dans toute sa plénitude le rôle de résistant. Cette clé de lecture est sans aucun doute d'une importance majeure. Chez lui l'attitude de refus peut, en effet, se hisser au niveau d'une posture profondément morale ; entre le bien et le mal, entre la vérité et l'erreur, on ne transige pas ! Néanmoins, dans sa trajectoire personnelle, bien d'autres comportements de rupture, de nature différente, sont également décelables. De Gaulle avant de Gaulle cherchait la singularité qui l'isolait de ses pairs et le confortait dans la conviction d'être différent et de devoir le rester. Plus tard, l'homme d'État manifestera une propension à intégrer la rupture (ou la menace de rupture) dans un calcul stratégique. En pesant les risques mais aussi les avantages tactiques escomptables de ce type de comportement, il visait à optimiser les chances de succès de ses entreprises. On ne saurait donc, sans simplifications excessives, réduire l'ensemble de ces gestes et attitudes à un unique modèle interprétatif.

Le souci de s'affirmer soi-même. Si de Gaulle apparaît souvent rugueux, voire ombrageux, à ses pairs et à ses maîtres, c'est qu'il ne supporte pas les influences extérieures qu'il n'a pas choisies. Il est tout le contraire d'une personnalité labile qui épouse sans états d'âme ni conflits les conventions des divers milieux qu'il traverse. Jeune officier, il s'est progressivement forgé de fortes convictions professionnelles qui divergent largement des doctrines officielles de l'état-major. C'est donc le terrain sur lequel il va chercher à s'affirmer. Dès son séjour à l'École de guerre en 1924, il agace le colonel Moyrand, professeur de tactique et ancien collaborateur de Foch, en défendant une thèse exactement contraire à son enseignement. Mais si l'élève rompt avec la prudence d'expression requise chez de jeunes officiers dont la carrière reste à faire, ses attitudes et comportements continuent de s'inscrire à l'intérieur de ce qui est perçu comme tolérable par l'institution. S'il agace, il ne se met pas véritablement en rupture de ban. En fait, le capitaine de Gaulle inaugure là une ligne de conduite qui, jusqu'à la veille de la Seconde Guerre mondiale, le conduit à frôler dangereusement des lignes jaunes, mais sans jamais les franchir. Cette politique du défi calculé, qui fait de lui un hétérodoxe plutôt qu'à proprement parler un rebelle, se décèle dans nombre de ses comportements ultérieurs. Ce sera le cas lorsque, grâce à la protection du maréchal Pétain, il revient en 1927 à l'École de guerre, mais cette fois à titre de conférencier. Le panégyrique du chef, prononcé devant un parterre de généraux étoilés, est subtilement impertinent, en tout cas décalé, de la part d'un officier subalterne. Il laissera une trace d'autant plus profonde dans le souvenir de ses auditeurs. Plus tard, la volonté de ne pas laisser étouffer des convictions personnelles le conduit, en 1934, à publier un ouvrage de doctrine militaire sans demander d'autorisation à l'autorité hiérarchique. Ce sera *Vers l'armée de métier*. Mais le temps n'est plus où un tel comportement lui aurait valu une définitive mise à l'écart du tableau d'avancement. Et de fait, malgré la contestation frontale des thèses officielles, cette attitude ne lui vaut aucune sanction disciplinaire. Enfin, quand il prend le risque de déplaire à son ancien protecteur en publiant une étude que lui avait commandée Pétain dix ans auparavant, il s'émancipe du rôle de « nègre » littéraire voué, selon les usages, au silence déférent. La partie est serrée et les risques ne sont pas négligeables. Mais de Gaulle s'en sort finalement sans dommage. Certes, il a accru l'hostilité de certains militaires à son égard ; mais, beaucoup plus important pour lui, il a étoffé, dans l'opinion publique et auprès de quelques politiques, son image de penseur original des problèmes de défense. Dans toutes ces péripéties, de Gaulle affirme avec persévérance, avec courage aussi, son irréductible singularité.

Le grand refus. En juin 1940, il s'agit de tout autre chose. Le patriotisme de De Gaulle s'insurge viscéralement contre la débâcle militaire et sa conséquence immédiate : l'armistice demandé par un gouvernement qui cède à la panique. Contre « la voie de l'abandon et du désespoir », il a choisi, explique-t-il le 2 juillet 1940, « celle de l'honneur et de l'espérance ». Avec le recul du temps, il est impossible de minimiser l'ampleur de ce refus quasi solitaire ainsi que les énormes risques encourus du fait de cette dissidence éclatante avec le gouvernement de son pays dont le chef était, qui plus est, « le vainqueur de Verdun ». Certes, ce refus de la défaite s'enracinait chez lui dans une analyse politique qui avait sa logique. La France n'a pas perdu définitivement la guerre : il lui reste une flotte intacte ainsi qu'un empire aux ressources humaines encore considérables ; l'Angleterre, son alliée d'hier, est déterminée à poursuivre la lutte. C'est l'argumentation répétée, à maintes reprises, dans les premières allocutions à la radio de Londres. Par ailleurs, de Gaulle n'était pas impressionné par le prestige militaire d'un maréchal qu'il avait approché de trop près pour n'en avoir pas décelé les faiblesses. Il est clair néanmoins que la raison et le calcul cèdent ici la première place à des considérations d'un tout autre ordre. Ce qui le guide avant tout, c'est un impératif éthique inscrit au cœur d'une trajectoire très personnelle, « Il faut qu'il y ait un idéal. Il faut qu'il y ait une espérance... », dit-il le 24 juin 1940. Son éducation morale, ses convictions patriotiques, ses engagements professionnels trouvent, en ces circonstances, un point d'aboutissement conséquent, mais comme porté à l'incandescence par les événements. Si « l'honneur » et « l'intérêt supérieur de la Patrie » ont toujours été ses références, c'est la première fois que la fidélité intransigeante à ces valeurs exige l'irréparable : une rupture ouverte et irréversible qui, en retour, lui vaut l'accusation de haute trahison. Sa violation indiscutable de la discipline militaire comme de la légalité politique est bientôt sanctionnée par une condamnation à mort par contumace dont on ne saurait penser qu'elle ait pu le surprendre. Le drame d'Antigone se trouve ici rejoué, qui oppose aux lois des hommes une éthique supérieure.

Du recours aux stratégies de rupture. Dans son action politique et gouvernementale, de Gaulle réintroduit quelques maximes que n'aurait pas récusées Machiavel. Créer un rapport de force en mobilisant à son profit le vertige du vide ; faire entrevoir les graves incertitudes ouvertes par une rupture d'alliance ou une démission. De Gaulle est un joueur non pas au sens vulgaire du familier des tables de casino, mais au sens de la théorie des jeux qui cherche à analyser scientifiquement la palette des comportements payants face à un partenaire récalcitrant ou un adversaire hésitant. Ce seront des coups de dés où l'acteur sollicite, ou arrache, un soutien en tablant sur la crainte du saut dans l'inconnu. Certains épisodes d'affrontements avec Churchill, pendant les années de guerre, relèvent de cette stratégie de la tension qui mène au bord de la rupture. Après la Libération, la démission surprise de janvier 1946 exprime en acte la volonté de refuser plutôt que de plier. Si la lassitude provoquée par la guérilla des partis a pu jouer son rôle, il est probable néanmoins que de Gaulle misait sur un rebondissement favorable grâce au désarroi escompté de l'opinion publique. Sous la Ve République, la démission a toujours été brandie dans l'hypothèse d'un désaveu électoral, soulignée parfois par la menace du « chaos » qui s'ensuivrait. Malgré les critiques montantes contre ce type de stratégie, le succès a été clairement au rendez-vous en 1962 (révision constitutionnelle) et, de manière plus éphémère, le 30 mai 1968 ; la politique de la chaise vide à Bruxelles a débouché sur la mise en œuvre d'une conception, avantageuse pour la France, de la Politique agricole commune (PAC). Stratégie de rupture encore, mais d'une autre nature, lorsque de Gaulle prend des initiatives qui bousculent des situations figées et lui ouvrent de nouvelles marges de manœuvre. Sur le plan diplomatique, ce seront dans les années 1960, la reconnaissance de la Chine populaire, la sortie de l'organisation militaire intégrée de l'OTAN, le combat contre les logiques de blocs. Adepte de la guerre de mouvement et de « l'exploitation des circonstances », de Gaulle transpose une doctrine militaire dans le champ politique.

Entre tous ces gestes de rupture qui abondent dans la vie de De Gaulle, esquissés ou totalement aboutis, existe-t-il quelque point commun ? Oui, sans aucun doute ; mais ce ne peut être que la continuelle fidélité à l'intransigeante volonté d'être soi.

Philippe Braud

• *Voir aussi* : Appel du 18 juin 1940 ; Caractère ; Démission de 1946 ; Pragmatisme

S comme Scribouille

« Quant au reste, tout ce qui grouille, grenouille et scribouille n'a pas de conséquence historique dans ces grandes circonstances, pas plus que cela n'en eut jamais dans d'autres. »

De Gaulle, Réponse au toast adressé par Jean Drapeau, maire de Montréal, 26 juillet 1967, *Discours et messages.*

SAC (Service d'action civique). – Lancé fin 1959, le Service d'action civique est le service d'ordre du gaullisme. La réputation douteuse de l'organisation a fait oublier son caractère gaullien. Adhérer au service d'ordre, c'est d'abord manifester son attachement à la personne du Général et s'engager à soutenir son action de manière inconditionnelle. Devant la commission d'enquête parlementaire réunie à l'été 1981, Paul Comiti résume ainsi cette fidélité : « Les militants étaient passionnés comme peuvent l'être des chrétiens qui vont directement vers le Seigneur sans passer par le curé. » Souvent issus du service d'ordre du RPF (comme Pierre Debizet, chef du SAC en 1959-1960 et 1969-1982), de la Résistance ou de la France libre, les adhérents vivent leur engagement sur un mode passionné. Rue de Lille, on participe à des élections ; rue de Solférino, on se bat pour de Gaulle. Cette relation d'exclusivité s'exprime par le serment de fidélité (« s'engager sur l'honneur à soutenir la politique du général de Gaulle ») que chaque adhérent doit prononcer avant de recevoir sa carte et dans lequel il accepte de subir « le châtiment destiné aux traîtres » s'il renie sa parole.

Pour ces inconditionnels, être dirigés par des proches du Général (son garde du corps Paul Comiti, son plus proche conseiller Jacques Foccart) et logés dans l'ancien siège du RPF compte beaucoup. Pourtant, le chef de l'État se désintéresse largement du SAC. Il n'en reçoit jamais la direction, s'informe à peine *via* Foccart des congrès du mouvement et se contente d'envoyer un télégramme de remerciement après son départ en 1969. À sa mort, la direction du SAC, plus effondrée que celle de l'UDR, envoie des délégations à Colombey et fait paraître une édition spéciale.

Si, contrairement à la légende, ce n'est pas « l'armée du Général » qui sauva le régime en combattant l'OAS durant la guerre d'Algérie ou les gauchistes en mai 1968, le SAC apporta son appui au président de la République, de manière discrète (s'assurant de la fidélité des préfets lors du putsch des généraux) ou plus évidente (collant les affiches et sécurisant les campagnes électorales). Lorsque de Gaulle demanda le 30 mai 1968 à ce que « partout s'organise l'action civique », le clin d'œil était évident.

François AUDIGIER

• *Voir aussi :* CDR ; Foccart, Jacques ; Propagande gaulliste

Bibl. : François Audigier, *Histoire du SAC, la*

part d'ombre du gaullisme, Paris, Stock, 2003 • Jacques Foccart, *Journal de l'Élysée*, t. 1, *Tous les soirs avec de Gaulle (1965-1967)*, 1997, t. 2, *Le Général en mai (1968-1969)*, Paris, Fayard-Jeune Afrique, 1997 et 1998 • *Rapport de la commission d'enquête sur les activités du Service d'action civique*, Paris, Alain Moreau, 1982, 2 vol.

SAGAN, Françoise Quoirez, dite (1935-2004). – Lorsque paraît ce brûlot de liberté qu'est *Bonjour tristesse*, en mars 1954, les de Gaulle sont retirés à Colombey. La France, comme eux deux, est encore engoncée dans la moralité d'avant la guerre. La publication, six ans plus tôt, du *Deuxième Sexe*, de Simone de Beauvoir, n'a guère suffi à préparer les esprits à cette révolution : une jeune fille de dix-huit ans qui parle sans vergogne du plaisir sexuel de sa première expérience avec un garçon qui ne deviendra même pas son mari. Le scandale est d'autant plus grand que l'écrivain est une jeune bourgeoise. La gloire immédiate et mondiale qu'elle connaît alors lui donne aussi l'argent. Elle s'achète des voitures de luxe, passe son temps dans les boîtes de nuit, fume, boit, se drogue, joue au casino. Mais elle continue d'écrire.

Elle ne fait pas de politique, mais met parfois sa plume au service de ce qui lui paraît juste. Durant la guerre d'Algérie, qui a commencé quelques mois à peine après la sortie de *Bonjour tristesse*, elle s'élève contre la torture et signe le manifeste des 121 sur le droit à l'insoumission. En 1965, lors de l'élection présidentielle qui oppose Charles de Gaulle à François Mitterrand, elle soutient de Gaulle qui a su amener l'Algérie à l'indépendance. Mais en mai 1968, elle met sa voiture de course à la disposition des marcheurs et elle est aux côtés des contestataires au théâtre de l'Odéon. Elle n'abandonne pas de Gaulle mais défend une nouvelle liberté de ton. Pourtant, le 9 novembre 1970, lorsqu'elle apprend la mort du Général, elle sait que c'est un pan de l'Histoire qui disparaît et elle en est profondément émue. En 1981, enfin, c'est François Mitterrand qu'elle soutient.

Il n'est pas certain que Charles de Gaulle ait lu la moindre page de Françoise Sagan. D'autant que la vie de l'écrivaine était loin de correspondre à ce modèle de vertu qu'Yvonne tentait d'imposer autour d'elle. Et le dénuement dans lequel l'auteure est morte n'a rien à voir avec celui qu'a choisi Yvonne de Gaulle.

Geneviève MOLL

• *Voir aussi* : Femmes ; Intellectuels ; Orateur inumbrante vespera

Bibl. : Geneviève Moll, *Madame Sagan, À tombeau ouvert : biographie*, Paris, Ramsay, 2005.

SAINT-DOMINIQUE (rue). – Le 25 août 1944, le général de Gaulle s'installe au ministère de la Guerre, rue Saint-Dominique. Le geste est symbolique. Il s'en expliquera dans ses *Mémoires de guerre* : « Immédiatement, je suis saisi par l'impression que rien n'est changé à l'intérieur de ces lieux vénérables. Des événements gigantesques ont bouleversé l'univers. Notre armée fut anéantie. La France a failli sombrer. Mais au ministère de la Guerre, l'aspect des choses demeure immuable. Dans la cour, un peloton de la garde républicaine rend les honneurs, comme autrefois. Le vestibule, l'escalier, les décors d'armures sont tout juste tels qu'ils étaient. Voici, en personne, les huissiers qui, naguère, faisaient le service. J'entre dans le "bureau du ministre" que M. Paul Reynaud et moi quittâmes ensemble dans la nuit du 10 juin 1940. Pas un meuble, pas une tapisserie, pas un rideau, n'ont été déplacés. Sur la table, le téléphone est resté à la même place et l'on voit, inscrits sur les boutons d'appel, exactement les mêmes noms. Tout à l'heure, on me dira qu'il en est ainsi des autres immeubles où s'encadrait la République. Rien n'y manque, excepté l'État. Il m'appartient de l'y remettre. Aussi m'y suis-je d'abord installé. »

Acheté au début du XIXe siècle par l'État à la famille Bonaparte pour y installer le ministère de la Guerre, l'hôtel de Brienne incarne donc pour de Gaulle la continuité de l'État par-delà les vicissitudes des années noires. Puisque le conflit n'est pas terminé, le président du Gouvernement provisoire (GPRF) veut également rappeler qu'il est aussi le chef suprême des armées.

Une petite avant-garde conduite par le colonel de Chevigné l'a précédé rue Saint-Dominique. Quittant Montparnasse où le général Leclerc lui a rendu compte de la reddition des Allemands dans la capitale, de Gaulle est accompagné par André Le Troquer, commissaire à la Guerre, et par le général Juin, chef d'état-major de la Défense nationale. Protégé par une automitrailleuse, le cortège arrive au ministère par la rue de Bourgogne pour éviter une fusillade. Le lendemain, c'est de là que le général de Gaulle partira en voiture décapotable pour l'apothéose des Champs-Élysées. Pendant dix-sept mois, il occupera le bureau de Georges Clemenceau et y œuvrera à la restauration de l'État. Cet épisode historique est scellé dans la pierre par la croix de Lorraine sculptée au fronton de l'hôtel de Brienne.

Christine Levisse-Touzé

• *Voir aussi* : Champs-Élysées ; GPRF ; Libération ; Ordre républicain ; Secrétaire d'État (sous-)

Bibl. : Jean Colson et Marie-Christine Lauroa (dir.), *Dictionnaire des monuments de Paris*, Paris, Éditions Hervas, 1992.

SAINTENY, Jean Roger, dit (1907-1978). – Dans les années 1930, Jean Roger dirige un établissement financier. Résistant dès 1940 – l'un de ses pseudonymes est Jean *Sainteny* –, il est à partir de 1942 l'un des chefs du réseau Alliance. Arrêté en 1941, 1943 et 1944, torturé la dernière fois, il s'évade à chaque fois. En mars 1944, il est reçu à Londres par de Gaulle. Volontaire pour servir en Indochine, il dirige à partir de mars 1945 la mission militaire française de Kunming (dans l'extrême sud de la Chine). Le 22 août 1945, il réussit à atterrir à Hanoi, alors en pleine révolution. De Gaulle le fait Compagnon de la Libération en décembre 1945. Nommé commissaire de la République, il s'emploie à trouver un accord avec le gouvernement de Hô Chi Minh. Ces laborieuses négociations aboutissent le 6 mars 1946. Les pourparlers doivent se poursuivre en France ; Sainteny y chaperonne Hô Chi Minh qui lui demande en vain de rencontrer le Général.

Sainteny regagne Hanoi à la fin de l'année mais ne peut éviter le basculement du pays dans la guerre. Lui-même est grièvement blessé. Il retrouve la métropole en mars 1947. De 1947 à 1954, il informe régulièrement l'ancien chef de la France libre – qui a grande confiance en lui – sur les développements de l'affaire indochinoise. Après les accords de Genève (21 juillet 1954), il est nommé délégué général au Nord-Vietnam. De Gaulle l'a incité à accepter ce poste délicat.

En mai 1958, Sainteny est l'un des fondateurs et dirigeants du Mouvement pour l'appel au général de Gaulle, bientôt rebaptisé Association nationale pour le soutien de l'action du général de Gaulle. De 1959 à 1962, il est commissaire général au Tourisme ; aux législatives de novembre 1962, il est élu député UNR de la Seine ; en décembre, il entre dans le gouvernement Pompidou comme ministre des Anciens Combattants et Victimes de guerre. Chargé par le chef de l'État des grandes commémorations de 1964 (anniversaire de 1914, débarquements de 1944 et libération de Paris), c'est lui aussi qui organise la translation au Panthéon des cendres de Jean Moulin. Il quitte le gouvernement lors du remaniement ministériel de janvier 1966. De Gaulle, qui vient de recevoir une lettre de Hô Chi Minh, le charge alors d'une mission d'information en Asie du Sud-Est. Sainteny en revient avec la conviction que le Nord-Vietnam est décidé à obtenir la victoire à tout prix et que son président souhaite que de Gaulle joue un rôle dans la pacification de la péninsule. Il plaide pour une solution fondée sur le retour aux accords de Genève et son rapport n'est pas sans influence sur le fameux discours prononcé quelques semaines plus tard par le Général à Phnom Penh.

Sainteny est contacté par des responsables américains – Kissinger, notamment – qui lui demandent de sonder les dirigeants de Hanoi : mis au courant, de Gaulle déconseille à son ancien ministre de se faire le messager de Washington. En mars 1968, il est nommé par le président de la République membre du Conseil constitutionnel. En septembre 1969, il représente le gouvernement français aux obsèques de Hô Chi Minh. Sous la présidence pompidolienne il joue enfin un rôle d'intermédiaire dans la négociation entre Américains et Nord-Vietnamiens.

Jacques DALLOZ

• *Voir aussi* : Commémorations ; Indochine ; Ministres ; Thierry d'Argenlieu, Georges ; Vietnam

Bibl. : Jacques Dalloz, *La Guerre d'Indochine : 1945-1954*, Paris, Le Seuil, 2002 (1re éd. 1987) • Hommage à Jean Sainteny, *Espoir*, octobre 1978 • Jean Sainteny, *Histoire d'une paix manquée : Indochine 1945-1947*, Paris, Fayard, 1967.

SAINT-EXUPÉRY, Antoine de (1900-1944). – Partisan de la continuation du combat malgré la défaite, Antoine de Saint-Exupéry choisit de gagner l'Amérique du Nord. Arrivé à New York fin 1940, auréolé du succès de la traduction de *Terre des hommes*, il déplore les dissensions entre Français et refuse de condamner Pétain et l'armistice. S'il approuve la constitution des Forces françaises libres, il les envisage sous commandement allié et récuse la prétention gaullienne à incarner la légitimité française. Son refus de se rallier à la France libre lui vaut les critiques des gaullistes de New York qui l'accusent, à tort, d'avoir été nommé membre du Conseil national de Vichy. Son *Flight to Arras*, récit d'une mission de reconnaissance effectuée en mai 1940, paraît à New York en février 1942 et connaît un énorme succès. Le livre est publié en France par les éditions Gallimard en novembre 1942, sous le titre *Pilote de guerre*. Accueilli avec enthousiasme dans l'Hexagone par la critique qui y voit la preuve que la France s'est battue en 1940, l'ouvrage est attaqué par les collaborationnistes de *Je suis partout*. Interdit début février 1943 par les autorités allemandes, il est réédité clandestinement par *Les Lettres françaises*.

Après le débarquement américain en Afrique du Nord, Saint-Exupéry se range dans le camp de Darlan et Giraud, et critique de Gaulle qu'il accuse d'être un apprenti dictateur. Il lance à la radio un appel à l'union qui est publié sous le titre « An open letter to Frenchmen everywhere » (« Lettre ouverte aux Français ») dans le *New York Times Magazine* du 29 novembre 1942, puis à Montréal, en français, dans *Le Canada*. Jacques Maritain lui répond le 19 décembre, dans *Pour la victoire*, en affirmant que la réconciliation des Français passe par la reconnaissance de la faute originelle de Vichy, celle de l'armistice et de la collaboration avec l'Allemagne. Par la suite, Saint-Exupéry rédige sa *Lettre à un otage* qu'il dédie à son ami Léon Werth. Le texte paraît dans *L'Amérique française* à Montréal en mars 1943, à New York chez Brentano's en juin, puis à Alger dans le premier numéro de *L'Arche* de Jean Amrouche. Il est diffusé par les services d'information du Comité français de la Libération nationale (CFLN).

Bien qu'ayant pris ses distances avec le général Giraud, Antoine de Saint-Exupéry continue à refuser de se rallier à de Gaulle. Son nom est absent du discours prononcé par celui-ci à Alger le 30 octobre 1943 en hommage à la Résistance intellectuelle. L'écrivain a néanmoins rejoint l'Afrique du Nord, en avril, avec l'espoir de combattre. Il effectue quelques missions de reconnaissance mais, en juillet, le haut commandement allié fait jouer contre lui la limite d'âge. Persuadé d'être la victime de complots gaullistes, il obtient, à force de démarches, de regagner son escadrille. Parti de Corse aux commandes d'un Lightning P 38 pour une mission de reconnaissance en direction de la vallée du Rhône et du Jura, il disparaît le 31 juillet 1944. Par décision du général de Gaulle, il est cité à l'ordre de l'armée aérienne, le 3 novembre 1944. Dans ses *Mémoires de guerre*, ce dernier évoquera le « sacrifice délibéré » de Saint-Exupéry. Mais les deux hommes ne se seront jamais rencontrés.

Nicole RACINE

• *Voir aussi* : Alger ; Intellectuels ; Opinion publique américaine ; Pour la Victoire

Bibl. : Antoine de Saint-Exupéry, *Écrits de guerre 1939-1944*, Paris, Gallimard, 1982.

SAINT-JEAN-D'ACRE (accords de). – Au terme de l'expédition franco-anglaise en Syrie, les accords de Saint-Jean-d'Acre, conclus le 14 juillet 1941, fixent les conditions dans lesquelles la France libre prendra la relève du régime de Vichy, dans la continuité du mandat que la France détient encore au Levant.

Avant même l'ouverture des pourparlers d'armistice, le général de Gaulle a mis en garde Winston Churchill. À ses yeux, le dénouement de cette affaire donnera le ton des rapports à venir entre la France libre et l'Angleterre. Rien n'y fait, et tout se passe effectivement comme si l'Angleterre avait choisi de traiter uniquement avec le régime de Vichy, sans se soucier d'une France libre dont les accords ne font même pas mention. Sur place, le général Wilson tient à l'écart le général Catroux, représentant de la France libre, et traite avec beaucoup d'égards le général de Verdilhac, représentant de Vichy, à qui il accorde la possibilité de faire rapatrier les fonctionnaires et les soldats en France métropolitaine, tandis que les troupes spéciales restées sur place passent sous autorité britannique. En termes feutrés, Catroux exprime sa déception en affirmant que « les pensées ne se sont guère rejointes »...

On ne pouvait en effet mieux négliger les intérêts de la France libre. L'armature administrative du mandat se trouvant réduite à néant et la force armée à peu de chose par les rapatriements, ses prérogatives semblent devoir s'effacer. Moins crédule que Catroux, de Gaulle en conclut que l'Angleterre s'apprête à prendre la succession de la France au Levant. De l'aveu même du général Spears, son mécontentement est pleinement justifié : « Il est extraordinaire que nous manquions à ce point de tact et de sensibilité... »

Comme il le rapporte dans ses *Mémoires de guerre*, le chef de la France libre choisit alors de prendre du champ et de la hauteur, avant d'opter pour l'intransigeance au risque de la rupture avec l'allié britannique : « Il me fallait gagner quelque nuage et à partir de là fondre sur une convention qui ne nous engageait en aucune façon. » Après avoir disparu quelques jours à Brazzaville, il revient au Caire et, le 21 juillet 1941, a une entrevue électrique avec le ministre d'État Lyttelton. Jusqu'alors favorable, Spears est outré par la violence verbale du Général, qu'il impute moins à une manœuvre qu'à un caractère impossible.

En recourant ainsi aux méthodes de la guerre psychologique pour forcer la décision, de Gaulle réussit à arracher, le 24 juillet 1941, un accord interprétatif qui reconnaît à la France libre l'exercice des droits à la fois politiques et militaires que la France tient du mandat. Il est donc parvenu à ses fins en modifiant les accords en sa faveur. Mais on a été à deux doigts de la rupture et l'affaire laisse mal augurer des conditions d'applications sur le terrain.

Henri LERNER

• *Voir aussi* : Catroux, Georges ; Churchill, Winston ; France libre ; Levant ; Spears, Edward

Bibl. : Jean-Louis Crémieux-Brilhac, *La France libre : de l'appel du 18 Juin à la Libération*, Paris, Gallimard, 1996 • Henri Lerner, *Catroux*, Paris, Albin Michel, 1990.

SAINT-JOHN PERSE, Alexis Léger, dit (1887-1975). – Alexis Léger arrive aux États-Unis en décembre 1940 alors que ses biens ont été mis sous séquestre et qu'il vient d'être déchu de la nationalité française. À cette date, le poète d'*Éloges* (1911) et d'*Anabase* (1924), devenu l'influent directeur de cabinet d'Aristide Briand puis le secrétaire général du Quai d'Orsay (1933-1940), n'est plus rien. Dans la littérature historique et la mémoire gaulliste, il apparaît comme le mauvais ange de la France libre, coupable d'une influence néfaste sur les hommes du Département d'État et responsable des mauvaises relations entre Roosevelt et de Gaulle.

À Washington, Alexis Léger profite de l'aide de puissants introducteurs : Francis Biddle, *Attorney General* (remplit les fonctions de ministre de la Justice et de procureur général de l'État), et Archibald Mac Leish, directeur de la bibliothèque du Congrès où Léger est employé et grâce auquel s'organisera sa reconnaissance littéraire en Amérique après la guerre. Fort de son expérience au Quai d'Orsay et grâce à ses amis, Alexis Léger accède facilement à Roosevelt et aux milieux de la diplomatie américaine. Très clairement hostile à Vichy, Léger désapprouve vraisemblablement la politique des États-Unis vis-à-vis du régime pétainiste jusqu'en novembre 1942. Selon

Adrien Tixier, et même s'il n'en fait jamais part publiquement, il est scandalisé par l'accord avec l'amiral Darlan. Sa position vis-à-vis de la France libre n'est pas, d'emblée, négative. Il lui arrive même de s'appeler « Français libre » et de Gaulle, le 18 mai 1942, le prie encore instamment de s'associer directement à son effort. Churchill, le 26 juillet 1942, exprime le vœu de le voir participer au Comité national français, à Londres. Toutefois, à partir de 1943, Alexis Léger durcit ses critiques. Il se prononce très fermement contre la reconnaissance de la France libre puis du Comité français de la Libération nationale et du Gouvernement provisoire de la République française par les États-Unis. Il craint chez les gaullistes un autoritarisme bonapartiste doublé de nationalisme, et ce qu'il analyse comme une volonté de confisquer la vie politique française à leur profit. Il désapprouve l'alliance soviétique que recherche de Gaulle pour contrebalancer ses déboires américains. Plus que tout, il redoute qu'une France gaulliste mette en œuvre une politique étrangère purement continentale et européenne, et par conséquent antibritannique et surtout antiaméricaine.

Alexis Léger intervient personnellement auprès de Roosevelt pour qu'à la libération du pays par les armées anglo-saxonnes soit appliquée la loi Tréveneuc de 1872 qui prévoyait, en cas de vacance du pouvoir, le transfert des pouvoirs civils à l'assemblée des conseils généraux. Dans ces conditions, la France libérée aurait provisoirement vécu sous protectorat américain jusqu'à ce que les institutions républicaines soient légalement rétablies à la suite d'élections démocratiques. Un mémoire accompagne sa lettre du 31 janvier 1944 à Roosevelt. L'approche exclusivement juridique qu'y développe Léger parle la langue du juridisme américain, et oppose par exemple la notion de légalité à celle de légitimité dont se prévaut de Gaulle. Rejoignant les conceptions du Département d'État, Alexis Léger réduit la Résistance à quelques « groupes clandestins » incapables de fonder une véritable représentation nationale. En outre, il agite la perspective révolutionnaire de « prise de pouvoir par la Résistance française » comme un fanal rouge susceptible d'effrayer l'Administration et son président. Cet étonnant dépoussiérage de la loi Tréveneuc dénote chez Léger une incapacité à se déprendre des catégories de la IIIe République. C'est à cette occasion en particulier qu'il exerça une influence certaine sur Roosevelt. Après la Libération, il demeura aux États-Unis, tout en effectuant des séjours réguliers en France. Il obtint le prix Nobel de littérature en 1960. Emmanuelle Loyer

• *Voir aussi :* Alliés ; AMGOT ; Intellectuels ; Opinion publique américaine

Bibl. : Emmanuelle Loyer, *Paris à New York. Intellectuels et artistes français en exil, 1940-1947*, Paris, Grasset, 2005 • Saint-John Perse, *Œuvres complètes*, Paris, Gallimard, coll. « La Pléiade », 1972 (publication de la correspondance politique, et de la « Note sur l'application de la Loi constitutionnelle française de 1872, dite "Loi Tréveneuc", et sur les contre-projets du Comité d'Alger pour la Constitution d'un gouvernement ou d'une administration provisoire »).

SAINT-PIERRE-ET-MIQUELON. – Dès septembre 1940, le général de Gaulle avait prévu d'organiser un « changement d'administration spontané » à Saint-Pierre-et-Miquelon, petit archipel français de 4 500 habitants situé au large de Terre-Neuve. Ayant reçu le 17 novembre 1941 un « appel des patriotes de Saint-Pierre-et-Miquelon » impatients d'être libérés de l'administration vichyste, de Gaulle charge au début de décembre l'amiral Muselier de s'y rendre avec trois corvettes, afin d'organiser le ralliement de l'archipel à la France libre. En chemin, Muselier apprend l'entrée en guerre des États-Unis et demande à de Gaulle d'obtenir l'assentiment des Anglais à l'opération. Ceux-ci consultent Washington, et le 17 décembre, le Foreign Office informe le commissaire aux Affaires étrangères Maurice Dejean que le président Roosevelt s'oppose à l'opération. Le général de Gaulle accepte donc d'y renoncer ; mais il a été mentionné en passant qu'après concertation avec les Américains, les Canadiens allaient prendre le contrôle de l'émetteur de Saint-Pierre, susceptible de diffuser des renseignements utiles aux sous-marins allemands. Pour de Gaulle, cela change tout : « Dès lors qu'il était question d'une intervention étrangère dans un territoire français, aucune hésitation ne me parut plus permise » [*MG*]. Le 18 décembre, il ordonne donc à l'amiral Muselier de rallier les îles « sans rien dire aux étrangers ». Ce sera chose faite dans la nuit du 24 décembre : un détachement de fusiliers marins débarque à Saint-Pierre, et lors d'un plébiscite organisé le 26 décembre, 90 % de la population se prononce en faveur du ralliement à la France libre.

À Washington, le secrétaire d'État Cordell Hull, peu soucieux de compromettre ses relations avec Vichy, fait publier un communiqué dénonçant « l'action entreprise par les navires soi-disant français libres » et demande au gouvernement canadien « quelles mesures il compte prendre pour restaurer le *statu quo* dans les îles ». Mais les Canadiens ne veulent en prendre aucune, le général de Gaulle refuse catégoriquement d'évacuer les îles, les Britanniques ne sont pas disposés à l'y contraindre, l'opinion publique et la presse américaines prennent parti pour les Français libres, et l'infortuné Cordell Hull reçoit un déluge de lettres d'insultes adressées au « soi-disant secrétaire d'État ». Très sensible aux humeurs de son opinion publique, le président Roosevelt préférera calmer le jeu, et les îles resteront à la France libre jusqu'à la fin de la guerre.

François Kersaudy

• *Voir aussi* : Comité national français ; France libre ; Opinion publique américaine

Bibl. : Émile Muselier, *De Gaulle contre le gaullisme*, Paris, Éditions du Chêne, 1946 • Louis de Villefosse, *Les Îles de la liberté. Aventures d'un marin de la France libre*, Paris, Albin Michel, 1972 • Milton Viorst, *Les Alliés ennemis : de Gaulle, Roosevelt*, Paris, Denoël, 1967.

SALAN, Raoul (1899-1984). – Né à Rocquebourbe, dans le Tarn, saint-cyrien, officier d'infanterie coloniale, Raoul Salan participe en 1918 à la bataille de Saint-Mihiel. Diplômé de l'École des langues orientales, il acquiert le surnom de « Mandarin » au cours de longs séjours en Indochine. En juin 1940, commandant un bataillon sénégalais, il se bat de la Somme aux portes de Nantes. Sous Vichy, il est chef du 2e Bureau en Afrique-Occidentale française. En août 1944, il s'illustre lors de la libération de Toulon à la tête d'un régiment de tirailleurs sénégalais et retrouve l'Indochine en juillet 1945, où il reste jusqu'en 1953, prenant une part active aux combats contre le Viêt-minh. Il contribue brièvement en mars 1946 à la négociation des accords militaires avec Giap et accompagne Hô Chi Minh à Paris. En 1952, il succède à de Lattre comme commandant en chef en Indochine. En décembre 1956, commandant en chef en Algérie, il applique les méthodes de la contre-guérilla apprises en Indochine et développe le recrutement des supplétifs (harkis). Il couvre le « sale boulot » exécuté lors de la bataille d'Alger par les « paras » de Massu, étend les « zones interdites », multiplie les camps de regroupement et renforce l'appareil répressif au nom de la recherche obstinée du renseignement (création et extension des Détachements opérationnels de protection en 1957-1958).

Énigmatique, taciturne, le général le plus décoré de France fuit les mondanités. Sur le terrain, il parvient à reprendre l'initiative en martelant les maquis de l'intérieur et en gagnant la bataille du barrage, de janvier à mai 1958, sur la ligne Morice à la frontière tunisienne. Le 9 mai 1958, au lendemain du départ d'Alger de Robert Lacoste, il envoie à Paris un télégramme : l'armée n'acceptera pas que l'on brade l'Algérie. Le 13 mai au soir, le gouvernement l'investit des pouvoirs civils et militaires en Algérie. Pour mettre fin à la vacance du pouvoir, le 15 mai, il lance à la foule du forum, avec son accent du Rouergue, le célèbre « Vive de Gaulle ». Véritable proconsul, le nouveau délégué général du gouvernement, nommé le 6 juin 1958, favorise une politique de fraternisation avec les musulmans. Il rompt moralement avec de Gaulle en octobre 1958, au lendemain du référendum constitutionnel et du discours de Constantine dans lesquels il voit les signes d'un refus de l'intégration. Le 18 décembre 1958, il est remplacé par Challe. Il quitte l'Algérie et devient général inspecteur de la Défense nationale, puis gouverneur militaire de Paris.

En juin 1960, Salan est mis à la retraite

et se retire à Alger, d'où ses sympathies en faveur de l'Algérie française lui valent d'être expulsé le 19 septembre. Il a pris, dans un manifeste, une position très hostile à la politique algérienne du gouvernement. En résidence forcée à Paris, il choisit le combat clandestin, fuit en Espagne et apparaît comme chef de l'activisme. Le 21 avril 1961, il rejoint le général Challe lors du putsch, puis retourne dans la clandestinité en prenant la tête de l'OAS. En juillet, sa condamnation à mort par contumace est prononcée par le Haut Tribunal militaire. Ses responsabilités sont lourdes dans l'accentuation de la guerre civile en Algérie entre Français. Pour faire échec aux négociations d'Évian, il lance en mars 1962 des manifestations de masse, qui tournent au drame sanglant, et une insurrection, qui avorte après l'échec d'un maquis de volontaires dans l'Ouarsenis. Cependant, après le 19 mars, conscient que la politique du pire tourne au bain de sang, il désavoue les provocations de l'OAS qui s'attaque systématiquement aux musulmans. Il est arrêté à Alger le 19 avril 1962.

Fin mai, à l'issue d'un procès retentissant où ses états de service et la plaidoirie de maître Tixier-Vignancour le sauvent de la peine capitale, à la grande fureur de De Gaulle, il est condamné à la détention perpétuelle. Incarcéré, il commence la rédaction des quatre tomes de ses *Mémoires*. Sa libération intervient en juin 1968. Élu président d'honneur de l'Association des combattants de l'armée française, il est amnistié en 1982. Jean-Charles Jauffret

• *Voir aussi :* Amnisties ; Juridictions d'exception ; OAS ; Putsch des généraux ; Retour de 1958

Bibl. : Raoul Salan, *Mémoires. Fin d'un Empire*, Paris, Presses de la Cité, 4 vol., 1970-1974.

SANGUINETTI, Alexandre (1913-1980). – Parti de l'antigaullisme, Alexandre Sanguinetti est devenu, selon les termes de Pierre Viansson-Ponté, « une des voix les plus tonitruantes du gaullisme triomphant ».

Né au Caire dans une famille corse – son frère puîné, Antoine, deviendra le plus anticonformiste des amiraux –, il est, en politique comme sur le champ de bataille, un guerrier. Chasseur alpin à Narvik, fonctionnaire à Tunis lors du débarquement allié du 8 novembre 1942, il s'engage dans le corps franc d'Afrique et perd une jambe lors de la conquête de l'île d'Elbe. Après la guerre, il milite à l'extrême droite puis dans les mouvements opposés à la décolonisation. En mai 1958, il participe à l'opération « Résurrection » et conseille le général Salan. Avec Yves Gignac, il manipule depuis Paris les associations d'anciens combattants qu'Auguste Arnould préside à Alger. Il rencontre le général de Gaulle, le pousse à prendre le pouvoir et s'entend dire : « De Gaulle serait plus utile à la France mort que vivant. » Devenu un partisan passionné du Général, il salue son réalisme et son courage politique.

Chef de cabinet de Roger Frey au ministère de l'Intérieur en 1961-1962, Alexandre Sanguinetti mène une lutte implacable contre ses anciens amis et devient « Monsieur anti-OAS ». Député UNR (Union pour la nouvelle République) de la Seine en 1962, vice-président de la commission de la défense nationale, il critique, dans une lettre au général de Gaulle, la réduction des crédits militaires. Le Général lui répond, le 20 janvier 1964 : « Quant à la ligne générale, je pense que vous avez raison. Pour ce qui est de la réalisation, nous sommes encore en chemin. Mais le démarrage a eu lieu. »

La bataille de 1965 pour élire le chef de l'État au suffrage universel lui donne l'occasion de lancer de vigoureuses attaques contre François Mitterrand et, surtout, Jean Lecanuet. Ministre des Anciens Combattants et des Victimes de la guerre dans le troisième gouvernement de Georges Pompidou (janvier 1966-avril 1967), il est un des organisateurs les plus actifs de la manifestation gaulliste du 30 mai 1968 sur les Champs-Élysées. Élu député de la Haute-Garonne en juin, il préside la commission de la Défense nationale. Battu aux élections de mars 1973, il préside l'Office de recherche scientifique et technique d'outre-mer (ORSTOM) de juillet 1973 à novembre 1975. Secrétaire général adjoint de l'UDR (Union pour la défense de la République) en octobre 1973, puis secrétaire général, il démissionne en raison de son désaccord avec les orientations de Jacques Chirac. En 1978, il passe à l'opposition, assurant : « Le général de Gaulle a eu des successeurs, mais pas d'héritiers. »

Jean PLANCHAIS

• *Voir aussi :* Antigaullistes de droite ; Barbouzes ; Gaullistes ; OAS ; Retour de 1958 ; UDR

Bibl. : Alexandre Sanguinetti, *Une Nouvelle Résistance*, Paris, Plon 1976 • Id., *J'ai mal à ma peau de gaulliste*, Paris, Grasset, coll. « Humeurs », 1978 • Pierre Viansson-Ponté, *Histoire de la République gaullienne*, t. 2, *Le Temps des orphelins*, Paris, Fayard, 1971.

SANTÉ. – Personne ne peut traverser quatre-vingts années de vie sans être confronté un jour ou l'autre à la maladie et à la mort, mais chaque être humain vit cette confrontation en fonction d'un cheminement personnel lié à son éducation, familiale, religieuse et scolaire. Philippe de Gaulle retrace bien l'approche familiale, particulièrement celle de son grand-père paternel : on avait le droit de parler de ses souffrances, mais vite et peu, et quant à la maladie, on ne la confiait à personne. Dans l'ensemble, le Général a joui d'une bonne santé et si son corps a subi des atteintes, ce furent celles de sa génération (blessures de guerre) et de l'âge (cataracte et prostate).

De Gaulle fut blessé trois fois au front : le 15 août 1914 à Dinant, blessure du péroné droit avec lésion du sciatique entraînant des douleurs résiduelles dont il ne se plaignit jamais ; le 10 mars 1915 au Mesnil-lès-Hurlus, blessure de la face palmo-dorsale de la main gauche (son refus d'admettre cette atteinte à son intégrité et d'accepter les soins nécessaires lui valut d'importantes séquelles ; il dut porter son alliance à la main droite) ; le 2 mars 1916, blessure par arme blanche à la face postérieure de la cuisse gauche : la guérison complète tarda, du fait du blessé qui préféra combattre plutôt que de se soigner. Un autre incident connu se situa à Londres, en avril 1942. Ses proches, extrêmement inquiets de son état physique alors qu'il ne se plaignait pas, convoquèrent en urgence le docteur Robet et le docteur Lichtwitz, son médecin et ami, qui conclurent à une crise de paludisme.

À la fin de la Seconde Guerre mondiale, il commença à souffrir de troubles de la vue. Le professeur Guillaumat opéra la cataracte de l'œil gauche en 1952 à la clinique Georges-Bizet. De 1953 à 1955, Charles de Gaulle fut très handicapé par la dissymétrie de sa vision que l'appareillage optique ne compensait pas. Une intervention sur l'autre œil eut lieu en 1955. C'est au décours de celle-ci qu'un épisode dramatique, et sans aucun doute significatif de l'état de santé de l'intéressé, eut lieu durant la nuit du 11 mars. Les conclusions du professeur Milliez, reprises plus tard par le professeur Mirouze, évoquèrent le diagnostic d'anévrysme de l'aorte abdominale, et posèrent l'hypothèse d'un syndrome de Marfan (dystrophie héréditaire du tissu conjonctif). Ce diagnostic et cette hypothèse furent-ils portés à la connaissance de l'intéressé avant qu'il ne fût élu à la présidence de la République ? Cette question reste sans réponse d'autant que l'hypothèse de syndrome de Marfan n'est pas étayée et ne repose que sur une projection confuse des constatations morphologiques et cliniques faites après le décès du Général. Sur le plan ophtalmologique, Charles de Gaulle resta gêné mais stabilisé, avec comme obligation d'user de lunettes de vision qu'il ne souhaitait pas porter.

Durant sa présidence, quelques épisodes pathologiques de plus ou moins grande importance ne l'empêchèrent pas d'exercer son mandat tant sur le plan national qu'international, la position du Général ayant toujours été que la survenue d'un épisode pathologique lésant de manière significative ses capacités physiques ou intellectuelles entraînerait sa démission. En 1960, à Telergma (Algérie), il eut une hémorragie d'origine digestive non suivie d'hospitalisation. Il la jugea aussi insignifiante que les nombreux accès de toux ou de laryngite qui survinrent en 1961, entraînant une fatigue extrême, et qui, peut-être, le firent s'interroger sur sa longévité. À cette date, des problèmes prostatiques avaient conduit le Général à consulter le professeur Aboulker. Alors le meilleur spécialiste d'urologie, le professeur est par ailleurs Compagnon de la Libération depuis 1943.

L'évolution locale importante, durant les années 1962 à 1964, fit prévoir une intervention par voie haute. Parti en voyage officiel au mois de mars 1964 au Mexique et aux Antilles, le chef de l'État fut accompagné par un assistant du service chirurgical pour éviter tous les problèmes liés à une sonde urétrale provisoire qui avait dû être mise en place, et pour laquelle le Général avait lié le professeur Aboulker par le « secret d'État ». L'intervention fut pratiquée le 17 avril 1964, dans le plus grand secret, à l'hôpital Cochin, par le professeur Aboulker, son assistant le docteur Steg et l'anesthésiste le docteur Lassner. Les examens préopératoires n'auraient pas montré de désordre métabolique, en particulier au niveau glucidique, mais au cours du débat entre les médecins fut évoquée la nécessité ou non de pratiquer une artériographie, qui finalement ne fut pas réalisée. La communication concernant cette intervention fut laconique, sans véritable compte rendu opératoire et anatomopathologique, le général de Gaulle considérant qu'il était un malade comme les autres, soumis au même régime de discrétion. Le chef de l'État avait toutefois pris la précaution, avant d'être opéré, de faire parvenir une lettre à son fils Philippe lui précisant ses souhaits quant à sa succession à la tête de la France en cas de disparition. Les suites de cette prostatectomie furent simples et la sortie plus rapide qu'à l'accoutumée, les médecins s'étant inclinés devant la volonté du Général de reprendre ses activités le plus rapidement possible, compte tenu de l'excellente forme physique du patient.

De 1964 à 1969, le président de la République ne souffrit pas de pathologie particulièrement significative, hormis quelques épisodes de fatigue ou de petits troubles circulatoires des membres inférieurs dont ont témoigné ses proches et son fils. Sa seule préoccupation dans ce domaine fut son inquiétude par rapport à la conservation de sa mémoire et de ses capacités intellectuelles, indispensables à ses activités présidentielles. Il mourut le 9 novembre 1970, très certainement d'une rupture d'anévrysme de l'aorte.

La difficulté de connaître de manière exhaustive les pathologies ou les souffrances qui furent les siennes tient au fait qu'il a toujours repris pour lui ces vers de Vigny dans *La Mort du loup* :

Gémir, pleurer, prier est également lâche.
Fais énergiquement ta longue et lourde tâche
Dans la voie où le sort a voulu t'appeler,
Puis, après, comme moi, souffre et meurs
[sans parler.

Claude GUBLER

• **Bibl.** : François Flohic, *Souvenirs d'outre-Gaulle*, Paris, Plon, 1979 • Philippe de Gaulle, *De Gaulle mon père*, Paris, Plon, 2004 • Alain Larcan et Jean-François Lemaire (dir.), *De Gaulle et la médecine*, Paris, Synthélabo, 1995.

SANTÉ (politique de). – Les années 1960 furent, dans le domaine sanitaire, une période de modernisation. Le premier changement majeur survenu entre 1958 et 1969 concerne les hôpitaux : ces derniers souffraient, depuis la fin de la guerre, de maux multiples. Des années de négligence en matière d'investissement, une législation inadaptée, les conséquences du conflit mondial, tout concourait à faire de l'hôpital français une institution désuète. L'essor de la médecine et de la demande de santé, soutenue par la Sécurité sociale, imposait un effort considérable. Inspirée pour partie par le professeur Robert Debré et soutenue par son fils, devenu Premier ministre, la réforme de décembre 1958 permit d'engager la modernisation, en instaurant notamment le « temps plein » pour les praticiens et en créant les Centres hospitaliers universitaires (CHU).

Le début des années 1960 vit également une avancée de la médecine sociale. Depuis 1945, les syndicats de médecins refusaient les conventions médicales, liant leurs honoraires aux tarifs des caisses de Sécurité sociale. Si la loi prévoyait le remboursement de 80 % des frais des assurés, la prise en charge ne dépassait que rarement 50 %. L'objectif initial fut atteint avec le décret du 12 mai 1960 accordant des avantages matériels aux médecins passant une convention individuelle avec leur caisse. Malgré de fortes tensions au sein du corps médical, qui aboutirent à une scission syndicale, le conventionnement devint en quelques mois une réalité et les assurés sociaux bénéficièrent pour la première fois d'une couverture conforme à l'ambition des fondateurs de l'assurance maladie. Il y avait là une avancée considérable. Dans le domaine de la recherche médicale, enfin, la Ve République impulsa une évolution nécessaire, avec la création en 1964 de l'Institut national de la santé et de la recherche médicale (INSERM), qui remplaçait l'Institut national d'hygiène créé en 1941 par le gouvernement de Vichy.

Les gouvernements du général de Gaulle ne peuvent pas être considérés comme les pères exclusifs des réformes engagées. Cependant, ils en furent les accoucheurs, permettant à des projets parfois anciens de voir le jour et engageant ainsi la modernisation du système de santé français. L'autorité restaurée de l'État et le prestige de son chef contribuèrent de façon décisive à ces avancées.

Mais les années 1960 furent aussi une période de mutations parfois incontrôlées. Changements dans l'exercice de la médecine, d'abord. Le poids des contraintes techniques, sociales, financières, se fait alors sentir de manière croissante : plateaux techniques, équipes médicales, managers hospitaliers... de plus en plus, le médecin de famille, hier pivot du système de soins, n'est plus qu'un maillon dans celui-ci. La maîtrise des dépenses de santé devient également une préoccupation politique : franchise pharmaceutique, ticket modérateur d'ordre public, réforme de la Sécurité sociale sont à l'ordre du jour. La république gaullienne correspond donc aussi, en matière sanitaire, à une période de transition, annonçant les contraintes de la fin du siècle.

Bruno VALAT

• *Voir aussi* : Contraception ; Debré, Robert ; Laroque, Pierre ; Recherche ; Vallery-Radot, Louis Pasteur

Bibl. : Jean Imbert, *Histoire des hôpitaux en France*, Toulouse, Privat, 1982 • Alain Larcan et Jean-François Lemaire (dir.), *De Gaulle et la médecine*, Paris, Fondation Charles-de-Gaulle, Synthélabo, 1995 • Bruno Valat, *Histoire de la Sécurité sociale (1945-1967) ; l'État, l'institution et la santé*, Paris, Economica, 2001.

SARTRE, Jean-Paul (1905-1980). – « Je n'ai jamais eu d'estime pour lui », décréta Sartre après la mort du général de Gaulle. Ce dernier, au contraire, l'avait ostensiblement appelé « mon cher maître » trois ans plus tôt dans sa réponse – négative – à la lettre du philosophe lui demandant d'autoriser la tenue du tribunal Russell en France. Bien plus, en septembre 1960, au moment du Manifeste des 121, le président de la République l'avait comparé à Voltaire pour justifier l'absence de poursuites qu'il préconisait à son égard. On mesure le fossé qui existait ainsi entre un homme d'État qui admirait les écrivains et un écrivain qui combattait les pouvoirs.

« Fossé », au demeurant, est ici un euphémisme. Même son statut d'ancien chef de la France libre n'épargna pas à de Gaulle les foudres sartriennes. Dès la naissance du RPF, le mouvement et son chef furent en butte à des attaques de plus en plus violentes venues d'intellectuels de gauche de diverses obédiences, et son leader cristallisa sur son nom une partie de ces attaques, dans lesquelles Sartre tint sa partition.

Tout, en fait, opposait les deux hommes : fossé générationnel, formation initiale, sens de l'Histoire, rapports avec l'État, conceptions du lien social, représentations du tissu conjonctif national. Dès lors, on frôle un exercice un peu vain en les mettant rétrospectivement en contact. Certes, l'intellectuel français le plus engagé de son temps eut forcément à prendre parti sur l'action de l'homme d'État français alors le plus présent sur la scène publique. Bien plus, un tel engagement croisa à plusieurs reprises plus directement cette action, notamment lors de la guerre d'Algérie ou au moment de mai 1968. Il n'empêche. Les univers des deux hommes ne pouvaient interférer, sauf par frottements et opposition. Et il est dès lors historiquement plus significatif d'en revenir au jeu de miroirs, pour lequel force est de constater que l'on débouche sur des stéréotypes. Aux yeux du général de Gaulle, on l'a vu, Sartre incarne le Grand Écrivain, statut qui ne le place pas au-dessus des lois mais qui lui confère une place particulière dans la Cité. Au sein de celle-ci, on n'emprisonne pas Voltaire, et seuls les clercs coupables de trahison dans des contextes historiques précis – ainsi l'Occupation – sont passibles de l'opprobre. Voltaire enrichit la Cité en contestant le Prince, Robert Brasillach trahit la Nation en pactisant avec l'ennemi. Le « maître » donné à Sartre irrita celui-ci – « je ne suis "maître" que pour les garçons de café qui savent que j'écris » –, mais reflétait l'estime dans laquelle le tenait son correspondant. La réciproque, assurément, n'était pas vraie. Pour Sartre, de Gaulle était un chef militaire, un président, un bourgeois, un puissant, bref très banalement un concentré de tout ce qu'il détestait. Comme à Guignol, seuls les coups portés pouvaient de ce fait constituer une forme de relation. Ils ne furent que verbaux, mais enfermèrent les deux hommes, plus encore que dans un jeu de miroirs, dans un jeu de rôles. Jean-François SIRINELLI

• *Voir aussi* : Antigaullistes de gauche ; Intellectuels

Bibl. : Annie Cohen-Solal, *Sartre*, Paris, Gallimard, 1985 • Jean-François Sirinelli, *Deux intellectuels dans le siècle : Sartre et Aron*, Paris, Fayard, 1995.

SAVARY, Alain (1918-1988). – À Cherbourg, le 17 juin 1940, Alain Savary, commissaire de la marine de 2e classe, décide avec plusieurs de ses camarades de continuer en Angleterre le combat contre l'envahisseur nazi. Ils embarquent le 18 juin à bord d'un chasseur de sous-marins anglais, et atteignent Portsmouth le soir. Quelques semaines plus tard, encouragé par le général Spears, il se rend à Londres au quartier général des FFL (Forces françaises libres), où l'amiral Muselier, commandant en chef des forces navales, le nomme aide de camp et chef de cabinet. Il est alors reçu à plusieurs reprises par le général de Gaulle, qui le mentionne six fois dans *L'Appel*.

Après une mission au Canada et aux États-Unis, de février à mai 1941, Savary participe avec l'amiral Muselier, dont les rapports avec le chef de la France libre sont devenus très difficiles, à l'expédition qui obtient, à la veille de Noël 1941, le ralliement de Saint-Pierre-et-Miquelon. À vingt-trois ans, il est nommé gouverneur du territoire. Profondément affecté par le conflit qui exclut Muselier de la France libre, Savary reste néanmoins fidèle à de Gaulle. Dans une lettre manuscrite, celui-ci manifeste sa satisfaction au jeune administrateur, lui rend compte brièvement de l'issue du conflit, et conclut par un précepte : « *Il faut* être centripète et non centrifuge. »

Dès l'hiver 1942, Savary demande à être affecté à une unité combattante. Il participe comme chef d'escadron à la campagne d'Italie et au débarquement en Provence, et sera nommé pour ses faits d'armes Compagnon de la Libération. Le Conseil de l'Ordre le désigne comme son représentant à l'Assemblée consultative provisoire ; le gouvernement du général de Gaulle le nomme commissaire de la République à Angers. Comme la plupart des Français libres, il reste toute sa vie profondément marqué par cette aventure qui fait sa fierté mais, dès le printemps 1945, il rejoint à la SFIO l'aile réformiste de Léon Blum. Sa route est dès lors différente : député socialiste de 1951 à 1958, il vote contre l'investiture de De Gaulle en 1958 et, lors de l'élection présidentielle de 1965, appelle à voter Mitterand. Il prend souvent des positions contraires à celles du général de Gaulle, notamment à propos de la décolonisation, des guerres d'Indochine et d'Algérie, de l'intégration européenne, de la constitution de la Ve République, mais il conserve beaucoup d'amis parmi les anciens Français libres et reste jusqu'à la fin de sa vie membre du Conseil de l'ordre de la Libération.

Son attitude à l'égard du général de Gaulle est parfaitement résumée dans sa réponse à Jean Lacouture qui, dans l'entretien qui ouvre le livre *Pour le nouveau parti socialiste*, paru au Seuil en 1970, lui demande « si tout homme de la France libre [n'avait pas] été plus ou moins fasciné par le général de Gaulle » : « Le comportement du général de Gaulle méritait le plus souvent l'admiration ; mais il avait aussi des côtés qui excluaient la fascination. Il faut souligner que beaucoup de ceux qui ont participé à la France libre, et qui lui restent fidèles, n'étaient pas pour autant *gaullistes*. Dès avant la Libération, ils étaient conscients que la victoire amènerait la séparation et la fin de leur entreprise collective. » Serge HURTIG

• *Voir aussi* : Ordre de la Libération ; SFIO

Bibl. : Alain Eck, *Alain Savary, un socialiste dans la jungle*, Paris, CGM-Éditions Bruno Leprince, 2004 • Serge Hurtig (dir.), *Alain Savary : politique et honneur*, Paris, Presses de Sciences Po, 2002 • Maryvonne Prévot, *Alain Savary, le refus en politique*, Tournai, Renaissance du Livre, 2003.

SCHUMAN, Robert (1886-1963). – Né au Luxembourg d'un père originaire de la Lorraine annexée, Robert Schuman est allemand jusqu'en 1918. Député en 1919 de la Moselle redevenue française, il est appelé en mars 1940 par Paul Reynaud dans son gouvernement, et chargé de la Coordination et du Service des réfugiés. Le 5 juin 1940, maintenu dans le dernier cabinet Paul Reynaud, il siège aux côtés du général de Gaulle, le nouveau sous-secrétaire d'État à la Défense nationale et à la Guerre. Schuman est encore reconduit dans le premier gouvernement du maréchal Pétain, le 16 juin 1940. Il vote les pleins pouvoirs au Maréchal mais démissionne du gouvernement deux jours plus tard. Il retourne à Metz, où il est arrêté par les nazis et interné en Allemagne. Il s'évade, regagne la France, et se cache en zone sud. En 1945, il est relevé de l'inéligibilité qui le frappe pour son vote du 10 juillet 1940. Réélu député de la Moselle sous l'étiquette MRP (Mouvement républicain populaire), il est huit fois ministre sous la IVe République, notamment aux Affaires étrangères de juillet 1948 à décembre 1952. Son engagement dans la construction européenne, motivé chez lui par de fortes convictions religieuses, le feront surnommer le « Père fondateur de l'Europe ».

Les modalités de la construction de l'Europe sous la IVe République suscitent l'opposition déterminée de De Gaulle. Alors que Schuman est l'un des artisans du Conseil de l'Europe, créé en mai 1949, de Gaulle déclare, le 7 août : « Le Conseil de l'Europe ne sera qu'une fiction de plus. » Il est, quant à lui, partisan d'une « confédération européenne ». Robert Schuman joue un rôle actif dans la préparation du traité instituant la Communauté européenne du charbon et de l'acier (CECA), envisagé dès mai 1950, et signé en avril 1951. Sur ce projet, le général de Gaulle émet un avis réservé dans son discours du 25 juin 1950, aux assises nationales du RPF (Rassemblement du peuple français). Un an plus tard, il s'interroge sur la CECA, « ce méli-mélo de charbon et d'acier ». Il est en fait préoccupé par le statut de la « Haute Autorité », structure essentielle dans la nouvelle Communauté.

En 1952, un nouveau débat s'ouvre sur le projet de la CED (Communauté européenne de défense). L'opposition résolue du RPF contribue à faire échouer la ratification du traité sur la CED, malgré les efforts du MRP en sa faveur. Schuman réussit cependant à obtenir la ratification des accords de Paris, d'octobre 1954, qui instituent l'Union européenne occidentale (UEO). Il intervient auprès de Michel Debré qui obtient le ralliement du groupe des républicains sociaux au Conseil de la République. Schuman quitte le gouvernement en janvier 1956. C'est un nouveau cabinet, dirigé par Guy Mollet, qui conduit les négociations qui aboutissent au traité de Rome en mars 1957. Schuman quitte la scène politique avant le retour au pouvoir du général de Gaulle. Élisabeth DU RÉAU

• *Voir aussi* : CED ; Communiqué du 7 août 1949 ; Conférence de presse du 25 février 1953 ; Europe des États ; Marché commun

Bibl. : Élisabeth du Réau, *L'Idée d'Europe au XXe siècle*, Bruxelles, Complexe, 2001 • Raymond Poidevin, *Robert Schuman homme d'État 1886-1963*, Paris, Imprimerie nationale, 1986.

SCHUMANN, Maurice (1911-1998). – Né à Paris, Maurice Schumann, après des études de lettres à la Sorbonne, entre à l'agence Havas. Journaliste à *Sept*, puis à *Temps présent* et à *L'Aube*, il milite dans la Jeune République de Marc Sangnier. Fermement démocrate chrétien, il connaît de Gaulle, avant la guerre, grâce à ses publications. Mais la grande fidélité de Maurice Schumann à l'égard du Général sera scellée par l'appel du 18 juin 1940. En poste à Londres au moment de l'armistice, le jeune capitaine rallie le camp de la Résistance, entre à la BBC où il sera l'animateur de l'émission « Les Français parlent aux Français ». Devenu « la voix de la France libre », il prend directement ses directives auprès du général de Gaulle.

À la Libération, l'engouement populaire pour de Gaulle lui permet de devenir l'un des plus importants personnages politiques du pays : « Au début, juste après la Libération, la famille démocrate chrétienne était dans sa majorité gaulliste, je n'ai donc eu aucune peine à me reclasser » (*Un certain 18 Juin*). Le nouveau MRP (Mouvement républicain populaire), qui l'a élu pour président à l'issue de son congrès constitutif, est alors le « parti de la fidélité ». Dans le département du Nord, aux législatives du 29 octobre 1945, la liste MRP de Maurice Schumann est la mieux élue de France. Mais, en 1946, le départ du général de Gaulle et, en 1947, la création du RPF (Rassemblement du peuple français) obligent Maurice Schumann à choisir : « Il n'y avait pas le Général d'un côté et le MRP de l'autre, il y avait d'un côté le RPF et de l'autre, le MRP. En 1947, cela a été un déchirement atroce mais je n'ai pas été tenté un seul instant par le RPF. »

En 1958, le chef de file de la fédération du Nord est l'un de ceux qui favorisent le plus ardemment le soutien au retour du Général. La double fidélité qui le caractérise se retrouve dans le même combat. Il devient président de la commission des affaires étrangères de l'Assemblée nationale. Mais l'année 1962 est celle d'une double décision, contradictoire en apparence. En mai, Maurice Schumann accepte de démissionner du gouvernement de Georges Pompidou dans lequel il vient d'entrer un mois plus tôt, par solidarité avec les autres ministres MRP qui n'ont pas supporté des allusions du chef de l'État jugées méprisantes pour leur « foi européenne » ; pourtant, il refuse de voter « non » au référendum d'octobre, sur l'élection du président de la République au suffrage universel : « Je ne peux évidemment pas aller à l'encontre d'une doctrine qui a toujours été la mienne et me séparer du Général. Là, c'était le Général. » La disparition du MRP, après ses échecs électoraux, l'amène tout naturellement à retrouver le sillage du chef de la France libre et, plus tard, à intégrer les rangs gaullistes. Il redeviendra ministre en 1967 et acceptera l'investiture UDR (Union pour la défense de la République) en 1968. Après la démission du général de Gaulle en 1969, il soutient Georges Pompidou contre Alain Poher à l'élection présidentielle, puis entre au RPR dont il sera vice-président de 1978 à 1983.

Bruno BÉTHOUART

• *Voir aussi* : BBC ; Conférence de presse du 15 mai 1962 ; MRP

Bibl. : Maurice Schumann, *Honneur et patrie. La voix du couvre-feu*, avec une préface du général de Gaulle, Paris, Éditions du Livre français, 1946 • Id., *Un certain 18 Juin*, Paris, Plon, 1980.

SCRUTIN LÉGISLATIF (modes de). – En 1945, le général de Gaulle se prononça pour la représentation proportionnelle et, en 1958, pour le scrutin majoritaire uninominal à deux tours, dit « scrutin d'arrondissement », ce qui montre qu'il ne faisait pas du système électoral une question de principe, par contraste avec son engagement sur le référendum, en 1945 comme en 1958.

La différence s'explique par la situation politique. Ainsi qu'il l'écrivit à Michel Debré, le 8 juillet 1946, si on avait imposé le scrutin majoritaire pour l'élection de la Constituante comme on avait imposé le référendum, il y aurait eu dans toutes les circonscriptions un candidat communiste face à une douzaine d'autres : « Le résultat, c'était au moins 250 députés communistes à l'Assemblée » – explication qu'il renouvela le 12 février 1950 au conseil national du RPF. En fait, l'Assemblée consultative venait de se prononcer massivement en faveur de la proportionnelle intégrale, avec répartition des restes sur le plan national, formule que soutenaient le PCF, la SFIO et le MRP contre le retour au scrutin d'arrondissement que réclamaient les radicaux et les modérés. Le Général justifia sa position de la manière suivante : « L'arrondissement trop étroit et la proportionnelle trop large se combattaient. Je ne me suis rendu aux arguments ni des uns ni des autres » [*MG*].

Il développait ainsi son raisonnement. L'arrondissement aurait été injuste sans un nouveau découpage ; un seul tour aurait donné la primauté au PCF (comme il l'avait écrit à Michel Debré, qui était partisan du scrutin de liste départemental). Si le scrutin avait été à deux tours, « communistes et socialistes, alors liés entre eux par leur entente contractuelle et par les tendances de la base, auraient uni leurs voix dans tous les ballottages, ce qui [...] riv[e-r]ait entre elles, par l'intérêt électoral commun, les deux sortes de marxistes ». Enfin, la proportionnelle intégrale sur le plan national aurait marqué « du caractère de l'anonymat presque tous les mandataires » et rompu les liens nécessaires entre élus et électeurs. « D'ailleurs, ajoutait-il, il convient que, seul, le chef de l'État soit l'élu de toute la nation. » En outre, la répartition des restes sur le plan national aurait institué deux sortes de députés. L'ordonnance du 17 août 1945, préparée à contrecœur par Michel Debré, adoptait le système proportionnel mais au plan départemental, ce qui en limitait les conséquences. Au-delà des considérations d'opportunité alléguées, le Général a écarté l'hypothèse d'une campagne majoritaire menée sous son égide, comme certains l'y incitaient, et qu'il aurait pu remporter. « Mon ambition n'a jamais été d'être le chef d'une majorité », aurait-il déclaré, le 22 juillet 1945, à René Mayer qui s'étonnait du choix de la proportionnelle. Olivier Guichard estime à ce propos que ce n'est pas parce que la majorité signifie la division que de Gaulle écartait cette perspective, mais c'est parce qu'il « ne prend le risque d'une division que si l'essentiel est en jeu ». Or l'essentiel, en 1945, était la place de la France dans l'organisation de la victoire : se lancer dans une bataille intérieure l'en aurait détourné et, de surcroît, aurait atteint son image d'homme de la nation au-dessus des compétitions politiques. Mais la politique le rattrapera... On retrouvera cette situation en 1958.

En 1958, cependant, les circonstances avaient changé. L'hostilité à la proportionnelle était générale, en dehors du MRP qui se résigna au retour au scrutin d'arrondissement prôné par Guy Mollet pour la SFIO, par Antoine Pinay et la droite classique, par les radicaux, mais aussi par Georges Pompidou, directeur du cabinet du Général. Celui-ci s'y rallia au Conseil des ministres du 7 octobre, après avoir rappelé qu'en 1945 les circonstances étaient autres : aujourd'hui, il faut une majorité, donc un scrutin majoritaire, et les deux tours sont conformes à la tradition ; en outre, le PCF, isolé, ne constitue plus une menace. Mais le mode de scrutin ne devenait toujours pas un dogme et Michel Debré ne put faire inscrire dans la Constitution le principe majoritaire. Selon Olivier Guichard, le Général pensait que le scrutin d'arrondissement avantagerait la SFIO, puis il se détourna ostensiblement de la suite. Il devait effectivement prendre ses distances en affirmant, lors de sa conférence de presse du 23 octobre 1958 : « La mission que le pays m'a confiée exclut que je prenne parti. Je ne le ferai donc en faveur de personne. » L'impartialité ainsi affichée l'amena à interdire que son nom fût utilisé, « même sous la forme d'un adjectif », sans pour autant désapprouver que « des candidats de toutes tendances publient leur adhésion à l'action de Charles de Gaulle ». Les mauvais souvenirs du RPF l'y incitaient tout autant que sa posture d'homme de la nation. Mais la politique devait, là encore, le rattraper à l'automne 1962, quand il invita les électeurs à confirmer leur « oui » au référendum du 28 octobre en votant, les 18 et 25 novembre, pour les candidats investis par l'Association pour la Ve République d'André Malraux, afin que la majorité que « la nation vient de dégager [...] s'établisse au Parlement ».

Pierre Avril

• *Voir aussi* : Élections législatives ; Partis politiques

Bibl. : Michel Debré, *Trois républiques pour une France*, Paris, Albin Michel, 1984-1988 • Olivier Guichard, *Mon général*, Paris, Grasset, 1980.

SECRÉTAIRE D'ÉTAT (sous-), chargé de la Défense nationale et de la Guerre. – Édouard Daladier démissionne le 21 mars 1940, à la suite de l'invasion de la Finlande. Le président Lebrun confie alors à Paul Reynaud la charge de former le nouveau gouvernement, dans lequel l'ancien président du Conseil obtient de conserver la Défense nationale, et s'oppose à ce que le colonel de Gaulle y entre.

Le 18 mai, huit jours après l'attaque allemande, Reynaud permute à la Défense nationale avec Daladier qui reçoit les Affaires étrangères. Tandis que le maréchal Pétain entre au gouvernement le même jour comme ministre d'État et vice-président du Conseil, le général Weygand est désigné comme commandant en chef. Le colonel de Gaulle est nommé général le 25 mai. Reynaud remanie son gouvernement le 5 juin et se sépare définitivement de Daladier.

C'est au moment où s'achève la bataille de Dunkerque, à l'aube du 6 juin 1940, que Charles de Gaulle, commandant la 4e DCR (division cuirassée de réserve), est appelé au gouvernement. Il ne semble pas surpris par cette mesure qu'il avait préconisée dans une lettre à Reynaud. Les deux hommes se retrouvent rue Saint-Dominique. Ils se connaissent bien, liés qu'il sont depuis plusieurs années par leur combat pour la réalisation d'une force mécanisée.

La fonction de sous-secrétaire d'État, à la limite de l'administratif et du politique, quelque peu « chargé de mission » auprès du président du Conseil, ministre de la Guerre et de la Défense nationale, et aux responsabilités encore mal définies, ne mériterait guère de retenir l'attention durant cette période de l'entre-deux-guerres si elle n'avait été le tremplin du destin du général de Gaulle. Réunions interministérielles, rencontres interalliées se succèdent dans une atmosphère quelque peu irréelle. Parmi les multiples problèmes à régler, il y a d'abord celui de la destination du gouvernement : l'Afrique, Quimper ou Bordeaux ? Reynaud, qui cède finalement aux pressions, opte pour Bordeaux. Il y a celui, fondamental, des clivages entre partisans et adversaires d'un armistice. Dès leur première entrevue, de Gaulle plaide pour la poursuite du combat. Il y a le problème du commandement que de Gaulle, qui conteste les plans du commandant en chef, aimerait voir retirer à Weygand : « Avez-vous quelque chose à proposer ? » demande ce dernier au gouvernement. À quoi de Gaulle répond : « Le gouvernement n'a pas de propositions à faire, mais des ordres à donner. Je compte qu'il les donnera » [*MG*]. On sent poindre les conceptions futures du général de Gaulle sur l'organisation de la défense nationale.

Charles de Gaulle reçoit d'une part la mission de tenter d'organiser « l'arrière » en liaison avec Robert Schuman, chargé des « réfugiés », et d'autre part celle d'assurer la coordination avec l'Angleterre en vue de la poursuite de la guerre. Au cours de cette mission qui l'amène à Londres le 16 juin, il discute directement avec Churchill et prend contact avec les membres du cabinet britannique. Comme il l'avait fait depuis Londres ou au cours des différentes conférences interalliées, son obstination à réclamer la poursuite de la guerre avec les forces britanniques et son adhésion, au moins tactique, au plan d'« union franco-britannique » élaboré par Jean Monnet contribuent à convaincre les Britanniques.

Incontestablement, c'est au cours de cette débâcle, vécue au poste qui est le sien, que s'est formée dans l'esprit du Général la décision de rejoindre l'Angleterre. Pourtant, pendant cette période, de Gaulle, qui ne peut supporter les fluctuations du gouvernement et de son président, envisage la démission. Il en est dissuadé par le ministre de l'Intérieur Georges Mandel. Dans ses *Mémoires*, de Gaulle précise : « C'est à cela qu'a peut-être tenu, physiquement parlant, ce que j'ai pu faire par la suite. »

Le 16 juin 1940, la majorité des ministres repoussent l'offre d'une union franco-britannique transmise par téléphone de Londres par de Gaulle. Le Conseil étant partagé quant aux décisions à prendre pour l'avenir, Reynaud, se considérant mis en minorité, présente sa démission. C'est à 22 h 30 que le maréchal Pétain, désigné par Lebrun, présente la liste de ses ministres où figurent les noms des partisans d'un armistice.

Le 17 juin de Gaulle atterrit à Londres. Le 18 juin, c'est l'appel à la BBC. Le 22 juin, le gouvernement du Maréchal signe l'armistice. Le 23 juin, le pouvoir prend la route pour Vichy.

Claude CARRÉ

• *Voir aussi* : Appel du 18 juin 1940 ; Armistice ; Grande Guerre ; Union franco-britannique

Bibl. : Claude Carré, *Histoire du ministère de la Défense*, Panazol, Lavauzelle, 2001.

SECRÉTARIAT GÉNÉRAL DU CONSEIL SUPÉRIEUR DE LA DÉFENSE NATIONALE. – Au cours de l'automne de 1931, le chef de bataillon Charles de Gaulle est affecté au secrétariat général du Conseil supérieur de la Défense nationale (CSDN), organisme de réflexion et de coordination interministérielle créé par décret le 3 avril 1906. Il y occupe, jusqu'en 1937, les postes de rédacteur puis de chef de section. Il y côtoie les responsables politiques et militaires de l'appareil de défense français.

Fort d'une cinquantaine de personnes, officiers ou fonctionnaires civils, le secrétariat général est organisé en quatre puis cinq sections. Il prépare les études commandées par le président du Conseil ou le secrétaire général de la Défense nationale. Celles-ci sont confiées à un officier spécialiste, tandis que le chef de la section oriente et contrôle le travail. Disposant d'un accès théorique à l'ensemble des informations émanant des services de l'État, le secrétariat général est autorisé à utiliser les compétences d'organismes privés ainsi que de personnalités du monde économique et industriel.

À son arrivée, Charles de Gaulle découvre le poids bureaucratique de l'administration centrale. Il constate que si le secrétariat général du CSDN a bien été réorganisé dix ans auparavant, le projet de loi sur l'organisation de la nation en temps de guerre, déposé par Poincaré en 1924, est en attente depuis sept ans, alors même qu'il sert de référence dans plusieurs pays étrangers. Cela signifie que la loi qui fonde la raison d'être du CSDN et permet d'en valider les travaux n'existe pas. Aux yeux de De Gaulle, ces lenteurs expriment à la fois la volonté des gouvernements successifs de faire évoluer une défense nationale sclérosée et leur incapacité à réformer un État frappé d'infirmité.

Dès 1932, il prend conscience du blocage des évolutions de l'appareil militaire français. En effet, alors que la coopération interarmées commence à devenir une réalité tangible, la politique de déflation budgétaire y met un terme. Au lieu de travailler de conserve, les armées se replient sur elles-mêmes, cherchent à sauver les budgets et n'hésitent pas à relancer, au nom d'un intérêt supérieur qui dissimule mal un corporatisme hors de propos, des querelles anciennes un temps oubliées. Les travaux réalisés au CSDN en 1932 en sont une illustration remarquable dans un domaine nouveau pour de Gaulle, celui des questions financières. Confronté à la paralysie de l'État, celui-ci apprend, se passionne et réagit. Il apprend en découvrant ou en approfondissant dans son travail quotidien des sujets aussi divers que la préparation de la Conférence de limitation et de réduction des armements, la politique des matières premières de défense nationale, les câbles sous-marins, etc. Il continue à s'intéresser à la question de motorisation de l'armée et celle, induite, de la création d'un « corps de spécialistes », sujet sur lequel il croise souvent le fer avec des officiers qui n'apprécient guère ses idées novatrices à un point tel qu'il estime en faire les frais en terme d'avancement. Il réagit à sa manière contre la bureaucratie mortifère qui l'entoure en écrivant et en publiant au cours de cette période sept textes importants réunis ultérieurement dans *Articles et Écrits*. Dans un des textes directement lié à son activité au sein du CSDN, il dénonce, en creux mais avec force, l'absence de politique de défense nationale qui conduit le haut commandement à constituer un outil de défense en se référant à sa seule perception des menaces susceptibles de peser sur la France : « Notre pays a conservé une armée solide, bien dotée, bien commandée et qui s'est, d'elle-même, fixé ce qu'elle aurait à faire. »

Il pose également la question – non résolue depuis la fin de la Première Guerre mondiale – de la direction de la guerre lorsqu'il constate que le politique est trop souvent accaparé par les tâches de court terme pour prendre le recul nécessaire à la réflexion dans la durée. Il redoute que le gouvernement ne soit pas en mesure d'assumer ses responsabilités faute de s'y être préparé, et cède alors à l'improvisation. Il découvre surtout que le formalisme des réunions du Conseil supérieur de la Défense nationale dissimule mal le non-règlement d'une question demeurée en suspens depuis 1921 : où se situe la ligne de partage des attributions et des responsabilités entre le pouvoir politique et l'autorité militaire en matière de direction et de conduite de la guerre, en temps de paix comme en temps de conflit ? Cette question prend une forme particulière au sein du CSDN, celle de l'accès revendiqué par le « commandement » et régulièrement refusé par le « politique » à la « voix délibérative » au sein du Conseil. De Gaulle perçoit progressivement la dimension de cette question centrale à travers les documents préparatoires des réunions du CSDN, qu'il lit ; à travers les déclarations de Weygand à la séance du CSDN dont il rédige le procès-verbal en 1932 ; ou encore lorsqu'il critique la note de l'amiral Durand-Viel sur la « nécessité du plan d'ensemble ». Quand l'amiral y aborde la question lancinante de la répartition des responsabilités entre le gouvernement et le Haut Comité militaire, de Gaulle écrit dans la marge : « Ah ! Ah ! politique ! ? Alors il y faut affaires étrangères et intérieur [...] et la situation économique ? Ne compte-t-elle pas dans l'affaire ? Et la situation financière ? » Il prend alors conscience de façon probablement définitive de la place centrale occupée par les questions politiques dans tout ce qui relève de la Défense nationale, y compris au niveau des armées. Il découvre qu'une armée n'est apolitique que si ses chefs disposent d'une réelle culture politique. Une culture que lui, de Gaulle, est un des rares à acquérir dans un corps social arc-bouté sur un apolitisme mal compris. Frédéric GUELTON

• *Voir aussi :* Arme blindée ; Carrière militaire ; Civile et militaire (autorités) ; Défense nationale

Bibl. : Archives du Service historique de la Défense • Gilbert Bodinier, « Texte inédit du chef de bataillon de Gaulle », *Revue historique des armées*, n° 1, 1980, et n° 2, 1981 • Fondation Charles-de-Gaule, *Charles de Gaulle, du militaire au politique, 1920-1940*, Paris, Plon, 2004.

SECTION FRANÇAISE DE L'INTERNATIONALE OUVRIÈRE. – *Voir* SFIO.

SÉCURITÉ (services de). – À partir de 1958, la sécurité du général de Gaulle est assurée par quatre services : la garde républicaine pour la surveillance de l'Élysée et les cortèges, le service des hautes personnalités de la préfecture de police pour les déplacements dans le département de la Seine, le service des voyages officiels pour les déplacements en province, enfin les gardes du corps.

La garde républicaine. Président de la République de 1871 à 1873, Adolphe Thiers n'a pas habité l'Élysée bien que ce palais eût été désigné comme la résidence des présidents dès 1871. Son successeur, le maréchal de Mac-Mahon, ne s'y installa qu'en 1876. De même que la maréchaussée assurait la sécurité des rois, la gendarmerie nationale veille sur la sécurité de l'Élysée et de ses hôtes par l'intermédiaire de la garde républicaine, qui en est une unité. Au sein du 1er régiment d'infanterie de la Garde, la compagnie de sécurité de la présidence de la République, divisée en quatre équipes se relayant jour et nuit, assure la sécurité rapprochée du chef de l'État. S'y ajoutent un escadron motocycliste et la garde à cheval qui assurent les défilés lors des cérémonies. Les gendarmes assurent la garde intérieure des locaux et la sécurité extérieure des bâtiments, la garde aux différentes entrées du palais, les rondes diurnes et nocturnes, le contrôle des visiteurs, à l'Élysée et à l'hôtel Marigny, résidence des chefs d'État étrangers en visite officielle, ainsi que dans les autres résidences présidentielles : Marly, Rambouillet, Brégançon, etc. Ils accompagnent le président lorsqu'il séjourne en France dans les lieux où se tiennent des conférences internationales. Ils assurent également le service général du palais en tant que huissiers, mécaniciens, plantons, photographes, estafettes, chargés de la gestion du garage, du parc automobile et du secrétariat du commandant militaire du palais. Ils sont entraînés aux sports de combat et au tir. Les motocyclistes sont chargés de l'escorte du président lors des grandes cérémonies et des défilés, telle la revue du 14 Juillet, et du transport du courrier urgent et confidentiel de l'Élysée. Ils conduisent les voitures transportant le chef de l'État, sont entraînés à la conduite sportive et y ont acquis une parfaite maîtrise. C'est le hasard du tour de service qui fit que le même gendarme, Francis Marroux, conduisait le Général et Mme de Gaulle lors des deux attentats de Pont-sur-Seine et du Petit-Clamart, où il fit la preuve de son sang-froid et de l'excellence de son entraînement. La garde républicaine assure également la sécurité intérieure du Parlement, de l'hôtel Matignon, du ministère de la Défense et du Palais de Justice.

Le service des hautes personnalités de la préfecture de police. Dès avant la guerre, il existait à la préfecture de police de Paris un service des hautes personnalités, qui détachait à l'Élysée un commissaire et des inspecteurs chargés d'assurer la sécurité du président et des visiteurs de marque. En 1945, une organisation identique fut remise en place. Pour assurer la sécurité du général de Gaulle, il fallait un fonctionnaire n'ayant pas appartenu à un service marqué par l'Occupation : le commissaire Jacques Cantelaube occupa le poste jusqu'au départ du Général en janvier 1946, poste qu'il retrouva au retour de celui-ci en 1958. À ce moment, les fonctionnaires en service à l'Élysée n'avaient pas changé depuis la présidence de Vincent Auriol. Ils furent tous remplacés. Cantelaube, qui était alors commissaire divisionnaire, fut nommé sous-directeur en septembre 1959. Ses relations avec le Général et avec Mme de Gaulle se situaient à un niveau inhabituel de sympathie car il était père d'une petite fille handicapée de naissance, comme l'avait été la petite Anne de Gaulle. Cantelaube accompagna le Général lors de quatre voyages à l'étranger, et sa carrière aurait été sans nuages s'il n'avait manifesté une hostilité grandissante à la politique algérienne du Général, hostilité qu'il exprimait ouvertement à l'intérieur même de l'Élysée. Désapprouvant totalement l'indépendance de l'Algérie, il demanda un changement d'affectation au début de 1962. Son remplacement posant des problèmes administratifs, c'est au début de juillet 1962 seulement que son successeur, André Ducret, fut nommé. Cantelaube quitta définitivement l'Élysée le 12 juillet. Un des participants à l'attentat du Petit-Clamart, le légionnaire déserteur Lajos Marton, a, dans un livre de « souvenirs », accusé Cantelaube d'avoir joué un rôle important dans l'attentat en indiquant aux conjurés l'itinéraire que le Général allait suivre. L'accusation est invraisemblable puisque l'itinéraire était choisi à la dernière seconde, au moment du départ, par les occupants des voitures déjà installés à l'intérieur, et sans que cet itinéraire soit communiqué à qui que ce fût. En outre, le 22 août, lors de l'attentat, Cantelaube avait quitté l'Élysée depuis quarante jours. Les accusations de Marton sont donc de pure invention.

Le service des hautes personnalités disposait d'un bureau dans la cour de l'Élysée et comprenait, outre le chef du service, deux commissaires de police et une vingtaine d'inspecteurs. Deux médecins militaires prenaient place à tour de rôle dans les voitures d'accompagnement.

Le service des voyages officiels. De l'avènement de la République jusqu'en 1935, la protection du président de la République lors de ses voyages en province et celle des personnalités étrangères en voyage officiel en France étaient assurées par les polices locales et, surtout, par la garde républicaine à cheval qui encadrait la voiture présidentielle, et par la troupe qui maintenait la foule sur les trottoirs. Mais en 1934, le roi Alexandre Ier de Yougoslavie et le ministre des Affaires étrangères Louis Barthou furent tués à bout portant dans la voiture d'apparat à chevaux qui les conduisait à travers Marseille. Le meurtrier avait jailli de la foule massée sur le trottoir et atteint la voiture malgré les coups de sabre d'un garde républicain. On décida de créer un service spécialisé afin que cela ne se reproduise pas et l'année suivante naquit le service des voyages officiels (VO), rattaché à la direction générale de la Sûreté générale, département du ministère de l'Intérieur. En 1946, ce service était dirigé par le commissaire Albayez, la Sûreté générale était devenue Sûreté nationale. En 1958, le service comptait deux commissaires adjoints et une vingtaine d'inspecteurs. Au début de 1962, le contrôleur général Georges Para en prit la direction. Le chef des VO avait alors deux commissaires adjoints et une trentaine d'inspecteurs. L'un des commissaires, Marcel Lejeune, était un ancien FFL que le Général tutoyait. Tout le personnel du service est demeuré inchangé jusqu'au départ de De Gaulle. Assurant la préparation des voyages, ses membres étudient au préalable les itinéraires du cortège officiel, font procéder à l'examen des voies ferrées si le président doit prendre le train, inspectent la liste des occupants des immeubles entourant les places où il prononcera les discours, font éventuellement placer des gardes sur les toits. Ils prennent aussi en charge certains aspects matériels du parcours. En principe, le Général déjeune dans une sous-préfecture, dîne et couche dans une préfecture. Chaque préfecture dispose d'un personnel de maison pouvant assurer la préparation d'un dîner officiel et possède une chambre prévue pour le logement du président de la République. Il n'en est pas de même pour les sous-préfectures moins bien dotées et il faut prévoir les services d'un restaurateur qui fournira la composition du menu et le repas.

Les gardes du corps ou « gorilles ». La protection du Général lors de ses voyages a posé des problèmes nouveaux. Dans le passé, la foule venue assister au passage des chefs d'État était maintenue à distance par une haie de troupes échelonnées sur tout le parcours, la voiture présidentielle étant elle-même encadrée de gardes républicains à cheval. Ce dispositif n'empêcha pas deux présidents d'être assassinés : Sadi Carnot à Lyon, en 1894, et Paul Doumer à Paris, en 1932. Mais les « bains de foule » du Général nécessitaient la présence de gardes s'interposant entre un agresseur éventuel et lui. Le RPF disposait d'un service d'ordre assurant sa protection lorsqu'il prononçait ses discours en province. Au conseil de direction du mouvement, le responsable de la sécurité du Général était au début Dominique Ponchardier. Compagnon de la Libération, celui-ci était aussi, sous le pseudonyme d'Antoine Dominique, l'auteur prolixe d'une série romanesque (notamment *Le Gorille vous salue bien*, paru en 1954 ; *Le Gorille se mange froid*, en 1955 ; *Paumé le gorille !*, en 1956, ou *Le Gorille au frigo*, en 1957). D'où le surnom de « gorilles » donné aux gardes du corps, et qu'ils allaient garder. Le chef direct du service d'ordre était Paul Comiti, assisté d'Henri D'jouder, deux anciens de la France libre. En 1958, au retour du Général, l'ancien service d'ordre du RPF devint le Service d'action civique (SAC). Comiti et D'jouder conservèrent les mêmes attributions. On leur adjoignit deux autres gorilles, Roger Tessier, moniteur de boxe, et Auvray. Intégrés au service de protection du président de la République et des hautes personnalités de la préfecture de police, ils avaient pour tâche d'accompagner le président lors de ses voyages en province. En 1960, Auvray quitta le service et fut remplacé par un moniteur de judo du Racing-Club, Raymond Sassia, qui devint chargé de mission au ministère de l'Intérieur. En 1961, il effectua un stage de tir instinctif au FBI et devint moniteur de tir de la Police nationale. Entre 1960 et 1965, Comiti, D'jouder et Sassia ont été intégrés au corps des commissaires de police. Ces quatre hommes ont assuré la protection rapprochée du Général à l'occasion de tous ses déplacements nationaux et de ses voyages entre Paris et Colombey.

Jacques DELARUE

• *Voir aussi* : Attentats ; Foule ; Voyages officiels

SÉCURITÉ SOCIALE. – *Voir* GPRF (œuvre intérieure et outre-mer du) ; ORDONNANCES DE 1967 ; SOCIALE (politique).

SEIN (île de). – « L'île de Sein, c'est donc le quart de la France ! », aurait dit le général de Gaulle à Londres, début juillet 1940, en constatant avec surprise que, parmi les quatre cents volontaires présents ce jour à l'Olympia Hall pour s'engager dans les FFL (Forces françaises libres), se trouvaient une centaine de Sénans.

L'île de Sein – Compagnon de la Libération, titulaire de la médaille de la Résistance et de la croix de guerre 1939-1945 – est l'exemple presque unique d'un refus collectif de la défaite de juin 1940. Elle occupe, pour cette raison, une place à part dans l'épopée de la France libre et dans la mémoire de Charles de Gaulle. Située en Bretagne, au large de la pointe du Raz, cette petite île de 56 hectares compte 1 400 habitants en septembre 1939. Une grande partie des hommes sont mobilisés lorsque, le 19 juin 1940, Sein apprend la prise de Rennes et l'évacuation de Brest. Le jour même, l'*Ar Zénith*, transportant vers l'Angleterre une centaine de chasseurs alpins, des jeunes gens d'Audierne et du matériel de guerre, fait escale sur l'île avant de repartir avec à son bord plusieurs Sénans. Prévenus qu'un général français doit parler à la radio de Londres, une centaine d'îliens, réunis autour d'un des postes de TSF à accumulateur (il n'y a pas l'électricité sur l'île), entendent le discours du général de Gaulle le 22 juin. Fortement impressionné, chacun retourne chez soi alors que des avions bombardent des cargos qui passent au large.

Le 24 juin, le maire fait afficher qu'un avis, reçu d'Audierne par téléphone, ordonne aux militaires de se rendre aux autorités allemandes. Réagissant à cette menace, deux bateaux, la *Velléda* et le *Rouanez-ar-Mor,* appareillent pour l'Angleterre, chargés d'hommes en âge de combattre. Le lendemain, deux nouveaux bateaux, le *Rouanez-ar-Péoc'h* et le *Maris Stella,* partent à leur tour. Le *Corbeau des mers* les suit de peu. Comme la veille, le maire et le recteur encadrent ces départs, autorisés seulement aux plus de quinze ans. Ainsi, du 19 au 26 juin, 114 îliens que la mobilisation de 1939 avait écartés à cause de leur âge ou de leurs charges de famille, partent de Sein. Plus tard, d'autres rejoindront l'Angleterre par divers moyens. Au total, 124 Sénans quitteront l'île pour la Grande-Bretagne, la plupart étant admis dans les Forces navales françaises libres. Vingt-deux d'entre eux sont morts pour la France.

Sur l'île – que les Allemands occupent dès le début de juillet 1940 –, une sévère réglementation est appliquée concernant la circulation tant sur mer que sur place. Les femmes, les enfants et les vieillards, largement majoritaires, y sont soumis à des conditions matérielles très difficiles jusqu'à la libération, le 4 août 1944.

Avec une simplicité exempte de tout protocole, sans discours, Charles de Gaulle marque son attachement à l'île de Sein en s'y rendant à deux reprises. D'abord en août 1946, pour lui remettre la croix de la Libération, et en septembre 1960, pour inaugurer son mémorial des Forces françaises libres. Vladimir TROUPLIN

• *Voir aussi :* FFL ; Ordre de la Libération ; Statues et monuments en France

Bibl. : Henri Bancaud, Bruno Barbier et Jean Marin, *Île de Sein*, Rennes, Ouest-France, 1992 • René Pichavant, *Sein, l'île des cormorans bleus*, Douarnenez, Éditions Morgane, 1991.

SÉKOU TOURÉ, Ahmed (1922-1984). – En septembre 1940, de Gaulle passe au large de la Guinée, ralliée à la France libre, mais sans y faire escale. À cette époque, Ahmed Sékou Touré est un modeste commis aux écritures à la Compagnie du Niger français. Plus tard, employé des Postes, il est révoqué par l'administration car il est l'actif responsable de syndicats liés à la CGT. Lorsqu'en mars 1953 de Gaulle s'arrête à Conakry dans le cadre d'une tournée en Afrique-Occidentale française (A-OF), Sékou Touré n'a pas encore de mandat politique mais il est secrétaire général du Parti démocratique guinéen (PDG), section du Rassemblement démocratique africain (RDA). Élu député en 1956, il devient en 1957 vice-président du Conseil de gouvernement de la Guinée sous le régime de la loi Defferre (loi-cadre qui vise à renforcer l'autonomie interne des territoires).

En 1958, de Gaulle ne connaît pas personnellement Sékou Touré, contrairement à d'autres leaders africains dont plusieurs entrent dans son gouvernement. Lors du vote d'investiture, en juin, Sékou Touré est en Guinée et ne prend pas part au scrutin. En juillet, sur le conseil de Félix Houphouët-Boigny, de Gaulle refuse de le nommer au Comité consultatif constitutionnel, malgré le ministre de la France d'outre-mer qui plaide en sa faveur. Les deux hommes se rencontrent deux fois, en août 1958. Sékou est membre de la délégation du RDA venue, le 5 août, présenter au Général les vues de ce mouvement sur les aspects africains du projet de constitution. Il se fait honnêtement le porte-parole du parti qui, pourtant, n'a pas fait siennes ses conceptions, plus radicales. Sékou est en effet partisan de l'indépendance immédiate des territoires, qui pourront ensuite s'associer librement avec la France. Lors de cette première rencontre, de Gaulle n'a pas pu soupçonner en lui le tribun fougueux qu'il retrouve à Conakry le 25 août, avant-dernière étape de sa tournée africaine en faveur du « oui » à son projet constitutionnel.

L'accueil de la capitale guinéenne est chaleureux. Les militants du PDG sont mobilisés, avec danses, slogans, pancartes et tam-tams. Dans la salle de l'Assemblée territoriale, les haut-parleurs sont orientés vers la foule qui applaudit au signal des responsables. Personne dans l'entourage du Général n'a pris la peine de l'informer sur la personnalité bouillante de Sékou Touré ou ne lui a parlé du contenu du discours, pourtant communiqué au gouverneur. En fait, ce n'est pas tellement le fond qui heurte le Général mais le ton, les formules lancées comme des slogans immédiatement ovationnés par la foule. « Nous préférons la liberté dans la pauvreté à la richesse dans l'esclavage. » « Sur un ton péremptoire, écrit de Gaulle dans ses *Mémoires d'espoir*, il m'adresse un discours fait pour sa propagande et coupé par des rafales bien rythmées de hourras et d'applaudissements. » Le Général, heurté et même blessé, répond : « On a parlé d'indépendance ; je le dis ici plus haut encore qu'ailleurs, l'indépendance est à la disposition de la Guinée ; elle peut la prendre le 28 septembre en disant "non" à la proposition qui lui est faite (ici la foule applaudit à tout rompre) et, dans ce cas, je garantis que la métropole n'y fera pas obstacle. Elle en tirera bien sûr des conséquences. » Le Général escamote la réception officielle et se retire dans sa chambre. Le lendemain matin, à l'aéroport, il se bornera à serrer la main de Sékou Touré en lançant un bref : « Adieu la Guinée », et dit à ses accompagnateurs : « Eh bien, messieurs, voilà un homme avec lequel nous ne nous entendrons jamais. Allons, la chose est claire : nous partirons le 29 septembre au matin. »

Le 28 septembre, le référendum en Guinée donne 95 % de voix pour le « non », alors que tous les autres territoires approuvent la Constitution. L'indépendance est proclamée le 2 octobre 1958. Paris rappelle ses fonctionnaires, notamment les enseignants, met fin à son aide budgétaire, gèle progressivement les transferts financiers, cesse de payer les pensions des 20 000 anciens combattants, tente de retarder l'admission de la Guinée à l'ONU. De Gaulle pense que le régime de Sékou Touré s'effondrera rapidement et Houphouët-Boigny, ministre de son gouvernement, le pousse à l'intransigeance, afin que ce territoire qui a voté « non » ne soit pas traité à l'égal de ceux qui ont voté « oui ». De médiocres relations diplomatiques et la signature de quelques accords de coopération en 1963 ne survivront pas à la sortie de la Guinée de la zone franc, aux nationalisations de plusieurs entreprises françaises, aux expulsions ou arrestations de Français, à la multiplication des complots, procès, disparitions, violations des droits de l'homme. Les relations diplomatiques sont rompues en 1965. Elles ne seront rétablies qu'en 1975, après la disparition du général de Gaulle et l'éloignement de Jacques Foccart.

De Gaulle n'a jamais varié dans son hostilité à Sékou Touré. De multiples notes de sa main le prouvent. Ainsi le 28 novembre 1962 dans une note à Jacques Foccart : « Le pire de tout, c'est de se précipiter au-devant des quémandeurs qui, au surplus, ont été pour nous des insulteurs. » Quant à Sékou Touré, il enverra son Premier ministre aux obsèques du Général et, plus tard, reçu à l'Hôtel de Ville de Paris en 1982, il rendra un hommage solennel au général de Gaulle, déclarant notamment : « L'Histoire retient que la Guinée aura sans effusion de sang fait le passage qualitatif d'un stade colonial à un stade de souveraineté totale. »

André LEWIN

• *Voir aussi* : Décolonisation ; Référendum du 28 septembre 1958 ; Union française ; Voyages en Afrique noire

Bibl. : Robert Bourgi, *Le Général de Gaulle et l'Afrique noire (1940-1969)*, Paris-Dakar, LGDJ-

NEA, 1980 • IEP Bordeaux-CEAN, *La Politique africaine du général de Gaulle (1958-1969)*, Paris, A. Pedone, 1980.

SÉNAT. – De Gaulle a toujours accordé de l'importance à la question du Sénat. Trois fois, en 1946, 1958 et 1969, il en traça un projet original. Aucun n'aboutit.

Celui brossé à Bayeux, le 16 juin 1946, est fondateur. Le Général a quitté le pouvoir. Il se tait lors des débats de la première Assemblée constituante, conclus par un texte monocaméral rejeté par le peuple. Il reste sensible aux courants qui prônent de nouvelles formes de représentation au sein d'un bicamérisme inégalitaire et d'un parlementarisme atténué. Une seconde chambre parlementaire compléterait l'Assemblée élue au suffrage universel direct à qui revient « le vote définitif des lois et des budgets ». Proposant, délibérant, amendant, elle corrige le manque « de clairvoyance et de sérénité » des députés. Au nom des collectivités, elle traduit « les tendances et les droits » de la vie locale. Mais « pour que se fasse entendre, au-dedans même de l'État, la voix des grandes activités du pays », elle intègre des délégués des organisations économiques, familiales et intellectuelles. Elle participe au Grand Conseil de l'Union française. Moins puissante que le Sénat d'autrefois, cette chambre serait plus forte que celle qui naîtra en octobre 1946. Elle tend à une magistrature d'influence et promeut une démocratie de groupes qui séduit, sous d'autres formes, le MRP. Mais ce Sénat de Bayeux vient tard. Il dérange. Le fruit n'est pas mûr et le Général, tactiquement, reste discret à Épinal, le 29 septembre 1946, quant à sa composition. Minoritaires, les gaullistes usent alors habilement du Conseil de la République pour chercher à modifier l'équilibre des pouvoirs publics et promouvoir une réforme de l'État. Leur groupe s'y ancre. Le dessein de créer un intergroupe avec tous ceux qui se sont réclamés du Général vise à former une majorité susceptible de bloquer le processus législatif. Le projet échoue face à la détermination de ceux qui critiquent l'action des députés sans être prêts à rendre le pouvoir à de Gaulle. L'utilisation du conseil comme tribune où polémique Michel Debré se révèle plus efficace. L'alliance avec ceux qui veulent convertir la seconde chambre en réelle assemblée politique permet la réforme de 1954, imparfaite aux yeux des gaullistes mais suffisante pour que l'on imagine que leur chef désire restaurer un vrai Sénat. À son retour au pouvoir, il n'est donc pas étonnant qu'il y soit mieux accueilli qu'au Palais-Bourbon.

En 1958, le bicamérisme n'est guère contesté que par les communistes. Un Sénat est inévitable. Avec quel profil et dans quel but ? De Gaulle teste l'idée d'une chambre à trois sections (territoriale, économico-sociale, outre-mer). Ses espoirs sont vite déçus. Très critiqué, le mode de recrutement traditionnel est pourtant confirmé. Le chef de l'État s'en inspire même pour sa propre élection. Nom, rang, honneurs, stabilité sont garantis. Dans la confection des lois, le Sénat est l'égal des députés aussi longtemps que le gouvernement ne les laisse pas trancher définitivement. Il peut bloquer la révision de la Constitution et des lois organiques le concernant. Son président assure l'intérim de la présidence de la République.

Promotion ambiguë : ce vestige du parlementarisme classique s'inscrit en effet dans un cadre nouveau. Le centre de gravité et d'impulsion de la vie publique a quitté le Parlement. Deux conceptions constitutionnelles s'opposent. Deux logiques bicamérales aussi, car l'alliance avec le gouvernement est inégalitaire. Michel Debré l'expose au Conseil d'État : le Sénat est un contrepoids modérateur à une Assemblée présumée partisane et morcelée. Qu'advienne une majorité de députés et ce balancier perdra son utilité. Le pronostic d'une seconde chambre coopérative sera aussi déjoué. Désigné surtout par des notables ruraux, alors que le gaullisme est mieux établi dans les villes, refuge des caciques de la IVe République, gardien autoproclamé de la tradition républicaine, le Sénat, dont le Conseil constitutionnel a bridé le règlement, s'oppose aux choix gaulliens ainsi qu'à l'évolution vers un régime personnalisé, présidentialiste et majoritaire.

En 1962, la rupture est consommée. Avec l'élection du chef de l'État au suffrage universel cesse la parenté d'origine entre les deux institutions ; la légitimité présidentielle se renforce, le recours direct au référendum court-circuite le Sénat et le menace d'être ainsi réformé. L'avènement d'une majorité à l'Assemblée nationale permet d'autres alliances et l'isolement de la Chambre haute. Un mot acerbe – la « forfaiture » – du président Monnerville, prononcé devant son parti, sert de prétexte à l'ostracisme. Pendant près de sept ans, le Sénat est marginalisé. Ministres absents, usage répétitif de moyens de procédure, votes bloqués, non-conciliation parlementaire l'empêchent de peser sur les décisions ou de jouer son rôle de correction et de dialogue. Parfois maladroite, la Haute Assemblée est peu à peu asphyxiée. Peut-on s'en accommoder ?

L'excès verbal tient souvent lieu d'argumentaire : Sénat inefficace, opposant systématique et sclérosé, témoin du passé pour les uns ; garant de la démocratie, expression de la palpitation locale et des laissés-pour-compte du développement pour les autres. Puis deux thèmes s'imposent : l'arrivée de socioprofessionnels au Parlement et l'efficience politique de la Haute Assemblée. Partis, ouvrages (de Michel Debré, Michel Debatisse et Pierre Mendès France notamment), colloques ou commissions balisent diversement le terrain. À Lille, en avril 1966, de Gaulle, réélu, annonce qu'il faut « réunir en une assemblée unique des représentants des collectivités locales et des activités régionales avec ceux des grands organismes d'ordre économique et social du pays afin de délibérer des affaires de cette nature avant que l'Assemblée nationale, représentation politique, les tranche en votant les lois ». Un lien apparaît avec l'émergence de la région et la « participation » des intéressés à la préparation des décisions. Après les événements de 1968, le processus s'accélère : Jean-Marcel Jeanneney est chargé de sa mise en forme ; une note-cadre fixe les orientations, une conférence de presse élyséenne l'explicite. Le Sénat contre-attaque. Il vote deux propositions d'autoréforme, celles d'Édouard Bonnefous et de Marcel Prélot, pour améliorer sa représentativité et sa coopération avec le Conseil économique et social. Mais il refuse de perdre ses fonctions politiques, de n'être pas tout entier élu, de mêler des représentants d'origines différentes. En octobre 1968, il change non de point de vue mais de président et de stratégie. Alain Poher veut dégager une base commune pour susciter une conciliation. Son souhait d'une réforme négociée et limitée n'est pas retenu. Le texte gaullien se polit dans un secret relatif. Après un avis sévère du Conseil d'État, il donne lieu a un double débat parlementaire crispé. Une réponse positive au référendum du 27 avril 1969 enfanterait un autre Sénat. S'y côtoieraient 173 élus (au suffrage indirect) d'ensembles territoriaux, 146 délégués nommés par des organismes socio-professionnels dont la liste serait fixée par décret et quatre représentants des Français de l'étranger. La présence de membres nommés exclut tout pouvoir budgétaire et politique, bien que cette chambre soit parlementaire. Le Sénat s'exprime par un avis motivé et préalable à la décision des députés, sous réserve d'exceptions. Disparaissent la capacité de blocage, le contrôle et le questionnement du gouvernement, la participation à l'intérim de la présidence de la République. Les réactions fusent de toutes parts. Est-ce un Sénat rénové ou un Conseil économique et social renforcé ? La procédure référendaire est-elle constitutionnelle ? Les inégalités traditionnelles de représentation sont-elles corrigées ? La cohabitation est-elle possible entre divers types de sénateurs, et l'articulation suffisante avec la région ? L'audience de la seconde chambre croît-elle ou le gouvernement la maîtrise-t-il en encadrant l'expression socio-économique... ? On ne peut mesurer la part de cette seule réforme dans la réponse négative au référendum. Les enquêtes d'opinion montrent un Sénat rassurant, des sénateurs appréciés des élus locaux et la crainte qu'il ne s'agisse d'une fausse querelle (Bayeux est méconnu et lointain). Mais une unique réponse est requise à plusieurs questions complexes. L'enjeu est devenu celui du renouvellement de la confiance au président.

Ainsi de Gaulle a-t-il toujours achoppé sur le Sénat. Certes, au fil du temps, et des configurations politiques, institutionnelles ou sociales, sa pensée s'est adaptée. Des gaullistes éminents ont évolué : l'un d'eux, en 2005, préside cette chambre dont il défend composition et renforcement des pouvoirs, le propre fils du Général et le Premier ministre de 1969 y ont siégé, le groupe UMP et ses alliés y dominent. Les hôtes du palais du Luxembourg ont pris conscience qu'ils devaient s'adapter s'ils ne voulaient pas s'étioler. De Gaulle aurait-il alors renforcé la pérennité du Sénat classique ? Peut-être. Jean MASTIAS

• *Voir aussi* : Constitutionnelles (conceptions) ; État (réforme de l') ; Référendum du 27 avril 1969

Bibl. : Association française des constitutionnalistes, *Le Bicamérisme*, Paris, Economica-Presses universitaires d'Aix-Marseille, 1997 • Institut Charles-de-Gaulle, *De Gaulle en son siècle*, t. 2, *La République*, p. 451-484 et p. 492-495, Paris, Plon-La Documentation française, 1992 • Jean Mastias, *Le Sénat de la Ve République : réforme et renouveau*, Paris, Economica, 1980.

SENGHOR, Léopold Sédar (1906-2001). – Président du Sénégal d'août 1960 à décembre 1980, Léopold Sédar Senghor joua un rôle majeur dans l'évolution pacifique de l'Afrique francophone vers l'indépendance. Partisan du droit des Africains à disposer d'eux-mêmes, il milita également avec ardeur en faveur du maintien de liens privilégiés avec la France. L'indépendance, devait-il affirmer au général de Gaulle, se réaliserait non pas contre elle mais avec elle, dans le respect de l'amitié et de la légalité constitutionnelle.

On a suffisamment évoqué ailleurs la stature littéraire et poétique de Senghor ainsi que son engagement au service de la négritude et de la francophonie pour qu'il ne soit pas nécessaire d'y revenir ici. Mais tout aussi intéressante est sa trajectoire politique, indissociable de celle de la IVe République dont il fut l'un des piliers africains avec, notamment, Félix Houphouët-Boigny. Élu par le Sénégal à la première puis à la deuxième Assemblée constituante, il ne tarde pas à rompre avec la SFIO pour créer le Bloc démocratique sénégalais. En compétition avec Houphouët-Boigny pour le leadership de l'Afrique occidentale, il est à l'origine du Groupe des indépendants d'outre-mer qui, à l'Assemblée, se rapprochera du MRP alors que le Rassemblement démocratique africain (RDA) d'Houphouët-Boigny opte pour l'apparentement avec l'UDSR (Union démocratique et socialiste de la Résistance) de François Mitterrand après sa rupture avec les communistes. Nommé secrétaire d'État dans le gouvernement d'Edgar Faure en 1955, Senghor se montre réticent à l'égard de la loi-cadre (1956) qui organise l'autonomie interne des territoires d'outre-mer. Il s'abstiendra donc de la voter, au nom du refus de ce qu'il appelle la « balkanisation » de l'Afrique. Privilégiant une sorte de « Commonwealth » français, il en appelle à l'autonomie dans le cadre non pas des territoires mais des deux fédérations que sont l'Afrique-Occidentale française (A-OF) et l'Afrique-Équatoriale française (A-ÉF).

Admirateur du Général – rappelons que le jeune Senghor avait rejoint dès 1941 la Résistance au sein du Front national universitaire –, le futur chef d'État du Sénégal se montre néanmoins circonspect, en 1958, quant au retour au pouvoir du chef de la France libre. Certains y verront la marque de son légalisme, d'autres un signe d'attentisme. Toujours est-il qu'il acceptera de faire partie du Comité consultatif constitutionnel chargé d'élaborer la future Constitution. Informé par le Général lui-même des projets que celui-ci nourrit pour l'Afrique, Senghor préside à Cotonou (Bénin, à l'époque Dahomey) un congrès du Parti de regroupement africain où son option modérée est désavouée par une majorité favorable à l'indépendance immédiate. Récusant l'exemple guinéen et plaidant au contraire avec succès pour le « oui » au référendum de 1958, Senghor fait tout pour éviter la rupture avec la France. Après l'indépendance acquise en 1960, il s'affirmera comme l'un des plus sûrs soutiens de la politique africaine du Général à l'élaboration de laquelle il contribuera en compagnie d'autres leaders historiques comme Félix Houphouët-Boigny, Diori Hamani (Niger) ou Philibert Tsiranana (Madagascar). René OTAYEK

• *Voir aussi* : Communauté franco-africaine ; Coopération ; Décolonisation ; Francophonie ; Union française

Bibl. : Jean-Pierre Biondi, *Senghor ou la Tentation de l'universel*, Paris, Denoël, 1993.

SERVAN-SCHREIBER, Jean-Jacques (né en 1924). – Jean-Jacques Servan-Schreiber est difficilement séparable de *L'Express*, hebdomadaire qu'il fonda et dirigea et qui, de 1958 à 1969, se distingua par son antigaullisme. Polytechnicien, ancien pilote de chasse de la France libre, il partage en mai 1958 l'analyse de Pierre Mendès France, dont il est proche et selon qui, revenant au pouvoir dans des conditions troubles, le général de Gaulle restera prisonnier de ceux qui l'ont soutenu. Partant de là, Servan-Schreiber ne variera pas dans son opposition résolue au général de Gaulle, loin des positions de son cousin, le gaulliste Jean-Claude Servan-Schreiber.

Derrière l'antigaullisme du journaliste apparaissent également ses ambitions politiques. Guidé par la volonté de mettre un terme à la bipolarisation et de permettre une résurrection du centre, Jean-Jacques Servan-Schreiber appelle de ses vœux le développement d'un mouvement politique qui ne soit soumis ni au communisme ni au gaullisme. Candidat aux élections législatives en Seine-Maritime en novembre 1962, il est battu au second tour par le candidat de l'UNR (Union pour la nouvelle République). Cette défaite renforce son opposition. En janvier 1963, il lance dans les pages de *L'Express* l'idée de la rénovation de la gauche non communiste en vue de la première élection du président de la République au suffrage universel. Il s'agit de présenter, face à de Gaulle et à l'UNR, un candidat et une formation politique crédibles, capables de mettre fin au pouvoir du Général. Pour le directeur de *L'Express*, la grève des mineurs est la preuve que « le roi est nu » et le régime en perdition. Il dénonce également le pouvoir personnel du chef de l'État, son « humeur solitaire » et son « calcul personnel ». La campagne est menée avec beaucoup de bruit médiatique autour de la candidature d'un certain M. X... qui ressemble progressivement à Gaston Defferre, pressenti pour assurer le rôle de l'opposant unique au Général. Cependant, le retrait du maire de Marseille, après l'échec de la Grande Fédération, consacre l'échec de la campagne.

De Gaulle réélu en décembre 1965, Servan-Schreiber poursuit ses critiques à l'encontre du président de la République. Il le décrit comme un homme d'un autre âge et fustige sa politique d'indépendance nationale avec « sa fixation sur le Québec, sa rage contre l'Angleterre, l'embargo sur Israël ». Il l'accuse d'être à l'origine des problèmes agricoles, monétaires, technologiques et commerciaux de la France et de retarder ainsi la naissance d'une « société plus intelligente ». L'auteur du *Réveil de la France, mai-juin 1968*, qui a préconisé de voter « non » au référendum d'avril 1969, se réjouit que l'heure de l'après-de Gaulle soit enfin venue et permette, écrit-il, à « cette nouvelle France d'entrer dans son époque ». Pour Jean-Jacques Servan-Schreiber, devenu président du parti radical et député de Nancy en juin 1970, la mort de De Gaulle signe l'achèvement de l'« ère militaire » et la disparition du « dernier des chefs ». En 1971, il affronte sans succès Jacques Chaban-Delmas à Bordeaux, pour un siège de député puis, en 1974, occupe très brièvement le ministère de la Réforme dans le premier gouvernement de Jacques Chirac. Amer, déçu par ses nombreuses déconvenues, il se retire de la vie politique et quitte la France pour les États-Unis.

Véronique ODUL

• *Voir aussi* : Centristes ; Deferre, Gaston ; Express (L') ; Intellectuels ; Journalistes

Bibl. : Michel Jamet, L'Express *de Jean-Jacques Servan-Schreiber, ruptures et continuités*, université Paris-X-Nanterre, thèse de 3e cycle, 1979 • Manuel Ovise, *Les Coups politiques de* L'Express, *1953-1978*, DEA sous la direction de Jean-François Sirinelli, université Lille-III, 1993 • Jean-Jacques Servan-Schreiber, *Passions*, Paris, Fixot, 1991, et t. 2, *Les Fossoyeurs*, 1993.

SERVICE D'ACTION CIVIQUE. – *Voir* SAC.

SERVICES SPÉCIAUX. – En matière de services spéciaux, Charles de Gaulle a peu varié sur les principes tout en faisant preuve d'un certain pragmatisme. Il adhéra à la conception traditionnelle des militaires selon laquelle les services étaient un auxiliaire des armées et devaient donc être rattachés au haut commandement.

En juillet 1940, le général de Gaulle demanda au capitaine André Dewavrin de mettre sur pied un 2e bureau au sein de l'état-major, bureau dont il n'accepta que progressivement la mue en service de renseignement. La transformation de la France libre en un embryon d'État passait en effet par l'établissement de relations avec les mouvements politiques engagés en résistance. À l'été 1942, de Gaulle suivit la recommandation émise le 30 mai par André Dewavrin-Passy et Pierre Brossolette selon laquelle une « section politique » devait être créée au sein des services secrets, le Bureau central de renseignements et d'action (BCRA). À la Libération, le Général voulut revenir aux conceptions traditionnelles héritées de la IIIe République et rattacher les services spéciaux, en cours de réorganisation, au ministère de la Guerre. Devant la résistance des services eux-mêmes, il dut se résoudre à la création, le 28 décembre 1945, sur le modèle avoué de l'*Intelligence Service* anglais, d'une grande centrale de renseignement rattachée à la présidence du Conseil, le Service de documentation extérieure et de contre-espionnage (SDECE). Le 20 mai 1946 il avait qualifié le SDECE d'« administration essentielle à l'État ». Le 18 juillet 1958, à peine revenu au pouvoir, il rétablit entre la présidence du Conseil et le SDECE un échelon intermédiaire d'essence strictement militaire, le chef d'état-major de la Défense nationale. Le 2 janvier 1966, il profita de la crise provoquée par l'affaire Ben Barka pour rattacher le SDECE au ministre de la Défense. Toutefois, quelques jours après la signature du décret de réorganisation de 1966, il déclara en Conseil des ministres : « Et puis, il faut en finir avec cette indépendance du SDECE. Il est théoriquement rattaché au Premier ministre. Mais il fait ce qu'il veut. Il faut le rattacher au ministre des Armées, pour qu'il soit placé dans une hiérarchie, dans un encadrement. » En matière de contre-espionnage sur le territoire français, il ne toucha pas à l'organisation mise en place par l'ordonnance du 16 novembre 1944 qui avait créé, au sein du ministère de l'Intérieur, la Direction de la surveillance du territoire (DST).

Par ailleurs, tenant compte de la nouvelle organisation de l'exécutif et de la constitution d'un « domaine réservé », le Général modifia les rapports entre la présidence de la République et les services spéciaux. Il plaça auprès de lui un conseiller en charge à la fois du domaine africain et des services, Jacques Foccart. Cette double attribution est notamment révélatrice de la nature des missions confiées au SDECE à l'époque. S'il arrivait que le directeur général du SDECE, toujours un officier général, rencontre directement le chef de l'État, il avait plus souvent affaire à Foccart. De Gaulle fixait les grandes orientations et, dans certains cas, donnait des instructions plus précises. Il semble toutefois qu'il n'ait pas accordé aux services une attention soutenue et permanente. C'est à Matignon qu'incombait de mettre en œuvre l'« intendance », en liaison avec Foccart. De ce point de vue comme en bien d'autres domaines, l'implication personnelle du Premier ministre et ses relations avec le président de la République étaient déterminantes. L'intérêt de Michel Debré pour le renseignement est établi mais celui de Georges Pompidou est mal connu, bien qu'il ait regretté la réorganisation de1966 qui lui a fait perdre le contrôle sur les services. Il semble qu'à terme, la méfiance du chef de l'État vis-à-vis des services spéciaux l'ait emporté sur le désintérêt. De Gaulle ne pouvait oublier que le service action du SDECE et notamment son bras armé, le 11e bataillon de choc, s'était montré en 1961-1962 ouvertement favorable à l'Algérie française, voire dans certains cas à l'OAS. La dissolution du 11e choc en 1963, ordonnée par de Gaulle à Pierre Messmer, ne fit pas disparaître le malaise au sein d'une partie du SDECE.

Les services spéciaux ont vu leur action logiquement ordonnée selon les grandes lignes de la politique extérieure française. La lutte contre les nationalismes coloniaux a constitué jusqu'en 1962 l'essentiel de leur combat. Avec la mise en place de la Communauté et la redéfinition complète des rapports avec les anciennes possessions, le SDECE est demeuré un élément décisif de l'information et de l'action de l'Élysée sur le continent africain mais aussi au Moyen-Orient, acquérant sur ces deux ensembles géographiques une compétence reconnue par les services étrangers. En revanche, sur le reste du monde, l'appareil diplomatique s'est révélé un corps auxiliaire bien plus précieux pour le général de Gaulle. Il semble en particulier que le SDECE se soit trouvé plutôt désarmé face à l'URSS et au monde soviétique quand, dans le même temps, la DST faisait, avec plus ou moins de réussite, de la lutte contre la pénétration soviétique et celle de ses alliés son objectif principal. Au cours des années 1960, les services anglo-saxons en arrivèrent à accuser leurs homologues français d'abriter de nombreux agents soviétiques. Les services spéciaux devinrent ainsi l'objet de différends entre la France et les États-Unis. En particulier, à la suite des révélations d'un transfuge soviétique, Anatoli Golitsine, qui permirent d'arrêter le diplomate Georges Pâques en 1963, la CIA acquit la conviction qu'un réseau soviétique existait au plus haut niveau du SDECE. Ce soupçon mettait en cause les principaux responsables de ce dernier, sur fond de trahison de leur représentant à Washington. Les années gaulliennes du SDECE furent donc étroitement marquées par la redéfinition de ses missions après la disparition de l'Empire colonial et par sa forte implication dans les querelles franco-américaines. Il n'en demeure pas moins que le SDECE fut un partenaire à part entière des coopérations transatlantiques en matière de renseignement.

Sébastien Laurent

• *Voir aussi :* Barbouzes ; BCRA ; Civile et militaire (autorités) ; Sécurité ; Wybot, Roger

Bibl. : Olivier Forcade, « Michel Debré et les fins politiques du renseignement », dans Serge Berstein, Pierre Milza, et Jean-François Sirinelli (dir.), *Michel Debré Premier ministre, 1959-1962*, Paris, PUF, 2005, p. 489-513 • Sébastien Laurent, « The Free French Secret Services : Intelligence and the Politics of Republican Legitimacy », *Intelligence and National Security*, vol. 15, n° 4, hiver 2000, p. 19-41 • Id., « Les services secrets gaullistes à l'épreuve de la politique (1940-1947) », *Politix. Revue des sciences sociales du politique*, vol. 14, n° 54, 2001, p. 139-153 • Id., « Chaban à trois temps (1943-1944, 1957-1958, 1969-1972) : Chaban, le renseignement dans la politique », *Jacques Chaban-Delmas en politique*, Colloque de Bordeaux, mai 2006.

SÉTIF (mai 1945). – Au moment où le Gouvernement provisoire de la République française (GPRF) quitta Alger pour Paris, en septembre 1944, le général Catroux fut remplacé au gouvernement général par le diplomate Yves Chataigneau, intellectuel et militant socialiste, qui voulut encourager les nationalistes modérés souhaitant sincèrement une fédération avec la France. Mais les nationalistes intransigeants du Parti du peuple algérien (PPA) prirent la direction des « Amis du Manifeste et de la Liberté » (AML) en mars 1945. Les militants du PPA prêchaient l'indépendance totale arrachée par une insurrection avec l'appui de la Ligue arabe récemment fondée. Ils avaient l'intention de proclamer un gouvernement provisoire présidé par leur chef, Messali Hadj. Celui-ci tenta de s'évader de sa résidence surveillée le 16 avril 1945, mais fut éloigné au Sahara le 23, puis le 30 à Brazzaville.

Le 8 mai, jour de la capitulation allemande, les AML furent autorisés à défiler sans drapeaux ni slogans politiques. En plusieurs endroits la police intervint pour enlever des drapeaux et des banderoles interdits ; à Sétif, à Bône et à Guelma, il y eut des morts parmi les manifestants ; à Sétif, une partie d'entre eux massacra une vingtaine d'Européens dans les rues. Entraînés par des militants appelant au djihad, les paysans des environs de Sétif et de Guelma s'attaquèrent aux représentants de l'administration et aux civils européens. L'armée, composée en partie de troupes musulmanes, intervint avec l'appui de l'aviation et de la marine, ainsi que des « gardes civiques » levées dans la population française.

Le bilan de la révolte est connu : 102 morts – dont 14 militaires, et 2 prisonniers italiens –, 110 blessés et 10 femmes violées du côté français. Celui de la répression – 1 165 morts selon le général Duval – est resté controversé. Des estimations officieuses ont circulé : 5 000 à 6 000, 6 000 à 8 000, voire 15 000 à 20 000 morts. Les nationalistes algériens ont retenu le nombre de 45 000 morts, voire davantage, mais sans démonstration probante. En outre, la justice militaire jugea 3 630 personnes, en condamna 1 868 à des peines de prison et 166 à mort – 33 furent exécutées. Selon Albert Camus, « les massacres de Sétif et de Guelma ont provoqué chez les Français d'Algérie un ressentiment profond et indigné. La répression qui a suivi a développé dans les masses arabes un sentiment de crainte et d'hostilité ».

Suivant les instructions très fermes du général de Gaulle, le gouvernement général interdit les AML, arrêta Ferhat Abbas, leur président, et mit en cause des « provocateurs hitlériens ». Les communistes (qui soutenaient le GPRF tout en attaquant l'administration vichyste mal épurée) firent l'amalgame entre les colons fascistes et les « pseudo-nationalistes » du PPA, puis dénoncèrent les horreurs de la répression. Les nationalistes mirent en cause un complot de l'administration contre les AML. Celle-ci préparait en effet leur interdiction depuis des mois, parce qu'elle savait que le PPA les utilisait comme couverture pour ses préparatifs d'insurrection. Mais le déclenchement des troubles n'avait pas été prémédité, le PPA étant privé de stratégie depuis l'éloignement de son chef.

La droite française d'Algérie mit en cause la faiblesse du gouverneur général Chataigneau, réclama sa destitution, l'abrogation des réformes, et le retour à une politique d'autorité. Mais le GPRF lui renouvela sa confiance et présenta son programme de réformes à l'Assemblée consultative. De son côté, le PPA clandestin avait critiqué la spontanéité anarchique de la révolte, et conclu qu'il faudrait préparer méthodiquement la revanche.

Guy Pervillé

• *Voir aussi* : Algérie (guerre d') ; GPRF

Bibl. : Charles-Robert Ageron, « Les troubles du Nord-Constantinois en mai 1945 : une tentative insurrectionnelle ? », *Vingtième Siècle*, 1, janvier 1984 • Albert Camus, « Crise en Algérie », articles parus dans *Combat* en mai 1945, repris dans *Essais*, Paris, Gallimard, coll. « La Pléiade », 1965.

SEYDOUX FORNIER DE CLAUSONNE, François (1905-1981). – Né à Berlin, François Seydoux est fils du diplomate Jacques Seydoux. Il a été autorisé à porter aussi le nom de sa mère, Mathilde Fornier de Clausonne. Après des études à Paris – lettres, droit et École libre des sciences politiques –, il est reçu au concours du ministère des Affaires étrangères en 1928 et entre au Service français de la Société des Nations (SDN), qui assure les relations entre le Quai d'Orsay et la SDN à Genève. De 1933 à 1936, il est en poste à Berlin, puis revient à l'administration centrale (direction d'Europe), où il reste après la défaite de 1940 et l'installation à Vichy. En 1941, il travaille quelque temps au cabinet de l'amiral Darlan, puis est envoyé à Budapest. Mais il démissionne en 1942 et rejoint le « bureau d'études Chauvel », groupe informel qui rédige des notes adressées à la fois à Vichy et Alger. À la Libération, il reprend sa carrière au sein des Affaires étrangères. Lors du retour au pouvoir du général de Gaulle et de la nomination de Maurice Couve de Murville comme ministre des Affaires étrangères, François Seydoux succède à celui-ci – qu'il connaît depuis l'enfance – comme ambassadeur à Bonn.

Durant sa première mission à Bonn d'août 1958 à juillet 1962, il est enthousiasmé par la personnalité de Konrad Adenauer, par la vision gaullienne de la réconciliation franco-allemande et par les relations particulières qui se nouent dès 1958 entre de Gaulle et Adenauer, décrites longuement dans ses *Mémoires d'outre-Rhin*. L'ambassadeur établit avec le vieux chancelier une relation de confiance et se consacre activement au rapprochement voulu par de Gaulle. Aussi est-il désappointé de céder son poste à Roland de Margerie à l'été 1962. Il devient alors représentant permanent de la France à l'OTAN (septembre 1962-février 1965), poste intéressant par la variété des questions traitées, mais où il n'a guère la maîtrise des événements : de Gaulle est déjà décidé à s'éloigner de l'organisation intégrée atlantique.

Margerie partant en retraite, Seydoux est de nouveau nommé ambassadeur en RFA, ce qui est contraire aux traditions diplomatiques mais qui révèle bien la passion de l'homme pour ce poste et ce pays. Sa seconde mission, de février 1965 à avril 1970, est plus difficile que la première. Les relations entre de Gaulle et les successeurs d'Adenauer sont moins bonnes qu'avec ce dernier ; la RFA est de plus en plus proche des États-Unis, sa place dans l'OTAN s'affermit ; les responsables allemands regrettent l'opposition du Général à l'entrée de la Grande-Bretagne dans la CEE. Seydoux continue néanmoins à déployer activité et conviction dans ses fonctions, jusqu'au début de la présidence de Georges Pompidou.

En retraite de la diplomatie après mai 1970, Seydoux reste présent dans la vie publique : conseiller d'État, administrateur de sociétés, de l'Agence France-Presse, de l'ORTF, de l'Union des Français de l'étranger, écrivain et chroniqueur.

Raphaële ULRICH-PIER

• *Voir aussi* : Allemagne ; Diplomates ; GPRF (œuvre extérieure du) ; Hauts fonctionnaires ; OTAN

Bibl. : François Seydoux, *Mémoires d'outre-Rhin*, Paris, Grasset, 1975 • Id., *Dans l'intimité franco-allemande*, Paris, Albatros, 1977 • Maurice Vaïsse, *La Grandeur. Politique étrangère du général de Gaulle, 1958-1969*, Paris, Fayard, 1998.

SFIO (Section française de l'Internationale ouvrière). – Faut-il remonter à la première entrevue que Léon Blum, président du Conseil du Front populaire, accorde au général de Gaulle ? Rappeler les liens qui se nouent entre le chef de la France libre et les socialistes durant la guerre ? Commencer avec la participation de ces derniers au Gouvernement provisoire de la République française ? Emportée par la défaite, la SFIO se reconstitue lentement dans la Résistance et ne retrouve officiellement son nom qu'en mars 1943, mais le sigle n'a ici que peu d'importance : l'histoire des relations entre de Gaulle et les socialistes est plus personnelle que collective ; improbable et tourmentée, elle met, dans les moments de crise aiguë, durement à l'épreuve l'unité du parti.

Que de Gaulle, par ses origines, son éducation, son métier et la tradition politique dont il se réclame, soit étranger à l'univers de la SFIO n'est pas un obstacle décisif à leur rencontre. Il est très tôt rejoint à Londres par des socialistes comme Georges Boris et Pierre Brossolette ; il confie des postes clés à André Philip, Pierre Bloch, Henry Hauck, d'autres encore. Sous l'influence de Blum, la grande majorité des militants engagés dans la Résistance se range sous la direction militaire mais aussi politique du chef de la France libre – avec plus ou moins de réticences au début, de manière plus franche dans les années 1942 et 1943 lorsqu'il s'agit de borner l'influence du général Giraud. Les socialistes acceptent de se dire gaullistes et c'est ainsi que la Résistance et l'Histoire les ont reconnus. L'influence de Léon Blum n'est pas seulement décisive dans l'adhésion des socialistes au gaullisme, elle l'est aussi dans la fondation du Conseil national de la Résistance et dans la reconnaissance que de Gaulle accepte finalement de donner aux partis politiques. Les échanges alors noués, les rapprochements opérés restent pourtant de circonstance. Pour un socialiste, le temps du gaullisme est celui du provisoire : la guerre appelle le rassemblement et l'unité de commandement, la paix impose le retour de la démocratie et la diversité des opinions.

Lorsque de Gaulle quitte la scène politique en 1946, chacun retrouve sa place. Les socialistes voient alors dans sa posture une forme de césarisme, dans sa lecture des institutions un héritage du bonapartisme, et dans sa conception du héros en politique la vieille image du chef dressé contre la République. Ils avaient, pendant la guerre, au temps de l'extraordinaire, donné leur adhésion au militaire, c'est le militaire, et tout ce qui le définit, qui les gêne lorsque vient le temps de l'ordinaire. La fondation du RPF et l'opposition à la Constitution de 1946 sur le plan intérieur, l'idée que de Gaulle se fait de la nation et de son indépendance sur le plan extérieur suffisent alors à consommer un divorce qui se prolonge tout au long de la IVe République. Placée dans une position d'entre-deux, la SFIO trouve dans sa double opposition au communisme et au gaullisme la meilleure assurance de son unité. Et c'est paradoxalement avec le retour au pouvoir du général de Gaulle que cette unité se délite.

Le clivage que cette crise ouvre, en 1958, au sein de la SFIO épouse étroitement celui creusé par la guerre d'Algérie. Il y a sans doute des exceptions – celle de Gaston Defferre, libéral sur la question algérienne et, malgré ses hésitations, socialiste discipliné et gaulliste de raison, est la plus notable –, mais la règle se vérifie dans l'ensemble : les minoritaires acquis à l'idée d'une négociation avec le FLN sont aussi ceux qui refusent de soutenir de Gaulle ; les majoritaires, qui ont défendu la politique algérienne de Guy Mollet, sont aussi ceux qui contribuent à la mise en place des nouvelles institutions. Les premiers condamnent à la fois le processus du retour, apparenté à un coup d'État, et les modalités d'affirmation de l'autorité caractéristiques du pouvoir personnel ; les seconds craignent d'abord l'insurrection militaire et les dangers que court la République. Les premiers tentent majoritairement l'aventure du PSA (Parti socialiste autonome) puis du PSU (Parti socialiste unifié), les seconds restent dans la « vieille maison ». Mais comme si le rapprochement du gaullisme et du socialisme ne pouvait décidément être que provisoire, la SFIO refuse, en janvier 1959, de participer au gouvernement Debré. Le parti continue de soutenir la politique algérienne du Général mais se désolidarise de la politique intérieure du gouvernement et s'oppose à l'interprétation que de Gaulle donne des institutions. En 1962, lors du référendum sur l'élection du président de la République au suffrage universel direct, la rupture est définitivement consommée. Opposé à toute idée de présidentialisation du régime, Guy Mollet contribue à la formation du « cartel des non », se met en marge des institutions et refuse d'entrer personnellement dans la compétition présidentielle. Pour lui, comme pour tous les socialistes, de Gaulle retrouve alors la figure du militaire étranger à la tradition républicaine.

L'Histoire aurait-elle pu s'écrire autrement ? À Londres, souvent crispés sur les principes politiques et mal préparés à une recomposition de l'échiquier politique, les socialistes ont stérilisé leur influence. Et à l'inverse, de Gaulle n'a pas aidé, à la Libération, à la création du parti travailliste qu'une partie des résistants non communistes appelaient de leurs vœux. Sur un échiquier politique surchargé, le gaullisme est finalement resté pour les socialistes une pièce rapportée, étrangère au jeu démocratique. Les conséquences de cette situation ont pesé lourdement sur le destin de chacun des acteurs concernés. Rejeté à droite, de Gaulle n'a pas pu préserver dans la durée la figure d'unité qu'il voulait incarner. Enfermés à gauche dans leur dialogue impossible avec les communistes, les socialistes ont défendu une culture politique rigide et ont empêché, sous la IVe République, toute véritable alternance. Si l'on considère par ailleurs l'échec du MRP (Mouvement républicain populaire), c'est l'espérance d'une voie intermédiaire qui a ainsi échoué.

Marc Sadoun

• *Voir aussi* : FGDS ; Partis politiques ; PSU ; UDSR

Bibl. : François Lafon et Gilles Morin, « Les socialistes français face au général de Gaulle et au gaullisme de 1940 à 1969 », dans Institut Charles-de-Gaulle, *De Gaulle en son siècle*, t. 2, *La République*, Paris, Plon-La Documentation française, 1992, p. 381-414 • Marc Sadoun, *Les socialistes sous l'Occupation. Résistance et collaboration*, Paris, Presses de Sciences Po, 1982 • Id., *De la démocratie française. Essai sur le socialisme*, Paris, Gallimard, 1993.

SID CARA, Nafissa (1910-2002). – La courte carrière politique de Nafissa Sid Cara, née à Saint-Arnaud près de Sétif, est liée à la décolonisation douloureuse de l'Algérie. Cette fille d'instituteur fut elle-même professeur de lettres à l'école d'apprentissage des jeunes musulmans à Alger. Elle entre en politique dans le sillage de son frère, Chérif Sid Cara (1902-1999), docteur en médecine, sénateur puis député d'Oran entre 1946 et 1956, qui fut secrétaire d'État à l'Algérie dans les gouvernements de Maurice Bourgès-Maunoury et Félix Gaillard, et qui coprésida le Comité de salut public en mai 1958. Comme ce dernier, Nafissa Sid Cara se présente aux élections législatives de novembre 1958. Elle est élue dans la banlieue d'Alger sur la liste d'action pour l'Algérie française et la promotion musulmane par l'intégration. Son mandat parlementaire est de courte durée car elle est nommée secrétaire d'État auprès du Premier ministre Michel Debré en janvier 1959. Elle conserve cette fonction jusqu'à la démission du gouvernement en 1962. Elle est la seule femme du ministère et la seule représentante des députés algériens. C'est dans cette double intention que le Premier ministre l'a nommée, comme il l'explique dans ses *Mémoires* : « J'évoque devant le Général ma volonté d'inclure au moins une femme dans le gouvernement. Le Général ne dit ni oui ni non et me demande laquelle. J'ai réfléchi et je propose Nafissa Sid Cara. [...] Elle sera le symbole d'une transformation et d'une promotion que nous souhaitons pour la société algérienne. Le Général estime curieuse mon initiative mais n'insiste pas. "Si vous me la proposez, j'accepterai." »

Au secrétariat d'État, Nafissa Sid Cara suit les questions sociales posées par les conditions de vie dans les départements algériens ainsi que les problèmes d'évolution du statut personnel et du droit musulman. Elle accompagne le Premier ministre lors de ses voyages en Algérie, et de Gaulle la consulte à plusieurs reprises. Elle entretient cependant peu de liens directs avec le chef de l'État, qui ne la mentionne qu'une fois dans ses *Mémoires*, simple nom dans la liste des membres du gouvernement Debré. L'intervention de la secrétaire d'État lors du Conseil des ministres du 21 février 1962, où sont présentés les accords d'Évian, fut néanmoins remarquée par le Général. Alors qu'elle s'émeut de l'abandon des musulmans qui ont pris parti pour la France, le président lui répond aussitôt : « Croyez-vous vraiment, mademoiselle, que, sauf exceptions, dont nous avons le devoir de nous occuper aujourd'hui, dont nous devons nous préoccuper demain, la grande majorité des musulmans ne soit pas favorable à l'indépendance, qu'elle ne leur apparaisse pas comme la solution inévitable ? » La carrière politique de Nafissa Sid Cara s'achève avec la démission du gouvernement Debré. Elle est ensuite inspecteur général des Affaires sociales jusqu'en 1975. En 1979, elle est membre de la commission nationale chargée de l'étude des problèmes des Français musulmans. Elle est commandeur de la Légion d'honneur, officier de l'ordre national du Mérite. Sabrina HUBAC

• *Voir aussi* : Algérie (guerre d') ; Évian ; Harkis

SIHANOUK, Norodom. – *Voir* NORODOM SIHANOUK.

SIKORSKI, Wladyslaw (1881-1943). – Wladyslaw Sikorski naît dans la zone autrichienne de la Pologne partagée. Après la renaissance de l'État polonais, il bénéficie d'un avancement militaire rapide : commandant en 1919, il est général deux ans plus tard. Parallèlement, il participe à plusieurs gouvernements et exerce la fonction de président du Conseil en 1922-1923.

De Gaulle et Sikorski ont des points communs. Tous deux effectuent une carrière à la fois militaire et politique. Tous deux manient la plume et se penchent sur l'art de la guerre. Leur ouvrage le plus novateur concernant les combats à venir paraît la même année, en 1934 ; celui de Sikorski, traduit en français sous le titre *La Guerre moderne, son caractère, ses problèmes*, est publié en 1935 chez Berger-Levrault. Après les victoires hitlériennes, tous deux refusent la défaite et se retrouvent à Londres où ils dirigent les forces de leur nation en exil. Mais là s'arrête le parallèle : Sikorski meurt le 4 juillet 1943 dans un accident d'avion au-dessus de Gibraltar.

Une photo prise en Écosse les montre tous deux, sanglés dans leur uniforme, en compagnie de Winston Churchill. Les *Mémoires de guerre* rendent hommage au disparu : « Cet homme éminent, qui jouissait d'assez de prestige pour dominer les passions de ses compatriotes, d'assez d'audience internationale pour qu'on dût le ménager, était irremplaçable. » Écrits après coup, ces quelques mots comme tout éloge funèbre ne disent rien des relations réelles entre les deux hommes pendant les années où leur destin se croise. En fait, elles sont assez orageuses, ce qui s'explique aisément. À leur arrivée en juin 1940, le général Sikorski se trouve en position doublement dominante comme chef légal du gouvernement polonais et général d'armée, face à un de Gaulle simple général de brigade à titre temporaire et dont la légitimité politique n'a d'autre fondement que celle qu'il s'attribue. Sikorski ignore de Gaulle. Celui-ci s'en offense. Le nom du Polonais n'apparaît d'ailleurs qu'une seule fois dans les *Lettres, notes et carnets*, en tant que destinataire d'une missive très convenue datée de juillet 1940. Un an plus tard, après le début de l'offensive allemande en URSS, le rapport de forces tend à s'inverser : de Gaulle s'affirme, tandis que le nouvel allié soviétique fragilise la position de Sikorski. Le 28 janvier 1942, lors d'une entrevue, celui-ci reproche au président du Comité national français de ne pas défendre suffisamment sa cause. Prétendre l'inverse comme le font certains historiens britanniques, notamment Norman Davies, ou polonais, en particulier Aleksander Hall, c'est pratiquer l'angélisme et confondre ce qui aurait pu être et ce qui fut. Janine PONTY

• *Voir aussi :* Beneš, Edvard ; Haakon VII ; Pierlot, Hubert ; Pologne ; Wilhelmine Ire

Bibl. : Norman Davies, *Histoire de la Pologne*, Paris, Fayard, 1986 • Aleksander Hall, « Gaulle, Charles de », dans Bronislaw Geremek et Marcin Frybes (dir.), *Kaléidoscope franco-polonais*, Paris, Noir sur Blanc, 2004 • Wojciech Rojek, « Les rapports entre le gouvernement polonais de Londres et le général de Gaulle, juin 1940-juin 1945 », dans *L'Impact de la Seconde Guerre mondiale sur les relations franco-polonaises*, Paris, Inalco, Centre d'études de l'Europe médiane, no 11, 2000, p. 51-65.

SINÉ, Maurice Sinet, dit (né en 1928). – Maurice Sinet, natif de Barbès, passe son enfance dans les quartiers populaires et multiculturels du nord de Paris. À quatorze ans, il entre à l'école Estienne. Diplômé à dix-huit ans, il devient graphiste pour des agences publicitaires. Il découvre avec émerveillement les œuvres de l'Américain Saul Steinberg, dessinateur du *New Yorker*. On retrouve dans les dessins de Siné cette influence décisive. Il adopte dès lors un trait simple, sobre mais efficace. C'est sa rencontre avec Jean-Jacques Pauvert, en 1955, qui donne l'impulsion nécessaire à sa carrière. En 1958, la popularité de sa série des *Chats*, très appréciée du grand public, lui vaut d'être contacté par *L'Express*. Engagé dans la question algérienne, le journal lui demande de réaliser, sur le modèle des *Chats*, une série sur les parachutistes. Pendant quatre ans, il publiera une pleine page de dessins d'actualités, prenant pour cible la religion, l'armée, le pouvoir gaulliste et sa politique algérienne. Certains de ses dessins seront censurés par l'hebdomadaire et le public ne les découvrira qu'en 1960 et 1963, lorsqu'ils paraîtront en album.

Signataire de l'Appel des 121 pour l'insoumission, Siné est inculpé pour injures envers l'armée. À la même époque, il rencontre l'avocat Jacques Vergès et adhère au Front de libération nationale (FLN) dont il soutient les activités. En 1962, en désaccord avec la rédaction de *L'Express*, il remet sa démission, dont il livre les raisons à *Clarté*, journal des étudiants communistes. Le 20 décembre de la même année paraît le premier numéro de *Siné Massacre*, édité par Pauvert. Ce véritable brûlot antigaulliste donne un aperçu de sa conception du métier de dessinateur : refusant toute censure, il fait de la provocation sa seconde nature. Son irrespect envers toute forme de pouvoir lui fait dire : « Je suis de parti pris et je ne m'en cache pas. Je suis anarchiste et plus près du militant que du journaliste. » Lorsque *Siné Massacre* cesse de paraître, après neuf numéros et neuf procès, Siné part en Algérie où il travaille pour une compagnie pétrolière et enseigne le dessin.

En 1968, les barricades du Quartier latin le ramènent à Paris. Il prend une part active aux événements en collaborant au journal *Action* qu'il quitte pour fonder *L'Enragé*, dont le premier numéro paraît le 24 mai grâce à Pauvert. Tiré à 100 000 exemplaires et vendu à la criée lors des manifestations, le journal adopte un ton très direct qui traduit le climat d'effervescence dans lequel il est conçu. La tempête de mai retombée, le journal cesse sa parution, après onze numéros, le 25 novembre 1968.

Siné a ouvert la voie à un humour particulièrement violent et destructeur que reprendra *Hara Kiri*, fondé en 1969. En 1984, il recevra le prix Honoré-Daumier pour l'ensemble de son œuvre.

Scylla MOREL

• *Voir aussi* : Dessins et caricatures ; Dessins outrés

Bibl. : Sophie Lasne et François Poux, « Siné », *Un bon dessin vaut mieux qu'un long discours. Revue du dessin de presse d'actualité*, n° 7, décembre 1988, p. 2-20 • Siné, *Le déshonneur est sauf : dessins de la guerre d'Algérie*, Paris, La Découverte, 1992 • Id., *Ma vie, mon œuvre, mon cul !*, Paris-Bruxelles, Casterman, 3 vol., 2003-2004.

SI SALAH (affaire). – Sur cet épisode, qui fut l'un des plus controversés de la guerre d'Algérie, les faits comme leur interprétation ne prêtent plus guère aujourd'hui à discussion. L'affaire Si Salah doit être replacée dans le contexte du plan Challe, succession d'opérations offensives qui, depuis le début de 1959, portent des coups très durs à l'Armée de libération nationale (ALN). Celle-ci se trouve, de surcroît, minée par de sanglants règlements de comptes internes. Cette crise des combattants de l'intérieur accroît l'animosité à l'égard du Gouvernement provisoire de la République algérienne (GPRA) installé à Tunis, qui est accusé d'inaction. Elle conduit Si Salah, chef par intérim de la wilaya IV (Algérois) à proposer au gouvernement français une reddition militaire. Transmise par le ministre Edmond Michelet, cette proposition ouvre des discussions menées à Médéa (Algérie) par Si Salah et ses adjoints d'une part et, d'autre part, Bernard Tricot, principal conseiller du chef de l'État en matière algérienne, et le colonel Mathon, du cabinet du Premier ministre. Ces discussions sont suffisamment prometteuses pour que Bernard Tricot prenne l'initiative d'une rencontre avec le général de Gaulle qui a lieu à l'Élysée, dans le plus grand secret, le 10 juin 1960. De Gaulle se montre attentif et bienveillant mais ne cache pas à ses interlocuteurs qu'il compte s'adresser prochainement au GPRA pour un nouvel appel à la négociation. Selon la réponse de ce dernier, les entretiens avec Si Salah seront suspendus ou poursuivis. L'échec des pourparlers de Melun du 25 au 29 juin avec des représentants du GPRA aurait dû normalement relancer l'option militaire contenue dans la proposition de Si Salah. Celui-ci est retourné en Algérie pour rallier à ses vues les chefs d'autres wilayas. Mais son principal adjoint, Si Mohammed, s'est retourné contre lui et a liquidé l'état-major de la wilaya IV. Si Salah meurt dans une embuscade en juillet 1961.

L'affaire Si Salah a été rendue publique lors du procès des généraux Challe et Zeller, en mai 1961, sans être du reste véritablement exploitée par les accusés et leurs avocats. Elle l'a été plus bruyamment par les partisans de l'Algérie française et par une certaine historiographie de droite, pour apporter la preuve irréfutable de la « trahison » du général de Gaulle. Celui-ci aurait sciemment saboté les chances d'une paix séparée pour lui préférer une négociation qui ne pouvait déboucher que sur l'indépendance et la perte de l'Algérie. On sait aujourd'hui qu'il n'en est rien. Outre qu'il ne porte pas la responsabilité de la rupture des pourparlers, de Gaulle donnait tout son prix à une victoire militaire sur le terrain à laquelle il exhortait les officiers lors de ses « tournées des popotes » en Algérie. Mais à la différence des militaires, il ne pensait pas qu'une reddition de l'ALN résoudrait à elle seule la question algérienne. Il considérait qu'une victoire des armes était la meilleure façon d'aborder en position de force une négociation à laquelle la France n'échapperait pas dès lors que, depuis le discours du 16 septembre 1959, le droit à l'autodétermination du peuple algérien avait été reconnu.

Bernard DROZ

• *Voir aussi* : Antigaullistes de droite ; Évian ; FLN ; Melun

Bibl. : Mohammed Harbi et Gilbert Meynier, *Le FLN. Documents et Histoire, 1954-1962*, Paris, Fayard, 2004 • Pierre Montagnon, *L'Affaire Si Salah*, Paris, Pygmalion, 1987 • Bernard Tricot, *Les Sentiers de la paix*, Paris, Plon, 1972.

SIX-JOURS (guerre des). – La grave crise qui éclate au Proche-Orient en mai 1967, et débouche sur une guerre courte (5-10 juin), constitue une rupture majeure entre la France et Israël. Elle met brutalement fin à une proximité réelle entre les deux pays, même si la France avait progressivement renoué les liens avec les États arabes. Ce changement de cap, de Gaulle en aura été l'initiateur conscient et persévérant.

C'est à compter de la mi-mai que la tension régionale va crescendo. Gamal Abdel Nasser prend en effet trois initiatives importantes : retrait des Casques bleus stationnés au Sinaï, redéploiement des troupes égyptiennes et, finalement, fermeture du détroit de Tiran aux navires israéliens. Même s'il conçoit ces mesures non comme le prélude à une guerre, mais comme un moyen de se repositionner comme leader du monde arabe, elles placent objectivement Israël dans une situation d'encerclement progressif encore accentué par la conclusion d'un pacte militaire inter-arabe ainsi que par une propagande irresponsable qui annonce la destruction prochaine de l'État hébreu. Pour sortir de ce piège, les responsables israéliens escomptent l'appui des puissances occidentales et, au premier chef, de la France. Cette attente va être cruellement déçue. Dépêché à Paris le 24 mai pour obtenir la condamnation des initiatives arabes, Abba Eban, le ministre des Affaires étrangères israélien, a droit à une sévère mise en garde du général de Gaulle qui lui lance : « Ne faites pas la guerre !... En tout cas, ne tirez pas les premiers. » Ce conseil, Israël aurait-il pu le suivre et préserver ainsi ses liens privilégiés avec la France ? Très difficilement. Dès lors que la diplomatie se révélait incapable de restaurer le *statu quo ante*, dès lors que l'étau se resserrait autour de l'État juif, ses dirigeants étaient inexorablement poussés à agir, ne fût-ce que pour préserver leur capacité de dissuasion. Cet enchaînement presque mécanique, de Gaulle refuse de le voir. Officiellement, la position française se veut strictement objective, à l'instar de la déclaration gouvernementale du 2 juin 1967 qui indique : « La France n'est engagée à aucun titre, ni sur aucun sujet avec aucun des États en cause. » Mais elle contient aussi une curieuse condamnation préalable de « l'État qui, le premier et où que ce soit, emploierait les armes ». Sous couvert de neutralité, cette culpabilité automatique jouait, dès le départ, contre Israël. La même fausse impartialité apparaît à travers la décision française d'imposer un embargo sur les ventes d'armes aux « pays du champ de bataille » : elle ne concernait en réalité qu'Israël puisque la Syrie et l'Égypte étaient généreusement approvisionnées en armes par l'Union soviétique. La logique, sur le terrain, conduisait ainsi inévitablement à ce qu'Israël prenne l'initiative de l'ouverture des hostilités le 5 juin... et se voie blâmer par le général de Gaulle.

Cette volte-face a suscité de nombreux commentaires qui ont tenté d'expliquer son « lâchage d'Israël » et sa « conversion à la cause arabe » en évoquant, qui des raisons purement mercantiles (pétrole), qui un antisémitisme larvé, brusquement révélé. En réalité, la position de De Gaulle s'explique essentiellement par deux considérations. D'une part, il est convaincu qu'Israël n'est pas véritablement menacé par les différentes décisions arabes. Cette évaluation – partagée par le président américain Lyndon Johnson – est fondée sur la conviction que la supériorité militaire appartient au seul Israël, ce que sa victoire éclatante confirmera. D'autre part, de Gaulle craint qu'une confrontation israélo-arabe ne débouche sinon sur un affrontement majeur entre les supergrands (comme au Vietnam), du moins sur une présence de plus en plus affirmée des Américains et des Soviétiques dans la région. Pour éviter ce scénario qui réduirait l'influence de la France au Proche-Orient, de Gaulle entend donc préserver à tout prix le *statu quo*.

Or, la guerre le remet en cause. De cela, de Gaulle gardera rancune à Israël. Il répétera à plusieurs reprises, au cours de l'été 1967, qu'il en veut aux Israéliens de ne pas avoir suivi ses mises en garde, que ceux-ci « lui ont manqué [...] qu'ils exagèrent toujours ». À la lumière de la nouvelle situation géopolitique née de la guerre des Six-Jours – Israël disposant désormais d'un formidable glacis territorial (Sinaï, Cisjordanie, bande de Gaza, plateau du Golan) –, de Gaulle réévalue complètement le conflit israélo-arabe depuis ses origines. Dans sa conférence de presse du 27 novembre 1967, tout en insistant sur la légitime création d'un État juif, il évoque la mutation d'Israël en « État guerrier et résolu à s'agrandir ». Cette « ambition ardente et conquérante », que de Gaulle croit déceler dès 1956, s'est confirmée en 1967, faisant d'Israël non plus le David, mais le Goliath du Moyen-Orient. De plus, de Gaulle insiste, pour la première fois, sur les conditions historiques équivoques dans lesquelles le foyer national juif a vu le jour, en parlant de « l'implantation de cette communauté sur des terres qui avaient été acquises dans des conditions plus ou moins justifiables et au milieu des peuples arabes qui lui étaient foncièrement hostiles ». Le réquisitoire est sans concession : non seulement il emporte condamnation de l'occupation de territoires arabes « qui ne peut aller sans oppression, répression, expulsions » ; il instille aussi le doute sur l'opportunité même d'avoir édifié un État juif au Proche-Orient.

Le revirement brutal que le général de Gaulle imprima à la politique française envers Israël devait susciter une large incompréhension dans les milieux politiques (y compris chez les gaullistes), la presse, l'opinion publique et les milieux juifs, voire un véritable malaise entretenu par des formules pour le moins ambiguës, à commencer par celle, très controversée, sur les Juifs « peuple d'élite, sûr de lui-même et dominateur ». Ce tournant engendra aussi déception, amertume et colère en Israël où les élites comme la population ressentirent comme une trahison le silence de De Gaulle, puis sa condamnation de leur pays à l'heure où il aurait eu le plus besoin du soutien d'une France qui, jusque-là, avait tant fait pour aider le jeune État.

Alain DIECKHOFF

• *Voir aussi :* Antisémitisme ; Arabe (politique) ; Israël ; Palestine ; Politique étrangère

Bibl. : Raymond Aron, *De Gaulle, Israël et les Juifs*, Paris, Plon, 1968 • Samy Cohen, « La rupture entre de Gaulle et Israël », dans Alain Dieckhoff (dir.), *Israël. De Moïse aux accords d'Oslo*, Paris, Le Seuil, 1998, p. 503-519 • Samir Kassir et Farouk Mardam-Bey, *Itinéraires de Paris à Jérusalem. La France et le conflit israélo-arabe,* Washington, Les Livres de la *Revue d'études palestiniennes*, t. 2 (1958-1991), 1992.

SOCIALE (politique). – Ni la formation ni les fonctions de Charles de Gaulle ne le portèrent à prendre position sur les problèmes de société avant 1940. Pourtant, son rôle politique ultérieur, ses responsabilités à la tête de l'État, l'amenèrent à préciser ses conceptions en la matière et à développer sinon une doctrine sociale gaullienne, du moins la dimension sociale de sa pensée tout en cherchant à concrétiser celle-ci par des mesures politiques.

Dès 1941, le chef de la France libre évoquait la nécessité d'une démocratie procurant sécurité et dignité à tous et notamment aux « travailleurs ». Sans aller très loin, ses déclarations manifestaient des préoccupations conformes à celle des Alliés et de la Résistance métropolitaine. Les réformes de 1945, notamment la création des comités d'entreprise et du régime général de la Sécurité sociale, marquèrent une avancée décisive. Promulguées sous l'autorité de De Gaulle, celui-ci n'intervint pas directement dans leur réalisation mais en assuma totalement la responsabilité, car elles étaient en plein accord avec l'ambition manifestée à la Libération. La volonté de créer un embryon de démocratie sociale, en particulier, ne pouvait que rencontrer l'approbation du chef du gouvernement. D'après plusieurs témoignages, celui-ci intervint directement pour que, conformément au souhait des milieux patronaux et familiaux, influencés par le catholicisme, les caisses d'allocations familiales conservent une existence propre dans la Sécurité sociale, les projets initiaux prévoyant une caisse unique pour tous les risques.

Ce fut toutefois après son départ du pouvoir que le général de Gaulle exposa pour la première fois clairement le fondement de sa pensée sociale. Dans son discours de Saint-Étienne en janvier 1948, il évoqua la nécessité d'une participation directe des travailleurs aux résultats financiers et à la gestion de l'entreprise, indispensable pour intéresser ceux-ci à la bonne marche de cette dernière. Il alla jusqu'à évoquer la représentation des groupements professionnels au sein d'un Conseil de la République rénové. Il s'agissait donc d'un projet ambitieux, dépassant le seul cadre de l'entreprise pour donner corps à un véritable projet de société. Le maître mot de celui-ci était l'association du capital et du travail en vue de mettre fin à la lutte des classes. Orientation typique de la recherche d'une troisième voie entre le capitalisme libéral et le socialisme dirigiste, rejetés l'un et l'autre par une partie de la gauche comme de la droite nationaliste depuis la fin du XIXe siècle. L'influence du catholicisme social apparaît ici déterminante dans la pensée du Général, mais l'héritage du corporatisme des années 1930, porteur d'une conception organique de la société et hostile au parlementarisme, ne doit pas être négligé.

Revenu au pouvoir en mai 1958, De Gaulle s'employa à concrétiser cette ambition. Pourtant, l'ordonnance du 7 janvier 1959 sur l'intéressement, précisée par celle d'août 1967, ne fut guère suivie d'effets. Elles se heurtèrent en effet à l'opposition des milieux patronaux et du Premier ministre Georges Pompidou, tout comme à l'indifférence hostile des syndicats. La portée concrète du projet apparaissait limitée, du reste, par rapport à l'ambition affichée. Cet échec n'empêcha pas l'État social de connaître un essor important au cours des années 1960 : tour à tour, agriculteurs, industriels et commerçants bénéficient d'une assurance maladie obligatoire, tandis que le sort des retraités s'améliore, sous l'action des pouvoirs publics et des régimes de retraite complémentaires, notamment. Un effort important est également réalisé en matière d'équipements sanitaires et sociaux, dans le cadre des IVe et Ve Plans (1962-1965 et 1966-1970). Cependant, la politique économique menée entre 1958 et 1969 est placée sous le signe de la rigueur nécessaire à la modernisation : dès 1958, le plan Pinay-Rueff jugeait nécessaire un effort de compression des dépenses sociales ; il en va de même pour le plan Giscard d'Estaing de 1963. La réforme de la Sécurité sociale, réalisée par ordonnances en 1967, concrétise ce souci nouveau de maîtrise des dépenses sociales. Elle est dénoncée comme une régression par la gauche et les syndicats. Quant à la croissance économique, pourtant exceptionnelle, elle s'accompagne d'une certaine inquiétude : agriculteurs et mineurs expriment leur malaise vis-à-vis d'une modernisation dont ils semblent les victimes programmées. La seconde moitié de la décennie voit quant à elle une augmentation du nombre de chômeurs, justifiant la création de l'Agence nationale pour l'emploi (ANPE) en 1967. Ces inquiétudes sont pour partie à l'origine de l'explosion de mai 1968 et justifient l'expression de Serge Berstein selon laquelle les affaires sociales auraient été, malgré un bilan finalement positif, le « talon d'Achille » du gaullisme au pouvoir.

Bruno VALAT

• *Voir aussi* : Association capital-travail ; Grève de l'ORTF ; Grève des mineurs ; Manifestation du 17 mai 1967 ; Ouvriers ; Participation

Bibl. : Serge Berstein, *Histoire du gaullisme*, Paris, Perrin, 2001 • Patrick Guiol, *L'Impasse sociale du gaullisme ; le RPF et l'action ouvrière*, Paris, PFNSP, 1985 • Marc Sadoun, Jean-François Sirinelli et Robert Vandenbussche (dir.), *La Politique sociale du général de Gaulle*, Lille, université Charles-De-Gaulle-Lille III, 1990.

SOLDAT. – Le futur général de Gaulle n'appartient pas à une famille militaire. Aucun soldat dans ses ancêtres, aucun dans sa famille proche, aucun de ses trois frères ne se destine au métier des armes. Plus doué pour les lettres que pour les sciences, il ne songe pas au concours de l'École polytechnique alors qu'à cette date la plupart des grands chefs de l'armée en sont issus. En 1909, à dix-neuf ans, il est reçu au concours de Saint-Cyr dans un rang moyen : 119e sur 221. Il entre à l'École en 1910, après l'année obligatoire dans un corps de troupe, le 33e régiment d'infanterie d'Arras, et sa vocation s'affirme puisqu'il en sort, en 1912, dans un bon rang : 13e. Il retourne alors au 33e RI où il est bientôt lieutenant (octobre 1913). La vie de caserne en métropole est longue et monotone. Mais deux ans après sa sortie de Saint-Cyr, c'est la guerre. Il y est prêt à la fois sur le plan moral – il est d'un patriotisme exalté – et technique. Il partage les vues de l'époque : une seule méthode, l'offensive, ainsi qu'il l'explique en 1913 aux recrues qui lui sont confiées : « Dès que le combat commence, tout le monde dans l'armée française, le général en chef, les chefs, les soldats n'ont plus qu'une idée : marcher en avant, marcher à l'assaut, atteindre les Allemands pour les embrocher et les faire fuir. » Il va se rendre compte rapidement que les choses sont moins simples. Le 33e RI appartient à la 5e armée du général Lanrezac, qui doit arrêter les Allemands déferlant à travers la Belgique. Le 14 août, à Dinant, le lieutenant de Gaulle reçoit le baptême du feu. Le 16 août, il est blessé au genou, peut difficilement se déplacer et est évacué. Ce repos forcé lui permet de commencer à réfléchir sur les conditions de la bataille et de concevoir que l'esprit d'offensive doit être modulé – lancer l'infanterie sans soutien de l'artillerie s'avère suicidaire. Il croit cependant que la guerre n'en sera pas moins victorieusement terminée bientôt. Il rejoint le front en octobre. Dorénavant sur le front de Champagne – il a été promu capitaine en février –, il est blessé légèrement à la main au Mesnil-lès-Hurlus (Marne), le 10 mars 1915. Sa blessure s'étant envenimée, il doit à nouveau être évacué à la mi-avril et ne revient dans son unité que le 14 juin. Il est blessé une troisième fois à Douaumont et fait prisonnier le 2 mars 1916. La guerre est terminée pour lui.

Quel soldat est-il ? Incontestablement d'un très grand courage, méprisant envers ceux qui montrent des signes de faiblesse, peu sensible – du moins en apparence – aux pertes considérables qui sont subies. Ayant fait le sacrifice de sa vie – et c'est évidemment un extraordinaire hasard qu'il soit resté en vie –, il ne s'épanche pas sur ceux qui tombent autour de lui. Il mène la guerre de tranchées avec une extrême rigueur, ce qui lui vaut d'être rapidement promu officier adjoint du commandant du régiment. À cette date, il ne se montre en revanche ni novateur dans sa conception de la guerre, ni bon prophète : ses prévisions s'avèrent toujours fausses.

Jean-Jacques BECKER

• *Voir aussi* : Captivité ; Carrière militaire ; Douaumont ; Grande Guerre ; Militaires

Bibl. : Éric Roussel, *Charles de Gaulle*, Paris, Gallimard, 2002.

SOLFÉRINO (5, rue de). – Construit en 1900, propriété de la famille de Curel depuis 1923, l'hôtel particulier du 5, rue de Solférino, dans le VIIe arrondissement, abrite le bureau parisien du général de Gaulle de l'été 1947 à juin 1958. Né dans un appartement du 81, rue Taitbout, le RPF s'installe rue de Solférino en juillet 1947. En 1949, des difficultés financières imposent le regroupement de services installés dans des locaux extérieurs. Ainsi André Malraux quitte-t-il ses luxueux bureaux de la place de l'Opéra pour une modeste pièce sous les combles. Dès le début de l'installation, le général de Gaulle inaugure, selon les mots de Jacques Baumel, une sorte d'« emploi du temps protocolaire ». Chaque mardi, il quitte Colombey pour se rendre à Paris. Il s'installe pour un jour ou deux à l'hôtel La Pérouse, dans le XVIe arrondissement. Le mercredi à 9 h 30, dans la salle de réunion du rez-de-chaussée du 5, rue de Solférino, il préside le conseil de direction du RPF après s'être entretenu avec le secrétaire général du Rassemblement. Dans cette même salle, les chargés de mission et délégués régionaux du RPF sont régulièrement réunis par de Gaulle – notamment à l'approche des élections – autour de la grande table ovale recouverte de feutrine verte. Le mercredi après-midi est consacré aux collaborateurs. Le jeudi, le Général reçoit les personnalités extérieures. Situé au premier étage, son bureau est meublé simplement. À côté, se trouvent les bureaux de l'aide de camp et du chef de cabinet, ainsi que le secrétariat particulier et les secrétaires. Au deuxième étage sont installés le secrétaire général et le trésorier du RPF. Au troisième, le secrétariat administratif et le service de la propagande du Rassemblement.

Au début, le 5, rue de Solférino fait figure de ruche. Mais, à partir de la mise en sommeil du RPF, les visites se font plus rares et, en l'absence du Général, se souvient Pierre Lefranc, « c'est rue de Solférino le silence complet ». Cependant, comme l'a montré Bernard Lachaise, le 5, rue de Solférino n'est pas le « temple désaffecté » décrit par Jean Lacouture.

Début 1958 notamment, un regain de visites est sensible.

En mai 1958, l'atmosphère change radicalement, même si les passages du Général sont brefs, ce dernier préférant l'hôtel La Pérouse voire La Boisserie pour ses entretiens discrets. À partir du 16 mai, le 5, rue de Solférino abrite l'Association nationale pour l'appel au général de Gaulle dans le respect de la légalité républicaine. Les anciennes structures du RPF reprennent vie. Le 29 mai, de Gaulle quitte définitivement son bureau de la rue de Solférino pour se rendre à l'Élysée où l'attend le président Coty.

Le 5, rue de Solférino ne cesse cependant pas de participer à la vie politique et abrite diverses associations ou organisations gaullistes. L'immeuble est ainsi partagé entre le Service d'action civique (SAC) et l'Association nationale pour le soutien à l'action du général de Gaulle dirigée par Pierre Lefranc. C'est rue de Solférino que sont conçues et imprimées les affiches, qu'est édité un bulletin d'information et que sont soigneusement conservées les archives du RPF. Le 23 mai 1968, l'immeuble est attaqué par des manifestants hostiles. La manifestation du 30 mai est organisée depuis la rue de Solférino, siège des Comités de défense de la République.

À l'issue du référendum d'avril 1969, l'Association nationale se voue à « la fidélité au général de Gaulle ». Dans la nuit du 27 avril, les archives du Général à l'Élysée sont transportées et entreposées dans son ancien bureau de la rue de Solférino afin de faire un tri entre papiers personnels et documents qui seront déposés aux Archives nationales. Avec la création de l'Institut Charles-de-Gaulle en 1971 et le départ du SAC en 1975, le 5, rue de Solférino se transforme : lieu d'action du gaullisme, il devient un lieu d'étude sur le général de Gaulle. Depuis 1978, l'immeuble est la propriété de l'Institut puis la Fondation Charles-de-Gaulle.

Sharon Elbaz

• *Voir aussi* : Association nationale ; Fondation et Institut Charles-de-Gaulle ; La Pérouse ; RPF ; SAC

Bibl. : François Audigier, *Histoire du SAC*, Paris, Stock, 2003 • *Espoir*, nº 131, juin 2002.

SOMALIS (Côte française des). – Ce territoire, qui occupe une position stratégique au débouché de la mer Rouge, est devenu pour cette raison une colonie française à la fin du XIXᵉ siècle. Dès le 19 juin 1940, le général Legentilhomme, commandant de la garnison, annonce qu'il continue la lutte. Pour de Gaulle, le contrôle de cette importante base militaire, avec ses 10 000 hommes, aurait été un atout très précieux dans l'affermissement de son autorité et de sa représentativité comme chef des « Français libres ». Mais Legentilhomme échoue à entraîner ses troupes avec lui et doit se réfugier le 21 juillet au Somaliland britannique. Une seconde tentative, envisagée par de Gaulle en décembre 1940, n'aura pas de suite, en partie du fait de la volonté britannique d'apaiser les relations avec Vichy.

Pour de toutes autres raisons, la Côte française des Somalis redeviendra plus tard une écharde dans l'action du Général. Lors du référendum constitutionnel du 28 septembre 1958, le territoire avait voté « oui » et son assemblée territoriale s'était prononcée en faveur du statut de territoire d'outre-mer. Mais les tensions internes entre les Afars, soutenus par l'Éthiopie, et les Issas, soutenus par la Somalie, s'exacerbent rapidement. De Gaulle appuie les premiers qui veulent rester au sein de la République, contre les seconds, devenus majoritaires dans la ville de Djibouti, et qui réclament l'indépendance. Lors de son escale à Djibouti, le 26 août 1966, le chef de l'État se heurte à de nombreux manifestants hostiles. La répression des troubles par la Légion étrangère fait des dizaines de morts. De Gaulle quitte immédiatement le territoire où le climat politique devient durablement détestable. Pour tenter d'exorciser la tentation d'une indépendance qu'il ne souhaite pas, le président de la République décide de demander aux populations locales de se prononcer par référendum sur un nouveau statut. Celui-ci prévoit une plus large autonomie interne et, surtout, un changement de dénomination. L'appellation « territoire des Afars et des Issas » vise à distendre symboliquement le lien avec la république de Somalie vers qui se tourne alors la majorité des

Issas. Si le « oui » l'emporte avec 58,3 % des suffrages, les deux principales communautés ont néanmoins voté en sens contraire, ce qui aggrave la fracture et l'instabilité du territoire. Les Afars vont monopoliser les responsabilités politiques au détriment des Issas de plus en plus hostiles.

Ce « succès » sera éphémère. Dix ans après la disparition de De Gaulle, les communautés finiront par se réconcilier (au moins momentanément). Un nouveau référendum, le 8 mai 1977, donnera une majorité de 98 % en faveur de l'indépendance. La république de Djibouti fait dès lors son entrée sur la scène internationale.

Philippe BRAUD

• *Voir aussi* : Décolonisation

Bibl. : Ali Coubba, *Djibouti, une nation en otage*, Paris, L'Harmattan, 1993.

SOURCES. – Les archives sur lesquelles le chercheur bâtit ses interprétations portent très largement l'empreinte de leur créateur, puisque, si elles rendent compte de la pluralité des faits, elles expriment aussi l'intérêt que le principal protagoniste décide, volontairement, de leur porter. Or, justement, le général de Gaulle, par tradition latine, se reconnaît dans l'écriture, preuve matérielle de ce que l'on fait et qu'on laisse derrière soi. Le goût d'un passé à transmettre est caractéristique de celui qui non seulement aime les lettres, mais, par sa fonction de décideur combinée à la conscience d'État, recherche une vision élargie : hier et aujourd'hui s'y amalgament pour constituer le terreau de ce que l'on pensera demain. En conséquence, le binôme « écrire-diriger », gaullien dans l'infinitif même de la formulation, explique en soi la richesse des ressources qui attendent l'examen.

Volonté gaullienne. Dès les années 1950, le général de Gaulle, *motu proprio*, souhaite que ses papiers soient conservés aux Archives nationales. Hors de l'obligation étatique qui, théoriquement, contraint à rendre au secteur public les traces d'une action publique, ce souhait révèle un de Gaulle doublement mémorialiste et historien. Cette démarche est du reste poursuivie et respectée, après 1970 et jusqu'en 1985, par les dépôts successifs que l'amiral Philippe de Gaulle effectue dans le même lieu. Dès lors, ce sont plus de 2 700 dossiers qui se proposent à la recherche. Le prisme est large : de 1940 (un peu avant, même) à 1969, et, naturellement, il traduit les deux temps forts : la période de la guerre et de la Libération, qui s'achève en janvier 1946, puis la France de la Ve République.

Sur ces deux moments, les ressources premières abondent. Les archives de la période 1940-début 1946, accessibles *in extenso* à la recherche depuis janvier 2005, décrites et analysées dans un outil spécifique publié en 2003, offrent un panorama complet qui suggère de nouvelles pistes et peut servir à trancher sur ce qui a été dit, écrit ou porté comme témoignage depuis plus de soixante années. Derrière l'austérité de séries récurrentes de télégrammes, les notes et rapports en provenance des cabinets civil et militaire, les papiers de quelques collaborateurs, les fragments autographes jugés par leur auteur d'importance fondatrice, les morceaux raboutés les uns aux autres par le même pour compiler des Mémoires, c'est une vaste toile d'autorécits mêlés aux traces administratives qu'il faut explorer parfois, redécouvrir souvent. L'objectif, et c'est une première, est braqué à la fois sur le de Gaulle impulsant avec ses postulats d'action et sur le Général « dans l'agir », grâce à sa garde rapprochée, ses compagnons, ses cercles de sociabilité.

La décennie 1959-1969 peut se mesurer aujourd'hui au travers de deux fonds d'archives connexes. Le premier, analysé de façon sommaire et ouvert largement depuis 1995 sur l'avis favorable délivré par l'Élysée et la direction des Archives de France, se compose des archives des différents services de la présidence de la République et des liasses de quelques conseillers techniques. Il est inégal dans sa force de frappe. Pauvre dans des dossiers de Conseils de ministres quelquefois « dégraissés » de la substance des délibérations gouvernementales, rebattu peut-être dans son propos lorsqu'il se fond avec le protocole qui organise l'intendance de l'Élysée et la logistique des déplacements ; riche dans la novation, parce que le Général amende, supprime, approuve ou refuse les suggestions qui émanent régulièrement du premier cercle de ses conseillers ou d'un état-major zélé ; dense surtout quand les secrétaires généraux du Palais, Geoffroy de Courcel, Étienne Burin des Roziers ou Bernard Tricot, prennent en note, chaque mercredi, ce que de Gaulle et son gouvernement décident. Le second ensemble, qui a transité par le bureau du Général rue de Solférino, sert aussi de référence. En cours d'inventaire et communicable, en l'état actuel des négociations, à l'issue des soixante ans réglementaires, il constitue une matière de première main essentielle à l'élaboration d'hypothèses historiques. Les problèmes multiformes des années 1960 – réforme de la Constitution, question algérienne, aménagement du territoire ou soubassements d'une diplomatie dont les codes ont changé – s'y lisent dans la précision des contenus, la plupart du temps retravaillés, interprétés, relus par le Général et livrés comme autant de dossiers montrant l'homme « devant sa table de travail ». Ils prennent de l'épaisseur quand les brouillons, minutes et « premiers jets » des discours qui les jouxtent sont soumis au jeu de la critique interne et externe. Plates-formes orales – toujours au préalable écrites – d'une politique intrinsèquement gaullienne et qualifiée comme telle, ils méritent l'analyse et la confrontation historienne après dépeçage de leur sémantique, de leur grammaire, de leur rhétorique, bref de leur style tout entier.

Mémoires et témoignages. À côté de cette production administrative – d'une certaine façon, manipulée déjà pour l'élaboration du grand œuvre mémoriel – transformée, grâce au regard porté sur elle par l'historien, en source ouverte aux débats, il faut examiner l'œuvre littéraire, comme prolongement intellectuel de son auteur. Là, le chercheur dépassera la fausse facilité d'une lecture rapide – autorisée par la publication extensive chez Plon – de la création pentagonale gaullienne : les écrits publiés de 1924 à 1938, les *Mémoires de guerre*, les *Discours et messages*, les *Mémoires d'espoir* et les *Lettres, notes et carnets*. Il faudra lire cette somme non comme le socle originel, mais comme un témoignage volontaire autant que volontariste, publié et destiné à une grande diffusion. Elle prend sens, révèle sa substance et connaît une mise en perspective élargie si on la rapporte, une nouvelle fois, à des avant-textes pour partie préservés au département des manuscrits de la Bibliothèque nationale de France.

Ces deux références de base doivent être confrontées à d'autres sources. Il faut accepter l'analyse des fonds innombrables des ministères engagés dans les discussions, les conflits ou les réformes, ceux des organismes et associations qui, à un moment ou un autre, ont soutenu le gaullisme ou entretenu la mémoire du Général, ceux des hommes et des femmes engagés aux côtés de De Gaulle ou contre lui et dont les papiers ont été déposés dans des institutions patrimoniales : Gaston Palewski, René Pleven, Pierre Lefranc, Alexis Léger, le général Leclerc, le général Catroux, Pierre Bourdan, Élisabeth de Miribel, Pierre Maillard, le maréchal Juin, etc., ceux encore transmis par les médias – dans la presse écrite, illustrée ou non, cinématographique, audiovisuelle – qui « représentent » le Général « dans ses œuvres ».

Il faut également prendre en considération les témoignages. Témoignages confiés « à chaud » au Comité d'histoire de la Deuxième Guerre mondiale opérant sous la direction d'Henri Michel (par exemple, ceux d'André Philip et de Georges Boris en 1947, de Raymond Aron en 1948 ou de Maurice Schumann de 1949 à 1951) ; témoignages écrits dans un immédiat « après » tels ceux de Jacques Soustelle ou Pierre Denis *Rauzan* ; témoignages proposés dans les lignes d'une écriture « à froid » comme ceux d'Alain Peyrefitte ou Philippe de Gaulle ; témoignages délivrés à un « micro intelligent » sachant exploiter la sensibilité et la singularité du récit oral après la nécessaire latence mémorielle. Ainsi de Claude Bouchinet-Serreulles, Jean Foyer, Yves Guéna, Xavier de Beaulaincourt, Pierre Maillard ou Étienne Burin des Roziers qui acceptent de « raconter leur de Gaulle ».

Une synthèse des ressources à exploiter autour de De Gaulle – comprenant notamment une extension complémentaire aux gisements étrangers tels qu'ils se profilent à la British Library ou à l'Imperial War Museum en Grande-Bretagne, à la Konrad Adenauer Stiftung (KAS) en Allemagne, à la National Archives and Records Administration à Washington ou dans les *libraries and museums* constitués autour des présidents Roosevelt, Eisenhower, Kennedy, Johnson ou Nixon – est actuellement mise en œuvre sous l'égide du conseil scientifique de la Fondation Charles-de-Gaulle. Agnès CALLU

• *Voir aussi :* Lettres, notes et carnets ; Mémoires de guerre ; Mémoires d'espoir ; Ouvrages biographiques ; Ouvrages thématiques

Bibl. : Archives nationales, *Archives du général de Gaulle. 1940-1958 : La France libre, La France combattante, le Gouvernement provisoire de la République française, les années 1946-1958*, Paris, Centre historique des Archives nationales, 2003.

SOUSTELLE, Jacques (1912-1990). – Charles de Gaulle aura sans conteste dominé la vie entière de Jacques Soustelle à partir de l'appel du 18 juin 1940 auquel il fut l'un des premiers à répondre. Vingt ans après la disparition de De Gaulle, le vieil académicien, passé d'un gaullisme inconditionnel presque filial à un antigaullisme farouche, nourrissait encore une rancune inexpiable à l'encontre de son ancien chef, par attachement désespéré au mythe de l'Algérie française.

L'appel du 18 juin 1940. Reçu premier à l'École normale supérieure à dix-sept ans, premier encore, à vingt ans, au concours de l'agrégation de philosophie, ce jeune protestant cévenol de gauche se consacre à l'ethnographie. D'une mission au Mexique chez les descendants des Aztèques il ramène un premier livre, *Mexique, terre indienne* (1937), dans lequel il prend passionnément parti pour les Indiens opprimés. Aux côtés de Paul Rivet, il est l'un des fondateurs du musée de l'Homme et membre actif du Comité de vigilance des intellectuels antifascistes (CVIA). C'est en tant qu'attaché militaire adjoint à Mexico qu'il prend connaissance de l'appel du 18 Juin. Sans hésitation, il réunit autour de lui une poignée de Français décidés à refuser l'armistice, et adresse à Londres un message de ralliement. De Gaulle le charge officiellement de la propagande de la France libre pour toute l'Amérique centrale. Appelé à Londres, il y rencontre pour la première fois le Général fin décembre 1940. Après quelques semaines passées aux services d'information du Conseil de défense de l'Empire, il regagne Mexico en mars 1941 pour y reprendre sa tâche à la tête de la mission de la France libre, et pour y combattre en Amérique centrale et aux Caraïbes l'action des agents de l'Axe et des fidèles de Vichy. En mai 1942, il est de retour à Carlton Gardens. En juillet, il est promu commissaire national à l'Information. Soustelle est alors l'un des plus jeunes et des plus proches collaborateurs du Général. Il le rencontre deux fois par jour.

Début août 1943, il découvre Alger la Blanche, au cabinet du Général. Dans la querelle féroce qui oppose de Gaulle au général Giraud, Soustelle s'emploie à miner l'influence de ce dernier. Ses efforts sont récompensés. En novembre 1943, ce jeune homme de trente et un ans dépourvu de toute expérience militaire ou policière se voit nommer à la tête de la Direction générale des services spéciaux (DGSS). Il s'efforce de mettre au pas les anciens des services secrets de l'armée d'armistice ralliés à Giraud, et aussi de contrecarrer l'emprise croissante des communistes sur la Résistance intérieure. Son ennemi juré se nomme Emmanuel d'Astier de La Vigerie, qui, devenu commissaire à l'Intérieur, jouit aussi de la confiance du Général.

Soustelle regagne Paris le 28 août 1944. De Gaulle le confirme dans ses fonctions de patron des services secrets. Mais ce quasi-inconnu, qui n'a pas effectué de mission en France occupée, est une cible de choix pour les communistes au faîte de leur puissance. En octobre, la DGSS est devenue pléthorique et ingérable. S'y côtoient des anciens de Londres, d'Alger et des maquis, de vrais et de faux résistants ainsi que d'authentiques aventuriers, soit quelque 12 500 agents. La DGSS change d'appellation pour devenir la Direction générale des études et recherches (DGER). En avril 1945, le colonel *Passy*, ami et mentor de Soustelle, en prend la direction sous un nouveau sigle, le SDECE (Service de documentation et de contre-espionnage).

Fin mai, trois semaines après la capitulation allemande, Soustelle retrouve son ancien poste de ministre de l'Information, avec pour mission de répartir les maigres stocks de papier auprès d'une presse foisonnante dans laquelle il ne compte guère d'amis. Il lui revient aussi de régenter la Radiodiffusion nationale. Élu en octobre député de la Mayenne, il siège au Palais-Bourbon dans les rangs du petit groupe centriste de l'Union démocratique et socialiste de la Résistance (UDSR). Dans le remaniement ministériel qui suit les élections, fin novembre 1945, de Gaulle offre l'Information à André Malraux. Soustelle s'installe rue Oudinot pour y prendre en charge les Colonies. C'est à Dakar qu'il apprend la démission de De Gaulle, le 20 janvier 1946.

Largement battu en Mayenne en juin, lors des élections à la seconde Constituante, il participe au printemps 1946 aux travaux d'un petit groupe de fidèles qui vont conduire, le 7 avril 1947, au lancement par de Gaulle du RPF. Il devient secrétaire général du mouvement. En 1948, en pleine guerre froide, aux Assises nationales de Marseille, il proclame hautement : « Nous ne laisserons pas les séparatistes [les communistes] instaurer leur régime d'oppression et de terreur ! » Largement élu en juin 1951 à Lyon, il prend la tête du groupe gaulliste de 117 députés, et se voit même pressenti par le président Vincent Auriol, à la grande fureur du Général, pour prendre la tête d'un hypothétique gouvernement.

La cause de l'Algérie française. En janvier 1955, alors que le RPF a été mis en sommeil par son fondateur, celui-ci, depuis Colombey, accueille sans commentaire la nomination par Pierre Mendès France de son ancien bras droit au poste redoutable de gouverneur général d'une Algérie où vient d'éclater l'insurrection. Soustelle est accueilli avec méfiance par les pieds-noirs qui voient en lui un bradeur. Après les massacres du 20 août 1955 dans le Constantinois, il se place définitivement dans le camp des inconditionnels de l'Algérie française. Quand, rappelé en février 1956 par Guy Mollet, nouveau président du Conseil, il quitte ses fonctions, les Européens d'Alger lui font un véritable triomphe, voyant partir avec désespoir l'homme qui incarne leur cause. Il va se consacrer à celle-ci à l'Assemblée nationale et, surtout, auprès du général de Gaulle, dont le retour aux affaires, pense-t-il, permettrait seul de maintenir dans la France les départements d'Algérie. Mais Soustelle s'illusionne, tout comme la plupart de ses amis politiques, à commencer par Michel Debré, en croyant le Général acquis à ses vues. C'est sans son aval qu'il gagne clandestinement Alger, le 18 mai 1958, pour y animer, en tant que « premier civil d'Algérie », les « comités de salut public » créés par le général Massu, dans l'espoir de rendre inévitables la chute du régime et le retour tant espéré de De Gaulle.

Arrivé à Alger le 3 juin, le Général assure à ses interlocuteurs : « Jacques Soustelle, qui est mon ami, recevra bientôt, soyez-en sûrs, une mission conforme à ses mérites. » Ce n'est qu'un mois plus tard que Soustelle retrouve, sans aucune responsabilité sur le dossier algérien, le portefeuille de l'Information dont il avait eu brièvement la charge treize ans auparavant. Dans ce ministère, où il échappe de justesse à une tentative d'assassinat du FLN (Front de libération nationale), puis à nouveau à la France d'outre-mer dans le gouvernement dirigé par Michel Debré, Soustelle suit avec angoisse l'avancée par touches successives de De Gaulle vers une Algérie « algérienne », puis indépendante. Au Conseil des ministres, il exprime ouvertement son opposition à une telle politique. Le 5 février 1960, au lendemain de la sanglante semaine des Barricades d'Alger, de Gaulle lui signifie son congé. Les deux hommes ne se reverront plus. En plein putsch des généraux, dans la nuit du 24 avril 1961, redoutant une arrestation bien qu'aucun mandat n'ait été lancé contre lui, Soustelle disparaît de son domicile parisien. Désormais, et jusqu'à l'automne 1968, après le vote de la loi d'amnistie, il partage son temps, dans une semi-clandestinité jalonnée de nombreuses visites d'amis et de journalistes, entre l'Italie, la Suisse et la Belgique. Chargé des « Affaires extérieures » au sein d'un « Conseil national de la résistance » fantoche créé en 1962 sur les bords du lac de Garde par Georges Bidault, aux côtés du colonel Argoud, le plus déterminé des chefs de l'OAS (Organisation armée secrète), Soustelle se prononce avec eux pour l'élimination physique du Général. D'après Jean-François Deniau qui lui succéda sous la Coupole, Soustelle aurait cependant contribué secrètement à faire échouer le dernier attentat préparé contre son ancien chef, en 1965, sur la tombe de Georges Clemenceau en Vendée. Soustelle regagne la France en octobre 1968, après le vote de la loi d'amnistie. Ses tentatives de retour dans la vie politique, à Paris et à Lyon, se soldent par des échecs. Il demeure un antigaulliste acharné. Depuis Londres, où, curieuse coïncidence, il se trouve le jour de la mort du Général, le 9 novembre 1970, il adresse à *L'Aurore* un « papier bilan » qui est un amer réquisitoire contre l'homme qui l'a tant marqué et l'a tant déçu. Ce papier-là, beaucoup de ses anciens amis ne le lui pardonneront pas.

Élu à l'Académie française en 1983, après un premier essai manqué du fait de l'opposition de gaullistes animés par Alain Peyrefitte, Soustelle retrouve son vieil attrait pour les civilisations précolombiennes. Il meurt, presque oublié des anciens du gaullisme et de l'antigaullisme, à soixante-dix-huit ans, au terme d'un destin inachevé, marqué par l'amertume et le ressentiment. Bernard ULLMANN

• *Voir aussi :* Antigaullistes de droite ; Information ; Intellectuels ; OAS ; RPF ; Services spéciaux

Bibl. : Jacques Soustelle, *Envers et contre tout*, Paris, Robert Laffont, 2 vol., 1947 et 1950 • Id., *L'Espérance trahie*, Paris, Éditions de l'Alma, 1962 • Bernard Ullmann, *Jacques Soustelle. Le mal aimé*, Paris, Plon, 1995.

SOUVERAINETÉ NATIONALE. – C'est en 1942 qu'émerge dans le discours gaullien le thème du « peuple souverain ». Lors d'une conférence de presse, tenue à Londres le 27 mai, de Gaulle précise : « La démocratie se confond exactement pour moi avec la souveraineté nationale. La démocratie, c'est le gouvernement du peuple par le peuple et la souveraineté nationale, c'est le peuple exerçant sa souveraineté sans entraves. » Ainsi qu'il le dira plus tard à André Malraux, le peuple, « c'est la France ». Sans doute ; mais la nation n'est pas nécessairement la seule addition des Français.

Qu'au peuple appartienne le droit exclusif d'être « seul et unique maître chez lui », voilà une conviction qui semble ne faire aucun doute pour le Général. Elle l'a conduit, dans ses relations avec les Alliés au temps de la guerre, à une intransigeance sans égale, dès lors que les droits de la France, dont il s'estimait l'incarnation et le garant, se trouvaient en jeu. Lui-même fut d'ailleurs parfaitement conscient d'avoir dû se montrer, du fait de sa mission, un partenaire difficile. Tout au long de son parcours politique, sa défiance à l'égard des institutions supranationales sera à la mesure de cet attachement au dogme de la souveraineté intangible de l'État. L'idée d'une « Fédération européenne », qu'il a accueillie au temps du RPF, ne le contredit que faiblement. Alors, comme plus tard, de Gaulle est convaincu de l'interdépendance des nations, mais le regroupement de la famille européenne ne saurait s'opérer, à ses yeux, sur la ruine des États. On sait la vigueur de ses attaques et de celles de son camp contre la CECA (Communauté européenne du charbon et de l'acier) et surtout la CED (Communauté européenne de défense), accusées de dépouiller la souveraineté française de ses prérogatives fondamentales.

La souveraineté appartient au peuple. Cette détermination à sauvegarder et affermir les droits exclusifs de l'État trouve sa source dans la nécessité de préserver ceux de la France et des Français. Pour être légitime, le pouvoir doit s'appuyer sur la volonté populaire. Les circonstances exceptionnelles engendrées par la guerre et l'Occupation contraignirent à la présumer. Depuis Londres ou Alger, c'est « au nom du peuple et de l'Empire français » que de Gaulle a gouverné. Et, dès 1941, il rappelle sans relâche que l'un des tout premiers articles de son programme « est de rendre la parole au peuple, dès que les événements lui permettront de faire connaître ce qu'il veut et ce qu'il ne veut pas ». De fait, à la Libération, les électeurs et, pour la première fois, les électrices furent invités à se faire entendre. L'article 2 de la Constitution de 1958 consacra la règle : « La souveraineté nationale appartient au peuple... » Une telle formule, qui associe peuple et nation, n'a rien de proprement gaullien. Elle reprend d'ailleurs l'article 3 de la Constitution de 1946. La singularité de la pensée de Charles de Gaulle est ailleurs. Avant tout dans la volonté de donner sa portée entière au principe révolutionnaire de l'unité et de l'indivisibilité de la souveraineté. Le pouvoir qui en procède doit être à son image. Les efforts déployés pendant la guerre pour unifier la Résistance sous la direction d'un seul chef trouvent là leur justification : quand bien même, devait reconnaître de Gaulle en 1945, « cette rigueur obstinément centralisatrice ait paru lourde à tel ou tel groupe, [...] il fallait à tout prix que notre effort fût indivisé pour que la France restât indivisible ».

Ces accents jacobins ne se sont pas estompés après la victoire, bien au contraire. Ils ponctuent de virulents réquisitoires contre la IVe République, à l'encontre des partis politiques, où se renouvelle l'aversion que manifestaient les Montagnards du Gouvernement révolutionnaire pour les « factions ». Car, en faisant de nos discordes leur fonds de commerce, les partis fragmentent la collectivité. En vertu de la doctrine prévalente de la représentation, la souveraineté s'est trouvée transférée dans les mains des seuls élus du peuple. La République, qui eût dû rester la chose de tous, est devenue celle des « partisans ». C'est contre cette déviation funeste que le gaullisme s'est résolument élevé, afin de restituer aux citoyens leur bien usurpé par le « régime exclusif des partis ». Ce dessein conduit à des choix en matière d'institutions.

Implications constitutionnelles. Rendre au peuple ses droits confisqués implique d'abord qu'il puisse faire entendre sa voix autrement qu'à l'occasion des seules consultations électorales. À l'hostilité que nourrissait la tradition républicaine à l'égard du référendum jugé antidémocratique, le gaullisme oppose ainsi la légitimité de la démocratie directe. Cette réhabilitation de « l'appel au peuple », qui évoque le second Empire et le mot d'ordre de ses partisans après sa chute, devait conduire à y voir le signe de la filiation qui unit gaullisme et bonapartisme. À cette restauration des pratiques référendaires, de Gaulle ajoute le dessein de doter la République d'une tête. Arbitre ou guide, le chef de l'État occupe dans l'architecture constitutionnelle gaullienne une place primordiale. Or, sa prééminence n'est qu'une conséquence du caractère de la souveraineté nationale. Une et indivisible, elle est défigurée lorsque les partis majoritaires de l'Assemblée l'accaparent. Voilà en effet qu'elle se trouve « morcelée entre les différents intérêts représentés par les partis ». Elle redevient indivise dans les mains d'un homme porté démocratiquement à sa tête. La logique du raisonnement est rigoureuse : la nation étant une, sa souveraineté l'est aussi, qui trouve sa traduction dans une instance unique : le chef de l'État. Par son canal, « la nation tout entière s'exprime dans sa masse indivise et souveraine ». En instituant un président de la République indépendant du Parlement, en le dotant d'importants pouvoirs propres, la Constitution de la Ve République est l'aboutissement de ce projet. Pourtant, on le sait bien, ce texte dispose que la nation souveraine a d'autres interprètes. Son article 3, qui énonce les principes de la souveraineté nationale attribuée au peuple, précise que celui-ci l'exerce par « la voie du référendum » et « par ses représentants ». Certes, contrairement à la Constitution de 1946, le cercle des représentants ne se réduit pas aux seuls députés ; il englobe le chef de l'État situé même à la première place. Le dogme de l'indivisibilité de la puissance souveraine n'en paraît pas moins fortement atteint puisque la voilà partagée. À cela, le général de Gaulle n'aurait su se résoudre.

Unité du peuple et diversité de ses intérêts. Pour tenter de concilier cette conviction avec la reconnaissance d'une qualité représentative au Parlement, il faut admettre que, dans la pensée gaullienne, le peuple ne se confond pas en toutes circonstances avec la nation ; et que la formule retenue par l'article 3 de la Constitution de 1958 ne traduit qu'approximativement le sentiment de son inspirateur. Si l'autorité du chef de l'État et celle des élus des chambres procèdent, l'une et l'autre, du peuple, ce n'est pas du même peuple qu'il s'agit. En lui, deux figures se combinent. Dans sa réalité sociologique, la diversité est sa marque ; et c'est cette pluralité que le Parlement réfléchit. Mais le peuple redevient un quand il s'identifie à la France ; lorsque les intérêts supérieurs des Français sont en jeu. Alors, mais alors seulement, la souveraineté populaire est l'exact synonyme de la souveraineté nationale. À la lumière de cette croyance en la possible métamorphose d'une population diversifiée en un seul peuple, qui constitue la France, se mesure la complexité des relations entre la nation et l'État dans l'analyse gaullienne. Chaque entité se trouve, en effet, à la fois le principe et la résultante de l'autre. Sans doute est-ce dans la souveraineté de la nation que s'enracine la puissance étatique ; mais il faut toute l'énergie de son chef pour élever le peuple à la conscience nationale, le « rassembler », en lui offrant le moyen de s'exprimer « dans ses profondeurs » et « sans les déformations de l'intrigue [ni] les pressions corruptrices d'aucune coalition d'intérêts particuliers ». Réapparaît ici l'idée-force de la politique gaullienne : dans l'ordre des valeurs, la nation est sans rivale ; prioritaire, en revanche, est dans l'ordre des réalités concrètes l'autorité de l'État.

François BURDEAU

• *Voir aussi* : Constitutionnelles (conceptions) ; Peuple ; Président de la République ; République

Bibl. : Jean-Louis Debré, *Les Idées constitutionnelles du général de Gaulle*, Paris, LGDJ, 1974 • Lucien Jaume, « L'État républicain selon de Gaulle », *Commentaire*, n° 51, automne 1990, p. 523-532 ; n° 52, hiver 1990-1991, p. 749-755.

SPAAK, Paul-Henri (1899-1972). – Né à Schaerbeek, Paul-Henri Spaak, issu de la bourgeoisie libérale bruxelloise, a été formé à la double école de l'art et de la politique. La première est celle de son père, directeur du théâtre royal de la Monnaie, auteur d'œuvres littéraires assez renommées et mentor de ses deux autres fils : Charles et Claude. La seconde est celle de la famille maternelle. Petit-fils du leader du libéralisme radical Paul Janson, neveu du député et ministre libéral Paul-Émile Janson, Spaak entre au Parlement en 1932 alors que sa mère est sénatrice socialiste depuis 1921.

Ses études secondaires achevées en 1916, il n'a qu'une idée en tête : s'évader de Belgique occupée et s'engager. Capturé, il est déporté en Allemagne au camp de Soltau. Diplômé en droit à l'Université libre de Bruxelles, en 1921, il fait ses premières armes au barreau tout en militant dans les rangs du Parti ouvrier belge dont il devient rapidement l'« enfant terrible ». Resté un « provincial », le jeune député, ministre des Transports dans le premier gouvernement van Zeeland (1935), devient ministre des Affaires étrangères en 1936. Il occupera cette fonction – cumulée ou non avec celle de Premier ministre – durant vingt et un ans entre 1936 et 1966. Membre du gouvernement belge de Londres durant la Seconde Guerre mondiale, il entretient une relation ambiguë avec la France combattante de De Gaulle. Il faut en soutenir le mouvement et la cause mais le caractère incertain et problématique de son évolution exige d'attacher plus que jamais du prix aux relations avec la Grande-Bretagne. Ce point de vue restera *grosso modo* le sien jusqu'au retour du Général au pouvoir.

Secrétaire général de l'OTAN depuis 1957, Spaak accueille avec soulagement l'issue des événements de mai 1958. Mais il déchante bientôt à cause de profondes divergences sur l'essence même de la construction européenne, sur la place de la Grande-Bretagne dans celle-ci et sur la solidarité atlantique. La détérioration des relations entre le Général et « l'antigaulliste n° 1 de l'Europe » conduit ce dernier à constater, à l'intention de Kennedy, que le président français manque d'un interlocuteur. Une fonction qu'il aurait volontiers remplie. Mais « Monsieur Europe » se heurte à un mur. Au fil des ans, sa déception se mue en rancœur. Il l'exprimera dans ses Mémoires, déclenchant notamment la réaction de Michel Debré qui en dénonce le caractère diffamatoire. Quant au Général, la manière dont il considère les efforts de Spaak sur la scène internationale ne laisse pas la place au doute : « Tout ça n'a aucune valeur, aucune vigueur. »

D'où ces mots de Spaak apprenant la mort de celui dont il avait été le premier à reconnaître le Comité français de la Libération nationale en juin 1943 : « Je ne lui pardonne pas de ne pas avoir eu "une autre idée de la France" et d'avoir travaillé à rebâtir une grandeur passée et à jamais perdue, au lieu de lui donner sa place dans un monde nouveau, et d'avoir été un adversaire alors qu'il eut pu être un allié formidable. » Michel DUMOULIN

• *Voir aussi :* Belgique ; Duvieusart, Jean ; Europe ; Harmel, Pierre ; Pierlot, Hubert

Bibl. : Michel Dumoulin, *Spaak*, Bruxelles, Racine, 1999 • *La Pensée européenne et atlantique de Paul-Henri Spaak*, Bruxelles, Goemare, 2 vol., 1980 • Paul-Henri Spaak, *Combats inachevés*, Paris, Fayard, 2 vol., 1969.

SPEARS, Louis Edward (1886-1974). – Né à Paris, élevé en France par sa grand-mère irlandaise, Spears était entièrement bilingue. Aussi, dès les prémices de la Première Guerre mondiale, apparaît-il tout désigné à l'état-major britannique pour être envoyé au ministère de la Guerre à Paris et travailler à la mise au point d'un système de codage commun aux deux armées. Après le déclenchement de la guerre, il est nommé officier de liaison entre le général Lanrezac, commandant la 5e armée française, et le général French, à la tête du corps expéditionnaire britannique sur le front français. Blessé quatre fois, il est promu en 1917 général de brigade et chef de la mission militaire britannique à Paris. À l'armistice, il est titulaire de nombreuses décorations britanniques et françaises (dont la Légion d'honneur et la croix de guerre).

Après la guerre, il se lance dans les affaires, tout en briguant un siège de député ; d'abord « national libéral », il est élu comme conservateur à partir de 1931. Comme Winston Churchill, avec qui il s'est lié d'amitié sur le front des Flandres en 1916, il condamne vivement la politique d'apaisement envers Hitler et les accords de Munich de 1938. À l'arrivée de Churchill à la tête du pays, en mai 1940, il est nommé représentant de ce dernier auprès du gouvernement de Paul Reynaud (22 mars-16 juin 1940). De Gaulle en devient, le 5 juin, sous-secrétaire d'État à la Guerre. C'est dans l'avion de Spears que, le 17 juin, il s'envole pour Londres. Et c'est lui encore qui l'introduit auprès des milieux gouvernementaux britanniques alors que le Foreign Office, alors dirigé par lord Halifax, avec Alexander Cadogan comme secrétaire permanent, veut garder le contact avec le gouvernement du maréchal Pétain et est très hostile à de Gaulle. C'est lui qui négociera auprès de Churchill les premières interventions de De Gaulle à la BBC et la création d'un Comité français, une fois l'armistice signé par Pétain le 22 juin, lui encore qui veillera à l'installation des services français à Carlton Gardens. Spears s'occupera aussi du confort de la famille de Gaulle en Angleterre. C'est chez lui que les de Gaulle passent leur premier Noël. Enfin, l'épouse de Spears, Mary Borden, écrivain d'origine américaine, crée, de toutes pièces, un hôpital de campagne et un service d'ambulances pour les Français libres.

Malgré tout, Spears est trop prêt à exécuter les volontés de Churchill pour que de Gaulle ne s'en méfie point quelque peu. Mais ce sont les événements du Levant qui vont rendre inévitable une rupture entre les deux hommes. Nommé, en 1941, chef de la mission militaire près des FFL (Forces françaises libres), puis, en 1942, ministre-représentant de la Grande-Bretagne auprès des nouvelles républiques syrienne et libanaise, Spears reprochera à de Gaulle de ne respecter ni l'esprit ni la lettre des accords du 7 août 1940 ; de son côté, de Gaulle accusera Churchill, et donc Spears, de vouloir anéantir l'influence de la France au Proche-Orient. Les deux hommes ne se réconcilieront jamais et Spears, qui vivra jusqu'à quatre-vingt-huit ans, deviendra très antigaulliste et même très hostile à une France qui fut longtemps sa seconde patrie. Jacques LERUEZ

• *Voir aussi* : Angleterre ; Appel du 18 juin 1940 ; Lyttleton, Oliver ; Vie quotidienne à Londres

Bibl. : Philippe de Gaulle, *De Gaulle, mon père*, Paris, Plon, 2003 • Jean Lacouture, *De Gaulle*, t. 1, *Le Rebelle*, Paris, Le Seuil, 1984 • Edward Spears, *Assignment to Catastrophe*, t. 1, *July 1939-May 1940*, t. 2, *June 1940*, Londres, W. Heinemann, 1954.

SPORTIFS (événements). – La mystique gaullienne ne pouvait manquer son rendez-vous avec le sport des années 1960. Tout simplement parce que le sport est alors vécu et perçu comme une fontaine de jouvence et d'héroïsme, un creuset national, une passerelle entre les classes sociales, un espace neutralisé au-dessus des partis, une euphémisation de la puissance.

Charles de Gaulle appartient à cette « génération Agathon », nationaliste et catholique, qui a le « goût de l'action », décrite en 1912 dans l'enquête sur la jeunesse publiée par Henri Massis et Alfred de Tarde sous le pseudonyme d'Agathon. Il se passionne pour l'escrime, s'initie au football chez les bons pères d'Antoing, découvre l'athlétisme à Saint-Cyr. Son père contribue même à la fondation de l'Union gymnastique et sportive de l'enseignement libre (1911), une annexe de la fédération des patronages qui a pour but de « donner au pays des générations d'hommes robustes et de soldats vaillants ». D'essence chevaleresque et patriotique, éclectique et amateuriste, la culture sportive du Général s'accommodera aisément de la « doctrine du sport » promue en 1965 par le secrétaire d'État Maurice Herzog.

Les apparitions du président-arbitre sur les stades sont plutôt rares. Attestée dès 1959, sa présence lors des finales de la Coupe de France de football participe d'un rite républicain initié par Gaston Doumergue en 1927. En revanche, l'arrêt du Tour de France à Colombey le 16 juillet 1960 est tout à fait inédit. On a pu y voir la rencontre de deux mythes, de deux versions barrésiennes de la nation. Mais la véritable passion du Général va davantage au rugby. Complice d'un XV de France qui bouscule alors les nations britanniques, il fera même affréter en 1965 un Mirage de l'armée de l'air pour rapporter en France la bobine du match Irlande-France. La mémoire collective aura conservé d'autres images sportives du Général : la caricature de Jacques Faizant dans *Paris-Presse*, le 31 août 1960, qui campe le président en sportif providentiel à la suite de la débâcle des jeux Olympiques de Rome, le garde-à-vous d'Alain Mimoun à l'Institut national des sports, la pépinière des athlètes d'État (octobre 1965), la remise en jeu d'un ballon égaré dans la tribune d'honneur en finale de la Coupe 1967, le bref discours d'ouverture des Olympiades d'hiver de Grenoble retransmis jusque sur le territoire américain (février 1968).

La présidentialisation du régime puis les premiers symptômes de l'usure du pouvoir s'accompagnent de l'invention d'une nouvelle tradition républicaine : la promotion exceptionnelle dans l'ordre de la Légion d'honneur de champions qui « apportent au patrimoine de la France ». Après les distinctions isolées de l'himalayiste Lionel Terray (1963), de l'enseigne de vaisseau Éric Tabarly (1964) et du triple vainqueur du Tour Louison Bobet (1965), surviennent les promotions de novembre 1966 (Jacques Anquetil, Jocelyn Delecour et Michel Jazy, Michel Crauste, Alain Calmat, Guy Périllat), de février 1968 (Anne-Marie Famose, Marielle Goitschel, Jean-Claude Killy) et de décembre 1968 (Daniel Morelon et Pierre Trentin, Colette Besson, Jean Guyon). Une jeunesse compagnonne et médaillée qui ne se confond pas avec la « chienlit » de Mai, laquelle dénonce au même moment la vitesse comme « dépassée ». Patrick CLASTRES

• *Voir aussi* : Éducation par le sport ; Loisirs

Bibl. : Jean-Luc Bœuf et Yves Léonard, *La République du Tour de France*, Paris, Le Seuil, 2003 • Patrick Clastres, Paul Dietschy et Serge Laget, *La France et l'Olympisme*, Paris, Adpf-ministère des Affaires étrangères, 2004 • Alfred Wahl, « Sport et politique », dans Jean-François Sirinelli (dir.), *Dictionnaire historique de la* *vie politique française au xxe siècle*, Paris, PUF, 2003, p. 1171-1176.

STALINE, Joseph Djougachvili, dit (1879-1953). – Né en Géorgie d'un père cordonnier et d'une mère paysanne, rallié aux idées sociales-démocrates alors qu'il n'a que vingt ans, Joseph Djougachvili, passé à la clandestinité sous le nom de Staline, devient au lendemain de la révolution d'Octobre commissaire du peuple aux Nationalités. Élu au Politburo en 1919, il est promu secrétaire général du PCUS en 1922, fonction dont il fera un poste clé pour sa stratégie de conquête du pouvoir. S'appuyant sur le Parti et sur la police politique, il parvient en moins de cinq ans à écarter tous ses rivaux. À partir de 1928-1929, il impose au pays des transformations socio-économiques radicales et fait de la terreur un mode de gouvernement.

De la nature du régime stalinien, le général de Gaulle est très tôt conscient, mais à ses yeux les intérêts géopolitiques doivent prévaloir sur les considérations idéologiques. Dès 1936, il écrit à sa mère à propos de la signature du pacte franco-soviétique : « Nous n'avons pas les moyens de refuser le concours des Russes, quelque horreur que nous ayons pour leur régime. » Et à l'heure du second conflit mondial, c'est encore cette approche géopolitique des relations franco-soviétiques qui détermine la nature des relations à établir avec Staline. Or, au lendemain de l'opération « Barbarossa » (22 juin 1941), ce dernier est lui-même soucieux de nouer des relations avec le général de Gaulle : des considérations d'ordre géopolitique, la volonté de ne pas abandonner le destin de l'Europe occidentale aux seuls Anglo-Saxons, enfin l'insistance de l'ambassadeur Sergueï Vinogradov, qui croit dans l'avenir politique du Général, expliquent cette prise de position. C'est pourquoi le 26 septembre 1941, le gouvernement soviétique reconnaît officiellement de Gaulle comme « chef de tous les Français libres ». Quelques mois plus tard, en mai 1942, un entretien à Londres entre de Gaulle et Molotov affirme une large unité de vues entre les deux parties. Pour la conforter symboliquement, il est décidé de créer l'escadrille « Normandie », qui se transformera peu après en régiment « Normandie-Niémen ».

Toutefois, malgré l'entente apparente, un certain nombre de désaccords se font jour sur les questions polonaise et allemande, et, à la fin de la guerre, Staline se rallie à Roosevelt qui s'oppose à toute présence de la France à Yalta. En dépit de ces tensions, le général de Gaulle se rend à Moscou où il séjourne du 27 novembre au 13 décembre 1944 et, le 10 décembre, il y signe un traité d'alliance et d'assistance mutuelle d'une durée de vingt ans. Dans ses *Mémoires de guerre*, il dresse un portrait saisissant de Staline, « communiste habillé en maréchal, dictateur tapi dans sa ruse », et de « sa politique grandiose et dissimulée ». Attaché à justifier cette signature à son retour à Paris, de Gaulle souligne une nouvelle fois, devant l'Assemblée consultative, le poids des considérations géopolitiques : « Pour la France et la Russie, être unies c'est être fortes ; se trouver séparées, c'est se trouver en danger. En vérité, il y a là comme un impératif catégorique de la géographie et du bon sens. » Mais le rapprochement bilatéral ne résiste ni au départ du Général en 1946 ni à l'installation de la guerre froide. En 1955, le gouvernement soviétique finit par dénoncer un traité devenu depuis longtemps caduc.

Marie-Pierre REY

• *Voir aussi* : Normandie-Niémen ; Politique étrangère ; Pragmatisme ; Traités ; URSS

Bibl. : Institut Charles-de-Gaulle, *De Gaulle en son siècle*, t. 4, *La Sécurité et l'indépendance de la France*, Paris, Plon-La Documentation française, 1992 • Marie-Pierre Rey, *Le Dilemme russe, la Russie et l'Europe d'Ivan le Terrible à Boris Eltsine*, Paris, Flammarion, 2002 • Maurice Vaïsse (dir.), *De Gaulle et la Russie*, Paris, Éditions du CNRS, 2006.

STALINGRAD. – Choisie comme un des objectifs prioritaires lors de la grande offensive allemande de l'été 1942, la ville de Stalingrad est atteinte par la VIe armée du général Paulus début septembre. Au prix d'affrontements épouvantables, la ville est presque entièrement contrôlée par les Allemands quand, le 19 novembre, les Soviétiques lancent une offensive de grande envergure au terme de laquelle ils parviennent à encercler les forces ennemies. Après l'échec d'une contre-offensive mi-décembre et malgré une résistance acharnée, l'armée de Paulus se rend le 2 février 1943. Les conséquences politiques et psychologiques de la victoire soviétique sont énormes. Après Stalingrad, les Alliés sont certains du succès final auquel, de toute évidence, l'armée Rouge aura pris une large part.

Très vite, le général de Gaulle mesure l'importance de ce qui se joue sur les bords de la Volga. Il suit et commente régulièrement la bataille. Le 11 novembre 1942, notamment, il évoque les « rues héroïques de Stalingrad » où, comme en Afrique du Nord et dans le Pacifique, « le recul perpétuel a fait place à l'offensive » [*DM*]. Le 7 décembre, il cite « l'héroïque bataille russe dans le Caucase et à Stalingrad » au nombre des facteurs qui « font apparaître une conjoncture nouvelle » et permettent « d'entrevoir l'aurore d'une victoire militaire » [*DM*]. L'issue de la bataille le confirme dans sa certitude de la puissance soviétique. L'information est d'importance, alors que Fernand Grenier vient d'arriver à Londres pour dire l'appui du PCF à la France combattante et que de Gaulle lui-même rentre tout juste de la difficile conférence d'Anfa où son autorité a été battue en brèche, face au général Giraud, par les alliés anglo-saxons.

Aux yeux de l'homme du 18 Juin, Stalingrad prend très vite force de symbole. Dans son discours du 4 février 1943, il fait allusion à la reddition de Paulus, annonciatrice de la défaite finale du Reich [*DM*]. Peu après, il décide d'attribuer la croix de la Libération à la ville. Le 22 février, il charge son représentant en URSS, Roger Garreau, de se mettre en rapport à ce sujet avec le gouvernement soviétique [*LNC*]. Si la démarche n'aboutit pas, elle témoigne de l'admiration de De Gaulle pour la résistance soviétique. Le 6 juin 1944, annonçant à la France que la « Bataille suprême est engagée », il évoque Stalingrad parmi les lieux où « l'ennemi [...] a pris maintenant l'habitude de la défaite » [*DM*]. C'est donc tout naturellement qu'à la fin de l'automne 1944, en route pour Moscou, il demande à passer par Stalingrad afin de rendre hommage aux « armées russes qui y [ont] remporté la victoire décisive de la guerre » [*MG*]. À cette occasion, il remet à la ville une « épée d'honneur ». Enfin, au cours du voyage qu'il accomplit en URSS du 20 juin au 1er juillet 1966, il s'arrête le 28 juin à Stalingrad, rebaptisée Volgograd. Lors de la réception donnée en son honneur, il salue à nouveau la « grande victoire » et conclut en affirmant que la ville, « rétablie, en pleine activité, remplie d'espérance pour demain », démontre « qu'ayant hier symbolisé la guerre, elle voit son avenir dans la paix » [*DM*].

Jean Delmas

• *Voir aussi* : PCF ; URSS

Bibl. : Jean-Louis Crémieux-Brilhac, *La France libre : de l'appel du 18 Juin à la Libération*, Paris, Gallimard, 1996 (rééd. « Folio », 2001) • François Marcot (dir.), *Dictionnaire historique de la Résistance*, Paris, Robert Laffont, coll. « Bouquins », 2006 • Claude Quétel (dir.), *Larousse de la Seconde Guerre mondiale*, Paris, Larousse, 2004.

STARK, Harold (1880-1972). – Né dans une modeste famille d'origine allemande, Harold Raynsford (« Betty ») Stark est admis à l'âge de dix-neuf ans à l'Académie navale d'Annapolis, dans le Maryland. Sorti dans les premiers de sa promotion, il combat à bord d'un destroyer dans l'Atlantique durant la Grande Guerre, avec une bravoure qui lui vaudra la *Distinguished Service Medal* à la fin du conflit. Après avoir servi dans diverses unités de la flotte durant l'entre-deux-guerres, il est nommé à l'état-major de la marine, avec le grade de contre-amiral. En 1939, il est personnellement choisi par le président Roosevelt pour succéder à l'amiral Leahy en tant que chef des opérations navales. En novembre 1940, l'amiral Stark est l'auteur avec le général Marshall du plan « Dog », qui prévoit de donner la priorité au théâtre atlantique en cas d'entrée en guerre des États-Unis contre l'Allemagne et le Japon. Bouc émissaire après le désastre de Pearl Harbor, il est relevé de ses fonctions en février 1942 et envoyé à Londres comme commandant en chef des forces navales sur le théâtre européen.

Fort d'une réputation de fin diplomate autant que de grand stratège, Stark est chargé en mai 1942 par le Département d'État d'obtenir du général de Gaulle qu'il mette à la disposition des États-Unis des bases stratégiques en Nouvelle-Calédonie et en Polynésie, alors que les Japonais ont envahi la Nouvelle-Guinée et approchent de l'Australie. En dépit des relations assez tendues entre le Général et Washington à cette époque, l'amiral Stark obtient satisfaction et note dans son journal : « On m'avait dit que de Gaulle était autoritaire, pompeux et plutôt difficile à vivre. Je l'ai trouvé au contraire calme, accommodant et très aimable. » Stark aura l'occasion de nuancer ce jugement, mais il n'en sera pas moins l'un des rares interlocuteurs du général de Gaulle à rester impassible devant ses accès de fureur calculée. Les relations de confiance et d'estime entre les deux hommes expliquent la nomination de l'amiral Stark comme représentant du gouvernement américain auprès du Comité national français en juillet 1942. À ce poste, Harold Stark sera souvent le confident et le conseiller du général de Gaulle en matière de politique à l'égard des États-Unis. Il se fera également l'avocat du Général auprès de Roosevelt, des chefs d'état-major américains et du général Eisenhower – en vain dans le premier cas, mais avec un succès certain dans les deux autres.

François KERSAUDY

• *Voir aussi* : CFLN ; Duff Cooper, Alfred ; Eden, Anthony ; États-Unis ; Peake, Charles

Bibl. : Ernest Joseph King et Walter Muir Whitehill, *Fleet Admiral King : a Naval Record*, New York, Norton, 1952 • Eric Larrabee, *Commander in Chief : Franklin Delano Roosevelt, his Lieutenants, and their War*, Londres, Andre Deutsch, 1987 • Mario Rossi, *Roosevelt and the French*, Westport, Praeger, 1993.

STATUES ET MONUMENTS À L'ÉTRANGER. – Pas plus que pour la France, on ne peut prétendre être exhaustif, et pour les deux mêmes raisons : difficulté de documentation sur les éventuels objets existants, et tendance encore possible à l'accroissement de leur nombre.

Cela dit, il faut mettre la Grande-Bretagne hors pair. Du 18 juin 1940 au début de juin 1943, jusqu'à ce que de Gaulle rejoigne Alger, Londres a bel et bien tenu lieu de capitale à la France libre qui coïncidait, selon de Gaulle, avec la République maintenue. Ce n'est évidemment pas par hasard si Winston Churchill a été, en 1998, des premiers hommes d'État contemporains étrangers que Paris ait statufiés. Le siège des bureaux où travaillaient le Général et ses ministres était situé, en plein centre de Londres, au 4, Carlton Gardens. Sur le mur une plaque de marbre, assez ancienne sans doute, reproduit le texte de l'appel du 18 Juin et en explique le sens. Une autre, plus banale, visiblement d'information municipale à usage des touristes, y a été ajoutée plus récemment, et parle du Général « *president of the French National Committee [who] set up the headquarters of the Free French forces here in 1940* ». Enfin, en face du bâtiment, en plein air, adossé à un petit square, la statue en pied de De Gaulle en uniforme, visage paisible, uniforme correct mais dont un pan de la vareuse paraît agité par le vent. Petit socle de pierre blanche sans autre inscription que « Charles de Gaulle 1890-1970 » et des croix de Lorraine gravées. Une plaque discrète signale que l'œuvre, de l'artiste Angela Conner, a été inaugurée par la reine le 23 juin 1993.

Les statues existant dans d'autres capitales sont toutes plus récentes et semblent plus liées à la diplomatie contemporaine qu'à la mémoire de la guerre. Varsovie : reproduction réduite de celle des Champs-Élysées à Paris. Moscou : là aussi statue en pied du général en uniforme. Plus original est Berlin, où, sur un haut-relief, de Gaulle est accompagné de Konrad Adenauer pour célébrer la réunion franco-allemande.

En Amérique latine, de Gaulle rencontra un réel écho comme chef de la France libre puis comme président de la République, notamment lors de son voyage de 1964. On trouve au moins un monument à sa mémoire, érigé en 1972 à Rocha, en Uruguay, sur l'initiative d'un ancien volontaire de la France libre devenu président de l'assemblée municipale. Construit autour d'une croix de Lorraine, l'ensemble est dédié par « *el pueblo de Rocha a Charles de Gaulle, ciudadano del mundo* ».

Original aussi le Canada, où la province

francophone offre les deux sortes d'hommage, à Québec une statue en pied assez conventionnelle, sur le thème de l'amitié franco-québécoise, mais à Montréal un édifice plus ancien et plus original, œuvre d'Olivier Debré, évoque la guerre par deux pans de murs délabrés... et ce sont les fentes de l'un des murs qui sont placées de façon à dessiner une croix de Lorraine...

On ne s'attend pas à découvrir un de Gaulle aux États-Unis, compte tenu des difficultés que l'on sait. Celui qui fut élevé en l'an 2001 (une tête, sur un socle) est en effet en territoire français, dans les jardins de l'ambassade de France à Washington. Il est l'œuvre de l'Américain Jo Davidson, francophile de longue date. Resterait à poursuivre l'enquête dans les recoins de l'immense pays où peuvent exister des traditions de folklore historique « français », en Louisiane peut-être ?

Maurice AGULHON

• *Voir aussi* : Commémorations ; Croix de Lorraine

STATUES ET MONUMENTS EN FRANCE. – Il est impossible d'en faire un recensement, et pour deux raisons. L'une est la difficulté extrême de recueillir (que ce soit par archive ou sur le terrain) un renseignement local dans un pays qui compte 100 départements et quelque 36 000 communes ! L'autre est que, aurait-on ce recensement aujourd'hui, il pourrait bien être inexact demain, car le mouvement de célébrations commémoratives et d'initiatives artistico-patrimoniales semble bien avoir encore de l'avenir.

Beaucoup de monuments, certes. Combien exactement, on ne sait pas. Une autre difficulté consiste dans la dualité entre le monument en forme de croix de Lorraine et le monument en forme de statue, voire de « portrait » en relief plus ou moins ressemblant. La croix de Lorraine, c'est le signe du combat national lancé et guidé par Charles de Gaulle, mais en tel lieu précis est-ce plutôt l'évocation d'un combat particulier, du combat en général, ou bien l'évocation... du Général ?

Poser cette question n'est pas faire preuve d'une subtilité excessive, car l'usage de la croix de Lorraine pour évoquer le Général plutôt que pour évoquer la bataille a été sans doute favorisé par un fait esthétique avéré : la « statue de grand homme », bien ressemblante, juchée sur un socle en forme de tableau d'affichage bien garni de discours, a été tant employée par la République triomphaliste du début du XXe siècle que sa banalité était perçue comme ridicule par les opinions extrémistes comme par l'opinion artiste. La statuaire moderne se devait d'être moins figurative et plus abstraitement symbolique. L'avantage de la croix sur le portrait est évident. Innombrables sont donc les croix de Lorraine évocatrices de la guerre en général, genre monuments aux morts, en repérage d'un lieu de combat précis. Certaines sont anciennes et déjà célèbres, comme celle de l'île de Sein. Mais d'autres, il est vrai, paraissent plutôt liées à la personne de De Gaulle : à Coëtquidan (site actuel de l'école de Saint-Cyr), où il a été élève officier, à Courseulles-sur-Mer (Calvados), où il a pris pied en France continentale en juin 1944, à Colombey-les-Deux-Églises, où il a vécu et où il est mort, ou encore à Marseille, pour souligner l'octroi de son nom à la vieille place de la Bourse, si importante par sa centralité. Cette croix de Lorraine porte sur une branche l'inscription « France libre 1940-1945 » et plus bas le texte de l'Appel. C'est bien à l'homme du 18 Juin que l'on pense.

Les monuments en forme de statue proprement dites sont plus récents que les croix. Il faut normalement attendre la mort du héros pour lui conférer l'honneur suprême de la représentation figurée. Elle survint en 1970. Plus importante encore semble-t-il a été la date de 1990, qui par chance fit coïncider un centenaire, celui de la naissance, et un cinquantenaire, celui de l'appel du 18 Juin. Surgirent alors bien des statuettes, ou des bustes, pierre ou bronze, plus ou moins réussis.

Le portrait sculpté nous est apparu plutôt plus fréquent dans les communes administrées par la droite, tandis que celles de gauche se contentaient de la plaque portant texte de l'Appel (observation en région parisienne). De Gaulle a pu aussi – plus rarement sans doute – être statufié en association avec un autre hommage, ainsi à Asnières, où il est représenté en conversation avec André Malraux. Les deux hommes sont debout, en pied, assez expressifs, mais un peu « modernisés » par l'absence de socle, d'où l'étrange posture de ras de trottoir, coudoyant presque les passants.

Enfin, il faut faire un sort à deux villes singulières, Lille, la ville natale, et Paris, la ville libérée. À Lille, ville natale, mais aussi ville de gauche, le « mémorial », très bien situé entre la citadelle et le jardin Vauban, est du genre non figuratif. C'est la Résistance, représentée par deux blocs de pierre évoquant deux silhouettes qui s'inclinent (sans tomber) et qui paraissent se diriger l'une vers l'autre comme pour se rencontrer. Interprétation justifiée par une inscription de socle, et qui est de De Gaulle : « Jamais la fortune n'a trahi une France rassemblée. » C'est une signature.

Paris, enfin, a fait, en 2000, œuvre de Jean Cardot, la statue qu'on pourrait qualifier d'officielle et qui lie absolument le Général et la Libération. L'emplacement a été heureusement choisi, au rond-point des Champs-Élysées, c'est-à-dire à l'angle des Champs-Élysées, qui mènent à la vieille statue de Georges Clemenceau en casque et capote, et de l'avenue Franklin-Roosevelt, à l'extrémité sud de laquelle figure la statue de Winston Churchill. Symbolique évidente. En tel emplacement, et avec tant d'espace libre alentour, une statue ras du sol eût été ridicule, et l'artiste a donc fait un socle élevé et porteur d'inscription (tradition), mais ce socle est original (modernité), étant composé de deux murs à angle aigu qui esquissent donc une pointe de flèche, dirigée vers la place de la Concorde, évocation directe de la marche du 26 Août. L'inscription (« pacte vingt fois séculaire ! ») est celle qui figurait déjà depuis trente ans à Colombey.

Car, plus souvent encore que par son image, ou par celle de sa croix de Lorraine, de Gaulle s'est exprimé par son verbe et il faudrait encore, au-delà des statues et des croix, recenser tous les espaces où sa mémoire ne figure que par des inscriptions de texte. Ainsi, par exemple, l'extraordinaire monument de Paris-Porte Maillot, dédié au général Kœnig et à la bataille de Bir-Hakeim (audacieuse représentation de la guerre par des pièces de métal figurant explosions), mais où les plaques de support citent longuement le passage Bir-Hakeim des *Mémoires de guerre*.

Maurice AGULHON

• *Voir aussi* : Colombey-les-Deux-Églises ; Commémorations ; Croix de Lorraine

Bibl. : Maurice Agulhon, Enquête inédite • Serge Barcellini et Annette Wieviorka, *Passant, souviens-toi ! Les lieux du souvenir de la Seconde Guerre mondiale*, Paris, Plon, 1995.

STÉPHANE, Roger Worms, dit (1919-1994). – « Qu'y a-t-il pour votre service, Roger Stéphane ? » Le 29 mai 1957, quand il rencontre pour la première fois le général de Gaulle rue de Solférino, Stéphane a déjà vécu plusieurs vies. Né dans une riche famille de la bourgeoisie parisienne, homosexuel proclamé, fin lettré, il fréquente depuis l'âge de vingt ans tous ses écrivains favoris, et notamment André Malraux pour qui il éprouve une véritable fascination.

Entré en Résistance à l'été 1941, deux fois évadé des prisons de Vichy, il devient célèbre, le 19 août 1944, en participant à la libération de l'hôtel de ville de Paris. Fin 1944, après avoir fait partie du cabinet du ministre du Travail Adrien Tixier, il rejoint Malraux et sa brigade *Alsace-Lorraine*. L'année suivante, il relance sa carrière de journaliste en collaborant à *Libération* et à *France-Soir*. Bien que non communiste, il évolue jusqu'en 1950 dans l'orbite du PCF (Parti communiste français) et nourrit une certaine indifférence, teintée de méfiance, envers le général de Gaulle. Cette même année, il fonde *L'Observateur* avec Gilles Martinet, Claude Bourdet et Hector de Galard. Avec l'hebdomadaire, il prend part à la lutte anticolonialiste, condamne la pratique de la torture en Algérie et soutient Pierre Mendès France.

Au cours des années 1956 et 1957, Malraux suscite peu à peu chez Roger Stéphane un nouvel intérêt pour de Gaulle. C'est Stéphane qui a sollicité du Général le tête-à-tête de mai 1957. Lors de cette entrevue, il est, depuis longtemps déjà, persuadé que seul de Gaulle est en mesure d'imposer la paix en Algérie et de permettre à la France de sortir d'une crise dont nul n'entrevoit l'issue. Il en ressort plus convaincu encore. Dès lors, il se considère comme rallié au général de Gaulle et se détache progressivement du groupe de *L'Observateur*, qu'il quittera définitivement fin 1958. En février 1958, à la suite du bombardement de Sakhiet, il fait recevoir à Colombey l'ambassadeur de Tunisie. Sur les événements de mai 1958, il écrira quantité d'articles, puisés aux meilleures sources, ainsi qu'un roman à clé, *Une singulière affinité*, publié en 1959. La même année, il tire un trait définitif sur sa carrière dans la presse écrite pour entrer à la télévision où il produira de nombreuses émissions culturelles et historiques.

D'emblée, il se sert de l'outil audiovisuel pour recueillir les témoignages de nombreux protagonistes de l'Histoire la plus récente. Entre 1966 et 1968 notamment, il entreprend de raconter en images l'épopée de la France libre. Plus de cent heures sont tournées qui voient défiler devant la caméra de très nombreuses personnalités françaises et étrangères. En 1997, Daniel Rondeau en tirera un livre, puis, l'année suivante, un film pour la télévision. En mai 1968, Roger Stéphane s'improvise gardien du temple à l'ORTF durant la vacance du pouvoir. Le 30, il manifeste sur les Champs-Élysées. Après la mort de De Gaulle, il entame une relative traversée du désert, entrecoupée de quelques remarquables séries ou émissions télévisées. En 1989, il publie un beau livre de mémoires, *Tout est bien*, qui reproduit l'essentiel de ses entretiens avec le Général.

Patrick LIENHARDT

• *Voir aussi* : France Observateur ; Intellectuels ; Radio et télévision ; Résistance intérieure

Bibl. : Olivier Philipponnat et Patrick Lienhardt, *Roger Stéphane*, Paris, Grasset, 2004 • Daniel Rondeau et Roger Stéphane, *Des hommes libres, 1940-1945. La France libre par ceux qui l'ont faite*, Paris, Grasset, 1997 • Roger Stéphane, *Tout est bien*, Paris, Quai Voltaire, 1989.

STRASBOURG (1944-1945). – À la mi-septembre 1944, de Gaulle a demandé au général Eisenhower que les forces françaises participent à la libération de Strasbourg. Cela devient possible lorsque la 7ᵉ armée US, dans laquelle se trouve la 2ᵉ DB du général Leclerc, et la 1ʳᵉ armée du général de Lattre reçoivent mission de libérer les Vosges et l'Alsace. Le 16 novembre, la 2ᵉ DB, après avoir appuyé l'attaque des divisions d'infanterie près de Saverne, dans les basses Vosges, doit se saisir des débouchés est de la ville. En cas de succès, Strasbourg, « obsession » de Leclerc depuis Koufra, est à portée... Le 19 novembre, par une audacieuse manœuvre, Leclerc lance deux groupements blindés de part et d'autre de Sarrebourg, par des itinéraires de montagne où des chars ne sont pas attendus. Le 22, des sous-groupements dévalent dans la plaine, prenant Saverne à revers et, dès le 23 au matin, foncent sur Strasbourg. Le sous-groupement Rouvillois arrive le premier devant la cathédrale et poursuit jusqu'au pont de Kehl, mais sans pouvoir s'en saisir. Dans sa proclamation à la population, Leclerc s'écrie : « La flèche de votre cathédrale est restée notre obsession. Nous avons juré d'y arborer de nouveau les couleurs nationales. C'est chose faite. » À Paris, de Gaulle annonce la nouvelle à l'Assemblée : « Un frisson parcourt l'assistance, élevée soudain tout entière audessus d'un quelconque débat. » La proclamation de Leclerc se terminait ainsi : « Habitants de Strasbourg, la France et ses alliés ne recommenceront plus la faute d'hier : l'envahisseur ne reviendra pas. » Un mois plus tard, il fut sur le point de revenir.

Si Strasbourg est libérée, la ville reste sous le feu de l'artillerie allemande de la rive droite du Rhin et sous la menace des défenseurs allemands de la poche de Colmar. Le 16 décembre, le déclenchement par les Allemands de l'offensive des Ardennes augmente la pression sur les forces alliées. Eisenhower concentre le maximum de moyens pour colmater la poche créée jusqu'à la Meuse. Aussi le général américain Devers, commandant le groupe d'armées nᵒ 6 (GA6), est-il obligé d'adopter une attitude défensive sur son front des Vosges et d'Alsace, tenu par la 7ᵉ armée US et la 1ʳᵉ armée française. Le 28 décembre, au reçu de renseignements annonçant une probable offensive allemande depuis la Sarre en direction d'Haguenau et de Saverne, Devers fait étudier par ses commandants d'armée des lignes de repli successives vers les Vosges, laissant présager un abandon de Strasbourg, qui est en zone américaine.

Cette menace déclenche un conflit d'autorité entre le commandement interallié et le président du GPRF (Gouvernement provisoire de la République française). De Gaulle n'a pas été tenu informé de cette décision stratégique qui fait fi de toute considération nationale. Quand il la découvre, grâce à la perspicacité du général Juin, le 1er janvier, il agit immédiatement, car il est impensable que les Alliés abandonnent sans bataille une province française, et surtout « cette province-là ». L'Alsace peut être défendue, écrit-il à Eisenhower ; il le lui démontre, ajoutant : « Quoi qu'il arrive, les Français défendront Strasbourg », et il prescrit à de Lattre de prendre Strasbourg à son compte. Le 2 janvier, comme l'offensive allemande Norwind progresse en Basse-Alsace, Devers déclenche le repli du GA6 sur les Vosges. De Lattre est donc confronté à deux ordres contradictoires, celui de son supérieur opérationnel et celui de son chef politique. Il cherche à les concilier en demandant à de Gaulle d'intervenir auprès d'Eisenhower pour qu'il annule ou tempère les ordres de Devers. Ce message irrite de Gaulle ; il lui répond qu'il lui a donné l'ordre de défendre Strasbourg et qu'il n'a pas besoin de l'assentiment du commandant suprême allié pour agir : « Si vous étiez amené à évacuer l'Alsace, le gouvernement ne pourrait admettre que ce fût sans une grande bataille. » Le 3 janvier, de Gaulle qui a alerté le président Roosevelt et Winston Churchill, est reçu par Eisenhower, en présence du Premier Ministre britannique, venu de Londres pour l'appuyer, car il sait ce que signifie l'Alsace pour les Français. La décision est prise d'annuler l'ordre d'évacuation, la France prenant à sa charge la défense de la capitale alsacienne et de ses environs. Le 4 janvier, de Lattre envoie à Strasbourg un premier régiment de la 3e DIA, retirée du front des Vosges où celle-ci est progressivement remplacée par une division FFI.

Le maire de Strasbourg, Charles Frey, qui, le 3, a lancé un cri d'alarme à de Gaulle en réclamant des troupes françaises, peut accueillir avec émotion le général du Vigier, nommé gouverneur militaire, puis le général Guillaume dont la 3e DIA assure la défense de la ville, tandis qu'un corps d'armée américain résiste en Basse-Alsace à l'offensive Norwind. Mais Strasbourg reste sous la menace : le 5 janvier, des bataillons allemands ont franchi le Rhin, à 18 km au nord de la ville, et créent une tête de pont pour faire la liaison avec ceux de Norwind. Et au sud, le 7 janvier, un fort groupement allemand attaque entre l'Ill et le canal, en direction de Strasbourg. Il est arrêté par la 1re DFL après des combats très meurtriers. Le 16 janvier, l'offensive des Ardennes est définitivement brisée. Le 18 janvier, de Lattre, enfin rassuré sur le sort de la capitale alsacienne, prépare l'offensive sur Colmar.

De cette grave affaire où il a assumé ses responsabilités de chef de gouvernement, de Gaulle conclut : « Si le gouvernement français peut confier ses forces au commandement d'un chef étranger, c'est à la condition formelle que l'emploi qui en est fait soit conforme à l'intérêt du pays. Dans le cas contraire, il a le devoir de les reprendre. »

Jean Delmas

• *Voir aussi* : Capitulations ; Libération

Bibl. : Jean de Lattre de Tassigny, *Ne pas subir*, Paris, Plon, 1984 • Philippe Masson (dir.), *Dictionnaire de la Seconde Guerre mondiale*, Paris, Larousse, 1979.

STYLE ÉCRIT. – Comme tout créateur, Charles de Gaulle a commencé par l'imitation. *Une mauvaise rencontre* qu'il écrit à quinze ans est une saynète dans la manière d'Edmond Rostand. Par la suite, il fréquentera les œuvres de bien d'autres écrivains et certains d'entre eux exerceront leur influence sur sa manière d'écrire. Il faut d'abord citer les Latins, César, Tacite, puis nos grands classiques, Corneille, Bossuet, Racine, et nos moralistes, de La Rochefoucauld à Chamfort. Les *Mémoires d'outre-tombe*, relus à chaque fois que le Général entreprend d'écrire les siens, sont une source constante d'inspiration et un modèle de style. Enfin, de Gaulle, qui connaît l'œuvre entière de Péguy, retrouvera non seulement les thèmes mais aussi les cadences du poète et du prosateur.

Le style, c'est un usage particulier de la langue et d'abord des mots. Le vocabulaire gaullien exclut les termes familiers, voire grossiers que l'auteur employait dans la conversation. Les termes techniques sont relativement rares chez cet écrivain militaire. Le premier trait frappant de ce vocabulaire, c'est un usage latinisant du français. Claude Roy a pu reconnaître en de Gaulle « un de ces grands écrivains latins de langue française qui abondent dans notre littérature ». Lorsque dans *L'Appel* est évoquée « l'affreuse infirmité » de l'État, il faut traduire *atrox infirmitas*, manque de consistance. Et, quand l'auteur stigmatise des dirigeants qui « se ruent à la servitude », on entend un écho fidèle de Tacite. Comme Paul Valéry ou André Gide, Charles de Gaulle aime rendre aux vocables français leur saveur originelle, leur force romaine. Il archaïse volontiers, abusant volontiers du tour désuet « ne pas laisser de ». Pour Jean-François Revel, l'archaïsme est l'« élégance des maladroits ». Faudrait-il alors considérer Gide et Valéry comme des maladroits ?

Ces mots, que de Gaulle emploie dans leur sens courant ou ancien, il les utilise aussi comme image. Son imagerie n'est pas toujours originale. Ainsi, la France est un navire qui, sous la conduite de son capitaine, navigue entre les écueils et affronte les tempêtes. Chez un soldat, par ailleurs, les images guerrières n'ont rien de surprenant, celle de l'épée est récurrente. On lit à la fin de *Vers l'armée de métier* : « L'épée est l'axe du monde », à quoi fait écho l'attaque de *La France et son armée* : « La France fut faite à coup d'épée. » Et le narrateur des *Mémoires de guerre* soupire : « Comme elle est courte, l'épée de la France. »

Si Charles de Gaulle est un catholique croyant et pratiquant, il fait rarement état de ses convictions dans son œuvre où pourtant les images religieuses reviennent fréquemment. Il y recourt pour parler de la France : la patrie est la « madone », « Notre-Dame », la « mère » en qui il a « foi ». Cette transposition du registre religieux au registre patriotique n'est pas nouvelle : Michelet ne nommait-il pas Jeanne d'Arc « la sainte de la patrie » ? Plus significatives, les images du jeu, qu'il s'agisse du jeu de l'acteur ou des jeux du hasard. Elles traduisent la vérité d'un homme qui joue un rôle et a conscience d'être devenu un personnage. Ce jeu du héros qu'exaltait déjà *Le Fil de l'épée* figure encore au début de *L'Appel* quand l'auteur présente Churchill comme un « grand artiste », à la hauteur du « jeu terrible » où il est engagé.

Pris à la lettre ou porteurs d'image, les mots doivent être groupés en phrases, en paragraphes, en chapitres, en livres. Fidèle à la rhétorique du collège et aux prescriptions du manuel de stylistique d'Albalat, de Gaulle affectionne les groupements ternaires, les mots et les phrases allant souvent par trois. Il déplorera dans sa vieillesse cette manie dont il a du mal à se défaire. Mais manie n'est pas monomanie ; l'auteur sait trouver d'autres cadences que le ternaire : brèves sentences ou envolées lyriques.

Le style gaullien est celui d'un architecte très attentif à l'équilibre des volumes. Il construit des ensembles dont les parties sont solidaires et se répondent l'une à l'autre. Ainsi, par exemple, des *Mémoires de guerre* divisés en trois parties. Ceux-ci s'ouvrent et se referment sur des pages poétiques : « une certaine idée de la France », une évocation des quatre saisons. Chacune des trois parties a son unité propre : au début de *L'Appel* répond, à la fin du volume, l'invocation à la France. Chaque chapitre, enfin, est fortement structuré, de l'attaque, souvent rapide, au final, particulièrement soigné ainsi qu'en témoignent les manuscrits. Dans *L'Unité*, le chapitre intitulé « Comédie » s'achève ainsi sur un dialogue humoristique entre Anthony Eden et Charles de Gaulle où le narrateur sourit de son personnage.

Au fil des pages, le récit gaullien dans les *Mémoires de guerre* est coupé de pauses : anecdotes, dialogues, portraits, méditations du héros sur son destin. Commencée à la première personne, l'œuvre emploie fréquemment la troisième, tandis que le héros est nommé « de Gaulle ». Aussi a-t-on accusé le mémorialiste de singer les *Commentaires* où César se désigne par son nom. Rapprochements factices : « de Gaulle » est ainsi désigné lorsque le narrateur rapporte ce que d'autres ont pensé ou dit de lui ; le recours à la troisième personne est aussi parfois le moyen de varier le ton d'un genre où le « je », si l'on n'y prend garde, prolifère.

Vocabulaire, images, structures comportent assurément un style, mais est-ce celui d'un grand écrivain ? En 1959, Jean-François Revel le niait. Un peu plus tard, François Mauriac, non content de célébrer l'action du Général, découvrait dans ses *Mémoires de guerre* un « grand ton » ; tantôt celui de Pascal et de Bossuet, tantôt celui de Chateaubriand. Les critiques rendraient-ils leurs jugements à la lumière de leurs opinions politiques, l'antigaulliste Revel raillant ce qu'exalte le gaulliste Mauriac ? Le diagnostic de Claude Roy cité précédemment est plus équilibré.

Une chose est sûre : de Gaulle a voulu être un écrivain. Ses manuscrits montrent un travail considérable : quatre états en moyenne pour chaque chapitre des *Mémoires de guerre*. Ce travail ne porte pas seulement sur le fond. Il manifeste le souci de donner à la pensée une expression plus heureuse. « L'inquiétude lucide de l'amour » : ces mots constituent le final d'un chapitre des *Mémoires*, ils n'ajoutent rien au sens du chapitre mais en constituent une belle clausule. Le style du Général rappelle souvent celui de l'orateur qu'il fut. Dans les *Mémoires de guerre* résonnent fréquemment l'accent des discours du temps de la France libre et de la Libération ; les *Mémoires d'espoir* adoptent le ton pédagogique du président de la République dans ses conférences de presse.

Charles de Gaulle n'a cessé de progresser dans la découverte puis dans l'affirmation de son style. La vieillesse seule verra s'affaiblir non ses facultés mais son talent d'écrivain. Reste un auteur de premier plan, visionnaire dans son action politique, classique en un temps où on ne l'était plus guère. « Le style est l'homme même », écrivait Buffon.

Marius-François GUYARD

• *Voir aussi* : Bibliothèque personnelle ; Éditeurs ; Œuvre écrite ; Orateur ; Pléiade

Bibl. : François Mauriac, *De Gaulle*, Paris, Grasset, 1964 • Francis Quesnoy, *Le Style de Charles de Gaulle dans les* Mémoires de guerre *et les* Mémoires d'espoir, Thèse, université Paris-IV-Sorbonne, 3 vol., 1987 • Jean-François Revel, *Le Style du Général*, Paris, Julliard, 1959.

SUARÈS, Isaac Félix Suarès, dit André (1868-1948). – Né à Marseille dans une famille juive aisée, Isaac Félix Suarès dit André Suarès a laissé une œuvre littéraire considérable, couronnée en 1935 par le Grand Prix de l'Académie française. À partir de 1934, usant de sa notoriété, il entre littérairement en résistance pour clamer l'imminence de « l'Apocalypse ». Il dénonce, dans la *NRF* notamment, les périls totalitaires, le péril nazi surtout, de loin le plus pressant. Mais quand son livre *Vues sur l'Europe*, quintessence de ses avertissements prophétiques, doit paraître chez Grasset, le 7 mars 1936, la crise née de la remilitarisation de la Rhénanie incite Suarès, immensément déçu, à retirer son pamphlet « pour ne pas jeter de l'huile sur le feu et nuire à [s]on pays ». Édité finalement en mars 1939, mais trop tard pour peser sur le cours des événements, ce « livre de l'esprit et de la colère » disparaîtra sous l'Occupation, victime des listes Otto qui désignent les ouvrages interdits par les Allemands. Mais il reparaît à Alger, par les soins de la France libre, en 1943, dans une collection destinée à armer la résistance intellectuelle et spirituelle de la France. Nul doute que de Gaulle, qui ne semble pas avoir connu l'ouvrage, aurait souscrit à son inspiration.

Nullement germanophobe mais doué d'une clairvoyance rare, Suarès, avant 1936, stigmatise *Mein Kampf*, « la bible des gorilles », « monument d'imposture et de bestialité », et la « croisade gammée » ouverte par Hitler, « le cannibale sacré » aidé par « les paladins de la race supérieure ». Visionnaire, Suarès flétrit les « infâmes saigneurs de Nuremberg », « la faune du charnier universel », les inventeurs de la « racyphilis », et de l'« ethnophobie ».

Face au danger nazi, Suarès, sans craindre d'être taxé de bellicisme, en appelle au sursaut des démocraties. Farouche républicain, il dénonce la « hideuse politique des partis » en France, qui a fait perdre aux dirigeants le sens national, car « où manque le sens national, il n'y a rien pour la politique, si ce n'est la trahison ». Il pourfend la « "mentose" de paix », car « il y a des temps où armer veut dire vivre ; et désarmer, passez-moi la corde au cou ». Dans son « furieux désir de réformer la nation et de la remettre debout », le poète, nourri de Bergson, en appelle au héros : « Vienne, ah vienne enfin l'homme au cœur puissant qui relève tout ce qui tombe. »

Suarès est obligé de fuir dans la Creuse, en juin 1940, à cause de ses écrits. Proscrit par les lois antisémites, il est traqué à Antibes par la Gestapo et se réfugie sous un faux nom à Pontcharra, dans le Rhône. Le 25 août 1944, fou de joie à l'annonce de la libération de Paris, après « quatre années de tortures et d'ignominie », il brosse pour son vieil ami Maurice Pottecher un portrait de De Gaulle campé en incarnation héroïque du redressement de la patrie : « L'honneur a dit non et ce "non !" a rendu l'honneur à la France. » Pour Suarès, de Gaulle est « un grand homme », qui « ne s'est jamais trompé jusqu'ici, et dont les déclarations de juin et août 1940 sont admirables : elles ont dit tout ce qu'il fallait dire en ce temps-là, tout ce qu'il faut dire encore » (publié dans la *NRF* en novembre et décembre 1964). Suarès ajoute : « Il est clair que l'apparition de cet homme est un des miracles français. Il est venu comme Jeanne d'Arc elle-même, à l'heure suprême de l'honneur, pour sauver le pays de la honte et de la mort, ces formes jumelles de l'agonie. »

En août 1964, informé par Jean Paulhan de la partie des lettres à Pottecher qui le concerne, de Gaulle répond : « L'idée que Suarès se faisait de mon personnage, le 25 août 1944, qu'aurait-elle été avant le drame et que serait-elle aujourd'hui ? Dans ce que nous pouvons valoir, quelle part immense à l'événement ! N'est-ce pas là tout l'intérêt de l'Histoire ? » [*LNC*].

Michel DROUIN

• *Voir aussi* : Héritage spirituel ; Intellectuels ; Orateur in absentia ; Péguy, Charles ; Providentiel (homme)

Bibl. : Michel Drouin, « André Suarès ou l'esprit prophétique », *Cahiers du XXe siècle*, n° 8, 1977 • Id., « André Suarès ou le désespoir de Cassandre », dans *La Guerre et la Paix dans les lettres françaises, 1925-1939*, Actes du colloque international 1983, CNRS et université de Reims, Presses universitaires de Reims, 1983 • Robert Parienté, *André Suarès l'insurgé, biographie*, Paris, Robert Laffont, 1999.

SUCCESSION (1969). – *Voir* ÉLECTION PRÉSIDENTIELLE DE 1969 ; GAULLISME (après de Gaulle) ; GAULLISTES.

SUDREAU, Pierre (né en 1919). – Dans un entretien réalisé par l'association Georges-Pompidou en 1999, Pierre Sudreau insiste sur l'essentiel : « La déportation m'a donné une indépendance certaine, en accord avec moi-même et mes principes, et je n'ai pas voulu faire une carrière au sens propre du terme. »

Né à Paris, diplômé en droit, marié et père de famille, il s'engage très tôt dans la Résistance au sein du réseau Brutus, alors dirigé par André Boyer avec Gaston Defferre pour adjoint. Il est arrêté en novembre 1943 et connaît l'enfer de la déportation à Buchenwald. Libéré en avril 1945, sa jeunesse le fait remarquer par le général de Gaulle – lors d'une cérémonie en l'honneur de résistants déportés, le 5 mai –, qui le fait nommer sous-préfet hors classe. En 1946, il est directeur de cabinet de Gaston Defferre, alors secrétaire d'État à la présidence du Conseil, puis entame une carrière de haut fonctionnaire au ministère de l'Intérieur. En 1951 il est préfet du Loir-et-Cher, et en 1955 chargé de mission au cabinet du président du Conseil Edgar Faure. Celui-ci le nomme commissaire à la Construction et à l'Urbanisme de la région parisienne.

Son expérience et son passé de résistant expliquent sa nomination, à moins de quarante ans, au ministère de la Construction dans le gouvernement de Gaulle de juin 1958, poste qu'il conserve dans le gouvernement de Michel Debré en 1959. En avril 1962, Georges Pompidou lui confie le ministère de l'Éducation nationale, mais il en démissionne en septembre parce qu'il est en désaccord avec de Gaulle sur le projet de réforme constitutionnelle qui fait du président de la République l'élu direct du suffrage universel. Pierre Sudreau est le seul membre du gouvernement à exprimer ouvertement ses réserves en Conseil des ministres, le 12 septembre. Il pense que le moment est mal choisi après les remous des accords d'Évian, et surtout parce que cette réforme présente des risques politiques. En 1965, il repousse les propositions des centristes qui cherchent un candidat à opposer au général de Gaulle. Celui-ci, affecté par le ballottage du premier tour de l'élection présidentielle, lui aurait reconnu une certaine perspicacité. En 1963, Pierre Sudreau accepte l'offre de Louis Armand, qu'il connaît depuis la guerre, de prendre la présidence de la Fédération des industries ferroviaires. Toutefois il ne renonce pas totalement à la politique : il est député sans étiquette du Loir-et-Cher, de 1967 à 1981, et maire de Blois de 1971 à 1989. Mais il refuse tout portefeuille ministériel en 1974 et 1976, sous la présidence de Valéry Giscard d'Estaing, et en 1988, sous celle de François Mitterrand. Sylvie GUILLAUME

• *Voir aussi* : Centristes ; Hauts fonctionnaires ; Résistance intérieure

Bibl. : « Changer de République ? 1964-2004 », *Parlement[s], Histoire et Politique*, revue du Comité d'histoire parlementaire et politique, hors série 2004, p. 23-29 • Christiane Rimbaud, *Pierre Sudreau*, Paris, Le Cherche Midi, 2004 • Pierre Sudreau, *Au-delà de toutes les frontières*, Paris, Odile Jacob, 2002 (1re éd. 1991).

SURNOMS ET SOBRIQUETS. – Outre « l'homme du 18 Juin », le général de Gaulle a porté divers surnoms, qu'ils soient laudateurs ou péjoratifs. Déjà, à Saint-Cyr, sa taille lui vaut ceux de « Double Mètre » et de « Grande Perche ». À l'École supérieure de guerre, il est surnommé « le Connétable », probablement en raison de ses ambitions déjà très notoires, et lors de son commandement à Metz il sera le « colonel Motor », allusion à sa croisade en faveur de l'arme blindée. Après le 18 Juin, le Général devient « le grand Charles », ou plus familièrement « Charlot » – surnom qui connut son heure de gloire dans les manifestations syndicales sous la présidence gaullienne –, et pour ses adversaires « le général Micro » ou « Gaulle de Vache ». La fin de la guerre le consacre comme « le Libérateur », mais les opposants au RPF (Rassemblement du peuple français) l'affublent du surnom de « Grand Mékong ». Les débuts de la Ve République voient resurgir certains de ces sobriquets, même si la dénonciation du pouvoir personnel et l'âge du chef de l'État suscitent respectivement les surnoms de « Régent » ou de « Prince-Président » et de « Pépère » ou « le Vieux ». Si l'assimilation au monarque inspire journalistes et dessinateurs du *Canard enchaîné*, c'est au sein du parti communiste et dans le journal *L'Humanité* que la métaphore bonapartiste est la plus souvent utilisée. Pendant l'épisode algérien, le Général gagne le surnom de « la grande Zohra », utilisé surtout par les militaires. Sur la durée de sa vie publique, les surnoms de De Gaulle oscillent entre penchant pour la canonisation et volonté de le rendre plus familier. Certaines formules se réfèrent, avec amusement et respect, au mythe vivant : « le Symbole » dès la Libération, ou « Qui vous savez » sous la Ve République. La seconde tendance donne lieu à des surnoms plus affectueux, comme « Oncle Charles », qui connaîtra un succès moindre que « Tante Yvonne », du moins en France. Sophie MASSE-QUIEF, avec la participation de Pierre LEFRANC

SUSINI, Jean-Jacques (né en 1933). – Jean-Jacques Susini naît à Alger sous le signe de la contradiction : grand-mère maternelle d'Action française, père anarcho-syndicaliste. En 1948, il adhère au RPF, qui se confond pour lui avec les durs à cuire du *Free French Club* d'Alger avides d'action directe. Étudiant en médecine à Strasbourg puis à Lyon, il déplore le refus du Général de s'emparer du pouvoir par la force et passe à l'extrême droite. En mai 1958, nouvelle déception avec l'ajournement définitif de l'opération « Résurrection » (projet d'intervention militaire en métropole destiné à faire pression sur le gouvernement) où il devait jouer un rôle à la tête d'un groupe d'étudiants.

En août 1958, de retour à Alger, Susini crée sa propre structure, le Mouvement nationaliste étudiant (MNE). Celui-ci mène de front politique groupusculaire et travail de type syndicaliste. Susini prend la tête de l'Association générale des étudiants d'Algérie à l'automne 1959. Remarqué par Joseph Ortiz, chef du principal groupement activiste d'Algérie, le Front national français, le jeune homme en devient vite le bras droit chargé des questions de propagande et de politique. Impliqué dans la semaine des Barricades, il est transféré en métropole. Fin 1960, il profite d'une mise en liberté provisoire pour gagner Madrid. Avec Lagaillarde, il y baptise l'OAS (Organisation armée secrète).

Après le déclenchement du putsch d'avril 1961, Susini gagne l'Algérie par avion avec le général Salan. Chef de la branche Action politique et propagande de l'OAS, il devient la cheville ouvrière de l'organisation grâce, entre autres, à ses bonnes relations avec Salan et à ses liens d'amitié avec Roger Degueldre, le patron des commandos terroristes. D'abord partisan d'une ligne insurrectionnelle, il évolue ensuite jusqu'à mener, trop tard, la négociation de la dernière chance avec certains éléments du Front de libération nationale (FLN).

Exilé en Italie, il est impliqué dans la tentative d'assassinat du général de Gaulle au Mont-Faron, en août 1964. Amnistié en juillet 1968, il adhère trente ans plus tard au Front national, et devient membre du bureau politique de la formation de Jean-Marie Le Pen. Si elle laisse transparaître une certaine admiration pour « l'orgueil louis-quatorzien de Charles de Gaulle », son *Histoire de l'OAS* s'attache surtout aux questions organisationnelles.

Rémi KAUFFER

• *Voir aussi* : Algérie (guerre d') ; Attentats ; Manifestations liées à la guerre d'Algérie ; OAS

Bibl. : Clément Steuer, *Susini et l'OAS*, Paris, L'Harmattan, 2004 • Jean-Jacques Susini, *Histoire de l'OAS*, Paris, La Table ronde, 1963.

SYMBOLES. – Dans ses Mémoires publiés au lendemain de la guerre, le grand résistant que fut Emmanuel d'Astier de La Vigerie appela de Gaulle, avec un respect nuancé peut-être d'un peu d'ironie, « le Symbole ». Symbole de quoi ? de la France ? de la République ? de la Liberté ? de la Résistance ? d'une valeur, en tout cas, qui s'identifiait à sa personne, parce qu'il avait choisi le premier de la proclamer et de la servir. L'initiative prise le 18 juin 1940 était formidablement personnelle. De Gaulle eut beau avoir aussitôt des amis, des alliés, des ralliés, des auxiliaires, il eut beau s'appliquer à les organiser en comité, à se faire désigner à la présidence de cet embryon d'institution, cette structure était à peine connue, et moins encore – si l'on peut dire – reconnue. De Gaulle resta longtemps une sorte de personnage, voire d'aventurier (détesté ou admiré) avant d'être perçu comme un magistrat légitime occupant une fonction temporaire. C'est à cette situation singulière, mais en l'occurrence inévitable, d'homme qui a défini son rôle historique avant d'être défini par lui qu'il doit d'avoir été perçu comme un symbole en même temps qu'un chef ou qu'un guide. Très tôt le mot de « gaulliste » fut plus usuel et facile dans les conversations que ceux de « résistant », de « Français libre », ou de « Français de Londres », ou tout autre. Cela pouvait tout dire, par le lien avec la personne.

De Gaulle était conscient de cette réalité, d'évidence à la fois matérielle et morale, et il lui arrivera de l'exprimer dans les *Mémoires de guerre* avec une sorte d'émouvante poésie. On va vers Dakar : « Je me sentais comme écrasé par la dimension du devoir. Au large, dans la nuit noire, sur la houle qui gonflait l'océan, un pauvre navire étranger, sans canons, toutes lumières éteintes, emportait la fortune de la France. » On songe au mot de César, rapporté par Suétone, rassurant le marin qui pilotait son bateau dans une traversée périlleuse : « Ne crains rien, tu portes César et sa fortune. » Réminiscence classique ? Sans doute, mais aussi vérité : être France à soi tout seul puisqu'il n'a pas encore d'institution vraiment notoire. De là viennent aussi l'incroyable hauteur, la rigueur, la distance que le Général était capable de marquer lorsqu'il était en situation officielle, représentant la France libre ou, plus tard, l'État. Bien entendu, on discutera pour savoir ce qui explique le mieux les postures significatives de l'homme de Gaulle en action : cette situation juridique et politique exceptionnelle ? ou son conditionnement psychologique et mental préalable ? Heureuse alliance en tout cas.

Tout au long de ses rôles historiques, on le verra ainsi capable d'ajouter à des actes pratiques, d'énergie ou d'habileté, des initiatives moins utiles en fait mais conçues pour les accompagner en symbolique et en émotion.

Ainsi de la libération de Paris. Tout est accompli le 25 août 1944 en fin de journée, mais la mise en scène de la traversée de Paris le 26 août est riche de symboles repérables comme tels ; et choisis comme tels, Arc de Triomphe de l'Étoile, flamme du soldat inconnu, Notre-Dame, etc. Pour de Gaulle, Paris est une capitale historique, donc admirable et significative... par sa seule géographie. Or les symboles peuvent être des lieux, et réciproquement.

Bien avant 1940, et dans un texte quasiment confidentiel, Charles de Gaulle avait inventé un étonnant morceau de géographie symbolique en évoquant, à propos du maréchal Foch, le charme spécifique du quartier de l'École militaire (Paris, VIIe). Une longue description des monuments, érudite et belle à la fois, s'achève par cette formule : « Quartier qui joint le faubourg Saint-Germain à la plaine de Grenelle, comme l'Armée réunit le plus noble et le plus populaire. » Géographie et sociologie sont ici mêlées en une sorte de correspondance bien approximative et que l'on peut trouver quelque peu littéraire, mais qui est représentative d'un esprit apte à la symbolisation des réalités.

Il en est d'autres preuves, et combien plus graves, comme celle que procura un jour ce « poteau » pour fusillade militaire, lieu, mais aussi symbole, du « châtiment des traîtres ». Le symbole était assez évident et lourd pour que Pierre Laval tentât de se suicider pour l'éviter, il ne l'était pas moins pour le Général qui exigea que le moribond y fût traîné. Maurice AGULHON

• *Voir aussi* : Champs-Élysées ; Colombey-les-Deux-Églises ; Croix de Lorraine ; France (idée de la) ; Moi

Bibl. : Jean Lacouture, *De Gaulle*, t. 2, *Le Politique*, Paris, le Seuil, 1985.

SYNDICATS AGRICOLES. – L'image dominante des années 1960 est celle d'agriculteurs manifestant violemment sous leurs bannières syndicales contre les « provocations » du gouvernement du général de Gaulle : suppression de l'indexation des prix agricoles en décembre 1958, refus de convoquer le Parlement en session extraordinaire sur les problèmes agricoles en mars 1960, lenteur d'application de la loi d'orientation en 1961, etc. Les « anciens » de la FNSEA (Fédération nationale des syndicats des exploitants agricoles), appuyés par la puissante Assemblée permanente des présidents de chambres d'agriculture (APPCA) dominée par le sénateur René Blondelle, ont souvent donné le ton de cette fronde. Entre 1959 et 1961, l'organisation, qui est encore animée par un certain corporatisme, demeure antigaulliste. Lors de l'élection présidentielle de 1965, la FNSEA entre en campagne avec le vote d'une motion de défiance, le 21 octobre 1965, contre le chef de l'État, en raison de sa politique intransigeante en matière européenne.

Toutefois, l'opposition la plus constante est venue du syndicalisme d'obédience communiste, le Mouvement de défense des exploitants familiaux (MODEF) avec son journal *La Terre*, qui campe sur la défense exclusive de la petite exploitation, critique la réforme des structures agricoles et dénonce la Politique agricole commune (PAC). Pour l'organe communiste, le général de Gaulle est « l'homme de confiance de la banque et de la grande industrie » dont la politique, « sous couvert de moderniser l'agriculture », s'entend à « dépouiller les petits au profit des gros » comme on peut le lire dans *La Terre* des 12-18 octobre 1962. Capitalisant les effets sociaux négatifs de la modernisation, le MODEF élargit ainsi régulièrement sa clientèle électorale : présent dans 21 départements lors des élections aux chambres d'agriculture de 1964, il concourt dans 38 départements en 1967 ; cependant, il dépasse rarement 20 % des suffrages, sauf dans certains départements du Massif central.

La virulence de ces oppositions ne doit pas cacher d'autres phénomènes. L'importance de cette décennie réside aussi dans l'instauration de rapports étroits entre un État qui a « compris » les attentes des élites émergentes du monde agricole et du Centre national des jeunes agriculteurs (CNJA). « Bien mieux que les régimes antérieurs, la Ve République a su décrire et comprendre la situation de l'agriculture et elle a su tracer les directions que pouvait prendre l'agriculture dans notre système économique capitaliste pour se moderniser », écrivait Michel Debatisse dans *Témoignage chrétien* le 9 mai 1968, à un moment où l'Élysée requérait, face à la « chienlit », le renfort de ses « forces vives » modèles. « Modèles » étaient ces jeunes agriculteurs techniciens qui prenaient peu à peu en main les rênes de l'agriculture française en investissant la FNSEA. Ils ont fourni, dès 1960-1962, les idées clés des réformes de structure avant de piloter les organismes nés des lois d'orientation et complémentaire, peuplant ensuite les CODER (Comités de développement économique régional) et s'associant avec enthousiasme aux commissions du Plan. Dénoncée par le MODEF comme par les premiers dissidents du CNJA regroupés en « paysans travailleurs », cette cogestion sera institutionnalisée à partir de 1971 avec l'instauration d'une Conférence annuelle ouverte aux seuls syndicats majoritaires, FNSEA et CNJA. La « participation » des paysans entrepreneurs était destinée à devenir l'horizon indépassable du néogaullisme chiraquien.

Bernard BRUNETEAU

• *Voir aussi* : Agricoles (loi d'orientation et loi complémentaire) ; Agriculteurs ; Agriculture

Bibl. : Isabel Boussard, *Les Agriculteurs et la République*, Paris, Economica, 1990 • Bernard Bruneteau, *Les Paysans dans l'État. Le gaullisme et le syndicalisme agricole sous la Ve République*, Paris, L'Harmattan, 1994 • Yves Tavernier *et al.* (dir.), *L'Univers politique des paysans dans la France contemporaine*, Paris, PFNSP, 1972.

SYNDICATS OUVRIERS. – Militaire de carrière, Charles de Gaulle a vécu dans un univers sans syndicats. Il n'a connu les organisations professionnelles que par et dans l'action politique. Le réalisme qui le caractérise lui en fait reconnaître la nécessité : la société a besoin de corps intermédiaires, librement constitués et respectueux du bien commun.

L'auteur de l'appel du 18 juin 1940 entend rassembler l'ensemble des composantes de la Résistance. Il charge Jean Moulin de constituer le Conseil national de la Résistance (CNR) où doivent coexister le syndicat laïque qu'est la CGT (Confédération générale du travail) et le syndicat confessionnel qu'est la CFTC (Confédération fédérale des travailleurs chrétiens). Le programme du CNR, adopté le 15 mars 1944, prévoit « la reconstitution, dans ses libertés traditionnelles, d'un syndicalisme indépendant, doté de larges pouvoirs dans l'organisation de la vie économique et sociale ». CGT et CFTC siégeront à l'Assemblée consultative d'Alger. À la Libération, les deux centrales, officiellement reconstituées, procèdent à leur épuration. La circulaire Alexandre Parodi de mai 1945 exige « l'attitude patriotique pendant l'Occupation » pour accorder la représentativité. Le patronat souffre de la comparaison avec les syndicats en ce qui concerne l'engagement dans la lutte contre le nazisme. De Gaulle ne manque pas de le rappeler à ceux qui sont chargés de préparer la naissance du Conseil national du patronat français.

À la tête du Rassemblement du peuple français, de Gaulle acceptera la mise sur pied de la Confédération du travail indépendant (CTI), syndicat musclé, très anticommuniste. L'autorisation de militer à la CFTC ou à Force ouvrière (FO) est néanmoins accordée à ceux que ne tente pas le syndicalisme indépendant. Sauf dans l'automobile, la CFT (Confédération française du travail), issue de la CTI en 1959, n'obtiendra jamais la reconnaissance de sa représentativité.

Lors de son retour au pouvoir, le Général se heurte à l'hostilité des syndicats qui s'exprime par la manifestation du 30 mai 1958. Cependant, le front se désagrège dès l'entrée des socialistes dans le gouvernement. Seules la CGT et la Fédération de l'éducation nationale maintiennent leur opposition fondamentale, ce qui ne les empêche pas de soutenir le chef de l'État lors de la semaine des Barricades, puis au moment du putsch des généraux. En revanche, les dirigeants de la CGC (Confédération générale des cadres) se déclarent favorables à l'Algérie française.

Une fois la guerre d'Algérie terminée, le Général est confronté à la contestation sociale. Sur ce terrain, la grève des mineurs en 1963 est son premier grand échec. En 1966, son ministre des Affaires sociales reconnaît la CFTC « reconstituée » malgré l'opposition de la CFDT (Confédération française démocratique du travail) issue de sa déconfessionnalisation. Le mouvement social de mai 1968 décontenance de Gaulle et s'il rétablit son pouvoir lors des élections de juin, il ne retrouve plus le soutien populaire qui lui avait été acquis dans la première phase de la Vᵉ République. Les trois confédérations, CGT, CFDT et FO, appellent à voter « non » au référendum sur la réforme du Sénat et la participation. Le résultat est en partie imputable à cette opposition syndicale qui a tant irrité le Général mais qu'il a toujours eu tendance à négliger.

René Mouriaux

• *Voir aussi* : Association capital-travail ; Ouvriers ; Participation

Bibl. : Didier Favre, *Ni rouges, ni jaunes. De la CGSI à la CSL, l'expérience du syndicalisme indépendant de 1945 à nos jours*, Paris, Éditions Midi moins le quart, 1998 • Patrick Guiol, *L'Impasse sociale du gaullisme. Le RPF et l'action ouvrière*, Paris, PFNSP, 1985 • René Mouriaux, *Syndicalisme et politique*, Paris, Éditions ouvrières, 1985.

T comme Tracassin

« Mais si, par malheur, nous laissions de nouveau, le tracassin, le tumulte, l'incohérence, que l'on connaît, s'emparer de nos affaires, c'est l'abaissement qui serait notre lot. »

De Gaulle, Allocution du 2 octobre 1961, *Discours et messages.*

TANGUY-PRIGENT, François Tanguy Prigent, dit (1909-1970). – Petit fermier breton originaire du Trégor finistérien, militant syndicaliste paysan et socialiste SFIO, Tanguy-Prigent est élu député de Morlaix en 1936. En juillet 1940, il refuse les pleins pouvoirs au maréchal Pétain. Immédiatement opposé à la Révolution nationale, il rejoint Libération-Nord et milite au sein du parti socialiste clandestin. En 1944, il entre au mouvement Résistance paysanne ; le 4 septembre, il est nommé ministre de l'Agriculture par de Gaulle. Il donne plusieurs versions de sa première rencontre avec le Général mais insiste sur la sympathie réciproque.

En 1944 et 1945, il accompagne souvent le chef du gouvernement dans ses voyages en province. Il organise la liquidation de la Corporation paysanne et la lutte contre les pénuries, la reconstruction de l'agriculture et la création de la Confédération générale de l'agriculture (CGA). Grâce à l'appui du Général, l'ordonnance créant le statut du fermage et du métayage est promulguée quatre jours avant les élections générales du 21 octobre 1945. Tenant d'une ligne politique de fidélité à de Gaulle, qualifiée de « gaullo-socialisme », Tanguy-Prigent est choqué par la démission de janvier 1946. Dans sa perception des faits, notée à chaud et reprise par Jean Lacouture, ce départ est « un abandon de poste » et même « une manœuvre antidémocratique ». C'est une première rupture, en partie affective, avec l'homme du 18 Juin.

En octobre 1947, Tanguy-Prigent redevient député. Jusqu'en 1953, à l'instar de ses camarades socialistes, il combat le RPF qui est devenu la première force politique du Finistère. Plus que la personne du général de Gaulle, il dénonce alors dans ses éditoriaux aussi bien la formation prise en main par la droite catholique et conservatrice locale que le parti hostile aux institutions de la IVe République et à la Troisième Force (alliance politique pouvant réunir des partis allant des Indépendants à la SFIO). En 1958, il n'accepte pas que de Gaulle utilise le « coup du 13 mai » à Alger pour revenir au pouvoir. Il appelle à la défense de la IVe République et de la démocratie ainsi qu'à la mobilisation populaire, y compris avec les communistes. Le 19 mai, il écrit dans une lettre au général de Gaulle publiée par *Le Monde* : « J'ai pour vous, mon général, une haute estime, de l'admiration et aussi une affection sincère. Mais les circonstances et les conditions étant ce qu'elles sont, mon exigence consciente de républicain me commande impérieusement de monter sur la barricade pour contribuer à vous barrer la route du pouvoir. » Contre Guy Mollet, il prend la tête des parlementaires SFIO hostiles à ce retour (49 députés contre 42). Le 1er juin, il défend cette position à l'Assemblée, car de Gaulle n'a pas condamné « les factieux », et récuse « l'homme providentiel ». Le 23 juin, de Gaulle lui répond en l'invitant à venir le voir « à titre amical et en considération de [leurs] rapports des grandes années ». Mais Tanguy-Prigent fait campagne pour le « non » à la Constitution et perd son siège de député. Il le reconquiert en 1962 sous les couleurs du Parti socialiste unifié (PSU). Il restera un opposant irréductible à la Ve République, à son chef et aux partis gaullistes. Christian Bougeard

• *Voir aussi* : GPRF (œuvre intérieure et outre-mer du) ; PSU ; Résistance intérieure

Bibl. : Christian Bougeard, *Tanguy-Prigent, paysan ministre*, Rennes, PUR, 2002.

TCHANG KAÏ-CHEK. – *Voir* CHIANG KAI-SHEK.

TEITGEN, Pierre-Henri (1908-1997). – Né à Rennes où son père, avocat de formation, est rédacteur en chef de *L'Ouest-Éclair*, Pierre-Henri Teitgen baigne dans un milieu démocrate-chrétien. Agrégé de droit public en 1934, il devient professeur à la faculté de droit de Nancy où il se lie d'amitié avec François de Menthon, démocrate-chrétien et membre du Parti démocrate populaire (PDP) comme lui. Leurs destinées se lient alors pour de longues années ; tous deux fondent en 1938 la revue *Droit social*.

Officier de réserve, mobilisé en 1939, Teitgen est fait prisonnier en juin 1940. Il s'évade le 8 août et rejoint sa famille en zone libre. Au cours de l'automne, avec François de Menthon, René Capitant, Alfred Coste-Floret et quelques autres, tous opposés au nazisme et hostiles à la Révolution nationale, il crée le journal *Liberté* puis le mouvement du même nom, qui fusionne en novembre 1941 avec le mouvement Libération nationale d'Henri Frenay pour donner Combat. Muté provisoirement à Montpellier, Teitgen a pour mission d'y développer ce dernier mouvement. Parallèlement, lors de ses cours, il rappelle les principes démocratiques et dénonce les lois raciales. Menacé d'arrestation, révoqué, il passe dans la clandestinité en 1942.

L'essentiel de son activité de résistant se déroule au sein du Comité général d'études (CGE) dont il devient secrétaire général. En janvier 1944, il est aussi adjoint du délégué du Comité français de la Libération nationale (CFLN) pour les territoires occupés, Alexandre Parodi, et secrétaire général provisoire au secrétariat d'État à l'Information. Arrêté le 8 juin 1944, il s'évade du train qui l'emmène en déportation et rejoint le 4 septembre 1944 Paris libéré. Il rencontre peu après, pour la première fois, le général de Gaulle. Quatre jours plus tard, il est nommé ministre de l'Information au sein d'un gouvernement où il retrouve Capitant et Menthon. En juin 1945, il remplace ce dernier comme garde des Sceaux, ministre de la Justice.

Cofondateur du Mouvement républicain populaire (MRP), Teitgen en est président de 1952 à 1956. De 1945 à 1958, il est en outre député d'Ille-et-Vilaine. Après la démission du général de Gaulle en janvier 1946, il est plusieurs fois vice-président du Conseil (1947, 1948, 1953-1954) et ministre, notamment de la France d'outre-mer en 1955-1956. Gaulliste pendant la Résistance, il n'a pas la même conception de la démocratie que le Général et s'oppose à lui dès 1946 sur la Constitution de la IVe République, lors de la fondation du Rassemblement pour la République (RPF) et comme membre du comité consultatif constitutionnel de 1958. Hostile à la Ve République, il est battu aux élections législatives de 1958. Il cesse alors toute activité politique. Profondément européen, il enseigne le droit communautaire à Rennes, puis à la Sorbonne à partir de 1961, et impulse des recherches dans ce nouveau domaine. Il est lui-même juge à la Cour européenne des droits de l'homme.

Jacqueline Sainclivier

• *Voir aussi* : CFLN ; GPRF ; Information ; MRP ; Résistance intérieure

Bibl. : Pierre Letamendia, *Le Mouvement républicain populaire : le MRP, histoire d'un grand parti français*, Paris, Beauchesne, 1995 • Pierre-Henri Teitgen, *« Faites entrer le témoin suivant » : 1940-1958, de la Résistance à la Ve République*, Rennes, Ouest-France, 1988.

TÉLÉVISION. – *Voir* AUDIOVISUELLES (interventions) ; GRÈVE DE L'ORTF (1968) ; INFORMATION ; RADIO ET TÉLÉVISION.

TEMPS PRÉSENT. – L'hebdomadaire *Temps présent* est fondé par Stanislas Fumet en novembre 1937. Il prend la succession de *Sept*, créé en 1934 et suspendu par le maître général des Dominicains, et fusionne avec *La Vie catholique*, né en 1924. Jusqu'à la Seconde Guerre mondiale, *Temps présent* ne cesse de condamner les conflits qui se multiplient en Europe et de prêcher pour la paix. Membre de l'association des Amis de *Temps présent*, de Gaulle est considéré par l'hebdomadaire essentiellement comme un « technicien ». Début juin 1940, Stanislas Fumet se réjouit de sa nomination au poste de sous-secrétaire d'État au ministère de la Défense nationale et de la Guerre. Quelques jours plus tard, *Temps présent* affiche sa « confiance » en lui. Après le 18 Juin, Fumet estime que le « Moi » de l'appel, expression de la volonté, contient « toutes nos volontés de salut ». À l'été 1940, *Temps présent* cesse de paraître.

Au lendemain de la Libération, l'ancien directeur de *Temps présent* ne souhaite pas reprendre l'hebdomadaire. Il constate chez certains de ses anciens collaborateurs des réticences vis-à-vis du général de Gaulle. Comme *L'Aube* ressuscitée, *Temps présent* connaît cependant une brève prospérité. Hubert Beuve-Méry accepte d'en devenir rédacteur en chef, avant de diriger *Le Monde*. Pour arriver à une structure qui dépasse un trop étroit gaullisme, un grand meeting d'« intellectuels », où parlent Albert Camus, André Mandouze, Emmanuel Mounier et Maurice Schumann, se tient le 15 mars 1945 et rencontre le succès. *Temps présent* adhère au mouvement impulsé par *L'Amitié française*, et adjoint son nom au sien. Mais le mouvement s'affaiblit vite et le tirage diminue. Sa fin brutale, en 1946, est décidée par l'administration alors que le directeur est absent de France. Elle découle des affrontements au sujet du référendum de 1946, d'une méfiance grandissante à l'égard du Général et d'intrigues où se mêlent, au politique et au religieux, des questions de personnes. Françoise MAYEUR

• *Voir aussi* : Aube (L') ; MRP ; Réseaux de sociabilité

Bibl. : Stanislas Fumet, *Histoire de Dieu dans ma vie*, Paris, Fayard-Mame, 1978 • Jean Lacouture, *De Gaulle*, t. 1, *Le Rebelle*, Paris, Le Seuil, 1984.

TERRENOIRE, Louis (1908-1992). – Louis Terrenoire est un gaulliste de tradition démocrate-chrétienne. Né à Lyon, syndicaliste chrétien, il devient journaliste. Secrétaire de rédaction de *L'Aube* en 1932, il publie un article du commandant de Gaulle en 1933. Rédacteur en chef en 1938, il participe au côté de Francisque Gay et de Georges Bidault à la création des Nouvelles Équipes françaises (NEF), qui entendent rassembler les volontés d'opposition au nazisme au-delà de la mouvance démocrate populaire. En septembre 1940, il fonde *Temps nouveau*, journal qui succède au *Temps présent* de Stanislas Fumet – de Gaulle avait adhéré à l'association des amis de ce journal. En août 1941, *Temps nouveau* est interdit par l'amiral Darlan. Au printemps 1942, dans la clandestinité, Bidault appelle Terrenoire au Bureau d'information et de presse (BIP) de la Délégation générale de la France libre auprès de la Résistance. À l'automne 1943, Terrenoire anime le secrétariat du Conseil national de la Résistance (CNR). Arrêté et torturé par la Gestapo en mars 1944, il est déporté à Dachau où il est le compagnon d'Edmond Michelet.

Membre fondateur du MRP, Terrenoire est élu député de l'Orne aux deux Constituantes (1945 et 1946) puis à l'Assemblée législative (novembre 1946). Très vite, il entre en dissonance avec un parti qui abandonne la fidélité proclamée à de Gaulle. Après la fondation du RPF, il crée l'« Intergroupe pour une vraie démocratie » afin de réunir les députés gaullistes membres des différents groupes parlementaires, y compris du MRP. Celui-ci riposte en excluant Michelet. Solidaire avec son ami, Terrenoire choisit de Gaulle. Adjoint du secrétaire général du RPF, Jacques Soustelle, en 1949, il le remplace en 1951 après avoir échoué aux élections législatives dans les Côtes-du-Nord. Il assume la fonction jusqu'à la dissolution du Rassemblement, en 1954.

Après le retour au pouvoir du Général, Terrenoire est directeur des informations à la RTF. Élu député de l'Orne fin 1958, il préside le groupe UNR de l'Assemblée nationale en 1959 et 1960 ; ministre de l'Information en 1960, il exerce sa fonction selon les conceptions officielles de l'époque ; à partir de 1961 et jusqu'en avril 1962, il est ministre délégué auprès du Premier ministre, porte-parole du gouvernement, c'est-à-dire du Général. Brièvement secrétaire général de l'UNR, chargé de préparer les élections, il est réélu député en novembre 1962 et le demeure jusqu'en 1973. Ces fonctions ne résument pas son engagement. Militant convaincu de la participation au temps du RPF, proche du Général, il est codirecteur de l'organe gaulliste de gauche *Notre République* en 1963 et 1964. Fondateur dès 1952 de l'Association de solidarité franco-arabe, il partage l'idéalisme d'Edmond Michelet, fervent partisan de la coopération, et les vues diplomatiques gaulliennes. Président puis président d'honneur du comité français de l'Union paneuropéenne, représentant de la France à l'Assemblée parlementaire des Communautés de 1962 à 1973, il préside divers groupes d'amitié (avec les États-Unis, la RFA, la Yougoslavie...).

Jean-Paul Thomas

• *Voir aussi :* Association capital-travail ; Aube (L') ; Information ; Politique étrangère ; RPF ; UDT

Bibl. : Louis Terrenoire, *De Gaulle et l'Algérie. Témoignage pour l'histoire*, Paris, Fayard, 1964 • Id., *De Gaulle vivant*, Paris, Plon, 1971 • Id., *De Gaulle 1947-1954. Pourquoi l'échec ? Du RPF à la traversée du désert*, Paris, Plon, 1981.

TESTAMENT. – C'est en 1952, après les funérailles nationales du maréchal de Lattre de Tassigny, que le général de Gaulle rédige son testament dont il confie l'exemplaire porteur du numéro 1 à celui qui est alors son plus proche collaborateur : Georges Pompidou. Ce testament vise principalement, au moment où débute la « traversée du désert », à refuser les honneurs funèbres de la IVe République, régime contre lequel le gaullisme s'est construit. Le testament précise : « Je ne veux pas d'obsèques nationales. Ni présidents, ni ministres, ni bureaux d'assemblées. Ni corps constitués. » Une fois connue la mort du général dc Gaulle, la première question qui se pose aux organisateurs putatifs de la cérémonie – la famille, la présidence de la République – est de savoir si le testament est encore valable. Le fils du défunt, Philippe de Gaulle, apporte à cette interrogation une réponse affirmative. Ce document se voit alors reconnaître une autorité déterminante et suffisante pour organiser – et expliquer, après coup – le déroulement des funérailles. Pour ceux qui se considèrent les héritiers du Général, il devient la preuve des liens entretenus avec le défunt.

Une compétition s'engage alors entre la famille et Georges Pompidou. La diffusion des dispositions du testament par ce dernier est jugée prématurée par la famille. Selon les témoignages publiés par des proches de celle-ci (Jean Mauriac, Pierre Lefranc), des négociations étaient engagées entre les différentes parties en présence pour mettre en place un hommage national qui soit en conformité avec les volontés du défunt. C'est en réponse au « coup » du nouveau président de la République que la famille décide de placer la messe célébrée à Colombey à un horaire qui interdise aux participants de la cérémonie de Notre-Dame de se rendre à l'hommage privé. Cet horaire est finalement reporté à 15 heures, alors que celui de la célébration parisienne ne change pas : 11 heures. La mise en place de cette double cérémonie d'hommage est la conséquence d'une lutte politique.

Pierre-Yves Baudot

• *Voir aussi :* Funérailles ; Gaullistes

Bibl. : Pierre Lefranc, *Avec qui vous savez. Vingt-cinq ans avec de Gaulle*, Paris, Plon, 1979, éd. revue et augmentée, Paris, Pocket, 1999 • Jean Mauriac, *Mort du général de Gaulle*, Paris, Grasset, 1972 • Éric Roussel, *Pompidou. 1911-1974*, Paris, Jean-Claude Lattès, 1984.

THIERRY D'ARGENLIEU, Georges (1889-1964). – Ce fils d'un contrôleur général de la marine, né à Brest, entre à l'École navale puis se bat courageusement au Maroc en 1912 et 1913. Ce séjour est également marqué par sa rencontre avec le général Lyautey. Après la Première Guerre mondiale au cours de laquelle il se distingue de nouveau en Méditerranée, sa vocation religieuse se précise. En 1921, il prononce ses vœux. Le père Louis de la Trinité sera, dans les années 1930, vicaire provincial des Carmes déchaux à Paris. Mobilisé en 1939 à Cherbourg, il combat encore les 18 et 19 juin 1940. Fait prisonnier, il s'évade et réussit à s'embarquer sur un bateau de pêche pour Jersey. Le 25, il rejoint l'Angleterre après avoir pris connaissance de l'appel du général de Gaulle. Patriote écœuré par le désastre qu'il vient de vivre, Thierry d'Argenlieu est déterminé à poursuivre la lutte tout en respectant sa condition d'ecclésiastique ; aussi est-il d'abord aumônier des Forces navales françaises libres (FNFL). Toutefois, la pénurie d'officiers le conduit rapidement à servir à l'état-major des FNFL détaché auprès du Général. En septembre, chef de la mission qui tente en vain de rallier l'Afrique-Occidentale française, il est grièvement blessé à Dakar. Deux mois plus tard, il commande les opérations navales lors du ralliement du Gabon.

Membre du Conseil de défense de l'Empire, Thierry d'Argenlieu se distingue lors de missions politiques et diplomatiques. Après un séjour au Canada en mars 1941, il est nommé, en juillet suivant, haut-commissaire pour le Pacifique. Lourde charge puisqu'il lui faut à la fois composer avec des Américains peu soucieux de la souveraineté française, rallier l'ensemble des territoires coloniaux à la France libre et s'y maintenir, enfin faire face à la progression japonaise. En janvier 1943, ce gaulliste de la première heure fait partie de l'équipe restreinte qui accompagne de Gaulle lors de l'entrevue d'Anfa avec le général Giraud. Commandant des forces navales françaises de Grande-Bretagne depuis juillet 1943, il conduit de Gaulle en France, le 14 juin 1944, sur *la Combattante*. Il est à ses côtés lors des grandes heures de la Libération, tant en Normandie qu'à Paris. Amiral Nord et chef d'état-major adjoint de la marine, il rétablit les institutions maritimes dans les ports libérés. Inspecteur général des forces maritimes, conseiller naval officieux du Général, il joue un rôle très important dans la reconstruction de la flotte et participe notamment à la conférence de San Francisco en avril 1945.

En août de la même année, ce proche compagnon est nommé haut-commissaire en Indochine ; le président du Gouvernement provisoire de la République française l'a préféré à ce poste au général Leclerc. Dans un premier temps, il s'efforce d'y rétablir la souveraineté française et d'y appliquer le programme contenu dans la déclaration gouvernementale du 24 mars 1945, credo gaulliste en matière indochinoise. Mais l'application des accords franco-vietnamiens du 6 mars 1946 s'avère vite impossible tant les parties en présence ont des visions antagonistes de l'avenir. Appuyé par de Gaulle qui espère un prompt retour au pouvoir, Thierry d'Argenlieu mène alors une politique sans concession contre le pouvoir nationaliste et communiste révolutionnaire de Hanoi. Après le coup de force vietnamien du 19 décembre 1946, il s'oppose à ce que la France reprenne les négociations avec le gouvernement de Hô Chi Minh. Poussé par le Général à ne pas démissionner, il est finalement limogé par le président du Conseil, Paul Ramadier, en mars 1947.

Grand chancelier de l'ordre de la Libération depuis février 1941, il s'y consacre désormais pleinement, à la demande de De Gaulle, jusqu'à son retour définitif à la vie monastique à Avon en 1958. Ses obsèques sont célébrées en présence du Général qui salue en lui « le compagnon de toutes les entreprises, l'ami de tous les jours qui servit noblement la France ». Frédéric TURPIN

• *Voir aussi :* FFL ; Indochine ; Marine ; Ordre de la Libération

Bibl. : Père Alford, *Le Père Louis de la Trinité-amiral Thierry d'Argenlieu*, Paris, Desclée de Brouwer, 1969 • Georges Thierry d'Argenlieu, *Chronique d'Indochine. 1945-1947*, Paris, Albin Michel, 1985 • Frédéric Turpin, *De Gaulle, les gaullistes et l'Indochine. 1940-1956*, Paris, Les Indes savantes, 2005.

THOREZ, Maurice (1900-1964). – À douze ans, Maurice Thorez est embauché aux mines de Dourges et devient mineur de fond jusqu'à son service militaire. Il adhère à la Section française de l'Internationale communiste (SFIC), devient permanent communiste en 1924 et membre du Bureau politique en 1925. Recherché pour ses activités anticolonialistes et « subversives » de 1925 à 1929, il alterne vie clandestine et incarcération. Il devient dirigeant du parti en 1930, et, en 1936, secrétaire général du PCF (Parti communiste français), poste qu'il occupe jusqu'en 1964. Parallèlement élu député de la Seine en 1932, il conserve son mandat parlementaire jusqu'à sa mort, exception faite de la période 1940-1944.

En octobre 1939, en raison du pacte germano-soviétique, il abandonne son régiment sur les ordres de l'Internationale et gagne la Belgique, puis l'URSS. Condamné pour désertion et déchu de son mandat parlementaire, il demeure dirigeant du PCF depuis Moscou, en communiquant par le canal de l'Internationale au moyen de télégrammes chiffrés. En août 1940, il signe avec le secrétaire général du Komintern l'ordre de mettre fin aux pourparlers entrepris, avec son accord, par la direction parisienne du PCF avec l'ambassadeur d'Allemagne. Thorez réapparaît publiquement lors de la dissolution de l'Internationale, en juin 1943, et entre en contact avec les représentants de la France libre. Cependant, il reste confiné en URSS lorsque André Marty part représenter le PCF à Alger. Le général de Gaulle accepte finalement son retour en France, mais seulement en novembre 1944, à l'issue de tractations avec Staline qui demande à Thorez de prôner une politique de compromis comportant notamment la dissolution des « milices patriotiques » influencées par le parti communiste. Ministre d'État dans le gouvernement du général de Gaulle du 21 novembre 1945 au 20 janvier 1946, il s'emploie à réorganiser la fonction publique et fait adopter le statut des fonctionnaires. Il lance parallèlement au sein du monde ouvrier « la bataille de la production » afin de reconstruire le pays. Il est vice-président du Conseil dans les ministères Gouin et Bidault (janvier 1946-novembre 1946) puis Ramadier (janvier 1947-mai 1947), jusqu'à l'éviction des ministres communistes.

Dès lors, il dirige le PCF sur la voie de la guerre froide, entreprenant différentes épurations et laissant se développer à son endroit un culte de la personnalité. Victime d'un accident de santé en 1950, il est soigné en URSS durant trois ans. De retour en France, il peine à engager le parti sur la voie de la déstalinisation et analyse le retour du général de Gaulle en 1958 comme celui du fascisme. En 1962, il essaie de se rapprocher de la SFIO (Section française de l'Internationale ouvrière) contre le gaullisme ; en 1964, il choisit comme successeur Waldeck Rochet. Il meurt sur un bateau soviétique en mer Noire. À la fin des années 1950, de Gaulle lui a rendu une forme d'hommage en écrivant dans ses Mémoires qu'à la Libération il rendit « en plusieurs occasions, service à l'intérêt public. [...] Est-ce simplement par tactique politique ? Je n'ai pas à le démêler. Il me suffit que la France soit servie » [*MG*].

Jean VIGREUX

• *Voir aussi* : Humanité (L') clandestine ; Ouvriers ; PCF ; URSS

Bibl. : Bernhard H. Bayerlein *et al.*, *Moscou-Berlin-Paris. Télégrammes chiffrés du Komintern (1939-1941)*, Paris, Tallandier, 2003 • Stéphane Courtois et Marc Lazar (dir.), *50 ans d'une passion française, de Gaulle et les communistes*, Paris, Balland, 1991 • Stéphane Sirot, *Maurice Thorez*, Paris, PFNSP, 2000.

TIM, Lejzor Mitelberg, dit (1919-2002). – Tim est né à Kaluszyn dans une famille juive polonaise. Il poursuit sa scolarité dans un lycée privé catholique près de Varsovie. C'est là qu'il prend goût à la caricature et découvre les œuvres de Bronislaw Linke dans *Szpilki* (« épingle », en polonais). Son premier dessin paraît dans le courrier des lecteurs de cet hebdomadaire satirique. Nous sommes en 1935. Trois ans plus tard, la montée de l'antisémitisme le contraint à émigrer à Paris. Il s'inscrit aux Beaux-Arts et fournit des dessins pour *Vendredi*. En 1940, il part au front, mais, capturé le 17 juin, il est envoyé dans un stalag en Poméranie. Marqué par de Gaulle, il réalise une série de dessins le représentant en compagnie de Winston Churchill. Après plusieurs tentatives, il s'évade par l'URSS et rejoint finalement les FFL (Forces françaises libres) en septembre 1941 sous le nom de Louis Mitelle. Il est décoré par le Général de la croix de guerre avec palmes et de la médaille des Évadés.

Connu pour ses dessins parus dans le *Sunday Times* et le *Daily Sketches*, il illustre en 1942 les récits d'évasion de Jean Crémieux-Brilhac publiés dans *La Marseillaise* sous la manchette « Pour combattre avec de Gaulle ». En juin 1942, il est également présent à l'Albert Hall de Londres lors d'un meeting du Général, dont il exécute plus tard le portrait en pied. Pendant l'Occupation, ses dessins paraissent dans les journaux issus de la Résistance (*Combat*, *Le Canard sauvage*, *L'Écho d'Alger*), puis, en 1945, dans *Action*, *Le Soir*, *Libération*. De 1950 à 1957, c'est *L'Humanité* qui l'accueille alors que paraît son premier album (1953). En 1958, il entre à *L'Express* où il rejoint Siné et Jean Effel. En 1976, il sera le premier dessinateur de presse à faire partie du comité éditorial du journal.

Marqué par Rembrandt, Daumier ou encore Steinberg, son style se distingue par la minceur de sa ligne. Ses dessins, exécutés au crayon, à la plume et à l'encre de Chine, n'ont recours à la couleur qu'en de rares occasions. Son graphisme léger et acéré lui permet d'explorer les traits des personnalités et d'en faire ressortir toutes les facettes. Conciliant richesse graphique et lisibilité, son art s'apparente à la gravure.

Les œuvres qui représentent le Général témoignent du respect qu'il éprouvait pour lui. Le 7 décembre 1962, la couverture du *Times* le représente en chef d'orchestre dominant l'arc de triomphe de l'Étoile. L'année suivante, Tim réalise un buste du Général, coulé en bronze en 1965. Influencé par la personnalité du président, il fait de lui un de ses thèmes de prédilection, n'hésitant pas à l'imaginer en joueur de cartes cézannien face à Khrouchtchev, lors de sa visite en France en mars 1960 ; ou à le présenter en roi biblique dans le style des peintures de Georges Rouault (novembre 1965) afin d'illustrer la complexité des rapports franco-israéliens. Néanmoins, il conserve son esprit critique. Lorsque de Gaulle, en 1967, prononce sa fameuse phrase sur le peuple juif, « peuple d'élite, sûr de lui-même et dominateur », il

L'ONU ce machin (détail), par Tim, décembre 1960.
Collection Roland Mitelberg © Adapg, Paris, 2006.

publie son célèbre dessin, refusé à l'époque par *L'Express*, montrant un déporté posant triomphalement le pied sur les barbelés.

En 1984, le musée des Arts décoratifs de Paris lui a consacré une rétrospective, « 40 ans de politique ». Le public découvrit combien ses dessins de De Gaulle restent un témoignage privilégié des premières décennies de la Ve République.

Scylla MOREL

• *Voir aussi* : Antisémitisme ; Dessins et caricatures ; *Express (L')*

Bibl. : François Riou, « Tim », dans *Un bon dessin vaut mieux qu'un long discours, Revue du dessin de presse d'actualité*, juin 1988, p. 6-20 • Tim, *De Gaulle de France*, Paris, Olivier Orban, 1990 • David Yashas, *Tim, être de son temps : dessinateur, sculpteur, journaliste, 1919-2002*, Paris, Éd. Herscher, 2003.

TISOT, Henri (né en 1937). – Henri Tisot entre à la Comédie-Française à l'âge de vingt ans. En 1958, il y est présenté au général de Gaulle, avec les autres pensionnaires. Remercié deux ans plus tard, il continue à exercer son métier de comédien, notamment en participant au feuilleton *Le Temps des copains* dont il tourne 117 épisodes. Mais sa fortune reste étroitement associée à ses talents d'imitateur.

Après son départ du Français, il décide de parodier le discours du président sur l'autodétermination de l'Algérie, avec un discours sur l'« autocirculation ». Le succès est immédiat et d'une ampleur inattendue. En exclusivité au Théâtre de Dix-Heures, son sketch de dix minutes, tiré à un million d'exemplaires, devient le 45-tours le plus vendu en France entre octobre 1961 et janvier 1962. Le succès est également foudroyant en Algérie où les pieds-noirs font de cette parodie un acte de protestation. Jamais censurés, les disques s'y vendent au marché noir et Pathé-Marconi affrète un avion spécial vers Alger pour les y acheminer.

Pendant toute la présidence gaullienne, l'imitateur incarne « Qui vous savez » de Bobino à l'Olympia, au point que Jean Anouilh lui demande de jouer une partie de *La Nuit des rois* avec un accent gaullien. Fondés sur des parodies et des jeux de mots, les sketches doivent leur efficacité à la reproduction parfaite des inflexions de voix propres au Général. C'est d'ailleurs l'affection des Français pour l'ancien chef de la France libre, même chez ses opposants, qui suscite le succès de Tisot. Le public vient assurément pour écouter de Gaulle, retrouver un timbre et une posture de comédien. Le comique naît de la dérision des mots exprimés dans un phrasé gaullien, du contraste entre la grandeur du personnage et la légèreté du propos. Un exemple frappant est le discours sur la dépigeonnisation au cours duquel le Général cherche un moyen de débarrasser les statues parisiennes de ces encombrants volatiles.

Qualifié par de Gaulle de « perroquet national », Tisot dresse le portrait d'un Général malicieux mais aussi mégalomane et même fourbe concernant l'Algérie. Avec la parodie des conférences de presse, c'est la pratique du pouvoir qui est visée. Comment le Général perçoit-il ces imitations ? Avec beaucoup d'humour semble-t-il, d'autant qu'il est soumis à des critiques parfois plus féroces, comme celles de Gilbert Rocca et Jacques Grello dans l'émission *La Boîte à sel* par exemple. Attentif aux aléas de la popularité de sa doublure, il aurait craint d'être « à nouveau tout seul » après la mévente relative du deuxième disque (400 000 exemplaires). Après 1965, la baisse de popularité du président entraîne en effet celle de Tisot, dont le public déserte les spectacles après le 27 avril 1969. Le comédien se reconvertit dans l'imitation des candidats à l'élection présidentielle, en particulier Georges Pompidou dont il a davantage le physique. Cependant, de Gaulle avait été trop présent pour être remplacé si facilement et Tisot subira, par ailleurs, la concurrence de Thierry Le Luron.

Sophie MASSE-QUIEF

• *Voir aussi* : Humour

Bibl. : Henri Tisot, *Le Fils du pâtissier*, Paris, Plon, 1985 • Enregistrements d'Henri Tisot entre 1959 et 1969 (Pathé) • *Hors sac*, n° 4, disque publié par les Éditions du Promeneur, avril 1964.

TISSIER, Pierre (1903-1955). – Fils de Théodore Tissier, vice-président du Conseil d'État, Pierre Tissier est licencié en droit et diplômé de l'École libre des sciences politiques. Il entre major au Conseil d'État à vingt-deux ans, en 1926, la même année qu'Alexandre Parodi. D'abord collaborateur d'Aristide Briand, Tissier devient chef du cabinet de Pierre Laval lorsque celui-ci est ministre du Travail en janvier 1930, puis directeur de son cabinet au ministère de l'Intérieur en 1931. Il dirige la publication du tome 10 de *L'Encyclopédie française,* consacré à *L'État moderne : aménagement, crise, transformations*, paru en 1936. Après la déclaration de guerre, il est lieutenant-colonel, chef du 2e bureau dans l'état-major du général Béthouart. Il fait la campagne de Norvège et rejoint Londres dès juin 1940. Le 29 juin, il devient le premier chef d'état-major du général de Gaulle. Il l'accompagne dans l'expédition de Dakar puis en Afrique-Équatoriale française (A-ÉF). Il rédige depuis Brazzaville la « Déclaration organique complétant le manifeste du 27 octobre », texte fondamental qui définit la légitimité de la France libre. La Déclaration établit l'inconstitutionnalité du régime de Vichy, pose que « la Constitution [républicaine] demeure légalement en vigueur », et fait savoir que la France libre rendra « compte de tous [ses] actes aux représentants de la nation française dès que celle-ci aura la possibilité d'en désigner librement et normalement ». Plus tard, Tissier rédige l'ordonnance du 24 septembre 1941 portant constitution à Londres du Comité national français, premier véritable gouvernement de la France libre. De Londres, Pierre Tissier écrit plusieurs ouvrages en anglais (parus chez George G. Harrap and Co, à Londres, en 1942), pour dénoncer à l'intention des publics anglo-saxons la politique et les hommes de Vichy : *I Worked with Laval*, *The Government of Vichy*, et *The Riom Trial* préfacé par le général de Gaulle. En juillet 1943, tandis que René Cassin devient à Alger président du Comité juridique de la France libre, Tissier préside le Comité du contentieux, qui rend 76 arrêts.

Venu de la droite, ayant eu dans les débuts de la France libre une attitude réservée à l'égard de la place des Juifs dans l'élite française, Tissier rejoint à la Libération les socialistes par l'intermédiaire de Jules Moch à qui il était lié depuis 1932. En 1944-1945, directeur de cabinet du ministre de l'Intérieur Adrien Tixier, il participe activement à la réorganisation du ministère et à l'élaboration de nombreuses ordonnances. Il imprime notamment une marque libérale et égalitaire à la nouvelle législation de l'immigration (ordonnance du 2 novembre 1945). Après le départ de De Gaulle et la mort d'Adrien Tixier en janvier 1946, il devient en juin 1947 directeur du cabinet de Jules Moch, ministre des Travaux publics puis de l'Intérieur. Directeur général des Impôts en 1948, il est en 1949 président de la SNCF. Il meurt à ce poste en 1955. Il avait épousé une Anglaise qui avait rejoint les Forces françaises libres en 1940. Patrick WEIL

• *Voir aussi* : Brazzaville (manifeste de) ; Comité national français ; Droit ; Hauts fonctionnaires (1940-1945) ; Légalité républicaine

Bibl. : Jean-Louis Crémieux-Brilhac, *La France libre : de l'appel du 18 Juin à la Libération*, Paris, Gallimard, 1996 • Jules Moch, *Une si longue vie*, Paris, Robert Laffont, 1976 • Patrick Weil, « Racisme et discriminations dans la politique française de l'immigration : 1938-1945 /1974-1995 », *Vingtième Siècle*, juillet-septembre 1995, p. 74-99.

TITO, Josip Broz, dit (1892-1980). – Les rapports de Tito avec de Gaulle commencent en fait, en février 1943, avec la citation du général Mihailović (chef des maquis monarchistes) à l'ordre des Forces françaises combattantes avec attribution de la croix de guerre, un geste sujet à bien des malentendus. Si les milieux du gouvernement yougoslave en exil et l'entourage de Mihailović en Yougoslavie s'accrochaient à l'espoir d'être soutenus par la France libre, Tito et son mouvement ne s'intéressaient guère à celle-ci. Ne pouvant encore établir officiellement un gouvernement, même provisoire, Tito, à la recherche d'un nom à donner au comité exécutif de son Mouvement de libération populaire, accepta la suggestion d'un de ses lieutenants de s'inspirer du CFLN (Comité français de la Libération nationale). C'est ainsi que fut nommé le Comité national de libération de Yougoslavie, hommage dont de Gaulle ne se rendit même pas compte. Au début de

1944, de Gaulle aurait pourtant voulu intervenir en Yougoslavie, pensant que les sympathies dont y jouissait la France auraient pu lui donner la possibilité de jouer le rôle de médiateur entre les Anglo-Américains et les Russes, et de maintenir quelque chose de sa conception de l'Europe. Le gouvernement du roi Pierre était en liquidation, Tito n'avait nul besoin de la France, et les Anglo-Américains n'avaient pas l'intention d'ajouter de Gaulle à l'imbroglio yougoslave. Celui-ci se détourna donc complètement de la Yougoslavie, même s'il devait plus tard exprimer son admiration pour Tito qui avait su rétablir l'existence et maintenir l'unité de son pays. En revanche, Tito devait dire que les communistes français auraient dû faire avec de Gaulle « ce que nous avons fait avec Mihailović » (qui fut capturé et exécuté en 1946). Même après son retour au pouvoir en 1958, de Gaulle ne fut pas attiré par le régime de Tito, et l'appui donné par la Yougoslavie aux nationalistes algériens n'améliora pas les relations. À deux reprises, en 1959 et en 1964, de Gaulle devait inclure la Yougoslavie dans la catégorie des régimes communistes totalitaires. À la fin des années 1960, à la veille du printemps de Prague, Tito en vint à craindre les effets négatifs de la politique soviétique dans le monde socialiste. Voulant ménager à la fois l'URSS, le tiers-monde et l'Europe, il finit par voir en de Gaulle son homologue occidental : désormais, un Tito plutôt qu'un Mihailović français. Cependant, il n'y eut de véritable rapprochement entre la Yougoslavie de Tito et la France qu'après le départ de De Gaulle.

Stevan K. PAVLOWITCH

• *Voir aussi* : Non-alignés ; Politique étrangère ; URSS

Bibl. : Stevan K. Pavlowitch, *Unconventional Perceptions of Yugoslavia, 1940-1945 : General de Gaulle, Momčilo Ninčić, Lieutenant Rapotec, the Duke of Aosta*, New York, Columbia University Press, 1985 • Id., *Tito, Yugoslavia's Great Dictator : a Reassessment*, Londres, C. Hurst & Co, 1992.

TIXIER, Adrien (1893-1946). – Né dans le Limousin, instituteur, Adrien Tixier est amputé d'un bras au cours de la Grande Guerre. En 1920, il est appelé au Bureau international du travail (BIT) à Genève, par Albert Thomas. À l'origine de la fondation d'associations d'anciens combattants et de mutilés, il est secrétaire général de la conférence internationale des anciens combattants de 1925 à 1933. En juin 1940, directeur adjoint du BIT, il adresse un télégramme au maréchal Pétain pour dénoncer la capitulation française. Muté à Washington, il y est chargé en septembre 1941 par René Pleven puis par le général de Gaulle de codiriger la délégation de la France libre. Socialiste réformiste, plongé dans un milieu très hostile à de Gaulle, Tixier s'interroge longtemps sur le caractère démocratique du gaullisme. Selon Jean-Louis Crémieux-Brilhac, il confie alors ses états d'âme à ses interlocuteurs du Département d'État. Venu à Londres, il obtient en avril 1942, avec Henry Hauck et Christian Pineau, que le chef de la France libre affirme son engagement de démocrate dans une déclaration solennelle à l'intention des organisations de la Résistance intérieure. En juin 1943, il est nommé commissaire au Travail du Comité français de la Libération nationale. Après la Libération, il est ministre de l'Intérieur au sein du Groupement provisoire de la République française.

Absent de France depuis plus de vingt années, Adrien Tixier est alors un quasi-inconnu, même des responsables socialistes qui s'interrogent dans un premier temps sur ce « gaulliste ». Homme d'autorité, coléreux et parfois cassant, il entend reconstruire les institutions républicaines, qu'il juge menacées par un début de guerre civile et par la puissance du parti communiste. Le 28 octobre 1944, le Conseil des ministres adopte, sur sa proposition, la dissolution des milices patriotiques. Il joue un rôle central dans le rétablissement de l'ordre et de la légalité républicaine.

Président du conseil général de la Haute-Vienne, puis député à l'automne 1945, Adrien Tixier incarne le type accompli du « socialo-gaullisme ». Mais il reste fidèle à son parti après la démission du Général. Il meurt le mois suivant, pendant une tentative d'extraction d'éclats logés dans son corps depuis 1914. Selon les notes de Claude Guy, de Gaulle, quelque peu déçu par son ex-ministre de l'Intérieur, l'a présenté comme un « peureux » : il aurait eu peur des communistes et peur de son propre parti. « Ministre à Alger, il n'était que socialiste à Paris. » Pourtant, illustrant une note sur « l'homme » de Gaulle, qui se laissait parfois emporter par son « amour de la vérité », Claude Guy livre un échange bref du Général avec Louis Joxe, un an après le décès de l'ancien ministre : « L'intransigeance d'Adrien Tixier n'était qu'apparente : il vous aimait terriblement, mon Général... – Oui, répondit celui-ci, sans émotion et probablement malgré lui : *il en est mort.* » Il n'est guère contestable que Tixier ait été déchiré entre sa fidélité à de Gaulle et son allégeance au parti socialiste. Gilles MORIN

• *Voir aussi :* Déclaration aux mouvements de Résistance ; GPRF (œuvre intérieure et outre-mer du) ; Opinion publique américaine ; Roosevelt, Franklin ; SFIO

Bibl. : Jean-Louis Crémieux-Brilhac, *La France libre : de l'appel du 18 Juin à la Libération*, Paris, Gallimard, 1996 • Claude Guy, *En écoutant de Gaulle*, Paris, Grasset, 1996 • Jean Maitron (dir.), *Dictionnaire biographique du mouvement ouvrier français*, Paris, Éditions ouvrières, 1964 (CD-Rom : Paris, Éditions de l'Atelier-Éditions ouvrières, 1997).

TIXIER-VIGNANCOUR, Jean-Louis (1907-1989). – L'ancien étudiant d'Action française qui participe à des bagarres dans le Quartier latin des années 1920, le manifestant du 6 février 1934, l'héritier qui reprend en 1936 la circonscription de son grand-père au cœur du Béarn, le député munichois de 1938 qui refuse la confiance au gouvernement Reynaud (accusé en 1940 de « mener la France au suicide ») n'était vraiment pas fait pour suivre le même itinéraire et les choix du général de Gaulle. Aussi, lorsque le maréchal Pétain appelle, le 17 juin 1940, à la cessation des combats, Jean-Louis Tixier-Vignancour exprime-t-il son soulagement. Le 9 juillet, à Vichy, le député d'Orthez dénonce « ceux qui ont emporté leur patrie à la semelle de leurs souliers, ceux qui ont voulu prolonger une guerre inutile » ; le 10 juillet, il vote la loi des pleins pouvoirs au maréchal Pétain. La Résistance, la Libération, l'épuration : autant de sujets qui séparent radicalement l'avocat et le Général au point que le premier parlera de « l'intolérance méprisante à l'égard de ceux qui, pendant quatre ans, se sont efforcés, en dehors de toute collaboration avec l'ennemi, de faire vivre la France et les Français quotidiennement ».

L'antigaullisme militant anime toute la carrière politique de Tixier : une fidélité sans bornes au maréchal Pétain qui ira jusqu'au rocambolesque enlèvement de son cercueil en 1973, la revendication continue de l'amnistie pour les vichystes, l'opposition farouche à la politique algérienne du Général, la défense véhémente de nombreux « soldats perdus » de l'Algérie française, enfin l'affrontement direct avec Charles de Gaulle lors du premier tour de l'élection présidentielle de décembre 1965. La seule faille dans cette carrière est le soutien apporté au retour du Général au pouvoir, en juin 1958, par un Tixier qui, comme le note avec humour Jean Lacouture, croit « voter à nouveau pour Pétain ». Encore ce soutien est-il chichement compté puisque le député des Basses-Pyrénées vote la confiance au gouvernement de Gaulle et la loi des pleins pouvoirs mais refuse la délégation du pouvoir constituant. Très vite, le combat de l'Algérie française et la haine d'un gaullisme défini lapidairement comme « un mépris de fer, dans une culotte de peau, agitant un sabre en bois » ramènent Tixier sur la voie de l'opposition radicale. Comme il l'écrira plus tard dans ses *Mémoires*, en se présentant en 1965 il a, « indépendamment du ballottage espéré, voulu que les victimes, celles de la Libération et celles d'Algérie, comme d'outre-mer, eussent un porte-parole »... De Gaulle confiera à Alain Peyrefitte à propos de cette candidature : « Eh bien ! On va pouvoir s'amuser. Vichy et l'OAS ensemble ! » Le Général lui accorde le même mépris qu'aux autres candidats voués aux gémonies de la « division ». Avec 5,18 % des suffrages, la performance de Tixier est médiocre, éloignée des 9,3 % du « non » activiste au référendum du 8 avril 1962 sur les accords d'Évian. L'avocat avait rêvé d'être « le » candidat antigaulliste au second tour ; il sera obligé de laisser ce rôle à François Mitterrand pour lequel il appellera à voter. Cet échec marque la fin de ses espoirs politiques et son combat se réduira dès lors à l'anonymat obscur des officines de l'extrême droite.

Pascal Perrineau

• *Voir aussi* : Élection présidentielle de 1965 ; Extrême droite

Bibl. : Thierry Bouclier, *Tixier-Vignancour, une biographie*, Éditions Rémi Perrin, 2003 • Jean-Louis Tixier-Vignancour, *Des Républiques, des justices et des hommes. Mémoires*, Paris, Albin Michel, 1976.

TORTURE. – « Aucun acte de torture ne s'est produit à ma connaissance ni à la vôtre depuis la venue à Alger du général de Gaulle. Il ne doit plus s'en produire désormais » : voilà l'assurance qu'André Malraux, nouveau ministre du Général, donne aux Français en juin 1958.

La torture est alors largement répandue en Algérie ; elle participe à un ensemble de violences infligées à la population algérienne qu'il s'agit de (con)vaincre. Pourtant, en juin 1958, la France et l'Algérie viennent de connaître de tels bouleversements que ces mots peuvent être prononcés et, surtout, crus. La conception gaullienne de l'armée et de ses valeurs ne peut en effet s'accommoder de telles pratiques. Plus intimement, de Gaulle a vu certains de ses compagnons brisés par la torture nazie. D'ailleurs, si cette comparaison avec la période de la Seconde Guerre mondiale lui est interdite politiquement – le Front de libération nationale (FLN) en confisque quasiment l'usage en instituant le GPRA (Gouvernement provisoire de la République algérienne) interlocuteur des autorités françaises –, elle est bien apparue sous de nombreuses plumes dès 1955, et Edmond Michelet n'hésite pas à parler de « séquelle de la vérole nazie » encore en 1959.

Face à ceux qui utilisent la torture contre des individus soupçonnés de nationalisme ou accusés de « terrorisme », de « rébellion », d'« atteintes à la sûreté de l'État », l'homme du 18 Juin s'engage dans une double direction : s'informer sur ces violences illégales et immorales, et proposer à l'armée de nouvelles directions où déployer son énergie tout en promulguant des directives pour la recadrer. À côté d'informateurs ponctuels, de Gaulle renforce la Commission de sauvegarde des droits et libertés individuels et l'assure de tout son appui, même si ce soutien reste discret. L'action publique du Général vise en priorité à dégager l'armée de la guerre « contre-révolutionnaire » où elle s'est enfoncée au prix d'une violation croissante des droits des Algériens, accompagnée du développement de structures militaires agissant parfois à la limite de la légalité (5e Bureau, mais surtout Détachements opérationnels de protection – les DOP –, spécialisés dans les interrogatoires de prisonniers jugés « récalcitrants » ou « coriaces »). Les militaires sont enjoints de privilégier l'offensive et le combat et, dans ce domaine, d'observer les règles : les combattants faits prisonniers doivent être bien traités et internés dans des camps spécifiques, les camps militaires d'internés, institués en mars 1958.

En réponse au commandement qui présente le recours à la torture et aux exécutions sommaires comme l'expression d'une « justice parallèle » adaptée à la « guerre subversive » qu'il mène en Algérie, la justice militaire est réformée. Au printemps 1960, les organismes les plus subversifs sont dissous (5e Bureau) ou appelés à rentrer dans le rang (DOP). Dès lors, le Général peut espérer avoir tari les sources d'illégalité. Or ces actions n'ont que des effets limités. Non seulement la torture continue d'être pratiquée par les forces de l'ordre en Algérie, mais elle se répand en métropole. Le général de Gaulle peut même s'inquiéter de quelques cas de militaires ayant torturé des Algériens qui sont acquittés par des juges estimant que leurs actes ne sont pas condamnables puisqu'ils ont été commis dans le cadre de la lutte « contre la rébellion ».

En fait, même si les modalités de la guerre ont évolué depuis 1954 et si les quatre dernières années sont marquées par un certain retour à des formes de guerre plus classiques (grandes opérations) et plus techniques (barrage électrique), les contours de la guerre coloniale et les inflexions de la stratégie « contre-révolutionnaire » demeurent jusqu'au bout. Seule la fin de la guerre permettra de faire cesser cette violence infligée intentionnellement dans le but de terroriser l'adversaire et/ou de lui extorquer des renseignements. Sur le terrain de la lutte contre la torture, l'échec est donc sévère. Le silence du Général à ce sujet en est peut-être l'ultime preuve.

Raphaëlle BRANCHE

• *Voir aussi :* Algérie (guerre d') ; Armée ; Bollardière, Jacques Pâris de ; Intellectuels ; Patin, Maurice

Bibl. : Raphaëlle Branche, *La Torture et l'armée pendant la guerre d'Algérie, 1954-1962*, Paris, Gallimard, 2001 • Sylvie Thénault, *Une drôle de justice, les magistrats pendant la guerre d'Algérie*, Paris, La Découverte, 2001 • Pierre Vidal-Naquet, *La Raison d'État*, Paris, Éditions de Minuit, 1962.

TOUKHATCHEVSKI, Mikhaïl Nikolaïevitch (1893-1937). – De noblesse héréditaire, Mikhaïl Toukhatchevski est élevé par une gouvernante française. Il sort major de l'école militaire Alexandre en 1913. Lieutenant de l'armée russe, il est fait prisonnier par les Allemands en février 1915 et est envoyé en novembre 1916 au fort IX d'Ingolstadt, où sont enfermés quelque 150 officiers de l'Entente ayant tenté de s'évader. Charles de Gaulle est parmi eux. Pendant neuf mois, les deux hommes sont compagnons de captivité. Plus chanceux que de Gaulle, Toukhatchevski réussit son évasion en décembre 1917.

De retour en Russie, il rallie les bolcheviks, comme de nombreux officiers russes, et s'engage dans l'armée Rouge. Commandant d'armée, il combat sur tous les fronts de la guerre civile, se montrant partisan résolu de l'offensive révolutionnaire. Patriote plus que marxiste, il parie sur le bolchevisme pour restaurer l'Empire. En 1920, commandant en chef de l'armée de l'Ouest, il fait la campagne de Pologne à laquelle de Gaulle participe dans le camp adverse. Ils en tirent chacun des réflexions sur l'art de la guerre : de Gaulle écrit sous pseudonyme le « Carnet de campagne d'un officier français : la bataille de la Vistule » dans la *Revue de Paris* du 1er novembre 1920, tandis que Toukhatchevski publie en 1923 aux éditions du front Ouest *La Campagne de la Vistule, conférences faites à l'Académie de guerre*. Les bolcheviks utilisent aussi le jeune officier pour mater dans le sang, avec les moyens de la guerre moderne, les rébellions de 1921 : insurrection des paysans de Tambov, révolte de Kronstadt. Sa carrière se poursuit, fulgurante : président de l'Académie militaire, chef d'état-major en 1925, commandant de la région militaire de Leningrad en 1928.

Malgré les vives controverses sur les raisons de la défaite devant Varsovie qui enveniment les relations entre Toukhatchevski et Staline, ce dernier le nomme commissaire adjoint à la Défense et directeur des armements en 1931. Appartenant au groupe des « modernisateurs », Toukhatchevski avait vu jusque-là ses projets rejetés comme fantaisistes, et on l'accusait volontiers de « militarisme rouge ». Or, en 1931, en plein premier plan quinquennal, il se voit confier la réorganisation de l'armée. Partisan d'un art opérationnel fondé sur l'« opération en profondeur », il met alors tout en œuvre pour doter l'armée Rouge des armes modernes. En 1933, il est décoré de l'ordre de Lénine et devient en 1935 maréchal, les grades venant d'être rétablis. Il a quarante-deux ans. Attentif aux théories novatrices, il s'intéresse à ce qu'il appelle « la nouvelle école française de Gaulle ». L'ouvrage de ce dernier, *Vers l'armée de métier*, qui est immédiatement traduit en russe, lui fournit des arguments pour une réforme du système des cadres de l'armée Rouge qui débute en avril 1935. En février 1936, en mission à Paris, le maréchal dîne avec des « anciens du fort IX », dont le colonel de Gaulle qu'il félicite pour ses travaux sur les chars.

La carrière du jeune maréchal s'achève brutalement au printemps 1937 : lors des purges qui déciment les élites du pays, il est accusé de trahison au profit de l'Allemagne nazie et fusillé le 11 juin 1937. Lors de l'inauguration de la statue de Charles de Gaulle à Moscou en mai 2005, on a rappelé une fois de plus le destin croisé de ces deux modernisateurs d'armée, la carrière du maréchal prenant fin lorsque celle du colonel allait prendre son envol.

Sabine DULLIN

• *Voir aussi :* Arme blindée ; Captivité ; Pologne ; Statues et monuments à l'étranger ; URSS

Bibl. : Sophie de Lastours, *Toukhatchevski. Le bâtisseur de l'Armée rouge*, Paris, Albin Michel, 1996 • Lennart Samuelson, *Plans for Stalin's War Machine. Tukhachevskii and Military-Economic Planning, 1925-1941*, Londres, Macmillan, 2000 • Mikhaïl Toukhatchevski, « Voprosy organizatsii armij », *Krasnaja Zvezda*, 23 février 1935, p. 3.

TRAITÉS. – « Les traités, voyez-vous, aurait déclaré sous forme de boutade le général de Gaulle, c'est comme les jeunes filles et comme les roses : ça dure ce que ça dure. »

Comment expliquer cette relative défiance pour ce que le droit international définit comme un « accord destiné à produire des effets de droit, conclu entre deux ou plusieurs sujets du droit international, régi par le droit international » ? Les traités sont en effet l'instrument de toute politique étrangère, et ils constituent en ce sens un moyen pour servir la politique gaullienne de grandeur. Mais ils posent deux problèmes d'ordre différent. Le premier tient à leur nature même. Les traités tendent à insérer la nation dans un ensemble de règles et de normes internationales qui limitent son indépendance : l'article 55 de la Constitution de la Ve République leur donne ainsi, sous certaines conditions, une autorité supérieure à la loi. Par ailleurs, les traités multilatéraux construisent un système international dans lequel la France, désormais puissance de second rang, peut difficilement peser d'un poids suffisant pour imposer sa voix. Le second problème est plus circonstanciel. Il tient au fait que le général de Gaulle, en arrivant au pouvoir, hérite de traités négociés et ratifiés par les gouvernements précédents. Il doit donc construire sa politique internationale dans le cadre d'accords qui, parfois, desservent ses fins, mais dont il est, en tant que président de la République et selon l'article 5 de la Constitution, garant du respect.

La politique gaullienne de grandeur est ainsi marquée par une logique : signer un grand nombre de traités et d'accords internationaux, qui témoignent de la volonté d'assurer le rayonnement de la France sur la scène internationale, mais se défier des traités, tout particulièrement lorsqu'ils ne servent pas l'indépendance de la nation ou menacent de la limiter.

Décolonisation et coopération. Jusqu'en 1962, la politique étrangère de la France est centrée sur la nécessité de mettre fin à la guerre d'Algérie. Cet objectif donne lieu à la conclusion de plusieurs traités. Ainsi, les accords franco-marocain et franco-tunisien des 14 et 17 juin 1958 sur l'évacuation des troupes françaises du Maroc et de la Tunisie, indépendants depuis 1956, constituent une tentative d'apaisement envers des pays qui condamnent une guerre en Algérie dont ils subissent au premier chef les répercussions. Signés le 18 mars 1962, les accords d'Évian mettent fin à cette dernière et comprennent des déclarations de principe relatives aux différents domaines de coopération entre les deux pays. La France reconnaît l'indépendance de l'Algérie le 3 juillet 1962. Le 15 juin 1964, elle évacue l'essentiel de ses troupes stationnées dans le pays, un an avant la date prévue par les accords d'Évian.

Les événements qui suivent la signature de ces accords, et notamment l'exode des Européens d'Algérie, ne permettront pas l'application de toutes leurs clauses, notamment celles visant à protéger les droits des Français vivant en Algérie. Les liens économiques resteront toutefois forts entre les deux pays. Les accords du 29 juillet 1965 sur les hydrocarbures confirment les concessions pétrolières obtenues par la France à Évian, en échange de quoi l'ancienne métropole fournira en cinq ans 2 milliards de francs pour l'aide à l'industrialisation de l'Algérie. Ces accords créent aussi « une association coopérative gérant un domaine minier ». En revanche, la France reconnaît le monopole de l'État algérien sur le gaz naturel, et accepte même de payer le gaz algérien plus cher que le prix du marché. La signature de ces accords correspond à l'arrivée au pouvoir de Houari Boumédiène. De Gaulle regrette le départ d'Ahmed Ben Bella parce que son successeur tient un discours socialiste beaucoup plus radical et agressif à l'égard de la France. Les relations franco-algériennes ne seront dès lors plus des « relations spéciales », ce que symbolise la suppression du secrétariat d'État aux Affaires algériennes en janvier 1966.

Le règlement de la question algérienne permet à la France de redorer son image auprès des pays issus de la décolonisation. Toutefois, depuis le retour au pouvoir du général de Gaulle, une ambitieuse politique de coopération a été entreprise qui débouche sur la signature de nombreux traités de coopération avec les anciennes colonies françaises. Cette politique se met en place sur la base de traités et d'accords bilatéraux mettant l'accent sur le lien privilégié qui unit individuellement chaque nouvel État avec son ancienne métropole. Elle vise à solder le compte de la colonisation et à rendre à la France une place importante sur la scène internationale. Elle participe d'un mouvement plus général qui, pour restaurer la grandeur de la France, tend également à manifester son indépendance, en particulier vis-à-vis des États-Unis, et à refuser la stricte logique d'affrontement des blocs. Avant même la signature des accords d'Évian, et à la suite des indépendances permises par la loi-cadre Defferre, la France signe en 1960 des accords de coopération avec Madagascar le 2 avril, avec le Mali le 4 de ce même mois, et avec le Cameroun le 13 novembre. Le 19 juin 1961, la Mauritanie signe à son tour un accord de coopération. Le 24 avril 1962, après de longues négociations, les quatre États du Conseil de l'entente (Dahomey, Haute-Volta, Niger et Côte-d'Ivoire) signent individuellement avec la France un traité de coopération et neuf accords de coopération et d'assistance. Le 10 juillet 1963, le Togo signe des accords similaires.

Le refus de la logique des blocs. Le souci gaullien d'affirmer l'indépendance et la grandeur françaises s'affirme notamment par une politique de rapprochement avec l'Union soviétique. Celle-ci vise à rehausser le prestige de la France, qui traite sur un pied d'égalité avec l'un des Grands. De surcroît, né au XIXe siècle, de Gaulle est resté marqué par l'importance de l'alliance franco-russe de 1891-1892. C'est cette alliance qu'il avait voulu ranimer en décembre 1944, alors qu'il présidait le GPRF (Gouvernement provisoire de la République française). Revenu au pouvoir, il adopte à nouveau cette stratégie de rapprochement avec l'URSS. Dès le 14 janvier 1959, un accord culturel, scientifique et technique franco-soviétique est signé, témoin de la continuité de l'attitude du Général vis-à-vis de la « Russie éternelle ». Le 12 mai 1965, un protocole d'échanges culturels entre les deux pays est mis en place. Ces accords ne sont certes pas de grande ampleur, mais ils suffisent à marquer l'indépendance de la France vis-à-vis des États-Unis, et sa volonté de mener une politique étrangère qui ne se restreigne pas au « monde libre ».

Développant des liens avec l'Union soviétique, le général de Gaulle tend également à distendre ceux qui lient la France aux États-Unis, en particulier du fait de l'appartenance de la première à l'Organisation du traité de l'Atlantique Nord (OTAN) dont elle a été, le 4 avril 1949 à Washington, l'un des membres fondateurs. Le retrait de la France du commandement intégré de l'OTAN, officialisé le 7 mars 1966, a été précédé d'une série de mesures qui préparaient cette décision, sans toutefois, dans un premier temps au moins, brusquer ses alliés. En avril 1959 a été signé un accord bilatéral réglant la collaboration des forces navales françaises avec celles de l'OTAN et qui excluait toute subordination navale. Cet accord servit de base aux relations entre commandement naval français et OTAN. On retrouve ici la préférence du Général pour les accords bilatéraux par rapport aux traités multilatéraux, car les premiers lui permettent de maintenir la souveraineté pleine et entière de la France dans des secteurs clés comme la défense et la politique étrangère.

Le 7 mars 1966, le président français écrit au président Lyndon B. Johnson que la France « se propose de recouvrer sur son territoire l'entier exercice de sa souveraineté, actuellement entamée par la présence permanente d'éléments militaires alliés ou par l'utilisation habituelle qui est faite de son ciel, de cesser sa participation aux commandements intégrés et de ne plus mettre de forces à la disposition de l'OTAN ». Il s'agit donc bien d'une question de souveraineté, altérée par l'engagement dans une organisation multilatérale contraignante, et dirigée par les États-Unis. De Gaulle souhaite en effet que les négociations quant aux modalités du retrait de la France de l'organisation se fassent de manière bilatérale, et non multilatérale comme le souhaiteraient les alliés. Finalement, la participation de la France à l'OTAN laissera place à la conclusion d'accords bilatéraux. Avec l'Allemagne d'abord, un accord signé le 21 décembre 1966 permet de régler les modalités de stationnement des troupes françaises en Allemagne fédérale. Avec les États-Unis ensuite, les accords Ailleret-Lemnitzer du 22 août 1967 règlent les modalités de coopération entre la France et l'OTAN. La première accepte de placer ses forces, en cas de bataille, sous les ordres du commandement allié du groupe d'armées Centre, mais seulement si le gouvernement français a pris la décision d'intervenir militairement. Ainsi, de Gaulle réussit à dégager la France de ses obligations multilatérales, mais conserve l'essentiel de ses engagements pour la défense européenne sous la forme de traités bilatéraux, plus conformes à sa conception de l'indépendance et de la souveraineté de la France.

Cette nécessité de préserver la souveraineté française s'exprime bien évidemment dans le programme nucléaire militaire français. Ainsi, la France ne signera pas le grand traité multilatéral qui inaugurera l'ère de la « coexistence pacifique » en août 1963. Le traité de Moscou sur l'interdiction des essais nucléaires dans l'atmosphère – *Limited Test Ban Treaty* – va en effet à l'encontre de ses intérêts alors qu'elle est en pleine phase d'expérimentation d'armes atomiques. Toutefois, il est important de préciser que, même si la France ne signe pas ce traité, elle a néanmoins renoncé dès le mois de mai à procéder à des tests dans l'atmosphère en Algérie. La même volonté d'affirmer l'indépendance et la souveraineté de la France conduira celle-ci à ne pas signer le traité de non-prolifération nucléaire de 1968, d'autant plus que le Général ne croyait pas à la sincérité des bons sentiments affichés par les deux Grands en matière de désarmement.

La volonté d'indépendance du général de Gaulle le pousse ainsi à manifester une certaine réticence envers les traités multilatéraux, jugés trop contraignants, et à leur préférer les traités bilatéraux qui permettent aux nations de traiter d'égal à égal. Pourtant, c'est sous sa présidence que se mettent en place les structures européennes, dont la dimension multilatérale est sinon prépondérante, du moins indéniable.

La construction européenne. Lorsque de Gaulle revient au pouvoir en 1958, la France vient de signer en 1957 les traités de Rome qui l'engagent dans la création d'un Marché commun européen. Si la préparation et la signature de ces traités furent assurément l'œuvre des hommes de la IVe République, c'est à Charles de Gaulle qu'en est revenue la mise en œuvre. Celui-ci n'a pas pu ne pas se sentir bridé par ces traités à connotation intégrationniste. Aussi, le 19 octobre 1961, la France propose-t-elle un projet de traité instituant une « union des États » entre les Six, baptisé « plan Fouchet ». L'objectif du Général était d'abord de créer une véritable « Europe européenne », indépendante des États-Unis et fermée à leur plus proche allié, la Grande-Bretagne. Il était plus encore de mettre au pas la Commission européenne. Mais la France est bien trop isolée dans cette position assez radicale, et son projet se solde par un échec définitif le 17 avril 1962.

De Gaulle tente de pallier cet échec en signant avec le chancelier Konrad Adenauer le traité de l'Élysée du 23 janvier 1963, dans lequel il s'est beaucoup plus investi personnellement que dans le plan Fouchet. Mais, si celui-ci a eu un important retentissement, car il est en quelque sorte l'acte de naissance du couple franco-allemand, il ne sera pas, comme le souhaitait le Général, la première pierre de l'Europe européenne, le préambule que lui ajoutent les députés du Bundestag l'ayant vidé de toute sa portée anti-anglo-saxonne.

En obtenant, après de longs mois de « chaise vide » dans les institutions européennes, le « compromis du Luxembourg » le 30 janvier 1966, il impose un coup d'arrêt à la logique fédérale que certains, autour de Jean Monnet notamment, tentaient de mettre en place. La Communauté européenne reste une union d'États souverains. En ce sens, le général de Gaulle parvient sinon à imposer sa vision de l'Europe, du moins à faire en sorte que le traité de Rome dont il avait hérité ne donne pas naissance à une Europe contraire à sa vision.

Les traités négociés et signés, mais aussi dénoncés, par la France durant la présidence du général de Gaulle témoignent des grands axes de la politique étrangère suivie par ce dernier. Ils rappellent l'importance de cette politique dans la vision gaullienne d'une France recouvrant sa grandeur et sa pleine souveraineté. Ils soulignent l'attention portée par le Général à la décolonisation et à la coopération avec les anciennes colonies, mais également au refus de la logique des blocs, et enfin à la construction européenne.

Pourtant, le général de Gaulle eut une attitude ambiguë à leur égard. Il en usa, certes, comme d'un instrument indispensable, destiné à assurer à la France la place qu'elle méritait sur la scène internationale. Dans le même temps, il sembla s'en défier dans la mesure où ils liaient la France, parfois en fonction d'objectifs poursuivis par les gouvernements précédents et désormais caducs, et restreignaient son indépendance. Par conséquent, de Gaulle hésita rarement à dénoncer les traités qu'il jugeait inacceptables du fait des évolutions des réalités internationales ou bien de ses objectifs spécifiques. D'où sa réticence certaine face aux traités multilatéraux, qui tendent à favoriser l'émergence de systèmes supranationaux dans lesquels la France, du fait du recul de sa puissance, peine à faire entendre sa voix, et risque de voir s'éroder sa souveraineté. L'exemple européen permet toutefois de saisir que le Général parvenait à s'accommoder de traités multilatéraux hérités de la IVe République lorsqu'il pouvait les faire fonctionner en accord avec ses conceptions relatives à l'intérêt de la France. Parce que dans l'Europe des Six la voix de la France pouvait porter, de Gaulle a réussi à imposer tout à la fois son refus du supranationalisme et son attachement à une Europe non alignée sur les États-Unis. Le traité de Rome, dès lors, ne menaçait pas les conditions de la grandeur et de l'indépendance de la France telles que les concevait le fondateur de la Ve République. Marjolaine Boutet

• *Voir aussi* : Décolonisation ; Détente-Entente-Coopération ; Marché commun ; Nucléaire (dissuasion) ; Politique étrangère

Bibl. : Maurice Vaïsse, *La Grandeur. Politique étrangère du général de Gaulle, 1958-1969*, Paris, Fayard, 1998.

TRAITÉ FRANCO-SOVIÉTIQUE (10 décembre 1944). – Quand le général de Gaulle se rendit en URSS en décembre 1944 – on était encore en pleine guerre –, ses objectifs étaient clairs : rétablir le rôle international de la France au niveau des grandes puissances, obtenir des garanties très sérieuses à propos de l'Allemagne, que tout le monde considérait à l'époque comme une menace potentielle pour l'avenir, malgré sa défaite désormais inéluctable. Ne s'était-elle pas relevée très rapidement après 1918 ?

Pour de Gaulle, seule l'URSS serait réellement disposée à soutenir la France contre l'Allemagne, à cause de l'expérience historique similaire qu'avaient les deux pays des invasions et des occupations germaniques. Les Anglo-Saxons, comme après 1919 et pour les mêmes raisons tenant à leurs intérêts économiques, seraient au contraire désireux de relever l'ancien Reich. En outre, la Grande-Bretagne était plutôt une rivale de la France, en particulier au Moyen-Orient. Quant aux États-Unis, de Gaulle était persuadé qu'ils retourneraient à la périphérie de l'Europe et que l'on ne pourrait pas compter sur eux pour contrôler l'Allemagne.

Le traité franco-soviétique, accueilli avec une satisfaction quasi unanime en France à l'époque, a fait par la suite l'objet de nombreuses critiques, en particulier dans certains milieux peu favorables au gaullisme. Mais il est faux de penser que le Général comptait bâtir la sécurité de la France d'après guerre uniquement sur l'alliance avec Moscou. Dans le système de sécurité à trois étages qu'il envisageait, le premier étage serait certes franco-soviétique, mais le deuxième, dans son esprit, serait une alliance avec Londres, et le troisième l'ONU, assurant l'engagement des États-Unis dans la sécurité en Europe.

Certes, l'URSS était communiste, et de Gaulle rejetait bien sûr son idéologie. En même temps, il estimait que celle-ci était surtout le camouflage d'intérêts russes très traditionnels et que la France éternelle pouvait sur le plan géostratégique s'entendre avec la Russie de toujours, malgré les différences politiques. Ce qui comptait, c'était la fraternité d'armes face à l'Allemagne nazie, symbolisée par l'escadrille franco-soviétique *Normandie-Niémen*. Par ailleurs, l'URSS était populaire dans la France de la Libération, des communistes participaient au gouvernement provisoire que présidait de Gaulle, et, sur le plan de la politique intérieure aussi, son voyage à Moscou était utile. N'avait-il pas amnistié Maurice Thorez, le chef du PCF condamné pour désertion en 1939, juste avant son départ ?

Que voulait de Gaulle ? Un traité d'alliance franco-soviétique aussi solide que l'alliance franco-russe d'avant 1914 ; un appui de Staline pour ses projets allemands : le détachement de la Ruhr et de la Rhénanie du Reich, le contrôle international pour la première, le contrôle par la France pour la seconde et le rattachement de la Sarre à la France. Ainsi, tout danger allemand serait écarté pour l'avenir.

Mais Staline n'accordait pas la priorité à la France ; ce réaliste connaissait sa faiblesse. À ce moment-là – avant la conférence de Yalta du mois de février 1945 –, il ne voulait nullement rompre avec les Anglo-Saxons. Or ceux-ci ne voulaient pas des projets français concernant l'Allemagne, ils ne voulaient pas nourrir le nationalisme allemand après la guerre. Et Winston Churchill, très inquiet des arrière-pensées soviétiques, se méfiait du flirt franco-soviétique : d'où sa proposition, transmise soudainement à Staline pendant le séjour de De Gaulle, d'un pacte tripartite incluant la Grande-Bretagne, afin de rompre le tête-à-tête franco-soviétique. D'autre part, la priorité pour Staline en Europe occidentale allait déjà à l'Allemagne : il misait sur le nationalisme allemand pour faire entrer l'ancien Reich dans la zone d'influence soviétique et pour le communiser, et il n'allait pas favoriser les projets de De Gaulle.

En revanche, il était prêt à accepter un pacte franco-soviétique d'alliance et d'assistance mutuelle vigoureux, qui entrait dans son projet de constituer un réseau européen de traités bilatéraux centrés sur Moscou. Pacte qui éviterait que la France ne forme un « bloc occidental » – sa hantise – ou ne tombe dans la sphère d'influence américaine. À ses yeux, c'était au contraire dans la sphère d'influence soviétique que le pacte ferait entrer la France. Cela pourrait même un jour déboucher sur la communisation de la France : cette perspective n'était pas prioritaire, mais nullement exclue pour le long terme. Et dans l'immédiat, une entente avec la France, protectrice traditionnelle de la Pologne, pourrait être très utile pour faire comprendre aux Polonais, fort hostiles, qu'ils n'avaient rien d'autre à faire qu'à s'orienter vers l'URSS.

D'où le marché que Staline proposa à de Gaulle : l'URSS accepterait de conclure un pacte avec la France si en échange celle-ci reconnaissait le Comité de Lublin, mis en place par les Soviétiques en juillet 1944 comme un gouvernement polonais provisoire, opposé au gouvernement polonais en exil à Londres et dominé par les communistes.

De Gaulle était parfaitement conscient de la gravité de la chose : c'était l'avenir de la Pologne et de l'Europe orientale qui était en jeu, et il ne se faisait aucune illusion sur les méthodes de Staline en Pologne. Il n'accepta donc pas une reconnaissance en bonne et due forme, que les Soviétiques réclamèrent avec acharnement jusqu'aux petites heures du 10 décembre, mais dut néanmoins accepter un échange de représentants entre le Comité de Lublin et la France. Cela revenait à une reconnaissance *de facto* du Comité et donc de la Pologne communiste, la première qui soit intervenue sur le plan international. C'était grave, mais la perspective de conclure le pacte franco-soviétique dominait tout.

Mais rapidement, des deux côtés, les

désillusions l'emportèrent : Staline comprit très vite que la France n'entrerait pas dans son système, et dès l'été 1945 de Gaulle s'inquiéta des objectifs expansionnistes de Staline en Europe et au Moyen-Orient. Le pacte n'eut pas les effets importants que l'on en avait espéré de part et d'autre. Georges-Henri SOUTOU

• *Voir aussi* : GPRF (œuvre extérieure du) ; Légende noire ; Pologne ; URSS

Bibl. : Georges-Henri Soutou, « Le général de Gaulle et l'URSS, 1943-1945 : idéologie ou équilibre européen », *Revue d'histoire diplomatique*, n° 4, 1994.

TRAITÉ DE L'ÉLYSÉE (22 janvier 1963). – Au cours de l'été 1962, le général de Gaulle et le chancelier Adenauer décidèrent de reprendre sur une base purement franco-allemande les principes du plan Fouchet, c'est-à-dire une coopération interétatique étendue aux domaines de la politique extérieure et de la défense. Tout se noua lors de la visite officielle du chancelier à Paris en juillet 1962, à laquelle de Gaulle voulut donner beaucoup de solennité, et lors de la visite de De Gaulle en RFA en septembre, qui fut un triomphe. Au départ, on avait envisagé une simple déclaration ; progressivement, et largement à l'initiative de Bonn, on passa à un projet de traité, qui fut signé le 22 janvier 1963 à l'occasion de la venue à Paris du chancelier allemand.

Outre la création d'un Office franco-allemand de la Jeunesse et la mise en place d'une commission interministérielle dans chacun des deux pays, chargée de suivre la coopération bilatérale, le traité prévoyait que les chefs d'État ou de gouvernement se rencontreraient au moins deux fois par an. Les ministres des Affaires étrangères et de la Défense au moins une fois tous les trois mois, les chefs d'état-major au moins tous les deux mois. Une coopération étendue en matière de politique extérieure, « en vue de parvenir, autant que possible, à une position analogue » sur tous les problèmes d'intérêt commun, était prévue. D'autre part, le traité de l'Élysée comportait en matière de défense un volet important. Le préambule constatait « la solidarité qui unit les deux peuples [...] au point de vue de leur sécurité ». Outre des échanges de personnel et un travail en commun en matière d'armements dès le stade d'élaboration des projets, le traité prévoyait l'élaboration de conceptions stratégiques communes.

Les motivations sont claires : Konrad Adenauer veut sceller la réconciliation franco-allemande, l'œuvre de sa vie, et trouver une réassurance face à la tendance du président Kennedy à négocier avec les Soviétiques, en faisant passer au second plan les intérêts européens et allemands. De Gaulle veut lui aussi enraciner la réconciliation, mais reprendre à deux – pour le moment, il ne renonce pas à l'espoir de pouvoir revenir à Six – les conceptions du plan Fouchet : une coopération interétatique en Europe occidentale permettant à celle-ci de s'affirmer et de devenir plus indépendante des États-Unis, mais mettant également la France en mesure de renforcer son rôle international en échappant à l'intégration européenne et en rééquilibrant l'Alliance atlantique.

Le traité de l'Élysée solennisa et enracina sans aucun doute la réconciliation en profondeur survenue au début des années 1960 entre les deux peuples. Il mit en place un processus de consultations régulières au niveau gouvernemental et au niveau des deux administrations qui n'a plus cessé depuis. L'Office franco-allemand de la Jeunesse fut un grand succès. Mais le traité ne permit pas de réaliser une véritable union franco-allemande au plan international, comme l'auraient voulu ses auteurs. Dès sa ratification à Bonn en mai 1963, à cause d'un préambule ajouté par le Bundestag, sa portée fut limitée. En effet, les cercles dirigeants allemands, socialistes, libéraux mais aussi souvent démocrates-chrétiens, comprirent parfaitement les arrière-pensées de De Gaulle, très clairement perceptibles dans la fameuse conférence de presse du 14 janvier 1963, et ne pouvaient pas accepter une construction qui compromettait les liens de la RFA avec l'Angleterre et les États-Unis, au profit d'un pays malgré tout secondaire à leurs yeux et qui ne pouvait leur apporter ni les mêmes garanties de sécurité, ni le même espace économique. Les successeurs d'Adenauer (qui se retira en octobre 1963) refusèrent de choisir Paris contre Washington.

Les dispositions stratégiques du traité restèrent largement lettre morte. Il faudra attendre les circonstances toutes différentes des années 1980 pour que le traité de l'Élysée développe toutes ses virtualités, notamment en matière de défense.

Georges-Henri Soutou

• *Voir aussi* : Allemagne ; Europe ; Plan Fouchet ; Politique étrangère ; Voyage en Allemagne

Bibl. : Jacques Bariéty, « De Gaulle, Adenauer et la genèse du traité de l'Élysée du 22 janvier 1963 », dans Institut Charles-de-Gaulle, *De Gaulle en son siècle*, t. 5, *L'Europe*, Paris, Plon, 1992 • Pierre Maillard, *De Gaulle et le problème allemand*, Paris, François-Xavier de Guibert, 2001 • Georges-Henri Soutou, *L'Alliance incertaine. Les rapports politico-stratégiques franco-allemands, 1954-1996*, Paris, Fayard, 1996.

TRAVERSÉE DU DÉSERT (1954-1958). – Dans la geste gaullienne, la traversée du désert constitue la page la moins héroïque, à peine évoquée dans les Mémoires du général de Gaulle, qualifiée d'« oubli » ou d'« exil intérieur » dans les souvenirs des gaullistes André Astoux et Jacques Baumel. Si pour tous, gaullistes comme historiens, la traversée du désert évoque un temps intermédiaire entre les heures glorieuses de la Résistance et de la Libération d'une part et la Ve République d'autre part, ses limites chronologiques et sa signification varient selon les auteurs.

Définitions. Au sens très large, la traversée du désert peut être considérée comme la période allant du départ du général de Gaulle le 20 janvier 1946 à son retour au pouvoir le 1er juin 1958. D'autres approches sont plus restrictives. « Pour l'opinion publique, en tout cas pour l'opinion des gaullistes, la traversée du désert, c'est l'expression consacrée pour parler de la période qui va de l'élection de 1951 à mai 1958 », explique Olivier Guichard. Antérieurement, Jacques Baumel proposait une délimitation plus étroite encore : « six années qui débutent avec l'échec des élections municipales en 1953 (et le retrait du RPF de la vie parlementaire), et s'achèvent avec le retour au pouvoir du Général en 1958 ». Les historiens retiennent de plus en plus une périodisation courte pour la traversée du désert car l'historiographie récente du RPF a montré que de Gaulle s'est fortement investi, au moins jusqu'en 1953, dans l'activité du mouvement politique fondé par lui en 1947 et que le RPF a continué à jouer un rôle politique jusqu'à sa mise en sommeil en 1955. Au sens étroit, la traversée du désert peut même correspondre aux trois ans qui séparent la fin du RPF (septembre 1955) et le retour au pouvoir (juin 1958).

Les images du « désert » sont d'ailleurs contrastées. À la « longue marche dans la nuit des gaullistes au milieu de l'indifférence générale, avec ses désertions, ses reniements, ses dérobades et la solitude de plus en plus accentuée du général de Gaulle » évoquée par Jacques Debû-Bridel s'oppose la vision moins sinistre de Guichard à propos du 5, rue de Solférino – siège du Rassemblement – dans la seconde moitié des années 1950 : « sans être une ruche [...] ce n'était pas une nécropole », et l'analyse de Jean Lacouture évoquant « un désert peuplé, actif, et en fin de compte fertile ».

Le silence du général de Gaulle est sans doute un des signes les plus emblématiques de la traversée du désert. Entre le temps du « général Micro » durant la guerre et le temps des allocutions télévisées dans les années 1960, la traversée du désert est d'abord le temps du silence radiophonique commencé dès avril 1947 sur ordre de Ramadier. Comme l'a montré Hélène Eck, si la décision du président du Conseil est prise *ad hominem* au moment où de Gaulle fonde le RPF, elle s'étend à l'ensemble des personnalités politiques, à l'exception du président de la République et du président du Conseil, ainsi qu'aux périodes de campagne électorale (de Gaulle peut intervenir à la radio le 8 juin 1951), et se montre durable. À partir du retrait du RPF de la vie électorale et parlementaire en mai 1953, les communications publiques du général de Gaulle se font plus rares : onze jusqu'à la mise en sommeil complète du RPF en septembre 1955, avec parmi elles trois conférences de presse et trois communiqués (deux pour dire son éloignement et un pour s'opposer à la Communauté européenne de défense). Elles deviennent exceptionnelles entre septembre 1955 et le 15 mai 1958, soit trois seulement, dont le communiqué du 12 septembre 1957 : « Les propos attribués parfois dans la presse au général de Gaulle par certains de ses visiteurs [...] n'engagent que ceux qui les lui prêtent. [...] Quand le général de Gaulle croit utile de faire connaître à l'opinion ce qu'il pense, on sait qu'il le fait lui-même et publiquement. Cela s'applique, notamment, au sujet de l'Algérie. »

Une traversée très active. La traversée du désert ne peut être assimilée totalement au silence et encore moins à l'inactivité pour de Gaulle. Les années 1953-1958 sont celles de l'écriture, des voyages dans la France d'outre-mer et des rendez-vous accordés à des personnalités mais aussi à de simples compagnons. Retiré à Colombey-les-Deux-Églises, de Gaulle répond aux très nombreux courriers qu'il reçoit et rédige ses *Mémoires de guerre* dont les deux premiers tomes sont publiés avant son retour au pouvoir, l'un le 22 octobre 1954 et l'autre le 8 juin 1956. Il continue à voyager mais en prenant ses distances avec la France métropolitaine, longuement parcourue au temps du RPF, et en complétant sa connaissance de « la plus grande France » par des périples de plusieurs semaines dans l'Union française. Ainsi, après avoir voyagé en Afrique en mars 1953, il se rend dans les terres françaises de l'océan Indien en octobre 1953, aux Antilles et dans le Pacifique en août-septembre 1956 et enfin au Sahara, une semaine en mars 1957.

En plus de ces grands voyages, de Gaulle quitte presque chaque semaine Colombey-les-Deux-Églises pour se rendre à Paris, le plus souvent pour deux jours. S'il reçoit peu à La Boisserie, c'est à Paris, à l'hôtel La Pérouse et surtout au siège du Rassemblement, 5, rue de Solférino, que ses visiteurs le trouvent. Le nombre de rendez-vous a varié, d'une vingtaine à une soixantaine par mois ; des creux (fin 1955, décembre 1956, avril 1957, août-septembre 1957) alternent avec des pics (avril-mai 1956, octobre 1956, janvier 1957, mai 1957 et mars 1958). Cette chronologie des visites s'explique en grande partie par le contexte intérieur et plus encore par les événements d'Algérie et l'évolution des relations internationales. Entre septembre 1955 et le 15 mai 1958, de Gaulle a reçu environ 550 personnes, ce qui corrige l'image de « rares visiteurs ». Cependant, il est impossible de faire la part des visites sollicitées et des visites organisées par le cabinet du Général, comme l'a raconté Guichard. Les « compagnons » représentent un quart des visiteurs : parmi eux, des personnalités gaullistes (beaucoup de parlementaires), des membres de l'entourage au temps de la France libre ou du GPRF mais aussi des cadres locaux du RPF. Après les « compagnons », le groupe des visiteurs le plus fourni est constitué par les militaires, puis viennent les diplomates, des journalistes et plus rarement des hauts fonctionnaires, des patrons, des écrivains et artistes. De Gaulle reçoit des personnalités politiques issues de divers partis : des indépendants (Roger Duchet), des radicaux (Pierre Mendès France, René Mayer, Jean Berthoin, Georges Bonnet), des républicains populaires (Robert Buron, Pierre de Chevigné, Maurice Schumann), des socialistes (Christian Pineau, Robert Lacoste, Alain Savary, André Philip, André Boulloche) mais aussi Pierre Poujade et l'ancien dirigeant communiste, Auguste Lecœur. Parmi les personnalités politiques non issues du RPF et fréquemment reçues figure Léo Hamon. Rares sont les visiteurs étrangers : ce sont surtout des ambassadeurs et des journalistes anglo-saxons, dont Walter Lippmann, Harold King et Cyrus Sulzberger. Parmi tous les visiteurs, une soixantaine apparaissent plus proches, reçus plus de quatre fois. En dehors des collaborateurs immédiats (Jacques Foccart, Olivier Guichard et Xavier de Beaulaincourt), de Gaulle voit beaucoup – par ordre décroissant – un premier groupe de gaullistes constitué par Gaston Palewski, le général Koenig, Georges Pompidou et Edmond Michelet, puis assez souvent l'amiral Thierry d'Argenlieu, Michel Debré, Christian Fouchet, Jacques Soustelle et enfin, plus rarement, Henry Torrès, Louis Vallon, Pierre Bénouville, Louis Terrenoire, Claude Guy, Pierre Lebon, André Malraux, Jean-Paul Palewski, René Capitant, Léon Noël, Pierre Ruais, Jean-Yves Chapalain, Marcel Dassault, Pierre Lefranc. Ce ne sont pas ceux qui ont le plus raconté leurs rencontres avec de Gaulle (Terrenoire, Noël, Debû-Bridel) qui l'ont vu le plus régulièrement ! Si certains des gaullistes les plus engagés dans la IVe République (Chaban-Delmas, Triboulet, Frey) sont peu reçus, d'autres comme Koenig, Debré, Fouchet et Soustelle font partie des « compagnons » les plus fréquemment rencontrés.

Le nombre et la variété des visiteurs du général de Gaulle entre 1953 et 1958 lui ont permis de rester constamment informé, d'interroger, de rappeler ses convictions, d'exprimer son sentiment sur le passé comme sur l'avenir. Selon les moments et en fonction des visiteurs, de Gaulle a pu tenir des propos très différents, aller de l'espoir au découragement. S'il a souvent manifesté un réel pessimisme quant à son éventuel retour au pouvoir, il a aussi provoqué ses interlocuteurs afin d'écouter leur propre sentiment et apprécier la valeur de leur analyse. La traversée du désert obéit-elle alors à une « stratégie du silence », comme l'écrit Brigitte Gaïti : « De Gaulle apparaît en quelque sorte comme une figure extraordinaire, vierge d'engagements politiques récents, tout à la fois disponible et inoffensif. L'effacement des stigmates politiques peut être compris comme le produit d'une stratégie charismatique : elle passe par la mise en scène de l'exil, de la solitude, du désintérêt, du détachement de l'ensemble des acteurs politiques, y compris les fidèles » ? La formule ne correspond que partiellement à la réalité car elle amplifie le silence et donne *a posteriori* une cohérence excessive à la vie du général de Gaulle entre 1953 et 1958.

Bernard LACHAISE

• *Voir aussi :* Colombey-les-Deux-Églises ; La Pérouse ; Mémoires de guerre ; Retour de 1958 ; Solférino (5, rue de)

Bibl. : Jean Charlot, *Le Gaullisme d'opposition, 1946-1958*, Paris, Fayard, 1983 • Brigitte Gaïti, *De Gaulle prophète de la Cinquième République, 1946-1962*, Paris, Presses de Sciences-Po, 1998 • Bernard Lachaise, « Les visiteurs du général de Gaulle au 5 rue de Solférino au temps de la traversée du désert, septembre 1955-mai 1958 », *Espoir*, nº 131, juin 2002, p. 25-30.

TRIBOULET, Raymond (1906-2006). – Raymond Triboulet aimait rappeler qu'il avait été un modeste caillou pavant la route du Général à des moments clés. Il fut en tout cas une illustration de la diversité du gaullisme.

Propriétaire et exploitant agricole, écrivain, journaliste de la presse dorgériste dans les années 1930, marqué par l'influence maurrassienne, il n'en invoque pas moins, dans sa candidature de 1936, le radical indépendant Henri Franklin-Bouillon, grand patriote et militant précurseur d'un rassemblement au-dessus des partis. Prisonnier en juin 1940 après une campagne militaire courageuse, rapatrié pour raison de santé, Triboulet s'engage dans la Résistance au côté de son ami Jacques Lecompte-Boinet, dirigeant du mouvement Ceux de la Résistance (CDLR). Premier sous-préfet de la France libérée, il incarne à Bayeux, sous l'autorité du commissaire de la République en mission François Coulet, la légitimité républicaine substituée à l'administration de Vichy. Mais il a toujours démenti la légende selon laquelle il se serait trouvé dans la ville pour accueillir le général de Gaulle le 14 juin 1944.

Élu député républicain indépendant en novembre 1946, membre de l'intergroupe RPF, Raymond Triboulet est réélu sous cette étiquette en 1951 puis comme républicain social en 1956. Parlementaire actif et nuancé, membre de l'Union parlementaire européenne de Richard Coudenhove-Kalergi, il est ministre de Pierre Mendès France puis d'Edgar Faure. Il n'en reste pas moins un militant du gaullisme. Sa proposition de loi en faveur d'un exécutif européen, déposée en 1951, est inspirée et corrigée par le Général. En décembre 1953, il contribue à orienter les députés et sénateurs républicains sociaux en faveur de René Coty, favorisant ainsi l'élection à la présidence de la République d'un indépendant bien disposé à l'égard de l'ancien chef de la France libre. Le 16 mai 1958, son intervention à la tribune de l'Assemblée nationale provoque la réaction de Guy Mollet invitant de Gaulle à préciser ses vues républicaines, premier pas vers un possible retour au pouvoir du Général.

De 1959 à 1966, Triboulet est ministre des Anciens combattants puis de la Coopération. La haute conception qu'il a de sa seconde mission achoppe devant l'impérialisme du Quai d'Orsay. Après 1962, ce fidèle parmi les fidèles s'autorise à critiquer la pratique de Georges Pompidou, qu'il estime moins respectueux des prérogatives parlementaires que l'ancien sénateur Michel Debré. De nouveau député de 1967 à 1973, il préside le groupe gaulliste UDE (Union démocratique européenne) à l'Assemblée européenne. En 1979, il est élu à l'Académie des sciences morales et politiques. Jean-Paul THOMAS

• *Voir aussi* : Coopération ; Coulet, François

Bibl. : Raymond Triboulet, *Un gaulliste de la IVe*, Paris, Plon, 1985 • Id., *Un ministre du Général*, Paris, Plon, 1986.

TRICOT, Bernard (1920-2000). – Troisième et dernier secrétaire général de la présidence de la République durant le mandat du général de Gaulle, Bernard Tricot fut amené à vivre de près les deux dernières années de la présidence gaullienne, y compris la crise de mai-juin 1968. Mais c'est surtout son rôle dans le règlement de la crise algérienne qui mérite de retenir ici l'attention. Fils d'un dentiste d'Aurillac, Bernard Tricot, passé par la voie royale du droit et de Sciences-Po, prépara pendant la guerre le concours d'entrée au Conseil d'État, qu'il réussit en avril 1945. Il n'était pas gaulliste : il participa, en 1948, au cabinet du président du Conseil André Marie, pur produit du « système ». Il avoue n'avoir jamais voté pour le RPF (Rassemblement du peuple français). Après avoir occupé diverses fonctions administratives et juridictionnelles, notamment à la commission des dommages de guerre, il devint en 1954 conseiller juridique du gouvernement tunisien. À ce titre, il fut chargé d'imaginer les modalités de l'autonomie du pays, promise la même année par Pierre Mendès France et confirmée par son successeur Edgar Faure. En juin 1958, fort de cette expérience et des conclusions libérales qu'il en avait tirées, il fut choisi comme directeur de cabinet par René Brouillet, nommé secrétaire général pour les Affaires algériennes. Tricot suivit ensuite le général de Gaulle à l'Élysée, en tant que conseiller technique chargé des questions constitutionnelles et algériennes.

À ce titre, sous l'autorité du secrétaire général Geoffroy Chodron de Courcel, il fut l'un des principaux protagonistes du dossier algérien, au moins jusqu'à la nomination, en novembre 1960, d'un ministre chargé du suivi de ces questions, Louis Joxe. Sa rigueur, son efficacité et sa discrétion en firent un conseiller écouté du chef de l'État, au diapason de la ligne libérale qu'à l'en croire ce dernier avait d'emblée arrêtée. Dans la meilleure tradition de la haute fonction publique, c'est par l'invention de mécanismes institutionnels subtils, et sans jamais remettre en cause la hiérarchie gouvernementale, que Bernard Tricot sut faire avancer ses projets : on lui doit la création en février 1960, après la semaine des Barricades, du Comité des affaires algériennes, instance décisionnelle dans laquelle le président de la République annonçait ses choix, en y associant formellement le Premier ministre d'alors, Michel Debré. Bernard Tricot connaissait bien les équipes dirigeantes du FLN (Front de libération nationale) pour avoir négocié à plusieurs reprises avec elles en 1961-1962. De mars à juillet 1962, pendant les mois qui séparèrent la signature des accords d'Évian de l'indépendance de l'Algérie, il fut l'adjoint de Christian Fouchet, haut-commissaire de France en Algérie : période difficile durant laquelle pression du FLN et exactions de l'OAS (Organisation armée secrète) se combinèrent pour réduire à néant les clauses des accords qui devaient permettre le maintien sur leur terre des Français d'Algérie. De retour à Paris, il ne fut pas nommé secrétaire général du gouvernement, comme il l'espérait (le poste échut à Jean Donnedieu de Vabres, jusque-là directeur du cabinet du nouveau Premier ministre, Georges Pompidou), mais secrétaire général pour l'administration du ministère des Armées aux côtés de Pierre Messmer.

Le général de Gaulle l'appela à nouveau auprès de lui, comme secrétaire général de la présidence de la République, en juillet 1967. Les témoignages précieux qu'il a donnés de cette époque à plusieurs reprises – il fut un fidèle gardien de la mémoire du gaullisme, s'impliquant fortement au sein de l'Institut Charles-de-Gaulle – mettent en évidence les mécanismes de présidentialisation du régime, par exemple la tenue répétée de conseils restreints. Ils soulignent également l'influence réelle, même si elle restait discrète, des équipes entourant le chef de l'État : ainsi, en matière d'enseignement supérieur, fallut-il tout le métier et la volonté politiques dont ne manquait pas Edgar Faure pour imposer des réformes jugées beaucoup trop libérales à l'Élysée.

Le temps des vaches maigres vint avec l'élection à la présidence de la République de Georges Pompidou, qui ne pardonnait pas à son ancien collègue du Conseil d'État de ne l'avoir en rien soutenu lors de la ténébreuse affaire Markovic. Revenu au Palais-Royal, l'ancien bras droit du Général dut se contenter d'y présider une sous-section du contentieux, puis la section du rapport et des études. Valéry Giscard d'Estaing répara tardivement cette injustice, en le nommant en 1980 président de la Commission des opérations de bourse (COB). On reparla de Bernard Tricot quelques années plus tard, lorsqu'il accepta, à la demande de Laurent Fabius, de tenter d'y voir clair dans l'affaire du *Rainbow Warrior* : trop confiant dans la sincérité de ses interlocuteurs, il rendit en quelques semaines un rapport qui exonérait le pouvoir politique de la moindre responsabilité dans l'affaire. Lorsqu'il s'aperçut que son indéfectible loyauté envers l'État avait été si mal payée de retour, ce grand fonctionnaire ne put s'empêcher de ressentir une certaine amertume.

Marc Olivier BARUCH

• *Voir aussi* : Algérie (guerre d') ; Entourages ; Évian ; Hauts fonctionnaires (1958-1969)

Bibl. : *De Gaulle et le service de l'État*, Paris, Plon, 1977 • Bernard Tricot, *Les Sentiers de la paix, Algérie 1958-1962*, Paris, Plon, 1972 • Id., *Mémoires*, Paris, Quai Voltaire, 1994.

TROIS ÉTUDES. – En 1945, les éditions Plon rassemblent en un volume trois études de Charles de Gaulle. Rédigées entre 1925 et 1935 et liées aux affectations de leur auteur, elles répondent à un même souci : quelle politique militaire pour la France ? Quand paraît « Rôle historique des places françaises » dans la *Revue militaire française* du 1er décembre 1925, le haut commandement est divisé : aux partisans de l'inviolabilité du territoire reposant sur un système défensif de Bâle à la mer du Nord s'opposent ceux pour qui la fortification doit avoir pour seul objectif de couvrir la mobilisation de l'armée. Le capitaine de Gaulle vient d'être affecté au cabinet du maréchal Pétain, inspirateur de la première option. Son étude souligne la vulnérabilité de la frontière du Nord-Est, critique, au passage, la politique d'avant 1914 « qui ne voulait plus voir dans les places qu'un appoint à la couverture de notre concentration et qu'un pivot de manœuvres offensives... » et conclut : « La fortification de son territoire est, pour la France, une nécessité nationale permanente. »

Dans la même revue, le 1er janvier 1934, paraît « Mobilisation économique à l'étranger ». De Gaulle est chargé, au secrétariat général de la Défense nationale, d'un « serpent de mer », un projet de loi sur l'organisation de la nation en temps de guerre qui, déposé en 1923, s'est épuisé en navettes parlementaires et ne sera finalement adopté qu'en juillet 1938. De Gaulle décrit ce qui est déjà réalisé dans des États aussi différents par leur taille ou leur régime politique que les États-Unis, l'Italie et la Belgique. « La défense nationale est aujourd'hui totale », conclut-il.

« Comment faire une armée de métier », article refusé par la *Revue militaire française*, paraît dans la *Revue hebdomadaire* le 1er juin 1935. C'est une réponse à des critiques reprochant à *Vers l'armée de métier* l'absence de tout chiffrage permettant de convaincre des possibilités de réalisation d'un tel instrument de guerre. De Gaulle s'y emploie sur deux points : comment réunir 98 000 hommes d'élite et comment se procurer le « matériel exceptionnel » qui doit leur être confié.

Jean Delmas

• *Voir aussi* : Conférencier et professeur ; Œuvre écrite ; Réseaux de sociabilité ; Secrétariat général du Conseil supérieur de la Défense nationale

Bibl. : Charles de Gaulle, *Le Fil de l'épée et autres écrits*, Paris, Plon-Omnibus, 1999.

TRUMAN, Harry S. (1884-1972). – Au patricien Franklin D. Roosevelt succède, en avril 1945, le plébéien Harry S. Truman. Le futur trente-troisième président des États-Unis est né dans le Missouri dans une famille d'agriculteurs modestes. Il se porte volontaire en 1917 et sert en France en tant que capitaine dans l'artillerie. De retour à la vie civile, il ouvre un magasin d'articles pour hommes à Kansas City. L'entreprise est un échec. Si ses expériences professionnelles sont peu concluantes, Truman a au contraire brillamment réussi dans l'armée et dans la politique. Il rejoint le parti démocrate. Il est sénateur en 1934. Dix ans plus tard, il est vice-président des États-Unis. Certes plus versé en politique intérieure que dans les affaires étrangères, Truman, baptiste, franc-maçon et autodidacte féru d'histoire, s'adapte au contexte de l'après-guerre.

Devenu président, il se heurte au général de Gaulle sur la question de la rectification de la frontière franco-italienne et, notamment, il refuse l'annexion du Val d'Aoste. Plus grave, sans doute, de Gaulle tient rigueur au président américain de son appui à Winston Churchill qui, selon lui, a manœuvré pour humilier la France au Levant en 1945. Cela n'empêche pas la tenue d'une rencontre au sommet entre les deux hommes, à Washington, le 22 août 1945. À Washington et non pas en France, car le Général avait signifié aux Américains qu'il ne pouvait recevoir leur président lors de son passage en Europe pour participer à la conférence de Potsdam, à laquelle la France n'était pas invitée. Reçu en grande pompe pour cette visite triomphale, de Gaulle reçoit l'assurance que les États-Unis ne s'opposeront pas au retour de la France en Indochine. Par ailleurs, l'aide économique à la France est décidée, Jean Monnet obtenant un prêt de 650 millions de dollars, tandis que sont lancées des négociations qui déboucheront sur les accords Blum-Byrnes et, *in fine*, sur le plan Marshall. En revanche, sur la question allemande, les États-Unis s'opposent au souhait de De Gaulle de conserver le contrôle militaire de la rive gauche du Rhin et d'internationaliser la Ruhr. Dans ses *Mémoires de guerre*, de Gaulle dresse un portrait ambivalent de Truman. D'un côté, celui « d'un chef d'État bien à sa place, d'un caractère ferme [...] bref de quelqu'un qui, sans doute, n'annonçait pas de miracles, mais sur qui, dans les cas graves, on pourrait certainement compter ». De l'autre, celui d'un chef d'État qui regardait les problèmes du monde « sous l'angle d'une optique simplifiée » : « Pour qu'un peuple fût satisfait, il suffisait qu'il pratiquât la démocratie à la manière du Nouveau Monde » ; pour les pays sous-développés, « une recette infaillible : l'indépendance » ; pour le monde libre, un seul salut : « adopter le leadership de Washington ». Jugement sans doute sévère, car « le marchand de bretelles », ainsi que le surnommait parfois de Gaulle, avec la doctrine qui porte son nom, le plan Marshall ou encore l'Alliance atlantique, est un des présidents américains qui a été le plus réhabilité par l'historiographie récente pour son internationalisme et son réalisme.

Antoine Coppolani

• *Voir aussi* : États-Unis ; GPRF (œuvre extérieure du) ; Indochine ; Italie

Bibl. : Mark Byrnes, *The Truman Years, 1945-1953*, New York, Longman Publishing Group, 2000 • Robert H. Ferrell, *Harry S. Truman and the Modern American Presidency*, New York, Longman Publishing Group, 1997 • John Lewis Gaddis, *We Now Know. Rethinking Cold War History*, New York, Oxford University Press, 1997.

TUNISIE. – *Voir* ARABE (politique) ; BOURGUIBA, Habib ; RETOUR DE 1958.

TURQUIE. – La similitude des parcours militaires et politiques de l'homme du 18 juin et du fondateur de la Turquie moderne est frappante à bien des égards. Sauvant l'honneur dans la bataille des Dardanelles, au début de la Première Guerre mondiale, un peu comme de Gaulle, au début de la Seconde, lors des contre-offensives de Montcornet ou d'Abbeville, Mustafa Kemal Atatürk refusa l'effondrement de son pays, rompit avec un gouvernement de renoncement et reprit la lutte pour garantir l'intégrité nationale. On comprend mieux, dès lors, que de Gaulle ait voué à ce prestigieux aîné une grande admiration qui se manifesta à plusieurs reprises lors du voyage mémorable qu'il effectua en Turquie en octobre 1968. Au cours de cette visite officielle, la première d'un chef d'État français dans ce pays mais aussi la dernière du président de Gaulle avant son départ du pouvoir l'année suivante, le souvenir d'Atatürk fut très souvent au rendez-vous. De Gaulle visita notamment son mausolée à Ankara. Il se rendit aussi au palais de Dolmabahçe à Istanbul pour voir la chambre où le *Gazi* s'était éteint en 1938 puis s'embarqua sur le navire d'Atatürk (le *Savarona*) pour remonter le Bosphore, non sans avoir signé auparavant le livre d'or du palais où il écrivit : « Atatürk pouvait mourir puisque la lumière brillait, puisque la flamme brûlait, puisque le pays était en marche. »

Pour le reste, de Gaulle et la Turquie semblent avoir cultivé les occasions manquées. En matière constitutionnelle tout d'abord, la Turquie fut peu sensible à l'attrait du modèle semi-présidentiel gaullien au moment où elle refaisait sa Constitution après le coup d'État de 1960. Bien qu'un grand nombre de ses constitutionnalistes aient été, à cette époque, formés en France, elle opta en effet résolument pour un régime parlementaire traditionnel et maintint ce choix par la suite. En politique étrangère, en dépit des potentialités de rapprochement qui existaient, les points de vue demeurèrent assez éloignés. Sur la question chypriote, la pondération et le réalisme du Général, peu convaincu de l'aptitude des deux communautés à vivre ensemble dans un même État, furent appréciés par les dirigeants turcs, mais cela ne déboucha concrètement sur aucune initiative commune. En ce qui concerne les relations Est-Ouest, si de Gaulle admettait que la Turquie ne pouvait avoir au sein de l'OTAN la même liberté d'action que la France, il aurait sans doute souhaité qu'Ankara soit moins atlantiste et, somme toute, plus fidèle au non-alignement jadis professé par Atatürk. Les appels du pied qu'il fit en ce sens à plusieurs reprises, en particulier lors de son voyage officiel en 1968, restèrent lettre morte. Cela n'empêcha pas la France d'accroître sa coopération économique et culturelle avec la Turquie et de soutenir sans réserve ce pays dans son rapprochement avec ce qu'on appelait encore la Communauté économique européenne, notamment lors de la conclusion de l'accord d'association de 1963 qui envisageait une intégration à terme. En ce sens, on peut considérer que le soutien apporté par Jacques Chirac à l'ouverture de négociations d'adhésion entre la Turquie et l'Union européenne est sans doute fidèle à la vision que de Gaulle avait de ce pays, lequel devait, selon lui, rester étroitement « arrimé à l'Europe ».

Jean Marcou

• *Voir aussi* : Europe

U comme Unité

« Les hommes qui ont la triste audace de prétendre conserver l'unité nationale dans la honte de l'Armistice, sont les mêmes qui, déjà, passent leur temps à calculer quelle police, quelle légion, quels corps de protection, quel système de menace, de censure, de délation, leur sont nécessaires pour maintenir autour d'eux quelque apparence d'ordre public. Allons donc ! L'unité nationale n'est que dans la lutte, dans la fierté, dans la victoire et, pour nous qui avons choisi la lutte, la fierté, la victoire, refaire en combattant l'unité nationale est le premier de nos buts. »

De Gaulle, Londres 18 juin 1942, *Discours et messages.*

UD V^e^ (Union des démocrates pour la Ve République). – Après le ballottage du président en 1965, les élections législatives de 1967 relancent la perspective de l'après-de Gaulle. Les gaullistes ont dû faire une petite place aux ralliés du MRP et du centre gauche, la majorité a failli devenir minoritaire, et le Premier ministre, dont l'omniprésence a éclipsé la figure du président, doit resserrer les rangs autour de sa personne et de son gouvernement.

Dans cet esprit, Pompidou dote, en juin 1967, l'UNR-UDT d'une direction collégiale plus facile à manœuvrer ; il institue des rencontres régulières avec ses responsables et veille à la valorisation des ralliés. En novembre, les assises de Lille changent le nom du parti en Union des démocrates pour la Ve République pour saluer l'entrée des néogaullistes, mais Pompidou doit accepter en contrepartie l'élection d'un secrétaire général et plus d'autonomie pour les dirigeants et la base du parti. L'UD V^e^ ne durera que six mois, devenant l'UDR (Union des démocrates pour la Ve République) en 1968.

Alain Lancelot

• *Voir aussi* : Partis politiques

Bibl. : Jean Charlot, *Le Phénomène gaulliste*, Paris, Fayard, 1970 • Jean-Christian Petitfils, *Le Gaullisme*, Paris, PUF, 1977.

UDR (Union pour la défense de la République). – Le parti gaulliste fondé au lendemain du référendum fondateur de la Ve République, qui s'est appelé successivement UNR (Union pour la nouvelle République) en 1958, UNR-UDT en 1962 et UD V^e^ (Union des démocrates pour la Ve République) en 1967, change à nouveau de nom en 1968. Ce n'est pas par hasard que ces quatre dates coïncident avec celles des quatre élections législatives de la République gaullienne. Le mouvement gaulliste n'est pas un parti comme les autres : ni parti de notables variant au gré des manœuvres de ses dirigeants, ni parti de masse évoluant en fonction des choix de ses militants entre courants concurrents, il est avant tout, selon l'excellente expression de Jean Charlot, un « parti d'électeurs », modelé par la conjoncture électorale et visant à rassembler des voix plutôt que des adhérents.

Cela ne l'a pas empêché de s'implanter, presque mécaniquement, sur le terrain. Les circonscriptions conquises et celles à conquérir appelaient la formation d'un appareil minimal : vivier de candidats, réserve de petites mains et de gros bras pour les campagnes électorales, relais des élus auprès de l'opinion. Et comme le succès appelle le succès, cette petite troupe s'est progressivement étoffée à mesure que grossissait l'électorat gaulliste élection après élection. De 1958 à 1965, les militants, qui sont encore souvent des anciens de la Résistance ou de la France libre, répondent d'abord à l'appel personnel du général de Gaulle. Mais, à partir de 1966, les « gaullistes historiques » sont de plus en plus rejoints par une génération plus jeune qui partage sa fidélité entre de Gaulle et Pompidou, l'animateur direct de la majorité au gouvernement et au Parlement. La crise de 1968 accroît encore la stature du Premier ministre, qui mène au nom du Général le combat pour la défense de la Ve République. Le sigle adopté pour la campagne : UDR, pour Union pour la défense de la République, fait merveille puisqu'il rassemble 51,2 % des suffrages au tour décisif et fait élire 293 députés sur 487.

Pour rappeler cet élan et capitaliser à son profit la mobilisation dont a bénéficié de Gaulle à partir du tournant du 30 mai 1968, l'UD Ve reprend le sigle UDR, en décidant, pendant l'été, de s'appeler Union des démocrates pour la Ve République. La nouvelle UDR, dopée par son succès électoral, compte plus de 150 000 militants, ce qui la met en très bonne place parmi les partis français, et le militantisme y est remis à l'honneur. Cette mutation atténue le caractère exceptionnel du parti dans l'univers politique français sans doute parce qu'il devient « après-gaulliste » sans en être pleinement conscient. Certes, de Gaulle reste son dieu, mais Pompidou devient de plus en plus son prophète. Comment pourrait-il en être autrement quand le Général évoque, dans son dernier discours aux Français, trois jours avant son départ, « le nombre, l'ardeur et le dévouement de ceux qui [le] soutiennent et qui, de toute façon détiennent l'avenir de la patrie » ? Dieu aurait-il tenté le diable ?

Alain Lancelot

• *Voir aussi :* Électorales (évolutions) ; Gaullisme ; Gaullistes ; Partis politiques

Bibl. : Pierre Avril, *UDR et gaullistes*, Paris, PUF, 1971 • Jean Charlot, *Le Phénomène gaulliste*, Paris, Fayard, 1970.

UDSR (Union démocratique et socialiste de la Résistance). – C'est en juin 1945 que des Français libres « gaullistes » et des résistants, issus des mouvements de l'intérieur non communistes, se retrouvent dans une fédération qui veut créer une force politique nouvelle, au centre gauche, se voulant travailliste et rassemblant des laïcs et des catholiques. Contre le tripartisme dominant et le retour des partis politiques classiques, l'UDSR se voudrait à la fois le grand parti de la Résistance et la préfiguration du rassemblement gaulliste. Mais le général de Gaulle ne la soutient pas et l'UDSR – qui obtient 31 élus en octobre 1945 – doit se transformer en parti politique en juin 1946, ce qui conduit à des reclassements et à des alliances avec les radicaux au sein du Rassemblement des gauches républicaines (RGR). Contre le compromis constitutionnel, l'UDSR défend en 1946 des positions proches de celles formulées par le général de Gaulle lors du discours de Bayeux.

Plusieurs personnalités élues sous l'étiquette UDSR, dont Jacques Soustelle, participent à la fondation du RPF (Rassemblement du peuple français) en 1947 alors que le petit parti charnière choisit de s'intégrer dans la Troisième Force (alliance politique pouvant réunir des partis allant des Indépendants à la SFIO) et de participer aux gouvernements. René Pleven, fidèle compagnon du Général à Londres, président de l'UDSR depuis 1947, tente au printemps 1948 de rapprocher de Gaulle et le RPF de la IVe République contre le danger communiste. Mais le Général rejette cette proposition et critique durement celui qui, redevenu ministre, puis deux fois président du Conseil en 1950 et 1951, incarne alors un régime détesté. Pleven et l'aile droite de l'UDSR veulent défendre loyalement cette République tout en n'étant pas insensibles aux critiques institutionnelles du général de Gaulle – surtout après 1954. Mais sur la CED (Communauté européenne de défense) et sur la construction européenne, le fossé se creuse entre l'UDSR et de Gaulle, d'autant plus que, conduite par François Mitterrand, une aile gauche très hostile au RPF s'est affirmée depuis le début des années 1950. Opposé à la poursuite de la guerre d'Indochine, Mitterrand a pris la tête de l'UDSR en 1953 et l'a tirée vers la gauche, en participant notamment aux gouvernements de Pierre Mendès France et de Guy Mollet.

Ministre des Affaires étrangères dans le gouvernement de Pierre Pflimlin après la crise du 13 mai 1958, Pleven ne s'oppose pas au retour au pouvoir du général de Gaulle. Au contraire, avec Eugène Claudius-Petit et ses amis, il quitte l'UDSR, soutient la politique algérienne du Général et appelle à voter « oui » à la Constitution. À l'inverse, Mitterrand entraîne ce qui reste de l'UDSR dans l'opposition, puis dans la résistance au pouvoir gaulliste, car il dénonce les conditions du retour au pouvoir de l'homme du 18 Juin et le pouvoir personnel. Réduite à quelques hommes, l'UDSR devient une structure d'attente et d'opposition. Issu de ses rangs, Mitterrand affrontera de Gaulle, au nom de la gauche, au second tour de l'élection présidentielle de 1965. Christian Bougeard

• *Voir aussi* : Partis politiques

Bibl. : Christian Bougeard, *René Pleven. Un Français libre en politique*, Rennes, PUR, 1995 • Éric Duhamel, *L'Union démocratique et socialiste de la Résistance, d'une Résistance à l'autre 1945-1965*, thèse d'histoire de Paris-IV-Sorbonne, 1993.

UDT (Union démocratique du travail). – La famille gaulliste comporte depuis toujours une branche de gaullistes de gauche. Ceux qui ont eu la conviction pendant la guerre que le Général serait, selon le discours de Londres du 1er avril 1942, du côté de la « révolution, la plus grande de son histoire, que la France, trahie par ses élites dirigeantes et par ses privilégiés, a commencé d'accomplir ». Ils voient en lui le créateur des comités d'entreprise à la Libération et l'avocat de l'association capital-travail à la tête du RPF. Ce courant reparaît en 1958, avec des hommes phares comme le général Billotte, René Capitant, Gilbert Grandval, Léo Hamon ou Louis Vallon.

Deux thèmes favoris du général de Gaulle fédèrent les gaullistes de gauche. Ce sont l'indépendance vis-à-vis des deux Grands, ce qui les démarque à la fois de la gauche atlantiste et des communistes alignés sur Moscou, et la participation des travailleurs à la gestion et aux profits des entreprises. Ce second thème, rejeté comme une collaboration de classe par la gauche classique inféodée au marxisme, reste assez vague jusqu'à la rencontre des gaullistes de gauche avec Marcel Loichot, chantre du « pancapitalisme », inspirateur en 1965 de l'amendement Vallon relatif à la participation des salariés aux bénéfices de l'autofinancement.

Pour de Gaulle, qui prise l'anticonformisme, l'existence de ce courant est une aubaine. Elle lui permet de revendiquer des soutiens couvrant l'ensemble de l'éventail politique, de se distinguer des pesanteurs conservatrices (voire réactionnaires lors de la guerre d'Algérie) au sein de l'UNR (Union pour la nouvelle République) et de faire comme s'il disposait d'un autre fer au feu. Le fait que les leaders des gaullistes de gauche soient des intellectuels et qu'ils bénéficient avec *Notre République* d'un organe plus brillant que le terne *La Nation* de l'UNR, leur donne d'ailleurs une audience hors de proportion avec la maigreur de leurs effectifs et de leur influence électorale.

C'est le 14 avril 1959, après l'échec électoral du Centre de la réforme républicaine en 1958, qu'un certain nombre de ces gaullistes de gauche fondent l'Union démocratique du travail. Elle ne réussira jamais à fédérer complètement une famille où l'on compte autant de chapelles que de personnalités. Pourtant, elle finira par s'y imposer comme la référence principale avec près de cinq mille militants. À la veille des élections de novembre 1962, de Gaulle, soucieux d'équilibrer à gauche l'alliance avec les modérés ralliés par les RI (Républicains indépendants), impose à l'UNR la fusion avec l'UDT, assortie de l'octroi de trente-trois circonscriptions, qui éliront quatorze gaullistes de gauche, et d'une bonne représentation dans les instances unifiées. L'UDT disparaît, mais elle se reconnaîtra en 1969 dans la volonté gaullienne de répondre aux questions posées par la « révolution culturelle » de mai 1968 ; aussi se reconstituera-t-elle en septembre 1969 pour incarner une certaine idée de De Gaulle face à Pompidou.

Alain LANCELOT

• *Voir aussi* : Participation ; Vallon (amendement)

Bibl. : Jean Charlot, *L'Union pour la Nouvelle République, étude du pouvoir au sein d'un parti politique*, Paris, Armand Colin (*Cahiers de la FNSP*, 153), 1967 • Id., *Le Phénomène gaulliste*, Paris, Fayard, 1970.

UJP (Union des jeunes pour le progrès). – Lancée en juin 1965, l'Union des jeunes pour le progrès regroupe des jeunes gaullistes soucieux de soutenir l'action du Général. Théoriquement indépendant de l'UNR mais, dans la réalité, associé à la rue de Lille, ce mouvement est dirigé par Robert Grossmann et regroupe des milliers d'adhérents (près de dix mille après Mai 68). Il se conçoit davantage comme une école de formation où la troisième génération du gaullisme (après celles du RPF et de l'UNR) apprend le métier politique que comme une organisation astreinte aux servitudes militantes. On y professe un gaullisme de gauche revendicatif qui, en 1966-1967, place le mouvement en opposition à la rue de Lille et au gouvernement de Georges Pompidou jugés « conservateurs ».

De Gaulle reçoit Grossmann à deux reprises, en décembre 1967 puis en mars 1969, témoignant de l'intérêt qu'il porte à ces jeunes gens dynamiques et attachés à « sa » participation. Si les cadets considèrent le Général avec admiration et déférence (ses portraits et citations s'imposent lors des meetings), l'UJP entend sortir le gaullisme d'un culte de la personnalité qu'elle juge simpliste. Sont privilégiées la doctrine et les promesses pour l'avenir plutôt que l'homme et la commémoration du passé. Pour ces jeunes, le gaullisme est un humanisme qui s'organise autour des valeurs de justice sociale par l'intéressement et de paix par le refus des impérialismes. Lors des assises de l'UNR à Lille, fin 1967, Grossmann provoque l'assistance par une relecture générationnelle iconoclaste du gaullisme.

L'UJP est surprise par la contestation de Mai 68. Comment la jeunesse peut-elle critiquer un dirigeant si progressiste ?... Ces cadets pour qui « Dix ans, ça ne suffit pas » se réveillent tardivement, organisant une manifestation de soutien au chef de l'État le 4 juin 1968 au Trocadéro sous le slogan ambigu : « La Révolution oui, mais avec de Gaulle. » Lors des assises de Strasbourg au printemps 1969, en se présentant comme « le gaullisme qui continue » – la formule est d'André Malraux – et en faisant une ovation à Pompidou, ils ouvrent sans le savoir ni le vouloir la succession du Général.

L'UJP participe au référendum de 1969 aux côtés du SAC, des CDR et de l'Association nationale. Apprenant la victoire du « non », certains jeunes songent à marcher sur l'Élysée pour empêcher l'inéluctable. Quand de Gaulle démissionne, Grossmann et ses amis portent quelque temps une cravate noire en signe de deuil. À l'annonce du décès du Général, *Renaissance 2000*, le journal de l'UJP, paraît bordé de noir sous le titre « Orphelins mais héritiers ». Des centaines d'adhérents font le déplacement à Colombey-les-Deux-Églises tandis que d'autres brûlent des exemplaires de *Minute* pour un article jugé injurieux. Dans les années suivantes, l'UJP s'érige en gardien du temple, invitant des anciens proches du Général comme Michel Debré ou Maurice Couve de Murville, défendant la participation en suivant Jacques Chaban-Delmas plutôt que Georges Pompidou. Lors de l'élection présidentielle de 1974, l'UJP appelle à voter blanc au second tour pour sanctionner celui qui a poussé de Gaulle vers la sortie par son « oui mais » de 1967 puis son « non » de 1969.

François AUDIGIER

• *Voir aussi* : Jeunesse ; UDT ; UNR

Bibl. : François Audigier, « Le malaise des jeunes gaullistes en Mai 68 », *Vingtième Siècle, revue d'histoire*, n° 70, avril-juin 2001, p. 71-88 • Id., *Jeunes et gaullistes, l'UJP : une école de formation gaulliste (1965-1975)*, Nancy, PUN, 2005 • Fondation Charles-de-Gaulle, *Charles-de-Gaulle et la jeunesse*, Paris, Plon, 2005.

UNION DÉMOCRATIQUE DU TRAVAIL. – *Voir* UDT.

UNION DÉMOCRATIQUE ET SOCIALISTE DE LA RÉSISTANCE. – *Voir* UDSR.

UNION DES DÉMOCRATES POUR LA Vᵉ RÉPUBLIQUE. – *Voir* UD Vᵉ.

UNION DES JEUNES POUR LE PROGRÈS. – *Voir* UJP.

UNION DES RÉPUBLIQUES SOCIALISTES SOVIÉTIQUES. – *Voir* URSS.

UNION FRANÇAISE. – L'expression « Union française » est utilisée pour la première fois dans la Déclaration relative à l'Indochine faite le 24 mars 1945 par Paul Giacobbi, ministre des Colonies du GPRF (Gouvernement provisoire de la République française). On y lit : « La Fédération indochinoise formera avec la France et avec les autres parties de la communauté une Union française dont les intérêts à l'extérieur seront représentés par la France. L'Indochine jouira, au sein de cette Union, d'une liberté propre. » Le message du général de Gaulle à l'Indochine du 19 août 1945, après la défaite japonaise, se termine par : « Vive l'Union indochinoise ! Vive l'Union française ! Vive la France ! »

Dans le tome III de ses *Mémoires de guerre*, de Gaulle indique les grandes lignes de cette politique et publie, en annexes, ces deux documents. Paul Mus, qui a proposé l'expression, en a fait l'histoire et rappelé son rôle propre ainsi que celui d'Henri Laurentie, directeur des Affaires politiques au ministère des Colonies. Il conclut en déplorant « l'abîme qui, dès ce moment, séparait le nouvel équilibre asiatique du plan encore nettement "colonial" de la conférence de Brazzaville », dont Laurentie était pourtant le principal organisateur.

L'Union française entend exprimer la novation des relations entre la métropole et l'ensemble de ses colonies, signifier la fin de l'Empire et l'avènement de ce que de Gaulle appelle plutôt une « communauté française » dans un discours à l'Assemblée consultative le 29 juillet 1945, bref « la reconstruction et la rénovation [...] de la France et de l'Union française », comme il le proclame dans son discours à l'Assemblée consultative le 23 novembre 1945. Il en fixe l'origine dans la conférence de Brazzaville. « Pour affirmer la politique nouvelle qui conduit à l'Union française, nous faisons naître une autre occasion : la conférence africaine de Brazzaville » [*MG*]. Le discours d'ouverture du 30 janvier 1944 évoque en effet le moment où « ils [les peuples d'outre-mer] seront capables de participer chez eux à la gestion de leurs propres affaires ».

Dans les deux grands discours « constitutionnels », les mots « Union française » sont prononcés huit fois à Bayeux le 16 juin 1946 et sept fois à Épinal le 29 septembre 1946. Dans le premier, le projet reste assez vague ; il se précise dans le second : « Gestion de leurs affaires particulières par les peuples d'outre-mer, association à la France pour la délibération de leurs intérêts, maintien de la prééminence de la France pour ce qui est commun à tous. » C'est finalement ce qu'organisera la Constitution de 1958, au titre XIII, sous le nom de « Communauté », mot préféré à celui de « Fédération » utilisé par le texte initial du 29 juillet 1958. Le changement de terme résulte d'un amendement de Philibert Tsiranana adopté par le Comité consultatif constitutionnel le 29 juillet 1958. Mais la Communauté, à peine deux ans plus tard, sera emportée par la vague de la décolonisation. François BORELLA

• *Voir aussi* : Brazzaville (conférence de) ; Communauté franco-africaine ; Décolonisation ; Empire

Bibl. : Paul Mus, *Le Destin de l'Union française, de l'Indochine à l'Afrique*, Paris, Le Seuil, coll. « Esprit-Frontière ouverte », 1954 • Institut Charles-de-Gaulle-Institut d'histoire du temps présent, *Brazzaville, aux sources de la décolonisation*, colloque des 22-23 mai 1987, Paris, Plon, 1988.

UNION FRANCO-BRITANNIQUE (projet du 16 juin 1940). – Sous-secrétaire d'État à la Guerre depuis le 5 juin, de Gaulle est envoyé à Londres par Paul Reynaud, encore président du Conseil pour quelques heures. Arrivé à l'aube du 16 juin pour sonder les Britanniques dont l'aide sera nécessaire dans l'hypothèse d'une évacuation à Alger du gouvernement, du Parlement et de l'administration, il apprend par la bouche de Jean Monnet, chef de la mission d'achats franco-britanniques, et celle de Charles Corbin, alors ambassadeur de France à Londres, que le cabinet de Londres va délibérer dans l'après-midi à propos d'un plan d'union (*unity*) franco-britannique, auquel ils travaillent depuis quelques jours, de concert avec quelques personnalités britanniques influentes. Ce document, assez détaillé, qui a déjà été soumis à Winston Churchill, propose une sorte de fédération, avec une citoyenneté unique et des institutions communes (Parlement, gouvernement et administration).

Sentant que le projet n'a pas d'autre objet que de donner des arguments à Paul Reynaud pour convaincre son gouvernement de continuer la lutte et ne pas céder aux sirènes, déjà nombreuses, qui prêchent la capitulation, de Gaulle, bien qu'il pense que cette suggestion sera prise pour un « mythe », accepte de la transmettre en urgence à son président du Conseil. Le cabinet est convoqué à 15 heures ; à 16 h 30, un Churchill rayonnant s'avance vers de Gaulle qui attend dans l'antichambre et lui annonce que le cabinet entérine la proposition. De la salle même du cabinet, de Gaulle téléphone les grandes lignes du projet à un Reynaud très enthousiaste qui les soumet aussitôt au Conseil des ministres réuni dès 17 heures. Il doit vite déchanter ; à peine formulée, la proposition britannique de la dernière chance est repoussée ; avec mépris par certains (le maréchal Pétain est réputé avoir dit : « C'est un mariage avec un cadavre »), avec lâcheté par d'autres.

Selon Jean Lacouture, « en cette fin d'après-midi du 16 juin, le Conseil était partagé en trois groupes [résistants, hésitants, liquidateurs], le premier "tiers" étant le plus important : il comptait une dizaine de membres [dont Paul Reynaud, Georges Mandel, César Campinchi, Louis Marin...] alors que les avocats déclarés de l'armistice n'étaient guère plus de sept » (mais les deux vice-présidents, Pétain et Camille Chautemps, en faisaient partie). « Restaient environ huit indécis, que chaque heure faisait glisser vers l'abandon. » Bien qu'il n'y eût pas de vote formel, Reynaud s'estima mis en minorité. Il démissionna dans la soirée. Ainsi sombra en moins de vingt-quatre heures ce noble projet qui, bien évidemment, ne se serait pas concrétisé après la guerre – ni Churchill ni de Gaulle n'en auraient voulu – mais qui aurait permis aux hommes politiques de la IIIe République de sauver leur honneur et, dans les premiers mois après la défaite, aurait donné quelque substance à la fameuse formule : « La France a perdu une bataille, elle n'a pas perdu la guerre. » De la même façon, les tragédies de Mers el-Kébir et de Dakar auraient sans doute été évitées. Jacques LERUEZ

• *Voir aussi* : Armistice ; Churchill, Winston ; Reynaud, Paul ; Secrétaire d'État (sous-)

Bibl. : François Bédarida, *Churchill*, Paris, Fayard, 1999 • Jean Lacouture, *De Gaulle*, t. 1, *Le Rebelle*, Paris, Le Seuil, 1984.

UNION GAULLISTE. – *Voir* CAPITANT, René.

UNION POUR LA DÉFENSE DE LA RÉPUBLIQUE. – *Voir* UDR.

UNION POUR LA NOUVELLE RÉPUBLIQUE. – *Voir* UNR.

UNIVERSITÉ. – *Voir* ÉDUCATION NATIONALE ; INTELLECTUELS ; MAI 68.

UNR (Union pour la nouvelle République). – La notion de parti gaulliste est contradictoire dans les termes tant le thème de la nocivité des partis est récurrent chez de Gaulle. Mais les nécessités du système représentatif commandent de disposer d'une force politique pour, au minimum, investir des candidats et encadrer des élus. Aussi, après la mise en sommeil du RPF en 1955, beaucoup de ses élus se retrouvent-ils au sein des Républicains sociaux pour survivre à la traversée du désert.

Les conditions du retour au pouvoir du Général en 1958 peuplent ce désert d'une foule d'anachorètes excités par l'esprit du 13 Mai, zélotes de l'Algérie française et souvent d'un ordre musclé. Ces activistes, qui donnent le ton du gaullisme militant, gênent plus de Gaulle qu'ils ne l'aident dans la mise en œuvre d'un nouveau consensus républicain. Aussi charge-t-il son ministre Soustelle de fédérer les organisations les plus importantes dont chacune croit détenir un morceau de la croix de Lorraine. C'est ainsi que naît le 1er octobre 1958 (trois jours après le référendum et sept semaines avant les législatives) l'Union pour la nouvelle République, dont Soustelle sera le premier secrétaire général. Les six organisations fondatrices ont été oubliées, l'UNR a prospéré.

Pour de Gaulle, mais aussi grâce à lui, qui veille à ce qu'elle n'ait pas de président mais un simple secrétaire général et, surtout, qu'elle n'affiche aucune position différente des siennes. Ce sera de plus en plus difficile dans le domaine de la politique algérienne contraire aux convictions des activistes, peu à peu exclus du mouvement. Après les barricades d'Alger en janvier 1960, Soustelle lui-même, proche des ultras, est exclu du gouvernement puis de l'UNR.

À partir de ce moment, l'UNR constitue la garde du Général, avec ses grognards qui finissent toujours par obéir au risque d'être traités de « godillots ». La méfiance de De Gaulle fait place à la reconnaissance quand l'UNR le soutient très activement lors du putsch de 1961. Conçue pour ne pas être, en 1958, et devenant pourtant la première force à l'Assemblée deux mois plus tard, l'UNR a prouvé son utilité au président, au gouvernement, au Parlement, dans l'opinion et dans l'administration où ses sympathisants se retrouvent aux postes clés au point de faire crier l'opposition à « l'État UNR ». L'UNR se méfie cependant de ses militants et leur fait peu de place dans sa direction. Pour Jean Charlot, « elle est d'abord une équipe ministérielle, puis un comité central de sélection des candidats [...], ensuite le groupe parlementaire [...], enfin – seulement – un parti ».

En 1962, le rôle électoral majeur de l'UNR est reconnu par de Gaulle, appelant à voter pour les candidats du « oui » qui vient de l'emporter, mais au sein d'un ensemble UNR-UDT et dans l'alliance avec les modérés ralliés. La majorité, dominée par l'UNR, apportera un soutien sans faille à de Gaulle et à Pompidou, jusqu'à ce que l'UNR se fonde, fin 1967, dans l'éphémère UD Ve (Union des démocrates pour la Ve République).

Alain LANCELOT

• *Voir aussi* : Partis politiques ; RPF ; UD Ve ; UDR ; UDT

Bibl. : Jean Charlot, *L'Union pour la Nouvelle République, étude du pouvoir au sein d'un parti politique*, Paris, Armand Colin (*Cahiers de la FNSP*, 153), 1967 • Id., *Le Phénomène gaulliste*, Paris, Fayard, 1970.

URSS. – L'alliance franco-russe des années 1890, qui renforça la position internationale de la France et grâce à laquelle les deux pays furent alliés durant la Première Guerre mondiale, fut accueillie favorablement par les parents de Charles de Gaulle, et celui-ci devait noter par la suite que l'avancée des troupes russes en Prusse avait permis le succès de la contre-offensive franco-britannique sur la Marne en septembre 1914.

De Gaulle rejeta le bolchevisme et le communisme et soutint la politique d'alliances de la France en Europe de l'Est et dans les Balkans. En outre, de juillet 1920 à janvier 1921, il fut membre de la mission militaire française en Pologne et participa ainsi à la défense de Varsovie face à l'offensive de l'armée Rouge. Mais au cours des années 1930, il rejeta la politique d'apaisement et se prononça pour la préparation de la défense contre une agression allemande, raison pour laquelle il soutint la conclusion du pacte franco-soviétique de 1935.

Les années de guerre. En juin 1940, lorsque le Général refusa d'accepter la défaite de la France et prit la tête à Londres du mouvement de la France libre, l'Union soviétique était engagée dans une politique de collaboration avec l'Allemagne et se méfiait beaucoup de De Gaulle. Toutefois, dès le mois de décembre 1940, les diplomates soviétiques en poste en France notèrent l'influence croissante du mouvement gaulliste dans le pays, qui réussissait à rassembler des courants fort divers sous la bannière de la libération nationale et de la lutte contre l'occupant. L'attitude de Moscou évolua de façon positive à mesure que les différends apparurent entre l'URSS et l'Allemagne. En janvier 1941, la direction du Komintern nota dans ses directives à la direction du PCF (Parti communiste français) : « En ce qui concerne de Gaulle, le parti, tout en critiquant ses positions antidémocratiques et antipopulaires à l'égard du peuple de France et des colonies, doit cependant prendre en compte le fait que son mouvement fragilise la position des occupants, perturbe ses plans et joue donc objectivement, à l'heure actuelle, un rôle positif. »

La situation changea radicalement après l'offensive allemande du 22 juin 1941 contre l'URSS. Dès le 24 juin, de Gaulle chargea ses représentants de faire connaître le ferme soutien du peuple français à la population russe dans sa lutte contre l'Allemagne et son souhait d'élaborer une alliance militaire avec l'Union soviétique. Le 26 septembre, le gouvernement soviétique reconnut officiellement le général de Gaulle « comme chef de tous les Français libres, où qu'ils se trouvent » et déclara qu'il était prêt à « offrir aux Français libres un soutien total et sa collaboration dans la lutte commune contre l'Allemagne hitlérienne et ses alliés ». Le texte soulignait par ailleurs qu'après la victoire l'URSS garantirait l'indépendance et le rang retrouvé de la France sur la scène internationale. De son côté, de Gaulle offrait son soutien sans condition et la participation de toutes les forces en sa possession pour contribuer à la défense de l'URSS. Le 20 janvier 1942, il souligna à la radio de Londres l'importance du succès de la défense de Moscou par l'armée Rouge : « Il n'est pas un bon Français qui n'acclame la victoire en Russie... L'ennemi vient d'essuyer l'un des plus grands échecs que l'Histoire ait enregistrés... La France combattante est ensemble avec la Russie combattante. » En février, de Gaulle envoya en URSS une mission française dirigée par Roger Garreau et le général Petit ; en mai, le commissaire du peuple aux Affaires étrangères Viatcheslav Molotov reçut à Londres le chef du Comité national de la France libre – au cours de l'entretien, le responsable soviétique exprima sa sympathie pour la France libre et le soutien de l'Union soviétique –, en septembre, le gouvernement soviétique adopta les formulations proposées par les gaullistes et reconnut officiellement le mouvement de la France combattante et le Comité national français (CNF). Le gouvernement soviétique accordait à ce dernier une reconnaissance plus large que celle des gouvernements britannique et américain. Il lui reconnaissait en fait les attributs d'un gouvernement. En octobre, l'ambassadeur soviétique auprès des gouvernements alliés à Londres notait que selon de Gaulle l'URSS soutenait son action en faveur de la restauration d'une France puissante et indépendante. Enfin, en novembre, l'escadrille aérienne *Normandie* formée par la France combattante, plus tard connue sous le nom de *Normandie-Niémen*, arriva sur le front germano-soviétique.

Les dirigeants soviétiques accordèrent une plus grande attention au mouvement de la France combattante et à son chef après le débarquement allié en Afrique du Nord et l'occupation par les Allemands de l'ensemble du territoire français, en novembre 1942. Le 8 décembre, les dirigeants du Komintern et du PCF qui se trouvaient en URSS décidèrent avec l'approbation du Kremlin d'envoyer à Jacques Duclos, responsable du parti communiste sur le territoire français, les instructions suivantes : « Étant donné la situation nouvelle, estimons nécessaire que vous envoyiez un représentant à Londres auprès de De Gaulle. » Cependant, la direction du Komintern et celle de l'Union soviétique continuaient de considérer avec méfiance de Gaulle et son entourage.

Lors de la formation au début du mois de juin 1943 du Comité français de la Libération nationale (CFLN), l'URSS était favorable à sa reconnaissance, mais les réticences américaines et britanniques retardèrent la décision. Quant à la rivalité entre de Gaulle et le général Giraud, l'URSS offrit tout d'abord son soutien à toutes les forces de résistance antihitlériennes. Puis, le 16 juin 1943, le commissaire du peuple aux Affaires étrangères Molotov envoya à l'ambassadeur Aleksandr Bogomolov une directive claire : « Premièrement. Nous donnons notre préférence à de Gaulle, car il a une position intransigeante à l'égard du gouvernement de Vichy et de l'Allemagne hitlérienne qui fait défaut au général Giraud. Deuxièmement. Nous préférons soutenir de Gaulle car il se tient fermement à une politique de restauration de la France républicaine et de ses traditions démocratiques. »

La reconnaissance par le gouvernement soviétique du CFLN fut rendue officielle le 26 août 1943 : l'URSS choisit alors de considérer le Comité français comme le représentant des intérêts nationaux de la République française et l'organe dirigeant de l'ensemble des mouvements de Résistance français en lutte contre la tyrannie hitlérienne. Il fut procédé à un échange d'ambassadeurs. Dans sa formulation, cette décision était plus brève et plus large que les reconnaissances officielles du gouvernement gaulliste par les autorités britanniques et américaines. Dans un télégramme adressé à Staline le 31 août, de Gaulle et Giraud notaient que cette décision se traduirait concrètement par le renforcement des contingents militaires alliés, car le CFLN prendrait désormais part de façon directe aux actions armées jusqu'à la victoire commune. Dès août-septembre 1943, le gouvernement soviétique se prononçait en faveur de la participation du CFLN aux travaux du conseil consultatif sur les affaires italiennes – sa voix eut un rôle décisif dans l'acceptation de la France dans cette instance.

En octobre 1943, de Gaulle devint l'unique représentant officiel et plénipotentiaire du CFLN. Moscou recevait alors des informations contradictoires sur le compte du Général. En août-septembre 1943, les services de renseignements soviétiques avaient ainsi fait part du souhait de De Gaulle de rencontrer Staline : « Cette rencontre peut servir de base à des contacts particulièrement étroits entre la France et l'Union soviétique. » Dès cette date, de Gaulle exprimait l'idée que l'ordre européen devait reposer sur une alliance entre l'URSS, la France et la Grande-Bretagne ; seules les deux premières devaient jouer selon lui un rôle de premier plan en Europe. Mais en janvier 1944, l'ambassadeur soviétique Bogomolov notait dans une lettre à Molotov que « de Gaulle défend une politique impérialiste destinée à assurer une domination française appuyée sur ses ressources intérieures ». Le diplomate déclarait en outre que le dirigeant français était prêt à dresser Britanniques et Soviétiques les uns contre les autres pour s'assurer une meilleure marge de manœuvre.

Le 2 juin 1944, le Gouvernement provisoire de la République française (GPRF), dont de Gaulle prit la tête, succéda au CFLN. Le gouvernement soviétique s'accorda avec la Grande-Bretagne et les États-Unis sur la position diplomatique à adopter à l'égard de cette nouvelle instance. Ainsi au cours de l'été n'accorda-t-il pas son soutien à la demande française de participation à la Commission consultative pour l'Europe sise à Londres. La position de De Gaulle se consolida toutefois lors de la Libération : le 23 octobre 1944, les gouvernements soviétique, britannique et américain reconnurent officiellement le GPRF. Cet acte diplomatique ouvrit la voie à l'entrée de la France le 11 novembre au sein de la Commission consultative européenne.

De Gaulle demanda à être reçu en URSS. Le 2 décembre 1944, il arriva à Moscou accompagné de proches conseillers. Son séjour dura jusqu'au 10. Les discussions tournèrent autour de la question de la sécurité en Europe au lendemain de la guerre. De Gaulle rejeta la proposition faite à Staline par Winston Churchill d'un pacte tripartite entre l'URSS, la France et la Grande-Bretagne. Les négociations furent intenses et débouchèrent sur la conclusion d'un pacte d'alliance franco-soviétique impliquant une assistance mutuelle contre toute nouvelle menace militaire allemande. Cependant, de Gaulle ne put obtenir le soutien de Staline sur la question du rétablissement de la frontière franco-allemande sur le Rhin. Par ailleurs, le Général fut contraint d'accepter le principe d'un échange d'ambassadeurs avec le Comité polonais de libération nationale proche des Soviétiques, le comité de Lublin.

De Gaulle comprit l'importance de l'alliance franco-soviétique et sut faire preuve d'obstination pour défendre ses positions. « Staline se montra beau joueur, écrivit-il. D'une voix douce, il me fit son compliment : Vous avez tenu bon. À la bonne heure ! J'aime avoir affaire à quelqu'un qui sache ce qu'il veut, même s'il n'entre pas dans mes vues. » À l'Assemblée consultative, le 21 décembre, il déclara encore : « Pour la France et la Russie, être unies, c'est être fortes ; se trouver séparées, c'est se trouver en danger. En vérite, il y a là comme un impératif catégorique de la géographie, de l'expérience et du bon sens. »

La signature du pacte franco-soviétique fut considérée comme un succès personnel du Général, qui renforçait la position internationale du GPRF. Pour autant, cela ne lui permit pas de participer aux conférences des « trois grands » à Yalta et Potsdam. Il est vrai cependant que la France obtint de participer au Conseil des ministres des Affaires étrangères, de devenir membre permanent du Conseil de sécurité de l'ONU et de recevoir la responsabilité d'une zone d'occupation en Allemagne.

La fin de la Seconde Guerre mondiale ouvrit entre la France et l'URSS une période de méfiance réciproque, de divergences, voire d'hostilité. L'Union soviétique s'engageait de plus en plus clairement dans une politique de guerre froide tandis que la France rejoignait les orientations américaines et britanniques et s'affirmait comme un membre du camp occidental. Après son départ du gouvernement en janvier 1946, de Gaulle soutint le renforcement politique et militaire de l'Occident face à l'Union soviétique. Cependant, il ne cessa de défendre l'idée d'un rôle central de la France dans la défense européenne et rejeta en 1954 le projet de Communauté européenne de défense. L'ambassadeur soviétique Sergueï Vinogradov maintint des contacts réguliers avec de Gaulle durant sa traversée du désert.

La Ve République et l'URSS. En 1958, la direction soviétique jugea de façon très négative la Constitution de la Ve République, qu'elle considérait comme « un régime de dictature autoritaire ». L'ambassade soviétique à Paris relevait cependant la popularité personnelle du Général dans le pays : « Jusqu'à présent, de Gaulle est considéré comme le seul homme politique capable d'apporter une solution à différents problèmes de la France, de réprimer la rébellion en Algérie, de sauver le pays de la guerre civile et de restaurer le "rang" de la France sur la scène internationale. »

Le gouvernement soviétique proposa à de Gaulle durant l'été 1958 de prendre des initiatives communes pour approfondir les relations franco-soviétiques et établir une coopération entre les deux pays dans la résolution des problèmes internationaux. De son côté, le chef de l'État français adressa un message bienveillant au dirigeant soviétique Nikita Khrouchtchev. Celui-ci fit en mars-avril 1960 une visite officielle en France. De Gaulle l'impressionna par sa force de caractère, sa conviction et son sens du pouvoir. De son côté, le dirigeant français décrivit Khrouchtchev comme une homme doué et intelligent qui faisait figure de *self-made man*. Les deux parties se prononcèrent en faveur du développement de l'amitié et de la coopération entre la France et l'Union soviétique ; les deux hommes se rencontrèrent à nouveau à Paris au mois de mai suivant, dans le cadre du sommet raté entre les dirigeants des quatre grandes puissances. De Gaulle jugea avec une grande sévérité les revendications tapageuses de Nikita Khrouchtchev à l'égard du président américain Eisenhower. Progressivement, le dirigeant français en vint à la conclusion que l'idéologie communiste ne jouait plus qu'un rôle mineur dans la conduite de la politique soviétique et que le Kremlin ferait tout pour éviter l'éclatement d'une guerre atomique (« les Russes n'oseront pas »). Tout en travaillant au dialogue franco-soviétique, de Gaulle soutint la ligne de la confrontation avec l'Union soviétique lors des crises de Berlin en 1958-1961 et de Cuba en 1962.

Après l'acquisition de l'arme atomique en 1960 et la fin de la guerre en Algérie en 1962, le président français travailla de façon encore plus active et énergique à affirmer l'indépendance de la France en matière de politique étrangère ainsi que son statut de grande puissance. Il faut noter en outre que l'indépendance algérienne permit de clore un des contentieux entre la France et l'URSS. De Gaulle fut confronté, d'une part, au refus de Londres et Washington d'offrir à Paris des pouvoirs égaux à ceux des gouvernements anglo-saxons dans les structures de commandement de l'OTAN et, d'autre part, à la fragilité de « l'axe Paris-Bonn » sur lequel il voulait s'appuyer. Cette situation poussa le dirigeant français à prendre des initiatives remarquées pour dépasser la logique de confrontation Est-Ouest qui caractérisait la guerre froide. Le retrait français du commandement intégré de l'OTAN en mai 1966, qui fut extrêmement bien accueilli à Moscou, s'inscrivait dans cette politique.

De Gaulle parlait désormais de plus en plus souvent d'une Europe s'étendant « de l'Atlantique jusqu'à l'Oural » et développait une politique étrangère active en Europe de l'Est. La période 1964-1966 fut marquée par le développement des relations entre la France et l'Union soviétique ainsi que plusieurs démocraties populaires. De Gaulle écrivit à l'occasion de l'accord commercial d'octobre 1964 entre la France et l'URSS : « Nous avons pu constater que, malgré les accidents de l'Histoire, nos deux nations sont liées en profondeur par une amitié durable, par la conviction de détenir un certain héritage commun et par un réciproque et cordial intérêt. » Moscou de son côté était favorable au rapprochement avec la France, sans fermer les yeux pour autant sur les différends qui existaient entre les deux pays. Dans une note commune, le ministère des Affaires étrangères soviétique et le KGB (Comité pour la sécurité de l'État) relevaient en mai 1966 : « Les dirigeants soviétiques comprennent bien que la France obéit à ses propres intérêts sur la scène mondiale et que les motifs de ses actions diplomatiques ne recoupent pas toujours les intérêts soviétiques et s'y opposent même parfois. Toutefois, il existe des domaines pour lesquels les intérêts de la France et de l'URSS sont objectivement proches ou identiques, ce qui permet de croire en la possibilité d'une coopération durable et stable des deux pays dans les affaires mondiales et en premier lieu européennes. » C'est cette communauté d'intérêts dans différentes questions internationales qui rendit possible la visite du président de Gaulle en Union soviétique.

La visite officielle du président français en URSS se déroula du 20 juin au 1er juillet 1966. De Gaulle mena des négociations avec les dirigeants soviétiques, visita Leningrad, Kiev, Volgograd, Novossibirsk et la base de Baïkonour où il assista au lancement d'un satellite soviétique. Il fut accueilli avec chaleur et avec tous les honneurs. Dans le discours prononcé lors du déjeuner officiel donné en son honneur, de Gaulle souligna : « À tous les points, la Russie est la grande puissance de cette partie du monde. Par ailleurs, elle est pour la France un partenaire avec qui l'entente et la collaboration sont hautement naturelles. En ce domaine, il existe, du point de vue politique et sentimental, une réalité tangible aussi ancienne que nos deux pays, liée à leur histoire et à leur géographie, qui fait qu'il n'y a jamais eu aucun grief sérieux entre eux, même aux temps de *Guerre et Paix* ou à l'époque de Sébastopol, liée enfin au fait que leurs élites intellectuelles, littéraires, artistiques et scientifiques et que les peuples eux-mêmes nourrissent une sympathie réciproque. » Le président français se prononçait alors pour la restauration d'une Europe unifiée et active.

Les dirigeants des deux pays s'accordèrent à reconnaître que les problèmes européens devaient être réglés à l'échelle du continent. Ils se prononcèrent pour l'établissement d'un climat de détente entre pays de l'Est et de l'Ouest. Français et Soviétiques examinèrent différents problèmes internationaux et s'entendirent pour mettre en œuvre des échanges bilatéraux dans les domaines politique, économique, scientifique et technique. Le général de Gaulle s'efforça par la suite de réaliser cette politique, jusqu'à sa démission en 1969. Les contacts franco-soviétiques prirent un caractère régulier. Des programmes de coopération entre les deux pays furent mis en œuvre dans différents domaines. Les relations, bien sûr, ne furent pas sans nuages. Des divergences apparurent à l'occasion du conflit israélo-arabe de 1967 et l'entrée des troupes soviétiques en Tchécoslovaquie ainsi que la répression du « printemps de Prague » en 1968 portèrent un coup encore plus sérieux aux relations franco-soviétiques. De Gaulle était parvenu à établir un dialogue entre Paris et Moscou, mais l'Union soviétique ne se confondait pour autant pas avec la Russie et l'idéologie continuait d'influencer sa politique.

Le général de Gaulle a marqué de sa personnalité exceptionnelle les relations de la France avec la Russie et l'Union soviétique. À la mort du Général, en novembre 1970, les dirigeants soviétiques adressèrent au président de la République Georges Pompidou un télégramme où l'on pouvait lire : « Remarquable homme d'État qui jouissait d'une grande autorité internationale, le général de Gaulle a beaucoup œuvré pour la restauration de la grandeur de la France à travers une politique étrangère indépendante. L'Union soviétique n'oublie pas et apprécie hautement l'apport majeur du Général au développement des relations d'amitié et de coopération qui lient la France et l'URSS. »

Mikhaïl Narinsky,
traduit par Benjamin Guichard

• *Voir aussi* : Accords franco-soviétiques ; Alliés ; Normandie-Niémen ; PCF ; Politique étrangère ; Traité franco-soviétique

Bibl. : Institut Charles-de-Gaulle, *De Gaulle en son siècle*, t. 4, Paris, *La Sécurité et l'indépendance de la France*, Plon-La Documentation française, 1992 • Maurice Vaïsse (dir.), *De Gaulle et la Russie*, Paris, Éditions du CNRS, 2006.

V comme Volapük

« [...] Dante, Goethe, Chateaubriand, appartiennent à toute l'Europe dans la mesure où ils étaient respectivement et éminemment Italien, Allemand et Français. Ils n'auraient pas beaucoup servi s'ils avaient été des apatrides et s'ils avaient pensé, écrit, en quelque "espéranto" ou "volapük" intégrés. »

De Gaulle, Conférence de presse du 15 mai 1962, *Discours et messages.*

VAILLAND, Roger (1907-1965). – Le général de Gaulle était un lecteur fidèle des prix Goncourt. C'est ainsi qu'il découvrit, en 1957, *La Loi* de Roger Vailland, achetée dans une librairie des environs de Colombey, comme il avait découvert, vingt-trois ans plus tôt, *La Condition humaine*. Bien qu'il le considérât comme un grand écrivain, Roger Vailland n'était pas, sur le plan politique, un inconditionnel de l'homme du 18 Juin si l'on en croit ce qu'il écrivit un jour à son propos : « De Gaulle n'est pas un contemporain, ce n'est pas un vivant. C'est une image d'Épinal destinée à illustrer Plutarque. » Son livre fit toutefois impression sur le retraité de Colombey qui se plut à reconnaître dans le protagoniste principal, Don Cesare, potentat local revenu de tout et ne se consacrant plus qu'à sa collection d'antiquités, une réplique parfaite de l'homme qu'il était devenu. « Eh ! bien, je suis comme ce vieil hobereau de l'Italie du Sud : désintéressé », lance-t-il à Roger Stéphane en le recevant dans son bureau de la rue de Solférino, le 9 janvier 1958. Et au maréchal Juin, son vieux camarade qui s'apprête à partir pour l'Italie au même moment, il recommande d'emporter *La Loi* pour son voyage : « Qu'est-ce que c'est ? demande Juin. – Le prix Goncourt, répond de Gaulle d'un ton royal. Bonneval, vous le lui achèterez. »

Le Général, qui s'est souvent comparé à Don Quichotte, aimait s'identifier à des héros de fiction. Ce jeu, volontiers provocant, ne visait pas seulement à alimenter son propre mythe, il pouvait lui servir aussi à brouiller les pistes et à duper ses auditeurs. À la date où il évoque en soupirant, devant ses rares visiteurs, le personnage de Vailland, de Gaulle n'est qu'à quelques mois de son retour au pouvoir. Mais il sait que les événements joueront d'autant mieux en sa faveur qu'il paraîtra, le plus longtemps possible, « désintéressé ».

Jean-Luc BARRÉ

• *Voir aussi* : Bibliothèque personnelle ; Intellectuels

Bibl. : Olivier Guichard, *Mon Général*, Paris, Grasset, 1980 • Alain Larcan, *De Gaulle inventaire, la culture, l'esprit, la foi*, Paris, Bartillat, 2003 • Roger Stéphane, *Tout est bien*, Paris, Quai Voltaire, 1989.

VALÉRY, Paul (1871-1945). – « Je suis content de lui avoir fait des funérailles nationales », confiait le Général à André Malraux au sujet de Paul Valéry. L'hommage exceptionnel qu'il avait tenu à rendre à l'auteur de *Monsieur Teste* lors de sa disparition en 1945 ne visait pas seulement à honorer les lettres françaises dans ce qu'elles avaient su garder de plus estimable et prestigieux. En saluant avec une telle solennité la mémoire de Paul Valéry, c'est aussi à l'un de ses écrivains de prédilection qu'il avait voulu témoigner publiquement sa reconnaissance et son admiration.

Davantage que *La Jeune Parque* ou *Le Cimetière marin*, ce sont des textes comme *Regards sur le monde actuel* qui ont surtout retenu l'attention de Charles de Gaulle. On en veut pour preuve les nombreuses mentions de l'œuvre du moraliste qui figurent dans ses propres carnets, livres ou messages. En novembre 1967, le Général se référera une fois encore à Paul Valéry pour expliquer, lors d'une conférence de presse, son retentissant discours du Québec, en citant une des dernières pensées de l'écrivain, relative précisément au Canada français, « élément d'espoir inappréciable qui affirme notre présence sur le continent américain ». Caution éclatante pour le provocant visiteur de Montréal.

Bien que familier du maréchal Pétain, qu'il avait accueilli à l'Académie française en janvier 1931, Valéry s'était résolument tenu à distance de Vichy par hostilité foncière tant au régime lui-même qu'à sa politique de collaboration. Cette attitude sans équivoque n'avait fait qu'ajouter à l'estime de De Gaulle à son égard. Elle lui valut, une semaine à peine après la libération de Paris, d'être invité par le Général à dîner en tête à tête au ministère de la Guerre le 3 septembre 1944 – deux jours après François Mauriac...

De cette rencontre – la première entre eux, semble-t-il – subsiste un seul récit : celui de Paul Valéry dans ses *Cahiers*. D'abord surpris par une telle invitation, le poète l'est tout autant par l'amabilité de son hôte. Contrairement à Mauriac, qu'il a surtout entretenu des prochaines élections à l'Académie, le Général lui livre ses impressions sur la guerre en cours, tout en restant très réservé sur les questions de politique intérieure. Moins subjugué qu'intrigué, Valéry, qui décrit un homme « remarquablement grand », au « nez très fort », doté d'« un regard assez puissant et lourd », est avant tout frappé par la complexité du personnage. « Je n'ai pas une idée nette du Général, qui semble assez secret, notera-t-il. Difficile de faire l'analyse chimique qui discernerait l'homme, le militaire et le politique. Il me semble cependant qu'il a la concentration de celui qui joue une partie des plus compliquées. Il a bien des cartes dans le jeu actuel... » Le temps fera défaut à ces deux hommes aussi hantés l'un que l'autre par l'Histoire et le destin des civilisations pour nouer le véritable dialogue auquel tout les destinait. Jean-Luc BARRÉ

• *Voir aussi* : Bibliothèque personnelle ; Intellectuels

Bibl. : Alain Larcan, *De Gaulle inventaire*, Paris, Bartillat, 2003 • Paul Valéry, *Cahiers*, Paris, Gallimard, coll. « La Pléiade », t. 2, 1974.

VALLERY-RADOT, Louis Pasteur (1886-1970). – Le petit-fils du célèbre biologiste, Louis Pasteur Vallery-Radot, qui fut l'un des grands patrons de la médecine française dans les années 1950, inventeur de l'allergologie, doit beaucoup au général de Gaulle. Il lui a aussi beaucoup donné.

C'est par décret du 4 septembre 1945, signé du général de Gaulle, qu'il fut légalement autorisé à ajouter le nom de Pasteur à son patronyme, et à s'appeler légalement « Pasteur Vallery-Radot ». Juste reconnaissance pour un homme qui a réalisé l'édition des *Œuvres complètes*, puis de la *Correspondance* de son illustre grand-père, et a présidé plus de vingt ans aux destinées de l'Institut Pasteur.

Né en 1886, Louis Pasteur Vallery-Radot a connu la Belle Époque. Ami intime de Claude Debussy et de Paul Valéry, Pasteur Vallery-Radot a toujours eu une vie mondaine très remplie. Ce qui ne l'empêcha cependant pas de poursuivre des études de médecine, et d'obtenir de brillants succès : reçu au concours du médicat des hôpitaux en 1919, il devient, à trente-trois ans, le plus jeune médecin des hôpitaux de France. Il n'a pas quarante ans lorsqu'il est élu à l'Académie de médecine. Celui à qui tout semble réussir sans trop d'efforts, et qui se revendique comme un « non-conformiste », est aussi un grand patriote.

Médecin auxiliaire, puis aide-major pendant la Première Guerre mondiale, Louis Pasteur Vallery-Radot est médecin-major attaché au cabinet de Georges Mandel, alors ministre des Colonies, en 1940. Démobilisé à Vichy, il se réfugie chez des amis à Figeac, où il entendra, le 18 juin 1940, l'appel du général de Gaulle. S'il accepte pendant trois mois la direction de la Croix-Rouge, Pasteur Vallery-Radot refusera d'être nommé doyen de la faculté de médecine par Vichy.

Comment est-il entré en contact avec la Résistance civile ? Visiblement par l'intermédiaire de son ami, le professeur Robert Debré. Affilié à l'Organisation civile et militaire fin 1942, Pasteur Vallery-Radot organise avec l'un de ses élèves, Paul Milliez, le Service national de santé de la Résistance, embryon de ce qui deviendra le Comité médical de la Résistance, organisme clandestin de la France libre qui rassemble les médecins résistants de toute obédience. Président du Comité médical de la Résistance, Pasteur Vallery-Radot devient un homme très recherché par la Gestapo pour qui il est « le Commandeur ». Nommé, à Alger, secrétaire général à la Santé, il sera un éphémère ministre de la Santé, occupant le ministère le 21 août 1944, pour laisser la place, le 14 septembre de la même année, au communiste François Billoux. De l'interruption de cette carrière politique, Pasteur Vallery-Radot ne tiendra pas grief au général de Gaulle – ravi d'être élu membre de l'Académie française le 12 octobre 1944.

Alors qu'il occupe la chaire de clinique médicale du nouvel hôpital Broussais, Pasteur Vallery-Radot revient, à la demande pressante du général de Gaulle, à la politique. Il entre au comité exécutif du RPF (Rassemblement du peuple français) en 1947, et est élu député RPF de Paris lors des élections législatives de 1951 – pour démissionner de sa fonction en 1952. En 1958, il lance, à la demande de Jacques Chaban-Delmas, l'Union civique pour le référendum en vue de l'avènement de la Vᵉ République, association appelée à se dissoudre – et qui se dissoudra – le jour même de l'adoption de la Constitution, le 28 septembre 1958. L'année suivante, Pasteur Vallery-Radot est nommé membre du Conseil constitutionnel et élevé à la dignité de grand-croix de la Légion d'honneur, distinction que le général de Gaulle tient à lui remettre lui-même, pour ensuite le recevoir à déjeuner dans la plus stricte intimité. C'est l'acmé des rapports entre les deux hommes.

La guerre d'Algérie, et l'évolution du général de Gaulle vers la solution de l'indépendance, heurte en profondeur les sentiments nationalistes de Pasteur Vallery-Radot. Si, le 1er janvier 1962, à la demande du général de Gaulle, il accepte de siéger comme juré au haut tribunal militaire institué pour juger les généraux putschistes, il demande à démissionner de ses fonctions le 19 avril 1962, moins d'une semaine après la condamnation à mort du général Jouhaud, condamnation qu'il ne parvient pas à accepter. Si Pasteur Vallery-Radot remplit finalement ses fonctions jusqu'au bout, c'est pour contribuer à éviter au général Salan la peine de mort. Vient alors, entre les deux hommes, le temps du mépris : le général de Gaulle raye Pasteur Vallery-Radot du Conseil de l'ordre de la Légion d'honneur et ignore le don à la Nation de l'ensemble des papiers et des manuscrits de Pasteur ; Pasteur Vallery-Radot, plein de rancœur et d'amertume envers l'homme qu'il avait « le plus admiré et aimé », votera « non » au référendum de 1969. Anne SIMONIN

• *Voir aussi* : Debré, Robert ; Juridictions d'exception ; Santé (politique de)

Bibl. : Louis Pasteur Vallery-Radot, *Mémoires d'un non-conformiste*, Paris, Plon, 1970 • Anne Simonin, « Le Comité médical de la Résistance : un succès différé », *Le Mouvement social*, « Résistance et professions », sous la direction d'Antoine Prost, nº 180, juillet-septembre 1997, p. 159-178.

VALLIN, Charles (1903-1948). – Né dans une famille de tradition contre-révolutionnaire, Charles Vallin poursuit des études de lettres et d'histoire et milite aux Étudiants d'Action française, dont il démissionne début 1927. Favorable au rapprochement franco-allemand, il est employé par la Haute Commission rhénane puis devient fondé de pouvoir dans une banque parisienne. Dès 1933, il est sans illusion sur le nazisme. En 1935, il s'engage corps et âme dans le mouvement Croix-de-Feu puis le Parti social français (PSF), dont il deviendra vice-président. Début novembre 1938, cet antimunichois déclaré est élu député à Paris. Jusqu'à la guerre, il se signale par sa volonté de résister aux entreprises hitlériennes.

Engagé le 2 septembre 1939, le lieutenant Vallin sert dans une unité combattante. Le 10 juillet 1940, à Vichy, il vote la dévolution des pouvoirs constituants au maréchal Pétain. Par la suite, il s'implique à nouveau dans le parti du colonel de La Rocque, devenu Progrès social français. À l'automne 1941, il prend ses distances avec Vichy en refusant de s'associer aux conclusions du Conseil de justice politique créé par Pétain pour juger les dirigeants de la IIIe République, puis en s'opposant à l'absorption du PSF par la Légion française des combattants. Des conversations avec Pierre Brossolette achèvent de le décider : au début du printemps 1942, il est résolu à gagner Londres afin de représenter sa famille de pensée auprès du général de Gaulle.

Le 14 septembre, Vallin parvient dans la capitale anglaise avec Pierre Brossolette. Le 17, il parle à la BBC : « Parce que le général de Gaulle fut le premier à dire non, [...] c'est sur son nom que s'opère, en ce moment, la réconciliation des Français attachés à leur indépendance et aux libertés que leurs pères ont conquises. » Il renouvellera plusieurs fois cette prise de position, à la radio et dans les journaux. Si l'ancien bras droit de La Rocque est bien accueilli par la France combattante, son arrivée soulève une tempête politique dans les milieux français émigrés. Aussi de Gaulle décide-t-il de l'éloigner. Le 25 septembre, il reçoit longuement Vallin et lui annonce qu'il l'envoie en mission dans l'Empire français libéré.

Au printemps 1943, Vallin est à Alger où il milite pour la venue de De Gaulle ; à l'automne, son vote de juillet 1940 lui vaut d'être écarté de l'Assemblée consultative provisoire (ACP). Il décide alors de s'engager. Commandant en second du 3e bataillon de zouaves portés, il débarque en Provence le 15 août 1944. Après avoir participé à tous les combats de la 1re armée française, il atteint le Danube le 21 avril 1945. Le 18 juin, il défile sur les Champs-Élysées à la tête de son unité.

Bien que frappé d'inéligibilité, Vallin s'efforce d'œuvrer au rassemblement des formations politiques de la droite modérée sous l'égide du Parti républicain de la liberté (PRL). Fin décembre 1945, il part pour Alger où il crée une antenne du PRL. Malade, il doit progressivement renoncer à ses activités politiques. Il meurt en avril 1948. Quelques semaines plus tôt, le 23 février, le général de Gaulle lui a adressé ces mots : « Depuis que je vous ai connu, [...] tout ce que vous avez fait m'a renforcé dans mon estime et dans mon amitié pour vous. Vous avez été loyal, désintéressé et efficace. En outre, vous avez été brave. Vous vous guérirez parce que nous avons besoin de vous pour la suite. Croyez-moi votre fidèle et dévoué compagnon. » Guillaume PIKETTY

• *Voir aussi* : Brossolette, Pierre ; PRL

Bibl. : Thérèse Charles-Vallin, *Charles Vallin, mon père. Enquête sur une certaine idée de la France*, Anglet, Atlantica, 2003 • Jean-Louis Crémieux-Brilhac, *Ici Londres : les voix de la liberté, 1940-1944*, t. 2, *Le Monde en feu. 8 décembre 1941-7 novembre 1942*, Paris, La Documentation française, 1975 • Guillaume Piketty, *Pierre Brossolette, un héros de la Résistance*, Paris, Odile Jacob, 1998.

VALLON (amendement). – Au milieu des années 1960, la construction de la Communauté européenne et l'abaissement des barrières douanières imposent une concurrence plus vive. Valéry Giscard d'Estaing, ministre des Finances, veut offrir des avantages aux actionnaires afin de prévenir toute fuite des capitaux vers des pays aux législations plus avantageuses. Aussi décide-t-il d'importants allègements fiscaux sur les revenus mobiliers. Louis Vallon s'indigne au nom de l'équité sociale. Rapporteur général de la commission des Finances, il relève avec vigueur que ces mesures ne peuvent profiter aux plus défavorisés et menace de démissionner si aucune mesure n'est prise en faveur des salariés. En cours de séance, Gilbert Grandval est sollicité d'urgence au ministère du Travail ; son conseiller technique, Bernard Ducamin, rédige sur-le-champ une proposition qu'il dicte par téléphone à Louis Vallon : « Le gouvernement déposera avant le 1er mai 1966 un projet de loi définissant les modalités selon lesquelles seront reconnus et garantis les droits des salariés sur l'accroissement des valeurs d'actif des entreprises dues à l'autofinancement. »

Ainsi est né le fameux amendement à l'article 33 de la loi de finances du 12 juillet 1965. Anodin en apparence, il est adopté sans presque aucune discussion grâce aux consignes de l'Élysée. C'est alors que s'engage une course de lenteur. Il faut attendre le nouveau ministre de l'Économie et des Finances, Michel Debré, pour que, le 16 février 1966, soit annoncée la mise à l'étude d'un projet de loi sur l'appropriation par les salariés d'une partie des profits obtenus par autofinancement des entreprises. Le 18 mars 1966, une commission ayant mission d'étudier les modalités de réalisation de l'amendement Vallon est nommée par Michel Debré. Le Général ne formulera aucune objection particulière sur les noms proposés mais fit part de son regret de ne pas y voir figurer Marcel Loichot. Ce polytechnicien avait imaginé un mécanisme qui avait séduit Louis Vallon et l'UDT (Union démocratique du travail). Il associait les travailleurs à la marche de l'entreprise *via* la détention d'une majorité du capital, acquise en vingt-cinq ans. Selon Étienne Burin des Roziers, l'absence de Marcel Loichot ne devait rien au hasard ; la commission présidée par Raymond Mathey et dans laquelle siégeait Raymond Barre avait été conçue pour « trouver une espèce d'expertise contraire aux idées de la participation telle que l'entendait le Général ».

En juillet, le rapport Mathey est rendu public. Il émet trois catégories d'avis : renoncer à l'application de la réforme prévue à l'article 33 de la loi du 12 juillet 1965, c'est-à-dire à l'amendement Vallon ; si cette réforme n'est pas abandonnée, en rendre l'application facultative ; si, enfin, l'application en est rendue obligatoire, proposer un certain nombre de dispositions tendant à en limiter les effets.

Au dire d'Étienne Burin des Roziers, le Général voulait obtenir un changement révolutionnaire dans l'entreprise, bouleversant le droit des sociétés de manière à ce que l'apporteur de travail soit considéré comme un associé à part entière. Après avoir rappelé assez énergiquement les engagements du gouvernement, le 16 mai 1967, au cours d'une conférence de presse, le président de la République formule une critique à peine voilée de la commission Mathey. Il décide d'agir par ordonnance et, début juillet, exige de Georges Pompidou, fort réservé, « un texte dans les huit jours ». Un compromis est laborieusement établi sur la base du troisième des avis de la commission. L'obligation est retenue. En revanche, les modalités de calcul et d'attribution désamorcent tout mécanisme de type Loichot, réduisant l'ensemble à une forme d'intéressement. Déçu, le Général reconnaît néanmoins l'avancée contenue dans le texte examiné en Conseil des ministres le 31 juillet, le qualifiant d'« importante étape ». Il signe et promulgue la célèbre ordonnance le 17 août. Cette date estivale, de même que le recours à une ordonnance, symbolise bien les difficultés rencontrées par Charles de Gaulle en matière sociale au sein de sa majorité. Néanmoins, cette loi instaure un principe nouveau, à savoir la reconnaissance d'un véritable droit des salariés au partage des fruits de l'expansion de l'entreprise.

Patrick Guiol

• *Voir aussi* : Association capital-travail ; Participation ; Sociale (politique) ; UDT

Bibl. : Jean-Claude Casanova, « L'amendement Vallon », *Revue française de science politique*, vol. XVII, n° 1, Paris, 1967, p. 97-109 • Cahiers de la Fondation Charles-de-Gaulle, *La Participation dans l'entreprise*, n° 5, Paris, Fondation Charles-de-Gaulle, 1998 • Bernard Ducamin, « Souvenirs relatifs à l'élaboration de l'ordonnance du 17 août 1967 », *Espoir*, n° 125, décembre 2000, p. 37-40 • *Espoir*, n° 10-11, « La participation », juin 1975 • Marcel Loichot, *La Mutation ou l'Aurore du pancapitalisme*, Paris, Tchou, 1970.

VALLON, Louis (1908-1981). – Louis Vallon a longtemps incarné le « gaullisme de gauche ». Fils d'un instituteur socialiste responsable de la Ligue des droits de l'homme, de tradition protestante, il milite aux Jeunesses socialistes de la Drôme à partir de 1923. Polytechnicien, membre fondateur du groupe X-Crise, il appartient au Bureau d'études économiques de la CGT. En 1936, Léon Blum lui confie la direction des émissions économiques et sociales de la Radiodiffusion. À l'automne 1938, il est antimunichois.

Fait prisonnier en juin 1940, libéré en 1941, il rejoint le mouvement Libération-Nord puis le réseau Confrérie Notre-Dame du colonel Rémy. Commence alors sa conversion gaulliste : « Grâce à lui [de Gaulle], l'histoire reprend pour les Français le visage de l'espoir [...]. Je deviens donc "gaulliste". Depuis ma jeunesse, j'étais socialiste ; je le reste aussi », écrira-t-il dans *L'histoire s'avance masquée*, paru en 1957. Recherché, il gagne Londres en juillet 1942, où il prend la direction de la section non militaire du Bureau central de renseignements et d'action. En novembre 1943, il est membre de l'Assemblée consultative provisoire. Durant la campagne de France, il commande le 1er groupe des commando-parachutistes ; fin 1944, le général de Gaulle en fait le directeur adjoint de son cabinet et, en 1946, il devient directeur des Monnaies et Médailles.

Resté adhérent de la SFIO jusqu'alors, Vallon participe à la fondation du RPF, dont il est délégué général pour la région parisienne. Secrétaire général à l'action ouvrière et sociale, il prône l'association capital-travail, afin que les travailleurs « aient leur légitime part des fruits du travail commun dans les entreprises ». Avec l'appui de De Gaulle, il cherche un mode de relation du travail qui puisse « décapitaliser l'entreprise sans la décapiter », mais suscite des réticences au sein du RPF et une hostilité constante de la part du patronat. Élu député RPF de la Seine en 1951, il constitue l'Union des républicains d'action sociale (URAS) puis fonde, en 1955, l'Union démocratique du travail avec René Capitant, Yvon Morandat et Jean de Lipkowski. Opposant à la Communauté européenne de défense, il milite parmi les Nouvelles gauches.

Battu aux élections législatives de 1956 et 1958, il retourne au ministère des Finances puis, de 1959 à 1962, siège au Conseil économique et social (CES). Il réactive l'Union démocratique du travail, dont il devient secrétaire général. Il en dirige le journal. Élu député de Seine-et-Oise en 1962, rapporteur général de la commission des finances de l'Assemblée nationale, il fait adopter, le 12 juillet 1965, l'amendement Vallon en faveur de l'intéressement des salariés dans les entreprises. L'ordonnance d'août 1967 sur la participation apparaît comme un compromis entre les propositions de Vallon et Marcel Loichot et les vues de Georges Pompidou et Michel Debré. Battu en 1967, Louis Vallon retourne au CES. Réélu député UDR en 1968 à Paris, il s'oppose à Pompidou qu'il accuse d'avoir provoqué l'échec du référendum de 1969 et par conséquent le départ de De Gaulle. Après la publication de son pamphlet *L'Anti de Gaulle*, il est exclu de l'UDR en novembre 1969. En 1974, il appelle à voter pour François Mitterrand. Gilles Morin

• *Voir aussi* : Association capital-travail ; BCRA ; Gaullistes ; Participation ; Républicains sociaux ; UDT

Bibl. : Gérard Brun, *Louis Vallon ou la politique en liberté. De Jaurès à de Gaulle*, Paris, Economica, 1986 • Patrick Guiol, *L'Impasse sociale du gaullisme*, Paris, PFNSP, 1985 • Louis Vallon, *L'Anti de Gaulle*, Paris, Le Seuil, 1969.

VANIER, Georges (1888-1967). – Georges Vanier, né à Montréal, s'illustre sur les champs de bataille de la Première Guerre mondiale. Entré ensuite dans le service diplomatique, il devient ministre du Canada en France en 1939. Le jour de la signature de l'armistice, il quitte Paris pour Londres, en accord avec son gouvernement. Il désapprouve la décision du gouvernement français. La résignation officielle de son poste de ministre en France intervient le 5 novembre 1942, et il est nommé presque aussitôt auprès des gouvernements alliés réfugiés à Londres. À ses yeux, le général de Gaulle représente la meilleure espérance d'un rétablissement moral et politique en France.

Après la création du CFLN (Comité français de la Libération nationale) en juin 1943, Vanier conseille à Ottawa de reconnaître le Comité au plus vite, et demande à être désigné auprès de celui-ci comme représentant canadien. Il quitte ainsi Londres pour Alger le 30 décembre 1943. Il avait été entre-temps élevé au rang d'ambassadeur. Il conseille à de Gaulle, qu'il rencontre régulièrement, d'accepter l'invitation du président Roosevelt à se rendre aux États-Unis. Le chef de la France libre en revient avec la reconnaissance du CFLN par Roosevelt comme le gouvernement *de facto* de la France libérée. Vanier obtient également que de Gaulle soit reçu à Ottawa. En septembre 1944, il quitte Alger pour Londres, puis Paris. Devenu, à sa grande joie, premier ambassadeur canadien en France, il est reçu le 10 octobre par le général de Gaulle. Celui-ci effectue une deuxième visite au Canada en août 1945.

Vanier admire profondément de Gaulle. De son côté, celui-ci reconnaît volontiers sa dette envers Georges Vanier. Il lui écrit le 6 novembre 1945 : « Je n'oublie pas que vous avez été dès le premier jour l'ami fidèle des Français libres et le défenseur ardent de leur cause. Chaque nouvelle preuve que donne la France de sa vitalité est un hommage rendu à votre clairvoyance. » Lorsque de Gaulle démissionne en janvier 1946, Vanier lui adresse le message suivant : « Au moment où vous quittez la présidence du gouvernement provisoire, je désire vous faire part de la profonde tristesse que cette séparation me cause, de l'admiration pour l'œuvre accomplie, de ma confiance pour l'avenir. [...] Je continuerai à prier pour vous et pour la France. »

Georges Vanier reste ambassadeur à Paris jusqu'en 1953. Il garde le contact avec de Gaulle à qui il rend visite à plusieurs reprises à Colombey-les-Deux-Églises. En 1959, il devient gouverneur général du Canada et reçoit chaleureusement de Gaulle à Rideau Hall lors du troisième voyage de ce dernier au Canada en avril 1960. Le président français est heureux de retrouver Vanier pour lequel il éprouve une « profonde et amicale estime ». Vanier, qui vient d'achever son mandat de gouverneur général, meurt en mars 1967. Lors de son voyage au Québec au mois de juillet, le général de Gaulle se rend à la citadelle pour déposer une couronne sur la tombe de l'homme qui l'avait soutenu quand il était presque seul.

Yves-Henri Nouailhat

• *Voir aussi* : Alliés ; Discours du 24 juillet 1967

Bibl. : Philippe Prevost, *La France et le Canada. D'une guerre à l'autre (1918-1944)*, Saint-Boniface (Manitoba), Les Éditions du Blé, 1994 • Robert Speaight, *Georges P. Vanier. Soldat, diplomate et gouverneur général*, Montréal, Fides, 1972 • Dale C. Thomson, *De Gaulle et le Québec*, Saint-Laurent (Québec), Éditions du Trécarré, 1990.

VATICAN (1958-1970). – Dès son retour au pouvoir début juin 1958, le général de Gaulle sollicite et obtient de Pie XII un « soutien spirituel » pour la mission difficile dont il vient de se charger. En octobre, il adresse ses condoléances au Vatican après la mort de ce « grand pape », non sans rappeler « l'accueil émouvant » qu'il lui avait réservé le 30 juin 1944, à « une heure de gloire pour la France ». Selon plusieurs chancelleries européennes, le chef du gouvernement français se montre si actif à la veille du conclave qu'on peut se demander s'il « ne croit pas vivre au XVIIe siècle », quand les rois faisaient les papes. Il aurait suggéré un accord contre les cardinaux Pizzardo et Ruffini, jugés conservateurs et hostiles à la France ; parmi ses candidats, l'ancien nonce à Paris Angelo Giuseppe Roncalli, qu'il s'empresse de féliciter au lendemain de son élection. L'audience du 27 juin 1959 donne lieu à un échange d'amabilités publiques sur le mandat parisien de Jean XXIII. À la Libération, de Gaulle avait refusé d'accréditer Mgr Valerio Valeri, le nonce qui avait servi auprès de Pétain, et le pape avait finalement nommé nonce Mgr Roncalli. Lors de l'audience de 1959, le nouveau pape évoque pour sa part la responsabilité de la France envers sa communauté et l'ensemble du tiers-monde. Les *Mémoires d'espoir* rapportent les propos privés de Jean XXIII en des termes qui tranchent sur l'optimisme dont il est souvent crédité. « Puis, avec une anxiété que maîtrise sa sérénité, le souverain pontife m'entretient de l'ébranlement spirituel qu'infligent à la Chrétienté les gigantesques bouleversements du siècle. Chez tous ceux des peuples d'Europe et d'Asie qui sont soumis au communisme, la communauté catholique est opprimée et coupée de Rome. Mais partout ailleurs, sous de libres régimes, une sorte de contestation diffuse bat en brèche, sinon la religion, du moins son action, ses règles, sa hiérarchie, ses rites ». Jean XXIII estime toutefois, selon de Gaulle, que l'Église surmontera cette crise comme celles qu'elle a traversées dans le passé. « Il croit qu'en mettant en œuvre ses valeurs propres d'inspiration et d'examen elle ne manquera pas, une fois encore, de rétablir son équilibre ». Impossible de vérifier la valeur d'un tel témoignage, puisque l'agenda tenu par le pape est vide pour le mois de juin 1959.

Grâce aux ambassadeurs Roland de Margerie, Guy de La Tournelle et René Brouillet, le général de Gaulle peut suivre de près les préparatifs et le déroulement du concile Vatican II, convoqué par Jean XXIII et mené à bien par Paul VI, dont il a salué l'avènement en juin 1963. Par trois fois, le président de la Ve République soulignera publiquement l'intérêt de la France pour le grand événement ecclésial auquel ses évêques et ses théologiens ont pris une part importante : « À ce sujet, je dois dire qu'aucun pays ne considère avec plus d'attention et d'espérance que la France le grand mouvement de renouveau religieux, moral et social que l'Église et ses pasteurs ont estimé nécessaire », dit-il d'abord le 30 mai 1964 au cardinal Marella, légat pontifical pour le VIIIe centenaire de Notre-Dame de Paris. « Le Concile nous a donné de nouvelles raisons d'espérer un surcroît d'entente et de compréhension entre les hommes », écrit-il ensuite dans ses vœux du 29 décembre 1966 à Paul VI. « C'est avec un intérêt passionné que le peuple français a suivi l'immense confrontation, l'examen de conscience sans précédent, que vient d'être pour toute la catholicité le XXIe Concile œcuménique », souligne-t-il enfin dans sa réponse lors de l'audience du 31 mai 1967 accordée par Paul VI, dont le Général loue les efforts pour « traduire en actes les maximes de Vatican II » et pour « unir dans un juste équilibre *nova et vetera* ».

Cet aval gaullien à l'entreprise conciliaire répond à l'approbation des axes majeurs de la politique française par le Saint-Siège. Celui-ci ne peut que se féliciter de la loi Debré de décembre 1959 qui assure un statut contractuel à l'enseignement confessionnel ; et il accompagne de Gaulle dans sa quête d'une solution négociée en Algérie, comme le prouve le chapeau cardinalice accordé en 1965 à l'archevêque d'Alger Mgr Duval, qui en était un chaud partisan depuis longtemps. Peu de gros nuages donc entre Paris et le Vatican durant la Ve République gaullienne. À Paul VI qui rappelle le rôle de la France dans sa propre formation intellectuelle, le Général répond le 31 mai 1967 que cette France ne saurait « méconnaître une histoire qui a fait d'elle la fille aînée de l'Église ». Le pape rappelle les devoirs de Paris envers l'unité européenne et envers le tiers-monde ; le président français se félicite de l'engagement pontifical pour le dialogue et pour le développement, « nouveau nom de la paix », dans ses encycliques *Ecclesiam suam* (1964) et *Populorum progressio* (1967). Silencieux au moment de sa démission en avril 1969, le Vatican ne manque pas d'envoyer des condoléances lors de la mort du général de Gaulle en novembre 1970.

Étienne Fouilloux

• *Voir aussi :* Catholique (foi) ; Église catholique ; Églises et cultes ; Enseignement privé ; Funérailles

Bibl. : Marco Impagliazzo, *Duval d'Algeria. Una Chiesa tra Europa e mondo arabo (1946-1988)*, Rome, Edizioni Studium, 1994 • Alberto Melloni, *L'altra Roma. Politica e S. Sede durante il concilio Vaticano II (1959-1965)*, Bologne, Il Mulino, 2000 • Les citations des documents sont extraites de la revue *La Documentation catholique*.

VENDROUX, Jacques (1897-1988). – Confident de sa sœur Yvonne, Jacques Vendroux est aussi l'ami le plus proche du couple de Gaulle. Des fiançailles jusqu'à la mort, on le trouve discrètement présent. Dans son livre *Yvonne, ma sœur*, il note ce mot d'Yvonne en 1920, au retour du Salon d'Automne où Charles de Gaulle lui a été présenté : « Ce sera lui ou personne ! » Quand Charles invite cette dernière au bal de Saint-Cyr à Versailles, Jacques est son chaperon. Tous deux blessés et faits prisonniers pendant la Grande Guerre, les deux jeunes gens se découvrent une réelle complicité, en dépit de leurs projets très différents. Élevé en grand bourgeois, Vendroux se prépare en effet à succéder à son père à la direction de la biscuiterie familiale de Calais. En 1946, alors qu'il médite, au cap d'Antibes, de quitter le pouvoir, c'est à son beau-frère, invité avec sa femme Cada, que le Général se confie. Contrairement à Pierre de Gaulle, Jacques Vendroux pousse le chef du Gouvernement provisoire de la République française à démissionner : pourquoi ne pas laisser les partis « tenter l'expérience qui les condamne à l'impuissance et à la confusion » ? En 1957, les de Gaulle voyagent en Bretagne avec les Vendroux quand le Général lâche soudain : « Le drame de l'Algérie sera sans doute la cause d'un sursaut des Français. » Son beau-frère le scrute. « Il ne se passera pas longtemps, ajoute de Gaulle, avant qu'ils ne soient obligés de revenir me chercher. » Témoin sinon conseiller, Jacques Vendroux est parfois aussi chargé de missions délicates. En 1947, une dame âgée ayant offert au Général de lui léguer son château, c'est lui qui devra lui répondre, au nom de l'homme du 18 Juin, que celui-ci s'est fait une règle de ne jamais accepter de cadeau.

Entre-temps, en mai 1940, Jacques Vendroux a été fait de nouveau prisonnier par les Allemands. Libéré en 1941, il s'engage dans la Résistance. Sa parenté avec de Gaulle faisant de lui un possible otage de choix, il quitte Calais pour le Sud-Ouest. Le débarquement de Normandie le rappelle dans sa région où, à la tête des FFI, il participe à la libération de sa ville. Il sera le maire de Calais, puis député, jusqu'en 1969, et vendra alors la biscuiterie familiale. À ces mandats, Vendroux ajoutera ceux de vice-président du Parlement européen (1960-1967) puis de président de la commission des Affaires étrangères de l'Assemblée nationale (1967-1969). Cette brillante carrière et de nombreuses décorations (médaille militaire, croix de guerre, officier de la Légion d'honneur) ne changeront rien à son extrême discrétion.

Rien d'étonnant, donc, si en 1969, lors du retour à Colombey, Jacques Vendroux est l'un des seuls à qui Yvonne de Gaulle ne ferme pas la porte de La Boisserie. À la mort du Général, il est encore le seul, avec Philippe de Gaulle et Alain de Boissieu, à qui elle demande d'accueillir, ou d'éconduire, nombre de visiteurs. À la fin de sa vie, madame de Gaulle, retirée chez des religieuses à Paris, ne verra plus, outre ses enfants, que son frère. Il l'emmènera régulièrement déjeuner au restaurant. Jusqu'à ce qu'elle ne puisse plus sortir.

Christine Clerc

• *Voir aussi* : Famille

Bibl. : Jacques Vendroux, *Cette chance que j'ai eue*, Paris, Plon, 1974 • Id., *Yvonne, ma sœur*, Paris, Plon, 1980.

VERCORS, Jean Bruller, dit (1902-1991). – De son vrai nom Jean Bruller, Vercors incarne l'écrivain figure de la Résistance. Il est l'auteur d'un livre-culte, *Le Silence de la mer*, publié en 1942 sous l'occupation nazie, qui fit sa renommée. Bien que son œuvre littéraire ne se résume pas – loin s'en faut – à ce premier roman (on lui doit près de cinquante ouvrages littéraires, historiques et de théâtre), son nom reste attaché à cette publication emblématique du mouvement de refus de l'Occupation.

Né en 1902, il suit d'abord des études à l'École alsacienne, obtient un diplôme d'ingénieur, puis entame une carrière de dessinateur, de graveur et d'illustrateur. Il devient durant l'Occupation, après avoir pris le pseudonyme de Vercors au pied du massif « d'une sonorité impressionnante », diffuseur clandestin de *La Pensée libre*, première revue de la Résistance, avant de fonder avec Jean de Lescure les Éditions de Minuit, qui publieront notamment l'anthologie de poètes résistants *L'Honneur des poètes* et *Le Cahier noir* de Forez (François Mauriac). Le prestige de l'écrivain lui valut de devenir après guerre président du Comité national des écrivains (1952-1956). Compagnon de route du parti communiste, Vercors fut souvent fêté dans les pays de l'Est, mais n'a jamais cessé de polémiquer avec les communistes sur des questions de méthode, de morale et de mensonges, au point de prendre définitivement ses distances avec le parti en 1956.

Le Silence de la mer, que le général de Gaulle fit traduire et éditer en Angleterre, connut un succès considérable en France aussi bien qu'à l'étranger. Si l'on en croit Vercors lui-même, le Général conservait sur sa table de chevet son roman *Le Sable du temps* (1945) lors de sa parution, et fut un lecteur attentif de *Sylva* (1961), publié au moment du putsch d'Alger. Les rapports de l'écrivain avec de Gaulle furent pour le moins complexes. Ainsi qu'il le rapporte à la date de 1943 dans *Briand-l'oublié (1942-1962)*, publié en 1984 : « J'admire de Gaulle, mais il m'inquiète. Que nous réserve, une fois en France, cette détermination à demeurer partout le maître ? » Au lendemain de la Libération, ses sentiments à l'égard du Général demeurent ambivalents : il reconnaît la grandeur du libérateur de la France, mais se méfie de cet « ancien maurrassien » qui pense restaurer la République. Il défile donc le 28 mai 1958 de la place de la République à celle de la Nation avec la gauche pour éviter l'instauration d'un régime dont il redoute l'autoritarisme. La guerre d'Algérie fut pour lui l'une des dernières occasions de prendre publiquement position en luttant contre les pratiques colonialistes de la France et de défendre les opprimés en signant le Manifeste des 121.

Volontairement en retrait de la vie littéraire et médiatique contemporaine, Vercors meurt en 1991. Rémy Rieffel

• *Voir aussi* : Intellectuels ; Résistance intérieure (journaux de la)

Bibl. : Vercors, *Le Silence de la mer*, Paris, Éditions de Minuit, 1942 • Id., *Cent ans d'histoire de France*, t. 3, *Briand-l'oublié (1942-1962) : les nouveaux jours, esquisse d'une Europe*, Paris, Plon, 1984 • Id., *À dire vrai* (entretiens avec Gilles Plazy), Paris, Éditions François Bourin, 1991.

VERS L'ARMÉE DE MÉTIER. – *Vers l'armée de métier* paraît le 5 mai 1934. À son poste, au secrétariat de la Défense nationale, De Gaulle a assisté en 1933 aux premières initiatives de Hitler, élu chancelier du Reich en janvier. L'Allemagne a quitté en octobre la Conférence du désarmement, puis la Société des Nations, prémices d'une volonté de réarmement massif et de menaces contre l'ordre établi par le traité de Versailles. Simultanément, de Gaulle a constaté la dégradation de l'outil militaire français et le maintien de doctrines d'emploi de l'armée qu'il juge obsolètes. C'est dans ce contexte qu'il a rédigé ce livre, le plus important de tous ses écrits de l'avant-guerre. L'architecture en est simple : deux parties, « Pourquoi » et « Comment ».

« Pourquoi » se décompose en trois chapitres : « Couverture », « Technique » et « Politique », qui concluent, chacun, sur la nécessité d'une armée de métier. Par sa géographie, la France livre à l'ennemi « une trouée dans l'enceinte, infirmité séculaire de la patrie », la frontière du Nord-Est. « Point de couverture sans armée de métier. » « La machine désormais règle notre destin. » La multiplication des techniques implique la formation, parmi les soldats, d'« équipes privilégiées ». Sur mer et dans les airs, l'armée professionnelle existe. Il est urgent de la constituer à terre. Enfin, le chef politique doit pouvoir disposer d'« un instrument d'intervention toujours prêt aux actions de recours [...] un instrument de manœuvre répressif et préventif » dont la disponibilité exige des soldats professionnels.

Quel sera-t-il ? C'est le « Comment ». L'armée professionnelle « propre à créer l'événement » sera sur chenilles, soit six divisions de ligne, en partie blindées, et une division plus légère assurant l'exploitation et la sûreté éloignée, avec des réserves générales dont deux régiments d'avion (reconnaissance et chasse). Au total, 100 000 hommes. Les trouvera-t-on ? C'est 15 000 à lever par an, qui viendront, alléchés par « le goût des belles mécaniques ». Leur emploi permettra de renoncer aux conceptions liées aux armées de masse. La vitesse redonnera vie à la surprise, « vieille reine de l'art ». Menées par une élite organisée, l'exploitation de la surprise et la poursuite permettront l'extension stratégique des résultats d'ordre tactique.

Ce texte est une vive critique du « système exclusif de la nation armée », de ces armées de masse qui se heurtent dans des chocs sanglants qui se prolongent sans trouver de terme et sont la négation de l'art de la guerre. Cette critique conduit à une réflexion très élitiste. Au sein de la masse de réserves et de recrues, l'armée professionnelle se distingue par sa qualité, avec ses soldats d'élite, ses équipes sélectionnées, soudés par l'esprit de corps. Bref, ce sont « Messieurs les Maîtres », gardiens de l'esprit militaire. Mais pour que naisse cette armée de métier, « il faut qu'un maître apparaisse, indépendant en ses jugements, irrécusable dans ses ordres, crédité par l'opinion ». Suit un portrait buriné du « ministre, soldat ou politique à qui la patrie devra l'économie prochaine de sa force ». Autoportrait peut-être, qui préfigure ce que sera de Gaulle après 1940, « serviteur du seul État [...] homme assez fort pour s'imposer [...] assez grand pour une grande œuvre ».

Enfin, est-ce un sacrilège de se demander si la création d'un corps cuirassé est l'objectif final de l'auteur ? De Gaulle, officier d'infanterie qui n'a jamais servi dans les chars, formule avec force des idées inspirées par des prédécesseurs, depuis le général Estienne jusqu'au général Doumenc. Mais, pour lui, le corps cuirassé n'est pas un but en soi ; il n'est que le moyen de doter, à l'époque, la politique étrangère de la France d'un outil lui permettant d'imposer sa volonté et de ne pas subir celle de l'adversaire. Le texte évoque les notions de prise de gage, d'intervention préventive, de saisie territoriale. « Faire sans délai la preuve de sa volonté et jeter l'angoisse au-delà des frontières » ou imposer à l'adversaire un choix : « Le mettre dans l'alternative soit de se résigner au fait accompli, soit d'assumer le risque et l'odieux d'une lutte d'extermination. » Le général de Gaulle aura-t-il une autre définition de la dissuasion quand la force de frappe jouera désormais le véritable rôle dévolu à la force d'intervention cuirassée en 1934 ?

Le livre reçoit un accueil très mitigé. D'excellents comptes rendus sont publiés dans des journaux et revues de droite et du centre, mais la gauche s'arrête au titre. En focalisant sur l'armée de métier, de Gaulle laisse croire qu'il veut la suppression du service obligatoire (ce qui n'est pas exact) et provoque l'opposition des socialistes, Léon Blum en tête, fidèles à l'armée de Jean Jaurès. Quant au haut commandement, il s'oppose catégoriquement à ce lieutenant-colonel qui pourfend la doctrine en vigueur et brise l'unité militaire avec son armée à deux vitesses. Le maréchal Pétain, alors ministre de la Guerre, se tait, mais il fait donner des plumes célèbres. Son successeur, le général Maurin, condamne sans ambages de Gaulle. Sans espoir de trouver le moindre écho dans l'armée, celui-ci se tourne vers un homme politique de talent, qui pourra être son porte-voix au Parlement et faire voter une réforme du système militaire français. Il choisit Paul Reynaud. Et pourtant rien ne change, malgré le rétablissement du service militaire obligatoire en Allemagne, malgré la guerre d'Espagne. Le 24 mars 1938, quelques jours après l'Anschluss, de Gaulle constate dans une lettre au colonel Nachin : « Comment Léon Blum ne reconnaît-il pas qu'il y a contradiction entre l'obligation politique et morale où nous pourrions être d'intervenir et l'incapacité militaire où nous sommes de le faire ? » De Gaulle prêche dans le désert. Il est d'ailleurs bien tard, en 1938, pour l'écouter.

Jean DELMAS

• *Voir aussi* : Arme blindée ; Mémorandum (26 janvier 1940) ; Œuvre écrite ; Réseaux de sociabilité

Bibl. : Charles de Gaulle, *Vers l'armée de métier*, Paris, Berger-Levrault, 1934 • Paul-Marie de La Gorce, *De Gaulle*, Paris, Perrin, 1999.

VÊTEMENTS. – « Oui, ma bien chère maman, j'ai dû recourir encore une fois à Tranvaez pour qu'il me fasse un uniforme neuf pour assister au mariage de Xavier. Je me suis fait faire aussi une culotte rouge et un Burberry. Mais huit cents francs, je trouve ça salé ! » La fierté de l'uniforme est manifeste dans cette lettre écrite par Charles de Gaulle à sa mère en août 1919. Elle l'est également sur la photographie de décembre 1918 où l'on voit les quatre frères de Gaulle poser crânement, sanglés dans leur tunique bleu horizon. De la main gauche, Charles, le plus grand, tient contre son ceinturon ses gants de peau blanche. Il leur accorde un soin jaloux. Petite fille, sa nièce Geneviève verra avec stupeur sa tante Yvonne laver personnellement dans une cuvette les gants de son mari. Celui-ci ne laisse à personne le soin de s'occuper de ses chaussures, de taille 46 sur mesure. Les cravates, en revanche, relèvent de la compétence d'Yvonne, qui les choisit sobres. Quant aux costumes, de couleur sombre, le Général les fait faire, dès la Libération, par le tailleur des personnages importants de la République, la maison Paul Vauclair, rue Royale. La chemise est blanche, sur mesure. Jamais de décoration, sauf pour les grandes occasions. Pour aller à la chasse en famille à Septfontaines, la propriété des Vendroux dans les Ardennes, de Gaulle, qui porte alors une grosse veste trois-quarts de toile imperméable, est cravaté. Il l'est aussi à la plage. En témoigne la célèbre photo où, coiffé d'un feutre et assis dans un transat, il tient sa fille Anne sur ses genoux. En tout cela, il est un homme de son époque. Un militaire qui a horreur du négligé. Une seule fois, son fils l'aura vu en pull-over et maillot de bain. C'était à Wissant, dans le Pas-de-Calais. De Gaulle pêchait la crevette avec son beau-frère Jacques Vendroux. Et une seule fois, en pyjama : à l'hôpital Cochin, après son opération de la prostate.

Au lendemain des obsèques de son mari, Yvonne de Gaulle ordonne qu'on brûle tous ses vêtements. Son gendre, le général de Boissieu, et le fidèle Pierre Lefranc, parviendront tout de même à sauver deux képis, ainsi qu'un long manteau de militaire aujourd'hui exposé à l'Institut Charles-de-Gaulle. Christine Clerc

• *Voir aussi :* Famille

Bibl. : Philippe de Gaulle, *De Gaulle, mon père : entretiens avec Michel Tauriac*, Paris, Plon, 2003.

VIANSSON-PONTÉ, Pierre (1920-1979). – Pierre Viansson-Ponté fait partie de cette lignée professionnelle de journalistes, ancrée dans le XIXe siècle, qui mène ses auteurs des études supérieures à la prestigieuse rubrique politique de quotidiens renommés et à la publication d'essais. Il a dix-neuf ans au moment de la déclaration de guerre. Il sert comme aspirant dans les chars, puis s'engage dans la Résistance. Sa valeur au combat lui vaudra la médaille de la Résistance et la croix de guerre 1939-1945. Il entre en 1945 à l'Agence France-Presse et y prend des responsabilités croissantes jusqu'en 1952. Après un passage au cabinet d'Edgar Faure, président du Conseil en 1952, il est rédacteur en chef de *L'Express,* de sa création en 1953 à 1958. À cette date, il entre au *Monde* comme chef du service politique, et ne le quittera plus.

Viansson-Ponté se distingue par la qualité de ses analyses, la rigueur de ses raisonnements, l'art de soupeser chaque argument en dehors de tout jugement de valeur. De ce point de vue, il est parfaitement en phase avec le recul critique prôné par Hubert Beuve-Méry. Si bien qu'il est difficile de le situer sur l'échiquier politique. Très lu dans les milieux politiques, journaliste-phare des « années de Gaulle », commentateur distingué de la Ve République, il se montre aussi nuancé à l'égard du régime qu'à l'endroit de l'opposition au Général, comme l'attestent ses nombreux essais politiques : *Risques et chances de la Ve République* en 1959 ; *Les Gaullistes : rituel et annuaire* en 1963, et *Histoire de la République gaullienne* en 1970-1971.

Viansson-Ponté est l'auteur de plusieurs formules qui ont duré, comme « le gouvernement de la parole » pour caractériser l'usage politique du Verbe chez de Gaulle. Il est aussi l'auteur d'un article au titre jugé rétrospectivement prophétique : « Quand la France s'ennuie... », publié dans *Le Monde* du 15 mars 1968. L'expression est tirée d'un discours célèbre prononcé en 1839 par Alphonse de Lamartine à la Chambre des députés. L'année suivante, Viansson-Ponté a ainsi résumé sa pensée d'alors dans « Dix ans et dix mois de pouvoir gaulliste », *Le Monde*, 29 avril 1969 : « L'agitation estudiantine, sans passer vraiment inaperçue, et en particulier l'effervescence qui régnait à Nanterre où proliféraient de petits groupes révolutionnaires, ne semblait pas devoir déborder le cadre universitaire. Chacun était conscient de la nécessité d'une révision de tout le dispositif de l'enseignement supérieur, et le gouvernement lui-même s'en était avisé, mais tardait à agir. Quant au monde du travail, il continuait certes à éprouver des inquiétudes pour l'emploi, à réclamer l'abrogation des ordonnances, mais le climat n'était pas à la crise. » Après 1969, Viansson-Ponté devient rédacteur en chef adjoint du *Monde*, puis conseiller de la direction en 1972.

Christian DELPORTE

• *Voir aussi* : Express (L') ; Journalistes ; Monde (Le) ; Presse

VIEILLESSE. – *Voir* NAUFRAGE ; ORATEUR INUMBRANTE VESPERA.

VIÉNOT, Pierre (1897-1944). – Né à Clermont, dans l'Oise, fils de notaire, Pierre Viénot s'engage en 1915. À l'issue du conflit, de 1920 à 1922, il est secrétaire particulier du cabinet civil du maréchal Lyautey au Maroc. Hostile à la politique de force menée dans la Ruhr, partisan de la réconciliation franco-allemande, il est à l'origine de la création, en 1926, du Comité d'information et de documentation franco-allemand présidé par son beau-père, l'industriel Émile Mayrisch. De 1926 à 1929, il en dirige le bureau berlinois. En 1931, il publie un ouvrage inspiré de cette expérience, *Les Incertitudes allemandes*, dans lequel il pressent l'effondrement politique de l'Allemagne et s'inquiète de la montée du nazisme et de l'irrationnel.

Élu député des Ardennes en 1932, il s'inscrit à l'Union socialiste et républicaine (USR) de Joseph Paul-Boncour et Maurice Viollette. À la Chambre, il appartient aux milieux briandistes et prône un désarmement contrôlé. L'arrivée au pouvoir d'Hitler lui fait toutefois abandonner ses espoirs pacifistes et renoncer au rapprochement franco-allemand. Il se prononce alors pour la ratification du pacte d'assistance mutuelle franco-soviétique. Dès le début de 1936, il préconise la résistance à l'expansionnisme nazi. Réélu député au printemps suivant, il est nommé sous-secrétaire d'État aux Affaires étrangères, chargé des protectorats et territoires musulmans sous mandat – il négocie avec la Syrie et le Liban les traités qui doivent les conduire à l'indépendance, mais qui ne sont pas ratifiés par le parlement français. À la chute du premier gouvernement Blum, il adhère à la SFIO. Antimunichois, il est un des fondateurs du groupe Agir qui combat les tendances pacifistes du parti. Il collabore de surcroît épisodiquement au journal *La Lumière* dirigé par son ami Georges Boris.

Engagé en septembre 1939, Viénot refuse l'armistice et embarque avec d'autres parlementaires sur le paquebot *Massilia* à destination de l'Afrique du Nord. Arrêté pour désertion, il est condamné à huit ans de prison avec sursis. Libéré, il entre en Résistance et représente le Comité d'action socialiste (CAS) à la direction du mouvement Libération-Sud. Arrêté une seconde fois en août 1942, il s'évade et rejoint le général de Gaulle à Londres, où il arrive le 24 avril 1943 porteur d'un message d'Édouard Herriot. Nommé représentant du Comité français de la Libération nationale (CFLN) auprès du gouvernement britannique, avec rang d'ambassadeur, il s'exprime à de nombreuses reprises à la BBC et assume un difficile rôle de conciliateur entre de Gaulle et les Anglais, notamment dans la nuit du 5 au 6 juin 1944 où la rupture complète sur la question de l'administration des territoires libérés est évitée de justesse. Le 14 juin 1944, à Bayeux, il est aux côtés de De Gaulle. Dans les semaines qui suivent, les accords Eden-Viénot scellent la reconnaissance de l'autorité du GPRF sur les régions libérées. Cependant, malade depuis au moins deux ans, épuisé, Viénot est au bout de ses forces. Il décède d'une crise cardiaque le 20 juillet 1944 ; est fait Compagnon de la Libération à titre posthume. D'après les notes prises par Claude Guy et Alain Peyrefitte, le Général fut très affecté par sa disparition.

Gilles MORIN

• *Voir aussi* : Armistice ; CFLN ; Churchill, Winston ; France libre ; GPRF (institution du)

Bibl. : Gérard Giuliano, « Pierre Viénot : homme de pensée et d'action, homme de gauche », *Terres ardennaises*, n° 46, 1994 • André Viénot, *Pierre Viénot, 1897-1944*, Paris, impr. de Lahure, 1950 • Pierre Viénot, *Ses discours et messages*, Londres, Harrison and Sons, s.d.

VIE QUOTIDIENNE À L'ÉLYSÉE : témoignage. – La vie quotidienne à l'Élysée sous la présidence du général de Gaulle se déroulait de façon extrêmement réglée. Chacun y avait sa place et son rôle parfaitement définis. Une permanence tenue par un aide de camp et un médecin était assurée la nuit. Le Général gagnait son bureau vers 9 heures, après avoir pris connaissance de la presse et aussi écouté une ou l'autre émission d'information à la radio. L'aide de camp lui apportait alors le dossier des télégrammes arrivés depuis la veille, ou les notes demandées.

Le secrétaire général de la présidence de la République, dont le bureau communiquait directement avec celui du Général, traitait de tout ce qui concernait la marche des affaires publiques : préparation des Conseils des ministres, entretiens avec le Premier ministre, les membres du gouvernement, ou encore le secrétaire général du gouvernement. Le directeur de cabinet, assisté d'un chef de cabinet, était chargé de tout ce qui concernait la personne du chef de l'État : audiences, voyages, réceptions, relations avec la presse, interventions, courrier, etc. Une réunion par semaine, parfois deux en temps de crise, rassemblait le directeur de cabinet et son adjoint, ainsi que les conseillers techniques autour du secrétaire général. De son côté, le directeur de cabinet réunissait régulièrement ses collaborateurs. Le Général s'entretenait tous les soirs après 18 heures avec les quatre « grands » de la maison – le secrétaire général, le directeur de cabinet, le chef du cabinet militaire et le secrétaire général aux Affaires africaines et malgaches. Ces deux derniers avaient leur bureau à l'extérieur de l'Élysée, le premier rue de l'Élysée et le second rue de Grenelle. Le Général consacrait deux après-midi par semaine aux audiences extérieures. Il accordait environ trente minutes à ses interlocuteurs. Les possibilités d'audience étaient donc fort restreintes.

Le calme de mise dans la maison se voyait troublé par les voyages officiels, les conférences de presse et, bien sûr, les événements, mais l'organisation était solide et faisait face avec la maîtrise dont le Général donnait l'exemple. Même durant la tentative de putsch d'avril 1961, alors que des voitures, pour gagner éventuellement l'Est, attendaient dans la cour, qu'un commando de la marine surveillait le parc et que le Premier ministre appelait les volontaires à s'opposer aux parachutistes, aucune précipitation ni aucun affolement ne se manifesta. Seulement nous dormions dans nos bureaux. La conférence au sommet de décembre 1959, les visites de chefs d'État assorties des dîners officiels et des réjouissances inévitables bouleversaient les emplois du temps, mais les horaires, à quelques rares exceptions près, se voyaient respectés. De même pour les voyages en France et à l'étranger, peu de surprises venaient troubler les programmes établis.

L'appartement privé du chef de l'État ne dépassait ni en luxe ni en superficie celui d'un chef d'entreprise résidant dans le XVIe arrondissement : une chambre, deux modestes salons, une petite salle à manger et les sanitaires indispensables. Si peu pratiques se révélèrent ces locaux exigus que les bureaux du rez-de-chaussée furent vidés de leurs occupants pour l'aménagement d'une salle à manger et d'un salon décents. Le Général et Mme de Gaulle ne se plaisaient pas dans cette installation dépourvue de toute personnalité. D'une façon générale, le palais de l'Élysée ne se prêtait pas à l'implantation et à la marche d'une équipe d'un président de la Ve République. Les ailes de l'immeuble avaient été découpées en appartements, les accès pour les cérémonies officielles – invités, voitures, service d'honneur – se présentaient de façon incommode. C'est ainsi que les invités conviés après les dîners officiels se voyaient contraints d'attendre debout que les salons soient dégagés. Quant au vestiaire installé au sous-sol, il constituait un goulot d'étranglement inévitable. Les collaborateurs ne disposaient ni d'une salle à manger ni de la possibilité de se faire apporter un sandwich. Aucun d'entre eux n'aurait osé demander une tasse de thé. Seul le personnel bénéficiait de repas. L'emploi des voitures était tout aussi restrictif, leur nombre et leur usage avaient été arrêtés par le Général lui-même, soucieux à l'extrême d'éviter tout abus. Les épouses n'éprouvaient aucune honte – c'était peut-être même le contraire – à porter plusieurs fois leur unique robe de soirée.

Étaient aussi revues et souvent diminuées les listes des privilégiés constituant les délégations accompagnant le chef de l'État dans ses déplacements. Il nous fallait en de telles circonstances réaliser la quadrature du cercle pour concilier les souhaits des uns et les nécessités. Les rapports avec la presse présentaient bien des difficultés. Le Général ne mésestimait pas son importance, mais souhaitait qu'elle restât à sa place. La question consistait à déterminer cette place. L'incontournable présence de journalistes ne devait en aucun cas perturber la tenue d'une manifestation. C'est dire que ces derniers se sentaient souvent frustrés. La tâche du collaborateur chargé d'entretenir de bons rapports avec ces informateurs n'était pas de tout repos. Ajoutons à ces quelques traits la question de la sécurité. Elle était lancinante et sans solution, tant se révélaient multiples les possibilités d'actions hostiles venant d'abord du FLN (Front de libération nationale), ensuite de l'OAS (Organisation armée secrète). Les tentatives d'attentats ont été nombreuses, et certaines furent très près d'aboutir. Les mesures à prendre, assez illusoires, se trouvaient dépassées du fait que le Général traitait les risques par le mépris et ne voulait pas entendre parler de restrictions dans ses projets ou de limites à sa liberté.

Dans ses fonctions, le premier président de la Ve République a donc institué un style et imposé une rigueur qui convenaient au rôle insigne que lui conférait la Constitution. Pierre Lefranc

• *Voir aussi* : Argent ; Colombey-les-Deux-Églises ; Élysée ; La Boisserie ; Sécurité

VIE QUOTIDIENNE À LONDRES. – Lorsqu'il arrive à Londres le 17 juin 1940, le général de Gaulle est porteur de 100 000 francs prélevés sur les fonds secrets et remis par Paul Reynaud. Son bagage personnel se compose d'un unique sac de voyage contenant un pantalon de rechange et quatre chemises. Avec son aide de camp, le lieutenant Geoffroy Chodron de Courcel, il s'installe au 3 Seamore Grove, dans l'appartement que met à sa disposition son ami Jean Laurent. Il entend poursuivre la lutte mais son isolement est total. Sa famille est éloignée, et ses compagnons peu nombreux au lendemain de l'appel qu'il a lancé le 18 juin. Le 20 juin, Yvonne de Gaulle le rejoint avec leurs enfants. Tous les quatre logent à l'hôtel Rubens, faute de place à Seamore Grove. Le Général souhaite préserver au maximum leur intimité. Très vite, il loue une villa de style Tudor, Pettswood. Celle-ci comporte trois chambres à coucher, un salon meublé de style oriental, une salle à manger avec aux murs des tableaux bucoliques. Le train de vie de la maisonnée est modeste. Il le restera tout au long du séjour londonien. Yvonne de Gaulle fait ses courses elle-même, et jardine. Les voisins se montrent discrets, intrigués seulement par l'installation du téléphone, objet que le général déteste mais qui se révèle indispensable en cas d'urgence. Le soir, de Gaulle regagne Pettswood par le métro ou en voiture. Le chauffeur qui conduit la Bentley est celui d'Alfred-Étienne Bellenger, directeur de la maison Cartier, qui s'est mis à sa disposition dès son arrivée et qui restera l'un de ses plus fidèles amis tout au long de la guerre. Le matin avant de partir pour St. Stephen's House, où il dispose de bureaux dans un immeuble vétuste, le chef de la France libre reste un long moment près de sa fille Anne, malade, avant de passer le relais à sa femme ou à mademoiselle Potel, la gouvernante qui s'occupe de l'enfant. Âgé de dix-huit ans, son fils Philippe est à ses côtés jusqu'à son engagement dans les Forces navales françaises libres (FNFL).

Le 24 juillet 1940, sur intervention personnelle de Winston Churchill, l'homme du 18 Juin est doté d'un immeuble entier, 4 Carlton Gardens, où les services de la France libre s'organisent. Des hommes de grande valeur l'entourent dont le professeur René Cassin, Étienne Dennery, le capitaine Dewavrin. Le secrétariat est dirigé par Élisabeth de Miribel. De son quartier général londonien, de Gaulle déjeune au Royal Automobile Club où se retrouvent les officiers de la France libre, quelquefois au Savoy. Il reçoit ses hôtes de marque au Ritz ou au Waldorf et se montre un convive attentif. Sa femme et lui-même seront reçus à plusieurs reprises par la famille royale ainsi que par les Churchill. Au plan familial, le choix de la villa privée de Pettswood se révèle peu judicieux en raison de la proximité de voies ferrées dont les bombardements réguliers provoquent de violentes crises chez la petite Anne. Aussi Yvonne de Gaulle se résout-elle à déménager et à louer à quelque 250 kilomètres de Londres, dans le Shropshire, à Ellesmere, une maison sans aucun confort, proche du couvent Notre-Dame de Sion où sa fille aînée Élisabeth poursuit sa scolarité.

Au retour de son périple africain de l'automne 1940, de Gaulle loge dans un appartement meublé, 15 Grosvenor Square, d'où il peut se rendre à pied à Carlton Gardens. Sa femme le rejoint lorsque l'état d'Anne le lui permet. Tout au long de la guerre, elle joue à ses côtés le rôle d'une complice attentive, à qui il confie ses espoirs déçus envers Churchill, ses attentes, sa rage envers Roosevelt. Elle est la seule qui réussisse à apaiser ses violentes colères dont les premiers à faire les frais sont les membres de son entourage. Le chef de la France libre ne supporte pas la discussion, encore moins la contradiction même avec ses compagnons les plus proches. Ses aides de camp successifs en conserveront des souvenirs cuisants.

Quelques bons moments éclairent cette grisaille quotidienne. Le 1er janvier 1941, la famille est presque au complet en dépit de l'absence de Philippe, soumis au même régime que ses camarades de l'École navale. Son père n'a pas voulu intervenir auprès des autorités pour qu'il obtienne une permission. Malgré les restrictions et sans recours au marché noir, le repas de fête est soigné. Au grand plaisir du Général, le résultat est à la hauteur des efforts conjugués de la maîtresse de maison et de la gouvernante qui ont économisé sur les rations allouées.

Le combat que mène de Gaulle l'éloigne souvent de sa famille. Seules les lettres font le lien. On y voit transparaître l'affection qu'il manifeste constamment envers Anne, sa « toute petite », et Élisabeth, dont il suit les études avec attention, ainsi que la tendresse qui le lie à sa « petite femme chérie ». Froid et distant, il n'est plus le même homme avec les siens. Leur absence lui pèse, d'où cette insistance pour les voir s'installer fin 1941 à Berkhamsted (Hertfordshire), à une soixantaine de kilomètres de Londres. C'est là qu'à la demande du Premier Ministre britannique une séance de photos est organisée pour faire connaître aux Anglais le chef de la France libre et sa famille. On y voit Yvonne poser sagement aux côtés de son mari. Elle porte une robe bleu marine à pois blancs, lui est en uniforme. Différentes attitudes la montrent au piano ou encore assise devant la cheminée près d'un Charles souriant. Le reportage, difficile à supporter pour le couple qui accepte mal d'être utilisé à des fins de propagande, conquiert les Anglais. Fin 1942, la famille s'installe à Hampstead, au nord-ouest de Londres, où le Général peut venir plus facilement entre deux voyages. Épuisé par le combat qu'il mène à la tête de la France combattante, il a besoin de partager son destin avec sa compagne. Sa santé s'altère, il est victime à plusieurs reprises de crises de paludisme.

Le 30 mai 1943, de Gaulle quitte Londres pour Alger où sa femme, Anne et sa gouvernante le rejoignent fin juillet. Une autre vie se met en place, plus mondaine. De nombreuses personnalités défilent à la villa des Oliviers où, tout en gérant les tensions franco-françaises et la lutte avec les Alliés, on prépare déjà les lendemains. Dominique VEILLON

• *Voir aussi :* Famille ; France libre ; Photographies

Bibl. : André Gillois, *Histoire secrète des Français à Londres*, Paris, Tallandier, 1973 • Geneviève Moll, *Yvonne de Gaulle*, Paris, Ramsay, 1999.

VIETNAM (guerre du). – La France entre dans le second conflit d'Indochine à la fin de 1960. Eisenhower venait de réclamer une intervention militaire de l'Organisation du traité de l'Asie du Sud-Est (OTASE) au Laos contre le gouvernement neutraliste de Souvanna Phouma (appuyé par le Pathet Lao communiste). Le refus opposé par de Gaulle et Harold Macmillan déboucha sur la seconde conférence de Genève, qui réaffirma en 1962 la neutralité du Laos sous garantie internationale. Après cette réunion, de Gaulle veut étendre le processus au Vietnam. Le Nord comme le Sud seraient neutralisés, et leur réunification s'opérerait au moyen de lentes négociations. Le Vietnam réunifié serait probablement sous direction communiste, mais de Gaulle espère que la séculaire rivalité sino-vietnamienne suscitera un Vietnam « titiste », indépendant de Pékin comme de Moscou. Le Cambodge étant déjà neutre, toute l'Indochine serait donc neutralisée, comme l'avait prévu la conférence de Genève en 1954.

Les États-Unis refusent la neutralisation si elle doit déboucher, comme ils le prévoient, sur une réunification au profit du Nord. Hanoi et le Front national de libération du Sud-Vietnam (FNL) hésitent entre les plans gaullistes et la lutte armée. Pour éviter une retombée de l'élan révolutionnaire après l'échec du Grand Bond en avant, Mao Zedong incite Hanoi et le FNL à la poursuite d'une guerre qui permettra de mobiliser les Chinois contre les révisionnistes, au nom de la solidarité avec la libération nationale du Vietnam. Enfin, l'URSS souhaite la neutralisation de l'Indochine et la réunification par voie de négociation, mais ne peut s'engager trop activement dans cette voie sans risquer de s'aliéner Hanoi au profit de Pékin. En présentant la reconnaissance diplomatique de la Chine populaire comme le préalable à un règlement au Vietnam, comme il le fait en 1964, de Gaulle se trompe donc d'interlocuteur : le souci de garantir sa frontière sud ne pousse pas Mao à la paix, contrairement aux calculs que lui prête le Général.

En 1963, la France favorise des contacts secrets entre Hanoi et Ngo Dinh Nhu, frère du président sud-vietnamien Ngo Dinh Diem. L'affaire incite John F. Kennedy à autoriser un coup d'État contre les frères Ngo, assassinés le 2 novembre 1963. Le remplacement de Kennedy par Lyndon Johnson, trois semaines plus tard, joue également contre la France, car le nouveau président entend maintenir à Saigon un pouvoir anticommuniste. Toutefois, de Gaulle ménage encore les États-Unis pour les gagner à ses vues. Il réclame seulement un Vietnam réunifié, libéré des puissances étrangères (sans autre précision), et ne profère ses avertissements que lors d'entretiens privés, sans lancer de campagne diplomatique ouverte. Or, Washington argue du flou des propositions françaises pour les écarter tandis que les alliés européens des États-Unis s'abstiennent d'appuyer les initiatives du Général, même s'ils les estiment souvent fondées.

À partir de 1964, la France s'oppose publiquement à l'escalade de l'engagement américain au Vietnam : appel en faveur d'une nouvelle conférence de Genève (juillet 1964), demande de négociations sans conditions et retrait de l'OTASE (mai 1965). Ces exhortations ne changent pas la politique américaine, mais permettent à de Gaulle de se démarquer des États-Unis et de se poser en champion du tiers-monde. La guerre du Vietnam justifie en outre son retrait de l'OTAN, présenté comme un refus d'être entraîné automatiquement dans toutes les aventures où s'engage Washington. À l'été 1966, Hô Chi Minh indique à Jean Sainteny, émissaire du Général, qu'il pourrait accepter une paix négociée si les États-Unis annonçaient au préalable le retrait de leurs forces du Sud-Vietnam et l'arrêt de leurs bombardements sur le Nord. Ainsi informé, de Gaulle précise publiquement sa conception d'un règlement dans son discours de Phnom Penh (1er septembre 1966). Les États-Unis devraient d'abord annoncer le retrait de leurs forces dans un délai précis. L'accord rétablirait et garantirait la neutralité des États indochinois, hors de toute ingérence étrangère. Les contractants seraient « les pouvoirs réels » qui s'exercent dans la péninsule, « et, parmi les autres États, au moins les cinq puissances mondiales ». Cette référence aux participants de la conférence de Genève de 1954 témoigne du souci d'ancrer la France dans un directoire des Grands. Enfin, de Gaulle annonce à Phnom Penh son refus d'offrir sa médiation dans le conflit, tant que les États-Unis n'auront pas fixé la date du retrait de leurs troupes. Pourtant, en 1967, des personnalités privées, mais toutes en contact avec l'État français (Jean Sainteny, Raymond Aubrac, Herbert Macovich), travaillèrent secrètement à rapprocher les points de vue entre les États-Unis et le Nord-Vietnam. Hanoi demandait l'arrêt inconditionnel des bombardements avant toute négociation, un préalable que refusait Washington. À la fin de 1967, Aubrac et Macovich obtinrent de Washington la promesse de cesser les bombardements avant de négocier, et de Hanoi celle d'entamer les pourparlers peu après la fin des bombardements. Cette contradiction entre le discours de Phnom Penh et la politique suivie ensuite reste inexpliquée. La médiation de 1967 montre que de Gaulle n'a pas rompu avec Washington. Il interdit la tenue en territoire français du tribunal Russell sur les crimes de guerre américains au Vietnam. Il félicite le président Johnson de l'arrêt partiel (31 mars 1968), puis total (1er novembre) des bombardements sur le Nord-Vietnam, pour hâter les pourparlers de paix après l'offensive du Têt. Il se réjouit du choix de Paris comme lieu des négociations, ouvertes le 13 mai 1968.

Ce rapprochement final franco-américain reste toutefois limité, car après la démission du Général en 1969, Richard Nixon annonce la « vietnamisation » du conflit, c'est-à-dire un retrait progressif des forces américaines, mais sans le calendrier précis réclamé par de Gaulle. Surtout, Nixon voulait empêcher la réunification du Vietnam, même après le départ des troupes américaines. De Gaulle n'a donc pu influencer ni la stratégie des États-Unis ni leurs buts de guerre. Laurent Cesari

• *Voir aussi* : Discours de Phnom Penh ; Indochine

Bibl. : Philippe Devillers, « Le général de Gaulle et l'Asie », dans Institut du Droit de la paix du Développement-Institut Charles-de-Gaulle, *De Gaulle et le Tiers monde*, Paris, Pédone, 1984 • Maurice Vaïsse, *La Grandeur. Politique étrangère du général de Gaulle, 1958-1969*, Paris, Fayard, 1998 • Maurice Vaïsse et Christopher Goscha (dir.), *La Guerre du Vietnam et l'Europe, 1963-1973*, Bruxelles, Bruylant, et Paris, LGDJ, 2003.

VILAR, Jean (1912-1971). – Au cours de la Seconde Guerre mondiale, Jean Vilar, jeune comédien et metteur en scène, participe aux activités de Jeune France, une ambitieuse association de rénovation culturelle liée à Vichy jusqu'en 1942. Comme beaucoup de jeunes espoirs de la culture populaire à la Libération, il n'a pas été résistant, ce qui ne l'empêche pas de partager avec enthousiasme les aspirations de transformation sociale nées à cette époque. C'est donc une décennie plus tard que la confrontation entre de Gaulle et Vilar prend tout son sens.

Depuis 1951, Jean Vilar dirige avec succès le Théâtre national populaire (TNP). Il y institue une véritable morale du service public impliquant pour celui qui en a la charge « l'indifférence à l'égard de certaines querelles ». À titre personnel toutefois, il incline vers une gauche humaniste, croyant dans les vertus de la culture partagée. S'il ne prend aucune position politique publique jusqu'en 1963, date de son départ du TNP, il confie en privé son malaise face aux conditions du retour au pouvoir du Général ainsi qu'à une guerre d'Algérie qui s'éternise, et s'inquiète du renforcement du pouvoir exécutif. À partir de 1958-1959, le TNP ne se contente plus de manier l'allusion politique mais s'engage dans la bataille républicaine et politise progressivement son répertoire. Si des pièces comme *Ubu-roi* de Jarry ou *Erik XIV* (1959) – « Malheur au pays où règne un roi fou » – ainsi que la reprise de *Lorenzaccio* (1959) avaient été, à juste titre, considérées comme des attaques à l'encontre d'un pouvoir personnel excessif, la programmation des dernières saisons renforce encore le propos critique et plaide pour un retour à la paix.

Deux mois avant le procès du réseau Jeanson, *Antigone* est montée à Avignon en juillet 1960 ; à l'automne, c'est à Chaillot *La Résistible Ascension d'Arturo Ui* et, en 1961, *L'Alcade de Zalamea* de Calderón, une pièce qui évoque les rapports entre la justice militaire et la Justice dans l'Espagne de Philippe II. Avec *La Paix* (1961), Vilar n'hésite pas à remanier le texte d'Aristophane selon ses idées : « À présent, je vais t'expliquer ce que tu veux savoir ; je ne te dirai pas moi : "Je vous ai compris." » L'incursion du présent dans le texte théâtral est transparente, et comprise ainsi par un public gagné aux vues de Vilar qui se met en scène pour sa dernière apparition théâtrale en Thomas More, l'homme qui dit non au Pouvoir.

Vilar quitte donc le TNP en 1963 : la lassitude et le sentiment d'avoir accompli son devoir l'expliquent et pas seulement les conflits budgétaires avec le ministère de la Culture ni le combat contre un pouvoir gaulliste qui met alors en place les Maisons de la culture. Délié de son engagement public, Vilar s'autorise à figurer dans le comité de soutien à la candidature de François Mitterrand en 1965. Paradoxalement, cet itinéraire critique s'achève de façon similaire à celui de son adversaire. Les activistes soixante-huitards qui descendent à Avignon en juillet 1968 déboulonnent bruyamment l'institution qu'est devenue le festival et le véritable mythe qu'incarne déjà Jean Vilar. Celui-ci meurt un an après le Général : brutale tombée de rideau sur la génération fondatrice du théâtre de la politique et de la politique du théâtre. Emmanuelle LOYER

• *Voir aussi* : Culture ; Intellectuels ; Malraux, André

Bibl. : Emmanuelle Loyer, *Le Théâtre citoyen de Jean Vilar, une utopie d'après-guerre*, Paris, PUF, 1997 • Jean Vilar, *Le Théâtre, service public*, Paris, Gallimard, 1975.

VINH SAN (1900-1945). – En septembre 1945, lorsque les Français reprirent pied en Indochine, de Gaulle n'avait personne qu'il pût accepter comme interlocuteur : Bao Dai, intronisé empereur d'Annam par les Français en 1925, venait d'abdiquer le 29 août et avait accepté de devenir le conseiller politique du président Hô Chi Minh. Auparavant, il avait adressé au Général un message, daté du 18 août, dans lequel il disait : « Je vous prie de comprendre que le seul moyen de sauvegarder les intérêts français et l'influence spirituelle de la France en Indochine est de reconnaître franchement l'indépendance du Vietnam et de renoncer à toute idée de rétablir ici la souveraineté ou une administration française sous quelque forme que ce soit. » Ce message disait en termes élégants et mesurés ce que Hô Chi Minh avait écrit de façon sarcastique en 1944.

Face à cette situation, de Gaulle disposait d'une alternative en la personne du prince Vinh San, cousin de Bao Dai. Intronisé par les Français en 1908 sous le nom de Duy Tân (« le Moderniste », également transcrit « Zuy Tân ») puis destitué par eux en 1916 pour avoir pris la tête d'un soulèvement contre le protectorat, exilé à l'île de la Réunion, le prince avait rallié la France libre en décembre 1942. Pour cette raison, le Général le fit venir à Paris afin de « voir avec lui, d'homme à homme, ce que nous pourrons faire ensemble ». Ils eurent une entrevue le 14 décembre 1945 et le courant passa certainement. Malheureusement, le 24 décembre, le prince périssait dans un accident d'avion en Afrique sur le chemin de la Réunion. Lorsque la nouvelle lui fut annoncée, le Général répondit : « Vraiment, la France n'a pas de chance ! » Le 26 janvier, de Gaulle quittait le gouvernement.

De l'entretien nous ne savons que ce que le prince en rapporta : « C'est décidé, le gouvernement français me replace sur le trône d'Annam. » Quel fut réellement le « dessein secret » du Général lorsqu'on sait qu'il ne voulait pas que la Cochinchine revînt dans le giron du Vietnam et alors que le prince se voyait déjà à la tête d'un royaume réunifié ? Pierre BROCHEUX

• *Voir aussi* : Hô Chi Minh ; Indochine ; Vietnam

Bibl. : Pierre Brocheux, « De l'empereur Duy Tân au prince Vinh San : l'histoire peut-elle se répéter ? », *Approches-Asie*, n° 10, 1989-1990, p. 1-25 • Institut Charles-de-Gaulle, *De Gaulle et l'Indochine. 1940-1946*, Paris, Plon, 1982.

VŒUX. – Comme après lui tous les présidents de la Ve République, le général de Gaulle a chaque année prononcé des discours de vœux, onze de 1958 à 1968. Il s'agit d'un rite, sans autre raison d'être que celle du calendrier ! Mais c'est aussi la parole magique d'un homme hors du commun, le président de la République, adressée à la France et aux Français.

Pour de Gaulle, les vœux au sens strict n'ont pas une grande importance. Il est d'ailleurs le seul à les avoir présentés plusieurs fois à une date qui n'était pas le 31 décembre : en 1958, ce fut le 28 décembre ; ceux de l'année 1960 furent adressés le 1er janvier et ceux de 1962 le 29 décembre. Outre cette relative indifférence au calendrier, une faible importance est accordée, à l'intérieur du discours, aux vœux proprement dits : 6,5 % des mots en moyenne, généralement en fin d'allocution, contre 20 à 30 % chez ses successeurs, en début et en fin de discours. Quant à l'énumération des catégories de Français destinataires, elle n'est pas non plus très détaillée.

De Gaulle se conçoit comme le guide des Français et l'interprète de la France ; et c'est donc ainsi qu'il se présente à cette occasion. Le plan de ses allocutions peut s'organiser autour du schéma bilan / perspectives (7 fois) ou sur un plan politique intérieure / politique étrangère (3 fois) ou, enfin, sur un plan thématique (1 fois). La politique intérieure tient toujours la place la plus importante (58 % du message en moyenne), tandis que la politique étrangère occupe 30 % du discours – la proportion sera comparable dans les messages de vœux de François Mitterrand. Le discours que l'on peut dire d'appel est rare : il se produit deux fois, en 1960 et en 1966, quand s'annonce un référendum ou une consultation électorale.

Le style de ces discours met en avant la grandeur de la France, l'espérance d'accomplir de grandes choses, tous éléments de la geste gaullienne qui ont enflammé les Français avant de les lasser quelque dix ans plus tard. Les idées sont exprimées dans une rhétorique classique, qui maîtrise l'emploi des antithèses, des métaphores, des comparaisons, des redondances, pour mieux faire passer ses convictions et tracer la voie à emprunter dans la nouvelle année.

Les discours de vœux du Général sont assez longs : près de treize minutes en moyenne, avec un minimum de neuf et un maximum de dix-huit. Ses successeurs ont été plus brefs, mais il est vrai que les conditions ont changé. De Gaulle avait un public captif, sur une seule chaîne ; les Français étaient davantage disposés à consacrer du temps à regarder ou à écouter le discours. Ces discours sont prononcés selon un rituel immuable, comme le montre l'émission en noir et blanc. En onze ans, le Général, en costume civil, semble épargné par le temps : peu de changements dans l'aspect physique et dans la voix, si ce n'est une certaine fatigue en décembre 1965 et 1968, car il vient de subir de dures épreuves : le ballottage à la présidentielle et la crise de mai 1968. Françoise Finiss-Boursin

• *Voir aussi* : Cérémonies et diplomatie ; Orateur in praesentia ; Orateur inumbrante vespera

Bibl. : Françoise Finiss-Boursin, *Les Discours de vœux des présidents de la République*, Paris, LGDJ, 1998.

« VOLAPÜK ». – *Voir* « EUROPE DES PATRIES ».

VOYAGES AU TEMPS DE LA FRANCE LIBRE. – Durant la Seconde Guerre mondiale, le général de Gaulle effectua un nombre de voyages tout à fait singulier pour les responsables politiques de l'époque ; seul Churchill le surpassa en ce domaine. Ces déplacements avaient un triple objectif. En parcourant les territoires coloniaux ralliés, il s'agissait d'affirmer la légitimité de la France libre contre Vichy et la pérennité des intérêts français face aux prétentions britanniques. Par ailleurs, la visite régulière aux soldats des FFL tendait à souligner avec éclat que la France était présente sur les champs de bataille. Enfin, il est vraisemblable que chaque voyage avait l'avantage d'éloigner le Général de la lourde tutelle de ses hôtes britanniques. Toutefois, les déplacements de cette époque, particulièrement par air, étaient inconfortables et non sans danger ainsi qu'en témoigne la disparition du général Sikorski, en juillet 1943, dans un accident d'avion à Gibraltar.

Le 31 août 1940, de Gaulle embarque à Liverpool sur le navire de transport de troupes néerlandais *Westernland*. L'armada réunie par les Britanniques met dix-sept jours pour atteindre Freetown, au Liberia, à la suite d'un long détour en mer pour éviter les sous-marins allemands, les U-Boot. Du 23 au 25 septembre, la flotte subit devant Dakar l'échec que l'on sait. De Gaulle se fait alors reconduire à Freetown d'où, passé un moment de terrible abattement, il entreprend une tournée dans l'Afrique-Équatoriale française (A-ÉF) récemment ralliée. Le 8 octobre, il débarque à Douala, au Cameroun, à bord de l'aviso *Commandant Duboc* pour un premier bain de foule africain. De là, il visite toute l'A-ÉF : il rencontre Catroux à Fort-Lamy, donne l'ordre à Leclerc de préparer la conquête du Gabon et, surtout, à Brazzaville le 27 octobre, signe ses premières ordonnances et fonde le Conseil de défense de l'Empire. Ainsi renforcé dans son autorité après le désastre de Dakar, il peut regagner Londres par mer début novembre.

Au printemps 1941, « vers l'Orient compliqué, [de Gaulle s'envole] avec des idées simples » [*MG*]. À partir de ce moment, le lieutenant-colonel Lionel de Marmier devient son pilote attitré. Cet « as » des deux guerres, pilote d'essai chez Potez, pionnier de l'Aéropostale, chef pilote chez Air France, volontaire aux côtés des républicains espagnols en 1936, a rallié la France libre dès juin 1940. À lui de former le groupe *Lorraine* puis les lignes aériennes des Forces aériennes françaises libres. C'est dans un Lockheed Hudson bimoteur que les voyages du chef de la France libre s'effectueront désormais. *Via* Gibraltar et Malte, de Gaulle atterrit au Caire le 25 mai 1941, peu avant l'offensive contre le Levant vichyste. Le lendemain, il se rend au camp palestinien de Qastina où les FFL se rassemblent sous le commandement du général Legentilhomme. Désirant être au plus près des combats, il s'installe le 13 juin à Jérusalem puis, le 23, à Damas, aussitôt après la chute de la ville. Le 21 juillet, il est de retour au Caire où il a une série d'entretiens rugueux avec le ministre anglais Lyttelton qui aboutissent, le 24, à des accords « interprétatifs » qui rectifient l'armistice de Saint-Jean-d'Acre du 14 juillet précédent. Le 1er septembre, son avion le ramène à Londres pour un entretien orageux avec Churchill au lendemain de la première grande crise franco-britannique de la guerre.

Après avoir passé l'hiver et le printemps 1942 à Londres, de Gaulle repart pour un long périple en Orient et en Afrique à l'été. Il quitte Londres le 5 août, fait escale au Caire et se rend à Qastina féliciter les troupes de Koenig auréolées du succès de Bir Hakeim. Il parcourt ensuite le Levant, façon d'y imposer par sa présence l'autorité de la France libre. Début septembre, il quitte Beyrouth pour l'A-ÉF qu'il gagne au terme d'un long voyage par la grande route aérienne transafricaine qui relie le *Middle East* anglais aux ports d'Afrique de l'Ouest *via* Khartoum et Fort-Lamy. Le 25, il se pose à Londres au terme d'un long voyage retour avec escales à Freetown et Gibraltar.

En janvier 1943, c'est le court, mais très dense séjour au Maroc à l'occasion de la conférence d'Anfa. De Gaulle atterrit le 22 janvier à Casablanca, qu'il quitte pour Londres dès le 26, les Américains ayant sèchement refusé de lui fournir un appareil pour aller inspecter les FFL de Libye. Au terme de cinq mois d'âpres négociations, le chef de la France libre revient en Afrique du Nord le 30 mai, mettant enfin le pied à Alger où, le 3 juin, il fonde avec Giraud le Comité français de la Libération nationale (CFLN). En trois années, de Gaulle s'est ainsi absenté de Grande-Bretagne pour une durée totale de presque six mois.

Par la suite, il continue à beaucoup voyager, à tel point que Félix Raymond, le pilote personnel de Leclerc en Afrique, vient régulièrement épauler Marmier. Ces déplacements concernent d'abord le domaine colonial tout juste arraché à Vichy : en juin 1943, de Gaulle visite la Tunisie, en août le Maroc, en décembre l'Est algérien où, à Constantine le 12, il prononce le discours qui annonce l'émancipation politique des musulmans d'Algérie. Le 12 janvier 1944, il rencontre Churchill en convalescence à Marrakech. Il gagne ensuite l'A-ÉF où, le 30 janvier, il inaugure la conférence de Brazzaville. Entre-temps, son avion a fait escale à Dakar où il est « accueilli par un indescriptible enthousiasme » [*MG*] qui contraste avec la réception de septembre 1940. Le 7 mai 1944, il est à Tunis pour y célébrer le premier anniversaire de la victoire en Afrique. Mais les déplacements du général de Gaulle ont également pour but de soutenir les armées françaises : le Général est en Corse le 12 septembre 1943, puis en

Italie à la fin du mois du mois de juin 1944 pour y féliciter les troupes de Juin et rencontrer le pape Pie XII à Rome.

Restent, enfin, les voyages de l'été 1944 qui relèvent à la fois de la politique, de la diplomatie et de l'action militaire. Le 4 juin, de Gaulle atterrit à Londres dans l'avion personnel (un York) que Churchill lui a dépêché à la veille du Débarquement. Le 14 juin vers midi, il accoste sur la plage de Courseulles-sur-Mer. Il se rend à Bayeux et à Isigny, puis rentre à Londres dans la nuit. Il regagne Alger par avion le 16 juin. Le 5 juillet, il s'envole pour les États-Unis dans un avion que lui a personnellement envoyé Roosevelt. La traversée de l'Atlantique par les airs n'est pas alors chose facile et ce ne sont pas moins de trente heures de voyage qu'il faut subir, sur les traces des pionniers de l'Aéropostale, *via* le Sud marocain, Dakar, Recife, Caracas et Miami. De Gaulle séjourne d'abord à Washington, puis à New York et à Québec avant de regagner Alger le 12 juillet par le même interminable itinéraire. Le 18 août, il quitte Alger pour la métropole. Au départ, un incident se produit à l'aéroport : de Gaulle refuse d'embarquer à bord de l'imposant B 17 Flying Fortress de l'US Air Force qu'Eisenhower lui a dépêché, préférant voler dans son petit Lockheed, aux mains du fidèle Marmier. Après avoir fait escale à Casablanca puis à Gibraltar, il se pose le 19 à Maupertuis, en Normandie. Entre deux entretiens avec Eisenhower et Leclerc au cours desquels il impose la ruée de la 2e DB vers Paris, de Gaulle est acclamé dans tout l'Ouest libéré, en Normandie, en Bretagne, dans le Perche. Le 22 août, il est au Mans, le 23 à Chartres, le 24 à Rambouillet et, le 25, peu après midi, il pénètre dans Paris. Le lendemain, il reçoit le sacre du peuple de Paris sur les Champs-Élysée, où Marmier a l'honneur de défiler sur le même rang que les généraux.

Le dernier voyage de guerre du Général est probablement le plus long. Parti en avion de Paris le 24 novembre 1944, de Gaulle et sa suite effectuent un long détour pour éviter le cœur de l'Europe encore aux mains des Allemands : Le Caire, Téhéran, Bakou, Stalingrad. C'est par le train qu'ils gagnent Moscou, où ils parviennent le 2 décembre. Après huit jours de discussions serrées avec Staline, ponctuées par la signature d'un pacte franco-soviétique, c'est de nouveau un trajet ferroviaire interminable pour le voyage de retour. Quelques jours plus tard, le 30 décembre 1944, le fidèle Marmier trouve la mort en s'abîmant en mer dans le Lockheed qui a transporté de Gaulle sous tous les cieux durant trois ans.

Jean-François MURACCIOLE

• *Voir aussi* : CFLN ; FFL ; France libre ; GPRF ; Vie quotidienne à Londres

Bibl. : Jean-Louis Crémieux-Brilhac, *La France libre : de l'appel du 18 Juin à la Libération*, Paris, Gallimard, 1996 • Jean Lacouture, *De Gaulle*, t. 1, *Le Rebelle*, Paris, Le Seuil, 1984 • Henry Lafont (dir.), *Aviateurs de la liberté. Mémorial des Forces aériennes françaises libres*, Vincennes, SHAA, 2002.

VOYAGES EN AFRIQUE NOIRE. – Les voyages à l'étranger ont occupé une place privilégiée dans la politique extérieure du général de Gaulle, pour asseoir le rang de la France dans le monde et y faire entendre sa voix. L'Afrique l'accueillera pour deux tournées, la première en 1953 alors qu'il effectue sa traversée du désert, la seconde en 1958, lorsqu'il s'agit de rallier les Africains au projet de Communauté sur fond de crise algérienne. Le Général visitera de nouveau Madagascar puis Saint-Louis du Sénégal en 1959 (où il présidera le Conseil exécutif de la Communauté), mais ces deux voyages seront les derniers qu'il effectuera en Afrique jusqu'à sa démission.

En dépit de leur caractère relativement ponctuel, ces voyages ont néanmoins puissamment contribué à forger son image d'« Africain ». Volontiers surnommé « l'homme de Brazzaville » – en référence à la conférence qui se tint dans la capitale du Congo du 30 janvier au 8 février 1944 en vue de réformer la politique coloniale française – et qualifié de visionnaire pour avoir su décoloniser, de Gaulle a incontestablement entretenu une relation particulière, affective sinon charnelle, avec l'Afrique, même si la décolonisation, qu'il qualifiera de « déchirement », s'impose à lui davantage par nécessité que par conviction anticolonialiste. L'Afrique croisera son chemin, et ne le quittera plus, durant la Seconde Guerre mondiale. C'est de là, et plus précisément de Douala (Cameroun) puis de Fort-Lamy (capitale du Tchad, devenue plus tard N'Djamena) et enfin de Brazzaville que s'amorcera la libération de la métropole, avec l'accomplissement par le Général de son premier acte de chef, la création du Conseil de défense de l'Empire en octobre 1940.

Après une éclipse de quelques années où l'élan de Brazzaville paraît coupé, le Général renoue avec l'Afrique en 1953. Les deux périples qu'il y entreprend, en gestation depuis l'année précédente, l'amèneront en mars au Sénégal, au Niger et au Tchad, puis, en septembre, à Madagascar, à Djibouti, aux Comores (et à la Réunion). Il entend, par sa présence, montrer son attachement à l'Union française mais aussi, suggère Jean Lacouture, trouver auprès des Africains la chaleur et l'affection que la France lui refuse, en choisissant d'aller « vers une sorte de fête de la fidélité ». Plus laconique, le Général affirme pour sa part vouloir constater personnellement les changements intervenus dans l'Union depuis sa fondation par la conférence de Brazzaville. À l'évidence, les évolutions de l'Afrique ne le laissent pas indifférent. S'il exalte encore le rôle que la France est appelée à y jouer, il ne lui échappe pas néanmoins que, dix ans après la création de l'Union, bien des blocages – institutionnels, politiques, sociaux – demeurent, alors que l'environnement international est de plus en plus favorable au principe de l'autodétermination des peuples.

La tournée de 1958 s'inscrit donc dans un contexte que de Gaulle veut radicalement différent puisqu'il est marqué par la mise en place de la Communauté qui se substitue à l'Union française, condamnée pour son immobilisme et ses réminiscences coloniales. Réorganisant les liens des colonies avec la France dans le cadre d'un fédéralisme qualifié parfois de « partiel et tronqué », le projet suscite déception et inquiétude en Afrique : déception des partisans fédéralistes de l'indépendance, inquiétude de ceux qui militent pour le droit de chaque territoire à s'autodéterminer librement. Le Général entend, par sa présence, rassurer les uns et les autres. Il entame donc cet ultime périple africain à Fort-Lamy, s'arrête à Madagascar, prononce son discours le plus important à Brazzaville, étape chargée de symboles, rend visite à Félix Houphouët-Boigny à Abidjan, en Côte d'Ivoire, affronte Ahmed Sékou Touré à Conakry, capitale de la Guinée qui, seule de toutes les colonies, dira « non » au référendum, subit une autre déconvenue au Sénégal où il est accueilli à Dakar par des manifestants favorables à l'indépendance, avant de conclure son voyage par l'Algérie en ébullition. Mais il est déjà trop tard et la Communauté, à peine créée, commence à se déliter.

René Otayek

• *Voir aussi* : Brazzaville (capitale et mythe de) ; Brazzaville (conférence de) ; Communauté franco-africaine ; Union française

Bibl. : Robert Bourgi, *Le Général de Gaulle et l'Afrique noire (1940-1969)*, Paris-Dakar, LGDJ-NEA, 1980 • IEP Bordeaux – CEAN, *La Politique africaine du général de Gaulle (1958-1969)*, Paris, A. Pedone, 1980 • Don Shipley White, *Black Africa and de Gaulle : From the French Empire to Independence*, University Park, Pennsylvania State University, 1979.

VOYAGES EN ALGÉRIE (1943-1960). – Le général de Gaulle, contrairement à nombre d'officiers de l'armée française, avait fait l'essentiel de sa carrière militaire en Europe, à l'exception, en 1929-1931, d'un séjour en Syrie et au Liban, voués à l'indépendance par leur statut de mandats de la Société des Nations (SDN). Il ne connut l'Algérie qu'en y arrivant le 30 mai 1943 pour former, le 3 juin, le CFLN (Comité français de la Libération nationale) avec le général Giraud. Sa première expérience de l'Algérie ne dura qu'un an, mais il eut l'occasion d'adopter un important programme de réformes politiques, économiques et sociales en faveur des musulmans, préparé par le gouverneur général Catroux. L'ordonnance du 7 mars 1944 en fut l'expression politique. Il eut ainsi l'occasion de réfléchir sur l'avenir de la domination française, déjà contestée en février 1943 par le Manifeste du peuple algérien de Ferhat Abbas, qui réclamait l'indépendance.

Rentré définitivement en France le 20 août 1944, de Gaulle revint deux fois en Algérie en tant que chef du RPF (Rassemblement du peuple français), recherchant l'appui électoral des Français d'Algérie en octobre 1947 et en mai 1951. En mars 1957, il visita les chantiers pétroliers du Sahara. De retour au pouvoir après le 13 mai 1958, le dernier président du Conseil de la IVe République se rendit plusieurs fois en Algérie de juin à décembre 1958. Du 4 au 7 juin, il réussit à se faire acclamer par les foules européennes et musulmanes d'Algérie sans dévoiler ses véritables intentions. Il y retourna encore quatre fois avant la fin de l'année : du 1er au 4 juillet, le 29 août, au retour de son grand voyage en Afrique noire et à Madagascar, les 2 et 3 octobre, après le référendum du 28 septembre dont il tira les leçons dans son discours de Constantine, et enfin du 3 au 7 décembre.

Président de la Ve République, de Gaulle se rendit beaucoup plus rarement en Algérie. À deux reprises, du 27 au 31 août 1959 et du 3 au 5 mars 1960, il évita les grandes villes pour inspecter l'armée au cours de deux « tournées des popotes ». Enfin, du 9 au 13 décembre 1960, il visita l'armée et les populations européenne et musulmane (tout en évitant les grandes villes) pour mesurer les conséquences et les perspectives de sa nouvelle politique algérienne tendant à l'indépendance du pays. Les difficultés des négociations commencées avec le FLN (Front de libération nationale) en 1961 firent qu'il envisagea encore deux fois de se rendre en Algérie pour installer un exécutif provisoire algérien sans la participation de celui-ci. Invité par Ahmed Ben Bella en 1964, il ne donna pas suite parce que cela lui aurait « fait de la peine ». Guy PERVILLÉ

• *Voir aussi* : Algérie (guerre d') ; Discours d'Alger ; Discours du 12 décembre 1943

Bibl. : Alain Peyrefitte, *C'était de Gaulle*, Paris, Éditions de Fallois-Fayard, 3 vol., 1994-2000.

VOYAGE EN ALGÉRIE (4-6 juin 1958). – Investi par une très large majorité à l'Assemblée nationale le 1er juin 1958, Charles de Gaulle a besoin d'une deuxième investiture à Alger. Les comités de salut public ont essaimé dans toute l'Algérie depuis le 13 Mai, et se sont fédérés dans un grand Comité de salut public Algérie-Sahara, présidé par le général Massu et le docteur Chérif Sid Cara (ancien secrétaire d'État des gouvernements de Maurice Bourgès-Maunoury et de Félix Gaillard). Bien que les musulmans y soient très minoritaires (13 sur 72 membres du comité de salut public Algérie-Sahara), ils prétendent représenter tous les habitants, en tirant argument des grandioses manifestations de fraternisation sous le drapeau tricolore qui se succèdent depuis le 16 mai. Le général Salan conservant les pleins pouvoirs civils et militaires que le gouvernement de Pierre Pflimlin lui a conférés le 13 mai, l'armée est toute-puissante, remplace les autorités civiles, encadre les comités de salut public, organise les fraternisations. La théorie de la « guerre révolutionnaire », officialisée sous Guy Mollet par le ministre Bourgès-Maunoury, et qui fait de la population l'enjeu essentiel du conflit, justifie l'abandon par l'armée de sa neutralité politique.

Le nouveau président du Conseil est aussi ministre de la Défense nationale. En outre, les attributions du ministère de l'Algérie seront directement rattachées à la présidence du Conseil le 12 juin. « Le ministre de l'Algérie, c'est moi ! » a déclaré de Gaulle le 4 juin. Réunissant sur sa personne ces responsabilités et le passé qu'il incarne, il est accueilli en sauveur en Algérie. À Alger, de l'aérodrome au monument aux morts, une foule européenne et musulmane l'acclame. L'enthousiasme est à son comble lorsqu'il prononce son discours sur le Forum, et se manifeste avec une égale ferveur à Constantine et à Bône le 5 juin, à Oran et Mostaganem le 6. Ayant en quelque sorte recueilli l'investiture des foules, ayant fait accepter sa politique de rénovation à la faveur de l'élan donné par le mouvement de fraternisation, il doit encore imposer son autorité à l'armée. Il reçoit le comité de salut public à Alger le 4, mais le 6, à Oran, il invite les comités à ne pas se substituer aux autorités régulières. Le même jour, il nomme le général Salan délégué général du gouvernement. Le général Allard est nommé super-préfet d'Alger, et le général Massu préfet d'Alger. Ces nominations, qui officialisent la confusion des pouvoirs civils et militaires issue de la IVe République, sont en fait le point de départ du lent processus de leur séparation. Comme l'exprime le décret du 28 juin, il s'agit de définir publiquement « les conditions dans lesquelles l'autorité militaire en Algérie exerce provisoirement les pouvoirs normalement départis à l'autorité civile ».

Au terme de ce premier voyage, de Gaulle a atteint son objectif. Ayant fait croire au maintien de la souveraineté française et à l'égalité des droits, ayant rendu hommage à l'armée et, d'une certaine manière, aux combattants de la rébellion, il a obtenu sa seconde investiture en cédant le moins possible de sa liberté de décision.

Guy Pervillé

• *Voir aussi* : Algérie (guerre d'); Discours d'Alger

VOYAGES EN ALGÉRIE (juillet-septembre 1958). – Revenu d'Algérie le 7 juin 1958, Charles de Gaulle, président du Conseil, ne cache pas longtemps son scepticisme sur l'intégration de l'Algérie à la France. Dans son discours du 13 juin, il parle de faire en sorte que l'Algérie soit « pour toujours de corps et d'âme *avec* la France », et, le 13 juillet, il lui réserve « une place de choix » dans l'ensemble fédéral français que la Constitution va créer sous le nom de Communauté.

Néanmoins, d'Algérie même, où il revient du 1er au 4 juillet, puis le 29 août, de Gaulle tient le langage de l'intégration. Son allocution à la radio d'Alger, le 3 juillet, annonce un vaste plan de rénovation économique et sociale et évoque la consultation populaire de septembre avec la réforme du collège unique, qui décidera « du destin commun à tous les Français ». Il marque son intention de donner à « cette unité un signe visible », à travers l'unification des catégories de timbres entre l'Algérie et la métropole. Une concession purement symbolique aux partisans de l'Algérie française. Le 29 août, de retour à la radio d'Alger, le Général reprend les mêmes thèmes, en faisant un usage à peine décalé d'un slogan des partisans de l'Algérie française : faire en sorte que les postes d'encadrement soient « accessibles à un beaucoup plus grand nombre d'Algériens depuis Dunkerque jusqu'à Tamanrasset, voilà ce que commande le simple devoir humain » !

S'il prend ses distances à l'égard de l'intégration, c'est de manière discrète, en évitant d'en prononcer le nom, ou en refusant, en juillet, de recevoir une délégation des comités de salut public. Ou encore, dans une lettre du 18 septembre au général Salan, à la veille du scrutin référendaire, il « dit et répète que le "oui" ne saurait signifier le vote pour ou contre une solution déterminée du problème du statut politique de l'Algérie ». Il « invite » le délégué du gouvernement en Algérie « à ne point tolérer que ceux qui sont sous vos ordres, avant tout des officiers, contreviennent à mes intentions formelles ».

Le référendum du 28 septembre prit des significations différentes en métropole, en Algérie, et dans les territoires d'outre-mer. En Algérie, où le référendum engageait l'avenir du pays, l'armée, l'administration et les comités de salut public firent campagne pour le « oui » à l'Algérie française, à l'intégration dans une grande France « de Dunkerque à Tamanrasset », et à de Gaulle présenté comme son garant. Par ailleurs, le tout nouveau Gouvernement provisoire de la République algérienne (GPRA), proclamé le 19 septembre au Caire, condamna toute participation des Algériens au vote comme une trahison punissable de mort. L'armée française employa tous ses moyens, sans pression apparente, pour faire voter « oui » et pour protéger les votants. Les résultats de cette bataille furent une victoire éclatante : 80 % de votants, et 96 % de « oui ». Même si les pressions opposées avaient faussé le sens du vote, il traduisait au moins un rapport des forces défavorable au FLN (Front de libération nationale). La victoire massive du « oui » au référendum semblait une victoire indiscutable de l'Algérie française. Mais de Gaulle ne cacha pas au directeur de *L'Écho d'Alger* que l'avenir de l'Algérie serait « au mieux, de l'Houphouët-Boigny, au pire, du Sékou Touré ».

Guy PERVILLÉ

• *Voir aussi* : Algérie (guerre d') ; Communauté franco-africaine ; FLN

Bibl. : Alain de Sérigny, *Échos d'Alger*, Paris, Presses de la Cité, 1974.

VOYAGES EN ALGÉRIE (octobre-décembre 1958). – Après le référendum, le général de Gaulle revint en Algérie les 2 et 3 octobre 1958, et notamment à Constantine le 3 octobre, pour en tirer les leçons. Prenant acte du fait que la victoire du « oui » avait engagé mutuellement l'Algérie et la France, il annonça aux « Algériens » un plan quinquennal de développement économique et social, le « plan de Constantine ». Mais ce plan ne s'inscrivait pas nécessairement dans une perspective d'intégration, puisqu'il jugeait « inutile de fixer d'avance par des mots ce que l'entreprise elle-même va façonner peu à peu ». Il déclara que l'Algérie allait bientôt élire ses représentants à l'Assemblée nationale, pour la première fois au collège unique, entre des listes comportant au moins deux tiers de candidats musulmans, et que son destin aurait pour bases « sa personnalité, et une solidarité étroite avec la métropole ». Puis il invita de nouveau les insurgés à déposer les armes, et s'écria : « Vive l'Algérie et la France ! »

Pour préparer les élections législatives, dès le 10 octobre le général de Gaulle ordonna au général Salan de faire en sorte qu'elles se passent dans des « conditions de liberté et de sincérité absolues », et permettent « une véritable compétition » entre des listes « représentatives de toutes les tendances ». Contraints à la neutralité, les officiers durent se retirer des comités de salut public. De Gaulle condamnait ainsi l'engagement politique de l'armée dans la guerre révolutionnaire. Le 23 octobre, après un hommage au rôle pacificateur de l'armée, il renouvela ses appels à la « paix des braves », proclama que la voix démocratique était la seule acceptable, et qu'elle permettrait une solution politique fondée sur « la personnalité de l'Algérie et son association étroite avec la France ».

Mais ses espoirs d'une nouvelle donne politique furent déçus. Le Gouvernement provisoire de la République algérienne (GPRA) condamna la « paix des braves » et les élections. L'armée s'engagea de nouveau pour faire voter les musulmans (avec un succès moindre que pour le référendum : 64 % de participation). Toutes les listes se réclamaient de l'Algérie française, et dans plusieurs départements il n'y en avait qu'une. Les 67 députés d'Algérie – 46 musulmans et 21 européens – rejoignirent la majorité gouvernementale favorable à l'intégration élue les 23 et 30 novembre en métropole, composée principalement du nouveau parti gaulliste, l'UNR (Union pour la nouvelle République) et des indépendants, qui avaient approuvé le retour du Général.

Après un nouveau voyage d'inspection en Algérie et au Sahara en décembre, de Gaulle remplaça le général Salan par deux hommes : le délégué général Paul Delouvrier, chargé du plan de Constantine et des questions politiques, et le commandant en chef interarmées Maurice Challe. Les fonctions civiles et militaires furent également séparées dans les départements et les arrondissements. De nombreux officiers qui s'étaient engagés dans le mouvement du 13 Mai furent mutés hors d'Algérie, notamment le général Salan, qui fut nommé gouverneur militaire de Paris.

Guy PERVILLÉ

• *Voir aussi* : Algérie (guerre d') ; Civile et militaire (autorités)

VOYAGE EN ALGÉRIE, 1re « tournée des popotes » (27-30 août 1959). – Du 27 au 30 août 1959, le général de Gaulle, président de la République et chef des armées, fit une « tournée des popotes » pour reprendre contact avec l'armée après plusieurs mois d'application du plan Challe qui détruisait méthodiquement les maquis de la rébellion. De Gaulle n'avait aucune raison de refuser à l'armée la victoire qu'elle espérait, mais il ne croyait pas possible une solution purement militaire du problème algérien : l'armée devait créer les conditions d'une solution politique, seule durable et susceptible d'abréger la guerre si elle persuadait les insurgés qu'ils pourraient atteindre leurs objectifs par la voie démocratique. De Gaulle encouragea les officiers à continuer, mais à la fin il leur communiqua un thème nouveau : l'autodétermination des Algériens qui devrait suivre la pacification.

Puis il en parla au président Eisenhower, en visite officielle à Paris, le 2 septembre. « Affaire dépassée » par le référendum qui avait déjà permis aux Algériens de se déterminer définitivement, selon le directeur de *L'Écho d'Alger* Alain de Sérigny, elle correspondait pourtant aux vœux de l'opinion publique métropolitaine, de plus en plus lasse de la guerre. Une majorité absolue et croissante souhaitait des négociations avec le FLN (Front de libération nationale) pour un cessez-le-feu (58 % en janvier 1958, 63 % en janvier 1959, 71 % en mars). L'indépendance était jugée inévitable par 51 % des personnes interrogées, mais 43 % pensaient encore que la majorité des Algériens désapprouvaient le FLN. Moins d'un an après le référendum de septembre 1958 qui avait paru consacrer l'intégration de l'Algérie dans la France, de Gaulle allait franchir un pas décisif dans la définition de sa politique algérienne, par le discours du 16 septembre 1959.

Guy PERVILLÉ

• *Voir aussi :* Algérie (guerre d') ; Civile et militaire (autorités)

Bibl. : Charles-Robert Ageron, « L'opinion française à travers les sondages », Jean-Pierre Rioux (dir.), *La Guerre d'Algérie et les Français*, Paris, Fayard, 1990 • Jean Lacouture, *De Gaulle*, t. 3, *Le Souverain*, Paris, Le Seuil, 1986.

VOYAGE EN ALGÉRIE, 2e « tournée des popotes » (3-5 mars 1960). – Le gouvernement profita de la fin de la crise des Barricades (24 janvier-1er février 1960) pour se faire accorder par l'Assemblée le pouvoir de légiférer par ordonnances sur l'Algérie ; un conseil interministériel des Affaires algériennes fut chargé de préparer les décisions. Les responsables des barricades et ceux qui les avaient soutenus furent inculpés, des colonels et des généraux compromis furent mutés hors d'Algérie. Les Unités territoriales, milices d'Européens intégrées dans le dispositif de maintien de l'ordre, et les 5es bureaux (action psychologique) furent dissous. La police, la justice et l'information furent reprises en main. Les préfets retrouvèrent une certaine autorité face aux généraux. Le délégué général et le commandant en chef restèrent en poste, ce dernier provisoirement.

Du 3 au 5 mars 1960, le général de Gaulle fit une deuxième « tournée des popotes ». Il insista sur la nécessité d'achever la pacification avant l'autodétermination, et suggéra que la meilleure solution serait une « Algérie algérienne » – formule empruntée à Ferhat Abbas – associée à la France. Les communiqués diffusés par l'armée ayant mis l'accent sur le premier aspect donnèrent l'impression d'un revirement, ce qui inquiéta une partie de la presse métropolitaine et le Gouvernement provisoire de la République algérienne (GPRA). De Gaulle fit publier une mise au point démentant tout changement, mais la « francisation » devenait « la continuation de la domination directe pratiquée depuis la conquête ». L'opinion métropolitaine suivit cette prise de position : les partisans de la troisième solution (autonomie) passèrent de 48 à 64 % (contre 10 % pour la francisation) entre février et mars 1960. Cependant, le chef de l'État attendit le 14 juin 1960 pour reformuler sa politique algérienne en oubliant la francisation.

Guy PERVILLÉ

• *Voir aussi :* Algérie (guerre d') ; Civile et militaire (autorités) ; Pragmatisme

VOYAGE EN ALGÉRIE (9-13 décembre 1960). – Après le discours du 4 novembre 1960, en prévision d'une nouvelle étape décisive de la politique algérienne, le général de Gaulle changea les responsables et modifia leurs pouvoirs. Le délégué général Paul Delouvrier fut remplacé par un préfet, Jean Morin. Michel Debré renonça à démissionner par fidélité gaulliste, mais la responsabilité directe des affaires algériennes fut confiée, le 22 novembre, à un ministre d'État, l'ancien secrétaire général du Comité français de la Libération nationale Louis Joxe.

Cependant, des complots se tramaient

parmi les partisans de l'Algérie française, à Alger où le général Jouhaud, né près d'Oran, avait rejoint la direction du Front de l'Algérie française (FAF) ; à Madrid, autour du général Salan rejoint par plusieurs inculpés du procès des Barricades ; en métropole et en Allemagne, où des colonels mutés d'Algérie cherchaient un général pour prendre la tête d'un « putsch ».

De Gaulle fit un dernier voyage en Algérie du 9 au 13 décembre, en évitant Alger et Oran. Le FAF ordonna la grève générale et tenta de provoquer un nouveau 13 Mai en harcelant les CRS et gendarmes mobiles afin d'imposer le recours à l'armée ; certains auraient même préparé l'assassinat du chef de l'État. Mais des contre-manifestations de jeunes musulmans en faveur de l'Algérie algérienne, tolérées par les autorités civiles, commencèrent dans l'après-midi du 10 à Oran puis à Alger. Le 11 décembre, à Alger et dans les grandes villes, elles prirent une grande ampleur et un caractère violent, et furent récupérées par des militants du FLN (Front de libération nationale) qui arborèrent leur drapeau vert devant la presse du monde entier : ce fut un « Diên Biên Phu psychologique ». L'armée intervint pour protéger les quartiers européens et pour rétablir l'ordre, mais le « putsch » fut ajourné. Le bilan fut de 120 morts, dont 96 à Alger (presque tous musulmans, mais pas tous imputables à la répression). De Gaulle prit acte de la « cristallisation » de l'opinion musulmane autour du FLN, et en conclut qu'il ne pourrait plus faire la paix sans lui. Le FAF fut interdit le 15 décembre. Le 20, l'Assemblée générale des Nations unies vota une résolution reconnaissant le droit du peuple algérien à l'autodétermination et à l'indépendance. Elle affirmait la nécessité de garantir ce droit et la responsabilité de l'ONU, mais le paragraphe qui la chargeait d'organiser le référendum ne fut pas adopté.

En un mois et demi, la situation psychologique de l'Algérie a connu un tournant décisif. Le FLN a prouvé – à la grande surprise du Gouvernement provisoire de la République algérienne (GPRA) lui-même – qu'il dispose d'une audience considérable en Algérie, et qu'il a retrouvé dans les villes un nouveau terrain d'action propice à l'internationalisation du problème algérien. De Gaulle a dû constater l'imprudence du défi lancé le 4 novembre au GPRA de construire la République algérienne sans lui. En reconnaissant l'existence future de celle-ci, il a encouragé les nationalistes convaincus, et incité les attentistes à les rejoindre pour hâter la paix. Le FLN a atteint le premier de ses buts ; il lui reste à obtenir le pouvoir.

Guy Pervillé

• *Voir aussi* : Algérie ; Discours du 4 novembre 1960 ; FLN ; ONU et question algérienne

VOYAGE EN ALLEMAGNE (4-9 septembre 1962). – Première visite d'un président de la République française en RFA, le voyage de De Gaulle en Allemagne, du 4 au 9 septembre 1962, est triomphal. Ce déplacement répond à la visite du chancelier Adenauer à Paris du 2 au 8 juillet précédent, qui s'est terminée par une messe à la cathédrale de Reims. Après l'échec de la tentative de De Gaulle de réformer la direction de l'OTAN, et après celui du plan Fouchet, ce voyage semble sceller une entente entre les deux pays. Depuis les débuts difficiles de 1945 et le voyage du chef du Gouvernement provisoire de la République française en Zone française d'occupation, le rapprochement a fait un long chemin. En 1962, des institutions communes et des réseaux politiques et culturels offrent pour les hommes d'État une base aux grandes étapes à franchir. Cependant, le traité de l'Élysée de janvier 1963 ouvre moins une ère nouvelle – après sa signature, les relations franco-allemandes commencèrent par empirer par rapport à la décennie précédente – qu'il ne couronne l'évolution des vingt années antérieures.

De Gaulle rencontre pendant ce voyage un accueil enthousiaste des foules allemandes – 10000 personnes à Bonn, 50000 à Cologne et Hambourg – auxquelles il s'adresse six fois en allemand. Après les ouvriers de Thyssen, les officiers de l'Académie militaire de Hambourg, après Munich et Stuttgart, à Ludwigsburg, le

9 septembre, il exhorte 20000 jeunes à « l'estime, la confiance, l'amitié mutuelles du peuple français et du peuple allemand », dans un langage qui rappelle celui qu'il a employé en octobre 1945 dans la zone française. Les résultats politiques immédiats sont moins impressionnants. La proposition renouvelée du Général d'une « union politique à deux », destinée à tenir à distance la Grande-Bretagne et à affirmer le rôle du tandem franco-allemand dans la construction de l'Europe et dans la lutte contre le communisme, se heurte au scepticisme des milieux politiques allemands qui envisagent plus favorablement la collaboration avec les Anglo-Saxons et le renforcement de l'intégration européenne. Adenauer propose donc seulement un échange confidentiel de lettres pour entériner cette coopération. En définitive, l'importance du voyage réside surtout dans la prise de conscience par les publics français et allemand du chemin parcouru depuis 1945 – impression si forte que pour certains, comme lors du traité de l'Élysée, l'année 1962-1963 semble carrément marquer le début du rapprochement. En Allemagne, dans un sondage faisant suite au voyage, 71 % des sondés considèrent celui-ci comme « important » ou « très important » ; le pourcentage accordant à la politique générale de De Gaulle une influence « positive » pour l'Allemagne grimpe entre août et octobre 1962 de 49 à 61 %, retombant à 28 % en février 1963. L'hebdomadaire *Der Spiegel* résume : « De Gaulle est venu en Allemagne Président des Français et il repart Empereur de l'Europe. »

Rainer Hudemann

• *Voir aussi* : Allemagne ; Europe ; Plan Fouchet ; Traité de l'Élysée ; Zone française d'occupation

Bibl. : Ulrich Lappenküper, *Die deutsch-französischen Beziehungen 1949-1963* • *Von der « Erbfeindschaft » zur « Entente élémentaire », Munich, Oldenbourg, 2 vol., 2001* • *Pierre Maillard, De Gaulle et L'Allemagne. Le rêve inachevé, Paris, Plon, 1990* • *Maurice Vaïsse, La Grandeur : politique étrangère du général de Gaulle, 1958-1969, Paris, Fayard, 1998.*

VOYAGES OFFICIELS (en province). – Avec trente et un voyages représentant cent douze journées passées sur les routes et, surtout, pas moins de 1178 haltes au long des parcours, les déambulations provinciales du président de Gaulle sont à la hauteur du personnage : il est le seul chef de l'État qui ait parcouru l'intégralité des quatre-vingt-dix départements d'alors. Son premier septennat est tout entier dévolu à relier une à une les préfectures de la métropole. Après l'élection de 1965, il n'effectuera plus que cinq déplacements qualifiés « de travail », à l'exception de la célèbre « tournée d'adieux » en Bretagne en 1969. Le décompte dit bien l'ampleur de la tâche. Mais ce sont à l'évidence les multiples arrêts qui caractérisent le mieux la spécificité du « de Gaulle Circus », comme les communistes le moqueront dans leurs appels au boycott. Ses prédécesseurs, les présidents de la IIIe et de la IVe République, s'arrêtaient à moins de sept reprises, en moyenne, par voyage ; ses successeurs à 2,6 ; de Gaulle, lui, s'arrête trente-huit fois à chacun d'eux.

L'entreprise débute dès février 1959 par une première visite en Midi-Pyrénées, la moins dense de toutes avec dix-sept étapes seulement. Les deux plus touffues, avec cent quinze arrêts, seront les tournées en Lorraine et en Champagne (juin 1961 et avril 1963). Dès avril 1961, on compte déjà onze voyages et quarante-quatre départements parcourus. Le cycle se termine en juin 1965 à Chartres où le Général y réaffirme lui-même, comme un point final, son caractère volontariste : « Je me félicite de terminer à Chartres les visites que j'ai effectuées dans tous nos départements de France et d'outre-mer. Je le dis, ne le répétez pas, si je l'ai fait c'est pour aider notre unité nationale à se manifester partout dans nos villes et dans nos villages. Je crois que cela a été réussi partout. » Autre différence avec ses prédécesseurs : le tour de France gaullien n'est plus centré sur Paris – le Général va directement de la capitale dans la région cible, abandonnant les étapes intermédiaires. Pour autant, et c'est le plus important, la forme traditionnelle du circuit n'est pas abandonnée. Elle est au contraire systématisée dans un cadre régional calqué, à deux exceptions près, sur les découpages actuels, et selon un ordonnancement politique strict, fixé par les règles protocolaires de 1907. Le président est accueilli à chaque frontière administrative par les autorités et les élus : préfets aux limites du département, sous-préfets et députés à celles de l'arrondissement. Il déjeune toujours à la sous-préfecture, dîne et passe la nuit à la préfecture, là où sont convoqués tous les maires qui en relèvent. De même, puisque les sénateurs « ont vocation » à représenter le département entier, eux seuls sont autorisés à suivre toute la traversée dans le cortège officiel.

En ce sens, l'objectif de complétude donné au tour de France gaullien (même les plus sérieuses menaces de l'OAS et les inquiétudes des services de sécurité ne l'en ont pas détourné) correspond à la réalisation parfaite des principes mis en œuvre par les « inaugurateurs de chrysanthèmes » qui l'ont précédé. Les voyages du Général relèvent toujours du passage en revue. Le principe promeut un égalitarisme sourcilleux : de Gaulle comme tous les autres chefs de l'État avant lui refuse avec une étonnante constance parapluie ou autre protection contre les intempéries pour montrer qu'il sait endurer, comme ceux qui font des efforts pour l'accueillir. Chaque commune du territoire peut revendiquer un droit de visite. Le chef de l'État s'arrête autant de fois que nécessaire sur l'itinéraire choisi, chaque fois qu'il traverse un village qui s'est mis en frais pour le recevoir. Mais alors que ses prédécesseurs effectuaient toujours à chaque étape au moins trois des « gestes obligés » (par exemple honorer, assister, promouvoir, inaugurer, etc.), que ses successeurs donneront une signification thématique précise à leurs arrêts, de Gaulle exerce à chaque halte une « activité » réduite. S'il se refuse, en particulier, à l'examen des « merveilles » des petites patries parcourues (sites paysagers, entreprises exemplaires, spectacles folkloriques, monuments historiques, souvenirs des grands hommes locaux), ce n'est pas seulement par manque de temps, mais bien parce que ce temps, il l'occupe entièrement au contact direct et privilégié avec les populations.

La plupart des haltes provinciales gaulliennes sont en effet composées, pour les plus importantes, d'un discours public, et, pour toutes, d'un bain de foule plus ou moins prolongé. La particularité des prises de parole du Général en ces occasions tient à ce qu'elles consistent, pour l'essentiel, à faire l'exégèse de son besoin d'un rapprochement physique. L'économie des visites se développe alors suivant deux étapes. Dans un premier temps, le président « lit dans les yeux » des spectateurs un témoignage de communion, comme il le déclare par exemple dans son allocution à Saint-Claude (Jura), en 1962 : « Quand, en outre, en passant chez vous, j'y peux recueillir ce témoignage vraiment émouvant de l'unité française, [...] alors la satisfaction du général de Gaulle, président de la République, ne peut manquer d'être complète. [...] Et si j'en juge par son nombre et par ce que je lis dans les yeux des jeunes qui sont là, cet avenir est bien assuré. » Le lendemain, le quotidien local vient confirmer les propos du chef de l'État. Le journaliste ne peut d'ailleurs faire autrement puisque, lui aussi, a été témoin : « De Gaulle a été accueilli partout avec enthousiasme dans le Jura. [...] Nous avons pu remarquer trop de visages émus pour conserver des doutes : l'accueil était partout chaleureux. Et d'ailleurs, presque partout les applaudissements crépitaient. » En martelant ce message d'unité des âmes par le rapprochement des corps, le Général dit son propre travail de légitimation (faire advenir l'union des cœurs) ; il pose son geste comme efficace (l'union est avérée), anticipant ce que répéteront tous les comptes rendus, qu'ils soient policiers, administratifs ou journalistiques : la liesse des assemblées témoigne de cette réussite, elle montre la communion. Nicolas MARIOT

• *Voir aussi* : Foule ; Sécurité

Bibl. : Nicolas Mariot, *Bains de foule. Les voyages présidentiels en province,* XIXe-XXe *siècles*, Paris, Belin, 2006 • Jean-Pierre Ollivier, *Le Tour de France du Général*, Paris, Julliard, 1986.

VOYAGES OFFICIEUX (1947-1953). – Quand le général de Gaulle est contraint à l'action partisane, il préfère des manifestations qu'on peut qualifier de « souveraineté quand même », au répertoire convenu de la mobilisation politique. En 1947, il lance le RPF depuis Bruneval et Strasbourg, puis entreprend un « tour de France oratoire et commémoratif » – qualifié ainsi par *L'Année politique* de 1947 –, au gré des anniversaires de la libération des villes, des hauts faits de la Résistance et de sa geste personnelle. Sans totalement renoncer à Paris, il privilégie d'autant mieux la province qu'il a su dès 1940 déterritorialiser la souveraineté nationale pour l'incarner en lui, avec quinze départements concernés en 1947, vingt-cinq en 1948, trente et un en 1949, soixante-dix en 1950, quarante-huit en 1951, vingt-quatre en 1952 et deux en 1953, avec aussi de fréquentes adéquations entre les villes et les thèmes abordés : Bordeaux pour rendre hommage à Félix Éboué, Saint-Étienne pour évoquer l'association capital-travail, Nevers pour les questions agricoles...

Le colonel *Rémy*, l'ordonnateur de ces manifestations qui « se ressemblaient toutes », après l'avoir été des cérémonies officielles, les qualifie de « voyage officieux ». Le Général les inscrit dans la culture républicaine de souveraineté quand il n'exerce pourtant plus de fonctions officielles. Il traverse les villes nanti d'une escorte réservée d'ordinaire aux voyages officiels, est souvent reçu par les élus, s'adresse à des foules imposantes depuis les hôtels de ville où d'imposants dispositifs sont déployés dans l'espace public. Non sans ambiguïtés. Si la personnalité du Général et son inscription dans l'espace-temps commémoratif de la Résistance interdisent de tenir ces déplacements pour des rassemblements anodins sur la voie publique, leurs finalités politiques excluent de les assimiler à de simples fêtes patriotiques. Ils nécessitent l'attribution de privilèges d'ordinaire réservés aux cérémonies officielles, contreviennent aux règles relatives aux réunions sur la voie publique et évoquent à ses adversaires le spectre du boulangisme, les « cérémonies mussoliniennes » ou les voyages du maréchal Pétain. Les communistes organisent des contre-manifestations systématiques à partir d'avril 1948. Le RPF riposte en se dotant d'un service d'ordre où militaires et résistants d'hier voisinent avec des hommes de main. En septembre 1948, à Grenoble, de graves incidents se soldent par un mort et quarante blessés. Jules Moch doit s'expliquer sur les concours officiels mis à la disposition du Général « à un moment où une situation particulière pouvait être faite à l'homme qui, ayant rendu la parole au peuple français, s'était purement et simplement retiré de la vie politique ». Il met un terme à « cet appareil [qui] convient au général libérateur du pays, [non] plus au chef d'un parti politique ». Les rassemblements, demeurés nombreux, revêtent désormais un caractère privé. Ils sont emportés par le reflux du RPF.

Danielle TARTAKOWSKY

• *Voir aussi* : Commémorations ; Foule ; Manifestations ; RPF ; Symboles

Bibl. : Gilles Morin, « Les "voyages" du général de Gaulle en France (1946-1953) », dans Fondation Charles-de-Gaulle, *De Gaulle et le RPF*, Paris, Armand Colin, 1998 • Colonel Rémy, *Dix ans avec de Gaulle : 1940-1950*, Genève, Éditions de la Crémille, 1973 • Danielle Tartakowsky, *Les Manifestations de rue en France : 1918-1968*, Paris, Publications de la Sorbonne, 1997.

VOYAGES OFFICIEUX (atmosphère) : témoignage. – Durant la période active du RPF (Rassemblement du peuple français), de 1947 à 1955, le général de Gaulle a pratiquement visité tous les départements. Ces déplacements de caractère privé lui ont permis d'acquérir une connaissance en profondeur du pays, tant sur le plan économique que du point de vue politique et social. Le gouvernement, le considérant comme un chef de parti, lui avait supprimé toute prérogative officielle. De Gaulle était devenu un simple citoyen en voyage, alors qu'il était l'homme public le plus connu et le plus respecté de tous les Français. Ainsi existait un contraste saisissant entre l'immense popularité du personnage et l'absence totale d'apparat.

Chaque journée se déroulait de façon presque identique. Itinéraire non communiqué et réunions de militants dans les sous-préfectures et les préfectures. Les repas de midi étaient le plus souvent pris dans des restaurants du parcours. L'accompagnateur avait pour mission d'effectuer une reconnaissance de l'établissement choisi d'après le guide par Mme de Gaulle, qui était de tous les circuits. L'endroit devait être simple mais convenable. Pas de grande table ni de lieu trop touristique. Quel que fût le choix, l'arrivée du Général provoquait, comme une apparition, une grande surprise pour les patrons comme pour les clients et une vive émotion. Lorsque le restaurateur refusait de présenter l'addition, ce qui arrivait le plus souvent, une somme correspondante était laissée pour le personnel. Une petite foule chaleureuse, alertée par le bouche-à-oreille, attendait chaque fois à la sortie, et l'illustre touriste serrait les mains. Le Général ne souhaitant pas descendre dans un hôtel, il nous appartenait de lui trouver chaque soir un logis. Nous faisions alors appel aux responsables locaux, presque tous d'anciens résistants, qui proposaient de mettre leur plus belle chambre, c'est-à-dire la leur, à disposition. Pour ceux-là, accueillir le général de Gaulle au seuil de leur maison ou de leur ferme, souvent modestes, constituait un événement, une reconnaissance plus glorieuse qu'aucune médaille et qu'ils n'auraient jamais imaginée. Certains, bouleversés, tremblaient plus en serrant la main tendue que devant leurs tourmenteurs du passé. Puis venait la détente, et le dîner se déroulait sous la suspension dans une atmosphère quasi familiale. Le Général interrogeait ses hôtes sur leur métier, les problèmes de la profession, ceux du département, etc. Mme de Gaulle s'informait de la famille, des études, des projets, etc. Parfois l'étape avait lieu dans une grande propriété, voire un château, et les manières s'en trouvaient plus guindées, mais la conversation tournait autour des mêmes sujets.

Ainsi Charles de Gaulle, en fréquentant la nation dans ses profondeurs, acquérait-il une connaissance exceptionnelle de son pays, ce qui explique peut-être en partie qu'il ait su toujours trouver les mots pour le toucher.

Pierre Lefranc

• *Voir aussi* : Fêtes politiques ; Foules ; RPF

W à Z comme « le zist et le zest »

« On a préféré un truc, un organisme bizarre, l'intégration, plutôt qu'une entente entre les nations. Depuis, le Marché commun est entre le zist et le zest. »

De Gaulle, 30 décembre 1961, dans André Passeron, *De Gaulle : 1958-1969*, Paris, Bordas, 1973.

WEIL, Simone (1909-1943). – S'il est peu probable que Simone Weil et Charles de Gaulle se soient jamais rencontrés lors de leur commun exil londonien, on sait en revanche que l'homme du 18 Juin a reçu de la jeune philosophe un soutien profond et passionné, le général symbolisant à ses yeux « la fidélité de la France à elle-même ».

Proche de Maurice Schumann, qui met tout en œuvre, de concert avec André Philip et Jacques Soustelle, pour faciliter son arrivée en Angleterre et son intégration à la France libre, Simone Weil n'a qu'une idée en tête lorsqu'elle débarque à Liverpool le 25 novembre 1942, en provenance de New York : se voir attribuer sur le territoire français la mission la plus exposée possible. Informé de sa requête, le Général se serait contenté de répondre : « Mais elle est folle ! », jugeant probablement suicidaire d'envoyer en première ligne une recrue à tous égards vulnérable. Faute de pouvoir s'engager plus concrètement dans la lutte antifasciste, Simone Weil se replie à Hill Street, au siège du commissariat à l'Intérieur, où elle est affectée comme rédactrice. Écrivant jour et nuit, ne mangeant que le strict minimum en signe de solidarité avec la population française soumise au rationnement, elle va se consacrer jusqu'à épuisement à une réflexion politique et philosophique d'où sortiront, entre autres, un livre capital, *L'Enracinement*, et ses *Écrits de Londres*.

C'est naturellement sur ce plan-là que l'apport de Simone Weil à la Résistance pouvait s'avérer le plus utile. Tel fut peut-être le sentiment de De Gaulle, qui, sans avoir apparemment cherché à nouer avec elle le moindre contact personnel, se tient néanmoins informé des documents qu'elle rédige sur les questions sociales et politiques. Convaincue, à l'instar de Jacques Maritain, que la véritable mission de la France libre, et celle de son chef en particulier, est avant tout de régénérer le pays en profondeur, Simone Weil multiplie alors remarques et propositions tant à propos des problèmes constitutionnels que du sort des minorités et de la classe ouvrière, soulignant la nécessité de réorganiser les conditions de travail au sein des entreprises comme celle de supprimer le système colonial. Autant de thèmes sur lesquels de Gaulle et les siens ont engagé une réflexion ambitieuse qui débouchera sur la grande œuvre réformatrice de la Libération – œuvre que la recluse d'Hill Street aura, à sa manière, accompagnée et nourrie à travers ses propres écrits.

Mais Simone Weil désapprouve la transformation de la France libre en France combattante – trahison pour elle de la vocation essentiellement spirituelle de l'entreprise gaulliste –, et se refuse à cautionner quelque gouvernement que ce soit à l'heure où de Gaulle s'apprête à prendre le pouvoir à Alger. Elle démissionne de son poste en juin 1943, avant de mourir en solitaire, deux mois plus tard, au sanatorium d'Ashford, dans le comté du Kent.

Jean-Luc BARRÉ

• *Voir aussi* : France libre ; GPRF (œuvre intérieure et outre-mer du)

Bibl. : Jean-Louis Crémieux-Brilhac, *La France libre : de l'appel du 18 Juin à la Libération*, Paris, Gallimard, 1996 • Alain Larcan, *De Gaulle inventaire*, Paris, Bartillat, 2003 • Simone Weil, *Écrits de Londres*, Paris, Gallimard, 1957.

WELLES, Benjamin Sumner (1892-1961). – Sumner Welles est né dans une famille patricienne de New York, un monde fermé dont les enfants fréquentent les mêmes écoles privées et les mêmes universités, notamment Harvard. Les Roosevelt sont eux aussi issus de ce milieu – à douze ans, Welles est garçon d'honneur au mariage d'Eleanor et de Franklin. Il entre dans la diplomatie en 1915 et, en 1933, le nouveau président des États-Unis le nomme assistant du secrétaire d'État. Au sein du Département d'État, la zizanie règne entre Welles et ce dernier, Cordell Hull. Roosevelt manifeste une confiance limitée à l'égard du secrétaire d'État, mais ne veut pas s'en séparer pour des raisons politiciennes ; *a contrario* il se sent proche de Welles, qui suscite la jalousie et les récriminations de son chef. Loin d'apaiser le différend entre les deux hommes, le président nomme Welles sous-secrétaire d'État en 1937.

Celui-ci ne cesse d'empiéter sur les prérogatives de Hull. C'est lui que Roosevelt envoie en Europe au début de 1940 pour s'enquérir des conditions nécessaires au rétablissement de la paix. La mission échoue. C'est lui encore qui rédige pour l'essentiel la charte de l'Atlantique que Roosevelt et Churchill signent, le 12 août 1941, au large de Terre-Neuve. En septembre 1943, cette brillante carrière est toutefois brutalement interrompue. Sumner Welles est contraint de démissionner en raison de sa bisexualité.

Dès lors, il se consacre à l'écriture. Chaud partisan de la sécurité collective, il réfléchit à ce que sera le monde de l'après-guerre et s'efforce de mettre sur pied une nouvelle Société des Nations. Sur le rôle, présent et futur, de la France, il partage le point de vue de Hull et de Roosevelt : elle occupera une place primordiale dans la reconstruction économique de l'Europe mais ne sera plus une puissance militaire et moins encore une puissance coloniale. En un mot, rétablir l'intégrité politique et territoriale de l'Empire français serait une erreur tragique. Bien qu'il n'ait jamais rencontré le général de Gaulle, Welles considère le chef de la France libre comme une menace insupportable qui pèse sur les intérêts de l'Amérique et du monde. Aussi milite-t-il avec détermination contre toute reconnaissance prématurée du mouvement gaulliste, du Comité français de la Libération nationale et, plus tard, du Gouvernement provisoire de la République française. Seul le peuple français, quand il sera libéré, pourra trancher. De Gaulle est à ses yeux aussi illégitime que le régime de Vichy. En outre, l'échec de l'expédition sur Dakar, la libération de Saint-Pierre-et-Miquelon et les conseils d'Alexis Léger renforcent la méfiance de Welles.

Quelle solution propose-t-il ? Les Nations unies élaboreront la nouvelle Constitution de la France, d'autant que les communistes pourraient bien s'emparer du pouvoir. Somme toute, Welles est un wilsonien convaincu. Les États-Unis ont d'après lui une mission exceptionnelle à remplir. Les Américains doivent mettre sur pied un nouvel ordre mondial.

André KASPI

• *Voir aussi* : Alliés ; États-Unis ; Saint-John Perse

Bibl. : Sumner Welles, *Seven Decisions That Shaped History*, New York, Harper, 1951.

WEYGAND, Maxime (1867-1965). – Né en Belgique de parents inconnus, brillant officier de cavalerie, Maxime Weygand, dès 1914, est le chef d'état-major du général Foch dont il demeure le collaborateur le plus proche jusqu'en 1923. Général de division à la fin de la guerre, il est nommé en 1920 conseiller militaire du gouvernement polonais, mais n'a guère de contact avec les officiers de liaison envoyés pour soutenir l'armée polonaise parmi lesquels figure le capitaine de Gaulle. Après avoir été haut-commissaire et commandant en chef de l'armée du Levant, il est nommé en 1931 au plus haut poste de l'armée française : celui de chef d'état-major général puis vice-président du Conseil supérieur de la guerre, ce qui en fait le généralissime désigné en cas de conflit. Célèbre pour son franc-parler, il entre rapidement en conflit avec les hommes politiques, dénonce le danger hitlérien et condamne tout désarmement. Il quitte ses hautes fonctions en 1935 et se consacre à l'écriture qui lui a déjà valu son élection à l'Académie française en 1931. Il est intéressé par les théories sur l'emploi des chars développées par de Gaulle, mais s'oppose à toute idée de professionnalisation même partielle qui nuirait à l'unité de l'armée. Rappelé à l'activité en 1939, il est placé à la tête du corps expéditionnaire du Levant. Le 17 mai, Paul Reynaud le nomme généralissime des armées françaises. Weygand cherche alors à rétablir un front continu sur la Somme et sur l'Aisne.

Le 5 juin, les armées allemandes lancent une nouvelle attaque et balayent cette fragile défense. Paul Reynaud remanie son gouvernement et appelle Charles de Gaulle comme sous-secrétaire d'État à la Guerre. Les relations vont très vite s'envenimer entre le général nouvellement promu et le chef des armées françaises. En effet, Weygand soupçonne de Gaulle de contrer toutes ses initiatives en profitant du crédit dont il dispose auprès de Reynaud. Ces dissensions vont atteindre un point de non-retour après l'armistice. Pour de Gaulle, Weygand est le principal instigateur de cette faute suprême. Pour Weygand, ministre de la Défense nationale du maréchal Pétain du 16 juin au 5 septembre 1940, de Gaulle est un traître. Le chef de la France libre est traduit devant le tribunal militaire de Clermont-Ferrand et condamné à la peine de mort, à la dégradation et à la confiscation de tous ses biens. En septembre 1940, Weygand devient délégué général du gouvernement en Afrique du Nord où il fait réprimer impitoyablement toute dissidence gaulliste. S'il contribue à l'échec des protocoles de Paris en mai 1941, il ne peut empêcher que certaines livraisons de matériel soient effectuées en faveur de l'Axe. Il jouit cependant de la considération des Américains avec qui il conclut des accords de ravitaillement en février 1941. Weygand parvient également à stabiliser les relations entre l'Afrique du Nord et l'Angleterre, ce qui fragilise la position du général de Gaulle. Cette politique déplaît à Darlan et aux Allemands, aussi Weygand est-il destitué de son poste et assigné à résidence dans le sud de la France en août 1941. Mais il représente toujours pour les Alliés une alternative possible à de Gaulle. En janvier 1942, Roosevelt lui fait porter une lettre lui demandant de prendre la tête d'une armée favorable aux Alliés. Hostile à toute désobéissance, Weygand refuse. Arrêté par les Allemands le 12 novembre 1942, il ne peut jouer aucun rôle au moment de l'invasion de la zone libre. Retenu en captivité en Allemagne, il est libéré par les armées du général de Lattre en 1945. De Gaulle le fait alors arrêter et traduire devant la commission d'instruction de la Haute Cour de justice qui conclut à un non-lieu le 6 mai 1948. Weygand reprend alors sa carrière littéraire, publie ses *Mémoires*, profondément antigaullistes, et réagit durement à la publication de ceux du général de Gaulle. Son influence sur l'armée reste grande. L'opposition à la IVe République puis à la Communauté européenne de défense rapproche les idées des deux hommes, sans les réunir. Weygand approuve l'attitude de l'armée le 13 mai 1958 mais s'oppose violemment à l'autodétermination en Algérie. Son profond légalisme lui fait néanmoins condamner le putsch de 1961. À sa mort, malgré la demande de la famille, Pierre Messmer s'oppose à ce que les obsèques aient lieu aux Invalides.

Claude D'ABZAC-EPEZY

• *Voir aussi* : Armée ; Condamnation à mort de De Gaulle ; Militaires

Bibl. : Bernard Destremeau, *Weygand*, Paris, Perrin, 1989 • Maxime Weygand, *Mémoires*, t. 3, *Rappelé au service*, Paris, Flammarion, 1953 • Id., *En lisant les* Mémoires de guerre *du général de Gaulle*, Paris, Flammarion, 1955.

WILHELMINE Ire (1880-1962). – Wilhelmine d'Orange-Nassau était l'unique fille du roi Guillaume III et de sa seconde épouse, la princesse Emma. Quand son père mourut en 1890, sa mère devint régente jusqu'à ce qu'elle atteigne sa majorité légale, en 1898, et devienne la première reine des Pays-Bas. Wilhelmine comme Emma s'étaient soigneusement préparées à exercer, d'une manière moderne et professionnelle, leur métier de reine dans le cadre de la monarchie constitutionnelle. Leur tâche était d'assurer la continuité monarchique et de prouver aux conservateurs qu'une femme était pleinement capable d'être chef d'État.

Reine d'une petite nation jouissant de la neutralité et détenant des colonies, Wilhelmine développe un fort intérêt pour la politique étrangère et les problèmes de défense. Dans l'entre-deux-guerres, consciente de la menace que représente l'Allemagne nazie, elle plaide pour le renforcement de la défense nationale et cherche à consolider l'union nationale par-delà la traditionnelle division politique et religieuse de la société néerlandaise. Après l'invasion allemande, en mai 1940, elle s'échappe avec son gouvernement à Londres où elle reste en exil pendant la durée de la guerre. Elle remplace le Premier ministre Dirk Jan de Geer, défaitiste, par l'énergique Pieter Sjoerds Gerbrandy, et assume le rôle, non contesté, de chef de la communauté néerlandaise à Londres. Elle s'adresse à la nation occupée dans des émissions de radio sur les ondes de la BBC. De ce point de vue, de Gaulle lui donne l'exemple, comme elle l'écrit à sa fille le 29 juin 1940 : « J'écoute les brillants discours radiodiffusés du général de Gaulle. Quel grand homme ! » Partageant le même sens absolu du devoir, la même combativité et exerçant le même ascendant, Wilhelmine et de Gaulle ne se rencontrent officiellement que deux fois pendant la guerre. La première fois, en septembre 1941, elle le décrit comme « un grand homme, à la fois d'aspect et d'esprit ». Après la seconde rencontre, en juin 1944, elle parle d'un entretien « positif et agréable ». Cependant, quand ce dernier entretien a lieu, les relations politiques entre les deux gouvernements ont encore besoin d'être clarifiées. Le gouvernement néerlandais reconnaît seulement *de facto* les Français libres ; l'une des plus petites nations hésite à franchir le pas d'une pleine et entière reconnaissance diplomatique. Cela n'a rien à voir avec des différends ou des tensions entre eux, mais beaucoup avec les pressions du Département d'État américain. Le ministre néerlandais des Affaires étrangères est sensible à celles-ci en raison, notamment, de la politique américaine qui s'annonçait pour l'après-guerre à l'égard des Indes néerlandaises (aujourd'hui l'Indonésie).

Après la défaite nazie, surnommée « Mère de la Résistance » en raison de ses discours inspirés diffusés de Londres, elle jouit d'une popularité et d'un respect immenses parmi ses concitoyens. Néanmoins, la politique de l'après-guerre la déçoit. La reconstruction politique et économique se fait sur la base de compromis qu'elle méprise et la décolonisation violente de l'Indonésie lui est une amère déception. En 1948, elle abdique en faveur de sa fille Juliana et se retire de la vie publique pour se consacrer à la religion. Quand elle disparaît en novembre 1962, l'un des nombreux télégrammes de condoléances est signé du général de Gaulle. Leur forte personnalité et leur sens du devoir les avaient rapprochés.

Peter Romijn

• *Voir aussi :* Alliés ; Beneš, Edvard ; France libre ; Haakon VII ; Pierlot, Hubert ; Sikorski, Wladyslaw

Bibl. : Cees Fasseur, *Wilhelmina*, t. 1, *De jonge koningin*, t. 2, *Krijgshaftig in een vormeloze jas*, Amsterdam, Uitg. Balans, 1998 et 2001.

WILSON, Harold (1916-1995). – Comme avec ses prédécesseurs, Harold Macmillan et Alec Douglas-Home, les relations avec Harold Wilson seront presque exclusivement dominées par la question de l'adhésion de la Grande-Bretagne au Marché commun. Quand Wilson arrive au pouvoir en octobre 1964, avec une maigre majorité de quelques sièges aux Communes, il connaît les réticences de son parti à l'égard de la construction européenne. Son prédécesseur comme leader travailliste Hugh Gaitskell s'était fait acclamer au congrès de 1962 en affirmant qu'une adhésion britannique signifierait « la fin de mille ans d'histoire ». Lui-même se présente, sincèrement sans aucun doute, comme « un homme du Commonwealth ». Lorsqu'il effectue son premier déplacement officiel à Paris, au début de 1965, il se déclare, au grand soulagement de De Gaulle avec lequel il n'a aucune affinité, non intéressé par le Marché commun mais soucieux plutôt de relancer la coopération bilatérale entre les deux pays. De fait, le programme Concorde est accéléré ; on reparle aussi du tunnel sous la Manche mais pas pour longtemps, faute de moyens financiers côté britannique.

En mars 1966, après des élections anticipées qu'il remporte avec panache, Wilson reprend l'initiative et nomme au Foreign Office un prœuropéen convaincu, George Brown, qui s'efforce de renouer avec la CEE. Le 10 mai 1967, Wilson obtient l'aval des Communes, par 488 voix contre 62 et 80 abstentions. Ce vote massif cache bien des inquiétudes et des réticences, qui seront de nature à justifier les réserves françaises et conduiront à un deuxième veto. Celui-ci est moins politique que le premier, car le Général insiste surtout sur la faiblesse permanente de la livre-sterling ; il mènera néanmoins à un « constat de désaccord » lors d'une rencontre houleuse des Six, les 18 et 19 décembre 1967, à Bruxelles.

Ce qu'on a appelé l'affaire Soames montre bien le degré d'incompréhension qui règne à l'époque entre les deux partenaires. Christopher Soames, gendre de Churchill et, comme lui, conservateur peu orthodoxe, a été nommé à Paris dans l'espoir de relancer des relations au point mort. Reçu à déjeuner à l'Élysée, le 4 février 1969, il s'entend proposer des conversations bilatérales qui, au départ au moins, doivent rester secrètes, en vue de tenter une relance des négociations entre les Six (essentiellement la France gaulliste, bien entendu) et la Grande-Bretagne. Le Général ajoute qu'il est prêt à envisager une réforme radicale du Marché commun, qui répondrait aux préoccupations britanniques, esquissant en outre l'idée d'une coopération politique approfondie, sous l'égide d'un groupe des quatre : Royaume-Uni, RFA, Italie, France, ce qui excluait d'emblée le Benelux. Wilson, et surtout le Foreign Office qui, très marri des rebuffades gaulliennes de 1963 et 1967, désire une revanche, s'empressent de prévenir les médias ainsi que les pays du Benelux, ce qui déclenche une crise grave entre un de Gaulle furieux et ses partenaires. La situation restera bloquée jusqu'au 18 juin 1970, date du remplacement de Wilson par Edward Heath comme Premier Ministre britannique. Entre-temps aussi, de Gaulle a cédé la place à Georges Pompidou.

Jacques Leruez

• *Voir aussi* : Angleterre

Bibl. : Jean Lacouture, *De Gaulle*, t. 3, *Le Souverain*, Paris, Le Seuil, 1986 • Françoise de La Serre, *La Grande-Bretagne et la Communauté européenne*, Paris, PUF, 1987 • Id., « De Gaulle et la candidature britannique aux communautés européennes », *Histoire, économie et société*, nº 1, 13e année, 1994, p. 131-142.

WORMSER, Olivier (1913-1985). – Fils de banquier, Olivier Wormser est le neveu de Georges Boris, le collaborateur de Léon Blum et de Pierre Mendès France. Docteur en droit et diplômé de l'École libre des sciences politiques, il commence sa carrière comme attaché à l'ambassade de France à Rome. En 1936, il est membre du cabinet de Pierre Viénot, sous-secrétaire d'État aux Affaires étrangères dans le ministère Blum. Atteint par les mesures antisémites de 1940, Olivier Wormser se réfugie provisoirement au Maroc où il rédige une analyse juridique et politique des « origines doctrinales de la Révolution nationale ». En 1941, il réussit à rejoindre la France libre et s'engage dans les Forces navales françaises libres. Puis il est nommé à Londres, en 1943, chargé de mission à la délégation française du Comité français de la Libération nationale.

À partir de 1954, il est à la tête de la direction des Affaires économiques et financières du Quai d'Orsay. En 1966, de Gaulle le nomme ambassadeur à Moscou. En 1968, Maurice Couve de Murville, ministre des Affaires étrangères depuis 1958, devient ministre des Finances dans le gouvernement Pompidou, constitué le 31 mai, et confie à son ami Wormser un rapport sur le fonctionnement des marchés monétaire et financier. Celui-ci défend à ce sujet des idées proches de celles que, depuis 1958, Jacques Rueff professe pour réclamer la modernisation et la libéralisation du système de crédit et du marché monétaire. Le *Rapport sur le marché monétaire et les conditions du crédit*, dit « rapport Wormser », est remis à Couve de Murville, alors Premier ministre, le 9 avril 1969. Le document va servir de référence à toutes les tentatives de réforme du système financier jusqu'aux mesures de 1984 et 1986. Il propose de décloisonner le système financier et de libéraliser les instruments de la politique monétaire en s'inspirant des réflexions inlassablement défendues par Jacques Rueff. Une semaine plus tard, en Conseil des ministres, Wormser est nommé gouverneur de la Banque de France. Lors de la cérémonie de sa prestation de serment à l'Élysée, le 19 avril, il parvient à convaincre le chef de l'État, face à la gravité de la situation financière, de la nécessité d'un plan. Le Général fixe pour le 29 avril une réunion destinée à en débattre, « si toutefois, ajoute-t-il, je suis encore là ! ». Or, la veille, le Général annonce sa démission après l'échec du référendum.

Cette brève entrevue témoigne, en particulier, des difficultés rencontrées par les réformateurs libéraux lors des onze années de présidence du général de Gaulle pour moderniser le système financier et monétaire. Malgré les efforts répétés de Jacques Rueff depuis la publication en 1961 du *Discours sur le crédit*, celui-là n'avait connu que des réformes partielles ou inachevées. La crise monétaire et financière de 1968, loin d'accélérer le rythme des réformes, en freine plutôt le cours, comme Olivier Wormser va le constater à regret. Nommé gouverneur honoraire de la Banque de France en 1974, il termine sa carrière de serviteur de l'État comme ambassadeur de France à Bonn.

Michel MARGAIRAZ

• *Voir aussi :* Couve de Murville, Maurice ; Économie et finances ; Hauts fonctionnaires ; Rénovation ; Rueff, Jacques

Bibl. : René Brouillet, *Notice sur la vie et les travaux d'Oliver Wormser (1913-1985)*, Paris, Institut de France, 1988 • André de Lattre, *Servir aux Finances*, Paris, Comité pour l'histoire économique et financière de la France, 1999 • Olivier Wormser, *Les Origines doctrinales de la « Révolution nationale ». Vichy : 10 juillet 1940-31 mars 1941*, Paris, Plon, 1971.

WYBOT, Roger Warin, dit (1912-1997). – Fils d'un employé de la SNCF parisien, admissible à l'École polytechnique mais non reçu, Roger Warin fait le choix d'une carrière militaire dans l'artillerie. Après la défaite, il est responsable pour le Cantal des « groupes de protection » (GP) créés par le colonel Groussard pour lutter contre les agents étrangers et surveiller les opposants au régime. Une fois les GP dissous, en décembre 1940, il cherche en vain à quitter la métropole. En mars 1941, il rencontre Pierre Fourcaud, envoyé en mission par le service de renseignement (SR) de la France libre, qui le convainc de monter un réseau de renseignement en France. Affecté à une batterie de DCA près de Marseille, Warin parvient à entrer à l'antenne locale du Bureau des menées antinationales créé par Vichy, où il fait la connaissance de Paul Paillole, chef du contre-espionnage de l'État français, et d'où il fournit à Fourcaud des renseignements sur Vichy.

Repéré comme agent gaulliste, arrêté puis remis en liberté, il rejoint Londres où il rencontre le général de Gaulle, le 4 novembre 1941. Le chef du SR, Passy, lui confie la tâche de bâtir un département de contre-espionnage. À la suite de différends avec André Manuel et Fourcaud, Warin, devenu Wybot, quitte les services secrets en octobre 1942. Affecté au 1er régiment d'artillerie coloniale, il participe aux campagnes de Tunisie et d'Italie puis débarque en Provence. Le 1er décembre 1944, il est nommé à la tête de la nouvelle Direction de la surveillance du territoire

(DST) grâce à une campagne orchestrée auprès de la SFIO par Roger Stéphane et André Blumel. Par décret du 17 novembre 1945, il est fait Compagnon de la Libération.

Wybot organise la DST, chargée des missions de contre-espionnage sur le territoire français. Après le temps de la répression des faits de collaboration, il lance son service dans deux directions principales, la lutte contre les nationalismes coloniaux et la pénétration soviétique. Sous la IVe République, il joue un rôle non négligeable, aux marges de la politique. En mai 1958, il participe activement à la préparation de l'opération « Résurrection ».

Le 15 décembre 1958, il est relevé de ses fonctions sur décision expresse du général de Gaulle. Jusqu'à son départ à la retraite en 1973, il est confiné dans les services d'inspection de la police nationale. Les raisons exactes de son limogeage demeurent mal connues. Wybot, qui s'est toujours défendu d'avoir placé des micros à l'hôtel *La Pérouse* où le Général avait ses habitudes, avance lui-même l'idée que de Gaulle ne croyait pas à cette « sonorisation ». Peut-être le nouveau président de la République a-t-il voulu se séparer de ceux qui avaient été prêts à entrer dans l'illégalité pour favoriser son retour. Ou bien sanctionner un partisan ouvert de l'Algérie française aux méthodes parfois musclées. On ne peut non plus écarter la possibilité que le fondateur de la Ve République ait voulu rompre avec celui qui avait dirigé le contre-espionnage d'un régime qu'il voulait faire disparaître. Dans la biographie autorisée que Philippe Bernert lui consacra, Wybot a glissé cette phrase à propos du Général : « Nous sommes faits pour nous comprendre, pas pour nous entendre. Je resterai gaulliste jusqu'aux barricades d'Alger, envers et contre tous. Et contre de Gaulle lui-même. »

Sébastien LAURENT

• *Voir aussi* : BCRA ; Services spéciaux

Bibl. : Philippe Bernert, *Roger Wybot et la bataille pour la DST*, Paris, Presses de la Cité, 1975 • Simon Kitson, *Vichy et la chasse aux espions nazis, 1940-1942 : complexités de la politique de collaboration*, Paris, Autrement, 2004 • Christophe Nick, *Résurrection : naissance de la Ve République. Un coup d'État démocratique*, Paris, Fayard, 1998.

ZONE FRANÇAISE D'OCCUPATION. – Depuis les années 1980, l'historiographie de l'occupation française en Allemagne et de la politique allemande de la France en 1945-1949 a connu un renouvellement. Sans être complètement remise en cause, l'image reçue d'une politique de revanche et de mise en valeur tendant à l'exploitation a cédé la place à la description nuancée d'une politique diverse et complexe, évoluant rapidement, influencée par de multiples facteurs internes et externes ainsi que par les nécessités structurelles de la mise en valeur elle-même. L'ouverture des archives et la publication entre 1996 et 2004 des *Documents diplomatiques français* pour 1945 et 1946 ont confirmé ces analyses. Auparavant, beaucoup de documents publics en montraient déjà la complexité, mais leur signification ne pouvait être comprise sans la vue d'ensemble qui a été établie depuis. Il apparaît maintenant que de Gaulle a joué un rôle considérable en contribuant à poser les bases d'un tissu complexe de réseaux qui allaient se révéler, des années plus tard, un facteur essentiel du rapprochement des deux pays.

Beaucoup d'initiatives qui avaient d'abord paru provenir d'administrateurs sur le terrain ont pu trouver un appui, dès juillet 1945, sur des directives centrales, même si la mise en œuvre fut souvent diverse et compliquée. Notamment, les directives secrètes que le Comité interministériel des Affaires allemandes et autrichiennes a adressées sous la présidence de De Gaulle au général Koenig, commandant en chef français en Allemagne. Datée du 20 juillet 1945, la première « Directive pour notre action en Allemagne » laisse paraître les difficultés de l'entreprise et ses ambiguïtés. La « décentralisation politique » de l'Allemagne, souci majeur de De Gaulle, devait être conciliée avec le maintien de son unité économique, car la zone attribuée à la France était petite, coupée des infrastructures nationales, insuffisante pour des réparations importantes et incapable de se subvenir à elle-même. Considérant l'« œuvre prussienne » comme la base de l'« œuvre hitlérienne », la directive ordonnait sa « destruction », en soulignant l'importance du domaine culturel, de la presse et de la radio jusqu'aux écoles et aux universités : « Notre occupation doit être sévère, mais elle doit aussi être juste. » Jusqu'au printemps 1946, une soixantaine de directives, contrôlées voire signées par de Gaulle jusqu'en janvier, détaillèrent les multiples aspects de l'occupation en relation avec la politique allemande générale. Ainsi le 7 novembre 1945, le but fixé à la « réorganisation de l'enseignement » est de « rendre aux Allemands le sentiment de la responsabilité individuelle, ce qui implique la restauration en Allemagne d'un régime démocratique » permettant de « préparer la rentrée de l'Allemagne dans le concert des peuples ». La sécurité française ne passait désormais plus uniquement par le domaine militaire et économique mais était assortie d'un volet appelé « démocratisation » de la société allemande, afin de lui enlever ce que l'on considérait comme son potentiel d'agressivité. Les discours de De Gaulle à cette époque, apparemment clairs, laissaient souvent la porte ouverte à des solutions concrètes fort différentes. Ainsi la célèbre formule « Plus de Reich centralisé » pouvait viser aussi bien le morcellement du Reich – ainsi fut-elle souvent traduite en allemand – que la forte décentralisation d'une confédération ou d'un État fédéral tel que la loi fondamentale l'entérina en 1949. Les ébauches françaises pour une Constitution allemande fédérale débutèrent en effet dès l'hiver 1945-1946.

À Sarrebruck le 3 octobre 1945, dans le premier discours qu'il prononça en Allemagne après la guerre, de Gaulle constata : « En tant qu'Européens de l'Ouest, en dépit de ce qui a pu surgir entre nous, nous devons travailler de concert et nous comprendre mutuellement. » À Trèves : « La France n'est pas ici pour prendre, mais pour faire renaître. » À Coblence : « nous devons faire ce travail ensemble [...]. Cette reconstruction doit être matérielle et aussi morale, elle doit se faire sur tous les terrains : bâtiments, alimentation, économie et dans le domaine moral : religion, éducation, justice, administration [....]. Vous remarquerez que j'ai parlé seulement de l'avenir et du présent, ce n'est pas sans intention ». À Bad Ems, Mayence, Neustadt, Fribourg ainsi que devant le gouvernement militaire à Baden-Baden, il tint des propos semblables. Excluant toute annexion, il laissait ouverte la question de l'étroitesse des liens futurs avec la France. À Fribourg, il ordonna l'ouverture de l'université de Tübingen prévue dans la directive de juillet – première réouverture décidée en Allemagne après la guerre. L'important ne fut pas seulement la rhétorique qui a stupéfié nombre de responsables allemands ainsi qu'un public français fort critique. Des responsables français, tel Hervé Alphand au Quai d'Orsay, s'en réclamèrent pour faire appliquer en Allemagne les débuts d'une politique visant la reconstruction allemande, l'intérêt français ne pouvant être totalement dissocié de l'intérêt allemand. Le 25 octobre 1945, Émile Laffon, chef de l'administration civile de la zone, avertit ses gouverneurs : « Il sera nécessaire d'insister vis-à-vis de vos administrés, sur les expressions employées par le général de Gaulle, qui, à plusieurs reprises, a parlé de la nécessité d'une reconstruction et d'une rénovation allemande aussi bien dans le domaine moral (Administration, enseignement, jeunesse) que dans le domaine matériel. »

La politique française d'occupation a réalisé une œuvre importante. En matière sociale, les syndicats furent renforcés et la Sécurité sociale réformée au détriment même d'une partie des intérêts économiques français. La politique culturelle, qui fut à l'époque la mieux acceptée, engloba, dans un esprit très jacobin, les universités et les théâtres, en passant par les manuels scolaires, la jeunesse, le sport, l'éducation des adultes, les monuments historiques, les expositions d'art contemporain. Pourtant, vis-à-vis du public français, il était impossible d'évoquer trop ouvertement la connexion étroite entre la sécurité de la France et cette politique d'interaction, voire de coopération franco-allemande. Il en résulta, aux dires de Dietmar Hüser, une « politique allemande double » reposant sur une stratégie réaliste, mais observant pendant des années encore un langage public différent. La coopération franco-allemande ne fut ni imposée par les Alliés à la conférence de Moscou en 1947, ni inaugurée seulement avec le plan Schuman de 1950, ni décidée subitement en 1963 avec le traité de l'Élysée. Aussi importantes que ces étapes aient été, elles se sont fondées sur des structures mises en place progressivement depuis 1944-1946.

Rainer HUDEMANN

• *Voir aussi :* Allemagne ; GPRF (œuvre extérieure du) ; Grandval, Gilbert ; Grimaud, Maurice ; Voyage en Allemagne

Bibl. : Rainer Hudemann, « Le Général de Gaulle et la politique de reconstruction en Zone française d'occupation en Allemagne après 1945 », dans Institut Charles-de-Gaulle, *De Gaulle en son siècle*, t. 5, *L'Europe*, Paris, Plon, 1992 • Id., *Sozial politik im deutschen südwesten zwischen Tradition und Neuordnung, 1945-1953*, Mayence, Hase und Koehler, 1988 • Dietmar Hüser, *Frankreichs « doppelte Deutschlandpolitik ». Dynamik aus der Defensive-Planen, Entscheiden, Umsetzen in gesellschaftlichen und wirtschaftlichen, innen- und außenpolitischen Krisenzeiten 1944-1950*, Berlin, Duncker & Humblot, 1996.

ANNEXES

REPÈRES BIOGRAPHIQUES

22 novembre 1890 : Naissance à Lille de Charles, André, Joseph-Marie de Gaulle.

1896-1900 : Études primaires à l'école Saint-Thomas-d'Aquin à Paris.

1900-1908 : Études secondaires à l'Immaculée-Conception à Paris puis au collège d'Anthoing en Belgique.

octobre 1910 – septembre 1912 : Élève à l'École spéciale militaire de Saint-Cyr.

15 août 1914 : Blessure par balle au genou droit.

2 mars 1916 : Blessé et fait prisonnier à Douaumont.

avril 1919 – janvier 1921 : Chef de bataillon par intérim, détaché auprès de l'armée polonaise.

7 avril 1921 : Mariage avec Yvonne Vendroux à Calais.

28 décembre 1921 : Naissance de Philippe.

novembre 1922 – octobre 1924 : Élève à l'École supérieure de guerre.

1er mars 1924 : Publication de *La Discorde chez l'ennemi*.

15 mai 1924 : Naissance d'Élisabeth.

1er juillet 1925 : Détachement à l'état-major du maréchal Pétain.

septembre 1927 : Commandant du 19e bataillon de chasseurs à Trêves.

1er janvier 1928 : Naissance d'Anne.

octobre 1929 : Mis à la disposition du général commandant les troupes du Levant à Beyrouth.

novembre 1931 : Nomination au secrétariat général du Conseil supérieur de la Défense nationale.

22 juillet 1932 : Publication du *Fil de l'épée*.

5 mai 1934 : Publication de *Vers l'armée de métier*.

juin 1937 : Commandant du 507e régiment de chars à Metz par intérim puis de plein droit en septembre.

27 septembre 1938 : Publication de *La France et son armée*.

2 septembre 1939 : Commandant par intérim des chars de la Ve armée dans la région Alsace-Lorraine.

26 avril 1940 : Commandant par intérim de la 4e division cuirassée de réserve.

17-31 mai 1940 : Combat à Montcornet, Crécy et Abbeville.

23 mai 1940 : Général de brigade à titre temporaire.

5 juin 1940 : Sous-secrétaire d'État, chargé de la Défense nationale et de la Guerre.

18 juin 1940 : Appel lancé depuis Londres à la BBC.

28 juin 1940 : Reconnaissance par le gouvernement britannique de De Gaulle comme chef des Français libres.

27 octobre 1940 : Manifeste de Brazzaville. Création d'un Conseil de défense de l'Empire.

16 novembre 1940 : Déclaration organique complétant le manifeste du 27 octobre 1940.

24 septembre 1941 : Formation du Comité national français.

26 septembre 1941 : Reconnaissance des Français libres par l'URSS.

27 avril 1942 : Remise à Christian Pineau d'une « Déclaration aux mouvements de résistance » diffusée dans la presse clandestine en juin.

9 juillet 1942 : Reconnaissance par les États-Unis du Comité national français.

14 juillet 1942 : La France libre devient la France combattante.

23-26 janvier 1943 : Conférence d'Anfa. Rencontre de Gaulle-Giraud.

27 mai 1943 : Soutien unanime apporté au général de Gaulle par le Conseil national de la Résistance (CNR) réuni pour la première fois, sous la présidence de Jean Moulin.

31 mai 1943 : Arrivée à Alger.

3 juin 1943 : Création du Comité français de la Libération nationale (CFLN) sous la coprésidence de De Gaulle et Giraud.

3 novembre 1943 : Réunion de l'Assemblée consultative provisoire.

9 novembre 1943 : De Gaulle seul président du CFLN remanié.

24 janvier – 2 février 1944 : Conférence de Brazzaville.

3 juin 1944 : Transformation du CFLN en Gouvernement provisoire de la République française (GPRF).

14 juin 1944 : Une journée en territoire métropolitain, dans la région de Bayeux.

20 août 1944 : Retour définitif en France.

25 août 1944 : Discours de l'Hôtel de Ville à Paris.

26 août 1944 : Descente des Champs-Élysées.

8 mai 1945 : Signature par le général de Lattre de l'acte de capitulation des armées allemandes à Berlin.

2 septembre 1945 : Signature par le général Leclerc de l'acte de capitulation du Japon.

21 octobre 1945 : Référendum constitutionnel et élections générales.

13 novembre 1945 : Président du GPRF, élu à l'unanimité par l'Assemblée nationale constituante.

20 janvier 1946 : Démission de la présidence du GPRF.
16 juin 1946 : Discours de Bayeux.
14 avril 1947 : Communiqué annonçant la formation du Rassemblement du peuple français (RPF).
30 juin 1947 : Publication de *Discours et messages 1940-1946.*
6 janvier 1948 : Décès d'Anne de Gaulle.
17 juin 1951 : Demi-échec du RPF aux élections législatives.
22 octobre 1954 : Publication du premier tome des *Mémoires de guerre.*
13 septembre 1955 : Suspension du fonctionnement du RPF.
8 juin 1956 : Publication du deuxième tome des *Mémoires de guerre.*
15 mai 1958 : De Gaulle se dit prêt à « assumer les pouvoirs de la République ».
1er juin 1958 : Investiture par l'Assemblée nationale en tant que président du Conseil.
4 juin 1958 : Discours d'Alger : « Je vous ai compris ».
28 septembre 1958 : Référendum sur l'adoption de la Constitution de la Ve République.
21 décembre 1958 : Élection comme président de la République.
8 janvier 1959 : Michel Debré Premier ministre.
16 septembre 1959 : Discours radiotélévisé sur l'autodétermination de l'Algérie.
28 octobre 1959 : Publication du troisième tome des *Mémoires de guerre.*
13 février 1960 : Premier essai nucléaire français à Reggane (Sahara).
22 avril 1961 : Putsch d'Alger.
23 avril 1961 : Mise en œuvre de l'article 16. Discours sur « le quarteron de généraux en retraite ».
8 septembre 1961 : Attentat manqué de Pont-sur-Seine.
18 mars 1962 : Signature des accords d'Évian.
22 août 1962 : Attentat manqué du Petit-Clamart.
14 avril 1962 : Georges Pompidou Premier ministre.
28 octobre 1962 : Référendum sur l'élection du président de la République au suffrage universel.
22 janvier 1963 : Signature du traité de l'Élysée entre de Gaulle et Adenauer.
mars-avril 1963 : Grève des mineurs.
27 janvier 1964 : Reconnaissance de la République populaire de Chine.
30 juin 1965 – 11 mai 1966 : Politique de la « chaise vide » à Bruxelles.
19 décembre 1965 : Réélection comme président de la République.
7 mars 1966 : Annonce du retrait de la France des forces intégrées de l'OTAN.
1er septembre 1966 : Discours de Phnom Penh.
14 mai 1968 : De Gaulle s'envole pour la Roumanie alors que s'étendent les grèves en France.
24 mai 1968 : Discours annonçant un référendum sur la participation.
29 mai 1968 : Départ secret pour Baden-Baden.

30 mai 1968 : Discours radiodiffusé annonçant la dissolution de l'Assemblée nationale.

10 juillet 1968 : Maurice Couve de Murville Premier ministre.

27 avril 1969 : Référendum sur la régionalisation et la réforme du Sénat.

28 avril 1969 : Démission du président de la République.

10 mai – 19 juin 1969 : Voyage en Irlande.

21 avril 1970 – 18 septembre 1970 : Parution des cinq tomes de *Discours et messages*.

23 octobre 1970 : Parution du premier tome des *Mémoires d'espoir*.

9 novembre 1970 : Décès du général de Gaulle.

GOUVERNEMENTS DU GÉNÉRAL DE GAULLE[1]

18 juin 1940-24 septembre 1941
Services de la France libre (Londres)

Général de Gaulle, chef des Français libres

Jusqu'à l'ordonnance du 27 octobre 1940, le quartier général du général de Gaulle comprend les organes militaires et les services civils, organisés selon la note de service nº 130/1 du 31 juillet 1940 publiée au *Bulletin officiel des Forces françaises libres* du 15 août 1940. Les organes militaires comprennent le cabinet militaire, l'état-major et des services. Les services civils comprennent le cabinet civil, le service financier, le service des affaires extérieures et coloniales, le service technique et de l'armement, le service juridique, le service de presse et d'information et le service des Français à l'étranger.

1. Cette liste repose sur le *Journal officiel de la France libre* et le *Journal officiel de la République française*, qui font foi dans leur version papier. Ont donc été utilisés : *Le Journal officiel de la France libre*, Paris, Direction des Journaux officiels, 1995 ; *Le Journal officiel de la République française, édition d'Alger de juin 1943 à août 1944*, Paris, Direction des Journaux officiels, 1996 ; et le *Journal officiel de la République française* publié à Paris à partir de la Libération. Sans avoir la même valeur d'authentification, d'autres publications peuvent servir d'aide à la recherche : Jean-Louis Crémieux-Brilhac, *La France libre : de l'appel du 18 Juin à la Libération*, Paris, Gallimard, 1996 (rééd. « Folio », 2001) ; pour les services civils de la France libre en 1940-1941 : *Espoir*, revue de la Fondation Charles-de-Gaulle, nº 65, décembre 1988 ; le *Journal officiel* en ligne (qui présente en 2006 certaines imperfections pour la période qui nous intéresse) : www.legifrance.gouv.fr ; Benoît Yvert (dir.), *Dictionnaire des ministres de 1789 à 1989*, Paris, Perrin, 1990. Les dates indiquées sont celles de la signature des décrets. La date de publication au *Journal officiel* est donnée pour la formation des gouvernements. Ces décrets initiaux ne présentent pas nécessairement la liste complète des membres du gouvernement. Nous avons complété les listes du 10 septembre 1944 et du 31 mai 1968 en y ajoutant les ministres du gouvernement précédent reconduits dans leurs fonctions. L'ordre d'apparition des ministères sur la liste initiale publiée au *Journal officiel* a été respecté. Pour les ministères des années 1958-1969, les remaniements intervenus entre deux changements de gouvernement ont été insérés dans la liste initiale. La date des décrets de nomination liés à un remaniement, qui signalent souvent un changement de titulaire, est précisée entre parenthèses.

L'ordonnance du 27 octobre 1940 organise les pouvoirs publics. Elle crée le Conseil de défense de l'Empire et stipule que « les pouvoirs administratifs normalement dévolus aux ministres sont exercés par des directeurs de service nommés par le chef des Français libres » (le décret du 29 janvier 1941 les regroupe en quatre directions, réduites à trois par le décret du 7 mars 1941).

CONSEIL DE DÉFENSE DE L'EMPIRE[1], présidé par le général de Gaulle

Général Catroux
Vice-amiral Muselier
Général de Larminat
Gouverneur Éboué
Gouverneur Sautot
Médecin général Sicé
Professeur Cassin
Révérend père d'Argenlieu
Colonel Leclerc

SERVICES CIVILS[2]

Affaires administratives et financières : Aristide Antoine (dit Fontaine ou colonel Roland) ; Pierre Denis (dit Rauzan) ; Menguy
Armements : Étienne Hirsch ; André Labarthe
Affaires économiques et Colonies : Pierre-Olivier Lapie ; René Pleven
Information et Presse : Étienne Dennery ; Robert Marjolin ; Jean Massip ; Jacques Soustelle
Marine marchande : Jacques Bingen ; Pierre de Malglaive
Affaires politiques : Gaston Palewski ; Maurice Dejean ; Joseph Hackin

CONFÉRENCE ADMINISTRATIVE DE LA FRANCE LIBRE[3], présidée par le général de Gaulle

La Conférence comprend les directeurs des services civils d'administration générale, le chef de l'état-major du général de Gaulle et le chef du service financier. Les membres du Conseil de défense de l'Empire français présents au siège de la Conférence administrative prennent part à cette Conférence. L'un des directeurs, désigné par le chef des Français libres, exerce les fonctions de secrétaire de la Conférence administrative.

COMITÉ MILITAIRE[4], présidé par le général de Gaulle

Le Comité militaire comprend l'amiral commandant les forces navales (vice-amiral Muselier), l'officier général ou supérieur commandant les forces

1. Ordonnance du 27 octobre 1940.
2. Fonctions exercées simultanément ou successivement.
3. Décret du 29 janvier 1941.
4. Décret du 29 janvier 1941.

aériennes (fonction exercée par le vice-amiral Muselier jusqu'au décret du 5 juillet 1941 qui nomme le colonel breveté de l'air Valin) et le général chef d'état-major du général de Gaulle. Le secrétaire permanent du Conseil de défense de l'Empire français (l'arrêté du 30 janvier 1941 nomme le professeur Cassin) et l'un des directeurs des services civils d'administration générale désigné à cet effet par le chef des Français libres siègent aussi au Comité militaire.

24 septembre 1941-30 mai 1943
Comité national français (Londres) [1]

Général de Gaulle, président du Comité national français

Directeur de cabinet : Gaston Palewski à partir de septembre 1942 [2]

COMMISSAIRES NATIONAUX [3]

Décret du 24 septembre 1941 :

Économie, Finances, Colonies : René Pleven
Affaires étrangères : Maurice Dejean
Guerre : général Legentilhomme
Marine et Marine marchande : vice-amiral Muselier, puis amiral Auboyneau (4 mars 1942)
Justice et Instruction publique : professeur Cassin
Intérieur, Travail, Information : André Diethelm
Air : général Valin
Sans département : capitaine de vaisseau Thierry d'Argenlieu ; général d'armée Catroux (4 mars 1942)

Décret du 28 juillet 1942 :

Économie, Colonies, Marine marchande : René Pleven
Intérieur, Travail : André Philip
Finances et Pensions : André Diethelm
Information : Jacques Soustelle

Décret du 17 octobre 1942 :

Affaires étrangères et Colonies : René Pleven
Finances, Économie et Marine marchande : André Diethelm

---

1. *Journal officiel*, 14 octobre 1941.
2. Le décret du 22 février 1943 institue un cabinet du général de Gaulle.
3. Ils exercent les attributions « normalement dévolues aux ministres français », décret du 24 septembre 1941.

Décret du 5 février 1943 :

Colonies : René Pleven

Affaires étrangères : René Massigli

2 avril 1943[1] :

Commissaire en mission, représentant du général de Gaulle et du Comité national en France occupée : Jean Moulin

CONSEIL DE DÉFENSE DE L'EMPIRE FRANÇAIS

Décret du 24 septembre 1941 :

Général d'armée Catroux

Vice-amiral Muselier

Médecin général Sicé

Gouverneur général des Colonies Éboué

Général de division de Larminat

Gouverneur des Colonies Sautot

Capitaine de vaisseau Thierry d'Argenlieu

Général de brigade Leclerc de Hauteclocque

Décret du 27 janvier 1942 :

Louis, Alexandre, Étienne Bonvin

Décret du 5 août 1942 :

René Pleven (remplace le vice-amiral Muselier)

Décret du 6 janvier 1943 :

Général Legentilhomme (océan Indien)

Colonel Orselli (Océanie)

Gouverneur Montchamp (Nouvelle-Calédonie)

Gouverneur Capagorry (île de la Réunion)

Décret du 21 janvier 1943 :

Pierre Cournarie, gouverneur du Cameroun

HAUT-COMITÉ MILITAIRE[2]

Présidé par le général de Gaulle, il comprend le commissaire à la Guerre, le commissaire à la Marine et à la Marine marchande, le commissaire à l'Air. Le décret de janvier 1941 portant création du Comité militaire est abrogé.

1. Texte non publié au *Journal officiel*.
2. Décret du 24 septembre 1941.

3 juin 1943-3 juin 1944
Comité français de la libération nationale (Alger) [1]

Général de Gaulle et général Giraud, présidents du CFLN, puis général de Gaulle seul à partir du décret du 9 novembre 1943

Directeur de cabinet du général de Gaulle : Gaston Palewski
Secrétaire du CFLN : Louis Joxe (15 juin 1943, puis secrétaire général, 9 octobre 1943) ; Raymond Offroy, secrétaire-adjoint (15 juin 1943)

Décrets des 3 et 7 juin 1943 :

COMMISSAIRES DU CFLN

Sans attribution : général Alphonse Georges
Coordination des affaires musulmanes : général Georges Catroux
Justice, Éducation nationale, Santé publique : docteur Jules Abadie
Affaires étrangères : René Massigli
Intérieur : André Philip
Finances : Maurice Couve de Murville
Armement, Approvisionnement, Reconstruction : Jean Monnet
Production et Commerce : André Diethelm
Communications et Marine marchande : René Mayer
Colonies : René Pleven
Travail et Prévoyance sociale : Adrien Tixier
Information : Henri Bonnet

Décret du 4 septembre 1943 :

Éducation nationale et Santé publique : Jules Abadie
Justice : François de Menthon

Décret du 9 novembre 1943 [2] :

COMMISSAIRES D'ÉTAT

Affaires musulmanes : général d'armée Catroux
Chargé des Rapports avec l'Assemblée consultative et de la Centralisation des études concernant l'après-guerre : André Philip
Chargé des Commissions intercommissariales : Henri Queuille

COMMISSAIRES

Intérieur : Emmanuel d'Astier de La Vigerie
Guerre et Air : André Le Troquer
Marine : Louis Jacquinot

1. *Journal officiel*, 10 juin 1943.
2. *Journal officiel*, 11-13 novembre 1943.

Finances : Pierre Mendès France
Affaires sociales : Adrien Tixier
Éducation nationale : René Capitant
Ravitaillement et Production : André Diethelm
Prisonniers et Déportés : Henri Frenay
En mission (chargé des négociations extérieures relatives à l'Approvisionnement et à la Reconstruction) : Jean Monnet

Décret du 4 avril 1944 :

Commissaire d'État : François Billoux
Commissaire à la Guerre : André Diethelm
Commissaire à l'Air : Fernand Grenier
Commissaire au Ravitaillement et à la Production : Paul Giacobbi
Commissaire délégué à l'Administration des territoires métropolitains libérés : André Le Troquer

3 juin 1944-5 septembre 1944
Gouvernement provisoire de la République française (Alger) [1]

Général de Gaulle, président du GPRF

Directeur de cabinet : Gaston Palewski

COMMISSAIRES D'ÉTAT

Général d'armée Catroux (Questions musulmanes)
Henri Queuille
André Philip (Rapports avec l'Assemblée consultative)
François Billoux
Alexandre Parodi (délégué général du GPRF en France occupée, ministre d'État, 14 août 1944)

COMMISSAIRES

Justice : François de Menthon
Affaires étrangères : René Massigli
Intérieur : Emmanuel d'Astier de La Vigerie
Finances : Pierre Mendès France
Ravitaillement et Production : Paul Giacobbi
Éducation nationale, Jeunesse : René Capitant
Communications et Marine marchande : René Mayer
Affaires sociales : Adrien Tixier
Guerre : André Diethelm

1. Ordonnance substituant au nom de CFLN celui de GPRF, *Journal officiel*, 4 juin 1944.

Air : Fernand Grenier
Marine : Louis Jacquinot
Colonies : René Pleven
Prisonniers, Déportés et Réfugiés : Henri Frenay
Information : Henri Bonnet
Commissaire délégué à l'Administration des territoires métropolitains libérés : André Le Troquer

SECRÉTAIRES GÉNÉRAUX PROVISOIRES [1]

Intérieur : Alexandre Parodi
Information : Jean Guignebert
Défense nationale : général Fortin
Éducation nationale : Henri Wallon
Santé : Louis Pasteur Vallery-Radot
Justice : Marcel Willard
Travail : René Samson
Économie nationale : René Courtin
Finances : Emmanuel Mönick (29 août)
Ravitaillement : Pierre Miné
Agriculture : René Lefèvre
Production industrielle : Robert Lacoste
Communication : Georges Mathieu
PTT : E. Guesnot
Prisonniers : François Mitterrand

4 septembre 1944
Nomination de ministres du GPRF à Paris [2]

Finances : Aimé Lepercq
Économie nationale : Pierre Mendès France
Production industrielle : Robert Lacoste
Ravitaillement : Paul Giacobbi
Agriculture : François Tanguy-Prigent

1. Intérim des commissaires, fonction créée par décret du 19 mai 1944, exercée à Paris, 19 août-5 septembre 1944.
2. *Journal officiel*, 8 septembre 1944.

10 septembre 1944
Formation définitive du GPRF à Paris[1]

Général de Gaulle, président du GPRF

MINISTRE D'ÉTAT

Jules Jeanneney

MINISTRES

Garde des Sceaux et ministre de la Justice : François de Menthon, puis Pierre-Henri Teitgen (31 mai 1945)
Affaires étrangères : Georges Bidault
Intérieur : Adrien Tixier
Guerre : André Diethelm
Marine : Louis Jacquinot
Air : Charles Tillon
Économie nationale : Pierre Mendès France, puis René Pleven (5 avril 1945)
Finances : Aimé Lepercq, puis René Pleven (16 novembre 1944)
Production : Robert Lacoste
Agriculture : François Tanguy-Prigent
Ravitaillement : Paul Giacobbi, puis Paul Ramadier (16 novembre 1944), puis Christian Pineau (31 mai 1945)
Colonies : René Pleven, puis Paul Giaccobi (16 novembre 1944)
Éducation nationale : René Capitant
Travail et Sécurité sociale : Alexandre Parodi
PTT : Augustin Laurent, puis Eugène Thomas (27 juin 1945)
Prisonniers, Déportés et Réfugiés : Henri Frenay
Santé publique : François Billoux
Afrique du Nord : général d'armée Georges Catroux
Travaux publics et Transports : René Mayer
Information : Pierre-Henri Teitgen, puis Jacques Soustelle (31 mai 1945)
Reconstruction et Urbanisme : Raoul Dautry (16 novembre 1944)

21 novembre 1945-20 janvier 1946
De Gaulle, président élu du GPRF[2]

Le 13 novembre, le général de Gaulle est élu à l'unanimité président du GPRF par l'Assemblée nationale constituante. Le gouvernement est constitué le 21 novembre. De Gaulle est également chef des armées assumant la direction de la Défense nationale et de la Guerre.

1. Nomination de ministres, *Journal officiel*, 12 septembre 1944.
2. *Journal officiel*, 22 novembre 1945.

Directeur de cabinet : Gaston Palewski

MINISTRES D'ÉTAT

Vincent Auriol
Francisque Gay
Louis Jacquinot
Maurice Thorez

MINISTRES

Garde des Sceaux et ministre de la Justice : Pierre-Henri Teitgen
Affaires étrangères : Georges Bidault
Intérieur : Adrien Tixier
Armées : Edmond Michelet
Armements : Charles Tillon
Finances : René Pleven
Économie nationale : François Billoux
Agriculture et Ravitaillement : François Tanguy-Prigent
Production industrielle : Marcel Paul
Éducation nationale : Paul Giacobbi
Travaux publics et Transports : Jules Moch
PTT : Eugène Thomas
Colonies : Jacques Soustelle
Travail : Ambroise Croizat
Population : Robert Prigent
Information : André Malraux
Reconstruction et Urbanisme : Raoul Dautry

1er juin 1958-8 janvier 1959
Gouvernement du général de Gaulle (IVe République) [1]

Général de Gaulle : président du Conseil,
ministre de la Défense nationale

Directeur de cabinet : Georges Pompidou

MINISTRES D'ÉTAT

Guy Mollet
Pierre Pflimlin
Félix Houphouët-Boigny
Louis Jacquinot

1. *Journal officiel*, 2 juin 1958.

MINISTRES

Garde des Sceaux et ministre de la Justice : Michel Debré
Affaires étrangères : Maurice Couve de Murville
Intérieur : Émile Pelletier
Armées : Pierre Guillaumat
Finances : Antoine Pinay
Éducation nationale : Jean Berthoin
Travail : Paul Bacon
France d'outre-mer : Bernard Cornut-Gentille (sans portefeuille jusqu'au 3 juin 1958)
Sahara : Max Lejeune (sans portefeuille jusqu'au 3 juin 1958)
Travaux publics, Transports et Tourisme : Robert Buron (9 juin 1958)
Industrie et Commerce : Édouard Ramonet (9 juin 1958)
Agriculture : Roger Houdet (9 juin 1958)
Construction : Pierre Sudreau (9 juin 1958)
Santé publique et Population : Bernard Chenot (7 juillet 1958)
Anciens Combattants et Victimes de guerre : Edmond Michelet (9 juin 1958)
PTT : Eugène Thomas (9 juin 1958)
Information : Jacques Soustelle (7 juillet 1958)

MINISTRES DÉLÉGUÉS À LA PRÉSIDENCE DU CONSEIL

André Malraux (ministre sans portefeuille jusqu'au 3 juin 1958)
André Boulloche (7 juillet 1958)

SECRÉTAIRE D'ÉTAT

Secrétaire d'État à l'Industrie et au Commerce : Édouard Ramonet (jusqu'au 9 juin 1958)

SECRÉTAIRES GÉNÉRAUX

Secrétaire général à l'Information : Christian Chavanon (9 juin 1958)
Secrétaire général pour les Affaires algériennes : René Brouillet, ministre plénipotentiaire (9 juin 1958)

Élu président de la République le 21 décembre 1958, le général de Gaulle prend ses fonctions le 8 janvier 1959. René Brouillet est nommé directeur de cabinet.

8 janvier 1959-14 avril 1962
Gouvernement de Michel Debré (Ve République)[1]

Premier ministre : Michel Debré

MINISTRE DÉLÉGUÉ AUPRÈS DU PREMIER MINISTRE

Jacques Soustelle

MINISTRES D'ÉTAT

Félix Houphouët-Boigny (jusqu'à sa démission le 20 mai 1959)
Louis Jacquinot
Robert Lecourt (Relations avec la Communauté, 27 mars 1959)
André Malraux
Sahara et DOM-TOM : Robert Lecourt (5 février 1960), puis Louis Jacquinot (24 août 1961)
Affaires culturelles (22 juillet 1959) : André Malraux
Affaires algériennes : Louis Joxe (22 novembre 1960)

MINISTRES

Garde des Sceaux et ministre de la Justice : Edmond Michelet, puis Bernard Chenot (24 août 1961)
Affaires étrangères : Maurice Couve de Murville
Intérieur : Jean Berthoin, puis Pierre Chatenet (28 mai 1959), puis Roger Frey (6 mai 1961)
Armées : Pierre Guillaumat, puis Pierre Messmer (5 février 1960)
Finances et Affaires économiques : Antoine Pinay, puis Wilfrid Baumgartner (13 janvier 1960), puis Valéry Giscard d'Estaing (18 janvier 1962)
Éducation nationale : André Boulloche (jusqu'au 23 décembre 1959), puis Louis Joxe (15 janvier 1960), puis Pierre Guillaumat (22 novembre 1960), puis Lucien Paye (20 février 1961)
Travaux publics et Transports : Robert Buron
Industrie et Commerce puis Industrie (17 novembre 1959) : Jean-Marcel Jeanneney
Agriculture : Roger Houdet, puis Henri Rochereau (28 mai 1959), puis Edgard Pisani (24 août 1961)
Travail : Paul Bacon
Santé publique et Population : Bernard Chenot, puis Joseph Fontanet (24 août 1961)
Construction : Pierre Sudreau
Anciens Combattants : Raymond Triboulet

1. *Journal officiel*, 9 janvier 1959.

Postes, Télégraphes et Téléphones, puis Postes et Télécommunications à partir du 24 août 1959 : Bernard Cornut-Gentille, puis Michel Maurice-Bokanowski (5 février 1960)
Information : Roger Frey, puis Louis Terrenoire (5 février 1960-24 août 1961)
Coopération : Jean Foyer (18 mai 1961)

MINISTRES DÉLÉGUÉS AUPRÈS DU PREMIER MINISTRE

Jacques Soustelle (chargé du Sahara, des DOM-TOM et de l'Énergie atomique du 13 février 1959 au 5 février 1960)
Roger Frey (5 février 1960-6 mai 1961)
Louis Terrenoire (24 août 1961)
Pierre Guillaumat, chargé de l'Énergie atomique (5 février 1960), puis de l'Énergie atomique, de la Recherche scientifique, de la Fonction publique et de la Réforme administrative (19 mars 1960)

SECRÉTAIRES D'ÉTAT AUPRÈS DU PREMIER MINISTRE

Mlle Nafissa Sid Cara
Louis Joxe (24 juillet 1959, chargé de la Fonction publique)
Pierre Chatenet (21 janvier 1959-28 mai 1959)
Christian de La Malène (24 août 1961, chargé de l'Information)

SECRÉTAIRES D'ÉTAT

Sahara, DOM-TOM : Jean de Broglie (24 août 1961)
Relations avec les États de la Communauté : Jean Foyer (5 février 1960-18 mai 1961)
Affaires étrangères : Georges Gorse (18 mai 1961)
Intérieur : Michel Maurice-Bokanowski (jusqu'au 5 février 1960)
Rapatriés : Robert Boulin (24 août 1961)
Finances : Valéry Giscard d'Estaing (jusqu'au 18 janvier 1962)
Affaires économiques (17 novembre 1959) puis Affaires économiques extérieures (19 janvier 1960) : Max Fléchet
Industrie et Commerce jusqu'au 17 novembre 1959 : Joseph Fontanet
Commerce intérieur : Joseph Fontanet (17 novembre 1959), puis François Missoffe (24 août 1961)

MINISTRES-CONSEILLERS POUR LES AFFAIRES DE LA COMMUNAUTÉ [1] (23 juillet 1959-29 septembre 1960)

Félix Houphouët-Boigny, Premier ministre de la république de la Côte-d'Ivoire
Philibert Tsiranana, président de la République malgache

1. Ils ne font pas partie du gouvernement mais sont les conseillers du général de Gaulle dans ses fonctions de président de la Communauté.

Gabriel Lisette, vice-Premier ministre de la république du Tchad
Léopold Senghor, président de l'Assemblée législative de la Fédération du Mali

Le 28 juillet 1961, Georges Galichon remplace René Brouillet comme directeur de cabinet du général de Gaulle.

15 avril 1962-10 juillet 1968
Gouvernements de Georges Pompidou

PREMIER GOUVERNEMENT POMPIDOU[1] (15 avril 1962)
Premier ministre : Georges Pompidou

MINISTRES D'ÉTAT

Affaires culturelles : André Malraux
Coopération : Pierre Pflimlin, puis Georges Gorse (16 mai 1962)
DOM et TOM : Louis Jacquinot
Affaires algériennes : Louis Joxe
Recherche scientifique, Questions atomiques et spatiales : Gaston Palewski

MINISTRES DÉLÉGUÉS AUPRÈS DU PREMIER MINISTRE

Relations avec le Parlement : Roger Dusseaulx (jusqu'au 16 mai 1962)
Aménagement du territoire : Maurice Schumann (jusqu'au 16 mai 1962)[2]
Information : Christian Fouchet (11 septembre 1962)
Rapatriés : Alain Peyrefitte (11 septembre 1962)

MINISTRES

Garde des Sceaux et ministre de la Justice : Jean Foyer
Affaires étrangères : Maurice Couve de Murville
Intérieur : Roger Frey
Armées : Pierre Messmer
Finances et Affaires économiques : Valéry Giscard d'Estaing
Éducation nationale : Pierre Sudreau, puis Louis Joxe (15 octobre 1962)
Travaux publics et Transports : Robert Buron, puis Roger Dusseaulx (16 mai 1962)
Industrie : Michel Maurice-Bokanowski
Agriculture : Edgard Pisani
Travail : Paul Bacon, puis Gilbert Grandval (16 mai 1962)

1. *Journal officiel*, 16 avril 1962.
2. Après la démission de Maurice Schumann, le ministère chargé de l'Aménagement du territoire redevient de la compétence du Premier ministre.

Santé publique et Population : Joseph Fontanet, puis Raymond Marcellin (16 mai 1962)
Construction : Jacques Maziol
Anciens Combattants et Victimes de guerre : Raymond Triboulet
Postes et Télécommunications : Jacques Marette

SECRÉTAIRES D'ÉTAT AUPRÈS DU PREMIER MINISTRE

Information : Alain Peyrefitte (jusqu'au 11 septembre 1962)
Fonction publique : Jean de Broglie
Chargé des relations avec le Parlement : Pierre Dumas (16 mai 1962)

SECRÉTAIRES D'ÉTAT [1]

Affaires étrangères : Georges Gorse (jusqu'au 16 mai 1962)
Rapatriés : Robert Boulin (jusqu'au 11 septembre 1962)
Budget : Robert Boulin (11 septembre 1962)
Commerce intérieur : François Missoffe
Commerce extérieur : Gilbert Grandval (jusqu'au 16 mai 1962)
Travaux publics : Pierre Dumas (jusqu'au 16 mai 1962)

DEUXIÈME GOUVERNEMENT POMPIDOU [2] (6 décembre 1962)

Premier ministre : Georges Pompidou

MINISTRES D'ÉTAT

Affaires culturelles : André Malraux
DOM et TOM : Louis Jacquinot
Réforme administrative : Louis Joxe
Recherche scientifique, Questions atomiques et spatiales : Gaston Palewski (jusqu'au 22 février 1965)

MINISTRES

Garde des Sceaux et ministre de la Justice : Jean Foyer
Affaires étrangères : Maurice Couve de Murville
Intérieur : Roger Frey
Armées : Pierre Messmer
Finances et Affaires économiques : Valéry Giscard d'Estaing
Coopération : Raymond Triboulet
Éducation nationale : Christian Fouchet
Travaux publics et Transports : Marc Jacquet
Industrie : Michel Maurice-Bokanowski

---

1. Le remaniement du 16 mai, à la suite de la démission des ministres MRP, entraîne la suppression des secrétariats d'État aux Affaires étrangères, aux Travaux publics et au Commerce extérieur.
2. *Journal officiel*, 7 décembre 1962.

Agriculture : Edgard Pisani
Travail : Gilbert Grandval
Santé publique et Population : Raymond Marcellin
Construction : Jacques Maziol
Anciens Combattants et Victimes de guerre : Jean Sainteny
Postes et Télécommunications : Jacques Marette
Information : Alain Peyrefitte
Rapatriés : François Missoffe (jusqu'au 23 juillet 1964)

SECRÉTAIRES D'ÉTAT AUPRÈS DU PREMIER MINISTRE

Affaires algériennes : Jean de Broglie
Relations avec le Parlement : Pierre Dumas
Recherche scientifique et Questions atomiques et spatiales[1] : Yvon Bourges (23 février 1965)

SECRÉTAIRES D'ÉTAT

Affaires étrangères : Michel Habib-Deloncle
Budget : Robert Boulin
Jeunesse et Sports : Maurice Herzog (11 juin 1963)

TROISIÈME GOUVERNEMENT POMPIDOU[2] (8 janvier 1966)

Premier ministre : Georges Pompidou

MINISTRES D'ÉTAT

Affaires culturelles : André Malraux
Réforme administrative : Louis Joxe
DOM et TOM : Pierre Billotte

MINISTRES

Garde des Sceaux et ministre de la Justice : Jean Foyer
Affaires étrangères : Maurice Couve de Murville
Intérieur : Roger Frey
Armées : Pierre Messmer
Économie et Finances : Michel Debré
Éducation nationale : Christian Fouchet
Équipement : Edgard Pisani
Agriculture : Edgar Faure
Industrie : Raymond Marcellin
Affaires sociales : Jean-Marcel Jeanneney
Recherche scientifique et Questions atomiques et spatiales (ministre délégué) : Alain Peyrefitte

1. En remplacement du ministère d'État du même nom.
2. *Journal officiel*, 9 janvier 1966.

Anciens Combattants et Victimes de guerre : Alexandre Sanguinetti
Postes et Télécommunications : Jacques Marette
Jeunesse et Sports : François Missoffe

SECRÉTAIRES D'ÉTAT AUPRÈS DU PREMIER MINISTRE

Relations avec le Parlement : Pierre Dumas
Information : Yvon Bourges

SECRÉTAIRES D'ÉTAT

Affaires étrangères : Jean de Broglie ; Jean Charbonnel (Coopération)
Intérieur : André Bord
Budget : Robert Boulin
Commerce extérieur : Charles de Chambrun
Éducation nationale : Michel Habib-Deloncle
Logement : Roland Nungesser
Transports : André Bettencourt

Le 23 janvier 1967, le général de Gaulle nomme Xavier Daufresne de La Chevalerie au poste de directeur de cabinet.

QUATRIÈME GOUVERNEMENT POMPIDOU [1] (7 avril 1967)

Premier ministre : Georges Pompidou

MINISTRES D'ÉTAT

Affaires culturelles : André Malraux
Fonction publique : Edmond Michelet
DOM et TOM : Pierre Billotte
Recherche scientifique, Questions atomiques et spatiales : Maurice Schumann
Chargé des Relations avec le Parlement : Roger Frey

MINISTRES

Chargé du Plan et de l'Aménagement du territoire (ministre délégué auprès du Premier ministre) : Raymond Marcellin
Garde des Sceaux et ministre de la Justice : Louis Joxe
Affaires étrangères : Maurice Couve de Murville
Intérieur : Christian Fouchet
Armées : Pierre Messmer
Économie et Finances : Michel Debré
Éducation nationale : Alain Peyrefitte (jusqu'au 28 mai 1968)

1. *Journal officiel*, 8 avril 1967.

Équipement et Logement : Edgard Pisani, puis François-Xavier Ortoli (28 avril 1967)
Agriculture : Edgar Faure
Industrie : Olivier Guichard
Affaires sociales : Jean-Marcel Jeanneney
Transports : Jean Chamant
Anciens Combattants et Victimes de guerre : Henri Duvillard
Postes et Télécommunications : Yves Guéna
Jeunesse et Sports : François Missoffe
Information : Georges Gorse

SECRÉTAIRE D'ÉTAT AUPRÈS DU PREMIER MINISTRE

Pierre Dumas (Tourisme)

SECRÉTAIRES D'ÉTAT

Affaires étrangères : Yvon Bourges (Coopération) ; André Bettencourt
Intérieur : André Bord
Économie et Finances : Robert Boulin ; Roland Nungesser
Affaires sociales : Jacques Chirac (Problèmes de l'Emploi)

QUATRIÈME GOUVERNEMENT POMPIDOU REMANIÉ [1] (31 mai 1968)

Premier ministre : Georges Pompidou

MINISTRES D'ÉTAT

André Malraux (Affaires culturelles)
Edmond Michelet
Maurice Schumann (Affaires sociales)
Henri Rey (Tourisme, 4 juin 1968)

MINISTRE DÉLÉGUÉ AUPRÈS DU PREMIER MINISTRE

Plan et aménagement du territoire : Olivier Guichard

MINISTRES

Garde des Sceaux et ministre de la Justice : René Capitant
Affaires étrangères : Michel Debré
Intérieur : Raymond Marcellin
Armées : Pierre Messmer
Économie et Finances : Maurice Couve de Murville
Éducation nationale : François-Xavier Ortoli
Équipement et Logement : Robert Galley

1. Nomination de membres du gouvernement, *Journal officiel*, 31 mai 1968.

Agriculture : Edgar Faure
Industrie : Albin Chalandon
Transports : Jean Chamant
Postes et Télécommunications : André Bettencourt
Information : Yves Guéna
Jeunesse et Sports : Roland Nungesser
DOM et TOM : Joël Le Theule
Fonction publique : Robert Boulin
Anciens Combattants et Victimes de guerre : Henri Duvillard
Recherche scientifique, Questions atomiques et spatiales : Christian de La Malène

SECRÉTAIRES D'ÉTAT

Affaires étrangères : Yvon Bourges (Coopération)
Intérieur : André Bord
Économie et Finances : Jacques Chirac
Éducation nationale : Marie-Madeleine Dienesch
Affaires sociales : Yvon Morandat (Problèmes de l'emploi)
Équipement et Logement : Philippe Dechartre (Logement)

12 juillet 1968-20 juin 1969
Gouvernement de Maurice Couve de Murville [1]

Premier ministre : Maurice Couve de Murville

MINISTRES D'ÉTAT

Affaires culturelles : André Malraux
Affaires sociales : Maurice Schumann
Relations avec le Parlement : Roger Frey
Sans portefeuille : Jean-Marcel Jeanneney

MINISTRES

Garde des Sceaux et ministre de la Justice : René Capitant, puis Jean-Marcel Jeanneney (intérim, 28 avril 1969)
Affaires étrangères : Michel Debré
Intérieur : Raymond Marcellin
Armées : Pierre Messmer
Économie et Finances : François-Xavier Ortoli
Éducation nationale : Edgar Faure

1. *Journal officiel*, 13 juillet 1968.

Plan et Aménagement du territoire : Olivier Guichard (ministre délégué auprès du Premier ministre)
Recherche scientifique et Questions atomiques et spatiales : Robert Galley (ministre délégué auprès du Premier ministre)
Équipement et Logement : Albin Chalandon
Industrie : André Bettencourt
Agriculture : Robert Boulin
Transports : Jean Chamant
Anciens Combattants et Victimes de guerre : Henri Duvillard
Postes et Télécommunications : Yves Guéna

SECRÉTAIRES D'ÉTAT AUPRÈS DU PREMIER MINISTRE

Chargé de l'Information : Joël Le Theule
Chargé de la Fonction publique : Philippe Malaud
Chargé de la Jeunesse et des Sports : Joseph Comiti
Chargé des DOM et TOM : Michel Inchauspé

SECRÉTAIRES D'ÉTAT

Affaires sociales : Marie-Madeleine Dienesch ; Pierre Dumas
Affaires étrangères : Yvon Bourges ; Jean de Lipkowski
Intérieur : André Bord
Économie et Finances : Jacques Chirac
Éducation nationale : Jacques Trorial
Équipement et Logement : Philippe Dechartre

MANUSCRITS

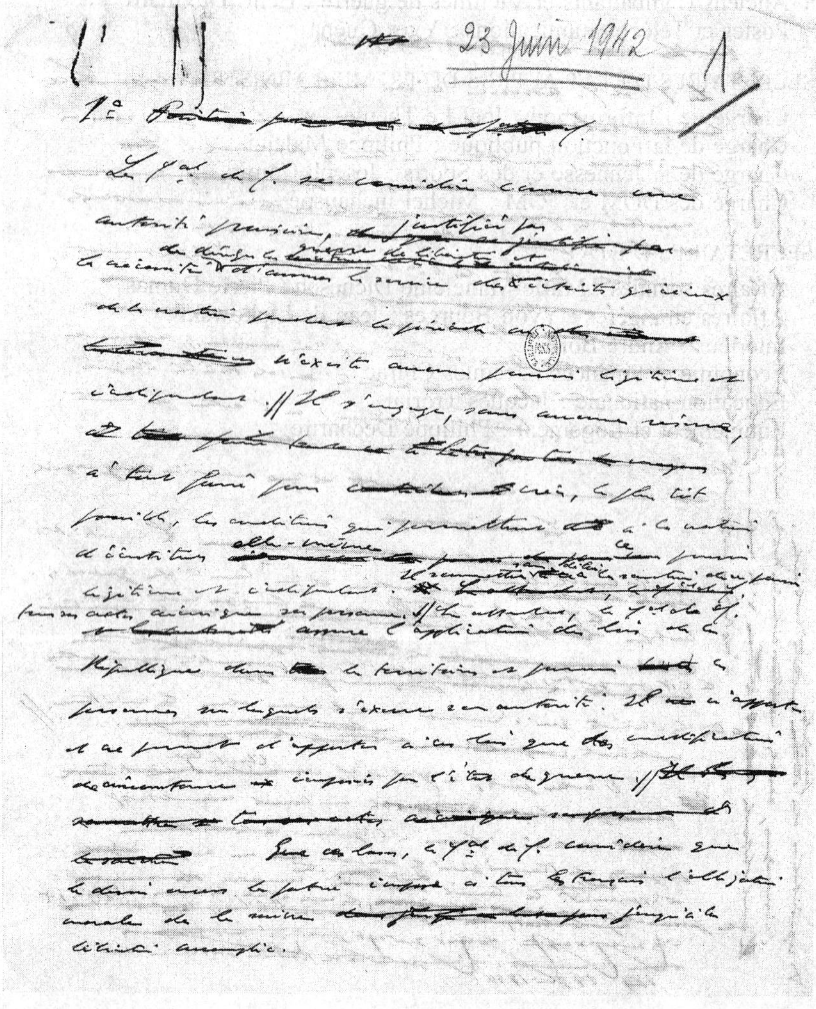

1

23 Juin 1942

1° Position [illegible]

Le Gal de G. se considère comme une autorité provisoire, justifiée par la nécessité d'assumer la direction de la guerre de libération et la gérance des intérêts généraux de la nation pendant la période où n'existe aucun pouvoir légitime et indépendant. Il s'engage, sans aucune réserve, à tout faire pour créer, le plus tôt possible, les conditions qui permettront à la nation d'instituer elle-même un pouvoir légitime et indépendant. Il remettra alors à la nation [illegible] ses pouvoirs, ainsi que sa personne. En attendant, le Gal de G. assure l'application des lois de la République dans le territoire et parmi les personnes sur lesquels s'exerce son autorité. Il ne se permet d'apporter à ces lois que des modifications de circonstance imposées par l'état de guerre.

Pour ces raisons, le Gal de G. considère que le devoir envers la patrie impose à tous les Français l'obligation morale de le suivre jusqu'à la libération accomplie.

Ci-dessus et ci-contre : premières pages de la première version de la « Déclaration aux mouvements de résistance », qui sera publiée dans plusieurs journaux clandestins le 23 juin 1942 (Bibliothèque nationale de France, département des manuscrits).

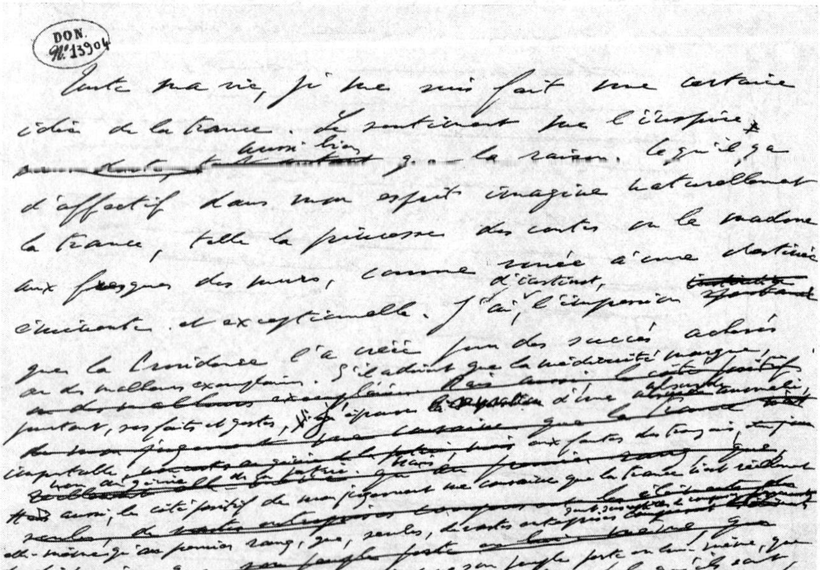
DON. N° 139o4
Toute ma vie, je me suis fait une certaine
idée de la France. Le sentiment me l'inspire
aussi bien que la raison. Ce qu'il y a
d'affectif dans mon esprit imagine naturellement
la France, telle la princesse des contes ou la madone
aux fresques des murs, comme vouée à une destinée
éminente et exceptionnelle. J'ai, d'instinct, l'impression
que la Providence l'a créée pour des succès achevés
ou des malheurs exemplaires. S'il advient que la médiocrité marque,
pourtant, ses faits et gestes, j'en éprouve [illegible] aux fautes des Français, [illegible]
[illegible]
dit, sous peine de danger mortel, viser haut et se
tenir droit. Bref, à mon sens, la France
ne peut être la France sans la grandeur.
Cette foi a grandi en même temps que moi dans
le milieu où je suis né. Mon père, homme de
pensée, de culture, de tradition, était imprégné du
sentiment de la valeur et de la dignité de la France.
Il m'en a découvert l'Histoire. Ma mère portait
BIBLIOTHÈQUE NATIONALE R.F. MSS

Ci-dessus et ci-contre : premières pages de la première rédaction des *Mémoires de guerre*, correspondant aux pages 1 et 2 de l'édition Plon, 1954 (Bibliothèque nationale de France, département des manuscrits).

Page qui a remplacé le passage dont les lignes sont rayées verticalement sur la page précédente (Bibliothèque nationale de France, département des manuscrits).

BIBLIOGRAPHIE

ŒUVRE ÉCRITE ET ORALE DE CHARLES DE GAULLE

Publications

• ***Œuvres de jeunesse***

Une mauvaise rencontre (saynète), Imprimerie de Montligeon, 1906.

« La Congrégation », *Hors de France*, revue du collège d'Anthoing, n° 6, mai 1908.

« Le Secret du spahi : la fille de l'agha » (écrit sous le pseudonyme de Charles de Lugale), *Journal des voyages et des aventures de terre et de mer*, 30 janvier 1910.

• ***Articles***

« La bataille de la Vistule », *Revue de Paris*, n° 6, 1er novembre 1920.

« La fatale querelle d'un chancelier et d'un amiral », *Revue militaire générale*, 15 mai et 15 juin 1923.

« L'envers d'un décor », *Revue militaire générale*, 15 novembre 1923 et 15 décembre 1923.

« Doctrine *a priori* ou doctrine des circonstances », *Revue militaire française*, n° 45, 1er mars 1925.

« Rôle historique des places françaises », *Revue militaire française*, n° 54, 1er décembre 1925.

« Le flambeau », *Revue militaire française*, n° 69 et n° 70, 1er mars et 1er avril 1927.

« L'action de guerre et le chef », *Revue militaire française*, n° 81, 1er mai 1928.

« Philosophie du recrutement », *Revue militaire d'infanterie*, n° 439, 1er avril 1929.

« Du caractère », *Revue militaire française*, n° 108, 1er juin 1930.

« Du prestige », *Revue militaire française*, n° 120, 1er juin 1931.

« Du prestige », *L'Écho de Paris*, 31 mars 1932.
« Combat du temps de paix », *Revue militaire d'infanterie*, n° 476, 1er mai 1932.
« Pour une politique de défense nationale », *Revue Bleue*, n° 3, 4 mars 1933.
« Le soldat de l'Antiquité », *Revue militaire d'infanterie*, n° 487, 1er avril 1933.
« Vers l'armée de métier », *Revue politique et parlementaire*, n° 462, 10 avril 1933.
« Métier militaire », *Études*, n° 23, 5 décembre 1933.
« La mobilisation économique à l'étranger », *Revue militaire française*, n° 151, 1er janvier 1934.
« Forgeons une armée de métier », *Revue des vivants*, n° 1, 13 janvier 1934.
« Comment faire une armée de métier ? », *Revue hebdomadaire*, n° 2, 12 janvier 1935.
« Les origines de l'armée française », *Revue militaire d'infanterie*, n° 520, 1er janvier 1936.
« Sommes-nous défendus ? », *L'Ordre*, 9 novembre 1936.
« Le problème belge » (1936), *Revue de Défense nationale*, juillet 1945.

• ***Livres***

La Discorde chez l'ennemi, Paris, Berger-Levrault, 1924.
Histoire des troupes du Levant, en collaboration avec le commandant Yvon, Paris, Imprimerie nationale, 1931.
Le Fil de l'épée, Paris, Berger-Levrault, 1932.
Vers l'armée de métier, Paris, Berger-Levrault, 1934.
La France et son armée, Paris, Plon, coll. « Présences », 1938.
Trois études, Paris, Berger-Levrault, 1945.
Mémoires de guerre, t. 1, *L'Appel*, Paris, Plon, 1954 ; t. 2, *L'Unité*, Paris, Plon, 1956 ; t. 3, *Le Salut*, Paris, Plon, 1959 ; rééd. avec un appareil critique, Paris, Gallimard, coll. « Bibliothèque de la Pléiade », 2000.
Discours et messages, t. 1, *Pendant la guerre, juin 1940-janvier 1946* ; t. 2, *Dans l'attente, février 1946-avril 1958* ; t. 3, *Avec le renouveau, mai 1958-juillet 1962* ; t. 4, *Pour l'effort, août 1962-décembre 1965* ; t. 5, *Vers le terme, janvier 1966-avril 1969*, Paris, Plon, 1970.
Mémoires d'espoir, t. 1, *Le Renouveau, 1958-1962*, Paris, Plon, 1970 ; t. 2, *L'Effort, 1962-...*, Paris, Plon, 1971 ; rééd. avec un appareil critique, Paris, Gallimard, coll. « Bibliothèque de la Pléiade », 2000.
Articles et écrits, Paris, Plon, 1975.
Lettres, notes et carnets, 1905-1970, Paris, Plon, 13 vol., 1980-1997.

Discours enregistrés

L'Intégrale des discours depuis Londres (4 coffrets de 2 CD), archives de la BBC, Pickwick, BBC Enterprises Ltd, s.d.
De Gaulle parle aux Français, *Discours historiques* (4 CD), Paris, Fondation Charles-de-Gaulle, s.d.

Discours aux peuples du monde (1 CD), Paris, Institut Charles-de-Gaulle/Disques Déesse, 1994.

L'Afrique et de Gaulle, archives radiophoniques Pays du monde (archives RFI, coopération radios africaines/INA), Paris, RFI, s.d.

OUTILS DE RECHERCHE

INSTITUT CHARLES-DE-GAULLE, *Chronologie de la vie du général de Gaulle*, Paris, Plon, 1973.

—, *Index des thèmes de l'œuvre du général de Gaulle*, Paris, Plon, 1978.

—, *Bibliographie internationale sur Charles de Gaulle 1940-1981*, Paris, Plon, 1981.

—, *Nouvelle bibliographie internationale sur Charles de Gaulle 1980-1990*, Paris, Plon, 1990.

LEVRON Jacques, *Dictionnaire commenté de l'œuvre du général de Gaulle*, Paris, Plon, 1975.

LARCAN Alain, *De Gaulle, inventaire : la culture, l'esprit, la foi*, Paris, Bartillat, 2003.

www.charles-de-gaulle.org : ce site de la Fondation Charles-de-Gaulle offre une base de données utile qui comprend notamment la référence des colloques organisés par la Fondation.

OUVRAGES FONDAMENTAUX

Chaque article de ce dictionnaire est accompagné de sa bibliographie spécifique. Les ouvrages mentionnés ci-dessous offrent une première approche globale.

Biographies

LACOUTURE Jean, *De Gaulle*, t. 1, *Le Rebelle, 1890-1944* ; t. 2, *Le Politique, 1944-1959* ; t. 3, *Le Souverain, 1959-1970*, Paris, Le Seuil, 3 vol., 1984-1986 ; rééd. coll. « Points », 1999.

LA GORCE Paul-Marie de, *De Gaulle*, Paris, Perrin, 1999.

ROUSSEL Éric, *De Gaulle*, Paris, Gallimard, 2002.

Journaux de proches collaborateurs

GUY Claude, *En écoutant de Gaulle : journal 1946-1949*, Paris, Grasset, 1996.

MAURIAC Claude, *Un autre de Gaulle : journal 1944-1954*, Paris, Hachette, 1970.

PEYREFITTE Alain, *C'était de Gaulle*, t. 1, *La France redevient la France* (1958-

1963) ; t. 2, *La France reprend sa place dans le monde* (1963-1966) ; t. 3, *Tout le monde a besoin d'une France qui marche* (1967-1969), Paris, de Fallois-Fayard, 1994-2000 ; rééd. Gallimard, coll. « Quarto », 2002.

Ouvrages de synthèse

AGULHON Maurice, *De Gaulle : histoire, symbole, mythe*, Paris, Plon, 2000.

AVRIL Pierre, *La Vᵉ République, histoire politique et constitutionnelle*, Paris, PUF, 1994.

BERSTEIN Serge, *Histoire du gaullisme*, Paris, Perrin, 2001.

CRÉMIEUX-BRILHAC Jean-Louis, *La France libre, de l'appel du 18 Juin à la Libération*, Paris, Gallimard, 1996 ; rééd. coll. « Folio Histoire », 2 vol., 2001.

INSTITUT CHARLES-DE-GAULLE, *De Gaulle en son siècle*, Paris, Plon/La Documentation française, 8 vol., 1991-1993.

VAÏSSE Maurice, *La Grandeur : politique étrangère du général de Gaulle (1958-1969)*, Paris, Fayard, 1998.

INDEX DES NOMS DE PERSONNES

Les indications de pages en caractères gras signalent les articles du présent Dictionnaire.

A

B

C

D

E

F

G

H

I-J

K

L

M

N

O

P

Q-R

S

T

V

W

Y

Z

INDEX DES AUTEURS DU DICTIONNAIRE

C

D

M

N

O

P

U

V

W

Y

LISTE DES ENTRÉES

A

B

C

D

G

H

Q-R

S

T

U

V

W-Z